Mus., MUS	Musik, μουσική
n	Neutrum, ουδέτερο
N	Nominativ, ονομαστική
neugr., *neugr*	neugriechisch, νεοελληνικός
o.	ohne, χωρίς
od.	oder, ή
P	populär, δημοφιλής
Part., *part*	Partizip, μετοχή
Pass., *pass*	Passiv, παθητική φωνή
Perf., *perf*	Perfekt, παρακείμενος
Pers., *pers*	Person, πρόσωπο, άτομο
Phil., PHILOS	Philosophie, φιλοσοφία
Phys., PHYS	Physik, φυσική
pl., *pl*	Plural, πληθυντικός
poet., *poet*	poetisch, ποιητικά
pol., POL	politisch, πολιτικά
Präp., *präp*	Präposition, πρόθεση
Präs., *präs*	Präsens, ενεστώτας
Pron., *pron*	Pronomen, αντωνυμία
Psych., PSYCH	Psychologie, ψυχολογία
RADIO	Rundfunk, ραδιοφωνία
Rel., REL	Religion, θρησκεία
Rfk.	Rundfunk, ραδιοφωνία
rhet.	rhetorisch, ρητορικά
S., *S*	Sache, πράγμα
s.	siehe, βλέπε
sg., *Sing.*, *sg*	Singular, ενικός
s-m	seinem, στο(ν), στη ... του
s-n	seinen, το(ν), τη ... του
s-r	seiner, της ... του
s-s	seines, του ... του
sn., *sn*	sein, (είμαι)
St., *St*	Stamm, θέμα
Su., *subst*	Substantiv, ουσιαστικό
Tech., TECH	Technik, τεχνική
Tel., TEL	Telefon, τηλέφωνο
Thea., THEA	Theater, θέατρο
Typ., TYP	Typographie, τυπογραφία
u.	und, και
u. a.	und anderes, unter anderem, μεταξύ άλλων
ungebr.	ungebräuchlich, άχρηστη λέξη
unp., *unpers*	unpersönlich, απρόσωπα
usw., *usw*	und so weiter, και τα λοιπά
v.	von, από
v/i., *v/i*	intransitives Verb, ρήμα αμετάβατο
v/p., *v/p*	(*griechische*) passive Verbform, ρήμα παθητικό, αυτοπαθές
v/t., *v/t*	transitives Verb, ρήμα μεταβατικό
z. B.	zum Beispiel, λόγου χάριν
zeitl., *zeitl*	zeitlich, χρονικώς
Zool., ZOOL	Zoologie, ζωολογία
→	siehe, βλέπε

**Langenscheidt Taschenwörterbuch
Griechisch**

**Langenscheidt
Εγκόλπιο Λεξικό Ελληνικό**

Langenscheidt

Εγκόλπιο Λεξικό Ελληνικό

Νεοελληνογερμανικό
Γερμανονεοελληνικό

Δρ. Ερρίκος Φρειδερίκος Βεντт

Σύνταξη: Λεξικογραφικό
τμήμα εκδόσεων Langenscheidt

Langenscheidt

Βερολίνο · Μόναχο · Βιέννη · Ζυρίχη · Νέα Υόρκη

Langenscheidt

Taschenwörterbuch Griechisch

Neugriechisch – Deutsch
Deutsch – Neugriechisch

von Dr. Heinz F. Wendt

Herausgegeben von der
Langenscheidt-Redaktion

Langenscheidt

Berlin · München · Wien · Zürich · New York

*Die Nennung von Waren erfolgt in diesem Werk,
wie in Nachschlagewerken üblich, ohne Erwähnung etwa
bestehender Patente, Gebrauchsmuster oder Marken.
Das Fehlen eines solchen Hinweises begründet
also nicht die Annahme, eine nicht gekennzeichnete Ware
oder eine Dienstleistung sei frei.*

*Ergänzende Hinweise, für die wir jederzeit dankbar sind,
bitten wir zu richten an:
Langenscheidt Verlag, Postfach 40 11 20, 80711 München*

Auflage:	8.	7.	6.	5.	4.	*Letzte Zahlen*
Jahr:	2006	2005	2004	2003	2002	*maßgeblich*

© *1995, 1999 Langenscheidt KG, Berlin und München*
Druck: Graph. Betriebe Langenscheidt, Berchtesgaden/Obb.
Printed in Germany · ISBN 3-468-11213-0

Inhaltsverzeichnis / Περιεχόμενα

Hinweise für die Benutzung des neugriechisch-deutschen
Wörterbuches 12

Οδηγίες για τη χρήση του νεοελληνογερμανικού λεξικού .. 14

Erklärung der einzelnen Lautzeichen mit Beispielen 16

Von der Orthographie zum Laut 18

Das griechische Alphabet 20

Augmenttabellen 21

Endungen der neugriechischen Substantive und Adjektive ... 22

Neugriechisch-deutsches Wörterverzeichnis /
Νεοελληνογερμανικό λεξιλόγιο 23

Griechische Abkürzungen /
Ελληνικές συντομογραφίες 540

Deklinations- und Konjugationsmuster 544

Hinweise für die Benutzung des deutsch-neugriechischen
Wörterbuches 561

Οδηγίες για τη χρήση του γερμανονεοελληνικού λεξικού .. 563

Erklärung der deutschen Aussprache für den Griechen /
Εξήγηση της γερμανικής προφοράς για τον Έλληνα 565

Deutsch-neugriechisches Wörterverzeichnis /
Γερμανονεοελληνικό λεξιλόγιο 579

Deutsche Abkürzungen / Γερμανικές συντομογραφίες 1084

Regeln für die Deklination der deutschen Substantive /
Κανόνες για την κλίση γερμανικών ουσιαστικών 1089

Regeln für die Konjugation der deutschen Verben /
Κανόνες για την κλίση των γερμανικών ρημάτων 1096

Alphabetische Liste der unregelmäßigen deutsche Verben /
Αλφαβητικός πίνακας των ανωμάλων γερμανικών ρημάτων . 1101

Teil I

Neugriechisch-Deutsch

Von

Dr. Heinz F. Wendt

Vorwort

In dieser Neubearbeitung wurden etwa 40 000 Stichwörter der heutigen neugriechischen Schrift- und Umgangssprache in ihren volkssprachlichen Formen erfasst und ins Deutsche übersetzt. Neben den Stichwörtern haben viele Wortgruppen Platz gefunden, die im Deutschen als zusammengesetzte Wörter erscheinen (z. B. **τηλεφωνικός θάλαμος** Telefonzelle, **ατομικός αριθμός** Kernladungszahl); ferner zahlreiche Ausdrücke, Wendungen und Mustersätze. Der allgemeine Wortschatz wird durch die wichtigsten Fachwörter aus den Gebieten der Technik, des Sports, der Medizin, Psychologie, Rechtswissenschaft, Mathematik, Physik, Chemie ergänzt.

Die deutschen Übersetzungen der neugriechischen Stichwörter sind nicht einfache lexikologische Gleichungen, die dem griechischen Benutzer nur selten das passende deutsche Wort lieferten. Jede deutsche Übersetzung eines neugriechischen Stichwortes wurde aus einem lebendigen neugriechischen Satz geschöpft, der die Bedeutung des Stichwortes klar aufzeigt. Nur durch dieses Verfahren ließen sich Übersetzungen gewinnen, die besonders der griechische Leser begrüßen wird.

Bekanntlich erfordern viele neugriechische Stichwörter zur Erfassung ihrer Bedeutungen mehrere deutsche Übersetzungen. Um dem Leser die Wahl der richtigen deutschen Übersetzung zu ermöglichen, habe ich mich folgender Mittel bedient:

— Mittel zur bedeutungsmäßigen Bestimmung:

Das Gebiet, auf das sich das Wort bezieht, wird durch Abkürzungen oder Zusätze angedeutet, z. B.

κενό Leere *f*; *fig.* Lücke *f*; *Phys.* Vakuum *n*; *Flugw.* Luftloch *n*.
κλείστρο *Tech.* Klappe *f*; *Foto*: Verschluss *m*.

Der Zusammenhang, in dem das Wort auftreten kann, wird durch Zusätze verschiedener Art angedeutet:

αντιμετωπίζω *jemandem* gegenübertreten; zu tun haben *mit*, *vor Schwierigkeiten* stehen; *einer Sache* entgegentreten; *etwas* ins Auge fassen; *Bedarf* decken, befriedigen; *Unangenehmes* erleben, erfahren; *einer Gefahr usw.* trotzen; *Probleme* lösen, anpacken.

Diese Wortverbindungen bieten dem Deutsch lernenden Griechen gleichzeitig ein kleines phraseologisches Wörterbuch.

— Mittel zur Verknüpfung der Wörter:
Dazu dienen neben anderen die Kasusangaben und Präpositionen, die in Klammern hinter der deutschen Übersetzung stehen.

Für den deutschen Benutzer bestimmt ist
— das ausführliche System der grammatischen Angaben, das aus Tabellen und Hinweisen besteht; außerdem sind im Wörterverzeichnis viele unregelmäßige Verbformen angeführt;
— das Aussprachesystem für das Neugriechische, das aus einer ausführlichen Einführung und Hinweisen auf die Aussprache mit Hilfe der Zeichen des Weltlautschriftvereins (A.P.I.) besteht.

Frau Aphrodite Püschel-Nasopoulou, ehemals vereidigte Dolmetscherin bei den Berliner Gerichten, schulde ich Dank für die Mitarbeit an der Modernisierung des Wortschatzes und die Durchsicht aller Korrekturen. Die Modernisierung bezieht sich sowohl auf die Erfassung neuer Wörter als auch auf die allgemeine Einführung der Dhimotiki-Wörter in Form und Bedeutung.

Ich hoffe, dass dieses Wörterbuch, dessen Zusammenstellung von mir harte Arbeit und große Opfer verlangt hat, sowohl dem Griechen als auch dem Deutschen bei ihrem Studium und ihrer Arbeit helfen wird.

Der Verfasser

Πρόλογος

Κωδικοποιήθηκαν και μεταφράστηκαν στα γερμανικά περίπου 40 000 λήμματα της σημερινής νεοελληνικής γραφομένης και καθομιλουμένης στις μορφές της δημοτικής. Εκτός από τα λήμματα το λεξικό αυτό περιλαμβάνει πολλές εκφράσεις που έγιναν από τη παράθεση δύο λέξεων (π.χ. ***τηλεφωνικός θάλαμος· ατομικός αριθμός***) και που παρουσιάζονται στα γερμανικά ως σύνθετα (Telefonzelle, Kernladungszahl). Περιλήφθηκε ακόμη μεγάλος αριθμός στερεότυπων εκφράσεων και παραδειγματικών φράσεων. Το γενικό λεξικολόγιο συμπληρώνεται με τους πιο σπουδαίους όρους από τον κύκλο της τεχνικής, του αθλητισμού, του εμπορίου, της ιατρικής, ψυχολογίας, νομικής, μαθηματικής, φυσικής, χημείας κτλ.

Οι γερμανικές μεταφράσεις νεοελληνικών λημμάτων δεν είναι απλές λεξικολογικές ισώσεις που μόνο σπάνια έδωσαν στον Έλληνα αναγνώστη την κατάλληλη γερμανική λέξη. Κάθε μετάφραση ενός νεοελληνικού λήμματος έγινε με βάση μιάς ζωντανής νεοελληνικής φράσης που παρουσιάζει σαφώς τη σημασία του λήμματος. Μόνο με τη μέθοδο αυτή ήταν δυνατό να γίνουν μεταφράσεις, τις οποίες μπορεί να επιδοκιμάσει προ πάντων ο Έλληνας αναγνώστης.

Είναι γνωστό ότι πολλά ελληνικά λήμματα χρειάζονται, για την απόδοση των σημασιών αυτών, περισσότερες μεταφράσεις. Για να μπορεί ο αναγνώστης να εκλέξει τη σωστή γερμανική μετάφραση, έκανα χρήση των εξής μέσων:

— Βοήθηματα για τον ορισμό της σημασίας:

Ο τομέας, στον οποίον αναφέρεται η λέξη, φανερώνεται με συντομογραφίες η συμπληρώματα, π.χ.

κενό Leere *f*; *fig.* Lücke *f*; *Phys.* Vakuum *n*; *Flugw.* Luftloch *n*.
κλείστρο *Tech.* Klappe *f*; *Foto*: Verschluss *m*.

Η λεξικολογική συνάρτηση, στην οποία μπορεί να παρουσιαστεί η λέξη, φανερώνεται με συμπληρώματα διαφόρων ειδών, π.χ.

αντιμετωπίζω *jemandem* gegenübertreten; zu tun haben *mit*, *vor Schwierigkeiten* stehen; *einer Sache* entgegentreten, *etwas* ins Auge fassen; *Bedarf* decken, befriedigen; *Unangenehmes* erleben, erfahren; *einer Gefahr usw.* trotzen; *Probleme* lösen, anpacken.

Αυτοί οι συνδυασμοί των λέξεων προσφέρουν στον Έλληνα που μαθαίνει γερμανικά, ταυτοχρόνως ένα μικρό φρασεολογικό λεξικό.

Συντακτικά βοηθήματα:

— Για τη σύνταξη των λέξεων χρησιμεύουν μεταξύ άλλων οι ενδείξεις για τη πτώση και τα εμπρόθετα, που αναγράφονται σε παρένθεση πίσω από τη γερμανική μετάφραση.

Ιδίως για το Γερμανό αναγνώστη προορίζεται

— το λεπτομερές σύστημα των γραμματικών στοιχείων, αποτελούμενο από πίνακες και υποδείξεις· εκτός τούτου αναφέρονται πολλοί ανώμαλοι τύποι των ρημάτων στο λεξικολόγιο αλφαβητικά.

— το σύστημα της νεοελληνικής προφοράς, αποτελούμενο από μια φωνητική εισαγωγή και υποδείξεις για τη προφορά που μπαίνουν πίσω από τα λήμματα. Οι φθόγγοι περιγράφονται με τη βοήθεια των σημείων της *A.P.I.* (Association Phonétique Internationale).

Στην κυρία Αφροδίτη Püschel-Νασοπούλου, τέως ορκωτή διερμηνέα στα Δικαστήρια του Βερολίνου οφείλω ευγνωμοσύνη για τη συνεργασία της στο εκσυγχρονισμό του λεξικολογίου και για τη διόρθωση όλων των τυπογραφικών δοκιμίων. Ο συγχρονισμός αναφέρεται και στην κωδικοποίηση νεολογισμών και στην κανονική εισαγωγή των λέξεων της δημοτικής στις σημερινές μορφές και σημασίες.

Ελπίζω ότι το λεξικό αυτό, η σύνταξη του οποίου απαίτησε σκληρή εργασία και μεγάλες θυσίες, θα βοηθήσει τόσο τον Έλληνα όσο και το Γερμανό στην εργασία τους και στη μελέτη τους.

Ο συγγραφέας

Hinweise
für die Benutzung des Wörterbuches

1. **Die alphabetische Anordnung** ist überall streng eingehalten. An alphabetischer Stelle sind auch angegeben:
   a) die wichtigsten unregelmäßigen Formen der Verben, z. B. **βρεθ-** der Passivstamm von *βρίσκω;*
   b) einige unregelmäßige Komparative und Superlative von Adjektiven, z. B. **χειρότερος** der Komparativ von *κακός;*
   c) die wichtigsten Formen der Fürwörter, z. B. **εμείς** (*wir*), die betonte Form des Personalpronomens der 1. Person Plural;
   d) die wichtigsten Eigennamen, z. B. **Θεοδόσιος** Theodosius.

2. **Rechtschreibung.** Für die Schreibung der neugriechischen Wörter dienten als Norm die Gepflogenheiten des *Ορθογραφικό Λεξικό της Δημοτικής* (*Γιώργου Χρ. Σακελλαριάδη*) und die *„Νεοελληνική Γραμματική" του Οργανισμού Εκδόσεως Διδακτικών Βιβλίων*, für die deutschen Wörter die amtlichen Regeln der deutschen Rechtschreibung (Duden).

3. **Die Aussprache** der neugriechischen Stichwörter ist in eckigen Klammern durch die Lautschrift der Association Phonétique Internationale angegeben. Zur Platzersparnis ist folgende Regelung getroffen worden:
   a) Wortstämme und Wortteile zusammengesetzter Stichwörter erscheinen meist nur einmal in der Lautschrift.
   b) Die Lautschrift wird unabhängig von den Wortteilen gegeben, z. B.
   φορτηγ|ίδα [fɔrtij-] Leichter *m*; Lastkahn *m*; **~ό** [-'γɔ] Lastkraftwagen *m*; Frachtdampfer *m*.

4. **In runden Klammern** stehen Hinweise:
   a) auf die Deklination der Substantive, z. B. **γράψιμο** (*-ατος*), **ψαράς** (*-άδες*);
   b) auf die Typen der Adjektive, z. B. **ψηλομύτης** (*-α, -ικο*);
   c) auf die für die Konjugation nötigen Formelemente (Stammveränderungen usw.), s. grammatischen Anhang.

   Runde Klammern innerhalb eines Stichwortes bedeuten, dass der umklammerte Wortteil auch weggelassen werden kann, wie z. B. in **γαλην(ι)αίος**.

5. sich = sich (*A*), z. B.
σκύβω sich beugen = ich beuge **mich.**

6. **Die Tilde (das Wiederholungszeichen)** vereinigt zum Zweck der Raumersparnis Wörter mit größeren gemeinsamen Wortteilen zu Gruppen (Nestern). Sie vertritt den Wortteil vor dem senkrechten Strich (|) oder das ganze Stichwort, z. B.:
θάλασσα Meer *n*, See *f*; ***τα κάνω ~*** alles durcheinander bringen.
θεατ|ής Zuschauer *m*; **~ός** sichtbar.
Die Tilde mit Kreis (୨) weist darauf hin, dass sich die Schreibung des Anfangsbuchstabens des Stichwortes ändert (groß in klein oder umgekehrt), z. B.:
Αγγλ|ία England *n*; **୨ικός** (= *αγγλικός*) englisch.
θεο|δικία Gottesurteil *n*; **୨δόσιος** (= *Θεοδόσιος*) Theodosius *m*.

7. **Die Betonung** der neugriechischen Wörter wird in der Lautschrift durch das Tonzeichen (') vor der betonten Silbe oder vor dem betonten Vokal (oft bei Gruppenartikeln) angegeben. Es entfällt jedoch, wenn nur der Anfangsbuchstabe der betonten Silbe umschrieben wird, z. B. **θερμαγωγός** [θεrmaɣɔɣ-] wärmeleitend.

8. Dem griechischen Stichwort entsprechen häufig mehrere deutsche Übersetzungen. Die Bedeutungen dieser Übersetzungen werden näher erläutert durch:
Abkürzungen wie *Anat*. ...
  θώρακας Panzer *m*; *Anat*. Brustkorb *m*.
Hinweise wie *Auto*, *Foto* ...
  θετικ|ός ... ***~ή εικόνα*** *Foto*: Positiv *n*.
Leicht verständliche Ergänzungen wie:
  θέση Lage *f e-r Stadt*; Fach *n im Schrank*.

Nur wenn die Ergänzung Subjekt eines Satzes sein kann, wird sie durch einen Doppelpunkt von der Übersetzung getrennt:
ψιλός dünn, fein; *Stimme*: durchdringend.

Οδηγίες για τη χρήση του λεξικού

1. Η **αλφαβητική διάταξη** τηρείται παντού αυστηρά. Αλφαβητικά αναφέρονται επίσης:
   α) οι πιο σπουδαίες ανώμαλες μορφές των ρημάτων, λ.χ. **βρεθ-** (θέμα της παθητικής φωνής του βρίσκω),
   β) μερικοί ανώμαλοι τύποι του συγκριτικού και του υπερθετικού βαθμού των επιθέτων, λ.χ. **χειρότερος** (του κακός),
   γ) οι πιο σπουδαίοι τύποι των αντωνυμιών, λ.χ. **εμείς** (τονισμένος τύπος του α΄ προσώπου πληθυντικού της προσωπικής αντωνυμίας),
   δ) τα πιο σπουδαία κύρια ονόματα, όπως **Θεοδόσιος.**

2. Για την **ορθογραφία** των ελληνικών λέξεων ισχύουν το Ορθογραφικό Λεξικό της Δημοτικής (Γιώργου Χρ. Σακελλαριάδη) και η «Νεοελληνική Γραμματική» του Οργανισμού Εκδόσεως Διδακτικών Βιβλίων. Για τις γερμανικές λέξεις εφαρμόζονται οι επίσημοι κανόνες της γερμανικής ορθογραφίας („Duden").

3. Η **προφορά** των ελληνικών λημμάτων αποδίνεται σε αγκύλες ([ ]) δια μέσου της φωνητικής γραφής της Association Phonétique Internationale. Από έλλειψη χώρου χρησιμοποιείται το εξής σύστημα:
   α) Θέματα και μέρη σύνθετων λημμάτων παρουσιάζονται γενικά μόνο μια φορά στη φωνητική γραφή.
   β) Η φωνητική γραφή δίνεται ανεξάρτητα των συστατικών μερών της λέξης, λ.χ.
   φορτηγ|ίδα [fɔrtij-] Leichter *m*; Lastkahn *m*; **~ό** [-'γɔ] Lastkraftwagen *m*; Frachtdampfer *m*.

4. **Σε παρενθέσεις** βρίσκονται υποδείξεις:
   α) για την κλίση ουσιαστικών, λ.χ. **γράψιμο** (*-ατος*), **ψαράς** (*-άδες*),
   β) για τους τύπους των επιθέτων, λ.χ. **ψηλομύτης** (*-α, -ικο*) και
   γ) για τη συζυγία (μεταβολές του θέματος κτλ.) (βλ. γραμματικό παράρτημα).

Παρενθέσεις εντός ενός λήμματος σημαίνουν ότι το στοιχείο που βρίσκεται σ' αυτές τις παρενθέσεις μπορεί να παραλειφθή όπως το **ι** σε **γαλην(ι)αίος.**

5. sich = sich (*A*), λ.χ.
σκύβω sich beugen = ich beuge **mich.**

6. **Το σημείο της επανάληψης** (~) ενώνει, για λόγους οικονομίας χώρου, λέξεις που έχουν κοινά συστατικά στοιχεία, σε λεξικογραφικές ομάδες. Αντιπροσωπεύει το μέρος της λέξης μπροστά από την κάθετη γραμμή (|) ή ολόκληρο το λήμμα, λ.χ.:
θάλασσα Meer *n*, See *f*; ***τα κάνω ~*** alles durcheinander bringen.
θεατ|ής Zuschauer *m*; **~ός** sichtbar.
Το σημείο της επανάληψης με κύκλο (≗) σημαίνει, ότι αλλάζει η γραφή του γράμματος του λήμματος (το κεφαλαίο σε μικρό ή αντίστροφα), λ.χ.:
Αγγλ|ία England *n*; **≗ικός** (= *αγγλικός*) englisch.
θεο|δικία Gottesurteil *n*; **≗δόσιος** (= *Θεοδόσιος*) Theodosius *m*.

7. Στη φωνητική γραφή ο συλλαβικός τόνος σημειώνεται από το σημάδι, που μπαίνει μπροστά από τη τονισμένη συλλαβή ή μπροστά από το τονισμένο φωνήεν (συχνά σε λεξικογραφικές ομάδες). Χάνεται όμως, αν γράφεται στις αγκύλες μόνο το αρχικό γράμμα της τονισμένης συλλαβής (π.χ. **θερμαγωγός** [θermaγɔγ-] wärmeleitend).

8. Συχνά αντιστοιχούν προς το ελληνικό λήμμα μερικές γερμανικές μεταφράσεις. Για να γίνουν πιο σαφείς οι σημασίες των μεταφράσεων αυτών χρησιμοποιούνται τα εξής μέσα
— συντομογραφίες όπως *Anat.* ...
θώρακας Panzer *m*; *Anat.* Brustkorb *m*.
— υποδείξεις όπως *Auto*, *Foto* ...
θετικ|ός ... ***~ή εικόνα*** *Foto*: Positiv *n*.
— ευκατάληπτες συμπληρώσεις όπως:
θέση Lage *f e-r Stadt*; Fach *n im Schrank*.
Μόνο αν η συμπλήρωση μπορεί να είναι υποκείμενο μιας φράσης, χωρίζεται από τη μετάφραση με διπλή στιγμή:
ψιλός dünn, fein; *Stimme*: durchdringend.

Erklärung der einzelnen Lautzeichen mit Beispielen

ˈ	steht vor der Silbe, die den Ton trägt.	**(το) νερό** [nɛ'rɔ] Wasser
b d g	stimmloser als im Deutschen (genau b̥ d̥ g̊)	**(το) μπαρ** [bar] Bar **ντύνομαι** ['dinɔmɛ] ich ziehe mich an **(το) γκάζι** ['gazi] Gas
f j, l m, n	lauten wie im Deutschen	**(το) φως** [fɔs] Licht **(η) γη** [ji] Erde **(η) λάμπα** ['lam̆ba] Lampe **(το) μάτι** ['mati] Auge **ναι** [nɛ] ja (!)
a	kurzes mittleres **a**, etwas dunkler als in W**a**sser, wie in **Aka**demie	**καλά** [ka'la] gut
ç	wie **ch** in i**ch**, eu**ch**	**όχι** ['ɔĭçi] nein
ð	wie stimmhaftes **th** in englisch **th**at	**δεν** [ðɛn] nicht
dz	enge Verbindung zwischen **d** in **d**a und **s** in **s**agen	**τζάμι** ['dzami] Fensterscheibe
ɛ	kurzes offenes **e** wie in **E**cke, f**e**st	**φέρνω** ['fɛrnɔ] ich bringe
ɣ	ähnlich dem deutschen Zäpfchen-r, jedoch ohne Schwingung, ohne Rollen, fast wie **ch** in a**ch**, aber mit Stimmton	**(το) γάλα** ['ɣala] Milch
i	kurzes geschlossenes **i**, etwa wie in M**i**nute. Es darf nicht wie in **I**ch oder b**i**n gesprochen werden.	**η μύτη** [i'miti] die Nase
ĭ	sehr kurzes, fast unsilbiges **i** wie in Fer**i**en	**(ο) κύριος** ['ķirĭɔs] Herr
k	ein **k** ohne Behauchung	**κακά** [ka'ka] schlecht
ķ	eine enge Verbindung zwischen **k** und **j**	**και** [ķɛ] und
m̆	ein sehr schwach ausgesprochenes **m** im Innern eines Wortes vor einem [b]-Laut	**κουμπί** [ku'm̆bi] Knopf
ɱ	halbnasales **m** vor [v] und [f]. Der Laut wird durch Heben der unteren Lippe gegen die oberen Schneidezähne erzeugt.	**αμφιβάλλω** [aɱfi'valɔ] ich zweifle

ň	**n** mit losem Verschluss vor [s] und [θ]. Die Zungenspitze nähert sich dem Zahnfleisch, ohne es zu berühren. Schwaches **n** vor d und t.	(ο) **άνθρωπος** ['aňθrɔpɔs] Mensch (το) **δόντι** ['ðɔňdi] Zahn
ŋ̌g ŋ̌g̯	wie **ng** in sin**g**en, doch mit hörbarem g. Vor hellen Vokalen mit schwachem **j**.	(το) **αγγούρι** [a'ŋ̌guri] Gurke (η) **άγκυρα** ['aŋ̌g̯ira] Anker
ɔ	kurzes offenes **o** wie in L**o**tto, **o**ffen	**καλός καιρός** [ka'lɔs k̯ɛ'rɔs] schönes Wetter
p	ein **p** ohne Behauchung	**παρακαλώ** [paraka'lɔ] (ich) bitte
r	Zungenspitzen-**r** wie häufig in Süddeutschland	(το) **ρεύμα** ['rɛvma] Strom
s	stimmloses **s** wie **ss** in Wa**ss**er oder **ß** in schlie**ß**en	(η) **σαλάτα** [sa'lata] Salat
t	ein **t** ohne Behauchung	**τιμή** [ti'mi] Preis
ts	wie deutsch **z** oder **tz** in **Z**ahl oder Mü**tz**e	(το) **τσάι** ['tsai] Tee
θ	wie das stimmlose **th** in englisch **th**ing. Man spreche mit der Zunge zwischen den vorderen Zahnreihen einen stimmlosen **s**-Laut; s. auch ð.	(το) **θέατρο** ['θɛatrɔ] Theater
u	geschlossenes **u**, etwa wie in **U**niversität	(το) **κουτί** [ku'ti] Schachtel
v	wie **w** in **W**asser, **w**er	(το) **βιβλίο** [vi'vliɔ] Buch
x	wie **ch** in no**ch**, au**ch**	(το) **χωριό** [xɔ'rjɔ] Dorf
z	wie stimmhaftes **s** in **S**onne, lei**s**e, französisch **z**èle	(το) **ζώο** ['zɔɔ] Tier, (ο) **κόσμος** ['kɔzmɔs] Welt

Von der Orthographie zum Laut
Einzelne Buchstaben (alphabetisch)

Neugriechische Buchstaben	Name der Buchstaben	Lautzeichen	Ausspracheerklärung
Α α	['alfa]	[a]	kurzes **a** wie in **Aka**demie
Β β	['vita]	[v]	wie **w** in **w**er
Γ γ	['ɣama]	[ɣ]	vor [a, ɔ, u] fast wie **ch** in a**ch**, aber mit Stimmton; es klingt wie ein Zäpfchen-r ohne Rollen; vor [ɛ, i] *s. folgende Tabelle*
Δ δ	['ðɛlta]	[ð]	wie stimmhaftes **th** in englisch **th**at
Ε ϵ	['ɛpsilɔn]	[ɛ]	kurzes, offenes **e** wie in f**e**st
Ζ ζ	['zita]	[z]	stimmhaftes **s** wie in Ro**s**e
Η η	['ita]	[i]	kurz und geschlossen wie **i** in M**i**nute, nie offen wie in b**i**s
Θ θ	['θita]	[θ]	wie stimmloses **th** in englisch **th**ing
Ι ι	['jɔta]	[i, ĭ, j]	unbetont vor Vokal wie **i** in Fer**i**en od. **j** in **j**a, sonst *s.* **η**
Κ κ	['kapa]	[k]	**k** ohne Behauchung
Λ λ	['lamða]	[l]	**l** wie im Deutschen
Μ μ	[mi]	[m]	**m** wie im Deutschen
Ν ν	[ni]	[n]	**n** wie im Deutschen
Ξ ξ	[ksi]	[ks]	wie **x** in He**x**e oder **-chs** in se**chs**
Ο ο	['ɔmikrɔn]	[ɔ]	kurzes offenes **o** wie in **o**ft
Π π	[pi]	[p]	**p** ohne Behauchung
Ρ ρ	[rɔ]	[r]	Zungenspitzen-**r**
Σ σ, ς	['siɣma]	[s]	stimmloses **s** wie in Wa**ss**er oder **ß** in Stra**ß**e
Τ τ	[taf, tav]	[t]	**t** ohne Behauchung
Υ υ	['ipsilɔn]	[i]	*s.* **ι**
Φ φ	[fi]	[f]	**f** wie im Deutschen
Χ χ	[çi]	[ç]	vor [ɛ, i] wie **ch** in i**ch**, vor [a, ɔ, u] *s. folgende Tabelle*
Ψ ψ	[psi]	[ps]	wie **ps** in **Ps**alm
Ω ω	[ɔ'mɛɣa]	[ɔ]	*s.* **o**

Buchstaben- und Lautverbindungen

	Buchstabenverbindung	Laut-wert	Ausspracheerklärung und Musterwort
αι		[ε]	**ναι** [nε] ja
αυ	vor Vokal oder stimmhaften Konsonanten	[av]	**παύω** ['pavɔ] aufhören **αυλή** [a'vli] Hof
αυ	vor stimmlosen Konsonanten	[af]	**αυτός** [a'ftɔs] dieser
ει		[i]	**είμαι** ['imε] (ich) bin
οι		[i]	**τοίχος** ['tixɔs] Wand
ι, ει	(unbetont zwischen Konsonant und Vokal)	[j], [ĭ]	**ίδιος** ['iðĭɔs] selbe(r) **ασφάλεια** [a'sfalja] Versicherung
ευ	vor Vokal oder stimmhaften Konsonanten	[εv]	**γυρεύω** [ji'rεvɔ] suchen **γεύμα** ['jεvma] Mahlzeit
ευ	vor stimmlosen Konsonanten	[εf]	**εύκολος** ['εfkɔlɔs] leicht
ου		[u]	**πού** [pu] wo?
γ	vor [ε, i]	[j]	**γέρος** ['jεrɔs] alt
γι	vor [a, ɔ, u] (*s. auch 1. Tabelle*)	[j]	**για** [ja] für
γγ	vor [a, ɔ, u]	[ŋ̆g]	wie **ng** in si**ng**en, doch mit hörbarem **g**: **αγγούρι** [a'ŋ̆guri] Gurke
γγ	vor [ε, i]	[ŋ̆g̦]	wie **ng** in si**ng**en mit hörbarem **g** und mit schwachem **j**: **άγγελος** ['aŋ̆g̦elɔs] Engel
γκ	vor [ε, i]	[ŋ̆g̦]	s. **γγ** vor [ε, i], **άγκυρα** ['aŋ̆g̦ira] Anker
γκ	vor [a, ɔ, u]	[g]	**μαγκαζί** [maga'zi] Laden
κ	vor [ε, i]	[k̦]	enge Verbindung von **k** und schwachem **j**: **και** [k̦ε] und **εκεί** [ε'k̦i] dort
κ	nach Vokal vor [ε, i]	[...ĭk̦]	**παιδάκι** [pε'ðaĭk̦i] Kindchen
μπ	am Wortanfang	[b]	**μπαίνω** ['bεnɔ] hineingehen
μπ	im Wortinnern	[m̆b] [b]	**κουμπί** [ku'm̆bi] Knopf **καμπίνα** [ka'bina] Kabine

	Buchstabenverbindung	Lautwert	Ausspracheerklärung und Musterwort
...ν	**π...** zwischen **ν** am Wortende und **π** am Wortanfang	[m̆b]	**τον πατέρα** [tɔm̆ba'tɛra] den Vater
μ	vor **β** oder **φ**	[ɱ]	schwaches **m**, die Unterlippe berührt die oberen Schneidezähne **λαμβάνω** [la'ɱvanɔ] nehmen **αμφιβάλλω** [aɱfi'valɔ] zweifeln
ντ	am Wortanfang im Wortinnern im Wortinnern und zwischen **ν** am Wortende und **τ** am Wortanfang (...**ν τ**...)	[d] [d] [n̆d]	**ντουλάπι** [du'lapi] Schrank **νταντά** [da'da] Amme schwaches **n**; die Zungenspitze nähert sich den Zähnen, berührt sie aber nicht **δόντι** ['ðɔn̆di] Zahn **την Τρίτη** [ti'n̆driti] am Dienstag
νθ	im Wortinnern	[n̆θ]	**άνθρωπος** ['an̆θrɔpɔs] Mensch
ν	vor **ψ**	[m̆bz]	*s.* [m̆b] und [z] **την ψυχή** [tim̆bzi'çi] die Seele
σ	vor stimmhaften Konsonanten	[z]	**κόσμος** ['kɔzmɔs] Welt, Leute
χ	vor [a, ɔ, u]	[x]	**χαρά** [xa'ra] Freude
χ	vor [ɛ, i]	[ç]	**χέρι** ['çɛri] Hand. Ein betonter Vokal vor [ç] wird mit einem schwachen i-Nachklang gesprochen. **όχι** ['ɔĭçi] (= nein) klingt also wie das deutsche *euch* + i. **έχει** ['ɛĭçi] hat

Das griechische Alphabet

Α α	Β β	Γ γ	Δ δ	Ε ϵ	Ζ ζ	Η η	Θ θ
Ι ι	Κ κ	Λ λ	Μ μ	Ν ν	Ξ ξ	Ο ο	Π π
Ρ ρ	Σ σ, ς	Τ τ	Υ υ	Φ φ	Χ χ	Ψ ψ	Ω ω

Aussprache und Benennung s. S. 18.

Augmenttabellen

Wörter mit innerem Augment

Ohne Augment **Stichwort**	Mit innerem Augment	Ohne Augment **Stichwort**	Mit innerem Augment
εγ--	ενε-	συ--	συνε-
εκ--	εξε-	συγ--	συνε-
ελ--	ενε-	συλ--	συνε-
εμ--	ενε-	συμ--	συνε-
εν--	ενε-		

Mit innerem Augment	Ohne Augment **Stichwort**	Mit innerem Augment	Ohne Augment **Stichwort**
ανε-	ανα-	παρη-	παρα-
απε-	απο-	περιε-	περι-
απεξε-	απεκ-	προεξε-	προεκ-
διε-	δια-	προκατε-	προκατα-
διεξε-	διεκ-	προσε-	προσ-
εισε-	εισ-	προση-	προσα-, προσε-
εξε-	εκ-	συμπαρε-	συμπαρα-
επανε-	επανα-	συνεισε-	συνεισ-
επε-	επι-	συνη-	συνα-, συνε-
επεξε-	επεκ-	υπανε-	υπανα-
εφω-	εφο-	υπε-	υπο-
κατε-	κατα-	υπεξε-	υπεκ-
μετε-	μετα-	υπεξη-	υπεξα-, υπεξαι-
παρε-	παρα-	υπερεξε-	υπερεκ-
παρεξε-	παρεκ-	υπη-	υπα-

Wörter mit temporalem Augment

Mit temporalem Augment	Ohne Augment **Stichwort**
η-	α-
η-	αι-
η-	ε-
ω-	ο-
ω-	οι-
ηυ-	αυ-, ευ-

Endungen der neugriechischen Substantive und Adjektive

Wenn im Wörterverzeichnis nicht anders vermerkt, ist:

-ς	[-s]	maskulin
-α, -η	[-a, -i]	feminin
-ο, -ι	[-ɔ, -i]	neutral

Wenn im Wörterverzeichnis nichts anderes angegeben ist, haben die Adjektive
– auf **-ος** (z. B. καλός) die Endungen

	maskulin	feminin	neutral
	-ος	**-η**	**-ο**
z. B.	καλός	καλή	καλό

– auf **-ης** (z. B. διεθνής) die Endungen

	maskulin, feminin	neutral
	-ης	**-ες**
z. B.	διεθνής	διεθνές

Näheres s. grammatischen Anhang.

A

Α, α ['alfa] Alfa *n*; α′ = 1; ͵α = 1000.
α- (αν-) *oft*: un-, nicht ..., ohne ..., -los, *in Fremdwörtern*: in-, a-.
α *Interj. Freude, Trauer usw.*: ach!
αβ- *s.* ***αυ-.***
αβαθμολόγητος [-mɔ'lɔjit-] ... ohne Gradeinteilung; nicht gekennzeichnet; ... ohne Auszeichnung.
άβαθος untief, seicht.
αβάκιο [a'vaĭkɔ] Schiefertafel *f*.
άβαλτος ['avalt-] ungezwungen, freiwillig; *Kleidung*: ungetragen.
Αβάνα Havanna *n*.
αβανιά Verleumdung *f*; Missgeschick *n*.
αβάντα [a'vaňda] (finanzielle) Unterstützung *f*.
αβανταδόρος Geldgeber *m*.
αβαντάζ [ava'ňdaz] (0) *n* Vorsprung *m*.
αβάντσα [a'vaňtsa] Profit *m*; Vorschuss *m*.
άβαπτος ungefärbt; *Stahl*: ungehärtet.
αβάρα [a'vara]: ***κάνω ~*** abstoßen (**από**/ von *D*); in See stechen; ***~ αποδώ!*** scher dich weg!
αβαράρω [-'rarɔ] *s.* ***κάνω αβάρα.***
α|βαρεσιά [-varɛs-] Rastlosigkeit *f*; **~βάρετος** rastlos; ungeschlagen; ***~βάρετο γάλα*** Vollmilch *f*; **~βαρής** leicht (*von Gewicht*).
αβαρία Seeschaden *m*; Bruch *m*; *fig*. F Rückzieher *m*; ***κάνω ~*** *fig*. zurückschrauben.
άβαρος leicht; nicht lästig.
αβαρυγκόμιστος [avariŋg-] unverdrossen.
αβάς [a'vas] (-άδες) Abt *m*.
α|βασάνιστος [ava'sanist-] unüberlegt; ungeschoren; **~βασίλευτος** [-va'silɛft-] ... ohne König, herrscherlos; noch am Himmel stehend; *Augen*: glasig; **~βάσιμος** unbegründet; **~βάσκαντος** [-'vaskaňd-] nicht behext; **~βάσταχτος** [-'vastaxt-] untragbar; *fig*. unerträglich.
άβατος ['avat-] unbetreten; heilig.
άβαφος ungefärbt.
αβάφτιστος ungetauft.
άβγαλτος ['avγalt-] weltunerfahren; unentwickelt; *Kleidung*: (noch) nicht abgelegt; *Astr*. ... nicht aufgegangen.
αβγατ|αίνω (τυν), **~ίζω** (τισ, τισμ-) *v/t*. vergrößern, vermehren, verlängern; *v/i*. mehr werden.
αβγ|ό [a'vγɔ] Ei *n*; ***σφικτό, μελάτο ~ό*** hart gekochtes, weich gekochtes Ei; ***κλούβιο ~ό*** faules Ei; ***~ά μάτια*** Spiegeleier *n/pl.*; ***κόκκινα ~ά*** Ostereier *n/pl.*; **~ολώ** viele Eier legen; **~οειδής** [-ɔið-] eiförmig; **~οθήκη** Eierbecher *m*; **~ολέμονο** [-ɔ'lɛm-]: ***σούπα ~ολέμονο*** Suppe *f* mit Ei und Zitrone; **~οτάραχο** [-ɔ'taraxɔ] *Art* Fischrogengelee *n*; **~ότσουφλο** [-'ɔtsuflɔ] Eierschale *f*; **~ουλάς** (-άδες) Eierhändler *m*.
Άβδηρα ['avðira] *n/pl*. Abdera *n*.
αβδηρ|ίτης Tölpel *m*; Schildbürger *m*; **~ιτισμός** Blödheit *f*.
α|βέβαιος [a'vɛvɛ-] unsicher; unschlüssig; **~βεβαιότητα** Ungewissheit *f*; Unschlüssigkeit *f*; **~βεβαίωτος** [-'vɛɔt-] unbestätigt.
αβεβήλωτος [avɛ'vilɔt-] unentweiht, unangetastet, fleckenlos.
αβελτηρία [avɛlt-] Albernheit *f*, Einfalt *f*.
αβελτίωτος unverbesserlich.
αβερνίκωτος [avɛr'nikɔt-] unlackiert, ungeputzt.
αβέρτος treuherzig.
Αβησσυνία [avisin-] Abessinien *n*.
αβίαστος ungezwungen; mühelos.
αβίδωτος [-ðɔt-] *Schraube*: lose.
αβιταμίνωση [avita'minɔsi] (-εις) Vitaminmangel *m*.
αβίωτος nicht lebenswert.
αβλάβεια [a'vlav-] Unschädlichkeit *f*.
άβλαβος unschädlich; intakt.
αβλάστητος knospenlos, unbelaubt.
άβλαστος *s.* ***αβλάστητος.***
αβλέπτημα [a'vlɛpt-] *n* Versehen *n*.
αβλεψία [avlɛps-] Flüchtigkeit *f*; Versehen *n*; ***εξ ~ς*** aus Versehen.

άβλητος 24

άβλητος unangreifbar.
αβλόγητος [a'vlɔjit-] ungesegnet; nicht kirchlich getraut.
αβοήθητος [avɔ'iθit-] ... ohne Hilfe.
αβοητί *Adv.* ohne Lärm.
αβόλε(υ)τος [-lɛ(f)t-] unerledigt; ungemütlich; *Mensch*: ungesellig.
αβολιδοσκόπητος *mst. fig.* unergründlich.
άβολος ['avɔl-] unbequem; unhandlich; *Zeit*: ungelegen.
αβοτάνιστος verwildert.
αβού|λευτος [a'vulɛft-] unüberlegt; **~λητος** unfreiwillig, unwillkürlich.
αβουλία Willensschwäche *f.*
αβούλιαχτος unversenkbar.
άβουλος willensschwach; unentschlossen.
αβούλωτος [a'vulɔt-] unversiegelt; unverschlossen; *Melone usw.*: nicht angeschnitten.
αβούτηχτο|ς [-tixt-] uneingetaucht; F ***δεν αφήνω ~*** *etw.* mitgehen lassen.
αβουτύρωτ|ος [avu'tirɔt-] ... ohne Butter; ***γάλα ~ο*** Magermilch *f.*
Αβραάμ [avra'am] (0) *m* Abraham *m.*
αβράβευτος [a'vravɛft-] nicht preisgekrönt; unbelohnt.
αβράδιαστος ... noch vor Abend, ... ohne Abend.
αβραμηλιά [-mil-] Schlehdorn *m.*
άβραστο|ς ungekocht, roh; ***~ μετάξι*** Rohseide *f.*
αβρεξιά [avrɛks-] Dürre *f.*
άβρετος unauffindbar.
άβρεχτος ['avrɛxt-] unbenetzt.
αβροδίαιτος verhätschelt, verwöhnt.
αβρ|ός (-ά) zart(fühlend); fein; **~ότητα** Zartgefühl *n*; Zuvorkommenheit *f.*
αβροφροσύνη Zuvorkommenheit *f*; Höflichkeit *f*; ***επίσκεψη ~ς*** Höflichkeitsbesuch *m.*
αβροχιά [avrɔç-] Dürre *f.*
άβροχος [-vrɔx-] regenlos.
αβύζαχτος [a'vizaxt-] ungestillt.
αβύθιστος [-'viθist-] unversenkbar; nicht gesunken.
αβυθομέτρητος unermesslich tief.
άβυθος bodenlos.
αβυσσ|αίος [avi'sɛ-] (-αία) Tiefsee-; **~αλέος** (-έα) abgrundtief.
Αβυσσινία [avisin-] Abessinien *n.*
άβυσσος *f* Abgrund *m*, Tiefe *f.*
αγαγ- *s.* ***άγω.***
αγάδικα despotisch.
αγαθιάρης (-α, -ικο) naiv, einfältig.
αγαθ|ό Habe *f*, Vermögen *n*; *abstrakt*: Gut *n*; ***τα ~ά*** Güter *n/pl.*; ***καταναλωτικά ~ά*** Konsumgüter *n/pl.*
αγαθοερ|γία [aγaθɔɛrj-] Wohltätigkeit *f*; gute(s) Werk *n*; **~γός** [-ɛrγ-] wohltätig; *Su. m* Wohltäter *m.*
αγαθ|οπιστία [-ɔpist-] Gutgläubigkeit *f*; **~όπιστος** gutgläubig; **~οποιία, ~οποιός** *s.* ***αγαθοεργία, αγαθοεργός.***
αγαθ|ός [aγaθ-] gutherzig, gutmütig; naiv; **~οσύνη** [-ɔ'sini] Güte *f*; **~ότητα** Güte *f*; Gutmütigkeit *f*; Naivität *f*; **~οφέρνω** naiv sein.
αγάλι(α) *Adv.* sachte, leise; **~ ~** ganz leise; allmählich.
αγαλλιάζω (-άλλιασα) jubeln.
αγαλλίαση [aγa'liasi] (-εις) Jubel *m*, Freudentaumel *m.*
αγάλλομαι [a'γalɔmɛ] *K.* jubeln (***για*** *A*/ über *A*).
άγαλμα ['aγalma] *n* Statue *f.*
αγαλμ|άτιο Statuette *f*; **~ατοποιός** [-atɔ'pjɔs] Bildhauer *m.*
αγαλούχητος ungestillt (*bsd. fig.*).
Αγαμέμνονας Agamemnon *m.*
αγαμία Ehelosigkeit *f*; Zölibat *n.*
άγαμος ledig, unverheiratet.
άγαν ['aγan] *K. Adv.* (zu) sehr; ***μηδέν ~*** alles mit Maßen.
αγαν|άχτηση [aγa'naxt-] (-εις) Ärger *m*; **~αχτώ** (είς· ησ) empört sein; sich ärgern (***με***/ über *A*).
άγανο *Bot.* Granne *f*; feine Gräte *f.*
αγανός lose gewebt; *Knoten*: lose.
αγάντα Zugreifen *n*; Schubs *m*; nur Mut!
αγάνωτ|ος [a'γanɔt-] unverzinnt; ***μούτρα ~α*** *n/pl.* Ohrfeigengesicht *n.*
αγάπη [a'γapi] Liebe *f* (***σε***/ zu); ***~ προς τον πλησίον*** Nächstenliebe *f.*
αγαπημέν|α *Adv.* gütlich; **~ος** geliebt; Lieblings- (*Speise*); ***~ο φαγητό*** Leibgericht *n.*
αγαπη|τικός [-tik-] Liebhaber *m*; Geliebte(r); **~τική** [-tiķ-] (*a.* **-ιά**) Liebhaberin *f*; Geliebte *f*; **~τός** lieb, teuer; geliebt.
αγαπίζω (σ) (sich) versöhnen.
αγαπ|ώ [aγa'pɔ] (άς· ησ) lieben; (gern) mögen; ***τι ~άτε;*** was wünschen Sie?

Αγαρηνός [aγarin-] Sarazene *m*.
άγαρμπος ['aγarb-] plump; unschick, geschmacklos; barsch.
αγάς [a'γas] (-άδες) Aga *m*; *fig*. Despot *m*.
αγαστός bewundernswert; angenehm.
αγγαρ|εία, ~ειά [aŋgar-] Fronarbeit *f*; Schufterei *f*; *fig*. Last *f*; **~εύω** (ευσ· εψ· ευτ· (ε)μ) (Zwangsarbeit) auferlegen, zwingen; beauftragen.
αγγείο [a'ŋgio] Gefäß *n* (*a. Bot. u. Anat.*); Nachttopf *m*; ***πήλινα αγγεία*** *n/pl*. Steingut *n*.
αγγειο|γραφική Gefäßmalerei *f*; **~πλαστείο** [aŋgioplast-] Töpferei *f*; **~πλάστης** Töpfer *m*.
αγγ|ελία [aŋgel-] Meldung *f*; Annonce *f*; **~έλιασμα** *n* Auszehrung *f*; Todesstunde *f*; **~ιαφόρος** Bote *m*.
Αγγελικ|ή Angelika *f*; **2ός** engelhaft.
αγγελιοδόρος Inserent *m*.
αγγέλλω (ειλ· ελθ) melden; mitteilen.
άγγελμα *n s*. ***αγγελία;*** Nachricht *f*.
αγγελ|όκρουσμα *n* Todeskampf *m*; **~οκρούω: *~οκρούομαι*** mit dem Tode kämpfen.
άγγελος (-ισσα, -ίνα) Engel *m*; Sendbote *m*.
αγγελο|σκιάζομαι (στ) mit dem Tode ringen; **~στόλιστος** engelhaft.
αγγελτήριο (*Heirats- usw*.) Anzeige *f*.
άγγι(α)γμα ['aŋgiγma] *n* Berührung *f* (mit *D*).
άγγι(α)χτος unberührt; ... ohne (*j-n*) zu streifen.
αγγίζω [a'ŋgizo] (σ) berühren, antippen.
αγγίνα Angina *f*.
Αγγλ|ία [aŋgl-] England *n*; **~ίδα(-ίς)** Engländerin *f*; **2ικανικός** anglikanisch; **~ικανός** Anglikaner *m*; **2ικός** englisch.
αγγλισμός Anglizismus *m*.
αγγλ|ιστί englisch; **~ομαθής** englisch sprechend.
Άγγλος Engländer *m*.
αγγλοσαξονικός [-sakson-] angelsächsisch.
αγγλόφιλος englandfreundlich.
αγγούρι [a'ŋguri] Gurke *f*; *fig*. Plackerei *f*.
αγγουροσαλάτα Gurkensalat *m*.
αγγρίζω (σ) *v/t*. reizen.
αγγρίφι [a'ŋgrifi] Haken *m*; Klippe *f*.
αγγριφ|ίζω, ~ώνω (σ) *v/t*. festhaken, packen.
άγδαρτος nicht abgehäutet; *fig*. nicht geschröpft.
αγδίκητος [a'γðikit-] ungerächt.
άγδυτος ['aγðit-] bekleidet, F noch an.
αγειτόνευτος [aji-] ... ohne Nachbarn; einsam.
αγελ|άδα [ajε-] Kuh *f*; **~αδινός** Kuh-; Rind-; **~αίος** (-αία) Herden-; gemein.
αγελαδο|βοσκός Kuhhirt *m*; **~κόμος** Rinderzüchter *m*.
αγελαίος (-α) Herden- (*Vieh*); *fig*. ordinär.
αγέλαστος [a'jεlast-] mürrisch; gerissen, gewitzt.
αγέλη [a'jεli] Herde *f*; (*Wolfs-*)Rudel *n*.
αγέμιστος [-mist-] leer; *mil*. ungeladen.
αγένεια Unhöflichkeit *f*.
αγένειος [a'jεnjos] bartlos; ungeschlechtlich.
αγενής unhöflich; gemein.
αγέννητος ungeboren; Jung- (*Vieh*).
αγερ- *s*. ***αερ-***.
αγέραστος ewig jung, *Alter*: unverändert.
αγερικό Kobold *m*, Gespenst *n*.
αγερολάμνω flattern, durch die Luft schwirren.
άγερτος gerade, aufrecht.
αγερωχία [ajεroç-] Dünkel *m*.
αγέρωχος [-rox-] anmaßend, arrogant.
άγευστος nüchtern, fade; geschmacklos; *mit G* bar *G*, ohne jede(n) ...
άγευτος nüchtern, ... ohne Essen.
αγεφύρωτος [ajε'firot-] unüberbrückbar; ... ohne Brücke.
αγεωγράφητος ... ohne Geographiekenntnisse.
αγεώργητος [-'orjit-] unbebaut.
άγημα ['aji-] *n* Kommando *n*, *mst*. Landekorps *n*.
αγιάζι [a'jazi] (Rau-)Reif *m*.
αγιάζ|ω (αγίασα, άγιασα· σμ) *v/t*. heilig sprechen; mit Weihwasser besprengen; *v/i*. heilig werden; *fig*. abmagern; ***ο σκοπός ~ει τα μέσα*** der Zweck heiligt die Mittel.
αγίασμα [a'jiazma] *n* (Besprengung *f* mit) Weihwasser *n*.
αγιασ|ματάρι(ο) [-zma'tari] Gebetbuch *n*; Weihwassergefäß *n*; **~μός** *s*. ***άγιασμα;*** **~τήριο** heilige(r) Ort; **~τούρα** Weihwedel *m*.

αγιάτρευτος [a'jatrɛft-] unheilbar (*a. fig.*); *fig.* unverbesserlich.
αγίνωτος [a'jinɔt-] *Frucht*: unreif; *Essen*: nicht gar.
αγιο|βασιλιάτικος [ajɔvasi'liat-] Neujahrs-; **~γδύτης** [-'ɣðit-] Kirchenräuber *m*; Halsabschneider *m*; **~γραφία** [-ɣraf-] Heiligenbild(malerei *f*) *n*; **~γράφος** Maler *m von Heiligenbildern*; **~δημητριάτικο** Chrysantheme *f*; **~κέρι** [-'kɛri] *Rel.* Wachskerze *f*.
αγιόκλημα [a'jɔkli-] *n Bot.* Geißblatt *n*.
αγιολόγιο Heiligenbuch *n*.
αγιομάτιστος nüchtern.
Άγιον Όρος *n* der Heilige Berg Athos.
Αγιονόρος *s.* ***Άγιον Όρος.***
αγιο|ποιώ [-'pjɔ] (είς· ησ· ηθ) heilig sprechen; **~ρείτης** [-'rit-] Mönch *m* vom Berge Athos.
άγιο|ς ['ajɔs] (*K.* αγία) heilig; *Su. m* Heilige(r); ***το ~ Πνεύμα*** der Heilige Geist; ***η αγία Γραφή*** die Heilige Schrift.
αγ|ιοσύνη [ajɔ'sini] Heiligkeit *f*; ***Η Αυτού Ձιοσύνη*** Hochwürden; **~ιοταφίτικος** (*Mönch usw.*) ... vom Heiligen Grabe; **~ιότητα** *s.* ***αγιοσύνη.***
αγκα|ζάρω [aŋga'zarɔ] (αρισ) *Karten* vorbestellen; einladen; **~ζέ** *Platz*: reserviert; *Mensch*: gebunden, vergeben; eingehakt *gehen*.
αγκαθ|ένιος [-'θɛn-] (-ια) dornig; Dornen- (*Krone*); **~ερός** dornig.
αγκάθι Dorn *m*; *fig.* Last *f*; ***κάθομαι στ' ~α*** ich sitze (wie) auf Kohlen.
αγκαθι|ά Dornenbusch *m*; **~άζω** (σ) sich (*A*) mit Dornen bedecken; **~ιώνας** Dornengebüsch *n*.
αγκαθωτό|ς [aŋgaθɔt-] dornig; ***~ σύρμα*** Stacheldraht *m*.
αγκαλά (και) obgleich.
αγκάλη Busen *m*; Umarmung *f*; *mar.* Meeresarm *m*.
αγκαλι|ά [aŋgali-] Arm voll *m*; Umarmung *f*; *Adv.* in die (in den) Arme(n); umarmt; **~άζω** (σ· στ) umarmen; *fig. Idee* übernehmen, sich (*A*) anschließen (*D*).
αγκάλιασμα *n* Umarmung *f*.
αγκίδα [a'ŋgiða] Splitter *m*; *Biol.* Stachel *m*; *fig.* Beschwerde *f*.
αγκιδωτός [-ðɔt-] stachelig; spitz.
αγκινάρα [aŋgi'nara] Artischocke *f*.
αγκιστρεύω (ευσ· ψ) angeln; *fig.* in die Enge treiben.
αγκίστρι Angel(haken *m*) *f*.
αγκιστριά Fang *m*.
αγκιστρώνω (σ· θ) *s.* ***αγκιστρεύω;*** *mil.* fesseln.
αγκίστρωση [a'ŋgistrɔsi] (-εις) Angeln *n*; *mil.* Fesselung *f*.
αγκλίτσα Hirtenstab *m*.
αγκο|μάχημα [aŋgɔ'maïç-] *n* Keuchen *n*, Röcheln *n*; **~μαχώ** [-ma'xɔ] (είς· ησ) keuchen, röcheln.
αγκ|ούσα Niedergeschlagenheit *f*; ***~εύομαι*** (ευτ), **~ουσεύω** (ευω, εψ) bedrückt sein.
αγκράφα [a'g-] Schnalle *f*; Haken *m*.
αγκύλη [a'ŋgili] kleine(r) Haken *m*; *Typ.* eckige Klammer *f*.
αγκύλωμα [-lɔma] *n* Stich *m*.
αγκυλώνω (σ· θ) stechen; *fig.* verletzen.
αγκύλωση [-lɔsi] (-εις) *Med.* Ankylose *f*.
αγκυλωτός stachelig; Stachel- (*Draht*).
αγκυνάρα *s.* ***αγκινάρα.***
άγκυρα ['aŋgira] Anker *m*; *fig.* ***~ σωτηρίας*** Rettungsanker *m*.
Άγκυρα Ankara *n*.
αγκυρο|βόλημα *n*, **~βόληση** [-'vɔli-] Ankerwerfen *n*; **~βόλιο** Ankerplatz *m*; **~βολώ** [-vɔ'lɔ] (είς· ησ) Anker werfen, ankern.
Αγκώνα Ancona *n*.
αγκωνάρι Eckstein *m*; *fig.* Stütze *f*.
αγκώνας, άγκωνας [aŋgɔn-] Ell(en)-bogen *m*.
αγκων|ή Ecke *f*, Winkel *m*; (Brot-)Kanten *m*; **~ιάζω** (σ) *v/t.* behauen.
αγλάισμα [a'ɣlaiz-] *n* Schmuck *m*; *fig.* Zierde *f*.
αγλαός prächtig.
αγ(κ)λέουρας *Art* Giftpflanze *f*; *fig.* allzu viel (*essen*).
αγλύκαντος [a'ɣlikand-] ungesüßt; *fig.* freudlos.
άγλυκος ungesüßt, fade.
άγλωσσος stumm.
αγνάντεμα [a'ɣnand-] *n* Erspähen *n*; Umschau *f*.
αγναντεύω (εψ) *v/t.* erblicken; überblicken.
αγνάν|τι(α) *Adv.* gegenüber; **~τιο** Aussichtspunkt *m*, Aussichtsturm *m*.
αγν|εία [aɣn-] *s.* ***αγνότητα;*** **Ձή** 'Agnes

f; **~ίζω** (σ· σθ) läutern; **~ισμός** Läuterung *f*.
άγνοια ['aɣnĭa] Unwissenheit *f* (***από***/in *D*); *mil.* Abwesenheit *f*; ***εν αγνοία μου*** ohne mein Wissen.
αγνοούμενος [aɣnɔ'u-] verschollen.
αγν|ός keusch, lauter; *Butter usw.*: rein; **~ότητα** Keuschheit *f*.
αγν|οώ (είς· ησ· ηθ) *v/t.* nichts wissen von *D*; ignorieren; **~ώμονας** [-mɔnas] Undankbare(r); **~ωμονώ** [-ɔmɔ'nɔ] (είς· ησ) undankbar sein.
άγνωμος teilnahmslos, ... ohne Meinung.
αγν|ωμοσύνη [-ɔmɔ'sini] Undankbarkeit *f*; **~ώριστος** [-'ɔrist-] unbekannt; unerkennbar.
άγνωστο ['aɣnɔstɔ] *Math.* Unbekannte *f*; **~ς** unbekannt.
αγόγγυστος [a'ɣɔŋ̄gist-] geduldig; *Adv.* ohne Murren.
αγοήτευτος [-tɛft-] unbeeindruckt.
αγονάτιστος unbeugsam, fest.
αγον|ία, ~ιμότητα Unfruchtbarkeit *f*; **~ιμοποίητος** unbefruchtet.
άγονος unfruchtbar, steril.
αγορ|ά Markt(halle *f*) *m*; Kauf *m*; Einkauf *m*; Marktplatz *m*; *Hdl.* Markt *m*; ***Κοινή*** **2ά** Gemeinsame(r) Markt *m*; ***λαϊκή ~ά*** Wochenmarkt *m*; ***συνοικιακή ~ά*** Einkaufszentrum *n*; ***~ά με δόσεις*** Ratenkauf *m*; **~άζω** (σ· στ) kaufen (*a. fig.*) (***από***/bei *D*); ***πουλά και ~άζω*** *fig.* er steckt uns in die Tasche; **~αίος** (-αία) Kauf-; ordinär, gemein; ***~αία αξία*** Marktwert *m*; **~ανομία** Marktinspektion *f*; **~απωλησία** [-apɔlis-] Geschäft *n*, Transaktion *f*; **~αστής** Käufer *m*; **~αστικός** Markt-; Kauf-; ***~αστική δύναμη*** Kaufkraft *f*; ***~αστικό κέντρο*** Einkaufszentrum *n*; **~άστρια** Käuferin *f*.
αγόρευση [a'ɣɔrɛfsi] (-εις) Ansprache *f*; *jur.* Plädoyer *n*.
αγορεύω (ευσ) e-e Ansprache halten; plädieren.
αγόρι [a'ɣɔri] Junge *m*.
αγορίστικος Jungen-, Knaben-; ... für Jungen.
άγος *n K.* Schandtat *f*.
αγουρίδα [aɣur-] saure Traube *f*.
αγούρμαστος unreif.
άγουρο- vorzeitig, zu früh.
αγουρόλαδο [-'rɔlaðɔ] Öl *n* aus unreifen Trauben.
άγουρος unreif (*a. fig.*).
άγουσα: ***παίρνω την ~ για ...*** den Weg zu ... einschlagen.
άγουστος geschmacklos (*bsd. fig.*).
Άγραμ Zagreb *n*.
αγράμματος ungebildet; unerfahren.
αγραμματοσύνη [aɣramatɔ'sini] Unbildung *f*.
αγράμπελη wilde(r) Wein *m*.
αγρανάπαυση Brache *f*.
άγρα|φος, ~φτος unbeschrieben; ungeschrieben; *Schularbeit*: unerledigt; ***~φο χαρτί*** *fig.* ein Fetzen Papier.
άγρευση Jagd *f* (*G*/nach *D*); ***~ ψήφων*** *pol.* Stimmenfang *m*.
αγρεύω (ευσ) erjagen; *Stimmen* fangen; *Anker* einholen.
αγρι(ο)- wild, Wild-.
αγρι|άγκαθο [a'ɣrĭaŋ̄gaθɔ] Distel *f*; **~άδα** Wildheit *f*; *Bot.* Quecke *f*; **~άνθρωπος** [-'aňθrɔp-] Wilde(r); Unhold *m*; **~ελιά** wilde(r) Ölbaum *m*.
αγρίεμα [a'ɣriɛma] *n* Ärger *m*.
αγριεύω (ευταγρίεψα· ευτ) *v/i.* wütend werden (***με***/über *A*); *v/t.* ängstigen, erschrecken.
αγρ|ίκητος beispiellos, phantastisch; **~ικώ** (άς· ησ) *s.* ***γρικώ;*** herhören; kapieren.
αγρ|ίλι, ~ιλιά wilde Olive *f*; wilde(r) Ölbaum *m*.
αγρίμι Wild(bret) *n*; *fig.* Ausbund *m*.
αγριο|βλέπω [aɣrĭɔ'vlɛpɔ] wütend, böse ansehen; **~βόρι** eisige(r) Nordwind.
αγριοβότανο [aɣrĭɔ'vɔt-] Kraut *n*.
αγριό|γατα [a'ɣrĭɔɣata] Wildkatze *f*; **~γίδα** Gämse *f*.
αγριο|γούρουνο [-'ɣurunɔ] Wildschwein *n*; **~καίρι** [-'ķɛri] Hundewetter *n*; **~κάτσικο** Wildziege *f*; *fig.* ungezügelt; **~κέρασο** Vogelkirsche *f* (*Frucht*); **~κόκορας** [-'kɔkɔras] Birkhahn *m*; **~λούλουδο** [-'luluðɔ] Feldblume *f*; **~μανητό** wilde(s) Wuchern; **~μάτης** [-'mat-] (-ισσα, -ικο) wild blickend; **~μιλώ** barsch anfahren (***του***/*j-n*).
αγριοπαίρνω *v/t.* unwirsch behandeln.
αγριόπαπια [-papja] Wildente *f*.
αγριοράπανο [aɣrĭɔ'rapanɔ] Meerrettich *m*.

άγριος (-ια) wild; *Kampf*: erbittert; *Sturm*: wütend; *fig.* böse.
αγριόσκυλο [-sķilɔ] Köter *m.*
αγριότητα wilde(r) Zustand; Wildheit *f*; Grausamkeit *f.*
αγριότοπος [a'γrĭɔtɔp-] Wildheit *f.*
αγριοφέρνομαι barsch behandeln (***του***/*j-n*).
αγριό|χηνα [-çina] Wildgans *f*; **~χοιρος** [-çir-] Wildschwein *n.*
αγριόψυχος grausam.
αγριώνω (σ· θ) *s.* ***αγριεύω.***
αγριωπός finster blickend.
αγροδίαιτος Landbewohner *m.*
αγροζημία [aγrɔzim-] Flurschaden *m.*
αγρ|οικία [aγriķ-] Landhaus *n*; Rauheit *f*; **~οίκος** [-'ik-] (-α) grob, rau; **~οκαλλιέργεια** [-ɔka'lĭɛrja] Ackerbestellung *f*; **~οκήπι(ο)** [-ɔ'ķip-] Baumschule *f*; **~όκτημα** [-'ɔkt-] *n* Gehöft *n*; ***κολλεκτιβιστικό ~όκτημα*** Kollektivwirtschaft *f.*
αγρο|νομείο [aγrɔnɔm-], **~νομία** Agronomie *f*; Verwaltung *f* der Landgüter; **~νομικός** agronomisch; **~νόμος** Landwirt *m*; Gutsinspektor *m.*
αγρ|ός Acker *m*; **~ότης** Bauer *m*; **~οτιά** Bauernschaft *f*; **~οτικός** Land-; landwirtschaftlich, Agrar-; **~ότισσα** Bäuerin *f*; **~οτόσπιτο** [-ɔ'tɔspitɔ] Bauernhaus *n*; **~οφύλακας** [-ɔ'filakas] Feldwächter *m.*
αγρύπνια [a'γripn-] Schlaflosigkeit *f*; Wachsamkeit *f.*
αγρυπνία *Rel.* Nachtmesse *f.*
άγρυπνος schlaflos; wachsam.
αγρυπνώ [-i'pnɔ] (είς· ησ) wachen; wach bleiben; wachsam sein.
άγρωστις ['aγrɔstis] (-ιδος) *f Bot.* Quecke *f*; Unkraut *n.*
αγυάλιστος [a'jal-] ungeputzt.
αγυι|ά [aji'a] Weg *m*, Straße *f*; **~όπαιδο** [-'ɔpɛðɔ] Straßenjunge *m.*
αγύμναστος [a'jimnast-] unbewandert (***σε***/in *D*); *mil.* unausgebildet.
αγύρευτος [a'jirɛft-] nicht verlangt; unerwünscht; *Hdl.* unverkauft.
αγύριστο|ς [a'jirist-] nicht zurückgekehrt; *Wald*: undurchdringlich; ***κεφάλι ~*** Starrkopf *m.*
αγυρτ|εία [ajirt-] Schwindel *m*, Betrug *m*; **~εύω** (ευσ) schwindeln.
αγύρτ|ης Schwindler *m*; (*Arzt*) Scharlatan *m*; **~ισσα** Schwindlerin *f.*
άγυρτος gerade, ungebeugt.
αγύψωτος unvergipst.
αγχ|ίνοια [a'ŋ̊çinja] Scharfsinn *m*; **~ίνους** [-'inus] (-ουν) scharfsinnig.
αγχιστεία [aŋ̊çist-] Schwägerschaft *f.*
αγχόνη [a'ŋ̊xɔni] Galgen *m*; Henken *n.*
άγχος ['aŋ̊x-] *n* große Angst *f.*
άγω ['aγɔ] *K.* (αγάγω· ήγαγον· αχθώ· ήχθην· ηγμ-· *Impf.* ήγον) führen, leiten (*a. Phys.*).
αγωγή [-'ji] Erziehung *f*; Verfahren *n*, Behandlung *f*; *jur.* Klage *f*; ***καταθέτω ~ εναντίον*** (*G*) e-e Klage anstrengen gegen (*A*).
αγώ(γ)ι [a'γɔ(j)i] Fahrpreis *m*, Fuhrgeld *n*; Fuhre *f.*
αγωγιάτης Fuhrmann *m*; Eseltreiber *m.*
αγωγιμότητα [aγɔji'mɔt-] *Tech.* Leitfähigkeit *f.*
αγωγός [-'γɔs] *Phys.* Leiter *m*; *Tech.* Leitung *f*; *Anat.* Gang *m.*
αγώνας [a'γɔnas] Kampf *m*; Wettkampf *m*; ***εκλογικός ~*** Wahlkampf *m*; ***ο ~ περί υπάρξεως*** der Kampf ums Dasein; ***~ τάξεων*** Klassenkampf *m*; ***ο 2*** der Aufstand von 1821.
αγων|ία Besorgnis *f*; Todeskampf *m*; **~ίζομαι** (στ) *Sport*: miteinander kämpfen (σε/in *D*); kämpfen (για/für *A*); ***~ίζομαι να ...*** kämpfen um *A.*
αγώνισμα *n* Wettkampf *m*; Wettbewerb *m.*
αγων|ιστής (***-ίστρια***) [aγɔn-] Wettkämpfer(in *f*) *m*; **~ιστικός** Kampf-; **~ιώ** [-'jɔ] (άς· ησ) Angst haben; sich abmühen; **~ιώδης** [-'jɔð-] verzweifelt (*z. B. Mühe*); **~οδίκης** Schiedsrichter *m*; **~οθέτης** [-ɔ'θɛt-] Wettkampfveranstalter *m.*
αδάγκωτος nicht angebissen.
αδαής unerfahren, ... ohne jede Kenntnis (***σε***/in *D*).
αδάκρυτος tränenlos; *Leben*: sorgenlos; unbeweint.
αδα|μάντινος [aða'mañd-] diamanten; *fig.* (stein)hart; *Su.* ***~μαντίνη*** (Zahn-)Schmelz *m*; *s. a.* ***γάμος.***
αδαμαντοπωλείο [-ɔpɔl-] Juweliergeschäft *n.*
αδάμας [a'ðamas] (-αντος) Diamant *m*; *fig.* Leuchte *f.*
αδάμαστος ungezähmt; unbezähmbar; eisern (*Wille*).

αδαμι|αίος [-'mĭεɔs] (-αία) Adams-; *fig.* steinalt; ***με ~αία περιβολή*** im Adamskostüm.
αδάνειστος unbeliehen; unbeleihbar; *Pers.* unbelastet (*durch Darlehen*).
αδάπανος [a'ðap-] nicht aufwendig.
αδασκάλευτος [aða'skalεft-] unaufgeklärt; ... ohne Schulbildung.
αδασμολόγητος [aðazmɔ'lɔjit-] zollfrei.
άδεια ['aðĭa] Erlaubnis *f*, Freiheit *f*; Genehmigung *f*; Urlaub *m*; ***~ εισαγωγής*** Einfuhrgenehmigung *f*; ***~ εξασκήσεως επαγγέλματος*** Gewerbeschein *m*; ***~ οδηγού αυτοκινήτου, οδηγήσεως*** Führerschein *m*; ***~ παραμονής*** Aufenthaltsgenehmigung *f*; ***~ ποιητική*** dichterische Freiheit *f*; ***~ προσγειώσης*** Landeerlaubnis *f*; ***σύντομη ~*** Kurzurlaub *m*; ***έχω ~*** auf Urlaub sein.
αδει|ά Zeit *f*; Platz *m*; **~άζω** (άδειασα) leeren, räumen; auspacken; *v/i.* sich leeren; Zeit haben (***για***/zu *D*); ***άδειασέ μου τη γωνιά*** scher dich weg!; **~ανός** leer (*stehend*); (*Zeit*) frei.
άδειασμα ['aðjaz-] *n* Entleeren *n*; (Aus-)Räumen *n*.
αδείλιαστος furchtlos.
άδειος *s.* ***αδειανός.***
αδειούχος (-α) [a'ðjux-] Urlauber(in *f*) *m*; *Adj.* ... auf Urlaub.
αδείπνητος [a'ðipnit-], **άδειπνος** ... ohne Abendessen.
αδέκαρος ... ohne Pfennig.
αδέκαστο [a'ðεkastɔ] Unbestechlichkeit *f*; **~ς** unbestechlich.
αδελφάκι (leiblicher) Bruder *m*; enge(r) Freund.
αδελφ|άτο [aðεl'fatɔ] (*Komitee*) Bruderschaft *f*; Brüderlichkeit *f*; **~ή** Schwester *f*.
αδέλφια *n/pl.* Geschwister *pl.*
αδελφ|ικός [aðεlf-] brüderlich; **~οί** [-'i] *m/pl.* Brüder *m/pl.*; *Hdl.* Gebrüder *pl.*; **~οποίηση** [-ɔ'piisi] (-εις), **~οποιία** Verbrüderung *f*; ***~οποίηση πόλεων*** Städtepartnerschaft *f*; **~οποιούμαι** [-ɔ'pjumε] (ηθ) sich verbrüdern; **~οποιτός** verbrüdert; *Su. m* F Kumpel *m*; **~ός** Bruder *m*; **~οσύνη** [-ɔ'sini], **~ότητα** Brüderschaft *f*; *s.a.* ***αδελφάτο; ~ώνω*** (σ· θ) *v/t.* versöhnen; ***~ώνομαι*** sich verbrüdern.
αδέλφωση (-εις) Verbrüderung *f*.
αδένας *Anat.* Drüse *f*.
άδεντρος ['aðεňðr-] baumlos.
αδέξιος [a'ðεks-] (-ια, -ία) ungeschickt; linkisch.
αδεξιότητα [aðε'ksjɔt-] Ungeschicklichkeit *f*.
αδερφ- *s.* ***αδελφ-.***
αδερφο|μοίρι Erbteil *n*; **~παιδί** Neffe *m*; Nichte *f*.
αδέσμευτος [a'ðεzmεft-] ungebunden, frei (***απέναντι*** *G*/gegenüber *D*); *pol.* blockfrei.
αδέσποτ|ος [a'ðεspɔt-] herrenlos; ***~η φήμη*** Tatarennachricht *f*.
άδετος nicht angebunden; *Buch*: ungebunden.
άδηλ|ος ['aðil-] ungewiss; *Hdl.* unsichtbar; ***~η αναπνοή*** Hautatmung *f*.
αδήλωτος [-lɔt-] *Hdl.* nicht deklariert; *Bürger*: unangemeldet.
αδήμευτος [a'ðimεft-] unbeschlagnahmt.
αδημιούργητος nicht gezeugt, nicht geschaffen.
αδημον|ία Unruhe *f*; Ungeduld *f*; **~ώ** (είς· ησ) beunruhigt sein; ***~ώ να πάρω γράμμα του*** ich erwarte ungeduldig e-n Brief von dir.
αδημοσίευτος [aðimɔ'sieft-] unveröffentlicht; ... nicht zu veröffentlichen.
Άδης Hölle *f*; Hades *m*; *fig.* Mördergrube *f*.
αδη|φαγία [aðifaj-] Gefräßigkeit *f*; **~φάγος** [-'faγ-] gefräßig; begehrlich; *Feuer*: verheerend.
αδιάβαστος [a'ðĭavast-] ungelesen; unlesbar; *Schüler*: unvorbereitet.
αδιάβατος unpassierbar.
αδιαβίβαστος *Brief*: unzustellbar.
αδιάβλητος [-vlit-] makellos.
αδιάβροχο [-vrɔxɔ] Regenmantel *m*; **~ς** wasserdicht.
αδιάγνωστος [a'ðĭaγnɔst-] *Med.* nicht feststellbar; nicht erkannt.
αδιάδοτος ... nicht veröffentlicht, zurückgehalten.
αδιάζευκτος [-zεfkt-] (noch) nicht geschieden.
αδιαθεσία [aðĭa-] Unpässlichkeit *f*.
αδιάθετος unpässlich, leidend; unverkauft; *Geld*: nicht verfügbar; *jur.* Intestat-.

αδιαθετώ [aðïaθɛ'tɔ] (είς· ησ) unpässlich sein.
αδιαίρετος [aði'ɛrɛt-] nicht geteilt; unteilbar; *jur.* ***εξ αδιαιρέτου*** gemeinschaftlich.
αδιακήρυκτος nicht verlautbart.
αδιάκοπος [a'ðïakɔp-] pausenlos, Dauer- (*z. B. Regen*).
αδιακρισία [-kris-] Taktlosigkeit *f.*
αδιάκριτος nicht wahrnehmbar; *Person*: taktlos.
αδιακρίτως [aðïa'kritɔs] *G* ohne Unterschied *G*, ohne Rücksicht auf *A*.
αδιακύβευτος ungefährdet.
αδιά|λειπτος [-lipt-] ununterbrochen, Dauer-; **~λεχτος** [-lɛxt-] unsortiert; **~λλακτός** [-lakt-] (**-χτος**) unversöhnlich; **~λυτος** [-lit-] nicht aufgelöst; *Chem.* unlöslich.
αδια|μαρτύρητος ... ohne Protest; **~μέλιστος** unzerstückelt.
αδια|μέτρητος [aðïa'mɛtrit-] unermesslich; **~μοίραστος** [-'mirast-] ungeteilt; unverteilt.
αδιαμφισβήτητος unbestreitbar.
αδι|ανέμητος [-'nɛmit-] unverteilt; unteilbar; **~ανόητος** unbegreiflich; **~άνοιχτος** *Weg*: unerschlossen; **~αντροπιά** [-drɔ'pja] Unverschämtheit *f*; **~άντροπος** unverschämt.
αδια|παιδαγώγητος [-pɛða'ɣɔjit-] ... ohne Erziehung; **~πέραστος** [-'pɛras-] undurchdringlich.
αδιάπλαστος [a'ðïaplast-] unentwickelt.
αδιαπραγμάτευτος nicht börsenfähig; unverkäuflich.
αδιά|πτωτος ungeschmälert, unvermindert (groß); **~ρρηχτος** [-rix-] unaufgebrochen; unverbrüchlich; **~σειστος** [-sist-] unerschütterlich; **~σπαστος** [-spast-] unzerbrechlich.
αδιαστάυρωτος unbestätigt; *Biol.* nicht gekreuzt.
αδια|τάρακτος [-'tarakt-] (**-χτ-**) ungetrübt; unerschütterlich; **~τήρητος** nicht haltbar; *Haus*: baufällig; **~φανής** [-fan-] undurchsichtig; **~φέντευτος** schutzlos; herrenlos.
αδιάφθορος [-fθɔr-] unzerstörbar; *fig.* unbestechlich.
αδιαφιλονίκητος [-filɔ'nikit-] unbestreitbar; unbestritten.
αδιαφορία [-fɔr-] Gleichgültigkeit *f.*
αδιάφορος gleichgültig (***για***/ [gegenüber] *D*); *Chem.* indifferent.
αδια|φορώ [aðïafɔ'rɔ] (είς· ησ) es ist mir gleichgültig, (ob) ...; **~φώτιστος** ungeklärt; **~χώρητο** [-'xɔrit-] Undurchdringlichkeit *f*; *kein* Durchkommen *n* (*z. B. im Saal*); **~χώρητος** undurchdringlich, völlig verstopft; **~χώριστος** untrennbar.
αδιάψευστος [a'ðïapsɛfst-] nicht dementiert; unwidersprochen.
αδίδαχτος [a'ðiðaxt-] *Thea.* unaufgeführt; (*Schule*) nicht durchgenommen; unwissend.
αδιεκδίκητος [aðiɛg'ðikit-] *jur.* nicht beansprucht.
αδιέξοδο|ς [-'ɛksɔð-] ausweglos; Sack- (*Gasse*); **~** *a. fig.* Sackgasse *f.*
αδι|ερεύνητος unerforscht; **~ευθέτητος** *jur.* nicht beigelegt, unausgeräumt; **~ευκρίνιστος** unklar, im Unklaren.
αδιήθητος [-'iθit-] unfiltriert.
άδικα zu Unrecht; *s. a.* ***άδικος.***
αδικαιολόγητος [aðikɛɔ'lɔjit-] ungerechtfertigt; ungebührlich.
αδικαίωτος ungerechtfertigt.
αδίκαστος [a'ðikast-] ohne Urteil.
αδίκημα [-kima] *n* Unrecht *n*; *jur.* Vergehen *n.*
αδικία [-'kia] Ungerechtigkeit *f.*
αδικο- ungerecht (*handeln usw.*).
άδικ|ο Unrecht *n*; ***έχω ~ο*** Unrecht haben; **~ος** ungerecht; *Mühe*: vergeblich.
αδικώ [aði'kɔ] (είς· ησ· εμ, ημ) *v/t.* unrecht tun (*D*).
αδιοίκητος [aði'ikit-] ... ohne Führung; schlecht verwaltet.
αδιόρατος undurchsichtig (*a. fig.*).
αδι|οργάνωτος [-ɔr'ɣanɔt-] unorganisiert; **~όρθωτος** [-'ɔrθɔt-] unberichtigt, unkorrigiert; *fig.* unverbesserlich; nicht wieder gutzumachend; *Bett*: unaufgemacht; **~όριστος** unbestimmt; nicht fest angestellt.
αδίσταχτ|ο [a'ðistaxtɔ] Entschlossenheit *f* (***δια***/zu *D*); **~ος** entschlossen.
α|δίωκτος [a'ðiɔktɔs] unverfolgt; **~δόκητος** unerwartet; **~δοκίμαστος** unerprobt; unerfahren.
αδόκιμος nicht anerkannt; mittelmäßig.
άδολος ['aðɔl-] arglos; unverfälscht.
αδόνητος unerschüttert.

αδόξαστο|ς [a'ðɔksast-] unberühmt; ***του άλλαξα τον ~*** ich hab's ihm gehörig gegeben.
άδοξος ruhmlos; unrühmlich (*Ende*).
αδούλευτος [a'ðulɛft-] unbearbeitet; *Kapital*: tot; ohne Mühe.
αδούλωτος unversklavt.
αδράζω [a'ðrazɔ] (ξ· γμ) ergreifen.
αδράνεια Energielosigkeit *f*; Untätigkeit *f*; *Phys*. Trägheit *f*; ***~ του ανοσοποιητικού συστήματος*** Immunschwäche *f*.
αδραν|ής untätig; energielos; träge; **~ώ** (είς· ησ) untätig sein.
αδράχ|νω *s*. ***αδράζω***; **~τι** [a'ðraxti] Spindel *f*.
Αδριανός Hadrian *m*.
Αδριατικ|ή Adria *f*; ***το ~ό πέλαγος*** das Adriatische Meer.
αδρομερής *fig*. unausgefeilt.
αδρός [aðr-] grob; prall; üppig.
αδυναμία [aðinam-] Schwäche *f* (*fig*. ***σε***/für); Unvermögen *n*; ***~ μνήμης*** Gedächtnisschwäche *f*.
αδύναμος kraftlos, schwach.
αδυν|ατίζω (σ) *v/i*. abnehmen, abmagern (***από***/durch); *v/t*. schwächen, aufreiben; **~άτισμα** *n* Schwächung *f*; Abmagerung *f*.
αδύνατος schwach; mager, dünn; unmöglich.
αδυνατώ [aðina'tɔ] (είς· ησ) außerstande sein; *s*. ***αδυνατίζω*** *v/i*.
αδυσώπητος unerbittlich.
άδυτο Heiligtum *n*; **~ς** unzugänglich.
αδωροδόκητος [aðɔrɔ'ðɔk̡it-] unbestochen; unbestechlich.
αεί [a'i] *Adv*. stets.
αει|θαλής [aiθal-] *Bot*. immergrün; *fig*. rüstig; **~κίνητο** [-'k̡initɔ] Perpetuum mobile *n*; **~κίνητος** betriebsam, rührig.
αείμνηστος [a'imnist-] unvergesslich.
άειντε ['ai(ñ)dɛ] ja (sogar).
αέναος [a'ɛna-] beständig, ewig.
αεραγήματα *n/pl*. Luftlandetruppen *f/pl*.
αεραγωγός [aɛraɣɔɣ-] *Tech*. Luftschacht *m*.
αεράκι [-'raïk̡i] Brise *f*, Lüftchen *n*.
αεράμυνα [-'ramina] Luftabwehr *f*; ***παθητική ~*** Luftschutz *m*.
αεραντλία [-rañdl-] Luftpumpe *f*.
αέρα|ς [a'ɛras] Luft *f*; Wind *m*; *Tech*. Spiel(raum *m*) *n*; ***έναν ~*** eine Idee (*breiter usw*.); ***~ς κοπανιστός*** leere(s) Geschwätz *n*; ***έχει πολύν ~*** er ist sehr eingebildet; ***παίρνω τον ~*** (*G*) F den Dreh (*G*) finden, raushaben (*A*); ***~!*** *Interj*. raus hier!
αεργία [aɛrj-] Untätigkeit *f*.
άεργος [-ɣɔs] untätig; arbeitslos.
αερίζ|ω (σ· στ) *v/t*. kühlen; lüften; ***~ομαι*** (aus)lüften.
αερικό Kobold *m*.
αέρινος geisterhaft.
αέριο Gas *n*; ***δακρυγόνο ~*** Tränengas *n*; ***δηλητηριώδες ~*** Giftgas *n*; ***φυσικό ~*** Erdgas *n*; ***~ ασφυξιογόνο*** Stickgas *n*.
αερι|ογόνο [aɛrïɔ'ɣɔnɔ] Gasentwickler *m*, *Tech*. Gasgenerator *m*; **~όμετρο** Gasmesser *m*; **~ομηχανή** Verbrennungsmotor *m*; **~οπροώθηση** [-ɔprɔ'ɔθ-] (-εις) Düsenantrieb *m*.
αέριος (*a*. ***-ια***) Luft-.
αεριοστεγής gasdicht.
αερι|οσωλήνας [-sɔ'lin-] Gasrohr *n*; **~ούχος** [-'ux-] gashaltig; *Getränk*: kohlensäurehaltig; **~όφως** [-'ɔfɔs] (-φωτος) *n* Leuchtgas *n*; **~σμός** Lüftung *f*; **~στήρας** [-'stir-], **~στήριο** [-'stir-] Lüfter *m*, Ventilator *m*; **~τζής** (-ήδες) Börsenmakler *m*; *Argot*: faule(r) Kunde; **~ώδης** gasförmig; **~ωθούμενος** ... mit Düsenantrieb; *Su*. *n* Düsenflugzeug *n*.
αερο|αποβατικός [aɛrɔapɔvatik-] Luftlande-; **~βασία** [-vas-] Hirngespinst *n*; **~βάτης** [-'vat-] Träumer *m*; **~βατώ** [-va'tɔ] (είς· ησ) in Illusionen leben; **~βόμβα** [-'vɔmva] Fliegerbombe *f*; ***~βόμβα εμπρηστική*** Brandbombe *f*; **~γέφυρα** Luftbrücke *f*; **~δρόμιο** [-'ðrɔm-] Flugplatz *m*; **~δυναμική** [-ðinami'k̡i] Aerodynamik *f*; **~δυναμικός** aerodynamisch; Stromlinien-; **~θάλαμος** [-'θalam-] Luftkammer *f*; (*Auto*) Schlauch *m*; Luftkissen *n*; **~θεραπεία** [-θɛrap-] Luftkur *f*.
αερόθερμο Heizlüfter *m*.
αερο|κοπάνισμα [-kɔ'pan-] *n* Geschwätz *n*; **~λέσχη** Aeroklub *m*, Pilotenschule *f*.
αερόλιθος [aɛ'rɔliθ-] Meteorstein *m*.
αερο|λιμένας [-li'mɛn-] Flughafen *m*; **~λογία** Gefasel *n*.
αερόλουτρο [-'rɔlutrɔ] Luftbad *n*.

αερο|μαχία [-maç-] Luftschlacht *f*; **~ναύτης** [-'naft-] Flieger *m*, Aeronaut *m*; **~ναυτιλία** [-til-] Luftfahrt *f*; Aeronautik *f*; **~πειρατεία** Luftpiraterie *f*; **~πειρατής** Luftpirat *m*.

αεροπλάνο [aɛrɔ'planɔ] Flugzeug *n*; **~ αεροπροωθούμενο** Düsenflugzeug *n*; **~ αναγνωρίσεως** (*od.* **αναγνώρισης**) Aufklärer *m*; **~ βομβαρδιστικό** Bombenflugzeug *n*; **~ επιβατικό** Verkehrsflugzeug *n*; **~ καταδιωκτικό** Jäger *m*, Jagdflugzeug *n*; **~ μεταγωγικό** Transportflugzeug *n*; **~ πυραυλοκίνητο** Raketenflugzeug *n*; **~ (της) γραμμής** Linienflugzeug *n*; **~ τσάρτερ** Charterflugzeug *n*.

αερο|πλανοφόρο [-planɔ'fɔrɔ] Flugzeugträger *m*; **~πλοΐα** [-plɔ'ia] Luftschifffahrt *f*; **~πλοϊκός** Luftschifffahrts-; **~πορία** Luftfahrt *f*; Flugwesen *n*; Luftwaffe *f*; Flugzeuge *n/pl.*; **~πορικός** Luftfahrts-; Flug- (*z. B. Reise*); **~πορική συγκοινωνία** Flugverkehr *m*; **τακτική ~πορική γραμμή** Linienflug *m*; **~πορικώς** [-ri'kɔs] mit Luftpost; *allg.* mit dem Flugzeug; **~πόρος** Flieger *m*; **~πορώ** [-pɔ'rɔ] (είς· ησ) fliegen.

αερόσκαλα Wasserlandeplatz *m*.

αερο|σκάφος [-'skaf-] *n* Flugzeug *n*; **~στάθμη** Wasserwaage *f*.

αερόστατο [aɛ'rɔstatɔ] Ballon *m*; **~ φραγμού** Sperrballon *m*.

αερ|οστεγής [-stɛj-] (*Adv.* **-ώς**) luftdicht; **~όστρωμα** *n* Luftmatratze *f*; **~οσυνοδός** *f* Stewardess *f*; **~όσφυρα** Presslufthammer *m*; **~όφρενο** Druckluftbremse *f*; **~οφωτογραφία** Luftaufnahme *f*; **~όψυκτος** luftgekühlt; **~ώδης** Luft-.

αετίσιος [aɛt-] (-ια) Adler-.

αετονύχης (-ηδες; -α, -ισσα) Raffke *m*; raffgierig.

αετ|όπουλο [-'ɔpulɔ] junge(r) Adler *m*; Pionier *m*; **~οράχη** steile(r) Bergrücken; **~ός** Adler *m*.

αέτωμα *n* Giebel *m*.

αζάρωτος [a'zarɔt-] faltenlos.

αζεμάτιστος unabgebrüht.

Αζερμπαϊτζάν [azɛrbaj'dzan] *n* Aserbeidschan *n*.

αζευγάρωτος [azɛ'vγarɔt-] ungepaart; unbeweibt; unbebaut.

άζευτος ['azɛft-] nicht im Gespann; brückenlos.

αζήλευτος [a'zilɛft-] unbeneidet; nicht beneidenswert.

αζημίωτο|ς [azi'miɔt-] ... ohne Schaden; **με το ~** mit Gewinn.

αζητησία [azitis-] Absatzkrise *f*.

αζήτητος nicht abgefordert.

Αζοφική (das) Asowsche Meer.

αζύγι(α)στος [a'ziji(a)st-] un(ab)gewogen.

αζύγωτος *Pers.* unnahbar.

άζυμος ungesäuert.

αζύμωτος [-mɔt-] schlecht durchgeknetet; ungegoren.

άζωτο ['azɔtɔ] Stickstoff *m*.

αζωτούχος [-'tux-] (-α) stickstoffhaltig.

αηδ|ής [aið-] ekelhaft; schal, fade; **~ία** Ekel *m*; Geschmacklosigkeit *f*; **~ιάζω** (σ) *v/t.* e-n Widerwillen bekommen (gegen *A*); überdrüssig werden (*G*); *v/i.* verabscheuen (**με**/*A*); **~ιαστικός** widerlich, verabscheuungswürdig.

αηδόνι Nachtigall *f*.

αήττητος [a'itit-] unbesiegt; unbesiegbar.

άηχος *Gr.* stimmlos.

αθάλη Ruß *m*.

αθάμ|αστος, ~αχτος unbewundert; ungerührt.

αθάμπωτος *fig.* unbeeindruckt.

αθανασία [aθanas-] Unsterblichkeit *f*.

αθάνατος unsterblich; *Stoff*: unverwüstlich; *Su. m* Agave *f*.

αθάρρετος [a'θarɛt-] mutlos.

άθαφτος ['aθaft-] unbegraben.

αθέατος [a'θɛat-] unsichtbar; verborgen.

αθεΐα [aθɛ'ia], **αθεϊσμός** [aθɛiz-] Atheismus *m*.

άθελα *Adv.* unfreiwillig.

αθέλητος [a'θɛlit-] unfreiwillig; widerwillig; willenlos.

αθεμελίωτος [-mɛ'liɔt-], **αθεμέλιωτος** ... noch ohne Grundstein; *fig.* grundlos; unbegründet (*Theorie*).

αθέμιτος unerlaubt, illegal, gesetzwidrig; **~ συναγωνισμός** unlautere(r) Wettbewerb *m*.

άθεος gottlos; *Su. m* Atheist *m*.

αθεόφοβος [aθɛ'ɔfɔv-] ruchlos; *Su. m* Schurke *m*.

αθεράπευτος [-'rapɛft-] unheilbar; unverbesserlich.

αθέρας Äther *m*; Schneide *f*; *Bot.* Granne *f*; *fig.* beste(r) Teil *m*; Elite *f*.
αθέρ|μαντος [-mañd-], **~μαστος** ungeheizt; fieberfrei.
α|θεσμοθέτητος, ~θέσπιστος gesetzlich ungeregelt.
αθέτηση (-εις) Bruch *m*, Verletzung *f*.
αθετώ [aθɛ'tɔ] (είς· ησ) *Wort usw.* brechen.
αθεώρητος [-'ɔrit-] nicht abgestempelt; nicht abgezeichnet.
Αθηνά [aθi'na] Athene *f*, Minerva *f*.
Αθήνα [a'θina] Athen *n*.
αθη|ναϊκός [-naik-], **~ναίικος** [-'nɛik-] Athener ...
Αθην|αίος, ~αία Athener(in *f*) *m*.
αθηνιώτικος *s.* ***αθηναϊκός.***
αθήρ *m s.* ***αθέρας.***
αθησαύριστος *Wort*: noch nicht aufgenommen; ... ohne Vermögen.
άθικτος ['aθikt-] (**-χτ-**) unberührt; intakt.
άθληση (-εις) Wettkampf *m*.
αθλ|ητής [aθlit-], **~ήτρια** Sportler(in *f*) *m*; Athlet(in *f*) *m*; Kämpfer(in *f*) *m* (*G*/für); **~ητικός** athletisch; sportlich; Sport-; ***~ητικός σύλλογος*** Sportverein *m*; ***~ητικά είδη*** Sportartikel *m/pl.*; **~ητισμός** Leichtathletik *f*; Sport *m*.
άθλιος (-ία) elend, jämmerlich; *Wetter*: scheußlich; *Su.* Elende(r).
αθλιότητα [a'θljɔt-] Elend *n* (*a. wirtschaftlich*); Jammer *m*.
άθλο Prämie *f*, Preis *m*.
αθλο|θέτης Preisrichter *m*; **~θετώ** e-n Preis aussetzen; **~παιδιά** Ballspiel *n*, Sportart *f*.
άθλος Heldentat *f*; Arbeit *f*.
αθο- *s.* ***ανθο-.***
αθόλωτος [a'θɔlɔt-] ungetrübt; kuppellos.
αθορύβητος gelassen, ungerührt.
αθόρυβος [-riv-] geräuschlos.
αθρακιά *s.* ***ανθρακιά.***
άθραυστος ['aθrafst-] unzerbrechlich.
αθρεψία [-'psia] Unterernährung *f*.
άθρησκος ['aθrisk-] irreligiös.
αθροίζω [a'θrizɔ] (σ· στ) (an)sammeln, (auf)häufen; summieren.
άθροισ|η (-εις), **~μα** *n* Ansammlung *f*; *Math.* Summe *f*.
αθροίσιμος addierbar.
αθροιστικ|ός Sammel-; Addier-; ***~ή μηχανή*** Addiermaschine *f*.
αθρόος (-α) zahlreich; haufenweise; *mil.* geschlossen.
αθυμία Niedergeschlagenheit *f*.
άθυμος ['aθimɔs] niedergeschlagen.
άθυρμα *n* Spielzeug *n*; *fig.* Spielball *m*.
αθυρ|οστομία [aθirɔstɔm-] Zynismus *m*; **~όστομος** schamlos.
Αθωνίτης ... vom Berge Athos, Athos-; Athosbewohner *m*.
αθώος [a'θɔ-] (-ώα) unschuldig; naiv; rein.
αθωότητα Unschuld *f*; Naivität *f*.
αθώρητος unsichtbar.
Άθως ['aθɔs] (-ω) (*Berg*) Athos *m*.
αθωώνω [aθɔ'ɔnɔ] (σ· θ· αθωωμένος) freisprechen.
αθώωση (-εις) Freisprechung *f*.
αθωωτικό|ς auf Freispruch lautend; ***~ βούλευμα*** Freispruch *m*.
αϊ- *s.* ***αη-.***
αί [ɛ] he!; au!
αίγαγρος ['ɛγaγr-] Gämse *f*.
Αιγαίο [ɛ'jɛɔ] (**πέλαγος** *n*) Ägäische(s) Meer *n*.
Αιγαιοπελαγίτης (***-ισσα*** *f*) Bewohner(in *f*) *m* der Ägäisinseln.
αιγιαλίτιδα: ***~ ζώνη*** Territorialgewässer *n/pl.*
αιγιαλός [ɛjal-] Ufer *n*, Küste *f*.
αιγίδα Ägide *f*; ***υπό την ~*** *G* unter der Schirmherrschaft *G*.
αίγλη ['ɛγli] Glanz *m*, Ruhm *m*.
αιγοκάμηλος [ɛγɔ'kami-] Alpaka *n*.
Αιγόκερως [ɛ'γɔkɛrɔs] (-ω) Steinbock *m*.
αιγόκλημα [-klima] *n* Geißblatt *n*.
Αιγυπτ|ία [ɛjipt-] (*a.* ***Αιγύπτια***) Ägypterin *f*; **≈ιακός** ägyptisch.
Αιγύπτιος Ägypter *m*; ≈ (-ια) ägyptisch.
Αίγυπτος *f* Ägypten *n*.
αιδέσιμος [ɛ'ðɛs-] ehrwürdig; ***Αιδεσιμότατε!*** Hochwürden!
αιδοίο [ɛ'ðiɔ] Geschlechtsorgan *n*.
αιδώς [ɛ'ðɔs] (-ούς) *f* Scham *f*.
αιθάλη [ɛ'θali] Ruß *m*; Rauch *m*.
αιθαλομίχλη Smog *m*.
αιθάνο Äthan *n*.
αιθέρ|ας [ɛ'θɛras] Äther *m*; **~ιος** (-ια) ätherisch (*a. Chem.*); luftig.
αιθήρ (-έρος) *m s.* ***αιθέρας.***
Αιθίοπας [ɛ'θiɔpas] Äthiopier *m*.
Αιθιοπία [ɛθiɔp-] Äthiopien *n*.
Αιθιοπ|ίδα, ~ίνα Äthiopierin *f*.

αίθουσα ['εθusa] Saal *m*; Salon *m*; Klassenzimmer *n*; ~ ***αναμονής*** Warteraum *m*; ~ ***παραδόσεων*** Hörsaal *m*; ~ ***συνεδριάσεων*** Sitzungssaal *m*.
αιθρ|ία [ε'θria] heitere(r) Himmel *m*; **~ιάζω** (σ) sich aufheitern.
αίθριος (-ία) heiter.
αιθυλένιο Äthylen *n*.
Αικατερίνη [εkatε'rini] Katharina *f*.
αίλουρος Wildkatze *f*; Panther *m*.
αίμα ['εma] *n* Blut *n*; ***κυανούν*** *od.* ***γαλάζιο*** ~ *fig.* blaue(s) Blut *n*; ***παίρνω το ~ πίσω*** Blutrache üben; ***έφτυσα ~ για να*** ... ich habe mich halb umgebracht, um ... zu.
αιματ|ηρός [εmatir-] blutig; *fig.* drastisch; **~οβαμμένος** [-ɔva'mεnɔs], **~όβρεχτος** [-'ɔvrεxt-] blutbefleckt; **~οδότης** [-ɔ'ðɔt-] Blutspender *m*; **~οκαλλιέργεια** Bluntuntersuchung *f*; **~οκρίτης** *Med.* Hämotokrit *m*; **~οκύλισμα** [-ɔ'kil-] *n* Blutbad *n*; **~οσταγής** [-ɔstaj-] bluttriefend; **~οχυσία** [-ɔçis-] Blutvergießen *n*.
αιμάτωμα [ε'matɔma] *n* Bluterguss *m*; ~ ***της μύτης*** Nasenbluten *n*.
αιματώνω (σ· θ) *v/t.* mit Blut beflecken; *j-n* schwer kränken (***με***/mit *D*); *v/i.* bluten (*a. fig.*).
αιμο|βόρος [εmɔ'vɔr-] (-α) blutdürstig; **~δηλητηρίαση** [-ðiliti'riasi] (-εις) Blutvergiftung *f*; **~δίψης** blutdürstig; **~δοσία** Blutspenden *n*; **~δότης** (***-τρια***) Blutspender(in *f*) *m*; **~ληψία** Blutentnahme *f*; **~μείκτης** [-'mikt-] Blutschänder *m*; **~μειξία** [-miks-] Blutschande *f*; **~πλαστικός** Blut bildend; **~ποίηση** [-'piisi] Blutbildung *f*; **~ποιητικός** [-piitik-] Blut bildend; **~πτυσία** [-ptis-] Blutspucken *n*; **~ρραγία** [-raj-] Blutung *f*; ***~ρραγία της μύτης*** Nasenbluten *n*.
αιμόρροια *s.* ***αιμορραγία.***
αιμορροΐδες [εmɔrɔ'iðεs] *f/pl.* Hämorrhoiden *pl*.
αιμο|σταγής [-staj-] bluttriefend; blutgierig; **~στατικό** (φάρμακο) blutstillende(s) Mittel *n*; **~σφαιρίνη** [-sfε'rini] Hämoglobin *n*; **~σφαίριο (λευκό, ερυθρό)** (weißes, rotes) Blutkörperchen *n*; **~φιλία** [-fil-] Bluterkrankheit *f*; **~φόρος** [-'fɔr-] (-α) Blut- (*Gefäß*).
αιμόφυρτος [-firt-] blutbedeckt.
αιμω|δίαση [-'ðiasi] Einschlafen *n der Glieder*; **~διώ** [-'ðjɔ] (άς· ησ) einschlafen, erstarren.
αίνιγμα ['εniγma] *n* Rätsel *n* (*a. fig.*).
αινιγματ|ικός, ~ώδης rätselhaft.
αίνος ['εn-] Lobrede *f*.
άιντε! ['a(i)dε] los! vorwärts!
αίρε ['εrε] *mar.* hievt!
αίρεση ['εrεsi] (-εις) Ketzerei *f*; Sekte *f*; *Hdl.* Option *f*; ***υπό*** ~ unter Vorbehalt.
αιρετικός ketzerisch; *Su. m* Ketzer *m*, Sektierer *m*.
αιρετός wählbar; gewählt; besser (als).
αισθ|άνομαι [ε'stanɔmε, ε'sθ-] (ανθ) *v/t. Geruch* merken; *Freude* fühlen, empfinden; *v/i.* sich fühlen; noch Gefühl haben; ***δεν ~άνομαι τον εαυτό μου καλά*** ich fühle mich nicht wohl; **~αντικός** [-and-] empfindsam; wahrnehmbar.
αίσθημα ['εstima, 'εsθ-] *n* Empfindung *f*, Gefühl *n*, Sinn *m*; ***κοινό*** ~ Volksempfinden *n*; ***οπτικό*** ~ Gesichtssinn *m*; ~ ***ντροπής*** Schamgefühl *n*.
αισθηματ|ίας [εstimat-] Gefühlsmensch *m*; **~ικός** sentimental; empfindsam; **~ικότητα** Sentimentalität *f*.
αίσθηση (-εις) Sinn *m*; Gefühl *n*; ***του κάνει*** ~ *j-n* sehr verwundern; *pl.* ***αισθήσεις*** Besinnung *f*.
αισθησιακός [εstisjak-] sinnlich.
αισθητ|ήριο [εsti'tir-] Sinnesorgan *n*; **~ήριος** (-α) Sinnes-; **~ική** [-i'ki] Ästhetik *f*; **~ικός** [-ik-] ästhetisch; Sinnes-; *Bot.* Fühl-; *Su. f* Kosmetikerin *f*; **~ικότητα** [-i'kɔt-] Empfindlichkeit *f*; Empfindungsvermögen *n*; Sinnlichkeit *f*; **~ισμός** Ästhetizismus *m*; **~οποίηση** [-ɔ'piisi] (-εις) Veranschaulichung *f*; **~οποιώ** [-ɔ'pjɔ] (είς· ησ) veranschaulichen.
αισθητός [εstit-] wahrnehmbar; fühlbar, spürbar.
αισι|οδοξία [εsjɔðɔks-] Optimismus *m*; **~όδοξος** optimistisch; *Su. m* Optimist *m*; **~οδοξώ** optimistisch sein (***για***/hinsichtlich *G*).
αίσιος (-ία) günstig, ersprießlich.
αΐσκιωτος [a'iskɔt-] schattenlos.
αίσχιστος ['εsçist-] *Sup. v.* ***αισχρός.***
αίσχος ['εsx-] *n* Schande *f*.
αισχρόβιος [-'xrɔv-] lasterhaft; *Su. m* Wüstling *m*.
αισχρ|ογραφία [εsxrɔγraf-] Porno-

graphie *f*; **~οκέρδεια** [-ɔ'k̡ɛrð-] Schacherei *f*; Schiebergeschäft *n*; **~οκερδής** Schacher-; Schieber-; *Su.* *m* Spekulant *m*; Schieber *m*; **~οκερδώ** [-k̡ɛr'ðɔ] (είς· ησ) schachern; schieben; **~ολογία** [-ɔlɔj-] Zote *f*; **~ολόγος** [-'lɔɣ-] Zotenreißer *m*; **~ολογώ** [-'ɣɔ] (είς· ησ) Zoten reißen; **~ός** schändlich; **~ότητα** Schändlichkeit *f*.

Αισχύλος [ɛs'çil-] 'Äschylos *m*.

αισχύνη [ɛ'sçini] Scham *f*; Schande *f*.

αισώπειος (-εια) ä'sopisch.

Αίσωπος ['ɛsɔp-] Ä'sop *m*.

αίτη|μα ['ɛt-] *n* Forderung *f* (***για***/nach *D*); *Phil.* Postulat *n*; **~ση** (-εις) Antrag *m* (*G*/auf *A*; ***προς*** *A*/an *A*); Anmeldung *f e-s Patents*; ***υποβάλλω ~ση*** e-n Antrag einreichen *od.* richten; ***τη αιτήσει*** (*G*) auf Antrag (*von*).

αιτία Ursache *f*, Grund *m*; ***εξ ~ς*** (*G*) wegen (*G*); **~ση** (-εις) Beschuldigung *f*; Beschwerde *f* (***εναντίον*** *G*/gegen *A*).

αιτι|ατική [ɛtjati'k̡i] Akkusativ *m*; **~ατός** ursächlich, kausal; **~οκρατία** [-ɔkrat-] *Phil.* Determinismus *m*; **~ολογία** Begründung *f*; **~ολογικός** begründend; *Gr.* kausal; ***~ολογικό αποφάσεως*** *jur.* Urteilsbegründung *f*; **~ολογώ** [-lɔ'ɣɔ] (είς· ησ) begründen.

αίτιο(ν) ['ɛtjɔ(n)] Motiv *n*.

αίτιος (-ια) schuld (*G*/an *D*); *Su.* Schuldige(r).

αιτι|ότητα Kausalität *f*; **~ώδης** kausal.

Αίτν|α, ~η Ätna *m*.

αϊτός [ait-] *s.* ***αετός***.

Αιτωλ|ία Ätolien *n*; **Ձικός** ätolisch.

αιτών (-ούντος· -ούσα) *m* Antragsteller(in *f*) *m*; Bewerber(in *f*) *m*; ***~ πολιτικό άσυλο*** Asylbewerber(in *f*) *m*.

αίφνης ['ɛfnis] *Adv.* plötzlich.

αιφνιδ|ιάζω [ɛfnið-] (αιφνιδίασα) überraschen; **~ιασμός** Überraschung *f*; Überfall *m*; **~ιαστικός** Überraschungs-; überraschend.

αιφνίδιος (-ία) unerwartet.

αιχμαλ|ωσία [ɛxmalɔs-] Gefangennahme *f*; Gefangenschaft *f*; **~ωτίζω** (σ) gefangen nehmen; *fig.* bestricken; *Ölteppich* eindämmen; **~ώτιση** (-εις) Gefangennahme *f*; **~ωτισμός** Gefangennahme *f*.

αιχμάλωτος [ɛx'malɔt-] gefangen; *Su.* Gefangene(r) (*a. fig.*).

αιχμ|ή Spitze *f* (*a. fig.* ***εναντίον***/gegen *A*); Schneide *f*; ***ώρες ~ής*** Hauptverkehrszeit *f*, Stoßzeit *f*; **~ηρός** spitz.

αιώνας [ɛ'ɔnas] Jahrhundert *n*; (*Atom-*) Zeitalter *n*; *Geol.* Zeitabschnitt *m*.

αιώνιος (-ία) ewig.

αιων|ιότητα Ewigkeit *f*; **~όβιος** [-'ɔv-] (-α) uralt.

αιώρ|α [ɛ'ɔra] Hängematte *f*; **~ηση** (-εις) Schaukeln *n*; *Phys.* Schwankung *f*.

αιωρ|ητός schwebend; **~ούμαι** [-'umɛ] (είσαι· ηθ) schweben.

άκαγος unverbrannt; nicht gebrannt.

ακαδημ|αϊκός [akaðimaik-] akademisch; *Su.* Akademiemitglied *n*; **Ձία** [-'mia] Akademie *f*; **~ιακός** *s.* ***ακαδημαϊκός***.

ακαζάντ|ιαστος, ~ιστος unvermögend.

ακαθαίρετος ... fest im Amt, unkündbar; *S.* nicht abschaffbar.

ακαθάριστος [-'θarist-] ungereinigt; ungeschält; *Hdl.* brutto.

ακαθαρσία [akaθars-] Schmutz *m*; Exkrement *n*.

ακάθαρτο|ς schmutzig, unsauber; *fig.* unrein; ***~ πετρέλαιο*** Rohöl *n*.

ακάθεκτος [-θɛkt-] stürmisch, unbändig; ungebändigt.

ακαθιέρωτος [-'θjɛrɔt-] gesetzlich nicht verankert; *Rel.* ungeweiht.

ακάθιστος stehend; *Adv.* im Stehen; ***~ ύμνος*** Kirchengesang *m* in der großen Fastenzeit.

ακαθοδήγητος ... ohne Anleitung.

ακαθόριστος [-'θɔr-] vage, verschwommen.

άκαιγος *s.* ***άκαγος***.

ακαιρολογία [ak̡ɛrɔlɔj-] Faselei *f*.

άκαιρος unangebracht.

ακακία [akak̡-] Akazie *f*.

ακάκιωτος sanftmütig.

ακακοποίητος *fig.* ungeschoren; *Wahrheit*: unverfälscht.

άκακος [-kɔs] arglos.

ακαλ|αισθησία [akalɛstis-] Geschmacklosigkeit *f*; **~αίσθητος** *Mensch*: ... ohne Geschmack; *S.*: geschmacklos.

ακάλεστος ungeladen, ungebeten.

ακαλλιέργητος [aka'lĭɛrjit-] *Land*: unbestellt; *fig.* unkultiviert.

ακαλλώπιστος [aka'lɔpist-] schmucklos.

ακάλτσωτος ... ohne Socken, ohne Strümpfe; barfuß.
ακάλυπτος [a'kalipt-] unbedeckt; *mil.* ... ohne Deckung; zahlungsunfähig.
ακαμάτης [-'mat-] (-ισσα, -τρα, -ικο) faul; *Su. m, f* Nichtstuer(in *f*) *m.*
ακάματος unermüdlich.
ακαματοσύνη [-'sini] Müßiggang *m.*
άκαμπτος ['akam̃pt-] spröde, unbiegsam; steif; *fig.* unbeugsam.
ακαμψία [akam̃ps-] Sprödigkeit *f*; *fig.* Unbeugsamkeit *f*; *Med.* Steifheit *f.*
ακάμωτος [-mɔt-] unfertig; nicht gar; unreif.
ακάνθινος dornig; Dornen- (Krone).
Άκανθος *f* Akanthus *m*; (*Säule*) Akanthusblatt *n.*
ακανθ|όχοιρος [-'ɔi̯çir-] Igel *m*; Stachelschwein *n*; **~ώδης** dornig; *fig.* heikel; **~ών** [-'ɔn] (-ώνος), **~ώνας** Dorngebüsch *n*; **~ωτός** dornig; stach(e)lig.
ακανόνιστος [aka'nɔn-] ungeregelt; unregelmäßig; *Hdl.* unbeglichen.
άκαος unverbrannt.
ακαπάρωτος nicht angezahlt.
ακαπίστρωτος [aka'pistrɔt-] ... ohne Zügel; zügellos.
ακάπνιστος [a'kapnist-] ungeräuchert; ungeraucht; *fig.* bedächtig.
άκαπνος rauchlos; *fig.* kriegsunerfahren; vom Krieg verschont.
άκαρδος ['akarð-] herzlos (***με***/zu *D*).
άκαρι (-εως· *pl.* -εις, -εων) Milbe *f.*
ακαριαίος [-'ri̯εɔs] (-αία) augenblicklich; plötzlich.
ακαρίαση (-εις) Krätze *f.*
ακαρπία [akarp-] Unfruchtbarkeit *f.*
ακάρπιστος: ***μένω ~*** keine Früchte tragen.
άκαρπος unfruchtbar; nutzlos.
ακαρποφόρητος ... ohne Früchte; *fig.* unnütz.
ακαρτέρητος unerwartet; *Pers.* voreilig.
ακαρτερώ *s.* ***καρτερώ.***
ακαρύκευτος [aka'rik̡eft-] ungewürzt.
ακασσιτέρωτος unverzinnt.
ακατ|άβλητος [aka'tavlit-] unverwüstlich; *Hdl.* offen; unbeglichen; **~άβρεχτος** [-'avrεxt-] ungesprengt; **~άγγελτος** [-'an̥gεlt-] nicht angezeigt; ungekündigt; **~άγραφ(τ)ος** [-'aɣraf(t)ɔs] nicht eingetragen; **~αγώνιστος** unwiderlegbar; unschlagbar; **~αδάμαστος** [-a'ðam-] unbezähmbar; **~άδεχτος** [-'aðεxt-] abweisend; unnahbar; **~αδίκαστος** nicht abgeurteilt; **~αζήτητος** [-a'zitit-] nicht gesucht; **~ακράτητος** [-a'krat-] unbändig; **~άκριτος** tadellos; untadelig; **~άκτητος** [-'aktit-] nicht beherrscht; uneinnehmbar; **~ακύρωτος** [-a'k̡irɔt-] unbestätigt, ... nicht in Kraft; *pol.* nicht ratifiziert; **~αλαβίστικος** unverständlich; **~αλάγιαστος** unbefriedigt, unerfüllt; **~άληκτος** *Gr.* ... ohne Kasusendung; **~άληπτος** [-'alipt-] unverständlich.
ακατ|άλληλος [-'alil-] ungeeignet (***για***/für *A*); unschicklich; **~αλόγιστο** [-a'lɔj-] *jur.* Unzurechnungsfähigkeit *f*; **~αλόγιστος** unberechenbar; *jur.* unzurechnungsfähig; **~άλυτος** [-'alit-] unvergänglich; *Sachen*: unverwüstlich; **~αμάχητος** [-a'mai̯ç-] unbesiegbar; *Beweis*: unwiderleglich; **~αμέριστος** [-a'mεr-] ungeteilt; untrennbar; **~αμέτρητος** [-trit-] ungezählt; **~ανάλωτος** [-a'nalɔt-] nicht verbraucht; **~ανίκητος** [-a'nik̡it-] unbesiegbar; **~ανοησία** [-anɔis-] Unverständlichkeit *f*; **~ανόητος** unverständlich; **~απάτητος** [-a'patit-] *fig.* unverletzt, ungeschoren; *jur.* unverletzlich; **~άπαυστος** [-'apafst-] pausenlos; Dauer-; **~άπειστος** [-'apist-] uneinsichtig; **~απίεστος** unbeschwert, ... nicht unter Druck; **~απόνητος** [-a'pɔnit-] unermüdlich; **~άργητος** [-'arjit-] noch bestehend; geltend; **~άρτιστος** unorganisiert; unausgebildet; **~άσβεστος** [-'azv-] ungelöscht; unauslöschlich; **~ασίγαστος** [-a'siɣ-] unbezähmbar; nicht verstummend; **~ασκεύαστος** [-a'sk̡evast-] unfertig, unausgearbeitet; **~αστάλαχτος** [-a'stalaxt-] ungefiltert, trübe; *fig.* unreif; *Su.* grüne(r) Junge.
ακατ|άσταλτος [-stalt-] unbesänftigt; ... nicht zu besänftigen; **~αστασία** Unordnung *f*; Unbeständigkeit *f*; **~άστατος** unordentlich; *Wetter*: unbeständig; **~άστρωτος** [-strɔt-] nicht durchdacht, F unausgegoren; **~άσχετος** [-'asçεt-] *Blutung*: unstillbar; ungepfändet; unpfändbar; **~άταχτος** nicht (ein)geordnet; *mil.* nicht eingezo-

gen; **~ατόπιστος** [-a'tɔpist-] nicht vertraut (***σε***/mit *D*); **~άφερτος** [-'afɛrt-] stur; **~αφρόνητος** ernst zu nehmend; **~έβατος** [-'ɛvat-] nicht herabsetzbar, fest; **~έργαστος** [-'ɛrɣast-] unbearbeitet, roh; *fig. Pers.* ungeschliffen.

ακάτεχος (***από***) unfähig (zu *D*), entfernt (von *D*).

ακατηγόρητος [-i'ɣɔrit-] untadelig; *jur.* nicht angeklagt.

ακατήχητος nicht eingeweiht.

ακάτιο [a'kat-] Kahn *m*.

ακατ|οίκητος [-'ik̡it-] unbewohnt; unbewohnbar; **~ονόμαστος** [-ɔ'nɔmast-] unaussprechlich; **~όρθωτος** [-'ɔrθɔt-] unausführbar.

άκατος ['akat-] *f* Kutter *m*; Barkasse *f*.

ακατοχύρωτος [-'çirɔt-] unbefestigt; *fig.* ungesichert.

άκαυτος ['akaft-] (*a.* ***άκαυστος***) feuerfest; unverbrannt.

ακέντητος [a'k̡endit-] unbestickt.

ακέντριστος ungestochen; *fig.* unmotiviert.

ακένωτος [-nɔt-] unerschöpflich; *Essen*: nicht aufgefüllt.

ακέραιος [a'k̡ɛr-] (-αια) ganz, heil, vollständig; ganz(*e Zahl*); *Mensch*: redlich.

ακεραιότητα Ganzheit *f*, Vollständigkeit *f*; *pol.* Integrität *f*, Unantastbarkeit *f*; Redlichkeit *f*.

ακέραστος unbewirtet.

ακερδής uneinträglich.

ακέριος (-ια) *s.* ***ακέραιος***.

ακερμάτιστος unparzelliert.

ακέρωτος ungewachst.

ακετιλένιο [ak̡eti'lɛn-] Azetylen *n*.

ακέφαλος [a'k̡ɛfal-] *Biol.* kopflos; *fig.* führerlos.

ακεφιά schlechte Laune *f*, Unlust *f*.

άκεφος schlecht gelaunt.

ακηδεμόνευτος [ak̡iðɛ'mɔnɛft-] ... ohne Vormund; ungeschützt.

ακήδευτος unbestattet; ... ohne Feierlichkeit.

ακηλίδωτος [-'liðɔt-] fleckenlos (*a. fig.*); makellos.

ακήρυχτος [a'k̡irixt-] *Krieg*: unerklärt.

ακίβδηλος [a'k̡ivðil-] echt; *fig.* lauter.

ακίδα Spitze *f*.

ακίνδυν|ο [a'k̡iňðinɔ] Ungefährlichkeit *f*; **~ος** ungefährlich.

ακινησία [-nis-] Untätigkeit *f*; Bewegungslosigkeit *f*; *Hdl.* Flaute *f*; Versagen *n e-r Maschine*.

ακίνητ|ο Grundstück *n*; **~α** Immobilien *pl*.

ακινητ|οποίηση [ak̡initɔ'piisi] (-εις) *Med.* Ruhigstellung *f*; *Hdl.* Festlegung *f*; **~οποίητος** untätig, ruhig; **~οποιώ** [-ɔ'pjɔ] (είς· ησ) *Med.* ruhig stellen; *Geld* festlegen, (fest) anlegen.

ακίνητος unbeweglich; **~ *περιουσία*** Grundbesitz *m*, Immobilien *pl*.

ακινητώ [ak̡ini'tɔ] (είς· ησ) *v/i.* stillstehen; *v/t.* zum Stillstand bringen, anhalten, stilllegen; *Hdl.* festlegen.

ακκισμός Geziertheit *f*, Getue *n*.

ακκουμ- *s.* ***ακουμ-***.

ακλάδευτος [a'klaðɛft-] unbeschnitten.

άκλαδος kahl, ... ohne Zweige.

άκλαυτος ['aklaftɔs] unbeweint; tränenlos.

άκλειστος ['aklist-] offen; *Lebensjahre*: noch nicht vollendet.

ακληρ|ία [aklir-] Fehlen *n* von Erben; **~ονόμητος** [-ɔ'nɔmit-] erbenlos; *S.* unvererblich.

άκληρος erbenlos; kinderlos; *a.* ohne Erbanteil.

ακλήρωτος [-rɔt-] *Los*: nicht gezogen; *mil.* nicht eingezogen.

ακλήτευτος [a'klitɛft-] *jur.* nicht geladen.

άκλιτος undeklinierbar.

ακλόνητος unerschütterlich (***σε***/in *D*).

άκλωστος ['aklɔst-] ungesponnen.

ακμ|άζω [akm-] (σ) in (höchster) Blüte stehen, florieren; **~αίο: *ηθικό ~αίο*** Hochstimmung *f*; **~αίος** (-αία) ... in Hochform; vital; **~ή** Höhepunkt *m*; Blüte *f*; *Krankheit*: Akne *f*; ***στην ~ή της μάχης*** in der Hitze des Gefechts.

άκμονας Amboss *m*.

ακοή [akɔ'i] Gehör *n*; ***εξ ~ς*** vom Hörensagen.

ακοιμησιά [ak̡imis-] Schlaflosigkeit *f*.

ακοίμητος schlaflos, wach; wachsam; *Rel. Licht*: ewig.

ακοιν|ολόγητος [ak̡inɔ'lɔjit-] nicht bekannt; **~οποίητος** [-ɔ'piit-] nicht bekannt gegeben; **~ωνησία** [-ɔnis-] Ungeselligkeit *f*; **~ώνητος** ungesellig, sehr zurückgezogen; *Rel.* ... ohne Kommunion.

ακοίταχτος [a'kitaxt-] undurchgesehen; unbeachtet; ... ohne (ärztliche) Behandlung.
ακολ|άκευτος [akɔ'lakeft-] ungeschmeichelt; **~ασία** Unzucht *f*; **~ασταίνω** [-ast-] ausschweifend leben.
ακόλαστος ausschweifend, unbestraft.
ακολάτσιστος (noch) nichts gegessen, nüchtern.
ακολλάριστος ungestärkt (*Hemd*).
ακόλλητος [a'kɔlit-] ungeleimt.
ακολ|ούθημα [-'luθ-] *n* Konsequenz *f*; **~ουθητικός** fortgesetzt; **~ουθία** (logische) Folge, Zusammenhang *m*; Gefolge *n*, Begleiter *m*; *Rel.* Messe *f*.
ακόλουθος folgend, nachstehend; treu (***προς*** *A*/*D*); *Su. m allg.* Anhänger *m*; Attaché *m*.
ακολουθ|ώ [akɔlu'θɔ] (άς· ησ) folgen *D*; *Rat* befolgen; ***~εί*** [-'i] Fortsetzung folgt.
ακολούθως [-'luθɔs] anschließend; folglich.
ακόμ|α, ~η noch.
ακομμάτιασος unzerlegt, ... im Ganzen.
ακομμάτιστος parteilos.
ακομπα|νιαμέντο [akɔm̃panja'men̄tɔ] *Mus.* Begleitung *f*; **~νιάρω** [-'njarɔ] (αρισ) begleiten.
ακόμπιαστος [a'kɔ(m̃)bjas-] knotenlos; zügig, *Adv.* in einem Zug.
άκομψος unelegant.
ακόνη [a'kɔni] Schleifstein *m*.
ακόνημα *n* Schleifen *n*; Anspitzen *n*.
ακόνι Schleifstein *m*.
ακονίζω (σ) schleifen; anspitzen; *fig. Verstand* schärfen.
ακόνισμα *n s.* ***ακόνημα.***
ακονιστ|ήρι Schleifstein *m*; **~ής** Schleifer *m*.
ακόνιστος stumpf; nicht angespitzt; *fig.* untrainiert.
ακονόπετρα [-'nɔpetra] Schleifstein *m*.
ακοντίζω [akɔn̄d-] (σ· στ) Speer werfen; (mit dem Speer) durchbohren.
ακόντιο Speer *m*.
ακόντισμα *n* Speerwerfen *n*.
ακοντισ|μός Speerwerfen *n*; **~τής** Speerwerfer *m*.
ακοπάνιστος [akɔ'panist-] unzerstoßen; *fig.* ungeschoren.
ακόπιαστος [a'kɔpjast-] mühelos; sorglos.
άκοπος[1] mühelos.
άκοπος[2] unbeschnitten.
ακόπριστος [-prist-] ungedüngt; unbeschmutzt.
ακόρεστος [-rest-] unstillbar; unersättlich; *Chem.* ungesättigt.
ακορνίζωτος ungerahmt; *Foto*: randlos.
ακορντεόν Akkordeon *n*.
ακόσμητος [a'kɔzmit-] schmucklos.
ακοσμία Ungehörigkeit *f*; Unordnung *f*.
άκοσμος ungehörig; unordentlich.
ακοστολόγητος ... ohne Preis, nicht ausgepreist.
άκου! ['aku] hör mal!, he!
ακουαρέλα [akua'rela] Aquarell *n*.
ακουάριο Aquarium *n*.
ακουκούλωτος [aku'kulɔt-] barhäuptig; *fig.* noch unbeweibt.
ακουμβ- *s.* ***ακουμπ-.***
ακούμπ|ημα [a'kum̃b-] *n*, **~ισμα** *n fig.* Stütze *f*; *pl. Geld*: Rücklagen *f*/*pl.*; Anlehnen *n*.
ακουμπ|ισμένος angelehnt; **~ιστήρι** [-i'stiri] Lehne *f*; **~ώ** (άς· ησ, ισ· ημ, ισμ) *v*/*t.* berühren, F kommen (an *A*); lehnen (***σε***/an *A*); *Hdl. auf die Bank* bringen; *v*/*i.* sich anlehnen (***σε***/an *A*); *fig.* sich verlassen (***σε***/auf *A*).
ακούμπωτος [a'kum̃bɔt-] aufgeknöpft.
ακούν|ητος, ~ιστος unbeweglich.
ακούραστος [a'kurast-] unermüdlich.
ακούρδιστος [a'kurð-] (*a.* -ρντ-) *Mus.* ungestimmt; *Uhr*: nicht aufgezogen; *fig. Adv.* ... in Frieden *lassen*.
ακούρευτος [-reft-] ... mit ungeschnittenen Haaren; *Schaf*: ungeschoren.
ακούρνιαστος *Vögel*: nicht zur Ruhe gegangen; *Mensch*: auf (*sein*).
ακούς [a'kus]: ***~ εκεί*** *fig.* sieh mal einer an!
ακούσιος (-ια) unfreiwillig; *Med.* autonom.
άκουσμα *n* Hören *n*; Hörerlebnis *n*; Gerücht *n*.
ακουσμένος sehr bekannt.
ακουστά: (***το***) ***έχω ~*** ich habe (es) gehört; weiß (es) vom Hörensagen.
ακουστικ|ή [akusti'ki] Akustik *f*; **~ό** [-'kɔ] *Tel.* Hörer *m*; *Med.* Hörrohr *n*;

\~ός *Anat.* Gehör-; akustisch; **\~ότητα** Hörbarkeit *f*; Akustik *f*.
ακουστός hörbar; bekannt.
ακουστότητα akustische(r) Reiz.
ακουτσούρευτος [aku'tsurɛft-] unverstümmelt; ungekürzt.
ακούω (*a.* ακούς, -ούει, -ούμε, -ούτε, -ούν· άκου(ε)! σ· στ· σμ· *Impf.* άκου(γ)α/*K.* η-) hören (***για***/über *A*, von *D*); gehorchen *D*, hören auf *A*; spüren; ***ακού(γ)ομαι*** sehr bekannt sein; in guten Verhältnissen leben.
άκοφτος ['akɔft-] unbeschnitten.
άκρα *K. s.* ***άκρη.***
άκραγος *s.* ***άκραχτος.***
ακράδαντος [-ðand-] fest, unerschütterlich.
ακραίος (-αία) End-; Bord-; extrem.
ακραιφνής [-ɛf'nis] aufrichtig.
ακράνι Kornelkirsche *f*.
ακράτεια [a'kratja] Haltlosigkeit *f*; *Med.* (*Harn*) Inkontinenz *f*.
ακρατής (*G*) (*dem Weine*) verfallen, ergeben; haltlos.
ακράτητος nicht zu bändigen(d).
άκρατος unverfälscht, rein.
άκραχτος ungerufen, ungeladen.
ακρεβάτιαστος ... ohne Bettruhe.
ακρεοφαγία [-faj-] Vegetarismus *m*.
άκρ|η ['akri] Ende *n des Dorfes*; Spitze *f*, Gipfel *m des Berges*; Rand *m*; Kap *n*; Ecke *f*; Stückchen *n Brot*; ***\~ες μέσες*** so ungefähr; ***δεν βγάζω \~η από*** nicht schlau werden aus *D*.
ακριανός Eck-, End-, letzt-; ***ο πιο \~*** allerletzt-.
ακριβα- [akriv-] zärtlich...; teuer...
ακριβαίνω (υν) *v/i.* teurer werden; *v/t.* die Preise erhöhen für *A*; verteuern.
ακρίβεια Genauigkeit *f*; Teuerung *f*; hohe Preise *m/pl.* (***σε***/*G*).
ακριβής genau; pünktlich (***σε***/in *D*).
ακριβο|γιός Lieblingssohn *m*; **\~θώρητος** [-'θɔrit-]: ***έγινε \~θώρητος*** er macht sich rar; **\~λογία** [-lɔj-] peinliche Genauigkeit *f*; **\~λόγος** [-'lɔɣ-] (-α) peinlich genau; **\~λογώ** (ησ) peinlich genau sein; *v/t.* zu genau (F pingelig) sein (in *D*); **\~μίλητος** mundfaul; **\~πληρώνω** [-plir-] teuer bezahlen (*a. fig.*).
ακριβ|ός teuer; lieb, teuer; **\~οχέρης** [-ɔ'çɛr-] (-έρα, -έρικο) knauserig; *Su. m* Knauser *m*; **\~ώς** *Adv.* genau; **\~ωτής** Prüfgerät *n*.
ακρίδα Heuschrecke *f*.
ακριδοπαθής [akriðɔpaθ-] von Heuschrecken befallen.
ακριμάτιστος sünd(en)los.
ακρινός *s.* ***ακριανός.***
ακρισία Unbesonnenheit *f*.
ακρίτας Grenzsoldat *m*; Grenzbewohner *m*.
ακριτ|ομυθία [-tɔmiθ-] Geschwätzigkeit *f*; **\~όμυθος** geschwätzig.
άκριτος unbesonnen; nicht abgeurteilt; *Kampf*: unentschieden.
άκρ|ο *s.* ***άκρη;*** Extrem *n*; ***\~α*** *pl.* Gliedmaßen *pl.*, Extremitäten *pl.*
ακροάζομαι [akrɔ'azɔmɛ] (στ) (in Audienz) empfangen; *Med.* auskultieren; (Vorlesungen) hören.
ακρόαμα *n* musikalische Darbietung *f u./od.* Rezitation *f*.
ακροαματι|κός rezitativisch; Vernehmungs-; **\~κότητα** Hörerschaft *f*; Zuspruch *m*; *Fernsehen*: Einschaltquote *f*.
ακρόαση Anhören *n*; Auskultation *f*; Audienz *f*; *jur.* Vernehmung *f*.
ακροαστικ|ός Auskultation *f*; ***\~ά*** *n/pl.* Auskultationsbefund *m*.
ακροατ|ήριο Zuhörer *m/pl.*; Hörsaal *m*; ***επ' \~ηρίου*** *jur.* öffentlich; **\~ής** Zuhörer *m*; (*Universität*) Gasthörer *m*.
ακροάτρια Zuhörerin *f*; Gasthörerin *f*.
ακρόβαθρο [-vaθrɔ] Eckpfeiler *m*.
ακρο|βασία [akrɔvas-] Akrobatik *f*; Akrobatenkunststück *n*; *fig.* F Eiertanz *m*; **\~βάτης** [-'vat-] Akrobat *m*, Trapezkünstler *m*; **\~βατικός** Akrobaten-; **\~βάτισσα** Akrobatin *f*, Trapezkünstlerin *f*; **\~βατώ** (είς· ησ) auf dem Seil tanzen; Akrobat sein; **\~βολίζομαι** [-vɔ'lizɔmɛ] (στ) plänkeln; **\~βολισμός** *mil.* Vorpostengefecht *n*; *fig.* Andeutung *f*; **\~βολιστής** Schütze *m*; **\~βούνι** Berggipfel *m*; **\~γιάλι** [-'jali], **\~γιαλιά** Küste *f*; Strand *m*; **\~γωνιαίος** [-ɣɔ'njɛ-] (-αία) Eck- (*Stein*); *fig.* Grund- (*Feste*); **\~δέκτης** *m El.* Lüsterklemme *f*; **\~δεξιός** (-ιά) rechtsextrem; **\~θαλασσιά** *s.* ***ακρογιαλιά;*** **\~πατώ** (άς· ησ) auf Zehenspitzen gehen.
ακρόπολη [a'krɔpɔli] Zitadelle *f*; *fig.* Hochburg *f*; ♀ *hist.* Akropolis *f*.
ακρο|ποσθία *Anat.* Vorhaut *f*; **\~ποταμιά** [-pɔtam-] Flussufer *n*.

ακρόπρωρο *mar.* Gallionsfigur *f.*
άκρ|ος (-α) höchst-, letzt-, äußerst-; vollkommen; **~α *δημοτική*** extreme Dhimotiki *f*; ***είς ~ον*** ungemein; ***~ον άωτον*** *fig.* die Spitze, höchste(r) Grad.
ακροστιχίδα [-stiç-], **ακρόστιχο(ν)** *lit.* A'krostichon *n.*
ακρο|στόμιο [-'stɔm-] Mundwinkel *m*; *Tech.* Mundstück *n*; Tülle *f*; **~σφαλής** [-sfal-] schwach; *Lage*: misslich.
ακρότητα Extrem *n*, Äußerste(s); Maßlosigkeit *f.*
ακροτομ|ία [akrɔtɔm-] *Med.* Amputation *f*; **~ώ** (είς· ησ) amputieren.
άκροτος geräuschlos.
άκρυφτος ['akrift-] unverborgen.
ακρώρεια [a'krɔr-] (*Berg-*)Gipfel *m.*
ακρωτ|ήρι [-'tiri] Kap *n*; **~ηριάζω** (-ίασα· σμ) *allg. u. fig.* verstümmeln; *Med.* amputieren; **~ηρίαση** (-εις), **~ηριασμός** Verstümmelung *f*; Amputation *f*; **~ήριο** *s.* ***ακρωτήρι; ~ήριο της Καλής Ελπίδας*** Kap *n* der Guten Hoffnung.
ακτ|αίος [-'tɛ-] (-αία) Küsten-; **~αιωρός** *f* Küstenwachschiff *n.*
ακτένιστος [a'ktɛnist-] ungekämmt; *fig.* unordentlich.
ακτή Küste *f*; Strand *m*; ***~ γυμνιστών*** Nacktbadestrand *m.*
ακτ|ήμονας [-'imɔnas] Landlose(r); Besitzlose(r); **~ημοσύνη** [-'sini] Besitzlosigkeit *f.*
ακτίν|α Strahl *m*; *Math.* Radius *m*; (*Rad*) Speiche *f*; ***~ες Ραίντγκεν*** (*od.* ***X***), ***~ες α*** Röntgenstrahlen *m/pl.*, Alphastrahlen *m/pl.*; ***~α ενεργείας*** (*od.* ***δράσης***) Aktionsradius *m.*
ακτινίδιο [akti'niðiɔ] Kiwi *f.*
ακτίνιο Aktinium *n.*
ακτινο|βολία [aktinɔvɔ-] *Phys.* Strahlung *f*; Ausstrahlung *f*; **~βόλος** (-α) Strahlen aussendend; *fig.* strahlend; **~βολώ** [-vɔ'lɔ] (είς· ησ) *v/i.* Strahlen aussenden; *fig.* strahlen vor *D*; **~γραφία** [-γraf-] Röntgenaufnahme *f*, -bild *n*; **~ειδής** [-i'ðis] strahlenförmig; **~θεραπεία** [-θεrap-] Bestrahlung *f*; Strahlenheilkunde *f*; **~λογία** [-lɔj-] Röntgenologie *f*; Strahlenforschung *f*; **~λογικός** röntgenologisch; **~λόγος** [-'lɔγ-] Röntgenologe *m*, Strahlenforscher *m*; **~σκόπηση** [-'skɔp-] (-εις) (Röntgen-)Durchleuchtung *f*, Röntgenoskopie *f*; **~σκοπικός** Röntgen-, Durchleuchtungs-; ***~σκοπική εξέταση*** Schirmbilduntersuchung *f*; **~σκοπώ** [-skɔ'pɔ] (είς· ησ) durchleuchten.
ακτινωτός [aktinɔt-] strahlenförmig.
ακτο|πλοΐα [aktɔplɔ'ia] Küstenschifffahrt *f*; **~πλοώ** (είς· ησ) Küstenschifffahrt betreiben; **~φυλακή** Küstenwacht *f*; Wasserschutzpolizei *f.*
ακτύπητος [a'ktipit-] nicht verletzt; unverletzlich.
ακυβερνησία [akivɛrnis-] Regierungslosigkeit *f*; Misswirtschaft *f.*
ακυβέρνητος steuerlos; ... ohne Regierung; unregierbar.
ακυκλοφόρητος [akiklɔ'fɔrit-] nicht in Umlauf gesetzt; nicht bekannt gegeben.
ακύκλωτος nicht eingekreist.
ακύμαντος [-mand-] *Meer*: glatt; *fig.* reibungslos.
ακυοφόρητος *fig. Plan*: unausgereift.
ακυρίευτος [-'riɛft-] uneinnehmbar; nicht erobert.
ακυρολε|κτώ (είς) die Sprache nicht beherrschen; **~ξία** Sinnentstellung *f* (*e-s Wortes*).
άκυρος ['akir-] ungültig.
ακυρ|ότητα Ungültigkeit *f*; **~ώνω** (σ) widerrufen, für nichtig erklären.
ακύρωση Ungültigkeitserklärung *f*, Widerruf *m.*
ακυρ|ωσία *jur.* Anfechtbarkeit *f*; **~ώσιμος** anfechtbar; widerrufbar; **~ωτέος** [-ɔ'tɛ-] aufzuhebend; **~ωτικός** Aufhebungs-; ***~ωτικό δικαστήριο*** oberste(r) Kassationshof *m.*
ακύρωτος [a'kirɔt-] nicht genehmigt; nicht ratifiziert.
ακωδικοποίητος noch nicht kodifiziert.
άκωλος ['akɔl-] *Satz*: ungegliedert; bodenlos; *Mensch*: dürr.
ακώλυτος [a'kɔlit-] ungehindert, frei.
ακωμώδητος ernst genommen.
αλά à la ...; ***τόσκασε ~ γαλλικά*** er empfahl sich französisch.
άλα *mar.* los!, fertig!
αλαβάστρινος [-'va-] Alabaster-.
αλάβαστρ|ο, ~ος Alabaster *m.*
αλάβωτος unverletzt.
αλαγάριστος [-'γarist-] trübe.
αλάδωτος [a'laðɔt-] fettlos; *Tech.* ungeölt; *fig.* unbestochen; Fasten-.

αλαζ|όνας [alaz-] Wichtigtuer *m*; F Angeber *m*; **~ονεία** Angeberei *f*, Eingebildetheit *f*; **~ονεύομαι** [-ɔ'nɛvɔmɛ] (ευτ) angeben; **~ονικός** eingebildet; prahlerisch.
αλάθ|ευτος [a'laθɛft-] unfehlbar; **~ητος** unfehlbar; *Su*. *n* Unfehlbarkeit *f*.
αλάκτιστος *Fußball*: unberührt.
αλαλ|αγή [alala'ji], **~αγμός** Jubel(ruf) *m*; Geschrei *n*; **~άζω** (ξ) schreien (**από**/vor *D*); jubeln.
αλάλητος unausdrückbar; stumm.
αλαλ|ία, ~ιά Sprachlosigkeit *f*.
άλαλος stumm; *fig*. sprachlos.
αλαμπικάριστος [alam̃bi'kar-] trübe; undestilliert.
αλαμπουρνέζικ|ος [alam̃bur'nɛz-] kauderwelschend; komisch, schnurrig; **~α** *n/pl*. Kauderwelsch *n*.
αλάνθαστος [a'lan̆θast-] fehlerfrei; unfehlbar.
αλάνι freie(r) Platz; *s. a.* ***αλανιάρης***.
αλανιάρης (-α, -ικο) Herumtreiber(in *f*) *m*; herumstrolchend.
αλάξευτος [a'laksɛft-] unbearbeitet.
αλαξοκαιριά Wetterumschwung *m*.
αλάργα [a'larɣa] *Adv*. weit weg; weg hier!
αλαργ|εύω [-'jɛvɔ] (εψ) *v/t*. entfernen; *v/i*. sich entfernen; **~ινός** entfernt (*a. Verwandter*).
αλάρμη Salzlake *f*.
αλάσπωτος [a'laspɔt-] unverschmutzt; *fig*. unverleumdet.
αλατ|αποθήκη [alatapɔ'θiķi] Salzdepot *n*; **~ένιος** (-ια) salzig; Salz-; *fig*. scharfsinnig.
αλάτι [a'lati] Salz *n*.
αλατ|ιέρα Salzfass *n*; **~ίζω** (σ) salzen.
αλάτι|νος salzig; Salz-; **~σμα** *n* Salzen *n*.
αλατ|ισμένος [alat-] gesalzen; Salz-; **~ιστός** gepökelt; **~ογόνος** [-ɔ'ɣɔn-] halogen; **~οδοχείο** [-ɔðɔç-], **~οθήκη** Salzfass *n*; **~όλακκος** [-'ɔlak-] Salzgrube *f*; Saline *f*.
αλατόμητος *Steingrube*: ... nicht ausgebeutet, ... nicht abgebaut.
αλατ|όνερο Salzwasser *n*; **~οπίπερο** [-ɔ'pipɛrɔ] Salz und Pfeffer; *fig*. ***βάζω ~οπίπερο*** (***σε***) ausschmücken; **~ούχος** [-'ux-] (-α) salzhaltig; **~οφόρος** [-ɔ'fɔr-] (-α) Salz- (*Lager*).

αλάτρευτος nicht verehrt; *fig*. vernachlässigt.
αλατ|ώδης salzig; **~ωρυχείο** [-ɔriç-] Salzbergwerk *n*.
αλάφι [a'lafi] Reh *n*.
αλαφι|άζομαι [-'fjazɔmɛ] (στ) zusammenfahren, erschrecken; **~άζω** (αλάφιασα) *j-n* erschrecken; *j-m* Angst machen; *v/i*. erschrecken; **~ασμένος** verängstigt.
αλαφρ|άδα [alafr-] Erleichterung *f*; **~αίνω** (υν) *v/i*. *fig*. aufatmen; **~όγνωμος** *fig*. oberflächlich; **~οζυγιάζω** ungenau (zu wenig) (ab)wiegen; *Vogel*: emporfliegen; **~οΐσκιωτος** Geisterseher *m*, *dial*. Spökenkieker *m*; **~όμυαλος** [-'ɔmjal-] blöd, borniert; **~όπετρα** [-'ɔpɛtra] Bimsstein *m*; *fig*. Leichtfuß *m*; **~ός** leicht(sinnig).
Αλβαν|ία [alvan-] Albanien *n*; **~ίδα** Albanerin *f*; **2ικός** albanisch; **~ός** Albaner *m*.
άλγεβρα ['aljɛvra] Algebra *f*.
αλγεβρικός algebraisch.
αλγεινός [aljin-] schmerzhaft.
Αλγέρι [al'jɛri] Algier *n*.
Αλγερ|ία [aljɛr-] Algerien *n*; **2ι(α)κός, 2ινός** algerisch; **~ίνη** Algerierin *f*; **~ίνος** Algerier *m*.
άλγος ['alɣ-] *n* Schmerz *m*.
αλγώ [al'ɣɔ] (είς· ησ) leiden (*a. fig.*) (***με***/unter *D*); Schmerzen haben.
αλέα Allee *f*.
αλέγρος fröhlich.
αλεηλάτητος ungeplündert.
αλέθω [a'lɛθɔ] (σ· στ) mahlen.
άλειμμα ['alima] *n* Fett *n*; *Tech*. Schmierung *f*; *fig*. Bestechung *f*.
αλειμματοκέρι Stearinkerze *f*.
αλειτούργητος [ali'turjit-] ... ohne Gottesdienst; ... nicht in der Kirche; *fig*. Tunichtgut *m*.
αλείφω [a'lifɔ] (ψ· φτ· μμ) *Hände* beschmieren; *Brot* bestreichen; einreiben (*mit Krem*).
άλειωτ|ος ['aliɔt-] unverwest; ***~α είναι τα χιόνια*** der Schnee liegt noch.
αλέκιαστος [a'lɛķast-] fleckenlos; unbefleckt.
Αλεξάνδρεια [alɛ'ksan̆dr-] Alexandrien *n*, Alexandria *n*.
αλεξανδρινός (*a.* ***-ντρ-***) alexandrinisch.
Αλέξανδρος Alexander *m*.

αλεξ|ικέραυνο [-'kεravnɔ] Blitzableiter *m*; **~ιπτωτιστής** [-iptɔtist-] Fallschirmjäger *m*; **~ίπτωτο** [-'iptɔtɔ] Fallschirm *m*; **~ίπυρος** feuerfest; **~ίσφαιρος** kugelsicher; **~ιφάρμακο** [-'farmakɔ] Gegengift *n*.
αλεπ|όγουνα [alε'pɔγuna] Fuchspelz *m*; **~ότρυπα** [-'ɔtripa] Fuchsloch *n*; **~ού** [-'u] (-ούδες) *f* Fuchs *m* (*a. fig.*); **~ούδι** [-'uði] Füchschen *n*; **~οφωλιά** [-ɔfɔl-] Fuchsbau *m*.
αλεπτολόγητος ... ohne gründliche Prüfung.
αλερετούρ Hin- u. Rückfahr- (*Karte*).
αλέρωτος [a'lεrɔt-] *Baby*: schon sauber.
άλεσ|η, ~μα *n* Mahlen *n*; Mahlgut *n*.
αλεστικ|ός [alεst-] Mahl-; ***~ή μηχανή*** Kaffeemühle *f*.
άλεστος ungemahlen.
αλέστος flink.
αλέτρι [a'lεtri] Pflug *m*.
αλετριά Furche *f*.
αλετρίζω (σ) pflügen.
αλετροπόδα Pflugschar *f*; *Astr*. Orion *m*.
αλευθέρωτος [alε'fθεrɔt-] unbefreit; kinderlos, ... noch ohne Kind.
αλεύκαντος [a'lεfkańd-] ungebleicht.
αλεύρι [a'lεvri] Mehl *n*.
αλευριά Mehlbrei *m*.
άλευρο Mehl *n*.
αλευρο- Mehl-.
αλευρ|οειδής [alεvrɔi'ðis] mehlartig; **~όκολλα** [-'ɔkɔla] Mehlkleister *m*; **~όμυλος** [-'ɔmil-] Mühle *f*; **~όσακκος** [-sak-] Mehlsack *m*; **~ώδης** mehlig; **~ώνω** (σ· θ) panieren; *fig*. pudern; ***~ώνομαι*** e-n Anstrich von Bildung bekommen.
αλήθεια [a'liθja] Wahrheit *f*; **~;** tatsächlich?; **~,** ... übrigens, ...
αληθ|εύω (εψ) *v/t*. *Math*. beweisen; die Wahrheit sprechen; *mst. unp*. *Math. Gleichung*: aufgehen; sich bewahrheiten; **~ινός** wahr (*a. fig.*), aufrichtig; echt; ***~ινώς ανέστη*** *Rel*. in Wahrheit ist er auferstanden; **~οφάνεια** Glaubhaftigkeit *f*; ***έχω ~οφάνεια*** glaubhaft scheinen; **~οφανής** [-ɔfan-] glaubhaft scheinend.
αλημέριαστος schutzlos (*preisgegeben*).
αλησμ|όνητος [ali'zmɔni-] unvergesslich; **~ονώ** *s*. ***λησμονώ***.
αλητεία [ali'tia] Landstreicherei *f*.
αλητεύω (εψ) herumgammeln.
αλήτης Landstreicher *m*; Gammler *m*, F Penner *m*.
αλήτισσα Landstreicherin *f*.
αλητόπαιδο verwahrloste(s) Kind.
αλί weh (***σε***/*D*): ***~ σ'αυτόν*** weh dem, ...
αλιάνιστος unzerstückelt; unzerlegt.
άλιαστος ... ohne Sonne (*gereift*).
αλιβάνιστος ... ohne Weihrauch; *fig*. ungelobt.
αλι|εία [ali'ia] Fischfang *m*, Fischerei *f*; (*Stimmen*) Fang *m*; **~ευτικός** [-εftik-] Fischerei-, Fischer-; **~εύω** (ευσ· ευτ· ευμ) fischen; *fig*. fischen (nach *D*).
άλικος dunkelrot.
αλίμονο [a'limɔnɔ] weh! (***σε***/*D*).
αλίπαντος [-pańd-] ungeschmiert.
αλίπαστος [-past-] gesalzen.
αλισίβα [ali'siva] Lauge *f*.
αλισ(ι)βερίσι Geschäfte *n/pl*.
αλιτήριος (-ια) schurkisch; *Su*. *m* Schurke *m*.
αλιφασκιά [-fa'ska] Salbei *f*, *m*.
άλιωτος ungeschmolzen; unverwest.
αλκαλικός [alkal-] alkalisch.
αλκάλιο Alkali *n*.
αλκαλοειδές [-ɔi'ðεs] *n* Alkaloid *n*.
αλκή [al'ki] Kraft *f*, Stärke *f*.
Αλκιβιάδης Alki'biades *m*.
άλκιμος kraftvoll, kraftstrotzend.
αλκοόλ *n* Alkohol *m*.
αλκο|όλη [alkɔ'ɔli] Alkohol *m*; **~ολικός** alkoholisch; *Su*. *m* Alkoholiker *m*; **~ολισμός** Alkoholismus *m*; **~ολούχος** [-ɔ'lux-] (-α) alkoholhaltig; **~ολτέστ** *n* Blutprobe *f*; ***του γίνεται ~ολτέστ*** es wird bei j-m e-e Blutprobe vorgenommen.
αλκυονίδες μέρες *f/pl*. *in Griechenland*: die schönen Tage im Januar.
αλλά [a'la] aber; doch; (*nicht*) ..., sondern; was sonst?
αλλαγή [-'ji] Änderung *f der Adresse*; *des Wetters*, *des Namens*; *Kleider*: Wechsel *m*; *Med*. Verbandwechsel *m*; *Med*. Luftveränderung *f*; Ablösung *f der Wache*; (*Waren-*) Umtausch *m*; *Esb*. Drehscheibe *f*, Weiche *f*.
άλλαγμα *n s*. ***αλλαγή***.
αλλάζ|ω [a'lazɔ] (ξ· χτ, -αγμ-) *v/t*. *Geld*, *Wäsche*, *Personal* wechseln; *Namen usw*. ändern; *Waren* umtauschen; *v/i*. *Wetter*: sich ändern; *Wache*: abgelöst

werden; *~ω σπίτι* umziehen; (*αυτό*) *~ει* das ist etwas anderes.
άλλ' αντ' άλλων [ala'ňdalɔn] (0) *n/pl.* unzusammenhängende(s) Zeug.
αλλαντίαση (-εις) Fleischvergiftung *f.*
αλλαντ|ικά [alaňd-] *n/pl.* Wurstwaren *f/pl.*; **~οποιός** [-ɔ'pjɔs] Wurstfabrikant *m.*
αλλαξ|ιά *s.* ***αλλαγή;*** Wäschegarnitur *f*; Anzug *m*; ***κάνω ~ιά*** *v/t.* auswechseln; **~οκαιριά** [-ɔkεr-] Wetterumschwung *m*; **~οπιστία** [-ɔpist-] Glaubenswechsel *m*; **~όπιστος** Konvertit *m.*
αλλάσσω *s.* ***αλλάζω.***
άλλαχτος ... ohne die Wäsche zu wechseln.
αλλεπάλληλος [alε'palil-] sehr häufig; ***είμαι ~*** sich häufen.
αλλεργ|ία Allergie *f*; **~ικός** allergisch (***σε***/gegen *A*).
αλληγορ|ία [aliγɔr-] Allegorie *f*; Sinnbild *n*; **~ικός** allegorisch.
αλληθωρ|ιά [-θɔr-] Schielen *n*; **~ίζω** (σ) schielen.
αλλήθωρος schieläugig.
αλληλ- gegen-, wechselseitig.
αλληλ|ασφάλεια [alila'sfal-] Versicherung *f* auf Gegenseitigkeit; **~εγγύη** [-ε'ŋ̌gii] Solidarität *f*; **~έγγυος** [-'εŋ̌gɔs] (-α) solidarisch; gegenseitig haftbar; **~ένδετος** [-'εňðεt-] verknüpft (***προς*** *A*/mit *D*); *Interesse*: gemeinsam, verwandt; **~εξάρτηση** [-ε'ksart-] (-εις) gegenseitige Abhängigkeit *f*; (innerer) Zusammenhang *m*; **~επίδραση** [-ε'piðrasi] (-εις) Wechselwirkung *f*; **~οβοήθεια** [-ɔvɔ'iθ-] gegenseitige Hilfe *f*; **~ογραφία** [-ɔγraf-] Korrespondenz *f*; **~ογράφος** *m, f* Korrespondent(in *f*) *m*; **~ογραφώ** [-'fɔ] (είς· ησ) korrespondieren; *Hdl.* die Korrespondenz führen; **~οδιάδοχος** [-'ðïaðɔx-] aufeinander folgend; **~οενέργεια** [-ɔε'nεrja] Wechselwirkung *f*; **~οπαθής** [-ɔpaθ-] *Gr.* reziprok; reflexiv; **~οσπαραγμός** [-ɔsparaγm-] Hader *m*; **~οσυμπληρώνομαι** (στον αγώνα) gut eingespielt sein; **~οσχέση** [-ɔ'sçεsi] gegenseitige Beziehung *f*; **~οτρώγομαι** [-ɔ'trɔγɔmε] sich herumzanken; **~ούια!** halleluja!; **~ουχία** [-uç-] Verkettung *f*; Zusammenhang *m*; **~οφάγωμα** [-ɔ'faγ-] *n* gegenseitige(s) Auffressen *n*; *fig.* Zänkerei *f*; **~όχρεος** [-'ɔxrε-]: ***~όχρεος λογαριασμός*** Kontokorrent *n.*
αλλι|ώς, ~ώτικα sonst, andernfalls; anders (*handeln*).
αλλιώτικος *s.* ***αλλοιώτικος.***
άλλο: ***κάθε ~*** ganz im Gegenteil.
αλλο- [alɔ-] anders-, ... von anderer ...
αλλ|ογενής [-jεn-] fremdrassig; **~οδαπή** [-ða'pi] Ausland *n*; **~οδαπός** Ausländer *m*; **~όδοξος** [-ðɔks-] andersgläubig; **~οεθνής** [-εθn-] fremdländisch.
άλλο|θεν ['alɔθεn] anderswoher; **~θι** [-θi] (0) *n jur.* Alibi *n.*
αλλοι- *s.* ***αλλη-.***
αλλοιώνω [a'ljɔnɔ] (σ· θ) verändern; fälschen.
αλλοίωση [a'liɔsi] (-εις) Veränderung *f*; Verfälschung *f*; *Mus.* Alteration *f.*
αλλοιώσιμος veränderlich.
αλλοιώτικ|α [a'ljɔt-] *Adv.* sonst; anders; **~ος** ander-, sonderbar.
αλλ|οκοτιά [alɔkɔt-] Grille *f*, Verschrobenheit *f*; **~όκοτος** seltsam, putzig; **~οπαρμένος** (geistig) angeschlagen; **~οπρόσαλλος** [-ɔ'prɔsal-] wankelmütig; labil; *Su. n* Labilität *f.*
άλλ|ος ['alɔs] *ein* anderer, *eine* andere, *ein* anderes; *der*, *die*, *das* andere; *pl.* (*die*) andere(*n*); noch *eins usw.*; ***δεν είναι ~ος*** es gibt keinen Zweiten *wie ihn*; ***~οι ... ~οι*** die einen ... die anderen; ***την ~η μέρα*** am nächsten Tag; ***ο ~ος κόσμος*** das Jenseits; ***~ος τόσος*** noch einmal so viel (weit); ***χωρίς ~ο*** ohne weiteres; ***κατά τα ~α*** im Übrigen; ***κάθε ~ο*** im Gegenteil; ***τίποτε ~ο*** sonst noch etwas?; nichts mehr; ***~ο τίποτε*** und ob; ***εξ ~ου*** andererseits; ***~ο τόσο να*** *Ko.* (*mit Impf.*) fast (*mit Konj. II*).
άλλοτε ['alɔtε] früher; später; (*nicht*) noch einmal; ~ ..., ~ ... bald ..., bald ...
αλλοτινός früher-.
αλλότριος [a'lɔtr-] (-ια) fremd, einem anderen gehörig.
αλλοτρ|ιώνω (-τρίωσα) entfremden; **~ίωση** (-εις) Entfremdung *f.*
αλλ|οτροπία [-trɔp-] *Chem.* Allotropie *f*; **~ότροπος** sonderbar.
αλλού [a'lu] woanders(hin); **~θε** [-θε] woandershin.
αλλοφερμένος fremd.

αλλ|όφρονας ['alɔfrɔnas] Wahnsinnige(r); **~οφροσύνη** [-frɔ'sini] Wahnsinn *m*; **~όφυλος** [-fil-] fremdrassig; *Su. pl.* die Feinde *m/pl*.
άλλως ['alɔs] anders; sonst.
άλλωστε überdies.
άλμα ['alma] *n* Sprung *m* (*a. lit.*); *mil.* Vorstoß *m*; **~ σε μήκος, σε ύψος, επί κοντώ** Weit-, Hoch-, Stabhochsprung *m*.
αλμαν|άκ, ~άχ *n* Almanach *m*.
αλματ|ικός, ~ώδης sprunghaft.
άλμη Salzwasser *n*; Lake *f*; Meereswasser *n*.
αλμπάνης [al'banis] Pfiffikus *m*.
αλμπατρός [alba-] Albatros *m*.
άλμπουμ ['album] *n* (Poesie-)Album *n*; Gästebuch *n*.
άλμπουρο ['alburɔ] Mast *m*.
αλμύρα Salzigkeit *f*; Lake *f*.
αλμυρ|ίζω [almir-] (σ) *v/t.* salzen; *v/i.* salzig sein; **~ός** salzig; *Preis*: gepfeffert.
αλογάριαστος [alɔ'ɣariast-] *Hdl.* unausgeglichen; *Pers.* nicht quitt; *Reichtum*: unermesslich; *S.* unbedacht.
αλογία [-'jia] Unvernunft *f*.
αλόγιαστος [a'lɔjast-] unvernünftig; unzählig.
αλογίκευτος [-'jikɛft-] unbelehrbar.
αλογίσιος [-'jis-] (-ια) Pferde-.
αλόγιστος unüberlegt; unzählbar.
άλογο ['alɔɣɔ] Pferd *n*.
αλογόκριτος unzensiert.
αλογόμυγα [-'ɔmiɣa] Pferdebremse *f*.
αλογο(ν)ουρά Pferdeschwanz *m*.
άλογος stumm; unvernünftig; unlogisch.
αλογότριχα Rosshaar *n*.
αλόη [a'lɔi] Aloe *f*.
αλοιδόρητος ungeschmäht.
αλοιφή [ali'fi] Salbe *f*; Pomade *f*.
αλόξευτος [a'lɔksɛft-] geradlinig.
αλουμίνιο [alu'min-] Aluminium *n*.
αλουργίδα *hist.* purpurfarbene(s) Gewand.
αλουσά [-'sa] Lauge *f*.
άλουστος ['alust-] ungewaschen.
αλουστράριστος ungeputzt; unpoliert.
αλπαγάς [alpa'ɣas] (*a.* **αλπακάς**) Alpaka *n* (*Wolle u. Metall*).
Άλπεις ['alpis] (-εων) *f/pl.* Alpen *pl.*
αλπικός Alpen-, sehr hoch.
αλπινισ|μός [alpiniz-] Alpinismus *m*; **~τής** [-'stis] Alpinist *m*.
αλπινίστρια Alpinistin *f*.
Αλσατία [-sat-] Elsass *n*.
άλσος *n* Gehölz *n*; Park *m*.
αλσύλλιο Grünanlage *f*.
αλτ! [alt] halt!
αλτάνα Beet *n*.
αλτήρας [al'tiras] Hantel *f*.
άλτης Springer *m*.
άλτο *Mus.* Alt *m*.
αλτρουι|σμός Altruismus *m*; **~στής** Altruist *m*; **~στικός** altruistisch.
αλυγαριά [aliɣar-] Korbweide *f*.
αλύγιστος [a'lijist-] unbiegsam; starr; *Wille*: unbeugsam.
αλυκή [-'ki] Salzwerk *n*, Saline *f*.
αλύμαντος [a'limand-] unversehrt; *Su. n* Unversehrtheit *f*.
αλυπησιά Hartherzigkeit *f*.
αλύπητος [-pit-] sorglos, leichtfertig; unbarmherzig.
άλυπος ['alip-] sorgenfrei.
αλυσ|ίδα [alis-] Kette *f* (*a. Chem.*); **εμπορική ~ίδα** Handelskette *f*; **~ίδα συναρμολογήσεως** *Tech.* Fließband *n*; **~ιδωτός** [-iðɔt-] Ketten- (*a. Phys.*); *fig.* endlos.
αλυσιτελής [-sitɛl-] wirkungslos.
αλυσ|οδεμένος [alisɔðɛ'mɛnɔs] in Ketten gelegt; **~οδένω** [-ɔ'ðɛnɔ] (σ· θ) in Ketten legen; **~όδετος** angekettet.
αλύσσαχτος nicht tollwütig.
αλυτάρχης Kampfrichter *m*.
άλυτος ['alit-] ungelöst; unlösbar.
αλύτρωτος [-trɔt-] *pol.* nicht befreit, unbefreit; unerlöst.
αλύχτημα [a'lixt-] *n* Gebell *n*.
αλυχτώ [-'xtɔ] (είς· ησ) *v/i.* bellen; *v/t.* anbellen.
άλφα ['alfa] *n* Alpha *n*; **στο ~** ganz am Anfang; **δεν ξέρει ούτε το ~** er kann nicht bis drei zählen; **από το ~** von vorn.
αλφαβήτα [-'vi-] Alphabet *n*; Abc *n*.
αλφαβητ|άρι(ο) Fibel *f*; **~ικός** alphabetisch.
αλφάβητο *s.* **αλφαβήτα.**
αλφ|άδι [al'faði] Wasserwaage *f*; Winkelmaß *n*; **~αδιάζω** (σ) nivellieren.
αλχημεία [alçim-] Alchimie *f*; *fig.* Zaubermittel *n*; Trick *m*.
αλώβητος [a'lɔvit-] unbeschädigt.

αλωνάρης [-'nar-] Drescher *m*; ♀ Heumonat *m* (= Juli *m*).
αλώνι Tenne *f*; Drusch *m*; *Astr.* Hof *m*.
αλων|ίζω [alɔn-] (σ· στ) *v/t.* dreschen; *fig.* wegjagen; verdreschen; *v/i.* sich herumtreiben; **~ισμός** Dreschen *n*; **~ιστής** Drescher *m*; **~ιστικός** Dresch-; ***~ιστική μηχανή*** Dreschmaschine *f*.
αλώνιστος ungedroschen.
αλωπεκ|ή [alɔpɛ'ki] Fuchspelz *m*; **~ία** Haarausfall *m*; **~ίζω** (σ) durchtrieben sein.
άλωση (-εις) Einnahme *f*, Eroberung *f*; Erlangung *f e-s Postens*.
αμ' *s.* ***αμμή.***
άμα ['ama] *K. Ko.* sobald, wenn; *Präp.* (*mit D*) bei *D*, sofort nach *D*.
αμαγάριστος sauber (zubereitet).
αμαγείρευτος [-'jirɛft-] nicht gekocht; nicht gar; unzubereitet; *fig.* unausgebrütet.
αμάγευτος [a'majɛft-] unbeeindruckt (***από***/von *D*).
αμάδα Murmel *f*.
αμάδητος [-ðit-] ungerupft (*a. fig.*).
αμάζευτος [-zɛft-] nicht gepflückt; *fig.* unhäuslich.
αμαζόνα [-'zɔna] Amazone *f*.
αμάζωχτος *s.* ***αμάζευτος.***
αμάθ|εια [a'maθ-] Unbildung *f*; **~ευτος** [-ɛft-] *s.* ***αμάθητος.***
αμαθ|ής ungebildet; **~ήτευτος** [-'itɛft-] unausgebildet; nicht bekannt.
αμάθητος unerfahren (***σε, από***/in *D*).
άμαθος ungebildet; unerfahren.
αμάκα [a'maka] F Nassauern *n*, Schmarotzertum *n*; *Adv.* umsonst.
αμακάριστος ... ohne Leichenbegängnis; sang- u. klanglos.
αμακιγιάριστος ungeschminkt.
αμαλαγιά [-laj-] Keuschheit *f*.
αμάλ|αγος [-laɣ-], **~αχτος** [-laxt-] unberührt, keusch; unerbittlich, hart; *Kerze*: nicht tropfend.
αμαλάκωτος uneingeweicht, hart.
αμάλγαμα *n* Amalgam *n*; *fig.* Mischmasch *m*.
Αμαλία A'malie *f*.
αμάλλιαγος bartlos.
άμαλλος ... ohne Wolle, Haare.
αμάλωτος ... ohne Zurechtweisung; unzerstritten.
αμάν! o weh!
αμανάτι [ama'nati] Pfand *n*; *Adv.* als Pfand; Päckchen *n*.
αμανές [-'nɛs] (-έδες) *m* Liebeslied *n*.
αμανίκωτος ärmellos; ... mit bloßen Armen.
αμανίτης Pilz *m*.
αμαντάλωτος [-'ndalɔt-] unverriegelt.
άμαξα ['amaksa] Wagen *m*; *Esb. a.* Waggon *m*; ***τα εξ αμάξης*** Geschimpfe *n*, Fluchen *n*.
αμαξάδα: ***πηγαίνω ~*** (***σε***) e-e Fahrt machen (nach *D*).
αμαξάκι [-'aiki] Kinderwagen *m*; (*Motorrad*) Beiwagen *m*.
αμαξάς (-άδες) Kutscher *m*; Fuhrmann *m*.
αμάξι Wagen *m*, Auto *n*.
αμαξιά Fuhre *f*; **~τικα** *n/pl.* Fuhrgeld *n*; Fahrgeld *n*.
αμαξιτός befahrbar; ***~ δρόμος*** Autostraße *f*.
αμαξο|ποιεία Wagenfabrik *f*; **~στάσιο** Autoschuppen *m*.
αμαξοστοιχία [amaksɔstiç-] *Esb.* Zug *m*; ***~ εμπορική, ταχεία, κοινή, έκτακτος*** Güter-, Schnell-, Personen-, Sonderzug *m*.
αμάξωμα *n* Karosserie *f*.
αμάρα [-'ara] Abzugskanal *m*.
αμαράγκιαστος frisch, nicht eingetrocknet.
αμάραντ|ο, ~ος [a'marand-] Amarant *m*, Tausendschön *n*.
αμάραντος unverwelklich.
αμαρκάριστος unmarkiert, ungezeichnet; ... ohne Marke, ... ohne Bon.
αμαρτ|αίνω, ~άνω (ησ, *Aor. K. a.* ήμαρτον· ημ· *Impf.* ημάρτανον, αμάρταινα) *mit G* verfehlen *A*; sich irren (***σε***/in *D*); sündigen.
αμάρτημα [a'mart-] *n* Fehler *m*; Sünde *f*; Verirrung *f*; Vergehen *n*.
αμαρτία *allg.* Sünde *f*.
αμαρτύρητος [-'tirit-] unbezeugt; unbewiesen; nicht verpetzt.
αμαρτωλός [-tɔl-] sündig; *Su. m* Sünder *m*.
αμάσητος [a'masit-] unzerkaut; ... nicht zu beißen.
αμασκάλη [-'skali] Achselhöhle *f*.
αμασκάρευτος unmaskiert.
αμάτιαστος [a'matjast-] unbehext; gefeit.
αμάτωτος unblutig.

αμαύριστος unbeschmiert; *pol. Wahl*: erfolgreich, ... ohne Gegenstimmen.
αμαυρ|ός [amavr-] dunkel (*a. fig.*); *Idee*: verschwommen; **~ώνω** (σ· θ) verdunkeln (*a. fig.*).
αμαύρωση (-εις) Verdunkelung *f*; *Med.* völlige Blindheit *f*.
αμάχη [a'maiçi] Feindschaft *f*.
αμαχητί [amaçi'ti] *Adv.* kampflos.
άμαχος ['amax-] nicht kämpfend; kampfunfähig; unwiderlegbar; ***ο ~ πληθυσμός*** die Zivilbevölkerung.
Αμβέρσα [amˈversa] Antwerpen *n*.
αμβλ|υγώνιος [amvl-] (-ια) *Math.* stumpfwinklig; **~ύγωνο** [-'iɣɔnɔ] stumpfe(r) Winkel *m*; **~ύνοια** [-'inĭa] Stumpfsinn *m*.
άμβλυνση (-εις) Stumpfheit *f*.
αμβλ|ύνω (II = I ·υνθ· υμμ) stumpf machen; stumpf werden; *fig.* abschwächen; **~ύς** [-'is] (-εία, -ύ) stumpf; *fig.* schwach; **~ύτητα** Stumpfheit *f*; Stumpfsinn *m*; **~ύωπας** Schwachsichtige(r); **~υωπία** [-iɔp-] Schwachsichtigkeit *f*; **~υωπώ** [-iɔ'pɔ] (είς· ησ) schwachsichtig sein; *fig.* kurzsichtig sein.
αμβλώνω [am'vlɔ-] *v/t. Embryo* abtreiben.
άμβλωση (-εις) Abtreibung *f*.
αμβλωτικός Abtreibe-.
Αμβούργο Hamburg *n*.
αμβρ|οσία [amvrɔs-] Ambrosia *f*; **Ωόσιος** Ambrosius *m*; **~όσιος** (-ια) ambrosisch, himmlisch.
άμβυκας ['amvi-] Destillierkolben *m*.
άμβωνας [-vɔnas] Kanzel *f*.
αμέ *s.* ***αμμή***.
άμε(τε), αμέτε [a'mɛ-] *Imp. v.* ***πηγαίνω:*** geh!, geht!
αμεθόδευτος unsystematisch.
αμέθοδος [a'mɛθɔð-] unmethodisch; *Su. n* Planlosigkeit *f*.
αμέθυστος¹ [-θist-] nüchtern.
αμέθυστος² Amethyst *m*.
αμείβω [a'mivɔ] (ψ· φτ) belohnen.
αμειδίαστος [ami'ðiast-] mürrisch.
αμείλικτος [-likt-] (**-χτ-**) unerbittlich.
αμειψισπορά [-psispɔ'ra] Fruchtwechselwirtschaft *f*.
αμείωτος [a'miɔt-] unvermindert.
αμέλεια [a'mɛlja] Nachlässigkeit *f*; Gleichgültigkeit *f*; *bsd. jur.* Fahrlässigkeit *f*.
αμελέτητος [-'lɛtit-] unvorbereitet; unüberlegt.
αμέλημα *n* Unachtsamkeit *f*.
αμελής nachlässig (***για***/in *D*); *jur.* fahrlässig.
αμελοποίητος [-'piitɔs] unvertont.
αμελώ (είς· ησ· ηθ) *v/t.* vernachlässigen; *Frist* versäumen; *v/i.* ***~ να*** es versäumen, zu ...
άμεμπτος ['amɛmpt-] tadellos.
αμεμψίμοιρος in mein (dein *usw.*) Schicksal ergeben.
αμερεμέτιστος [-rɛ'mɛt-] unausgebessert; unbestraft.
αμερικανάκι Einfaltspinsel *m*; naiv.
Αμερικαν|ίδα [amɛrikan-] Amerikanerin *f*; **Ωίζω** (σ· σθ) amerikanisieren; Amerikaner nachahmen; **Ωικός** (*a.* **αμερικάνικος**) amerikanisch; **Ωισμός** Amerikanismus *m*; **~ός** (*f* -ή, -ίδα) Amerikaner(in *f*) *m*.
Αμερικ|άνος (*f* -άνα) Amerikagrieche *m* (-chin *f*); **~ή** [-'ki] Amerika *n*.
αμεριμνησία [amɛrimnis-] Sorglosigkeit *f*.
αμέριμνος sorglos.
αμεριμνώ [-'mnɔ] (είς· ησ) sorglos sein.
αμέριστος ungeteilt; unteilbar.
αμερόληπτος [-'rɔlipt-] unparteiisch; F gleichgültig.
αμερολη|πτώ [-'ptɔ] (είς· ησ) unparteiisch sein; **~ψία** [-'psia] Unparteilichkeit *f*.
αμέρωτος [-rɔt-] wild, rasend; nicht beruhigt.
άμεσ|ος unmittelbar, *Steuer*: direkt; sofortig; ***~η δράση*** (***το εκατό***) Funkwagen(streife *f*) *m*.
αμεσότητα Aktualität *f*, Unmittelbarkeit *f*.
άμεστος, αμέστωτος [a'mɛstɔt-] unreif (*a. fig.*).
αμέσως [a'mɛsɔs] sofort, gleich.
αμετάβατος [-vat-] *Gr.* intransitiv.
αμεταβίβαστος [-'vivast-] *Recht*: unübertragbar; *Post*: unzustellbar.
αμετάβλητ|ο [amɛ'tavlitɔ] Unveränderlichkeit *f*; **~ος** *Mensch*: unverändert, unveränderlich, fest; (farb)echt.
αμεταγλώττιστος unübersetzt.
αμετάγραπτος *jur.* (noch) nicht überschrieben.
αμετά|δοτος [amɛ'taðɔt-] unveröf-

fentlicht; *Med.* nicht ansteckend; ... ohne Kommunion; **~θετο** [-θεtɔ] Unversetzbarkeit *f*; **~θετος** *Beamter*: unversetzt; unversetzbar.
αμετακίνητος [-'k̡init-] nicht transportfähig; unbeweglich; ortsfest.
αμετάκλητ|ο [-'taklitɔ] Unwiderruflichkeit *f*; **~ος** unwiderruflich.
αμετακόμιστος [-'kɔm-] nicht transportiert; untransportierbar.
αμετάλαβος ... ohne Abendmahl.
αμετάλλαχτος [-'talaxt-] unveränderlich; feststehend.
αμέταλλ|ος ... ohne Metall; ***~α στοιχεία*** *n/pl. Chem.* Nichtmetalle *n/pl.*
αμετα|μέλητος [amεta'mεlit-] ... ohne Reuegefühl; unbereut; **~μόρφωτος** [-'mɔrfɔt-] unverändert; unveränderlich; **~μφίεστος** [-'ɱfiεst-] unmaskiert.
αμετάνιωτος unverbesserlich.
αμετανόητος [-'nɔit-] unverbesserlich.
αμετά|πειστος [-pist-] uneinsichtig; **~πλαστος** unwandelbar.
αμεταποίητος [amεta'piit-] unverändert; nicht umgearbeitet.
αμετ|άπτωτος [-'aptɔt-] *Interesse*: unvermindert; **~άστρεπτος** [-'astrεpt-] nicht zurückgekehrt; unwiderruflich; **~ατόπιστος** [-a'tɔpist-] unverrückbar, ortsfest; **~άτρεπτος** [-'atrεpt-] unabänderlich; **~άφραστος** [-'afrast-] unübersetzt; unübersetzbar; **~αχείριστος** [-a'çir-] ungebraucht; unbrauchbar.
αμέτοχος unbeteiligt (***σε***/ an *D*).
αμέτρητος [-trit-] ungezählt; unzählig; unermesslich.
άμετρος zahllos; übermäßig.
αμή *als Antwort*: und ob!; *Füllwort*: denn, aber.
αμήν [a'min] (0) *n* Amen *n*; ***έφτασα στο ~*** ich bin am Ende meiner Geduld.
αμηνόρροια [ami'nɔrja] *Med.* Ausbleiben *n* der Regel, Amenorrhoe *f*.
αμήνυτος [a'minit-] nicht benachrichtigt; *jur.* nicht angezeigt.
αμηχανία [amixan-] Verlegenheit *f*.
αμήχανος verlegen.
αμηχανώ (είς· ησ) in Verlegenheit sein, ratlos sein.
αμίαντ|ο [a'miañdɔ] Asbest *m*; **~ος** unbefleckt.
αμιγής [amij-], **άμικτος** unvermischt.
αμίλητος [a'milit-] wortlos, stumm; wortkarg.
άμιλλα [-ila] Wettbewerb *m*.
αμιλλώμαι [ami'lɔmε] (άσαι· ηθ) *v/t.* konkurrieren können mit; *v/i.* kämpfen (***περί*** *G*, ***για***/ um *A*).
αμίμητος [a'mimit-] unnachahmlich.
αμινοξέο Aminosäure *f*.
αμιράς (-άδες) Emir *m*.
αμίσητος ungehasst.
αμισθί [ami'sti] *K.* kostenlos.
αμισθολόγητος außertariflich.
άμισθος (**-στ-**) unbesoldet.
αμίσθωτος [-stɔt-] unvermietet.
αμμή [a'mi] *s.* ***αμή***.
άμμιο ['amjɔ] Zinnober *m*.
αμμ|οδόχη [amɔ'ðɔïçi] Sandbüchse *f*; Streusandwagen *m*; **~οκονία** [-ɔkɔn-] Mörtel *m*; **~οκονίαση** [-'niasi] Verputzen *n*; **~όλιθος** [-'ɔliθ-] *f* Sandstein *m*; **~όλοφος** [-'ɔlɔf-] Düne *f*.
άμμος *f*, *m* Sand *m*.
αμμ|ότοπος [a'mɔtɔp-] sandige Gegend *f*; **~ουδερός** [-uðεr-] sandig; **~ουδιά** [-u'ðja] Strand *m*; Sandbank *f*; **~όχωστος** [-'ɔxɔst-] (halb) verschüttet; **Ὰόχωστος** *f* Famagusta *n*; **~ώδης** sandig; Sand-; **~ωνία** [-ɔn-] Ammoniak *n*; F Salmiakgeist *m*; **~ωνιακός** Ammonium-.
αμνάδα weibliche(s) junge(s) Schaf.
αμνημ|όνευτος [amni'mɔnεft-] unerwähnt; ***πριν από ~όνευτα χρόνια*** seit undenklichen Zeiten; **~ονώ** [-ɔ'nɔ] (είς· ησ) (*mit G od. A*) *e-r S.* (*G*) nicht eingedenk sein; vergesslich sein; **~οσύνη** Vergesslichkeit *f*.
αμνησ|ία [amnis-] Amnesie *f*; Gedächtnisschwund *m*; **~ικακία** [-ikak̡-] Versöhnlichkeit *f*; **~ίκακος** nicht nachtragend; **~ικακώ** (είς· ησ) nicht nachtragend sein.
αμνήστευση (-εις) Amnestierung *f*.
αμνηστευτικός Amnestie-.
αμνήστευτος [-stεft-] nicht verlobt; nicht begnadigt.
αμνηστεύω [-'stεvɔ] (ευσ, εψ· εύτηκα· ευμ) amnestieren.
αμνηστία Amnestie *f*, Begnadigung *f*.
άμοιαστος ['amjast-] unähnlich.
αμοι|βάδα Amöbe *f*; **~βάδωση** *Med.* Amö'biasis *f*.
αμοιβ|αίος [amiv-] (-αία) gegenseitig;

αμοιβαιότητα 48

~αιότητα [-ɛ'ɔt-] Gegenseitigkeit *f*; **~ή** Honorar *n*, Vergütung *f*.
αμοίραστος [a'mirast-] ungeteilt.
αμοιριά Pech *n*, Unglück *n*.
αμοιρολόγητος unbeweint.
άμοιρος ['amir-] nicht teilhaftig (*G*/*G*); Ärmste(r).
αμόκ *n* Amoklauf *m*; *~ της φυγής* Massenflucht *f* (*der Autos aus Athen*).
αμολ|άω (ησ· ηθ) *v/t.* lockern; *z. B. Hund* loslassen; *Drachen* steigen lassen; ***~έμαι, ~ούμαι*** *v/i.* losgehen, losziehen.
αμόλευτος [a'mɔlɛft-] nicht angesteckt; unberührt.
αμολητός [amɔlit-] ungebunden; unbeaufsichtigt.
αμολόγητος unglaublich.
αμόλυβδος bleifrei.
αμόλυντος [a'mɔliňd-] unbefleckt, nicht angesteckt.
αμόνι [a'mɔni] Amboss *m*.
αμόνοιαστος [a'mɔnjast-] unverträglich, streitsüchtig.
αμορτισέρ [amɔrti'sɛr] (*0*) *n* Stoßdämpfer *m*.
αμορφία [amɔrf-] Unförmigkeit *f*; Formlosigkeit *f*.
άμορφος formlos; *Min.* amorph; ungestaltet.
αμόρφωτος [a'mɔrfɔt-] ungebildet; formlos.
αμουσία [amu'sia] Banausentum *n*.
αμούσκευτος [a'muskʲɛft-] undurchnässt; nicht gut durchfeuchtet.
άμουσος ungeistig, amusisch.
αμούστακος [-stak-] bartlos; *Su. m* Milchbart *m*.
αμούχλιαστος nicht schimmelig.
αμπαζούρ [aba'zur] (*0*) *n* Lampenschirm *m*.
αμπαλ|άζ [aṁba'laz] (0) *n* Verpackung *f*; **~άρισμα** *n* Verpackung *f*; **~άρω** (-ρισ-) verpacken.
αμπάλωτος [a'balɔt-] ungeflickt; ***μένω ~*** leer ausgehen.
αμπάρ|α [a'bar-] Riegel *m*; **~ι** Lager *n*, Speicher *m*; Schiffsraum *m*.
αμπαριάζω (σ) (ein)lagern.
αμπάριασμα *n* Einlagerung *f*.
αμπαρώνω (σ) verriegeln; F dichtmachen.
αμπέλι [a'ṁbɛli] Weinberg *m*.
αμπελ|όβεργα Weinrebe *f*; **~οκαλλιέργεια** Weinanbau *m*.
αμπελόκηπ|ος [-'lɔkʲip-] Weingarten *m*; **2οι** [-i] *Vorort von Athen*.
αμπελοκομία [-kɔm-] Weinbau *m*.
άμπελος Wein(berg) *m*.
αμπελότοπος Weinanbaugebiet *n*.
αμπελ|ουργία [aṁbɛlurj-] Weinbau *m*; **~ουργός** [-urɣ-] Winzer *m*; **~όφυλλο** [-'ɔfilɔ] Weinblatt *n*; **~οφυτεία** [-ɔfit-] Weinpflanzung *f*; **~ώνας** Weinberg *m*.
αμπέρ [a'ṁpɛr] (0) *n* Ampere *n*.
αμπερόμετρο [-'rɔmɛtrɔ] Amperemeter *n*.
αμπέχονο [a'ṁbɛx-] Waffenrock *m*.
αμπόδιστος: *είναι ~* nichts entgegenstehen *D*.
αμπολή Bewässerungsgraben *m*.
αμπολιάζω *s.* ***μπολιάζω.***
αμπόλιαστος ungepfropft.
άμποτε ['a(ṁ)bɔtɛ] wolle (Gott) (***να***/dass).
αμπούκωτος ... ohne etw. in den Mund zu stopfen.
αμπούλα [a'ṁpula] Ampulle *f*.
αμπρί [a'bri] Unterstand *m*.
αμπ|ώθω, ~ώνω *s.* ***αμπώχνω.***
άμπωτη ['abɔti] Ebbe *f*.
αμπώχνω [a'bɔxnɔ] (σ, ξ) (zurück-)stoßen, F schubsen.
Αμστ|ελόδαμον [aṁstɛ'lɔðamɔn], **~ερντάμ** [-'dam] *n* Amsterdam *n*.
αμυαλιά Unklugheit *f*.
άμυαλος ['amĭal-] unklug.
αμυγδαλ|άτο [amiɣða'latɔ] Mandelkuchen *m*; **~ή** Mandelbaum *m*; (*a.* ***-άλη***) *Anat.* Mandel *f*; **~ιά** Mandelbaum *m*; **~ίτιδα** Mandelentzündung *f*.
αμύγδαλο Mandel *f*.
αμυγδαλ|οειδής [-ɔið-] mandelförmig; **~όλαδο** [-'ɔlaðɔ] Mandelöl *n*; **~όψιχα** [-'lɔpsixa] Mandelkern *m*; **~ωτός** Mandel-; mandelförmig.
αμυδρ|ός [amiðr-] trübe, matt; **~ότητα** Schwäche *f*, Mattheit *f*.
αμύητος [a'miit-] (***σε***) uneingeweiht; schlecht vertraut (mit *D*).
αμύθητος [a'miθit-] märchenhaft.
αμυκτήριστος nicht verspottet.
άμυλο Stärke *f*.
αμυλοζάχαρο [amilɔ'zaxarɔ] Stärkezucker *m*.
αμυλόζη *Chem.* Amylose *f*.
αμυλόκολλα Stärkekleister *m*.

αμυλ|ούχος [-'lux-] (-α), **~ώδης** stärkehaltig; **~ώνω** (σ· θ) stärken.
άμυνα ['amina] (κατά *G*) Verteidigung *f*, Abwehr *f*, Schutz *m* (vor *D*); ***αεροπορική ~*** Flugabwehr *f*.
αμύνομαι [-nɔmɛ] (*Impf*. αμυνόμουν· αμύνθηκα) verteidigen (***για***/ *A*); sich verteidigen.
αμυντικ|ός [amiňd-] Verteidigungs-; **~ότητα** Verteidigungskraft *f*.
αμύριστος [a'mir-] übel riechend.
αμύρωτος ungetauft.
αμυχή [ami'çi] Schramme *f*.
αμφι- [aɱfi-] um ... herum; beid...; doppelt.
αμφιβάλλω [-'valɔ] (βαλ/ αμφέβαλα) zweifeln (***για***/ an *D*).
αμφίβιο [a'ɱfiv-] Amphibie *f*, Lurch *m*; Amphibienfahrzeug *n*.
αμφίβληστρο Schleppnetz *n*.
αμφιβληστροειδής [-vlistrɔið-]: ***~ χιτώνας*** *Anat*. Netzhaut *f*.
αμφιβολία [aɱfivɔl-] Zweifel *m*.
αμφίβολος zweifelhaft.
αμφίβραχης *Gr*. dreisilbige(s) Wort mit betonter Mittelsilbe, *z. B*. ***επήγα.***
αμφίγνωμος unschlüssig (***να***/ ob).
αμφίεση (-εις) Gewand *n*; *allg*. Kleidung *f*.
αμφι|ετηρίς [aɱfiɛtir-] (-ίδος) *f* Jahrestag *m*; **~θαλής: *αδελφοί ~θαλείς*** leibliche Brüder *m/pl*.; **~θέατρο** [-'θɛatrɔ] Amphitheater *n*.
αμφί|κοιλος [a'ɱfikil-] bikonkav; **~κοπος** [-kɔp-] zweischneidig; **~κυρτος** [-kirt-] bikonvex.
αμφιλεγόμενος *Pers*. umstritten.
αμφιλογία [-lɔj-] Widerspruchsgeist *m*.
αμφίλογος [-lɔɣ-] rechthaberisch.
άμφιο *mst*. *n/pl*. Priestergewand *n*.
αμφιρρέπω (*o. Aor*.) schwanken, unschlüssig sein.
αμφίρροπος unentschieden; unentschlossen.
αμφι|σβήτηση [aɱfi'zvit-] (-εις) Bedenken *n/pl*.; **~σβητήσιμος** [-'tisim-] strittig; anfechtbar; **~σβητίας** Zweifler *m*; *pol*. (Regime-)Kritiker *m*; **~σβητούμενος** [-'tum-] strittig, umstritten; ***~σβητούμενο διοικητικό*** *jur*. Beschlussausschuss *m*; **~σβητώ** [-zvi'tɔ] (ησ· ηθ) anzweifeln, bezweifeln; *jur*. anfechten.
αμφίστομος zweischneidig; Doppel-.
αμφιταλ|αντεύομαι [-tala'ňdɛvɔmɛ] (ευθ) schwanken, unschlüssig sein; **~άντευση** [-'andɛf-] Unschlüssigkeit *f*, Schwanken *n*.
αμφορέας (*pl*. -είς) Amphore *f*.
αμφοτεροβαρής [aɱfɔtɛrɔvar-] solidarisch; zweiseitig.
αμφότεροι [-tɛri] beide.
άμωμος tadellos.
αν [an] wenn; (*wissen, fragen usw*.) ob; ***~ και*** wenn ... auch, obwohl.
αν- *s*. ***α-***; *s. a*. ***ανα-***.
ανά *K*. (*mit G*) (auf) ... hinauf; über ... hin; in (*D*) ... ganz ...; je *zwei usw*.; ***~ πέμπτο έτος*** jedes fünfte Jahr.
ανα- [ana-] *oft*: hinauf-, auf-; wieder-, nochmalig, erneut.
ανάβαθος [-vaθ-] seicht (*a. fig*.).
αναβάθρα [-'vaθra] Fallreep *n*.
ανα|βάλλω [-'valɔ] (βαλ· ανέβαλα· βληθ· αναβεβλημ-) verschieben, aufschieben; **~βαπτίζω** [-vapt-] wieder taufen.
ανάβαση [a'navasi] (-εις) (***σε***) Besteigung *f* (*G*); *fig*. Ansteigen *n*.
αναβαστάζω *v/t*. hochhalten.
αναβατήρας [-'tiras] Wagenheber *m*; Aufzug *m*.
ανα|βάτης Besteiger *m*; Reiter *m*; **~βάτρια** Reiterin *f*; Besteigerin *f*.
ανα|βιβάζω [anaviv-] (σ· στ) *s*. ***ανεβάζω;*** *Thea*. aufführen; **~βίβαση** (-εις), **~βιβασμός** [-vaz-] Hinaufbringen *n*; Aufführung *f*; Erhöhung *f der Preise*; *Gr*. Akzentverschiebung *f um e-e Silbe nach vorn*; **~βιώνω** [-'viɔnɔ] (σ) wieder lebendig werden, aufleben; **~βίωση** [-'viɔsi] Wiederaufleben *n*; **~βλασταίνω** [-vlast-] (βλαστησ) (wieder auf)blühen; **~βλέπω** [-'vlɛpɔ] (ψ) (auf)blicken (***σε***/ zu *D*); wieder sehen können.
ανάβλεψη [a'navlɛpsi] Aufblicken *n*; Rückblick *m*.
αναβλητ|έος [-vlit-] aufzuschiebend; **~ικός** saumselig; hinhaltend; **~ικότητα** Saumseligkeit *f*, Lässigkeit *f*; Verzögerung *f*.
αναβλύζω [-'vlizɔ] (σ· στ) *v/i*. (hervor)sprudeln; *v/t*. sprudeln lassen.
αναβολ|έας [-vɔl-] (-είς) Steigbügel *m* (*a. Anat*.); **~ή** Vertagung *f*, Aufschub *m*; ***~ή πληρωμής*** Stundung *f*, Zahlungsaufschub *m*.

αναβοώ 50

αναβοώ [-vɔ'ɔ] (άς· ησ) aufschreien.
αναβράζω [-'vrazɔ] (σ· στ· σμ) sieden, aufkochen; *Most*: gären; *fig.* aufbrausen (***από***/ vor *D*).
ανάβρασ|η [a'navrasi], **~μα** [-azma] *n* Aufkochen *n*; *fig.* Wallung *f*; *pol.* Gärung *f*.
αναβρασμός *s.* ***ανάβραση.***
ανα|βροχιά [-vrɔç-] Dürre *f*; **~βρύζω** *s.* ***αναβλύζω;*** **~βρυτήριο** [-vri'tir-] Springbrunnen *m*.
ανάβω [a'navɔ] (ψ· φτ· αναμμ-) *v/t.* anzünden (*a. El.*), anstecken; *El.* anmachen; *fig.* reizen, erregen; *v/i.* brennen; *fig.* sich (*A*) aufregen; *Fest*: sich beleben.
αναγάλλια, ~σμα *n* Jubel *m*.
αναγαλλιάζω [-ɣal-] (σ· -γάλλιασα) jubeln.
αναγγελία Anzeige *f*; ***~ του γάμου*** Heiratsanzeige *f*.
αναγγέλλω [-'ŋ̈gɛlɔ] (ανάγγειλα, αναγγέλθηκα) mitteilen.
ανα|γέννηση [ana'jɛnisi] (-εις) Wiedergeburt *f*; *hist.* Renaissance *f*; **~γεννητικός** Wiederbelebungs-; **~γεννώ** [-jɛ'nɔ] (άς· ησ· ηθ· -γεννημ-) neu schaffen, wiederherstellen; ***~γεννιέμαι*** *fig.* (wie) neu geboren werden.
αναγέρνω (αναγειρ-· αναγερμεν-) sich (*A*) vorbeugen; sich (*A*) hinlegen.
αναγκάζω [anaŋ̈g-] (σ· σθ) zwingen; nötigen.
αναγκαί|ο [-'ŋ̈gɛɔ] Abort *m*; **~ος** (-α) notwendig, nötig; ***τα ~α*** das Nötigste.
αναγκαιότητα Notwendigkeit *f*.
αναγκασ|μός [anaŋ̈gaz-] Zwang *m*; **~τικός** Zwangs-; Not-; zwangsläufig; ***~τική προσγείωση*** Notlandung *f*.
ανάγκη [a'naŋ̈gi] Bedürfnis *n*; Not (-lage) *f*; ***είναι ~*** es ist nötig; ***έχω ~*** (*G od.* ***από***) *etw.* nötig haben, brauchen; *a.* in Not sein; ***εξ ~ς, κατ' ~*** gezwungenermaßen; ***κατάσταση ~ς*** Notstand *m*; ***κάνω την ~ μου*** seine Notdurft verrichten; ***εν*** (***εσχάτην***) ***ανάγκη*** im Notfall.
ανάγλυφ|ο [a'naɣlifɔ] Basrelief *n*; **~ος** *Adj.* Relief-; *fig.* eindrucksvoll.
ανα|γνωρίζω [-ɣnɔr-] (σ· στ) (wieder) erkennen; anerkennen (***για***/ als); **~γνώριση** (-εις) Wiedererkennung *f*; Anerkennung *f*; *mil.* Aufklärung *f*; **~γνωριστικός** Aufklärungs-.
ανάγνωση [a'naɣnɔsi] (-εις) Lesen *n*, Lektüre *f*; Entzifferung *f*.
αναγνώσιμος lesbar.
ανάγνωσμα [-ɣnɔz-] *n* Lektüre *f*; Lesestück *n*; Lesung *f*.
αναγνώσ|ματάριο [-a'tar-] Lesebuch *n*; **~τήριο** [-'tir-] Lesesaal *m*.
ανα|γνώστης [-'ɣnɔst-] Leser *m*, Vorleser *m*; **~γνωστικό** Lesebuch *n*; **~γνωστικός** Leser-; **~γνώστρια** Leserin *f*.
αναγόρευση [ana'ɣɔrɛf-] (-εις) Ernennung *f* (***σε***/ zu *D*); Promotion *f*.
αναγορεύ|ω (ευσ· ευτ) *v/t.* ausrufen, proklamieren; ernennen (*N*/ zu *D*); ***~ομαι*** promovieren; ***~τηκε διδάκτωρ*** er promovierte (zum Doktor).
ανα|γούλα [-'ɣula] Übelkeit *f*; Zote *f*; **~γουλιάζω** (σ) mir wird übel; **~γουλιαστικός** widerwärtig.
αναγραμματ|ίζω die Buchstaben umstellen (*z. B.* **νομος → μονος**); **~ισμός** Buchstabenumstellung *f*; Bildung *f* e-s neuen Wortes.
ανα|γραφή [anaɣra'fi] Eintragung *f*; Wiedergabe *f*; Verzeichnis *n*; **~γράφω** (ψ· γραφ) einmeißeln; eintragen; wiedergeben.
αναγυρίζω umkehren, umschaufeln (*Erde*); *v/i.* umherirren.
ανάγ|ω [a'naɣɔ] (αναγαγ-· αναχθ-· *Impf.* ανήγον· ανηγμ-/ ανηγαγ-) zurückführen (***σε***/ auf *A*); *Math.* reduzieren; ***~ομαι*** *Schiff*: auslaufen.
αναγω|γέας [-ɣɔ'jɛas] (-είς) Winkelmesser *m*; **~γή** [-'ji] Auslaufen *n*; Reduktion *f*; Umwandlung *f* (*von Mark in ...*); *jur.* Rückgriff *m*, Regress *m*; ***εξ ~γής υπόχρεως*** regresspflichtig.
ανάγωγος [-ɣɔɣ-] ungezogen; nicht reduzierbar.
αναδαμαλισμός [-ðamal-] Nachimpfung *f*.
αναδασμός Neuaufteilung *f*.
ανα|δασώνω [-ðas-] (σ) aufforsten; **~δάσωση** (-εις) Aufforstung *f*.
ανάδειξη [-ðiksi] (-εις) Ernennung *f*.
ανα|δείχνω [ana'ðixnɔ] (ανάδειξα) auszeichnen; ***~δείχνομαι*** sich hervortun; ***οι εκλογές ανάδειξαν*** (*A*) aus den Wahlen gingen hervor als ... (*N*); **~δεκτός** [-ðɛkt-] Patenkind *n*.
ανάδεμα [-ðɛma] *n* Bandage *f*, Binde *f*.

αναδεντράδα [-ðeňdr-] Weinranke *f*; Weinlaube *f*.
ανα|δένω [ana'ðenɔ] (σ· θ) anbinden, festbinden; *mar.* ins Schlepptau nehmen; **~δεξιμίδι** Täufling *m*; **~δεξιμιός** [-ðeksim-] Patenkind *n*; **~δεύομαι** sich (*A*) winden; **~δεύω** (ψ) umrühren; **~δέχομαι** [-'ðexɔmε] übernehmen; Pate werden; **~δεχτός** Pate *m*; **~δημιουργία** [-ðimjurj-] Neugestaltung *f*; Umgestaltung *f*; **~δημιουργός** Neugestalter *m*; **~δημιουργώ** [-'γɔ] (είς· ησ) umgestalten; **~δημοσίευση** [-'siεfsi] (-εις) Wiederveröffentlichung *f*; **~δημοσιεύω** (ευσ) erneut veröffentlichen; **~διαπαιδαγώγηση** [-ðiapεða'γɔj-] (-εις) Umerziehung *f*; **~διάρθρωση** [-'ðjarθrɔsi] (-εις) Neuregelung *f* (*der Arbeitszeit*); **~δίνω** [-'ðinɔ] ausspeien; ausdünsten; *Blüten* treiben; **~διοργανώνω** [-ðiɔrγan-] umgestalten, reorganisieren; **~διοργάνωση** (-εις) Umgestaltung *f*, Reorganisierung *f*.
αναδιορ|ίζω [anaðiɔr-] wieder einstellen; **~ισμός** Wiedereinstellung *f*.
αναδιπλασ|ιάζω [-ðiplas-] (-ασίασα) verdoppeln; **~ιασμός** Verdoppelung *f*; *Gr.* Reduplikation *f*.
ανα|διπλώνω (σ) wiederholen, wieder falten; dublieren; *Flügel* einziehen; **~δίπλωση** (-εις) Verdoppelung *f*; **~δίφηση** [-'ðifisi] (-εις) Nachforschung *f*; **~διφώ** [-'fɔ] (άς· ησ) *v/t.* forschen nach (*D*); durch'suchen, durch'stöbern.
ανα|δόμηση (-εις) Neugestaltung *f*; ***~δόμηση κυβέρνησης*** Regierungsumbildung *f*; **~δομώ** aufbauen; *Regierung* umbilden; bestellen zu *D*.
ανάδοση [a'naðɔsi] Ausspeien *n*; Ausströmen *n*.
ανα|δουλειά [-ðul-] Arbeitslosigkeit *f*; **~δοχή** [-ðɔ'çi] Übernahme *f*.
ανάδοχος [-ðɔx-] *m u. f* Pate *m*, Patin *f*; Unternehmer *m*.
αναδρομ|ή [-ðrɔ'mi] *Phys.* Steigen *n*; Rückblick *m* (***σε***/ auf *A*); (*Film*) Rückblende *f*; **~ικός** (*Adv.* -κώς) *jur.* rückwirkend; zurückblickend; **~ικότητα** rückwirkende Kraft *f*.
ανα|δύομαι [ana'ðiɔmε] (θ) auftauchen (*a. fig.*); **~δυόμενη** die Schaumgeborene (= *Aphrodite*).
ανάδυση [a'naðisi] Auftauchen *n*.
ανάερος [a'naεr-] Luft-; luftig; federleicht; ungelüftet.
ανα|ζήτηση [-'zitisi] (-εις) Suchen *n*; Suche *f*; Erforschung *f*; ***~ζήτηση θέσης*** Stellengesuch *n*; ***σε ~ζήτηση*** *G* auf der Suche nach *D*; **~ζητώ** [-zi'tɔ] (άς· ησ) suchen; ersehnen; *Wort* nachschlagen; **~ζητών** (-ούσα): ***~ζητών άσυλο*** Asylant(in *f*) *m*; **~ζυμώνω** (durch)kneten; ***~ζυμώνομαι*** gären; **~ζύμωση** [-'zimɔsi] (-εις) Nachgärung *f*; **~ζώ** [-'zɔ] (άς· ησ) wieder auferstehen; wieder aufleben.
αναζωο|γόνηση [anazɔɔ'γɔn-] (-εις) Wiederbelebung *f*, Erholung *f*; **~γονητικός** erholsam; **~γονώ** [-'nɔ] (άς· ησ) erquicken, gut tun (*D*).
αναζω|πύρηση [-'pirisi] (-εις) Wiederaufleben *n*; **~πυρώνω** [-pir-] (σ· θ) neuen Auftrieb geben (*D*).
ανα|θάλλω [ana'θalɔ] (θαλ) wieder aufblühen (*a. fig.*); **~θάλπω** [-'θalpɔ] (ψ) wieder erwärmen; pflegen; **~θαρρεύω** [-θar-] (εψ· εμ) wieder Mut bekommen; **~θάρρηση** neue(r) Mut; **~θαρρύνω** [-'inɔ] (II = I) ermutigen; **~θαρρώ** [-θa'rɔ] (είς· ησ) wieder Mut fassen.
ανάθεμα [-θεma] *n* Verbannung *f*; Fluch *m*; *Rel.* Kirchenbann *m*; ***ανάθεμά σε*** *usw.* verflucht sei(e)st du *usw.*; ***ανάθεμά με κι' αν ...*** der Teufel soll mich holen, wenn ...
αναθε|ματίζω (σ) verfluchen; exkommunizieren; **~μάτισμα** *n* Verfluchung *f*.
αναθεμελι|ώνω [-θεmε'liɔnɔ] *v/t.* neu begründen; **~ωτής** Neubegründer *m*.
αναθερμαίνω [-θεrm-] (μαν· μανθ) wieder erwärmen; *fig.* entflammen; *Beziehungen* vertiefen.
ανάθεση [-θεsi] (-εις) Beauftragung *f* (*G* ***σε***/ *G* an *A*).
ανα|θέτω [ana'θεtɔ] (ανάθεσα, ανέθεσα· τεθ) (του το) j-n mit etw. (*D*) beauftragen; *j-m etw.* (*A*) stiften; **~θεώρηση** [-θε'ɔrisi] (-εις) Überprüfung *f*; *jur.* Revision *f*; **~θεωρητής** Prüfer *m*, Revisor *m*; **~θεωρητικός** Prüfungs-; Revisions-; **~θεωρώ** [-θεɔ'rɔ] (είς· ησ) überprüfen, revidieren.
ανάθημα [a'naθima] *n* Opfergabe *f*.

αναθηματικός Gedenk-.
αναθι|βάλλω, ~βάνω (αναθίβαλα) gedenken (*A*/*G*).
ανάθρεμμα [-θrεma] *n* Aufzucht *f*; Großziehen *n*; *s.* ***θρέμμα.***
αναθρεμμένος *s.* ***αναθρέφω.***
αναθρεφτός Zögling *m.*
αναθρέφω [-'θrεfɔ] (ψ· τραφ) aufziehen, großziehen; erziehen.
αναθροφή *s.* ***ανατροφή.***
αναθυμίαση [-θi'miasi] (-εις) Ausdünstung *f*, Geruchsbelästigung *f*.
αν|αίδεια [a'nεð-] Unverschämtheit *f*; **~αιδής** unverschämt; **~αίμακτος** unblutig; **~αιμία** [-εm-] Anämie *f*, Blutarmut *f*; **~αιμικός** blutarm, anämisch.
αναίρεση [a'nεrεsi] (-εις) Widerlegung *f*; Totschlag *m*; *jur.* Rechtsmittel *n* der Kassation; Aufhebung *f*; *Mus.* Auflösungszeichen *n*.
αναιρ|έσιμος widerlegbar; aufhebbar; **~ώ** (είς· εσ· εθ· -εμένος) widerlegen; widerrufen, zurücknehmen; Totschlag begehen.
αναισθη|σία [anεstis-] Gefühllosigkeit *f* (*a. fig.*); *Med.* Anästhesie *f*; **~σιολόγος** Anästhesist *m*; **~τίζω** (σ) *Med.* betäuben; **~τικός** Betäubungs-; **~τοποίηση** [-tɔ'piisi] (-εις) Betäubung *f*, Narkose *f*; **~τοποιώ** betäuben, narkotisieren.
αναίσθητος [-'εstit-] bewusstlos; gefühllos.
αν|αισχυντία [anεsçiňd-] Schamlosigkeit *f*; **~αίσχυντος** schamlos; unverschämt; **~αιτιολόγητος** [-εtĭɔ'lɔjit-] unbegründet, nicht zu rechtfertigen(d); **~αίτιος** (-ια) unschuldig (***για***/ an *D*); schuldlos; grundlos.
ανα|καγχάζω *s.* ***καγχάζω;*** **~κάθαρση** [-'kaθarsi] (-εις) Reinigung *f*, Läuterung *f*; **~καθίζω** *v/t.* aufrecht (hin)setzen; **~καθιστός** aufrecht sitzend; **~κάθομαι** aufrecht sitzen; *s.* ***ανακαθίζω;*** **~καινίζω** [-ķεn-] (σ· στ/ *a.* ανε-) renovieren, erneuern; **~καίνιση** (-εις), **~καινισμός** Renovierung *f*; Erneuerung *f*; **~καινιστής** Erneuerer *m*, Restaurator *m*.
ανα|καλύπτω [anaka'liptɔ] (ψ· φτ· μμ) entdecken; **~κάλυψη** [-lipsi] (-εις) Entdeckung *f*; **~καλώ** [-'lɔ] (είς· εσ· καλέστ· -καλεσμένος/ *a.* -κληστ·-κλησμένος) *j-n* zurückrufen; *etw.* rückgängig machen; *zur Ordnung* rufen; **~κάμπτω** [-'kaṁptɔ] (μψ· μφθ· -κεκαμμ-) *v/t.* umbiegen; *Ort* erneut berühren; *v/i.* umkehren.
ανά|καμψη [-kaṁpsi] (-εις) Umkehr *f*; *Hdl.* Wende *f*, *mst.* Aufschwung *m*; *Sport*: Hände *f/pl.* im Nacken; **~κατα** [-kata] *Adv.* durcheinander; vermischt.
ανακατ|αγραφή [anakataɣra'fi] Umschreibung *f*; Überprüfung *f*; **~άκτηση** [-'aktisi] (-εις) Wiedereroberung *f*; **~ακτώ** [-a'ktɔ] (άς· ησ) wieder erobern; **~άληψη** Wiedereinnahme *f*; **~ανομή** Umverteilung *f*; **~άταξη** [-taksi] (-εις) Neuordnen *n*; Umgruppierung *f*; **~ατάσσω** [-a'tasɔ] (ξ· χτ) neu ordnen; umverteilen; ***~ατάσσομαι*** *mil.* freiwillig weiterdienen.
ανα|κάτεμα *n* Durcheinander(bringen) *n*; **~κάτευτος** [-'katεft-] unvermischt; nicht verwickelt (***σε***/ in *D*); **~κατεύω** (ψ· ευτ· -τεμ-) mischen (***με***/ mit *D*); *Tee* umrühren; *etw.* durcheinander bringen; *j-n* verwickeln (***σε***/ in *A*); *j-m* Übelkeit verursachen; ***~κατεύομαι*** sich einmischen (***σε***/ in *A*).
ανάκατος vermischt; unsortiert; durcheinander.
ανα|κάτωμα [ana'katɔma] *n* Durcheinander *n*; Vermischung *f*; **~κατωμός** Verwirrung *f*; Übelkeit *f*; **~κατώνω** (σ· θ) mischen, *Metall* legieren; **~κάτωση** (-εις), **~κατωσιά** *s.* ***ανακάτωμα.***
ανακατω|σούρα [-'sura] Unruhe(n) *f*(*pl.*); Tumult *m*, Krawall *m*; **~σούρης** (-ρηδες) Unruhestifter *m*.
ανακάτωτος *s.* ***ανακάτευτος.***
ανακατωτός (*mst. Adv.* -ά) ... auch außer der Reihe (*wissen*).
ανακεκλημ- *s.* ***ανακαλώ.***
ανακεφαλ|αιώνω [-ķεfalε-] (σ) zusammenfassen; verzinsen; **~αίωση** [-'εɔsi] (-εις) Überblick *m*; Verzinsung *f*; **~αιωτικός** zusammenfassend.
ανα|κήρυξη [-'ķiriksi] (-εις) Aufruf *m*, Proklamation *f*; **~κηρύσσω** [-ķi'risɔ], **~κηρύττω** (ξ· χτ· -κηρυγμ-) (*A*) ausrufen (als), feierlich ernennen (zu *D*).
ανα|κίνηση [-'ķinisi] Schütteln *n*; Vorbringen *n*; **~κινώ** [-ķi'nɔ] (είς· ησ) schütteln; *Frage* vorbringen; **~κλαδίζομαι** [-kla'ðiz-] (στ) sich recken.

53 αναλογικός

ανάκλαση [a'naklasi] (-εις) *Phys.* Reflexion *f*; *Med.* Reflex *m*.
ανακλασμένος reflektiert.
ανάκληση [-klisi] (-εις) Rückberufung *f*, Abberufung *f*; Rückgängigmachung *f*; Ruf *m* (*zur Ordnung*).
ανακλητήριος [-kli'tir-] (-ία) Rückberufungs-, Abberufungs-.
ανακλητικό Zapfenstreich *m*.
ανακλητ|ικός *s.* ***ανακλητήριος;*** Widerrufs-; **~ός** widerruflich.
ανάκλιντρο [-kliňdrɔ] Ruhebett *n*.
ανα|κλώ [ana'klɔ] (άς· ασ· αστ) reflektieren; **~κοινωθέν** [-ķinɔ'θεn] (-έντος) *n* Bekanntmachung *f*; *mil.* (*Heeres-*)Bericht *m*; **~κοινώνω** (σ· θ) bekannt machen; **~κοίνωση** [-nɔsi] (-εις) Bekanntmachung *f*, Mitteilung *f*; Durchsage *f*; **~κοινώσιμος** veröffentlichungsreif.
ανα|κολουθία [-kɔluθ-] Zusammenhanglosigkeit *f*; Inkonsequenz *f*; **~κόλουθος** zusammenhanglos; inkonsequent; ***~κόλουθο σχήμα*** *Gr.* Anakoluth *n*; **~κομιδή** [-mi'ði] Überführung *f* (*der Gebeine*); **~κομίζω** (σ· σθ) überführen; **~κοπή** [-kɔ'pi] Stillstand *m*, Stocken *n*; *jur.* Einspruch *m* (gegen *A*); **~κόπτω** [-'kɔptɔ] (ψ· κοπ· -κομμ-) aufhalten, Einspruch erheben; **~κούκουρδα** (*a.* ***-κουρκουδα***) in Hockstellung; **~κουμπώνω** [-kuṁb-] (σ) aufkrempeln.
ανα|κουνώ [anaku'nɔ] (άς· ησ· ηθ, ιστ· ημεν-) erschüttern; schütteln; *fig.* aufscheuchen; **~κουφίζω** [-kuf-] (σ· στ) *v/t.* (es) *j-m* erleichtern, entlasten (*A*); Linderung verschaffen; **~κούφιση** (-εις) Erleichterung *f*; Linderung *f*; **~κουφιστικό** Linderungsmittel *n*; **~κουφιστικός** Linderungs-; **~κράζω** [-'krazɔ] (ξ) aufschreien; **~κρεμώ** [-krε'mɔ] (άς· ασ· αστ) hoch (an)hängen; **~κρίβεια** [-'kriv-] Ungenauigkeit *f*; **~κριβής** ungenau; unpünktlich; **~κρίνω** [-'krinɔ] (ανάκρινα· -κρίθηκα) verhören.
ανάκριση [-krisi] (-εις) *jur.* Untersuchung *f*; Verhör *n*.
ανακριτ|ής Untersuchungsrichter *m*; **~ικός** Untersuchungs-.
ανάκρουσ|η [-krusi] (-εις) Rückstoß *m*; Abstoßung *f*; *Mus.* Abspielen *n*; **~μα** *n Mus.* Abspielen *n*.
ανακρούω [-'kruɔ] (σ) abstoßen; *Mus.* abspielen; ***~ πρύμνη*** *fig.* zurückweichen.
ανακρυστάλλωση [-kri'stalɔsi] (-εις) Herauskristallisierung *f*.
ανάκτηση [a'naktisi] (-εις) Wiedererlangung *f*.
ανακτο|βούλιο [-'vul-] Kronrat *m*; **~ρικός** Hof-.
ανάκτορο *mst. pl.* Schloss *n*.
ανακτώ [ana'ktɔ] (άς· ησ) wiedererlangen.
ανακύκληση ewige(r) Zyklus.
ανα|κυκλώνω (σ) wieder verwerten; **~κύκλωση** (-εις) Wiederverwertung *f*, Recycling *n*.
ανακύπτω [ana'ķiptɔ] (ψ) auftauchen (*a. fig.*); sich erholen.
ανακωχή [-'çi] Waffenstillstand *m*.
ανα|λαβαίνω, ~λαμβάνω [-la'ɱvanɔ] (λαβ· ληφθ· ανειλημμ-) *v/t.* übernehmen; *Behandlung* vornehmen; *v/i.* sich erholen (***από***/ von *D*).
ανα|λαμπή [anala'ṁbi] Blinken *n*; *fig.* Blitz *m*; **~λάμπω** (μψ) (auf)blinken; *fig.* aufleuchten.
ανάλατος [-lat-] ungesalzen; *fig.* fade.
ανάλαφρος kaum merklich.
αναλγη|σία [analjis-] Gefühllosigkeit *f*; Schmerzlosigkeit *f*; **~τικός** schmerzstillend.
ανάλγητος [-jit-] schmerzlos; gefühllos (***σε***/ für *A*) .
ανάλεκτα [-lεkta] *n/pl.* Anthologie *f*.
αναλ|ήθεια [-'liθ-] Unwahrheit *f*; **~ηθής** unwahr.
ανάληψη [-lipsi] (-εις) (*Bank*) Abhebung *f*; Übernahme *f e-s Amtes*; Wiederaufnahme *f*; *Rel.* Himmelfahrt *f*; ***κάνω ~*** (*von der Bank*) etwas abheben.
αν|άλλαγος, ~άλλαχτος unverändert; ... ohne die Wäsche zu wechseln.
αναλλοίωτος [ana'liɔt-] unveränderlich; *fig.* unerschütterlich.
ανάλογα: ***~ με το αν*** je nachdem, ob ...
αναλογ|ία [-lɔj-] Ähnlichkeit *f*; Analogie *f*; (*Kochbuch*): Zutaten *f/pl.*; Verhältnis *n*; *Math.* Proportion *f*; *Gr.* Kontamination *f*; ***αγοραστική ~ία*** Marktanteil *m*; ***σε μικρότερη ~ία*** im kleineren Maßstab; **~ίζομαι** [-'izɔmε] (στ) bedenken; **~ικός** proportional;

im Verhältnis (*με*/ zu *D*); Vervielfältigungs- (*Zahl*); Verhältnis- (*Wahl*).

αναλόγιο Lesepult *n*.

ανάλογο [-lɔɣ-] Anteil *m*; **~ς** analog; entsprechend (*με*/ *D*); angemessen (*προς* *A*, *με*/ *D*).

αναλογώ [-'ɣɔ] (είς· ησ) *v/i* entfallen (*σε*/ auf *j-n*); proportional sein; entsprechen (*προς* *A*/*D*).

αναλόγως entsprechend (*προς* *A*/*D*).

ανάλυση [-lisi] (-εις) Auflösung *f*, Zerlegung *f*, Zersetzung *f*; Analyse *f*; *Math.* A'nalysis *f*; *σε τελευταία* ~ letzten Endes.

ανα|λυτικός [analit-] analytisch; ausführlich; **~λύω** [-'liɔ] (σ· θ) *Chem.* auflösen, zersetzen, zerlegen; *Frage* analysieren; auseinander setzen (*του το*/ *j-m* *A*).

αναλφ|αβητισμός [analfavit-] Analphabetentum *n*; **~άβητος** Analphabet *m*.

ανάλω|μα [-lɔma] *n* Aufwand *m*; **~ση** (-εις) *Hdl.* Verrechnung *f*.

αναλωτής [-lɔt-] Verbraucher *m*.

ανα|μαλλιάζω [-ma'lja-] (-μάλλιασα) zerzausen; **~μαλλιάρης** (-α, -ικο) ungekämmt, zerzaust; **~μάρτητος** [-'martit-] fehlerfrei; sündlos; **~μάσημα** *n* Wiederkäuen *n*; **~μασώ** [-ma'sɔ] (άς· ησ) wiederkäuen (*a. fig.*).

ανάμει|ξη Gemisch *n*; *fig.* *έχω ~ξη σε* verwickelt sein (in *A*); **~χτος** gemischt, heterogen.

ανα|μένω [-'mɛnɔ] (μειν) erwarten; darauf warten (*να*/ dass); **~μερίζω** [-mɛr-] wegdrängen.

ανάμερος abgelegen.

ανάμεσα [-mɛsa] zwischen; unter (*D*, *A*); ~ *σ' άλλα* unter anderem.

αναμετάδοση (-εις) Übertragung *f*.

αναμεταξύ [-mɛta'ksi] (*G*) zwischen; unter (*D*, *A*); *στο* ~ inzwischen.

ανα|μέτρηση [-'mɛtrisi] (-εις) Messung *f*; *Sport*; *mil.* Auseinandersetzung *f*, Begegnung *f*; *δυναμική ~μέτρηση* Kraftprobe *f*; **~μετρώ** (είς· ησ) abmessen; erwägen; *~μετριέμαι* (ηθ) sich (*A*) messen (*με*/ mit *D*).

αναμηρυκ|άζω [anamirik-] (σ) wiederkäuen (*a. fig.*); **~αστικός** [-ast-] wiederkäuend; *~αστικό ζώο* Wiederkäuer *m*.

αναμιγμένος [-miɣm-] gemischt; verwickelt (*σε*/ in *D*).

ανάμικτ|α [-mikta] *n/pl.* Vermischte(s); **~ος** vermischt.

ανάμιξη (-εις) Mischung *f*; Einmischung *f*.

ανα|μισθώνω [-mi'stɔnɔ] wieder (ver)mieten; **~μίσθωση** [-stɔsi] (-εις) Mietverlängerung *f*.

άναμμα ['anama] *n* Anzünden *n*; Getreidebrand *m*; *fig.* Aufregung *f*.

αναμμένος angezündet; sehr aufgeregt.

ανάμνηση [a'namnisi] (-εις) Erinnerung *f* (*G*/ an *A*).

ανα|μνηστικός [-mnist-] Gedenk-(*Tafel*); *γραμματόσημο ~μνηστικό* Gedenkbriefmarke *f*; **~μονή** [-mɔ'ni] Erwartung *f*; *αίθουσα ~μονής* Wartesaal *m*; **~μορφώνω** [-mɔrf-] (σ) umgestalten, reformieren; **~μόρφωση** [-fɔsi] (-εις) Reform *f*; Umerziehung *f*; **~μορφωτής** [-fɔt-] Reformator *m*; **~μορφωτικός** Reform-; Umerziehungs-; **~μόχλευση** [-'mɔxlɛfsi] Schüren *n* *des Hasses*; **~μοχλεύω** (ευσ) auflockern; *fig.* schüren; **~μπουμπούλα** [-bu'bula] wüste(s) Durcheinander *n*, Wirrwarr *m*.

αναμφ|ίβολος [ana'ɱfivɔl-] unzweifelhaft; **~ίλεκτος** [-'ilɛkt-], **~ισβήτητος** [-i'zvitit-] unbestritten; **~ισβητήτως** [-izvi'titɔs] *Adv.* einwandfrei.

ανανάς [ana'nas] (-άδες) Ananas *f*.

ανανδρία [anaňðr-] Feigheit *f*; Gemeinheit *f*.

άνανδρος feige; *a.* unmännlich; *Su.* *m* Feigling *m*.

ανα|νεάζω (σ) verjüngen; wieder jung werden; **~νεύω** (ευσ) *durch Kopfbewegung* verneinen; **~νεώνω** (σ) erneuern; *Vertrag* verlängern; **~νέωση** [-'nɛɔsi] (-εις) Erneuerung *f*; **~νεωτικός** Erneuerungs-; **~νήφω** [-'nifɔ] (ψ) wieder nüchtern werden; wieder zu sich kommen; *fig.* abkommen (*από*/ von *D*).

ανάνηψη [a'nanipsi] (-εις) Ernüchterung *f*.

αναντ|απόδοτος unerwidert; **~ικατάστατος** [-ika'tastat-] unersetzlich; **~ίλεκτος** [-'ilɛkt-], **~ίρρητος** [-'irit-] unbestreitbar.

ανα|ξαίνω (ξαν· ασμ), **~ξεύω** (εσ) (auf)kratzen; wieder *Streit* anfangen.
αναξιόλογος belanglos.
αναξιο|πάθεια [anaksjɔ'paθ-] unverdiente(s) Leid *n*; **~παθής** ungerecht behandelt; *Adv.* ***~παθώς*** unverdientermaßen; **~παθώ** [-pa'θɔ] (είς· ησ) sich (*A*) quälen müssen.
αναξι|όπιστος [-'ksjɔpist-] unglaubwürdig, unzuverlässig; **~οπρέπεια** [-ɔ'prɛp-] Schäbigkeit *f*; **~οπρεπής** schäbig, nichtswürdig.
ανάξιος [a'naks-] (-ια) (*G*) unwürdig (***για***/ *G*); unfähig; *jur.* erbunwürdig.
αναξιοσύνη Unwürdigkeit *f*.
αναξι|ότητα Würdelosigkeit *f*; Unfähigkeit *f*; **~όχρεος** [-'ɔxrεɔs] zahlungsunfähig, insolvent.
αναπαλ|αιώνω restaurieren; **~αίωση** (-εις) Restaurierung *f*.
ανάπαλιν [a'napalin] *Adv.* umgekehrt.
ανα|παλλοτρίωτος [-palɔ'triɔt-] unveräußerlich; **~πάλλω** [-'palɔ] (*o. Aor.*) *v/t.* schwingen.
ανάπαμα [-pama] *n* Brachfeld *n*.
αναπάντ|εχος [-'pańdεx-] unerwartet; **~ητος** unbeantwortet.
αναπαρ|άγω [anapa'raγɔ] (*s.* ***παράγω***) reproduzieren; *Biol.* fortpflanzen; **~αγωγή** [-γɔ'ji] Fortpflanzung *f*; **~αδιά** Geldmangel *m*; **~ασταίνω** (-στησα· -στάθηκα) darstellen; *s. a.* ***αναπαριστάνω; ~άσταση*** [-'astasi] (-εις) Darstellung *f*; Rekonstruktion *f*; **~ιστάνω** [-i'stanɔ], **~ιστώ** [-i'stɔ] (*s.* ***παριστώ***) darstellen; *ein Verbrechen* rekonstruieren.
ανάπαυ|λα [a'napavla] Erholungspause *f*; **~ση** (-εις) Pause *f*; Behaglichkeit *f*; *mil.* rührt euch!
αναπαυτ|ήριο [-pa'ftir-] Erholungsheim *n*; Rastplatz *m*; **~ικός** bequem.
αναπαύ|ω [-'pavɔ] (αυσ, αψ· αυτ) *v/t.* beruhigen; ***~ομαι*** sich ausruhen; verscheiden.
ανάπαψη *s.* ***ανάπαυση.***
ανα|πείθω [-'piθɔ] (πεισ-· πειστηκ-) *j-n* umstimmen; **~πέμπω** [-'pεm̃bɔ] emporsenden; ausströmen; **~πεπταμένος** [-pεptam-] offen (*Ebene*); fliegend (*Fahne*); **~πεταννύω** [-pεta'niɔ] (πετασ· σθ) *Segel* klarmachen, aufziehen; **~πεταρίζω** (σ) Segel aufziehen; **~πετάρισμα** *n*, **~πέταση** (-εις) Aufziehen *n*; Setzen *n*; **~πετώ** (άς· αξ) davonfliegen; **~πηδώ** [-pi'ðɔ] (άς· ησ) aufspringen (***από***/ vor *D*); *Fontäne*: emporschießen; **~πηρία** [-pir-] Invalidität *f*, Gebrechlichkeit *f*; *jur.*, *Med.* Behinderung *f*; **~πηρικός: *~πηρική πολυθρόνα*** Rollstuhl *m*.
ανάπηρος [a'napir-] (körper)behindert; schwer verletzt; *Su.* Invalide *m*.
αναπλάθω (-ασα· -άστηκα) neu gestalten, reformieren; wieder bewusst machen.
ανάπλαση (-εις) Regeneration *f*; Bewusstmachung *f*.
αναπλαστικός [-plast-] Regenerations-; *Phys.* verformbar; *Su. f Med.* Plastik *f*.
αναπλέω [-'plεɔ] (ευσ· ευστ) *v/t.* gegen den Strom fahren; *Fluss* hinauffahren; *v/i.* auslaufen.
ανάπλεως (-ων) (über)voll.
ανα|πληρωματικός [ana-] *s.* ***αναπληρωτικός; ~πληρώνω*** [-plir-] (σ· θ) ersetzen (***με***/ durch *A*); ergänzen; vertreten; *Versäumtes* nachholen; **~πλήρωση** [-rɔsi] (-εις) Ersatz *m*; Ergänzung *f*; Vertretung *f*; **~πληρωτής** (***-ώτρια***) *Hdl.* Prokurist(in *f*) *m*; Stellvertreter(in *f*) *m*; **~πληρωτικός** zusätzlich; stellvertretend; Ersatz-.
Ανάπλι Nauplion *n*.
ανά|πλους [-plus] *m* Auslaufen *n*; Fahren *n* gegen den Strom; **~πλωρος** gegen den Wind.
αναπνευστ|ήρας [-pnεf'stiras] Gasmaske *f*; **~ικός** Atem- (*Übungen*); Atmungs- (*Organ*).
ανα|πνέω [ana'pnεɔ] (ευσ) *v/i.* atmen; *v/i.*, *v/t.* einatmen; *fig.* aufatmen; **~πνοή** [-pnɔ'i] Atmung *f*; ***παίρνω ~πνοή*** Atem schöpfen.
ανάποδα [-pɔða] *Adv.* verkehrt (*a. fig.*), schief- (*gehen*); kopfüber.
ανα|ποδέας F Verdreher *m*; **~πόδειχτος** [-'pɔðixt-] unbewiesen, unbeweisbar; **~πόδεχτος** unannehmbar.
ανάποδη falsche, unrechte Seite *f*.
αναποδ|ιά [anapɔð-] Unannehmlichkeit *f*, Widrigkeit *f*; Schrulle *f*; *als Adj.* schrullig; **~ιάζω** (-πόδιασα) komisch, schrullig werden (*od.* sein); **~ίζω** rückwärts gehen, fahren; **~ογυρίζω** [-ɔjir-] (σ) *v/t.* umstoßen; *v/i.* umkippen; **~ογύρισμα** *n* Umkippen *n*.

ανά|ποδος umgekehrt; unerfreulich; *Mensch*: sonderbar; ***το ~ποδο απ' αυτό που ...*** das Gegenteil dessen, was ...
αναπό|δοτος [-ðɔt-] nicht zurückgegeben; *fig.* unübersetzbar; **~δραστος** [-ðrast-] unvermeidlich.
αναποζημίωτος unentschädigt.
ανα|ποκατάστατος [-pɔka'tastat-] unversorgt; **~πόκριτος** [-'pɔkrit-] ... ohne Antwort; unbeantwortet.
αναπόληση [ana'pɔlisi] (-εις) Erinnerung *f*, Gedanken *m/pl*. (*G*/ an *A*).
αναπολ|όγητος [-'lɔjit-] ... ohne Prozess; F verdutzt; **~ώ** (είς· ησ) sich (*D*) ins Gedächtnis zurückrufen.
αναπό|σβεστος [-zvɛst-] *lit. fig.* unauslöschlich; *Hdl.* ungetilgt; **~σπαστος** [-spast-] unzertrennlich; **~τρεπτος** [-trɛpt-] unvermeidlich.
ανα|ποφάσιστος [anapɔ'fas-] unentschlossen; *Su. n* Unentschlossenheit *f*; **~πόφευκτος** [-'pɔfɛfkt-] unvermeidlich; **~προσαρμογή** [-prɔsarmɔ'ji] Wiederanpassung *f*.
αναπτ|ερώνω [anaptɛr-] (σ· θ) beflügeln; **~έρωση** [-'ɛrɔsi] (-εις) Beflügelung *f*, Stärkung *f* (*der Moral*); **~ήρας** [-'iras] Feuerzeug *n*.
ανάπτυ|γμα [a'naptiɣma] *n* Entfaltung *f*; **~ξη** [-ksi] (-εις) Entwicklung *f*; Darstellung *f*; *Hdl.* Ausweitung *f*; *jur.* Vortrag *m*.
αναπτύσσ|ω [-'ptisɔ] (ξ· χθ) entwickeln; *Thema* darstellen, vortragen; ***~ομαι*** sich entwickeln.
αναργυρία [anarjir-] Geldmangel *m*.
ανάργυρος mittellos.
άναρθρος ['anarθr-] unartikuliert; *Gr.* artikellos.
ανάρια *Adv. Ort u. Zeit*: in Abständen.
ανα|ριεύω [-'riɛvɔ] (εψ) verdünnen; **~ρίθμητος** [-'riθmit-] unzählig.
ανάριθμος unnummeriert.
ανάριος (-ια) dünn; *Stoff*: locker.
αναρίχνω *v/t.* überwerfen.
ανάριχτος übergeworfen.
ανάρκωτος ... ohne Narkose, unnarkotisiert.
αναρμ|όδιος [-'mɔð-] (-ια) unzuständig; *Adv. a.* unbefugterweise; **~οδιότητα** Unzuständigkeit *f*; **~οστία** [-ɔst-] Unschicklichkeit *f*.
ανάρμοστος unpassend; ungehörig; *Wort*: unanständig.
αναρ|παγή [-pa'ji] Raub *m*; **~πάζω** (σ) rauben.
ανάρπαστος [-past-] geraubt; ***γίνομαι ~*** reißenden Absatz finden.
ανάρρηση [a'narisi] (-εις) (*Thron*) Besteigung *f* (***σε***/ *G*).
αναρ|ριπίζω [-rip-] (σ) wieder anfachen (*a. fig.*); **~ρίπτω** [-'riptɔ] hochwerfen; **~ρίχηση** [-'riçisi] Klettern *n*; ***~ρίχηση επί κάλου*** Tauklettern *n*; **~ριχητικός** [-çit-] Kletter- (*Pflanze usw.*); **~ριχιέμαι** [-ri'xjɛmɛ] (ηθ) (***σε***) klettern (auf *A*); *bsd. fig.* erklimmen (*A*).
αναρ|ρόφηση [ana'rɔfisi] Einsaugen *n*; *Tech.* Ansaugen *n*; *Tech.* ***κάνω ~ρόφηση*** ansaugen; **~ροφητικός** Saug-; **~ροφώ** [-'fɔ] (είς· ησ, ηξ· χτ) einsaugen, ansaugen; F hochschnupfen; **~ρωνύωντας** Rekonvaleszent *m*; **~ρώνω** (ρωσ) genesen, gesunden.
ανάρρωση [a'narɔsi] Genesung *f*.
αναρρωτ|ήριο [-rɔ'tir-] Sanatorium *n*; **~ικός** Genesungs-.
ανάρτηση [a'nart-] Aufhängen *n*; Federung *f*.
αναρτώ [anar'tɔ] (άς· ησ) (auf)hängen (***σε***/ auf *A*).
αναρχ|ία [anarç-] Anarchie *f*; Unordnung *f*; **~ικός** anarchistisch; *Su. m* Anarchist *m*; **~ισμός** Anarchismus *m*.
άναρχος ['anarx-] zeitlos; führerlos.
αναρχοσοσιαλιστής [-sɔsjal-] Anarchosozialist *m*.
αναρωτιέμαι [-rɔ'tjɛmɛ] (τηχτ) sich fragen.
ανάσα Atem *m*; ***κρατώ την ~*** den Atem anhalten; ***παίρνω ~*** Atem holen.
ανα|σαίνω [-'sɛnɔ] (σαν· σασμ) atmen; sich ausruhen; **~σαλεύω** [-sal-] (εψ· ευτ) *v/t. j-n* schütteln; sich (*A*) regen.
ανάσασμα *n* Atem(pause *f*) *m*.
ανα|σέρνω *s.* ***ανασύρω;*** **~σήκωμα** [-'sikɔ-] *n* Anheben *n*; Aufstreifen *n*; **~σηκώνω** (σ· θ) anheben; *Ärmel* aufstreifen; *Kragen* hochschlagen; ***~σηκώνομαι*** sich aufrecht setzen; **~σηκωτός** in die Höhe gehoben; ... auf dem Arm.
ανασκάβω *s.* ***ανασκάφτω.***
ανασκαλ|εύω [-skal-] (εψ· ευτ), **~ίζω** (σ) durchwühlen; *fig.* aufwühlen.

ανα|σκαφή [-ska'fi] Ausgrabung *f*; **~σκάφτω** [-'skaftɔ] (ψ· σκαφτηκ-· μμ) umgraben, ausgraben; Ausgrabungen machen.
ανάσκελα [a'naskʝela] *Adv.* auf dem Rücken.
ανασκελίζω (σ) niederwerfen.
ανασκευ|άζω [-skʝɛv-] (σ· στ) widerlegen; **~ή** Widerlegung *f*; Aufarbeitung *f*.
ανάσκητος [-'askʝit-] ungeübt; *Recht*: unausgeübt.
ανασκίρτη|μα [-'skʝirt-] *n*, **~ση** kleine(r) Schreck.
ανα|σκιρτώ [anaskʝir'tɔ] (άς· ησ) zusammenzucken, zusammenfahren (***σε***/ bei *D*); **~σκολοπίζω** [-skɔlɔp-] (σ· σθ) aufspießen; **~σκοπή, ~σκόπηση** (-εις) Überblick *m*; ***κάνω μιαν ~σκόπηση*** (*G*) e-n Überblick geben (über *A*); **~σκοπώ** [-'pɔ] (είς· ησ· ηθ) e-n Überblick geben über *A*; **~σκουμπώνω** [-skum̃b-] (σ· θ) *Ärmel* aufstreifen; sich rüsten (***για***/ zu *D*).
ανάσπαση [-spasi] Hochziehen *n*; Lichten *n*.
ανα|σπογγίζω [-spɔ'ŋ̟gʝizɔ] (σ) abtrocknen; **~σπώ** [-'spɔ] (άς· ασ) *Anker* lichten; *Dolch* zücken.
ανάστα (*0*) *n* Krach *m*, Radau *m*; ***έγινε το ανάστα ο Θεός*** es gab e-n Riesentumult.
ανάστα *Imp. v.* ***ανίσταμαι.***
ανα|σταίνω [-'stɛnɔ] (*a.* ***~στήνω***) (στησ· στηθ) auferwecken; *Kinder* großziehen; *fig.* beleben; **~σταλείς** [-sta'lis] (-είσα, -έν) eingestellt; *s.* ***αναστέλλω;*** **~σταλτικός** [-stalt-] Sperr-, Hemm-; *jur.* aufschiebend.
ανάσταση [a'nastasi] *Rel.* Auferstehung *f*.
αναστάσιμος Auferstehungs-.
ανάστατος wüst; ... in Aufruhr.
ανα|στατώνω [anastat-] (σ· θ) in Aufruhr versetzen; (***-ομαι***) sich (*A*) erheben; **~στάτωση** Tumult *m*, Aufruhr *m*; Empörung *f*; **~στέλλω** [-'stɛlɔ] (-στειλ-· σταλ- *od.* σταλθ-) eindämmen, bremsen; *Geschwindigkeit* drosseln; *Zahlung* einstellen; *jur.* aufschieben; **~στέναγμα** [-'stɛnaɣma] *n*, **~στεναγμός** Seufzer *m*; **~στενάζω** (ξ) seufzen, stöhnen.
ανάστερος [-stɛr-] sternlos.
ανα|στηλώνω [-stil-] (σ) restaurieren; wieder kräftigen; **~στήλωση** [-lɔsi] (-εις) Restaurierung *f*; **~στηλωτής** Restaurateur *m*.
ανάστημα *n* Wuchs *m*, Figur *f*; Ansehen *n*, Würde *f*.
αναστήνω *s.* ***ανασταίνω.***
ανα|στολή [anastɔ'li] Stoppen *n*; Eindämmung *f*; *Hdl.* Einstellung *f*; *jur.* Aufschub *m*; Bewährung *f*; **~στρέφω** [-'strɛfɔ] (ψ· αφ· μμ) umkehren; ***~στρέφομαι*** sich wandeln; umkippen, kentern.
άναστρος sternlos.
ανάστροφη [-strɔfi] Rückseite *f*.
αναστροφή Umkippen *n*; Rücktritt *m vom Kauf*.
ανάστροφος Rück-; *Stoff*: link-.
ανασυγκρ|ότηση [-si'ŋ̊grɔt-] (-εις) Neuordnung *f*; **~οτώ** (είς· ησ· ηθ) neu ordnen; umgestalten.
ανα|συζήτηση [anasi'zit-] (-εις) *jur.* Wiedereröffnung *f*; **~σύνδεση** (-εις) Wiederaufnahme *f*; **~συνιστώ** [-sini'stɔ] (άς) wiederherstellen, restaurieren; **~σύνταξη** [-'siñdaksi] (-εις) neue Zusammenstellung *f*; **~συντάσσω** [-'ñdasɔ] (ξ· χτ) neu zusammenstellen; neu ordnen; **~σύρω** [-'sirɔ] hochziehen; *s.* ***ανασπώ;*** **~συσταίνω** [-sist-] (-σύστησα) wieder einrichten; **~σύσταση** [-stasi] (-εις) Neuordnung *f*, Wiederherstellung *f*; **~σφάλιστος** [-'sfal-] unversichert.
ανάσχεση Stillstand *m*.
ανασχηματ|ίζω [-sçimat-] (σ) *pol.* umbilden; **~ισμός** Umbildung *f*.
ανα|σχίζω [anasç-] (σ) *Med.* aufschneiden; **~τάραγμα** [-'taraɣma] *n*, **~ταραγμός** Schütteln *n*; Erschütterung *f*; **~ταράζω** (ξ· χτ· γμ) schütteln; *fig.* F ganz verrückt machen (*durch Lärm usw.*); *fig.* erschüttern; **~ταραχή** [-'çi] Aufruhr *m*; Tumult *m*, Lärm *m* (***για***/ um *A*).
ανάταση (-εις) Aufschwung *m* (*a. Turnen*).
ανα|τάσσω [-'tasɔ] (ξ· χτ) *Med.* einrenken; **~τείνω** [-'tinɔ] (II = I· ταθ) *Hand* ausstrecken; *Ton* verstärken; **~τείχηση** Wiederaufbau *m*; **~τέλλω** [-'tɛlɔ] (τειλ) aufgehen; kommen, erscheinen; **~τέμνω** [-'tɛmnɔ] (τεμ· τμηθ) sezieren; zergliedern.
ανα|τίμηση [-'timi-] (-εις) Preiserhö-

ανατιμώ 58

hung *f*, Verteuerung *f*; **~τιμώ** [-'mɔ] (άς· ησ) *v/t*. den Preis *e-r Ware* erhöhen; *v/i*. steigen; ***~τιμάμαι*** *Aktien*: anziehen; **~τίναγμα** *n*, **~τιναγμός** Rüttelei *f*; Stoßen *n*; **~τινάζω** (ξ· χτ) *v/t*. durchschütteln; sprengen; ***~τινάζομαι*** explodieren; aufspringen (***από***/ vor *D*); **~τίναξη** [-'tinaksi] (-εις) Sprengung *f*; Explosion *f*.

ανατοκ|ίζω [anatɔk̥-] (σ) kapitalisieren; **~ισμός** Zinseszins *m*; Kapitalisierung *f*.

ανατολ|ή [-tɔ'li] Osten *m*; Orient *m*; Kleinasien *n*; ***Εγγύς, Μέση, 'Απω ~ή*** Naher, Mittlerer, Ferner Osten *m*; **~ικός** östlich, orientalisch; **~ίτης** Orientale *m*; **~ίτικος** orientalisch; **~ίτισσα** Orientalin *f*.

ανατομ|είο [anatɔm-] Anatomie *f* (*Gebäude*); **~ή** Sezierung *f*; **~ία** Anatomie *f*; **~ικός** anatomisch.

ανατόμος Anatom *m* (*a. fig.*).

ανα|τρεπτικός [-trɛpt-] umstürzlerisch; *jur*. aufschiebend; **~τρέπω** (ψ· τραπ) *v/t. u. v/i*. umstürzen; *pol*. stürzen; *jur*. widerlegen; *Pläne* umstoßen; rückgängig machen; *j-n* absetzen; ***~τρέπομαι*** *a*. zusammenstürzen; **~τρέφω** [-'trɛfɔ] (θρεψ· τραφ, θραφ) großziehen; erziehen; *s*. ***αναθρέψω***; **~τρέχω** [-xɔ] (ξ) *flussaufwärts* ziehen; *fig*. zurückgreifen (***σε***/ auf *A*); nachschlagen.

ανάτριχα [a'natrixa] *Adv*. gegen den Strich.

ανα|τριχιάζω [-triç-] (σ· -τρίχιασ-) schaudern; **~τρίχιασμα** *n* Schaudern *n*; **~τριχιαστικός** haarsträubend; **~τριχίλα** *s*. ***ανατρίχιασμα***.

ανατροπ|έας [anatrɔ'pɛas] (*pl*. -είς) Umstürzler *m*; **~ή** Umsturz *m*; *Auto*: Umkippen *n*; Absetzung *f*; Abschaffung *f*.

ανατροφ|έας [-trɔ'fɛas] (*pl*. -είς) Erzieher *m*; **~ή** Erziehung *f*, Bildung *f*.

ανάτυπο Sonderdruck *m*.

ανα|τυπώνω [-tip-] (σ· θ) nachdrucken; **~τύπωση** [-pɔsi] (-εις) Nachdruck *m*.

άναυδος ['anavð-] sprachlos.

άναυλος [-avl-] *Su*. Schwarzfahrer(in *f*) *m*; *Adv*. mit Gewalt.

αν|αύλωτος [-lɔt-] nicht gechartert; **~αύξητος** [-'afksit-] ... ohne Zuwachs; *Gr*. augmentlos.

ανα|φαίνομαι [ana'fɛnɔmɛ] (φαν) erscheinen; **~φαίρετος** [-'fɛrɛt-] unveräußerlich; unbestreitbar; **~φανδόν** [-fañð-] *Adv*. ganz deutlich; **~φερόμενος** [-fɛ'rɔm-] Antragsteller *m*; *Adj*. betreffend (***σε***/ *A*); **~φέρω** [-'fɛrɔ] (II = I· φερθ) erwähnen; anführen; melden; ***~φέρομαι*** sich (*A*) wenden (***σε***/ an *A*); sich (*A*) beziehen (***σε***/ auf *A*).

αναφιλητό Geschluchze *n*.

ανα|φλέγω [-'flɛγɔ] (ξ· φλεχτ) anzünden; *fig*. anfachen; (***-ομαι***) sich entzünden; **~φλεκτήρας** [-'ktiras] Zünder *m*; Zündkerze *f*; **~φλεκτικός** Zünd-.

ανάφλεξη [-flɛksi] (-εις) Entzündung *f*; (*Auto*) Zündung *f*.

ανα|φλογίζω [-flɔj-] (σ) anbrennen, sengen; (***-ομαι***) lodern; **~φομοίωτος** [-fɔ'miɔt-] nicht assimilierbar; F *fig*. unverdaulich; *fig*. unverdaut.

αναφορ|ά [anafɔ'ra] Gesuch *n*; *mil*. Meldung *f*; Bezugnahme *f* (***σε***/ auf *A*); Erwähnung *f*; ***εν ~ά προς*** unter Bezugnahme auf *A*; ***επί τη ~ά*** *G* auf Antrag von; *mil*. ***βγαίνω ~ά σε*** Meldung machen an *A*; **~ικός** bezüglich, relativ, Relativ-; ***~ικά με*** mit Bezug auf *A*.

αναφροδισία [-frɔðis-] Impotenz *f*.

αναφτερ|ουγιάζω [-ftɛruj-] (-ούγιασα), **~ουγίζω** (σ) mit den Flügeln schlagen; aufspringen (***από***/ vor *D*); **~ώνω** beflügeln; *s. a*. ***αναπτερώνω***.

άναφτος unangezündet.

ανάφτω *s*. ***ανάβω***.

ανα|φυλαξία [anafilaks-] Unvorsichtigkeit *f*; *Med*. Allergie *f*; **~φυλλητό** [-fili'tɔ] Schluchzen *n*; **~φύσημα** [-'fis-] *n* Keuchen *n*; **~φυσώ** [-'sɔ] (άς· ησ) keuchen; **~φυτεύω** wieder bepflanzen; **~φύω** [-'fiɔ] (σ· φυη-) hervorbringen; ***~φύομαι*** (wieder) wachsen; *fig*. entstehen.

ανα|φώνημα [ana'fɔnima] *n*, **~φωνητό** laute(r) Ruf; Aufschrei *m*; **~φωνώ** [-fɔ'nɔ] (είς· ησ) (laut) rufen; schreien; **~χαιτίζω** (σ· στ) zurückhalten; *fig*. dämpfen; aufhalten; **~χαίτιση** [-'çɛtisi] (-εις) Eindämmung *f*; Aufhalten *n*.

αναχρον|ίζω [-xrɔn-] zeitwidrig sein; **~ισμός** Anachronismus *m*; **~ιστικός** unzeitgemäß; unmodern.

ανάχωμα [a'nax-] *n* Wall *m*; Deich *m*.

αναχωμ|ατίζω (σ) zuschütten; **~ατισμός** Zuschüttung *f*.
αναχωνεύω [-xɔn-] (εψ· ευτ) umschmelzen.
αναχώνω (σ· θ) zuschütten.
αναχώρηση [-'xɔrisi] (-εις) Abfahrt *f*; Rücktritt *m*; Einsiedlertum *n*.
αναχωρ|ητήριο Klause *f*; **~ητής** Einsiedler *m*; **~ητισμός** Einsiedlertum *n*; **~ώ** (είς· ησ) abfahren, abreisen; fahren (***για, σε***/ nach *z.B. Athen*).
αναψηλ|άφηση [anapsi'laf-] (-εις) *jur.* Revision *f*; Überprüfung *f*; **~αφώ** (είς· ησ) überprüfen.
ανα|ψηφίζω [-psif-] (σ) nochmals wählen; **~ψήφιση** (-εις) Nachwahl *f*; **~ψυκτήριο** Erfrischungsraum *m*; **~ψυκτικός** [-psikt-] Erfrischungs-; *Su. n* Erfrischung *f* (*Eis usw.*); **~ψυχή** [-psi'çi] Erholung *f*; **~ψύχω** [-xɔ] (ξ) *v/t.* kühlen; *v/i.* sich erholen; **~ψυχώνω** (σ· θ) *v/t.* F *j-n* aufmöbeln.
ανδρ- *s.* ***αντρ-.***
ανδρα|γάθημα [aňðra'ɣaθ-] *n*, **~γαθία** Heldentat *f*; **~γαθώ** (είς· ησ) sich auszeichnen; **~δέλφη** [-'ðɛlfi] Schwägerin *f*.
ανδράδελφος Schwager *m*.
ανδραποδ|ίζω [-pɔð-] (σ) versklaven; **~ισμός** Versklavung *f*; **~ιστής** Sklavenhalter *m*.
ανδράποδο Sklave *m*; *fig.* Sklavenseele *f*.
άνδρας *s.* ***άντρας.***
ανδρ|εία Tapferkeit *f*; **~ειεύω** [-i'ɛvɔ] tapfer werden; **~είκελο** [-'ikɛlɔ] Wachsfigur *f*; *fig.* Marionette *f*; **~ειομένος** [-iɔm-] *s.* ***ανδρείος;*** **~είος** (-εία) tapfer, kühn; **~ειότητα** Tapferkeit *f*; **~ειώνω** (σ) mannbar, tapfer werden; **~ιάντας** Statue *f*; **~ίζω** (σ· σθ) *v/t.* stählen; ***~ίζομαι*** sich stählen; sich wie ein Mann zeigen; **~ικός** Männer-; *Hdl.* Herren- (*Artikel*); männlich; *jur.* ehelich (*Gewalt*).
ανδρο- *s.* ***αντρο-.***
ανδρ|οκτόνος [-ɔ'ktɔn-] Mörder *m*, Totschläger *m*; **~ομανής** [-ɔman-] mannstoll; **~ομίδα** Wolldecke *f*; **~οπρεπής** [-ɔprɛp-] männlich, tapfer; **~ώνομαι** [-'ɔnɔmɛ] (ωθ) zum Mann werden.
ανε- *aus* ***ανα*** *mit Augment* ***ε-,*** *s.* ***ανα-.***
ανε|βάζω [anɛ'vazɔ] (σ· στ· σμ) hinauftragen, hinaufbringen; *Preis* erhöhen; *Kragen* hochschlagen; *Thea.* aufführen; **~βαίνω** [-'vɛnɔ] (να ανεβώ· ανέβηκα· ανεβασμ-) *v/t.* *Treppe* hinaufgehen; besteigen; *Tiere*: decken; *v/i.* (σε) *e-n Zug usw.* besteigen; hinaufsteigen; *Wasser*, *Fieber*: steigen; *im Beruf* vorankommen; *Kuchen*: (auf)gehen; *Thea.* aufgeführt werden; **~βασιά** [-va'sja] Hinauftragen *n*; Erhöhung *f*.
ανέβασμα *n s.* ***ανεβασιά;*** Besteigung *f*; Steigerung *f*; Weg *m auf den Berg*; Zurückziehung *f des Akzentes*.
ανε|βαστός hinaufgestiegen; **~βατόρι** [-va'tɔri] *Tech.* Aufzug *m*; **~βατός** *Kuchen*: aufgegangen.
ανέβγαλτος *s.* ***άβγαλτος.***
ανεβοκατ|εβάζω [anɛvɔkatɛv-] hinauf- und hinunterbringen, -tragen, *Preis* bewegen; *Segel* auf- und einziehen; (hin- und her)wälzen; **~εβαίνω** hinauf- und hinuntergehen; *Preis*: schwanken; **~έβασμα** *n Su. der obigen Verben.*
ανέγγιχτος [a'nɛŋɟixt-] unberührt.
ανεγγύητος [anɛ'ŋɟiit-] ungarantiert; *Adv.* absolut.
ανεγείρ|ω [anɛ'jirɔ] (II = I· γερθ· γερμ/ ανη-) wieder aufrichten; *Denkmal* errichten; aufwecken; ***~ομαι*** sich (*A*) erheben.
ανέγερση [a'nɛjɛrsi] (-εις) Errichtung *f*.
ανεγκαινίαστος uneingeweiht.
ανεγκλιμάτιστος [anɛŋgli'mat-] nicht akklimatisationsfähig.
ανέ|γνοιαστος [-ɣnĭast-] unbekümmert; **~γνωμος** [-ɣnɔm-] unselbständig.
ανεγν|ωρισμένος [-ɣnɔriz-] anerkannt; **~ώριστος** nicht anerkannt.
ανεδαφικό [-ðafi'kɔ] Unhaltbarkeit *f*; **~ς** unhaltbar; unbegründet.
ανειδίκευτος [-'ðikɛft-] *Arbeiter*: ungelernt; unausgebildet.
ανειδοποίητος [aniðɔ'piit-] unbenachrichtigt.
ανείδωτος [-'iðɔt-] nicht gesehen.
ανειλ- *s.* ***ανελ-.***
ανειλημμένος *s.* ***αναλαμβάνω;*** eingegangen, fest (*Verpflichtung*).
ανειλικρ|ίνεια [anili'krin-] Unaufrichtigkeit *f*; **~ινής** unaufrichtig (***σε***/ *D* gegenüber).

ανείπωτος 60

ανείπωτος [-'ipɔt-] unsagbar.
ανειρήνευτος [-'rinɛft-] unversöhnlich.
ανέκαθεν [-kaθɛn] von jeher; schon immer.
ανεκ|βίαστος [anɛ'kviast-] unbezwingbar; **~δήλωτος** [-'ðilɔt-] verborgen; *Pers.* ***άνθρωπος ~δήλωτος*** e-e graue Eminenz; **~διήγητος** [-ði'ijit-] unbeschreiblich; **~δίκητος** [-'ðik̡it-] ungerächt; **~δοτικός** [-ðɔt-] anekdotisch.
ανέκδοτ|ο [a'nɛgðɔtɔ] Anek'dote *f*; **~ος** unveröffentlicht.
ανέκκλητος [-klit-] unwiderruflich; *Su. n* Unwiderruflichkeit *f*.
ανεκ|λάλητος [-'lalit-] unaussprechlich; **~μετάλλευτος** [-mɛ'talɛft-] unausgenutzt; **~μυστήρευτος** [-mi'stirɛft-] geheim, für sich (*behalten*); **~παίδευτος** [-'pɛðɛft-] un(aus)gebildet; **~πλήρωτος** [-'plirɔt-] unerfüllt; **~ρίζωτος** [-'rizɔt-] unausrottbar; unausgerottet; **~τέλεστος** [-'tɛlɛst-] unausgeführt; unausführbar; *Su. n* Nichterfüllung *f*; ***μένω ~τέλεστος*** *Arbeit*: liegen bleiben.
ανεκτικό|ς [anɛktik-] duldsam, nachsichtig (***απέναντι***/ gegenüber *D*); **~τητα** Duldsamkeit *f*.
ανεκτίμητος [-'ktimit-] unschätzbar; untaxiert.
ανεκτός *fig.* tragbar; verträglich.
ανέκφραστος [a'nɛkfrast-] unsagbar; ausdruckslos.
ανεκ|φώνητος [-'fɔnit-] *jur.* nicht aufgerufen; **~χώρητος** [-'xɔrit-] nicht übertragbar.
ανελαβ- *s.* ***αναλαμβάνω.***
ανελαστικός [-last-] unelastisch.
ανελε|ήμονας [anɛlɛ'imɔnas] Unbarmherzige(r); **~ημοσύνη** [-imɔ'sini] Unbarmherzigkeit *f*.
ανελέητος unbarmherzig (***σε***/ zu *D*).
ανελευθερία Unfreiheit *f*.
ανελεύθερος unfrei; kriecherisch; knauserig.
ανεληφθ- *s.* ***αναλαμβάνω.***
αν|έλιξη [a'nɛliksi] (-εις) Entwicklung *f*; **~ελίσσω** [-'lisɔ] (ξ· χθ· γμ/ ανειλ-) entwickeln; **~έλκυση** [-'ɛlk̡isi] *mar.* Flottmachen *n*; Bergung *f*; Heben *n*; **~ελκυστήρας** *Tech.* Aufzug *m*; **~ελκύω** [-ɛl'k̡iɔ] (σ· στ/ ανειλ-) hinaufziehen; *Schiff* flottmachen; eindocken; *Wrack* heben; **~έλκω** *s.* ***ανελκύω.***
ανελλιπής [anɛli'pis] kontinuierlich; pausenlos.
ανέλπιστος [-'ɛlpist-] unerwartet.
ανεμβολίαστος [-ɛɱvɔ'li-] ungeimpft; nicht gepfropft.
ανέμελος [-mɛl-] lässig; gleichgültig.
ανέμη, ανεμίδι Haspel *f*; Spinnrad *n*.
ανεμίζω [anɛm-] (σ· στ) lüften; *Fahne* flattern lassen; *Getreide* worfeln; mit dem Winde segeln.
ανεμικό Geist *m*, Spukgestalt *f*.
ανέμισμα *n* Lüften *n usw.*
ανεμιστήρ|ας [-mi'stiras] Ventilator *m*; **~ι** Fächer *m*; *Tech.* Blasebalg *m*.
ανεμο|βλογιά [-mɔvlɔj-] Windpocken *f/pl.*; **~βρόχι** Schauer *m* mit Böen.
ανεμόδαρτος sehr windig.
ανεμο|δείχτης Wetterfahne *f*; **~δέρνω** [-'ðɛrnɔ] (-δειρ-· -δαρθ-) mit dem Winde kämpfen; *fig.* hin- und hergeworfen werden; **~δούρα** [-'ðura] Wetterfahne *f* (*a. fig.*); windige(r) Ort *m*; **~δόχος** Belüftungsrohr *n*; **~ζάλη** [-'zali] Orkan *m*; Wirrwarr *m*; **~θύελλα** [-'θiɛla] Orkan *m*; **~κίνητος** [-'k̡init-] ... durch Wind angetrieben; **~λόγιο** [-'lɔjɔ] Windrose *f*.
ανεμ|όμετρο [anɛ'mɔmɛtrɔ] Windmesser *m*; **~όμυλος** [-'ɔmil-] Windmühle *f*; **~όπτερο** [-'ɔptɛrɔ] Segelflugzeug *n*; **~οπύρωμα** [-ɔ'pir-] *n Med.* Rose *f*.
άνεμος ['anɛmɔs] Wind *m*.
ανεμ|όσκαλα [-'ɔskala] Strickleiter *f*; Außentreppe *f*; **~οσκορπίζω** [-ɔskɔrp-] (σ· στ) vergeuden; **~οστάτης** Windschutz *m*; **~οστρόβιλος** [-ɔ'strɔv-] Wirbelwind *m*; **~οσυρμή** Sturm *m*; **~οταραχή** starke(r) Wind; hohe(r) Seegang; **~ότρατα** Fischerboot *n*; **~ούρι** [-'uri] Wetterfahne *f*.
αν|έμπιστος [a'nɛm̆bist-] misstrauisch; **~εμπόδιστος** [-ɛ'm̆bɔð-] ungehindert; frei.
ανεμώ|δης [anɛm-] windig; *fig.* flatterhaft; **~να, ~νη** Anemone *f*.
αν|ενδοίαστος [-ɛ'n̆ðiast-] entschlossen, resolut; **~ένδοτος** [-'ɛn̆ðɔt-] unnachgiebig; **~ενέργητος** [-ɛ'nɛr-] unerledigt; ... ohne Stuhlgang; **~ενθου-**

σίαστος [-εñθu'si-] nicht begeisterungsfähig; ungerührt; **~ενόχλητος** [-ε'nɔxlit-] unbehelligt; **~έντιμος** unehrlich, unreell; **~εντρόπιαστος** [-ε'ñdrɔp-] schamlos; **~εξαγόραστος** [-εksa'ɣɔrast-] unverkäuflich; **~εξαίρετος** [-ε'ksεr-] ausnahmslos; ... ohne Ausnahme; **~εξαιρέτως** [-'rεtɔs] *Adv.* unter Einschluss (*G*).

ανεξ|ακρίβωτος [anεksa'krivɔt-] unbestätigt; unbestimmt; **~άλειπτος** [-'alipt-] unauslöschlich; **~άντλητος** [-'añdlit-] unerschöpflich; **~αργύρωτος** [-ar'jirɔt-] *Hdl.* uneinlösbar; **~αρτησία** [-artis-] Unabhängigkeit *f*; **~άρτητος** unabhängig; ***~αρτήτως*** [-ar'titɔs] ***τούτου, αν ...*** unabhängig (abgesehen) davon, ob ...; **~ασφάλιστος** [-a'sfal-] unversichert; **~έλεγκτος** [-'εleñkt-] unkontrolliert; ungeprüft; **~έλικτος** [-'εlikt-] unentwickelt; **~ερεύνητος** [-ε'rεvnit-] unerforscht, unerforschlich; **~έταση** Wiederholungsprüfung *f*; **~εταστέος** F Wiederholer *m* (*e-r Prüfung*); **~έταστος** (*Schule*) ungeprüft; *Med.* ununtersucht; ungebunden, frei; **~ήγητος** [-'ijit-] unerklärlich; **~ιθρησκία** [-iθrisk̡-] *Rel.* Toleranz *f*; **~ίθρησκος** [-θrisk-] tolerant; **~ικακία** [-ikak̡-] Langmut *f*; **~ίκακος** [-'ikak-] langmütig; **~ιλέωτος** [-i'lεɔt-] unerbittlich; **~ιστόρητος** [-i'stɔrit-] unbeschreiblich; **~ίτηλος** [-'itil-] unauslöschlich; (farb)beständig, echt; **~ιχνίαστος** [-i'xniast-] *Verbrechen*: unaufgeklärt; *Ratschluss*: unerforschlich.

αν|έξοδος [a'nεksɔð-] ... ohne Unkosten; ... ohne Ausgang; **~εξοικείωτος** [-εksi'k̡iɔt-] nicht gewöhnt (***σε***/ an *A*); **~εξουσιοδότητος** [-εksusjɔ'ðɔtit-] nicht befugt; **~εξόφλητος** [-ε'ksɔflit-] *Hdl.* nicht eingelöst; unbeglichen.

ανεπάγγελτος beruflos.

ανεπ|αίσθητος [anε'pεstit-] unerheblich; unmerklich; **~αίσχυντος** [-'εsçiñd-] schamlos; **~ανάληπτος** [-a'nalipt-] unwiederholbar; **~ανόρθωτος** [-'ɔrθɔt-] nicht wieder gutzumachen(d); unheilbar; *Adv.* für immer; **~άντεχος** [-'añdεx-] unerwartet; **~άρκεια** [-'ark̡-] Unzulänglichkeit *f*; Knappheit *f* (*G*/ an *D*); ***~άρκεια τροφίμων*** Lebensmittelknappheit *f*; **~αρκής** knapp; *fig.* nicht gewachsen (***σε***/ *D*).

ανέπαφος [-paf-] unangetastet; unbeschädigt, intakt.

ανεπ|ένδυτος [anε'pεñðit-] unbezogen; *Geld*: nicht angelegt, flüssig; **~εξέργαστος** [-ε'ksεrɣ-] unbearbeitet; *Rede*: nicht ausgefeilt; **~ηρέαστος** [-i'rεast-] wirkungslos; *Tech.* widerstandsfähig (*G*/ gegen *A*); **~ίβλεπτος** [-'ivlεpt-] unbeaufsichtigt; **~ιβούλευτος** [-i'vulεft-] arglos; gefeit; **~ίγνωστος** [-'iɣnɔ-] unbewusst, unerforschlich; **~ίγραφος** [-'iɣraf-] ... ohne Aufschrift, Anschrift; anonym(er Verfasser); **~ίδεκτος** [-'iðεkt-] (**-χτ-**) (***για***) unzugänglich (*D*); ungeeignet (für *A*); ***είναι ~ίδεκτος*** (*G*) *etw.* (*A*) nicht zulassen; **~ίδοτος** *Brief*: unzustellbar.

ανεπι|είκεια [anεpi'ik̡-] Unnachsichtigkeit *f*; **~εικής** unnachsichtig; **~θεώρητος** [-θε'ɔrit-] unbeaufsichtigt; unkontrolliert; **~θύμητος** [-'θimit-] unerwünscht.

ανεπ|ίκριτος [-'pikrit-] unkritisiert; **~ικύρωτος** [-i'k̡irɔt-] nicht ratifiziert; *jur.* nicht beglaubigt; **~ίληπτος** [-'ilipt-] tadellos; **~ίλυτος** [-'ilit-] ungelöst; unlösbar; **~ιμιξία** [-imiks-] Ungeselligkeit *f*; Fremdheit *f*; **~ίπλωτος** [-'iplɔt-] unmöbliert; **~ισήμαντος** [-i'simañd-] unmarkiert; **~ίσημος** halbamtlich; inoffiziell; *Kleidung*: gewöhnlich, Straßen-.

ανεπι|σκεύαστος [anεpi'sk̡εvast-] nicht repariert; **~σκίαστος** [-'sk̡i-] unbeschattet; **~στημονικός** [-stimɔn-] unwissenschaftlich; **~στημοσύνη** Unwissenschaftlichkeit *f*; **~στρεπτί** [-strε'pti] unwiederbringlich.

ανεπί|στρεπτος [anε'pistrεpt-] (**-στροφος**) unwiederbringlich; nicht zurückerstattet; **~τακτος** [-takt-] nicht requiriert; **~τευκτος** [-tεfkt-] unerreicht.

ανεπι|τήδειος [anεpi-] (**-εια**) ungeschickt; **~τηδειότητα** [-ti'ðjɔt-] Ungeschicklichkeit *f*; **~τήδευτος** [-'tiðεft-] ungezwungen; **~τήρητος** [-'tirit-] unbewacht; **~τυχής** [-tiç-] verfehlt; erfolglos; **~φύλακτος** [-'filakt-] vorbehaltlos.

αν|επούλωτος [anɛ'pulɔt-] *Med.* nicht verheilt, offen; **~επρόκοπος** träge; arbeitsscheu; **~επτυγμένος** [-ɛptiɣ-] gebildet; *mil.* entfaltet; **~έραστος** [-'ɛrast-] ... ohne Liebe; unbeliebt; **~έργαστος** [-'ɛrɣast-] unbearbeitet; **~εργία** [-ɛrj-] Arbeitslosigkeit *f*.
άνεργος [-ɛrɣ-] arbeitslos.
ανερεύνητος *s.* ***ανεξερεύνητος***.
ανερευνώ [anɛrɛv'nɔ] (άς· ησ· ημ/ ανη-) *v/t.* genau untersuchen; erforschen; *v/i.* fahnden, forschen.
αν|ερμάτιστος [-ɛr'mat-] ... ohne Ballast; unbewandert (***σε***/ in *D*); unbeständig; prinzipienlos; **~ερούλιαστος** [-ɛ'rul-] unverwässert.
ανέρχομαι [-'ɛrxɔmɛ] (*s.* ***έρχομαι***) *Treppe* hinaufgehen; (empor)steigen; *fig.* gelangen (***σε***/ zu *D*); *Hdl.* sich belaufen (***σε***/ auf *A*).
ανέρωτος unverwässert.
άνεση ['anɛsi] (-εις) Bequemlichkeit *f*; Ruhe *f*; *mst. pl.* ***ανέσεις*** Komfort *m*.
αν|έσπερος [an'ɛspɛr-] unsterblich (*Ruhm*); ewig (*Licht*); **~έτοιμος** [-'ɛtim-] unfertig, nicht vorbereitet (***να***/ darauf, zu).
άνετος bequem; komfortabel.
άνευ ['anɛf] *K.* (*G*) ohne (*A*); ***είναι εκ των ων ουκ ~*** es ist e-e unerlässliche Bedingung.
αν|εύθυνο [-θin-] Nichtverantwortlichkeit *f*; **~εύθυνος** nicht verantwortlich (***για***/ für *A*); **~ευλάβεια** [-ɛ'vlav-] Respektlosigkeit *f*; **~ευλαβής** respektlos; **~εύρεση** [-'ɛvrɛsi] (-εις) Auffindung *f*; Entdeckung *f*; ***~εύρεση πτώματος*** Leichenfund *m*; **~εύρετος** unauffindbar.
ανευρίαστος [anɛ'vriast-] (*a.* **ανεύριαστος**) friedlich, seelenruhig.
άνευρος ... ohne Nerven; schlaff.
αν|εύρυνση [-'ɛvriñsi] (-εις) Erweiterung *f*; **~ευρύνω** erweitern; **~εύρυσμα** *n Med.* Erweiterung *f*.
ανευ|φήμηση [anɛ'fimisi] (-εις), **~φημία** Beifall *m*; **~φημώ** [-fi'mɔ] (είς· ησ) *v/t.* zujubeln (*D*); **~χαριστησία** [-xaristis-] Undankbarkeit *f*; Unzufriedenheit *f*; **~χαρίστητος, ~χάριστος** undankbar; unzufrieden.
αν|εφάρμοστος [-ɛ'farm-] unanwendbar; unzutreffend; **~έφελος** [-'ɛfɛl-] wolkenlos; **~έφικτος** [-fikt-] unerreichbar; undurchführbar.
ανεφοδ|ιάζω [anɛfɔð-] (-ίασα· στ) verproviantieren; versehen (***με***/ mit *D*); **~ιασμός** Verproviantierung *f*; Versorgung *f*; **~ίαστος** unversorgt.
ανέχεια [a'nɛïç-] Mittellosigkeit *f*.
ανέχομαι [-'ɛxɔmɛ] *K.* (*Impf.* ηνειχόμην· ανέχτηκα) dulden; ertragen; willfährig sein.
ανεχορτ- *s.* ***αχορτ-***.
ανεχτικ- *s.* ***ανεκτικ-***.
ανέψητος [a'nɛpsit-] ungekocht.
ανεψι|ά Nichte *f*; **~ός** Neffe *m*.
άνηβος ['aniv-] minderjährig.
ανήθικος [a'niθik-] unmoralisch.
ανηθικότητα Sittenlosigkeit *f*.
άνηθ|ο, ~ος Dill *m*.
ανήκουστος [-kust-] beispiellos.
ανήκω [a'nikɔ] (*o. Aor.*; *Impf.* ανήκα) (*besitzen*) gehören (***σε***/ *D*); *e-r Partei*; *der Vergangenheit* angehören; *Biol. usw.* zu *der Familie* ... gehören; *Recht*, *Pflicht*: zukommen (*D*).
ανήλεος [-'ilɛɔs] grausam (***σε***/ zu *D*).
ανήλιαστος [-'iljast-] ... ohne Sonne; *fig.* zart.
αν|ηλικιότητα [anili'k̡ɔt-] Minderjährigkeit *f*; **~ήλικος** minderjährig; **~ήλιος** (-ια) ohne Sonne; **~ήμερα** [-'imɛra] *Adv.* am selben Tage; **~ήμερος** wild; Raub- (*Tier*).
ανημπορ|εύω [animbɔr-] (εσ· εψ) unpässlich sein; **~ιά** Unpässlichkeit *f*.
αν|ήμπορος unpässlich; **~ήξερος** [-'iksɛr-] unwissend.
ανηολόγητος [aniɔ'lɔïjit-] *mar.* nicht registriert.
ανησυχ|ητικός [anisiçit-] beunruhigend; **~ία** Unruhe *f*.
ανήσυχος [-'isix-] unruhig; beunruhigt; sehr beschäftigt.
ανησυχώ [-'xɔ] (είς· ησ) *v/t.* beunruhigen; *v/i.* sich (*A*) sorgen (***για***/ um *A*).
ανηφορ|ιά [anifɔr-] Steigung *f*; Aufstieg *m*; **~ίζω** (σ) ansteigen; **~ικός** steil (ansteigend).
ανήφορο|ς Aufstieg *m*; ***παίρνω τον ~*** den Aufstieg unternehmen; *Preise usw.*: steigen.
ανηψ- *s.* ***ανεψ-***.
ανθεκτικ|ός [añθɛkt-] widerstandsfähig (***σε***/ gegen *A*); *Tech.* -beständig; ***~ός σε οξέα*** säurebeständig; ***~ός σε***

φωτιά feuerfest; **~ότητα** Widerstandsfähigkeit *f*.
ανθελληνικός antigriechisch, griechenlandfeindlich.
ανθελμινθικό [añθɛlmiñ-] *Med.* Wurmmittel *n*.
ανθενωτικός unionsfeindlich.
ανθεξ- *s. αντέχω.*
ανθηρ|ός [-θir-] blühend (*a. fig.*); *Stil*: anmutig; **~ότητα** Blüte *f*; Anmut *f*.
άνθηση (-εις) Blüte *f* (*a. fig.*); Blühen *n*.
άνθι *s. άνθος.*
ανθίζω (σ) blühen (*a. fig.*).
άνθινος Blumen-.
άνθισμα *n* Blühen *n*.
ανθ|ίσταμαι [a'ñθistamɛ] (αντεστ-) widerstehen (*σε*/ *D*); sich widersetzen (*σε*/ *D*); **~ιστάμενος** widerstrebend; Widerstand leistend; **~οβολία** Verblühen *n*; **~οβολώ** [-ɔvɔ'lɔ] (είς· ησ) blühen; verblühen; mit Blumen überschütten; **~όγαλα** [-'ɔɣala] (-ογάλακτος) *n* Rahm *m*, Sahne *f*; **~ογυάλι** [-ɔ'jali] Vase *f*; **~οδέσμη** [-ɔ'ðɛzmi] Blumenstrauß *m*; **~οδοχείο** [-ɔðɔç-] Blumenvase *f*; **~οκήπιο, ~όκηπος** Gärtnerei *f*; **~οκομείο** Gärtnerei *f*; **~οκομία** [-ɔkɔm-] Blumenzucht *f*; **~οκόμος** Blumenzüchter *m*; **~ολογία** [-ɔlɔj-] Anthologie *f*, Blumenlese *f*; **~ολογώ** (είς· ησ) Blumen pflücken; *lit.* sammeln; **~όνερο** [-'ɔnɛrɔ] Rosenwasser *n*; **~οπωλείο** [-ɔpɔl-] Blumenladen *m*; **~οπώλης** Blumenhändler *m*; **~οπώλιδα** Blumenmädchen *n*.
άνθος *n* Blüte *f e-r Pflanze* (*a. fig.*); Blume *f* (*Rose usw.*); *fig.* Elite *f*; *~ αλεύρου* Kornblume *f*.
ανθ|ός [añθ-] *s. άνθος; das* Beste *n*; Blütezeit *f*; **~όσπαρτος** [-'ɔspart-] mit Blumen besät; *fig.* gesegnet; **~οστεφάνωτος** [-ɔstɛf-] blumenbekränzt; **~οστολίζω** mit Blumen schmücken; **~οστόλιστος** [-ɔ'stɔl-] blumengeschmückt; **~ότυρο** *Art* Frischkäse *m*, Quark *m*; **~οφορία** Blütezeit *f*; **~οφορώ** (είς· ησ) *Baum*: blühen.
ανθρακαποθήκη [añθrakapɔ'θiķi] Kohlenbunker *m*.
άνθρακας ['anθrakas] Kohle *f* (*a. El.*); Kohlenstoff *m*; Edelstein *m*; *Med.* Milzbrand *m*.
ανθρακ|ασβέστιο [-a'zvɛst-] Kalziumkarbid *n*; **~έας** (*pl.* -είς) Köhler *m*; Kohlenträger *m*.
ανθρ|άκευση [-'aķɛfsi] (-εις) Holzverkohlung *f*; Einnahme *f* von Kohlen; **~ακεύω** (ευσ) *Tech.* verkohlen; Kohlen einnehmen; **~ακιά** [-aķ-] Glut *f*; **~ακικός** *Chem.* kohlensauer; Kohlen- (*a. Geol.*); *~ακικό κάλιο* Kalziumkarbonat *n*; *~ακικό οξύ* Kohlensäure *f*; **~ακίτης** Anthrazit *m*; *mar.* Heizer *m*; **~ακούχος** [-a'kux-] (-α) Kohlen-; *Chem.* kohlenstoffhaltig; **~ακοφόρος** [-kɔ'fɔr-] (-α) Kohlen-; kohlenhaltig; **~ακώνω** (σ) verkohlen; **~ακωρυχείο** [-akɔriç-] Kohlenbergwerk *n*; **~ακωρύχος** [-'rix-] Bergmann *m*; **~άκωση** [-'akɔsi] (-εις) Verkohlung *f*.
ανθρωπ|άκι [-θrɔ'païķi], **~άκος** Männlein *n*, Zwerg *m*; **~εύω** (εψ· ευτ) *v/i. u. v/p.* manierlich werden; *S.* annehmbar werden; *v/t.* Manieren beibringen (*j-m*); **~ιά** gute Kinderstube *f*; *κάτι της ~ιάς* etwas Anständiges *zu essen*; **~ίζω** *s. ανθρωπεύω;* **~ινός** menschlich; anständig.
ανθρώπιν|ος menschlich; human; *τα ~α* alles Menschliche.
ανθρωπ|ισμός [añθrɔp-] Bildung *f*; *hist.* Humanismus *m*; **~ιστής** (*-ίστρια*) Humanist(in *f*) *m*; **~ιστικός** human; humanistisch; bildungsfähig; **~οειδής** [-ɔið-] menschenähnlich; (-είς) *Su. m/pl.* Anthropoiden *m/pl.*; **~οθάλασσα** [-ɔ'θalasa] Menschengewühl *n*; **~οθυσία** [-ɔθis-] Menschenopfer *n*; **~οκεντρικός** anthropozentrisch; **~οκτονία** [-ɔktɔn-] Mord *m*; *jur.* Totschlag *m*; **~οκτόνος** menschenmordend; *Su. m* Mörder *m*; **~οκυνηγητό** Verfolgungsjagd *f*; **~ολατρία** Menschenanbetung *f*; **~ολογία** [-ɔlɔj-] Anthropologie *f*; **~ολόγος** [-'lɔɣ-] Anthropologe *m*; **~ομάζωμα** [-ɔ'maz-] *n* Menschenansammlung *f*; **~ομορφισμός** Vermenschlichung *f* (*der Götter*); **~όμορφος** [-'ɔmɔrf-] menschenähnlich; Menschen- (*Affen*).
άνθρωπος ['añθrɔpɔs] Mensch *m*; *fig.* (unser) Mann (= *Anhänger*); *οι απλοί άνθρωποι* die einfachen (*od.* kleinen) Leute *pl*.
ανθρωπ|ότητα Menschheit *f*; **~οφαγία** [-ɔfaj-] Menschenfresserei *f*; **~οφάγος** [-'faɣ-] Menschenfresser *m*.

ανθυγιεινός 64

ανθ|υγιεινός [-ijiin-] gesundheitsschädlich; unhygienisch; **~υπασπιστής** [-ipasp-] *etwa*: Fähnrich *m*; **~υπίατρος** [-i'piatr-] *mil.* Unterarzt *m*; **~υπίλαρχος** [-larx-] Leutnant *m* der Kavallerie; **~υποβάλλω** [-ipɔ-'valɔ] (βαλ· βληθ· -βεβλημ-/ -υπε-) Einwände erheben; **~υπολοχαγός** [-lɔxaɣ-] Leutnant *m*; **~υποπλοίαρχος** [-'pliarx-] Leutnant *m* zur See.
ανθ|ώ (είς· ησ) blühen; **~ώνας** Blumengarten *m*.
ανία [an-] Langeweile *f*; Verstimmung *f*.
ανιαρός [anĭar-] langweilig; lästig.
αν|ίατος [a'niat-] unheilbar; **~ίδεος** [-'iðε-]: ***είμαι ~ίδεος από*** keine Ahnung haben von *D*.
ανιδιο|τέλεια [aniðjɔ'tεl-] Uneigennützigkeit *f*; **~τελής** uneigennützig.
αν|ίδρυση [-'iðrisi] (-εις) Wiederaufbau *m*; Errichtung *f*; **~ιδρύω** [-'ðriɔ] (σ· θ) wieder aufbauen; errichten; **~ίερος** ruchlos.
αν|ικανοποίητος [-ikanɔ'piit-] unbefriedigt; *Wunsch*: unerfüllt; **~ίκανος** unfähig (***προς*** *A*/ zu *D*); *mil.* untauglich; *Med.* impotent; **~ικανότητα** Unfähigkeit *f*; Untauglichkeit *f*; Impotenz *f*; **~ίκητος** [-'ikit-] unbesiegt, unbesiegbar; **~ίλεος** unbarmherzig.
ανιλίνη Anilin *n*.
ανιμισμός Animismus *m*.
ανιόν (*G* -ιόντος) Anion *n*.
ανιόντες *m/pl.* Ahnen *m/pl.*
ανίσκιωτος [-'iskɔt-] schattenlos, sonnig.
άνισο Anis *m*.
ανισ|όβαρος [anis-] unausgewogen; **~ομέρεια** Unausgewogenheit *f*; **~όμερος** ungleich; **~όμετρος** [-'sɔmεtr-] ungleichmäßig; **~όπαχος** ungleich dick, unebenmäßig; **~όπεδος** uneben, holperig; **~ορροπία** [-ɔrɔp-] Labilität *f*, Gleichgewichtsstörung *f*; **~όρροπος** labil.
άνισος ungleich; *Weg*: uneben.
ανισ|ότητα Ungleichheit *f*; **~οψηφία** [-ɔpsi'fia] Stimmenungleichheit *f*.
αν|ιστόρητος [-'stɔrit-] geschichtlich nicht belegt; geschichtsunkundig; unbeschreiblich; **~ιστορώ** [-'rɔ] (είς· ησ) schildern; bemalen; **~ίσχυρος** [-'isçir-] außerstande; gebrechlich; ungültig; *Su. n* Ungültigkeit *f*; **~ίσως** [-'isɔs] (και) *Ko.* falls.
άνιφτος ungewaschen.
ανίχνευση [-'ixnεfsi] (-εις) Ermittlung *f*; Nachforschung *f*; *Chem.* Nachweis *m*; *mil.* Aufklärung *f*.
ανιχν|ευτής [anixnεft-] Kundschafter *m*; Erkunder *m*; Aufklärer *m*; **~ευτικός** Spür- (*Hund*); Aufklärungs-; **~εύω** (ευσ· ευτ· ευμ) aufspüren; nachweisen; ermitteln; nachforschen.
ανίψι (*a.* **ανιψίδι**) Kind *n* des Bruders (der Schwester, des Vetters, der Kusine).
ανιψιά Nichte *f* (*a. des Vetters usw.*).
ανιψιός [-'psjɔs] Neffe *m* (*a. des Vetters, der Kusine*).
ανιώ [a'njɔ] (άς· ανίησα) *v/t.* langweilen; *j-m* lästig fallen; *v/i.* sich langweilen.
ανι|ών (-ούσα, -όν) *K.* (auf)steigend; ***οι ~όντες συγγενείς*** die Verwandten in aufsteigender Linie; Ahnen *pl.*
Αννίβας 'Hannibal *m*.
Αννόβερον Hannover *n*.
ανοδικός *El.* Anoden-; *fig.* steigend, aufwärts gerichtet.
άνοδο|ς ['anɔð-] *f* Aufsteigen *n*; (nach oben führender) Weg; Steigen *n* (*der Preise*); *Hdl.* Aufschwung *m*; *El.* Anode *f*; ***~ς στην εξουσία*** Machtübernahme *f*; ***σε ~ν*** steigend (*Temperatur*).
αν|οησία [anɔis-] Unsinn *m*; Dummheit *f*; **~όητος** [-'ɔit-] unvernünftig, dumm; unsinnig; **~όθευτος** [-'ɔθεft-] rein, echt; ungefälscht.
άνοια ['anĭa] Geistesschwäche *f*.
άνοιγμα ['aniɣma] *n* Öffnen *n*; Öffnung *f* (*a. pol.* ***προς*** *A*/ nach *D*); Eröffnung *f e-r Ausstellung, e-s Kontos*; Durchstich *m*; Durchbohren *n*; Anlage *f*, Erweiterung *f e-s Weges*; Appetitanregung *f*; (*Wetter*) Aufheiterung *f*; *Bot.* Knospen *n*; Ausschlagen *n der Bäume*; Anstellen *n des Radios*; Anmachen *n des Lichtes*.
ανοιγμένος geöffnet *usw.*; *s.* ***ανοίγω.***
ανοιγοκλείνω [-'klinɔ] (-όκλεισα· -κλειστ-) auf- und zumachen; blinzeln.
ανοίγ|ω [a'niɣɔ] (ξ· χτ) *v/t.* *Tür usw.* öffnen; *Geschäft, Konto* eröffnen; *Melone* aufschneiden, teilen; *Weg* anlegen, breiter machen; *Appetit* anregen; *etw.* durchbohren, -stechen; *Radio, Heizung* anstellen; *Licht* anmachen;

Gas anzünden; *Beine* spreizen; *v/i.* sich öffnen; eröffnet werden; erweitert werden; *Farbe*: heller werden; *Wetter*: sich aufheitern; *Bot.* erblühen, knospen, ausschlagen; **~ομαι** *ins Meer* hinausfahren, hinausschwimmen; sich *finanziell* übernehmen, sich (*A*) stürzen (**σε**/ in *A*); mitteilsam *od.* offen sein.
αν|οίκειος [-'ik̦-] (-εια) ungebührlich; **~οίκιαστος** [-'ik̦ast-] unvermietet.
ανοικο|δόμηση [anikɔ'ðom-] (-εις) Wiederaufbau *m*; **~δομώ** [-ðɔ'mɔ] (είς· ησ) wieder aufbauen; **~κύρευτος** [-'k̦irεft-] unordentlich; unverheiratet; **~νόμητος** [-'nɔmit-] unordentlich; unausstehlich.
ανοικτ- *s.* **ανοιχτ-**.
άνοιξη ['aniksi] (-εις) Frühling *m*; *Hdl.* Frühjahr *n*; Öffnen *n*.
ανοι|ξιάτικος [-'ksjat-] Frühjahrs-; Frühlings-; frühlingshaft; **~χτήρι** (*Dosen-*) Öffner *m*; **~χτόκαρδος** [-'xtɔkarð-] offenherzig; **~χτομάτης** (-α, -ικο) aufgeweckt, hell, F helle; **~χτός** offen, geöffnet; *Farbe*: hell; *Hdl.* offen, laufend; Debitor *m*; offen (-herzig); **~χτός λογαριασμός** Girokonto *n*; **~χτοχέρης** [-xtɔ'çεr-] (-α, -ικο) freigebig; verschwenderisch; **~χτόχρωμος** hell(farbig).
ανομβρία [anɔmvr-] Trockenheit *f*.
ανόμημα [a'nɔm-] *n*, **ανομία** Gesetzlosigkeit *f*; Ungesetzlichkeit *f*.
ανομοθέτητος [-mɔ'θεtit-] nicht gesetzlich festgelegt.
ανομοιο|γενής [anɔmĭɔjεn-] verschiedenartig, heterogen; **~μορφία** [-mɔrf-] Verschiedenartigkeit *f*, Uneinheitlichkeit *f*.
ανομοιόμορφος uneinheitlich; F zusammengewürfelt.
αν|όμοιος [a'nɔmĭɔs] (-οια) unähnlich; ungleich; **~ομοιότητα** [-ɔ'mjɔt-] Ungleichheit *f*; **~ομοίωση** [-ɔ'miɔsi] (-εις) Dissimilation *f*; **~ομολόγητος** [-'lɔjit-] uneingestanden; ungeheuerlich; **~ομολογώ** [-ɔmɔlɔ'γɔ] (είς· ησ) eingestehen.
άνομος ungesetzlich.
ανοξίδωτος [anɔ'ksiðɔt-] rostfrei; säurefest.
ανόργαν|ος [-'ɔrγan-] unorganisch; *Chem.* anorganisch; **~η γυμναστική** Freiübungen *f/pl.*
ανοργ|ανωσιά [-anɔs-] Desorganisation *f*; Wirrwarr *m*; **~άνωτος** unorganisiert.
αν|όργωτος [-'ɔrγɔt-] unbestellt; **~ορεξία** [-rεks-] Appetitlosigkeit *f*; **~όρεχτος** [-'ɔrεxt-] appetitlos; unlustig; **~ορθογραφία** [-ɔrθɔγraf-] Rechtschreibfehler *m*; **~ορθόγραφος** unorthographisch.
αν|ορθώνω [anɔrθ-] (σ· θ) in Ordnung bringen; (wieder) aufrichten; aufbauen; **~όρθωση** [-θɔsi] (-εις) Ordnen *n*; Wiederaufrichtung *f*; Aufbau *m*; **~ορθωτής** Wiederhersteller *m*; *El.* Gleichrichter *m*; **~ορθωτικός** Wiederaufbau-; *El.* Gleichrichter-; **~όρυξη** [-'ɔriksi] (-εις) Ausgrabung *f*; **~ορύσσω** (ξ· χτ) (aus)graben.
ανοσήλευτος [-'silεft-] *Med.* unbehandelt.
ανοσία [anɔs-] Immunität *f*.
αν|όσιος (-ία) ruchlos; **~οσιότητα** Ruchlosigkeit *f*; **~οσιούργημα** [-ɔ'sjurj-] *n*, **~οσιουργία** Freveltat *f*; **~οσιουργός** [-sjurγ-] Frevler *m*; **~οσμία** [-ɔz-] Geruchlosigkeit *f*.
άνοσμος *K.* geruchlos.
ανοσοποιώ immun machen (**σε**/ gegen *A*).
ανοστάδα *s.* **ανοστιά**.
ανοστ|αίνω [anɔst-] (στησ, στην), **~εύω** (ψ) *Essen*: ungenießbar machen *od.* werden; *Mensch*: plump werden; **~ιά** Fadheit *f*; Plumpheit *f*; **~ίζω** (σ) *v/t.* fade, plump machen; den Geschmack (*G*) verderben.
άνοστος, ανούσιος [a'nusj-] (-ια) unschmackhaft, fade; *Kleidung*: geschmacklos; *Mensch*: plump.
ανοχ|ή [-'çi] Duldung *f*; Duldsamkeit *f* (**απέναντι του**/ j-m gegenüber); *Tech.* Toleranz *f*; **οίκος ~ής** Bordell *n*; **ψήφος ~ής** „Notstimme“ *f* (*für die Regierung*).
ανοχύρωτος [anɔ'çirɔt-] unbefestigt; *mil.* offen (*Stadt*).
αντ- *s.* **αντι-**.
αντ|αγαπώ [ańdaγa'pɔ] (άς· ησ) e-e Liebe erwidern; **~αγωγή** [-aγɔ'ji] *jur.* Gegenklage *f*; **~αγωνίζομαι** [-'nizɔmε] (στ) *v/t.* konkurrieren können mit *D*; *v/i.* kämpfen, wetteifern (**για**/ um *A*); **~αγωνισμός** [-aγɔn-] Gegensätzlichkeit *f*; *Hdl.* Wettbewerb

ανταγωνιστής 66

m, Konkurrenz *f*; **~αγωνιστής** (*-νίστρια*) Wettbewerber(in *f*) *m*, Konkurrent(in *f*) *m*; **~αγωνιστικός** gegensätzlich; Konkurrenz-.

ανταλλαγή [-ala'ji] *Hdl*. Tausch *m*, (*Güter-, Bevölkerungs-*) Austausch *m*; Umtauschaktion *f*; **~ *γνωμών*** Meinungsaustausch *m*; **~ *της ύλης*** *Biol*. Stoffwechsel *m*; **~ *πληθυσμών*** Bevölkerungsaustausch *m*; **~ *πυροβολισμών*** Schusswechsel *m*.

αντ|άλλαγμα [-'alaɣ-] *n Hdl*. Entgelt *n*, Gegenleistung *f*; **~αλλακτικά** [-lakt-] *n*/*pl*. Ersatzteile *n*/*pl*.; **~αλλακτικός** Tausch-; **~αλλάξιμος** [-'laks-] (um-) tauschbar; **~αλλάσσω** [-'lasɔ] (*a*. ***-αλλάζω***) (ξ· λαχτ) austauschen; umtauschen; auswechseln.

αντάμα *Adv*. zusammen.

αντ|αμείβω [aňda'mivɔ] (ψ· φτ) belohnen; **~αμοιβή** [-'vi] Honorar *n*, Vergütung *f*; Entschädigung *f*; **~αμώνω** (σ) treffen; ***~αμώνομαι*** (θ) sich (*A*) treffen; **~άμωση** [-'amɔsi]: ***καλή ~άμωση*** auf (= *späteres*) Wiedersehen!; **~ανάκλαση** [-a'naklasi] (-εις) Widerspiegelung *f*; Reflexion *f*; **~ανακλαστήρας** [-kla'stiras] Reflektor *m*; **~ανακλαστικός** Scheinwerfer-; *Med*. Reflex-; **~ανακλώ** [-'klɔ] (άς· ασ· αστ) widerspiegeln; reflektieren; **~άξιος** [-'aks-] (-ια) würdig (*G*/*G*).

ανταπ|αίτηση [aňda'pɛt-] (-εις) Gegenforderung *f*; **~αιτώ** [-ɛ'tɔ] (είς· ησ) *v*/*t*. seinerseits fordern; *v*/*i*. e-e Gegenforderung stellen; **~άντηση** [-'aňd-] (-εις) Erwiderung *f*; **~αντώ** (άς· ησ) entgegnen; **~εδωσ-** *s*. ***ανταποδίνω***.

ανταπεργία [-pɛrj-] Aussperrung *f*.

ανταπ|οδεικνύω [-pɔði'kniɔ] (δειξ· δειχτ/ ανταπεδ-) den Gegenbeweis liefern; **~όδειξη** [-'ɔðiksi] (-εις) Gegenbeweis *m*; **~οδίνω** [-ɔ'ðinɔ] (δωσ· δοθ) *Besuch usw*. erwidern; vergelten (***του το***/ j-m etw.); **~όδοση** [-'ɔðɔsi] (-εις) Erwiderung *f*; Gegenleistung *f*; **~οδότης** Vergeltende(r); **~οκρίνομαι** [-ɔ'krinɔmɛ] (θ/ ανταπε-) entsprechen (***σε, προς*** *A*/ *D*); nachkommen (***σε***/ *D*); zutreffen (***σε***/ auf *A*); **~όκριση** (-εις) Antwort *f*; Korrespondenz *f*; Bericht *m*; *Esb*. Anschluss *m*; **~οκριτής** (*-ίτρια*) Korrespondent(in *f*) *m*; *Hdl*. Vertreter(in *f*) *m*.

αντ|άρα [a'ňdara] Krach *m*; Aufruhr *m*; Nebel *m*; **~αριάζω** [-ar-] (-άριασα· στ) *j-n* konfus machen; ***~αριάζομαι*** sich mit Nebel bedecken; konfus werden; **Ձαρκτική** Antarktis *f*; **~αρκτικός** [-arkt-] antarktisch; Süd- (*Pol*); **~αρσία** [-ars-] Aufstand *m*; **~άρτης** Aufständische(r), Partisan *m*; **~αρτικός, ~άρτικος** Partisanen-; **~άρτισσα** Partisanin *f*; **~αρτοπόλεμος** [-artɔ'pɔlɛm-] Partisanenkrieg *m*.

αντ|ασφάλεια [-a'sfal-] Rückversicherung *f*; **~ασφαλίζω** (σ) rückversichern; **~αυγάζω** [-avɣ-] (σ) *v*/*t*. widerspiegeln; *v*/*i*. leuchten; **~αύγεια** [-'avj-] Widerschein *m*; Schimmer *m*.

άντε *s*. ***άιντε***.

αντ|εγκαλώ [aňdɛŋ̃ga'lɔ] (είς· ησ) Gegenklage erheben; **~έγκληση** [-'ɛŋ̃gl-] (-εις) Gegenklage *f*; Wortgefecht *n*; **~εθνικός** [-ɛθn-] antinational; **~εισαγγελέας** [-isaŋ̃g̨ɛ'lɛas] (*pl*. -είς) Stellvertreter *m* des Staatsanwalts; **~εκδίκηση** [-ɛk'ðik̨-] (-εις) Vergeltungsmaßregel *f*; **~εκδικούμαι** [-ði'kumɛ] (-είσαι· ηθ) *es j-m* heimzahlen, Rache nehmen.

αντένα [a'ňdɛna] Antenne *f*; *mar*. Rahe *f*.

αντ|ένδειξη [-'ɛňðiksi] (-εις) *Med*. Kontraindikation *f*; **~ενέργεια** [-ɛ'nɛrja] Reaktion *f*; Widerstand *m*; **~ενεργώ** [-'ɣɔ] (είς· ησ) sich (*A*) wenden (***κατά*** *G*/ gegen *A*); reagieren.

αντενοκάταρτο [-nɔ'katartɔ] *mar*. Mast(baum) *m*.

αντεξ|ετάζω [aňdɛksɛt-] gegenüberstellen, vergleichen; **~έταση** (-εις) *jur*. Beweisverfahren *n*.

αντεπαν|άσταση [-pa'nast-] (-εις) Gegenrevolution *f*; **~αστατικός** konterrevolutionär.

αντ|επεξέρχομαι [aňdɛpɛ'ksɛrxɔmɛ] (*s*. ***έρχομαι***) entgegentreten (***σε***/ *D*); *Ausgaben* decken können; **~επίθεση** [-ɛ'piθɛsi] (-εις) Gegenangriff *m*; **~επίκριση** [-ɛ'pikrisi] (-εις) Gegenkritik *f*; **~επίσκεψη** [-sk̨ɛpsi] (-εις) Gegenbesuch *m*; **~επιστέλλον** (-οντος) Korrespondent *m*; **~επιστέλλω** [-ɛpi'stɛlɔ] korrespondieren; ***~επιστέλλον μέλος*** *n* korrespondierende(s) Mitglied *n*; **~επιταγή** [-ɛpita'ji] Gegenbefehl *m*; **~επιτίθεμαι** [-'tiθɛ-

67 αντικατασταίνω

mε] (τεθ/ -επε-) e-n Gegenangriff führen; **~εραστής** [-εrast-] Nebenbuhler *m*; **~εργατικός** Antiarbeiter-; **~έρεισμα** [-'εriz-] *n* Stützpfeiler *m*.

άντερο ['aňdεrɔ] Darm *m*.

αντεροβγάλτης [-'vɣalt-] (-τηδες) Messerheld *m*, *fig*. Nervensäge *f*; F (*Wagen*) Klapperkasten *m*.

αντεστ- *s.* ***ανθίσταμαι.***

αντ|έχω [a'ňdεxɔ] (*Impf*. άντεχα· *Aor*. άντεξα) standhalten (***σε***/ *D*); *fig*. *a.* widerstehen (***σε***/ *D*); *es* aushalten; **~ηλιά** [-il-] Abglanz *m*; **~ηρίδα** Strebe *f*, Gegenpfeiler *m*; **~ήχηση** [-'iç-] (-εις) Widerhall *m*; **~ηχώ** [-i'xɔ] (είς· ησ) widerhallen.

αντί (*A*), *K*. *Präp*. (*G*) (an)statt (*G*); *Su*. *n* Opposition *f*; ***~(ς) για, ~(ς) με, ~(ς) από*** für *10 Mark*; ***~ να*** *Ko*. anstatt dass, anstatt zu (*Inf*.).

αντι- [aňdi-] *oft* gegen-, un-, ent-, anti-; statt ..., Stellvertreter ...

αντι|αεροπορικός [-aεrɔpɔr-] Flak-; Flugabwehr- (*Rakete*); Luftschutz-; **~αισθητικός** [-εstit-] unästhetisch; geschmacklos; **~αλκοολικός** Antialkohol-; **~αρματικός** [-armat-] Panzerabwehr-; **~ασφυξιογονικός** [-asfiksjɔɣ-] Gasschutz-; ***~ασφυξιογονική μάσκα*** Gasmaske *f*; **~βαίνω** [-'vεnɔ] *S*.: zuwiderlaufen (***σε***/ *D*); **~βάλλω** [-'valɔ] (βαλ/ αντε-) zurückschießen; nebeneinander stellen; **~βασιλέας** [-vasil-] (*pl*. -είς) Regent *m*; **~βασιλεία** Regentschaft *f*; **~βασίλισσα** Regentin *f*; **~βιοτικά** *n*/*pl*. Antibiotika *n*/*pl*.; **~βουίζω** [-vu'izɔ] (σ) widerhallen; **~γνωμία** [-ɣnɔm-] gegenteilige Meinung *f*; **~γραφέας** [-ɣra'fεas] (*pl*. -είς) Abschreiber *m*; **~γραφή** Abschrift *f*; *fig*. Kopie *f*.

αντίγραφο [a'ňdiɣraf-] Abschrift *f*, Kopie *f*; *j-s* Ebenbild *n*.

αντιγράφω (ψ· αφ, αφτ) abschreiben; (*Schule*) abschreiben; F abgucken; *fig*. kopieren.

αντιδημο|κρατικός [-ðimɔkrat-] antidemokratisch; **~τικός** unpopulär, unbeliebt; volksfeindlich; **~τικότητα** Unbeliebtheit *f*.

αντίδι Endivie *f*.

αντιδιαστ|έλλω [-ðia'stεlɔ] (στειλ· σταλθ) gegenüberstellen; **~ολή** Gegenüberstellung *f*.

αντ|ιδικία [aňdiðiķ-] *jur*. Gegenpartei *f*; gespanntes Verhältnis; **~ίδικος** [-ðik-] Prozessgegner *m*; **~ιδικώ** (είς· ησ) gegen *j-n* e-n Prozess führen; prozessieren (***μεταξύ τους***/ gegeneinander); **~ίδοξος** [-'iðɔks-] ... anderer Meinung; *Su*. *m* Andersgläubige(r); **~ίδοτο** Gegengift *n*.

αντίδραση [-'iðrasi] (-εις) Reaktion *f*; Widerstand *m* (***σε***/ gegen *A*); ***~ αλυσιδωτή*** Kettenreaktion *f*.

αντι|δραστήρας [-'stir-] *Phys*. Reaktor *m*; **~δραστήριο** Reagens *n*; **~δραστικός** *pol*. reaktionär, rückschrittlich; Widerstands-; *Chem*. Reaktions-; *Phys*. Reaktor-; *Su*. *m* Reaktionär *m*; **~δρώ** [-'ðrɔ] (άς· ασ/ αντέδρασα; αντιδράσαμε) sich widersetzen (***σε, κατά*** *G*/*D*); reagieren.

αντίδωρο [-'iðɔrɔ] Gegengeschenk *n*; *Rel*. Hostie *f*.

αντι|εμετικό [-iεmεt-] Mittel *n* gegen Luftkrankheit *usw*., Antiemetikum *n*; **~ζηλία** [-izil-] Rivalität *f*.

αντ|ίζηλος Konkurrenz-; *Su*. *m* Nebenbuhler *m*, Rivale *m*; **~ιζύγι** [-'ziji] Gegengewicht *n*; **~ιθάλαμος** [-'θalam-] Vorzimmer *n*; **~ίθεος** Gottesleugner *m*; Satan *m*; **~ίθεση** [-'iθεsi] (-εις) Gegensatz *m*; Opposition *f der Gestirne*; **~ίθετα** *Adv*. im Gegenteil (***σε***/ zu *D*); **~ιθετικός** *Gr*. adversativ; **~ίθετος** entgegengesetzt; *Su*. *n Gr*. Antonym *n*; *Su*. *m* Gegner *m*; **~ιθέτω** [-'θεtɔ] (σ· τεθ/ αντε-) entgegenstellen, -setzen (***σε, κατά*** *G*/*D*).

αντίκα [a'ňdika] alte Münze *f*; Antiquität *f*; Galgenvogel *m*.

αντι|καθεστωτικός [aňdikaθεstɔt-] regimefeindlich; *Su*. *m* Regimegegner *m*; **~καθιστώ** [-kaθi'stɔ] (άς· κατάστησα· καταστάθηκα), *v*/*p*. (~καθίσταμαι, ~καθιστώμαι, ~κατασταίνομαι) ersetzen, ablösen; vertreten; **~καθρεφτίζω** *v*/*t*. widerspiegeln; **~κάμαρα** [-'kamara] Vorzimmer *n*; **~κανονικός** [-kanɔn-] unvorschriftsmäßig; **~καρκινικός:** ***~καρκινικός αγώνας*** Krebsbekämpfung *f*; **~καταβολή** [-katavɔ'li] (*Post*) Nachnahme *f*; ***επί ~καταβολή*** gegen Nachnahme; **~κατασκοπεία** [-skɔp-] Gegenspionage *f*; Abwehrdienst *m*; **~κατασταίνω** *s*. ***αντικαθιστώ; ~-***

κατάσταση [-ka'tast-] (-εις) Ersatz *m*; Vertretung *f*; **~κατάσταση αδιούχου** Urlaubsvertretung *f*; **~καταστάτης** Stellvertreter *m*; **~καταστάτρια** Stellvertreterin *f*; **~κατεστ(αθ)-** *s.* **αντικαθιστώ.**
αντικατοπτρ|ίζω [aňdikatɔptr-] (σ· στ) (*v/p.* **~ίζομαι** sich) widerspiegeln; **~ισμός** Fata Morgana *f*; Widerspiegelung *f*.
αντίκειμαι widersprechen (**σε**/ *D*).
αντικειμενικ|ός [-mεn-] objektiv, sachlich; angestrebt (*Ziel*); **~ότητα** Objektivität *f*.
αντι|κείμενο [aňdi'ķim-] Objekt (*a. Gr.*) *n*, Gegenstand *m*; **~κειμένος** widersprüchlich.
αντ|ικλείδι [-'kliði] Dietrich *m*, Nachschlüssel *m*; **~ικλητήριο** [-ikli'tir-] *jur.* Armutszeugnis *n*; **~ίκλητος** Prozessbevollmächtigte(r); **~ικνήμιο** [-i'knim-] Schienbein *n*; **~ικοινωνικός** [-iķinɔn-] unsozial; ungesellig; menschenfeindlich; **~ικοπή** [-kɔ'pi] Zurückweisung *f*; **~ικόπτω** [-'kɔptɔ] hemmen; unterbrechen; **~ικρίζω** [-'krizɔ] (σ· στ) *v/t.* gegenüber liegen sehen; *j-m* begegnen; *Ausgaben* decken; **~ικρινός** gegenüberliegend; *Su. m* Gegenüberwohnende(r); **~ίκρισμα** *n* Begegnung *f*; *Hdl.* Deckung *f*; **~ίκρουση** [-'ikrusi] Zurückschlagen *n*; *fig.* Zurückweisen *n*; **~ικρούω** [-'kruɔ] (σ) *Angriff* abschlagen; *fig.* zurückweisen; *Theorie* bekämpfen.
αντικρύ [aňdi'kri], **αντίκρυ** *Präp.* gegenüber (**σε**/ *D*).
αντ|ίκτυπος [-'iktip-] (**-χτ-**) *mil.* Gegenschlag *m*; Rückwirkung *f* (**σε**/ auf *A*); **~ικυβερνητικός** [-ķivεrnit-] regierungsfeindlich; **~ικυκλώνας** Hoch(druckgebiet) *n*; **~ιλαϊκός** [-laik-] volksfeindlich; **~ιλάλημα** *n*, **~ιλαλιά** [-la'lja], **~ίλαλος** Widerhall *m*, Echo *n*; **~ιλαλώ** [-'lɔ] (είς· ησ) widerhallen (**από**/ von *D*).
αντ|ιλαμβάνομαι [-la'mvanɔmε] (ληφτ) *v/t.* begreifen; spüren; **~ιλέγω** [-'lεγɔ] (ξ, αντειπ-· χθ) widersprechen (**σε**/ *D*); einwenden (**σε**/ gegen *A*); **~ιληπτικό** [-lipti'kɔ] Auffassungsvermögen *n*; **~ιληπτικός** aufnahmefähig; **~ιληπτός** verständlich; **γίνομαι ~ιληπτός** verstanden (*od.* bemerkt) werden; **~ίληψη** [-'ilipsi] (-εις) Auffassung(svermögen *n*) *f*; Wahrnehmung *f*; Beistand *m*; Fürsorge *f*; *jur.* Vormundschaft *f*.
Αντίλλες [a'ňdilεs] *m/pl.* Antillen *pl.*
αντιλογ|ία [-lɔj-] Widerspruch *m*; Streit *m*; **~ικός** unlogisch; Widerspruchs-.
αντίλογος Widerspruch *m* (in sich).
αντιλόπη [-'lɔpi] Antilope *f*.
αντιλυσσικός ... gegen die Tollwut.
αντι|μάμαλο [-'mamalɔ] Wellenschlag *m*, Brandung *f*; **~μάχομαι** [-'maxɔmε] *v/t.* bekämpfen; **~μάχομαι ο ένας τον άλλον** sich bekämpfen.
αντίμαχος Gegner *m*.
αντι|μεθαύριο [aňdimε'θavr-] *Adv.* in drei Tagen; **~μετάθεση** [-mε'taθ-] (-εις) gegenseitige Versetzung *f*; *Math.* Permutation *f*; **~μεταθέτω** [-'θεtɔ] (-άθεσα· τεθ) gegenseitig versetzen.
αντι|μετωπίζω [-mεtɔp-] (σ) *v/t. j-m* gegenübertreten; zu tun haben *mit*, stehen *vor Schwierigkeiten*; *e-r S.* (*D*) entgegentreten; *etw.* (*A*) ins Auge fassen; *Bedarf* decken, befriedigen; *Unangenehmes* erleben, erfahren; *e-r Gefahr usw.* trotzen (*A*/*D*); *Probleme* lösen, anpacken; **~μετώπιση** (-εις) Bekämpfung *f*, Abwendung *f von Schwierigkeiten*; Anpacken *n*, Inangriffnahme *f*; **~μέτωπος** gegenüberstehend; konfrontiert (**προς** *A*/ mit *D*); **~μιασματικός** [-mjazmat-] desinfizierend; **~μιλιταρισμός** [-militar-] Antimilitarismus *m*; **~μιλιταριστής** Antimilitarist *m*; **~μιλώ** [-mi'lɔ] (άς· ησ) widersprechen; **~μισθία** [-mist-] Entlohnung *f*, Vergütung *f*.
αντι|μοναρχικός antimonarchistisch; **~μόνιο** [-'mɔn-] Antimon *n*; **~ναύαρχος** [-'navarx-] Vizeadmiral *m*; **~νομία** [-nɔm-] *jur.* Widerspruch *m*; *Phil.* Antinomie *f*; **~νομικός** [-nɔm-] Widerspruchs-; antinomisch.
αντ|ίξοος [a'ndiks-] widrig; feindselig; **~ιξοότητα** Widrigkeit *f*.
αντίο [a'diɔ] auf Wiedersehen!
αντιολισθητικ|ός [-listiti-] Gleitschutz-; **~ή αλυσίδα** Schneekette *f*.
αντι|οξιδωτικός [aňdiɔksiðɔt-] säurebeständig; *Su. n* Rostschutzmittel *n*; **~πάθεια** [-'paθ-] Abneigung *f* (**για**/ gegen *A*); **~παθής, ~παθητικός** un-

sympathisch, unangenehm; **~παθώ** [-pa'θɔ] (είς· ησ) e-e Abneigung haben gegen *A*; **~παλεύω** [-pa'lɛvɔ] (εψ) *v/t.* kämpfen gegen *A*.

αντίπαλος Widersacher *m*; **~ *ραδιενέργειας*** Atomkraftgegner *m*.

αντι|παραβάλλω [aňdi-] (-παράβαλα· βληθ) vergleichen; *Hdl.* kollationieren; **~παραβολή** [-vɔ'li] Vergleich *m*; **~παράθεση** [-θɛsi] (-εις), **~παράσταση** (-εις) Gegenüberstellung *f*; **~παρατάσσω** [-'tasɔ] (ξ· χτ) *mil. dem Feind gegenüber* aufstellen; **~παρέρχομαι** [-'ɛrxɔmɛ] vorbeigehen, vorbeifahren an *D*; entgehen *D*; **~παροχή** [-ɔ'çi] Gegenleistung *f*; **~πειθαρχικός** [-piθarç-] undiszipliniert.

αντ|ίπερα [a'ňdipɛra], **~ιπέραν** [-'pɛran] *Adv.* jenseits, gegenüber.

αντιπερι|σπασμός [aňdipɛrispaz-] Ablenkung *f* (*a. mil.*); **~σπώ** [-'spɔ] (άς· ασ· αστ) ablenken.

αντιπερνώ (άς· -πέρασα): ***περνώ και ~*** dauernd hin- und hergehen.

αντ|ιπληθωρισμός [-pliθɔr-] Deflation *f*; **~ιπλημμυρικός** Deich- (*Arbeiten*); **~ιπλοίαρχος** [-'pliarx-] Fregattenkapitän *m*; **~ίποδες** [-'ipɔðɛs] *m/pl.* Antipoden *m/pl.*; **~ιποίηση** [-'piisi] (-εις) Anmaßung *f*; Usurpation *f*; **~ίποινο** [-'ipinɔ] Vergeltung(sangriff *m mil.*, -maßnahmen *f/pl.*) *f* (***κατά*** *G*/ gegen *A*); **~ιποιούμαι** [-'pjumɛ] (είσαι) beanspruchen; sich (*D*) *etw.* anmaßen; **~ιπολεμώ** [-pɔlɛ'mɔ] (άς· ησ) *v/t. s.* ***αντιμάχομαι;*** **~ιπολιτεύομαι** [-pɔli'tɛvɔmɛ] (-ευτηκ-) *v/t.* opponieren, auftreten gegen *A*; **~ιπολιτευόμενος** [-tɛ'vɔm-] Oppositionelle(r); Gegner *m*; **~ιπολίτευση** [-'litɛfsi] (-εις) Opposition *f*; **~ιπολιτευτικός** [-tɛft-] oppositionell; **~ιπραγματισμός** [-praymat-] Tauschhandel *m*; **~ίπραξη** [-'ipraksi] (-εις) Konkurrenz *f*; ***κάνω ~ίπραξη σε*** auftreten (gegen *A*); **~ιπράττω** [-'pratɔ] (ξ) handeln gegen *A*; *Pläne* durchkreuzen (***σε***/ *A*); Nebenbuhler sein.

αντιπρ|οεδρεύω [aňdiprɔɛðr-] (ευσ) Vizepräsident sein; **~όεδρος** Vizepräsident *m*.

αντι|προοδευτικός [-prɔɔðɛft-] rückschrittlich; **~πρόπερσι** [-'prɔpɛrsi] *Adv.* vor drei Jahren.

αντιπροσωπ|ευτικός [-ɛft-] parlamentarisch (*Regierung*); typisch (*Vertreter*); **~εύω** (ευσ· ευτηκ-) vertreten; **~ία** (*a.* ***-προσώπευση***) Abordnung *f*, Vertretung *f*.

αντι|πρόσωπος [-'prɔsɔp-] Vertreter *m*, Abgeordnete(r); **~πρόταση** [-tasi] (-εις) Gegenvorschlag *m*; **~προτείνω** [-'tinɔ] (-πρότεινα) e-n Gegenvorschlag machen.

αντίπροχτες [a'ňdiprɔxtɛs] *Adv.* vorvorgestern.

αντι|πρύτανης [-'pritan-] Prorektor *m*; **~πυραυλός** Raketenabwehr-; **~πυρετικός** [-pirɛt-]: ***~πυρετικό*** (***φάρμακο***) Fiebermittel *n*; **~πυρίνη** Antipyrinum *n*; **~πυροβολώ** [-pirɔvɔ'lɔ] (είς· ησ) das Feuer erwidern.

αντ|ίρρηση [a'ňdirisi] (-εις) Einwand *m* (***σε***/ gegen *A*); **~ιρρησίας** Opponent *m*; Gegner *m*; ***~ιρρησίας συνειδήσεως*** Wehrdienstverweigerer *m*; **~ιρρητικός** [-irit-] widersprechend; **~ίρροπο** [-'irɔpɔ] Gegengewicht *n*; **~ίρροπος** mit dem Gegner sympathisierend.

αντίς *A Präp.* anstatt *G*; **~ *να*** *Ko.* anstatt zu, anstatt dass.

αντι|σεισμικός [aňdisizm-] erdbebensicher; **~σήκωμα** [-'sik-] *n* Ausgleich *m*; Geldbetrag *m* als Militärdienstersatz; **~σηκώνω** (σ) ausgleichen; **~σημίτης** [-si'mit-] Antisemit *m*; **~σημιτισμός** Antisemitismus *m*; **~σηπτικός** [-sipt-] antiseptisch.

αντίσκηνο [-sķinɔ] Zelt *n*; Plane *f*.

αντι|σταθμίζω [-staθm-] (σ· στ) ausgleichen, aufwiegen; **~στάθμιση** (-εις) Ausgleich *m*; Ausbalancierung *f*; **~σταθμιστικός** Ausgleichs-.

αντ|ίσταση [a'ňdistasi] (-εις) Widerstand (*a. El.*) *m* (***κατά*** *G*, ***σε***/ gegen *A*); **~ιστέκομαι** [-'stɛkɔmɛ], **~ιστέκω** (σταθ) Widerstand leisten (***σε***/ *D*); **~ίστιξη** [-'istiksi] (-εις) *Mus.* Kontrapunkt *m*; **~ίστοιχα** [-'istixa] *Adv.* beziehungsweise (bzw.); **~ιστοιχία** [-stiç-] Gleichwertigkeit *f*; Entsprechung *f*; *Gr.* Apposition *f*; **~ίστοιχος** [-'istix-] gleichwertig; *Su. n* Gegenwert *m*; **~ιστοιχώ** (είς· ησ) (προς) entsprechen *D*; **~ιστρατεύομαι** [-stra'tɛvɔmɛ] (ευτ) bekämpfen; im Widerspruch stehen (***σε, προς*** *A*/ zu

D); **~ιστράτηγος** [-'stratiɣ-] Generalleutnant *m*; **~ιστρατιωτικός** [-tjɔt-] unmilitärisch; antimilitaristisch; **~ιστρεπτός** umkehrbar; **~ιστρέφω** [-'strɛfɔ] (ψ· στραφ· αμμ) umkehren; drehen, wenden; ***~ιστρέφομαι*** *Wind*: umschlagen; sich wenden; **~ιστροφή** [-strɔ'fi] Umkehrung *f*; Wenden *n*; Umschlagen *n*; *Gr.* Inversion *f*; **~ίστροφος** umgekehrt; entgegengesetzt.

αντιστύλι Stützpfeiler *m*; *fig.* Stütze *f*.

αντιστώ *s.* ***ανθίσταμαι.***

αντισυλληπτικ|ός empfängnisverhütend; ***~ό χάπι*** Antibabypille *f*.

αντισυνταγματ|άρχης [-siňdaɣma'tarç-] Oberstleutnant *m*; **~ικός** verfassungswidrig; **~ικότητα** Verfassungswidrigkeit *f*.

αντισφ|αίριση [-'sfɛrisi] (-εις) Tennis(spiel) *n*; **~αιριστής** Tennisspieler *m*; **~αιρίστρια** Tennisspielerin *f*.

αντισχέδιο [-'sçɛð-] Gegenplan *m*.

αντίσωμα *n Med.* Gegenkörper *m*.

αντι|τάσσω [-'tasɔ] (αντίταξα· χτ) entgegenstellen (***το – σε*** / *etw. A j-m*); ***~τάσσομαι*** opponieren (***σε*** / gegen *A*); **~τίθεμαι** [-'tiθɛmɛ] *s.* ***αντιθέτω;*** sich (*A*) widersetzen.

αντ|ίτιμο [a'ňditimɔ] Gegenwert *m*, Äquivalent *n*; ***~ίτιμο πώλησης*** Verkaufserlös *m*; **~ιτορπιλικό** [-tɔrpil-] *mil.* Zerstörer *m*; **~ίτυπο** [-'itipɔ] Exemplar *n*; **~ιφάρμακο** [-'farmakɔ] Gegengift *n*; **~ίφαση** [-'ifasi] Widerspruch *m* (***σε*** / zu *D*); ***πέφτω σε ~ιφάσεις*** sich (*A*) in Widersprüche verwickeln; **~ιφασίστας** Antifaschist *m*; **~ιφάσκω** [-'faskɔ] sich widersprechen; **~ιφατικός** widerspruchsvoll; widersprüchlich; **~ιφεγγιά** [-fɛ'ŋ̌g̯a] Abglanz *m*; Widerschein *m*; **~ιφεγγίζω, ~ιφέγγω** widerspiegeln; **~ιφέρνομαι** [-'fɛrnɔmɛ] (φερθ) sich entgegenstellen; sich zanken; **~ιφρονώ** [-frɔ'nɔ] (είς· ησ) anderer Ansicht sein; **~ιφρονών** (-ούντος) *m* Regimegegner *m*; **~ιφώνηση** [-'fɔnisi] (-εις) Gegenansprache *f*; *jur.* Zahlungsversprechen *n*; **~ιφωνία** Meinungsverschiedenheit *f*; **~ιχαιρετίζω** [-çɛrɛt-] (σ) e-n Gruß erwidern; **~ίχαρη** [-'ixari] Gegendienst *m*; **~ιχαριστικός** nachteilig, abträglich; **~ίχειρας** [-'içiras] Daumen *m*; **~ίχορος** [-'ixɔr-] Quadrille *f*; **~ιχριστιανικός** antichristlich; **~ίχριστος** [-'ixrist-] gottlos, verdammt; Antichrist *m*; **~ίχτυπος** [-'ixtip-] Gegenschlag *m*; Echo *n*.

αντιψυκτικ|ός Frostschutz-; *Su.* ***~ό*** Frostschutzmittel *n*.

άντληση ['aňdlisi] Pumpen *n*; Schöpfen *n*; Erlangung *f*; Sammeln *n*.

αντλ|ητήρας [-li'tiras] Pumpe *f*; Schöpfeimer *m*; **~ία** Pumpe *f*; **~ώ** (είς· ησ) pumpen; schöpfen; *fig.* sammeln.

αντοχή [aňdɔ'çi] Widerstandsfähigkeit *f* (***σε*** / gegen *A*); *Tech. oft* Festigkeit *f*; *Sport*: Langstrecken-.

αντρ- *s.* ***ανδρ-.***

αντράκλα [aň'drakla] Portulak *m*.

άντρας Mann *m* (*a. Ehemann*); ***στέκομαι ~*** s-n Mann stehen.

αντρ|ειεύω [-i'ɛvɔ] (εψ· ευτ) tapfer werden; *allg.* stärker werden; **~ίκειος** (-εια) männlich, mannhaft.

άντρο ['aňdrɔ] Höhle *f*, Grotte *f*.

αντρ|όγονος *Hormon*: männlich; **~ογυναίκα** Mannweib *n*; **~όγυνο** Ehepaar *n*.

αντρόπιαστος [aň'drɔpĭast-] unentehrt, moralisch einwandfrei.

αντρώνομαι (θ) heranwachsen.

αντσούγια [aň'tsuja] Anchovis *f*.

άντυτος ['aňdit-] unbekleidet.

αντ|ώθηση [-'dɔθ-] (-εις) Rückstoß *m*; **~ωθώ** [-ɔ'θɔ] (είς· ησ) zurückstoßen; **~ωνυμία** [-ɔnim-] Fürwort *n*, Pronomen *n*; **~ωνυμικός** pronominal.

ανυδρία [aniðr-] Wassermangel *m*.

άνυδρος wasserarm.

ανυμνώ [ani'mnɔ] (είς· ησ) (lob)preisen.

αν|ύμφευτος [a'niɱfɛft-] unverheiratet; **~υπακοή** [-ipakɔ'i] Ungehorsam *m*; **~ύπαντρος** [-'ipaňdr-] unverheiratet; **~ύπαρκτος** [-parkt-] (**-ρχτ-**) fiktiv, gedacht; **~υπαρξία** [-parks-] Nichtvorhandensein *n*; **~υπεράσπιστος** [-ipɛ'rasp-] unverteidigt; **~υπέρβατος** [-'pɛrvat-] unübersteigbar; **~υπέρβλητος** [-vlit-] unüberwindlich; *fig.* unvergleichlich; **~υπέρθετος** [-θɛt-] unaufschiebbar; (**-θέτως**) *Adv. bsd.* unbedingt; **~υπερπήδητος** [-'piðit-] unüberspringbar; unüberwindlich; **~υπεύθυνος** [-'pɛfθin-] nicht verantwortlich; **~υπόγραφος** [-'pɔɣraf-] nicht unterzeichnet; **~υ-**

πόδητος [-'pɔðit-] barfüßig; **~υποκρισία** [-kris-] Aufrichtigkeit *f*; **~υπόκριτος** echt, ungeheuchelt; offenherzig; **~υπόληπτος** [-'pɔlipt-] missachtet; **~υποληψία** [-lips-] Nichtachtung *f*; **~υπολόγιστος** [-'lɔj-] unberechenbar; unermesslich.

ανυπ|ομονησία [anipɔmɔnis-] Ungeduld *f*; **~όμονος** ungeduldig; gespannt (***για***/ auf *A*); **~ομονώ** (είς· ησ) ungeduldig sein.

αν|ύποπτος [a'nipɔpt-] unverdächtig; arglos, naiv; **~υπόστατος** [-i'pɔstat-] grundlos.

ανυποστήριχτος [-'stirix-]: ***μένω ~*** *z. B. pol.* keine Unterstützung finden.

αν|υπότακτος [-takt-] (**-χτ-**) widerspenstig; *mil.* ungehorsam; Wehrdienstverweigerer *m*; **~υποταξία** [-taks-] Widerspenstigkeit *f*; *mil.* Ungehorsam *m*; Wehrdienstverweigerung *f*.

ανυπό|φερτος [ani'pɔfɛrt-], **~φορος** [-fɔr-] unerträglich.

ανυποχώρητος unnachgiebig.

ανυποψίαστος *s.* ***ανύποπτος.***

άνυσμα *n Math.* Vektor *m*.

ανυστερόβουλος grundehrlich.

αν|υψώνω [anips-] (σ· θ) *Hand* hochheben; *allg.* erhöhen; *Gewicht* stemmen, heben; *Flagge* hissen; *fig.* loben; ***~υψώνομαι*** aufsteigen; **~ύψωση** (-εις) Hochheben *n*; Erhöhung *f*; Hissen *n*; Aufstieg *m* (*des Flugzeugs*); **~υψωτήρας** [-ipsɔ'tiras] Elevator *m*, Hebewerk *n*.

άνω ['anɔ] *Adv.* (nach) oben; *Präp. G* oberhalb *G*; über (*z. B. 30 Grad*); **ο** ≗ ***Ρήνος*** der Oberrhein; **η** ≗ ***Αίγυπτος*** Oberägypten *n*; ***~ κάτω*** drunter und drüber; ***τον κάνω ~ κάτω*** *j-n* in Rage [-ʒə] bringen.

ανώ(γ)ι [a'nɔ(j)i] Dachgeschoss *n*.

αν|ωδυνία [-ðin-] Schmerzlosigkeit *f*; **~ώδυνος** schmerzstillend.

αν|ωμαλία [anɔmal-] Anomalie *f*; Unebenheit *f des Bodens*; *Gr.* Abweichung *f*, Unregelmäßigkeiten *f/pl.*; **~ώμαλος** anomal; uneben; unregelmäßig; unruhig (*Lage*); **~ώμοτος** [-'ɔmɔt-] unvereidigt; **~ωνυμία** [-ɔnim-] Anonymität *f*; **~ώνυμος** namenlos; anonym (*z. B. Brief*); ***~ώνυμος εταιρ(ε)ία*** Aktiengesellschaft *f* (AG); **~ωρίμαστος** [-ɔ'rimast-] unreif.

άνωση *Phys.* Auftrieb *m*.

αν|ώτατος oberst-; höchst-, maximal; leitend (*Angestellter*); **~ώτερος** [-'ɔtɛr-] (*K.* -τέρα) hervorragend; höher-; besser-; *mit G* erhaben über *A*; überlegen (***κατά*** *A*/ an *D*); ***~ωτέρα βία*** höhere Gewalt *f*; **~ωτερότητα** Überlegenheit *f*; **~ωτέρω** *K. Adv.* weiter oben; ***ως ~ωτέρω*** wie oben gesagt; ***ο ~ωτέρω*** der Genannte; **~ωφελής** [-ɔfɛl-] (*Adv.* ***ανώφελα***) unnütz; *Adv.* vergebens; ***~ωφελές κουνούπι*** Anophelesmücke *f*; **~ωφέρεια** [-ɔ'fɛr-] Steilheit *f*; Steigung *f*; steile(r) Hang *m*; **~ωφερής** steil (ansteigend); **~ώφλι** [-'ɔfli] Sturz *m*, Oberschwelle *f*.

αξαίνω *s.* ***αυξάνω.***

αξάκριστος *Buch*: unbeschnitten.

άξαφνα ['aksafna] plötzlich.

αξέ(γ)νοιαστος [a'ksɛ(ɣ)njas-] sorglos.

αξεδιά|λεχτος [aksɛ'ðjalɛxt-] *Obst usw.*: unausgesucht; **~λυτος** [-lit-] ungeklärt; *Traum*: nicht in Erfüllung gegangen.

αξε|θύμαστος [-'θimast-] unbesänftigt; *Chem.* unverflüchtigt; **~καθάριστος** [-ka'θar-] ungereinigt; *Hdl.* unbeglichen; **~κόλλητος** unabgelöst, unabgerissen; **~κούνητος** unbeweglich; **~μπέρδευτος** [-'bɛrðɛft-] unentwirrt; nicht geklärt; *Pers.* ungeschoren.

αξεν|ία [aksɛn-] Ungastlichkeit *f*; **~ίτευτος** [-'itɛft-] nie verreist.

άξενος ungastlich.

αξε|πέραστος [-'pɛrast-] unübertroffen; **~πλέρωτος** unbeglichen; *fig.* unbezahlbar; **~σήκωτος** sesshaft; unkopiert; **~σκέπαστος** [-'skɛp-] unbedeckt; unentlarvt.

άξεστος ['aksɛst-] ungeschliffen.

αξέ|σχιστος [a'ksɛsç-] unzerrissen; **~ταστος** [-tast-] ungeprüft, unbesehen.

αξε|τίμητος unschätzbar; **~φλούδιστος** ungeschält.

αξέχαστος [-xast-] unvergesslich.

αξεχώριστος [-'xɔr-] unzertrennlich; *Gr.* untrennbar; kunterbunt.

αξημέρωτος *Nacht*: nicht enden wollen(d).

αξία [a'ksia] Wert *m*; *Hdl.* Wertpapier *n* (*bsd. pl.*); ***ονομαστική ~*** Nennwert *m*;

Αξιά 72

~, ασφάλεια, ναύλος cif (*Kosten, Versicherung, Fracht*); **δείγμα** *n* **άνευ ~ς** Muster *n* ohne Wert.

Αξιά *Insel f* Naxos.

αξι|αγάπητος [aksia'γapit-] liebenswert; **~ανάγνωστος** [-a'naγnɔst-] lesenswert; **~έπαινος** [-'εpεn-] lobenswert; **~έραστος** [-'εrast-] liebenswert.

αξίζ|ω [a'ksizɔ] (*o. Aor., Impf.*: άξιζα) wert sein; *Mensch*: können, wissen; fähig sein; **~ει τον κόπο** es lohnt sich; **δεν ~ει να ...** es lohnt sich nicht, zu ...

αξ|ίνα Axt *f*; **~ινάρι** Hacke *f*.

αξίνιστος ungesäuert.

αξιο|γέλαστος [aksiɔ'jεl-] lachhaft; **~δάκρυτος** [-'ðakrit-] beklagenswert; **~ζήλευτος** [-'zilεft-] beneidenswert; **~θαύμαστος** [-'θavm-] bewundernswert; **~θέατος** [-'θεat-] sehenswert; *Su. n/pl.* Sehenswürdigkeiten *f/pl.*; **~θρήνητος** [-'θrinit-] bejammernswert; **~κατάκριτος** [-ka'takrit-] tadelnswert; **~καταφρόνητος** [-'frɔnit-] verachtenswert; **~λάτρευτος** [-'latrεft-] verehrungswürdig.

αξιόλογος [a'ksjɔlɔγ-] bedeutend.

αξιολύπητος [-'lip-] bedauernswert.

αξιό|μαχος kampffähig; **~μεμπτος** [-mεmpt-] tadelnswert, sträflich.

αξιο|μίμητος [-'mimit-] nachahmenswert; **~μνημόνευτος** [-mni'mɔnεft-] denkwürdig; **~παρατήρητος** [-para'tirit-] bemerkenswert; **~περίεργος** [-pε'riεrγ-] sonderbar; **~πιστία** [-pist-] Glaubwürdigkeit *f*.

αξιόπιστος glaubwürdig.

αξι|οποίηση [aksiɔ'piisi] (-εις) Verwertung *f*; **~όποινος** [-'ɔpin-] strafbar; **~οποιώ** [-'pjɔ] (είς· ησ) verwerten; auswerten; *Gelegenheit* wahrnehmen; *Methode* meistern; **~οπρέπεια** [-'prεp-] Würde *f*; Prestige *n*; Anständigkeit *f*; **~οπρεπής** würdig; anständig; **~οπρόσεχτος** beachtenswert.

άξιος ['aksiɔs] (-ια) fähig (**να**/ zu + *Inf.*); tüchtig; *mit G* (*bewunderungs-*) -würdig; -wert *usw.*; angemessen *D*.

αξιο|σέβαστος [-'sεvast-] verehrungswürdig; **~σημείωτος** [-si'miɔt-] bemerkenswert; **~σύνη** [-'sini] Verdienst *n*; **~σύστατος** [-'sistat-] empfehlenswert.

αξιότ|ητα Verdienst *n*, Tüchtigkeit *f*; **~ιμος** (sehr) geehrt; **Ξ~ιμε κύριε ...** Sehr geehrter Herr ...; **Ξ~ιμη κυρία ...** Sehr geehrte Frau ...

αξι|οτιμώρητος [-ti'mɔrit-] strafbar; **~όχρεος** [-'ɔxrε-] zahlungsfähig.

αξίωμα *n allg.* Rang *m*, Dienstgrad *m*; Amt *n*, Posten *m*; *Phil.* Axiom *n*.

αξι|ωματικός [aksiɔmat-] gebieterisch; maßgeblich; *Su. m* Offizier *m*; **~ωματούχος** *Pers.* Führungskraft *f*; **~ώνω** (σ· θ) fordern; für würdig befinden; **~ώνομαι** (*mst. nicht*) dazu kommen, zu ...

αξίωση [a'ksiɔsi] (-εις) Anspruch *m* (**σε**/ auf *A*); **~ αποζημίωσης** Schadenersatzanspruch *m*.

αξόδευτος [a'ksɔðεft-] unverkauft.

αξολόθρευτος ... nicht ausgerottet.

αξόμπλιαστος [-bliastɔs] unbestickt, ... ohne Stickereien; *fig.* untadelig.

άξονας ['aksɔn-] Achse *f* (*a. pol.*); Welle *f*; **~ καρντάν** Kardanwelle *f*.

αξονικός Achsen-; axial.

αξούριστος [a'ksur-] unrasiert.

αξόφλητο *Hdl.* unbeglichen.

αξύλευτος [a'ksilεft-] unabgeholzt.

αξυρ- *s.* **αξουρ-**.

αξύριστος unrasiert.

άξυστος ['aksist-] unangespitzt; ungeschält.

αοίδιμος [a'ið-] seligen Angedenkens.

αοιδός [ai'ðɔs] *m, f* Sänger(in *f*) *m*.

άοκνος ['aɔkn-] unverdrossen.

αόμματος [a'ɔmat-] blind.

άοπλος ['aɔpl-] unbewaffnet.

αόρατος [a'ɔrat-] unsichtbar.

αοριστ|ία [-rist-] Unbestimmtheit *f*; **~ολογία** [-lɔj-] Ungereimtheit *f*.

αόριστ|ος [a'ɔrist-] unbestimmt; **επ' ~ον** auf unbestimmte Zeit; **~ος** *Su.* Aorist *m*; **~η αντωνυμία** Indefinitpronomen *n*.

αορ|τή Aorta *f*; **~τήρας** [-'tiras] *mil.* Schulterriemen *m*.

αοσμία [aɔzm-] Geruchlosigkeit *f*.

άοσμος geruchlos.

άουτ *Sport*: aus; *Su. n* Aus *n*.

απ' *s.* **από**.

απαγγελία [apaŋɟεl-] Deklamation *f*, Vortrag *m*; Diktion *f*; *jur.* **~ κατηγορίας** Anklageschrift *f*; **~ απόφασης** Urteilsverkündung *f*.

απαγγ|έλλω (ειλ· ελθ) deklamieren, vortragen, F aufsagen; aussprechen;

73 απαντοχή

jur. verkünden; **~ελτικός** [-ɛlt-] feierlich (*Ton*).
άπαγε! ['apajɛ] (*Imp. v.* ***απάγω***) weg hier!, *mit G* hüte dich vor *D!*
απαγί|δευτος [-'jiðɛft-] nicht gefangen; nicht zu fangen(d); **~ωτος** unsicher.
απάγκιος (-ια) windgeschützt.
απαγκιστρώνω [apaŋɟi'strɔnɔ] (σ· θ) loslösen (vom Haken); *mil.* vor e-r Einkreisung retten.
απαγορευμένος [-ɣɔrɛvm-] verboten; *Su.* Entmündigte(r).
απαγόρευση [-'ɣɔrɛfsi] (-εις) Verbot *n*; *jur.* Entmündigung *f*; Kuratel *f*; ***~ κυκλοφορίας*** Fahrverbot *n*; ***~ στάθμευσης*** Parkverbot *n*.
απαγορ|ευτικός [-ɛft-] Verbots-; Schutz- (*Zölle*); **~εύω** (εψ· ευτ) verbieten; ***~εύεται*** (es) ist verboten; ***~εύεται η στάθμευση*** Parkverbot *n*, eingeschränktes Halteverbot; ***~εύεται το προσπέρασμα*** Überholverbot *n*.
απαγχ|ονίζω [apaŋxɔn-] (σ· στ) henken, hängen; **~όνιση** Henken *n*.
απάγω [a'paɣɔ] (να απαγάγω· απαγαγ· απάχτηκα) abführen; *Mädchen* entführen; *S.* rauben, wegnehmen.
απαγωγ|έας (*pl.* -είς) Entführer *m*, Geiselnehmer *m*; **~ή** Entführung *f*; *Turnen*: Spreizen *n*; *Phil.* Apagoge *f*; **~ικός** apagogisch, indirekt.
απαζάρευτος [-'zarɛft-] ... ohne Feilschen; ... kurzerhand.
απαθαν|ατίζω [-θanat-] (σ· στ) verewigen (*z. B. auf e-m Foto*); **~άτιση** (-εις) Verewigung *f*.
απάθεια [a'paθja] Apathie *f*.
απαθής gleichmütig; apathisch.
απαιδ|αγώγητος [apɛða'ɣɔjit-] ... ohne Erziehung; **~ευσία** [-ɛfs-] Unbildung *f*.
απαίδευτος [a'pɛðɛft-] ungebildet; ***είναι ~*** er hat nichts durchgemacht.
απαιδία Kinderlosigkeit *f*.
απαίνευτος ... ohne Anerkennung.
άπαις ['apɛs] (άπαιδος) kinderlos.
απαισι|οδοξία [-sĭɔðɔks-] Pessimismus *m*; **~όδοξος** pessimistisch; *Su. m* Pessimist *m*.
απαίσιος (-ια) widerwärtig; unheimlich, entsetzlich.
απαίτηση [a'pɛt-] (-εις) Forderung *f*; Anspruch *m*.
απαιτητ|ικός anspruchsvoll; **~ός** einklagbar.
απαιτ|ούμενος [-'um-] erforderlich; **~ώ** (είς· ησ· ηθ) fordern; *S. mst.*: erfordern.
απακετάριστος [apaķɛ'tar-] unverpackt; *Zigaretten usw.*: lose.
απακουμβ- *s.* ***απακουμπ-***.
απ|ακούμπι [-'kum̆bi] Stütze *f*; **~ακουμπώ** (άς· ησ) *s.* ***ακουμπώ***.
απαλαίνω [apal-] *s.* ***απαλύνω***.
απαλάμη [-'lami] *s.* ***παλάμη***.
απ|αλείφω [-'lifɔ] (ψ· φτ) *Fleck* entfernen; auslöschen; *jur., Hdl.* streichen; **~άλειψη** [-'alipsi] (-εις) Entfernung *f*; Streichung *f*; **~άλιωτος** [-'aljɔt-] gut erhalten.
απαλλα|γείς [apala'jis] (-είσα, -έν) befreit; **~γείς, ~γέντας** [-'jɛn̆d-] vom Heeresdienst Befreite(r); **~γή** Befreiung *f*; *jur.* Freisprechung *f*; ***φορολογική ~γή*** Steuerfreiheit *f*; **~κτικός** Befreiungs-; ***~κτικό βούλευμα*** *jur.* Freispruch *m*.
απάλλαξη (-εις) *s.* ***απαλλαγή***.
απαλλάσσω [-'lasɔ] (ξ· λαχτηκα· αγμ) *j-n* befreien (*G od.* ***από*** / von *D*); *jur.* freisprechen (*G* / von *D*); ***~ για*** Entlastung erteilen (für *A*).
απαλλοτρ|ιώνω [apalɔtr-] (-ίωσα· θ) enteignen; **~ίωση** (-εις) Enteignung *f*.
απαλοιφή Beseitigung *f*, Auflösung *f*.
απαλ|ός [apal-] zart, weich; sanft; ***~ά μόρια*** *Anat.* Weichteile *m/pl.*; **~ότητα** Zartheit *f*, Weichheit *f*; **~υντικός** [-in̆d-] Linderungs-, ... gegen spröde Haut; **~ύνω** (ΙΙ = Ι· η-) *v/t.* weich machen; lindern; *v/i.* erschlaffen.
απαμβλύν|ω [apaŋ'vlinɔ] (ΙΙ = Ι· υνθ) *v/t.* abstumpfen; *fig.* entschärfen; ***~ομαι*** schwächer werden.
απ|ανεμιά [apanɛm-] Windstille *f*; **~άνεμος** windstill; **~ανθίζω** [-an̆θ-] (σ) sammeln; auswählen; **~άνθισμα** *n* Anthologie *f*; **~ανθρακώνω** [-θrak-] (σ· θ) verkohlen; **~ανθρωπιά** [-θrɔ'pja] Unmenschlichkeit *f*; **~άνθρωπος** unmenschlich; **~άνου** *s.* ***επάνω***.
άπαντα *n/pl. v.* ***άπας***.
απ|αντέχω [apa'n̆dɛxɔ] (ξ) erwarten; **~άντημα** *n* Begegnung *f*; **~άντηση** [-'an̆disi] (-εις) Antwort *f* (***σε*** / auf *A*); ***αρνητική ~άντηση*** Absage *f*; **~αν-**

απάντρευτος 74

τοχή [-'çi] Erwartung *f*; **~άντρευτος** [-'aňdrɛft-] unverheiratet.
απαντ|ώ [apa'ňdɔ] (άς· ησ· ηθ) *v/t.* begegnen *D*; *v/i.* antworten (***σε***/ auf *A*); *Ausgaben* bestreiten (***σε***); ***~ά*** *od.* ***~άται σε*** *das Wort* findet sich bei *D*.
απάνω *s.* ***επάνω***.
απανωτός (*a.* ***επανωτός***) schnell hintereinander.
άπαξ ['apaks] *Adv.* einmal; ***εφ' ~*** auf einmal; ***~ δια παντός*** ein für alle Mal.
απάξ *n* Abfindung *f*.
απαξ|ιώνω [-'ksjɔnɔ] (σ) (es) verschmähen (*zu* ...); nicht würdigen (***τον ...*** *G*/ j-n e-r *S*. *G*); **~ίωση** (-εις) Geringschätzung *f*.
απαρ|άβατος [apa'ravat-] unverletzlich; *Wort*: unverbrüchlich; **~αβίαστος** unantastbar; unangetastet; **~άβλητος** [-'avlit-] unvergleichlich; nicht verglichen; **~άγραπτος** [-'aɣrapt-] (*a.* **-φτ-**) unverjährbar; unabdingbar; **~αδειγμάτιστος** [-aði'ɣmat-] beispiellos; **~άδεχτος** [-'aðɛxt-] unannehmbar; *Interj.* unmöglich; **~αίτητος** [-'ɛtit-] unerlässlich.
απαρακολούθητος [-kɔ'luθit-] unverfolgt; unverfolgbar; *fig.* unzusammenhängend.
απαρ|άλλαχτος [apa'ralaxt-] der (die, das) Gleiche (***με***/ wie); unverändert; **~άμιλλος** [-'amil-] unübertroffen; **~αμύθητος** [-'miθit-] untröstlich; ungetröstet; **~απλάνητος** [-'planit-] nicht irregeführt; nicht irrezuführen(d); **~αποίητος** [-'piit-] ungefälscht; **~ασάλευτος** [-'salɛft-] unerschütterlich; **~ασημοφόρητος** unausgezeichnet, ... ohne Orden; **~ασκεύαστος** [-'sķɛvast-], **~άσκευος** [-'asķɛv-] nicht vorbereitet *sein* (***προς*** *A*/ auf *A*); unvorbereitet (*Rede*); **~ατήρητος** [-'tirit-] unbemerkt; *Mensch*: ungerügt; **~αφύλαχτος** [-'filaxt-] unbewacht; **~αχάραχτος** [-'xaraxt-] echt.
απαρ|έγκλιτος [apa'rɛŋgl-] unbeirrbar, streng; **~έμφατο** [-'ɛɱfatɔ] *Gr.* Infinitiv *m*; *im Neugr. a. ein Part. wie* ***λύσει, λυθεί***; **~εξήγητος** versöhnlich.
απαρέσκ|εια [apa'rɛsķ-] Missfallen *n*; **~ω** (ρεσ) missfallen (***σε***/ *D*).
απαρ|ηγόρητος [-i'ɣɔrit-] untröstlich; **~ίθμηση** [-'iθmisi] (-εις) Aufzählung *f*; **~ιθμώ** [-'θmɔ] (είς· ησ) aufzählen.
απάρνηση (-εις) Ableugnung *f*.
απαρνιέμαι [-'njɛmɛ] (-ιέσαι· ηθ) *Glauben* ableugnen; *Person* verleugnen; *Gewohnheit* ablegen; *der Welt* entsagen.
άπαρση (-εις) Absegeln *n*, Abfahrt *f*.
απαρτ|ία Quorum *n*; **~ίζω** (σ· στ) (vollständig) bereitstellen; auffüllen; ***~ίζομαι*** bereitstehen; bestehen (***από***/ aus *D*).
απάρτιση [a'part-] (-εις) Bereitstellung *f*, Aufstellung *f*, Auffüllung *f*.
άπαρτος nicht erhalten; *Med.* nicht eingenommen; uneinnehmbar.
απαρχ|αιωμένος [aparçɛɔ-] veraltet; **~αιώνομαι** [-ɛ'ɔnɔmɛ] (-ώνεσαι· ωθ) veralten; **~αιώνομος** veraltet; **~ή** Anfang *m*; *pl.* Frühobst *n*.
απαρχής von Anfang an.
άπα|ς ['apas] (-σα, -ν) *K.* ganz, *pl.* alle; ***εξ ~ντος*** bestimmt; *s. a.* ***άπαντα***.
απαστράφτω [apa'straftɔ] (ψ) strahlen (***από***/ vor *D*).
απάστρευτος ungeschält.
απαστριά Unsauberkeit *f*.
άπαστρος unreinlich.
απάστωτος uneingelegt, ungesalzen.
απασχ|όληση [-'sxɔlisi] (-εις) Beschäftigung *f*; *mil.* Ablenkungsangriff *m*; ***πλήρης ~όληση*** Vollbeschäftigung *f*; ***~όληση μισού ωραρίου*** Halbtagsbeschäftigung *f*; **~ολώ** (είς· σ· θ) *v/t.* beschäftigen; *j-n* aufhalten; *mil.* ablenken.
απατεώνας [apatɛ'ɔnas] Betrüger *m*.
απάτη Betrug *m*; ***~ με επιταγές*** Scheckbetrug *m*; ***οπτική ~*** optische Täuschung.
απατηλός betrügerisch; *Hoffnung*: trügerisch.
απάτητος unbetreten; unzugänglich.
απατίκωτος noch nicht gestapelt.
άπατος grundlos; sehr tief.
άπατρις (-ιδος) staatenlos; anational.
απατ|ώ (άς· ησ· ηθ) betrügen; *fig.* trügen; täuschen (*A*); ***~ώμαι, ~ούμαι*** sich irren; ***εάν δεν ~ούμαι*** wenn ich mich nicht irre; ***μην ~άσαι*** täusche dich nicht!
απάτωτος ungedielt.
απαυδ|ίζω [apavð-] (σ), **~ώ** (άς· ησ) *fig.* (es) müde werden (*zu* ...); ***~ώ από*** überdrüssig werden (*G*).

άπαυστος ['apafst-] unaufhörlich.
απάχης [a'païç-] (*pl.* **-ηδες**) Strolch *m.*
άπαχος ['apax-] *Fleisch*: mager; *Essen*: fettarm; Mager- (*Milch*).
απε- *aus* **απο** *u.* **ε-**, *s.* **απο-**.
απέ [a'pɛ] *Adv.* danach.
απεγνωσμένος [-ɣnɔzm-] verzweifelt.
απεθαν- *s.* **πεθαίνω**.
απέθαντος [-θaňd-] unsterblich.
απειθ|άρχητος [api'θarçit-] undiszipliniert; **~αρχία** Undiszipliniertheit *f.*
απείθεια Ungehorsam *m.*
απειθ|ής ungehorsam; **~ώ** (είς· ησ) sich auflehnen (**σε**/ gegen *A*).
απεικ|άζω [apik-] (σ) F kapieren; erraten, kommen auf *A*; **~ονίζω** *v/t.* schildern; *Statue*: *j-n* darstellen; **~όνιση** (-εις) Abbilden *n*; Darstellung *f*; **~όνισμα** *n* Abbildung *f*; Darstellung *f.*
απειλ|ή [api'li] Drohung *f*; **~ητικός** drohend; Droh- (*Brief*); **~ώ** (είς· ησ· ηθ) *v/t.* bedrohen; drohen mit (*D*); **~είται** *oft*: (es) droht ...
απειράκις [api'raïkjis] *Adv.* unzählige Mal, x-mal.
απείραχτος unbelästigt; unberührt.
απειρία [apir-] Unerfahrenheit *f*; Unendlichkeit *f*; Unzahl *f.*
άπειρο ['apirɔ] Unendlichkeit *f.*
απειρ|οβαθής [-ɔvaθ-] unergründlich; **~οελάχιστος** unendlich klein; **~όκακος** [-'ɔkak-] harmlos; nicht leidgeprüft; **~όκαλος** geschmacklos.
απειροπλάσιος [-'plas-] x-fach.
απειροπόλεμος kriegsunerfahren.
άπειρος ['apir-] unerfahren (**σε**/ in *D*); unkundig (*G*/*G*); unendlich; unzählig.
απειροστ|ημόριο [-sti'mɔr-] *Math.* unendlich kleine(r) Teil *m*; **~ός** unendlich klein; unzählig.
απειρότεχνος [-'rɔtɛxn-] ungeübt.
απεκδύομαι sich ausziehen; *fig.* F *den alten Adam* ausziehen; *Verantwortung* ablehnen; (**σε**) *in den Krieg* treten.
απεκεί [apɛ'kji] *Adv.* von dort(her).
απεκκρίματα *n/pl. Med.* Ausscheidungen *f/pl.*
απελαθείς [-la'θis] (-έντος) Ausgewiesene(r).
απέλαση [a'pɛl-] (-εις) Ausweisung *f.*
απελ|άτης (*byzantinisch*) Grenzräuber *m*; **~αύνω** [-'avnɔ] (λασ· λαθ) vertreiben; ausweisen.
απελέκητος [-'lɛïkjit-] unbehauen; *fig.* ungehobelt.
απελεύθερος [-'lɛfθ-] freigelassen.
απελευ|θερώνω (σ· θ) freilassen; befreien (**από**/ von *D*); **~θέρωση** [-'θɛrɔsi] (-εις) Freilassung *f*; Befreiung *f*; **~θερωτής** Befreier *m*; **~θερωτικός** Befreiungs-.
απελπίζ|ω [apɛlp-] (σ· στ) *v/t. j-m* die Hoffnung nehmen; *j-n* zur Verzweiflung bringen; *Med. j-n* aufgeben; **~ομαι** verzweifeln.
άπελπις (-ιδος) *m, f* (*der*, *die*) Verzweifelte.
απελπισ|ία Verzweiflung *f*; **είναι ~ία** es ist zum Verzweifeln; **~μένος** verzweifelt; **~τικός** verzweifelt, hoffnungslos, ... zum Verzweifeln.
απεμπολ|ή [apɛm̌bɔl-] Veruntreuung *f*; Verrat *m*; **~ώ** (άς· ησ) veruntreuen; *Geheimnis* verraten.
απέναντι [a'pɛnaňdi] *Adv.* gegenüber; **~ σε**/ *D* gegenüber.
απεναντίας im Gegenteil.
απένθητος [a'pɛňθit-] ... ohne Trauer.
Απέννινα *n/pl.* Apennin(en *pl.*) *m.*
απενταρία [apɛňdar-] Geldmangel *m.*
απένταρος mittellos.
απεξε- *s.* **απεκ-**.
απέξω [a'pɛksɔ] von draußen (her); **~ από** außerhalb *G.*
άπεπτος ['apɛpt-] unverdaut; unverdaulich.
απεραντο|λογία [apɛraňdɔlɔj-] Weitschweifigkeit *f*; Geschwätzigkeit *f*; **~λόγος** [-'lɔɣ-] geschwätzig.
απέραντος unendlich; endlos.
απεραντοσύνη Unendlichkeit *f.*
απέραστος *Straße usw.*: unpassierbar; *Stoff*: undurchlässig; *Hdl.* unverbucht; noch nie dagewesen (**από**/ in *D*); *Schmerz*: andauernd.
απεργ|άζομαι [apɛr'ɣazɔmɛ] (στ) ausarbeiten; (er)schaffen; **~ασία** [-ɣas-] Ausarbeitung *f*; **~ία** [-'jia] Streik *m*; **καθιστική ~ία** Sitzstreik *m*; **λευκή ~ία** Bummelstreik *m*; **~ία πείνας** Hungerstreik *m*; **~ιακός** Streik-; **~ός** [-'ɣɔs] Streikende(r); **~οσπάστης** [-ɣɔ'spast-] Streikbrecher *m*; **~οσπάστρια** Streikbrecherin *f*; **~ώ** [-'ɣɔ] (είς· ησ) streiken.
απερ|ίγραπτος [apɛ'riɣrapt-] (**-φτ-**) unbeschreiblich; **~ιόριστος** unbe-

απεριποίητος 76

schränkt; unbegrenzt; *Su. n* Unbegrenztheit *f*; **~ιποίητος** [-i'piit-] ungepflegt; **~ίσκεπτος** [-'isk̨ept-] unbesonnen; **~ισκεψία** [-skεps-] Unbesonnenheit *f*; **~ίσπαστος** [-'ispast-] zielbewusst; **~ίστροφα** [-'istrɔfa] ohne Umschweife.

απέριττος [a'pεrit-] schlicht; natürlich, ungezwungen.

απερί|φραστος unzweideutig; **~φραχτος** uneingezäunt.

απεριφρούρητος unbewacht.

απέρχομαι [a'pεrxɔmε] (*Impf.* απερχόμουν· απηλθ-) (*G od.* ***από***) verlassen *A*; fahren (***σε***/ nach *D*).

απε|σταγμένος [-staɣm-] destilliert; **~σταλμένος** [-stal-] abgesandt, delegiert; *Su. m* Korrespondent *m*; ***έκτακτος ~σταλμένος*** Sonderbotschafter *m*; **~στειρωμένος** [-stirɔm-] sterilisiert; **~σχ-** *s.* ***απέχω***; **~τελεσ(θ)-** *s.* ***αποτελώ***; **~τισ-** *s.* ***αποτίνω.***

απευθείας unverzüglich.

απευθ|υντέον [apεfθi'ňdε-] man wende sich (***σε***/ an *A*); **~ύνω** [apε'fθinɔ] (II = I· υνθ) adressieren (*nur Post*), *Post*, *Wort* richten (***προς*** *A*/ an *A*); ***~ύνομαι*** sich wenden (***σε***/ an *A*); **~υσμένο** [-i'zmε-] Mastdarm *m*.

απευκτ|αίος [apεf'ktε-] (-αία), **~έος** unerwünscht; unheilvoll; Unglücks- (*Tag*); *Su. n* Zwischenfall *m*.

απ|εύχομαι [a'pεfxɔmε] (ηθηκ-) wünschen, dass nicht ...; **~εχθάνομαι** [-ε'xθanɔmε] (-νόμουν) verabscheuen; **~έχθεια** Abscheu *m* (***σε***/ gegen *A*); **~εχθής** widerwärtig, abscheulich; **~έχω** [-'εxɔ] (απεσχ-) (***από***) sich fern halten (von *D*); *Alkohol usw.* sich enthalten (*G*); *Ort*: entfernt sein (von *D*); abweichen (von *D*).

απεψία [apεps-] Verdauungsstörung *f*.

απη- *s.* ***απα-; απαι-; απε-.***

απηγαγ- *s.* ***απάγω.***

απήγανος [a'piɣan-] *Bot.* Raute *f*.

απηδαλιούχητος [-ða'ljuïçit-] steuerlos; *fig.* unbeherrscht.

απήδητος [a'piðit-] *Tier*: unbesprungen; unübersprungen.

απηλ|ειμμένος [-lim-], **~ειψ-** *s.* ***απαλείφω.***

απηλιθ|ιώνω [-li'θjɔ-] (σ· θ) *v/t.* verdummen; ***~ιούμαι*** verblöden; **~ίωση** [-'iɔsi] Verdummung *f*.

απηλλαγμένος *s.* ***απαλάσσω***; **~φορολογίας** steuerfrei.

απ|ήνεια [a'pin-] Grausamkeit *f*; **~ηνής** grausam; **~ηρχαιωμένος** [-irçεɔm-] veraltet; **~ησχολημένος** [-isxɔlim-] *s.* ***απασχολώ***; **~ητημένος** [-itim-] *s.* ***απαιτώ***; **~ηυθ-** *s.* ***απευθύνω***; **~ήχηση** [-'içisi] (-εις) Widerhall *m*, Echo *n* (*a. fig.*).

άπηχτος ['apixt-] ungeronnen; *fig.* unreif.

απηχώ [api'xɔ] (είς· ησ) widerhallen; *fig.* widerspiegeln; Widerhall finden.

άπιαστος ['apjast-] nicht gefangen, ... auf freiem Fuß; intakt, ungebraucht.

απίδι Birne *f*.

απ|ίθανος [a'piθan-] unwahrscheinlich; **~ιθανότητα** Unwahrscheinlichkeit *f*.

απιθών|ω (σ· θ) *v/t.* (hin)stellen, absetzen; ***~ομαι*** sich hinsetzen.

άπιοτος ungetrunken; *Pers.* nüchtern.

απίσσωτος [a'pisɔt-] ungeteert.

απίστευτος [-stεft-] unglaublich.

απιστία Unglaube *m*; Ungläubigkeit *f*; Misstrauen *n* (***σε***/ gegen *A*); Untreue *f im Amt, in der Ehe.*

απιστοποίητος unbestätigt, unbeglaubigt.

άπιστος ungläubig (*z. B. Thomas*); treulos; untreu (***σε***/ *D*).

απιστώ (είς· ησ) misstrauen (***σε***/ *D*); untreu sein.

απίστωτος *Hdl.* unbelastet.

απ|ισχναίνομαι [api'sxnεnɔmε] (ανθ) abmagern; **~ίσχνανση** [-'isxnaňsi] Abmagerung *f*; **~ισχναντικός** [-aňdik-]: ***~ισχναντική θεραπεία*** Abmagerungskur *f*.

άπιωτος ['apjɔt-] *s.* ***άπιοτος.***

άπλα ['apla] Geräumigkeit *f*; Bewegungsfreiheit *f haben.*

απλάγιαστος unausgeruht, ... ohne Schlaf.

απλάδα große(r) flache(r) Teller *m*.

απλανής unbeweglich; Fix- (*Stern*); *Blick*: starr.

απλάνητος [-nit-] nicht verführt; nicht irregeführt.

ά|πλαστος ['aplast-] formlos; ungeziert; ungeschaffen; **~πλερος** [-plεr-] unbezahlt; unentwickelt; **~πλετος** *Licht*: verschwenderisch; **~πλευστος**

[-plεfst-] unbefahrbar, nicht schiffbar; **~πλεχτος** [-plεxt-] ungestrickt.
α|πλήγωτος [a'pliɣɔt-] unverwundet; unverwundbar; **~πληροφόρητος** [-plirɔ'fɔrit-] uninformiert; **~πλήρωτος** [-rɔt-] unbezahlt; unerfüllt; *Posten*: vakant, unbesetzt; *Zinsen*: aufgelaufen; **~πλησίαστος** [-plis-] unnahbar; unzugänglich; **~πληστία** Habgier *f*.
άπληστος unersättlich, habgierig.
απλοϊκ|ός [aplɔik-] einfältig, naiv; schlicht; **~ότητα** Einfalt *f*.
απλο|ποίηση [-'piisi] (-εις) Vereinfachung *f*; *Math.* Kürzung *f*; **~ποιώ** [-'pjɔ] (είς· ησ) vereinfachen; *Bruch* kürzen; verharmlosen.
απλ|ός einfach; schlicht; naiv; **~ότητα** Einfachheit *f*; Treuherzigkeit *f*.
απλούμιστος [-'umist-] unverziert.
απλ|ούς [a'plus] (-ή, -ούν) *s.* ***απλός;*** **~ούστατα** [-'ust-] *Adv.* ganz einfach; **~ούστευση** [-'ustεfsi] (-εις) Vereinfachung *f*; **~ουστευτής** [-'ftis] Vereinfacher *m*; Popularisator *m*; **~ουστεύω** (εψ· ευτ) *s.* ***απλοποιώ;*** **~οχέρης** [-ɔ'çεr-] (-α, -ικο) freigebig; **~οχεριά** Freigebigkeit *f*; Verschwendungssucht *f*; **~οχεριάζω** (-χέριασα) freigebig, verschwenderisch sein; **~οχωριά** [-ɔxɔr-] Geräumigkeit *f*; **~όχωρος** geräumig; bequem.
απλυσιά [aplis-] Unsauberkeit *f*.
άπλυτος ungewaschen; *Su.* *n/pl.* schmutzige Wäsche *f* (*a. fig.*).
άπλωμα *n* Ausbreiten *n*; Ausstrecken *n*; Ausdehnung *f*.
απλ|ώνω (σ· θ) ausbreiten; *Hand* ausstrecken; ***~ώνομαι*** sich ausdehnen; **~ώς** *Adv. s.* ***απλός.***
άπλωση (-εις) Verbreitung *f*.
απλ|ωσιά Weite *f*, Raum *m*; **~ώστρα** Wäschegestell *n*; **~ωτός** eben(mäßig).
απνευστί [apnε'fsti] in einem Zug.
άπνοια Windstille *f*.
άπνους ['apnus] (-ουν) atemlos; leblos.
από [a'pɔ] (απ', αφ') *Präp. A mst.* aus *D*; von *D*; durch *A*; seit *D*; an *D*, *A*; vor *D*; *Adv.* je; *Komp.* als; *nach v/p.* von; *Ort*: ***~ το σπίτι*** aus dem Haus; ***~ το ψωμί*** von dem Brot *abschneiden*; ***~ την πόρτα*** durch die Tür; ***απ' όπου*** von wo (aus); *Zeit*: ***~ το πρωί*** vom Morgen; seit heute Morgen; ***~ το Πάσχα*** seit Ostern; ***~ χθες*** seit gestern; *fig.* ***~ σίδερο*** aus Eisen; ***~ φθόνο*** aus Neid; ***~ το χέρι*** an der Hand *fassen*; ***~ ευτυχία*** *närrisch* vor Glück; ***πεθαίνω ~*** sterben an *D*; ***~ υγεία*** gesundheitlich; ***~ ένα μήλο*** je einen Apfel; ***ψηλότερος ~*** höher als; *mit N* ***~ νέος*** schon als junger Mann ...; ***~ τώρα*** schon jetzt; *K. mit G* (*s.* **εκ**), *z. B.* ***~ πολλού*** seit langem; ***~ ημερών*** seit Tagen, seit einiger Zeit; ***~ τότε που*** *Ko.* seit, nachdem.
απο- *oft*: ab-, aus-, weg-, ent-, be-, ver-; *Ausdruck der vollendeten Handlung*: ***τρώγω*** essen: ***αποτρώγω*** fertig essen, aufessen.
απο|βάθρα [apɔ'vaθra] Bahnsteig *m*; Landungsbrücke *f*; **~βαίνω** [-'vεnɔ] (-βήκα) landen; sich auswirken (***σε, επί*** *G*/ auf *A*); sich erweisen als, werden zu *D*; **~βάλλω** [-'valɔ] (απόβαλα) *Kleider* abwerfen; weisen (**από**/ aus *D*); *Sport*: ausschließen; *Hoffnung* aufgeben; e-e Fehlgeburt haben.
από|βαρο [-varɔ] Tara *f*; **~βαση** (-εις) Ausschiffung *f*; Landung *f*; ***κάνω ~βαση*** landen.
αποβατικ|ός [-vat-] Landungs-, Lande-; ***~ές επιχειρήσεις*** *f/pl.* Landeunternehmen *n*.
απο|βιβάζω [apɔviv-] (σ· στ) *mar.* *Waren* löschen; *Person* ausschiffen; *mil.* landen; **~βίβαση** (-εις), **~βιβασμός** Löschung *f*; Ausschiffung *f*; Landung *f*; **~βιώ** (είς) verscheiden, sterben; **~βιώσας** [-'viɔsas] (-αντος) Verstorbene(r); **~βίωση** Ableben *n*; ***πράξη ~βιώσεως*** Sterbeurkunde *f*; **~βλακώνω** [-vlak-] (σ· θ) ganz verblöden; **~βλέπω** [-'vlεpɔ] (ψ) streben (***σε***/ nach *D*), *etw.* im Auge haben; *fig.* blicken (***σε***/ auf *A*); bezwecken.
από|βλημα [a'pɔvl-] *n* Abfall *m*; Ausschuss(ware *f*) *m*; **~βλητα** [-vlita] *n/pl.* Abfälle *m/pl.*; (*Atom-*)Müll *m*; **~βλητος** ausgeschlossen (**από**/ aus *D*).
απο|βολή [-vɔ'li] Abwerfen *n*, Ablegen *n*; Ausweisung *f*, Ausschluss *m*; Aufgabe *f* (*G*), Verzicht *m auf A*; Fehlgeburt *f*; **~βολιμαίος** [-vɔlim-] verwerflich.
αποβουτυρωμέν|ος [-vutirɔm-] entrahmt; *Kakao*: entölt; ***~ο γάλα*** *n* Magermilch *f*.

αποβραδίς 78

αποβραδίς am Vorabend.
απ|όβραδο [a'pɔvraðɔ] (-ιού) Spätnachmittag *m*; *Adv.* gegen Abend; **~οβράζω** (σ) (ab)kochen; gar kochen; **~όβρασμα** *n* Abgekochte(s); Satz *m*; *fig.* Abschaum *m*; **~όβροχα** [-'ɔvrɔxa] *Adv.* nach dem Regen; **~οβροχάρης** nasskaltes Wetter *n*; in Schauern auffrischender Wind *m*; **~όβροχο** (*Regen*) Nässe *f*; **~όγαιος** [-'ɔjɛɔs] *s.* ***απόγειος; ~ογαλακτίζω*** [-ɔγalakt-] (σ) *Säugling* entwöhnen; **~όγειος** [-'ɔj-] (-εια) Land-; *Su. n* Landwind *m*; Apogäum *n*; *fig.* Höhepunkt *m*; **~ογειώνομαι** [-ɔ'jɔn-] (-ώνεσαι· ωθ) *Flugw.* abfliegen, starten; **~ογείωση** [-ɔ'jiɔsi] (-εις) Abflug *m*, Start *m*; **~ογεμ-** *s.* ***απογευμ-***; **~ογεμίζω** [-ɔjɛm-] (σ· στ) voll füllen; über'füllen; *Waffe* entladen; **~ογέμιση** (-εις) Überfüllung *f*; Entladung *f*.
απ|όγευμα [a'pɔjɛvma] *n* Nachmittag *m*; **~ογευματίζω** (σ) das Mittagessen beenden; **~ογευματινός** Nachmittags-; ***~ογευματινή*** Nachmittagsvorstellung *f*.
απόγι [a'pɔji] Landwind *m*.
απογίνομαι [apɔ'jinɔmɛ] (απόγινα· *Impf.* απογινόμουν· απογινόμουνα) *unp.* werden (aus *D*); *Mensch*: herunterkommen; *Kranker*: hinfällig werden; ***τι απέγινε*** was ist aus ihm geworden.
απόγνωση [a'pɔγnɔsi] Hoffnungslosigkeit *f*, Niedergeschlagenheit *f*.
απογο|ήτευση [-γɔ'itɛfsi] (-εις) Enttäuschung *f*; **~ητευτικός** [-itɛft-] enttäuschend; **~ητεύω** (εψ· ευτ) enttäuschen; ***~ητευμένος*** enttäuscht (***από***/ von *D*).
απόγονος [-γɔn-] Nachkomme *m*.
απογραφ|έας [-γra'fɛas] (*pl.* -είς) Registrator *m*; **~ή** Registrierung *f*; Bestandsaufnahme *f*, Inventur *f*; Volkszählung *f*; *mil.* Musterung *f*.
απόγραφο Ausfertigung *f e-s Urteils*; Abschrift *f*.
απο|γράφω [apɔ'γrafɔ] (ψ· -ά(φ)τηκα) registrieren; Inventur machen; abschreiben; streichen, löschen; *fig. j-n* abschreiben; **~γυμνώνω** [-jimn-] (σ· θ) völlig entkleiden; *Geschäft* ausrauben; *j-n* bloßstellen; **~γύμνωση** (-εις) Entblößung *f*; Ausraubung *f*; **~δασώνω** [-ðas-] (σ· θ) abholzen; **~δάσωση** (-εις) Abholzung *f*; **~δεδομένος** *s.* ***αποδίδω; ~δειγμένα*** [-ði'γmɛna] *Adv.* erwiesenermaßen; **~δεικνύω** *s.* ***αποδείχνω; ~δεικτικό*** [-ðikt-] Beleg *m*; Bescheinigung *f*; **~δεικτικός** Beweis-, Beleg-; **~δειλιώ** [-ði'ljɔ] (άς· ασ) verzagen.
απόδειξη [a'pɔðiksi] (-εις) Beweis *m*; Bescheinigung *f*; Quittung *f*.
απόδειπνο Zeit *f od.* Messe nach dem Abendessen.
απο|δειπνώ [-ði'pnɔ] (είς· ησ) das Abendessen beenden; **~δειχ-** *s.* ***αποδεικ-; ~δείχνομαι*** sich erweisen als; ***δεν ~δείχνομαι*** nicht aus sich herausgehen; **~δείχνω** [-'ðixnɔ] (ξ· χτ) beweisen; **~δεκατίζω** [-ðɛkat-] (σ· σθ) dezimieren; *bsd. mil.* aufreiben; **~δέκτης** [-'ðɛkt-] Empfänger *m*; *Hdl.* Akzeptant *m*; **~δεκτός** (-χτ-) empfangen; angenommen, annehmbar; **~δέλοιπος** [-'ðɛlip-] restlich; *Su. n* Rest *m*.
αποδελτ|ιώνω (σ· θ) *v/t.* verzetteln; **~ίωση** (-εις) Verzettelung *f*.
απο|δερματίζω [apɔðɛrmat-] (σ· σθ) *v/t.* häuten; (***-ούμαι***) sich häuten; **~δεσμεύω** [-ðɛzm-] (εψ· εφτ) entbinden (***τον – από***/ j-n von *D*); **~δέχομαι** [-'ðɛxɔmɛ] (χτ) annehmen, *bsd. Hdl.* akzeptieren; billigen; **~δημητήρια** [-ðimi'tir-] *n/pl. mar.* Konsulats- und Hafenamtspapiere *n/pl.*; **~δημητικός** reiselustig; Zug- (*Vogel*); **~δημία** Abwanderung *f*; Auswanderung *f*; Wanderung *f*; **~δημώ** [-ði'mɔ] (είς· ησ) auswandern; *Vögel*: ziehen; ***απεδήμησεν εις Κύριον*** *fig. Rel.* er ist zum Herrn eingegangen; **~διαβάζω** [-ðïav-] (σ) auslesen; **~διαλεγούδι** [-ðïalɛ'γuði] Ausschuss *m*; Schund *m*; **~διαλέγω** (ξ· [γ]μ) aussuchen; **~δίδομαι** *s.* ***αποδίνω; ~διδράσκω*** (δρασ/ απε-) ausbrechen; **~δίνω** [-'ðinɔ] (δωσ· δοθ) *Ehre* erweisen; *Gruß* erwidern; *Geld* zurückgeben; *Bedeutung* beimessen; *Gewinn* abwerfen; *Glauben* schenken; zurückführen (***κάτι – σε***/ etw. – auf *A*); *Rede usw.* wiedergeben; *e-r Ursache* zuschreiben; *allg. Arbeiter, Maschine*: leisten; **~διοπομπαίος** [-ðjɔpɔ'm̃bɛɔs]: ***~διοπομπαίος τράγος*** Sündenbock *m*;

79 αποκαθίσταμαι

~διοργάνωση [-ðïɔr'ɣanɔsi] Desorganisation *f*; **~διώκω** *s.* ***αποδιώχνω;*** **~δίωξη** [-'ðiɔksi] (-εις) Vertreibung *f*; **~διώχνω** [-'ðjɔxnɔ] (ξ· χτ· -διωγμ) davonjagen; **~δοκιμάζω** [-ðɔkim-] (σ· στ) missbilligen; *j-n* niederschreien; **~δοκίμαση** (-εις) Missbilligung *f*; **~δοκιμασίες** *f/pl.* Buhrufe *m/pl.*; **~δοκιμαστικός** Misstrauens-; Missbilligungs-.

απόδοση [a'pɔðɔsi] (-εις) Erwiderung *f*; *Hdl.* Rückerstattung *f*; Erweisung *f* (*e-r Ehre*); Wiedergabe *f e-r Rede*; Leistung *f*; Ertrag *m*; *Gr.* Hauptsatz *m*.

απο|δοτέος [-ðɔt-] (-α) zurückzuführen(d) auf *A*; **~δοτικός** leistungsfähig; **~δοτικότητα** Ertragsfähigkeit *f*; Produktivität *f*; Leistungsfähigkeit *f*; **~δοχέας** [-ðɔ'çεas] (*pl.* -είς) Empfänger *m*; *Hdl.* Trassat *m*; **~δοχή** Annahme *f*; Akzept *n*; *pl.* Gehalt *n*, Bezüge *m/pl.*; Einnahmen *f/pl.*; ***μηνιαίες ~δοχές*** Monatseinkommen *n*.

απόδραση [-ðrasi] (-εις) Flucht *f*.

απο|δράστης Entwichene(r); **~δράσω** *St. II von* ***αποδιδράσκω***; **~δυναμώνω** *v/t.* schwächen; **~δύομαι** [-'ðiɔmε] (θ/ απε-) sich (*A*) ausziehen; *fig.* sich (*A*) anschicken (***σε***/ zu *D*); **~δυτήριο** [-ði'tir-] Auskleideraum *m*; **~ζευγνύω** [-zεv'ɣniɔ] (ευξ· ευχθ) abspannen; *Esb.* abkuppeln; *Tech.* ausrücken.

απόζευξη [a'pɔzεfksi] (-εις) Abspannen *n*; Abkupplung *f*, Auskupplung *f*.

αποζημ|ιώνω [-zimj-] (σ· θ) entschädigen; wieder gutmachen; **~ίωση** [-'iɔsi] (-εις) Entschädigung *f*; Schadenersatz *m*; Reparationen *f/pl.*; ***βουλευτική ~ίωση*** Diäten *f/pl.*; ***~ίωση ψυχικής οδύνης*** Schmerzensgeld *n*.

απο|ζητώ [apɔzi'tɔ] (άς· ησ) sich (*A*) sehnen (*A*/ nach *D*); **~ζώ** [apɔ'zɔ] (-ζής, -ζή) (gerade) leben (können) (***από***/ von *D*); **~θαμένος** [-θam-] gestorben; **~θανατίζω** *s.* ***απαθανατίζω;*** **~θάρρυνση** [-'θariňsi] (-εις) Entmutigung *f*; Mutlosigkeit *f*; **~θαρρυντικός** [-riňdik-] entmutigend; **~θαρρύνω** [-θa'rinɔ] (II = I· υνθ) entmutigen; ***~θαρρύνομαι*** den Mut verlieren; **~θαυμάζω** [-θavm-] (σ) bewundern; **~θείωση** [-'θiɔsi] Entschwefelung *f*.

απόθεμα [-θεma] *n* Reserve *f*.

αποθεματικ|ός Reserve-; Spar-; *Su. n/pl.* Spareinlagen *f/pl.*; Reserven *f/pl.*; ***~ό ταμείο*** Sparkasse *f*.

αποθεραπεύω (ευσ· ευτ) ausheilen.

απόθεση [a'pɔθεsi] (-εις) Absetzen *n der Last*; *Hdl.* Deponierung *f*.

αποθετικ|ός *jur.* negativ; ***~ό ρήμα*** *Gr.* Deponens *n*.

απο|θέτω [apɔ'θεtɔ] (σ· τεθ) (nieder-) legen; (hin)setzen; *fig.* setzen (***σε***/ auf *A*); *Hdl.* deponieren; zurücklegen; **~θεώνω** (σ) vergöttern; zujubeln *D*; **~θέωση** [-'θεɔsi] (-εις) Vergötterung *f*; Jubel *m*; **~θηκάριος** [-θi'kar-] Lagerhalter *m*; **~θήκευση** [-'θikεfsi] (-εις) Lagerung *f*; **~θηκεύω** (ευσ) lagern; **~θήκη** [-ki] Lager(haus) *n*, Speicher *m*; **~θηλάζω** [-θil-] (σ) *Kind* entwöhnen; **~θηριώνω** [-θir-] (-ρίωσα) in Wut bringen; ***~θηριώνομαι*** wütend werden; **~θηρίωση** [-'iɔsi] (-εις) Wutanfall *m*.

αποθησαυρ|ίζω [apɔθisavr-] (σ) *Reichtümer* sammeln; **~ισμός** Sammeln *n*.

αποθνήσκω *s.* ***πεθαίνω.***

απο|θράσυνση [apɔ'θra-] Übermut *m*; **~θρασύνω** [-θra'sinɔ] (II = I· υνθ) übermütig machen; ***~θρασύνομαι*** übermütig werden; **~θυμιά** [-θim-] Sehnsucht *f*; **~θυμώ** [-'mɔ] (άς· ησ) vermissen *A*.

απ|οίκηση [a'pik-] (-εις) Übersiedelung *f* (nach *D*); Ansiedelung *f* (in *D*); **~οικία** [-i'kia] *allg.* Kolonie *f*; **~οικιακός** [-ikak-] kolonial; *Su. n/pl.* Kolonialwaren *f/pl.*; **~οικίζω** (σ· στ) kolonisieren; **~οικιοκρατεία** Kolonialismus *m*; **~οικισμός** Kolonisation *f*; **~οικιστής** Kolonisator *m*; **~οικοποίηση** (-εις) Kolonisierung *f*.

άποικος ['apik-] Siedler *m*.

αποικώ [-'kɔ] (είς· ησ· ηθ) sich (*A*) ansiedeln.

αποινεί [api'ni] *K.* straffrei.

απο|καθαρίζω [apɔkaθ-] (σ· στ) reinigen; *fig.* sühnen; **~κάθαρση** [-'kaθarsi] (-εις) Reinigung *f*; *fig.* Läuterung *f*; **~καθαρτικός** Reinigungs-, reinigend; **~καθηλώνω** losmachen, *vom Kreuz* abnehmen; **~καθήλωση** [-ka'θilɔsi] Losschmieden *n*; *Rel.* Kreuzabnahme *f*; **~καθίσταμαι** *v/p. v.* ***απο-***

καθιστώ; **~καθιστώ** [-kaθi'stɔ] (άς· καταστησ· κατασταθ· κατεστημ, καταστημ) wiederherstellen; *j-n* rehabilitieren; *Schaden* beheben; *Kinder* unterbringen; eingliedern *in die Gesellschaft*; **~καλούμενος** mit dem Beinamen ...; **~καλυπτήρια** [-kalipt-] *n/pl.* Enthüllung *f e-s Denkmals*; *fig.* Entlarvung *f*; **~καλυπτικός** entlarvend, aufschlussreich; apokalyptisch; **~καλύπτω** [-ka'liptɔ] (ψ· φτ· καλυμμ) *v/t.* enthüllen; *fig.* aufdecken; *j-n* entlarven; ***~καλύπτομαι*** offenbar werden; den Hut ziehen (*fig.* ***προ*** *G*/ vor j-m); **~κάλυψη** [-'kalipsi] (-εις) Geständnis *n*; Entlarvung *f*; Aufdeckung *f*; *Rel.* Apokalypse *f*; Offenbarung *f*; **~καλώ** [-ka'lɔ] (είς· εσ· κληθ· *a.* -εστηκα) nennen (*A – A*/*A – A*); **~κά(μ)νω** (καμ) erschöpft sein (***από***/ von *D*); *fig.* ich bin es müde, *zu* ...; (etw. zu Ende) machen; **~κάμωμα** *n* Erschöpfung *f*; **~καμωμένος** [-kamɔm-] abgespannt; **~καμωμός** *s.* ***αποκάμωμα***; **~καπνίζω** [-kapn-] (σ) aufrauchen; beräuchern; **~καρδιωμένος** entmutigt; **~καρδιώνω** (σ· θ) *v/t.* entmutigen; ***~καρδιώνομαι*** *v/i.* verzagen; verzagt sein; **~καρδιωτικός** [-karðiɔt-] entmutigend; **~καρτερώ** [-kartɛ'rɔ] (είς· ησ) verzagen; **~κάρωμα** *n* Lähmung *f*, Erstarrung *f*; **~καρώνω** (σ) *fig.* lähmen; *v/i. u.* ***~καρώνομαι*** erstarren, apathisch werden; **~κάρωση** (-εις) *s.* ***αποκάρωμα***; **~καταστaίνω** *s.* ***αποκαθιστώ***; **~κατάσταση** [-ka'tastasi] (-εις) Wiederherstellung *f*; Wiedergutmachung *f*; Rehabilitierung *f*; Unterbringung *f*; Eingliederung *f*; **~καταστημένος, ~κατεστημένος** *s.* ***αποκαθιστώ***; **~κάτω** [-'katɔ] *Adv.* unten; ***~κάτω από*** *Präp.* unter (*D*, *A*); unterhalb *G*; **~κεί** [-'ķi] von dort; dorthin, dort entlang.

απόκει|μαι [a'pɔķimɛ] (*nur Impf.* ***απεκείμην***) sich befinden; **~ται** *unp. fig.* es liegt, es ist (***σε***/ an *D*).

αποκε|καλυμμένος [apɔķɛkalim-] *s.* ***αποκαλύπτω***; **~κλεισμένος** [-klizm-] *s.* ***αποκλείω***; **~κρυμμένος** *s.* ***αποκρύπτω***; **~κτημένος** [-ktim-] *s.* ***αποκτώ***.

απόκεντρος [-ķeňdr-] abgelegen.

απο|κεντρώνω [apɔ-] (σ· θ) dezentralisieren; **~κέντρωση** Dezentralisierung *f*; **~κεντρωτικός** [-ķeňdrɔt-] dezentralistisch.

αποκε|φαλίζω [-ķɛfal-] (σ· στ) köpfen; **~φάλιση** (-εις), **~φαλισμός** Köpfen *n*, Enthauptung *f*; **~φαλιστής** Scharfrichter *m*.

απο|κήρυκτος [apɔ'ķirikt-] geächtet; verleugnet; **~κήρυξη** [-riksi-] (-εις) Verleugnung *f*; *Rel.* Exkommunizierung *f*; Ächtung *f*; *jur.* Nichtanerkennung *f* der Vaterschaft; **~κηρύσσω** [-ķi'risɔ] (*a.* ***-ύττω***· ξ· χθ· -κε..γμ-) verleugnen; ächten; exkommunizieren; nicht anerkennen; **~κινώ** [-ķi'nɔ] (είς· ησ· ηθ) *v/t.* versetzen, verrücken; ***~κινούμαι*** *v/i.* sich *vom Platz* rühren; **~κλαδεύω** [-klað-] (εψ· ευτ) abästen; **~κλάδι** abgeschnittene(r) Zweig *m*.

αποκλείνω *s.* ***αποκλείω***.

απόκλειση [-klisi] (-εις) Ausschluss *m*.

αποκλεισ|μός [-kliz-] Blockade *f*; Boykott *m*; Aussperrung *f*; Rechtsausschließung *f*; Ausschluss *m*; Embargo *n*; **~τικός** [-stik-] ausschließlich, exklusiv; einzig; Allein-; **~τικότητα** Ausschließlichkeit *f*, Exklusivität *f*.

απόκλειστος ausgeschlossen, isoliert; blockiert.

αποκλεί|ω (*a.* -κλείνω· σ· στ) ausschließen; *mil.*, *mar.* blockieren; isolieren; *durch Schnee* abschneiden; ***~εται*** es ist ausgeschlossen.

απόκληρος [a'pɔklir-] enterbt; *fig.* vernachlässigt.

απο|κληρώνω [-klir-] (σ· τ) enterben; **~κλήρωση** [-rɔsi] (-εις) Enterbung *f*; **~κλίνω** [-'klinɔ] (II = I) *v/t.* neigen; *v/i.* sich neigen; *Nadel*: ausschlagen; *fig.* neigen (***υπέρ*** *G*/ zu *D*); *Part. Präs. K.* ***~κλίνων*** *Phys.* Zerstreuungs- (*Linse*); *mil.* Streu-.

απόκλιση [-klisi] (-εις) Neigung *f*; *Astr.* Deklination *f*; (*Schießen*) Streuung *f*.

απο|κόβω [apɔ'kɔvɔ] (ψ· κοπ· κομμ-) abschneiden; *Med.* amputieren; *Kind* entwöhnen; *Pauschale* (fest) abmachen; **~κοιμίζω** [-ķim-] (σ· στ) *Kind* einlullen (*a. fig.*); übervorteilen; **~κοιμισμένος** abgestumpft; **~κοιμιστικός** einschläfernd; *fig.* einlullend; **~κοιμούμαι** [-ķi'mumɛ] (*a.* ιέμαι· είσαι, ιέσαι· ηθ) einschlafen; **~κολλώ** (άς· ησ· ηθ) abbekommen, loslösen;

mar. flottmachen, freibekommen, freischleppen; **~κομίζω** [-kɔm-] (σ· στ) mitnehmen; wegführen; *Gewinn* erzielen; *Undank* ernten.

απόκομμα [-kɔma] *n* Ausschnitt *m*; Kupon *m*; *Tech.* Span *m*.

απο|κομμένος *s.* ***αποκόβω***; **~κοπή** [-kɔ'pi] Abschneiden *n*; Amputation *f*; ***με ~κοπή*** im Akkord, Akkord-; zu e-m Pauschalpreis; **~κόπτω** *s.* ***αποκόβω***; **~κορύφωμα** [-kɔ'rif-] *n* Höhepunkt *m*, *fig.* Gipfel *m*; **~κορυφώνω** (σ· θ) e-n Höhepunkt erreichen; **~κορύφωση** [-fɔsi] (-εις) Höhepunkt *m*; Entrahmung *f*; **~κοσκινίδι** [-kɔsķi'niði] *mst. n/pl.* Spreu *f*; **~κοτιά** [-kɔt-] Kühnheit *f*.

απόκοτος kühn, dreist.

απο|κοτώ [apɔkɔ'tɔ] (άς· ησ) sich erdreisten; riskieren; **~κούμπι** [-'kum̃bi] Stütze *f* (*a. fig.*); **~κουμπώ** [-ku'm̃bɔ] (άς) *s.* ***ακουμπώ***; *v/i.* sich (hin-) legen (***σε***/ auf *A*); *fig.* eine Stütze finden (***σε***/ bei *D*); **~κουφαίνω** [-kuf-] (φαν) taub machen; ***~κουφαίνομαι*** (φαθ) taub werden; **~κοχλιώνω** (σ· θ) abschrauben; **~κραίνομαι** [-'krɛnɔmɛ] (κριθ) F sich melden, antworten; **~κρεμώ** [-krɛ'mɔ] (άς· ασ· αστ· ασμ) aufhängen; ***~κρεμιέμαι*** sich verlassen (***από***/ auf *A*).

αποκρεύω (ψ) Karneval feiern.

Απόκρεως [a'pɔkrɛɔs] (-εω, *A* -εων) *f* Karneval *m*; Fastnacht *f*.

απόκρημνος [-krimn-] steil, abschüssig.

Αποκριά, Απόκρια, *mst. pl.* **Αποκριές** *f/pl.*, *s.* ***Απόκρεως.***

αποκριατικός Karnevals- (*Fest*).

απόκριμα [-krima] *n* Absonderung *f*; Sekret *n*.

απο|κρίνομαι [-'krinɔmɛ] (θ) antworten (***σε***/ auf *A*); **~κρίνω** (II = I) *v/t.* ausscheiden.

από|κριση [a'pɔkrisi] (-εις) Antwort *f*; **~κρουση** [-krusi] (-εις) Zurückweisung *f*; Abwehr *f*; Abstoßung *f*.

απο|κρουστήρας [-kru'stiras] *Tech.*, *Esb.* Puffer *m*; **~κρουστικός** abwehrend; *fig.* abstoßend; **~κρούω** (σ· στ) *Angriff* abwehren; *Vorschlag* zurückweisen; **~κρυβείς** [-kri'vis] (-έντος) still (*Reserve usw.*); **~κρύβω** (ψ· φτ) verheimlichen; verschweigen; (*j-m*/ ***του***) die Aussicht auf *etw.* (*A*) versperren; **~κρυπτογράφηση** [-kriptɔ'ɣraf-] (-εις) Entzifferung *f*; **~κρυπτογραφώ** [-'fɔ] (είς· ησ) entziffern, dechiffrieren; **~κρύπτω** *K. s.* ***αποκρύβω***; **~κρυσταλλώνω** [-kristal-] (σ· θ) kristallisieren; *fig.* ergründen; ***~κρυσταλλώνομαι*** *fig.* sich herauskristallisieren; **~κρυφισμός** [-krif-], **~κρυφολογία** Okkultismus *m*.

από|κρυφος verborgen; geheim; geheimnisvoll; *Rel.* apokryph; *Su. n* Geheimnis *n*; *Adv.* heimlich; **~κρυψη** [-kripsi] (-εις) Verheimlichung *f*; Verschweigen *n*.

απο|κρυώνω [apɔkri-] (σ· θ) *v/t.* kühlen; *v/i.* kalt werden, abkühlen; **~κτείνω** [-'ktinɔ] *K.* (II = I) umbringen (lassen).

απόκτη|μα [-ktima] *n* Errungenschaft *f*; *fig.* Gut *n*, Schatz *m*; **~ση** Erwerb *m*.

απο|κτώ [-'ktɔ] (-χτ-) (άς· ησ) erwerben; *Fehler* annehmen; (*Aor.*) an sich (*D*) haben; *ein Kind* bekommen; **~κύημα** [-'ķiima] *n* Produkt *n*, Frucht *f*; **~κυώ** [-'ķɔ] (είς· ησ· ηθ) erzeugen, gebären; **~κωφαίνω** *s.* ***αποκουφαίνω.***

απόλα *Imp. Sing.* lass frei! *s.* ***απολύω.***

απολαβ|αίνω [apɔlav-] (λαβ) *v/t.* Nutzen ziehen (***από***/ aus *D*); (*G*) genießen *A*; *v/i.* es ist ein Genuss für (*A*); **~ή** Ertrag *m*, Nutzen *m* (***από***/ aus *D*); **~ές** *pl.* Gehalt *n*.

απο|λακτίζω [-lakt-] (σ) von sich stoßen; *fig.* von sich weisen; **~λαμβάνω** *s.* ***απολαβαίνω.***

από|λαμπρα [-lam̃bra] nach Ostern; **~λαυση** [-lafsi] (-εις) (-αψη) Genuss *m*; Vergnügen *n*; Zerstreuung *f*.

απο|λαυστικός [-lafst-] genussreich; vergnüglich; **~λαύω** [-'lavɔ] (αυσ, αψ) *v/t.* genießen, sich erfreuen *G*; *etw.* gewinnen, erreichen; *j-s* Gesellschaft genießen; **~λάω** *s.* ***απολύω.***

απόλειμμα [a'pɔlima] *n* Rest *m*.

απο|λειπόμενος [-li'pɔm-] *jur.* nicht erschienen; **~λείπω** [-'lipɔ] (λειψ) *v/t.* im Stich lassen; ***~λείπομαι*** (φθ) zurückbleiben; **~λειφάδι** [-li'faði] Seifenrest *m*.

απόλεκτος [-lɛkt-] ausgesucht.

α|πολέμητος [apɔ'lɛmit-] unbekriegt; unangreifbar; **~πόλεμος** unkriegerisch.

απολεπίζω 82

απο|λεπίζω (σ· στ) abschuppen; abschälen, abpellen; **~λήγω** [-'liɣɔ] (ξ/ απε-) enden; führen (***σε***/ zu *D*); **~λίθωμα** [-'liθ-] *n* Versteinerung *f*, Fossil *n*; **~λιθώνω** (σ· θ) versteinern; *fig*. starr machen; ***~λιθώνομαι*** versteinern; *fig*. wie versteinert sein; **~λίθωση** (-εις) Versteinerung *f*; Erstarrung *f*.

άπολις (-ιδος) *m*, *f* Staatenlose(r).

α|πολιτισιά [apɔlit-] Kulturlosigkeit *f*; **~πολίτιστος** unkultiviert.

Απόλλωνας Apollo *m*.

απολνώ (άς) *v/t*. freilassen; *v/t*. zu Ende sein; *s. a*. ***απολύω***.

απολογ|ητήριο [apɔlɔji'tir-] Verteidigungsschrift *f*; **~ητής** Verteidiger *m*; Apologet *m*; **~ητικός** Verteidigungs-; apologetisch; **~ήτρια** Verteidigerin *f*; **~ία** *jur*. Verteidigung *f*, Verteidigungsrede *f*, Verteidigungsschrift *f*; **~ιέμαι** [-'jɛmɛ] (ιέσαι· ηθ) (*a*. ***-ιούμαι***) sich (*A*) verteidigen; antworten; **~ισμός** Abrechnung *f*; *pol*. Rechenschaftsbericht *m*; Bilanz *f*; *fig*. Fazit *n*.

απο|λούζω (*a*. **~λούω**) [apɔ'lu(z)ɔ] (σ· στ) (ganz) (ab)waschen, baden; **~λυμαίνω** [-lim-] (αν· ανθ) desinfizieren; **~λύμανση** [-mańsi] (-εις) Desinfektion *f*; **~λυμαντήριο** [-ma'ńdir-] Desinfektionsraum *m*; **~λυμαντικό** Desinfektionsmittel *n*.

απόλυση [-lisi] (-εις) Freilassung *f*; Entlassung *f*; Abschluss *m*.

απόλυτα *Adv*. absolut, unbedingt.

απολυταρχ|ία [-litarç-] Absolutismus *m*; **~ικός** absolutistisch.

απολυτέ|ος zu entlassend; ***~οι*** *m/pl*. *mil*. Entlassungsjahrgang *m*.

απολυτήρι|ος (-ια) Abschluss-; ***~ες εξετάσεις*** Abschlussprüfung *f*, Abitur *n*; ***~ο*** Reifezeugnis *n*; Entlassungsschein *m*; ***~ο*** (***λυκείου***) Abitur *n*; ***χωρίς ~ο*** ohne Schulabschluss.

απολυτικός [apɔlit-] Freilassungs-; Urlaubs-.

απόλυτος absolut, unbeschränkt; Kardinal- (*Zahl*).

απο|λυτρώνω [-litr-] (σ· θ) erlösen (***από***/ aus, von *D*); befreien (von *D*); **~λύτρωση** (-εις) Erlösung *f*; Befreiung *f*; *Rel*. Absolution *f*; **~λυτρωτής** Erlöser *m*; Befreier *m*; **~λυτρωτικός** Erlösungs-; ... e-e Erlösung; **~λύω** (**~λάω, ~λνώ**) (λησ· ληθ) *v/t*. freilassen; loslassen; *Angestellte usw*., *mil*. freistellen; entlassen; *v/i*. (*bsd. Aor*.) zu Ende sein; **~λωλαίνω** [-lɔl-] (λαν) *j-n* verrückt machen; ***~λωλαίνομαι*** (λαθ) verrückt werden; **~λωλώς** [-'lɔs] (-υία, -ός) verloren (*Schaf*).

απο|μάζωμα [apɔ'maz-] *n* Überbleibsel *n*, Abfall *m*; *fig*. Pack *n*, Gesindel *n*; **~μαθαίνω** [-maθ-] (μαθ) verlernen; F (ordentlich) lernen; abgewöhnen; **~μακραίνω** [-makr-] (υν· υνθ) entfernen, wegnehmen; ***~μακραίνομαι*** sich (*A*) entfernen; verlassen (*G/A*).

απόμακρ|ος entfernt; *Adv*. ***~α*** in der Ferne.

απο|μάκρυνση [-krińsi] (-εις) Entfernung *f*; Verlassen *n*; **~μακρύνω** *s*. ***απομακραίνω; ~μακρυμένος*** entfernt; abgelegen.

απόμαξη [-maksi] Abwischen *n*, Abtrocknen *n*.

απομαχικός [-maç-] Invaliden-.

απόμαχος [-max-] Veteran *m*; *als Adj*. ehemalig, früher-.

απομεινάρι [-mi'nari] Rest *m*.

απομένω (μειν) übrigbleiben; zurückbleiben; F sprachlos sein.

απόμερ|ος [-mɛr-] abgelegen; ***παίρνω ~α*** *v/t*. zur Seite nehmen.

απο|μέσα [apɔ'mɛsa] *Adv*. (*Kleidung*) darunter *tragen*; dadurch; ***~μέσα από*** *Präp*. (tief) aus *D* (heraus); **~μεσήμερο** [-mɛ'sim-] Nachmittag *m*; **~μίμηση** [-'mimisi] (-εις) Nachahmung *f*; **~μιμούμαι** [-mi'mumɛ] (είσαι· ηθ) *v/t*. nachahmen; **~μιμούμενος** Nachahmer *m*; **~μνημονεύματα** [-mnimɔ'nɛvma-] *n/pl*. Memoiren *pl*.; **~μνημόνευση** [-'mɔnɛfsi] Gedenken *n*; Auswendiglernen *n*; Aufsagen *n*; **~μνημονεύω** (ευσ *od*. εψ) *v/t*. gedenken (*G*); sich (*A*) erinnern (*G*); auswendig lernen; (auswendig) aufsagen.

απομονώνω (σ· θ) isolieren (*a. El*.).

απομόνωση [apɔ'mɔnɔsi] (-εις) Isolierung *f*; Isolationshaft *f*.

απομον|ωτήρας [-nɔ'tiras] Isolator *m*; **~ωτήριο** *allg*. isolierte(r) Raum *m*; *jur*. Einzelhaft *f*; **~ωτικός** Isolier-; Zellen- (*Gefängnis*); **~ωτισμός** Isolationismus *m*.

απομυζώ [-mi'zɔ] (άς· ησ) (auf)saugen; *fig*. an sich (*A*) bringen.

απόμυξη [-miksi] Schnäuzen *n*.
απο|μωραίνω [-mɔr-] (αν· ανθ) *j-n* verdummen; *fig*. betäuben; **~μωραίνομαι** verblöden; **~μώρανση** [-ańsi] (-εις) Verdummung *f*; **~ναρκώνω** [-nark-] (σ· θ) narkotisieren, betäuben; *fig*. beschwichtigen; **~νάρκωση** (-εις) Narkotisierung *f*; Beschwichtigung *f*; **~νεκρώνω** [-nεkr-] (σ· θ) *v/t*. abtöten; lahm legen; **~νεκρούμαι** zum Erliegen kommen; **~νέκρωση** Abtöten *n*; Absterben *n*; Lahmlegung *f*; **~νέμω** [-'nεmɔ] (νειμ· νεμηθ) *Orden* verleihen; *Preis* verteilen; *Gnade*; *Rente* gewähren; **~νέμομαι** *Ehre*: zuteil werden.
απόνετος [a'pɔnεt-] herzlos; schmerzlos.
απο|νευρώνω (σ· θ) *Nerv* abtöten, betäuben; **~νεύρωση** (-εις) Abtöten *n*, Ziehen *n* (*des Nervs*).
α|πονήρευτος [-'nirεft-], **~πόνηρος** arglos; **~πονιά** Herzlosigkeit *f*.
απονομή [apɔnɔ'mi] Verleihung *f*, Gewährung *f*; Verteilung *f*; **~ χάριτος** Begnadigung *f*.
άπονος *s*. **απόνετος**.
απο|νωρίς [-nɔ'ris] *Adv*. früh, beizeiten; **~ξειδώνω** [-ksið-] (σ· θ) entsäuern; **~ξενώνω** [-ksεn-] (σ· θ) entfremden; berauben (**τον – από**/ j-n *G*); enterben; **~ξενούμαι** verlustig gehen (*G*/*G*); **~ξένωση** (-εις) Entfremdung *f*; Beraubung *f*.
αποξεραίνω *s*. **αποξηραίνω**.
απόξεση [-ksεsi] (-εις) Abschaben *n*; *Med*. Kürettage *f*.
απο|ξεχνώ [-ksε'xnɔ] (άς· -ξέχασα· αστ) völlig vergessen; **~ξεχνιέμαι, ξεχνιούμαι** zerstreut sein, abwesend sein; **~ξηραίνω** [-ksir-] (ραν· αθ· αμ) trocknen; *See* austrocknen, trockenlegen; **~ξηραντικός** [-ksirańd-] Entwässerungs-; **~ξύνω** [-'ksinɔ] abschaben; *Med*. auskratzen; glätten.
απόξυστρο [-ksistrɔ] Schabeisen *n*.
απόξω *s*. **απέξω**.
απο|παγιδεύω [apɔpaji-] (ψ· ευτ) *z. B. Autos* freischaufeln; **~παίδι** [-'pεði] verwahrloste(s) Kind *n*; enterbte(s) Kind *n*; **~παίρνω** [-'pεrnɔ] (αποπήρα, απόπηρα) anschnauzen; **~πάνω** [-'panɔ] *Adv*. (von) oben; **~πάνω από** *Präp*. über *A*/*D*; oberhalb *G*; **~πάτηση** [-'pat-] Austreten *n zum Abort*.
απόπατος Abort *m*; **τούρκικος ~** Abtritt *m*, F Plumpsklosett *n*.
αποπατώ [-pa'tɔ] (είς· ησ) austreten; *Med*. (*nicht*) abführen (*können*).
απόπειρα [-pira] Versuch *m*; (*Mord*) Anschlag *m*, Attentat *n*.
απο|πειρώμαι [apɔpi'rɔmε] (άσαι· αθ) versuchen; e-n Versuch machen; **~πέμπω** [-'pεm̃bɔ] (μψ· μφθ) fortjagen; *j-n* entlassen.
απόπεμψη [-pεm̃psi] (-εις) Fortjagen *n*; Entlassung *f*.
αποπερατώνω [-pεrat-] (σ· θ) (völlig) abschließen, vollenden.
αποπηρ- *s*. **αποπαίρνω**.
απόπιμα [-pima] (*a*. **-πιομα**) *n* Rückstand *m*.
απο|πίνω [apɔ'pinɔ] (απόπια) austrinken; **~πίσω** [-'pisɔ] *Adv*. hinterher; von hinten; **~πίσω από** *Präp*. hinter *D*, *A*.
απόπιωμα *n s*. **απόπιμα**.
απο|πλάνηση [apɔ'plan-] (-εις) Verführung *f*; Irreführung *f*; **~πλανώ** (άς· ησ) irreführen; verführen (**σε**/ zu *D*); **~πλένω** *s*. **αποπλύνω; ~πλέω** [-'plεɔ] (πλευσ) absegeln, abfahren; **~πληκτικός** [-plikt-] apoplektisch.
απόπληκτος *Med*. (*fig*. wie) vom Schlage gerührt.
απο|πληξία [-pliks-] Schlaganfall *m*; **~πληρωμή** [-plirɔ'mi] Zahlung *f*, Tilgung *f*; **~πληρώνω** (σ· θ) *v/t*. *j-m* die Schulden bezahlen.
από|πλους [-plus] (-ου) Abfahrt *f*, Absegeln *n*; **~πλυμα** [-plima] *n* Abwaschen *n*; Abwaschwasser *n*.
απο|πλύνω [apɔ'plinɔ] (II = I· υθ) *v/t*. waschen; *Geschirr* abwaschen; *Beleidigung usw*. rächen; **~πλύνομαι** sich waschen; **~πνέω** [-'pnεɔ] (πνευσ) ausatmen; *Duft* verbreiten; *Wind*: sich legen; **~πνίγω** [-'pniɣɔ] (ξ· χτ· γμ) erwürgen; ersticken; **~πνικτικός (-χτ-)** ... zum Ersticken; Erstickungs-.
απόπνιξη [-pniksi] (-εις) Erstickung *f*.
απο|ποίηση [apɔ'piisi] (-εις) Ablehnung *f*; **~ποιούμαι** [-'pjumε] (είσαι) ablehnen; **~πολιτικοποιώ** *v/t*. über die Parteiinteressen stellen; **~πομπαίος** (-αία) *s*. **αποδιοπομπαίος; ~πομπή** [-pɔ'm̃bi] Entlassung *f*; Fortjagen *n*; **~προσανατολίζω** [-prɔsa-

απόπτυστος 84

natɔ'lizɔ] (σ· στ) irreführen, desorientieren.
απόπτυστος [a'pɔptist-] verabscheuungswürdig, verwerflich.
απο|πτύω [-'ptiɔ] (σ· στ) ausspeien, spucken; *fig.* verwerfen; *Gewohnheit* ablegen; **~πυρηνικοποιημένος** [-pirinikɔpiim-] kernwaffenfrei.
απόρημα *n* wunde(r) Punkt *m*.
απορηματικός [-rimat-] zweifelhaft.
απόρθητος [a'pɔrθit-] uneinnehmbar; *Mensch*: unzugänglich.
απορία Zweifel *m*; Erstaunen *n*; (völlige) Mittellosigkeit *f*.
απορίχνω [-'rixnɔ] (-ιξα· ιγμ) e-e Frühgeburt haben; *Tier*: verwerfen.
άπορος mittellos; erstaunlich, merkwürdig; *Fluss*: ... ohne Übergang.
απορρέω [apɔ'rɛɔ] (ρευσ) *Fluss*: entspringen; *fig.* hervorgehen (***από***/ aus *D*).
απόρρη|το [a'pɔritɔ] Geheimnis *n*; ***το ~το της αλληλογραφίας*** Briefgeheimnis *n*; **~τος** geheim; (*streng*) vertraulich.
απόρριμμα [-rima] *n* Müll *m*; *fig.* Auswurf *m*; Ausschuss *m*; *n/pl. radioaktiver* Abfall *m*.
απορρι|μμάδι [-'maði], **~ξιμιό** Frühgeburt *f*; *fig.* Monstrum *n*.
απορρίπτ|ω (απέρριψα· απορίφτηκα· μμ) *v/t.* ablehnen, abweisen; ***~ομαι*** (σε) *Prüfung* nicht bestehen.
απόρριψη [a'pɔripsi] (-εις) Wegwerfen *n*; Ablehnung *f*.
απορροή [-rɔ'i] *Phys.* Emanation *f*.
απόρροια [a'pɔria] Folge *f*.
απο|ρροφημένος [apɔrɔfim-] ganz vertieft; **~ρρόφηση** [-'rɔfisi] (-εις) Absorbierung *f*; völlige Hingabe (***από***/ an *A*); Eingliederung *f von Flüchtlingen*; *fig.* Geistesabwesenheit *f*; **~ρροφητήρας** Dunstabzugshaube *f*; **~ρροφητικός** absorbierend; saugfähig; Lösch- (*Papier*); **~ρροφώ** [-rɔ'fɔ] (άς, είς· ησ) absorbieren; aufsaugen; *Arbeit*: *j-n* mit Beschlag belegen; *Produkte* absetzen, *vom Markt* aufnehmen; *s.* ***απορροφημένος***.
απο|ρρύπανση (-εις) Schmutzbeseitigung *f*, Reinigung *f*; **~ρρυπαντικό** Waschmittel *n*.
απορφαν|ίζω [apɔrfan-] (σ) zur Waise machen; ***~ίζομαι*** (στ) verwaisen; ***~ισμένος*** verwaist.
απορ|ώ (είς· ησ) im Zweifel sein (***για***/ über *A*); nicht wissen; sich wundern (***με***/ über *A*); *mit G etw.* nicht haben; Not leiden; ***οι ~ούντες*** die Notleidenden *pl*.
απο|σαθρωμένος [apɔsaθrɔ-] *Haus*: verfallen; **~σαθρώνω** [apɔsaθr-] (σ· θ) verfallen lassen, ruinieren; **~σαφηνίζω** [-safin-] (σ) klären; ***~σαφινίζομαι*** sich klären; **~σβένω** *s.* ***αποσβήνω***.
απόσβεση [-zvɛsi] (-εις) Löschen *n*; Tilgung *f*; Abschreibung *f*.
αποσβεστήρας [-zvɛ'stiras] Feuerlöscher *m*; ***~κρούσεων*** Stoßdämpfer *m*.
απο|σβήνω [apɔ'zvinɔ] (βησ· βηστ) *Feuer* löschen; *Hdl.* tilgen; abschreiben; amortisieren; **~σβόλωμα** [-'zvɔlɔma] *n* Beschämung *f*; Verblüffung *f*; **~σβολώνω** (σ· θ) *j-n* beschämen; verblüffen; mit Ruß beschmieren; **~σείω** [-'siɔ] (σ· είστηκα) abschütteln; *fig.* F abwimmeln; **~σιώπηση** [-'sjɔp-] Verschweigung *f*, Stillschweigen *n*; **~σιωπητικά** [-sjɔpit-] *n/pl.* Gedankenpunkte *m/pl.*; **~σιωπώ** [-sjɔ'pɔ] (άς· ησ) verschweigen; **~σκεπάζω** [-sk̡ɛp-] (σ· στ) abdecken; *fig.* aufdecken; **~σκευές** [-sk̡ɛ'vɛs] *f/pl.* Gepäck *n*; *mil.* Ausrüstung *f*.
απόσκιος [-sk̡ĭɔs] (-ια) schattig.
απο|σκίρτηση [apɔ'sk̡irt-] Abspringen *n* (*a. fig.*), Übergehen *n zur Gegenpartei*; **~σκιρτώ** [-sk̡ir'tɔ] (άς· ησ) abspringen; 'übergehen, überwechseln (***σε***/ zu *D*); **~σκληραίνω** *s.* ***αποσκληρύνω***; **~σκλήρυνση** [-'skliriñsi] (-εις) Verhärtung *f*; **~σκληρύνω** (υν· υνθ) härten; *fig.* verhärten; ***~σκληρύνομαι*** hart werden; **~σκολ-** *s.* ***απόσχολος***; **~σκοπώ** [-skɔ'pɔ] (είς· *o. Aor.*) abzielen (***σε***/ auf *A*), bezwecken *A*; **~σκορακίζω** [-skɔrak̡-] (σ) fortjagen; *Wörter usw.* ausmerzen; **~σμητικό** [-zmit-] Desodorant *n*; **~σόβηση** [-'sɔv-] (-εις) Beseitigung *f*; **~σοβώ** [-sɔ'vɔ] (είς· ησ) beseitigen; *Krieg* abwenden; **~σπάζω** [-'spazɔ] (σ· σμ) abspalten.
απόσπασ|η [-spasi] (-εις) Abtrennung *f*: *pol. bsd.* Abspaltung *f*; *fig.* Versetzung *f* (*e-s Beamten*); Zuteilung *f*; **~μα** [-spaz-] *n* Auszug *m* (*a. e-s Kontos*),

Abschnitt *m*; *mil.* Abteilung *f*; Kommando *n*.

αποσπασματ|άρχης [-spazma'tarç-] Abteilungskommandeur *m*; **~ικότητα** Bruchstückhaftigkeit *f*.

Αποσπερίτης Abendstern *m*.

αποσπερμάτιση [-spɛr'mat-] (-εις) Ejakulation *f*.

απόσποντα [-spɔn̆da] *Adv.* indirekt, durch die Blume.

απο|σπόρι [apɔ'spɔri] letzte(r) Sprössling *m*, Nachkömmling *m*; **~σπουδάζω** [-spuð-] (σ) ausstudieren; **~σπώ** [-'spɔ] (άς· ασ· αστ) trennen, losreißen; abkommandieren, zuteilen; *Phys.* abspalten.

απόστα mit Willen.

απόσταγμα [-staɣma] *n* Destillat *n*; Essenz *f*; Destillieren *n*.

απο|στάζω [-'stazɔ] (ξ· χτ· γμ) destillieren; *fig.* (*Schweiß*) tropfen; **~σταθεροποίηση** (-εις) Verunsicherung *f*; Instabilität *f*; **~σταίνω** [-'stɛnɔ] (στασ· σταμ) müde werden; *fig.* es satt haben; **~στακτήριο** [-sta'ktir-], **~στάκτης** Destillierkolben *m*; **~στάλαγμα** [-laɣma] *n* Abtröpfeln *n*; Bodensatz *m*; *fig.* Resultat *n*; **~σταλάζω** (ξ) *s.* ***αποστάζω***; **~σταλμένος** *Zeitung*: Korrespondent *m*.

απόσταμα [-stama] *n* Ermattung *f*.

αποσταμένος abgekämpft.

από|σταξη [-staksi] (-εις) Destillation *f*; **~σταση** [-stasi] (-εις) Abstand *m*, Entfernung *f*; Zeitraum *m*; *fig.* Verschiedenheit *f*; Distanz *f*.

απο|στασία [apɔstas-] Aufstand *m*; Austritt *m* (***από***/ aus *D*); *Rel.* Abtrünnigkeit *f*; **~στάτης** (***-τισσα***) Rebell(in *f*) *m*; Abtrünnige(r); *pol.* ausgetreten; **~στατώ** [-sta'tɔ] (είς· ησ) sich empören, rebellieren; austreten (***από***/ aus *D*); **~στάφυλα** [-'stafila] *n/pl.* (Trauben-)Nachlese *f*; **~στεγνώνω** [-stɛɣn-] (σ· θ) austrocknen; **~στειρώνω** [-stir-] (σ· θ) desinfizieren; unfruchtbar machen; **~στείρωση** [-'stirɔsi] (-εις) Unfruchtbarkeit *f* (*a. fig.*); Sterilisierung *f*; **~στειρωτικός** Sterilisier-; **~στέλλω** [-'stɛlɔ] (ειλ· αλθ· αλμ) *Waren* (ver)senden; *j-m etw.* zusenden; *Person* (ent)senden; **~στέλνω** *s.* ***αποστέλλω***; **~στενώνω** [-stɛn-] (σ· θ) enger machen; **~στέργω** [-'stɛrɣɔ] (ρξ) nicht mögen, ablehnen; **~στέρηση** (-εις) Beraubung *f*; **~στερώ** (είς· ησ· ηθ) berauben (***τον - από***/ j-n - *G*); ***~στερούμαι*** (*A*, *G*) *j-n* verlieren; einbüßen *A*; **~στεωμένος** [-stɛɔm-] verknöchert; abgemagert; **~στεώνομαι** [-stɛ'ɔn-] (ωθ) verknöchern; *fig.* mager werden; **~στέωση** [-'stɛɔsi] (-εις) Verknöcherung *f*; **~στηθίζω** [-stiθ-] (σ) auswendig lernen; **~στήθιση** Auswendiglernen *n*.

απόστημα *n* Abszess *m*.

απο|στηματώδης [apɔstimat-] *Med.* angeschwollen; **~στολέας** [-stɔ'lɛas] Absender *m*; *Hdl.* Spediteur *m*; Verfrachter *m*; **~στολή** Absendung *f*, Versendung *f*; (Waren-)Sendung *f*; *fig.* Mission *f*; Abordnung *f*; Aufgabe *f*; Expedition *f*; **~στολικός** apostolisch; päpstlich; *Adv. a.* (-ά) auf Schusters Rappen.

απόστολος [a'pɔst-] *Rel.* Apostel *m*; Abgesandte(r); *fig.* Sendbote *m*.

απο|στομώνω [apɔstɔ'mɔnɔ] (σ· θ) (ab)schließen; *fig.* zum Schweigen bringen; **~στομωτικός** *z. B. Antwort*: entwaffnend; **~στραγγίδι** [-stra'ŋɟiði] Bodensatz *m*; **~στραγγίζω** (σ· στ· σμ) abtropfen lassen; entwässern; **~στραγγιστικός** Entwässerungs-; **~στρατεία** [-strat-] *mil.* Ruhestand *m*; **~στράτευση** [-tɛfsi] (-εις) *mil.* Demobilisierung *f*; **~στρατεύω** (ευσ· ευτ) *mil.* entlassen; *Offizier* in den Ruhestand versetzen.

αποστρατιωτικο|ποίηση [apɔstratiɔtikɔ'piisi] (-εις) Entmilitarisierung *f*; **~ποιώ** [-'pjɔ] (είς· ησ) entmilitarisieren.

απόστρατος Offizier i. R. (= *im Ruhestand*) *m*; (Kriegs-)Veteran *m*.

απο|στρέφω [-'strɛfɔ] (ψ· αφ· μμ) abwenden; ***~στρέφομαι*** sich abwenden; *fig. j-n* ablehnen; **~στροφή** [-strɔ'fi] Abwendung *f*; *fig.* Abneigung *f* (***προς*** *A*/ gegen *A*); *rhet.* Apostrophe *f*.

απόστροφος *f* Apo'stroph *m*, Auslassungszeichen *n*.

αποσυμ|φόρηση (-εις) Entlastung *f*; ***~φόρηση των οδών*** Verkehrsberuhigung *f*; **~φορώ** (είς· ησ) *Straßen* entlasten.

αποσυναρμολογώ (είς· ησ) abbauen.

απο|συνδέω [apɔsi'ňðɛɔ] (-δεσ· δεθ-) loslösen, *fig.* trennen (***από***/ von *D*); **~συνεδεσ-** *s.* ***αποσυνδέω***; **~συνεθεσ-, ~συνετεθ-** *s.* ***αποσυνθέτω***; **~σύνθεση** (-εις) Zerlegung *f*; Zersetzung *f*; Auflösung *f*; **~συνθέτω** [-si'ňθɛtɔ] (σ· τεθ/ -συνε-) zerlegen; *Chem.* zersetzen; *fig.* auflösen; ***~συνθεμένος*** verdorben (*Fisch*); **~συντεθειμένος** [-siňdɛθim-] zerlegt *usw.*; **~σύρω** [-'sirɔ] (II = I· συρθ) wegschaffen; *Geld* abheben; *Antrag* zurückziehen; *von der Schule* nehmen; ***~σύρω απ' την κυκλοφορία*** aus dem Verkehr ziehen; ***~σύρομαι*** sich zurückziehen; *Hdl.* zurücktreten (***από***/ von *D*); **~σφραγίζω** [-sfraj-] (σ· στ) entsiegeln; **~σφράγιση** (-εις) Entsiegelung *f*; **~σχηματίζω** (σ· στ) *j-m* die geistliche Würde aberkennen; **~σχίζω** [-'sçizɔ] (σ· στ) (ab)trennen; ***~σχίζομαι*** ausscheiden (***από***/ aus *D*).

απόσχολος [a'pɔsxɔl-] (*a.* **-σκ-**) frei; *Adv.* nach dem Fest.

απο|σώνω (σ· θ) aufbrauchen; aufhören mit *D*; **~ταγμένος** *mil.* ausgestoßen; *s.* ***αποτάσσω.***

απόταχτος [-takt-] im Ruhestand.

αποταμ|ίευμα [-ta'miɛvma] *n* Ersparnis *f*, Rücklage *f*; **~ίευση** [-'iɛfsi] Sparen *n*; Sparsamkeit *f*; ***~ιεύσεις*** *pl.* Spareinlagen *f*/*pl.*; ***πριμοδότηση ~ίευσης*** Sparprämie *f*; **~ιευτικός** [-iɛft-] Spar-, Reserve-; **~ιεύω** (-ίευσα· ευτ) sammeln; sparen.

απόταξη [-taksi] (-εις) Ausstoßung *f*.

απο|τάσσω [apɔ'tasɔ] (ξ· χτ) entlassen; *mil.* ausstoßen; **~ταχιά** [-taç-] *Adv.* in aller Frühe; **~τεθειμένος** [-tɛθim-] *s.* ***αποθέτω***; **~τείνω** [-'tinɔ] (II = I· ταθ) richten (***προς*** *A*/ an *A*); ***~τείνομαι*** sich wenden (***σε***/ an *A*); **~τειχίζω** [-tiç-] (σ) ummauern; **~τελείωμα** [-tɛ'li-] *n* Beendigung *f*; **~τελειώνω** [-'ljɔnɔ] (σ) beenden; *fig.* F *j-n* fertig machen; **~τελείωση** [-'liɔ-] (-εις) Beendigung *f*; **~τέλεσμα** *n* Ergebnis *n*, Erfolg *m*; Folge *f*; ***με ~τέλεσμα να*** *Ko.* wo'durch ...; **~τελεσματικός** [-tɛlɛzmat-] wirksam; *Gr.* konsekutiv; **~τελεσματικότητα** Wirksamkeit *f*; **~τελματώνω** [-tɛlmat-] (σ) in e-n Sumpf verwandeln; *fig.* verschleppen; ***~τελματώνομαι*** *S.* im Sande verlaufen; *fig.* versauern; **~τελώ** (είς· εσ· εστ) bilden; ***~τελούμαι*** bestehen (***από***/ aus *D*); **~τεφρώνω** [-tɛfr-] (σ· θ) einäschern; ***~τεφρώνομαι*** *a.* niederbrennen; **~τέφρωση** [-'tɛfrɔ-] (-εις) Einäscherung *f*; **~τεφρωτήρας: *~τεφρωτήρας απορριμάτων*** Müllverbrennungsanlage *f*; **~τεφρωτήριο** [-frɔ'tir-] Krematorium *n*; **~τίμηση** (-εις) Schätzung *f*, Taxierung *f*; **~τιμώ** [-ti'mɔ] (άς· ησ) schätzen (***σε***/ auf *A*); **~τινάζω** [-ti'nazɔ] (ξ· χτ) schütteln (***από***/ von *D*); *fig.* abschütteln; ***~τινάζομαι*** aufspringen; **~τίναξη** [-'tinaksi] Abschütteln *n*; **~τίνω** [-'tinɔ] (σ) *Schulden* abzahlen; *Strafe* verbüßen; *Ehre* erweisen.

από|τιση [a'pɔt-] (-εις) Bezahlung *f*; Abbüßen *n*; Erweisung *f*; **~τιστος** ungetränkt, unbegossen.

απο|τολμώ [-tɔl'mɔ] (άς· ησ) wagen; riskieren; sich erdreisten; **~τομή** [-tɔ'mi] Abhauen *n*; Abschneiden *n*.

απότομος steil; plötzlich, jäh; *Manieren:* rüde, rau.

απο|τραβώ [apɔtra'vɔ] (άς· ηξ· ηχτ) (weg)ziehen, (weg)rücken; j-n abbringen (***από***/ von *D*); ***~τραβιέμαι*** sich zurückziehen (***από***/ von *D*); **~τραχύνω** [-tra'çinɔ] (II = I· υνθ) verschlechtern, zuspitzen; **~τρελαίνω** [-trɛl-] (λαν· λαθ· αμ) F *j-n* verrückt machen (***με***/ mit *D*); **~τρεπτικός** [-trɛpt-] verhütend; Verhütungs-; **~τρέπω** [-'trɛpɔ] (ψ· τραπ) *v/t. Gefahr* abwenden, verhüten; *j-m* abraten (***να*** .../ zu ...); **~τριβή** [-tri'vi] Abreiben *n*; **~τρίβω** [-'trivɔ] (ξ· τριβ· τε...μμ) abreiben; **~τριχώνω** [-trix-] (σ· θ) enthaaren; **~τριχωτικό** Enthaarungsmittel *n*; **~τρόπαιος** [-'trɔp-] abscheulich; **~τροπή** Verhütung *f*; Abraten *n*; **~τροπιάζομαι** [-trɔ'pjazɔmɛ] (στ) verabscheuen; **~τροπιασμός** Abscheu *m*; **~τροπιαστικός** [-trɔpjast-] abscheulich, widerwärtig; **~τρύγημα** [-'trij-] *n* Ende *n* der Weinlese; **~τρυγίδι** [-'jiði] Nachlesefrucht *f*; **~τρυγώ** [-tri'ɣɔ] (άς· ησ) *Wein* ernten, lesen; (alles) abernten; **~τρώ(γ)ω** [-'trɔ(ɣ)ɔ] (απόφαγα· φαγωμ-) aufessen; die Mahlzeit beenden; **~τσίγαρο** [-'tsiɣarɔ] Zigarettenstummel *m*; **~τσιπωμένος** [-tsipɔm-] naseweis.

απο|τύπωμα [-'tip-] *n* Abdruck *m*; Abdrucken *n*; ***δακτυλικό ~τύπωμα*** Fingerabdruck *m*; **~τυπώνω** (σ· θ) abdrucken; einprägen (*allg.* ***πάνω σε,*** *fig.* ***σε***/ in *A*); **~τύπωση** [-pɔsi] (-εις) Abdruck *m*; Einprägen *n*; Stempeln *n*; **~τυφλώνω** [-tifl-] (σ· θ) blenden; *fig.* verblenden; **~τύφλωση** [-flɔsi] (-εις) Blenden *n*; Verblendung *f*; **~τυφλωτικός** [-flɔt-] blendend, grell; **~τυχαίνω** [-ti'çɛnɔ] (απότυχα) (*G*) *Ziel* verfehlen; *Plan*: scheitern, versagen (***σε***/ in *D*); **~τυχημένος** [-tiçim-] misslungen; **~τυχία** Misserfolg *m*; Versagen *n*; **~τώρα** [-'tɔra] *Adv.* schon jetzt.

απούλητος [a'pulitɔs] unverkäuflich; unverkauft; *Waren*: ***μένω ~*** liegen bleiben.

άπους ['apus] (-ουν, *G* -οδος) ... ohne Füße, Beine.

απουσ|ία [apus-] Abwesenheit *f*; Fehlen *n*; *Schule*: versäumter Tag; ***παίρνω ~ία*** (*Schule*) fehlen; **~ιάζω** (-ίασα) fehlen (***από***/ in *D*).

απο|φά(γ)ια [apɔ'faj-] *n*/*pl.* Speisereste *m*/*pl.*; **~φαγωμένος** [-faɣɔm-] gesättigt; aufgegessen; **~φαίνομαι** [-'fɛnɔmɛ] (φαν, φανθ) urteilen (***επί*** *G*/ über *A*); sich zeigen; es j-m (***του***) ansehen.

απόφανση [a'pɔfan̄si] (-εις) Urteil *n*.

αποφαντικός [-fan̄d-] erläuternd.

απόφαση (-εις) Entschluss *m*; *jur.* Urteil *n*; Beschluss *m*; ***παρ' το ~*** (***πως***) ... finde dich damit ab, (dass) ...

αποφασ|ίζω [apɔfas-] (σ· στ) sich (*A*) entschließen; *etw.* beschließen; *e-n Kranken* aufgeben; **~ισμένος** entschlossen; **~ιστικός** entschlossen; entscheidend, Entscheidungs-; **~ιστικότητα** Entschlossenheit *f*.

απο|φατικός [-fat-] *Gr.* negativ, Verneinungs-; **~φέρω** [-'fɛrɔ] (II = I) *Gewinn* abwerfen; **~φεύγω** [-'fɛvɣɔ] (φυγ) *j-n* meiden, *etw.* vermeiden; sich scheuen (***να ...***/ zu ...); *e-r Gefahr* (*D*) entgehen; herumkommen (*A*/ um *etw.*).

απόφθεγμα *n* Spruch *m*, Leitgedanke *m*, Losung *f*.

απο|φθεγματικός [apɔfθɛɣm-] sentenzenreich; bündig; **~φθειρίαση** [-fti'riasi] (-εις) Entlausung *f*; **~φλοιώνω** abschälen; *Mandeln usw.* aufknacken; **~φλοίωση** [-'fliɔsi] Abschälen *n*; **~φοιτήριο** [-fi'tir-] Abgangszeugnis *n*; Reifezeugnis *n*; **~φοίτηση** [-'fit-] Beendigung *f* des Studiums *od.* der Schule.

απ|όφοιτος Abiturient *m*; *f* (-η) Abiturientin *f*; **~οφοιτώ** [-ɔfi'tɔ] (άς· ησ) von der Schule abgehen; das Studium beenden.

απο|φορά [apɔfɔ'ra] Gestank *m*; **~φόρια** [-'fɔrja] *n*/*pl.* abgelegte Sachen *f*/*pl.*; **~φράδα** [-'fraða]: ***ημέρα ~φράδα*** Unglückstag *m*; **~φράζω** [-'frazɔ] (ξ· χτ) sperren; verstopfen, versperren; **~φρακτικός** [-frakt-] *Tech.* Sperr-; *Med.* obliterans.

απόφραξη [-fraksi] (-εις) Sperrung *f*; *allg. u. Med.* Verstopfung *f*.

απο|φυγή [-fi'ji] Vermeidung *f*; Entkommen *n*; **~φυλακίζω** [-filak̡-] (σ) freilassen; **~φυλάκιση** [-'laik̡isi] (-εις) Freilassung *f*; **~φυλακισμένος** haftentlassen.

απόφυση [-fisi] (-εις) *Anat.* Apophyse *f*; Wurmfortsatz *m*; *Med.* Geschwulst *f*.

αποχαιρετ|ίζω [apɔçɛrɛt-] (σ· στ) *v*/*t.* sich verabschieden von *D*; ***~ίζομαι*** sich voneinander verabschieden; **~ισμός** Abschied *m*; **~ιστήριος** (-ια) Abschieds-; **~ώ** (άς· ησ) *s.* ***αποχαιρετίζω***.

απο|χαλινώνομαι [apɔxali'nɔnɔmɛ] (-ώνεσαι· ωθ) sich ausleben; **~χαυνώνω** [-xavn-] (σ· θ) entkräften, (geistig) erschlaffen; **~χαύνωση** (-εις) Abstumpfung *f*; Schwächung *f*; **~χείμωνα** [-'çimɔna] *Adv.* am Ende des Winters; nach dem Winter; **~χειροβίοτος** [-çirɔ'viɔt-] von seiner Hände Arbeit lebend; **~χεριού** [-çɛ'riu]: ***είναι ~χεριού μου*** es liegt in meiner Hand; **~χερσώνω** [-çɛrs-] (σ· θ) *Land* erschließen; **~χέρσωση** (-εις) Erschließung *f*; **~χέτευση** [-'çetɛfsi] (-εις) Ableitung *f*; Kanalisation *f*; **~χετευτικός** Kanalisations- (*System*); **~χετεύω** (ευσ· ευτ) *Wasser usw.* ableiten.

απόχη [a'pɔïçi] (Schmetterlings-)Netz *n*, Käscher *m*.

αποχή [apɔ'çi] (***από***) Verzicht *m* (auf *A*); *pol.* (Stimm-)Enthaltung *f*; Abkehr *f* (von); *jur.* Unterlassung *f*.

από|χηρος [-çir-] Witwer *m*; **~χρεμμα** [-xrɛma] *n* Auswurf *m*.

αποχρεμπτικ|ός [-xrɛm̃pt-]: **~ά** *n/pl.* Expektorantien *n/pl.*
αποχρωματίζω [-xrɔmat-] (σ) entfärben, ausbleichen.
απο|χρωση [-xrɔsi] (-εις) Entfärbung *f*; Nuance *f*; **~χτημα** *n s.* ***απόκτημα.***
απο|χωμάτωση [apɔxɔ'matɔsi] (-εις) Erdarbeiten *f/pl.*; **~χώρημα** [-'xɔr-] *n Med.* Stuhl *m*, Exkrement *n*; **~χώρηση** (-εις) Rücktritt *m* (***από***/ von *D*); *mil.* Rückzug *m*; Zapfenstreich *m*; **~χωρητήριο** [-xɔri'tir-] Abort *m*, Toilette *f*; **~χωρίζω** (σ· στ) trennen, absondern (***από***/ von *D*); ***~χωρίζομαι*** sich trennen (*G*, *A od.* ***από***/ von *D*); **~χωρισμός** Absonderung *f*; **~χωρώ** [-xɔ'rɔ] (είς· ησ) zurücktreten (***από***/ von *D*); *Gäste, mil.* sich zurückziehen.
απόψε [a'pɔpsɛ] heute Abend; letzte Nacht.
άποψη (-εις) Ansicht *f*; *fig.* Ansicht *f*, Meinung *f*; ***υπ' αυτή την ~*** in dieser Hinsicht; ***από ποιά ~*** in welcher Hinsicht?
απο|ψίλωση [apɔ'psilɔsi] (-εις) Enthaarung *f*; Entwaldung *f*; *fig.* Entblößung *f*; **~ψιλωτικός** Enthaarungs- (*Mittel*); **~ψινός** [-psin-] ... heute Abend; **~ψυκτήριο** [-psi'ktir-] Kühlvorrichtung *f*; **~ψυκτικός** Kühl-.
απόψυξη [a'pɔpsiksi] Abtauen *n*; ***αυτόματη ~*** Abtauautomatik *f*.
αποψύχω [-'psixɔ] (απόψυξα· χτ· γμ) (tief)kühlen; *Kühlschrank* abtauen.
απραγματοποίητος [apraγmatɔ'piit-] unverwirklicht; *Traum*: unerfüllt; *Versprechen*: unerfüllbar; undurchführbar.
απράγμονας [a'praγmɔnas] reservierte(r) Mensch.
απραγμ|ονώ [-ɔ'nɔ] (είς· ησ) sich zurückhalten; **~οσύνη** [-ɔ'sini] Zurückhaltung *f*, Reserve *f*.
ά|πραγος unerfahren, ungeübt; **~πρακτος** [-prakt-] (**-χτ-**) ... unverrichteter Sache; unausgeführt.
απρα|κτώ (είς· ησ) untätig sein; **~ξία** [-'ksia] Untätigkeit *f*; *Hdl.* Flaute *f*.
α|πρέπεια [a'prɛp-] Ungebührlichkeit *f*; Unanständigkeit *f*; **~πρεπής** ungebührlich; unanständig.
Απρίλης [a'pril-] April *m*.
απριλιάτικος April-.
Απρίλιος April *m*.
απρο|αίρετος [aprɔ'ɛrɛt-] ungewollt; **~βίβαστος** [-'vivast-] nicht versetzt; *mil.* nicht befördert.
απρόβλεπτος [a'prɔvlɛpt-] (**-φτ-**) unvorhergesehen.
απρο|βλεψία [-vlɛps-] Unvorsichtigkeit *f*; **~γραμμάτιστος** planlos; **~ειδοποίητος** [-iðɔ'piit-] nicht informiert (***για***/ von *D*); *S.*: ungemeldet; **~ετοίμαστος** [-ɛ'timast-] unvorbereitet.
απρόθ|εσμος [a'prɔθɛz-] nicht fristgemäß; *Hdl.* Sicht- (*Wechsel*); **~ετος** ohne Präfix; *Gr.* ohne Vorschlagvokal.
απροθυμία [-θim-] Widerwilligkeit *f*.
απρόθυμος widerwillig.
απροίκιστος [a'prik̯-], **άπροικος** ['aprik-] ... ohne Mitgift.
απρο|κάλυπτος [-'kalipt-] unbedeckt; *fig.* unverhohlen, unverblümt; **~κατάληπτος** [-ka'talipt-] unvoreingenommen.
απρό|κλητος [a'prɔklit-] unprovoziert; **~κοπος** [-kɔp-] faul; *Su. m* Faulpelz *m*; Pechvogel *m*.
απρο|μελέτητος [-mɛ'lɛt-] unvorsätzlich; Stegreif-, unvorbereitet; *Adv.* ohne Vorbedacht; **~νοησία** [-nɔis-] Unbedachtsamkeit *f*; **~νόητος** [-'nɔit-] unbedacht, sorglos.
απρόοπτος [a'prɔɔpt-] unvorhergesehen.
απροπαρ|ασκεύαστος [-para'sk̯ɛvast-], **~άσκευος** unvorbereitet.
απροπόνητος untrainiert.
απροσάρμοστος [-'sarmɔst-] unvereinbar (***για***/ mit *D*); fremd (***σε***/ gegenüber *D*).
απρόσ|βατος [a'prɔzvat-] unzugänglich; **~βλητος** [-vlit-] ungekränkt; unangreifbar (***από***/ durch *A*).
απροσγείωτος [-'jiɔt-] *Flugw.* nicht gelandet, ... in der Luft; *fig.* träumerisch; verstiegen.
απρόσδεκτος [-ðɛkt-] (**-χτ-**) unannehmbar; unerwünscht.
απροσ|διόριστος [aprɔz'ðĭɔr-] unbestimmbar; *Termin*: nicht anberaumt; **~δόκητος** [-'ðɔĭk̯it-] unverhofft; **~έγγιστος** [-'ɛŋɡ̯ist-] unnahbar.
απρόσεκτος [a'prɔsɛkt-] (**-χτ-**) unaufmerksam; unachtsam.
απροσεξία [-sɛks-] Unaufmerksamkeit *f*; Unachtsamkeit *f*, Versehen *n*.

απροσ|ήγορος [-'iɣɔr-] ungefällig, unfreundlich; **~ηλύτιστος** [-i'lit-] standhaft, unbekehrbar.
απρόσ|θετος [-θεt-] nicht hinzugefügt; nicht addiert; **~ιτος** unzugänglich; *Preis*: unerschwinglich.
απροσκάλεστος [-'skalεst-], **απρόσκλητος** [-sklit-] uneingeladen.
απρόσκοπτος [-skɔpt-] glatt, ungehindert; *fig*. reibungslos.
απροσ|κύνητος [-'sķinit-] nicht verehrt; ungebeten; unehrfürchtig; *fig*. würdevoll, stolz; **~μάχητος** [-'maïçit-] unbesiegbar.
απρόσμενος unerwartet, überraschend.
απρόσοδος [a'prɔs-] unrentabel.
απροσ|πέλαστος [-'pεlast-] unzugänglich (*a. fig.*); *Pers. a.* unnahbar; *Preis*: unerschwinglich; **~πέραστος** [-'pεrast-] unübertrefflich; **~ποίητος** [-'piit-] ungekünstelt.
απροστάτευτος [-'statεft-] schutzlos; *Stadt*: ungeschützt.
απρόσφορος [-fɔr-] untauglich.
απρο|σχεδίαστος [-sçε'ðiast-] improvisiert, nicht geplant; **~σχημάτιστος** schonungslos, unverblümt.
απροσωπ|ία [aprɔsɔp-] Unpersönlichkeit *f*; *Psych*. Depersonalisation *f*; **~όληπτος** [-'ɔlipt-] unvoreingenommen, unbestechlich.
απρόσωπος unpersönlich (*a. Gr.*).
απρο|τίμητος [-'timit-] unbevorzugt; **~φάσιστος** [-'fas-] geradezu ..., rückhaltlos.
απρόφερτος [a'prɔfεrt-] unaussprechlich; unausgesprochen.
απρο|φύλακτος [-'filakt-] (**-χτ-**) unbewacht; fahrlässig; **~φυλαξία** [-laks-] Schutzlosigkeit *f*; Fahrlässigkeit *f*; **~χώρητο** [-'xɔritɔ] Ausweglosigkeit *f*, Sackgasse *f*.
απρωτοκόλλητος [aprɔtɔ'kɔlit-] unregistriert, unprotokolliert.
άπταιστος ['aptεst-] fehlerlos.
άπτερος ['aptεr-], **απτέρυγος** [-riɣ-] flügellos.
απτικός Tast- (*Sinn*).
απτόητος [a'ptɔit-] unerschrocken.
άπτ|ομαι ['aptɔmε] *K*. (*Aor*. ηψάμην) (*G*) berühren; *Essen* anrühren; ***μη μου ~ου*** Rührmichnichtan *n* (*a. Bot.*); *als Adj*. piekfein.
απτός fühlbar; greifbar.
άπτυχος ['aptix-] faltenlos.
άπτωτος nicht fallend; *Gr*. undeklinierbar.
απύθμενος [a'piθm-] bodenlos.
απύλωτο|ς [a'pilɔt-] ... ohne Tür, unverschlossen; ***~ στόμα*** *n* lose(s) Mundwerk *n*.
απύραυλος raketenfrei.
α|πύρετος [a'pirεt-] fieberfrei; **~πύρηνος** kernlos.
άπω ['apɔ] *Adv*. fern; früh; ***η ~ Ανατολή*** der Ferne Osten; ***το ~ Μεσαίων*** das frühe Mittelalter.
απ|ώθηση [a'pɔθ-] (-εις) Zurückstoßen *n*; *fig*. Zurückweisung *f*; **~ωθώ** [-ɔ'θɔ] (είς· ησ) zurückstoßen; *Demonstranten* abdrängen; *fig*. von sich weisen; ***~ωθούμαι*** *Phys*. sich abstoßen.
απώλεια [a'pɔl-] Verlust *m* (*a. e-s Menschen*); Verderben *n*; Verderbnis *f*.
απωλεσ- *s*. ***απολλύω***.
απών [a'pɔn] (-ούσα, -όν) abwesend.
άπωση ['apɔsi] (-εις) Rückstoß *m*; *Phys*. Abstoßung *f*.
απωστεωμένος [-stεɔm-] verknöchert; *s*. ***αποστεώνομαι***.
απώ|τατος äußerst-, End-, entfernt (*Verwandter*); **~τερος** weiter, entfernter; *Zeit*: später.
απωτέρω [apɔ'tεrɔ] *Adv*. weiter.
αρ- *s. a*. ***αρρ-***.
άρα ['ara] *Ko*. somit, demnach.
άρ|α: ***~ες μάρες*** dumme(s) Zeug *n*.
άρα, άραγε ['arajε] *in der Frage*: wohl; denn; vielleicht.
αρά Verwünschung *f*.
'Αραβες ['aravεs] *m/pl*. Araber *m/pl*.
Αραβ|ία Arabien *n*; **2ικός** arabisch.
αραβόσιτος [-'vɔs-] Mais *m*.
αραβούργημα [-'vurj-] *n* Arabeske *f*.
άραγε *s*. ***άρα***; wahrscheinlich, vielleicht.
άραγμα ['araɣma] *n mar*. Landen *n*.
αράδα Reihe *f*; Linie *f*; Streifen *m*; *Text*: Zeile *f*; *als Adv*. in (nach) der Reihe; ***με την ~*** nach der Reihe; ***της ~ς*** gewöhnlich, alltäglich.
αραδιάζω [arað-] (σ· αράδιασα· -άστηκα) aufreihen, in e-e Reihe stellen; (in e-r Reihe) antreten lassen; ordnen; *fig*. aufzählen; *Lügen* auftischen.
αράδιασμα *n* Aufreihen *n usw*.

αραδιαστός 90

αραδιαστός [-ðjast-] der Reihe nach geordnet; aufgereiht.
αράζω (ξ· γμ) *v/i.* vor Anker gehen; sich (*A*) niederlassen; *v/t.* festmachen.
αραθυμιά [-θim-] Reizbarkeit *f*; Heißhunger *m*.
αράθυμος reizbar, leicht erregbar.
αραθυμώ [araθi'mɔ] (άς· ησ) *v/i.* leicht erregbar sein, leicht aufbrausen; *v/t.* Appetit haben auf *A*.
αραι|οκατοικημένος [arɛ-] dünn besiedelt; **~όμετρο** Aräo'meter *n*, Senkwaage *f*; **~ός** *Stoff*: dünn; (*wenig*) spärlich; *Wald*: licht; *Zeit*: selten; ***~ά και που*** hin und wieder; *Ort*: hier und da; *Adv*. ***~ά*** in lichten Abständen; **~ότητα** Dünne *f*; Spärlichkeit *f*; Seltenheit *f*; **~ώνω** (σ· θ) *v/t.* verdünnen; *Wald* lichten; *allg*. (weiter) auseinander stellen; *fig*. einschränken; *v/i.* dünner werden; ***~ώσανε οι πελάτες*** die Reihen der Gäste haben sich gelichtet.
αραί|ωση [a'rɛɔsi] (-εις) (*a*. ***~ωμα*** *n*) Verdünnung *f*; Lichten *n*; Einschränkung *f*.
αρακάς [ara'kas] (-άδες) *grüne, gelbe* Erbse *f*.
αραλίκι [-'liķi] Spalt *m*; Gelegenheit *f*.
αραμπάς [ara'm̃bas] (-άδες) Ochsen- *od*. Pferdewagen *m*.
αράντιστος unbegossen; *Obst*: ungespritzt.
αραξοβόλι [-ksɔ'vɔli] Ankerplatz *m*; *fig*. Zuflucht(stätte) *f*.
αράπ|ης [a'rap-] (-πηδες, -ραπάδες) Neger *m*, Schwarze(r); Araber *m*; Schwarze(r) Mann *m*; **~ικος** Neger-; afrikanisch, arabisch; tiefbraun; ... wie ein Mohr.
αραπίνα Negerin *f*; Araberin *f*.
αραπ|οβλογιά [arapɔvlɔj-] *Med*. Pocken *f/pl*.; **~οσίτι** [-ɔ'siti], **~όσταρο** [-'ɔstarɔ] Mais *m*.
άραφτος ungenäht.
άραχλος ['araxl-] düster.
αραχναίος [araxn-] (-αία) Spinnen-.
αράχνη Spinne *f*.
αραχν|ιά [ara'xnja] Spinnengewebe *n*; **~ιασμένος** mit Spinnengeweben bedeckt, verödet; **~οειδής** [-ɔið-] *Anat*. Spinnweben- (*Haut*); *Su*. ***~οειδή*** *n/pl*. *Biol*. Spinnentiere *n/pl*.
άραχνος *s*. ***άραχλος***.
αραχνοΰφαντος [araxnɔ'ifañd-] hauchdünn.
Αρβανίτ|ης (-ίτηδες) Albaner *m*; **℘ικος** albanisch; **~ισσα** Albanerin *f*.
αρβύλ|α [ar'vila], **~η** Soldatenstiefel *m*.
αργά [ar'ɣa] *Adv*. langsam; lange; spät; ***~ και που*** ab und zu; ***~ ή γρήγορα*** früher oder später.
αργ|άζω [arɣ-] (σ· στ) bearbeiten, gerben; *fig*. das Fell gerben; **~αλειός** [-a'ljɔs] Webstuhl *m*.
άργασμα *n* Gerben *n*.
αργα|σμένος bearbeitet; gut beschlagen, F eingefuchst; **~στήρι** [-'stiri] Werkstatt *f*; Laden *m*.
άργαστος ungegerbt.
αργ|άτης [ar'ɣat-] (*pl*. -άτες) (Land-) Arbeiter *m*; **~ατιά** Arbeiterschaft *f*; Arbeitsgemeinschaft *f*; **~άτισσα** (Land-)Arbeiterin *f*.
Αργεντ|ινή [arjeñd-] Argentinien *n*; Argentinierin *f*; **℘ίνικος** argentinisch; **~ινός** Argentinier *m*; **℘ίνος** argentinisch.
άργητα ['arjita] Verzögerung *f*; *fig*. Schwierigkeit *f*.
αργία Arbeitsruhe *f*; Ruhetag *m*; *Rel*. Suspension *f*; *mil*. Ruhestand *m*.
αργίλιο [ar'jil-] Aluminium *n*.
αργιλόπλαστος [-'lɔplast-] Steingut-.
άργιλος *f* Ton *m*, Tonerde *f*.
αργιλ|όχωμα [-'ɔxɔma] *n* Tonerde *f*; Lehm *m*; **~ώδης** tonhaltig.
αργκό Argot *n*.
αργο- [arɣɔ-] *mst*. langsam ...
αργο|κινησία [-ķinis-] Langsamkeit *f*; **~κίνητος** [-'ķinit-] langsam, schwerfällig; ***~κίνητο καράβι*** *fig*. *iro*. ... nicht gerade der (die) Schnellste; **~κινώ** [-ķi'nɔ] (είς· ησ) *v/t.* langsam bewegen; *v/i.* (dahin)kriechen; spät aufbrechen; **~λόγημα** [-'lɔĭj-] *Bot*. Kappen *n*; Geschwätz *n*; **~λογία** [-lɔj-] Geschwätz *n*; **~λόγος** [-'lɔɣ-] Schwätzer *m*; **~λογώ** [-lɔ'ɣɔ] (είς· ησ) dummes Zeug reden; *Bot*. kappen; **~μιλώ** [-mi'lɔ] (άς· ησ) tranig sprechen; **~μισθία** [-mist-] Sinekure *f*.
αργόμισθος [ar'ɣɔmist-]: ***είμαι ~*** e-e Sinekure haben.
Αργοναύτες [arɣɔ'naftɛs] *m/pl*. Argonauten *m/pl*.
αργοπορ|ία [-pɔr-] Verspätung *f*; F Bummelei *f*; **~ώ** (είς· ησ) sich (*A*)

hinschleppen; sich (*A*) verspäten; *v/t.* ***μας είχε ~ήσει ...*** durch ihn (sie) hatten wir ... versäumt.

αργ|ός [arɣ-] untätig; *Feld*: brach(liegend); F bummelig; *Rel.* suspendiert; **~οσάλευτος** [-ɔ'salɛft-] *s.* ***αργοκίνητος; ~οσαλεύω*** (εψ) sich (*A*) dahinschleppen; **~οσβήνω** [-ɔ'zvinɔ] (σ) dahinsiechen; **~όσχολος** [-'ɔsxɔl-] Müßiggänger *m.*

αργότερο|ς später; ***το ~*** spätestens.

αργυρ|αμοιβός [arjiramiv-] Geldwechsler *m*; **~ένιος** (-ια) silbern.

αργύριο Silbermünze *f*; *n/pl.* klingende Münze.

αργυρο- [arjirɔ-] Silber-, silber-.

αργυρο|λογία [-lɔj-] Gaunerei *f*; **~λόγος** [-'lɔɣ-] Gauner *m*; **~λογώ** [-lɔ'ɣɔ] (είς· ησ) etw. ergaunern.

άργυρος Silber *n.*

αργυρ|ός, ~ούς [-'us] (-ά, -ό) silbern; **~ούχος** [-'ux-] silberhaltig.

αργ|ύρωμα [ar'jir-] *n* Versilberung *f*; **~υρώνητος** gekauft; *fig.* käuflich; **~υρώνω** (σ) versilbern.

αργ|ώ [ar'ɣɔ] (είς· ησ) nicht arbeiten; *Geschäft*: geschlossen bleiben; sich (*A*) verspäten; ***~είς να*** (*mit St. II*) ... es dauert lange, ehe du ...; ***άργησα να ξυπνήσω*** ich bin erst spät aufgewacht.

άρδευση ['arðefsi] (-εις) Sprengung *f*, Bewässerung *f.*

αρδ|ευτικός Bewässerungs-; **~εύω** (εψ) sprengen, bewässern.

άρδην ['arðin] *Adv.* völlig.

αρέζω *s.* ***αρέσω.***

αρειανισμός Arianismus *m.*

αρειμάνιος [ari'man-] (-ια) *mst. iro.* martialisch, streitbar; F zackig.

Άρειος Πάγος ['ariɔs'paɣ-] Areopag *m*, oberste(r) Kassationshof *m.*

αρένα Arena *f.*

αρεοπαγίτης [arɛɔpaj-] Kassationsgerichtsrat *m.*

αρέσκεια [a'rɛskia] Geschmack *m*, Gefallen *n*; ***κατ' ~ν*** nach Belieben.

αρέσκω *s.* ***αρέσω.***

αρεστός [arɛst-] lieb, angenehm.

αρέσ|ω [a'rɛsɔ] (*Aor.* άρεσα· *Impf.* άρεζα) gefallen (*D/D*); ***μου*** (*a.* ***μ'***) ***~ει*** es gefällt mir; es schmeckt mir; ***αρέσκομαι*** Gefallen finden (an *D*).

αρετή [arɛ'ti] Tugend *f*; Vorzug *m*; Moral *f.*

αρετσίνωτος [arɛ'tsinɔtɔs] ungeharzt; *fig.* unbeschimpft.

Άρης ['aris] (-εως) *Kriegsgott* Ares *m*; *Astr.* Mars *m.*

αρθρ|ίδιο [ar'θrið-] (*Zeitung*) kleine(r) Beitrag *m*; **~ικός** Gelenk-; **~ίτιδα** (*a.* ***~ιτικά***) Gelenkentzündung *f*, Arthritis *f*; **~ιτικός** arthritisch; an Arthritis leidend.

άρθρο ['arθrɔ] (Zeitungs-)Artikel *m* (***για***/ über *A*); *Gr.* Artikel *m*; (Vertrags-)Artikel *m*; *jur.* Paragraph *m*; *Anat.* Gelenk *n*; Glied *n* (*Hand usw.*); *Hdl.* Posten *m*; ***κύριο ~*** Leitartikel *m*; ***~ πίστεως*** Glaubensartikel *m*; *fig.* Gesetz *n.*

αρθρο|γραφία [arθrɔɣraf-] Leitartikel *mst. m/pl.*; **~γράφος** Leitartikler *m*; Mitarbeiter *m*; **~γραφώ** (είς· ησ) (ständiger) Mitarbeiter *e-r Zeitung* sein; Leitartikel verfassen.

αρθρώνω (σ) zusammenfügen; *Wort* artikulieren, F rauskriegen; *Arbeit, Bericht* gliedern.

άρθρωση ['arθrɔsi] (-εις) Zusammenfügung *f*; Artikulation *f*, Aussprache *f*; *Anat.* Gelenk *n.*

άρια Arie *f.*

αριά [a'ria] *Adv.* selten.

Αριάδνη Ariadne *f.*

αριβ|ισμός Strebertum *n*; **~ίστας, ~ιστής** Streber *m*; Karrieremacher *m*; **~ίστρια** Streberin *f.*

αρίγωτος [a'riɣɔt-] unliniert; *Stoff*: ungestreift, uni.

αρίδ|α, ~ι Bohrer *m*; ***απλώνω την ~α μου*** sich (*A*) hinfläzen; *fig.* sich (*A*) einnisten.

αρίθμη|μα [a'riθmi-] *n* Aufzählen *n*; Nummerierung *f*; **~ση** (-εις) Zählen *n*; Nummerierung *f*; Abrechnung *f*, Rechnung *f.*

αριθμη|τήρας [ariθmi'tiras] *Tech.* Zähler *m*; Nummeriermaschine *f*, Kontrollstempel *m*; **~τής** *s.* ***αριθμητήρας,*** *Math.* Zähler *m*; *allg.* Zählende(r); **~τική** [-'ki] *allg.* Rechnen *n*; *Math.* Arithmetik *f*; **~τικός** [-'kɔs] arithmetisch; Rechen-; zahlenmäßig; *Su. n Gr.* Zahl(wort *n*) *f*; **~τός** zählbar.

αρίθμητος unzählbar, unberechenbar.

αριθμο|λόγιο [ariθmɔ'lɔijɔ] Rechen-

schieber *m*; **~λογώ** [-lɔ'ɣɔ] (είς· ησ) nummerieren; **~μηχανή** [-mixa'ni] Rechenmaschine *f*; **~μνήμονας** Rechenkünstler *m*.
αριθμός [ariθ'mɔs] Zahl *f*; Ziffer *f*; Nummer *f*; *Schuhe usw*.: Größe *f*; *Gr*. ***ενικός ~*** Einzahl *f*, Singular *m*; ***κωδικός ~*** Postleitzahl *f*; ***πληθυντικός ~*** Mehrzahl *f*, Plural *m*; ***υπεραστικός ~*** Vorwählnummer *f*.
αριθμούμενος (*Part. Präs. Pass. v*. αριθμώ) gezählt.
αριθμ|ώ (είς· ησ) zählen; *Seiten* nummerieren; *Schaden usw*. berechnen; *v/p*. (***~ούμαι***) *a*. sich belaufen (***σε/*** auf *A*).
αριός (-ιά) *s*. ***αραιός***.
άριστα *Adv*. sehr gut, glänzend.
αριστ|εία [arist-] Tüchtigkeit *f*, Vorzüglichkeit *f*; **~είο** Prämie *f*.
αριστερ|ά [aristɛ'ra] *Adv*. links; *Su. f* Linke *f*; **~ίζω** (σ) nach links (*fig*. zur Linken) neigen; **~ίστικος** *pol*. links eingestellt; **~όθεν** [-'ɔθɛn] *Adv*. von links; **~ός** link- (*a. pol*.); linkshändig; ***προς τα ~ά*** *G* zur Linken *G*; **~όχειρας** [-'ɔïçiras] Linkshänder *m*.
αριστ|εύς [ari'stɛfs] (-έως) Erste(r); **~εύω** [-'ɛvɔ] (ευσ· *a*. εψ) sich (*A*) auszeichnen; die Note „Ausgezeichnet" erhalten; **~οκράτης** [-ɔ'krat-] (***-ισσα***) Aristokrat(in *f*) *m*, Adelige(r); **~οκρατία** Aristokratie *f*, Adel *m*; Prominenz *f*; **~οκρατικός** aristokratisch, ad(e)lig.
αριστοποι|ώ ausgezeichnet machen; ***~ημένο επίπεδο*** *Tech*. Höchststand *m*.
άριστος ausgezeichnet.
Αριστοτέλης (-ους) Ari'stoteles *m*.
αριστο|τέχνημα [aristɔ'tɛxn-] *n* Meisterwerk *n*; **~τέχνης** Virtuose *m*; **~τεχνικός** meisterhaft; **~τέχνισσα** Virtuosin *f*.
αριστ|ούργημα [-'sturj-] *n* Meisterwerk *n*; **~ούχος** [-'ux-] (-α) Meister *m*; Beste(r); **≗οφάνης** [-ɔ'fanis] Ari'stophanes *m*.
Αρκαδία Ar'kadien *n*.
αρκ|εί [ar'ki] es genügt; **~ετά** *Adv*. ziemlich; **~ετός** genug, ansehnlich (*Vermögen usw*.); ziemlich viel, eine ganze Reihe von *D*; ***~ετό καιρό*** ziemlich lange.
αρκούδα [ar'kuða] Bär *m*; F Weibsbild *n*.
αρκουδ|ήσιος (-ια) Bären-; **~ιάρης** (-ηδες) Bärenführer *m*; **~ίζω** auf allen vieren gehen; **~οβότανο** [-ɔ'vɔtanɔ] Klette *f*.
αρκτ|ικός [arkt-] arktisch, nördlich; Anfangs-; ***≗ική*** Arktis *f*; **~όμυς** [-'ɔmis] (-υος) Murmeltier *n*.
άρκτος *f* Bär *m*; ***Μεγάλη, Μικρή ~*** *Astr*. Große(r), Kleine(r) Bär *m*.
αρκτώος (-ώα) *s*. ***αρκτικός***.
αρκ|ώ [ar'kɔ] (είς· εσ) genügen; ***~ούμαι*** (-έστηκα) sich begnügen (***σε/*** mit *D*).
αρλεκίνος Harlekin *m*.
αρλούμπα [ar'lum̃ba] Flause *f*, *mst. pl*. Flausen; *Adv*. auf gut Glück.
άρμ (0) (*präsentiert*) das Gewehr!
άρμα[1] ['arma] *n* Wagen *m*; ***~ μάχης*** Kampfwagen *m*, Tank *m*.
άρμα[2] *n* Waffe *f*.
αρμάδα Armada *f*.
αρμάθα [-'maθa], **αρμαθιά** Kette *f*, Reihe *f*; Kranz *m Feigen usw*.
αρμαθιάζω (-άθιασα· στ) aufreihen.
αρμάρι [ar'mari] Schrank *m*.
άρματα *n/pl*. Waffen *f/pl*.
αρματοδρομία [armatɔðrɔm-] Wagenrennen *n*; Korso *m*.
αρματο|λίκι [-'liki] *hist*. „Armatolen"-Gebiet *n*; Armatolenwürde *f*; **~λός** *hist*. Armatole *m*, bewaffneter Grieche (*während der Türkenherrschaft*).
αρμάτωμα *n* Bewaffnung *f*; Ausrüstung *f*.
αρματ|ώνω (σ· θ) bewaffnen; *mar*. ausrüsten (***με/*** mit *D*); **~ωσιά** *s*. ***αρμάτωμα***.
άρμεγμα ['armɛɣma] *n* Melken *n*.
αρμέγω (ξ· χτ· γμ) melken; *fig*. *j-n* ausnehmen.
άρμενα ['armɛna] *n/pl. mar*. Takelwerk *n*, Ausrüstung *f*.
Αρμένης (***-ισσα*** *f*) Armenier(in *f*) *m*.
Αρμενία Armenien *n*.
αρμενίζω (σ) *v/i*. segeln, fahren; *Gedanken*: schweifen.
αρμενικός armenisch.
Αρμένιος (***-νία***) Armenier(in *f*) *m*.
άρμενο Segelboot *n*.
αρμεξιά [armɛ'ksja] Melken *n*; Milch *f* e-s Melkganges.
άρμη Salzlake *f*; Saline *f*.

αρμίδι Angelschnur *f*; Seil *n*.
αρμογή [-mɔ'ji] Fuge *f*; Zusammenfügen *n*.
αρμ|όδιος [ar'mɔð-] (-ια) passend, geeignet (***για***/ für *A*; ***επί*** *G*/ in *D*); **~οδιότητα** [-ɔ'ðjɔt-] Zuständigkeit *f*, Kompetenz *f*; Gerichtsstand *m*; **~οδίως** [-'ðiɔs] gebührend; **~όζω** (σ· σμ) *v/t*. anbringen (***σε***/ an *A*); *v/i*. passen (***με***/ zu *D*); *unp*. sich schicken; **~ολόγημα** [-'lɔiji-] *n*, **~ολογία** [-lɔj-] Montage *f*; **~ολογώ** [-lɔ'ɣɔ] (είς· ησ) montieren; **~ονία** Harmonie *f* (*a. Mus.*), Eintracht *f*; **~ονικός** harmonisch; einträchtig; **~όνιο** Harmonium *n*.
αρμός Fuge *f* (*Spalt*), Gelenk *n*.
αρμοστ|εία [armɔst-] Hohe Behörde *f*; **~ής** Hohe(r) Kommissar *m*.
αρμπαρόριζα [arba'rɔriza] *Bot*. Zitronenmelisse *f*.
άρμπουρο ['arburɔ] Mast *m*.
αρμυρ- *s*. ***αλμυρ-***.
αρνάδα [arn-] Schaf *n*.
αρνάκι [-'naïķi] junge(s) Lamm *n*.
άρνηση ['arnisi] (-εις) Ablehnung *f e-r Bitte*; Weigerung *f* (***να***/ zu ...); *jur*. Verweigerung *f*; Ableugnung *f e-r Schuld*; *Gr*. Verneinung *f*; **~ *διαταγής*** Befehlsverweigerung *f*; **~ *θητείας*** Wehrdienstverweigerung *f*.
αρνησιά *s*. ***άρνηση;*** Vergessenheit *f*.
αρνησ|ιδικία [-iðiķ-] Rechtsverweigerung *f*; **~ίθεος** [-'iθε-] Gottlose(r); **~ιθρησκία** [-iθrisķ-] Abtrünnigkeit *f*; **~ίθρησκος** [-θrisk-] Renegat *m*; **~ικυρία** [-iķir-] Veto *n*.
αρνήσιος [ar'nis-] (-ια) Lamm-.
αρνητ|ής [arnit-] Verneiner *m*; Verleugner *m*; **~ικό** *Foto*: Negativ *n*; **~ικός** negativ; ablehnend; *Gr*. verneinend.
αρνί [ar'ni] Lamm *n* (*a. fig.*).
αρνιέμαι *s*. ***αρνούμαι***.
αρνίσιος Lamm- (*Fleisch*).
αρνόγλωσσο *Bot*. Wegerich *m*.
αρνούμαι [ar'numε] (είσαι· ηθ) *Frage* verneinen; *Vorschlag* ablehnen; *Schuld* (ab)leugnen; *Annahme* verweigern; *dem Glauben* entsagen; *Menschen usw*. verlassen; **~ *να*** sich (*A*) weigern, zu ...
αροδάφνη [arɔ'ðafni] Oleander *m*.
άρον άρον ohne zu fackeln.
άροση Pflügen *n*.
αρόσιμος [a'rɔs-] anbaufähig.
αροτρ|ίαση [-'triasi] Pflügen *n*; **~ιώ** [-'triɔ] (άς· -τρίασα) pflügen.
άροτρο Pflug *m*.
άρουρα ['arura] Ackerland *n*.
αρουραίος Feldmaus *f*.
άρπα ['arpa] Harfe *f*.
άρπαγας ['arpaɣ-] Räuber *m*.
αρπάγη [ar'païji] Haken *m*; Harpune *f*; *Tech*. Greifer *m*.
αρπαγή [-pa'ji] Plünderung *f*.
άρπαγμα [-paɣma] *n*, **αρπαγμός** Raub *m*; Handgemenge *n*.
άρπαγος *s*. ***άρπαγας; αρπακτικός***.
αρπάζ|ω (ξ· χτ· γμ) *v/t*. rauben; (er-)greifen (***από***/ an *D*); fangen; *v/i*. *Essen*: anbrennen; Feuer fangen; **~*ομαι*** sich festhalten (***από***/ an *D*); sich in die Haare geraten (***για***/ wegen *G*).
αρπακτικ|ός [arpakt-] (*a*. **-χτ-**) raubgierig; Raub- (*Tier*); **~ό** Raubvogel *m*; **~ότητα** Raubgier *f*.
αρπαστό Federball *m*.
αρπάχνω *s*. ***αρπάζω***.
αρπαχτ|ά [-pa'xta] *Adv*. flüchtig; im Fluge; **~ός** geraubt.
αρπιστής [arpist-] Harfenspieler *m*.
αρπώ (άς· ασ) *s*. ***αρπάζω***.
αρραβών|α(ς) [ara'vɔna(s)] Vorschuss *m*, Anzahlung *f*, Pfand *n*; Verlobungsring *m*; **~*ες*** *pl*. Verlobung *f*.
αρραβωνιάζ|ω (-ώνιασμα· στ) *v/t*. verloben; **~*ομαι*** sich (*A*) verloben.
αρραβώνιασμα [-'vɔnjaz-] *n* Verlobung *f*.
αρραβων|ιασμένος [aravɔn-] verlobt; **~ιαστικιά** Verlobte *f*; **~ιαστικός** Verlobte(r); **~ίζω** (σ· στ) *s*. ***αρραβωνιάζω***.
αρραγής [araj-], **αρράγιστος** nicht gebrochen; unzerbrechlich.
άρραφ|ος ['araf-], **~τος** nicht genäht; nahtlos.
αρρεν|ογονία [arεnɔɣɔn-] männliche Linie *f*; **~οπρεπής** [-ɔprεp-], **~ωπός** [-ɔp-] männlich.
άρρηκτος ['arikt-] unzerreißbar.
άρρητος ['arit-] unsagbar.
αρριβ- *s*. ***αριβ-***.
αρρυθμία [ariθm-] Missverhältnis *n*; Störung *f*; Unregelmäßigkeit *f*; *Med*. Arrhythmie *f*.
άρρυθμος ungleichmäßig.

αρρυμοτόμητος nicht geplant (*z. B. Straßen*).
αρρυμούλκητος nicht abgeschleppt; nicht abschleppbar.
αρρυτίδωτος [ari'tiðɔ-] faltenlos, glatt.
αρρωσταίνω *s.* ***αρρωστώ.***
αρρ|ώστημα [a'rɔst-] *n* Erkrankung *f*; **~ώστια, ~ωστία** Krankheit *f*; *fig.* Nervensäge *f*; **~ωστιάρης** (-α, -ικο), **~ωστιάρικος** kränklich.
άρρωστος ['arɔst-] krank; erkrankt (***από***/ an *D*).
αρρωστ|ότοπος [-'ɔtɔp-] ungesunde Gegend *f*; **~ώ** (άς· ησ) *v/i.* erkranken; leiden; *v/t.* krank machen.
αρσενικό *Chem.* Ar'senik *n.*
αρσενικοθήλυκος [arsɛnikɔ'θilik-] Zwitter *m.*
αρσενικός männlich (*a. Gr.*); maskulin; *Su. n* Maskulinum *n.*
αρσενικούχος [-'kux-] arsenig.
αρσενοκοίτης [-nɔ'kit-] Päderast *m.*
άρση ['arsi] (-εις) Heben *n*; Aufhebung *f von Gesetzen*; Beseitigung *f von Hindernissen*; *Mus.* Arsis *f*; **~ *βαρών*** Gewichtheben *n.*
αρταίνω *s.* ***αρτύνω.***
Άρτεμη, Αρτέμιδα Artemis *f.*
αρτεμισία *Bot.* Beifuß *m.*
αρτεργά|της Bäckergehilfe *m*; **~τρια** Bäckergehilfin *f.*
αρτεσιανός [artɛsj-] artesisch.
αρτηρ|ία [artir-] Arterie *f*; Pulsader *f*; *fig.* Verkehrsader *f*; **~ιακός** Arterien-; **~ιοσκλήρυνση, ~ιοσκλήρωση** [-ĭɔ'sklirɔsi] (-εις) Arterienverkalkung *f*; **~ιοσκληρωτικός** arteriosklerotisch; *fig.* verkalkt.
αρτι|βαφής [-va'fis] frisch gestrichen; **~γενής, ~γέννητος** [-'jɛnit-] neugeboren; **~μελής** ohne Gebrechen.
άρτιο|ς (-ια) unversehrt, heil; gesund; lückenlos, perfekt; *Zahl*: gerade; ***εις το ~ν*** *Hdl.* al pari, zum Nennwert.
αρτιότητα [ar'tjɔt-] Unversehrtheit *f*; Vollständigkeit *f*; Perfektheit *f.*
αρτίστα Künstlerin *f*; Schauspielerin *f*; **~ς** Künstler *m*; Schauspieler *m.*
αρτι|σύστατος [arti'sistat-] neu gegründet; **~φανής** [-fan-] neu erschienen.
αρτο- [artɔ-] Brot-.
αρτο|ποιείο [-pi'iɔ] Bäckerei *f*; **~ποιός** [-'pjɔs] Bäcker *m*; **~ποιώ** [-'pjɔ] (είς· ησ) Brot backen; **~πωλείο** [-pɔl-] Bäckerladen *m.*
άρτος ['artɔs] Brot *n.*
αρτύζω *s.* ***αρτύνω.***
άρτυμα ['artima] *n* Gewürz *n*; Würze *f* (*a. fig.*).
αρτ|ύνω [-'tinɔ] (άρτυσα) *j-n* (*an e-m Fastentag*) bewirten; ***~ύνομαι*** (*a.* ***~αίνομαι;*** αρτύθηκα) die Fasten brechen; *fig.* der Liebe frönen.
άρτυση Brechen *n* der Fasten.
αρτύσιμος (*Fastenzeit*) verboten.
αρύλογος [a'rilɔɣ-] große(s) Sieb *n.*
αρύομαι [a'riɔmɛ] (σθ) schöpfen.
αρύς (-ιά, -ύ) *s.* ***αραιός.***
αρφάδι *s.* ***αλφάδι.***
αρφανός *s.* ***ορφανός.***
αρχάγγελος [ar'xaŋgɛl-] Erzengel *m.*
αρχα|ΐζω (-χαίσα) das Alte nachahmen; in Archaismen reden; **~ΐζων** [arxa'izɔn] *Part. Präs. K.* archaisierend; **~ϊκός** archaisch; altertümlich; antik; **~ϊκότητα** archaische(r) Stil *m.*
αρχαι|ογνωσία [arçɛɔɣnɔs-] Altertumskunde *f*; **~οδίφης** [-ɔ'ðif-] Altertumsforscher *m*; **~όθεν** [-'ɔθɛn] *K.* seit alters; **~οκαπηλία** [-ɔkapil-] Antiquitätenschmuggel *m*; **~οκάπηλος** Antiquitätenschmuggler *m*; **~ολογία** [-ɔlɔj-] Archäologie *f*; **~ολογικός** archäologisch; ***~ολογικός χώρος*** Ruinenstätte *f*; **~ολόγος** [-ɔ'lɔɣ-] Archäologe *m*; *f* Archäologin *f*; **~ομάθεια** [-ɔ'maθja] Altertumskunde *f*; **~οπρεπής** [-ɔprɛp-] altertümelnd; antik; **~όπρεπος** altertümelnd; **~οπωλείο** [-ɔpɔl-] Antiquitätenhandlung *f*, Antiquariat *n*; **~οπώλης** Antiquar *m*; Antiquitätenhändler *m.*
αρχαί|ος [ar'çɛ-] (-αία) alt (*hist.*); *Su. n* Antike *f*; ***~α*** *n/pl.* Altertümer *pl.*; (das) Altgriechische.
αρχαι|οσυλλέκτης [-ɔsi'lɛkt-] Sammler *m* von Altertümern; **~ότερος** [-'ɔtɛr-] ältere-; dienstältest-; **~ότητα** Alter *n* (*e-s Objektes*); Altertum *n*, Antike *f*; *Büro*: Dienstalter *n*; *mst. pl.* Altertümer *pl.*, Antiquitäten *f/pl.*; **~οτροπία** [-ɔtrɔp-] antike(r) Stil *m*; **~ότροπος** *s.* ***αρχαιοπρεπής.***
αρχαιρεσ|ία [arçɛrɛs-], *mst. pl.* **~ίες** Wahl *f des Vorstandes.*
αρχαϊσ|μός [arxaiz-] Archaismus *m*; **~τικός** [-stik-] archaistisch.

αρχάριος [ar'xar-] Anfänger *m*, Neuling *m*; *Adj*. (-ια) unerfahren.

αρχ|έγονος [ar'çεγɔn-] ursprünglich; primitiv; **~είο** Archiv *n*; **~ειοθήκη** [-ĭɔ'θikj] Aktenschrank *m*; Ordner *m*; Ablage *f*; **~ειοφύλακας** [-ĭɔ'filakas] Archivar *m*; **~ειοφυλακείο** [-'kjiɔ] Archiv *n*; **~έτυπο** [-'εtipɔ] Original *n*; Urtext *m*; Muster *n*; *Typ*. Wiegendruck *m*; **~έτυπος** Original-; Erst-; **~εύω** *s*. ***αρχίζω***.

αρχ|ή [ar'çi] Anfang *m*; Grundsatz *m*, Prinzip *n*; *mst. pl*. Behörde *f*, Dienststelle *f*; ***σχολική ~ή*** Schulbehörde *f*; ***κάνω ~ή*** beginnen; ***στην ~ή*** zu Beginn; ***απ' ~ής, εξ ~ής, από την ~ή*** von Anfang an; ***κατ' ~ήν*** im Prinzip; ***καλή ~ή, καλό τέλος*** Ende gut, alles gut; **~ηγείο** [-ij-] *mil*. Hauptquartier *n*; Stab *m*; Zentrale *f*; **~ηγέτης** [-i'jεt-] Chef *m*, Leiter *m*, Führer *m*; **~ηγία** [-ij-] Kommando *n*; Leitung *f*; **~ηγίνα** Chefin *f*, Leiterin *f*; **~ηγός** [-iγ-] Chef *m*, Befehlshaber *m*, Kommandeur *m*; **~ηγώ** [-'γɔ] (είς· ησ) Leiter sein; Kommandeur sein; **~ίατρος** [-'iatr-] Oberarzt *m*, Chefarzt *m*.

αρχιγραμματέας [arçiγrama'tεas] (*pl*. -είς) Obersekretär *m*.

αρχίδια *n*/*pl*. (*vulgär*) Hoden *f*/*pl*.

αρχι|δικαστής [-ðikast-] Gerichtsvorsitzende(r); **~δούκας** [-'ðukas] Erzherzog *m*; **~δούκισσα** [-'ðukj-] Erzherzogin *f*; **~επισκοπή** [-εpiskɔ'pi] Erzbistum *n*; **~επίσκοπος** Erzbischof *m*; **~επιστάτης** [-εpi'stat-] Oberaufseher *m*; **~ερατικός** [-εrat-] Prälaten-; **~εργάτης** [-εr'γat-] Vorarbeiter *m*; *Bau*: Polier *m*; **~ερέας** [-ε'rεas] (*pl*. -είς) Prälat *m*, hohe(r) Geistliche(r); **~εροσύνη** [-εrɔ'sini] Prälatenwürde *f*.

αρχίζω [ar'çizɔ] (σ· στ) *v*/*t*. beginnen, anfangen (*a*. *v*/*i*. ***με***, *Gr*. ***από***/ mit *D*); ***~ να*** + *St*. *I* beginnen zu ...

αρχι|καγκελάριος [arçikaŋ̆gε'lar-] Bundeskanzler *m*; *hist*. Reichskanzler *m*; **~καμαρότος** Schiffssteward *m*; **~κελευστής** [-kjεlεfst-] *mil*. Oberbootsmann *m*, Obersteuermann *m*; **~κός** ursprünglich, anfänglich; Anfangs- (*Buchstaben*); Ausgangs- (*Stoff*); *Kunst*: primitiv; ***~κή τιμή*** *Hdl*. Einkaufspreis *m*; **~ληστής** Räuberhauptmann *m*; **~μάγειρος** [-'majir-] Küchenchef *m*, Oberkoch *m*; **~μανδρίτης** [-maň'ðrit-] Klostervorsteher *m*, *Titel*: Archimandrit *m*.

Αρχιμήδης Archimedes *m*.

αρχι|μηνιά [-min-] Monatsbeginn *m*; **~μηχανικός** [-mixan-] Chefingenieur *m*; *mar*. erste(r) Maschinist *m*; **~μουσικός** [-mus-] Kapellmeister *m*; **~νοσοκόμος** [-nɔsɔ'kɔm-] Obersanitäter *m*; **~νώ** (άς) *s*. ***αρχίζω***; **~πέλαγος** [-'pεlaγ-] *n* Archipel *m*, Inselgruppe *f*, *bsd*. (der) griechische Archipel; **~στρατηγία** [-stratij-] Oberbefehl *m*; Oberkommando *n*; **~στράτηγος** [-'stratiγ-] Oberbefehlshaber *m*; **~συντάκτης** [-si'ňdakt-] (**-χτ-**) Chefredakteur *m*; **~τ-** *s*. ***αρχητ-***; **~τέκτονας** [-'tεkt-] Architekt *m*; **~τεκτονική** Architektur *f*, Baukunst *f*; *lit*. Aufbau *m* (*e-s Werkes*); **~τεκτονικός** architektonisch; *mst*. Architekten-; Bau-; **~τεχνίτης** [-tεxn-] Werkmeister *m*; **~φύλακας** [-'filakas] Oberwächter *m*, *etwa*: Polizeiwachtmeister *m*; **~χρονιά** [-xrɔ'nja] Neujahr *n*; **~χρονιάτικος** Neujahrs-.

αρχομαν|ής [-man-] herrschsüchtig; **~ία** Herrschsucht *f*.

αρχοντ|αίνω [arxoňd-] *s*. ***αρχοντεύω***; **~άνθρωπος** [-'aňθrɔp-] großzügige(r) *od*. imposante(r) Mann *m*.

αρχοντ|άρης Mönch *m* für die Gästebetreuung; **~αρίκι** Gästehaus *n* (*im Kloster*).

άρχοντας vornehme(r) Herr *m*; Adlige(r); *pl*. Honoratioren *m*/*pl*.; ***ανώτατος ~*** Staatsoberhaupt *n*.

αρχοντ|εύω [arxoňd-] (ψ) zu Ansehen gelangen, F höher kommen; **~ιά** Vornehmheit *f*, Adel *m*; **~ικό** Herrenhaus *n*, Schloss *n*; Geschlecht *n*; **~ικός** vornehm; herrschaftlich; **~ιλίκι** *s*. ***αρχοντιά***.

αρχόντισσα vornehme Dame *f*; *hist*. *im Vokativ*: gnädige Frau *f*.

αρχοντο|λόγι [-'lɔïji] Oberschicht *f*, Hautevolee *f*; **~πιάνομαι** [-'pjanɔmε] (στ) den großen Herrn spielen; **~χωριάτης** [-xɔ'rĭat-] reiche(r) Bauer *m*; Neureiche(r).

αρχυτ- *s*. ***αρχητ-***.

άρχω ['arxɔ] (ήρξα) (*G*) *K*. befehligen, kommandieren *A*; *v*/*i*. herrschen; **~ν** (-οντος) *m* Landesherr *m*.

άρω *St. II v.* ***αίρω.***
αρω|γή [arɔ'ji] Beistand *m*, Hilfeleistung *f*; **~γός,** *f* **~γή** Helfer(in *f*) *m*.
άρωμα ['arɔma] *n* Parfum *n*; Duft *m*; *Kaffee usw.*: Aroma *n*.
αρωματ|ίζω (σ· στ) parfümieren; *Speisen* würzen; **~ικός** wohlriechend; parfümiert; *n/pl.* Essenzen *f/pl.*; **~οπωλείο** [-ɔpɔl-] Parfümerie *f*; **~ώδης** *s.* ***αρωματικός.***
αρώτητος [a'rɔtit-] ungefragt.
ας [as] *bezeichnet den Imp., das Zugeständnis, die Gleichgültigkeit; deutsch Imp., lassen, mögen, sollen*: ***~ υποθέσομε!*** nehmen wir an!; ***~ είχα και εγώ ...*** hätte doch auch ich ...!; ***~ γίνει ό, τι γίνει*** mag geschehen, was will; ***~ είναι*** meinetwegen!
ασάλευτος [a'saleft-] unbewegt.
ασαμάρωτος ungesattelt.
ασανσέρ [asañ'sɛr] (0) *n* Fahrstuhl *m*.
ασαράντιστος ... vor den vierzig Tagen (*nach der Niederkunft*).
άσαρκος ['asark-] mager.
ασάρωτος [-rɔt-] ungefegt.
ασάφεια [a'safia] Unklarheit *f*.
ασαφής unklar, dunkel.
ασβεστ|άδικο [azvɛ'stað-] Kalkbrennerei *f*; **~άς** (-άδες) Kalkbrenner *m*; Tüncher *m*.
ασβέστ|η, ~ης, ~ι Kalk *m*; **~ιο** Kalzium *n*.
ασβεστ|οκάμινο [azvɛstɔ'kam-] (*a.* **-νος** *f*) Kalkofen *m*; **~οκονίαμα** [-kɔ'niama] *n* Mörtel *m*; **~όλιθος, ~όπετρα** [-'ɔpɛtra] Kalkstein *m*.
ασβεστούχος [-'stux-] (-α) kalkhaltig.
ασβέστωμα *n* Kalken *n*; Tünchen *n*.
ασβεστώνω (σ· θ) kalken.
άσβηστος ['azvist-] ungelöscht; ... nicht zu löschen(d); *fig.* unstillbar; nicht enden wollend.
ασβόλη [az'vɔli] Ruß *m*.
ασβός Dachs *m*.
άσβυστος *s.* ***άσβηστος.***
άσε ['asɛ] lass! *Imp. v.* ***αφήνω.***
α|σέβεια [a'sɛv-] (***σε***) Nichtachtung *f*, Respektlosigkeit *f* (gegenüber *D*), Missachtung *f* (*G*); **~σέβημα** *n* Lästerung *f*; **~σεβής** respektlos, pietätlos; gottlos; **~σεβώ** [-sɛ'vɔ] (είς· ησ) respektlos *usw.* sein (*od.* handeln).
άσειστος ['asist-] unerschütterlich; erdbebenfrei.
ασέλγεια [a'sɛlj-] Unzucht *f* (*G*/ mit *D*).
ασελγής unzüchtig.
ασελγώ [asɛl'ɣɔ] (είς· ησ) Unzucht treiben.
ασέληνος [a'sɛlin-] mondlos.
άσεμνος ['asɛmn-] unanständig.
ασετιλίνη [asɛti'lini] Azetylen *n*.
ασήκης [a'sik-] (-ισσα, -ικο) fesch, flott; *Su.* Liebhaber(in *f*) *m*.
ασήκωτος [-kɔt-] ... nicht zu heben(d); ungehoben; (noch) nicht aufgestanden; (noch) unbestattet; fest *am Platz*.
ασημάδευτος [asi'maðɛft-] unmarkiert; ungezielt.
ασήμαντος [-mañd-] unbedeutend.
ασημείωτος unbeachtet; nicht verzeichnet.
ασημένιος (-ια) silbern; *fig.* weiß (schimmernd).
ασημής [asi'mis] (-ιά, -ί) silberweiß, silbern.
ασήμι [a'simi] Silber *n*.
ασημικά [-mi'ka] *n/pl.* Silberwaren *f/pl.*; Silbergeschirr *n*.
ασημ|οκαπνίζω [asimɔkapn-] (σ· στ) versilbern; **~όκουπα** [-'ɔkupa] Silberpokal *m*; **~όνερο** [-'ɔnɛrɔ] Scheidewasser *n*.
άσημος *Gold usw.*: ungestempelt; *fig.* unbedeutend, gewöhnlich.
ασημό|τητα Bedeutungslosigkeit *f*; **~χρυσα** [-xrisa] *n/pl.* Juwelen *n/pl.*
ασήμωμα [a'simɔma] *n* Versilberung *f*.
ασημώνω (σ· θ) versilbern; *fig.* e-n Glückspfennig geben.
ασηπτικός [asipt-] keimfrei.
άσηπτος unverfault; *s.* ***ασηπτικός.***
αση|πτώ [asi'ptɔ] (είς· ησ) nicht faulen; **~ψία** [-'psia] Keimfreiheit *f*; keimfreie Wundbehandlung *f*.
ασθ|ένεια [a'stɛn-] Krankheit *f*; **~ενής** krank; *fig.* schwach; **~ενικός** kränklich; **~ενοφόρο** [-ɔ'fɔr-] Krankenwagen *m*; **~ενοφόρος** (-α) Kranken(transport)-; **~ενώ** [-ɛ'nɔ] (είς· ησ) erkranken.
άσθμα ['astma] *n* Asthma *n*.
ασθμ|αίνω keuchen; **~ατικός** asthmatisch.
Ασία [a'sia] Asien *n*; ***η Μέση ~*** Mittelasien *n*; ***η Μικρά ~*** Kleinasien *n*.
ασιαν|ός [asjan-] asiatisch; **~ή** Asiatin *f*; **~ός** Asiate *m*.

Ασιάτης [a'sjat-] (***-άτισσα*** *f*) Asiate (-tin *f*) *m*.
ασιατικός asiatisch.
άσιαχτος ['asjaxt-] ungeordnet.
α|σίγαστος [a'siɣ-] nie verstummend; *fig*. immer während; unstillbar; **~σίγητος** *s*. ***ασίγαστος***.
άσιγμος *Gr*. asigmatisch (*Aor*., *z. B.* ***έφερε***).
ασιδέρωτος [-si'ðerɔt-] ungebügelt.
ασίκης *s*. ***ασήκης***.
ασίτευτος [a'siteft-] unreif; *Fleisch*: nicht abgehangen.
ασιτία Hungern *n*, Nahrungsverweigerung *f*; ***θάνατος εξ ~ς*** Hungertod *m*.
άσιτος ... ohne Nahrung.
ασιτώ (είς· ησ) hungern.
ασκάθαρος [a'skaθar-] Käfer *m*.
ασκάλ|ευτος [-left-], **~ιστος** ungraviert; nicht durchsucht; *fig*. unberührt *lassen*; ***αφήνω τη δουλειά ~ευτη*** die Sache (dabei) bewenden lassen.
ασκανδάλιστος [aska'ňðal-] ohne Aufheben, unauffällig.
άσκαπτος *s*. ***άσκαφος***.
ασκαρδαμυκτί [askarðami'kti] *Adv*. unverwandt.
άσκαυλος ['askavl-] Dudelsack *m*.
άσκαφ(τ)ος ['askaf-] nicht gegraben; *Feld*: nicht umgegraben.
ασκ|έπαστος [a'sķepast-] unbedeckt, ... ohne Deckel; nicht zugedeckt; **~επής** ohne Kopfbedeckung.
άσκεπος *s*. ***ασκέπαστος***.
ασκέρι [a'sķeri] Volksmenge *f*; ***με τ' ~ του*** mit Kind und Kegel.
άσκεφτος ['asķeft-] leichtfertig.
ασκεψία [-'psia] Leichtfertigkeit *f*.
ασκημ- *s*. ***ασχημ-***.
ασκημάδα [asķi'maða] *s*. ***ασκημιά***.
ασκ|ημαίνω *v/t*. (υν) verunstalten, verschandeln; *v/i*. unschön(er) werden; **~ημάνθρωπος** Missgestalt *f*; **~ημάτιστος** missgestaltet; **~ήμια, ~ημιά** Hässlichkeit *f*; *fig*. Übergriff *m*; **~ημίζω** *s*. ***ασκημαίνω***; **~ήμισμα** *n* Verunstaltung *f*.
ασκημ|οκαμωμένος [-ɔkamɔm-] ungestaltet; **~όλογο** [-'ɔlɔɣɔ] Zote *f*; **~ολογώ** [-'ɣɔ] (είς· ησ) Zoten reißen.
άσκημος ['asķ-] hässlich, unschön; *Benehmen*: schlecht, hässlich; *Krankheit*: böse, schlimm.
ασκημ|οσύνη [-ɔ'sini] Ungehörigkeit *f*; **~ούλα** [-'ula] hässliche(s) Weib *n*.
άσκηση ['asķisi] (-εις) *allg*. Übung *f* (*a. mil.*); *pl. mil*. Manöver *n*; Ausübung *f e-s Berufes usw*.; Training *n*; *Rel*. Askese *f*.
ασκητ|εία [asķit-] Askese *f*; **~ήριο** Einsiedelei *f*; Klause *f*; **~ής** Asket *m*; Klausner *m*; **~ικός** asketisch; **~ισμός** Askese *f*; Asketismus *m*.
ασκί Schlauch *m*.
ασκίαστος [a'sķiast-] schattenlos; *fig*. unangetastet.
ασκίαυλος [-avl-] Dudelsack *m*.
άσκιαχτος ['asķaxt-] unerschrocken.
ασκλάβωτος [a'sklavɔt-] unversklavt; *fig*. frei (verfügbar).
ασκόνιστος [a'skɔn-] staubfrei.
άσκοπος [askɔp-] zwecklos; ziellos, planlos.
ασκόρπιστος [a'skɔrp-] nicht zerstreut; nicht vergeudet.
ασκός Schlauch *m*.
α|σκότιστος [a'skɔt-] nicht verdunkelt; *fig*. sorglos; **~σκούμενος** Praktikant *m*; **~σκούπιστος** [-'skup-] un(ab)gewaschen; unabgetrocknet; ungefegt; **~σκούριαστος** [-ȓiast-] nicht verrostet.
ασκώ [a'skɔ] (είς· ησ) üben (***τον – σε***/ mit j-m etw. *A*); *mil*. ausbilden (***τον – σε***/ j-n in *D*); *Sport*: trainieren; *Pflicht*, *Macht*, *Beruf usw*. ausüben; *Strafverfahren* einleiten; ***ασκούμαι*** sich üben (***σε***/ in *D*).
άσμα ['azma] *n* Lied *n*; *lit*., *Rel*., *Vogel*: Gesang *m*.
ασματο|γράφος [-tɔ'ɣraf-], **~ποιός** [-'pjɔs] Liederdichter *m*.
άσμενος froh.
ασμίλευτος unbearbeitet, unausgefeilt (*Werk*).
άσμιχτος ['azmixt-] unvermischt; ... ohne Geselligkeit.
ασοβάντιστος ungetüncht, unverputzt.
ασόδιαστος [a'sɔðjast-] ungeerntet.
ασορτί (*dazu*) passend (***με***/ zu *D*).
άσος As *n*; *fig*. Meister *m*; F Kanone *f*.
ασουλούπωτος [asu'lupɔt-] unschick, plump; salopp.
ασούφρωτος [a'sufrɔt-] faltenlos.
ασοφία [asɔf-] Unwissenheit *f*.
άσοφος unwissend; unklug.

ασπάζομαι 98

ασπάζομαι [a'spazɔmɛ] (στ) küssen; umarmen; sich *e-r Meinung* (*D*) anschließen; *Ideen* aufgreifen; *e-n Beruf* ergreifen.
ασπάλακας [a'spalakas] Maulwurf *m*.
ασπάραγος [a'sparaɣ-] Spargel *m*.
άσπαρτος ungesät.
ασπασμός Umarmung *f*; Kuss *m*; herzliche(r) Gruß *m*.
άσπαστος unzerbrechlich; heil.
ασπαστός liebenswürdig.
άσπερμος ['aspɛrm-] samenlos.
ασπίδα Schild *m*; *Zool*. Viper *f*.
άσπιλος, ασπίλωτος [a'spilɔt-] unbefleckt; fleckenlos.
ασπιρίνη Aspirin *n*.
άσπιτος obdachlos.
ασπίτωτος [a'spitɔt-] nicht untergebracht.
ασπλαχνία [asplaxn-] Unbarmherzigkeit *f*.
ά|σπλαχνος unbarmherzig; **~σπονδος** [-spɔn̆ð-] unversöhnlich; Erb-(*Feind*).
ασπόνδυλος [-n̆ðil-] wirbellos.
άσπορος ungesät; unfruchtbar; *Rel*. jungfräulich.
ασπούδαστος [a'spuðast-] (**-χτ-**) unstudiert; ungebildet.
ασπράδ|α [aspr-] Weiß *n*; weiße(r) Fleck *m*; **~ι** *das* Weiße *im Auge*; ***~ι του αβγού*** Eiweiß *n*.
ασπριδερός [aspriðɛr-] weißlich.
ασπρί|ζω (σ· στ) *v/t*. bleichen (*farblos machen*); weißen, tünchen, kalken; *v/i*. bleich (*od*. weiß) werden; weiß schimmern; **~λα** *s*. ***ασπράδα***.
άσπρισμα *n* Weißen *n*, Tünchen *n*.
ασπρο- [asprɔ-] weiß-.
ασπρο|γένης [-'jɛn-] Weißbärtige(r); **~κίτρινος** [-'ķitr-] fahl; **~κόκκινος** [-'kɔķ-] rosa; **~λούλουδο** [-'luluðɔ] Gänseblümchen *n*; **~μάλλης** [-'mal-] (-α *od*. -ισσα, -ικο) weißhaarig; **~μουριά** [-mur-] weiße(r) Maulbeerbaum *m*; **~ντυμένος** weiß gekleidet; **~πρόσωπος** [-'prɔsɔp-] makellos, F ... mit reiner Weste.
ασπρόρουχα [a'sprɔruxa] *n/pl*. Unterwäsche *f*.
άσπρ|ος weiß; ***~α*** weiß (*tragen*).
ασπρουδερός [aspruðɛr-] weißlich.
ασπρο|φορεμένος [-fɔrɛm-], **~φόρος** (-α) weiß gekleidet; **~φορώ** [-fɔ'rɔ] (άς, είς· εσ) in Weiß gehen, Weiß tragen.
ασπρόχωμα [a'sprɔxɔma] *n* weiße Tonerde *f*.
Ασσυρία [asir-] Assyrien *n*.
ασσυρ|ιακός assyrisch; **2ίος** Assyrer *m*.
αστάθεια [a'staθja] Unbeständigkeit *f*; Schwanken *n der Preise*.
ασταθής schwankend, unbeständig (*Wetter*), labil (*Charakter*).
αστάθμ|ητος [-θmit-] unbestimmt, unberechenbar; **~ιστος** unwägbar, ungenau; *Entschluss*: voreilig.
αστακός [astak-] Languste *f*; Hummer *m*.
άσταλτος ['astalt-] nicht abgesandt; ***μένω ~*** *Waren usw*.: liegen bleiben.
ασταμάτητος [-'matit-] unaufhaltsam.
αστάρι [a'stari] Futter *n*; Grundanstrich *m*.
ασταρώνω (σ· θ) *Kleider* füttern; zum ersten Mal anstreichen.
άστατος *Wetter*: unbeständig.
αστάχι [a'staĭçi] Ähre *f*.
άστε! lasst!, *Imp. v.* ***αφήνω***.
αστέγαστος [a'stɛɣast-] obdachlos; unbedeckt.
άστεγος obdachlos.
αστ|ειεύομαι [a'stjɛvɔmɛ] (ευτ), **~εΐζομαι** [-ɛ'izɔmɛ] (στ) scherzen, sich e-n Scherz machen *od*. erlauben (του, μαζί/ mit j-m); **~ειολογία** [-iɔlɔj-] Scherz *m*, Spaß *m*; **~ειολόγος** [-'lɔɣ-] Spaßmacher *m*; **~είος** [-'iɔs] (-εία) witzig, spaßig; *fig*. lächerlich; *Su*. *m* Spaßvogel *m*; *Su*. *n* Witz *m*; ***στα ~εία*** im Scherz; ***ας αφήσομε τα ~εία*** Scherz beiseite; **~ειότητα** [-i'ɔt-] Scherz *m*.
αστείρευτος [a'stirɛft-] unerschöpflich.
αστεϊσμός [astɛiz-] Scherz *m*, Spaß *m*.
αστένευτος [a'stɛnɛft-] nicht verengt; nicht eingelaufen.
αστέρας [-ras] Stern *m*; *fig*. Star *m*.
αστεράτος (-άτη) ... mit Sternenmuster; *Vieh*: mit einem weißen Stirnmal.
α|στέρευτος [a'stɛrɛft-] unerschöpflich; **~στέρητος** [-rit-] gut situiert.
αστέρι Stern *m*.
αστερίας *Zool*. Seestern *m*.
αστερ|ίσκος Sternchen *n*; **~ισμός** Sternbild *n*; **~οειδής** [-ɔið-] sternför-

mig; *n/pl. Zool.* Seesterne *m/pl.*; **~όεσσα** (*USA*) Sternenbanner *n*; **~οσκοπείο** [-ɔskɔp-] Sternwarte *f*; **~ωμένος** [-ɔ'mεn-], **~ωτός** gestirnt.

αστέφανος [a'stεfan-] unbekränzt.

αστεφάνωτος [-'fanɔt-] unbekränzt; *fig.* ungetraut.

αστή Bürgerin *f*, Städterin *f*; Bourgeois *f*.

αστήρ [a'stir] (-έρος) *m K. s.* ***αστέρας***.

αστήριχτος [a'stirixt-] ungestützt; *fig.* unbegründet.

αστίατρος [a'stiatr-] Amtsarzt *m*.

αστιγματι|κός [astiγmat-] astigmatisch; **~σμός** Astigmatismus *m*.

αστιγμάτιστος nicht gebrandmarkt (*a. fig.*); nicht entehrt.

αστικ|οποίηση [astikɔ'piisi] (-εις) Verbürgerlichung *f*; **~ός** städtisch; bürgerlich; ***~ό δίκαιο*** Zivilrecht *n*; ***~ή κατάσταση*** Personenstand *m*.

άστικτος ['astikt-] (**-χτ-**) unpunktiert.

αστίλβωτος [a'stilvɔt-], **άστιλπνος** ['astilpn-] glanzlos, matt.

α|στοίβαχτος [a'stivaxt-] nicht aufgeschichtet; **~στοιχείωτος** [-sti'çiɔt-] völlig ahnungslos; **~στόλιστος** [-'stɔl-] schmucklos; **~στοργία** [-stɔrj-] Lieblosigkeit *f*.

άστοργος ['astɔrγ-] lieblos.

αστός Städter *m*, Bürger *m* (*pol. a.* Bourgeois *m*).

αστ|οχασιά [astɔxa'sja] Unüberlegtheit *f*; Zerstreutheit *f*; **~όχαστος** unüberlegt; gedankenlos; *Adv.* ganz in Gedanken.

αστοχία [astɔç-] Fehlschlag *m*; Fehlschuss *m*; Zerstreutheit *f*.

άστοχος [-xɔs] erfolglos; *Schuss*: danebengegangen, Fehl-.

αστοχώ [astɔ'xɔ] (είς· ησ) *v/i.* nicht treffen, danebengehen; sich irren; fehlschlagen; *v/t.* vergessen.

αστράγαλος [-γal-] *Anat.* Knöchel *m*; Knöchelspiel *n*.

αστράγγιστος [a'strañgist-] nicht abgetropft, nicht filtriert; *Wäsche*: ungetrocknet.

αστρακιά [-'ka] Scharlach *n*, *m*.

αστραπ|ή [astrap-] Blitz *m*; **~ηβόλος** [-i'vɔl-], **~ηδόν** [-i'ðɔn] *K. Adv.*, **~ιαίος** [-'jεɔs] (-ιαία) blitzschnell; **~όβλητος** [-'ɔvlit-] vom Blitz getroffen; **~οβολώ** [-ɔvɔ'lɔ] (άς· ησ) blitzen (*a. fig.*); *fig.* strahlen (***από***/ vor *D*); **~οβροντά** es blitzt und donnert; **~όβροντο** [-'ɔvrɔñdɔ] Gewitter *n*; **~οκαμένος** vom Blitzschlag verbrannt; **~οφεγγιά** Blitzstrahl *m*.

α|στράτευτος [-tεft-] *mil.* nicht eingezogen; vom Militärdienst befreit; **~στρατολόγητος** [-stratɔ'lɔjit-] nicht eingezogen.

αστραφτερός [astraftεr-] glänzend, funkelnd; *Auto*: chromblitzend.

αστράφτ|ω [a'straftɔ] (ψ) strahlen (***από***/ vor *D*); ***του ~ω ένα χαστούκι*** *j-m* eine (= *Ohrfeige*) langen; ***~ει*** es blitzt.

αστράχα [a'straxa] (**-έχ-**) Dachgesims *n*.

ά|στρεπτος ['astrεpt-] unverbogen; unverbiegbar; **~στρεχτος** [-xtɔs] nicht einverstanden.

άστρι ['astri] Stern *m*.

αστρικός Stern-; *Su. n* Sternbild *n*.

αστρίτης Kreuzotter *f*.

άστριφτος ['astrif-] ungedreht.

άστρο Stern *m*; *fig.* Star *m*.

αστρο|ειδής [astrɔið-] sternenförmig; **~λογία** [-lɔj-] Astrologie *f*; **~λογικός** astrologisch; **~λόγος** [-'lɔγ-] Astrologe *m*; **~λογώ** [-'γɔ] (είς· ησ) Astrologie betreiben; **~λούλουδο** [-'luluðɔ] *Bot.* Aster *f*.

αστρομαντ|εία, ~ική Sterndeutung *f*.

αστρο|ναύτης Astronaut *m*; **~ναυτική** Weltraumfahrt *f*.

αστρο|νομία [-nɔm-] Astronomie *f*; **~νομικός** astronomisch; **~νόμος** Astronom *m*; **~πελέκι** [-pε'lεĩki] Donnerschlag *m*; Blitz *m*; **~φεγγιά** [-fε'ŋga] sternklare Nacht *f*.

άστρωτος ['astrɔt-] *Bett*: ungemacht; *Tisch*: ungedeckt; *Straße*: ungepflastert; *Fußboden*: ungedielt; *Arbeit*: ungeregelt; *Kind*: undiszipliniert.

άστυ ['asti] (-εως· *pl.* -η *od.* -εα) *n* (Alt-)Stadt *f*.

αστυ|κλινική [-klini'ki] Poliklinik *f*; **~νομία** [-nɔm-] Polizei *f*; ***~νομία σταθμού*** Bahnpolizei *f*; **~νομικίνα** Polizistin *f*, Politesse *f*; **~νομικός** Polizei-, polizeilich; *Su. m* Polizist *m*; ***~νομικός σταθμός*** Polizeirevier *n*; **~νόμος** höhere(r) Polizeibeamte(r); ***κύριε ~νόμε*** Herr Wachtmeister!; ***μυστικός ~νόμος*** Geheimpolizist *m*; **~φιλία** [-fil-] Landflucht *f*.

άστυφτος unausgepresst.
αστυφύλακας [-'filakas] Polizist *m*, Schutzmann *m*.
ασυγκάλυπτος unverhohlen.
α|συγκατάβατος [asiŋga'tavat-] unnachgiebig; **~συγκέντρωτος** [-si'ŋgeňdrot-] unkonzentriert; ... nicht in der Sammelstelle; **~συγκίνητος** [-si'ŋginit-] ungerührt; **~σύγκλητος** [-'siŋglit-] nicht einberufen; **~συγκόλλητος** [-si'ŋgɔlit-] unverbunden; **~συγκόμιστος** [-'ŋgɔmist-] *Ernte*: nicht eingebracht; **~συγκράτητος** [-'ŋgratit-] unbeherrscht, zügellos; **~σύγκριτος** [-'siŋgrit-] unvergleichlich; **~συγκρότητος** [-'ŋgrɔtit-] nicht konstituiert; *fig*. ungeschult; **~συγνέφιαστος** [-'ɣnɛfjast-] unbewölkt; **~συγύριστος** [-si'jirist-] unaufgeräumt; ... im Negligee; **~συγχρόνιστος** [-'ŋxrɔn-] unzeitgemäß; nicht synchronisiert; **~σύγχυ(σ)τος** [-'siŋçist-] unverwechselbar; ... ohne Aufregung, ruhig; **~συγχώνευτος** [-'ŋxɔnɛft-] streng getrennt; **~συγχώρητος** [-'ŋxɔrit-] unverzeihlich.
α|συδοσία [asiðɔs-] Steuerfreiheit *f*; Ungebundenheit *f*; **~σύδοτος** [-'siðɔt-] von der Steuerzahlung befreit; ... ohne Verantwortung, ungebunden; **~συζητητί** [-siziti'ti] *Adv*. widerspruchslos; **~συζήτητος** [-si'zitit-] unerörtert; *Ansicht*: unwiderlegbar.
ασύλητος unberaubt; *Grab*: ungeschändet.
ασυλία [asil-] Asylrecht *n*; *pol*. Immunität *f*; Exterritorialität *f*; *jur*. *allg*. Unverletzlichkeit *f*.
α|σύλλεκτος [a'silɛkt-] nicht (ein)gesammelt; ungepflückt; **~σύλληπτος** [-'silipt-] unverhaftet, nicht festgenommen; *fig*. unbegreiflich.
ασυλ|λογισιά [-lɔjis-] Unbesonnenheit *f*; **~λόγιστος** [-'lɔïjist-] unbesonnen.
άσυλο Asyl *n*; *fig*. Zuflucht *f*; Heim *n*; **~ *αστέγων*** Obdachlosenasyl *n*; **~ *για τους γέρους*** Altersheim *n*; ***αιτούμενος* ~** Asylant *m*.
ασυμβίβαστος [asi'ɱvivast-] unvereinbar; unnachgiebig; *Su*. *n* Unvereinbarkeit *f*.
ασυμ|μάζευτος [-'mazɛft-] nicht gesammelt; *fig*. verwahrlost; **~μετρία** [-mɛtr-] Missverhältnis *n*; Asymmetrie *f*.
ασύμμετρος [a'sim-] unsymmetrisch; *Zahl*: irrational; *Adv*. (-α) im Missverhältnis (***προς*** *A*/ zu *D*).
ασυμμόρφωτος [-'mɔrfɔt-] uneinsichtig.
ασυμπ|αθής [asiṁbaθ-] gefühllos; nicht eingenommen (***προς*** *A*/ für *A*); **~άθητος** [-θit-] unsympathisch; unverzeihlich.
ασυμπλήρωτος [asi'ṁblirɔt-] unvollendet; *Lücke*: unausgefüllt.
ασύμπτωτος: ***είναι* ~** voneinander abweichen; *Su*. *f* Asymptote *f*.
ασύμφορος [a'siɱfɔr-] unvorteilhaft; sinnlos.
ασυμ|φώνητος [-'ɱfɔnit-] uneinig (***για***/ über *A*); ... ohne Vertrag; **~φωνία** Kluft *f* (*G*/ zwischen *D*); Uneinigkeit *f*; Missklang *m*.
ασύμφωνος unvereinbar.
ασυν|αγώνιστος [asina'ɣɔn-] konkurrenzlos; **~αίρετος** [-'ɛrɛt-] *Gr*. unkontrahiert; **~αίσθηση** Unbewusstheit *f*; Unbewusste(s); ***έχω ~αίσθηση*** sich (*D*) nicht bewusst sein (***για***/ *G*); **~αισθησία** [-ɛstis-] Bewusstlosigkeit *f*; **~αίσθητος** [-'ɛstit-] unbewusst.
ασυναρμολόγητος unmontiert.
ασυν|άρμοστος [asi'narmɔst-] unvereinbar; **~αρτησία** [-artis-] Zusammenhanglosigkeit *f*; *pl*. zusammenhanglose(s) Zeug; **~άρτητος** zusammenhanglos.
ασύνδετος [a'siňðɛt-] unverbunden; *Gr*. asyndetisch.
ασυνδύαστος [-'ňðiast-] unverbunden.
ασυν|ειδησία [asiniðis-] Gewissenlosigkeit *f*; Unbewusste(s); **~είδητο** [-'iðitɔ] *Psych*. Unbewusste(s); **~είδητος** gewissenlos; unbewusst; **~είθιστος** *s*. ***ασυνήθιστος***; **~εννοησία** [-ɛnɔis-] Verständnislosigkeit *f*; **~ενvόητος** [-'nɔit-] verständnislos; **~έπεια** [-'ɛpja] Inkonsequenz *f*; **~επής** inkonsequent (***σε***/ in *D*); **~εσία** [-ɛs-] Unvernunft *f*.
ασύνετος [a'sinɛt-] unvernünftig.
ασυνεχής unterbrochen.
ασυν|ήθης [-'iθ-] ungewöhnlich; **~ήθιστος** außergewöhnlich; nicht gewöhnt (***σε***/ an *A*).

ασύνθετος [aˈsiñθεt-] einfach; nicht zusammengesetzt; *Tech.* nicht montiert; *Typ.* nicht gesetzt.
ασυνθηκολόγητος unnachgiebig.
ασυν|νέφιαστος [-ˈnεfjast-] wolkenlos; *fig.* sorgenfrei; **~όδευτος** [-ˈɔðεft-] unbegleitet.
ασύντακτος [aˈsiñdakt-] (**-χτ-**) ungeordnet; nicht redigiert; *Gr.* syntaktisch falsch; sprachwidrig.
ασυν|ταξία [-ñdaks-] Unordnung *f*; falsche Syntax *f*; **~τέλεστος** [-ˈñdεlεst-] unvollendet; **~τήρητος** [-ˈñdirit-] *Haus*: vernachlässigt; *Lebensmittel*: leicht verderblich; nicht konserviert; *fig.* ... ohne Unterhalt; **~τόνιστος** [-ˈñdɔn-] (*Adv.* -α) ohne Abstimmung.
ασύντριφτος [aˈsiñdrift-] unzerstörbar; unzerstört.
ασυρματιστής [asirmat-] Funker *m*.
ασύρματος drahtlos; *Su. m* Funk *m*; Funkanlage *f*; ***σταθμός ασυρμάτου*** Funkstation *f*.
ασυσκεύαστος [asiˈsķεvast-] unverpackt.
α|σύστατος [aˈsistat-] frei erfunden; ... ohne Empfehlung; **~συστηματοποίητος** völlig ungeregelt; **~σύστολος** [-stɔl-] unverfroren; **~σύχναστος** [-ˈsixnast-] schwach besucht; *Straße*: einsam; **~συχώρετος** unverzeihlich.
άσφαιρος [ˈasfεr-] ungeladen; *Schuss*: blind.
ασφάλεια [aˈsfal-] Sicherheit *f*; Kriminalpolizei *f*; *Waffe u. El.* Sicherung *f*; Versicherung *f*; Garantie *f*; ***~ αστικής ευθύνης, ~ ασθενείας, ~ αυτοκινήτων, ~ ζωής, ~ πυρός*** Haftpflicht-, Kranken-, Kraftfahrzeug-, Lebens-, Feuerversicherung *f*; ***~ ανεργίας*** Arbeitslosenversicherung *f*; ***~ συντάξεως*** Rentenversicherung *f*; ***~ ταξιδιού*** Reiseversicherung *f*; ***~ κατ' ατυχημάτων*** Unfallversicherung *f*; ***κάνω ~ ζωής*** e-e Lebensversicherung abschließen; ***έχω*** *od.* ***βάζω κάτι στην ~*** *etw.* versichern; ***Συμβούλιο Ασφαλείας*** *pol.* Sicherheitsrat *m*.
ασφαλ|ής sicher; **~ιζόμενος** Versicherte(r); **~ίζω** (σ· στ) *Zukunft* sichern; *z. B. Haus* versichern; garantieren; ***~ισμένος αντί*** *G* versichert mit *D*.
ασφάλιση [aˈsfalisi] (-εις) Sicherung *f*; Versicherung *f*.
ασφαλισ|θείς [-ˈθis] (-είσα, -έν) versichert; ***~θέν ποσόν*** Versicherungssumme *f*; **~τήριο** Versicherungspolice *f*; **~τής** Versicherer *m*; **~τικό** *El.* Sicherung *f*; **~τικός** Versicherungs-; ***~τική εταιρεία*** Versicherungsgesellschaft *f*.
ασφάλιστρο [-listrɔ] *Tech.* Sicherheitshaken *m*, Sicherheitsklappe *f*; *n/pl.* Versicherungsprämie *f*.
Ασφαλτίτις [asfalˈtitis] (-ιδος) *f* Tote(s) Meer *n*.
άσφαλτος[1] unfehlbar.
άσφαλτος[2] *f* (*a. m*) Asphalt *m*, Asphaltstraße *f*.
ασφαλτ|οστρώνω [-tɔstr-] (σ· μ), **~ώνω** (σ· θ) asphaltieren.
ασφένταμ(ν)ος [aˈsfεñdam-] *Bot.* Feldahorn *m*.
άσφιχτος [ˈasfixt-] nicht (zusammen-) geschnürt; schlaff.
ασφουγγάριστος [asfuˈŋ̑gar-] ungereinigt, nicht (ab)gewischt.
ασφούγγιστος [aˈsfuŋ̑ǥist-] (**-φογγ-**) unabgetrocknet, nass.
ασφράγιστος [aˈsfraǐj-] unversiegelt; angebrochen; *Zahn*: unplombiert; *Flasche*: unverschlossen.
ασφυκτ|ικός [asfikt-] (*a.* **-χτ-**) *Hitze*: erstickend; *Saal*: brechend (*voll*); *Adv.* zum Ersticken; **~ιώ** [-ˈjɔ] (άς· ησ) *v/i.* ersticken.
ασφυξ|ία [-fiks-] Ersticken *n*; *Med.* Asphyxie *f*; **~ιογόνος** [-jɔˈɣɔn-] (-α) Stick- (*Gas*).
ασχάρα *Radio*: Gitter *n*.
ασχεδίαστος [asçεˈðiast-] nicht geplant, nicht vorgesehen; planlos.
άσχετος [ˈasçεt-] beziehungslos; ***είμαι ~ με*** in keinen Beziehungen stehen zu.
ασχημ- *s.* ***ασκημ-***.
ασχημάτιστος unreif, F unfertig.
ασχημονώ [asçimɔˈnɔ] (είς· ησ) sich schlecht aufführen.
ασχήμων [aˈsçimɔn] (-ον) unanständig.
άσχιστος [ˈasçist-] ungespalten.
ασχόλ|αστος [aˈsxɔlast-] beschäftigt, nicht fertig; *Adv.* (-α) ohne Pause; **~ηση** (-εις) *s.* ***ασχολία***.
ασχολί|α Beschäftigung *f*; ***έχω πολλές ~ες*** ich habe viel zu tun.

ασχολίαστος kommentarlos.
άσχολος besetzt; beschäftigt.
ασχο|λώ [asxɔ'lɔ] (είς· ησ· ηθ) beschäftigen; **~λούμαι** sich beschäftigen (***με, σε***/ mit *D*); **~λούμενος** (der) Tätige.
α|σώματος [a'sɔmat-] unkörperlich; *jur.* immateriell; ... ohne Körper; **~σώπαστος** [-'sɔpast-] redselig.
άσωστος ['asɔst-] unendlich; unfertig.
ασωτ|εύω [asɔt-] (εψ) verschwenden; verschwenderisch leben; **~ία** Verschwendung(ssucht) *f*.
άσωτος verschwenderisch; *Su. m* Verschwender *m*; **ο ~ υιός** der verlorene Sohn.
ασωφρόνιστος [asɔ'frɔn-] unvernünftig; unverbesserlich.
αταβι|σμός [atav-] Atavismus *m*; **~στικός** atavistisch.
α|τάγιστος [a'taïj-] ungefüttert; ungestillt; *fig.* unbestochen; **~ταίριαστος** [-'tɛrïast-] ungleich; *Wort*: unpassend.
ατάκτημα [a'takti-] *n* Ungehorsam *m*.
ατακτοποίητος [-'piitɔs] (**-χτ-**) ungeordnet; unaufgeräumt; unerledigt.
άτακτος (**-χτ-**) ungeordnet; *Puls*: unregelmäßig; *Kind*: ungehorsam, ungezogen; *mil.* irregulär.
ατακτώ [ata'ktɔ] (είς· ησ) (**-χτ-**) ungehorsam sein, ungezogen sein.
αταλάντευτος *fig.* unerschütterlich.
αταξ|ία [ataks-] Unordnung *f*; Unregelmäßigkeit *f*; Unart *f des Kindes*; *Med.* Ataxie *f*; **~ικός** klassenlos; *Med.* ataktisch.
αταξινόμητος ungeordnet (*Material*).
αταπείνωτος [ata'pinɔt-] kühn; *Kopf*: erhoben.
α|τάρακτος *s.* ***ατάραχος***; **~ταραξία** [-taraks-] Gelassenheit *f*; **~τάραχος** [-rax-] still; *fig.* gelassen; ruhig.
αταρίχευτος [-'riçɛft-] nicht eingepökelt; nicht einbalsamiert.
ατασθαλία [atastal-] Ungebührlichkeit *f*; *pl.* Unterschlagung *f*, Unregelmäßigkeiten *f/pl.* (*z.B. im Büro*).
ατάσθαλος ungebührlich; liederlich; frech.
άταφος ['ataf-] unbeerdigt.
άτεγκτος [-tɛŋ̈kt-] unerbittlich.
ατείχιστος [-'tiç-] ... ohne Mauern.
ατεκνία [atɛkn-] Kinderlosigkeit *f*.
άτεκνος kinderlos; unfruchtbar.
α|τέλεια Unzulänglichkeit *f*, Mangel *m*; (*Gebühren-*)Freiheit *f*; **~τέλειωτος** [-'tɛljɔt-], **~τελείωτος** [-tɛ'liɔt-] unvollendet, unbeendet; unendlich; **~τελές** [-tɛ'lɛs] (-ούς) *n* Unvollkommenheit *f*, Mangelhaftigkeit *f*; **~τέλεστος** nicht durchgeführt; undurchführbar; **~τελεσφόρητος** [-'sfɔrit-] ergebnislos; unwirksam; **~τελεύτητος** *s.* ***ατέλειωτος***; **~τελής** unvollendet; unvollkommen; zollfrei; gebührenfrei.
ατελιέ [atɛ'ljɛ] (0) *n* Atelier *n*.
ατελώνιστος [-'lɔn-] unverzollt.
ατεν|ής [atɛn-] unverwandt, starr; **~ίζω** (σ) *j-n* anstarren; *fig.* es abgesehen haben (***προς*** *A*/ auf *A*).
ατέντωτος [a'tɛn̈dɔt-] schlaff.
ατενώς [atɛ'nɔs] *Adv.* starr; „Augen geradeaus!“
α|τέριαστος *s.* ***αταίριαστος***; **~τερμάτιστος** [-tɛr'mat-] endlos; unvollendet; **~τέρμων** [-mɔn] (-ον) endlos; *Su. m* (*a.* ***-ας***) Schnecke(ngetriebe *n*) *f*; **~τερπής** *s.* ***άτερπνος***.
άτερπνος ['atɛrp-] freudlos.
ατεχνία [atɛxn-] Kunstlosigkeit *f*; Unbegabtheit *f*.
άτεχνος kunstlos; unbegabt.
ατζαμ|ής [adza'mis] (-ίδισσα, -ίδικο) stümperhaft; *Su. m* Anfänger *m*, Stümper *m*; **~οσύνη** [-ɔ'sini] Stümperhaftigkeit *f*.
άτζιο ['adzïɔ] Agio *n*, Aufgeld *n*.
ατη|μελής [atimɛ-], **~μέλητος** ungepflegt, schlampig.
άτι ['ati] Hengst *m*.
ατιθάσευτος [-'θasɛft-], **ατίθασος** widerspenstig, bockig.
ατιμάζω (σ· στ) entehren.
ατίμασμα [a'timaz-] *n*, **ατιμασμός** Entehrung *f*; Schande *f*; Schändung *f*.
ατίμητος [-mit-] ungeehrt, verachtet; unschätzbar.
ατιμία Unehre *f*; Schandtat *f*.
άτιμος ehrlos, unmoralisch.
ατι|μωρησία [atimɔris-] Straflosigkeit *f*; **~μωρητί** [-mɔri'ti] *Adv.* ungestraft; **~μώρητος** straflos; ***μένω ~μώρητος*** straflos ausgehen.
ατίμωση (-εις) *s.* ***ατίμασμα.***
ατιμωτικός [atimɔt-] schändlich.
ατίναχτος *Teppich*: ungeklopft; *Baumfrucht*: nicht abgeschlagen.
άτιτλος ... ohne Titel.
ατλάζι [at'lazi] Atlas *m*, Satin *m*.

άτλαντας *Geogr. u. Anat.* Atlas *m.*
Ατλαντίδα Atlantis *f.*
ατλαντικός [atland-] atlantisch; **ο** ≈ ***ωκεανός*** der Atlantische Ozean, Atlantik *m*; *s.a.* ***συμμαχία.***
άτλας *s.* ***άτλαντας.***
Άτλας (-αντος) *m* Atlas(gebirge *n*) *m.*
ατμ|αγωγός [atmaɣɔɣ-] Dampfleitungsrohr *n*; **~άκατος** [-'akat-] *f* Dampfboot *n*; **~άμαξα** [-'amaksa] Lokomotive *f*; **~ήλατος** *s.* ***ατμοκίνητος.***
άτμητος unteilbar; ungeschnitten.
ατμοειδής [atmɔið-] dampfförmig; nebelhaft.
ατμόιππος [-'mɔip-] *Phys.* Pferdekraft *f.*
ατμο|κινητήρας [atmɔk̯ini'tiras] Dampfmaschine *f*; **~κίνητος** Dampf-, ... mit Dampfantrieb; **~λέβητας** [-'lɛv-] Dampfkessel *m.*
ατμ|όλουτρο [at'mɔlutrɔ] Dampfbad *n*; **~ομηχανή** [-mixa'ni] Dampfmaschine *f*; **~οπλοΐα** [-plɔ'ia] Dampfschifffahrt *f*; **~οπλοϊκός** [-plɔik-] Dampfschifffahrts-; **~όπλοιο** [-'ɔpliɔ] Dampfer *m.*
ατμό|ς Dampf *m*; ***υπ'*** **~** unter Dampf; *fig.* startbereit.
ατμ|οστρόβιλος [atmɔ'strɔvil-] Dampfturbine *f*; **~όσφαιρα** [-'ɔsfɛra], **~οσφαίρα** Atmosphäre *f* (*a. Maßeinheit*); **~οσφαιρικός** atmosphärisch; *Su. n/pl.* atmosphärische Störungen *f/pl.*; ***~οσφαιρική πίεση*** Luftdruck *m*; **~οσφυρίκτρα** [-ɔsfi'riktra] Dampfsirene *f*; **~ώδης** nebelhaft, dunstig.
ατόκιστος unverzinst; zinslos.
άτοκος ['atɔk-] *Hdl.* zinslos; unverzinslich; unfruchtbar.
ατόλλη Atoll *n.*
ατόλμητος *s.* ***άτολμος.***
ατολμία [atɔlm-] Zaghaftigkeit *f.*
άτολμος zaghaft, unentschlossen.
ατομι(κι)σ|μός [atɔmi(k̯i)z-] Individualismus *m*; **~τής** Individualist *m.*
ατομικ|ός¹ [atɔmik-] persönlich; Individual- (*Begriff*), Einzel-; Privat- (*Vermögen*); ***~ό βιβλιάριο*** *mil.* Soldbuch *n*; ***~ό μερίδιο*** Eigenanteil *m.*
ατομικ|ός² Atom-; ***~ός αριθμός*** Kernladungszahl *f*; ***~ό βάρος*** Atomgewicht *n*; ***~ή βόμβα*** Atombombe *f*; ***~ή ενέργεια*** Atomenergie *f*; *s. a.* ***πυρηνικός.***
ατομικότητα Individualität *f*, Persönlichkeit *f*; *Chem.* Wertigkeit *f.*
ατομισ- *s.* ***ατομικισ-.***
ατομίστρια Individualistin *f.*
άτομο ['atɔmɔ] Person *f*, Individuum *n*; Atom *n*; **~** ***επαφής*** *Med.* Kontaktperson *f.*
ατονία [atɔn-] Kraftlosigkeit *f.*
ατονικός *Mus.* atonal.
άτονος matt (*a. Farbe*), kraftlos; *Gr.* akzentlos; unbetont.
ατονώ [-'nɔ] (εíς· ησ) erschlaffen; seine Gültigkeit verlieren.
α|τόπημα [-'tɔp-] *n*, **~τοπία** Taktlosigkeit *f*; Utopie *f*; **~τοποθέτητος** [-tɔpɔ'θɛtit-] falsch angebracht; nicht ernannt.
άτοπος unangebracht.
ατός *s.* ***αυτός.***
ατού [a'tu] (0) *n* Trumpf *m* (*Spiel u. fig.*); Chance *f.*
ατόφιος [a'tɔf-] (-ια) echt, pur (*Gold*); *fig.* ungeschliffen; ganz wie, ganz (ähnlich); F ehrlich.
ατρακάριστος *Auto*: unfallfrei.
άτρακτος ['atrakt-] *f* Spindel *f.*
ατράνταχτος [a'trañdaxt-] *Haus*: fest (gefügt); *Argument*: unerschütterlich; *fig.* phantastisch.
ατραξιόν [atra'ksjɔn] *f* Attraktion *f.*
ατραπός [atrap-] *f* Pfad *m.*
ατραυμάτιστος [atrav'mat-] unverwundet.
ά|τρητος ['atrit-] undurchbohrt; nicht gelocht; **~τριφτος** [-trift-] ungemahlen (*Pfeffer*); nicht abgetragen; *fig.* unerfahren (***σε***/ in *D*); **~τριχος** [-trix-] unbehaart.
ατρόμητος [a'trɔmit-], **άτρομος** unerschrocken.
ατρομπάριστος [atrɔ'm̌bar-] nicht (hoch) gepumpt; *fig.* unbewusst.
ατροπίνη [-'pini] Atropin *n.*
ατροποποίητος unabgeändert.
ατροφ|ία [atrɔf-] Nahrungsmangel *m*; *Med.* Atrophie *f*, Rückbildung *f*; **~ικός** atrophisch; abgemagert.
α|τρόχιστος [a'trɔïç-] ungeschärft; *fig.* stümperhaft; **~τρύγητος** [-'trijit-] ungeerntet; nicht eingesammelt.
άτρωτος ['atrɔt-] unversehrt (*a. fig.*); *fig.* steinern.

α|τσάκιστος [a'tsaïk̡-] unzerbrochen; *fig.* ungebeugt; **~τσαλάκωτος** [-tsa'lakɔt-] unzerknittert; knitterfrei; ... ohne Runzeln.
ατσαλένιος [atsa'lɛn-] (-ια) stählern (*a. fig.*), ... aus Stahl.
ατσάλι Stahl *m.*
ατσαλιά [-'lja] Gemeinheit *f*; Liederlichkeit *f.*
ατσαλόπετρα [-pɛtra] Feuerstein *m.*
άτσαλος liederlich; *fig.* gemein.
ατσαλοσύνη [-ɔ'sini] Liederlichkeit *f.*
ατσ|άλωμα [a'tsal-] *n* Härten *n*; **~αλώνω** (σ· θ) härten; *Med.* stärken.
ατσιγάριστος ungeröstet; *Tag*: sorgenfrei.
Ατσίγγανος (*-άνα*) Zigeuner(in *f*) *m.*
ατσίδα (*a.* *-δι*) Marder *m*; *fig.* F Fuchs *m.*
ατσίκνιστος [a'tsikn-] nicht angebrannt.
Αττική [ati'k̡i] Attika *n.*
αττικ|ισμός [-k̡iz-] Attizismus *m*; **~ιστής** Attizist *m*; **~ός** [-'kɔs] attisch.
ατύλιχτος [a'tilixt-] uneingepackt.
άτυπος ['atip-] formlos, informell.
ατύπωτος [a'tipɔt-] ungedruckt.
α|τύχημα [a'tiç-] *n* Unfall *m*; Unglück *n*; ***~τύχημα εργασίας*** Betriebsunfall *m*; *Auto*: ***~τύχημα προσκρούσεως*** Auffahrunfall *m*; **~τυχής** unglücklich; *Su.* Pechvogel *m*; **~τυχία** Unglück *n.*
άτυχος *s.* ***ατυχής.***
ατυχώ [ati'xɔ] (είς· ησ) Unglück haben, scheitern.
αυγ|αταίνω [avɣat-] (τυν), **~ατίζω** (τισ, τησ) größer *od.* länger machen (***με***/ um *A*); größer werden, zunehmen; **~άτισμα** *n* Größerwerden *n*, Zunahme *f*; **~ατώ** (άς) *s.* ***αυγατίζω.***
Αυγερινός [avjɛr-] Morgenstern *m.*
αυγή [a'vji] Morgen *m*, Frühe *f*; *poet.* Morgenröte *f*; *fig.* Beginn *m*; **~ - ~** in aller Frühe.
αυγό [a'vɣɔ] *s.* ***αβγό.***
αυγούλα [a'vɣula] Morgenröte *f.*
αυγουστιάτικος [avɣu'stjat-] August- (*z. B. Pflaume*).
Αύγουστος Au'gust *m*; *Eigenname*: 'August *m*; *Kaiser* Augustus *m.*
αυθ|άδεια [a'fθað-] Frechheit *f*; **~άδης** frech; **~αδιάζω** (-δίασ) frech werden; **~άδικος** frech.
αυθ|αιρεσία [-ɛrɛs-] Eigenmächtigkeit *f*; Willkür(akt *m*) *f*; **~αίρετος** eigenmächtig, gesetzwidrig.
αυθέντης *s.* ***αφέντης.***
αυθεντ|ία [afθɛnd-] Autorität *f*; *fig. a.* Sachkenner *m*; **~ικός** authentisch; rechtsgültig, echt; verbindlich; ***εξ ~ικής πηγής*** aus zuverlässiger Quelle; **~ικότητα** [-i'kɔt-] Echtheit *f*; Richtigkeit *f*; Zuverlässigkeit *f.*
αυθημερόν [afθimɛr-] *Adv.* am selben Tage.
αυθ|ορμησία [afθɔrmis-] Spontaneität *f*; **~όρμητος** spontan, unwillkürlich; *Adv.* aus eigenem Antrieb; *Su. n* Spontaneität *f*; Aktivität *f*; **~ύπαρκτος** [-'iparkt-] urtümlich; eigenständig; **~υπαρξία** [-parks-] Eigenständigkeit *f*; **~υποβάλλομαι** [-ipɔ'valɔmɛ] (βληθ) sich (*D*) suggerieren; **~υποβολή** [-vɔ'li] Autosuggestion *f*; **~υπόστατος** *s.* ***αυθύπαρκτος.***
αυλαία [a'vlɛa] Vorhang *m.*
αυλ|άκι [a'vlaïk̡i] Rinne *f*; (*Acker*) Furche *f*; *Gewehr*: Zug *m*; **~ακίζω** (σ· στ), **~ακώνω** [-'kɔnɔ] (σ· θ) furchen; **~ακωτός** gefurcht.
αυλ|άρχης [a'vlarç-] Hofmarschall *m*; **~ή** *allg.* Hof *m.*
αυλητής [avlit-] Flötenspieler *m.*
αϋλία [ail-] Immaterialismus *m.*
αυλ|ίζω [avl-] (σ· στ) eintreiben; ***~ίζομαι*** Zugang haben (***από***/ von *D*); **~ικός** Hof-.
αυλ|όγυρος [-'ɔïjir-] Hofmauer *f*; **~όδουλος** [-'ɔðul-] Lakai *m*, Höfling *m*; **~οκόλακας** Speichellecker *m*; **~όπορτα** [-'ɔpɔrta] Hoftor *n.*
αυλός [av'lɔs] Flöte *f*; (*Kessel*) Rohr *n.*
άυλος ['ail-] immateriell; *fig.* überzart, flüchtig; *Hdl.* unantastbar.
αϋλότητα *s.* ***αϋλία***; Substanzlosigkeit *f.*
αυλωτός Röhren-.
αυναν|ίζομαι [avnan-] (στ) *v/i.* onanieren; **~ισμός** Onanie *f.*
αυξ|αίνω, ~άνω [afks-] (ησ· ηθ) *v/t.* *allg.* erhöhen; *Preise a.* heraufsetzen, anheben; *v/i.* wachsen, zunehmen.
αύξηση ['afksisi] (-εις) Erhöhung *f*, Ansteigen *n der Preise*; Anwachsen *n der Bevölkerung*; Wachstum *n des Kindes*; *Gr.* Augment *n*; ***~ μισθών*** Lohnerhöhung *f*; ***~ της οικονομίας*** Wirtschaftswachstum *n.*

105 αυτοκίνητο

αυξητικός Wachstums-.
αυξο|μειώνομαι [afksɔmi'ɔnɔmɛ] (-ώθηκα) schwanken, ab- und zunehmen; **~μείωση** (-εις) Schwankung *f*.
αύξων ['afksɔn] (-ουσα, -ον) zunehmend; laufend (*Nummer*).
αϋπνία [aipn-] Schlaflosigkeit *f*.
άυπνος schlaflos; *Pers.* ***είμαι ~*** wach liegen.
αύρα ['avra] Brise *f*.
αυριανός morgig.
αύριο ['avrĭɔ] *Adv.* morgen.
αυστηρ|ός [afstir-] streng; drastisch; **~ότητα** Strenge *f*.
Αυστραλ|ία [afstral-] Australien *n*; **≗ιακός, ≗ιανός** australisch; **~ός** (***-ή***) Australier(in *f*) *m*.
Αυστρ|ία Österreich *n*; **≗ιακός** österreichisch; *Su. m* (*f*: ***-ιά, -ή***) Österreicher(in *f*) *m*.
αυτ|αδέρφη leibliche Schwester *f*; **~άδερφος** leibliche(r) Bruder *m*.
αύτανδρος ['aftañðr-] ... mit Mann und Maus.
αυτ|απάρνηση [afta'parn-] (-εις) Selbstverleugnung *f*; Entsagung *f*; **~απάτη** [-a'pati] Illusion *f*; **~απατώμαι** [-apa'tɔmɛ] (άσαι· ηθ) sich Illusionen machen; **~απόδειχτος** [-a'pɔðixt-] selbstverständlich; **~αρέσκεια** [-a'rɛsḳa] Selbstgefälligkeit *f*; **~άρεσκος** [-'arɛsk-] eingebildet; **~άρκεια** [-'arḳa] Autarkie *f*; Selbstversorgung *f*; **~άρκης** (αύταρκες) autark; *Person*: genügsam; **~αρχικός** [-arç-] absolut; herrschsüchtig; **~αρχικότητα** Herrschsucht *f*, Despotismus *m*.
αυτεκτίμηση [aftɛk-] (-εις) Selbstachtung *f*.
αυτεν|έργεια [aftɛ'nɛrja] selbständige(s) Handeln *n*; **~εργός** [-'ɣɔs] selbständig (handelnd); **~εργώ** (είς· ησ) selbständig sein.
αυτ|εξούσιος [aftɛ'ksus-] (-ία) selbständig, frei; **~εξουσιότητα** [-'sjɔt-] Selbständigkeit *f*, Freiheit *f*; **~εξυπηρέτηση** [-ɛksipi'rɛt-] (-εις) Selbstbedienung *f*; **~επάγγελτος** [-ɛ'pañɟ̑ɛlt-] amtlich verfügt; *Adv.* (***-α***) von Amts wegen.
αυτήκοος [a'ftikɔɔs] Ohren- (*Zeuge*).
αυτ|ί [a'fti] Ohr *n*; Henkel *m*; ***βάζω ~ί*** gut zuhören; ***είμαι όλος ~ιά*** ganz Ohr sein; ***ως τ' ~ιά*** bis über die Ohren *verschuldet*; ***τεντώνω τ' ~ιά μου*** die Ohren spitzen; ***κατεβάζει τ' ~ιά*** er ist ganz klein (geworden).
αυτιάζομαι (στ) die Ohren spitzen.
αυτο|άμυνα [aftɔ'amina] Selbstschutz *m*; Notwehr *f*; **~αντιφατικότητα** [-añdifati'kɔt-] Widerspruch *m* in sich; **~βιογραφία** [-viɔɣraf-] Autobiographie *f*; **~βιογραφικός** autobiographisch; **~βούληση** (-εις), **~βουλία** [-vul-] Initiative *f*, Entschlusskraft *f*.
αυτόβουλος [a'ftɔvul-] entschlossen; ... aus eigener Initiative.
αυτογνωσία Selbsterkenntnis *f*.
αυτογραφία [-ɣraf-] Autographie *f*.
αυτόγραφ|ο Autogramm *n*; eigenhändige Unterschrift *f*; eigenhändige(s) Schriftstück *n*; **~ος** eigenhändig geschrieben.
αυτόδηλος [-ðil-] offensichtlich.
αυτοδημιούργητος ... aus eigenen Kräften.
αυτο|διάθεση [aftɔ'ðĭaθɛsi] (-εις) Selbstbestimmung *f*; **~διδασκαλία** Selbstunterricht *m*; **~δίδαχτος** [-'ðiðaxt-] Autodidakt *m*, Selbstlerner *m*; **~δικαίως** [-ði'ḳɛɔs] *Adv.* von Rechts wegen; **~δικία** Faustrecht *n*; **~δικώ** [-ði'kɔ] (είς· ησ) zur Selbsthilfe greifen; **~διοίκηση** [-ði'iḳisi] (-εις) Selbstverwaltung *f*; **~διοίκητος** sich selbst verwaltend; **~διοικούμαι** [-ðii'kumɛ] (είσαι· -ήθηκα) sich selbst verwalten; **~δύναμος** eigenständig, eigenmächtig; **~εγκράτεια** [-ɛŋ̑'grat-] Selbstbeherrschung *f*; **~εμπιστοσύνη** Selbstvertrauen *n*; **~εξυπηρέτηση** Selbstbedienung *f*; **~θελής, ~θέλητος** [-'θɛli-] willentlich; unaufgefordert.
αυτο|θυσία [aftɔθis-] Selbstaufopferung *f*; **~ϊκανοποίηση** [-ikanɔ'piisi] Selbstgenügsamkeit *f*; **~καλούμενος** [-ka'lum-] selbst ernannt; Pseudo-; **~κέφαλος** [-'ḳɛfal-] selbständig; *Rel.* autokephal; **~κινητάμαξα** Triebwagen *m*; **~κινητικός** Auto-; **~κινητιστής** [-ḳinit-] Autofahrer *m*; Rennfahrer *m*; **~κινητιστικός** Auto-; **~κίνητο** Auto(mobil) *n*, Kraftwagen *m*; *Adj.* Motor-; ***~κίνητο μεσαίας κλάσης*** Mittelklassewagen *m*; ***μεταχειρισμένο ~κίνητο*** Gebrauchtwagen *m*; ***νοικιαζόμενο ~κίνητο***

Leihwagen *m*; **~κινητοδρομία** [-tɔðrɔm-] Autorennen *n*; **~κινητόδρομος** Autobahn *f*.
αυτόκλητος [-klit-] ungeladen.
αυτοκόλλητο Selbstkleber *m*.
αυτο|κράτειρα [aftɔ'kratira] Kaiserin *f*; **~κράτορας** [-tɔras] Kaiser *m*; Imperator *m*; **~κρατορία** Kaiserreich *n*, Imperium *n*; **~κρατορικός** kaiserlich; Empire- (*Stil*); **~κρατόρισσα** Kaiserin *f*.
αυτο|κριτική [-kriti'ķi] Selbstkritik *f*; **~κτονία** [-ktɔn-] Selbstmord *m*; **~κτονώ** [-'nɔ] (είς· ησ) Selbstmord begehen; **~κυβέρνηση** [-ķi'vɛrn-] (-εις) Selbstverwaltung *f*; *Psych*. Selbstbeherrschung *f*; **~κυβέρνητος** sich selbst verwaltend; **~κυβερνιέμαι** [-'njɛmɛ] (*a*. -ώμαι· ιέσαι, άσαι· ηθ) sich selbst verwalten; sich beherrschen; **~κυριαρχία** [-ķiȓarç-] Selbstverwaltung *f*; Selbstbeherrschung *f*; **~λεξεί** [-lɛ'ksi] *Adv*. wörtlich; **~μάθεια** [-'maθ-] Selbstunterricht *m*; **~μαθής** autodidaktisch; *Su*. *m* Autodidakt *m*.
αυτοματι|σμός Automatismus *m*; *Tech*. Automatisierung *f*; ***~σμός εκκίνησης*** Startautomatik *f*; **~στής** *mil*. Maschinenpistolenschütze *m*; *Phil*. Mechanist *m*.
αυτ|όματο [a'ftɔmatɔ] Automat *m*; *mil*. Schnellfeuergeschütz *n*; ***~όματο φωτόμετρο*** Belichtungsautomatik *f*; **~οματοποίηση** (-εις) *Tech*. Automation *f*; **~όματος** automatisch (*z. B. Waffe*), selbsttätig; *Adv*. *a*. von selbst; *Su*. ***~όματος*** (***πωλητής***) Automat *m*; ***~όματος γραμματόσημων*** Briefmarkenautomat *m*; ***~όματη μηχανή*** *Tech*. Automat *m*; ***~όματος τηλεφωνητής*** *Tel*. Anrufbeantworter *m*.
αυτο|μόληση [-'mɔl-] (-εις), **~μολία** Überlaufen *n*, Desertion *f*.
αυτόμολος Überläufer *m*.
αυτο|μολώ [aftɔmɔ'lɔ] (είς· ησ) überlaufen; **~νόητος** [-'nɔit-] selbstverständlich; **~νόμηση** [-'nɔm-] Erlangung *f* der Autonomie; **~νομία** Autonomie *f*; *fig*. Selbständigkeit *f*.
αυτόνομος autonom; unabhängig.
αυτο|οργάνωση Selbsthilfe *f*; **~παθής** [-paθ-] *Gr*. reflexiv; **~πεποίθηση** [-pɛ'piθ-] Selbstvertrauen *n*.
αυτόπονος Ohrenschmerzen *m/pl*.
αυτο|προαίρετος [aftɔprɔ'ɛrɛt-] freiwillig; **~προσωπογραφία** [-prɔsɔpɔɣraf-] Selbstporträt *n*; **~πρόσωπος** (*Adv*. -προσώπως) persönlich; **~προωθούμενος** [-prɔɔ'θum-] ... mit Düsenantrieb, Düsen-.
αυτόπτης [a'ftɔpt-] Augenzeuge *m*.
αυτ|ός [a'ftɔs] er, sie, es; *betont mst. etw. verächtlich* der, die, das (da); dieser, diese, dieses; ***ο ~ός*** derselbe, dieselbe, dasselbe; ***~ό που*** das, was; ***κατ' ~άς*** dieser Tage; (*G*) ***~ού*** *usw*. sein, ihr, sein.
αυτο|σεβασμός [-sɛvaz-] Selbstachtung *f*; **~σκοπός** Selbstzweck *m*; **~στιγμεί** [-sti'ɣmi] *Adv*. augenblicklich; **~συνείδηση** [-si'niðisi] *Psych*. Selbstbewusstsein *n*; **~συντήρηση** [-si'ňdirisi] Selbsterhaltung *f*; ***το ένστικτο της ~συντήρησης*** Selbsterhaltungstrieb *m*; **~συντηρησία** *s*. ***αυτοσυντήρηση***; **~συντήρητος** sich selbst erhaltend; ***είναι ~συντήρητος*** auf eigenen Füßen stehen; **~συντηρούμαι** [-siňdi'rumɛ] (είσαι· ηθ) sich selbst erhalten; **~σχεδιάζω** [-sçɛð-] (-ίασα) improvisieren; *Rede* aus dem Stegreif halten; **~σχεδίαση** (-εις), **~σχεδίασμα** *n* Improvisation *f*; **~σχεδιαστής** Improvisator *m*; **~σχεδίαστος** improvisiert; selbst gebastelt (*Bombe*); **~σχέδιο** Skizze *f*; **~σχέδιος** (-ια) *s*. ***αυτοσχεδίαστος***.
αυτο|τέλεια [aftɔ'tɛ-] Selbständigkeit *f*; **~τελειοποίηση** (-εις) Verselbständigung *f*; **~τελής** selbständig.
αυτού [a'ftu] hier; hierhin; ***~ που*** da, wo.
αυτουρ|γία [afturj-] *jur*. Täterschaft *f*; **~γός** [-'ɣɔs] Täter *m*.
αυτούσιος [a'ftusj-] (-ια) unverändert, so wie er war.
αυτ|όφωρος [a'ftɔfɔr-] auf frischer Tat ertappt (*od*. erfolgt); ***επ' ~οφώρω*** *Adv*. auf frischer Tat; ***~όφωρο*** Schnellgericht *n*; **~όφωτος** [-'ɔfɔt-] selbst leuchtend; **~όχειρα** *Adv*. eigenhändig; **~όχειρας** [-'ɔĭçiras] Selbstmörder *m*; **~οχειρία** Selbstmord *m*; **~οχειριάζομαι** [-ɔĭçi'ȓiazɔmɛ] (στ) sich das Leben nehmen; **~οχειριασμός** Selbstmord *m*; **~όχθονας** [-'ɔxθɔnas] Einheimische(r); **~όχρημα** [-'ɔxr-] *Adv*. durch und durch, in jeder

107 αφηγητής

Hinsicht; **~οψία** [-ɔps-] *Med.* Leichenschau *f*; *jur.* Augenschein *m.*

αυχ|ένας [af'çεnas] Nacken *m*; Hals *m*; *Geogr.* Sattel *m*, Gebirgsjoch *n*; **~ενικός** Nacken-.

αφ' [af] *s.* ***από***; ***~ ενός ... ~ ετέρου*** einerseits ... andererseits.

αφάγωτος [a'faγɔt-] nüchtern; nicht gegessen; *Kapital usw.* nicht angegriffen.

αφ|αίμαξη [a'fεmaksi] (-εις) Aderlass *m*, Schröpfen *n*; *fig.* Erpressung *f*; ***του κάνω ~αίμαξη*** *fig. j-n* zur Kasse bitten; **~αιμάσσω** [-ε'masɔ] (ξ) zur Ader lassen, schröpfen (*a. fig.*); **~αίρεση** [-'εrεsi] (-εις) Wegnahme *f*; Entfernung *f*; Entwendung *f*; *Math.* Subtraktion *f*; *Phil.* Abstraktion *f*; *Gr.* Vokalabfall *m* im Anlaut ('s *statt* es); ***~αίρεση άδειας οδηγού*** Führerscheinentzug *m*; **~αιρετέος** (-α) wegzunehmend *usw.*; *Su. m* Subtrahend *m*; **~αιρέτης** Minuend *m*; **~αιρετική** *Gr.* Ablativ *m*; **~αιρετικός** abstrakt; **~αιρώ** [-ε'rɔ] (είς· εσ· εθ) wegnehmen (***του το***/ j-m etw.); entwenden, stehlen; *allg. u. Med. etw.* entfernen; *Math.* abziehen, subtrahieren; ***~αιρούμαι*** ganz abwesend *od.* in Gedanken sein, versunken sein (***σε***/ in *D*).

αφαλός [afa'lɔs] Nabel *m.*

αφάνεια [a'fan-] Unsichtbarkeit *f*; Zurückgezogenheit *f*; *jur.* Verschollenheit *f*; ... ***σε ~*** als verschollen (*gemeldet*).

αφανέρωτος [-'nεrɔt-] verborgen.

αφανής unsichtbar; *fig.* unscheinbar; unbedeutend.

αφαν|ίζω [afan-] (σ· στ) vertilgen, vernichten; *fig.* ruinieren; **~ισμός** Vertilgung *f*; Ruin *m*, Verderben *n*; **~ιστής** Vertilger *m*, Zerstörer *m*; **~ιστικός** zerstörerisch, verderblich.

αφάντ|αστος [a'fañdast-] unvorstellbar; phantasielos; **~αχτος** [-axt-] unscheinbar; schlicht.

άφαντος verschwunden; ***έγινε ~*** er verschwand; er ist verschollen.

αφαρμάκευτος [afar'makeft-] nicht vergiftet; unverbittert.

αφαρπάζ|ω [afarp-] (σ· αχ) weg-, abreißen; ***~ομαι*** sich aufregen.

αφασία [afas-] Aphasie *f*, *nervöse* Sprachstörung *f.*

αφάσκιωτος ... ohne Windeln.

άφατος ['afat-] unsäglich.

Αφγαν|ή Afghanin *f*; **~ιστάν** [afγani'stan] (0) *n* Afghanistan *n*; **~ός** Afghane *m*; *Adj.* afghanisch.

αφέγγαρος [a'fεŋgar-] mondlos.

άφεγγος finster.

αφειδ|ής [afið-] freigebig, großzügig; **~ία** Freigebigkeit *f*, Großzügigkeit *f*; **~ώ** (είς· ησ) (*G*) nicht sparen; *Gefahr* nicht scheuen.

αφέλεια [a'fεl-] Naivität *f*, Treuherzigkeit *f*; Ungezwungenheit *f.*

αφελής naiv; ungezwungen.

αφεντ|άνθρωπος [afε'ñdañθrɔp-] vornehme(r) Herr *m*; prächtige(r) Kerl *m*; **~εύω** (εψ) herrschen.

αφέντης (-άδες· *a.* -έντες, -έντηδες) Herr *m*; Chef *m*; Besitzer *m*; Hausherr *m.*

αφεντ|ιά [afεñd-] Vornehmheit *f*; ***η ~ιά σας*** (***σου***) Euer Gnaden; ***η ~ιά του*** der Herr; **~ικίνα** Chefin *f*; **~ικό** Chef *m*, Herr *m*; Herrschaft *f*; *sein* eigener Herr *sein*; **~ικός** herrschaftlich; ... von oben; *s. a.* ***αφεντικό***.

αφέντισσα Besitzerin *f*; Dame *f* (des Hauses).

αφερ|έγγυος [afε'rεŋgi-] (-υα) zahlungsunfähig; **~εγγυότητα** [-'ŋgɔt-] Zahlungsunfähigkeit *f.*

άφεριμ! ['afεrim] *mst. iro.* prima!

αφερματίζω [afεrmat-] (σ) Ballast abwerfen.

άφεση ['afεsi] (-εις) Loslassen *n*, Abschießen *n*; *jur.* (*Schulden-*)Erlass *m*; ***ζητώ ~ αμαρτιών*** um Vergebung der Sünden bitten; ***παίρνω την άφεσή μου*** seinen Abschied nehmen.

αφέσιμος verzeihlich; zu entlassend.

αφετηρία [afεtir-] Ausgangspunkt *m*; Beginn *m*; *Sport*: Startlinie *f.*

αφετήριος (-ία) Wurf-; Ausgangs-.

αφέτης *Sport*: Starter *m.*

άφευχτος ['afεfxt-] unvermeidlich; *Adv.* ganz bestimmt.

αφέψημα [a'fεps-] *n* Dekokt *n.*

αφή [a'fi] Berühren *n*; Tastsinn *m.*

αφήγημα [-jima] *n* Erzählung *f*, Schilderung *f*, Bericht *m.*

αφηγηματικός erzählend; anschaulich (***σε***/ in *D*).

αφήγηση [a'fijisi] (-εις) Erzählung *f*; Schilderung *f.*

αφηγητής Erzähler *m.*

αφηγούμαι [afi'ɣumɛ] (είσαι· ηθ) erzählen, schildern.
αφηκ- = *αφησ-*, s. *αφήνω.*
αφην|ιάζω (σ· σμ/ αφηνίασα) scheuen, durchgehen; *fig.* toben; **~ιασμός** Scheuwerden *n*; *fig.* Toben *n.*
αφήνω [a'finɔ] (άφησα· αφεθ· αφη(σ)μ-) (los)lassen; zulassen; lassen (*να ...*/ *Inf. o. zu*); *j-n* verlassen; hinterlassen (*του το*/ j-m etw.); *etw.* übrig lassen; *das Spielen usw.* aufgeben; überlassen (*του το*/ j-m etw.); *Buch* zurücklegen; *j-m etw. billig* lassen; *~ την ευκαιρία* die Gelegenheit versäumen; *~ στη μέση* liegen lassen.
αφηρημ|άδα [afirim-] Zerstreutheit *f*; **~ένος** zerstreut, ... in Gedanken; *Phil.*, *Gr.* abstrakt; *Zahl*: unbenannt, rein.
αφησ- s. *αφήνω.*
άφθα ['afθa] Mundfäule *f.*
αφθαρσία [afθars-] Unzerstörbarkeit *f*; Unvergänglichkeit *f.*
ά|φθαρτος ['afθart-] unzerstörbar, unvergänglich; **~φθαστος** ['afθast-] unerreicht (*σε*/ an *D*); nicht angelangt, nicht da; **~φθιτος** unvergänglich; **~φθογγος** ['afθɔŋg-] tonlos, stimmlos.
αφθόνητος nicht beneidenswert.
αφθονία [afθɔn-] Überfluss *m.*
άφθονος reichlich, üppig.
αφθονώ [afθɔ'nɔ] (είς· *o. Aor.*) im Überfluss vorhanden sein.
άφθορος unverdorben.
αφθώδης [a'fθɔð-]: *~ πυρετός* Maul- u. Klauenseuche *f.*
αφιγμένος [-iɣm-] angekommen; *s. αφικνούμαι.*
αφ|ιδρώ [afi'ðrɔ] (είς· ησ) in Schweiß bringen; **~ίδρωση** [-'iðrɔsi] (-εις) Schweißabsonderung *f*; **~ιδρωτικός** schweißtreibend.
αφ|ιέρωμα [a'fiɛr-] *n* Opfergabe *f*; *fig.* Anerkennung *f* (*Spende*); Festschrift *f*; **~ιερωμένος** [-rɔm-] gewidmet; ergeben; *Adv.* mit Hingabe; **~ιερώνω** (σ· θ) widmen (*του το*/ j-m etw.); *Rel.* weihen; *~ιερώνομαι* sich widmen (*σε*/ *D*); **~ιέρωση** [-i'ɛrɔsi] (-εις) Widmung *f*; Hingabe *f* (*προς A*/ an *A*).
α|φίλητος [a'filit-] ungeküsst; **~φίλιωτος** [-liɔt-] unversöhnt.
αφιλ|οδοξία [afilɔðɔks-] Bescheidenheit *f*; **~όδοξος** bescheiden, zurückhaltend; **~οδώρητος** [-ɔ'ðɔrit-] stolz, unbestechlich; **~οκαλία** [-ɔkal-] Mangel *m* an Schönheitssinn; **~όκαλος** banausisch, ... ohne Schönheitssinn; **~οκέρδεια** [-ɔ'ķɛrð-] Uneigennützigkeit *f*; **~όκερδος, ~οκερδής** uneigennützig; **~ονίκητος** [-ɔ'nikit-] unbestritten; gütlich; *Mensch*: friedlich; **~οξενία** [-ɔksɛn-] Ungastlichkeit *f*; **~όξενος** ungastlich; **~όπατρις** [-'ɔpatr-] (-ιδος) schlechte(r) Patriot *m*; **~οπόλεμος** [-ɔ'pɔlɛm-] antimilitaristisch; **~όπονος** [-'ɔpɔn-] arbeitsscheu; **~οσόφητος** geistig uninteressiert; **~όστοργος** [-'ɔstɔrɣ-] lieblos; **~οτιμία** [-ɔtim-] Mangel *m* an Ehrgefühl; **~ότιμος** ... ohne Ehrgefühl; *oft iro. etwa* Tunichtgut *m*; **~οχρήματος** [-ɔ'xrim-] großzügig; uneigennützig.
αφίνω *s. αφήνω.*
άφιξη ['afiksi] (-εις) Ankunft *f*; *Hdl.* Empfang *m*, Lieferung *f.*
αφιόνι [a'fjɔni] Opium *n.*
αφιονίζω (σ) betäuben.
αφίσα Plakat *n.*
άφλεχτος ['aflɛxt-] unentzündbar.
αφλογιστία [aflɔjist-] (*Waffe*) Versager *m.*
αφοβία [afɔv-] Furchtlosigkeit *f.*
άφοβος furchtlos.
αφοδευτήριο [-ðɛ'ftir-] Abort *m.*
αφοδράριστος [-'ðrar-] ungefüttert.
αφ|ομοίωμα [afɔ-] *n s. αφομοίωση*; **~ομοιώνω** [-'mĭɔ-] (σ· θ) *allg. u. Biol.* assimilieren; *z. B. Schüler*: sich *den Stoff* aneignen; *Produktion usw.* meistern; *~ομοιώνομαι* aufgehen (*προς A*/ in *A*); sich eingliedern (*σε*/ in *die Gesellschaft*); *Gr.* sich assimilieren; **~ομοίωση** [-'miɔsi] (-εις) *allg.* Assimilation *f*; **~ομοιώσιμος** [-'mĭɔs-] assimilierbar; **~ομοιωτικός** [-mĭɔt-] assimilierend; assimilierbar.
αφόντας [a'fɔndas] *Ko.* seit(dem).
αφοπλ|ίζω [afɔpl-] (σ· στ) *j-n* entwaffnen (*a. fig.*); *v/i.* abrüsten; **~ισμός** Entwaffnung *f*; Abrüstung *f.*
αφορεσμός *s. αφορισμός.*
αφόρ|ετος [a'fɔrɛt-] ungetragen; nicht tragbar; **~ητος** unerträglich.
αφορία Missernte *f*, Ertraglosigkeit *f.*
αφορ|ίζω (σ· στ) abgrenzen; (*Aor. -ρεσ-*) exkommunizieren; verbannen; **~ισμός** Abgrenzung *f*; Exkommuni-

kation *f*; Aphorismus *m*; **~ιστικός** Abgrenzungs-; Bann-; aphoristisch.
αφορμ|ή [afɔr'mi] Anlass *m* (*για*/ zu *D*); Vorwand *m*; *δίνω ~ή G* Anlass geben zu *D*; *έχω ~ές εναντίον G* j-m gegenüber Bedenken haben; **~ίζω** (σ) *Wunde usw.* vereitern, quälender werden.
αφορολόγητος [afɔrɔ'lɔïjit-] steuerfrei; von Steuerzahlungen befreit.
ά|φορος unproduktiv; steril; **~φορτος** [-fɔrt-] unbeladen; *Tech.* leer laufend.
αφόρτωτος [-tɔt-] unbeladen.
αφορ|ώ [afɔ'rɔ] (άς· ησ) *v/t.* betreffen; sich beziehen (*σε*/ auf *A*); *όσον ~ά* (*εμένα*) was (mich) betrifft.
αφοσ|ιούμαι [afɔ'sjumɛ], **~ιώνομαι** [-'sjɔnɔmɛ] (ωθ) sich widmen (*σε*/ *D*); *~ιωμένος* gewidmet (*σε*/ *D*); **~ίωση** [-'siɔsi] Hingabe *f* (*σε*/ an *A*).
αφότου [a'fɔtu] *Adv., Ko.* seit(dem).
αφού [a'fu] *Ko.* (*mit St. II*) *zeitlich*: nachdem; *kausal*: weil, da.
αφου(γ)κράζομαι [afuŋ'grazɔmɛ] (στ) hören auf *A*; lauschen.
αφούρκιστος [a'furk̡-] nicht gehängt; nicht böse.
άφραστος ['afrast-] unsäglich.
αφράτος [a'frat-] appetitlich (*a. fig.*); *Brot*: locker, knusperig; *Hand*: rundlich.
άφραχτος ['afraxt-] offen, nicht eingezäunt.
αφρίζω (σ) schäumen (*a. fig.*: *από*/ vor *D*).
Αφρικαν|ίδα [afrikan-] Afrikanerin *f*; **♀ικός, ♀ός** afrikanisch; **~ός** (*a. Αφρικάνος*) Afrikaner *m*.
Αφρική Afrika *n*.
άφρισμα *n* Schäumen *n*.
αφρόγαλα [a'frɔɣala] (-γάλακτος) *n* Sahne *f*, Rahm *m*; Beste(s).
αφροδισι|ακός [-ðisjak-] aphrodisisch, Liebes-; *Su. n* Aphrodi'siakum *n*; **~ολόγος** [-ɔ'lɔɣ-] Arzt *m* für Geschlechtskrankheiten.
αφροδίσιος (-ια) Geschlechts-.
Αφροδίτη [-'ðiti] Venus *f* (*a. Astr.*).
αφρό|ζυθος [-ziθ-] Bierhefe *f*; **~λουτρο** [-lutrɔ] Schaumbad *n*.
άφρονας unvernünftig.
α|φροντισιά Sorglosigkeit *f*; **~φρόντιστος** unerledigt; ... ohne Fürsorge; **~φρονώ** [-frɔ'nɔ] (είς· ησ) unvernünftig sein.
αφρ|οξυλιά [afrɔksil-] Holunder *m*; **~όπλαστος** [-'ɔplast-] schaumig; *fig.* knusperig; **~ός** Schaum *m*; *fig.* Elite *f*; *S.* (das) Beste.
αφροσύνη [-'sini] Unvernunft *f*; Unbesonnenheit *f begehen*.
αφρούρητος [a'frurit-] unbewacht.
αφρόψαρα *n/pl.* kleine Fische *m/pl.*
αφρυγάνιστος ungeröstet.
αφρώδης schaumig, Schaum-.
άφταστος *s.* *άφθαστος*.
αφτί *s.* *αυτί*.
άφτιαστος ['aftjast-] (**-ιαχτος**) unfertig, unaufgeräumt; *Gesicht*: nicht zurechtgemacht.
αφ|υδατώνω (σ· θ) dehydrieren; entwässern; **~υδάτωση** (-εις) Dehydrierung *f*; Dürre *f*, Wassermangel *m*.
αφύλαγος *s.* *αφύλαχτος*.
α|φυλαξία [-laks-] Unbewachtheit *f*; Allergie *f*; **~φύλαχτος** unbewacht, unbeaufsichtigt.
άφυλλος ['afil-] kahl, blattlos.
αφ|υπηρετώ [afipirɛ'tɔ] (είς, άς· ησ) *mil.* ausdienen; **~υπνίζω** [-ipn-] (σ· στ) (auf)wecken; *fig.* wieder erwecken; wachrütteln (*τον*/ j-n).
α|φύσικος [a'fis-] unnatürlich; widernatürlich; **~φύτευτος** [-'fitɛft-] ungepflanzt; unbepflanzt; **~φύτρωτος** [-trɔt-] ungekeimt.
αφων|ία [afɔn-] *Gr.* Stimmlosigkeit *f*; *Med.* Aphonie *f*; **~όληκτος** [-'nɔlikt-] stimmlos auslautend.
άφωνος stumm (*από*/ vor *D*); *Gr.* stimmlos.
αφωσιωμένος [afɔsjɔm-] (treu) ergeben, anhänglich; zutraulich; (*Brief*) *όλως ~* ergebenst.
αφωταγώγητος [-'ɣɔjit-] ohne Festbeleuchtung.
αφώτιστος [a'fɔt-] unbeleuchtet; *fig.* unerleuchtet; *Rel.* ungetauft.
άφωτος unbeleuchtet, dunkel.
αχ [ax] ach!; *Freude*: [a::x]! oh!
αχάιδευτος [a'xaiðɛft-] lieblos; ungetröstet.
αχαιρέτιστος ungegrüßt.
αχαΐρευτος [axa'irɛft-] nutzlos; ergebnislos.
αχάλαστος [-last-] unzerstört; unversehrt; große(s) Geld.

αχαλιναγώγητος 110

αχαλ|ιναγώγητος [-lina'ɣɔjit-], **~ίνωτος** ... ohne Zügel; *fig.* undiszipliniert; zügellos.
αχαμναίνω [axamn-] (νυν) abmagern.
α|χάμνια Magerkeit *f*; **~χαμνός** ausgemergelt; *Su. n/pl.* F Hoden *f/pl.*; **~χανές** [-xa'nεs] (-ούς) *n* Abgrund *m*; Unendlichkeit *f*; **~χανής** abgründig; grenzenlos, endlos.
αχάραγα [-raɣa] vor Tagesanbruch.
α|χαρακτήριστος [axara'ktir-] (**-χτ-**) charakterlos; *Benehmen*: empörend; **~χαράκωτος** [-kɔt-] unliniiert; faltenlos; **~χάραχτος** [-raxt-] nicht abgesteckt, nicht markiert; *See*: glatt.
άχαρις (-ις, -ι) *K.* ungraziös, plump.
α|χαριστία [axarist-] Undank *m*; **~χάριστος** undankbar.
άχαρος reizlos, plump; freudlos.
αχαρτοσήμαντος [axartɔ'simańd-] ungestempelt, ohne Stempelmarke.
αχάτης Achat *m*.
αχειρ|αγώγητος [açira'ɣɔïjit-] ungelenkt, ungezügelt; selbstherrlich; **~αφέτητος** [-a'fεtit-] *jur.* nicht für volljährig erklärt; unfrei (*a. fig.*); **~ίδωτος** [-'iðɔt-] ärmellos; **~οποίητος** [-ɔ'piit-] ... nicht von Menschenhand; **~οτόνητος** *Rel.* ungeweiht.
αχερ- *s.* ***αχυρ-.***
άχθος ['axθ-] *n* Last *f*.
αχθο|φορικά [-fɔr-] *n/pl.* Trägerlohn *m*; **~φορικός** Träger-; **~φόρος** Lastträger *m*, Gepäckträger *m*.
άχι ['aïçi] Ach *n*, Gestöhne *n*.
αχιβάδα [açi'vaða] Muschel *f*; Nische *f*.
Αχιλλέας [açil-] Achill(es) *m*.
αχίλλει|ος (-εια): ***~α φτέρνα*** A'chillesferse *f*.
αχινός [açin-] Seeigel *m*.
αχιόνιστος [a'çïɔn-] schneefrei.
αχλ|άδι [a'xlaði] Birne *f*; **~αδιά** Birnbaum *m*.
άχνα *s.* ***άχνη.***
αχνάδα [axn-] Hauch *m*; F Mucks *m*.
αχνάρι Spur *f*; Schnittmuster *n*.
άχνη Hauch *m*; (Mehl-)Staub *m*; dünne Schicht *f*; ***ζάχαρη ~*** Puderzucker *m*.
αχν|ιάζω (σ) erblassen; **~ίζω** (σ) dampfen; *v/t.* dämpfen.
άχνισμα *n* Dampfen *n*; Dämpfen *n*.
αχν|ιστός [axn-] Dampf-; gedämpft; **~ός** Dampf *m*; Dunst *m*; Hauch *m*; *Adj.* bleich, fahl.
αχνούδωτος flaumlos, bartlos.
αχόλιαστος *s.* ***άχολος.***
αχολογώ [axɔlɔ'ɣɔ] (άς· ησ) stöhnen; dröhnen.
άχολος gelassen, friedfertig.
αχόρταγος [a'xɔrtaɣ-] (**-ταστ-**) unersättlich.
αχορτάριαστος graslos, kahl.
αχορτασιά Unersättlichkeit *f*.
αχός Dröhnen *n*.
άχου *od.* **αχού** *s.* ***αχ.***
αχούρι [a'xuri] Stall *m*.
άχραντ|ος ['axrańd-] *Rel.* unbefleckt; ***~α μυστήρια*** *n/pl.* Sakramente *n/pl.*
αχρείαστος [a'xriast-] unnütz.
αχρειο|λογία [axrïɔlɔj-] Zote *f*; **~λόγος** [-'lɔɣ-] Zotenreißer *m*.
αχρ|είος [a'xri-] (-εία) gemein; **~ειότητα** [-'ïɔt-] Gemeinheit *f*.
α|χρεώστητος [axrε'ɔstit-] nicht geschuldet; *jur.* Nichtgeschuldete(s); **~χρέωτος** [-'xrεɔt-] schuldenfrei; *Konto*: nicht belastet; **~χρηματία** [-xrimat-] Geldmangel *m*; **~χρήματος** mittellos.
αχρησ|ία [axris-] Ungebräuchlichkeit *f*; Veralten *n*; **~ίμευτος** [-'imεft-] unbrauchbar, nutzlos; **~ιμοποίητος** [-imɔ'piit-] ungenutzt; *Zimmer*: unbenutzt; unbrauchbar; *Kapital*: tot; **~τεύω** (ευσ· ευτ) unbrauchbar machen; *jur.* außer Kraft setzen; *mil.* außer Gefecht setzen; **~τία** Unbrauchbarkeit *f*; Außerkraftsetzung *f*; ***περιέπεσεν σε ~τίαν*** ist nicht mehr in Kraft.
άχρηστ|ος ['axrist-] unbrauchbar, nutzlos; ***~α αντικείμενα*** Abfall *m*, Schund *m*.
αχρόνι(α)στος [a'xrɔn-] noch nicht ein Jahr alt (*od.* tot).
αχρονολόγητος [-nɔ'lɔïjit-] undatiert.
άχρονος zeitlos; arrhythmisch.
αχρωμ|ατικός [axrɔm-] achromatisch; **~άτιστος** farblos; ungefärbt; unangestrichen; *pol.* parteilos; **~ατοψία** Farbenblindheit *f*.
άχρωμος ['axrɔmɔs] farblos (*a. fig.*).
αχτένιστος [a'xtεn-] ungekämmt; *fig.* ... ohne den letzten Schliff.
άχτι Groll *m*; Widerwille *m*; ***βγάζω το***

~ ***μου*** sich (*A*) rächen; ***τον έχω*** ~ F ich habe e-n Pik auf ihn.
αχτι|δωτός, ~νωτός *s.* ***ακτινωτός.***
αχτύπητ|ος nicht (vom Stein) abgeschlagen (*Krake*); *Sportler*: ungeschlagen; unschlagbar; ***δεν αφήνω πόρτα ~η*** an jede Tür klopfen.
αχυλιά [açil-] Asche *f*.
αχυλία Saftlosigkeit *f*.
άχυμος ['aïçim-] saftlos.
αχυρένιος [açi'rɛn-] (-ια) Stroh-; ~***νους*** Strohkopf *m*.
άχυρο ['aïç-] Stroh *n*.
αχυροβολώνας [açirɔvɔ-] Scheune *f*.
αχυρόστρωμα [açi'rɔ-] *n* Strohsack *m*.
αχυρώνας [-'rɔnas] Scheune *f*.
αχωνευσία [axɔnɛfs-] Unverdaulichkeit *f*.
αχώνευτος [-nɛft-] unverdaulich; unverdaut (*a. fig.*); unausstehlich.
αχώριστος [a'xɔr-] unzertrennlich; *Gr*. untrennbar; ungeschieden.
άχωστος ['axɔst-] unbegraben.
άψα, αψάδα [aps-] Schärfe *f*, Herbheit *f*; *fig*. Wutanfall *m*.
αψαλίδ|ιστος [-'lið-], **~ωτος** nicht (ab)geschnitten; *fig*. ungekürzt.
ά|ψαλτος ['apsalt-] ungesungen; sang- und klanglos; ohne Rüffel; **~ψαυστος** [-psafst-] unberührt; **~ψαχτος** [-psaxt-] undurchsucht.
Αψβούργοι [ab'zvurji] *m/pl*. (die) Habsburger *pl*.
άψε! *s.* ***άπτω***; ~ ***σβήσε*** im Nu.
αψεγάδιαστος einwandfrei.
αψείριαστος ... ohne Läuse.
αψέκαστος unberieselt.
αψέντι [a'psɛn̆di] Absinth *m*.
α|ψευδής [apsɛvð-] ungelogen; niemals lügend; **~ψηλάφητος** [apsi'lafit-] unbetastet; ungeprüft.
αψηλομύτης [-lɔ'mit-] (-α, -ικο) hochnäsig.
αψηλός *s.* (***υ***)***ψηλός.***
αψήλωτος: ***μένω*** ~ nicht mehr wachsen.
άψητος ['apsit-] ungekocht; nicht gar; nicht (durch)gebraten; unreif (*a. fig.*); *Wein*: ungegoren.
αψ|ήφιστος [-fist-] ... ohne Stimmabgabe; ungewählt; waghalsig; unbedeutend; ***το παίρνω ~ήφιστα*** es auf die leichte Schulter nehmen; **~ηφώ** [-i'fɔ] (άς, είς· ησ) *etw*. nicht für voll nehmen.
αψ|ίδα Bogen *m*; Triumphbogen *m*; *Astr*. Apside *f*; **~ιδωτός** [-iðɔt-] bogenförmig; Bogen-.
αψιθιά [apsi'θja] *Biol*. Wermut *m* (Artemisia Absinthium); Absinth *m*.
αψ|ιθυμία [-θim-] Jähzorn *m*; *Psych*. Affekt *m*; **~ίθυμος** aufbrausend.
αψίκορος [-kɔr-] leicht gesättigt; wankelmütig.
άψιλος ['apsil-] F abgebrannt.
αψι|μαχία [-maç-] Scharmützel *n*; *fig*. (böses) Vorspiel *n*; **~μαχώ** [-ma'xɔ] (άς, είς· ησ) scharmützeln.
αψίνθιον, άψινθος *f s.* ***αψιθιά*** *u.* ***αψέντι.***
αψίχολος [-xɔl-] hitzig, reizbar.
άψογος ['apsɔɣ-] tadellos; einwandfrei.
αψούνιστος [a'psun-] (**-ψών-**) nicht eingekauft; ... ohne Vorräte.
αψύς (*a.* -ος, -ιά, -ο) jähzornig; *S.*: scharf, beißend.
αψυχ|αγώγητος [apsixa'ɣɔjit-] angeödet, gelangweilt; **~ία** [-'çia] Zaghaftigkeit *f*; **~ολόγητος** [-xɔ'lɔïjit-] *S.*: psychologisch falsch; *Person*: psychologisch unbegabt.
άψυχο|ς seelenlos; entseelt; zaghaft; ~ ***υλικό*** Kriegsmaterial *n*.
αψώνιστος *s.* ***αψούνιστος.***
άωρος ['aɔr-] unreif; *fig*. unzeitig, vorschnell.
άωτο ['aɔtɔ]: ***άκρο ~*** *fig*. Gipfel *m* (*z. B. der Ungerechtigkeit*); Elite *f*.

B

Β, β ['vita] Beta *n*; *β'* = 2; *‚β* = 2000.
βαβά [va'va] *o. Art.* (0) Wehweh *n*.
βαβίζω (σ) bellen, kläffen.
βάβισμα *n* Bellen *n*, Kläffen *n*.
βαβούλι [-'vuli] Knospe *f*.
Βαβυλ|ώνα [vavi'lɔna] Babylon *n*; **~ωνία** Babylonien *n*; **ϛωνία** Spektakel *n*, Tumult *m*; **~ώνιος** (-ια) babylonisch; *Su. m* Babylonier *m*; ***η ~ώνια αιχμαλωσία*** die babylonische Gefangenschaft.
βάβω ['vavɔ] *f* Alte *f*.
Βαγγέλιο [va'ŋ̍gɛl-] Evangelium *n*.
Βαγδάτη [vaɣð-] Bagdad *n*.
βαγενάς (-άδες) *s.* ***βαρελάς.***
βαγένι [-'jɛni] Fass *n*, Tonne *f*.
βάγια¹ ['vaja] Amme *f*.
βάγια², βαγιά Lorbeer *m*.
βάγια *n/pl.* Lorbeer- *od.* Palmzweige *m/pl.*
βαγίζω (σ) sich (*A*) neigen.
βαγκον|λί [vagɔň'li] (0) *n* Schlafwagen *m*; **~ρεστοράν** [-rɛstɔ'rañ] (0) *n* Speisewagen *m*, Zug-Restaurant *n*.
βαγόνι [va'ɣɔni] Waggon *m*, Eisenbahnwagen *m*; ***τουριστικό ~*** Liegewagen *m*; ***~ εστιατόριο*** Zug-Restaurant *n*.
βάδην ['vaðin] *Adv.* im Tritt; *Su. n* (*Sport*) Gehen *n*.
βαδίζω (σ) (zu Fuß) gehen, marschieren; ***~ στα ίχνη*** (*G*) in die Fußstapfen (*G*) treten.
βάδισμα *n* Gang *m*; Schritt *m*; ***με το ~ της χήνας*** im Gänsemarsch.
βαζελίνη [vaz-] Vaseline *f*.
βάζο Vase *f*; Gefäß *n*, Dose *f*.
βάζω ['vazɔ] (βαλ· βαλθ) setzen, stellen, legen; mit berechnen; *Beet* anlegen; *Hut* aufsetzen; *Schlips* umbinden; *Schuhe* anziehen; *Geld auf die Bank* bringen; ***~ δικηγόρο*** e-n Rechtsanwalt nehmen; ***~ τα δυνατά μου*** sein Möglichstes tun; ***τον ~ σε έξοδα*** *j-n* in Unkosten stürzen; ***~ κατά μέρος*** *Geld* beiseite legen; ***δεν το ~ κάτω*** sich nicht unterkriegen lassen; ***το ~ κάτω*** j-n übertreffen an *D*; ***~ το κεφάλι μου*** s-n Kopf wetten; ***~ τα κλάματα*** zu weinen anfangen; ***~ στο κυνηγητό*** in die Flucht schlagen; ***τα ~ με*** *fig.* es aufnehmen mit *D*; ***~ μέσα*** einsperren; ***~ στη μέση*** in die Enge treiben; ***~ μπρος*** einleiten, in Gang setzen; anstellen; ***~ να*** lassen, veranlassen zu; ***~ στοίχημα*** wetten; ***~ τραπέζι*** den Tisch decken; ***βάζομαι να ...*** alles tun, um ... zu; ***βάλε μας να πιούμε*** gib uns zu trinken.
βαθαίνω *s.* ***βαθύνω.***
βαθιά *Adv.* tief (***σε***/ in *A*).
βαθμιαίος [-'miɛ-] (-αία) allmählich, schrittweise.
βαθ|μίδα Stufe *f* (*a. fig.*); Tritt *m* (*e-r Leiter*); Rang *m*, Grad *m*; *Geol.* Schicht *f*; ***μισθολογική ~μίδα*** Gehaltsgruppe *f*; **~μολόγηση** (-εις) Bewertung *f*; **~μολογία** [-lɔj-] Gradeinteilung *f*; *Sport*: Punkt(e)tabelle *f*, Punktwertung *f*; *Schule*: Zensierung *f*, Zensur *f*, Zeugnis *n*; *mil.* Ernennung *f* (zu); **~μολόγιο** Zensurenbuch *n*, Zensurenheft *n*; **~μολογώ** [-lɔ-] (είς· ησ) in Grade einteilen; *Schule*: ein Zeugnis (*od.* Zeugnisse) geben, bewerten, benoten (***με***/ mit *D*), zensieren; *mil.* ernennen (zu); **~μονομώ** (είς· ησ) in Grade einteilen.
βαθμός Grad *m* (*allg.*, *Tech.*, *Math.*); Rang *m*; *Schule*: Note *f*, Zensur *f*; Zeugnis *n*; *Sport*: Punkt *m*.
βαθμ|ούχος [vaθ'mux-], **~οφόρος** [-ɔ'fɔr-] Inhaber *m* e-s Ranges, Offizier *m*.
βάθος (-ους) *n* Grund *m*; Tiefe *f*; Hintergrund *m*; ***κατά ~*** gründlich.
βαθου|λαίνω [-θu'lɛnɔ] *s.* ***βαθουλώνω;*** **~λός** ausgehöhlt, vertieft; tief (*Teller*).
βαθ|ούλωμα *n* Aushöhlen *n*; Vertiefung *f*; Mulde *f*; **~ουλώνω** (σ· θ) aushöhlen, vertiefen; ***~ουλωμένος*** eingefallen (*Wangen*).
βάθρακας ['vaθrak-], **βαθρακός** [vaθrak-] Frosch *m*.
βαθρακόψαρο [-'kɔpsa-] Froschfisch *m*.
βάθρ|ο Sockel *m*; *Schule*: Bank *f*; ***εκ ~ων*** von Grund aus.
βαθύ- [va'θi-] tief (*z. B. tiefblau*), sehr (*z. B. schattig*).

βαθύ|νοια [-nĭa] Scharfblick *m*, Scharfsinn *m*; **~νους** [-nus] (-νουν) scharfsinnig.
βάθυνση [-iňsi] Vertiefen *n*, Aushöhlen *n*.
βαθύ|νω (II=I) *v/t*. vertiefen; *v/i*. tief werden, sich vertiefen; **~πεδο** [-pɛðɔ] Tiefebene *f*; **~πλουτος** [-plut-] steinreich.
βαθ|ύς [va'θis] (*a*. **-ιός**) tief (*allg*., *a. fig*.); ***~ύ μυαλό*** große(r) Geist *m*; ***~ιά γεράματα*** hohe(s) Alter; **~υστόχαστος** nachdenklich, tiefsinnig; **~ύτητα** Tiefe *f*; Gründlichkeit *f*; **~ύφωνος** [-'ifɔn-] Bass *m*, Bassist *m*; **~ύχορδο** [-'ixɔrðɔ] Kontrabass *m*; **~ύχρωμος** dunkel(farbig).
βάι ['vai] o weh, wehe.
βάιο *mst. pl. s.* ***βάγια,*** Palmzweig *m*; ***η Κυριακή των Βαΐων*** Palmsonntag *m*.
βακαλάος [vaka'la-] (gesalzener) Kabeljau *m*.
βακέτα, βακέτο Rindleder *n*.
βακίλιο, βάκιλος ['vaḱil-] Bazillus *m*.
βακούφι Kirchen- *od*. Klostergüter *n/pl*.
βακτηρία [vaktir-] Stab *m*, Stock *m*.
βακτ|ηρίδιο [-i'rið-], **~ήριο** Bakterie *f*; **~ηριολόγος** [-irĭɔ'lɔγ-] Bakteriologe *m*.
βάκτρο ['vaktrɔ] Kolbenstange *f*.
βακχείος [vakç-] (-εία) bacchantisch.
βάκχη, βακχίδα Bacchantin *f*.
βακχικός bacchantisch, ausschweifend.
βάκχιος *s.* ***βακχείος.***
βαλαν|ίδι [vala'niði] Eichel *f*; **~ιδιά** Eiche *f*.
βαλάντιο [-'laňd-] Geldbörse *f*.
βαλαντώνω (σ) *v/t*. *j-n* völlig entnerven; *Stimmung*: überwältigt sein (***από***/ von).
βαλβίδα [valv-] *Sport*: Startband *n*; Wurfkreis *m*; *Anat*. Klappe *f*; *Tech*. Ventil *n*.
βαλερι|άνα [-lɛrĭ-], **~ανή** Baldrian *m*.
βαλές [va'lɛs] (-λέδες) *Kartenspiel*: Bube *m*.
βαλθ- *s.* ***βάζω.***
βαλιστική [valisti'ḱi] Ballistik *f*.
βαλί|τζα [va'lidza], **~τσα** Koffer *m*.
βαλιτσάκι (kleiner) Koffer *m*, Tasche *f*.
Βαλκ|άνια [val'kan-] *n/pl*. Balkan *m*; **²ανικός** Balkan-; ***~ανική*** (***χερσόνησος***) Balkanhalbinsel *f*.
βάλλω ['valɔ] (βαλ· βληθ), *s. a.* ***βάζω,*** werfen; (ab)schießen; treffen; vorgehen (***εναντίον*** *G*/ gegen *A*).
βαλμένος *s.* ***βάζω.***
βαλς [vals] *n* Walzer *m*.
βαλσαμικός [-sam-] balsamisch.
βάλσαμο Balsam *m* (*a. fig*. ***σε***/ für, auf *A*).
βαλσαμ|ώδης balsamisch; **~ώνω** (σ) einbalsamieren; *fig*. besänftigen.
βάλσιμο (-ατος) Stellen *n*, Setzen *n*, Legen *n*.
Βαλτικ|ή [valti'ḱi] Ostsee *f*; **²ός** baltisch.
βάλτος Sumpf *m*.
βαλτός gestellt; *Person*: gedungen.
βαλτ|ότοπος Sumpfgelände *n*; **~ώδης** sumpfig, morastig.
βαλτώνω (σ) *v/t*. sumpfig machen; *v/i*. in den Sumpf (ein)sinken, versumpfen; *fig*. in e-e Sackgasse geraten.
βαμβακ|έλαιο [vaɱvaḱ-] Baumwollsamenöl *n*; **~ερός** baumwollen.
βαμβάκι [-ɱ'vaĭḱi] Baumwolle *f*; Watte *f*.
βαμβακιά Baumwollpflanze *f*.
βαμβάκινος baumwollen.
βαμβ|ακοπαραγωγός Baumwollproduzent *m*; **~ακοπυρίτιδα** Schießbaumwolle *f*; **~ακόσπορος** [-'kɔspɔr-] Baumwollsamen *m*.
βαμβακ|ουργία [-ur'jia] Baumwollindustrie *f*; **~οφυτεία** [-fit-] Baumwollpflanzung *f*.
βαμβούσα [vaɱ'vusa] Bambus *m*.
βάμμα ['vama] *n* Tinktur *f*.
βαμμένος *s.* ***βάφω.***
βάνα Absperrhahn *m*; Heizungsventil *n*.
βαναυσολο|γία [vanafs-] vulgäre Redeweise *f*; Grobheit *f*; **~γώ** (είς· ησ) Grobheiten sagen.
βάναυσος *allg*. grob, ungehobelt; *Manieren*: schlecht.
βαναυσ|ότητα Grobheit *f*; grobe(s) Benehmen *n*; **~ουργία** [-ur'jia] Sudelei *f*, Pfuscherei *f*.
βανδαλισμός [vaňðaliz-] Vandalismus *m*.
βάνδαλος Vandale *m* (*a. fig*.).
βανίλια [va'nilja] Vanille *f*; Vanillekonfitüre *f*.

βάνω ['vanɔ] *s.* ***βάζω, βάλλω.***
βαπόρι [va'pɔri] Dampfer *m.*
βαπτ- *s.* ***βαφτ-.***
βάραθρο ['varaθrɔ] Abgrund *m*; *fig. mst.* Ruin *m.*
βαραθρ|ώδης [-'θrɔð-] abgrundtief; **~ώνω** (σ· θ) *v/t. fig.* in den Abgrund stürzen, ruinieren.
βαραίνω [var-] (υν· υνθ, εθ· βεβαρημ, βαρεμ) *v/t.* drücken, schwer sein; *fig.* belästigen *A*, lästig sein (*D*); schwerer machen; *v/i.* wiegen (*a. fig. z. B. Wort*); *Magen* belasten; sich neigen (*zu*); *Krankheit*: schlimmer werden.
βαράκι [va'raïḳi] Blattgold *n.*
Βαρβάρα [-'vara] Barbara *f.*
βαρβαρ|ίζω (σ) grammatische Fehler machen; **~ικός** barbarisch; **~ισμός** *Gr.* Barbarismus *m*; F Schnitzer *m.*
βάρβαρος ['varvar-] (*Adv. a.* ***-αριστί***) *Volk*: wild; *Mensch*: barbarisch.
βαρβαρότητα Barbarei *f*, Wildheit *f*; *bsd. pl.* Grausamkeiten *f/pl.*
βαρβατίλα Brunst *f.*
βαρβάτος zeugungsfähig; stürmisch; tatkräftig; *Vermögen*: stattlich.
βαργεστ|ίζω [varjɛst-] (σ· στιμένος) *e-e S.* satt haben; **~ιμάρα** *s.* ***βαρεμάρα***; **~ώ** (άς· ησ· ημ) *s.* ***βαργεστίζω.***
βαργομίζω *s.* ***βαρυγκομώ.***
βάρδα, βαρδάτε [var'ðatɛ] Achtung!, Vorsicht!
βάρδι|α Wache *f* (*a. Pers.*); **~ες** *pl.* Schicht *f* (von Arbeitern).
βάρδος ['var-] Barde *m*; Sänger *m der Freiheit usw.*
βαρεθ- *s.* ***βαριέμαι.***
βαρεία [va'ria] Gravis *m* (`).
βαρέλα Tonne *f.*
βαρε|λάς [-'las] (-άδες) Böttcher *m*, Küfer *m*; **~λήσιος** [-'lis-] (-ια) Fass-, ... aus dem Fass.
βαρέλι Fass *n.*
-βάρελο, *z. B.* ***κρασοβάρελο*** Weinfass *n usw.*
βαρελοποιός *s.* ***βαρελάς.***
βαρεμ- *s.* ***βαραίνω.***
βάρεμα ['varɛma] *n* Schlag *m*, Stoß *m*; Verletzung *f.*
βαρε|μάρα Langeweile *f*; Apathie *f*, Schläfrigkeit *f*; **~μός** *s.* ***βαρεμάρα***; *s.* ***βάρεμα***; **~τός** langweilig; lästig; träge.
βαρηκοΐα [-kɔ'ia] Schwerhörigkeit *f.*
βαρήκοος [va'rikɔɔs] schwerhörig.
βαρι(ο)- [vari-] schwer, *z. B.* ***βαριαρρωστώ*** schwer erkranken.
βαριά[1] Schmiedehammer *m.*
βαριά[2] *Adv.* schwer (*a. krank*); tief (*schlafen*); unangenehm (*riechen*).
βαρίδι Senkblei *n*; Gewicht *n der Waage.*
βαριέ|μαι [var'jɛmɛ] (ρεθ) *e-e S.* satt haben, genug *von etw.* haben; ***~μαι να*** keine Lust haben zu; ***δεν ~σαι!*** mach dir nichts d(a)raus!; ***βαρεθήκαμε*** wir haben keine Lust mehr.
βαριεστίζω *s.* ***βαργεστίζω.***
βαριετέ (0) *n* Varieté *n.*
βαρικός [var-] *Boden*: fett.
βάριο Barium *n.*
βαριοκαρδίζω (σ) tief betrüben.
βαριόμοιρος leidgeprüft.
βαριός (-ιά) *s.* ***βαρύς.***
βαριούμαι *s.* ***βαριέμαι.***
βαρίτης Baryt *m.*
βάρκα ['varka] Boot *n*, Kahn *m*; ***λαστιχένια ~*** Schlauchboot *n.*
βαρκάδα: ***πηγαίνω ~*** e-e Bootsfahrt machen.
βαρκάρης [-'karis] Bootsunternehmer *m* (für Kleintransporte).
βαρομετρικός [-ɔmɛtr-] Barometer-.
βαρόμετρο Barometer *n.*
βαρόν|η Baronin *f*; **~ος** Baron *m.*
βάρ|ος *n* (*pl.* βάρη *u.* βάρητα) Gewicht *n* (*a.* = *Bedeutung*); *fig.* Schwere *f im Kopf*; Last *f*, Belastung *f*; ***ειδικό ~ος*** spezifische(s) Gewicht *n*; ***έλλειπον ~ος*** Untergewicht *n*; ***πλεονάζον ~ος*** Übergewicht *n*; ***σε ~ος μου*** zu meinen Lasten; ***του γίνομαι ~ος*** *j-m* zur Last fallen; *pl.* **~η** Gewichte *n/pl. zum Wiegen*; ***παλαιστής μέσων βαρών*** *Sport*: Mittelgewichtler *m.*
βαρούλκο [va'rulkɔ] Winde *f.*
βαρυ- [vari-] schwer, sehr.
βαρυγκομ|ώ [-riŋ̑gɔ'mɔ] (άς), **~ίζω** (σ), **βαρυγνωμώ** [-ɣnɔ'mɔ] (είς· ησ) sich (*A*) ärgern (***με***/ über *A*); tief enttäuscht sein.
βαρυηκ- *s.* ***βαρηκ-.***
βαρ|υθυμία Missmut *m*; Unwille *m*; **~ύθυμος** missmutig, verdrossen.
βαρυ|καρδίζω *s.* ***βαριοκαρδίζω***; **~κέφαλος** [-'ḳɛfal-] schwerfällig; dickköpfig.

βαρύκοος hörgeschädigt.
βαρύνομαι *s.* ***βαριέμαι.***
βαρυντικός [variňd-] *Mensch*: langweilig; *Umstand*: erschwerend.
βαρύνω *jur.* belasten; *s.* ***βαραίνω.***
βαρυ|πενθής [váripɛňθ-] tief trauernd; **~ποινήτης** (***-τισσα***) Schwerverbrecher(in *f*) *m.*
βαρύς [va'ris] (-ιά) schwer (*a. fig.*); *Kunstwerke, Stil usw.*: plump, klobig; *Mensch*: ernst, unzugänglich; *Tabak, Kaffee usw.*: stark; *Nahrungsmittel*: schwer verdaulich; *Stimme*: tief; *Klima*: ungesund.
βαρυσήμαντος [-'simaňd-] schwerwiegend, gewichtig.
βαρυστομαχ|ιά Verdauungsbeschwerden *f/pl.*; **~ιάζω** Magenbeschwerden haben.
βαρύτητα Schwere *f*; *Phys.* Schwerkraft *f*; *Worte*: Gewicht *n*, Geltung *f*; Ernst *m* (*der Lage, der Krankheit*); Schwere *f* (*des Fehlers, der Strafe*).
βαρύτιμος [va'ritim-] kostbar.
βαρύτονος Bariton *m*; *Adj. Wörter* mit dem Akut (´) auf der vorletzten *od.* drittletzten Silbe.
βαρυφορτώνω [-fɔr'tɔnɔ] (σ· θ) überladen.
βαρύφωνος [-fɔn-] ... mit tiefer Stimme, mit e-r Bassstimme.
βαρυχειμωνιά [-çimɔn-] strenge(r) Winter *m.*
βαρώ [va'rɔ] (άς· εσ· εθ· εμ· βάρα, βαράτε!) schlagen, prügeln; verletzen; *Tamburin* schlagen; *Geige usw.* spielen; *Trompete* blasen; *Glocke*: schlagen (*z. B. 12 Uhr*).
βασάλτης [va'salt-] Basalt *m.*
βασανίζ|ω [-san-] (σ· στ· σμ) quälen; foltern; *e-e Frage* genau prüfen; **~ομαι** sich (*A*) abquälen.
βασάνισμα *n*, **βασανισμός** Quälen *n*; Folterung *f*; genaue Prüfung *f.*
βασανιστ|ήριο [-ni'stir-] Folter(werkzeug *n*) *f*; *fig.* Plage *f*; *Kind*: Quälgeist *m*; **~ής** genaue(r) Prüfer *m*; Folterknecht *m*, Peiniger *m*; **~ικός** Folter-; Untersuchungs-; Sklaven- (*z. B. Arbeit*); *Krankheit*: qualvoll.
βάσανο Folter *f*; Qual *f*, Plage *f*; ***το βάσανό του*** *scherzhaft*: seine Flamme.
βάσανος *f s. a.* ***βάσανο,*** *hist.* peinliche Frage *f*; genaue Prüfung *f e-r S.*; *Math.* Probe *f.*
βάση ['vasi] (-εις) *allg.* Grundlage *f*, Basis *f*; Grundfläche *f e-s Gebäudes*; Grundplatte *f e-r Maschine*; Fahrgestell *n e-s Autos*; Voraussetzungen *f/pl.* (*für e-e Prüfung*); *mil.* Stützpunkt *m*; *Chem.* Base *f*; ***με ~*** (*G*) aufgrund (*G*); ***βάνω*** (*od.* ***δίνω***) ***~ σε*** Vertrauen schenken *D*; ***βάζω για ~*** zugrunde legen.
βασ|ίζω (σ· στ) gründen (***σε***/ auf *A*); *Hoffnungen* setzen (***σε***/ auf *A*); **~ίζομαι** sich stützen, sich verlassen (auf *A*); beruhen (***σε***/ auf *D*); **~ικός** grundlegend, wesentlich; Grund- (*Gehalt*); Eck- (*Lohn*); *Chem.* basisch; **~ικότητα** *Chem.* Basizität *f.*
βασιλεία [vasil-] Königreich *n*; Königsherrschaft *f*; *Rel.* Reich *n*; ***επί της ~ς*** *G* unter der Herrschaft *G*; ***η ~ των ουρανών*** Himmelreich *n.*
Βασιλεία Basel *n.*
βασίλειο Königreich *n*; *Geschäft*: Wirkungsbereich *m*; ***ζωϊκό ~*** Tierreich *n*; ***φυτικό ~*** Pflanzenreich *n.*
Βασίλειος [va'siliɔs] Basilius *m.*
βασίλεμα *n* Untergang *m der Sonne usw.*; *fig.* ***στα βασιλέματα*** in den letzten Zügen.
βασιλ|εύω (εψ) herrschen (*a. fig.*), regieren; ***ζη και ~εύει*** *etwa* blüht (*lebt*) und gedeiht; *Gestirn*: untergehen; *Augen*: zufallen.
Βασίλη|ς Basilius *m*; ***Άη - ~ς*** der Heilige Basilius (*entspricht dem Weihnachtsmann, kommt am Neujahrstag*); *a. fig.* Neujahrslieder *n/pl.*; ***του Άη - ~*** zu Neujahr, am Neujahrstag.
βασιλιάς [vasi'lias] (-άδες) König *m* (*a. im Schach u. fig.*); ***σαν ~*** wie ein König *leben usw.*
βασιλι|κός königlich; *Su. m* Royalist *m*; ***~κός λόγος*** Thronrede *f*; *Su.* ***~κός, ~κό*** *u.* ***~κά*** *n/pl.* Basilienkraut *n.*
βασιλίσκος Duodezfürst *m*; Zaunkönig *m.*
βασίλισσα Königin *f* (*a. der Bienen*); *Schach*: Dame *f.*
βασιλο|κτόνος [vasilɔ'ktɔn-] Königsmörder *m*; **~μήτωρ** (-ορος) *f* Königinmutter *f*; **~παίδι** [-'pɛði] Königskind *n*, Prinz *m*, Prinzessin *f.*
βασιλόπιτα [-pita] Neujahrskuchen *m.*

βασιλο|πούλα ['pula] Königstochter *f*; **~πούλι** Eisvogel *m*.
βασιλό|πουλο Königssohn *m*; **~φρονας** Royalist *m*.
βάσιμος ['vasim-] (wohl) begründet, zuverlässig; stichhaltig; *Su. n* Stichhaltigkeit *f*.
βασιμότητα Stichhaltigkeit *f*.
βάσις *s.* ***βάση.***
βασκαίνω [va'skɛnɔ] (αν· αθ· αμ) *v/t.* behexen; *v/i.* den bösen Blick haben; ***να μη βασκαθής!*** unberufen!
βάσκαμα *n*, **βασκανία** [vask-] Verhexung *f*, der böse Blick.
βασκάνιο Amulett *n*.
βάσκαν|ος behexend; ***~ο βλέμμα*** böse(r) Blick *m*.
βασκαντήρα [-a'ňdira] *s.* ***βασκάνιο.***
Βάσκη Baskin *f*.
βασκικός [vask-] baskisch.
Βάσκος ['vask-] Baske *m*.
βασταγερός [vastajɛr-] haltbar.
βάστα(γ)μα *n* Last *f*; Haltbarkeit *f*.
βασταγός (-ή *u.* -ούρα, -ό *u.* -ούρι) tragend, Träger-; Stütz-; *Su. m* Esel *m*.
βαστάζ|ος Gepäckträger *m*; **~ω** (ξ· χτ) halten, tragen.
βάστη(γ)μα *s.* ***βάστα(γ)μα.***
βαστ|ώ [va'stɔ] (άς· αξ, ηξ· αχτ· αγμ, ημ) *v/t.* halten; *Tränen usw.* zurückhalten; *Buch* führen; bei sich (***μαζί μου***) haben; *j-n* führen; *v/i. Zeit*: dauern, anhalten; *etw.* (*A*) aushalten, (***σε***) ertragen; herstammen (***από***/ von); ***του ~άι*** er wagt es ...; ***~ιέμαι, ~ιούμαι*** sich *gut usw.* halten; an sich halten (***από***/ vor *D*); sich festhalten (***από***/ an *D*); ***δεν ~ώ από*** es nicht mehr aushalten können vor.
βατ (0) *n Phys.* Watt *n*.
βάτα Watte *f*.
βατεύω (ψ) bespringen, begatten.
βατήρας [va'tiras] Trampolin *n*, Sprungbrett *n*.
Βατικανό Vatikan *m*.
βατίστα Batist *m*.
βατόμουρο [va'tɔmurɔ] Brombeere *f*.
βάτος Brombeerstrauch *m*; stachelige(r) Strauch.
βατός gangbar.
βατραχάνθρωπος Froschmensch *m*.
βατράχι *Bot.* Sumpfhahnenfuß *m*.
βατραχοπέδιλο [vatrax-] Tauchflosse *f*.
βάτραχος Frosch *m*; ***μεγάλος ~*** Kröte *f*.
βατσίνα Impfstoff *m*.
βατσινάρω (αρισ) impfen.
βατσινιά *s.* ***βάτος.***
βάτσινο *s.* ***βατόμουρο.***
βαττ|αρίζω [vatar-] (σ) lallen, faseln; **~ολογώ** [-ɔlɔ'ɣɔ] (άς· ησ) schwatzen.
Βαυαρ|ή [vavar-] Bayerin *f*; **~ία** Bayern *n*; **♀ικός** bayerisch; **~ός** Bayer *m*.
βαυκάλημα [vaf'kal-] *n* Wiegenlied *n*.
βαυκαλ|ίζω (σ), **~ώ** (άς) in den Schlaf wiegen; *fig.* einlullen.
βαφ|έας [vaf-] (*pl.* -είς) Färber *m*; **~είο** Färberei *f*; **~ή** Färben *n*; Anstreichen *n*; Farbe *f*; *Tech.* Härten *n*; **~ιάς** Färber *m*; **~ικός** Farb- (*z. B. Stoffe*).
βαφτίζω [va'ftizɔ] (σ· στ· σμ) taufen; Pate *e-s Kindes* werden; *Wein usw.* fälschen.
βάφτιση (-εις), **βαφτίσια** *n/pl.* Taufe *f*.
βαφτισιμιός (-ιά) Patenkind *n*.
βάφτισμα *n* Taufe *f*; ***~ του πυρός*** Feuertaufe *f*.
βαφτισ|ματοχάρτι [vaftizmatɔ'xarti] Taufschein *m*; **~τήρι** [vafti'stiri] Täufling *m*, Patenkind *n*; **~τήριο** Taufbecken *n*, Taufkapelle *f*; **~τής** Täufer *m*; **~τικός** Tauf-; *als Su. s.* ***βαφτιστήρι.***
βάφω (ψ· φτ· μμ) *v/t. Tech.* härten, abschrecken; färben; *v/i.* Flecke bekommen.
βάψιμο ['vaps-] (-ατος) Färben *n*; Schminken *n*; *Tech.* Härten *n*.
βγάζω ['vɣazɔ] (αλ· βγάλθηκα· αλμ) *v/t. Nagel usw.* herausziehen; *Kleider, Schuhe* ausziehen; *Zahn* ziehen lassen; *Hut* abnehmen; *Fleck* entfernen; *etw.* abbekommen, F abkriegen; *Saft* auspressen; aus *e-r Stellung* entlassen (***από***); *Hand* verstauchen; *Fabrik*: erzeugen; *Knospen* treiben; *Land*: hervorbringen; *sein Brot* verdienen; *Ton, Worte* hervorbringen; *Buch* herausbringen; *Rede* halten; *j-n* wählen zu (*z. B.* ***δήμαρχο*** *zum Bürgermeister*); folgern (***από***/ aus); *Schrift* entziffern, F rauskriegen; *Schule* beenden; *spazieren* führen; *Kind* nennen, auf e-n Namen taufen; entlarven (*z. B.* ***ψεύτη*** *als Lügner*); *v/i. Weg*: führen (***πουθενά***/ nir-

gendswohin); ***τα ~ πέρα*** zustande bringen; zurechtkommen, es schaffen; ***~ το σβέρκο μου*** sich abquälen; ***~ στη φόρα*** an die Öffentlichkeit bringen; F auspacken.

βγαίνω ['vjɛnɔ] (έβγα, εβγάτε· να βγω· βγήκα· βγαλμ) *v/i.* hinausgehen; sich *als richtig* erweisen; *vom Thema* abkommen (***από***); *sich lösen*: abgehen; erscheinen (***σε***/ *z. B.* am *Fenster*); *Gestirn*: aufgehen; *Produkt*, *Zeitung*: erscheinen; *Farbe*: nicht halten, abgehen; *Weg*: führen; *Kranker*: Stuhlgang haben; *Foto*: *gut usw.* werden, herauskommen; ***~ από*** folgen aus *D*; herauskommen aus *D*; *Schule* durchmachen; *Stoff*: ***~ για*** reichen für; *Kinder*, *Produkt*: ***~ καλά*** gut geraten; ***~ δήμαρχος*** zum Bürgermeister gewählt werden; ***~ έξω*** ausgehen; ***του ~ σε*** j-n übertreffen in *D*; ***~ λάδι*** sich für unschuldig halten; ***το όνειρο βγήκε αληθινό*** der Traum hat sich erfüllt; ***μου βγήκε σε καλό*** (***κακό***) es lief gut (schlecht) für mich ab; ***~ στο εμπόριο*** auf den Markt kommen.

βγαλ-, βγαλθ-, βγάλλω *s.* ***βγάζω.***

βγαλμεν- *s.* ***βγάζω, βγαίνω.***

βγάλσιμο ['vɣals-] (-σίματος) Ziehen *n des Zahnes*; Verrenkung *f*, Verstauchung *f der Hand usw.*; Stuhlgang *m*; *s.* ***βγάζω.***

βγάλω *St. II v.* ***βγάζω.***

βγηκ-, βγω *s.* ***βγαίνω.***

βδέλλα ['vðela] Blutegel *m*; *fig.* Blutsauger *m.*

βδέλυγμα [-liɣma] *n* Scheusal *n.*

βδελυ|γμία Ekel *m*, Abscheu *m*; **~κτός, ~ρός** ekelhaft, abscheulich.

βδομάδα *s.* ***εβδομάδα.***

βέβαιο|ς ['vɛvɛɔs] sicher (***για, περί*** *G*/*G*), gewiss; ***το ~ είναι ότι ...*** Tatsache ist, dass ...

βεβαιότητα Sicherheit *f*, Gewissheit *f*.

βεβαι|ώνω (σ· θ) *v/t. j-m* versichern, *dass*; *Richtigkeit e-r S.* bestätigen; *etw.* (*A*) bescheinigen; ***~ώνομαι*** sich überzeugen (***δια*** *G*/ von *D*).

βεβαίωση [vɛ'vɛɔsi] (-εις) Versicherung *f*; Bestätigung *f*; Bescheinigung *f*; ***~ γιατρού*** *od.* ***ιατρική ~*** ärztliche(s) Attest; ***~ παραλαβής*** Empfangsbestätigung *f*.

βεβαιωτικός bestätigend; *Gr.* bejahend; ***είναι ~*** (*G*) ... ist (sind) e-e Bestätigung (*G*).

βέβηλος ['vɛvil-] uneingeweiht, profan; *fig.* nicht sachkundig.

βε|βηλώνω (σ) entweihen, schänden; **~βήλωση** (-εις) Entweihung *f*, Schändung *f*; **~βηλωτής** Entweiher *m*, Schänder *m.*

βεβιασμένος gezwungen, gekünstelt.

βεβιωμένο Erlebnis *n.*

Βεγγάλη [vɛ'ŋgali] Bengalen *n.*

βεγγαλικ|ός bengalisch; ***~ά*** (***φώτα***) bengalische(s) Feuer *n.*

βεγγέρα Abendgesellschaft *f.*

Βεδουίν|α Beduinin *f*; **~ος** Beduine *m.*

βεζίρης [-'zir-] Wesir *m.*

βελάδα [vɛl-] Frack *m.*

βελάζω (σ) blöken; *Ziege*: meckern.

βελαν|ίδι Eichel *f* (*a. Med.*); **~ιδιά** Eiche *f.*

βέλασμα *n* Blöken *n*; Meckern *n.*

Βελγίδα [vɛlj-] Belgierin *f.*

βελγικός belgisch.

Βέλγιο Belgien *n.*

Βέλγος ['vɛlɣ-] Belgier *m.*

βελέντζα [vɛ'lɛndza] Wolldecke *f.*

βεληνεκ|ές [-linɛ'kɛs] (-ούς) *n* Aktionsradius *m*; ***πύραυλος μέσου ~ούς*** Mittelstreckenrakete *f.*

Βελιγράδι [-li'ɣraði] Belgrad *n.*

βέλο Schleier *m.*

βελό|να (*a.* **~νη, ~νι**) Nähnadel *f*, Nadel *f*; ***~να του πλεξίματος*** Stricknadel *f*; ***μαγνητική ~να*** Magnetnadel *f*; ***περνώ ~να*** einfädeln.

βελονι|ά Nadelstich *m*, Stich *m*; ***σταυρωτή ~ά*** Kreuzstich *m*; ***~άζω*** (σ) heften; einfädeln; ***~άζομαι*** (στ) sich (*A*) stechen.

βελον|ίδα [vɛlɔn-] kleine Nadel *f*; **~ισμός** Akupunktur *f*; **~οειδής** [-ɔið-] nadelförmig; **~οθήκη** [-ɔ'θiki] Nadelbüchse *f*; **~όκαρφο** [-'ɔkarfɔ] Stift *m*; **~ότρυπα** Nadelöhr *n.*

βελονωτός nadelförmig.

βέλος *n* Pfeil *m* (*a. fig. u. Symbol*).

βελουδένιος [-lu'ðɛn-] (-ια), **βελούδινος** samten (*a. fig.*), samtweich.

βελούδο Samt *m.*

βελτιώνω (σ) verbessern.

βελτίωση Besserung *f.*

βελτιώσιμος [-'tiɔsim-] verbesserungsfähig.

Βενεζουέλα [vɛnɛzu-] Venezuela *n.*

Βενετία Venedig *n.*
βενετικός, βενέτικος venezianisch.
Βενετός Venezianer *m.*
Βενετσ(ι)|άνα Venezianerin *f*; **~άνος** Venezianer *m.*
βενζέλαιο [vɛ'ňzɛlɛɔ] Benzol *n.*
βενζινάδικο Tankstelle *f.*
βενζιν|άκατος *f* Motorboot *n*; **~άροτρο** Motorpflug *m.*
βενζίνη [vɛ'ňzini] Benzin *n*; ***παίρνω ~*** (auf)tanken.
βενζιν|οκίνητος [-ɔ'k̡init-] ... mit Benzinmotorantrieb; **~ομηχανή** [-ɔmixa'ni] Benzinmotor *m*; **~όπλοιο** [-'ɔpliɔ] Motorboot *n.*
βενζόλ|η, ~ιο Benzol *n.*
βεντάλια [vɛ'ňdal-] Fächer *m.*
βεντέτα [vɛ'dɛta] Star *m* (*Film*); [vɛ'ňdɛta] Blutrache *f*, Stammesfehde *f.*
βεντούζα [vɛ'ňduza] Schröpfkopf *m*; ***μου κόλλησε ~*** er (sie) ist wie e-e Klette.
βέρα Verlobungsring *m.*
βεράντα Veranda *f.*
βέρβερι ['vɛrvɛri] Perlauster *f.*
βερβερίτσα Eichhörnchen *n.*
βέργα ['vɛrγa] Gerte *f*, Rute *f*; *Gold- usw.* Barren *m.*
βεργί [-'ji] (*Weiden*) Gerte *f*, Zweig *m.*
βερεσέ [vɛrɛ'sɛ] *Adv.* auf Kredit; F auf Pump; *Su. n od.* **~ς** Kredit *m*; ***~δια*** *n/pl.* Kredit *m*, Darlehen *n.*
βερικοκιά [vɛrikɔk̡-] Aprikosenbaum *m.*
βερίκοκο [-kɔkɔ] Aprikose *f.*
βερμούτ (0) *n* Wermut *m.*
βερνίκ|ι [vɛr'nik̡i] Lack *m*, Firnis *m* (*a. fig.*); **~ωμα** *n* Lackierung *f.*
βερνικώνω [-ni'kɔnɔ] (σ· θ) lackieren.
Βερολινέζ|ος Berliner, berlinisch; *Su.* Berliner *m*; ***~α*** Berlinerin *f.*
Βερολίνο [vɛrɔ'linɔ] Berlin *n.*
βέρος (-α) echt, richtig.
βεστιάριο [vɛst-] Garderobe *f* (*z. B. im Theater*); Kleidersammlung *f*, Trachtensammlung *f.*
βετεράνος Veteran *m*; F ... im Dienst ergraut; alte(r) Hase.
βέτο Veto *n*; ***προβάλλω ~*** sein Veto einlegen.
Βηθλεέμ [viθlɛ'ɛm] (0) *f* Bethlehem *n.*
βήμα ['vima] *n* Schritt *m*; Tribüne *f*; *Rel.* Altar *m*; *Tech.* (*Schrauben*) Gang *m.*
βηματίζω (σ) schreiten, gehen.
βηματισμ|ός Schritt *m*; (Marsch-) Tritt *m*; ***κάνω ~ό*** marschieren.
βηματοδότης: ***~ καρδιάς*** Herzschrittmacher *m.*
βήξιμο ['viks-] (-ατος) Husten *n.*
βηρύλλιο [vi'ril-] Beryll *m.*
βήτα ['vita] (0) *n s.* ***Β, β.***
βήχας ['vixas] Husten *m.*
βηχιάρης [viç-] (-α, -ικο) dauernd hustend.
βηχικός Husten- (*Mittel*).
βήχω ['vixɔ] (ξ) husten.
βία ['via] Gewalt *f*; *a.* ***βιά*** Eile *f*, Hast *f*; ***ανωτέρα ~*** höhere Gewalt *f*; ***με τη ~*** mit Gewalt; ***εν βία*** in Eile.
βιάζ|ω (βίασα· στ· βιασμ) zwingen; *Tür* gewaltsam aufbrechen; *e-e Frau* vergewaltigen; *j-n* drängen (***να***/ zu); ***~ομαι*** (στ) sich beeilen, in Eile sein.
βιαιοπραγία [viɛɔpra'jia] Gewalttat *f.*
βίαιος ['viɛɔs] (-αια) gewaltsam, Gewalt- (*Maßnahmen*); *Wind*: stürmisch; *Mensch*: gewalttätig.
βιαιότητα [viɛ'ɔt-] Gewalttätigkeit *f*; Heftigkeit *f.*
βιάση Eile *f.*
βιασμός Gewaltanwendung *f*; Vergewaltigung *f.*
βιαστής Vergewaltiger *m.*
βιαστικός [vjast-] eilig; ***είμαι ~*** es eilig haben.
βιασύνη Eile *f*; Drängeln *n*; *oft pl.* ***-ες*** Übereilung *f.*
βιβλιάριο [vivli-] Büchlein *n*; ***~ εμβολιασμού*** Impfpass *m*; ***~ επιταγών*** Scheckheft *n*; ***~ καταθέσεων*** Sparbuch *n.*
βιβλικός biblisch.
βιβλίο [vi'vliɔ] Buch *n*; ***~ δασκάλου*** Lehrerbegleitbuch *n*; ***~ επισκεπτών*** Gästebuch *n*; ***~ μουσικής*** *Mus.* Noten *f/pl.*
βιβλιο|γραφία [-γraf-] Bibliographie *f*; *in Zeitungen*: Neuerscheinungen *f/pl.*; **~γραφικός** bibliographisch; **~γράφος** Bibliograph *m*; **~δανειστήριο** [-ðani'stir-] Leihbibliothek *f*; **~δεσία** [-ðɛs-] Buchbinden *n*; **~δετείο** [-ðɛ'tiɔ] Buchbinderei *f*; **~δέτης** (***~δέτρια***) Buchbinder(in *f*) *m*; **~δετική** Buchbinderei *f*; **~δετικός** Buchbinder-; **~θηκάριος** [-θi'kar-] Bibliothekar *m*; **~θήκη** [-'θik̡i]

Bibliothek *f*, Bücherei *f*; Bücherschrank *m*; ***δανειστική ~θήκη*** Leihbücherei *f*; **~θηκονομία** Bibliothekswissenschaft *f*; **~κρισία** [-kris-] Rezension *f*, Buchbesprechung *f*; **~κρίτης** Rezensent *m*; **~κριτικός** buchkritisch; **~λάτρης** (*-λάτρια*) Buchliebhaber(in *f*) *m*; **~μανής** [-man-] Büchernarr *m*; **~μανία** Bücherbesessenheit *f*; **~πωλείο** [-pɔl-] Buchhandlung *f*; **~πώλης** (*-ισσα*) Buchhändler(in *f*) *m*; **~πωλικός** Buchhändler-; **~φάγος** [-'faɣ-] *fig.* Bücherwurm *m*.

βιβλιόφιλος [-filɔs] Bücherfreund *m*.

βιβλιο|φύλακας [-'filak-] Bibliothekar *m*; **~χαρτοπωλείο** [-xartɔpɔl-] Buch- und Schreibwarenhandlung *f*.

Βίβλος *f* Bibel *f*; *pol.* (*Weiß-*, *Gelb-*) Buch *n usw.*; ***χρυσή ~*** *das* Goldene Buch.

βίγλα ['viɣla] *mil.* Wachtturm *m*; Wachtposten *m*.

βιγλάτορας Wache *f*, Wachposten *m*.

βίδα ['viða] Schraube *f*; ***του 'στριψε η ~*** er ist durchgedreht.

βιδάνιο Rest *m im Glas*; Gewinn *m*.

βιδελίσιος [viðɛ'lis-] (-ια) Kalb(s)-.

βιδέλο Kalb *n*; Kalbfleisch *n*; Kalbsleder *n*.

βιδο|λόγι [-'lɔji], **~λόγος** [-'lɔɣ-] Schraubenzieher *m*.

βίδωμα *n* Festschrauben *n*; Verschrauben *n*.

βιδώνω (σ) einschrauben; anschrauben (***σε***/ an *A*, *D*).

βιδωτός verschraubt, Schraub-; Stift- (*Zahn*).

βιεννέζ|ικος [viɛ'nɛ-] Wiener-; **≈ος** (≈α) Wiener *m*, Wienerin *f*.

Βιέννη ['vĩɛni] (*a.* **Βιέννα**) Wien *n*.

Βιετνάμ (0) *n* Vietnam *n*.

βίζα Visum *n*; ***~ εισόδου*** Einreisevisum *n*; ***~ τράνζιτ*** Transitvisum *n*.

βιζικάντι [vizi'kaňdi] Zugpflaster *n*.

βίζιτ|α Besuch *m* (*a. des Arztes*); Besuch(er) *m*; ***κάνω ~ες*** Besuche machen.

βίκος ['vik-] Krug *m*; *Bot.* Wicke *f*.

Βίκτορας ['viktɔras] Viktor *m*.

Βικτόρια Viktoria *f*.

βίλα Villa *f*.

βιλαέτι [vila'ɛti] (*türkisch*) Wilajet *n*.

βίντεο ['vidɛɔ]: ***συσκευή ~*** Videogerät *n*.

βιντεο|κασέτα Videokassette *f*; **~φίλμ** *n* Videofilm *m*.

βίντσι ['viňtsi] Winde *f*; Kran *m*.

βιο [vjɔ] Vermögen *n*.

βιογραφ|ία [viɔɣraf-] Biographie *f*, Lebensbeschreibung *f*; **~ικός** biographisch; ***~ικό σημείωμα*** Lebenslauf *m*.

βιο|γράφος Biograph *m*; **~γραφώ** (είς· ησ) *v/t. die* Biographie *e-s Menschen* schreiben.

βιόλα¹ Veilchen *n*.

βιόλα² Viola *f*, Bratsche *f*, Altgeige *f*.

βιολέτα Veilchen *n*.

βιολ|ί Geige *f*, Violine *f*; ***το ίδιο ~ί*** *fig.* die gleiche Leier; **~ιστής** [-i'stis] Violinist *m*; **~ίστρια** Violinistin *f*; **~ιτζής** [-i'dzis] (-ήδες) Geigenspieler *m*, Violinist *m*.

βιο|λογία [viɔlɔj-] Biologie *f*; **~λογικός** biologisch; **~λόγος** [-'lɔɣ-] Biologe *m*.

βιολοντσέλο [-lɔ'ňtsɛlɔ] Violoncello *n*.

βιομηχαν|ία [-mixan-] Industrie *f*; ***~ία κλειδί*** Schlüsselindustrie *f*; ***βαριά ~ία*** Schwerindustrie *f*; ***εξορυκτική ~ία*** Montanindustrie *f*; **~ικός** Industrie-, industriell; gewerblich; **~οποίηση** [-ɔ'piisi] (-εις) Industrialisierung *f*; industrielle Verarbeitung *f*; **~οποιώ** [-ɔ'pjɔ] (είς· ησ) industriell verarbeiten; industrialisieren; *fig. Leben* mechanisieren.

βιομήχανος Industrielle(r).

βιο|παλαιστής [viɔpalɛ-] (***~παλαίστρια***) *der* (*die*) um sein (ihr) tägliches Brot Kämpfende, hart Arbeitende; **~πάλη** [-'pali] Kampf *m* ums Dasein; **~πορισμός** Auskommen *n*; **~ποριστικός** [-pɔrist-] auskömmlich; sicher (*Beruf*).

βίος Leben *n*; Vermögen *n*; e-e Unmenge von ...; ***~ και πολιτεία*** ereignisreiche(s) Leben *n*.

βιος *n s.* ***βίος***.

βιόσφαιρα Biosphäre *f*, gesamte(r) Lebensraum.

βιο|τέχνης [viɔ'tɛxn-] Handwerker *m*; **~τεχνία** Handwerk *n*; **~τεχνικός** Handwerker-, handwerklich, Gewerbe-, gewerblich; **~τικός** lebensnotwendig; ... des Lebens.

βιότοπος *Biol.* Lebensraum *m*, Verbreitungsgebiet *n*.

βιοχημεία [-çim-] Biochemie *f*.
βιράρω [vi'rarɔ] (αρισ) *mar*. *Anker*, *Last* hieven; *Anker* losmachen; ***βίρα!*** hiev auf!
Βιρμανία [virman-] Birma *n*.
Βιρμανός (***-ή***) Birmane *m* (-nin *f*).
βιρτουόζ|α [virtu-] Virtuosin *f*; **~ος** Virtuose *m*.
βισιν- *s*. ***βυσσιν-***.
βισμούθιο [vi'zmuθ-] Wismut *n*.
βιταμίνη [vita'mini] Vitamin *n*.
βιταμινούχος vitaminhaltig.
βιτρίνα [vi'trina] Schaufenster *n*; *Argot*: Visage *f*; leere(r) Schein *m*; tiefe(s) Dekolleté.
βιτριόλι Vitriol *n*.
βίτσα Gerte *f*.
βίτσιο Laster *n*.
βιώ [vi'ɔ] (εβίωσα) *K*. leben.
βίω|μα *n*, **~ση** (-εις) Erlebnis *n*.
βιώσιμος lebensfähig.
βιω|τικός lebensnotwendig; **~τός** lebenswert; **~φελής** [-fɛl-] fürs Leben nützlich.
βλαβερ|ός [vlavɛr-] schädlich, nachteilig; **~ότητα** Schädlichkeit *f*.
βλάβη Schaden *m*; Verletzung *f der Sitten usw*.; ***~ λάστιχου*** Reifenpanne *f*; ***παθαίνω ~*** e-e Panne haben; ***σωματική ~*** Personenschaden *m*.
βλάκας ['vlakas] Dummkopf *m*.
βλακ|εία [vlaķ-] Dummheit *f*, Blödsinn *m*; **~όμουτρο** [-'kɔmutrɔ] Schafskopf *m*; **~ώδης** albern.
βλάμ|ης F Kumpel *m*, Zechbruder *m*; **~ισσα** Busenfreundin *f*.
βλαμμένος [vlam-] mitgenommen, F ramponiert; bekloppt.
βλαπτικός [vlapt-] schädlich.
βλαπτικότητα Schädlichkeit *f*.
βλάπτ|ω (έβλαψα· φτ· μμ-) *v/t*. *e-e S*. beschädigen; *e-r Pers*. (*D*) schaden; ***δεν ~ει*** das schadet nichts.
βλασταίνω [vlast-] (στησ· στημ) *v/i*. sprießen, aufblühen; wachsen, gedeihen; *bsd*. *Bäume*: ausschlagen; *Idee*: auftauchen; *v/t*. *fig*. hervorbringen.
βλαστάρι Spross *m*, Schössling *m*, Trieb *m*; *Kind*: F Sprössling *m*.
βλαστήμια *s*. ***βλασφημία***.
βλάστημος: ***~ λόγος*** Schimpfwort *n*, Kraftwort *n*.
βλαστημώ (άς· ησ· ηθ) *v/t*. lästern, beschimpfen; fluchen.
βλάστηση (-εις) Sprießen *n*, Aufblühen *n*, Ausschlagen *n*; volle Blüte; Keimzeit *f*; Vegetation *f*.
βλαστολογώ [-lɔ'ɣɔ] (είς· ησ) pinzieren, entspitzen.
βλαστός Keim *m*, Spross *m*, Trieb *m*; *Kind*: Spross *m*.
βλασφημία [vlasfim-] Fluch *m*; Gotteslästerung *f*.
βλάσφημος gotteslästerlich.
βλασφημώ [-fi'mɔ] (είς· ησ) *Gott* lästern; verfluchen.
βλάφτ- *s*. ***βλαπτ-***.
Βλαχία [vlaç-] Walachei *f*.
βλαχιά alle Walachen, F die ganze Walachei; Rüpelhaftigkeit *f*.
βλάχικος ['vlaïç-] walachisch; arumunisch; grob, proletenhaft.
βλαχοδήμαρχος [vlaxɔ'ðimarx-] Bürgermeister *m* e-s walachischen Gebirgsdorfes; *fig*. Bauer *m*, Rüpel *m*.
βλάχος Walache *m*; Arumune *m*; *fig*. Bauernlümmel *m*, Prolet *m*.
βλαχόφωνος arumunisch sprechend.
βλάψιμο (-ατος) *s*. ***βλάβη***.
βλέμμα ['vlɛma] *n* Blick *m*.
βλέννα ['vlɛna] Schleim *m*.
βλεννο|γόνος [-ɔ'ɣɔn-] Schleim-; **~μεμβράνα** [-mɛ'ɱvrana] Schleimhaut *f*; **~ρραγία** [-ra'jia] Schleimfluss *m*, *mst*. akute(r) Tripper *m*.
βλεννόρροια [-'ɔrĭa] Blennorrhöe *f*; Tripper *m*.
βλεννώδης schleimig.
βλέπω ['vlɛpɔ] (δες, ιδέ, δέστε, να δήτε!, να (ι)δώ· *είδα· να ιδωθώ· ειδώθηκα) sehen, ansehen; *Arzt*: untersuchen; (ein)sehen, begreifen; aufpassen (*z. B. auf das Kind*); zusehen; ein Auge haben auf *A*; ***~ προς*** (*A*) *fig*. auf *den Garten usw*. gehen; ***να*** *od*. ***θα δω*** ich werde mal sehen; ***κάπου σ' είδα, κάπου μ' είδες*** *etwa*: wir kennen uns nur flüchtig.
βλεφαρ|ίδα [vlɛfa'riða] Wimper *f*; **~ίζω** (σ) blinzeln; **~ίτιδα** Lidrandentzündung *f*.
βλέφαρο (Augen-)Lid *n*.
βλέψ|η ['vlɛpsi] *alt*: Sehen *n*; Verlangen *n* (nach *D*); ***έχω ~εις*** trachten (*G*/ nach *D*).
βληθ- *s*. ***βάλλω***.
βλήμα ['vlima] *n* Geschoss *n*; *pl*. (Granat-)Splitter *m*/*pl*.

βλητικ|ή Ballistik *f*; **~ός** Schuss(waffen)-; **~ότητα** Schussleistung *f*.
βλητός in Schussweite (***από***/ *G*).
βλήτρο ['vlitrɔ] Bolzen *m*.
βλίτ|ο ['vlitɔ] *Art* grüner Salat *m*; ***τρώει ~α*** er (sie) ist dusselig.
βλογιά [vlɔj-] Pocken *f*/*pl*.; *Bot*. Traubenkrankheit *f*.
βλογώ (άς· ησ· ηθ) *s*. ***ευλογώ***, *kirchlich* trauen.
βλοσυρ|ός [vlɔsir-] grausig, grimmig, wild; **~ότητα** Grimm *m*, Zorn *m*.
βόας ['vɔas] Boa *f*.
βογκητό [vɔŋgi'tɔ] Ächzen *n*; Stöhnen *n*; Tosen *n des Meeres*.
βογκώ [vɔ'ŋgɔ] (άς· ησ, ηξ) ächzen, stöhnen; tosen.
βοδάμαξα [vɔ'ðamaksa] Ochsenwagen *m*.
βόδι ['vɔði] Rind *n*, Ochse *m* (*a*. *fig*.); *fig*. Rindvieh *n*.
βοδινός [vɔði'nɔs] Rind-, Ochsen-.
βοή [vɔ'i] Getöse *n*, Lärm *m*; Summen *n*, Brummen *n im Kopf*; *fig*. böse(r) Klatsch *m*; *als Fluch*: Pest *f*.
βοήθει|α [vɔ'iθ-] Hilfe *f*; ***~α σε αναπτυσσόμενες χώρες*** Entwicklungshilfe *f*; ***οδική ~α*** Pannenhilfe *f*; ***σταθμός πρώτων βοηθειών*** Rettungsdienst *m*, erste Hilfe; ***παρέχω πρώτες ~ες*** erste Hilfe leisten; ***καλώ σε ~α*** zu Hilfe rufen; ***τρέχω σε ~α του*** *j-m* zu Hilfe eilen.
βοήθημα *n* Unterstützung *f*; *Buch*: Hilfsmittel *n*.
βοηθητικ|ός [vɔiθit-] hilfreich; günstig (***σε***/ für); Hilfs-; Soldat *m* im Hilfsdienst, bedingt taugliche(r) Soldat; ***~ό ρήμα*** Hilfszeitwort *n*.
βοηθός *a*. *f allg*. Helfer(in *f*) *m*; Gehilfe *m* (-fin *f*); Assistent(in *f*) *m*; ***~ εργαστηρίου*** Laborant(in *f*) *m*; ***~ ιατρείου*** Sprechstundenhilfe *f*.
βοηθ|ώ [vɔi'θɔ] (άς· ησ· ηθ) *v*/*t*. helfen (***να ...*** *Inf*. [*o*. *zu*] *od*. bei *mit Su*.); *v*/*p*. (***~ιέμαι, ~ιούμαι***) sich helfen.
βοηλάτης Ochsentreiber *m*.
βοητό *s*. ***βοή***.
βοθροκαθαριστής Kloakenreiniger *m*.
βόθρος ['vɔθr-] Graben *m*, Grube *f*; Jauchegrube *f*; Fäkalienabfuhr *f*.
βοϊδάμαξα *s*. ***βοδάμαξα***.
βόιδι *s*. ***βόδι***.
βοϊδινός [vɔiðin-], **βοϊδίσιος** (-ια) Rind-, Ochsen-.
βοϊδόγλωσσα [-'ðɔɣlɔsa] Ochsenzunge *f*; *Bot*. Gurkenkraut *n*.
βοΐζω [vɔ'izɔ] (σ) brausen, rauschen; *Ohren*: klingen.
Βοιωτία [viɔt-] Böotien *n*.
βοιωτικός böotisch; *Su*. *m* Böotier *m*.
βολά Mal *n*.
βολάν [vɔ'lañ] (0) *n Auto*: Steuer(rad) *n*; *Besatz*: Volant *m*.
βολβόριζα [vɔl'vɔriza] *n*/*pl*. Knollengewächse *n*/*pl*.
βολβός Zwiebel *f*, Knolle *f*; *Haar*: Papille *f*; ***~ του οφθαλμού*** Augapfel *m*.
Βόλγας ['vɔlɣas] Wolga *f*.
βολεί [-'li] (βόλεσε) *D* (es) ist *j-m* bequem; ***... ~ να ...***; passt es ..., zu ...?
βόλεϊ ['vɔlɛi] (0) *n* (*Spiel*) Volleyball *m*.
βόλεμα *n* Aufräumen *n*, Putzen *n*.
βολετός durchführbar; bequem.
βολεύ|ω (ψ· ευτ· εμ) *v*/*t*. erledigen; *etw*. (*a*. *j-n in e-m Amt*) unterbringen (***σε***/ in *D*); ***~ομαι*** unterkommen (***σε***/ in *D*); ***τα ~ω*** gerade auskommen, es gerade schaffen; ***τα ~ω με*** mit *j-m* auskommen; ***δε ~εσαι*** mit dir ist nicht auszukommen; ***~τηκα*** [vɔ'lɛftika] ***...*** ich hab's geschafft, komme aus *für ein Jahr usw*.; ich bin (*gut*) untergekommen ...
βολή[1] [vɔ'li] Werfen *n*, Wurf *m*; Schuss *m*.
βολή[2] Bequemlichkeit *f*.
βόλι ['vɔli] *mil*. Kugel *f*; ***~α*** *n*/*pl*. F Moneten *f*/*pl*.
Βολιβία [-liv-] Bolivien *n*.
βολίδα *mil*. Kugel *f*; *mar*. Lot *n*; *Astr*. Meteor *m*.
βολιδοσκοπώ [-ðɔskɔ'pɔ] (είς· ησ) (aus)loten; *fig*. sondieren; *Pers*. durchleuchten.
βολίζω [vɔl-] (σ) loten.
βολικ|ός *Haus*: bequem; *Mensch*: umgänglich, jovial; ***του έρχεται ~ά*** *für j-n* günstig (glatt) verlaufen.
βολιώτικος ... aus Volos.
βολο|δέρνω [vɔlɔ'ðɛrnɔ] (δειρ· δαρθ) eggen; *fig*. F *j-m* zusetzen; schuften; *mar*. mit der See kämpfen; **~κόπημα** [-'kɔp-] *n* Eggen *n*; **~κόπι** Egge *f*; **~κοπώ** (άς· ησ) eggen.
βόλος ['vɔlɔs] Erdklumpen *m*, Scholle *f*, Murmel *f*.

Βόλος Volos *n.*
βολτ [vɔlt] (0) *n* Volt *n.*
βόλτ|α *Tech.* Umdrehung *f*; Spaziergang *m*, F Bummel *m*; ***φέρνω ~α*** aufwickeln; ***φέρνω, κάνω, κόβω ~ες*** e-n Spaziergang, e-e Spazierfahrt machen; ***τα φέρνω ~α*** es schaffen.
βολτ|άζ *n El.* Spannung *f*; **~άμετρο, ~όμετρο** Voltmeter *n.*
βόμβα ['vɔɱva] Bombe *f*; (*Pressluft usw.*) Flasche *f*; ***ατομική ~*** Atombombe *f*; ***εκρηκτική ~*** Sprengbombe *f*; ***εμπρηστική ~*** Brandbombe *f*; ***~ νετρονίου*** Neutronenbombe *f*; ***~ υδρογόνου*** Wasserstoffbombe *f*.
βομβαρδ|ίζω [-ɱvarð-] (σ) bombardieren (*a. fig.*); **~ισμός** Bombenangriff *m*; Bombardierung *f*; **~ιστής** Bomber *m*; **~ιστικός** Bomben-; **~ιστικό (αεροπλάνο)** Bombenflugzeug *n.*
βομβητής Summer *m.*
βομβιστ|ής Bombenleger *m*; Terrorist *m*; **~ικός: *~ική ενέργεια*** Bombenanschlag *m.*
βομβο|βόλο [-'vɔlɔ] Mörser *m*; **~βολώ** [-vɔ'lɔ] (είς· ησ) *v/i.* Bomben werfen; *v/t.* bombardieren.
βομβόπληχτος ausgebombt.
βόμβος Brummen *n*; Summen *n* (*der Bienen*); *Ohren*: Sausen *n.*
βόμβυκας [-vik-] Seidenraupe *f.*
βομβύκιο [vɔ'ɱviķɔ] Kokon *m.*
βομβώ (είς· ησ) brummen; sausen.
βόνασος Bison *m.*
βοξίτης [vɔks-] Bauxit *m.*
βορά Beute *f*; Fraß *m.*
βόρακας ['vɔrakas] Borax *m.*
βόρβορος ['vɔrv-] Schmutz *m*, Schlamm *m*; *fig.* Sumpf *m.*
βορβορώδης (-ώδες) schmutzig, schlammig.
βορβός *s.* ***βολβός.***
βορέας (-έα) *s.* ***βορράς.***
βορει... *s.* ***βορειο-.***
βορεινός [vɔrin-] nördlich.
βορειο|ανατολικός [-anatɔl-] nordöstlich; **~δυτικός** [-ðitik-] nordwestlich; **~ελλαδικός** nordgriechisch.
βόρειος (-εια) nördlich, Nord-; Nordländer *m*; ***~ πόλος*** Nordpol *m.*
βοριάς Norden *m*; Nordwind *m.*
βορινός nördlich, Nord-.
βόριο Bor *n.*
βορράς [vɔ'ras] *s.* ***βοριάς.***
βοσκή [vɔs'ķi] Futter *n*; Weide *f.*
βόσκ|ημα *n* Weiden *n*; Weidetier *n*; **~ηση** Weiden *n.*
βοσκ|ήσιμος Weide-; **~οπούλα** [vɔskɔ'pula] Hirtenmädchen *n*; **~ός** Hirt *m.*
βόσκω (*a.* **βοσκώ**) (άς· ησ· ημ) *v/i.* weiden; *fig.* schweifen; *v/t.* weiden, hüten.
Βόσπορος ['vɔspɔr-] Bosporus *m.*
βοτάνι (*pl. a.* βότανα) (Arznei-)Kraut *n.*
βοτανίζω [vɔtan-] (σ) botanisieren; jäten.
βοτανι|κή [-'ķi] Botanik *f*, Pflanzenkunde *f*; **~κός** [-'kɔs] botanisch; *Su. m* Botaniker *m.*
βοτάνισμα *n* Botanisieren *n*; Jäten *n.*
βότανο *s.* ***βοτάνι.***
βοτανο|λογία [-lɔj-] Botanik *f*; **~λόγος** [-'lɔɣ-] Botaniker *m.*
βότκα Wodka *m.*
βότρυδα *s.* ***βώτριδα.***
βότσαλο ['vɔts-] Kiesel(stein) *m.*
βούβα *s.* ***βουβαμάρα*; ~!** still!
βουβ|αίνω [vuv-] (βαν· βαθ) *v/t.* zum Schweigen bringen; ***~αίνομαι*** verstummen; ***~άσου!*** sei still!
βουβ|άλα Büffelkuh *f*; *Frau*: F Tonne *f*; **~άλι** Büffel *m*; **~αλίσιος** [-a'lis-] (-ια) Büffel-.
βούβαλος Büffel *m.*
βουβαμάρα [vuva'mara] Sprachlosigkeit *f*; Schweigen *n.*
βουβός stumm, schweigend.
βου|βώνα [-'vɔna], **~βώνας** *Anat.* Leistengegend *f*, Leiste *f*; Bubo *m*, Leistendrüsengeschwulst *f*; **~βωνικός** Leisten-, Bubonen-; ***~βωνική πανώλης*** Bubonenpest *f*.
βουβωνοκήλη Leistenbruch *m.*
βουδ|ισμός [vuð-] Buddhismus *m*; **~ιστής** Buddhist *m*; **~ίστρια** Buddhistin *f.*
βουή *s.* ***βοή.***
βουΐζω (βούιξα, βούισα) *s.* ***βοΐζω.***
βούκα ['vuka] Bissen *m*, Happen *m.*
βουκέντρα, βούκεντρο [-ķeňdrɔ] Ochsenstachel *m.*
βούκινο ['vuķ-] (Wald-)Horn *n*; *fig.* offene(s) Geheimnis *n.*
βουκ(κ)ιά *s.* ***βούκα** u.* ***μπουκιά.***
βουκολικός [vukɔl-] Hirten-.

βουκόλιο, βουκολιό Rinderherde *f*; Rinderweide *f*; Ochsenstall *m*.

βουκόλος Rinderhirt *m*.

Βουκουρέστι [vuku'rɛsti] Bukarest *n*.

βούλα ['vula] Stempel *m*, Siegel *n*; Fleck *m*, Tüpfel *m*; *Rel.* Bulle *f*; ***πεπόνι με τη ~*** *etwa*: Melone *f* mit Kostprobeneinschnitt; ***βάλε ~*** präg es dir gut ein!

Βουλ|γάρα [vul'ɣar-] Bulgarin *f*; **~γαρία** Bulgarien *n*; **≗γαρικός, ≗γάρικος** bulgarisch.

Βούλγαρος Bulgare *m*.

βούλευμα ['vulɛvma] *n* Beschluss *m*; Parlamentsbeschluss *m*.

βουλεύομαι (ευτ) sich (*A*) entschließen.

βούλευση ['vulɛfsi] (-εις) Beratung *f*.

βουλευτήριο [-lɛ'ftir-] Parlament *n*, Abgeordnetenhaus *n*.

βουλευ|τής Abgeordnete(r); ***~τίνα*** Abgeordnete(nfrau) *f*.

βουλευτι|κός Abgeordneten-, Parlaments-; ***~κές εκλογές*** Parlamentswahlen *f/pl.*; ***~κή ασυλία*** Immunität *f* der Abgeordneten; **~λίκι** Abgeordnetenmandat *n*; Parlamentsperiode *f*.

βουλή¹ Wille *m*; Beschluss *m*.

βουλή² Parlament *n*, Abgeordnetenhaus *n*; ≗ Parlamentsgebäude *n*; ***≗ των Κοινοτήτων*** (= ***κάτω*** ≗) Unterhaus *n*; ***≗ των Λόρδων*** (= ***άνω*** ≗) Oberhaus *n*; ***≗ των Αντιπροσώπων*** *USA*: Repräsentantenhaus *n*.

βούλημα ['vul-] *n Psych.* Willensakt *m*, Wollen *n*.

βούληση (-εις) Wille *m*, Wunsch *m*; *Psych.* Wollen *n*.

βουλητικ|ός Willens-; willensstark; ***~ή πράξη*** Willenshandlung *f*.

βούλιαγμα ['vuliaɣ-] *n Weg*: Schlagloch *n*; *mar.* Untergang *m*, Sinken *n*.

βουλιαγμένος *Wangen*: eingefallen, *s.* ***βουλιάζω***.

βουλιάζω (βούλιαξα· χτ· γμ, σμ) *v/t.* versenken; zum Kentern (*od.* zum Einsturz) bringen; *v/i.* sinken; einstürzen, zusammenstürzen, einfallen; *fig.* ruinieren; ruiniert werden.

βούλιασμα *n s.* ***βούλιαγμα***.

βουλιμία [vulim-] Heißhunger *m*.

βουλκανιζατέρ (0) *n* Vulkanisierapparat *m*.

βουλοκέρι [-ɔ'kʲeri] Siegellack *m*.

βουλώ *s.* ***βουλιάζω***.

βούλωμα *n* Stempeln *n*; Verschluss *m*, Pfropfen *m*; (*Zahn-*)Füllung *f*.

βουλώνω (σ) *v/t.* stempeln, (ver)siegeln; *Tiere* brandmarken, zeichnen; *Fass usw.* zustöpseln; *Zahn* plombieren, füllen; *Briefumschlag* zukleben; *fig. Mund* stopfen; *v/i.* ***βούλωσε ...*** *der Ausguss usw.* ist verstopft.

βούνευρο ['vunɛvrɔ] Ochsenziemer *m*.

βουνιά (*Kuh- usw.*) Mist *m*.

βουν|ίσιος (-ια) Gebirgs-; grob; *Su. m* Bergbewohner *m*; **~ό** Berg *m*; *fig.* unermesslich; *e-e* Menge *f*, *ein*(*en*) Berg, viel; ***πήρε τα ~ά*** er ist völlig verzweifelt *od.* verrückt; **~οκορφή** Berggipfel *m*; **~οπλαγιά** Alm *f*; **~όπλαγο** Bergabhang *m*; **~οσειρά** [vunɔsi'ra] Gebirge *n*, Gebirgskette *f*; **~ώδης** gebirgig.

βουρβός *s.* ***βολβός***.

βουρβούλακας *s.* ***βρουκόλακας***.

Βουργουνδία [vurɣuṅð-] Burgund *n*.

βούρδουλας [-ðulas] Peitsche *f*.

βούρκ|ος ['vurk-] Schlamm *m*; ***πέφτω*** (***μέσα***) ***στο ~ο*** versumpfen; auf die schiefe Bahn geraten.

βουρκώνω (σ) *Himmel usw.*: trübe werden; *Augen*: sich mit Tränen füllen; (*selten*) verschlammen.

βούρλα ['vurla] Koller *m*.

βουρλιά Bündel *n aus Binsen*.

βουρλιάζω (βούρλιασα) *Schnürband* einziehen; einfädeln; aufziehen.

βουρλίζ|ω (σ· στ) *v/t.* rasend *od.* verrückt machen; ***~ομαι*** rasend *od.* verrückt werden; (***να***) ... darauf brennen (zu) ...

βούρλισμα *n* Verrücktwerden *n*.

βούρλο Binse *f*.

βούρτσα ['vurtsa] Bürste *f*.

βουρτσάκι Bürstchen *n*; ***~ των νυχιών*** Nagelbürste *f*.

βουρτσιά Bürstenstrich *m*.

βουρτσίζω (σ) (ab)bürsten.

βους (βοός, βουν· βόες, βόας *od.* βους) *m s.* ***βόδι***.

βουστάσιο [vu'stas-] Ochsenstall *m*, Kuhstall *m*.

βούτα Kübel *m*, Bottich *m*.

βούτη(γ)μα ['vuti(ɣ)ma] *n* Tauchen *n*, Eintauchen *n*; Gebäck *n* (zum Stippen); Griff *m* (= *Greifen*); ***κάνω γερό ~ από*** F e-n kräftigen Griff (*in die Kasse*) tun.

βουτ|ηχτής [vutix-] Taucher *m*; Langfinger *m*; **~ηχτός** eingetaucht, eingetunkt; untergetaucht; **~ήχτρα** Diebin *f*.
βουτιά [-'tja] Untertauchen *n*; Kopfsprung *m*; Griff *m* (*in die Kasse*).
βουτιέμαι *s.* ***βουτώ.***
βουτσάδικο [-'tsað-] Böttcherei *f*.
βουτσάς [vu'tsas] (-άδες) Böttcher *m*.
βουτσί Fass *n*.
βουτυράς [vuti'ras] (-άδες) Butterhändler *m*.
βουτυρ|άτος, ~ένιος (***-ια***) ... mit Butter; butt(e)rig.
βούτυρο Butter *f*.
βουτυρόγαλα [-'rɔɣala] (-λακτος) Buttermilch *f*.
βουτυρο|κομείο [vutirɔkɔm-] Butterfabrik *f*; **~κομία** Butterherstellung(sbetrieb *m*) *f*; **~μηχανή** [-mix-] Buttermaschine *f*.
βουτυρ|όπαιδο verwöhnte(s) Kind; Muttersöhnchen *n*; **~οποιός** Butterproduzent *m*; **~οπωλείο** [-pɔl-] Butterhandlung *f*; Milchgeschäft *n*; **~ώδης** butterhaltig, buttrig; **~ωμένος** Butter- (*Brötchen*); **~ώνω** (σ) mit Butter bestreichen; Butter zugeben.
βουτώ [vu'tɔ] (άς· ηξ· χτ·[γ]μ) *v/t*. tauchen (***σε***/ in *A*); *Brot* tauchen, tunken, stippen; *Kind* taufen; (*entwenden*) klemmen; ergreifen, packen (***από***/ bei *D*); *v/i*. tauchen; *Sonne*: untergehen; ***είναι βουτη(γ)μένος στον ιδρώτα· στα μαύρα· στα χρέη*** er ist in Schweiß gebadet; ganz in Schwarz gekleidet; er steckt tief in Schulden.
βόχα ['vɔxa] Gestank *m*.
βο|ώ [vɔ'ɔ] (άς· ησ) *v/i*. schreien; *Meer*: rauschen; *fig*. auf der Hand liegen; *v/t*. hinausschreien; ***~ά εκδίκηση*** (es) schreit nach Rache.
βραβείο [vrav-] Preis *m*, Prämie *f*; *Hdl*. (*Gold*) Medaille *f*.
βράβευση [-ɛfsi] (-εις) Preiszuteilung *f* (*G*/ an *A*), Prämiierung *f*.
βραβεύσιμος preiswürdig; e-r Prämie würdig.
βραβ|εύω (ευσ· ευτ) *v/t*. prämiieren, mit e-m Preis auszeichnen; ***~ευμένος*** preisgekrönt.
βραγιά [vra'ja] Beet *n*.
βράγχια ['vraŋçia] *n/pl*. Kiemen *f/pl*.
βραγχν- *s.* ***βραχν-.***
βραδάκι [vra'ðaiki] *mst*. *Adv*. am frühen Abend.
βραδέως [vra'ðɛɔs] *Adv*. langsam; ***σπεύδε ~*** Eile mit Weile.
βραδιά Abend *m*; Nacht *f*.
βραδιάζ|ω (σ· στ) von der Dunkelheit überrascht werden; ***~ει*** es wird Abend.
βράδιασμα *n* Anbruch *m* der Dunkelheit.
βραδ|ιάτικος, ~ινός abendlich, Abend-.
βράδυ ['vraði] (-ιού, -ια) *n* Abend *m*; Abenddämmerung *f*; *Adv*. abends.
βραδύγλωσσος [-'ðiɣlɔs-] stotternd; *Su*. *m* Stotterer *m*.
βραδυ|κινησία [-kinis-] Schwerfälligkeit *f*, Saumseligkeit *f*; **~κίνητος** schwerfällig; langsam (*fahrend*).
βραδύνοια [-'inia] Stumpfsinn *m*.
βραδύνους [-'inus] (-ουν) stumpfsinnig.
βραδύνω (υν) *v/i*. sich hinzögern; hinausschieben (***να***.../ zu ...); ***~ να έλθω*** ... auf sich warten lassen; *v/t*. verlangsamen; hinauszögern.
βραδυ|πορία [vraðipɔr-] langsame(r) Gang *m*; F Trödelei *f*, Bummelei *f*; **~πορώ** (είς· ησ) langsam gehen (*od*. fahren); trödeln, bummeln.
βραδύς (-εία, -ύ), *Adv*. (-έως) langsam, F bummelig.
βραδύτητα Langsamkeit *f*, Schwerfälligkeit *f*; Verzögerung *f* (*G*/ in *D*).
βραδυφλεγής *fig*. Spätzünder *m*.
Βραζιλ|ία [vrazil-] Brasilien *n*; **Ωιανός** brasilianisch; *Su*. Brasilianer(in *f*) *m*.
βρά|ζω ['vrazɔ] (σ· στ· βρασμ) *v/t*., *v/i*. kochen (*fig*. ***από***/ vor *D*); *Bier usw*.: gären; ***να ~σω τα λεφτά σου*** ich pfeife auf dein Geld.
βράκα ['vraka] Pumphose *f*.
βρακί [-'ki] Unterhose *f*; Kniehose *f*.
βρακοφόρος (*z. B. kretischer*) Pumphosenträger *m*.
βράσ|η (-εις) Kochen *n*; Gären *n*; *fig*. Brunst *f*, Kraftfülle *f*; ***παίρνω ~η*** anfangen zu kochen; ***στη ~η*** *Metall*: wenn es glüht; ***δυο ~εις*** zweimaliges Aufkochen.
βρασιά Portion *f*.
βράσιμο (-σίματος) Kochen *n*; Gären *n*; *fig*. Aufbrausen *n*.
βρασ|μός [vraz-] Aufkochen *n*, Wallung *f*; *Psych*. Anfall *m*; ***σημείο ~μού***

Tech. Siedepunkt *m*; **~τερός** leicht kochbar; **~τός** gekocht; *Milch*: heiß; *Su. n* Gekochte(s).
βραχιόλι [-'çĭɔ-] Armband *n*.
βραχίονας [-'çiɔnas] Arm *m* (*a. Tech.*), Oberarm *m*; Flussarm *m*.
βραχμάνας [vra'xmanas] Brahmane *m*.
βράχνα ['vraxna] Heiserkeit *f*.
βραχ|νάδα [vra'xnaða] Heiserkeit *f*; **~νάς** Alpdruck *m* (*a. fig.*); **~νιάζω** (βράχνιασα) *v/i.* heiser werden (***από***/ von *D*); *v/t.* heiser machen; **~νός** heiser, rau.
βραχόρεμα *n* Gießbach *m*.
βράχος (*pl. a.* τα βράχια) Felsen *m* (*a. fig.*).
βραχυ- [vraçi-] kurz.
βραχ|ύβιος [-'iv-] (-ια) kurzlebig; **~υγραφία** Abkürzung *f* (*e-s Wortes*); **~ύκορμος** [-'ikɔrm-] untersetzt; **~υκύκλωμα** [-'ķikl-] *n El.* Kurzschluss *m*; **~υλογία** [-ilɔj-] Kürze *f*; **~υλόγος** [-'lɔγ-], **~ύλογος** kurz und bündig.
βράχυνση ['vraĭçiñsi] (-εις) Kürzung *f*.
βραχ|ύνω [vraç-] (II = I· υνθ) *Kleid, Artikel* kürzen; *Abstand* verkürzen; *Schritt* verlangsamen; **~υπρόθεσμος** [-i'prɔθ-] kurzfristig; **~ύς** (-εία, -ύ) kurz; *Gestalt* gedrungen; **~ύσωμος** [-'isɔm-] gedrungen; **~ύτητα** Kürze *f* (*a. e-s Vokals*).
βραχώδης [vrax-] felsig; klippenreich.
βρε [vrε] F *Vokativpartikel*: ***έλα δω, ~!*** komm mal her, du!; ***~, ~ τι ακούω*** Donnerwetter, was hör ich da!; ***εμπρός, βρε παιδιά, ...*** los Kinder ...!; ***βρε συ, ...*** he du (da), pfui (Teufel)!
βρε(γ)μένος nass, feucht; durchnässt; betrunken.
βρεθ- *s.* ***βρίσκω.***
βρέξιμο ['vrεks-] (-ατος) Befeuchten *n*, Nassmachen *n*.
βρες *s.* ***βρίσκω.***
βρεσίδι kleine Fundsache *f*; Kinkerlitzchen *n*.
Βρετάνη [vrε'tani] Bretagne *f*.
Βρεταν|ή [vrεtan-] Britin *f*; **~ία** Britannien *n*; ***Μεγάλη ~ία*** Großbritannien *n*; **≈ικός** britisch; **~ός** Brite *m*.
βρετικά [-'ka] *n/pl.*, **βρετίκια** [-'iķa] *n/pl.* Finderlohn *m*.
βρεφ|ικός [vrεf-] Säuglings-; **~οκομείο** Säuglingsheim *n*; **~οκομία** Säuglingspflege *f*; **~οκόμος** *f* Säuglingsschwester *f*.
βρέφος *n* Säugling *m*, Baby *n*.
βρέχ|ω ['vrεxɔ] (ξ· βραχ *od.* βρεχτ· βρε[γ]μ) *v/t. Kleider* nass machen; *Lippen* befeuchten; *Hände* eintauchen (***σε***/ in *A*); *v/i. unp.* regnen; ***~ομαι*** durchnässt werden; *Baby*: sich nass machen.
βρήκα *s.* ***βρίσκω.***
βρίζα ['vriza] Roggen *m*.
βριζόψωμο Roggenbrot *n*. Schwarzbrot *n*.
βρίζω (σ· στ) ausschimpfen.
βρίθω (σ) wimmeln (***από***/ vor *D*).
βρικ|όλακας Gespenst *n*; **~ολακιάζω** als Gespenst umgehen.
βρισ|ιά [vri'sja] Beleidigung *f*; Schimpfwort *n*; **~ιάρης** (-α) zänkisch; **~ίδι, βρίσιμο** Schimpfrede *f*, Beschimpfung *f*, F Schimpferei *f*.
βρισκούμενο Vorhandene(s); Vermögen *n*.
βρίσκ|ω ['vriskɔ] (βρες!, να βρήτε!, βρω· βρήκα· βρεθ) *v/t.* finden; *j-n zufällig* (an)treffen; *Unglück, Kugel*: treffen; (***του το***/ j-m etw.) beschaffen; *etw. Neues* erfinden; (*erraten*) herausfinden; *etw. gut usw.* finden; erben (***από***/ von *D*); ***~ομαι*** sich befinden; (***του***/ j-m) beistehen.
βρογχίτιδα [vrɔ'ŋ̃çit-] Bronchitis *f*.
βρογχοκήλη [vrɔŋ̃xɔ'ķili] Basedowsche Krankheit *f*.
βρόγχος Bronchus *m*.
βρογχοτομία Luftröhrenschnitt *m*.
βρομ- [vrɔm-] schmutzig; *fig.* verkommen.
βρόμα Gestank *m*; Schmutz *m*; *fig.* Weibsstück *n*; *Mann*: Liederjan *m*.
βρομ|άνθρωπος [-'añθrɔp-] Schurke *m*; **~ερός** stinkend; schmutzig; *fig.* niederträchtig.
βρόμη Hafer *m*.
βρομιά Dreck *m*; *fig.* Schweinerei *f*.
βρομ|ιάρης [-'ĭaris] (-άρα, -άρικο) gemein, gewöhnlich; *Su.* Schmierfink *m*; Schlampe *f*; **~ίζω** (σ· στ) schmutzig machen; ***~ίζομαι*** sich (*A*) schmutzig machen; schmutzig werden; *Tech.* verschmutzen.
βρόμικος schmutzig, F dreckig; *fig.* schmutzig, anrüchig.
βρομικός Brom-.

βρόμιο Brom *n*.
βρόμιος (-ια) *Fisch usw.*: übel riechend, verdorben; schmutzig.
βρόμισμα *n* Stinken *n*; Beschmutzen *n*.
βρομ|οδουλειά [-ɔðu'lja] schmutzige Arbeit *f*; *fig*. schmutzige(s) Geschäft *n*; **~όκαιρος** [-'ɔkɛr-] Schmutzwetter *n*; **~οκοπώ** (άς· ησ) *v/t*. schmutzig machen; mit Gestank erfüllen; *v/i*. sich (*A*) schmutzig machen; **~όλογο** [-'ɔlɔɣɔ] Zote *f*; **~όπαιδο** [-'ɔpɛðɔ] F dumme(s) Gör *n*; **~όσκυλο** [-'ɔskilɔ] Köter *m*; gemeine(r) Kerl *m*; **~ούσα** [-'usa] Schlampe *f*; üble(s) Frauenzimmer *n*; **~όχερο** [-'ɔïçɛrɔ] F Tatze *f*, Pfote *f*; **~ώ** (άς· ησ· ισμ) riechen, stinken; *fig*. F *Angelegenheit*: schmoren; *fig*. in Massen da sein.
βροντ|ερός [vrɔňd-] dröhnend, Donner-; **~ή** Donner *m*.
βρόντ|ημα *n*, **~ος** Krachen *n*, Gepolter *n*; *fig*. Schlag *m*; ***στο ~ο*** F für die Katz; in die Binsen *gehen*.
βροντ|οφωνάζω [-ɔfɔn-] (ξ) schreien, ausrufen; **~όφωνος** (laut) dröhnend; **~οχτυπώ** (άς· ησ· ηθ) *v/t*. *j-n* (*zu Boden*) schmettern; **~ώ** (άς· ησ, ηξ) *v/i*. donnern, grollen; dröhnen; rattern; *v/t*. poltern (gegen *A*); *zu Boden* schmettern; ***~άει*** es donnert; ***το βρόντηξε*** F er ist pleite; **~ώδης** dröhnend; Donner-; *Chem*. Knall-.
βροτός [vrɔt-] vergänglich.
βρούβα ['vruva] wilde Kräuter *n/pl*.
βρουκόλακας [-'kɔlakas] *s*. ***βρικόλακας***.
βρούχος ['vrux-] Samenkäfer *m*.
βροχερός [vrɔç-] regnerisch; Regen-.
βροχή Regen *m*; *fig*. Hagel *m*; *Adv*. in Mengen; ***όξινη ~*** saurer Regen.
βρόχι *s*. ***βρόχος***; ***πιάνω στα ~α*** *j-n* umgarnen; ***πέφτω στα ~α*** (*G*) *fig*. in die Falle (*G*) gehen.
βρόχινος ['vrɔïç-] Regen-.
βροχόνερο [-'xɔnɛrɔ] Regenwasser *n*.
βροχόπτωση [-ptɔsi] (-εις) Regenmenge *f*; *mst. pl*. Regenfälle *m/pl*.
βρόχος Lasso *m*, *n*; Falle *f*; Netz *n*; Schlinge *f*.
βρυγμός [vriɣm-] Knirschen *n*.
βρύζα ['vriza] Roggen *m*.
βρυκόλακας *s*. ***βρικόλακας***.
Βρυξέλλες [vri'ksɛlɛs] *m/pl*. Brüssel *n*.
βρύο Moos *n*.
βρύση ['vrisi] (-εις) Quelle *f*; Brunnen *m*; (Wasser-)Hahn *m*; *Adv*. in Strömen.
βρυσ|ικός, ~ίσιος (-ια) Quell-, Brunnen-; **~ομάνα** Hauptquelle *f*.
βρυχηθμός [-içiθ-], **βρύχημα** *n* Brüllen *n*.
βρυχιέμαι [vri'çjɛmɛ] (ιέσαι· ηθ) brüllen.
βρω *s*. ***βρίσκω***.
βρωμ- [vrɔm-] *s*. ***βρομ-***.
βρώμα (-ατος) *n* Speise *f*.
βρώσ|η ['vrɔsi] (-εις) *allg*. Essen *n*; **~ιμος** essbar.
βρωτός essbar.
βύας ['vias] (-ου) Uhu *m*.
Βύβλος ['vivl-] *f* Byblos *n*.
βύζαγμα ['vizaɣma] *n* Stillen *n*.
βυζ|αίνω (αξ, ασ· αχτ) *v/t*. *Kind* stillen, nähren, *ihm* die Brust geben; *an den Fingern* lutschen; *Tier* säugen; *j-n* ausnehmen; *v/i*. *Kind*: die Brust bekommen, saugen; *Tier*: saugen; **~ανιάρικο** [-a'nïar-] Säugling *m*.
βυζαντιν|ισμός [vizaňdin-] Byzantinismus *m*; *fig*. reine(r) Formalismus; **~ολογία** Byzantinologie *f*; **~ολόγος** Byzantinologe *m*; **~ός** byzantinisch; *Su. m* Byzantiner *m*.
Βυζάντιο Byzanz *n*.
βυζ|άστρα [-'astra] Amme *f*; **~ί** Brust *f*; (*Tier*) Euter *n*, *m*.
βυθίζ|ω [viθ-] (σ· στ) *v/t*. *Schiff* versenken; tauchen (***σε***/ in *A*); *Dolch* stoßen (***σε***/ in *A*); ***~ομαι*** (ver)sinken; *Nadel*: dringen (***σε***/ in *A*); *U-Boot*: tauchen; e-n Sturzflug ausführen; *fig*. sich (*A*) vertiefen (***σε***/ in *A*).
βύθιση (-εις) Versenkung *f*; Tauchen *n*; Untergang *m*; Lethargie *f*.
βυθισμένος *fig*. vertieft (***σε***/ in *A*); *Med*. teilnahmslos; *fig*. abwesend.
βυθ|οκόρος [viθɔ'kɔr-] Bagger *m*; **~ομετρικός** [-ɔmɛtr-] Tiefenmess-; ***~ομετρική ράβδος*** (*Auto*) Ölmessstab *m*; **~όμετρο** *Tech*. Tiefenmesser *m*; **~ομετρώ** [-'trɔ] (άς· ησ) *mar*. ausloten; **~ός** Boden *m*, Grund *m*; *mar*. *a*. Tiefe *f*; Tiefwasser-.
βύθος *n s*. ***βυθός***; *Med*. Koma *n*.
βύνη ['vini] Malz *n*.
βύρσα ['virsa] (gegerbtes) Fell *n*.
βυρσο|δεψείο [-ðɛps-] Gerberei *f*;

~δέψης Gerber *m*; **~δεψία** *s.* ***βυρσοδεψείο;*** **~δεψώ** [-ðɛ'psɔ] (είς· ησ) gerben.

βυρωνισμός Schwärmertum *n* (*nach Lord Byron*), romantische(r) Pessimismus.

βύσμα (-ατος) *n* Stöpsel *m*, Pfropfen *m*; *El.* Stecker *m*.

βυσσι|νάδα [visi'naða] Sauerkirschsaft *m*; **~νής** [-'nis] (-ιά, -ί) karmesinrot; **~νιά** Sauerkirschbaum *m*.

βύσσινο Sauerkirsche *f*.

βυσσοδομώ [visɔðɔ'mɔ] (είς· ησ) intrigieren, wühlen (***εναντίον*** *G/* gegen *A*); *v/t.* anzetteln.

βυτ|ίνα [vit-] Steingutgefäß *n*, Kruke *f*; **~ίο** Fass *n*, Tank *m*; **~ιοφόρο** Tankwagen *m*; Wasserwagen *m*.

βωβ- *s.* ***βουβ-***.

βωμο|λοχία [vɔmɔlɔç-] Zotenreißerei *f*; **~λόχος** [-'lɔx-] Zotenreißer *m*; **~λοχώ** (είς· ησ) Zoten reißen.

βωμός *Rel.* Altar *m* (*a. fig.*).

βωξίτης Bauxit *m*.

βώτριδα ['vɔtr-] Motte *f*.

βωτριδο|φάγος [-'faɣ-] Mottenschutz- (*Mittel*); **~φαγωμένος** [-faɣɔm-] mottenzerfressen.

Γ

Γ, γ ['ɣama] Gamma *n*; γ' = 3; ͵γ = 3000.

γαβ|άθα [ɣa'vaθa] Napf *m*; (große) Schüssel *f*; **~αθωτός** napfförmig.

γαβγίζω (σ) bellen; *fig. Pers.* (herum-) schreien, keifen.

γάβγισμα *n* Bellen *n*; Schreierei *f*.

γαβριάς [ɣavrĭ'as] (-άδες) Bengel *m*, Bursche *m*.

Γαβριήλ [ɣavri'il] (0) *m* Gabriel *m*.

Γάγγης ['ɣaŋɡis] Ganges *m*.

γάγγλιο ['ɣaŋgl-] Nervenknoten *m*; Ganglion *n*.

γάγγραινα ['ɣaŋgr-] Wundbrand *m*; Verfall *m*.

γαγγραιν|ιάζω (-αίνιασα) brandig werden; **~ώδης** brandig.

γάδαρος ['ɣaðar-] *s.* ***γάιδαρος.***

γάδος Schellfisch *m*.

γάζα ['ɣaza] Flor *m*; Gaze *f*, Verbandstoff *m*.

γαζέλα Gazelle *f*.

γαζί Steppstich *m*; ***του κάνω ψιλό ~*** *fig.* j-m e-n kleinen Stich versetzen.

γαζία Akazie *f*.

γάζωμα *n* Steppen *n*; *fig.* Aufziehen *n*, Necken *n*.

γαζώνω (σ· θ) steppen; *mil.* bestreifen.

γαί|α ['jɛa] Erde *f*, Boden *m*; *pl.* Ländereien *f/pl.*; *Chem.* ***~αι σπάνιαι*** seltene Erden *f/pl.*

γαι|άνθρακας [jɛ'añθrak-] Steinkohle *f*; **~ανθρακούχος** [-'kux-] steinkohlenhaltig; **~ανθρακωρυχείο** [-ɔriç-] Steinkohlenbergwerk *n*.

γαϊδάρα [ɣai'ðara] Eselin *f*.

γάιδαρος ['ɣaiðar-] Esel *m*; *fig.* Rüpel *m*; P Schwein *n*.

γαϊδ|ούρα [ɣai'ðura] Eselin *f*; **~ουράγκαθο** [-u'raŋgaθɔ] Distel *f*; **~ουρήσιος** *s.* ***γαϊδουρινός;*** **~ούρι** *s.* ***γάιδαρος;*** **~ουριά** Rüpelei *f*, Grobheit *f*; **~ουριάρης** (-ρηδες) Eseltreiber *m*; **~ουρινός** Esel-; Engels- (*Geduld*); rüpelhaft; **~ουροκαλόκαιρο** Altweibersommer *m*; **~ουρομούλαρο** Maulesel *m*; **~ουρόψαρο** [-psarɔ] Stockfisch *m*.

γαιο- *fälschlich für* ***γεω-,*** *s. z. B.* ***γεώμηλο.***

γαιοκτήμονας [jɛɔ'ktimɔnas] Großgrundbesitzer *m*.

γαϊτάνι [ɣaĭ'tani] Schnur *f*, Kordel *f*.

γαιώδης [jɛ'ɔ-] (-ώδες) erdig.

γάλα ['ɣala] (-α[κ]τος) *n* Milch *f*; ***~ σκόνη*** Milchpulver *n*; ***~ συμπεπυκνωμένο*** [simbɛpiknɔ-] kondensierte Milch *f*.

Γαλάζιο Galatz *n* (*in Rumänien*).

γαλάζιος [ɣa'laz-] (-ια) (himmel)blau.

γαλαζ|οαίματος [-ɔ'ɛm-] aristokratisch, mit blauem Blut; **~όπετρα** [-'ɔpɛtra] Türkis *m*; Kupfervitriol *n*.

Γ

γαλακτ|ερός [ɣalaktɛ'rɔs] (-χτ-) Milch- (*Kuh*); **~ίας** Milchzahn *m*; **~ικός** Milch-; milchig; **~οκομείο** Molkerei *f*; **~οκομία** Milchproduktion *f*; **~οκομικός** Milch- (*Produkt*); **~οπωλείο** [-ɔpɔ'liɔ] Milchladen *m*; **~οπώλης** Milchhändler *m*; **~ούχος** [-'ux-] milchhaltig; **~οφόρος** [-ɔ'fɔr-] Milch führend, Milch erzeugend; **~όχρους** Milch- (*Glas*); **~ώδης** (-ώδες) milchig.

γαλάκτωμα [ɣa'lakt-] *n* Emulsion *f*.

γαλαν|όλευκος [ɣala'nɔlɛfk-] blauweiß; ***η ~όλευκος*** die blauweiße griechische Flagge *f*; **~ομάτης** (-ισσα, -ικο) blauäugig; **~ός** (himmel)blau; blauäugig.

γαλαντόμος galant; großzügig.

γαλαξίας [ɣala'ksias] Milchzahn *m*; **Ջ** Milchstraße *f*.

γαλαρία Galerie *f* (*a. Thea.*); *Tech.* Stollen *m*; F Publikum *n*, (die) Umstehenden *pl*.

γαλα|τάδικο Milchgeschäft *n*; Milchbar *f*; **~τάς** (-άδες) Milchhändler *m*; **~τομπούρεκο** [-tɔ'm̃bur-], **~τόπιτα** [-'tɔpita] *Art* Kremtorte *f*; **~τού** *f* Milchfrau *f*; **~χτ-** *s.* ***γαλακτ-***.

γαλβαν|ίζω [ɣalvan-] (σ) galvanisieren; *fig.* begeistern; **~ικός** galvanisch; **~οπλαστική** [-ɔplasti'ķi] Galvanoplastik *f*.

γαλέος [ɣa'lɛ-] Neunauge *n* (*Fisch*).

γαλέρα Galeere *f*.

γαλέτα (Schiffs-)Zwieback *m*.

γαληνεύω [ɣali'nɛvɔ] (ψ/ -ε[υ]μ) *v/t.* beruhigen, besänftigen; *v/i.* sich (*A*) beruhigen.

γαλήνη [ɣa'lini], **γαληνιά** [-'nja] Seelenruhe *f*, Gelassenheit *f*; Windstille *f*.

γαλην(ι)αίος [-'(ĭ)ɛɔs] (-αία), **γαλήνιος** [-'linĭ-] (-ια), **γαληνός** *Meer*: unbewegt; *fig.* gelassen; still.

γαληνότατος durchlauchtigst (*Anrede an Könige*).

γαλιάντρα [ɣali'an̆dra] Haubenlerche *f*; *fig.* Plaudertasche *f*.

γαλίφα Schmeichlerin *f*.

γαλίφης [ɣa'lifis] (-ισσα, -ικο) schmeichlerisch; *s.* ***γαλίφος***, Speichellecker *m*.

γαλιφ|ιά Schmeichelei *f*; **~ίζω** (σ) schmeicheln, liebkosen.

γαλίφος Schmeichler *m*.

Γαλλ|ία [ɣa'lia] Frankreich *n*; **~ίδα** Französin *f*; **Ջίζω** (σ) französeln; **Ջική** (die) französische Sprache; **Ջικός** französisch; ***τα Ջικά*** (das) Französische; **Ջισμός** Gallizismus *m*; Französelei *f*; **Ջιστί** [-i'sti] *Adv.* (auf) französisch; **Ջογερμανικός** [-ɔjɛrman-] deutsch-französisch; **Ջομαθής** des Französischen mächtig; **Ջοπούλα** [-ɔ'pula] Truthenne *f*, Pute *f*.

Γάλλος ['ɣal-] Franzose *m*.

γαλλόφιλος franzosenfreundlich.

γαλ|ονάς (-άδες) *iro.* Offizier *m*; **~όνι** Borte *f*, Litze *f*, (Hut-)Band *n*; Gallone *f*.

γάλος Truthahn *m*.

γαλότσα Überschuh *m*.

γαλούχη|μα [ɣa'luĭç-] *n*, **~ση** Saugen *n*, Stillen *n* (*e-s Kindes*).

γαλουχ|ώ [ɣalu'xɔ] (είς· ησ· ηθ) *v/t.* säugen, stillen; *fig. mst.* ***~ούμαι*** *etw.* (*A*) in sich aufnehmen; sich (*A*) bilden (***με***/ an *D*).

γαμ|ήλιος [ɣam-] (-ια), **~ικός** Hochzeits- (*Geschenk*); hochzeitlich.

γάμ|ος ['ɣam-] Heirat *f*, Hochzeit *f*; Ehe *f*; ***από πρώτο ~ο*** aus erster Ehe; ***~ος πολιτικός*** Zivilehe *f*; standesamtliche Trauung *f*; ***~ος θρησκευτικός*** kirchliche Trauung *f*; ***είμαι για ~ο*** ehereif sein; ***αργυροί, χρυσοί, αδαμάντινοι ~οι*** *m/pl.* silberne, goldene, diamantene Hochzeit *f*.

γάμπα ['ɣam̆ba] Wade *f*.

γαμπρ|ιάτικος Bräutigams-, Hochzeits-; **~ίζω** (σ) flirten, auf Freiersfüßen gehen.

γαμπρός [ɣa'm̃brɔs] Neuvermählte(r), Bräutigam *m*; Schwiegersohn *m*; Schwager *m*.

γαμψ|ός [ɣamps-] krumm, gebogen; **~ότητα** Krümmung *f*; **~ώνυχος** [-'ɔnix-] ... mit Krallen, Klauen.

γαν|άδα [ɣan-] Grünspan *m*; Belag *m* (*der Zunge*); **~ιάζω** (γάνιασα) eine belegte Zunge bekommen; *Zunge*: pelzig werden; keine Ruhe geben (***ώσπου***/ bis ...); *Aor. a.* ... ist belegt; ***~ιάζω για νερό*** ich komme um vor Durst; **~ιασμένος** mit Grünspan bedeckt.

γάντζος ['ɣan̆dz-] Haken *m*.

γαντζ|ώνω (σ· θ) *v/t.* haken, angeln, packen; ***~όνομαι*** sich (*A*) klammern (***σε***/ an *A*).

γάντι ['γaṅdi] Handschuh *m*.
γάνωμα ['γan-] *n* Verzinnung *f*.
γανώνω (σ· θ) verzinnen.
γαργ|αλεύω (εψ) *s.* ***γαργαλίζω***; **~άλημα** *n* Kitzeln *n*.
γαργαλ|ίζω (σ) *v/t.* kitzeln; *fig.* reizen; **~ισμός** Kitzeln *n*; **~ιστικός** kitzelnd; *fig.* verlockend, reizvoll; **~ώ** (άς) *s.* ***γαργαλεύω.***
γαργάρ|α [γar'γara] Gurgeln *n*; Gurgelmittel *n*; ***κάνω ~ες*** gurgeln.
γαργαρίζω (σ) *v/i.* gurgeln; plätschern.
γαργ|άρισμα *n*, **~αρισμός** Gurgeln *n*; Plätschern *n*.
γάργαρος plätschernd; *Lachen*: sprudelnd.
γαρδέλι [-'ðεli] Stieglitz *m*.
γαρδένια *Bot.* Gardenie *f*.
γαρδούμπα *Gericht mit Innereien.*
γάριασμα ['γarjaz-] *n* Schmutz *m*, Verschmutzung *f*.
γαρίδα Krabbe *f*, Garnele *f*.
γαρμπής [γar'bis] Südwestwind *m*.
γάρμπο ['γarbɔ] Schick *m*.
γαρν|ίρισμα *n* Garnieren *n*; Beilage *f*; **~ίρω** (-ίρισα· ριστηκ· ισμ) garnieren; **~ιτούρα** Garnitur *f*; Beilage *f*.
γάρος Salzlake *f*.
γαρούφαλο [γa'rufalɔ], **γαρύφαλο** Nelke *f*.
γαστέρα [γa'stεra] Bauch *m*; Mutterleib *m*.
γάστρα Blumentopf *m*; Tontopf *m*; *mar.* tote(s) Werk *n*.
γαστρ|αλγία [γastral'jia] Magenschmerzen *m/pl.*; **~εντερίτιδα** [-εṅdε'ritiða] Magen- und Darmentzündung *f*; **~ικός** Magen-, gastrisch; **~ιμαργία** [-imarj-] Gefräßigkeit *f*; **~ίμαργος** [-'imarγ-] gefräßig; *Su. m* Vielfraß *m*; **~ίτιδα** Gastritis *f*; **~οεντερικός** Magen- u. Darm- (*Trakt*); **~οκνημία** [-ɔknim-], **~οκνήμιο** Wade *f*; **~ονομία** Gastronomie *f*; Lebensmittelkunde *f*; **~οσκόπηση** *Med.* Magenspiegelung *f*, Gastroskopie *f*.
γάτα ['γata] Katze *f*.
γατί Kätzchen *n*; **~λα** Katzengeruch *m*; **~σιος** (-ια) Katzen-.
γάτος Kater *m*.
γαυγίζω *s.* ***γαβγίζω.***
γαυριώ [γavrĭ'ɔ] (άς· -ίασα) sich (*A*) brüsten, sich (*A*) rühmen (***για***/ mit *D*).
γαύρος¹ ['γavr-] arrogant; stolz; stürmisch.
γαύρος² *Zool.* Anschovis *f*.
γδαρθ- *s.* ***γδέρνω.***
γδάρ|σιμο ['γðars-] Schinden *n*, Abziehen *n des Felles*; Schramme *f*; *fig.* Halsabschneiderei *f*; **~της** Schinder *m*; Halsabschneider *m*.
γδαρτός geschunden; verschrammt.
γδέρνω ['γðεrnɔ] (έγδαρα· γδαρθ) abhäuten, schinden; *Med.* sich (*D*) abschürfen; *fig.* schröpfen.
γδι|κιωμός Rache *f*; **~κιώνομαι** (*a.* ***-κιούμαι***· -κιήθηκα) Rache üben.
γδούπος ['γðup-] Dröhnen *n*, Bums *m*.
γδύμνια ['γðimnja] Nacktheit *f*; Entblößung *f*.
γδυμνός nackt; entblößt (*G/G*).
γδύ|νω ['γðinɔ] (σ· θ) *Kleider* ausziehen; *j-n* auskleiden; *fig.* ausrauben; schröpfen; ***~νομαι*** sich (*A*) ausziehen; **~σιμο** Ausziehen *n*; Ausrauben *n*; Auspressen *n*.
γδυτός entkleidet, nackt.
γεβεντίζω [jεvεṅd-] (σ) verspotten, an den Pranger stellen.
γεγονός [jεγɔn-] (-ότος) *n* Ereignis *n*; Tatsache *f*; ***τετελεσμένο ~*** vollendete Tatsache *f*.
γεια [ja] *s.* ***υγεία***; ***~ σου*** ['jasu], ***~ σας*** ['jasas] guten Tag!, adieu!, bravo!; ***αφήνω ~*** auf Wiedersehen sagen; ***έχετε ~*** leben Sie wohl!, ***~ σου και χαρά σου*** (*beim Niesen*): Gesundheit!; ***~ στα χέρια σου*** bravo, gut gemacht!; ***με ~*** ... gratuliere! (*z. B.*: *zum neuen Hut*).
γεινωμένος reif; *s.* ***γίνομαι.***
γείσο ['jisɔ], **γείσωμα** *n* Gesims *n*; (Mützen-)Schirm *m*.
γείτονας ['jitɔnas] (*pl.* -ονες *u.* -όνοι) Nachbar *m*; *Adj.* benachbart.
γειτόνεμα *n* Nähe *f*, Nachbarschaft *f*.
γειτονεύω (εψ) *s.* ***γειτονιάζω;*** benachbart sein (***με***/ *D*).
γειτο|νία, ~νιά Nachbarschaft *f*; (Stadt-)Viertel *n*; **~νιάζω** (-όνιασα) aneinandergrenzen; angrenzen (***προς*** *A*/ an *A*); *fig.* ähnlich sein; **~νίαση** Benachbartsein *n*, Nachbarschaft *f*; **~νικός** benachbart; angrenzend.
γειτόνισσα Nachbarin *f*.
γειώνω (σ· θ) erden.
γείωση *El.* Erdung *f*.

Γ

γελάδα [jɛl-] Kuh *f*.
γελασ- *s*. ***γελώ***.
γελασίνος [jɛlas-] Lachtaube *f*; *pl*. Schneidezähne *m/pl*.; Grübchen *n/pl*.
γέλασμα *n* Lachen *n*; Täuschung *f*, Betrug *m*; Irrtum *m*.
γελαστ|ικός zum Lachen fähig; lachlustig; **~ός** lachend; fröhlich.
γελέκ|ι [jɛ'lɛĩkj], **~ο** [-'lɛkɔ] Weste *f*.
γέλι|ο ['jɛljɔ] Lachen *n*; Gelächter *n*; ***έσκασε στα ~α*** er schüttelte sich vor Lachen.
γελοιο|γράφημα [jɛlĩɔ'ɣraf-] *n*, **~γραφία** Karikatur *f*, Zerrbild *n*; **~γραφικός** Karikaturen-, karikaturistisch; **~γράφος** Karikaturist *m*; **~γραφώ** [-ɣra'fɔ] (είς· ησ) karikieren; **~ποίηση** Verhöhnung *f*; **~ποιώ** [-'pjɔ] (είς· ησ) lächerlich machen.
γελ|οίος [jɛ'liɔs] (-οία) lächerlich (*a*. = *gering*); komisch; ***έγεινε ~οίος*** er hat sich lächerlich gemacht; **~οιότητα** [-'ĩɔt-] Lächerlichkeit *f*; **~ώ** (άς· ασ· αστ) lachen, anlächeln (***του***/ j-n); sich lustig machen (***με***/ über *A*); betrügen; *v/p*. (***~ιέμαι, ~ιούμαι***) sich (*A*) täuschen.
γέλω|τας ['jɛlɔtas] Gelächter *n*; ***κινώ τον ~τα*** Heiterkeit erregen.
γελωτο|ποιΐα [jɛlɔtɔpi'ia] Spaßmacherei *f*, **~ποιός** [-'pjɔs] Spaßmacher *m*, Clown *m*; *hist*. Hofnarr *m*.
γεμάτ|ος [jɛ'mat-] voll; (*mit A*) voll(er) *mit D sg*., *G/pl*.; *Waffen*: geladen; *Pers*. korpulent; *Stoffe*: dicht, dick; ***στα ~α*** *Adv*. ordentlich, richtig.
γεμίζω (σ· στ· σμ) *v/t*. füllen (***με*** *od*. *A*/ mit *D*); *Waffe* laden; *v/i*. sich füllen; *Menschen*: dick werden; voll sein (-/ von *D*).
γέμιση (-εις) Füllen *n*; Füllung *f*; Zunehmen *n des Mondes*; (*Kochkunst*) Füllsel *n*.
γέμισμα *n* Füllen *n*; Laden *n e-r Waffe*.
γεμιστ|ήρας [jɛmi'stiras] *mil*. Ladevorrichtung *f*; **~ικός** Lade-; **~ός** gefüllt (*z. B. a. Tomate*).
γεμιτζής (-ήδες) Seebär *m*.
γέμω ['jɛmɔ] (*nur Präs. u. Imp*.) (*G*) wimmeln *von*, strotzen *vor D*.
γεμώζω *s*. ***γεμίζω***.
Γενάρης [jɛ'naris] Januar *m*.
γεναριάτικος (*a*. -ρίτικος) Januar- (*Regen*).
γενάρχης [jɛ'narçis] Stammvater *m*.
γενάτος bärtig.
γενεά [jɛnɛ'a] Stamm *m*; Rasse *f*; Geschlecht *n*; Generation *f*; ***νέα ~*** Nachwuchs *m*.
γενεαλογ|ία [jɛnɛalɔj-] Stammbaum (-forschung *f*) *m*, Genealogie *f*; **~ικός** genealogisch, Stammbaum-; ***~ικό δένδρο*** Stammbaum *m*; **~ώ** [-lɔ'ɣɔ] (είς· ησ) Stammbaumforschung betreiben; ***~ιέμαι*** sein Geschlecht herleiten (***από***/ von *D*).
γενέθλια [jɛ'nɛθl-] *n/pl*. Geburtstag *m*.
γενεθλια|κός Geburtstags- (*z. B. Geschenk*); **~λογία** Horoskopdeutung *f*.
γενέθλιος (-ια) Geburts(tags)-.
γένει ['jɛni]: ***εν ~*** im Allgemeinen.
γένεια ['jɛnja] *n/pl*. Bart *m*.
γενειάδα [jɛ'nja-] Vollbart *m*.
γενειάζω (σ) mannbar werden.
γενειοφόρος Bartträger *m*.
γένεση (-εις) Geburt *f*; Erschaffung *f*; Genesis *f*.
γενεσιουργός [jɛnɛsjurɣ-] bewirkend (*Ursache*); produktiv.
γενέτειρα [-tira] Mutter *f*, Erzeugerin *f*; *Math*. Generatrix *f*; Heimatland *n*.
γενετ|ή [jɛnɛt-]: ***εκ ~ής*** von Geburt an; **~ήσιος** (-ια) Geburts-; Geschlechts- (*z. B. Trieb*); **~ική** Genetik *f*; **~ικός** Geburts-; genetisch; Entstehungs-.
Γενεύη [jɛ'nɛvi] Genf *n*.
γένι Bart *m*; *Bot*. Granne *f*.
γενιά *s*. ***γενεά***; ***~ του 40*** (die) Generation der 40er Jahre.
γενίκευση [jɛ'nikefsi] (-εις) Verallgemeinerung *f*.
γενικ|ευτικός [-ɛft-] verallgemeinernd; **~εύω** [-'ɛvɔ] (εψ· εφτ) verallgemeinern; allgemein verbreiten; **~ή** Genitiv *m*; **~ός** allgemein; Haupt- (*z. B. Postamt*); General- (*z. B. Sekretär*); *Adv*. ***~ά*** im Allgemeinen, überhaupt; *Su*. ***~ά*** *n/pl*. Allgemeine(s) (***περί*** *G*/ über *A*); **~ότητα** Allgemeinheit *f*.
γέννα ['jɛna] Niederkunft *f*, Entbindung *f*; Brut *f*; ***διαβόλου ~*** Teufelsbrut *f*; ≗ *f od*. *n/pl*. Weihnacht(en *n*) *f*.
γενναι|οδωρία [jɛnɛɔðɔr-] Freigebigkeit *f*; **~όδωρος** freigebig; **~όκαρδος** tapfer.
γενναίος [jɛ'nɛ-] (-αία) mutig, tapfer; reichlich.

γενναι|ότητα Mut *m*, Tapferkeit *f*; Großzügigkeit *f*; **~όφρονας** [-'ɔfrɔnas] Edelmütige(r); **~οφροσύνη** [-ɔfrɔ'sini] Edelmut *m*; Großzügigkeit *f*; **~οψυχία** [-ɔpsiç-] Hochherzigkeit *f*; Tapferkeit *f*; **~όψυχος** [-'ɔpsix-] hochherzig, tapfer.
γέννημα ['jɛnima] *n* Erzeugnis *n*, Produkt *n*; Kind *n*; *pl.* Getreide *n*; **~ θρέμμα της Αθήνας** ein echtes Athener Kind.
γέννηση ['jɛnisi] (-εις) Geburt *f*; Entstehung *f*; **&** Weihnachten *n*.
γεννησιμι|ό: ***από ~ού*** von Geburt an.
γεννητ|ής Erzeuger *m*; **~ικός** Zeugungs-, Geschlechts-; ***~ικά μόρια*** *od.* ***όργανα*** *n/pl.* Geschlechtsorgane *n/pl.*; **~ικότητα** Geburtenhäufigkeit *f*.
γενν|ήτορας [jɛ'nit-] Erzeuger *m*, Vater *m*; **~ητός** erzeugt, geboren; **~ητούρια** *n/pl.* Niederkunft *f*, Geburt *f*; Geburtstag *m*; **~ήτρια** Mutter *f*, Erzeugerin *f*; *El.* Dynamo(maschine *f*) *m*; **~οβολώ** [-ɔvɔ'lɔ] (άς· ησ) *v/i.* Junge werfen; *v/t.* erzeugen; **~ολόγι** [-ɔ'lɔji] Abstammung *f*, Herkunft *f*; **~οφάσκια** *n/pl.* die ersten Windeln; ***από τα ~οφάσκια του*** seit seiner frühesten Kindheit.
γενν|ώ (άς· ησ· ηθ, *Imp.* γένναγα, γεννούσα· γεννημένος) gebären; *Tiere*: (*Junge*) werfen; *Vögel*: (*Eier*) legen; *fig.* produzieren; Anlass geben zu; ***~iέμαι*** geboren werden; entstehen.
Γένοβα ['jɛnɔva] Genua *n*.
Γενοβ|έζα Genueserin *f*; **~έζος** Genuese *m*.
γένοιτο ['jɛnitɔ] so sei es, so geschehe es.
γενοκτονία [jɛnɔk-] Völkermord *m*.
γενόμενος stattgefunden, erfolgt, geschehen.
γένος *n* Herkunft *f*, Abstammung *f*; *hist.* Volk *n*, Nation *f*; *Tiere*: Rasse *f*; *Zool.*, *Gr.* Geschlecht *n*, Genus *n*; ***η κυρία K..., το ~...*** Frau K..., geborene ...
γεντιανή [jeñdïa'ni] Enzian *m*.
γενωμένος *s.* ***γίνομαι;*** reif.
γερ(α)- *s. a.* ***γηρ(α)-.***
γέρα ['jɛra] *n/pl.* Alter *n*.
γεράζω (ασ) *s.* ***γερνώ.***
γερ|αιός [jɛrɛ'ɔs] (*Komp.* ~αίτερος) alt, ehrwürdig; ***~αιά κυρία*** die alte Dame.
γερακάτος krumm.
γεράκι [jɛ'raïķi] Falke *m*.
γεραλέος ältlich, alt wirkend.
γεράματα *n/pl.* Alter *n*.
γεράνι Schwingbaum *m*; Geranie *f*.
γεράνιος dunkelblau.
γερανός, γέρανος *Zool.* Kranich *m*; *Tech.* Kran *m*.
γερανοφόρο|ς: ***~ όχημα*** *n* Kranwagen *m*.
γεραρός ehrwürdig.
γέρας *K.* (-ως) *n* (Ehren-)Preis *m*; *fig.* Belohnung *f*.
γερατειά [jɛra'tja] *n/pl. s.* ***γεράματα.***
γερεύω (εψ) sich erholen.
γέρικος alt.
γέρμα *n* Neigen *n*; Sinken *n der Sonne*.
Γερμαν|ία [jɛrman-] Deutschland *n*; **~ίδα** Deutsche *f*; **&ικά** *n/pl.* (das) Deutsche, Deutsch *n*; **&ική** (die) deutsche Sprache; (***γραφομένη***) ***κοινή &ική*** (das) Hochdeutsch(e); **&ικός** deutsch; **&ιστής** Germanist *m*; **~ός** Deutsche(r) *m*; **&όφιλος** deutschfreundlich.
γέρνω ['jɛrnɔ] (έγειρα· ρμ) *v/t.* *Kopf* neigen; *Eimer* (um)kippen; *Tür* anlehnen; *v/p.* sich neigen (*a. Sonne*); sich hinlegen; kippen.
γερνώ [jɛr'nɔ] (γέρασα· σμ) *v/t.* alt machen; *v/i.* alt werden, altern; ***εγέρασα*** ich bin schon alt.
γερο|δεμένος robust, derb; **~καμωμένος** stabil, fest gebaut.
γεροκομειό [jɛrɔkɔ-] Altersheim *n*.
γεροκομώ (είς· ησ) *v/t.* im Alter pflegen.
γερόλυκος alte(r) Wolf *m*; *fig.* alte(r) Seebär *m*.
γέροντας ['jɛrɔñdas] Alte(r), Greis *m*; 'Senior *m*.
γεροντίαση frühe Vergreisung.
γεροντικός Alters-, Greisen-; senil.
γεροντισμός Altern *n*, Alterungsprozess *m*.
γερόντισσα alte Frau *f*, Greisin *f*; Seniorin *f*.
γεροντο|κόρη [jɛrɔñdɔ-], **~κόριτσο** Junggesellin *f*, alte Jungfer *f*; **~μοίρι** *jur.* Altenteil *n*; **~παλίκαρο** alte(r) Junggeselle *m*, Hagestolz *m*.
γεροντόπιασμα *n* Kind *n* e-s alten Vaters, Nachkömmling *m*.
γεροντότερος älter.

Γ

Γ

γεροξούρας komische(r) Alte(r).
γέρος Alte(r) (*a.* = *Vater*); Greis *m*.
γερός *Mensch*: gesund, wohlauf; kräftig (*Bursche*); tüchtig (*Wissenschaftler*); *Stoff*: solide, dauerhaft; heil, unbeschädigt *bleiben*.
γερου|σία Senat *m*; Oberhaus *n*; **~σιαστής** Senator *m*.
γέρσιμο *s.* ***γέρμα***.
γερτός [jɛrt-] gebeugt, geneigt; angelehnt (*Tür*).
γεύμα ['jɛvma] *n* Mittagessen *n*; **~ *εργασίας*** Arbeitsessen *n*.
γευματίζω [jɛvmat-] (σ) zu Mittag essen.
γεύομαι ['jɛvɔmɛ] (ευτ) (*G*) kosten *A*, probieren *A*; *fig*. genießen.
γεύση ['jɛfsi] (-εις) Geschmack(sinn) *m*; *fig*. Genuss *m*, Geschmack (*G*/ an *D*); ***πρώτη ~*** *fig*. Vorgeschmack *m*.
γευστικός [jɛfst-] Geschmack-; schmackhaft, köstlich.
γέφυρα ['jɛfira] Brücke *f* (*a. Zahnersatz*); *mar*. Kommandobrücke *f*; ***κινητή ~*** Zugbrücke *f*; ***κρεμαστή ~*** Hängebrücke *f*.
γεφύρι *s.* ***γέφυρα***.
γεφυρ|ικός Brücken-; **~οδοποιία** [-ɔðɔpi'ia] Straßen- und Brückenbau *m*; Tiefbau *m*; **~οποιός** [-ɔ'pjɔs] Brückenbauer *m*.
γεφύρωμα *n* Überbrückung *f* (*a. fig*.).
γεφυρώνω (σ· θ) überbrücken (*a. fig*., *z. B. eine Kluft*).
γεφύρωση (-εις) *s.* ***γεφύρωμα***.
γεφυρωτής [jɛfirɔt-] Brückenbauer *m* (*a. fig*.).
γεωγραφ|ία [jɛɔɣraf-] Geographie *f*, Erdkunde *f*; Geographiebuch *n*; **~ικός** geographisch.
γεωγράφος Geograph *m*.
γεωγραφώ [jɛɔɣra'fɔ] (είς· ησ) kartographisch darstellen.
γεωδαισία [-ðɛs-] Geodäsie *f*, Vermessungskunde *f*.
γεωδαίτης Landmesser *m*, Geodät *m*.
γεω|κεντρικός [jɛɔkɛňdrik-] geozentrisch; **~λογία** [-lɔj-] Geologie *f*; **~λόγος** [-'lɔɣ-] Geologe *m*; **~μέτρης** [-'mɛtr-] Geometer *m*, Landmesser *m*; **~μετρία** Geometrie *f*; **~μετρικός** geometrisch.
γεώμηλο [jɛ'ɔmilɔ] Kartoffel *f*.
γεω|πολιτική [-'ķi] Geopolitik *f*; **~πονία** [-pɔn-] Landwirtschaft *f*, Ackerbaukunde *f*; **~πονικός** landwirtschaftlich; **~πόνος** Agronom *m*; Landwirt *m*.
Γεώργης ['jɔrjis] Georg *m*.
γεωργήσιμος [jɛɔr'jis-] anbaufähig.
Γεωργία Georgien *n*.
γεωργία Ackerbau *m*, Landwirtschaft *f*.
Γεωργιαν|ή [jɛɔrja'ni] Georgierin *f*; **~ή *γλώσσα*** (das) Georgisch(e); **~ός** Georgier *m*.
γεωργικός landwirtschaftlich.
Γεώργιος ['jɔrjɔs] Georg *m*.
γεωργός [jɛɔrɣ-] Bauer *m*, Landwirt *m*.
γεώσφαιρα [jɛ'ɔsfɛra] Erdkugel *f*; Globus *m*.
γεώτρηση [jɛ'ɔtrisi] (-εις) Erdbohrung *f*.
γεω|τροπισμός [-trɔpizm-] *Bot*. Geotropismus *m*, Erdwendigkeit *f*; **~τρύπανο** [-'trip-] Sonde *f*.
γεωφυσική [-fisi'ķi] Geophysik *f*.
γη [ji] (*pl*. ***γαίαι***) (*Planet*) Erde *f*; Land *n*, Boden *m* (*s. a.* ***γαία***); ***κατά ~ν*** zu Lande; ***επί (της) ~ς*** (*Bibel*) auf Erden.
γηγενής [jijɛn-] einheimisch, eingeboren.
γήινος ['jiinɔs] Erd-; irdisch.
γή|λοφος ['jilɔf-] Hügel *m*; **~πεδο** [-pɛðɔ] Sportplatz *m*; Gelände *n*; Grundstück *n*.
γηρ- *s. a.* ***γερ-***.
γηραλέος (-α) alt, bejahrt.
γήρας (-ατος) *n* Alter *n*.
γηράσκω *s.* ***γερνώ***.
γηρατειά [jira'tĭa] *n*/*pl*. Alter *n*.
γηροκομ|είο Altersheim *n*; **~ία** Alterspflege *f*.
γης *s.* ***γη***.
γητειά [ji'tja] Besprechung(sformel) *f*.
γήτεμα *n* Besprechung *f*.
γητεύω (εψ· ευτ) *e-e Krankheit* besprechen.
για [ja] *Präp*. (*A*) (*Grund*) wegen *G*; (*zugunsten, anstatt*) für (*A*); (*Zweck*) zu (*D*); (*fahren usw*.) nach; (*Zeit*) auf (*A*) *od. nur A*; was ... (*A*) anbetrifft; (*gelten*) als; (*Partikel*: *mit Imp*.) doch, mal; (*in Antworten*) schon; *Ko*. **~ *να*** damit; um ... zu *mit Inf*.; **~ *που*** wohin?
γιαβάς-γιαβάς [ja'vaz-] immer langsam!
γιαβάσικος leicht.

γιαγιά [ja'ja] (-δες) Großmutter *f*, F Oma *f*; ***μια ~ ...*** e-e alte Dame.
γιαίνω ['jɛnɔ] (άς· έγιανα· αθ) *v/t*. heilen; *v/i*. genesen.
γιακάς (-άδες) Kragen *m*; Schlag *m* auf den Nacken.
γιακέτα [jaķ-] Jackett *n*.
γιαλ- *s*. ***γυαλ-***.
γιαλ|ός [jal-] Ufer *n*, Strand *m*; Meer *n*; ***~ό-~ό*** am Ufer entlang.
Γιάλτα ['jalta] Jalta *n*.
γιάμπολη ['jam̃bɔli] Lakritze *f*.
γιανίτσαρος Janitschar *m*.
Γιάννης *s*. ***Ιωάννης***.
Γιάννινα, *τα* Janina *n*, Ioannina *n*.
γιαννιώτικος ... aus Janina.
Γιάννος *s*. ***Ιωάννης***.
γιάντες ['jadɛs] *n* Vielliebchen *n*.
γιαούρτ|η [ja'urti], **~ι** Joghurt *m*.
γιαπί (Bau-)Gerüst *n*; Baustelle *f*.
γιαρμάς (-άδες) *Art* Pfirsich *m*.
γιασεμί Jasmin *m*.
γιαταγάνι [-ta'ɣani] Krummsäbel *m*.
γιατάκι [-'taiķi] Lager *n*; Quartier *n*.
γιατί warum, weshalb, da, weil; denn.
γιάτραινα Ärztin *f*.
γιατρ|ειά [jatr-] Behandlung *f*; Heilung *f*; **~εύω** (εψ· ευτ) behandeln; heilen; **~ικό** Heilmittel *n*; **~ίνα** Ärztin *f*.
γιατρός [ja'trɔs] Arzt *m*; ***οιγενειακός ~*** Hausarzt *m*; ***ταμειακός ~*** Kassenarzt *m*; ***~ πρώτων βοηθειών*** Notarzt *m*.
γιατροσόφι Hausmittel *n*.
γιάφκα geheime(r) Treffpunkt.
γιαχνί [ja'xni] Gericht *n aus Fleisch, Gemüse, Öl und geschmorten Zwiebeln, Art* Ragout *n*.
γίγαντας ['jiɣañd-] Riese *m*; Held *m*.
γιγαντ|ένιος (-ια) riesig, Riesen-; **~εύω** (εψ) aufs höchste steigern; **~ιαίος** (-αία) riesig, gigantisch.
γιγ|άντιος (-ια) *s*. ***γιγαντιαίος; ~αντισμός*** Gigantismus *m*.
γιγάντισσα Riesin *f*.
γιγαντομαχία [-maç-] erbitterte(s) Ringen *n*.
γιγαντώδης (-ώδες) *s*. ***γιγαντένιος***.
γίδα Ziege *f*.
γίδι Zicklein *n*.
γιδιά [ji'ðja] Ziegenfell *n*.
γιδίσιος [ji'ðis-] (-ια) Ziegen-.
γιδο|βοσκός [-vɔsk-] Ziegenhirt *m*; **~πρόβατα** [-'prɔv-] *n/pl*. Schafe *n/pl*. und Ziegen *f/pl*.; **~τόμαρο** Ziegenfell *n*.
γιλέκο Weste *f*.
γινάτι Eigensinn *m*, Trotz *m*; Hass *m*; ***τον έχω ~*** ich hasse ihn (***για***/ wegen).
γίνομαι ['jinɔmɛ] (να γίνω, γινώ· έγινα, γίνηκα· γινομένος· γίνε!) *Künstler usw., ... Jahre alt* werden; *Welt*: entstehen, geschaffen werden; *Beförderung usw.*: erfolgen; *Hochzeit, Verhandlung*: stattfinden; (*allg.*: *was?, etwas*) geschehen, passieren; *Schuhe usw.*: fertig sein; *Trauben usw.*: reif sein; ***~ άνω-κάτω*** durcheinander geraten; ***θα γίνη καλά*** es wird ihm (*nach e-r Krankheit*) besser gehen; ***έγινε πολύ σιτάρι*** es gab viel Weizen; ***τι γίνεται εδώ;*** was ist hier los?; ***τι γίνεσαι;*** wie geht's dir?; ***τι γινήκατε τόσο καιρό;*** wo habt ihr so lange gesteckt?; ***δεν γίνεται να*** ... es ist nicht möglich, dass ...; ***πράγμα που γίνεται*** das ist schon möglich; ***πράγμα που δεν γίνεται*** ein Ding der Unmöglichkeit; ***γένοιτο!*** es möge geschehen; ***... ο μη γένοιτο*** ... was Gott verhüten möge; ***γίνεται γνωστό*** es wird bekannt gegeben.
γινόμενο *Math*. Produkt *n*.
γίνωμα *n* Reife *f*, Reifen *n*.
γινωμένος *s*. ***γίνομαι, γινομένος***.
γιόκας ['jɔkas] liebe(r) Sohn *m*; *iro*. Söhnchen *n*.
γιομ- *s*. ***γεμ-***.
γιοματάρι frische(r) Fasswein.
γιορντάνι [jɔr'dani] Halsband *n*.
γιορτ- *s*. ***εορτ-***.
γιορτ|άζω [jɔrt-] (σ· στ· σμ) *allg*. feiern; *v/i*. Geburtstag haben; **~ινός** feierlich; fröhlich.
γιος [jɔs] Sohn *m*.
γιοτ [jɔt] (0) *n* Jacht *f*.
γιουβαρλάκια [juvar'laiķa] *n/pl*. Klößchen *n/pl. aus Reis und gehacktem Fleisch usw.*
γιουβέτσι Tontopf *m*; Fleischgericht *n* (*im Tontopf*).
Γιουγκοσλαβ|ία [jugɔsla'via] Jugoslawien *n*; **Ωικός** jugoslawisch.
Γιούλης ['julis] F Juli *m*.
γιούλι Veilchen *n*.
γιουρούσι [ju'rusi] Ansturm *m*, Sturmangriff *m*.
γιούτα ['juta] Jute *f*.
γιούχα! ['juxa] pfui!; nieder!

γιουχαΐζω [juxa'izɔ] (-χάισα· στ) auszischen, auspfeifen.
γιρλάντα [-n̆d-] Girlande *f*.
γιώτα *n* Jota *n* (*a.* = *ein bisschen*).
γκαβ|ίζω [gav-] (σ) schielen; **~ός** schielend; *fig*. blind; **~ώνω** (σ· θ· ωμ) blind machen; ***~όνομαι*** blind werden.
γκάγκστερ ['gaŋstɛr] (0) *m* Gangster *m*.
γκαγκστερισμός Gangstertum *n*.
γκάζι ['gazi] Gas *n*; Gashebel *m*; Flüssiggas *n*.
γκαζιέρα Spirituskocher *m*.
γκαζόζα *Art* Selterlimonade *f*.
γκαζόν (0) Rasen *m*.
γκάι|δα ['gaiða], **~ντα** Dudelsack *m*.
γκαλερί *f* Galerie *f*.
γκαμπαρντίνα [gabard-] Gabardine *m*, *f*; Gabardinemantel *m*.
γκαράζ [ga'raz] (0) *n* Garage *f*, Parkhaus *n*; ***υπόγειο ~*** Tiefgarage *f*.
γκαρδιακός [garðĭa-] herzlich, aufrichtig.
γκαρίζω (σ) *Esel u. Pers*. schreien.
γκάρισμα *n* Schreien *n*.
γκαρνταρόμπα [garda'rɔba] Garderobe *f*, Kleiderablage *f*.
γκαρ|σόν(ι) [gar'sɔn(i)] *n* Kellner *m*; Junggeselle *m*; **~σονιέρα** [-'njɛra] Junggesellenwohnung *f*.
γκαστρ|ιά Schwangerschaft *f*; **~ωμένη** Schwangere *f*; **~ώνω** (σ· θ) schwängern; *fig*. piesacken; ***~ώνομαι*** schwanger werden.
γκάφα ['gafa] Schnitzer *m*, Fehler *m*.
γκεζερ|ίζω [g̡ɛzɛr-] (σ), **~ώ** (άς) umherstreifen, umherschlendern.
γκέκε! ['g̡ɛk̡ɛ] verstanden?
γκελ *Argot*: Reinfall *m*, Niete *f*; ***κάνω ~*** *Ball*: springen.
γκέμι Zügel *m*.
γκέτα Gamasche *f*.
γκέτο G(h)etto *n*.
γκιαούρης (-ηδες) *islamisch*: Ungläubige(r).
γκίνια ['g̡inja] *fig*. Pech *n*.
Γκιόνα Giona *m* (*Berg*).
γκιόνης ['g̡ɔn-] Waldkauz *m*.
γκιόσα ['g̡ɔ-] alte Ziege *f* (*a. fig*.).
γκιουβέτσι [g̡u-] flache(r) Tontopf *m* (*zum Kochen im Ofen*); ***κρέας ~*** *in diesem Topf zubereitetes Fleisch*.
γκλάβα ['glava] *iro*. Schädel *m*; ***μεγάλη ~*** große(r) Depp *m*.
γκλαβανή Falltür *f*.
γκλίτσα Hirtenstab *m*.
γκολ (0) *n Sport*: Tor *n*; ***βάλλω ~*** ein Tor schießen.
γκολκήπερ [gɔl'k̡ipɛr] (0) *m* Torwart *m*.
γκολφ (0) *n* Golfspiel *n*.
γκόλφι ['gɔlfi] Amulett *n*.
γκόμενα ['gɔ-] Freundin *f*; junge Frau; F Sexbombe *f*.
γκραβούρα Gravur *f*.
γκρέκι ['grɛĭk̡i] Gehege *n*.
γκρεμίζ|ω (σ· στ) hinabschleudern; *Häuser* abreißen, *durch Sturm usw*. umreißen; *Könige* stürzen; *Vorurteile* ausmerzen; ***~ομαι*** *a*. F sich wegscheren.
γκρέμισμα *n* Abreißen *n*; Absturz *m*; *fig*. Trümmer *pl*.
γκρεμ(ν)ός Abgrund *m*.
γκρι [gri] (0) grau.
γκριζάρω (-άρισα) grau werden.
γκριζομάλλης (-α, -ικο) grauhaarig.
γκρίζος ['griz-] (-α) grau.
γκριμάτσα Grimasse *f*.
γκρίνια Plärren *n*; Nörgeln *n*; Meckerei *f*; Zank *m*.
γκρινιάζω [grinj-] (σ, ξ· γκρίνιασα-) *v/i*. nörgeln, mäkeln, meckern; sich herumzanken (***με***/ mit *D*); *Kinder*: plärren; *v/t*. *j-n* anöden.
γκρινιάρης (-α, -ικο) mäkelig; streitsüchtig; *Kinder*: weinerlich.
γκροτέσκο [grɔ'tɛskɔ] (das) Groteske.
γκρουπ (0) *n* Gruppe *f*.
γκρουπούσκουλο [gru'puskulɔ] Splittergruppe *f*.
γλαρόνι [ɣlar-] Seeschwalbe *f*.
γλάρος Möwe *f*.
γλαρός glänzend, hell.
γλάρωμα ['ɣlarɔma] *n* Schläfrigkeit *f*.
γλαρώνω (σ) *Augen*: zufallen.
γλάστρα Blumentopf *m*.
γλαύκα ['ɣlafka] Eule *f*.
γλαυκ|ός [ɣlafk-] (himmel)blau; **~ότητα** Bläue *f*; **~όφθαλμος** [-'ɔfθ-] blauäugig.
γλαύκωμα *n Med*. grüne(r) Star *m*.
γλαφυρ|ός [ɣlafir-] (welt)gewandt, elegant; **~ότητα** Eleganz *f*; Gewandtheit *f*.
γλειφιτσούρι [ɣlifi'tsuri] Lutscher *m*, F Lolli *m*.
γλείφτης ['ɣlif-] (***-τρα***) Speichellecker(in *f*) *m*.
γλείφ|ω (έγλειψα· φτ) (ab)lecken; *Bon-*

bon lutschen; schmeicheln (***τον***/ *j-m*); **~ομαι** sich (die Lippen) lecken.

γλειψιά [ɣlips-], **γλείψιμο** Lecken *n*; *fig*. Schmus *m*.

γλείψιμο Liebedienerei *f*.

γλεντζές [ɣleň'dzεs] (-έδες) Zechbruder *m*; fidel(er Mensch).

γλεντζού (-δες) fidele Person.

γλέντι ['ɣleňdi] Feier *f*, F Fete *f*.

γλεντώ (άς· ησ) (lustig) feiern, sich (*A*) amüsieren.

γλεύκος ['ɣlεfk-] *n* Most *m*.

γληγ- *s*. ***γρηγ-***.

γλήνη Gelenkgrube *f*.

γλίνα Fettrand *m*; Schweinefett *n*; *Art* Steinflechte *f*.

γλίντζα ['ɣli(ň)dza] Schmiere *f*.

γλιντζερός schmierig, speckig.

γλιστερός schlüpfrig, glatt.

γλίστρημα ['ɣlistr-] *n* Ausgleiten *n*, Fehltritt *m* (*bsd. fig*.).

γλιστρίδα *Bot*. Portulak *m*.

γλιστρώ [ɣli'strɔ] (άς· ησ, ηξ) ausgleiten, (aus)rutschen; *fig*. davonkommen; *fig*. herunterkommen.

γλίσχρος [-sxr-] knickerig, knauserig; *Einkommen*: kärglich.

γλισχρότητα Knickerigkeit *f*; Armseligkeit *f*.

γλιτζ-, γλιτσ- *s*. ***γλιντζ-***.

γλίτωμα *n*, **γλιτωμός** Befreiung *f*; Rettung *f*; Davonkommen *n*; Ende *n* (*der Arbeit*).

γλιτώνω (σ· ωμ) *v/t*. retten; befreien (***από***/ von); *v/i*. sich retten (***από***/ vor); sich befreien (***από***/ von); *Arbeit* beenden; fertig sein (mit *D*); herumkommen (*A*/ um *etw*.).

γλοι|ός [ɣli'ɔs] Schleim *m*; Leim *m*; Gummi *n*; **~ώδες** [-'ɔðεs] *n* Viskosität *f*; Klebrigkeit *f*; **~ώδης** klebrig, schleimig (*a. fig*.).

γλόμπος [-b-] Glasglocke *f*; Kugelleuchte *f*.

γλουτίνη [ɣlu-] Gelatine *f*.

γλουτός Hinterbacke *f*.

γλύκα ['ɣli-], **γλυκάδα** Süßigkeit *f*, Milde *f*; *fig*. Genuss *m*; *Argot*: Spritze *f z. B. von Heroin*.

γλυκάδι Essig *m*; ***~α*** Drüsen *f/pl*. (*vom Schlachtvieh*).

γλυκ|αίνω (αν· α[ν]θ) *v/t*. süßen; *Menschen* besänftigen; *Schmerz* lindern, mildern; *v/i*. süß werden; *Wetter*: milder werden; ***~αίνομαι*** sich besänftigen; Vergnügen daran finden.

γλυκανάλατος fade, schal; *Mensch*: nichtssagend; *Witz*: faul.

γλυκάνισο Anis *m*.

γλύκανση ['ɣlikaňsi] Süßen *n*.

γλυκερίνη Glyzerin *n*.

γλυκερός [-ķεr-] süß, süßlich.

γλυκίζω (σ) süßlich schmecken.

γλύκισμα *n* Süßigkeit *f* (*wie Kompott usw*.), *s. a*. ***γλυκό***.

γλυκο- [ɣlikɔ-] süß, angenehm, sanft ...

γλυκό Süßigkeit *f*, Eingemachte(s), Konfitüre *f*; *allg*. Süßigkeiten *f/pl*. u. Kuchen *m/pl*.; ***~ κουταλιού*** „Löffelkonfitüre" *f*.

γλυκοαίματος: ***είμαι ~*** süßes Blut haben (*für Mücken*).

γλυκόζη Glukose *f*, Traubenzucker *m*.

γλυκο|κάλαμο Zuckerrohr *n*; **~κοιμίζω** [-ķim-], **~κοιμώ** (άς· ισ· ηθ· σμ) einschläfern; ***~κοιμάμαι*** (ηθ) (ein-) schlummern; **~κοιτάζω** (ξ) *v/t*. liebäugeln (mit *D*); **~λέ(ϊ)μονο** süße Zitrone *f*; **~μίλητος** zugänglich; **~μιλώ** (άς· ησ) freundlich ansprechen (***τον***/ *j-n*); **~οξημέρωμα** [-ksim-] *n* Morgendämmerung *f*.

γλυκό|ξινος [ɣli'kɔks-] süßsauer; **~πικρος** [-pikr-] bittersüß; **~ριζα** [-riza] Lakritze *f*.

γλυκ|ός (-ιά) süß; *fig*. *Schlaf*: süß; *Stimme*: lieblich; *Mensch*: reizend; **~οσαλιάζω** (σ) mir läuft das Wasser im Mund zusammen; **~ούτσικος** [-'uts-] süßlich; *Wetter*: recht milde; **~οφέγγει** *der Tag*: dämmert herauf; **~οχαιρετώ** [-ɔçεrε'tɔ] (άς· ησ) freundlich grüßen; **~οχάρα(γ)μα** [-ɔ'xa-] *n* Morgendämmerung *f*; **~οχαράζει** (ξ) der Morgen graut.

γλυκύτητα Süße *f*; Lieblichkeit *f*; *fig*. Freundlichkeit *f*.

γλύπ|της ['ɣlipt-] (***~τρια***) Bildhauer(in *f*) *m*.

γλυπτικ|ή [-'ķi] Bildhauerkunst *f*, Bildhauerei *f*; **~ός** Bildhauer-.

γλυπτ|οθήκη [-ɔ'θiķi] Glyptothek *f*; **~ός** ausgemeißelt, geschnitzt; ***~ό*** Bildhauerarbeit *f*; Skulptur *f*.

γλυφ|άδα [ɣlif-] schwach salzige(r) Geschmack *m*; **~αίνω** (αν) *v/t*. schwach salzen; *v/i*. schwach salzig werden.

γλύφανο *s*. ***γλυφίδα***.

Γ

γλυφ|ή Skulptur *f*; Ausmeißeln *n*; Ziselieren *n*; **~ίδα** Meißel *m*, Grabstichel *m*; **~ίζω** (σ) *s.* ***γλυφαίνω***; **~ός** schwach salzig, brakig.

γλύφω (ψ· γε..μμ) in Stein hauen, (aus)schnitzen, ausmeißeln; *Stein a.* glätten, polieren.

γλώσσα ['ɣlɔsa] Zunge *f*; Sprache *f*; (*Fisch*) Seezunge *f*; Zünglein *n der Waage*; ***~ του αυλού*** Klappe *f der Flöte*; ***μητρική ~*** Muttersprache *f*; ***~ γραφομένη*** Schriftsprache *f*; ***~ λαλουμένη*** Umgangssprache *f*.

γλωσσ|άριο Wörterverzeichnis *n*; **~άς** (-ού, -άδικο) geschwätzig, frech; *Su. m* **~άς** (-άδες) Schwätzer *m*; Lästerer *m*; **~εύω** (ευσ) *j-n* anschnauzen.

γλώσσημα *n* (*Pfeil*) Spitze *f*; Glosse *f*.

γλωσσ|ίδα [ɣlɔs-] *s. a.* ***γλωττίδα***; **~ίδι** Zünglein *n der Waage*; Klöppel *m der Glocke*; **~ικός** Sprach-, linguistisch; sprachlich; **~οδέτης, ~οδέτι** *Anat.* Zungenband *n*; Zungenlähmung *f*; *Spiel*: Zungenbrecher *m*; **~οκοπάνα** Klatschbase *f*; **~ολογία** [-lɔj-] Sprachwissenschaft *f*; **~ολόγος** [-'lɔɣ-] Sprachwissenschaftler *m*; **~ομάθεια** [-'maθja] (umfangreiche) Sprachkenntnisse *f/pl.*; **~ομαθής** sprachkundig; *Su. m* Fremdsprachler *m*; **~οτρώ(γ)ω** [-ɔ'trɔ(ɣ)ɔ] (-όφαγα) *j-n* schlecht machen, *über j-n* lästern; **~ού** (-ούδες) *f* Klatschbase *f*; **~οφαγιά** Lästerei *f*; Durchhechelei *f*.

γλωττίδα *Anat.* Stimmritze *f*.

γνάθος *f* Kiefer *m*, Kinnbacken *m*.

γναφ|άλωση Ausstopfen *n*; **~έας** (*pl.* -είς) Walker *m*; **~είο** Walkmühle *f*; **~εύω** (ευσ) walken.

γνέ|θω (σ· -έστηκα, -έθηκα· σμ) spinnen; **~μα** *n* Faden *m*; Spinnen *n*; **~σιμο** (-ματος) Spinnen *n*.

γνεύω *s.* ***γνέφω.***

γνέ|φω (ψ) zunicken, zuwinken; **~ψιμο** (-ματος) Zunicken *n*.

γνήσιος ['ɣni-] (-ια) *Ware*: echt; *Kind*: ehelich.

γνησιότητα Echtheit *f*; Ehelichkeit *f*.

γνοιάζομαι ['ɣnĭazɔmε] (στ) sich kümmern (***για***/ um *A*).

γνωμ|άτευση [ɣnɔm-] (-εις) Gutachten *n*; Bericht *m*; **~ατεύω** (ευσ) maßgeblich erklären, befinden (***ότι***/ dass).

γνώμη ['ɣnɔmi] Meinung *f* (***για***/ über *A*, zu *D*), Ansicht *f*; (Sinn-)Spruch *m*; Charakter *m*; ***κοινή*** *od.* ***δημόσια ~*** öffentliche Meinung *f*; ***~ ιατρού*** ärztliche(s) Gutachten *n*; ***υποβάλλω ~ν*** vorschlagen; anführen; ***είμαι της ~ς*** ich bin der Ansicht; ***κατά την ~ μου*** meiner Ansicht nach; ***σχηματίζω ~*** sich (*D*) ein Urteil bilden.

γνωμ|ικό [ɣnɔm-] Sinnspruch *m*, Motto *n*; **~ικός** gnomisch, Sinnspruch-; **~οδότημα** *n* Gutachten *n*; **~οδότης** Begutachter *m*; **~οδότηση** (-εις) Gutachten *n*; **~οδοτικός** Gutachter-(*Ausschuss*); **~οδοτώ** (είς· ησ) begutachten, befinden (***ότι***/ dass).

γνώμονας Winkelmaß *n*; Zähler *m*, (*Gas*) Uhr *f*; *fig.* Richtschnur *f*; Norm *f*.

γνωρ|ίζω [ɣnɔr-] (σ· στ) (*etw., j-n*) kennen; bekannt geben, bekannt machen (***του - το***/ j-n mit *D*); mitteilen; erkennen (***από***/ an *D*); **~ίζομαι** sich kennen; bekannt werden (***με***/ mit); **~ιμία** Bekanntschaft *f* (*a. Pers.*).

γνώρ|ιμος bekannt (***του***/ *j-m*); **~ισμα** *n* Kennzeichen *n*, Merkmal *n*.

γνώση (-εις) Kenntnis *f*; *im pl.* (*praktische usw.*) Kenntnisse *f/pl.*; *Phil.* Gnosis *f*; ***έχω ~*** (*G*) ich habe Kenntnis von; ***είμαι σε ~*** (*G*) ich bin in Kenntnis von; ***φέρω στη ~ σας*** ich setze Sie davon in Kenntnis, (dass) ...; ***λαμβάνω ~*** davon Kenntnis erhalten; ***βάζω ~*** *v/t.* zur Vernunft bringen; *v/i.* zur Vernunft kommen; ***το δέντρο της ~ς*** der Baum der Erkenntnis.

γνώστης Kenner *m*.

γνωστικάδα Kennerin *f*.

γνωστ|ικό [ɣnɔst-] Erkenntnisvermögen *n*; **~ικός** Erkenntnis-; erkenntnisfähig; gnostisch; *Su. m* Gnostiker *m*; vernünftig; **~οποίηση** [-ɔ'piisi] (-εις) Bekanntmachung *f*; **~οποιώ** [-ɔ'pjɔ] (είς· ησ) (davon) in Kenntnis setzen (***ότι***/ dass); ankündigen; ***~οποιώ λήψη*** den Empfang ... bestätigen; **~ός** bekannt; *Su. m/f* Bekannte(r) *m/f*; ***κάνω ~ό*** (davon) in Kenntnis setzen.

γόβα ['ɣɔva] *Art* Pumps *m*, Slipper *m*.

γοβάκι Tanzschuh *m*.

γόγγος ['ɣɔŋ̄gɔs] *Art* Nebelhorn *n*.

γογγύζω [ɣɔ'ŋ̄gizɔ] (σ) stöhnen (***από τους πόνους*** vor Schmerzen).

γογγύλι [ɣɔ'ŋ̄gili] Kohlrübe *f*.

γογγυσμός [-izm-] Stöhnen *n* (*a. fig.*).

γοερός [γɔɛr-] jammernd, (weh)klagend.
γόης ['γɔis] (-ητος) Charmeur *m*; (*Film*) Held *m*; (*Schlangen-*)Beschwörer *m*; Zauberer *m*.
γόησσα Diva *f*.
γοητ|εία [γɔit-] Charme *m*; Zauber *m*; Wirkung *f* (*ausüben*); Zauberei *f*, Hexerei *f*; **~ευτικός** [-ɛft-] charmant, bezaubernd; **~εύω** (εψ· εφτ) bezaubern, entzücken; täuschen.
γόητρο Charme *m*; Reiz *m*; Ansehen *n*, Prestige *n*.
Γολγοθάς [γɔlγɔ'θas] Golgatha *n*.
γολέτα Schoner *m*.
γόμα (Radier-)Gummi *m*; Klebstoff *m*.
γομαλάστιχα Radiergummi *m*.
γομάρι Lasttier *n*; (Esels-)Last *f*; Esel *m*; (*Schimpfwort*) Biest *n*.
γόμος Ladung *f* (*e-r Waffe*); (*Geflügel*) Füllung *f*.
γόμφιος ['γɔɱf-], **γομφίος** Backenzahn *m*.
γόμφος Pflock *m*; Stift *m*; Niete *f*.
γομφώ [γɔɱ'fɔ] (είς· ησ) (zusammen-) nieten; zusammenfügen.
γομώνω (σ· θ) *Waffe* laden; *Geflügel* füllen; *Reifen* aufpumpen.
γόμωση (-εις) Laden *n*; Ladung *f*; Aufpumpen *n*; ***εκρηκτική ~*** Sprengsatz *m*.
γόνα *n* (γονάτου, *pl.* γόνα[τα]) Knie *n*; ***κάνω ~*** *Hose*: sich (am Knie) ausbeulen.
γονατίζω [γɔnat-] (σ· σμ) *v/t.* niederknien lassen; in die Knie zwingen (*a. fig.*); *Krise*: zu Boden drücken; *v/i.* niederknien; *fig.* gebeugt werden; *fig.* sich beugen, kuschen; *fig.* weich werden.
γονάτισμα *n* Niederknien *n*; Zerschlagenheit *f*; Zusammenbruch *m*.
γονατιστ|ά *Adv.* auf den Knien, fußfällig; **~ός** ... auf Knien.
γόνατο *s.* ***γόνα***.
γονατόδεσμος [-ðɛzm-] Strumpfband *n*.
γόνδολα ['γɔňð-] Gondel *f*.
γον|έας [γɔn-] (*pl.* -είς) Erzeuger *m*, Vater *m*; **~είς** [-'is], **~έοι** *m/pl.* Eltern *pl.*; **~ίδιο** *Biol.* Gen *n*; **~ικός** elterlich; Samen-; ***τα ~ικά*** die Familie.
γονιμο|ποίηση [-'piisi] (-εις) Befruchtung *f*; **~ποιός** [-'pjɔs] befruchtend; **~ποιώ** [-'pjɔ] (είς· ησ) fruchtbar machen; *Tiere, Planzen* befruchten.
γόνιμος fruchtbar, produktiv.
γονιμότητα Fruchtbarkeit *f*; Produktivität *f*.
γονι|ός *s.* ***γονέας; ~οί*** Eltern *pl.*
γονόκοκκος Gonokokkus *m*.
γονόρροια [γɔ'nɔrĭa] Gonorrhöe *f*, Tripper *m*.
γόνος Sprössling *m*, Nachkomme *m*; Same *m*, Samenkorn *n*; Rogen *m*, Fischeier *n/pl.*
γονυ|κλινής [-klin-] kniefällig, kniend; **~κλισία** [-klis-] Kniebeuge *f*, Knien *n*; **~πετής** [-pɛt-] ... auf den Knien; **~πετώ** (είς· ησ) auf die Knie fallen, niederknien.
γόος ['γɔɔs] Jammern *n*, Klagen *n*.
γόπα ['γɔpa] Gründling *m*, Ochsenfisch *m*; Zigarettenstummel *m*, F Kippe *f*.
γοργάδα [γɔrγ-] Schnelligkeit *f*.
Γοργόνα Gorgo *f*.
γοργ|ός rasch, flink, behände; **~ότητα** Flinkheit *f*, Behändigkeit *f*.
γόρδιος: *~ δεσμός* gordische(r) Knoten *m*.
γορίλας Gorilla *m*; *fig.* (Geheim-)Polizist *m*, Leibwächter *m*.
γοτθικός [γɔtθ-] gotisch.
Γότθοι ['γɔtθi] *m/pl.* Goten *m/pl.*
Γουατεμάλα [γua-] Guatemala *n*.
γούβα ['γuva] Vertiefung *f*, Grube *f*; Grübchen *n*.
γουβιάζω (γούβιασα) *v/t.* aushöhlen; *v/i.* hohl werden.
γουδ|ί [γuð-] Mörser *m*; **~οχέρι** [-ɔ'çɛri], **~όχερο** [-'ɔïç-] Stößel *m*; ***το ~ί το ~οχέρι*** immer dieselbe Leier.
γούλα ['γula] Schlund *m*; Kehle *f*; Gefräßigkeit *f*.
γούλι Zahnfleisch *n*.
γουλί Kohlrübe *f*; Strunk *m*; Kieselstein *m*; F kahle Rübe (= *Kopf*).
γουλιά [γu'lja] Schluck *m*; Happen *m* (*Brot*).
Γουλιέλμος [γu'ljɛlm-] Wilhelm *m*.
γούμενα Tau *n*, Kabel *n*.
γουμενιά 100 Klafter = 185 m.
γούνα Pelz *m*; Fell *n* (*der Katze usw.*).
γουν|άδικο [γun-], **~αράδικο** Pelzgeschäft *n*; **~αράς** (-άδες) Pelzhändler *m*, Kürschner *m*.
γουναρικ|ό: *~ά* *n/pl.* Pelzwerk *n*.
γουνέμπορος Pelzhändler *m*.

Γ

γούνωμα *n* Verbrämen *n*, Füttern *n* mit Pelz.
γουνώνω (σ) mit Pelz verbrämen, füttern.
γουότερ πόλο ['ɣuɔtɛr 'pɔlɔ] (0) *n* Wasserball *m*.
γούπατο Grube *f*, Höhlung *f*.
γουρ|γούρα [ɣurɣ-], **~γουρητό** Knurren *n*; **~γουρίζω** (σ) *Magen*: knurren; gurgeln; **~γούρισμα** *n s.* ***γουργούρα.***
γούρι Glück *n*; F Schwein *n*; Maskotte *f*.
γουρλ|ής [ɣur'lis] (-ήδες) (***~ίδισσα***) Glückskind *n*; Glücksbringer(in *f*) *m*; **~ίδικος** Glücks-; ***είμαι ~ίδικος*** einschlagen, Erfolg haben; **~ομάτης** (-άτα) glotzäugig; **~ώνω** (σ· μ) die Augen aufreißen, F glotzen.
γούρνα Bassin *n*; Tränke *f*.
γουρούνα [ɣu'runa] Sau *f*.
γουρούνι Schwein *n*; *fig.* Schmierfink *m*.
γουρουνίσιος [ɣuru'nis-] (-ια) Schweine-; *fig.* widerlich.
γουρουν|οβοσκός [ɣurunɔvɔsk-] Schweinehirt *m*; **~όμουτρο** Schnauze *f*; **~όπουλο** [-'ɔpulɔ] Ferkel *n*; **~ότριχα** [-'ɔtrixa] Schweinsborste *f*.
γουρσ|ούζης [ɣur'suz-] (-α *f*) Unglücksrabe *m*; Unglücks-; Unheil bringend; **~ουζιά** Pech *n*; **~ούζικος** Unglücks- (Zahl); Unheil bringend.
γουστάρω (γούσταρα, -στάρισα) *v/t.* Appetit haben auf *A*; *Menschen* mögen; gefallen (***του***/ *j-m*); ***~ κοιτάζοντας ...*** ich mag gern ... ansehen.
γουστ|έρα, ~ερίτσα Eidechse *f*.
γούστο ['ɣustɔ] Geschmack *m*; ***δεν το κάνω ~*** ich finde keinen Gefallen daran; ***έχει ~ να μη ...*** *iro.* (es wäre) noch schöner, wenn ... nicht ...
γουστόζικος amüsant.
γουταπέρκα [ɣuta'pɛrka] Guttapercha *f u. n*.
γοφός [ɣɔf-] Hüfte *f*.
γραβάτα Krawatte *f*.
γράδο ['ɣraðɔ] Aräometer *m*, Senkwaage *f*.
γραία ['ɣrɛa] Greisin *f*.
γραίγος ['ɣrɛɣ-] Nordostwind *m*.
γράμμα ['ɣrama] *n* Buchstabe *m*; Brief *m*; ***τα ~τα*** Bildung *f*, Kenntnisse *f/pl.*; Lesen und Schreiben *n*; ***κατά ~*** buchstäblich; ***κεφαλαίο (μεγάλο) ~*** Großbuchstabe *m*; ***πεζό (μικρό) ~*** Kleinbuchstabe *m*; ***ψιλά ~τα*** Kleingedruckte(s).
γραμμάριο Gramm *n*.
γραμματ|έας (*pl.* -είς) (*a. f*) Sekretär(in *f*) *m*; ***γενικός ~έας*** Generalsekretär *m*; Staatssekretär *m*; **~εία** (General-)Sekretariat *n*; Literatur *f*; Schrifttum *n*; **~ιζούμενος** schreibkundig; gebildet; **~ική** [-'ki] Grammatik *f*; **~ικός** grammatisch; *Su. m* Sekretär *m*.
γραμμάτιο Schuldschein *m*, (eigener) Wechsel *m*; ***έντοκο ~*** Wertpapier *n*, Schuldverschreibung *f*; ***τραπεζικό ~*** Banknote *f*.
γραμματ|ισμένος [ɣramat-] gebildet; des Lesens und Schreibens kundig; **~οδιδάσκαλος** [-ɔði'ðask-] Grundschullehrer *m*; **~οκιβώτιο** [-ɔki'vɔt-] Briefkasten *m*; **~ολογία** [-ɔlɔj-] Literatur *f*; Literaturgeschichte *f*; **~οσημαίνω** (αν· ανθ· σμ) frankieren; **~όσημο** Briefmarke *f*; **~οσημοσυλλέκτης** [-ɔsimɔsi'lɛkt-] Briefmarkensammler *m*; **~οφυλάκιο** [-ɔfi'laikɔ] Mappe *f*; Aktentasche *f*.
γραμμένο (Vorher-)Bestimmung *f*; *Adj.* an der Wiege gesungen.
γραμμ|ή [ɣra'mi] *Math., mar., Esb., fig.* Linie *f*; Strecke *f*; Zeile *f e-s Briefes*; *pl.* Gesichtszüge *m/pl.*; Umrisse *m/pl.*; ***κωδική ~ή*** Strichkode *m* (*an Waren*); *Adv.* direkt, nach der Reihe; ***στη ~ή*** in einer Reihe; ***στενής ~ής*** *Esb.* Schmalspur-; **~ικός** linienförmig, strichförmig; **~οσκιά** [-ɔ'ska] Schraffierung *f*; **~όφωνο** [-'ɔfɔnɔ] Grammophon *n*.
γραμμωτός gestreift, quer gestreift (*Muskel*).
γρανάζ|ι [ɣra'nazi] Getriebe *n*; Zahnrad *n*; ***~ια*** *n/pl. fig.* Räderwerk *n*.
γρανίτ|α Fruchteis *n*; **~ης** Granit *m*; *fig.* eisenhart.
γραπτός [ɣrapt-] *Prüfung usw.*: schriftlich; eingraviert.
γραπώνω (σ· θ) packen, schnappen.
γρασάρισμα *n Tech.* Ölen *n*, Schmieren *n*.
γρασίδι Gras *n*; Rasen *m*.
γράσο *Tech.* Schmiermittel *n*.
γρασώνω (σ· θ) schmieren, einfetten.
γρατσουν|ιά [ɣratsun-] Schramme *f*;

~ίζω, ~ώ (άς· ησ) kratzen; sich (*A*) schrammen.
γραφέας (*pl.* -είς) Schreiber *m*, Kanzleibeamte(r).
γραφείο Schreibtisch *m*; Büro *n*; Amt *n*; **~ *απολεσθέντων αντικειμένων*** Fundbüro *n*; **~ *ευρέσεως εργασίας*** Arbeitsamt *n*; Stellenvermittlung *f*; **~ *πληροφοριών*** Auskunftsbüro *n*; **~ *ταξιδίων*** Reisebüro *n*; **~ *τουρισμού*** Fremdenverkehrsbüro *n*; **~ *τύπου*** Pressebüro *n*; ***πολιτικό*** **~** Politbüro *n*.
γραφειο|κράτης (***-ισσα***) [γrafiɔ-'krat-] Bürokrat(in *f*) *m*; **~κρατία** Bürokratie *f*; **~κρατικός** bürokratisch.
γραφ|εύς [γra'fɛfs] *s.* ***γραφέας***; **~ή** Schrift *f*; Schreiben *n*; Brief *m*; Lesart *f*; ***η Αγία ~ή*** die Heilige Schrift; **~ιάς** (-άδες) Schreiberling *m*; **~ίδα** Schreibfeder *f*; **~ικός** Schreib-; Schrift-; Büro-; grafisch; malerisch; ***~ική ύλη*** Schreibmaterial *n*; ***οι ~ικές τέχνες*** die bildenden Künste *f/pl.*; **~ικότητα** Farbigkeit *f*, Zauber *m* (*der Landschaft*); **~ολογία** [-ɔlɔj-] Graphologie *f*; **~ομηχανή** [-ɔmix-] Schreibmaschine *f*.
γραφτ- *s.* ***γραπτ-***.
γραφτ|ό schriftlich, bestimmt, vergönnt; *Su.* Schicksal *n*; ***τα ~ά*** die schriftliche Prüfung; ***δε μου ήτανε ~ό να*** es war mir nicht vergönnt, zu ...
γρά|φω ['γrafɔ] (ψ· φτ, φ· γραμμ-) schreiben; anschreiben; schreiben können; *Schüler* anmelden (***σε***/ für *A*); *jur.* vermachen (***του το***/ *j-m A*); **~ψιμο** [-psimɔ] (-ατος) Schreiben *n*; Handschrift *f*.
γρεβάδι [γrɛ'vaði] (*a.* γρι-) Karpfen *m*.
γρέγος Nordostwind *m*.
γρέμπανο ['γrɛm̃banɔ] Böschung *f*.
γρηγοράδα [γriγɔr-] Schnelligkeit *f*.
γρηγοριανός gregorianisch.
Γρηγόριος Gregor *m*.
γρήγορ|ος schnell, rasch; **~οσύνη** *s.* ***γρηγοράδα***.
γρηγορώ (είς· ησ) wachen; wachsam sein.
γριά [γrĭa] alte Frau *f*.
γριβάδι Karpfen *m*.
γρίβος ['γriv-] (-α) meliert.
γριγρί (0) *n* Motorfischkutter *m* mit Schleppbooten.
γρικώ (άς· ησ) hören; verstehen.
γρίλια Lamellenfensterladen *m*.
γριν- *s.* ***γκριν-***.
γρίππη Grippe *f*.
γριππιασμένος: ***είμαι*** **~** ich habe die Grippe.
γρίπος ['γrip-] Schleppnetz *n*.
γριτσανίζω [γritsan-] (σ) *v/t.* knabbern, nagen (an *D*); *v/i.* knirschen.
γρίφος ['γrif-] Bilderrätsel *n*; *fig.* Rätsel *n*; *Adj.* dunkel.
γριφώδης schleierhaft.
γροθ|ιά [γrɔθ-] Faust *f*; Faustschlag *m*; **~οκόπημα** *n* Faustschläge *m/pl.*; **~οκοπούμαι** [-ɔkɔ'pumɛ] (ηθ) sich (*A*) prügeln; **~οκοπώ** (άς· ησ) *v/t. j-m* Faustschläge versetzen.
γρόθος *s.* ***γροθιά***.
γρονθ- *s.* ***γροθ-***.
γρόσι *hist. türk.* Kurusch *m*, Groschen *m*; F Moneten *pl.*
γρούζω ['γruzɔ] (έγρουξα) *Schwein*: grunzen; *Taube*: rucksen, gurren.
γρουσ- *s.* ***γουρσ-***.
γρυ (0) Grunzen *n*; ***δεν ...*** **~** rein gar nichts; keinen Mucks.
γρυλ|ίζω [γril-] (σ) grunzen; **~ισμός** Grunzen *n*.
γρύλος Grille *f*; Ferkel *n*; Wagenwinde *f*.
γρύπας ['γripas] Vogel Greif *m*.
γρυπός hakenförmig, krumm.
γυάλα ['ja-] Karaffe *f*.
γυαλάδ|α Glanz *m*, Schimmer *m*; **~ικο** Glaserei *f*.
γυαλάκιας [ja'laĭkas] Brillenträger *m*.
γυαλ|άς [jal-] (-άδες) Glaser *m*; **~ένιος** (-ια) gläsern, Glas-; **~ί** Glas *n*; Scheibe *f*; *Adv.* spiegelglatt; **~ιά** *n/pl.* Brille *f*; **~ίζω** (σ· στ) *v/t.* polieren, putzen; *v/i.* glänzen; *Frucht*: reifen; *Frau*: ansehnlich sein; ***~ίζομαι*** sich (*A*) spiegeln; **~ικά** *n/pl.* Glaswaren *f/pl.*
γυάλι|νος gläsern, Glas-; **~σμα** *n* Polieren *n*, Putzen *n*.
γυαλ|ιστερός poliert, glänzend; **~όχαρτο** [-'ɔxartɔ] Sandpapier *n*.
γυλιός [ji'ljɔs] Tornister *m*.
γυμνάζ|ω [jimn-] (σ· στ) *v/t.* ausbilden, schulen, trainieren; *Tier* dressieren; ***~ομαι*** sich (*A*) üben, ausbilden (***σε***/ in *D*); turnen; *mil.* exerzieren.
γύμναση (-εις) Übung *f*; Training *n*.
γυμνασι|ακός Gymnasiums-; **~άρχης** [-'arç-] Gymnasialdirektor *m*.

Γ

γυμνασίαρχος Kampfrichter *m*.
γυμνάσιο Gymnasium *n*; Oberschule *f*; *pl. mil.* Manöver *n*, Übungen *f/pl*.
γυμνασιόπαιδο [jimna'sjɔpɛðɔ] Gymnasiast *m*.
γύμνασμα Aufgabe *f*, Übung *f*.
γυμνασ|μένος *bsd. mil.* ausgebildet; **~τήριο** Turnhalle *f*, Turnplatz *m*; **~τής** (-*νάστρια*) Turnlehrer(in *f*) *m*; Turner *m*; **~τική** [-'ki] Turnen *n*; Gymnastik *f*; **~τικός** gymnastisch; Turn-.
γύμνια Nacktheit *f*; *fig*. Not *f*, Armut *f*.
γυμν|ισμός Freikörperkultur *f*; **~ιστής** Nudist *m*, F FKKler [ʔɛfka'ka-] *m*; **~ίστρια** Nudistin *f*, FKKlerin *f*.
γυμνό *Kunst*: Akt *m*.
γυμνοπόδαρος barfuß.
γυμν|ός [jimn-] nackt; *fig*. ärmlich, dürftig; *Berg*: kahl; *Messer*: blank; (*mit G*) bar *G*, ohne *A*; **~οσάλιαγκας** [-ɔ'saljaŋgas] Schnecke *f*; **~ότητα** Nacktheit *f*; Kahlheit *f*; **~ώνω** (σ· θ· -νωμ-) entblößen, entkleiden; *Degen* blankziehen; *Räuber*: ausplündern.
γύμνωση (-εις) Entblößung *f*; Ausplünderung *f*.
γυναίκα [ji'nɛka] Frau *f*.
γυναικ|αδέλφη [-a'ðɛlfi] Schwägerin *f*; **~άδελφος** Schwager *m*; **~άρεσκος** galant; **~άριο** Frauenzimmer *n*; **~άς** Frauenheld *m*; **~είος** [jinɛ'kiɔs] (-εία) weiblich, Frauen-; **~εία πάθη** *n/pl*. Geschlechtskrankheiten *f/pl*.; **~ίστικος** *s*. **γυναικείος**; **~οδουλειά** [-ɔðu'lja] Frauenarbeit *f*; Frauengeschichte *f*; **~οθήρας** [-ɔ'θir-] Schürzenjäger *m*; **~όκοσμος** [-kɔzm-] Frauenwelt *f*; **~οκρατία** [-krat-] Frauenherrschaft *f*; **~ολόγι** [-ɔ'lɔji] Weibervolk *n*; Frauen *f/pl*.; **~ολογία** [-lɔj-] Frauenheilkunde *f*; **~ολογικός** gynäkologisch; **~ολόγος** [-'lɔɣ-] Frauenarzt *m*; **~ολόι** *s*. **γυναικολόγι**; **~ομανής** Schürzenjäger *m*; **~ομάνι** Ansammlung *f* von Frauen; **~όπαιδα** [-'ɔpɛða] *n/pl*. Frauen u. Kinder *pl*.; **~ούλα** einfache Frau *f*; Frauchen *n*; **~όφιλος** Frauenfreund *m*, Feminist *m*; **~ώνας**, **~ωνίτης** Frauengemach *n*; Harem *m*; Frauengestühl *n in der Kirche*.
γυναικωτός effeminiert.
γύναιο Frauenzimmer *n*.
γύπας ['jipas] (γυπών) Geier *m*.

γύρα ['jira] Spaziergang *m*; **βγαίνω στη ~ για** auf die Suche gehen nach *D*.
γυρεύω (εψ) suchen (**να** ...*/* zu ...); bitten (**του – το***/* j-n um *A*).
γύρη ['jiri] Blütenstaub *m*.
γυρίζω (σ· στ) *v/t*. drehen (*a. Film*), (**κατά δω***/* hierher) drehen; *Kleider* wenden; *Buch* zurückgeben; *Land* umgraben; *j-n* umherführen; *j-m den Rücken* zudrehen; *Wechsel* indossieren; **~ φιλμ** (*A*) verfilmen; **~ τη γωνιά** um die Ecke biegen; **του ~ τα μυαλά** F *j-n* rumkriegen (= überzeugen); *v/i*. *Rad*: sich drehen; *Wetter*: umschlagen; sich wenden (**προς** *A*, **σε***/* zu, nach); zurückkehren; sich wandeln (**σε***/* in *A*); umherirren; sich herumtreiben.
γυρίνος Kaulquappe *f*.
γύρισμα *n* Drehen *n*; Dreharbeiten *f/pl*. (**μιας ταινίας***/* an e-m Film), Drehzeit *f*; Biegung *f e-s Weges*; Umschlag *m des Wetters*; Wenden *n*; Zurückgeben *n*; Umgraben *n*; Kehrreim *m*; Rückkehr *f*.
γυρίσματα *n/pl*. Refrain *m*, Kehrreim *m*.
γυρισ|μός Rückkehr *f*; **~τός** gebogen; gedreht, gewunden; *Kragen*: umgeschlagen; **~τή σκάλα** Wendeltreppe *f*.
γυρ|μένος [jir-] geneigt, abschüssig; **~νώ** (άς) *s*. **γυρίζω**; **~οβόλι** [-ɔ'vɔli] Rundgang *m*; **~οβολιά** Schwenkung *f*; **κάνω μια ~οβολιά** das Tanzbein schwingen; **~ολόγος** [-'lɔɣ-] ambulante(r) Händler *m*.
γύρος ['jir-] Umhang *m*; Rand *m*; Kreis *m*; Umzäunung *f*; Saum *m e-s Kleides*; Reifen *m e-s Fasses*; Umdrehung *f*; Schwenkung *f*; Gang *m* (*G/* um *A*); Spaziergang *m*; Rundgang *m*; Rundflug *m*; *Sport*, *Gespräch*: Runde *f*; Umweg *m*; Gyros *n*, Fleischspieß *m*; **~ του κόσμου** Weltreise *f*.
γύρω *Adv*. ringsherum; *Präp*. **~ από, σε** um ... (herum) (*a. fig. Lärm* um *usw*.); *Zeit*: etwa um (*A*).
γυφταριό *fig*. Räuberhöhle *f*.
γυφτι|ά [jift-] Zigeunertum *n*; Schmuddeligkeit *f*, Knickerigkeit *f*; **κάνω ~ές** knausern.
γύφτ|ικο Schmiede *f*; **~ικος** Zigeuner-; schäbig; **~ισσα** Zigeunerin *f*.
γυφτ|ολόι *n* Zigeunerschaft *f*; **~όπουλο** [-'ftɔpulɔ] Zigeunerkind *n*.

γύφτος Zigeuner *m*; Schmied *m*; Geizhals *m*.
γύψιν|ος Gips-; **~ο εκμαγείο** Gipsabdruck *m*.
γυψο|μάρμαρο [jipsɔ'marm-] Stuck *m*; **~πλάστης** [-'plast-] Gipsgießer *m*; Stuckateur *m*.
γύψος Gips *m*.
γύψωμα *n* Eingipsen *n* (*a. Med.*).
γυψώνω (σ· θ) (ver)gipsen; *Med.* eingipsen.
γύψωση Gipsen *n*, Vergipsen *n*.
γωνιά [ɣɔ'nja] Ecke *f*; *fig.* Kamin *m*; (*Brot*) Rinde *f*; Stückchen *n* (*Brot*).
γωνία *s.* **γωνιά**; (Straßen-)Ecke *f*; *Math.* Winkel *m*; *Tech.* Winkeleisen *n*; **οπτική ~** *Foto*: Blickwinkel *m*.
γωνι|άζω [ɣɔnj-] (γώνιασα) rechtwinklig machen; ausrichten; **~αίος** [-'εɔs] (-αία) Eck-; eckig; winklig; **~ακός** Eck-; Winkel-; **~ακή ταχύτητα** [-a'ķi ta'çi-] Winkelgeschwindigkeit *f*; **~όλιθος** [-'ɔliθ-] Eckstein *m*; **~ομετρία** [-metr-] Goniometrie *f*; **~όμετρο** Winkelmesser *m*; **~ώδης** (-ώδες) winklig; winkelförmig.

Δ

Δ, δ ['ðεlta] Delta *n*; δ' = 4; ͵δ = 4000.
δα doch; ja; eben; genau; **όχι ~** nicht doch; **φταις ~ κ' εσύ** auch du hast ja Schuld; **τόσο ~** genau so viel; **εδώ ~** gerade hier; **τώρα ~** eben jetzt.
δάγκαμα ['ðaŋgama] *n* Beißen *n*; Biss *m*.
δαγκαματιά Biss *m*; Bissen *m*, Happen *m Brot*.
δαγκ|άνα (*Krebs*) Schere *f*; Beißzange *f*; **~ανιάρης** [-'njar-] (-άρα, -άρικο) bissig (*a. fig.*).
δαγκάνω [ðaŋg-] (σ· στ· αμ) beißen; *fig.* bissig sein; **~ τα χείλη μου** sich (*D*) auf die Zunge beißen.
δάγκειος ['ðaŋgʲɔs] Sumpffieber *n*.
δάγκωμα *n*, **δαγκωματιά** *s.* **δαγκαμ-**.
δαγκών|ω (σ) *s.* **δαγκάνω**; *a.* = **~ομαι** sich (*D*) (auf die Zunge) beißen.
δάδα ['ðaða] Fackel *f* (*a. fig.*).
δαδ|ί Kienspan *m*; **~ούχος** [-'ux-], **~οφόρος** Fackelträger *m* (*a. altgriech. hist.*).
δαιδαλοειδής [ðεðalɔið-] unentwirrbar, labyrinthisch.
δαίμονας ['ðεmɔnas] Teufel *m* (*a. fig.*); Dämon *m*, böse(r) Geist *m*.
δαιμον|ιακός dämonisch; teuflisch; **~ίζω** (σ· στ) *v/t.* verrückt machen; **~ίζομαι** sich (*A*) totärgern (**με**/ über *A*); **~ικός** dämonisch; teuflisch; *Su. n* Dämon *m*, Geist *m*.
δαιμόνι|ο Dämon *m*, böse(r) Geist *m*; Genie *n*; Talent *n*; *Kind*: Zappelphilipp *m*; **~ος** (-ια) genial.
δαιμον|ισμένος [ðεmɔnizm-] F toll; *Kind*: ausgelassen; **~όληπτος** [-'ɔlipt-] besessen; **~όπαιδο** [-'ɔpεðɔ] Wildfang *m*; **~όσπερμα** [-'ɔspεrma] *n* Teufelsbrut *f*.
δάκος Ölbaumschädling *m*.
δακρικός [ðakri'kɔs] Tränen-; **~ αδένας** Tränendrüse *f*; **~ ασκός** Tränensack *m*.
δάκρ|υ ['ðakri] (-ίου) *n* Träne *f*; *Bot.* Harz *n*; *fig.* Tröpfchen *n*; **κροκοδείλια ~ια** Krokodilstränen *f/pl.*; **τον πήραν τα ~ια** er brach in Tränen aus.
δακρυ|γόνος [-'ɣɔn-] Tränen- (*Drüse*); **~δόχος** [-'ðɔx-] Tränen-.
δακρ|ύζω [ða'krizɔ] (σ) weinen (**για**/ über *A*); *Pflanzen*: harzen; **~υογόνο** [-iɔ'ɣɔnɔ] Tränengas *n*; **~υογόνος** *s.* **δακρυγόνος**.
δάκρ|υον *s.* **δάκρυ**; **~υσμα** [-izma] *n* Tränen *n*; Weinen *n*.
δακτυλ|άκι [ðakti'laiķi] Fingerchen *n*; kleine(r) Finger *m*; kleine(r) Zeh *m*; **~ήθρα** [-'iθra] Fingerhut *m*; *Tech.* Kappe *f*; **~ιά** Fingerabdruck *m*; Fußstapfe *f*; *fig.* Tröpfchen *n*; **~ιδένιος** [-i'ðεn-] (-ια) ringförmig; Wespen- (*Taille*); **~ίδι** Ring *m*; Binde *f e-r*

δακτυλικός 142

Zigarre; **~ικός** Finger-; *poet.* daktylisch; **~οειδής** [-jɔið-] ringförmig; Ring-.
δακτ|ύλιος [-'til-] *allg., Astr., Tech.* Ring *m*; Öse *f*; *Anat.* After *m*; ***~ύλιος εμβόλου*** Kolbenring *m*; **~υλίτιδα** [-i'litiða] *Bot.* Digitalis *f*, Fingerhut *m*; **~υλιωτός** [-iliɔt-] Ring- (*Wurm*).
δάκτυλ|ο ['ðaktilɔ] Finger *m*; Zeh *m*; *Maß*: Zoll *m*; *fig.* etwas, ein wenig; ***μεγάλο ~ο*** Daumen *m*; ***δεύτερο ~ο*** Zeigefinger *m*; ***μεσαίο ~ο*** Mittelfinger *m*; ***παράμεσο ~ο*** Ringfinger *m*; ***μικρό ~ο*** kleine(r) Finger *m*; ***ξέρω*** (***παίζω***) ***στα ~α*** in- und auswendig wissen.
δακτυλο|γράφηση Abschreiben *n*; F Abtippen *n*; **~γραφία** Maschineschreiben *n*; F Tippen *n*; **~γραφικός** maschinegeschrieben; **~γράφος** (*a. f*) Stenotypist(in *f*) *m*; *allg.* Schreibkraft *f*; **~γραφώ** (είς· ησ) Maschine schreiben; F tippen; **~δεικτώ** [-ði'ktɔ] (είς· ησ· -τούμενος) mit dem Finger auf *j-n* zeigen; ***~δεικτούμενος ...*** als Vorbild *od.* als abschreckendes Beispiel.
δάκτυλος Finger *m*; Daktylus *m*.
δακτυλοσκοπία Fingerabdruck(verfahren *n*) *m*.
δακτυλωτός [ðaktilɔt-] *Bot.* gefingert-; *Zool.* ... mit Fingern.
Δαλματία Dalmatien *n*.
δαλτον|ικός [ðaltɔn-] farbenblind; **~ισμός** Farbenblindheit *f*.
δαμάζω (σ· στ) *Tier* zähmen; *Mensch, a. fig.* bändigen.
δαμάλ|α große Kuh *f*; F *Frau*: Maschine *f*; **~ι** junge(r) Stier *m*.
δαμαλ|ίδα [ðamal-] Impfstoff *m*; **~ίζω** (σ· στ) impfen; **~ισμός** Pockenschutzimpfung *f*; **~ιστής** Impfarzt *m*.
δαμασκηνιά [ðamasķin-] Pflaumenbaum *m*.
δαμάσκηνο Pflaume *f*.
δαμασκί Damaszenerklinge *f*.
δαμάσκο Damast *m*.
Δαμασκός [ðamask-] Damaskus *n*.
δαμασκωτός [-skɔt-] damastartig.
δάμασμα *n* Zähmung *f*; Bändigung *f*.
δαμαστής (***-άστρια***) Bändiger(in *f*) *m*; Dompteur *m* (Dompteuse *f*).
δαμιτζάνα [-'dzana] Korbflasche *f*.
δαν|ειακός [ðaniak-] Kredit-; Anleihe-; **~είζω** [-'izɔ] (σ· στ) leihen (***του το***/ j-m etw. *A*); ***~είζομαι*** sich (*D*) *etw.* (*A*) leihen; **~εικός** [-ik-] (-ιά) geliehen; Leih-; *Su. n/pl.* Schulden *f/pl*.
δάνει|ο ['ðanjɔ] (Staats-, Zwangs-)Anleihe *f*; Lehnwort *n*; ***συνάπτω ~ο*** e-e Anleihe aufnehmen; **~ος** (-α) fremd; Lehn-; ***~α λέξη*** Lehnwort *n*; ***στεγαστικό ~ο*** Baudarlehen *n*.
δάνεισμα *n*, **δανεισμός** Leihen *n*.
δανει|στήριο [ðanist-] Leihhaus *n*; Kreditanstalt *f*; **~στής** (Pfand-)Leiher *m*; **~στικός** Anleihe-; ***~στική βιβλιοθήκη*** Leihbibliothek *f*.
Δαν|ία [ða'nia] Dänemark *n*; **~ίδα** Dänin *f*; **2ικός** dänisch; **~ός** Däne *m*.
δαντ|έλα [ða'ňdɛla] Spitze *f*; **~ελένιος** (-ια) Spitzen-; *fig.* delikat; **~ελωτός** *s.* ***δαντελένιος;*** *fig.* ausgezackt.
δαπάν|η [ða'pani] Ausgabe *f*; Kosten *pl.*; Aufwand *m* (*G*/ an *D*); ***~η χρόνου*** Zeitaufwand *m*; ***~αις*** *G* auf Kosten *G*; **~ημα** *n* Aufwendung *f*.
δαπαν|ηρός [-nir-] kostspielig; *Person*: verschwenderisch; **~ώ** (άς· ησ· ηθ) ausgeben (***σε***/ für *A*); verbrauchen.
δάπεδο Fußboden *m*.
δαρβινισμός Darwinismus *m*.
Δαρδανέλια *n/pl.* Dardanellen *pl.*
δαρμός Schlagen *n*, Prügel *pl.*
δάρσιμο (-ατος) *s.* ***δαρμός;*** Schlagen *n e-s Eies.*
δαρτός geschlagen.
δασ|αρχείο [ðasarç-] Forstamt *n*; Forstrevier *n*; **~άρχης** Oberförster *m*; Forstmeister *m*; **~ερός** waldig; **~ικός** Forst-; *Su. m* Forstbeamte(r).
δασκ|άλα [ða'skala] Lehrerin *f*; *fig.* Meisterin *f*; **~άλεμα** [-'alɛma] *n* Lehren *n*; Belehrung *f*; **~αλεύω** (εψ· ευτ) (***τον σε***) belehren (j-n/ in *D*); beibringen (j-m *A*); **~αλίκι** Lehrerberuf *m*; **~άλισσα** Lehrerin *f*.
δάσκαλος (Volksschul-)Lehrer *m*; *fig.* Meister *m*; *Adj.* engstirnig; ***~ γλωσσών*** Sprachlehrer *m*.
δασμολ|όγηση [ðazmɔ'lɔj-] (-εις) Verzollung *f*; **~ογικός** Zoll-; **~όγιο** Zolltarif *m*; **~ογώ** [-ɔ'γɔ] (είς· ησ) Zoll erheben (*A*/ auf *A*).
δασμός Zoll *m*, Abgabe *f*.
δασο|κομία [ðasɔkɔm-] Forstwesen *n*, Forstwirtschaft *f*; **~κόμος** Förster *m*; Forstwirtschaftler *m*; **~λογία** [-lɔj-] Forstwissenschaft *f*; **~λογικός** Forst-

(*Akademie*); **~λόγος** [-'lɔɣ-] Forstwissenschaftler *m*; **~νομείο** Forstamt *n*; **~νομία** Forstverwaltung *f*; **~νόμος** Förster *m*.

δάσος *n* Wald *m*, Forst *m*; **~ *παρθένο*** Urwald *m*.

δασο|φύλακας [ðasɔ'filakas] Förster *m*; Waldhüter *m*; **~φυλακείο** [-filak̡-] Försterei *f*; **~φυλακή** Waldschutz (-amt *n*) *m*; **~φυτεία** [-fit-] Waldbau *m*.

δασόφυτος [-'sɔfit-] bewaldet.

δασυ- dicht, voll.

δασυγένειος [ðasi-] (-α) bärtig.

δασύλλιο Wäldchen *n*, Hain *m*.

δασύμαλλος [-'simal-] dicht behaart; wollig.

δασυνόμενος *Gr*. aspiriert, behaucht.

δασ|ύνω [ða'sinɔ] (ΙΙ = Ι; υνθ) verdichten; *Gr*. aspirieren; den Spiritus asper setzen; **~ύς** (-ιά, -ύ) behaart; dicht; **~ύτητα** Behaartheit *f*; Dichtigkeit *f*; **~ύφυλλος** [-'ifil-] (dicht) belaubt; **~ώδης** waldreich; **~ώνω** (σ· θ) *v/t*. aufforsten; *v/i*. sich belauben.

δάσωση Bewaldung *f*, Aufforstung *f*.

δαυκί [ða'fk̡i], **δαύκος** ['ðafk-] Mohrrübe *f*, Karotte *f*.

δαυλ|ί [ða'vli], **~ός** Fackel *f*; Kienspan *m*; *fig*. Flamme *f*.

δάφνη ['ðafni] Lorbeer(baum) *m*; *fig*. *pl*. Lorbeeren *ernten*.

δαφν|ηφόρος lorbeergekrönt; **~ίδα** Lorbeerfrucht *f*.

δάφνινος Lorbeer- (*Kranz*).

δαφν|οστεφάνωτος lorbeerbekränzt; **~όφυλλο** [-'ɔfilɔ] Lorbeerblatt *n*; **~ώνας** Lorbeerhain *m*.

δαχτυ- *s*. ***δακτυ-***.

δε dagegen; *als Verstärkung e-r Ko. od. e-s Adv*.; ***επί πλέον ~*** ja sogar.

δε *s*. ***δεν***.

δεδ- *K. Reduplikation* **δε-**, *s*. ***δ-***.

δεδεμένος *s*. ***δένω***.

δεδηλωμένη Stimmenmehrheit *f*.

δε|δικασμένος [ðeðikazm-] abgeurteilt; *Su*. *n* rechtskräftige Entscheidung *f*; **~δομένο** [-ðɔ'mɛnɔ] Gegebenheit *f*, Tatsache *f*; Grundlage *f*; Unterlage *f*, Beleg *m*; ***έχω ~δομένα*** ich habe Belege; **~δομένος** gegeben, *s*. ***δίνω; ~δομένου ότι*** angesichts der Tatsache, dass.

δέηση ['ðɛisi] (-εις) Flehen *n*; Gebet *n*.

δείγμα ['ðiɣma] *n* Muster *n*; Zeichen *n*; (*Stoff usw*.) Probe *f*; *Hdl*. ***~ χωρίς αξία*** Muster *n* ohne Wert.

δειγματοληψία Probe(entnahme) *f*.

δειγματολόγιο [-ɣmatɔ'lɔjɔ] Musterbuch *n*, Kollektion *f*.

δείκτης ['ðikt-] (Uhr-)Zeiger *m*; Zeigefinger *m*; Messer *m*; Zähler *m*; (Kompass-)Nadel *f*; *Math*. Wurzelexponent *m*; Koeffizient *m*; ***~ βενζίνης*** Benzinuhr *f*; ***~ κατεύθυνσης*** Fahrtrichtungsanzeiger *m*; ***~ κέρδους*** Handelsspanne *f*; ***~ προστασίας*** Lichtschutzfaktor *m*.

δεικτικός Zeige-; Mess-; *Gr*. demonstrativ.

δείλι ['ðili] Spätnachmittag *m*; Vesper *f*.

δειλ|ία Ängstlichkeit *f*; Feigheit *f*; **~ιάζω** (δείλιασα) ängstlich sein, sich (*A*) scheuen (**να**/ zu ...); **~ινό** *s*. ***δείλι;*** Vesper *f*; **~ός** ängstlich; feige.

δείνα ['ðina] *m,f,n* der und der, die und die, das und das; *Herr* Soundso.

δεινο|πάθημα [-'paθ-] *n* Leiden *n*, Widerwärtigkeit *f*; **~παθώ** [-'θɔ] (εις· ησ) sich (*D*) schwer tun (**να**/ damit, zu).

δειν|ός [ðin-] furchtbar; heftig; *Person*: tüchtig, tadellos; ***~ά*** *n/pl*. Unbilden *pl*., Schrecken *pl*.; **~όσαυρος** [-'ɔsavr-] Dinosaurier *m*; **~ότητα** Fürchterlichkeit *f*; Tüchtigkeit *f*; Geschicklichkeit *f*.

δείξιμο ['ðiksimɔ] (-ατος) Zeigen *n*; Bezeichnung *f*; Bezeigung *f*.

δειπνίζω [ðipn-] (σ) *s*. ***δειπνώ***.

δείπνο Abendessen *n*; *Rel*. Abendmahl *n*.

δειπνώ [ði'pnɔ] (εις, άς· ησ) zu Abend essen.

δεισι|δαίμονας [ðisi'ðɛmɔn-] Abergläubische(r); **~δαιμονία** Aberglaube *m*.

δείχνω ['ðixnɔ] (ξ· χτ· δειγμ-) zeigen (***του το***/ j-m etw.); *v/i*. aussehen (***αν, πως***/ als ob); *gut usw*. wirken.

δειχτ- *s*. ***δεικτ-***.

δέκα ['ðɛka] zehn.

δεκ(α)- zehn, Deka-.

δεκ|άγωνος [ðɛ'kaɣɔn-] zehneckig; **~άδα** *s*. ***δεκάς;*** **~αδικός** Dekaden-; Dezimal- (*System*); **~άδραχμο** [-'aðraxmɔ] Zehndrachmenschein *m*, -stück *n*; **~άεδρο** [-'aεðrɔ] Zehnflächner *m*; **~αεννέα** [-aε'nεa], **~αεννιά**

δεκαέξι 144

Δ

[-ɛ'nja] neunzehn; **~αέξι** [-a'ɛksi] sechzehn; **~αεξαετής** [-aɛksaɛt-] sechzehnjährig; **~αεπτά** [-aɛ'pta] siebzehn; **~αεπταετής** [-aɛptaɛt-] siebzehnjährig; **~αετηρίδα** [-aɛti-] zehnjährige(s) Jubiläum *n*; **~αετής** zehnjährig; **~αετία** Jahrzehnt *n*; **~αεφτ-** *s.* ***δεκαεπτ-.***

δεκάζω (σ· στ) bestechen.

δεκ|αημερία [ðɛkaimɛr-] Dekade *f*; Lohn *m* für zehn Tage; **~αήμερο** [-a'im-] Dekade *f*; Decamerone *n*; **~αήμερος** Zehntage-, zehntägig; **~άλεπτος** (-φτ-) Zehnlepta-; zehnminütig; **~άλογος** [-'alɔɣ-] *die* Zehn Gebote *n/pl.*; **~αμελής** *fig.* zehnköpfig; **~άμετρος** Zehnmeter-; **~άμηνος** [-'amin-] zehnmonatig; **~ανέας** [-a'nɛas] (*pl.* -είς) Obergefreite(r); **~ανίκι** [-'niķi] Krücke *f*; **~άξι** [-'aksi] sechzehn.

δεκα|οκταετής [ðɛkaɔktaɛt-] achtzehnjährig; **~οκτώ** (-χτ-) achtzehn; **~οχτάχρονος** achtzehnjährig; **~πενθημερία** [-pɛňθimɛr-] zwei Wochen *f/pl.*; **~πενθήμερος** vierzehntägig, zweiwöchig; halbmonatlich, Halbmonats- (*Zeitschrift*); **~πενταετής** [-pɛňdaɛt-] fünfzehnjährig; **~πενταριά** etwa fünfzehn; **~πεντασύλλαβος** fünfzehnsilbig (*Vers der Volkslieder*); **~πενταύγουστο** der 15. August, Mariä Himmelfahrt *f*; **~πέντε** [-'pɛňdɛ] fünfzehn; **~πλασιάζω** (σ· στ) verzehnfachen; **~πλάσιος** (-ια), **~πλός** zehnfach.

δεκάρ|α [ðɛ'kara] Zehnleptastück *n*; *fig.* (*keinen*) Heller *m*; ***πράγμα της ~ας*** Krimskrams *m*; **~ι** zehn (Stück).

δεκαριά zehn; ***καμμιά ~*** etwa zehn.

δεκάρικ|ο Zehndrachmenschein *m*; **~ος** Zehnlepta-; **~ος** (***λόγος***) phrasenhaft(e Rede), F Geschwafel *n*.

δεκαρχία [-karç-] Dekurie *f*.

δέκαρχος [-karx-] Dekurio *m*.

δεκ|άς [ðɛ'kas] (-άδος) *f* Dekade *f*; Zehner *m*; Gruppe *f* von zehn; **~ασμός** Bestechung *f*; **~ατεία** Dezimierung *f*; Erhebung *f* des Zehnten; **~ατέσσερε(ι)ς** [-a'tɛsɛr-] *m, f* (*n* -ρα) vierzehn; **~ατετραετής** [-atɛtraɛt-] vierzehnjährig; **~ατεύω** *s.* ***δεκατίζω; ~άτη*** Zehnte *m*; **~ατημόριο** [-ati'mɔr-] Zehntel *n*; **~ατίζω** (σ· στ) dezimieren; den Zehnten erheben; **~ατιστής** Zehnteinnehmer *m*; Dezimierer *m*.

δεκάτομος zehnbändig.

δέκατ|ος ['ðɛkat-] zehnte(r); **~ον** *Adv.* zehntens; **~ο** Zehntel *n*.

δεκατρείς *m, f* (*n* -τρία) dreizehn.

δεκάωρος zehnstündig.

Δεκ|έμβρης [ðɛ'ķɛmvris], **~έμβριος** Dezember *m*.

δεκοχτούρα [-'xtura] Turteltaube *f*.

δεκοχτώ [ðɛkɔ'xtɔ] achtzehn.

δέκτης ['ðɛkt-] Empfänger *m*; (Rundfunk-, Fernseh-)Empfänger *m*.

δεκτικός fähig (*G/G*); geeignet (*G/* für *A*); ***~ βελτιώσεως*** (ver)besserungsfähig; ***~ προγραμματισμού*** programmierbar.

δεκτός zulässig; angenommen; ***γίνομαι ~*** empfangen werden.

δέκτρια Empfängerin *f*.

δελεάζω [ðɛlɛ-] (σ· στ) *allg.* ködern.

δέλεαρ [-lɛar] (-έατος) *n K.* Köder *m*.

δελεασ|μός [ðɛlɛazm-] Verlockung *f*; **~τικός** [-st-] verlockend.

δέλτα ['ðɛlta] (*0*) *n* Delta *n* (*a.* Fluss-).

δελτ|άριο Karte *f*, Zettel *m*; Postkarte *f*; ***εικονογραφημένο ~άριο*** Ansichtskarte *f*; **~ίο** Karte *f*, Zettel *m*; (*Wetter-*)Bericht *m*; (*Gepäck-*)Schein *m*; Bulletin *n*; ***~ίο μετεωρολογικό; ~ίο καιρού*** Wetterbericht *m*; ***~ίο ταυτότητας*** Personalausweis *m*; ***~ίο τροφίμων*** Lebensmittelkarte *f*; **~ιοθήκη** Karteikasten *m*.

δελφίνι [ðɛl'fini] Delphin *m*.

Δελφοί [ðɛl'fi] *m/pl.* Delphi *n*.

δέμα *n* Paket *n*; Bündel *n*.

δεμ|άτι [ðɛ'mati] Bündel *n*; Garbe *f*; (Blumen-)Strauß *m*; **~ατιάζω** (δεμάτιασα) bündeln; **~ατικό** Bast *m*; Schnur *f*.

δε(ν) [ðɛ(n)] nicht; *dialektisch a.*: nein; ***δεν ξέρω*** ich weiß (es) nicht.

δενδρο- *s.* ***δεντρο-.***

δέντρινος ['ðɛňdrinɔs] (Eichen-)Holz *n*.

δέντρο ['ðɛňdrɔ] Baum *m*; ***χριστουγεννιάτικο ~*** Weihnachtsbaum *m*.

δεντρο|γαλιά [ðɛňdrɔɣal-] Ringelnatter *f*; **~καλλιέργεια** Obstbaumzucht *f*; **~καλλιεργητής** [-kaľerjit-] Obstgärtner *m*.

δεντρ|όκηπος Obstgarten *m*; Hain *m*; **~όκολλα** Harz *n*; **~οκομείο** Baumschule *f*; **~οκομία** Obstbau *m*; Baumzucht *f*; **~οκόμος** Obstgärtner *m*; Baumzüchter *m*; **~ολίβανο** [-ɔ'livanɔ] Rosmarin *m*; **~ομολόχα** [-'lɔxa] *Bot. Art* Malve *f*.

δεντρ|οσειρά [ðɛn̆drɔsi'ra], **~οστοιχία** [-ɔstiç-] (Baum-)Allee *f*; Baumspalier *n*; **~οτομία** Holzfällen *n*; **~οτόμος** Holzfäller *m*; **~ότοπος** Gehölz *n*; **~οφυτεία** [-ɔfit-] Baumplantage *f*; Gehölz *n*; **~όφυτος** mit Bäumen bepflanzt; **~ώδης** baumreich; baumartig; **~ώνας** [-'ɔnas] Baumgarten *m*; Forst *m*.

δένω ['ðɛnɔ] (σ· θ) *v/t.* binden (***σε***/ an *A*); *Koffer* packen; *Maschine* montieren; *Stein* einsetzen (***σε***/ in *A*); *j-n* verpflichten, F festnageln; *Suppe usw.* sämig machen, legieren, eindicken; *v/i.* dick, sämig werden; *Pflanze*: ansetzen; ***~ τη ζώνη ασφαλείας*** sich (*A*) anschnallen; ***έδεσε το γάιδαρό του*** er hat sein Schäfchen ins Trockene gebracht; ***δέσε το κόμπο!*** denk dran!

δεξαμενή [ðɛksamɛ'ni] Behälter *m*; Zisterne *f*; (Benzin-)Tank *m*; Bassin *n*, Becken *n*; *mar.* Dock *n*.

δεξαμενόπλοιο [-'nɔpliɔ] Containerschiff *n*, Tanker *m*.

δεξιά [ðɛ'ksja] *Adv.* (nach) rechts; *fig.* günstig; ***επί ~!*** rechts um!; *Su. pol.* (die) Rechte.

δέξιμο (-ατος) Empfang *m*, Willkommen *n*.

δεξι|ός (-ιά) recht-; rechtshändig; *fig.* geschickt; ***προς τα ~ά*** zur Rechten *G*; **~οσύνη** [-ɔ'sini] Gewandtheit *f*; **~οτέχνης** [-'tɛxn-] Meister *m*; Virtuose *m*; **~ότητα** Gewandtheit *f*; **~ούμαι** (-ούσαι· ωθ) empfangen; **~όχειρας** [-'ɔïçiras] Rechtshänder *m*; **~ώνομαι** [-'ɔnɔmɛ] (θ) *s.* ***δεξιούμαι.***

δεξίωση [ðɛ'ksiɔsi] (-εις) Empfang *m* (*a. pol.*).

δέομαι ['ðɛɔmɛ] (δεήθηκα) flehen, beten (***σε***/ zu *D*).

δέον ['ðɛɔn] (-οντος) (*a. pl.*) Nötige(s); ***~ (να)*** müssen; *s. a.* ***δέων; τα ~τα*** das Nötige, Erforderliche; Grüße *m/pl.*; ***εν καιρώ τω ~τι*** zur gegebenen Zeit; ***δώσε τα ~τά μου!*** richte bitte Grüße von mir aus (***σε***/ an *A*).

δεοντολογία [ðɛɔn̆dɔlɔ'jia] Pflichtgefühl *n*; Gewissen *n*; ***από καθαρά ~*** aus reinem Pflichtgefühl.

δέος *n* bange Ahnung *f*.

δέρας ['ðɛras] (-ατος) *n* Fell *n*; ***το χρυσόμαλλον ~*** das Goldene Vlies.

δερβέναγας [-'vɛnaɣas] kleine(r) Tyrann *m*; *hist. etwa* Gendarmeriehauptmann *m*.

δερβένι [-'vɛni] Engpass *m*.

δερβίσης [ðɛr'vis-] (-ηδες) Derwisch *m*; *fig.* Herr *m seiner Zeit.*

δέρμα ['ðɛrma] *n* Haut *f*; Fell *n nur des Tieres*; *bearbeitet*: Leder *n*.

δερμ|άτι Schlauch *m*; Leder *n*; **~ατικός** Haut- (*Krankheiten*); **~άτινος** Leder- (*Waren*), ledern.

δερματ|ίτιδα [ðɛrmat-] Hautentzündung *f*; **~ολογία** [-ɔlɔj-] Dermatologie *f*; **~ολόγος** [-'lɔɣ-] Hautfacharzt *m*; **~οπάθεια** [-ɔ'paθ-] Hautkrankheit *f*; **~ουργία** [-urj-] Gerberei *f*; Lederfabrikation *f*; **~ουργός** [-urɣ-] Gerber *m*; Sattler *m*.

δέρν|ω ['ðɛrnɔ] (δειρ· δαρθ· δαρμ) *v/t.* schlagen (*a. Ei*); *Wind usw.*: peitschen gegen *A*; *Sonne*: brennen auf *A*; *Armut*: bedrücken; ***~ομαι*** sich (*D*) die Haare raufen.

δες sieh!, *s.* ***βλέπω.***

δέσ|η ['ðɛsi] (-εις) Binden *n*; *Thea.* Knoten *m*; ***~η ποταμού*** Schleuse *f*; **~ιμο** Binden *n*; Verschnürung *f e-s Paketes*; Einband *m e-s Buches*; Einfassung *f*; Eindickung *f*; Ansetzen *n* (der Frucht); *Med.* Verbinden *n*; Abbinden *n*; ***πλαστικοποιημένο ~ιμο*** Plastikeinband *m*.

δεσμά [-'zma] *n/pl.* Fesseln *f/pl.*, Ketten *f/pl.*; Zwangsarbeit *f*, Zuchthaus *n*; *s. a.* ***ισόβιος.***

δέσμευση ['ðɛzmɛfsi] (-εις) Fesselung *f*; Verpflichtung *f*; Verbindlichkeit *f*; Engagement *n*.

δεσμ|ευτικός [-zmɛft-] verbindlich; zwingend; **~εύω** (ευσ· ευτ) *v/t.* binden; fesseln; *jur.* verpflichten; zurückhalten; *Geld* fest anlegen; *Mieten* einfrieren; ***~εύομαι*** gebunden sein; ***~ευμένος λογαριασμός*** Festkonto *n*; Sperrguthaben *n*.

δέσμη ['ðɛzmi] Bündel *n*, Packen *m*; Bund *m*; (Strahlen-)Bündel *n*.

δεσμίδα Bündel *n*.

δέσμιος (-ια) gebunden, gefesselt.

Δ

δεσμός 146

Δ

δεσμ|ός [ðɛzm-] Schnur *f*, Band *n*; Fessel *f*; *mst. pl.* Beziehungen *f/pl.*; (Liebes-)Verhältnis *n*; **~οφύλακας** [-ɔ'filakas] Gefängniswärter *m*; **~ωτήριο** [-ɔ'tir-] Untersuchungsgefängnis *n*; Militärgefängnis *n*; **~ώτης** Gefangene(r) (*a. fig.*).
δεσπόζω [ðɛ'spɔzɔ] (σ) *v/i.* herrschen; beherrschen (***σε***/ *A*).
δέσποινα ['ðɛspina] Dame *f* (des Hauses).
δεσποινίδα Fräulein *n*.
δεσποσύνη [-spɔ'sini] *s.* ***δεσποινίδα.***
δέσποτας Bischof *m*; Herr Bischof!, Eure Exzellenz.
δεσποτάτο *hist. etwa* Diözese *f*.
δεσπ|οτεία [ðɛspɔt-] Herrschaft *f*; Absolutismus *m*; Tyrannei *f*; **~ότης** Herr *m*, Gebieter *m*; Herrscher *m*; Despot *m*; Bischof *m*; **~οτικός** Herrscher-; despotisch; bischöflich; Bischofs-; **~οτισμός** Despotismus *m*.
δέστε! seht!, *s.* ***βλέπω.***
δετ|ήρας [ðɛ'tiras] Klammer *f*; **~ός** gebunden; gefesselt.
Δευτέρα [ðɛ'ftɛra] Montag *m*; ***~ του Πάσχα*** Ostermontag *m*; ***Καθαρά ~*** Rosenmontag *m*.
δευτερ|εύω [ðɛftɛr-] (ευσ) den zweiten Platz einnehmen; **~εύων** [-'ɛvɔn] (-ουσα, -ον) zweitrangig; ***~εύουσα πρόταση*** *Gr.* Nebensatz *m*; **~ιάτικα** montags; **~οβάθμιος** [-ɔ'vaθm-] (-ια) zweitrangig; Prüfungs-, Revisions-; **~ογαμία** [-ɔɣam-] Wiederverheiratung *f*; **~ογενής** sekundär, Neben-; **~οετής** [-ɔɛt-] ... im zweiten Jahr; *Schüler*: sitzen geblieben; **~όκλιτος** [-'ɔklit-] ... der zweiten Deklination; **~όλεπτο** [-lɛptɔ] Sekunde *f*; **~ολογία** [-ɔlɔj-] nochmalige Darlegung *f*; **~ολογώ** [-lɔ'ɣɔ] (είς· ησ) es nochmals darlegen; **~ομάνα** Stiefmutter *f*; **~ονόμιο** Deuteronomium *n*.
δεύτερο|ς [ðɛftɛr-] (-α) zweite(r); ***~ πράγμα*** zweitklassig(e Ware).
δευτ|έρωμα *n* Wiederholung *f*; **~ερώνω** (σ· θ) *v/t.* wiederholen; *v/i.* sich (*A*) wiederholen.
δεφτέρι [ðɛ'ftɛri] Kontobuch *n*.
δέφω ['ðɛfɔ] (ψ) gerben; weich reiben.
δέχομαι ['ðɛxɔmɛ] (δεχτ· *Pass.* γίνομαι δεκτός) *Geschenk usw.* annehmen; entgegennehmen; (in sich *D*) aufnehmen; *j-n* empfangen, *j-n kühl usw.* aufnehmen; *Arzt usw.*: zu sprechen sein; einverstanden sein (mit *D*); *fig. Vorwürfe* hinnehmen müssen, F bekommen.
δεψ- *s.* ***δέφω.***
δέψη ['ðɛpsi] Gerben *n*.
δεψίνη [ðɛ'psini] Gerbstoff *m*.
δη [ði] sogar, selbst; ***και ~*** und zwar.
δήθεν ['ðiθɛn] *Adv.* angeblich.
δηκτικ|ός [ðikt-] bissig; *fig.* scharf; **~ότητα** Bissigkeit *f*; *fig.* Schärfe *f*.
δηλαδή [ðila'ði] das heißt (= d. h.), nämlich.
δηλητηρ|ιάζω [ðilitir-] (δηλητηρίασα· στ) vergiften (*a. fig.*); *fig. j-n* kränken; ***~ιάζομαι*** sich (*A*) vergiften; **~ίαση** [-'riasi] (-εις) Vergiftung *f*; ***τροφική ~ίαση*** Lebensmittelvergiftung *f*.
δηλητ|ήριο Gift *n* (*a. fig.*); ***πικρός ~ήριο*** gallebitter; **~ηριώδης** giftig, Gift- (*Gas*).
Δήλος *f Insel*: Delos *n*.
δηλώνω [ði'lɔnɔ] (σ· θ) erklären (***ότι***/ dass); *j-n* anmelden.
δήλωση (-εις) Erklärung *f*; (Geburts- *usw.*) Anzeige *f*; (Vermögens-)Erklärung *f*; ***υπεύθυνη ~*** eidesstattliche Erklärung; ***κάνω δηλώσεις*** e-e Erklärung abgeben.
δηλωσίας [ðilɔ'sias] Renegat *m*.
δηλ|ώσιμος anmeldepflichtig; **~ωτικός** bezeichnend (*G*/ für *A*); Erklärungs-; *Su. n* Schiffsmanifest *n*.
δημαγωγ|ία [ðimaɣɔj-] Demagogie *f*; **~ικός** demagogisch; **~ός** [-'ɣɔs] Demagoge *m*; **~ώ** [-'ɣɔ] (είς· ησ) das Volk verführen.
δημαρχ|είο [ðimarç-] Rathaus *n*; **~εύω** (ευσ) Bürgermeister sein; **~ία** Magistrat *m*; Amtszeit *f* des Bürgermeisters, Bürgermeisteramt *n*; **~ιακός** Magistrats-.
δήμαρχος ['ðimarx-] Bürgermeister *m*.
δημαρχώ [-'xɔ] (είς· ησ) (stellvertretender) Bürgermeister sein.
δήμευση ['ðimɛfsi] (-εις) Beschlagnahme *f*.
δημ|εύσιμος [ði'mɛfs-] der Beschlagnahme unterliegend; **~ευτικός** [-ɛft-] Beschlagnahme-; **~εύω** (ευσ· ευτ) beschlagnahmen.
δημηγορ|ία [-miɣɔr-] Ansprache *f*, Rede *f*; **~ώ** (είς· ησ) e-e Rede halten; schwätzen.

Δημήτερ (-μητρος), **Δήμητρα** (*Göttin des Ackerbaus*) De'meter *f*.
δημητριακός [ðimitr-] Getreide-, Korn-; *hist*. ... der (*Göttin*) Demeter; *Su. n/pl*. Getreide *n*.
δήμιος Henker *m*; Peiniger *m* (*a. fig*.).
δημιούργημα [-'mjurj-] *n* Geschöpf *n*; *fig*. Gebilde *n*, Werk *n*.
δημιουργ|ία [ðimĭurj-] Schöpfung *f* (*a. Werk*); Erschaffung *f*; **~ικός** schöpferisch; **~ικότητα** Schaffenskraft *f*; **~ός** [-'ɣɔs] Schöpfer *m*; Urheber *m*; **~ός *μόδας*** Modeschöpfer *m*; **~ώ** [-'ɣɔ] (είς· ησ· ηθ) (er)schaffen; sich (*D*) schaffen; *Schäden usw*. verursachen; ***~ημένος*** gemacht(*er Mann*).
δημο|βούλευμα [ðimɔ'vulεvma] *n s*. ***δημοψήφισμα*** *n*; **~γέροντας** [-'jεr-] *hist*. Älteste(r), Vorsteher *m*; **~γραφία** [-ɣraf-] Demographie *f*; Bevölkerungskunde *f*; **~γραφικός** demographisch; **~διδάσκαλος** (***-ισσα***) [-ði'ðaskal-] Volksschullehrer(in *f*) *m*; **~κοπία** *s*. ***δημαγωγία;*** **~κοπώ** (είς· ησ) *s*. ***δημαγωγώ.***
δημοκράτης (***-ισσα***) Demokrat(in *f*) *m*; Republikaner(in *f*) *m*.
δημοκρατ|ία [ðimɔkrat-] Demokratie *f*; Republik *f*; Staat *m*; ***Ομοσπονδιακή 2ία*** Bundesrepublik *f*; **~ικός** demokratisch; republikanisch; *fig*. jovial.
δημοπρα|σία [-pras-] Auktion *f*; Versteigerung *f*; **~τήριο** Auktionslokal *n*.
δήμος ['ðim-] Gemeinde *f* (*über 10 000*).
Δημοσθένης [ðimɔ'stεnis] (-ους *u*. -η) De'mosthenes *m*.
δημοσ|ία [ðimɔs-] *Adv*. öffentlich; **~ίευμα** [-'iεvma] *n* Meldung *f*, Verlautbarung *f*; Artikel *m*; **~ίευση** [-'iεfsi] (-εις) Veröffentlichung *f*; **~ιεύω** (-σιέυσα· ευτ) veröffentlichen.
δημοσιο|γραφία [ðimɔsjɔɣraf-] Journalistik *f*; Presse(wesen *n*) *f*; **~γραφικός** journalistisch; Journalisten-; Zeitungs- (*Papier*); **~γράφος** (*a. f*) Journalist(in *f*) *m*; **~λογία** [-lɔj-] Publizistik *f*; **~λόγος** [-'lɔɣ-] (*a. f*) Publizist(in *f*) *m*.
δημ|όσιο [ði'mɔs-] Fiskus *m*, Staat *m*; Öffentlichkeit *f*; **~οσιονομία** [-sjɔnɔm-] Finanzwissenschaft *f*; **~όσιος** (-ια) öffentlich; Staats-; ***~όσιος υπάλληλος*** (Staats-)Beamte(r).
δημο|σιότητα Öffentlichkeit *f*; ***δίνεται μεγάλη ~σιότητα σε*** e-e große Verbreitung wird *e-r S*. (*D*) zuteil; **~συντήρητος** [-i'ňdirit-] staatlich unterhalten.
δημοτελής [ðimɔtεl-] ... auf Staatskosten.
δημότης (***-ισσα***) Bürger(in *f*) *m*.
δημοτικ|ή [ðimɔti'ķi] Volkssprache *f*, Dhimotiki *f*; **~ισμός** Volkssprachenbewegung *f*; **~ιστής** (***-ίστρια***) Anhänger(in *f*) *m* der Volkssprache; **~ό (*σχολείο*)** Volksschule *f*; **~ός** Gemeinde- (*Rat*, *Wahl*); städtisch; Volks- (*Lied*); volkstümlich, beliebt; **~ότητα** Beliebtheit *f*, Volkstümlichkeit *f*.
δημοτολόγιο Einwohnerliste *f*.
δημο|φιλής [ðimɔfi'lis] volkstümlich, beliebt; **~ψήφισμα** [-'psif-] *n* Volksentscheid *m*.
-δήποτε [-'ðipɔtε] jeder Beliebige, ... auch immer, *z.B*. ***οπουδήποτε*** wo auch immer.
δηώνω (σ· στ) *v/t*. verwüsten.
δήωση ['ðiɔsi] (-εις) Verwüstung *f*.
δια- [ðia-, ðĭa-] *Präfix*, *oft*: durch-, über-, *perfektivierend*: er-, ver-, ab-, auf-, aus-.
δια [ðja] *s.a*. ***για;*** *K. Präp. Genitiv*: durch (*A*) *den Wald*; *den ganzen Tag* (*A*) hindurch; über *A*; für (*A*) *immer*; (*instrumental*) durch *A*, mit *D*; *Akkusativ*: (*Ursache*) wegen *G*; (*Zweck*) für *A*, zu *D*; *fig*. über, *z. B*. über *j-n sprechen*; *Ko*. **~ *να*** damit, um ... zu; **~ *μακρών*** lang und breit.
διάβα ['ðĭava] *n* Durchgang *m*; Vorübergehen *n*.
διαβάζω (σ· στ) lesen, vorlesen (***από***/ aus *D*); studieren; lernen; *j-n* lesen lehren.
δια|βαθμίζω [ðĭavaθm-] (σ· στ) abstufen; einstufen (***σε***/ in *A*); **~βάθμιση** (-εις) Abstufung *f*; Einstufung *f*; **~βαίνω** [-'vεnɔ] (βώ· διάβηκα) *v/i*. vorübergehen; *Zeit*: vergehen; *v/t*. überschreiten, passieren; *Wald* durchqueren; **~βάλλω** (διέβαλα· βληθ) einführen, einfädeln; *fig*. verleumden (***σε***/ bei *D*).
διάβαση ['ðĭavasi] (-εις) Überquerung *f*; Durchgang *m*, Passage *f*; Pass *m*, Übergang *m*; **~ *πεζών*** Fußgängerübergang *m*; ***ορεινή*** **~** Passstraße *f*;

διάβασμα 148

Δ

σιδηροδρομική **~** Bahnübergang *m*; ***υπόγεια*** **~** Unterführung *f*.
διάβασμα [-vazma] *n* Lektüre *f*, Lesen *n*; Segensspruch *m*.
δια|βασμένος [ðĭavazm-] belesen; bewandert (***σε***/ in *D*); **~βατάρης** [-'tar-] (*f* ***-ισσα***) Passant(in *f*) *m*; **~βατάρικος** vorbeigehend; Zug- (*Vogel*).
δια|βατήριο [ðĭava'tir-] (Reise-)Pass *m*; **~βάτης** Passant *m*, Fußgänger *m*; **~βάτισσα** Passantin *f*, Fußgängerin *f*; **~βατικός** vorübergehend; **~βατός** passierbar.
διαβε|βαιώνω [-vɛvɛ'ɔnɔ] (σ· θ) *v/t*. versichern; bestätigen (***τον ... ότι***/ j-m ... dass); **~βαίωση** [-'vɛɔsi] (-εις) Versicherung *f*, Bestätigung *f*; **~βαιωτικός** [-vɛɔt-] Bestätigungs-.
διαβηκ- *s*. ***διαβαίνω.***
διάβημα *n pol*. Schritt *m*; Aktion *f*.
δια|βήτης [ðĭa'vit-] Zirkel *m*; Zuckerkrankheit *f*; **~βητικός** Zuckerkranke(r); diabetisch; **~βιβάζω** [-viv-] (σ· στ) 'übersetzen; verlegen; (weiter)leiten (***σε***/ an *A*); *Gruß* bestellen; **~βίβαση** [-'vivasi] (-εις) 'Übersetzen *n*; Verlegen *n*; Weiterleitung *f*; Übermittlung *f* (*von Nachrichten*); **~βιβαστικός** Übermittlungs-; **~βιώνω** [-'vjɔnɔ] (σ) (dahin)leben; **~βίωση** [-'viɔsi] Leben(sweise *f*) *n*.
δια|βλέπω [-'vlɛpɔ] (*s*. ***βλέπω, ειδ-*** *usw*.) erblicken; ahnen; voraussehen; **~βλητός** [-vlit-] verleumderisch; **~βόητος** [-'vɔit-] berüchtigt.
διαβολ|άνθρωπος [ðĭavɔ'laňθrɔp-] Teufelskerl *m*; **~έας** [-'ɛas] (-είς) Verleumder *m*; **~εμένος** verteufelt; teuflisch; **~ή** Verleumdung *f*; **~ιά** Unfug *m*; Bosheit *f*; **~ικός** teuflisch, höllisch; **~ογυναίκα** [-ɔji'nɛka] Teufelsweib *n*; **~όκαιρος** [-'ɔķɛr-] Hundewetter *n*; **~ομάζωμα** [-ɔ'maz-] *n* unrechte(s) Gut *n*; **~όπαιδο** Teufelskerl *m*.
διάβολο|ς ['ðjavɔl-] Teufel *m* (*a. fig*.); Teufelskerl *m*; ***στο ~!*** zum Teufel!
διαβολόψειρα [-'lɔpsira] Zecke *f*.
δια|βουλεύομαι [-vu'lɛvɔmɛ] (ευτ) beratschlagen; insgeheim planen (***να***/ zu); **~βούλευση** (-εις) Beratschlagung *f* (***με***/ mit *D*); Anhörung *f* (***με***/ *G*); **~βουλευτικός** interparlamentarisch; **~βούλιο** (Geheim-)Beratung *f*; **~βοώ** [-vɔ'ɔ] (άς· ησ) hinausschreien; **~βρέχω** [-'vrɛxɔ] (διέβρεξα) durchfeuchten; imprägnieren.
διάβροχος ['ðjavrɔx-] durch'nässt.
διαβρώνω *Fahrbahn* unterspülen.
διάβρωση [-vrɔsi] (-εις) Erosion *f*; Unterspülung *f*; *Chem*. Korrosion *f*; Zerfressen *n*, Zernagen *n*.
διαβρωτικός [-vrɔt-] zerstörend; ätzend; Ätz-; *Su*. *n* Ätzmittel *n*.
διαγγελ|έας [ðĭaŋg̭ɛ'lɛas] Ordonnanz *f*, Melder *m*; **~ία** Meldung *f*.
διαγγέλλω [-'ŋg̭ɛlɔ] (ειλ) melden.
διάγγελμα [ði'aŋg̭ɛlma] *n* Botschaft *f*; Verkündigung *f*, Proklamation *f*.
διαγκωνίζομαι (στ) sich (*A*) durchdrängeln.
διάγνωση [ði'aγnɔsi] (-εις) Diagnose *f*; Erkennen *n*.
διαγνωστικός diagnostisch; Erkennungs-; *Su*. *f* Dia'gnostik *f*.
διαγουμίζω [ðĭaγum-] (σ· στ) (aus-)plündern.
διάγραμμα ['ðjaγrama] *n* Entwurf *m*, Plan *m*; Diagramm *n*, Schaubild *n*.
δια|γραφή [ðĭaγra'fi] Streichung *f*; Zeichnung *f*; Darstellung *f*; **~γράφω** [-fɔ] (ψ· φ *od*. φτ) (ein)zeichnen; *Linie* ziehen; *Kreis* beschreiben; schildern; *fig*. *j-n od. etw*. streichen, ausschließen (***από***/ aus *D*, *z. B. der Partei*).
διάγω [ði'aγɔ] (γαγ) *Leben* führen; leben.
διαγωγή [ðĭaγɔ'ji] Betragen *n*; Führung(szeugnis *n*) *f*.
διαγων|ίζομαι [-γɔ'nizɔmɛ] (στ) wetteifern (***σε***/ in *D*); an e-m Wettbewerb teilnehmen; **~ιζόμενος** Wettbewerbsteilnehmer *m*.
διαγώνιος [ðĭa'γɔn-] (-ια) diagonal; *Su*. *f* Diagonale *f*.
δια|γώνισμα *n*, **~γωνισμός** Wettbewerb *m*; Prüfungsarbeit *f*; **~γωνιστής** Wettkämpfer *m*; Wettbewerbsteilnehmer *m*.
διαδέχομαι [-'ðɛxɔmɛ] (-δέχτηκα) folgen (*A*/ auf *A*).
δια|δηλώνω (σ· στ) bekunden, kundtun; **~δήλωση** [-'ðilɔsi] (-εις) Kundgebung *f*, Demonstration *f*; **~δηλωτής** (***-λώτρια***) Demonstrant(in *f*) *m*.
διάδημα *n* Diadem *n*.
διαδίδ|ω [ðĭa'ðiðɔ] (διέδωσα *od*. διάδωσα· δοθ) (das Gerücht) verbreiten; **~*εται ότι*** es heißt, dass.

διαδικασία [-ðikas-] Verfahren *n*; Formalitäten *f/pl.*; (große) Anstrengung *f*; **~ *συμβιβασμού*** Vergleichsverfahren *n*; **~ *χρέωσης*** Lastschriftverfahren *n*.
διά|δικος ['ðjað-] *jur*. Partei *f*; **~δοση** [-ðɔsi] (-εις) Verbreitung *f*; Gerücht *n*.
δια|δοσίας [-'sias] Gerüchtemacher *m*; **~δόσιμος** zu verbreiten(d); *Med*. ansteckend.
διαδοχ|ή [ðĭaðɔ'çi] Folge *f*; Reihe *f*; Nachfolge *f*; **~ικός** aufeinander folgend; Kronprinzen-; *Adv*. (***~ικά***) hintereinander.
διάδοχος ['ðjaðɔx-] Nachfolger *m*; Kronprinz *m*; *hist*. Dia'doche *m*.
διαδραματίζ|ω [ðĭaðramat-] (σ· στ) *Rolle* spielen; ***~ομαι*** sich abspielen; *Thea*. spielen.
διαδρομή [-ðrɔ'mi] Strecke *f*; Fahrt *f*; *Sport*: Bahn *f*; *Tech*. Hub *m*.
διάδρομος Gang *m*, Korridor *m*, Diele *f*; *Flugw*. Rollfeld *n*; Piste *f*; **~ *προσγείωσης*** Landebahn *f*; **~ *συναρμολόγησης*** Fertigungsstraße *f*.
διαζευγμένος geschieden.
διαζευκτικός [-zɛfktik-] trennend; *Gr*. disjunktiv.
διάζευξη ['ðjazɛfksi] (-εις) Trennung *f*; Scheidung *f*.
διαζύγιο [-'zijĭɔ] (Ehe-)Scheidung *f*.
διάζωμα ['ðjaz-] *n* Fries *m*; Gürtel *m*; *Thea*. (Rund-)Gang *m*.
διαθερμία [-θɛrm-] Diathermie *f*.
διάθεση ['ðjaθɛsi] (-εις) Zurverfügungstellung *f*; Verfügung *f*; Anlage *f v. Geld*; Absatz *m* (*von Waren*); Stimmung *f*; Lust *f* (***δια*** *A*, ***για***/ zu *D*); *Gr*. Genus *n der Verben*; ***θέτω στη ~*** *j-m* zur Verfügung stellen.
δια|θέσιμος [ðĭa'θɛs-] verfügbar; **~θεσιμότητα** Verfügbarkeit *f*; *mil*. einstweilige(r) Ruhestand *m*; **~θέτης** (***-ιδα***) Erblasser(in *f*) *m*; **~θέτω** [-'θɛtɔ] (σ· τεθ) *v/t*. anordnen, aufstellen; (*o. Aor.*) verfügen (über *A*); *Geld* anlegen (***σε***/ in *D*); zur Verfügung stellen; *Vermögen* vermachen, veräußern; *schlecht*, *gut* stimmen, *j-n* einnehmen (gegen *j-n*).
διαθήκη [ðĭa'θiķi] Testament *n*; ***Παλαιά*** (***Καινή***) ♀ Altes (Neues) Testament.
διάθλαση ['ðjaθlasi] (-εις) Brechung *f*, Refraktion *f*.
δια|θλαστικός [ðĭaθlast-] Brechungs-; **~θλώ** [-'θlɔ] (άς· ασ· αστ· -θλασμ-) zerbrechen; *Phys*. brechen; ***~θλόμενος*** gebrochen; **~θρυλώ** [-θri'lɔ] (είς· ησ) unter die Leute bringen.
διαίρεση [ði'ɛrɛsi] (-εις) Teilung *f*; *Math*. Division *f*; *fig*. Zwietracht *f*; *Gr*. Diärese *f*.
διαιρ|ετέος [ðĭɛrɛt-] (-α) zu teilen(d); *Su*. *m* Dividend *m*; **~έτης** Teiler *m*; Divisor *m*; **~ετικό** Bindestrich *m*; **~ετός** teilbar; **~ετότητα** Teilbarkeit *f*, teilbare Zahl *f*; **~ώ** [ðĭɛ'rɔ] (είς· -αίρεσα· εθ) teilen (***σε***/ in *A*); unterteilen; verteilen; *Math*. dividieren.
δι|αισθάνομαι [ðĭɛ'stanɔmɛ] (ανθ) ahnen; **~αίσθηση** [-'ɛst-] (-εις) Ahnung *f*, Vorahnung *f*; Gefühl *n*.
δίαιτα ['ðiɛta] Diät *f*; *pol*. Landtag *m*; ***κάνω ~*** Diät halten.
διαιτη|σία Schiedsspruch *m*; Schiedsrichtergremium *n*; **~τής** (***-τήτρια***) Schiedsrichter(in *f*) *m* (*a. Sport*); **~τικός** schiedsrichterlich; Diät-.
διαιτολόγιο Diätplan *m*.
διαι|ωνίζω [ðĭɛɔn-] (σ· στ) verewigen; hinauszögern; **~ώνιση** [-'ɔnisi] (-εις) Verewigung *f*; Hinauszögerung *f*.
δια|καής [ðĭaka'is] glühend (*a. fig.*); **♀καινήσιμος** *f* Osterwoche *f*; **~καίω** [-'ķɛɔ] (*s*. ***καίω***) *v/t*. glühen; ***~καίομαι*** *fig*. brennen (***από***/ vor *D*).
διακαν|ονίζω (σ· στ) regeln; **~όνιση** (-εις), **~ονισμός** Regelung *f*; ***ονισμός ζημίας*** Schadensregulierung *f*.
διακατέχ|ω besitzen; ***~ομαι από*** *von e-m Zweifel usw*. befallen sein.
δια|κατοχή [-katɔ'çi] Besitz *m*; **~κάτοχος** [-'katɔx-] Inhaber *m*.
διάκειμαι ['ðjaķimɛ] (*Impf*. ***διεκείμην***) gesinnt sein (***προς*** *A*/*D*); *fig*. *S*. stehen; ***~ εχθρικά προς*** (*A*) sich feindlich verhalten gegen (*A*).
διακε|καυμένος [ðĭaķɛkavm-] heiß (*Zone*); **~κομμένος** unterbrochen; *Stimme*: aussetzend, stockend; **~κριμένος** ausgezeichnet.
διάκεν|ο ['ðjaķɛnɔ] Lücke *f*; Vakuum *n*; **~ος** hohl, Hohl- (*Wand*, *Ziegel*).
δια|κήρυξη [ðĭa'ķiriksi] (-εις) Aufruf *m*; Verkündung *f*; **~κηρύσσω** [-ķi'risɔ] (ξ· χτ) verkünden, proklamieren; **~κινδύνευση** [-ķi'ňðinɛfsi] (-εις) Wagnis *n*; **~κινδυνεύω** [-ķiňðin-] (εψ· ευτ) *v/t*. aufs Spiel setzen, wagen;

v/i. sich (*A*) gefährden; **~κίνηση** (-εις) Transit *m*; **~κλαδίζομαι** [-kla'ði-zɔmɛ] (στ) sich teilen; sich gabeln; sich verästeln; **~κλάδωση** [-'klaðɔsi] (-εις) Abzweigung *f*; Gabelung *f*; **~κλαδωτήρας** [-'tiras] *El.* Abzweigdose *f*.
δια|κοινώνω (σ· θ) mitteilen; **~κοίνωση** [-'ķinɔsi] (-εις) Mitteilung *f*; *pol.* Note *f*.
διακομ|ιδή [-kɔmi'ði] Einlieferung *f*, Überführung *f*; **~ίζω** (σ) einliefern.
διακον|εύω [ðĭakɔn-] (εψ· εμεν-) betteln; **~ιά** Bettelei *f*; **~ιάρης** [-'njar-] (-***ηδες***) (-α) Bettler(in *f*) *m*.
διακονικό Altarraum *m*.
διακόνισσα Diakonissin *f*.
διάκονος Diakon *m*.
διακονώ [ðĭakɔ'nɔ] (είς· ησ) *v/t*. *j-m* dienen; *Beruf* betreiben; *v/i*. Diakon sein.
δια|κοπή [-kɔ'pi] Unterbrechung *f*; Pause *f*; Abbruch *m*; *pl*. Ferien *pl*.; Urlaub *m*; ***~κοπές στη θάλασσα*** Badeurlaub *m*; **~κόπτης** *El.* Schalter *m*; *Auto*: Unterbrecher *m*; **~κόπτω** [-'kɔptɔ] (ψ· οπ· μμ) unterbrechen; *Beziehungen* abbrechen; ***~κόπτομαι*** fortfallen.
διακόρευση [-'kɔrɛfsi] (-εις) Entjungferung *f*.
διάκος Diakon *m*.
διακοσ|αριά [ðĭakɔsar-] *etwa* zweihundert; **~ιαπλάσιος** [-sja'plas-] (-ια) zweihundertmal so groß.
διακ|όσιοι [ðĭa'kɔsii] (-ιες, -ια) zweihundert; **~οσιοστός** [-ɔsjɔst-] zweihundertst-.
διακόσμηση [-'kɔzm-] (-εις) Dekoration *f*; Ausschmückung *f*.
διακοσμητ|ής [-zmit-] (***-ήτρια***) Dekorateur(in *f*) *m*; **~ικός** dekorativ; Zier- (*Pflanze*); Dekorations-; *fig*. völlig belanglos.
διάκοσμος Ausstattung *f*; Bühnenausstattung *f*.
διακοσμώ [ðĭakɔ'zmɔ] (είς· ησ) verzieren; dekorieren, ausstatten.
διακρίν|ω [ðĭa'krinɔ] (ΙΙ = Ι· θ) *v/t*. unterscheiden; auszeichnen; diskriminieren; erkennen (***από***/ an *D*); ***~ομαι*** zerfallen (***σε***/ in *A*); sich auszeichnen (***για***/ durch *A*).
διάκριση ['ðjakrisi] (-εις) Teilung *f*; Unterscheidung(svermögen *n*) *f*; Diskretion *f*; Auszeichnung *f*; *ohne* Ansehen *n der Person*; Diskriminierung *f*.
διακριτ|ικός [ðĭakrit-] unterschiedlich; *mil*. Erkennungs- (*Zeichen*); diskret, taktvoll; ***~ό βαθμού*** Rangabzeichen *n*; ***~ά φώτα*** *n/pl*. *Flugw*. Positionslichter *n/pl*.; **~ότητα** Diskretion *f*, Taktgefühl *n*.
δια|κυβέρνηση [ðĭaķi'vɛrn-] (-εις) Regierung *f*, Staatsgewalt *f*; **~κυβερνώ** (άς· ησ) regieren; verwalten; **~κυβεύω** [-ķiv-] (ευσ) aufs Spiel setzen; riskieren; **~κυμαίνομαι** [-ķi'mɛnɔmɛ] (ανθ) schwanken; **~κύμανση** [-'ķimañsi] (-εις) Schwankung *f*; **~κωδωνίζω** [-kɔðɔn-] (σ) ausposaunen; *Gefäß* abklopfen; **~κωλύω** [-kɔ'liɔ] (σ) hindern (***από***/ an *D*).
διακωμ|ώδηση [ðĭakɔ'mɔð-] (-εις) Verspottung *f*; **~ωδώ** [-ɔ'ðɔ] (είς· ησ) verspotten; lächerlich machen.
διαλαλ|ητής [-lalit-] (***-ήτρα***) Ausrufer(in *f*) *m*; Propagandist(in *f*) *m*; **~ώ** (είς· ησ) laut anpreisen; propagieren; verbreiten.
δια|λαμβάνω [ðĭala'ŋva-] (λαβ· ληφτ) *v/t*. behandeln; *v/i*. handeln (***περί*** *G*/ von *D*); **~λάμπω** [-'lam̃bɔ] (διέλαμψα) glänzen (*a. Pers.*), leuchten.
διάλεγμα ['ðjalɛɣma] *n* Auswahl *f*.
δια|λεγμένος ausgesucht; **~λέγω** [-'lɛɣɔ] (ξ· χτ) aussuchen; ***~λέγομαι*** sich (*A*) unterhalten.
διάλειμμα ['ðjalima] *n* Pause *f*; ***κατά διαλείμματα*** hin und wieder.
διαλείπω [ðĭa'lipɔ] (λιπ) aussetzen, stocken; schwinden; **~ν** (-ουσα, -ον) aussetzend, stockend; Blink- (*Licht*); Wechsel- (*Fieber*).
διάλειψη ['ðjalipsi] (-εις) Aussetzen *n*, Stocken *n*; *Radio*: Fading *n*, Schwund *m*.
διαλεκτ|ική [-lɛkti'ķi] Dialektik *f*; **~ός** [-'kɔs] *Su. m* Dialektiker *m*; *Gr*. dialektisch.
διάλεκτος ['ðjalɛkt-] *f* Dialekt *m*, Mundart *f*.
διαλεκτός auserwählt; ausgesucht.
διάλεξη [-lɛksi] (-εις) Vortrag *m*, Vorlesung *f*; ***δίνω ~*** e-n Vortrag halten; ***κάνω ~*** *Tel*. wählen.
δια|λευκαίνω [-lɛfķ-] (αν· ανθ· ασμ)

fig. aufklären, aufhellen; **~λεύκανση** [-'lɛfkaňsi] (-εις) Aufklärung *f*.

διαλεχτός ausgesucht.

διαλλα|γή [-la'ji] Versöhnung *f*; **~κτικός** versöhnlich; **~κτικότητα** [-ktik-] Versöhnlichkeit *f*.

διαλογ|ή [ðĭalɔ'ji] Auswahl *f*; Sichtung *f*; Sortierung *f*; (Stimmen-)Auszählung *f*; **~ίζομαι** [-'izɔmɛ] (στ) bedenken; **~ικός** ... in Dialogform; **~ισμός** Überlegung *f*.

διάλογος ['ðjalɔɣ-] Zwiegespräch *n*, Dialog *m*.

διαλογούμαι [-'ɣumɛ] (είσαι· ηθ) *s.* ***διαλογίζομαι.***

διάλυ|μα ['ðjalima] *n Chem.* Lösung *f*; **~ση** (-εις) Lösung *f* (*a. Chem.*); *pol.*, *Hdl.* Auflösung *f*; *Hdl.* Liquidation *f*; Zerfall *m*, Zersetzung *f*; *Tech.* Abbau *m*, Demontage *f*.

διαλύτης Lösungsmittel *n*.

διαλυτ|ικός [-lit-] Lösungs-; auflösend; *a. pol.* zersetzend, Zersetzungs-; Löse- (*Mittel*); *Su. n/pl.* Trema *n*, Trennpunkte *m/pl.*; **~ός** lösbar, löslich; **~ότητα** Lösbarkeit *f*, Löslichkeit *f*.

διαλύ|ω [ðĭa'liɔ] (σ· θ) *v/t. Vertrag*, *Ehe*; *Salz usw.* lösen; *Parlament*, *Versammlung* auflösen; *Tech.* demontieren, abbauen; *Eis* schmelzen; *Streit* beilegen; *v/p.* ***~ομαι*** *a.* zerfallen; *Med.* abklingen; *Dunkelheit*: weichen.

δια|μαντένιος [-ma'ňdɛn-] (-ια) diamanten, Diamant-; *fig.* goldig; **~μάντι** [-'maňdi] Diamant *m*; *fig. Pers.* Perle *f*; Gold-; **~μαντικό** Diamantschmuck *m*; *n/pl.* Schmucksachen *f/pl.*; **~μαντόπετρα** [-ma'ňdɔpɛtra] Diamant *m*.

διαμαρτύρηση [-mar'tir-] (-εις) (Wechsel-)Protest *m*.

διαμαρτυρ|ία Protest *m*, Einspruch *m*; **~ικό** *Hdl.* Protest(urkunde *f*) *m*.

διαμαρτ|ύρομαι [ðĭamar'tirɔmɛ] (ρηθ) protestieren (***κατά*** *G*/ gegen *A*); sich (*A*) beschweren; *Hdl.* zu Protest geben; **~υρόμενος** Protestant *m*; **~υρώ** [-i'rɔ] (είς· ησ) *Wechsel* protestieren (lassen).

διαμάχη [ðĭa'maĭçi] Konflikt *m*.

διαμελ|ίζω (σ· στ) zerstückeln; **~ισμός** Zerstückelung *f*; Teilung *f*.

διαμένω (μειν) sich aufhalten, leben.

δια|μερίζω teilen; verteilen; **~μέρισμα** *n* Fach *n*; *Esb.* Abteil *n*; (Etagen-)Wohnung *f*; *Büro*: Abteilung *f*; (Wahl-)Bezirk *m*; ***ιδιόκτητο ~μέρισμα*** Eigentumswohnung *f*; **~μερισμός** Teilung *f*; Verteilung *f*.

Δ

διάμεσος ['ðjamɛs-] Mittel-, Zwischen-; Vermittler-; *Su. f Math.* Höhe *f*; *Su. n* Zwischenraum *m*; *Mus.* Intermezzo *n*.

διαμετα|κομίζω [ðĭamɛtakɔm-] (σ· στ) *Waren* (durch)leiten; **~κόμιση** (-εις) Transit *m*; **~κομιστικός** Transit-, Durchfuhr-.

δια|μέτρημα [-'mɛtr-] *n* Kaliber *n*, lichte Weite *f*; **~μετρικός** diametral.

διάμετρος ['ðjamɛtr-] *f* Durchmesser *m*; ***εκ διαμέτρου*** diametral ...

διαμηνώ [-mi'nɔ] (ηνυσ-· ηνυθ-) wissen lassen (***του***/ j-n).

διαμοιρ|άζω [ðĭamir-] (σ· στ) verteilen (***σε***/ an *A*), aufteilen (***σε***/ unter *A*); ***~άζομαι*** unter sich aufteilen; **~ασμός** Aufteilung *f*.

διαμονή [-mɔ'ni] Aufenthalt *m*; Aufenthaltsort *m*.

δια|μορφώνω [-mɔrf-] (σ) (aus)bilden; *j-n* bilden; ***~μορφώνομαι*** (στ) sich herausbilden; **~μόρφωση** [-fɔsi] (-εις) Bildung *f*; Entstehung *f*; **~μορφωτής** [-fɔt-] (***-τρια***) Gestalter(in *f*) *m*.

διαμπερ|ής [ðĭamƀɛr-] durchgehend; *Med.* ***~ές τραύμα*** Durchschuss *m*.

διαμφισβ|ήτηση [ðĭaɱfi'zvit-] (-εις) Anzweiflung *f*; Beanspruchung *f*; **~ητώ** [-i'tɔ] (είς· ησ) bezweifeln; bestreiten; beanspruchen.

διάνα ['ðjana] Truthenne *f*; Treffer *m* (*a. fig.*); Glück *n*.

διανεμητ|ής [ðĭanɛmit-] Verteiler *m*; **~ικός** Verteilungs-, Verteiler-.

διανέμω [-'nɛmɔ] (διάνειμα· νεμηθ) verteilen; zuteilen; *Post* austragen.

διανθίζω [ðĭa'ňθizɔ] (σ· στ) *v/t.* (aus-) schmücken (*bsd. Rede*).

διανόη|μα [ðĭa'nɔima] *n* Gedanke *m*; **~ση** (-εις) Denken *n*, Denkweise *f*, Gedankengang *m*; Intelligenz *f*.

διανοητ|ικός [-nɔit-] geistig; intellektuell; tiefgründig; **~ικότητα** Geisteskraft *f*; **~ός** begreiflich.

διάνοια ['ðjanja] Geist *m*, Verstand *m*; ***έχω κατά ~*** im Sinn haben.

Δ

διάνοιγμα ['ðjaniγma] *n* Öffnung *f*, Durchbruch *m*; Verbreiterung *f*.
διανοίγω [ðĭa'niγɔ] (διάνοιξα· χτ) öffnen; *Augen* aufschlagen; *Mauer* durch'brechen; *Tür* anlehnen; *Weg* bahnen, anlegen; erschließen.
διάνοιξη ['ðjaniksi] (-εις) Öffnung *f*; Aufschlagen *n*; Durchbrechen *n*; Anlage *f*; Erschließung *f*.
διανομ|έας [ðĭanɔm-] (*pl.* -είς) Verteiler *m*; *Post*: Zusteller *m*; **~είο** Verteilungsstelle *f*; Vorratsraum *m*; **~ή** Verteilung *f*; *Post*: Zustellung *f*.
διανο|ούμαι [-nɔ'umɛ] (είσαι· ηθ) (nach)denken; daran denken (**να**/ zu ...); **~ούμενος** [-'um-] Intellektuelle(r).
διάνος ['ðjan-] Truthahn *m*.
διανυκτ|έρευση [ðĭani'ktɛrɛfsi] (-εις) Übernachtung *f*; Nachtdienst *m*; **~ερεύω** (εψ) übernachten; *Apotheke*: Nachtdienst haben.
διάνυσμα *n Math.* Vektor *m*.
διανύω [-'niɔ] (σ) *Weg* zurücklegen; *Leben* beschließen.
διαξιφ|ίζομαι [-ksi'fizɔmɛ] (στ) fechten; **~ισμός** Fechtkampf *m*; *fig.* Wortgefecht *n*.
διαπαιδαγ|ώγηση [ðĭapɛða'γɔj-] Erziehung *f*; **~ωγώ** [-ɔ'γɔ] (είς· ησ) *bsd. pol.* erziehen, bilden.
διαπάλη [-'pali] Kampf *m*.
διαπαντός [-pañd-] für immer.
διαπαρθενεύω [ðĭaparθɛn-] (ευσ) entjungfern.
διαπασών [-pa'sɔn] (0) *f* (*a. n*) Oktave *f*; Kammerton *m*; Stimmgabel *f*; ***στη ~** Radio*: in höchster Lautstärke.
δια|πέμπω [ðĭa'pɛm̌bɔ] (μψ· μφθ) *Dank* übermitteln (***προς** A/D*); *Heer* entsenden; **~πεπιστευμένος** [-pɛpistɛvm-] Beglaubigte(r); **~περαιώνω** [-pɛrɛ-] (σ· θ) 'übersetzen, hinüberbringen; **~περαίωση** [-'rɛɔsi] 'Übersetzen *n*; **~πέρασμα** *n* Durchdringen *n*; Durchquerung *f*; **~περαστικός** durchdringend; **~περαστός** durchlässig; undicht; **~περνώ** (ρασ· ραστ) *v/t.* durch'dringen, durch'stechen; *Wald* durch'queren, durch'fahren, durch'laufen; **~πήδηση** [-'pið-] Überspringen *n*.
διαπιστ|ευτήρια [ðĭapistɛ'ftir-] *mst. n/pl.* Beglaubigungsschreiben *n*; Ausweispapier *n*; **~εύω** (ευσ) akkreditieren; **~ώνω** feststellen; nachweisen.
διαπίστωση [-'pistɔsi] (-εις) Feststellung *f*.
διαπλάθω [ðja'plaθɔ] (διάπλασα· στ) formen, heranbilden; erziehen.
διάπλαση ['ðjaplasi] (-εις) Formung *f*, Gestaltung *f*; Heranbildung *f*, Erziehung *f*; *Geol.* Formation *f*.
διάπλατ|ος ['ðjaplat-] offen (*Meer*); weit; ***~α ανοιχτός*** sperrangelweit offen.
δια|πλάτυνση [ðĭa'platiñsi] (-εις) Verbreiterung *f*; **~πλατύνω** [-'tinɔ] (ΙΙ = Ι· υνθ) verbreitern; **~πλέκω** 'durchflechten, einflechten.
διά|πλευρος ['ðjaplɛvr-] interkostal; **~πλευση** [-plɛfsi] (-εις) Durchfahren *n*, Durchquerung *f*.
δια|πλέω [ðĭa'plɛɔ] (διέπλευσα) durch'fahren, durch'queren; **~πληκτίζομαι** [-pli'ktizɔmɛ] (στ) sich balgen; **~πληκτισμός** Balgerei *f*; Gerangel *n*; **~πλοκή** [-plɔ'ḱi] Durchflechten *n*.
διάπλους ['ðjaplus] (-ου) Überfahrt *f*; ***κολυμβητικός ~*** 'Durchschwimmen *n*.
δια|πνέω [ðĭa'pnɛɔ] (ευσ) durch'wehen; atmen; ***~πνέομαι*** (ευστ) beseelt sein; **~πνοή** [-pnɔ'i] Durchwehen *n*; Atmung *f*; **~πόμπευση** [-'pɔm̌bɛfsi] (-εις) Anprangerung *f*; ***του κάνω ~πόμπευση*** j-m der Lächerlichkeit preisgeben; **~πομπεύω** [-pɔm̌b-] (εψ) anprangern; **~πόντιος** [-'pɔñdj-] *K.* Übersee-.
δια|πορεύομαι [ðĭapɔ'rɛvɔmɛ] (ευτ) durchqueren; sein Leben verbringen; **~πόρευση** [-'pɔrɛfsi] (-εις) Durchquerung *f*; **~πόρθμευση** [-'pɔrθmɛfsi] (-εις) Überfahrt *f*; Transport *m*; **~πορθμεύω** (ευσ) hinüberfahren, 'übersetzen; **~πορώ** (είς· ησ) im Unklaren sein; ***~πορείται*** es ist unklar; **~ποτίζω** (σ· στ) durchnässen; berieseln (*a. fig.*).
διαπραγμ|ατεύομαι [-praγma'tɛvɔmɛ] (ευτ) behandeln (***για**/ A*); verhandeln (*A*/ über *A*); **~άτευση** [-'atɛfsi] (-εις) Verhandlung *f* (***για**/ über A*); Behandlung *f*; **~ατεύσιμος** ... (ist) Verhandlungssache.
διάπραξη ['ðjapraksi] (-εις) Begehung *f*.

διαπράττω [ðïa'pratɔ] (*a.* -σσω· διέπραξα· χτ) begehen, verüben; *iro. Gedicht usw.* verbrechen.
δια|πρεπής [-prɛp-] prominent; **~πρέπω** (ψ) sich (*A*) hervortun; **~πύηση** [-'piisi] (-είς) Vereiterung *f.*
διάπυρος ['ðjapir-] glühend (*a. fig.*).
διαπυρώνω [-pi'rɔnɔ] (σ) 'durchglühen.
διάρα ['ðjara] Zwei *f.*
διάργυρος ['ðjarjir-] massiv silbern.
διαρθρώνω [ðïarθr-] (σ) gelenkig verbinden; *lit. Stoff* gliedern; (*Sprache*) artikulieren.
δι|άρθρωση ['ðjarθrɔsi] (-εις) Gelenkverbindung *f*; *gute* Artikulation *f*; Aufbau *m*, Gliederung *f*, Struktur *f*; **~αρθρωτικός** strukturell.
διάρκεια ['ðjark̡-] Dauer *f*; ***μακράς ~ς*** *Milch usw.*: haltbar; ***~ στάθμευσης*** Parkzeit *f.*
διαρκ|ής [ðïark̡-] lang (andauernd); ständig (*Rat*); **~ώ** [-'kɔ] (είς· διάρκεσα) dauern, andauern; **~ώς** [-'kɔs] *Adv.* dauernd, ständig.
διαρπ|αγή [-pa'ji] Plünderung *f*; Unterschlagung *f*; **~άζω** (σ· στ· -πασμ) plündern; *Gelder* unterschlagen.
διαρρ|έω [ðïa'rɛɔ] (ευσ/ διε-) durchströmen, strömen (durch *A*); auslaufen *aus e-m Fass*; *Dach*: undicht sein; *Geheimnis*: durchsickern; *Schiff*: ein Leck haben; *Jahre*: verfließen; *Menge*: sich verlaufen; *Anhänger*: überlaufen (***σε***/ zu *D*); **~ήκτης** [-'ikt-] Einbrecher *m*; **~ηκτικός** Einbrecher-, Einbruchs-; Spreng- (*Körper*).
διάρρηξη ['ðjariksi] (-εις) Einbruch *m*; Sprengen *n*; Bruch *m*; Bersten *n*; Abbruch *m*; Auflösung *f*; ***κλοπή με ~*** Einbruchdiebstahl *m.*
διαρρηχ- *s.* ***διαρρηκ-.***
διαρρήχν|ω (ρηξ· ραγ) aufbrechen, sprengen; *in ein Haus* einbrechen; *Beziehungen* abbrechen; *Verlobung* auflösen; ***~ομαι*** brechen, bersten, platzen.
διαρροή [ðïarɔ'i] Durchströmen *n*; Auslaufen *n*; Leckage *f*; Leck *n e-s Schiffes*; Flut *f*; *fig.* Auflösung *f*, Zerstreuung *f.*
διάρροια ['ðjarïa] *Med.* Durchfall *m.*
διαρρ|υθμίζω [ðïariθm-] (σ) regeln; einrichten; erledigen, ordnen; **~ύθμιση** (-εις) Regelung *f*, Einrichtung *f*; Erledigung *f.*
δια|σάλευση [-'salɛfsi] (-εις) Erschütterung *f*; Störung *f*; **~σαλεύω** (εψ· ευτ) erschüttern, stören; **~σαλπίζω** [-salp-] (σ) ausposaunen; **~σάλπιση** (-εις) Ausposaunen *n.*
δια|σαφηνίζω [-safin-] (σ) klären, aufklären; klarstellen; **~σάφηση** (-εις) Klärung *f*, Aufklärung *f*; Klarstellung *f*; **~σαφητικός** (auf)klärend.
διάσειση ['ðjasisi] (-εις) (Gehirn-)Erschütterung *f.*
διασείω [ðïa'siɔ] (σ) erschüttern.
διάσελο ['ðjasɛlɔ] *Geogr.* Sattel *m.*
διάσημ|α *n/pl.* Orden *m*; Rangabzeichen *n*; **~ος** berühmt.
διασημότητα [ðïasi'mɔt-] Berühmtheit *f* (*a. Person*); Prominente(r).
διασίδι [-'siði] *Weberei*: Kette *f*; Gewebe *n*; Weben *n.*
διάσιμο (-ατος) Zetteln *n.*
διασκεδάζω [ðïask̡ɛð-] (σ· στ) *v/t.* zerstreuen (*a. fig.*); (*j-n od. sich*) amüsieren.
διασκέδαση [-'sk̡ɛðasi] (-εις) Zerstreuung *f* (*a. fig.*); Unterhaltung *f*, Vergnügen *n*; ***καλή ~!*** viel Vergnügen!
διασκεδασ|μός *Phys.* Streuung *f*; **~τικός** unterhaltsam, amüsant; *iro.* drollig, Dispersions-.
διασκελ|ιά [ðïask̡ɛl-] Schritt *m*, Schrittlänge *f*; **~ίζω** (σ) *v/t.* hinweggehen über (*A*); springen über *A*; über'springen; steigen (über *A*).
δια|σκέλισμα *n*, **~σκελισμός** Überschreiten *n*; Sprung *m*; *s.* ***διασκελιά.***
δια|σκεπτικός [ðïask̡ɛpt-] Konferenz-; urteilsfähig; **~σκέπτομαι** [-'sk̡ɛptɔmɛ] (φτ) verhandeln, konferieren; durch'denken.
διασκευ|άζω [-sk̡ɛv-] (σ· στ) *lit.* bearbeiten; aufräumen, in Ordnung bringen; einrichten; **~αστής** (***-άστρια***) Bearbeiter(in *f*) *m*; **~ή** Bearbeitung *f*; Ordnen *n*; Einrichtung *f.*
διάσκεψη ['ðjask̡ɛpsi] (-εις) Konferenz *f*, Tagung *f*, Beratung *f*; ***~ κορυφής*** Gipfelkonferenz *f.*
δια|σκορπίζω [ðïaskɔrp-] (σ· στ) *Geld* vergeuden; *Menschen*, *Wolken* auseinander treiben, zerstreuen, verwehen; **~σκόρπιση** (-εις), **~σκορπισμός** Vergeudung *f*; Auseinandertreibung *f*, Zerstreuung *f.*

Δ

δια|σπαθίζω [ðïaspaθ-] (σ· στ) vergeuden, verschwenden; e-n Degenhieb versetzen; **~σπάθιση** (-εις), **~σπαθισμός** Vergeudung *f*, Verschwendung *f*; Degenhieb *m*; **~σπαρθ-** *s.* ***διασπείρω; ~σπαράσσω*** [-spa'rasɔ] (*a.* -άττω· ξ· χτ) zerfleischen, zerreißen.
διάσπαση ['ðjaspasi] (-εις) (Atom-)Zertrümmerung *f*; Spaltung *f* (*e-r Partei*); **~** ***του πυρήνα*** Kernspaltung *f*.
διασπαστικός Spaltungs-, spalterisch.
δια|σπείρω [ðïa'spirɔ] (II = I· σπαρθ) zerstreuen; *fig.* verbreiten; **~σπορά** [-spɔ'ra] Zerstreuung *f*; Verbreitung *f*; **~σπώ** [-'spɔ] (άς· ασ· αστ) zertrümmern; spalten, aufsplittern.
διασταλτ|ικός [ðïastalt-] dehnbar; Ausdehnungs-; ausdehnungsfähig; **~ικότητα** Ausdehnungsvermögen *n*; **~ός** Ausdehnungs-; *Su. n s.* ***διασταλτικότητα.***
διάσταση ['ðjastasi] (-εις) Entfernen *n*; Dimension *f*, Maß *n*; Unstimmigkeit *f*, Zwietracht *f*; *Sport*: Grätschstellung *f*.
δια|σταυρώνω [ðïastavr-] (σ) kreuzen; ***~σταυρώνομαι*** sich kreuzen (*a. Briefe*); **~σταύρωση** [-'stavrɔsi] (-εις) Kreuzung *f* (*a. Biol.*).
διαστέλλω [-'stɛlɔ] (ειλ· αλ, αλθ) unterscheiden; *Augen* aufreißen; *Phys.* ausdehnen; *Gr.* interpunktieren.
διάστερος ['ðjastɛr-] gestirnt.
διάστημα *n* Abstand *m*, Entfernung *f*; Weltraum *m*, Raum *m*; *Mus.* Intervall *n*; *Typ.* Spatium *n*; Sperrung *f*; ***χρονικό*** **~** Zeitraum *m*.
διαστημόπλοιο [ðïasti'mɔpliɔ] Raumschiff *n*.
διαστίζω (ξ· γμ) tätowieren; *Gr.* interpunktieren.
διάστι|κτος ['ðjastikt-] gefleckt; behaftet (***από***/ mit *D*); tätowiert; **~ξη** [-ksi] (-εις) Tätowierung *f*; *Gr.* Zeichensetzung *f*; **~χο** [-xɔ] Zwischenraum *m*; *Typ.* Durchschuss *m*.
διαστολ|ή [ðïastɔ'li] *Med.* Erweiterung *f*; Diastole *f*; *Phys.* Ausdehnung *f*; *Mus.* Taktstrich *m*; Unterscheidung *f*; **~ικός** *Med.* diastolisch (*Geräusch*).
διαστραμμένος [-stram-] verdorben, verderbt, verrenkt, verdreht.
δια|στρεβλώνω [-strɛvl-] (σ) *Hand* verrenken, verstauchen; *fig.* verdrehen; **~στρέβλωση** [-vlɔsi] (-εις) Verrenken *n*, Verstauchen *n*; *fig.* Verdrehung *f*.
διάστρεμμα ['ðjastrɛma] *n* Verstauchung *f*.
διαστρεμμένος *s.* ***διαστραμμένος.***
διαστρέφω [ðïa'strɛfɔ] (ψ· αφ) *s.* ***διαστρεβλώνω;*** *Charakter* verderben.
διαστροφ|έας [-strɔ'fɛas] (*pl.* -είς) Verderber *m*; Verdreher *m*; **~ή** Verrenkung *f*; Verstauchung *f*; Verderbtheit *f*; Perversion *f*.
διάστροφος *s.* ***διαστραμμένος.***
διασυμμαχικός [ðïasimaç-] interalliiert.
διασύνδεση [ðïa'siñðɛsi] (-εις) Querverbindung *f*; ***έχω διασυνδέσεις με*** Querverbindungen haben zu *D*.
δια|συρμός [-sirm-] Ehrverlust *m*, Diffamierung *f*; **~σύρω** [-'sirɔ] (II = I· συρθ) in Verruf bringen, diffamieren.
δια|σφαλίζω *v/t.* (σ) sicherstellen; **~σφάλιση** Sicherung *f*.
διασχίζω [ðïasç-] (σ· σμ) zerschneiden, *Holz* spalten; *See a.* überqueren.
διάσχιση ['ðjasçisi] (-εις) Zerschneidung *f*, Spaltung *f*; Durchquerung *f*, Überquerung *f*.
διασώζω [ðïa'sɔzɔ] (σ· θ) retten; bewahren.
διάσωση (-εις) Rettung *f*.
διαταγ|ή Befehl *m*, Anordnung *f*; *Hdl.* Order *f*; ***γραμμάτιο σε ~ή*** Orderpapier *n*; ***είμαι στις ~ές σας*** ich stehe zu Ihrer Verfügung.
διάταγμα *n* Verordnung *f*, Erlass *m*; *s. a.* Α.Δ. (*Anhang*).
δια|τάζω (διέταξα, διά-· χτ· γμ) *v/t.* *Möbel usw.* anordnen, stellen; *Vorkehrungen* treffen für *A*; befehlen (***τον ... να***/ j-m *etw. od.* zu); *Arzt*: verordnen; **~τάκτης** Zahlungsbevollmächtigte(r); **~τακτικός** Verordnungs-; *Su. n* Urteilsformel *f*.
διάτανος *s.* ***διάβολος.***
διάταξη (-εις) Anordnung *f*; Anlage *f*; Befehl *m*; *jur.* Bestimmung *f*; Vorschrift *f*; (Polizei-)Verordnung *f*; (Tages-)Ordnung *f*; *Tech.* Vorrichtung *f*.
διαταράζω *s.* ***διαταράσσω.***
δια|ταράκτης Aufrührer *m*, Friedensstörer *m*; **~τάραξη** (-εις) Störung *f* (*a. Med.*), Aufruhr *m*; **~ταράσσω** (-ττω·

ξ· χτ) stören; **~ταραχή** Störung *f*; *Med. pl.* Beschwerden *f/pl.*; ***κυκλοφοριακή ~ταραχή*** Kreislaufbeschwerden *f/pl.*

διάταση (-εις) Strecken *n*, Spannen *n*; *Med.* Erweiterung *f*.

διατάσσω *s.* ***διατάζω.***

διατεθ- *s.* ***διαθέτω.***

δια|τεθειμένος [-tεθim-] geneigt; (wohl)gesinnt, eingestellt; verfügt; **~τείνομαι** [-'tinɔmε] (ταθ) behaupten; **~τείνω** [-'tinɔ] (ΙΙ = Ι) spannen, straff ziehen; **~τελώ** (είς· εσ) sein; ***~τελώ μετ' εξαιρέτου υπολήψεως*** ich verbleibe mit vorzüglicher Hochachtung.

δια|τέμνουσα [ðĭa'tεmnusa] *Math.* Sekante *f*; **~τέμνω** (τεμ, ταμ· τμηθ) durch'schneiden, durch'ziehen; **~τετμημένος** [-tεtmim-] durchschnitten, durchzogen.

δια|τήρηση [-'tir-] (-εις) Haltung *f*; Erhaltung *f*; Unterhalt *m*; Aufrechterhaltung *f*; Bewahrung *f*; **~τηρήσιμος** haltbar; zu unterhalten(d); **~τηρητέος** *Bauwerk*: erhaltungswürdig; **~τηρώ** (είς· ησ) *v/t. Stellung* halten; *Gesundheit*; *Ehre* erhalten; *Familie*; *Beziehungen* unterhalten; *Andenken* bewahren; ***~τηρούμαι*** *unversehrt* erhalten sein; bestehen; sich (*A*) ernähren.

διατίθεμαι [-'tiθεmε] *s.* ***διαθέτω;*** bereit sein; eingestellt sein.

δια|τίμηση [ðĭa'tim-] (-εις) Tarif *m*; vorgeschriebene Preise *m/pl.*; **~τιμητής** Tarifeur *m*, Preisbestimmer *m*; **~τιμώ** (άς· ησ) den Preis festsetzen für *A*; tarifieren; **~τοίχηση** [-'tiçisi] Schlingern *n*; **~τοιχίζομαι** [-ti'çizɔmε] (στ) *mar.* schlingern; **~τομή** [-tɔ'mi] Querschnitt *m*.

διατομικός zweiatomig.

διάτορος ['ðjatɔr-] schrill.

δια|τρανώνω [ðĭatran-] (σ) bekunden; **~τράνωση** [-'tranɔsi] (-εις) Bekundung *f*.

δια|τρέφω [-'trεfɔ] (διάθρεψα· τραφ) unterhalten, ernähren; **~τρέχω** [-'trεxɔ] (ξ) durch'laufen, durch'fahren; *Gefahr* laufen; *Stadium* 'durchmachen, stehen (*im Alter von*); **~τρέξαντα** *n/pl.* Vorgänge *m/pl.*

διάτρηση ['ðjatr-] (-εις) Durchbohrung *f*; Bohrung *f* (nach *D*).

διατρητικ|ός [ðĭatrit-] Bohr- (*Maschine*); ***~ή μηχανή*** Locher *m*.

διάτρητος durchbohrt.

διατριβή Abhandlung *f*, Aufsatz *m*; ***εναίσιμος ~*** Dissertation *f*.

δια|τρίβω [ðĭa'trivɔ] (ψ) *K. hist.* weilen; sich beschäftigen (***περί*** *A*/ mit *D*); **~τροφή** [-trɔ'fi] Unterhalt *m*; Ernährung *f*; Alimente *pl.*; *bsd. mil.* Verpflegung *f*; ***πλήρης ~τροφή*** Vollpension *f*; **~τρύπηση** [-'trip-] (-εις) *s.* ***διάτρηση;*** **~τρυπώ** (άς· ησ) durchbohren; durchlöchern.

διάττων ['ðjatɔn] (-οντος) *m* Sternschnuppe *f*; *Adj. Med.* kolikartig.

δια|τυμπανίζω [ðĭatimban-] (σ· στ) ausposaunen; **~τύπωμα** [-'tipɔma] *n* Form *f*; Matritze *f*; **~τυπώνω** (σ· θ) formulieren; *Vertrag* abfassen; *Antrag* stellen; **~τύπωση** [-pɔsi] (-εις) Formulierung *f*; Abfassung *f*; (Zoll-)Formalität *f*; Förmlichkeit *f*; ***χωρίς ~τυπώσεις*** zwanglos.

δι|αυγάζω [ðĭavɣ-] (σ) *Tag*: anbrechen, dämmern; **~αύγεια** [-'avja] Durchsichtigkeit *f*; Klarheit *f*; **~αυγής** [-a'vjis] durchsichtig; klar.

διαυλακ|ίζω [ðĭavlak-] (σ), **~ώνω** (σ) (durch)furchen; *Blitz*: durchzucken; *Pfeil*: durchschwirren.

δίαυλος *TV*: Kanal *m*.

δια|φαίνομαι [ðĭa'fεnɔmε] (φαν) 'durchscheinen; dämmern; *fig.* sichtbar werden; **~φάνεια** [-'fan-] Durchsichtigkeit *f*; Diapositiv *n*; **~φανής** durchsichtig.

διάφανος *s.* ***διαφανής.***

διαφέντευση [ðĭa'fεndεfsi] Schutz *m*.

διαφεντ|ευτής [-fεndεft-] (***-εντεύτρα***) Gönner *m*; **~εύω** (εψ· ευτ) beschützen; führen; in Ordnung halten.

δια|φέρον [-'fεr-] (-οντος) Interesse *n*; **~φέρω** (*o. Aor.*) sich (*A*) unterscheiden, abweichen (*G*, ***μεταξύ***/ von *D*); überlegen sein (***από***/ *D*); ***~φέρομαι*** voneinander abweichen (***για***/ über *A*); sich (*A*) interessieren; **~φεύγω** [-'fεvɣɔ] (διέφυγα) *v/i.* entkommen, entgleiten (*G/D*); *Name*: entfallen (***του***/ j-m); *Einzelheit*: entgehen (***του***/ j-m); *v/t. e-r Gefahr* (*D*) entgehen.

δια|φημίζω [ðĭafim-] (σ· στ) werben (für *A*); verbreiten; werben für (*A*); **~φήμιση** (-εις) Verbreitung *f*; Wer-

Δ

διαφθείρω 156

Δ

bung *f*; Anzeige *f*; Werbesendung *f*; ***φωτινή ~φήμιση*** Leuchtreklame *f*; **~φθείρω** [-'fθirɔ] (διέφθειρα· φθαρ) verderben; *Mädchen* verführen; bestechen; **~φθορά** [-fθɔ'ra] Verderbtheit *f*; Verführung *f*; Bestechlichkeit *f*; ***~φθορά ηθών*** Sittenverfall *m*; **~φθορέας** [-fθɔ'rɛas] (*pl*. -είς) (Sitten-)Verderber *m*; Verführer *m*; Bestecher *m*; **~φθορείο** Bordell *n*.

διαφιλο|νίκηση [-filɔ'nik-] (-εις), **~νικία** [-nik-] Beanspruchung *f*; **~νικώ** [-ni'kɔ] (είς· ησ) beanspruchen.

διαφλέγ|ω [-'flɛγɔ] (ξ· εγ) *mst. v/p.* (***~ομαι***) durchglüht sein.

διαφορ|ά [ðïafɔ'ra] Unterschied *m*; Streitigkeit *f*; *jur*. Streitsache *f*; *Math*. Differenz *f*; **~ετικά** *Adv*. sonst; anderenfalls; **~ετικός** verschieden, ander-; **~ικός** Differential- (*Rechnung*); *Su. n* Differentialgetriebe *n*.

διάφορο ['ðjafɔrɔ] Nutzen *m*; Zinsen *m/pl*.

διαφοροποιώ [-rɔ'pjɔ] (είς· ησ) differenzieren, unterscheiden (***από***/ von *D*).

διάφορος verschieden; *Su. n/pl*. Vermischte(s).

δια|φοροτρόπως [ðïafɔrɔ'trɔpɔs] in anderer Weise (***από*** *A*/ als); **~φόρως** [-'fɔrɔs] *Adv*. verschieden.

διάφραγμα ['ðjafraγma] *n* Zwischenwand *f*; Scheidewand *f*; *Foto*: Blende *f*; ***~ του θώρακος*** Zwerchfell *n*; ***~ τηλεοράσεως*** Bildschirm *m*; ***~ φθορίζον*** Leuchtschirm *m*.

διάφραξη Abtrennung *f*, Sperrung *f*.

δια|φράττω [ðïa'fratɔ] (ξ) (ab)trennen; sperren; **~φυγή** [-fi'ji] Entweichen *n* (*a. Phys.*); Rückzug *m*; **~φυλάγω** [-fi'laγɔ] (ξ· χτ) bewahren, erhalten; **~φύλαξη** [-'filaksi] (-εις) Bewahrung *f*, Erhaltung *f*; **~φωνία** [-fɔn-] Meinungsverschiedenheit *f*.

διάφωνος disharmonisch.

διαφωνώ [ðïafɔ'nɔ] (είς· ησ) nicht einverstanden sein (***με***/ mit *D*), verschiedener Meinung sein.

δια|φωτίζω [-fɔt-] (σ· στ) beleuchten; aufklären (***τον για***/ j-n über *A*); **~φώτιση** Beleuchtung *f*; Aufklärung *f* (*a. als Epoche*); **~φωτιστικός** Aufklärungs-.

δια|χαράζω [ðïaxa'razɔ] abstecken, festsetzen; *fig*. festlegen; **~χάραξη** [-'xaraksi] (-εις) Abstecken *n*; Festlegung *f*; **~χειμάζω** [-çim-] (σ) überwintern; **~χειρίζομαι** [-çi'rizɔmɛ] (στ) *Geld usw*. verwalten; *Geschäft* leiten; *Frage* behandeln; **~χείριση** (-εις) *bsd. mil*. Verwaltung(swesen *n*) *f*; Leitung *f*; Behandlung *f*; **~χειριστής** [-çirist-] Verwalter *m*; Leiter *m*; **~χειριστικός** Verwaltungs-.

διαχέω *s.* ***διαχύνω.***

διάχρυσος ['ðjaxris-] vergoldet.

διαχύν|ω [ðïa'çinɔ] (σ· θ) ausgießen; *Duft* ausströmen; ***~ομαι*** Platz greifen; ausbrechen (***σε***/ in *A*).

διάχυση ['ðjaçisi] (-εις) Ausgießen *n*; Ausströmen *n*; *fig*. Jubel *m*; *Phys*. Diffusion *f*, diffuse Reflexion *f*.

διαχυτικ|ός [ðïaçit-] überschwänglich; **~ότητα** Überschwänglichkeit *f*.

διάχυτος ['ðjaç-] diffus; *gute Laune*: ansteckend.

διαχωρητικ|ός [-xɔrit-] durchdringend; verdaulich; **~ότητα** Durchdringung *f*; Verdaulichkeit *f*.

δια|χωρίζω [ðïaxɔr-] (σ· στ) teilen; trennen; *fig*. *Grenzen* abstecken; **~χώριση** (-εις) Teilung *f*; Abteilen *n*; Trennung *f*; Absteckung *f*; **~χώρισμα** *n* Trennwand *f*; Trennlinie *f*, Abgrenzung *f*; Abteilung *f*; **~χωρισμός** *s.* ***διαχώριση;*** **~χωριστικός** Trenn-; *pol*. Demarkations-.

διάχωση ['ðjaxɔsi] (-εις) Wall *m*.

διαψεύδω [ðïa'psɛvðɔ] (ευσ· ευτ) dementieren; als trügerisch erweisen.

διάψευση ['ðjapsɛfsi] (-εις) Dementi *n*.

διβάνι [ði'vani] Diwan *m*.

δίβουλος wankelmütig.

διγαμία [ðiγam-] Bigamie *f*.

δίγαμος in Doppelehe lebend; zum zweiten Mal verheiratet.

διγενής [ðijɛn-] zweigeschlechtlich.

διγλωσσία [ðiγlɔs-] Zweisprachigkeit *f*; Diglossie *f*.

δίγλωσσος zweisprachig.

δίγνωμος ['ðiγnɔm-] unschlüssig.

δίγραμμ|ος zweizeilig; ***~η επιταγή*** Verrechnungsscheck *m*; ***μη ~η επιταγή*** Barscheck *m*.

δίδαγμα [-ðaγ-] *n* Lehre *f*; Dogma *n*.

διδακτ|ήριο [ðiða'ktir-] Lehranstalt *f*; **~ικός** Lehr- (*Buch*, *Personal*); belehrend; ... eine Lehre; *Su. f* Didaktik *f*.

Δ

διδάκτορας Doktor *m*; ***υποψήφιος*** **~** Doktorand *m*.
διδακτ|ορία Doktorgrad *m*; **~ορικός** Doktor- (*Prüfung*); **~ός** lehrbar.
δίδακτρα *n*/*pl*. Schulgeld *n*.
διδασκαλ|είο [ðiðaskal-] Lehrerbildungsanstalt *f*; **~ία** Unterricht *m*; Lehrtätigkeit *f* (an *D*); Lehre *f*; Anweisung *f*; *Thea*. Aufführung *f*; **~ική** Lehrtätigkeit *f*; **~ικός** Lehrer-.
δι|δασκάλισσα [-ða'skal-] *s*. ***δασκάλα; ~δάσκαλος*** *s*. ***δάσκαλος.***
διδάσκω [ði'ðaskɔ] (ξ· χτ· γμ) *v*/*t*. lehren, unterrichten; *Thea*. aufführen; *v*/*i*. lehren; predigen.
διδαχή [-ða'çi] Lehre *f*; Predigt *f*.
διδόμενο [ði'ðɔmεnɔ] Grund *m*; *Math*. (gegebene) Größe *f*.
δίδυμ|ος ['ðiðim-] Zwillings-; *Su*. *m* Zwilling *m* (*pl*. *a*. **-α**); ***οι ~οι*** *Astr*. die Zwillinge.
δίδω *s*. ***δίνω.***
διε-: ***δια*** + ***ε,*** *inneres Augment*, *a*. *in der Dh*., *z*. *B*. ***διαπράττω – διέπραξα.***
διεγείρω [ðĭε'jirɔ] (ΙΙ = Ι· γερθ) *Neid*, *Interesse usw*. erregen; *Appetit* anregen; aufwiegeln, aufputschen (*a*. *fig*.) (***σε***/ zu *D*).
διέγερση [ði'εjεrsi] (-εις) Erregung *f*; *a*. *Med*. Anregung *f*; Aufputschung *f*.
διε|γέρτης [ðĭε'jεrt-] Aufwiegler *m*; Anreger *m*; **~γερτικός** aufputschend; *Su*. *n* Reizmittel *n*; **~γέρτρια** Erregermaschine *f*.
διεδιδ- *s*. ***διαδίδω.***
δίεδρος ['ðieðr-] zweiseitig; Scheitel- (*Winkel*).
διέθεσα *s*. ***διαθέτω.***
διεθν|ής [ðĭε'θnis] international, Welt- (*Ausstellung*); *Su*. *f* Internationale *f*; **~ιστής** Internationalist *m*; **~οποίηση** (-εις) Internationalisierung *f*; **~οποιώ** [-ɔ'pjɔ] (είς· ησ) internationalisieren.
διεθρεψ- *s*. ***διατρέφω.***
διειδ- *s*. ***διορώ.***
διείσδυση [ði'izðisi] (-εις) Durchdringung *f*; Eindringen *n*; *fig*. Durchbruch *m* (*e-s Künstlers*).
διεισ|δυτικός [ðiizðit-] durchdringend; **~δύω** [-'ðiɔ] (σ) ('durch)dringen; (vor)dringen (***μέχρι*** *G*/ bis in *A*), sich (ein)schleichen; **~εδυσ-** *s*. ***διεισδύω.***
διεκ|δίκηση [ðĭεk'ðik̡-] (-εις) Anspruch *m*, *bsd*. *pol*. Forderung *f*; *Sport*: Verteidigung *f*; **~δικητής** (***-ήτρια***) Prätendent(in *f*) *m*; **~·δικώ** [-ði'kɔ] (είς· ησ) beanspruchen, fordern; ringen um *A*; **~·περαιώνω** [-pεrε-] (σ· θ) erledigen; ausführen, durchführen; abfertigen, absenden; **~περαίωση** [-'rεɔsi] (-εις) Erledigung *f*; Durchführung *f*; Expedition *f*, (*Buch*-)Vertrieb *m*; Geschäftsstelle *f*; ***~περαίωση αποσκευών*** Gepäckabfertigung *f*; **~περαιωτής** [-pεrεɔt-] Expedient *m*, Abfertiger *m*.
διέκταση (-εις) *Gr*. Dehnung *f*.
διεκ·|τραγωδώ [ðĭεktraγɔ'ðɔ] (είς· ησ) *fig*. dramatisieren; **~φεύγω** [-'fεvγɔ] (φυγ) *v*/*i*. entweichen; *v*/*t*. *fig*. ausweichen *D*.
διελαύνω [-'lavnɔ] (ασ/ δıη-) *v*/*t*. führen; durch'dringen; *v*/*i*. marschieren, reiten, ziehen.
διέλευση [-'εlεfsi] (-εις) Durchfahrt *f*; Durchzug *m*, Ritt *m*.
διεληφθ- *s*. ***διαλαμβάνω.***
διελκυστίνδα [-k̡i'stiňða] Tauziehen *n*.
διενειμ-, διενεμηθ- *s*. ***διανέμω.***
διένεξη [ði'εnεksi] (-εις) Streit *m*; ***έρχομαι σε ~*** in Streit geraten.
διεν|έργεια [ðĭε'nεrja] Tätigkeit *f*; Durchführung *f*; **~εργώ** [-εr'γɔ] (είς· ησ) durchführen, *Fälschung* vornehmen; tätig sein, handeln; **~ηργησ-** *s*. ***διενεργώ.***
διεξ|άγω [ðĭε'ksaγɔ] (διεξάγαγα· διεξάχτηκα) *Verhandlungen*, *Prozess usw*. führen; durchführen; **~αγωγή** [-aγɔ'ji] Führung *f*; Durchführung *f*; ***~αγωγή αποδείξεων*** Beweisaufnahme *f*.
διεξεδικησ- *s*. ***διεκδικώ.***
διεξεπεραιωσ- *s*. ***διεκπεραιώνω.***
διεξέρχομαι [ðĭε'ksεrxɔmε] (ελθ· ηλθ) *v*/*i*. ziehen, laufen, dringen, stoßen (***δια*** *G*/ durch *A*); *v*/*t*. passieren, durch'ziehen, durch'queren; *fig*. 'durchlesen; *Thema* behandeln.
διεξετραγωδησ- *s*. ***διεκτραγωδώ.***
διεξεφυγ- *s*. ***διεκφεύγω.***
διεξηγαγ- *s*. ***διεξάγω.***
διεξηλθ- *s*. ***διεξέρχομαι.***
διεξοδικ|ός [-εksɔð-] ausführlich; umständlich, weitläufig; **~ότητα** Ausführlichkeit *f*; Umständlichkeit *f*.

διέξοδος [ðiˈeksɔðɔs] *f* Ausgang *m*; Ausweg *m* (*bsd. fig.*).
διέπω [ðiˈɛpɔ] (*o. Aor.*) regieren.
διερεύνηση [ðïɛˈrɛvn-] (-εις) Durchforschung *f*; Erforschung *f*.
διερευν|ητής Erforscher *m*; **~ητικός** forschend; **~ώ** (άς· ησ) durch'suchen, durchforschen; erforschen.
διερμην|έας [ðïɛrmin-] (*a. f*) Dolmetscher(in *f*) *m*; *fig.* Interpret(in *f*) *m*; **~εία** Dolmetschen *n*; Interpretation *f*, Deutung *f*.
διερμήνευση (-εις) *s.* ***διερμηνεία.***
διερμηνευτ|ής [-minɛft-] Interpret *m*, Deuter *m*; **~ικός** erklärend.
διερμηνεύω (ευσ) dolmetschen; ausdrücken, zum Ausdruck bringen.
διερραγ- *s.* ***διαρρήχνω.***
διέρχομαι [ðiˈɛrxɔmɛ] (ελθ· ηλθ) *Grenze* überschreiten; *Zeit* durchmachen; vorsprechen (***από***/ bei *D*).
διερχόμενος Transitreisende(r).
διερωτ|ώ [ðïɛrɔˈtɔ] (άς· ησ) *j-n* befragen; **~ώμαι** sich (*A*) fragen.
δίεση [ˈðiɛsi] (-εις) *Mus.* Kreuz *n*.
διεσκεδασμένος *s.* ***διασκεδάζω.***
διε|σπαρμένος *s.* ***διασπείρω***; **~στραμμένος** *s.* ***διαστρέφω***; verderbt; pervers; entstellt.
διεταθ- *s.* ***διατείνομαι.***
διεταμ- *s.* ***διατέμνω.***
διετ|ηρίδα *s.* ***διετία***; **~ής** zweijährig; Wiederholer *m*, F Sitzengebliebene(r); **~ία** Zeitraum *m* von zwei Jahren.
διετμηθ- *s.* ***διατέμνω.***
διευθ|έτηση [ðïɛfˈθɛt-] (-εις) Anordnung *f*, Arrangement *n*; Bereinigung *f*, Beilegung *f*; **~ετώ** (είς· ησ) (an)ordnen, arrangieren; *fig. etw.* bereinigen; beilegen; **~ετούμαι** (ηθ) sich (*A*) normalisieren.
διεύθυνση [ðiˈɛfθiñsi] (-εις) Direktion *f*, Leitung *f e-r Firma*; Richtung *f*; Adresse *f*, Anschrift *f*.
διευθυντήριο [ðïɛfθiˈñdir-] Direktion(sgebäude *n*) *f*; *hist.* Direktorium *n*.
διευθυντ|ής Direktor *m*, Leiter *m*; **~ής ορχήστρας** *Mus.* Dirigent *m*; ***με ~ή του ...*** unter Leitung von ...; **~ικός** Direktoren-.
διευθύντρια [ðïɛfˈθiñdria] Direktorin *f*, Leiterin *f*.
διευθύν|ω [-ˈfθinɔ] (ΙΙ = Ι· υνθ) *Firma usw.* leiten; *Schiff* lenken; *Blick* richten (***προς*** *A*/ auf *A*); *Brief* adressieren; *Mus.* dirigieren; **~ομαι** sich (*A*) wenden (***σε***/ nach *D*).
διευ|κόλυνση [ðïɛfˈkɔliñsi] (-εις) Erleichterung *f*; Hilfe *f*; (*Steuer-*)Vergünstigung *f*; ***του κάνω ~κολύνσεις*** *j-m* Erleichterungen verschaffen; **~κολύνω** [-kɔˈlinɔ] (ΙΙ = Ι· υνθ) *v/t.* erleichtern; *j-m* aushelfen; **~κρινίζω** [-krin-] (σ· στ) klären, klar um'reißen; **~κρίνιση** (-εις) Klärung *f*; **~κρινώ** (είς) *s.* ***διευκρινίζω.***
δι|εύρυνση [ðiˈɛvriñsi] (-εις) Verbreiterung *f*; Erweiterung *f*; **~ευρύνω** [-ˈvrinɔ] (ΙΙ = Ι· υνθ) verbreitern; erweitern; ausweiten; **~εφθαρμένος** [-ɛfθarm-] *s.* ***διαφθείρω;*** korrupt; *Luft*: verbraucht.
διη- *s.* ***δια-, διε-.***
διηγαγ- *s.* ***διάγω.***
διήγημα [ðiˈijima] *n* Erzählung *f*, Novelle *f*, Geschichte *f*.
διηγηματ|ικός erzählend; Erzähler-; Novellen-; **~ογραφία** Novellistik *f*; **~ογράφος** [-ɔˈɣraf-] (*a. f*) Novellist(in *f*) *m*.
διήγηση (-εις) *s.* ***διήγημα.***
διηγούμαι [ðiiˈɣumɛ] (*a.* ***-ιέμαι***) (έσαι· ηθ) erzählen.
διήθηση [ðiˈiθ-] Filtrieren *n*; Filtern *n*; Durchseihen *n*.
διηθ|ητήριο Filter *m*; Seihtuch *n*; **~ίζω, ~ώ** (είς· ησ) filtrieren; filtern; durchseihen.
διηλθ- *s.* ***διέρχομαι.***
δι|ημερεύω [ðiimɛr-] (ευσ) den Tag verbringen; Tagesdienst haben; **~ήμερος** zweitägig.
δι|ηνεκής [ðiinɛķ-] ununterbrochen, beständig; **~ηπειρωτικός** [-ipirɔt-] interkontinental; **~ηρεθ-, ~ηρεσ-** *K. s.* ***διαιρώ;*** **~ηρημένος** [-irim-] *s.* ***διαιρώ;*** geteilt, getrennt.
διηρκεσ- *s.* ***διαρκώ.***
διηυ- *s.* ***διευ-.***
διθέσιος [ðiˈθɛs-] (-ια) zweisitzig; *Su. n* Zweisitzer *m*.
δι|θυραμβικός [-θiramv-] dithyrambisch; überschwänglich; **~θύραμβος** Dithyrambe *f*; *fig.* Loblied *n*.
δίθυρος zweitürig.
δικάζ|ω [ðik-] (σ· στ) richten; die Sache *G* verhandeln; *v/p.* **~ομαι** *a.* verurteilt werden (*A*/ zu).

δίκαιο ['ðiķεɔ] Recht *n*; ***διεθνές ~*** Völkerrecht *n*; ***~ της καταγγελίας*** Kündigungsrecht *n*; ***έχω ~*** Recht haben.

δικαιόγραφο [-ķε'ɔɣrafɔ] Eigentumsurkunde *f*.

δικαιο|δοσία [ðiķεɔðɔs-] Gerichtsbarkeit *f*; Rechtsprechung *f*; Kompetenz *f*; Amtsbezirk *m*; **~δόχος** [-'ðɔx-] Rechtsnachfolger *m*; **~λόγημα** [-'lɔj-] *n* Rechtfertigung *f*; **~λογημένα** [-ji'mεna] *Adv*. mit Recht; **~λόγηση** (-εις) Rechtfertigung *f*; **~λογητικός** [-lɔjit-] Rechtfertigungs-; *Su*. *n* Beleg *m*, Unterlage *f*; **~λογία** Rechtfertigung(sgrund *m*) *f*; **~λογώ** [-lɔ'ɣɔ] (εíς· ησ) *j-n*, *etw*. rechtfertigen, *j-m* Recht geben (***για***/ wegen *G*); ***~λογούμαι*** sich (*A*) rechtfertigen; **~πάροχος** [-'parɔx-] *s*. ***δικαιοδόχος***; **~πραξία** [-praks-] Rechtsgeschäft *n*.

δίκαιος (-αια) gerecht; F mittelgroß, mittler-.

δικαι|οστάσιο [ðiķεɔ'stas-] Stundung *f*, Aufschub *m*; **~οσύνη** [-ɔ'sini] Gerechtigkeit *f*; Justiz *f*, Rechtswesen *n*; **~ούμαι** *s*. ***δικαιώνω*** *v/p*.; **~ούχος** [-'ux-] Berechtigte(r); Anwärter *m*; Lizenznehmer *m*.

δικαίωμα [ði'ķε-] *n* Recht *n*, Anrecht *n*, Anspruch *m* (***σε***/ auf *A*); *pl*. Gebühren *f/pl*.; ***~ απεργείας*** Streikrecht *n*; ***~ ψήφου*** Stimmrecht *n*.

δικαι|ωματικώς [-ķεɔmat-] von Rechts wegen; **~ώνω** (σ· θ) Recht geben (*A*/*D*); *Hoffnung*: sich erfüllen; ***~ώνομαι, ~ούμαι*** berechtigt sein (***να***/ zu); Anspruch haben (*A*/ auf *A*); *Rel*. beichten.

δικαί|ως [ði'ķεɔs] *Adv*. mit Recht; **~ωση** (-εις) Gerechtigkeit *f*, Recht *n*; Bewahrheitung *f*.

δικανικός [ðikan-] gerichtlich; prozessgewandt.

δικάσιμος *f* Termin *m*, Verhandlungstag *m*.

δικαστ|ήριο [ðikast-] *allg*. Gericht *n*; ***πρωτόδικο ~ήριο*** Landgericht *n*; **~ής** Richter *m*; **~ικός** gerichtlich; Gerichts- (*Beamter*, *Kosten*); Richter- (*Amt*); ***~ική οδός*** Rechtsweg *m*; ***~ικός κλητήρας*** Gerichtsvollzieher *m*.

δι|κατάληκτος [-ka'talikt-] ... mit zwei Endungen; **~κάταρτο** [-'katartɔ] Zweimaster *m*.

δικέλλα Hacke *f*, Haue *f*.

δικέρατος [ði'ķεr-] zweihörnig.

δικέφαλος [-'ķεfal-] zweiköpfig; ***~ αετός*** Doppeladler *m*.

δίκη ['ðiķi] Prozess *m*; Strafe *f*.

δικηγορ|ία [-ɣɔr-], **~ική** Anwaltschaft *f*; **~ικός** Anwalts-; ***Ձικός Σύλλογος*** Anwaltskammer *f*; *Su*. *n/pl*. Anwaltsgebühren *f/pl*.; **~ίσκος** Winkeladvokat *m*.

δικηγ|όρος Rechtsanwalt *m*; **~ορώ** [-ɣɔ'rɔ] (εíς· ησ) Rechtsanwalt sein.

δικινητήριος [-ķini'tir-] (-ια) zweimotorig.

δίκιο *s*. ***δίκαιο***.

δικλίδα [ðikl-] Ventil *n*; *Anat*. Klappe *f*; ***ασφαλιστική ~*** Sicherheitsventil *n*.

δίκλινος Zweibett- (*Zimmer*).

δικ|ογραφία [ðikɔɣraf-] Prozessakten *f/pl*.; **~όγραφο** Gerichtsurkunde *f*; **~ολαβισμός** Sophistik *f*; Sophisterei *f*; **~ολάβος** [-ɔ'lav-] Winkeladvokat *m*; Sophist *m*, Wortverdreher *m*; **~ονομία** Prozessordnung *f*; **~ονομικός** Prozess- (*Recht*).

δίκοπος ['ðikɔp-] zweischneidig.

δικ|ός *Adj*. vertraut; eigen, *a*. ***ιδικός***; ***~ός μου, σου*** *usw*. *betont* mein, dein *usw*.; *als Su*. ***ο ~ός μου*** mein, meine, meins; ***οι ~οί μου*** meine Angehörigen *pl*.; ***κάνω τα ~ά μου*** sein Wesen treiben.

δίκοχο ['ðikɔxɔ] Käppi *n*.

δικράνι, δίκρανο Heugabel *f*.

δίκροτο *mar*. *hist*. Zweidecker *m*.

δίκταμο ['ðiktamɔ] Eschenwurzel *f*.

δικτάτορας Diktator *m*.

δικτατορ|ία Diktatur *f*; **~ικός** diktatorisch.

δίκτυ ['ðikti] (-ίου, -ιών· δύκτια) Netz *n* (*a*. *fig*.).

δίκτυο Netz *n*; ***~ ηλεκτρικού*** S-Bahn-Netz *n*, U-Bahn-Netz *n*.

δικτυ|οειδής [-ɔi'ðis] netzartig; **~ωτός** [-ktĭɔt-] netzartig; *Su*. *n* Gitter (-werk) *n*; Drahtgeflecht *n*.

δί|κυκλος zweirädrig; **~κωπος** Zweiruderer *m*.

δίλημμα ['ðilima] *n* Zwangslage *f*.

διλημματικός ausweglos.

δίλοβος [-lɔv-] zweilappig.

δι|λοχία [ðilɔç-] Doppelkompanie *f*; **~μελής** zweiköpfig; zweigliedrig; **~μερής** zweiteilig; bilateral; **~μεταλ-**

διμέτωπος 160

λισμός Doppelwährung *f*; **~μέτωπος** [-'mɛtɔp-] Zweifronten- (*Krieg*); **~μηνία** zwei Monate *m/pl*.; **~μηνιαίος** [-'njɛɔs] (-αία) *s.* ***δίμηνος.***

δίμηνος ['ðimin-] *Dauer*: zweimonatig; *Wiederholung*: zweimonatlich, Zweimonats- (*Zeitschrift*).

διμοιρ|ία [ðimir-] *mil.* Zug *m*; **~ίτης** Zugführer *m*.

διμορφία [-mɔrf-] Dimorphie *f*; *Gr.* Dublette *f*.

δίμορφος dimorph, zweigestaltig.

δίνη ['ðini] Strudel *m* (*a. fig.*); Wirbelsturm *m* (*a. fig.*).

δίνω ['ðinɔ] (δώσε, δώστε! δωσ, δωκ· δοθ· δο(σ)μένος) *v/t.* geben (***του το***/ j-m etw. *A*); *Haus z. B.* verkaufen, abgeben; *Stunden*, *Vorstellung*, *sein Ehrenwort* geben; *Annonce* aufgeben; *Gehör*, *Glauben* schenken; *Genehmigung*, *Diplom* erteilen; *Orden* verleihen; *Eid* leisten; *e-e Prüfung* ablegen; *Gewinn* abwerfen; ***δίνομαι*** sich (*A*) hingeben (***σε***/ *D*); ~ ***δίκιο*** Recht geben; ~ ***δρόμο*** den Laufpass geben; ***ο Θεός να δώσει να ...*** gebe Gott, dass ...; ~ ***προσοχή*** Acht geben (***σε***/ auf *A*); ~ ***ραντεβού*** sich (*A*) verabreden mit *D*; ~ ***σημεία ζωής*** ein Lebenszeichen geben; ~ ***τόπο στην οργή*** seinen Ärger unterdrücken.

Διογένης [ðĭɔ'jɛn-] (-ους) Di'ogenes *m*.

δι|ογκώνω [ðĭɔŋ̑g-] (σ· θ) *v/t.* aufblähen, erweitern; *v/i.* (an)schwellen; **~όγκωση** [-'ɔŋ̑gɔsi] Anschwellen *n*; Aufblähen *n*.

δι|οδεύω [ðĭɔð-] (ευσ) durch'fahren, durch'wandern; **~όδια** *n/pl.* Straßenbenutzungsgebühr *f*, Maut *f*.

δίοδος *f* Durchgang *m* (*a. Phys.*); Pass *m*.

διοίκηση [ði'ik̡-] (-εις) *allg.* Verwaltung *f* (*a. Gebäude*), Leitung *f*; *mil.* Oberbefehl *m*, Kommando *n*.

διοικητήριο Verwaltungsgebäude *n*.

διοικ|ητής Verwalter *m*; Geschäftsführer *m*, Leiter *m*; *mil.* Kommandant *m*; **~ητικό** Verwaltungstalent *n*; **~ητικός** Verwaltungs-; *Adv.* verwaltungsmäßig; **~ώ** [-'kɔ] (είς· ησ) verwalten, leiten; *mil.* kommandieren, befehligen.

διολισθαίνω [ðĭɔlist-] (θησ) (durch-) schlüpfen.

διόλου [ði'ɔlu] *verneint u. fragend* gar nicht, überhaupt nicht, keineswegs; ***όλως*** ~ ganz und gar.

διομο|λόγηση [ðĭɔmɔ'lɔj-] (-εις) Vereinbarung *f*; *pl.* Kapitulationen *f/pl.*; **~λογώ** [-lɔ'ɣɔ] (είς· ησ) e-n Vertrag schließen.

διονυσιακός dionysisch.

Διόνυσος [ði'ɔnis-] Di'onysos *m*.

διονυχίζω [ðĭɔniç-] (σ· στ) gründlich prüfen.

διοξίδιο [-'ksið-] Dioxyd *n*.

δίοπος Gefreite(r) *in der Marine*.

διόπτρα [ði'ɔptra] *n/pl.* Fernglas *n*, Opernglas *n*.

διοπτροφόρος [-ptrɔ'fɔr-] bebrillt; *Su. m* Brillenträger *m*.

διόραση [ði'ɔrasi] Hellsehen *n*.

διορατικ|ός [ðĭɔrat-] hellsichtig; scharf(blickend); **~ότητα** Schärfe *f*, Scharfblick *m*.

δι|οργανώνω [-ɔrɣan-] (σ) organisieren; *Fest* veranstalten; **~οργάνωση** [-nɔsi] (-εις) Organisation *f*; Veranstaltung *f*.

διοργανωτ|ής (***-ώτρια***) Organisator(in *f*) *m*; Veranstalter(in *f*) *m*; **~ής *ταξιδίου*** Reiseveranstalter *m*; **~ικός** Organisations-; organisatorisch.

διόρθωμα [ði'ɔrθ-] *n* Reparatur *f*; Ausbessern *n*; Inordnungbringen *n*.

διορθώνω (σ· θ) in Ordnung bringen; *Kleid* ausbessern, reparieren; *Kind* bessern; *Fehler* verbessern, berichtigen, *bsd. Typ.* korrigieren.

διόρθωση [-θɔsi] (-εις) Berichtigung *f*, *Typ.* Korrektur *f*; *s.* ***διόρθωμα.***

διορθωτ|έος [ðĭɔrθɔt-] (-α) korrekturbedürftig; reparaturbedürftig; **~ής** (***-ώτρια***) Korrektor(in *f*) *m*; Ausbesserer(in *f*) *m*; **~ικός** Korrektur-; Reparatur-.

διορ|ία Frist *f*; Laufzeit *f e-s Wechsels*; **~ίζω** (σ· στ) *Land* begrenzen; *Arznei* verordnen; ernennen (*A - A*/ j-n zu *D*), *Professor a.* berufen; anstellen (***τον σε***/ j-n bei, in *D*), einstellen; **~ισμός** Begrenzung *f*; Verordnung *f*; Ernennung *f*; Einstellung *f*; Berufung *f*.

δι|όρυγμα [ði'ɔriɣma] *n* Graben *m*, Kanal *m*; **~όρυξη** [-riksi] Durchstechen *n*; **~ορύσσω** [-ɔ'risɔ] (ξ· χθ) ausheben; durchstechen.

διορώ [ðĭɔ'rɔ] (άς· διειδ-) voraussehen; durchsehen.

Διός *G v.* ***Ζεύς.***
διοσημία Vorzeichen *n.*
διουρητικός harntreibend.
δι|οχέτευση [-ɔ'çɛtɛfsi] (-εις) Leiten *n*, *El. usw.* Leitung *f*; Kanalisation *f*; **~οχετεύσιμος** ableitbar; leitfähig; **~οχετεύω** (ευσ) leiten; kanalisieren.
δίπατος ['ðipat-] zweistöckig.
δίπλα¹ ['ðipla] Falte *f.*
δίπλα² *Adv.* nebenan, nahebei; *Präp.* ***~ σε*** neben, an (*wo? D*; *wohin? A*), nahe an, bei *D*; ***το κόβω*** *od.* ***παίρνω ~*** sich (*A*) hinlegen.
διπλά *Adv.* doppelt.
διπλάνο *Flugw.* Doppeldecker *m.*
διπλανός benachbart, ... nebenan, anstoßend, Neben- (*Zimmer*).
διπλαρώνω (σ) *v/t.* sich (*A*) *j-m von der Seite* nähern; *mar.* anlegen an *D*; *v/i.* anlegen (***σε***/ an *D*).
διπλασι|άζω (-σίασα· στ) verdoppeln; *mil.* in Doppelreihen aufstellen; **~ασμός** Verdoppelung *f.*
διπλάσιος (-ια) doppelt; doppelt so groß *od.* alt.
διπλιάζω (δίπλιασα· στ) falten; verdoppeln; *v/i.* sich falten.
διπλ|ογραφία [ðiplɔɣraf-] doppelte Buchführung *f*; **~όγραφο** Duplikat *n*, Zweitschrift *f.*
διπλο|πόδι [-'pɔði] *Adv.* im Türkensitz; **~πρόσωπος** [-'prɔsɔp-] *s.* ***διπρόσωπος.***
διπλ|ός [ðipl-] doppelt, zweifach, Doppel- (*Bett*); ***~ή κυκλοφορία*** *Schild*: Gegenverkehr *m*; **~οσκοπός** Doppelposten *m*; **~ότυπο** [-'ɔtipɔ] Quittung(sabschnitt *m*) *f*; (Abreiß-)Block *m*; **~ούς** [-'us] (-ή, -ούν) *s.* ***διπλός; εις ~ούν*** in zweifacher Ausfertigung; **~οψηφία** doppelte Stimmabgabe *f.*
διπλοχαιρετίζω [-çɛrɛ-] e-n Bückling machen.
δίπλωμα *n* Diplom *n*; Zeugnis *n*; Zusammenfalten *n*; Einwickeln *n*; ***~ ευρεσιτεχνίας*** Patent *n*; ***απονέμω ~ ευρεσιτεχνίας*** (***για***) patentieren (*A*).
διπλωμάτης [ðiplɔ'mat-] (***-ισσα***) Diplomat(in *f*) *m* (*a. fig.*).
διπλωματ|ία Diplomatie *f*; **~ικός** diplomatisch (*a. fig.*); Diplom- (*Prüfung*); **~ούχος** [-'ux-] Diplom- (*Ingenieur usw.*).
διπλώνω (σ· θ) falten; einwickeln.
δίπλωση ['ðiplɔsi] Falten *n*; Einwickeln *n.*
διπλωτός Klapp- (*Tisch*).
δί|ποδος [-pɔð-] zweifüßig; **~πορτος** zweitürig; *Su. n fig.* zwei Eisen im Feuer; **~πρακτος** (**-χτ-**) zweiaktig.
δι|προσωπία [ðiprɔsɔp-] Doppelzüngigkeit *f*; **~πρόσωπος** doppelzüngig.
δίπτερος ['ðiptɛr-] zweiflügelig.
δίπτυχος *Rel.* Diptychon *n*; *hist.* Notiztafel *f.*
δίπτωτος *Gr.* ... mit Doppelendung, *z. B.* της πόλης *od. K.* πόλεως.
διπυρίτης [-pi'rit-] Zwieback *m.*
δις [ðis] *K.* zweimal.
δισάκι [-'saïķi] Quersack *m*, Doppelsack *m*; Tornister *m.*
δισδιάστατος [ðiz'ðjastat-] zweidimensional.
δισ|εγγόνη [ðisɛ'ŋgɔni] Urenkelin *f*; **~έγγονος** [-'ɛŋgɔn-] Urenkel *m.*
δισεκατομ|μύριο [-ɛkatɔ'mir-] Milliarde *f*; **~μυριούχος** Milliardär *m.*
δισέλιδος [-'sɛlið-] zwei Seiten lang.
δίσεχτος ['ðisɛxt-] Schalt- (*Jahr*); *fig.* Unglücks-, unheilvoll.
δι|σήμαντος doppeldeutig; **~σκελής** [-sķɛl-] zweischenkelig.
δισκίο [ðisķ-] *Med.* Tablette *f.*
δισκο|βολία [-skɔvɔl-] Diskuswerfen *n*; **~βόλος** (*a. f*) Diskuswerfer(in *f*) *m*; **~θήκη** [-'θiķi] Plattenschrank *m*; Diskothek *f*; **~πότηρο** *Rel.* (Abendmahls-)Kelch *m.*
δίσκος ['ðisk-] Scheibe *f*; Tablett *n*; Schallplatte *f*; Diskus *m*; Opferteller *m*; Diskette *f*; ***~ μεγάλης διαρκείας*** Langspielplatte (LP) *f*; ***~ στάθμευσης*** Parkscheibe *f.*
δισμύριοι zwanzigtausend.
δι|σταγμός [ðistaɣm-] Bedenken *n*; **~στάζω** (σ) zögern; zurückschrecken (***προ*** *G*/ vor *D*).
διστακτικ|ός [-stakt-] (**-χτ-**) unschlüssig; **~ότητα** Unschlüssigkeit *f.*
δίστηλος zweispaltig.
δί|στιχος ['ðistix-] zweizeilig; *Su. n* Zweizeiler *m*; **~στομος** zweischneidig; ... mit zwei Öffnungen; **~στρατο** Kreuzweg *m.*
δισύλλαβος [-'silav-] zweisilbig.
δισυπόστατος ... zweifacher Natur; *Phil.* zweifaltig.
διτάξιος [ði'taks-] (-ια) zweiklassig.

Δ

διτετράγωνος [-tɛ'trayɔn-] *Math. Gleichung* 4. Grades; 4. *Wurzel aus.*
δί|τομος ['ðitɔm-] zweibändig; **~τονος** ... mit zwei Akzenten; **~τροχος** [-trɔx-] zweirädrig.
διττ|ανθρακικός [ðitañθrak̨-] doppeltkohlensauer; **~ός** *s.* ***διπλός.***
δι|υλίζω [ðiil-] (σ· στ) filtern; raffinieren; *fig.* sichten; **~ύλιση** (-εις), **~υλισμός** Filtrieren *n*; Raffination *f*; *fig.* Sichtung *f*; **~υλιστήρας** [-li'stiras] Filter *m*; **~υλιστήριο** Filter *m*; Raffinerie *f*; Kläranlage *f*.
διφθέρα gegerbte(s) Fell *n*; Pergament *n*.
διφθερ|ία, ~ίτιδα Diphtherie *f*.
δίφθογγος ['ðifθɔŋ̈g-] *f* Diphthong *m*, Zwielaut *m*.
διφορ|ούμαι [ðifɔ'rumɛ] (είσαι· ηθ) doppeldeutig sein; **~ούμενος** [-'um-] zweideutig, doppeldeutig; **~ώ** (-άω· άς· ησ) zweimal Frucht tragen.
διφυής [ðifi'is] zwiefacher Natur.
δί|φυλλος [-fil-] zweiblättrig; zweiflügelig; **~φωνος** [-fɔn-] zweistimmig.
διχάζ|ω (σ· στ) *Volk* spalten; ***~ομαι Meinungen***: auseinander gehen.
διχάλ|α, ~ι Gabel *f*.
διχάλωση [ði'xalɔsi] (-εις) Gabelung *f*.
δι|χαλωτός gegabelt, gabelförmig; **~χασμένος** [-xazm-] geteilt, gespalten; **~χασμός** Spaltung *f*; Gabelung *f des Weges*.
διχογνωμ|ία [ðixɔynɔm-] Meinungsverschiedenheit *f*; **~ώ** (είς· ησ) gegensätzlicher Meinung sein.
διχ|όνοια [ði'xɔnja] Zwietracht *f*; *s.* ***διχογνωμία;*** **~ονοώ** [-ɔnɔ'ɔ] (είς· ησ) *s.* ***διχογνωμώ;*** **~οστασία** *s.* ***διχόνοια;*** **~οτόμηση** (-εις) Halbierung *f*; Zweiteilung *f*; *pol. mst.* Teilung *f*; **~οτομία** *Bot., Zool.* Zweiteilung *f*; Halbierung *f*; **~οτόμος** *f* Winkelhalbierende *f*; **~οτομώ** (είς· ησ) halbieren.
δίχρονος Zweitakt- (*Motor*); zweijährig; *Gr.* von doppelter Quantität.
διχρωμία Zweifarbendruck *m*.
δίχρωμος zweifarbig.
δίχτυ ['ðixti] (-ιού· -ια) *n* Netz *n* (*a. fig.*).
δίχως [-xɔs] *Präp.* ohne *A*; ***~ να*** *Ko.* ohne zu *mit Inf.*, ohne dass.
δίψα ['ðipsa] Durst *m* (auf *A*; *fig.* nach *D*); ***~ για εκδίκηση*** Rachedurst *m*.
διψαλέος [-psa'lɛ-] (-α) durstig.
δίψασμα ['ðipsazma] *n* Dürsten *n*.
διψασμένος durstig.
διψήφιος [-'psif-] (-ια) zweistellig (*Zahl*).
δίψηφο *Gr.* einlautige(r) Doppelbuchstabe (*z. B.* ***οι*** = i, ***μπ*** = b).
διψώ [-'psɔ] (άς· ασ) Durst haben; *fig.* dürsten (***για***/ nach *D*).
διω- *s.* ***διο-.***
διωγμός [ðiɔym-] Verfolgung *f*; Vertreibung *f*.
διωδία Duett *n*.
διώκτης ['ðjɔkt-] (***-ώκτρια***) Verfolger(in *f*) *m*; Jagd- (*Hund*).
διώκω *s.* ***διώχνω.***
διώνυμο [-nimɔ] *Math.* Binom *n*.
δίωξη ['ðiɔksi] (-εις) Verfolgung *f*; Vertreibung *f*; *jur.* ***ποινική ~*** Strafverfahren *n*.
διώξιμο ['ðjɔks-] (-ατος) Entlassung *f*; Verbannung *f*.
διωρισμένος [ðiɔrizm-] *s.* ***διορίζω;*** begrenzt *usw.*
δίωρος ['ðiɔr-] zweistündig; *Su. n* zwei Stunden.
διώροφος ['ðjɔrɔf-] zweistöckig.
διώρυγα [-riya] Kanal *m*; ***η ~ της Κορίνθου*** der Kanal von Korinth.
διωστήρας [-'stiras] Pleuelstange *f*.
δίωτος ['ðiɔt-] mit zwei Henkeln.
διώχνω ['ðjɔxnɔ] (ξ· χθ, χτ) *j-n* jagen (***από***/ aus *D*); *Sohn* verstoßen; vertreiben; verfolgen.
δόγης ['ðɔj-] Doge ['do:ʒə] *m*.
δογκιχοτισμός Donquichotterie *f*.
δόγμα ['ðɔyma] *n* Lehre *f*; Grundsatz *m*; *Rel., Phil.* Dogma *n*.
δογματ|ίζω (σ) dozieren; ein Dogma aufstellen (***για***/ über *A*); **~ική** [-ik̨-] Dogmatik *f*, Glaubenslehre *f*; **~ικός** [-ik-] dogmatisch; verbohrt; **~ισμός** Dogmatismus *m*; **~ιστής** Dogmatiker *m*.
δοθ- *s.* ***δίνω.***
δοθ|είς [ðɔ'θis] (-είσα, -έν) *K.* gegeben; **~έντα** *n/pl.* Angaben *f/pl.*, Daten *pl.*
δοθηκ- *s.* ***δίνω.***
δοιάκι [ði'aïk̨i] Ruderpinne *f*; Steuer *n*.
δοκάνη [ðɔ'kani] Dreschbohle *f* (*Holzbalken mit Steinen*).
δόκανο Falle *f*.
δοκάρι Balken *m*.
δοκησ|ισοφία [-k̨isisɔf-] Selbstbe-

wusstsein *n*; **~ίσοφος** selbstbewusst, überheblich.

δοκιμ|άζω [ðɔkim-] (σ· στ) (aus)probieren; *Essen* probieren, kosten; *Kleider, Schuhe* anprobieren; *Hut* aufprobieren; *Glück* versuchen; *Ehrlichkeit* auf die Probe stellen; versuchen (**να**/ zu); durchmachen, leiden (**από**/ unter *D*); *Überraschungen* erleben; **~άζομαι** betroffen werden; **~ασία** (Aufnahme-)Prüfung *f*; *Tech.* Prüfung *f* (**σε**/ auf *A*); *mst. pl.* Prüfungen *f*/*pl.*, F Nackenschläge *m*/*pl.*, Leid *n*; **~ασμένος** erprobt; bewährt (*bsd. Person*); **~αστήριο** (Anprobier-)Kabine *f*; **~αστής** (Wein-)Prüfer *m*; **~αστικός** Versuchs-; Reagenz- (*Glas, Papier*); Prüf-; Probe-; *Adv.* versuchsweise.

δοκιμή Prüfung *f*; (Kost-)Probe *f*, Probieren *n*; *Thea.* Probe *f*; Anprobe *f des Anzugs*; *Tech.* Versuch *m*; **προς** (*od.* **υπό**) **~** zur Probe; **κάνω ~** e-n Versuch machen (**να**/ zu).

δοκίμιο Korrektur(abzug *m*) *f*; *lit.* Aufsatz *m*, Essay *m*; Versuch *m*.

δόκιμος erfahren, bewährt, erprobt; *Su. m* Kursusteilnehmer *m*; (Offiziers-)Anwärter *m*; (See-)Kadett *m*; *Rel.* Novize *m*.

δοκιμότητα Bewährtheit *f*, Erfahrung *f*; Anwartschaft *f*.

δοκός *f* Balken *m*.

δολάριο [ðɔ'lar-] Dollar *m*.

δολ|ερός [ðɔlɛr-] *s.* **δόλιος**; **~ιεύομαι** [-'ljɛvɔmɛ] (ευτ) *v*/*t.* hintergehen; *v*/*i.* intrigieren.

δόλιος[1] (-ια) hinterlistig, böswillig.

δόλιος[2] (-ια) ärmst-, unglückselig.

δολι|ότητα Böswilligkeit *f*; **~οφθορά** [-ɔfθɔ'ra] Sabotageakt *m*; **~οφθορέας** (*pl.* -είς) Saboteur *m*.

δολιχοκέφαλος [ðɔlixɔ'ķɛfal-] langköpfig.

Δολομιτικές Άλπεις [ðɔlɔmiti'ķɛs 'alpis] *f*/*pl.* Dolomiten *pl.*

δολο|πλοκία [-plɔķ-] Ränke *pl.*, Intrigen *f*/*pl.*; **~πλόκος** [-'plɔk-] Ränkeschmied *m*; **~πλοκώ** [-'kɔ] (είς· ησ) Ränke schmieden.

δόλος List *f*; *jur.* arglistige Täuschung *f*; *s.* **δόλωμα**.

δολο|φονία [ðɔlɔfɔn-] (Meuchel-)Mord *m*; **~φονικός** Mord-; **~φόνος** (**-α, -ισσα**) (Meuchel-)Mörder(in *f*) *m*; **~φονώ** (είς· ησ) (meuchlings) ermorden.

δόλωμα *n* Köder *m*; Verfälschung *f*; **πιάνω το ~** *bsd. fig.* anbeißen.

δολώνω (σ· θ) *etw.* als Köder befestigen an *D*; verfälschen.

δομή [ðɔ'mi] Bau *m*; *fig.* Gefüge *n*, Struktur *f*.

δόμημα *n* Gebäude *n*.

δομικός Bau- (*Material*); Konstruktions-.

δόνηση ['ðɔn-] (-εις) Schwingung *f*, Vibration *f*; Erschütterung *f*.

δοντάγρα [ðɔ'ndaγra] Zahnzange *f*.

δόντι ['ðɔndi] Zahn *m*; *fig.* Protektion *f*; *pl. a.* Beziehungen *f*/*pl.*

δοντιά [-'ndja] Biss *m*; *Argot*: Haschischdosis *f*.

δοντόπονος [ðɔ'ndɔpɔn-] Zahnschmerzen *m*/*pl.*

δον|ώ [ðɔ'nɔ] (είς· ησ) *v*/*t.* in Schwingung versetzen; erschüttern (*a. fig.*); *fig.* ergreifen; **~ούμαι** (είσαι) schwingen; beben.

δόξα ['ðɔksa] Ruhm *m*; Regenbogen *m*; *fig.* Held *m*; Glanzstück *n*; **~ σοι ο Θεός!** Gott sei Dank!

δοξάζω (σ· στ) besingen, verherrlichen; *Gott* preisen; anbeten.

δοξ|άρι *Mus.* Bogen *m*; **~αριά** *Mus.* Bogenstrich *m*.

δοξασ|ία [ðɔksas-] Anschauung *f*, Ansicht *f*; **~μένος** ruhmreich.

δοξο|λογία [ðɔksɔlɔj-] Lobgesang *m*; religiöse Feierlichkeit *f*; **~λογώ** (είς· ησ) *Gott* preisen; **~μανής** ruhmsüchtig; **~μανία** Ruhmsucht *f*.

δορά Haut *f*, Fell *n*.

δορκ|άδα, ~άς (-άδος) *f* Reh *n*.

δόρυ ['ðɔri] (-ατος· -ατα, -άτων) *n* Lanze *f*.

δορυφόρος [-'fɔr-] *Astr., pol.* Satellit *m*; *hist.* Leibwächter *m*; Lanzenträger *m*; **μετεωρολογικός ~** Wettersatellit *m*.

δος gib!, *s.* **δίνω**.

δόσ|η ['ðɔsi] (-εις) Geben *n*; Gabe *f*; *Med.* Dosis *f*; *Hdl.* Teilzahlung *f*, Rate *f*; **~ις όρκου** Eidesleistung *f*; **με ~εις** in Raten, auf Abzahlung.

δοσίλογος [-'silɔγ-] haftbar, haftpflichtig; *Su. m, f* Kollaborateur(in *f*) *m*, Vaterlandsverräter(in *f*) *m*.

δόσιμο (-ατος) Geben *n*; Reichen *n*; Abgabe *f*.

δοσμένος [-zm-] gegeben, *s.* ***δίνω.***
δοσο|ληψία [-sɔlips-] Geschäft *n*; *pl.* Beziehungen *f/pl.* (**με**/ zu *D*); **~λογία** [-lɔj-] Dosierung *f.*
δότης Geber *m*; **~ *οργάνου*** Organspender *m.*
δοτική [ðɔti'ḳi] Dativ *m.*
δούγα ['ðuɣa], **δούγια** Daube *f.*
δούκας ['ðukas] Herzog *m.*
δουκάτο [ðu'katɔ] Herzogtum *n*; Dukaten *m.*
δούκισσα Herzogin *f.*
δούλα Sklavin *f*; Dienerin *f.*
δουλεία Sklaverei *f*, Knechtschaft *f.*
δουλειά [ðu'lja] Arbeit *f*; Angelegenheit *f*, Sache *f*; Beruf *m*, Beschäftigung *f*; Geschäft *n*; *mst. pl.* Scherereien *f/pl.* (**με**/ mit *D*); **~ *του σπιτιού*** Hausarbeit *f*; ***έχω* ~** ich habe zu tun; ***το έχει*** *od.* ***το έκανε* ~** (seine) Hauptarbeit ist ... (**να**/ zu).
δούλεμα ['ðulεma] *n* Bearbeitung *f*, Überarbeitung *f*, Arbeit *f*; Pflege *f*, Wartung *f*; Fopperei *f.*
δουλ|εμπόριο [-lε'm̆bɔr-] Sklavenhandel *m*; **~έμπορος** [-'εm̆bɔr-] Sklavenhändler *m.*
δουλευτ|άρης [ðulε'ftar-] (-α, -ικο) arbeitsam; **~ής** gute(r) Arbeiter *m.*
δουλεύτρα gute Arbeiterin.
δουλεύω (εψ· εφτ) *v/i.* arbeiten; *Tech.* gehen; *Geschäft*: *gut* gehen; *Wunde*: eitern; *Arznei*: wirken; *hist.* versklavt sein; *v/t. j-m* dienen; *etw.* bearbeiten; *Geschäft* führen; *Speise* gut durchrühren; *mar.* Wind *in die Segel* nehmen; F *fig. j-n* aufziehen, foppen; **~ *λαθραία*** schwarzarbeiten.
δούλ|εψη ['ðulεpsi] Dienst *m*; Gefälligkeit *f*; Lohn *m*; Arbeit *f*, *lit.* Mühen *f/pl.*; **~η** *s.* ***δούλα.***
δουλικ|ό Dienerin *f*, Magd *f*; **~ός** Sklaven-; sklavisch; liebedienerisch; **~ότητα** Liebedienerei *f*, Kriecherei *f.*
δουλίτσα kleine Arbeit *f*; junge Dienerin *f.*
δουλο|παροικία [ðulɔpariḳ-] *hist.* Leibeigenschaft *f*; **~πάροικος** [-'parik-] *hist.* Leibeigene(r); **~πρέπεια** [-'prεpja] Unterwürfigkeit *f*; **~πρεπής** unterwürfig.
δούλος ['ðul-] Sklave *m* (*a. fig.*).
δουλ|όφρονας [ðu'lɔfrɔnas] servil; **~οφροσύνη** [-frɔ'sini] knechtische Gesinnung *f*, Speichelleckerei *f*; **~οχτήτης** [-ɔ'xtit-] Sklavenhalter *m*; **~ώνω** (σ· θ) unterjochen; sich (*D*) *j-n* untertan machen.
Δούναβης ['ðunavis] Donau *f.*
δούναι ['ðunε]: **~ *και λαβείν*** *n* Soll und Haben *n.*
δούρειος ['ður-]: ***ο* ♀ *ίππος*** das hölzerne Pferd.
δοχείο [ðɔç-] Gefäß *n*, Behälter *m*; Vase *f*; ***εφεδρικό* ~** Reservetank *m*; **~ *νυκτός*** Nachtgeschirr *n.*
δραγάτ|α [ðra'ɣata] Hütte *f*; **~ης** Flurwächter *m.*
δραγόνος Dragoner *m.*
δραγουμάνος [-ɣum-] Dolmetscher *m.*
δράκα Hand voll *f.*
δράκ|αινα ['ðraḳεna] (weiblicher) Drache *m*; **~οντας** Drache *m.*
δρακόντειος [-'kon̆djɔs] (-α) drakonisch; Drachen-.
δράκος *s.* ***δράκοντας;*** ungetaufte(r) Knabe *m.*
δρακούλα [ðra'kula] ungetaufte(s) Mädchen *n.*
δράμα ['ðrama] *n* Schauspiel *n*, Drama *n* (*a. fig.*).
δραματ|ικός dramatisch (*a. fig.*); **~ολόγιο** [-ɔ'lɔjɔ] *Thea.* Spielplan *m*; **~οποίηση** [-ɔ'piisi] (-εις) Dramatisierung *f*; **~οποιός** [-ɔ'pjɔs] Dramatiker *m*, Bühnendichter *m*; **~οποιώ** [-ɔ'pjɔ] (είς· ησ) dramatisieren (*a. fig.*); Dramen schreiben; **~ουργία** [-urj-] Bühnendichtung *f*; Dramaturgie *f*; **~ουργός** [-urɣ-] Dramatiker *m*; Dramaturg *m*; **~ουργώ** [-'ɣɔ] (είς· ησ) *s.* ***δραματοποιώ.***
δράμι ['ðrami] *hist.* Dramion *n* (= 3,2 g); *fig.* Körnchen *n.*
δράνα Laube *f.*
δραπ|έτευση [ðra'pεtεfsi] (-εις) Flucht *f*; **~ετεύω** (ευσ) entfliehen (***από, εκ*** *G*/ aus *D*); **~έτης** Entflohene(r).
δράση ['ðrasi] (-εις) Tätigkeit *f*, Aktivität *f*; Wirkung *f e-r Arznei*; *lit.* Handlung *f*; ***άμεση* ~** Notruf *m.*
δρασκελ- *s.* ***διασκελ-.***
δραστ|ηριοποιώ [ðrastirĭɔ'pjɔ] aktivieren; **~ήριος** (-ια) aktiv; wirksam; **~ηριότητα** Aktivität *f*; Wirksamkeit *f.*
δράστης Täter *m*; Urheber *m.*
δραστικ|ός stark; wirksam; **~ότητα** Wirksamkeit *f.*

165 δυναμώνω

δράστις (-ιδος) *f* Täterin *f*.
δρατσινιά [ðrats-] Sauerdorn *m*.
δραχμή [ðra'xmi] Drachme *f*.
δραχμοσυντήρητος ... mit bescheidenem Einkommen.
δρεπ|άνι [ðrɛ'pani] Sense *f*; Sichel *f*; **~ανίζω** (σ) (ab)mähen; **~άνισμα** *n* Abmähen *n*; **~ανιστής** (*pl.* -άδες) Mäher *m*, Schnitter *m*; **~ανίστρια** Mäherin *f*; **~ανοειδής** [-anɔið-] sichelförmig.
δρεπανόρραμφος [ðrɛpa'nɔramf-] (*Vogel*) Kreuzschnabel *m*.
δρέπω ['ðrɛpɔ] (έδρεψα) pflücken; *fig. Lorbeeren* ernten.
δριμ|ύς [ðri'mis] scharf, herb; *Winter*: rau, streng; *fig*. bissig; **~ύτητα** Schärfe *f*, Herbheit *f*; Rauheit *f*, Strenge *f*; Bissigkeit *f*.
δρόλαπος ['ðrɔlap-], **δρολάπι** böige(r) Regenschauer *m*.
δρομάδα Dromedar *n*.
δρομ|αίος [ðrɔ'mɛ-] (-αία) eilig(st); **~άκι** Pfad *m*, (Wander-)Weg *m*; **~έας** [-'ɛas] (*pl.* -είς) Läufer *m*; ***~έας αντοχής*** Langstreckenläufer *m*; **~ικός** Läufer-; Renn- (*Pferd*); ***~ικός λίθος*** Läufer *m*; **~ίσκος** Pfad *m*; **~ολόγιο** [-ɔ'lɔjɔ] Kursbuch *n*; Fahrplan *m*; Reise(route) *f*, Fahrt *f* (***για/*** nach *D*); *fig*. Plan *m*; **~ολογούμαι** [-ɔlɔ'ɣumɛ] (είσαι) (fahrplanmäßig) verkehren; **~όμετρο** [-'ɔmɛtrɔ] Log *n*, Logge *f*.
δρομόνι Metallsieb *n*.
δρόμο|ς ['ðrɔm-] Weg *m*; Straße *f*; Fahrgeschwindigkeit *f*; *Person*: Gang *m*; *Wagen*: Fahrt *f*; *Sport*: Lauf *m*; (*Pferde- usw.*) Rennen *n*; *Astr*. Bahn *f*; Fuhre *f Holz usw*.; Gang *m*, Verlauf *m e-r Angelegenheit*; ***~ς προτεραιότητας*** Vorfahrtsstraße *f*; ***~ς ταχείας κυκλοφορίας*** Schnellstraße *f*; ***~ς ταχύτητας*** (***ημιαντοχής, αντοχής***) Kurz(Mittel-, Lang-)streckenlauf *m*; ***~ς 100 μέτρων*** Hundertmeterlauf *m*; ***~ς βάδην*** Gehen *n*; ***~ς μετ' εμποδίων*** Hürdenlauf *m*; ***~!*** weg hier!; ***στο ~*** unterwegs; ***μένω στο ~*** (unterwegs) liegen bleiben; ***παίρνω ~ για*** sich (*A*) auf den Weg machen nach *D*.
δρόμωνας ['ðrɔmɔnas] Korvette *f*.
δροσ|άτος [ðrɔ'sat-], **~ερός** frisch; *Luft a.*: kühl; **~ερότητα** Frische *f*; Kühle *f*; **~ιά** Tau *m*; Frische *f*; Kühle *f*; **~ίζω** (σ· στ) *v/t*. kühlen, erfrischen; *v/i*. sich abkühlen, kühl werden; ***~ίζομαι*** sich (*A*) erfrischen; **~ιό** Frische *f*; Kühle *f*; kühle(r) Schatten *m*.
δρόσισμα *n* Abkühlung *f*; Erfrischung *f*.
δροσ|ιστικός [ðrɔsist-] erfrischend; Erfrischungs- (*Getränk*); **~οβόλος** [-ɔ'vɔl-] kühlend; **~οβολώ** (είς· ησ) Kühle spenden; **~ολογώ** [-ɔlɔ'ɣɔ] (άς· ησ) erfrischen; ***~ολογιέμαι*** (-ήθηκα) sich (*A*) erfrischen; sich (*A*) abkühlen; **~οπάχνη** [-ɔ'paxni] Reif *m*.
δροσώδης [ðrɔ'sɔð-] taufrisch; taubedeckt.
δρυάδα [ðri'aða] Waldnymphe *f*.
δρύινος ['ðriin-] eichen, Eichenholz-.
δρυμός [ðrim-] Eichenwald *m*, Forst *m*; ***εθνικός ~*** Nationalpark *m*.
δρυοκολάπτης [ðriɔkɔ'lapt-] Specht *m*.
δρυς [ðris] (-υός) *f* Eiche *f*.
δρύφρακτο ['ðrifraktɔ] Geländer *n*; *mar*. Reling *f*.
δρω [ðrɔ] (ας· έδρασα) wirken (***σε/*** auf *A*); *Person*: tätig sein, aktiv sein (***εναντίον G/*** gegen *A*); sich (*A*) einsetzen.
δυ|άδα [ði'aða] Zweiheit *f*, Paar *n*; **~αδικός** Doppel- (*Monarchie*); Zweier- (*System*); **~αδισμός** Dualismus *m*; **~άρα** 2-Lepta-Münze *f*; Pasch *m*; *fig*. Heller *m*; **~άρι** Zwei *f*; **~ϊκός** *Gr*. Dual *m*.
δύναμαι ['ðin-] (-νήθηκα) *K. s.* ***μπορώ.***
δύναμη ['ðinami] Kraft *f* (*a. Phys.*); *pol., mil.* Macht *f*; *pl.* Streitkräfte *f/pl.*; *Math*. Potenz *f*; ***μεγάλη ~*** Großmacht *f*; ***πυρηνική ~*** Atomstreitmacht *f*; ***τρίτη ~ του 5*** fünf hoch drei ($=5^3$); (***το***) ***κατά ~*** nach Kräften.
δυναμικ|ή Dynamik *f*; **~ός** dynamisch; kraftvoll; Macht- (*Politik*); *Su. n* Potential *n*; ***διαφορά ~ού*** *El*. Potentialdifferenz *f*, Spannung *f*; **~ότητα** Kraft *f*, Potenz *f*; Leistungsfähigkeit *f*; ***... υψηλής ~ότητας*** Hochleistungs-.
δυναμίτιδα [-'mitiða] Dynamit *n*.
δυναμό [ðina'mɔ] (0) *f*, *n* Dynamo *m*, *Auto*: Lichtmaschine *f*; **~μετρο** Dynamometer *n*.
δυνάμωμα [ði'nam-] *n* Kräftigung *f*, Stärkung *f*; Genesung *f*.
δυναμ|ώνω (σ· ωμ) *v/t*. *j-n* kräftigen, stärken; *etw*. kräftiger machen; *v/i*. sich

Δ

δυναμωτικός 166

(*A*) verstärken; wieder zu Kräften kommen; **~ωτικός** kräftigend; Stärkungs- (*Mittel*).
δυναστ|εία [ðinast-] Dynastie *f*; Herrschaft *f*; *fig*. Druck *m*, Zwang *m*; **~ευτικός** [-ɛft-] regierend; Gewalt-; **~εύω** (ευσ· ευτ) *v/i*. herrschen, regieren; *v/t*. unterdrücken.
δυν|άστης [ði'nast-] Herrscher *m*, Souverän *m*; *fig*. Tyrann *m*, Diktator *m*; **~αστικός** dynastisch; gewalttätig, Gewalt-.
δυνατ|ά [ðina'ta] *Adv*. laut *sprechen*; kräftig, tüchtig; **~ό** Möglichkeit *f*; ***κατά το ~ό*** nach Möglichkeit; ***όσο το ~ό συντομότερα*** (***πιο καθαρά***) möglichst bald (deutlich); **~ός** stark, kräftig; laut; *Krankheit*: schwer; *allg*. möglich; **~ότητα** Möglichkeit *f*; ***~ότητες ψυχαγογίας*** Freizeitangebot *n*.
δύνη *Phys*. Dyn *n*.
δυνητικός [ðinit-] bedingt; fakultativ; *Gr*. Bedingungs-.
δύνομαι (δυνήθηκα) *s*. ***μπορώ.***
δύο ['ðiɔ], **δυο** [ðjɔ] zwei; *oft*: ein paar; *Su*. *n* Zwei *f*; ***δύο γραμμές*** ein paar Zeilen; ***δύο-δύο*** zu zweien; ***και οι δυο*** (***μας***) (wir) beide; ***ένας απ' τους δύο*** einer von beiden.
δυόμισι zweieinhalb.
δυ|οσμαρίνι [ðiɔzma'rini] Rosmarin *m*; **~όσμος** Minze *f*.
δυσ- *Präfix*: schwer, miss-, un-.
δυσ|άγωγος [ði'saɣɔɣ-] schwer lenkbar (*od*. erziehbar); **~άλωτος** [-'alɔt-] schwer einnehmbar; **~ανάβατος** [-a'navat-] schwer besteigbar; **~ανάγνωστος** [-'naɣnɔst-] schwer lesbar; **~αναλογία** [-lɔj-] Missverhältnis *n*; **~ανάλογος** [-a'nalɔɣ-] ... im Missverhältnis *stehen* (***προς*** *A*/ zu *D*); **~αναπλήρωτος** [-ana'plirɔt-] unersetzlich; **~ανασχετώ** [-sçɛ'tɔ] (είς· ησ) ungehalten sein (***για***/ wegen *G*).
δυσαπ|άλλακτος [ðisa'palakt-] *K*. drückend; unvermeidbar; **~όδεικτος** [-'ɔðikt-] schwer beweisbar; **~όκτητος** [-'ɔktit-] schwer erreichbar.
δυσ|αρέσκεια [ðisa'rɛsk̦-] Missfallen *n*, Unbehagen *n*; **~αρεστημένος** [-rɛstim-] unzufrieden (***με***/ mit *D*); **~αρέστηση** (-εις) Unannehmlichkeit *f*; Unzufriedenheit *f*; **~άρεστος** unbehaglich; **~αρεστώ** (είς· ησ· ηθ) *v/t*. missfallen (***τον***/ *j-m*); ***~αρεστούμαι*** unzufrieden sein; sich (*A*) ärgern; **~αρίθμητος** [-'riθmit-] unzählig.
δυσαρμον|ία [ðisarmɔn-] Missklang *m*; Unstimmigkeit *f*; **~ικός** disharmonisch; uneinig.
δυσβάσταχτος [ði'zvastaxt-] unerträglich, drückend.
δύσβατος [-zvat-] unwegsam; schwer begehbar (*od*. befahrbar).
δυσδιά|βατος [ðiz'ðjavat-] *s*. ***δύσβατος***; **~θετος** [-θɛt-] *Hdl*. schwer absetzbar; **~κριτος** schwer unterscheidbar *od*. erkennbar; **~λυτος** [-lit-] schwer löslich.
δυσ|διήγητος [ðizði'ijit-] schwer beschreibbar; **~διόρθωτος** schwer korrigierbar.
δυσ|ειδής [ðisið-] missgestaltet, unförmig; **~εκπλήρωτος** [-ɛk'plirɔt-] schwer erfüllbar.
δυσεντερ|ία [-sɛn̆dɛr-] Ruhr *f*; **~ικός** ruhrartig.
δυσ|εξήγητος [ðisɛ'ksijit-] schwer erklärlich; **~ίτηλος** [-'itil-] *Fleck*: schwer entfernbar, hartnäckig.
δυσ|ερμήνευτος [-sɛr'minɛft-] schwer deutbar; **~εύρετος** [-'ɛvrɛt-] sehr knapp, F kaum zu kriegen.
δύση ['ðisi] (-εις) Westen *m*; Untergang *m der Sonne*; *fig*. Niedergang *m*; Ende *n*; *poet*. Abendland *n*.
δυσθυμία [ðisθim-] Niedergeschlagenheit *f*.
δύσθυμος niedergeschlagen.
δυσθυμώ [ðisθi'mɔ] (είς· ησ) niedergeschlagen *od*. missmutig sein.
δυσίατος [-'siat-] schwer heilend.
δύσκαμπτος ['ðiskam̆pt-] unbiegsam; *Knie*: steif; *fig*. unbeugsam.
δυσκαμψία [-kam̆ps-] Unbiegsamkeit *f*; Steifheit *f*; Unbeugsamkeit *f*.
δυσκατ|άληπτος [-ka'talipt-] schwer einnehmbar; *fig*. schwer begreiflich; **~ανόητος** [-a'nɔit-] schwer begreiflich *od*. fassbar.
δυσ|κινησία [ðisk̦inis-] Schwerfälligkeit *f*; **~κίνητος** [-'k̦init-] schwerfällig, langsam (fahrend); **~κοίλιος** [-'k̦il-] (-ια) ... ohne Stuhlgang; stopfend; **~κοιλιότητα** [-k̦i'ljɔt-] *Med*. Verstopfung *f*; **~κοινώνητος** [-k̦i'nɔnit-] ungesellig.

167 δώδεκα

δύσκολα *Adv.* schwer; mühsam.
δυσκολ|αίνω (αν), **~εύω** (εψ· ευτ) *v/t.* erschweren; ***~εύομαι*** sich (*D*) schwer tun (***σε***/ mit *D*; ***να***/ zu); *bsd. verneint*: zögern; **~ία** Schwierigkeit *f.*
δυσκολο- [ðiskɔlɔ-] *oft*: schwer zu, schwer ...bar, ...lich.
δυσκολο|γιάτρευτος [-'jatrɛft-] schwer heilbar; **~πίστευτος** [-'pistɛft-] kaum glaublich; **~πούλητος** [-'pulit-] schwer verkäuflich; **~πρόφερτος** [-'prɔfɛrt-] schwer aussprechbar.
δύσκολος ['ðiskɔl-] *mst.* schwierig (*a. Charakter*); schwer.
δυσκολοχώνευτος [-'xɔnɛft-] schwer verdaulich.
δυσκρασία [ðiskras-] extreme(s) Klima *n.*
δύσληπτος ['ðizlipt-] *K.* schwer zu fangen(d) *od. fig.* zu verstehen(d); *Med.* schlecht einzunehmen(d).
δυσ|μάθεια [ði'zmaθ-] Ungelehrigkeit *f*; **~μαθής** ungelehrig.
δυσ|μένεια [ði'zmɛn-] Ungunst *f*; Ungnade *f*; ***πέφτω σε ~μένεια*** in Misskredit geraten; **~μενής** ungünstig; **~μετάβλητος** [-mɛ'tavlit-] schwer veränderlich; **~μεταχείριστος** [-'çirist-] umständlich; **~μνημόνευτος** [-mni'mɔnɛft-] schwer einprägsam.
δύσμοιρος ['ðizmir-] unglückselig.
δυσμορφία [θizmɔrf-] Unförmigkeit *f.*
δύσμορφος unförmig.
δυσνόητος [ði'znɔit-] unverständlich.
δυσ|οίωνος [ði'siɔn-] unheilvoll; pessimistisch; **~οσμία** [-ɔzm-] üble(r) Geruch *m*, Gestank *m.*
δύσοσμος ['ðisɔzm-] übel riechend.
δυσπαρ|άδεκτος [-spa'raðɛkt-] (-χτ-) schwer annehmbar; **~ηγόρητος** [-i'ɣɔrit-] untröstlich.
δύσπεπτος [-spɛpt-] schwer verdaulich, unbekömmlich.
δυσ|πεψία [ðispɛps-] Verdauungsstörung *f*, Dyspepsie *f*; **~πιστία** Misstrauen *n*; Ungläubigkeit *f.*
δύσπιστος misstrauisch (***σε***/ gegen *A*); ungläubig.
δυσπιστώ [ðispi'stɔ] (είς· ησ) misstrauisch sein.
δύσπνοια ['ðispnĭa] Atembeschwerden *f/pl.*; *Med.* Kurzatmigkeit *f.*
δυσ|πραγία [-spraj-] *K.* Flaute *f*, Stagnation *f*; **~πρόσιτος** unzugänglich; unerschwinglich; **~πρόφερτος** *s.* ***δυσκολοπρόφερτος.***
δύστηκτος ['ðistikt-] schwer schmelzbar.
δύστηνος [-stin-] *K.* unglückselig.
δυστοκία schwere Geburt *f* (*a. fig.*).
δυστροπία [-strɔp-] Eigensinn *m.*
δύστροπος eigenwillig.
δυστροπώ [ðistrɔ'pɔ] (είς· ησ) eigenwillig sein; sich weigern (***να***/ zu).
δυσ|τύχημα [ði'stiç-] *n* (Verkehrs-) Unfall *m*; **~τυχής** unglücklich; **~τυχία** Unglück *n*; Elend *n*; **~τυχισμένος** unglücklich.
δύστυχος ['ðistix-] unglücklich.
δυστυχ|ώ [-'xɔ] (είς, άς· ησ) unglücklich sein; Not leiden; **~ώς** *Adv.* leider, unglücklicherweise.
δυσυπέρβατος [-si'pɛrvat-] *K.* schwer passierbar.
δυσ|φήμηση [ði'sfim-] (-εις) Verunglimpfung *f*, Diffamierung *f*; **~φημία** üble(r) Ruf *m*; **~φημίζω** (σ) *s.* ***δυσφημώ***; ***~φημίζομαι*** in Verruf kommen; **~φημιστικός** verleumderisch; **~φημώ** [-fi'mɔ] (είς· ησ· ισμ) verunglimpfen, diffamieren, F schlecht machen.
δυσ|φόρητος [ði'sfɔrit-] kaum erträglich; **~φορία** Unwille *m*; Unpässlichkeit *f*; **~φορώ** (είς· ησ) empört sein (***με***/ wegen *G*).
δυσ|χεραίνω [ðisçɛr-] (αν· ανθ) *v/t.* erschweren; ***~χεραίνομαι*** sich komplizieren, ernster werden; **~χέρεια** Schwierigkeit *f*; Widrigkeit *f*; **~χερής** schwierig.
δύσχρηστος ['ðisxrist-] unhandlich; *Wort*: ungebräuchlich.
δυσ|ώδης [ði'sɔð-] *K.* übel riechend; **~ωδία** üble(r) Geruch *m*; **~ώνυμος** verrufen.
δύτης ['ðit-] Taucher *m*; ***ερασιτέχνης ~*** Sporttaucher *m.*
δυτικογερμανός westdeutsch.
δυτικός westlich, West- (*Europa*); *Adv.* im Westen.
δύω ['ðiɔ] (έδυσα) untergehen; *fig.* erlöschen.
δυωδία [ðiɔð-] Duett *n.*
δω (dass) ich sehe; *s.* ***βλέπω.***
δώδεκα ['ðɔðɛka] zwölf.

Δ

δωδεκάγωνος 168

δωδεκ|άγωνος [-'kaɣɔn-] zwölfeckig; *Su. n* Zwölfeck *n*; **~άδα** Dutzend *n*; **~αδάκτυλο** [-a'ðaktilɔ] Zwölffingerdarm *m*; **~άεδρο** [-'aɛðrɔ] Zwölfflächner *m*, Dodekaeder *n*; **~αετής** [-aɛt-] *K.* zwölfjährig; **~αήμερο** die Nachweihnachtszeit *f* (*bis zum 6. Jan.*); **~άθεο** die zwölf Götter (*des Olymps*); **2άνησος** [-'anis-] *f* Dodeka'nes *m*; **~αριά:** ***καμία ~αριά*** etwa zwölf, etwa ein Dutzend; **~ασύλλαβος** [-a'silav-] zwölfsilbig.

δωδεκατημόριο [ðɔðɛkati'mɔr-] Zwölftel *n*; *pol.* Monatshaushalt *m*; Zeichen *n des Tierkreises*.

δωδέκατος zwölft-; *Su. n* Zwölftel *n*; *Typ.* Zwölferformat *n*.

δωδεκάωρος [-ðɛ'kaɔr-] zwölfstündig.

δώμα ['ðɔma] *n poet.* Gemach *n*; Terrasse *f*.

δωμάτιο [ðɔ'matĭɔ] Zimmer *n*; ***~ ύπνου*** Schlafzimmer *n*.

δωρεά [ðɔrɛ'a] Geschenk *n*, Spende *f*, Zuwendung *f*; ***αγία ~*** Fronleichnam(sfest *n*) *m*; **~ν** *Adv.* umsonst.

δώρημα *n K.* Schenkung *f*, Zuwendung *f*.

δωρητήριο Schenkungsurkunde *f*.

δωρ|ητής (-***ήτρια***) Spender(in *f*) *m*; **~ίζω** (σ) schenken, stiften (***του το***/ j-m *A*); *Vermögen* vermachen.

δωρικός dorisch.

δώρο Geschenk *n*; Gratifikation *f*; Prämie *f*, Zugabe *f*; *fig.* (Gottes-)Gabe *f*.

δωροδοκ|ία [ðɔrɔðɔķ-] Bestechung *f*; **~ώ** [-'kɔ] (είς· ησ) *v/t.* bestechen; ***~ούμαι*** (ηθ) bestechlich sein.

δωρο|λήπτης [-'lipt-] bestechliche(r) Mensch *m*; **~ληψία** [-lips-] Bestechlichkeit *f*.

δωσ- *s.* ***δίνω.***

δώσε! ['ðɔsɛ] gib!, *s.* ***δίνω.***

δωσ|ιδικία [-siðiķ-] Gerichtsbarkeit *f*; **~ίδικος:** ***είναι ~ίδικος*** es schwebt ein Verfahren gegen ihn (***για***/ wegen *G*); **~ίλογος** rechenschaftspflichtig.

δώστε! ['ðɔstɛ] gebt!, *s.* ***δίνω.***

Ε

Ε, ε ['ɛpsilɔn] Epsilon *n*; ***ε'*** = 5; ***,ε*** = 5000.

ε! *Interjektion*: he! nun ..., hallo!

εάν *Ko.* wenn; *s.* ***αν.***

εαρινός Frühlings-.

εαυτό|ς [ɛaft-] (μου, σου *usw.*) ich (selbst), du (selbst) *usw.*; *Reflexivpronomen*: mir, mich *usw.*; ***δεν αισθάνομαι τον ~ μου καλά*** ich fühle mich nicht wohl; ***είπα στον ~μου*** ich sagte (zu) mir (selbst).

εβαλ- *s.* ***βάλλω, βάζω, βάνω.***

εβαψ- *s.* ***βάφτω.***

έβγα! ['ɛvɣa] *Imp. v.* ***βγαίνω.***

εβδελυχθ- *s.* ***βδελύττομαι.***

εβδομ|άδα [ɛvðɔm-] Woche *f*; ***η ~άδα των 35 ωρών*** die 35-Stunden-Woche *f*; ***η Μεγάλη 2άδα*** die Karwoche *f*; **~αδιαίος** [-a'ðĭɛ-] (-αία) wöchentlich, einwöchig; **~αδιάτικος** wöchentlich; Wochen-; *Su. n* Wochenlohn *m*; **~ηκοστός** [-ikɔst-] siebzigste(r); **~ήντα** [-'iňda] siebzig; **~ηντάρης** (-α, -ικο) siebzigjährig.

έβδομος sieb(en)te(r).

εβένινος [ɛ'vɛn-] ... aus Ebenholz.

έβενος Ebenholz *n*.

'Εβερεστ (0) *n* Mount *m* Everest.

εβίβα! [ɛ'viva] prosit!

Εβρ|αία [ɛvr-] Hebräerin *f*, Jüdin *f*; **2αϊκός** hebräisch; **~αίος** Hebräer *m*, Jude *m*; **~αϊσμός** *Gr.* Hebraismus *m*.

έγγαμος ['ɛŋ̍gam-] verheiratet.

εγγαστρ|ίμυθος [-'imiθ-] Bauchredner *m*; **~ωμένη** Schwangere *f*.

εγγεγραμμένος *s.* ***εγγράφω.***

εγγειοβελτι(ωτι)κός Meliorations-, Bodenverbesserungs-.

έγγειος ['ɛŋ̍ɟ̑ɔs] (-α) Boden-; Grund-; ***~ φόρος*** Grundsteuer *f*.

Εγγλέζ|α [ɛŋ̍'ɣlɛza] Engländerin *f*;

~ικος englisch; **~ικα** *n/pl.* (das) Englisch(e); **~ος** Engländer *m.*
εγγ|όνα, ~ονή Enkelin *f*; **~όνι** Enkelkind *n*; **~ονός, έγγονος** Enkel *m.*
εγγράμματος [εŋ'ɣram-] gebildet.
εγγραφή Eintragung *f*; Registrierung *f*; *Hdl.* Buchung *f*; Immatrikulation *f*; Anmeldung *f* (*der Schüler*); (*Schallplatten*) Aufnahme *f*, Einspielung *f*; Einbeschreibung *f e-s Kreises*; DIGITAL ~ Digital(ton)aufnahme *f.*
έγγραφο Schriftstück *n*, Dokument *n*, Urkunde *f*; **~ς** schriftlich.
εγ·γράφω (ψ· αφ, αφτ) eintragen; *Hdl.* buchen; *Schüler* anmelden; *Kreis* einbeschreiben; *Studenten* immatrikulieren; *Mus.* aufnehmen.
εγγυημένος [εŋg̥iim-] garantiert.
εγγύηση (-εις) Garantie *f*, Gewähr *f*; Bürgschaft *f*, Kaution *f*, Sicherheit *f*; ***με ~*** *jur.* mit Bewährung.
εγγυ|ητήριο [εŋg̥i-] Bürgschaft *f*, Garantieschein *m*; **~ητήριος** Garantie-; **~ητής** Bürge *m*, Garant *m*; **~ητικός** Garantie-; Bürgschafts-; **~ήτρια** Bürgin *f*; ***~ήτριες Δυνάμεις*** *f/pl.* Garantiemächte *f/pl.*; **~οδότης** [-ɔ'ðɔt-] Bürge *m*; **~οδοτώ** (ησ· θ) Bürgschaft leisten.
εγγυούμαι [εŋg̥i'umε] (άσαι· ηθ) garantieren; haften (***για***/ für *A*).
εγγυώμαι (είσαι) *s.* ***εγγυούμαι.***
έγερση ['ɛjɛrsi] (-εις) Errichtung *f*; Aufstehen *n*; *Psych.* Erregung *f.*
εγερτήριο *mil.* Wecken *n.*
έγια! vorwärts!
εγιν- *s.* ***γίνομαι.***
εγκάθειρ|κτος [ε'ŋgaθir-] eingekerkert; **~ξη** (-εις) Einkerkerung *f.*
εγκάθετος Claqueur *m.*
εγκαθ|ίδρυση [-'θiðrisi] (-εις) Errichtung *f*, Gründung *f*; Einsetzung *f*; **~ιδρύω** [-'ðriɔ] (σ· θ) errichten, gründen; einsetzen; **~ίζω** (σ· στ) *Tech.* (ein)setzen, anbringen; **~ίσταμαι** (-άσαι) *s.* ***εγκαθιστώ;*** sich niederlassen; *Hdl.* sich etablieren; *Wohnung*: einziehen; **~ιστώ** [-i'stɔ] (άς· εγκαταστησ· εγκατεσταθ, εγκατασταθ) *Person* unterbringen; *Tech.* installieren, anlegen; einbauen; *Herd* setzen; *jur.* einsetzen (*A - A*/*A* zu *D*).
εγκαίνια [ε'ŋg̥en-] *n/pl.* Einweihung *f*; Eröffnung *f.*
εγκαινιάζω (-νίασα· στ) einweihen; eröffnen; *Methode* einführen.
έγκαιρος ['εŋg̥εr-] rechtzeitig.
εγκαιροφλεγής [-rɔflεj-] Zeit- (*Zünder*).
εγκάλεσμα [ε'ŋgal-] *n* Anklage *f.*
εγκαλεστής Ankläger *m.*
εγ·καλώ (είς· εσ· -έστηκα) anklagen; (*Schule*) verpetzen (***σε***/ bei *D*).
εγκ|αρδιακός [εŋgarð-], **~άρδιος** (-ια) herzlich; **~αρδιότητα** Herzlichkeit *f*; **~αρδιώνω** (σ· θ) ermutigen (***σε***/ zu *D*); **~αρδίωση** (-εις) Ermutigung *f*; **~αρδιωτικός** ermutigend.
εγκάρσ|ιος (-ια) quer; schräg; ***~ια τομή*** Querschnitt *m.*
εγ·καρτ|έρηση [εŋgar'tεr-] (-εις) Ergebenheit *f*; **~ερώ** (είς· ησ) sich (*A*) ergeben (***σε***/ in *A*).
έγκατα *n/pl.* Innereien *f/pl.*; *fig.* Innere(s).
εγκατ|αλειμμένος [εŋgatalim-] *Adj.* verlassen; **~αλείπω** [-'lipɔ] (ψ· ληφθ) verlassen; *Stellung* aufgeben; überlassen (*D*); **~άλειψη** [-lipsi] (-εις) Aufgabe *f*, Preisgabe *f*; Verlassen *n.*
εγκατ|άσταση (-εις) Anlage *f*, Installation *f*; Errichtung *f*; Werk *n*, Anstalt *f*; *jur.* Einsetzung *f*; Niederlassung *f*, Ansiedlung *f* (***σε***/ in *D*); ***τουριστικές ~αστάσεις*** Ferienanlage *f*; **~άστατος** untergebracht; installiert; etabliert; eingesetzt; **~άστησα** ich brachte unter *usw. s.* ***εγκαθιστώ;*** **~εστημένος** [-εstim-] *s.* ***εγκαθιστώ;*** ansässig; **~οπτρίζομαι** [-ɔp'trizɔmε] (στ) in den Spiegel sehen; *fig.* sich widerspiegeln.
έγκαυμα ['εŋgavma] *n* Verbrennung *f*, Brandwunde *f*, (Sonnen-)Brand *m.*
έγκειται ['εŋg̥itε] (hierin) liegt ...; ***~ σε σας*** es liegt an Ihnen.
εγκε|κλεισμένος [-klizm-] *s.* ***εγκλείω;*** **~κριμένος** *s.* ***εγκρίνω.***
εγ·κεντρίζω [εŋg̥ɛ̃ndr-] (σ· στ) *Bot.* pfropfen; die Sporen geben.
εγκεφαλ|ικός [-fal-] Gehirn-; rein intellektuell; Verstandes- (*Mensch*); **~ίτιδα** Gehirnerschütterung *f.*
εγκέφαλος Gehirn *n* (*a. fig.*); ***ηλεκτρονικός ~*** Elektronengehirn *n.*
έγκλειστος ['εŋglist-] eingeschlossen; *fig.* eingesperrt, gefangen; *Hdl.* beigefügt; *Adv.* in der Anlage.

E

εγ·κλείω [-'gliɔ] (ενέκλεισα· στ) (ein-) schließen; (ein)sperren (***σε***/ in *A*); *Hdl.* beifügen (***σε***/ *D*).
έγκλημα *n* Verbrechen *n.*
εγκληματ|ίας [εŋ̃glimat-] Verbrecher *m*; **~ικός** verbrecherisch, kriminell; **~ικότητα** Kriminalität *f*; **~ολογία** Kriminologie *f*; **~ολόγος** [-ɔ'lɔɣ-] Kriminalist *m*; **~ώ** (είς· ησ) ein Verbrechen begehen.
έγκληση ['εŋ̃glisi] (-εις) Beschuldigung *f*; *jur.* Beschwerde *f.*
εγκλητήριο Anklageschrift *f.*
εγ·κλιματίζ|ω (σ· στ) (*mst. v/p.* ***~ομαι***) (sich) akklimatisieren; *fig.* sich (*A*) gewöhnen (***σε***/ an *A*).
εγκλιμ|άτιση (-εις), **~ατισμός** Akklimatisierung *f.*
εγκλίν|ω (σ) *v/t.* neigen; sich (*A*) neigen; ***~ομαι*** *Gr.* sich (enklitisch) anschließen, *z. B.* ***δωμάτιό μου.***
έγκλιση (-εις) Neigung *f*; Gefälle *n*; *Gr.* Modus *m*; Enklise *f* (*s.* ***εγκλίνω***).
εγκλιτικ|ός *Gr.* enklitisch; ***~ό*** Enklitikum *n*, enklitisches Wort.
εγκλωβ|ίζω (σ· στ) *v/t.* einkesseln; **~ισμός** Einkesselung *f.*
εγκόλπιο|ς [ε'ŋ̃gɔlp-]: ***~ς σταυρός*** Brustkreuz *n*; Amulett *n*; *Su. n* Handbuch *n*; ***~ λεξικό*** Taschenwörterbuch *n.*
εγ·κολπώνομαι [-'pɔnɔmε] (*a.* -πού-μαι· θ) (heimlich) einstecken, sich (*e-e Idee usw.*) zu eigen machen.
εγκοπή [εŋ̃gɔ'pi] Kerbe *f*; ***σκοπευτική ~*** *mil.* Kimme *f.*
εγκόσμι|ος [-'gɔz-] (-ια) weltlich; ***αφήνω τα ~α*** der Welt entsagen.
εγκρ|άτεια [εŋ̃'grat-] Enthaltsamkeit *f*; **~ατής** enthaltsam.
εγ·κρίνω [εŋ̃'grinɔ] (ενέκρινα, έγκρινα· θ) genehmigen, billigen.
έγκρι|ση (-εις) Genehmigung *f*; **~τος** genehmigt; angesehen.
εγκύκλιος [ε'ŋ̃gikl-] (-ια) Allgemein-; *Su. f* Rundschreiben *n.*
εγκυκλο|παίδεια [-klɔ'pεð-] Enzyklopädie *f*; Lexikon *n*; **~παιδικός** enzyklopädisch, Allgemein- (*Wissen*).
εγκυμο|νώ [εŋ̃gimɔ'nɔ] (είς· ησ) schwanger sein; *fig.* in sich (*D*) bergen; **~σύνη** [-'sini] Schwangerschaft *f.*
έγκυος (-α) schwanger.
έγκυρος *Quelle*: maßgeblich, berufen; (rechts)gültig.
εγκυρότητα Gültigkeit *f.*
εγ·κωμι|άζω [εŋ̃gɔmj-] (-μίασα· στ) (lob)preisen; besingen; **~αστής** (***-άστρια***) Lobredner(in *f*) *m.*
εγκώμιο Lob *n*; Lobrede *f* (auf *A*).
έγνοια ['ε(ɣ)nĭa] Sorge *f.*
εγρήγορση [ε'ɣriɣɔrsi] (-εις) Wachen *n*; *mil.* Bereitschaft *f.*
εγχάρα|γμα [ε'ŋ̃xaraɣ-] *n*, **~ξη** [-ksi] (-εις) Einschnitt *m*; Gravierung *f.*
εγ·χαράζω [-'razɔ] (ξ· χτ) (ein)gravieren; *fig.* einprägen.
εγχείρη|μα [ε'ŋ̃çiri-] *n* Versuch *m*, Unternehmen *n*; *mil.* Lokalangriff *m*; **~ση** (-εις) *Med.* Operation *f*, Eingriff *m*; *jur.* Übergabe *f.*
εγχειρητής Chirurg *m.*
εγχειρητική [-'ķi] Chirurgie *f.*
εγχειρί|διο Handbuch *n*; Dolch *m*; **~ζω** (σ· στ) einhändigen (***του - το***/ j-m etw.); operieren.
εγχείριση (-εις) Einhändigung *f*; *s. a.* ***εγχείρηση.***
εγ·χειρώ [εŋ̃çi'rɔ] (είς· ησ) etw. in Angriff nehmen; *Med.* operieren.
έγχορδος ['εŋ̃xɔrð-] *Mus.* Saiten-.
έγχρωμος farbig; Farb-.
εγ·χύνω [-'çinɔ] (σ· θ) eingießen; einschütten; einspritzen.
έγχυση [-çisi] (-εις) Eingießen *n*; Einschütten *n*; *Med.* Einspritzung *f.*
εγχυτήρας Spritze *f*; *Tech.* Düse *f.*
εγχώριος [ε'ŋ̃xɔr-] (-ια) einheimisch; *Hdl.* Binnen-, Inlands-.
εγώ [ε'ɣɔ] ich; *Su. n* Ich *n.*
εγωισ|μός [εɣɔiz-] Egoismus *m*, Selbstsucht *f*; **~τής** [-st-] Egoist *m*; **~τικός** egoistisch.
εγωίστρια Egoistin *f.*
εγωκεντρικός [-ķεn̆dr-] egozentrisch.
εγωπάθεια [-'paθ-] Selbstsucht *f.*
εδαφι|αίος [εðafĭ-] (-αία) tief (*Verneigung*); ... bis zum Boden; **~κός** Boden-, Grund-; territorial, Gebiets- (*Anspruch*); **~κότητα** Territorialität *f.*
εδάφιο Absatz *m*; Stelle *f in e-m Buch*; (*Bibel*) Vers *m.*
εδαφολογία Bodenkunde *f.*
έδαφος *n* Boden *m*; Terrain *n*; ***κερδίζω ~*** (an) Boden gewinnen.
εδεξαμ- *K. Aor. v.* ***δέχομαι.***
έδεσμα ['εðεz-] *n* Speise *f.*
εδικός *s.* ***ιδικός.***
εδοθ- *s.* ***δίνω.***

έδρα ['εðra] Sitz *m* (*a. fig.*); Residenz *f*; Lehrstuhl *m*; *Anat.* Gesäß *n*; ***Αγία*** ≈ (der) Heilige Stuhl.
εδράζομαι [-zɔmε] (*mst. o. Aor.*) beruhen (***σε***/ auf *D*).
εδρ|αίος (-αία) solide; stabil, fest; **~αιότητα** [-ε'ɔt-] Solidität *f*; Stabilität *f*; **~αίωμα** *n* Festigung *f*; Verstärkung *f*; Stütze *f*; **~αιώνω** (σ· θ) sichern; befestigen; ***~αιώνομαι*** sich (*A*) verstärken; **~αίωση** (-εις) *s.* ***εδραίωμα.***
έδραμον *II. Aor. v.* ***τρέχω.***
έδρανο Ruhebank *f*; *Tech.* Lager *n*.
εδρεύω (ευσ) *mil.* stationiert sein; *jur.* seinen Sitz haben; *Anat.* sitzen.
εδώ [ε'ðɔ] hier = (***σ'αυτό***) 'darin; ***απ'*** ~ von hier; ***~ κ' εκεί*** hier und da; ***~ και*** ... *Präp.* (*Zeit*) vor *D*.
εδωδιμο|πωλείο [εðɔðimɔpɔl-] Lebensmittelgeschäft *n*; **~πώλης** Lebensmittelhändler *m*.
εδώδιμος essbar; Nahrungs-; *Su. n/pl.* Lebensmittel *n/pl.*
εδωκ- *s.* ***δίνω.***
εδώλιο [ε'ðɔl-] Bank *f*; ~ (***του***) ***κατηγορουμένου*** Anklagebank *f*.
εζησ- *s.* ***ζω.***
εθελόδουλος diensteifrig.
εθελο|θυσία [εθεlɔθis-] Selbstaufopferung *f*; Entsagung *f*; **~κακία** [-kaķ-] Böswilligkeit *f*; **~ντής** [-'ňd-] (***-όντρια***) Freiwillige(r); *Hdl.* Volontär(in *f*) *m*; **~ντικός** freiwillig; Freiwilligen-; **~ντικότητα** Freiwilligkeit *f*.
εθελούσιος [-'lus-] (-ια) freiwillig.
εθεσ- *s.* ***θέτω.***
εθεωρήθη [εθεɔ'riθi] *jur.* gesehen.
εθ|ίζω (σ· στ) *j-n* gewöhnen (***σε***/ an *A*); **~ιμικός** gewohnheitsmäßig; Gewohnheits- (*Recht*).
έθιμο ['εθimɔ] Sitte *f*, Brauch *m*; *jur.* Gewohnheitsrecht *n*.
εθιμο|ταξία [-taks-], **~τυπία** [-tip-] Etikette *f*; Zeremoniell *n*; **~τυπικός** Höflichkeits- (*Besuch*).
εθισμός Brauch *m*, Sitte *f*.
εθν|απόστολος *etwa* Volkstribun *m*; *etwa* Völkerapostel *m* (= *Paulus*); **~άρχης** Volksführer *m* (*a. rel. Titel*); **~αρχία** *etwa* Nationalrat *m*.
εθνεγερσία [-jεrs-] Volkserhebung *f*.
εθνικ|ισμός [εθniķ-] Nationalismus *m*; **~ιστής** (***-ίστρια***) Nationalist(in *f*) *m*; **~ιστικός** nationalistisch; **~οποίηση** [-kɔ'piisi] (-εις) Verstaatlichung *f*; **~ός** national; Staats-; heidnisch; ***~ή*** (***οδός***) Autobahn *f*; ***~ή οικονομία*** Nationalökonomie *f*; ***≈ή Τράπεζα*** Staatsbank *f*; *Su. n/pl.* Völkernamen *m/pl.*; **~ότητα** Nationalität *f*; *jur.* Staatsangehörigkeit *f*; **~όφρονας** [-'ɔfrɔnas] Nationalist *m*.
εθνισμός Nationalbewusstsein *n*; Patriotismus *m*.
εθνο|γραφία [εθnɔγraf-] (beschreibende) Völkerkunde *f*; **~λογία** [-lɔj-] (vergleichende) Völkerkunde *f*; **~λόγος** [-'lɔγ-] Völkerkundler *m*; **~μάρτυρας** Nationalheld *m*; **~πρεπής** patriotisch; **~προδότης** [-prɔ'ðɔt-] Vaterlandsverräter *m*; **~προδοτικός** landesverräterisch.
έθνος *n* Nation *f*.
εθνόσημο [-simɔ] Staatswappen *n*; Abzeichen *n*; Kokarde *f*.
εθνο|συνέλευση [-si'nεlεfsi] (-εις) Nationalversammlung *f*; **~σωτήριος** [-sɔt-] (-ια) (für die Nation) heilsam.
εθν|ότητα Volkstum *n*; Nationalität *f*; **~οφρουρά** [-ɔfru'ra], **~οφυλακή** [-ɔfila'ķi] Nationalgarde *f*.
εθρεψ- *s.* ***τρέφω.***
ειδ- *Aor. v.* ***βλέπω.***
ει|δάλλως, ~δαλλιώς, ~δεμή andernfalls.
ειδεχθής [iðεxθ-] scheußlich.
ειδήμονας [i'ðimɔnas] Spezialist *m*.
ειδησεο|γραφία [iðisεɔγraf-] Berichterstattung *f*; Nachrichtenteil *m*; **~γράφος** Reporter *m*; **~λογία** [-lɔj-] Reportage *f*.
είδηση (-εις) Nachricht *f*, Meldung *f* (***για***/ über *A*); Idee *f*, Ahnung *f* (***από***/ von *D*).
ειδ|ικευμένος [-iķεvm-] spezialisiert; ***~ικευμένος εργάτης*** Facharbeiter *m*; **~ίκευση** [i'ðiķεfsi] (-εις) Spezialisierung *f*; Spezialausbildung *f*; **~ικεύω** (ευσ) *j-n* ausbilden (***σε***/ in *D*); spezifizieren; *etw.* beschränken (***σε***/ auf *A*); ***~ικεύομαι*** sich spezialisieren (***σε***/ auf *A*); **~ικός** besonder-; Sonder- (*Korrespondent*); spezifisch (*Gewicht*); Fach- (*Arzt*); *Su. m* Spezialist *m*; *Adv.* besonders, speziell; **~ικότητα** Spezialität *f*; *das* Besondere; ***έχω ~ικότυτα σε*** Spezialist sein in *D*; **~ολογικός** Art-, artgemäß; **~οποίηση** [-ɔ'piisi] (-εις)

E

Mitteilung *f*; *jur.*, *Hdl.* Anzeige *f*; ***έγγραφη ~οποίηση*** Mahnbescheid *m*; ***μέχρι νεωτέρας ~οποιήσεως*** *K.* bis auf weiteres; **~οποιητήριο** [-ɔpii'tir-] Benachrichtigungsschreiben *n*; Avis *n* (*m*); **~οποιός** spezifisch; **~οποιώ** [-ɔ'pjɔ] (είς· ησ) benachrichtigen (***για***/ über *A*, von *D*).

E

είδος ['ið-] *n* Art *f* (*a. Biol.*); *Hdl.* Artikel *m*; *pl.* Material *n*, Waren *f/pl.*, *z. B.* ***είδη γραφείου*** Schreibwaren *f/pl.*; ***εν είδει*** *G* in Form (*G*); ***τι ~*** was für ein(e); ***παντός είδους*** jeder Art, alle Arten von ...

ειδ|υλλιακός [iðil-] idyllisch; **~ύλλιο** Idyll *n*; Romanze *f*.

ειδωθ- *s.* ***βλέπω.***

είδωλο ['iðɔlɔ] Götzenbild *n*; Idol *n*; *Phys.* Bild *n*.

ειδωλο|λάτρης (***-τρισσα***) Götzenanbeter(in *f*) *m*; **~λατρία** Götzendienst *m*.

είθε να ['iðε] (... γιατρευτεί) wenn doch (*z. B.* geheilt werden) möchte.

εικ|άζω [ik-] (σ) vermuten; ***~αζόμενος*** vermeintlich; **~ασία** Vermutung *f*; **~αστικός** mutmaßlich; bildend (*Künste*); *Gr.* ... der Mutmaßung.

εικόνα *allg.* Bild *n*, Abbildung *f*, Illustration *f*; Ikone *f*.

εικον|ίζω [ikɔn-] (σ· στ) abbilden; *fig.* darstellen; **~ικός** bildlich; erdichtet, fingiert; fiktiv; Schein- (*z. B. Angriff*); *Hdl.* Proforma-, Gefälligkeits-; **~ικότητα** Bildlichkeit *f*; Unechtheit *f*; Verstellung *f*.

εικόνισμα *n* Ikone *f*; Porträt *n*.

εικονο|γραφημένος [-ɣrafim-] illustriert; **~γραφία** Illustration *f*, Abbildung *f*; Heiligenbildmalerei *f*; **~γραφικός** Illustrations-; **~γράφος** Illustrator *m*; Heiligenbildmaler *m*; **~γραφώ** [-'fɔ] (είς· ησ) illustrieren; *fig.* schildern; **~κλάστης** Bilderstürmer *m*; **~λατρία** Ikonenverehrung *f*; **~μαχία** Bilderkampf *m*; **~μάχος** Bilderstürmer *m*; **~στάσι** *Rel.* Ikonenwand *f*.

εικοσα- (von) zwanzig.

εικοσ|άδα [ikɔs-] 20 Stück; **~άδραχμο** [-'aðraxmɔ] Zwanzigdrachmenschein *m*; **~αετηρίδα** [-aεtir-] Zeitraum *m* von 20 Jahren; Zwanzigjahrfeier *f*; **~αριά:** ***καμιά ~αριά*** ungefähr zwanzig.

είκοσι ['ikɔsi] zwanzig.

εικοσι|ετής zwanzigjährig; **~τετράωρο** [-tε'traɔrɔ] 24 Stunden.

εικοστό Zwanzigstel *n*.

εικοστός zwanzigste(r).

ειλεγμένος zusammengelesen.

ειλεός *Anat.* Krummdarm *m*; *Med.* Darmverschlingung *f*.

ειλημμένος *s.* ***λαμβάνω.***

ειληξ-, ειληχθ- *s.* ***ελίσσω.***

ειλητά *Rel.* Altartuch *n* (*beim Abendmahl*).

ειλιγμένος *s.* ***ελίσσω.***

ειλικρ|ίνεια [ili'krin-] Aufrichtigkeit *f*; **~ινής** aufrichtig.

ειλξ- *s.* ***έλκω.***

είλωτας ['ilɔtas] Helote *m*; *fig.* Arbeitssklave *m*.

είμαι ['imε] sein; sich befinden; ***εγώ ~*** ich bin es; ***~ να*** ich soll (*vom Schicksal*); im Begriff sein (zu ...); ***πως είστε;*** wie geht es Ihnen?; ***ας είναι*** nun gut!, meinetwegen!; ***είναι ζέστη*** es ist heiß; ***πόσων χρονών είσαι;*** wie alt bist du?; ***είναι ... που δεν*** seit; ***είναι ... που*** vor; *s.* ***είναι.***

ειμαρμένη [imarm-] Schicksal *n*.

είναι ['inε] (er, sie, es) ist; *Su.* (0) *n* Sein *n*; Wesen *n*; ***το ~ μου*** mein Ein und Alles; ***~ να τραβάει κανείς τα μαλλιά του*** es ist zum Haare-Ausraufen.

ειπ- *s.* ***λέγω.***

ειπόμην *Impf.* *v.* ***έπομαι.***

ειπώμενα *n/pl.* das Gesagte.

ειρημέν|ος [irim-] *K.* Genannte(r), *s.* ***λέγω; τα ~α*** das Obengesagte.

ειρ|ήνευση [-nεfsi] (-εις) Befriedung *f*; **~ηνευτής** (***-νεύτρια***) Friedensstifter(in *f*) *m*; **~ηνευτικός** Friedens-; **~ηνεύω** (ευσ) *v/t.* befrieden; besänftigen; *v/i.* Frieden schließen (mit *D*); friedlich werden; **~ήνη** Friede(n) *m*; **Ξήνη** Irene *f*; **~ηνικός** friedlich; Friedens-; ***ο Ξηνικός*** (***Ωκεανός***) der Stille Ozean; **~ηνισμός** Pazifismus *m*; **~ηνιστής** Pazifist *m*; **~ηνιστικός** pazifistisch.

ειρηνο|δικείο [irinɔðik-] *etwa* Amtsgericht *n*; **~δίκης** Amtsrichter *m*; **~ποιός** [-'pjɔs] Friedensstifter *m*; **~ποιώ** [-'pjɔ] (είς· ησ) Frieden stiften.

ειρκτή [ir'kti] Zuchthaus *n*; Strafe *f* von 5 bis 10 Jahren.

ειρμός Zusammenhang *m*.

είρωνας Ironiker *m*, Spötter *m*.
ειρων|εία [irɔn-] Ironie *f*; **~εύομαι** [-'ɛvɔmɛ] (ευτ) ironisieren; **~ικός** ironisch.
εις¹ *K. Präp. A s.* ***σε***; *z. B.* ~ ***τον φίλον*** = ***στον φίλο*** dem Freund; ~ ***τας πέντε*** = ***στις πέντε*** um 5 Uhr.
εις² *K.* = ***ένας***.
εισ- *oft* ein-.
εισ-· *Verben mit innerem Augment*: ***εισε-***.
εισαγγελ|έας [-ŋ̍gɛ'lɛas] (*pl.* -είς) Staatsanwalt *m*; **~ία** Staatsanwaltschaft *f*; **~ικός** ... des Staatsanwaltes.
εισαγόμενος Einfuhr-, Import-.
εισάγω [-'aγɔ] (να εισαγάγω· εισήγαγα· να εισαχτώ) einführen (*a. Methoden*); importieren; *j-n* vorstellen; (*Schule usw.*) aufnehmen; *vor Gericht* bringen; *e-n Prozess* anstrengen.
εισαγωγ|έας [-'jɛas] (*pl.* -είς) Importeur *m*; **~ή** Einführung *f*; Aufnahme *f* (***σε***/ in *A*); *Hdl.* Import *m*, Einfuhr *f*; Einleitung *f*; *Mus.* Ouvertüre *f*; **~ικά** *n/pl.* Anführungsstriche *m/pl.*; **~ικός** Einführungs-; einleitend; Einfuhr-; Aufnahme- (*Prüfung*).
εισαγώγιμος einfuhrwürdig.
εισ|ακούω [isa'kuɔ] (σ) erhören; **~ακτέος** Zugelassene(r).
εισ|βάλλω [iz'valɔ] (βαλ/ εισε-) einfallen, eindringen; *Fluss*: münden (***σε***/ in *A*); **~βολέας** [-vɔ'lɛas] (*pl.* -είς) Eindringling *m*; **~βολή** Invasion *f*, Einfall *m*; Mündung *f*; Anfall *m*; ***~βολή ψύχους*** Kälteeinbruch *m*; **~δοχή** [-ðɔ'çi] Zulassung *f*; **~δύω** [-'ðiɔ] (εισέδυσα) dringen (***σε***/ in *A*); **~έλαση** [i'sɛlasi] (-εις) Einbruch *m*, Einfall *m*; Einzug *m*; **~ελαύνω** [-ɛ'lavnɔ] (εισήλασα) einbrechen (***σε***/ in *A*); einziehen; **~έρχομαι** [-'ɛrxɔmɛ] (ein)treten (***σε***/ in *A*); *Briefe*: eingehen; **~ερχόμενος** eingehend; importiert.
εισε- *K.* = ***εις*** *mit Augment* ***-ε-***.
εισερρ- *s.* ***εισρ-***.
εισέτι *K.* noch.
εισηγαγ- *s.* ***εισάγω***.
εισ|ήγηση [i'sijisi] (-εις) Bericht *m*, Referat *n*; Anregung *f*; Antrag *m*; **~ηγητής** (***-ήτρια***) Referent(in *f*) *m*; **~ηγητικός** referierend; **~ηγμένος** eingeleitet; **~ηγούμαι** [-i'γumɛ] (είσαι· ηθ) berichten über *A*; anregen; beantragen; **~ηχθ-** *s.* ***εισάγω***.
εισιτήρ|ιο [isi'tir-] Eintrittskarte *f*; Fahrkarte *f*; ***~ιο πολλών διαδρομών*** Zeitkarte *f*; ***~ιο επιστροφής*** Rückfahrkarte *f*; **~ιος** (-α) Antritts- (*Rede*); Aufnahme- (*Prüfung*).
εισ|όδημα *n* Einkommen *n*; Rente *f*; Ertrag *m* (*des Bodens*); ***καθαρό ~όδημα*** Nettoeinkommen *n*; **~οδηματίας** [-ɔðimat-] Rentier [rɛn'tje·] *m*.
είσοδος ['isɔð-] *f* Eingang *m*; *allg.* Eintritt *m*; Zutritt *m*; *El.* Anschluss(buchse *f*) *m*; ~ ***προσωπικού*** Personaleingang *m*.
εισ|όρμηση [-'ɔrmisi] (-εις) Eindringen *n*, Überfall *m*; **~ορμώ** [-'mɔ] (άς· ησ) eindringen (***σε***/ in *A*); überfallen *A*; **~πλέω** [-'plɛɔ] (πλευσ) *mar.* einlaufen.
είσπλους ['isplus] (-ου) Einlaufen *n*; Einfahrt *f*.
εισ|·πνέω [-'pnɛɔ] (πνευσ) einatmen; **~πνοή** [-pnɔ'i] Einatmen *n*; *Med.* Inhalation *f*; **~ποίηση** [-'piisi] (-εις) *jur.* Arrogation *f* (*Art der Adoption*); **~πρακτέος** [-prakt-] (noch) ausstehend; ***~πρακτέο γραμματόσημο*** Nachgebühr *f*; **~πράκτορας** (-χτ-) Schaffner *m*; Steuereinnehmer *m*.
είσπραξη ['ispraksi] (-εις) Einnahme *f*; Einziehen *n*; Einkassieren *n*.
εισ·πράττω [-'pratɔ] (ξ· χτ) *Gelder, Steuern* einziehen; *Scheck* einlösen; (ein)kassieren.
εισ|ρέω [-'rɛɔ] (ρευσ/ εισερρ-) (hinein)fließen, (hinein)strömen (***σε***/ in *A*) (*a. Geld*); **~ροή** [-rɔ'i] Hineinfließen *n*.
εισ|·φέρω (εισέφερα) beitragen (***σε***/ zu *D*); **~φορά** [-fɔ'ra] Beitrag *m*; Einlage *f*; ***~φορά μέλους*** Mitgliedsbeitrag *m*; **~χώρηση** [-'xɔrisi] Eindringen *n*; **~χωρώ** [-'rɔ] (είς· ησ) eindringen (***σε***/ in *A*); *fig. a.* einsickern; *Kap*: vorspringen.
είτε ... είτε ['itɛ] entweder ... oder.
έιτζ (0) *n* Aids [e:ts] *n*.
είχα ['ixa] ich hatte, *Impf. v.* ***έχω***.
εκ [ɛk] (*vor Vokal* ***εξ***) *K.* (*s. a.* ***από***) *mit G* (*Ort u. fig.*) aus *D*, von *D*; (*Zeit*) seit *D*; *fig.* infolge *G*, wegen *G*; ~ ***δεξιών*** von rechts; ***εξ αριστερών*** von links; ~ ***των προτέρων*** im Voraus; ***εξ αιτίας*** *G* wegen *G*.

εκ- *Vorsilbe, oft*: aus-, ab-, er-; *s. a. die Verben o.* ***εκ-.***
εκ·- *Verben mit innerem Augment*: ***εξε-.***
εκάην *K. II. Aor. v.* ***καίω.***
εκαθαρ(θ)- *s.* ***καθαίρω.***
εκαθησ- *s.* ***κάθομαι.***
εκαμ- *s.* ***κάνω.***
εκατό hundert; ~ ***φορές*** *fig.* hundertmal (*sagen*); ***το*** ~ Notruf *m* (*Polizei*); Notrufzentrale *f*; Funkwagen *m*; ***τοις*** ~ Prozent *n* (%).
εκατ|όλιτρο [ɛka'tɔlitrɔ] Hektoliter *m*; **~όμβη** [-'ɔmvi] Hekatombe *f*; Blutbad *n*; **~ομμύριο** [-ɔ'mir-] Million *f*; Unmenge *f*; **~ομμυριοστός** millionstel; **~ομμυριούχος** [-'ux-] (-α) Millionär *m*; **~οντάβαθμος** [-ɔ'ňdavaθm-] in hundert Grade geteilt; Celsius-; **~οντάδα** (eine Gruppe von) hundert; **~οντάδραχμο** [-ðraxmɔ] Hundertdrachmenschein *m*; **~ονταετηρίδα** [-ɛtir-] Jahrhundert *n*; Jahrhundertfeier *f*; **~ονταετής** hundertjährig; **~ονταετία** Jahrhundert *n*; **~οστάρης** (-α) Hundertjährige(r); Hundertmeterläufer(in *f*) *m*; **~οστάρι** hundert Drachmen; hundert Dhramia (*etwa 300 g*); **~οστιαίος** (-αία) prozentual; **~οστίζω** hundert Jahre alt werden; **~οστόμετρο** [-ɔ'stɔmɛtrɔ] Zentimeter *m*; **~οστός** hundertst-; *Su. n* Prozent *n*; Hundertstel *n*; Zentimeter *m*.
εκατόχρονο Hundertjahrfeier *f*; **~ς** hundertjährig.
εκ|βάθυνση [ɛg'vaθiňsi] Vertiefen *n*; **~·βαθύνω** [-'θinɔ] (II = I) tiefer machen, ausschachten; **~·βάλλω** [-'valɔ] (εξέβαλα) *s.* ***βγάζω;*** münden (***σε***/ in *A*); *v/t.* ans Land spülen.
εκβαρβαρών|ω (σ) *v/t.* verwildern, verrohen; ***~ομαι*** (θ) verwildern.
έκβαση [-vasi] (-εις) Ausgang *m*, Ergebnis *n*.
εκ|·βιάζω [-'vja-] (-βίασα· στ) zwingen, nötigen; erpressen; *a. mil.* erzwingen; **~βίαση** [-'viasi] (-εις), **~βιασμός** [-vjaz-] Erzwingung *f*, Nötigung *f*; Erpressung *f*; **~βιαστής** [-vjast-] (***-άστρια***) Erpresser(in *f*) *m*; **~βιαστικός** Erpresser-.
εκβιομηχ|ανίζω [ɛgviɔmixan-] (σ· στ/ εξε-) industrialisieren; **~άνιση** (-εις) Industrialisierung *f*.
εκβολή [-vɔ'li] Mündung *f* (*bsd. pl.* -ές); Herausreißen *n*, Entfernung *f*; *mar.* Havarie *f*.
εκ·βράζω [-'vrazɔ] (σ· στ) ausspeien; (an Land) spülen.
έκβρασμα [-vraz-] *n* Strandgut *n*.
εκβραχισμός Einebnung *f*.
εκ·|βυθίζω [ɛgviθ-] (σ· στ) wieder flottmachen; **~γερμανίζω** [-jɛrman-] (σ· στ) germanisieren; eindeutschen; **~γλυφικός** [-ɣlif-] Fräs- (*Maschine*); **~γλύφω** [-fɔ] (ψ) fräsen; **~γυμνάζω** [-jimn-] (σ· στ) trainieren; *Tier* dressieren.
έκδαρμα [-ðar-] *n* Abhäuten *n*; Hautverletzung *f*; *s.* ***γδάρσιμο.***
εκ·δέρω (εξέδειρα) *s.* ***γδέρνω.***
έκδηλος ['ɛgðil-] sonnenklar.
εκ·δηλών|ω (σ· θ) offenbaren; *Freude usw.* bekunden; *v/p.* (***~ομαι***) *a.* sich herausstellen; *Aufstand*: losbrechen.
εκ|δήλωση [-'ðilɔsi] (-εις) Bekundung *f*; Ausbruch *m* (*e-r Krankheit*); ***~δήλωση διαμαρτυρίας*** Protestveranstaltung *f*; **~δηλωτικός** bekundend; ungezwungen, unverkrampft; **~δημοκρατισμός** [-ðimɔkrat-] Demokratisierung *f*.
εκ·|δίδω [-'ðiðɔ] (δωσ· δοθ) *Buch* herausgeben; *Pass, Scheck* ausstellen; *Wechsel* ausstellen, ziehen; *Urteil* fällen; *Gefangene* ausliefern; *Befehl* erlassen; **~δικάζω** (σ· στ) *jur.* verhandeln.
εκ|δίκαση [ɛg'ðik-] (-εις) Verhandlung *f*; **~δίκηση** [-'ðiķ-] Rache *f*; ***παίρνω ~δίκηση*** (***για***) Rache nehmen (für *A*); **~δικητής** Rächer *m*; **~δικητικός** rachsüchtig; **~δικήτρια** Rächerin *f*.
εκ·|δικιέμαι [-ði'ķɛmɛ], **~δικούμαι** [-'kumɛ] (είσαι· ηθ) *v/t. Mord usw.* rächen; sich *an j-m* rächen; **~διώκω** (εκδίωξα· χτ) vertreiben; *aus e-m Land* ausweisen; *von der Schule usw.* weisen; hinauswerfen (***εκ*** *G*/ aus *D*).
εκ|δίωξη [-'ðiɔksi] (-εις) Ausweisung *f*; Vertreibung *f*; **~δοθ-** *s.* ***εκδίδω;*** **~δορά** [-ðɔr-] Hautabschürfung *f*; **~δόριο** *Med.* Pflaster *n*.
έκδοση [-ðɔsi] (-εις) Ausgabe *f*; *erste usw.* Auflage *f*; Herausgabe *f*; *Hdl.* Emission *f*; Ausstellung *f e-s Passes usw.*; Auslieferung *f von Gefangenen*; *jur.* Erlass *m*; Verkündigung *f*.
εκδότης (***-τρια***) Verleger(in *f*) *m*, Herausgeber(in *f*) *m*; Aussteller(in *f*) *m*.

175 εκκόπτω

εκδοτικ|ός [εgðɔt-] Herausgabe-; **~ός οίκος** Verlag *m*; **~ή τράπεζα** Notenbank *f*; **~ά** *n*/*pl*. Druckkosten *pl*.

έκδοτος ausgeliefert; *dem Trunk usw*. ergeben.

εκ|δούλευση [-'ðulεfsi] (-εις) Dienstleistung *f*; **~δοχέας** [-ðɔ'çεas] (*pl*. -είς) *Hdl*. Indossat *m*; Treuhänder *m*; **~δοχή** Annahme *f*, Auffassung *f*; **~δρομέας** [-ðrɔ'mεas] (*pl*. -είς) Ausflügler *m*; **~δρομή** Ausflug *m*; **~δρομικός** Ausflugs-; Proviant- (*Beutel*); **~·δύω** (εξέδυσα) *s*. **γδύνω**.

εκεί [ε'ķi] dort; **ακούς ~!** na so was!; **~θε** von dort; *fig*. *Grund*: 'daher.

εκείνο|ς [ε'ķin-] jener, derjenige; er; **~ που** *relativ*: was.

εκεχειρία [εķεçir-] Waffenstillstand *m*; *pol*. Burgfriede *m*.

έκζεμα ['εgz-] *n* Ausschlag *m*, Ekzem *n*.

εκζήτηση [εg'zitisi] (-εις) Manieriertheit *f*; Suche *f* (nach *D*).

εκ·ζητώ [εgzi'tɔ] (είς· ησ) *v*/*t*. suchen nach *D*.

έκθαμβος [-θaɱv-] verblüfft.

εκ·θαμβ|ώνω (σ) verblüffen; blenden; **~ωτικός** [-ɔt-] (das Auge) blendend; *fig*. verblüffend; strahlend.

εκ|θάπτω [-'θaptɔ] (ψ· φτ) ausgraben (*a*. *fig*.); **~θειάζω** [-θi-] (σ) vergöttern.

έκ|θεμα ['εkθεma] *n* Exponat *n*; *jur*. Sitzungsliste *f*; **~θεση** [-θεsi] (-εις) Aussetzen *n*; Ausstellung *f*, Messe *f*; (*Schule*) Aufsatz *m*; Bericht *m*; Aussetzung *f e-s Kindes*; *jur*. Protokoll *n*; **~θεσμος** illegal, ungesetzlich.

εκθέτης (**-τρια**) Aussteller(in *f*) *m*; *Math*. Exponent *m*.

έκθετος ausgesetzt; ausgestellt; *Su*. *n* Findelkind *n*.

εκ·θέτω [-'θεtɔ] (σ· τεθ· -τεθειμ-) *Waren* ausstellen; berichten, darlegen; bloßstellen; aussetzen (**σε**/ *D*) (*a*. *Kind*); riskieren.

εκθήλυνση [-'θiliňsi] (-εις) Verweichlichung *f*.

εκ|·θλίβω [-'θlivɔ] (ψ· θλιβ) auspressen; **~θλίβομαι** *auslautender Vokal*: ausfallen.

έκθλιψη (-εις) Auspressen *n*; *Gr*. Vokalabfall *m*.

εκ|θρονίζω [-θrɔn-] (σ· στ) entthronen; **~θρόνιση** (-εις) Entthronung *f*.

εκ·καθαρίζω [εkaθar-] (σ) reinigen, säubern; liquidieren; regeln; sichten; F ausmisten; *e-e Rechnung* begleichen.

εκκαθ|άριση (-εις) Reinigung *f*; *fig*. Säuberung *f*; Regelung *f*; Liquidation *f e-s Kontos*; Sichtung *f*; Räumung *f von Minen*; **φορολογική ~άριση** Steuerjahresausgleich *m*; **~αριστής** Liquidator *m*; **~αριστικός** Liquidations-; *mil*. Säuberungs-.

εκ|·καλώ [-ka'lɔ] (είς· εσ) *jur*. Berufung einlegen; **~καλών** (-ούντος) *m* Berufungskläger *m*; **~·καμινεύω** [-'nεvɔ] (ευσ· ευτ) (ein)schmelzen.

έκκαυμα ['εkav-] *n* Zünder *m*.

εκκεντρικ|ός [εķεňdr-] exzentrisch; *fig*. überspannt; **~ότητα** Exzentrizität *f*; Überspanntheit *f*.

έκκεντρο *Tech*. Nocken *m*; **~ς** nicht zentriert; Exzenter-.

εκκεντροφόρος [-'fɔr-]: **~ άξονας** Nockenwelle *f*.

εκ|·κενώνω (σ· θ) leeren; *Saal usw*. räumen; *El*., *Waffe* entladen; **~κενώνομαι** sich (*A*) leeren; **~κένωση** (-εις) Leerung *f*; Räumung *f*; Entladung *f*; **~κίνηση** [-'ķinisi] (-εις) Aufbruch *m*; *Tech*. Anlassen *n*; Ingangsetzung *f*; *Sport*: Start *m*; **~κινητήρας** [-'tiras] Anlasser *m*; **~κινώ** [-'nɔ] (είς· ησ) aufbrechen; starten; *Esb*. *usw*. abgehen.

έκκληση ['εklisi] (-εις) Aufruf *m*; Appell *m*; *jur*. Berufung *f*; **κάνω ~ σε** appellieren (an *A*).

εκκλησ|ία *allg*. *a*. *fig*. Kirche *f*; **~ιάζομαι** [-'sjazɔmε] (στ) in die Kirche gehen; **~ιάζω** (-σίασα) *v*/*t*. *j-n* zur Kirche begleiten; **~ιάρης** Küster *m*; **~ιασμός** Kirchenbesuch *m*; **~ιαστικός** kirchlich; Kirchen- (*Musik*).

εκ·κλίνω [ε'klinɔ] (ιι = ι) *bsd*. *fig*. abweichen (*G*/ von *D*).

έκκλιση (-εις) Abweichung *f*; *Astr*., *Phys*. Deklination *f*.

εκ·κοκκ|ίζω (σ· στ) entkernen; enthülsen; schälen; *Baumwolle* entkörnen; **~ιστήριο** Entkörnungsmaschine *f*.

εκ|κολαπτήριο [-kɔla'ptir-] Brutapparat *m*; **~κολάπτω** [-'laptɔ] (ψ· φτ) ausbrüten (*a*. *fig*.); *fig*. ausbilden, F machen; **~κόλαψη** (-λάψεις) Ausbrüten *n*; *fig*. Entlarvung *f*; **~κόπτω** [-'kɔptɔ] (ψ· κοπ) herausschneiden.

εκκρεμ|εί [εkrε'mi] ist anhängig, schwebt; **~ές** (-ούς) *n* Pendel *n*; **~ής** schwebend; unbeglichen; *jur.* anhängig; **~ότητα** Ungewissheit *f*; *Hdl.* Unausgeglichenheit *f*; ***σε ~ότητα*** in der Schwebe; **~ώ** (-εις) in der Schwebe sein.
έκκριμα *n* Sekret *n*, Ausscheidung *f*.
εκ·κρίνω [ε'krinɔ] (II = I· κριθ) ausscheiden.
έκκριση (-εις) Ausscheidung *f*.
εκκωφαντικός [εkɔfaňd-] (ohren)betäubend.
εκ|λαΐκευση [-la'iķefsi] (-εις) (*a.* **-κεψη**) Popularisierung *f*; **~λαϊκευτικός** popularisierend; **~λαϊκεύω** (ευσ) popularisieren; **~λαμβάνω** [-la'ɱvanɔ] (λαβ· ληφθ) *falsch* auffassen; halten (***ως, για***/ für *A*).
έκλαμπρος ['εklaňbr-] glänzend.
εκλαμπρότατος hochwürdig.
εκλαμπρότητ|α [-'brɔtit-] Glanz *m*; ***η ~ά σας*** Eure Eminenz *f*.
εκ·λάμπω [-'laňbɔ] (ψ) strahlen.
έκλαμψη [-laňpsi] Glanz *m*.
εκλέγ|ειν [ε'klεjin]: ***το δικαίωμα του ~ειν και του ~εσθαι*** das aktive und passive Wahlrecht; **~ω** [-ɣɔ] (ξ· λεχτ, λεγ/ εξέ-) (aus)wählen, aussuchen; *pol.* wählen.
εκλειπτικ|ή [εklipti'ķi] *Astr.* Ekliptik *f*; **~ός** [-'kɔs] Ekliptik-.
εκ·λείπω [-'lipɔ] (εξέλειψα) verschwinden; *fig. mst.* schwinden.
έκλειψη ['εklipsi] (-εις) (*Sonnen-*)Finsternis *f*; Verschwinden *n*.
εκλεκτικ|ισμός [εklεktiķ-] Eklektizismus *m*; **~ός** [-'kɔs] wählerisch; *pol.* Wähler-; Wahl- (*Recht*); *Su. m Phil.* Eklektiker *m*; **~ότητα** wählerische Natur; *Tech.* Selektivität *f*.
εκ|λέκτορας [-'lεktɔras] Wähler *m*; *hist.* Kurfürst *m*; **~λεκτός** gewählt; auserwählt, ausgesucht; **~λέξιμος** [-'lεks-] wählbar; *Su. n* Wählbarkeit *f*.
εκλεπτύνω *v/t.* verfeinern; *s.a.* ***λεπτύνω.***
εκ·λιπαρώ [εklipa'rɔ] (είς· ησ) anflehen.
εκλο|γέας [-lɔ'jεas] Wähler *m*; **~γή** [-'ji] Wahl *f*; Auswahl *f* (*z. B. lit.*); ***κατ' ~γή*** nach Wahl; ***αναλογική ~γή*** Verhältniswahl *f*; ***βουλευτικές ~γές*** Parlamentswahlen *f/pl.*; ***~γή δι' αλληλογραφίας*** Briefwahl *f*; **~γικός** Wahl-; **~γοδικείο** Wahlgericht *n*.
έκλυ|ση ['εklisi] (-εις) Nachlassen *n der Kräfte*; Lockerung *f*; Ausscheidung *f*, Absonderung *f*; **~τος** liederlich.
εκμαγείο [-'jiɔ] Abguss *m*, Kopie *f*.
εκ|μαθαίνω [-ma'θεnɔ] erlernen; **~μάθηση** Erlernung *f*.
εκμαιεύω [-mε'εvɔ] (ευσ, εψ· ευτ) entlocken (***το από του***/ j-m etw.).
εκ·μετ|αλλεύομαι [-mεta'lεvɔmε] (ευτ) ausbeuten, abbauen; *fig.* ausnutzen; ausbeuten; **~άλλευση** [-lεfsi] (-εις) Ausbeutung *f*, Abbau *m*; Ausnutzung *f*; Betrieb *m*; **~αλλεύσιμος** abbaufähig, förderungsfähig; **~αλλευτής** (***-εύτρια***) Ausbeuter(in *f*) *m*; Nutznießer(in *f*) *m*.
εκ·μηδ|ενίζω [-miðεn-] (σ· στ) vernichten; *fig. a.* zunichte machen; **~ενισμός** Vernichtung *f*.
εκ|μηχανισμός [-mixan-] Mechanisierung *f*; **~μισθώνω** [-mi'st-] (σ· θ) verpachten; vermieten; **~μίσθωση** [-stɔsi] (-εις) Verpachtung *f*, Vermietung *f*; **~μισθωτής** (***-ώτρια***) Verpächter(in *f*) *m*, Vermieter(in *f*) *m*; **~μυζώ** [-mi'zɔ] (άς· ησ) aussaugen (*a. fig.*).
εκ·μυστ|ηρεύομαι [-misti'rεvɔmε] (ευτ) anvertrauen, offenbaren (***του το***/ j-m etw.); **~ήρευση** [-'irεfsi] (-εις) vertrauliche Mitteilung *f*.
εκ·νευρ|ίζω [εknεvr-] (σ· στ) nervös machen, F kribbelig machen; **~ισμός** Nervosität *f*; Ärgernis *n*; **~ιστικός** nervenaufreibend.
εκούσιος [ε'kus-] (-ια) freiwillig.
έκπαγλος ['εkpaɣl-] hinreißend.
εκπαίδευση [-'pεðεfsi] (-εις) Erziehung *f*; Unterricht *m*; (*Berufs- usw.*) Ausbildung *f*; Schuldienst *m*.
εκπαιδευτ|ήριο [-ðε'ftir-] Unterrichtsanstalt *f*, Institut *n*; **~ικός** Erziehungs-; Unterrichts-; Ausbildungs-; Schul- (*Schiff usw.*).
εκ·παιδεύω (ευσ· ευτ) erziehen; ausbilden.
εκπαραθύρωση [-para'θirɔsi] (-εις) Fenstersturz *m*.
εκ·πατρ|ίζω [-patr-] (σ· στ) ausbürgern; ***~ίζομαι*** auswandern; **~ισμός** Ausbürgerung *f*; Auswanderung *f*.
εκ·πέμπω [-'pεm̌bɔ] (εξέπεμψα· μφτ)

(aus)senden; ausstrahlen; *Radio*: senden, übertragen.

εκ|πεσθείς (-έν) *s.* ***εκπίπτω; ~πεσθέντες φόροι*** nach Abzug der Steuern; **~πεσμός** [-pεz-] (*Preis-*)Senkung *f*; Verfall *m*; **~πεφρασμένος** [-pεfraz-] ausgedrückt; *s.* ***εκφράζω;*** **~·πηγάζω** [-piɣ-] (*Fluss u. fig.*) entspringen (***εκ*** *G*/*D*); **~·πίπτω** [-'piptɔ] (εξέπεσα· πεσθ) *v/i. Preis*: fallen, sinken; (*G*) verlustig gehen *G*; *v/t. vom Preis* abziehen; **~πλαγ-** *s.* ***εκπλήσσω;*** **~·πλέω** [-'plεɔ] (ευσ) *mar.* abfahren, abgehen; **~πληκτικός** [-plikt-] erstaunlich.

έκπλη|κτος überrascht, verblüfft; **~ξη** [-ksi] (-εις) Überraschung *f*.

εκ|·πληρώνω (σ) erfüllen; *Dienstzeit* ableisten; *Amt* ausüben; **~πλήρωση** (-εις) Erfüllung *f*; Ableistung *f*; Ausübung *f*; **~·πλήσσω** [-'plisɔ] (εξέπληξα· εκπλαγ) (*a.* **~πλήττω**) überraschen; in Erstaunen setzen.

έκπλους [-plus] (-ου) Abfahrt *f*.

εκ·|πλύνω [εk'plinɔ] (ΙΙ = Ι· πλυθ) auswaschen; *fig.* tilgen; **~πνέω** [-'pnεɔ] (ευσ) ausatmen; verscheiden; *Hdl.* ablaufen; **~πνοή** [-pnɔ'i] Ausatmung *f*; Hinscheiden *n*; *Hdl.* Ablauf *m*; **~ποίηση** [-'piisi] (-εις) Veräußerung *f*; **~ποιώ** [-'pjɔ] (είς· ησ) (zwangs)veräußern; **~πολιορκώ** [-pɔliɔr'kɔ] (είς· ησ) *mil.* einnehmen, bezwingen; **~πολιτίζω** (σ· στ) zivilisieren; **~πολιτισμός** Zivilisation *f*, Kultur *f*; **~πολιτιστικός** Kultur-, kulturell; Zivilisations-.

εκπομπή [-pɔ'm̆bi] (*Radio-*)Sendung *f*, Übertragung *f*; *Phys.* (Aus-)Strahlung *f*, Emission *f*; *Phil.* Emanation *f*; **~ *κουίζ*** Quizsendung *f*.

εκ|πόνηση [-'pɔnisi] (-εις) Ausarbeitung *f*; Fertigstellung *f*; **~·πονώ** [-'nɔ] (είς· ησ) ausarbeiten; fertig stellen; trainieren; **~πόρθηση** [-'pɔrθisi] (-εις) Eroberung *f*; Verwüstung *f*; **~·πορθώ** [-'θɔ] (είς· ησ) erobern; verwüsten.

εκπορν|εύω (ευσ) entehren (*a. fig.*); ***~εύομαι*** sich prostituieren.

εκπρόθεσμ|ο [-'prɔθεz-] Verspätung *f*; Verzug *m*; Rechtsausschließung *f*; **~ος** verspätet; *jur.* überfällig; ausgeschlossen.

εκ|προσώπηση [εkprɔ'sɔp-] (-εις) Vertretung *f*; Delegation *f*; **~πρόσωπος** Vertreter *m*; ***κυβερνητικός ~πρόσωπος*** Regierungssprecher *m*; **~·προσωπώ** [-'pɔ] (είς· ησ· ηθ) vertreten.

εκπτώσεις *f/pl.* Schlussverkauf *m*.

έκπτω|ση ['εkptɔsi] (-εις) *Hdl.* Rabatt *m*; Absetzung *f*; *mil.* Degradierung *f*; *jur.* Verlust *m*; Verfall *m der Sitten*; *mar.*, *Flugw.* Abtrift *f*; **~τος** herabgesetzt; abgesetzt; degradiert; entthront; *jur.* *G* verlustig *G*.

E

εκπυρσο|κρότηση [-pirsɔ'krɔt-] (-εις) Detonation *f*, Explosion *f*; **~κροτώ** [-'tɔ] (είς· ησ/ εξε-) explodieren, detonieren.

εκραγ- *s.* ***εκρηγνύομαι.***

εκραξ-, εκραχτ- *s.* ***κράζω.***

εκ·ρέω [ε'krεɔ] (ευσ) herausfließen.

εκ·|ρήγνυμαι [-'riɣnimε] (ραγ/ εξερρ), **~ρηγνύομαι** [-ri'ɣniɔmε] *Krieg*, *Feuer*: ausbrechen; *Rohr*: platzen; *Bombe*: explodieren; *fig.* ausbrechen.

εκρη|γνυομένος zertrümmert (*Atom*); **~κτικός** explosiv; Spreng-; *Su. n* Sprengstoff *m*.

έκρηξη ['εkriksi] (-εις) Explosion *f*; (*Kriegs-*, *Wut-*)Ausbruch *m*.

εκ|·ριζώνω [-riz-] (σ· θ) entwurzeln; *fig.* ausrotten; *Zahn* ziehen; **~ρίζωση** (-εις) Entwurzelung *f*; Ausrottung *f*.

εκροή [-rɔ'i] Ausfluss *m*.

έκρυθμος [-riθm-] anormal.

εκ|·σκάπτω [-'skaptɔ] (ψ· σκαφ) ausgraben, ausschachten; **~σκαφέας** [-'fεas] (*pl.* -είς) Bagger *m*; **~σπερματίζω** ejakulieren, *Argot*: spritzen; ***~σπερματίζομαι*** Pollutionen haben; **~σπερμάτωση** [-spεr'matɔsi] (-εις) *Med.* Ejakulation *f*; **~·σπώ** [-'spɔ] (άς· ασ) *v/t.* (her)ausbrechen; *v/i.* ausbrechen (***σε***/ in *A*).

έκσταση ['εkstasi] (-εις) Verzückung *f*; Ekstase *f*; *jur.* Abtretung *f*.

εκ|στατικός [εkstat-] verzückt, hingerissen; **~·στομίζω** [-stɔm-] (σ· θ) äußern; **~στρατεία** [-strat-] Feldzug *m*, Expedition *f*; *bsd. fig.* Kampagne *f* (***κατά*** *G*/ gegen *A*); **~στρατευτικός** Expeditions-; **~·στρατεύω** (ευσ) *e-n* Feldzug unternehmen; **~·σφενδονίζω** [-sfεñðɔn-] (σ) schleudern; abschießen; abfeuern.

έκτακτος ['εktakt-] außerordentlich (*Ausgaben*); außergewöhnlich.

εκτάριο Hektar *m*, *n*.

έκταση (-εις) Ausstrecken *n*; Strecke *f*; Fläche *f*; Ausdehnung *f*; Umfang *m* (*der Schäden*); ***παίρνω ~ Gespräch***: sich (*A*) hinziehen.

εκταφή [-'fi] Exhumierung *f*; Ausgrabung *f*.

εκτεθειμένος [-θim-] *s*. ***εκθέτω;*** ausgesetzt (***σε***/ *D*); verpflichtet (***απέναντι*** *G*/*D* gegenüber).

εκ·τείν|ω [-'tinɔ] (ΙΙ = Ι· ταθ· -τεταμένος) ausstrecken (***επί*** *G*/ auf *A*); *fig*. erweitern; ***~ομαι*** sich verbreiten (***σε***/ über *A*).

εκ|τέλεση [-'tɛlɛsi] (-εις) Ausführung *f*; Durchführung *f*; Erfüllung *f*; Vortrag *m*; Vollstreckung *f*; *Mus*. Darbietung *f*; Hinrichtung *f*; **~τελέσιμος** durchführbar.

εκτελεστ|ής *jur*. Vollstrecker *m*; **~ικός** vollstreckend; Exekutiv- (*Komitee*); ***~ικό απόσπασμα*** Exekutionskommando *n*.

εκ·|τελώ [-tɛ'lɔ] (είς· εσ· εστ· -ούμαι) *Amt* ausüben; *Auftrag* ausführen; *Plan* durchführen; *Pflicht* erfüllen; *Verbrecher* hinrichten; *Urteil* vollstrecken; *Lied* vortragen; *Mus*. darbieten; **~τελωνίζω** (σ· στ) verzollen, *Gepäck* abfertigen; **~τελώνιση** (-εις), **~τελωνισμός** Verzollung *f*, Abfertigung *f*; **~τελωνιστής** Zollbeamte(r).

εκτενής ausgedehnt; *fig*. ausführlich.

εκτεταμένος [-tɛtam-] *s*. ***εκτείνω;*** ausgedehnt; umfangreich.

εκτίθεμαι *K*. *v*/*p*. *v*. ***εκθέτω.***

εκ|τίμηση [-'timisi] (-εις) Wertschätzung *f*, *Hdl*. Abschätzung *f*; Bewertung *f*; (*Steuer-*)Veranlagung *f*; Beurteilung *f*; **~τιμητής** Taxator *m*; Beurteiler *m*; **~·τιμώ** [-'mɔ] (είς· ησ) achten (***σε***/ auf *A*); (ein)schätzen; *Vermögen* taxieren, veranlagen; *Entfernung usw*. schätzen; **~τίναξη** (-εις) Abstoß *m*, Abschuss *m*, Abfeuern *n*; **~τινάσσω** (ξ· χτ) hinausschleudern; abstoßen; abfeuern; **~τί(ν)ω** (σ· στ) *Strafe* verbüßen; *Schuld* bezahlen.

έκτιση (-εις) Verbüßung *f*.

εκ|τομή [-tɔm-] Ausschnitt *m*; *Med*. Eingriff *m*; Amputation *f*; Kastration *f*; **~τομίας** Kastrat *m*; **~τονώνω** entspannen, lockern; **~τόξευση** [-'tɔksɛfsi] (-εις) Abschuss *m*; **~τοξευτής** Abschussrampe *f*; **~·τοξεύω** (ευσ· ευτ) abschießen; *Elektronen* aussenden; *Wasser* emporschleudern; *fig*. sich ergehen in *D* (*z. B. Drohungen*); **~·τοπίζω** [-tɔp-] (σ· στ) verdrängen (*a. fig*.; *Phys*.); deportieren, verschleppen; des Landes verweisen; **~τόπιση** (-εις) Deportation *f*; Landesverweisung *f*; Verdrängung *f*; **~τόπισμα** *n* Wasserverdrängung *f*; **~τοπισμός** *s*. ***εκτόπιση.***

Έκτορας Hektor *m*.

έκτο|ς ['ɛkt-] sechste(r); **~ν** sechstens; *Su*. Sechstel *n*.

εκτός (*G*), ***~ από*** außer *D*, außerhalb *G*; (*a. Adv*.) außerhalb (*wohnen*); ***~ κινδύνου*** außer Gefahr; ***~ λάθους*** Irrtum vorbehalten.

έκτοτε seitdem.

εκ·τραχηλ|ίζομαι [-traçi'lizɔmɛ] (στ) sich hinreißen lassen (***σε***/ zu *D*); **~ισμός** Unverschämtheit *f*; Fehltritt *m*; Kopfgriff *m beim Ringkampf*.

εκ·|τραχύνω [-tra'çinɔ] (ΙΙ = Ι· υνθ) verschärfen; ***~τραχύνομαι*** sich (*A*) verschlechtern; **~τρέπομαι** [-'trɛpɔmɛ] (τραπ) *v*/*p*. abweichen (*G*/ von *D*); sich hinreißen lassen (***σε***/ zu *D*); **~τρέπω** (εξετρεψ-; -τραπ-) ablenken (*a. Phys*.); **~τρέφω** [-fɔ] *s*. ***τρέφω.***

εκτροπή Ablenkung *f*; Abweichung *f*, Abschweifung *f* (*vom Thema*); Ausschlag *m der Magnetnadel*.

έκτροπος ['ɛktrɔp-] unangebracht; ungehörig; *Su*. *n*/*pl*. (-α) Ungehörigkeit *f*, Ausschreitung *f*.

εκ·τροχ|ιάζομαι [-trɔ'çiazɔmɛ] (στ) entgleisen; ausarten (***σε***/ in *A*); **~ιάζω** (-ίασα) *v*/*t*. zum Entgleisen bringen; **~ίαση** [-'iasi] (-εις) Entgleisung *f*.

έκτρω|μα ['ɛktrɔma] *n* Frühgeburt *f*; Missgeburt *f*; Monstrum *n*; **~ση** (-εις) Abtreibung *f*.

εκτρωτικός Abtreibungs-.

εκ|τύλιξη [-'tiliksi] (-εις) Abwickeln *n*; Ausbreiten *n*; Entwicklung *f*; **~·τυλίσσω** [-'lisɔ] (ξ· χτ) abwickeln; ausbreiten; ***~τυλίσσομαι*** *a. fig*. sich entwickeln.

έκτυπος ['ɛktip-] gedruckt; geprägt; *Su*. *n* Relief *n*; Abdruck *m*.

εκ|·τυπώνω (σ· θ) (ab)drucken; *Münze* prägen; **~τύπωση** [-pɔsi] (-εις) Druck *m*; Prägen *n*; Abzug *m* (*vom Negativ*); (Computer-)Ausdruck *m*;

~·τυφλώνω (σ· θ) blenden (*a. fig.*); **~τυφλωτικός** blendend; grell; überwältigend.
εκφανής [-fan-] offenbar.
έκφανση ['ɛkfaňsi] (-εις) Offenbarung *f*, Manifestation *f*.
εκ·φαυλ|ίζω [-favl-] (σ· στ) verrohen, zerrütten, entsittlichen; *v/p.* (***~ίζομαι***) *a.* in Verfall geraten; **~ισμός** Verfall *m*, Zerrüttung *f*.
εκ|·φέρω [-'fɛrɔ] (εξεφερ-) vorbringen, äußern; *j-n* zu Grabe tragen; ***~φέρομαι*** *Gr.* verbunden werden (***με***/ mit *D*); **~·φεύγω** [-'fɛvɣɔ] (φυγ) entschlüpfen (του *od.* από - το/ j-m etw.); *Gas*: ausströmen; *v/t. e-r Gefahr* entgehen, entrinnen; **~·φοβίζω** (σ· θ) einschüchtern, erschrecken; **~φοβισμός** Einschüchterung *f*; **~φοβιστικός** terrorisierend; **~φοβώ** (είς· ησ) *s.* ***εκφοβίζω; ~φορά*** [-fɔr-] Begräbnis *n*; *Gr.* Rektion *f*; **~·φορτώνω** (σ· θ) entladen (*a. El.*); *mar.* löschen; ***~φορτώνομαι: ξεφορτώσου με!*** lass mich in Ruhe!; **~φόρτωση** (-εις) Abladen *n*, Entladung *f*, Löschung *f*; **~φορτωτήρας** [-fɔrtɔ'tiras] Entlademaschine *f*; **~φορτωτικός** Entlade-; **~·φράζω** [-'frazɔ] (σ· στ) ausdrücken (***του - το***/ j-m etw.); *Vertrauen* aussprechen; ***~φράζομαι*** sich (*A*) ausdrücken.
έκφραση ['ɛkfrasi] (-εις) *allg.* Ausdruck *m* (*z. B. der Freude*; *a.* = Wort).
εκφραστικ|ός ausdrucksvoll; Ausdrucks-; **~ότητα** Ausdruckskraft *f*.
εκ|φυγή [-fi'ji] Entweichen *n*; **~·φυλίζομαι** [-fi'lizɔmɛ] (σ· στ) entarten, degenerieren; *fig.* erlahmen; **~φυλίζω** *v/t.* degenerieren, verblöden; **~φυλισμός** Entartung *f*, Degeneration *f*; Erlahmen *n*; **~φυλιστικός** Entartungs-.
έκ|φυλος ['ɛkfil-] degeneriert; *Su. m* Hermaphrodit *m*; **~φυμα** [-fima] *n* Pickel *m*; *Med.* Ausschlag *m*; **~φυση** (-εις) Sprießen *n*; *fig.* Auswuchs *m*.
εκ|φώνηση [ɛk'fɔnisi] (-εις) Ansprache *f*, Rede *f*; Verlesung *f*; Aufruf *m*; **~φωνητής** (***-ήτρια***) (*Rundfunk-*)Ansager(in *f*) *m*, Sprecher(in *f*) *m*; **~φωνώ** [-'nɔ] (άς· ησ) aufrufen; ***~φωνώ λόγο*** e-e Rede halten; **~·χειλίζω** [-çil-] (σ) *v/i.* über die Ufer treten; überlaufen; *fig.* überschäumen; *v/t.* zu voll füllen; **~χείλιση** (-εις) Überlaufen *n*; Überschwemmung *f*; *fig.* Ausbruch *m*; **~·χερσώνω** [-çɛrs-] (σ) urbar machen; **~χέρσωση** (-εις) Urbarmachung *f*; **~χέω** *s.* ***εκχύνω; ~χριστιανίζω*** *v/t.* christianisieren; **~χριστιανισμός** Christianisierung *f*; **~·χυδαΐζω** [-çiða'izɔ] (σ· στ) vulgarisieren; vergröbern; **~·χυλίζω** [-çil-] (σ· στ) entsaften; *Chem.* extrahieren; **~χύλιση** (-εις) Entsaftung *f*; Extrahierung *f*; **~χύλισμα** *n* Extrakt *m*.
εκ|·χύνω [ɛk'çinɔ] (σ, *a.* ξέχυσα· θ) gießen; *Tränen* vergießen; ausbrechen (***σε***/ in *A*); **~χωματώνω** *v/t.* ausschachten; **~χωμάτωση** [-xɔ'mat-] Ausschachtung *f*; Einebnung *f*; **~χώρηση** (-εις) *jur.* Abtretung *f*; Übertragung *f*; Bewilligung *f*; **~χωρητής** (***-ήτρια***) Zedent(in *f*) *m*, Abtretende(r); **~·χωρώ** [-xɔ'rɔ] (είς· ησ) abtreten, übertragen; bewilligen.
ελ·- *s. Tabelle S. 21.*
έλα ['ɛla] komm!, los!, *s.* ***έρχομαι; πάει κ' ~*** hin und zurück; Hin- und Rück-.
έλαιο ['ɛlɛɔ] Öl *n*.
ελαι|ογραφία [-ɔɣraf-] Ölgemälde *n*; **~όδενδρο** [-'ɔðɛňðrɔ] Olivenbaum *m*; **~οδοχείο** [-ɔðɔç-] Ölbehälter *m*; **~όλαδο** [-'ɔlaðɔ] Olivenöl *n*; **~οπαραγωγή** Oliven(öl)produktion *f*; **~οτριβείο** [-ɔtriv-] Ölpresse *f*.
ελαιουργείο [ɛlɛur'jiɔ] Ölfabrik *f*.
ελαι|οφυτεία [-ɔfit-] Olivenpflanzung *f*; **~όχρωμα** [-'ɔxrɔma] *n* Ölfarbe *f*; **~ώδης** ölig; Öl-; **~ώνας** [-'ɔnas] Olivenhain *m*.
έλαση (-εις) Antreiben *n*; Verformen *n*.
ελάσιμος [ɛ'las-] *Tech.* hämmerbar; verformbar.
έλασμα ['ɛlaz-] *n* Metallplättchen *n*; Blech *n*.
έλασσον ['ɛlasɔn] *Mus.* Moll *n*.
ελαστικ|ό [ɛlasti'kɔ] Gummi *m*; (Gummi-)Reifen *m*; **~ός** elastisch (*a. fig.*); *fig.* wetterwendisch; ***~ή ταινία*** Gummiband *n*; ***~ός σωλήνας*** Gummischlauch *m*; **~ότητα** Elastizität *f*, Dehnbarkeit *f*; Gelenkigkeit *f*; *fig.* Nachgiebigkeit *f*.
ελάτε [ɛ'latɛ] kommt!, los!; *s.* ***έρχομαι.***
ελάτη Tanne *f*.
ελατήριο *Tech.* Feder *f*; (*Kolben-*)Ring *m*; Motiv *n*; Triebfeder *f*.

ελάτινος Tannen-.
έλατο *s.* ***ελάτη.***
ελάττωμα [ɛ'lat-] *n* Fehler *m*; (*S. mst.*) Mangel *m*.
ελαττ|ωματικός [-ɔmat-] *Mensch*: behindert; *S.*: mangelhaft; *Maschine*: defekt; **~ωματικότητα** Gebrechlichkeit *f*; Fehlerhaftigkeit *f*; **~ώνω** (σ· θ) verringern; *Hdl.* herabsetzen; *Med.* lindern; ***~ώνομαι*** sinken.
ελάττωση (-εις) Herabsetzung *f*, Verkürzung *f* (der Arbeitszeit); Verringerung *f*; Sinken *n*.
ελαύνω [ɛ'lavnɔ] (λασ· λαθ/ η-) führen; *fig.* treiben.
ελάφι Hirsch *m*.
ελαφ|ίνα Hirschkuh *f*; **~ίσιος** (-ια) Hirsch-; **~οκέρατα** [-ɔ'kɛr-] *n/pl.* Hirschgeweih *n*.
έλαφος *f s.* ***ελάφι.***
ελαφρ|όμυαλος [ɛla'frɔmĭal-] oberflächlich; **~όνοια** Leichtsinn *m*, Oberflächlichkeit *f*; **~όπετρα** [-'ɔpɛtra] Bimsstein *m*; **~οπιστία** [-ɔpist-] Leichtgläubigkeit *f*; **~όπιστος** leichtgläubig; **~ός** *allg.* leicht; *Mensch*: leicht(sinnig); *Kaffee*, *Lärm*, *Schlaf*, *Wind*: schwach; **~ότητα** Leichtigkeit *f*; Leichtsinnigkeit *f*; Oberflächlichkeit *f*.
ελάφρυνση [ɛ'lafriṅsi] (-εις) Erleichterung *f*; Herabsetzung *f*.
ελαφρυντικ|ό [-friṅd-] Entschuldigungsgrund *m*; **~ός** erleichternd, Erleichterungs-; *Med.* Linderungs-; ***~ές περιστάσεις*** *f/pl. od.* ***~ά*** *n/pl. jur.* mildernde Umstände *m/pl.*
ελαφρ|ύς [ɛla'fris] (-ιά, -ύ) *s.* ***ελαφρός;*** **~ώνω** (σ· θ) *v/t.* erleichtern; *Last usw.* verringern; befreien (***από***/ von *D*); ***~ώνομαι*** sich (*A*) erleichtert fühlen.
ελάφρωση (-εις) *s.* ***ελάφρυνση.***
ελάχιστο|ς [ɛ'laïçist-] sehr klein, gering; mindest-, minimal; ***στο ~*** auf ein Mindestmaß; ***το ~*** mindestens; *s.* ***ε.κ.π.***
Ελβετ|ία [ɛlvɛt-] Schweiz *f*; **~ίδα** Schweizerin *f*; **≗ικός** Schweizer-, schweizerisch; **~ός** Schweizer *m*.
ελγίνεια: ***τα ~ μάρμαρα*** die Basreliefs, (*geraubt*) von Lord Elgin.
ελεγ- *s.* ***λέγω.***
ελεγ|εία [ɛlɛj-] Elegie *f*; *Rel.* Klagelied *n*; **~ειακός** elegisch; Klagelied-.
ελεγκτ|ήρας [ɛlɛŋ'ktiras] *Tech.* Lehre *f*, Messgerät *n*; **~ής** Kontrolleur *m*; *Hdl.* Buchprüfer *m*; ***~ής πτήσεων*** Fluglotse *m*; ***~ής τρένου*** Zugschaffner *m*; **~ικός** Kontroll-; überkritisch; ***~ικό συνέδριο*** Rechnungskammer *f*.
έλεγχος ['ɛlɛŋx-] Kontrolle *f*; *Phil.* Kritik *f*; Schulzeugnis *n*; Liste *f*; *Hdl.* Revision *f*, Prüfung *f*; Prüfungsamt *n*; ***~ διαβατηρίων*** Passkontrolle *f*; ***τελωνειακός ~*** Zollkontrolle *f*.
ελέγχω (έλεγξα· γχτ) kontrollieren; prüfen, kritisieren, Vorwürfe machen.
ελεειν|ολογώ [ɛlɛinɔlɔ'ɣɔ] (είς· ησ) *j-n* bedauern; beschimpfen; **~ός** elend; **~ότητα** Elend *n*.
ελε|ήμονας [ɛlɛ'imɔnas] Barmherzige(r); **~ημοσύνη** Almosen *n*; Barmherzigkeit *f*.
Ελένη [ɛ'lɛni] Helene *f*.
έλεος *n* Mitleid *n*; Barmherzigkeit *f*; Gnade *f*; ***ελέω Θεού*** von Gottes Gnaden; ***αδελφή του ελέους*** barmherzige Schwester *f*; ***βρίσκομαι στο ~*** *G* der Gnade *G* ausgeliefert sein; ***τα ελέη*** Güter *n/pl.*, Reichtümer *m/pl.*
ελευθ|ερία [ɛlɛfθɛr-] Freiheit *f*; *Med.* Niederkunft *f*; ***~ερία κινήσεως*** Freizügigkeit *f*; ***~ερία τύπου*** Pressefreiheit *f*; **~εριάζω** (-ίασα) sich (allzu) frei benehmen; ausschweifend leben; **~έριος** (-ια) freigebig; frei (*Beruf*); *Sitte*: locker; **~εριότητα** Freigebigkeit *f*; Ungeniertheit *f*.
ελεύθερο|ς [ɛ'lɛfθɛr-] *allg.* frei (*z. B. Eintritt*; *Sitzplatz*) (*G*/ von *D*); ledig; Frei- (*Hafen*, *Zone*); *Haus*: lastenfrei; *Su. n Tech.* Freilauf *m*; ***~ επί του πλοίου*** fob (= frei an Bord).
ελευθερ|οτυπία [-ɔtip-] Pressefreiheit *f*; **~όφρονας** [-'ɔfrɔnas] Freisinnige(r); Liberale(r); **~οφροσύνη** [-ɔfrɔ'sini] Freisinnigkeit *f*; Liberalismus *m*; **~ωμός** (*a.* **-έρωμα** *n*) Freilassung *f*, Befreiung *f*; *Med.* Entbindung *f*; **~ώνω** (σ· θ) befreien (***από***/ von *D*); freilassen; ***~ώνομαι*** *Frau*: entbunden werden; entbinden.
ελευθ|έρωση [-'ɛrɔsi] (-εις) Befreiung *f*; Freilassung *f*; **~ερωτής** (***-ώτρια***) Befreier(in *f*) *m*.
έλευση ['ɛlɛfsi] Ankunft *f*.
Ελευσ|ίνα Eleusis *n*; **≗ίνιος** (-ια) eleusinisch.

ελέφαντας [ɛ'lɛfaňdas] Elefant *m.*
ελεφ|άντειος (-εια), **~αντένιος** [-a'ňdɛn-] (-ια) Elfenbein-; **~αντίαση** Elefantiasis *f;* **~αντίνη** Dentin *n;* **~άντινος** Elefanten-; Elfenbein-.
ελεφαντ|όδοντο [-'ɔðɔňdɔ], **~οκόκαλο** [-'kɔkalɔ], **~οστούν** [-'stun] *n* Elfenbein *n.*
ελέφας [ɛ'lɛfas] (-αντος) Elefant *m.*
ελεχθ- *s.* ***λέγω.***
ελ|εώ [ɛlɛ'ɔ] (είς· ησ) *v/t.* Erbarmen haben mit; ***Κύριε ~έησον*** Herr, erbarme dich!
εληά *s.* ***ελιά.***
ελθ- *s.* ***έρχομαι.***
ελιά [ɛ'lja] Olive *f;* Olivenbaum *m;* Muttermal *n.*
ελιγμός [ɛliɣm-] Windung *f; mil.* Manöver *n; fig.* Winkelzug *m.*
έλικας ['ɛlikas] Spirale *f;* Propeller *m;* (Schiffs-)Schraube *f; Anat.* Ohrleiste *f.*
ελικ|οειδής [ɛlikɔið-] *Tech.* schrauben-, schneckenförmig; spiralförmig; Schlangen- (*Linie*); **~οκίνητος** [-ɔ'ki̯-nit-] mit Propellerantrieb; Schrauben-; **~όπτερο** [-'ɔptɛrɔ] Hubschrauber *m;* **~οφόρος** [-ɔ'fɔr-] (-α) Schrauben-.
Ελικώνας [-'kɔnas] 'Helikon *m.*
ελικωτός schraubenförmig.
ελιξίριο Elixier *n.*
ελιο- Öl(baum)-.
Ελισάβετ [-'savɛt] (0) *f* Elisabeth *f.*
ελίσσ|ω [ɛ'lisɔ] (ξ· χτ· γμ/ ει-) herumführen, wickeln (***περί*** *A*/ um *A*); **~ομαι** *Wasser*: wirbeln; sich zusammenrollen; *mil.* manövrieren; *Fluss*: sich schlängeln.
ελίτ (0) *f* Elite *f.*
έλκηθρο ['ɛlki̯θrɔ] Schlitten *m;* ***γλιστρώ με το ~*** rodeln.
έλκος ['ɛlk-] *n* Geschwür *n;* ***~ στομάχου*** Magengeschwür *n.*
ελκ|τικός ansprechend; Anziehungs-; **~υσμός** [-ki̯z-] *s.* ***έλξη;*** (Ofen-)Zug *m;* Zuleitung *f;* **~υστήρας** [-ki̯'stiras] Trecker *m;* **~υστικός** anziehend; **~υστικότητα** Anziehungskraft *f;* **~ύω** [-'ki̯ɔ], **έλκω** (κυσ· κυστ) ziehen; *El. fig.* anziehen; aufwiegen.
ελκώδης geschwürartig.
έλκωση ['ɛlkɔsi] (-εις) Geschwürbildung *f,* Geschwür *n.*
Ελλ|άδα [ɛ'laða] *s.* ***Ελλάς; ∼αδικός*** hellenisch; **∼αδίτης** (***-ισσα***) griechische(r) Staatsangehörige(r); **∼ανοδίκης** [-anɔ'ðik̯-] Schiedsrichter *m;* **∼ανόδικος** Schieds-; **~άς** [-'as] (-άδος) *f* Griechenland *n.*
ελλέβορος [ɛ'lɛvɔr-] Nieswurz *f.*
έλλειμμα *n* Defizit *n;* Fehlbetrag *m;* Ausfall *m;* ***~ προϋπολογισμού*** Haushaltsdefizit *n.*
ελλειμματ|ίας [ɛlimat-] säumige(r) Zahler *m;* **~ικός** Defizit-.
ελλειπ|ής [-lip-] (zu) knapp; **~τικός** elliptisch; *Gr.* defektiv.
ελλείπω [ɛ'lipɔ] (*nur Präs.*) fehlen; abwesend sein.
ελλείπων [-pɔn] (-ουσα, -ον) fehlend; *Su. n* Defizit *n;* ***ελλείπον βάρος*** Untergewicht *n.*
έλλειψη [-psi] (-εις) Mangel *m* (*G*/ an *D*); Abwesenheit *f;* Bildungslücke *f; Math.* Ellipse *f;* ***ελλείψει*** *G* mangels *G;* ***ελλείψει αποδείξεως*** aus Mangel an Beweisen.
Έλλην ['ɛlin] (-ος), **~ας** Grieche *m.*
Ελληνίδα Griechin *f.*
ελλην|ίζω (σ) die Griechen nachahmen; griechenfreundlich sein; Griechisch sprechen; **~ικός** griechisch; ***η ~ική, τα ~ικά*** Griechisch *n; Adv.* ***-ικά, -ικώς*** griechisch; ***~ικό*** griechische Welt *f;* **~ικότητα** griechische(s) Gepräge *n,* griechische(r) Charakter; **~ικούρα** [-i'kura] alte(s) Kanzleiwort *n,* Archaismus *m;* **~ισμός** Griechentum *n;* Hellenismus *m;* **~ιστής** (***-ίστρια***) Gräzist(in *f*) *m;* **~ιστικός** hellenistisch.
ελλην|ο- [ɛlin-] Griechisch-, griechisch; **~ογερμανικός** [-ɔjɛrman-] deutsch-griechisch; **~όγλωσσος** griechischsprachig; **~ολάτρης** [-ɔ'latr-] Griechenlandverehrer *m;* **~ομαθής** [-maθ-] griechischkundig; **~οπούλα** Griechenmädchen *n;* **~όπουλο** [-'ɔpulɔ] Griechenjunge *m;* **~οπρέπεια** *etwa*: Griechentümelei *f;* **~οπρεπής** ... wie ein Grieche; **~οφοβία** Griechenfeindlichkeit *f;* **~όφωνος** [-'ɔfɔn-] griechischsprachig.
Ελλήσποντος [ɛ'lispɔňd-] Hellespont *m,* Dardanellen(straße *f*) *pl.*
ελ·λιμενίζομαι [-mɛ'nizɔmɛ] (στ) vor Anker gehen.
ελλιπής [-lip-] *s.* ***ελλειπής.***

ελλ|όγιμος [-'lɔj-] gelehrt; **~ογιμότητα** Gelehrsamkeit *f*.
έλλογος [-lɔɣ-] vernünftig.
ελ·λοχεύω [εlɔç-] (ευσ· ευτ) lauern (**να**/ darauf, dass).
έλμινς [-miñs] (-ινθος) *f* Eingeweidewurm *m*.
έλξη ['εlksi] (-εις) Anziehungskraft *f*; Gravitation *f*; *Turnen*: Klimmzug *m*.
ελόγου: ~ μου, ~ σου, ~ του *hist*. F ich; du, Sie; er *usw*.
ελονοσία [εlɔnɔs-] Malaria *f*.
έλος *n* Sumpf *m*, Moor *n*.
ελπ|ίδα [εlp-] Hoffnung *f* (*a. als Pers., S.*); **παρ' ~ίδα** wider Erwarten; **~ίζω** (σ) *v/t*. erhoffen (**από**/ von *D*); hoffen (**ότι**/ dass); *v/i*. hoffen (**σε**/ auf *A*).
Ελσίνκι Helsinki *n*.
ελώδης [ε'lɔð-] sumpfig; Sumpf- (*Fieber, Gas*).
εμ·- *s. Augmenttabelle S. 21*: **ενε-**.
εμαγιέ [-'jε] (0) *n* Emaille-, emailliert.
εμάς [ε'mas] uns; *s.* **εμείς**.
εμβ- *s. a.* **μπ-**.
εμβαδό (Quadratmeter-)Fläche *f*.
εμβάζω (έμβασα· -βάστηκα) *Hdl*. überweisen (**του το**/ j-m *A*).
εμ·|βαθύνω [-va'θinɔ] (II = I) *fig*. sich (*A*) vertiefen (**σε**/ in *A*); **~βάλλω** [-'valɔ] (βαλ· βληθ· βεβλημ) (**σε**) legen, stecken, tun (in *A*); *j-m Furcht* einflößen; *j-n in Versuchung* führen; *Zwietracht* stiften (**μεταξύ** *G*/ zwischen *D*).
εμ·βάπτω [ε'ŋvaptɔ] (ein)tauchen.
εμβασθείς [-'stis] (-είσα, -έν) überwiesen.
έμβασμα [-vaz-] *n Hdl*. Überweisung *f* (*a. = der Betrag*).
εμβατήριο *Mus*. Marsch *m*.
εμβέλεια Aktionsradius *m*; Reichweite *f* (*z. B. e-s Senders*).
έμβιος (-ια) organisch, lebend.
έμβλημα ['εŋvl-] *n* Wahlspruch *m*; Abzeichen *n*; *Hdl*. Warenmarke *f*, Schutzmarke *f*; Verzierung *f*.
εμβληματικός sinnbildlich.
εμβολ|έας [-vɔ'lεas] (*pl*. -είς) Pflock *m*; Kolben *m*; **~ή** Einführung *f* (**σε**/ in *A*); *Med*. Embolie *f*; *mar*. Zusammenstoß *m*; Rammen *n e-s Schiffes*; **~ιάζω** (-ίασα· στ) impfen (**εναντίον** *G*/ gegen *A*); *Bot*. pfropfen; **~ιασμός** Impfung *f*; Pfropfung *f*.
εμβόλιμος [ε'ŋvɔl-] Schalt- (*Tag*).
εμβόλιο Impfstoff *m*; Pfropfreis *n*.
εμβολισμός *Tech*. (Kolben-)Hub *m*; Einrammen *n*; Rammen *n*.
έμβολο *Tech*. Kolben *m*; Zapfen *m*; *mar*. Rammsporn *m*; Spund *m*; Blutpfropf *m*.
εμβρ|ίθεια [εŋ'vriθ-] Ernsthaftigkeit *f*; **~ιθής** eingehend, ernst.
εμβρόντητος [-'vrɔñdit-] *fig*. wie vom Donner gerührt.
έμβρυο ['εŋvriɔ] Embryo *n*.
εμβρυώδης embryonal (*a. fig.*).
εμ·βυθίζω [-viθ-] (σ· στ) eintauchen; *Dolch* stoßen (**σε**/ in *A*).
εμέ *K*. mich.
εμειν- *s.* **μένω**.
εμείς [ε'mis] wir.
εμετ|ικός [εmεt-] Brech-; *Witz*: abgeschmackt; (*vulgär*) ... zum Kotzen; *Su. n* Brechmittel *n*; **~ός** Erbrechen *n*; *vulgär, bsd. fig*. Kotzen *n*.
εμιαν- *s.* **μιαίνω**.
εμιξ-, εμιχθ- *s.* **μιγνύω**.
εμιράτο Emirat *n*.
εμίρης (-ηδες) Emir *m*.
εμμανής [εman-] unbändig.
εμ|μάρτυρος [ε'martir-] bezeugt; **~μελής** [-mεl-] melodisch; harmonisch; **~·μένω** [-'mεnɔ] (ενέμεινα) festhalten (**σε**/ an *D*), bestehen (**σε**/ auf *D*).
έμ|μεσος [-mεs-] indirekt; **~μετρος** [-mεtr-] mäßig; *poet*. metrisch.
έμμηνα ['εmina] *n/pl*. Menstruation *f*.
εμμηνόπαυση (-εις) Aufhören *n* der Menstruation.
έμμισθος [-mist-] besoldet; bezahlt; Gehalts- (*Empfänger*).
εμμονή Ausdauer *f*; Bestehen *n*; *fig*. Festhalten *n*.
έμ|μονος [-mɔn-] hartnäckig; lang andauernd; fix (*Idee*); **~μορφος** [-mɔrf-] kristal'lin; schön; **~μουσος** [-mus-] musikalisch.
έμπα ['εmba] *n* Eingang *m*; *Zeit*: Auftakt *m*; *a. Imp. v.* **μπαίνω**.
εμπ|άθεια [ε'mbaθ-] Leidenschaftlichkeit *f*; **~αθής** leidenschaftlich.
εμπαιγμός [-bεɣm-] Spott *m*, Hohn *m*; Täuschung *f*.
εμ|·παίζω [ε'mbεzɔ] (ξ· χτ) *j-n* verspotten; sich (*A*) über etw. (*A*) lustig machen; *j-n* hinhalten; **~παικτικός**

spöttisch, hinhaltend; **~παίνω** *s.* ***μπαίνω***; **~πάργκο** Embargo *n*; **~πασιά** [-bas-] Eingang *m*, Einfahrt *f*; Tor *n*.
εμπατή Keller(eingang) *m*.
έμπεδο|ς ['ɛm̃bɛð-] fest, stabil; ~ ***τάγμα*** Ersatzbataillon *n*.
εμ|πεδώνω (σ· θ) festigen; **~πέδωση** [-ðɔsi] (-εις) Festigung *f*.
εμπειρ|ία [ɛm̃bir-] Erfahrung *f*; **~ικός** (nur) praktisch ausgebildet; empirisch; *Med.* Haus- (*Mittel*); **~ισμός** Empirismus *m*; **~ογνώμονας** Sachverständige(r); Experte *m*.
έμπειρος erfahren (***σε***/ in *D*).
εμπειροτέχνης [ɛm̃birɔ'tɛxn-] (***-ισσα***) Sachkenner(in *f*) *m*.
εμπερι- *s.* ***περι-***.
εμπεριστατωμένος [-bɛristatɔm-] gründlich, eingehend.
εμπήγω *s.* ***μπήγω***.
εμ·πίπτω [-'biptɔ] (ενέπεσα) (hinein-) fallen; geraten (***σε***/ in *A*).
εμπιστ|ευμένος [ɛm̃bist-] *s.* ***έμπιστος***; **~εύομαι** [-'ɛvɔmɛ] (ευτ) trauen (***τον***/ *j-m*); anvertrauen (***του το***/ *j-m etw.*); sich (*A*) verlassen (***σε***/ auf *A*); **~ευτικός** [-ɛft-] vertraulich; Vertrauens- (*Stellung*).
έμπιστος zuverlässig, treu.
εμπιστοσύνη [-stɔ'sini] Vertrauen *n* (***σε***/ zu *D*).
έμπλαστρο ['ɛm̃blastrɔ] *Med.* Pflaster *n*.
εμ·|πλαστρώνω (σ) ein Pflaster auflegen; **~πλέκω** [-'blɛkɔ] (ξ· χτ *od.* πλακ) *v/t.* einflechten; *fig.* verflechten, verwickeln (***σε***/ in *A*); *mil.*, *Tech.* eingreifen (***σε***/ in *A*); einschalten; *v/i. u. v/p.* ***~πλέκομαι*** verflochten sein; hineingeraten (***σε***/ in *A*).
εμπλοκή [-blɔ'ki] Einflechten *n*; Verflechtung *f*; *Tech.* Eingreifen *n*; Getriebe *n*; Versagen *n* (*e-r Waffe*); *mil.* Gefecht *n*.
εμ|·πλουτίζω [ɛm̃blut-] (σ· στ) *Tech.*, *Chem.* anreichern; **~πλουτισμός** Anreicherung *f*; Mikrobenkultur *f*.
έμπνευση [-bnɛfsi] (-εις) Einfall *m*; Eingebung *f*, Inspiration *f*.
εμπνευσμένος *Poet*: einfallsreich; *Idee*: glänzend; *allg.* inspiriert.
εμ·|πνέω [ɛm̃'bnɛɔ] (ευσ· ευστ) inspirieren, anregen (***του το***/ j-n zu *D*); ***~πνέομαι*** inspiriert, angeregt werden; **~ποδίζω** [-bɔð-] (σ· στ) verhindern *A*; hindern (***του το***/ j-n an *D*); stören; **~πόδιο** Hindernis *n*; ***δρόμος με ~πόδια*** Hindernislauf *m*; **~πόδισμα** *n* Hinderung *f*; **~ποδιστής** Hindernisläufer *m*.
εμπόλεμος [ɛ'm̃bɔl-] Kriegs-; im Kriege befindlich; Krieg führend; ~ ***κατάσταση*** Kriegszustand *m*.
έμπορας *s.* ***έμπορος***.
εμπόρε(υ)μα [ɛ'm̃bɔrɛ(v)ma] *n* Ware *f*; ***σπάνιο*** ~ Mangelware *f*.
εμπορ|ευματολογία [-tɔlɔj-] Warenkunde *f*; **~εύομαι** [-'ɛvɔmɛ] (ευτ) *v/t.* handeln mit *D*; *v/i.* Kaufmann sein; **~ευόμενος** Handeltreibende(r); **~εύσιμος** [-'ɛfs-] handelsfähig; übertragbar, börsenfähig; **~ία** Handel *m*; Kaufmannsberuf *m*; **~ικό** Boutique *f*; **~ικός** Handels- (*Schule usw.*).
εμπόριο Handel *m*; ***εξωτερικό*** ~ Außenhandel *m*; ~ ***ναρκωτικών*** Rauschgifthandel *m*.
εμπόρισσα Händlerin *f*; Kauffrau *f*.
εμποροκρατία Merkantilismus *m*.
εμπορο|μεσίτης [ɛm̃bɔrɔmɛs-] (***-ίτρια***) Makler(in *f*) *m*; **~πανήγυρη** [-pa'nijiri] Messe *f*; **~πλοίαρχος** [-'pliarx-] Kapitän *m* der Handelsmarine; Schiffsherr *m*.
έμπορος Kaufmann *m*; Händler *m*; ~ ***βιομηχανικής επιχείρησης*** Industriekaufmann *m*; ~ ***ναρκωτικών*** Rauschgifthändler *m*.
εμποροϋπάλληλος [-bɔrɔi'palil-] kaufmännische(r) Angestellte(r).
εμ|·ποτίζω [-bɔt-] durchtränken; imprägnieren (***δια*** *G*/ mit *D*); *j-n* begeistern (für *A*); **~ποτισμένος** durchtränkt (***με***/ mit *D*); durchdrungen (***από***/ von *D*), begeistert (***από***/ für *A*).
εμπράγματος [ɛm̃'braɣmat-] *jur.* dinglich, Sachen-.
έμπρακτος [-brakt-] praktisch.
εμπρεσιονισμός Impressionismus *m*.
εμπρησ|μός [-briz-] Brandstiftung *f*; **~τής** [-'stis] Brandstifter *m*; **~τικός** Brand-; *fig.* zündend; ***~τική βόμβα*** Brandbombe *f*.
εμπριμέ [ɛm̃bri'mɛ] (0) *n* Druckstoff *m*.
εμ|πρόθεσμος [-'brɔθɛz-] termingerecht; **~πρόθετος** präpositional; *Su. n* präpositionale Bestimmung *f*.
εμπρός [ɛm̃'brɔs] *Adv.* vorn; *Zeit*: vor-

E

εμπροσθινός 184

her, zunächst; vorwärts; *bei Verben* vor; *Interjektion*: vorwärts!; herein! (= *treten Sie ein!*); *am Telefon*: Hallo!; **~ σε** *Präp.* vor (*D*/*A*); *Zeit* vor (*nur D*); im Vergleich zu *D*, angesichts *G*; in Gegenwart *G*; **~ από** vor (*D*/*A*).

εμπροσθινός [-brɔst-], **εμπρόσθιος** (-ια) vorder-, Vorder-; **~ φανός** *Auto*: Scheinwerfer *m*.

E

εμπροσ|θοφυλακή [-stɔfila'kji] Vorhut *f*; **~τά** *s.* **εμπρός.**

εμ·|πτύω [ɛm̃'ptiɔ] (σ· στ) anspeien; **~πυάζω** [-'bïazɔ] (σ) eitern.

έμπυασμα *n* Empyem *n*; Vereiterung *f*.

εμ|πύηση [ɛ'm̃biisi] (-εις) Eiterung *f*; **~πυϊκός** [-biik-] Eiter-.

έμπυο ['ɛm̃biɔ] Eiter *m*.

εμ|πύρετος [-'birɛt-] fiebrig; Fieber-; **~πύρευμα** [-ɛvma] *n* Zünder *m*; **~πυρευματίζω** (σ) scharf machen, Zünder anbringen an *D*; **~πύριο** Zündkapsel *f*.

εμ·|φαίνω [ɛ'ɱfɛnɔ] (*o. Aor.*) erkennen lassen, offenbaren; **~φαίνεται** es ergibt sich (**από**/ aus *D*); **~φανής** [-fan-] deutlich sichtbar; **εκ του ~φανούς** mit offenen Karten; **~φανίζω** (σ· στ) erscheinen lassen, offenbaren, zeigen; hervortreten (**με**/ mit); *Foto*: entwickeln; **~φανίζομαι** erscheinen, auftreten; **~φάνιση** (-εις) Erscheinung *f*, Auftreten *n*; *jur*. Erscheinen *n*; Entwicklung *f*; **~φαντικός** [-fañd-] nachdrücklich; ausdrucksvoll.

έμφαση ['ɛɱfasi] Nachdruck *m*; klare(r) Begriff.

εμφιάλωση [-'fjalɔsi] Abziehen *n* auf Flaschen.

εμφιλο|χώρηση [-filɔ'xɔr-] Einschleichen *n*; **~χωρώ** [-xɔ'rɔ] (είς· ησ) sich (*A*) einschleichen (**σε**/ in *A*).

έμφοβος ['ɛɱfɔv-] ängstlich.

εμ·φορούμαι [-fɔ'rumɛ] (είσαι· ηθ) durchdrungen sein (**από**/ von *D*).

έμ|φραγμα [-fraɣ-] *n* Stöpsel *m*; Füllung *f*, Plombe *f*; Infarkt *m*; **~φραξη** [-ksi] (-εις) Verschließen *n*; Verschluss *m*; *Med.* Embolie *f*; Plombieren *n* (*des Zahns*); **καρδιακή ~φραξη** Herzinfarkt *m*.

εμ|φυής [ɛɱfi'is] angeboren; **~φύλιος** [-'fil-] (-ια) Stammes-; Bürger- (*Krieg*); **~φύσημα** *n* Emphysem *n*; **~·φυσώ** [-fi'sɔ] (άς· ησ· ηθ) (ein)blasen; *fig*. einflößen (**του το**/ j-m etw.); **~φύτευση** [-tɛfsi] (-εις) Pflanzung *f*; **~·φυτεύω** (ευσ) (ein)pflanzen; *e-e Kugel* jagen (**σε**/ in *A*); *Land* verpachten.

έμφυτος ['ɛɱfit-] angeboren; *Su. n* Instinkt *m*.

εμ·φωλεύω [-fɔl-] (ευσ) nisten; *fig. in der Seele* stecken, wohnen.

έμψυχο|ς ['ɛm̃bzix-] beseelt; **~ υλικό** Menschenmaterial *n*.

εμ|·ψυχώνω (σ· θ) *etw.* beleben; *j-n* anfeuern; **~ψύχωση** [-xɔsi] (-εις) Belebung *f*; Anfeuerung *f*.

εν [ɛn] *K. Präp. s.* **σε;** (*D*) in (*D*); **~ Αθήναις** in Athen; **~ ανάγκη** nötigenfalls; **~ τη εξουσία** an der Macht; **~ ισχύι** in Kraft; **~ ονόματι** *G* im Namen *G*; **~ τάξει** in Ordnung; **~ τω μεταξύ** inzwischen; **~ χρήσει** in Gebrauch.

εν-: εμ- *vor* **β, μ, π, φ; ελ-** *vor* **λ; εγ-** *vor* **γ, κ, χ; ερ-** *vor* **ρ:** in-, ein-.

εν *s.* **εις; ~ προς ~** jedes für sich; eins nach dem andern.

εν·- *s. Augmenttabelle S. 21*: **ενε-.**

εναγκαλ|ίζομαι [ɛnaŋ̃ga'lizɔmɛ] (σ· στ) umarmen; **~ισμός** Umarmung *f*.

εν|αγόμενος [-a'ɣɔm-] Beklagte(r); (-η) Beklagte *f*; **~άγω** [-'aɣɔ] (αγαγ· αχθ· ενηγαγ-· ενηχθ-) j-n verklagen; **~άγων** (-οντος) *m* Kläger *m*; **~αγώνιος** (-ια) ängstlich; *Adv.* in Ängsten; **~αέριος** [-a'ɛr-] (-ια) Luft- (*Verkehr*); oberirdisch (*Leitung*); Schwebe- (*Bahn*); **~αίσιμος** [-'ɛs-]: **~αίσιμος διατριβή** Doktorarbeit *f*, Dissertation *f*; **~αλλαγή** [-ala'ji] Wechsel *m*; Austausch *m*; **~αλλακτήρας** [-'ktiras] Wechselstromdynamo *m*; **~αλλάξ** [-'laks] *Adv.* abwechselnd, umschichtig; **~αλλασσόμενος** [-la'sɔm-] Wechsel-; **~αλλασσόμενο ρεύμα** Wechselstrom *m*; **~αλλάσσω** [-'lasɔ] (ξ· χτ) *v/t.* wechseln; abwechseln lassen; *Dienst* abwechselnd versehen; *v/i.* wechseln; **~αλλαχτικός** (ab)wechselnd, Wechsel-.

ενάμισης (μιάμιση, ενάμισι) anderthalb.

ενανθρώπηση (-εις) *Rel.* Menschwerdung *f*.

έναντι *Adv.* gegenüber; *Präp.* (*G*) *Hdl.* auf (Rechnung *G*) *A*.

ενάντια (σε) [ɛ'nañd-] *Adv.* zuwider *D*;

Präp. gegen *A*; **πάω ~** *fig.* danebengehen, F mies gehen.
εναντ|ίο(ν) Gegenteil *n*; *Präp.* (*G*) gegen *A*; entgegen *D*; ***το ~ίον*** im Gegenteil; **~ίος** (-ία) *Ansicht*: gegensätzlich; *Armee*: gegnerisch; Gegen- (*Wind*); ***απ'*** (***εξ***) ***~ίας*** dagegen; im Gegenteil.
ενάντιος (-ια) widrig; gegen (*A*); ***έρχεται ~ μου*** *j-m* zuwiderlaufen; *s. a.* ***εναντίον, εναντίος.***
εναντ|ιότητα [-'ňdjɔt-] Gegensatz *m*; Widrigkeit *f*; **~ιούμαι** (είσαι) *s.* ***εναντιώνομαι; ~ίωμα*** *n* Widerstand *m*, Gegenwehr *f*; **~ιωματικός** [-jɔmat-] entgegengesetzt; Widerstands-; *Gr.* adversativ; **~ιώνομαι** [-'jɔnɔmɛ] (θ) sich widersetzen (***σε***/ *D*), sich gegen *j-n* stellen (***για***/ wegen *G*); **~ίως** (*G*) *od.* ***προς*** *A* gegen *A*; **~ίωση** [-'iɔsi] (-εις) Widerstand *m*; Widerspruch *m*.
εναπεθεσ- (-θηκ-) *s.* ***εναποθέτω.***
εναπ|όθεση [ɛna'pɔθɛsi] (-εις) Hinterlegung *f*; *fig.* Vertrauen *n* auf *A*; *Tech.* Kesselstein *m*; **~οθέτω** [-'θɛtɔ] (σ· -οτεθ) hinterlegen, deponieren; *fig.* setzen (***σε***/ auf *A*); **~οθήκευση** [-'θik̦ɛfsi] (-εις) Lagerung *f*; **~οθηκεύω** (ευσ) lagern; *Energie* speichern; **~όκειται** [-'ɔk̦itɛ] (***σε***) es liegt *j-m* ob, es liegt an *j-m*; **~οταμίευση** [-ɔta-'miɛfsi] Sparen *n*; **~οταμιεύω** [-'mjɛvɔ] (ευσ) sparen; **~οτεθειμένος** *s.* ***εναποθέτω.***
εν|άργεια [-jĭa] Deutlichkeit *f*; **~αργής** klar, deutlich; **~άρετος** [-'arɛt-] tugendhaft; ehrlich.
έναρθρος ['ɛnarθr-] *Rede*: artikuliert; gegliedert; *Tech.* Gelenk-; *Gr.* ... mit Artikel.
ενάριθμος [-riθm-] nummeriert; *Su. n*/ *pl.* Nachgebühr *f*.
εναρκτ|ήριος [-ar'ktir-] (-ια) Antritts- (*Rede*), Eröffnungs- (*Ansprache*); erst-; Jungfern-; **~ικός** Anfangs-.
εναρμογή [-armɔ'ji] *Tech.* Verzapfung *f*, Zusammenfügen *n*; Fuge *f*.
εναρμ|όζω [-'mɔzɔ] (σ) zusammensetzen; montieren; anpassen; **~ονίζω** (σ) harmonisieren; in Einklang bringen (***προς*** *A*/ mit *D*); **~όνιος** (-ια) harmonisch; **~όνιση** (-εις) Harmonisierung *f*, Ausgleich *m*.
έναρξη [-arksi] (-εις) Beginn *m*.
ένας ['ɛnas] (μια, μία, ένα) ein; ***~ κ' ~*** einer wie der andere; **~-~** einer nach dem anderen; im Gänsemarsch.
εν|άσκηση [-'ask̦isi] (-εις) Ausübung *f*; **~ασκώ** [-a'skɔ] (είς· ησ) *Rechte* ausüben.
έναστρος ['ɛnastr-] bestirnt.
ενασχ|όληση [-'sxɔlisi] (-εις) Beschäftigung *f* (***σε, με***/ mit *D*); **~ολώ** [-ɔ'lɔ] (είς· ησ) *j-n* beschäftigen; sich (*A*) beschäftigen (***σε, με***/ mit *D*).
ενατενίζω [-tɛn-] (σ) anstarren.
ένατ|ος neunte(r); **~ο** (ein) Neuntel.
έναυσμα ['ɛnavz-] *n* Anzünder *m*; *fig.* Funke *m*.
ενδεδειγμένος [-ðɛðiγm-] angezeigt; *Pers.*: geeignet (***για***/ für *A*).
ενδεής Not leidend; *G* bar *G*, ohne *A*.
ένδεια Not *f*; Mangel *m* (*G*/ an *D*).
ενδείκνυται [ɛň'ðiknitɛ] es ist zweckmäßig; *Med.* es ist indiziert.
εν·δεικνύω [-'kniɔ] (ενέδειξα· δειχθ-) *v/t.* bezeichnen, hinweisen auf *A*.
ενδεικτικ|ό Versetzungszeugnis *n*; **~ός** *G* andeutend *A*; ***είμαι ~ός*** (*G*) aufweisen *A*; bezeichnend sein (für *A*).
ένδειξ|η [-ðiksi] (-εις) Zeichen *n*; Anzeichen *n* (***για***/ *G*, für *A*), Hinweis *m*; *Med.* Indikation *f*; *jur. pl.* Indizien *n/pl.*; ***ψηφιακή ~η*** Digitalanzeige *f*; ***~η ντεπόζιτου*** Tankanzeige *f*; ***εις ~ιν*** *G* als Zeichen *G*; ***υπό ~ιν*** *mil. etwa* krankgeschrieben.
ένδεκα ['ɛňðɛka] elf.
ενδέκατο|ς elfte(r); **~(ν)** elftens.
ένδεσμος [-ðɛz-] *Tech.* Gerippe *n*; Halter *m*; Stütze *f*.
εν|δέχεται [-'ðɛĭçɛtɛ] (***να ...***) unter Umständen *etw. tun*; **~δεχόμενο** [-ðɛ'xɔm-] Eventualität *f*, Fall *m*; ***για κάθε ~δεχόμενο*** unter allen Umständen; ***~δεχόμενο να*** möglicherweise *etw. tun*; **~δεχόμενος** etwaig; eintretend; *Adv.* voraussichtlich; ***~δεχόμενη περίσταση*** eintretendenfalls.
ενδημ|ικός [ɛňðim-] *Med.* endemisch; heimisch; *Bot.* einheimisch; **~ώ** (είς· ησ) endemisch, heimisch sein; ständig wohnen.
ενδιάθετος innerst-, geheim.
ενδιαίτημα [-'ðĭɛt-] *n* Wohnsitz *m*.
ενδιάμεσος [-'ðĭa-] Zwischen-; *Su. n* Zwischenraum *m*; Zwischenlandung *f*.
ενδια|φερόμενος [ɛňðĭafɛ'rɔm-] in-

E

ενδιαφέρον 186

teressiert; beteiligt (***για***/ an *D*); *Su. m a.* Interessent *m*; **~φέρον** (-οντος) Interesse *n* (***για***/ für *A*; ***προς*** *A*/ an *D*); **~φέρω** (ενδιάφερα· φερθ): ***~φέρει*** es gilt, es kommt darauf an (***να***/ zu ...); ***~φέρομαι*** sich interessieren (***για***/ für *A*); **~φέρων** [-rɔn] (-ουσα, -ον) interessant; ***σε ~φέρουσα κατάσταση*** in anderen Umständen.

εν·δίδω (ενέδωσα) nachgeben (***σε***/ *D*).
ένδικ|ος gesetzlich; ***~ο μέσο*** *jur.* Rechtsmittel *n.*
ενδο- [εñðɔ-] *oft* innen; *Med.* endo-, intra-.
ενδογενής *Biol.* endogen; *allg.* inner-.
ενδοι|άζω [εñðï-] (ενεδοίασα) Bedenken haben; **~ασμός** Unschlüssigkeit *f*; *mst. pl.* Bedenken *n/pl.*; **~αστικός** unschlüssig.
ενδο|κρινής [-krin-] endokrin; **~μήτριος** (-ια) Gebärmutter-; **~μυϊκός** [-miik-] intramuskulär.
ενδόμυχος [-mix-] verborgen, geheim, innerst-.
ένδοξος [-ðɔks-] ruhmvoll; berühmt.
ενδοξότητα Berühmtheit *f*; *Titel*: Exzellenz *f.*
ενδόσιμο [εñ'ðɔs-] Anlass *m.*
ενδο|σκόπηση (-εις), **~σκοπία** *Med.* Endoskopie *f*; *fig.* Selbstbeobachtung *f.*
ενδ|οστρέφεια Introvertiertheit *f*; **~όστροφος** introvertiert, in sich gekehrt.
ενδότ|ατος innerst-; äußerst-; **~ερος** innerst-; ***στα ~ερα*** im Innersten.
ενδοτικ|ός nachgiebig; *Gr.* konzessiv; **~ότητα** Nachgiebigkeit *f*; Konzession *f.*
ενδο|φλεβικός [εñðɔflεv-], **~φλέβιος** (-ια) intravenös.
ενδοχώρα [-'xɔra] Hinterland *n.*
ένδυμα [-ðim-] *n* Kleidung *f*; Anzug *m*; *Tech.* Mantel *m*; *pl.* ***ενδύματα*** (*Damen-*)Bekleidung *f.*
ενδυμασία [-mas-] Kleidung *f*; Kleid *n*; (*Herren-*)Anzug *m*; ***εθνική ~*** Trachtenanzug *m*; Volkstracht *f.*
ενδυματο|λογία *Thea.* Kostümkunde *f*; **~λόγος** Kostümbildner *m.*
εν·δυν|αμώνω [-ðinam-] (σ) *Mauer usw.* verstärken; *j-m* Mut machen; **~άμωση** [-mɔsi] (-εις) Verstärkung *f*; Ermutigung *f*; **~αμωτικός** Stärkungs-; kräftigend, tonisch; *Su. n* Stärkungsmittel *n*, Tonikum *n.*
εν·δύω (ενέδυσα· θ) *s.* ***ντύνω.***
ενε- *s.* ***εν-, εγγ-, εγκ-, εγχ-, ελλ-, εμβ-, εμμ-, εμπ-, εμφ-, ερρ-.***
ενέδρα [ε'nεðra] Hinterhalt *m*, Falle *f* (*a. fig.*); Anstand *m des Jägers.*
ενεδρ|ευτικός [-ðrεft-] Fallen-, Hinterhalts-; **~εύω** (ευσ) *j-m* e-e Falle stellen; *j-m* auflauern.
ένεκ|α, ~εν *G* (F *a. mit N*) wegen *G*; ... *G* halber; um ... *G* willen; ***τούτου ~α*** deswegen.
ενελ- *s.* ***ελλ-.***
ενεμηθ- *s.* ***νέμω.***
ενεν|ηκοστός [-ikɔst-] neunzigste(r); **~ήντα** [-'iñda] neunzig; **~ηντάρης** [-'dar-] (-α, -ισσα) neunzigjährig.
ενεός (-ά): ***μένω ~*** F baff sein.
ενεπίγραφος ... mit e-r Inschrift.
εν|έργεια [ε'nεrja] *Phys.* Energie *f* (*a. fig.*); Wirkung *f des Giftes usw.*; Tätigkeit *f des Vulkans usw.*; *pol. bsd. pl.* Schritte *m/pl.*; *Gr.* Aktiv *n*; *mil.* aktive(r) Dienst *m*; ***πυρηνική ~έργεια*** Kernenergie *f*; ***~εργεία*** in Tätigkeit; *mil.* aktiv dienend; ***προς ~έργεια*** *Büro*: zur Bearbeitung; ***βάζω σε ~έργεια*** *etw.* in Betrieb nehmen, setzen; **~εργειακός** Energie-; Tätigkeits-; **~εργητικό** [-jiti'kɔ] *Hdl.* Aktivposten *m*, Aktiva *pl.*, Guthaben *n*; *Med.* Abführmittel *n*; *fig.* ***είναι στο ~εργητικό του*** es ist ihm hoch anzurechnen (***το ότι***/ dass ...); **~εργητικοποίηση** [-kɔ'piisi] (-εις) Ankurbelung *f*, Aktivierung *f*; **~εργητικός** energisch, tatkräftig, rührig; *Med.* Abführ-; *Gr.* aktiv; **~εργητικότητα** Tatkraft *f*, Aktivität *f*; **~εργοποίηση** (-εις) *Hdl.* Aktivierung *f*; **~εργοποιώ** (είς· ησ) *v/t.* aktivieren; **~εργός** [-εrɣ-] aktiv, tätig; arbeitend (*Kapital*); aktiv (*Dienst*); **~εργούμενο** *fig.* Marionette *f*; **~εργώ** [-εr'ɣɔ] (είς· ησ· ηθ) *allg.* durchführen, vornehmen; *Dokument* bearbeiten; sich (*A*) bemühen (***να***/ darum, dass *od. Inf.*); tätig sein; funktionieren; *Med.* Stuhlgang verschaffen; ***~εργούμαι*** Stuhlgang haben; ***~εργώ δικαστικώς εναντίον*** *G* gegen *j-n* gerichtlich vorgehen.
ένεση ['εnεsi] (-εις) Injektion *f*, Spritze *f*; ***κάνω ~*** e-e Spritze geben.

ενεστη- *s.* ***ενίσταμαι.***

ένεστι ['ɛnɛsti] *K.* es ist möglich; ***όσον ~*** soweit es möglich ist.

ενεστ|ώς [-'stɔs] (*G* -ώτος, *f* -ώσα, *n* -ώς) *s.* ***ενεστώτας;*** **~ώτας** [-'ɔtas] Gegenwart *f*, Präsens *n*; **~ωτικός** gegenwärtig; *Gr*. präsentisch.

Ενετ|ία [ɛnɛt-] Venedig *n*; **≗ικός** venezianisch; **≗οκρατία** Herrschaft *f* Venedigs; **~ός** Venedig *n*.

ενετυχ- *s.* ***εντυγχάνω.***

ενέχομαι [ɛ'nɛxɔmɛ] (*o. Aor.*) verwickelt sein (***σε***/ in *D*); ***~ σε ολόκληρον*** solidarisch haften.

ενεχυρ|ιάζω [ɛnɛçir-] (-ρίασα· στ) verpfänden, F versetzen; **~ίαση** (-εις) Verpfändung *f*, Versetzen *n*.

ενέχυρο Pfand *n*.

ενεχυροδανεισ|τήριο Pfandhaus *n*, Leihhaus *n*; **~τής** Pfandleiher *m*.

ένζυμ|ο ['ɛnzimɔ] Ferment *n*; **~ος** Hefe-.

ενη- *s.* ***ενα-, ενε-.***

ενηλικ|ιότητα [ɛnili'k̡ɔt-] Volljährigkeit *f*; **~ιώνομαι** (ωθ) mündig, volljährig werden; **~ίωση** Erreichung *f* der Volljährigkeit.

ενήλικος mündig, volljährig.

ενήμερ|ος [ɛ'nimɛr-] auf dem Laufenden; bewandert sein (*G*/ in *D*); *Konto*: à jour; ***τηρώ*** *od.* ***καθιστώ ~ον*** auf dem Laufenden halten.

ενημερ|ότητα Vertrautheit *f* (*G*/ mit *D*); **~ώνω** (σ· θ) *v/t*. vertraut machen (***σε***/ mit *D*); auf dem Laufenden halten (über *A*); ***~ώνομαι*** sich (*A*) vertraut machen.

ενη|μέρωση [ɛni'mɛrɔsi] (-εις) Aufklärung *f* (***πάνω σε***/ über *A*); Vorbereitung *f* (***προς*** *A*/ auf *A*); ***σεξουαλική ~μέρωση*** Sexualaufklärung *f*; **~μερωτικός** aufschlussreich.

ενθάρρυνση [ɛñ'θariñsi] (-εις) Ermutigung *f*.

ενθαρρ|υντικός ermutigend; **~ύνω** [-'inɔ] (ΙΙ = Ι· υνθ· ενε-) ermutigen.

ένθεος gottbegeistert; **~θερμος** [-θɛrm-] eifrig; *Empfang*: warm.

εν·θέτω [-'θɛtɔ] (σ· τεθ) einsetzen.

εν·θουσι|άζω (-ίασα· στ) *v/t*. *j-n* begeistern; ***~άζομαι*** sich (*A*) begeistern (***με***/ für *A*); begeistert sein (*Aor.*); **~ασμένος** [-azm-] begeistert (***με, μαζί***/ von *D*); **~ασμός** Begeisterung *f*; **~αστής** Enthusiast *m*; **~αστικός** begeisternd; freudig; **~ώ** [-'ɔ] (άς· ασ) *v/t*. begeistern; *v/i*. sich begeistern; **~ώδης** begeistert; *Rede*: begeisternd; *Pers*. begeisterungsfähig.

εν|·θρονίζω [ɛnθrɔn-] (σ· στ) inthronisieren; ***~θρονίζομαι*** *fig*. sich einnisten; **~θρόνιση** (-εις), **~θρονισμός** Inthronisierung *f*, Einsetzung *f*; Thronbesteigung *f*; **~θυλακώνω** [-θilak-] (σ· θ) einheimsen.

εν|θύμημα [ɛn'θim-] *n* Andenken *n*; Gedachte(s); **~θύμηση** (-εις) Erinnerung *f*; Gedächtnis *n*; Andenken *n*; **~θυμητικός** Gedächtnis-; *Su*. *n* Gedächtnis *n*; **~·θυμίζω** (σ) erinnern (***του τον***/ *j-n* an *A*); **~θύμιο** Andenken *n*; **~·θυμούμαι** (είσαι· ηθ) *v/t*. sich (*A*) erinnern *G od.* an *A*.

ενιαιοποιώ [ɛnjɛɔ'pjɔ] (είς· ησ) *Tech*. normen, vereinheitlichen.

ενιαίος [ɛ'njɛ-] (-αία) einheitlich.

ενίδρυση [ɛ'niðrisi] (-εις) Einrichtung *f*, Gründung *f*.

ενικός Ein-; *Su*. *m* (αριθμός) Singular *m*, Einzahl *f*.

εν|ίσταμαι [-stamɛ] (ενεστη-) anfechten (***σε***/ *A*); **~ίσχυση** [-'isçisi] (-εις) Stütze *f*; Unterstützung *f*; *bsd. mil.* Verstärkung *f*, Nachschub *m*; **~ισχυτής** *Phys*. Verstärker *m*; Helfer *m*; Assistent *m*; (***-ύτρια***) Helferin *f*; Assistentin *f*; **~ισχύω** [-'sçiɔ] (σ· θ) vergrößern, verstärken; *geldlich* unterstützen; *Personal* erweitern, verstärken.

έννατος *fälschlich für* ***ένατος.***

εννέα neun.

εννεα|κόσιοι [ɛnɛa'kɔsii] *m/pl*. neunhundert; **~κοσιοστός** [-kɔsjɔst-] neunhundertste(r); **~μελής** neunköpfig.

εννιά [ɛ'nja] neun; **~(η)μερα** *n/pl*. neunte(r) Todestag; neunte(r) Tag (*als Fest*) nach Mariä Himmelfahrt; **~κοσ-** *s.* ***εννεα-.***

εννιάρι *Karte*: (die) Neun.

έννοια ['ɛnja] Begriff *m*, Idee *f*; Sinn *m*, Bedeutung *f*; Sorge *f*; ***~ σου, σας*** keine Sorge!; *als Drohung*: warte nur ...; ***έχω την ~ σου*** ich denke an dich.

εννοι|ακός [ɛnĩa'kɔs] bedeutungsmäßig; **~οκρατία** [-jɔkrat-] *Phil*. Konzeptualismus *m*.

έννομος ['ɛnɔm-] gesetzlich.

εννο|ώ [εnɔ'ɔ] (είς· εννόησα· ηθ) meinen; bedenken (*A*); *e-n Unterschied* begreifen; merken, spüren; verlangen, darauf bestehen (***να***/ dass); *nicht* gedenken (***να***/ zu); *Wort*: bedeuten; ***~είται*** selbstverständlich; ***τι ~είτε λέγοντας ...;*** was meinen Sie mit (*D*) ...?

E

εν|οίκηση [ε'nik̦-] (-εις) Aufenthalt *m*, Wohnen *n*; **~οικιάζω** (-οίκιασα· στ) mieten; vermieten (***σε***/ an *A*); ***~οικιάζεται δωμάτιο*** Zimmer zu vermieten; **~οικίαση** (-εις) Mieten *n*; Vermietung *f*; ***~οικίαση αυτοκινήτων*** Autovermietung *f*; **~οικιαστήριο** [-k̦a'stir-] Mietvertrag *m*; Vermietungsangebot *n*; **~οικιαστής** (***-οικιάστρια***) Mieter(in *f*) *m*, Vermieter(in *f*) *m*; **~οίκιο** Miete *f*; **~οικιοστάσιο** Mieterschutz *m*.

ένοικος ['εnik-] Mieter *m*.

ενοικώ [-'kɔ] (είς· ησ) wohnen.

ενοπλίζω (σ· στ) bewaffnen.

ένοπλ|ος ['εnɔpl-] bewaffnet; ***~ες δυνάμεις*** Streitkräfte *f/pl*.

ενο|ποίηση [-'piisi] (-εις) Vereinigung *f*; *Hdl*. Zusammenlegung *f*, Verschmelzung *f*, Fusion *f*; **~ποιώ** [-'pjɔ] (είς· ησ) vereinigen; *Hdl*. zusammenlegen.

εν|όραση [-'ɔrasi] (-εις) Intuition *f*; **~όργανος** [-'ɔrγan-] organisch; *Mus*. instrumental; Geräte- (*Turnen*); **~οργανώνω** (σ) *Mus*. instrumentieren; **~οργάνωση** (-εις) Instrumentierung *f*; **~ορία** Pfarrgemeinde *f*; **~οριακός** Gemeinde-; **~ορίτης** (***-ίτρια***) Gemeindemitglied *n*.

ένορκ|ος ['εnɔrk-] vereidigt; *Su*. *m* Geschworene(r); ***~η κατάθεση*** beeidigte Aussage *f*.

εν|ορχηστρώνω [-ɔrçistr-] (σ· θ) orchestrieren; **~ορχήστρωση** (-εις) Orchestrierung *f*.

ενόσω [ε'nɔsɔ] *Ko*. solange (wie), während; wenn ... auch.

ενότητα Einheit *f*; innere(r) Zusammenhang *m*.

ενοφθαλμ|ίζω [-fθalm-] (σ· στ) impfen; *Bot*. okulieren, veredeln; **~ισμός** Impfung *f*; Okulieren *n*, Veredelung *f*.

ενοχ|ή [-'çi] Schuld *f* (*a. Hdl*.); **~ικός** Schuld- (*Recht usw*.).

εν|όχληση [ε'nɔxl-] (-εις) Belästigung *f*; Aufdringlichkeit *f*; *Med. pl*. (*Magen-*)Beschwerden *f/pl*.; **~οχλητικός** aufdringlich, lästig; **~οχλητικότητα** Zudringlichkeit *f*; **~οχλώ** [-ɔ'xlɔ] (είς· ησ· ηθ) stören; belästigen; *Schuh*: drücken; *Feind* beunruhigen; ***~οχλούμαι*** sich (*A*) angeödet fühlen; es verdrießt mich (***που***/ zu ...).

ενοχο|ποίηση [-xɔ'piisi] (-εις) Belastung *f*; **~ποιητικός** [-piit-] *jur*. belastend; ***είμαι ~ποιητικός για*** *j-n* belasten; **~ποιώ** [-'pjɔ] (είς· ησ) belasten; verwickeln (***τον σε***/ j-n in *A*).

ένοχος ['εnɔx-] schuldig (*G/G*); verdächtig.

εν|·σαρκώνω [-sark-] (σ· θ) verkörpern; ***~σαρκώνομαι*** *Rel*. Fleisch werden; **~σάρκωση** (-εις) Verkörperung *f*; *Rel*. Inkarnation *f*.

ένσημος [-sim-] gestempelt; Stempel-; *Su*. *n* Stempelmarke *f*.

εν·|σκήπτω [-'sk̦iptɔ] (ψ) hereinbrechen; *Blitz*: einschlagen; **~σπείρω** [-'spirɔ] (II = I· σπαρ) säen (*a. fig*.); **~στάζω** (ξ), **~σταλάζω** [-stal-] (ξ· χθ) tröpfeln (***σε***/ in *A*); *fig. Hass usw*. träufeln.

ενσταντανέ [εn̆stan̆ta'nε] (0) *n* Schnappschuss *m*.

ένσταση ['εnstasi] (-εις) Einspruch *m*; *jur*. Einrede *f*; ***υποβάλλω ~ εναντίον*** *G* e-e Einrede gegen *A* vorbringen.

εν·στερνίζομαι [-stεrn-] (στ) beherzigen; *fig*. sich (*D*) zu eigen machen.

ενστιγματικός [-stiγm-] instinktiv; Trieb-.

ένστικτο ['εnstiktɔ] Instinkt *m*.

εν|στικτώδης instinktiv; **~συνείδητος** [-si'niðit-] bewusst.

ένσφαιρος ['εnsfεr-] scharf (*Patrone*); Geschoss- (*Garbe*).

εν|·σφηνώνω [-sfin-] (σ· θ) eintreiben; ***~σφηνώνομαι*** sich festsetzen (*a. fig*.) (***του***/ bei j-m); **~·σφραγίζω** [-sfraj-] (σ) versiegeln; **~σφράγιστος** versiegelt; **~·σωματώνω** [-sɔmat-] (σ· θ) verkörpern; einverleiben; einreihen (***σε***/ in *A*); **~σωμάτωση** (-εις) Einverleibung *f*; Eingliederung *f*.

ένταλμα ['εn̆dalma] *n* (*Zahlungs-*)Anweisung *f*; ***~ σύλληψης*** Haftbefehl *m*.

ενταμ- *s*. ***ανταμ-***.

εντάξει [εn̆'daksi] *allg*. in Ordnung.

έν|ταξη ['εn̆daksi] (-εις) Einordnung *f* (***μέσα σε***/ in *A*); **~ταση** (-εις) Spannen *n*; Steigerung *f*; *El.* Stromstärke *f*; (Laut-)Stärke *f*; *fig.* Spannung *f*.

εν·τάσσω [-'dasɔ] (ξ· χτ· -ταγμ) einordnen, eingliedern (**σε**/ in *A*).

εντατικ|οποίηση [ɛn̆datikɔ'piisi] (-εις) Intensität *f*; Anspannung *f*; **~ός** intensiv; angespannt (*Arbeit*); stark (*Licht*); *Med.* Anregungs-; Spann-.

ενταύθα [ɛn̆'dafθa] *K. Adv.* hier.

εντ|αφιάζω [-daf-] (-ίασα· στ) begraben (*a. fig.*); **~αφίαση** [-'fiasi] (-εις), **~αφιασμός** Begräbnis *n*; **~άφιο** Leichentuch *n*.

εν|·τείνω [ɛn̆'dinɔ] (ΙΙ = Ι· ταθ· εντεταμ) spannen; *fig. mst.* steigern; *Stimme* erheben; **~·τειχίζω** [-tiç-] (σ· στ) *in die Mauer* einsetzen; ummauern; **~τειχισμός** Einsetzung *f*; Ummauerung *f*.

εντεκ- *s. a.* ***ενδεκ-***.

έντεκα elf; ***οι, τα ~*** die Elf, die Elfer.

εντεκάδα *Sport*: die Elf.

εν|τέλεια Vollendung *f*; **~τελής** vollkommen, völlig; **~·τέλλομαι** [-'dɛlɔmɛ] (ταλθ· εντεταλ-) *j-n* beauftragen; *etw.* anweisen, anordnen; **~τελώς** [-dɛ'lɔs] *Adv.* völlig.

εντερ|ικός [-dɛr-] Darm-; **~ίτιδα** Darmentzündung *f*; **~ιώνη** [-'ĭɔni] *Bot.* Mark *n*.

έντερο ['ɛn̆dɛrɔ] Darm *m*; ***λεπτό ~*** Dünndarm *m*; ***παχύ ~*** Dickdarm *m*; ***τυφλό ~*** Blinddarm *m*.

εντεροκολίτιδα [-'lit-] (*mst.* Dick-) Darmentzündung *f*.

εντεροχορδή [-xɔr'ði] *Med.* Katgut *n*, Nahtmaterial *n*.

εντεταγμένος *s.* ***εντάσσω***.

εντε|ταλμένος [ɛn̆dɛtalm-] beauftragt (*A*/ mit *D*); *Su. n/pl.* Auftrag *m*; **~ταμένος** [-tam-] gespannt; intensiv.

εντευκτήριο [-dɛf'ktir-] Treffpunkt *m*; Sprechzimmer *n*.

έν|τευξη ['ɛn̆dɛfksi] (-εις) Begegnung *f*; Besprechung *f*; **~τεχνος** [-tɛxn-] kunstvoll; geschickt; **~τιμος** ehrbar, reell; angesehen.

εντιμότητα Ehrbarkeit *f*; Ansehen *n*.

εντοιχ- *s.* ***εντειχ-***.

έντοκος ['ɛn̆dɔk-] verzinslich.

εντόκως [-kɔs] zu e-m Zinssatz (***προς*** *A*/ von).

εντολ|έας [-'lɛas] Auftraggeber *m*; Vollmachtgeber *m*; **~ή** Auftrag *m*; Weisung *f*; Postanweisung *f*; *jur.* Vollmacht *f*; *Rel.* Gebot *n*; *pol.* Mandat *n*; ***~ή για χρέωση*** Abbuchungsauftrag *m*; ***κατ' ~ή*** im Auftrag; **~οδοσία** [-ðɔs-] Vollmachterteilung *f*; **~οδότης** (***-ότρια***) Auftraggeber(in *f*) *m*; Vollmachtgeber(in *f*) *m*; *s.* ***εντολέας;*** **~οδόχος** [-'ðɔx-] Beauftragte(r).

εντομή [ɛn̆dɔ'mi] Kerbe *f*.

έντομο Insekt *n*, *selten* Kerbtier *n*.

εντομ|οκτόνος [-ɔ'ktɔn-] Insekten tötend; *Su. n* Insektenmittel *n*, Insektizid *n*; **~ολογία** [-lɔj-] Insektenkunde *f*; **~οφάγος** [-ɔ'faɣ-] Insekten fressend; **~οφθόρος** [-'fθɔr-] Insekten vertilgend.

έντονος *Stimme*: kräftig; *Schmerz*: heftig; *Markt*: lebhaft; *Befehl*: nachdrücklich.

εν·τοπίζω [-dɔp-] (σ· στ) lokalisieren; *fig.* beschränken (**σε**/ auf *A*); e-e Beschreibung *des Täters* geben.

εντόπ|ιος (-ια) einheimisch, geborene(r) (*Athener*); **~ιση** Lokalisierung *f*; Beschränkung *f*.

εντοπισμός *s.* ***εντόπιση***.

εντός [ɛn̆'dɔs] *Präp. G* in *D*, innerhalb *G*; *Zeit a.* binnen *D* (*a. G*); *Adv.* (dr)innen; ***~ ολίγου*** in Kürze; ***~ ιδιαιτέρου φακέλου*** *Hdl.* mit getrennter Post.

εντόσθια [-'dɔstja] *n/pl.* Eingeweide *n/pl.*; Kutteln *f/pl.*

εντούτοις [-'dutis] (*a.* **εν τούτοις**) indessen; dennoch.

εντράδα [-'draða] (erstes) Gericht aus Fleisch und Gemüse.

εντρέπομαι [ɛ'(n̆)drɛpɔmɛ] ([ε]ντραπ-) sich (*A*) schämen (***του***/ vor *D*).

εντριβ|ή [-dri'vi] Einreibung *f*; **~ής** bewandert (*G*/ in *D*); vertraut *werden* (**σε**/ mit *D*).

εν·τρίβω [-'drivɔ] (ψ· τριβ) reiben; *Med.* einreiben.

έν|τριψη [-dripsi] (-εις) Einreibung *f*; **~τρομος** [-drɔm-] erschrocken.

εντροπ|αλός [-drɔpal-] befangen; schamhaft; **~ή** Scham *f*; Schande *f* (***να, που***/ dass); **~ιάζω** (-όπιασα· στ) *v/t.* *j-m* Schande machen; ***~ιάζομαι*** sich schämen.

εντρόπιασμα [ɛ'(n̆)drɔpjazma] *n* Beschämung *f*; Schande *f*.

εν|τρύφημα [-'drif-] *n*, **~τρύφηση** (-εις) Genuss *m*, Vergnügen *n*; **~τρυ-**

έντυπο 190

φώ [-'fɔ] (άς· ησ) sich (*A*) laben (**σε**/ an *D*); (*stark*) schwelgen (in *D*).
έντυπ|ο ['ɛn̆dipɔ] Druckwerk *n*; Formular *n*; *Post*: Drucksache *f*; **~ος** gedruckt; **~η αίτηση** Antragsformular *n*.
εν|·τυπώνω (σ· θ) *v/t*. einprägen, eindrucken; *fig*. sich (*D*) *etw*. (*A*) einprägen; **~τυπώνομαι** sich (*A*) einprägen (**του**/ j-m); **~τύπωση** (-εις) Eindruck *m* (**από**/ von *D*); **κάνω ~τύπωση** Eindruck machen (**του**/ auf *A*); **~τυπωσιάζω** [-tipɔs-] (-σίασα) beeindrucken; **~τυπωσιακός** beeindruckend; **~τυπωτικός** eindrucksvoll.
ενυδρ|είο [ɛniðr-] Aquarium *n*; **~ίδα** Otter *f*.
ένυδρος Wasser-; Hydro-.
εν|υπάρχω [ɛni'parxɔ] (πηρξ) *in etw*. existieren, enthalten sein; **~υπνιάζομαι** [-i'pnĭazɔmɛ] (στ) träumen; e-e Pollution haben; **~ύπνιο** Traum(bild *n*) *m*; **~υπόγραφος** [-i'pɔɣraf-] unterschrieben; **~υπογράφω** [-'ɣrafɔ] (ψ· ενυπε-) unterschreiben; **~υπόθηκος** [-θik-] *Haus*: belastet; Hypotheken-.
ενώ [ɛ'nɔ] *Ko*. während; wenn auch.
ενωμα- *s*. **ενωμο-**.
ενωμοτ|άρχης [-mɔ'tarç-] (α΄ τάξεως) Feldwebel *m*; (β΄ τάξεως) Unteroffizier *m der Gendarmerie*; **~ία** *mil*. Gruppe *f*.
ενώνω (σ· θ) *allg*., *Chem*., *Tech*. verbinden; *pol*. vereinigen.
ενώπιον [ɛ'nɔp-] *Präp*. *G* vor *D*, in Gegenwart von *D*; angesichts *G*.
ενωρ|ίς [ɛnɔ'ris] *Adv*. früh; **~ίτερα** früher; **το ~ίτερον** frühestens.
ένωση ['ɛnɔsi] (-εις) *allg*., *Chem*. Verbindung *f*; Einigkeit *f*; *pol*. Vereinigung *f*; Verband *m*; Union *f*; **εργατική ~** Gewerkschaft *f*.
ενωσιακός Vereinigungs-; Unions-.
ενω|τικός Vereinigungs-; *Tech*., *Chem*. Verbindungs-; *Su*. *m* Unionist *m*; **~τικό** (**σημείο**) Bindestrich *m*.
εξα- [ɛksa-] sechs- (*z. B.* -*fach*).
εξ|αγγελία [-aŋɟɛl-] Bekanntmachung *f*; **~αγγέλλω** (ειλ· ελθ/ εξη-) bekannt machen; **~άγγελος** Bote *m*; **~αγιάζω** [-aj-] (-ίασα· σθ/ εξη-) weihen, heiligen; **~αγιασμός** Weihung *f*, Heiligung *f*; **~αγνίζω** [-aɣn-] (σ· στ) läutern; **~αγνισμός** Läuterung *f*; **~αγνιστικός** Läuterungs-, läuternd; **~αγόμενο** [-a'ɣɔm-] Schlussfolgerung *f*; Resultat *n*; **~αγόμενος** Ausfuhr-, Export-; **~αγορά** [-aɣɔ'ra] Ankauf *m*; Loskauf *m* (von); Kauf *m* ... durch Bestechung; **~αγοράζω** (-γρίασα· στ) *v/t*. *Anteile* ankaufen, erwerben; sich loskaufen; *Sünden* büßen; *Zustimmung* erkaufen; *Gefangene* loskaufen; *Zeugen* kaufen, bestechen; **~αγριώνω** [-aɣrĭ-] (σ· θ) wild (*od. bsd. fig*. rasend) machen; wild (rasend) werden; **~αγρίωση** [-'ɣri-] (-εις) Erbitterung *f*; Zornausbruch *m*.
εξάγω [ɛ'ksaɣɔ] (εξηγαγ-· εξαχτ-) herausnehmen (*a. Zähne*); *fig*. befreien (**από**/ von *D*); *Waren* ausführen, exportieren; schließen (**από**/ aus *D*); *Math. Wurzel* ziehen.
εξαγωγ|έας [-'jɛas] Exporteur *m*; **~ή** Ausfuhr *f*, Export *m*; Ziehen *n*; Extraktion *f*; *Tech*. Ableitung *f*; **~ικός** Ausfuhr-, Export-; Extraktions-; *Tech*. Ableitungs-.
εξαγώγιμος exportfähig.
εξάγωνος [ɛ'ksaɣɔn-] sechseckig, hexagonal.
εξάδα halbe(s) Dutzend.
εξ|αδέρφη [-'ðɛrfi] Kusine *f*; **~αδέρφια** *n/pl*. Kusinen u. Vettern *pl*.; **~άδερφος** Vetter *m*, Cousin *m*.
εξάεδρο [-ɛðrɔ] Sechsflächner *m*.
εξ|αερίζω [-aɛr-] (σ) (aus)lüften, durchlüften; **~αέριση** (-εις), **~αερισμός** Lüftung *f*, Durchlüftung *f*, Ventilation *f*; **~αεριστήρας** Lüfter *m*, Ventilator *m*; **~αερώνω** (σ· θ) verdunsten; vergasen; **~αέρωση** (-εις) Verdunstung *f*.
εξαετής [ɛksaɛt-] sechsjährig; Sechsjahres-.
εξαθλίωση (-εις) Verelendung *f*.
εξαίρεση [-'ɛrɛsi] (-εις) Ausnahme *f*; Extraktion *f*; *jur*. Ablehnung *f*; Befreiung *f* (**από**/ von *D*); **κατ' ~** ausnahmsweise; **εξαιρέσει** *G* mit Ausnahme *G*.
εξ|αιρέσιμος auszunehmend; Ruhe-(*Tag*); **~αίρετα** [-'ɛrɛta] *Adv*. ausgezeichnet; **~αιρετέος** (-α) auszunehmend; *jur*. ablehnbar; **~αιρετικός** außergewöhnlich (*Umstand usw*.); hervorragend (*Mensch*); **~αίρετος** ausgezeichnet; *Su*. *n jur*. Voraus *m*; **~αιρώ** [-ɛ'rɔ] (είς· εσ· εθ) *Zahn* ziehen; befreien (**από**/ von *D*); **~αιρούμαι** aus-

genommen sein; *Gr.* e-e Ausnahme machen; **~αιρούμενα** *n/pl.* Ausnahmen *f/pl.*
εξαίρω [ɛ'ksɛrɔ] (να εξαρ-· εξήρα· εξαρθ) preisen; betonen.
εξαίσιος [-'ɛs-] (-ια) außergewöhnlich.
εξαιτίας [eksɛ'tias] (*G*) wegen *G*; **~ που** *Ko.* weil.
εξαιτούμαι (είσαι) ersuchen um *A*.
εξακολ|ούθηση [eksakɔ'luθ-] (-εις) Fortsetzung *f*; Andauern *n*; **~ουθητικός** anhaltend; unausgesetzt; **~ουθώ** [-u'θɔ] (είς· ησ) *v/t.* fortsetzen, F bleiben bei (*D*); *v/i.* andauern.
εξ|ακοντίζω [-akɔñd-] (σ· στ) schleudern (*a. fig.*); abschießen; **~ακόντιση** (-εις) Schleudern *n*, Abschießen *n*.
εξακ|οσαριά [-sa'ria] (**καμιά**) (etwa) sechshundert; **~όσιοι** [-'ɔsii] (-ες, -α) sechshundert; **~οσιοστός** sechshundertst-.
εξακρ|ιβώνω [eksakriv-] (σ· θ) feststellen; klarstellen; nachprüfen; **~ιβωμένος** *Nachricht*: aus zuverlässiger Quelle; **~ίβωση** (-εις) Feststellung *f*; Nachprüfung *f*.
εξαλείφω [-'lifɔ] (ψ· φτ) *Farben* verwischen; *Spuren* auslöschen; *Hypothek* löschen; *etw.* vertilgen.
εξάλειψη [-lipsi] (-εις) Auslöschen *n*; Löschung *f*; Vertilgung *f*.
έξαλλος ['ɛksal-] außer sich (**από**/ vor *D*); beispiellos.
εξάλλου außerdem.
εξ|αλμυρίζω [-almir-] (σ) wässern, entsalzen; **~αμβλύνω** [-aɱ'vlinɔ] (ΙΙ = Ι· υνθ) stumpf, blöd machen; herunterbringen; **~άμβλωμα** [-'aɱvlɔma] *n* Fehlgeburt *f*; Missgeburt *f*, Monstrum *n*; **~άμβλωση** (-εις) Fehlgeburt *f*, Abort *m*.
εξαμελής [-mɛl-] sechsköpfig.
εξάμετρο [-mɛtrɔ] Hexameter *m*.
εξαμην|ία [eksami'nia] Semester *n*; Halbjahr *n*; Halbjahresmiete *f*; **~ιαίος** (-αία) *Frist*: halbjährig; (*periodisch*) sechsmonatlich; **~ίτικος** Sechsmonats-.
εξάμην|ο Halbjahr *n*; Semester *n*; **~ος** *s.* **εξαμηνιαίος.**
εξαναγκ|άζω [-anaŋg-] (σ· στ) zwingen; **~ασμός** Zwang *m*; **~αστικός** Zwangs-.
εξανδραποδ|ίζω [-anðrapɔð-] (σ· στ) unterjochen, unterwerfen; **~ισμός** Unterjochung *f*.
εξανεμίζ|ω (σ· στ) zunichte machen; **~ομαι** dahinschmelzen; F *Plan* zu Wasser werden.
εξ|άνθημα [ɛ'ksanθ-] *n* (Haut-)Ausschlag *m*; **~ανθηματικός** Fleck-(*Fieber*); ... mit Ausschlag; **~άνθηση** (-εις) Aufblühen *n*; *Chem.* Oxydieren *n*; Rostansatz *m*; **~ανθρωπίζω** *v/t.* zivilisieren; **~ανθώ** [-'θɔ] (είς· ησ) *v/i.* aufblühen; *v/t. Chem.* oxydieren; Rost ansetzen; **~ανίσταμαι** [-a'nistamɛ] (ανεστ) sich erheben (**εναντίον** *G*/ gegen *A*).
εξάντας Sextant *m*.
εξ|άντληση [-'añdl-] (-εις) Verbrauch *m*; Erschöpfung *f*; **~αντλητικός** anstrengend, aufreibend; **~αντλώ** [-añ'dlɔ] (είς· ησ· ηθ) *Vorrat* aufbrauchen; *fig.* erschöpfen; **~αντλήθηκε** ... ist vergriffen; **~αντλημένος** erschöpft; *Buch*: vergriffen; **~άπαντος** [-'apañdɔs] *Adv.* bestimmt, unbedingt; **~απάτηση** (-εις) Betrug *m*; Täuschung *f*; **~απατώ** [-pa'tɔ] (άς· ησ· ηθ) betrügen; täuschen; **~απατιέμαι** betrogen werden; **~απίνης** unvermutet, unversehens; **~απλασιάζω** (-ίασα) verschsfachen; **~απλώνω** [-apl-] (σ· θ) ausbreiten; sich (*A*) ausbreiten; **~απλωμένος** verbreitet; **~απολύω** [-apɔ'liɔ] (σ· θ· -πολυμ-) loslassen; *e-n* Angriff (durch)führen; *Tech.* abschießen; **~αποστέλλω** [-'stɛlɔ] (-απόστειλα· σταλ) absenden; aussenden; F *j-n* rausschmeißen; **~απτέρυγα** *n/pl. Rel.* Prozessionsfahne *f*; **~άπτω** [-'aptɔ] (εξήψα· φτ· εξημμένος) *etw.* entfachen; *j-n* aufreizen; *Phantasie* anregen; **~άπτομαι** sich (*A*) aufregen.
εξαρ- *St. II v.* **εξαίρω.**
εξαργ|υρώνω [eksarjir-] (σ· θ) *Scheck usw.* einlösen; *allg.* zu Geld machen; **~ύρωση** (-εις) Einlösung *f*.
εξάρες *pl.* F Glück *n*, Erfolg *m*.
εξ|αρθρώνω [-arθr-] (σ· θ) verrenken; **~αρθρώνομαι** *a. fig.* aus den Fugen geraten; **~άρθρωση** (-εις) Verrenkung *f*; *fig.* Auflösung *f*; **~άρι** Sechs *f* (*a. Karte*); **~αρκώ** [-ar'kɔ] (είς· εσ) ausreichen (**σε**/ für *A*); **~αρμόζω** [-'mɔzɔ] (σ· στ) *Tech.* zerlegen; demon-

tieren; **~άρμοση** (-εις) Zerlegung *f*; Demontage *f*.
έξαρση ['ɛksarsi] (-εις) Erhebung *f*; Hochstimmung *f*; Nachdruck *m*.
εξάρτη|μα *n* Anhang *m*; *pl*. Zubehör *n od. m*, Ersatzteile *n/pl*.; ***εξαρτήματα προγραμματισμού*** Anwendersoftware *f*; **~ση** (-εις) Abhängigkeit *f*; ***~ση από ναρκωτικά*** Drogenabhängigkeit *f*.

E

εξάρτια *n/pl*. *mar*. Takelwerk *n*.
εξ|αρτίζω [ɛksart-] (σ· στ) ausrüsten; *mar*. betakeln; bemannen; **~άρτιση** (-εις) Ausrüstung *f*; Betakelung *f*; Bemannung *f*; **~αρτόμενος** abhängig; **~άρτυση** (-εις) Ausrüstung *f e-s Soldaten*; **~αρτύω** (σ· θ) ausrüsten; **~αρτώ** [-ar'tɔ] (άς· -άρτησα) *v/t*. abhängig machen; ***~αρτημένος*** abhängig; ***~αρτιέμαι, ~αρτώμαι*** abhängen (***από***/ von *D*); *Dienststelle*: unterstehen (***από***/ *D*); ***~αρτάται*** das kommt darauf an, je nachdem.
εξαρχαΐζω F auf antik machen.
εξαρχής von Anfang an.
έξαρχος [-arx-] Exarch *m*.
εξασθ|ένηση [ɛksa'stɛn-] (-εις) Entkräftung *f*; **~ενίζω** (σ· στ) schwächen; **~ένιση** (-εις) Schwächung *f*; **~ενώ** (είς· ησ) *v/t*. schwächer werden, nachlassen.
εξ|άσκηση [-'ask-] (-εις) Ausübung *f*; Training *n*; **~ασκώ** [-a'skɔ] (είς· ησ· ηθ) schulen, stählen, trainieren; *Tier* dressieren; ausbilden (***τον σε***/ j-n in *D*); *Beruf*, *Einfluss usw*. ausüben; **~ασφαλίζω** [-asfal-] (σ· στ) sichern, sicherstellen; **~ασφάλιση** (-εις) Sicherung *f*; **~ασφαλιστικός** Sicherungs-.
εξατάξιος [-'taks-] (-ια) sechsklassig.
εξ|ατμίζω [ɛksatm-] (σ· στ) *v/t*. zum Verdunsten bringen; Dampf ablassen (aus *D*); *v/i*. das Wasser verdampfen lassen; ***~ατμίζομαι*** verdunsten; *fig*. dahinschwinden; **~άτμιση** (-εις) Verdampfung *f*; Verdunstung *f*; Ablassen *n* (von Dampf); *Auto*: Auspuff *m*; F Angeberei *f*; **~ατμιστήρας** [-'stiras] Verdampfer *m*; **~ατομίκευση** (-εις) Individualität *f*; **~αϋλώνω** entmaterialisieren; **~αφανίζω** [-afan-] (σ· στ) tilgen, vernichten; ***~αφανίζομαι*** verschwinden; ***οι ~αφανισθέντες*** *m/pl*. die Verschollenen *m/pl*.; **~αφάνιση** (-εις), **~αφανισμός** Vernichtung *f*; Verschwinden *n*.
έξαφνα *Adv*. plötzlich; angenommen, ...
εξαφν|ίζω [ɛksafn-] (σ· στ) überraschen; **~ικό** (unangenehme) Überraschung *f*; **~ικός** plötzlich.
εξαφρ|ίζω [-afr-] (σ· στ) abschäumen; **~ιστήρι** Schaumlöffel *m*.
εξ|άχνωση [-'axnɔsi] (-εις) *Chem*. Sublimation *f*; **~αχρείωμα** [-a'xri-] *n* Verluderung *f*; **~αχρειωμένος** korrupt, verfault; **~αχρειώνω** (σ· θ) verderben, zersetzen, korrumpieren; **~αχρείωση** (-εις) *s*. ***εξαχρείωμα***.
εξάψαλμος [ɛ'ksapsal-] *Rel*. Sechs-Psalmen-Lesung *f*; *fig*. Standpauke *f*.
έξαψη ['ɛksapsi] (-εις) Entfachung *f*, Aufwallung *f*; Erregung *f*.
εξάωρος [-'aɔr-] sechsstündig.
εξαώροφος sechsstöckig.
εξεγείρ|ω [-'jirɔ] (II = I· γερθ) *v/t*. aufwecken; *fig*. erwecken; anstacheln, aufwiegeln (***σε***/ zu *D*); ***~ομαι*** aufstehen; *fig*. sich (*A*) aufregen; sich (*A*) erheben (***για***/ gegen *A*).
εξέγερση [-jɛrsi] (-εις) Erweckung *f*; Aufwiegelung *f*; *fig*. Erhebung *f*.
εξεδ- *s*. ***εκδίδω***.
εξέδρα [ɛ'ksɛðra] Tribüne *f*; Podium *n*; *Thea*. Rang *m*; Landungsbrücke *f*.
εξεζητημένος [-zitim-] *Wort*: gesucht; *Mensch*: affektiert.
εξεθεσ- *s*. ***εκθέτω***.
εξεικ|ονίζω [-ikɔn-] (σ) abbilden; *fig*. schildern; **~όνιση** (-εις) Abbildung *f*; Schilderung *f*.
εξείχα *Impf*. *v*. ***εξέχω***.
εξελαύνω [-'lavnɔ] (λασ· λαθ) *v/t*. vertreiben; *Tech*. auswalzen; *v/i*. abmarschieren.
εξελεγκτ|έος [-lɛŋkt-] (-α) zu kontrollierend; **~ικός** Kontroll-.
εξ|έλεγξη [-'ɛlɛŋksi] (-εις) Prüfung *f*; Kontrolle *f*; **~ελέγχω** [-'lɛŋxɔ] (γξ· γχτ) *Hdl*., *Tech*. prüfen, kontrollieren; *Schulaufgaben* nachsehen.
εξελιγμένος entwickelt.
εξ|ελικτικός [ɛks-] entwickelt; Entwicklungs-; mäeutisch (*Lehrverfahren*); **~έλιξη** [-'ɛliksi] (-εις) Entwicklung *f*; ***σε ~έλιξη*** in vollem Gange; **~ελίσσω** [-'lisɔ] (ξ· χτ) *v/t*. abwickeln; *fig*. entwickeln; ***~ελίσσομαι*** sich (*A*)

entwickeln (*σε*/ zu *D*); **~ελκούμαι** [-'kumε] (ούσαι) ein Geschwür werden; vereitern; **~έλκω** [-'εlkɔ] (κυσ) herausziehen; *mar.* abschleppen; **~έλκωση** (-εις) Geschwürbildung *f*; Vereiterung *f*; **~ελληνίζω** [-εlin-] (σ· στ) hellenisieren; ins Griechische übersetzen.

εξεναντίας [-εnañ'dias] *Adv.* im Gegenteil.

εξεντερίζω [-εñdεr-] (σ· στ) ausweiden, ausnehmen.

εξεπίτηδες [-'pitið-] *Adv.* absichtlich.

εξεπλαγ- *Aor. Pass. v.* ***εκπλήττω.***

εξ|εργάζομαι [-εr'ɣazɔmε] (στ) ausarbeiten; *Leder usw.* bearbeiten; **~εργασία** Ausarbeitung *f*; **~ερεθίζω** [-εrεθ-] (σ) (auf)reizen.

εξε|ρεύνηση [εksε'rεvn-] (-εις) Erforschung *f*; **~ρευνητής** (***-ήτρια***) Forscher(in *f*) *m*; **~ρευνητικός** Forschungs-; **~ρευνώ** [-rε'vnɔ] (άς· ησ) erforschen.

εξερραγ- *s.* ***εκρηγνύομαι.***

εξερρευσ- *s.* ***εκρέω.***

εξέρχομαι [-'εrxɔmε] (*Aor.* εξήλθα) verlassen (***από***/ *A*); gehen (***σε***/ in *A*, auf *die Jagd*); *vom Wege* abkommen; *aus dem Dienst* treten.

εξ|ετάζω (σ· στ) prüfen, untersuchen (*a. Med.*); *Zeugen* verhören; *Schüler* prüfen; **~έταση** (-εις) Untersuchung *f*; *jur.* Verhör *n*; ***ιερά ~έταση*** Inquisition *f*; ***~ετάσεις*** *f/pl.* Prüfung(en) *f* (*pl.*); ***~ετάσεις τεχνικής μαθητείας*** Gesellenprüfung *f*; **~εταστής** (***-άστρια***) Prüfende(r), Prüfer(in *f*) *m*; Inquisitor *m*; **~εταστικός** *Blick*: prüfend; Untersuchungs-; **~έταστρα** *n/pl.* Prüfungsgebühr *f*.

εξ|ευγενίζω [εksεvjεn-] (σ· στ) *Sitten* verfeinern; *Bot.*, *Biol.* veredeln; **~ευμενίζω** [-εvmεn-] (σ· στ) besänftigen; gnädig stimmen; **~ευμένιση** (-εις) Besänftigung *f*; **~εύρεση** [-'εvrεsi] (-εις) Beschaffung *f*; Entdeckung *f*; F Fiktion *f*; **~ευρίσκω** [-ε'vriskɔ] (ευρ· ευρεθ) *Weg* ausfindig machen; *Geld usw.* beschaffen, auftreiben; **~ευρωπαΐζω** [-εvrɔpa'izɔ] (σ· στ) europäisieren; **~ευτελίζω** [-εftεl-] (σ· στ) *Preis* stark herabdrücken; *j-n* verächtlich machen; **~ευτελισμός** Herabwürdigung *f*; Herabdrücken *n*; **~ευτελιστικός** herabsetzend; verachtet; *Preis*: stark herabgedrückt, Minimal-.

εξέχω [-'εxɔ] (*Impf.* εξείχα) vorstehen; hervorragen (*a. fig.*); *Mauer*: vorspringen; **~ν** (-ουσα, -ον) prominent.

εξη- *s.* ***εξε-.***

έξη (-εις) Angewohnheit *f*; ***από ~*** aus Angewohnheit.

εξηγαγ- *s.* ***εξάγω.***

εξ|ηγηματικός *s.* ***εξηγητικός; ~ήγηση*** [-'ijisi] (-εις) Erklärung *f*; Erläuterung *f* (***για***/ über *A*); Interpretation *f*; *Rel.* Exegese *f*; **~ηγητής** Erläuterer *m*, Interpret *m*; Exeget *m*; **~ηγητικός** erläuternd, erklärend; **~ηγμ-** *s.* ***εξάγω; ~ηγώ*** [-i'ɣɔ] (είς· ησ· ηθ/ εξη-) erklären (***του το***/ j-m etw.); *Traum usw.* deuten; ***~ηγούμαι*** (***~ηγιέμαι***) klar werden; *unp.* sich erklären; sich (*A*) aussprechen (***με***/ mit *D*).

εξηκοστό|ς [εksi-] sechzigst-; **~** (ein) Sechzigstel *n*.

εξ|ηλεκτρίζω [-ilεktr-] (σ· στ) elektrifizieren; **~ηλεκτρισμός** Elektrifizierung *f*; **~ημερώνει** [-imε'rɔni] es tagt, es wird Tag; **~ημερώνω** (σ· θ) zähmen; zivilisieren; *fig.* beruhigen; **~ημέρωση** (-εις) Zähmung *f*; Zivilisierung *f*; Beruhigung *f*; **~ημμένος** [-i'mεn-] erhitzt; Hitz- (*Kopf*); *s.* ***εξάπτω.***

εξήντα [ε'ksiñda] sechzig.

εξηντ|αβελόνης [-vε'lɔn-] Geizhals *m*; **~άρης** (-άρα, -άρισσα) sechzigjährig; **~αριά** (***καμιά***) (etwa) sechzig.

εξηντλήθη [-'ñdliθi] vergriffen; *s.* ***εξαντλώ.***

εξ|ηντλημένος [-iñdlim-] erschöpft; *Buch*: vergriffen; **~ηραμμένος** *s.* ***ξηραίνω; ~ηρ(θ)-*** *s.* ***εξαίρω; ~ηρεθ-, ~ηρεσ-, ~ηρημένος*** [-irim-] *s.* ***εξαιρώ; ~ηρμένος*** *s.* ***εξαίρω; ~ηρτημένος*** abhängig; *s.* ***εξαρτώ.***

εξής [ε'ksis] *Adv.* folgend *Adj.*; ***το, τα ~*** das Folgende; ***ως ~*** wie folgt; ***στο ~*** künftig(hin); nächstens.

εξήτασ- *s.* ***εξετάζω.***

εξηχθ- *s.* ***εξάγω.***

εξηχρειωμένος [-ixriɔm-] korrupt, verfault; *s.* ***εξαχρειώνω.***

έξι sechs.

εξιδαν|ίκευση [-iða'nikεfsi] (-εις) Idealisierung *f*; **~ικεύω** (ευσ) idealisieren.

εξίδρωση [-'iðrɔsi] (-εις) Schweißabsonderung *f*.
εξιλ|ασμός [ɛksil-] Versöhnung *f*; Sühne *f*; **~αστήριος** [-a'stir-] (-ια) Sühne-; **~εώνω** (σ· θ) versöhnen; ***~εώνομαι*** (***για***) wieder gutmachen (*A*); büßen (für *A*); **~έωση** (-εις) Versöhnung *f*; Buße *f*; Besänftigung *f*; **~εωτικός** Sühne-; Besänftigungs-.
εξισλαμίζω (σ· στ) islamisieren.
εξίσου [ɛ'ksisu] *Adv*. gleichmäßig; gleichermaßen (*mit Adj*.).
εξίσταμαι [-'istamɛ] (εξέστην) sich (*A*) wundern; (ehrfürchtig) staunen.
εξιστ|όρηση [-'stɔr-] (-εις) Beschreibung *f*, Schilderung *f*; **~ορώ** [-ɔ'rɔ] (είς· ησ) schildern.
εξ|ισώνω (σ· θ) *Konto* ausgleichen; *Gewinne* angleichen (***προς*** *A*/ an *A*); *Math*. e-e Gleichung aufstellen; **~ίσωση** (-εις) Ausgleich *m*; Angleichung *f*; *Math*. Gleichung *f*; ***ετήσια ~ίσωση φόρου μισθωτών υπηρεσιών*** Lohnsteuerjahresausgleich *m*; **~ίτηλος** nicht (farb)beständig; **~ιτήριο** (*Kranken*-)Entlassungsschein *m*; **~ιχνιάζω** [-ixn-] (-ίασα· στ) *Tier* aufspüren; *fig*. *Gedanken* enthüllen; nachweisen; **~ιχνίαση** (-εις) Aufspüren *n*; Enthüllung *f*; Nachweis *m*; **~ιχνιαστής** [-jast-] Entdecker *m*, Erforscher *m*.
εξ|οβελίζω [ɛksɔvɛl-] (σ· στ) ausscheiden; *Gegner* ausschalten; **~όγκωμα** [-'ɔŋgɔma] *n* Geschwulst *f*; Beule *f*, Schwellung *f*; **~ογκώνω** (σ· σθ) *Nachrichten usw*. aufbauschen; *Übel* übertreiben; ***~ογκώνομαι*** anschwellen; **~όγκωση** (-εις) Anschwellen *n*; Aufbauschen *n*; Übertreibung *f*; **~όδευμα** [-'ɔðɛvma] *n* Ausgeben *n*; Ausgabe *f*; Verbrauch *m*; **~όδευση** [-ðɛfsi] (-εις) *s*. ***εξόδευμα;*** Absatz *m*; **~οδεύω** (εψ· ευτ) *Geld* ausgeben; *Vorrat* verbrauchen; *Worte* verschwenden; *Ware* absetzen; ***~οδεύομαι*** sich (*A*) verausgaben; **~οδιάζω** (σ· στ) *s*. ***εξοδεύω;*** *j-n* in Unkosten stürzen; **~όδιασμα** *n s*. ***εξόδευμα;*** **~οδιαστής** Verbraucher *m*; Verschwender *m*.
έξοδ|ο ['ɛksɔðɔ] Ausgabe *f*; *n*/*pl*. Ausgaben *f*/*pl*., Kosten *pl*.; Unkosten *pl*.; ***~α διατροφής*** Unterhaltskosten *pl*.; ***~α νοσηλείας*** Pflegekosten *pl*.; ***~α του σπιτιού*** Haushaltsgeld *n*; ***ιδιαίτερα ~α*** besondere Unkosten *pl*.; ***μπαίνω στα ~α*** sich (*A*) in Unkosten stürzen; **~ος** *f* Verlassen *n* (***από***/ *G*); Aufbruch *m zur Jagd*; Ausgang *m des Kinos usw*.; *mil*. Ausbruch *m*; Austritt *m* (***από***/ aus *dem Dienst*); ***~ος κινδύνου*** Notausgang *m*; **Ωος** *f* Exodus *m*, Auszug *m*.
εξοίδη|μα *n s*. ***εξόγκωμα;*** **~ση** (-εις) *s*. ***εξόγκωση.***
εξοικ|ειώνω [-i'kjɔnɔ] (σ· θ) *v*/*t*. gewöhnen (***σε***/ an *A*); ***~ειώνομαι*** sich (*A*) vertraut machen (***προς*** *A*/ mit *D*); sich (*A*) befreunden (***με***/ mit *D*); sich (*A*) einarbeiten (in *A*); **~είωση** [-'iɔsi] (-εις) Gewöhnung *f*, Akklimatisierung *f*; Vertrautheit *f*; Einarbeitung *f*; **~ίζω** (σ) exmittieren; **~ονόμηση** [-ɔ'nɔmisi] (-εις) Beschaffung *f*; Bewältigung *f e-r S*.; Einsparung *f*; **~ονομώ** [-nɔ'mɔ] (άς· ησ) *v*/*t*. *Geld* beschaffen; *für die Kosten* aufkommen; *j-m* aus der Verlegenheit helfen; mit *etw*. fertig werden; rationalisieren.
εξ|οκέλλω [-ɔ'kɛlɔ] (ειλ) auflaufen (***σε***/ auf *A*); *fig*. stranden, scheitern; **~ολισθαίνω** [-ɔli'stɛnɔ] (θησ) ausgleiten; *fig*. ausrutschen; **~ολίσθημα** [-'list-] *n*, **~ολίσθηση** (-εις) Ausgleiten *n*; *fig*. F Ausrutscher *m*.
εξολόθρευ|μα [ɛksɔ'lɔθrɛvma] *n*, **~ση** [-θrɛfsi] (-εις) Vernichtung *f*; Ausrottung *f*.
εξολοθρ|ευτής [-θrɛft-] Vernichter *m*, Zerstörer *m*; **~ευτικός** Vernichtungs-, Ausrottungs-; **~εύω** (ευσ, εψ· ευτ) vernichten; *Tiere usw*. ausrotten.
εξομαλίζω [-ɔmal-] (σ) *s*. ***εξομαλύνω.***
εξομ|άλυνση [-liṅsi] (-εις) Glätten *n*; Normalisierung *f*; *jur*. Beilegung *f*; **~αλύνω** (ΙΙ = Ι· υνθ) glätten; *Lage* beruhigen, normalisieren; beilegen.
εξ|ομοιώνω [-ɔ'mjɔnɔ] (σ) gleichstellen; **~ομοίωση** [-'miɔsi] (-εις) Gleichstellung *f*.
εξομο|λόγηση [-ɔmɔ'lɔjisi] (-εις) Geständnis *n*; Beichte *f*; **~λογητήριο** Beichtstuhl *m*; **~λογητής** Beichtvater *m*; **~λογητικά** *Adv*. frei u. offen; **~λογώ** [-lɔ'ɣɔ] (είς, άς· ησ· ηθ) *j-n* zu e-m Geständnis bewegen; *j-m* die

Beichte abnehmen; **~λογούμαι** (*a.* **~λογιέμαι**) beichten.

εξόν [ɛ'ksɔn]: **~ από** *Präp.* außer *D*; **~ αν** *Ko.* wenn nicht; **~ που** *Ko.* außer dass.

εξονειδίζω [-iδ-] (σ) schmähen.

εξοντ|ώνω [-ɔňd-] (σ· θ) ausrotten; **~ωτικός** Ausrottungs-.

εξ|ονυχίζω [-ɔniç-] (σ· στ) (genau) nachprüfen; **~ονύχιση** (-εις) (genaue) Nachprüfung *f*; **~ονυχιστικός** peinlich genau; **~οπίσω** [-ɔ'pisɔ] (von) hinten; *Zeit*: von vorn; **~οπλίζω** [-ɔpl-] (σ· στ) rüsten; *Heer usw.* bewaffnen, ausrüsten; **~όπλιση** (-εις), **~οπλισμός** Rüstung *f*; Bewaffnung *f*; *allg.* Ausrüstung *f*.

εξ|οργίζω [ɛksɔrj-] (σ· στ) erbosen; **~οργίζομαι** sich (*A*) erbosen; **~οργιστικός** zur Weißglut reizend; **~ορία** Verbannung *f*; **~ορίζω** (σ· στ) verbannen; **~ορισμός** Verbannung *f*; **~όριστος** verbannt; **~ορκίζω** [-ɔrķ-] (σ· στ) beschwören; *Geister* austreiben; **~ορκισμός** (Geister-)Beschwörung *f*; **~ορκιστής** Geisterbeschwörer *m*.

εξ|όρμηση (-εις) Ansturm *m*; (*Aufklärungs-*)Kampagne *f*; **~ορμώ** [-ɔr'mɔ] (άς· ησ) hervorstürmen; ausbrechen; **~όρυξη** [-'ɔriksi] (-εις) Ausgraben *n*; Förderung *f*; *allg.* Herausnahme *f*; Auskratzen *n der Augen*; **~ορύσσω** [-ɔ'risɔ] (*a.* **-ύττω**) (ξ· χτ) ausgraben; auskratzen; *Erze* fördern.

εξοστρακ|ίζω [ɛksɔstraķ-] (σ· στ) verbannen; **~ισμός** *hist.* Scherbengericht *n*; Verbannung *f*; Ausrottung *f*.

εξουδετ|ερισμός [-uδɛtɛr-] *s.* **εξουδετέρωση**; **~ερώνω** (σ· θ) neutralisieren; *Schwierigkeit* beheben; ausschalten; *Bande* ausheben; **~ερώνω απορρήμματα** entsorgen; **~έρωση** (-εις) Neutralisierung *f*; Behebung *f*; Aushebung *f*; *Tech.* Entsorgung *f*.

εξουθ|ενίζω [-uθɛn-] (σ) zunichte machen; erniedrigen; **~ενισμός** Zunichtemachung *f*; Erniedrigung *f*; **~ένωμα** [-'ɛnɔma] *n fig.* Abschaum *m*; **~ενώνω** (σ· θ) *s.* **εξουθενίζω**; **~ένωση** (-εις) *s.* **εξουθενισμός**; **~ενωτικός** vernichtend.

εξουσ|ία [ɛksus-] Macht *f*; *bsd. jur.* Gewalt *f*; Behörde *f*; Polizei *f*; **εκτελεστική ~ία** Exekutive *f*; **νομοθετική ~ία** Legislative *f*; **στην ~ία** an der Macht *sein*; **~ιάζω** (-σίασα) *v/t.* beherrschen; herrschen über *A*; *v/i.* regieren; **~ιαστής** (**-ιάστρια**) Machthaber(in *f*) *m*; **~ιαστικός** Macht-; gebieterisch; **~ιοδότηση** [-jɔ'δɔt-] (-εις) Befugnis *f*, Vollmacht *f*; **~ιοδοτώ** [-jɔδɔ'tɔ] (είς· ησ· ηθ) bevollmächtigen, ermächtigen.

εξόφθαλμος [ɛ'ksɔfθalm-] mit hervortretenden Augen; offenkundig.

εξ|όφληση (-εις) Begleichung *f*; Einlösung *f*; **~οφλητέος** [-ɔfli'tɛɔs] (-α) zahlbar; **~οφλητικό** Quittung *f*; **~οφλητικός** Einlösungs-; **~οφλώ** [-'flɔ] (είς, άς· ησ· ηθ) *v/t.* begleichen; *Wechsel*, *Versprechen* einlösen; *v/i.* (**με**) *fig.* ade sagen (*D*).

εξοχή [ɛksɔ'çi] Vorsprung *m*; Erhöhung *f*; Kurort *m*; **στην ~** auf dem Lande; **κατ' ~** vor allem; **κάνω ~** in der Sommerfrische sein.

εξοχικ|ός Land-; Kurort-; **~ό κέντρο** Gartenlokal *n*.

έξοχος ['ɛksɔx-] ausgezeichnet; **εξοχότατε!** Exzellenz!

εξοχότητα [-'xɔt-] Kapazität *f*, Könner *m*; Exzellenz *f*.

εξπρές (0) *n Esb.* Express *m*; Eilbrief *m*.

εξπρεσιονισμός Expressionismus *m*.

έξτρα ['ɛkstra] (0) *Adj.* ausgezeichnet; Neben-; *Adv.* extra; *Su. n* Sonderbestellung *f*, Nebenausgabe *f*.

εξτραδάκι F Nebeneinnahme *f*.

εξτρέμ (0) *m Sport*: Links- *od.* Rechtsaußen *m*, Flügelstürmer *m*.

εξτρεμισ|μός Extremismus *m*; **~τής** (**-ίστρια**) Extremist(in *f*) *m*.

εξ|υβρίζω [ɛksivr-] (σ) beschimpfen, F ausschimpfen; **~ύβριση** (-εις) Beschimpfung *f*; **~υβριστικός** Schimpf-, Schmäh- (*Brief*); **~υγιαίνω** [-i'jɛnɔ] (-ίανα· ανθ) *j-n* heilen; *Ort*, *Finanzen* sanieren; **~υγίανση** [-i'jiaňsi] (-εις) Heilung *f*; Sanierung *f*; Säuberung *f*; Ordnen *n*; **~υγιαντικός** [-jaňd-] Heilungs-; Sanierungs-; **~ύμνηση** [-'imnisi] (-εις) Verherrlichung *f*; **~υμνώ** [-'mnɔ] (είς· ησ) (lob)preisen, verherrlichen; **~υπακούεται** [-ipa'kuɛtɛ] ist zu ergänzen; ist selbstverständlich.

εξυπηρέτηση [-ipi'rɛt-] (-εις) Nütz-

εξυπηρετικός 196

lichkeit *f*; Gefälligkeit *f*; Versorgung *f*; Sicherstellung *f*; Dienst *m od. mst.* Dienste *m/pl.*, Service ['sə:vɪs] *m*; **~ πελατών** Kundendienst *m*.

εξ|υπηρετικός überaus nützlich; gefällig, entgegenkommend; **~υπηρετώ** [-'tɔ] (είς· ησ) *v/t.* nützen *D*, dienlich sein *D*; versorgen *A*; sicherstellen.

εξυπν|άδα [ɛksipn-] Intelligenz *f*; Bonmot *n*; **~άκιας** Schlauberger *m*.

έξυπνος aufgeweckt, intelligent; wach.

εξυσ(θ)-, εξυσμένος *s.* **ξύνω.**

εξ|υφαίνω [-i'fɛnɔ] (αν· ανθ) fertig weben; *fig.* anzetteln, *Komplott* schmieden; **~υψώνω** [-i'psɔnɔ] (σ· θ) erhöhen, *bsd. fig.* erheben; F *j-n* in den Himmel heben; **~ύψωση** (-εις) Erhöhung *f*, Erhebung *f*.

εξω- *s.* **εξο-.**

εξω- *Präfix, oft*: außer-.

έξω ['ɛksɔ] *bei Verben*: hinaus; *Adv.* draußen; im Ausland; *Präp. G* außerhalb *G*; *als Interjektion*: hinaus mit ...!; *als Su. n* Äußere(s); **~ από** *Präp.* außerhalb *G*; außer *D*; draußen vor *D*; **απ' ~** auswendig; **πέφτω ~** *mar.* stranden; *fig.* sich (*A*) irren; F sich (*A*) schneiden (**σε**/ in *D*).

εξώγαμος [-ɣam-] außerehelich.

εξωγκωμένος [-ɔŋgɔm-] aufgebauscht.

εξώ|δερμα *n s.* **εξώπετσα; ~δικος** außergerichtlich; nichtamtlich; **~θηση** (-εις) Hinausjagen *n*; Vertreibung *f*; **~θυρα** [-θira] Haustür *f*.

εξωθώ [-'θɔ] (είς· ησ) hinausjagen; vertreiben; *fig.* treiben (**σε**/ zu *D*).

εξωκλήσι [-'klisi] Kapelle *f*.

εξω|κοινοβουλευτικός [-kinɔvulɛft-] außerparlamentarisch; **~κομματικότητα** [-kɔmatik-] Parteilosigkeit *f*; **~λέμβιος** [-'lɛmv-] (-ια) Außenbord- (*Motor*).

εξώλης verkommen; **~ και προώλης** völlig verludert.

εξωμάχος Landarbeiter *m*.

εξω|μερίτης [-mɛ'rit-] (-ηδες) (**-ίτισσα**) Fremdling *m*, Fremde(r); **~μήτριος** [-'mitr-] (-ια) *Med.* Extrauterin-.

έξωμος ['ɛksɔm-] dekolletiert.

εξ|ωμοσία Abtrünnigkeit *f*; Abfall *m*; **~ωμότης** Abtrünnige(r), Renegat *m*; **~ώνηση** (-εις) Rückkauf *m*; **~ωνούμαι** [-ɔ'numɛ] (είσαι) zurückkaufen; **~ώνω** (σ· σθ) exmittieren; **~ώπετσα** [-'ɔpɛtsa] äußere Haut *f*; *Adv.* oberflächlich; **παίρνω ~ώπετσα** *j-n* streifen; **~ώπορτα** [-'ɔpɔrta] Haustür *f*; **~ωπραγματικός** unrealistisch; **~ώπροικα** [-prika] *n/pl. jur.* Paraphernalgüter *n/pl.*, Eigenvermögen *n*; **~ωραΐζω** [-ɔra-] (σ· στ) verschönern; **~ωραϊσμός** Verschönerung *f*; Modernisierung *f e-r Stadt*; **~ώρας** [-'ɔras] *Adv.* zur Unzeit; (zu) spät.

έξωση (-εις) Vertreibung *f*; *jur.* Exmittierung *f*.

εξώστης Balkon *m*; *Thea.* Galerie *f*; Frauengestühl *n*.

εξω|στρέφεια Extrovertiertheit *f*; **~στρεφής** extrovertiert; **~σχολικός** außerschulisch; **~τάρης** Landmann *m*.

εξωτερ|ίκευση [ɛksɔtɛ'rikɛfsi] (-εις) Äußerung *f*; **~ικεύω** [-ik-] (ευσ, ψ) äußern; *Gefühle* verraten; **~ικό** [-ik-] Ausland *n*; Äußere(s); **~ικός** außer-; auswärtig; Außen- (*Handel*); *fig.* äußerlich; *Schule*: Externe(r).

εξώτερο|ς äußerst-, äußer-; **πυρ το εξώτερο** (der) Hades.

εξωτικό Geist *m*, Kobold *m*.

εξωτικός exotisch, fremdländisch.

εξωυπηρεσιακός [ɛksɔipirɛsja'kɔs] außerdienstlich.

εξωφρενι|κός [-frɛn-] unsinnig; empörend; überspannt; **~σμός** Unsinnigkeit *f*; Extravaganz *f*.

εξώφυλλο [-filɔ] Umschlag *m e-s Buches*; Außenfenster *n*.

εορτάζω [ɛɔrt-] (σ· στ) *v/t.* feiern; *v/i.* s-n Namenstag *od.* Geburtstag feiern.

εόρταση (-εις) Feier *f*, Feiern *n*.

εορτ|άσιμος ... zu feiern(d); feierlich; Feier- (*Tag*); **~ασμός** *s.* **εόρταση; ~αστικός** feierlich, festlich; Festtags-; **~ή** Feier *f*; Fest *n*; Festtag *m*; *nationaler usw.* Feiertag *m*; **~ολόγιο** [-'lɔj-] Feiertagskalender *m*; *allg.* (die) Feiertage.

επ' *s.* **επί.**

επαγαγ- *St. II v.* **επάγω.**

επαγγ|ελία [ɛpaŋgɛl-] *pol.* Versprechung *f*; *Rel.* Verheißung *f*; **~έλλομαι** [-lɔmɛ] (ελθ) *v/t.* in Aussicht stellen; spielen, sich ausgeben als; **~έλλεται το ιατρό** er ist Arzt von Beruf.

επάγγελμα *n* Beruf *m*; **εξ επαγ-**

γέλματος *jur.* von Amts wegen; *fig.* berufsmäßig.
επαγγελματ|ίας [-ma'tias] Berufstätige(r); Berufs-; ***ελεύθερος ~ίας*** Freiberufler *m*; **~ικός** Berufs- (*Schule*), beruflich; hauptamtlich; ***~ική ένωση*** Berufsgenossenschaft *f*; ***~ική μόρφωση*** Berufsausbildung *f*.
επαγρ|ύπνηση [εpa'γripnisi] (-εις) ständige Sorge *f* (um *A*); **~υπνώ** [-i'pnɔ] (είς· ησ) wachen (***επί*** *G*/ über *A*).
επά|γω [ε'paγɔ] (επήγαγα· χτ) *v/t.* (herbei)führen (gegen *A*); *Prozess* anstrengen; *Eid* zuschieben; *Phil.*, *El.* induzieren; ***~γομαι*** nach sich ziehen; ***~γεται*** *daraus* erhellt.
επαγωγ|έας [-'jεas] (*pl.* -είς) *El.* Ständer *m*, Stator *m*, Feldmagnet *m*; **~ή** Induktion *f*; Zuschiebung *f des Eides*; **~ικός** anziehend; Induktions-.
επαγ|ώγιμο [εpa'γɔjimɔ] *El.* Anker *m*, Läufer *m*; **~ωγός** [-ɔγ-] anziehend, reizvoll.
επαθ- *s.* ***παθαίνω, πάσχω.***
έπαθλο ['εpaθ-] Preis *m*, Prämie *f*.
επαινετ|ικός [εpεnεt-] lobend, Lob-; **~ός** lobenswert.
έπαινος Lob *n*; Lobspruch *m*.
επαινώ [-'nɔ] (είς· επαίνεσα· εθ) loben; *Bürosprache*: anerkennen.
επαΐοντες [-'iɔn̆dεs] *pl.* Spezialisten *m/pl.*; Fachwelt *f*.
επαίρ|ω [ε'pεrɔ] (επήρα· ρθ/ επη-) *Flagge* hissen; ***~ομαι*** eingebildet sein.
επαισθητός [εpεstit-] fühlbar.
επαίσχυντος [-sçin̆d-] schändlich.
επ|αιτεία Bettelei *f*; **~αίτης** Bettler *m*; **~αιτικός** bettelhaft; Bettel-; **~αιτώ** [-ε'tɔ] (είς· ησ) *K. v/i.* betteln; *v/t.* flehen um *A*.
επ|ακολούθημα [εpakɔ'luθima] *n* Folge *f*, Konsequenz *f*; **~ακόλουθος** folgend; *Su. n* Folge *f*; **~ακολουθώ** [-lu'θɔ] (είς· ησ) *v/t.* folgen *D* (*a.* auf *A*); **~ακουμβώ** [-akum̥'vɔ] (άς· ησ) sich (*A*) stützen (***σε***/ auf *A*); **~ακούω** (σ) erhören.
επακριβώς aufs Genaueste.
έπακρο: (***στο***) ~ äußerst.
επάκτιος (-ια) Küsten-.
επακτός zugeschoben (*Eid*); *Bot.* Spross-.
επ|αλείφω [εpa'lifɔ] (ψ· φτ) aufstreichen, aufschmieren; einschmieren; **~αλήθευση** [-a'liθεfsi] (*a.* **-θεψη**) (-εις) Bestätigung *f*; Nachweis *m*; Prüfung *f*; Erfüllung *f*; **~αληθεύω** [-'θεvɔ] (ευσ) *v/t.* bestätigen; erhärten; nachweisen; prüfen; *v/i.* sich als richtig erweisen; *Voraussage usw.*: sich erfüllen; **~αλληλία** Aufeinanderfolge *f*; **~άλληλος** aufeinander folgend.
έπαλξη ['εpalksi] (-εις) Zinnenkranz *m*; Brustwehr *f*.
επαν(α)- *oft*: wieder-, zurück-; auf-.
επαναβλέπω [-'vlεpɔ] (επανειδ-) wieder sehen.
επαν|άγω [εpa'naγɔ] (γαγ· χθ/ επανη-) wieder zurückbringen; wieder einsetzen; *jur.* Berufung einlegen; **~αδίπλωση** [-a'ðiplɔsi] (-εις) Verdoppelung *f*; **~αζώ** [-a'zɔ] (είς· ησ) wieder aufleben; **~αθέτω** [-a'θεtɔ] (σ· τεθ/ επανε-) wieder einsetzen (-stellen) (***σε***/ in *A*); wiedererlangen; **~ακάμπτω** [-a'kam̆ptɔ] (ψ/ επανε-) zurückkehren; umkehren; **~ακτώ** [-a'ktɔ] (άς· ησ/ επανε-) wiedererlangen; **~αλαμβάνω** [-alam̥'vanɔ] (λαβ· ληφτ/ επανέλαβα) wiederholen; **~αληπτικός** [-lipt-] wiederholt; *mil.* Repetier-; Nach- (*Wahl*); **~αληπτικότητα** Wiederholbarkeit *f*; **~άληψη** [-'alipsi] (-εις) Wiederholung *f*; Repetitorium *n*; *jur.* Wiederaufnahme *f*; **~απατρίζω** (σ) zurückführen, repatriieren; ***~απατρίζομαι*** (στ) in die Heimat zurückkehren; **~απατρισμός** [-apatr-] Rückführung *f in die Heimat*; **~απαύομαι** [-a'pavɔmε] (αυτ) sich zufrieden geben (***σε***/ mit *D*); sich (*A*) verlassen (***σε***/ auf *A*); **~ασίτιση** Schonkost *f*.
επαν|άσταση [εpa'nast-] (-εις) Revolution *f* (*a. fig.*); **~αστάτης** (***-ισσα***) Revolutionär(in *f*) *m*; **~αστατικός** Revolutions-; *Ansicht*: revolutionierend; umwälzend; **~αστατικότητα** Radikalismus *m*, Revolutionsgeist *m*; **~αστατώ** [-sta'tɔ] (είς· ησ· ηθ) *v/i.* sich (*A*) erheben, sich (*A*) empören (***κατά*** *G*/ gegen *A*); *v/t.* aufwiegeln; *fig.* in Bestürzung versetzen; **~αστρέφω** [-'strεfɔ] (ψ· ραφ) zurückkehren; ***~αστρέφομαι*** sich (*A*) wieder zuwenden (***προς*** *A/D*); **~ασύνδεση** [-'sin̆ðεsi] (-εις) Wiederanknüpfung *f*; **~ασυνδέω** (-εσα· εθ) *v/t.* wieder anknüpfen; **~αφέρω** [-'fεrɔ] (II = I· φερθ/ επανε-)

επαναφορά 198

wieder zurückbringen; *Thema*: wieder *zur Diskussion* stellen; *Stellung*: wieder einsetzen; *Ordnung* wiederherstellen; *ins Gedächtnis* zurückrufen; *j-n* wieder zu sich bringen; **~αφορά** [-fɔ'ra] Wiedereinstellung *f von Beamten*; Wiederherstellung *f*; *Tech.* Wärmebehandlung *f*.

E

επανδρώνω [ɛpan'ðrɔnɔ] (σ· θ) *v/t. Schiff* bemannen; *mit Personal* besetzen.

επάνδρωση (-εις) Bemannung *f*; Personalbesetzung *f*.

επανε- *s.* ***επανα-.***

επανειδ- *s.* ***επαναβλέπω.***

επανειλημμένος wiederholt.

επαν|εκλέγω [-ɛ'klɛγɔ] (ξ· λεχτ· -εξελεξ-) wieder wählen; **~εκλογή** Wiederwahl *f*; **~εκτιμώ** [-ɛkti'mɔ] (άς· ησ) aufwerten; **~έρχομαι** [-'ɛrxɔmɛ] (επανήλθα) zurückkommen; wiederkommen; *Frage*: wieder aufgenommen werden.

επαν|ηγαγ-, ~ηγμ-, ~ηχθ- *s.* ***επανάγω.***

επανιδρύω (υσ· υθ) *v/t.* wieder aufbauen; wiederherstellen.

επάνοδος *f* Rückkehr *f*.

επαν|ορθώνω [ɛpanɔrθ-] (σ· θ/ -όρθωσα) wieder aufrichten; instand setzen; *Unrecht* wieder gutmachen; *Falsches* berichtigen; **~όρθωση** (-εις) Wiederaufrichtung *f*; Richtigstellung *f*; Instandsetzung *f*; Wiedergutmachung *f*; Schadenersatz *m*; *pl. mil.* Reparationen *f/pl.*; **~ορθωτικός** Wiedergutmachungs-; Instandsetzungs-, Besserungs-; **~ορθωτός** wieder gutzumachen(d); instandsetzbar.

επάνω [ɛ'panɔ] (*a.* απάνω, πάνω) *Adv.* oben; nach oben; *als Adj.* (0) ober-: ***από ~*** von oben; ***~ σε*** *Präp.* auf *D*, *A*; *Zeit*: gerade während *G*, bei *D*; ***~ από*** über *D*, *A*, mehr als ...; ***~ που*** *Ko.* gerade als; ***από ... κι' απάνω*** (ganz) über *A*; ***~ -κάτω*** ungefähr; ***το απάνω-απάνω*** das Beste, der Rahm.

επανώγραμμα *n* Aufschrift *f*.

επανωδέρμα [-'ðɛrma] *n* Oberleder *n*.

επανω|σέντονο [-'sɛndɔnɔ] Oberbett *n*; **~τός** *mst. n/pl.* aufeinander folgend; eins auf (nach) dem anderen; **~φόρι** [-'fɔri] Mantel *m*.

επάξιος [ɛ'paks-] (-ια) würdig (*G*/*G*).

επαπειλ|ώ [-pi'lɔ] (είς· ησ) bedrohen; ***~είται*** es droht.

επάρατος verhängnisvoll, unheilvoll.

επ|άργυρος [ɛ'parjir-] versilbert; **~αργυρώνω** (σ· θ) versilbern; **~άρκεια** [-'arķ-] genügende(r) Vorrat *m* (*G*/ an *D*); **~αρκής** genügend, hinreichend; **~αρκώ** [-ar'kɔ] (είς· εσ) (hin)reichen; nachkommen (***σε***/ *D*).

έπαρση (-εις) Hissen *n*; Dünkel *m*.

επαρχ|ία [ɛparç-] Provinz *f*; **~ιακός** Provinz-; provinziell; **~ιώτης** (***-ισσα***) Provinzler(in *f*) *m* (*a. fig.*); **~ιωτισμός** Provinzialismus *m*.

έπαυλη ['ɛpavli] Landhaus *n*.

επ|αυξάνω [ɛpaf'ksanɔ] (ξησ· ξηθ) *v/t.* vermehren; erhöhen; *v/i.* steigen; sich mehren; größer werden; **~αύξηση** (-εις) Steigerung *f*; Zuschlag *m*; *Gr.* Vokalwandel *m*, Ablaut *m*; **~αύριον** [-'avr-] *f* folgende(r) Tag *m*.

επαφή [-a'fi] Berührung *f* (*a. mil.*), Kontakt *m*; ***φέρω σε ~ με*** *j-n* mit *j-m* in Verbindung bringen; ***έρχομαι σε ~*** in Kontakt kommen.

επαχθής [ɛpaxθ-] drückend; lästig.

επε- *aus* ***επι*** *mit Augment* ***ε,*** *s.* ***επι-.***

επείγον eilt!

επειγόντως [ɛpi'γɔňdɔs] *Adv.* eilig, dringend.

επείγ|ω [-γɔ] (*nur Präs.*) eilen, dringend sein; ***~ομαι*** dringend *etw. tun* müssen; **~ων** (-ουσα, επείγον) dringend; ***~ουσα!*** Eilbrief!

επειδή [ɛpi'ði] weil, da.

έπεισα *s.* ***πείθω.***

επείσακτος [-sakt-] eingeführt, fremd; eingeschleppt.

επεισ|οδιακός episodisch; nebensächlich, Neben-; **~όδιο** Episode *f*; Zwischenfall *m*; Streit *m*, Auftritt *m*; F Geschichte *f*, Sache *f*.

έπειτα ['ɛpita] *Adv.* dann, darauf; außerdem (noch).

επ|έκταση [-'ɛkta-] (-εις) Ausdehnung *f*; Erweiterung *f der Linien* (*a. Gr.*); Expansion *f*; **~εκτατισμός** Expansionsdrang *m*; **~εκτείνω** [-ɛ'ktinɔ] (II = I· ταθ/ επεξετ-) erweitern; ***~εκτείνομαι*** sich (*A*) ausdehnen (***σε***/ auf *A*).

επέλευση (-εις) Ansturm *m*; *fig.* Eintritt *m*.

επεμβαίνω [ɛpɛ'mvɛnɔ] (να επέμβω· επέμβηκα, επενέβηκα) (***σε***) eingreifen (in *A*); intervenieren (in *D*); sich (*A*) einmischen (in *A*).

επ|έμβαση (-εις) Eingreifen *n*, Intervention *f*; Einmischung *f*; *Med.* Eingriff *m*; **~ένδυση** [-'eñðis-] (-εις) Verkleidung *f*; Futter *n*; Investition *f*; Deckung *f*; ***~ενδύσεις χαρτοφυλακίου*** Investmentfonds *m*; **~ενδύτης** Mantel *m*; **~ενδύω** (σ· θ) verkleiden; *Kleider* füttern; *Hdl.* investieren.

επενεβ- *s.* ***επεμβαίνω.***

επεν|έργεια [εpε'nεrja] Einwirkung *f*; **~εργώ** [-'γɔ] (είς· ησ) wirken (***σε***/ auf *A*).

επεξε- *s.* ***επεκ-.***

επεξεργ- *s.* ***εξεργ-.***

επεξεργ|άζομαι [εpεksεr'γa-] (-αστ) *v/t. Rohstoff* verarbeiten; *Artikel* bearbeiten; *Plan* ausarbeiten; **~ασία** Verarbeitung *f*; Bearbeitung *f*; Ausarbeitung *f*; **~άσιμος** verarbeitungsfähig; zu bearbeiten(d); auszuarbeiten(d).

επεξηγ- *s.* ***εξηγ-.***

επέπεσα *s.* ***επιπίπτω.***

επέρσι [ε'pεrsi] *Adv.* voriges Jahr.

επ|έρχομαι [-'εrxɔmε] (επηλθ-) eintreten; *Nacht*: hereinbrechen; anstürmen (***κατά*** *G*/ gegen *A*); **~ερώτηση** [-ε'rɔt-] (-εις) *pol.* Anfrage *f*; **~ερωτώ** [-rɔ'tɔ] (άς· ησ· ηθ) anfragen; *pol.* eine Anfrage richten an *A*.

επεστησ- *s.* ***εφιστώ.***

επεσχ- *s.* ***επέχω.***

επετεθ- *s.* ***επιτίθεμαι.***

επ|έτειος [ε'pεt-] *f* Jahrestag *m*; **~ετευχτ-** *s.* ***επιτυγχάνω;*** **~ετηρίδα** [-εtir-] Jahrestag *m*; Jahrbuch *n*.

επευ|φήμηση [εpε'fi-] (-εις) Beifall *m*; **~φημώ** [-fi'mɔ] (είς· ησ· ηθ) *v/t. j-m* zujubeln.

επεύχομαι *s.* ***εύχομαι.***

επη- *s.* ***επα-.***

επηγ- *s.* ***πηγαίνω.***

επηγαγ- *s.* ***επάγω.***

επήκοον [ε'pikɔ-]: ***σε ~ πάντων*** in aller Öffentlichkeit.

επηξ- *s.* ***πηγνύω.***

επηρ- *s.* ***επαίρω.***

επηρ|εάζω [εpirε-] (σ· στ) beeinflussen; manipulieren; beeinträchtigen; *Med.*, *Tech.* angreifen; **~εασμός** Beeinflussung *f*; ***~εασμός της αγοράς*** Marketing *n*.

επήρεια Einfluss *m*.

επηρμένος *s.* ***επαίρω;*** eingebildet, dünkelhaft.

επηχθ- *s.* ***επάγω.***

επί [ε'pi] *mst. K., heute oft* = ***σε*** *od. fig.* ***για***; *Präp. mit G*: auf *D*; *Geogr.* an *D*; *Zeit*: unter *D* (*z. B. unter Otto*); *fig. oft*: über *A*; *mit D*: anlässlich *G*, in (*Gegenwart von*) *D*; mit *dem Ziel*; zum *Nutzen*, *Schaden usw.*; wegen *G*; *mit A*: auf *A*; *Zeit*: *drei Stunden* lang; *fig. oft*: über *A*, auf *A*; *Adv. Math.* mal; ***~ τόπου*** an Ort und Stelle, vor Ort; ***~ κλοπή*** wegen Diebstahls; ***~ λέξει*** wörtlich; ***~ τα βελτίω*** zum Besseren; ***~ τα χείρω*** zum Schlechteren; ***~ συστάσει*** *Post*: eingeschrieben; ***~ του πλοίου*** an Bord; ***επ' αμοιβή*** gegen Belohnung; ***επ' ονόματι*** *G* im Namen *G*; ***ως ~ το πλείστον*** meistens, größtenteils.

επι- *Präfix oft*: auf-, be-, er-, ober-, über-, zu-.

επίατρος [-atr-] Oberstabsarzt *m*.

επι|βαίνω [εpiv-] (επέβην) *G od.* ***επί*** *G od.* ***σε*** *ein Schiff usw.* besteigen; *Zool.* bespringen; **~βάλλον** [-'val-] Macht *f*, Einfluss *m*; ***έχω ~βάλλον*** das Sagen haben; **~βάλλω** (επέβαλα· βληθ) erforderlich machen; zwingen (***του το***/ j-n zu *D*); *Schweigen* gebieten; *Ordnung* schaffen; *Strafe* verhängen; *Steuern* erheben; ***~βάλλομαι*** sich (*A*) durchsetzen (***σε***/ bei *D*); ***~βάλλεται*** [-lεtε] es ist unbedingt nötig; ***~βαλλόμενος*** geboten; **~βάρυνση** [-'variñsi] (-εις) (*Umwelt-*)Belastung *f*; (*Steuer-*)Last *f*; Zuschlag *m*; Verschlimmerung *f*; **~βαρυντικός** [-riňd-] verschlimmernd; *jur.* belastend; **~βαρύνω** (ΙΙ = Ι· υνθ· -βεβαρημ-) belasten (***με; από***/ mit *D*); verschlimmern; ***~βαρύνομαι*** *fig.* überlastet sein *mit*; **~βάτης** [-'vat-] (***-ισσα***) Passagier(in *f*) *m*; Fahrgast *m*; **~βατικός** Passagier-; Personen-.

επιβε|βαιώνω [εpivεvε-] (σ· θ) bestätigen; **~βαίωση** [-'vεɔsi] (-εις) Bestätigung *f*; ***~βαίωση εντολής*** Auftragsbestätigung *f*; **~βαιωτικός** Bestätigungs-; **~βλημένος** [-vlim-] *s.* ***επιβάλλω;*** unumgänglich.

επιβήτορας [-'vitɔras] Zuchttier *n*.

επι|βιβάζω [εpiviv-] (σ· στ) *j-n* veranlassen, *etw.* zu besteigen; *j-n* einschiffen; ***~βιβάζομαι*** besteigen (*G*/*A*); sich (*A*) einschiffen; **~βίβαση** [-'vivasi]

επιβιώνω 200

(-εις) Besteigung *f e-s Schiffes usw.*; **~βιώνω** (-βίωσα) überleben; weiter bestehen; **~βίωση** Weiterleben *n*; Weiterbestehen *n*; **~βλαβής** [-vlav-] schädlich (***σε***/ für *A*).

επι|βλέπω [-'vlεpɔ] (ψ) *v/t.* beaufsichtigen; *v/i.* die Aufsicht führen (***σε***/ über *A*); **~ίβλεψη** [-vlεpsi] (-εις) Beaufsichtigung *f*; **~ιβλητικός** [-vlit-] imposant, Achtung gebietend, ... von Format; **~ιβλητικότητα** Autorität *f*, imposante(s) Auftreten.

επιβοηθ|ητικός [εpivɔiθ-] Hilfe leistend; Hilfs-; **~ώ** (είς· ησ) *v/t. j-m* behilflich sein.

επι|βολή [-vɔ'li] Auferlegung *f*; Verhängung *f*; Durchsetzung *f*; *fig.* Autorität *f*, Format *n* (*e-r Pers.*); **~βουλεύομαι** [-vu'lεvɔmε] (ευτ) *Ehre* untergraben; *nach dem Leben* trachten; **~βουλή** Untergrabung *f*; Anschlag *m* auf *A*.

επίβουλος [ε'pivul-] tückisch.

επι|βράβευση [-'vravεfsi] (-εις) Belohnung *f*; **~βραβεύω** (ευσ· ευτ) belohnen; **~βράδυνση** [-'vraðiṅsi] (-εις) Verlangsamung *f*; *a. Phys.* Verzögerung *f* (***σε***/ in *D*); **~βραδύνω** (ΙΙ = Ι· υνθ) *Gang* verlangsamen; verzögern; **~γαμία** [-ɣam-] Mischehe *f*; **~γάστριο** [-'ɣastr-] Magengrube *f*, Epigastrium *n*.

επίγειος [ε'pij-] (-α) irdisch; *Bot.* epigäisch.

επιγέννημα [-'jεnima] *n fig.* Nachspiel *n*.

επιγλωττίδα [-ɣlɔt-] Kehldeckel *m*.

επίγνωση [-ɣnɔsi] (-εις) Begriff *m*, Ahnung *f* (*G*/ von *D*); ***εν επιγνώσει*** wissentlich; in Kenntnis (*G*/*G*).

επιγονατίδα [-ɣɔnat-] Kniescheibe *f*.

επίγονος Nachkomme *m*.

επίγραμμα [-ɣrama] *n* Sinngedicht *n*, Epigramm *n*.

επιγρα|μματικός epigrammatisch; treffend; **~μματικότητα** *fig.* Treffsicherheit *f*; **~φή** [-'fi] Aufschrift *f*; (Kapitel-)Überschrift *f*; (Firmen-)Schild *n*; Inschrift *f*; ***λαϊκή ~φή*** Graffito *n*; **~φική** [-fi'ķi] Epigraphik *f*.

επιγράφω (ψ· αφ· αφτ) *Inschrift* anbringen (***επί*** *G*/ auf *A*); betiteln.

Επίδαυρος [-ðavr-] *f* Epidaurus *n*.

επι|δαψιλεύω [-ðapsil-] (ευσ) überschütten (***του το***/ j-n mit *D*); **~δεικνύω** [-ði'kniɔ] (ξ· -δείχτηκα) *s.* ***επιδείχνω, επιδείχνομαι***; **~δεικτικός** [-ðikt-] ostentativ, demonstrativ; auffällig; **~δεινώνω** (σ· θ) verschlechtern; ***~δεινώνομαι*** *pol.* sich zuspitzen; **~δείνωση** [-'ðinɔsi] (-εις) Verschlechterung *f*; Zuspitzung *f*.

επίδειξη [ε'piðiksi] (-εις) Zurschaustellung *f*; Schau *f*; Vorführung *f e-s Geräts*; *mil.* Ablenkungsangriff *m*; *mar.* Flottendemonstration *f*; ***~μόδας*** Modenschau *f*; ***κάνω ~*** *G etw.* vorführen.

επιδειξιομανία [-man-] Zurschaustellung *f*; *Med.* Exhibitionismus *m*.

επιδείχν|ω [-'ðixnɔ] (ξ· χτ) *v/t.* ausstellen, zur Schau stellen; *Interesse* zeigen; ***~ομαι*** sich (*A*) zeigen; auffallen, sich (*A*) aufspielen.

επιδεκτικ|ός [-ðεkt-] empfänglich; fähig (*G*/*G*); **~ότητα** Empfänglichkeit *f*; Fähigkeit *f*.

επι|δένω [-'ðεnɔ] (σ· θ) *Wunde* verbinden; **~δέξιος** [-'ðεks-] (-ια) geschickt; **~δεξιότητα** [-'ksjɔt-] Geschicklichkeit *f*; **~δερμίδα** [-ðεrm-] Oberhaut *f*; **~δερμικός** Oberhaut-.

επί|δεση [-ðεsi] Verbinden *n*; **~δεσμος** [-ðεzm-] *Med.* Verband *m*.

επιδέχομαι [εpi'ðεxɔmε] (*selten Aor.* χτ) zulassen, dulden.

επιδημ|ία [-ðim-] Seuche *f*, Epidemie *f*; **~ικός** epidemisch; **~ώ** (είς· ησ) seuchenartig auftreten.

επιδιαιτητής [-ðiεtit-] oberste(r) Schiedsrichter *m*.

επι|δίδω (*a.* ***-δίνω***) (επέδωσα· δοθ· -δομ-) *v/t.* überreichen (*a. Protest*); zustellen; *v/i.* gedeihen; ***~δίδομαι*** sich (*A*) hingeben (***σε***/ *D*); **~δικάζω** [-ðik-] (σ/ επε-) *jur.* zuerkennen.

επίδικος strittig.

επι|διόρθωμα *n s.* ***επιδιόρθωση***; **~διορθώνω** [-ðiɔrθ-] (σ· θ) reparieren, instand setzen; **~διόρθωση** [-ði'ɔrθɔsi] (-εις) Reparatur *f*, Instandsetzung *f*; **~διορθωτής** Flicker *m*, Handwerker *m*; **~διορθώτρια** Flickerin *f*; **~διώκω** [-'ðjɔkɔ] (ξ· χτ) streben (nach *D*), sich (*A*) bemühen (um *A*); **~δίωξη** [-'ðiɔksi] (-εις) Ziel *n*; Streben *n* (nach *D*); Verfolgung *f*; **~δοκιμάζω** [-ðɔķim-] (σ) billigen; **~δοκι-**

μασία [-mas-] Billigung *f*; Beifall *m*; **~δοκιμαστικός** zustimmend.
επίδομα [-ðɔma] *n* Zulage *f*; Beihilfe *f*; Geld *n*; ~ ***ανεργίας*** Arbeitslosenunterstützung *f*; ~ ***ασθενίας*** Krankengeld *n*; ~ ***τέκνων*** Kindergeld *n*.
επίδοξος [-ðɔks-] mutmaßlich.
επιδόρπιο [εpiˈðɔrp-] Nachtisch *m*.
επίδοση [-ðɔsi] (-εις) Aushändigung *f*; Überreichung *f*; Leistung *f*; Rekord *m*; Hingabe *f* (***σε***/ an *A*).
επι|δοτήριο [-ðɔˈtir-] Aushändigungsurkunde *f*; **~δότηση** (-εις) Unterstützung *f*; Zuschuss *m*; **~δοτώ** (είς· ησ) *j-n* unterstützen.
επίδραση [-ðrasi] (-εις) Einfluss *m*; Wirkung *f* (***επί*** *G*/ auf *A*).
επιδρομ|έας [-ðrɔˈmεas] (*pl.* -είς) Eindringling *m*; **~ή** Einfall *m*; Invasion *f*; ***~ή ακρίδων*** Heuschreckenplage *f*.
επιδρώ [εpiˈðrɔ] (άς· ασ) beeinflussen, wirken (***σε***/ auf *A*).
επι|είκεια [-ˈiķ-] Nachsicht *f*, Milde *f*; **~εικής** nachsichtig; milde.
επίζηλος [-zil-] beneidenswert; beneidet.
επι|ζήμιος [εpiˈzim-] (-ια) nachteilig, schädlich; **~ζητώ** [-ziˈtɔ] (είς· ησ) *v/t.* sich (*A*) bemühen um *A*; **~ζώ** [-ˈzɔ] (είς· επέζησα) überleben; *Name*: weiterleben; **~ζωοτία** [-zɔɔt-] Tierseuche *f*; **~θαλάμιο** [-θaˈlam-] Hochzeitsgedicht *n*, Hochzeitslied *n*; **~θανάτιος** [-θaˈnat-] (-ια) Todes- (*Kampf*); Sterbe- (*Bett*).
επί|θεμα [-θεma] *n* Aufsatz *m*; *Med.* Umschlag *m*; **~θεση** (-εις) Auflegen *n*; Angriff *m* (***κατά*** *G*/ auf *A*).
επιθετικ|ός Angriffs-; *Gr.* adjektivisch; *fig.* angriffslustig; aggressiv; **~ότητα** Angriffslust *f*; Streitsucht *f*.
επίθετο [εˈpiθεtɔ] Adjektiv *n*; Apposition *f*; Beiname *m*; Familienname *m*.
επι|θεώρηση [-θεˈɔr-] (-εις) Besichtigung *f*; *Hdl.* Prüfung *f*; *Amt*: Inspektion *f*; Zeitschrift *f*; *Thea. u. Zeitung*: Revue *f*; **~θεωρητής** [-ɔrit-] (***-ήτρια***) Inspektor(in *f*) *m*; Abfertiger(in *f*) *m*; **~θεωρώ** [-θεɔˈrɔ] (είς· ησ) beaufsichtigen; inspizieren; *Hdl.* prüfen.
επιθηλιακός [-θil-] Epithel-.
επίθημα [-θima] *n* Deckel *m*; Bedeckung *f*; *Gr.* Endung *f*.
επιθυμ|ητικός [-θimit-] Wunsch-; *Su.* *n* Wunsch *m*, Begehren *n*; **~ητός** erwünscht; *Hdl.* gefragt; **~ία** Wunsch *m*; Sehnsucht *f*; **~ώ** [-ˈmɔ] (είς· ησ) wünschen; verlangen nach (*D*); Appetit haben auf (*A*); sich (*A*) sehnen nach *j-m*; ***~ώ να*** ... ich möchte (gern) ...
επίκαιρ|ο [-ķεrɔ] Aktualität *f*; *pl. Kino*: Wochenschau *f*; **~ος** aktuell, zeitgemäß; *Augenblick*: geeignet; *Punkt*: beherrschend.
επικαιρότητα Zeitgeschehen *n*, (*Sport-*)Geschehen *n*; Aktualität *f*.
επι|καλούμαι [εpikaˈlumε] (είσαι· εστ) *jur.* sich (*A*) berufen auf *A*; *Gott* anrufen; appellieren an *A*; ***~καλούμενος*** mit dem Beinamen; **~κάλυμμα** [-ˈkalima] *n* Überzug *m*, Hülle *f*; **~καλύπτω** [-ˈliptɔ] (ψ) überziehen; bedecken; **~καρπία** [-karp-] Nießbrauch *m*; **~καρπώνομαι** [-karˈpɔn-] (ωθ) den Nießbrauch haben von *D*; **~κασσιτερώνω** [-kasitεr-] (σ) verzinnen; **~καταλλαγή** [-katalaˈji] Agio *n*; Aufgeld *n*; **~κατάρατος** [-ˈtarat-] verwünscht, verflucht.
επί|κειται [-ķitε] (*o. Aor.*) (es) steht bevor; liegt vor; ***επικείμενος*** [-ˈķim-] bevorstehend; **~κεντρο** [-ķεñdrɔ] Epizentrum *n*.
επι|κερδής [-ķεrð-] einträglich, lohnend; **~κεφαλής:** ***μπαίνω ~κεφαλής*** *G* an die Spitze *G* kommen; **~κεφαλίδα** [-ķεfal-] Überschrift *f*; (*Brief-*)Kopf *m*; **~κήδειος** [-ˈķið-] (-α) Trauer-; **~κήρυξη** [-ˈķiriksi] (-εις) Aussetzung *f* e-r Belohnung; **~κηρύσσω** [-ˈrisɔ] (*a.* **-ύχνω**) (ξ· χτ) e-e Belohnung *für die Aufspürung e-s Verbrechers* aussetzen; **~κίνδυνος** [-ˈķiñðin-] gefährlich; *Krankheit*: kritisch.
επί|κληρος [-klir-] erbend; **~κληση** (-εις) Beiname *m*; Anrufung *f Gottes*; *pol.* Aufruf *m*.
επι|κλινής [εpiklin-] schief (*a. Math.*); schräg; **~κοινωνία** [-ķinɔn-] Verkehr *m*; Umgang *m*; Verbindung *f*; **~κοινωνώ** (είς· ησ) verkehren; sich (*A*) in Verbindung setzen (***με***/ mit *D*); **~κόλληση** [-ˈkɔlisi] Aufkleben *n*; Furnieren *n*; **~κολλώ** [-kɔˈlɔ] (άς· ησ) aufkleben; furnieren.
επικός episch; heldenhaft.
επι|κόσμηση [-ˈkɔzm-] (-εις) Verschö-

E

nerung *f*; **~κοσμώ** [-'zmɔ] (είς· ησ) verschönern; **~κούρειος** [-'kur-] (-α) epikureisch; **~κουρία** Hilfe *f*; *mil.* Entsatz *m*; **~κουρικός** Hilfs-; sekundär, Ersatz-.
επίκρανο Kapuze *f*; Kapitell *n*.
επι|κράτεια [εpi'krat-] Staat *m*; Hoheitsgebiet *n*; **~κρατής** *mst. Komp.* **~κρατέστερος** vorherrschend; überwiegend; **~κράτηση** (-εις) Vorherrschaft *f*; Macht *f* (*der Gewohnheit usw.*); **~κρατώ** [-'tɔ] (είς· ησ) die Oberhand gewinnen (*G*/ über *A*); *Meinung usw.*: herrschen; **~κρέμαμαι** [-'krεmamε] *K. fig.* drohen; **~κρεμής** bevorstehend; *Anker*: ausgebracht; **~κρεμώ** [-'mɔ] (άς· ασ· αστ) aufhängen; *Anker* ausbringen; **~κρίνω** [-'krinɔ] (II = I· θ) kritisieren.
επίκριση [-krisi] (-εις) Kritik *f* (an *D*); Bemängelung *f*.
επι|κριτής Kritiker *m*; Nörgler *m*; **~κρότηση** [-'krɔt-] (-εις) Billigung *f*; **~κροτώ** [-'tɔ] (είς· ησ) *etw.* begrüßen, gutheißen.
επίκρουση (-εις) *Med.* Perkussion *f*; Zündung *f*.
επι|κρουστήρας [-'stiras] Schlagbolzen *m*; **~κρούω** [-'kruɔ] (σ) beklopfen; perkutieren.
επίκτητος [ε'piktit-] *allg.* erworben.
επικυρ|ιαρχία [-ķiri̯arç-] Oberhoheit *f*; **~ιαρχικός** Hoheits-; **~ίαρχος** [-xɔs] Landesfürst *m*, Oberherr *m*.
επίκυρτος [-ķirt-] gebogen.
επι|κυρώνω (σ· θ) bestätigen; *Urkunde* beglaubigen; *Vertrag* ratifizieren; **~κύρωση** [-'ķirɔsi] (-εις) Bestätigung *f*; Beglaubigung *f*; Ratifizierung *f*; **~κυρωτικός** Bestätigungs-; Ratifikations-; *mit G*: für die Ratifizierung.
επίκυψη [-ķipsi] (-εις) Rumpfbeuge *f*.
επιλαμβάνομαι [-la'ɱvanɔmε] *K.* (ληφθ) sich (*A*) annehmen (*G*/*G*).
επίλαρχος [ε'pilarx-] Rittmeister *m*.
επιλαχών [-'xɔn] (-ούσα, -όν) *Prüfung*: (bestanden, aber) nicht zugelassen; *Su. m* Ersatzmann *m*; ***τρίτος ~*** der dem Dritten Folgende.
επιλέγ|ω [-'lεγɔ] (επίλεψα· -έχτηκα) abschließend sagen; *Tel.* wählen; (aus-) wählen; ***~ομαι*** sich nennen.
επιλεκτικότητα Trennschärfe *f*.
επί|λεκτος auserwählt, Elite-; **~λευκος** [-lεfk-] weißlich.
επι|ληπτικός [-lipt-] epileptisch; **~λήσμονας** [-'lizmɔnas] Vergessliche(r); **~ληψία** [-lips-] Epilepsie *f*; **~λήψιμος** tadelnswert; **~λογή** [-lɔ'ji] Auswahl *f*; Auslese *f*; *Biol.* Selektion *f*; ***κάνω ~λογή*** e-e Auswahl treffen.
επί|λογος [ε'pilɔγ-] Nachwort *n*, Epilog *m*; *fig.* Nachspiel *n*, Folge *f*; **~λοιπος** [-lip-] übrig; *Su. n* Rest *m*.
επι|λοχίας [-lɔç-] Feldwebel *m*; **~λόχ(ε)ιος** [-'lɔi̯ç-] (-ια) Wochenbett-.
επίλυση [-lisi] (-εις) Lösung *f*.
επι|λύω [-'liɔ] (σ· θ) (endgültig) lösen; **~μαρτυρώ** [-marti'rɔ] (είς· ησ) bezeugen.
επίμαχος [-max-] strittig.
επιμειξία *s.* ***επιμιξία***.
επι|μέλεια [εpi'mεl-] Fleiß *m*; Sorge *f* (*G*/ für *A*); Redaktion *f* (*als Tätigkeit*); **~μελημένος** eifrig; gepflegt; **~μελής** fleißig; sorgfältig; **~μελητεία** *mil.*Logistik *f*; Intendantur *f*; **~μελητήριο** [-mεli'tir-] *Hdl. usw.* Kammer *f*; **~μελητής** (***-ήτρια***) Assistent(in *f*) *m*; Verwalter(in *f*) *m*; Intendant(in *f*) *m*; **~μελούμαι** [-mε'lumε] (είσαι· ηθ) *A* (*K. a. G*) sehr bedacht sein (auf *A*).
επίμεμπτος [-mεmpt-] ungebührlich.
επι|μένω [-'mεnɔ] (επέμεινα) bestehen (***σε***/ auf *D*); *fig.* festhalten (an *D*); **~μερίζω** [-mεr-] (σ) zuteilen; verteilen; **~μερισμός** Zuteilung *f*.
επί|μεσος mittler-; **~μετρο** [-mεtrɔ] Zugabe *f*; *lit.* Supplement *n*; Übermaß *n*; ***σε ~μετρο τούτου*** darüber hinaus.
επι|μετρώ [-'trɔ] (είς· ησ) zugeben; *jur.* zumessen; **~μηθέας: *είναι ~μηθέας*** F er schaltet immer zu spät; **~μήκης** [-'miķ-] länglich; **~μηκύνω** [-'ķinɔ] (II = I· υνθ) verlängern; **~μιξία** [-miks-] Umgang *m*, Verkehr *m*; *Zool.* Kreuzung *f*; **~μίσθιο** [-'mist-] Gehaltszulage *f*; **~μνημόσυνος** [-mni'mɔsin-] Gedenk-; Toten- (*Gebet*); **~μονή** [-mɔ'ni] Hartnäckigkeit *f*; Starrköpfigkeit *f*.
επίμονος [ε'pi-] hartnäckig; zäh; stur.
επιμόρφωση [-'mɔrfɔsi] (-εις) Fortbildung *f*; ***λαϊκή ~*** Volkshochschule *f*.
επίμοχθος [-mɔxθ-] anstrengend.
επιμύθιο [-'miθ-] Moral *f*, Lehre *f*.

επίνειο [ε'piniɔ] Hafen *m* (*e-r nahen Stadt*).
επι|νεύω (ευσ) zunicken; *fig.* zustimmen; **~νίκιος** [-'nik-] (-ια) Sieges-; *Su. n/pl.* Siegesfeier *f*; **~νόημα** [-'nɔima] *n* Erfindung *f*; **~νόηση** (-εις) Erfindung *f*; Erfinden *n*, Erdichten *n*; **~νοητικός** [-nɔit-] erfinderisch; **~νοώ** [-nɔ'ɔ] (είς· ησ· ηθ) erfinden, ersinnen.
επιορκία Eidbruch *m*; Meineid *m*.
επίορκος eidbrüchig; meineidig.
επιορκώ [-ɔr'kɔ] (είς· ησ) eidbrüchig *od.* meineidig werden.
επιούσα [ε'pjusa] folgende(r) Tag *m*.
επιούσιος (-ια) *Bibel*: täglich *Brot*.
επίπεδο [ε'pipεðɔ] Fläche *f*; Niveau *n*; ***βιοτικό ~*** Lebensstandard *m*; ***χαμηλό ~*** Tiefstand *m*.
επιπεδομετρία Planimetrie *f*.
επίπεδος flach; eben (*a. Math.*).
επιπέδωση [-ðɔsi] (-εις) Einebnung *f*.
επιπίπτω [-'piptɔ] (επέπεσα) sich (*A*) stürzen (***κατά*** *G*/ auf *A*); *Auto*: rasen (***κατά*** *G*/ gegen *A*); auffahren (***σε***/ auf *A*).
επίπλαστος [-plast-] künstlich.
επιπλέον *Adv.* außerdem (noch); *Präp. G* über ... (*A*) hinaus.
επιπλέω [-'plεɔ] (πλευσ) schwimmen; *fig.* sich (*A*) durchsetzen.
επιπληκτικός [-plikt-] vorwurfsvoll.
επίπληξη [-pliksi] (-εις) Zurechtweisung *f*.
επιπλήττω [-'plitɔ] (*a.* -σσω· ξ· χτ) zurechtweisen, F ausschelten.
έπιπλο ['εpiplɔ] Möbelstück *n*; *n/pl.* Möbel *pl*.
επιπλοκή [-plɔ'ki] Verwicklung *f*, *bsd. Med.* Komplikation *f*.
επιπλο|ποιείο [-pi'iɔ] Möbelfabrik *f*; **~ποιός** [-'pjɔs] Möbeltischler *m*; **~πωλείο** [-pɔl-] Möbelgeschäft *n*.
επι|πλωμένος [-plɔm-] möbliert; **~πλώνω** (σ· θ) möblieren.
επίπλωση (-εις) Ausmöblierung *f*; Einrichtung *f*.
επι|πόλαιος (-α) oberflächlich, flüchtig; **~πολαιότητα** [-pɔlε'ɔt-] Oberflächlichkeit *f*.
επίπονος mühsam.
επιπορεία [-pɔr-]: **~ *φάσεως*** *El.* Phasenverschiebung *f*.
επιπρόσθετος [-'prɔsθεt-] zusätzlich.
επίπτωση [ε'piptɔsi] (-εις) Belastung *f*, Störung *f*.
επιρρ|επής [εpirεp-] geneigt (***σε***/ zu *D*); **~έπω** (*o. Aor.*) neigen (***σε***/ zu *D*).
επ|ίρρημα [ε'pirima] *n* Adverb *n*; **~ιρρηματικός** adverbial.
επι|ρρίπτω [-'riptɔ] (ψ) *Schuld usw.* schieben (***σε***/ auf *A*); **~ρροή** [-rɔ'i] Einfluss *m* (***σε***/ auf *A*).
επίρρωση [-rɔsi] (-εις) Stärkung *f*; *fig.* Untermauerung *f*.
επι|σείω [εpi'siɔ] (σ) schwingen; drohen (***κατά*** *G* ***κάτι***/ j-m mit *D*); **~σημαίνω** [-sim-] (αν· ανθ· -σημασμ) *Briefe usw.* (ab)stempeln; (*mar. durch Bojen*) markieren; hinweisen auf *A*; **~σήμανση** [-mańsi] (-εις) Stempelung *f*; Kennzeichnung *f*; *mar.* Bebojung *f*, Befeuerung *f*; Hinweis *m* (*G*/ auf *A*); **~σημειώνω** [-'mjɔnɔ] e-e Anmerkung machen; **~σημείωση** [-'miɔsi] (-εις) Randbemerkung *f*; **~σημειωτικός** [-simjɔt-] Marginal-; Rand-.
επισημο|ποίηση [-simɔ'piisi] (-εις) amtliche Beglaubigung *f*; **~ποιώ** [-'pjɔ] (ησ· ηθ) amtlich beglaubigen lassen.
επίσημος *pol.* offiziell; *jur.* amtlich; formell; feierlich; Feier-; gemünzt (*Gold*); *Pers.* maßgeblich.
επισημότητα [-si'mɔt-] Echtheit *f*; Maßgeblichkeit *f*; Feierlichkeit *f*; maßgebliche Persönlichkeit *f*.
επίσης [ε'pisis] *Adv.* ebenfalls; fernerhin, außerdem noch.
επισιτ|ίζω (σ) verproviantieren; **~ισμός** Verproviantierung *f*.
επι|σκαφέας [-ska'fεas] Ausschachtmaschine *f*; **~σκεπτήριο** [-skεpt-] Visitenkarte *f*; Besuch *m*; **~σκέπτης** (***-έπτρια***) Besucher(in *f*) *m*; *pl. oft* Besuch *m*; **~σκέπτομαι** [-'skεptɔmε] (φτ) besuchen; **~σκευάζω** [-skεv-] (σ· στ) instand setzen; **~σκευή** Instandsetzung *f*; Reparatur *f*.
επίσκεψη [ε'piskεpsi] (-εις) Besuch *m*; *Med. a.* Visite *f*; ***του κάνω ~*** *j-m* e-n Besuch abstatten.
επι|σκήπτω [-'skiptɔ] (ψ) hereinbrechen; **~σκιάζω** (-ίασα) beschatten, verdunkeln; *fig.* in den Schatten stellen; **~σκίαση** [-'skiasi] (-εις) Beschattung *f*, Verdunkelung *f*; **~σκοπή** Bistum *n*; Bischofssitz *m*; **~σκόπηση** [-'skɔp-] (-εις) Aufsicht *f*; *Presse*: Über-

επισκοπικός 204

blick *m* (*G*/ über *A*); **~σκοπικός** bischöflich.

επίσκοπος Bischof *m*.

επι|σκοπώ [-skɔ'pɔ] (είς· ησ· ηθ) e-n Überblick geben über *A*; Bischof sein; **~σκοτίζω** [-skɔt-] (σ) verdunkeln; *fig.* verschleiern; **~σκότιση** (-εις) Verdunkelung *f*; Verschleierung *f*; **~σμηναγός** Major *m* der Luftwaffe; **~σπεύδω** [-'spɛvðɔ] (ευσ· ευτ) beschleunigen.

επίσπευση [-spɛfsi] (-εις) Beschleunigung *f*.

επισταθμ|εία [ɛpistaθm-] Einquartierung *f*; Quartier *n*; **~εύω** (ευσ) sich (*A*) einquartieren; einquartiert sein.

επισταμένος sorgfältig.

επίσταξη [-staksi] Nasenbluten *n*.

επι|στασία [ɛpistas-] Beaufsichtigung *f*, Aufsicht *f* (über *A*); Verwaltung *f* der Klostergemeinde Athos; **~στάτης** Aufseher *m*; Pedell *m*; **~στατώ** [-sta'tɔ] (είς· ησ) beaufsichtigen; **~στεγάζω** [-stɛγ-] (σ) überdachen; *fig.* krönen; **~στέγασμα** *n* Überdachung *f*; *fig.* Krönung *f*.

επι|στέλλω [-'stɛlɔ] (επέστειλα) e-n Brief schicken; schreiben, melden; ***~στέλλον μέλος*** korrespondierende(s) Mitglied *n*; **~στήθιος** [-'stiθ-] (-ια) Brust-; Busen- (*Freund*); **~στήλιο** [-'stil-] *mar.* Stenge *f*, Topp *m*.

επι|στήμη [ɛpi'stimi] Wissenschaft *f*; **~στήμονας** [-mɔnas] *m*, *f* Wissenschaftler(in *f*) *m*; Experte *m*, Expertin *f*; **~στημονικός** wissenschaftlich; **~στημοσύνη** [-'sini] Wissenschaftlichkeit *f*.

επι|στήριγμα [-'stiriγma] *n* Stütze *f*; **~στηρίζω** (ξ) gründen (auf *A*), stützen (auf *A*); **~στήριξη** [-riksi] (-εις) Stützen *n*, Gründung *f*; **~στητό** wissenschaftlich Erfassbare(s).

επιστολ|άριο [-stɔ'lar-] Briefsteller *m*; **~ή** Brief *m*; *Hdl.* Schreiben *n*; **~ικός** Brief-; **~ογραφία** [-ɔγraf-] *a. Hdl.* Korrespondenz *f*; Briefwechsel *m*; **~ογράφος** *m*, *f* Korrespondent(in *f*) *m*; **~ογραφώ** [-'fɔ] (είς· ησ) korrespondieren.

επι|στόμιο [ɛpi'stɔm-] Korken *m*, Verschluss *m*; *Tech.* Stutzen *m*; Mundstück *n*; **~στρατεία** [-strat-], **~στράτευση** [-tɛfsi] (-εις) Mobilmachung *f*; Aufbietung *f*; **~στρατεύω** (ευσ· ευτ) mobilisieren; *mil.* einberufen; *fig.* aufbieten.

επίστρατος Einberufene(r).

επι|στρεπτέος [-strɛpt-] (-α) zurückzusenden(d); **~στρέφω** [-'strɛfɔ] (ψ· αφ) *v/t.* zurücksenden; *Geld* zurückerstatten; *v/i.* zurückkehren; *auf ein Thema* zurückkommen.

επιστροφή [-strɔ'fi] Rücksendung *f*; Rückerstattung *f*; Rückkehr *f*; *pl.* Remittenden *f/pl.*; ***εισιτήριο με ~*** Hin- und Rückfahrkarte *f*.

επίστρωμα [-strɔma] *n* Schicht *f*; Belag *m*; Pflaster *n*; Putz *m*.

επιστρώνω (σ· θ) bedecken; belegen; bepflastern.

επίστρωση Bedecken *n usw.*

επιστύλιο [ɛpi'stil-] Architrav *m*.

επισυν|άπτω [-si'naptɔ] (ψ· φτ) beifügen (***σε***/ *D*); **~ημμένος** [-im-] beigefügt; *Adv.* in der Anlage.

επι|σύρω [-'sirɔ] (επίσυρα) *v/t.* Anlass geben zu *D*; auf sich (*A*) ziehen; **~σφαλής** [-sfal-] bedenklich; **~σφραγίζω** [-sfraj-] (σ) versiegeln; *fig.* besiegeln; **~σφράγιση** (-εις) Versiegelung *f*; Besiegelung *f*.

επίσχεση [-sçɛsi] (-εις) Zurückhaltung *f*; (*Harn-*)Verhaltung *f*; *jur.* Retention *f*.

επι|σώρευση [ɛpi'sɔrɛfsi] (-εις) Anhäufung *f*; Aufstapelung *f*; **~σωρεύω** (ευσ· ευτ) anhäufen; *Gefahr* heraufbeschwören; *Hdl.* aufstapeln; **~ταγή** [-ta'ji] Befehl *m*; Gebot *n*; *jur.* Zahlungsbefehl *m*; ***~ταγή εν λευκώ*** Barscheck *m*; *s. a.* ***δίγραμμος***; ***ταχυδρομική ~ταγή*** Postscheck *m*; ***τραπεζική ~ταγή*** Scheck *m*; **~τακτικός** befehlend (*Ton*); Befehls-; zwingend.

επί|τακτος [-takt-] requiriert; zu requirieren(d); **~ταξη** [-taksi] (-εις) Requirierung *f*; **~ταση** (-εις) Heftigkeit *f*; Nachdrücklichkeit *f*.

επιτάσσω [-'tasɔ] (ξ· χτ) anordnen, bestimmen; requirieren.

επι|τατικός [ɛpi-] verstärkend; **~ταυτού** [-ta'ftu] *Adv.* absichtlich; **~τάφιος** (-ια) Grab-; *Su. m* Grablegung *f* Christi, Karfreitag-Prozession *f*.

επι|τάχυνση [-'taiçinsi] (-εις) Beschleunigung *f* (*a. Phys.*); **~ταχυντήρας** [-taçi'ndiras] *Tech.* Beschleuniger *m*; **~ταχύνω** [-'çinɔ] (II =

ι· υνθ) beschleunigen; **~τείνω** [-'tinɔ] (ΙΙ = ι· ταθ· -τεταμεν-) *v/t.* verstärken; ***~τείνομαι*** *Med.* heftiger werden; **~τελάρχης** [-tɛ'larç-] Generalstabschef *m*; **~τελείο** (*Mitarbeiter-*)Stab *m*, Gremium *n*; *mil.* Stab *m*; ***γενικό ~τελείο*** Generalstab *m*; ***~τελείο κρίσης*** Krisenstab *m*; **~τέλεση** [-'tɛlɛsi] (-εις) Ausführung *f*, Durchführung *f*; **~τελής** Stabsoffizier *m*; leitende(r) Mitarbeiter *m*; **~τελικός** Generalstabs- (*Karte*); **~τέλους** schließlich; **~τελώ** [-'lɔ] (είς· εσ· εστ) ausführen, durchführen; *Pflicht* tun; *Amt* ausfüllen; **~τεταγμένος** [-tɛtaɣm-] *s.* ***επιτάσσω***; **~τετηδευμένος** [-tiðɛvm-] *s.* ***επιτηδευμένος***; **~τετραμμένος** beauftragt (*A*/ mit *D*); *Su. m* Geschäftsträger *m s.* ***επιτρέπω.***

επί|τευγμα [ɛ'pitɛvɣma] *n* Errungenschaft *f*; **~τευξη** [-tɛfksi] (-εις) Erlangung *f*.

επι|τήδειος [-'tið-] (-α) (***για***) geschickt; fähig (zu *D*); pfiffig (in *D*); *Su. m* Karrieremacher *m*; **~τηδειότητα** [-'ðjɔt-] Geschicklichkeit *f*; Fähigkeit *f*; Schlauheit *f*.

επίτηδες *Adv.* absichtlich, extra.

επι|τήδευμα [ɛpi'tiðɛvma] *n* Gewerbe *n*; Gewerbesteuer *f*; **~τηδευματίας** [-tiðɛvmat-] Gewerbetreibende(r); Handwerker *m*; **~τηδευμένος** affektiert; **~τηδεύομαι** [-'ðɛvɔmɛ] (ευτ) geschickt sein (***σε***/ in *D*); *etw.* vortäuschen; **~τήδευση** [-ðɛfsi] (-εις) Affektiertheit *f*; Vortäuschung *f*; **~τήρηση** [-'tirisi] (-εις) Überwachung *f*; ***~τήρηση αλληλογραφίας*** Postüberwachung *f*; **~τηρητής** (***-ήτρια***) Aufseher(in *f*) *m*; **~τηρητικός** Überwachungs-; Beobachtungs-; **~τηρώ** [-ti'rɔ] (είς· ησ) überwachen.

επι|τίθεμαι [-'tiθɛmɛ] (τεθ) angreifen (***κατά*** *G*/*A*); **~τιθέμενος** Angreifer *m*; **~τίμηση** [-'tim-] (-εις) Vorwurf *m*; **~τιμητικός** vorwurfsvoll; ***~τιμητικό έγγραφο*** schriftliche(r) Verweis; **~τίμιο** *Rel.* Buße *f*.

επίτιμος ehrenamtlich; Ehren- (*Bürger usw.*); Honorar-.

επι|τιμώ [-ti'mɔ] (άς· ησ) tadeln, rügen; **~τόκιο** [-'tɔïķ-] Zinsfuß *m*, Prozentsatz *m*.

επίτοκος hochschwanger.

επιτομή Abriss *m*, Zusammenfassung *f*; ***κατ' ~ν*** in Kürze.

επίτομος kurz gefasst.

επιτόπι|ος [-'tɔp-] (-ια) örtlich, Lokal-; ***~α έρευνα*** Lokaltermin *m*.

επιτραπέζιος [-tra'pɛz-] (-ια) Tisch-; Tafel-.

επι|τρεπτός [-trɛp'tɔs] gestattet; **~τρέπω** [-'trɛpɔ] (ψ· απ) erlauben, gestatten; ***~τρέπεται να ...*** ich darf (*mit Inf.*) *usw.*

επιτροπ|εία [ɛpitrɔp-] Vormundschaft *f*; Geschäftsführung *f s.* ***επιτροπή***; **~εύω** (ευσ· ευτ) Vormund (Beauftragter, Geschäftsführer) *e-r Person* sein; ***~εύομαι*** e-n Vormund haben; **~ή** Komitee *n*; Kommission *f*; ***εξεταστική ~ή*** Prüfungsausschuss *m*; **~ικός** Vormund-.

επίτροπος *Hdl.* Bevollmächtigte(r), Geschäftsführer *m*; *jur.* Vormund *m*; *pol.* Kommissar *m*; (*Kron-*)Anwalt *m*.

επι|τροχάδην [-trɔ'xaðin] *Adv.* (ganz) flüchtig; **~τυγχάνω** *s.* ***επιτυχαίνω***; **~τύμβιος** [-'timv-] (-ια) Grab-; *Su. n* Grabinschrift *f*; **~τυχαίνω** [-tiç-] (επέτυχα· τευχθ) *Zielscheibe* treffen; *Ziel usw.* erreichen; erzielen; es erreichen (***να***/ dass); *etw.* gut machen; *v/i.* vorankommen (***σε***/ in *D*); gelingen; gut ausfallen; **~τυχημένος** [-çim-] *allg.* gelungen; **~τυχής** erfolgreich; gelungen; *Antwort*: treffend; **~τυχία** Erfolg *m*; Gelingen *n*; **~φαίνομαι** [-'fɛnɔmɛ] (φαν) erscheinen.

επιφάνεια [ɛpi'fan-] Oberfläche *f*; *Math.* Fläche *f*; Erscheinung *f Christi*; Erscheinungsform *f*; *jur.* Recht *n* zum Bauen auf fremdem Grundstück; ***φορτωτική ~*** Ladefläche *f*; ***~ θαλάσσης*** Meeresspiegel *m*; ***κατ' ~(ν) μόνον*** nur dem Scheine nach; ***βγήκε στην ~*** es kam ans Licht.

Επιφάν(ε)ια *n/pl.* Epiphaniasfest *n*, Dreikönigsfest *n*.

επιφαν|ειακός [-fanjak-] Flächen-; Oberflächen-; *fig.* oberflächlich; **~ής** angesehen.

επίφασ|η [-fasi] Äußere(s), Schein *m*; ***κατ' ~ιν*** dem Schein nach.

επιφέρω [-'fɛrɔ] (επέφερα) *Beispiel* vorbringen; *Brief* überbringen; mit sich bringen, verursachen; *Änderung*

επιφέρων 206

vornehmen; **~ν** (-οντος) *m Hdl.* Überbringer *m*; Inhaber *m*.

επί|φθονος [-fθɔn-] beneidenswert; neidisch; **~φοβος** [-fɔv-] furchtbar, Furcht erregend.

επι|φοίτηση [-'fitisi] (-εις) *Rel.* Ausgießung *f*; **~φορτίζω** (σ· στ) beladen; *fig.* beauftragen; **~φυλακή** [-fila'ķi] *allg.* Bereitschaft *f*; Alarmbereitschaft *f*; **~φυλακτικός** [-lakt-] zurückhaltend; vorbehalten; **~φύλαξη** [-laksi] (-εις) Zurückhaltung *f*; *Hdl.* Vorbehalt *m*; **~φυλάσσω** [-'lasɔ] (ξ· χτ) *Zukunft*: bringen, bescheren; *Überraschung usw.* bereiten; ***~φυλάσσομαι*** sich (*D*) *etw.* (*A*) vorbehalten; **~φυλλίδα** Feuilleton *n*; **~φυλλιδογράφος** Feuilletonist *m*; **~φώνημα** [-'fɔnima] *n* Ausruf *m*; *Gr.* Interjektion *f*; **~φωνηματικός** Ausrufungs-; *Su. n* Ausrufungszeichen *n*; **~φώνηση** (-εις) Ruf *m*, Ausruf *m*; **~φωνώ** [-fɔ'nɔ] (είς· ησ) (aus)rufen.

επι|χαιρεκακία [-çεrεkaķ-] Schadenfreude *f*; **~χαρής** *s.* ***επίχαρις***.

επί|χαρις [-xar-] (*G* -ιτος· -ι) anmutig, lieblich; **~χειρα** [-çira] *n*/*pl.* Lohn *m*, Strafe *f* (*G*/ für *A*).

επιχείρημα *n* Argument *n*; Versuch *m*.

επιχειρηματ|ίας [εpiçirima'tias] Unternehmer *m*; Geschäftsmann *m*; **~ικός** Unternehmer-; unternehmungslustig; schlagfertig; **~ικότητα** Unternehmungslust *f*; Diskussionsfreudigkeit *f*; **~ολογία** [-lɔj-] Beweisführung *f*, Argumentation *f*.

επι|χείρηση (-εις) *Hdl.* Unternehmen *n*; Betrieb *m*; *mil.* Operation *f*; ***~χείρηση παροχής υπηρεσιών*** Dienstleistungsbetrieb *m*; **~χειρώ** [-çi'rɔ] (είς· ησ) unternehmen; versuchen (***να***/ zu *mit Inf.*); **~χορήγημα** [-xɔ'rij-] *n* Subvention *f*; Zuschuss *m*; **~χορήγηση** (-εις) Subventionierung *f*; **~χορηγώ** [-ri'ɣɔ] (είς· ησ· ηθ) subventionieren; *j-m e-n* Zuschuss geben.

επί|χριση [-xrisi] Anstreichen *n*; **~χρισμα** *n* Bewurf *m*, Anstrich *m*; Überzug *m*; *Med.* Belag *m*.

επιχρίω [-'xriɔ] (σ) anstreichen, bewerfen; überziehen.

επίχρυσος vergoldet.

επι|χρυσώνω [εpi-] (σ) vergolden; **~χρύσωση** [-'xrisɔsi] (-εις) Vergoldung *f*; **~χύνω** [-'çinɔ] (σ· θ) gießen; *Licht usw.* werfen (***σε***/ auf *A*).

επί|χυση [-çisi] Gießen *n*, Übergießen *n*; **~χωμα** [-xɔma] *n* Aufschüttung *f*, Erdaufwurf *m*.

επιχωμ|ατώνω (σ) zuschütten, aufschütten; **~άτωση** [-'atɔsi] (-εις) Zuschütten *n*; Aufwurf *m*.

επίχωση [-xɔsi] (-εις) Aufschüttung *f*; Zuschütten *n*.

επι|ψηλαφώ [-psila'fɔ] (άς· ησ) streifen; betasten; **~ψηφίζω** [-psif-] (σ) *v*/*t.* stimmen für *A*; annehmen; **~ψήφιση** (-εις) Annahme *f*; Abstimmung *f*.

επλασ- *s.* ***πλάσσω, πλάττω.***

επληρώθη [εpli'rɔθi] (*v.* πληρώνω) *Bank*: bezahlt.

εποθ- *s.* ***πίνω.***

επ|οικίζω [-iķ-] (σ· στ) *j-n* ansiedeln; *Land* kolonisieren; **~οίκιση** (-εις), **~οικισμός** Ansiedelung *f*.

εποικοδ|όμημα [εpikɔ'ðɔm-] *n* Überbau *m* (*a. Phil.*); **~όμηση** Über'bauen *n*; **~ομητικός** erbaulich; konstruktiv; **~ομώ** [-ɔ'mɔ] (είς· ησ· ηθ) über'bauen; (neu) errichten.

έποικος Siedler *m*, Kolonist *m*.

εποικώ [εpi'kɔ] (είς· ησ) Siedler sein; sich (*A*) ansiedeln.

έπ|ομαι ['εpɔmε] (*o. Aor.*) folgen; ***από αυτό ~εται*** daraus folgt.

επ|όμενος folgend-; später-; ***την ~ομένη*** den nächsten Tag; ***ως είναι ~όμενο(ν)*** wie zu erwarten; **~ομένως** [-ɔ'mεnɔs] *Adv.* folglich.

επ|ονειδίζω [-ɔnið-] (σ· στ) beschimpfen; **~ονείδιστος** schimpflich; **~ονομάζω** (σ· στ) *v*/*t. j-m* den Beinamen geben; ***~ονομάζομαι*** den Beinamen erhalten; ***~ονομαζόμενος*** mit dem Beinamen; **~ονομασία** Benennung *f*; Beiname *m*.

εποποιΐα [εpɔpi'ia] Heldengedicht *n*; Heldentat *f*.

επ|οπτεία [-ɔ'ptia] Überwachung *f*, *Psych.* Wahrnehmung *f*; **~οπτεύω** (ευσ) überwachen; wachen (***επί*** *G*/ über *A*); **~όπτης** (***-όπτρια***) Prüfer(in *f*) *m*, Inspektor(in *f*) *m*.

έπος *n* Epos *n*, Heldengedicht *n*; *fig.* Heldentaten *f*/*pl.*; ***άμ' ~, άμ' έργον*** gesagt, getan.

επ|ουλώνω [εpul-] (σ· θ) heilen (*a. fig.*); ***~ουλώνομαι*** heilen, vernarben;

~ούλωση [-lɔsi] (-εις) Heilung *f*; Vernarbung *f*; **~ουλωτικός** Heilungs-; **~ουράνιος** [-u'ran-] (-ια) himmlisch; Himmels-; *Su. n/pl.* Himmel *m*; **~ουσιώδης** [-u'sjɔð-] unwesentlich, nebensächlich; **~οφθαλμιώ** [-ɔfθal'mjɔ] (άς· *o. Aor.*) ein Auge geworfen haben auf *A*.

εποχ|ή [-'çi] Zeitalter *n*, Epoche *f*; (*Stein- usw.*) Zeit *f*; *Geol.* Zeitabschnitt *m*; Jahreszeit *f*; *allg.* Zeit *f*; Saison *f*; ***αφήνω ~ή*** Epoche machen; ***~ή βροχών*** Regenzeit *f*; ***~ή λουτρών*** Badesaison *f*; **~ι(α)κός** Saison- (*Beruf*), jahreszeitlich.

επτ- *s. a.* ***εφτ-***.

επτά sieben.

επτ|άγωνος [ɛ'ptaɣɔn-] siebeneckig; **~αήμερος** [-a'imɛr-] siebentägig; **~ακόσιοι** [-a'kɔsii] *m/pl.* siebenhundert; **~ακοσιοστός** [-sjɔst-] siebenhundertst-.

επτ|άλοφος [ɛ'ptalɔf-] siebenhügelig; *Su. f* Siebenhügelstadt *f*; **~αμελής** [-amɛl-] siebenköpfig; **~αμηνίτης** [-ami'nit-] Siebenmonatskind *n*.

Επτάνησος [ɛ'ptanis-] *f* Ionische Inseln *f/pl*.

επ|ωάζω [ɛp-] (σ· στ) (aus)brüten; *fig.* aushecken; ***~ωάζομαι*** *fig.* seine Schatten vorauswerfen; **~ώαση** [-'ɔasi] (-εις) Ausbrüten *n* (*a. fig.*), Brüten *n*; Inkubationszeit *f*; **~ωαστήρας** [-'stiras] Brutapparat *m*; **~ωαστικός** Brut-; Inkubations-; **~ωδή, ~ωδός** [-ɔð-] *f* Kehrreim *m*, Refrain *m*; *fig.* alte Leier *f*; **~ώδυνος** [-ðin-] schmerzhaft; Schmerz-; **~ωμίδα** Achselklappe *f*; **~ωμίζομαι** [-ɔ'mizɔmɛ] (στ) *v/t.* aufschultern; *fig. etw.* auf sich (*A*) nehmen; **~ωνυμία** [-ɔnim-] Beiname *m*; Firmenname *m*; Spitzname *m*; **~ώνυμο** Familienname *m*; **~ώνυμος** namentlich (*bekannt*); *Thea.* Titel- (*Rolle*); **~ωφελής** [-ɔfɛl-] nutzbringend, nützlich; **~ωφελούμαι** [-'lumɛ] (είσαι· ηθ) Nutzen ziehen (*G od.* ***από***/ aus *D*); benutzen; (*G*) *Gelegenheit* wahrnehmen.

ερ|ανίζομαι [ɛra'nizɔmɛ] (στ) Spenden sammeln *od.* erhalten; exzerpieren; **~ανικός** Spenden-; **~άνισμα** *n* Spende *f*; Spenden *n*; Exzerpieren *n*.

έρανος Spendensammlung *f*; Spende *f*.

ερασι|τέχνης [ɛrasi'tɛxn-] (***-ιδα***) Amateur(in *f*) *m*; Gelegenheits- (*Raucher*); **~τεχνία** Steckenpferd *n*; **~τεχνικός** Amateur-; *Thea.* Laien-.

εράσμιος (-ια) liebenswürdig; bezaubernd.

ερασ|μιότητα [ɛraz'mjɔt-] Liebenswürdigkeit *f*; Zauber *m*, Reiz *m*; **~τής** Liebhaber *m*; *fig.* Freund *m*.

εργ|άζομαι [ɛr'ɣazɔmɛ] (στ) arbeiten; *Maschine*: funktionieren, gehen; verdienen; *Geschäft*: gehen, laufen; sich (*A*) bemühen (zu *mit Inf.*); **~αζόμενος** berufstätig; *Su.* Werktätige(r); ***αλλοδαπός ~αζόμενος*** Gastarbeiter *m*; **~αλείο** Werkzeug *n*; *Phys.*, *Med.* Instrument *n*; *vulgär*: Schwanz *m*, Penis *m*; **~αλειομηχανή** [-aliɔmixa'ni] Werkzeugmaschine *f*.

εργασία Arbeit *f*; *Hdl.* Transaktion *f*, Geschäft *n*; ***λαθραία ~*** Schwarzarbeit *f*; ***~ μερικής απασχόλησης*** Teilzeitarbeit *f*.

εργ|άσιμος bearbeitungsfähig; Werk- (*Tag*); ***ώρες ~άσιμες*** Geschäftsstunden *f/pl.*; **~αστηριακός** Labor-; **~αστήρι(ο)** Werkstatt *f*; Atelier *n*; *Chem. usw.* Laboratorium *n*; ***~αστήριο ξένων γλωσσών*** Sprachlabor *n*.

εργ|άτης [ɛrɣ-] Arbeiter *m*; Schiffswinde *f*; ***~άτης θαλάσσης*** Seemann *m*; **~ατιά** Arbeiterschaft *f*; (fremde) Arbeiterbrigade *f*; **~ατικά** *n/pl.* Arbeitslöhne *m/pl.*; **~ατικός** Arbeiter- (*Klasse*); arbeitsam, fleißig; *Su. m* (einfacher) Arbeiter *m*; **~ατικότητα** [-ati'kɔt-] Arbeitslust *f*, Fleiß *m*; **~ατιστής** Anhänger *m* der Labour-Partei; **~άτρια** Arbeiterin *f*.

εργέν|ης [ɛr'jɛn-] Junggeselle *m*; **~ικος** Junggesellen-; **~ισσα** Junggesellin *f*.

έργ|ο ['ɛrɣɔ] Arbeit *f* (*a. als Produkt*); Werk *n*; *Thea.*, *Kino*: Stück *n*; Aufgabe *f* (***να***/ zu); *Phys.* Erg *n*; ***~ο τρόμου*** Horrorfilm *m*; ***~ω*** faktisch; ***εις ~ο, επί το ~ο!*** an die Arbeit!

εργο|δηγός [ɛrɣɔðiɣ-] Werkmeister *m*, Vorarbeiter *m*; **~δοσία** Arbeitgeber *m/pl.*; **~δότης** (***-δότρια***) Arbeitgeber(in *f*) *m*; **~λαβία** [-lav-] Auftragsübernahme *f*, Fabrikationsvertrag *m*; *iro.* Flirt *m*; **~λαβικός** Vertrags-, Akkord-; **~λάβος** Auftragsnehmer *m*,

εργοληψία 208

Lieferant *m*; *iro*. Liebhaber *m*; **~λάβος οικοδομών** Bauunternehmer *m*; **~ληψία** *s.* **εργολαβία**; **~στασιάρχης** [-sta'sjarç-] Fabrikant *m*; Industrielle(r).
εργοστάσιο Fabrik *f*, Werk *n*; **ηλεκτρικό ~** Kraftwerk *n*; **~ παραγωγής φωταερίου** Gaswerk *n*; **~ συναρμολόγησης** Montagewerk *n*.

E

εργόχειρο [-çirɔ] Handarbeit *f*.
έρεβος *n* Finsternis *f*.
ερεθ|ίζω [ɛrɛθ-] (σ· στ) reizen; *Augen usw.* reizen; **~ίζομαι** *fig.* aufbrausen.
ερέθισμα *n Psych.* Reiz *m*; Anreiz *m* (*zum Kaufen*).
ερεθ|ισμός Aufwallung *f*; Reizung *f* (*a. Med.*); *Psych.* Reiz *m*; **~ιστικός** aufreizend; Reiz- (*Stoffe*); **~ιστικότητα** Reizbarkeit *f*; *Med.* Reflexbewegung *f*.
ερείκη [-ki̯] *Bot.* Erika *f*.
ερείπιο [ɛ'rip-] Ruine *f*, *pl. a.* Trümmer *pl.*
ερειπώνω (σ· θ) verwüsten.
έρεισμα *n allg.* Stütze *f*; Grundlage *f*.
ερέτης Ruderer *m*.
έρευνα ['ɛrɛvna] Untersuchung *f*; Durchsuchung *f*; Forschung *f*; **σωματική ~** Leibesvisitation *f*; **φορολογική ~** Steuerfahndung *f*; **κατ' οίκον ~** Haussuchung *f*.
ερευνητ|ής [ɛrɛvnit-] (**-ήτρια**) Erforscher(in *f*) *m*, Forscher(in *f*) *m*; *Foto*: Sucher *m*; **~ικός** Forschungs-; forschend (*Blick*); Forscher- (*Geist*).
ερευνώ [ɛrɛ'vnɔ] (άς· ησ) *Problem* untersuchen; forschen; *Wald* durchsuchen; *Meinung usw.* erforschen; sondieren.
ερήμην *Adv. jur.* in contumaciam.
ερημ|ητήριο Einsiedelei *f*, Klause *f*; **~ία** Einöde *f*; Wüste *f*; Abwesenheit *f*; **~ικός** einsam, verlassen; **~ίτης** Einsiedler *m*, Klausner *m*; **~οδικία** [-ɔðik̯-] Versäumnisurteil *n*; **~οδικώ** [-'kɔ] (είς· ησ) e-n Prozess in contumaciam führen; **~ονήσι** [-'nisi], **~όνησος** *f* wüste Insel *f*.
έρημος ['ɛrim-] unbewohnt, öde; *fig.* elend; *Su. f* Wüste *f*.
ερημών|ω (σ· θ) verwüsten; plündern; **~ομαι** veröden.
ερ|ήμωση [-mɔsi] (-εις) Verwüstung *f*; Plünderung *f*; **~ημωτής** Verwüster *m*.
ερθ- *s.* **έρχομαι.**
έριδ|α ['εrið-] Streit *m*; **το μήλο της ~ας** Zankapfel *m*.
έριο Schurwolle *f*; **~ κυτταρίνης** Zellwolle *f*.
εριουργία [εri̯urj-] Wollstoffindustrie *f*; **~ούχο** [-'uxɔ] Serge *f*.
εριστικός streitsüchtig.
ερίτιμος hoch geschätzt.
ερίφιο [ɛ'rif-] Zicklein *n*.
έρμα *n* Ballast *m*; *Esb.* Bettung *f*; *fig.* Grundsatz *m*.
έρμαιο *fig.* Spielball *m*; Strandgut *n*.
ερμάρι Schrank *m*.
ερματίζω [ɛrma'tizɔ] (σ) *v/t.* mit Ballast beladen.
ερμαφρόδιτος [ɛrma'frɔðit-] Hermaphrodit *m*, Zwitter *m*; *Adj. fig.* undurchsichtig.
ερμην|εία [ɛrmin-] Auslegung *f*, Interpretation *f*; **~ευτής** [-ɛft-] (**-εύτρια**) Interpret(in *f*) *m*; **~ευτικός** erläuternd; **~εύω** (ευσ· ευτ) interpretieren.
Ερμής [ɛr'mis] 'Hermes *m*.
ερμητικ|ός hermetisch, luft- *od.* wasserdicht; **~ότητα** Dichtigkeit *f*.
έρμος einsam; arm.
ερπετό [ɛrpɛ'tɔ] Reptil *n*, Kriechtier *n*; *fig.* Kriecher *m*.
έρπης (-ητός) *Med.* Herpes *m* (*a. f*).
ερπ|υστικός kriechend; Kriech-; **~ύστρια** [-'istr-] Raupenkette *f*.
έρπω ['ɛrpɔ] (*Impf.* είρπον) kriechen (*a. fig.*).
ερρ- *K. s.* **ερ-**, *z. B.* **έραψε** *von* **ράβω.**
Ερρίκος [ɛ'rik-] Henry, Heinrich *m*.
έρρινος näselnd; *Gr.* nasal, Nasal-.
ερύθημα [ɛ'riθ-] *n* Erröten *n*.
ερυθρ|ά Röteln *pl.*; **~αίνομαι** [-'ɛnɔmɛ], **~ιώ** [-'ïɔ] (άς· -ίασα) erröten; **~όδανον** *Bot.* Krapp *m*, Alizari *n*; **~όδερμος** [-'ɔðɛrm-] rothäutig; *Su. m* Rothaut *f*; **~όμορφος** *antike Gefäße*: rot bemalt (*auf schwarz*); **~ός** rot; **Ὡός Σταυρός** Rote(s) Kreuz *n*; **~ότητα** Röte *f*; **~ωπός** rötlich.
ερυσίβη [ɛri'sivi] *Bot.* Brand *m*.
ερυσίπελας [-pɛlas] (-ατος) *n Med.* Rose *f*, Gesichtsrose *f*.
έρχομαι ['ɛrxɔmɛ] (έλα, ελάτε!· να έλθω, έρθω, 'ρθω, ελθώ· ήλθα, ήρθα) kommen; reichen (**ως, ίσαμε**/ bis zu *D*); *Kleidung*: passen; geraten in *Verlegenheit usw.*; **~ στον κόσμο** auf

die Welt kommen; **~ δεύτερος** *usw.* Zweiter werden; **στον εαυτό μου** zu sich kommen; **~ στα χέρια** handgemein werden; **~ σε λόγια** in Streit geraten; **καλώς ήλθατε!** willkommen!; **μου έρχεται να ...** ich möchte am liebsten ...; **μου έρχεται εύκολο** es fällt mir leicht; **μου ήρθε τρέλα** *fig.* ich wurde wahnsinnig, (*als* ...).

ερχ|όμενος kommend, nächst-; **~ομός** Ankunft *f.*

ερωδιός *Vogel*: Reiher *m.*

ερωμένος (*f* -η) Geliebte(r).

έρως (-ωτος) *s.* **έρωτας**; ≗ Eros *m* (*Gott der Liebe*).

ερωταπόκριση [-'pɔkrisi] Frage und Antwort *f* (*mst. o. Art.*).

έρωτας Liebe *f* (**με**/ zu *D*); **~ με το θέατρο** Theaterleidenschaft *f.*

ερωτ|ε(υ)μένος [-tε(v)m-] verliebt (**με**/ in *A*); entzückt (von *D*); **~εύομαι** [-'εvɔmε] (ευτ) sich (*A*) verlieben, verliebt sein (**το**/ in *A*).

ερώτημα *n* Frage *f*; *Büro*: Anfrage *f.*

ερωτηματ|ικός fragend; *Gr.* Frage-, Interrogativ-; *Su. n* Fragezeichen *n*; **~ολόγιο** [-ɔ'lɔjɔ] Fragebogen *m.*

ερώτηση (-εις) Frage *f*; Fragen *n*; **σε ~ αν** auf die Frage, ob.

ερωτιάρης (-α, -άρικο) leicht entflammt, verliebt.

ερωτ|ικός [εrɔt-] Liebes-; *Med.* erotisch; **~ισμός** Liebestrieb *m*; **~οδουλειά** [-ɔðu'lja] Liebesgeschichte *f*; **~όληπτος** [-'ɔlipt-] (immer) verliebt; **~οληψία** [-lips-] Verliebtheit *f*; **~ομανής** [-man-] liebestoll; **~ομανία** Liebestollheit *f*; **~οπάθεια** [-'paθ-] Liebeswahnsinn *m*; **~οτροπία** [-trɔp-] Flirt *m*; **~οτροπώ** [-'pɔ] (είς· ησ) flirten; *lit.* tändeln.

ερωτώ [εrɔ'tɔ] (άς· ησ· ηθ) fragen (**τον το**/ j-n [nach *D*] *etw.*).

εσάς euch (*D u. A*).

εσένα [ε'sεna] dich.

εσθήτα [εst-] Morgenrock *m*; Rock *m.*

Εσθον|ή [εstɔn-] Estin *f*; **~ία** Estland *n*; **≗ικά** (das) Estnische; **≗ικός** estnisch; **~ός** Este *m.*

εσιχαθ- *s.* **σιχαίνομαι.**

εσκεμμένα [εskε'mεna] *Adv.* absichtlich, mit Vorbedacht.

εσκεμμένος *s.* **σκέπτομαι.**

εσκεφθ- *s.* **σκέπτομαι.**

εσοδ- *s.* **εισοδ-.**

εσοδεία [εsɔð-] Ernte *f.*

έσοδ|ο: *mst. pl.* **~α** Einkünfte *f/pl.*

εσοχή [εsɔ'çi] Vertiefung *f.*

εσπέρα [ε'spεra] Abend *m*; *poet.* Westen *m*; **~ς** *n* Abend *m*; **περί το ~ς** gegen Abend.

Εσπερία Westen *m*, Abendland *n.*

εσπερ|ίδα Abendunterhaltung *f*; **~ιδοειδή** [-iðɔi'ði] *n/pl.* Zitrusbäume *m/pl.*; Zitrusfrüchte *f/pl.*; **~ινός** Abend-; abendlich; *Su. m Rel.* Abendandacht *f.*

** εσταθ-** *s.* **ίσταμαι.**

εσταλμένος *s.* **στέλνω.**

εστία [ε'stia] *allg.*, *Tech.*, *fig.* Herd *m*; *fig.* Wohnsitz *m*, Heimat *f*; Kamin *m*; *Math.*, *Phys.* Brennpunkt *m*; *Herd*: Kochplatte *f*, Flamme *f.*

Εστία Vesta *f*; Vestalin *f.*

εστιακός Herd-; Kamin-.

εστ|ίαση [εst-] (-εις) Gastmahl *n*; **~ιάτορας** [-'jatɔras] Gastwirt *m*; **~ιατόριο** [-ïa'tɔr-] Restaurant *n*, Gasthaus *n*; Speisesaal *m.*

εστραμμένος *s.* **στρέφω.**

εστραφ- *s.* **στρέφω.**

έστω ['εstɔ] es mag sein, nun gut; **~ και** (**κι αν**) selbst wenn.

εσύ [ε'si] du.

εσφαλμένος [εsfalm-] falsch, unrichtig; *s.* **σφάλλω.**

εσχάρα [ε'sxara] Rost *m*, Grill *m*; *Tech.* Rost *m*; *El.* Gitter *n*; *mar.* Helling *f*; *Med.* Schorf *m*; Gepäcknetz *n.*

εσχατ|ιά äußerste(s) Ende *n*; **~όγηρος** [-'ɔjir-] Greis *m.*

έσχατος ['εsxat-] letzt-; äußerst-; **εσχάτη προδοσία** Hochverrat *m*; **επ' εσχάτων** in der letzten Zeit.

έσχ|ον *K. Aor. v.* **έχω**; **πόθεν ~ες** *n* Vermögensnachweis *m.*

έσω ['εsɔ] *Adv.* (dr)innen; *Präp.* (*G*) innerhalb *G*; *Kleidung*: unter *D*; *Su. n/pl.* innere(r) Teil *m*, Innere(s).

εσώβρακο [-vrakɔ] Unterhose *f.*

εσωθ- *s.* **σώζω.**

εσώκλειστος [-klist-] beigefügt; *Adv.* in der Anlage.

εσω|κλείω [εsɔ'kliɔ] (σ) beifügen; **~κομματικός** [-kɔmat-] innerparteilich.

εσώρουχα [ε'sɔruxa] *n/pl.* Unterwäsche *f.*

E

εσω|στρέφεια Introvertiertheit *f*; **~στρεφής** introvertiert.
εσωτερικός inner-; Innen- (*Politik*); Binnen- (*Handel*); intern; *Su. n* Inland *n*; Binnenland *n*.
εσωφόρι [-'fɔri] Unterrock *m*.
εταζέρα [-'zεra] Konsole *f*.
εταίρα [ε'tεra] *hist*. Hetäre *f*; Freudenmädchen *n*.

E

εταιρεία [εtε'ria] Verband *m*; *Hdl*. Gesellschaft *f*; ***Ανώνυμη*** ~ (***Α.Ε.***) Aktiengesellschaft *f* (AG); ***Ετερόρρυθμή*** ~ (***Ε.Ε.***) Kommanditgesellschaft *f* (KG); ***Θυγατερική*** ~ Tochtergesellschaft *f*; ***Ομόρρυθμη*** ~ (***Ο.Ε.***) offene Handelsgesellschaft *f* (OHG); ~ ***Περιορισμένης Ευθύνης*** (***Ε.Π.Ε.***) Gesellschaft mit beschränkter Haftung *f* (GmbH).
εταιρικό Gesellschaftsvertrag *m*.
ετ|αιρικός Gesellschafts- (*Kapital usw*.); **~αίρος** [-'εr-] Kamerad *m*; *Hdl*. Gesellschafter *m*, Teilhaber *m*.
ετακ- *s*. ***τήκω***.
εταμ- *s*. ***τέμνω***.
εταφ- *s*. ***θάπτω***.
εταχθ- *s*. ***τάσσω***.
ετεθ- *s*. ***θέτω***.
ετεκ- *s*. ***τίκτω***.
ετερ|ογενής [εtεrɔjεn-] fremdartig, heterogen; **~οδημότης** (***-ισσα***) Angehörige(r) e-r anderen Gemeinde; **~οδικία** [-ɔðiķ-] Exterritorialität *f*; **~οδοξία** [-ðɔks-] Andersgläubigkeit *f*; irrige Meinung *f*; **~όδοξος** andersgläubig; eine abweichende Meinung vertretend; **~οεθνής** [-ɔεθn-] fremd (-ländisch); **~οθαλής** [-θal-] *Su. m, f* Stiefbruder *m*; Stiefschwester *f*; **~οκίνητος** [-'ķinit-] *fig*. (von anderen) manipuliert; **~όκλητος** *fig*. bunt gemischt; **~όρρυθμος** [-'ɔriθm-] *s*. ***εταιρία***.
ετερ|όφθαλμος [-'ɔfθalm-] einäugig; ... mit Augen verschiedener Farbe; **~όφυλος** [-'ɔfil-] fremdrassig; **~όφωτος** [-'ɔfɔt-] nicht selbst leuchtend; *fig. Su. m* Nachbeter *m*, Echo *n*.
ετεροχρον|ίζω [-xrɔ'nizɔ] (σ) (zeitlich) verschieben; **~ισμός** Zeitverschiebung *f*.
ετερώνυμος ... unter e-m anderen Namen; *Math*. ... mit verschiedenem Nenner.
ετεχθ- *s*. ***τίκτω***.
ετήσιος [ε'tis-] (-ια) einjährig; jährlich, Jahres-; ~ ***ισολογισμός*** *Hdl*. Jahresabschluss *m*.
ετοιμ|άζω [εtim-] (σ· στ) bereiten, fertig machen; vorbereiten; ***~άζομαι*** sich (*A*) vorbereiten (***για***/ auf *A*); sich (*A*) anschicken (***να***/ zu); **~ασία** [-as-] Vorbereitung *f*; ***έχω ~ασίες*** Vorbereitungen treffen; **~όγεννη** [-'ɔjεni] hochschwanger(e Frau *f*); **~οθάνατος** [-'θanat-] im Sterben liegend; **~ολογία** [-ɔlɔj-] Schlagfertigkeit *f*; **~όλογος** [-'ɔlɔɣ-] schlagfertig; **~οπόλεμος** [-'pɔlεm-] kriegsbereit; **~όρροπος** [-'ɔrɔp-] (völlig) morsch.
έτοιμ|ος ['εtim-] bereit (***προς*** *A*, ***για***/ zu *D*); fertig (gestellt); *Antwort*: schlagfertig; ***~α ενδύματα*** *n/pl*. Konfektion *f*.
ετοιμότητα Bereitschaft *f*; Schlagfertigkeit *f*.
έτ|ος *n* Jahr *n*; ***διδακτικό ~ος*** Schuljahr *n*; ***~ος οικοδόμησης*** Baujahr *n*; ***εις ~η πολλά!*** alles Gute (im neuen Jahr *od*. zum Namenstag)!; ***είναι δέκα ετών*** er ist zehn Jahre (alt).
ετούτος *s*. ***τούτος***.
ετραπ- *s*. ***τρέπω***.
ετραφ- *s*. ***τρέφω***.
ετρεξ- *s*. ***τρέχω***.
ετριξ- *s*. ***τρίζω***.
έτσι ['εtsi] so; umsonst *geben*; ***~ κ' ~*** so so, einigermaßen; sowieso; ***το ~ μου*** mein Wesen; ***~ ώστε*** so dass.
ετσιθελισμός [-θεl-] Willkür *f*.
ετυμ|ηγορία [εtimiɣɔr-] Urteilsspruch *m*; Wille *m* (*z. B. des Volkes*); **~ολογία** [-ɔlɔj-] Etymologie *f*; **~ολογικός** etymologisch; *Su. n* Etymologie *f* (*als Teil der Gr*.).
ετυχ- *s*. ***τυγχάνω, τυχαίνω***.
ευ- *etwa*: wohl, gut, günstig, leicht.
Εύα ['εva] Eva *f*.
ευαγγ|ελίζομαι [εvaŋg̡ε'lizɔmε] (στ) künden; frohe Botschaft empfangen; **~ελικός** evangelisch; **~έλιο** Evangelium *n*; **~ελισμός** Mariä Verkündigung *f* (*25. März*); **~ελιστής** Evangelist *m*.
ευ|άγωγος [ε'vaɣɔɣ-] wohlerzogen; fügsam; **~άερος** [-'aεr-] luftig; **~αισθησία** [-εstis-] Empfindlichkeit *f*; **~αίσθητος** empfindlich (***σε***/ gegen

A) (*a. Phys.*); **~αίσθητος στον καιρό** wetterfühlig; **~αισθητώ** [-sti'tɔ] (είς· ησ) empfindlich sein; **~άλωτος** fügsam; **~ανάγνωστος** [-a'naɣnɔst-] (leicht) lesbar, leserlich.

εύανδρος ['ɛvanðr-] *poet.* mit tüchtigen Männern gesegnet.

ευαρέσ|κεια [ɛva'rɛsk̡-] Genugtuung *f*; (*amtliche*) Belobigung *f*; **~τηση** (-εις) Befriedigung *f*; Vergnügen *n*.

ευ|άρεστος angenehm; **~αρεστώ** [-arɛ'stɔ] (είς· ησ· ηθ) *v/t. j-n* erfreuen, *j-m* ein Vergnügen bereiten; ***~αρεστούμαι*** die Güte haben (**να**/ zu); *mst. hist.* geruhen; *Brief*: ***~αρεστηθήτε να ...*** ich bitte (wir bitten) Sie höflich, ... zu.

ευ|άριθμος [-'ariθm-] spärlich, vereinzelt; **~άρμοστος** [-'armɔst-] gut (zusammen) passend.

Εύβοια ['ɛvia] Euböa *n*.

ευβοϊκός [ɛvɔi'kɔs] euböisch.

εύγε! ['ɛvjɛ] bravo!

ευ|γένεια [ɛ'vjɛn-] Höflichkeit *f*; Adel *m*; **~γενής** höflich, zuvorkommend; adlig; *Chem.* Edel-; ***~γενές μέταλλο*** Edelmetall *n*; **~γενία: *η ~γενία Σας*** Euer Gnaden; ***η ~γενία του*** der gnädige Herr; **♀γενία** Eu'genie *f*; **~γενικός** höflich, liebenswürdig; F nett; ***πολύ ~γενικό εκ μέρους σας*** sehr liebenswürdig von Ihnen; **♀γένιος** Eu'gen *m*.

εύγευστος ['ɛvjɛfst-] schmackhaft.

ευγλωττία [-ɣlɔt-] Redegewandtheit *f*.

εύγλωττος (rede)gewandt.

ευγνώμονας [ɛv'ɣnɔmɔnas] Dankbare(r), dankbar (***σε***/ *D*).

ευγνωμο|νώ [ɛvɣnɔmɔ'nɔ] (είς· ησ) *v/t. j-m* dankbar sein; **~σύνη** [-'sini] Dankbarkeit *f*; ***χρεωστώ ~σύνη*** *j-m* Dank schulden.

ευγον|ία [-ɣɔn-] gesunde Nachkommenschaft *f*; **~ική** Eu'genik *f*.

ευδαίμονας [ɛv'ðɛmɔnas] Glückselige(r).

ευδαιμον|ία [ɛvðɛmɔn-] Glückseligkeit *f*; Wohlstand *m*; **~ώ** (είς· ησ) glückselig sein; im Wohlstand leben.

ευ|δία *K.* schöne(s) Wetter *n*; **~διαθεσία** [-ðiaθɛs-] gute Laune *f*, Aufgeräumtheit *f*; **~διάθετος** in guter Verfassung; geneigt (***να***/ zu); **~διάκριτος** [-'ðiakrit-] leicht erkennbar; **~διάλλακτος** [-'ðialakt-] versöhnlich; **~διάλυτος** [-lit-] leicht löslich.

εύδιος (-ια) wolkenlos, heiter.

ευ|δοκία [ɛvðɔk̡-] *Rel.* gegenseitige(s) Wohlwollen *n* (*fälschlich*: Wohlgefallen *n*); **~δοκίμηση** (-εις) Erfolg *m*; Gedeihen *n*; **~δόκιμος** erfolgreich; nutzbringend; **~δοκιμώ** [-k̡i'mɔ] (είς· ησ) *allg.* gedeihen; **~δοκώ** [-ðɔ'kɔ] (είς· ησ) geruhen (*a. iro.*); *Rel. j-m* wohl wollen.

εύδρομο ['ɛv-] *mar.* Kreuzer *m*.

ευ|έλικτος [-'ɛlikt-] geschmeidig; **~ελιξία** [-liks-] Geschmeidigkeit *f*.

εύελπης ['ɛvɛl-] Kadett *m*, Fahnenjunker *m*.

ευ|ελπιστώ [ɛvɛlpi'stɔ] (είς· ησ) zuversichtlich hoffen; **~έξαπτος** (leicht) aufbrausend; **~εξία** [-ɛks-] Wohlbefinden *n*; Wohlstand *m*; **~εργεσία** [-ɛrjɛs-] Wohltätigkeit *f*; Wohltat *f*; **~εργέτημα** *n* gute(s) Werk *n*; *jur.* Rechtswohltat *f*; **~εργέτης** (***-ισσα***) Wohltäter(in *f*) *m*; **~εργετικός** wohltätig; Wohltätigkeits-; **~εργετώ** [-jɛ'tɔ] (είς· ησ· ηθ) *v/t. j-m* Wohltaten erweisen; **~ερέθιστος** [-ɛ'rɛθ-] reizbar; **~ζωία** [-zɔ'ia] Wohlleben *n*.

εύζωνας Evzone *m* (*griech. Soldat*).

ευ|ηλεκτραγωγός [ɛvilɛktraɣɔɣ-] gut leitend; *Su. m* gute(r) Leiter *m*; **~ήλιος** (-ια) sonnig; **~ημερία** [-imɛr-] Wohlstand *m*; **~ημερώ** [-'rɔ] (είς· ησ) im Wohlstand leben.

εύηχος ['ɛvix-] wohlklingend.

ευ|θάλεια [ɛ'fθal-] Tollkirsche *f*, (Atropa) Belladonna *f*; **~θανασία** Euthanasie *f*; leichte(r) Tod; **~θεία** [-'θia] Gerade *f*; ***κατ' ~θείαν*** geradeaus *gehen*; direkt; ***το κατ' ~θείαν*** *Esb.* der Kurswagen; ***απ' ~θείας*** direkt, unmittelbar; **~θεράπευτος** [-θɛ'rapɛft-] leicht heilbar.

εύθετ|ος ['ɛfθɛt-] wohl geordnet; passend, geeignet; ***σε ~η στιγμή*** zu e-m geeigneten Zeitpunkt.

εύθικτος F leicht eingeschnappt.

ευθιξία Empfindlichkeit *f*.

εύθραυστος ['ɛfθrafst-] zerbrechlich.

ευθυβολία [-θivɔl-] Treffsicherheit *f*.

ευθύβολος treffsicher.

ευθ|υγράμμηση [ɛfθi'ɣram-] (-εις) Ausrichtung *f*; Bauflucht(linie) *f*; *fig.* Gleichschaltung *f*; **~υγραμμίζομαι**

ευθυγραμμίζω 212

sich (*A*) einreihen (**σε**/ in *A*); **~υγραμμίζω** *s.* ***ευθυγραμμώ***; **~ύγραμμος** gerade, geradlinig; ebene *Trigonometrie*; **~υγραμμώ** [-ɣra'mɔ] (είς· ησ, ισ) einreihen; e-e gerade Linie ziehen; ausrichten, begradigen; **~υκρισία** [-ikris-] gute(s) Urteilsvermögen *n*.

ευθυμ|ία [-θim-] Heiterkeit *f*; Hochstimmung *f* (*a. nach Weingenuss*); **~ογράφημα** [-ɔ'ɣraf-] *n* Humoreske *f*; **~ογράφος** Humorist *m*.

E

εύθυμος fröhlich, heiter, lustig.

ευθυμώ [ɛfθi'mɔ] (είς· ησ) fröhlich *usw.* sein; sich (*A*) amüsieren.

ευθύν|η Verantwortung *f* (*G*/ für *A*); *Hdl.* Risiko *n*; *jur.* Haftung *f*; Haftpflicht *f*; **~ομαι** [-nɔmɛ] (υνθ) haften (***για***/ für *A*).

ευθ|ύς [ɛ'fθis] (-εία) gerade; direkt; *Pers.*: ehrlich; *Hdl. bsd.* korrekt, fair; *Adv.* unverzüglich, gleich; **~υτενής** [-itɛn-] gerade; gestreckt (*Flugbahn*); **~ύτητα** Geradheit *f*; Redlichkeit *f*.

ευκαιρία [ɛfkɛr-] Gelegenheit *f*; Chance *f*; F Preisknüller *m*; Zeit *f haben*; ***επ' ~*** bei Gelegenheit; *Präp.* gelegentlich (*G*/*G*); ***σε πρώτη ~*** bei der erstbesten Gelegenheit.

εύκαιρος gelegen, günstig; frei, unbeschäftigt; *Kasten*, *Worte*: leer.

ευ|καιρώ [ɛfkɛ'rɔ] (είς· ησ) Zeit haben, frei sein; ***δεν ~καιρώ*** ich komme nicht dazu; **~κάλυπτος** [-'kalipt-] Eukalyptus *m*.

εύκαμπτος ['ɛfkam̆bt-] biegsam; *fig.* geschmeidig.

ευ|καμψία [-kamps-] Biegsamkeit *f*; Geschmeidigkeit *f*; **~καρπία** [-karp-] Fruchtbarkeit *f*.

εύκαρπος fruchtbar.

ευκατ|άληπτος [ɛfka'talipt-] leicht verständlich; **~ανόητος** [-a'nɔit-] leicht verständlich; **~άστατος** [-'astat-] wohlhabend; **~αφρόνητος** [-a'frɔnit-] geringfügig, unbedeutend; **~έργαστος** [-a'tɛrɣast-] leicht zu bearbeiten(d); **~όρθωτος** [-'ɔrθɔt-] leicht durchführbar, erreichbar.

ευ|κινησία [ɛfķinis-] Beweglichkeit *f*; **~κίνητος** beweglich, rege, wendig.

ευ|κοίλιος [-'ķil-] (-ια) *Essen*: leicht verdaulich, verträglich; *Mensch*: ... hat guten Stuhlgang; *Med.* verdauungsfördernd; **~κοιλιότητα** [-'ljɔt-] Durchfall *m*; **~κοινώνητος** [-ķi'nɔnit-] gesellig; **~κολία** Leichtigkeit *f*; *pl.* Bequemlichkeiten *f*/*pl.*; Komfort *m*; ***κάνω μια ~κολία*** *j-m* e-n Gefallen tun.

ευκολο- [ɛfkɔlɔ-] leicht, *s. a.* ***ευ-***.

ευκολο|δούλευτος [-'ðulɛft-] leicht zu bearbeiten(d); **~ξόδευτος** [-'ksɔðɛft-] *Hdl.* gängig, leicht absetzbar; **~πρόφερτος** [-'prɔfɛrt-] leicht aussprechbar.

εύκολος leicht; *Mensch*: anspruchslos; fügsam.

ευκολ|οτσάκιστος [-'tsaïķist-] (leicht) zerbrechlich; **~οχώνευτος** [-'xɔnɛft-] (leicht) verdaulich; **~ύνω** [-'inɔ] (ΙΙ = Ι· υνθ) erleichtern; *j-m* aushelfen; ***~ύνομαι*** die Mittel haben.

ευκοσμία [ɛfkɔzm-] Anstand *m*, feine Gesittung *f*.

εύ|κοσμος gesittet, anständig; **~κρατος** [-krat-] *Klima*: gemäßigt.

ευ|κρίνεια [ɛf'krin-] Klarheit *f*, Deutlichkeit *f*; **~κρινής** klar, deutlich; **~κτική** [-kti'ķi] *Gr.* Optativ *m*, Wunschform *f*; **~λάβεια** [ɛ'vlav-] Ehrerbietung *f*; Frömmigkeit *f*; **~λαβής** ehrerbietig; fromm; **~λαβικός** respektvoll, ehrerbietig; **~λαβούμαι** [-'vumɛ] (είσαι· ηθ) *v*/*t.* achten, Achtung haben vor *D*.

εύληπτος ['ɛvlipt-] leicht verständlich; *Arznei*: angenehm einzunehmen(d).

ευ|λογημένος [-lɔjim-] gesegnet; *iro.* F Tölpel *m*; ***~λογημένε!*** mein Guter!; **~λογητός** gepriesen; **~λογία** Segen *m*; Hostie *f*; Pocken *pl.*; **~λογιά** Pocken *pl.*; **~λογιώ** [-lɔ'jɔ] (άς) pockenkrank sein.

εύλογος ['ɛvlɔɣ-] verständlich; berechtigt.

ευλογ|οφανής [-fan-] vermutlich; **~ώ** [-'ɣɔ] (είς· ησ· ηθ) segnen; *Gott* preisen.

ευλόγως *Adv.* verständlicherweise.

ευ|λυγισία [-lijis-] *s.* ***ευκαμψία***; **~λύγιστος** *s.* ***εύκαμπτος***.

ευ|μάθεια [-'maθ-] Gelehrigkeit *f*; gute Auffassungsgabe *f*; **~μαθής** gelehrig; leicht lernend; **~μάρεια** [-'mar-] Luxus *m*, Wohlstand *m*; **~μένεια** [-'mɛn-] Wohlwollen *n*; **~μενής** gewogen (***απέναντι*** *G*/*D*); *Urteil*: wohlmeinend.

ευμετ|άβλητος [ɛvmɛ'tavlit-], **~άβο-**

λος [-'avɔl-] wechselhaft (*Wetter*); **~άθετος** [-'aθεt-], **~ακίνητος** [-a'ki-nit-] beweglich, transportabel; umstellbar; **~ακόμιστος** [-'kɔm-] *s.* ***ευμετακίνητος***; versendbar; **~άπειστος** vertrauensselig; **~αχείριστος** [-a'çir-] handlich.

ευνόητος [-'nɔit-] einleuchtend.

εύνοια ['εvnĭa] Gunst *f* (*des Schicksals*); Wohlwollen *n*.

ευ|νοϊκός [εvnɔik-] günstig; **~νοιοκρατία** Vetternwirtschaft *f*, F Filz *m*; **~νομία** [-nɔm-] gute Ordnung *f*; **~νομούμενος** [-'mum-] wohl geordnet, gut regiert; **~νοούμενος** [-nɔ'um-] bevorzugt; *Su. m* Günstling *m*; Protektionskind *n*.

ευνουχ|ίζω [-nuç-] (σ· στ) kastrieren; *fig.* lähmen; **~ισμός** Kastration *f*, Entmannung *f*; *fig.* Lähmung *f*.

ευνούχος [ε'vnux-] Eunuch *m*.

ευνοώ [-nɔ'ɔ] (είς· ησ· ηθ) begünstigen; *Wetter*: günstig sein.

εύξεινος ['εfksin-]: **♀ *Πόντος*** Schwarze(s) Meer *n*.

ευ|οδώνω [εvɔð-] (σ· *a.* -ούμαι) gut verlaufen; **~όδωση** [-'ɔðɔsi] (-εις) gute(r) Verlauf *m*; Gelingen *n*; **~οίωνος** [-'iɔn-] Glück verheißend; zuversichtlich.

εύοσμος wohlriechend.

ευ|πάθεια [εf'paθ-] Empfindlichkeit *f*; Anfälligkeit *f*; **~παθής** empfindlich (*a. Tech.*); anfällig (*G*/ für *A*); **~παίδευτος** [-'pεðεft-] gebildet; wohlerzogen; **~παρουσίαστος** [-paru'siast-] ansehnlich; *Essen*: einladend; **~πατρίδης** [-pa'trið-] Adlige(r), Aristokrat *m*; Patrizier *m*; **~πείθεια** [-'piθ-] Gehorsam *m*; **~πειθής** gehorsam; ***~πειθέστατος*** gehorsamst.

εύπεπτος ['εfpεpt-] leicht verdaulich, bekömmlich.

ευ|πεψία [-pεps-] leichte Verdaulichkeit *f*; **~πιστία** [-pist-] Leichtgläubigkeit *f*.

εύ|πιστος leichtgläubig; **~πλαστος** [-plast-] formbar; wohlgestaltet.

ευπορία [-pɔr-] Wohlstand *m*.

εύπορος wohlhabend.

ευ|πορώ [εfpɔ'rɔ] (είς· ησ) wohlhabend sein; Überfluss haben (*A*/ an *D*); **~πραγία** [-praj-] Wohlleben *n*; **~πρέπεια** [-'prεp-] Gepflegtheit *f*; Ansehnlichkeit *f*; Anstand *m*; **~πρεπής** *Kleidung*: gepflegt; gebührend; fein; **~πρεπίζω** (σ) ordnen, herrichten; pflegen; ansehnlich machen; **~πρόσβλητος** [-'prɔzvlit-] *Punkt*: vorgeschoben; anfällig (***σε***/ für *A*); **~πρόσδεκτος** [-ðεkt-] willkommen; **~προσηγορία** [-prɔsiγɔr-] Leutseligkeit *f*, Ansprechbarkeit *f*; **~προσήγορος** leutselig, umgänglich; **~πρόσιτος** zugänglich; **~πρόσωπος** gut aussehend.

ευρ-, ευρεθ- *Aor. K. v.* ***ευρίσκω.***

ευρεθέν [εvrε'θεn]: **~ *αντικείμενο*** Fundsache *f*.

εύρεση ['εvrεsi] (-εις) Erfindung *f*; Auffindung *f*, Entdeckung *f*.

ευρε|σιτεχνία [-sitεxn-] Erfindung(swesen *n*) *f*; ***δίπλωμα*** *n* ***~σιτεχνίας*** (Erfindungs-)Patent *n*; **~τήριο** Sachregister *n*; Katalog *m*; Index *m*; **~τής** Erfinder *m*; Finder *m*; **~τικός** Erfindungs-; Finder-; *Su. f* Quellenforschung *f*.

εύρημα ['εvr-] *n* Fund *m*; *fig.* Segen *m*; *lit.* Einfall *m*; Pointe *f*.

Ευριπίδης [εvri'piðis] Eu'ripides *m*.

ευρίσκω *s.* ***βρίσκω.***

εύρος *n Geogr.* Breite *f*; Weite *f*.

Ευρυδίκη [εvri'ðiki] Eurydike *f*.

ευρυθμία [-riθm-] Ebenmaß *n*.

εύρυθμος ebenmäßig; geregelt.

εύρυνση [-riňsi] (-εις) Erweiterung *f*, Verbreiterung *f*.

ευρ|ύνω [-'inɔ] (ΙΙ = Ι· υνθ) erweitern, verbreitern; **~ύς** (-ύτερος) *Straße*: breit; weit (*a. Sinn*); *fig.* umfassend; **~ύτητα** Breite *f*; Weite *f*; Umfang *m*; **~υχωρία** [-ixɔr-] Geräumigkeit *f*; F viel Platz *m*; **~ύχωρος** geräumig.

ευρώ [ε'vrɔ] (0) *n* Euro *m*.

ευρω-, Ευρω- [εvrɔ-] euro-, Euro-.

ευρωπ|αϊκός [-paik-] europäisch; **♀αίος** Europäer *m*; **♀αία** Europäerin *f*.

Ευρώπη [ε'vrɔpi] Europa *n*.

ευρωστία Kraft *f*, Robustheit *f*.

εύρωστος kräftig, robust.

ευρωτσέκ (0) *n* Euroscheck *m*.

ευσαρκία [εfsark-] Korpulenz *f*.

εύσαρκος korpulent, wohlbeleibt.

ευ|σέβεια [-'sεv-] Frömmigkeit *f*; **~σεβής** fromm (*a. iro. Wunsch*).

ευσπλα(γ)χν|ία [εfspla(ŋ)xn-] Erbarmen *n*; Barmherzigkeit *f*; **~ίζομαι**

[-'izɔmɛ] (στ) *v/t.* sich (*A*) erbarmen *G*.
εύσπλα(γ)χνος barmherzig.
ευ|στάθεια [ɛf'staθ-] Festigkeit *f*; *mar*. Seetüchtigkeit *f*; *Auto*: gute Straßenlage *f*; **~σταθής** fest; standhaft; stabil (*a. Phys.*); **~σταλής** [-stal-] fesch, stattlich; **~στοχία** [-stɔç-] Treffsicherheit *f*.

E

εύστοχος treffend; treffsicher.
ευ|στοχώ [-stɔ'xɔ] (είς· ησ) treffen, treffsicher sein; **~στροφία** [-strɔf-] Wendigkeit *f*, Gewandtheit *f*.
εύστροφος wendig, gewandt.
ευσυν|ειδησία [-siniðis-] Gewissenhaftigkeit *f*; **~είδητος** [-'iðit-] gewissenhaft.
εύσχημος ['ɛfsçim-] angemessen.
ευσχημοσύνη [-mɔ'sini] Angemessenheit *f*; Anständigkeit *f*.
εύ|σωμος ['ɛfsɔm-] gut gebaut; korpulent; **~τακτος** [-takt-] (wohl) geordnet; *Kind*: artig.
ευ|ταξία [-taks-] (gute) Ordnung *f*; Artigkeit *f*; **~τέλεια** [-'tɛl-] Minderwertigkeit *f*, Schäbigkeit *f*; **~τελής** *allg*. minderwertig, schäbig (*a. fig*.).
εύτηκτος [-tikt-] leicht schmelzbar.
ευ|τοκία [-tɔķ-] leichte Geburt *f*; **~τολμία** [-tɔlm-] Kühnheit *f*; **~τραπελία** [ɛftrapɛl-] Geist *m*, Witz *m*; **~τράπελος** geistreich, witzig; **~τραφής** [-traf-] wohlgenährt; **~τύχημα** [-'tiç-] *n* Glück *n* (= *glücklicher Zufall*); **~τυχής** glücklich; gedeihlich; *K*. **~τυχές το νέον έτος!** ein glückliches neues Jahr!; **~τυχία** Glück *n*, Erfolg *m*; **~τυχισμένος** [-çizm-] glücklich; ***~τυχισμένος ο καινούργιος χρόνος!*** ein glückliches neues Jahr!; **~τυχώ** (είς· ησ) glücklich sein, *das* Glück haben *zu*; **~τυχώς** [-ti'xɔs] *Adv*. zum Glück, Gott sei Dank!
ευυπ|όληπτος [ɛvi'pɔlipt-] hoch geschätzt; **~οληψία** [-lips-] Hochschätzung *f*; Ansehen *n*.
ευφάνταστος [ɛ'faňdast-] phantasievoll.
ευφημ|ία [ɛfim-] Lobspruch *m*; **~ισμός** Euphemismus *m*.
εύφημος lobend (*Erwähnung*).
ευφημώ [-fi'mɔ] (είς· ησ) loben, preisen; anständig sprechen.
εύ|φθαρτος ['ɛfθart-] leicht zerreißbar, nicht haltbar; **~φλεκτος** [-flɛkt-] feuergefährlich.
ευφορία [ɛfɔr-] Fruchtbarkeit *f*; *fig*. Euphorie *f*, Hochstimmung *f*.
εύφορος fruchtbar.
ευ|φράδεια [ɛ'frað-] Beredsamkeit *f*; **~φραδής** beredt; **~φραίνω** [-'frɛnɔ] (αν· ανθ) erfreuen; ***~φραίνομαι*** sich (*A*) freuen.
Ευφράτης [-'frat-] 'Euphrat *m*.
ευ|φροσύνη [-frɔ'sini] Frohsinn *m*; Freude *f*; **~φρόσυνος** erfreulich.
ευφυ|ής [ɛfi'is] begabt; geistreich; **~ία** [ɛfi'ia] Begabung *f*; Witz *m*; **~ολογία** [-lɔj-] Scherz *m*, (witziger) Einfall *m*; **~ολόγος** [-'lɔɣ-] geistreiche(r) Mensch *m*, F Witzbold *m*.
ευφων|ία [-fɔn-] gute Aussprache *f*; Wohllaut *m*; **~ικός** *Gr*. wohllautend.
εύφωνος wohllautend; stimmgewaltig.
ευχαρ|ιστημένος [-istim-] zufrieden (***με, από***/ mit *D*); **~ιστήριο** Danksagung *f*, Gefühl *n* des Dankes; **~ιστήριος** [-i'stir-] (-ια) Dankes- (*Worte*), Dank- (*Schreiben*); **~ίστηση** (-εις) Vergnügen *n*; ***με ~ίστηση*** mit Vergnügen, gern; **~ιστία** Dank *m*, Anerkennung *f*; ***η Θεία Ξιστία*** das heilige Abendmahl.
ευχάριστος angenehm; *Adv*. gern.
ευχαριστ|ώ [ɛfxari'stɔ] (είς· ησ· ηθ) *v/t*. danken (***τον για***/ j-m für *A*); *j-n* erfreuen, *j-n* zufrieden stellen; ***~ούμαι, ~ιέμαι*** sich (*A*) begnügen (***σε, με***/ mit *D*); erfreut sein (***από***/ über *A*); das Vergnügen haben (***να***/ zu); **~ώ (πολύ)** danke (sehr)!
ευχαρίστως [ɛfxa'ristɔs] *Adv*. gern.
ευ|χέρεια [ɛf'çɛr-] Mühelosigkeit *f*, Leichtigkeit *f*; ***μιλώ μ' ~χέρεια*** fließend sprechen; **~χερής** mühelos.
ευχετήριος (-ια) Glückwunsch- (*Telegramm*).
ευχή (Glück-)Wunsch *m*; *Rel*. Segen *m*; Gebet *n*; ***κατ' ~*** nach Wunsch.
ευχηθ- *s*. ***εύχομαι***.
εύχομαι ['ɛfxɔmɛ] (χηθ) wünschen (***του το***/ *j-m etw*.); segnen; beten.
ευχρηστία [-xrist-] Handlichkeit *f*; Gebräuchlichkeit *f*.
εύ|χρηστος handlich; *Wort usw*.: gebräuchlich; **~χυμος** [-çim-] saftig.
ευψυχία [-psiç-] Beherztheit *f*.

εύψυχος ['εfpsix-] beherzt.
ευ|ώδης [ε'vɔð-] wohlriechend; **~ωδία** Wohlgeruch *m*, Duft *m*; **~ωδιάζω** (-ίασα) duften.
ευώνυμος [ε'vɔn-] link-.
ευωχ|ία [-ɔç-] Festessen *n*, Bankett *n*; F Schmaus *m*; **~ούμαι** [-'umε] (είσαι· ηθ) tafeln; F schmausen.
εφαγ- *s.* ***τρώγω.***
εφάμιλλος ebenbürtig (*G*/*D*).
εφαν- *s.* ***φαίνομαι.***
εφάπαξ [-paks-] *Adv.* (auf) einmal, pauschal; ~ ***ποσόν*** Pauschale *f*.
εφάπλωμα [ε'fapl-] *n* Steppdecke *f*.
εφ|άπτομαι [ε'faptɔmε] (-ηψάμην) berühren; **~απτομένη** *Math.* Tangente *f*.
εφαρμ|ογή [εfarmɔ'ji] Anwendung *f*; *jur.* Durchführung *f*; Passen *n*; *Kleidung*: Passform *f*; **~όζω** [-'ɔzɔ] (σ· στ) *v*/*t.* anwenden; aufpassen, anpassen; durchführen; *v*/*i. Kleid, Schlüssel usw.*: passen; ***~όζομαι*** *jur.* sich anwenden lassen; **~όσιμος** anwendbar; durchführbar; **~οστής** Monteur *m*; Installateur *m*; **~οστός** wie angegossen passend.
εφεδρ|εία [εfεðr-] Reserve *f*; **~ικός** *mil., a. Tech.* Reserve-, Ersatz-.
έφεδρος Reserve-; Reservist *m*.
εφειλκυσ- *s.* ***εφελκύω.***
εφεκτ|ικός [εfεkt-] zurückhaltend; **~ικότητα** Zurückhaltung *f*.
εφελκ|υστικός [εfεlkist-] attraktiv; **~ύω** (εφείλκυσα· στ) auf sich (*A*) ziehen; *mar.* abschleppen.
εφέλκω *s.* ***εφελκύω.***
εφεξ- *s.* ***φέγγω.***
εφεξής [εfε'ksis] *Adv.* der Reihe nach; in Zukunft; *Adj. Math.* nachfolgend (*Zahl*); Neben- (*Winkel*).
εφερ(θ)- *s.* ***φέρνω.***
εφεσείων [εfε'siɔn] (-οντος) *m* Berufungskläger *m*.
έφεση (-εις) *jur.* Berufung *f*; Neigung *f* (***προς*** *A*/ zu *D*); ***κάνω*** *od.* ***υποβάλλω*** ~ Berufung einlegen (***σε***/ bei *D*).
εφεσ|ιβάλλω [-i'valɔ] (-ίβαλα) Berufung einlegen (*A*/ gegen *A*); **~ίβλητος** [-'ivlit-] Berufungsbeklagte(r).
εφέσιμος berufungsfähig.
εφ|ετείο Berufungsgericht *n*; **~έτης** Berufungsrichter *m*.
εφ|ετινός [εfεt-] diesjährig; **~έτος** *Adv.* in diesem Jahr; **~εύρεση** [-'εvrεsi] (-εις) Erfindung *f*; **~ευρέτης** (***-έτρα***) Erfinder(in *f*) *m*; **~ευρετικός** erfinderisch; Erfindungs-; **~ευρετικότητα** Erfindungsgabe *f*; **~ευρίσκω** [-ε'vriskɔ] (-εύρα· ευρεθ) erfinden.
εφήβαιο [ε'fivεɔ] *Anat.* Schamberg *m*.
εφηβ|εία Pubertät *f*, Jünglingsalter *n*; **~είο** Besserungsanstalt *f*; *hist.* Sportplatz *m*; **~ικός** Jünglings-, Jugend-.
έφηβος ['εfiv-] Jugendliche(r), Jüngling *m*; *lit.* Ephebe *m*.
εφημερ|εύω (-μέρευσα) *v*/*i.* Dienst haben; wachen (*beim Kranken*); **~εύων** (-ουσα, -ον) Dienst habend; ... vom Dienst; **~ία** Bereitschaftsdienst *m*.
εφημερ|ίδα [εfimεr-] Zeitung *f*, Blatt *n*; *Astr.* Ephimeride *f*; ***~ίδα της Κυβερνήσεως*** Amtsblatt *n*, Staatsanzeiger *m*; **~ιδογράφος** [-iðɔ'γraf-] Journalist *m*; **~ιδολογία** Zeitungswissenschaft *f*; **~ιδοπώλης** [-'pɔl-] Zeitungshändler *m*.
εφ|ημέριος *etwa*: Pfarrer *m*; **~ήμερος** [-'imεr-] Eintags-; flüchtig.
εφηρμοσμένος [εfirmɔzm-] angewandt (*Wissenschaft*).
εφ|ιάλτης [ε'fjalt-] Alptraum *m*; **~ιαλτικός** bedrückend, quälend.
εφ|ιδρώνω [εfiðr-] (σ) leicht schwitzen, transpirieren; **~ίδρωση** [ε'fiðrɔsi] (-εις) Schwitzen *n*, Transpiration *f*; **~ιδρωτικός** schweißtreibend; **~ικτός** durchführbar, machbar; ***κατά το ~ικτόν*** im Rahmen des Möglichen.
έφιππος ['εfip-] beritten; Reiter-; *Su. m* Reiter *m*.
εφ|ιστώ [-i'stɔ] (άς· επεστησ-· επεστηθ-) *die Aufmerksamkeit* lenken (***επί*** *G*/ auf *A*); **~οδεία** [-ɔð-] nächtliche Streife *f*, Patrouille *f*; **~οδεύω** (ευσ) *nachts* auf Streife gehen, patrouillieren; **~οδιάζω** (-ίασα· στ) versehen, versorgen (***με***/ mit *D*); ***~οδιάζομαι*** sich (*A*) versehen *mit*; **~οδίαση** (-εις), **~οδιασμός** Versorgung *f*, Belieferung *f*; **~οδιαστής** Versorger *m*; **~όδιο** Vorrat *m*; *mst. pl.* Vorräte *m*/*pl.*, Proviant *m*; *fig.* Stoff *m*, Material *n*; Rüstzeug *n*; **~οδιοπομπή** [-ɔðjɔpɔ'mbi] Konvoi *m*, Geleitzug *m*.
έφοδο|ς ['εfɔð-] *f* Sturmangriff *m*; Streife *f*; Razzia *f*; ***με*** ~ im Sturm (*nehmen*).

E

εφοπλ|ίζω [ɛfɔpl-] (σ· στ) bewaffnen; ausrüsten; **~ισμός** Bewaffnung *f*; Ausrüstung *f*; **~ιστής** Reeder *m*.
εφορεία Überwachung *f*; Inspektion *f*; Amt *n*; *Hdl*. Aufsichtsrat *m*; ***οικονομική ~*** Finanzamt *n*.
εφορειακός Finanz-; *Su*. *m* Finanzbeamte(r).
εφορεσ- *s*. ***φορώ.***
εφορ|ευτικός [ɛfɔrɛft-] Aufsichts-; Wahlaufsichts- (*Kommission*); **~εύω** (ευσ) beaufsichtigen; **~ιακός** Finanzamt-, Finanz- (*Beamter*).
εφ|όρμηση [ɛ'fɔrm-] (-εις) Anstürmen *n*; Angriff *m im Sturzflug*; Endspurt *m*; **~ορμώ** [-ɔr'mɔ] (άς· ησ) (be)stürmen; sich (*A*) stürzen auf *A*.
έφορος Verwalter *m*, Direktor *m*; *Museum*: Konservator *m*.
εφόσον [ɛ'fɔs-] *Ko*. solange wie; vorausgesetzt, dass.
εφραγ- *II. Aor. v.* ***φράσσω.***
εφτ- *s. a.* ***επτ-.***
εφτά sieben.
εφτακόσ(ι)οι siebenhundert.
εφτ|αμηνίτης [ɛftami'nit-] (-ίτισσα) F pimpelig; *a*. ***επτα-;*** **~αμηνίτικος** Siebenmonats- (*Kind*); **Ξάνησα** *n/pl*. die Ionischen Inseln *f/pl*.; **~ανησιακός** ... der Ionischen Inseln; **~άψυχος** [-'apsix-] zäh(lebig).
εφ|υάλωμα *n* Glasur *f*; **~υαλώνω** (σ) glasieren.
έφυγε ['ɛfijɛ] *v*. ***φεύγω;*** er ist weg.
εφω- *s*. ***εφο-*** *mit innerem Augment*.
εχαρ- *s*. ***χαίρω.***
έχε! habe!; ***~ του εμπιστοσύνη!*** habe Vertrauen zu ihm!
εχέγγυο [ɛ'çɛŋg̯iɔ] Bürgschaft *f*; *fig*. Gewähr *f* (*G*/ für *A*); **~ς** kreditwürdig.
έχει ['eïçi]: ***όλα μου τα ~*** mein ganzes Hab und Gut.
έχει(ν) (0) *n* Vermögen *n*.
εχ|εμύθεια [ɛçɛ'miθ-] Verschwiegenheit *f*, Diskretion *f*; **~έμυθος** verschwiegen, diskret; **~έφρονας** [-'ɛfrɔnas] Einsichtige(r); **~εφροσύνη** [-ɛfrɔ'sini] Vernunft *f*, Einsicht *f*.
εχθές *s*. ***χθες.***
έχθρα Feindschaft *f*, Hass *m*.
εχθρ|εύομαι [ɛx'θrɛvɔmɛ] (ευτ) hassen, verabscheuen; **~ικός** feindlich; **~οπάθεια** [-ɔ'paθ-] Feindseligkeit *f*, Groll *m*; **~οπραξία** Feindseligkeit *f*; **~ός** Feind *m*; *Adj*. feindlich, Feindes- (*Land*); **~ότητα** Feindschaft *f*.
έχιδνα ['eïçiðna] Kreuzotter *f*.
εχιν|όδερμον [-'nɔðɛrm-] *Zool*. Stachelhäuter *m*; **~όκοκκος** [-'ɔkɔk-] Blasenwurm *m*.
εχίνος [ɛ'çin-] Igel *m*; Seeigel *m*; *Tech*. Kettenrad *n*.
εχτρ- *s*. ***εχθρ-.***
έχ|ω ['ɛxɔ] (*Impf*. ***είχα***) haben; kosten; haben (***να***/ zu *mit Inf*.), müssen; *j-n* halten (***για***/ für *A*); ***~ει*** es gibt; ***πόσες ~ει ο μήνας;*** den Wievielten haben wir?; ***~ω δουλειά*** ich habe zu tun; ***πώς ~ετε;*** wie befinden Sie sich?; ***~ω καιρό να ...*** (*mit St. II*) seit langem habe ich nicht ... (*Part. II*); ***~ω ένα μήνα να ...*** seit e-m Monat habe ich nicht ...; ***~ω κατά νουν*** *od*. ***στο νου μου*** ich habe (es) vor; ***την ~ομε πελάτισσα*** wir haben sie zur Kundin; ***τον είχα για αφελή*** ich hielt ihn für naiv, ungefährlich; ***δεν έχει να κάνει*** das hat nichts zu sagen.
εψές [ɛ'psɛs] gestern (Abend).
έψιλο(ν) ['ɛpsilɔ(n)] *od*. **ε ψιλόν** Epsilon *n*.
εωθιν|ός [ɛɔθin-] Morgen *m*; ***~ό*** *mil*. Wecken *n*.
εωρτασ(θ)- *s*. ***εορτάζω.***
έως[1] ['ɛɔs] (*G od. A*) bis zu *D*, bis *A*; bis *1999 usw*.; bis *wann?*; fast, etwa, ungefähr; ***~ ότου*** (*od*. ***που***) ***να ...;*** *Ko*. bis.
έως[2] (*G -ω*) *f* Morgenröte *f*.
εωσφόρος [-'sfɔr-] Morgenstern *m*; Satan *m*.

Z

Ζ, ζ ['zita] Zeta *n*; **ζ'** = 7; **,ζ** = 7000.
ζα *n/pl.* Tiere *n/pl.*; *s.* ***ζώο.***
ζαβά [za'va] *Adv.* verkehrt; albern, taktlos; **~γρα, ~δα** Taktlosigkeit *f*, Ungeschicklichkeit *f*; Albernheit *f*.
ζαβλακ|ομάρα: ***έχω ~ομάρα*** abgestumpft sein; **~ώνω** (σ· θ) *v/t. j-n* benommen machen; verdummen; ***~ώνομαι*** benommen werden.
ζαβολ|ιά [-vɔl-] Betrug *m*, F Mogelei *f*; ***κάνω ~ιές*** schwindeln, mogeln; **~ιάρης** (-α, -ικο) betrügerisch; *Su. m* F Mogler *m*; *f* Moglerin *f*.
ζαβομάρα [-'mara] Schnitzer *m*; Dummheit *f*.
ζαβ|ός verkehrt; *Mensch*: verdreht; albern; **~ώνω** (σ· θ) *v/t.* abstumpfen; *v/i. Holz*: sich verziehen.
ζαγάρι [za'ɣari] Jagdhund *m*; *Schimpfwort*: gemeine(s) Subjekt *n*.
ζαερές *m* (Tier-)Futter *n*.
ζαίνω *s.* ***ζέχνω.***
ζακέτα [za'kɛta] Jackett *n*.
ζακυ(ν)θινός ... von Zante, Zanter.
Ζάκυνθος ['zaĭkiňθ-] *f die Insel* Zakynthos, Zante.
ζαλάδα [zal-] Schwindel(gefühl *n*) *m*; Kopflosigkeit *f*.
ζάλη Wirbel *m*, Aufruhr *m*; Benommenheit *f*, Schwindelgefühl *n*.
ζαλ|ίζω (σ· στ) *v/t.* schwindelig machen; F *j-n* krank machen; *fig.* anöden; ***~ίζομαι*** schwindelig werden; mir wird übel; ***~ισμένος*** schwindelig.
ζαλίκι [-'iki] Last *f*.
ζάλισμα *n* Schwindel *m*, Übelkeit *f*; Verwirrung *f*.
ζάλογγο dichte(r) Wald, Dschungel *m*.
ζάλος Schritt *m*.
ζαλώνω (σ· θ) *v/t.* beladen mit.
ζαμάνι [za'mani] F Ewigkeit *f*.
ζαμπάκι [za'm̌baĭki] Narzisse *f*.
ζαμπόν(ι) [za'm̌bɔn(i)] Schinken *m*.
ζαμπού|νης [-'bun-] (-α, -ικο), **~νικος** unpässlich.
ζάντα Radfelge *f*.
ζάπλουτος ['zaplut-] steinreich.
ζάρα Falte *f im Kleid*; Runzel *f*.
ζαρζαβάτι Gemüse *n*.
ζάρι Würfel *m*.
ζαριά Wurf *m*.
ζαρίφης [za'rif-] (-ίφισσα) elegant.
ζαρκάδι [-'kaði] Reh *n*.
ζαρντινιέρα Blumenständer *m*.
ζάρωμα *n* Runzligwerden *n*.
ζαρωματιά [-ma'tja] Falte *f*; Runzel *f*.
ζαρώνω (σ· ωμ) *v/t.* zerknittern; runzeln; *v/i.* knittern; sich in Falten legen; *v/i.* sich (*A*) verkriechen.
ζατρίκι [-'triki] Schachspiel *n*.
ζατρικιστής Schachspieler *m*.
ζαφίρι [za'firi] Saphir *m*.
ζαφορά Safran *m*.
ζάφτι: *v/t.* ***κάνω ~*** sich (*A*) *j-m gegenüber* durchsetzen.
ζαχαρ|άτος [zaxar-] gezuckert; süß; *Su. n* Bonbon *m*, Süßigkeit *f*; **~ένιος** (-ια) Zucker-, aus Zucker; zuckersüß.
ζάχαρη ['zaxari] Zucker *m*; *fig.* honigsüß.
ζαχαριάζω (-άριασα) *v/i.* verzuckern.
ζαχαρ|ιέρα Zuckerdose *f*; **~ικά** *n/pl.* Süßigkeiten *f/pl.*; **~ίνη** Saccharin *n*, Süßstoff *m*.
ζαχαρο|διαβήτης [zaxarɔðia'vit-] Zuckerkrankheit *f*; **~κάλαμο** Zuckerrohr *n*; **~πλαστείο** [-plast-] Konditorei *f*; **~πλάστης** Konditor *m*; **~πλαστική** [-'ki] Kuchenbäckerei *f*; **~ποιείο** [-pi'iɔ] Zuckerraffinerie *f*; **~ποιία** [-pi'ia] Zuckerindustrie *f*.
ζαχαρότευτλο [-tɛftlɔ] Zuckerrübe *f*.
ζαχαρώδης zuck(e)rig; Zucker-.
ζαχάρωμα *n* Zuckern *n*; *fig.* Liebelei *f*.
ζαχαρ|ώνω (σ) *v/t.* zuckern; *fig.* tändeln, flirten *mit*; *v/i.* verzuckern; **~ωτό** Süßigkeit *f*, Bonbon *m*; ***~ωτά*** *n/pl.* Süßigkeiten *f/pl.*; **~ωτός** Zucker-; zuckersüß.
ζεβζέκης [zɛv'zɛĭkis] (-α, -ισσα; -ικο) närrisch; zügellos.
ζέβρα Zebra *n*.
ζεϊμπ|έκης [zɛĭ'bɛĭkis] *hist.*, *iro.* Haudegen *m*; **~εκιά** Zembeki-Tanz *m*.
ζελατίνα [zɛlat-] Gelatine *f*.
ζελέ (0) *f* Gelee *n*.
ζεματίζ|ω (σ· στ) *v/t. Speise* (ab)brühen; *Hand usw.* verbrühen; F *j-m* was kosten; *v/i.* kochen, sieden; *Tee*: ziehen; ***~ομαι*** *vor Schreck* zusammenfah-

Z

ζεμάτισμα 218

ren; *fig.* ***τον ~ω με*** F j-m *etw.* aufbrummen.
ζεμάτισμα *n* Abbrühen *n*; Kochen *n*; Zusammenfahren *n*; *fig.* Engpass *m*.
ζεματ|ιστός abgekocht; kochend heiß; **~ώ** (άς) *s.* ***ζεματίζω.***
ζεμπίλι [-m̃b-] Strohkorb *m*.
ζενίθ [zɛ'niθ] (0) *n* Zenit *m* (*a. fig.*).
ζενιθι(α)κός Zenit-.
ζέον (-οντος) *Rel.* heilige(s) heiße(s) Wasser(gerät) *n*.

Z

ζερβόδεξ|ος [zɛr'vɔðɛks-] geschickt; *Adv.* ***~α*** links und rechts.
ζερβ|ός (*a.* -ής, -ιά, -ί) linke(r); linkshändig; *Adv.* ***~ά*** links; **~οχέρης** [-'çɛr-] (-α, -ικο) linkshändig.
ζέρσεϊ (0) *n* Jersey *m*.
ζέση Sieden *n*; Eifer *m*; ***σημείο ~ς*** Siedepunkt *m*.
ζεσιγόνος: ***~ βαθμός*** Siedegrad *m*.
ζεστά *Adv.* warm, behaglich; sehr eifrig.
ζεσταίν|ω (αν· αθ· αμ) *v/t.* (er)wärmen; *Essen usw.* warm, heiß machen; *v/i.* warm werden, sich erwärmen; ***~ομαι*** warm werden.
ζέσταμα *n* (Auf-)Wärmen *n*; Heizen *n*.
ζεστασιά behagliche Wärme *f*; Gemütlichkeit *f*; Nestwärme *f*.
ζέστη ['zɛsti] Wärme *f*, Hitze *f*; Fieber *n*; ***είναι*** (***κάνει***) ***~*** es ist heiß.
ζεστ|ός heiß, warm; *fig.* feurig; ***είμαι ~ός*** Fieber haben; **~ούτσικος** [-'uts-] lauwarm.
ζευγάρι [zɛ'vɣari] Paar *n*; Gespann *n*; *etwa* 800 Ar Pflugland; ***ερωτικό ~*** Liebespaar *n*; ***κάνω ~*** pflügen.
ζευγ|αρίζω [zɛvɣ-] (σ) pflügen; **~άρισμα** *n* Paaren *n*; **~άρωμα** *n* Paaren *n*; Pflügen *n*; **~αρώνω** (σ· θ) *v/t.* zusammenbringen; paaren; kuppeln; pflügen; *v/i.* sich (*A*) paaren; **~αρωτός** gepaart; *Adv.* ***~αρωτά*** paarweise, zu zweien.
ζευγ|άς [zɛ'vɣas] (-άδες) *s.* ***ζευγολάτης***; **~ίτης** [zɛ'vji-] Pflüger *m*; *hist. Athen*: Landmann *m* (*dritter Stand*).
ζεύγλη ['zɛvɣli] Joch *n*.
ζεύγμα [-ɣma] *n* Verbindung(sstück *n*) *f*; Pontonbrücke *f*; Überbrückung *f*.
ζευγο|λάτης [zɛvɣɔ'lat-] Landmann *m*, Pflüger *m*; Treiber *m*; **~λατώ** [-la'tɔ] (είς· ησ) pflügen.
ζεύγος *n* Paar *n*; Joch *n* (*z. B. Ochsen*); *mil. Flugw.* Rotte *f*; ***ερωτικό ~*** Liebespaar *n*.
ζεύγω *s.* ***ζεύω.***
ζευζ|έκης [zɛv'zɛḱ-] (-α *od.* -ισσα, -ικο) ungebärdig; *Su. m* Luftikus *m*; **~εκιά** Überspanntheit *f*.
ζεύκι ['zɛfḱi] Vergnügen *n*, Spaß *m*; Schmaus *m*.
ζευκτό [zɛf'ktɔ] Dachstuhl *m*.
ζεύξη ['zɛfksi] (-εις) Anspannen *n*; Überbrückung *f*; *Tech.* Kupplung *f*; *El.* Schaltung *f*.
Ζευς [zɛfs] (Διός) Zeus *m*; *Astr.* Jupiter *m*.
ζεύω ['zɛvɔ] (έζεψα· ευτ· εμ) *Pferde, Wagen* anspannen; spannen (***σε***/ vor *A*); *Tech.* kuppeln; *fig.* einspannen.
ζέφυρος ['zɛfir-] Zephir *m*.
ζέχνω [-xnɔ] (έζεξα) stinken.
ζέψιμο [-psimɔ] Anspannen *n*; *Tech.* Kuppeln *n*.
Ζηλανδία [zila'ñð-] Seeland *n*.
ζήλεια *s.* ***ζήλια.***
ζηλευτός [-lɛft-] beneidenswert.
ζηλεύ|ω [zi'lɛvɔ] (εψ· ευτ· εμ) *v/t.* eifersüchtig sein auf (*A*); neidisch sein auf (*A*); beneiden (***για***/ um *A*); ***~ομαι*** aufeinander eifersüchtig sein.
ζήλια Neid *m*; Eifersucht *f*.
ζηλιάρης (-α *od.* -ισσα, -ικο) *s.* ***ζηλότυπος.***
ζήλο|ς ['zilɔs] Eifer *m*, Schwung *m*; ***βάλλω όλο το ~ μου να*** alles daransetzen, um.
ζηλοτυπία [-tip-] Eifersucht *f*; Neid *m*.
ζηλότυπος eifersüchtig, neidisch.
ζηλοτυπώ (είς· ησ) *s.* ***ζηλεύω.***
ζηλ|οφθονία [-fθɔn-] Missgunst *f*, Gehässigkeit *f*; **~όφθονος** missgünstig, gehässig; **~οφθονώ** [-'nɔ] (είς· ησ) *j-m etw.* missgönnen.
ζηλώνω (σ) *v/t.* trachten nach *D*.
ζηλωτ|ής [-lɔt-] Nacheiferer *m*, Verehrer *m*; *hist.* Zelot *m*, Glaubenseiferer *m*; **~ός** *s.* ***ζηλευτός.***
ζημ|ία [zim-] Schaden *m*; *Hdl.* Verlust *m*; ***~ία λαμαρίνας*** *Auto*: Blechschaden *m*; **~ιάρης** (-α, -ικο), **~ιάρικος** schädlich, Schaden anrichtend; **~ιογόνος** abträglich, nachteilig.
ζημι|ώνω (σ· θ) *v/t. j-n* schädigen; *e-r S., j-m* schaden; *etw.* beschädigen; *v/i.* geschädigt werden, Verluste erleiden;

~ωμένος, ~ωθείς (-είσα, -έν) geschädigt.

ζην: ***το ευ ~*** rechtschaffene(s) *od.* glückliche(s) Leben *n*; ***τα προς το ~*** Lebensunterhalt *m.*

Ζήνωνας ['zinɔnas] Zeno *m.*

ζήση Leben *n.*

ζήτα ['zita] (0) *n* Zeta *n.*

ζητείται [zi'titɛ] *Hdl.* gesucht.

ζή|τημα *n* Frage *f*, Problem *n*; ***~τημα γούστου*** Geschmacksache *f*; ***δεν είναι*** *od.* ***δεν υπάρχει ~τημα*** das ist kein Problem; **~τηση** (-εις) Erforschung *f*; (*mit G*) Nachfrage *f* nach *D*; ***~τηση θέσης*** Stellengesuch *n.*

ζητ|ιανεύω (ψ) *v/t.* erbetteln; *v/i.* betteln; **~ιανιά** [zitjan-] Bettelei *f*; **~ιάνος** (*f* ***-α***) Bettler(in *f*) *m.*

ζήτω! ['zitɔ] es lebe!; ***τα ~*** Hochrufe *m/pl.*

ζητώ [zi'tɔ] (άς· ησ· ηθ) suchen; *j-n* verlangen, nach *j-m* fragen; fordern *A*; *j-n um etw.* (***του, από κάποιον/ κάτι***) bitten, *z. B.* ***του ~ συγγνώμη*** ich bitte um Verzeihung; ***~ καυγά*** Streit suchen; ***~ να*** suchen zu (*mit Inf.*); ***~ να βρω*** (*A*) suchen (nach *D*).

ζητωκραυ|γάζω [-kravɣ-] (σ) *v/t. j-m* zujubeln; *v/i.* Hurra rufen, applaudieren; **~γή** [-'ji] Hochrufe *m/pl.*

ζιγγίβερι [zi'ŋ̍ɡivɛri] Ingwer *m*; *s. a.* ***πιπερόριζα.***

ζιγκ-ζαγκ [zigzag] *Adv.* zickzack; *Su. n* Zickzack *m.*

ζιγκολέτ [zigɔ'lɛt] *f* Straßenmädchen *n.*

ζιγκολό [zigɔ'lɔ] *m* Gigolo *m.*

ζιζάνιο [-'zan-] Unkraut *n*; Zwietracht *f*; Streithammel *m*, Zänker *m.*

ζιζανιοκτόνο Unkrautvertilgungsmittel *n.*

ζιζυφιά [-zif-] Brustbeerbaum *m.*

ζίζυφο Brustbeere *f.*

ζιμπούλι [-'m̆buli] Hyazinthe *f.*

ζο *n* Tier *n.*

ζόρι ['zɔri] Gewalt *f*; Mühe *f*; ***με το ~*** mit Gewalt.

ζορίζ|ομαι (-ίστηκα) es schwer haben; **~ω** (σ) Druck ausüben.

ζόρικος drückend; *Mensch*: schwierig, launisch, bockig; *Su. m* F *iro.* Held *m.*

ζορισμός Druck *m*, Mühe *f.*

ζορμπάς [-'bas] (-άδες) Gewaltmensch *m*; Rebell *m.*

ζούγκλα ['zuŋ̍gla] Dschungel *m.*

ζούδι ['zuði] Tierchen *n*; *fig.* dumme(r) Wicht *m*; Gespenst *n.*

ζούζουλο ['zuzulɔ] Tierchen *n*; Gespenst *n.*

ζουζ|ούνι [zu'zuni] Insekt *n*; **~ουνίζω** (σ) summen.

ζουλ (0) *n* Joule *n.*

ζούλα F Geheimnis *n*; *Adv.* heimlich.

ζουλάπι [-'lapi] Wolf *m*; *Schimpfwort*: Biest *n.*

ζουλάρω [zu'larɔ] *v/t.* F verheimlichen.

ζουλ|άω, ~ίζω [zul-] (σ· στ· ισμ) (aus)drücken, (aus)pressen; quetschen.

ζούλισμα *n* Ausdrücken *n*, Pressen *n*, Quetschen *n.*

ζουλώ *s.* ***ζουλίζω.***

ζουμ|άτος [zum-], **~ερός** saftig; *fig.* lohnend, rentabel; *Worte*: kernig.

ζουμ|ί Saft *m*; *fig.* Kern *m*; *vulgär*: Schiss *m*; ***έχει ~ί*** ... ist rentabel; **~ιάζω** (σ/ ζού-) saftig werden.

ζουμπάς [zu'm̆bas] (-άδες) Stanzwerkzeug *n*, Stanzmaschine *f*; Reibahle *f.*

ζουμπούλι *s.* ***ζιμπούλι.***

ζουπ|άω, ~ίζω [zup-] (ησ, ισ· ηχτ, ιστ) (durch)drücken; *Frucht* ausquetschen; *Person* quetschen.

ζούρα [-ra] Bodensatz *m.*

ζούρια Auszehrung *f.*

ζουριάζω (ζούριασα) *v/i. Baum*: verdorren; *Haut*: verwelken; *v/t.* auszehren.

ζούριασμα *n* Auszehrung *f*, Abmagerung *f*; Verkümmerung *f.*

ζούρλα Verrücktheit *f.*

ζουρλαίν|ω (αν· αθ· αμ) *v/t.* verrückt machen; ***~ομαι*** verrückt werden (***από***/ vor); *fig.* verrückt sein (***για***/ auf *A*).

ζουρλ|αμάρα [zurl-] Verrücktheit *f*; **~ομαντύα, ~ομαντύας** [-ɔma'n̆dias] Zwangsjacke *f*; **~οπαντιέρα** [-pa'n̆djɛra] Wirrkopf *m*; **~ός** verrückt (***από***/ vor); quirlig.

ζουρνάς (-άδες) *Art* Klarinette *f.*

ζούφιος (-ια), **ζουφός** hohl, taub (*Nuss*); ***~ άνθρωπος*** Hohlkopf *m.*

ζοφερ|ός [zɔfɛr-] (stock)finster; *fig.* düster; **~ότητα** Finsternis *f.*

ζόφος *s.* ***ζοφερότητα.***

ζοφώδης [zɔf-] (-ώδες) dunkel, undurchdringlich.

ζοχάδ|α [zɔx-] Griesgram *m*; *pl.* **~ες** Hämorrhoiden *pl.*; *fig.* (*seine, ihre*) Mucken *f/pl.*

ζοχαδιάζω (-άδιασα) *v/t. j-n* anöden; *v/i.* verdrossen sein; F ungenießbar sein.
ζοχαδιακός an Hämorrhoiden leidend; *fig.* launisch, mürrisch.
ζυγαρ|ιά [ziɣar-] Waage *f*; **~ίζω** (σ) in der Luft schweben (*von Raubvögeln*).
ζύγι ['ziji] Gewicht *n*; *ein bestimmtes* Quantum *n*; *Tech.* Senkschnur *f*.
ζυγιάζ|ω (ζύγιασα· στ) (ab)wiegen; aufwiegen; *fig.* abwägen; ausbalancieren; *mil.* ausrichten; ***~ομαι*** sich im Gleichgewicht halten; schweben.
ζύγιασμα *n* Abwiegen *n*, Wiegen *n*; Abwägen *n*, Mustern *n*; Ausrichten *n*.
ζυγιασμένος *Pers.* ausgeglichen; *S.* wohl durchdacht.
ζυγίζω (σ· στ) *s.* ***ζυγιάζω;*** *fig.* Gewicht haben.
ζύγιση Wiegen *n*; *mil.* Ausrichten *n*; Richt Euch!
ζύγισμα *n s.* ***ζύγιασμα.***
ζυγιστικά [zij-] *n/pl.* Waagegeld *n*.
ζυγό Bindeglied *n*; Querträger *m*.
ζυγολούρια [-ɣɔ'lur-] *n/pl.* Geschirr *n* (*für Pferde*).
ζυγός Joch *n* (*a. fig.*); Waage(balken *m*) *f*; Kipphebel *m*; *mil.* Glied *n*; Gebirgskamm *m*; *Astr.* Waage *f*; *pl.* (***-οί***) Waage *f*; ***τους ζυγούς λύσατε!*** weggetreten!
ζυγ|ός [ziɣ-] *Zahl*: gerade; *Su. m* Paar *n*; ***μονά ή ~ά*** gerade oder ungerade; ***~ά-~ά*** zu zweien.
ζυγοστάθμηση (-εις) *s.* ***ζύγιασμα***; Stabilisierung *f*.
ζυγο|σταθμώ [-staθ'mɔ] (είς· ησ) (ab)wiegen; stabilisieren; **~στατούμαι** [-sta'tumɛ] (ηθ) im Gleichgewicht sein; **~στατώ** (είς· ησ) *s.* ***ζυγοσταθμώ.***
ζυγούρι [-'ɣuri] zwei Jahre alte(s) Lamm *n*.
ζυγώ [zi'ɣɔ] (είς· ησ· ηθ) *v/i. mil.* sich (*A*) richten; *v/t.* unter ein Joch bringen; *fig.* unterjochen.
ζύγωμα *n Anat.* Jochbogen *m*; *Tech.* Kreuzkopf *m*; Nahen *n*.
ζυγωματικά *n/pl.* Backenknochen *m/pl.*
ζυγώνω (σ· θ) *v/t.* heranbringen, rücken; *v/i.* herankommen (zu); sich (*A*) nähern *D*.
ζυθεστιατόριο [ziθestĭa-] Bierlokal *n*.
ζυθο|ποιείο [ziθɔpi'iɔ] Bierbrauerei *f*; **~ποιός** [-'pjɔs] Bierbrauer *m*; **~ποσία** [-pɔs-] Biertrinken *n*; **~πότης** Biertrinker *m*; **~πωλείο** [-pɔl-] Bierlokal *n*; **~πώλης** (Schenk-)Wirt *m*.
ζύθος Bier *n*.
ζυμ|άρι [zim-] Teig *m*; *iro.* Brei *m*; *Pers.* F Pflaume *f*; **~αρικό** Teigware *f*.
ζύμη Teig *m*; Sauerteig *m*; Hefe *f*; ***είναι καλή ~*** er ist aus feinem Holz geschnitzt.
ζυμομύκητας [-'mik̟-] Hefe *f*.
ζύμωμα *n* Kneten *n*; Anrühren *n*.
ζυμών|ω (σ· θ) kneten; *Teig, Gips usw.* anrühren; ***~ομαι*** *fig.* sich anbahnen.
ζύμωση Gärung *f* (*a. fig.*); Kneten *n*; Anrühren *n*; *pol.* Gärungserscheinung *f*; ***παθαίνω ~*** gären.
ζυμω|ταριά, ~τήρι Backtrog *m*; Knetmaschine *f*.
ζυμωτικ|ός [zimɔt-] Gärungs-; Knet-; ***~ή μηχανή*** Knetmaschine *f*; ***~ό*** Ferment *n*.
ζυμωτός geknetet; hausgebacken.
ζύπ-κυλοτ (0) *f* Hosenrock *m*, Trainingshose *f*.
Ζυρίχη [zi'riçi] Zürich *n*.
ζω [zɔ] (*Präs.* ζεις, ζει, ζούμε, ζείτε, ζουν· ζησ· *Impf.* ζούσα) *v/i.* leben (***με*** *od. Part. Präs./* von *D*); *v/t.* unterhalten, ernähren; *etw.* (*A*) erleben; ***~ βίον (ζωήν) αφρόντιδα*** ein sorgloses Leben führen; ***... να ζεις*** ... doch bitte; *s. a.* ***ζώο.***
ζω|γράφημα [-'ɣraf-] *n* Malen *n*; Bild *n*; **~γραφιά** Gemälde *n*; Porträt *n*; Bild *n* (*a. fig.*), Illustration *f*; *Pers. e-e* Schönheit *f*; **~γραφίζω** (σ· στ) malen; illustrieren; *fig.* schildern; F *iro.* sich (*A*) anmalen; **~γραφική** [-'k̟i] Malerei *f*; **~γραφικός** [-'kɔs] Mal-, Maler-; malerisch; **~γράφισμα** *n* Malen *n*; Bild *n*; **~γραφιστός** gemalt; bildhübsch; **~γράφος** (*a. f*) Maler(in *f*) *m*; *fig.* Schilderer(in *f*) *m*.
ζωδιακός: *~ κύκλος* Tierkreis *m*.
ζώδιο Tierchen *n*; Tierkreiszeichen *n*; *fig.* Schicksal *n*.
ζωέμπορος [-'ɛm̃bɔr-] Viehhändler *m*.
ζωή [zɔ'i] Leben(sunterhalt *m*) *n*; ***περνώ ~ χαρισάμενη*** ein fröhliches Leben führen; ***σκυλίσια ~*** Hundeleben *n*; ***επί ζωής*** lebenslänglich; ***εφ' όρου ζωής*** mein Leben lang; ***παρ-***

μένος από τη ~ aus dem Leben gegriffen; ~ *σε λόγου σου* *Beileidsformel*: „Mögest du noch lange leben!"
Ζωή 'Zoe *f*.
ζωηρ|εύω [zɔir-] (εψ) *v/i*. lebhaft werden; *v/t*. Leben bringen in *A*; **~ός** lebhaft; lebendig; leichtlebig; **~ότητα** Lebhaftigkeit *f*, Lebendigkeit *f*.
ζωικ|ός Lebens-; tierisch, animalisch; *~ό βασίλειο* Tierreich *n*.
ζωμός Saft *m*; Brühe *f*.
ζωνάρι *allg*. Gürtel *m*; (*Fass*) Reifen *m*; ~ *της κυράς* *od*. *καλογριάς* Regenbogen *m*; *έχει κρεμάσει το* ~ *του* er sucht Streit.
ζώνη Gürtel *m*; *Geogr*. Zone *f*; Kordon *m*, Absperrung *f*; ~ *ασφαλείας* Sicherheitsgürtel *m*; ~ *για τους πεζούς* Fußgängerbereich *m*; ~ *στάθμευσης περιορισμένου χρόνου* Kurzparkzone *f*; ~ *υψηλών πιέσεων* Hochdruckgebiet *n*; ~ *χαμηλών πιέσεων* Tiefdruckgebiet *n*.
ζωντ|άνεμα [zɔ'ňdan-] *n* (Wieder-)Belebung *f*; **~ανεύω** (εψ· εμ) *v/t*. wieder beleben; *Zeit* wieder aufleben lassen; *v/i*. wieder lebendig werden, wieder aufleben; **~άνια** *s*. *ζωντανότητα*; **~ανός** lebend; lebendig; *Fleisch*: nicht gar; *Su*. *n/pl*. Vieh *n*; **~ανότητα** Lebendigkeit *f*; Lebhaftigkeit *f*; **~όβολο** [-'ɔvɔlɔ] Tier *n*; (*Schimpfwort*) Dummkopf *m*, Esel *m*; **~οχήρα** [-ɔ'çira] geschiedene Frau *f*; **~όχηρος** geschiedene(r) Mann *m*.
ζών|ω (σ· στ· σμ) *v/t*. umgürten, umlegen; *Feinde* umzingeln; einkreisen; *Haus* umstellen; *~ομαι* sich (*D*) umschnallen (*A/A*).
ζώο ['zɔɔ] Tier *n*; Vieh *n*; ~ *κατοικίδιο* Haustier *n*; *fig*. Esel *m*; *Schimpfwort*: Biest *n*; Flegel *m*.
ζωο|γόνηση [zɔɔ'γɔn-] (-εις) Belebung *f*; **~γόνος** (-α) belebend; Leben spendend; **~γονώ** [-'nɔ] (είς· ησ· ηθ) *v/t*. beleben; aufmuntern.
ζωοδότης (*-ότρα*) Lebensspender(in *f*) *m*.
ζωο|κλέφτης Viehdieb *m*; **~κλοπή** [-klɔ'pi] Viehdiebstahl *m*; **~λάτρης** Tieranbeter *m*; **~λατρία** Tierkult *m*.
ζωόλιθος [-liθ-] Versteinerung *f*.
ζωο|λογία [-lɔj-] Zoologie *f*, Tierkunde *f*; **~λογικός** zoologisch; *~λογικός κήπος* zoologische(r) Garten *m*, Zoo *m*; **~λόγος** [-'lɔγ-] Zoologe *m*.
ζωομορφισμός Tieranbetung *f*, Vergöttlichung *f* der Tiere.
ζωόμορφος ... in Tiergestalt.
ζωο|ποίηση [-'piisi] (-εις) Belebung *f*; **~ποιός** [-'pjɔs] belebend; **~ποιώ** [-'pjɔ] (είς· ησ) beleben; **~ταξία** [-taks-] Klassifikation *f* (der Tiere).
ζωο|τεχνία [-tɛxn-] Zootechnik *f*; **~τοκία** Lebendgeburt *f*; **~τομία** [-tɔm-] Vivisektion *f*; **~τροφές** [-trɔ'fɛs] *f/pl*. Futtermittel *n/pl*.; **~τρόφος** Viehzüchter *m*; **~τροφώ** [-'fɔ] (είς· ησ) mit Lebensmitteln versorgen; füttern; **~φάγος** [-'faγ-] Fleisch fressend.
ζωοφιλία Tierliebe *f*.
ζωόφιλος [zɔ'ɔfil-] Tierfreund *m*.
ζω(ο)φόρος [-'fɔr-] *f* Fries *m*.
ζώπυρο Funke *m*; *fig*. Keim *m*.
ζωπυρώ [zɔpi'rɔ] (είς· ησ) anfachen, anschüren; *fig*. ermuntern.
Ζωροάστρης [zɔrɔ-] Zarathustra *m*.
ζώσιμο (-ίματος) Umgürten *n*; Umzingeln *n*.
ζωστήρας [zɔ'stir-] *mil*. Koppel *n*; Degengehenk *n*.
ζώστρα *s*. *ζωστήρας*.
ζωτικ|ός Leben spendend; lebensfähig; *fig*. *Mensch*: tatkräftig; *S*. lebenswichtig; **~ότητα** Lebenskraft *f*; Lebenswichtigkeit *f*.
ζωύφιο [zɔ'if-] Insekt *n*; *pl*. Ungeziefer *n*; *Pers*. absolute Null.
ζωφόρος *f* Fries *m*.
ζωώδης [zɔ'ɔð-] tierisch; *fig*. viehisch, brutal.

Z

H

Η, η ['ita] Eta *n*; ***η'*** = 8; ***,η*** = 8000.
η- *temporales Augment*; *s. Verben mit* ***α-, ε-, αι-.***
η *weiblicher Artikel*: die.
ή oder; *nach Komp.* als; ***ή ... ή*** entweder ... oder.
ήβη ['ivi] Pubertät *f*; Schamgegend *f*.
ηγ-, ηγαγ- *s.* ***άγω.***
ηγεμόνας [ijɛ'mɔnas] Fürst *m*; Herrscher *m*, Souverän *m*.
ηγεμον|εύω [ijɛmɔn-] (ευσ) *v/i.* regieren; herrschen; **~ία** Regierung *f*, Herrschaft *f*; Hegemonie *f*; Fürstentum *n*; **~ίδα** Fürstin *f*; Prinzessin *f*; *fig.* Beherrscherin *f*; **~ίδης** Prinz *m*; **~ικός** königlich, fürstlich (*a. fig.*).
ηγεσία [ijɛs-] Führung *f*, Leitung *f*.
ηγέτης [i'jɛtis] Führer *m*; Anführer *m*.
ηγετικός führend; Führer- (*Eigenschaft*).
ηγήτορας [i'jit-] Führer *m*.
ηγόρασα *K.* = ***αγόρασα.***
ηγούμαι [i'ɣumɛ] (είσαι· ηθ) (*G*) (an)führen, leiten (*A*); *v/i.* vorangehen.
ηγουμ|ενείο [iɣum-] Abtei *f*; **~ένη** Äbtissin *f*, Priorin *f*; **~ενία** Würde *f* (*a.* Amtszeit *f*) e-s Abtes *od.* Igumenos; **~ενικός** äbtlich; **~ένισσα** *s.* ***ηγουμένη.***
ηγούμενος [i'ɣum-] Abt *m*, Prior *m*, Igumen *m*.
ήδη ['iði] schon; jetzt schon (zu *spät*).
ηδον|ή [iðɔn-] Lebensfreude *f*; Vergnügen *n*; Wonne *f*; *bsd. im pl.* Liebesgenüsse *m/pl.*; **~ίζομαι** (-ίστηκα) seine Lust haben (an *D*, daran ..., zu ...); **~ικός** genussreich; genießerisch; Genuss-; wollüstig; **~ισμός** Hedonismus *m*; Wollust *f*; **~ιστής** Hedonist *m*; Genussmensch *m*; **~ιστικός** vergnüglich, genüsslich; *Phil.* hedonistisch.
ηδονοβλεψίας Voyeur *m*.
ηδυ- [iði-] sanft-, mild-, süß-.
ηδυνηθ- *s.* ***δύναμαι.***
ηδυ|πάθεια [iði'paθĭa] Wollust *f*, Lüsternheit *f*; **~παθής** wollüstig, sinnlich, lüstern.
ηδύποτο Likör *m*.
ήθελα *s.* ***θέλω.***
ήθη *n/pl. Argot*: die Sitte *f* (= Sittenpolizei); *s.* ***ήθος.***
ηθικ|ή [iθi'ki] Ethik *f*; Moral *f*; **~ό** Moral *f*; Mut *m*; Geist *m*; Sittlichkeit *f*; **~ολογία** [iθikɔlɔj-] Sittenlehre *f*; *iro.* Moralpredigt *f*; **~ολόγος** [-'lɔɣ-] Sittenlehrer *m*, Moralist *m*; Moralprediger *m*; **~ολογώ** (είς· ησ) moralisieren.
ηθικο|ποίηση [iθikɔ'pii-] gute Erziehung; **~ποιητικός** die Sitten bessernd; **~ποιώ** [-'pĭɔ] (είς· ησ) sittlich fördern, gut erziehen.
ηθικ|ός sittlich, Sitten-; moralisch; anständig; *jur.* juristisch (*Person*); **~ότητα** Sittlichkeit *f*; Anständigkeit *f*.
ηθμός [iθ'mɔs] Filter *m* (*a. Foto*).
ηθογράφημα [iðɔ'grafima] *n* Sittenschilderung *f*; Lebensbeschreibung *f*; Charakterbeschreibung *f*.
ηθο|γραφία Sittenschilderung *f*; **~γραφικός** sittenkundlich, Sozial- (*Roman*); **~γράφος** *m, f* Sittenschilderer *m*; **~γραφώ** (είς· ησ) Sitten schildern.
ηθολο|γία [-lɔj-] Sittenlehre *f*; Charakterkunde *f*; *Biol.* Ethologie *f*; **~γικός** ethologisch.
ηθοπλαστικός charakterbildend.
ηθο|ποιία [-pi'ia] Schauspielkunst *f*; Charakterdarstellung *f*; **~ποιός** [-'pĭɔs] charakterbildend; *Su. m, f* Schauspieler(in *f*) *m* (*a. fig.*).
ήθος ['iθɔs] *n* Charakter *m*, Wesen *n*; Sittlichkeit *f*; ***ήθη*** *n/pl.* Sitten *f/pl.*; ***τα ήθη και τα έθιμα*** die Sitten und Gebräuche *f/pl.*; ***τα χρηστά ήθη*** die guten Sitten *f/pl.*
ηλακάτη [ila'kati] Spinnrocken *m*.
ηλεκτρ- [ilɛktr-] elektro-, Elektro-.
ηλεκτρ|αγγέλτης [-a'ŋ̟ɟɛl-] Feuermelder *m*; **~αγωγός** [-aɣɔɣ-] elektrische(r) Leiter *m*; **~άμαξα** [-'amaksa] Triebwagen *m*; **~εγερτικός** [-ɛjɛrt-] elektromotorisch; **~ίζω** (σ) elektrisieren (*a. fig.*); anfeuern; **~ικός** elektrisch; *Su. m Athen*: U-Bahn *f*; S-Bahn *f*; elektrische(s) Licht; ***~ική μηχανή καφέ*** Kaffeeautomat *m*.
ηλέκτριση (-εις) Elektrisierung *f*.

ηλεκτρ|ίσιμος elektrisierbar; **~ισμός** Elektrizität *f*.
ήλεκτρο ['ilɛktrɔ] Bernstein *m*.
ηλεκτρ|ογεννήτρια [-jɛ'nitria] Generator *m*; **~όδιο** Elektrode *f*; **~οδυναμική** [-ðinami'ķi] Elektrodynamik *f*; **~οκαρδιογράφημα** [-karðiɔ'ɣraf-] *n* Elektrokardiogramm (*EKG*) *n*; **~οκίνηση** [-ɔ'ķin-] (-εις) Elektroantrieb *m*; **~οκίνητος** elektrisch betrieben; **~ολογία** [-ɔlɔj-] Elektrik *f*; **~ολόγος** [-ɔ'lɔɣ-] Elektriker *m*; Elektrotechniker *m*; **~όλυση** (-εις) Elektrolyse *f*; **~ολύτης** Elektrolyt *m*; **~ομαγνήτης** [-ma'ɣni-] Elektromagnet *m*; **~ομαγνητισμός** Elektromagnetismus *m*; **~όμετρο** Elektrometer *n*; **~ομηχανή** [-mix-] Dynamo *m*; Elektromotor *m*.
ηλεκτρ|ονικός elektronisch, Elektronen-; ***~ονικό παιχνίδι*** Computerspiel *n*; **~όνιο** Elektron *n*.
ηλεκτρονόμος Relais *n*.
ηλεκτρο|παραγωγή Stromerzeugung *f*; **~πληξία** [-pli'ksia] elektrische(r) Schlag *m*; **~σκόπιο** Elektroskop *n*; **~τεχνία** [-tɛx-] Elektrotechnik *f*; **~τεχνίτης** Elektrotechniker *m*; **~τυπία** Galvanoplastik *f*; **~φόρος** Strom führend; *Fisch*: elektrisch *od.* Zitter-; **~φωτίζω** (σ· στ) elektrisch beleuchten; mit Strom versorgen; **~φώτιστος** elektrisch beleuchtet.
ηλθ- *s.* ***έρχομαι.***
ηλιάζ|ω [i'lĭa-] (έλιασα· στ· λιασμ-) sonnen; ***~ομαι*** sich (*A*) sonnen.
ηλιακ|ός Sonnen-; besonnt; sonnig; **~ωτό** Terrasse *f*.
ηλίαση [i'lia-] (-εις) Sonnenstich *m*.
ηλίθιος [i'liθ-] (-ίθια) dumm, idiotisch.
ηλιθιότητα Dummheit *f*, Idiotie *f*.
ηλικία [iliķ-] Alter *n*; Jahrgang *m*; ***σε ~ ...*** *G* im Alter von ...
ηλικι|ώνομαι (ωθ) älter werden; altern; mündig, erwachsen werden; ***~ωμένος*** alt; erwachsen; älter- (*Herr*).
ήλιο ['iliɔ] Helium *n*.
ηλι|οβασίλεμα [ilĭɔvas-] *n* Sonnenuntergang *m*; **~όβλητος** vom Sonnenstich befallen; sonnenverbrannt; **~όγερμα** *n* Sonnenuntergang *m*; **~ογραφία** [-ɣraf-] *Typ*. Heliographie *f*; **~οθεραπία** Sonnentherapie *f*; **~όκαμα** *n* Sonnenbräune *f*; **~οκα(υ)μένος, ~όκαυστος** [i'lĭɔkafst-] sonn(en)verbrannt, sonnengebräunt; **~οκεντρικός** heliozentrisch; **~όλουστος** [-lust-] Sonnen-, sonnengebadet; **~όλουτρο** Sonnenbad *n*.
ήλιος ['ilĭɔs] Sonne *f*; Sonnenblume *f*; *Argot*: Stoff *m*, Heroin *n*.
ηλιο|στάσιο Sonnenwende *f*; **~τρόπιο** *Bot*., *Geodäsie*, *Min*. Heliotrop *n*; *Chem*. Lackmus *m*; **~φώτιστος** [-'fɔtist-] sonnenbeschienen.
ηλιόχαρος sonnenhell.
ήλος ['il-] Niete *f*, Bolzen *m*.
Ηλύσια *n/pl*. die elysäischen Gefilde *n/pl*.
ήλωση ['ilɔsi] (-εις) Nieten *n*.
ημαρτημένος [imarti-] irrtümlich; *Su*. *n/pl*. Druckfehlerverzeichnis *n*.
ημάς *K*. uns (*A*).
ημεδαπ|ός [imɛðap-] einheimisch; *Su*. *m* Landsmann *m*; ***~ή*** Binnenland *n*.
ημείς [i'mis] *K*. wir.
ημέρα [i'mɛra] Tag *m*; ***από μέρα σε μέρα*** von Tag zu Tag; ***κάποια μέρα*** eines Tages; ***με την ~*** tageweise; ***καλή μέρα!, καλημέρα!*** guten Tag!; ***μέρα νύχτα*** Tag und Nacht; ***εργάσιμη ~*** Werktag *m*.
ημεραργία [imɛrarj-] Ruhetag *m*; Arbeitsausfall(entschädigung *f*) *m*.
ημερ|εύω *od.* ***μερεύω*** (ψ· φτ) *v/t*. zähmen; beruhigen; *v/i*. zahm werden; sich (*A*) beruhigen; *Schmerz*: sich (*A*) legen; **~ήσιος** (-ια) täglich, Tages-; ***~ήσιος τύπος*** Tagespresse *f*; ***~ήσια διάταξη*** Tagesordnung *f*; **~ίδα** *Sport*: Veranstaltung *f*; **~ινός** Tages-; **~όβιος** (-ια) Eintags-; Tages-, Tage-; **~οδείκτης** [-'ðikt-] (Abreiß-)Kalender *m*; **~οδούλι** *s.* ***μεροδούλι;*** **~ολόγιο** [-ɔ'lɔjɔ] Kalender *m*; Tagebuch *n*; *mar*. Logbuch *n*; Journal *n*; Almanach *m*; ***~ολόγιο συναντήσεων*** Terminkalender *m*; **~ομηνία** Datum *n*; ***~ομηνία γεννήσεως*** Geburtsdatum *n*; ***~ομηνία λήξεως*** Haltbarkeitsdatum *n*; **~ομίσθιο** [-'mist-] Tagelohn *m*, Lohn *m*; **~ομίσθιος (εργάτης)** Tagelöhner *m*; **~ονύκτιο** (*od.* ***μερόνυχτο***) Zeitraum *m* von 24 Stunden.
ήμερος ['imɛr-] (*Adv*. -α) zahm; *fig*. sanft, mild; gezüchtet; ***~ τόπος*** Anbaufläche *f*.

ημερότητα Zahmheit *f*; Milde *f*.
ημέρωμα *n s.* ***ημέρωση.***
ημερώνω *s.* ***ημερεύω;*** *Bot.* veredeln; *Menschen* kultivieren; *v/i.* sich (*A*) beruhigen lassen (***με***/ durch *A*).
ημέρωση (-εις) Zähmung *f*; Beruhigung *f*; Kultivierung *f*.
ημέτερ|ος (-έρα) unser(e); ***ο ~ος*** der Unsrige; ***πολλοί ~οι*** viele von uns.
ημι-, ημί- [imi-] Halb-, halb-, Semi-.
ημίγλυκος fein süß; *Wein*: milde.
ημιδιατροφή Halbpension *f*.
ημι|επίσημος [-ɛ'pisim-] halbamtlich, offiziös; **~θανής** halb tot.
ημίθεος Halbgott *m*.
ημι|κρανία [-kran-] Migräne *f*; **~κύκλιο** [-'ķikl-] Halbkreis *m*.
ημίλευκος Grau- (*Brot*).
ημι|μάθεια [-'maθĭa] Halbbildung *f*; **~μαθής** halbgebildet; stümperhaft.
ημίμετρα *n/pl.* halbe Maßnahmen *f/pl.*
ημιολία [imĭɔl-] *mar.* Schoner *m*.
ημίονος [i'miɔn-] *m, f* Maulesel *m*.
ημιπερίοδος *f* Prüfungszeit *f* (*an der Universität*); *Gr.* halbe(s) Satzgefüge (*bis zum Semikolon*).
ημιπληγία [-plij-] *Med.* Hemiplegie *f*.
ημιπολίτιμος: ~ ***λίθος*** Halbedelstein *m*.
ημίσβεστος [-zvɛst-] halb erloschen.
ημισέληνος [-'sɛlin-] *f* Halbmond *m* (*a. der türkischen Flagge*); ***Ερυθρά*** ♀ Rote(r) Halbmond *m*.
ήμισυ ['imisi] (-εος) *n* Hälfte *f*.
ημι|σφαιρικός [-sfɛr-] hemisphärisch; halbkugelförmig; **~σφαίριο** Hemisphäre *f*, Halbkugel *f*; **~ταχώς** [-ta'xɔs] *Adv.* mit halber Geschwindigkeit; **~τελής** halb fertig.
ημιτόνιο *Mus.* Halbton *m*.
ημί|τονο *Math.* Sinus *m*; **~φωνο** *Gr.* Halblaut *m*; **~φως** *n* Dämmerlicht *n*.
ημιχόριο *hist. Thea.* Chorhälfte *f*.
ημιχρόνιο Halbzeit *f*.
ημίωρος [i'miɔr-] halbstündig; *Su. n* halbe Stunde *f*.
ήμουν ich war.
ημπορώ *s.* ***μπορώ.***
ηνία *n/pl.* Zügel *m/pl.* (*a. fig.*).
ηνίοχος [i'niɔx-] Kutscher *m*; Fahrer *m*; ♀ Fuhrmann *m* (*Sternbild*); ***ο ~ των Δελφών*** der Wagenlenker von Delphi.
ηνωμέν|ος vereinigt; ***οι ♀ες Πολιτείες*** [i inɔ'mɛnɛs pɔli'tiɛs] die Vereinigten Staaten *m/pl.*
ηνωρθ- *s.* ***ανορθώνω.***
ήξα = ***ήγαγον,*** *s.* ***άγω.***
ηξεύρω *s.* ***ξέρω.***
ήπαρ ['ipar] (ήπατος) *n* Leber *f*.
ηπατ(ο)- Leber-.
ηπατικός Leber-; leberkrank.
ηπατίτιδα Leberentzündung *f*.
ήπειρος ['ipir-] *f* Festland *n*; Kontinent *m*; ♀ E'pirus *m*.
ηπειρώτης (***-ισσα***) Festlandbewohner(in *f*) *m*; ♀ Epi'rot(in *f*) *m*.
ηπειρωτικ|ός [ipirɔt-] kontinental; epirotisch; ***~ή θάλασσα*** Binnenmeer *n*.
ήπια ['ipja] ich trank; *s.* ***πίνω.***
ήπιος ['ipĭɔs] (-ια) sanft, milde, gütig; *Wetter*: milde.
ηπιότητα Milde *f*, Güte *f*.
ήρα ['ira] *Bot.* Lolch *m*.
Ηράκλει|ο [i'rakliɔ] *Kreta*: Herakleion *n*, Kandia *n*; *Attika*: Herakleion *n*; ♀**ος** (-εια) herkulisch, Herkules-.
Ηρακλής [ira'klis] (-έους *od.* -ή) Herkules *m*.
ηρανθές [ira'ňθɛs] *n* Primel *f*.
ήρεμα *Adv.* langsam, ruhig.
ηρέμηση Beruhigung *f*.
ηρεμ|ία [irɛm-] Ruhe *f*, Stille *f*; Seelenruhe *f*; **~ίζω** (σ) *v/t.* beruhigen; **~ιστικός** Beruhigungs-.
ήρεμος ruhig, still.
ηρεμώ (είς· ησ) ruhig sein; stagnieren; sich (*A*) ausruhen.
ηρθ- *s.* ***αίρω; έρχομαι.***
ηρμένος aufgehoben; *s.* ***αίρω.***
ηρξ- *s.* ***άρχω; άρχομαι.***
Ηρόδοτος Hero'dot *m*.
ήρωας ['irɔas] (*a. Thea. usw.*) Held *m*.
Ηρώδ|ης [i'rɔðis] Herodes *m*; ***θέατρο του ~ου του Αττικού*** Theater *n* des Herodes Attikus *in Athen*.
ηρω|ίδα [irɔ-], **~ίνη** Heldin *f*; **~ικός** heldenhaft, heroisch; Helden- (*Tod*); **~ισμός** [-izm-] Heldenmut *m*, Heroismus *m*.
ηρώο [i'rɔɔ] Heldendenkmal *n*.
ήσκα ['iska] Zunder *m*.
ήσκιος *s.* ***ίσκιος.***
ησυχ|άζω [isi'xazɔ] (σ) *v/i.* ruhig sein; ausruhen; Ruhe finden; *v/t.* beruhigen; besänftigen; **~αστήριο** Ruheplatz *m*; Klause *f*; **~ία** [isi'çia] Ruhe *f*; *Hdl.*

Flaute *f*; ***με την ~ία μου*** ruhig, ohne Überstürzung.
ήσυχος *allg.* ruhig.
ησφαλισμένος Versicherte(r).
ήτα *n der Buchstabe* Eta *n*.
ήττα Niederlage *f*.
ηττο|πάθεια [itɔ'paθĭa] Defätismus *m*; **~παθής** Defätist *m*, F Miesmacher *m*.
ηττώμαι [i'tɔmε] (άσαι· ηθ) besiegt werden, unterliegen.
ηυ- *s.* ***ευ-***.
ηυξησ- *s.* ***αυξάνω***.
ηυχηθ- *s.* ***εύχομαι***.
ηφαίστειο Vulkan *m*.
ηφαιστειογενής [ifεstĭɔjεn-] vulkanisch.
Ήφαιστος ['ifεst-] Hephästos *m*, Vulkan *m*.
ηχείο [i'çiɔ] Lautsprecher *m*; *Geige*: Schallkörper *m*.
ηχη|ρός [içi-] tönend, widerhallend, sonor; *Gr*. stimmhaft; **~τικός** Schall-; ***~τικό κύμα*** *n* Schallwelle *f*.
ηχο|βόλιση [ixɔ'vɔl-] (-εις), **~βολισμός** Echolotung *f*; **~γράφηση** (-εις) (Tonband-)Aufnahme *f*; **~γραφώ** (ησ· ηθ) auf Tonband aufnehmen; **~λέξη** (-εις) lautmalende(s) Wort; **~ληψία** Aufnahme *f e-r Sendung*; ***προϊστάμενος ~ληψίας*** Aufnahmeleiter *m*; **~λογώ** (άς· ησ) tönen, widerhallen; **~προστασία** Lärmschutz *m*; **~ρύπανση** (-εις) Lärmbelastung *f*.
ήχος ['ixɔs] Ton *m*; Schall *m*; Klang *m*; *Mus.* Weise *f*.
ηχώ [i'xɔ] (*G* -ούς, *A* -ώ) *f* Echo *n* (*a. fig.*), Widerhall *m*.
ηχώ (είς· ησ) (er)tönen, (er)schallen; *fig.* Widerhall finden.
ηώς [i'ɔs] (-ούς) *f* Morgenröte *f* (*a. fig.*); ♀ 'Eos *f*, Aurora *f*.

Θ

Θ, θ ['θita] Theta *n*; ***θ'*** = 9; ***,θ*** = 9000.
θα [θa] (*a.* ***θενά***) *Partikel, z. B.* ***~ γράψω, γράφω*** ich werde schreiben; ***~ έγραφα*** ich würde schreiben; ich hätte geschrieben; ***~ είχα γράψει*** ich hätte geschrieben; *Vermutung*: ***~ κοιμάται τώρα*** er wird wohl jetzt schlafen; ***~ καθυστέρησε το τραίνο*** der Zug wird sich wohl verspätet haben.
θάβω ['θavɔ] (ψ· θαφτ· αμμ) *v/t. allg.* begraben; *Schatz* vergraben; *fig.* F erledigen, ruinieren (***με***/ durch *A*).
θαλάμη *s.* ***θαλάμι***.
θαλαμηγός [θalamiɣ-] *f mar.* Jacht *f*.
θαλαμηπόλος [-'pɔlɔs] *m*, *f* Kammerdiener *m*; Kammermädchen *n*.
θαλάμι Lager *n*; Höhle *f*; Kammer *f* (*e-r Waffe*).
θαλαμίσκος *Flgw.* Kanzel *f*.
θάλαμος Kabine *f*; *mar.* Kajüte *f*; *mil.* Stube *f*; *lit.* (*Braut-*)Gemach *n*; Glaskörper *m* (*des Auges*); ***σκοτεινός ~*** (*Foto*) Dunkelkammer *f*; ***τηλεφωνικός ~*** Telefonzelle *f*.
θάλασσα ['θalasa] Meer *n*, See *f*; Seewasser *n*; Sturm *m*, hohe See; Meeresspiegel *m*; ***τα κάνω ~*** alles durcheinander bringen; ***με πειράζει*** (***πιάνει***) ***η ~*** seekrank werden; ***δια θαλάσσης*** auf dem Seeweg; ***η Αδριατική ~, Ερυθρά ~, Κασπία ~, Μεσόγειος ~, Νεκρά ~*** das Adriatische -, Rote -, Kaspische -, Mittelmeer, Tote Meer *n*.
θαλασσ|ασφάλεια [-a'sfalĭa] Seeversicherung *f*; **~ής** (-ιά, -ί) meeresblau; **~ινός** See-; *Su. m* Seemann *m*; ***~ινά*** *n/pl.* Muscheln *f/pl*.
θαλάσσιος (-ια) Meeres-, See-.
θαλασσο- [θalasɔ-] See-, Meeres-.
θαλασσ|οδάνειο [-'ðanĭɔ] Bodmereigelder *n/pl.*; *iro.* unsichere(s) Darlehen *n*; **~οδέρνω** [-'ðεrnɔ] *v/t.* mürbe machen; *v/i. u. v/p.* (***~οδέρνομαι***) gegen die See (an)kämpfen; ***~οδαρμένος*** *Leben*: stürmisch, kampferfüllt; **~οκρατία** Seeherrschaft *f*; Seemacht *f*; **~οκράτορας** Beherrscher *m* der Meere; **~οκρατορία** *s.* ***θαλασσο-***

θαλασσόλυκος 226

κρατία; **\~όλυκος** [-'sɔl-] Seebär *m*; **\~ομάχος** [-'max-] Kämpfer *m* zur See; mit dem Meer Kämpfende(r); **\~όνερο** [-'sɔnɛrɔ] Seewasser *n*; **\~οπλοΐα** [-plɔ'ia] Seefahrt *f*; **\~οπνίγω** [-'pniɣɔ] (ξ· -γη-· [γ]μ) *v/t.* untergehen lassen; ***\~οπνίγομαι*** gegen die See kämpfen; *fig.* sich (*als Seemann usw.*) abschuften; *fig.* sich (*A*) verlieren (***σε***/ in *D*); **\~οπορία** Seefahrt *f*; **\~οπόρος** Seefahrer *m*; **\~οπούλι** [-'puli] Seevogel *m*; *fig.* Seebär *m*; **\~οταραχή** [-tara'çi] Seegang *m*.

θαλάσσωμα *n* Verwirrung *f*, Durcheinanderbringen *n*.

θαλασσώνω (σ· θ): ***τα \~*** alles durcheinander werfen.

θαλάσσωση [θa'lasɔsi] Unterwassersetzen *n*.

Θάλεια Tha'lia *f* (*Göttin der Komödie*).

θαλερ|ός [θalɛr-] blühend, grünend; *fig.* rüstig; **\~ότητα** Blüte *f*; Rüstigkeit *f*.

Θαλής [θa'lis] *altgr. Philosoph* 'Thales *m*.

θάλλιο ['θaliɔ] *Chem.* Thallium *n*.

θαλλός *Bot.* Sprössling *m*.

θάλλω ['θalɔ] (*o. Aor.*) blühen, gedeihen (*a. fig.*).

θαλπερός [θalp-] (-ά) wärmend; wohltuend.

θάλπος *n* Wärme *f*; Fürsorglichkeit *f*.

θάλπω ['θalpɔ] *K.* (*o. Aor.*) wärmen; pflegen.

θαλπωρή [-pɔ'ri] Wärme *f*; Behaglichkeit *f*; ***οικογενειακή \~*** *fig.* Nestwärme *f*.

θάμα ['θama] *n s.* ***θαύμα.***

θαμβ- *s.* ***θαμπ-.***

θάμνος ['θamn-] Strauch *m*, Busch *m*.

θαμπάδα [θam̃b-] Trübung *f*; Glanzlosigkeit *f*.

θάμπος ['θam̃b-] *n* Blenden *n*; *fig.* Bestürzung *f*.

θαμπός matt, trübe; blind; undurchsichtig; verschwommen.

θάμπωμα *n s.* ***θάμπωση.***

θαμπώνω (σ· θ· τε-) *v/t.* blenden, trüben; *fig.* blenden; matt, blind machen; *v/i.* sich trüben; *Glas a.* anlaufen.

θάμπωση (-εις) Blenden *n*; Trübung *f*; Bewunderung *f*; Bestürzung *f*.

θαμώνας [θa'mɔnas] Stammkunde *m*, Stammgast *m*.

θανάσιμος [θa'nas-] *allg.* tödlich; Tod-.

θανατ|άς [θana'tas] Tod *m* (*als Person*); ***είναι του \~ά*** er liegt im Sterben; **\~ηφόρος** tödlich (*Gift*); ***\~ηφόρο ...*** mit Todesfolge; **\~ικό** Pest *f*, Seuche *f*; **\~ικός** Todes-; ***\~ική ποινή*** Todesstrafe *f*.

θάνατ|ος ['θanat-] Tod *m*; *fig.* ***είναι \~ος ...*** ist ein Schicksalsschlag; ***είναι για \~ο*** er ist ein Kind des Todes.

θανάτωμα *n* Tötung *f*.

θανατώνω (σ· θ) töten; *fig.* tief treffen.

θανάτωση (-εις) *s.* ***θανάτωμα.***

θανή [θa'ni] Tod *m*; Begräbnis *n*.

θάπτω ['θaptɔ] (ψ· ταφ) *K. s.* ***θάβω.***

θαρραλ|έος [θara'lɛ-] (-α) mutig, kühn; **\~εότητα** Kühnheit *f*.

θάρρεμα *n* Ermutigung *f*; Zuversicht *f*; Meinung *f*.

θαρρετός mutig; dreist, keck.

θαρρεύω [θa'rɛvɔ] (ψ· ευτ· εμ) mutig *od.* selbstbewusst werden; meinen.

θάρρος ['θarɔs] *n* Mut *m*, Selbstvertrauen *n*; Vertraulichkeit *f*; Hoffnung *f*; Stütze *f*; ***λαμβάνω το \~ να ...*** ich erlaube mir, zu ...

θαρρ|ώ [θa'rɔ] (είς· ησ) Mut haben; (θάρρεψα) glauben, meinen; ***\~είς και*** (*mst. Impf.*) als ob ... (*mit Konj. II*).

Θάσος ['θasɔs] *f* Insel *f* Thasos.

θαύμα ['θavma] *n* Wunder *n* (*a. fig.*); **\~!** tadellos!, wunderbar!; ***έχει λεφτά θάμα*** er hat Geld wie Heu.

θαυμ|άζω [θavm-] (σ· στ) *v/t.* bewundern; *v/i. u. v/p.* (***-άζομαι***) sich (*A*) wundern (*A od.* ***για***/ über *A*); **\~άσιος** [-'asiɔs] (-ια) wunderbar, bewunderungswürdig; **\~ασμός** Bewunderung *f*; Verwunderung *f*; **\~αστής** (***-άστρια***) Bewunderer(in *f*) *m*; **\~αστικό** Ausrufungszeichen *n*; **\~αστικός** bewundernd; **\~αστός** bewundernswert.

θαυματ|οποιΐα [θavmatɔpi'ia] Taschenspielerkunst *f*; **\~οποιός** [-ɔ'pĭɔs] Taschenspieler *m*; **\~ούργημα** [-'urjima] *n*, **\~ουργία** [-urj-] Wunderwerk *n*; **\~ουργός** [-urɣ-] wundertätig; *Arznei*: Wunder wirkend; **\~ουργώ** (είς· ησ· ηθ) Wunder vollbringen; *iro.* sich doll aufführen.

θαφτικά *n/pl.* Bestattungskosten *pl.*

θάψιμο ['θapsimɔ] Beerdigung *f*.
θέα ['θεa] Aussicht *f* (*G*/ auf *A*).
θεά [θε'a], **θέαινα** ['θεεna] Göttin *f* (*a. fig.*); ***θεά του έρωτα*** Göttin *f* der Liebe.
θέαμα *n* Schauspiel *n*; Anblick *m*.
θεαματικ|ός eindrucksvoll, überwältigend; **~ότητα** Ausdruckskraft *f*.
θεάνθρωπος [θε'anθrɔp-] *Christus*: Gottmensch *m*.
θεάρεστος [θε'arεst-] gottgefällig.
θεατ|ής Zuschauer *m*; **~ός** sichtbar.
θεάτρια Zuschauerin *f*.
θεατρ|ίζω [θεa'tr-] (σ· στ) bespötteln, F verhohnepipeln; **~ικογράφος** Theaterkritiker *m*; **~ικός** Theater-, theatralisch; Bühnen- (*Werk*); **~ίνα** Schauspielerin *f*; **~ίνος** Schauspieler *m* (*a. fig.*); **~ισμός** Verstellung *f*; F *pl.* Theater *n*.
θέατρο ['θεatrɔ] Theater *n*; Schauplatz *m*; ***γίνομαι ~*** zum Gespött werden; ***υπαίθριο ~*** Freilichttheater *n*; ***~ σκιών*** Schattenspiel *n*; ***~ του πολέμου*** Kriegsschauplatz *m*.
θεατρόφιλος theaterbegeistert.
θεατρώνης Theaterunternehmer *m*, Impresario *m*.
θεία ['θia], **θειά** [θja] Tante *f*.
θειάφι ['θjafi] Schwefel *m*.
θειαφίζω (σ· στ) (ein)schwefeln.
θειάφισμα *n* Einschwefeln *n*.
θειαφιστήρι Schwefelungsapparat *m*.
θειικό|ς [θiik-] Schwefel-; ***~ οξύ*** [ɔ'ksi] Schwefelsäure *f*; ***~ς χαλκός*** [xalk-] Kupfervitriol *n*.
θεϊκός [θεik-] göttlich (*a. fig.*).
θείο *s.* ***θειάφι***.
θείος¹, **θειός** Onkel *m*.
θεί|ος² ['θiɔs] (θεία) göttlich (*a. fig.*); heilig (*Abendmahl*); ausgezeichnet; ***τα ~α*** (das) Heilige.
θειότης [θi'ɔ-] *f* Göttlichkeit *f*.
θειούχος [θi'ux-] (-α) schwefelhaltig.
θεϊσμός [θεizm-] Theismus *m*.
θειώδης [θi'ɔð-] schwefelartig.
θειώνω (σ· θ) vulkanisieren.
θείωση ['θiɔsi] (-εις) Schwefelung *f*; Vulkanisierung *f*.
θέλγητρο ['θεlji-] Anmut *f*, Charme *m*.
θέλγω ['θεlγɔ] (λξ· λχτ) bezaubern.
θέλημα ['θεl-] *n* Wille *m*; ***του κάνει ~*** j-m e-n Gefallen tun; ***κάνω θελήματα*** kleine Aufträge ausführen, Laufbursche sein.
θεληματ|ίας Willensmensch *m*; **~ικός** freiwillig; bewusst.
θέληση (-εις) Wille *m*; Lust *f* (***για***/ zu *D*); ***καλή ~*** der gute Wille; ***τελευταίες θελήσεις*** die letztwillige Verfügung.
θελκτικός charmant, bezaubernd; *Vorschlag*: reizvoll.
θέλ|ω ['θεlɔ] (θελησ· [η]θέλησα· *Impf.* ήθελα) *v/t.* wollen; verlangen, nötig haben; *Zeit* brauchen; *Geld* schulden; ***~ω να*** wollen (*mit Inf.*); ***ήθελα*** ich möchte; ***~εις δε ~εις, ~οντας και μη ~οντας*** wohl oder übel; ***~εις ... ~εις*** ob nun ... oder ob ...; ***τι τα ~εις*** und letzten Endes; ***~ει το καλό μου*** er will mein Bestes; ***~ω να πω*** ich meine; ***τι ~ει να πη αυτό;*** was soll das bedeuten?; ***~ει ...*** *mit Verbalsubstantiv*: muss ... werden, *z. B.* ***~ει άσπρισμα*** ... muss geweißt werden; ***τα λουλούδια ~ουν πότισμα*** die Blumen müssen gegossen werden; ***σε ~ω*** ich brauche dich; F ich will dir mal was sagen.
θέμα *n* Thema *n* (*a. Mus.*); Gesprächsstoff *m*; Aufsatz(thema *n*) *m*; Übersetzungsaufgabe *f*; *hist.* Teil *m* (des byzantinischen Reiches); *Gr.* Stamm *m*.
θεματ|ικός [θεmati'kɔs] Thema-, thematisch; *Gr.* Stamm- (*Vokal*); **~ογραφώ** Aufsätze, Übungen *usw.* schreiben; **~οφύλακας** [-'filakas] Depositar *m*; *fig.* Bewahrer *m*.
θεμελιακός [θεmεlĭa-] grundlegend.
θεμέλιο Fundament *n*, Grundstein *m*; *fig.* Grundlage *f*; ***εκ θεμελίων*** von Grund aus.
θεμέλιος (-ια) Grund-.
θεμελιώδης (-ώδες) Grund-; grundlegend.
θεμέλιωμα *n s.* ***θεμελίωση***.
θεμελιώνω (θεμελίωσα· ωθ· ωμ) den Grundstein legen zu; begründen; sich gründen (***σε***/ auf *A*).
θεμελ|ίωση [θεmε'liɔ-] (-εις) Begründung *f*, Grundlegung *f*; **~ιωτής** Begründer *m*; **~ιωτικός** grundlegend.
Θέμιδα ['θεmiða] (*Göttin des Rechtes*) Themis *f*.
Θεμιστοκλής [θεmistɔ'klis] (-έους *u.* -ή) The'mistokles *m*.
θεμιτός gesetzlich, statthaft.

Θ

θεμωνιά *s.* ***θημωνιά.***
θενά *s.* ***θα.***
θεο- [θεɔ-] Gott-, göttlich, von Gott ...; *Ausdruck der Steigerung*: erz-, kreuz-, ganz.
θεο|βλάβεια [-'vlavĭa] Gottesfurcht *f*; **~βλαβούμενος** [-vla'vu-] gottesfürchtig; **~γνωσία** [-γnɔs-] Gotteserkenntnis *f*; ***τον έφερα σε ~γνωσία*** ich habe ihn zur Vernunft gebracht; **~γονία** Theogonie *f*.
θεόγυμνος [θε'ɔjimn-] splitternackt.
θεο|δικία [-ðiķ-] Gottesurteil *n*; **~δοσιανός** theodosianisch; **Ձδόσιος** Theodosius *m*; **Ձδώρα** Theodora *f*.
Θεόδωρος [θε'ɔðɔr-] Theodor *m*.
θεόκλειστος fest verschlossen.
θεοκρατ|ία Theokratie *f*; Priesterherrschaft *f*; **~ικός** theokratisch.
Θεόκριτος Theo'krit *m*.
θεόληπτος bigott; von Gott inspiriert; *Psych.* religiös fanatisch.
θεολογ|ία [θεɔlɔj-] Theologie *f*; Religionswissenschaft *f*; **~ικός** theologisch; religionswissenschaftlich.
θεολόγος [-'lɔγ-] Theologe *m*.
θεο|μηνία [-min-] Naturkatastrophe *f*, *lit.* Plage *f*, Gottesgeißel *f*; **~μητορικός** *Rel.* Marien-, Mariä ...; **~μήτωρ** (-ορος) *f* Mutter *f* Gottes; **~μπαίχτης** [-'bεxt-] Gotteslästerer *m*; Schurke *m*; **~μπαίχτρα** Gotteslästerin *f*; Schurkin *f*; **~νήστικος** mordshungrig.
θεό|πεμπτος [-pεm̃pt-] von Gott gesandt; **~πνευστος** [-pnεfst-] von Gott erleuchtet.
θεο|ποίηση [-'piisi] (-εις) Vergötterung *f*; Vergottung *f*; **~ποιώ** [-'pĭɔ] vergöttern; vergotten.
θεόρατος ungeheuer, riesig.
Θεός [θε'ɔs] (der christliche) Gott *m*; ***προς Θεού, για τ' όνομα του Θεού*** um Gottes willen!; ***ο ~ να δώση*** Gott geb's!; ***ο ~ ξέρει τι θα γίνη*** Gott weiß, was werden wird; ***ο ~ φυλάξοι, ο ~ να φυλάει*** Gott behüte!; ***ο ~ βοηθός*** *od.* ***ο ~ μαζί σου*** (***σας***) Gott helfe dir (euch)!; ***ελέω Θεού*** von Gottes Gnaden; ***δόξα τω Θεώ!*** Gott sei Dank!
θεός Gott *m* (*a. fig.* = Idol *n*); ***~ από μηχανής*** Deus *m* ex Machina.
θεο|σέβεια [-'sεvĭa] Gottesfurcht *f*; **~σεβής** gottesfürchtig, fromm; **~σκότεινος** [-'skɔtin-] stockdunkel; *Mensch*: völlig unbedarft; **~σκοτωμένος** gottverflucht; verworfen; *fig.* hundemüde; **~σοφία** Theosophie *f*.
θεόσταλτος gottgesandt; unverhofft.
θεόστραβος [θε'ɔstrav-] völlig blind (*a. fig.*); *fig.* ... mit Blindheit geschlagen.
θεότητα Göttlichkeit *f*; Gottheit *f*.
θεοτικός göttlich.
Θεοτόκος *f* Mutter *f* Gottes.
θεοτούμπης [-'tum̃b-] Scheinheilige(r); Schurke *m*.
Θεοφάνια [θεɔ'fan-] *n/pl.* Epiphanienfest *n*, Dreikönigsfest *n*.
Θεόφιλος 'Theophil *m*.
θεοφοβούμενος gottesfürchtig.
θεράπαινα [θε'rapεna], **θεραπαινίδα** Dienerin *f*, Zofe *f*.
θερα|πεία [θεrap-] Kur *f*; Behandlung *f*; Heilung *f*; Pflege *f a. fig.* (*z. B. der Musen*); **~πεύσιμος** [-'pεfs-] heilbar; **~πευτήριο** [-pε'ftir-] Sanatorium *n*; **~πευτική** Therapeutik *f*; **~πευτικός** therapeutisch; **~πεύω** (ευσ· ευτ) *v/t.* pflegen (*a. fig.*); behandeln; heilen; *Bedürfnis* befriedigen.
θεράποντας [θε'ra-] Diener *m* (*a. fig.*); (*Bildungs-*)Beflissene(r); behandelnde(r) Arzt *m*.
θέρετρο Sommerfrische *f*; Sommerhaus *n*; ***θερινό ~*** Feriengebiet *n*.
θεριακλ|ής [θerĭa'klis] *m*, ***~ίδισσα*** (*od.* ***~ού*** *f*) *fig.* große(r) Liebhaber, Freund *m von* (*D*); Kettenraucher *m*; ***~ής*** *od.* ***~ίδισσα του καφέ*** leidenschaftliche(r) Kaffeetrinker(in *f*) *m*; **~ίδικος** leidenschaftlich.
θεριακωμένος riesig.
θεριεύω [θεri'εvɔ] (θέριεψα· εμ) toben (*vor Wut*); *fig.* um sich greifen.
θεριζοαλωνιστική [θεrizɔalɔnist-] Mähdrescher *m*.
θερίζω (σ· στ) mähen; ernten; *fig.* hinwegraffen; *Hunger usw.*: plagen.
θεριν|ός Sommer-; ***~ό σπίτι*** Ferienwohnung *f*.
θεριό *s.* ***θηρίο;*** Drache *m*.
θέρισμα *n* Mähen *n*; Ernte *f*; *fig.* Vernichtung *f*.
θερισμ|ός Ernte *f*; ***εποχή ~ού*** Erntezeit *f*.
θεριστήρι Sichel *f*.
θερ|ιστής [θεr-] (***-ίστρια***) Schnitzer(in *f*) *m*, Mäher(in *f*) *m*; **Ձιστής** *poet.* Juni

229 θεώρημα

m (= *hist.* Brachmonat *m*); **~ιστικός** Ernte-; vernichtend; ***~ιστική μηχανή*** [-isti'ḱi mix-] Mähmaschine *f*.
θερμαγωγός [θermaɣoɣ-] Wärme leitend.
θερμαίν|ω (μαν· μα[ν]θ· σμ) *v/t.* heizen, erwärmen; *fig.* beleben; ***~ομαι*** Fieber haben; sich (*A*) erwärmen; *fig.* wachsen.
θέρμανση ['θermañsi] (-εις) Erwärmung *f*; Heizung *f*; ***κεντρική ~*** Zentralheizung *f*.
θερμαντι|κός [θermañdi-] heizend, Heiz- (*Kraft*); Wärme-; **~κότητα** Heizkraft *f*.
θερμασιά [-ma'sja] Fieberschauer *m*.
θέρμασμα [-mazma] *n* heiße(r) Umschlag *m*.
θερ|μαστής Heizer *m*; **~μάστρα** Ofen *m*; ***~μάστρα πετρελαίου*** Ölofen *m*.
θέρμ|η Fieber *n*; *fig.* Feuereifer *m*; ***στη ~η της συζήτησης*** in der Hitze des Gefechts; ***~ες*** *f/pl.* heiße Quellen *f/pl.*; *fig.* ***με ~η*** herzlich (*aufnehmen*).
θερμίδα Kalorie *f*.
θερμικός Wärme-, Hitze-; thermisch.
θερμόαιμος [θer'moεm-] heißblütig; *Zool.* warmblütig.
θερμο|γόνος [θermo-] Wärme erzeugend; **~δυναμική** Thermodynamik *f*; **~καυστήρας** [-kaf'stiras] Ölbrenner *m*; **~κέφαλος** [-'ḱef-] hitzköpfig; **~κήπιο** [-'ḱip-] Treibhaus *n*; **~κρασία** Temperatur *f*; **~λουσία** [-lus-], **θερμόλουτρο** heiße(s) Bad *n*.
θερμομετρικός Thermometer-.
θερμόμετρο Thermometer *n*.
θερμομετρώ (άς· ησ· ηθ) die Temperatur messen.
θερμοπαρακαλώ (εις· εσ) *v/t.* inständig bitten.
θερμοπληξία Hitzschlag *m*.
Θερμοπύλες [θermo'piles] *f/pl.* (die) Thermopylen.
θερμοπυρηνικός thermonuklear.
θερμός[1] (0) *n* Thermosflasche *f*.
θερμ|ός[2] heiß, warm (*a. fig.*); *fig.* feurig; inständig; *Debatte*: hitzig; **~οσίφωνας** [-'sifonas] (*a.* **-νο**) Heißwasserspeicher *m*, Boiler *m*; **~οστάτης** Thermostat *m*; **~ότητα** Hitze *f*, Wärme *f* (*a. fig.*); **~οφόρα** Wärmflasche *f*.
θέρος ['θer-] Ernte *f*; *n* Sommer *m*.
θέση ['θesi] (-εις) Stellen *n*, Setzen *n*; *allg.* Platz *m*; *Fahrkarte*: Klasse *f*; Lage *f* (*e-r Stadt*); Ort *m*; Lage *f*, Situation *f*; Amt *n*, Stellung *f*; Ansicht *f*; Dissertation *f*; *Rel.* These *f*; Fach *n* (*im Schrank*); ***μόνιμη ~*** Lebensstellung *f*; ***νευραλγική ~*** Schlüsselstellung *f*; ***τακτική ~*** Stammplatz *m*; ***~ εργασίας*** Arbeitsplatz *m*; ***~ στο παράθυρο*** Fensterplatz *m*; ***είμαι σε ~*** imstande sein; *K. hist.* ***θέσει μακρόν φωνήεν*** *Gr.* durch Position lange(r) Vokal *m*.
θεσιθήρας [θesi'θiras] Postenjäger *m*.
θεσμικός gesetzlich, Gesetz-.
θεσμο|θεσία [θezmoθes-] Gesetzgebung *f*; **~θέτης** Gesetzgeber *m*.
θεσμ|ός [θez-] Institution *f*; Gesetz *n*; ***~οί*** *pl.* Grundgesetz *n*; Prinzipien *n/pl.*
θεσπέσιος [θe'spes-] (-ια) herrlich.
θεσπίζω (σ· στ) verordnen.
θέσπισμα *n* Verordnung *f*, Dekret *n*; ***κλητήριο ~*** *jur.* Vorladungsbefehl *m*.
Θεσσαλ|ία [θesa'lia] Thessalien *n*; **Ωικός** thessalisch.
Θεσσαλονίκη [-o'niḱi] Saloniki *n*.
θέσφατο Gottes Wort *n*.
θετικιά F anständige Frau.
θετικισ|μός [θetiḱ-] *Phil.* Positivismus *m*; Konkrete(s); **~τής** (***-ίστρια***) Positivist(in *f*) *m*.
θετικ|ός [θetik-] positiv (*a. El.*); *Mensch*: zuverlässig; exakt (*Wissenschaft*); ***~ός βαθμός*** *Gr.* Positiv *m*; ***~ή εικόνα*** *Foto*: Positiv *n*; F ***τον*** (*od.* ***το***) ***έχω ~ό*** *allg.* der (*od.* das) ist mir sicher; **~ότητα** Bestimmtheit *f*; Entschiedenheit *f*.
θετός Adoptiv-.
θέτω ['θeto] (έθεσα· τεθ· τεθεμέν-) legen, stecken, stellen, setzen; *fig.* ***~ το ζήτημα*** die Frage stellen; ***~ ως σκοπό*** *v/t.* als Ziel betrachten; ***~ σε ενέργεια*** in Betrieb nehmen; ***~ σε χρήση*** in Gebrauch nehmen; ***~ νόμους*** Gesetze aufstellen.
θεώμαι [θe'ome] (άσαι· αθ) sich (*D*) *etw.* ansehen; zuschauen; gesehen werden; ***προς το θεαθήναι*** um gesehen zu werden, für die Leute.
θεωρείο [θeo'rio] *Thea.* Loge *f*; Tribüne *f*.
θεώρημα *n* *Math.* Lehrsatz *m*; *s.* ***θέαμα***.

Θ

θεώρηση (-εις) Visum *n*, Sichtvermerk *m*; *fig*. Behandlung *f* (*e-s Problems*).
θεωρητικός theoretisch; ansehnlich, stattlich; voraussichtlich (*Gewinn*); abstrakt (*Zahl*).
θεωρ|ία Theorie *f*; schicke(s) Aussehen *n*, Betrachtung *f*; ***έχω ~ία*** elegant, schick sein; **~ικά** *n/pl. Theat. hist*. Freikarte *f*; **~ός** Beobachter *m*; **~ώ** (είς· ησ) sich (*D*) ansehen, betrachten; prüfen; *Pass usw*. visieren, abstempeln; vorlegen, abstempeln lassen; halten (***για***/ für), betrachten (***ως***/ als); ***να με ~είς πατέρα σου*** betrachte mich als deinen Vater.
Θήβα ['θiva] Theben *n*.
θηκάρι [θik-] Scheide *f*; *s. a*. ***θήκη***.
θήκη ['θiki̯] Kasten *m*, Kiste *f*; Etui *n*; Fach *n*; (*Schwert*) Scheide *f*.
θηλάζω [θil-] (σ) *v/i*. saugen, gestillt werden; *v/t*. säugen, stillen.
θήλασμα *n* Stillen *n*.
θηλασμός Saugen *n*; Säugen *n*.
θηλαστικό Säugetier *n*.
θήλαστρο ['θilastrɔ] (Saug-)Flasche *f*.
θηλή Papille *f*; Brustwarze *f*.
θηλιά [θi'li̯a] Knopfloch *n*; Öse *f*; Schlinge *f*.
θηλιάζω (θήλιασα· στ) *v/t*. schließen; zuknöpfen; e-e Schlinge bilden.
θήλυ ['θili] (-ιού) *n Zool*. Weibchen *n*; (das) Weibliche *n*; ***... θηλέων*** Mädchen- (*Schule*).
θηλύκι Knopfloch *n*; Schlaufe *f*.
θηλυκ|ός (*a*. -ιά) weiblich; fruchtbar; *Su. n Gr*. Femininum *n*, weibliche Form; *iro*. Weib *n*; *Su. n/pl*. Frauen *f/pl*.; **~ότητα** Attraktivität *f*, Sexappeal *m*.
θηλύκωμα *n* Zuknöpfen *n*.
θηλυ|κώνω [θili-] (σ· θ) zuknöpfen, zuschnallen; *Tech*. einpassen, zusammenfügen; **~κωτήρι** Schnalle *f*, Spange *f*; Schuhknöpfer *m*; **~μανής** (-ούς) Schürzenjäger *m*; **~πρεπής** [-prεp-] weibisch, effeminiert.
θημων|ιά [θimɔn-] Feim *m*, Diemen *m*, Schober *m*; **~ιάζω** (-μώνιασα· στ) aufhäufen, aufschichten.
θήρα ['θira] Jagd *f*; Jagdbeute *f*.
Θήρα Insel *f* Thera, Santorin *n*.
θήραμα *n* Jagdbeute *f*, Wild *n*.
Θηρεσία [θirεs-] Therese *f*.
θηρευ|τής [θirεf-] Jäger *m*; **~τικός** Jagd-.
θηρεύω (ευσ· ευτ) jagen; *fig*. nachjagen (*D*).
θηρίο [θi'riɔ] wilde(s) Tier *n*; Bestie *f* (*a. fig*.); *Pers*. Berserker *m*.
θηριο|δαμαστής [θiri̯ɔðam-] Dompteur *m*; **~δαμάστρια** Dompteuse *f*; **~μαχία** [-maç-] Tierkampf *m*; **~μάχος** [-'max-] Tierkämpfer *m*.
θηριο|τροφείο [-trɔf-] Menagerie *f*; **~τρόφος** Tierwärter *m*; Dompteur *m*; *Adv*. wildreich.
θηριώδης [θi'ri̯ɔð-] wild, brutal.
θηριωδία Brutalität *f*, Bestialität *f*.
θησαυρίζω [θisavr-] (σ· στ) *v/t*. anhäufen, hamstern; *v/i*. reich werden.
θησαύρισ|η, ~μα *n* Anhäufen *n*, Hamstern *n*.
θησαυριστής Hamsterer *m*; Schätzesammler *m*.
θησαυρ|ός [θisavr-] *allg*. Schatz *m*; Thesaurus *m* (*e-r Sprache*); *hist*. Schatzhaus *n*; ***γυναίκα ~ός*** sehr charmante Frau; ***~έ μου*** mein Schatz!; **~οφύλακας** [-'filakas] Schatzmeister *m*, Kämmerer *m*; **~οφυλάκιο** [-fi'lai̯ki̯ɔ] *Bank*: Tresor *m*; Schatzkammer *f*; **~ωρυχεία** [-riç-] Schatzgräberei *f*.
Θησέας [θi'sεas] 'Theseus *m*.
θήτα *n* Theta *n* (***Θ, θ***).
θητεία [θit-] Militärdienst *m*; Dienstzeit *f*, Amtszeit *f*; Amtstätigkeit *f*; ***υποχρεωτική στρατιωτική ~*** Wehrpflicht *f*.
θητεύω (ευσ) *v/i*. dienen, zeitweilig arbeiten.
θιασάρχης [θi̯a'sarç-] Impresario *m*.
θίασος ['θias-] *Thea*. Ensemble *n*; Schauspielertruppe *f*; ***ερασιτεχνικός ~*** Laienspielgruppe *f*.
θιασ|ώτης *m*, **~ώτιδα** *f* Anhänger(in *f*) *m*; Parteigänger(in *f*) *m*.
Θιβέτ [θi'vεt] (0) *n* Tibet *n*.
Θιβεταν|ή Ti'beterin *f*; **≈ή** *n/pl*. (das) Ti'betisch(e); **~ός** Ti'beter *m*.
θιβετικός tibetisch.
θίγ|ω ['θiγɔ] (έθιξα· χτ· γμ) *Gegenstand, Frage* berühren; *Speise* (*nicht*) anrühren; ***~ομαι*** eingeschnappt sein.
θίξη ['θiksi] (-εις) Berührung *f*.
θλάση ['θlasi] (-εις) Aufbrechen *n*; Bruch *m*, *Med*. Ruptur *f*, Riss *m*.

θλιβερός [θlivεr-] betrüblich, traurig, schmerzlich.
θλίβω ['θlivɔ] (ψ· φτ· τε...μμ) (aus-) pressen, drücken; *fig*. betrüben; bedrücken.
θλιμμένος [θli'mεn-] betrübt; in Trauer, trauernd.
θλίψη ['θlipsi] (-εις) Pressen *n*; Druck *m*; Kummer *m*, Betrübnis *f*.
θνησι|γενής [θnisijεn-] tot geboren; **~μαίος** [-'mεɔs] (-αία) verendend; krepiert, verendet; *Su*. *n* Kadaver *m*; **~μότητα** Sterblichkeit *f*.
θνητός sterblich.
θολερ|ός [θɔlεr-] trübe, matt; dunkel; **~ότητα** Trübung *f*; Schatten *m*.
θόλος Kuppel *f*, Gewölbe *n*; Rundbau *m*.
θολ|ός trübe, glanzlos; ***ψαρεύω σε ~ά νερά*** im Trüben fischen; **~ότητα** Mattheit *f*, Dunkelheit *f*.
θολούρα Glanzlosigkeit *f*; trübe(s) Wasser.
θόλωμα *n s*. ***θόλωση.***
θολώνω (σ· θ) *v*/*t*. trüben; *v*/*i*. trübe werden, sich (ein)trüben.
θόλωση (-εις) Trübung *f*, Verdunkelung *f*; Dunkelheit *f*, Trübheit *f*.
θολωτός [θɔlɔt-] gewölbt; überwölbt.
θόριο ['θɔrĭɔ] *Metall*: Thor(ium) *n*.
θορύβηση [θɔ'riv-] (-εις) Beunruhigung *f*, Aufregung *f*.
θορυβοποιός [-'pĭɔs] *m*, *f* Ruhestörer(in *f*) *m*; Unruhestifter(in *f*) *m*.
θόρυβος Lärm *m*, Krach *m*; Aufsehen *n*, Skandal *m*; ***όριο θορύβου*** Lärmpegel *m*.
θορυβ|ώ (είς· ησ· ηθ) Lärm, Krach machen; *fig*. Aufsehen erregen; beunruhigen; ***~ούμαι*** e-n Schreck bekommen.
θορυβώδης lärmend, laut.
Θουκυδίδης [θuķi'ðiðis] Thu'kydides *m*.
Θουριγγία [θuri'ŋgia] Thüringen *n*.
θούριος ['θur-] (-ια) kriegerisch; *Su*. *n* Kriegslied *n*.
θράκα ['θraka] (Kohlen-)Glut *f*.
Θράκη ['θraĭķi] Thrazien *n*.
θρακιάς (-ιάς) Nordwind *m*.
θρακικός [θraĭķ-] thrazisch.
Θρακιώτης (***-ώτισσα***) Thrazier(in *f*) *m*.
θρανίο [θran-] (Schul-)Bank *f*.
θρασίμι F Angsthase *m*.
θράσος *n* Kühnheit *f*; Frechheit *f*, Dreistigkeit *f*.
θράσος: *πηγαίνω ~* F hopsgehen.
Θρασύβουλος [θra'sivul-] Thrasybulos *m*.
θρασ|υδειλία [θrasiðil-] Kraftmeierei *f*; **~ύδειλος** kraftmeierisch.
θρασύν|ω (συν· συνθ) kühn machen; ***~ομαι*** sich (*A*) erkühnen.
θρασ|ύς (-ιά, -ύ) dreist, frech; **~ύτητα** Kühnheit *f*; Frechheit *f*.
θραύση ['θrafsi] (-εις) Zerbrechen *n*, Bruch *m*; (*Nüsse*-)Knacken *n*; Verwüstung *f*; ***κάνω θραύση*** Verwüstungen anrichten; *Grippe*: wüten; *allg*. aktuell, in Mode sein.
θραύσμα ['θravzma] *n* Bruchstück *n*; *Granate usw*.: Splitter *m*.
θραφ- *s*. ***τρέφω.***
θρέμμα ['θrεma] *n* Säugling *m*; Pflegling *m*; ***είμαι γέννημα ~ Αθηναίος*** ich bin ein (wasch)echter Athener; **~τα** *n*/*pl*. Vieh *n*.
θρεμμένος wohlgenährt.
θρεπτικ|ός [θrεptik-] (**-φτ-**) nahrhaft; Nähr-; ***~ό σύστημα*** Verdauungsapparat *m*; **~ότητα** Nährwert *m*.
θρεφτάρι [θrεft-] Mastvieh *n*; *fig*. Dickwanst *m*.
θρέφω, θρεψ- *s*. ***τρέφω.***
θρέψη ['θrεpsi] Ernährung *f*.
θρέψιμο Ernährung *f*; Nähren *n*.
θρην|ητικός [θrin-] wehklagend; Klage-; **~ολογία** Wehklage *f*, Jammern *n*; **~ολογώ** (είς· ησ) *s*. ***θρηνώ.***
θρήνος ['θrin-] (Weh-)Klage *f*.
θρηνώ (είς· ησ· ηθ) *v*/*i*. klagen, jammern; *v*/*t*. beklagen, beweinen, trauern um ... (*a*. ***δια*** *A*).
θρηνώδης jammernd; Klage-.
θρηνωδία Wehgeschrei *n*; Klagelied *n*.
θρησκ|εία [θrisķ-] Religion *f*, Glaube *m*; **~ειολογία** [-iɔlɔj-] Religionswissenschaft *f*.
θρήσκευμα ['θrisķεv-] *n* Konfession *f*; Kult(us) *m*.
θρησκευτικ|ός [-ķεft-] religiös; Religions-; **~ότητα** Religiosität *f*.
θρησκ|όληπτος [θri'skɔlipt-] bigott, fanatisch; **~οληψία** [-li'psia] Bigotterie *f*, Fanatismus *m*; **~ομανής** *s*. ***θρησκόληπτος;*** **~ομανία** *s*. ***θρησκοληψία.***

θρήσκος (-α) fromm, religiös.
θριαμβευτ|ής [θriaɱvɛft-] (*-εύτρια*) Sieger(in *f*) *m*, Triumphator(in *f*) *m*; **~ικός** triumphal, Triumph- (*Bogen*); triumphierend.
θριαμβεύω [θriaɱv-] (ευσ, εψ) *v/i.* triumphieren, siegen.
θρίαμβος Triumph *m*; Sieg *m*.
θριγκός [θri'ŋgɔs] Gesims *n*, Gebälk *n*.
θρίσσα ['θrisa] Anschovis-Sardelle *f*.
θροΐζω rauschen, rascheln.
θρόισμα *n* Rauschen *n*, Rascheln *n*.
θρόμβος ['θrɔɱv-] Klümpchen *n*; *Med.* (*Blut*) Gerinnsel *n*, Thrombus *m*; **~ *ιδρώτος*** dicke(r) Schweißtropfen *m*.
θρομβώδης klumpig, geronnen.
θρόμβωση Gerinnen *n*.
θρονί [θrɔ'ni] Sitz *m*; Platz *m* e-s Heiligenbildes.
θρονιάζ|ω (θρόνιασα· στ) *v/t.* hinsetzen, *j-n* Platz nehmen lassen; ***~ομαι*** sich (*A*) (häuslich) niederlassen.
θρόν|ος Thron *m*; Bischofsstuhl *m*; ***λόγος του ~ου*** Thronrede *f*; ***ανεβαίνω στο ~ο*** die Macht ergreifen.
θρούμπα ['θrum̆ba] reife vom Baum gefallene Olive *f*.
θρούμπι ['θrum̆bi] Bohnenkraut *n*, Satureja *f*.
θρυαλλίδα [θria'liða] Docht *m*; Lunte *f*, Zündschnur *f*.
θρύβω ['θrivɔ] (ψ· φτ, β) (zer)brechen, zertrümmern.
θρύλημα ['θril-] *n* Gerücht *n*.
θρυλικός ruhmreich; mythisch (*Zeitalter*).
θρύλος Legende *f*, Sage *f*; Gerücht *n*.
θρυλώ (είς· ησ) ein Gerücht verbreiten; ***θρυλείται ...*** (*N*) man munkelt von (*D*).
θρύμμα ['θrima] *n* Krümchen *n*; (Bruch-)Stück *n*; Scherbe *f*; ***κάνω ~τα*** zerbröckeln.
θρυμματίζω (σ· στ) zerbröckeln; *Glas* zerbrechen; *Scheiben* zertrümmern.
θρυμμάτιση, θρυμμάτισμα *n* Zerbröckeln *n*; Zerbrechen *n*; Zertrümmerung *f*.
θρυψαλιάζω (σ· στ) *v/t.* zertrümmern.
θρύψαλο Scherbe *f*.
θυγατέρα [θiɣa'tɛra], **θυγάτηρ** [θi'ɣatir] (-τρός) *f* Tochter *f*; Tochtersprache *f*.
θύελλα ['θiɛla] Sturm *m*; Unwetter *n*; *fig.* Konflikt *m*; ***~ διαμαρτυριών*** Proteststurm *m*.
θυελλώδης stürmisch (*a. fig.*).
θυλάκιο [θi'laïk̟ɔ] Beutel *m*; Tasche *f*.
θύλακος ['θilak-] Tasche *f*, Beutel *m*; *mil.* Einbruch *m*.
θύμα ['θima] *n* Opfer *n*; Opfertier *n*.
θυμάμαι [θi'mamɛ] (άσαι· ηθ) *v/t.* sich (*A*) erinnern (*G od.* an *A*), daran denken.
θυμαράκια [θima'raïk̟ia]: ***πάω στα ~*** *fig.* ins Gras beißen.
θυμάρι Thymian *m*.
θυματάκι F kleine(r) Dussel.
θυμέλη *hist.* Dionysos-Altar *m*.
θυμηδ|ής [θimið-] heiter; **~ία** Heiterkeit *f*.
θύμηση Erinnerung *f*; Gedächtnis *n*; ***έρχεται στη ~ μου*** es fällt mir ein.
θυμητικό Gedächtnis *n*.
θυμιάζω (θύμιασα· στ) *s.* ***θυμιατίζω.***
θυμία|μα [θi'mia-] *n* Weihrauch *m*; Beräuchern *n*; *fig.* Beweihräucherung *f*; **~ση** (-εις) Beräuchern *n*; Beweihräucherung *f*.
θυμιαστής [θimĭa-] Lobhudler *m*; der mit Weihrauch Räuchernde.
θυμιατήρι Weihrauchfass *n*.
θυμιατ|ίζω (σ· στ) mit Weihrauch einhüllen, *bsd. fig.* beweihräuchern; **~ό** Weihrauchfass *n*; **~ός** Speichellecker *m*; F Honig *m* um den Bart.
θυμ|ίζω (σ) erinnern (***του – το***/ j-n an *A*); **~ικό** Gemüt *n*; **~ικός** Gemüts-; Affekt-; **~οειδής** [θimɔið-] feurig, stürmisch; **~ός** Zorn *m*, Wut(anfall *m*) *f*; *Psych.* Stimmung *f*; **~οσοφία** Gelassenheit *f*, Stoizismus *m*; **~όσοφος** gelassen, ... mit stoischer Ruhe; **~ούμαι** *s.* ***θυμάμαι***; **~ώδης** aufbrausend, jähzornig; **~ωμένος** aufbrausend, wütend; **~ώνω** (σ) *v/t.* ärgern, aufregen; *v/i.* wütend werden, sich (*A*) aufregen (***με***/ über *A*); ***σου θύμωσα*** ich bin dir böse.
θύννος ['θinɔs] Thunfisch *m*.
θύρα ['θira] Tür *f* (*a. fig.*); ***επί ~ις*** ante portas; ***κεκλεισμένων των θυρών*** hinter, bei verschlossenen Türen.
θυρεοειδής [θirɛɔið-]: ***~ αδένας*** Schilddrüse *f*.
θυρεός (Wappen-)Schild *n*; *hist.* Türstein *m*.
θυρίδα *Post usw.*: Schalter *m*; *mar.*

Luke *f*; (*Schrank-*)Fach *n*; kleine Tür; ***ασφαλιστική ~*** Schließfach *n*; ***ταχυδρομική ~*** Postfach *n*; ***τραπεζική ~*** Bankfach *n*.

θυροδέρνω (δειρ· δαρθ) alle Türen abklappern.

θυρόφυλλο [θi'rɔfilɔ] Türflügel *m*.

θυρωρ|είο [θirɔr-] Pförtnerloge *f*; **~ός** Pförtner *m*, Portier *m*.

θύσανος ['θisan-] Büschel *m od. n*; Quaste *f*, Troddel *f*; Franse *f*; Zirruswolke *f*.

θυσανωτός büschelig; mit Quasten, Troddeln (besetzt).

θυσία [θi'sia] Opfer *n*; ***γίνομαι ~*** sich (*A*) aufopfern.

θυσιάζ|ω (θυσίασα· στ) opfern; ***~ομαι*** sich (*A*) (auf)opfern.

θυσιαστήριο [θisĭa'stir-] Opferplatz *m*; Altar *m*.

θύτης Opferpriester *m*; *fig*. Henker *m*.

θώκος ['θɔk-] (Ehren-)Sitz *m*; Würde *f*.

Θωμάς [θɔ'mas] 'Thomas *m*; ***άπιστος ~*** *fig*. ein ungläubiger Thomas.

θωπεί|α [θɔ'pia] Zärtlichkeit *f*; Katzenfreundlichkeit *f*; ***είμαι όλο ~ες σε*** vor *j-m* katzbuckeln.

θώπευμα ['θɔpεvma] *n* Katzbuckelei *f*.

θωπευτικός [θɔpεft-] zärtlich; schmeichelnd.

θωπεύω (ευσ· ευτ) *v/t*. streicheln; *fig*. schmeicheln (*D*).

θώρακας ['θɔr-] Panzer *m*, Kürass *m*; Panzerung *f*; *Anat*. Brustkorb *m*.

θωρακ|ίζω [θɔraķ-] (σ· στ) panzern; *fig*. stärken, konsolidieren; ***~ίζομαι*** sich (*A*) wappnen (***για***/ mit); **~ικός** Brust-; brustkrank.

θωράκ|ιο [-'raĭķɔ] Brüstung *f*; *Rel*. Chorschranke *f*; *mar*. Mastkorb *m*; **~ιση** (-εις) Panzerung *f*; Panzern *n*; **~ισμα** *n* Panzern *n*.

θωρακισμένος Panzer-.

θωρακο|βάρις [θɔrakɔ'var-] (-ιδος) *f* Kanonenboot *n*; **~δρόμων** (-ωνος) *m* Korvette *f*; **~φόρος** gepanzert; *Su. m* Kürassier *m*.

θωρακωτ|ός [θɔrakɔt-] gepanzert; **~ό** Panzerschiff *n*.

θωρηκτό [θɔri'ktɔ] Panzerschiff *n*.

θώρι ['θɔri] Anblick *m*; Blick *m*.

θωριά Äußere(s); (Gesichts-)Farbe *f*; Blick *m*; ***έχω ωραία ~*** gut aussehen.

θωριάζω (θώριασα· στ) kolorieren, färben; nuancieren.

θώριασμα ['θɔrĭaz-] *n* Kolorieren *n*.

θωρ|ώ [θɔ'rɔ] (άς· είς· ησ) *s. a.* ***θεωρώ;*** *v/t*. betrachten; ***~ιέμαι*** sich (*A*) sehen, einander sehen; sich (*A*) betrachten (*im Spiegel*).

Ι

Ι, ι ['jɔta] Jota *n*; ***ί*** = 10; ***ͺι*** = 10 000.

ια- *s*. ***για-***.

Ιάβα ['java] Java *n*.

ιαγουάρος [jaγu'ar-] Jaguar *m*.

Ιακωβίνοι *m/pl*. Jakobiner *m/pl*.

Ιάκωβος ['jakɔvɔs] Jakob *m*.

Ιαμαϊκή [jamai'ķi] Jamaika *n*.

ιαματικ|ός [jamatik-] heilkräftig; ***~ές πηγές*** *f/pl*. Heilquellen *f/pl*.; **~ότητα** Heilkraft *f*.

ιαμβικός [ĭaɱvik-] jambisch.

ίαμβος ['iaɱv-] Jambus *m* (*hist. Silbe kurz-lang*; *ngr. unbetont-betont*).

Ιανουάριος [janu-] Januar *m*.

Ιάπωνας ['japɔnas] Japaner *m*.

Ιαπων|ία Japan *n*; **~ίδα** Japanerin *f*; **2ικά** *n/pl*. (das) Japanisch(e); **2ικός** japanisch.

ίαση ['iasi] (-εις) Heilung *f*.

ιάσιμος ['jas-] heilbar.

ίασπις ['iaspis] (-ιδος) *m* Jaspis *m*.

Ιάσωνας [(ĭ)'jasɔnas] Jason *m*.

ιατρ- *s*. ***γιατρ-***.

ιατρ|είο [ĭjatr-] Sanatorium *n*, Klinik *f*; (Arzt-)Praxis *f*; ***εξωτερικά ~εία*** *n/pl*. Unfallstation *f*; **~ική** [-i'ķi] Medizin *f*; **~ικός** ärztlich; medizinisch; ***~ική παρακολούθηση*** ärztliche Betreuung.

ιατροδικαστ|ής [-ɔðikast-] Gerichts-

ιατροδικαστική 234

arzt *m*; **~ική** Gerichtsmedizin *f*; **~ικός** gerichtsmedizinisch.
ιατρόσημο ärztliche Stempelmarke (*in Griechenland*).
ιατροσυνέδριο [-si'nεðr-] Ärzterat *m*.
ιαχή [ja'çi] Hur'raruf *m*.
Ιβηρ|ία [ivir-] Iberien *n*; **Ωικός** iberisch; ***Ωική χερσόνησος*** *f* Iberische Halbinsel *f*.
ίβις ['ivis] (-ιδος) *f* (*Vogel*) Ibis *m*.
ιβουάρ [ivu-] (0) elfenbeinfarben.
ίγγλα ['iŋgla] (Sattel-)Gurt *m*.
ιγκόγνιτο *Adv*. inkognito.
ιγμορίτιδα (*Nasen-*)Nebenhöhlenentzündung *f*.
ιγνύα [i'γnia] Kniekehle *f*.
ιδαίος (-αία) ... des Berges Ida (*auf Kreta*).
ιδανικ|εύω [iðanik-] (ευσ) idealisieren; **~ό** Ideal *n*; **~ός** ideal, imaginär, fiktiv; **~ότητα** Idealität *f*, Ideale(s).
ιδανισμός Idealismus *m*.
ίδε, ιδέ (*s.* ***βλέπω***) siehe!
ιδέα [i'ðεa] Idee *f*; (e-e gewisse) Vorstellung; Meinung *f*, Ansicht *f*; Spur *f*, Idee *f*; Schimmer *m*; ***έμμονος ~*** fixe Idee *f*; ***τι ~ έχεις για*** was denkst du über ..., was hältst du von ...; ***δεν έχω ~*** ich habe keine Ahnung; ***όλο ιδέες είναι*** er hat e-e hohe Meinung von sich (*D*).
ιδεάζ|ω (σ· στ) *v/t*. *j-n* auf den Gedanken bringen; stutzig machen; ***~ομαι*** stutzig werden; auf den Gedanken kommen.
ιδεαλισ|μός Idealismus *m*; **~τής** (***-ίστρια***) Idealist(in *f*) *m*; F Hungerleider(in *f*) *m*; **~τικός** idealistisch.
ιδεατός erdacht, fiktiv; ideal.
ιδεόγραμμα [iðε'ɔγrama] *n* Ideogramm *n*, Begriffszeichen *n*.
ιδεο|ληψία [-lips-] *Psych*. Zwangsvorstellung *f*; **~λογία** [-lɔj-] Ideologie *f*, Weltanschauung *f*; Hirngespinst *n*; **~λογικός** weltanschaulich; **~λόγος** [-'lɔγ-] Ideologe *m*; Utopist *m*.
ιδεώδες [-'ɔðεs] *n* Ideal *n*.
ιδεώδ|ης (*Adv*. ***~ώς***) ideal.
Ίδη ['iði] (*Berg*) Ida *m*.
ιδία, ιδιαζόντως [iðĭa'zɔňdɔs] besonders, insbesondere.
ιδιάζ|ω ['iðĭazɔ] eigen sein (***σε***/ *D*); **~ων** (-ουσα, -ον) eigen(tümlich).
ιδιαιτέρα [iðĭet-] Privatsekretärin *f*.
ιδιαίτερ|ος besonder-, Privat-; ***~α*** *n/pl*. Privatangelegenheiten *f/pl*.
ιδιαιτέρως besonders, vor allem; getrennt, privat; unter vier Augen.
ιδικός *s*. ***δικός***.
ιδιόγραφος [i'ðĭɔγraf-] *Unterschrift*: eigenhändig.
ιδιοκατοίκητος [-ka'tikitɔs] von *j-m* selbst bewohnt.
ιδιόκλιτος *Gr*. mit besonderer Deklination.
ιδιο|κτησία [-ktis-] Eigentum *n*; Grundstück *n*; ***ατομική ~κτησία*** Privateigentum *n*; **~κτήτης** (***-ήτρια***) Eigentümer(in *f*) *m*; ***~κτήτης*** (***-ήτρια***) ***οχήματος*** Fahrzeughalter(in *f*) *m*.
ιδιό|κτητος Privat-, eigen; **~μελο** [-mεlɔ] *Rel*. Troparion *n* mit eigener Melodie.
ιδιομορφία Eigenart *f*.
ιδιόμορφος eigenartig, speziell; *Tech*. auto-, idiomorph.
ιδιο|ποίηση [-'piisi] (-εις) (widerrechtliche) Aneignung *f*; **~ποιούμαι** [-'pĭumε] (είσα· ηθ) usurpieren, sich (*D*) (widerrechtlich) aneignen; **~ρρυθμία** [-riθm-] Eigentümlichkeit *f*; Originalität *f*.
ιδιόρρυθμος eigentümlich, originell; *Kloster*: ohne Gemeinschaftsleben.
ίδι|ος ['iðĭɔs] (-ια) eigen (*e-r Person gehörig*); eigen, besonder-; ***ο ~ος, η ~α, το ~ο*** derselbe, dieselbe, dasselbe; *Tel*. ***ο ~ος!*** ja, das bin ich, am Apparat!; ***θα έλθω ο ~ος*** selber; ich werde selber kommen; ***το ~ο ... όσο*** ebenso ... wie; ***τα ~α και τα ~α*** *fig*. immer dasselbe Lied; *s. a*. ***κάνω***.
ιδιο|σκεύασμα [-'skεv-] *n* Spezialpräparat *n*; **~συγκρασία** [-siŋgras-] Konstitution *f*; Temperament *n*; Idiosynkrasie *f*; ***από ~συγκρασία*** aus innerer Abneigung; **~συντήρητος** [-si'ňdirit-] nicht subventioniert, sich selbst erhaltend; **~τέλεια** Eigennutz *m*; **~τελής** eigennützig.
ιδιότητα Eigenschaft *f*; Eigentümlichkeit *f*.
ιδιοτροπία [-trɔp-] Eigenheit *f*; Wunderlichkeit *f*; Laune *f*.
ιδιό|τροπος, ~τυπος merkwürdig, putzig, originell; eigenartig.
ιδιο|φυής [-fi'is] befähigt, talentiert; **~φυία** [-fi'ia] Befähigung *f*; Talent *n* (*a. als Pers*.).

ιδιόχειρος [i'ðiɔçir-] eigenhändig.
ιδίωμα *n* Eigentümlichkeit *f*; Gewohnheit *f*; Mundart *f*; Idiom *n*.
ιδιωματ|ικός idiomatisch; dialektisch; **~ισμός** Dialektismus *m*.
ιδιώνυμα *n* besonders zu bewertende(s) Verbrechen.
ιδίως [i'ðiɔs] insbesondere, besonders.
ιδιωτ|εία Idiotie *f*, Schwachsinn *m*; **~εύω** (ευσ) privatisieren.
ιδιώτης [i'ðiɔt-] Privatmann *m*; *Med.* Idiot *m*, Geisteskranke(r).
ιδιωτι|κός privat; Privat-; ***~κό αυτοκίνητο*** Personenwagen *m*; ***2κής Χρήσεως*** (***I.X.***) (***επιβατικό αυτοκίνητο***) Personenkraftwagen *m* (PKW); **~σμός** Redewendung *f*, idiomatische(r) Ausdruck *m*.
ιδιωφ|έλεια [-'fɛl-] Eigennutz *m*; **~ελής** eigennützig.
ιδού [i'ðu] (*N*) sieh hier ...!, hier ist...; ***~ εγώ*** da bin ich!
ιδροκοπ|ώ (ασ· ησ) F furchtbar schwitzen; *fig.* sich (*A*) abhetzen; ***~ημένος*** ganz verschwitzt.
ίδρυ|μα ['iðrima] *n* Gebäude *n*; Anstalt *f*; Einrichtung *f*; *s.* ***I.K.A.***; ***~μα ραδιοφωνίας*** Rundfunkanstalt *f*; **~ση** (-εις) Errichtung *f*, Gründung *f*.
ιδρ|υτής (***-ύτρια***) Begründer *m*; Gründer *m*; **~υτικός** Gründungs- (*Mitglied*); **~ύτρια** Begründerin *f*; Gründerin *f*; **~ύω** [i'ðriɔ] (σ· θ) (er)bauen, errichten; gründen; *Preis* stiften.
ίδρωμα *n* Schwitzen *n*.
ιδρών|ω (σ) *v/i.* schwitzen (*a. fig. u. von Scheiben*); *fig.* sich (*A*) kaputtmachen; ***δεν ~ει τ'αφτί μου*** F es ist mir völlig piepe; *v/t.* zum Schwitzen bringen.
ίδρωση *s.* ***ίδρωμα***.
ιδρώτας, *a.* **ίδρωτας** Schweiß *m*; ***με τον ιδρώτα*** (***του προσώπου***) ***μου*** im Schweiße meines Angesichtes.
ιδρωτ|ικός schweißtreibend; **~ίλα** Schweißgeruch *m*; **~οποιός** [-ɔ'piɔs]: ***~οποιοί αδένες*** *m/pl.* Schweißdrüsen *f/pl.*
ίδω *u.* **ιδώ** *s.* ***βλέπω***.
ιεραπ|οστολή [iɛrapɔstɔ'li] *Rel.* Mission *f*; **~οστολικός** Missions- (*Eifer*); **~όστολος** Missionar *m*; ehrenamtlich Tätige(r).
ιερ|άρχης [-'arç-] Prälat *m*; **~άρχηση** (-εις) Einstufung *f*, Bewertung *f*; **~αρχία** Prälatur *f*; Hierarchie *f*; Rangordnung *f*; Dienstweg *m*; **~αρχικός** hierarchisch; **~αρχικώς** auf dem Dienstwege; **~αρχώ** (είς· ησ) Prälat sein; *fig.* rangmäßig einstufen.
ιερατ|είο [iɛrat-] Geistlichkeit *f*, Klerus *m*; *hist.* Priesterklasse *f*; **~εύω** (ευσ) Geistlicher sein; **~ικός** priesterlich; Priester-; hieratisch; ***~ική σχολή*** Priesterseminar *n*; ***~ική γραφή*** hieratische Schrift *f*.
ιερέας [-'rɛas] (-είς) Priester *m*; Geistliche(r); Pfarrer *m*.
ιέρεια [i'(j)ɛria] Priesterin *f*.
ιερ|ό [iɛ'rɔ] Allerheiligste(s); Heiligtum *n*; ***~ά*** *n/pl.* heilige Geräte *n/pl.*
ιερογλυφικ|ός hieroglyphisch; ***~ά*** *n/pl.* Hieroglyphen *f/pl.* (*a. fig.*).
ιερο|γραφία [-ɣraf-] Darstellung *f* heiliger Dinge; religiöse(s) Schrifttum *n*; **~διάκονος** [-'ðiakɔn-] Diakon *m*; **~διδασκαλείο** [-ðiðaskal-] theologische(s) Seminar *n*; **~διδάσκαλος** Religionslehrer *m*.
ιερόδουλος [-ðul-] *hist.* Tempeldiener *m*; *f* Prostituierte *f*.
ιερο|εξεταστής [-ɛksɛtas-] *hist.* Inquisitor *m* (*a. fig.*); **~κήρυκας** [-'kirikas] Prediger *m*; **~κρατία** [-krat-] Priesterherrschaft *f*; **~κρισία** [-kris-] Inquisition *f*; **~κρίτης** *hist.* Inquisitor *m*; **~κρύφιος** [-'krif-] (-ια) mysteriös, geheimnisvoll; **~κρυφίως** [-'fiɔs] heimlich; **~λοχίτης** *hist.* *Mitglied des* (*griech.*) *Revolutionstrupps*; **~μάρτυρας** [-'martiras] Märtyrer *m*; **~μόναχος** [-'mɔnax-] Ordensgeistliche(r), Mönch *m*; **~πραξία** [-praks-] heilige Handlung *f*; **~πρεπής** [-prɛp-] verehrungswürdig; gottgefällig.
ιερ|ός heilig, geheiligt; ***~ά εξέταση*** Inquisition *f*.
Ιεροσόλυμα [-li-] *n/pl.* Jerusalem *n*.
ιεροσπουδαστήριο [-spuða'stir-] theologische(s) Seminar *n*.
ιερο|σύλημα [-'silima] *n*, **~συλία** Kirchenschändung *f*; Kirchendiebstahl *m*.
ιερόσυλος Kirchenschänder *m*.
ιερο|συλώ [iɛrɔsi'lɔ] (είς· ησ) e-e Kirche schänden; entweihen; **~σύνη** Priesterwürde *f*; Klerus *m*; Ordination *f*; **~τελεστία** Messe *f*; kirchliche Feier; *fig.* heilige Handlung.
ιερότητα Heiligkeit *f*.

ιερουργία [(i)jɛrurj-] Gottesdienst *m.*
ιερουργ|ός [-urɣ-] der zelebrierende Priester *m*; **~ώ** (είς· ησ) den Gottesdienst abhalten.
Ιερουσαλήμ (0) *f s.* ***Ιεροσόλυμα.***
ιερο|φάντης [-'fand-] Eingeweihte(r); *hist.* oberste(r) Priester in Eleusis; **~ψάλτης** [-'psal-] Kirchensänger *m.*
ιερωμένος Geistliche(r).
ίζημα ['izima] *n Geol.* Ablagerung *f*, Sedimentation *f*; Sediment *n.*
ιησου|ίτης [jisu'it-] (***-ίτισσα***) Jesuit(in *f*) *m*; **~ιτικός** jesuitisch; **~ιτισμός** Jesuitentum *n.*
Ιησούς [(i)ji'sus] (-ού, -ούν) Jesus *m*; **~ *Χριστός*** Jesus Christus *m.*
ιθα|γένεια [iθa'jɛn-] Staatsangehörigkeit *f*; Sesshaftigkeit *f*; ***χωρίς ~γένεια*** staatenlos; **~γενής** einheimisch; eingeboren.
Ιθάκη [i'θaïki] Ithaka *n.*
ιθύν|ω [i'θinɔ] (ΙΙ = Ι) herrschen; dirigieren; ***οι ~οντες*** die herrschenden Kreise *m/pl.*
ικανο|ποίηση [ikanɔ'piisi] (-εις) Zufriedenstellung *f*; Genugtuung *f*; **~ποιητικός** [-piitik-] zufrieden stellend, befriedigend; **~ποιώ** [-'piɔ] (είς· ησ· ηθ) befriedigen; zufrieden stellen; freuen; ***~ποιημένος*** zufrieden (***από***/ mit).
ικαν|ός fähig (***για***/ zu); *mil.* tauglich; genügend; **~ότητα** Fähigkeit *f*; *mil.* Tauglichkeit *f*; ***νομική ~ότητα*** Rechtsfähigkeit *f.*
Ίκαρος Ikaros *m*; ♀ Kadett *m* der Luftwaffe.
ικεσία [ikɛs-] flehentliche Bitte.
ικετ|ευτικός [ikɛtɛftik-] flehentlich; **~εύω** (ευσ) *j-n* anflehen.
ικέτης (***-ίδα***) Bittsteller(in *f*) *m.*
ικμάδα [ikm-] Feuchtigkeit *f*; Saft *m*; *fig.* Schwung *m.*
ικρίωμα [i'kriɔma] *n* Gerüst *n*; Tribüne *f*; Schafott *n.*
ικτερικός [iktɛr-] gelbsüchtig; *Su.* Gelbsüchtige(r) *f u. m.*
ίκτερος Gelbsucht *f.*
ικτερώδης *s.* ***ικτερικός; ~ πυρετός*** Gelbfieber *n.*
ικτίδα Steinmarder *m.*
ικτίνος *Vogel* Gabelweihe *f.*
ιλαρ|ά [ila'ra] Masern *f/pl.*; ***βγάζω την ~ά*** F Blut u. Wasser schwitzen (***από***/ vor *D*); **~ός** heiter, fröhlich; **~ότητα** Heiterkeit *f*; Fröhlichkeit *f*; **~οτραγωδία** [-ɔtraɣɔð-] Tragikomödie *f* (*a. fig.*); **~υντικός** [-ind-] erheiternd; **~ύνω** (ΙΙ = Ι) erheitern.
ίλαρχος ['ilarx-] Rittmeister *m.*
ιλασ|μός Sühne *f*; **~τήριος** (-ια) Sühne-.
ίλεως ['ilɛɔs] (-ων) barmherzig, gnädig.
ίλη *mil.* Schwadron *f.*
Ιλιάδα [i'liaða] Ilias *f.*
ιλιγγι|ώ [ili'ŋgjɔ] (άς· ησ) mir ist schwindelig; *fig.* mir schwindelt (***προ*** *G*/ vor *D*); **~ώδης** *fig.* Schwindel erregend.
ίλιγγος ['iliŋg-] Schwindel(gefühl *n*) *m*; *fig.* ***μου 'ρχεται ~ όταν ...*** mir schwindelt, wenn ...
Ίλιο ['iliɔ] Ilion *n*, Ilium *n*, Troja *n.*
Ιλισός [ilis-] I'lissus *m.*
Ιλλυρ|ία *hist.* Illyrien *n*; **♀ικός** illyrisch.
ιλυοδόχη [iliɔ'ðɔçi] Gully *m od. n*, *niederdeutsch* Siel *n.*
ιμάμης (-ηδες) (*Islam*) Imam *m.*
ιμάντας [i'mandas] Riemen *m*; Schnürsenkel *m*; *Tech.* Treibriemen *m.*
ιμάτιο *hist.* Gewand *n*, Kleid *n.*
ιματιο|θήκη [imatiɔ'θiki] Kleiderschrank *m*; Garderobe *f*; **~φύλακας** [-'filak-] Garderobier *m*; **~φυλάκιο** Garderobe *f*, Kleiderablage *f.*
ιματισμός Kleidung *f*, Garderobe *f*, (Damen-)Wäsche *f*; *mil.* Uniform *f.*
ιμπεριαλισ|μός [impɛrial-] Imperialismus *m*; **~τής** (***-ίστρια***) Imperialist(in *f*) *m*; **~τικός** imperialistisch.
ιμπρεσάριος Impresario *m*, Veranstalter *m*; *Argot*: Zuhälter *m.*
ιμπρεσιονισ|μός [imprɛsiɔn-] Impressionismus *m*; **~τικός** impressionistisch.
ίνα (*Spinn-*)Faser *f*, Fiber *f*; ***οπτική ~*** Glasfaser *f.*
ινάτι *s.* ***γινάτι.***
ίνδαλμα ['indalma] *n* Abbild *n*; Illusion *f*, Trugbild *n*; (*fig.*) Idol *n.*
Ινδία Indien *n.*
ινδιάνικος indianisch.
ινδιάνος Truthahn *m.*
Ινδιάν|ος Indianer *m*; **♀ος** F *fig.* Wilde(r); **~α** Indianerin *f.*
ινδικ|ό Indigo *m*, *n*; **~ός** indisch.
ινδογερμαν|ικός [inðɔjɛrman-] indo-

germanisch; ꝣοί [-'ni] *m/pl.* Indogermanen *m/pl.*
ινδοευρωπαϊκός indoeuropäisch (= *indogermanisch*).
Ινδο|κίνα [-'ķina] Indochina *n*; **~νησία** [-nis-] Indonesien *n*.
Ινδ|ός Inder *m*; ***~ή*** Inderin *f*.
ινδουισμός Hinduismus *m*.
ινιακός [inĭak-] Hinterkopf-.
ινίο Hinterkopf *m*.
ινκόγνιτο [i'ŋkɔɣnitɔ] *Adv.* inkognito; *Su.* Inkognito *n*; ***σε στυλ ~*** in e-r Verkleidung.
ινσουλίνη Insulin *n*.
ινστιτούτο [iñsti'tutɔ] Institut *n*.
ιντερβιού [intɛr-] (0) *n* Interview *n*.
ιντερμέδιο [intɛr-] Intermezzo *n*.
ίντριγκα Intrige *f*.
ίντσα ['iñtsa] Zoll *m*, Inch *m*, *n*.
ινώδης (-ώδες) faserig.
ιξόβεργα [i'ksɔvɛrɣa] Leimrute *f*.
ιξ|ός Vogelleim *m*; Mistel *f*; **~ώδης** klebrig, leimig.
ιοβιλαίο [ĭɔvi'lɛɔ] Jubiläum *n*.
ιοβόλος [-'vɔl-] giftig; böse.
ιόν [i'ɔn] (-όντος) Ion *n*.
ιονίζω (σ· στ) *v/t.* ionisieren.
ιονικός [ĭɔn-] ionisch.
ιόνιο Jonium *n*.
ιόνι|ος (-ια) ionisch; ***ꝣα νησιά*** *n/pl.* die Ionischen Inseln *f/pl.*
ιονόσφαιρα Ionosphäre *f*.
ιόντωση ['ĭɔñdɔsi] (-εις) Ionisation *f*.
Ιορ|δάνης [jɔr'ðan-] Jordan *m*; **~δανία** Jordanien *n*.
ιός [i'ɔs] (tierisches) Gift *n*; *Biol.* Virus *m* (*a. n*); Gehässigkeit *f*.
Ιουδ|αία [(ĭ)ju'ðɛa] Judäa *n*; **ꝣαϊκός** [-aik-] jüdisch; **~αίος** [-'ɛɔs] Jude *m*; **ꝣαϊσμός** [-aizm-] Judentum *n*.
Ιούδας [(ĭ)'juðas] Judas *m*.
Ιουδ(ε)ίθ [-'iθ] (0) *f* Judith *f*.
Ιουλία Julia *f*.
Ιουλιαν|ός [-lĭan-] Julian *m*; **ꝣός** julianisch; Juli- (*Revolution*); ***ꝣό ημερολόγιο*** Julianische(r) Kalender *m*.
Ιούλιος Juli *m*; (*Name*) Julius *m*.
ίουλος ['iul-] Flaumbart *m*; *Zool.* Tausendfüßler *m*.
Ιούνιος [(ĭ)'jun-] Juni *m*.
Ιούρας ['juras] Jura *m*.
Ιουστινιάνειος [(ĭ)justi'nĭanĭɔs] (-α) justinianisch.
Ιουστινιανός Justinian *m*.
Ιουστίνος Justinus *m*.
ιούτα ['ĭuta] Jute *f*.
ιππασία [ipas-] Reiten *n*; Reitsport *m*; ***αγώνας ~ς*** Reitturnier *n*.
ιππέας [i'pɛas] (-είς) Reiter *m*.
ίππειος ['ipi-] (-εια) Pferde-.
ιππ|έμπορος [i'pɛm̃bɔr-] Pferdehändler *m*; **~ευτική** [-ɛfti'ķi] Reitkunst *f*; **~ευτικός** Reit-; ... im Reiten; **~εύτρια** Reiterin *f*; **~εύω** (ευσ) reiten; **~ηλασία** [-ilas-] Pferderennen *n*; **~ίατρος** [-'iatr-] Pferdearzt *m*; **~ική** Reitkunst *f*; **~ικό** Reiterei *f*; Kavallerie *f*; **~ικός** Pferde-; **~οδαμαστής** [-ɔðamast-] Bereiter *m*; **~οδρομία** [-ɔðrɔm-] Pferderennen *n*; **~οδρόμιο** Pferderennbahn *f*; Hippodrom *n*; Zirkus *m*; **~όδρομος** = ***ιπποδρόμιο;*** **~οδύναμη** [-ɔ'ðinami] Pferdestärke *f* (PS); **~όκαμπος** [-'ɔkam̃b-] Seepferd *n*; **~οκόμος** Stallknecht *m*; *mil.* Ordonnanz *f*; **~οκράτειος** (-α) hippokratisch; **ꝣοκράτης** Hip'pokrates *m*; **~ομανής** Pferdenarr *m*; **~μαχία** [-maĭç-] Turnier *n*; **~οπόταμος** Flusspferd *n*, Nilpferd *n*.
ίππος ['ipɔs] Pferd *n* (*a. Turngerät*); *Tech.* Pferdestärke *f*.
ιππ|οσκευή [-sķɛ'vi] Geschirr *n*, Zaumzeug *n*; **~οστάσιο** Pferdestall *m*; **~ότης** *hist.* Ritter *m*; Kavalier *m*; **~οτικός** Ritter-; ritterlich; ***~οτικό τάγμα*** *n* Ritterorden *m*; **~οτικότητα** Ritterlichkeit *f*; **~οτισμός** Rittertum *n*; Ritterschaft *f*; Ritterlichkeit *f*; **~οτροφείο** [-trɔf-] Gestüt *n*; **~οτροφία** Pferdezucht *f*; **~οτρόφος** Pferdezüchter *m*.
ιπποφορβείο [-fɔrv-] Gestüt *n*.
ιπτάμενος fliegend.
Ιράκ (*0*) *n* Irak *m*.
Ιράν [i'ran] (*0*) *n* Iran *m*.
ιρανικός iranisch.
Ιράνιος, Ιρανός Iraner *m*.
ίριδα ['iriða] Regenbogen *m*; *Anat.* Iris *f*; Schwertlilie *f*, Iris *f*.
ιρίδιο [i'rið-] Iridium *n*.
Ιρλαν|δία [irlañð-] Irland *n*; **ꝣδικός** irisch; **~δός** (***-ή***) Ire *m* (Irin *f*).
ίσα F weg!; marsch!; *s.* ***ίσια; στα ~*** geradezu, drauf los.
ισάδα Geradheit *f*; Plateau *n*; Rechtschaffenheit *f*.

ισάζω [i'sazɔ] (σ· στ) (gerade) richten, ebnen; nivellieren.
ίσαλ|ος ['isal-] *Adj.* ... gleich dem Meeresspiegel; ***~α*** *n/pl. mar.* Wasserlinie *f.*
ίσαμε bis (*A*), bis zu, nach (*D*); *Adv.* etwa; ***~ εδώ*** bis hierher.
ισάξιος [i'saks-] (-ια) gleichwertig, äquivalent; *Pers.* ebenbürtig.
ισάριθμος [i'sariθm-] zahlengleich; genauso stark (***με***/ wie).
ισάρω [i'sarɔ] *v/t.* F hissen, hieven.
ίσασμα ['isazma] *n* Geradeмachen *n*, Ebnen *n*, Richten *n*.
ισημερ|ία [isimɛr-] Tagundnachtgleiche *f*; **~ινός** äquinoktial; Äquator-; *Su. m* Äquator *m.*
ισθμός [is'tm-] Landenge *f*, Isthmus *m.*
ίσια ['isĭa] *Adv.* in gleicher Weise; geradeswegs, direkt; zu gleichen Teilen; *fig.* der (den) gerade(n) Weg; **~-~** eben, gerade (das); wie angegossen (*passen*).
ισιάζω *s.* ***ισάζω.***
ίσιος Ehrenmann *m*; *Adj.* (-ια) reell; *s.* ***ίσος.***
ίσιωμα *n* ebene Fläche *f*, Plateau *n.*
ίσκα ['iska] Zunder *m.*
ισκιάζω [i'skąazɔ] (σ· στ) Schatten geben; beschatten.
ίσκιος Schatten *m*; Alpdrücken *n*; F (*in*) Schutz (*nehmen*).
ίσκιωμα *n* Schatten *m* (*des Baumes*).
ισκιώνω (σ· θ) *s.* ***ισκιάζω.***
Ισλάμ [i'zlam] (*0*) *n* Islam *m.*
ισλαμικός islamisch.
ισλαμισμός Islam *m.*
Ισλανδ|ή [izlan'ði] Isländerin *f*; **~ία** Island *n*; **Ձικός** isländisch; **~ός** Isländer *m.*
ίσο: ***του κρατάω το ~*** F *j-m* zur Seite stehen.
ισο- [isɔ-] gleich-.
ισο|βάθμιος [-'vaθm-] (-ια) gleichrangig; **~βαθμώ** (-είς· ησ) gleichrangig sein; **~βαρής** [-var-] gleich schwer; *Tech.* isobar.
ισόβια F Messer *n*; *Argot*: Knarre *f*; F (meine) Alte.
ισόβ|ιος [i'sɔv-] (-ια) lebenslänglich; ***~ια δεσμά*** *n/pl.* lebenslängliche Freiheitsstrafe *f.*
ισοβ|ιότητα Unabsetzbarkeit *f e-s Beamten*; **~ίτης** Lebenslängliche(r).
ισόγειο [i'sɔjɔ] Erdgeschoss *n*; **~ς** (-α) Parterre-.
ισο|γώνιος [-'ɣɔn-] (-ια) gleichwinklig; **~δυναμία** Äquivalenz *f*; Unentschieden *n*; **~δύναμο** [-'ðinamɔ] Äquivalent *n*; **~δύναμος** gleichwertig; *Math., Chem.* äquivalent; **~δυναμώ** (είς· ησ) äquivalent sein; gleichbedeutend sein (***με***/ mit *D*); **~ζυγιάζω** [-zij-] (-ζύγιασα· στ) *v/t.* ausbalancieren; ausgleichen (*a. Hdl.*); *v/i.* sich ausgleichen, sich aufheben; **~ζύγιο** Bilanz *f*; Gleichgewicht *n*; ***εμπορικό ~ζύγιο*** Handelsbilanz *f*; **~ζυγισμός** Handikap *n*; **~ζυγώ** [-zi'ɣɔ] (είς· ησ· ηθ) *s.* ***ισοζυγίζω.***
ισό|θεος göttergleich; höchst- (*Ehren*); **~κωλος** *Gr.* aus gleichen Satzgliedern bestehend.
ισο|λογίζω [-lɔj-] (σ· στ) *Konto* abschließen; **~λογισμός** Bilanz(ziehung) *f*; ***ετήσιος ~λογισμός*** Jahresabschluss *m*; **~μέρεια** *Phys.* Isomerie *f*; **~μετρία** [-mɛtr-] Proportion *f.*
ισόμετρος ebenmäßig, symmetrisch.
ισομοιρία gleiche Anteilmäßigkeit *f*; ***κατ' ~ν*** zu gleichen Teilen.
ίσον *Math.* gleich; *s.* ***ίσο.***
ισονομία [-nɔm-] Gleichheit *f* der Rechte, Gleichberechtigung *f.*
ισόνομος gleichberechtigt.
ισοπαλία *Sport*: Unentschieden *n.*
ισό|παλος gleich stark; *Kampf*: unentschieden; punktgleich; **~πεδος** *Oberfläche*: eben, gleich hoch.
ισο|πεδώ *s.* ***ισοπεδώνω;*** **~πέδωμα** [isɔ'pɛðɔma] *n* Einebnung *f*, Nivellierung *f* (*a. fig.*); **~πεδώνω** (σ· θ) (ein-) ebnen, nivellieren; *fig.* ausgleichen, nivellieren; dem Erdboden gleichmachen; **~πέδωση** (-εις) Ebnung *f*, Einebnung *f*, Nivellierung *f.*
ισόπλευρος [-plɛvr-] gleichseitig.
ισο|πολιτεία [-pɔlit-] Gleichheit *f* vor dem Gesetz; **~ρροπία** [-rɔp-] Gleichgewicht *n*; *fig.* Ausgeglichenheit *f.*
ισόρροπος im Gleichgewicht befindlich; *bsd. fig.* ausgewogen.
ισορροπ|ώ (είς· ησ· ηθ) sich im Gleichgewicht befinden; *v/t.* ausgleichen; ***~ημένος*** *Mensch*: ausgeglichen.
ίσ|ος ['isɔs] gleich (***με***/ *D*); gerade (*nicht krumm*); gerade (*aufrichtig*); *Weg*: eben; ***ανταποδίδω τα ~α*** Gleiches mit Gleichem vergelten.
ισοσκελ|ής [-skɛl-] *Dreieck*: gleich-

239 Ιφιγένεια

schenklig; *Budget*: ausgeglichen; **~ίζω** (σ· στ) saldieren, ausgleichen.
ισοσταθμ|ία [-staθm-] Gleichgewicht *n*; **~ίζω** (σ· στ) *v/t.* ausgleichen; *v/i.* sich ausgleichen, sich aufheben.
ισο|σύλλαβος [-'silav-] gleichsilbig; ***τα ~σύλλαβα*** *Gr.* die Gleichsilbigen; **~ταχής** gleich schnell; ... von konstanter Geschwindigkeit.
ισοτέλεια Gleichheit *f* der Abgaben; *jur.* Gleichberechtigung *f*; Gleichwertigkeit *f*; Gleichrangigkeit *f*.
ισότητα [i'sɔt-] Gleichheit *f*; ***~ προοπτικών*** Chancengleichheit *f*.
ισοτιμία Ebenbürtigkeit *f*; *Bank*: Wechselkurs *m*, Parität *f*.
ισότιμο *Hdl.* Gegenwert *m*; **~ς** ebenbürtig; gleichwertig; gleichberechtigt.
ισότοπα *n/pl.* Iso'tope *n/pl.*
ισούται ist gleich (***με*** / *D*), *s.* ***ισώ.***
ισοϋψ|ής [isɔips-] gleich hoch; ***~είς καμπύλες*** *f/pl.* Isohypsen *f/pl.*, Höhenlinien *f/pl.*
ισοφαρίζω [-far-] (σ· στ) *v/t.* wettmachen, ausgleichen; *v/i.* sich angleichen; F (*bsd. Sport*) gleichziehen.
ισόχρονος [-xrɔn-] regelmäßig (*Puls*), ... von gleicher Dauer; isochron.
ισοψηφ|ία [-psif-] Stimmengleichheit *f*; **~ώ** (είς· ησ) die gleiche Zahl Stimmen erhalten.
Ισπαν|ή [ispan-] Spanierin *f*; **~ία** Spanien *n*; **~ίδα** Spanierin *f*; **2ικός** spanisch; **~ός** Spanier *m*.
Ισρα|ήλ [izra'il] (0) *n* Israel *n*; **2ηλινός** israelisch, jüdisch; **~ηλίτης** (***-ίτισσα***) Israelit(in *f*) *m*; **2ηλιτικός** israelitisch.
ιστίο [i'stiɔ] Segel *n*.
ιστιοδρομ|ία [istĭɔðrɔm-] Segelregatta *f*; Segeln *n*; **~ώ** (είς· ησ) (wett)segeln.
ιστιόπανο Segeltuch *n*.
ιστιο|πλοΐα [-plɔ'ia] Segelschifffahrt *f*; **~φόρο** [-'fɔrɔ] Segelschiff *n*; **~φόρος** Segel-.
ιστολογία [istɔlɔj-] Histologie *f*.
ιστόρημα *n* Erzählung *f*, Geschichte *f*.
ιστορ|ία [istɔr-] Geschichte *f*; *pl. fig.* Geschichten *f/pl.*, Dummheiten *f/pl.*; ***~ία αγάπης*** Liebesgeschichte *f*; ***~ία τέχνης*** Kunstgeschichte *f*; ***~ίες γι' αγρίους*** Ammenmärchen *n/pl.*; **~ικό** geschichtliche(r) Hintergrund *m*, Vorgeschichte *f*, *Med.* Anamnese *f*; Vorleben *n e-s Menschen*; **~ικός** geschichtlich, historisch; Geschichts- (*Bewusstsein*); *Su. m/f* Historiker(in *f*) *m*; Geschichtslehrer(in *f*) *m*; **~ικότητα** geschichtliche Tatsache; Realität *f*; **~ιογραφία** [-iɔɣraf-] Geschichtsschreibung *f*; **~ιογράφος** Geschichtsschreiber *m*; **~ιοδίφης** [-'ðif-] Geschichtsforscher *m*; **~ώ** (είς· ησ· ηθ) geschichtlich darlegen; schildern.
ιστός *mar.* Mast *m*; Webstuhl *m*; Gewebe *n*; Struktur *f* (*der Mineralien*); ***~ αράχνης*** Spinngewebe *n*.
ισχιαλγία [isçialj-] Ischias *f*.
ισχίο Hüfte *f*.
ισχν|αίνω [isxn-] (αν· ανθ) *v/t.* mager machen; *v/i.* abmagern; mager werden; **~αντικός** Abmagerungs-; **~ός** mager (*a. fig.*); leise, tonlos; ***~ό γάλα*** *n* Magermilch *f*; **~ότητα** Magerkeit *f*.
ισχυρ|ίζομαι [isçi'rizɔmɛ] (στ) behaupten; **~ισμός** Behauptung *f*; **~ογνώμονας** Hartnäckige(r); Unbelehrbare(r); **~ογνωμοσύνη** [-ɔɣnɔmɔ'sini] Hartnäckigkeit *f*; Unbelehrbarkeit *f*; **~οποίηση** [-ɔ'piisi] (-εις) Stärkung *f*, Kräftigung *f*; Gültigkeitserklärung *f*; **~οποιώ** [-ɔ'pĭɔ] (είς· ησ· ηθ) stärken, konsolidieren; gültig machen; **~ός** stark, kräftig; mächtig; gültig; *Su. m pol.* der starke Mann.
ισχύς [i'sçis] (-ύος) *f* Stärke *f*, Kraft *f*; Macht *f*; *Tech.* Kraft *f*; *El.* Leistung *f*; *jur.* Gültigkeit *f*; ***εν ισχύι*** in Kraft befindlich; ***θέτω σε ισχύ*** in Kraft setzen; ***τίθεμαι σε ισχύ*** in Kraft treten.
ισχύ|ω [i'sçiɔ] (σ) *v/i.* Einfluss haben auf *A*, Geltung haben; gelten, gültig sein, in Kraft sein; ***~ για*** wert sein, den Gegenwert darstellen von ...; ***δεν ~ει*** F sagt man nicht, gibt es nicht.
ισ|ώ [i'sɔ] (είς) angleichen (***προς*** *A/D*); gleichmachen; ***~ούμαι*** *Math.* gleich sein (***με*** / *D*).
ίσως ['isɔs] (*mit Konjunktiv*) *Adv.* vielleicht; ***~ βρέξει αύριο*** vielleicht regnet es morgen.
Ιταλ|ία Italien *n*; **~ίδα** Italienerin *f*; **~ικά** (das) Italienisch(e); **2ικός** italienisch; **~ός** Italiener *m*.
ιταμ|ός [itam-] unverschämt; **~ότητα** Frechheit *f*, Unverschämtheit *f*.
ιτιά [i'tja] Weide *f*; ***~ η κλαίουσα*** Trauerweide *f*.
Ιφιγένεια [ifi'jɛn-] Iphigenie *f*.

I

ιχθυ- [ixθi-] Fisch-.
ιχθυ|αγορά Fischmarkt *m*; **~οκομία** [-ɔkɔm-] Fischzucht *f*; **~ολογία** [-ɔlɔj-] Fischkunde *f*, Ichthyologie *f*; **~ολόγος** [-'lɔɣ-] Ichthyologe *m*; **~οπωλείο** [-ɔpɔl-] Fischhandlung *f*; **~οπώλης** Fischhändler *m*; **~οπώλιδα** Fischhändlerin *f*; **~όσαυρος** [-'ɔsavr-] Ichthyosaurier *m*; **~όσκαλα** Fischhafen *m*; **~οτροφείο** [-trɔf-] Aquarium *n*; **~οτροφία** Fischzucht *f*; **~οτρόφος** fischreich; **~οφαγία** [-ɔfaj-] Fischnahrung *f*; **~οφόρος** [-ɔ'fɔr-] (-α) Fisch-; fischreich.
ιχν|ευτικός [ixnɛft-] Spür-; **~ηλασία** [-ilas-] Aufspüren *n*; **~ηλάτης** Aufspürer *m*; ***~ηλάτης κύων*** *m* Spürhund *m*; **~ηλατώ** [-ila'tɔ] (είς· ησ· ηθ) aufspüren, *j-m* nachspüren.
ιχνο|γράφημα [-ɔ'ɣraf-] *n* Skizze *f*, Entwurf *m*; Zeichnung *f*; **~γραφία** Zeichnen *n*, Zeichenkunst *f*; Zeichenbuch *n*; **~γραφική** [-ɔɣrafi'ki] Zeichenkunst *f*; **~γραφικός** Zeichen-; **~γράφος** *m*, *f* Zeichner(in *f*) *m*; **~γραφώ** (είς· ησ· ηθ) zeichnen, skizzieren.
ίχν|ος *n* Spur *f* (*a. Blutspur usw.*; *a. fig.*); Fußstapfe *f*; ***βαίνω επί τα ~η του*** in seine Fußstapfen treten.
ιψένειος (-α), **ιψενικός** [ipsɛn-] Ibsens ..., ibsensche ...
Ιωάννα [jɔ'ana] Johanna *f*.
Ιωάννης Johannes *m*.
Ιωάννινα, *τα* Janina *n*, Ioannina *n* (*Stadt*), *s.* ***Γιάννινα.***
Ιώβ [i'ɔv] (0) *m* Hiob *m*.
ιώβει|ος (-α) Hiobs-; ***~α υπομονή*** Engelsgeduld *f*.
ιωβηλαίο [i(j)ɔvi'lɛɔ] Jubiläum *n*.
ιώδης [i'ɔðis] violett; giftig.
ιώδιο Jod *n*.
ιωδιούχος [i(j)ɔ'ðiux-] (-α) jodhaltig, Jod-.
ιωδοφόρμιο [i(j)ɔðɔ'fɔrm-] Jodoform *n*.
Ιων|ία Ionien *n*; **ﬨικός** ionisch.
Ιωσήφ [i(j)ɔ'sif] (0) *m* Joseph *m*.
ιώτ (0) *n* Jot *n* (*z. B. in* ***χωριό, Γιάννης***).
ιώτα ['jɔta] *n* Jota *n*.
ιωτακισμός Itazismus *m* (*Aussprache des* **η, υ** *u. der Diphthonge* **ει, οι, υι** *wie* [i]).

Κ

Κ, κ ['kapa] Kappa *n*; ***κ´*** = 20; ***͵κ*** = 20.000.
κ' *vor* [i, ɛ] *s.* ***και.***
κάβα ['kava] Weinkeller *m*; *Spiel*: Einsatz *m*; ***κάνω ~*** die Bank halten.
καβάδι Kaftan *m*.
καβαδούρα Ärmelnaht *f*.
καβάκι [-'aiki] Schwarzpappel *f*.
καβ|άλα [ka'vala] Reiten *n*; *Adv.* zu Pferde; rittlings *sitzen*; ***είμαι*** *od.* ***τον έχω ~άλα*** ich bin ihm überlegen; ich habe ihn in der Hand; **~αλάρης** Reiter *m*; Dachfirst *m*; *Mus.* Steg *m*; **~αλαρία** Reiterei *f*, Kavallerie *f*; **~αλάρισσα** Reiterin *f*; **~αλέτο** Staffelei *f*; Dreifuß *m*; **~αλιέρος** Kavalier *m*; Partner *m*; **~αλίκε(υ)μα** [-'likɛ(v)ma] *n* Reiten *n*; **~αλικευτά** [-kɛ'fta] zu Pferde; **~αλικεύω** (εψ· ευτ) reiten; rittlings sitzen (auf *D*); *ein Pferd* besteigen; *fig. j-n* gängeln; **~αλίνα** Rossapfel *m*; **~άλο(ς)** Hosennaht *f*; Zwickel *m*; **~αλώ** (άς· ησ· ηθ) *s.* ***καβαλικεύω.***
καβάτζα F versteckt; *Geld*: im Strumpf.
καβατζάρω e-e Landzunge (*od. fig. etw.*) umschiffen; *fig.* verkraften.
καβγ|αδίζω [kavɣað-] (σ) sich (*A*) streiten, F sich (*A*) kabbeln; **~άς** Streit *m*, Zank *m*, Zänkerei *f*; **~ατζής** (-ήδες) Streithammel *m*, Stänkerer *m*; **~ατζίδικος** streitsüchtig, zänkisch; **~ατζού** *f* Zankapfel *m*, Drachen *m*.
κάβο|ς ['kav-] Kap *n*; Kabel *n*; Tau *n*; ***παίρνω ~*** F kapieren.

καβούκι [-'uïķi] Muschel *f*; Panzer *m* (*der Schildkröte*); *iro.* Melone *f*.
κάβουρας ['kavuras] (Fluss-)Krebs *m*.
καβουρδ- *s.* ***καβουρντ-***.
καβούρι [-'uri] Krabbe *f*; *pl.* F zugeknöpfte Taschen *f/pl. haben*.
καβουρμάς [-ur'mas] geröstete Fleischstückchen *n/pl. in Fett*.
καβ|ουρντίζω [-urñd-] (σ· στ) brennen, rösten; *Sonne*: braun brennen, F braten; **~ούρντισμα** *n* Brennen *n*, Rösten *n*; **~ουρντιστήρι** [-'stiri] Rösttrommel *f*, Röstmaschine *f*; **~ουρντιστός** geröstet; verbrannt.
καγκελ|αρία [kaŋgelar-] Kanzlei *f*; **~άριος** Kanzler *m*.
κάγκελο Gitter *n*; Zaun *m*.
καγκελ|όπορτα Gartentür *f*, Gittertür *f*; **~όφραχτος** Gitterzaun *m*; **~ώνω** (σ· θ) vergittern; abzäunen, einzäunen; **~ωτός** vergittert.
καγκουρό [kañg-] *n u. f* Känguru *n*.
καγχ|άζω [kaŋx-] (σ) hell auflachen, losplatzen; **~ασμός** Gelächter *n*.
καδένα Uhrkette *f*.
καδής [-'ðis] (-ήδες) Kadi *m*, Richter *m*.
καδμεί|ος (-α) kadmeisch [-'meːɪʃ] *hist.* (*z. B. griech. Buchstaben*); ***~α νίκη*** Pyrrhussieg *m*, unnütze(r) Sieg.
καδοποιός [kaðɔ'pjɔs] Böttcher *m*.
κάδος Eimer *m*; Bottich *m*.
κάδρο ['kaðrɔ] Rahmen *m*; Bild *n*.
καδρόνι Balken *m*.
καζάκα Kasack *m*.
καζάνι [-'zani] Kessel *m*; Spülkasten *m*.
καζ|άντι [-'zañdi] Gewinn *m*, F Geschäft *n*; **~αντίζω** (σ) gute Geschäfte machen, reich werden.
καζίκι [-'ziķi] Pflock *m*; Pfahl *m*; *fig.* Haken *m*; Reinfall *m*.
καζίνο Kasino *n*.
κάζο: ***παθαίνω μεγάλο ~*** großes Pech haben.
καζούρα F Verhohnepipelung *f*.
καη- *s.* ***καυ-; καίω.***
καημ|ένος arm, bedauernswert; **~ός** Kummer *m*; Sehnsucht *f* (***για***/ nach *D*).
καθ- *s.* ***κατά-***.
καθαγ|ιάζω [kaθaj-] (-γίασα) weihen; **~ίαση** (-εις) Weihung *f*.
καθ|αίρεση [-'θɛrɛsi] (-εις) Niederreißung *f*; Degradierung *f*; **~αιρώ** [-ɛ'rɔ] (είς· εσ· εθ) niederreißen; *mil. j-n* degradieren.
καθαρ|εύουσα [kaθa'rɛvusa] Katharevusa *f*, *etwa*: Kanzleisprache *f*; **~ευουσιάνος** [-ɛvu'sjan-] (-α) Anhänger(in *f*) *m* der Katharevusa.
καθαρίζ|ω (σ· στ) *allg.* reinigen, säubern (***από***/ von *D*); *Geschirr*: abwaschen; rein machen; *Rechnung* begleichen; *Frage* klären; *Hof*, *Schnee* fegen; *fig. etw.* von *j-m* säubern (***από***); P rauben; *töten*: erledigen; *v/i. Wetter*: sich aufklären; ***~ομαι*** *a.* P alles verlieren.
καθάριος (-ια) *s.* ***καθαρός.***
καθ|αριότητα [kaθa'rjɔt-] Sauberkeit *f*; Rein(e)machen *n*; **~άρισμα** *n*, **~αρισμός** Reinigung *f*, Putzen *n* (*des Salates usw.*); Rein(e)machen *n*; Klärung *f*; ***τελικός ~αρισμός*** Endlagerung *f*; **~αριστήριο** Reinigung(sanstalt) *f*; **~αριστής** Reiniger *m*; Raumpfleger *m*; **~αρίστρια** Reinemachefrau *f*, Raumpflegerin *f*.
κάθαρμα ['kaθarma] *n* Müll *m*; Kehricht *m*; *fig.* Lump *m*.
καθαρ|μός Reinigung *f*; *fig.* Läuterung *f*; **~όαιμος** [-ɛm-] reinrassig, Vollblut-; **~ογραφώ** [-ɔɣra'fɔ] (είς· ησ) deutlich schreiben; ins Reine schreiben; **~ολόγος** Katharevusa-Anhänger *m*; **~ός** sauber, rein (*a. fig.*); echt; *Sprache*: deutlich; *Himmel*: klar; *Pers.* reinlich; *Frau*: (*Argot*) ohne Sexappeal; *Hdl.* beglichen; P abgebrannt; Rein- (*Gewinn*); *Su. n* Reinschrift *f*; **~ότητα** Reinheit *f*; Klarheit *f*.
κάθαρση ['kaθarsi] (-εις) Reinigung *f*; *Med.* Entleerung *f*; Quarantäne *f*; *fig.* Sühne *f*; Läuterung *f*; *lit.* Katharsis *f*.
καθ|άρσιο Abführmittel *n*; **~αρτήριος** (-ια) Fege- (*Feuer*); **~αρτικός** Reinigungs-; *Su. n s.* ***καθάρσιο.***
καθαυτό [-a'ftɔ] (*a.* **-τού**) *Adv.* buchstäblich; *Adj.* rein (*Wolle*); echt (*Athener usw.*).
κάθε ['kaθɛ] (0) jeder, jede, jedes; alle *drei Tage*; ***~ άλλο*** im Gegenteil, keineswegs; ***~ πότε;*** wie oft?; ***~ λογής*** allerlei; ***~ που*** *Ko.* jedesmal, wenn; ***~ ένας*** (***μια, ένα***) ***από*** jeder + *G*.
καθ|έδρα [-'ɛðra] Katheder *m*, Pult *n*; Lehrstuhl *m*; Sitz *m e-s Bischofs*; **~εδρικός** Bischofs- (*Kirche*).
κάθειρξη [-θirksi] *hist.* Kerker *m*.

K

καθέκαστα [-'εkasta] *n/pl.* Einzelheiten *f/pl.*, alles Nähere *n*.
καθ|έλκυση [ka'θεlkisi] (-εις), **~ελκυσμός** Stapellauf *m*; **~ελκύω** [-εl-'kio] (σ· στ) vom Stapel lassen.
καθένα *s.* ***καθένας; 400 δρχ. το ~*** je 400 Drachmen.
καθένας [ka'θεnas] (καθεμιά, καθένα) jeder, jede, jedes.
καθεξής [-θε'ksis]: ***και*** (***ούτω***) **~** (***κ.ο.κ.***) und andere(s) (u. a.).
καθεστ|ώς [-'stɔs] (-ώσα, -ώς) *Alter*: gesetzt; *Su. n* (-ώτος) Regime *n*, Ordnung *f*; Regierungsform *f*; ***παρόν ~ώς*** *n* Status quo *m*; **~ωτικός** Regime-, ... der Regierungsform.
καθετή Angelschnur *f*.
K
καθετ|ήρας [-'tiras] Sonde *f* (*a. Geol.*); **~ηριάζω** (-ίασα) sondieren, e-e Sonde einführen.
καθετί (*o. Gen.*) alles.
κάθετος senkrecht, vertikal; *Su. f* Senkrechte *f*.
καθηγ|εσία [-ijεs-] Professur *f*; **~ητής** Professor *m*; Oberlehrer *m*; Lehrer *m*; Studienrat *m*; *fig.* Meister *m im Lügen usw.*; **~ητικός** Lehr- (*Stuhl*); Professoren- (*Gehalt*); **~ήτρια** Professorin *f*; Oberlehrerin *f*, Studienrätin *f*.
καθήκον (-οντος) Pflicht *f*, Schuldigkeit *f*; ***καθηκόντων παράβαση*** Pflichtverletzung *f*.
καθ|ήλωμα [ka'θil-] *n* Annageln *n*; *mil.* Binden *n*; **~ηλώνω** (σ· θ) (an)nageln; fesseln; *mil.* binden; **~ήλωση** (-εις) *s.* ***καθήλωμα.***
καθημεριν|ός täglich; Tages-; *Su. f* Wochentag *m*; *Su. n* tägliche(s) Brot *n*; Wohnzimmer *n*; *Su. n/pl.* Alltagszeug *n*; **~ότητα** (der) tägliche Trott.
καθησ- *s.* ***καθισ-.***
καθ|ησυχάζω [kaθisix-] (σ) beruhigen; sich (*A*) beruhigen; **~ησύχαση** (-εις) Beruhigung *f*; **~ησυχαστικός** [-xast-] beruhigend.
κάθιδρος schweißtriefend; ***γίνομαι ~*** viel Schweiß vergießen.
καθ|ίδρυμα [ka'θiðrima] *n* Anstalt *f*; Institut *n*; **~ίδρυση** [-ðrisi] (-εις) Errichtung *f*; Einrichtung *f*; **~ιδρύω** [-'ðrio] (σ) errichten (*a. fig.*); **~ιέρωμα** *n s.* ***καθιέρωση; ~ιερωμένος*** [-ĭerɔm-] üblich, gebräuchlich; eingewurzelt; **~ιερώνω** (σ· θ) *v/t.* billigen, anerkennen; einführen, einbürgern; festsetzen; weihen; *Kirche* einweihen; ***~ιερώνω όριο σε*** e-e Grenze setzen (*D*); **~ιέρωση** (-εις) Billigung *f*, Anerkennung *f*; Einführung *f*; Einweihung *f*; **~ίζηση** [-'izisi] (-εις) Senkung *f*, Vertiefung *f*; Bodensatz *m*.
καθίζω (σ) *v/t.* setzen; *mar.* auflaufen lassen; F *Schlag* versetzen; *v/i.* sich (*A*) setzen; *mar.* auflaufen.
καθίκι [ka'θiki] Nachttopf *m*; *fig. Argot* Mistvieh *n*.
καθισ|ιά [-'sja] Sitzen *n*; **~ιό** Müßiggang *m*.
κάθισμα *n* Sitzgelegenheit *f*; *mar.* Auflaufen *n*; Einsinken *n*; Sitzhaltung *f*.
καθ|ιστά *Adv.* im Sitzen; **~ιστικό** Wohnzimmer *n*; **~ιστικός** sitzend (*Beschäftigung*); *Mensch*: behäbig; **~ιστός** sitzend; **~ιστώ** [-i'stɔ] (άς· κατεστησ· καταστaθ· κατεστημ-) *v/t.* *glücklich, zu etw.* machen; errichten; *jur. j-n zum Erben* einsetzen; *K.* ***~ίσταμαι*** (κατέστηνα) werden.
καθ|οδήγηση [-'ðijisi] (-εις) Belehrung *f*, Anleitung *f*, Richtschnur *f*, Direktive *f*; **~οδηγώ** [-ɔði'γɔ] (είς· ησ) *v/t.* belehren, anleiten.
καθοδικός Abstieg(s)-, Ausstieg(s)-.
κάθοδος *f* Hinabsteigen *n*; Talfahrt *f*; Fahrt *f* (***σε***/ nach); Abstieg *m*; *Bus*: Ausstieg *m*; *Phys.* Kathode *f*.
καθολίκευση [kaθɔ'likεfsi] (-εις) Verallgemeinerung *f*.
καθολικ|εύω (ευσ· ευτ) verallgemeinern; ***~εύομαι*** sich (*A*) einbürgern; **~ισμός** Katholizismus *m*; **~ός** allgemein; *Rel.* katholisch; *Su. m* Katholik *m*; *Su. f* Katholikin *f*; *Su. n Hdl.* Hauptbuch *n*; *Rel.* Kirchenschiff *n*; **~ότητα** Allgemeinheit *f*; Universalität *f*; allgemeine Gültigkeit.
καθόλου [-'θɔlu] allgemein; *Adv.* im Allgemeinen, durchaus; keineswegs.
κάθ|ομαι ['kaθɔmε] (θισ· έκατσα· καθισμ-) sitzen (*wo?*); sich (*A*) setzen (*wohin?*); wohnen; arbeitslos sein; F ***δε μου ~εται*** ich hab kein Glück (*a. bei e-r Frau*).
καθ|ομιλουμένη [-ɔmilum-] (gute) Umgangssprache *f*; **~ομολογώ** [-ɔmɔlɔ'γɔ] (είς· ησ) bekennen; versprechen; **~οπλισμός** [-ɔpliz-] Bewaffnung *f*; Ausrüstung *f*; **~ορίζω** (σ· στ)

bestimmen, ausdrücklich erwähnen; **~ορισμένος** bestimmt; **~ορισμός** Bestimmung *f*, Festsetzung *f*; **~οριστικός** Bestimmungs-; **~οσιώ** [-ɔ'sjɔ] (είς· ωσ· ωθ) weihen; **~οσίωση** [-ɔ'siɔsi] (-εις) Weihen *n*; Weihe *f*; **έγκλημα ~οσιώσεως** Hochverrat *m*; **~όσο** *Ko*. soviel *ich weiß*; da, weil; **~ότι** weil; **~ούμενος** [-'um-] sitzend; **στα καλά ~ούμενα** aus heiterem Himmel; mir nichts, dir nichts.

καθρ|έφτης [ka'θrɛft-] Spiegel *m*; **~έφτης οδηγήσεως** Rückspiegel *m*; **~εφτίζω** [-ɛft-] (σ· στ) widerspiegeln (*a. fig.*); **~εφτίζομαι** sich widerspiegeln; in den Spiegel sehen.

καθ|υποβάλλω [-ipɔ'valɔ] (βαλ· βληθ/-υπε-) *j-m etw*. unterbreiten; anheim stellen; *Grüße* entbieten; sich (*A*) unterziehen (**σε**/ *D*); **~υπόταξη** [-'pɔtaksi] (-εις) Unterjochung *f*; **~υποτάσσω** [-'tasɔ] (ξ/ -υπε-) unterjochen; **~υστερημένος** verspätet; rückständig; *Kind*: zurückgeblieben; **~υστέρηση** [-i'stɛrisi] (-εις) Verspätung *f*; Verzögerung *f*; *Hdl*. Verzug *m*, Aufschub *m*; Rückständigkeit *f*; **~υστερώ** [-stɛ'rɔ] (είς· ησ· ηθ) *v/t*. *j-n* aufhalten; *etw*. verzögern; schulden (**του το**/ j-m etw.); in Verzug sein (*A*/ mit *D*); *v/i*. sich (*A*) verspäten; zurückbleiben (**σε**/ in *D*); im Rückstand sein; **~υστερούμενος** rückständig; ausstehend; **~ωρισμένος** [-ɔrizm-] bestimmt.

καθώς [ka'θɔs] *Ko*. wie; *zeitlich*: als; wenn; **~ ακούω** wie ich höre, ...; **~ πρέπει** wie es sich gehört; fein (*Herr, Dame*); anständig.

και [kɛ] *Ko*. und; auch; F *a*. denn; dass; **~ ... ~** sowohl ... als auch; **~ να, ακόμη ~** selbst wenn, wenn nur; **θαρρείς ~ λέω ψέματα** du glaubst, dass ich lüge.

καίγω *s*. **καίω.**

καΐκι [ka'iki] Segelboot *n*; Motorboot *n*.

καΐλα [ka'ila] Brennen *n*; **έχω ~ να ...** darauf brennen zu ...

καϊμ- *s*. **καϋμ-.**

καϊμάκι [kai'maiki] Sahne *f*, Rahm *m*.

Κάιν ['kain] (0) *m* Kain *m*.

καινός [kɛ'nɔs] neu.

καινο|τομία [-tɔm-] Neuerung *f*; **~τόμος** Neuerer *m*; **~τομώ** [-tɔ'mɔ] (είς· ησ) Neuerungen einführen.

καιν|ούργιος [kɛ'nurj-] (-ια) neu; **~ουργώνω** [-urɣ-] (σ· θ) erneuern; **~οφανής** [-ɔfan-] neu erschienen.

καιρικός [kɛr-] Witterungs-.

καίριος (-ια) rechtzeitig, entschlossen; *Med*. tödlich, gefährlich; Schlüssel- (*Stellung*); *Su*. *n* empfindlichste Stelle *f*.

Κάιρο ['kairɔ] Kairo *n*.

καιρ|ός [kɛ'rɔs] Zeit *f*; *Bot*. Reifezeit *f*; Wetter *n*; **πριν ~ό** vor geraumer Zeit; **με τον ~ό** mit der Zeit; **μετά ~ό** einige Zeit später; **από ~ό σε ~ό** von Zeit zu Zeit; **τον κακό του τον ~ό** hol ihn der Teufel; **πολύν ~ό** lange; **τον ~ό** *G Präp*. während *G*; **κατά ~ούς** zeitweilig, zeitweise; **~οσκοπισμός** [-ɔskɔp-] Opportunismus *m*; **~οσκόπος** Opportunist *m*; **~οσκοπώ** [-skɔ'pɔ] (είς· ησ), **~οφυλακτώ** [-ɔfila'ktɔ] (είς· ησ) e-e Gelegenheit abpassen; lauern.

Καίσαρας ['kɛ-] Cäsar *m*; Kaiser *m*.

καισαρικ|ός Kaiser-; **~ή τομή** *Med*. Kaiserschnitt *m*.

καισαροπαπισμός Personalunion *f* (*v. Staat u. Kirche*).

καϊσί [kai'si] Aprikose *f*.

καίσιον ['kɛs-] Zäsium *n*.

καίτοι ['kɛti] obgleich.

καί|ω ['kɛɔ] (καις· καίμε· καίν[ε]· καψ· καη· κα[η]μ) *v/t*. *Holz usw*. verbrennen; *Haus usw*. in Brand stecken; *Med*. abätzen; *Unglück*: *j-n* mitnehmen, erledigen; F **θα σε κάψω ...** ich werde dich schon kriegen ...; *v/i*. (ab)brennen; **~(γ)ομαι** sich (*A*) verbrennen; **... ~ει τη γλώσσα** ... brennt auf der Zunge; **κάηκε η γλώσσα μου** mir brennt (brannte) die Zunge; F **δεν του ~γεται καρφί** ihm ist alles schnuppe.

κακά *n/pl*. F Pups *m*; F Große(s) (*machen*); *s*. **κακός.**

κακάβι [ka'kavi] Kessel *m*.

κακαβιά Fischsuppe *f*.

κάκαδο Schorf *m*.

κακάο Kakao *m*.

κακ|αρίζω (σ) gackern; **~άρισμα** *n* Gegacker *n*.

κακαρώνω [-kar-] (σ) verenden.

κακ|έκτυπος [ka'kɛktip-] verdruckt; **~έμφατος** [-'ɛmfat-] anstößig; **~εντρέχεια** [-ɛn'drɛç-] Bosheit *f*; **~εντρεχής** boshaft.

κακές: στις ~ μου in schlechter Stimmung.

K

κάκητα [-k̡ita], **κάκια** Groll *m*; ***μου έχει*** (***κρατάει***) ~ er (sie) grollt mir.
κακ|ία Schlechtigkeit *f*, Bosheit *f*; böse(r) Hintergedanke *m*; **~ίζω** (σ· στ) verurteilen, F runtermachen.
κάκιωμα *n* Ärger *m*.
κακι|ωμένος böse (aufeinander), zerstritten; **~ώνω** (σ) sich (*A*) ärgern (***για***/ über *A*); böse werden.
κακό Böse(s); Übel *n*; Unheil *n*; F Krach *m*; ***με το ~*** barsch, sehr geradezu; ***... και ~*** und wie, aber nicht zu knapp; ***κάνω ~*** *j-m* etw. Böses tun; schaden; ***κόσμος και ~*** Himmel und Menschen; ***έσκασε από το ~ του*** er platzte vor Neid *od.* Wut; ***το ~ με ...*** das Schlimme an, mit (*D*) ist, ...
κακο- schlecht, übel, miss-, un-.
κακ|οαναθρεμμένος [-ɔanaθrɛm-] schlecht erzogen; **~οβάζω, ~οβάνω** (-όβαλα) schlecht stellen *od.* anordnen; *fig.* sich (*D*) s-n Teil denken; **~όβολος** [-'ɔvɔl-] unwirtlich; *Pers.* unverträglich, grämlich; **~οβουλία** [-vul-] Böswilligkeit *f*; **~όβουλος** böswillig; **~ογερνώ** [-ɔjɛr'nɔ] (άς· ρασ) ein trauriges Alter haben; **~ογλωσσιά** [-ɣlɔs-] Klatschsucht *f*; **~όγλωσσος** klatschsüchtig; *Su. m* Lästermaul *n*; **~όγνωμος** [-'ɔɣnɔm-] bockig, störrisch; **~όγουστος** *Pers.* ... ohne Geschmack.
κακο|γραφία [kakɔɣraf-] schlechte Handschrift *f*, F Pfote *f*; Gekritzel *n*; **~γράφω** [-fɔ] (ψ· μμ), **~γραφώ** (είς· ησ) schlecht schreiben; (hin)kritzeln; **~δαιμονία** [-ðɛmɔn-] Elend *n*, Misere *f*; **~διαθεσία** [-ðiaθɛs-] schlechte Laune; Unpässlichkeit *f*; **~διάθετος** schlecht gelaunt; unpässlich; **~δικία** *jur.* Fehlspruch *m*; **~διοίκηση** [-ði'ik̡isi] (-εις) Misswirtschaft *f*; **~διοικώ** (είς· ησ) schlecht führen (*od.* verwalten); **~δουλευτής** Pfuscher *m*; **~δουλεύω** (ψ) pfuschen.
κακόζηλος [-zil-] geschmacklos.
κακο|ζώ [-'zɔ] (είς) sich (*A*) durchhungern; **~ζώητος** Hungerleider *m*; **~ζωία** [-zɔ'ia] Hungerleben *n*; **~ήθεια** [-'iθja] Gemeinheit *f*; **~ήθης** unmoralisch; bösartig (*a. Med.*).
κακόηχος [-ix-] schlecht klingend.
κακο|θανατίζω elendig zugrunde gehen; **~θελητής** Bösewicht *m*.
κακόθυμος schlecht gelaunt.
κακο|καιρία [-k̡ɛr-] Unwetter *n*; **~καμωμένος** [-kamɔm-] schlecht gewachsen; *S.*: schlecht ausgeführt; **~καρδίζω** [-karð-] (σ) *v/t. j-n* verstimmen; *v/i.* niedergeschlagen sein; **~κάρδισμα** *n* Niedergeschlagenheit *f*.
κακόκαρδος niedergeschlagen.
κακοκεφαλιά [kakɔk̡ɛfal-] Eigensinn *m*; Verschrobenheit *f*.
κακόκεφος trübsinnig.
κακο|λογία [-lɔj-] Klatsch *m*, Tratsch *m*; **~λόγος** [-'lɔɣ-] Klatschtante *f*; **~λογώ** [-'ɣɔ] (άς, είς) *v/t.* über *j-n* klatschen; **~μαθαίνω** (κακόμαθα) *etw.* schlecht lernen; *ein Kind* verziehen; sich (*D*) angewöhnen (***σε***/ *etw.*); **~μαθημένος** [-θim-] verzogen; schlecht erzogen; **~μεταχειρίζομαι** [-çi'rizɔmɛ] (στ) schlecht behandeln; misshandeln; **~μιλάω** schlecht (*od.* falsch) sprechen; **~μοίρης** (-α, -ικο) *s.* ***κακόμοιρος;*** **~μοιριά** [-mir'ja] Elend *n*.
κακόμοιρος bedauernswert, elend.
κακομούτσουνος fratzenhaft.
κακοντυμένος schlecht angezogen.
κακο|νύχτι [kakɔ'nixti], **~νύχτισμα** *n* schlaflose Nacht *f*; **~παθαίνω** (κακόπαθα) Strapazen durchmachen; **~πάθεια** Strapazen *f/pl.*; **~παθημένος** [-θim-] schwer geprüft; **~παθώ** (είς· ησ) *s.* ***κακοπαθαίνω;*** **~παντρεύω** *v/t.* mit dem Verkehrten verheiraten; **~πέραση** [-'pɛrasi] Entbehrungen *f/pl.*; **~περνώ** [-'nɔ] (άς· ρασ) es ergeht mir übel; geplagt sein; **~πέφτω** [-'pɛftɔ] (πεσ) hereinfallen, e-e schlechte Partie machen; **~πιστία** [-pist-] Unzuverlässigkeit *f*; Schwindel *m*.
κακόπιστος unsolide; rabulistisch.
κακο|πόδαρος [-'pɔðar-] Pechvogel *m*; **~ποίηση** [-'piisi] (-εις) Misshandlung *f*; Vergewaltigung *f*; **~ποιός** [-'pjɔs] frevelhaft; *Su. m* Übeltäter *m*; **~ποιώ** [-'pjɔ] (είς· ησ· ηθ) misshandeln; vergewaltigen; **~ριζικιά** *s.* ***κακομοιριά;*** **~ρίζικος** *s.* ***κακόμοιρος.***
κακ|ός [ka'kɔs] (*a.* -ιά) *Arbeit, Wein, Wetter, Leistung, Schüler, Mensch usw.*: schlecht; *Nachrichten, Zustände usw.*: schlimm, schlecht, übel; *Krankheit*: schlimm; *mit bösem Willen*: böse (*Mensch, Hund, Zunge, Wort*); *moralisch schlecht a.* übel; ***~ό δεμάτι*** F

Querkopf *m*; **~οί γονείς** Rabeneltern *pl*.; **έχω τις ~ές μου** s-n schlechten Tag haben.

κακ|οσημαδιά böse(s) Vorzeichen; **~οσμία** [-ɔzm-] Gestank *m*; **~οστομαχιά** [-ɔstɔmaç-] Magenverstimmung *f*; **~οστομαχιάζω** (σ· -μάχιασα) sich (*D*) den Magen (**με**/ mit *D*) verderben; **~οστόμαχος** [-max-] magenleidend; *S*.: schwer verdaulich; *fig*. (ganz) unausstehlich; **~οσύνη** Böswilligkeit *f*; unwirtliche(s) Wetter; **~οσυνηθίζω** [-ɔsiniθ-] (σ) sich (*A*) verwöhnen (**σε**/ durch *A*); huldigen (**σε**/ *etw. Schlechtem*); *s. a.* **κακομαθαίνω; ~οσυσταίνω** [-ɔsist-] (στησ· στημ) verleumden, F anschwärzen (**σε**/ bei *D*); **~οτάξιδος** unruhig fahrend, schlingernd (*Schiff*); **~οτεχνία** [-ɔtɛxn-] Pfuscharbeit *f*; **~ότεχνος** stümperhaft; (hin)gepfuscht; **~οτοπιά** [-tɔp-] unwirtliche Gegend *f*; Unannehmlichkeit *f*; **~οτράχαλος** [-ɔ'traxal-] schwer zugänglich; *Mensch*: unwirsch; **~οτροπιά** [-ɔtrɔp-] Launenhaftigkeit *f*; Barschheit *f*; **~ότροπος** launisch; barsch; **~οτρώω** (-όφαγα) sich (*A*) schlecht ernähren; **~οτυχιά** Pech *n*, Unglück *n*; **~οτυχίζω** *v/t*. bemitleiden; **~ότυχος** [-tix-] vom Unglück verfolgt; *Su. m* Pechvogel *m*.

κάκου ['kaku]: **του ~** vergeblich.

κακούμι [-'kumi] Hermelin *m*.

κακ|ούργα Missetäterin *f*; **~ούργημα** [-'kurj-] *n*, **~ουργία** Verbrechen *n*, Untat *f*; **~ουργιοδικείο** [-urjɔðiķ-] Schwurgericht *n*; **~ούργος** [-'urɣ-] Missetäter *m*, Unmensch *m*; *Adj*. (-α, -ικο) verbrecherisch; **~ουργώ** [-'ɣɔ] (είς· ησ) e-e Untat begehen; *Med*. schlimmer werden; **~ουχία** [-uç-] Strapaze *f*; **~ουχούμαι** [-u'xumɛ] (είσαι· ηθ) Strapazen durchmachen; **~οφαίνεται** [-ɔ'fɛnɛtɛ] (φαν) missfallen, übel nehmen; **μου ~οφαίνεται** es missfällt mir; (**να**) **μη σας ~οφανεί** nehmen Sie es nicht übel!; **~οφανισμός** [-ɔfaniz-]: **και μη προς ~οφανισμό σας** nehmen Sie es nicht übel!; **~οφέρομαι** (-φερθηκ-) *v/t*. schlecht behandeln; **~όφημος** übel beleumdet; **~οφορμίζω** sich (*A*) entzünden; **~οφτιαγμένος** [-ɔftjaɣm-] (-ασμ-) geschludert; *Pers*. schlecht gewachsen; **~οφτιάνω** (-όφτιασα) hinschludern; **~οφωνία** Missklang *m*, Katzenmusik *f*; **~όφωνος** missklingend; **είμαι ~όφωνος** keine Stimme haben; **~οχρονίζω** [-xrɔn-] (σ) Böses wünschen, verfluchen; **~οχώνευτος** [-'xɔnɛft-] schwer verdaulich; **~όψυχος** boshaft; **~οψυχώ** [-psi'xɔ] (είς· ησ) verfluchen.

κάκτος *f* Kaktus *m*.

κάκωση (-εις) (Spuren *f/pl*. e-r) Misshandlung *f*; Striemen *f/pl*.

καλά [ka'la] *Adv*. gut; ganz, richtig, ordentlich; **είμαι ~** es geht mir gut; **γίνομαι ~** gesund werden; **πάω ~** es geht mir besser; **κάνω ~ εγώ** ich stehe dafür ein; **κάνει ~** *Med*. helfen *D*; **τα έχω** (**πάω**) **~ με** ich stehe gut mit *j-m*; **~ που** (*od*. **και**) glücklicherweise; nur gut, dass ...; *s. a.* **καλό**.

K

καλάθ|α [-'laθa] große(r) Korb *m*; **~ι** Korb *m*; **~ι δώρων** Präsentkorb *m*.

καλαθ|ιά (ein) Korb voll *m*; **~ιάζω** (-λάθιασα) *v/t*. in den Korb tun; **~οποιία** [-ɔpi'ia] Korbflechterei *f*.

κάλαθος Korb *m*; **~** (**των**) **αχρήστων** Papierkorb *m*.

καλαθοσφαίριση Basketball *m*.

καλάθρωπος *Bot*. Wolfsmilch *f*.

καλ|άι [-'lai] Zinn *n*; **~αϊδίζω** [-aið-], **~αΐζω** [-a'izɔ] (σ) verzinnen; **~άινος** Zinn-.

κάλαϊς [-lais] (-ϊδος) *m* Tür'kis *m*.

καλ|αισθησία [-ɛstis-] Schönheitssinn *m*; **~αισθητικός** ästhetisch; **~αίσθητος** *S*. geschmackvoll; *Mensch*: mit Geschmack.

καλαϊτζής (-ήδες) Verzinner *m*.

καλαμ|αράς [-ma'ras] *hist*. Intellektuelle(r); *iro*. Federfuchser *m*; **~άρι** Tintenfass *n*; Tintenfisch *m*.

καλαματιανός ... aus Kalamata; *Su. m Art Volkstanz*.

καλ|αμένιος [kala'mɛn-] (-ια) Rohr-; **~άμι** Rohr *n*, Schilf *n*; Strohhalm *m*; Angel *f*; *Anat*. Schienbein *n*; Spule *f*; **~αμιά** Stoppelfeld *n*; **~αμίδι** Angelrute *f*; **~αμίζω** (σ) aufspulen; *Halme* (ein)sammeln; **~άμινος** Rohr-; **~αμιώνας** Röhricht *n*, Schilfhain *m*.

καλαμο|ζάχαρο [-'zaxarɔ] Zuckerrohr *n*; **~πόδαρος** dünnbeinig.

κάλαμος Schilf *n*; Schreibfeder *f*.

καλαμοσίταρο [-'sitarɔ] Mais *m*.

καλαμπαλίκι [-m̃ba'liķi] Gedränge *n.*
καλαμπ|όκι [-'m̃bɔĭķi] Mais *m*; **~οκιά** Mais(kolben) *m*; **~οκίσιος** (-ια) Mais- (*Brot*).
καλαμπ|ούρι [kala'm̃buri] Wortspiel *n*, Kalauer *m*; **~ουρίζω** witzeln; **~ουριτζής** (-ήδες) Witzbold *m.*
καλαμωτός ... aus Rohrgeflecht.
κάλαντα [-lañda] *n/pl.* Weihnachtslieder *n/pl.*
καλαντάρι Kalender *m.*
καλαπόδι [-'pɔði] (Schuh-)Leisten *m.*
καλαφ|ατίζω [-laf-] (σ· στ) *mar.* kalfatern; **~άτισμα** *n* Kalfatern *n.*
καλβινιστής (***-ίστρια***) Calvinist(in *f*) *m.*
καλέ mein Lieber!; *f* P Geliebte *f*; *s. a.* ***καλός.***
καλειά *s.* ***καλιά; πάω ~ μου*** ich zieh los.
καλέμι Meißel *m.*
καλέντες [ka'lɛñdɛs]: ***ελληνικές ~*** niemals.
κάλεσ|η ['kalɛsi] (-εις), **~μα** [-zma] *n* Einladung *f.*
καλεσμένος eingeladen; Gast *m.*
καλεστής Einladende(r).
καλή *Su.* die rechte Seite *e-s Stoffes.*
καλη|μέρα [kali'mɛra] guten Tag!; **~μερίζω** *v/t. j-m* guten Tag wünschen; **~μέρισμα** *n* Gutentaggruß *m*; **~νύχτα** [-'nixta] gute Nacht!; **~νυχτίζω** *v/t. j-m* gute Nacht wünschen; **~σπέρα** [-'spɛra] guten Abend!; **~σπερίζω** *v/t. j-m* guten Abend wünschen.
κάλι Kali *n.*
καλι- *s.* ***καλλι-.***
καλιά (*Liebes-*)Nest *n.*
καλιακούδα [kalja'kuða] Dohle *f.*
καλίγι [ka'liji] Hufeisen *n.*
καλιγώνω [-liγ-] (σ· θ) *Pferd* beschlagen.
καλικάντζαρος (***-ρίνα***) Kobold *m*; *f* böse Fee.
κάλιο Kali *n.*
καλίφης [-'lif-] (-ηδες) Kalif *m.*
καλκάνι Steinbutt *m.*
κάλλια *Adv.* besser.
καλλ|ίγραμμος [-γram-] wohlgestaltet; **~ιγραφία** [-iγraf-] Schönschrift *f*; Schönschreibekunst *f*; **~ιγραφικός** kalligraphisch; Schreibschrift-; **~ιγραφώ** (είς· ησ) schön schreiben.
καλλι|έπεια [kali'ɛpĭa] gute(r) Stil; **~επής** sich gewählt ausdrückend; **~έργεια** [-'ɛrja] Anbau *m*; Bestellung *f*; Pflege *f*; *Biol.* Kultur *f*, Züchtung *f*; **~εργημένος** [-jim-] kultiviert, gepflegt; *Feld*: bestellt; **~εργήσιμος** anbaufähig; **~εργητής** Landwirt *m*; Pfleger *m*; Züchter *m*; **~εργητικός** landwirtschaftlich, Land- (*Maschine*); **~εργώ** [-'γɔ] (είς· ησ· ηθ) *allg.* kultivieren; *Feld* bestellen; *fig.* pflegen; *Bakterien* züchten.
καλλιλογία gute(r) Stil.
κάλλιο *Adv.* besser.
καλλιστεία *n/pl.* Schönheitswettbewerb *m.*
κάλλιστος ausgezeichnet.
καλλιτ- *s.* ***καλυτ-.***
καλλι|τέχνημα [kali'tɛxn-] *n* Kunstwerk *n*; Meisterwerk *n*; **~τέχνης** (***-τέχνιδα***) Künstler(in *f*) *m*; Meister(in *f*) *m*; **~τεχνία** Kunst *f*; Meisterschaft *f*; **~τεχνικός** künstlerisch (*z. B. Talent*); Kunst- (*Ausstellung*); meisterhaft, kunstvoll.
καλλ|ίφωνος [-fɔn-] stimmlich begabt; **~ονή** Schönheit *f.*
κάλλος *n* Schönheit *f*, Zauber *m.*
καλλυντικ|ό Kosmetikum *n*, Körperpflegemittel *n*; **~ός** kosmetisch, Körperpflege-.
καλλωπ|ίζω [kalɔp-] (σ· στ) verschönern; pflegen; **~ισμός** Schönheitspflege *f*, Kosmetik *f*; *am Haus*: Schmuck *m*, Stuck *m*; **~ιστήριο** Toilettentisch *m*; **~ιστικός** Zier- (*Pflanze*).
κάλμα Windstille *f*; *Hdl.* Flaute *f.*
καλμάρω [kal'marɔ] (II = I *od.* αρισ) *v/t.* beruhigen; *v/i.* sich (*A*) beruhigen.
καλντερίμι [kalñdɛ'rimi] (Gasse *f* mit) Kopfsteinpflaster *n.*
καλνώ (άς) *s.* ***καλώ.***
καλ|ό [ka'lɔ] Gute(s); *pl.* Güter *n/pl.*, Habe *f*; ***του βγήκε σε ~ό*** es ist für ihn gut ausgelaufen; ***για ~ό και για κακό*** unter allen Umständen; ***στο ~ό*** *etwa*: guten Heimweg!; alles Gute!; ***με το ~ό*** freundschaftlich; ***το ~ό που σου θέλω*** ich will ja nur dein Gutes; ***είμαι στα ~ά*** ich bin gut aufgelegt.
καλο- [kalɔ-] gut, wohl-.
καλοαναθρεμμένος gut erzogen.

καλόβαθρο [-vaθrɔ] Stelze *f*; Beinprothese *f*.

καλο|βαλμένος [-valm-] gut angezogen, schick; **~βλέπω** [-ˈvlɛpɔ] (καλοείδα) gut sehen (können); *j-n* gern sehen, *wie* ...; ***δεν ~βλέπω*** *j-m* nicht grün sein.

καλ|όβολος [-ˈɔvɔl-] verträglich; gefällig; **~όβουλος** vernünftig; **~ογερεύω** [-ɔjɛr-] (ψ) Mönch werden *od.* sein; wie ein Mönch leben; **~ογερικός** Mönchs-, mönchisch; *Su. f* Mönchstum *n*; **~όγερος** Mönch *m*; *Med.* Furunkel *m*; stumme(r) Diener *m*; **~ογηρ-** *s.* ***καλογερ-***.

καλ|όγνωμος [-ˈɔɣnɔm-] entgegenkommend; **~ογραμμένος** [-ɣram-] gut geschrieben; gesegnet; **~όγρια** [-ˈɔɣr-], **~ογριά** Nonne *f*; **~οδεμένος** [-ðɛm-] wohlgestaltet; **~οδέχομαι** [-ˈðɛxɔmɛ] (χτ) gut aufnehmen, begrüßen (*bsd. fig.*); **~οδεχούμενος** [-ˈxum-] zuvorkommend; gern gesehen; **~όδεχτος** [-ˈɔðɛxt-] gern gesehen; **~οδουλεύω** *v/t.*, *v/i.* gut arbeiten.

καλο|ειδ- [kalɔ-] *s.* ***καλοβλέπω***; **~εξετάζω** (σ· στ) genau prüfen, untersuchen; **~έρχεται** (μου) (es) kommt (mir) zupass; **~ζώ** (είς· -όζησα) *v/i.* gut leben; *v/t.* fürstlich für *j-n* sorgen; **~ζωία** [-zɔˈia] gute(s) Leben *n*; **~ζωισμένο** ... (*hat*) ein gutes Leben geführt; **~ήθεια** [-ˈiθja] gute Sitten *f/pl.*; **~ήθης** (-όηθες) wohlgesittet, anständig; *bsd. Med.* gutartig; **~θελητής** [-θɛlit-] (***-ισσα***) Gönner(in *f*) *m*; wohlgesinnt; *iro.* falsche(r) Freund *m*; **~θρεμμένος** [-θrɛm-] wohlgenährt; **~θύμητος** *fig.* ganz gegenwärtig; **~θώρητος** gern gesehen; **~καγαθία** [-kaɣaθ-] Herzensgüte *f*; **~κάγαθος** herzensgut; **~καθίζω** (σ) *j-n* bequem hinsetzen; bequem sitzen; **~κάθομαι** [-ˈkaθɔmɛ] (θησ, θισ· ισμ) bequem sitzen; es sich (*D*) bequem machen; *fig.* ein anständiges Leben führen; **~καιρεύω** den Sommer verbringen; *Wetter*: schön werden; **~καίρι** [-ˈkʲɛri] Sommer *m*; **~καιριά** schöne(s) Wetter *n*; **~καιριάζει** (σ· καίριασε) es wird Sommer *od.* schönes Wetter; **~καιρινός** Sommer-; **~καμωμένος** [-kamɔm-] *S.* gut gemacht; gut aussehend; **~καρδίζω** [-karð-] (σ· στ) *v/t.* aufheitern; *v/i.* froh werden.

καλόκαρδος gutmütig; heiter.

καλοκοίμητος: ***να 'ναι ~*** möge er in Frieden ruhen.

καλο|κοιτάζω [kalɔkʲit-] (ξ) *v/t.* wohlwollend betrachten; gut für *j-n* sorgen; **~κομμένος** [-kɔm-] gut geschnitten; *s.* ***καλοκαμωμένος***; **~κυρά** Fee *f*; **~λογία** Ästhetik *f*; **~μαθαίνω** (καλόμαθα· μαθημ) *j-n* verwöhnen; gut beibringen (***τον το***/ j-m etw.); sich (*A*) verwöhnen; *etw.* gut beherrschen; ***~μαθημένος*** gut erzogen; **~μέλανο** [-ˈmɛlanɔ], **~μέλας** (-ανος) Quecksilberchlorid *n*; Kalomel *n*; **~μελετώ** (άς) zuversichtlich sein; gut lernen; **~μεταχειρίζομαι** [-mɛtaçiˈrizɔmɛ] (στ) *j-n* gut behandeln, schonen; **~μίλητος** [-ˈmilit-] verbindlich, leutselig.

καλόμοιρος [-mir-] Glückskind *n*.

καλο|νυχτίζω [-nixt-] (σ) gute Nacht wünschen; **~παντρεύομαι, ~παντρεύω** [-pañdr-] (ψ) *v/t.* gut verheiraten; e-e gute Partie machen; **~περασάκιας** Lebemann *m*; **~πέραση** [-ˈpɛrasi] Wohlleben *n*; **~περνώ** [-ˈnɔ] (άς· ρασ) angenehm leben; gut auskommen (mit *D*); **~πέφτω** in gute Hände kommen; **~πιάνω** [-ˈpjanɔ] (σ· στ) *j-n* hofieren; **~πιάσματα** [-ˈpjazmata] *n/pl.* Schmeicheleien *f/pl.*

καλόπιστος [-pist-] gutgläubig.

καλο|πληρώνω [-plir-] (σ· θ) gut bezahlen; **~πόδαρος** [-ˈpɔðar-] Glück bringend; **~προαίρετος** [-prɔˈɛrɛt-] gut gemeint; wohlmeinend.

καλορίζικ|α [kalɔˈrizika] *Adv.* viel Glück!; **~ο** Glück(wünsche *m/pl.*) *n*; **~ος** Glück bringend.

καλοριφέρ [kalɔriˈfɛr] (0) *n* Heizkörper *m*; Zentralheizung *f*.

κάλος Hühnerauge *n*.

καλ|ός [kaˈlɔs] gut; ***~έ*** *Anruf*: hallo; du da, Sie da; hör mal; hört mal; *Verwunderung*: Donnerwetter, *wie* ...; nanu, *was* ...; ***ώρα ~ή*** alles Gute!; ***~ή ανιάμωση*** auf (ein gesundes) Wiedersehen!; ***~ή ώρα*** *vor Vergleichen, etwa*: Gott geb's *so, wie* ... *od.* so ganz *wie*; ***~ό και τούτο*** *iro.* das ist ja eine schöne Geschichte!; ***μια και ~ή*** ein für alle Mal.

καλο|στεκούμενος [-stɛ'kum-] begütert, bemittelt; rüstig; **~συνεύω** [-sin-] (εψ) sich aufklären; sich (*A*) besänftigen (lassen); **~σύνη** Güte *f*; gute(s) Werk; Gefälligkeit *f*, Dienst *m*; Vorzug *m*; schöne(s) Wetter *n*; ***~σύνη σας!*** sehr nett von Ihnen!; ***έχετε την ~σύνη να ...*** haben Sie die Güte zu ...; **~συνηθίζω** [-niθ-] (σ) sich (*D*) angewöhnen (***σε***/ *etw.*); *s. a.* ***καλομαθαίνω;*** **~τάξιδος** seetüchtig (*Schiff*); **~τρώγω** [-'trɔɣɔ] (-όφαγα) schlemmen; **~τυχίζω** [-tiç-] (σ) *j-n* glücklich preisen.

καλότυχος [-tix-] selig, glücklich.

καλού: ~ *κακού* F für alle Fälle.

καλούδια [ka'luð-] *n/pl.* kleine Aufmerksamkeiten *f/pl.*

K

καλούμπα Drachenschnur *f*; F *fig.* Gängelband *n*.

καλούπι [-'lupi] Gussform *f*; Schablone *f*; (*Hut usw.*) Form *f*; Leisten *m*; Puppe *f*.

καλουπώνω (σ· θ) auf den Leisten spannen; *fig.* übervorteilen.

καλούτσικος [-'luts-] recht gut.

καλο|φαγάς [kalɔfa'ɣas] (-άδες) (*f* -ού) Feinschmecker(in *f*) *m*; **~φαγία** [-faj-] Feinschmeckerei *f*; Schlemmerei *f*; **~φαίνεται** [-'fɛnɛtɛ] (φαν) gut wirken, aussehen; recht *od.* angenehm sein (***του, σε***/ *D*); **~φορεμένος** [-fɔrɛm-] gut gekleidet; **~χειμωνιά** milde(r) Winter; **~χρονίζω** [-xrɔn-] (σ) *j-m* ein gutes neues Jahr wünschen; **~χώνευτος** [-'xɔnɛft-] leicht verdaulich; **~ψημένος** (gut) durchgebraten; **~ψυχίζω** *v/t.* F *j-n* aufmöbeln.

καλόψυχος [-psix-] gutherzig.

καλπάζω [kalp-] (σ) galoppieren (*a. Krankheit*).

καλπάκι [-'aïķi] Pelzmütze *f*; *mil.* Käppi *n*.

καλπασμός Galopp *m*.

κάλπη Wahlurne *f*.

κάλπης (-ηδες) Gauner *m*; Pfuscher *m*.

καλπιά Gaunerei *f*.

κάλπικος unecht; *Pers.* erbärmlich.

καλπον|όθευση [kalpɔ'nɔθɛfsi] (-εις) Wahlfälschung *f*; **~οθεύω** (ευσ) die Wahl fälschen.

κάλτσα Strumpf *m*; Socke *f*.

καλτσοβελόνα Stricknadel *f*.

καλύβ|α [-'liva], **~η, ~ι** Strohhütte *f*, Baracke *f*.

καλυβόσπιτο Häuschen *n*.

κάλυκας ['kalikas] (*Patronen*) Hülse *f*; Blütenkelch *m*; *Bot.* Knospe *f*; *Anat.* (*Geschmacks-*)Knospe *f*.

κάλυμμα [-lima] *n* Decke *f*; Kopfbedeckung *f*; *Hdl.* Deckung *f*.

καλυμμαύχιον [-'mafç-] *Rel.* Kamilavkion *n*, Kamilawka *f*.

καλ|υπτήρας [kali'ptiras] Deckel *m*; Decke *f*; **~ύπτρα** [-ptra] Schleier *m*; Kopftuch *n*; *Bot.* Wurzelhaube *f*; **~υπτρίδα** Deckglas *n*; **~ύπτω** [-'iptɔ] (ψ· φτ· κεκα-) bedecken (***για, υπό*** *G*/ mit *D*); *fig.*, *mil.*, *Hdl.* decken; ***~ύπτομαι*** *Anleihe*: voll gezeichnet werden.

καλύτερα [ka'litɛra] *Adv.* besser; ***είμαι ~*** es geht mir besser.

καλυτ|έρεμα *n* Besserung *f*; **~ερεύω** (ψ) *v/t.* verbessern; *v/i.* sich (*A*) bessern; es geht *j-m* besser; **~έρεψη** (-εις) Besserung *f*.

καλύτερος besser.

κάλυψη *mil.* Deckung *f*.

κάλφας [-fas] (-άδες) Geselle *m*.

καλ|ώ [ka'lɔ] (είς· εσ· κληθ· καλεσμ) rufen, einladen (***σε***/ zu *D*); *jur.* (vor)laden; *Arzt* hinzuziehen; *mil.* einberufen; nennen; ***~ούμαι*** *a.* heißen; ***~ώ σε βοήθεια*** zu Hilfe rufen.

καλώδιο Seil *n*; *El.* Kabel *n*.

καλών (***-ουσα***) Anrufer(in *f*) *m*.

κάλως ['kalɔs] (-ω) Tau *n*.

καλώς [-'lɔs] *Adv.* gut; *s. a.* ***καλά; ~ τον (την, τους, τις)*** *etwa*: ich begrüße dich, euch; willkommen!; ***~ ήρθατε (ωρίσατε)*** willkommen!; ***~ σας βρήκαμε*** *als Antwort*, *etwa*: freue mich, Sie wohlauf zu sehen; F ***έχει ~!*** nun gut!, einverstanden.

καλωσορίζω (σ) willkommen heißen; begrüßen.

καλωσόρισμα *n* gute Aufnahme.

κάμα Dolch *m*.

κάμα *n* Hitze *f*.

καμ|ακεύω [-maķ-] (εψ) *s.* ***καμακίζω;*** **~άκι** [-'aïķi] Harpune *f*; *Argot*: Papagallo *m*; Anbändeln *n*; ***κάνω ~άκι σε*** anbändeln mit *j-m*; *Argot*: *j-n* anmachen; **~ακίζω** (σ· στ), **~ακώνω** (σ· θ) harpunieren.

κάμαρα Zimmer *n*, Stube *f*.

καμάρα Bogen *m*, Arkade *f*, Gewölbe *n* (*a. des Fußes*).
καμάρι Stolz *m der Familie z. B.*; Selbstgefälligkeit *f*.
καμαριέρ|α Zimmermädchen *n*; **~ης** (-ηδες) Hausdiener *m*.
καμαρίλα Kamarilla *f*.
καμαρ|ίνι [-'rini] *Thea.* Garderobe *f*, Umkleidekabine *f*; **~ότος** Steward *m*.
καμάρωμα *n* Überheblichkeit *f*.
καμαρ|ώνω (σ) *v/t.* stolz sein auf *A*; *etw.* anpreisen; bestaunen (*A*); *v/i.* sich (*A*) zieren; **~ωτός** gewölbt; stolz; *fig.* Pracht- (*Sohn*).
καματ|ερός Pflug-; F schuftend; *Su. n* Pflugochse *m*; *Su. f* Werktag *m*; **~εύω** (εψ) pflügen, ackern.
κάματος Strapaze *f*; Ackern *n* (*a. fig.*); Aufbereitung *f*.
καμβάς (-άδες) Gittergewebe *n*.
καμέλια Kamelie *f*.
κάμερα (*Film*) Kamera *f*.
καμήλα [ka'mila] Kamel *n*.
καμηλ|ιέρης [-'jɛr-] (-ηδες) Kameltreiber *m*; **~ίσιος** (-ια) Kamel-; **~ό** Kamelhaar *n*; *Adj.* Kamelhaar-; **~οπάρδαλη** [-'parðali] Giraffe *f*.
καμηλωτή [-lɔt-] Kamelhaar *n*.
καμιά *s.* ***κανένας***.
καμιν|άδα [kamin-] Schornstein *m*, Kamin *m*; **~έτο** Spirituskocher *m*; **~ευτής** Heizer *m*; **~εύω** (ευσ) schmelzen, gießen; *Holz* verkohlen.
καμίνι, κάμινος Schmelzofen *m*.
καμιόνι [-'mjɔni] Lastkraftwagen *m*.
καμιτσίκι [-'tsiḱi] Peitsche *f*.
καμμ|ιά, ~ία *s.* ***κανείς; ~ιά φορά*** zuweilen.
κάμνω *s.* ***κάνω***.
καμουτσί(κι) [kamu'tsiḱi] Peitsche *f*.
καμουφλάζ (0) *n* Tarnung *f*.
καμου|φλάρισμα [-'flar-] *n* Tarnung *f*; **~φλαρισμένος** getarnt; **~φλάρω** (αρισ) tarnen.
καμπ|άνα [kam̆b-] Glocke *f*; *iro. fig.* Denkzettel *m*; **~αναριό** [-'rĭɔ] Glockenturm *m*; **~ανέλι** Glöckchen *n*.
καμπάνια *pol.* Kampagne *f*.
καμπανίζω (σ) *v/t.*, *v/i.* läuten.
καμπανιστός schallend (*Gelächter*).
καμπανίτης Sekt *m*, Champagner *m*.
καμπαρέ [kaba'rɛ] (0) *n* Kabarett *n*; Nachtlokal *n*.
καμπαρντίνα Gabardine *f*.
καμπαρτζού *f* Animierdame *f*.
καμπή Biegung *f*, Kurve *f*.
καμπήσιος (-ια) Land-, vom Lande.
κάμπια ['kam̆bĭa] *Zool.* Raupe *f*.
καμπιάζω (κάμπιασα) von Raupen befallen werden.
καμπίνα [ka'bina] Kajüte *f*; Kabine *f*; **~ ντους** Duschkabine *f*.
καμπινέ [kab-] (-έδες) Abort *m*.
καμπ|όης [ka'm̆bɔis] (-ηδες) Cowboy *m*; *s. a.* ***καουμπ-***; **~όικο** Western *m*, Wildwestfilm *m*.
κάμπος Ebene *f*, flache(s) Land *n*.
κάμποσος ['kam̆bɔs-] ziemlich viel; längere *Zeit*; *pl.* eine Anzahl von *D*.
καμπόσο|ς: (***μας***) ***κάνει τον ~*** er macht sich wichtig; er gibt an.
καμπούρ|α [-'m̆bura] Buckel *m*; Höcker *m*; **~ης** (-α, -ικο) bucklig.
καμπουριάζω (-ούριασα) *v/i.* e-n Buckel machen; *fig.* e-n Bückling machen; *v/t.* krümmen.
καμπουρ|ομύτης [-'mit-] (-α) ... mit e-r Hakennase; **~ωτός** bucklig.
καμπτήρας *Anat.* Beuger *m*, Flexor *m*.
κάμπτ|ω ['kam̆ptɔ] (μψ· μφθ) *v/t. Knie* beugen; biegen; *e-e Straße* umgehen; *ein Kap* umschiffen; *fig. j-n* mitnehmen; *v/i.* abbiegen (***σε***/ nach *D*); **~ομαι** sich (*A*) biegen; *fig.* sich (*A*) erweichen lassen; *mil.* nachgeben.
καμπ|ύλη [-'m̆bili] krumme Linie *f*, Kurve *f*; **~υλόγραμμος** [-'lɔɣram-] krummlinig; **~ύλος** krumm, gekrümmt; **~υλότητα** Krümmung *f*; **~υλώνω** (σ) krümmen; **~υλωτός** [-lɔt-] krumm, gebogen.
καμτσίκι [kam̆'tsiḱi] Peitsche *f*.
κάμφορα ['kaɱfɔra], **καμφορά** Kampfer *m*.
κάμψη ['kam̆psi] (-εις) Biegen *n*; Biegung *f*; Beugung *f*; *fig.* Rückgang *m*.
κάμω *s.* ***κάνω***.
κάμωμα *n* Tätigkeit *f*; Werk *n*, Tat *f*; *pl.* Sperenzien *pl.*, Flausen *f/pl.*
καμωμ|ατάς [kamɔma'tas] (-άδες) Querkopf *m*; **~ένος** fertig; erledigt; *Frucht*: reif; geschaffen (***για***/ zu *D*).
καμώνομαι [-'mɔnɔmɛ] (θ) so tun (***πως***/ als ob); Sperenzien machen.
καν [kan] *mst. mit* ***ούτε*** *od.* ***δεν:*** *nicht* einmal; ***~ και ~*** sehr viel(e).
κανάγιας [ka'najas] Kanaille *f*.
Καναδ|άς [-'ðas] Kanada *n*; **≈έζικος,**

K

καναδικός 250

≈ικός kanadisch; **~ός** (*-ή*) Kanadier(in *f*) *m*.
κανακ|άρης (-ισσα, -ικο) verhätschelt, Hätschel-; **~εύω** (εψ) verhätscheln.
κανάκια [-'naïka] *n/pl*. Hätschelei *f*.
κανάλι Kanal *m*.
καναπές [-'pɛs] (-έδες) Sofa *n*.
καν|άρι, ~αρίνι Kanarienvogel *m*; **≈άριοι νήσοι** *f/pl*. Kanarische Inseln *f/pl*.
κανάτ|α Krug *m*; **~ι** Kanne *f*; Nachttopf *m*; Fensterladen *m*; F Weintrinker *m*; ***στέκει ~ι*** aufrecht stehen.
κανείς [ka'nis] (-ενός) man; niemand; **~** (***καμιά, κανένα***) jemand; **~ *μας*** einer (keiner) von uns.
καν|έλα [-'nɛla] Zimt *m*, Kaneel *m*; **~ελής** (-ιά, -ί) zimtfarben; braun.
κανένας [-'nɛnas] (καμιά, κανένα) *Adj. u. Su.* irgendein(e); *Su.* jemand; *mit Negation od. nach Fragen*: *Adj.* kein(e); *Su.* keine(r), niemand.
κάνθαρος ['kaňθar-] Käfer *m*.
κανθός Augenwinkel *m*.
καν|ιβαλικός [kanivali'kɔs] kannibalisch; **~ιβαλισμός** Kannibalismus *m*; **~ίβαλος** Kannibale *m*.
κανίσκι Präsentkorb *m*.
κάνιστρο [-nistrɔ] flache(r) Korb *m*.
κάννα *Bot*. Rohr *n*.
καναβάτσο Sackleinwand *f*.
κάνναβη *s*. ***καννάβι***.
κανναβήσιος (-ια) hanfen.
καννάβ|ι [-'navi] Hanf *m*; Hanfgarn *n*; **~ινος** hanfen.
κανναβ|όπανο *s*. ***κανναβάτσο***; **~όσπορος** [-'ɔspɔr-], **~ούρι** [-'uri] Hanfsamen *m*.
κάννη Lauf *m* des Gewehrs; Rohr *n*.
κανό (0) *n* Kanu *n*; Motorboot *n*; Segelboot *n*.
κανονάρχης Gehilfe *m* des Kantors; *fig*. Aufwiegler *m*.
κανόν|ας [ka'nɔnas] Regel *f*; Vorschrift *f*; Lineal *n*; *Rel*., *Mus*., *Phil*., *jur*. Kanon *m*; *jur*. *a*. Rechtsnorm *f*; *Rel*. *a*. Buße *f*; *Hdl*. (*Gold*-)Standard *m*; ***~ας κυκλοφορίας*** Verkehrsregel *f*; ***κατά ~α*** in der Regel.
καν|όνι Kanone *f*, Geschütz *n*; F prima, toll; ***σκάω ~όνι*** nicht bezahlen (wollen); F *Schule usw*. durchrasseln; **~ονιά** Kanonenschuss *m*; **~ονίδι** Geschützfeuer *n*; Beschießung *f*; **~ονιέρης** (-ηδες) Schütze *m*; Kanonier *m*.
κανον|ίζω [kanɔn-] (σ· στ) *allg*. regeln; *Tech*. einstellen, regulieren; *Ausgaben* ordnen; *Uhr* stellen; *Streit* beilegen; *Rel*. Buße auferlegen; F *j-n* zur Vernunft bringen; ***~ίζομαι*** sich (*A*) richten (***κατά*** *A*/ nach *D*); **~ιέρης** (-ηδες) Zahlungsunwillige(r); F Durchfaller *m*; **~ικός** regelmäßig (*a*. *Math*.); normal; üblich; *Rel*. kanonisch; *Su*. *m* Geistliche(r); **~ικότητα** Regelmäßigkeit *f*; Befolgung *f e-s Gesetzes*.
κανονιο|βολισμός [-vɔl-] Kanonenschuss *m*; Beschießung *f*; **~βολώ** [-'lɔ] (είς· ησ) *v/t*. beschießen; *v/i*. schießen; **~στοιχία** [-stiç-] *mil*. Batterie *f*; **~φόρος** [-'fɔr-] *f* Kanonenboot *n*.
κανονισ|μός *Tech*. Regulierung *f*; Einstellung *f*; *Hdl*. Regelung *f* (*a*. *allg*.), Ordnen *n*; *jur*. Satzung *f*, (*Betriebs*-) Ordnung *f*; ***~μός χρήσης*** Gebrauchsanweisung *f*; **~τικός** Ausführungs- (*Bestimmungen*).
κάνουλα ['kanula] (*Absperr*-)Hahn *m*; (*vulgär*) Schwanz *m*.
καντάδα [-'ňdaða] Serenade *f*.
κανταΐφι [kada'ifi] Süßspeise *f aus e-r Art gebackener Nudeln*.
καντάρι Waage *f*; ***τον έφαγε στο ~*** er hat ihn übers Ohr gehauen.
καντάτα Kantate *f*.
κάντζα ['kaňdza] Haken *m*.
καντήλ|α [ka'ňðila] Ampel *f*; Öllampe *f*; F Humpen *m* (*Wein*); **~ι** (Öl-)Lämpchen *n*.
καντίνα Kantine *f*.
κάντιο Kandiszucker *m*.
καντόνι Kanton *m*.
κάν|ω ['kanɔ] (καμ *od*. καν· καμωμ-, κανωμ-) *v/t*. *allg*. machen (*a*. = bauen, herstellen); tun; *Land*, *Pflanze*: hervorbringen, erzeugen, geben; *km pro Stunde usw*. zurücklegen; *e-n Spaziergang*, *e-e Reise* machen; *die Betten* machen; *seine Pflicht* tun; *Militärdienst* ableisten, machen; *Krieg* führen; *Ostern usw*. feiern; *e-n Eid* leisten; *den Kranken*, *den Dummen* spielen *od*. sich (*A*) *krank*, *dumm* stellen; *j-m e-e Freude* machen; *ein Leid* antun; *mit doppeltem A*: *j-n* machen zu *D*; *j-n etw*. (*z. B. Lehrerin*) werden lassen; *v/i*. sich (*A*) *in Europa* aufhalten; machen, kosten; **~ω**

K

έφεση G Berufung einlegen gegen *A*; **~ει καλό** es tut *j-m* gut; **~ει κακό** es bekommt *j-m* schlecht; **~ω μάθημα** Stunden nehmen *od.* geben; **~ω μπρος** vorrücken; **~ω πίσω** zurückrücken; **~ω τόπο** *od.* **θέση** *j-m* Platz machen; **~ω ταμείο(ν)** Kasse machen; **~ω τα χαρτιά μου** seine Papiere fertig machen; **~ω για ...** taugen für; **~ω σαν ...** so tun wie ...; sich benehmen wie ...; **~ω πως ...** so tun, als ob ...; **τον ~ω να ...** ich bringe ihn dazu, dass ...; ich lasse ihn *z. B. arbeiten*; **έχω να ~ω με ...** ich habe zu tun mit *D*; **έκανα να σηκωθώ και δεν μπόρεσα** ich wollte mich erheben, konnte aber nicht; **δεν ~ει να φας κρέας** du solltest (*od.* darfst doch) kein Fleisch essen; **~ει να καπνίζω;** darf ich rauchen?; **το ίδιο μου ~ει** es ist mir gleich; **~ω καλά εγώ** ich stehe dafür ein; **~ει κρύο, ζέστη** es ist kalt, heiß; **δεν μου ~ει το σπίτι** das Haus ist nichts für mich; **σας ~ει αυτό;** ist Ihnen das recht?; **πόσο ~ει** wie viel macht es?; **τι ~ετε;** wie geht es Ihnen?; **πόσο χρονών τον ~ετε;** für wie alt halten Sie ihn?; **δεν μπορώ να ~ω μαζί του** ich kann mich nicht mit ihm vertragen; **~ω το χαζό** sich (*A*) dumm stellen.

καουμπόης (-ηδες) Cowboy *m*.

καούρα [ka'ura] Brennen *n*; Sodbrennen *n*.

καουτσούκ (0) *n* Kautschuk *m*.

κάπα (Regen-)Mantel *m*.

καπάκι [-'paiki] Deckel *m*; *fig.* Geheimnis *n* (*lüften*).

καπακώνω (σ· θ) e-n Deckel darauf setzen; *fig.* bemänteln; F *j-n* ducken.

καπαμάς Lamm- *od.* Kalbfleisch *n* mit Tomaten.

καπάντζα [-'pandza] Falle *f*.

καπ|άρο [ka'parɔ] Anzahlung *f*; **του δίνω ~άρο** j-m etwas anzahlen; **~αρώνω** (σ· θ) anzahlen.

καπ|άτσος [-'pats-] (-α) gewandt, anstellig; **~ατσοσύνη** Pfiffigkeit *f*.

κάπελας Wirt *m*, F Kneipier [-'pje:] *m*.

καπ|ελάς [-ε'las] (-άδες) Hutmacher *m*; **~ελιάρα** Hutablage *f*; **~ελιέρα** Hutschachtel *f*; **~έλο** Hut *m*; F Aufpreis *m*; **ψηλά ~έλα** *n/pl.* F die Bonzen *m/pl.*; **... δικό μου ~έλο** F ... mein Bier!; **~ελού** [-'lu] *f* Modistin *f*; **~ελώνω** e-n Hut aufsetzen; *fig. j-n* übers Ohr hauen.

καπετάνιος (*pl. a.* -αίοι) Hauptmann *m*, Anführer *m*; *mar.* Kapitän *m*.

καπηλ|εία [kapil-] Schiebergeschäft *n*, Spekulation *f* (*G*/ mit *D*); **~είο** Schenke *f*; Kantine *f*; **~εύομαι** [-'εvɔmε] (ευτ) spekulieren mit *D*; (ver)schieben; **~ικός** Schieber-; Budiker-.

κάπηλος (Schank-)Wirt *m*; *fig.* Schacherer *m*, Geschäftemacher *m*.

καπίκι [-'piki] Kopeke *f*.

καπ|ίστρι [-'pistri] Zaum(zeug *n*) *m*; **~ιστρώνω** (σ) zäumen.

καπιταλισ|μός Kapitalismus *m*; **~τής** (*-ίστρια*) Kapitalist(in *f*) *m*; **~τικός** kapitalistisch.

καπλαμάς Furnier(holz) *n*.

καπλάνι Tiger *m* (*a. fig.*).

καπλαντίζω [-plaňd-] (σ· θ) furnieren; belegen, überziehen mit *D*.

καπν|άς [ka'pnas] (-άδες) Tabakerzeuger *m*; Tabak(fabrik)arbeiter *m*; **~έμπορος** [-'εm̃bɔr-] Tabakhändler *m*; **~εργάτης** (*-ισσα*) Arbeiter(in *f*) *m* im Tabakbau; **~εργοστάσιο** [-εrγɔ'stas-] Tabakfabrik *f*; **~ιά** Ruß *m*; *Bot.* Erdrauch *m*; *Bot. Krankheit*: Brand *m*; **~ίζειν** [-'izin] *n* Rauchen *n*; **~ίζω** (σ· στ) *v/t. Wurst usw.* räuchern; *Raum* verräuchern; *Pfeife usw.* rauchen; *v/i.* rauchen; *Lampe*: blaken; *unp.* mir schwant; es kommt *mir* in den Sinn (**να ...**/ zu ...); **~ικός** Tabak-; ... des Rauchens; **~ίλα** Rauch(geruch) *m*.

κάπνισμα *n* Räuchern *n*; Rauchen *n*; Rauch *m* (*des Ofens*).

καπνιστ|ήρι(ο) Rauchzimmer *n*; **~ής** (*-ίστρια*) Raucher(in *f*) *m*; **~ός** Räucher-, geräuchert; *G pl.*: **~ών** (für) Raucher, Raucherabteil *n*.

καπνο|βιομηχανία [kapnɔviɔmixan-] Tabakindustrie *f*; **~βιομήχανος** Tabakfabrikant *m*; **~γόνος** [-'γɔn-] (-α) Rauch-; Rauch entwickelnd; **~δόχη** [-çi] (*a.* **-ος**) Schornstein *m*; **~δοχοκαθαριστής** [-ðɔxɔkaθar-] Schornsteinfeger *m*; **~θήκη** [-'θiki] Tabakdose *f*; **~καλλιέργεια** [-ka'lierja] Tabakbau *m*; **~παραγωγή** [-paraγɔ'ji] Tabakproduktion *f*; **~παραγωγός** [-'γɔs] Tabak erzeugend; *Su. m* Tabakerzeuger *m*; **~πωλείο** [-pɔl-] Tabakladen *m*; **~πώλης** Tabakhändler *m*.

K

καπν|ός Rauch *m*; Tabak *m*; ***γίνομαι ~ός*** entfliehen, verschwinden; ***~ά*** *n/pl.* Tabakwaren *f/pl.*; ***~οί*** *m/pl.* Phantasiegebilde *n*; **~οσακούλα** [-ɔsaˈkula] Tabaksbeutel *m*; **~οσυλλέκτης** Rauchabzug *m*; **~ότοπος** gute(r) Boden für Tabak; **~όφυλλο** [-ˈɔfilɔ] Tabakblatt *n*; **~οφυτεία** Tabakpflanzung *f*.

καπό (0) *n* Motorhaube *f*.

κάποιος [ˈkapjɔs] (-α) jemand; (irgend)einer; ein gewisser; *Adj.* gewiss, bestimmt; F ***αυτός είναι ~*** der ist 'wer.

καπόνι Kapaun *m*.

καπότα Lodenmantel *m*; Kondom *n*.

κά|ποτε [ˈkapɔtɛ] einmal, irgendwann; schließlich; bisweilen; **~πού** [-pu] irgendwo(hin); etwa; ***~πού αλλού*** anderswo; ***~πού ~πού*** dann und wann.

K

καπούλια *n/pl.* Kruppe *f*, Steiß *m*.

κάππα *s.* ***καπότα;*** (0) *n* Kappa *n*; *Argot*: Kokain *n*.

κάππαρη [-ri] Kaper(nstrauch *m*) *f*.

καπρί Eber *m*; *e-e Art* Makrele *f*.

καπρ|ίτσ(ι)ο Laune *f*, Marotte *f*; *Mus.* Capriccio *n*; **~ιτσιόζος** (-α, -ικο) launisch.

κάπρος *s.* ***καπρί.***

κάπως [ˈkapɔs] irgendwie; einigermaßen; ziemlich, ein bisschen.

κάρα Schädel *m*, Kopf *m* (*e-s Heiligen*).

καραβ|άνα [-raˈvana] Schmortopf *m*; *mil.* Kochgeschirr *n*; ***παλιά ~άνα*** *fig.* alte(r) Hase; ***λόγια της ~άνας*** Quatscherei *f*; **~ανάς** *mil.* F *etwa* Witzfigur *f*.

καραβάνι Karawane *f*.

καρ|άβι [kaˈravi] Schiff *n*; **~αβιά** Schiffsladung *f*; *fig.* Haufen *m*.

καραβίδα Krebs *m*; Hummer *m*.

καραβ|ίσιος (-ια) Schiffs-; **~όγατος** [-ˈvɔɣat-] *fig.* Seebär *m*; **~οκύρης** [-ɔˈk̡ir-] (-ηδες) Schiffsherr *m*; Kapitän *m*; **~όπανο** [-ˈɔpanɔ] Segeltuch *n*; **~όσκοινο** [-sk̡inɔ] Schiffstau *n*; **~όσκυλος** [-sk̡il-] Seebär *m*; Brummbär *m*, Klotz *m*; **~οστάσι** Reede *f*; **~οτσακίζομαι** [-tsaˈk̡izɔmɛ] (στ) Schiffbruch erleiden (*a. fig.*); **~οτσάκισμα** *n* Schiffbruch *m*; **~οτσακισμένος** schiffbrüchig; *fig.* völlig erledigt.

καρα-γιαπί [kara-jaˈpi] Bauruine *f*; halb fertige Arbeit.

καραγκι|όζης [karaˈg̡ɔz-] *Schattenspieler* Karagös *m*; Schattenspiel *n*; *fig.* Kasper *m*; **~οζλίκι** [-ˈzlik̡i] dumme(r) Streich, Spaß *m*; **~οζοπαίχτης** [-ɔzɔˈpɛxt-] Schattenspieler *m*.

καραγωγέας [-ɣɔˈjɛas] (*pl.* -είς) Fuhrmann *m*.

καραδοκ|ία [-ðɔk̡-] Lauern *n*; **~ώ** [-ˈkɔ] (είς· ησ) lauern auf *A*.

Καραϊβική Karibik *f*.

καρακάξα [karaˈkaksa] Krähe *f*; *fig.* alte(s) Weib *n*.

καρακόλι [-ˈkɔli] Wache *f*; Streife *f*.

καραμέλα [-ˈmɛla] Bonbon *m*.

καραμπίνα [-ˈm̌bina] Karabiner *m*; ***παλιά ~*** *fig.* ein alter Hase.

καραμπογιά [-bɔˈja] Eisenvitriol *n*; *als Adj.* kohlrabenschwarz.

καραμπόλα [-ˈm̌bɔla] (*Billard*) Karambole *f*; (*Auto*) Karambolage *f*; ***~ αυτοκινήτων*** Auffahrunfall *m*.

καραντίνα [-raˈňdina] Quarantäne *f*.

καραούλι [karaˈuli] Wache *f*; Beobachtungsposten *m*.

καράς (-άδες) Rappe *m*.

καρασεβδάς [-sɛˈvðas] Liebeskummer *m*.

καράτι Karat *n*; F *sein* Maß *trinken*.

καρα|τόμηση (-εις), **~τομία** Enthauptung *f*, Köpfen *n*; **~τομώ** [-tɔˈmɔ] (είς· ησ) köpfen, enthaupten.

καράφα [-ˈrafa] Karaffe *f*.

καράφλα [-fla] Glatze *f*.

καραφλιάζω (καράφλιασα) *v/i.* F *j-m* bleibt die Spucke weg.

καραφλός kahl, glatzköpfig.

καρβέλι [-ˈvɛli] Laib *m* Brot; Brot *n*.

καρβ|ουναριό [karvunar-] Kohlenlager *n*; **~ούνι** *s.* ***κάρβουνο;*** Rubin *m*; **~ουνιά** Glut *f*; **~ουνιάζω** (-βούνιασα· στ) *v/i.*, *v/t.* verkohlen; *v/t.* ankohlen; **~ουνιάρης** (-ηδες) Kohlenhändler *m*.

κάρβουν|ο Kohle *f*; ***κάθομαι στα ~α*** wie auf Kohlen sitzen.

κάργα [ˈkarɣa] F *Adv.* voll; ***είμαι ~*** *fig.* ich bin bis obenhin voll.

καργάρω [-rɔ] (-αρα· ρισ) *v/t.* überˈladen; zu voll füllen; sich (*A*) übernehmen; *v/i.* überlastet werden.

κάργας *iro.* Übermensch *m*.

κάργια [ˈkarja] Krähe *f*.

καργιολία F *etwa* unruhige(r) Geist.

κάρδαμο Kresse *f*.

καρδ|άμωμα *n* Stärkung *f*; **~αμώνω**

v/t. stärken, *j-m* Kraft geben; *v/i.* sich (*A*) herausmachen.
καρδάρ|α [-'ðara], **~ι** Melkeimer *m.*
καρδερίνα Stieglitz *m*, Distelfink *m.*
καρδ|ιά [kar'ðja], **~ία** Herz *n*; Kernstück *n e-r S.*; ***χωρίς ~ιά*** ohne Lust und Liebe; ***στην ~ιά του χειμώνα*** (***του καλοκαιριού***) im tiefen Winter (im Hochsommer); ***δεν μου κάνει ~ιά να*** es widerstrebt mir zu ...; **~ιακός** Herz-; herzkrank, herzleidend; *fig.* herzlich; **~ιαλγία** [-jalj-] *s.* ***καρδιόπονος.***
καρδινάλιος [-'nal-] Kardinal *m.*
καρδι|ογράφημα [karðjɔ'ɣraf-] *n* Kardiogramm *n*; **~ογράφος** Kardiograph *m*; **~οειδής** [-ɔið-] herzförmig; **~ολογία** [-ɔlɔj-] Kardiologie *f*; **~οπάθεια** [-'paθja] Herzleiden *n*; **~όπονος** [-pɔn-] Herzbeschwerden *f/pl.*; **~οχτύπι** [-'xtipi] Herzklopfen *n*; **~οχτυπώ** (είς· ησ) Herzklopfen haben; ***~οχτυπημένος*** verliebt.
καρέ (0) *n* Karree *n*; Halsausschnitt *m*; Vierblatt *n*; *Adj. Stoff*: kariert.
καρέκλα [ka'rɛkla] Stuhl *m*; ***κυλιστή ~*** Rollstuhl *m.*
καρένα Kiel *m.*
καριέρα Karriere *f.*
καρικατούρα Karikatur *f.*
καρίκι Beet *n.*
καρικώνω (σ· θ) stopfen, flicken.
καρίνα Kiel *m.*
κάρινος Nussbaum-.
καρίπης (-ηδες) F alte(r) Hagestolz.
κάρκαδο Schorf *m*, Kruste *f.*
καρκάντζαλος [kar'kaňdzal-] Kobold *m*; Vampir *m.*
καρκινο|βατώ [-ķinɔva'tɔ] (είς· ησ) nicht vorankommen; **~γόνος** Krebs fördernd; **~ειδής** [-ið-] krebsartig; **~λόγος** Krebsspezialist *m*; **~παθής** an Krebs erkrankt.
καρκ|ίνος [-'ķin-] *Astr., Bot., Med.* Krebs *m*; **~ινώδης** Krebs-, krebsartig; **~ίνωμα** *n* Krebsgeschwür *n.*
Καρλομάγνος Karl der Große.
καρμανιόλα [-ma'njɔla] Guillotine *f*; F heikle Sache; *Straße*: Todeskurve *f.*
καρμίνιον Karmin *n.*
καρμίρης [-'mir-] Geizhals *m*; Querkopf *m.*
καρμπιρατέρ [karbira'tɛr] (0) *n* Vergaser *m.*
καρμπόν [kar'bɔň] (0) *n* Durchschlagpapier *n*, Kohlepapier *n.*
καρ|ναβάλι Karneval *m*; **~νάβολος** Karnevalswagen *m*; Karnevalspuppe *f.*
καρνέ (0) *n* Notizbuch *n.*
καρντάν [kar'dan] (0) *n s.* ***σύνδεσμος***; F Kumpel *m*; Rundungen *f/pl.* (*der Frau*); F Kiste *f* (*Auto*).
καρό (0) *n* Karo *n.*
κάρο Karren *m*; F hässlich; Hexe *f.*
Κάρολος Karl *m.*
καρότο Mohrrübe *f*, Möhre *f.*
καρ|ότσα [ka'rɔtsa] Pferdewagen *m*; Kutsche *f*; **~οτσάκι** Kinderwagen *m*; Einkaufswagen *m*; Schubkarre *f*; Kofferkuli *m*; **~ότσι** Karre *f*; Handwagen *m*; **~οτσιέρης** (-ηδες) Kutscher *m.*
καρ|ούλι [ka'ruli] Rolle *f*; Winde *f*, Aufzug *m*; Spule *f*; **~ουλιάζω** (-ούλιασα· στ) *v/t.* aufspulen.
καρούμπαλο Beule *f.*
καρπαζ|ιά [karpaz-] Klaps *m*, F Kopfnuss *f*; **~ώνω** *j-m* e-e Kopfnuss geben.
Καρπάθια *n/pl.* Karpaten *pl.*
καρπ|ερός fruchtbar; **~ίζω** (σ) Früchte tragen; **~ολογώ** einsammeln; **~ός** Frucht *f* (*a. fig.*); Handwurzel *f.*
καρπούζι [-'puzi] Wassermelone *f.*
καρπ|ούμαι [-'pumɛ] (ούσαι· ωθ) *v/t.* profitieren von *D*; **~οφορία** [-ɔfɔr-] (Obst-)Ernte *f*; **~οφόρος** (-α) fruchtbar; Gewinn bringend; **~οφορώ** [-'rɔ] (είς· ησ) Früchte tragen (*a. fig.*); **~ώνομαι** [-'ɔnɔmɛ] (θ) *s.* ***καρπούμαι***; **~ώνω** (σ) Früchte tragen.
κάρπωση (-εις) Nutznießung *f.*
καρσ|ί *Adv.* vis-à-vis; **~ιλαμάς** [-ila'mas] *Art* Kontertanz *m.*
καρτ: ***α λα ~*** nach der Karte *essen.*
κάρτα Ansichtskarte *f*; Visitenkarte *f*; ***~ επιβίβασης*** Bordkarte *f*; ***~ επιταγών*** Scheckkarte *f*; ***~ μπιάνκα*** Carte *f* blanche; ***~ τηλεφώνου*** Telefonkarte *f*; ***~ φορολογική*** Steuerkarte *f.*
καρτάλι Aasgeier *m.*
καρτέλ (0) *n* Kartell *n.*
καρτ|έλα [kar'tɛla] Zettel *m*; Karteikarte *f*; ***τηρώ ~έλες*** Kartei führen; **~ελοθήκη** [-lɔ'θiķi] Kartei *f.*
κάρτερ (0) *n* Ölwanne *f.*
καρτέρι Hinterhalt *m.*
καρτερ|ία [-tɛr-] Ausdauer *f*, Zähigkeit *f*; **~ικός** ausdauernd; zäh; gelassen; **~ότητα** Zähigkeit *f*; **~οψυχία** [-ɔ-

K

καρτερώ 254

psiç-] Standhaftigkeit *f*; **~ώ** (είς· ησ, εσ) Geduld haben; warten; *v/t.* warten auf *A*.
κάρτο Viertel *n*.
καρτόνι Pappe *f*; Karton *m*.
καρτποστάλ (0) *n* Ansichtskarte *f*.
Καρυάτιδα [ka'rïat-] Karya'tide *f*.
καρυδάτος Nuss-, nussgroß.
καρυδ|ένιος [-ri'ðεn-] (-ια), **~ήσιος** [-'is-] (-ια) Nuss-; Nussbaum-.
καρύδι Nuss *f*; Adamsapfel *m*; ***κάθε καρυδιάς ~*** Hinz und Kunz.
καρυδ|ιά [karið-] Nussbaum *m*; **~ίσιος** (-ια) Nuss-; **~όտσο(υ)φλο** [-'ɔtsuflɔ] Nussschale *f*; **~ώνω** (σ· θ) *j-m* den Hals umdrehen.
καρ|ύκευμα [-'rikεvma] *n* Würzen *n*; Würze *f*; **~υκευτός** [-ikεft-] würzig; **~υκεύω** (ευσ· ευτ) würzen (*a. fig.*).
καρυοθραύστης [-'θrafst-] Nussknacker *m*.
καρυοφύλλι [-ɔ'fili] Gewürznelke *f*.
καρφ|ί [kar'fi] Nagel *m*; *s. a.* ***καίω***; F Agent *m*; spitz, boshaft; **~ίτσα** Stecknadel *f*; Krawattennadel *f*; Haarnadel *f*; **~ιτσώνω** (σ· θ) anheften.
κάρφος *n K.* Strohhalm *m*; ***~ οφθαλμών*** *ein* Dorn im Auge.
κάρφωμα *n* Annageln *n*; F Denunziation *f*.
καρφ|ώνω [karf-] (σ· θ) nageln (***σε***/ an *A*); nageln (***πάνω σε***/ ans *Kreuz*); *Augen* heften auf *A*; *Ball* schmettern; F denunzieren (***σε***/ bei *D*); ***του ~ώθηκε η ιδέα να ...*** er ist von der Idee besessen, zu ...; **~ωτός** (an)genagelt.
καρχαρίας [karxar-] Hai(fisch) *m*; *fig.* Raffke *m*, Hai *m*.
Καρχηδ|όνα Karthago *n*; **≈ονιακός** karthagisch.
καρωτίδα [-rɔt-] Halsschlagader *f*.
κάσα Kiste *f*; Sarg *m*; *Argot*: Nutte *f*.
κασέλα [ka'sεla] Truhe *f*.
κασέρι [ka'sεri] *e-e gelbe Käsesorte*.
κασέτα Kassette *f*; ***~ φιλμ*** Kassettenfilm *m*.
κασετίνα [-sεt-] Schatulle *f*.
κασετόφωνο Kassettenrekorder *m*.
κασ|ίδα Grind *m*; Schorf *m*; **~ιδιάρης** (-α *od.* -ισσα, -ικο) grindig; *Su.* Grindkopf *m*.
κασιέρης (-ηδες) Kassierer *m*.
κάσκα Helm *m*.
κασκαρίκα [-'rika] Schabernack *m*.
κασκέτο [-'skεtɔ] Mütze *f*.
κασκόλ [-'skɔl] (0) *n* Schal *m*.
κασμάς (-άδες) Spitzhacke *f*.
κασμ|ιρένιος [kazmi'rεnïɔs] (-ια) Kaschmir-; **~ίρι** Kaschmir *m*.
κασόνι, κάσσα *s.* ***κάσα***.
κασπί *s.* ***τσιμουδιά***.
κασσιτ|ερένιος [-sitε'rεn-] (-ια), **~έρινος** Zinn-, zinne(r)n.
κασσ|ίτερος Zinn *n*; **~ιτέρωμα** *n* Verzinnung *f*; **~ιτερώνω** (σ· θ) verzinnen.
κασσόνι *s.* ***κάσα***.
κάστα Kaste *f*.
καστανάς [-'nas] (-άδες) Kastanienverkäufer *m*; **~ιά** Kastanienbaum *m*.
καστανιέτα Kastagnette *f*.
κάστανο Kastanie *f*.
καστανός (kastanien)braun.
κάστορας [-ras] Biber *m*.
καστόρι Biberfell *n*; Wildleder *n*.
κάστρο Burg *f*, Schloss *n*.
κατ- *s.* ***κατά*** *u. Präfix* ***κατα-***.
κατά [ka'ta] *Präp. mit A*: während *G*, bei *D e-m Unfall*, in *jedem Augenblick*, um *Mitternacht*; gegen *Abend*, *5 Uhr usw.*; nach *D*; gemäß *D*, entsprechend *D*, laut *G*, *D* zufolge; *Ort*: nach *D*, in Richtung auf *A*, auf *A* ... zu, in *ganz Griechenland*; an *Kenntnissen überlegen*; um *10 m höher*;
mit G: gegen *A*;
~ τη γνώμη μου nach meiner Meinung; ***~ τον Πλάτωνα*** Platon zufolge, nach Platon; ***~ τους νόμους*** gemäß den Gesetzen; ***τα κατ' εμέ*** was mich betrifft, nach meiner Ansicht; ***κατ' αίτηση*** *G* auf Antrag *G*; ***κατ' επιθυμία*** *G* auf Wunsch *G*; ***~ τεμάχια*** stückweise; ***~ τόπους*** stellenweise; ***ολίγον ~ ολίγον*** nach und nach; ***~ φυλάς*** nach Stämmen; ***~ μήνα*** monatlich; ***~ κεφαλή*** pro Kopf; ***~ λάθος*** aus Versehen, versehentlich; ***~ λέξη*** wörtlich; ***~ μήκος*** der Länge nach; ***~ μόνας*** einzeln; ***~ μέρος*** beiseite; ***~ ξηρά και ~ θάλασσα*** zu Lande u. zu Wasser; ***κατ' αυτάς*** dieser Tage.
κατά *Adv.* dagegen; *s.* ***υπέρ***.
κατα- *s. a.* ***κατ-*** *u.* ***καθ-***, *Präfix oft* 1. ab-, nieder-, (her)unter-, herab-; 2. gegen-, wider-, miss-; 3. *Verstärkung des Grundverbs, Begriff der Vollendung*: ver-, zer-, er-, be-, aus-; *vor Adj.* ganz.

κατάβαθα [-vaθa] ganz tief *in D, A.*
καταβαίνω *s.* ***κατεβαίνω.***
κατα|βάλλω [kata'valɔ] (-έβαλα· βληθ· -αβλημ-) *e-n Feind* niederwerfen, bezwingen; *Krankheit usw.*: niederwerfen; *Mühe, Kräfte* aufwenden; *Betrag* (ein)zahlen; ***~βάλλω προσπάθειες*** sich (*A*) anstrengen; **~βαραθρώνω** [-varaθr-] (σ· θ) zugrunde richten, ruinieren; **~βασανίζω** [-vasan-] (σ) quälen, martern.
κατάβαση (-εις) Abstieg *m*; Aussteigen *n*; ***~ ανεμισμού (σκι)*** *Skisport*: Wedeln *n*.
κατα|βληθείς [-vli'θis] (-έντος): ***κεφάλαιο ~βληθέν*** eingezahlte(s) Kapital *n*; **~βλημένος** zusammengefallen, erschöpft; **~βόθρα** [-'vɔθra] Kloake *f*, Abzugskanal *m*; *fig.* Raffke *m*; **~βολάδα** [-vɔl-] *Bot.* Ableger *m*, Absenker *m*; **~βολεύω** (εψ) *Bot.* ablegen; **~βολή** Einzahlung *f*; *Biol.* Erbanlage *f*; Kräfteverfall *m*; ***~βολή κερδών*** Gewinnausschüttung *f*; ***από ~βολής κόσμου*** seit Erschaffung der Welt; **~βολιάζω** (-βόλιασα) *Bot.* ablegen; **~βοώ** [-vɔ'ɔ] (άς· ησ) *v/t.* anschreien; auszischen; *v/i.* ein Geschrei erheben.
κατ|άβραδα [ka'tavr-] gegen Abend; **~άβρεγμα** [-'avrɛɣma] *n* Besprengen *n*, Begießen *n*; **~άβρεξη** *s.* ***κατάβρεγμα;*** **~αβρεχτήρας** Sprengwagen *m*; Gießkanne *f*; **~αβρεχτήρι** [-avrɛ'xtiri] Gießkanne *f*; **~αβρέχω** [-'vrɛxɔ] (ξ· βραχ) besprengen; *j-n* durchnässen.
κατα|βροχθίζω [-vrɔxθ-] (σ) verschlingen; **~βρόχθιση** Verschlingen *n*; **~βυθίζω** [-viθ-] (σ· στ) versenken; ***~βυθίζομαι*** versinken; **~βύθιση** (-εις) Versenkung *f*; *Phys.* Niederschlag *m*.
καταγάλανος tiefblau.
καταγγ|ελία [kataŋɟɛl-] Anzeige *f*; Kündigung *f e-s Vertrages*; **~έλλω** [-'ɛlɔ] (ειλ· ελθ) *jur.* anzeigen; anklagen (***τον για***/ j-n wegen *G*); kündigen; *kritisieren*: verurteilen; melden (***του το***/ *j-m etw.*).
κατα|γέλαστος [-'jɛlast-] höchst lächerlich; **~γελώ** [-jɛ'lɔ] (άς· ασ) *j-n* auslachen, verspotten; *v/i.* sich (*A*) totlachen (***με***/ über *A*); **~γεμίζω** [-jɛm-] (σ· στ) voll füllen *od.* voll laden; über'laden; *fig.* voll machen (mit); *v/i.* sich füllen.
κατάγεμος [-jɛm-] überfüllt.
κατα|γής [-'jis] auf der Erde; auf die Erde; **~γίνομαι** [-'jinɔmɛ] (κατάγινα) sich (*A*) befassen (***με***/ mit *D*); arbeiten (an *D*).
κάταγμα *n* Knochenbruch *m*.
κατ|αγοητεύω [kataɣɔit-] (ευσ· ευτ) entzücken; **~άγομαι** [-'aɣɔmɛ] (ηχτ) stammen (***από***/ aus); abstammen (***από***/ von); **~αγραφή** [-aɣraf-] Registrierung *f*; ***~αγραφή υπαρχόντων*** Inventur *f*; **~αγράφω** (ψ· αφ[τ]· γραμμ) registrieren; verzeichnen, niederschreiben; **~αγωγή** [-'ji] Abstammung *f*, Herkunft *f*; **~αγώγιο** Spelunke *f*.
κατα|δαμάζω [-ðam-] (σ· στ) (be)zähmen, bezwingen; **~δαπανώ** [-ðapa'nɔ] (άς· ησ· ηθ) vergeuden, verschleudern; **~δέχομαι** [-'ðɛxɔmɛ] (χτ) geruhen (***να***/ zu); *v/t.* sich (*A*) einlassen (auf *A*); dulden; ***δεν ~δέχομαι*** es ablehnen; **~δεχτικός** [-ðɛxt-] leutselig.
κατάδηλος [ka'taðil-] offensichtlich.
κατα|δίδω [-'ðiðɔ] (δωσ· δοθ) *s.* ***καταδίνω;*** **~δικάζω** (σ· στ) verurteilen (***σε***/ zu *D*); *Med.* aufgeben; *v/i.* urteilen; **~δικαστέος** [-ðikast-] verdammenswert; **~δικαστικός** Straf- (*Urteil*); ... zugunsten e-r Verurteilung; **~δίκη** [-'ðiķi] Verurteilung *f*, Urteil *n*; *fig.* Strafe *f*.
κατάδικος *m, f* Verurteilte(r).
καταδίνω (δωσ· δοθ) *v/t.* denunzieren, anzeigen.
κατα|διωκτικός [-ðjɔkt-] verfolgend; Fahndungs-; Jagd- (*Flugzeug*); **~διώκω** [-'ðjɔkɔ] (ξ· χτ) (gerichtlich) verfolgen, *j-m* nachstellen; *fig.* jagen nach *D*; **~δίωξη** [-'ðiɔksi] (-εις) Verfolgung *f*; Fahndungsdienst *m*; **~δολιεύομαι** [-ðɔ'ljɛvɔmɛ] (ευτ) *j-n* hintergehen; *Gesetz* umgehen.
κατάδοση (-εις) Denunzierung *f*.
κατα|δότης [kata'ðɔt-] (***-ότρια***) Denunziant(in *f*) *m*; **~δουλώνω** [-ðul-] (σ) unterjochen, unterdrücken; **~δούλωση** [-lɔsi] (-εις) Unterjochung *f*; **~δρομή** [-ðrɔ'mi] Invasion *f*, Angriff *m*; ***~δρομή της τύχης*** Schicksalsschlag *m*; **~δρομικός** Verfolgungs-;

K

καταδυναστεύω 256

Su. *n* Kreuzer *m*; **~δυναστεύω** [-ðinast-] (ευσ) unterdrücken.
κατάδυση [-ðisi] Untertauchen *n e-r S.*; Tauchen *n*.
κατα|δυτικός [-ðit-] Tauch-; **~δύω** [-'ðiɔ] (σ· θ) *v/t*. (ein)tauchen; **~δύομαι** tauchen; **~ζήτηση** [-'zitisi] (-εις) Fahndung *f*; **~ζητώ** [-zi'tɔ] (είς· ησ· ηθ) *v/t*. fahnden nach *D*; **~θέλγω** [-'θεlγɔ] (ξ· χτ) entzücken.
κατά|θεμα [-θεma] *n* Depositum *n*; **~θεση** [-θεsi] (-εις) (*Grundstein-*)Legung *f*; Niederlegung *f*; *Hdl.* Hinterlegung *f*; Einlage *f*; *jur*. Aussage *f*; Zurücktreten *n*.
καταθέτης (**-τρια**) Deponent(in *f*) *m*; Einzahler(in *f*) *m*.

K

κατα|θέτω [kata'θεtɔ] (σ· τεθ) *e-n Kranz* niederlegen; *Hdl*. deponieren; einzahlen; *jur*. aussagen; vorlegen (**του το**/ j-m etw.); *Angaben* machen; zurücktreten *von e-m Auftrag*; *die Waffen* strecken, niederlegen; **~θλίβω** [-'θlivɔ] (ψ· ιβ) zertreten, zerquetschen; *fig*. zermürben; **~θλιπτικός** [-θlipt-] zermürbend; Zwangs-; *Tech*. Druck-.
κατάθλιψη (-εις) *fig*. starke(r) Druck, Stress *m*.
κατα|θορυβώ [-θɔri'vɔ] (είς· ησ) alarmieren; **~θυμώνω** [-θim-] (σ) erbosen.
καταιβ- *s*. **κατεβ-**.
καταιγίδα [katεj-] Gewitter *n*; Unwetter *n*.
καταίγισμος *mil*. Salve(nfeuer *n*) *f*.
καταισχ|ύνη [-tε'sçini] Schande *f*, Schimpf *m*; **~ύνω** (II = I· υνθ) beschämen; *j-m* Schande machen.
κατακάθαρος blitzsauber.
κατα|κάθι [-'kaθi] Bodensatz *m*; **~καθίζω** *s*. **κατακάθομαι**; **~κάθισμα** *n* Sinken *n*; Satz *m*; **~κάθομαι** [-'kaθɔmε] (-θησα, -θισα) sich (ab)setzen; sich senken; *fig*. *Lärm*: sich legen; **~καίω** [-'ķεɔ] (*s*. **καίω**) *v/t*. niederbrennen, ausbrennen (*a*. *Med*.); **~καλόκαιρο** Hochsommer *m*; **~καμπίς** mitten auf dem Felde.
κατάκαρδα [-karða] mitten ins Herz; **το παίρνω ~** ich nehme es mir sehr zu Herzen.
κατα|κεραυνώνω [kataķεra'vnɔnɔ] (σ) (*durch den Blitz*) erschlagen; *fig*. *j-n* zusammenstauchen; **~κερματίζω** [-ķεrmat-] (σ· στ) zerstückeln; *pol*. *Macht* zersplitten; **~κερματισμός** Zersplitterung *f*; **~κέφαλα** [-'ķεfala] direkt auf den Kopf; **~κεφαλιά** Kopfnuss *f*; **~κίτρινος** [-'ķitr-] quittengelb; totenblass; **~κλείδα** [-'kliða] *Tech*. Sperrhaken *m*; Quintessenz *f*; **~κλείδι** [-'kliði] Unterkiefer *m*, Kiefer *m*; Gelenk *n*; **~κλείω** (σ· σμ) abschließen (*a*. *Rede*); **~κλινής** bettlägerig; **~κλίνομαι** [-'klinɔmε] (θ· κλιμ) sich (*A*) hinlegen; **~κλύζω** (σ· στ) überschwemmen (*a*. *fig*.); *fig*. überschütten; **~κλυσμιαίος** [-kli'zmiεɔs] (-α) eiszeitlich; *fig*. sintflutartig; **~κλυσμός** Sintflut *f*; Überschwemmung *f*; *Geol*. Eiszeit *f*; *fig*. Flut *f* (*G od*. **από**/ von *D*); F Kuddelmuddel *m*.
κατακόβω (ψ· φτ, π) *sich* tief *in die Hand* schneiden; *fig*. hinmetzeln; *Holz* zerkleinern.
κατάκοιτος [ka'taiķit-] bettlägerig.
κατακόκκινος blutrot.
κατα|κόμβη [-'kɔmvi] Katakombe *f*; **~κομματιάζω** [-kɔmat-] (-κομμάτιασα) zerstückeln.
κατάκοπος [-kɔp-] todmüde.
κατακόπτω [-'kɔptɔ] (ψ· οπ, οφτ) *s*. **κατακόβω**.
κατάκορος [-kɔr-] satt (*a*. *Farbe*).
κατα|κόρυφος (*a*. **κατάκορφος**) lotrecht; *Su*. *n* Zenit *m*; *fig*. Gipfel *m*, Höhepunkt *m*; **~κουράζω** [-kur-] (σ· στ) *j-n* überanstrengen, überfordern; **~κράτηση** (-εις) Einbehaltung *f*; Festnahme *f*; **~κρατώ** [-kra'tɔ] (είς· ησ) *etw*. einbehalten; *j-n* festhalten; **~κραυγή** [-kra'vji] Entrüstungsschrei *m*; **~κρεουργώ** [-krεur'γɔ] (είς· ησ) niedermetzeln; **~κρημνίζω** [-krimn-] (σ) *j-n* hinabstürzen; *Chem*. ausfällen; **~κρίνω** [-'krinɔ] (II = I) verurteilen.
κατάκριση [-krisi] (-εις) Verurteilung *f*, Missbilligung *f*.
κατακριτέος (-α) zu verurteilen(d).
κατάκτηση [-ktisi] (-εις) Eroberung *f* (*a*. *fig*.).
κατα|κτητής [kataktit-] Eroberer *m*; **~κτητικός** Eroberungs-; **~κτώ** [-'ktɔ] (άς· ησ) erobern, sich (*A*) bemächtigen *G*; *fig*. erringen; **~κυριεύω** [-ķir-] (εψ) sich (*A*) bemächtigen *G*; **~κυρώνω** (σ· θ) zuerkennen; bestätigen, anerkennen.

κατα|λαβαίνω (κατάλαβα) verstehen (***από***/ etw. von *D*); *Sinn* begreifen; sich (*D*) bewusst sein, wissen (*z. B.* ***πόση ώρα*** wie lange ...); **~λαγιάζω** [-laj-] (-λάγιασα) beruhigen; sich (*A*) ausruhen; **~λαλιά** [-lal-] böse(s) Getratsche; **~λαλώ** [-'lɔ] (είς, άς· ησ) F über *j-n* herziehen; **~λαμβάνω** [-lamv-] (λαβ· ληφτ) einnehmen, besetzen; *j-n* ertappen; *Raum* einnehmen; ***~λαμβάνομαι*** beherrscht werden; **~λείπω** [-'lipɔ] (ψ, φθ, φτ) (zurück)lassen; hinterlassen (***του το***/ j-m etw.); **~λεπτώς** [-lɛ'ptɔs] *Adv.* ausführlich; **~λερώνω** (σ· θ) schmutzig machen; ***~λερώνομαι*** sich (*A*) schmutzig machen; **~λήγω** [-'liɣɔ] (ξ) enden; *unp.* darauf hinauslaufen; **~ληκτικός** End-, Höchst- (*Stufe*).

κατάληξη [-liksi] (-εις) Ende *n*; *Gr.* Endung *f*.

κατα|ληπτός [-lipt-] begreiflich; **~λήστευση** (-εις) Ausplünderung *f*.

κατάληψη (-εις) Einnahme *f*, Eroberung *f*; Verstehen *n*, Begreifen *n*.

κατ|άλληλος [ka'talil-] geeignet (***για***/ für *A*); ***~άλληλος για κυκλοφορία*** verkehrstüchtig; **~αλληλότητα** Eignung *f*; **~αλογίζω** [-alɔj-] (σ· στ) anrechnen (***του το***/ j-m etw.); *fig.* anlasten, unter'stellen (***του το***/ j-m etw.); **~αλογισμός** Anrechnung *f*, Anlastung *f*; (*zur*) Verrechnung *f*; *jur.* Zurechnungsfähigkeit *f*; **~αλογιστός** zurechnungsfähig; *Su. n* Zurechnungsfähigkeit *f*; **~άλογος** [-'alɔɣ-] Liste *f*, Verzeichnis *n*; Katalog *m*; Speisekarte *f*; ***επαγγελματικός ~άλογος*** Branchenverzeichnis *n*; ***τηλεφωνικός ~άλογος*** Telefonbuch *n*; **~άλοιπα** *n/pl. Tech.* Rückstände *m/pl.*; Schlacke *f*; **~άλοιπο** [-'alipɔ] Rest *m*; **~άλυμα** [-'alima] *n* Quartier *n*, Unterkunft *f*; **~αλυπώ** [-ali'pɔ] (είς· ησ) *j-n* tief bekümmern; **~άλυση** [-'alisi] (-εις) Abschaffung *f*; *mil.* Einquartierung *f*; Genuss *m*, Verbrauch *m* (*beim Fasten*); *Chem.* Katalyse *f*; **~αλύτης** Katalysator *m*; **~αλυτικός** destruktiv; ***είμαι ~αλυτικός*** (*G*) zersetzen (*A*); **~αλύω** [-'liɔ] (σ· θ) auflösen, abschaffen; *Fasten* brechen; *Schuhe* ablaufen; *mil.* Quartier machen.

κατ|αμαρτυρώ [katamarti'rɔ] (είς· ησ) *jur.* bezichtigen (***του το***/ j-n *G*); vorbringen (*A* gegen *j-n*); **~άματα** *Adv.* unverwandt; **~αματωμένος** [-tɔm-] blutüberströmt; **~αματώνω** (σ) mit Blut beflecken; **~άμαυρος** [-'amavr-] rabenschwarz; **~αμερίζω** [-mɛr-] (σ) aufteilen (***σε***/ an *A*); **~αμερισμός** Aufteilung *f*, Verteilung *f*; (*Arbeits-*)Teilung *f*; **~αμεσήμερα** [-amɛ'simɛra] *Adv.* genau in der Mittagsstunde; **~αμεσής** [-'sis] *G* mitten in *D*; **~άμεστος** [-mɛst-] überfüllt; **~αμέτρηση** [-'mɛtr-] (-εις) Auszählung *f*; Ausmessung *f*; **~αμετρώ** [-'trɔ] (είς· ησ) *Stimmen* auszählen; ausmessen; **~αμήνυση** [-nisi] (-εις) Denunziation *f*; Einreichung *f* e-r Klage; **~αμηνύω** [-'niɔ] (σ· θ) verklagen; **~αμολύνω** [-amɔ'linɔ] (II = I· υνθ) schänden; verseuchen; **~αμόναχος** [-'mɔnax-], **~άμονος** ganz allein; **~αμουσκεύω** [-musk-] (εψ) durchnässen; **~άμουτρα** [-'amutra] *Adv.* ins Gesicht; **~άμπροστα** [-'abrɔsta] *Adv.* direkt ins Gesicht, unverblümt.

καταναγκ|άζω [katana'ŋga-] (σ) zwingen; **~ασμός** Zwang *m*, Nötigung *f*; ***κομματικός ~ασμός*** Fraktionszwang *m*; **~αστικός** zwingend; Zwangs- (*Arbeit*).

κατ|αναλώνω [-'lɔnɔ] (λωσ· λωθ) *allg.* verbrauchen, konsumieren; *Zeit, Kraft, Geduld* aufwenden; **~ανάλωση** [-'nalɔsi] Verbrauch *m*, Konsum *m*; Verzehr *m*; (*Arbeits-*, *Zeit-*)Aufwand *m*; Absatz *m von Waren*; **~αναλώσιμος** Verbraucher-, Konsum-; **~αναλωτής** [-lɔt-] (***-ώτρια***) Verbraucher(in *f*) *m*, Konsument(in *f*) *m*; **~αναλωτικός** Verbraucher-, Konsum- (*Genossenschaft*); **~ανέμω** [-a-'nɛmɔ] (νειμ· νεμηθ· νεμημ) teilen (***σε***/ in *A*); *Rollen* verteilen; **~άνευση** [-'anɛfsi] (-εις) Nicken *n*, Zustimmung *f*; **~ανεύω** (ευσ) zustimmend nicken; **~ανικώ** [-ni'kɔ] (άς· ησ) überwältigen; *fig. u. Phys.* überwinden; **~ανόηση** [-'nɔisi] (-εις) Einsicht *f*, Verständnis *n*; **~ανοητός** [-nɔit-] begreiflich; **~ανομή** [-nɔ'mi] Verteilung *f*; Aufteilung *f*; ***~ανομή εργασίας*** Arbeitsteilung *f*; **~ανοώ** [-nɔ'ɔ] (είς· ησ) einsehen, begreifen.

κατ|άντημα [ka'tand-] *n*, **~άντια** (böses) Ende *n*, (schlechter) Ausgang κατάντικρυ 258

m; **~άντικρυ** [-'aňdikri] genau gegenüber; **~αντίπ** [-a'ňdip] F durch und durch; **~αντρέπομαι** tief beschämt sein; **~αντροπιάζω** [-aňdrɔp-] (-ντρόπιασα· στ) beschämen; **~αντώ** [-a'ňdɔ] (άς· ησ) *v/i.* schließlich ... werden; geraten (***σε***/ in *A*); (***να ...***) schließlich *etw. tun* müssen; *v/t.* in e-e (böse) Lage bringen; *unp.* ***~άντησε να ...*** es kam so weit, dass ...

κατ|ανυκτικός [-nikt-] ergreifend; **~άνυξη** [-'aniksi] Ergriffenheit *f*; **~αξιώνω** [-aks-] (σ· θ) würdigen (***τον***, *G*/ *j-n G*); auszeichnen; **~αξοδεύω** [-ksɔð-] (εψ· ευτ) *etw.* vergeuden; *j-n* in Unkosten stürzen; ***~αξοδεύομαι*** sich (*A*) verausgaben.

κατα|πακτή [-pa'kti] Falltür *f*; **~πάτηση** (-εις) Fußtritte *m/pl.*; *jur.* Verletzung *f*; Usurpation *f*; **~πάτι** Bodensatz *m*; **~πατώ** [-'tɔ] (είς· ησ) *j-n* niedertreten; *Gesetz* mit Füßen treten; sich (*D*) aneignen.

κατ|άπαυση [ka'tapafsi] (-εις) Einstellung *f*; Stillen *n*; **~απαύω** (αυσ) einstellen; ein Ende machen *D*; *Schmerz* stillen; **~απείθω** [-'piθɔ] (σ· στ) überzeugen; **~απέλτης** *hist.* Katapult *n*; **~απέτασμα** [-'pεtazma] *n* Vorhang *m*; **~απέφτω** [-a'pεftɔ] (πεσ) (hinunter)fallen; *Haus*: einstürzen; *Flugzeug*: abstürzen; *Wind*: nachlassen; *Mensch*: hinfällig werden; **~απιάνομαι** [-'pjanɔmε] (στ) (***με***) sich (*A*) abgeben mit *D*; **~απιέζω** [-'pjεzɔ] (-ίεσα· στ) bedrücken; schikanieren, F triezen; **~απίεση** [-'piεsi] (-εις) Bedrückung *f*; **~απιεστικός** [-pjεst-] drückend; **~απίνω** [-'pinɔ] (-άπια) *viel*: verschlingen; *e-n Kern* verschlucken; *fig.* schlucken; **~άπιωμα** [-'apjɔma] *n* Verschlingen *n*; Hinunterschlucken *n*; **~απλακώνω** (σ· θ) zerschmettern; verschütten; überfahren; **~άπλασμα** *n Med.* Wickel *m*, Umschlag *m*.

κατ|απλέω [-'plεɔ] (ευσ) landen, anlegen; *e-n Fluss* hinabfahren; **~απληγώνω** [-pliɣ-] (σ· θ) schwer verwunden; **~απληκτικός** [-plikt-] erstaunlich; **~άπληκτος** erstaunt, bestürzt; **~άπληξη** [-pliksi] (-εις) Erstaunen *n*, Bestürzung *f*; **~απληξία** *Med.* Schock *m*; **~απλήσσω** [-'plisɔ] (ξ· πλαγ) *j-n* erstaunen; **~άπλους** [-'aplus] (-ου) Landung *f*, Anlegen *n*; **~απνίγω** [-'pniɣɔ] (ξ· ιγ) erwürgen, (*fig.* im Blute) ersticken; **~απολέμηση** (-εις) Bekämpfung *f*; **~απολεμώ** [-lε'mɔ] (είς· ησ· ηθ) *v/t.* überwältigen; bekämpfen (*a. fig.*).

κατα|πόνηση [-'pɔn-] (-εις) Übermüdung *f*; *Tech.* Beanspruchung *f*; **~πονητικός** anstrengend; **~ποντίζω** [-pɔňd-] (σ· στ) versenken; ***~ποντίζομαι*** sinken; **~ποντισμός** Untergang *m*; Versenkung *f*; **~πονώ** [-pɔ'nɔ] (είς, άς· ησ, εσ· ηθ) *j-n* sehr mitnehmen; *j-n* sehr schmerzen; *j-m* überlegen sein (***σε***/ in *D*).

κατάποση *s.* ***κατάπιωμα.***

κατα|πότι [kata'pɔti] Pille *f*; **~πράυνση** [-'praiňsi] (-εις) Besänftigung *f*; Linderung *f*; **~πραϋντικός** [-praiňd-] besänftigend; lindernd; **~πραΰνω** [-pra'inɔ] (II = I· αϋνθ) besänftigen; *Med.* lindern.

καταπρόσωπα ins Gesicht.

κατά|πτυστος [-'taptist-] verabscheuungswürdig; **~πτωση** [-ptɔsi] (-εις) Herabfallen *n*; Einsturz *m*; Absturz *m*; Verfall *m der Moral*; Sinken *n der Temperatur*; Hinfälligkeit *f*; Erschöpfung *f*.

κατ|άρα [ka'tara] Fluch *m*; Unheil *n*; **~αραμένος, ~άρατος** verflucht; **~αραχιά** Berggipfel *m*; **~άργηση** [-'arjisi] (-εις) Abschaffung *f*; Kündigung *f*; **~αργώ** [-ar'ɣɔ] (είς· ησ· ηθ) abschaffen; einstellen; kündigen; außer Kraft setzen; **~αριέμαι** (καταράστηκα) verfluchen, verwünschen; **~αρρακώνω** [-ra'kɔnɔ] (σ· θ) *v/t.* F *j-n* in die Pfanne hauen; **~αρράχτης** [-a'raxt-] Wasserfall *m*; *Med.* graue(r) Star *m*; **~αρραχτώδης** wolkenbruchartig; **~άρρευση** [-'arεfsi] (-εις) Zusammenbruch *m*; Einsturz *m*; **~αρρέω** [-'rεɔ] (ευσ) hinabfließen; *Gebäude*: einstürzen; *fig.* zusammenbrechen; **~αρρίπτω** [-'riptɔ] (ψ· φτ) *Baum* 'umreißen; *Argument* entkräften; *Rekord* brechen; *Flugw.* abschießen; **~άρριψη** [-ripsi] (-εις) Umreißen *n*; Brechen *n e-s Rekords*; Abschuss *m*; **~αρροή** [-rɔ'i] Katarrh *m*; Schnupfen *m*; **~αρροϊκός** [-rɔik-] katarrhalisch; **~άρρους** [-'arus] (-ου) Katarrh *m*.

κατάρτι [-'tarti] Mast *m*.

κατ|αρτίζω (σ· στ) bilden; *Sammlung* anlegen; *Plan, Liste* aufstellen; *Entwurf* ausarbeiten; *j-n* ausbilden (***σε***/ in *D*); *mar*. ausrüsten; **~άρτιση** (-εις), **~αρτισμός** Bildung *f*; Ausbildung *f*; Ausrüstung *f*; Aufstellung *f*; Ausarbeitung *f*; **~άσαρκα** [-'asarka] *Adv*. auf dem (den) bloßen Körper.

κατ|ασβένω (σ· στ) *s*. ***κατασβήνω***; **~άσβεση** [-'azvεsi] (-εις) Löschung *f*; Löscharbeiten *f*/*pl*.; Niederschlagung *f*; **~ασβεστήρας** [-'stiras] Feuerlöscher *m*; **~ασβήνω** [-a'zvinɔ] (σ· στ) löschen; *fig*. (im Keim) ersticken, niederschlagen; **~ασιγάζω** [-siɣ-] (σ· στ) *fig*. beschwichtigen; *Tech*. dämpfen; **~ασιγαστήρας** [-ɣa'stiras] Schalldämpfer *m*; **~ασκάβω** [-'skavɔ] (ψ· αφ[τ]) untergraben (*a. fig*.); **~ασκαφή** [-ska'fi] Untergrabung *f*; **~ασκευάζω** [-skεv-] (σ· στ) *allg*. herstellen; *Maschine* konstruieren; *fig*. erfinden; **~ασκεύασμα** [-vazma] *n* Fabrikat *n*; *fig*. Erfindung *f*; **~ασκευαστής** [-vast-] (***-άστρεια***) Hersteller(in *f*) *m*; **~ασκευή** Herstellung *f*; Konstruktion *f*; Beschaffenheit *f*, Form *f*; *fig*. Erdichtung *f*; ***Ελληνικής ~ασκευής*** made in Greece; griechisches Erzeugnis; ***υπόχειες ~ασκευές*** Tiefbau *m*; **~ασκηνώνω** (σ) kampieren; campen, zelten; **~ασκήνωση** [-'skinɔsi] (-εις) Kampieren *n*; Camping *n*, Zelten *n*; Campingplatz *m*, Zeltlager *n*; ***πηγαίνω ~ασκήνωση*** zelten gehen, campen; **~ασκηνωτής** Camper *m*.

κατα|σκόπευση [-pεfsi] (-εις) Spionieren *n*; Aufklärung *f*; **~σκοπεύω** (ευσ) spionieren; aufklären; **~σκοπία** Spionage *f*; Aufklärungsdienst *m*; **~σκοπικός** Spionage-; Aufklärungs-.

κατάσκοπος Spion *m*; Kundschafter *m*; Aufklärer *m*.

κατα|σκορπίζω [-skɔrp-] (σ) verstreuen; *Geld* vergeuden; **~σκότεινος** [-'skɔtin-] stockfinster; **~σκοτώνω** (σ· θ) durchprügeln; ***~σκοτώνομαι*** F Beulen bekommen; *fig*. F sich (*A*) kaputtmachen; **~σπαράζω** [-spa'razɔ] (ξ· χτ) zerfleischen.

κατ|άσπαρτος [-'taspart-] völlig besät; **~ασπαταλώ** [-aspata'lɔ] (άς· ησ) verprassen, durchbringen.

κάτασπρος ['kataspr-] schneeweiß.

κατασταίνω (στησ-) *s*. ***καθιστώ***.

κατα|στάλαγμα [-'stalaɣma] *n* Abtröpfeln *n*; Bodensatz *m*; *fig*. Ergebnis *n*; **~σταλάζω** (ξ) (herab)tröpfeln; gefiltert werden; *fig*. landen (***σε***/ in *D*); gelangen (***σε***/ zu *D*); ***~σταλαγμένος*** *Chem*. geläutert; gefiltert; **~σταλτικός** [-stalt-] hemmend; *Med*. beruhigend; *Su*. *n* Sedativum *n*.

κατάσταση [ka'tastasi] (-εις) *allg*., *pol*., *Hdl*. Lage *f*, Situation *f*; *Psych*., *Phys*. *usw*. (*Kriegs*-)Zustand *m*; Bestand *m*; *jur*. Stand *m*; gute(s) Auskommen *n*; ***~ ανάγκης*** Notstand *m*; ***~ ετοιμότητας*** Alarmbereitschaft *f*; ***ορίστε ~!*** hören Sie mal!, ich bitte Sie!

κατ|αστατικός Satzungs-, statutengemäß; *Su*. *n* Satzung *f*, Statuten *n*/*pl*.; ***~αστατικός χάρτης*** Charta *f*; **~αστέλλω** [-'stεlɔ] (ειλ· λθ) *allg*. unterdrücken; **~αστενοχωρώ** *v*/*t*. sehr bedrücken; **~άστερος** sternbesät; **~άστηθα** [-'astiθa] direkt in die Brust.

κατάστημα *n* Laden *m*, Geschäft *n*; Geschäftsstelle *f*; Dienststelle *f*; ***~ αντικών*** Antiquitätengeschäft *n*; ***~ λιανικής πώλησης*** Einzelhandelsgeschäft *n*; ***~ τροφίμων*** Lebensmittelgeschäft *n*; ***~ σέλφ-σέρβις*** Selbstbedienungsladen *m*; ***~ υγιεινών τροφών*** Reformhaus *n*.

κατ|αστηματάρχης [-astima'tarç-] (***-ισσα, -ίνα***) Geschäftsinhaber(in *f*) *m*; **~άστικτος** [-stikt-] getüpfelt, gesprenkelt; **~άστιχο** [-'astixɔ] Geschäftsbuch *n*; Register *n*; **~αστιχογραφία** [-xɔɣraf-] Buchhaltung *f*.

κατα|στολή [katastɔ'li] Unterdrückung *f*; **~στρατήγηση** [-stra'tij-] (-εις) Umgehung *f*; **~στρατηγώ** [-'ɣɔ] (είς· ησ· ηθ) um'gehen; **~στρεπτικός** [-strεpt-] verheerend; Zerstörungs-; Vernichtungs-; **~στρέφω** [-'strεfɔ] (ψ· αφ· αμμ) zerstören; *j-n* zugrunde richten; *moralisch* verderben; **~στροφέας** [-strɔ'fεas] (*pl*. -είς) Zerstörer *m*; **~στροφή** Zerstörung *f*, Vernichtung *f*; *fig*. Ruin *m*, Verderb *m*; Katastrophe *f*; *Drama*: Höhepunkt *m*; ***~στροφή των δασών*** Waldsterben *n*.

κατ|άστρωμα [-'tastr-] *n mar*. Deck *n*; *Tech*. Decke *f*, Belag *m*; **~αστρώνω** (σ) *Plan* entwerfen; *Rechnung* aufstel-

K

len; **~άστρωση** [-strɔsi] (-εις) Entwurf *m*; Aufstellung *f*; **~ασυκοφαντώ** [-asikɔfa'ňdɔ] (είς· ησ) verleumden; **~ασυντρίβω** [-si'ňdrivɔ] (ψ· ιφτ· μμ) zerschmettern (*a. fig.*); **~ασυντριμμένος** *fig.* völlig gebrochen; **~ασφάζω** [-'sfa-] (ξ· αχτ) niedermetzeln; **~άσχεση** [-'asçεsi] (-εις) Beschlagnahme *f*, Pfändung *f*; **~ασχετήριο** [-sçεt-] Pfändungsbefehl *m*; Steckbrief *m*; **~ασχετός** pfändbar; **~άσχω** [-'asxɔ] (σχεσ· σχεθ) pfänden, beschlagnahmen; **~αταγ-** *St. II v.* ***κατατάσσω;*** **~ατάζω** *s.* ***κατατάσσω;*** **~ατακτήριος** (-ια) Zuordnungs-; **~άταξη** [-'ataksi] (-εις) Einordnung *f*, Klassifizierung *f*; Zuordnung *f*; Zuteilung *f*; Eintritt *m in das Heer*.

K

κατ|αταράζω [katata'razɔ] (ξ· χτ) erschüttern; **~ατάσσω** [-'tasɔ] (ξ· αγ, αχθ· γμ) *Bücher usw.* (ein)ordnen (***σε***/ in *A*); klassifizieren; einreihen (***μεταξύ*** *G*/ unter *A*); *j-n e-r Gruppe* (*D*) zuteilen, zuordnen; ***~ατάσσομαι*** *in die Armee* eintreten; **~ατεθειμένος** [-atεθim-] eingezahlt; *s.* ***καταθέτω;*** **~ατεθέν** (-εντος) *n Hdl.* eingetragen (*Warenzeichen*); **~ατείνω** *s.* ***τείνω;*** hinauslaufen (***σε***/ auf *A*); **~ατεμαχίζω** [-tεmaç-] (σ· στ) zerteilen; aufteilen; **~ατεμάχιση** (-εις) Zerteilung *f*; **~ατομή** [-tɔ'mi] Längsschnitt *m*; Profil *n*; **~ατόπια** *n/pl.* alle Ecken und Kanten.

κατα|τοπίζω [-tɔp-] (σ· στ) *v/t.* orientieren (***σε***/ über *A*); **~τοπισμός** Orientierung *f*; **~τοπιστικός** ausführlich; **~τρεγμός** [-trεγm-] Jagen *n* nach *D*, Verfolgung *f*; **~τρέχω** [-'trεxɔ] (ξ) *j-n* verfolgen, *j-m* nachstellen; **~τρίβω** [-'trivɔ] (ψ· -ίψτικα) zerreiben; *mil.* aufreiben; ***~τρίβομαι*** *fig.* sich (*A*) aufreiben (***σε***/ mit *D*); seine Zeit vergeuden.

κατάτριψη [-tripsi] (-εις) Aufreibung *f*.

κατα|τρομάζω [katatrɔm-] (ξ) *v/t. j-m* e-n Schreck einjagen; *v/i.* entsetzt sein; **~τροπώνω** [-trɔp-] (σ) in die Flucht (*od.* vernichtend) schlagen; **~τρόπωση** [-pɔsi] (-εις) Zerschlagung *f*; **~τρώγω** [-'trɔγɔ] (κατάφαγα) aufzehren (*a. fig.*); F *Neid*: auffressen; **~τσακίζω** [-tsak̡-] (σ· στ) zertrümmern; *fig.* F *j-n* zwiebeln.

κατ|αυγάζω [-tavγ-] (σ) erhellen; **~αυλισμός** Feldlager *n*, Biwak *n*.

κατα|φαίνομαι [-'fεn-] (φαν) hervorgehen; **~φανής** [-fan-] sichtbar; offenbar.

κατ|άφαση (-εις) Bejahung *f*; **~αφατικός** [-fat-] bejahend.

κατα|φέρνω [kata'fεrnɔ] (φερ) *j-n* bereden; *j-n* bezwingen (***σε***/ in *D*); (***τα***) ***~φέρνω*** *allg.* (es) schaffen; **~φερτζής** [-fεr'dzis] (-ήδες) Pfiffikus *m*; *Adj.* (***-ού***) pfiffig; Karrieremacher *m*; ***~φέρω*** [-'fεrɔ] (II = I· φερθ) *Schlag* versetzen; ***~φέρομαι*** ablehnen (***κατά*** *G*/*A*); **~φεύγω** [-'fεvγɔ] (φυγ) (seine) Zuflucht nehmen (***σε***/ in *D*); sich (*A*) wenden (***σε***/ an *A*); **~φιλώ** [-fi'lɔ] (άς· ησ) abküssen; **~φλέγω** [-'flεγɔ] (ξ) in Brand setzen; überhitzen.

κατ|άφλεξη [-flεksi] (-εις) Entzündung *f*; Überhitzung *f*; **~αφορά** Feindseligkeit *f*, Groll *m*; **~άφορτος** [-fɔrt-] überladen, überlastet; **~αφορτώνω** (σ· θ) überlasten; **~αφρόνηση** [-'frɔn-] (-εις) Geringschätzung *f*; **~αφρονητικός** verächtlich; **~αφρόνια** (*a.* **-ιο**) Verachtung *f*; **~αφρονώ** [-'nɔ] (είς· ησ) verachten; **~αφτάνω** (σ· στ) *v/t.* einholen; *v/i.* eintreffen.

κατ|αφυγή [katafi'ji] Zuflucht(sort *m*) *f*; Hilfsquelle *f*; **~αφύγιο** Zufluchtsort *m*; Berghütte *f*; **~αψύκτης** Kühltruhe *f*; **~αφυτεύω** [-fit-] (ευσ) bepflanzen; **~άφυτος** bewachsen; bepflanzt; **~άφωρος** offensichtlich; **~άφωτος** [-'afɔt-] hell erleuchtet.

κατ|αχαίρομαι [-a'çεrɔmε] (χαρ) *v/t.* genießen; *v/i.* sich (*A*) richtig freuen; **~άχαμα** [-'axama] auf dem (den) Boden; **~αχαρούμενος** [-'rumεn-] hocherfreut; **~αχειροκροτώ** [-çirɔkrɔ'tɔ] (είς· ησ) Beifall klatschen; **~αχθόνιος** [-a'xθɔn-] (-ια) *hist.* ... der Unterwelt; hinterhältig.

καταχν|ιά [-taxn-] Nebel *m*; Dunst *m*; **~ιάζει** es ist neblig.

κατ|αχραστής [-axrast-] Veruntreuer *m*; **~άχρεος** [-xrεɔs] stark verschuldet; **~αχρεωμένος** [-xrεɔm-] verschuldet; **~αχρεώνω** (σ· θ) (mit Schulden) belasten; *fig.* stark verpflichten; **~άχρηση** (-εις) Missbrauch *m*; *jur.* Unterschlagung *f*; Ausschweifung *f*; *Gr.* fälschliche(r) Gebrauch *m*; ***~άχρηση***

εξουσίας Machtmissbrauch *m*; **~αχρηστικός** *Gr.* unecht (*z. B. Diphthong*); durch Veruntreuung erwerben; **~αχρώμαι** [-'xrɔmɛ] (-άσαι· αστ) *A* missbrauchen; unterschlagen; **~αχτ-** *s.* ***κατακτ-*** *usw.*; **~αχωνιάζω** [-axɔn-] (σ· -χώνιασα) vergraben; ***~αχωνιάζομαι*** versickern; **~αχώνω** (σ· στ) vergraben.

καταχώρηση (-εις) *s.* ***καταχώριση***.

κατα|χωρητής [kataxɔrit-] Registrator *m*; **~χωρίζω** (σ· στ), (*a.* ~χωρώ· είς· ησ· ηθ) (ver)buchen, eintragen, registrieren; *Anzeige*, *Wort* aufnehmen (***σε***/ in *A*); **~χώριση** (-εις) Verbuchung *f*, Eintragung *f*, Registrierung *f*; Einsetzen *n e-r Anzeige*; Inserat *n*; **~ψηφίζω** [-psif-] (σ· στ) *pol.* zurückweisen; stimmen gegen *A*; **~ψήφιση** (-εις) *pol.* Ablehnung *f* (*durch Abstimmung*); **~ψυκτικός** [-psikt-] (**-χτ-**) Kühl-, kühlend.

κατ|άψυξη [-psiksi] (-εις) Tiefkühlung *f*, Tiefkühlfach *n*; **~αψύκτης** Tiefkühlschrank *m*; **~άψυχρος** [-psixr-] tiefgekühlt.

καταψύχω (ξ· -ψυχτ-) tiefkühlen.

κατεβάζ|ω [katɛv-] (σ· στ· σμ) hinabschaffen; F *j-n* aus dem Zug holen; *Preis* herabsetzen; *Zool. Milch* geben; *Akzent* verlagern, rücken (***σε***/ auf *A*); F ... hinter die Binde gießen; ***το κεφάλι του ~ει*** er ist voller Ideen; ***του ~ω μια*** ich lange ihm eine.

κατεβαίν|ω (να -βώ· κατεβηκ-· -βασμ) *Treppe* hinabgehen; *Weg*: hinabführen; aussteigen; steigen (***από***/ aus *D*); *Preis*, *Temperatur*: sinken; ***μου ~ει*** es fällt mir ein; ***~ω κάτω*** F (*nach Griechenland*) runterfahren.

κατεβασιά Gießbach *m*.

κατ|έβασμα [-vazma] *n* Hinabgehen *n*; Sinken *n*; *Med.* Hernie *f*, Bruch *m*; **~εβα(σ)τός** hinabführend; von den Bergen wehend.

κατεβατό *Su. n* (Buch-)Seite *f*.

κατε|δαφίζω [katɛðaf-] (σ· στ) abreißen; *Festung* schleifen; **~δάφιση** (-εις) Abriss *m*.

κατ|ειλημμένος [-tilim-] *K.* besetzt; *s.* ***καταλαμβάνω; ~ειργασμένος*** [-irɣazm-] *K.* bearbeitet; **~ελθ-** *s.* ***κατέρχομαι; ~έναντι*** [-'ɛnaṅdi] gerade gegenüber; **~επάνω** [-'panɔ] *Adv.* auf *A* ... zu; **~επείγων** [-ɣɔn] (-ουσα, -ον) eilig, Eil-; *Post*: Express-; ***~επείγουσα*** Eilbrief *m*.

κατ|εργάζομαι [katɛr'ɣazɔmɛ] (στ) bearbeiten; *Tech.* aufbereiten; **~εργάρης** [-'ɣar-] (-α, -ισσα, -ικο) gerissen; *Su. m* (-ηδες) Spitzbube *m*; **~εργαριά** Trick *m*, Schlich *m*; **~εργασία** [-ɣas-] Bearbeitung *f*; Aufbereitung *f*.

κάτεργο [-ɛrɣɔ] Galeere *f*; *mst. pl.* Galeerenstrafe *f*; Zwangsarbeit *f*.

κατερειπώνω (σ· θ) verwüsten.

κατ|ερριμμένος *s.* ***καταρρίπτω; ~έρχομαι*** [-'ɛrxɔmɛ] (-ήλθα) *s.* ***κατεβαίνω***; *fig.* greifen (***σε***/ zu *Mitteln*).

κατές (-έδες) *Argot*: Kuppler *m*, Geliebte(r).

κατ|εσταθ- *K. s.* ***καθιστώ; ~εστημένο*** (*v.* καθιστώ) Establishment *n*; **~εστησ-** *s.* ***καθιστώ; ~εστραμμένος*** [-ɛstram-] *s.* ***καταστρέφω***; *Hdl.* ruiniert.

κατ|εσχ- *s.* ***κατέχω; ~εσχεθ-, ~εσχεσ-, ~εσχημένος*** *s.* ***κατάσχω; κατέχω***.

κατευθείαν direkt.

κατ|εύθυνση [ka'tɛfθiṅsi] (-εις) Richtung *f*; *pl. pol.* Richtlinien *f/pl.*; **~ευθυντήριος** [-θiṅd-] (-ια) leitend, Leit-; *Su. n/pl.* Richtlinien *f/pl.*; **~ευθύνω** [-'fθinɔ] (II = I; υνθ) leiten; richten (***προς*** *A*/ auf *A*); ***~ευθύνομαι*** zugehen auf *A*; *fig.* sich richten auf *A*; **~ευνάζω** [-ɛvn-] (σ· στ) mildern; *Med.* lindern; **~ευναστικός** [-vnast-] Linderungs-, Beruhigungs-; **~ευόδιο** [-ɛ'vɔð-] gute Fahrt *f*; **~ευοδώνω** (σ· θ) *v/t.* zu e-m guten Ende führen; *v/i.* (hinaus)begleiten; *j-m* e-e gute Fahrt wünschen; ***~ευοδώνομαι*** glücklich ankommen; **~ευόδωση** [-ɛ'vɔðɔsi] (-εις) glückliche Ankunft *f*.

κατεχόμενος *mil.* besetzt.

κατ|έχω [ka'tɛxɔ] (-είχα) besitzen; *Amt usw.* bekleiden; *Stadt* besetzen; *Platz* mit Beschlag belegen; *e-e Sprache* beherrschen; ***~έχομαι*** durchdrungen sein (***από***/ von *D*); **~εψυγμένος** [-ɛpsiɣm-] tiefgekühlt, Gefrier- (*Fleisch*); *Klima*: kalt; *Su. m* F *etwa*: Nervtöter *m*.

κατη- *s.* ***κατα-***.

κατ|ηγαγ- *s.* ***κατάγω; ~ηγόρημα***

κατηγορηματικός 262

[-i'ɣɔr-] *n* Anklage *f*; *Gr.* Prädikat *n*; **~ηγορηματικός** [-rimat-] kategorisch; *Gr.* prädikativ; attributiv (*Bestimmung*); **~ηγορητήριο** [-iɣɔrit-] Anklageschrift *f*; **~ηγορητικός** Anklage-; **~ηγορία** *jur.* Anklage *f* (***επί** D*/ auf *A*, wegen *G*); *allg.* Klage *f* (***για***/ über *A*); Kategorie *f*; (*Touristen*, *Fußball*) Klasse *f*; ***πρωτή εθνική ~ηγορία*** Bundesliga *f*; **~ηγοριάρης** (-α, -ικο) *Su.* Ankläger(in *f*) *m*; **~ηγορικός** kategorisch, endgültig; **~ήγορος** Ankläger *m*; **~ηγορούμενος** [-ɣɔ'rum-] (-μένη) Angeklagte(r) *m*, *f*; *Adj.* angeklagt; *Gr. Su. n* Prädikat *n*; **~ηγορώ** [-ɣɔ'rɔ] (είς, άς· ησ· ηθ) *v/t.* vorwerfen (***τον για***/ j-m etw. *A*); *Schule*: *j-n* verpetzen; *jur.* anklagen (***τον επί** D od.* ***για***/ j-n e-r S. [*G*] *od.* wegen *G*).

κατηλθ- *s.* ***κατέρχομαι.***

κατηναλωσ- *s.* ***καταναλώνω.***

κατηργ- *s.* ***καταργώ.***

κατής *s.* ***καδής.***

κατ|ήφεια [ka'tif-] Niedergeschlagenheit *f*; **~ηφής** niedergeschlagen; **~ηφοριά** [-fɔr-] *s.* ***κατήφορος;*** **~ηφορίζω** (σ) hinabgehen; *Weg*: bergab führen; **~ηφορικός** abschüssig; **~ήφορος** Abhang *m*; abschüssige(r) Weg *m*; ***παίρνω τον ~ήφορο*** *fig.* es geht mit mir bergab.

κατ|ήχηση [ka'tiç-] Religionsunterricht *m*, Katechese *f*; **~ηχητής** Katechet *m*; **~ηχθ-** *s.* ***κατάγω, κατάγομαι;*** **~ηχώ** [-i'xɔ] (είς· ησ· ηθ) *v/t.* *j-m* Religionsunterricht erteilen; *j-m* predigen.

κάτι¹ ['kati] *Pron.* etwas; *mit dem Plural*: irgendwelche, einige *Kinder usw.*; *Su.*, *Adj.* etwas Wichtiges, F was, wer: *er glaubt, er sei was* (*wer*); F toll *od. dialektisch* doll *od. nur Betonung*: ***έλεγε ~ ανοησίες*** er sagte ein tolles Zeug, tollen Unsinn; ***έχει ~ μπράτσα*** der hat 'Arme! *od.* er hat tolle (dolle) Arme!; ***~ τέτοιο*** so etwas.

κάτι² Falte *f*; Lage *f*, Schicht *f*; Faden *m des Zwirns*; F ***γίνομαι δυο ~α*** alles dransetzen.

κατιόν 'Kation *n*.

κάτισχνος [-tisxn-] dürr, knochig.

κατ|ίσχυση [ka'tisçisi] (-εις) Triumph *m*; **~ισχύω** (σ) (*G*) triumphieren über *A*.

κάτιτι (*a.* **κάτι τι**) etwas.

κατιφ|εδένιος [-'ðεn-] (-ια), **~ένιος** [-'fεn-] (-ια) samten, Samt-; **~ές** [-'εs] Samt *m*; *Bot.* Studentenblume *f*.

κατιών [ka'tjɔn] (-ούσα, -όν) absteigend; *Su. m/pl.* (-όντες) Deszendenten *m/pl.*, Abkömmlinge *m/pl.*

κατ|οίκηση [-'ik̡-] Wohnen *n*; **~οικήσιμος** [-i'k̡is-] bewohnbar.

κατοικ|ητήριο [katik̡-] Wohnsitz *m*; **~ία** Wohnung *f*; ***εργατική ~ία*** Sozialwohnung *f*; **~ίδιος** (-ια) Haus- (*Tier*); **~ίζω** (σ· θ) *v/t.* *j-n* ansiedeln; *Ort* besiedeln; **~ίσιμος** bewohnbar; **~οεδρεύω** (ευσ) ansässig sein.

κάτοικος Einwohner *m e-r Stadt*; Bewohner *m e-s Hauses*; ***μόνιμος ~*** fest ansässig.

κατοικ|ούμενος [-'kum-] bewohnt; **~ώ** [-'kɔ] (είς· ησ· ηθ) *v/t.* bewohnen; *v/i.* wohnen (***σε***/ in *D*).

κατο|λισθαίνω (ησ) (ab)rutschen; **~λίσθηση** (-εις) Erdrutsch *m*.

κατονομάζω [katɔnɔm-] (σ· στ) namhaft machen.

κατόπιν [ka'tɔpin] *Adv. Ort*: dahinter; *Zeit*: danach, nach (*-kommen*); *Präp.* als Folge (*G*/*G*); ***~ από*** hinter *D*; nach *D*; wegen *G*.

κατοπινός (nach)folgend; *Su. m/pl.* (die) nach uns Kommenden.

κατ|όπτευση [-'tɔptεfsi] (-εις) Überwachung *f*; **~οπτεύω** (ευσ) überwachen, im Auge behalten.

κατ|όρθωμα [-'tɔrθ-] *n* Leistung *f*; Heldentat *f* (*a. iro.*); **~ορθώνω** (-όρθωσα· θ) *Ziel* erreichen; *allg.* schaffen; ***~ορθώνω να ...*** es möglich machen zu ...; es gelingt mir, zu ...; **~ορθωτός** [-θɔt-] durchführbar, machbar.

κατούρημα [ka'tur-] *n* Wasserlassen *n*, Urinieren *n*; Urin *m*.

κατουρλιά Harnmenge *f*; Harnfleck *m*; **~ρης** (***-ιάρα***) Bettnässer(in *f*) *m*.

κατουρλιό! F Mistvieh!

κάτουρο Urin *m*, Harn *m*; F Plempe *f*.

κατουροκανάτα Nachttopf *m*.

κατουρ|ώ [katu'rɔ] (άς, είς· ησ· ηθ) *v/i.* Wasser lassen, P pissen; *v/t.* nass machen; P *etw.* anpinkeln; *fig.* F auf *j-n* pfeifen; ***~ιέμαι*** sich (*A*) nass machen; *fig.* (mal) austreten müssen.

κατοχ|ή [-tɔ'çi] *allg.*, *jur.* Besitz *m*; *mil.* Besetzung *f*; Besatzung *f*; ***καθεστώς***

K

~ής Besatzungsregime *n*; **~ικός** Besatzungs-.
κάτοχος [-tɔx-] Besitzer *m*; *Adj*. kundig (*G*/*G*); im Besitze *G*; ***είμαι ~*** *G e-e Sprache* beherrschen.
κατο|χυρώνω [katɔçir-] (σ· θ) befestigen; *fig*. sichern (***από***/ vor *D*); **~χύρωση** [-rɔsi] (-εις) Befestigung *f*; Sicherung *f*.
κάτοψη [-tɔpsi] (-εις) Grundriss *m*; Projektion *f*.
κατρα|κύλισμα [katra'ķil-] *n* Hinunterpurzeln *n*; **~κυλώ** [-'lɔ] (άς· ησ) *v/t*. hinunterrollen; *fig*. herunterbringen; *v/i*. hinunterpurzeln; *Hdl*. fallen.
κατράμ|ι [-'tram-] Teer *m*; **~ωμα** *n* Teeren *n*.
κατραμώνω (σ· θ) teeren.
κατραπακιά [-paķ-] Ohrfeige *f*.
κατς (0) *n* Catcher-Ringkampf *m*.
κατσαβίδι [katsa'viði] Schraubenzieher *m*, Schraubendreher *m*.
κατσάβραχα [-vraxa] *n/pl*. Steingeröll *n*, felsiger Boden *m*.
κατσ|άδα Schelte *f*, F Zigarre *f*; ***δίνω ~άδες*** schimpfen, schelten; **~αδιάζω** (σ) *j-n* anranzen, F runterputzen.
κατσα(μ)πρόκος [-'m̆brɔk-] Ahle *f*, Pfriem *m*; *fig*. Hutzelmännchen *n*.
κατσαρίδα Kakerlak *m*.
κατσαρόλα [-'rɔla] Schmortopf *m*.
κατσαρ|ός [katsar-] lockig, gelockt, kraus; **~ώνω** (σ· θ) *v/t*. locken, kräuseln; *v/i*. sich kräuseln; *Bot*. sich ranken.
κάτσε! *Imp. v.* ***κάθομαι:*** setz dich!
κατσιάζω (κάτσιασα) *v/t*. eingehen lassen; F umbringen; *v/i*. eingehen.
κατσιβελιά Unredlichkeit *f*.
κατσ|ίκα Ziege *f*; F alte Zicke; **~ίκι** [-'iķi] Zicklein *n*, Geißlein *n*; **~ικίσιος** (-ια) Ziegen-; **~ικοπόδαρος** Unglücksbringer *m*.
κατσούλα [ka'tsula] Kapuze *f*.
κατσ|ούφα *s.* ***κατσουφιά;*** **~ούφης** [-'uf-] (-α, -ικο) brummig; *Su*. Griesgram *m*; **~ουφιά** Grämlichkeit *f*; **~ουφιάζω** (κατσούφιασα) maulen; **~ούφιασμα** *n* Maulen *n*.
κάτω ['katɔ] *Adv*. unten; nach unten *gehen usw*.; *Adj*. untere, Unter- (*z. B. Unterägypten*); *Präp. mit G* unter + *Zahlen, z. B. Null*; *Präp.* ***~ από*** unter (*D*/*A*); ***~ σε*** unten in *D*; herunter nach *D*; ***από ~*** von unten; ***πάρα ~*** weiter hinten *od*. unten; ***πιο ~*** weiter (entfernt); ***άνω ~*** drunter und drüber; ***στο ~ ~*** letzten Endes; ***~ ...!*** (*mit N*) nieder mit ... (*D*)*!*; ***βάλλω ~*** *j-n* überwältigen.
κατ|ώγειο [-'tɔj-], **~ώ(γ)ι** Kellergeschoss *n*; **~ωμερίτης** (-ισσα, -ικο) ... vom Flachland.
κατωπτ- *s.* ***κατοπτ-.***
κατωρθω- *s.* ***κατορθώνω.***
κατωσάγονο [-'saγ-] Unterkiefer *m*.
κατώτατος [ka'tɔtat-] unterst-; ***ο ~ όρος*** das Minimum.
κατώτερος *allg*. unter- (*Klassen, Offiziere, Beamten*); gering; Grundschul- (*Bildung*); minderwertig.
κατωτερότητα Minderwertigkeit *f*.
κατωτέρω *Adv*. weiter unten.
κατω|φέρεια [-'fɛr-] Abhang *m*; **~φερής** abschüssig.
κατώφλι [-'tɔfli] Schwelle *f* (*a. fig*.).
κάτωχρος [-tɔxr-] totenblass.
Κάτω Χώρες ['katɔ 'xɔrɛs] *f/pl*. Niederlande *pl*.
καυγ- *s.* ***καβγ-.***
καύκαλο ['kafkalɔ] Schädel *m*; *Zool*. Panzer *m*.
Καυκασία [kafkas-] Kaukasien *n*.
Καύκασος Kaukasus *m*.
καυκί [ka'fķi] *Zool*. Panzer *m*; Kniescheibe *f*; Schüssel *f*.
καυκιέμαι *s.* ***καυχιέμαι.***
καύλα ['kavla] P Geilheit *f*.
καυλός Stängel *m*, Stiel *m*.
καυλώνω (σ) P geil sein auf *A*.
καϋμ- *s.* ***καημ-.***
καύμα ['kavma] *n* Hitze *f*; *Med*. Verbrennung *f*; ***κυνικά καύματα*** Hundstage *m/pl*.
καϋμέν|ος [kaim-] *s.* ***καίω;*** verbrannt; *fig*. arm; ***τον ~ο*** der Ärmste, der arme Kerl; ***~ε!*** mein Lieber!; mein liebes Kind!
καϋμός Sorge *f*; Sehnsucht *f*.
καυσ- *s.* ***καίω.***
καυσαέρια [kafsa-] *n/pl*. Abgase *n/pl*.
καύσ|η ['kafsi] (-εις) Brennen *n*, Niederbrennen *n*; *a. Phys*. Verbrennung *f*; ***~η απορριμμάτων*** Müllverbrennung *f*; **~ιμος** brennbar, Brenn-; *Su. n* Treibstoff *m*; ***~ιμος ύλη*** Brennstoff *m*.
καυσ|όξυλα [-'ɔksila] *n/pl*. Brennholz *n*; **~τήρας** [-'tiras] Brenner *m*; **~τικός** brennend heiß; *Chem*. ätzend, kaus-

K

tisch; *fig.* beißend; **~τικό νάτριο** Ätznatron *n.*
καύσωνας Hitze(welle) *f*, Glut *f.*
καυσώνω *s.* **καψώνω.**
καυτ|ερός [kaftɛr-] glühend (heiß); *fig.* ätzend; **~ηριάζω** (-ίασα· στ) ausbrennen; brandmarken (*a. fig.*); **~ηρίαση** [-i'riasi] (-εις) Kauterisation *f*; Brandmarkung *f*; **~ηριασμός** Ausbrennen *n*, Ätzen *n*; **~ήριο** Ätzmittel *n*, Kauterium *n*; **~ός** brennend (*od.* kochend) heiß.
καύτρα ['kaftra] Schnuppe *f e-s Dochtes*; glühende Zigarettenspitze.
καύχημα ['kafç-] *n* Stolz *m* (*a. fig.*); **το έχει για ~** er ist stolz darauf.
καύχηση Prahlen *n.*
K
καυχησ|ιάρης (-α, -ικο) wichtigtuerisch; *Su. m* Wichtigtuer *m*; Prahlhans *m*; **~ιάρικος** selbstgefällig; **~ι(ο)λογία** [-lɔj-] Prahlerei *f*; **~ιολογώ** [-ĭɔlɔ'ɣɔ] (είς· ησ) prahlen.
καυχιέμαι [kaf'çjɛmɛ] (ιέσαι· καυχήθηκα) (**για**) prahlen mit *D*; sich (*A*) wichtig tun mit *D.*
καφάσι [-'fasi] Käfig *m*; Vogelbauer *n*; Gitterfenster *n*; Gitterkorb *m.*
καφέ [ka'fɛ] (0) braun.
καφεΐνη [-fɛ'ini] Koffein *n*; **χωρίς ~** koffeinfrei.
καφεκοπτείο Kaffeerösterei *f.*
καφέ-μπαρ [-bar] (0) *n* Café *n*; Bar *f.*
καφε|νείο [kafɛn-], **~νές** [-'nɛs] (-έδες) Café *n*; **~νόβιος** Cafébesucher *m*, Stammgast *m*; F ständig im Café herumsitzend; **~πότης** [-'pɔt-] Kaffeetrinker *m*; **~πώλης** [-'pɔl-] Kaffeewirt *m*, Cafébesitzer *m.*
καφ|ές [ka'fɛs] (-έδες) Kaffee *m*; **στιγμιαίος ~ές** Pulverkaffee *m*; **~εστιατόριο** [-ɛstjat-] Café und Restaurant *n*; **~ετερία** Cafeteria *f*; **~ετζής** [-ɛ'dzis] (-ήδες) Cafébesitzer *m*; **~ετής** (-ιά, -ί) (kaffee)braun; **~ετιέρα** [-'tjɛra] Kaffeekanne *f*; Kaffeemaschine *f*; Kaffeedose *f.*
καφτάνι Kaftan *m.*
καφωδείο [-'ðiɔ] Kabarett *n*; Bar *f.*
καχ|εκτικός [kaïçɛkt-] hinfällig, kränklich; **~εξία** [-ɛks-] Hinfälligkeit *f.*
καχ|ύποπτος [kaï'çipɔpt-] argwöhnisch, misstrauisch; **~υποψία** [-ipɔps-] Argwohn *m*, Misstrauen *n.*
καψ- *s.* **καυσ-; καίω.**
κάψα[1] ['kapsa] Bruthitze *f.*
κάψα[2] ['kapsa] Kapsel *f* (*a. Med.*); *Chem.* Porzellantiegel *m.*
καψ|αλίζω (σ) absengen; überbacken; **~άλισμα** *n* Absengen *n*; Überbacken *n*; **~ερός** *s.* **καϋμένος; ~ιά** *s.* **κάψιμο.**
καψίλα *s.* **καΐλα.**
κάψιμο (-ατος) Verbrennung *f*; Brennen *n im Fuß*; Brandstelle *f.*
καψο- *etwa*: arm, schlecht.
κάψουλα ['kapsula] *Med.* Kapsel *f.*
καψούλι [ka'psuli] Kapsel *f*; Zündhütchen *n.*
καψώνω (σ) vor Hitze vergehen.
κβάντ|ουμ ['gvaňdum] (0) (*pl.* -ντα) *n* Quantum *n*; **θεωρία των ~α** Quantentheorie *f.*
κεδρί [kɛ'ðri] Zedernholz *n.*
κέδρινος Zedernholz-.
κεδροκούκουτσο [-ðrɔ'kukutsɔ] Wacholderbeere *f.*
κέδρος *f* Zeder *f.*
κέικ (0) *n* Sandkuchen *m.*
κείμαι ['kimɛ] (*Impf.* εκείμην) liegen; stehen *bei Platon*; *Grab*: ruhen.
κείμεν|ο ['kimɛnɔ] Text *m*; **~ος** liegend; *jur.* in Kraft befindlich.
κειμήλιο Kleinod *n*; Andenken *n.*
κείνος *s.* **εκείνος.**
κεκ- *s.* **κ-.**
κε|κορεσμένος [-kɔrɛzm-] *bsd. Chem.* gesättigt; *s.* **κορεννύω; ~κρύφαλος** [-'krifal-] Kopftuch *n*; *Zool.* Netzmagen *m*; **~κτημένος** *jur.* wohlerworben; erlangt.
κελ|ά(η)δημα *n*, **~ά(η)δισμα** [kɛ'la(i)ð-] *n* Singen *n*, Gezwitscher *n*; **~α(η)διστικός** Sing- (*Vogel*); **~α(η-)δώ** [-a(i)'ðɔ] (άς, είς· ησ) singen, zwitschern; *fig.* schnattern.
κελάρι Keller *m*; Vorratskammer *f.*
κελ|αρύζω [-a'rizɔ] (σ) murmeln, plätschern; **~άρυσμα** *n* Murmeln *n usw.*
κελεπούρι [kɛlɛ'puri] Glücksfall *m*; Fund *m*, Gelegenheitskauf *m.*
κελευστής [-lɛfst-] Bootsmann *m.*
κέλητας Reitpferd *n*; *mar.* Gig *f.*
κελί Zelle *f.*
κελίφι Kissenbezug *m.*
Κελσίου [kɛl'siu] *Phys.* Celsius.
Κέλτης Kelte *m.*
κελτικός keltisch.
κέλυφος [-lif-] *n* Schale *f*; Hülse *f.*

κεμπάπ [ķɛ'bap] (0) *n Art* Spießbraten *m.*
κενό [ķɛ'nɔ] Leere *f*; *fig.* Lücke *f*; *Phys.* Vakuum *n*; *Flugw.* Luftloch *n*; **~ *στην αγορά*** Marktlücke *f.*
κεν|οδοξία [ķɛnɔðɔks-] Eitelkeit *f*; **~όδοξος** eitel; **~ός** *allg.* leer; *fig. a.* hohl; **~όσπουδος** [-'ɔspuð-] kleinlich; F pingelig; **~οτάφιο** [-ɔ'taf-] Zenotaph *n*; Ehrengrabmal *n*; Grabkammer *f*; **~ότητα** Leere *f*; *fig. a.* Hohlheit *f*; **~οφοβία** Platzangst *f.*
Κένταυρος ['ķɛñdavr-] Zentaur *m.*
κέντημα *n* Sticken *n*; Stickerei *f*; Stich *m*; Anstacheln *n.*
κεντημένος gestickt.
κέντηση Sticken *n*; Anstacheln *n.*
κεντ|ησιά [ķɛñdis-] Sticken *n*; Stich *m*; **~ητός** gestickt; **~ιά** Sticken *n*; *Schmerz*: Stich *m*; *fig.* Stichelei *f*; **~ίδι** Stickerei *f*; **~ίστρα** [-'istra] Stickerin *f.*
κεντρ|ί [ķɛ'ñdri] Stachel *m* (*a. Zool.*); **~ίζω** (σ· στ) stechen; *Bot.* pfropfen; *fig.* anspornen.
κεντρικός zentral (gelegen); Zentral-; Mittel- (*Europa*); Haupt- (*Post*).
κέντρισμα *n* Stechen *n*, Ansporn *m.*
κέντρο ['ķɛñdrɔ] *allg.* Zentrum *n*, Mittelpunkt *m*; (Annahme-)Stelle *f*, Zentrale *f*, Hauptgebäude *n*; Lokal *n*; Center *n*; Stachel *m*; *fig.* Anreiz *m*; ***εξοχικό* ~** Gartenlokal *n*; **~ *σωματικής αγωγής*** Fitnesscenter *n.*
κεντρ|ομόλος [-ɔ'mɔl-] zentripetal; **~όφυγος** [-'drɔfiɣɔs] (-υγα) *m u. f* zentrifugal.
κέντρωμα *n Bot.* Pfopfen *n*; Anstacheln *n.*
κεντρώνω *s.* ***κεντρίζω.***
κεντρώος [-'drɔɔs] (-ώα) zentral.
κεντώ [ķɛ'ñdɔ] (άς· ησ· ηθ) *v/t.* stechen; anstacheln (*a. fig.*); *j-n* reizen; sticken.
κένωμα *n* Leeren *n*; Räumen *n*; Auffüllen *n*; leere(r) Raum *m.*
κενών|ω (σ· θ) *Glas* leeren; *Platz, Zimmer* räumen; *Essen* auffüllen; ***~ομαι*** *Zimmer a.* frei werden.
κένωση ['ķɛnɔsi] (-εις) Leeren *n*, Räumen *n*; *Med.* Stuhlgang *m.*
κερά F Tante *f*; *s.* ***κυρία.***
κεραία [-'rɛa] *Zool.* Fühler *m*; *Tech.* Antenne *f*; *mar.* Rahe *f*; *Gr.* Längezeichen *n.*
κεραμ|έας [ķɛram-] (*pl.* -είς) Töpfer *m*; Ziegelbrenner *m*; **~ευτική** Keramik *f*; **~ίδα** Ziegelstein *m*; **~ιδάδικο, ~ιδαριό** [-iðar-] Töpferei *f*; Ziegelei *f*; ***τα κάνω ~ιδαριό*** alles zerdeppern; **~ιδάς** [-i'ðas] (-άδες) Töpfer *m*; Ziegelbrenner *m*; Dachdecker *m*; **~ιδής** (-ιά, -ί) ziegelrot; **~ίδι** Dachziegel *m*; **~ίδια** *n/pl.* Dach *n*; **~ικά** *n/pl.* Keramik *f*; **~ική** Töpferhandwerk *n*; **~ικός** keramisch, Töpfer-; **~οποιείο** [-ɔpi'iɔ] Ziegelei *f*, Keramikfabrik *f*; **~οποιός** [-ɔ'pjɔs] Keramiker *m*; **~ωτός** Ziegel-.
κερασένιος (-ια) Kirsch-; ... aus Kirschbaum(holz).
κεράσι Kirsche *f.*
κερασιά Kirschbaum *m.*
κέρασμα *n* Einschenken *n*; Bewirten *n*; Trinkgeld *n.*
κερατ|άς [ķɛra'tas] (-άδες) Hahnrei *m*; Halunke *m*; **~ένιος** (-ια) gehörnt; *Frage*: heikel; *fig.* verteufelt; **~ιά** Stoß *m*; **~ίζω** (σ) *mit den Hörnern* stoßen.
κερ|άτινος Horn-, hörnern; **~ατίτιδα** Hornhautentzündung *f.*
κέρατο Horn *n*; Geweih *n.*
κερατ|οειδής [ķɛratɔið-] hornartig; ***~οειδής (χιτώνας)*** *m* Hornhaut *f*; **~ώνω** (σ) stoßen; *fig.* betrügen (***τον με***/ j-n mit *D*).
κεραυν|όβλητος [ķɛra'vnɔvlit-] vom Blitz getroffen; **~οβόλος** [-'vɔl-] (-α) blitzschnell; Blitz- (*Krieg*); *Blick*: niederschmetternd; **~οβολώ** [-'lɔ] (είς· ησ) Blitze schleudern; *j-n* erschlagen; *fig.* niederschmettern; **~όπληκτος** [-'ɔplikt-] (*fig.* wie) vom Blitz getroffen; **~ός** Blitz *m*; **~ώνω** (σ) *s.* ***κεραυνοβολώ.***
Κέρβερος [-vɛr-] Zerberus *m*; Höllenhund *m.*
κερδ|αλέος [ķɛrð-] (-α) Gewinn bringend; **~ίζω** (σ· στ) *Geld* verdienen (***από***/ bei, an *D*); *Achtung usw.* verdienen; *im Spiel* gewinnen; *Sport*: *j-n* besiegen; siegen (*A*/ in *D*).
κέρδ|ος *n* Gewinn *m*; Ertrag *m*; Vorteil *m*; Vorzug *m*; ***αφήνω ~η*** Gewinn abwerfen.
κερδο|σκοπία [-skɔp-] Spekulation *f*; **~σκοπικός** Spekulations-; spekulierend; **~σκόπος** Spekulant *m*; **~σκοπώ** [-'pɔ] (είς· ησ) spekulieren; **~φόρος** [-'fɔr-] (-α) Gewinn bringend.
κερένιος (-ια) *s.* ***κέρινος.***

κερεστές (-έδες) Bauholz *n*.
κερήθρα [-'riθra] Bienenwabe *f*.
κερί [ķε'ri] Wachs *n*; Kerze *f*.
κέρινος Wachs-; wächsern.
κερκίδα [kεrķ-] Weberschiffchen *n*; *Anat*. Speiche *f*; *Bot*. Judasbaum *m*; *Stadion*: Tribüne *f*.
Κέρκυρα ['ķεrķira] Korfu *n*.
Κερκυρ|αία [-'rεa] Korfuerin *f*; **~αίος** Korfuer *m*, Korfiot *m*.
κέρμα *n* (Automaten-)Münze *f*.
κερματίζω (σ) zerstückeln.
κερματοδέκτης Münzfernsprecher *m*.
κερνώ (άς· ασ· αστ) *v/t*. einschenken; *j-n* bewirten; (*etw*.) spendieren.
κερόπανο [-'rɔpanɔ] Wachstuch *n*.
κερώνω (σ· θ) *v/t*. bohnern, wachsen; *v/i*. gerinnen; *fig*. erblassen.
κεσάτι [ķε'sati] Flaute *f*.
κεσές (-έδες) Schale *f*.
κέτσαπ (0) *n* Ketschup *n* (*a*. *m*).
κετσές Filz *m*.
κεφάλα [ķε'fala] große(r) Kopf *m*; *fig*. Wasserkopf *m*.
κεφάλαιο [-'falεɔ] Kapital *n* (*a*. = *Kapitalisten*); Kapitel *n e-s Buches*; ***προσωπικό ~*** Eigenkapital *n*.
κεφαλαίο [-'lεɔ] Großbuchstabe *m*.
κεφαλαιο|κράτης [-lεɔ'krat-] (***-ισσα***) Kapitalist(in *f*) *m*; **~κρατία** Kapitalismus *m*; **~κρατικός** kapitalistisch; **~ποίηση** [-'piisi] Kapitalisierung *f*; **~ποιώ** *v/t*. kapitalisieren.
κεφαλ|αίος: ***~αία στοιχεία*** *n/pl*. Großbuchstaben *m/pl*., Blockschrift *f*.
κεφαλαιούχος [-'ux-] (***-η***) Kapitalist(in *f*) *m*.
κεφαλ|αλγία [-lalj-] Kopfweh *n*; **~άρι** Quelle *f*; Kopfende *n*; Keilkissen *n*; Eckstein *m*.
κεφ|άλας [ķε'falas] F Kalbskopf *m*; *fig*. Dickkopf *m*; **~αλή** Kopf *m* (*a*. *fig*.); Haupt *n* (*z*. *B*. *der Kirche*); Leiter *m*; ***επί ~αλής*** an der Spitze; **~άλι** Kopf *m* (*a*. *fig*.); ***με το ~άλι*** kopfüber; **~αλιά** Kopfstoß *m*; Kopfball *m*; **~αλικός** Kopf-; Todes- (*Strafe*).
Κεφαλληνία *Insel* Kephallinia *f*.
κεφαλο- Kopf-, Haupt-.
κεφαλ|όβρυση (-εις) Wasserquelle *f*; **~όδεσμος** [-'ɔðεzm-] Kopfbinde *f*; **~όπονος** [-pɔn-] Kopfschmerzen *m/pl*.; **~οπονώ** [-'nɔ] (είς· ησ) Kopfschmerzen haben; *fig*. sich (*D*) Kopfschmerzen machen (***για***/ wegen *G*); **~όπουλο** [-pulɔ] kleine Meeräsche *f*.
κέφαλος ['ķεfal-] Meeräsche *f*.
κεφαλ|όσκαλο [-'ɔskalɔ] Treppenabsatz *m*; **~οτύρι** *Art* Hartkäse *m*; **~οχώρι** [-ɔ'xɔri] Marktflecken *m*.
κεφάτος [-'fat-] gut gelaunt.
κέφι ['ķεfi] gute Laune *f*, Schwung *m*; ***δεν έχω ~*** ich bin nicht aufgelegt (***για***/ zu *D*); ***έχω τα ~α μου*** ich bin in (guter) Stimmung; ***είμαι*** (*od*. ***έρχομαι στο***) **~** ich bin etw. angeheitert; ***με πολύ ~*** in bester Stimmung; nach Herzenslust (*singen*).
κεφτές [ķε'ftεs] (-έδες) Fleischklößchen *n*.
κεχαγιάς [-xa'jas] (-άδες) Hausmeister *m*; Obmann *m*; Gutsverwalter *m*.
κεχρί [ķε'xri] Hirse *f*.
κεχριμπ|αρένιος [ķεxribar-] (-ια) Bernstein-; **~άρι** Bernstein *m*.
κεχρισμένος *s*. ***χρίω***.
κέχρος ['ķεxr-] Hirse *f*.
κηδεία [ķið-] Bestattung *f*.
κηδεμόνας Vormund *m*; Pfleger *m*; Vermögensverwalter *m*.
κηδεμόνευση (-εις) Bevormundung *f*; Entmündigung *f*.
κηδεμον|εύω [-ðεmɔn-] (ευσ, εψ· ευτ) Vormund *e-r Person* sein; *Geld* verwalten; **~ία** Vormundschaft *f*; Verwaltung *f*; **~ικός** Vormundschafts-; Verwaltungs-.
κηδεύω (ευσ· εψ) bestatten.
κηλα(ΐ)δώ (άς· ησ) *s*. ***κελαηδώ***.
κηλεπίδεσμος [ķilε'piðεzm-] Bruchband *n*.
κήλη *Med*. Bruch *m*, Hernie *f*.
κηλίδα Fleck *m*; Muttermal *n*; *fig*. Schandfleck *m*.
κηλ|ιδώνω (σ· θ) beflecken (*a*. *fig*.); **~ίδωση** [-'iðɔsi] (-εις) Befleckung *f*.
κηπ|άριο [ķi'parĭɔ] Gärtchen *n*; **~ευτικός** [-εftik-] Garten-.
κήπος ['ķip-] Garten *m*; ***βοτανικός ~*** botanische(r) Garten *m*; ***ζωολογικός ~*** zoologische(r) Garten *m*.
κηπούπολη [-'upɔli] Gartenstadt *f*.
κηπουρ|ική [ķipuri'ķi] Gartenbau *m*; Gärtnerei *f*; **~ικός** [-ik-] Garten- (*Geräte*); **~ός** Gärtner *m*.
κηρ- *s*. ***κερ-***.
κηρ|οπήγιο [-ɔ'pijɔ] Leuchter *m*; **~οστάτης** [-'stat-] Leuchter *m*.

κήρυ|γμα [-riγma] *n* Verkündigung *f*; Predigt *f*; Aufruf *m* (*G*/ zu *D*); **~κας** ['kirikas] Ausrufer *m*, Herold *m*; Prediger *m*; *mil.* Unterhändler *m*.
κηρύκειο *Rel.* Hirtenstab *m*.
κήρυξη (-εις) Verkündigung *f*; Predigen *n*; (*Kriegs*-)Erklärung *f*.
κηρύσσω [-'risɔ] (ξ· χτ) verkünden; *Rel.* predigen; *Krieg* erklären.
κήτος ['kit-] *n* Wal(fisch) *m*.
κηφήνας [-'finas] Drohne *f* (*a. fig.*).
κι *s.* ***και***.
καλάρω [ka'larɔ] (II = I *od.* αρισ) F *j-n* aufs Korn nehmen, beäugen.
κιάλι ['kali] *mst. pl.* Fernglas *n*.
κιάσο Spendensammlung *f*; Straßenvorstellung *f*.
κιβδηλ|(ε)ία [kivðil-] Falschmünzerei *f*; Falschheit *f*; **~εύω** (ευσ) fälschen; **~οποιία** [-ɔpi'ia] Fälschung *f*; **~οποιός** [-'pjɔs] Falschmünzer *m*.
κίβδηλος gefälscht; *Pers.* falsch.
κιβούρι [-'vuri] Sarg *m*; Grab *n*.
κιβώτιο [ki'vɔt-] *Hdl.* Kiste *f*; Kasten *m*; Container *m*; ***~ ταχυτήτων*** *Auto*: Getriebe(kasten *m*) *n*.
κιβωτός *f*: ***η ~ του Νώε*** die Arche Noah.
κιγκλ|ίδα [kiŋgl-] Gitter *n*; Geländer *n e-r Treppe*; **~ίδωμα** *n* Geländer *n*; **~ιδωτός** [-ðɔt-] vergittert, Gitter-.
κιθ|άρα [ki'θara] Gitarre *f*; **~αρίζω** (σ) Gitarre spielen; **~αριστής** (*-ίστρια*) Gitarrenspieler(in *f*) *m*.
Κικέρωνας [ki'kerɔnas] Cicero *m*.
κίκι (-εως) Rizinus *m*, Wunderbaum *m*.
κιλίμι [ki'limi] Kelim *m*.
κιλλίβαντας [ki'livañdas] Lafette *f*.
κιλό Kilo *n*.
κιλο|βάτ [-'vat] (0) *n* Kilowatt *n*; **~βατόρα, ~βατώριο** [-va'tɔr-] Kilowattstunde *f*.
κιλότα Breeches(hosen) *pl.*; Schlüpfer *m*.
κιμαδιάζω [kimað-] (-μάδιασα) (zer-) hacken; *Auto*: zu Schrott fahren.
κιμάς [-'mas] Gehackte(s) (*Fleisch*); F *fig.* Kinderspiel *n*; F Klumpatsch *m*.
κιμπάρ|ικα [ki'bar-] F zuvorkommend; **~ης** (-ηδες) feine(r) Mann.
κιμωλία [-mɔl-] Kreide *f*.
Κίνα China *n*.
κίνα Chinarinde *f*.
κινδυνεύω [kiñðin-] (ευσ, εψ) gefährdet sein; *v/t.* aufs Spiel setzen; (*Aor.*, *Impf. mit* ***να***) beinahe hätte ich ...
κίνδυνο|ς Gefahr *f*; Not *f*; Risiko *n*; ***βάζω σε ~*** gefährden.
κινέζικος [ki'nεz-] chinesisch.
Κινέζος (*-α*) Chinese (-sin *f*) *m*.
κίνημα *n* Bewegung *f*; *fig.* Schritt *m der Verzweiflung*; *pol.* Aufstand *m*; ***ειρηνιστικό ~*** Friedensbewegung *f*.
κινηματίας [kinima'tias] Aufrührer *m*.
κινηματο|γράφηση (-εις) Filmen *n*, Aufnahme *f*; **~γραφία** Filmkunst *f*; **~γραφικός** [-ɔγraf-] Film-, Kino-; blitzartig (*Geschwindigkeit*); ***~γραφική μηχανή προβολής*** Filmvorführgerät *n*; **~γραφιστής** Filmemacher *m*; Kameramann *m*; **~γράφος,** F **κινηματόγραφος** Kino *n*, Lichtspielhaus *n*; **~γραφώ** [-'fɔ] (είς· ησ) filmen.
κίνηση ['kinisi] (-εις) Bewegung *f*; Betrieb *m*, Verkehr *m*; (*Theater- usw.*) Leben *n*; *fig. mst. pl.* Anstrengung *f*; ***~ στα άδεια*** Leerlauf *m*; ***θέτω σε ~*** in Betrieb setzen; ***έξοδα κινήσεως*** Fahrgeld *n*.
κινησιοθεραπεία Beschäftigungstherapie *f*.
κινητήρ|ας [-'tiras] Motor *m*; *allg.* Triebkraft *f*; ***δίχρονος ~ας*** Zweitaktmotor *m*; ***τετράχρονος ~ας*** Viertaktmotor *m*; **~ιος** (-ια) Antriebs- (*Kraft*); (*vier*-)motorig.
κινητ|ικός [kinit-] kinetisch; Bewegungs-; *Su. f* Kinetik *f*; *Su. n* Abführmittel *n*; **~ικότητα** Betätigungsdrang *m*; **~οποίηση** [-ɔ'piisi] Mobilisierung *f*; Aufbietung *f*; Betrieb *m*; **~οποιώ** [-'pjɔ] (είς· ησ) in Bewegung setzen; *Kräfte* mobilisieren, aufbieten; **~ός** *allg.* beweglich; fahrbar; *Su. n/pl.* Mobilien *pl.*, bewegliche Güter *n/pl.*; ***~ή έκθεση*** Wanderausstellung *f*.
κίνητρο ['kinitrɔ] Triebfeder *f*; Anreiz *m*; *Tech.* Rührstab *m*.
κινίνας *fig.* Teufel *m*; *Adj. fig.* giftig.
κινίν|η, ~ο Chinin *n*.
κιν|ώ [ki'nɔ] (είς· ησ· ηθ) *v/t.* bewegen; *Tech.* treiben; *Möbel* (ver)rücken; *Neugier usw.* erregen; anstiften (***τον σε***/ j-n zu *D*); (***να***) sich (*A*) aufmachen (zu); ***~ούμαι*** sich (*A*) bewegen; sich (*A*) rühren; rührig sein; *Hdl.* sich beleben; sich (*A*) erheben (***κατά*** *G*/ gegen *A*).

κιόλα(ς) ['k̡ɔla(s)] schon; *zukünftig a.* endlich; noch *heute usw.*; sogar.
κίονας ['k̡iɔnas] Säule *f.*
κιονίς [k̡ɔn-] (-ίδος) *f Anat.* Zäpfchen *n.*
κιον|όκρανο [-'nɔkranɔ] Kapitell *n*; **~οστοιχία** [-stiç-] Säulengang *m.*
κιόρης Kurzsichtige(r) (*bsd. fig.*).
κιόσκι ['k̡ɔsk̡i] Kiosk *m*; Laube *f*; Pavillon *m.*
κιοτ|εύω [k̡ɔt-] (εψ) *v/i.* Angst bekommen; *v/t.* bange machen; **~ής** (-ήδες) Hasenfuß *m*, Memme *f.*
κιούγκι ['k̡uŋ̊gi] Wasserrohr *n*; Ofenrohr *n.*
κιρκινέζι [k̡irk̡i'nɛzi], **κίρκος** [-rk-] Turmfalke *m.*
κίρρωση ['k̡irɔsi] (-εις) *Med.* Zirrhose *f.*
κιρσός Krampfader *f.*
κισμέτι Kismet *n*, Schicksal *n.*
κίσσα Elster *f*; *Med. etwa* Schwangerschaftshysterie *f.*
κισσός Efeu *m.*
κιτ (0) quitt.
κιτάπια *n/pl.* Bücher *n/pl.*, (schwarze) Liste *f.*
κιτρ|ιά [k̡itr-] Zitrusbaum *m*; **~ικός** Zitrus-; Zitronen- (*Säure*); **~ινάδα** Blässe *f*; Gelbsucht *f*; **~ινάδι** Eigelb *n*; gelbe(r) Fleck *m*; **~ινιάζω** (-ίνιασα) erblassen (***από***/ vor *D*); gelb anstreichen; *Bot.* gelb werden; **~ινιάρης** (***-α***) Bleichgesicht *n*; **~ίνιασμα** [-'trinĭazma] *n* Gelbwerden *n*; Blasswerden *n*; **~ινίζω** (σ) *s.* ***κιτρινιάζω;*** **~ινίλα** das Gelbe; Blässe *f*; **~ινοπούλι** [-nɔ'puli] Goldamsel *f*, Pirol *m.*
κίτρινος ['k̡itrin-] gelb; bleich; ***~ πυρετός*** Gelbfieber *n.*
κιτρινωπός gelblich, fahl.
κίτρο Zitrusfrucht *f.*
κιχ: ***δεν κάνω ~*** F keinen Piep sagen.
κλαβανή [klava'ni] Falltür *f.*
κλαγγ|άζω [klaŋ̊g-] *Vogel*: kreischen; klirren, rasseln; **~ή** [-'ŋ̊g̡i] Gekreisch *n*; Geklirr *n*, Gerassel *n.*
κλά|δε(υ)μα ['klaðɛ(v)ma] *n*, **~δευση** [-ðɛfsi] Kappen *n.*
κλαδ|ευτήρι [-ðɛ'ftiri] Gartenschere *f*; **~εύω** (εψ) kappen; F *j-n* absägen; **~ί** Zweig *m.*
κλάδος ['klað-] Ast *m*, Zweig *m*; Abzweigung *f des Weges*; *fig.* Zweig *m*; (*Lehr-*)Fach *n*; *Hdl.* Branche *f*; Linie *f e-s Hauses*, Stammbaum *m*; ***~ παροχής υπηρεσιών*** Dienstleistungsgewerbe *n.*
κλαδ|ώνω (σ· θ) Zweige bekommen; **~ωτός** [-ðɔt-] ... voller Zweige.
κλαί|ω ['klɛɔ] (*a.* κλαις, κλαίμε, κλαίτε, κλαίν[ε]· κλαψ· κλαφτ) *v/i.* weinen (***από***/ vor *D*); *v/t. j-n* beweinen, *Schicksal* beklagen; *e-r S.* (*D*) nachtrauern; ***~ομαι*** klagen; *fig.* stöhnen.
κλακ [klak] (0) *n* Zylinderhut *m.*
κλάμα *n* Weinen *n*; ***βάζω τα ~τα, με πήραν τα ~τα*** in Tränen ausbrechen.
κλαμένος [klam-] verweint, beweint.
κλανιάρης (-α, -ικο) P Puper *m.*
κλανισμένος angegriffen (*Gesundheit*).
κλά|νω ['klanɔ] (σ) P einen fahren lassen, pupen; (*vulgär*) Schiss haben; ***να σε ~σω*** ich pfeif auf dich.
κλάξον (0) Autohupe *f.*
κλάουν ['klaun] (0) *m* Clown *m.*
κλάπα ['klapa] Klammer *f*; Türangel *f*; F Klappe *f* (= *Mund*).
κλάρα Ast *m.*
κλαρί [-'ri] kleine(r) Zweig *m.*
κλαρ|ινέτο, ~ίνο Klarinette *f*; ***στέκομαι ~ίνο*** strammstehen.
κλαρκ (0) *n* Gabelstapler *m.*
κλάση ['klasi] (-εις) Brechen *n*; *mil.* Jahrgang *m*; Klasse *f*; ***αυτοκίνητο μεσαίας ~ς*** Mittelklassewagen *m.*
κλασικ|ισμός [klasik̡izm-] Klassizismus *m*; **~ός** [-'kɔs] klassisch; *fig., iro.* notorisch (*Lügner usw.*); *Su. m* Klassiker *m.*
κλάσμα [-zma] *n* Bruchstück *n*; *Math.* Bruch *m.*
κλασματικός Bruch- (*Zahl*); *Chem., Med.* fraktioniert.
κλασσέρ [-'sɛr] (0) *n Büro*: Ordner *m.*
κλατάρω F platzen.
Κλαύδιος ['klavð-] Claudius *m.*
κλαυσ- *s.* ***κλαψ-.***
κλαυσίγελος [kla'fsijɛlɔs] Lachen u. Weinen *n.*
κλάψα ['klapsa] Weinen *n*, Heulerei *f*; *pl.* Klagen *n*, Meckerei *f.*
κλάψας Meckerer *m.*
κλαψιάρ|ης (-ηδες) ewig Klagende(r); Flenner *m*; **~ικος** weinerlich.
κλάψιμο Weinen *n*; Quengelei *f.*
κλαψουρίζω plärren, quengeln.
κλέβω ['klɛvɔ] (ψ· εφτ· μμ) stehlen

(*του το*/ j-m etw.); *j-n* bestehlen; F schummeln; *Mädchen* entführen.
κλειδαρ|άς [kliða'ras] (-άδες) Schlosser *m*; **~ιά** Schloss *n*; **~ότρυπα** [-'ɔtripa] Schlüsselloch *n*.
κλειδί [kli'ði] Schlüssel *m* (*a. Mus.*; *fig.*); ***γαλλικό ~*** Schraubenschlüssel *m*; ***~ περιτυλίξεως*** *Foto*: Rückspulknopf *m*; *fig.* ***θέση ~*** Schlüsselstellung *f*; Schlüsselposition *f*.
κλειδο|κόκαλο [kliðɔ'kɔkalɔ] *Anat.* Schlüsselbein *n*; **~κράτορας** Schlüsselbewahrer *m*; **~μανταλώνω** [-mañdal-] (σ) verriegeln; **~νιά** Schloss *n*; **~ποιός** [-'pjɔs] Schlosser *m*.
κλειδούχος [-'ðux-] Schlüsselbewahrer *m*; *Esb.* Weichenwärter *m*.
κλείδωμα ['kliδ-] *n* Zuschließen *n*.
κλειδων|άς [-ðɔ'nas] (-άδες) Meise *f*; **~ιά** Schloss *n*.
κλειδώνω (σ· θ) abschließen; *etw.* verschließen; *j-n* einschließen.
κλείδωση [-ðɔsi] (-εις) Gelenk *n*.
κλείθρο ['kliθrɔ] Schloss *n*.
κλειθροποιός [-ɔ'pjɔs] Schlosser *m*.
κλείνω ['klinɔ] (σ· στ) *v/t.* schließen, zumachen; *Betrieb* stilllegen; *Licht* ausmachen; *Gas* ausdrehen; *Radio* abstellen; *Frieden*, *Vertrag* schließen; *Hotelzimmer* bestellen; *Lebensjahr* vollenden; *etw.* (ein)schließen; *j-n* einsperren; *Rechnung*, *Bücher* abschließen; *Diskussion* beenden, abschließen; *v/i. Geschäft*: schließen; *Wunde*: sich schließen; ***~ έξω*** *j-n* ausschließen.
κλείσιμο (-ατος) Schließung *f*; Verschluss *m*; *Hdl.* Abschluss *m*; ***~ των καταστημάτων*** Ladenschluss *m*.
κλεισμένος verschlossen (*a. fig.*).
κλεισ|ούρα [-'sura] Engpass *m*; *fig.* Stubenluft *f*; ***μυρίζει ~ούρα*** es riecht muffig; **~τός** geschlossen; *Hafen usw.* gesperrt; ***είναι στις ~τές του*** F ... hat sich (*A*) vergraben.
κλείστρο ['klistrɔ] *Tech.* Klappe *f*; *Foto*: Verschluss *m*.
κλειτορίδα Kitzler *m*.
κλεμμένος [klɛm-] gestohlen.
Κλεοπάτρα [-ɔ'patra] Kle'opatra *f*.
κλέος *n K.* Ruhm *m*.
κλεπταπο|δοχή [klɛptapɔðɔ'çi] Hehlerei *f*; **~δόχος** [-'ðɔx-] Hehler *m*.
κλεφτά [klɛft-] *Adv.* verstohlen, heimlich.
κλέφτης Dieb *m*; *hist.* Klephte *m*, Freischärler *m*.
κλεφτ|ομανία Kleptomanie *f*; **~οπόλεμος** [-ɔ'pɔlɛm-] *hist.* Guerillakrieg *m*; **~ότοπος** [-'ɔtɔp-] Schlupfwinkel *m* der Klephten; **~ουριά** [-ur-] Freischärlertum *n*; Diebesbande *f*; **~οφάναρο** [-ɔ'fanarɔ] Taschenlampe *f*.
κλέφτρ(ι)α Diebin *f*.
κλέφτω *s.* ***κλέβω.***
κλεψ- *s.* ***κλέβω.***
κλεψιά [klɛps-] Diebstahl *m*.
κλεψι|γαμία [-ɣam-] wilde Ehe *f*; **~μαίικος** [-'mɛik-] (*a.* -ια) gestohlen, Diebes-; **~μιό** Diebesgut *n*.
κλέψιμο (-ατος) Diebstahl *m*.
κλεψιτυπία [klɛpsitip-] Plagiat *n*.
κλεψύδρα [-'psiðra] Wasseruhr *f*.
κλήθρα ['kliθra] Erle *f*.
κλήμα ['klima] *n* Weinrebe *f*.
κληματ|αριά Weingeländer *n*; **~ίδα** Weinranke *f*; **~όβεργα** Weinranke *f*; **~όφυλλο** [-'ɔfilɔ] Weinblatt *n*; **~σίδα** Weinranke *f*.
κλήρα (*Teufels-*)Brut *f*; Glück *n*.
κλήριγκ ['kliriŋ] (0) *n* Clearing *n*, Verrechnungsverkehr *m*.
κληρικός geistlich; *Su. m* Geistliche(r).
κληρο|δότημα [klirɔ'ðɔt-] *n* Vermächtnis *n*; **~δότης** (***-ότρια***) Erblasser(in *f*) *m*; **~δοτώ** (είς· ησ) vermachen, vererben; **~δόχος** Vermächtnisnehmer *m*; **~νόμημα** *n* Nachlass *m*; **~νομητός** [-mit-] vererblich; **~νομία, ~νομιά** Erbschaft *f*, Nachlass *m*; *fig.* Erbe *n*; ***αφήνω ~νομία σε*** ... *der Welt* ein Vermächtnis hinterlassen; **~νομικός** Erb-; Erbschafts-, geerbt; *Biol.* erblich; *Su. n/pl.* Erbschaftsstreit *m*; **~νομικότητα** [-nɔmi'kɔtita] Erblichkeit *f*; **~νόμος** *m*, *f* Erbe *m*, Erbin *f* (*a.* ***-νόμα***), *pl. a.* Nachwuchs *m*; **~νομούμενος** [-nɔ'mum-] Erblasser *m*; **~νομώ** [-'mɔ] (είς· ησ) erben (***από***/ von *D*).
κλήρος ['klir-] Auslosung *f*, Los *n*; (*Lotterie-*)Los *n*; Bodenparzelle *f*, Anteil *m*; Los *n*, Schicksal *n*; Erbteil *m*; *Rel.* Klerus *m*, Geistlichkeit *f*.
κληρούχος Anteilhaber *m*.
κληρ|ώνω (σ· θ) (aus)losen; ***~ώνομαι*** *Los*: gezogen werden; *fig.* durch Los bestimmt werden.
κλήρωση [-rɔsi] (-εις) Ziehen *n e-s*

κληρωτίδα 270

Loses; Verlosung *f*, Ziehung *f*; Wahl *f*, Bestimmung *f* durch Auslosung.
κληρωτ|ίδα [-rɔt-] Urne *f*; **~ός** durch Los bestimmt; Geschworenen- (*Gericht*); *Su. m mil.* Einberufene(r).
κλήση ['klisi] (-εις) Ruf *m*, Aufruf *m*; *jur.* Vorladung *f*; *mil.* Stellungsbefehl *m*; *Tel.* Anruf *m*; ***αυτόματη ~*** *Tel.* Durchwahl *f*; ***~ κινδύνου*** Notruf *m*; ***~ σταθμού*** Rufzeichen *n*; ***του δίνω ~*** j-m ein Strafmandat ausfertigen, F j-n aufschreiben.
κλητεύω (ευσ· ευτ) vorladen.
κλητήρ|ας [kli'tiras] Portier *m*; Amtsdiener *m*; Gerichtsdiener *m*; **~ιο** Vorladung *f*.
κλητικ|ή Vokativ *m*, Ruffall *m*; **~ός** Vorladungs-.
κλητός eingeladen; aufgefordert.
κλίβανος ['klivan-] Ofen *m*.
κλιθ- *s.* ***κλίνω.***
κλίκα Clique *f*, Klüngel *m*, Bande *f*.
κλίμα *n* Klima *n*; ***μεσογειακό ~*** Mittelmeerklima *n*.
κλίμακα Treppe *f*; (*Strick*-)Leiter *f*; *Phys.* Skala *f*; *Mus.* Tonleiter *f*; *fig.* Stufenleiter *f*; ***με ~*** im Maßstab ...
κλιμάκιο Stufe *f*; *Thea.*, *allg.* Gruppe *f*; *mil.* Staffel *f*.
κλιμακ|οειδής [klimakɔið-] stufenartig; **~οστάσιο** [-ɔ'stas-] Treppenhaus *n*; **~τηρικός** [-tir-] klimakterisch; ***~τηρική περίοδος*** *f* Wechseljahre *n/pl.*; **~ώνω** (σ· θ) stufen; staffeln, einteilen; *pol.* eskalieren; intensivieren.
κλιμάκωση (-εις) Stufung *f*; Steigerung *f*, Eskalation *f*.
κλιματ|ικός klimatisch; **~ισμός** Klimaanlage *f*.
κλινάμαξα [-ksa] Schlafwagen *m*.
κλινάρι Bett *n*.
κλίνη Bett *n*; *mar.* Stapel *m*; Lager *n*.
κλιν|ήρης [-'nir-] bettlägerig; **~ική** [-'k̨i] *allg.* 'Klinik *f*; Abteilung *f e-s Krankenhauses*; **~ικός** [-'kɔs] klinisch; **~οσκέπασμα** [-ɔ'sk̨εpazma] *n* Bettdecke *f*; *n/pl.* Bettzeug *n*; **~οστρωμνή** [-ɔstrɔ'mni] Matratze *f*.
κλίνω ['klinɔ] (II = I· θ) *v/t.* neigen; *Knie* beugen; *Gr.* beugen, flektieren; *v/i.* sich (*A*) neigen (***προς*** *A*/ nach *D*); *fig.* neigen (***προς*** *A*/ zu *D*); *Farbe*: spielen (***προς*** *A*/ in *A*).

κλίριγκ (0) *n* Verrechnungsverkehr *m*, Clearing *n*.
κλισέ (0) *n* Klischee *n*.
κλίση ['klisi] (-εις) Neigung *f*; (*Boden*) Senkung *f*; Beugung *f*; Schwenkung *f nach* ...; *Gr.* Flektion *f*; *fig.* Neigung *f* (***προς*** *A*/ zu *D*).
κλιτικός *Gr.* flektierend.
κλίτος *n Rel.* Kuppel *f*.
κλιτός *Gr.* flektierbar; *fig.* niedergedrückt.
κλοιός [kli'ɔs] Halseisen *n*; Handschelle *f*; Fußeisen *n*; Eisenring *m*.
κλόνηση ['klɔn-] (-εις) Erschütterung *f*; Wanken *n*; *Astr.* Nutation *f*.
κλον|ίζω (σ· στ) erschüttern (*a. fig.*); *j-n* wankend machen; ***~ίζομαι*** wanken; *fig.* schwanken; **~ικός** erschütternd; wankend; *Med.* klonisch; **~ισμός** *s.* ***κλόνηση;*** *Med.* klonische(r) Krampf *m*; ***παθαίνω νευρικό ~ισμό*** e-n Nervenzusammenbruch erleiden.
κλοπ|ή [klɔp-] Diebstahl *m*; **~ιμαίος** (-αία) gestohlen; *Su. n* Diebesgut *n*.
κλότσημα ['klɔts-] *n* Stoßen *n*; Fußtritt *m*; *Waffe*: Rückstoß *m*.
κλοτσιά Fußtritt *m*, Stoß *m*.
κλοτσοσκούφι F Fußball *m*; *fig.* (ein) Aschenputtel *n*.
κλοτσώ (ησ· ηθ) *v/t. j-m* e-n Fußtritt versetzen, *j-n* stoßen; *v/i. Pferd*: ausschlagen; *Baby*: strampeln.
κλούβα F grüne Minna; Kittchen *n*.
κλουβ|ί [klu'vi] Käfig *m*; Vogelbauer *m*; ***μπήκε στο ~ί*** sie ist unter die Haube gekommen; **~ιάζω** (σ) faul werden; *fig.* verblöden; ***~ιάζομαι*** im Käfig leben; **~ιαίνω** verblöden.
κλούβιος (-ια) *Ei*: faul; hohl, dumm.
κλυδων|ίζομαι [-'nizɔmε] (στ) schwanken, *mar.* rollen; **~ισμός** Schwanken *n*, Rollen *n*.
κλύσμα ['klizma] *n* Darmspülung *f*; F Kränkung *f*; *fig.* Ohrfeige *f*.
κλυστήρι [-'stiri] Klistier(spritze *f*) *n*.
κλύφι ['klifi] (Kissen-)Bezug *m*.
κλωθο|γυρίζω [klɔθɔ-] (σ) *v/t.* (herum-) wickeln; um *j-n* herumscharwenzeln; *v/i.* herumbummeln; ***τα ~γυρίζω*** sich herausreden; **~γύρισμα** *n* Strudel *m*.
κλώθω [-θɔ] (σ· στ) spinnen; ***τα ~*** die Dinge verdrehen.
κλων|άρι [klɔ'nari], **~ί, κλώνος** Zweig *m*; Sprössling *m*.

κλώσα Bruthenne *f*, Glucke *f*.
κλωσάω (ας· ησ): (***τα***) ~ glucken (über *D*), (auf s-m Geld) sitzen.
κλώση ['klɔsi] Spinnen *n*.
κλώσημα *n* Brüten *n*, Bebrüten *n*; ausgebrütete Eier *n/pl*.
κλώσιμο Spinnen *n*.
κλώσισμα *n s.* ***κλώσημα***.
κλώσμα *n s.* ***κλωστή***.
κλωσ|ομηχανή [klɔsɔmixa'ni] Brutapparat *m*; **~οπούλι** [-'puli] Küken *n*; **~ού** [-'u] (-ούδες) *f* Glucke *f*.
κλωστ|ή [klɔst-] Zwirn *m*; Faden *m*; **~ήρας** [-'iras] große Spindel *f*; **~ήριο** Spinnerei *f*.
κλώστης Spinner *m*; Spindel *f*.
κλωστικ|ή Spinnen *n*; **~ός** Spinn-.
κλωστοϋφαντουργία [klɔstɔifan̆durj-] Spinnerei und Weberei *f*.
κλώστρ(ι)α Spinnerin *f*.
κλωσώ (ας· ησ) ausbrüten; glucken.
κνήμη ['knimi] Wade *f*; Schienbein *n*.
κνημίδα Gamasche *f*; Beinschiene *f*; Eisenreifen *m*.
κνησμός [knizm-] Jucken *n*.
κνίδ|η Brennnessel *f*; **~ωση** [-ðɔsi] (-εις) Nesselausschlag *m*.
κνίζω ['knizɔ] (σ) *Haut* reizen; *v/i.* jucken.
κνίσα Bratengeruch *m*.
κνώδαλο ['knɔðalɔ] F Rindvieh!
κοάζω (ξ) quaken.
κοασμός [kɔazm-] Quaken *n*.
κοβάλτιο [-'valt-] Kobalt *n*.
κόβ|ω ['kɔvɔ] (ψ· κόπηκα· κομμ) *v/t.* schneiden (F *a. j-n* übersehen); *Kleider* zuschneiden; *Blumen* pflücken; *Lamm* schlachten; *Kaffee* mahlen; *Kartenspiel*: abheben; *Gehalt*, *Kredit* kürzen; *Wasser*, *Gas* (ab)sperren; *Münzen* prägen; *Rauchen usw.* aufgeben; *j-m* zusetzen; *Geld* scheffeln; *Schuhe*, *Kragen*: drücken; F *j-m* nachspionieren; *v/i.* schneiden; *Kälte usw.* nachlassen; *Milch*: gerinnen; P abhauen, verduften; ***~ομαι*** sich (*A*) schneiden; sich (*A*) aufopfern (***για***/ für *A*); sich (*A*) begeistern (***για***/ für *A*); sich (*A*) aufreiben (***σε***/ bei *D*); ***έκοψα το δαχτυλό μου*** ich habe mir in den Finger geschnitten; ***~ω τα μαλλιά μου*** ich lasse mir die Haare schneiden; ***~ει το μυαλό του*** er ist nicht auf den Kopf gefallen; ***του ~ω θέα*** *j-m* die Aussicht verbauen; ***~ω βλαστήμια*** fluchen.
κογκολέζος F Rekrut *m*.
κόγχη ['kɔn̆çi] Muschel *f*; (*Augen-*)Höhle *f*; (*Ohr-*)Muschel *f*; Nische *f in e-r Wand*; *Rel.* Koncha *f*.
κόγχος *s.* ***κόγχη***; Augenhöhle *f*.
κοζάρω F *j-n* mustern.
κόζι Trumpf *m*; F (gute) Aussicht *f*; F hohe(s) Tier.
κόθορνος Kothurn *m*.
κοιλ|άδα [ki̯l-] Tal *n*; Mulde *f*; **~αίνω** (λαν· λανθ) aushöhlen; **~αράς** [-a'ras] (-ού, -άρικο) dickbäuchig; **~άρφανος** Waise *f* (*vor der Geburt*); **~ία, ~ιά** Bauch *m*; Magen *m*; *Anat.* Kammer *f*; ***έκανε ~ιά*** er ist dick geworden; **~ιάζω** (σ) e-n Bauch bekommen; **~ιακός** Bauch-, Unterleibs-; **~ιόδουλος** gefräßig; *Su. m* Nimmersatt *m*.
κοίλο ['ki̯lɔ] Höhlung *f*, Vertiefung *f*; Handteller *m*.
κοιλ|οπόνημα [-ɔ'pɔn-] *n* Geburtswehen *pl.*; **~όπονος** [-'ɔpɔn-] Bauchschmerzen *m/pl.*; **~οπονώ** (είς· ησ) Geburtswehen haben.
κοίλος hohl; *Boden*: muldenreich; *Phys.* Hohl- (*Kugel*); konkav.
κοιλότητα Höhlung *f*; *Geogr.* Mulde *f*; *Anat.* Höhle *f*.
κοίλωμα *n* Vertiefung *f*.
κοιμάμαι *s.* ***κοιμούμαι***.
κοίμηση ['ki̯misi] Schlaf *m*; ***η ~ της Θεοτόκου*** Mariä Himmelfahrt *f*.
κοιμητήρι(ο) Friedhof *m*.
κοιμίζ|ω (σ) einschläfern; *fig.* stillen, lindern; ***~ομαι*** schläfrig werden.
κοίμισμα *n* Einschläfern *n*.
κοιμισ|μένος [-miz-] eingeschlafen; *fig.* schläfrig, schlafmützig; **~τικός** einschläfernd; Schlaf- (*Mittel*).
κοιμούμαι [ki̯'mumɛ] (άσαι· ηθ) schlafen gehen; *Rel.* entschlafen; *fig.* ruhen; nichts merken; *Uhr*: stehen bleiben; ***~ όρθιος*** begriffsstutzig sein.
κοιν|ή [ki̯n-] Koine *f*, Gemeinsprache *f*; **~ό** Publikum *n*; Öffentlichkeit *f*; *pl.* **~ά** öffentliche Angelegenheiten *f/pl.*; **~όβιο** [-'ɔv-] Gemeinde *f*; Klostergemeinde *f*; ***λαϊκό ~όβιο*** Volkskommune *f*; **~οβουλευτικός** [-ɔvulɛft-] parlamentarisch; Parlaments-; **~οβουλευτισμός** Parlamentarismus *m*; **~οβούλιο** Parlament *n* (*a. das Haus*); **~οκτημοσύνη** [-ɔktim-] Güterge-

K

κοινολόγηση 272

meinschaft *f*; **~ολόγηση** [-ɔ'lɔĭj-] (-εις) Verbreitung *f*, Verkündung *f*; **~ολογώ** [-ɔlɔ'ɣɔ] (είς· ησ) verbreiten, es allen erzählen.

κοιν|οποίηση [-ɔ'piisi] (-εις) Mitteilung *f*; *jur*. Zustellung *f*; **~οποιώ** [-ɔ'pjɔ] (είς· ησ· ηθ) bekannt geben; *jur*. zustellen; **~οπολιτεία** [-pɔlit-] Gemeinschaft *f*; **~οπραξία** Interessenverband *m*, (*Gold*) Pool *m*; **~ός** gemeinsam; öffentlich; normal; ***~ή γνώμη*** öffentliche Meinung *f*; ***~ό πολλαπλάσιο*** *Math*. kleinste(s) gemeinschaftliche(s) Vielfache(s) *n*; ***ο ~ός νους*** der gesunde Menschenverstand; ***από ~ού*** gemeinschaftlich; **~οτάρχης** [-ɔ'tarç-] Gemeindevorsteher *m*; **~ότητα** Gemeinde *f*; Gemeinschaft *f*; Gemeinsamkeit *f der Interessen usw*.; ***Ωότητα Άνθρακα και Χάλυβα*** Montanunion *f*; **~οτικός** Gemeinde-, Kommunal-; **~οτοπία** [-ɔtɔp-] Gemeinplatz *m*; **~όχρηστος** gemeinschaftlich; **~οχτημοσύνη** Gemeinschaftsgut *n*; **~οχώρος** Gemeinschaftsraum *m*.

κοινων|ία [ķinɔn-] Gesellschaft *f*; Verkehr *m*, Beziehungen *f/pl*.; *Rel*. Kommunion *f*, Abendmahl *n*; ***καταναλωτική ~ία*** Konsumgesellschaft *f*; ***~ία σπατάλης*** Wegwerfgesellschaft *f*; ***~ία των εθνών*** Völkerbund *m*; **~ικοϊστορικός** [-ikɔistɔr-] gesellschaftlich-historisch; **~ικοποίηση** [-ikɔ'piisi] (-εις) Sozialisierung *f*; **~ικός** gesellschaftlich; *Klasse*: sozial, Sozial- (*Fürsorge*); gesellig, umgänglich; **~ικότητα** Geselligkeit *f*; gute Umgangsformen *f/pl*.; **~ιολογία** [-ĭɔlɔj-] Soziologie *f*; **~ιολογικός** soziologisch; **~ιολόγος** [-'lɔɣ-] Soziologe *m*; **~ισμός** Sozialismus *m*; **~ιστής** Sozialist *m*; **~ιστικός** sozialistisch; **~ός** teilhaftig (*G*/*G*); bekannt (*G*/ mit *D*); *Su*. *m* Gefährte *m*; **~ώ** [-'nɔ] (είς· ησ) Anteil haben (*G*/ an *D*); teilnehmen an *D*; das Abendmahl nehmen.

κοινώς [ķi'nɔs] *Adv*. gemeinschaftlich; normal, gewöhnlich.

κοινωφ|έλεια [-nɔ'fɛl-] Gemeinnützigkeit *f*; **~ελής** gemeinnützig.

κοίταγμα [-taɣma] *n* Betrachten *n*; Beachtung *f*; Pflege *f*; Untersuchung *f*.

κοιτάζ|ω [ķit-] (κοίτα!· ξ· χτ) *v/t*. betrachten; Acht geben auf *A*; betreuen; *Med*. untersuchen; ***~ω να ...*** F darauf aus sein zu ...; ***~ομαι*** sich (*A*) betrachten; sich (*A*) untersuchen lassen.

κοίτ|ασμα [-azma] *n* Schicht *f*; (*Erz*) Lager *n*; **~η** Flussbett *n*.

κοιτίδα Wiege *f* (*a*. *fig*.).

κοίτομαι [-tɔmɛ] bettlägerig sein.

κοιτώνας Schlafgemach *n*.

κοκ (0) *n* Koks *m*.

κόκα F Schädel *m*, Dummkopf *m*.

κοκαΐνη [kɔka'ini] Kokain *n*.

κοκάλα große(r) Knochen *m*.

κοκαλ|ένιος [-'lɛn-] (-ια) knöchern, Knochen-; **~ιάζω** (-άλιασα) verknöchern; hart werden; **~ιάρης** (-α, -ικο) knochig; **~ίζω** (σ) (be)nagen.

κόκαλο ['kɔkalɔ] Knochen *m*; ***έμεινε ~*** er war ganz baff; ***έμεινε πετσί και ~*** er ist nur noch Haut und Knochen.

κοκαλώνω (σ) *s*. ***κοκαλιάζω***; *bsd*. *Aor*. ganz baff sein.

κοκ|εταρία [-ķɛtar-] Koketterie *f*; **~έτης** kokett.

κοκίτης Keuchhusten *m*.

κοκκ|ίζω [-'ķizɔ] (σ) bestreuen; **~ινάδα** Röte *f*; **~ινάδι** rote(r) Fleck *m*; Röte *f*; Rouge *n*; **~ινέλι** [-i'nɛli] rote(r) Harzwein *m*; **~ινίζω** (σ) *v/t*. röten, rot färben; *Kartoffeln usw*. rösten; anbraten; *v/i*. sich röten; rot werden (***από***/ vor *D*); **~ινίλα** Röte *f*; **~ινιστός** geröstet, Röst-.

κοκκινο|- rot, Rot-; **~γούλι** [-'ɣuli] rote Rübe *f*; **~λαίμης** [-'lɛmis] Rotkehlchen *n*; **~μάγουλος** [-'maɣul-] rotbäckig; **~μάλλης** [-'malis] (-α *od*. -ούσα, -ικο) rothaarig; **~πίπερο** rote(r) Pfeffer *m*.

κόκκινος ['kɔķin-] rot (*a*. *pol*.).

Κοκκινο|σκουφίτσα [-sku'fitsa] Rotkäppchen *n*; **Ωστήθης** Rotkehlchen *n*.

κοκκιν|ούτσικος [-'nuts-], **~ωπός** [-ɔp-] rötlich.

κόκκος Korn *n*; Knötchen *n*; *fig*. Körnchen *n*, Funken *m*; Gran *n*; *Med*. Pickel *m*; *Biol*. Kokkus *m*.

κόκκυγας ['kɔķiɣas] Kuckuck *m*; *Anat*. Steißbein *n*.

κοκ|όνα [-'kɔna] *s*. ***κοκονίτσα***; *hist*. Herrin *f*; **~ονίτσα** Mädchen *n*, Frau *f*, Liebling *m*; *hist*. gnädige(s) Fräulein *n*; (*vulgär*) Schwanz *m*.

κοκοράκι *Argot*: Kopfschmerzpulver *n*; Heroin *n*; *Anat*. Kitzler *m*.
κόκορας Hahn *m*; F Gockel *m*; *mil*. Schlagbolzen *m*.
κοκορ|εύομαι (ευτ) sich (*A*) brüsten; **~όμυαλος** dämlich, blöd.
κοκώδης [-'kɔð-] körnig.
κολάζ|ω [kɔl-] (σ· στ) bestrafen; *Fehler* ablegen; F *j-n* verführen; stören; schockieren; **~ομαι** F sündigen.
κολάι F ganz einfach; Passende(s).
κόλακας [-lakas] Schmeichler *m*.
κολακ|εία [-lak-] Schmeichelei *f*; **~ευτικός** [-kɛft-] schmeichlerisch; schmeichelhaft, lobend; **~εύω** (εψ· ευτ) *v/t*. *j-m* schmeicheln (*a. fig*.); *Tat*: *j-m* Ehre machen; **~εύομαι** sich (*D*) schmeicheln (**να** ...*/* zu ...).
κολαούζος Führer *m*; F Schlepper *m*; F reißerisch.
κολάρο Kragen *m*; *Tech*. Ring *m*.
κόλαση [-lasi] (-εις) Hölle *f*; Strafe *f*.
κολάσιμος strafbar.
κολασ|μένος [-'zmɛn-] verdammt; sündig; *Su*. *m* Sünder *m*; **~μός** Strafe *f*, Züchtigung *f*; Verbesserung *f*; Verführung *f*; **~τήριο** [-'stir-] Züchtigungsmittel *n*; Strafvollstreckungsort *m*.
κολατσ|ίζω [kɔlats-] (σ) e-n Imbiss nehmen; frühstücken; F *etw*. leicht schaffen; **~ιό** Imbiss *m*.
κολαφίζω [-laf-] (σ) ohrfeigen; *fig*. F *j-n* runtermachen.
κόλαφος *K*. Ohrfeige *f*; *fig*. Schlag *m* (**κατά** *G*/ für *A*).
κολέγιο [-'lɛj-] College *n*, Internat *n*; Kolleg *n*.
κολεκτ|ιβισμός [kɔlɛktiv-] Kollektivismus *m*; **~ίβο** Kollektiv *n*.
κολεός Scheide *f* (*a. Anat*.).
κολίβριο [kɔ'livr-] Kolibri *m*.
κολ|ίγας [-'liɣas] Teilpächter *m*; Kollege *m*; **~ιγιά** [-ij-] Pacht *f*; Gemeinschaftsarbeit *f*; *Adv*. gemeinsam.
κολ|ικός Grimmdarm-; *Su*. *m* Kolik *f*; **~ίτιδα** Grimmdarmentzündung *f*.
κολιός Makrele *f*; F **πατς πιτς ~ και συντροφία** alle vom gleichen Schlag.
κολίτιδα Dickdarmentzündung *f*.
κόλλα Klebstoff *m*, Leim *m*; (*Wäsche*-)Stärke *f*; Bogen *m Papier*.
κολλ|αρίζω (σ) stärken; **~άρισμα** *n* Stärken *n*; **~αριστός** gestärkt; **~άρω** *s*. **κολλαρίζω**.
κόλλη|μα *n* Leimen *n*; Leimstelle *f*; Löten *n*; Lötstelle *f*; Geleimte(s), Gelötete(s); **~ση** (-εις) *s*. **κόλλημα** *n*; Lötmaterial *n*.
κολλητ|ά [kɔli'ta] *Adv*. (dicht) nebeneinander; **~ήρι** [-'iri] Lot *n*, Lötmaterial *n*; Lötkolben *m*; **~ικός** klebrig; klebend; *Med*. ansteckend; **~ικότητα** Klebrigkeit *f*; Ansteckungsgefahr *f*; **~ός** geleimt; gelötet; unmittelbar benachbart (**με**/ *D*); *Adv*. **~ά** dicht nebeneinander; **~σίδα** *Bot*. Klette *f* (*a. fig*.).
κολλόδιο *s*. **κολλώδιο**.
κολλοειδής [kɔlɔið-] kolloidal; Kolloid-; *Su*. *n/pl*. Kolloide *pl*.
κόλλυβα [-liva] *n/pl*. *Rel*. Speise *f* aus gekochtem Weizen *u. a. zum Andenken an e-n Verstorbenen*.
κολλυβογράμματα [-vɔ'ɣramata] *n/pl*. *mst*. *iro*. einige Kenntnisse *f/pl*. im Lesen und Schreiben.
κολλύριο [-'lir-] Augentropfen *m/pl*.
κολλ|ώ [kɔ'lɔ] (άς· ησ· ηθ) *v/t*. kleben; *Briefmarken* aufkleben; *Holz* leimen; *Metall* löten; *Ärmel* annähen; *Nachricht* anschlagen; *Med*. anstecken (**του το**/ j-m mit *D*); *v/i*. kleben; *Tech*. klemmen; ansteckend sein; *Idee*: sich festsetzen (**του**/ bei *D*); *j-m* zu nahe kommen (*od*. treten); F **κόλλα το** schlag ein! (= *stimm zu!*); **~ώδης** leimartig; klebrig; **~ώδιο** [-'lɔð-] Kollodium *n*.
κολνώ (άς) *s*. **κολλώ**.
κόλο Grimmdarm *m*.
κολ|οβός [kɔlɔv-] verstümmelt; gestutzt; *Math*. abgestumpft; *fig*. *Su*. *m* Schlange *f*; **~όβωμα** *n s*. **κολόβωση**; **~οβώνω** (σ· θ) *v/t*. verstümmeln; stutzen; *fig*. lähmen; **~όβωση** (-εις) Verstümmelung *f*; Stutzen *n*; Lähmung *f*.
κολοκοτρώνης [-kɔ'trɔnis] *Art* Taschenmesser *n*.
κολοκύθ|α [-'kiθa] Flaschenkürbis *m*; **~άκια** *n/pl*. Zucchini *pl*.; **~ας** Quatschkopf *m*; **~ένιος** Kürbis-; **~ι** Kürbis *m*; **~ια** *n/pl*. *fig*. Quatsch *m*.
Κολομβία [kɔlɔ'mvia] Kolumbien *n*.
Κολόμβος [-'lɔmv-] Kolumbus *m*.
κολόνα Säule *f*; *fig*. Stütze *f*.
κολόνια Kölnisch Wasser *n*.
κολοσσ|ιαίος [kɔlɔ'siɛ-] (-αία) kolossal, riesengroß; **~ός** Koloss *m*.
κολούμπρα: **με πιάνει ~** ich werde verrückt (*vor Wut*).

K

κόλουρος *s.* ***κολοβός.***
κολοφώνας [-'fɔnas] First *m*, Dachspitze *f*; *fig.* Gipfel *m des Ruhmes.*
κολπατζ|ής (-ήδες), **~ού** Trickbetrüger(in *f*) *m*.
κολπικός Brust-.
κόλπιος ['kɔlp-] (-ια) Golf- (*Strom*).
κολπίσκος kleine Bucht *f*.
κόλπο Coup *m*, Streich *m*; Trick *m*.
κολποδόρος Schwindler *m*.
κόλπος Busen *m*, Brust *f*; *fig.* Schoß *m der Familie*; Meerbusen *m*, Bucht *f*; *fig.* Schock *m*; *Anat.* Vagina *f*.
κολυμβήθρα Taufbecken *n*.
κολύμβημα *n* Schwimmen *n*.
κολυμβητ|ά schwimmend; **~ήριο** Schwimmbad *n*; ***ανοιχτό ~ήριο*** Freibad *n*; **~ής** Schwimmer *m*; **~ική** [-k̦-] Schwimmkunst *f*; **~ικός** [-k-] Schwimm-.
κολυμβήτρια Schwimmerin *f*.
κολυμπ- *s.* ***κολυμβ-.***
κολύμπι [kɔ'limbi] Schwimmen *n*; ***πηγαίνω ~*** schwimmen gehen.
κολυμπώ [-'mbɔ] (άς· ησ) schwimmen (*a. fig.*).
Κολ|χίδα [kɔlç-], **~χική** Kolchis *n*.
κολχόζ(ι) [-'xɔz(i)] Kolchose *f*.
Κολωνία Köln *n*.
κόμη Haar *n*, Mähne *f*; Kometenschweif *m*.
κόμης ['kɔm-] (-ητος) Graf *m*.
κομητεία Grafschaft *f*.
κομήτης Komet *m*.
κομ|ίζω (σ· σθ) mitbringen; herbeischaffen; übermitteln, melden.
κόμισσα Gräfin *f*.
κομιστής Überbringer *m*; Inhaber *m der Aktie*.
κόμιστρα *n/pl.* Frachtkosten *pl.*
κομιτάτο Komitee *n*, Ausschuss *m*; *hist.* Widerstandsbewegung *f*.
κόμμα ['kɔma] *n* Partei *f*; *Gr.* Komma *n*; ***κάνω ~*** gemeinsame Sache machen.
κομμάρα: ***έχω μια ~ που*** F ich bin so geschafft, dass.
κομματάρχης [-'tarç-] Parteichef *m*.
κομμάτι Stück *n* (*a. Mus.*); F dolle(s) Stück; Teil *m*, *n*; *als Adv.* ein bisschen; ***γίνομαι ~α*** in Stücke gehen.
κομμ|ατιάζω [kɔmat-] (σ· στ· -άτιασα) in Stücke schlagen (*od.* reißen); ***~ατιάζομαι*** *fig.* sich (*A*) zerreißen (***να για***/ um ... zu); **~άτιασμα** *n* Zertrümmern *n*, Zerschlagen *n*; **~ατιαστός** in Stücke geschlagen, stückweise, ... in Stücken; **~ατίζομαι** [-'tizɔmε] (στ) die Partei über alles stellen; **~ατικός** parteiisch; Partei-; **~ατικότητα** Parteilichkeit *f*; **~ατισμός** Parteigeist *m*; Parteienwirtschaft *f*.
κομμέν|ος [kɔ'mεnɔs] *Kaffee*: gemahlen; F *fig.* geschafft; *s.* ***κόβω***; ***~η!*** F und damit basta!
κόμμι Gummi *n u. m*.
κομμός *hist.* Trauergesang *m*.
κόμμωση (-εις) Frisur *f*; Frisieren *n*.
κομμωτ|ήριο Frisiersalon *m*; **~ής** Frisör *m*.
κομμώτρια [-'mɔtr-] Frisörin *f*.
κομό (0) Kommode *f*.
κομοδίνο [-mɔ'ðinɔ] Nachttisch *m*.
κομο-λί (0) *n* Schrankklappbett *n*.
κομούνα [-'muna] Kommune *f*.
κομουνισ|μός Kommunismus *m*; **~τής** (***-ίστρια***) Kommunist(in *f*) *m*; **~τικός** kommunistisch.
κομπάζω [kɔm̃b-] (σ) F angeben.
κομπάιν [-'m̃bain] (0) *n* Mähdrescher *m*.
κομπάρσος *Thea.* Statist *m*.
κομπασμός [-m̃baz-] Angeberei *f*.
κομπάσο [-'m̃basɔ] Zirkel *m*.
κομπαστ|ής [kɔm̃bast-] Aufgeblasenheit *f*; **~ικός** aufgeblasen.
κομπιάζω (σ· κόμπιασα) *Baum*: Knospen treiben, ausschlagen; Schluckbeschwerden haben, F nicht runterkriegen können; *in der Rede* stocken.
κομπίνα [-m̃b-] F Dreh *m*; *fig.* Fischzug *m*, Geschäft *n*; Komplott *n*.
κομπινεζόν [-m̃binε'zɔn] *od.* [-'zɔŋ̃] (0) *n* Hemdhose *f*; Unterrock *m*.
κομπινοδόρος (***-α***) Geschäftemacher (-in *f*) *m*.
κομπιούτερ (*pl.* -ς) *n* Computer *m*.
κομπιουτεράκι Taschenrechner *m*.
κομπλ|άρισμα *n* Verlegenheit *f*; **~άρω** *v/t.* in Verlegenheit bringen; *v/i.* unsicher werden.
κομπλέ [kɔ'm̃blε] *od.* [kɔŋ̃'plε] (0) *n* Komplet *n*; F voll (besetzt); ***τσάι ~*** Teegedeck *n*.
κομπλεξ|αρισμένος *Psych.* gehemmt, verklemmt; **~ικός** F Verklemmte(r).
κομπλιμέντο [-'mεn̆dɔ] Kompliment *n*.
κομπογιανίτ|ης [kɔm̃bɔjan-] (***-ίτισσα***) Scharlatan *m*; Schwindler(in *f*) *m*; **~ικος** marktschreierisch.

κομπ|όδεμα [kɔ'm̃bɔð-] *n* Knoten *m*; Bündel *n*; Ersparnisse *f/pl.*; **~οδένω** [-'ðenɔ] (σ· θ) knoten; *fig.* als abgemacht betrachten; **~ολόγι** Rosenkranz *m*; Perlenkette *f*; *fig.* Reihe *f*, Folge *f*; **~ορρήμονας** [-ɔ'rimɔ-] Prahlhans *m*; **~ορρημονώ** (είς· ησ) prahlen; **~ορρημοσύνη** Prahlerei *f*.
κόμπος Knoten *m* (*a. mar.*); *Bot.* Knospe *f*; *fig.* Knotenpunkt *m*; Tropfen *m Wein*; Fünkchen *n Verstand*; Schluckbeschwerde *f*; Großtuerei *f*; ***εδώ είν' ο ~*** hier ist der Haken.
κομπόστα [kɔ'm̃bɔsta] Kompott *n*.
κόμπρα ['kɔbra] Kobra *f*.
κομπρέσα Wickel *m*, Packung *f*.
κομπρεσέρ *n* Kompressor *m*.
κομφετί Konfetti *n*.
κομφόρ *n/pl.* Komfort *m*.
κομψ|εύομαι [kɔ'm̃psevɔmε] (ευτ) den Eleganten spielen; **~ευόμενος** auffallend, elegant gekleidet; *Su. m* Geck *m*; **~οπρέπεια** [-ɔ'prεp-] Vornehmheit *f*; **~οπρεπής** vornehm; **~ός** elegant; *Betragen*: fein, vornehm; **~οτέχνημα** [-'tεxn-] *n* Nippsache *f*; *fig.* etwas Feines; **~ότητα** Eleganz *f*.
κονάκι [kɔ'naĭḳi] Quartier *n*; *hist.* türkische(r) Palast *m*.
κονδύλιο Etatposten *m*.
κονεύω (εψ) einkehren, Rast machen.
κονία Verputz *m*; Zement *m*; Lauge *f*.
κονιάκ [-'njak] (0) *n* Kognak *m*.
κονί|αμα [-'ni-] *n* Mörtel *m*, Tünche *f*; **~αση** Verputzen *n*.
κόνιδα Nisse *f*, Lauseei *n*.
κόνικλος [-nikl-] Kaninchen *n*.
κονιο|ποίηση [kɔnĭɔ'piisi] Pulverisierung *f*; **~ποιώ** [-'pjɔ] (είς· ησ) pulverisieren; **~ρτός** *K.* Staub *m*.
κονίστρα Arena *f* (*a. fig.*).
κονκάρδα Kokarde *f*.
κονκορδάτον Konkordat *n*.
κον|όμα *n* F Profit *m*, Geld *n*; **~ομάω** (άς· ησ) F s-n Schnitt machen; **~ομημένος** F *fig.* gemacht (*Mann*).
κονσέρβα [kɔñ'sεrva] Konserve *f*, Büchse *f*; ***... της ~ς*** Büchsen-(*Fleisch*).
κονσερβανοίχτης Büchsenöffner *m*.
κονσερβοποιώ [-ɔ'pjɔ] (είς· ησ) konservieren, einmachen; zu Konserven verarbeiten.
κονσέρτο Konzert *n*.
κονσόλα Konsole *f*.
κονσόρτιον Konsortium *n*.
κοντά [kɔ'ñda] *Adv.* nahe, in der Nähe; fast, beinahe; ***~ σε*** nahe an *D*, *A*; nahe bei *D*; bei *D*; im Vergleich zu *D*; ***~ σε άλλα*** unter anderem; ***από ~*** dicht dahinter; auf dem Fuß *folgen*; ***ο ένας ~ στον άλλο*** nahe beieinander; ***είναι ~*** nahe liegen; *Gott*: ***τον παίρνει*** (***καλεί***) ***κοντά του*** ihn zu sich nehmen.
κονταίνω (υν) *v/t.* kürzen; *v/i. Kleid*: zu kurz werden.
κοντ|άκι [kɔ'ñdaĭḳi] Gewehrkolben *m*; **~ακιά** Kolbenstoß *m*; **~ακιανός** untersetzt, klein; **~ανασαίνω** [-anas-] (-άσανα) keuchen, schnaufen; **~άρι** Pfahl *m*; Lanze *f*, Spieß *m*; Gewehrkolben *m*; *mar.* Spriet *m*; **~αριά** Lanzenstoß *m*; **~αρόξυλο** [-a'rɔksilɔ] Pfahl *m*; Dreschflegel *m*; Stiel *m*; **~αροχτύπημα** *n* Turnier *n*.
κόντεμα *n* Kürzen *n*; Nahen *n*.
κόντες ['kɔñdεs] (-ηδες) Graf *m*.
κοντέσα Gräfin *f*.
κοντεύ|ω (εψ) nahen, heranrücken, drohen; *s. a.* ***κονταίνω***; ***~ει να βραδυάσει*** es wird bald Abend; ***~ει τα σαράντα*** er geht auf die Vierzig zu; ***κόντεψε να πέσει*** er wäre beinahe gefallen.
κοντήτερ|α [kɔ'ñditεra] *Adv.* näher; **~ος** näher; kürzer; kleiner.
κοντ|ινός [kɔñd-] benachbart; *Weg*: kurz; *Zeit*: baldig (*Adv.* bald); **~όβραδο** Abenddämmerung *f*; **~οβράκι** *Art* Pumphose *f*; **~όθωρος** kurzsichtig (*a. fig.*); **~οκλώστης** [-ɔ'klɔst-] *iro.* kleine(r) Muck *m*; kurz, in Kürze; **~ολογίς** [-ɔlɔ'jis] kurz u. bündig; **~ολογώ** [-lɔ'ɣɔ] (είς· ησ) sich (*A*) kurz fassen; **~ομάνικος** *Hemd*: kurzärmelig; **~όμυαλος** schwer von Begriff; **~όπαχος, ~οπίθαρος** [-'piθar-] klein u. dick; **~οπόδαρος** kurzbeinig; **~ορεβιθούλης** Däumling *m*.
κοντός[1] klein(wüchsig); kurz; ***~ ψαλμός αλληλούια*** und damit basta!
κοντ|ός[2] Stange *f*; Stab *m*; ***άλμα*** *n* ***επί ~ώ*** Stabhochsprung *m*.
κοντ|οστέκω [kɔñdɔ'stεkɔ] (σταθ) stecken bleiben; *fig.* stocken; **~ούλης** [-'ulis] (-α, -ικο) ziemlich klein; **~όφαρδος** klein u. breit; **~οφέρνω** [-'fεrnɔ] (φερ) ähnlich sehen (***σε***/ *D*); **~όφθαλμος** [-'ɔfθalm-] kurzsichtig

K

κοντόχοντρος 276

(*a. fig.*); **~όχοντρος** [-'ɔxɔn̆dr-] untersetzt, gedrungen; **~οχωριανός** ... aus dem Nachbardorf.
κόντρα ['kɔn̆dra] Streit *m*; *n* (*Fahrrad*) Rücktritt *m*; *Adv.* zuwider (*laufen*), gegen den Strich (*gehen*; *rasieren*); **~ σε** *Präp.* gegen.
κοντρα|μπαντιέρης [-ban̆d-] (-ηδες) Schmuggler *m*; **~μπάντο** [-'ban̆dɔ] Schmuggel *m*.
κοντρ|αρίζομαι (στ) in Widerspruch geraten (**σε**/ zu *D*); **~άρομαι** auf Widerstand stoßen.
κόντρας *Pers.* Widerspruchsgeist *m*.
κοντραστάρω sich (*A*) widersetzen.
κοντράτο [kɔ'n̆dratɔ] Kontrakt *m*.
κοντρί Klotz *m*; Tölpel *m*.
κοντρ|όλ (0) *n* Kontrolle *f*; **~ολάρω** (ρισ) *allg.* kontrollieren.
κοντσέρτο [-n̆'tsɛrtɔ] Konzert *n*.
κοντ|υλένιος [kɔn̆di'lɛn-] (-ια) länglich; schlank, fein; **~ύλι** Griffel *m*; *Hdl.* Posten *m*.
κοντύτερος (*Adv.* -α) näher; kürzer.
κονφορμίστας Konformist *m*.
κοπ- *s.* **κόβω.**
κοπ|άδι [kɔ'paði] Rudel *n*; Herde *f*; *Vögel*: Schar *f*; Menschenmenge *f*; **~αδιαστός** ... in Scharen.
κοπάζω (σ) abflauen; sinken.
κοπ|άνα [kɔp-] Waschtrog *m*; Lehmkübel *m*; **κάνω ~άνα** sich (*A*) drücken; **~ανατζής** [-ana'dzis] (-ήδες) (*f* **-ού**) Drückeberger(in *f*) *m*; **~ανέλι** [-'nɛli] Klöppel *m*; **~ανιά** Keulenschlag *m*; **~ανίζω** (σ· στ) stampfen; *Pfeffer* zerstoßen; *fig. j-n* hauen; herunterputzen; **~ανίζει αέρα** er redet Unsinn; er rackert sich umsonst ab; **~άνισμα** *n* Stampfen *n*; Zerstoßen *n*; Prügeln *n*; **~ανιστήρι** [-ani'stiri] Stößel *m*; **~ανιστός** gestampft; zerstoßen.
κόπανος Stampfer *m*; Stößel *m*; Holzhammer *m*; (*Gewehr-*)Kolben *m*; *fig.* Stiesel *m*.
κοπανώ (άς· ησ) *s.* **κοπανίζω.**
κοπέας (-είς) Schneidewerkzeug *n*.
Κοπεγχάγη [-pɛŋ̆'xaji] Kopenhagen *n*.
κοπέλ|α junge(s) Mädchen *n*; **~ι** Bursche *m*; Leibwächter *m*; Helfer *m*.
κοπελίστικος sehr jugendlich.
κοπετός Klagegeschrei *n*.
κοπή [kɔ'pi] Schneiden *n*; (*Baum-*)Fällen *n*; Schlagen *n von Münzen*.
κόπια *allg.* Kopie *f*; Durchschlag *m*.
κοπ|ιάζω [kɔp-] (κόπιασα) sich (*A*) anstrengen (**σε**/ bei *D*); **~ιάστε (μέσα)!** kommen Sie herein!
κοπιάρω (-πιάρισα) kopieren (*a. fig.*).
κοπιαστικός [-pjast-] anstrengend.
κοπίδι *s.* **κοπέας**; Schnitzel *n*.
κόπικας Motte *f*.
κοπιράιτ (0) *n* Copyright *n*.
κόπιτσα Schnalle *f*, Spange *f*.
κόπο|ς Mühe *f*, Anstrengung *f*; Entschädigung *f*; **δεν αξίζει τον ~** es lohnt sich nicht; **~ς χαμένος** verlorene Liebesmüh.
κόππα *n* Koppa *n*, *Zahlzeichen* = 90.
κόπρανα [-prana] *n/pl.* Kot *m*.
κοπρ|ιά Mist *m*, Dung *m*, Dünger *m*; **~ίζω** (σ· στ) *v/t.* düngen; F beschmutzen; *S.* vermasseln; *v/i.* misten.
κόπρισμα *n* Düngen *n*; Misten *n*.
κοπρ|ίτης [kɔpr-] (**-ισσα**) Faulpelz *m*; **~όλακκος** [-'ɔlak-] Misthaufen *m*, Dunggrube *f*.
κόπρος *f* Dung *m*, Mist *m*, Kot *m*; *Pers.* Mistvieh *n*.
κοπρ|οσκυλιάζω (-σκύλιασα) sich (*A*) herumtreiben; **~όσκυλο** [-'prɔsḵilɔ] Köter *m*; Tagedieb *m*; **~ώνας** Misthaufen *m*, Dunggrube *f*.
κοπτήρας [-'iras] Schneidwerkzeug *n*; Brieföffner *m*; *Anat.* Schneidezahn *m*.
κόπτης[1] (**-τρια**) Zuschneider(in *f*) *m*.
Κόπτης[2] Kopte *m*.
κοπτική Zuschneiden *n*.
κοπτικός Schneid(e)-; koptisch.
κόπτω *s.* **κόβω.**
κόπωση (-εις) Überanstrengung *f*.
κόρα ['kɔra] Brotrinde *f*, Kruste *f*.
κόρακας ['kɔrakas] Rabe *m*.
κοράκι [-'raḵi] Rabe *m*; F *fig.* Geier *m*; *Tech.* (Sperr-)Haken *m*; *mar.* Steven *m*.
κορακιάζω (-ράκιασα) sehr alt werden; schrecklichen Durst haben.
κορακ|ίστικα [-raḵ-] *n/pl.* verabredete Kindersprache *f* (*z. B.* **καλή = κα-κα-λη-κη**); Kauderwelsch *n*; **~όβηχας** [-'kɔvixas] Keuchhusten *m*.
κορ|αλλένιος [kɔra'lɛn-] (-ια) Korallen-; korallenrot; **~άλλι** Koralle *f*; **~άλλινος** *s.* **κοραλλένιος.**
κοράνι Koran *m*.
κοράσιο kleine(s) Mädchen *n*.
κορβανάς [kɔrva'nas] Schatzkammer *f*; Kasse *f*.

κορβέτα Korvette *f*.
κόρδα Saite *f*.
κορδ|έλα [kɔr'ðela] Band *n*, Schleife *f*; *Med*. Bandwurm *m*; *Tech*. Bandmaß *n*; **~ελιάζω** (-δέλιασα) einfassen; *Schuh* steppen; **~ίζω** *s*. ***κουρδίζω***; **~όνι** Schnur *f*, Litze *f* (*a*. *El*.); Schnürsenkel *m*; *als Adv*. glatt, reibungslos.
κόρδωμα *n* Spannen *n*; *fig*. Aufgeblasenheit *f*.
κορδ|ώνω (σ· θ) spannen, straff ziehen; ***~ώνομαι*** sich aufblähen; ***περπατώ ~ωμένος*** daherstolzieren.
Κορέα Korea *n*.
κορέος Wanze *f*.
κόρεση (-εις) Sättigung *f*.
κορεσμένος [kɔrɛz'mɛnɔs] gesättigt.
κόρη ['kɔri] Tochter *f*; unverheiratete Frau; *Anat*. Pupille *f*.
κοριάζω (κόριασα) verkrusten; verwanzen.
κόριζα [-riza] Wanze *f*.
κορινθιακός [-riñθja-] korinthisch; ***Ϙ κόλπος*** Golf *m* von Korinth.
Κόρινθο(ς) *f* Korinth *n*.
κοριός Wanze *f*.
κοριτσάκι [kɔri'tsaïķi] Mädelchen *n*.
κορίτσι Mädchen *n*; Jungfrau *f*.
κοριτσίστικος mädchenhaft.
κορκός Eigelb *n*, Eidotter *n*.
κορμ|ί [kɔr'mi] Körper *m*; ***χαμένο ~ί*** Tagedieb *m*; **~ός** Stamm *m*; (*a*. *Schiffs*-)Rumpf *m*; *fig*. Hauptteil *m*; Baumkuchen *m*; **~οστασιά** [-ɔstas-] Wuchs *m*, Gestalt *f*.
κόρνα Hupe *f*.
κορν|άρισμα [kɔr'narizma] *n* Hupen *n*; **~άρω** (αρισ) hupen.
κόρνερ ['kɔrnɛr] (0) *n* Eckball *m*.
κορνέτ|α, ~ο *Mus*. Horn *n*; Kornett *n*.
κορνιαχτ- *s*. ***κουρνιαχτ-***.
κορνίζα Rahmen *m*; Sims *m od*. *n*.
κορνιζ|άρω, ~ώνω *v/t*. (ein)rahmen.
κόρνο *Mus*. Horn *n*.
κορόιδεμα [kɔ'rɔið-] *n* Spott *m*.
κοροϊδ|ευτικός [-ɛft-] spöttisch; **~εύω** (εψ· φτ) *v/t*. verspotten; F j-n aufziehen; beschwindeln; **~ία** Spott *m*; Schwindel *m*.
κορόιδο *Mensch*: Gespött *n*; *fig*. Spielball *m*; ***πιάνω ~*** *j-n* übertölpeln.
κορόνα [-'rɔna] Krone *f* (*a*. *Währung*; *Zahn*-); ***παίζω ~ γράμματα*** *fig*. Vabanque spielen.
κόρος Sättigung *f* (*a*. *Chem*.); Überdruss *m*.
κορούνδιον [-'runð-] Korund *m*.
κορσές [kɔr'sɛs] (-έδες) Korsett *n*.
Κορσική Korsika *n*.
κορτ|άκιος Charmeur *m*; **~άρω** (ρισ) *v/i*. flirten, liebäugeln (mit *D*).
κόρτε (0) *n* Flirt *m*.
κορυδαλλός [-riðal-] Lerche *f*.
κόρυζα [-za] Schnupfen *m*; Pips *m der Hühner*.
κορύνη Keule *f*.
κορυφ|αίος [kɔrif-] (-αία) höchst-, oberst-; *Su*. *m* Koryphäe *f*; **~ή** Gipfel *m*; *Math*. Spitze *f* (*a*. *fig*.); Rahm *m*, Sahne *f*; Sprössling *m*, Trieb *m*; **~ογραμμή** [-ɔɣra'mi] (*Gebirgs*-)Kamm *m*.
κορυφών|ω (σ· θ) aufs höchste steigern; ***~ομαι*** *fig*. den Gipfel erreichen; kulminieren.
κορύφωση (-εις) Höhepunkt *m*; Kulmination *f*.
κορφή *s*. ***κορυφή***.
κορφιάτικος ... aus Korfu.
κορφοβούνι [-ɔ'vuni] Berggipfel *m*.
κορφο|λόγημα *n Bot*. Entspitzen *n*; **~λογώ** (είς· ησ) entspitzen.
κόρφος *s*. ***κόλπος***.
κόρωμα ['kɔr-] *n* Entzündung *f*; *Psych*. Erregung *f*.
κορωνίδα Spitze *f*; Sims *m*; *fig*. Krone *f der Schöpfung*; *Gr*. Apostroph *m*.
κορώνω (σ) *v/t*. entzünden; *fig*. erregen; *v/i*. sich entzünden; *fig*. aufbrausen.
κοσκ|ινίδι [kɔsķ-] Kleie *f*; **~ινίζω** (σ) sieben; *fig*. sichten; **~ίνισμα** *n* Sieben *n*; Sichten *n*; **~ινιστός** gesiebt; Sieb-.
κόσκινο Sieb *n*.
κοσμάκης [-'maïķ-] breite Masse *f*; ***κόσμος και ~*** Hinz und Kunz.
κόσμημα ['kɔzm-] *n* Verzierung *f*; Schmuck *m*; *fig*. Stolz *m* (*z*. *B*. *der Familie*).
κοσμ|ήματα *n/pl*. Schmucksachen *f/pl*.; **~ηματοπωλείο** Juweliergeschäft *n*.
κόσμηση (-εις) Verzierung *f*.
κοσμητεία Dekanat *n*.
κοσμητικ|ά [-'ka] *n/pl*. Kosmetika *n/pl*.; **~ή** [-'ķi] Kos'metik *f*; **~ός** [-'kɔs] Verschönerungs-; kosmetisch; schmückend (*Beiwort*).

κοσμήτορας [kɔ'zmitɔras] Dekan *m*; Leiter *m e-r Veranstaltung usw.*
κοσμικός weltlich; irdisch (*Leben*); mondän; Welt-; *Astr.* kosmisch.
κόσμιος (-ια) gesittet, anständig.
κοσμιότητα [-'mjɔt-] Anstand *m*.
κοσμο|γονία [kɔzmɔɣɔn-] Weltentstehungslehre *f*; **~γραφία** [-ɣraf-] Weltbeschreibung *f*; **~γραφικός** kosmographisch; **~γυρισμένος** [-jirizm-] weit gereist; **~θεωρία** [-θεɔr-] Weltanschauung *f*; **~ϊστορικός** [-istɔr-] weltgeschichtlich; **~καλόγερος** frei lebende(r) Mönch; **~κράτορας** Weltbeherrscher *m*; **~κρατορία** [-kratɔr-] Weltherrschaft *f*; **~ναύτης** [-'naftis] Kosmonaut *m*; **~πλάστης** Weltschöpfer *m*; **~πλημμύρα** [-pli'mira] Menschenmenge *f*; **~πολίτης** [-pɔl-] (***-ισσα***) Weltbürger(in *f*) *m*; **~πολιτισμός** Weltbürgertum *n*.

K

κόσμ|ος ['kɔzm-] Welt *f*; Weltall *n*; Leute *pl.*; *oft nur* -schaft; ***ο πολιτικός ~ος*** die Politiker *m/pl.*; ***ο υπαλληλικός ~ος*** die Beamtenschaft *f*; die Angestellten *pl.*; ***ο καλός ~ος*** die feinen Leute *pl.*; ***ο πολύς ~ος*** die breite Öffentlichkeit *f*; ***ο άλλος ~ος*** das Jenseits; ***του ~ου ...*** alle (möglichen) ...; ***φέρνω*** (***έρχομαι***) ***στον ~ο*** zur Welt bringen (kommen); ***χαλνώ τον ~ο*** Himmel u. Erde in Bewegung setzen; **~οσυρροή** [-ɔsirɔ'i] Menschenandrang *m*; **~οσύχναστος** (sehr) überlaufen, stark besucht; **~οχαλασιά** [-xalas-] *fig.* Weltuntergang *m*; Spektakel *m*, Radau *m*; **~ώ** [-'mɔ] (είς· ησ) schmücken; *fig.* zieren, e-e Zierde sein.
κοστ|ίζω [kɔst-] (σ) kosten (*D/A*); *fig.* (schwer) treffen (*D/A*); **~ολόγηση** (-εις) Kostenrechnung *f*; **~ολόγιο** [-ɔ'lɔjɔ] Preisliste *f*; Kostenanschlag *m*; ***αστικό ~ολόγιο*** Ortstarif *m*.
κόστος *n* Kosten *pl.*, Selbstkostenpreis *m*; *fig.* Preis *m*, (böses) Nachspiel; **~ *ζωής*** Lebenshaltungskosten *pl.*
κοστούμι [-'stumi] Anzug *m*.
κότα Henne *f*, Huhn *n*; *fig.* lockere(r) Vogel *m*; Angsthase *m*.
κότερο Barkasse *f*; Kutter *m*; Jacht *f*.
κοτέτσι Hühnerstall *m*; F *fig.* Weibervolk *n*.
κοτζάμ riesig, mächtig.
κότινος Zweig *m* e-s wilden Ölbaums; Preis *m*, Prämie *f*.
κοτολέτα Kotelett *n*.
κοτόπουλο Hühnchen *n*; Hähnchen *n*.
κοτρόν|α [-'trɔn-], **~ι** (großer) Stein *m*.
κότσα Merkmal *n*, Zeichen *n*.
κοτσάνα *fig.* Lüge *f*; Quatsch *m*.
κοτσανάτος [kɔtsa'nat-] rüstig.
κοτσάνι Stängel *m*; Strunk *m*.
κοτσάρω [-'tsarɔ] (II = I *od.* ρισ) aufhängen; *Esb.* ankuppeln; *j-m etw. Böses* nachsagen; *j-m etw.* vorlegen.
κότσι *Anat.* Knöchel *m*; *pl.* Knöchelspiel *n*; *fig.* ***~α*** *n/pl.* F Nerven(kostüm *n*) *pl.*; ***έχω ~α*** gute Nerven haben.
κοτσίδα Zopf *m*.
κοτσιλ|ιά Hühnermist *m*; **~ίζω** (σ· στ) *v/i.* misten.
κότσος Haarknoten *m*.
κότσυφας [-tsif-] Amsel *f*.
κοτ|ύλη Höhle *f*; *Anat.* Gelenkpfanne *f*; **~υληδόνα** [-ili'ðɔna] Keimblatt *n*; *Zool.* Saugnäpfchen *n*.
κοτώ [-'tɔ] (άς· ησ) sich (*A*) trauen.
Κουάκερος [ku'akɛr-] Quäker *m*.
κουαρτέτο Quartett *n*.
Κούβα ['kuva] Kuba *n*.
κουβάλημα *n* Herbeischaffen *n*.
κουβαλητ|ής Träger *m*; **~ός** transportierbar; *Adv.* auf dem Arm.
κουβαλ|ώ [kuva'lɔ] (άς· ησ· ηθ) *v/t.* (heran)bringen; transportieren; F *j-n* ranschleppen; *v/i.* einziehen; ***~ιέμαι*** umziehen; *fig.* F hereinschneien.
κουβ|άρι [-'vari] Knäuel *n od. m*; ***κάνω ~άρι*** F zerknautschen; **~αριάζω** (-άριασα· στ) aufwickeln; *fig. j-n* einwickeln, rumkriegen; ***~αριάζομαι*** sich (*A*) winden, sich (*A*) krümmen; **~αριαστός** aufgewickelt; *fig.* gekrümmt; **~αρίδα** Kellerassel *f*; **~αρίστρα** Spule *f*.
κουβαρντ|αλίκι [-varda'liki] Gebefreudigkeit *f*; **~άς** (-άδες) F spendable(r) Mensch *m*.
κουβάς [ku'vas] (-άδες) Eimer *m*.
κουβέλι *s.* ***κυψέλη***.
κουβέντα [-'vɛnda] Unterhaltung *f*, Gespräch *n*; ***ψιλή ~*** Plauderei *f*; ***ανοίγω*** (*od.* ***πιάνω την***) **~** ein Gespräch beginnen.
κουβεντιάζω (κουβέντιασα) *v/i.* sich (*A*) unterhalten; *v/t. etw.* besprechen; mit *j-m* sprechen; *j-n* durchhecheln.

κουβεντολόι Plauderei *f*.
κουβέρτα [-'vɛrta] Bettdecke *f*, Schlafdecke *f*; *mar*. Deck *n*; *fig*. F Vertuschung *f*; Verdrehung *f*.
κουβούκλι [-'vukli] Baldachin *m*; Gewölbe *n*.
κουδ|ουνάκι [kuðu'naïkʝi] Glöckchen *n*; **~ουνάτος** [-'nat-] ... mit Schellen; *Su*. *m* Maskierte(r); **~ούνι** Glocke *f*, Klingel *f*; **~ουνίζω** *v/t*. läuten, klingeln (*a*. *Tel*.); *v/i*. klingen; **~ούνισμα** *n* Läuten *n*; Klingen *n*; **~ουνιστός** klingend, tönend.
κουζίνα [ku'zina] Küche *f* (*a*. Kochkunst *f*); Herd *m*; ***ηλεκτρική ~*** Elektroherd *m*; ***~ μικροκυμάτων*** Mikrowellenherd *m*; ***~-ντουλάπι*** Kochnische *f*.
κουζινέτο *Tech*. Lager *n*; ***~ μπιέλλας*** Pleuellager *n*.
κουζινίτσα Kochnische *f*.
κουζουλ|αίνομαι [-zul-] (αθ) F durchdrehen; **~ός** durchgedreht.
κουιντέτο [kwi'ñtɛtɔ] Quintett *n*.
κουκ|ί [ku'kʝi] Saubohne *f*, F große Bohne *f*; (*Kaffee*-)Bohne *f*; *fig*. Körnchen *n*; F (*Wahl*-)Stimme *f*; **~ιά** Saubohne *f*; **~ίδα** Punkt *m*; **~ίζω** (σ) bestreuen; *fig*. säen.
κούκλα ['kukla] Puppe *f* (*a*. *Schneider*-); Docke *f*; Maiskolben *m*.
κουκλοθέατρο Puppentheater *n*.
κούκος[1] Mütze *f*.
κούκος[2] Kuckuck *m*; *fig*. Einsiedler *m*; ***τρεις κι' ο ~*** ganz wenige.
κουκουβάγια [-ku'vaja] Eule *f*; *fig*. alte Jungfer *f*.
κουκουές [kuku'ɛs] Kommunist *m*.
κουκούλ|α Kapuze *f*; Kappe *f*; **~ι** Seidenkokon *m*; *Art* Pudelmütze *f*.
κουκουλιάζω (κουκούλιασα) sich (*A*) einspinnen.
κουκουλόσπορος [-'lɔspɔr-] Seidenraupensamen *m*.
κουκουλών|ω (σ· θ) *Kopf* bedecken; *Körper* zudecken; *fig*. verschleiern; *j-n* verkuppeln (***με***/ an *A*); ***~ομαι*** F sich (*A*) einmummeln.
κουκουν|άρα [-'nara] Tannenzapfen *m*; Fichtenzapfen *m*; *fig*. Patzer *m*; Schlag *m*, Unglück *n*; **~άρι** *s*. ***κουκουνάρα***; Pinienzapfen *m*; Piniennuss *f*, Piniole *f*; **~αριά** Pinie *f*.
κουκούτσι [-'kutsi] Kern *m*, Stein *m*; *fig*. Körnchen *n*.
κουλαίνω (αν· αθ) zum Krüppel machen; *j-m* den Arm beschädigen.
κουλάκος [ku'lak-] Kulak *m*.
κουλαντρίζω F anwenden; machen; *s. a.* ***υπερβάλλω***; ***κανονίζω***.
κουλός mit verkrüppelten Armen; einarmig.
κουλουβάχατα: ***τα κάνω ~*** einen Schlamassel anrichten.
κουλούρ|α [ku'lura], **~ι** Kringel *m*, Brezel *f*; Ring *m*; *Schule*: Null *f* (= *sehr schlecht*); F Brautkranz *m*; Rettungsring *m*; Klosettbrille *f*.
κουλ|ουριάζω (-ούριασα· στ) *v/t*. zusammenrollen; ***~ουριάζομαι*** sich (*A*) winden; sich (*A*) zusammenrollen; *Aor*. gebeugt sein; **~ούριασμα** *n* Zusammenrollen *n*; **~ουριαστός** zusammengerollt; zusammengesunken.
κουλοχέρης (-ισσα, -έρικο) *s*. ***κουλός***.
κουλτουριάρης (-ηδες) Bildungsprotz *m*.
κουμαντάρω [-'ñdarɔ] (-αρισ) kommandieren; F *fig*. verfügen über *A*.
κουμάντο Verwaltung *f*; *fig*. (das) Heft in der Hand.
κουμάρι Glücksspiel *n*.
κουμαριά Sandbeerbaum *m*.
κούμαρο ['kumarɔ] Sandbeere *f*.
κουμάσι [-'masi] (Hühner-, Schweine-) Stall *m*; *fig*. Gauner *m*.
κουμούλ|α [-'mul-], **~ι** Haufen *m*.
κουμπάνια [ku'm̌ban-] Wegzehrung *f*; ***κάνω ~*** sich (*A*) eindecken.
κουμπάρα [-'m̌bara] Patin *f*; Trauzeugin *f*.
κουμπαράς (-άδες) Sparbüchse *f*.
κουμπ|αριά Patenschaft *f*; **~άρος** Pate *m*; Trauzeuge *m*.
κουμπάσο *s*. ***κομπάσο***.
κουμπές (-έδες) Kuppel *f*.
κουμπ|ί [ku'm̌bi] *allg*. Knopf *m*; **~ιά** *pl*. Hindernisse *n/pl*.; **~οθηλειά** [-ɔθil-], **~ότρυπα** [-'ɔtripa] Knopfloch *n*; F Schuss *m*; Stich *m*.
κουμπ|ούρα [-'m̌bura] *s*. ***κουμπούρι***; *fig*. Hinterwäldler *m*; **~ούρι** Pistole *f*, Revolver *m*; **~ουριάζω** (-ούριασα) (mit der Pistole) schießen.
κούμπωμα *n* Zuknöpfen *n*.
κουμπ|ώνω (σ· θ) (zu)knöpfen; **~ω-**

K

κουμπωτός 280

μένος zugeknöpft (*a. fig. Pers.*); **~ωτός** zugeknöpft.
κουνά|βι [ku'navi], **~δι** Marder *m*.
κουνάμενος *Part. Präs. v.* ***κουνώ;*** herumscharwenzelnd.
κουνέλι [-'nεli] Kaninchen *n*.
κουνενές [-nε'nεs] (-έδες) Baby *n*; *fig.* senile(r) Mensch *m*.
κούνημα *n* Wackeln *n*; Schütteln *n*; Schaukeln *n*; *fig. mst. pl.* Getue *n*.
κούνια ['kunja] Wiege *f* (*a. fig.*); Schaukel *f*; Hängematte *f*.
κουνιάδ|α Schwägerin *f*; **~ος** Schwager *m*.
κουνιέμαι *s.* ***κουνώ.***
κουνιστός beweglich; wackelnd; *fig.* geziert.
κουνίστρα *s.* ***κούκα;*** watschelnde Frau.
κουνούπι [-'nupi] Mücke *f*; Moskito *m*; *fig.* Quälgeist *m*.
κουνουπίδι [-'piði] Blumenkohl *m*; *Argot*: völlig blau (*sein*).
κουνουπιέρα Moskitonetz *n*.
κουντ|ούρα [ku'ňdura] Pantoffel *m*, Schuh *m*; **~ουράς** (-άδες) Schuster *m*.
κουντουρίδι Johannisbrot *n*.
κουν|ώ [ku'nɔ] (άς· ησ· ηθ) *v/t.* bewegen; *Baum* schütteln; rütteln (an *D*); schwenken; schaukeln; *v/i. Schiff*: schaukeln, schwanken; sich (*A*) *vom Platze* rühren; ***~ιέμαι*** sich (*A*) bewegen; F aktiv sein; schaukeln; *Tisch usw.*: wackeln; schnell machen; sich (*A*) wiegen; F j-n auf Trab bringen.
κούπα Becher *m*; Schoppen *m Wein*; Pokal *m*; *Kartenspiel*: Herz *n*.
κουπαστή Reling *f*.
κουπέ [ku'pε] (-δες) *Esb.* Abteil *n*; ***~ μη καπνιστών*** Nichtraucherabteil *n*.
κουπί Ruder *n*; ***τραβώ ~*** rudern; F ***πάει ~*** es geht glatt.
κουπιά Ruder *n*; Ruderschlag *m*.
κουπόνι [ku'pɔni] Zinsschein *m*, Kupon *m*; Abschnitt *m*; ***~ βενζίνης*** Benzingutschein *m*.
κούρα Kur *f*; Diät *f*; Visite *f*.
κουρά Schur *f*, Scheren *n*; Tonsur *f*.
κουράγιο [ku'rajɔ] Mut *m*, F Mumm *m*, Courage *f*.
κουράδας F Feigling *m*.
κουράζ|ω (σ· στ) *v/t. Arbeit*: anstrengen; *Pers.*: F *j-n* löchern; *v/i.* müde werden; ***~ομαι*** sich (*A*) bemühen.
κουραμάνα [-ram-] Kommissbrot *n*.
κουραμπιές [-ra(m̌)'bjεs] süße(s) Buttergebäck *n*; *fig.* F Drückeberger *m*, *mil.* Schreibstubenhengst *m*.
κουράρω [-'rarɔ] (ρισ) behandeln.
κούραση (-εις) Anstrengung *f*.
κουρασ|μένος [kurazm-] abgespannt; **~τικός** anstrengend.
κουραφέξαλα *n/pl. s.* ***κουρουφέξαλα.***
κούρβα Dirne *f*; Frauenzimmer *n*.
κούρβουλο [-vulɔ] Weinrebe *f*.
κουρδίζω [kurð-] (σ· στ) *Mus.* stimmen; *Uhr* aufziehen (*a. fig. j-n*).
κούρδισμα *n* Stimmen *n*; Aufziehen *n*; *fig.* Aufziehen *n*, Necken *n*.
κουρδιστής Stimmer *m*.
κουρέας (*pl.* -είς) Friseur *m*, Barbier *m*.
κουρείο Friseurgeschäft *n*, Frisiersalon *m*, *bsd.* Herrensalon *m*.
κουρ|ελαρία [kurεl-] Lumpen *pl.*; Gerümpel *n*; *fig.* Lumpenpack *n*; **~ελάς** (-άδες) Lumpenhändler *m*; *fig.* Wrack *n*; **~ελής** (-ού) abgerissen; **~έλι** Lumpen *m*, Fetzen *m*; *fig.* Wrack *n*; ***τον έκαμα ~έλι*** F ich habe ihn zur Schnecke gemacht; **~ελιάζω** (-έλιασα) zerfetzen (*a. fig.*); **~ελιάρης** [-ε'ljar-] (-α, -ικο) zerlumpt; **~έλιασμα** *n* Zerfetzen *n*; **~ελού** (-ούδες) *f* Flickenteppich *m*.
κούρεμα [-rεma] *n* Haarschneiden *n*.
κουρεύ|ω (εψ· ευτ) die Haare schneiden; F *fig. j-n* schröpfen; *Zool.* scheren; ***~ομαι*** sich (*D*) die Haare schneiden lassen.
κούρκα ['kurka] Truthenne *f*, Pute *f*.
κούρκος Truthahn *m*, Puter *m*.
κουρκουσουρ|εύω [-kusur-] (εψ) klatschen, lästern (über *A*); **~ιά** Klatsch *m*, Tratsch *m*.
κουρκ|ούτι Mehlbrei *m*, F Pampe *f*; **~ουτιάζω** (-κούτιασα) zu Brei werden; F *fig.* klapprig werden.
κουρμπάνι [kur'bani] Opfer *n*.
κούρνια Sitzstange *f*.
κουρνιάζω (κούρνιασα) *Huhn*: hocken; sich *zum Schlafen* auf die Stange setzen; *fig.* ein Nachtquartier finden.
κουρνιαχτός [-njaxt-] Staub *m*.
κουρντίζω *s.* ***κουρδίζω.***
κούρος *hist.* Jünglingsstatue *f*.
κουρούνα [-'runa] Krähe *f*.
κουρούπ|α, ~ι Krug *m*, Topf *m*.

κουρο(υ)φέξαλα [-'fɛksala] *n/pl.* dumme(s) Zeug *n*, Unsinn *m*.
κούρσα ['kursa] Wagen *m*, Jeep *m*; Pferderennen *n*; Autofahrt *f*.
κουρσ|άρος Pirat *m*, Seeräuber *m*; **~εύω** (εψ) überfallen und verwüsten, ausplündern; wüten in (*D*).
κούρσ|ο, ~ος Überfall *m*.
κουρταλ- *s.* ***κροταλ-***.
κουρτίνα Vorhang *m*.
κουρτινόξυλο Gardinenleiste *f*.
κουσούρι [-'suri] Fehler *m*; Defekt *m*.
κουτάβι [-'tavi] junge(r) Hund *m*, Wolf *m od.* Fuchs *m*; *fig*. Tropf *m*.
κουτ|άλα Suppenlöffel *m*; Kochlöffel *m*; F Pfote *f* (= *Hand*); **~αλάκι** Teelöffel *m*, kleine(r) Löffel *m*; **~άλι** Löffel *m*; **~αλιά** Löffel voll *m*.
κουταμάρα [kuta'mara] Blödsinn *m*.
κουτελίζω *s.* ***κουτουλίζω***.
κούτελο Stirn *f*; F ***καθαρό ~*** ehrliche Haut.
κουτεντές [-tɛ'n̆dɛs] (-έδες) Tölpel *m*.
κουτί [ku'ti] Schachtel *f*, Dose *f*; ***μαύρο ~*** Flugschreiber *m*; F ***μούρχεται ~*** passt mir genau.
κουτιαίνω [-tj-] (κούτιανα· ιαθ) *v/t*. stumpfsinnig machen; *v/i*. abstumpfen.
κουτ|οπονηριά [kutɔpɔnir-] Bauernschläue *f*; **~οπόνηρος** bauernschlau; **~ός** *fig*. abgestumpft.
κουτορνίθι *fig*. Kamel *n*.
κουτούκι [-'tuik̮i] Stumpf *m*, Klotz *m*; total *betrunken*; F Kneipe *f*.
κουτουλ|ιά [-tul-] (Kopf-)Stoß *m*; **~ίζω** (σ), **~ώ** [-'lɔ] (άς· ησ) *v/t*. (mit den Hörnern) stoßen; *v/i*. stoßen, stößig sein; *fig*. stoßen (auf *j-n*).
κουτουρ|άδα [-tur-] F Schusseligkeit *f*; **~ατζής** (-ήδες) Schussel *m*; **~ού** [-'ru] auf gut Glück, aufs Geratewohl.
κούτρα Stirn *f*; Kopf *m*.
κουτρ|ίζω [kutr-] *s.* ***κουτουλίζω***; **~ουβάλα** [-u'vala] Purzelbaum *m*; **~ουβαλιάζω** (-βάλιασα) *j-n* hinunterstürzen; *v/i*. hinunterpurzeln; **~ουβαλώ** [-va'lɔ] (άς) hinunterpurzeln; Purzelbaum schießen.
κουτρούλ|ης [-'trul-] (-α) kahlköpfig; ***του ~η (ο γάμος)*** Hexensabbat *m*.
κούτσα ['kutsa] Lahmheit *f*; **~-~** hinkend; *fig*. mit Ach und Krach.
κουτσά: ***~-στραβά*** so gerade eben.
κουτσαβάκης [-'vaik̮-] Kraftprotz *m*.
κούτσαβλος [-tsavl-] lahm; plump.
κουτσαίνω (αν· αθ) *v/t*. lähmen; *v/i*. hinken, humpeln.
κούτσαμα *n* Hinken *n*, Humpeln *n*.
κουτσο- [kutsɔ-] *Präfix*, *etwa*: lahm, fehlerhaft, lückenhaft, wenig.
κουτσο|δόντης (-α, -ικο) ... mit Zahnlücken; **~ζώ** (είς· ησ) F (zu) krebsen (haben).
κουτσομεσιάζω [-mɛsj-] *s.* ***κοψομεσιάζω***.
κουτσο|μπόλα [-'m̆bɔla] Klatschbase *f*; **~μπολεύω** (εψ) klatschen; **~μπόλης** (-***α***) *s.* ***κουτσομπόλα***; **~μπολιό** Tratsch *m*; **~μύτης** [-'mit-] (-α, -ικο) stumpfnasig; **~περνώ** [-pɛr-'nɔ] (άς· περασ) dahinvegetieren; **~πίνω** [-'pinɔ] (*s.* ***πίνω***) schlürfen.
κουτσ|ός hinkend; *Tisch*: wackelig; **~ό** *Spiel*: Hinkefuß *m*.
κουτσούβελα *n/pl*. Bälger *m/pl*., Gören *pl*.
κουτσουλιά Vogelmist *m*.
κουτσούνα Puppe *f*.
κουτσουρεύω (εψ) abhauen; stutzen; *Gehalt* kürzen.
κούτσουρο Stumpf *m*; Klotz *m*; *fig*. Trampeltier *n*; ***σαν ~*** wie angewurzelt.
κουφαίν|ω [kuf-] (αν· αθ) *v/t*. betäuben; ***~ομαι*** taub werden; *fig*. auf den Rücken fallen.
κουφάλα [-'fala] Höhlung *f*; Loch *n im Zahn*; *fig*. Herumtreiber(in *f*) *m*.
κουφαμάρα [-'mara] Taubheit *f*.
κουφάρι [-'fari] Gerippe *n*.
κουφέτο [-'fɛtɔ] Bonbon *m*, Wiener Mandel *f*.
κουφίζω (σ) schwerhörig sein (***από***/ auf *D*).
κούφιος ['kuf-] (-ια) hohl (*a. Zahn*); *Nuss*: taub; *Gerede*: leer; Hohl- (*Kopf*); *Geräusch*: dumpf.
κουφ|όβραση [-'fɔvrasi] Schwüle *f*; **~όνοια** [-'fɔnja] Leichtsinn *m*; **~οξυλιά** [-ɔksil-] Holunder *m*.
κούφος ['kuf-] leer (*a. Hoffnung*), leicht; leichtfertig.
κουφ|ός taub; ***στα ~ά*** lautlos.
κουφότητα Leichtfertigkeit *f*; Leere *f*.
κούφωμα *n* Leere *f*; Höhlung *f*; Fensterrahmen *m*; Türrahmen *m*.
κουφώνω (σ· θ) *v/t*. aushöhlen; *v/i*. hohl werden.

K

κόφα ['kɔfa] große(r) Korb *m*; *mar.* Mastkorb *m*; P Dirne *f*.
κοφίνι, κόφινος Kiepe *f*, Korb *m*.
κοφτ|ά [kɔ'fta]: ***ορθά-~ά*** unumwunden, klar und deutlich; **~ερός** gut schneidend, scharf; *Su. f* Schneide *f*; **~ήρας** Schneidezahn *m*; Papiermesser *n*; **~ήριο** Nepplokal *n*.
κόφτης Zuschneider *m*; F Charmeur *m*.
κοφτ|ός (ein)geschnitten; ***~ή βεντούζα*** Blutegel *m*.
κόφτρα Zuschneiderin *f*.
κόφτω *s.* ***κόβω.***
κοχεύω [kɔç-] (εψ) lugen, blicken.
κόχη ['kɔïçi] Ecke *f*.
κοχλάζω [kɔxl-] (σ) kochen; brausen; *fig.* schäumen (***από***/ vor *D*).
κόχλασμα [-zma] *n* Kochen *n usw.*
κοχλ|ίας [-'xlias] Schnecke *f* (*a. Tech.*); Schraube *f*; **~ίδι** Schneckengehäuse *n*; Muschel *f*; **~ιοειδής** [-ïɔið-] schneckenförmig; spiralförmig; **~ιώνω** (-ίωσα· θ) verschrauben, einschrauben.
κοχύλι [kɔ'çili] Muschel *f*.
κόψη *Kleid*: Schnitt *m*; Schneide *f*.
κοψ|ιά Schnittwunde *f*, Schramme *f*; Schneiden *n*; *fig.* F Typ *m*; **~ίδι** Schnitzel *m*, Abschnitt *m*; **~ιματιά** *s.* ***κοψιά.***
κόψιμο ['kɔps-] (-ατος) Schneiden *n*; Aufschneiden *n* (des Neujahrskuchens); (*Haar-*)Schnitt *m*; Fasson *f*; Einstellung *f des Rauchens*, Abkehr *f* (von *D*); Schnittwunde *f*; Kolik *f*.
κοψοκεφαλιάζω (-φάλιασα) *j-n* köpfen.
κοψομεσιάζ|ω [-psɔmɛsj-] (-μέσιασα· στ) *j-n* kreuzlahm schlagen; ***~ομαι*** sich (*A*) abschuften.
κοψοχρονιάς F zum Schleuderpreis.
κραγιόν [kraj-] Lippenstift *m*.
κραδ|αίνω (αν) *K.* schwingen; herumfuchteln mit *D*; **~ασμός** Schwingen *n*; Vibration *f*.
κράζω ['krazɔ] (ξ) schreien; *Vögel*: krächzen, kreischen; *fig.* (herbei)rufen; F *j-n* anpöbeln.
κραιπ|άλη [krɛ'pali] Rausch *m*, Ausschweifung *f*; **~αλώ** [-'lɔ] (άς· ησ) ausschweifend leben.
κράκτης *s.* ***κράχτης.***
κράμα ['krama] *n* Gemisch *n*; *Tech.* Legierung *f*.
κράμπα ['kram̃pa] *Med.* Krampf *m*.
κρανένιος Kirschbaum-.
κρανιά [-'nja] Kornelkirschbaum *m*.
κρανιακός Schädel-.
κρανί|ο Schädel *m*; ***Ωου τόπος*** *Rel.* Schädelstätte *f*.
κράνο ['kranɔ] Kornelkirsche *f*.
κράνος *n* Helm *m*; ***χαλύβδινο ~*** Stahlhelm *m*.
κράξιμο ['kraks-] (-ατος) Schrei *m*; Lockruf *m*.
κρασάτος weinrot; in Weinsoße.
κράση (-εις) Veranlagung *f*, Konstitution *f*; Mischung *f*; *Gr.* Krasis *f*.
κρασί Wein *m*; ***μαύρο ~*** Rotwein *m*.
κρασίλα Weingeruch *m*.
κρασοκανά|τα [-ka'nata] Weinkrug *m*; **~τας** [-tas] Trunkenbold *m*.
κρασ|οκατάνυξη [krasɔka'taniksi] Weinseligkeit *f*; **~όνερο** [-'ɔnɛrɔ] verdünnte(r) Wein *m*; **~οπατέρας** [-pa'tɛras] Säufer *m*, Alkoholiker *m*; **~οπότηρο** [-'pɔtirɔ] Weinglas *n*; **~οπότι** Weintrinken *n*, Zechen *n*; **~οπουλειό** [-pu'ljɔ] Weinstube *f*, Schenke *f*; **~οπωλείο** [-pɔl-] Weinhandlung *f*; **~οπώλης** Weinhändler *m*; Wirt *m*.
κράσπεδο Saum *m*; Bordstein *m*.
κραται|ός [kratɛ-] (-ά) mächtig; **~ότητα** Macht *f*, Stärke *f*.
κράτει *s.* ***κρατώ***; F ***κάνω ~*** (es) aushalten.
κρατερός (-ά) mächtig; *Schlacht*: erbittert.
κράτημα *n* Zurückhalten *n*.
κρατημός *s.* ***κράτημα.***
κρατήρας Krater *m*; Mischkrug *m*.
κράτηση (-εις) Festhalten *n*, Haft *f*; *mil.* Arrest *m*; Abzug *m* (*vom Gehalt*); ***~ δωματίου*** Vorbestellung *f* e-s Zimmers.
κρατητήριο [-ti'tir-] Arrestlokal *n*.
κρατικ|οποίηση [-'piisi] (-εις) Verstaatlichung *f*; **~οποιώ** [-ɔ'pjɔ] (είς· ησ) verstaatlichen; **~ός** staatlich.
κράτος *n* Staat *m*; Macht *f*, Gewalt *f*; ***~ μέλος*** *n* Mitgliedsstaat *m*; ***κατά ~*** völlig, gänzlich; ***υπό το ~*** *G* unter der Einwirkung *G*.
κρατ|ώ [kra'tɔ] (άς· ησ· ηθ· ημ) *v/t. etw. in der Hand* halten (***από***/ an); *Wort* halten; *Zimmer* reservieren; bewahren; *Buch* führen; *vom Gehalt* abziehen; *j-n* aufhalten; in Haft halten; (*a. G*) *Leidenschaft* beherrschen; *Lachen* unterdrücken; *v/i.* F durchhalten, aushalten;

Meinung: herrschen; *Zeit*: dauern; halten, dauerhaft sein; stammen (***από***/ aus *D*); **~*ιέμαι*** (**~*ιούμαι***) sich (*A*) beherrschen, an sich (*A*) halten können (***από***/ vor *D*); sich (*A*) festhalten (***από***/ an *D*); sich halten, rüstig bleiben.
κραυγ|άζω [kravɣ-] (σ) schreien; **~ή** [-'vji] Schrei *m*; Geschrei *n*.
κραχ [krax] (0) *n* Börsenkrach *m*; Zusammenbruch *m*.
κράχτης (**-*χτρα***) Marktschreier(in *f*) *m*, Anreißer *m*; Werbetrick *m*.
κρέας ['krεas] (-ατος) *n* Fleisch *n*; *Argot*: Schlappschwanz *m*.
κρεατ|ένιος (-ια) Fleisch-; fleischfarben; **~ερός** fleischig; **~ίλα** Fleischgeruch *m*.
κρεατ|ινός Fleisch-; **~οελιά** [-ɔεl-] Warze *f*; **~όπιτα** [-'ɔpita] Fleischpastete *f*; **~οφαγία** Fleischkost *f*.
κρεβ|άτι [krε'vati] Bett *n*; ***πτυσσόμενο ~άτι*** Wandklappbett *n*; *Argot*: ***κάνω ~άτι*** gut im Bett sein; **~ατοκάμαρα** [-atɔ'kamara] Schlafzimmer *n*; ***χαλάκια ~ατοκάμαρας*** Bettumrandung *f*; **~ατόστρωση** [-'tɔstrɔsi] Bettzeug *n*; **~ατώνω** (σ· θ) ans Bett fesseln; **~*ατώνομαι*** das Bett hüten (*müssen*).
κρεμ [krεm] (0) cremefarben.
κρέμα Sahne *f*, Rahm *m*; Krem *f* (*a. fig.*); **~ *ηλίου*** Sonnenkrem *f*.
κρεμάλα [-'mala] Galgen *m*; *Argot*: Heirat *f*; *fig*. Mist *m*, Panne *f*.
κρέμαμαι ['krεmamε] (αστ) schweben; *s.* ***κρέμομαι.***
κρεμανταλάς [-maňda'las] (-άδες) lange(r) Laban *m*, F Schlaks *m*; **(-ού)** *fig*. Bohnenstange *f*; Bornierte(r).
κρεμασ- *s.* ***κρεμνώ.***
κρέμασμα [-zma] *n* Aufhängen *n*; F Sitzenlassen *n*, Verlassen *n*.
κρεμασ|μένος (auf)gehängt; *fig*. sauer (*Gesicht*); **~τάρι, ~τήρι** aufgehängte Früchte *f/pl*. (*zum Konservieren*); (Kleider-)Bügel *m*; **~τός** hängend; Hänge- (*Brücke*); *Su. n* F Ehefessel *f*.
κρεμάστρα [-'mastra] Kleiderbügel *m*; Kleiderhaken(brett *n*) *m*.
κρεματόριο Krematorium *n*.
κρεμάω (σ· στ) *s.* ***κρεμώ;*** *j-n* versetzen, *j-n* verheiraten; F ***τά ~*** e-n Flunsch ziehen.
κρεμιέμαι [krε'mjεmε] (αστ) *v/i*. hängen, schweben; sich (*A*) erhängen; *s. a.* ***κρέμομαι.***
Κρεμλίνον [-'lin-] Kreml *m*.
κρεμμύδι [krε'miði] Zwiebel *f*.
κρέμομαι (αστ· ασμ) hängen (***από***/ an *D*); schweben; beruhen (***σε***/ auf *D*); *s. a.* ***κρεμιέμαι.***
κρεμ|ώ [krε'mɔ] (άς· μασ· μαστ· μασμ) *v/t*. hängen (***σε***/ an), aufhängen; henken, (er)hängen; ***από σένα ~άστηκα*** auf dich habe ich mich verlassen; ***~ώ τα μούτρα*** ein langes Gesicht machen.
κρένω [-nɔ] (*v.* ***κρίνω***) (*Dialekt*) sprechen (***του***/ mit *j-m*).
κρεο|πωλείο [krεɔpɔl-] Fleischerei *f*; **~πώλης** Fleischer *m*, Schlächter *m*, Metzger *m*.
κρε|ουργώ [-ur'ɣɔ] (είς· ησ) (zer)hacken; *fig*. zerfleischen; **~οφαγία** [-ɔfaj-] Fleischkost *f*; **~οφάγος** [-'faɣ-] (-α) Fleisch essend; *Tier*: Fleisch fressend.
κρέπ(ι) (0) *n* Krepp *m*; Schaumgummi *m*; ***βάζω ~ι*** F Trauer tragen; F *fig*. aufgeben, begraben.
κρεπάρω [krε'parɔ] (II = I *od.* αρισ) *v/i*. zerreißen, e-n Riss bekommen; *fig*. platzen (***από***/ vor *D*).
κρε(τ)σέντο Crescendo *n*.
κρήνη ['krini] Brunnen *m*.
κρηπίδα *s.* ***κρηπίδωμα.***
κρηπίδωμα [-'pið-] *n* Grundlage *f*; Fundament *n*; Sockel *m*; Ufermauer *f*, Kai *m*; Bahnsteig *m*.
κρησ|άρα Haarsieb *n*; **~αρίζω** (σ) (durch)sieben; **~αριστός** (durch)gesiebt.
κρησφύγετο [kri'sfijεtɔ] Unterschlupf *m*; Zufluchtsort *m*.
Κρήτη ['kriti] Kreta *n*.
Κρητικιά Kreterin *f*.
κρητικός kretisch; ♀ Kreter *m*.
κριάρι Widder *m* (*a. Astr.*).
κριθ- *s.* ***κρίνω.***
κριθάλευρο Gerstenmehl *n*.
κριθαράκι [kriθa'raiki] Graupe *f*; *Med*. Gerstenkorn *n*; ***σούπα ~*** Graupensuppe *f*.
κριθ|άρι, ~ή Gerste *f*.
κρίθινος Gersten-.
κρικέλι Ring *m*.
κρίκετ (0) *n* Kricket(spiel) *n*.
κρίκος ['krik-] Ring *m*; Reifen *m*; (*Bin-*

de-)Glied *n*; *Tech*. Wagenheber *m*, Hebewinde *f*; *pl. Turnen*: Ringe *m/pl.*; **~ για τα κλειδιά** Schlüsselbund *m*.

κρίμα ['krima] *n* Sünde *f*, Vergehen *n*; Schande *f*; schade!; **τι ~** (wie) schade!; **~ που ...** schade, dass ...; **~ τα λεφτά** schade um das Geld.

Κριμαία [-'mεa] Krim *f*.

κριματίζομαι (στ) sündigen.

κρίνο, ~ς Lilie *f*.

κρινόλευκος blütenweiß.

κρίνω ['krinɔ] (II = I· θ· κριμ) meinen (**ότι**/ dass); urteilen (**από**/ nach *D*); für (*schuldig*) befinden; kritisieren, beurteilen, *Schicksal*: entscheiden; *Rel*. richten; **~ εξ ιδίων τ' αλλότρια** von sich auf andere schließen.

K

κριός *s*. **κριάρι.**

κρίση ['krisi] (-εις) Meinung *f*, Urteil *n* (**για**/ über *A*); Kritik *f*; Urteilsvermögen *n*; *allg*. Krise *f*; **περνώ ~** e-e Krise durchmachen.

κρίσιμος *allg*. kritisch, bedenklich.

κρισιμότητα [-'mɔti-] kritische Lage *f*.

κριτ|ήριο [krit-] Kriterium *n*, Prüfstein *m*; *fig*. Gericht *n*; **~ής** Richter *m*; Rezensent *m*; Schiedsrichter *m*; **~ικάρω** [-'karɔ] (αρισ) kritisieren; **~ική** [-'ķi] Kritik *f*; **κάνω ~ική** (**για**) e-e Kritik verfassen (über *A*); Kritik üben an *D*; **~ικός** [-k-] kritisch; *Su. m* Kritiker *m*.

κροκάδι [krɔ'kaði] Eigelb *n*.

κροκάτος safrangelb.

κρόκη ['krɔïķi] *Weberei*: Schuss *m*.

κροκίδι [krɔ'ķiði] Kämmling *m*; Flockseide *f*; Flockung *f*.

κρόκινος ['krɔïķ-] safrangelb; Safran-.

κροκο|δειλίζω heucheln; **~δείλιος** (-ια, -ιο) Krokodils- (*Tränen*).

κροκόδειλος [krɔ'kɔðil-] Krokodil *n*.

κρόκος Krokus *m*, Safran *m*; Eigelb *n*.

κρομμ|ύδι [krɔ'miði] Zwiebel *f*; **~υδίλα** [-'ðila] Zwiebelgeruch *m*.

κρονόληρος [-'nɔlir-] Tattergreis *m*.

Κρόνος Saturn *m*.

κροντήρι [krɔňd-] Wasserkrug *m*; Weinkrug *m*.

κροσέ (0) *n* Häkelnadel *f*; *Boxen*: Haken *m*.

κρόσσι *s*. **κροσσός.**

κροσσ|ός [krɔs-] Franse *f*, Troddel *f*; *pl*. Hahnenkamm *m*; **~ωτός** fransenbesetzt, ... mit Troddeln.

κροταλ|ίας [-ta'lias] Klapperschlange *f*; **~ίζω** (σ) klappern; schnalzen.

κρόταλο Kastagnette *f*.

κροταφι|αίος [krɔtafĭ-] (-αία), **~κός** Schläfen-.

κροτάφι, κρόταφος Schläfe *f*.

κροτίδα Knallbonbon *m*; Knallfrosch *m*.

κρότ|ος *allg*. Krach *m*; (*Kanonen-*) Donner *m*; *fig*. Aufsehen *n*; **κάνω ~ο** Aufsehen erregen.

κροτώ [krɔ'tɔ] (είς· ησ) Lärm machen; krachen; donnern; *in die Hände* klatschen; *Trommel* schlagen.

κρουαζέ [krɔ-] *od*. [krua'zε] (0) *Anzug*: zweireihig.

κρουαζιέρα Kreuzfahrt *f*.

κρουνιά Quelle *f*.

κρουνός Hahn *m*; *pl*. Ströme *m/pl*.

κρούση ['krusi] (-εις) Stoß *m*, Schlagen *n*; *Mus*. Spielen *n*; *mil*. Vorstoß *m*.

κρούσμα ['kruzma] *n s*. **κρούση;** Fall *m von Typhus*, *Ungehorsam usw*.

κρούστα Kruste *f*, Rinde *f*; *Med*. Schorf *m*; (*Kuchen*) Glasur *f*.

κρουστ|αλλένιος [krusta'lεn-] (-ια) Kristall-; kristallklar; **~άλλι** Kristall *m*; **~αλλιάζω** (-άλλιασα) kristallisieren; *fig*. erfrieren, starr werden.

κρούσταλλο ['krust-] Kristall *m*; Eis *n*; *als Adv*. starr.

κρουστ|ικός Schlag-, Aufschlag- (*Zünder*); **~ός** *Mus*. Schlag-; dicht, fest gewebt; **~ά** *n/pl*. Schlagzeug *n*.

κρούω ['kruɔ] (σ· στ) schlagen, klopfen; *an die Tür* klopfen; *in die Hände* klatschen; *die Glocke* läuten; *Mus*. spielen, *Gitarre* zupfen.

κρυ|άδα [kri-] Kälte *f*; *bsd. pl*. Schauer *m*; Schüttelfrost *m*; *fig*. Abgeschmacktheit *f*; **~αίνω** (αν) *s*. **κρυώνω.**

κρύβ|ω ['krivɔ] (ψ· φτ, υβ) verstecken, verbergen; *Hass usw*. verbergen; aufheben, aufbewahren; **~ομαι** *fig*. nicht offen sein; sich (*A*) verschanzen (**πίσω από**/ hinter *D*).

κρύο ['kriɔ] Kälte *f*; Erkältung *f*; **κάνει ~** es ist kalt.

κρυο|λόγημα [-'lɔĭj-] *n* Erkältung *f*; **~λογώ** [-lɔ'ɣɔ] (είς· ησ) sich (*A*) erkälten; *v/t*. (j-s) Erkältung verursachen; **~πάγημα** [-'paĭj-] *n* Erfrierung *f*.

κρύος ['kri-] (-α) kalt; *fig*. kühl; *fig*. humorlos; *Witz*: abgeschmackt.

κρύπτη Krypta *f*.

κρυπτ|όγαμος [kri'ptɔɣam-] blütenlos, Sporen- (*Pflanze*); **~ογράφημα** [-ɔ'ɣraf-] *n* verschlüsselte(r) Text *m*; **~ογραφία** Verschlüsseln *n*, Chiffrieren *n*; **~ογραφικός** verschlüsselt; Verschlüsselungs-; **~ογραφώ** [-'fɔ] (είς· ησ) verschlüsseln, chiffrieren; **~ός** verborgen, geheim.
κρύπτω *s.* ***κρύβω.***
κρυστ|αλλένιος [krista'lɛn-] (-ια) kristallen, Kristall-; **~αλλικός** *Chem.* kristallinisch; Kristall-; **~άλλινος** kristallen, kristallklar.
κρύσταλλ|ο Brillenglas *n*; Kristall *m*; *fig.* ... kristallklar; **~ος** Kristall *m*; Eiszapfen *m*.
κρυστ|αλλώδης kristallartig, kristallklar; **~άλλωμα** *n* Kristallisation *f als Körper*; **~αλλώνω** kristallisieren; ***~αλλώνομαι*** (στ) sich (heraus)kristallisieren; **~άλλωση** [-'alɔsi] (-εις) Kristallisation *f*.
κρυφ|ά [kri'fa] *Adv.* heimlich; **~ακούω** horchen; abhören.
κρύφιος (-ια) *s.* ***κρυφός.***
κρυφ(ο)- verstohlen, heimlich.
κρυφό Geheimnis *n*.
κρυφο|βλέπω [krifɔ'vlɛpɔ], **~κοιτάζω** [-ķit-] (ξ) *v/t.* beäugen; verstohlen beobachten; *v/i.* lugen; **~μιλώ** [-mi'lɔ] (άς· ησ) tuscheln.
κρυφός versteckt; *Liebe usw.*: heimlich; *Mensch*: verschlossen.
κρυφτ|ός [krift-] *s.* ***κρυπτός; παίζω ~ό*** Versteck spielen; **~ούλι** [-'uli] Versteck(spiel) *n*.
κρύψιμο ['krips-] (-ατος) Verstecken *n*, Verheimlichen *n*.
κρυψ|ίνοια [-'psinja] Hinterlistigkeit *f*, Tücke *f*; **~ίνους** [-nus] (-ουν) hinterlistig, tückisch; verschlossen; **~ώνα, ~ώνας** [-'ɔnas] Versteck *n*.
κρύωμα *n* Erkältung *f*; Kälte *f*.
κρυώνω [kri'ɔnɔ] (σ· ωμ) *v/i.* kalt werden; mich fröstelt, mir ist kalt; sich (*A*) erkälten; *v/t.* abkühlen; *fig.* verdrießen.
κρωγμός [krɔɣm-] Krächzen *n*.
κρώζω ['krɔzɔ] (ξ) krächzen.
κρωλ [krɔl] (0) *n* Kraulen *n*.
κτ- *s. a.* ***χτ-.***
κτέν|α ['ktɛna] große(r) Kamm *m*; **~ι** Kamm *m*; Rechen *m*.
κτενίζω (σ· στ) kämmen; *fig.* überarbeiten, den letzten Schliff geben.
κτένισμα *n* Kämmen *n*; Frisur *f*; *fig.* Überarbeitung *f*, Schliff *m*.
κτέρισμα *n* Grabspende *f*.
κτήμα ['ktima] *n* Besitz *m*; Grundstück *n*; Gut *n*, Landgut *n*.
κτηματ|ίας [-'tias] Grundbesitzer *m*; **~ικός** Grund-, Grundkredit- (*Anstalt*); **~ογράφηση** (-εις) Grundbucheintragung *f*; **~ολόγιο** [-ɔ'lɔjjɔ] Grundbuch(blatt) *n*; **~ομεσίτης** Immobilienmakler *m*.
κτην|άνθρωπος [kti'nanθrɔp-] Unmensch *m*; **~ιατρείο** Tierarztpraxis *f*; **~ιατρική** [-jatri'ķi] Veterinärmedizin *f*; **~ιατρικός** [-k-] Veterinär-; **~ίατρος** [-'iatr-] Tierarzt *m*.
κτήνος ['ktin-] *n* Vieh *n*, Tier *n*; *fig.* Rindvieh *n*, Biest *n*; Unhold *m*.
κτην|οστάσιο [-ɔ'stas-] Stallung *f*; **~οτροφία** [-trɔf-] Viehzucht *f*; **~οτροφικός** Viehzucht-; **~οτρόφος** Viehzüchter *m*; **~ώδης** tierisch, animalisch; bestialisch, brutal; **~ωδία** Tierische(s); Bestialität *f*.
κτήση ['ktisi] (-εις) Erwerb *m*; (*Kolonie*) Besitzung *f*.
κτητικός Besitz-; *Gr.* Possessiv-.
κτήτορας ['ktitɔras] (***-όρισσα***) Besitzer(in *f*) *m*.
κτίζω (σ· στ) *Haus* bauen; *Loch* zumauern; *Menschen* einmauern; *Gott*: schaffen.
κτικ- *s.* ***χτικ-.***
κτίριο ['ktir-] Gebäude *n*.
κτίσ|η ['ktisi] (-εις) Erbauung *f*, Gründung *f*; Kolonie *f*; Erschaffung *f der Welt*; Schöpfung *f*, Universum *n*; **~ιμο** (-ατος) Errichtung *f*, Bauen *n e-s Hauses*; Bauwerk *n*; Zumauern *n*; **~μα** *n* Bauwerk *n*; Geschöpf *n*; **~της** Bauarbeiter *m*, Maurer *m*; Schöpfer *m*.
κτιστός gebaut; eingebaut (*Schrank*); erschaffen.
κτίτορας ['ktitɔras] Gründer *m*; Stifter *m*; Bauherr *m*.
κτυπ- *s.* ***χτυπ-.***
κυάνιο [ķi'an-] Zyan *n*.
κυανόλευκος [ķĭa'nɔlɛfk-] blauweiß; *Su. f die* blauweiße *griechische* Fahne.
κύανος ['ķian-] Kornblume *f*; La'sur *f*; Lasu'rit *m*.
κυανός (himmel)blau.
κυβερνείο [-vɛrn-] Regierungsgebäude *n*; Gouvernement *n*.

κυβέρνηση (-εις) Regierung *f*; **~ *οικουμενική*** Koalitionsregierung *f*.
κυβερν|ήτης [kiver-] Gouverneur *m*, Statthalter *m*; *mar.* Kapitän *m*; Kommandant *m*; Steuermann *m*; **~ητικός** Regierungs-; **~ώ** [-'nɔ] (άς· ησ) regieren; *mar.* steuern; *Haus* bestellen.
κυβ|ευτής [-vɛft-] Spieler *m*; *Hdl.* Börsenspekulant *m*, Agioteur *m*; **~ικός** Kubik- (*Meter*, *Wurzel*); kubisch; **~ισμός** Raummessung *f*; Kubismus *m*; *Math.* Kubierung *f*; **~όλιθος** [-'ɔliθ-] Pflasterstein *m*.
κύβος Würfel *m*; Kubus *m*; *Math.* Kubikzahl *f*.
κυδ|ώνι [ki'ðɔni] Quitte *f*; **~ωνιά** Quittenbaum *m*.
κύηση ['kiisi] (-εις) Schwangerschaft *f*.
κυκεώνας [-kɛ'ɔnas] Schlamassel *m*.
Κυκλ|άδες [ki'klaðɛs] *f/pl.* Zykladen *pl.*; **~αδικός** Zykladen-.
κυκλ|αμιά, ~άμινο [-'aminɔ] Alpenveilchen *n*, Zyklamen *n*.
κυκλικός kreisförmig, Kreis-; zyklisch.
κυκλο- Kreis-; zyklisch.
κύκλος ['kikl-] Kreis *m* (*allg.*, *pol.*, *Bekannten-*, *Wende-*, *Polar-*, *Tier-*); Kreisbahn *f*; Zyklus *m*; Umlauf *m der Sonne*; Ring *m*; Gebiet *n* (*z. B. der Technik*); *Schule a.* Zweig *m*; ***φαύλος* ~** Teufelskreis *m*; **~ *εργασιών*** *Hdl.* Umsatz *m*; **~ *σπουδών*** Lehrgang *m*; **~ *συνομιλιών*** Gesprächsrunde *f*.
κυκλο|τερής [-tɛr-] (kreis)rund; **~φορία** [-fɔr-] (*Geld-*) Umlauf *m*; (*Zeitungs-*, *Buch-*) Vertrieb *m*; Auflage *f*; (*Auto-*) Verkehr *m*; ***~φορία (του) αίματος*** Blutkreislauf *m*; **~φοριακός, ~φορικός** Umlauf-; Verkehrs-; **~φορώ** [-fɔ'rɔ] (είς· ησ) *v/t.* in Umlauf setzen; *Buch* veröffentlichen; *v/i.* umhergehen; *fig.* 'umlaufen, in Umlauf sein; *Blut*: kreisen.
κύκλωμα *n* Umkreisung *f*; Einkreisung *f*: *El.* Stromkreis *m*; *fig.* Gruppe *f*; Szene *f*, Milieu *n*.
κυκλών|ας [-'klɔnas] Zyklon *m* (*a. Tech.*), Wirbelsturm *m*; **~ω** (σ· θ) umkreisen; *mil.* einkreisen.
Κύκλωπας ['kiklɔpas] Zy'klop *m*.
κυκλώπειος (-α) zyklopisch.
κύκλωση [-klɔsi] (-εις) Umkreisung *f*; Einkreisung *f*, Umzingelung *f*.
κυκλωτικ|ός Kreis-, kreisförmig; ***~ή κίνηση*** Umgehungsmanöver *n*.
κύκν|ειος ['kikn-] (-α): ***~ειο άσμα*** Schwanengesang *m*; **~ος** Schwan *m*.
κυλικείο [kilik-] Büfett *n* (*a. Verkaufsstand*).
κυλινδρικός [-liñðr-] *Tech.* zylindrisch; *Math.* Zylinder-.
κύλινδρος Zylinder *m*; Walze *f*; (Schrift-)Rolle *f*.
κυλινδρώνω (σ· θ) walzen.
κύλισμα *n* Rollen *n*, Wälzen *n*.
κυλιστός rollend, wälzend; trudelnd.
κυλί|ω [ki'liɔ] (λισ· λιστ) *v/t.* rollen; *Steine* wälzen; *j-n zu Boden* werfen; *v/i.* rollen; *Zeit*: ablaufen; ***~ομαι*** sich (*A*) wälzen, wühlen; *fig.* frönen (***σε***/ *D*).
κυλότα [-'lɔta] Stiefelhose *f*; Damenhose *f*; Schlüpfer *m*.
κυλώ (άς· ησ· ηθ· ησμ) *s.* ***κυλίω.***
κύμα ['kima] *n* Welle *f* (*a. fig. u. Phys.*); ***βραχύ* ~** Kurzwelle *f*; ***μεσαίο* ~** Mittelwelle *f*; ***υπερβραχύ* ~** Ultrakurzwelle *f*; **~ *ζέστης*** Hitzewelle *f*.
κυμ|αίνομαι [-'mɛnɔmɛ] (ανθ) wogen; schwanken (*a. fig.*); **~αινόμενος** schwankend; *Hdl.* schwebend; ***~αινόμενο χρέος*** kurzfristige Anleihe *f*.
κύμανση [-mañsi] Wogen *n*; *fig.* Schwanken *n*.
κυμ|ατίζω [kimat-] (σ) *v/t.* wiegen; *v/i.* flattern, wehen; **~άτιο** Zierleiste *f*, Kymation *n*; **~άτισμα** *n* Flattern *n*, Wehen *n*; Wogen *n*.
κυματ|ισμός *s.* ***κυμάτισμα;*** **~ιστός, ~οειδής** [-ɔið-] wellenförmig; **~οθραύστης** [-ɔ'θrafst-] Mole *f*.
κύμβαλο(ν) Zimbel *f*.
κύμινο ['kim-] Kümmel *m*.
κυνάγχη [ki'naŋçi] Angina *f*.
κυν|ηγάρης [-ni'ɣar-] (-α, -ικο) Jagd-; *Su. m* Jagdhund *m*; **~ηγετικός** [-ijɛt-] Jagd-; **~ήγημα** *n* Verfolgung *f*, Jagen *n*; **~ηγητό** [-iji'tɔ] Jagen *n*; ***παίζω ~ηγητό*** Häschen spielen; **~ήγι** [-'iji] Jagd *f* (*a. fig. G*/ nach *D*); Wild(bret) *n*; ***βγαίνω για ~ήγι*** auf die Jagd gehen; **~ηγός** [-iɣ-] Jäger *m*; *Sport*: Stürmer *m*; ***κεντρικός ~ηγός*** Mittelstürmer *m*; **~ηγώ** [-'ɣɔ] (άς· ησ) jagen; jagen (nach *j-m*, *etw.*); hinter *e-m Mädchen* herlaufen; **~ικός** Hund(e)-; zynisch, gemein; *Phil.* kynisch; *Su. m* Kyniker *m*; ***~ικά καύματα*** *n/pl.* Hundstage *m/pl.*; **~ικότητα, ~ισμός** Gemeinheit

f, Zynismus *m*; *Phil.* Kynismus *m*, Zynismus *m*; **~όδοντας** Eckzahn *m*; Augenzahn *m*.
κυοφορ|ία [kjɔfɔr-] Schwangerschaft *f*; **~ώ** [-'rɔ] (είς· ησ) schwanger sein; *fig.* in sich bergen; *Plan* aushecken.
κυπαρ|ισσένιος [kjipari'sɛn-] (-ια) Zypressenholz-; Zypressen-; *fig.* zypressengleich; **~ίσσι** [-'isi] Zypresse *f*; ***τον πήγανε στα ~ίσσια*** sie trugen ihn zu Grabe.
κυπ|άρισσος *f s.* ***κυπαρίσσι***; **~αρισσώνας** Zypressenhain *m*.
κύπελλο ['kjipɛlɔ] Becher *m*; *Sport*: Pokal *m*; Schale *f*; ***~ Ευρώπης*** Europapokal *m*.
κυπριακός zypriotisch; *Su. n* Zypernfrage *f*.
κυπρίνος [-'prin-] Karpfen *m*.
κύπρ|ιος (-ια) zypriotisch; ***Ωιος*** Zypriot *m*; ***Ωια*** Zypriotin *f*.
κυπριώτικος zyprisch.
Κύπρος ['kjipr-] *f* Zypern *n*.
κυρ [kjir] (0) *m vor Vornamen u. Titeln*: Herr.
κυρά Frau (*z. B. Lehrerin*); Frau Nachbarin!; *iro.* gute Frau!; Frau *f* des Hauses.
κυράτσα *iro.* feine Dame.
Κυρηναϊκ|ή Cyrenaika *f*; **~ός** cyrenaikisch.
κύρης Hausvater *m*; Chef *m*.
κυρία Frau *f*; Lehrerin *f*; gnädige Frau *f*; *eine* Dame; *die* große Dame *spielen*.
κυριακάτικος [kjirja'kat-] sonntäglich; Sonntags-; *n/pl.* Sonntagskleider *n/pl.*
Κυριακή [-'kji] Sonntag *m*.
κυρ|ιαρχία Oberherrschaft *f*, Souveränität *f*; **~ιαρχικός** souverän; ***~ιαρχικά δικαιώματα*** *n/pl.* Hoheitsrechte *n/pl.*; **~ίαρχος** Herrscher *m*, Machthaber *m*; **~ιαρχώ** [-ĭar'xɔ] (είς· ησ) herrschen (über *A*); souverän sein; *fig.* Herr sein (*G/G*); **~ίευση** [-'iɛfsi] (-εις) Eroberung *f*; Beherrschung *f*; **~ιεύω** (ευσ, εψ· ευτ) erobern, sich (*A*) bemächtigen *G*; *fig.* erfassen; beherrschen (*A*); ***~ιεύομαι*** ergriffen sein.
κυριλέ *m* feine(r) Mann.
κυριο|λεκτικός [kjirĭɔlɛkt-] eigentlich, wörtlich; *Adv.* buchstäblich; **~λεξία** [-lɛks-] eigentliche(r) Sinn *m*; Gebrauch *m* im eigentlichen Sinn; **~λεκτώ** [-'xtɔ] (είς· ησ) im eigentlichen Sinne verwenden.
κύρι|ος ['kjirĭɔs] (-ια) Haupt-, wesentlich(st-); Grund- (*Bedeutung*); Haupt- (*Satz*); eigentlich (*Name*); Leit- (*Artikel*); *Su. m* Herr *m*; Gatte *m*, Herr Gemahl *m*; *Hdl.* Dienstherr *m*; Lehrer *m*; Lehrmeister *m*; *Rel.* Herr *m*, Herrgott *m*; **~ε** mein Herr (*nur in Geschäften!*, *sonst* Herr *Müller usw.*); ***κυρίες και ~οι!*** meine Damen und Herren!; ***είμαι ~ος*** (*od.* ***-ια***) Herr *der Lage* (*G*) sein; Eigentümer *e-s Vermögens* (*G*) sein.
κυρ|ιότητα Eigentum *n*; **~ίως** [-'iɔs] *Adv.* hauptsächlich; im eigentlichen Sinne, genau; *als Adj.* Haupt-; **~ιώτερος** [-'ɔtɛr-] hauptsächlich, Haupt-; *Su. n* Hauptsache *f*.
κύρος ['kjir-] *n* Geltung *f*; Gültigkeit *f*; *jur.* Rechtskraft *f*, Maßgeblichkeit *f*.
κυρούλα [-'rula] alte Frau *f*.
κυρτ|ός *Linie*: krumm, gebogen; *Linse*: konvex, erhaben; *Typ.* kursiv; **~ότητα** Krümmung *f*, Biegung *f*; **~ώνω** (σ· θ) krümmen, beugen (*a. fig.*), biegen.
κύρτωση ['kjirtɔsi] Krümmen *n*, Beugen *n*, Biegen *n*; Buckeln *n*.
κυρώνω (σ· θ) ratifizieren, bestätigen; sich bestätigen; *Abschrift* beglaubigen.
κύρωση [-rɔsi] (-εις) Ratifizierung *f*, Bestätigung *f*; *pl.* Sanktionen *f/pl.*
κύστη ['kjisti] *Anat.* Blase *f*; *Med.* Zyste *f*, Geschwulst *f*.
κυστίτιδα Zystitis *f*, Harnblasenentzündung *f*.
κύτος *n* Hohlraum *m*; Schiffsraum *m*.
κυτταρ|ικός [kjitar-] Zell-; **~ίνη** Zellulose *f*; *Biol.* Zellstoff *m*.
κύτταρο Zelle *f*.
κυτταρο|βλάστη [-'vlasti] Zellkern *m*; **~ειδές** [-i'ðɛs] (-ούς) *n* Zelluloid *n*; **~λογία** [-lɔj-] Zellenlehre *f*, Zytologie *f*; **~τομία** [-tɔm-] Zellteilung *f*.
κυτταρώδης zellulär.
κυφ|ός [kjif-] bucklig; **~ότητα** Buckligkeit *f*, Buckel *m*.
κύφωση [-fɔsi] (-εις) Buckel *m*.
κυψ|έλη [kji'psɛli] Bienenkorb *m* (*a. fig.*); **~ελίδα** *Anat.* Alveole *f*; Ohrenschmalz *n*; **~ελώδης** Zell- (*Gewebe*).
κωβιός [kɔv-] *Zool.* Gründling *m*.
κώδικας Gesetzbuch *n*, Code *m*; Kode *m*; *hist.* Codex *m* (Argenteus); ***αστι-***

K

κός ~ Bürgerliche(s) Gesetzbuch *n* (BGB); ***ποινικός*** ~ Strafgesetzbuch *n* (StGB); ~***οδικής κυκλοφορίας*** Straßenverkehrsordnung *f*.
κωδικο|ποίηση [kɔðikɔ'piisi] (-εις) Kodifizierung *f*; ~**ποιώ** [-'pjɔ] (είς· ησ) kodifizieren; erfassen.
κωδικός Code-; ~ ***αριθμός*** Postleitzahl *f*; ~ ***τράπεζας*** Bankleitzahl *f*.
κωδωνο|κρουσία [-ɔkrus-] Glockengeläut *n*; ~**κρούστης** Glöckner *m*; ~**στάσιο** [-'stas-] Glockenturm *m*.
κωθώνι [kɔ'θɔni] Tolpatsch *m*; Rekrut *m*, Neuling *m*.
κωλάνι [-'lani] Sattelgurt *m*.
κωλάντερο [-'lañdɛrɔ] Mastdarm *m*.
κωλικόπονος [kɔli'kɔpɔn-] Leibschmerzen *m*/*pl*.
κώλο ['kɔlɔ] *mst. pl.* Gliedmaßen *pl.*, Extremitäten *f*/*pl.*, Gliedsatz *m*; *s. a.* ***κόλο.***
κωλο- Gesäß-, *mst. vulgär*: Arsch-; *z. B.*
κωλογλείφτης (*vulgär*) Arschkriecher *m*.
κωλομέρι [-lɔ'mɛri] *Anat.* Keule *f*.
κωλόπαιδο Snob *m*, Schnösel *m*.
κωλόπανο [-'lɔpanɔ] Windel *f*.
κωλοπετσωμένος gewieft.
κώλο|ς Gesäß *n*, F Popo *m*; Hosenboden *m*; *fig.* Boden *m*; ***τα κάνω*** ~ F alles vermurksen.
κωλο|σέρνω [kɔlɔ'sɛrnɔ] (συρ) zerren, (hinter sich her-)schleppen; ~***σέρνομαι*** sich (*A*) dahinschleppen, dahinkriechen; ~**σούσα** [-'susa] Bachstelze *f*; ~**φωτιά** [-fɔt-] Glühwürmchen *n*; ~**χανείο** F Räuberhöhle *f*.
κώλυμα [-lima] *n* Hindernis *n* (*z. B. Ehe-*).
κωλυσιεργ|ία [-siɛrj-] Obstruktion *f*, Verschleppungstaktik *f*; ~**ώ** [-'ɣɔ] (είς· ησ) Obstruktion treiben.
κωλύ|ω [kɔ'liɔ] (σ· θ) *j-n* hindern (***να***/ daran, zu); ~***ομαι*** verhindert sein.
κωλώνω (σ) *v*/*i.* rücklings gehen; zurückweichen; (*vulgär*) Schiss haben; *v*/*t. j-n* zurückdrängen.
κώμα ['kɔma] *n* Koma *n*.
κωματώδης komatös.
κωμειδύλλιο [-mi'ðil-] Singspiel *n*.
κώμη Marktflecken *m*.
κωμικ|ός komisch; *Su. m* Komiker *m*; *Su. n* Komik *f*; ~**ότητα** Komik *f*; ~**οτραγικός** tragikomisch.
κωμόπολη [-'mɔpɔli] Ortschaft *f*.
κωμωδ|ία [kɔmɔð-] *allg.* Komödie *f*, Lustspiel *n*; ~**ιογράφος** [-jɔ'ɣraf-], ~**οποιός** [-ɔ'pjɔs] Lustspieldichter *m*; ~**ός** Komiker *m*; ~**ώ** (είς· ησ) karikieren; *allg.* lächerlich machen.
κώνειο ['kɔn-] *Bot.* Schierling *m*.
κωνικός kegelförmig, konisch.
κώνος Kegel *m*; *Bot.* Zapfen *m*.
κωνοφόρος [-nɔ'fɔr-] (-α) Nadelholz-; *Su. n* Konifere *f*.
Κωνσταντίνος [kɔñsta'ñdin-] Konstantin *m*.
Κωνσταντινούπολη [-'nupɔli] Konstantinopel *n*.
κωπηλ|ασία [kɔpilas-] Rudern *n*; ~**άτης** (-***ισσα***) Ruderer(in *f*) *m*; ~**ατικός** Ruder-; ~**ατώ** [-a'tɔ] (είς· ησ) rudern.
κωφ|άλαλος [kɔ'falal-] taubstumm; ~**εύω** (ευσ) sich (*A*) taub stellen (***σε***/ gegenüber *D*); ~**ός** *s.* ***κουφός***; ~**ότητα** Taubheit *f*.
κώφωση Taubheit *f*; Betäuben *n*.

Λ

Λ, λ ['lam̃vða, 'lam̃da] Lambda *n*; ***λ'*** = 30; ***͵λ*** = 30.000.
λαβ- *s.* ***λαμβάνω, λαβαίνω.***
λάβα ['lava] Lava *f*.
λαβαίνω [la'vɛnɔ] (έλαβα· ληφτ) *in die Hand* nehmen; *Brief usw.* erhalten, bekommen; *Medizin* einnehmen; ~ ***τον λόγο*** das Wort ergreifen; ~***μέρος*** teilnehmen (***σε***/ an *D*); ~ ***το μέρος*** *G* Partei *G* ergreifen; ~ ***μέτρα*** Maßnahmen ergreifen; ~ ***υπ' όψη*** berücksichtigen; ~ ***την τιμή, το θάρρος να ...*** ich

gestatte mir, zu ...; ~ *χώρα* stattfinden.

λάβαρο Standarte *f*; Prozessionsfahne *f*.

λαβ|είν [la'vin]: ***δούναι και ~είν*** *Hdl.* Soll u. Haben *n*; **~ή** Griff *m*; Henkel *m*; ***δίδω ~ή*** (***δια***) Anlass geben (zu); **~ίδα** Zange *f*; Pinzette *f*.

λάβρα ['lavra] Schwüle *f*, Hitze *f*; *fig.* Vulkan *m*.

λαβράκι (*Fisch*) Meerwolf *m*; *fig.* Treffer *m*, Fund *m*.

λάβρος ['lavrɔs] (*K.* -α) ungestüm, heftig.

λαβύρινθος [la'viriñθ-] Labyrinth *n* (*a. Anat.*).

λάβωμα *n*, **λαβωματιά** Verwundung *f*; Wunde *f*.

λαβών|ω (σ· θ) verwunden; ***~ομαι*** *fig.* F verknallt sein.

λαγάνα, λάγανο *Art* Fladen *m*; ungesäuerte(s) Brot *n*.

λαγ|άρα [laɣ-] klare Flüssigkeit *f*; *als Adj.* rein; lauter; **~αρά** *n/pl. Anat.* Weichen *f/pl.*, Lenden *f/pl.*; **~αρίζω** (σ· στ) klären; läutern; *Hdl.* begleichen; **~άρισμα** *n* Klärung *f*; Läuterung *f*; **~αρός¹** fein, klar, durchsichtig; *Gold*: gediegen; **~αρός²** schlaff, matt.

λαγγε|ύω [la'ňgɛvɔ] (ευσ) hüpfen, springen; *fig.* zerfließen (vor *D Liebe*); ***~μένος*** *poet.* wonnereich.

λαγγόνια [la'ňgɔnĭa] *n/pl. Anat.* (die) Weichen.

λαγήν|α, ~ι [la'jin-] Krug *m*; ***στενό ~ι*** Geizhals *m*.

λαγιάζω [-'jazɔ] (λάγιασα) sich (*A*) niederkauern; sich (*A*) verstecken; F dösen.

λαγίνα Häsin *f*.

λάγιος schwarz (*Schaf*).

λαγκάδι [la'ŋgaði] Schlucht *f*.

λαγνεία [laɣ-] Wollust *f*.

λάγνος (-α) wollüstig, sinnlich.

λαγοκοιμούμαι [-ķi'mumɛ] (άσαι· ηθ) schlummern, F dösen.

λαγόνες *pl. s.* ***λαγγόνια.***

λαγόνια *pl. s.* ***λαγγόνια.***

λαγός Hase *m*; *fig.* Hasenfuß *m*.

λαγουδέρα Steuerhebel *m*.

λαγούμι [-'ɣumi] Kanal *m*; Stollen *m*.

λα(γ)ούτο Laute *f*.

λαγών (-όνος) *f mst. pl.* ***λαγόνες*** *s.* ***λαγαρά.***

λαγωνικό [laɣɔni'kɔ] Jagdhund *m*; *bsd. fig.* Spürhund *m*.

λαδάδικο Ölpresse *f*; Olivenölhandlung *f*.

λαδ|άς [la'ðas] (-άδες) Ölhändler *m*; Ölproduzent *m*; **~έμπορος** [-'ɛm̃bɔr-] Ölhändler *m*; **~ερό** Ölkanne *f* (*a. Tech.*); **~ερός** ölig; mit Öl zubereitet.

λαδής 2 olivgrün.

λάδι ['laði] Öl *n*; ~ ***ηλίου*** Sonnenöl *n*; ***η θάλασσα είναι ~*** das Meer ist spiegelglatt; ***βγαίνω ~*** mit heiler Haut davonkommen.

λαδ|ιά Ölfleck *m*; *fig.* F Schmu *m*; **~ικό** Ölfläschchen *n*; **~ομπογιά** [-ɔbɔ'ja] Ölfarbe *f*; **~όχαρτο** [-'ɔxartɔ] Pergamentpapier *n*; Butterbrotpapier *n*.

λάδωμα *n* Ölen *n*, Schmieren *n* (*a. fig.*).

λαδώνω (σ· θ) ölen, schmieren; *fig.* schmieren (*mit Geld*).

λαζάνια [laz-] *n/pl.* breite Nudeln *f/pl.*

λάζερ (0) *n s.* ***λέιζερ.***

λάζος Dolch *m*.

λαθ- *s.* ***λανθάνω.***

λαθ|εμένος falsch, fehlerhaft; **~εύω** (εψ· ευτ) *v/i.* sich (*A*) irren; *v/t.* irreführen.

λάθος *n* Irrtum *m*, Fehler *m*; ~ ***τυπογραφικό*** Druckfehler *m*; ***κάνω ~*** sich (*A*) irren (***σε***/ in *D*); ***κατά ~*** aus Versehen.

λαθρ|αίος (-αία) erschlichen; Schmuggel-; *bsd. Adv.* unbemerkt, heimlich; **~εμπόρευμα** [-ɛ'm̃bɔrɛvma] *n* Schmuggelware *f*; **~εμπόριο** Schmuggel *m*; ***κάνω ~εμπόριο*** schmuggeln; **~έμπορος** Schmuggler *m*; **~επιβάτης** [-ɛpi'vat-] (***-ισσα***) Schwarzfahrer(in *f*) *m*; **~οθήρας** [-ɔ'θiras] Wilddieb *m*; **~οθηρία** Wilddieberei *f*.

λαϊκ|οδημοκρατικός [laikɔðimɔkrat-] volksdemokratisch; **~οοικονομικός** [-ɔikɔ-] volkswirtschaftlich; **~ός** Volks-; volkstümlich; einfach (*Restaurant*); weltlich; *Rel.* Laien-; *Su. m* Laie *m*; *Su. n* Volkslied *n*; ***~ή δημοκρατία*** Volksrepublik *f*; ***~ό κόμμα*** Volkspartei *f*; **~ότητα** Popularität *f*.

λαίλαπα ['lɛlapa] Orkan *m*.

λαιμά [lɛ'ma] *n/pl.* Kehle *f*; Hals *m*; *Anat.* Mandeln *f/pl.*

λαιμαργία [-marj-] Gefräßigkeit *f*.

λαίμαργος [-marɣ-] gefräßig, unersättlich; *Su. m* Nimmersatt *m*.

Λ

λαιμ|ητόμος [-i'tɔm-] *f* Guillotine *f*; **~οδέτης** Schlips *m*; **~ός** Hals *m*; Kehle *f*; ***με πήρε στο ~ό του*** er ist an meinem Unglück schuld.
λακάω (άς· ησ) *v/i.* F verduften.
λακέρδα (gepökelter) Thunfisch *m*.
λακές [la'k̡ɛs] (-έδες) *allg.* Lakai *m*.
λακίζω [la'k̡izɔ] (σ) F türmen.
λακιρντί F Schwatz *m*; Gequassel *n*; Anbändelei *f*.
λακκάκι [-'kaik̡i] kleine Grube *f*; **~ *στα μάγουλα*** Grübchen *n*.
λάκκο|ς ['lak-] Grube *f*, Graben *m*; *fig.* Patsche *f*; ***κάτι ~ έχει η φάβα*** es steckt etwas dahinter.
λακκούβα Schlagloch *n*; Pech *n*, (*e-e*) Panne *f* (*haben*).
λακκ|ουβίτσα [-u'vitsa] Murmelspiel *n*; **~ούδι** kleine Grube *f*.
λάκκωμα *n* Mulde *f*.
λακτίζω [lakt-] (σ· στ) *v/t.* *j-n* treten, *j-m* e-n Fußtritt versetzen.
λάκτισμα *n* Fußtritt *m*.
λακων|ικός [lakɔn-] lakonisch; **~ισμός** Prägnanz *f*; Wortkargheit *f*.
λαλές [la'lɛs] (-έδες) Tulpe *f*.
λάλημα *n* Gezwitscher *n*.
λαλιά [-'lja] Stimme *f*; *s.* ***λάλημα.***
λάλος geschwätzig.
λαλουμένη [lalum-] (γλώσσα) Umgangssprache *f*.
λαλώ [la'lɔ] (είς· ησ) *Vögel*: singen; *Hahn*: krähen; *Violine usw.* spielen; *Mensch*: reden.
λάμα Lamelle *f*; Rasierklinge *f*; *Zool.* Lama *n*.
λαμαρίνα Eisenblech *n*; Blechplatte *f*.
λαμβάνω (λαβ· ληφθ) *s.* ***λαβαίνω.***
λαμόγια: F ***την κάνω ~*** *j-n* reinlegen; *j-n* versetzen.
λάμπα ['lam̃ba] Lampe *f*; **~ *φθορίου*** Halo'genlampe *f*.
λαμπ|άδα Fackel *f*; Wachskerze *f*; **~αδηδρομία** *hist.* Fackellauf *m*; **~αδηφορία** Fackelzug *m*; **~αδιάζω** (-άδιασα) in Flammen geraten (stehen); **~ερός** strahlend, leuchtend; **~ικάρω** (αρισ) destillieren; raffinieren; läutern; *Haus* putzen; *Frage* klären; ***~ικαρισμένος*** ... mit klarem Kopf; **~ίκος** Filter *m*; *fig.* spiegelblank; **~ιόνι** Lampion *m*; **~οκοπώ** [-ɔkɔ'pɔ] (άς· ησ) glänzen; *fig.* es dämmert mir.
λαμπρεκαίν [lam̃brɛ'kɛn] (0) *n* Querbehang *m*.
Λαμπρή [lam̃'bri] Osterfest *n*.
λαμπρ|ιάτικος Oster-; *Adv.* zu Ostern; **~ός** glänzend (*a. fig.*); **~ότητα** Glanz *m*; **~οφόρος** [-ɔ'fɔr-] prächtig gekleidet; strahlend; **~ύνω** (II = I) *v/t.* Glanz verleihen *D* (*a. fig.*).
λαμπ|τήρας [lam̃'ptiras] Glühbirne *f*; Lampe *f*; **~υρίδα** Glühwürmchen *n*; **~υρίζω** (σ) funkeln.
λάμπω ['lam̃bɔ] (ψ) *Sonne*: scheinen; strahlen (***από/*** vor *D*); glänzen.
λάμψη ['lam̃psi] Glanz *m*; Schein *m*.
λαν|άρα, ~άρι [lan-] Kardätsche *f*, Krempel *f*; **~αρίζω** (σ· στ) kardätschen, krempeln.
λανθ|άνων [-'anɔn] (-ουσα, -ον) latent; **~ασμένος** [-azm-] falsch.
λανολίνη Lanolin *n*.
λανσάρω [lañ'sarɔ] (ρισ) auf den Markt werfen; lancieren.
λάντζα ['lañdza] Abwaschbecken *n*; Abwasch *m*.
λάξευση ['laksɛfsi] (-εις) Bildhauerei *f*; Holzschnitzerei *f*.
λαξ|ευτός gemeißelt; geschnitzt; **~εύω** (ευσ, εψ· ευτ) meißeln; *Holz* bearbeiten; *Stil* ausfeilen.
λαο|γραφία [laɔɣraf-] Volkskunde *f*; Folkloristik *f*; **~γραφικός** Volks-, folkloristisch; **~γράφος** Volkskundler *m*, Folklorist *m*; **~κρατία** Volksherrschaft *f*; **~πλάνος** Volksverführer *m*; **~πρόβλητος** [-'prɔvlit-] vom Volke gewählt.
λαός *allg.* Volk *n*; Volksmenge *f*.
λάου: F ***το πάω ~ ~*** heimlich vorgehen.
λαουτζίκος (das) einfache Volk.
λαοφιλής [-fil-] beliebt, volkstümlich.
λαπαδιάζω (-πάδιασα) breiig werden.
λαπάρα [lap-] *Anat.* Weiche *f*; *Tier*: Flanke *f*.
λαπάς (-άδες) Reisbrei *m*; *fig.* Tranlampe *f*, Mops *m*.
λαργάρω [larɣ-] (αρισ) *mar.* absegeln, in See stechen.
λαρδί [lar'ði] Speck *m*.
λάρικας ['larikas] *Bot.* Lärche *f*.
λάρνακα [-naka] Urne *f*.
λάρυγγας ['lariŋg-], **λαρύγγι** [-'riŋg̡i] Kehle *f*; Kehlkopf *m*.
λαρυγγ|ίζω [lariŋg̡-] (σ) gröhlen; *Mus.* trillern; **~ικός** Kehlkopf-, La-

ryngal-; **~ισμός** Koloratur *f*; Gröhlen *n*; **~ίτιδα** Kehlkopfentzündung *f*; **~οσκόπιο** [-ŋ̃gɔ'skɔp-] Kehlkopfspiegel *m*; **~όφωνο** [-'ɔfɔnɔ] Gutturallaut *m*; **~όφωνος** guttural.
λάσιος (-ια) behaart, struppig.
λασκάρω (II = I *od.* αρισ) *v/t.* loslassen; *v/i.* nachlassen.
λάσο Lasso *n*.
λάσπη ['laspi] Schlamm *m*, Schmutz *m*, F Matsch *m*; (*Hausbau*) Lehm *m*; ***το 'κοψε ~*** er hat sich aus dem Staube gemacht; ***~ η δουλειά μας*** unsere Sache ist verpfuscht.
λασπ|ονέρι Matsch *m*, Schlamm *m*; **~ουριά** matschige(s) Gelände.
λασπώ|δης [la'spɔ-] schlammig; *fig.* breiig; **~νω** (σ· θ) *v/t.* schmutzig machen; *fig.* verpfuschen; *v/i.* schmutzig werden; breiig werden; *fig.* verpfuscht sein; ***~νομαι*** sich (*A*) bespritzen (*vom Schmutz*).
λαστέξ (0) *n* Lastex *n*; *fig.* Chamäleon *n*.
λαστιχένιος [lastiç-] (-ια) Gummi-; *fig.* geschmeidig (wie Gummi).
λάστιχο [-ixɔ] Gummi *m*; (*Auto*) Reifen *m*; Radiergummi *m*; Schleuder *f*; F ... sehr elastisch.
λατέρνα [lat-] Drehorgel *f*.
λατερνατζής (-ήδες) Leierkastenmann *m*.
λατιν|ικός lateinisch; **~ιστής** Lateinlehrer *m*; Latinist *m*.
Λατίνος Lateiner *m*, Römer *m*; ♀ *Adj.* lateinisch.
λατομείο Steinbruch *m*.
λατομώ (είς· ησ) als Steinbrecher arbeiten.
λάτρα Reinemachen *n*; Reinhaltung *f*.
λατρ|εία [latr-] Verehrung *f*; ***έχω ~εία σε*** *fig.* vergöttern; **~ευτής** [-ɛft-] Verehrer *m*; **~ευτός** verehrt; **~εύω** (ευσ· ευτ) anbeten (*a. fig.*).
λάτρης (***-ισσα***) Verehrer(in *f*) *m*.
λάφι Hirsch *m*.
λαφιάζομαι [la'fjazɔmɛ] (στ) e-n Schreck bekommen.
λαφρ|άδα [lafr-] Leichtigkeit *f*; **~ύς** (-ιά, -ύ) leicht.
λαφυραγωγ|ία [lafiraɣɔj-] Plünderung *f*; **~ός** [-'ɣɔs] Plünderer *m*; **~ώ** (είς· ησ) plündern.
λάφυρο Beute *f*; Siegeszeichen *n*.
λαχαίνω (λαχ) treffen; zufallen; *unp.*: ***έλαχε να ...*** zufällig *stand ich*, *befand ich mich* ...; ***αν λάχει ...*** wenn sich (zufällig) ... bietet; ***μην έλαχε να δείς ...;*** hast du nicht zufällig ... gesehen?
λαχανα|γορά [laxanaɣɔ'ra] Gemüsemarkt *m*; **~ρμιά** Sauerkraut *n*.
λαχανάς F Taschendieb *m*.
λαχανιάζω (-άνιασα) schnaufen.
λαχανικό Gemüse *n*.
λάχανο Kohl *m*; *pl.* Gemüse *n*; *Argot*: gestohlene Brieftasche *f*.
λαχαν|όκηπος Gemüsegarten *m*; **~οπωλείο** [-ɔpɔl-] Gemüseladen *m*; **~οπώλης** (***-πωλίτρια***) [-ɔ'pɔl-] Gemüsehändler(in *f*) *m*; **~οφάγος** [-'faɣ-] Vegetarier *m*.
λαχ|είο [laç-] Lotterie *f* (*a. fig.*); Los *n*; F *fig.* das große Los; **~ειοφόρος** [-çiɔ-'fɔr-] (-α) Prämien-; **~νός** [-'xnɔs] Los *n*; ***βάζω ~νό*** auslosen.
λαχτ|άρα [laxt-] Sehnsucht *f*; Wehmut *f*; (*als Ereignis*) Aufregung *f*; **~αρίζω** (σ) *s.* ***λαχταρώ;*** **~αριστός** begehrenswert; appetitlich; **~αρώ** (άς· ησ) *v/t.* sich (*A*) sehnen (***να***/ danach, zu ...); *v/i.* beben (***από***/ vor *D*).
λέαινα ['lɛɛna] Löwin *f*.
λεβάντα [lɛ'vañda] Lavendel *m*.
λεβάντες Ostwind *m*; Levante *f*.
λεβαντίνος (***-ίνα***) Levantiner(in *f*) *m*.
λεβ|έντης stattliche(r) Bursche *m*, hübsche(r) Junge *m*; **~εντιά** [-ɛ'ñdja] Tapferkeit *f*; junge Leute *pl.*; Freigebigkeit *f*; **~έντικος** stattlich, fesch; **~έντισσα** fesche(s) Mädchen.
λεβέτι [lɛ'vɛti], **λέβητας** Kessel *m*.
λεβητοστάσιο [-'stas-] Kesselraum *m*.
λεβίθα Wurm *m*, Made *f*.
λεγάμενος in Rede Stehende(r).
λεγένι [-'jɛni] Waschbecken *n*.
λεγε|ώνα Legion *f*; **~ωνάριος** Legionär *m*.
λεγόμενος [lɛɣ-] so genannt.
λέγω ['lɛɣɔ] (*a.* λες, λέει, λέμε, λέτε, λένε· πες, πέστε! να πω· είπα· ειπώθ-, *K.* ελέχθ-· ειπωμένος, *K.* ειρημένος) sagen (***για***/ zu *D*); erzählen (***για***/ von *D*); *Gedicht* aufsagen; beabsichtigen, gedenken (***να***/ zu *mit Inf.*); ***πως σε λένε;*** wie heißt du?; ***λες και ...*** als ob (*mit Konj. II*); ***εδώ τα λέμε*** wir unterhalten uns darüber; ***που λέει ο κόσμος*** wie man so sagt; ***τι θέλει να***

λεζάντα 292

πει αυτό; was soll das heißen?; ***λέγομαι*** (*N*) ich heiße (*N*).
λεζάντα [lɛ'zaňda] Legende *f*, Begleittext *m*; Bildunterschrift *f*.
λεηλα|σία [lɛilas-] Plünderung *f*; **~τώ** (είς· ησ) plündern.
λεία ['lia] *allg*. Beute *f*.
λειαίνω (αν· ανθ· λειασμ-) glätten, polieren; *Rede* ausfeilen.
λειαν- *s*. ***λιαν-***.
λειβάδι *s*. ***λιβάδι***.
λέιζερ (0) *n* Laserstrahl *m*; ***ακτίνες ~*** Laserstrahlen *m/pl*.; ***θεραπεύω με ~*** lasern.
λειμώνας [li'mɔnas] Wiese *f*.
λείος (-εία) glatt, eben; glatt, schlüpfrig.
λειότητα Glätte *f*.
λειπ- *s*. ***λιπ-***.
λείπω (ψ· φτ) fehlen (***του***/ *j-m*); aus dem Wege gehen, nicht nachkommen (***από***/ e-r S. *D*); abwesend sein; ***λείπει*** es fehlt (an *D*); ***λίγο έλειψε*** (***και, να***) beinahe, fast; wenig hätte gefehlt, (dass); ***λίγο έλειψε και έπεσε, να πέσει*** beinahe wäre er gefallen; ***μην λείψεις να σταθείς*** versäume nicht, ... stehen zu bleiben.
λειρί [li'ri] (Hahnen-)Kamm *m*.
λειτούργημα [li'turj-] *n* Amt *n*.
λειτουργ|ία Funktion *f*; Tätigkeit *f* (*e-s Organs*); Gang *m* (*e-r Maschine*); *Rel*. Messe *f*, Liturgie *f*; **~ιά** *Rel*. Messe *f*; Opfergabe *f*; **~ικός** funktionsgerecht, funktionell; Messe-; **~ικότητα** Funktionsfähigkeit *f*; **~ός** [-'ɣɔs] Beamte(r); Priester *m*; **~ώ** (είς· ησ) *Tech*. funktionieren; *Pers*. fungieren; *Anat*. arbeiten; *Laden*: geöffnet sein; *Thea*. *usw*. in Betrieb sein; *Rel*. Messe lesen.
λειχήνα [li'çina] *Bot*., *Med*. Flechte *f*.
λειψανδρία Mangel *m* an Männern.
λείψανο ['lips-] Leiche *f*; *pl*. Reste *m/pl*.; *Rel*. Reliquien *f/pl*.
Λειψία Leipzig *n*.
λειψ|ός *Geld*: knapp; *allg*. (zu) knapp (gewogen); *Brot*: ungesäuert; *Mensch*: lädiert; **~υδρία** Wassermangel *m*.
λειώμα *n s*. ***λιώμα***.
λεκ|άνη [lɛk-] Waschschüssel *f*; Toilettenbecken *n*; Teich *m*; *Geol*., *Geogr*., *Anat*. Becken *n*; ***~άνη ελαίου*** Ölwanne *f*; **~ανοπέδιο** [-anɔ'pɛð-] *Geogr*. Mulde *f*; **~ές** [-'ķɛs] (-έδες) Fleck *m*; ***~ές από λάδι*** Ölfleck *m*; **~ιάζω** (λέκιασα· στ) *v/t*. fleckig machen, F bekleckern; *fig*. beflecken; *v/i*. Flecke bekommen.
λέκιθος *f* Eigelb *n*; Lezithin *n*.
λεκτι|κό Ausdrucksweise *f*, Diktion *f*; **~κός** (*Verben*) des Sagens.
λέκτορας Lektor *m*.
λέλεκας ['lɛlɛk-], **λελέκι** Storch *m*.
λελές [lɛ'lɛs] (-έδες) *m hist*. Muttersöhnchen *n*, *Art* Playboy *m*.
λεμβοδρομία [lɛɱvɔ-] Ruderregatta *f*.
λέμβος ['lɛɱv-] *f* Kahn *m*, (Ruder- *od*. Segel-)Boot *n*; ***~ λαστιχένια*** Schlauchboot *n*; ***~ (ναυαγο)σωστική*** Rettungsboot *n*.
λεμβούχος [-'ux-] Bootsmann *m*.
λεμ|ονάδα [lɛm-] Zitronenlimonade *f*; **~ονής** (-ιά, -ί) zitronengelb; **~όνι** Zitrone *f*.
λεμον|ιά Zitronenbaum *m*; **~όζουμο** [-'ɔzumɔ] Zitronensaft *m*; **~όκουπα, ~όφλουδα** Zitronenschale *f*.
λεμπέσης (-ηδες) F unsichere(r) Kandidat.
λεμφικ|ός [lɛɱf-] lymphatisch; ***~ό σύστημα*** Lymphgefäßsystem *n*.
λέμφος *m*, *f* Lymphe *f*.
λέν(ε) *s*. ***λέγω***.
λενινισμός Leninismus *m*.
λέξη ['lɛksi] (-εις) Wort *n*; ***κατά ~*** wörtlich.
λεξίγριφος [-'ksiɣrif-] Rebus *n*, *m*.
λεξικό Wörterbuch *n*; Lexikon *n*; ***ειδικό ~*** Fachwörterbuch *n*.
λεξικο|γράφος Lexikograph *m*; **~λόγος** [-'lɔɣ-] Lexikologe *m*.
λεξιλόγιο [-'lɔjɔ] Wörterverzeichnis *n*, Glossar *n*; Wortschatz *m*.
λεοντ|άρι [lɛɔňd-] Löwe *m*; *fig*. Recke *m*; **~ή** Löwenfell *n*; **~όκαρδος** reckenhaft, kühn; *Su*. ***~όκαρδος*** [-karð-] (Richard) Löwenherz *m*.
λεοπάρδαλη [-'parðali] Leopard *m*.
λέπι (*Fisch*-)Schuppe *f* (*a*. *Anat*.); *Tech*. Glühspan *m*.
λεπίδα Klinge *f*, Scheide *f*; ***~ ξυριστική*** Rasierklinge *f*.
λεπίδι *s*. ***λεπίδα***.
λέπρα ['lɛpra] Aussatz *m*, Lepra *f*.
λεπρός aussätzig, leprakrank.
λεπταίνω *s*. ***λεπτύνω***.
λεπτεπίλεπτος [lɛptɛ'pilɛpt-] zimperlich, geziert.

λεπτ|ό Minute *f*; Lepta *f* (*100. Teil der Drachme*); **~ά** *pl.* Geld *n*.
λεπτ|οδείχτης [-ɔ'ðiçt-] Minutenzeiger *m*; **~όδερμος** [-'ɔðɛrm-] dünnhäutig; **~οκαμωμένος** [-ɔkamɔm-] sehr zart, empfindlich; **~ολόγος** [-'lɔɣ-] peinlich genau; pedantisch; **~ολογώ** (εíς· ησ) genau prüfen; **~ομέρεια** [-'mɛrĭa] Einzelheit *f*; **~ομερειακός** eingehend; nebensächlich; **~ομερής** ausführlich; **~ός** dünn, *allg.* schlank; empfindlich; zart; *Stimme*: hoch; *Ironie*: fein; *fig.* zart fühlend; **~ότητα** Dünne *f*; *allg.* Schlankheit *f*; Empfindlichkeit *f*; Feinheit *f*; Zartgefühl *n*; **~ουργείο** [-ur'jiɔ] Kunsttischlerei *f*; **~ουργός** [-urɣ-] Kunsttischler *m*; **~οφυής** [-ɔfĭ'is] fein gewebt; zart.
λέπτυνση ['lɛptiňsi] (-εις) Anspitzen *n*; Verfeinerung *f*.
λεπτύνω (II = I· υνθ) *v/t.* dünner machen; schlanker machen; anspitzen; *fig.* verfeinern; *v/i.* dünner werden.
λέρα ['lɛra] Schmutz *m*; *fig.* Halunke *m*.
λερός schmutzig.
λέρωμα (-ατος) *n* Verunreinigung *f*.
λερώνω (σ· θ) *v/t.* schmutzig machen; *fig.* beschmutzen; *v/i.* schmutzig werden; sich (*A*) schmutzig machen.
λεσβιακός lesbisch.
Λέσβος ['lɛzv-] *f* Lesbos *n*.
λέσι *fig.* F faule Sache.
λέσχη ['lɛsçi] Klub *m*, Kasino *n*.
Λετον|ία [lɛtɔn-] Lettland *n*; **2ικός** lettisch; **~ός** (**-ή**) Lette *m* (Lettin *f*).
λέτσος Penner *m*; *Adj.* pennerhaft.
λεύκα ['lɛfka] Silberpappel *f*.
λευκάζω weiß schimmern.
λευκαίν|ω (αν· ανθ) weißen, bleichen; ***~ομαι*** weiß werden.
λευκ|άκανθα [-'akaňθa] Weißdorn *m*; **~άνθεμο** (*groß*) Margaretenblume *f*; (*klein*) Gänseblümchen *n*.
λεύκανση ['lɛfkaňsi] Weißen *n*; Bleichen *n*.
λευκαντικός Bleich- (*Mittel*).
λεύκη [-ki] Pappel *f*.
λευκοκύτταρο [-'kita-] *nur pl.* Leukozyten *pl*.
λευκοπλάστης Heftpflaster *n*.
λευκ|ός [lɛfk-] weiß; *fig.* untadelig; ***εντολή εν ~ώ*** freie Hand *f*; **~οσίδηρος** [-'siðir-] Weißblech *n*; **~ότητα** weiße(s) Licht *n*, Weiß *n*; Reinheit *f*; **~οφορεμένος** weiß gekleidet; **~όχρυσος** [-'ɔxris-] Platin *n*.
λεύκωμα (-ατος) *n* Album *n*; Gästebuch *n*; *Biol.* Eiweiß *n*; Albumin *n*.
λευκωματούχος (-α) eiweißhaltig.
Λευκωσία [lɛfkɔs-] Nikosia *n*.
λευτεριά Freiheit *f*; ***καλή ~*** ich wünsche Ihnen (dir) e-e leichte Entbindung!
λευχαιμία [lɛfçɛ'mia] *Med.* Leukämie *f*.
λέφα F Schwindel *m*.
λεφτ- *s.* ***λεπτ-***.
λεφτά *n/pl.* (*nach 1945*) Geld *n*; **~ς** F Geldsack *m*.
λεχθ- *s.* ***λέγω***.
λεχ|ούδι [lɛ'xuði] Baby *n*; **~ούσα** *s.* ***λεχώ***.
λεχρίτης (***-ισσα***) Penner *m*; Schlampe *f*; Verlotterte(r).
λεχ|ώ (-ούς) *f*, **~ώνα** Wöchnerin *f*.
λεχωνιά Wochenbett *n*.
λέω *s.* ***λέγω***.
Λεωνίδας Le'onidas *m*.
λεωφορ|ειακός [lɛɔfɔrĭa'kɔs] Bus-, Autobus-; **~είο** Autobus *m*, Bus *m*; ***υπεραστικό ~είο*** Überlandbus *m*; ***~είο γραμμής*** Linienbus *m*; ***~είο τρόλεϊ*** O(berleitungs)bus *m*.
λεωφόρος *f* Boulevard *m*, Allee *f*.
λήγ|ουσα ['liɣusa] *Gr.* Endung *f*; **~ω** (ξ) zu Ende sein, *allg.* enden (*Gr.* ***σε***/auf *A*); *Hdl.* fällig werden; ablaufen.
ληθαργία [liθarj-], **λήθαργος** [-ɣɔs] tiefe(r) Schlaf; Schlafsucht *f*; Teilnahmslosigkeit *f*.
λήθη Vergessenheit *f*; *fig.* *Fluss*: Lethe *f*; ***ρίχνω στη ~*** in Vergessenheit bringen.
ληκτικός [likt-] End-.
λήκυθος *f* Parfümgefäß *n*; Flakon *m*.
λημέρι [lim-] Schlupfwinkel *m*.
λήμμα *n* Stichwort *n*; *Math.* Lehrsatz *m*.
Λήμνος *f* Lemnos *n*.
ληνός Kelter *f*.
λήξη ['liksi] (-εις) Ende *n*; *Hdl.* Ablauf *m*; Verfalltag *m*; Fälligkeit *f*.
ληξ|ιαρχείο [-iarç-] Standesamt *n*; **~ιαρχικός** standesamtlich; ***~ιαρχικό βιβλίο*** Personenstandsregister *n*; **~ίαρχος** [-'iarx-] Standesbeamte(r); **~ιπρόθεσμος** [-i'prɔθɛzm-] fällig.
λήπτης ['lipt-] Empfänger *m*.
λησμο|νιά [lizmɔn-] *s.a.* ***λήθη***; Ver-

Λ

λησμονιάρης 294

gesslichkeit *f*; **~νιάρης** [-'njar-] (-α, -ικο) vergesslich; **~νώ** (άς· ησ· ηθ) vergessen; **~σύνη** Vergessenheit *f*; Vergesslichkeit *f*.
ληστοποδ|οχή [listapɔðɔ'çi] Hehlerei *f*; **~όχος** [-'ɔx-] Hehler *m*.
λήσταρχος ['listarx-] (*-ίνα*) Räuberhauptmann *m* (Räuberanführerin *f*).
ληστεία Raub *m*; Räuberei *f*.
λήστευση [-ɛfsi] (-εις) Plünderung *f*.
ληστ|εύω (εψ· ευτ) rauben; *j-n* ausplündern (*a. fig.*); **~ής** Räuber *m*; *fig.* Halsabschneider *m*; ***βρε ~ή!*** *zum Kind*: na, du Racker!; **~οσυμμορία** Räuberbande *f*; **~ρικός** Räuber-.
ληφθ- *s.* ***λαμβάνω.***
λήψη ['lipsi] (-εις) Empfang *m*; *Foto*: Aufnahme *f*; *Med.* Einnehmen *n*; ***~ απόφασης*** Beschlussfassung *f*; ***~ σε ταινία*** Bandaufnahme *f*.
λιάζω *s.* ***ηλιάζω***; *v/t.* der Sonne aussetzen.
λιακάδα [lĩa-] Sonnenschein *m*.
λιακωτό Sonnenseite *f*.
λιανά *n/pl.* Kleingeld *n*; *Adv.* in Klein; ***τα κάνω ~*** *fig. j-m* das klarmachen.
λιανεύω (λιάνεψα) *s.* ***λεπτύνω.***
λιανίζω [lĩan-] (σ) (zer)hacken.
λιανικός [lĩan-] Einzel- (*Handel*, *Verkauf*); Einzelhandels- (*Preis*); *Adv.* einzeln, im Kleinen.
λιάνισμα *n* Zerhacken *n*.
λιανο|πούλημα [lĩanɔ'pul-] *n* Einzelverkauf *m*; **~πουλητής** Einzelhändler *m*; **~πουλώ** (άς· ησ) e-n Einzelhandel betreiben.
λιανός dünn; schlank; mager; *Adv.* ausführlich.
λιάσιμο ['lĩas-] (-ατος) Sonnen *n*.
λιαστός [lĩa-] *in der Sonne* getrocknet.
λιάστρα Sonnenplatz *m zum Trocknen*.
λιβάδι [liv-] Wiese *f*.
λιβαδίσιος Wiesen-.
λιβ|άνι Weihrauch *m*; **~ανίζω** (σ· στ) beweihräuchern (*bsd. fig.*); **~ανιστήρι** [-'stiri] Weihrauchfass *n*.
λίβας Südwestwind *m*, Schirokko *m*.
λιβελογράφος Pamphletist *m*.
λίβελος Schmähschrift *f*, Pamphlet *n*.
λιβρέα Livree *f*.
Λιβύη [li'vii] Libyen *n*.
λιβυκός libysch.
λιγάκι [li'ɣaiķi] ein bisschen, etwas.
λίγδα (Schweine-)Fett *n*; Fettfleck *m*; Schurke *m*.
λιγδ|ερός [liɣð-] fettig; schmierig; **~ιάζω** (λίδιασα· στ) *v/t.* beschmieren; *v/i.* schmierig werden; **~ιάρης** (-α, -ικο) schmierig; *Su. m* Schmierfink *m*; **~ώνω** *s.* ***λιγδιάζω.***
λιγνεύω [li'ɣn-] (εψ) dünn machen; abnehmen, dünn werden.
λιγνίτης Braunkohle *f*.
λιγνιτωρυχείο Braunkohlenwerk *n*.
λιγνός mager; dünn.
λιγο- *s.* ***ολιγο-.***
λιγόζωος [li'ɣɔzɔ-] kurzlebig.
λιγοθυμ|ιά Ohnmacht *f*; **~ώ** (είς· ησ) ohnmächtig werden.
λιγόλογος wortkarg.
λίγ|ος ['liɣ-] wenig; ein wenig, etwas; ***σε ~ο*** bald; ***το λιγότερο*** wenigstens; ***κάθε ~ο και λιγάκι*** F alle nas(en)lang.
λιγόστεμα *n* Verringerung *f*.
λιγοστ|εύω (εψ) *v/t.* vermindern; *v/i.* sich verringern, abnehmen; **~ός** sehr wenig; selten; knapp.
λιγούρα [-'ɣura] Übelkeit *f*; Schwindelgefühl *n*; *fig.* Begierde *f*; ***μου έρχεται ~*** mir wird übel.
λιγουρεύομαι (ευτ· εμ) e-n Heißhunger haben, wild sein (***να***/ darauf, zu).
λιγουριάζω (λιγούριασα) *v/t. j-m* Übelkeit verursachen.
λιγ|οψυχιά [liɣɔpsi'ça] Zaghaftigkeit *f*; Schwindelanfall *m*; **~όψυχος** [-psix-] zaghaft; furchtsam.
λιγών|ω [liɣ-] (σ· θ) *v/t.* Übelkeit verursachen; ohnmächtig machen; *v/i.* übel (ohnmächtig) werden (***από***/ vor *D*); ***~ομαι*** platzen (***από***/ vor *Lachen*).
λιθάνθρακας [li'θañθr-] Steinkohle *f*.
λιθ|άρι Stein *m*; **~ίαση** (-εις) Steinbildung *f*; **~ικός** steinern; Stein-; ***~ική εποχή*** Steinzeit *f*.
λίθινος *s.* ***λιθικός.***
λιθο|βόλημα [liθɔ'vɔl-] (-ατος) *n* Steinigung *f*; **~βολία** (*Sport*) Steinstoßen *n*; **~βόλος** Steinwerfer *m*; Steinstoßer *m*; **~βολώ** (είς· ησ) steinigen; **~γραφείο** [-ɣraf-] Steindruckerei *f*; **~γράφημα** *n*, **~γραφία** Steindruck *m*.
λιθ|οδομή Mauerbau *m*; **~οδομία** Steinbau *m*; **~όκτιστος** aus Stein gebaut; **~οξόος** [-ɔ'ksɔɔs] Steinmetz *m*.
λίθος Stein *m*; ***πολύτιμος ~*** Edelstein *m*.

λιθ|οστρώνω (σ) pflastern; **~ό-στρωτο** Pflaster *n*; **~όστρωτος** gepflastert.
Λιθουαν|ία [-θu-] Litauen *n*; **&ικός** litauisch; **~ός** (**-ή**) Litauer(in *f*) *m*.
λίθωση (-εις) Versteinerung *f*.
λικέρ [li'kɛr] (0) *n* Likör *m*.
λικν- *s.* **λιχν-**.
λικν|ίζω [likn-] (σ· στ) schaukeln, wiegen; **~ιστός** sich (*A*) wiegend.
λίκνο Wiege *f* (*a. fig.*).
λιλά (0) lila(farben).
λίμα¹ ['lima] Feile *f*; F Gequatsche *n*; **~ νυχιών** Nagelfeile *f*.
λίμα² Heißhunger *m*.
λιμά *n/pl.* F Phrasen *f/pl.*
λιμάζω (ξ· σμ) heißhungrig sein (**για**/ auf *A*).
λιμάνι Hafen *m*; **αλιευτικό ~** Fischereihafen *m*; **~ καταχωρισμού** Heimathafen *m*.
λιμάρω (αρισ, *a.* II = I) (ab)feilen; F (voll) quatschen.
λιμασμένος F *allg.* ausgehungert.
λιμεν|αρχείο [limɛnarç-] Hafenamt *n*; **~άρχης** Hafenmeister *m*; **~εργάτης** [-ɛrγ-] Hafenarbeiter *m*; **~ικός** Hafen-.
λιμνάζω (σ) stagnieren (*a. fig.*).
λίμνη ['limni] See *m*; **~ φράγματος** Stausee *m*.
λιμνίσιος Süßwasser-.
λιμνοθάλασσα [-'θalasa] Lagune *f*.
λιμοκτον|ία [limɔktɔn-] Hungertod *m*; Hungerleben *n*; **~ώ** (είς· ησ) verhungern; hungern.
λιμός Hungersnot *f*; Aushungern *n*.
λιμουζίνα [limuz-] Limousine *f*.
λιμπίζομαι [li'm̃bizɔmɛ] (στ) *v/t.* scharf sein auf (*A*).
λιμπιστός appetitlich; hübsch.
λιμπρέτο [li'brɛtɔ] Libretto *n*.
λιν|άρι [lin-] Flachs *m*, Lein *m*; **~α-ρόσπορος** [-a'rɔspɔr-] Leinsamen *m*; **~άτσα** Sacktuch *n*; **~έλαιο** [-'ɛlɛɔ] Leinöl *n*; Linoleum *n*.
λινό Leinen *n*, Leinwand *f*.
λίνο Flachs *m*.
λιν|όδετος ... in Leinen gebunden; **~ός** leinen.
λινοτυπική: ~ μηχανή Linotype *f*.
λιντσάρω [lin̆dz-] (αρισ) lynchen.
λιο- Sonnen-; Öl-.
λιόγερμα ['ljɔjɛr-] (-ατος) *n* Sonnenuntergang *m*.
λιόδεντρο [-ðɛn̆drɔ] Ölbaum *m*.
λιόλαδο Olivenöl *n*.
λιόλουτρο [-lutrɔ] Sonnenbad *n*.
λιοντ|άρι *s.* **λεοντάρι; ~αρίσιος** Löwen-; *fig.* Helden-.
λιοπύρι [ljɔ'piri] Sonnenglut *f*.
λιοστάσι Olivenhain *m*.
λιοτρίβι *s.* **ελαιοτριβείο.**
λιόφυτος ... mit vielen Olivenbäumen.
λιόχαρος sonnig, heiter.
λιπ- *s.* **λείπω.**
λιπαίνω (αν· ανθ· λιπασμ-) düngen; *Tech.* ölen, schmieren.
λίπανση ['lipan̆si] (-εις) Düngung *f*; Ölung *f*, Schmieren *n*.
λιπαντ|ήρας [lipa'n̆diras] Schmierbüchse *f*; **~ικό** Schmiermittel *n*.
λιπαρός fett (*a. Boden*).
λίπασμα *n* Dünger *m*; Düngemittel *n*.
λιπόβαρος *Portion*: zu klein, zu knapp.
λιπ|οθυμία [lipɔθim-] Ohnmacht *f*; **~όθυμος** ohnmächtig; **~οθυμώ** (είς· ησ) ohnmächtig werden.
λίπος *n* Fett *n*; *Tech.* Schmieröl *n*; **~ φαγητού** Speisefett *n*; **φυτικό ~** Pflanzenfett *n*.
λιποτ|αξία [-aks-] Fahnenflucht *f*; Verrat *m* (an *D*); **~άκτης** Deserteur *m*; Verräter *m* (an *D*); **~αχτώ** (είς· ησ) desertieren; *fig.* aufgeben.
λιποψυχ|ία [-psiç-] Mutlosigkeit *f*; **~ώ** (είς· ησ) den Mut verlieren.
λίρα Pfund (*Geld*) *n*.
λισγάρι, λίσγος [lizγ-] Spaten *m*, Schaufel *f*.
λίστα ['lista] Liste *f*, Verzeichnis *n*; Speisekarte *f*.
λιτανεία Prozession *f*; Litanei *f*.
λιτ|άνευση (-εις) Prozession *f*; **~α-νεύω** (ευσ, εψ) e-e Prozession veranstalten.
λιτοδίαιτος [litɔ'ðiɛt-] genügsam.
λιτό|ς genügsam, mäßig; *Essen u. fig.* einfach; **~τητα** Genügsamkeit *f*, Mäßigkeit *f*; Einfachheit *f*.
λίτρ|α, ~ο Liter *m*, *a. n.*
λιχνίζω (σ) worfeln.
λιχ|ουδεύομαι [lixu'ðɛvɔmɛ] (ευτ) *v/t. u. v/i.* gierig sein (nach *D*); **~ούδης** (-α *od.* -ισσα, -ικο) wählerisch; *Su.* Feinschmecker *m*; **~ουδιά** Leckerbissen *m*; Hochgenuss *m*.
Λιχτενστάιν *n* Liechtenstein *n*.
λι|ώμα *n* Schmelze *f*; Brei *m*; *Adv.* zu

Λ

Brei; F hin, kaputt; ***τον κάνω ~ώμα*** *j-n* zermalmen, F zu Brei schlagen; **~ώνω** (έλιωσα) *v/t.* schmelzen (*fig.* ***από/*** vor *D*), zerstampfen; zerquetschen; *Butter* zerlassen; *Kleider* zerschleißen; F *j-n* zwiebeln; *v/i.* schmelzen, zu Brei werden; *Kleider*: zerschlissen sein; *fig.* erledigt sein (***από/*** vor *D*); *Toter*: sich (*A*) auflösen; **~ώσιμο** (-ατος) Schmelzen *n*; Zerstampfen *n*; Zerschleißen *n*; Zermürbung *f*.

λοβιτούρα F Lavieren *n*.

λοβός [lɔv-] Hülse *f*; Schote *f*; Ohrläppchen *n*; ***~ του πνεύμονος*** *Anat.* Lungenflügel *m*.

λογαρι|άζω [lɔγarĭ-] (-γάριασα· στ) (be)rechnen; in Rechnung stellen; gedenken; *fig.* denken (an *A*), zählen; ***~άζομαι*** abrechnen; **~ασμός** Rechnung *f*; Rechenschaft *f* (***δίνω*** ablegen); *fig.* Berechnung *f*, Plan *m*; (*Bank*) Konto *n*; ***αλληλόχρεος ~ασμός*** Kontokorrent *n*; ***δεσμευμένος ~ασμός*** Sperrkonto *n*; ***~ασμός καταθέσεων*** Depositenkonto *n*; ***~ασμός προθεσμίας*** Zeitkonto *n*.

λογαριθμικός: ***~ πίνακας*** Logarithmentafel *f*.

λογάριθμος Logarithmus *m*.

λογάς[1] [lɔ'γas] Auserwählte(r).

λογάς[2] (*pl.* -άδες) Schwätzer *m*.

λόγγος ['lɔŋ̈g-] Buschwald *m*.

λογγωμένος [lɔŋ̈gɔm-] bewaldet.

λογ|ής [lɔ'jis]: ***τι ~ής;*** was für ein?; ***κάθε ~ής, ~ιών ~ιών*** allerlei (*mit pl.*); jede Art von, alle Arten von.

λόγια *n/pl. s.* ***λόγος.***

λογ|ιάζω [lɔ'ja-] (λόγιασα), **~ιέμαι** [-'jɛmɛ] denken (an *A*); gedenken (zu); **~ίζομαι** (στ) *v/t.* berücksichtigen; sich (*D*) überlegen; *v/i.* sich (*A*) halten (für *A*); gelten (als).

λογικ|εύομαι [lɔji'ķɛvɔmɛ] (ευτ) vernünftig werden; logisch denken; **~ή** [-'ķi] Logik *f*; **~ό** [-'kɔ] Vernunft *f*; **~ός** *Biol.* vernunftbegabt; logisch; *fig.* vernünftig; *Preis*: mäßig; **~ότητα** Vernunft *f*; Logik *f*; Mäßigkeit *f*.

λόγιο Spruch *m*, Zitat *n*; **~ς** (-ια) gelehrt; gebildet.

λογ|ιοτατισμός *etwa*: Schwulststil *m*; **~ιότατος** hochgebildet; *iro.* hochgelehrt (*Katharewusa-Sprecher*).

λογισμός Denken *n*, Gedanke *m*; *Math.* Rechnung *f*; ***διαφορικός ~*** Differentialrechnung *f*.

λογιστ|ήριο [lɔjist-] Rechnungskammer *f*; Buchhaltung *f*; **~ής** (***-ίστρια***) Rechnungsführer(in *f*) *m*; Buchhalter(in *f*) *m*; ***ορκωτός ~ής*** vereidigte(r) Bücherrevisor *m*; **~ική** [-i'ķi] Buchführung *f*; *mil.* Logistik *f*, Versorgungswesen *n*; **~ικός** Rechnungs-, Buchhaltungs-, Geschäfts- (*Bücher*); ***~ική μηχανή*** Rechenmaschine *f*.

λογογρ|αφία [lɔγɔγraf-] Prosa *f*; **~άφος** Prosaschriftsteller *m*.

λογόγριφος Bilderrätsel *n*.

λογο|διάρροια [-'ðiarĭa] *iro.* Wortschwall *m*; **~δοσία** Rechenschaftsbericht *m*; **~δοτώ** (είς· ησ) e-n Rechenschaftsbericht geben; **~κλοπία** [-klɔp-] Plagiat *n*; **~κλόπος** Plagiator *m*; **~κλοπώ** (είς· ησ) ein Plagiat begehen; **~κρίνω** [-'krinɔ] (II = I· θ) zensieren; **~κρισία** Zensur *f*; **~κρίτης, ~κριτής** Zensor *m*; **~μαχία** [-maç-] Auseinandersetzung *f*; **~μαχώ** [-ma'xɔ] (είς· ησ) sich (*A*) streiten; **~παίγνιο** [-'pɛγn-] Wortspiel *n*.

λόγ|ος ['lɔγ-] (*m/pl.* -οι, *n/pl.* -ια) Sprachvermögen *n*; Wort *n*; Rede *f*; Vernunft *f*; Grund *m*; Rechenschaft *f*; *Math.* Verhältnis *n*; ***με άλλα ~ια*** mit anderen Worten; ***γίνεται ~ος για*** es geht um *A*; ***έγινε ~ος για*** die Rede kam auf *A*; ***ο περί ου ο ~ος, εν ~ω*** in Rede Stehende; ***βγάζω ~ο*** e-e Rede halten; ***δίνω το ~ο μου*** sein Wort geben; ***δίνω ~ο για*** Rechenschaft ablegen (über *A*); ***λαμβάνω ~ο*** das Wort ergreifen; ***για ~ους υγείας*** aus Gesundheitsgründen; ***δια ~ους αρχής*** aus prinzipiellen Gründen; ***ανάξιος ~ου*** nicht der Rede wert; ***~ος τιμής*** Ehrenwort *n*; ***παρά πάντα ~ον*** wider alle Vernunft; ***~ου χάρη*** zum Beispiel.

λογο|τέχνης [lɔγɔ'tɛxn-] Literat *m*, Schriftsteller *m*; **~τεχνία** Literatur *f*; **~τεχνικός** literarisch.

λογού (-ούδες) *f* Schwätzerin *f*.

λογοφέρνω [-'fɛrnɔ] (λογόφερα) sich (*A*) streiten, sich (*A*) zanken.

λογύδριο kurze Rede, Ansprache *f*.

λόγχη ['lɔŋ̈çi] Lanze *f*; Bajonett *n*.

λογχίζω (σ) (*Lanze*) durchbohren.

λόγω ['lɔγɔ] wegen *G*; ***~ υγείας*** aus

Λ

297 λουτροθεραπεία

gesundheitlichen Gründen; **~πένθους** wegen Trauer.
λοιδορ|ία [liðɔr-] Beschimpfung *f*; **~ώ** (είς· ησ) beschimpfen.
λοιμ|ική [-'ki] Pest *f*; **~ικός** [-ik-] Pest-; verseucht; ansteckend; **~οκαθαρτήριο** [-ɔkaθart-] Quarantäne(station) *f*; **~ός** Pest *f*; Seuche *f*; **~ώδης** *s.* ***λοιμικός***.
λοίμωξη ['limɔksi] (-εις) Infektion *f*; Verseuchung *f*; Ansteckung *f*.
λοιπ|όν [li'pɔn] also; nun; **~ός** übrig; ***και τα ~ά (κτλ.)*** und so weiter (usw.); ***του ~ού*** von nun an; in Zukunft.
λοίσθι|ος ['list-] *K.*: ***πνέει τα ~α*** er liegt in den letzten Zügen.
λοκάουτ (0) *n* Aussperrung *f*.
λονδίνιος *s.* ***λονδρέζικος***.
Λον|δίνο [lɔn'ðinɔ] London *n*; **2δρέζικος** *Adj.* Londoner ...; **~δρέζος** [-'ðrɛz-] (***-α***) Londoner(in *f*) *m*.
λόξα ['lɔksa] Fetzen *m* Tuch; *fig.* Schrulle *f*; *Adv.* schrullig.
λόξας (λοξάτος) F Verbohrte(r).
λοξεύω (ευτ, εψ) *v/t.* verbiegen; *v/i.* *links* abbiegen; einbiegen.
λόξιγκ|ας ['lɔksiŋgas] Schluckauf *m*; ***έχω ~α*** Schluckauf haben.
λοξο|βλέπω [-'vlɛpɔ] schielen; schief ansehen; **~δρόμηση** (-εις), **~δρομία** [-ðrɔm-] Kursänderung *f*; Lavieren *n*; **~δρομώ** (είς· ησ) den Kurs ändern; *mar.* lavieren.
λοξό|ς schräg, schief, krumm; scheel (*Blick*); *Pers.* verklemmt; **~τητα** Schiefheit *f*, Schrägheit *f*.
λόρδα ['lɔrða] Mordshunger *m*; ***τον κόβει ~*** F er schiebt Kohldampf.
λόρδος Lord *m*.
λοστός Hebel *m*; Schlagbolzen *m*.
λοστρόμος [lɔstr-] Bootsmann *m*.
λοταρία Lotterie *f*; *fig.* große(s) Los.
λοτόμος *s.* ***υλοτόμος***.
λότος Lotto *n*; Los *n*.
λουβί *s.* ***λοβός***.
Λουδοβίκος [luðɔ'vik-] Ludwig *m*.
λούζ|ω (σ· στ) *v/t.* baden; *Haar* waschen; *fig. j-m* den Kopf waschen; ***~ομαι*** sich (*A*) waschen; baden.
λουθηρανός lutherisch.
Λούθηρος ['luθirɔs] Luther *m*.
λουκάνικο [lu'kan-] Wurst *f*.
λουκέτο [-'kɛtɔ] Vorhängeschloss *n*; ***βάζω ~*** F den Laden dichtmachen.
λούκι ['luki] Dachrinne *f*; *fig.* F (glücklicher) Zufall; Reinfall *m*.
λουκιοπέρκη Zander *m*.
λουκουμάς [luku'mas] (-άδες) *Art* Krapfen *m*; F Glücksfall *m*.
λουκούμι [lu'kumi] türkische(r) Honig *m*; F Hochgenuss *m*.
λουλακής (-ιά, -ί) indigoblau.
λουλάκι [-'laïki] Indigo *m*, *n*.
λουλουδάτος geblümt.
λουλούδι [lu'luði] Blume *f*.
λουλουδ|ιάζω, ~ίζω (σ· λουλούδι[α]σα) blühen (*a. fig.*); ***~ιασμένος*** ... voller Blumen, blühend.
λουμίνι Schwimmdocht *m*.
λούμπα F Falle *f*.
λουξ (0) *n* Luxus *m*; Luxus-.
Λουξεμβούργο [luksɛ'mvurɣɔ] Luxemburg *n*.
λούπης ['lup-] Habicht *m*.
λούπινο Lupine *f*.
λούρα ['lura] Riemen *m*; Gerte *f*.
λουρί Riemen *m*.
λουρίδα Band *n*; Streifen *m*; ***αργή ~*** Kriechspur *f*; ***βοηθητική ~*** Standspur *f*; ***μαγνητική ~*** Magnetstreifen *m*; ***~ κυκλοφορίας*** Fahrspur *f*; ***~ ποδηλάτων*** Fahrradweg *m*; ***~ προσπέρασης*** Überholspur *f*.
λούρτιμο: ***στο ~*** F schließlich.
λουσ|αρίζω (σ), **~άρω** [lu'sar-] *j-n* herausputzen; ***~αρίζομαι*** F sich (*A*) fein machen.
λουσάτος [lus-] luxuriös.
λούσιμο (-ατος) Waschen *n*, Baden *n*; ***του 'κανα ένα ~*** ich habe ihm gehörig den Kopf gewaschen.
λούσο Luxus *m*.
λουστρ|άρισμα [lu'strar-] *n* Putzen *n*; **~άρω** (αρισ, αρ· αρισμ) polieren, *Schuhe* putzen; **~ίνι** Lackleder *n*.
λούστρο Lack *m*; Firnis *m* (*a. fig.*).
λούστρος Schuhputzer *m*.
λουτήρας [lu'tiras] Badewanne *f*.
λουτρικ|ά *n/pl.* Badezeug *n*; **~ό** Badelaken *n*; **~ός** Bade-.
λουτρ|ό Bad *n*; Bad(ezimmer) *n*; **~ά** *n/pl.* Badeanstalt *f*; Heilbad *n*; Badeort *m*; ***κάνω ~ό*** baden; ***έμεινε στα κρύα του ~ού*** er saß auf dem Trockenen; **~όπολη** Badeort *m*; **~ώνας** Badezimmer *n*; Waschraum *m*.
λουτροθεραπεία [-θɛrap-] Badekur *f*.

Λ

λούτσα ['lutsa] Pfütze *f*; ***έγινα ~*** ich wurde patschnass.
λούτσος Hecht *m*.
λούφα ['lufa] Stummheit *f*, Regungslosigkeit *f*; F ***την κάνω ~*** sich (*A*) davor drücken.
λουφάζω (ξ) stumm bleiben.
λουφές (-έδες) *hist*. Sold *m*; Trinkgeld *n*; *iro*. Pension *f*.
λοφ|ιά [lɔf-] Mähne *f*; Haube *f der Vögel*; **~ίο** Helmbusch *m*; Quaste *f*.
λοφίσκος Bodenerhebung *f*.
λόφος Hügel *m*.
λοφοσειρά Hügelkette *f*.
λοφώδης hügelig.
λοχαγός [lɔxaɣ-] Hauptmann *m*.
λοχ|εία [lɔç-] Wochenbett *n*; **~εύω** (εψ) *v/t*. niederkommen mit *D*.
λοχίας Feldwebel *m*, F Spieß *m*.
λόχμη ['lɔx-] Dickicht *n*, Gestrüpp *n*.
λόχος *mil*. Kompanie *f*.
λυγαριά [liɣar-] Korbweide *f*.
λυγερ|άδα [lijɛr-] Geschmeidigkeit *f*; Eleganz *f*; **~ός** schlank; geschmeidig.
λυγίζ|ω (σ· στ) *v/t*. biegen; *v/i*. sich biegen; *fig*. nachgeben (*D*); ***~ομαι*** (*a*. ***λυγιέμαι***) sich (*A*) wiegen.
λύγισμα *n* Biegen *n*.
λυγιστός biegsam; sich (*A*) wiegend.
λύγκας ['liŋ̃gas] Luchs *m*.
λυγμός [liɣm-] Schluchzen *n*.
λυγώ (άς· ησ) *s*. ***λυγίζω***.
Λυκαβηττός [likavi'tɔs] Lykabettos *m* (*Berg in Athen*).
λύκαινα Wölfin *f*.
λυκαυγές [lika'vjɛs] (-ούς) *n* Morgendämmerung *f*.
λύκειο ['lik̡-] Oberschule *f*.
λυκίσκος [lik̡-] Hopfen *m*.
λυκοπόδιο [likɔ'pɔð-] Bärlapp *m*.
λυκόρνια *n/pl*. F (die) Geier *m/pl*.
λύκος Wolf *m*; *Med*. Hauttuberkulose *f*; *fig*. F Vielfraß *m*.
λυκόσκυλο [-'ɔsk̡ilɔ] Wolfshund *m*; Schäferhund *m*.
λυκ|οφιλία [-ɔfil-] falsche Freundschaft *f*; **~οφωλιά** Wolfshöhle *f*; Verschwörernest *n*; **~όφως** [-'ɔfɔs] (-φωτος) *n* Abenddämmerung *f*; *fig*. Abendglanz *m*.
λυμ|αίνομαι (ανθ) *v/t*. verwüsten; *fig*. zugrunde richten; *v/i*. wüten.
λύμη Verderben *n*.
λυμπίζομαι *s*. ***λιμπίζομαι***.
λυμφ- *s*. ***λεμφ-***.
λυντζάρω [liň'dzarɔ] (αρισ) *v/t*. lynchen.
λύνω ['linɔ] (σ· θ) *Vertrag*, *Aufgabe*, *Rätsel* lösen; *Boot* losmachen; *Motor usw*. demontieren; *Streik* abbrechen; *Streit* beilegen; ***~ τη σιωπή*** das Schweigen brechen; ***~ την πολιορκία*** die Belagerung aufheben; ***λύθηκα στα γέλια*** ich lachte mich tot; ***λυθήκανε τα γόνατά μου από ...*** mir schlotterten die Knie vor *D*.
λύπη ['lipi] Kummer *m*; Trauer *f*; Mitleid *n* (***για***/ mit *D*); Bedauern *n*.
λυπη|μένος betrübt; **~ρός** (-ά) traurig; **~τερή** *Argot*: das dicke Ende (= *Rechnung*); **~τερός** traurig; Klage-.
λυπ|ώ (είς· ησ) *v/t*. betrüben; ***~άμαι*** (άσαι· ηθ) *v/i*. betrübt sein (***για***/ über *A*); bedauern; *unp*. es tut mir Leid; sparen mit *D*.
λύρα *hist*. Leier *f*; Lyra *f* (*Volksinstrument mit 3 Saiten*).
λυρικός lyrisch; mit Leierbegleitung.
λυρισμός Lyrismus *m*.
λυσεντερία [lisɛňdɛr-] *Med*. Ruhr *f*.
λύσ|η ['lisi] (-εις), **~ιμο** (-ατος) *n* Lösung *f*; Auflösung *f*; Entscheidung *f*; Beseitigung *f e-s Zweifels*.
λυσίπονος schmerzlindernd.
λυσιτ|έλεια [lisi'tɛl-] Vorteil *m*; **~ελής** vorteilhaft, nützlich; **~ελώ** (είς· ησ) von Nutzen sein.
λύσσα ['lisa] Wut *f*; *Med*. Tollwut *f*; *Essen*: versalzen; ***με ~*** erbittert.
λυσσ|άζω (ξ) tollwütig (*fig*. rasend) werden (***για***/ vor *D*); **~αλέος** (-α) tobend; erbittert; **~ιατρείο** [-iatr-] Tollwutstation *f*; **~ικός** tollwütig; **~ομανώ** (άς· ησ) toben; **~ώδης** tobend; erbittert.
λυτάρι [lit-] Leine *f*, Riemen *m*.
λυτός gelöst, los, unangebunden.
λύτρα *n/pl*. Lösegeld *n*.
λυτρών|ω [litr-] (σ· θ) befreien (***από***/ von *D*); loskaufen; ***~ομαι*** *fig*. sich (*A*) trennen (***από***/ von *D*).
λύτρωση ['litrɔsi] (-εις) Befreiung *f*, Erlösung *f*; Loskauf *m*.
λυτρωτής Befreier *m*; Retter *m*.
λυτρωτικός Erlösungs-.
λυχνάρι [-x-] Laterne *f*, Lampion *m*.
λυχνία Lampe *f*; (*Radio*) Röhre *f*.

λύχνος Lampe *f*.
λυχνοστάτης Lampenfuß *m*.
λώβα ['lɔva] Aussatz *m*, Lepra *f*.
λωβιάρης (-α, -ικο) aussätzig.
λώλα F Verrücktheit *f*; verrückte(s) Huhn.
λωλ|άδα [lɔl-] Dummheit *f*, Streich *m*; **~αίνω** (αν· αθ· αμ) *v/t*. verrückt machen; ***~αίνομαι*** verrückt werden (***από***/ vor *D*); **~αμάρα** *s*. ***λωλάδα***; **~ός** verrückt, F bekloppt.
λωπο|δυσία [lɔpɔðis-] (*Taschen-*) Diebstahl *m*; **~δύτης** (***-ύτρια***) Taschendieb(in *f*) *m*, Dieb(in *f*) *m*; **~δυτώ** (εíς· ησ) Diebereien begehen.
λωρίδα *s*. ***λουρίδα.***
λώρος Band *n*, Schnur *f*; ***ομφάλιος ~*** Nabelschnur *f*.
λωτός [lɔt-] Lotus *m*.
λωφάζω *s*. ***λουφάζω.***

M

M, μ [mi] My *n*; ***μ'*** = 40; ***,μ*** = 40.000.
μ' *s*. ***με.***
μα¹ [ma] *Ko*. aber; *im Fragesatz oft*: denn; *als Verstärkung*: ja.
μα² *Interjektion*: ***~ το Θεό!*** bei Gott!; ***~ την αλήθεια!*** Ehrenwort!
μαβής [-'vis] dunkelblau.
μαγαζ|άτορας [maɣa'za-] Geschäftsinhaber *m*; **~ί** Laden *m*, Geschäft *n*; **~ιά** *pl*. Markt *m*.
μαγ|άρα [-'ɣara] Schmutz *m*, Dreck *m*; *fig*. Schuft *m*; **~αρίζω** (σ· στ) *v/t*. beschmutzen; F etw. machen; ***~αρίζομαι*** sich (*A*) beschmutzen, F sich (*A*) voll machen; *fig*. verhexen; ***~αρισμένος*** verschmutzt; **~αρισιά** Schmutz *m*; *pl*. Unrat *m*; P Pup *m*; **~άρισμα** *n* Verunreinigung *f*.
μαγγ- *s*. ***μαγκ-.***
μαγγαν|εία Hexerei *f*; **~εύω** (εψ) *v/i*. hexen; *v/t*. behexen (*a*. *fig*.).
μαγγάνιο Mangan *n*.
Μαγδαληνή [-ali'ni] Magda'lene *f*.
μαγεία [maj-] Zauber(ei *f*) *m*, Magie *f*; *als Adv*. zauberhaft.
μάγειρας *s*. ***μάγειρος.***
μαγ|ειρείο [majir-] Küche *f*; Gastwirtschaft *f*; **~είρεμα** [-rɛma] *n* Kochen *n*; Essen *n*; Gericht *n*; *fig*. Quertreiberei *f*; **~ειρεύω** (εψ· ευτ) kochen; *fig*. aushecken (***του***/ gegen *A*); **~ειρική** Küche *f*, Kochkunst *f*; Kochbuch *n*; **~ειρικός** Koch-; **~είρισσα** Köchin *f*.
μά|γειρος, ~γερας [-jɛras] Koch *m*.
μαγ|ερεύω *s*. ***μαγειρεύω***; **~έρικο** Gastwirtschaft *f*; **~εριό** *s*. ***μαγειρείο.***
μάγε(υ)μα ['majɛ(v)ma] *n* Zauberei *f*; Zauber *m* (*a*. *fig*.).
μαγευτ|ής [-jɛft-] Zauberer *m*; **~ικός** Zauber-; *fig*. zauberhaft.
μαγ|εύτρα [-'jɛftra] Zauberin *f*; *als Adv*. zauberhaft; **~εύω** (εψ· ευτ) *v/i*. hexen; *v/t*. verhexen; *fig*. bezaubern.
μάγια *n/pl*. Zauber *m*.
μαγιά Hefe *f*; Sauerteig *m*; F Startkapital *n*; erste Einnahme *f*.
μαγιασίλι [maja'sili] F Hämorrhoiden *pl*.; Ausschlag *m*.
μαγιάτικο Mai-Thunfisch *m*.
μαγιάτικος Mai-.
μαγικός Zauber- (*Stab*, *Flöte*), magisch; zauberhaft.
μαγιό [ma'jɔ] (0) *n* Badeanzug *m*; Badehose *f*.
μαγιονέζα [-'nɛza] Majonäse *f*.
μάγισσα, μαγίστρα Hexe *f*.
μαγκάλι [ma'ŋgali] Kohlenbecken *n*.
μαγκ|άνι [ma'ŋgani] Mangel *f*, Rolle *f*; Presse *f*; Hebezeug *n*; Ziehbrunnen *m*; **~ανίζω** (σ· στ) mangeln; pressen; heben; hochziehen; *fig*. *j-n* unter Druck setzen.
μάγκανο *s*. ***μαγκάνι.***
μαγκανοπήγαδο Ziehbrunnen *m*.
μάγκας ['maŋgas] Straßenjunge *m*; Filou *m*.
μαγκιά Durchtriebenheit *f*; Schnoddrigkeit *f*.
μάγκινος schnoddrig; forsch.
μαγκιόρος Pfiffikus *m*.

μαγκλαράς [magla'ras] (-άδες) F lange Latte *f*.
μαγκούρα [ma'ŋgura] Krummstab *m*; Knüppel *m*.
μαγκούφης [-'ŋguf-] (-α, -ικο) allein stehend; *Su*. Einsiedler *m*; *fig*. elend.
μάγκωμα *n* Quetschung *f*.
μαγκώνω (σ· θ) quetschen, (ein)klemmen; ***τα ~*** F Geld scheffeln.
μαγν|ησία [-ɣnis-] Magnesia *f*; **~ήσιο** Magnesium *n*; **~ήτης** Magnet *m*; *fig*. Blickfang *m*; **~ητίζω** (σ· στ) magnetisieren; *fig*. hypnotisieren, bestricken; **~ητικός** magnetisch, Magnet-; bestrickend; **~ήτιση** (-εις) Magnetisierung *f*; **~ητισμός** Magnetismus *m*; *fig*. Anziehungskraft *f*; **~ητιστής** Magnetiseur *m*; **~ητοταινία** Magnetband *n*; **~ητόφωνο** Tonbandgerät *n*.
μαγνόλια [-ɣnɔl-] Magnolie *f*.
μάγ|ος Zauberer *m*, Magier *m*; ***οι τρεις ~οι*** die drei Weisen (aus dem Morgenlande).
μαγ|ούλα [ma'ɣula] Backe *f*; Aufschüttung *f*; **~ουλάδα** (*a. pl.*) Ziegenpeter *m*; **~ουλάς** [-'las] (-άδες) Pausback *m*; **~ουλήθρα** *s.* ***μαγουλάδα.***
μάγουλο Wange *f*, Backe *f*; *mar*. Bugseite *f*.
Μάγχη ['maŋçi] Ärmelkanal *m*.
Μαδαγασκάρη Madagaskar *n*.
μαδαρός (*K.* -ά) kahl.
μαδέρι [ma'ðeri] Balken *m*.
μάδημα *n* Rupfen *n*; Enthaaren *n*; Ausfall *m* (*des Haares*); Abfall *m*.
μαδίζω *s.* ***μαδώ.***
Μαδρίτη [-'ðriti] Madrid *n*.
μαδώ [ma'ðɔ] (άς· ησ) *v/t*. rupfen (*a. fig.*); *v/i. Haare*: ausgehen; *Blätter*: abfallen; *Pelz*: haaren.
μα|εστρία [maεstr-] Meisterschaft *f*; **~έστρος** Kapellmeister *m*.
μάζ|α ['maza] Masse *f* (*a. Phys.*); ***οι πλατιές ~ες*** die breite Masse.
μάζε(υ)μα [-ε(v)ma] *n* Einsammeln *n*; Einpacken *n*; *fig. pl.* Ramsch *m*.
μαζεύ|ω [ma'zεvɔ] (εψ· ευτ· εμ) *v/t*. sammeln; *Blumen* pflücken; *vom Boden* aufsammeln; *Rock* raffen; *Seil* anziehen; *Segel* einziehen; *Kind* zügeln; *Zunge* im Zaum halten; *v/i. Stoff*: einlaufen; *Med.* (ver)eitern; ***τα ~ω*** F s-e Sachen packen (= *gehen*); ***~ομαι*** sich (*A*) versammeln; *fig*. sich (*A*) zusammennehmen; F sich (*A*) verdrücken; *nach Hause* kommen.
μαζί [ma'zi] *Adv*. zusammen; auf einmal; *Präp*. mit *D*; ***~ μου*** mit mir; ***έχω ~ μου*** bei sich haben.
μαζικός Massen-; gemeinsam, genossenschaftlich; Serien-; ... der breiten Masse; *Med.* (*vgl.* ***μαστός***) Brust-.
μαζούρκα Mazurka *f*.
μαζούτ (0) *n* Schweröl *n*.
μαζοχισμός Masochismus *m*.
μάζωμα *n s.* ***μάζευμα.***
μαζώνω (ξ· χτ) *s.* ***μαζεύω.***
μάζωξη *s.* ***μάζευμα.***
μαζωχτός [mazɔxt-] schüchtern; *Adv*. alle(s) zusammen.
Μάης Mai *m*.
μαθαίν|ω [maθ-] (έμαθα· μαθευτ· μαθημ) *v/t*. lernen (***το από/*** etw. von *D*); lehren (***του*** *od.* ***τον το/*** j-n etw. *A*); erfahren, hören (***για/*** über *A*); sich (*A*) daran gewöhnen (***να/*** zu); ***~ομαι*** bekannt werden.
μαθέ(ς) F natürlich; wohl.
μάθημα *n* Unterricht *m*, Stunde *f*; Lektion *f*; Aufgabe *f*; Gewohnheit *f* (*annehmen*); ***γλωσσικό ~, σειρά μαθημάτων*** Sprachkurs *m*; ***κάνω ~*** Unterricht geben *od.* nehmen.
μαθηματικ|ά [maθimat-] *n/pl*. Mathematik *f*; **~ός** mathematisch; *Su. m* Mathematiker *m*.
μαθημένος gelehrt; gewöhnt (***σε/*** an *A*).
μάθηση (-εις) Erlernung *f*; Kenntnisse *f/pl.*; Erfahrung *f*.
μαθητ|εία [maθit-] Lehrzeit *f*; **~ευόμενος** [-ε'vɔm-] Lehrling *m*; Auszubildende(r), Azubi *m*, *f*; **~εύω** (εψ) *v/i*. Schüler sein; *Hdl.* lernen; *v/t*. lehren (*A/A*), Unterricht erteilen; **~ής** (***-ήτρια***) Schüler(in *f*) *m*; Lehrling *m*; *Rel.* Jünger *m*; **~ικός** Schul-; Schüler-; lernbegierig; **~ιώ** [-'jɔ] (άς· ησ) Schüler sein; ***~ιώσα νεολαία*** Schuljugend *f*; **~ολόγιο** [-ɔ'lɔïjɔ] Schülerkatalog *m*; **~ούδι** [-'uði] Abc-Schütze *m*.
μαθήτρια Schülerin *f*; Lehrling *m*.
μαία ['mεa] Hebamme *f*.
μαιανδρικός mäandrisch.
μαίανδρος Mäander *m*; Mäandermuster *n*.
μαϊάτικος [ma'jat-] Mai-.
μαίευση ['mεεfsi] Geburtshilfe *f*.

μαιευτ|ήρας [meɛft-] Geburtshelfer *m*; **~ήριο** Entbindungsheim *n*; **~ική** Geburtshilfe *f*; *Phil.* Mäeutik *f*; **~ικός** geburtshilflich, Geburts-.
μαϊμ|ού [mai'mu] (-δες) *f* Affe *m*; **~ουδίζω** [-uð-] (σ) *v/t.* nachäffen; (wie) ein Affe sein; **~ουδίστικος** Affen-.
μάινα! hol die Segel ein!
μαινάδα [mɛn-] Bacchantin *f*; Hexe *f*.
μαϊνάρω [main-] (αρ[ισ]) *v/t. Segel* einholen, einziehen; loslassen; *v/i.* sich (*A*) legen, sich (*A*) beruhigen.
μαίνομαι ['mɛnɔmɛ] (μαν) wüten, rasen, toben (*a. fig.*).
μαϊντανός [maidan-] Petersilie *f*; *fig.* F Blender *m*.
Μάιος ['maj-] Mai *m*; *poet.* Lenz *m*.
μαϊστράλι [mai-] Nordwestbrise *f*.
μαΐστρος Nordwestwind *m*.
μαϊτάπι [mai'tapi] Scherz *m*.
μαιτρέσα [mɛ-] Mätresse *f*.
μακάβριος [ma'kavr-] (-ια) Grauen erregend; makaber; Toten- (*Tanz*).
μακαντάσης (-ηδες) F gute(r) Kumpel.
μακαράς [-'ras] (-άδες) Flaschenzug *m*; Rolle *f*.
μακάρι [ma'kari] hoffentlich; *Ko.* **~ *να*** (*mit Imp.*) wenn doch (*mit Konj. II*); **~ *και*** (noch) nicht (ein)mal.
μακ|αρίζω (σ· στ) glücklich preisen; selig preisen; **~άριος** (-ια) selig, glückselig; gelassen, gefasst; ***~αρία τη μνήμη*** seligen Angedenkens; **~αριότατος** [-'riɔt-] Seine Heiligkeit *f*; **~αριότητα** [-a'riɔt-] (Glück-)Seligkeit *f*; Gelassenheit *f*; ***η Αυτού ~αριότητα*** Seine Heiligkeit *f*; **~αρισμός** Glückseligkeit *f*; *Rel.* Seligpreisung *f*; **~αρίτης** (-ίτισσα, -ίτικο) selig, verstorben; **~αρίτικος** *iro.* ehemalig.
μακαρον|άδα Makkaroni-Gericht *n*; **~άς** F Italiener *m*.
μακαρόνια *n/pl.* Makkaroni *pl.*; Spaghetti *pl.*
μακαρονισμός Gespreiztheit *f* (*in Worten*).
Μακεδ|όνας [makɛ'ðɔnas] Mazedonier *m*; **≗ονήσι** [-'nisi] Petersilie *f*; **~ονία** Mazedonien *n*; **≗ονικός** mazedonisch.
μακελ|άρης [makɛl-] (-ηδες) Schlächter *m*; **~ειό** Schlächterei *f* (*a. fig.*).
μακέτα Modell *n*; Entwurf *m*.
μακιαβελισμός Machiavellismus *m*.
μακιγ|ιάζ [maki'jaz] (0) *n* Schminken *n*; **~ιάρω** (-ιάρισα) (sich) schminken.
μάκινα [-kina] Maschine *f*; Auto *n*.
μακραίνω (υν· υνθ) *v/t.* verlängern, länger machen; *Gespräch* in die Länge ziehen; *v/i.* länger (*od.* zu lang) werden; sich hinziehen; sich (*A*) trennen.
μάκρεμα *n* Verlängerung *f*.
μακρ(ο)- lang, weit.
μακρ|ηγορία [-iγɔr-] Weitschweifigkeit *f*; Langatmigkeit *f*; Abschweifung *f*; **~ήγορος** weitschweifig; **~ηγορώ** [-'rɔ] (είς· ησ) weitschweifig sein *od.* sprechen (***για***/ über *A*); **~ιά** *Adv.* weit; weit entfernt (*a. fig. u. zeitlich*); **~ινός** entfernt (*a. Verwandte*); *Reise*: weit; **~ιός** (-ιά) *s.* ***μακρός***; **~όβιος** (-ια) langlebig; **~οβιότητα** Langlebigkeit *f*; **~οβούτι** [-'vuti] lange(s) Tauchen *n*; **~οδάχτυλος** F Langfinger *m*; **~οζωία** [-ɔzɔ'ia], **~οημέρευση** [-ɔi'mɛrɛfsi] Langlebigkeit *f*, lange Lebensdauer *f*; **~οημερεύω** (ευσ) lange leben; **~οήμερος** [-ɔ'imɛr-] langlebig; **~οθυμία** [-θim-] Langmut *f*; **~όθυμος** langmütig; **~οθυμώ** [-'mɔ] (είς· ησ) langmütig sein.
μακρ|οκατάληχτος ... mit langer Endsilbe; **~οκέφαλος** [-'kɛfal-] langköpfig; **~όκοσμος** [-kɔzm-] Makrokosmos *m*; **~όλαιμος** [-'ɔlɛm-] langhalsig; **~ολογία** *s.* ***μακρηγορία***; **~ολόγος** *s.* ***μακρήγορος***; **~ολογώ** (είς· ησ) *s.* ***μακρηγορώ***; **~ομάλλης** langhaarig; **~ομύτης** [-'mit-] (-α, -ικο) langnasig; **~όπνοος** *Plan*: langfristig; ***είμαι ~όπνοος*** tief atmen; **~οπόδαρος** [-'pɔðar-] langbeinig; **~οπρόθεσμος** [-'prɔθɛzm-] langfristig.
μάκρος ['makr-] *n* Länge *f*; *pl.* Weiten *f/pl.*; ***παίρνω ~*** lange dauern; ***τραβώ σε ~*** sich in die Länge ziehen.
μακρός (-ά, -ό) *K. s.* ***μακρύς***.
μακρ|οσκελής [-skɛl-] langbeinig; *fig.* weitschweifig; **~όστενος** (lang u.) schmal; **~ότριχος** [-'ɔtrix-] langhaarig; **~ουλός** [-ul-] länglich, oval; **~οχέρης** [-'çɛr-] (-α, -ικο) langarmig; **~οχρονίζω** [-xrɔn-] (σ) lange dauern; lange leben; trödeln; **~οχρόνιος** (-ια) langwierig; langlebig; **~οψυχία** [-psiç-] Langmut *f*; **~υά** *s.* ***μακριά***.

M

μακρ|υνός s. ***μακρινός***; **~ύνω** [-'inɔ] (υν· υνθ) s. ***μακραίνω***; entfernen; längen; v/i. länger werden; sich ausdehnen; **~ύς** (-ιά, -ύ) lang; weit; *Baby*: groß; **~ύτερα** *Adv.* länger, weiter.
μαλαγ|άνας [mala'ɣanas] Liebediener *m*; Filou *m*; **~ανιά** Lobhudelei *f*.
μάλαγμα [-ɣma] *n* Erweichen *n*, Kneten *n*; *fig.* Erweichung *f*.
μαλάζω (ξ· χτ) weich machen, kneten; *etw.* anrühren; *j-n* tätscheln; *Med.* massieren; *fig. j-n* rühren.
μάλαθρο gemeine(r) Buchweizen *m*.
μαλάκα Gehirnerweichung *f*.
μαλακαίνω s. ***μαλακώνω***.
μαλ|άκας [ma'lakas] Onanist *m*; (*vulgär*) Arschloch *n*; **~ακία** Selbstbefriedigung *f*; *fig.* F Pfuscherei *f*, Mist *m*; ***κάνω ~ακίες*** Mist machen; **~ακίζομαι** [-'ķizɔmɛ] (στ) onanieren, (*vulgär*) wichsen; F pfuschen, F Mist machen.
μαλ|άκιο [-'laïķ-] Weichtier *n*, Molluske *f*; **~ακός** [-ak-] (*a.* ***-ιά***) weich; *fig.* milde; sanft; **~ακότητα** Weichheit *f*; Milde *f*; **~ακούτσικος** [-'kuts-] weichlich; **~ακτικό** s. ***μαλαχτικό***; **~άκτρια** [-'aktr-] Masseuse *f*; **~άκυνση** [-'aïķiṅsi] (-εις) Erweichung *f*; Gehirnerweichung *f*; **~ακύνω** s. ***μαλακώνω***; **~άκωμα** *n* Erweichen *n*; *fig.* Beruhigung *f*; Milderung *f*; **~ακώνω** (σ· θ) *v/t.* weich machen, erweichen; *fig.* erweichen; *Med.* mildern, lindern; *v/i.* weich werden; *fig.* sich (*A*) erweichen lassen; sich (*A*) beruhigen.
μάλαμα *n* Gold *n*; *fig.* ***παιδί ~*** Goldkind *n*.
μαλαματ|ένιος [malamat-] (-ια) golden, Gold-; **~ικά** *n/pl.* Goldwaren *f/pl.*; **~οκαπνίζω** (σ) vergolden.
μάλαξη [-laksi] (-εις) s. ***μάλαγμα***; Massage *f*.
μαλάρια Malaria *f*.
μαλάσσω (ξ· χτ) s. ***μαλάζω***.
μαλαφράντζα [-'frañdza] Syphilis *f*.
μαλαχίτης [-la'çit-] Malachit *m*.
μαλαχτικό Linderungsmittel *n*; **~ς** lindernd.
μαλθακ|ός [malθak-] weich, zart; *fig.* verweichlicht, F verpimpelt; **~ότητα** Zartheit *f*; Verpimpelung *f*.
μάλιστα ['malista] ja; jawohl; vor allem; sogar.
μαλλ|ί [ma'li] Wolle *f*; *Argot*: Pinke(pinke) *f*; **~ιά** *n/pl.* Haar *n*; **~ιάζω** (-άλιασα) Haare (*od.* Federn) bekommen; **~ιαρισμός** *hist. iro.* Bewegung *f* zugunsten der extremen Dhimotiki; **~ιαρός** behaart, haarig; *Su. m iro. hist.* Dhimotiki-Verfechter *m*.
μάλλινος wollen, Woll-.
μαλλ|ιοτραβώ [maljɔtra'vɔ] (άς· ηξ· ηχτ) *j-n* an den Haaren ziehen; ***~ιοτραβιέμαι*** (***~ιοτραβιούμαι***) sich in die Haare geraten; **~ομέταξος** [-'mɛtaks-] ... aus Wolle mit Seide.
μάλλον ['malɔn] mehr; eher; ***ή ~*** vielmehr, genauer gesagt; *als Antwort*: wohl eher; vielleicht; ***κατά το ~ ή ήττον*** mehr oder weniger; ***επί ~ και ~*** mehr und mehr.
Μάλτα Malta *n*.
μαλτέζικος maltesisch.
Μαλτέζος (***-α***) Malteser(in *f*) *m*.
μάλωμα *n* Zank *m*, Streitigkeit *f*; Anschnauzer *m*, Rüffel *m*.
μαλ|ώνω (σ· θ) *v/t.* anschnauzen; *v/i.* sich (*A*) zanken (***για***/ über *A*, wegen *G*); ***~ωμένος*** (***με***) böse (auf *A*, mit *D*), im Streit mit *D*.
μαμά [ma'ma] Mama *f*, Mutti *f*.
μαμαλίγκα [-'liŋga] Maisgrützbrei *m*.
μαμή Hebamme *f*.
μαμόθρεφτος Muttersöhnchen *n*.
μάμος Geburtshelfer *m*.
μαμούδι [ma'muði] (*a.* ***-ούνι***) Insekt *n*, Tierchen *n*.
μαμούθ [-'muθ] (0) *n* Mammut *n*; ***συγκρότημα-~*** *n* Ballungszentrum *n*.
μάνα Mutter *f*, Mama *f*.
μαναβέλα Kurbel *f*; Waagebalken *m*.
μανάβ|ης [ma'nav-] (-ηδες) (***-ισσα***) Gemüsehändler(in *f*) *m*; **~ικο** Gemüseladen *m*.
μανάρ|α [ma'nara], **~ι** Mastlamm *n*; Beil *n*.
μανδύας s. ***μαντύας***.
μανεκέν (0) *n* Mannequin *n*.
μανέστρα Graupensuppe *f*.
μάνι: **~ ~** auf der Stelle, sofort.
μανία Wahnsinn *m*; Wut(anfall *m*) *f*; Sucht *f*; Manie *f*; ***με ~*** mit aller Gewalt; voller Wut; ***με τέτοια ~ που*** mit solcher Wut, dass ...; ***με πιάνει ... ~*** F mich packt die Wut ...; ***έχω ~ με*** F ganz wild sein auf *A*.
μανι|άζω [ma'njazɔ] (μάνιασα) in Wut

geraten; toben; **~ασμένος** voller Wut; **~ακός** wahnsinnig, besessen; *fig.* leidenschaftlich (*Sammler*).
μανιβέλα [mani'vɛla] *s.* ***μαναβέλα***; F Hauerei *f*, Prügel *pl.*
μανίζω *s.* ***μανιάζω***; sich (*A*) zanken.
μάνικα Schlauch *m.*
μανίκα (weiter) Ärmel *m.*
μανικέτι [-'k̡ɛti] Manschette *f.*
μανικετόκουμπο Manschettenknopf *m.*
μαν|ίκι [ma'nik̡i] Ärmel *m*; Griff *m des Topfes usw.*; *fig.* F (*Aufgabe*) Nuss *f*; **~ικιούρ** [-'k̡ur] (0) *n* Maniküre *f*; **~ικώνω** [-ik-] (σ· θ) e-n Ärmel einsetzen; mit e-m Griff versehen.
μανιόλα *s.* ***μαγνολία.***
μανιτάρι Pilz *m.*
μανιφέστο Manifest *n.*
μανι|ώδης *s.* ***μανιακός***; **~ώνω** (σ) *s.* ***μανιάζω.***
μάννα (0) *n* Manna *n.*
μανόμετρο [-'nɔmɛtrɔ] Manometer *n*, Druckmesser *m.*
μανόν Nagellack *m.*
μανουάλι Kandelaber *m.*
μαν|ούβρα [ma'nuvra] *mar.* Manövrieren *n*; *Esb.* Rangieren *n*; *fig.* Schliche *m/pl.*, Kniffe *m/pl.*; **~ουβράρω** (ρισ) manövrieren; rangieren; *Auto*: einordnen; einparken; *fig.* F manipulieren.
μανούρα F *fig.* Meckern *n*; Fisimatenten *pl.*
μανούρι *Art* fetter Schafskäse *m.*
μανουσάκι [-nu'saik̡i] Veilchen *n.*
μανταδόρος [mañda'ðɔr-] Bote *m.*
μάντακας [-kas] *Zool.* Zecke *f.*
μανταλάκι Wäscheklammer *f.*
μάνταλο(ς) Riegel *m.*
μαντ|άλωμα *n* Zuriegeln *n*, Verriegeln *n*; **~αλώνω** (σ· θ) zuriegeln, verriegeln; ***~αλώνομαι*** sich (*A*) einriegeln.
μαντάρι [ma'ñdari] Tau *n.*
μανταρίνι [mañdar-] Mandarine *f.*
μανταρίνος Mandarin *m*; *fig.* Bonze *m.*
μαντ|άρισμα *n* Flicken *n*, Stopfen *n*; **~άρω** (αρ, αρισ) flicken; stopfen.
μαντατ|ευτής [-tɛft-] Denunziant *m*, Verräter *m*; **~εύω** (εψ) anzeigen, verraten, denunzieren.
μαντάτο [ma'ñdatɔ] Neuigkeit *f.*
μαντατ|ούρης [-'tur-] *s.* ***μαντατευτής***; **~οφόρος** [-'fɔr-] Bote *m.*
μαντ|εία Weissagung *f*; Wahrsagekunst *f*; **~είο** Orakel *n.*
μαντέκα [ma'ñdɛka] Pomade *f.*
μάντεμα [-ñdɛma] *n* Wahrsagen *n*, Prophezeiung *f.*
μαντέμι Gusseisen *n*; Erz *n.*
μαντ|ευτικός [-ñdɛft-] Wahrsage-, Orakel-; **~εύω** (εψ· ευτ) prophezeien; (er)raten, schließen (***από***/aus *D*).
μαντζαρία F Futtern *n*; Gaunerei *f.*
μαντζούνι [ma'ñdzuni] Latwerge *f.*
μαντζουράνα [-dzu'rana] Majoran *m.*
Μαντζουρία Mandschurei *f.*
μάντης (***-ισσα***) Seher(in *f*) *m*, Prophet(in *f*) *m*, Wahrsager(in *f*) *m.*
μαντικ|ή Mantik *f*; Sehergabe *f*; **~ός** Seher-, prophetisch.
μαντίλ|α [ma'ñdila] Kopftuch *n*; Altartuch *n*; **~ι** Taschentuch *n*; Kopftuch *n.*
μαντινάδα Tanzlied *n* (*bsd. Kreta*).
μαντολάτο Nugat *m.*
μαντολ|ινάτα Mandolinenorchester *n*; **~ίνο** Mandoline *f.*
μάντρα ['mañdra] Pferch *m*; (*Holz-, Kohlen-*)Lager *n*; Ausstellungsfläche *f.*
μαντράχαλος [-xal-] *iro.* lange Latte *f.*
μαντρ|ί F Kittchen *n*; Einsperren *n*, Internieren *n*; *s.* ***μάντρα***; **~ίζω** (σ) einpferchen; *fig.* isolieren; internieren.
μάντρισμα *n* Einpferchen *n.*
μαντρ|όσκυλο [mañ'drɔsk̡ilɔ] Schäferhund *m*; **~οχαλάς** Berserker *m.*
μάντρωμα *n* Einfriedigung *f*; Einsperren *n.*
μαντρώνω (σ· θ) einfriedigen, ummauern; *fig.* F einsperren, internieren.
μαντύα(ς) [ma'ñdia(s)] (Soldaten-) Mantel *m*; Galakleidung *f.*
μαξιλ|άρα [maksi'lara] große(s) Kissen *n*, Polster *n*; **~άρι** Kissen *n*; **~αριάζω** (-άριασα) F auspfeifen; **~αροθήκη** [-arɔ'θik̡i] Kissenbezug *m.*
Μαξιμιλιανός Maximilian *m.*
μαόνι [ma'ɔni] Mahagoni *n.*
μαούνα [ma'una] Lastkahn *m.*
μάπα F Kohl *m*; Visage *f*, Mondgesicht *n*; Maulschelle *f*; Schund *m*; Talmi *n.*
μάπας ['mapas] Dummkopf *m.*
μαραγκιάζω [marañg̡-] (-ράγκιασα) *v/t.* austrocknen; *v/i.* verblühen (*a. fig.*); austrocknen.
μαραγκός [-rañg-] Tischler *m.*
μαρ|άζι [-'azi] Auszehrung *f*; *fig.* Herze-

μαραζιάζω 304

leid *n*, Trauer *f*; **~αζιάζω** (-άζιασα) *s.* ***μαραζώνω.***

μαράζωμα *n* Auszehrung *f*; tiefe(r) Kummer *m*.

μαραζώνω (σ) *v/i.* dahinwelken, dahinsiechen; *v/t. j-n* schwer mitnehmen.

μάραθο ['maraθɔ] Fenchel *m*.

Μαραθώνας [-'θɔnas] 'Marathon *n*.

μαραθώνιος (-ια) Marathon-; **~ *δρόμος*** Marathonlauf *m*; *fig.* endlose(r) Weg.

μαραθωνοδρόμος Marathonläufer *m*.

μαραίν|ω (αν· αθ· μαραμ) *v/t.* welk machen, austrocknen; *fig.* erlahmen lassen; ***~ομαι*** welk werden, verblühen (*a. fig.*).

μαραμπού *n* Marabu *m*.

μαρασμός Verwelken *n*; *Med.* Kräfteverfall *m*; *fig.* Rückgang *m*; Verödung *f des Hafens*; ***γεροντικός ~*** Altersschwäche *f*.

μαραφέτι [-'fɛti] Vorrichtung *f*; Kunstgriff *m*, Trick *m*.

μάργα ['marγa] Mergel *m*.

μαργαρίνη Margarine *f*.

μαργαρίτα Margaretenblume *f*; Gänseblümchen *n*.

μαργαρ|ιταρένιος (-ια) Perlen-; perlengeschmückt; **~ιτάρι** Perle *f*; Perlmutt *n*; *Gr.* schwere(r) Fehler; **~(ιταρ)όρριζα** Perlmutt *n*.

μάργαρος ['marγar-] Perlmutt *n*.

μαργαρώδης Perlmutt-; Perlen-.

μαργ|ιολεύω [marjɔl-] (εψ) foppen; kokettieren; **~ιόλης** *s.* ***μαργιόλος***; **~ιολιά** Fopperei *f*; Koketterie *f*; Kunstgriff *m*; **~ιόλικος** scherzhaft; kokett; **~ιόλος** (-α, -ικο) *Su.* Schlaukopf *m*, Gauner *m*; *Adj.* schelmisch.

μάργωμα ['marγ-] *n* Erstarrung *f*.

μαργώνω (σ) halb erfrieren.

μαρέγκα [-'rɛŋ͂ga] Baiser *m* (*od. n*).

Μάρθα [-θa] Martha *f*.

Μαρ|ία Maria *f*; **~ιγώ** [-i'γɔ] *f* Mariechen *n*.

μαρίδα Marida *f* (*kleiner Stachelflosser*); *allg.* kleine(r) Fisch *m*; Kinderschar *f*.

μαριν|άρω [marin-] (αρισ) marinieren; **~άτος** mariniert.

μαριο- *s.* ***μαργιο-.***

μαριονέτα Marionette *f* (*a. fig.*).

μάρκα ['marka] Zeichen *n*, (*Firmen-*)Marke *f*; Spielmarke *f*; Automatenmünze *f*.

μαρκαδόρος Stempelvorrichtung *f*; Filzstift *m*.

μαρκάρισμα *n* Markierung *f*; Beinstellen *n*; Behinderung *f*.

μαρκάρω (αρ, αρισ) (kenn)zeichnen, markieren; *an der Kasse* bongen; bemerken, erblicken; *Sport*: behindern.

μάρκετιγκ *n* Marketing *n*.

μαρκ|ησία Marquise *f*; **~ήσιος** Marquis *m*.

μαρκίζα Gesims *n*.

μάρκο ['markɔ] Mark *f*; ***γερμανικό ~*** Deutsche Mark (DM ['deː-]).

μαρκούτσι [-'kutsi] Schlauch *m*; *mar.* Schnorchel *m*.

μαρμάγκα F Bande *f*; Gefahr *f*, große Not.

μαρμ|αράς [marma'ras] (-άδες) Marmorarbeiter *m*; **♀αράς** Marmarameer *n*; **~αρένιος** (-ια), **~άρινος** Marmor-, marmorn.

μάρμαρο Marmor *m*.

μαρμαρυγή Funkeln *n*; *Med.* Myokardstörung *f*.

μαρμ|αρώδης marmorartig; **~άρωμα** *n* Marmorverkleidung *f*; Versteinerung *f*; **~αρώνω** (σ) *v/t.* mit Marmor verkleiden *od.* auslegen; *v/i. fig.* wie versteinert sein.

μαρμελάδα Marmelade *f*.

μαρμίτα F Schussel *m*; Kraut u. Rüben (*o. Art.*).

μαρξισ|μός [marks-] Marxismus *m*; **~τής** Marxist *m*; **~τικός** marxistisch.

μαροκινό [-rɔkʲi'nɔ] Maroquin *m*.

Μαρόκο Marokko *n*.

μαρόν (0) braun.

μαρ|ούλι [ma'ruli] Lattich *m*; Kopfsalat *m*; **~ουλοσαλάτα** [-ulɔsa'lata] Kopfsalat *m als Gericht*.

μαρς marsch!; *Su.* (0) *n* Marsch *m*.

μαρσάρω (ρισ) F flutschen; auf den Leim gehen.

Μαρσίλια *s.* ***Μασσαλία.***

μάρσιπος ['mars-] Beutel *m*; Tasche *f*.

μαρσιποφόρο [-'fɔrɔ] Beuteltier *n*.

Μάρτης ['mart-] (-η *od.* -ιού) März *m*; **♀** *Talisman gegen Sonnenbrand* (*zweifarbiger Faden*).

μαρτιάτικος [-'tjat-] März(en)-.

μαρτίνι Mastlamm *n*.

Μάρτιος März *m*.

μαρτολούλουδο [-'lulu-] Kamille *f*.
μάρτυρας ['martiras] Zeuge *m*; Märtyrer *m*; ***αυτόπτης ~*** Augenzeuge *m*.
μαρτ|ύρε(υ)μα [-'tirɛ(v)ma] *n* Marterung *f*; **~υρεύω** (εψ) foltern.
μαρτυρ|ία Zeugnis *n*; Zeugenaussage *f*; Bestätigung *f*; **~ιάρης** (-α, -ικο) *Su*. Petzer *m*; **~ικός** Zeugen-; Märtyrer-; Marter-; qualvoll; *Su*. *n* Bescheinigung *f*; Zeugnis *n*.
μαρτ|ύριο [mart-] Zeugnis *n*; Martyrium *n*; Heiligengrab *n*; *fig*. Qual *f*; Tortur *f*; **~υρώ** [-i'rɔ] (είς, άς· ησ· ηθ) *v/t*. *etw*. bezeugen; *j-n* verraten; hinterbringen, verraten (***του το***/ j-m etw. *A*); *Schule*: verpetzen (***του το***/ j-n bei *D*); *v/i*. aussagen (***ενώπιον*** *G*/ vor *D*); als Märtyrer sterben; *fig*. leiden.
μάσα F Fettlebe *f*; Reibach *m*.
μασάζ [-'saz] (0) *n* Massage *f*; ***κάνω ~*** massieren.
μασέλα [ma'sɛla] Kinnbacken *m*, Kinnlade *f*; (Zahn-)Prothese *f*.
μάσημα *n* Kauen *n*.
μασημένος gekaut; *fig*. vage.
μασητήρας Backenzahn *m*; Kau-(*Muskel*).
μασιά Feuerzange *f*.
μάσκα Maske *f*; *fig*. ***φοράω ~*** e-e Maske tragen.
μασκάλη Achselhöhle *f*.
μασκαρ|αλίκι [maskara'liḱi] Blöße *f*, Blamage *f*; **~άς** [-'as] (-άδες) *Person*: Maske *f*, Maskierte(r); Strolch *m*; **~άτα** Maskerade *f*; **~ένιος** (-ια) schändlich; unredlich; **~εύω** (εψ· ευτ) *v/t*. maskieren; lächerlich machen; ***~εύομαι*** sich (*A*) maskieren; sich (*A*) blamieren; **~ώνομαι** (θ) *s*. ***μασκαρεύω***.
μασκότ [-'skɔt] (0) *n* Maskottchen *n*.
μασ|ονία Freimaurerei *f*; **~όνος** Freimaurer *m*.
μασουλ|ίζω [masu-] (σ), **~ώ** [-'lɔ] (άς) kauen.
μασουράτος F Geldsack *m*.
μασ|ούρι Spule *f*; Röhrchen *n*; F viel Geld *n*; **~ουρίζω** (σ) aufspulen.
Μασσαλ|ία [masal-] Marseille *n*; **~ιώτιδα** [-'ljɔtiða] Marseillaise *f*.
μαστάρι Euter *n*; Brust *f*; Sauglamm *n*.
μαστέλο Bottich *m*, Wanne *f*.
μάστιγα ['mastiɣa] Peitsche *f*; *fig*. Geißel *f*, Heimsuchung *f*.
μαστ|ίγιο [ma'stijɔ] Reitgerte *f*; **~ιγώνω** [-iɣ-] (σ· θ) peitschen, geißeln; **~ίγωση** [-'iɣɔsi] (-εις) Peitschen *n*, Auspeitschung *f*.
μαστίζω (ξ) peitschen; *fig*. heimsuchen.
μαστίχα [-'stixa], **μαστίχη** [-çi] Mastix *m*; Mastixkonfekt *n*; Kaugummi *m*; Mastixschnaps *m*.
μαστι|χιά [-'çja], **~χόδεντρο** [-'xɔðɛn̆drɔ] Mastixbaum *m*.
μάστορας [-ras] (*pl*. μαστόροι, -όρων) Meister *m* (*a*. *fig*.;) *bsd*. *pl*. Handwerker *m/pl*.
μαστορεύω (εψ) basteln.
μάστορης *s*. ***μάστορας***.
μαστορ|ιά [mastɔr-] Meisterschaft *f*; Kunstfertigkeit *f*; **~ικός** meisterhaft.
μαστός Brust *f*; Busen *m*; *Zool*. Euter *n*, Zitze *f*.
μαστ|ούρα [mas'tura] F Trance(zustand *m*) *f*; Rausch *m*; **~ουρλίκι** (Rauschgift-)Sucht *f*; **~ουρώνω** (σ) F e-n Dusel bekommen.
μαστοφόρο [-'fɔrɔ] Säugetier *n*.
μαστραπάς (-άδες) (Mess-)Becher *m*; Tonkrug *m*.
μαστροπ|εία [mastrɔp-] Kuppelei *f*; **~εύω** (εψ) *v/t*. verkuppeln; **~ός** *m*, *f* Kuppler(in *f*) *m*.
μαστροχαλαστής [-xalast-] Stümper *m*; Pfuscher *m*.
μασχάλη [ma'sxali] Achsel(höhle) *f*.
μασώ [ma'sɔ] (άς· ησ· ηθ) kauen (*a*. *Worte*); F s-n Schnitt machen; alles schlucken; ***τα ~*** F herumdrucksen.
ματ (0) matt; schachmatt; Matt *n*.
μάταια vergebens.
μαται|οδοξία [mateɔðɔks-] Eitelkeit *f*; **~όδοξος** eitel; **~ολογία** [-ɔlɔj-] leere(s) Gefasel *n*; **~ολογώ** [-lɔ'ɣɔ] (είς· ησ) faseln; **~οπονία** vergebliche Mühe *f*; **~οπονώ** [-'nɔ] (είς· ησ) sich (*A*) vergeblich bemühen.
μάταιος ['matɛɔs] *od*. [-tïɔs] (-α) vergeblich, unnütz; *Mensch*: eitel.
μαται|οσχολία [-sxɔl-] Zeitvergeudung *f*; **~ότητα** Eitelkeit *f*; Vergeblichkeit *f*; **~οφροσύνη** [-ɔfrɔ'sini] Selbstgefälligkeit *f*; **~ώνω** (σ· θ) *Plan usw*. vereiteln; *Veranstaltung* absagen; ***~ώνομαι*** scheitern, ausfallen.
ματαίωση [-'tɛɔsi] (-εις) Scheitern *n*; Vereitelung *f*; *z. B. Thea*. Ausfall *m*.

ματεριαλισμός Materialismus *m*.
ματζουράνα [madzu-] Majoran *m*.
μάτην ['matin]: ***εις ~*** vergeblich.
μάτι ['mati] Auge *n*; böse(r) Blick; *Bot*. Knospe *f*, Auge *n*; *Netz*: Masche *f*; ***ηλεκτρικό ~*** Kochplatte *f*; ***αυγά ~α*** Spiegeleier *n/pl*.; ***με τα ~α μου*** mit eigenen Augen; ***τα ~α σου τέσσερα!*** pass auf!, sperr die Augen auf!; ***τον έχω στο ~*** j-n im Auge haben *od*. behalten; ***ρίχνω στάχτη στα ~α*** Sand in die Augen streuen; ***πολύ χτυπά στο ~*** es fällt sehr auf; ***του έκλεισα το ~*** ich zwinkerte ihm zu; ***έχει καλό ~*** er hat gute Augen.
ματιά [-'tja] Blick *m*; ***σε μια ~*** im Nu.
ματιάζω (μάτιασα· στ) anstarren, ins Auge fassen; zielen auf *A*; behexen.
μάτιασμα *n* Anstarren *n*; Behexen *n*.
ματίζω [mat-] (σ) anstücke(l)n.
ματικάπι [-'kapi] Bohrer *m*.
μάτισμα *n* Ansetzen *n*, Anstücken *n*.
ματ|ογυάλια [matɔ'jal-] *n/pl*. Brille *f*; **~όκλαδο** [-'ɔklaðɔ] Wimper *f*.
ματο|κυλίζω [-ķi'lizɔ] (σ) Blut vergießen; **~κύλισμα** *n* Blutvergießen *n*.
ματόπονος Augenschmerzen *m/pl*.
ματοστάτης [-'stat-] Hämatit *m*.
ματ|οτσίνουρο [-ɔ'tsinurɔ] Wimper *f*; **~όφρυδα** [-'ɔfriða] *n/pl*. Augenbrauen *f/pl*. (*a*. Augen *n/pl*.); **~όφυλλο** [-filɔ] Augenlid *n*.
ματς [mats] (0) *n Sport*: Spiel *n*.
ματσαράγκα [-'raŋ̑ga] krumme Tour.
μάτσο Bund *n*; Bündel *n*; Päckchen *n*; F doll; verdammt (*schlecht*).
ματσό F Geldsack *m*.
ματσούκ|α [-'tsuka], **~ι** Knüppel *m*, Stock *m*; F Haue *f*.
ματσ|ώνομαι (-ωθηκ-) F Geld scheffeln; **~ώνω** (σ) *v/t*. F *j-n* reich machen; spicken.
μάτωμα *n* Blutung *f*; ***~ της μύτης*** Nasenbluten *n*.
ματώνω (σ· θ) *v/t*. mit Blut beflecken; *v/i*. bluten.
μαυλ|ίζω [mavl-] (σ) zur Unzucht verleiten; **~ιστής** Kuppler *m*.
μαύρα: ***τα βάφω ~*** F trauern; schwarz sehen.
μαυραγορ|ά [mavraɣɔ'ra] schwarze(r) Markt *m*; **~ίτης** Schwarzhändler *m*.
μαυρ|άδα Schwärze *f*; schwarze(r) Fleck *m*; **~άδι** schwarze(r) Punkt *m*; Pupille *f*; **~ειδερός** [-iðɛr-] schwärzlich; braun, gebräunt.
Μαύρη Θάλασσα ['mavri 'θalasa] Schwarze(s) Meer *n*.
μαυρ|ίζω [mavr-] (σ· στ) *v/t*. schwärzen; braun brennen; gegen *j-n* stimmen; *v/i*. schwarz werden; braun werden; bräunen; **~ίλα** Schwärze *f*; schwarze(r) Fleck *m*; Dunkelheit *f*; *fig*. große Trauer.
μαύρισμα *n* Schwärzen *n*, Bräunung *f*; Dunkelwerden *n*; *pol*. (Gegen-)Stimmen *f/pl*. (***σε***/ gegen *A*).
μαύρο (das) Schwarz(e).
μαυρο- [mavrɔ-] schwarz-.
Μαυρο|βούνιο [-'vun-] Montenegro *n*; **~βουνιώτης** [-'njɔt-] (***-ιώτισσα***) Montenegriner(in *f*) *m*.
μαυρο|γένης [-'jɛn-] schwarzbärtig; **~δάφνη** [-'ðafni] Mawrodaphni-Wein *m*; **~κέρασο** [-'ķɛrasɔ] Vogelkirsche *f*; **~κίτρινος** [-'ķitr-] schwarzgelb; fahl; **~λάχανο** [-'lax-] Wolfstrap *m*, Zigeunerkraut *n*; **~μάλλης** [-'mal-] (-ούσα *od*. -ού, -ικο) schwarzhaarig; **~μούρης** [-'mur-] (-α, -ικο) brünett; **~πίνακας** [-'pinakas] Wandtafel *f*.
μαύρος ['mavr-] schwarz; dunkelbraun; düster, traurig, reaktionär; *Su*. *m* Schwarze(r), Neger *m*.
Μαύρος Maure *m*.
μαυρ|οφορεμένος [-fɔrɛm-], **~οφόρος** (-α) schwarz gekleidet, ... ganz in Schwarz; **~οφορώ** (άς, είς· εσ· εθ) *v/i*. in Schwarz gehen, Trauer tragen; *v/t*. in Trauer versetzen; **~όχωμα** [-'ɔxɔma] *n* Humus *m*, Schwarzerde *f*.
μαυσωλείο [mafsɔl-] Mausoleum *n*.
μαφία [maf-] Bande *f*; 'Maffia *f*.
μάχαιρα *s*. ***μαχαίρι***.
μαχ|αιράς [maçɛ'ras] (-άδες) Messerschmied *m*; Messerheld *m*; **~αίρι** [-'ɛri] Messer *n*; Dolch *m*; *Adj*. F ... und bauz!; und schon ...; ***είναι στα ~αίρια*** auf dem Kriegsfuß stehen; **~αιριά** Messerstich *m*; **~αιροβγάλτης** [-rɔ'vɣalt-] Messerheld *m*; **~αιροπίρουνο** [-'pirunɔ] Messer und Gabel (*o. Art*.), Besteck *n*.
μαχαιρο|ποιός [maçɛrɔ'pjɔs] Messerschmied *m*, Messerfabrikant *m*; **~φόρος** [-'fɔr-] Messerträger *m*; gedungene(r) Mörder *m*.
μαχ|αίρωμα *n* Messerstich *m*; Er-

stechen *n*; **~αιρώνω** (σ· θ) *v/t.* erstechen; zustechen.
μαχαλάς (-άδες) (Stadt-)Viertel *n*.
μαχαραγιάς [-ra'jas] (-άδες) Maharadscha *m*.
μάχη ['maïçi] Schlacht *f*, Kampf *m* (*a. fig.*) (*G*/ um *A*).
μαχητ|ής [maçit-] Kämpfer *m*, *hist.* Krieger *m*; **~ικός** Schlacht-, Kampf-; kämpferisch, tapfer; **~ικότητα** Kampffähigkeit *f*; Kampfgeist *m*.
μάχιμος ['maïçim-] kampffähig; wehrfähig, kriegsverwendungsfähig (= k.v. [kafau]).
μαχιμότητα Wehrfähigkeit *f*.
μαχμουρλ|ής [maxmur'lis] (-ού) verschlafen, schläfrig; **~ίδικος** verschlafen; katrig; **~ίκι** Katzenjammer *m*; Verschlafenheit *f*.
μάχομαι ['maxɔmε] (*Impf.* μαχόμουν) kämpfen (*a. fig.*); *fig.* sich (*A*) einsetzen (***για***/ für *A*); *v/t.* F *fig.* verabscheuen.
με[1] [mε], **μ'** mit *D*; durch; über, um, wegen *usw. bei Verben*; *Zeit*: bei *D*; ***~ το τραίνο*** mit dem Zug; ***~ το βαπόρι*** mit dem Dampfer; ***καφέ ~ γάλα*** Milchkaffee *m*; ***πόρτα ~ πόρτα*** Tür an Tür; ... ***~ δέκα δραχμές*** ... zu zehn Drachmen; ***~ τη σειρά*** nach der Reihe; ***~ τον ήλιο*** bei Sonnenaufgang; ***~ το κρύο*** bei der Kälte; ***μέρα ~ τη μέρα*** mit jedem Tag; ***~ τον καιρό*** mit der Zeit; ***~ την ώρα*** zur rechten Zeit; *iro.* sehr unpassend; ***μ' όλα ταύτα*** trotz allem; ***μ' όλη τη βροχή*** trotz des Regens.
με[2] mich.
μέα: *τα ~ και τα σέα* meine Sache(n).
μεγ|αθήριο [mεγa'θir-] Riesenfaultier *n*; *fig.* Riesenwerk *n*, Ungetüm *n*; **~αθυμία** [-θim-] Hochherzigkeit *f*, Großmut *m*; **~άθυμος** hochherzig.
μέγαιρα Megäre *f*, F böse(r) Besen.
μεγαλαυχ|ία [-lafç-] Eigenlob *n*, Großtuerei *f*; **~ώ** [-'fxɔ] (είς· ησ) sich (*A*) selbst loben.
μεγαλ|είο [mεγal-] Erhabenheit *f*; Prachtbau *m*; *als Adv.* prächtig!, ... eine Pracht!; ***στα ~εία*** in Herrlichkeit; **~ειότατος** [-'ljɔtat-] Majestät *f*; ***~ειότατε!*** Majestät!; **~ειότητα** *s.* ***μεγαλείο***; Majestät *f*; ***η Αυτού ~ειότης (Α.Μ.) ο Βασιλεύς*** Seine Majestät (S.M.) der König; ***η Υμετέρα ~ειότης*** Eure Majestät; **~(ε)ίτερος** *s.* ***μεγαλύτερος***.
μεγαλ|ειώδης großartig, majestätisch; **~έμπορος** [-'εm̃bɔr-] Großkaufmann *m*, Großhändler *m*; **~επήβολος** [-ε'pivɔl-] hochfliegend (*Pläne*).
Μεγάλη Βρεττανία [vrεtan-] Großbritannien *n*.
μεγαλ|ηγορία [mεγaliγɔr-] Großsprecherei *f*; Übertreibung *f*; **~ηγορώ** [-'rɔ] (είς· ησ) große Worte machen; übertreiben; **~ιθικός** [-iθ-] megalithisch; **~οβδόμαδο** [-ɔ'vðɔmaðɔ] Karwoche *f*; **~οβιομήχανος** Großindustrielle(r); **~ογράμματος** *Gr.* groß geschrieben; **~οδύναμος** [-'ði-nam-] allmächtig; **~οδωρία** [-ðɔr-] Freigebigkeit *f*; **~όδωρος** freigebig; **~όκαρδος** [-'ɔkarð-] großherzig; **~οκτηματίας** [-ɔktima'tias] Großgrundbesitzer *m*; **~όκυκλος** [-ķikl-] Megahertz *n*; **~ομανία** Größenwahn (-sinn) *m*.
μεγαλ|οπιάνομαι [mεγalɔ'pjanɔmε] (στ) etwas Großes tun; F sich (*A*) für (et)was Besseres halten; *Kind*: den Erwachsenen spielen; **~όπνευστος** [-'ɔpnεfst-] erleuchtet; beseelt; **~οποίηση** [-'piisi] (-εις) Vergrößerung *f*; Übertreibung *f*; **~οποιώ** [-'pjɔ] (είς· ησ) vergrößern; aufblähen; **~όπολη** [-pɔli] Großstadt *f*; **~οπράγμονας** ehrgeizig; wichtigtuerisch; **~οπραγμοσύνη** [-praγmɔ'sini] Streben *n* nach Höherem; *iro.* Wichtigtuerei *f*; **~οπρέπεια** [-'prεp-] Pracht *f*; **~οπρεπής** prächtig, großartig; **~όπρεπος** imposant; **~ορρήμονος** [-ɔ'rimɔnɔs] großspurig.
μεγάλ|ος [mε'γal-] *allg.* groß; *Alter*: groß, älter-, ältest-; groß, erwachsen; *Straße*, *Brief*: lang; ***~ε!*** F *etwa*: Meister!, *iro.* alter Junge!
μεγαλ|οσπληνία [-splin-] Milzvergrößerung *f*; **~όσταυρος** Großkreuz (-träger *m*) *n*; *iro.* Syphilis *f*; **~όστομος** [-stɔm-] großschnauzig; *poet.* wortgewaltig; **~όσχημος** [-sçim-] großformatig; *Su. m Rel.* Obere(r); *iro.* hohe(s) Tier *n*; **~όσωμος** [-sɔm-] massig, kolossal; **~ούπολη** *s.* ***μεγαλόπολη***; **~ούργημα** [-'urj-] *n* Großtat *f*; **~ουργός** [-urγ-] höchst schöpfe-

μεγαλουργώ 308

risch; **~ουργώ** [-'γɔ] (είς· ησ) Großes leisten; **~ουσιάνος** führende Persönlichkeit *f*, *iro. a.* hohe(s) Tier *n*; **~ούτσικος** [-'uts-] ziemlich groß.
μεγαλ|όφρονας [mεγa'lɔfrɔ-] hochgemut; überheblich; **~οφρονώ** (είς· ησ) selbstbewusst sein; sich (*A*) überschätzen; **~οφροσύνη** [-'sini] Selbstbewusstsein *n*; Überheblichkeit *f*; **~οφυής** [-fi'is] genial; **~οφυία** [-fi'ia] Genie *n*, Genialität *f*; **~όφωνος** [-fɔn-] lautstark; **Ώόχαρη** (die) Gnadenreiche, heilige Jungfrau; **~οψυχία** [-psiç-] Edelmut *m*; **~όψυχος** [-xɔs] edelmütig.
μεγαλ|ύνω [-'linɔ] (II = I· υνθ) vergrößern; (lob)preisen; **~ύτερος** [-'itεr-] größer; länger.
μεγάλωμα *n* Vergrößerung *f*; Erhöhung *f*; Großziehen *n*, Aufzucht *f*; Heranwachsen *n*, Wachstum *n*.
μεγαλ|ώνυμος [-'lɔnim-] weltbekannt; **~ώνω** (σ· θ) *v/t.* vergrößern; *Lohn* erhöhen; *Kind* großziehen; aufbauschen; *v/i.* größer werden; groß werden; *Tage*: länger werden.
μέγαρο [-γarɔ] Palast *m*, Gebäude *n*; *hist.* Innentempel *m*.
μέγας ['mεγas] (μεγάλη, μέγα) groß; *s.* ***μεγάλος; ο Ὢ Αλέξανδρος*** Alexander der Große.
μεγά|τιμος hoch geschätzt; **~φωνο** Lautsprecher *m*; Megaphon *n*.
μέγεθος ['mεjεθ-] *n* Größe *f*; Länge *f*; Umfang *m*; Größenordnung *f*.
μεγ|έθυνση [-'jεθiñsi] (-εις) Vergrößerung *f* (*a. Foto*); **~εθυντικός** [-θiňd-] Vergrößerungs-; *Su. n Gr.* Augmentativ(um) *n*; **~εθύνω** [-'θinɔ] (II = I· υνθ) vergrößern.
μέγιστα ['mεjista]: ***τα ~*** überwiegend, meistens.
μεγιστάνας [-'stanas] Standesperson *f*; *pl. mst.* Notabeln *pl.*
μέγιστος größt-, höchst-; *Su n* Maximum *n*; *s.* ***μ.κ.δ.***
μέγκενη ['mεŋ̃gεni] Schraubstock *m*.
μεδέν F *fig.* Null *f*.
μεδούλι [-'ðuli] Knochenmark *n*.
μέδουσα [-ðusa] Meduse *f*.
μεζεδάκι *fig.* Kinderspiel *n*.
μεζ|ελίκι [mεzε'liki] Leckerbissen *m*; **~ές** (-έδες) Imbiss *m*; Vorspeise *f*; *fig.* Gewinnanteil *m*, kleine Belohnung *f*.
μεζούρα Maßstab *m*, Meterstab *m*.
μεθάνιο [mε'θan-] Methan *n*.
μεθ|αυριανός [-θavr-] übernächst-; **~αύριο** übermorgen; **~εόρτια** [-ε'ɔrt-] *n/pl.* Katzenjammer *m*; Nachfeier *f*; Tag *m* nach dem Fest; **~ερμήνευση** [-εr'minεfsi] (-εις) Verdolmetschung *f*; **~ερμηνευτής** [-nεft-] Dolmetscher *m*; **~ερμηνεύω** (ευσ) dolmetschen; ***ο εστί ~ερμηνευόμενον*** *K. Bibel*: was verdolmetscht ist.
μέθη ['mεθi] Trunkenheit *f*, Rausch *m* (*a. fig.*); Trunksucht *f*; *fig.* Taumel *m*.
μεθοδ|ικός [-θɔð-] methodisch; planmäßig; **~ικότητα** Methodik *f*; Planmäßigkeit *f*; **~ολογία** [-lɔj-] Methodenlehre *f*.
μέθοδ|ος *f* Methode *f*; Verfahren *n*, Regel *f*; ***~ος των τριών*** 'Regelde'tri *f*; ***με ~ο*** in Maßen *trinken*.
μεθο|κόπημα [mεθɔ'kɔp-] *n*, **~κόπι** Trunksucht *f*; Trinkerei *f*, F Sauferei *f*; **~κοπώ** [-'pɔ] (άς· ησ) trinken, F saufen; sich (*A*) betrinken.
μεθ|οριακός [-θɔr-] Grenz-; **~όριος** *f* Grenze *f*; **~όριος** (-ια) Grenz-.
μεθούκλας Trunkenbold *m*.
μεθ|υλένιο [-θi'lεn-] Methylen *n*; **~υλικός** Methyl-; **~ύλιο** Methyl *n*.
μεθύσι Trunksucht *f*; Trinkerei *f*.
μεθυσμένος betrunken.
μέθυσος trunksüchtig; *Su. m* Trunkenbold *m*, Trinker *m*.
μεθ|ύστακας [mε'θistakas] F Säufer *m*; **~υστικός** *Getränk*: berauschend; **~ύστρα** [-'istra] Trinkerin *f*, Säuferin *f*; **~ώ** [-'ɔ] (άς· ησ) *v/t.* betrunken machen; *fig.* berauschen; *v/i.* betrunken *od.* berauscht werden (*a. fig.*); trinken.
μείγμα ['miγma] *n* Gemisch *n*; Mischung *f*; Legierung *f*.
μειδ|ίαμα [mi'ði-] *n* Lächeln *n*; **~ιώ** [-'ðjɔ] (άς· ασ) lächeln.
μείζων ['mizɔn] (-ονος) *m Mus.* Dur *n*.
μειλ|ίχιος [-'liç-] (-ια) mild(e), sanft; **~ιχιότητα** [-'çĭɔt-] Milde *f*, Sanftheit *f*.
μειν- *s.* ***μένω.***
μεϊντάνι [mεi'dani] (Dorf-)Platz *m*.
μείξη (-εις) Mischen *n*; Mischung *f*.
μειο|δοσία [miɔðɔs-] Dumping *n*; **~δότης** Mindestfordernde(r), Unterbietende(r); **~δοτικός** Dumping-; ***~δοτική δημοπρασία*** Versteigerung *f*

unter dem Marktpreis; **~δοτώ** [-'tɔ] (είς· ησ) unterbieten.
μείον ['mi-] *Adv.* weniger; *Math.* minus.
μειον|έκτημα [-'nɛkt-] *n* Nachteil *m*; Mangel *m*; **~εκτικός** nachteilig; **~εκτικότητα** Nachteiligkeit *f*, Minderwertigkeit *f*; **~εκτώ** [-nɛ'ktɔ] (είς· ησ) benachteiligt sein; **~ότητα** Minderheit *f*; **~οψηφία** [-ɔpsif-] Stimmenminderheit *f*, Minorität *f*; **~οψηφώ** [-'fɔ] (είς· ησ) die Minderheit bilden; nicht die Stimmenmehrheit erzielen.
μειοψηφ- *s.* ***μειονοψηφ-.***
μειράκιο [mi'raïkjɔ] Bursche *m*.
μειχτός gemischt.
μει|ώνω (σ· θ) *Kosten* verringern; *Eindruck* abschwächen; *j-n* herabsetzen; ***~ωμένος*** zerknirscht.
μείωση ['miɔsi] (-εις) Verringerung *f*; Senkung *f*; Abschwächung *f*; Herabsetzung *f*; ***~ μισθού*** Lohnsenkung *f*; ***~ προσωπικού*** Personalabbau *m*.
μειωτ|έος (-α) zu verringernd; *Su. m Math.* Minuend *m*; **~ικός** Reduktions-; *fig.* herabsetzend.
μελαγχολ|ία [mɛlaŋxɔl-] Melancholie *f*; **~ικός** melancholisch; *Su. m* Melancholiker *m*; **~ώ** [-'lɔ] (είς· ησ) melancholisch sein (*od.* werden).
μελ|ανάδα Schwärze *f*; Tintenfleck *m*; blaue(r) Fleck *m*; **~άνη, ~άνι** Tinte *f*; **~ανιά** Tintenfleck *m*; blaue(r) Fleck; **~ανιάζω** (-άνιασα) blau machen; *j-n* verbläuen; blau werden (***από***/ vor *D*); **~άνιασμα** *n* Blaumachen *n*; Blauwerden *n*.
μελαν|οδοχείο [mɛlanɔðɔï'çiɔ] Tintenfass *n*; **~ός** schwarz, schwärzlich, blau (***από***/ vor *D*); **~ότητα** Schwärze *f*.
μελάνωμα *n* Schwärzen *n*; *Typ.* Einfärbung *f*; Beklecksen *n* mit Tinte; *Med.* Melanom *n*.
μελαν|ώνω (σ· θ) schwärzen; dunkelblau färben; *Typ.* einfärben; Tintenkleckse machen; **~ωπός** schwärzlich.
μελάνωση (-εις) *s.* ***μελάνωμα***; *Med.* Melanose *f*.
μέλας ['mɛlas] (*G* -ανος· *f* -αινα, *n* -αν) schwarz.
μελάς [-'las] (-άδες) Honighändler *m*.
μέλασα [-lasa], **μελάσα** Melasse *f*.
μελάτος [-'lat-] Honig-; honigsüß (*a. fig.*); *Ei*: weich gekocht.
μελα|χρινός [-laxr-] brünett; dunkelhäutig; **~ψός** [-ps-] dunkel(braun).
μέλει ['mɛli] (*unp. mit A*) es geht *j-n* an, es kümmert *j-n*; sich (*A*) kümmern (***για***/ um *A*); ***τι σε ~;*** was geht's dich an?; ***δεν με ~ γι' αυτό*** ich kümmere mich nicht darum; ***εσένα να μη σε ~!*** kümmere du dich nicht darum!
μελένιος (-ια) Honig-; honigsüß.
μελ|έτη [mɛ'lɛti] Studium *n*; Forschung *f*; Studie *f*, (wissenschaftliche) Arbeit *f*; **~έτημα** *n s.* ***μελέτη;*** Erwähnung *f*.
μελετ|ημένος durchdacht; **~ηρός** [-ir-] lerneifrig, wissensdurstig; **~ητήριο** Lesesaal *m*; Studierzimmer *n*; **~ητής** Forscher *m*; **~ώ** [-'tɔ] (άς· ησ· ηθ) studieren; *Problem* untersuchen; vorhaben (***να***/ zu); *j-n* erwähnen.
μέλημα *n* Sorge *f*, Anliegen *n*.
μελής (-ιά, -ί) honigfarben.
μέλι ['mɛli] (-ιτος) Honig *m*; *als Adj.* honigsüß.
μελιά Esche *f*.
μελίγγι [-'liŋgji] Schläfe *f*.
μελικηρίδα [-likjir-] Honigwabe *f*.
μελικός lyrisch.
μελιντζ- *s.* ***μελιτζ-.***
μελίρρυτος [-'lirit-] honigsüß (*Worte*).
μέλισσα ['mɛlisa] Biene *f*; *Bot.* Melisse *f*; *ein Kinderspiel n.*
μελίσσι Bienenschwarm *m*; Bienenkorb *m*; *fig.* Schwarm *m*.
μελισσ|οκομείο [mɛlisɔkɔm-] Bienenhaus *n*; **~οκομία** Bienenzucht *f*; **~οκόμος** Bienenzüchter *m*, Imker *m*; **~ολόι** Bienenschwarm *m*; Summen *n*; *fig.* Menschenmenge *f*; **~οτροφία** [-ɔtrɔf-] Bienenzucht *f*; **~οτρόφος** Imker *m*; **~ουργείο** [-urj-] Bienenstand *m*; **~ουργία** Bienenzucht *f*; **~ουργός** Imker *m*; Bienenfresser *m*; **~οφάγος** [-'faɣ-] Bienenfresser *m*; **~όχορτο** [-'ɔxɔrtɔ] Melisse *f*, Mutterkraut *n*; **~ώνας** [-'ɔnas] Bienenhaus *n*.
μελιστάλαχτος [-stal-] honigsüß, schmeichelhaft.
μελιταίος: ***~ πυρετός*** Maltafieber *n*.
μελιτζ|άνα [mɛli'dzana] Aubergine *f*, Eierfrucht *f*; **~ανής** (-ιά, -ί) lila, violett.
μελιτο|εξαγωγέας [-tɔɛksaɣɔ'jɛas] (*pl.* -είς) Honigschleuder *f*; **~κοκκίαση** [-kɔ'kjiasi] Maltafieber *n*.
μελιχρός [-lixr-] Honig-; honigsüß.
μελλ|όγαμος [-'lɔɣam-] *m, f* Bräuti-

M

μελλοθάνατος 310

gam *m*, Braut *f*, F Zukünftige(r); **~οθάνατος** [-'θanat-] im Sterben Liegende(r); Todeskandidat *m*.
μέλλον ['mɛlɔn] (-οντος) Zukunft *f*.
μέλλοντας *Gr*. Futur *n*.
μελλ|οντικός [-lɔňd-] (zu)künftig; **~οντολογία** Zukunftsforschung *f*; **~οντολόγος** Futurist *m*; **~όνυμφος** *m*, *f s*. ***μελλόγαμος; ~όνυμφοι*** *m/pl*. Brautpaar *n*.
μέλλ|ω ['mɛlɔ] (*o*. *Aor*.) gedenken (***να***/ zu); wollen; werden, sollen (***να***/ *Inf*. *o*. *zu*); ***~ω να σε επισκεφθώ αύριο*** ich habe mir vorgenommen, dich morgen zu besuchen; ***δεν γνωρίζω τι ~ει να γίνεις, εάν ...*** ich weiß nicht, was aus dir werden soll, wenn ...; ***τι ~ει γενέσθαι;*** was soll daraus werden?; ***έμελλε ...*** er sollte ...; **~ων** [-ɔn] (-οντος) *m Gr*. Zukunft *f*, Futur *n*.
μελόδραμα [-'lɔðr-] *n* Oper *f*; Melodrama *n*.
μελοδραμ|ατικός [-ðram-] Opern-; melodramatisch; *fig*. hochtrabend; **~άτιο** komische Oper *f*; Operette *f*; **~ατοποιός** Opernkomponist *m*.
μελόπιτα [mɛ'lɔpita] Honigwabe *f*.
μελο|ποίηση [-'piisi] (-εις), **~ποιία** [-pi'ia] Vertonung *f*; **~ποιός** [-'pjɔs] Vertoner *m*, Tonsetzer *m*; **~ποιώ** (είς· ησ) vertonen.
μέλος *n Anat*., *Math*. Glied *n*; *Pers*. Mitglied *n*; Melodie *f*, Weise *f*.
μέλπω ['mɛlpɔ] (ψ) singen.
μελτέμι [mɛl'tɛmi] Passatwind *m* aus Nordost.
μελωδ|ία [-lɔð-] Melodie *f*, Weise *f*; Lied *n*; **~ικός** melodisch, wohlklingend; **~ός** Sänger *m*; *hist*. Barde *m*; **~ώ** [-'ðɔ] (είς· ησ) singen.
μελ|ώνω (σ· θ) *v/t*. mit Honig bestreichen; ***~ώνω το χάπι*** *fig*. die Pille versüßen; *v/i*. *Ei*, *Fleisch*: weich kochen.
μεμβράνα [mɛ'mvrana] Membran *f*; Häutchen *n*; Pergament *n*; ***διαφανής ~*** Frischhaltefolie *f*.
μεμιάς auf einmal, in e-m Zug.
μεμονωμέν|ος isoliert, abgesondert; ***~ο φύλλο*** *Büro*: lose(s) Blatt.
μεμυημένος [-miim-] geweiht (***σε***/ *D*); *Su*. *m* Eingeweihte(r); *s*. ***μυώ***.
μέμφομαι ['mɛɱfɔmɛ] (μέμφτηκα) *v/t*. verurteilen, tadeln.
μεμψ|ιμοιρία [mɛm̌psimir-] Mäkelei *f*; **~ίμοιρος** mäkelig; vorwurfsvoll; *Su*. *m* ewig Unzufriedene(r); **~ιμοιρώ** (είς· ησ) (herum)mäkeln (***για***/ an *D*).
μεν [mɛn]: ***... ~ ..., αλλά*** *od*. ***όμως ...*** ... zwar ..., aber; ***ο ~ ... ο δε*** der eine ... der andere.
μένα mir, mich.
Μενέλαος [mɛ'nɛlaɔs] 'Menelaus *m*.
μενεξ|εδένιος [-nɛksɛ'ðɛn-] (-ια) veilchenblau, violett; Veilchen-; **~εδής** (-ιά, -ί) veilchenblau; **~ές** (-έδες) Veilchen *n*.
μέν|ος *n* Raserei *f*, Wut *f*; ***πνέω ~εα*** vor Wut schnauben.
μενού [mɛ'nu] (0) *n* Menü *n*; Speisekarte *f*.
μενουέτο [-nu'ɛtɔ] Menuett *n*.
μέντα ['mɛňda] Pfefferminze *f*; Pfefferminzbonbon *m*; Pfefferminzgetränk *n*.
μενταγιόν [mɛda'jɔn] Medaillon *n*.
μεντέρι [mɛňd-] Divan *m*; Matratze *f*.
μεντεσές [mɛňd-] (-έδες) Türangel *f*; Fensterangel *f*.
μέντιουμ ['mɛdium] (0) *n* Medium *n*.
μέν|ω ['mɛnɔ] (μειν) *allg*. bleiben; übrig bleiben, (ver)bleiben; *an e-r Haltestelle* stehen; *in e-r Stadt*, *bei j-m* wohnen; *in e-m Hotel* absteigen, wohnen; *Bestellung usw*.: unerledigt bleiben; *Frage* auf sich beruhen lassen; *Witwe usw*. werden; *zufrieden* sein; ***~ω πίσω*** *fig*. zurückbleiben (***σε***/ in *D*); ***δε μου ~ει παρά να ...*** es bleibt mir nichts anderes übrig, als ...; ***έμεινα*** *fig*. ich war starr.
Μεξικό 'Mexiko *n*.
μέρα ['mɛra] Tag *m*; *s*. ***ημέρα***.
μεράδι Teil *m*, Anteil *m*.
μεράκι [-'raïķi] sehnlichste(r) Wunsch *m*; Kummer *m*; ***το 'χω ~*** ich möchte gar zu gern (***να***/ *Inf*. *o*. *zu*); ich bin (sehr) bekümmert (***που***/ dass); ***με ~*** geschmackvoll; ***στα ~α μου*** in Hochstimmung.
μερακ|λής [mɛrakl-] (-ήδες· *f* -ού) scharf (***σε***/ auf *A*); ... mit Geschmack; **~λίδικος** schmackhaft; geschmackvoll, schick; **~(λ)ώνω** (σ· θ) *v/i*. Appetit bekommen *od*. haben (***για***/ auf *A*); *v/t*. *fig*. reizen; in e-n Rausch versetzen; ***~λώνομαι*** F in e-m Taumel (*od*. ganz weg) sein; ***~ωμένος*** scharf (***με***/ auf *A*).
μεραρχία [-rarç-] Division *f*.

M

μέραρχος [-rx-] Divisionskommandeur *m*.
μερδικό [mɛrð-] Anteil *m*; Teil *m*.
μερεμ|έτι [-rɛ'mɛti] Reparatur *f*; F Dingsbums *n*; **~ετίζω** (σ· στ) reparieren; F *j-n*, *etw*. hinkriegen.
μερεύω *s.* ***ημερεύω***; **~ *από το κλάμα*** *j-m* die Tränen stillen.
μερ|ί [mɛ'ri] Keule *f*, Oberschenkel *m*, Lende *f*; **~ιά** Seite *f*; Stelle *f*, Ort *m*; ***καλή ~ιά*** rechte Seite *f e-s Stoffes*; ***απ' τη ~ μου*** was mich angeht; **~ιάζω** (μέριασα) zur Seite treten; **~ίδα** Teil *m*; *Essen*: Portion *f*; *Hdl*. Konto *n*; *pol*. Partei *f*; **~ίδιο** Anteil *m* (***από***/ an *D*); **~ιδιούχος** [-i'ðjux-] Teilhaber *m*; Aktionär *m*; **~ίζω** (σ· στ) (auf)teilen; verteilen.
μερίκευση [-'rikʝɛfsi] (-εις) Spezifikation *f*; Stückliste *f*.
μερικ|εύω [mɛrikʝ-] (ευσ· ευτ) spezifizieren, einzeln aufführen; **~ός** [-'kɔs] Teil-, teilweise, partiell; besonder-; *pl*. einige, manche; ***~οί ~οί*** *iro*. (ganz) gewisse, einige; **~ότητα** Besonderheit *f*.
μέριμνα [-rimna] Sorge *f* (***για***/ um *A*).
μεριμνώ [-'mnɔ] (άς· ησ) (***για***) sorgen (für *A*); sich (*D*) Sorgen machen (wegen *G*), sich (*A*) sorgen (um *A*).
μεριν|ό [mɛri'nɔ], **~ός** Merino(schaf *n*) *m*; Merinowolle *f*.
μέρισμα *n* Teilung *f*; Verteilung *f*; Anteil *m*; *Hdl*. Dividende *f*.
μερισματαπόδειξη [-zmata'pɔðiksi] (-εις) Zinsschein *m*, Kupon *m*.
μερισ|μός Teilung *f*; Anteil *m*; **~τικός** Teil-; Teilungs-.
μερκαντιλισμός Merkantilismus *m*.
μερμηγκ- *s.* ***μυρμηγκ-***.
μερο|δουλεύω [mɛrɔðul-] (εψ) im Tagelohn stehen; **~δούλι** Tagelohn *m*; **~καματιάρης** [-kamat-] (-ηδες) (***-ισσα***) Tagelöhner(in *f*) *m*; **~κάματο** Tagelohn *m*.
μεροληπτικός [-lipt-] parteiisch, voreingenommen; **~πτώ** [-'ptɔ] (είς· ησ) parteiisch *od*. voreingenommen sein; **~ψία** [-ps-] Voreingenommenheit *f*.
μερολόγιο [-'lɔïjɔ] *Mus*. Partitur *f*.
μερ|ομίσθι [mɛrɔ'misti] Tagelohn *m*; **~όνυχτο** [-nix-] Tag und Nacht (*o. Art.*), (*24-Stunden-*)Tag *m*.
μέρ|ος ['mɛr-] *n* Teil *m*; Anteil *m* (***από***/ an *D*); Platz *m zum Bauen*; *gegenüberliegende* Seite *f*; *Landesteil*: Gegend *f*; Abort *m*, Toilette *f*; *Hdl*. Partei *f*; *Thea*. Rolle *f*; ***εν ~ει*** zum Teil; ***κατά ~ος*** beiseite; zur Seite; ***εκ ~ους*** seitens *G*; ***είμαι με το ~ος του*** ich bin auf s-r Seite; ***~ος του λόγου*** *Gr*. Wortart *f*.
μεροφάγι [-'faïji] Tagesverpflegung *f*; ***μεροδούλι - ~*** *etwa*: wie gewonnen, so zerronnen.
μερσίνη [mɛrs-] Myrte *f*.
μερτζάνι [mɛr'dzani] Koralle *f*.
μερτικό *s.* ***μερίδιο***.
μέρωμα *n s.* ***εξημέρωση***.
μερώνω *s.* ***εξημερώνω***.
μες (0) *n* (gefärbte) Haarsträhne.
μέσα ['mɛsa] *Adv*. innen, im Innern, drinnen; herein, hinein; *s. a.* ***μέσο***; ***~ από*** heraus; *Präp*. durch *die Straßen*; aus *D* ... heraus; unter *dem Hemd tragen*; ***~ σε*** *Präp*. (mitten) in *D*; *Zeit*: innerhalb *G*; genau um *A*, an *D*; ***περάστε*** *od*. ***ορίστε ~!*** kommen Sie bitte herein!, treten Sie bitte näher!; ***βάζω ~*** *j-n* einsperren; F ***είμαι ~*** Bescheid wissen; *j-n* hineinlegen; ***μπαίνω ~*** hereinfallen; ***είναι ~ ο κύριος;*** ist der Herr anwesend *od*. zu Hause?
μεσάζω¹ (σ) vermitteln; eingreifen.
μεσάζω² (σ) bis zur Hälfte leeren *od*. aufessen.
μεσάζωντας Makler *m*; Vermittler *m*.
μεσαίος (-αία) mittlere(r), Mittel-.
Μεσαίωνας [-'sɛɔn-] Mittelalter *n*.
μεσαιων|ικός mittelalterlich; **~ισμός** dunkle(s) Mittelalter *n*; **~οδίφης** [-'ðif-] Mediävist *m*.
μεσακάρ|ης [-'kar-] (-ηδες) Teilpächter *m*; **~ικος** ... in Teilpacht.
μεσάλι [mɛ'sali] Serviette *f*.
μεσάντρα [-'sañdra] Wandschrank *m*.
μεσάνυχτα [-nixta] *n/pl*. Mitternacht *f*; ***έχει ~*** er ist völlig unbedarft.
μεσάρης (-ηδες) Mann *m* mittleren Alters.
μεσάτος [-'sat-] tailliert; schlank; halb voll.
μεσ|εγγύηση [mɛsɛ'ŋ̑gʝiisi] (-εις) Zwangsverwaltung *f*; **~έγγυον** [-'ɛŋ̑gɔn] sequestrierte(s) Vermögen *n*; **~εγγυούχος** [-'ŋ̑gux-] Zwangsverwalter *m*; **~εγγυώ** [-'ŋ̑gɔ] (άς· ησ) sequestrieren; **~ευρωπαϊκός** [-ɛvrɔpaik-] mitteleuropäisch.
μέση ['mɛsi] Mitte *f*; *Anat*. Kreuz *n*;

M

μεσήλικας 312

Taille *f*; ***στη ~*** mitten in *D*; ***μπαίνω στη ~*** sich (*A*) einmischen, *j-m* ins Wort fallen; unterbrechen.

μεσήλικας [-'silikas] Mensch *m* mittleren Alters.

μεσημβρία [-siŋvr-] Mittag *m*; Süden *m*; ***μετά ~ (μ.μ.)*** nachmittags; ***προ ~ς (π.μ.)*** vormittags.

μεσημβριν|οανατολικός [-vrinɔanatɔl-] südöstlich; **~οδυτικός** [-ðit-] südwestlich; **~ός** südlich; *Su. m* Meridian *m*.

μεσημέρι [mɛsi'mɛri] Mittag *m*, Mittagszeit *f*; ***κάνω ~*** (zu) Mittag essen; ***το ~*** mittags.

μεσημερι|άζω (σ· στ) *v/i.* über Mittag bleiben; ***~άζομαι*** *die Zeit* bis Mittag *damit* verbringen (***όσο να***/ dass) ...; ***~άζει*** es geht auf Mittag zu; es ist Mittag; **~(α)νός, ~άτικος** Mittags-; *Adv.* ***-άτικα*** um die Mittagszeit.

μεσιακ|ά [-sĭa'ka] *Adv.* zur Hälfte; **~ός** gemeinsam.

μεσι(α)νός *s.* ***μεσαίος.***

μεσίστιος (-ια) auf halbmast.

μεσ|ιτεία [mɛs-] Provision *f*; (*Arbeits-*)Vermittlung *f*; Maklervertrag *m*; **~ίτευση** [-'itɛfsi] (-εις) Vermittlung *f*; Maklergeschäft *n*; **~ιτεύω** (εψ) vermitteln; Makler sein; **~ίτης** Vermittler *m*; *Hdl.* Makler *m*; ***~ίτης ακινήτων*** Immobilienmakler *m*; **~ιτικός** Vermittlungs-; Makler-; ***~ιτικά*** *n/pl.* Maklergebühr *f*; **~ίτρ(ι)α** [-'itr-] Vermittlerin *f*, Maklerin *f*.

μέσ|ο ['mɛsɔ] Mitte *f*; Mittel *n*; *pl.* Mittel *n/pl.* (*Geld usw.*); (*Nachrichten-usw.*)Medium *n*; *pl.* Mitte *f des Monats usw.*; (***από***) (***τα***) ***~α Μαρτίου*** (von) Mitte März; ***δια ~ου*** *G* durch *A*, vermittels *G*, über *A*, durch Vermittlung *G*; ***~ω Ρώμης*** über Rom *reisen*; ***~α*** *n/pl.* ***μαζικής ενημέρωσης*** Massenmedien *n/pl.*; ***βάζω ~ο να*** alles einsetzen, um ... zu; ***έχει μεγάλα ~α*** er hat gute Beziehungen; ***δεν έχω τα ~α*** (***να ...***) ich kann es mir nicht leisten, (zu ...).

μεσ|οβασιλεία [mɛsɔvasil-] Interregnum *n*; **~οβδομάδα** Mitte der Woche; **~οβέζικος** *fig.* dunkel, unklar; **~ογειακός** [-ɔjĭak-] Mittelmeer-; **~όγειος** [-'ɔĭjɔs] (-εια) binnenländisch, Binnen-; ***Ὀόγειος (θάλασσα)*** Mittelmeer *n*; **~όδμη** [-'ɔðmi], **~οδόκι** [-'ðɔĭkj] Firstpfette *f* (*Mittelbalken*); **~οδρομίς** [-ðrɔ'mis] *Adv.* mitten auf dem Weg; **~οζωικός** [-ɔzɔik-] mesozoisch; **~οκαιρίτης** *s.* ***μεσόκοπος;*** **~οκαλόκαιρο** Hochsommer *m*; **~οκόβω** *j-n* ins Kreuz schlagen; ***~οκόβομαι*** sich (*D*) das Kreuz verletzen; **~όκοπος** ... mittleren Alters.

μεσο|λάβηση [-'lavisi] (-εις) Vermittlung *f*; Fürbitte *f*; **~λαβητής** [-vit-] Vermittler *m*; **~λαβώ** [-'vɔ] (είς· ησ) vermitteln; sich (*A*) verwenden für; liegen (***μεταξύ*** *G*/ zwischen *D*); *Zeit*: verfließen.

μεσονύκτιος [-'nikt-] (-ια) mitternächtlich, Mitternachts-.

μεσο|νύχτι Mitternacht *f*; **~νυχτίς** um Mitternacht.

μεσοπάτωμα *n s.* ***μεσόροφος.***

μεσ|οπλεύριος [-ɔ'plɛvr-] (-ια) Zwischenrippen-, interkostal; **Ὀοποταμία** [-ɔpɔtam-] Mesopotamien *n*; **~οπρόθεσμος** mittelfristig; **~όροφος** [-'ɔrɔf-] Zwischenstock *m*.

μέσ|ος ['mɛs-] mittler-, Mittel-; durchschnittlich, Durchschnitts- (*z. B. Temperatur*; *Amerikaner*); ***~η φωνή*** *Gr.* Medium *n*; ***~ο ρήμα*** mediale(s) (*od.* passivisch-reflexive[s]) Verb *n*.

μεσο|σαράκοστα [-sa'rakɔsta] *n/pl.* um die Mittfastenzeit; **~σκόταδο** [-'skɔtaðɔ] Halbdunkel *n*; **~στρατίς** mitten auf der Straße.

μεσ|ότητα mittlere(r) Platz *m*, mittlere Lage *f*; *Math.* Mittelwert *m*; **~ότοιχο** [-'ɔtixɔ] Zwischenwand *f*, Trennwand *f*; **~ούρανα** [-'urana] *n/pl.* Zenit *m*; **~ουράνημα** *n* Zenit *m*; Kulminieren *n*; *fig.* Höhepunkt *m*; **~ουρανώ** [-'nɔ] (είς· ησ) *Astr.* kulminieren; *fig.* auf dem Höhepunkt sein.

μεσ|οφόρι [mɛsɔ'fɔri] Unterrock *m*; **~όφρυδο** Stelle *f* zwischen den Augenbrauen; **~όφωνος** [-'ɔfɔn-] *f* Mezzosopran *m*; **~οχείμωνο** [-ɔ'çimɔnɔ] tiefste(r) Winter; **~οχρονίς** mitten im Jahr.

μεσσίας Messias *m*, Heiland *m*.

μεστ|ός [mɛst-] prall (gefüllt), stramm, straff; reif; **~ότητα** Prallheit *f*, Fülle *f*.

μέστωμα *n s.* ***μεστότητα***; Reifen *n*.

μεστώνω (σ· θ) *v/t.* zur Reife bringen; prall machen; *v/i.* reif werden; prall

313 μετάκληση

werden; *fig.* heranreifen, F sich (*A*) herausmachen.

μέσω *G* durch *A*.

μετ' *s.* ***μετά***; ~ ***ολίγον*** binnen kurzem.

μετά [mɛ'ta] (*Präp. mit A*) *Zeit*: nach; *Ort*: nach *D*, hinter *D*; (*mit G*) mit *D*; *Adv.* nachher; ~ ***μεσημβρίαν*** (***μ.μ.***) nachmittags; ~ ***Χριστόν*** (***μ.Χρ.***) nach Christi (Geburt) (n. Chr.); ~ ***ταύτα*** hierauf; ~ ***από*** *Präp.* nach *D*; ~ ***χαράς*** mit Freuden.

μετα- *Präfix oft*: nach-; zwischen-; trans-, über-, zurück-, Rück-; *Veränderung*: ver-, um-; *Teilnahme*: mit-, teil-.

μετα|βαίνω [-'vɛnɔ] (να -βώ· βηκ) sich (*A*) begeben; (σε) *jur. fig.* 'übergehen (*zur Tagesordnung, auf die Erben*); **~βάλλω** [-'valɔ] (βαλ· βληθ· βλημ) *Meinung* ändern; *j-n* verwandeln (***σε***/ in *A*); ***~βάλλομαι*** sich (*A*) ändern; *Wetter*: umschlagen.

μετ|άβαση [mɛ'tavasi] (-εις) Gang *m*, Fahrt *f*; Besuch *m*; *fig.* Übergang *m*; **~αβατικός** [-vat-] (orts)beweglich; Zug-(*Vogel*); *fig.* Übergangs-(*Periode*); *Gr.* transitiv; **~αβιβάζω** [-aviv-] (σ· στ) befördern, transportieren, schaffen; *jur. Recht* übertragen; **~αβίβαση** (-εις) Beförderung *f*, Transport *m*; *jur.* Übertragung *f*; **~αβίωση** [-a'viɔsi] Weiterleben *n*; **~αβλέπω** [-'vlɛpɔ] nochmals sehen; **~αβλητής** [-vlit-] *Tech.* Modulator *m*; **~αβλητός** wandelbar, veränderlich; *Su. f Math.* Variable *f*; **~αβλητότητα** Unbeständigkeit *f*, Veränderlichkeit *f*; **~αβολή** [-avɔ'li] Änderung *f*; Umwandlung *f*; *mil.* Kehrtwendung *f*; ***~αβολή!*** kehrt!; **~αβολισμός** Stoffwechsel *m*; Gestaltveränderung *f*.

μετ|αγγίζω [mɛtaŋg-] (σ) umgießen, umfüllen; *Blut* übertragen; **~άγγιση** [-'aŋgisi] Umgießen *n*; Umfüllen *n*; ***~άγγιση αίματος*** Blutübertragung *f*; **~άγγισμα** *n s.* ***μετάγγιση***; **~αγένέστερος** [-ajɛ'nɛstɛr-] (-α) später, nachfolgend; nachklassisch; *Su. m* Nachklassiker *m*; **~αγίνομαι** [-a'jinɔmɛ] (-έγινα) wieder entstehen, wieder werden; **~αγλωττίζω** übertragen, verdolmetschen; **~αγραφή** [-γra'fi] 'Umschreiben *n*; Abschreiben *n*, Kopieren *n*; *Gr.* Transkription *f*; *jur.* Überschreibung *f*; **~αγράφω** [-fɔ] (ψ· φτ) neu schreiben; abschreiben; transkribieren; *jur.* über'schreiben, übertragen; **~αγυρίζω** [-jir-] (σ· στ) *v/t.* zurückgeben; *v/i.* zurückkehren.

μετ|άγω [-'aγɔ] (γαγ· μετήχθη· μετη-) (ab)transportieren; über'führen; verschieben; **~αγωγή** [-'ji] Transport *m*; Überführen *n*; Verschiebung *f*; **~αγωγικός** Transport-; *Su. n mil.* Tross *m*, Nachschub *m*; **~αγωγός** [-γɔγ-] *Tech.* Förderer *m*; *El.* Zuleitung *f*, Speiseleitung *f*; ***ατέρμωνας ~αγωγός*** Fließband *n*, laufende(s) Band *n*.

μεταδίνω [mɛta'ðinɔ] (δωσ· δοθ· δομεν) *Radio, Krankheit*: übertragen; mitteilen (***του το***/ j-m etw.); *Med.* anstecken (***του το***/ j-n mit *D*).

μετάδοση [-'aðɔsi] (-εις) (*Rundfunk*) Übertragung *f* (*e-s Schalls*); *Med.* Ansteckung *f*; Mitteilung *f*; *Tech.* Transmission *f*; ***η αγία*** ~ das heilige Abendmahl; ~ ***κίνησης*** Antrieb *m*.

μετα|δόσιμος übertragbar; mitteilbar; ansteckend, Infektions-; **~δοτήρας** [-ðɔ'tiras] *El.* Sender *m*; **~δοτικός** *Med., fig.* ansteckend; *Lehrer*: anschaulich *im Vortrag*, didaktisch begabt; **~δοτικότητα** Übertragbarkeit *f*; didaktische Begabung *f*; **~ζευγνύω** [-zɛv'γniɔ] (ευξ· ευχθ) *Tel., El.* umlegen, umschalten (***σε***/ auf *A*).

μετ|άθεση [-'taθɛsi] (-εις) Umstellung *f*; Versetzung *f e-s Beamten*; *Gr.* Metathese *f*; **~αθέσιμος, ~αθετός** umstellbar; versetzbar; zu versetzen(d); **~αθέτω** [-'θɛtɔ] (σ· τεθ· μεταθεμέν-) umstellen; *Beamte* versetzen; *mil.* abkommandieren.

μεταίχμιο [-'tɛxm-] *mil.* Niemandsland *n*; *fig.* Grenze *f*.

μετα|καλώ [mɛtaka'lɔ] (είς· εσ· κληθ) herbeirufen, ins Land rufen; abberufen, zurückberufen; **~κά(μ)νω** [-'ka(m)nɔ] (καν) umarbeiten; **~κάρπιο** [-'karp-] Handrücken *m*; **~κίνηση** [-'kinisi] (-εις) Umstellung *f*; Verlegung *f*; **~κινητός** umstellbar, versetzbar; **~κινώ** [-ki'nɔ] (είς· ησ· ηθ) umstellen; verlegen; **~κιόνιο** Säulenabstand *m*; **~κλασικός** [-klas-] nachklassisch.

μετ|άκληση [-'taklisi] (-εις) Herbeirufen *n*; Abberufung *f*; Kündigung *f* e-s

M

μετακομιδή 314

Kredits; **~ακομιδή** [-akɔmi'ði] Überführung *f*; **~ακομίζω** (σ· στ) *v/t*. (ab)transportieren; verlegen; befördern; *Möbel* abholen lassen; *v/i. u. v/p.* (**~ακομίζομαι**) umziehen; einziehen (**σε**/ in *A*); ausziehen; **~ακόμιση** (-εις) Transport *m*; Umzug *m*.

μετ|αλαβαίνω [mɛtalav-] (λαβ) *v/i.* das Abendmahl nehmen, kommunizieren; *v/t. j-m* das Abendmahl geben; **~αλαμπαζεύω** *v/t.* das Licht (*G*) tragen (**σε**/ in *A*); **~άληψη** [-lipsi] (-εις) Abendmahl *n*, Kommunion *f*; **~αλλαγή** [-ala'ji] Veränderung *f*; Tausch *m*; Umschaltung *f*; **~αλλάζω** (ξ· χτ) (ver)ändern; vertauschen; umschalten; *v/i.* sich (*A*) ändern, sich (*A*) wandeln; **~αλλάκτης** [-'lakt-] Umschalter *m*; **~άλλαξη** [-'alaksi] (-εις) *Biol.* Mutation *f*.

μεταλλ|εία Bergbau *m*; Bergwesen *n*; **~είο** Bergwerk *n*; *fig.* Born *m*, Quelle *f*; **~ειολογία** Metallurgie *f*.

μετάλλευ|μα [mɛ'talɛvma] *n* Erz *n*; **~ση** [-lɛfsi] (-εις) Erzförderung *f*.

μεταλλ|εύσιμος [-'lɛfsim-] abbauwürdig; **~ευτής** [-ɛft-] Bergmann *m*; **~ευτικός** Bergbau-, Bergwerks-; **~εύω** (εψ· ευτ) abbauen; **~ικός** *Glanz*: metallisch; Metall- (*Geld*); mineralisch, Mineral- (*Wasser*).

μετάλλ|ινος Metall-; **~ιο** Medaille *f*, Gedenkmünze *f*.

μέταλλο ['mɛtalɔ] Metall *n*; **πολύτιμο ~** Edelmetall *n*.

μεταλλοειδής [-ɔið-] metallartig; *Su. n* Nichtmetall *n*.

μεταλλοτεχνία Metallverarbeitung *f*.

μεταλλουργ|είο [-lurj-] Hüttenwerk *n*, Hütte *f*; **~ία** Hüttenkunde *f*, Metallurgie *f*; **~ικός** metallurgisch; **~ός** Bergmann *m*; Metallurge *m*; Metallarbeiter *m*, F Metaller *m*.

μεταλλ|ούχος [-'lux-], **~οφόρος** [-ɔ'fɔr-] (-α) metallhaltig; **~ωρυχείο** [-ɔriç-] Bergwerk *n*; **~ωρύχος** [-ɔ'rix-] Bergmann *m*.

μετα|μέλεια [-'mɛl-] Reue *f*; **~μελούμαι** [-'lumɛ] (είσαι· ηθ) es bereuen; **~μεσημβρινός** [-mɛsimvr-] Nachmittags-; **~μορφώνω** [-mɔrf-] (σ· θ) *v/t.* umgestalten, umformen; **~μορφώνομαι** sich (*A*) wandeln; **~μόρφωση** [-fɔsi] (-εις) Umgestaltung *f*; *Biol.*, *Geol.* Metamorphose *f*; *El.* Umformung *f*; *Rel.* Transfiguration *f*, Verklärung *f*; **~μορφωτής** [-fɔt-] Reformator *m*; *El.* Umformer *m*; **~μόσχευση** [-'mɔsçɛfsi] (-εις) Transplantation *f*; **~μοσχεύω** (ευσ, εψ) transplantieren.

μετ|αμφιέζω [mɛta'ɱfiɛzɔ] (-φίεσα· στ· σμ) *v/t.* maskieren; **~αμφιέζομαι** sich (*A*) verkleiden; **~αμφιεσμένος** verkleidet; **χορός ~αμφιεσμένων** Maskenball *m*; **~αμφίεση** [-a'ɱfiɛsi] (-εις) Verkleidung *f*, Maskierung *f*; **~ανάστευση** [-'nastɛfsi] (-εις) Auswanderung *f*; Einwanderung *f*; Wanderung *f*; **~ανάστευση των λαών** Völkerwanderung *f*; **~αναστευτικός** [-stɛft-] Wander-; Zug- (*Vögel*); **~αναστεύω** (ευσ) auswandern, einwandern; **~ανάστης** (**-άστρια**) Auswanderer(in *f*) *m*; Aussiedler(in *f*) *m*; Einwanderer(in *f*) *m*; **~άνιωμα** *n* Reue *f*, Bereuen *n*; **~ανιωμένος** [-njɔ'mɛn-] reumütig, zerknirscht; **~ανιώνω** (σ) *v/i.* sich (*A*) besinnen; bereuen (**για**/ *A*); es bereuen; *Rel.* Buße tun; **~άνοια** [-'tanja] Meinungsänderung *f*; Reue *f*, Buße *f*; Kniefall *m*; **~ανοώ** (ησ) bereuen (**για**/ *A*).

μέταξα ['mɛtaksa] *s.* **μετάξι.**

μεταξ|άς [-'ksas] (-άδες) Seidenfabrikant *m*, Seidenhändler *m*; **~ένιος** (-ια) seiden, Seiden-.

μετ|άξι Seide *f*; **τεχνητό ~άξι** Kunstseide *f*; **~άξινος** *s.* **μεταξένιος.**

μεταξο|βιομηχανία [-viɔmixan-] Seidenindustrie *f*; **~ειδής** [-ið-] seidenartig; **~σκώληκας** [-'skɔlikas] Seidenraupe *f*.

μεταξουργ|είο [-ksurj-] Seidenfabrik *f*; **~ία** Seidenfabrikation *f*; Seidenindustrie *f*; **~ός** [-'ɣɔs] Seidenfabrikant *m*; Seidenfabrikarbeiter *m*.

μεταξύ [mɛta'ksi] *G Präp.* zwischen *D*, *A*; unter *D*; *Adv.* Zwischen-; **ο ~ χρόνος** Zwischenzeit *f*; **~ μας** (**σας, τους**) unter uns (euch, ihnen); **~ άλλων** unter anderem (u.a.); **εν τω ~** inzwischen.

μεταξωτός seiden, Seiden-; *Su. n* Seidenstoff *m*.

μετα|πείθω [-'piθɔ] (σ· στ) *j-n* umstimmen; **~πήδηση** Hinüberspringen *n*; *fig.* Überwechseln *n*; **~πηδώ** [-pi'ðɔ]

M

(άς· ησ) (hinüber)springen; *fig.* 'überwechseln; **~πιάνω** [-'pjanɔ] wieder ergreifen, wieder- *s.* ***πιάνω***; **~πίπτω** (μετέπεσα) *Wind*: umschlagen; verfallen (***σε***/ in *A*); sich (*A*) ändern.

μετ|απλάθω [mɛta'plaθɔ] (σ· στ) umgestalten; umbilden; **~άπλαση** (-εις) Umgestaltung *f*, Umbildung *f*.

μετα|ποίηση [-'piisi] (-εις) Umänderung *f*, Umarbeitung *f*; Umbau *m*; **~ποιώ** [-'pjɔ] (είς· ησ) umändern, umarbeiten, umbauen; **~πολεμικός** [-pɔlɛm-] Nachkriegs-; *Adv.* (**-ά**) in der Nachkriegszeit; **~πολίτευση** [-'litɛfsi] (-εις) Regierungswechsel *m*; **~πουλώ** [-pu'lɔ] (άς· ησ) wieder verkaufen; **~πράτης** [-'prat-] Wiederverkäufer *m*; Trödler *m*; **~πτυχιακός** Fortbildungs- (*Studium*).

μετάπτωση [-'taptɔsi] (-εις) Umschlagen *n des Windes*; *Med.* Rückschlag *m*; Umschwung *m der Lage*; Änderung *f*; *Gr.* Vokalwechsel *m*, Ablaut *m*.

μετα|πωλητής [mɛta-] *s.* ***μεταπράτης***; **~πωλώ** (είς· ησ) *s.* ***μεταπουλώ***; **~ρρυθμίζω** [-riθm-] (σ· στ) umgestalten; *Haus* umbauen; erneuern; *jur.* abändern; *Organisation* umbilden; **~ρρύθμιση** (-εις) Umgestaltung *f*; Umbau *m*; Umbildung *f*; *Rel.* Reformation *f*; ***νομισματική ~ρρύθμιση*** Währungsreform *f*; **~ρρυθμιστής** Reformator *m*; **~ρρυθμιστικός** Reform-, Umgestaltungs-.

μετ|άρσιος [-'tars-] (-ια) erhaben; **~αρσιώνω** (-ίωσα· -ιώθηκα) erheben.

μετασκευ|άζω [mɛtaskεv-] (σ· στ) umarbeiten, umbauen; **~ή** Umarbeitung *f*; Umbau *m*.

μετασταθμεύω [-staθm-] (εψ) den Ort *od.* das Quartier wechseln.

μετάσταση (-εις) Ortswechsel *m*; Übertritt *m* (***σε***/ zu *D*); *Med.* Metastase *f*.

μεταστρατοπεδεύω [-stratɔpɛ'ðɛvɔ] (ευσ) *mil.* umquartieren.

μετα|στρέφω [-'strɛfɔ] (ψ· αφ) *v/t.* umstimmen *A*; ***~στρέφομαι*** wenden, umkehren; *fig.* umschwenken; **~στροφή** [-strɔ'fi] Umleitung *f*; (Meinungs-) Umschwung *m*; **~σχηματίζω** [-sçimat-] (σ· στ) umbilden; *El.* transformieren; **~σχηματισμός** Umbildung *f*; *El.* Transformation *f*, Umspannung *f*; **~σχηματιστής** Transformator *m*, Wandler *m*, Umspanner *m*.

μετάταξη (-εις) Umstellung *f*; Umgruppierung *f*; *Beamte*: Versetzung *f*.

μετατεθειμένος *s.* ***μεταθέτω.***

μετα|τοπίζω [mɛtatɔp-] (σ· στ) umstellen, verlegen; **~τόπιση** (-εις) Umstellung *f*, Verlegung *f*; **~τρέπω** [-'trɛpɔ] (ψ· απ) verlegen; umwandeln (***σε***/ in *A*); verwandeln (***σε***/ in *A*); *Hdl.* konvertieren; umrechnen; ***~τρέπω χρέος*** umschulden; **~τρεψιμότητα** [-trɛpsim-] *Hdl.* Konvertierbarkeit *f*; **~τροπέας** [-trɔ'pɛas] (*pl.* -είς) Transformator *m*, Wandler *m*; **~τροπή** Umwenden *n*; Umwandlung *f* (***σε***/ in *A*); Umstellung *f*; Konvertierung *f*; **~τυπώνω** [-tip-] nachdrucken; **~τύπωση** [-pɔsi] (-εις) Nachdruck *m*; **~φέρνω** [-'fɛrnɔ] (φερ· φερθ) befördern, transportieren; *Büro* verlegen; *Hdl.*, *El.* übertragen (*a.* ***σε***/ in *e-e Sprache*); *auf neue Rechnung* vortragen; umbuchen; ***~φέρνομαι*** einziehen (***σε***/ in *A*); **~φερτός** [-fɛrt-] transportierbar; übertragbar; **~φορά** [-fɔ'ra] Beförderung *f*, Transport *m*; Übertrag *m in e-r Rechnung*; Umbuchung *f*; *Tech.* Transfer *m*; *Gr.* Metapher *f*; **~φορέας** [-'rɛas] (*pl.* -είς) Förderer *m*; Spediteur *m*; Förderband *n*; **~φορικός** Transport-; übertragen, figürlich; *lit.* metaphorisch; *Su. n/pl.* Transportkosten *pl.*; **~φορτώνω** [-fɔrt-] (σ· θ) umladen; **~φράζω** [-'frazɔ] (σ· στ) übersetzen (***από· εκ*** *G* - ***σε***/ aus *dem* - ins).

μετάφραση [-'tafrasi] (-εις) Übersetzung *f*; Übersetzen *n*.

μεταφραστ|ής (***-άστρια***) Übersetzer(in *f*) *m*; **~ικός** Übersetzungs-; *Su. n/pl.* Übersetzungsgebühr *f*.

μετα|φυσικός [mɛtafis-] metaphysisch; übersinnlich; *Su. f* Metaphysik *f*; **~φύτευση** [-'fitɛfsi] (-εις) Umpflanzung *f*; Verpflanzung *f*; **~φυτεύω** (εψ· ευτ) umpflanzen; verpflanzen (*bsd. fig.*); **~χειρίζομαι** [-çi'rizɔmɛ] (στ· ισμ) *v/t.* verwenden, benutzen; *Pers.* behandeln, 'umgehen mit *D*; **~χείριση** (-εις) Verwendung *f*, Gebrauch *m*; Behandlung *f*; **~χειρισμένος** *S.* gebraucht, verbraucht;

M

μεταχρωματίζω 316

~χρωματίζω [-xrɔmat-] (σ) umfärben.
μετε-: ***μετα-*** + ***ε-***, *s.* ***μετα-.***
μετ|εγχειρητικός [mɛtɛŋ̃çirit-] ... nach der Operation; **~ειδίκευση** [-i'ðiķɛfsi] (-εις) Umschulung *f*; **~εκδίδω** [-ɛk'ðiðɔ] (δωσ· δοθ/ μετεξε-) neu herausgeben; **~εκπαίδευση** [-'pɛðɛfsi] (-εις) Weiterbildung *f*; Umschulung *f*; **~εκπαιδεύω** (ευσ· ευτ) weiterbilden, umschulen; **~εμψύχωση** [-ɛ'm̃bsixɔsi] (-εις) Seelenwanderung *f*; **~ενσάρκωση** [-ɛn'sarkɔsi] (-εις) Reinkarnation *f*; **~εξέλιξη** [-ɛ'ksɛliksi] (-εις) Überflügelung *f*; **~εξετάζω** (σ· στ) nachprüfen, erneut prüfen; **~εξέταση** [-'ksɛtasi] (-εις) Nachprüfung *f*; Wiederholungsprüfung *f*; **~εξεταστέος** (***-α***) Wiederholungsprüfling *m*.
μετέπειτα [-pita] darauf; *als Adj.* darauf folgend.
μετερίζι [-'rizi] Brustwehr *f*; F gute(r) Posten.
μετ|έρχομαι [mɛ'tɛrxɔmɛ] (να ... ελθ· μετηλθ) *Beruf* ausüben; sich (*A*) *e-s Mittels* bedienen; **~έχω** [-'ɛxɔ] (να -άσχω· μετείχα) teilnehmen (*G od.* ***σε***/ an *D*); **~εωρίζω** [-ɛɔr-] (σ· στ) emporheben (*a. fig.*); *Flagge* hissen; *Drachen* steigen lassen; ***~εωρίζομαι*** in See stechen; **~εωρισμός** *Med.* Meteorismus *m*.
μετεωρίτης [mɛtɛɔr-] Meteorit *m*.
μετέωρο Meteor *m*, Sternschnuppe *f*; Himmelserscheinung *f*.
μετεωρ|όλιθος [-'ɔliθ-] Meteorit *m*; **~ολογία** [-ɔlɔj-] Meteorologie *f*, Wetterkunde *f*; **~ολογικός** meteorologisch, Wetter-; **~ολόγος** [-'lɔɣ-] Meteorologe *m*, Wetterkundige(r).
μετέωρος im Schwebezustand (*a. fig.*); *fig.* im Unklaren.
μετεωρο|σκοπείο Wetterwarte *f*; **~σκόπος** Meteorologe *m*.
μετζο|σόλα [mɛdzɔ'sɔla] Brandsohle *f*; **~σοπράνο** *f* Mezzosopran *m*.
μετη- *s.* ***μετα-.***
μετηγαγ- *s.* ***μετάγω.***
μετηλθ- *s.* ***μετέρχομαι.***
μετ|οικεσία [-iķɛs-] Umsiedelung *f*; Auswanderung *f*, Emigration *f*; **~οίκηση** [-'iķisi] (-εις) Umsiedelung *f*, Umzug *m*; **~οικίζω** (σ) *v/t.* umsiedeln; **~οικισμός** *s.* ***μετοικεσία.***
μέτοικος ['mɛtik-] Zugewanderte(r), Umsiedler *m*; *hist.* Metöke *m*.
μετ|οικώ [-i'kɔ] (είς· ησ) *v/i.* übersiedeln, umziehen; auswandern; **~ονομάζω** [-ɔnɔm-] (σ· στ) umbenennen; **~ονομασία** [-mas-] Umbenennung *f*; **~όπη** [-'ɔpi] Metope *f*, Zwischenfeld *n*; **~όπισθεν** [-'tɔpistɛn] *Adv.* (von) hinten; *Su. n/pl.* (0) Etappe *f*; **~ουσιώνω** (-ίωσα· θ) *v/t.* umwandeln; **~ουσίωση** [-u'siɔsi] (-εις) Umwandlung *f*; *Rel.* Transsubstantiation *f*; **~οχέτευση** [-ɔ'çɛtɛfsi] (-εις) Umleitung *f*; **~οχετεύω** (εψ· ευτ) *Fluss* umleiten.
μετ|οχή [mɛtɔ'çi] Teilnahme *f*; *Hdl.* Aktie *f*; *Gr.* Partizip *n*, Mittelwort *n*; ***κοινή ~οχή*** Stammaktie *f*; **~όχι** [-'ɔĭçi] Klostergut *n*; **~οχικός** [-ɔç-] Aktien-; *Gr.* Partizipial-.
μέτοχος [-tɔx-] Teilnehmer *m*; Teilhaber *m*; Aktionär *m*; *Adj.* teilnehmend (*G*/ an *D*).
μέτρα! F *Interj.* ätsch!
μέτρημα ['mɛtr-] *n* Zählung *f*, Zählen *n*; Messung *f*, Vermessung *f*.
μετρημ|ένος [-trim-] gezählt; gemessen (*a. fig.*); *fig.* gemäßigt; F (der, die) Richtige; **~ός** *s.* ***μέτρημα.***
μέτρηση (-εις) *s.* ***μέτρημα.***
μετρητ|ά [-tri'ta] *n/pl.* Bargeld *n*; ***για ~ά*** für bare Münze; ***τοις ~οίς*** bar; *fig.* für bare Münze; **~ής** Messer *m*; (*Gas-*) Zähler *m*; Messgerät *n*; ***~ής αποστάσεων*** Fahrtenschreiber *m*; **~ό** F Bargeld *n*; Vermögen *n*; **~ός** messbar; zählbar.
μέτρια *Adv.* mittelmäßig.
μετρ|ιάζω [mɛtr-] (-ίασα· στ) *v/t.* mäßigen, dämpfen; *Schmerz* lindern; *Ausgaben* einschränken; *Geschwindigkeit* drosseln; ***~ιάζομαι*** nachlassen; **~ίαση** [-'iasi] (-εις) Mäßigung *f*; Einschränkung *f*; Nachlassen *n*; Linderung *f*; **~ιαστικός** Beruhigungs- (*Mittel*); **~ικός** Maß- (*Einheit*); metrisch (*a. poet.*); *Su. f* Metrik *f*; **~ιοπάθεια** [-ĭɔ'paθ-] Mäßigung *f*; Zurückhaltung *f*; **~ιοπαθής** maßvoll; gemäßigt.
μέτριος (-ια) *Größe*: mittler-; *Güte*: mittelmäßig; *Klima*: gemäßigt.
μετρι|ότητα Mittelmäßigkeit *f*; Mäßigung *f*; Zurückhaltung *f*; Milde *f* (*des Klimas*); **~όφρονας** [-'ɔfrɔnas] (-η, -ο)

bescheiden; gemäßigt; **~οφρονώ** [-'nɔ] (είς· ησ) bescheiden sein; **~οφροσύνη** [-'sini] Bescheidenheit *f*.
μετρό [mɛ'trɔ] (0) *n* Untergrundbahn *f*, U-Bahn *f*.
μέτρ|ο ['mɛtrɔ] Maß *n*; Meter *n* (F *m*); Metrum *n e-s Verses*; *Mus*. Takt *m*, Tempo *n*; *pl*. Maßnahmen *f*/*pl*. *ergreifen*; ***~ο μήκους*** Längenmaß *n*; ***τα εκατό ~α*** der Hundertmeterlauf; ***~α και σταθμά*** Maße und Gewichte *pl*.; ***με ~ο*** mit Maßen; ***παίρνω ~ο*** Maß nehmen.
μετρο|λογία [-lɔj-] Maß- und Gewichtskunde *f*; **~νόμος** [-'nɔm-] Taktmesser *m*; **~ταινία** [-tɛn-] Bandmaß *n*, Maßband *n*.
μετρ|ώ [-'trɔ] (άς· ησ) *v*/*t*. (ab)messen; (*nur* άς) zählen (*a. fig*. = *wichtig sein*); *Worte* abwägen; ermessen; ***~ήσατε ...*** *auf e-m Wechsel*: zahlen Sie ...; ***~ιέμαι*** sich (*A*) messen, miteinander streiten.
μετ|ωνυμία Metonymie *f*; **~ωπικός** [-ɔp-] Stirn-; *mil*. Frontal-.
μέτωπο ['mɛtɔpɔ] Stirn *f*; Fassade *f*, Vorderseite *f*; *mil*. Front *f*.
μέχρι ['mɛxri], *vor Vokal* **μέχρις** *A* (*in der K*.: *G*) *Zeit u. Raum*: bis *A* (*vor Adv., Uhrzeit u. Wochentagen*); bis zu *D*; *Adv*. etwa *10 Kilometer*; ***~ το φθινόπωρο*** bis zum Herbst; ***~ το Σάββατο*** bis (zum) Sonnabend; ***~ εδώ*** bis hierher; ***~ σημείου να*** derart, dass; ***~ σήμερα*** bis heute; ***~ πότε;*** bis wann?
μη(ν) [mi(n)] *Adv*. nicht *mit dem Imp., Konj.; beim Su., Adj., Part.; in der Frage*: vielleicht, etwa; ***για να ~*** damit nicht ...; *Ko. nach* ***φοβάμαι, υποψιάζομαι*** *usw*. dass; dass nicht; ob nicht; ***μη μιλάς!*** sprich nicht!; ***μην τον αντάμωσες πουθενά;*** hast du ihn etwa irgendwo getroffen?; ***φοβάμαι μην έπαθε τίποτε*** ich fürchte, dass ihm etwas passiert ist.
μήγαρις ['miɣar-] *Adv*. denn, vielleicht.
μηδαμιν|ός [-ðam-] nichtig, wertlos; überhaupt kein(e); **~ότητα** Nichtigkeit *f*, Wertlosigkeit *f*.
μηδέ [mi'ðɛ] auch nicht, nicht einmal; *verstärkend*: ***~ δραχμή δεν έχω*** ich habe keine einzige Drachme; ***~ ... ~*** weder ... noch.
Μήδεια Me'dea *f*.
μηδέν [mi'ðɛn] (-δενός) *n* Nichts *n*; Null *f* (*Zahl u. fig*.); *Schule*: sehr schlecht, Sechs *f*.
μηδεν|ίζω (σ· στ) *v*/*t*. vernichten, zunichte machen; annullieren, streichen; *Schule*: eine Sechs geben; **~ικό** Null *f* (*a. fig*.); ***τα τρία ~ικά*** Toilette *f*, 00 (= Null-Null).
μηδ|ένιση (-εις) Vernichtung *f*; Annullierung *f*; **~ενισμός** [-ɛniz-] Nihilismus *m*, *a*. = ***μηδένιση***; **~ενιστής** Nihilist *m*; **~ενιστικός** nihilistisch.
Μήθυμνα ['miθimna] Mithimna *n* auf Lesbos, *a*. 'Molyvos *n*.
μήκος ['mik-] *n* Länge *f* (*a. Zeit*); ***κατά ~*** *G den Fluss* (*A*) entlang; ***κατά ~ και κατά πλάτος*** lang und breit.
μηκυθμός [-ķiθm-] Brüllen *n*.
μηλαδέρφ|ι [mila'ðɛrfi] Stiefbruder *m*; Stiefschwester *f*; **~ος** Stiefbruder *m*; ***~η*** Stiefschwester *f*.
μήλ|η ['mili], **~ι** Sonde *f*.
μηλιά Apfelbaum *m*.
μηλίγγι [-'liŋg̡i] Schläfe *f*; Verstand *m*.
μηλίτης [-'lit-] Apfelwein *m*; *Anat*. Gesichts- (*Muskel*).
μήλο ['milɔ] Apfel *m*; Wange *f*; *pl*. runde Bäckchen *n*/*pl*.; ***το ~ της Έριδος*** der Zankapfel; ***~ στο φούρνο*** Bratapfel *m*; ***~ του Αδάμ*** Adamsapfel *m*.
μηλ|οπεπόνι Zuckermelone *f*; **~όπιτα** [-'ɔpita] Apfelkuchen *m*.
μηλωτή [-lɔ'ti] Pelz *m*; Tierfell *n*.
μη με λησμόνει ['mimɛli'zmɔni] (0) *n* Vergissmeinnicht *n*.
μη μου άπτου [-mu'aptu] (0) *n Bot*. Rührmichnichtan *n*.
μην *s*. ***μη***.
μηναίο Monatsgehalt *n*; *Rel*. Messenkalender *m*.
μήνας ['minas] Monat *m*; ***~ του μέλιτος*** Flitterwochen *f*/*pl*.
μηνιαίος (-αία) monatlich, Monats-.
μηνιάτικο [-'njat-] Monatsgehalt *n*; **~ς** monatlich; Monats-.
μήνιγγα ['miniŋga] Hirnhaut *f*.
μηνίγγι *s*. ***μηλίγγι***.
μηνιγγίτιδα Hirnhautentzündung *f*.
μην|ίσκος Mondsichel *f*; *Anat*. Meniskus *m*; **~οειδής** [-ɔið-] sichelförmig.
μηνολόγιο *Rel*. Kalender *m* der monatlichen Messen.
μήνυμα (-ατος) *n* Bescheid *m*; Botschaft *f*; Nachricht *f*.
μηνυσ- *s*. ***μηνώ***.

M

μήνυση ['minisi] (-εις) (Straf-)Anzeige *f*; ***υποβάλλω ~ εναντίον*** *G* ***επί*** *G*, F ***του κάνω ~ για*** Strafanzeige erstatten gegen *j-n* wegen *G*.

μην|υτής (***-ύτρια***) Sendbote *m* (-tin *f*); *jur*. Denunziant(in *f*) *m*; Kläger(in *f*) *m*; **~ύω** [-'iɔ] (σ· θ) *j-n* anzeigen (***για***/ wegen *G*); **~ώ** (άς· υσ) *j-n* davon unterrichten (***να***/ dass); bestellen (lassen), mitteilen (***του το με***/ j-m etw. *A* durch *A*); *den Arzt* rufen.

μήπως [-pɔs] vielleicht ...?; etwa, denn ...?; *nach fürchten usw.*: dass.

μηρ|ί [mi'ri] *s*. ***μηρός;*** **~ιαίος** (-αία), **~ικός** Schenkel-; **~ός** *Anat*. Oberschenkel *m*; *Tier*: Keule *f*.

μηρυκ|άζω [mirik-] (σ) wiederkäuen (*a. fig.*); **~ασμός** Wiederkäuen *n*; **~αστικός** wiederkäuend; *Su*. *n* Wiederkäuer *m*; **~ισμός** Wiederkäuen *n*; **~ώμαι** (άσαι) *s*. ***μηρυκάζω.***

μήτε nicht einmal; **~ ... ~** weder ... noch.

μητέρα [mi'tεra] Mutter *f*.

μήτρα ['mitra] Gebärmutter *f*, Uterus *m*; Matrize *f*; Seele *f e-s Kabels*.

M

μητρ|αδέλφη [-'ðεlfi] Tante *f*; **~άδελφος** Onkel *m*; **~ιά** Stiefmutter *f*; **~ιαρχία** [-ĭarç-] Matriarchat *n*; **~ικά** *n/pl*. Gebärmutterleiden *n*; **~ικός** mütterlich; Mutter- (*Sprache*); Gebärmutter-; **~ιός** Stiefvater *m*; **~ίτιδα** Gebärmutterentzündung *f*; **~οκτόνος** Muttermörder *m*; **~ομανία** [-man-] Mannstollheit *f*.

μητρ|όπολη [mi'trɔpɔli] Hauptstadt *f*; Mutterland *n*; Kathedrale *f*; Bischofssitz *m*; Erzbistum *n*; **~οπολίτης** Metropolit *m*, Erzbischof *m*; **~οπολιτικός** hauptstädtisch; ... des Mutterlandes; erzbischöflich; **~ότητα** Mutterschaft *f*.

μητρώο [-'trɔɔ] Register *n*, Matrikel *f*; ***εμπορικό ~*** Handelsregister *n*; ***ποινικό ~*** Strafregister *n*; ***στρατολογικό ~*** *mil*. Stammrolle *f*; ***~ του δήμου*** Melderegister *n*.

μητρώος (-α) mütterlich, Mutter-.

μηχανάκιας [mixa'naĭkjas] *Motorradfahrer*: F Knatterfritze *m*.

μηχ|άνευμα [-'xanεvma] *n* Trick *m*, Machenschaft *f*; **~ανεύομαι** (ευτ) sich (*D*) etw. (*A*) ausdenken.

μηχανή [mixa'ni] Maschine *f*; Motor *m*; Maschinerie *f* (*a. fig.*); (*Staats-*)Apparat *m*; *fig*. Trick *m*; *e-e* Falle (*f*).

μηχάνημα *n* Gerät *n*, Apparat *m*; Vorrichtung *f*; ***ορθοδοντικό ~*** Zahnspange *f*; *fig*. *s*. ***μηχάνευμα.***

μηχανικ|ή [-'kji] Mechanik *f*; **~ό** [-'kɔ] Ingenieurwesen *n*; Pionierkorps *n*; **~ός** mechanisch; maschinell; *Psych*. motorisch; *Su*. *m* Ingenieur *m*; Techniker *m*; *Facharbeiter*: Mechaniker *m*; Maschinist *m* (*a. e-s Schiffes*); F Schwindler *m*; ***~ός αυτοκινήτου*** Autoschlosser *m*.

μηχανισμός [mixan-] Mechanismus *m* (*a. fig.*); Triebwerk *n*; ***~ εξουσίας*** Machtapparat *m*.

μηχαν|όβιος *s*. ***μηχανάκιας;*** **(ηλεκτρονική) ~ογράφηση** (-εις) (elektronische) Datenverarbeitung *f* (EDV); **~οδηγός** [-ɔðiγ-] Maschinist *m*, Lokomotivführer *m*; **~οκίνητος** [-'kji-nit-] mechanisiert; ... mit Motorantrieb; **~οκινώ** [-kji'nɔ] (είς· ησ) mechanisieren; **~οκρατία** [-krat-] *Phil*. mechanische(r) Materialismus *m*; **~ολογιστική** [-lɔj-] Maschinenbuchhaltung *f*; **~ολόγος** [-'lɔγ-] Maschinenbauingenieur *m*; **~οποιείο** *s*. ***μηχανουργείο;*** **~οποίηση** [-'piisi] Mechanisierung *f*; **~οποίητος** [-'piit-] maschinell hergestellt, Maschinen-; Konfektions- (*Kleidung*); **~οποιία** [-pi'ia] Maschinenbau *m*; **~οποιός** *s*. ***μηχανουργός;*** **~οποιώ** [-'pjɔ] (είς· ησ) mechanisieren; konfektionieren.

μηχανο|ρραφία [-nɔraf-] Intrige *f*, Ränke *pl*.; **~ρράφος** Intrigant *m*, Ränkeschmied *m*; **~ρραφώ** [-'fɔ] (είς· ησ) intrigieren; **~στάσιο** [-'stas-] Maschinensaal *m*; *Esb*. Schuppen *m*, Ausbesserungswerk *n*.

μηχανότρατα Motortrawler *m*.

μηχαν|ουργείο [-nurj-] Maschinenfabrik *f*; **~ουργός** [-'γɔs] Maschinenbauer *m*.

μι (0) *n* My *n*; *Mus*. E *n*; ***τα τρία ~*** *Argot*: (= ***μέσα, μουνί, μονέδα***) *etwa*: alles, um glücklich zu sein.

μία ['mia], **μια** [mja] *f v*. ***ένας*** ein; ***μια που*** *Ko*. wenn ... einmal, da ... einmal; ***μια φορά κ'έναν καιρό*** es war einmal.

μια: ***~ και έξω*** F ein für alle Mal.

μιαίνω ['mĭεnɔ] (μίανα· ανθ· μιασμ) *v/t*. beflecken, besudeln; *Luft* verseuchen; *Grab* schänden.

μιανού [mĭa'nu] (-νής) F eines (*G*), von einem; (von) einer.
μίανση ['miaňsi] (-εις) Befleckung *f*; Verseuchung *f*; Schändung *f*.
μιαουρίζω [mĭau'ri·zɔ] miauen.
μιαρ|ός [mĭar-] befleckt, besudelt; ruchlos; **~ότητα** Befleckung *f*; Ruchlosigkeit *f*.
μίασμα *n* Bazillus *m* (*a. fig.*).
μιασματικός [mĭazm-] ansteckend; Infektions-.
μιγάδας [mi'γaðas] *m, f* Mischling (*nur:*) *m*, Mulatte *m*, Mulattin *f*; *Biol.* Bastard *m*.
μιγαδικός gemischt (*Zahl*).
μίζα [-za] *Spiel*: Einsatz *m*; F Schmiergeld *n*; Anteil *m*; *Auto*: Anlasser *m*.
μιζαδόρος Anlageberater *m*.
μιζαμπλί [-'m̌bli] (0) *n* Wasserwelle *f*.
μιζάρω (-άρισα) F setzen (auf *A*).
μιζέρια [-'zεr-] Elend *n*; Knauserei *f*; *als Adv.* elendig, F mies.
μίζερος elendig, F mies; knauserig; mäkelig (**σε**/ in *D*); ***είμαι ~ σε*** an *j-m* herummäkeln.
Μικρά Ασία Kleinasien *n*.
μικραίνω [mikr-] (υν) *v/t.* verkleinern; *Kleid* kürzen; *v/i.* kleiner, kürzer werden; verlieren (*an Reiz*); *Tage*: abnehmen, kürzer werden.
Μικρασία Kleinasien *n*.
μίκρεμα *n* Verkürzung *f*.
μικρ|εμπόριο [-ε'm̌bɔr-] Kleinhandel *m*; **~έμπορος** [-'εm̌bɔr-] Kleinhändler *m*; Krämer *m*.
μικρ(ο)- *mst.* Klein-.
μικρό kleine(s) Kind.
μικρο- *Maß*: mikro-, Mikro- (= *ein Millionstel*).
μικρο|αστικός kleinbürgerlich; **~αστός** Kleinbürger *m*; Spießbürger *m*.
μικροβιακός [-vĭak-] Mikroben-, Bakterien-.
μικρόβιο Mikrobe *f*, Bakterie *f*.
μικροβιο|κτόνος [-'ktɔn-] (-α) keimtötend; **~λογία** [-viɔlɔj-] Mikrobiologie *f*; **~λόγος** Mikrobiologe *m*.
μικρόβιος (-ια) kurzlebig.
μικρο|γραμμένος klein geschrieben; **~γραφία** [mikrɔγraf-] Miniatur *f*; **~γραφικός** Miniatur-; **~γράφος** Miniaturmaler *m*; **~δουλειά** [-ðul-] Kleinigkeit *f*; **~έξοδα** [-'εksɔða] *n/pl.* tägliche Ausgaben *f/pl.*, kleine Auslagen *f/pl.*; **~θυμία** [-θim-] Kleinmut *m*.
μικρ|όθυμος kleinmütig; **~οκαμωμένος** [-krɔkamɔm-], **~οκάμωτος** [-'kamɔt-] zierlich gebaut; **~οκλέφτης** [-'klεft-] Taschendieb *m*; **~όκοσμος** [-'ɔkɔzm-] Mikrokosmos *m*; Kinderwelt *f*; **~οκύματα** *n/pl.* Mikrowellen *f/pl.*; **~ολόγημα** [-'lɔĭj-] *n* Kleinigkeit *f*; **~ολογία** [-lɔj-] Kleinigkeitskrämerei *f*; Erbärmlichkeit *f*; **~ολόγος** [-'lɔγ-] Kleinigkeitskrämer *m*; **~ολογώ** [-'γɔ] (είς· ησ) kleinlich sein; Pedant sein; **~ομετρικός** Mikrometer-; **~όμετρο** Mikrometer *n*.
μικρ|όνησος [mi'krɔnis-] *f* Eiland *n*; **~όνοια** [-'ɔnĭa] Beschränktheit *f*.
μικρο|οργανισμός [-ɔrγan-] Kleinstlebewesen *n*; **~παντρεύομαι** [-pa'ňdrεvɔmε] (ευτ) jung heiraten; **~πλακίδιο** Mikrochip *m*; **~πόδαρος** [-'pɔðar-] kurzbeinig; kleinfüßig; **~πολιτική** [-pɔlit-] Kirchturmpolitik *f*; **~πόνηρος** [-'pɔnir-] pfiffig, bauernschlau; **~πρά(γ)ματα** [-'pra(γ)mata] *n/pl.* Kleinigkeiten *f/pl.*; **~πρέπεια** [-'prεp-] Niederträchtigkeit *f*; **~πρεπής** niederträchtig; kleinlich.
μικρός [mi'krɔs] klein; *Zeit*: kurz; *Alter*: klein (*Kind*), jung; *fig.* klein, niedrig, erbärmlich; klein, unbedeutend; *Su. m* Page *m e-s Hotels*; Hilfskellner *m*; *Su. n* Baby *n*, kleine(s) Kind *n*.
μικρο|σκοπικός [-skɔp-] mikroskopisch; **~σκόπιο** Mikroskop *n*.
μικρ|όσχημος [mi'krɔsçim-] ... von kleinem Format; **~όσωμος** [-'ɔsɔm-] winzig, kleinwüchsig; **~οτέχνημα** [-'tεxn-] *n* Miniatur *f*; **~ότητα** Kleinigkeit *f*; Kürze *f*; Gemeinheit *f*; Bedeutungslosigkeit *f*; **~ούλης** [-'ul-] (-α, -ι) winzig; *Su. m/f* Kleine(r); **~ούλικος, ~ούτσικος** *s.* ***μικρούλης***.
μικροφιλ|οτιμία [-filɔtim-], **~ότιμο** krankhafte(r) Ehrgeiz *m*; Überempfindlichkeit *f*; **~ότιμος** krankhaft ehrgeizig; überempfindlich.
μικρ|όφωνο [-fɔnɔ] Mikrofon *n*; **~οψυχία** [-ɔpsiç-] Kleinmütigkeit *f*, Verzagtheit *f*; **~όψυχος** [-'ɔpsix-] kleinmütig, verzagt; **~οψυχώ** [-'xɔ] (είς· ησ) verzagt sein.
μικρυν-, μικρύνω *s.* ***μικραίνω***.
μικτοβαρής [miktɔvar-] Brutto-.

M

μικτός gemischt; Gemeinschafts- (*Schule*).
Μιλάνο [mi'lanɔ] Mailand *n*.
μίλημα *n* Sprechen *n*.
μιλημένος F belatschert.
μίλι Meile *f*; ***ναυτικό*** ~ Seemeile *f*.
μιλιά Sprechen *n*; (*kein*) Wort *n*; (***ούτε***) ***μιλιά!*** kein Wort!
μιλιούνι [mi'ljuni] Million *f*.
μιλιταρισ|μός Militarismus *m*; **~τής** Militarist *m*; **~τικός** militaristisch.
Μιλτιάδης [mil'tjaδ-] Mil'tiades *m*.
μιλ|ώ [mi'lɔ] (άς· ησ) sprechen (***για***/ über *A*); *s. a.* ***ομιλώ***; ***δε ~ιέται*** er ist nicht zu sprechen, er ist böse.
μίμηση ['mimisi] (-εις) Nachahmung *f*.
μιμη|τέος (-α) nachahmenswert; **~τής** (***-ήτρια***) Nachahmer(in *f*) *m*; **~τικός** nachahmend; nachahmungsfreudig.
μιμ|ικός mimisch; *Su. f* Mimik *f*; **~ό-δραμα** *n* Mimodrama *n*.
μιμόζα Mimose *f*.
μίμος Mime *m*; *fig.* F Nachäffer *m*; *hist. Thea. Art* Volksstück *n*.
μιμούμαι [mi'mumε] (είσαι· ηθ) *v/t.* nachahmen (*A*), F nachäffen.
μίνα Mine *f*.
μιναρές [-na'rεs] (-έδες) Minarett *n*.
μινάρω [-'narɔ] (αρισ) minieren; verminen; *fig.* unterminieren.
μινθόλη [mi'ňθɔli] Menthol *n*.
μινιατούρα Miniatur *f*.
μινιμούμ (0) *n* 'Minimum *n*.
μίνιο Mennige *f*.
μινούτο: ***στο*** ~ auf der Stelle.
μιντέρι [mi'ňdεri] Wandsofa *n*.
μινωικός minoisch.
Μινώταυρος Mino'taurus *m*.
μίξερ ['miksεr] (0) *n* Mixmaschine *f*, Küchenmaschine *f*.
μίξη (-εις) Mischung *f*; Gemisch *n*; Beischlaf *m*.
μιξο|βάρβαρος halbbarbarisch; **~μέ-ταξο** [-'mεtaksɔ] Halbseide *f*; **~πό-λιος** [-'pɔl-] (-ια) grau gemischt.
μις (0) *f iro.* Miss *f*.
μισαλλ|ηλία [misalil-] gegenseitige(r) Hass *m*; **~οδοξία** [-ɔδɔks-] Intoleranz *f*; **~όδοξος** intolerant; fanatisch.
μισ|ανθρωπία Menschenhass *m*; **~άνθρωπος** Menschenfeind *m*.
μισ|ανοίγω [misa'niγɔ] (ξ· χτ) halb öffnen; **~άνοιχτος** halb offen.
μισ(ο)- halb-.
μισείδια *n/pl.* Gesichtszüge *m/pl.*
μισέλληνας Griechenhasser *m*.
μισεμός Auswanderung *f*.
μισερ|ός [-sεr-] verkrüppelt; gebrechlich; **~ώνω** (σ· θ) verkrüppeln; gebrechlich werden.
μισεύω (ψ· εμ) auswandern.
μισητός [-sit-] verhasst.
μίσθιος (-ια) im Lohn stehend; gemietet; *Su. n* Mietsache *f*.
μισθο|δοσία [mistɔδɔs-] Gehalt *n*; Lohnzahlung *f*, Gehaltszahlung *f*; **~-δότης** Lohnzahler *m*, Arbeitgeber *m*; **~δοτικός** [-δɔt-] Gehalts-, Lohn-; **~δοτώ** [-'tɔ] (είς· ησ) entlohnen; **~λο-γικός** Gehalts-; **~λόγιο** Gehaltstabelle *f*.
μισθός Lohn *m des Arbeiters*; Gehalt *n*; *mil.* Sold *m*; ***βασικός*** ~ Ecklohn *m*; ***κατώτατος*** ~ Mindestlohn *m*; ***συλλογικός*** ~ Tariflohn *m*.
μισθο|συντήρητος [-si'ňdirit-] Gehaltsempfänger *m*; **~φορικός** Söldner-; **~φόρος** [-'fɔr-] besoldet; *Su. m* Söldner *m*.
μίσθωμα ['mist-] *n* Miete *f*, Pacht *f*.
μισθώνω (σ· θ) *j-n* anwerben, in Dienst nehmen; *etw.* mieten.
μίσθωση [-stɔsi] (-εις) Mieten *n*, Pachten *n*; Mietvertrag *m*; ***χρηματοδο-τική*** ~ Leasing *n*.
μισθωτ|ήριο [-stɔt-] Mietvertrag *m*; **~ής** (***-ώτρια***) Mieter(in *f*) *m*; Pächter(in *f*) *m*; **~ός** entlohnt, besoldet; *Su. m* Gehaltsempfänger *m*.
μισό [mi'sɔ] Hälfte *f*.
μισ|όβραστος [-'ɔvrast-] nicht gar; **~όγυμνος** [-'ɔjimn-] halb nackt.
μισογύνης [-'jin-] Frauenfeind *m*.
μισοκαλόκαιρο Mitte *f* des Sommers.
μισ|οκλείνω [-'klinɔ] (σ· σμ) halb öffnen; *Tür a.* anlehnen; **~όκλειστος** [-klist-] halb offen; angelehnt; **~οκοι-μάμαι** [-ɔkj'mamε] (άσαι· ηθ) im Halbschlaf liegen, schlummern.
μισ|οξενία [misɔksεn-] Fremdenhass *m*; **~όξενος** fremdenfeindlich.
μισοπεθαμένος [-pεθam-] halb tot (***από***/ vor *D*).
μισοπόλεμος Kriegsgegner *m*.
μίσος *n* Hass *m* (***προς*** *A*/ gegen *A*).
μισ|ός [mis-] halb; halb getan; **~ά** *n/pl.* Hälfte *f*; ***τρεις και ~ή*** halb vier (Uhr).
μισ|οστρατίς [-ɔstra'tis] *Adv.* auf

halbem Wege; **~οτιμής** [-ti'mis] *Adv.* zum halben Preis; **~ότριβος** [-triv-] halb verbraucht; ... mittleren Alters; **~οφέγγαρο** [-'fɛŋgarɔ] Halbmond *m*; **~οφόρι** *s.* ***μεσοφόρι***; **~οχρονίς** *Adv.* Mitte des Jahres.
μισσευ- *s.* ***μισευ-***.
μίσχος ['misx-] (*Blatt*) Stiel *m*.
μισώ [-'sɔ] (είς· ησ) *v/t.* hassen.
μιτάρι *Weberei*: Kette *f*.
μίτζα ['midza] F Provision *f*; Schmiergeld *n*.
μίτος Faden *m*; *Weberei*: Schuss *m*.
μίτρα Mitra *f*.
μνεία ['mnia] Erwähnung *f*; ***κάνω ~*** *G* erinnern (an *A*).
μνήμα *n* Grabmal *n*; *pl.* Friedhof *m*.
μνημ|είο [mnim-] Denkmal *n*; Mahnmal *n*; **~ειώδης** [-'ïɔð-] denkwürdig.
μνήμη Gedächtnis *n*; *Elektronik*: Speicher *m*; ***στη ~*** *G* zur Erinnerung an *A*; ***από ~ς*** aus dem Gedächtnis.
μνημ|όνευση [mni'mɔnɛfsi] (-εις) Erwähnung *f*; Nennung *f*; Gedenken *n*; **~ονευτικός** [-nɛft-] Gedenk-; **~ονεύω** (εψ· ευτ) erwähnen; nennen; gedenken *G*; **~ονικό** Gedächtnis *n*; Erinnerungsvermögen *n*; **~ονικός** Gedächtnis-; **~όνιο** Memorandum *n*, F Papier *n*; **~οσύνη** [-'sini] gute(s) Gedächtnis *n*; **~όσυνο** Gedenkfeier *f*; *Rel.* Seelenmesse *f*; **~ούρι** [-'uri] Grabmal *n*.
μνησ|ικακία [mnisikak-] Gehässigkeit *f*; **~ίκακος** [-kak-] nachtragend (***κατά*** *G*/*D* gegenüber); **~ικακώ** [-'kɔ] (***σε βάρος*** *G*/ *es j-m*) nachtragen.
μνηστεία, μνήστευση ['mnistɛfsi] (-εις) Verlobung *f*.
μνηστ|εύω (εψ· ευτ) verloben; ***~ευμένος*** verlobt (mit *D*); **~ή** Verlobte *f*, Braut *f*; **~ήρας** [-ras] Verlobte(r), Bräutigam *m*; Freier *m*; Bewerber *m*.
μοβ (0) *n* mauve, lila.
Μογγολία [mɔŋgɔl-] Mongolei *f*.
μογγολισμός Mongolismus *m*.
μόδα Mode *f*; ***μαίτρ ~ς*** Modeschöpfer *m*; ***είναι*** (***της***) ~(***ς***) Mode sein.
μοδίστ(ρ)α [mɔð-] Modistin *f*; Putzmacherin *f*; Schneiderin *f*.
μόδιστρος Modeschöpfer *m*.
Μοζέλλας [mɔ'zɛlas] 'Mosel *f*.
μοιάζω ['mjazɔ] (έμοιασα) ähnlich sehen, ähneln (*A od. G*, ***σε*** *od.* ***με***/ *D*); aussehen (***με***/ wie); anstehen, zukommen (***σε***/ *D*).
μοιάσιμο [mǐ-] (-ατος) Ähnlichkeit *f*.
μοίρα ['mira] Erbteil *n* (*m*); *Math.* Grad *m*; *mar.* Geschwader *n*; *mil.* (*Flieger-*)Staffel *f*; Batterie *f der Artillerie*; Stufe *f*, Niveau *n*; Schicksal *n*, Los *n*; Glück *n haben*; ♀ Schicksalsgöttin *f*.
μοιράδι Anteil *m*, Erbteil *n* (*m*); Grundstück *n*.
μοιρ|άζω (σ· στ) teilen (***σε***/ in *A*); verteilen (***σε***/ an *A*); verschenken (***σε***/ an *A*); ***~άζομαι*** (unter sich) teilen; **~αίνω** (αν) beschenken.
μοιραίο (Lebens-)Ende *n*.
μοιρ|αίος (-αία) schicksalhaft; verhängnisvoll; fatalistisch; Schicksals-; **~αρχία** Gendarmerieabteilung *f*.
μοίραρχος ['mirarx-] Gendarmeriehauptmann *m*.
μοιρασιά, μοίρασμα *n* Teilung *f*, Verteilung *f*; Geben *n der Karten*.
μοιραστής Verteiler *m*; Geber *m der Karten*.
μοιρογνωμόνιο Winkelmesser *m*.
μοιρο|κρατία [mirɔkrat-], **~λατρεία** [-latr-] Fatalismus *m*; **~λάτρης** (***-ισσα***) Fatalist(in *f*) *m*; **~λατρικός** fatalistisch; **~λογήτρα** Klageweib *n*; *fig.* Miesmacher *m*; **~λό(γ)ι** Klagelied *n*; *fig.* Gejammer *n*; **~λογώ** [-'ɣɔ] (είς· ησ) *v/t.* beweinen; *v/i.* Klagelieder singen; **~λόι** *s.* ***μοιρολόγι***.
μοιχ|αλίδα [mixal-] Ehebrecherin *f*; **~εία** [miç-] Ehebruch *m*; **~εύω** [-ç-] (εψ· ευτ) die Ehe brechen; **~ογέννητος** [-xɔ'jɛn-] unehelich; **~ός** [-'xɔs] Ehebrecher *m*.
μοκέτα Teppichboden *m*, Auslegeware *f*.
μόκο pst!, Ruhe!; ***κάνω ~*** F nicht piep sagen.
μολάρω (μόλα· αρ, αρισ) loslassen.
μολαταύτα [-'tafta] trotz allem, trotzdem, dennoch.
μολεύω (εψ· ευτ· εμ) anstecken.
μόλις ['mɔlis] *Adv.* kaum, fast gar nicht; *Zeit*: soeben; *Ko.* (*mit St. II*) sobald, wenn; kaum ..., als.
μόλο: ~ ***που*** obgleich.
μολογώ [-lɔ'ɣɔ] (είς, άς) *s.* ***ομολογώ***; sagen, berichten; etw. aufzuweisen haben, taugen.
μολονότι [-'nɔti] *Ko.* obgleich.

M

μόλος Mole *f*, Wellenbrecher *m*.
μολοσσός große(r) Schäferhund *m*.
μολόχ|α [-'lɔxa], **~η** [-çi] Malve *f*.
μολ|υβδίαση [-li'vðiasi] (-εις) Bleivergiftung *f*; **~υβδίδα** [-i'vðiða] *K.* Blei *n*; Bleisiegel *n*, Plombe *f*; Bleistift *m*; **~ύβδινος** Blei-, bleiern; **~υβδοκόντυλο** [-ðɔ'kondilɔ] Bleistift *m*.
μόλυβδο|ς ['mɔliv-] Blei *n*; ***με ~*** verbleit.
μολυβδ|οσφράγιστος [-'sfraj-] plombiert; **~ούχος** [-'ux-] (-α) bleihaltig; **~όχωμα** *n* Graphit *m*; **~ώνω** Striche ziehen; bekritzeln; *s. a.* ***μολυβώνω.***
μολύβδωση [-'livðɔsi] (-εις) *Tech.* Verbleiung *f*; Bleimantel *m*.
μολυβ|ένιος (-ια) Blei-, bleiern; **~ής** (-ιά, -ί) Blei-; bleifarbig.
μολύβι [mɔ'livi] Blei *n*; Bleistift *m*.
μολυβ|ιά Bleistiftstrich *m*; **~ώνω** (σ) verbleien; *s. a.* ***μολυβδώνω.***
μόλυνση ['mɔlinsi] (-εις) Beschmutzung *f*; Verunreinigung *f*, Verschmutzung *f der Luft*; Ansteckung *f*; ***~ του περιβάλλοντος*** Umweltverschmutzung *f*.
μολ|υντικός [-lind-] ansteckend, Infektions-; **~ύνω** (II = I· υνθ) beschmutzen; *Luft* verschmutzen; verseuchen; anstecken, infizieren; *fig.* demoralisieren.
μόλυσμα *n* Krankheitserreger *m*; Infektion *f*.
μολυσματικός [mɔlizmat-] ansteckend, Infektions-.
μολώνω (σ) e-n Damm bauen.
μομφή [mɔ'mfi] Tadel *m*, Verweis *m*.
μονά [mɔ'na] *Adv.* ungerade.
μον|άδα Einheit *f*; (*Industrie-*) Objekt *n*; Anlage *f*; *mil.* Verband *m*; Eins *f*; **~αδικός** einzig, alleinig; einzigartig; **~αδικότητα** Einzigartigkeit *f*; **~άζω** (σ) als Einsiedler leben; **~άκριβος** [-'akriv-] einzig; einzigartig; **~αξιά** [-aks-] Einsamkeit *f*; Alleinsein *n*; ***είναι ~αξιά*** es ist einsam.
μον|άρχης [mɔ'narç-] Monarch *m*; **~αρχία** Monarchie *f*; **~αρχικός** monarchisch; monarchistisch; *Su. m* Monarchist *m*; **~αρχώ** [-'xɔ] (είς· ησ) Monarch sein; **~αστήρι** [-ast-] Kloster *n*; **~αστηριακός** [-stiriak-] Kloster-, klösterlich; **Ωαστήριο** *Stadt* Monastir *n*, Bitolj *n*; **~αστηρίσιος** (*z. B. Brot*) ... aus dem Kloster; **~αστής** Mönch *m*; **~αστικός** Mönchs-, mönchisch; **~άστρια** Nonne *f*.
μον|άχα [mɔ'naxa], **~αχά** nur.
μοναχ|ή [mɔna'çi] Nonne *f*; **~ικός** Mönchs-; abgelegen.
Μόναχο ['mɔnaxɔ] München *n*.
μοναχ|ογιός [-axɔ'jɔs] einzige(r) Sohn *m*; **~οθυγατέρα** [-θiɣa'tɛra], **~οκόρη** [-'kɔri] einzige Tochter *f*; **~οπαίδι** [-'pɛði], **~όπαιδο** einzige(s) Kind *n*.
μονάχος allein; *Gold usw.*: rein.
μοναχός allein; *Su. m* Mönch *m*.
μονέδα [mɔ'nɛða] Geld *n*; Rest *m*; ***κόβει ~*** Geld machen.
μονή Kloster *n*.
μονήμερ|α [-'nimɛra] *Adv.* in einem Tag; am selben Tag; **~ος** eintägig.
μονήρης einsam; einzeln stehend.
μονι|ά [mɔ'nja] (*Wolfs-*) Höhle *f*; **~άζω** (σ) hausen.
μονιμο|ποίηση [mɔnimɔ'piisi] Stabilisierung *f*; Festanstellung *f*, Verbeamtung *f*; **~ποιώ** [-'pjɔ] (είς· ησ) stabilisieren; *j-n* fest anstellen, verbeamten.
μόνιμ|ος stabil; bleibend; *Friede*: dauerhaft; Dauer-, dauernd (*Einrichtung*); *Beamter*: fest angestellt; fest (*Stelle*); ordentlich; Berufs- (*Offizier*); ***~α*** *Adv.* ständig, immer.
μονιμότητα Stabilität *f*; feste Anstellung, Unkündbarkeit *f*.
μόνιππος ['mɔnip-] einspännig.
μονισμός Monismus *m*.
μόνο ['mɔnɔ] *Adv.* nur; *Ko.* allein, jedoch; ***~ που*** *Ko.* nur dass; ***όχι ~ ... αλλά και*** nicht nur ... sondern auch.
μονο- [mɔnɔ-] ein-, allein-, Einzel-.
μον|οβασικός [-vas-] einbasisch; **~ογαμία** [-ɣam-] Monogamie *f*, Einehe *f*; **~ογαμικός** monogam(isch); **~όγαμος** monogam; *fig.* treu; **~ογένεση** [-'jɛnɛsi] (-εις) ungeschlechtliche Fortpflanzung *f*; **~ογενής** einzig; *Bibel*: eingeboren.
μον|όγραμμα [-'ɔɣrama] *n* Monogramm *n*; **~ογραφή** [-'fi] Initial *n*; *Büro*: Zeichen *n*, Signum *n*; **~ογράφηση** Abzeichnung *f*; **~ογραφία** Monographie *f*; **~ογραφώ** [-'fɔ] (είς· ησ) *Schriftstück* abzeichnen; **~όδρομος** [-ðrɔm-] Einbahnstraße *f*; **~οετής** einjährig; **~οζυγάκιας** F *iro.* Kraft-

protz *m*, „Bodybuilder" *m*; **~όζυγο** [-'ɔziɣɔ] Reck *n*; **~οήμερος** [-ɔ'i-mɛr-] eintägig; **~οθεΐα** [-ɔθɛ'ia], **~ο-θεϊσμός** [-izm-] Monotheismus *m*; **~οθεϊστής** [-θɛist-] Monotheist *m*; **~οθέσιος** [-'θɛs-] (-ια) einsitzig; **~ό-θυρος** [-θir-] eintürig.

μονοι|άζω [mɔ'nja-] ([ε]μόνοιασα) sich (*A*) vertragen (***με***/ mit *D*); *v/t*. versöhnen; ***~ασμένος*** einträchtig.

μόνοιασμα ['mɔnjaz-] *n* Versöhnung *f*.

μονο|κάμαρα [-'kamara] Einzimmerwohnung *f*; **~κάταρτο** [-tartɔ] Einmaster *m*; **~κατοικία** [-tik-] Einfamilienhaus *n*; **~κέρατος** Einhorn *n*.

μονόκλ (0) *n* Monokel *n*.

μονόκλινο Einbettzimmer *n*.

μονο|κομματικός [mɔnɔkɔmat-] Einparteien- (*System*); **~κόμματος** einteilig; ganz; *Mensch*: geradlinig; *Interesse*: einseitig; **~κοντυλιά** [-kɔndil-] Federzug *m*, Namenszug *m*; **~κούκι** [-'kuki]: ***ψηφίζω ~κούκι*** für e-e Einheitsliste stimmen; **~κράτορας** [-'kratɔras] absolute(r) Herrscher *m*; **~κρατορία** absolute Monarchie *f*.

μονόκροτο [-krɔtɔ] Fregatte *f*.

μονο|κύτταρος [-'kitar-] einzellig; **~λεκτικός** [-lɛkt-] aus e-m Wort bestehend; *Adv*. mit e-m Wort.

μον|όλεπτος einminütig; **~όλεφτο** Einleptastück *n*; **~ολιθικός** [-liθ-] monolithisch; **~όλιθος** Monolith *m*; **~όλογος** [-'ɔlɔɣ-] Monolog *m*; **~ο-λογώ** [-'ɣɔ] (είς· ησ) e-n Monolog sprechen; ein Selbstgespräch führen; **~όλυκος** [-lik-] Eigenbrötler *m*; **~ομανία** [-man-] Monomanie *f*; Wahnidee *f*; *fig*. Leidenschaft *f* (***με***/ zu *D*); **~ομαχία** [-maç-] Zweikampf *m*, Duell *n*; **~ομάχος** Alleinkämpfer *m*; *hist*. Gladiator *m*; **~ομελής** Einpersonen-; **~ομέρεια** [-'mɛr-] Einseitigkeit *f*; Parteilichkeit *f*; **~ομερής** einseitig; parteiisch; **~ομεριάτικος** eintägig; **~ομιάς** [-ɔ'mjas] sofort, gleich; auf einmal; in einem Zug.

μον|οξίδιο Oxid *n*; **~όξυλο** Einbaum *m*.

μον|οπάτι Pfad *m*, Fußweg *m*; **~όπα-τος** einstöckig; **~οπλάνο** [-'planɔ] Eindecker *m*; **~όπλευρος** [-plɛvr-] einschenkelig; einseitig (*a. fig.*); **~ο-πόδαρος** [-'pɔðar-] einbeinig; **~ό-πρακτος** [-'ɔprakt-] einaktig; *Su. n* Einakter *m*; **~οπώληση** [-'pɔlisi] (-εις) Monopolisierung *f*; **~οπωλια-κός** Monopol-; **~οπώλιο** Monopol *n*; Alleinhandel(srecht *n*) *m*; **~οπωλώ** [-'lɔ] (είς· ησ) monopolisieren; *fig*. ausschließlich huldigen *D*; **~ορούφι** [-ɔ-'rufi] in einem Zug, hintereinander.

μόνος ['mɔnɔs] allein; einzig, alleinig; selbst; ***~ μου*** ich selbst; ***από ~ μου*** von selbst.

μονός *Math*. ungerade; einfach (*Faden*).

μον|οσήμαντος [-'simand-] eindeutig; **~όστηλος** [-'ɔstil-] einspaltig; **~οσύλλαβος** [-'silav-] einsilbig; **~ό-τερμα** *n* Einseitigkeit *f*; Ungleichgewicht *n*; **~οτονία** [-tɔn-] Eintönigkeit *f*; **~ότονος** *allg*. eintönig; **~οφασι-κός** [-fas-] Einphasen-; **~όφθαλμος** [-'ɔfθalm-] einäugig; **~όφυλλος** [-fil-] einblättrig; **~οφυσιτισμός** *Rel*. Monophysitismus *m*; **~οφωνία** Solo *n*; **~όχειρας** [-'ɔçiras] einhändig; einarmig; **~όχρωμος** einfarbig; **~οψή-φιος** [-'psif-] (-ια) einstellig.

μοντ|αδόρος [mɔnda'ðɔrɔs] Monteur *m*; **~άρισμα** *n* Montage *f*; **~άρω** [-'arɔ] (ρισ) montieren; F organisieren.

μοντέλο [mɔ'dɛlɔ] Modell *n*.

μοντ|ερνισμός [mɔdɛrn-] Modernismus *m*; **~έρνος** (-α) modern.

μονύελο [mɔ'niɛlɔ] Monokel *n*.

μον|ωδία [-nɔð-] Solo *n*; **~ώνω** (σ· θ) isolieren (*a. Phys.*); **~ώροφος** [-'ɔrɔf-] einstöckig.

μόνωση [-nɔsi] (-εις) Einsamkeit *f*; Isolierung *f*.

μονω|τήρας, ~τής Isolator *m*.

μονωτικός [-nɔt-] Isolier-.

μοριακός Molekular- (*Gewicht*).

μόριο Teilchen *n*; *Gr*. Partikel *f*; Molekül *n*; Geschlechtsorgan *n*.

μορμολύκειο [mɔrmɔ'lik-] Schreckgespenst *n*; *fig*. alte(r) Penner.

μόρτ|ης Lümmel *m*; Strolch *m*, Rowdy *m*; **~ισσα** Herumtreiberin *f*.

μορφάζω [mɔrf-] (σ) das Gesicht verziehen; Grimassen schneiden.

μορφασμός Grimasse *f*, Fratze *f*.

μορφή [mɔr'fi] *allg*. Form *f*; Gesicht *n*; Gestalt *f*, Figur *f*.

μορφ|ίνη Morphium *n*, Morphin *n*; **~ινομανής** [-man-] morphinsüchtig; *Su. m, f* Morphinist(in *f*) *m*.

μορφολογία 324

μορφολογ|ία [-fɔlɔj-] Morphologie *f*, *Gr. a.* Formenlehre *f*; (Bau-)Stil *m*; **~ικός** morphologisch; ... der Formen, ... des Stils.

μορφονιός Galan *m*, Verehrer *m*.

μορφ|ωμένος [-fɔm-] gebildet; **~ώνω** (σ· θ) formen; (aus)bilden, schulen.

μόρφωση ['mɔrfɔsi] (-εις) Bildung *f*; Ausbildung *f*; ***επαγγελματική ~*** Berufsausbildung *f*.

μορφωτικός bildend, Bildungs-.

μοσκοβολ|ιά Duft *m*; **~ώ** (είς· ησ) duften.

μοσκοπουλώ (άς· ησ) *v/t.* reißend absetzen, gut verkaufen.

μόστρα ['mɔstra] (das) Beste; *Hdl.* Muster *n*; Schaufenster *n*; P Visage *f*; ***κάνω ~*** vorführen, zeigen; ***για τη ~*** ostentativ.

μοστράρ|ομαι sich (*A*) zeigen; sich (*A*) aufführen als *N*; **~ω** (αρισ) zeigen, zur Schau stellen.

Μόσχα [-sxa] Moskau *n*.

μοσχάρι [-'sxari] Kalb *n*; P *fig.* Rindvieh *n*.

μοσχαρίσιος [-'ris-] (-ια) Kalb-.

μοσχάτ|ο Muskateller *m*; **~ος** Muskat-.

μόσχευμα ['mɔsçevma] *n* Ableger *m*, Absenker *m*; *Med.* Transplantat *n*.

μοσχεύω (εψ) *Bot.* absenken.

μοσχο|βολιά [mɔsxɔ-] *s.* ***μοσχομυρωδιά***; **~βόλος** *s.* ***μοσχομυρωδάτος***; **~βολώ** (άς· ησ) *s.* ***μοσχομυρίζω***; **~κάρυδο** [-'kariðɔ] Muskatnuss *f*; **~κάρφι** [-'karfi] Gewürznelke *f*; **~μυρίζω** [-mir-] duften; **~μυρωδάτος** [-rɔ'ðat-] wohlriechend, duftend; **~μυρωδιά** Duft *m*, Wohlgeruch *m*; **~πουλώ** *s.* ***μοσκοπουλώ.***

μόσχος Kalb *n*; Moschus *m*; P *fig.* Rindvieh *n*; ***~ και κανέλα!*** F hatschi!, Gesundheit!

μοσχοσάπουνο Toilettenseife *f*.

μοτέρ (0) *n* F Motor *m*.

μοτίβο Motiv *n*.

μοτο|σακό [mɔtɔsa'kɔ] Moped *n*; **~σικλέτα** [-si'klɛta] Motorrad *n*; **~σικλετιστής** Motorradfahrer *m*.

μου [mu] mir; ***~-σου-του*** *n* F Herausrederei *f* (= *Ausflüchte*).

μου [mu] mein, meine; ***ο θείος ~*** mein Onkel; ***η θεία ~*** meine Tante; ***ένας θείος ~*** ein Onkel von mir.

μουαρέ (0) *n* Moiré *m*, *n*.

μουγγ|αίνω [muŋg-] (αν· αθ) zum Schweigen bringen; ***~αίνομαι*** verstummen; **~αμάρα** Stummheit *f*; **~ός** [-'ŋgɔs] stumm.

μουγκρ|ητό [muŋgri'tɔ] Brüllen *n*; Brausen *n des Meeres*; **~ίζω** brüllen; stöhnen (***από***/ vor *D*); brausen.

μούγκρισμα *n s.* ***μουγκρητό.***

μουδιάζω [muð-] (μούδιασα) *v/i. Glied*: einschlafen; *fig.* erstarren; *v/t.* taub *od.* pelzig machen; besinnungslos machen.

μούδιασμα *n* Einschlafen *n*, Erstarren *n*; *fig.* Ohnmacht *f*.

μουζικάντης [muzi'kaňd-] (Straßen-) Musikant *m*.

μούλα, μουλάρα Mauleselin *f*.

μουλ|αράς [-la'ras] (-άδες) Maultiertreiber *m*; *fig.* Esel *m*; **~άρι** Maulesel *m*; *fig.* Dickkopf *m*; **~αρίσιος** Maultier-; (*Bockigkeit*) e-s Esels.

μουλιάζω (μούλιασα) *v/t.* anfeuchten.

μούλος Bastard *m*; *fig.* F Affe *m*.

μουλώνω (σ· θ) *v/t.* verscharren; tarnen; *v/i.* wie gelähmt sein; sich (*A*) kauern (in *A*).

μουλωχτ|ός [mulɔxt-] heimtückisch; *Hund*: bissig; ***στα ~ά*** hinterrücks, heimtückisch.

μούμια Mumie *f*.

μουνάκιας Schürzenjäger *m*.

μουνί [mu'ni] (*sehr vulgär*) Fotze *f*; *fig.* Mist *m*; ***γίνεται ~*** *Argot*: alles im Eimer; ***πολύ ~!*** *Argot*: ein Teufelsweib (*n*).

μουν|ουχίζω [-uç-] (σ· στ) kastrieren; **~ούχισμα** [-'uïç-] *n* Kastrieren *n*; **~ούχος** [-'ux-] Verschnittene(r); **~όψειρα** [-'ɔpsira] (*vulgär*) Laus *f der Schamgegend*; *fig.* Klette *f*.

μουντάρω [mu'ňdarɔ] (αρ[ισ]) *v/t.* herfallen über (*A*); *v/i.* hervorstürzen.

μούντζα ['muňdza] beleidigende Handbewegung *f* (*Ausstrecken der geöffneten Hand mit gespreizten Fingern gegen den anderen*).

μουντζ|αλιά Tintenklecks *m*; **~αλώνω** (σ) klecksen; **~ούρα** [-'dzura] Klecks *m*, Fleck *m*; F Dreck *m*; *fig.* F Reinfall *m*; Sünde *f*; **~ούρης** Schmierfink *m*; **~ουρώνω** (σ· θ) *v/t.* schmutzig machen, beklecksen; *fig.* Schande

machen *D*; **~ουρώνομαι** sich (*A*) schmutzig machen.
μούντζωμα *n s.* **μούντζα.**
μουντζώνω [muň'dzɔnɔ] (σ) *j-n durch e-e Geste* von sich weisen, *etwa*: Vogel zeigen; *fig.* F pfeifen auf *A*.
μουντός [muňd-] matt; trübe (*Wetter*).
μουράγιο [-'rajɔ] Hafendamm *m*.
μούργα ['murɣa] Olivenölsatz *m*.
μουργιέλα F Herumtrödeln *n*.
μούργος ['murɣ-] große(r) Schäferhund *m*; *fig.* Schlot *m*.
μουρδ- *s.* **μουρντ-.**
μούρη Fratze *f*; Schnauze *f*; Arroganz *f*; **πουλάω ~** F dicke tun.
μουριά Maulbeerbaum *m*.
μουρλαίν|ω [murl-] (αν) verrückt machen; **~ομαι** (-άθηκα) verrückt werden (**από**/ vor *D*).
μούρλ(ι)α Verrücktheit *f*; F toll, doll.
μουρλός verrückt; *fig.* wie losgelassen.
μουρμού: κάνω ~ sich (*A*) dumm stellen.
μουρμ|ούρα [mur'mura] Gemurmel *n*; *fig.* F Meckerei *f*; Meckerer *m*; **~ούρης** (-ηδες) mäkelig; F Meckerer *m*, Nörgelfritze *m*; **~ουρητό** *s.* **μουρμούρισμα;** Plätschern *n*; **~ουρίζω** (σ) murmeln; plätschern; *fig. sprechen*: tuscheln; meckern; **~ούρισμα** *n* Murmeln *n*, Plätschern *n*; Tuschelei *f*; Meckern *n*.
μουρντ|άρεμα [mur'dar-] *n* Beschmutzung *f*; **~αρεύω** (εψ) beschmutzen; *fig.* herumstrolchen; **~άρης** (-άρα) dreckig; liederlich; *Su.* Schmutzfink *m*; Schlampe *f*; **~αριά** Schmutzigkeit *f* (*a. fig.*); Liederlichkeit *f*; **~άρικος** schmutzig; liederlich.
μούρο Maulbeere *f*.
μουρ|ούνα [mu'runa] Kabeljau *m*, Dorsch *m*; **~ουνόλαδο** [-'nɔlaðɔ] Lebertran *m*.
μούσα Muse *f*; *fig.* Genie *n*, Talent *n*.
μουσακάς [musa'kas] *Gericht n aus Hackfleisch u. Gemüse* (*Auberginen*).
μουσαμάς [-'mas] (-άδες) Wachstuch *n*; Regenmantel *m*; Fußbodenbelag *m*.
μουσαφ|ίρης [-saf-] (-ηδες *od.* -ιρέοι) (*f* **-ισσα**) Gast *m*, *pl. a.* Besuch *m*; **~ιρλίκι** [-ir'liķi] Gastfreundschaft *f*.
μουσείο [mu'siɔ] Museum *n*.
μουσελίνα [-sεl-] Musselin *m*.
μούσι Fliege *f* (*Bartansatz*); F Märchen!
μουσικ|ή [musi'ķi] Musik *f*; Orchester *n*; **~ή δωματίου** Kammermusik *f*; F *fig.* **μετά ~ής** mit Pauken u. Trompeten; **~ο-** [-kɔ] Musik-; **~ολόγος** Musikwissenschaftler *m*; **~ός** musikalisch; Musik- (*Instrument*); *Su. m* Musiker *m*; **~οσυνθέτης** [-ɔsi'ňθεt-] Komponist *m*; **~ότητα** Musikalität *f*.
μουσίτσα F Schnauze *f*; Halunke *m*.
μούσκεμα *n* Befeuchten *n*, Nassmachen *n*; *als Adv.* durchnässt; **τά κανες ~** *s.* **μουσκεύω: τα μούσκεψες.**
μουσκετ|άρισμα [musķε'tar-] *n* Erschießen *n*; **~άρω** (ρισ) erschießen.
μουσκέτο Gewehr *n*, *hist.* Muskete *f*; Erschießen *n*.
μουσκ|εύω [musķ-] (ψ) *v/t.* befeuchten; *v/i.* nass werden; **τα μούσκεψες** du hast alles verpfuscht; **~εμένος** durchnässt; **~ίδι** klitschnass.
μούσκιο: τα βάζω στο ~ F erst mal auf Eis legen.
μούσκλο ['musk-] Moos *n*.
μουσμουλιά [muz-] Mispelbaum *m*.
μούσμουλο Mispel *f*.
μουσοτραφής [-sɔtraf-] musisch.
μουσούδ|α, ~ι Schnauze *f* (*a. fig.*).
μουσουλμ|ανικός [musul-] mos'lemisch; **~άνος** Moslem *m*; **~άνα** Mos'lime *f*.
μουσουν|ητό [-ni'tɔ] Schnaufen *n*; Näseln *n*; **~ίζω** (σ) schnaufen; schnauben; näseln.
μουσ|ούργημα [mu'surj-] *n* Tonwerk *n*, Komposition *f*; **~ουργός** [-'ɣɔs] Tonsetzer *m*; **~ουργώ** [-'ɣɔ] (είς· ησ) komponieren; **~οφιλής** [-ɔfil-] Musik liebend; **~όφιλος** Musenfreund *m*.
μουστ|ακαλής [mustakal-] (-ήδες), **~ακάς** [-'kas] (-άδες) Schnurrbärtige(r); **~άκι** Schnurrbart *m*.
μουστ|άρδα [-'starða] Senf *m*; **~αρδιέρα** [-'ðjεra] Senftopf *m*.
μουστερής [-stε'ris] (-ήδες) Kunde *m*; Kenner *m*.
μούστος ['must-] Most *m*.
μουσώνας [-'sɔnas] Monsun *m*.
μουτζ- *s.* **μουντζ-.**
μούτι *Argot*: **τα κάνω ~** alles vermasseln.
μούτρ|ο ['mutrɔ] Gesicht *n*, P Visage *f*; *fig.* Stirn *f*, Mut *m*; **έχω ~α να ...** die

M

Stirn haben, zu ...; ***με τι ~α να ...*** wie soll ich ...; ***μας κάνει ~α*** er ist uns böse.
μουτρ|ώνω (σ· θ) *v/t. j-m* grollen; ***~ωμένος*** böse (***του***/ auf *j-n*).
μούτσος Schiffsjunge *m.*
μουτσούνα [mu'tsuna] Maske *f*, Vermummte(r).
μουφλ|ουζεύω [mufluz-] (εψ) F Pleite gehen; **~ούζης** (-ηδες) Bankrotteur *m*; **~ουζιά** Bankrott *m*, Pleite *f.*
μούφτης (-ηδες) Mufti *m.*
μούχλα ['muxla] Schimmel *m*; *fig.* Muffigkeit *f.*
μουχλιάζω (-ιασα) *v/i.* schimmeln; *fig.* versauern; *v/t.* schimmlig machen.
μούχλιασμα *n* Schimmeln *n.*
μούχρωμα *n* Dämmerung *f.*
μουχρώνει [mu'xrɔni] es dämmert.
μοχθηρ|ία [mɔxθir-] Boshaftigkeit *f*; **~ός** (-ά) boshaft.
μόχθος Anstrengung *f*, Mühe *f.*
μοχθώ [mɔ'xθɔ] (είς· ησ) sich (*A*) abarbeiten, sich (*A*) (***υπερβολικά***) übernehmen.
μοχλ|οβραχίονας [-vraï'çiɔnas] Hebelarm *m*; **~ός** Hebel *m*; *fig.* Anstifter *m*; ***~ός αλλαγή ταχύτητας*** Schalthebel *m.*
μπ- [b-].
μπα! [ba] nanu!; *verneinend*: i wo!
μπαγα|πόντης [baɣa'pɔn̆tis] (***-ισσα***) Ganove *m* (Ganovin *f*); **~ποντιά** Gaunerei *f*; **~πόντικος** ganovenhaft.
μπαγιατ|εύω [bajat-] (εψ), **~ιάζω** (σ) *Fisch usw.*: verderben, verdorben sein; *fig.* veralten; *fig.* klapprig werden; *S.* veralten.
μπαγιάτικος verdorben; *Pers.* klapprig, F oll.
μπάγκα ['ban̆ga] *Hdl.* Bank *f.*
μπαγκάζια *n/pl.* F (die) sieben Sachen.
μπαγιόκο F Notgroschen *m.*
μπαγκέρης (-ηδες) Bankier *m.*
μπαγκέτα [-'ɡ̟εta] Taktstock *m.*
μπάγκος ['ban̆g-] Bank *f*; Theke *f*; Werktisch *m.*
μπαγλαρώνω fesseln; misshandeln.
μπάζα Bauschutt *m*; *Argot*: Kies *m.*
μπάζω ['bazɔ] (σ) *v/t.* einführen, (hin)einstecken, hineintun; *fig.* einweihen (***σε***/ in *A*); *v/i.* einlaufen; ***τον έμπασα στο νόημα*** ich machte es ihm begreiflich.
μπάζωμα *n* Zuschütten *n.*
μπαζώνω (σ) *v/t.* zuschütten; *Argot*: sich (*A*) voll stopfen, fressen.
μπαϊλντίζω [bail'dizɔ] F erledigt, geschafft sein (***από***/ durch *A*).
μπαινοβγαίνω ein- und ausgehen.
μπαίνω ['bɛnɔ] (να μπω· μπήκα· μπασμ) eintreten; einsteigen; *Stoffe*: einlaufen; *Gr. Akzent*: stehen (***σε***/ auf *D*); *als Bürge* auftreten; ***μπήκα*** ich hab's kapiert; ***του ~*** *j-n* herausfordern.
μπακ (0) *n Sport*: Verteidiger *m.*
μπάκα Bauch *m.*
μπάκακας ['bakakas] Frosch *m.*
μπακάλης (-ηδες) (***-ισσα***) Krämer(in *f*) *m*; F Ungebildete(r).
μπακαλιάρος Stockfisch *m.*
μπακάλικο Lebensmittelgeschäft *n.*
μπακ|ιρένιος [-k̟ir-] (-ια) kupfern, Kupfer-; **~ίρι** [-'iri] Kupfer *n*; F *pl.* Moneten *pl.*; **~ιρικά** *n/pl.* Kupferwaren *f/pl.*; **~ιρτζής** (-ήδες) Kupferschmied *m*; **~ιρώνω** (σ· θ) verkupfern.
μπακλαβάς *Süßspeise*: Bakla'va *m.*
μπακοτίλια Notgroschen *m*; Kleinigkeiten *f/pl.*
μπάλα ['bala] Ball *m*; *mil.* Kugel *f*; Murmel *f*; *Hdl.* Ballen *m*; **~** (***από***) ***χιόνι*** Schneeball *m.*
μπαλάκι *Schreibmaschine*: Kugelkopf *m.*
μπαλάντα [ba'lada] Ballade *f.*
μπαλάντζα [-'lan̆dza] Waage *f*; *fig.* Wetterfahne *f.*
μπαλέτο Ballett *n.*
μπαλιά *Fußball*: Stoß *m.*
μπαλκόνι [-'kɔni] Balkon *m.*
μπαλόνι Ballon *m.*
μπάλος Ball *m*; *Art* Volkstanz *m.*
μπάλσαμα *n* Balsam *m.*
μπαλσαμώνω (σ) *v/t.* einbalsamieren.
μπαλτάς [bal'tas] (-άδες) Axt *f*; Schicksalsschlag *m*; Rabauke *m.*
μπάλωμα *n* Flicken *n*; Flicken *m.*
μπαλ|ωματής [-lɔmat-] (-ήδες) Flickschuster *m*; **~ωματού** (-ούδες) Flickerin *f*; **~ώνω** (σ· θ) flicken; ***τα ~ώνω*** sich (*A*) herausreden; ***~ώνομαι*** (reich) beschenkt werden (***από***/ mit *D*).
μπαμ: ***κάνω ~*** *fig.* auffallen.
μπαμπ- *s.* ***βαμβ-.***
μπαμπ|ακερός [bam̆bak̟ε'rɔs] Baumwoll-; **~άκι** Baumwolle *f*; **~ακιάζω** *v/t.* merzerisieren; **~ακοκαλλιέρ-**

γεια Baumwollanbau *m*; **~ακοπαραγωγή** Baumwollproduktion *f*.
μπαμπάς [ba'bas] Papa *m*.
μπαμπ|έσης [-'m̃bɛs-] (-α, -ικο) heimtückisch; **~εσιά** Tücke *f*.
μπαμπούλας [ba'bulas] (der) Schwarze Mann, Schreckgespenst *n*.
μπάμπω ['babɔ] (-ως) *f* Alte *f*.
μπανάνα Banane *f*.
μπανέλα Fischbein *n*.
μπανίζω (σ) F gucken; *j-m* hinterhergucken.
μπαν|ιέρα [ba'njɛ-] Badewanne *f*; **~ιερά** *n/pl*. Badesachen *f/pl*.
μπάνικος hübsch, attraktiv.
μπάνιο ['banjɔ] Bad *n*; Badezimmer *n*; ***κάνω ~*** baden.
μπάντα ['bañda] Seite *f*; abseitige(r) Platz *m*; *Mus*. Kapelle *f*, Band [ɛ] *f*.
μπαντιέρα [-'ñdjɛra] Flagge *f*.
μπαξές [ba'ksɛs] (-έδες) (unser) Garten, (unsere) Sache; F ***έχω απ' όλα ο ~*** *allg*. ich bin gut gerüstet.
μπαξίσι [-'ksisi] Bakschisch *n*.
μπαούλο [-'ulɔ] Lade *f*, Truhe *f*; Koffer *m*; ***τον κάνω ~*** zu Brei schlagen.
μπαρ (0) *n* Bar *f*.
μπαράκα [ba'raka] Baracke *f*.
μπαρκ|άρισμα *n* Einschiffung *f*; Verschiffung *f*; **~άρω** (αρ *od*. αρισ) *v/i*. sich (*A*) einschiffen (***για***/ nach); *v/t*. *j-n* einschiffen; *etw*. verschiffen.
μπάρμπας ['barbas] Onkel *m*.
μπαρμπ|έρης (-ηδες) Barbier *m*; Schwätzer *m*; **~ερίζω** (σ) barbieren.
μπαρμπούνι [-'buni] Barbe *f*.
μπαρόβιος Barbesucher *m*.
μπαρόκ (0) *n* Barock *n*.
μπαρούτι [-'ruti] (Schieß-)Pulver *n*.
μπαρούφες *f/pl*. Blödsinn *m*.
μπας *s*. ***μήπως***.
μπασιά Pforte *f*, Zugang *m*; Flut *f*.
μπάσιμο (-ατος) Einführen *n*; Hineingehen *n*; Einlaufen *n* (*e-s Stoffes*).
μπάσκετ-μπολ (0) *n* Basketball *m*.
μπασμένος [bazm-] *s*. ***μπάζω***; eingeweiht; zu klein, unterentwickelt.
μπάσ|ος Bass-; ***~α φωνή*** Bassstimme *f*.
μπαστ|αρδεύω *v/t*. (ver)fälschen; *v/i*. entarten; **~άρδικος** unehelich.
μπάσταρδος uneheliche(s) Kind *n*.
μπαστ|ούνι [ba'stuni] Stock *m*; *fig*. Schwierigkeit *f*; *Karte*: Pik *n*; *mar*. Spiere *f*; ***~ούνι του γκολφ*** Golfschläger *m*; **~ουνιά** Stockhieb *m*.
μπατάλης [-'tal-] (-α, -ικο) plump.
μπαταξής (-ήδες), (*f* ***-ίδισσα***) Schwindler(in *f*) *m*; zahlungsunfähig.
μπατάρι Mörtelbewurf *m*, Putz *m*; Wandschrank *m*.
μπαταρία Batterie *f*; Akkumulator *m*.
μπατάρω [ba'tarɔ] (αρ *od*. αρισ) *v/i*. kentern; *fig*. herunterkommen; *v/t*. zum Kentern bringen; *Hdl*. ausgleichen; (*Aor*.) quitt sein.
μπατζάκι Wade *f*; Hosenbein *n*.
μπατζανάκης Schwager *m*; (*f* ***-κισσα***) Schwägerin *f*.
μπάτης Meerbrise *f*.
μπατ|ίρης bankrott; **~ιρίζω** (σ) Bankrott machen.
μπατίστα Batist *m*.
μπάτσα *s*. ***μπάτσος***.
μπατσίζω [bats-] (σ) ohrfeigen.
μπάτσος Ohrfeige *f*; F Bulle *m* (= *Polizist*).
μπάφα F Fusel *m*; *fig*. Mist *m*; **~ς** *fig*. Nervensäge *f*.
μπαφιάζω (μπάφιασα) wie gerädert sein.
μπαχαρικό [baxar-] Gewürz *n*.
μπεζ [bɛz] (0) beige.
μπεζαχτάς [-za'xtas] (-άδες) Ladenkasse *f*.
μπεζερίζω (σ) anöden; *v/i*. trostlos sein.
μπέης (-ηδες) Bei *m*; Herr *m* im Hause.
μπεκάτσα [bɛ'katsa] Schnepfe *f*.
μπεκιάρ|ης [bɛķ-] (***-ισσα***) alllein stehend; *Su*. Junggeselle *m* (-gesellin *f*); **~ικος** Junggesellen- (*Leben*).
μπέκος Blödsinn *m*.
μπεκρ|ής (-ήδες) (*f* ***-ού***) F Säufer(in *f*) *m*; **~ουλιάζω** (σ) F saufen.
μπελαλ|ής [bɛla-] Stänker *m*; **~ίδικος** gefährlich; unleidlich, unverträglich.
μπελ(ι)άς [-'l(ĭ)as] (-άδες) Schererei *f*; Ärger *m* (*G*/ mit *D*).
μπελ(ν)τές [bɛl'dɛs] Tomatenmark *n*; Quittengelee *n*.
μπεμπέκα [bɛb-] kleine(s) Mädchen *n*, Baby *n*.
μπέμπης (-ηδες) kleine(r) Junge *m*, Baby *n*.
μπενζίνα [bɛn'zina] Benzin *n*; Motorboot *n*.

μπέρδεμα 328

μπέρδεμα ['bɛrð-] *n* Wirrwarr *m*; Verwechslung *f*.
μπερδ|εύω (εψ· ευτ) *Garn* verwirren (*a. fig. j-n*); *Papiere* durcheinander bringen (*a. fig. j-n*); *Wort usw.* verwechseln; *j-n* hineinziehen (**με**/ in *A*); **τα ~εύω** alles durcheinander bringen; **~εύομαι** F sich (*A*) verheddern; **~εψιά** Schererei *f*; **~εψοδουλειά** [-ɛpsɔðul-] verwickelte (F mulmige) Sache *f*.
μπερές [-'rɛs] (-έδες) Baskenmütze *f*.
μπερικέτι Überfluss *m*, reiche Ernte.
μπερμπάντης [bɛr'bañdis] *fig.* Fuchs *m*; Don Juan *m*.
μπερντές [-'dɛs] (-έδες) Vorhang *m*.
μπες [bɛs] tritt ein!; *Imp. v.* **μπαίνω.**
μπέσα ['bɛsa] Treue *f*; Verlass *m*; **δεν έχει ~** er ist unzuverlässig.
μπεσαλής zuverlässig.
μπε|τόν (0) Beton *m*; **~τόν αρμέ** Eisenbeton *m*; **~τονιέρα** Betonmischmaschine *f*.
μπετούγια [bɛ'tuja] Türklinke *f*.
μπήγω ['biɣɔ], **μπήζω** (ξ) (hinein)stecken; hineinschlagen; **~ τις φωνές** schreien.
μπηκ- *s.* **μπαίνω.**
μπήξιμο (-ατος) Hineinstecken *n*.
μπηχτή [bix'ti] *fig.* Spitze *f*.
μπηχτός [bixt-] hineingesteckt, hineingeschlagen; *Faust*: geballt.
μπιέλα ['bjɛla] Pleuelstange *f*.
μπιζ [biz] da capo.
μπιζ|άρισμα [bi'zarizma] *n* Dakapo(ruf *m*) *n*; **~άρω** (ρισ) da capo rufen.
μπιζέλι [bi'zɛli] Erbse *f*.
μπίζνα ['bizna], **μπίζνες** Geschäft *n*.
μπικ [bik] (0) *n* Kugelschreiber *m*.
μπικίνι Bikini *m*.
μπικουτί Lockenwickler *m*.
μπιλιάρδο [-'ljarðɔ] Billard *n*.
μπιλιέτο [-'ljɛtɔ] Visitenkarte *f*; Eintrittskarte *f*.
μπιλμέμ [bil'mɛm]: **κάνω τον ~** sich (*A*) dumm stellen.
μπιμπελό Nippsache *f*.
μπιμπερό [bibɛ'rɔ] Saugflasche *f*.
μπιμπίκι [bi'm̃biki] Pickel *m*.
μπιμπ|ίλα Saum *m*; **~ιλώνω** (σ) säumen.
μπίρα ['bira] Bier *n*.
μπιραρία [birar-] Bierlokal *n*.
μπιρσίμι *s.* **μπρισίμι.**
μπισκότο [-'skɔtɔ] Keks *m*; Biskuit *m*.
μπιτ [bit] *Adv.* F komplett; nicht die Bohne; **~ για ~** total.
μπιφτέκι [bi'ftɛïki] Beefsteak *n*.
μπλάβος ['blav-] tiefblau.
μπλαζές (*n*: -έ) blasiert.
μπλα-μπλα *n* Gequatsche *n*.
μπλάστρ|ης ['blastr-] (-ηδες) Teigrolle *f*; **~ι** Pflaster *n*.
μπλαστρώνω (σ· θ) *v/t.* Pflaster legen (auf *A*), F bepflastern.
μπλε (0) blau (*bsd. Kleidung*).
μπλέκ|ω ['blɛkɔ] (ξ· χτ· γμ) *v/t.* durcheinander werfen; verwickeln (*a. fig.* **σε**/ in *A*); *v/i.* sich (*A*) verwickeln; mit *e-r Frau* ein Verhältnis anknüpfen; **~ομαι** sich (*A*) verfangen (**σε**/ in *D*).
μπλέξιμο ['blɛks-] (-ατος) Verwicklung *f*, Verstrickung *f*.
μπλιγούρι [bli'ɣuri] Grütze *f*; Grieß *m*.
μπλοκ (0) *n* Block *m* (*a. pol.*); Notizblock *m*; (Auto-)Kontrolle *f*.
μπλοκ|άρισμα [blɔ'karizma] *n* Blockierung *f*, Absperrung *f*; **~άρω** (αρ *od.* αρισ) blockieren, absperren.
μπλόκο Blockade *f*; **κάνω ~** Absperrungen vornehmen.
μπλου (0) blau.
μπλουτζίν (0) *n* Bluejeans *pl*.
μπλόφα ['blɔfa] Bluff *m*.
μπλοφάρω (-αρα, -άρισα) bluffen.
μπογαδ- *s.* **μπουγαδ-.**
μπογάζι [bɔ'ɣazi] Meerenge *f*.
μπογ|ιά [bɔ'ja] Farbe *f*; **~ια(ν)τζής** [-'dzis] (-ήδες) Maler *m*, Anstreicher *m*; **~ιαντίζω** [-jañd-] (σ) malen, anstreichen; **~ιάντισμα** *n* Anstrich *m*; Lackierung *f*.
μπόγιας ['bɔjas] Henker *m*.
μπόγος [-ɣ-] Ballen *m*; (*Wäsche-*) Bündel *n*.
μποέμ (0) *m* Bohemien *m*; **~ικος** Boheme-.
μπόι ['bɔi] (μπογιού) Wuchs *m*; Größe *f*.
μποϊκοτ|άζ *n* Boykott *m*; **κάνω ~άζ σε** boykottieren *A*; **~άρισμα** *n* Boykott *m*; **~άρω** (-άρισα) *v/t.* boykottieren.
μπόλι Impfstoff *m*; Pfropfreis *n*.
μπολιάζω [bɔlj-] (μπόλιασα· στ) impfen; pfropfen.
μπόλιασμα *n* Impfung *f*; Pfropfen *n*.
μπόλικος reichlich; *Kleid*: zu weit.

μπολσεβ|ικικός [bɔlsɛv-], **~ίκικος** bolschewistisch; **~ι(κι)σμός** Bolschewismus *m*; **~ίκος** Bolschewist *m*.
μπόμπα ['bɔm̃ba] *s.* ***βόμβα;*** (Metall-) Flasche *f*; ***σα ~*** ganz unverhofft *kommen*; wie eine Bombe *einschlagen*.
μπομπίνα Spule *f*.
μπόμπιρας ['bɔbir-] Knirps *m*.
μπομπότα Maisbrot *n*.
μπομπρέσσο [bɔ'm̃brɛsɔ] *mar.* Klüverbaum *m*.
μπον (0) *n* Bon *m*, Gutschein *m*; ***~ αγοράς*** Warengutschein *m*.
μποναμάς [-na'mas] (-άδες) Neujahrsgeschenk *n*.
μπονάτσα [-'natsa] Windstille *f*.
μπονφιλέ [bɔñ-] (0) *n* Rumpsteak *n*.
μποξ (0) *n* Boxkampf *m*.
μποξάς [bɔ'ksas] (-άδες) Tragetuch *n*; Kopftuch *n*.
μπόρα Regenguss *m*; Gewitter *n*.
μπορετός [bɔrɛt-] möglich.
μπορντούρα Bordüre *f*.
μπορ|ώ (είς· εσ) können, vermögen (*zu*); ***δεν ~ώ να μη ...*** ich kann nicht umhin, zu ...; ***δεν ~ώ*** krank sein; ***~εί*** es kann sein, möglicherweise.
μποσικ|άρω [bɔsi'karɔ] (αρισ) locker lassen; lockern; ***~αρισμένος*** locker.
μπόσικος locker, lose; *fig. Pers.* oberflächlich; weichlich, dämlich; *Su. n/pl.* Weichen *pl*.
μποστάνι [-'stani] Gemüsegarten *m*.
μπότα Stiefel *m*.
μποτ|ίλια [bɔ'tilja] Flasche *f*; **~ιλιάρισμα** *n* (*Verkehrs-*) Stau *m*; **~ιλιάρω** [-i'ljarɔ] (αρισ) auf Flaschen ziehen; sich stauen.
μποτίνι [bɔ'tini] Stiefelette *f*.
μπότσι ['bɔtsi] Schwanken *n*.
μπουγ|άδα [buɣ-] Kochen *n* (*der Wäsche*); **~αδιάζω** (-άδιασα) (Wäsche) waschen, kochen.
μπούγιο ['bujɔ]: ***κάνω ~*** F sich (*A*) breit machen; Aufsehen erregen; ***παίρνω ~*** e-n Anlauf nehmen.
μπούζι ['buzi] Eis *n*; *Adj.* (0) eiskalt.
μπουζί Zündkerze *f*.
μπουζούκι Busuki *f*, *Art Saiteninstrument n*.
μπουζουρι|άζω (-ζούριασα) verschlingen; um die Ecke bringen; **~έρα** Deckmantel *m*; Strohmann *m*.
μπούκα Mündung *f* (*a. Waffe*); (Höhlen-)Eingang *m*; Einstieg *m*.
μπουκάλ|α [bu'kala], **~ι** Flasche *f*; ***μένω ~α*** baff sein; ***αφήνω ~α*** im Stich lassen; ***~ι επιστροφής*** Pfandflasche *f*; ***~ι μιας χρήσης*** Einwegflasche *f*.
μπουκάρω [-'karɔ] (αρ *od.* αρησ) hineinstürmen; einbrechen.
μπουκέτο [-'k̗ɛtɔ] Bukett *n*; *Argot*: Faustschlag *m*.
μπουκιά Bissen *m*, Happen *m*; ***~ άνθρωπος*** *iro.* e-e halbe Portion *f*.
μπούκλα ['bukla] Haarlocke *f*.
μπουκλωτός lockig.
μποϋκοτ|άζ [bɔikɔ'taz] (0) *n* Boykott *m*; **~άρω** [-'arɔ] (αρισ) boykottieren.
μπούκωμα *n* Hineinstopfen *n*; *Tech.* Verstopfung *f*.
μπουκώνω (σ) *v/t. j-m* etw. in den Mund stopfen; *fig. j-m* den Mund stopfen, bestechen.
μπούλης F Pausback *m*; Mutterkind *n*.
μπουλόνι Bolzen *m*, Schraube *f*.
μπουλούκι [bu'luĭk̗i] Schar *f*.
μπουλούκος Dickerchen *n*.
μπουλντόζα Bulldozer *m*.
μπούμαν (0) *m* Buhmann *m*.
μπουμπ|ούκι [bu'buĭk̗i] Knospe *f*; **~ουκιάζω** [-uk̗-] (-μπούκιασα) knospen, sprießen, *Baum*: ausschlagen.
μπουμπούνα F Kalbskopf *m*.
μπουμπουν|ητό [bubuni'tɔ] Donner *m*, Donnern *n*; **~ίζει** (σ) donnern.
μπούμπουρας [-buras] Hummel *f*.
μπουνάτσα F Windstille *f*; Ruhe *f*.
μπουνιά [bun-] Faustschlag *m*.
μπουνταλ|άς [buda'las] (-άδες) Tölpel *m*; **~ίκι** Tölpelhaftigkeit *f*.
μπουντρούμι [bu'drumi] Keller *m*; Verlies *n*; Karzer *m*.
μπούρδα ['burða] Flunkerei *f*.
μπουρδέλο F Bordell *n*; Kuddelmuddel *m*.
μπουρδουκλώνω (σ) *v/t. j-m* den Nerv töten.
μπουρέκι [-'reĭk̗i] Pastete *f*.
μπουρζου|αζία [burzua'zia] Bourgeoisie *f*; **~άς** (-άδες) Bourgeois *m*.
μπουρί Ofenrohr *n*.
μπουρ|ί, ~ίνι Sturm(wind) *m*; Wutanfall *m*.
μπουρλότο [-'lɔtɔ] *hist.* Brander *m*; F Draufgänger *m*; F Fraß *m*; Sensation *f*.
μπούρμερη F dicke Luft.

M

μπούρμπουλας Mistkäfer *m*.
μπουρμπουλήθρα [-'liθra] Luftblase *f*; *pl*. Gefasel *n*.
μπουρνούζι [bur'nuzi] Bademantel *m*.
μπούσι ['busi] Bus *m*.
μπούσουλας [-sulas] Kompass *m*; *fig*. Fassung *f verlieren*.
μπουσουλ|ίζω (σ), **~ώ** [-'ɔ] (άς· ησ) auf allen vieren gehen.
μπούστο(ς) ['bust-] Büste *f*; Korsett *n*; Rumpf *m*.
μπούτι Keule *f*, Schenkel *m*.
μπουφάν (0) *n* Anorak *m*, Jacke *f*.
μπουφές [-'fɛs] (-έδες) Büfett *n*.
μπούφος Uhu *m*; *fig*. Trottel *m*.
μπουχαρίδα [buxar-] Abzugsrohr *n*.
μπουχέσας Angsthase *m*.
μπουχτίζω (σ) *v/i*. *fig*. es satt haben; F es (*z. B. essen*) zu doll treiben.
μπούχτισμα ['buxt-] *n* Übersättigung *f* (*a. fig*.).
μπόχα ['bɔxa] Gestank *m*; F *fig*. üble(r) Ruf, Sumpf *m*; übel beleumdet.
μπράβο ['bravɔ] bravo.
μπράβος Leibdiener *m*.
μπρακ still!; F ***κάνω ~*** sich (*A*) drücken.
μπράτιμος engste(r) Freund.
μπράτσο [-tsɔ] Arm *m*.
μπραφ: *κάνω ~* F türmen.
μπρε! *a*. ***βρε***.
μπριγάντα [bri'ɣada] Brigade *f*.
μπριζόλα [bri'zɔla] Kotelett *n*.
μπρικέττα [-'ķeta] Brikett *n*.
μπρίκι [-ķi] Metallkännchen *n*; *mar*. Brigg *f*.
μπρίο *fig*. Feuer *n*.
μπρισίμι [bri'simi] Nähseide *f*.
μπρόκολο ['brɔkɔlɔ] Brokkoli *pl*., *mst*. *m sg*.
μπρος! vorwärts!, *s*. ***εμπρός***.
μπρος σε *s*. ***μπροστά***.
μπροσούρα [-'sura] Broschüre *f*.
μπροστά [brɔ'sta]: **~ *από*** *Präp*. vor *mst*. *D*; **~ *σε*** *Präp*. vor *A*, *D*.
μπροστάντζα [-'aňdza] Vorschuss *m*.
μπροστάρης (-ηδες) Leithammel *m*; Anführer *m*; Avantgarde *f*.
μπροστέλα Schürze *f*; Schurz *m*.
μπροστινός vorderer, Vorder-; Vordermann *m*.
μπρούμυτα ['brumita] vorn'über; auf dem Bauch *schlafen*.
μπρούντζ|ινος ['bruňdz-] Bronze-, bronzen; **~ος** Bronze *f*.
μπρούσ|ικος, ~κος ['brusk-] *Wein*: herb; barsch.
μπύρα *s*. ***μπίρα***.
μπω [bɔ] *s*. ***μπαίνω***.
μυαλγία Muskelschmerz *m*.
μυαλ|ό [mia'lɔ] Gehirn *n*; Verstand *m*; ***κοινό ~ό*** gesunde(r) Menschenverstand *m*; ***βασανίζω το ~ό μου*** sich (*D*) den Kopf zerbrechen; ***αυτό, να το βγάλεις από το ~ό σου*** das schlag dir aus dem Sinn; **~ωμένος** [-lɔm-] vernünftig.
μύγα ['miɣa] Fliege *f*.
μυγδαλιά Mandelbaum *m*.
μύγδαλο [-ɣðalɔ] Mandel *f*.
μυγι|άγγιχτος [mi'jaňg̑ixt-] F leicht eingeschnappt; **~άζομαι** [-'jazɔmɛ] (στ) *fig*. einschnappen (***με***/ bei *D*); *Tier*: scheuen.
μυγοχάφτης [miɣɔ'xaft-] (-ηδες) Fliegenfänger *m*; *fig*. Gimpel *m*.
Μυγχάουζεν *m* Münchhausen *m*.
μύδι Miesmuschel *f*.
μυδράλιο Maschinengewehr *n*.
μυδραλιο|βολισμός [miðraliɔvɔl-] Maschinengewehrfeuer *n*; **~βόλο** Maschinengewehr *n*.
μυδροβολώ [miðrɔvɔ'lɔ] (είς· ησ) mit MG [ɛm'geː] beschießen.
μύδρος Stück *n* Lava; Schrapnell *n*; *Kritik*: Verriss *m*.
μυελ|ικός [miɛl-] Rückenmark(s)-; **~ίτιδα** Rückenmark(s)entzündung *f*; **~ός** (Knochen-)Mark *n*; ***νωτιαίος ~ός*** Rückenmark *n*.
μυζήθρα [mi'ziθra] Quark *m*.
μυζ|ητήρας Saugrüssel *m*; Saugnapf *m*; **~ώ** [-'zɔ] (άς· ησ) (an)saugen.
μυημένος [mii'mɛ-] eingeweiht.
μύηση ['miisi] (-εις) Einweihung *f*.
μύθευμα *n* phantastische Erzählung, Sage *f*.
μυθικ|ός [miθik-] mythisch; erdichtet, phantastisch; *fig*. sagenhaft; **~ότητα** Mythische(s); Sagenhaftigkeit *f*.
μυθιστόρημα *n* Roman *m*; ***αστυνομικό ~*** Kriminalroman *m*.
μυθιστορ|ηματικός [miθistɔr-] Roman-, romanhaft; romantisch; **~ία** Roman *m*; **~ιογραφία** [-iɔɣraf-] (Roman-)Schriftstellerei *f*; **~ιογράφος** Romanschriftsteller *m*.
μυθο|γράφος [miθɔ'ɣraf-] Fabeldich-

ter *m*; **~λόγημα** [-'lɔïj-] *n* Fabel *f*; *fig.* Märchen *n*; **~λογία** [-lɔj-] Mythologie *f*; **~λογικός** mythologisch; **~μανής** Phantast *m*, Märchenerzähler *m*; **~πλάστης** Fabeldichter *m*.

μύθος ['miθ-] Mythos *m*; *griechische* Sage *f*; Fabel *f Äsops*, *e-s Dramas*; Märchen *n*, Lüge *f*.

μυθώδης erdichtet; *fig.* sagenhaft.

μυϊκός [miik-] Muskel-.

μυκηθμός Brüllen *n*; Brausen *n*.

μυκηναϊκός mykenisch.

Μυκήνες [-'kin-] *f*/*pl.* Mykene *n*.

μύκητας ['mikitas] Pilz *m*.

Μύκονο(ς) ['mi-] *f Insel f* Mykonos.

μυκτήρας Nüster *f*.

μυκτηρ|ίζω [miktir-] (σ· στ) *K.* verspotten; ***~ίζομαι*** sich (*A*) lustig machen über (*A*); **~ισμός** *K.* Verspottung *f*.

μύλη Mühlstein *m*; (*Zahn-*)Krone *f*.

μυλόπετρα [-'ɔpɛtra] Mühlstein *m*.

μύλος Mühle *f*; ***γίνεται ~*** da ist ein Aufruhr.

μυλω|θρός [milɔθr-], **~νάς** [-'nas] (-άδες) Müller *m*; **~νού** [-'nu] (-ούδες) *f* Müllerin *f*.

μύξα ['miksa] Nasenschleim *m*, P Rotz *m*; **~(ς)** F widerliche(r) Kerl.

μυξ|ιάρης (-α, -ικο) ... mit triefender Nase; *Su. n* P Rotznase *f*; **~ομάντιλο** [-ɔ'mañdilɔ] Schnupftuch *n*.

μυο|κάρδιο [miɔ'karð-] Herzmuskel *m*, Myokard *n*; **~καρδίτιδα** Erkrankung *f* des Myokards.

μυοσωτίδα Vergissmeinnicht *n*.

μύραινα Muräne *f*.

μυριάδα Zehntausend (*f*); Unzahl *f*; *pl.* Abermillionen *pl.*

μυρίζ|ω [mir-] (σ· στ) *v*/*t.* riechen (*a.* an *D*); beschnuppern; *v*/*i.* riechen (*a. übel*); duften (***από***/ nach *D*); *unp.* ahnen (*D*/*D*); F vieles entdecken; ***~ομαι*** *j-n* in Verdacht haben, ahnen (*dass*), Wind bekommen (von *D*).

μυριο- (mit) viel(en), unzählig.

μύριοι [-rii] (-ιες, -ια) zehntausend; unzählig.

μυριολόγι *s.* ***μοιρολόγι.***

μυρι|όνεκρος [-'riɔnɛkr-] *Schlacht*: blutig; **~όπλουτος** [-'ɔplut-] steinreich; **~οστημόριο** [-sti'mɔr-] Zehntausendstel *n*; **~οστός** zehntausendste(r); *Su. n* Zehntausendstel *n*.

μύρισμα ['mir-] *n* Geruch *m*, Riechen *n*; Wohlgeruch *m*.

μυριστικ|ός wohlriechend; **~ά** *n*/*pl.* Gewürz *n*.

μύρμηγκας [-miŋgas], **μυρμήγκι** [-'miŋgi] Ameise *f*.

μυρμηγκιά Ameisenhaufen *m*; *fig.* riesige Menge.

μυρμηγκ|ιάζω (-μήγκιασα) (von Ameisen) wimmeln; kribbeln; prickeln; **~ότρυπα** [-'ŋgɔtripa], **~οφωλιά** [-fɔl-] Ameisenhaufen *m*.

μυρμηκ|ιά [mirmik-] *s.* ***μυρμηγκιά***; **~ίαση** [-'kiasi] Jucken *n*; Kribbeln *n*.

μυρμήκιασμα *n s.* ***μυρμηκίαση.***

μυρμηκ|ίζω (σ) ein Kribbeln fühlen; **~ικός** Ameisen-.

μύρο ['mirɔ] Essenz *f*; Salböl *n*.

μυροβόλος [-rɔ'vɔl-] wohlriechend.

μυρο|λόγι *s.* ***μοιρολόγι***; **~λογώ** [-lɔ'γɔ] (είς, άς) *s.* ***μοιρολογώ.***

μυρο|πωλείο [-pɔl-] Parfümerie *f*; **~πώλης** Parfümhändler *m*.

μυρσύνη Myrte *f*.

μυρτιά Myrte *f*.

μύρτιλλο Heidelbeere *f*.

μύρτινος ['mirt-] Myrten-.

μύρτο Myrte(nbeere) *f*.

μυρωδ|άτος [mirɔ-] wohlriechend; **~ιά** Geruch *m*; Wohlgeruch *m*; Essenz *f*; ***τον πήρα ~ιά*** er kam mir gleich verdächtig vor; **~ικό** Würze *f*; Essenz *f*; Aromastoff *m*.

μύρωμα *n* Salbung *f*, Salben *n*.

μυρώνω (σ· θ) salben; *fig.* würzen.

μυς [mis] (μυός, μυν· μύες, μυών, μυς) *K.* Muskel *m*; Maus *f*.

μυσαρ|ός [misar-] (-ά) abscheulich, widerwärtig; **~ότητα** Abscheulichkeit *f*, Widerwärtigkeit *f*.

μυσταγωγία [mistaγɔj-] Einweihung *f*; Geheimlehre *f*; ***θεία ~*** *Rel.* Abendmahl *n*.

μυσταγωγ|ός [-γɔγ-] Mystagoge *m*; zelebrierende(r) Priester; **~ώ** [-'γɔ] (είς· ησ) in die Mysterien einweihen; das Abendmahl reichen.

μυστηριακός Mysterien-.

μυστήρι|ο Geheimnis *n*; Mysterium *n*; *Rel.* Sakrament *n*; **~ος** Sonderling *m*; *als Adj. fig.* zugeknöpft.

μυστηριώδης [-stir-] geheimnisvoll.

μύστης Eingeweihte(r); Sachkenner *m*.

μυστικισ|μός [mistiḱ-] Mystizismus *m*; **~τής** Mystiker *m*.
μυστικ|ό [-sti'kɔ] Geheimnis *n*; **~οπαθής** [-ɔpaθ-] mystisch, geheimnisvoll; **~ός** geheim, Geheim-; geheimtuerisch; mystisch; *Su. m* Geheimpolizist *m*; **Ωός** ***δείπνος*** *das* heilige Abendmahl; **~οσύμβουλος** [-ɔ'siɱvul-] Geheimrat *m*; **~ότητα** Geheimhaltung *f*; Geheimtuerei *f*.
μυστρί [mi'stri] (Maurer-)Kelle *f*.
μυτ|άρα [mit-] F Riesengurke *f*, Zacken *m*; **~αράς** [-a'ras] (-ού, -άδικο) großnasig; **~ερός** spitz.
μύτη ['miti] Nase *f* (*a. fig.*); *Vogel*: Schnabel *m*; *Schwein*: Schnauze *f*; Spitze *f e-s Nagels*, *e-s Schuhes usw.*; ***έχει γερή ~*** er hat e-e gute Nase; ***χώνει πάντου τη ~ του*** er steckt seine Nase in alles; ***τραβώ από τη μύτη*** an der Nase herumführen.
μυτιά Nasenstüber *m*.
Μυτιλήνη [miti'lini] Mytilene *n*; *Insel f* Lesbos.
μύτος große Nase *f*; F Fußstoß *m*.
μύχιος ['miç-] (-ια) innerst-, geheimst-; (*Komp.* ***-αίτερος***).
μυχός [mix-] Innerste(s); tiefste(r) Teil *m*, Grund *m*.
μυώ (είς· ησ) einweihen (***σε***/ in *A*).
μυ|ώδης muskulös; **~ώνας** [-'ɔnas] Muskel *m*.
μυωπάζω [miɔp-] (σ) kurzsichtig sein; *fig.* blind sein (***προ*** *G*/ vor *D*).
μύωπας Kurzsichtige(r).
μυωπ|ία Kurzsichtigkeit *f*; **~ικός** ... für Kurzsichtigkeit.
Μωάμεθ (0) *m* Mohammed *m*.
μωαμεθαν|ικός [-θan-] mohammedanisch; **~ός** (***-ή***) Mohammedaner(in *f*) *m*.
μώκο: *κάνω ~* F nicht Piep sagen.
μώλος ['mɔl-] Mole *f*; Damm *m*.
μώλωπας ['mɔlɔpas] Quetschung *f*.
μωλωπ|ίζω [-lɔp-] (σ) quetschen; **~ισμός** Quetschung *f*.
μώρα Apathie *f*.
μωραίν|ω (αν· ανθ) benebeln, blöd machen; ***~ομαι*** kindisch werden.
μωρέ! [mɔ'rε] *Vokativpartikel*: he!, Mensch!, nun!, du ..., ihr ...; mein ...; *allg. Überraschung*: Donnerwetter!
μωρή *f Interj.* du ...; *z. B.* ***~ παλαβιάρα*** F du verrücktes Huhn.
μωρ|ία Albernheit *f*; **~ό** Baby *n*, kleine(s) Kind *n*.
μωρο|λόγημα [mɔrɔ'lɔj-] *n*, **~λογία** [-lɔj-] Geschwätz *n*; **~λόγος** [-'lɔɣ-] Schwätzer *m*; **~λογώ** [-'ɣɔ] (είς· ησ) faseln, F quatschen.
μωρ|οπιστία [-ɔpist-] Leichtgläubigkeit *f*; **~όπιστος** leichtgläubig; **~ός** blöd.
μωρουδιακά [mɔruðja'ka] *n/pl.* Babyausstattung *f*.
μωσαϊκ|ό [mɔsai'kɔ] Mosaik *n*; **~ός**[1] Mosaik-.
μωσαϊκός[2] mosaisch.
Μωυσής [mɔi'sis] Moses *m*.

N

N, ν [ni] Ny *n*; ***ν'*** = 50; ***͵ν*** = 50.000.
να[1] [na] *Ko. mit Konj.* dass; damit, um ... zu *mit Inf.*, *s. a.* ***για ~***; zu *mit Inf.*; *Inf. ohne zu*; *als Ausdruck des Imp. u. von* sollen, wollen, dürfen, lassen; *mit Impf.* wenn nur (*od.* doch) ...!; wenn *s.* **αν**; ***είναι περιττό ~ το πω*** es ist überflüssig, dass ich es sage (*od.* es zu sagen); ***μπορείτε ~μου πήτε ...*** können Sie mir sagen ...; ***πόσο πρέπει ~ πληρώσω ...***; wie viel muss ich ... zahlen?; ***τι ~ σας πω***; was soll ich Ihnen sagen?; ***~ σας δείξω ...***; darf ich Ihnen mal ... zeigen?; ***~ λες πάντα την αλήθεια!*** sag immer die Wahrheit!; ***~ βρίσκαμε ψάρια!*** wenn wir nur Fische fänden!
να[2] [na] *Demonstrativpartikel*: hier ist ..., da ist ...; sieh ...!; ***~ τος!*** da ist er!; ***~ ένας ...*** da ist einer ...; ***~ με!*** da bin ich!; ***~ ο δρόμος!*** da ist der Weg!; ***~ ο ήλιος!*** sieh die Sonne!; ***~***

τα μας! da haben wir die Bescherung!
ναδίρ (0) *n Astr.* Na'dir *m*, Fußpunkt *m*.
νάζι ['nazi] Ziererei *f*, F Anstellerei *f*; Laune *f*; ***κάνω ~α*** sich (*A*) zieren.
ναζί *m/f pol.* Nazi *m* (F *a. f*); Nazistin *f*.
ναζιάρης [-zj-] (-α, -ικο) geziert, albern, F affig; launisch.
ναζιστ|ής [nazist-] (***-ίστρια***) Nazi *m*, Nazistin *f*; **~ικός** nazistisch.
ναζού *f s.* ***ναζιάρης.***
ναι [nε] ja; *als Antwort auf verneinte Sätze*: doch; ***μα το ~*** wirklich; ***~ μεν, αλλά*** ... zwar, aber.
νάιλον ['nailɔn] Nylon *n*.
ναΐσκος [na'isk-] Kapelle *f*.
νάκα F nix.
νάμα ['nama] *n* Brunnen *m*, Quelle *f* (*a. fig.*); *Rel.* Wein *m*.
νάνι [-ni]: ***κάνω ~*** in der Heia liegen.
νανισμός Zwergwuchs *m*.
νάνος Zwerg *m*.
να|νουρίζω [nanur-] (σ) in den Schlaf wiegen (*od.* singen); **~νούρισμα** *n* Wiegenlied *n*.
Νάξο(ς) ['naks-] *f* Naxos *n*.
ναός [na'ɔs] Tempel *m*; Kirche *f*.
Ναπολ|έοντας [-'lεɔñdas] Na'poleon *m*; **Ջεόντειος** (-α) napoleonisch (*Kriege*).
ναργιλές (-έδες) Wasserpfeife *f*.
νάρδος *Bot.* Narde *f*.
νάρθηκας ['narθikas] Vorhalle *f*, Vorraum *m*; *Med.* Schiene *f*.
ναρκαλιευτικό [-kaljεfti'kɔ] Minenräumboot *n*.
νάρκη ['narki̯] Narkose *f*, Betäubung *f*; Schläfrigkeit *f*; *Zool.* (*Winter-*)Schlaf *m*; *mil.* Mine *f*.
ναρκ|ισσεύομαι (ευσ) sich (*A*) selbst lieben; **~ισσισμός** Narzismus *m*.
νάρκισσος Narzisse *f*; Ջ Narziss *m*.
ναρκο|βόλο [narkɔ'vɔlɔ] Minenleger *m*; **~θετώ** [-θε'tɔ] (είς· ησ) verminen; **~μανής** rauschgiftsüchtig; **~μανία** Drogensucht *f*; **~πέδιο** [-'pεð-] Minenfeld *n*; **~συλλέκτης** [-si'lεktis] Minenräumboot *n*.
ναρκώνω (σ· θ) betäuben, narkotisieren; einschläfern.
νάρκωση [-kɔsi] (-εις) Narkose *f*.
ναρκωτικ|ό [narkɔt-] Narkotikum *n*, Betäubungsmittel *n*; Droge *f*, Rauschgift *n*; **~ός** Betäubungs-, narkotisch.
νάτο *f* F (künftige) Schwiegermutter.
NATO *s. Anhang*.
νάτος! da ist er!, *s.* ***να²*** ...
νατουραλισμός Naturalismus *m*.
νάτριο ['natr-] Natrium *n*.
ναυάγιο [na'vaj-] Wrack *n* (*a. fig.*); Schiffbruch *m* (*a. fig.*); *bsd. Hdl.* Ruin *m*.
ναυαγ|ός [-ɣ-] Schiffbrüchige(r); *fig.* Gescheiterte(r); **~οσώστες** *m/pl.* Rettungsmannschaft *f*; **~οσωστικός** [-ɔsɔst-] Rettungs- (*Boot*); Bergungs-; *Su. n* Bergungsdampfer *m*; **~ώ** [-'ɔ] (είς· ησ· ισμ) Schiffbruch erleiden (*a. fig.*); *fig.* scheitern; *S.* fehlschlagen.
ναυαρχ|είο [navarç-] Admiralität *f*; **~ία** Admiralsrang *m*; Admiralität *f*; **~ίδα** Admiralsschiff *n*, Flaggschiff *n*; **~ικός** Admirals-.
ναύαρχος ['navarx-] Admiral *m*.
ναυαρχώ [-'xɔ] (είς· ησ) (*G*) *e-e Flotte* kommandieren; Admiral sein.
ναύκληρος ['nafklir-] (erster) Bootsmann *m*; *hist.* Schiffsinhaber *m*.
ναύλο ['navlɔ], *pl.* ***ναύλα***, *s.* ***ναύλος.***
ναυλομεσίτης [navlɔmεs-] Schiffsmakler *m*.
νάυλον Nylon *n*.
ναύλος ['navlɔs] *mar.* Fracht(geld *n*) *f*; Fahrgeld *n*; ***αεροπορικός ~*** Luftfracht *f*.
ναυλοχώ [-lɔ'xɔ] (είς· ησ) ankern.
ναύλωμα ['navl-] *n* Charterung *f*; Befrachtung *f*.
ναυλώνω (σ· θ) *Charterer*: chartern; befrachten; *Reeder*: vermieten.
ναύλωση (-εις) *s.* ***ναύλωμα.***
ναυλωτ|ήριο [navlɔt-] Frachtvertrag *m*, Charterpartie *f*; **~ής** Charterer *m*, Befrachter *m*; Verfrachter *m*; Reeder *m*; **~ικό** *s.* ***ναυλωτήριο.***
ναυμαχία [-maç-] Seeschlacht *f*.
ναυ|πηγείο [nafpij-] Schiffswerft *f*; **~πήγηση** [-'pijisi] Schiffbau *m*; **~πηγήσιμος** Schiffbau-; Bau *m* e-s Schiffes; **~πηγία, ~πηγική** Schiffbau *m*; **~πηγικός** Schiffbau-; **~πηγός** [-piɣ-] Schiffbauer *m*; Schiffsbauingenieur *m*; **~πηγώ** [-'ɣɔ] (είς· ησ) Schiffe bauen.
Ναύπλιο ['nafpl-] Nauplia *n*.
ναυσιπλοΐα [nafsiplɔ'ia] Schifffahrt *f*; Schiffstransport *m*.
ναύσταθμος [-staθm-] Marinewerft *f*.

ναύτης Matrose *m*, Seemann *m*.
ναυτ|ία [naft-] Seekrankheit *f*; *fig*. Übelkeit *f*; **~ίαση** [-'iasi] Seekrankheit *f*; **~ική** [-'ki] Schifffahrtskunde *f*; **~ικό** [-'kɔ] Marine *f*; **~ικός** See- (*Volk*, *Karte*, *Schule usw*.); *Su*. *m* Seemann *m*; ***~ικό μίλι*** Knoten *m*, Seemeile *f*; **~ιλία** (Handels-)Schifffahrt *f*; Marine *f*; **~ιλιακός** Schifffahrts-; **~ίλος** Seefahrer *m*, Seemann *m*.
ναυτο|δάνειο [-'ðan-] Bodmereivertrag *m*; **~δικείο** [-ðik-] Seegericht *n*; **~λογία** [-lɔj-] Einberufung *f* zur Kriegsmarine; Anmusterung *f*; **~λόγιο** [-'lɔïjɔ] Musterrolle *f*, Schiffsrolle *f*, Logbuch *n*; **~λογώ** [-lɔ'ɣɔ] (είς· ησ) einberufen; anheuern, anmustern.
ναυτό|παιδο [na'ftɔpεðɔ], **~πουλο** Schiffsjunge *m*.
νάφθα ['nafθa] Erdöl *n*.
ναφθαλίνη Naphthalin *n*.
νάχα = ***να είχα*** wenn ich nur hätte.
νέα ['nεa] *n*/*pl*. Neuigkeiten *f*/*pl*.; ***τι ~*** (***έχουμε***) was gibt's Neues?
νεάζω jung aussehen; F jung tun.
νεανίας [-'nias] Jüngling *m*.
νεάνιδα junge(s) Mädchen *n*.
νεανικ|ός jugendlich, Jugend-; **~ότητα** Jugendlichkeit *f*.
Νεάπολη Neapel *n*.
νεαρ|ός [nεar-] jung; jugendlich; **~ότητα** Jugend *f*.
Νέα Υόρκη New York *n*.
νέγρικος Neger-.
νέγρος ['nεɣr-] Neger *m*, Schwarze(r).
νέθω ['nεθɔ] (σ· σμ) spinnen.
Νείλος ['nil-] Nil *m*.
νειμ- *s*. ***νέμω***.
νειο- *s*. ***νεο-***.
νέκρα ['nεkra] Totenstille *f*; *fig*. Flaute *f*; ***είναι ~*** es ist tot, nichts los.
νεκραγωγός [-ɣɔɣ-] Katafalk *m*.
Νεκρά Θάλασσα Tote(s) Meer *n*.
νεκραν|ασταίνω [nεkrana'stεnɔ] (-άστησα) (von den Toten) auferstehen; **~άσταση** Auferstehung *f*; **~αστημένος** (wieder) auferstanden.
νεκρικός Leichen-.
νεκρο- [nεkrɔ-] Toten-, Leichen-.
νεκρόδειπνο(ς) Leichenschmaus *m*.
νεκρο|θάφτης [-'θaft-] Totengräber *m*; **~θήκη** [-'θiki] Sarg *m*; Graburne *f*; Grab *n*; **~κάσα** [-'kasa] Sarg *m*; **~κεφαλή** Totenkopf *m*, Totenschädel *m*; **~κρέβατο** [-'krεv-] Totenbett *n*; **~λογία** [-lɔj-] Nachruf *m*; Grabrede *f*.
νεκρόπολη [-'krɔpɔli] Totenstadt *f*.
νεκροπομπός Leichenträger *m*; *hist*. Totengeleiter *m*.
νεκρ|ός [nεkr-] tot (*a*. *fig*.), gestorben; *Su*. Tote(r); ***~ή φύση*** Stillleben *n*.
νεκρο|σκοπείο [-skɔp-] Leichenschauhaus *n*; **~σκοπία** Leichenschau *f*; **~στολίζω** den Toten zurechtmachen; **~συλία** [-sil-] Leichenschändung *f*; **~ταφείο** [-taf-] Friedhof *m*.
νεκρότητα Leblosigkeit *f*; *fig*. Geschäftsstille *f*, Flaute *f*.
νεκροτομία *Med*. Autopsie *f*, Sektion *f*.
νεκρο|φάνεια [-'fan-] Scheintod *m*; **~φανής** scheintot; **~φόρα** Leichenwagen *m*; **~ψία** [-'psia] Obduktion *f*.
νεκρώνω (σ· θ) *v*/*t*. töten; *fig*. lahm legen; *Schmerz* betäuben; *v*/*i*. *Hdl*. stocken, zurückgehen; erbleichen.
νέκρωση ['nεkrɔsi] (-εις) Tötung *f*; Lahmlegung *f*; Betäubung *f*; Abtötung *f*; Stockung *f*, Rückgang *m*.
νεκρώσιμος [-sim-] Toten-, Trauer-; *Su*. *n* Todesanzeige *f*.
νέκταρ (-αρος) *n* Nektar *m*.
νέμα *n* Nicken *n*; Zwinkern *n*.
νέμεση ['nεmεsi] (göttliche) Rache *f*; Nemesis *f* (*Rachegöttin*).
νέμομαι (νεμηθ) *v*/*t*. das Nutzungsrecht haben an *D*.
νένα Amme *f*.
νέ|ο Neuigkeit *f*; *pl*. *mst*. ***~α*** Nachrichten *f*/*pl*.
νεο- [nεɔ-] neu-, jung-.
νεό|γαμβρος [-ɣamvr-], **~γαμος** [-ɣam-] neu vermählt.
νεο|γέννητος [-'jεnit-] neugeboren; **~γνό** Neugeborene(s).
νεόδμητος [nε'ɔðmit-] neu gebaut.
νεοελληνικ|ά [nεɔεlini'ka] *n*/*pl*. (das) Neugriechisch(e); Griechischstunde *f in der Schule*; **~ή** (das) Neugriechisch(e); **~ός** neugriechisch.
νεόκτιστος [-'ɔkt-] (**-χτ-**) Neubau-.
νεο|λαία [nεɔ'lεa] Jugend *f*; **~λιθικός** neolithisch; **~λογισμός** [-lɔj-] Neubildung *f*, Neologismus *m*; **~μηνία** [-min-] Monatserste(r).
νέον Neon *n*.
νεό|νυμφος [nε'ɔnimf-], **~παντρος** [-pańdr-] neu vermählt; **~πλασμα** *n*

Neoplasma *n*; **~πλουτος** [-plut-] Neureiche(r).
νέ|ος (-α) neu; jung; *Su. m* junge(r) Mann *m*; *s.* ***νέα***; ***εκ ~ου*** von neuem; ***~ο έτος*** Neujahr *n*.
νεο|σσός [nεɔs-] Küken *n*, Junge *n*; **~σσοτροφείο** [-ɔtrɔf-] Brutapparat *m*; **~σύλλεχτος** [-'silεxt-] Rekrut *m*; **~σύστατος** [-'sistat-] neu errichtet.
νεότατος *Sup. v.* ***νέος***; jüngst-; sehr jung, blutjung.
νεοτερ|ίζω [nεɔtεr-] (σ) Neuerungen einführen; modernisieren; **~ισμός** Neuerung *f*; Neuheit *f*; Mode *f*; **~ιστής** (*-ίστρια*) Neuerer(in *f*) *m*; **~ιστικός** Neuerer-, Neuerungs-; modisch, zeitgemäß.
νεότερος *Komp. v.* ***νέος***; *Su. n* Neue(s), Neuigkeit *f*.
νεότητα [nε'ɔt-] Jugend *f* (*a. Gruppe*).
νεοφερμένος [-fεrm-] neu angekommen.
νεό|φερτος *s.* ***νεοφερμένος***; **~φυτος** [-fit-] neu gepflanzt.
νεοφώτιστος neu getauft; *fig.* neu bekehrt.
νεποτισμός Vetternwirtschaft *f*.
νεράιδα [nε'raiða] Nixe *f*; Elfe *f*, Fee *f*.
νεραϊδ|ένιος feenhaft; **~οπαρμένος** von allen guten Geistern verlassen.
νεράκι: ***το ξέρω ~*** (es) auswendig können.
νεράντζι [-'rañdzi] Pomeranze *f*.
νερ|ό [nε'rɔ] Wasser *n*; Regen *m*; *n/pl.* Wasserlinie *f*; (***σαν***) ***~ό*** *od.* ***~άκι*** wie am Schnürchen *wissen*; ***του γλυκού ~ού*** unerfahren, unfähig; ***κάνω ~ά*** ein Leck haben; ***κάνω το ~ό μου*** sein Wasser lassen; ***… σηκώνει ~ό*** *die S.* hat noch Folgen.
νερόβραστος [-vrast-] in Wasser gekocht; *fig.* humorlos, fade.
νερο|δεσιά [-ðεs-] Staudamm *m*, Deich *m*; **~ζύγι** [-'ziji] Wasserspiegel *m*; **~κολοκύθα** [-kɔlɔ'ķiθa] Flaschenkürbis *m*; *fig.* Tölpel *m*, Flasche *f*; **~κουβάλημα** [-ku'val-] *n* Wassertragen *n*; **~κουβαλητής** (*-ήτρια*) Wasserträger(in *f*) *m*; *fig.* Handlanger *m*.
νερόκρασο verdünnte(r) Wein *m*.
νερο|μάνα [-'mana] Hauptquelle *f*; **~μπογιά** [-bɔj-] Wasserfarbe *f*; Aquarell *n*.
νερό|μυλος [-mil-] Wassermühle *f*; **~πλυμα** [-plima] *n* Aufwaschwasser *n*; *fig.* Plempe *f*.
νερο|πλύνω [nεrɔ'plinɔ] spülen, aufwaschen; **~ποντή** [-pɔ'ñdi] Regenguss *m*; **~πότηρο** [-'pɔtirɔ] Wasserglas *n*; **~πούλι** Wasserhuhn *n*.
νερ|όσκυλο [nε'rɔsķilɔ] Fischotter *m*; **~οσυρμή** [-ɔsir'mi] Rinnstein *m*, Gosse *f*; **~ουλάς** [-u'las] (-άδες) Wasserträger *m*; **~ουλιάζω** (-ούλιασα) wässerig werden; *fig.* schlaff werden; verkalken; **~ουλός** wässerig; schlaff; **~οφάγωμα** *n* Aushöhlung *f*, Erosion *f*; **~όφιδο** Wasserschlange *f*; **~οχύτης** [-'çit-] Ausguss *m*.
νερώνω (σ· θ) verwässern, (mit Wasser) verdünnen.
νέσιμο ['nεs-] (-ατος) Spinnen *n*.
νετάρω [nεt-] (αρισ *od.* αρ) erledigen; ausgeben.
νέτ|ος netto; fertig, erledigt; F pleite; ***~α - σκέτα*** geradeheraus.
νεύμα ['nεvma] *n* Wink *m*; Nicken *n*.
νευρά Sehne *f*; *Mus.* Saite *f*.
νευράκια: ***έχω τα ~ μου*** übernervös sein.
νευραλγ|ία [nεvralj-] Neuralgie *f*; **~ικός** neuralgisch (*a. fig.*); Schlüssel- (*Stellung*).
νευρα|σθένεια [-'stεn-] Nervenschwäche *f*; **~σθενής** Neuras'theniker *m*; **~σθενικός** neurasthenisch; nervenschwach.
νευρ|ιάζω [nεvr-] (-ρίασα· στ) *v/t.* nervös machen, aufregen; *v/i.* nervös werden, sich (*A*) aufregen (***με***/ bei *D*); **~ικός** (*a.* -ιά) Nerven-; nervös; **~ικότητα** Nervosität *f*; **~ίτιδα** Nervenentzündung *f*.
νεύρ|ο ['nεvrɔ] Nerv *m*; Sehne *f*; ***με ~ο*** vital; ***~ο μοναχό*** *fig.* Nervenbündel *n*; ***~α***: ***είναι όλος ~α*** er ist voller Energie; ***μου χτυπάει στα ~α*** (er) geht mir auf die Nerven; ***έχω ~α*** gereizt sein.
νευρο|καβαλίκεμα [-ɔkava'liķεma] *n* Muskelkrampf *m*; **~λογία** [-lɔj-] Neurologie *f*; **~λογικός** neurologisch; Nervenheil- (*Anstalt*); **~λόγος** [-'lɔγ-] Nervenarzt *m*; **~πάθεια** [-'paθ-] Nervenleiden *n*; **~παθής** nervenleidend.
νευρόσπαστο [nε'vrɔspastɔ] Marionette *f* (*a. fig.*); *fig.* Nervensäge *f*.
νευροφυτικός vegetativ.
νευρώδης kraftvoll; *fig.* feurig.

N

νεύρωση [-vrɔsi] (-εις) Neurose *f*; Blattaderung *f*, Nervatur *f*.
νευρωτικός Nerven- (*Mittel*); neurotisch; *Su*. Neurotiker *m*.
νεύω (έ[γ]νεψα) *Kopf*: nicken; *Auge*: (zu)zwinkern; *Hand*: winken.
νεφ|έλη [nɛ'fɛli] Wolke *f* (*a. fig.*); **~ελώδης** wolkig, bewölkt; *fig*. nebelhaft; **~έλωμα** *n* Sternnebel *m*.
νεφέσι *Argot*: Haschischprise *f*.
νέφος *n* Wolke *f*.
νεφραμιά Nierenstück *n*.
νεφρ|ί [nɛ'fri] *s*. ***νεφρό***; **~ικός** Nieren-; **~ίτιδα** [-tið-] Nierenentzündung *f*; **~ό** *s*. ***νεφρός***; **~όλιθος** [-'ɔliθ-] Nierenstein *m*; **~οπάθεια** Nierenleiden *n*; **~ός** Niere *f*.
νέφτι ['nɛfti] Terpentinöl *n*.
νεφώδης *s*. ***νεφελώδης***.
νέφωση ['nɛfɔsi] (-εις) Bewölkung *f*.
νεωκόρος [nɛɔ'kɔr-] Küster *m*.
νεώ|ριο Werft *f*; **~σοικος** Dock *n*.
νεωτερ- *s*. ***νεοτερ-***.
νηκτικός [nikt-] Schwimm- (*Blase*); *Su*. *n* Schwimmvogel *m*.
νήμα ['nima] *n* Faden *m* (*a. fig.*); Garn *n*; *Bot*. Staubfaden *m*.
νηματ|ουργείο [-turj-] Spinnerei *f*, Garnfabrik *f*; **~ουργία** Spinnerei *f*; **~ουργός** [-ɣ-] Garnspinner *m*; Spinnereibesitzer *m*.
νηνεμία [ninɛm-] Windstille *f*.
νηο|λόγιο [niɔ'lɔĭjɔ] Schiffsregister *n*; **~πομπή** [-pɔ'm̃bi] Geleitzug *m*.
νηπιαγω|γείο [nipjaɣɔj-] Kindergarten *m*; **~γός** [-ɣ-] *f* Kindergärtnerin *f*.
νηπ|ιάζω (σ) kindisch sein; **~ιακός** Kleinkinder-; Kinder-; kindisch.
νήπιο ['nipjɔ] Kleinkind *n*.
νηπιότητα Kindheit *f*.
νηρηίδα [niri'iða] Wassernymphe *f*.
νησ|ί [ni'si] Insel *f*; **~ίδα** Verkehrsinsel *f*; Eiland *n*; **~ιώτης** (***-ισσα***) Inselbewohner(in *f*) *m*; **~ιώτικος** Insel-.
νήσος ['nisɔs] *f* Insel *f*.
νηστ|εία [nist-] Hungern *n*; *Rel*. Fasten(zeit *f*) *n*; *Schule*: Nachsitzen *n*; **~εύσιμος** [-'ɛfs-] Fasten-; **~εύω** (εψ) hungern; *Rel*. fasten; **~ήσιμος** [-'is-] Fasten-; **~ικάτα** [-i'kata] *Adv*. auf nüchternen Magen; **~ικός** nüchtern.
νηφ|άλιος [ni'fal-] (-ια) nüchtern (*a. fig.*); **~αλιότητα** Nüchternheit *f*.

νιάμερα *n*/*pl*. Gedenktag *m* (*neunter Tag nach j-s Tode*).
νια|ουρίζω [njaur-] (σ) miauen; *fig*. plärren; **~ούρισμα** *n* Miauen *n*.
νιάτα ['nĭata] *n*/*pl*. Jugend *f*.
νίβω ['nivɔ] (ένιψα· φτ· μμ) sich (*D*) die Hände waschen.
Νίκαια ['nik̯ɛa] Nizza *n*.
νίκελ (0) *n* Nickel *n*.
νικέλι|νος Nickel-; **~ο** Nickel *n*.
νικελώνω (σ) vernickeln.
νίκη ['nik̯i] Sieg *m*.
νικητήρι|ος (-ια) Sieges-; ***~α*** *n*/*pl*. Siegesfeier *f*.
νικητής (***-ήτρια***) Sieger(in *f*) *m*.
νικηφόρος [-'fɔr-] (-α) siegreich.
νικολάκης F (der) Allerwerteste.
Νικόλαος [-'kɔlaɔs] 'Nikolaus *m*.
νικοτ|ίνη Nikotin *n*; **~ινισμός** Nikotinvergiftung *f*.
νικώ [ni'kɔ] (άς· ησ· ηθ) *v*/*t*. besiegen; *fig*. besiegen, bezwingen, überwinden; *Sport*: schlagen; *v*/*i*. siegen.
νίλα Katastrophe *f*.
νινί Baby *n*.
νιο- *s. a*. ***νεο-***.
νιόβγαλτος (-η, -ο) Neuling *m*, Anfänger(in *f*) *m*.
νιονιό F *iro*. Grips *m*; Sinn *m*.
νιόπαντρος jung verheiratet.
νιος [nĭɔs] (-ια) jung.
νιοστός [nĭɔst-] *Math*. n-te ['ɛntə] (*Wurzel*).
νιότη ['nĭɔti] Jugend *f*.
νιπτή [nipt-] Waschtisch *m*.
νισάνι Zielscheibe *f*; Merkmal *n*.
νισάφι [-'safi] Gnade *f*, Erbarmen *n*; ***~ πια*** F ich kann nicht mehr.
νισεστές [-'stɛs] Stärke(mehl *n*) *f*.
νιστέρι [-'stɛri] Seziermesser *n*.
νιτερέσο F Reibach *m*.
νιτρικός [nitr-] Salpeter- (*Säure*).
νίτρο Salpeter *m*.
νιτρογλυκερίνη Nitroglyzerin *n*.
νιφάδα [nif-] Schneeflocke *f*.
νίψιμο ['nips-] (-ατος) Waschen *n*; *Rel*. Waschung *f*.
νιώ|θω ['njɔθɔ] (ένιωσα) begreifen; merken, spüren; *e-n Irrtum usw*. einsehen, etwas verstehen (***από***/ von *D*); sich (*A*) fühlen (***σαν***/ als); **~σιμο** (-ατος) Begreifen *n*, Empfinden *n*, Spüren *n*.
Νοέμβρ|ης, ~ιος November *m*.

νοερ|ός [noɛr-] geistig, intellektuell; *Adv.* **~ά** im Geiste; im Kopf (*rechnen*).
νόημα *n* Sinn *m*, Bedeutung *f*; Verstand *m*; Wink *m*.
νοημοσύνη [noimo'sini] Auffassungsvermögen *n*, Intelligenz *f*.
νόηση ['noisi] Verständnis *n*; Auffassungsvermögen *n*; Verstand *m*.
νοησιαρχία [-ar'çia] Rationalismus *m*.
νοητ|ικός [noit-] denkend; Denk-; mit Vernunft begabt; **~ός** denkbar; gedacht, fiktiv.
νοθεία [noθ-] Fälschung *f*; **~ *εκλογών*** Wahlmanipulation *f*.
νόθευ|μα [-θεv-] *n*, **~ση** [-θεfsi] (-εις) Verfälschung *f*; Fälschung *f*.
νοθ|ευτής [-θεft-] Fälscher *m*; **~εύω** [-'ενο] (εψ· ευτ) *Butter* verfälschen; *Urkunde* fälschen; *Wein* panschen.
νόθος ['noθ-] (-α) *Kind*: unehelich; *Tier*: bastardiert; unecht; *Bruch*: unecht; *Lage*: bedenklich.
νοιάζ|ει ['njazi] (ένοιασα, -ξε): ***δεν με ~ει*** mir liegt nichts daran, es schert mich nicht; **~ομαι** [-omε] (στ) *v/t.* sich (*A*) kümmern um *A*; (***για***) mir ist zumute (nach *D*), mir liegt (an *D*); *v/i.* sich (*D*) Sorgen machen; F sich (*A*) rühren, etwas unternehmen.
νοιασμένος [njaz-] besorgt.
νοικ|άρης [nik-] (-ηδες), **~άτορας** [-'atoras] (***-άρισσα***) Mieter(in *f*) *m*.
νοίκι ['niķi] Miete *f*.
νοικιάζω *s.* ***ενοικιάζω***; (ver)mieten.
νοίκιασμα *n* Mieten *n*; Vermieten *n*.
νοικο|κυρά [nikoķi'ra] Hausfrau *f*; (*Zimmer-*)Wirtin *f*; **~κυρεύω** (εψ· ευτ· εμ) *v/t.* gut ordnen, in Ordnung halten; *j-m* e-e Häuslichkeit geben; ***~κυρεύομαι*** e-e Häuslichkeit haben; **~κύρης** (-ηδες, -κυραίοι) Hausherr *m*; Wirt *m*; *fig.* Herr *m* im Haus; angesehene(r) Bürger; **~κυριό** Häuslichkeit *f*; Wirtschaft *f*; **~κυροσύνη** Haushaltsführung *f*; Haushalt *m*.
νόκ-άουτ *n* Knockout *m*; F *fig.* völlig k.o. [ka'ʔoː] sein.
νομάδας [no'maðas] Nomade *m*.
νομαδικός [-mað-] Nomaden-.
νομ|αρχείο [nomarç-] Präfektur *f*; **~άρχης** Präfekt *m*, Präsident *m* e-s No'mos; **~αρχία** Präfektur *f*, Departmentsverwaltung *f*; **~αρχιακός** Präfektur-, Departments-; **~αρχώ** [-'xo] (είς· ησ) Präfekt sein.
νομ|ατίζω (σ) *j-m* e-n Namen geben; namentlich erwähnen; **~άτοι** [-'ati] *m/pl.* Personen *f/pl.*
νομή [no'mi] Weide *f*; Futtergetreide *n*; Nutznießung *f*.
νομίζ|ω (σ) glauben, meinen; halten (*A* - *A*/ *j-n* für *A*); ***~ομαι*** gelten als *N*, gehalten werden für *A*.
νομικ|ά *n/pl.* Jura *o. Art.*, Rechtswissenschaft *f*; **~ή** Rechtswissenschaft *f*; **~ός** juristisch (*a. Person*); Rechts- (*Lage*); gerichtlich; *Su. m* Jurist *m*; ***~ός σύμβουλος*** Rechtsberater *m*.
νομιμο|ποίηση [nomimo'piisi] (-εις) Legalisierung *f*; Gültigkeitserklärung *f*; **~ποιώ** [-'pjo] (είς· ησ) legalisieren.
νόμιμ|ος gesetzlich, legal; rechtlich; *Su. n/pl.* Gesetzesbestimmungen *f/pl.*; ***~η ηλικία*** Volljährigkeit *f*.
νομιμ|ότητα Rechtmäßigkeit *f*; **~όφρονας** [-'ofronas] gesetzestreu; **~οφροσύνη** Gesetzestreue *f*.
νόμισμα *n* Münze *f*; Währung *f*; ***η άλλη πλευρά του νομίσματος*** die Kehrseite der Medaille.
νομισματ|ική [nomizmat-] Münzkunde *f*; **~ικός** Münz-; Währungs-; **~οκοπείο** [-okop-] Münze *f*, Münzamt *n*; **~ολογία** [-loj-] Münzkunde *f*; **~ολόγος** [-'loɣ-] Münzkenner *m*.
νομο|θεσία [-moθεs-] Gesetzgebung *f*; ***~θεσία ωραρίων*** Ladenschlussgesetz *n*; **~θέτημα** [-'θεt-] *n* Verordnung *f*; **~θέτης** Gesetzgeber *m*; *fig.* Diktator *m*; **~θέτηση** (-εις) Erlassung *f* von Gesetzen; **~θετικός** gesetzgebend, legislativ; Gesetzes- (*Vorschrift*); **~θετώ** [-'to] (άς· ησ) Gesetze machen *od.* geben *od.* erlassen; ***~θετάμαι*** gesetzlich sein; **~κάνονας** Kirchengesetzgebung *f*; **~λογία** [-loj-] Rechtswissenschaft *f*; **~λογικός** rechtswissenschaftlich; **~μάθεια** [-'maθ-] Rechtsgelehrsamkeit *f*; **~μαθής** gesetzkundig; *Su. m* Rechtsgelehrte(r).
νόμος *allg.* Gesetz *n*.
νομός Department *n*, Nomos *m* (*größte Verwaltungseinheit*).
νομο|σχέδιο [nomo'sçεð-] Gesetzentwurf *m*; **~ταγής** [-taj-] gesetzestreu; **~τέλεια** Gesetzmäßigkeit *f*; **~τελεστικός** [-tεlεst-] *jur.* Ausführungs-;

N

νομοφύλακας 338

Su. n hist. Exekutive *f*; **~φύλακας** [-'filakas] Gesetzeshüter *m*.
Νόμπελ: ***βραβείο ~*** Nobelpeis *m*.
νονά Patin *f*.
νόννα ['nɔna] Großmutter *f*; Nonne *f*.
νονός Pate *m*.
νοοτροπία [nɔɔtrɔp-] Mentalität *f*.
νοούμενο *Psych.* Apperzeption *f*; No'umenon *n*; *Gr.* Pars *n* pro toto.
Νορβηγ|ία [nɔrvij-] Norwegen *n*; **~ικός** norwegisch; **~ός** [-'ɣɔs] Norweger *m*; ***~ή*** Norwegerin *f*.
νοσηλ|εία [nɔsil-] *Med.* Behandlung *f*, Krankenpflege *f*; **~ευτήριο** [-ɛft-] Krankenhaus *n*; **~εύω** (ευσ) behandeln; ***~εύομαι*** behandelt werden; sich (*A*) behandeln lassen.
νοσήλια *n/pl.* Krankenhauskosten *pl.*
νόσημα *n* Krankheit *f*, Leiden *n*.
νοσηρ|ός [-sir-] ungesund; *bsd. fig.* krankhaft; **~ότητα** Krankhaftigkeit *f*.
νοσο|γόνος [nɔsɔ'ɣɔn-] (-α) krankheitserregend; **~κόμα** [-'kɔma] Krankenschwester *f*; **~κομειακός** [-mĭak-] Krankenhaus-, Kranken-; ***~κομειακό αυτοκίνητο*** Krankenwagen *m*; **~κομείο** Krankenhaus *n*; ***στρατιωτικό ~κομείο*** Lazarett *n*; **~κόμος** *m/f* Krankenpfleger(in *f*) *m*.
νόσος *f* Krankheit *f*, Leiden *n*.
νοσταλγ|ία [nɔstalj-] Heimweh *n*; Sehnsucht *f*, *bsd.* Nostalgie *f*; **~ικός** sehnsuchtsvoll, ... der Sehnsucht; nostalgisch; **~ός** der sich (nach ...) Sehnende; **~ώ** [-'ɣɔ] (είς· ησ) *v/i.* Heimweh haben; *v/t.* sich (*A*) sehnen nach *D*.
νοστιμ|άδα [-stim-] gute(r) Geschmack *m*; Wohlgeschmack *m*; Würze *f*; *fig.* Reiz *m*; **~εύω** (εψ· ευτ) *v/t.* würzen; *fig.* zieren, schmücken; *v/i.* schmackhafter werden; *fig.* hübscher werden; ***~εύομαι*** großen Appetit haben auf *A*; **~ιά** *s.* ***νοστιμάδα***; **~ιάρης** (-ηδες) Charmeur *m*; *Adj.* scharmant; **~ίζω** (σ· στ) *s.* ***νοστιμεύω***.
νόστιμος schmackhaft; nett, hübsch.
νόστος Heimkehr *f*.
νοσώ [nɔ'sɔ] (είς· ησ) leidend sein; krank werden; *fig.* krank sein.
νότα *Mus.*, *pol.* Note *f*.
νοτερός [nɔtɛr-] feucht.
νοτιά Süden *m*; Südwind *m*.
νοτίζω (σ) feucht machen; feucht werden.
νοτι(ο)ανατολικός südöstlich.
νοτιοδυτικός [-ðit-] südwestlich.
νότιος(-ια) südlich, Süd- (*Pol*); südländisch; *Su. m* Südländer *m*.
νότος Süden *m*; Südwind *m*.
νουβέλα [nu'vɛla] Novelle *f*.
νου|θεσία [-θɛs-] Ermahnung *f*, Belehrung *f*; **~θέτηση** [-'θɛt-] Ermahnen *n*; **~θετικός** Ermahnungs-; belehrend; **~θετώ** (είς· ησ) ermahnen, belehren.
νούκου F nix, nicht.
νούλα Null *f* (*a. fig.*); F unentschieden; Reinfall *m*.
νούμερο ['numɛrɔ] Nummer *f* (*a. Thea.*), (*Schuh- usw.*) Größe *f*; F *Pers.* (komische) Nummer; ***~ ένα*** Nummer eins, wichtigste(r).
νουμηνία [-min-] Neumond *m*.
νου|ς [nus] (νου) Verstand *m*; Geist *m* (*a. als Pers.*); ***κοινός ~ς*** gesunde(r) Menschenverstand *m*; ***το ~ σου!*** pass auf, sieh dich vor!; ***έχω κατά ~*** (es) vorhaben; ***παίρνω το ~*** zur Vernunft kommen; ***βάλε με το ~ σου*** stell dir vor; ***αυτό βγαλ' το από το ~ σου*** das schlag dir aus dem Kopf; ***χάνω το ~ μου*** den Kopf verlieren.
νούφαρο ['nufarɔ] Wasserlilie *f*.
νοώ [nɔ'ɔ] (είς· ησ) verstehen; denken.
ντ- [d-] *s. a.* ***δ-***; ***τ-***.
νταβάνι [da'vani] Zimmerdecke *f*.
νταβάς Backblech *n*; F Schlamassel *m*, *n*; Schuld *f*; F Kuppler *m*.
νταβατζής (-ήδες) F Förderer *m*; Helfershelfer *m*.
νταβούλι [-'vuli] Trommel *f*.
νταγι|άντι [da'jaňdi] Stütze *f*; Geduld *f*; Widerstand *m*; **~αντίζω** (σ) aushalten, (es) ertragen.
νταής [da'is] (-ήδες) Raufbold *m*, Kraftprotz *m*; *hist. Art* Büttel *m*.
ντακίμι *n* F Bündnis *n* (*schließen*).
ντάλα: ***~ μεσημέρι*** genau um Mittag.
νταλαβέρι *s.* ***νταραβέρι***.
ντάλια ['dalia] Dahlie *f*.
νταλίκα Last(kraft)wagen *m* (LKW [ˀɛlka·'ve·]); *fig. Frau*: Tonne *f*.
νταλκάς [dal'kas] F Unlust *f*; Kummer *m*; Verlangen *n*.
ντάμα *Karte*, *Schach*: Dame *f*; Damespiel *n*; ***~ πίκα*** Pik *n* Dame.
νταμάρι Steinbruch *m*.
νταμετζάνα (Korb-)Flasche *f*.
νταμ(π)λάς [dam'las] Schlaganfall *m*.

N

νταντ|ά [da'da] Amme *f*; **~εύω** (εψ) ein Kind betreuen; verhätscheln.
νταραβέρι [-ra'vɛri] F Geschäft *n*; Glückspielbude *f*; Beziehung *f*; Techtelmechtel *n*.
νταρντάνα [dar'dana] F große(r) Kasten (*Schiff*); *Frau*: F Tonne *f*.
ντε! [dɛ] *komm* doch!, *gut* so!
ντεε! nun los, mach schon!
ντεκολτέ [-kɔl'tɛ] (0) *n* Dekolleté *n*; *Adv*. dekolletiert.
ντελάλης [-'lal-] (-ηδες) öffentliche(r) Ausrufer *m*.
ντελικάτος [dɛli'kat-] (-άτη) feinfühlig; *S*. anfällig.
ντεμακιγιάζ [dɛmaki'jaz] (0) *n* Abschminken *n*.
ντεμοντέ [-mɔ'dɛ] (0) altmodisch.
ντεμπραγιάζ [dɛbra'jaz] (0) *n Tech*. Kupplung *f*.
ντε πιές [dɛ'pjɛs] (0) *n* Jackenkleid *n*.
ντεπόζιτο [-'pɔzitɔ] Behälter *m*; Reservoir [-'vŭar] *n*; F Kasse *f*; *Auto*: Tank *m*; *Hdl*. Depositum *n*.
ντεραπ|άρισμα *n* Ausrutschen *n*; *Auto*: Schleudern *n*; **~άρω** (αρισ) *v/i*. ausrutschen; *Auto*: schleudern, ins Schleudern geraten.
ντερβίσης [dɛr'vi·sis] (-ήδες) Derwisch *m*; F tüchtige(r) Mann.
ντέρτι ['dɛrti] Kummer *m*.
ντέφι ['dɛfi] Tamburin *n*.
ντζ- *s*. ***τζ-***.
ντιβάνι [di'vani] Couch *f*.
ντίζελ ['dizɛl] (0) *n* Dieselmotor *m*.
ντιπ [dip] *Adv*. total (*verrückt*), absolut; nichts, F nicht die Bohne.
ντισκέτα Diskette *f*.
ντοκ (0) *n* Dock *n*.
ντοκουμέντο [dɔku'mɛn̆dɔ] Urkunde *f*, Dokument *n*.
ντολμάς [dɔl'mas] (-άδες) *mit Hackfleisch u. Reis gefüllte Rollen aus Wein- od. Kohlblättern*.
ντομάτα [dɔ'mata] Tomate *f*.
ντοματοπελτές Tomatenmark *n*.
ντόμινο Domino (*Pers*. *m*; *Spiel*: *n*).
ντόμπρος ['dɔm̆br-] (-α) arglos.
ντόπιος (-ια) *s*. ***εντόπιος***.
ντορβάς (-άδες) Tornister *m*.
ντόρος ['dɔr-] Krach *m*; Aufsehen *n*.
ντόρτια *n/pl*. *im Spiel*: die Vier.
ντοσιέ [dɔ'sjɛ] (0) *n* Aktenordner *m*.
ντου: ***κάνω ~*** F *allg*. attackieren.
ντουβάρι [du'vari] Wand *f*; *fig*. *Adv*. schwer von Begriff.
ντουγρού schnurstracks.
ντουέτο Duett *n*; F (ein) Pärchen *n*.
ντουζίνα [du'zina] Dutzend *n*.
ντούκα: F ***βγάζω τα ~*** *fig*. dahinter kommen.
ντουλάπι [-'lapi] Schrank *m*; Schränkchen *n*, Fach *n*.
ντουμάνι Rauch *m*; Dunst *m*; F Mief *m*; Haschischrauch(en *n*) *m*.
ντουμπλάρω [du'blarɔ] (ρισ) synchronisieren.
ντουνιάς [du-] Welt *f*, Leute *pl*.; öffentliche Meinung.
ντούρος ['dur-] (-α) gerade, aufrecht.
ντους [dus] (0) *n* Dusche *f*, Brause(bad *n*) *f*; *fig*. Standpauke *f* (*halten*); ***κάνω ~*** duschen.
ντουφέκι [-'fɛĭki] Flinte *f*.
ντράβαλα ['dravala] *n/pl*. F mulmige Angelegenheiten *f/pl*.
ντρέπομαι ['drɛpɔmɛ] (ντράπου! ντράπηκα) sich (*A*) schämen (***για***/ wegen *G*; ***από***/ vor *D*).
ντροπ|αλός [drɔpal-] schüchtern; schamhaft; **~ή** Scham *f*; Schande *f* (*a*. *fig*.); ***~ή σου που ...*** schäme dich, dass; **~ιάζω** (-όπιασα· στ) *v/t*. beschämen; blamieren; ***~ιάζομαι*** sich (*A*) schämen; sich (*A*) blamieren; **~ιασμένος** [-ĭaz-] beschämt; blamiert, kompromittiert; **~ιαστικός** beschämend.
ντύν|ω ['dinɔ] (σ· θ) anziehen; ***~ομαι*** sich (*A*) anziehen; ***~ομαι ζεστά ρούχα*** sich (*A*) warm anziehen.
νυ [ni] (0) *n* Ny *n*; ***με το ~ και με το σίγμα*** haarklein, ausführlich.
νυκτ- *s*. ***νυχτ-***.
νυκτ|εργασία [niktɛrγas-] Nachtarbeit *f*; **~έρε(υ)μα** [-'ɛrɛ(v)ma] *n* Nachtdienst *m*; Nachtarbeit *f*; **~ερεύω** (εψ) die Nacht durcharbeiten; Nachtdienst haben; **~ικός** Nacht-; *Su*. *n* Nachthemd *n*; **~οβάτης** [-ɔ'vat-] Nachtwandler *m*; **~όβιος** [-'ɔv-] (-ια) Nacht-; *Su*. *m* Nachtschwärmer *m*; **~οπορία** [-pɔr-] Nachtmarsch *m*.
νυμφαία [ni'm̆fɛa] Seerose *f*.
νυμφ|ίος Bräutigam *m*; **~ώνας** Brautgemach *n*.
νύξη ['niksi] Stich *m*; Stechen *n*; *fig*. Anspielung *f* (***για***/ auf *A*).

N

νύστα [-sta] Schläfrigkeit *f*; ***φέρνω ~*** schläfrig machen.
νυσταγμένος schläfrig.
νυσταγμός *s.* ***νύστα.***
νυστάζος *fig.* Schlafmütze *f.*
νυστ|άζω [nist-] (ξ· σ) schläfrig sein; **~αλέος** [-a'lɛ-] (-α) schläfrig (*a. fig.*).
νυστέρι [-'stɛri] Lanzette *f.*
νύφη ['nifi] Braut *f*, Neuvermählte *f*; Braut *f*, Verlobte *f*; Schwägerin *f*; Schwiegertochter *f*; *Zool.* Larve *f*; Nymphe *f.*
νυφ|ιάτικος [ni'fjat-], **~ικός** Hochzeits-; Braut-; *Su. n* Brautkleid *n.*
νυφίτσα [ni'fitsa] Wiesel *n.*
νυχάτος [-'xat-] ... mit Krallen.
νύχι ['niçi] Fingernagel *m*; Kralle *f*; Huf *m des Pferdes*; *bsd. fig.* Klaue *f.*
νυχ|ιά Schramme *f*; *fig.* e-e Messerspitze; **~ιάζω** (νύχιασα) kratzen; F anpumpen (*A-A*/ *j-n* um *A*); *j-n* ausnehmen.
νυχτ- *s.* ***νυκτ-.***
νύχτα ['nixta] Nacht *f*; ***καλή ~!*** gute Nacht!
νυχτερεύω (εψ) Nachtdienst haben.
νυχτ|έρι [-'xtɛri] Nachtarbeit *f*; Nachtdienst *m*; **~ερίδα** Fledermaus *f*; **~ερινός** Nacht-, nächtlich; **~ιά** Nacht(zeit) *f*; **~ιάζει** *s.* ***νυχτώνει***; **~ικός** *s.* ***νυκτικός***; **~οπούλι** [-ɔ'puli] Nachtvogel *m*; **~οφύλακας** Nachtwächter *m*; **~οφυλακή** Nachtwache *f*; **~ώνει** [-'ɔni] (σ) es wird Nacht; **~ώνομαι** [-'ɔnɔmɛ] (θ) von der Nacht überrascht werden; **~ώνω: *~ώνει*** die Nacht bricht an.
νωθρ|ός [-θr-] träge, lässig; **~ότητα** Trägheit *f*; Lässigkeit *f.*
νωπογραφία Fresko(malerei *f*) *n.*
νωπός [nɔp-] frisch; *Bot.* frisch gepflückt; halb nass.
νωρ|ίς [nɔ'ris] *Adv.* früh; zeitig; **~ίτερα** [-'itɛra] *Adv.* früher.
νώτα ['nɔta] *n*/*pl.* Rücken *m.*
νωτιαίος (-ία) Rücken-; *s.a.* ***μυελός.***
νωχ|έλεια [nɔ'çɛl-] Schlappheit *f*, Lässigkeit *f*; **~ελής** schlapp, F pomadig.

Ξ

Ξ, ξ [ksi] Xi *n*; ξ' = 60; ,ξ = 60.000.
ξα- *s.* ***εξα-.***
ξαγαπώ [ksaɣa'pɔ] (άς· ησ) nicht mehr lieben (*od.* mögen).
ξαγκ|ίστρωμα [ksa'ŋɟistr-] *n* Loshaken *n*; Ankerlichten *n*; **~ιστρώνω** (σ) loshaken; Anker lichten.
ξάγναντα ['ksaɣnaňda] gegenüber; dahinten.
ξαγν|άντεμα [-'aňdɛma] *n* Erkennen *n*; **~αντεύω** (εψ) *v*/*t.* erkennen (können).
ξάγναντο Aussichtspunkt *m.*
ξαγορ|ά [-ɣɔ'ra] Lösegeld *n*; Loskauf *m*; Bestechung *f*; **~άζω** (σ) abkaufen, *s.* ***εξαγοράζω***; **~εύω** (ψ) *v*/*i.* beichten; *v*/*t.* die Beichte abnehmen.
ξαγρυπνώ [ksaɣri'pnɔ] (άς· ησ) wachen; nicht schlafen können.
ξαδέρφη [-'ðɛrfi] Kusine *f.*
ξάδερφος [-ðɛrf-] Vetter *m.*
ξαδιάντροπος Unverschämte(r).
ξαιματώνω [ksɛmat-] (σ) mit Blut beflecken.
ξαίνω ['ksɛnɔ] (έξανα· ασμ) krempeln, kämmen, kardätschen.
ξακουσ|μένος [ksakuz-], **~τός** (welt-) bekannt, berühmt.
ξακρίδι Schnitzel *m*; Abfall *m.*
ξακρίζω (ξάκρισα) *Buch* beschneiden; ausrangieren; *j-n* beiseite nehmen.
ξαλατίζω [-lat-] (σ) entsalzen, wässern.
ξαλάφρωμα [-'lafr-] *n* Erleichterung *f.*
ξαλαφρών|ω (σ· θ) *v*/*t.* erleichtern (*a. fig.*); entlasten (*Schiff*); **~ομαι** *fig.* (erleichtert) aufatmen.
ξαλλάζω [ksal-] (ξ) sich (*A*) umziehen.
ξαμολ|ώ [-mɔ'lɔ] (άς· ησ) *v*/*t.* loslassen, losbinden; **~*έμαι*** (-ήθηκα) losstürmen.

ξαμώνω [-'mɔnɔ] (σ) auslangen; ausstrecken; *fig.* wagen.
ξανα- [ksana-] (*aus* εξ-ανα-) wieder- (*nochmals*; *zurück*); nach- (*nochmals*); *s. a.* ***ανα-, επανα-.***
ξανά *Adv.* wieder; **~ *μανά*** (***τα ίδια***) F immer dieselbe Leier.
ξανα|βάφω [-'vafɔ] auffärben; **~βλέπω** [-'vlɛpɔ] wieder sehen.
ξανάβω (ξάναψα) *s.* ***ξανάφτω.***
ξανα|γεννιέμαι [ksanajɛ'njɛmɛ] wieder geboren werden; wieder aufleben; **~γράφω** umschreiben; **~γυρίζω** [-jir-] *v/t.* zurückgeben; *v/i.* wieder zurückkehren.
ξανάδε hat wieder gesehen.
ξανα|δίνω [-'ðinɔ] zurückgeben; zusetzen; **~ζυγίζω** [-zij-] nachwiegen; **~(ϊ)δώ** *s.* ***ξαναβλέπω;*** **~κάνω** [-'kanɔ] wieder tun, wieder machen; **~κούω** (σ) wieder (= schon einmal) hören; **~κυλώ** [-ḱi'lɔ] (άς· ησ) *v/t.* (tief) umgraben; *v/i.* *Krankheit*: e-n Rückfall erleiden; **~λέγω** [-'lɛγɔ] nochmals sagen, wiederholen; **~λογαριάζω** [-lɔγar-] (-άριασα) nochmals berechnen, überprüfen; **~μετρώ** [-mɛ'trɔ] (άς· ησ) nachmessen; nochmals abzählen.
ξάναμμα ['ksanama] *n* Aufflammen *n*; Hitze *f* (*im Gesicht*).
ξανα|μμένος [-'mɛn-] aufgeregt; **~μωραίνω** [-mɔr-] (αν· ανθ) (*a. v/p.* ***~μωραίνομαι***) wieder kindisch werden.
ξαν|άν(ε)ιωμα [ksa'nanjɔma] *n* Verjüngung *f*; **~αν(ε)ιώνω** (σ) sich (*A*) verjüngen; **~ανεώνω** [-nɛ'ɔnɔ] (σ) erneuern; **~αράβω** [-a'ravɔ] wieder (zu-) nähen; **~αρχίζω** [-arç-] von neuem beginnen; **~άρχομαι** [-'arxɔmɛ] (ξανάρθα) wiederkommen; wieder zurückkehren; **~ασαίνω** [-as-] (αν) sich (*A*) erholen; sich (*A*) verschnaufen; **~ασμίγω** [-azm-] wieder zusammenkommen; **~αστέλνω** [-'stɛlnɔ] (ξανάστειλα) nachschicken.
ξανάστροφ|ος [-strɔf-] umgekehrt, umgedreht, F verkehrt rum; ***~η*** falsche Seite *f*; Kehrseite *f*; Klaps *m*.
ξανα|τύπωμα [-'tip-] *n* Neudruck *m*; **~φέρνω** [-'fɛrnɔ] (φερ) wiederbringen; wieder einführen.
ξανάφτω [-'naftɔ] (ψ· μμ) *v/t.* wieder entzünden; *fig.* aufregen; *v/i.* *Med.* sich wieder entzünden; *fig.* sich (*A*) aufregen.
ξανα|χύνω [-'çinɔ] (σ) umgießen; *Metall* umschmelzen; **~χύσιμο** [-'çis-] (-ατος) Umgießen *n*; Umschmelzen *n*.
ξανεμίζω (σ) lüften; wehen.
ξανθ|αίνω [-'θɛnɔ] *v/t.* blondieren; *v/i.* blond werden; **~ίζω** (σ) *s.* ***ξανθαίνω.***
ξανθ|οκόκκινος [ksaňθɔ'kɔǐḱ-] rotblond; rothaarig; **~ομάλλης** [-ɔ'mal-] (-ούσα, -άλικο) blond(haarig); **~ός** (*a.* -ιά) blond; goldig; *Bier*: hell; ***~ή, ~ιά*** Blondine *f*; **~ωπός** blond, goldig schimmernd.
ξάνοιγμα ['ksaniγma] *n* Öffnen *n*; Aufklaren *n*; *Wald*: Lichtung *f*.
ξανοίγ|ω [-'niγɔ] (ξ· χτ· γμ) *v/t.* weit öffnen, ausbreiten; entfalten; *fig.* *neue Wege* eröffnen; *v/i.* *Wetter*: sich aufklären; ***~ομαι*** offen reden (***του***/ mit *D*); *allg.* sich (*A*) verausgaben; *fig.* sich (*A*) übernehmen (***σε***/ bei *D*).
ξάν|ση ['ksaňsi] Krempeln *n*, Kämmen *n*; **~της** Wollkämmer *m*.
ξαντό [-ňd-] Verbandmull *m*.
ξαπερνώ *s.* ***ξεπερνώ.***
ξάπλα ['ksapla] Liegen *n*; Nichtstun *n*.
ξάπλωμα *n* Sichhinlegen *n*.
ξαπλώνω (σ· θ) *v/t.* ausbreiten; *j-n* hinstrecken (= *töten*); F aufs Kreuz legen; *v/i.* sich (*A*) hinlegen.
ξαπλω|σιά [-plɔs-] Ausbreiten *n*; **~τός** ausgebreitet; hingelegt; im Liegen; **~τούρα** Liege *f*.
ξαπολ(ν)ώ [-pɔl'(n)ɔ] (άς· ησ) loslassen; lockern.
ξαπο|στάζω [ksapɔst-], **~σταίνω** (ασ) ausspannen; **~στέλνω** [-'stɛlnɔ] wegschicken; *iro.* wegjagen.
ξαρμ|άτωμα [-'mat-] *n* Entwaffnung *f*; Abtakelung *f*; **~ατώνω** (σ) entwaffnen; abtakeln; **~άτωτος** entwaffnet.
ξαρμυρίζω [ksarmir-] (σ) entsalzen.
ξαρραβωνιάζω [-ravɔn-] (-βόνιασα) die Verlobung lösen.
ξαρρω|σταίνω, ~στώ [ksarɔ'stɔ] (άς· ησ) wieder gesund werden.
ξάρτι *mar.* Want *f*.
ξασκημίζω (σ) hässlich werden.
ξάσμα *n* Kammgarn *n*.
ξασπρίζω [-spr-] (σ) *v/t.* weißen; bleichen; *v/i.* weiß werden; ausbleichen.
ξάσπρισμα *n* Weißen *n*; Bleichen *n*.

ξάστερα ['ksastεra] *Adv.* klar, offen; ***καθαρά και ~*** klipp und klar.
ξαστεριά Sternenhimmel *m.*
ξάστερος sternenklar; *fig. Pers.* offen.
ξαστερώνω (σ) sich aufklären.
ξαφν|ιάζω [ksafn-] (ξάφνιασα), **~ίζω** (σ) *j-n* erschrecken; **~ικός** plötzlich (*Adv.* **-ά**); ***τι ~ικό ήταν ...*** was war das für e-e Überraschung ...
ξάφνισμα *n* Schreck *m.*
ξάφνου ['ksafnu] plötzlich.
ξάφρα F Klauen *n.*
ξαφρίζω [-fr-] (σ) abschäumen; F klauen, mausen.
ξάφρισμα *n* Abschäumen *n.*
ξαφριστήρι Schaumlöffel *m.*
ξε- [ksε-] *s.* ***εκ-, εξ-;*** *oft*: ab-, ent-, auf-, aus-, er-, ver-; *entfernen.*
ξέβαθος seicht.
ξε|βάμμα [-'vama] *n* Verbleichen *n*, Verschießen *n*; **~βασκαίνω** [-vas'kεnɔ] (-βάσκανα) *v/t.* entzaubern; **~βάφω** [-fɔ] (ψ) *v/t.* ausbleichen; *v/i.* verbleichen, verschießen; **~βγάζω** [-'vγazɔ] (αλ· αλμ) (aus)spülen; *Schuld* begleichen; *j-n* (hinaus)geleiten; sich (*A*) entledigen *G*; *j-n* erledigen, *j-n* verderben.
ξέβγαλμα [-vγalma] *n* Spülen *n*; Verabschiedung *f der Gäste*; Erledigung *f*; *fig.* Verderbnis *f.*
ξε|βίδωμα [ksε'við-] *n* Abschrauben *n*; **~βιδωμένος** Veitstanz-Kranke(r); **~βιδώνω** (σ) abschrauben; *fig. j-n* verrückt machen; ***~βιδώνομαι*** *fig.* sich (*A*) kaputtmachen; **~βλασταρώνω** [-vlastar-] (σ) keimen; **~βοτανίζω** [-vɔtan-] (σ) (aus)jäten; **~βούλωμα** [-'vul-] *n* Entsiegeln *n*; Entkorken *n*; **~βουλώνω** (σ) entsiegeln; entkorken; *Ausguss* freimachen; **~βράζω** (σ· στ) ans Land spülen; **~βρακώνω** [-vrak-] (σ· θ) *j-m* die Hosen ausziehen; *fig. j-n* bloßstellen; entlarven; ***~βρακώνομαι*** sich (*A*) blamieren; **~βράκωτος** [-kɔt-] ... ohne Hosen; *fig.* abgerissen; mitgiftlos; **~βρομίζω** [-vrɔm-] (σ) *v/t.* den Gestank beheben; säubern; lüften.
ξεγαντζώνω [-γańdz-] (σ) abhaken.
ξέγδαρμα ['ksεγðar-] *n* Hautabschürfung *f.*
ξε|γδέρνω [-'γðεrnɔ] (ξέγδαρα) sich (*D*) die Haut abschürfen; **~γδύνω** [-'γðinɔ] (σ) ausziehen; **~γελώ** [-jε'lɔ] (άς· ασ) täuschen, F reinlegen; **~γεννώ** [-jε'nɔ] (άς· ησ) *v/t.* entbinden, bei der Entbindung helfen; *v/i.* niederkommen; *Tier*: keine Junge mehr werfen; **~γίνομαι** wieder werden; **~γλιστρώ** [-γli'strɔ] (άς· ησ) ausgleiten; *fig.* entschlüpfen; **~γλυτώνω** [-γlit-] (σ) erlösen; **~γνοιάζω** [-(γ)'nja-] (ξέγνοιασα· στ) *bsd. Aor.* die Sorgen los sein (***με***/ mit *D*); (***από***) *die Arbeit* erledigen; ***~γνοιάστηκα*** ich habe nicht aufgepasst; **~γνοιασιά** [-(γ)nja'sja] Sorglosigkeit *f.*
ξέγνοιαστος [-njas-] *s.* ***ξέγνοιος.***
ξέγνοιος [-(γ)njɔs] (-οια) sorglos.
ξε|γοφιάζω [ksεγɔf-] (-γόφιασα) die Hüfte ausrenken; *fig.* sehr anstrengen; ***~γοφιάζομαι*** sich (*A*) überanstrengen; **~γοφιασμένος** [-fiaz-] lendenlahm (*a. fig.*); überanstrengt; **~γράφω** [-'γrafɔ] *etw.* ausstreichen; *j-n* abschreiben (***για***/ als); *etw.* vergessen; *e-n Kranken* aufgeben; **~γυμνώνω** [-jimn-] (σ) entblößen; *Haus* ausplündern; *fig.* entlarven, bloßstellen; **~γυρίζω** [-jir-] (σ) *Kleid* wenden; F sich (*A*) herausmachen; **~γυρισμένος** bildschön.
ξε|δένω [ksε'ðεnɔ] (σ) losbinden; **~δηλώνω** (σ· θ) abmelden; **~διάλεγμα** [-'ðialεγma] *n* Aussuchen *n*; Sortieren *n*; **~διαλέγω** [-'lεγɔ] aussuchen; **~διάλυμα** [-lima] *n* Entwirrung *f*, Klärung *f*; **~διαλύνω** [-'linɔ] (υσ· υθ) klären, F rausbekommen; *Traum* verwirklichen; **~διάντροπος** [-'ðiadrɔp-] unverschämt; **~δικιωμός** Rache *f*; **~δίνω** (ξέδωσα) ausspannen, sich (*A*) erholen; **~διπλώνω** (σ) ausbreiten; **~διψαστικός** durstlöschend; **~διψώ** [-ði'psɔ] (άς· ασμ) den Durst löschen; ***δεν ~δίψασα*** ich habe immer noch Durst; **~δοντιάζω** (-δόντιασα) die Zähne ziehen *od.* ausschlagen (***τον***/ j-m); ***~δοντιάζομαι*** die Zähne verlieren; **~δοντιάρης** (-α, -ικο) zahnlos; **~δρομίζω** [-ðrɔm-] (σ) vom Kurs *od.* Weg abweichen; **~δρώνω** *s.* ***ξεϊδρώνω;*** **~ζεύω** [-'zεvɔ] (εψ) abspannen, ausspannen; **~ζουμίζω** [-zum-] (σ) entsaften; ausquetschen (*a. fig.*); **~ζουμισμένος** [-miz-] entsaftet; *fig.* ausgemergelt; **~ζώνω** (σ· στ) losgürten.

343 ξεκόφτω

ξεθάβω [ksɛ'θavɔ] (ψ· μμ) ausgraben.
ξεθαρρεύ|ω [-θar-] (εψ· ευτ) *a. v/p.* (**~ομαι**) Mut fassen; **~ομαι** frech werden; sich (*A*) verlassen (**σε**/ auf *A*).
ξέθαρρος (er)mutig(t); dreist.
ξεθάφτω *s.* **ξεθάβω.**
ξε|θεμελιώνω [-θɛmɛl-] (σ) zugrunde richten (*a. fig.*); **~θέωμα** *n* Abrackerei *f*; **~θεώνω** (σ· θ) *v/t. j-m* hart zusetzen; **~θηλυκώνω** [-θilik-] (σ) aufknöpfen; **~θηλυκώνομαι** *a.* aufgehen; **~θηλύκωτος** auf(geknöpft); **~θολώνω** (σ) klären; klar werden; **~θυμαίνω** [-θi'mɛnɔ] (αν· ασμ) verfliegen (*a. fig. z. B. Interesse*); verdunsten; undicht sein; *Mensch*: seine Wut auslassen (**σε**/ an *D*); sich (*D*) Luft machen; **~θύμασμα** *n* Verfliegen *n*; Undichtsein *n*; Abreagieren *n* der Wut; **~θυμώνω** (σ) F sich (*A*) abregen; **~θωριάζω** [-θɔr-] (-θώριασα) verschießen; *v/t.* ausbleichen.
ξέθωρος verschossen; *Farbe*: gedeckt.
ξεϊδρώνω [ksɛiðr-] (σ) aufhören zu schwitzen, mir wird kühler.
ξε|καβαλικεύω [ksɛkavalik-] (εψ) vom Pferd steigen; **~καθαρίζω** [-kaθar-] (σ) *v/t.* ins Reine bringen; *v/i. S.* sich klären; *Wetter*: sich aufklären; **~καθάρισμα** *n* Begleichung *f*; Klärung *f*; Aufklärung *f*; **~κάθαρος** *allg.* ganz klar; eindeutig; beglichen; **~κακιώνω** (-κάκιωσα) zur Besinnung kommen, F sich (*A*) abregen; **~καλοκαιριάζω** [-kalɔkɛr-] (σ) den Sommer verbringen; *unp.* der Sommer geht zu Ende; **~καλτσώνω** [-kalts-] (σ) die Socken ausziehen; **~κάλτσωτος** [-tsɔt-] barfuß; **~κάνω** [-'kanɔ] (*s.* **κάνω**) abstoßen, verkaufen; verschwenden; *fig.* erledigen, umbringen; **~καπακώνω** [-pak-] (σ) den Deckel von *etw.* abnehmen; **~καπάκωτος** [-kɔt-] ... ohne Deckel; **~καπέλωτος** ohne Hut, *lit.* barhäuptig; **~καπνίζω** *Schornstein* fegen, reinigen; **~καρδίζομαι** [-kar'ðizɔmɛ] (στ) sich (*A*) halb tot lachen; **~καρφώνω** (σ) losmachen; **~κάρφωτος** losgemacht; *fig.* unzusammenhängend; **~κατινιάζω** (-τίνιασα) *j-n* überlasten; **~κίνημα** *n* Aufbruch *m*; **~κινώ** [-ki'nɔ] (άς· ησ) aufbrechen; *Flugw.* starten (*a. Sport*), abfliegen; einleiten; *fig.* ausgehen (**από**/ von *D*); **~κίνα!** weg hier!, P verdufte!
ξεκλείδωμα *n* Aufschließen *n*; *Med.* Gelenkschwäche *f*, Lahmheit *f*.
ξε|κλειδώνω [ksɛkliδ-] (σ) aufschließen; *Glieder* lockern; *v/i. Tür*: aufgehen; **~κλείδωτος** unverschlossen; lahm; **~κληρίζω** [-klir-] (σ) *v/t.* ausrotten; *v/i. u. v/p.* (**~κληρίζομαι**) aussterben; **~κλήρισμα** *n* Ausrottung *f*.
ξέκληρος ausgestorben, ... ohne Nachkommen.
ξε|κόβω [-'kɔvɔ] (ψ· μμ) *v/t.* abbringen (**από**/ von *D*); *von der Schule* nehmen; *sagen*: stecken (**του το**/ es j-m); *v/i.* sich (*A*) abwenden, sich (*A*) trennen; *Preis* festsetzen; **~κοιλιάζω** (-κοίλιασα) *j-m* den Bauch aufschlitzen; **~κοκαλίζω** (σ) die Knochen entfernen; entgräten; abknabbern; bis auf den Knochen verzehren; *fig.* verzehren, F klein machen; **~κόλλημα** [-'kɔl-] *n* Abgehen *n*; Ablösen *n*; *Tech.* Loslöten *n*; **~κολλημός** *s.* **ξεκόλλημα**; **~κολλώ** [-kɔ'lɔ] (άς· ησ) *v/t.* ablösen; loslöten; *v/i.* sich ablösen; *fig.* sich (*A*) losreißen.
ξέκομμα *n* Trennung *f*.
ξεκομμέν|ος [-kɔm-] *Preis*: fest; **~α** *Adv.* rundheraus.
ξε|κοντακιάζω [-kɔn̆d-] (-άκιασα): **το ~κοντακιάζω** es zu weit treiben; **~κόπτω** *s.* **ξεκόβω**; **~κουμπίδια!** [-ku'm̆biðia] F los, weg hier!; **~κουμπίζομαι** (στ) F sich (*A*) wegscheren, abhauen; **~κουμπώνω** (σ) aufknöpfen; **~κουράζω** [-kur-] (σ· στ) *v/t.* erquicken; **~κουράζομαι** sich (*A*) ausruhen; **~κούραση: καλή σας ~κούραση!** schöne Ruhepause!; **~κούρασμα** *n* Erholung *f*; **~κούραστος** ausgeruht; leicht, bequem; **~κουρντίζω** [-kurd-] (σ) verstimmen; **~κουρντίζομαι** *Uhr*: unaufgezogen bleiben; **~κούρντισμα** *n* Verstimmung *f*; **~κουρντισμένος, ~κούρντιστος** verstimmt; *Uhr*: unaufgezogen; **~κούτης** (-α) *s.* **ξεκουτιάρης**; **~κουτιαίνω** [-kutj-] (-κούτιανα· ιαθ) *v/t.* blöd machen; *v/i.* verblöden; **~κουτιάρης** (-α, -ικο) verblödet.
ξε|κουφαίνω [-kuf-] (αν) taub machen; F *j-m* die Ohren voll dudeln *od.* voll schreien; **~κόφτω** *s.* **ξεκόβω**;

ξεκρεμάζω 344

\~κρεμάζω [-krεm-] (σ) abhaken, abhängen; **\~κρέμαστος** abgehängt; *fig.* unzusammenhängend; **\~κρεμώ** (άς· ασ) *s.* ***ξεκρεμάζω***; **\~κωλώνω** [-kɔl-] (σ) *v/t.* den Boden ausschlagen *D*; *j-n* kaputtmachen.

ξε|λαδώνω [ksεlað-] (σ) entölen; e-n Fettfleck entfernen; **\~λαιμιάζομαι** [-lε'mjazɔmε] (στ) sich (*D*) den Hals verrenken; **\~λαρυγγίζομαι** [-lari'ŋɟi-zɔmε] (στ) sich (*A*) heiser schreien; **\~λασπώνω** [-lasp-] (σ) *v/t.* vom Schmutz säubern; *fig. j-m* aus der Patsche helfen; **\~λέγω** [-'lεγɔ] ableugnen, sich (*A*) widersprechen; **\~λεκιάζω** (-λέκιασα) Flecke entfernen; **\~λεπίζω** [-lεp-] (σ) abschuppen; **\~λιγδιάζω** [-liγð-] (σ) Fettflecke entfernen; **\~λιγοθυμώ** [-γɔθi'mɔ] (άς· ησ) *v/t.* zum Bewusstsein bringen; *v/i.* wieder zur Besinnung kommen; **\~λιγωμένος** F unzufrieden; flau (*vor Hunger*); **\~λιγώνομαι** [-'γɔnɔmε] (θ) F mir ist sehr flau; umkommen (*vor Hunger*); **\~λιγώνω** (σ) F *fig.* fertig machen; **\~λογιάζω** [-lɔj-] (-λόγιασα) *j-m* den Kopf verdrehen; ***\~λογιάζομαι*** ganz närrisch sein (***με***/ auf *A*); **\~λογιαστής** Verführer *m.*

ξελύνω *v/t.* loslassen, losbinden.

ξε|μαγεύω [-maj-] (εψ) entzaubern; **\~μαδώ** [-ma'ðɔ] (άς· ησ) ausrupfen; **\~μαθαίνω** [-maθ-] (μαθ) verlernen; sich (*D*) abgewöhnen.

ξέμακρα [-makra] *Adv.* weit entfernt.

ξε|μακραίνω (υν) *v/t. j-n* entfernen, ausschließen; *v/i.* sich (*A*) zurückziehen; sich (*A*) entfernen; **\~μαλλιάζω** (μάλλιασα· στ) zausen, *j-m* Haare ausreißen; ***\~μαλλιάζομαι*** sich (*A*) raufen; **\~μαλλιάρης** (-α, -ικο) zerzaust; **\~μανίκωτος** ärmellos; **\~μανταλώνω** (σ) aufriegeln; **\~μασκαλίδι** [-maska'liði] Steckling *m*; **\~μασκαλίζω** (σ) *Bot.* absenken; **\~μαυλίζω** [-mav'li·zɔ] verkuppeln; **\~μέθυστος** [-θist-] ernüchtert; **\~μεθώ** [-'θɔ] (άς· ησ) *v/t.* ernüchtern; *v/i.* nüchtern werden; **\~μοναχεύω** [-mɔnaç-] (εψ), **\~μοναχιάζω** (-άχιασα) absondern; beiseite nehmen; **\~μοναχιασμένος** einzeln, allein stehend; **\~μουδιάζω** [-mu'ðïazɔ] (σ) die Glieder lockern, sich (*D*) die Beine vertreten; **\~μουρλαίνω** [-murl-] (αν· αθ) ganz verschossen sein (***με***/ in *A*); **\~μουχλιάζω** [-muxl-] (σ) *v/t.* den Schimmel entfernen; *v/i. fig.* F den Dusel vertreiben; ein bisschen Luft schnappen.

ξε|μπαρκάρω [-bar'karɔ] (αρ, αρισ) *v/t.* ausschiffen; *v/i.* an Land gehen; *fig.* nicht mehr zur See gehen; **\~μπερδεύω** [-bεrð-] (εψ· εμ) *v/t.* entwirren, F auseinander polken; *fig. etw.* regeln, in Ordnung bringen; *j-n* umbringen; *v/i.* Schluss machen; ***\~μπέρδευε ...*** Schluss jetzt!; **\~μπλέκω** (ξ· γμ) *v/t.* entwirren; *fig.* wieder in Ordnung bringen; *v/i. fig.* sich (*A*) herauswinden; **\~μπουκάρω** [-bu'karɔ] (αρισ) (hervor)stürmen, treten (***από***/ aus *D*, durch *A*); **\~μπρατσώνομαι** [-bra'tsɔnɔmε] (θ) die Ärmel aufkrempeln; *fig.* sich (*A*) machen (an *A*); **\~μπράτσωτος ...** mit aufgekrempelten Ärmeln.

ξε|μυαλίζω [ksεmïal-] (σ) *j-n* verrückt machen; verrückt sein (***με***/ auf *A*); ***\~μυαλισμένη*** verkommene(r) Mensch; **\~μυ(ι)γιάζω** [-mij-] (σ) *j-m* die Fliegen verjagen; **\~μυξίζομαι** sich (*A*) schnäuzen; **\~μυστερεύομαι** [-mistε'rεvɔmε] (ευτ) offenbaren, gestehen; **\~μυτίζω** [-mit-] (σ) F die Nase hinausstecken; **\~μυτώ** (άς· ησ) *s.* ***ξεμυτίζω***; **\~μωραίνω** [-mɔ'rεnɔ] (αν· αθ) *j-n* verdummen, abstumpfen.

ξένα ['ksεna] *n/pl.* Fremde *f.*

ξενάγηση [-'najisi] (-εις) Fremdenführung *f.*

ξεν|αγός [-naγ-] Fremdenführer *m*; **\~αγώ** [-'γɔ] (είς· ησ) *Fremde* herumführen; **\~ερώνω** wieder zu sich kommen; **\~ηλασία** [-ilas-] Ausweisung *f der Fremden*; Einwanderungsverbot *n*; **\~ία** Gastfreundschaft *f*; **\~ιαστ-** *s.* ***ξενοιαστ-***; **\~ίζω** (σ· στ) als Gast aufnehmen; fremdländisch wirken; *fig.* verwundern; **\~ικός** fremdartig; ausländisch; **\~ισμός** Fremdennachäfferei *f*; *Gr.* fremde Konstruktion *f*; **\~ιτεμ(μ)ένος** [-itεm-] in der Fremde weilend; *Su. m* Auslandsgrieche *m*; **\~ιτεύομαι** [-'tεvɔmε] (ευτ) in die Fremde (*od.* ins Ausland) gehen; **\~ιτιά** (Aufenthalt in der) Fremde *f*; Ausland *n.*

ξεν(ν)οι- *s.* ***ξεννοι-***.

ξεν|όγλωσσος [ksɛ'nɔɣlɔs-] fremdsprachig; **~οδουλεύω** [-ðul-] (ψ) als Arbeiter (Angestellter *od.* Putzfrau) arbeiten; **~οδοχειακός** Hotel-; **~οδοχείο** [-nɔðɔ'çiɔ] Hotel *n*; Gasthaus *n*; **~οδόχος** [-'ðɔx-] Hotelier *m*; Gastwirt *m*; **~οικιάζω** [-iķ-] (σ· στ) *Mietvertrag* kündigen; **~οίκιαστος** [-'iķ-] unvermietet, leer stehend; **~οκοιμάμαι** woanders schlafen; F fremdgehen; **~οκρατία** [-krat-] Fremdherrschaft *f*; fremde Einflüsse *m/pl.*; **~οκρατούμαι** [-'tumɛ] (είσαι· ηθ) unter Fremdherrschaft stehen; **~ολατρεία** [-latr-] Fremdenanbetung *f*; **~ομανής** [-man-] übertrieben fremdenfreundlich; **~ομανία** Ausländerei *f*; **~οπλένω** (für andere) waschen; **~οράβω** [-ɔ'ravɔ] (ψ) außer Haus nähen.

ξένον Xenon *n*.

ξέν|ος ['ksɛn-] fremd; ausländisch; nicht vertraut (***προς*** *A*/ mit *D*); *Su.* Fremde(r); Ausländer(in *f*) *m*; ***~ο σώμα*** *n* Fremdkörper *m*.

ξενότροπος [-'nɔtrɔp-] fremdartig; *fig.* wunderlich, sonderbar.

ξενόφωνος fremdsprachig.

Ξενοφώντας [-'fɔñdas] 'Xenophon *m*.

ξενταλκαδιάζω [-dalka'zïazɔ] (-κάδιασα) F sich (*A*) zusammenreißen.

ξε|ντερίζω [-dɛr-] (σ) *Geflügel* ausnehmen; **~ντροπιάζω** [-drɔp-] (σ) rechtfertigen, F rein waschen.

ξεντύνω (σ· θ) entkleiden.

ξέντυτος unbekleidet.

ξε|νυστάζω [-nist-] wach werden; wachen, nicht schlafen; **~νυχιάζω** [-ni'çïa-] *j-m* die Nägel ziehen; **~νύχτης** [-'nixt-] (*f* ***-ισσα***) Nachtschwärmer(in *f*) *m*; **~νύχτι** schlaflose Nacht *f*; Nachtschwärmerei *f*; **~νυχτίζω** (σ) *v/i.* die Nacht verbringen; *v/t. j-m* den Schlaf rauben; die Nacht über wach bleiben; **~νυχτώ** [-'xtɔ] (άς· ησ) *s.* ***ξενυχτίζω***; **~νώνας** [-'nɔnas] Fremdenzimmer *n*; Gästehaus *n*; ***~νώνας νεότητας*** Jugendherberge *f*.

ξε|παγιάζω [ksɛpaj-] (σ) *v/i.* 'durchfrieren; *v/t. j-n* durchfrieren lassen; **~πάγιασμα** *n* Erfrieren *n*; Durchfrieren *n*; **~πάγωμα** [-'paɣ-] *n* Auftauen *n*; **~παγώνω** (σ) *v/t. u. v/i.* auftauen; **~παντρεύω** [-pañdr-] (εψ) *Ehe* scheiden; **~παπαδεύω** [-papað-] (εψ) e-n Pfarrer absetzen; **~παπουτσώνω** [-puts-] (σ) (sich) die Schuhe ausziehen; **~παρθενεύω** [-parθɛn-] (εψ) entjungfern; **~παρμένος** aufgeblasen, eingebildet; **~παστρεύω** [-pastr-] (εψ) *allg.* beseitigen; **~πατώνω** [-pat-] (σ) den Boden ausschlagen; entdielen; F *j-n* schaffen, kreuzlahm machen; **~πεζεύω** [-pɛz-] (εψ) absteigen; **~πέρασμα** [-'pɛraz-] *n* Durchziehen *n*; Überholen *n*; Übertreffen *n*; **~περασμένος** überholt; überlebt; **~περνώ** [-pɛr'nɔ] (άς· ρασ· ραστ) einfädeln, ziehen (***από***/ durch *A*); überholen; übertreffen (***τον σε***/ j-n in *D od.* an *D*); durchdringen; überstehen.

ξέπεσμα *n s.* ***ξεπεσμός***.

ξεπεσμ|ένος [ksɛpɛz-] verfallen; verwahrlost; **~ός** Verfall *m*; Sturz *m*.

ξε|πετώ [-pɛ'tɔ] (άς· αξ· αχτ) verscheuchen; *fig.* großziehen; ***~πετιέμαι*** (hervor)stürmen (***σε***/ auf, in *A*); plötzlich auftauchen; davonfliegen; *fig.* vorlaut sein; plötzlich erwachsen werden; **~πέφτω** [-'pɛftɔ] (πεσ) verarmen; *fig.* sinken (***σε***/ in *A*); **~πηδώ** (άς· ησ) hervorquellen; *Preise*: stürzen; **~πικραίνω** [-pikr-] (αν), **~πικρίζω** (σ) die Bitterkeit nehmen *D*; *fig.* trösten; **~πίτηδες** [-'pitiðɛs] *Adv.* extra, eigens; **~πλανεύω** [-plan-] (εψ), **~πλανώ** [-'nɔ] (άς· ησ) verführen, verleiten; **~πλατίζω** [-plat-] *die Schultern* ausrenken; ***~πλατίζομαι*** e-n Muskelkater haben.

ξέπλεκος aufgeflochten.

ξε|πλέκω [ksɛ'plɛkɔ] (ξ· [γ]μ) aufflechten; **~πλένω** [-'plɛnɔ] (πλυν) (aus-)spülen; **~πλήρωμα** [-'plir-] *n* Abzahlung *f*; Entrichtung *f*; **~πληρώνω** (σ) abzahlen; entrichten.

ξέπλυμα [-plima] *n* Abwaschen *n*; Aufwasch *m*; *fig.* Plempe *f*.

ξε|πλυμένος [ksɛ-] ausgespült; *fig.* verwaschen; **~πλύνω** *s.* ***ξεπλένω***.

ξέπνοος atemlos.

ξε|ποδαριάζομαι (-ιάστηκα) sich (*A*) müde laufen; **~ποδαριάζω** (-άριασα) F j-n ganz kaputtmachen; **~πορτίζω** [-pɔrt-] (σ) *v/t.* vor die Tür setzen; *v/i.* (*häufig*) ausgehen; **~πούλημα** [-'pul-] *n* Ausverkauf *m*; **~πουλώ** [-'lɔ] (άς· ησ) *v/t.* restlos ver-

ξεπουπουλιάζω 346

kaufen; (alles) auflösen; *v/i.* sich (*A*) billig verkaufen; **~πουπουλιάζω** (-πουπούλιασα) *v/t.* rupfen (*a. fig.*); *v/i.* Federn bekommen; **~πρήζομαι** [-'prizɔmɛ] (πρηστ) abschwellen; **~προβάλλω** (-πρόβαλα) zum Vorschein kommen; **~προβοδώ** [-prɔvɔ'ðɔ] (άς· ησ) (hinaus)begleiten.

ξέρα Dürre *f*; Klippe *f*.

ξεράβω [ksɛ'ravɔ] (ψ) auftrennen.

ξερ|άδι [ksɛ'raði] Reisig *n*; F Bein *n*; Arm *m*; **~άδια!** F was 'weißt du schon?!; **~αΐλα** [-a'ila] Dürre *f*; **~αίνω** (αν· αθ) *v/t.* (aus)trocknen; *v/i.* trocken werden, (aus)trocknen; **~ακιανός** [-ak-] mager, dürr.

ξέραμα *n* Auftrennen *n*.

ξέραμμα ['ksɛrama] *n* Austrocknen *n*.

ξερασ- *s.* ***ξερνώ.***

ξερασιά Dürre *f*.

ξέρασμα *n*, **ξερατό** [-ra'tɔ] Erbrechen *n*; F Zote *f*.

ξερίζωμα [-'riz-] *n* Ausreißen *n*; Entwurzelung *f*; *fig.* Ausrottung *f*.

ξεριζών|ω (σ) ausreißen; entwurzeln; ausrotten; *Ohren* lang ziehen; ***~ομαι*** veröden.

ξερικός (-ιά) *Bot.* Trocken-.

ξερνώ [ksɛr'nɔ] (άς· ξέρασα) sich (*A*) übergeben, sich (*A*) erbrechen; *v/t.* ausbrechen (*a.fig.*); *Blut* spucken; *ans Land* spülen; *fig.* (es) büßen; (***τα***) ausplaudern; *Argot*: singen.

Ξέρξης Xerxes *m*.

ξερ|όβηχας [ksɛ'rɔvixas] trockene(r) Husten *m*; **~οβήχω** [-'vixɔ] (ξ) trocken husten; *fig.* sich (*A*) räuspern; **~οκαταπίνω** [-kata'pinɔ] (να -πιώ· -τάπια) den Speichel schlucken; *fig.* F schlucken, es hinnehmen; verlegen sein; **~οκέφαλος** [-'kɛfal-] starrköpfig; **~οκοκκινίζω** erröten; **~οκοκκίνισμα** *n* Erröten *n*; **~οκόμματο** Stück *n* trockenes Brot; *fig.* (für) ein Butterbrot *n*; **~ολιθιά** [-liθ-] rohe(r) Steinbau *m*; **~ομασώ** [-ma'sɔ] (άς· ησ) kauen (an *D*); *fig.* herumdrucksen; **~ονήσι** [-'nisi] öde Insel *f*; **~οπόταμο** [-'pɔtamɔ] ausgetrocknete(r) Fluss *m*, Wadi *n*.

ξερ|ός [ksɛr-] trocken (*a. fig.*); öde; *Pers.* dürr; *Berg*: nackt; *El.* Trocken-(*Element*); *fig.* wie gelähmt; tot; allein, einsam; *Adv. a.* brüsk; ***έμεινα ~ός*** ich war ganz baff; ***τα ~ά σου*** F deine Pfoten *f/pl.*

ξεροσταλιάζω (-άλιασα) ewig herumsitzen (*od.* -stehen) müssen.

ξεροσφύρι F auf leeren Magen; *fig.* klägliche(s) Leben.

ξεροτηγανίζω (σ) schmoren; knusprig braten; *fig.* drangsalieren.

ξερότοπος Wüstenei *f*.

ξερο|φαγία [-faj-] Mahlzeit *f* aus Brot u. Wasser; kalte Platte *f*; **~ψημένος** knusprig; **~ψήνω** [-'psinɔ] (σ· θ) braun backen.

ξέρω ['ksɛrɔ] (*o. Aor., Impf.* ηξερ-) wissen; verstehen (***από***/ von *D*); *j-n, Inhalt e-r S.* kennen; *schwimmen usw.* können; ***~ πως ...*** ich weiß, dass ...; ***~ καλά*** Bescheid wissen.

ξερωγιάζω [-rɔj-] (σ) *Beeren* abpicken.

ξε|σαμαρώνω [ksɛsamar-] (σ) absatteln; **~σβερκώνομαι** [-zvɛr'kɔnɔmɛ] (θ) sich (*D*) den Hals ausrenken; **~σέρνω** [-'sɛrnɔ] schleppen, schleifen; **~σήκωμα** [-'sik-] *n* Aufstand *m*; Kopieren *n*, Durchpausen *n*; **~σηκώνω** (σ· θ) *j-n* aufputschen; drängen (***να***/ zu); *j-n* in Harnisch bringen (***με***/ mit *D*); kopieren; abschreiben.

ξε|σκάζω *s.* ***ξεσκάνω;*** **~σκαλίζω** [-skal-] (σ) (auf)wühlen; *fig.* ermitteln; **~σκάλισμα** *n* Aufwühlen *n*; Ermitteln *n*; **~σκαλώνω** (σ) abhaken; losmachen; *fig.* (davon) loskommen; **~σκάνω** [-'skanɔ] (σ) (auf)platzen; *fig.* sich (*A*) verschnaufen; **~σκάπτω** [-ptɔ] ausgraben; **~σκαρτάρω** [-skart-] (αρισ) ausrangieren; ausmustern.

ξε|σκεπάζω [-skɛp-] (σ· στ) abdecken; die Decke abnehmen (von *D*); *fig.* enthüllen; ***~σκεπάζομαι*** bloßliegen; **~σκέπασμα** [-pazma] *n* Abdecken *n*; Enthüllung *f*; **~σκέπαστος** [-past-] abgedeckt; nicht zugedeckt.

ξέσκεπος *s.* ***ξεσκέπαστος.***

ξε|σκίζω zerreißen; schrammen, kratzen; **~σκλαβώνω** [-sklav-] (σ) freilassen; **~σκολίζω** auslernen; **~σκολισμένος** erfahren, ausgebildet (***σε***/ in *D*); **~σκονίζω** [-skɔn-] (σ) abstauben, (Staub) wischen; *fig. j-m* um den Bart gehen; **~σκόνισμα** *n* Abstauben *n*, Wischen *n*; **~σκονιστήρι** [-nist-] Staubwedel *m*; **~σκονίστρα** Staubbesen *m*; **~σκονόπανο** [-'nɔpanɔ] Staubtuch *n*.

ξέσκουρα ['ksɛskura] nur obenhin; nur als Streif- (*Schuss*).
ξεσκουριάζω (σ) entrosten.
ξέσκουφος, ξεσκούφωτος [-fɔt-] ... ohne Kopfbedeckung.
ξέσμα *n s.* ***ξύσμα.***
ξε|σουφρώνω [ksɛsufr-] (σ) *Falten* glätten; **~σπαθώνω** [-spaθ-] (σ) blankziehen; *fig.* eintreten für (*A*); auftreten gegen (*A*).
ξέσπασμα [-spazma] *n* Durchbruch *m*; Ausbruch *m der Freude usw.*
ξεσπιτ|ίζω [ksɛspit-] (σ), **~ώνω** (σ) aus dem Hause jagen; **~ώ** = ***ξεσπιτίζω; ~ώνομαι*** obdachlos werden.
ξε|σποριάζω (-σπόριασα) *v/t.* entkernen; *v/i.* ansetzen, keimen; **~σπώ** (άς· ασ) *v/i.* losbrechen; 'durchbrechen; *fig.* losschimpfen (***σε***/ auf *A*); **~σταχυάζω** [-sta'çiazɔ] (-στάχυασα) Ähren ansetzen; **~στηθώνομαι** [-sti'θɔnɔmɛ] (-θώθηκα) die Brust entblößen; **~στοιβ(ι)άζω** [-stiv-] (σ) zerstreuen; zerlegen; **~στομίζω** [-stɔm-] (σ) *Wort* von sich geben, äußern.
ξεστός *s.* ***ξυστός.***
ξεστουπ|ώνω [ksɛstup-] (σ) entkorken; *Ausguss* freimachen; **~ωτήρι** [-pɔt-] Flaschenöffner *m*.
ξε|στραβώνω [-strav-] (σ) gerade machen, richten; *j-m* das Augenlicht wiedergeben; *j-m etw.* beibringen; *v/i.* gerade werden; ***~στραβώνομαι*** Bildung erwerben; **~στρώνω** (σ) *Bett, Tisch* abdecken; *Teppich* aufnehmen; *Pflaster* aufreißen.
ξέστρωτος [-strɔt-] abgedeckt; aufgenommen; aufgerissen; ... (noch) ohne Boden, ohne Teppich.
ξεσυν|ειθίζω [ksɛsiniθ-] (σ) sich (*D*) *etw.* abgewöhnen; *v/t. j-m etw.* abgewöhnen; **~ερίζομαι** *s.* ***συνερίζομαι.***
ξε|σφίγγω [-'sfiŋgɔ] losmachen; aufschnüren; lockern; **~σχίζω** (σ) *s.* ***ξεσκίζω.***
ξέσχισμα ['ksɛsç-] *n* Zerreißen *n*.
ξεσχολ- *s.* ***ξεσκολ-.***
ξε|τελειώνω [-tɛlj-] (σ) vollenden; **~τεντώνω** [-tɛnd-] (σ) lockern, entspannen; **~τιμώ** [-ti'mɔ] (άς· ησ) taxieren; *j-n* schätzen; **~τίναγμα** [-'tinaɣma] *n* Schütteln *n*; Rütteln *n*; Schröpfen *n*; **~τινάζω** (ξ· χτ) schütteln; rütteln; *Teppich* ausklopfen; *fig.* F *j-n* ausnehmen; **~τρελαίνω** [-trɛl-] (αν· αθ) verrückt machen; ***~τρελαίνομαι*** verrückt sein; **~τρύπωμα** [-'trip-] *n* Aufstöbern *n*; Auftrennen *n*; Auftauchen *n*; **~τρυπώνω** (σ) *v/t.* aufstöbern, entdecken; *Kleid* auftrennen, aufreißen; *v/i.* auftauchen; **~τσαλακώνομαι** *Kleider*: sich aushängen.
ξε|τσίπωμα [ksɛ'tsip-] *n* Schamlosigkeit *f*; **~τσιπώνομαι** [-'pɔnɔmɛ] (θ) alle Scham verlieren; **~τσιπωσιά** *s.* ***ξετσίπωμα***; **~τσίπωτος** [-pɔt-] schamlos; **~τύλιγμα** [-'tiliɣma] *n* Auswickeln *n*; *fig.* Entfaltung *f*; **~τυλίγω** [-'liɣɔ] (ξ· χτ) auswickeln; auseinander rollen; ***~τυλίγομαι*** *fig.* sich (*A*) entfalten.
ξεύρω *s.* ***ξέρω.***
ξε|υφαίνω [ksɛ-] (αν· ανθ) zerfasern, ausfransen; **~φανερώνω** [-fanɛr-] offenbaren; **~φάντωμα** [-'fand-] *n* Vergnügen *n*; Zecherei *f*, Zechgelage *n*; **~φαντώνω** (σ) sich (*A*) amüsieren; **~φάντωση** (-εις) *s.* ***ξεφάντωμα;*** **~φαρμακώνω** [-farmak-] (σ) entgiften; **~φασκιώνω** [-fask-] (σ) aus den Windeln nehmen; **~φεύγω** [-'fɛvɣɔ] *v/t.* entrinnen *D*; *vom Thema* abschweifen; *Nadeln*: entgleiten; ***~φεύγω από το ρόλο*** aus der Rolle fallen.
ξε|φλουδίζω [ksɛfluð-] (σ) abrinden; *Apfel* abschälen; ***~φλουδίζομαι*** *Haut*: sich schälen; **~φόρτωμα** [-'fɔrt-] *n* Entladung *f*, Löschung *f*, Tilgung *f*; **~φορτώνω** (σ) *v/t. Wagen* entladen; *Kohlen* abladen; *bsd. mar.* löschen, gelöscht werden; ***~φορτώνομαι*** *Schuld* tilgen, F loswerden (*a. j-n*); ***~φορτώσου με*** F lass mich in Ruh, zieh ab!; **~φουντώνω** [-fuň'dɔnɔ] voll erblühen, grünen, wuchern; *fig. Pers.* aufbrausen; **~φουρνίζω** [-furn-] (σ) aus dem Ofen nehmen; *fig.* auftischen; F quatschen; **~φουσκώνω** [-fusk-] (σ) *v/t.* die Luft ablassen; F *e-n Reifen* platt machen; *v/i. Ball*: schlaff werden; *Magen*: Luft bekommen; *Auto*: F e-n Platten haben.
ξέφραγος [-fraɣ-] uneingezäunt.
ξεφράζω (ξ· γμ) Zaun entfernen von *D*.
ξέφραχτος *s.* ***ξέφραγος.***
ξεφρενιασμένος [ksɛfrɛnjaz-] ... von Sinnen, rasend.

ξέφρενος wild, rasend.
ξεφτέρι [-'ftɛri] Turmfalke *m*; *fig*. Meister *m* (***σε***/ in *D*); F Kanone *f*.
ξέφτι Franse *f*; *fig*. Abschaum *m*.
ξε|φτίζω (σ) *v/i*. ausfransen, ausfasern; fadenscheinig werden; *fig*. dahingehen; *v/t*. ausfasern; **~φτίλα** Heruntergekommene *f*; Blamage *f*; F Runtermachen *n*; ***κάνω ~φτίλα*** F runterputzen; blamieren; **~φτιλίζω** [-ftil-] (σ) den Docht putzen; *fig*. *j-n* blamieren.
ξέφτισμα *n* Ausfransen *n*; *fig*. Verfall *m*.
ξε|φτώ (άς· ησ) *s*. ***ξεφτίζω***; **~φυλακώνω** [-filak-] (σ) freilassen; **~φυλλίζω** [-fil-] (σ) entblättern; *Buch* durchblättern; **~φύλλισμα** *n* Laubfall *m*; Entlauben *n*; Durchblättern *n*; **~φυσώ** [-'sɔ] (άς· ησ) *Tech*. Luft durchlassen; schnaufen; P einen fahren lassen; **~φυτεύω** (εψ) roden, ausrotten; **~φυτρώνω** [-fitr-] (σ) keimen, (hervor)sprießen; *v/i*. angeschneit kommen; **~φωνημένος** F Gespött *n*; *Adj*. stadtbekannt, verschrieen; **~φωνητό** [-fɔni'tɔ] Aufschrei *m*; *pl*. Geschrei *n*; **~φωνίζω** (σ), **~φωνώ** [-'nɔ] (είς· ησ) laut schreien; jammern; F *j-n* laut verhohnepipeln.
ξεχάνω (σ) *s*. ***ξεχνώ***.
ξεχαρβαλ|ώνω [ksɛxarval-] (σ) entzweimachen, F kaputtmachen; ***~ωμένος*** *a*. *fig*. liederlich.
ξεχασ- *s*. ***ξεχνώ***.
ξεχασιάρης [-xasj-] (-α, -ικο) vergesslich, F schusselig.
ξέχασμα *n*, **ξεχασμάρα** *s*. ***ξεχασμός***.
ξεχασμ|ένος [-xaz-] vergesslich; **~ός** Vergesslichkeit *f*.
ξεχειλίζω [ksɛçil-] *v/i*. 'überlaufen; *Fluss*: über die Ufer treten; *v/t*. zu voll füllen.
ξέχειλος übervoll; ***είναι ~*** überquellen (***από***/ vor *D*).
ξεχειλώνω [-çi'lɔnɔ] *v/t*. *Kleid* ausweiten; *v/i*. sich ausweiten.
ξεχειμ|άζω [-çim-] (σ), **~ωνιάζω** [-ɔnj-] (σ) überwintern.
ξεχερσώνω [-çɛrs-] Neuland erschließen, urbar machen.
ξεχνώ [ksɛ'xnɔ] (άς· χασ· χαστ) *v/t*. vergessen.
ξε|χολιάζω [-xɔl-] (σ) sich (*A*) abregen; **~χορταριάζω** [-xɔrtar-] (σ) jäten; **~χρεώνω** [-xrɛ-] (σ) *v/t*. abbezahlen; ***~χρεώνομαι*** seine Schulden bezahlen; **~χρονιάζω** [-xrɔn-] (σ) ein Jahr vollenden; sich jähren; **~χύνω** [-'çinɔ] (σ· θ) ausgießen; *Med*. Ausschlag verursachen; ***~χύνομαι*** losstürmen; **~χωνιάζω** (-χώνιασα) *v/t*. ausgraben; *fig*. ans Licht bringen; **~χώνω** (σ· θ) ausgraben; *Überreste e-s Toten* über'führen; **~χωρίζω** [-xɔr-] (σ· στ) *v/t*. beiseite legen; trennen, sortieren; *Kind* bevorzugen (***από***/ vor *D*); eine Wahl treffen, wählen; unterscheiden, erkennen; *v/i*. sich (*A*) unterscheiden, abstechen (***από***/ von *D*); **~χώρισμα** *n* Trennung *f*; Bevorzugung *f*; Erkennen *n*; Abgrenzung *f*; **~χωριστά** *Adv*. einzeln, getrennt; **~χωριστός** getrennt, Einzel- (*Zimmer*); besonder-, bemerkenswert.
ξέχωρος *s*. ***ξεχωριστός***.
ξε|ψαχνίζω [ksɛpsaxn-] (σ) nur das Fleisch essen, *Knochen* abnagen; *fig*. F *etw*. durch'schnüffeln; F *j-n* anzapfen, schröpfen; **~ψειριάζω** [-psir-] (σ) entlausen; **~ψείριασμα** *n* Entlausung *f*; **~ψυχώ** [-psi'xɔ] (άς· ησ· ισμ) *v/i*. sein Leben aushauchen; versessen sein (***για***/ auf *A*); *v/t*. F *j-n* löchern.
ξέω *s*. ***ξύνω***.
ξηγιέμαι (ηθ) Stellung nehmen, sich (*A*) äußern; F rangehen, die S. anpacken; sich (*A*) einigen; alles tun; sich (*A*) bestechen lassen; *j-n* runterputzen; zahlen, F blechen; *Frau*: sich (*A*) hingeben; ***~ στα ίσα*** ehrlich handeln.
ξηλών|ω [ksil-] (σ· θ) auseinander nehmen; *Kleid*: auftrennen; F *j-n* feuern; ***~ομαι*** F blechen.
ξημεροβραδιάζομαι [ksimɛrɔvra'ðjazɔmɛ] Tag und Nacht da (*od*. beschäftigt) sein.
ξημέρωμα *n* Tagesanbruch *m*.
ξημερ|ώνει [-'rɔni] (σ) es dämmert, der Tag bricht an; **~ώνω** die Nacht durchwachen.
ξηρά Festland *n*.
ξήρανση ['ksiraňsi] Trocknen *n*.
ξηραντ|ήριο [-rańd-] Trockner *m*; **~ικός** Trocknungs-.
ξηρ|ασία [-ras-] Dürre *f*; **~ός** (-ά) *s*. ***ξερός***; **~ότητα** Trockenheit *f*.
ξι *n* Xi *n*.

ξίγκι ['ksiŋgi] Fett *n*; Schmalz *n*; Schmiere *f*.
ξιδάτο [ksið-] F Wuchergeschäft *n*; **~ς** Essig-; *Su*. *m* F Kretin [-tɛ̃·] *m*.
ξίδι Essig *m*.
ξιδιάζω (ξίδιασα) *v/t*. mit Essig anmachen; *v/i*. zu Essig werden.
ξίκικος ['ksikikɔs]: ***είναι ~*** Untergewicht haben, F mickrig sein.
ξινάδα [ksin-] Säure *f*, Magensäure *f*; saure(r) Geschmack *m*.
ξινάρι Hacke *f*.
ξιν|ίζω (σ) *v/t*. säuern; *v/i*. sauer werden; F *j-m* widerwärtig sein; **~ίλα** *s*. ***ξινάδα***; saure(s) Aufstoßen *n*.
ξίνισμα *n* Säuern *n*; Sauerwerden *n*.
ξιν|ό Zitronensäure *f*; F e-e Stange Geld; F ***τα ~ά*** Flirt *m*; **~όγαλο** [-'ɔγalɔ] saure Milch *f*; **~όγλυκος** [-'ɔγlik-] süßsauer (*a*. *fig*.); **~ός** sauer; herb; *fig*. *j-m* schlecht (*bekommen*); **~ούτσικος** [-'uts-] säuerlich; **~όχορτο** [-'ɔxɔrtɔ] Sauerampfer *m*.
ξιπ|άζω [ksip-] (σ· στ) *v/t*. erschrecken; *j-n* in Erstaunen setzen; ***~άζομαι*** wichtig tun; scheuen; staunen; **~ασιά** Wichtigtuerei *f*.
ξίπασμα *n s*. ***ξιπασιά***.
ξιπασμένος [-paz-] eingebildet.
ξιφ|ασκία [ksifask-] Fechten *n*; **~ίας** Schwertfisch *m*; **~ισμός** Schwerthieb *m*; **~οθήκη** [-ɔ'θiki] Scheide *f*; **~ολόγχη** [-'lɔŋçi] Bajonett *n*; **~ομαχία** [-maç-] Fechten *n*; Schwertkampf *m*; **~ομάχος** [-'max-] Fechter *m*; **~ομαχώ** [-'xɔ] (είς· ησ) fechten.
ξίφος *n* Schwert *n*.
ξιφουλκώ (είς· ησ) blankziehen.
ξόανο ['ksɔanɔ] (Holz-)Schnitzerei *f*; *fig*. Ölgötze *m*.
ξόβεργα [-vɛrγa] Leimrute *f*; F Falle *f*.
ξόδεμα ['ksɔð-] *n* Ausgeben *n*.
ξοδεύ|ω (ψ) ausgeben; ***~ομαι*** sich (*A*) verausgaben.
ξόδι Begräbnis *n*.
ξολο- *s*. ***εξολο-***.
ξομολογώ (είς· ησ) *s*. ***εξομολογώ***.
ξόμπλι(ο) ['ksɔmbli(ɔ)] Muster *n*, Schablone *f*; *fig*. Klatsch *m*.
ξομπλιάζω (ξόπλιασα) verzieren.
ξορίζω *s*. ***ξουρίζω***.
ξόρκι ['ksɔrki] Beschwörung(sformel) *f*.
ξορκίζω *s*. ***εξορκίζω***.
ξου (ρε)! F raus hier!
ξουράφι [ksu'rafi] Rasiermesser *n*; Rasierklinge *f*; F scharfe Zunge *f*.
ξουρίζω (σ) rasieren; F *j-n* löchern.
ξοφλ|άω (άς) *Argot*: *allg*. nicht mehr können (*od*. mögen); **~ημένος** F fertig, abgetakelt.
ξοφλώ begleichen; *s*. ***εξοφλώ***.
ξύγκι ['ksiŋgi] Schmalz *n*, Fett *n*.
ξυλάγγουρο [-'laŋgurɔ] Flaschenkürbis *m*; *fig*. Trampeltier *n*.
ξυλ|άδικο [ksi'lað-] Holzlager *n*; **~άκι** [-'aiki] Holzspan *m*, Hölzchen *n*; **~άνθρακας** [-'anθrakas] Holzkohle *f*; **~αποθήκη** [-apɔ'θiki] Holzlager *n*; **~αράκι** *s*. ***ξυλάκι***; **~άρμενος** (*im Sturm*) ... mit vollen Segeln; **~άς** [-'as] (-άδες) (Brenn-)Holzhändler *m*; **~εία** (*Bau-*, *Brenn-*)Holz *n*; **~έμπορος** [-'ɛmbɔr-] Holzhändler *m*; **~ένιος** (-ια) hölzern, Holz-; **~εύομαι** [-'ɛvɔmɛ] (εφτ) *Bäume* abholzen; mit Holz versorgen; **~ιά** Stockhieb *m*; **~ιάζω** (ξύλιασα) steif werden; steif machen; **~ίζω** (σ) prügeln; **~ικά** *n/pl*. Bauholz *n*.
ξύλινος hölzern, Holz-; ... aus Holz.
ξύλο ['ksilɔ] Holz *n*; Knüppel *m*; Prügel *pl*.
ξυλογαϊδάρα (*Turn-*)Bock *m*.
ξυλο|γλύπτης [-'γlipt-] Holzschnitzer *m*; **~γλυπτική** Holzschnitzerei *f*.
ξυλόγλυπτο [-γliptɔ] Holzschnitt *m*.
ξυλο|γράφημα [-'γraf-] *n* Holzschnitt *m*; **~γράφος** Holzschneider *m*; **~δαρμός** [-ðarm-] Prügel *pl*.
ξυλ|όδεμα [-ðɛma] *n*, **~οδεσιά** [-ðɛs-] Baugerüst *n*; **~οειδής** [-ɔið-] holzartig; **~οκάρβουνο** [-'karvunɔ] Holzkohle *f*; **~οκάρφι** [-'karfi] Holzpflock *m*; **~οκέρατο** [-'kɛr-] Johannisbrot *n*; **~οκόπημα** [-'kɔp-] *n* Prügelei *f*; Stockschläge *m/pl*.; **~οκόπος** Holzfäller *m*; **~οκοπώ** [-'pɔ] (είς· ησ) (durch)prügeln; **~όκοτα** [-'ɔkɔta] Schnepfe *f*; **~οκρέβατο** [-'krɛvatɔ] Holzbett *n*; Pritsche *f*; Sarg *m*; **~οπέδιλο** [-'pɛðilɔ] Holzpantoffel *m*; **~οπινάκα** [-pi'naka] Holzteller *m*; **~όπισσα** [-'ɔpisa] Teer *m*; **~όπνευμα** [-pnɛvma] *n* Methylalkohol *m*; **~οπόδαρο** [-ɔ'pɔðarɔ] Stelze *f*; *Med*. Beinprothese *f*; **~όρνιθα** [-'ɔrniθa] Schnepfe *f*; **~οσκεπή** Holzdach *n*; **~όσπιτο** Holzhaus *n*; **~οσχίστης**

ξυλότοιχος 350

[-ɔ'sçist-] Holzhacker *m*; F Vogelscheuche *f*; **~ότοιχος** [-'ɔtix-] Holzwand *f*.
ξυλουργ|είο [-lurj-] Tischlerei *f*; **~ία, ~ική** [-'ki] Tischlerei *f*, Tischlerhandwerk *n*; **~ικός** [-k-] Tischler-; **~ός** Tischler *m*, Schreiner *m*.
ξυλο|φάγος [ksilɔ'faɣ-] Raspel *f*; **~φορτώνω** [-fɔrt-] (σ) durchprügeln.
ξυλόφωνο *Mus.* Xylophon *n*.
ξυλώδης holzig.
ξύνω (έξυσα· θ, στ· [σ]μ) kratzen; (ab)schaben; *Bleistift* spitzen; *Kartoffeln* schälen; sich (*D*) am Kopfe kratzen; *Fisch* abschuppen; *etw.* ausradieren; F *fig. j-n* feuern, hinauswerfen; F **~ κοιλιές** *od.* **σκεμπέδες** die Zeit verplempern.
ξύπνημα *n* Wecken *n*; Aufwachen *n*.
ξυπνητ|ήρι [ksipnit-] Wecker *m*; **~ός** wach; **~ούρια** *n/pl.*: **καλά ~ούρια** *iro.* guten Morgen, gut geschlafen?
ξύπνια: στα ~ μου im Wachen.
ξύπνιος wach, auf (*sein*); *fig.* aufgeweckt.
ξυπν|ός wach; **~ώ** [ksi'pnɔ] (άς· ησ) *v/t.* (auf)wecken; *v/i.* aufwachen (*a. fig.*); F auf den Dreh kommen; wach werden; *Kind*: reif werden.
ξυπολ|ιέμαι (ηθ) Schuhe *od.* Strümpfe ausziehen; **~ισιά** Nacktheit *f*; Armut *f*; Barfüßigkeit *f*.
ξυπόλυτος [-'pɔlit-] barfuß; *fig.* unbedarft.
ξυρ|άφι [ksi'rafi] Rasiermesser *n*; Rasierklinge *f*; *fig.* Schlaukopf *m*; **~αφίζω** (σ) rasieren; **~άφισμα** *n* Rasieren *n*; **~ίζω** (σ) rasieren; *Kälte*: schneiden.
ξύρισμα *n* Rasieren *n*.
ξυριστικός Rasier-.
ξυσ(θ)- *s.* **ξύνω.**
ξύσ|ιμο ['ksis-] (-ατος) *n* Kratzen *n*; Abschaben *n*; Radieren *n*; Spitzen *n*; Schälen *n*; Schramme *f*; **~μα** *n* Abschabsel *n*, Späne *m/pl.*
ξυσμάρα [-zm-] Jucken *n*.
ξυστ|ά *Adv.* haarscharf; **με πήρε ~ά η σφαίρα** die Kugel hat mich gestreift; **~ήρα** Bleistiftanspitzer *m*; **~ήρι** Schabeisen *n*; Radiermesser *n*.
ξύστης *s.* **ξυστήρι.**
ξυστός [ksist-] (ab)gehobelt; (ab)geschabt; geglättet.
ξύστρα *s.* **ξυστήρι**; Striegel *m*.
ξυστρ|ί [-'stri] Striegel *m*; **~ίζω** (σ) striegeln.
ξω- *s.* **εξω-.**
ξωθιά *s.* **νεράιδα.**
ξώθυρα ['ksɔθira] Haustür *f*.
ξωκλήσι Dorfkirche *f*.
ξώλαμπρα ['ksɔlam̃bra] *Adv.* nach Ostern.
ξωμάχος Landarbeiter *m*.
ξωμερίτης (**-ισσα**) Fremde(r).
ξώπετσα äußere Haut; *s.* **ξυστά.**
ξωπίσω hinter *D*; **~ τους** hinter ihnen.
ξώρας [-ras] *Adv.* spät.
ξωτάρης (**-ισσα**) fremde(r) Gast.
ξωτικ|ό Geist *m*, Kobold *m*; **~ός** exotisch; sonderbar.
ξώφυλλο [-filɔ] Umschlag *m e-s Buches*; Fensterladen *m*.

Ο

Ο, ο ['ɔmikrɔn] Omikron *n*; **ο΄** = 70; **͵ο** = 70.000.
ο [ɔ] *m Artikel* (*f*: **η**; *n*: **το**); *s. a.* **μεν**; der, die, das.
όαση ['ɔasi] (-εις) O'ase *f* (*a. fig.*).
οβελ|ίας [ɔvɛ'lias] am Spieß gebratene(s) Lamm *n*; **~ίσκος** (*Brat-*)Spieß *m*; Obelisk *m*; **~ός** Bratspieß *m*; Gewehr(putz)stock *m*.
οβίδα Geschoss *n*, Granate *f*.
οβιδοβόλο [ɔviðɔ'vɔlɔ] Haubitze *f*.
οβολός [ɔvɔl-] 'Obolus *m*, Scherflein *n*.
οβραίος F Geizkragen *m*.
ογδόη [ɔ'ɣðɔi] Oktave *f*.
ογδο|ήκοντα [ɔɣðɔ'ikɔñda] *K.* achtzig; **~ηκοντούτης** [-'n̆dut-] Achtzigjährige(r); **~ηκοστός** achtzigste(r);

~ήντα *s.* ***ογδόντα***; **~ηντάρης** *s.* ***ογδοντάρης***.

ογδ|όντα [ɔ'ɣðɔn̆da] achtzig; **~οντάρης** (-α *od.* -ισσα) achtzigjährig; **~ονταριά** *etwa* achtzig.

όγδοο|ς ['ɔɣðɔ-] achte(r); *Su. n* Achtel *n*; ~ (***σχήμα***) *n* Oktav *n*.

ογκ|ανίζω [ɔŋ̆gan-] (σ) *Esel*: schreien; **~άνισμα** *n*, **~ηθμός** [-iθm-] Schrei *m*, Eselsgeschrei *n*.

ογκόλιθος [ɔ'ŋ̆gɔliθ-] Steinblock *m*.

ογκόμετρο Volumometer *n*.

όγκος ['ɔŋ̆g-] Umfang *m*; *Math.* Rauminhalt *m*, Volumen *n*; Masse *f*; Menge *f*; *Med.* Geschwulst *f*, Tumor *m*; Geschwür *n*; (*Gold-*)Barren *m*; *fig.* Geltung *f*, Bedeutung *f*.

ογκώδης umfangreich, mächtig; *fig.* schwülstig.

όγκωμα *n* Geschwür *n*; Geschwulst *f*.

ογκώνω (σ· θ) *v/t.* erweitern; *v/i.* (an)schwellen, zunehmen.

οδ|ήγηση [-'ijisi] (-εις) Führung *f*; (Auto-)Fahren *n*; **~ηγία** Führung *f*; Anleitung *f*; *mst. pl.* Anweisungen *f/pl.*; *Med.*, *jur.* Verordnung *f*; Hinweis *m*; Ratschlag *m*; ***~ηγίες χρήσεως*** Gebrauchsanweisung *f*; **~ηγισμός** Pfadfinderwesen *n*; **~ηγός** [-iɣ-] *allg.* Führer *m* (*a. Buch*); Reiseleiter *m*; *mil.* Flügelmann *m*; (*Zug*) Führer *m*; (*Auto*) Fahrer *m*; Schofför *m*; *jur.* Anführer *m*; **~ηγώ** [-'ɣɔ] (είς, άς· ησ) führen; anleiten, zeigen; hinleiten, führen (***σε***/ zu *D*); *Auto* fahren; **~ικός** Straßen-, Weg-; **~ογέφυρα** [-'jɛfira] Überführung *f*.

οδοι|πορία [ɔðipɔr-] Reise *f*, Wanderung *f*, Marsch *m*; **~πορικό** Reisebeschreibung *f*; **~πορικός** Reise-; Fuß-; *Su. n/pl.* Tagegelder *n/pl.*; ***~πορικό βήμα*** *mil.* ohne Tritt; **~πόρος** Wanderer *m*; **~πορώ** (είς· ησ) wandern.

οδ|οκαθαριστής Straßenfeger *m*; **~ομαχία** [-maï'çia] Straßenschlacht *f*.

οδοντ|άγρα [ɔðɔ'n̆dayra] Zahnzange *f*; **~αλγία** [-alj-] Zahnschmerzen *m/pl.*; **~ίαση** Zahnen *n*; **~ιατρείο** Zahnklinik *f*, Zahnpraxis *f*; **~ιατρική** Zahnheilkunde *f*; **~ιατρικός** zahnärztlich; **~ίατρος** [-'iatr-] Zahnarzt *m*; **~ικός** Zahn-, dental, Dental-; **~ίνη** Zahnbein *n*; **~όβουρτσα** [-'ɔvurtsa] Zahnbürste *f*; **~ογιατρός** Zahnarzt *m*; **~ογλυφίδα** [-ɔɣlif-] Zahnstocher *m*; **~οθεραπία** Zahnbehandlung *f*; **~όκρεμα** [-'ɔkrɛma] Zahnkrem *f*; **~όπαστα** [-pasta] Zahnpasta *f*; **~όπονος** [-pɔn-] Zahnschmerzen *m/pl.*; **~οστοιχία** [-ɔstiç-] Gebiss *n*; Kiefer *m*; Zahnprothese *f*; **~οτεχνίτης** [-tɛ'xnit-] Zahntechniker *m*; **~οφυία** [-ɔfi'ia] Zahnen *n*; **~όφωνος** [-'ɔfɔn-] Zahn-, Dental-(*Laut*).

οδόντωση [ɔ'ðɔn̆dɔsi] (-εις) Zahnen *n*; *Tech.* Verzahnung *f*.

οδοντωτός gezahnt; Zahn-; Zahnrad-(*Bahn*); ~ ***τροχός*** Zahnrad *n*.

οδο|ποιία [ɔðɔpi'ia] Straßenbau *m*; **~ποιός** Straßenbauingenieur *m*.

οδ|ός *f* Straße *f*; Weg *m* (*a. fig.*); ***εθνική ~ός*** Autobahn *f*; ***~ός προσπελάσεως*** Zufahrtsstraße *f*; ***δια της νομίμου ~ού*** auf gesetzlichem Wege; **~όστρωμα** [-'ɔstr-] *n* Straßendecke *f*, Pflaster *n*; Fahrbahn *f*; **~οστρωτήρας** Straßenwalze *f*; *fig.* F Dickwanst *m*; *Frau*: Maschine *f*.

οδόφραγμα [ɔ'ðɔfrayma] *n* Straßensperre *f*, Barrikade *f*.

οδ|ύνη [ɔ'ði-] Schmerz *m*; **~υνηρός** (-ά) schmerzhaft; *fig.* schmerzlich.

οδ|υρμός [ɔðirm-] Klage *f*; **~ύρομαι** [-'irɔmɛ] wehklagen.

Οδυσσέας [ɔði'sɛas] Odysseus *m*.

Οδύσσεια [ɔ'ðisĭa] Ody'ssee *f*.

όζαινα ['ɔz-] *Med.* Polyp(en) *m*(*pl.*).

όζον ['ɔzɔn] (-οντος) Ozon *m*.

οζονούχος [-'nux-] ozonhaltig.

όζος *Bot.*, *Med.* Knoten *m*.

όθεν ['ɔθɛn] woher; weshalb ...

οθόνη Leinwand *f* (*a. Kino*); *TV* Bildschirm *m*; (*Bett-*)Tuch *n*; Segeltuch *n*.

οθωμανικός [ɔθɔman-] osmanisch.

Όθωνας ['ɔθɔnas] Otto *m*.

οθώνειος (-α) ottonisch.

οι [i] *Artikel pl. m* (*Dh. a. f*) die.

οίακ|ας ['iakas] Steuer(ruder) *n*; *fig.* Ruder *n*; **~οστρόφος** Steuermann *m*; *fig.* Staatslenker *m*; **~οστροφώ** (είς· ησ) steuern; lenken.

οίδημα ['iði-] *n* Schwellung *f*; Ödem *n*.

οιδηματώδης (an)geschwollen; geschwulstartig; ödematös.

Οιδίποδας [i'ðipɔðas] 'Ödipus *m*.

οίηση ['iisi] Dünkel *m*.

οικειο|θελής [ikĭɔθɛl-] freiwillig; ~

οικειοποίηση 352

ποίηση Aneignung *f*; **~ποιούμαι** (είσαι· ηθ) sich (*D*) aneignen.
οικεί|ος [i'ḱi-] (-α) häuslich; vertraut; eigen; (*mir*) gehörig; *Stellung*: angemessen; bekannt, vertraut; ***οι ~οι*** [i i'ḱii] die Angehörigen.
οικειότητα Vertrautheit *f*; (*mst. pl.*) Vertraulichkeit *f*, Intimität *f*.
οικέτης [i'ḱɛt-] Diener *m*.
οίκημα *n* Gebäude *n*; Obdach *n*.
οίκηση (-εις) Wohnen *n*.
οικήσιμος [i'ḱis-] bewohnbar.
οικ|ία [iḱ-] Haus *n*; Wohnung *f*; ***~ία λυόμενη*** Fertighaus *n*; **~ιακός** Haus-; häuslich; Haushalts- (*Artikel*); ***~ιακά*** *n/pl.* Hausarbeit *f*; **~ίζω** (σ/ ω-) unterbringen; ansiedeln; **~ισμός** Besiedlung *f*; Wohnsiedlung *f*; **~ογένεια** [ikɔ'jɛn-] Familie *f* (*a. Biol.*).
οικογενει|ακός [ikɔjɛnjak-] Familien- (*Leben*, *Name*); familiär; ***~ακό επίδομα*** *n* Familienzulage *f*; **~ακότητα** Vetternwirtschaft *f*, F Filz *m*; **~ακώς** (*od.* ***-ά***) mit der Familie (*reisen*); **~άρχης** Familienoberhaupt *n*.
οικο|δέσποινα [ikɔ'ðɛspina] Gastgeberin *f*; Dame *f* des Hauses; **~δεσπότης** [-'spɔt-] Gastgeber *m*; Hausherr *m*; **~δίαιτος** [-'ðiɛt-] Haus- (*Tier*); zu Hause essend (*od.* wohnend); **~διδάσκαλος** [-ði'ðaskal-] Hauslehrer *m*; **~δομή** Bau *m*; Bauarbeiten *f/pl.*; Gebäude *n*; **~δόμημα** [-'ðɔm-] *n* Gebäude *n*; **~δόμηση** (-εις) Bauwerk *n*; Bauart *f*; **~δομήσιμος** bebauungsfähig, Bau-; Bau- (*Holz*); **~δομική** [-'ḱi] Baukunst *f*; **~δομικός** [-k-] Bau- (*Plan*); **~δόμος** Bauherr *m*; Maurer *m*; Bau- (*Ingenieur*); **~δομώ** [-ðɔ'mɔ] (είς· ησ) bauen; schaffen.
οικοκυρ- *s.* ***νοικοκυρ-***.
οικοκυρικ|ός [-ḱir-] Hausfrauen- (*Pflicht*); Haushaltungs- (*Schule*); ***~ή*** Hauswirtschaft *f*.
οικο|λογία [ikɔ-] Ökologie *f*; **~λογικός** ökologisch; **~λόγος** Ökologe *m*.
οικονομ|ία [ikɔnɔm-] Wirtschaft *f*; Wirtschaftsführung *f*; Sparsamkeit *f*; Aufbau *m e-s Dramas*; ***ιδιωτική ~ία*** Privatwirtschaft *f*; ***πολιτική ~ία*** Volkswirtschaft(slehre) *f*, Nationalökonomie *f*; ***δημοσία ~ία*** Finanzwirtschaft *f*; ***εθνική ~ία*** Nationalwirtschaft *f*; ***~ία της αγοράς*** Marktwirtschaft *f*; **~ίες** [-'iɛs] *f/pl.* Ersparnisse *pl.*; **~ικά** *n/pl.* Finanzen *f/pl.*; Wirtschaftskunde *f*; **~ική** [-'ḱi] Wirtschaftswissenschaft *f*; **~ικός** Wirtschafts-, wirtschaftlich; Finanz- (*Jahr*); finanziell; wirtschaftlich, rentabel; **~ικότητα** Wirtschaftlichkeit *f*; **~ολογία** [-ɔlɔj-] Wirtschaftswissenschaft *f*; Finanzwissenschaft *f*; **~ολογικός** volkswirtschaftlich; wirtschaftswissenschaftlich; **~ολόγος** [-'lɔɣ-] Wirtschaftswissenschaftler *m*; Finanzmann *m*; Haushälter *m*.
οικο|νόμος (-α) sparsam (***σε***/ in *D*); *Su. m* Ökonom *m*, Hauverwalter *m*; **~νομώ** [-nɔ'mɔ] (είς, άς· ησ) *v/t.* sparen; *etw.* (*A*) kaufen; sich (*D*) *etw. od. j-m etw.* (***του το***) beschaffen; verhelfen (***του σε***/ j-m zu *D*); (es) einrichten; F (schon) hinkriegen; ***~νομιέμαι*** sich (*A*) eindecken (***από***/ mit *D*).
οικ|όπεδο [i'kɔpɛðɔ] Grundstück *n*; *fig.* Kompetenzbereich *m*; **~οπεδούχος** Grundbesitzer *m*; **~οπεδοφάγος** Grundstücksspekulant *m*.
οίκος Haus *n* (*a. fig.*); *Hdl.* Firma *f*; ***εκδοτικός ~*** Verlag *m*.
οικόσημο [-'kɔsimɔ] Wappen *n*.
οικ|όσιτος Haus- (*Tier*); Dauerpensionär *m*; ***~όσιτη κοπέλα*** Au-pair-Mädchen *n*; **~οσιτώ** [-ɔsi'tɔ] (είς· ησ) in Pension sein; **~οσκευή** [-sḱɛ'vi] Hauseinrichtung *f*; **~οστολή** [-stɔ'li] Livree *f*; **~οτεχνία** Hausindustrie *f*; **~οτροφείο** [-trɔf-] Pension *f*; Internat *n*; **~ότροφος** Pensionär *m*; Internatsschüler *m*.
οικουμ|ένη [iku'mɛni] Ökumene *f*; Universum *n*; **~ενικός** *pol.* Koalitions-; *Rel.* ökumenisch; **~ενικότητα** Weltgeltung *f*.
οικουρώ [-ku'rɔ] (είς) das Haus hüten.
οικτ|ιρμός Bemitleidung *f*; **~ίρω** (II = I *od.* τιρ) bemitleiden, verabscheuen (***για***/ wegen *G*).
οίκτ|ος Mitleid *n*; ***άξιος ~ου*** bemitleidenswert.
οικτρ|ός [iktr-] bedauernswert; verabscheuungswürdig; *Adv.* ***~ά*** F *a.* gewaltig; **~ότητα** Kläglichkeit *f*.
οϊμέ [ɔi'mɛ] weh mir, ach!
οϊμ|ωγή [-mɔ'ji] Wehgeschrei *n*; **~ώζω** [-'ɔzɔ] (σ) jammern; stöhnen.
οιν|αποθήκη [inapɔ'θiḱi] Weinlager *n*;

O

Weinkeller *m*; **~έμπορος** [-'εmbɔr-] Weinhändler *m*; **~οδοχείο** [-ðɔç-] Weinfass *n*; **~ολογία** [-lɔj-] Weinkunde *f*; **~ολόγος** [-'lɔɣ-] Weinkenner *m*; **~οπαραγωγός** Weinanbau-; *Su. m* Weinbauer *m*, Winzer *m*; **~όπνευμα** [-'ɔpnεvma] *n* Alkohol *m*.

οινοπνευματ|οποιείο [-ɔpi'iɔ] Branntweinbrennerei *f*; **~οπωλείο** [-pɔl-] Spirituosenhandlung *f*; **~ώδης** alkoholisch; ***~ώδη (ποτά)*** *n/pl.* Spirituosen *pl.*; ***μη ~ώδης*** alkoholfrei.

οινο|ποίηση [inɔ'piisi] Weinbereitung *f*; **~ποιός** [-'pjɔs] Weinbauer *m*; **~ποσία** [-pɔs-] Weingenuss *m*; Trunkenheit *f*; **~πότης** Weintrinker *m*; Trunkenbold *m*; **~ποτώ** [-pɔ'tɔ] (είς· ησ) (Wein) trinken; **~πωλείο** [-pɔl-] Weinlokal *n*; Weinhandlung *f*; **~πώλης** Wirt *m*; Weinhändler *m*.

οίνος ['inɔs] Wein *m*.

οινο|φόρος [-'fɔr-] Weinbau-; Wein-; **~χόος** [-'xɔ-] Mundschenk *m*.

οισοφάγος [isɔ'faɣ-] Speiseröhre *f*.

οιστρηλα|σία [istrilas-] *K.* Verzückung *f*, Rausch *m*; **~τώ** [-'tɔ] (είς· ησ) berauschen, begeistern; ***~τούμαι*** (ηθ) in Verzückung geraten.

οίστρος *Zool.* Bremse *f*, Stechfliege *f*; Taumel *m*, Raserei *f*; Schwung *m*.

οιων|ός [iɔ'nɔs] Vorzeichen *n*; Wahrsagen *n* aus dem Vogelflug; **~οσκόπος** [-ɔ'skɔp-] Wahrsager *m*.

οκά Oka *f* (= 1280 g).

οκαδιάρικος [ɔka'ðiar-] eine Oka schwer.

οκλ|άδην [ɔ'klaðin], **~αδόν** in Hockstellung.

οκν|εύω [ɔkn-] (ψ), **~ηρεύω** [-ir-] faulenzen; **~ηρία** Müßiggang *m*; **~ηρός, ~ός** faul, träge; **~ώ** (είς· ησ) faul sein; zögern (***να***/ zu).

οκρίβαντας [ɔ'krivañdas] Staffelei *f*.

οκτάβα *poet.* Achtzeiler *m*; *Mus.* Oktave *f*.

οκτ|άγωνος [ɔk'taɣɔn-] achteckig; **~αετηρίδα** [-aεtir-] Zeitraum *m* von acht Jahren; achtjährige(s) Jubiläum *n*; **~αετία** *s.* ***οκταετηρίδα***; **~αήμερος** [-a'imεr-] achttägig; **~ακοσαριά** [-akɔsar-] achthundert; **~ακόσιοι** [-sii] achthundert; **~ακοσιοστός** [-sjɔst-] achthundertste(r); **~απλάσιος** [-a'plas-] (-ια) achtfach.

οκτ|απόδι [ɔkta'pɔði] Krake *f*, Achtfüßler *m*; **~άρι** Acht *f*; **~αφωνία** [-fɔn-] Oktave *f*; **~άωρο** [-'aɔrɔ] Achtstundentag *m*; **~άωρος** achtstündig.

οκτώ [ɔ'ktɔ] acht.

οκτωβριανός [-vrĭan-] Oktober-.

Οκτώβριος Oktober *m*.

ολ|άκερος [ɔ'laĭkεr-] ganz; **~άνοιχτος** [-'anixt-] ganz geöffnet.

ολέθριος [ɔ'lεθr-] (-ια) unheilvoll.

όλεθρος Verderben *n*, Untergang *m*.

ολη|μέρα, ~μερίς den ganzen Tag; **~νυχτίς** [-ni'xtis] die ganze Nacht.

ολιγ- *s. a.* ***λιγ-***.

ολιγ|ανθρωπία [ɔliɣañθrɔp-] geringe Bevölkerungszahl *f*; **~άνθρωπος** dünn besiedelt; **~άριθμος** [-'ariθm-] schwach (besetzt); schwach besucht; **~άρκεια** [-ark-] Genügsamkeit *f*; **~αρκής** genügsam; **~αρχία** [-arç-] Oligarchie *f*; **~αρχικός** oligarchisch; Oligarchieanhänger *m*.

ολίγο [ɔ'liɣɔ] ein wenig, etwas.

ολιγο|δάπανος [-ɣɔ'ðapan-], **~έξοδος** [-'εksɔð-] sparsam; *S.* preiswert, billig; **~ζωία** [-zɔ'ia] Kurzlebigkeit *f*.

ολιγ|όζωος [ɔli'ɣɔzɔ-] kurzlebig; **~οήμερος** [-ɔ'imεr-] ... von einigen Tagen; dem Tode nahe; **~οθυμία** [-ɔθim-] Ohnmachtsanfall *m*; **~οθυμώ** [-'mɔ] (είς· ησ) ohnmächtig werden; **~όκαρδος** [-'ɔkarð-] kleinmütig; **~όλογος** [-'ɔlɔɣ-] wortkarg; *S.* bündig; **~όμυαλος** schwachsinnig.

ολιγ|όνοια [-'ɣɔnĭa] Schwachsinn *m*; **~όπιστος** [-pist-] misstrauisch; **~ορυπαντικός** schadstoffarm.

ολίγ|ος wenig; klein; *s. a.* ***λίγος***; ***εντός ~ου*** in Kürze, binnen kurzem; ***~ον κατ' ~ον*** nach und nach; ***μετ' ~ον*** bald; ***παρ' ~ον*** beinahe, fast; ***~ον έλειψε να*** wenig hätte gefehlt und ...; ***προ ~ου*** vor kurzem; vorhin.

ολιγ|όσαρκος [ɔli'ɣɔsark-] mager, dürr; **~όστευση** [-'ɔstεfsi] (-εις) Kürzung *f*; Verringerung *f*; **~οστεύω** (εψ) *Gehalt* kürzen; sich verringern; **~οστός** sehr gering; **~ότητα** geringe Zahl *f*; Geringfügigkeit *f*; **~οφάγος** [-'faɣ-] mäßig (im Essen); **~οχρόνιος** [-'xrɔn-] (-ια) ... von kurzer Dauer; **~οψυχία** [-psiç-] Verzagtheit *f*; *s.* ***λιποψυχία***; **~οψυχώ** [-'xɔ] (είς· ησ) verzagt sein; fast ohnmächtig werden.

ολιγωρία [-ɣɔr-] Nachlässigkeit *f*.
ολιγώτερος [ɔliˈɣɔtɛr-] (-τέρα) weniger; geringer.
ολικός völlig; Total- (*Finsternis*); gesamt; Gesamt- (*Schaden*).
ολίσθημα *n* Ausgleiten *n*; *fig*. Verfehlung *f*, Fehltritt *m*.
ολισθηρός [-stir-] glatt; *fig*. heikel.
ολίσθηση [ɔˈlistisi] Ausgleiten *n*.
ολκ|άδα [ɔlk-] Lastschiff *n*, Schleppkahn *m*; **~ή** [-ˈki] Ziehen *n*; Schleppen *n*; Last *f*; Übergewicht *n*; Kaliber *n* (*a. fig.*); *fig*. Klasse *f*, Gewicht *n*; **~ός** Ziehen *n*; Schleppen *n*; Rinne *f*; Fährte *f*; *Tech*. Ziehanlage *f*; *pl. mar*. Dock *n*.
Ολλανδ|ή [ɔlañð-] Holländerin *f*; **~ία** Holland *n*; **ˆικός** holländisch; **~ός** Holländer *m*.
ολμάς! [ɔlˈmas] F (es) geht nicht; auf keinen Fall!
ολμοβόλο [ɔlmɔˈvɔlɔ], **όλμος** Minenwerfer *m*.
όλο dauernd, immer; *Su*. Ganze(s).
ολο- [ɔlɔ-] ganz, völlig.
ολό|γερος [-jɛr-] kerngesund; **~γιομος** Voll- (*Mond*); **~γραφο** [-ɣrafɔ] eigenhändige(s) Testament *n*.
ολογράφως in Worten, ausgeschrieben; eigenhändig geschrieben.
ολό|γυμνος splitternackt; **~γυρα** [-jira] *Adv*. rund herum; ***~γυρα σε*** *Präp*. rund um *A*.
ολοένα unaufhörlich; ***~ και περισσότερο*** immer mehr, immer, ständig (*mit Adj. im Komp.*).
ολοζώντανος [ɔlɔˈzɔñdan-] quicklebendig; *Fisch*: eben gefangen.
ολό|ιδιος [ɔˈlɔið-] (-ια) ganz derselbe; ganz (*z. B. die Mutter*); **~ισιος** (*a.* ***ολόισος***) (-ια) ganz gerade.
ολο|καύτωμα [-ˈkaft-] *n* Brandkatastrophe *f*; *fig*. Opfer *n*; Holocaust *m*; *hist*. Brandopfer *n*; **~κληρία: *καθ' ~κληρία*** völlig.
ολ|όκληρος ganz; vollständig; ***εξ ~οκλήρου*** völlig, ganz und gar.
ολο|κλήρωμα [ɔlɔˈklir-] *n* Vollendung *f*; Integral *n*; **~κληρώνω** (σ· θ) vollenden; *Math*. integrieren; ***~κληρώνομαι*** *Kreis*: sich (*A*) schließen; **~κλήρωση** [-rɔsi] (-εις) Integrierung *f*; Vollendung *f*; **~κληρωτικός** total; totalitär; Integral- (*Rechnung*); **~κληρωτισμός** [-klirɔt-] Totalitarismus *m*.
ολό|λευκος [-lɛfk-] schneeweiß; **~μαλλος** rein wollen; **~μαυρος** [-mavr-] tiefschwarz.
ολο|μέλεια [ɔlɔˈmɛl-] Plenum *n*, Vollversammlung *f*; **~μελής** vollzählig; **~μερής** ganz(teilig); **~μέταξος** rein seiden; **~μιάς** [-ˈmjas] auf einmal; **~μόναχος** mutterseelenallein.
ολο|νυχτία [-nixt-] Nachtwache *f*; *Rel*. Vigilie *f*; **~νύχτιος** (-ια) die ganze Nacht dauernd; **~νυχτίς** [-niˈxtis] *Adv*. die ganze Nacht (hindurch).
ολόρθος kerzengerade; *fig*. unbeirrt.
όλ|ος [ˈɔl-] ganz; ***~ο, ~α*** alles; ***~οι*** alle; ***~οι μας*** (***σας, τους***) wir (ihr, sie) alle; ***~ος ο δρόμος*** der ganze Weg; ***~η η Ελλάδα*** ganz Griechenland; ***~οι ~οι, ~α ~α*** alles in allem, insgesamt; ***~α κι' ~α*** alles, nur *nicht*; *kein*(*e*); ***καθ' ~α*** in jeder Hinsicht.
ολοσκοτεινός stockfinster.
ολο|στρόγγυλος [-ˈstrɔŋ̃gil-] kugelrund; **~σχερής** [-sçɛr-] völlig; **~σώματος** [-ˈsɔm-] *s.* ***ολόσωμος***.
ολόσωμο *Biol*. Einzeller *m*; **~ς** mit dem ganzen (unversehrten) Körper.
ολοταχώς [-taˈxɔs] mit Volldampf.
ολό|τελα [ɔˈlɔtɛla] ganz, völlig; **~τητα** Gesamtheit *f*.
ολοτρόγυρα *s.* ***ολόγυρα***.
ολούθε [ɔˈluθɛ] von überall her.
ολούρμου [ɔˈlurmu] F nie u. nimmer!
ολοφάνερος [-ˈfanɛr-] offenkundig.
ολόφωτος hell beleuchtet; *fig*. strahlend.
ολ|οχρονίς [-xrɔˈnis] das ganze Jahr hindurch; **~όψυχος** [-psix-] innigst; *Adv*. von ganzem Herzen.
Ολύμπια [ɔˈlim̃bia] *n/pl*. Olympische Spiele *n/pl*.
Ολυμπία [-ˈbia] *Ort*: Oˈlympia *n*.
ολυμπιάδα Olympiade *f*.
ολυμπιακός olympisch (*Spiele*).
ολυμπιονίκης Olympiasieger *m*.
ολύμπιος [ɔˈlim̃b-] (-ια) olympisch (*Götter*); *Su. m poet*. Olympier *m*.
Όλυμπος Oˈlymp *m*.
ολωσδιόλου [ɔlɔzˈðiɔ-] durch und durch, ganz und gar.
ομάδα *allg*. (*a. mil.*) Gruppe *f*; *Sport*: Mannschaft *f*; ***~ αίματος*** Blutgruppe *f*; ***~ μάχης*** Kampfgruppe *f*; ***κοινοβουλευτική ~*** *pol*. Fraktion *f*; ***ενιαία***

~ ψηφίων *Elektronik*: Byte *n*; **ταξιδιωτική ~** Reisegesellschaft *f*.
ομαδ|άρχης [ɔma'ðarç-] Gruppenkommandeur *m*; Gruppenführer *m*; **~ικός** Massen- (*Produktion*); Gruppen-; gemeinschaftlich; Gesellschafts- (*Reise*); **-όν** *Adv*. gemeinschaftlich; *mil.* Gruppen- (*Feuer*); **~ούλα** [-'ula] Grüppchen *n*.
ομαλ|ός [ɔmal-] glatt; eben(mäßig); gleichmäßig; *fig*. normal; *Gr*. regelmäßig; *Abwicklung*: reibungslos; **~ότητα** Glätte *f*; Ebenheit *f*; Ebenmäßigkeit *f*; Regelmäßigkeit *f*; *pol.* Stabilität *f*, Gleichgewicht *n*; **~ύνω** *s*. **εξομαλύνω.**
όμβρ|ιος ['ɔmvr-] (-ια) Regen-; **~ια νερά** *n/pl*. Regenwasser *n*.
ομελέτα [ɔmɛ'lɛta] Omelett *n*.
ομ|ήγυρη [ɔ'mijiri] Versammlung *f*; **~ήλικος** Gleichaltrige(r).
ομηρία (Geisel-)Haft *f*.
ομηρικός ho'merisch.
ομηριστής Homerforscher *m*.
Όμηρος ['ɔmir-] Ho'mer *m*.
όμηρος Geisel *f*.
όμικρον 'Omikron *n*.
ομιλ|ητής [ɔmilit-] (**-ήτρια**) Redner(in *f*) *m*; Referent(in *f*) *m*; *Radio*: Ansager(in *f*) *m*, Sprecher(in *f*) *m*; **~ητικός** gesprächig; *Su*. *f* Redekunst *f*; **~ία** Rede *f*; Gespräch *n*; Erwähnung *f*; *Art*: Reden *n*; Umgang *m*; *Rel*. Predigt *f*; **η επί του όρους ~ία** Bergpredigt *f*.
όμιλος Gruppe *f*; (*Sport*-)Verein *m*, Gesellschaft *f*; (*Automobil*-)Klub *m*.
ομιλώ [ɔmi'lɔ] (είς· ησ) sprechen, *s*. **μιλώ**; e-e Rede halten; **~ την γερμανικήν** *od*. **γερμανικά** Deutsch (deutsch) sprechen; **τα μιλήσαμε** wir haben alles besprochen.
ομ|ίχλη [ɔ'mixli] Nebel *m*; **~ιχλώδης** [-'xlɔð-] neblig.
όμμα ['ɔma] *n* Auge *n*; Blick *m*; Ring *m*, Öse *f*.
ομο- [ɔmɔ-] gleich-, derselbe.
ομοβροντία [-vrɔňd-] Salve *f*.
ομο|γάλαχτος [-'ɣalaxt-] *m*, *f* Milchbruder *m*; Milchschwester *f*; **~γάστριος** [-'ɣastr-] (-ια) leiblich (*z. B. Bruder*); **~γένεια** [-'jɛn-] gleiche Abstammung *f*; Gleichartigkeit *f*; Homogeneität *f*; Auslandsgriechentum *n*; **~γενής** gleichrassig; Stammesgenosse *m*; homogen; Auslandsgrieche (-chin *f*) *m*; *iro*. wohlhabend.
ομόγνωμος [-ɣnɔmɔs] Gleichgesinnte(r).
ομο|γνωμοσύνη [-'sini] Übereinstimmung *f*, Einmütigkeit *f*; **~δοξία** [-ðɔks-] *s*. **ομογνωμοσύνη**; gemeinsame(r) Glaube *m*.
ομόδοξος *s*. **ομόγνωμος**; *Su*. *m* Glaubensgenosse *m*.
ομο|εθνής *m*, *f* Landsmann (-männin *f*) *m*; **~εθνία** gleiche Volkszugehörigkeit *f*; **~ειδής** [-ið-] gleichartig.
ομόθρησκος [-θrisk-] Glaubensgenosse *m*.
ομοθυμία Einmütigkeit *f*.
ομόθυμος einmütig.
όμοια ['ɔmja] *Adv*. gleich, ähnlich; desgleichen, gleichfalls.
ομοιάζω (-μοίασα) ähneln, ähnlich sein (**προς** *A*/*D*); zusammenpassen; **~σαν** *N* aussehen wie *N*; *s*. **μοιάζω.**
ομοϊδεάτης [ɔmɔiðɛ'at-] Gesinnungsgenosse *m*.
ομοιο- [ɔmjɔ-] ähnlich, gleich, derselbe.
ομοιο|βαρής [-var-] gleich schwer; **~γένεια** [-'jɛn-] Gleichartigkeit *f*, Homogenität *f*; **~γενής** gleichartig, homogen; **~καταληξία** [-liks-] Reim *m*; Endungsgleichheit *f*; **~κατάληχτος** [-lixt-] endreimend; ... mit gleicher Endung.
ομοιομορφία Gleichförmigkeit *f*.
ομοιόμορφος [ɔ'mjɔmɔrf-] gleichförmig, uni'form.
ομοιο|πάθεια [-'paθ-] Schicksalsgemeinschaft *f*; **~παθής** *Su*. *m*, *f* Leidensgefährte *m* (*f* -tin).
ομοιοπαθητικ|ή Homöopathie *f*; **~ός** homöopathisch.
ομοιόπτωτος [ɔ'mjɔptɔt-] *Gr*. im gleichen Fall stehend.
όμοιος ['ɔmj-] (-οια) gleich, ähnlich (**προς** *A*, **με**/ *D*).
ομοιότητα Ähnlichkeit *f*.
ομοίωμα [ɔ'mi-] *n* Ebenbild *n*; **κέρινο ~** Wachsfigur *f*.
ομοι|ωματικός [ɔmĭɔmat-] *Gr*. vergleichend; **~ωματικά** *n/pl*. Wiederholungszeichen *n*, Tilde *f*; **~ώνω** (σ· θ) vereinheitlichen; angleichen.
ομοίωση (-εις) Angleichung *f*; Ebenbild *n*.
ομόκεντρος konzentrisch.

ομολογητής Glaubensverfolgte(r).
ομολογία [-lɔj-] Eingeständnis *n*, Geständnis *n*; *Hdl.* Obligation *f*; Pfandbrief *m*; ~ ***πίστεως*** Glaubensbekenntnis *n*; ***κατά γενική*** ~ nach allgemeiner Ansicht.
ομολογιούχος [-lɔ'jĭux-] Pfandbriefbesitzer *m*.
ομόλογο [-lɔγɔ] *Hdl.* Lastschrift *f*; Schuldschein *m*.
ομολογ|ουμένως [ɔmɔlɔγu'mɛnɔs] *Adv.* eingestandenermaßen; **~ώ** [-'γɔ] (είς· ησ) eingestehen, zugeben; berichten; ***~ούμαι*** anerkannt werden; vereinbart werden.
ομομήτριος [-'mitr-] (-ια) ... von derselben Mutter.
ομ|όνοια [ɔ'mɔnja] Einigkeit *f*, Eintracht *f*; **~ονοώ** [-nɔ'ɔ] (είς· ησ) der gleichen Meinung sein; in Eintracht leben; **~οούσιος** [-ɔ'us-] (-ια) wesensgleich; **~οπάτριος** [-'patr-] (-ια) ... von demselben Vater; **~όπιστος** [-'ɔpist-] Gaubensgenosse *m*; **~όρρυθμος** [-'ɔriθm-] ähnlich, analog; ***~όρρυθμος*** (***εμπορική***) ***εταιρεία*** (***Ο.Ε.***) offene Handelsgesellschaft *f*.
ομορφ|αίνω [ɔmɔrf-] (φην) *v/t.* verschönern; *v/i.* schöner werden; **~ιά** Schönheit *f*.
ομορφοκαμωμένος wohlgestaltet.
όμορφος schön, hübsch.
ομοσπονδ|ία [ɔmɔspɔñð-] Föderation *f*, Bund *m*; Bundesstaat *m*; (*Berufs-*) Genossenschaft *f*; *Schweiz*: Eidgenossenschaft *f*; Vereinigung *f*; **~ιακός** föderativ; Bundes-.
ομόσπονδος verbündet, Bundes-.
ομοτα|γής [-taj-] ebenbürtig; *Su. m* Standesgenosse *m*; **~ξία** [-ks-] *Bot.*, *Zool.* Klasse *f*; Ebenbürtigkeit *f*.
ομό|τεχνος [-tɛxn-] Berufsgenosse *m*; Fachgenosse *m*; **~τιμος** [-tim-] gleichrangig; adelig; emeritiert.
ομοτράπεζος Tischgenosse *m*.
ομόφρονας gleich gesinnt; *Su. m* Gesinnungsgenosse *m*.
ομο|φρονώ [ɔmɔfrɔ'nɔ] (είς· ησ) derselben Meinung sein; **~φροσύνη** [-frɔ'sini] Einmütigkeit *f*.
ομ|οφυής [ɔmɔfi'is] wesensgleich; **~όφυλος** [-fil-] ... von gleichem Geschlecht; gleichrassig; **~οφυλόφιλος** homosexuell; **~οφωνία** [-fɔn-] Einmütigkeit *f*; Gleichklang *m*; **~όφωνος** einstimmig, einmütig; homophon; **~οφωνώ** [-'nɔ] (είς· ησ) sich (völlig) einig sein; derselben Meinung sein; **~όχρονος** [-'ɔxrɔn-] gleichzeitig; gleich lang; **~όχρωμος** [-xrɔm-] gleichfarbig.
ομπρέλα [ɔ'm̃brɛla] Schirm *m*; ~ ***ηλίου*** Sonnenschirm *m*.
ομ|φαλικός [ɔɱfal-] Nabel- (*Schnur*); **~φάλιος** (-ια) Nabel-.
ομφαλ|οκήλη [-lɔ'k̦ili] Nabelbruch *m*; **~ός** Nabel *m* (*a. fig.*); ***~ός τροχού*** Radnabe *f*; **~οσκοπία** Nabelbeschau *f*; *fig.* Schicksalsergebenheit *f*.
ομ|ωνυμία [ɔmɔnim-] Gleichnamigkeit *f*; *Gr.* Homonymie *f*; **~ώνυμος** gleichnamig (*a. Bruch*); homonym.
όμως ['ɔmɔs] *K.* jedoch, aber.
ον [ɔn] (όντος) *n* Lebewesen *n*; Sein *n*.
όναγρος [-aγr-] Zebra *n*.
ονειδ|ίζω [ɔnið-] (σ· στ) schmähen; verhöhnen; **~ισμός** Beleidigung *f*; Schmähung *f*; Verhöhnung *f*; **~ιστικός** beleidigend; Schmäh-; Hohn-.
όνειδος *n* Schmach *f*; *fig.* Schande *f*.
ονειρεύομαι [ɔni'rɛvɔmɛ] (ευτ) *v/t. u. v/i.* träumen (von *D*), mir träumt von.
όνειρο ['ɔnirɔ] (*pl. a.* ***ονείρατα***) Traum *m* (*a. fig.*); ***βλέπω*** ~ e-n Traum haben.
ονειρο|κρίτης [-ɔ'krit-] Traumbuch *n*; Traumdeuter *m*; **~μαντική** Traumdeutung *f*; **~πόλημα** [-'pɔl-] *n* Träumen *n*; Hirngespinst *n*; **~πόληση** (-εις) Träumerei *f*; Wachtraum *m*; **~πόλος** Träumer *m*, Phantast *m*; **~πολώ** [-'lɔ] (είς· ησ) träumen (***το***/von *D*); F spinnen.
ονειρώδης traumhaft (schön), Traum-; F phantastisch.
ονείρωξη (-εις) Pollution *f*.
όνομα ['ɔnɔma] *n* Name *m*; Name *m*, Ruf *m*; *Gr.* Nomen *n*; ***κύριο*** ~ Eigenname *m*; ***μικρό*** ~ Vorname *m*; ***προσηγορικό*** ~ Gattungsname *m*; **χαϊδευτικό** ~ Kosename *m*; ***εν ονόματι*** *G* im Namen *G*; ***κατ'*** ~ dem Namen nach; ~ ***και πράγμα*** im wahrsten Sinne des Wortes.
ονομ|άζω (σ· στ) nennen; *j-n* benennen, namhaft machen; bezeichnen (*A-A*/ *j-n* als *A*); ***~άζομαι*** heißen; **~ασία** Benennung *f*, Bezeichnung *f*.

ονομ|αστική [-asti'ḳi] Nominativ *m*, Werfall *m*; **~αστικός** [-k-] Namens- (*Liste*, *Aktie*); namentlich (*Abstimmung*); Nenn- (*Wert*); ***~αστική γιορτή*** Namenstag *m*; **~αστός** angesehen, bekannt.
ονοματ|επώνυμο Vor- und Nachname *m*; **~ίζω** (σ) benennen; bei(m) Namen nennen; **~ικός** *Gr.* nominal.
ονοματο|γραφία [-ɣraf-] Nomenklatur *f*; **~θεσία** [-θɛs-] Namensgebung *f*; **~θετώ** [-'tɔ] (είς· ησ) e-n Namen geben *D*, benennen; **~λογία** [-lɔj-] Terminologie *f*; **~λογικός** terminologisch; **~λόγιο** [-'lɔïjɔ] Fachwörterbuch *n*; **~ποιημένος, ~ποίητος** lautmalend; **~ποιία** [-pi'ia] Lautmalerei *f*.
όνος Esel *m*.
όντας *s.* ***όταν.***
οντάς [ɔ'das] (-άδες) Zimmer *n*; ***μουσαφίρ ~*** Fremdenzimmer *n*.
οντολογία [ɔn̆dɔlɔj-] Ontologie *f*.
οντότητα Sein *n*; Wesen *n*; Individualität *f*; Persönlichkeit *f*.
οξαλ|ίδα [ɔksal-] Sauerampfer *m*; **~ικός** Oxal- (*Säure*).
οξάλμη [ɔ'ksalmi] Essiglake *f*.
οξεία [ɔ'ksia] Akut *m*; O'xia *f* (*der byzantinischen Mus.*).
οξιά [ɔ'ksïa] Buche *f*.
οξ|ίδιο [-'iδ-] Oxid *n*, *älter*: Oxyd *n*; **~ιδώνω** (σ· θ) oxydieren; ***~ιδούται*** (II -ωθεί) es oxydiert, es rostet; **~ίδωση** [-δɔsi] Oxydierung *f*.
οξικός Essig-, essigsauer.
οξύ [ɔ'ksi] (-έος) *n* Säure *f*.
οξ|ύα [ɔ'ksia], **~υά** *s.* ***οξιά.***
οξυγόνο [-'ɣɔn-] Sauerstoff *m*.
οξυγονο|κόλληση (-εις) autogene(s) Schweißen; **~κολλητής** Schweißer *m*.
οξυγονούχο|ς [-'nux-] (-α) sauerstoffhaltig; ***~ νερό*** Wasserstoffsuperoxid *n*.
οξυγώνιος [-'ɣɔn-] (-ια) spitzwinklig.
οξύγωνος *s.* ***οξυγώνιος.***
οξυ|δέρκεια [ɔksi'δɛrḳ-] Scharfsichtigkeit *f* (*a. fig.*); *fig.* Scharfsinn *m*; **~δερκής** scharfsichtig; scharfsinnig; **~ζενέ** [-zɛ'nɛ] (0) *n* Wasserstoffsuperoxid *n*; **~ηκοΐα** [-ikɔ'ia] Hellhörigkeit *f*, scharfe(s) Gehör *n*; **~θυμία** [-θim-] Jähzorn *m*.
οξ|ύθυμος jähzornig; **~ύμωρος** paradox; **~ύνοια** [-'inja] Scharfsinn *m*; **~ύνους** [-nus] (-ουν) scharfsinnig; **~ύνω** [-'inɔ] (-υν· υνθ) schärfen; säuern; (an)spitzen; *Stimme* erheben; mit Akut versehen; ***~ύνομαι*** sich zuspitzen.
οξυ|πυρίτιο [ɔksipi'rit-] Silikat *n*; **~ρεγμία** saure(s) Aufstoßen *n*.
οξύρρυγχος [ɔ'ksiriŋ̆x-] Stör *m*.
οξ|ύς [ɔ'ksis] *allg.* scharf; *Winkel*: spitz; *Fieber*: hoch; *Med.* akut; *Stimme*: schrill; *Geschmack*: sauer; **~ύτητα** Schärfe *f*; Heftigkeit *f*; Schrillheit *f*; Säuregehalt *m*; **~ύτονος** [-tɔn-] ... mit Akut; **~ύφωνος** [-'ifɔn-] ... mit hoher Stimme; *Su.* *m* Tenor *m*.
όξω *s.* ***έξω.***
οπαδός [ɔpaδ-] Anhänger *m*; Parteigänger *m*.
οπάλι(ο) [ɔ'pal-] Opal *m*.
όπερα Oper(nhaus *n*) *f*.
οπερέτα Operette *f*.
όπιο ['ɔpïɔ] Opium *n*.
οπιομανής [ɔpjɔman-] opiumsüchtig.
οπισθάγκωνα [ɔpi'staŋ̆gɔna] mit auf dem Rücken gebundenen Händen.
όπισθεν [-stɛn] *Adv.* (von) hinten; *Präp.* (*G*) hinter (*A*, *D*); *als Adj.* Rück- (*Seite*); *Su.* (0) *f* Rückwärtsgang *m*.
οπίσθ|ιος [ɔ'pist-] hinter-, Hinter- (*Rad*), Rück- (*Seite*); ***~ια*** *n/pl.* Rücken *m*, F Hintere *m*.
οπισθο|βουλία [-vul-] Hintergedanke *m*; **~γράφηση** [-'ɣrafisi] (-εις) Indossament *n*; **~γράφος** Indossant *m*; **~γραφώ** [-'fɔ] (είς· ησ) indossieren.
οπισθόδομος hintere(r) Raum (*e-s Tempels*).
οπισθο|δρόμηση [-'δrɔmisi] (-εις) Zurückweichen *n*, Rückzug *m*; *fig.* Rückschritt *m*; **~δρομικός** zurückweichend; *fig.* rückständig, *pol.* reaktionär; **~δρομικότητα** Rückständigkeit *f*; **~δρομώ** (είς· ησ) zurückweichen; *fig.* zurückbleiben; **~φυλακή** Nachhut *f*; **~χώρηση** (-εις) Rückzug *m*; Rückgang *m*; **~χωρώ** [-'rɔ] (είς· ησ) sich (*A*) zurückziehen.
οπίσω [ɔ'pisɔ] *Adv.* hinten; zurück- (+ *Verb*); *Präp.* *s. a.* ***πίσω.***
οπλ|αρχηγός [ɔplarçiɣ-] Bandenführer *m*; **~ασκία** [-asḳ-] Waffenübung *f*; **~ή** Huf *m*; **~ίζω** (σ· στ) bewaffnen; *fig.* wappnen; *Waffe* laden; **~ισμός** Bewaffnung *f*; *Tech.* Ausrüstung *f*, Armatur *f*; *Phys.* Magnetanker *m*; **~ιταγω-**

οπλίτης 358

γό Truppentransportschiff *n*; **~ίτης** gemeine(r) Soldat *m*; Infanterist *m*.
όπλ|ο Waffe *f* (*a. fig.*); Gewehr *n*; Truppengattung *f*; ***στα ~α!*** an die Gewehre!
οπλο|βομβίδα [ɔplɔvɔmv-] Gewehrgranate *f*; **~θήκη** [-'θikj] Waffendepot *n*; **~μαχία** [-maç-] Waffenübung *f*; Fechtübung *f*; **~μάχος** [-'max-] Fechtmeister *m*; **~ποιείο** [ɔplɔpi'iɔ] Rüstungsfabrik *f*; **~ποιία** [-pi'ia] Waffenproduktion *f*; **~ποιός** [-'pjɔs] Waffenfabrikant *m*; **~πολυβόλο** [-pɔli'vɔlɔ] Maschinengewehr *n*, MG [ɛm'geː] *n*; **~στάσιο** [-'stas-] Waffenkammer *f*; **~φορία** Waffentragen *n*; ***άδεια ~φορίας*** Waffenschein *m*; **~φόρος** Waffenträger *m*; bewaffnet; **~φορώ** (είς· εσ) Waffen tragen.
όποιος ['ɔpjɔs] (-οια) wer; der(jenige), der; welcher; ***~ κι αν*** wer auch immer.
οπ|οίος [ɔ'piɔs] (οποία) welcher; was für ein(e) ...!; ***ο ~οίος, η ~οία, το ~οίο*** *Relativpron.* der, die, das.
οποιοσδήποτε (οποια-, οποιο-) jeder Beliebige; wer auch immer.
οπός *K.* Saft *m*.
ο|πόταν [-'pɔtan] wenn; **~πότε** *Ko.* wann; wenn; *Ko.* immer wenn.
όπου ['ɔpu] *Adv.* wo; wohin.
οπουδήποτε [-'ðipɔtɛ] wo auch immer, an jeder beliebigen Stelle.
οπτασία Gesicht *n*, Vision *f*.
οπτικ|ή [-'kji] Optik *f*; **~ο-ακουστικός** audiovisuell; **~ός** Seh- (*Feld, Nerv*); Blick- (*Winkel*); optisch (*Täuschung*).
οπτιμισ|μός Optimismus *m*; **~τής** (***-ίστρια***) Optimist(in *f*) *m*.
οπώρα [ɔ'pɔra] Obst *n*.
οπωρ|ικό Frucht *f*; **~οπωλείο** [-pɔl-] Obstgeschäft *n*; **~οφόρος** Obst-.
όπως ['ɔpɔs] *Ko.* wie; **~-~** irgendwie; ***~ κι αν*** wie auch immer.
οπωσδήποτε [ɔpɔz'ðipɔtɛ] auf jeden Fall, sowieso, ohnehin.
οραγγουτάγγος Orang-Utan *m*.
όραμα *n* Gespenst *n*; Anblick *m*; *fig.* Vision *f*, Halluzination *f*.
οραματ|ίζομαι [ɔrama'tizɔmɛ] (στ) sich (*D*) *etw.* vorgaukeln, sich (*D*) *etw.* ausmalen; e-e Vision haben; **~ισμός** Halluzination *f*; **~ιστής** Phantast *m*.
όραση Sehvermögen *n*; Sehen *n*; Gesichtssinn *m*.
ορατόριο Oratorium *n*.
ορατ|ός sichtbar; **~ότητα** Sicht(barkeit) *f*.
οργαν|άκι [ɔrγa'naikji] Leierkasten *m*; **~έτο** Leierkasten *m*; *fig.* Organ *n*, Sprachrohr *n*; **~ικός** organisch; *Mus.* instrumental; **~ισμός** *Biol.* Organismus *m*; Organisation *f*; Amt *n*; Verband *m*; Satzung *f*; Ordnung *f*.
όργανο ['ɔrγanɔ] *Biol., pol.* Organ *n*; *Mus.* Orgel *f*; (*Saiten-*) Instrument *n*; *fig.* Organ *n*, Werkzeug *n*.
οργαν|οπαίκτης [-'pɛkt-] Organist *m*; **~ώνω** (σ· θ) organisieren; ***~ώνομαι*** sich (*A*) zusammenschließen (***σε***/ zu *D*); ***~ομένος*** organisiert (***σε***/ in *D*).
οργάνωση (-εις) *allg.* Organisation *f*.
οργανωτ|ής Organisator *m*; **~ικός** organisatorisch; Organisations-.
οργασμός Orgasmus *m*; *Tier*: Brunst *f*; *fig.* Trieb *m*; Betriebsamkeit *f*.
οργή [ɔr'ji] Zorn *m*, Wut *f*.
οργιά *hist. Längenmaß*.
οργ|ιάζω [ɔrj-] (-ίασα) Orgien feiern; schwelgen; grassieren; **~ιαστικός** Orgien-; **~ίζω** (σ· στ) *v/t.* erzürnen, aufbringen; ***~ίζομαι*** wütend werden; **~ίλος** heftig; aufbrausend; **~ιλότητα** Heftigkeit *f*, Erregbarkeit *f*.
όργιο ['ɔrjĭɔ] *fig.* Orgie *f*.
οργυιά [ɔrji'a] Klafter *m* (*1,83 m*).
όργωμα *n oft pl.* Pflügen *n*.
οργ|ώνω (σ) pflügen, ackern; **~ωτής** [-γɔt-] Pflüger *m*, Ackersmann *m*.
ορδή [ɔr'ði] Horde *f*.
ορέγομαι [ɔ'rɛγɔmɛ] (χτ) *v/t.* Appetit bekommen auf *A* (*Essen*); *allg.* erpicht sein auf *A*.
ορει|βασία [ɔrivas-] Bergsteigen *n*; **~βάτης** Bergsteiger *m*; **~βατικός** Bergsteiger-; *mil.* Gebirgs-; **~νός** Gebirgs- (*Klima*); gebirgig; *Su. m* Bergbewohner *m*; **~χάλκινος** [-'xalkj-] Messing-; bronzen.
ορείχαλκος Messing *n*; Bronze *f*.
ορεκτικ|ό [ɔrɛkt-] Aperitif *m*; **~ός** Appetit anregend; appetitlich.
όρεξη ['ɔrɛksi] Appetit *m* auf *A*; Lust *f* (***για; να***/ zu); ***καλή ~!*** guten Appetit!, (gesegnete) Mahlzeit!; ***χωρίς ~*** ungern, wider Willen.
ορεσίβιος [-'siv-] Berg-; *Su. m, f* Bergbewohner(in *f*) *m*.
ορθ|ά [ɔr'θa] *Adv.* richtig; ***~ά-κοφτά***

O

geradezu, offen heraus; **~άνοιχτος** [-nixt-] (sperrangel)weit offen.
όρθι|ος (-ια) aufrecht; stehend; *Treppe usw.*: steil; ***στέκω ~ος*** stehen; ***στα ~α*** auf die Schnelle; zwanglos.
ορθογραφ|ία [ɔrθɔɣraf-] Rechtschreibung *f*, Orthographie *f*; **~ικός** orthographisch, Rechtschreibe-; **~ώ** [-'fɔ] (είς· ησ) richtig schreiben.
ορθογών|ιο [-'ɣɔn-] Rechteck *n*; **~ιος** (-ια) rechtwinklig.
ορθ|οδοξία [-ðɔks-] Orthodoxie *f*; **~όδοξος** *Rel. u. allg.* orthodox.
ορθολογισ|μός [ɔrθɔlɔj-] Rationalismus *m*; Vernunft *f*; **~τής** Rationalist *m*; **~τικός** rational; rationalistisch; ***~τική οργάνωση*** Rationalisierung *f*.
ορθο|πεδία [-pɛð-] Orthopädie *f*; **~πεδικός** orthopädisch; *Su. f s.* ***ορθοπεδία***; *Su. m* Orthopäde *m*; **~ποδίζω** (σ), **~ποδώ** [-pɔ'ðɔ] (είς· ησ) gerade stehen; sich (*A*) gerade hinstellen; *fig.* vorankommen.
ορθός [ɔrθ-] gerade, aufrecht; *Berg usw.*: steil; recht- (*Winkel*); richtig, korrekt; ***ο ~ λόγος*** der gesunde Menschenverstand, Vernunft *f*.
ορθοστασία Stehen *n*; *als Adv.* ... auf den Beinen.
ορθ|οστάτης [-'stat-] Stützpfeiler *m*; **~ότητα** Richtigkeit *f*; **~οφρονώ** [-frɔ'nɔ] (είς· ησ) logisch denken; **~οφροσύνη** [-'sini] logische(s) Denken *n*; **~οφωνία** gute Artikulation.
όρθρος ['ɔrθr-] Morgendämmerung *f*; Frühmesse *f*.
ορθ|ώνω (σ· θ) errichten; ***~ώνομαι*** sich (*A*) aufrichten; *Haare*: sich sträuben; *fig.* sich (*A*) erheben; **~ώς** [-'θɔs] *Adv.* richtig; recht.
οριακ|ός Grenz-, Demarkations-; Höchst-; ***~ή πτώση*** *Wahl*: Erdrutsch *m*.
ορίζοντας [ɔ'rizɔn̆das] Hori'zont *m* (*a. fig.*).
οριζ|όντιος (-ια) horizontal, waagerecht; **~οντιότητα** [-ɔ'n̆djɔt-] horizontale Lage *f*; **~οντιώνω** (σ) (flach) hinlegen; aufbahren; ***~οντιώνομαι*** sich (*A*) hinlegen (ruhen).
ορί|ζω [ɔ'rizɔ] (σ· στ) *Preis*, *Tag usw.* festsetzen; bestimmen, definieren; *Gebiet* begrenzen; Herr sein über *A*; ***τι ~ζει ο κύριος;*** was steht zu Diensten?; ***~στε!*** bitte!; ***~στε;*** (wie) bitte?; ***~στε μέσα!*** treten Sie bitte ein (*od.* näher)!; ***~στε το βιβλίο ...*** da ist das Buch ...; ***~στε μας*** das fehlte uns noch!; ***καλώς ορίσατε*** willkommen.
όριο ['ɔrĭɔ] Grenze *f* (*a. fig.*); ***~ ηλικίας*** Altersgrenze *f*; ***κατώτατο ~ διαβίωσης*** Existenzminimum *n*; ***~ ταχύτητας*** Geschwindigkeitsbegrenzung *f*.
οριοδείκτης Grenzpfahl *m*.
ορισμ|ός Festsetzung *f*; Bestimmung *f*; Definition *f*; ***στους ~ούς σας*** ich stehe zu Ihrer Verfügung.
οριστικ|ή [ɔristi'ķi] Indikativ *m*; **~ός** [-k-] endgültig; *Gr.* hinweisend; *Adv.* ***~ά*** endgültig; **~ότητα** Bestimmtheit *f*.
ορκίζ|ω [ɔrķ-] (σ· στ) *j-n* vereidigen; ***~ομαι*** e-n Eid leisten, vereidigt werden; schwören; ***~ομαι πίστη σε*** Treue schwören (*D*).
όρκιση (-εις) Vereidigung *f*.
ορκοδοσία [-kɔðɔs-] Eidesleistung *f*.
όρκο|ς Eid *m*; ***κάνω ~ σε*** schwören bei *D*; ***παίρνω ψεύτικο ~*** e-n Meineid leisten.
ορκω|μοσία [ɔrkɔmɔs-] Eidesleistung *f*; Vereidigung *f*; **~τός** vereidigt; ***~τό δικαστήριο*** Geschworenengericht *n*.
ορμαθ|ιά [ɔrmaθ-] Bündel *n*, Kranz *m*; **~ίζω** (σ) bündeln, aufreihen; **~ός** *s.* ***ορμαθιά***; *fig.* Haufen *m*; Menge *f*.
ορμέμφυτ|ο [-'mɛɱfitɔ] Instinkt *m*; Trieb *m*; **~ος** instinktiv.
ορμή Ansturm *m*; Gewalt *f des Windes usw.*; Ungestüm *n*, Schwung *m*; *allg.* Trieb *m des Menschen usw.*
όρμημα ['ɔrm-] *n* Wucht *f*; Drang *m*.
ορμ|ηνεύω (ψ) *v/t. j-m* raten; *j-n* ermahnen; **~ήνια** Ermahnung *f*; Rat *m*.
ορμητ|ήριο [-mit-] Stützpunkt *m*; Triebfeder *f*; **~ικός** stürmisch; Sturm- (*Angriff*); **~ικότητα** Wucht *f*.
ορμ|ιά Angelschnur *f*; **~ίδι** *s.* ***ορμιά, ορμόνη***; **~ίζω** (σ· στ) *Boot* festmachen, verankern; abschleppen.
ορμόνη [-'mɔni] Hormon *n*.
ορμονικός Hormon-.
όρμος ['ɔr-] Ankerplatz *m*, Reede *f*.
ορμώ¹ [-'mɔ] (άς· ησ· ηθ) vorstürmen (***κατά*** *G*/ gegen *A*); sich (*A*) stürzen (auf *A*); ***~μαι*** veranlasst (*od.* bewegt) werden; ausgehen (***από***/ von *D*).
ορμώ² (είς· ησ) *v/i.* vor Anker liegen.

O

όρνιθα 360

όρνιθα [-niθa] Henne *f*; Huhn *n*.
ορνίθι Hühnchen *n*.
ορνιθο|θήρας [ɔrniθɔ'θiras] Vogelsteller *m*; **~κομία** [-kɔm-] Geflügelzucht *f*; **~λογία** [-lɔj-] Vogelkunde *f*; **~λόγος** [-'lɔɣ-] Ornithologe *m*; **~πωλείο** [-pɔl-] Geflügelhandlung *f*.
ορνιθ|όρρυγχος [-'θɔriŋx-] Schnabeltier *n*; **~οσκαλίσματα** [-ska'lizmata] *n/pl*. Geflügelklein *n*; *fig*. Gekritzel *n*, Krähenfüße *m/pl*.; **~οτροφείο** [-trɔf-] Geflügelfarm *f*; **~οτροφία** Geflügelzucht *f*; **~οτυφλιά** [-tifl-] Tagblindheit *f*; **~ώνας** [-'ɔnas] Hühnerstall *m*.
όρνιο Raubvogel *m*; *fig*. Tölpel *m*.
ορο|θεσία [ɔrɔθɛs-] Grenzfestsetzung *f*; **~θέτηση** (-εις) Abgrenzung *f*, Demarkation *f*; **~θετικός** Grenz-, Demarkations- (*Linie*); **~θετώ** [-θɛ'tɔ] (είς· ησ) die Grenzen festsetzen; umreißen; **~λογία** [-lɔj-] Terminologie *f*; **~λογικός** terminologisch.
οροπέδιο [-'pɛð-] Hochebene *f*.
όρος *n* Berg *m*.
όρ|ος ['ɔr-] Grenze *f*; Ende *n*; Ziel *n*; Bedingung *f*; Klausel *f e-s Vertrages*; *mst. pl*. (*Lebens*-)Bedingungen *f/pl*.; Fachausdruck *m*, Terminus technicus *m*; ***ανώτατος*** **~ος** Maximum *n*; ***κατώτατος ~ος*** Minimum *n*; ***μέσος ~ος*** Durchschnitt *m*; ***κατά μέσον ~ο*** im Durchschnitt; ***άνευ ~ων*** bedingungslos; ***εφ' ~ου ζωής*** lebenslänglich; ***υπό τον ~ον ότι*** *Ko*. unter der Bedingung, dass.
ορός [ɔ'rɔs] Molke *f*; *Med*. Serum *n*; **~ *διαρκείας*** *Med*. Dauertropf *m*.
οροσειρά [-si'ra] Gebirgskette *f*.
ορ|οσημαίνω *s*. ***οροθετώ***; **~όσημο** Grenzpfahl *m*; *fig*. Meilenstein *m*.
οροφή [ɔrɔ'fi] Zimmerdecke *f*; Dach *n*; höchste Flughöhe *f*.
οροφοκτησία [-fɔktis-] Eigentum *n* e-r Etage; Eigentumswohnung *f*.
όροφος Stockwerk *n*, Etage *f*; (*Raketen*-)Stufe *f*.
όρσε ['ɔrsɛ] *iro*. (***να*** **...**) bitte, na denn *nimm's doch!*; *etwa* ätsch!
ορτανσία (*a*. ***-τεν-***) Hortensie *f*.
ορτσ'-αλά|-μπάντα [ɔrtsala'baɲda] mit Seitenwind; *fig*. sorglos; **~-πρίμα** mit günstigem Wind; *fig*. nach Wunsch, prima.
ορτσάρω [-'tsarɔ] (αρ[ισ]) *mar*. (an-)luven; gegen den Wind segeln.
ορτύκι [-'tiķi] Wachtel *f*.
όρυγμα [-riɣma] *n* Grube *f*; Graben *m*.
όρυζα [-riza] Reis *m*.
ορυζώνας [-'zɔnas] Reisfeld *n*.
ορυκτέλαιο [ɔri'ktɛlɛɔ] Mineralöl *n*.
ορυκτ|ό Erz *n*, Mineral *n*; **~ολογία** Mineralogie *f*; **~ολόγος** Mineraloge *m*; **~ός** *Grube*: ausgehoben; mineralisch, Mineral-; ***~ός πλούτος*** Bodenschätze *m/pl*.; ***~όν άλας*** Steinsalz *n*.
όρυξη ['ɔriksi] Graben *n*.
ορύσσω [-'isɔ] (ξ· χτ) ausheben.
ορυχείο [ɔriç-] Bergwerk *n*, Grube *f*.
ορφαν|εύω (εψ) verwaisen (*a. fig*.); **~ία** Verwaisung *f*; **~ός** verwaist; *Su. n* Waisenkind *n*; ***~ός πατρός*** vaterlos; ***~ός μητρός*** mutterlos; **~οτροφείο** [-trɔf-] Waisenhaus *n*
Ορφέας [ɔr'fɛas] 'Orpheus *m*.
ορφικός orpheisch.
ορχεοειδές [-çɛ-] (-ούς) *n* Orchidee *f*.
όρχης (-χεις) Hode *f*.
όρχηση (-εις) Tanz *m*.
ορχ|ηστής [ɔrçist-] (***-ίδα***) Reigentänzer(in *f*) *m*; **~ήστρα** Orchester *n*; Tanzkapelle *f*; *Thea*. vordere(s) Parkett; **~ηστρίδα** (Reigen-)Tänzerin *f*.
ορχοτομία [-xɔtɔm-] Kastration *f*.
ορώδης *Med*. serös; Serum-.
όσα-όσα ['ɔsa] zu Schleuderpreisen.
όσιος (-ια) göttlich.
οσιότητα [ɔ'sjɔt-] Göttlichkeit *f*.
Όσλο ['ɔzlɔ] Oslo *n*.
οσμή [ɔ'zmi] Geruch *m*.
οσμίζομαι (στ) riechen; *fig*. ahnen.
όσο ['ɔsɔ] *Adv*. so sehr, so gut; wie sehr; *Ko*. derart, dass ...; *Ko*. solange *ich lebe*, ...; wie *kein anderer*; ***~ αφορά, ~ για*** was ... anbetrifft; ***~ κι αν*** so sehr ... auch; ***~ να*** bis; bevor; ***~ το δυνατό*** *mit Komp*. möglichst *mit Positiv*, *z. B*.: ***~ το δυνατό γρηγορότερα*** (*od*. ***πιο γρήγορα***) möglichst schnell; **~ ...** (***άλλο***) ***τόσο***(***ν***) je (mehr) ... desto (mehr).
όσ|ος *Relativpron*. wer; der(jenige), der; die(jenige), die; das(jenige), das; *S. allg*. das, was; so viel *Vermögen* ... wie; **~οι** (**~ες**) *m, f/pl*. die *od*. alle, die; **~α** *n/pl*. alles, was; ***~ος (-οι) κι αν*** wer ... auch immer.
οσοσδήποτε [-'ðipɔtɛ] (οση-, οσον-) wer (*od*. so viel) ... auch immer.

όσπριο ['ɔspr-] Hülsenfrucht *f*.
οστάριο [ɔ'star-] Knöchelchen *n*.
οστ|εΐνη [ɔstɛ'ini] Ostein *n*, Knocheneiweißstoff *m*; **~έινος** [-'ɛin-] knöchern, ... aus Knochen; **~εΐτιδα** [-ɛ'it-] Knochenentzündung *f*; **~εοθήκη** [-εɔ'θikj] Knochenurne *f*; **~εόκολλα** [-ɛ'ɔkɔla] Knochenleim *m*; **~εομαλακία** [-malak-] Knochenerweichung *f*; **~εοφυΐα** [-fi'ia] Knochenbildung *f*; **~εοφυλάκιο** [-fi'laïk-] Beinhaus *n*; **~εώδης** knochig; Knochen- (*Gerüst*), knöchern.
όστια Hostie *f*.
οστό [ɔ'stɔ] Knochen *m*; *pl*. Gebeine *pl*.
οστρακιά [ɔstrak-] Scharlach *m*, *n*.
οστρακισμός Scherbengericht *n*.
όστρακο Schale *f*; Muschel *f*; Panzer *m*; Schildpatt *n*; Scherbe *f*.
οστρακόδερμο Schaltier *n*.
όστρια Südwind *m*.
οσφρ|αίνομαι [ɔs'frɛnɔmɛ] (ανθ) riechen; *Hund*: wittern; *fig*. *etw*. ahnen; **~αντικός** [-añd-] gut riechend; *Su*. *m* gute(r) Spür-(Hund).
όσφρηση ['ɔsfrisi] (-εις) Geruch(ssinn) *m*; Spürsinn *m*; Ahnungsvermögen *n*.
οσφ|υαλγία [ɔsfialj-] Hexenschuss *m*, Kreuzschmerzen *m*/*pl*.; **~ύς** [-'is] (-ύος) *f* Kreuz *n*, Lende *f*, Hüfte *f*.
όσχεο Hodensack *m*, Skrotum *n*.
όταν ['ɔtan] *Ko*. wenn; als; *Präs*. *St*. *I u*. *II*: ***~ έρθει*** wenn er kommt; ***~ έρχεται*** immer wenn er kommt; *Impf*. *St*. *I*: wenn (*wiederholte Handlung*); *Aor*., *seltener Impf*. als (*einmalige Handlung*).
ότι ['ɔti] *Ko*. dass; F als, sobald; *Adv*. gerade, eben.
ό, τι (das), was; ***από ~*** *nach Komp*. als; ***~ κι αν*** was ... auch immer.
οτομοτρίς (0) *f* (*a*. *n*) Triebwagen *m*.
οτοστόπ (0) *n* Autostopp *m*; ***κάνω ~*** per Anhalter fahren.
ου! [uu...] ach!, oh!; *bestätigend nach e-r Frage*: und ob!
Ουαλία [ua'lia] Wales *n*.
Ουάσιγκτον [u'asiŋtɔn] (0) *f* Washington *n*.
ουβερτούρα [uvɛr'tura] Ouvertüre *f*.
ουγγαρέζικος *s*. ***ουγγρικός***.
Ουγγ|αρία [uŋgar-] Ungarn *n*; **~ρίδα** Ungarin *f*; **2ρικός** [uŋgr-] ungarisch.
Ούγγρος Ungar *m*.
ούγια ['uja] Saum *m*, Kante *f*, Rand *m*.
ουγκιά [u'ŋgĭa] Unze *f*.
ουδέ *s*. ***ούτε***.
ουδ|ετερόνιο [uðɛtɛr-] Neutron *n*; **~έτερος** *Pron*. keiner von beiden; *Adj*. neutral (*a*. *Gr*.); *Gr*. sächlich; ***~έτερο (γένος)*** Neutrum *n*; **~ετερότητα** Neutralität *f*; **~ετερόφιλος** Neutralist *m*; **~ετερώνω** (σ· θ) neutralisieren; **~ετέρωση** [-'tɛrɔsi] (-εις) Neutralisierung *f*.
ουζερί [uzɛ'ri] (0) *f* Imbissstube *f*.
ούζο ['uzɔ] Uso *m* (*Art Anisschnaps*).
ουκ *K*., *a*. *in Sprichwörtern* nicht.
Ουκραν|ία [ukran-] Ukraine *f*; **~ός** Ukrainer *m*; **2ός** ukrainisch.
ούλα: F ***με τα ~ του*** mit allem Drum u. Dran, mit Pfiff; prima.
ουλαμός [ulam-] *mil*. Zug *m*; *mar*. Verband *m*.
ουλή Narbe *f*.
ουλίτιδα Zahnfleischentzündung *f*.
ούλο Zahnfleisch *n*.
ουμανισ|μός Humanismus *m*; **~τής** (***-ίστρια***) Humanist(in *f*) *m*.
ουρά [u'ra] Schwanz *m*; *poet*., *Astr*. Schweif *m*; *mil*. Nachhut *f*; ***κάνω ~*** *od*. ***μπαίνω στην ~*** sich (*A*) anstellen; Schlange stehen; anstehen; ***η ~ μου*** *fig*. mein Schatten (*Pers*., *die mir folgt*); ***λίρα με ~*** Geld wie Heu; ***κουνάω την ~ μου*** F da stimm ich zu.
ουραγ|ία [-raj-] Nachhut *f*; **~ός** Schlussoffizier *m*; letzte(s) Schiff *n*.
ουραιμία [urɛm-] Harnvergiftung *f*.
ουραίος (-αία) Schwanz-; *Su*. *n* Verschluss *m*.
ουρανής (-ιά, -ί) himmelblau.
ουρανικός Gaumen-; palatal; Uran-.
ουράνιο Uran *n*.
ουράνι|ος (-ια) Himmels-; *fig*. himmlisch, göttlich; ***~α*** *n*/*pl*. Himmelsgewölbe *n*; ***~ο τόξο*** Regenbogen *m*.
ουραν|ίσκος [-'nisk-] Gaumen *m*; **~ισκόφωνος** [-'skɔfɔn-] Gaumen-, palatal; *oft* velar; *Su*. *n* Palatal *m*.
ουραν|οθέμελα *n*/*pl*. Horizont *m*; **~οκατέβατος** [-ɔka'tɛvat-] *fig*. ... wie vom Himmel gefallen, ganz unerwartet; **~ομήκης** [-ɔ'mik-] himmelhoch; **~οξύστης** [-'ksist-] Wolkenkratzer *m*; **~ός** Himmel *m*; Baldachin *m*; *Auto*: Verdeck *n*; *Astr*. 'Uranus *m*.
ουρήθρα [u'riθra] Harnröhre *f*.
ούρηση Wasserlassen *n*.

ουρητ|ήρας [-ri'tiras] *s.* ***ουρήθρα***; **~ήριο** Bedürfnisanstalt *f*, Pissoir *n*; **~ικός** Harn- (*Apparat*).
ουρ|ία Harnstoff *m*; **~ικός** Harn-.
ούριος (-ια) günstig (*Wind*).
ουρλιάζω [url-] (ούρλιασα) *Hund*: heulen; *fig*. brüllen.
ούρλιασμα *n*, **ουρλιαχτό** Heulen *n*; Brüllen *n*.
ούρο ['urɔ] Harn *m*, Urin *m*.
ουρ|οδοχείο [urɔðɔç-] Nachtgeschirr *n*; **~οδόχος** [-'ðɔx-] *f* Harnblase *f*; **~όλιθος** [-'ɔliθ-] Harnstein *m*; **~ολογικός** Harn-; **~ολόγος** Urologe *m*.
ουρώ [u'rɔ] (είς· ησ) urinieren.
ουσία Stoff *m*, Substanz *f*; Wesen *n* (*wirkliche Natur*); Wesentliche(s), Kern *m*; Inhalt *m*, Bedeutung *f*; Geschmack *m*; ***ρυπαντική*** *od.* ***επιβλαβής ~*** Schadstoff *m*; ***κατ' ~*** im Wesentlichen.
ουσιαστικ|ό [usjast-] Substantiv *n*, Hauptwort *n*; **~ός** wesentlich.
ουσιώδης wesentlich, bedeutsam.
ούτε ['utɛ] *nicht* einmal, *nicht* ... ein einzig-, auch *nicht*; **~ ... ~** weder ... noch; ***~ ένας*** kein Einziger.
ουτιδανός [-tiðan-] nichtswürdig.
ουτοπ|ία Utopie *f*; **~ικός** utopisch.
ούτος (αύτη, τούτο) *K*. diese(r), dies.
ουφ! [uf] *Abscheu*: äh!, buh!; *Erleichterung*: ah!, hhh(a)!
ο.φ.α. F (= ***είναι όπου φυσάει ο άνεμος***) Opportunist *m*, Wendehals *m*.
οφειλ|έτης [ɔfi'lɛt-] Schuldner *m*; *Bibel*: Schuldige(r); Debitor *m*; **~ή** Schuld *f*.
οφείλ|ω (όφειλα) schulden (***του το***/ j-m etw.); *j-m e-e Stellung usw*. verdanken; gezwungen (*od.* verpflichtet) sein (***να***/ zu); sollen, müssen (***να***/ *Inf. o. zu*); ***αυτό ~εται σε*** das ist auf ... (*A*) zurückzuführen.
όφελος ['ɔfɛl-] *n* Nutzen *m*, Vorteil *m*; ***προς ~*** *G* zu Gunsten von *D*; ***δεν έχει ~*** es hat keinen Zweck.
οφθαλμαπάτη Sinnestäuschung *f*.
οφθαλμ|ία [ɔfθalm-] Augenleiden *n*; **~ιατρείο** [-jatr-] Augenarztpraxis *f*; Augenklinik *f*; **~ιατρική** Augenheilkunde *f*; **~ίατρος** [-'iatr-] Augenarzt *m*; **~ικός** Augen-; **~ολογία** *s.* ***οφθαλμιατρική***; **~ολογικός** Augen-; **~ολόγος** [-ɔ'lɔɣ-] Augenarzt *m*; **~όρροια** [-'ɔria] Augenentzündung *f*; **~ός** Auge *n*; ***σε ριπή ~ού*** im Nu; ***έχω προ ~ών*** in Betracht ziehen; **~οφανής** [-ɔfan-] augenscheinlich.
οφίκιο [ɔ'fikʝɔ] *hist. mil., Rel.* Dienstgrad *m* (*in Byzanz*).
όφ-σάιντ ['ɔfsaid] (0) *n* Abseite *f*; Abseits *n*; abseits.
όφσετ ['ɔfsɛt] (0) *n* Offsetdruck *m*.
οχ! [ɔx] o weh!
όχεντρα ['ɔïçɛndra] *s.* ***οχιά***.
οχετός Kloake *f*.
όχημα ['ɔïç-] *n* Waggon *m*; Wagen *m* (*a. Auto*).
όχθη ['ɔxθi] Ufer *n*.
όχι ['ɔïçi] nein (*Gegensatz*: *ja*); nicht: ***~ σήμερα, αλλά χθες*** nicht heute, sondern gestern; ***~ μόνον ... αλλά και ...*** nicht nur ..., sondern auch ...; ***~ δα!*** nicht doch!; ***~ τέτοια*** das nicht!
οχιά [ɔ'çia] Kreuzotter *f*; *fig*. Giftnudel *f*.
οχλαγωγ|ία [ɔxlaɣɔj-] Aufruhr *m*, Menschenauflauf *m*; *fig*. Radau *m*; **~ικός** aufrührerisch; Radau-.
οχληρ|ός [-lir-] lästig, zudringlich; **~ότητα** Zudringlichkeit *f*.
όχληση ['ɔxlisi] Belästigung *f*; *jur*. Mahnung *f*.
οχλο|βοή [-vɔ'i] Radau *m*, Volksgeschrei *n*; **~κρατία** [-krat-] Pöbelherrschaft *f*; tumultuarische Versammlung.
όχλος Pöbel *m*, Volksmenge *f*.
οχλώ [ɔ'xlɔ] (είς· ησ) *j-n* mahnen; stören.
όχου! ['ɔxu] ach!, o weh!
οχτ- *s.* ***οκτ-***.
οχτάδα Anzahl *f* von acht ...
οχτ|αήμερος achttägig; **~απόδι** Krake *f*, Polyp *m*; **~άωρο** Achtstundentag *m*.
οχτρός *s.* ***εχθρός***.
οχτώ acht.
Οχτώβρης [ɔ'xtɔvr-] Oktober *m*.
οχυρός befestigt; *Su. n* Festung *f*.
οχύρωμα *n* Befestigung *f*.
οχυρ|ωματικός [-rɔmat-] Befestigungs- (*Werke*); **~ώνω** (σ· θ) befestigen; ***~ώνομαι*** sich (*A*) verschanzen (*a. fig.* ***σε***/ hinter *D*).
οχύρωση [ɔ'çirɔsi] (-εις) Befestigung *f*; Verschanzung *f*.
οχυρωτικός Befestigungs- (*Werke*).

όψ|η ['ɔpsi] (-εις) Blick *m*, Blicken *n*; Angesicht *n*; Ansicht *f des Hauses*; Gesichtsfarbe *f*, Aussehen *n e-s Menschen*; Seite *f*, Aspekt *m e-r Frage*; Gesicht *n*; rechte Seite *f e-s Stoffes*; ***από πρώτη ~η*** auf den ersten Blick; ***υπό τας ~εις*** *fig*. unter den Augen; ***έχω*** (***παίρνω, λαμβάνω***) ***υπ' ~η*** berücksichtigen; ***εν ~ει*** *Hdl*. bei Sicht; ***η άλλη ~η του νομίσματος*** *fig*. die Kehrseite der Medaille; ***... έχει ωραία ~η*** ... sieht gut aus.

οψι|γενής [-jɛn-] nachgeboren (*nach dem Tode des Vaters*); *fig*. nachträglich; **~μαθής** [-maθ-] nachträglich (*od*. spät) ausgebildet.

όψιμος spät, Spät- (*Saat*); nachträglich; verspätet.

Π

Π, π [pi] Pi *n*; π′ = 80; ͵π = 80.000.

παγάνα, παγανιά [paɣan-] Jagd *f*; Jägerschar *f*; ***στήνω ~*** ein Ziel verfolgen.

παγανισμός Heidentum *n*.

παγανό Vampir *m*.

παγερ|ός [-pajɛr-] eisig (*a. fig*.); **~ότητα** Eiseskälte *f*; *fig*. Frostigkeit *f*.

παγετ|ός Frost *m*; **~ώδης** eisig; Eis- (*Zeit*).

παγετώνας Eismasse *f*; Gletscher *m*.

παγ|ίδα [-'jiða] Falle *f* (*a. fig*.); **~ιδεύω** (εψ) fangen; *bsd. fig. j-m* e-e Falle stellen; ***~ιδεύομαι*** eingeschlossen (verschüttet) sein.

παγίδι Rippe *f*; Kotelett *n*.

πάγιος (-ια) fest (*Einkommen*); dauerhaft; langfristig (*Anleihe*).

παγ|ιότητα [pa'jɔt-] Festigkeit *f*, Dauerhaftigkeit *f*; **~ιώνω** (-ίωσα) festigen, konsolidieren; **~ίωση** [-'jiɔsi] (-εις) Festigung *f*, Konsolidierung *f*.

πάγκαλος wunderschön.

πάγκαρι *Rel*. Tisch *m* für die Kerzen.

πάγκοινος ['paŋɡin-] allgemein (gebräuchlich).

πάγκος [-ŋg-] Bank *f*; Theke *f*; Buffet *n*; Werktisch *m*.

παγκόσμιος (-ια) Welt- (*Krieg usw*.).

πάγκρεας [-ŋgrɛas] (-ατος) *n* Bauchspeicheldrüse *f*.

παγκρεατικός Pankreas- (*Saft*).

παγόβουνο [-vunɔ] Eisberg *m*.

παγόδα Pagode *f*.

παγο|δρομία [paɣɔðrɔm-] Schlittschuhlaufen *n*; **~δρόμιο** Eisbahn *f*; **~δρόμος** Schlittschuhläufer *m*; **~δρομώ** [-'mɔ] (είς· ησ) Schlittschuh laufen; **~θήκη** [-'θikʲi] Eiskiste *f*; **~θραυστικό** [-θrafst-] Eisbrecher *m*.

παγόνι Pfau *m*.

παγο|πέδιλο Schlittschuh *m*; **~ποιείο** [-pi'iɔ] Eisfabrik *f*; Eisfabrikation *f*.

πάγος Frost *m*; ***γλιστερός ~*** Glatteis *n*.

παγούρι [-'ɣuri] Feldflasche *f*.

πάγω *s*. ***πηγαίνω***.

πάγωμα ['paɣ-] *n* Gefrieren *n*; Vereisen *n*; Eis(es)kälte *f*; ***~ μισθών*** Lohnstopp *m*.

παγωμένος gekühlt; gefroren; Eis- (*Meer*); *fig*. eisig.

παγων|ιά Frost *m*; Reif *m*; **~ιέρα** [-'njɛra] Kühlschrank *m*.

παγώνω (σ· θ) *v/t*. zum Gefrieren bringen; tiefkühlen; *fig*. befremden; *v/i*. *See*: zufrieren; *Wasser*: gefrieren; frieren, mich friert; *fig*. starr werden (***από***/ vor *D*).

παγωτατζίδικο Eisdiele *f*.

παγωτό [paɣɔ'tɔ] (Speise-)Eis *n*.

πάει ['pai] *St. II v*. ***πηγαίνω***: dahingegangen; F futsch; es geht, es funktioniert; ***~ καλά*** einverstanden; ***~ τόσος καιρός*** es ist lange her; *s*. ***περίπατο***; ***έχω ~*** ich bin gewesen (in *D*); ***είχα ~*** ich war gewesen.

παζ|άρεμα [-'zarɛma] *n* Feilschen *n*; **~αρεύω** (εψ) handeln, feilschen (um *A*); **~αρήσιος** (-ια) Markt-; **~άρι** Markt *m*; Handeln *n*; ***κάνω ~άρια*** handeln, feilschen.

παθ- *s*. ***πάσχω· παθαίνω***.

παθαίνω 364

παθαίν|ω [paθ-] (παθ) *v/t.* durchmachen, erleiden; **~*ομαι*** gerührt werden, F zerfließen; aufgeregt werden; ***τι έπαθες*** was ist dir passiert?; ***την έπαθε*** er hat Pech gehabt; ***καλά να*** (***τα***) ***πάθει*** das geschieht ihm recht.
πάθημα *n* Unglück *n*, Pech *n*; (***τα***) ***παθήματα μαθήματα*** durch Schaden wird man klug.
πάθηση (-εις) (*Herz- usw.*) Leiden *n*; *Gr.* Vokalveränderung *f.*
παθητικ|ό *Hdl.* Pas'siva *n/pl.*, Belastungen *f/pl.*; **~ός** *Lied*: ergreifend, rührend; *Hdl.*, *Gr.*, *pol.* passiv; ***~ή φωνή*** (***διάθεση***) Passiv *n*, Leideform *f*; **~ότητα** Passivität *f* (*a. Chem.*).
παθ|ιάζω (πάθιασα) leidend sein; ***~ιάζομαι*** ganz wild sein (***με***/ auf *A*); **~ιασμένος** *Med.* leidend; *fig.* fanatisch; **~ογνώστης** [-ɔ'ɣnɔst-] Diagnostiker *m*; **~ογόνος** [-'ɣɔn-] (-α) krankheitserregend; **~ολογία** [-lɔj-] Pathologie *f*; **~ολογικός** pathologisch; **~ολόγος** [-'lɔɣ-] Pathologe *m*; praktische(r) Arzt *m.*
πάθος ['paθ-] *n* Leiden *n*, Krankheit *f*; Qual *f*, Leiden *n Christi*; Leidenschaft *f e-s Spielers*; Pathos *n*, Schwung *m*; *Gr.* (*Laut-*)Veränderung *f*; ***με ~*** leidenschaftlich; ***έχει ~ μαζί μου*** er zürnt mir; ***έχω ~ με*** völlig aufgehen in *D.*
παθός: ***~ μαθός*** (ein) gebranntes Kind scheut das Feuer.
παι|άνας [pɛ'anas] Lobeshymne *f*; **~ανίζω** (σ) *Lied* anstimmen; (auf-) spielen.
παιγν- *s.* ***παιχν-.***
παίγνιο *fig.* Spielball *m*; *s.* ***παιχνίδι.***
παιγνιόχαρτο Spielkarte *f.*
παιδαγ|ωγείο [pɛðaɣɔj-] Erziehungsanstalt *f*; **~ώγηση** [-'ɔj-] Erziehung *f*; **~ωγία, ~ωγική** Pädagogik *f*; **~ωγικός** pädagogisch, erzieherisch; **~ωγός** *m, f* Erzieher(in *f*) *m*; Pädagoge *m* (-gin *f*); *fig.* Lehrmeister(in *f*) *m*; **~ωγώ** [-ɔ'ɣɔ] (είς· ησ) erziehen.
παϊδάκι [pai'ðaiķi] Lammkotelett *n*, Lammrippchen *n*; *s.* ***παΐδι.***
παιδ|άκι [pɛ'ðaiķi] kleine(s) Kind *n*; ***~άκι μου*** *etwa*: *allg.* mein liebes Kind!; **~αράς** hübsche(r) Bursche; **~άριο** *s.* ***παιδάκι***; *fig.* Kindskopf *m*; **~αριώδης** kindlich; kindisch; *Su. n* Kindlichkeit *f*; **~εία** Erziehung(swesen *n*) *f*; Unterrichtswesen *n*; Bildung *f.*
παίδεμα ['pɛðɛma] *n*, **παιδεμός** Quälerei *f*, F Triezen *n.*
παιδεραστ|ής [-ɛrast-] Knabenliebhaber *m*; **~ία** Knabenliebe *f.*
παίδευση ['pɛðɛfsi] (-εις) Erziehung *f*; Ausbildung *f*, Schulung *f.*
παιδ|ευτήριο [-ɛ'ftir-] Lehranstalt *f*; **~ευτικός** [-ɛft-] Erziehungs-, Bildungs-; **~εύω** (εψ) erziehen; unterrichten; *fig.* strafen, züchtigen; quälen; **~ί** [pɛ'ði] Kind *n*; Junge *m*; *Büro*: Stift *m*; Laufbursche *m*; *Argot*: (kleiner) Gauner *m*; ***~ί-θαύμα*** Wunderkind *n.*
παΐδι [pa'iði] *Anat.* Rippe *f*; Kotelett *n.*
παιδ|ιακίσιος [-'ķis-] (-ια) kindisch; **~ιαρίζω** (σ) sich (*A*) wie ein Kind benehmen; **~ιάρισμα** *n* Kinderei *f*; **~ιαρίστικος** kindisch; **~ιά(σ)τικος** kindlich, Kinder-; **~ιατρική** Kinderheilkunde *f*; **~ίατρος** [-'iatr-] Kinderarzt *m*; **~ικός** kindlich, Kinder-; kindisch; **~ικότητα** Kindlichkeit *f.*
παιδο|βόλι [pɛðɔ'vɔli], **~θέμι** *s.* ***παιδολόγι***; **~κομία** [-kɔm-] Säuglingspflege *f*; **~κομικός** Säuglingspflege-.
παιδόκοσμος Kinderwelt *f.*
παιδο|κτονία [-ktɔn-] Kindesmord *m*; **~κτόνος** *m, f* Kindesmörder(in *f*) *m*; **~λό(γ)ι** [-'lɔ(j)i] Kinderschar *f*; **~μάζωμα** [-'maz-] *n* Kinderaushebung *f*; Kindesentführung *f*; **~μάνι** Kinderansammlung *f*; **~νόμος** [-'nɔm-] Kinderaufseher *m*; **~ποιώ** [-'pjɔ] (είς· ησ) Kinder zeugen.
παιδόπουλο Kindchen *n.*
παιδούλα kleine(s) Mädchen *n.*
παιζογελώ [-jɛ'lɔ] (άς· ασ) *v/i.* scherzen; *v/t. j-n* auslachen.
παίζω ['pɛzɔ] (ξ· χτ) *v/i.* spielen; scherzen; *fig.* locker sitzen, Spielraum haben; *Auge*: umherschweifen; *Wetter*: dauernd wechseln; *v/t. Thea.*, *Karten*, *Instrument* spielen; *j-n* zum Besten haben (***με***); ***στην έπαιξα*** F ich hab dich reingelegt.
παίνεμα *n* Lobspruch *m.*
παιν|εσιάρης [pɛnɛs-] (-α, -ικο) wichtigtuerisch; **~έσω** *s.* ***επαινώ***; **~εύω** (εσ, εψ· ευτ· εμ) loben; ***~εύομαι*** sich (*A*) brüsten.
παίξε ['pɛksɛ]: ***δεν είναι ~ γέλασε*** das ist keine Kleinigkeit.

Π

παίξιμο (-ατος) Spielen *n*; Spotten *n*; *fig*. Kleinigkeit *f*.

παιόνια [pε-] Päonie *f*, Pfingstrose *f*.

παίρνει και δίνει er hat das Heft in der Hand.

παίρνω ['pεrnɔ] (να πάρω· πήρα· παρθ· παρμ) *Schirm, Hut usw*. nehmen (***από***/ an *der Hand*); entreißen, wegreißen; wegnehmen, entwenden (***του το***/ j-m etw.); *Stadt* einnehmen; *Brief, Diplom* erhalten, empfangen; *Arbeit* aufnehmen; *Speise* zu sich nehmen; *Arznei* (ein)nehmen; *Krankheit, Gehalt* bekommen; abnehmen (***του το για***/ j-m etw. für *A*), sich (*D*) etw. bezahlen lassen; *Haus, Zeitung usw*. kaufen; *j-n* einstellen, in Dienst nehmen; *j-n* heiraten, nehmen; *Zug, Dampfer usw*. nehmen, benutzen; *Weg* einschlagen; halten (***τον για***/ j-n für *A*); beginnen (***να***/ zu *mit Inf*.); *Wind, Regen*: einsetzen; *Maschine*: zerquetschen; *Stein, Kugel*: treffen; *Raum*: fassen; *von der Nacht usw*. überrascht werden; ~ ***από*** annehmen, eingehen auf *A*; *Scherz* verstehen; ~ ***αέρα*** Luft schöpfen; *fig*. frech werden; ~ ***απάνω μου*** wieder zu sich kommen; ***το*** ~ ***απάνω μου*** sich (*A*) aufs hohe Pferd setzen; (*mit A*) *etw*. auf sich (*A*) nehmen; übernehmen; ~ ***απόφαση*** sich (*A*) entschließen; ***το*** ~ ***απόφαση*** *etw*. in Kauf nehmen; ~ ***διαζύγιο*** sich (*A*) scheiden lassen; ~ ***είδηση*** (***χαμπάρι, κάβο***) (schnell) dahinterkommen, begreifen; ~ ***κατάκαρδα*** sich (*D*) *etw*. zu Herzen nehmen; ~ ***κουράγιο*** Mut fassen; ~ ***λόγια*** F *etw*. herauskriegen; ~ ***από λόγια*** F klein beigeben; ~ ***το μέρος του*** seine Partei ergreifen; ~ ***νούμερο*** *Tel*. wählen; ~ ***πόδι*** sich (*A*) davonmachen; ~ ***στ' αστεία*** scherzhaft auffassen; ~ ***στα σοβαρά*** ernst nehmen; ~ (***στο***) ***τηλέφωνο*** anrufen; ~ ***φωτιά*** in Brand geraten; brennen; *fig*. sich (*A*) aufregen; ~ ***σβάρνα*** mitreißen; F *alle Läden* abklappern; ***όσο παίονει*** in höchstem Maße; ***όσο παίρνει το μάτι*** so weit das Auge reicht; ***με παίρνει ο ύπνος*** einschlafen; ***μου πήραν το κεφάλι*** (***το νου***) ich bin ganz benommen; ***με παίρνει*** es wagen, es fertig bringen; ***δεν παίρνει άλλο*** es geht nicht mehr; ***δεν μας παίρνει η ώρα*** die Zeit reicht nicht.

παις (***παιδός***) *m s*. ***παιδί***.

παιχν|ίδι [pε'xniði] Spiel *n*; Spielzeug *n* (*a. fig*.); *böser* Streich *m*; *fig*. (*leicht*:) Kinderspiel *n*; F Musik(instrument *n*) *f*; ~***ίδι συναναστροφής*** Gesellschaftsspiel *n*; **~ιδιάρης** [-'ðjar-] (-α, -ικο) spielerisch, ausgelassen; kokett; **~ιδίζω** (σ) hin- und herschweifen, spielen; **~ίδισμα** *n* Spielen *n*.

παιχταράς F Kanone *f* (*im Spiel*).

παίχτης ['pεxt-] (*f* ***-τρια***) Spieler(in *f*) *m*.

πακ|ετάρω [pakεt-] (αρισ) einpacken, verpacken; **~έτο** Paket *n* (*a. fig*. = *Anzahl*), Päckchen *n Zigaretten*; ***~έτο γίγας*** Großpackung *f*; ***... σε ~έτα*** abgepackt.

πακτωλός *fig*. Goldgrube *f*.

παλ (0) Pastell- (*Farbe*).

πάλα Krummsäbel *m*.

παλαβομάρα Verrücktheit *f*.

παλαβός [-lav-] verrückt.

παλάβρα [-vra] Aufschneiderei *f*; **~ς** Aufschneider *m*.

παλαβώνω (σ) *v/t*. verrückt machen; *v/i*. verrückt werden.

παλάγκο [-'laŋgɔ] Flaschenzug *m*.

παλ|αιικός [palεi'kɔs] altmodisch; historisch; **~αίμαχος** [-'lεmax-] altgedient, bewährt; *Su. m* Veteran *m*.

παλαιο- *s*. ***παλιο-***.

παλαιο|βιβλιοπώλης [palεɔvivliɔ-'pɔl-] Antiquar *m*; **~γενής** [-jεn-] uralt; Paläozän-; **~γραφία** [-γraf-] Paläographie *f*; **~ελλαδίτης** [-εla'ðit-] Bewohner *m* Altgriechenlands (*od*. Stammgriechenlands) *vor 1912, etwa*: Stammgrieche *m*; **~ζωικός** [-zɔik-] paläo'zoisch; ***~ζωικός αιόνας*** Paläozoikum *n*; **~ημερολογίτης** [-imεrɔ-lɔ'jit-] (***-ίτισσα***) Anhänger(in *f*) *m* des Julianischen Kalenders; **~λιθικός** [-liθ-] altsteinzeitlich; *Su. f* Altsteinzeit *f*; **~ντολογία** [-ɔndɔlɔ'jia] Paläontologie *f*; **~πωλείο** [-pɔl-] Altwarenhandlung *f*; **~πώλης** Altwarenhändler *m*.

παλαι|ός [palε'ɔs, pa'ljɔs] (-ά) *allg*. alt; altmodisch; ehemalig; *S*. antik; **~ότητα** Alter *n*.

παλ|αιστής [-lεst-] (Ring-)Kämpfer *m*; **~αίστρα** [-'lεstra] Palästra *f*; *fig. pol*. Arena *f*; **~αίω** (σ) *s*. ***παλεύω***.

Π

παλαμάκια [-la'maïk̦-] *n/pl.* Beifall (-klatschen *n*) *m*.
παλαμ|άρι Tau *n*; F **~αριάζω** (σ) Annäherungsversuche machen.
παλάμη Handteller *m*; (*alt*) Spanne *f*; *mar*. geteerte(r) Werg *m*.
παλαμιά Ohrfeige *f*.
παλαμίδα [palam-] Thunfisch *m*.
παλαμίζω (σ) die Hand legen auf *A*; *mar*. kalfatern.
παλάντζα [-'lañdza] Waage *f*.
παλάσκα [-'laska] Patronentasche *f*.
παλ|άτι Palast *m*, Schloss *n*; *fig*. Hof *m*, Krone *f*; **~ατιανός** Palast-, Hof-.
πάλε(υ)μα *n s.* ***πάλη***.
παλέτα Palette *f*.
παλεύω [pa'lɛvɔ] (εψ) ringen; kämpfen (***κατά*** *G*/ gegen *A*; ***για***/ für, um *A*); sich (*A*) bemühen um *A*; ***το ~*** F am Ball bleiben.
πάλη Ringkampf *m*; *mil*. Gefecht *n*; *pol*. ***~ των τάξεων*** Klassenkampf *m*.
παλησ-, παλησ- *s.* ***παλαιο-, παλαιός, παλια-, παλιο-***.
πάλι ['pali] wieder; zurück- (*geben*); wiederum, dagegen.
παλιά [pa'lja] früher; ***~ πουτάνα*** F alte(r) Hase.
παλι|άλογο [pa'ljalɔɣɔ] Schindmähre *f*, Gaul *m*; *fig*. F Gammler *m*; **~ανθρωπιά** [-ljañθrɔ'pja] Gemeinheit *f*; **~άνθρωπος** Schuft *m*; **~ατζήδικο** [-'dziδ-] Trödlerladen *m*; **~ατζής** [-a'dzis] (-ήδες) (***-ού***) Trödler(in *f*) *m*; **~ατζούρα** Trödel *m*; **~ατσαρία** alte(s) Zeug.
παλιάτσος [-'ljats-] Bajazzo *m*; Hanswurst *m*; *fig*. Hampelmann *m*.
παλιγγενεσία [paliñɟ̦ɛnɛs-] Wiedergeburt *f* (*bsd. Griechenlands 1821*).
παλικ|αράς [palika'ras] (-άδες) Held *m*; *iro*. Kraftmeier *m*; **~άρι** mutige(r) Bursche; junge(r) Mann; **~αριά** Tapferkeit *f*; Heldentat *f* (*a. iro*.); **~αρίσιος** [-a'ris-] (-ια) unerschrocken; *Adv*. von Mann zu Mann; **~αροσύνη** [-arɔ'sini] *s.* ***παλικαριά***.
παλιλλογία ständige Wiederholung.
παλ|ιμβουλία [-iɱvul-] Wankelmütigkeit *f*; **~ίμβουλος** wankelmütig.
παλίμψηστος *Pergament*: zweimal beschrieben.
παλιν|δρόμηση [-'ñδrɔm-] (-εις) Rücklauf *m*; Hin- und Herbewegung *f*; **~δρομικός** hin- und hergehend; rückläufig; **~δρομώ** [-δrɔ'mɔ] (εíς· ησ) hin- und hergehen; zurückprallen; *Meinung*: schwanken; **~νόστηση** [-'nɔst-] *s.* ***παλινοστ-***; **~ορθώνω** [-ɔrθ-] (σ· θ) wieder einsetzen; **~όρθωση** (-εις) Restauration *f*; **~όστηση, ~οστία** Heimkehr *f*; **~οστώ** (εíς· ησ) wieder heimkehren.
παλιο- [paljɔ-] *s.* ***παλαιο-***; alt, gebraucht; schlecht; *z.B.* ***βρε παλιόγερε*** Mensch!; du Opa!; *zu e-m Kind*: na, du Kleine(r)!
παλιόκαιρος miese(s) Wetter.
παλιοκόριτσο [-'kɔritsɔ] dumme(s) Ding; leichte(s) Mädchen.
παλιό|κορμο [-'ljɔkɔrmɔ], **~μουτρο** [-mutrɔ] Strolch *m*; **~παιδο** [-pɛδɔ] Lümmel *m*; **~πανο** [-panɔ] Lumpen *m*; **~ρουχο** [-ruxɔ] alte Kleidung *f*; **~ς** (-ιά) *s.* ***παλαιός***; **~σκυλο** [-sk̦ilɔ] Köter *m*; *fig*. Strolch *m*; **~σπιτο** [-spitɔ] F Bruchbude *f*.
παλιοτόμαρο Taugenichts *m*.
παλιούρα¹ Gerümpel *n*.
παλιούρ|α² [pa'ljura], **~ι** Dorngebüsch *n*, Dornenhecke *f*.
παλιόχαρτο [-'ljɔxartɔ] Fetzen *m* Papier (*a. fig.*), Wisch *m*.
παλίρροια [-'lirja] (Ebbe und) Flut *f*.
πάλιωμα ['paljɔ-] Verschleiß *m*; Altwerden *n*.
παλιώνω (πάλιωσα· θ) *v/t*. alt machen; abtragen; *v/i*. alt werden; sich abtragen, verschleißen; veralten.
παλκοσένικο *Thea*. Bühne *f*.
παλλάδιο [pa'laδ-] *Chem*. Palladium *n*; *hist*. Schutzbild *n*; *fig*. Schutz *m*.
παλλαϊκός [-laik-] allgemein; Volks-.
παλλακίδα [-lak̦-] Konkubine *f*.
πάλλω ['palɔ] (*Impf*. έπαλλα) *v/t*. schwingen; *v/i*. schwingen, vibrieren; pulsieren; *Herz*: schlagen, klopfen.
παλμ|ικός [palm-] schwingend, vibrierend; **~ός** Pulsschlag *m*; Schwingung *f*; ***έχω ~ούς*** an Herzklopfen leiden.
παλ|ούκι [-'luïk̦i] Pfahl *m*, Pflock *m*; *fig*. harte Nuss *f*; **~ουκοκαύτης** *volkstümlich*: der Monat März; **~ούκωμα** [-'luk-] *n* Pfählen *n*; **~ουκώνω** (σ) pfählen; F *j-n* schikanieren.
παλτό [pal'tɔ] Überzieher *m*, Mantel *m*.
πάμε! los!, ab!; fangen wir an!
παμμέγιστος [pa'mɛj-] kolossal.

Π

παμ|πάλαιος [pam̆'balɛ-] (-αια) uralt; **~πληθής** [-bliθ-] zahlreich.
πάμπλουτος ['pam̆bl-] steinreich.
παμπόνηρος [-m̆'bɔnir-] abgefeimt.
πάμπτωχος ['pam̆bd-] bettelarm.
παμφάγ|ος [paɱ'faɣ-] alles essend; ***ζώα ~α*** Allesfresser *m/pl*.
παμψηφ|εί [pam̆bzi'fi] einstimmig; **~ία** Einstimmigkeit *f*.
παν- (*s. a.* ***παγ-, παμ-***) all-, sehr, ur-, völlig, ganz.
παν [pan] (παντός, πάντα) All *n*, Weltall *n*; alles; Hauptsache *f*.
πάνα Wickel *m*, Windel *f*; Schimmel *m*; *Med*. graue(r) Star *m*.
παν|αγία heilige Jungfrau *f*; Madonna *f*; **~άγιος** (-ια) heilig (*Grab*); **~αγιότης** [-'jɔt-] *Seine* Heiligkeit *f der Patriarch*; **Ωαγιότατε!** Eure Heiligkeit!
πανάδα Sommersprosse *f*; eingetauchte(s) Stück *n* Brot.
πανάθεμά σε! F verflucht noch eins!; Donnerwetter!
παναθηναϊκός ... ganz Athens.
πανάθλιος (-ια) ganz jämmerlich.
παν|άκεια [pa'naik̡-] Allheilmittel *n* (*a. fig.*); **~άκι** Lappen *m*; **~άκριβος** [pa'nakrivɔs] sündhaft teuer; **~ανθρώπικος** ... aller Menschen; **~απεί** F das heißt ..., sagen wir ...; **~άρχαιος** [-'arçεɔs] (-αια) uralt; **~άς** (-άδες) Leinwandverkäufer *m*.
πάνγκα ['panga] F (in) bar.
παν|δαιμόνιο [-n̆ðɛ'mɔn-] Höllenlärm *m*; **~δαισία** [-n̆ðɛs-] Schmaus *m*; *fig*. Hochgenuss *m*.
πάνδειν|ος: *τα ~α* Plage *f*.
πανδέκτες [pan̆'ðεktεs] *m/pl*. Pandekten *pl*.
πάν|δηλος ['pan̆ðil-] ganz klar; **~δημος** allgemein; Volks-.
πανδοχ|έας [pan̆ðɔ'iç-] (*pl*. -είς) Gastwirt *m*; **~είο** Herberge *f*, Gasthaus *n*.
πανδρ- *s*. ***παντρ-***.
πανέ (0) paniert.
πανελλ|ήνιο [panε'lin-] ganz Griechenland *n*; **~ήνιος** (-ια) (all)griechisch.
πανέμορφος wunderschön.
πανένιος (-ια) Leinen-; Kattun-.
πανενωσιακός [-nɔsjak-] Unions-.
πανεπιστ|ημιακός [panεpistimjak-] Universitäts-; **~ήμιο** Universität *f*; ***λαϊκό ~ήμιο*** Volkshochschule *f*; **~ήμονας** Allwissende(r); **~ημούπολη** [-i'mupɔli] Universitätsstadt *f*.
παν|έρι flache(r) Korb *m*; **~εριά** Korb voll *m*.
πανζουρλισμός Höllenspektakel *n*.
παν|ήγυρη *kirchliche* Feierlichkeit *f*; *Hdl*. Messe *f*; Jahrmarkt *m*; **~ηγυρήσιος** [paniji'ris-] (-ια) *s*. ***πανηγυρικός***; **~ηγύρι** [-i'jiri] Kirchenfest *n*; Fest *n*; Trubel *m*; Auftritt *m*, Skandal *m*; *fig*. Zuckerschlecken *n*; **~ηγυρίζω** (σ) feiern, festlich begehen; ein Kirchenfest begehen; **~ηγυρικός** festlich; feierlich (*Empfang*); *Su. m* Festrede *f*; *Su. n* Erbauungsbuch *n*; **~ηγυρισμός** Feiern *n*; Feier *f*; Verherrlichung *f*; **~ηγυριστής** Lobredner *m*; Festteilnehmer *m*; **~ηγυριώτης** [-iji'rĭɔt-] (***-ισσα***) Festteilnehmer(in *f*) *m*; **~ημερία** [-imεr-] *mar*. Wache *f*.
πανθεϊσμός [-εizm-] Panthe'ismus *m*.
πάνθεο Pantheon *n*.
πάνθηρας ['pan̆θiras] Panther *m*.
παν|ί Leinen *n*; Kattun *m*; Lappen *m*; Windel *f*; Segel *n*; ***βάζω, κάνω ~ιά*** abfahren, aufbrechen; F ***του, της δίνω το ~ί*** *j-n* rausschmeißen; **~ιάζω** (πάνιασα) bleich werden, ausbleichen; Sommersprossen *f/pl*. bekommen; Schimmel *m* ansetzen; **~ικά** *n/pl*. Baumwollsachen *f/pl*.
πανικ|οβάλλω [panikɔ'valɔ] (~όβαλα) *v/t*. in Panik versetzen; **~όβλητος** panikartig; **~ός** Panik *f*.
πανίσχυρος [-'nisçir-] allmächtig.
πανόδετος in Leinen gebunden.
πανομοιότυπο [panɔ'mjɔtipɔ] Faksimile *n*; *fig*. Ebenbild *n*.
πανοπλία [panɔ'plia] Rüstung *f*.
πάνοπλος voll bewaffnet; *fig*. gut gerüstet.
παν|όραμα [pa'nɔr-] *n* Panorama *n*; Guckkasten *m*; **~οσιότητα** [-'sjɔt-] (seine) Ehrwürden; **Ωοσιότατε!** [-ɔ'sjɔtatε] Ehrwürden!; **~ούκλα** [-'ukla] Pest *f*; *fig*. Schlange *f*; **~ουκλιάζω** (-ούκλιασα) an der Pest erkranken; **~ουργία** [-urj-] Tücke *f*, Verschlagenheit *f*; **~ούργος** [-'urɣ-] (-α) tückisch, verschlagen.
πανσέληνος [pan'sεl-] *f* Vollmond *m*.
πάνσεπτος hochverehrt; heilig.
πανσές (-έδες) Stiefmütterchen *n*.

πανσιόν *f* (Hotel-)Pension *f*.
πάνσοφος [-sɔf-] allwissend.
πανσπερμία Völkergemisch *n*.
πανστρατιά [-strat-] allgemeine Mobilmachung *f*.
πάντα ['pañda] immer (noch); auf jeden Fall; ***μια για ~*** ein für alle Mal.
πανταλόνι [pañda'lɔni] Hose *f*; F ***στο ~*** bei Kasse (*sein*); ***απ' το ~ μου*** aus meiner Tasche.
παντ|αχούσα [-'xusa] Enzyklika *f*, Botschaft *f*; *fig*. geharnischte(r) Brief; **~ελής** (*Adv*. ***-ώς***) völlig, gänzlich; **~έρημος** [-'ɛrim-] mutterseelenallein.
παντεσπάνι Rührkuchen *m*.
πάντεχνος ['pañdɛxn-] Allerweltskerl *m*, Universalgenie *n*.
παντέχω *s*. ***απαντέχω.***
παντζάρι [pa'ňdzari] rote Rübe *f*.
παντζούρι [pa'(ň)dz-] Fensterladen *m*.
παντιέρα [pañ'djɛra] Flagge *f*.
παντο|γνώστης [pañdɔ'ɣnɔst-] Allwissende(r); **~δυναμία** [-ðinam-] Allmacht *f*; **~δύναμος** allmächtig; *Su*. *m* der Allmächtige.
παντο|κράτορας [pañdɔ'kratɔras] Weltbeherrscher *m*; **Ωκράτορας** *der* Allmächtige; Christusbild *n in der Kuppel*; **~κρατορία** Weltherrschaft *f*; **~μίμα** Pantomime *f*; **~πωλείο** [-pɔl-] Lebensmittelgeschäft *n*; **~πώλης** Lebensmittelhändler *m*.
πάντοτε ['pañdɔtɛ] immer, stets.
παντοτιν|ός (*Adv*. ***~ά***) ewig.
παντού [pa'ňdu] überall.
παντούφλα [-'ňdufla] Pantoffel *m*.
παντόφλα Pantoffel *m*; *fig*. F Keile *pl*.
παντοχή [-ňdɔ'çi] Erwartung *f*.
παντρ|ειά [pañ'drĭa] Heirat *f*; Ehe *f*; **~εμένος** [-drɛ'mɛn-] verheiratet; **~εύω** (εψ· ευτ) *seine Tochter* verheiraten; *Rel*. *j-n* trauen; ***~εύομαι*** (*j-n*) heiraten, sich (*A*) verheiraten mit *D*; **~ολογήματα** [-ňdrɔlɔ'jimata] *n*/*pl*. Heiratsverhandlungen *f*/*pl*.; **~ολογώ** [-lɔ'ɣɔ] (άς· ησ) F verkuppeln.
πάντως ['pañdɔs] jedenfalls; jedoch, immerhin; unbedingt.
πάνω *s*. ***επάνω***; ***~ από*** über (*D*, *A*); ***~ σε*** auf (*D*, *A*); ***~ απ' όλα*** vor allem; ***και ~*** *Maß*, *Zahl* ... und darüber.
πανωδέρμα *n* Oberleder *n*.
παν|ωλεθρία [panɔlɛθr-] völlige(r) Zusammenbruch *m*; Zerstörung *f*; **~ώλης** (-ους) *f* Pest *f*; **~ώριος** [-'ɔr-] (-ια) wunderschön.
πανωσέντονο Oberbett *n*.
πανωφόρι Oberbekleidung *f*.
παξιμάδα *Argot*: Nutte *f*.
παξιμ|άδι [paksi'maði] Zwieback *m*; *Tech*. Mutter *f*; **~αδιάζω** (σ) *v*/*t*. aus *etw*. Zwieback machen; *v*/*i*. steinhart werden; abmagern.
παπ- *s*. ***παππ-***.
παπαγ|αλίζω [papaɣal-] (σ) nachplappern; herunterleiern; **~αλιστί** *Adv*. papageienhaft; **~άλος** Papagei *m*.
παπαδ|ήσιος [papað-] (-ια) *s*. ***παπαδίστικος***; **~ιά** Pfarrfrau *f*; **~ίστικος** Pfarr-, Pfarrers-; **~οκρατία** [-ɔkrat-] Pfaffenherrschaft *f*.
παπάρα eingeweichte(s) Brot; bestrichene Brotscheiben *f*/*pl*.; *Argot*: ***μου τάκανες ~*** du hast mir alles versaut.
παπαρδέλες [-par'ðɛlɛs] *f*/*pl*. Geschwätz *n*.
παπαρούνα [-'runa] Mohn *m*; F Opium *n*.
πάπας ['papas] Papst *m*.
παπ|άς [pa'pas] (-άδες) Pfarrer *m*, Priester *m*, Pope *m*; *Karte*: König *m*; P *Glücksspiel mit drei Karten*; **~ατρέχας** [-a'trɛxas] (*etw*. runter)leiernde(r) Prediger *m*, F Leierfritze *m*; Pfuscher *m*.
παπί [pa'pi] Ente *f*; ***γίνομαι ~*** patschnass werden.
πάπια Ente *f* (*a*. *fig*. *im Krankenhaus*); ***κάνει την ~*** sich dumm stellen.
παπικός päpstlich.
παπιονάκιας [papĭɔ'naĭkas] F immer geschniegelt u. gebügelt(er Mann).
παπισμός Papsttum *n*.
πάπλωμα ['papl-] *n* Steppdecke *f*.
πάπος Enterich *m*.
παπουτσ|άδικο [-pu'tsað-] (*a*. ***-ίδικο***) Schuhgeschäft *n*; **~ής** (-ήδες) Schuhmacher *m*, Schuster *m*.
παπούτσι [pa'putsi] Schuh *m*.
παπουτσώνω *v*/*t*. beschuhen.
παππ|ούλης [pa'pul-] (-ηδες), **~ούς** [-'us] (-ούδες) Großvater *m*.
πάπυρος [-pir-] Papyrus *m*.
παρ' *s*. ***παρά***; ***~ αξίαν*** unverdienterweise; ***~ ελπίδα*** unverhofft; ***μέρα ~ μέρα*** einen Tag um den anderen; ***~ ολίγο*** fast; ***~ όλο που*** obgleich, wenn ... auch; ***~ όλο τον*** (***την, το***) trotz *G*.
παρ- *s*. ***παίρνω.***

παρά [pa'ra] *Präp. K.* (*G*) von *D*; bei *D*, *z. B. bei der Botschaft in Athen*, *bei Homer*; (*A*) (nahe) an *D*, bei *D*, in der Nähe *G*, *z. B. Haus am Meer*; *fig.* neben *D*, *z. B. neben diesem Schaden*; trotz *G*, *z. B. trotz s-r Versprechungen*; gegen *A*, *D* zuwider, *z. B. dem Gesetz zuwider*; *Dh.* (*A*) *Uhrzeit*: vor; weiter *hinten*, *vorn usw.*; ***δεν ... ~*** nur, *Ko.* als *nach dem Komp.*; ***~ φύση*** widernatürlich; ***~ τρίχα*** um ein Haar; ***μία ~ τέταρτο*** ein Viertel vor eins (ein Uhr); ***τρεις ~ είκοσι πέντε*** fünf (Minuten) nach halb drei.

πάρα: ***~ πολύς*** (-λλή, -λύ) sehr; vielmals; zu sehr, zu viel, zu groß.

παρα- [para-] *Präfix*: *u. a. Gegenteiliges*: un-, -widrig, ver-, über-, um-; *Übermaß*: über-, zu viel ...; *räumliche Nähe*: an-, bei-, dabei-, vorüber-, nebeneinander-; *Entfernung*: ab-, durch-.

παρα|βάζω [-'vazɔ] (βαλ, βαν) zu viel hineintun; **~βαίνω** [-'vɛnɔ] (-βώ) *Gesetz* verletzen; *Wort usw.* brechen; **~βάλλω** [-'valɔ] (βαλ· βληθ) vergleichen (***προς*** *A*/ mit *D*); *mar.* anlegen.

παραβάν [-'van] (0) *n* Wandschirm *m*; Windschutz *m*.

παρα|βαραίνω [-var-], **~βαρύνω** (II = I) *v/t.* über'laden; *fig.* *j-n* belästigen; *v/i.* schwerfällig werden.

παράβαση (-εις) Verletzung *f*; Vergehen *n*; Bruch *m e-s Versprechens*.

παρα|βάτης [para'vat-] Zuwiderhandelnde(r); Wortbrüchige(r); *Julian* A'postata; **~βγάζω** [-'vɣazɔ] (βγαλ) ganz herausziehen; zu viel erzeugen; *j-n* begleiten; **~βγαίνω** [-'vjɛnɔ] (-βγώ, -βγήκα) gleichkommen (***του σε***/ j-m an *D*); wetteifern (***σε***/ in *D*); oft ausgehen.

παρα|βιάζω¹ [-'vĭazɔ] (-βίασα· στ) *Tür* aufbrechen; durch'brechen; *Frieden* stören; *jur.* verletzen; **~βιάζω²** (σ· στ) übereilen; *j-n* zu sehr drängen, überfordern; **~βίαση** [-'viasi] (-εις) Aufbrechen *n*; Durchbruch *m*; *jur.* Verletzung *f*; ***~βίαση οικογενειακού ασύλου*** Hausfriedensbruch *m*; **~βλάπτω** [-'vlaptɔ] (ψ) schädigen; **~βλασταίνω** wuchern; **~βλάσταρο** [-'vlastarɔ] Sprössling *m*, Auswuchs *m*; **~βλέπω** [-'vlɛpɔ] (ψ) *v/t.* übersehen; *v/i.* ein Auge zudrücken; gut sehen können.

παράβλεψη [pa'ravlɛpsi] Übersehen *n*; Nachgeben *n*.

παραβολ|ή [-vɔl-] Vergleich *m* (***με***/ mit *D*); Gleichnis *n*; *Math.* Parabel *f*; **~ικός** gleichnishaft; Parabol- (*Spiegel*).

παράβολο Hinterlegungsbetrag *m*.

παράβολος verwegen; *S.* riskant.

παραβράζω [-'vrazɔ] (σ) zu lange kochen.

παραβρίσκομαι zugegen sein.

παραγάδι [-raɣ-] Schleppnetz *n*.

παραγγελ|ία [paraŋ̈g̈ɛl-] (*a.* **-ιά**) Verordnung *f*; Bescheid *m*; *Hdl.* Auftrag *m*, Bestellung *f*; **~ιοδότης** Auftraggeber *m*; **~ιοδοχικός** [-ðɔç-] Kommissions-; **~ιοδόχος** [-'ðɔx-] Kommissionär *m*; Beauftragte(r).

παραγγέλλω *s.* ***παραγγέλνω.***

παράγγελμα [-'raŋ̈g̈ɛlma] *n* Befehl *m*, Kommando *n*; Gebot *n*.

παραγγέλνω [-'ŋ̈g̈ɛlnɔ] (παράγγειλα· ελθ· ελμ) bestellen; ausrichten, wissen lassen (*j-n etw.*); anordnen, befehlen; *Arzt*: verordnen; *Hdl.* bestellen.

παρα|γεμίζω [-jɛm-] (σ) *v/t.* zu voll füllen; *Geflügel* füllen; *v/i.* zu voll sein; 'überlaufen; **~γέμισμα** *n* Zuvollfüllen *n*; Füllen *n*; Füllsel *n*; **~γεμιστός** gefüllt; **~γεράζω** *v/i.* sehr altern; *v/t.* *j-n* alt machen; **~γίνομαι** [-'jinɔmɛ] (παράγινα· -γινωμ) zu *schlecht*, *schwer* werden; überhand nehmen; *Frucht*: überreif werden; **~γιός** [-'jɔs] Lehrling *m*; Adoptivkind *n*.

παράγκα [pa'raŋ̈ga] Baracke *f*.

παραγκων|ίζω [-raŋ̈gɔn-] (σ· στ) (*a. fig.*) *j-n* verdrängen, zurückdrängen, zur Seite drängen; **~ισμός** Verdrängung *f*; Interesselosigkeit *f*.

παρα|γνωρίζω [-ɣnɔr-] (σ· στ) verkennen; falsch einschätzen; *j-n* verwechseln, sich (*A*) *in der Person* irren; ***~γνωρίζομαι*** *a.* zu vertraulich miteinander werden; **~γνώριση** (-εις) Verkennung *f*; Verwechslung *f*.

παράγοντας Faktor *m*; Komponente *f*; Persönlichkeit *f*; *mst. pl.* ***-άγοντες*** Führungskräfte *f/pl.*; (*Regierungs-*) Vertreter *m/pl.*

Παραγουάη [-ɣu'ai] Paraguay *n*.

παραγουλιάζω [-ɣul-] (-ούλιασα) durchhauen.

παρ|αγραμμένος [-ɣra'mɛnɔs] verjährt; **~αγραφή** [-ɣraf-] Verjährung *f*;

παραγράφομαι 370

~αγράφομαι verjähren; **~άγραφος** *f* (*a. m*) Paragraph *m*; Abschnitt *m*; ***άλλη ~άγραφος*** etwas anderes.
παρ|άγω [pa'raγɔ] (να παράγω· παράγαγα· παραχτ-· παραγμέν-) erzeugen, produzieren; *lit.* hervorbringen; *Gr.* ableiten; **~αγωγή** [-γɔ'ji] Erzeugung *f*, Produktion *f*; *Phil.* Deduktion *f*; *mil.* Marschordnung *f*, Marschkolonne *f*; *Gr.* Ableitung *f*; **~αγωγικός** Produktions- (*Mittel*); produktiv; *Su. n* Wortbildungslehre *f*; **~αγωγικότητα** [-aγɔji'kɔt-] Produktivität *f*; **~άγωγος** [-'aγɔγ-] *Gr.* abgeleitet; *Su. n* Ableitung *f*; *Chem.* Derivat *n*; *Su. f* Differentialquotient *m*; **~αγωγός** Produzent *m*, Erzeuger *m*.
παραγώνι Platz *m* am Herd.
παραδάκια *n/pl.* F Moneten *pl.*
παραδαρμένος [-ðarm-] geplagt; ***σαν ~*** wie ein Trauerkloß.
παραδαρμός Schicksalsschlag *m*.
παράδειγμα [pa'raðiγma] *n* Beispiel *n*; Exempel *n*; Muster *n* (*G/G*, von *D*); ***παραδείγματος χάριν*** (***π.χ.***) zum Beispiel (z. B.); ***παίρνω ~ από*** sich (*D*) ein Beispiel nehmen an (*D*).
παραδειγματ|ίζω (σ· στ) als Beispiel (Muster) aufstellen; ein Exempel statuieren; ***~ίζομαι*** sich (*D*) *j-n* zum Vorbild nehmen, sich (*A*) belehren lassen; **~ικός** beispielhaft, vorbildlich; **~ισμός** Statuierung *f* e-s Exempels, Mustergültigkeit *f*.
παρ|αδεισένιος [-ði'sɛniɔs], **~αδείσιος** (-ια) paradiesisch; **~άδεισος** [-'aðis-] (*K. f*) Paradies *n*.
παρα|δεκτός [paraðɛkt-] *s.* ***παραδεχτός;*** **~δέρνω** [-'ðɛrnɔ] (δειρ· δαρθ) zu sehr schlagen; *v/i. u. v/p.* (***~δέρνομαι***) hin- und herschaukeln; durchgeschüttelt werden; *vom Fieber* geschüttelt werden; sich (*A*) abrackern; **~δέχομαι** [-'ðɛxɔmɛ] (χτ· δεγμ) annehmen, akzeptieren; *etw. als wahr* anerkennen; *Fehler* zugeben; **~δεχτός** annehmbar; zugelassen; **~διαβάζω** [-ðiav-] (σ) zu viel lesen; **~δίνω** [-nɔ] (δωσ· δοθ· δομ) *v/t. Brief usw.* überreichen; *Ware*: liefern; *Haus, Geld* übergeben (***του το***/ j-m etw.); *den Geist* aufgeben; *Griechisch usw.* lehren, unterrichten; *Professor*: lesen; *die Waffen* strecken; zu viel geben; ***~δίνομαι*** sich (*A*) ergeben; *Frau*: sich (*A*) hingeben; sich (*A*) *dem Trunk usw.* ergeben; ***~δίδεται*** es ist überliefert.
παραδοδουλειά [-ðɔðul-] Geldangelegenheit *f*.
παραδομένος [paraðɔm-] übergeben; *s.* ***παραδίδω.***
παράδοξο [pa'raðɔksɔ] Paradox *n*.
παραδοξο|λόγημα [-ðɔksɔ'lɔïjima] *n*, **~λογία** [-lɔj-] Merkwürdigkeit *f*; Schrulle *f*; **~λόγος** [-'lɔγ-] witzelnd; *Su. m ein* Münchhausen *m*; **~λογώ** [-ðɔksɔlɔ'γɔ] (είς· ησ) originell sein; schrullig sein.
παράδοξος merkwürdig, para'dox.
παραδόπιστος [-'ðɔpist-] geldgierig.
παρ|άδοση [-'raðɔsi] (-εις) Übergabe *f*; Aushändigung *f*; Lieferung *f*; Kapitulation *f*; Erteilung *f des Unterrichts*; Vorlesung *f*; Überlieferung *f*, Tradition *f*; ***λαϊκή ~άδοση*** Folklore *f*; **~αδοσιακός** traditionell; **~αδοσιαρχία** [-ðɔsjarç-] Traditionalismus *m*; **~αδοτέος** [-ðɔ'tɛ-] (-α) zu liefern(d).
παραδουλ|εύτρα [-ðu'lɛftra] Rein(e)machefrau *f*; **~εύω** (ψ) sich (*A*) überarbeiten; gegen Tageslohn arbeiten.
παραδουνάβιος (-ια) Donau-.
παραδούχος [-'ðux-] Geldmann *m*.
παρα|δοχή [paraðɔ'çi] Annahme *f*; Hinnahme *f* (*von Fehlern*); Zulassung *f*; **~δρομή** [-ðrɔ'mi] Versehen *n*; **~είμαι** zu, sehr (*geschwätzig*) sein; **~έξω** [-'ɛksɔ] weiter draußen; **~έχω** [-'ɛxɔ] besonders (viel) haben; **~ζάλη** [-'zali] Aufregung *f*, Wirrwarr *m*; **~ζαλίζω** (σ) *j-m* auf die Nerven gehen, belästigen; **~θαλασσιά** Meeresufer *n*; **~θαλάσσιος** (-ια) Küsten-, Ufer-; **~θαρρεύω** [-θar-] (ψ) felsenfest überzeugt sein; zu vertraulich werden; **~θερίζω** [-θɛr-] (σ) den Sommer verbringen; **~θέριση** (-εις) Sommeraufenthalt *m*, Sommerurlaub *m*; **~θεριστής** Sommerurlauber *m*.
παράθεση [-θɛsi] (-εις) Nebeneinanderstellen *n* (*a. fig.*); Vergleich *m*; Servieren *n von Getränken*; Zitat *n*; *Gr.* Apposition *f*; Steigerung *f*.
παρα|θετικός [para-] vergleichend, Vergleichs-; ***~θετικά*** *n/pl.* Steigerungsstufen *f/pl.*; **~θέτω** [-'θɛtɔ] (σ· τεθ) danebensetzen, hinzufügen; *fig.*

371 παρακρούω

vergleichen; *Speisen* vorsetzen, *ein Essen* geben; zitieren.

παρ|άθλαση [-'aθlasi] (-εις) *Phys.* Beugung *f*; **~αθυράκι** Fensterchen *n*; *fig.* Hintertür(chen *n*) *f*; **~αθύρι** [-a'θiri], **~άθυρο** Fenster *n*; ***δια του ~αθύρου*** auf Umwegen; **~αθυρόφυλλο** [-aθi'rɔfilɔ] Fensterladen *m*.

παρ|αίνεση [pa'rɛnɛsi] (-εις) Ermahnung *f*; **~αινετικός** [-ɛnɛt-] ermahnend; **~αινώ** (είς· παρήνεσα) ermahnen, *j-m* zureden; **~αίσθηση** [-'ɛstisi] (-εις), **~αισθησία** Wahnvorstellung *f*, Halluzination *f*; Illusion *f*; **~αιτηθ-, ~αιτησ-** *s.* ***παραιτώ***; **~αίτηση** [-'ɛt-] (-εις) Rücktritt *m*; Abdankung *f*; Verzicht *m* (***από***/ auf *A*); Aufgabe *f*; Rücktrittsgesuch *n*; **~αίτιος** (-ια) schuld *sein* (*G*/ an *D*); **~αιτώ** [-ɛ'tɔ] (είς· ησ· ηθ· τημ) verzichten (***από***/ auf *A*); *Plan, Gewohnheit* aufgeben; *Seil* loslassen, fahren lassen; *Frau* verlassen; *v/p.* (***-ούμαι, -είσαι***) *Regierung*: zurücktreten (***από***/ von *D*); verzichten (***από***/ auf *A*); Abstand nehmen (***από***/ von *D*); sich (*A*) entschuldigen.

παρακάθομαι [para'kaθɔmɛ] (παρακάθησα· -θισμένος) dabeisitzen, danebensitzen; auch teilnehmen (***σε***/ an *D*).

παράκαιρ|α [-'rak̡ɛra] *Adv.* ungelegen; **~ος** unzeitig; zu spät.

παρα|κάλεσμα [-'kalɛzma] *n* Bitte *f*, Bittgesuch *n*; **~καλε(σ)τός** angefleht, kniefällig gebeten; **~κάλια** *n/pl.* Bitten *f/pl.*; **~καλώ** [-ka'lɔ] (είς, άς· εσ) *v/t.* *j-n* bitten; ***~καλιέμαι*** (παρακαλήθηκα) beten; ***σας*** (*od.* ***σε***) ***~καλώ*** bitte; ***~καλώ, τι λέτε*** bitte, gern.

παρα|κά(μ)νω [para'ka(m)nɔ] (καν, καμ) *etw.* übertreiben; allzu sehr *den Klugen usw.* spielen; ***~κάνει κρύο*** es ist zu kalt; **~καμπτήριος** [-kam̌'ptir-] (-ια) Umgehungs- (*Straße*); *Su. f* Umleitung *f*; **~κάμπτω** [-'kam̌ptɔ] (μψ· μφτ) um'gehen (*a. fig.*); biegen um *A*; um'schiffen.

παράκαμψη (-εις) Um'gehung *f*; Um'schiffung *f*.

παρα|καμωμένος [-kamɔm-] überreif; **~κατάθεση** [-'taθ-] (-εις) Hinterlegung *f*; **~καταθέτω** [-'θɛtɔ] (σ· τεθ· τεθειμ) hinterlegen, deponieren; **~καταθήκη** [-'θik̡i] Depositum *n*; Einlage *f*; Reserve *f*; Vorrat *m* (an *D*); *lit.* Vermächtnis *n*; **~κατι(α)νός** [-katjan-] unter-, weiter unten gelegen; minderwertig; **~κάτω** [-'katɔ] weiter (unten); nachstehend; weniger; **~κεί** [-'k̡i] weiter; **~κείμενος** danebenliegend; *Su. m* (**πρκ.**) Perfekt *n*.

παρα|κέλευση [-'k̡ɛlɛfsi] (-εις) Ermahnung *f*; **~κελευσματικός** [-lɛvzmat-] *Gr.* Aufforderungs-; **~κέντηση** [-'k̡ɛňd-] (-εις) *Med.* Punktion *f*; **~κεντώ** [-k̡ɛň'dɔ] (άς· ησ) punktieren.

παρα|κινδυνευμένος [-k̡iňðin-] sehr riskant, bedenklich; **~κινδυνεύω** (ευσ) riskieren, aufs Spiel setzen; sich (*A*) in Gefahr bringen; **~κίνηση** [-'k̡in-] (-εις) Anregung *f*; Aufhetzung *f*; **~κινώ** [-'nɔ] (είς, άς· ησ) anregen; aufhetzen (***σε***/ zu *D*); **~κλάδι** [-'klaði] Schössling *m*; Zweig *m* (*a. fig.*); *Weg*: Abzweigung *f*; Ressort *n*; **~κλαδικός** individuell, Sonder-.

παρ|άκληση [-'raklisi] (-εις) Bitte *f*; *Rel.* Gebet *n*; **~ακλητικός** [-aklit-] bittend, flehentlich; **~ακμάζω** [-akm-] (σ) verfallen, untergehen; **~ακμή** Verfall *m*, Untergang *m*, Dekadenz *f*; **~ακοή** [-akɔ'i] Ungehorsam *m*.

παρακοιμώμενος *Byzanz*: Würdenträger *m*.

παρ|ακολούθημα [parakɔ'luθ-] *n* Folge *f*, Konsequenz *f*; *jur. pl.* Pertinenzien *f/pl.*; **~ακολούθηση** (-εις) Folgen *n*; Verfolgung *f*; Lauschangriff *m*; Betreuung *f*; *Tech.* Wartung *f*; **~ακολουθώ** (είς, άς· ησ/ [ε]παρα-) *v/t.* *j-m* folgen (*a. fig.*); *etw.* (*A*) verfolgen, beobachten; *Vorlesung* hören; *Tech.* warten; *Polizei*: beschatten.

παρακόρη [-'kɔri] Adoptivtochter *f*; Dienstmädchen *n*.

παρ|άκουος [-'rakuɔs] ungehorsam; **~ακούω** (σ) *v/t.* schlecht hören; *v/i.* sich (*A*) verhören; gehorchen *D*.

παρα|κράτημα [para'krat-] *n*, **~κράτηση** Zurückhalten *n*; Ausfuhrverbot *n*; **~κρατικός** nichtstaatlich; **~κράτος** *n* Staat *m* im Staate; **~κρατώ** [-kra'tɔ] (είς, άς· ησ) *v/t.* zurück(be)halten, einbehalten; *v/i.* (lange) andauern, sich hinziehen.

παρ|άκρουση [-'rakrusi] (-εις) Missklang *m*, Dissonanz *f*; Verhören *n*; Wahnvorstellung *f*; **~ακρούω** [-a-

Π

παράκτιος 372

'kruɔ] (σ· θ) falsch spielen; an Wahnvorstellungen leiden; *mar.* hin- und herschaukeln; **~άκτιος** [-'akt-] (-ια) Küsten-.

παρα|κύλημα [para'ķi-] *n* Schlingern *n*; **~κυλώ** [-ķi'lɔ] (άς· ησ) *mar.* schlingern; schwanken; **~κώλυση** [-'kɔl-] (-εις) Hindern *n*, Verhinderung *f*; **~κωλύω** [-kɔ'liɔ] (σ) *j-n* hindern; *etw.* behindern; **~λαβαίνω** [-la'vɛnɔ] (λαβ· ληφτ) *etw.* in Empfang nehmen; *j-n* aufnehmen; zu sich (*D*) nehmen; **~λαβή** [-la'vi] Entgegennahme *f*, (*a. Gepäck-*)Annahme *f*, Empfang *m*; Aufnahme *f*; Warenausgabe *f*; ***με την ~λαβή*** bei Empfang; **~λάλημα** [-'lal-] *n*, **~λαλητό** [-li'tɔ] Phantasieren *n*; **~λαλώ** [-la'lɔ] (άς, είς· ησ) phantasieren; faseln; **~λέγω** *s.* ***παραλέω***; **~λείπω** [-'lipɔ] (ψ) *Wort* auslassen; unterlassen, versäumen (***να***/ zu).

παράλειψη [-'ralipsi] (-εις) Auslassung *f*, Weglassung *f*; Unterlassung *f*, Versäumnis *n*.

παρα|λέω (να παραπώ· -είπα) (***τα***) übertreiben; aufschneiden; ***τα ~λές*** du übertreibst.

παρα|λήγουσα [para'liɣusa] vorletzte Silbe *f*; **~λήπτης** [-'lipt-] Empfänger *m*; Abnehmer *m*; **~λήρημα** [-'lir-] *n* Phantasieren *n*, Irrereden *n*; *Med.* Delirium *n*; *fig.* Sturm *m*, frenetische Kundgebung; **~ληρώ** [-li'rɔ] (είς· ησ) phantasieren, irrereden.

παραλής [-'lis] (-ήδες) Geldmann *m*; Geld- (*Onkel*).

παρ|αλία [paral-] Strand(promenade *f*) *m*; Ufer *n*; **~αλιακός** Strand-, Ufer-, Küsten-.

παράλ|ιο *s.* ***παραλία***; **~ιος** (-ια) *s.* ***παραλιακός***.

παρ|αλλαγή [-ala'ji] Variante *f*, Spielart *f*, Abart *f*; Veränderung *f*; Abweichung *f*; *Mus.* Variation *f*; **~αλλάζω** [-a'lazɔ] (ξ· γμ) *v/i.* voneinander abweichen; *v/t.* verändern; **~άλλαξη** [-'alaksi] (-εις) Parallaxe *f*.

παραλληλ|επίπεδο [paralilɛ'pipɛðɔ] Parallelflach *n*; **~ία** Parallelität *f*; *fig.* Verwandtschaft *f*; **~ίζω** (σ) gegenüberstellen; vergleichen; parallel machen; **~ισμός** Gegenüberstellung *f*, Vergleich *m*; *lit.* Parallelismus *m*; **~όγραμμο** [-'ɔɣramɔ] Parallelogramm *n*.

παράλληλος [-'ralil-] parallel; gleichzeitig; vergleichbar; *Su. f* Parallele *f*.

παραλογή phantastische(s) Volkslied.

παρα|λόγημα [para'lɔj-] *n* Faselei *f*, Unsinn *m*; **~λογιάζω** (-λόγιασα) *v/t.* blöd machen; *v/i.* blöd werden; **~λογίζομαι** [-'jizɔmɛ] (στ) phantasieren, F spinnen; **~λογισμός** Trugschluss *m*, Fehlschluss *m*; Unvernunft *f*.

παρ|άλογος [-'ralɔɣ-] unvernünftig, unlogisch; **~αλογώ** [-'ɣɔ] (είς, άς· ησ) unlogisch sein.

παραλυμένος [-lim-] liederlich.

παράλυση [-lisi] (-εις) Lähmung *f* (*a. fig.*); Paralyse *f*; Lockerung *f*.

παρα|λυσία Liederlichkeit *f*; Ausschweifung(en *pl.*) *f*; *s.* ***παράλυση***; **~λυτικός** lähmend; gelähmt; *Su. m* Paralytiker *m*.

παράλυτος gelähmt; *S. a.* kaputt.

παραλύω [-'liɔ] (σ· παραλυμ) *v/t.* auseinander nehmen, kaputtmachen; *Med.* lähmen; *fig.* lähmen, lahm legen; *mar.* lockern; *v/i.* auseinander gehen, F aus dem Leim gehen; *Hdl.*, *Verkehr*: zusammenbrechen; *Med.* gelähmt werden; *fig.* auf Abwege geraten.

παρα|μάγειρος [para'majir-] Küchenjunge *m*; **~μαγούλα** [-ma'ɣula] Ziegenpeter *m*, Mumps *m*; **~μαζεύω** (ψ) zu viel nehmen; *Saum* kürzen; *fig. j-n* ausschimpfen; **~μακραίνω** zu lang machen, *Haare* zu lang wachsen lassen; **~μάνα** [-'mana] Amme *f*; Pflegemutter *f*; Sicherheitsnadel *f*; **~μάσκαλα** [-'maskala] unter dem Arm.

παρα|μεθόριος [-mɛ'θɔr-] (-ια) Grenz-; **~μέληση** (-εις) Vernachlässigung *f*; **~μελώ** [-mɛ'lɔ] (είς· ησ· ηθ) vernachlässigen; **~μένω** [-'mɛnɔ] (παράμεινα) bleiben, sich (*A*) aufhalten; *treu usw.* bleiben; zu lange bleiben.

παράμερα beiseite; abseits *liegen*.

παρα|μερίζω (σ· στ) *v/t.* zur Seite schieben; *j-n* verdrängen; *v/i.* ausweichen; **~μέρισμα** *n* Wegrücken *n*; Verdrängung *f*; Ausweichen *n*.

παράμερος abgelegen, einsam.

παραμέσα [-'mɛsa] weiter hinein.

παράμεσος Ringfinger *m*; *Adj.* zur Mitte liegend.

παρα|μικρός geringst-, kleinst-; ***με το ~μικρό*** aus dem geringsten Anlass; **~μιλητό** Delirium *n*; Phantasieren *n*;

Π

~μιλώ [-'lɔ] (άς, είς· ησ) schnattern; phantasieren; **~μονεύω** [-mɔn-] (ψ) *v/t. j-m* auflauern; *v/i.* auf der Lauer liegen; **~μονή** Aufenthalt *m*; Warten *n*; Vorabend *m*; ***~μονή πρωτοχρονίας*** Silvesterabend *m*; ***~μονή Χριστουγέννων*** Weihnachtsabend *m*; **~μορφώνω** [-mɔrf-] (σ· θ) entstellen (*a. Worte*), verunstalten; ***~μορφώνομαι*** zu viel selbst lernen; **~μόρφωση** [-fɔsi] (-εις) Entstellung *f* (*a. fig.*); Missbildung *f*; Verformung *f*; Verdrehung *f*.

παρα|μπαίνω [para'bεnɔ] (-μπώ· -μπήκα· -μπασμ) ein- und ausgehen (***σε***/ in *D*); *fig.* schnell erfassen (***σε***/ *A*); *Kleid*: sehr einlaufen; **~μπρός** weiter vorn; **~μυθάς** [-mi'θas] (***-ού***) Märchenerzähler(in *f*) *m*; Schwindler(in *f*) *m*; **~μυθένιος** [-mi'θεn-] (-ια) märchenhaft, wunderbar; Märchen- (*Welt*); **~μύθης** (der) Soundso; **~μυθητικός** [-θit-] tröstlich; **~μύθι** [-'miθi] Märchen *n*; ***ξηγιέμαι ~μύθια*** *fig.* Märchen erzählen; **~μυθία** Trost *m*; **~μυθώ** [-'θɔ] (είς· ησ) trösten.

παρανάλωμα [-'nal-] *n*: ***~ του πυρός*** ein Raub der Flammen.

παρανόηση [-'nɔisi] (-εις) Missverständnis *n*.

παράνοια [pa'ranĩa] Para'noia *f*.

παρ|άνομα [pa'ranɔma] *n*, **~ανόμι** [-'nɔmi] Familienname *m*; Spitzname *m*; **~ανομία** Gesetzwidrigkeit *f*; Ungesetzlichkeit *f*, Illegalität *f* (*bsd. pol.*); **~ανομίας** F Asoziale(r); Illegale(r); **~άνομος** gesetzwidrig; ungesetzlich, illegal; **~ανομώ** [-anɔ'mɔ] (είς· ησ) gesetzwidrig handeln; **~ανοώ** [-nɔ'ɔ] (είς· ησ) missverstehen; **~άνυφος** [-'anifɔs] (***-νυφη***) Trauzeuge *m*, Trauzeugin *f*.

παρα|νυχίδα [paraniç-] Nietnagel *m*; **~ξενεύομαι** [-ksε'nενɔmε] (ευτ) staunen, sich (*A*) wundern (***από***/ über *A*); **~ξενεύω** (ψ) *v/t.* überraschen, wundern; *v/i.* wunderlich werden; **~ξενιά** Grille *f*, Schrulle *f*.

παράξενος [-'raksεn-] *allg.* merkwürdig, sonderbar; *Mensch a.* schrullig.

παρα|ξηλώνω [-ksil-] (σ) zu weit treiben; **~παίδι** [-'pεði] Adoptivkind *n*; Pflegekind *n*; Laufjunge *m*; **~παίρνω** [-'pεrnɔ] (-πάρω· -πηρ) *j-n* anblaffen; *Wut*, *Schlaf*: übermannen; ***~παίρνω φορά*** außer Rand u. Band geraten; **~παίω** [-'pεɔ] (*o. Aor.*) wanken, taumeln; *fig.* Unsinn reden.

παρα|πανίσιος [parapa'nis-] (-ια) überflüssig; Mehr- (*Profit*); **~πανιστός** überflüssig; **~πάνω** [-'panɔ] *Adv.* mehr (***από***/ als), über (***από***/ *A*); *als Adj.* höher-; weiter-; ***με το ~πάνω*** mehr als genug; **~πάτημα** *n* Fehltritt *m* (*a. fig.*); Fehler *m*; **~πατώ** [-pa'tɔ] (άς, είς· ησ) ausgleiten, ausrutschen; e-n Fehltritt begehen; *lit.* fehlen; **~πείθω** [-'piθɔ] (παράπεισα· στ) verleiten, verführen; **~πειστικός** [-pist-] verführerisch; *Frage*: verfänglich.

παραπεμπτικός Begleit- (*Schreiben*).

παρα|πέμπω [-'pεm̃bɔ] (μψ) *j-n* schicken; *etw.* weiterleiten; *bsd. jur.* verweisen (***σε***/ an *A*); *Buch*: verweisen (***σε***/ auf *A*); **~πέρα** [-'pεra] weiter (drüben, hinten); **~πετα(γ)μένος** *s.* ***παραπετώ***; **~πέτασμα** [-tazma] *n* Vorhang *m*; **~πέτο** Brüstung *f*; **~πετώ** [-pε'tɔ] (άς· αξ) *v/t.* (weg)schleudern; *fig. j-n* s-m Schicksal überlassen; *v/i.* davonfliegen; **~πέφτω** [-'pεftɔ] (πεσ· πεσμ) häufig (hin)fallen; *Brief*: falsch laufen; verkramt werden.

παρ|άπηγμα *n* Baracke *f*; **~απηγματούχος** Barackenbewohner *m*.

παρα|πικραίνω [-pikr-] (αν) verbittern; **~πίνω** [-'pinɔ] (-ήπια, παράπια) zu viel trinken; **~πιστεύω** [-pist-] (εψ) *j-m* allzu sehr trauen; **~πλάνηση** [-'plan-] (-εις) Irreführung *f*; Verführung *f*; **~πλανητικός** [-nit-] irreführend; verführerisch; trügerisch; **~πλανώ** [-'nɔ] (άς· ησ) *v/t.* irreführen; *Mädchen* verführen; ***~πλάνομαι*** irregehen.

παράπλευρος [-plεvr-] danebenliegend, benachbart; nebenstehend; Neben- (*Winkel*); *Su. f* (*Zylinder-*)Mantel *m*; *Adv.* daneben.

παρα|πλέω [para'plεɔ] (ευσ) *v/t.* vorbeifahren an *D*; **~πλήρωμα** [-'plir-] *n* Ergänzung *f*; Komplementwinkel *m*; **~πληρωματικός** [-rɔmat-] Ergänzungs-; ergänzend; *Math.* Komplement-; **~πληρώνω** (σ) 'überbezahlen; ergänzen; **~πλήρωση** (-εις) *s.* ***παραπλήρωμα***; **~πλήσιος** [-'plis-] (-ια) sehr ähnlich, annähernd.

παράπλους [-'raplus] Vorbeifahren *n*; Küstenschifffahrt *f*.
παρα|πόδα [-'pɔða] weiter unten; beifolgend; **~ποίηση** [-'piisi] (-εις) Fälschung *f*; Verdrehung *f*; **~ποιητικός** [-piit-] (sinn)entstellend; **~ποιώ** [-'pjɔ] (είς· ησ) fälschen; *Tatsachen* verdrehen; **~πόλιος** (-ια) polar; polnah; **~πολύ** [-pɔ'li] (*a.* ***πάρα πολύ***) sehr, vielmals *danken*; zu groß, zu viel, zu.
παρα|πομπή [parapɔm'bi] (***σε***) Weiterleitung *f* (an *A*); Verweis *m* (auf *A*); Hinweis *m* (auf *A*); Fußnote *f*; *mar.* Geleit(zug *m*) *n*; **~πονετικός** [-pɔnɛt-] klagend, traurig; Klage-; **~πονιάρης** [-'njar-] (-α, -ικο) ewig jammernd; **~πονιάρικος** *s.* ***παραπονετικός***; **~πονιέμαι** [-pɔ'njɛmɛ] (-πονέθηκα· νεμ) sich (*A*) beklagen, sich (*A*) beschweren (***του για***/ bei j-m über *A*); ***~πονεμένος*** klagend.
παράπονο Klage *f*, Beschwerde *f*; Grund *m* zur Klage; Trübsal *f*.
παρα|πονούμαι (ιέσαι) *s.* ***παραπονιέμαι***; **~πόρτι** [-'pɔrti] Seitentür *f*; Hintertür *f*; **~ποτάμιος** [-pɔ'tam-] (-ια) Ufer-; *Su. n* Nebenfluss *m*; **~πόταμος** Nebenfluss *m*; **~προϊόν** [-prɔi'ɔn] (-όντος) Nebenprodukt *n*.
παρ|άπτωμα [pa'rapt-] *n* Vergehen *n*, Verstoß *m*; **~αρίχνω** zu viel werfen *usw.*; umherwerfen; **~άρτημα** [-'art-] *n* Anhang *m*; Beilage *f*; Nebengebäude *n*, Dependance *f*; Filiale *f e-r Bank*; Extrablatt *n*.
παρά|ς [pa'ras] (-άδες) Heller *m* (*a. fig.* = nichts); *pl.* Geld *n*; ***σαν τον κάλπικο ~*** F wie meine Westentasche (*kennen*).
παρα|σαλεύω [-sal-] (εψ) *v/t.* erschüttern; *v/i.* erschüttert werden; **~σάνταλος** [-'sañdal-] undiszipliniert; **~σέρνω** [-'sɛrnɔ] (συρ· συρθ) *v/t.* fortreißen, mit sich reißen, *Auto*: mitschleifen; F *j-n* lotsen, schleppen; *fig.* verleiten, hinreißen; F übers Ohr hauen; ***~σέρνομαι*** sich (*A*) hinreißen lassen.
παρασημαντική *Mus.* Notenschrift *f*, Noten *f/pl.*
παράσημο (Verdienst-)Orden *m*.
παρασημοφορ|ία Ordensverleihung *f*, Auszeichnung *f*; **~ώ** [-'rɔ] (είς· ησ) *v/t. j-n* auszeichnen (***για***/ für *A*).
παράσιτα *n/pl.* Nebengeräusche *n/pl.*
παρασιτ|ία *s.* ***παρασιτισμός***; **~ικός** Schmarotzer-, schmarotzerhaft; *bsd. Med.* parasitär; **~ισμός** Schmarotzertum *n*, *Med.* Parasitismus *m*.
παράσιτ|ο *Biol.* Parasit *m*; ***~α*** *n/pl.* dumme(s) Zeug; **~ος** *fig.* Parasit *m*, Schmarotzer *m*.
παρα|σιτώ [parasi'tɔ] (είς· ησ) schmarotzen; **~σιώπηση** [-'sjɔp-] (-εις) Verschweigen *n*; *Gr.* Vokalabfall *m*; **~σιωπώ** [-sĭɔ'pɔ] (άς· ησ) verschweigen, totschweigen; **~σκευάζω** [-skεv-] (σ· στ) *v/t. Essen* (zu)bereiten; vorbereiten; *mar.* klarmachen; ***~σκευάζομαι*** sich (*A*) vorbereiten (***σε***/ auf *A*); **~σκεύαση** *s.* ***παρασκευή***; **~σκεύασμα** *n* Präparat *n*; **~σκευαστής** (***-άστρια***) Präpa'rator *m* (-'torin *f*); Laborant(in *f*) *m*; **~σκευαστικός** [-skεvast-] Zubereitungs-; Vorbereitungs-; **~σκευή** Zubereitung *f*; Vorbereitung *f*; *mar.* Klarmachen *n*.
Παρασκευή [paraskɛ'vi] Freitag *m*; ***Μεγάλη ~*** Karfreitag *m*.
παρα|σκήνια [-'skin-] *n/pl.* Kulissen *f/pl.* (*a. fig.*); **~σκηνιακός** ... hinter den Kulissen.
παρασκοτίζω *fig.* den Nerv töten (***τον***/ *j-m*).
παρασόκακο Gässchen *n*.
παρ|άσπιτο [-'raspitɔ] Nebengebäude *n*; **~ασπονδία** [-aspɔñð-] Vertragsbruch *m*; **~άσπονδος** vertragsbrüchig; **~ασπονδώ** [-spɔñ'ðɔ] (είς· ησ) den Vertrag brechen.
παραστάδα (Tür-)Pfosten *m*.
παρασταίνω (παράστησα· σταθ) darstellen, schildern; *Thea.* spielen; *e-e* Vorstellung geben; (*den Unwissenden*) spielen (***του***/ *D* gegenüber).
παράσταση [pa'rastasi] (-εις) *Wiedergabe*: Darstellung *f*; Figur *f*, Gestalt *f*, (äußere) Erscheinung *f*; *jur.* Anwesenheit *f*, Erscheinen *n*; *Thea.* Vorstellung *f*, Aufführung *f*; *Psych.* Vorstellung *f*; *Math.* Formel *f*; *pol. mst. pl.* Schritte *m/pl.*, Vorstellungen *f/pl.*; ***έξοδα ~ς*** Repräsentationskosten *pl.*
παρα|στάτης Assistent *m*, Gehilfe *m*; *mil.* Nebenmann *m*; Pfosten *m*; **~στατικός** ausdrucksvoll; beschreibend, deskriptiv; *Su. f* darstellende Geographie; *Su. n* (äußere) Erscheinung *f*; **~στατικότητα** Ausdrucksfähigkeit

Π

375 **παράφραση**

f; **~στεκάμενος** [-stɛ'kam-] Helfer *m*, Gehilfe *m*; Umstehende(r); **~στέκομαι** [-'stɛkɔmɛ], **~στέκω** (σταθ) beistehen (***του***/ j-m); neben *j-m* stehen.
παράστημα [pa'rast-] *n* (äußere) Erscheinung *f*.
παραστιά Herd(platz) *m*.
παρα|στράτημα [para'stratima] *n* Abirren *n*; *fig*. Verlotterung *f*; **~στρατημένος** verwahrlost; *Su*. *f* Dirne *f*; **~στρατίζω** (σ) vom Wege abweichen; *fig*. verwahrlosen; **~στράτισμα** *n s*. ***παραστράτημα*** *n*; **~στρατώ** (άς· ησ) *s*. ***παραστρατίζω***; **~συμπαθητικός** *Med*. parasympathisch; **~σύνθετο** zusammengesetzte Ableitung (*z. B*. ***α-δικ-ώ***); **~σύνθημα** [-'sinθ-] *n mil*. zweite(s) Kennwort *n*; **~σύρω** *s*. ***παρασέρνω***; **~σχίδα** [-'sçiða] Span *m*; Splitter *m*.
παράτα Parade *f*; *iro*. Hänseln *n*; ***κάνω ~*** hänseln (***του***/ j-n).
παράτα: ***~ με!*** lass mich in Ruhe!, hör auf damit! (*Imp. v*. ***παραιτώ***).
παρα|ταγμένος [-taγm-] angetreten, *s*. ***παρατάσσω***; **~ταΐζω** [-ta'izɔ] (σ) überfüttern.
παράταιρος unpassend; unpaarig.
παρα|τακτικός nebengeordnet; **~ταμένος** lang andauernd, *s*. ***παρατείνω***.
παρά|ταξη [pa'rataksi] (-εις) Aufstellung *f*, Ordnung *f*; Antreten *n*; Schlachtordnung *f*; Zeremonie *f*, Pomp *m*; (*Ehren-*)Formation *f*; *pol*. Flügel *m*; *Gr*. Nebenordnung *f*; ***κατά ~ταξη σύνταξη*** *Gr*. Nebenordnung *f*; **~ταση** (-εις) Andauern *n*; *Med*. Langwierigkeit *f*.
παρα|τάσσω [-'tasɔ] (ξ· χτ) aufstellen, *bsd. mil*. antreten lassen; *fig*. aufstellen, vorbringen; ***~τάσσομαι*** *mil*. antreten; **~τατικός** Imperfekt *n*; *Adj*. andauernd; **~τείνω** [-'tinɔ] (II = I· ταθ) verlängern; ***~τείνομαι*** andauern, sich hinziehen.
παρ|άτημα *n* Aufgabe *f*, Preisgabe *f*, Verzicht *m* auf *A*; Loslassen *n*; **~ατημός** *s*. ***παράτημα***.
παρατήρηση [para'tir-] (-εις) Beobachtung *f*; Bemerkung *f*; Einwand *m*; Hinweis *m*; Vorwurf *m*.
παρατηρ|ητήριο [-tiri'tir-] Beobachtungsstand *m*, Wachtturm *m*; **~ητής** Beobachter *m*; **~ητικός** Beobachtungs-; vorwurfsvoll; **~ητικότητα** Beobachtungsgabe *f*; **~ώ** [-'rɔ] (είς, άς· ησ· ηθ) *v/t*. beobachten, betrachten; bemerken; darauf hinweisen (***ότι***/ dass); *j-m* e-n Verweis erteilen; ***~είται*** (*nur 3. Pers*.) zu verzeichnen sein.
παρατιμον|ιά [-timɔn-] scharfe Kurve *f*; Ungeschicklichkeit *f*; **~ιάζω** (σ) e-e scharfe Kurve nehmen.
παράτολμος [-tɔlm-] tollkühn.
παρατονία Missklang *m*.
παράτοπος falsch betont; *Mus*. falsch.
παρα|τραβώ [paratra'vɔ] (άς· ηξ) *v/t*. über'spannen; *Gespräch* ausdehnen; *v/i*. sich lange hinziehen; **~τράγουδο** Ungebührlichkeit *f*, Skandalszene *f*; **~τρέχω** [-'trɛxɔ] (ξ) *Wort* über'springen; um die Wette laufen; zu viel laufen; **~τρώγω** [-'trɔγɔ] (φαγ) sich (*A*) überessen; **~τσούκλι** [-'tsukli] Spitzname *m*; **~τυπία** [-tip-] Formfehler *m*.
παράτυπος regelwidrig, abnorm.
παρατυπώ (είς· ησ) falsch handeln.
παρατυπώνω (σ) schlecht drucken, Druckfehler machen.
παράτυφος [-tif-] 'Paratyphus *m*.
παρατώ (άς) *s*. ***παραιτώ***; verlassen.
πάραυτα ['parafta] unverzüglich.
παρα|φέρνω [para'fɛrnɔ] (φερ· φερθ) *v/t*. in Zusammenhang bringen mit *D*, *j-n* ähnlich finden; zu viel bringen; *v/i*. ähneln (***με***/ *D*); **~φέρω** [-'fɛrɔ] *s*. ***παραφέρνω***; hinreißen; ***~φέρομαι*** *fig*. sich (*A*) hinreißen lassen; **~φθάνει** [-'ftani]: ***φθάνει και ~φθάνει*** es ist mehr als genug; **~φθείρω** [-'fθirɔ] (II = I· φθαρθ) verschlechtern, verhunzen; **~φθορά** [-fθɔ'ra] Verschlechterung *f*, Verhunzung *f*; **~φίνη** [-'fini] Paraffin *n*; **~φορά** [-fɔ'ra] Feuer *n der Begeisterung*, (*Freuden-*)Taumel *m*, (Wut-)Anfall *m*; Aufwallung *f*; ***με ~φορά*** ungestüm.
παράφορος aufbrausend; leidenschaftlich, stürmisch.
παρα|φόρτωμα [-'fɔrt-] *n* Überlastung *f*; Zusetzen *n*; **~φορτώνω** (σ· θ) *allg*. über'lasten; ***~φορτώνομαι*** *mit Bitten* zusetzen.
παράφραγμα [-'rafraγma] *n* Scheidewand *f*, Zaun *m*.
παρ|αφράζω (σ) frei übersetzen; um'schreiben; **~άφραση** (-εις) freie

Π

παράφρονας 376

Übersetzung *f*; *Mus.* Paraphrase *f*.
παράφρονας wahnsinnig.
παραφρο|νώ [-frɔ'nɔ] (είς· ησ) wahnsinnig werden; **~σύνη** Wahnsinn *m*.
παραφυάδα Nebenschössling *m*.
παρα|φύλαξη [para'filaksi] (-εις) Beobachten *n*; Auflauern *n*; **~φυλάω** [-fi'laɔ] (*a.* -άσσω· ξ· χτ) *j-m* auflauern; *v/i.* auf der Lauer liegen, lauern; **~φωνάζω** [-fɔn-] (ξ) schreien; **~φωνία** Missklang *m*, Disharmonie *f* (*a. fig.*).
παρ|άφωνος disharmonisch, *Ton*: falsch; **~αφωνώ** [-fɔ'nɔ] (είς· ησ) falsch singen *od.* spielen.
παρα|χαϊδεύω (-χάιδεψα) verwöhnen; **~χαράζω** [-xa'razɔ] (ξ· χτ) *Geld* fälschen; *fig. mst.* verfälschen; **~χαράκτης** [-xa'rakt-] (**-άκτρια**) Falschmünzer(in *f*) *m*; *fig.* Verfälscher(in *f*) *m*; **~χάραξη** [-'xaraksi] (-εις) Falschmünzerei *f*; Verfälschung *f*; **~χειμάζω** [-çim-] (σ) über'wintern.
παράχορδος [pa'raxɔrð-] verstimmt; *fig.* ungereimt.
παραχών|ω (σ· θ) vergraben; verscharren; zu tief einschlagen; **~ομαι** sich (*A*) aufdrängen (**του**/ j-m).
παρα|χώρηση [para'xɔri-] (-εις) Abtretung *f*, Konzession *f*; *Rel.* Duldung *f*; *fig.* Zugeständnis *n*; **~χωρητήριο** Abtretungsurkunde *f*; **~χωρητικός** nachgiebig; *Gr.* Konzessiv-; **~χωρώ** [-xɔ'rɔ] (είς· ησ) abtreten; (*j-m*) nachgeben; überlassen; **~ψήνω** [-'psinɔ] (σ· θ) zu scharf braten; **~ψυχολογία** Parapsychologie *f*.
παρδαλός bunt, (bunt)scheckig.
παρέα [pa'rɛa] Gesellschaft *f*; Gruppe *f*; unzertrennliche(r) Freund *m*; Umgang *m*; **κάνω ~ μαζί** verkehren mit (*D*); Gesellschaft leisten (**του**/ j-m); **είναι της ~ς μας** er gehört zu uns.
παρεγκεφαλίδα [-ɛŋg̡ɛ-] Kleinhirn *n*.
παρ|εγκλίνω [parɛŋ'glinɔ] (II = I· θ) *v/t.* ablenken; *v/i.* abweichen; **~έγκλιση** [-'ɛŋglisi] (-εις) Ablenkung *f*; Abweichung *f*; **~εδρεύω** [-εðr-] (εψ) Beisitzer sein; danebensitzen.
πάρεδρος ['parɛðr-] nicht ständig (*Mitglied*); danebensitzend; *Su. m* stellvertretende(r) Bürgermeister *m*; Beisitzer *m*; Assessor *m*.
πάρε-δώσε (0) *n* Techtelmechtel *n*, (ein) Verhältnis *n*.
παρειά Wange *f*, Backe *f*; Seite *f*.
παρειδ- *s.* **παρορώ.**
παρ|εισάγω [paris-] (-αγαγ· αχτ) einschmuggeln (*a. fig.*); **~είσακτος** [-'isakt-] eingeschmuggelt; *Su. m* Eindringling *m*; **~εισαχτ-** *s.* **παρεισάγω**; **~είσδυση** [-'izðisi] Einschleichen *n*; **~εισδύω** [-iz'ðiɔ] (σ) sich (*A*) einschleichen.
παρείτσα F *s.* **παρεούλα.**
παρ|εκβαίνω [parɛk'vɛnɔ] (να -εκβώ, -εξεβ-) *Thema* abschweifen; **~έκβαση** [-'ɛkvasi] (-εις) Abschweifung *f*; **~εκβατικός** abschweifend; **~εκβολή** [-vɔ'li] Auszug *m*, Zitat *n*.
παρ|έκει [pa'rɛk̡i], **~εκεί** [parɛ'k̡i] weiter; **ως εδώ και μη ~έκει!** bis hierher und nicht weiter!
παρεκκλήσι [parɛ'klisi] Kapelle *f*.
παρ|εκκλίνω [-ɛ'klinɔ] (II = I· παρέκκλινα) abweichen (*G*/ von *D*); **~έκκλιση** [-'ɛklisi] (-εις) Abweichung *f* (*a. pol.*); **~έκταση** [-'ɛktasi] (-εις) Ausdehnung *f*; Verlängerung *f*; **~εκτείνω** [-'ktinɔ] (II = I· ταθ) ausdehnen; verlängern; **~εκτείνομαι** sich erstrecken; **~εκτός** ausgenommen *N*; abgesehen (**από**/ von *D*); **~εκτρέπομαι** [-ɛk'trɛpɔmɛ] (τραπ) abweichen; *fig.* sich (*A*) hinreißen lassen (**σε**/ zu *D*); Unfug treiben; **~εκτρέπω** [-'trɛpɔ] (-έκτρεψα) abbringen, ablenken; **~εκτροπή** Abweichung *f*; Ausschweifung *f*; Ausschreitung *f*.
παρ|έλαση [pa'rɛlasi] (-εις) Vorbeimarsch *m*; Parade *f*; **~ελαύνω** [-ɛ'lavnɔ] (-παρέλασα) vorbeimarschieren; **~έλευση** [-'ɛlɛfsi] (-εις) Ablauf *m e-s Monats*; **~ελθόν** [-ɛl'θɔn] (-όντος) Vergangenheit *f*; **~ελθοντολογία** Traditionalismus *m*; Nostalgie *f*; **~έλκυση** [-k̡isi] (-εις) Verzögerung *f*, Verschleppung *f*; **~ελκυστικός** Verschleppungs- (*Taktik*); **~ελκύω** [-'k̡iɔ] (σ) verschleppen, hinziehen; **~έλκω** [-'ɛlkɔ] *s.* **παρελκύω**; *mar.* schleppen, ziehen.
παρ|εμβαίνω [parɛ'ɱvɛnɔ] (-βηκα) sich (*A*) einmischen (**σε**/ in *A*); intervenieren, einschreiten; **~εμβάλλω** [-ɛ'ɱvalɔ] (βαλ· βληθ) einfügen, einlegen; *El.* (zwischen)schalten; *Math.* interpolieren; *fig.* in den Weg legen; **~εμβάλλομαι** (inzwischen) eintreten, sich

zutragen; **~έμβαση** [-'εɱvasi] (-εις) Eingreifen *n*, Intervention *f*; **~εμβατικός** (von) vermittelnder Art; Interventions-; **~εμβατισμός** Interventionalismus *m*; Planwirtschaft *f*; **~εμβολή** Einfügung *f*, Einschaltung *f*; Interpolation *f*; Schaffung *f von Schwierigkeiten*; Zwischenfall *m*; *pl. Funk*: Störungen *f/pl.*; **~έμβυσμα** [-'εɱvizma] *n Tech.* Dichtung(sring *m*) *f*; **~εμποδίζω** [-εm̃bɔð-] (σ· στ) verhindern; **~εμπόδιση** (-εις) Verhinderung *f*; **~εμπρός** [-ε'm̃brɔs] weiter vorn; **~εμφατικός** [-εɱfat-] anzeigend, andeutend; *Gr.* Personal- (*Form*); **~εμφερής** [-εɱfεr-] ähnlich.

παρενέργεια [-ǰia] Nebenwirkung *f*.

παρ|ένθεση [pa'rεñθ-] (-εις) Einschaltung *f* (*a. Gr.*); (runde) Klammer *f*; **~ενθετικός** in Klammern (gesetzt); eingeschaltet, eingeschoben; **~ενθέτω** (-ενέθεσα· θηκ) *s.* ***παρεμβάλλω***; **~εννόηση** [-ε'nɔisi] (-εις) Missverständnis *n*; **~εννοώ** [-εnɔ'ɔ] (είς· ησ) *s.* ***παρανοώ***; **~ενόχληση** [-ε'nɔxl-] (-εις) Störung *f*; **~ενοχλώ** [-nɔ'xlɔ] (είς· -ενόχλησα) stören (*a. mil.*); belästigen; *fig.* verderben.

πάρεξ ['parεks] *A* außer *D*.

παρεξε- *K. s.* ***παρεκ-***.

παρεξ|ήγηση [parε'ksijisi] (-εις) Missdeutung *f*; Missverständnis *n*; **~ηγώ** [-i'ɣɔ] (είς· ησ· ηθ) missdeuten; missverstehen; übelnehmen; verübeln; ***~ηγιέμαι*** (*a.* ***~ηγούμαι***) in Streit geraten.

παρέξω *s.* ***παραέξω***.

παρεούλα F (Freundes-)Kreis *m*; Team *n*.

παρ|επιδημώ [-εpiði'mɔ] (είς· ησ) *hier, dort* weilen, sich (*A*) aufhalten; **~έπομαι** [-'εpɔmε] (*o. Aor.*) folgen (*D*/*D*); **~επόμενο** Folge *f*; *Gr.* Flexionsendung *f*.

πάρεργος ['parεrɣ-] Neben-, zweit-; *Su. n* Nebenbeschäftigung *f*.

παρ|ερμηνεία [parεrmin-], **~ερμήνευση** [-εr'minεfsi] (-εις) falsche Auslegung *f*, Missdeutung *f*; **~ερμηνεύω** (εψ) falsch auslegen; missverstehen; **~έρχομαι** (να -ελθ· ηλθ) vorübergehen, *bsd. im Aor.* vorbei sein, *Krise*: überstanden sein.

πάρεση ['parεsi] (-εις) Erschlaffen *n*; *Med.* Parese *f*.

παρεσκευασμένος [-εsk̡εvazm-] bereitet, präpariert; fertig.

παρεστ- *s.* ***παρίσταμαι***.

πάρετε! nehmt!, *s.* ***παίρνω***.

παρετυμολογία Volksetymologie *f*.

παρευθύς *s.* ***πάραυτα***.

παρευρ|ίσκομαι [parε'vriskɔmε] (ευρεθ) da sein; ***οι ~ισκόμενοι*** die Umstehenden.

παρέχω [pa'rεxɔ] (*Impf.* παρείχα) gewähren, *Mittel, Vergnügen* verschaffen; *Gefälligkeit* erweisen.

παρη- *K. aus* παρα- *mit Augment* **ε-,** *s.* ***παρα-***.

παρηγ- *Impf. v.* ***παράγω***.

παρηγαγ- *Aor. v.* ***παράγω***.

παρηγορ|ητής [pariɣɔr-] Tröster *m*; **~ητικός** tröstlich, tröstend; **~ία, ~ιά** Trost *m*, Getränk *n* (nach der Bestattung), *etwa*: Leichentrank *m*.

παρήγορος [-'riɣɔr-] tröstlich.

παρηγορώ [-ɣɔ'rɔ] (είς· ησ) trösten; *v/p.* (*a.* ***-ιέμαι***) sich (*A*) trösten (***με***/ mit *D*).

παρ|ηκοΐα [parikɔ'ia] Ungehorsam *m*; **~ήκοος** [-'ikɔɔs] ungehorsam.

παρήλικος [pa'ril-] hochbetagt.

παρήχηση [pa'riçisi] (-εις) Stabreim *m*.

παρθ|ένα [par'θεna] Jungfrau *f*; **~εναγωγείο** [-εnaɣɔj-] Mädchenschule *f*; **~ενιά** Jungfräulichkeit *f* (*a. fig.*); **~ενικός** jungfräulich, unberührt; Jungfern- (*Häutchen*); **~ένος** rein, keusch; Ur- (*Wald*); *Su. f* Jungfrau *f*; **Ωένος** *f* Jungfrau *f Maria*; *Astr.* Jungfrau *f*; **~ενοφθορία** [-εnɔfθɔr-] Entjungferung *f*; **~ενώνας** [-ε'nɔnas] Jungfrauengemach *n*; Parthenon *m*.

παρίας 'Paria *m*.

Παρ|ίσι [pa'risi] Paris *n*; **Ωισινός** pariserisch; **~ισινός** *Su. m* Pariser *m*.

παρ|ίσταμαι [-'ristamε] (παρέστην) *K.* anwesend sein; erscheinen; ***~ιστάμενος*** Anwesende(r).

παρκάρω (ρισ) parken; F verschnaufen.

παρκέ [par'k̡ε] (0) *n s.* ***παρκέτο***; ***κάνω ~*** bohnern, den Fußboden pflegen.

παρκέτα [-'k̡εta] *mar.* Log *n*.

παρκετ|άρω (ισ) *Fußboden* bohnern; **~ίνη** Bohnerwachs *n*.

παρκέτο Parkett(fußboden *m*) *n*.

πάρκιγκ (0) *n* Parkplatz *m*.

Π

πάρκο ['parkɔ] Park *m*; **~ προστασίας της φύσης** Naturschutzgebiet *n*.
παρκόμετρο Parkuhr *f*.
παρλαπίπας F Quasselkopf *m*.
παρμ|ένος [parm-] *s*. **παίρνω**; gebrechlich, F angeschlagen; **~ός** Einnahme *f*.
παρμπρίζ [par'briz] (0) *n* Windschutzscheibe *f*.
Παρνασσός Par'nass *m*.
παρντόν [par'dɔn] Pardon!
παρ|οδικός [-rɔð-] vorübergehend; zeitweilig; **~οδικότητα** Zeitweiligkeit *f*; **~όδιος** (-ια) Straßen- (*Grundstück*); *Su. m* Anwohner *m*.
πάροδος *f* Durchgang *m*; Nebenstraße *f*; Lauf *m der Jahre*.
παροικία [parik-] Kolonie *f* (*im Ausland*).
πάροικος ['parik-] benachbart; *Su. m* Fremde(r), Ausländer *m*.
παροικώ [pari'kɔ] (είς· ησ) in der Nähe wohnen; als Ausländer leben.
παροιμ|ία [-rim-] Sprichwort *n*; **~ιακός, ~ιώδης** sprichwörtlich.
παρόλες *f/pl*. F große Worte *n/pl*., ... nichts dahinter.
παρολίγον, παρ' ολίγον [parɔ'liγ-] fast, beinahe.
πάρολκος ['parɔlk-] Schlepptau *n*.
παρ|ομοιάζω [-ɔ'mjazɔ] (-όμοιασα) vergleichen (**προς** *A*/ mit *D*); *j-n* halten (**με**/ für *A*); ähneln; **~όμοιος** [-'ɔmjɔs] (-ια) ähnlich (**με**/ *D*); derartig; **~ομοιώνω** *s*. **παρομοιάζω**; **~ομοίως** [-ɔ'miɔs] gleichfalls; ähnlich; **~ομοίωση** (-εις) Vergleich *m*; Ähneln *n*.
παρόν [pa'rɔn] (-όντος) Gegenwart *f*; **προς το ~** zur Zeit, vorläufig; *Adj*. (-ούσα, -όν) anwesend; *bei Aufruf des Namens*: hier!, *s. a*. **παρών**.
παρόνομα *n* Beiname *m*.
παρονομασ|ία Spitzname *m*; Wortspiel *n*; **~τής** *Math*. Nenner *m*.
παρόντας [-'ɔn̆das] Gegenwart *f*.
παρ|όξυνση [-'rɔksin̆si] (-εις) Aufreizung *f*; Verschärfung *f*; **~οξυντικός** [-ksin̆d-] aufreizend; reizbar; **~οξύνω** [-'ksinɔ] (II = I· υνθ) *v/t*. (auf)reizen; verschärfen; *hist*. die vorletzte Silbe mit Akut versehen; **~οξυσμός** [-ksizm-] *s*. **παρόξυνση**; *Med*. Anfall *m*; **~οξύτονος** ... mit Akut auf der vorletzten Silbe; *Su. f* Paroxytonon *n*.
παροπλίζω [-ɔ'plizɔ] entwaffnen; *mar*. abtakeln.
παρ|όραμα [pa'rɔr-] *n* (Druck-)Fehler *m*; **~οργίζω** [-ɔrj-] (σ· στ) ärgern, reizen; **~οργισμός** Ärgern *n*, Reizen *n*; **~όρμηση** [-'ɔrm-] (-εις) Antreiben *n*, Ansporn *m*; *Psych*. Trieb *m*, Antrieb *m*; **~ορμητικός** [-mit-] anspornend; Trieb-; **~ορμώ** [-ɔr'mɔ] (άς· ησ) (an)treiben, anspornen; **~ορώ** [-ɔ'rɔ] (άς· παρειδ-) *s*. **παραβλέπω**.
παρ|ότρυνση [pa'rɔtrin̆si] (-εις) Anregung *f*, Ansporn *m*; **~οτρύνω** [-'trinɔ] (II = I· υνθ) anspornen.
παρουσ|ία [parus-] Gegenwart *f*, Anwesenheit *f*; Erscheinen *n*; **η Δευτέρα ~ία** das Jüngste Gericht *n*; **~ιάζω** (-ίασα· στ) *v/t*. *etw*. vorlegen; *Zeugen* stellen; *Frage*: aufweisen; vorstellen (**του τον**/ j-m j-n); *mil*. präsentieren; **~ιάζομαι** erscheinen, sich darstellen; sich (*A*) melden (**σε**/ bei *D*); **~ιάστε αρμ!** Präsentiert das Gewehr!; **~ίαση** (-εις) Vorlage *f*; Stellung *f von Zeugen*; Aufweisen *n*; Vorstellung *f*; Erscheinen *n*; Melden *n*, Meldung *f*; **~ιάσιμος** [-'sjas-] ansehnlich, repräsentativ; **~ιαστικό** Äußere(s), Erscheinung *f*.
παροχ|έτευση [parɔ'çetɛfsi] (-εις) Kanalisation *f*; Verlegung *f* von Leitungen; **~ετεύω** (ευτ) kanalisieren; *Leitungen* (ver)legen, zuleiten.
παροχή [-'çi] Gewährung *f*; *Tech*. Versorgung *f* (*G*/ mit *D*), Lieferung *f*; *jur*. Leistung *f*; **~ ασφάλειας** Sicherheitsleistung *f*; **~ υπηρεσίας** Dienstleistung *f*.
παρόχθιος [pa'rɔxθ-] (-ια) Wasser- (*Grundstück*); Küsten-.
πάροχος ['parɔx-] gewährend, spendend; *Su. m* Spender *m*.
παρρησία [paris-] Freimütigkeit *f*.
πάρσιμο ['pars-] (-ατος) Nehmen *n*; Empfang *m*; Einnahme *f*, Eroberung *f*; Wegnahme *f*, Engermachen *n*.
παρτέρι [-'tɛri] Beet *n*.
πάρτη F unsereins, ich; (mein) Interesse; **για την ~ μου** für mich, meine Sache.
πάρτι (0) *n* F Party *f*.
παρτίδα Gruppe *f*; *Hdl*. Posten *m*; *Spiel*: Partie *f*; F Krach *m*; (*Liebes*-) Verhältnis *n*.

παρτιζάνος [partiz-] (*-α*) Partisan *m*, (Partisanin *f*).
παρτιτούρα [-'tura] Partitur *f*.
παρυφή [-ri'fi] Saum *m*; Rand *m*.
πάρω *St. II v.* ***παίρνω.***
παρωδία [parɔð-] Parodie *f*.
παρωδώ (είς· ησ) parodieren.
παρών [-'rɔn] (-ούσα, -όν) anwesend; *bei Aufruf des Namens*: hier!; ***δίνω το ~*** sich ein Stelldichein geben; sich (*A*) sehen lassen.
παρ|ωνυμία [parɔnim-], **~ωνύμιο** Zuname *m*; Spitzname *m*; **~ωνυχίδα** [-niç-] Nietnagel *m*; *fig.* Pappenstiel *m*.
παρωπίδα Scheuklappe *f* (*a. fig.*).
πάρωρα (zu) spät (in der Nacht).
παρωτ|ίδα Ohrspeicheldrüse *f*; **~ίτιδα** Mumps *m*, Ziegenpeter *m*.
πας [pas] *K.* (*G* παντός· πάσα, παν) *mit Art.* ganz; *o. Art.* jeder, jede, jedes; *pl.* (***πάντες***) alle; ***το παν*** die Hauptsache; alles; ***εν πάση περιπτώσει*** auf jeden Fall.
πάσα *Sport*: Pass *m*; Weitergabe *f*; Abgabe *f*; Zuspiel *n*; Stich *m*; ***κάνω ~*** abgeben, weitergeben.
πασάδικ|α F *Adv.* fürstlich; **~ος** F prima Sache.
πασ|αλείβω [-'livɔ] (ψ· φτ) leicht 'überstreichen; beschmieren; ***~αλείβομαι*** sich (*A*) beschmieren; *fig.* etwas hineinriechen (***με***/ in *ein Studium*); **~άλειμμα** [-'alima] *n* 'Überstreichen *n*; Einreiben *n*; Hineinriechen *n*; **~αλείφω** *s.* ***πασαλείβω.***
πασαπόρτι [-'pɔrti] Pass *m*; *fig.* Abschied *m*, Entlassung *f*.
πασάρω (ρισ) reichen, geben (***το τον***/ j-m etw.); F andrehen.
πασάς [pa'sas] (-άδες) Pascha *m*; ***σαν ~*** wie ein Prinz.
πασατέμπο|ς Kürbis- *od.* Sonnenblumenkerne *m/pl.*; F ***τον έχω ~*** ich nehme ihn nicht ernst; er ist nur Lückenbüßer.
πασ|ίγνωστος [-'siɣnɔst-] stadtbekannt; **~ίδηλος** [-'iðil-] F sonnenklar.
πασιέντσα [pa'sjεn̑tsa] Patience *f*.
πασιφανής *s.* ***πασίδηλος.***
πασκίζω *s.* ***πασχίζω.***
πάσο Schritt *m*; Ermäßigungskarte *f*; Schülerausweis *m*; ***με το ~*** in aller Ruhe; ***πάω ~*** (*Spiel*) ich passe.
πασ|ουμάκι, ~ούμι Damenhausschuh *m mit Absatz*.
πασπάλη [pa'spali] Mehlstaub *m*, Staub- (*Zucker*).
πασπαλ|ίζω, ~ώνω (σ) bestreuen.
πασ|πάτε(υ)μα [-'spatε(v)ma] *n* Umhertasten *n*; Anfassen *n*; **~πατεύω** (εψ) (umher)tappen; *etw.* anfassen.
πάσσαλος Pflock *m*, Pfahl *m*.
πασσαλώνω (σ) abstecken.
πασσαρέλλα [-'rεla] Laufsteg *m*.
πάστα Kuchen *m*; Torte *f*; Paste *f*; *fig.* Charakter *m*, Naturell *n*.
παστάδα [pa'staða] Brautgemach *n*.
παστέλι Süßigkeit *f aus Sesam u. Honig*.
παστερ|ίζω, ~ιώνω [-stεr-] (-ρίωσα) pasteurisieren.
παστίλια Tablette *f*.
παστίτσιο *Gericht n aus Makkaroni, Eiern u. Hackfleisch.*
πάστορας Pastor *m*, Pfarrer *m*.
παστός (ein)gesalzen, gepökelt.
παστουρμάς [pastur'mas] Pökelfleisch *n vom Rind od. Kamel.*
παστόψαρο [-'stɔpsarɔ] Salzfisch *m*.
πάστρα Sauberkeit *f*; *poet.* Glätte *f*; ***κάνω καλή ~*** gut rein machen.
πάστρεμα ['pastrεma] *n* Säuberung *f* (*a. fig.*); Reinmachen *n*.
παστρ|εύω (ψ· ευτ· μ) rein machen, putzen; *fig.* säubern; F mitnehmen; **~ικιά** Schlampe *f*; **~ικός** sauber (*a. iro.*); *fig.* redlich, fleckenlos; *Adv. a.* unumwunden, deutlich.
πάστωμα *n* Einpökeln *n*.
παστώνω (σ) (ein)pökeln.
Πάσχα ['pasxa] (0) *n* Ostern *n* (*mst. o. Art.*) *od. pl.*, Osterfest *n*; ***Κυριακή του ~*** Ostersonntag *m*.
πασχαλ|ιά Osterzeit *f*; Flieder *m*; **~ιάτικος, ~ινός** Oster- (*Ei*); **~ίτσα** Maikäfer *m*.
πασχίζω [pasç-] (σ) sich bemühen.
πάσχω ['pasxɔ] (παθ) leiden (*A*, ***από***/ an *D*); *Verbrennungen usw.* erleiden; ***~ κράμπα*** e-n Krampf bekommen; **~ν** (-οντος) *m* (***-ουσα***) Leidende(r).
πάταγος ['pataɣ-] Krach *m* (*a. fig.*).
παταγώδης lärmend; *fig.* eklatant; *Adv.* unter großem Krach.
πατακιούτ *n Argot*: Geballer *n*; Radauszene *f*; *Adv.* Hals über Kopf.
πάταξη (-εις) Schlagen *n*; *fig.* Ausrottung *f*.

πατάρι Hängeboden *m.*
πατάσσω [-'tasɔ] (ξ· χτ) schlagen, bestrafen; *etw.* ausrotten.
πατάτ|α Kartoffel *f*; ***τηγανιτές ~ες*** Pommes frites *pl.*; ***~ες*** F Stuss *m*, Blech *n* (*reden*).
πατέντα [-'tɛñda] Patent *n*; F ... ***με ~*** patentiert; F total (*verrückt*), erz- (*dumm*), u. nicht zu knapp.
πάτερ! Vater!; ♀ ***ημών*** *n* Vaterunser *n.*
πατέρας [pa'tɛras] Vater *m.*
πατερίτσα [-'ritsa] Bischofsstab *m*, Krückstock *m.*
πάτερο, πατερό Bohle *f.*
πάτημα *n* Treten *n*, Keltern *n*; Spur *f*; Schritt *m*; *fig.* Vorwand *m*; ***~ κουμπιού*** Knopfdruck *m* (***με***/ auf ...).
πατημασιά [-timas-] Fußspur *f.*
πατητ|ήρι [pati'tiri] Kelter *f*; **~ής** Kelterer *m*; **~ός** gekeltert.
πατήτρ(ι)α Pedal *n*; Steigbügel *m.*
πατικώνω (σ) F mampfen; (hinein-) stopfen; (*in den Matsch*) fahren.
πατινάδα Serenade *f.*
πατινάζ *n* Eislauf *m*; ***καλλιτεχνικό ~*** Eiskunstlauf *m.*
πατιν|άρισμα [pati'nar-] *n* Rollschuh- *od.* Schlittschuhlaufen *n*; **~άρω** (ρισ) Rollschuh *od.* Schlittschuh laufen.
πατίνι Roller *m*; Rollschuh *m*; Schlittschuh *m*; ***του κάνω ~*** *j-m* (*das Leben*) schwer machen.
πατιρντί [-ir'di] Skandal *m*, Krach *m.*
πατό|κορφα [-'tɔkɔrfa] von Kopf bis Fuß; **~ξυλο** [-ksilɔ] Bohle *f.*
πάτος Boden *m*; Sohle *f*; Gesäß *n*; F Nachzügler *m.*
πατούμενα *n/pl.* P Latschen *f/pl.*
πατ|ούνα [-'tuna] Sohle *f*; **~ούσα** *Anat.* Fußsohle *f.*
Πάτρα ['patra] Patras *n.*
πάτρια *n/pl.* Sitten *f/pl.*
πατρι|αρχείο [patriarç-] Patriarchat *n*; **~άρχης** Patriarch *m*; Stammvater *m*; **~αρχία** Patriarchat *n als Würde*; **~αρχικός** Patriarchen-; patriarchalisch.
πατρίδα Vaterland *n*; Heimat *f* (*a. fig.*); ***από ποιά ~ είστε;*** woher kommen (stammen) Sie denn?; F ***ρε ~!*** Meister *m*, Chef *m*; Menschenskind!
πατριδο|γνωσία, ~γραφία Heimatkunde *f*; **~καπηλία** [-kapi-] Geschäfte *n/pl.* mit der Heimatliebe.
πατρ|ίκιος [-'trik-] (***-κια***) Patrizier(in *f*) *m*; **~ικός** väterlich; Vaters- (*Name*).
πατρινός ... aus Patras.
πάτριος (-ια) väterlich, heimatlich; vaterländisch, Erb-.
πατρ|ιός Stiefvater *m*; **~ιώτης** [-i'ɔt-] Patriot *m*; Landsmann *m*; **~ιωτικός** patriotisch; vaterländisch; **~ιωτισμός** Patriotismus *m*; **~ογονικός** [-ɔɣɔn-] väterlich; (alt) ererbt; **~οκτόνος** *m, f* Vatermörder(in *f*) *m*; **~ονάρω** (αρισ) protegieren; beschirmen; **~οπαράδοτος** [-pa'raðɔt-] überliefert, herkömmlich; **~ότητα** Vaterschaft *f*; Urheberschaft *f.*
πατρόν F Muster *n*; Kopie *f.*
πάτρωνας ['patrɔnas] Schirmherr *m.*
πατρων|εία Schirmherrschaft *f*; **~εύω** (εψ) fördern.
πατρωνυμ|ία [-ni'mia] Benennung *f* nach dem Vater; **~ικό** Patronymikon *n*, Vatersname *m.*
πατσαβούρα [patsa'vura] Wischlappen *m*; F Schlampe *f.*
πατσ|άς [-'tsas] Kuttelsuppe *f* mit Schweinsfüßen; **~ατζίδικο** [-a'dzið-] *etwa*: Imbissstube *f.*
πάτσι ['patsi] F Begleichung *f*; Heimzahlung *f.*
πατσίζω (σ) sich ausgleichen; Geld geben u. leihen.
πατσ|ομύτης [-tsɔ'mit-] (-α) stumpfnasig; **~ός** platt, eingedrückt.
πατ|ώ [pa'tɔ] (άς, είς· ησ· ηθ· ημ) *v/t. j-n* treten, treten auf *etw. A*; eindringen in *A*; (aus)pressen, keltern; *die Feder zu sehr* aufdrücken; *Eid* brechen; *Schlag* versetzen; *Auto*: *j-n* überfahren; *Gang* schalten; *v/i. irgendwohin* treten; oft gehen in *A*; ***~είς με ~ώ σε*** (es war) ein Geschubse; F ***~άω τρίτη*** auf den dritten Gang schalten; *fig.* sich (*A*) ins Zeug legen; ***την ~ώ*** *fig.* F reinfallen.
πάτωμα *n* Boden *m*; Etage *f.*
πατ|ώνω (σ) *v/t.* dielen; mit e-m Boden versehen; *etw.* verstauen; *v/i.* keinen Grund finden; **~ωσιά** [-ɔs-] *s.* ***πάτωμα***; Schicht *f*, Lage *f.*
παύλα ['pavla] Bindestrich *m*, Gedankenstrich *m*; *Mus.* Pause *f*; ***τελεία και ~!*** und damit Schluss!; ***βάζω τελεία και ~ σε*** *e-r S.* ein Ende machen.
Παύλος ['pavl-] Paul *m.*
Παυσανίας [pafsa'nias] Pau'sanias *m.*

παύση ['pafsi] (-εις) Pause *f*; Einstellung *f*; Entlassung(sschreiben *n*) *f*; *pl.* (-εις) Ferien *pl.*; ***προσωρινή*** ~ Suspendierung *f*.
παύσιμο (-ατος) *s.* ***παύση.***
παυσίπονο Schmerzmittel *n*.
παύω ['pavɔ] (αψ· αυτ· α[υ]μ) *v/t.* aufhören mit *D*, *Arbeit* beenden; *j-n* entlassen; *Zeitung* verbieten; *v/i.* aufhören; zu Ende gehen (sein); *s.* ***πάψε!;*** ~ ***προσωρινά*** suspendieren.
πάφιλας ['pafilas] Messing(blech) *n*.
παφιλένιος (-ια) Messing-.
παφλ|άζω [pafl-] (σ) brausen, wallen; **~ασμός** Brausen *n*, Wallen *n*.
παχαίνω [-'çɛnɔ] (υν) *v/t.* mästen; dick machen; *v/i.* dick werden.
πάχητα ['païçita] *n/pl.* Fett *n*; Körperfülle *f*, Korpulenz *f*.
πάχνη ['paxni] Reif *m*.
παχνί [-'xni] Krippe *f*.
πάχ|ος *n* Dicke *f*, Stärke *f*; Fett *n*; ***τα πολλά ~η*** zu viel Fett (*am Körper*).
παχουλός [paxul-] pummelig.
παχ|υδερμία [païçiðɛr'mia] Dickhäutigkeit *f*; *fig.* Dickfelligkeit *f*; **~ύδερμος** dickhäutig; *fig.* dickfellig; *Su. n* Dickhäuter *m*; **~υλός** [-il-] *bsd. fig.* fett; krass; **~υλότητα** Krassheit *f*.
πάχυνση ['païçiṅsi] Mästen *n*, Dickmachen *n*; Dickwerden *n*.
παχυντικός [paçiṅd-] dick machend; ... zum Zunehmen.
παχύνω [-'çinɔ] *s.* ***παχαίνω.***
παχ|ύς [pa'çis] (-ιά, -ύ) dick (*a.* = wohlbeleibt); korpulent; *Tier, Essen*: fett; dickflüssig, sämig; leer (*Worte*); **~υσαρκία** [-isark-] Fettleibigkeit *f*, Korpulenz *f*; **~ύτητα** [-'itita] Dicke *f*; Fettleibigkeit *f*; Fett *n*.
παψ- *s.* ***παύω, παυσ-.***
πάψε! ['papsɛ] hör auf!, sei still!
πάω ['paɔ] (πας· πάει· πάμε· πάτε· πάνε· να πάω, να πάει) *s.* ***πηγαίνω;*** ~ ***άσημα*** *allg.* es geht mir schlecht; ~ ***στον πάτο*** *od.* ***στο φούντο*** es geht bergab mit mir (*bsd. geldlich*).
πέδη ['pɛði] Fußfessel *f*; Handschelle *f*; *Tech.* Bremse *f*.
πεδιάδα [pɛ'ðjaða] Ebene *f*.
πεδ|ίκλωμα [-'ðikl-] *n* Beinstellen *n*; **~ικλώνομαι** [-'klɔnɔmɛ] (θ) stolpern; **~ικλώνω** (σ) *j-m* ein Bein stellen.
πέδιλο ['pɛðilɔ] Sandale *f*; Rollschuh *m*; Pedal *n*, Fußhebel *m*.
πεδιλοδρομία *s.* ***πατινάρισμα.***
πεδ|ινός flach, Flachland-, Feld-; **~ίο** Ebene *f*, Flachland *n*; (*Schlacht-*)Feld *n* (*a. El.*); *fig.* Gebiet *n*, Bereich *m*; **~ίο έκθεσης** Ausstellungsgelände *n*.
πεζ|εύω [pɛz-] (εψ) *vom Pferde* absteigen; **~ή** [-'zi] zu Fuß; **~ικό** Infanterie *f*; **~ικός** Infanterie-, Fuß-.
πεζόβολος [pɛ'zɔvɔl-] Wurfnetz *n*.
πεζο|γραφία [pɛzɔɣraf-] Prosa *f*; **~γραφικός** Prosa-; prosaisch; **~γράφος** Prosaschriftsteller *m*; **~γραφώ** [-'fɔ] (είς· ησ) Prosa schreiben; **~δρόμιο** [-'ðrɔm-] Bürgersteig *m*, Trottoir *n*.
πεζόδρομος Fußgängerzone *f*.
πεζο|λογία [-lɔj-] Prosa *f*; Trivialliteratur *f*; **~λόγος** [-'lɔɣ-] Prosa-; prosaisch, nüchtern; **~ναύτης** [-'naft-] Marineinfanterist *m*; **~ναυτικό** Marineinfanterie *f*; **~πορία** [-pɔr-] Wanderung *f*, Fußtour *f*; *mil.* Marsch *m*; **~πόρος** (**-*α***) Fußgänger(in *f*) *m*; **~πορώ** [-'rɔ] (είς· ησ) zu Fuß gehen.
πεζ|ός [pɛ'zɔs] zu Fuß (gehend); Fuß-; Prosa-; prosaisch; *fig.* prosaisch; *Su. m* Fußgänger *m*; Infanterist *m*; **~ότητα** Poesielosigkeit *f*, Plattheit *f*; **~ούλι** Steinbank *f*; (Stein-)Damm *m*; **~ούρα** [-'ura] *hist.* Infanterie *f*.
πεθ|αίνω [pɛθ-] (πέθανα· -αμεν-) *v/t.* töten; *v/i.* sterben; *fig.* schwärmen (***για***/ für); umkommen (***από***/ vor); **~αμένος** verstorben; **~αμός** Tod *m*; Sterben *n*; *fig.* ... eine Qual *f*.
πεθερ|ά [pɛθɛ'ra] Schwiegermutter *f*; **~ικά** *n/pl.* Schwiegereltern *pl.*; **~ός** Schwiegervater *m*.
πειά *s.* ***πια.***
πειθαναγκ|άζω [piθana'ŋ̍gazɔ] (σ· στ) zwingen, nötigen; **~ασμός** Nötigung *f*.
πειθαρχ|είο [-θarç-] Arrestlokal *n*; **~ία** Disziplin *f*; Gehorsam *m*; **~ικός** Disziplinar- (*Strafe*), disziplinarisch; diszipliniert; **~ώ** [-'xɔ] (είς· ησ) Gehorsam leisten.
πειθήνιος [-'θin-] (-ια) folgsam.
πείθ|ω ['piθɔ] (έπεισα· πείστηκα· πεισ-) überzeugen (***για***/ von *D*); **~ομαι** sich (*A*) überzeugen (lassen).
πειθώ (-ούς) *f* Überzeugungskraft *f*.

πείνα ['pina] Hunger *m*; Hungersnot *f*; ***απεργία (της) πείνας*** Hungerstreik *m*.
πεινάλας F Hungerleider *m*; Nimmersatt *m*.
πειν|αλέος (-α), **~ασμένος** hungrig; **~ώ** (άς· ασ) Hunger haben; hungern.
πείρα Erfahrung *f* (*G*/ in *D*), Praxis *f*; **~ *από τη ζωή*** Lebenserfahrung *f*.
πείραγμα ['piraɣma] *n* Belästigung *f*, Stören *n*; Neckerei *f*; Streich *m*.
πειρ|άζω (ξ· χτ) *j-n* stören, belästigen; *j-n* necken; *j-m* schaden; *Lärm usw.*: stören; *etw.* anfassen, berühren; *fig.* antasten; *Rel.* in Versuchung führen, versuchen; ***~άζομαι*** sich (*A*) ärgern (***από, με***/ über *A*); *Med.* leiden, angegriffen sein; ***~αγμένος*** *a. Essen*: angegangen, etwas verdorben; ***τι ~άζει;*** was macht es?; macht es was, ...?; ***δεν ~άζει*** es schadet (*od.* macht) nichts.
Πειρ|αιάς [pirɛ'as] (*G* -αιά) Piräus *m*; **~αιώτης** [-ɛ'ɔt-] Piräote *m*; **~αιώτικος** piräisch.
πειρακτικός [-rakt-] spottlustig, scherzhaft; kränkend, beleidigend.
πείραμα *n* Versuch *m*, Experiment *n*.
πειραματ|ίζομαι [pirama'tizɔmɛ] (στ) experimentieren (***σε***/ mit, an *D*); **~ικός** experimentell; Versuchs-; **~ισμός** Experimentieren *n*; **~ιστής** Experimentator *m*; **~όζωο** [-'ɔzɔɔ] Versuchstier *n*.
πείραξη ['piraksi] (-εις) Versuchung *f*; Neckerei *f*, Ärgern *n*.
πειρασμό|ς Versuchung *f*; Prüfung *f*; *fig.* Schrecken *m*; ***βάζω σε ~*** in Versuchung führen.
πειρατ|εία Seeräuberei *f*; Plagiat *n*; **~εύω** Seeräuber sein; **~ής** Seeräuber *m*; **~ικός** Seeräuber-.
πειραχτήρι [-ra'xtiri] Schalk *m*, Ausbund *m* (*von Bosheit*).
πειραχτικός *s.* ***πειρακτικός.***
πείσμα ['pizma] *n* Trotz *m*, Eigensinn *m*; ***βάζω ~*** trotzig sein.
πεισματ|άρης (-α, -ικο) trotzig, eigensinnig; störrisch; *Su.* Trotzkopf *m*; **~ικός** trotzig; **~ώδης** zäh, hartnäckig; *Kampf*: erbittert.
πεισμ|άτωμα [pi'zmat-] *n* Trotz *m*, eigensinnige(s) Verhalten *n*; **~ατώνω** (σ· θ) *v/t. j-n* herausfordern, reizen; *v/i.* trotzig sein; sich (*A*) versteifen.
πείσμονας ['pizmɔnas] trotzig.
πεισμονή *s.* ***πείσμα.***
πειστεί [pi'sti] *s.* ***πείθω; έχω ~*** ich bin überzeugt.
πειστ|ήριο Beweis(stück *n*) *m*; **~ικός** überzeugend, triftig; **~ικότητα** Überzeugungskraft *f*.
πελαγ|ήσιος [pɛla'jis-] (-ια) Meeres-, See-; **~ίζω** (σ) *s.* ***πελαγοδρομώ.***
πελαγοδρομ|ία [-ɣɔðrɔm-] Seefahrt *f*; **~ώ** [-'mɔ] (είς· ησ) das Meer befahren; *fig.* auf dem Irrwege sein; F schwimmen.
πέλαγο(ς) ['pɛlaɣ-] *n* (offenes) Meer *n*; F *fig.* Wirbel *m*.
πελαγώνω (σ) das Meer befahren; *fig.* durcheinander kommen; bestürzt sein.
πελαργός [-larɣ-] Storch *m*.
πελασγικός pelasgisch.
Πελασγός [-lazɣ-] Pelasger *m*.
πελ|ατεία [pɛlat-] Kundschaft *f*; *Med.* Patienten *pl.*; *jur.* Klienten *pl.*; **~άτης** Kunde *m*; *Hotel*: Gast *m*; *jur.* Klient *m*; *Med.* Patient *m*; **~άτισσα** Kundin *f*; Patientin *f*.
πελεκάνος Pelikan *m*.
πέλεκας Axt *f*; Grünspecht *m*.
πελέκημα [-'lɛi̯k-] *n* Behauen *n*; Span *m*.
πελεκητ|ής [-lɛkit-] Steinmetz *m*; **~ός** behauen.
πελέκι [pɛ'lɛi̯ki] Beil *n*, Axt *f*.
πελεκ|ίζω [-lɛk-] *s.* ***πελεκώ***; **~ούδα, ~ούδι** [-'kuð-] Span *m*; Splitter *m*.
πελεκώ [pɛlɛ'kɔ] (άς· ησ) behauen, bearbeiten; *fig.* zunichte machen.
πελιδν|ός [-lið-] fahl, bleich; **~ότητα** Fahlheit *f*, Bleichheit *f*.
πέλμα ['pɛlma] *n* Sohle *f*; Maschinenbett *n*; *Esb.* Gleisbettung *f*.
πελο|ποννησιακός [pɛlɔpɔnisjak-] peloponnesisch; **Ձπόννησος** [-'pɔnis-] *f* Peloponnes *m*.
πελτές Mus *m*; Gelee *n*.
πελώριος [pɛ'lɔr-] (-ια) kolossal.
Πέμπτ|η ['pɛm̃pti] Donnerstag *m*; **Ձος** fünft-.
πεμπτουσία [-us-] Quintessenz *f*.
πέμπω ['pɛm̃bɔ] (έπεψα· μφτ) schicken, senden; *Radio*: senden.
πένα ['pɛna] (Schreib-)Feder *f*; *Mus.* Plektron *n*; Penny *m*; F ***στην ~*** chic, elegant (gekleidet).
πέναλτι ['pɛnalti] (0) Strafstoß *m*.

πενήντα [-'niňda] fünfzig.
πενηντ|άρης Fünfzigjährige(r); **~άρι** 50-Drachmen-Schein *m*; 50 Dhramia (160 g); **~αριά:** ***καμμιά ~αριά*** etwa fünfzig; **~άρικο** *s.* ***πενηντάρι.***
πενθήμερο|ς [pɛ'ňθimɛr-] fünftägig; **~** Zeitraum *m* von fünf Tagen.
πενθηφορώ (είς· ησ) trauern.
πένθιμος Trauer-; betrübt.
πένθος *n* Trauer *f*; Trauerbinde *f*.
πενθοφορώ (άς· ησ) Trauer tragen.
πενθώ [pɛ'ňθɔ] (είς· ησ) *v/t.* betrauern, beweinen; *v/i.* trauern.
πενία Armut *f*, Not *f*; ***~ς ευεργέτημα*** *n* Armenrecht *n*.
πενιά (Feder-)Strich *m*.
πενιέ [pɛ'njɛ] (0) *n* Kammgarn *n*.
πενικιλίνη [pɛniķi'lini] Penicillin *n*.
πενιουάρ [pɛnju'ar] (0) *n* Frisierumhang *m*; Morgenrock *m*.
πενιχρ|ός [pɛnixr-] kärglich, dürftig (*a. fig.*); *fig.* mager; **~ότητα** Kärglichkeit *f*, Dürftigkeit *f*.
πένομαι ['pɛnɔmɛ] Not leiden.
πεντ|άγραμμο [pɛ'ňdaɣramɔ] Fünfstern *m*; *Mus.* Notensystem *n*; **~άγωνο** Fünfeck *n*; Pentagon *n*; **~άδα** Fünf *f*, Fünfer *m*; **~άδιπλος** [-'aðipl-] fünffach; **~άδραχμο** Fünfdrachmenstück *n*; **~άεδρο** [-'aɛðrɔ] Fünfflach *n*; **~αετής** [-aɛt-] fünfjährig; Fünfjahres- (*Plan*); **~αετία** Zeitraum *m* von fünf Jahren.
πένταθλο ['pɛňdaθ-] Fünfkampf *m*.
πεντ|ακάθαρος [-'kaθar-] blitzblank; **~άκλιτος** *Kirche*: ... mit fünf Kuppeln; **~ακοσάρι** [-akɔs-] (Schein *m* von) 500 Drachmen; Halbliterflasche *f*; **~ακοσαριά** etwa fünfhundert; **~ακοσάρικο** *s.* ***πεντακοσάρι***; **~ακόσιοι** [-'kɔsii] (-ιες, -ια) fünfhundert; **~ακοσιοστός** [-kɔsjɔst-] fünfhundertst-; **~άλεπτος** [-'alɛpt-] (von) fünf Minuten; *Su. n* 5-Lepta-Stück *n*.
πεντάλ(ι) [pɛ'dal(i)] *n* Pedal *n*; ***~ φρένων*** Bremspedal *n*.
πεντάλφα *f*, *n* fünfzackige(r) Stern.
πεντ|αμελής [pɛňdamɛl-] fünfköpfig; **~αμερής** fünfteilig; **~άμετρος** [-'amɛtr-] *lit.* Pen'tameter *m*; **~άμηνος** [-min-] fünfmonatig; **~άμορφος** [-'amɔrf-] bildhübsch; **~απλασιάζω** (-ίασα) verfünffachen; **~απλάσιος** (-ια) fünffach; **~άπραχτος** fünfaktig; **~άρα** Heller *m* (*a. fig.*); **~άρι** Fünf *f*; Fünfer *m*; **~αροδεκάρες** *f/pl. fig.* ein paar Pfennige; **~άρφανος** Vollwaise *f*; **~άτευχος** [-'atɛfx-] fünfbändig; *Su. f* Pentateuch *m*; **~άτομος** [-tɔm-] fünfbändig; **~αφωνία** Quintett *n*; **~άφωτος** fünfarmig (*Leuchter*); **~άχρονο** Fünfjahresplan *m*; **~άχρονος** fünfjährig; *Mus.* fünftaktik; **~άωρος** [-'aɔr-] fünfstündig.
πέντε ['pɛňdɛ] (0) fünf; *Su. n* Fünf *f*.
πεντηκοντ|αετηρίδα [-kɔňdaɛtir-] fünfzigjährige(s) Jubiläum *n*; **~αετής** fünzigjährig; **~αετία** halbe(s) Jahrhundert *n*; **~ούτης** [-'ut-] Fünfzigjährige(r).
Πεντηκοστ|ή [pɛňdikɔ'sti] Pfingsten *n*, (die) Pfingsten *pl.*; **2ός** fünfzigst-.
πεντικιούρ [pɛdi-] (0) *n* Fußpflege *f*.
πεντόβολα *n/pl.* Fünfmurmel-Spiel *n*.
πεντοχίλιαρο Fünftausenddrachmenschein *m*.
πεντόροφος [-'ňdɔrɔf-] fünfstöckig.
πεπ- *K. Reduplizierung beim Part., z. B.* ***πε-πειρασμένος*** erfahren.
πε|πατημένη Trampelpfad *m*; **~πεισμένος** [-pi'zm-] überzeugt.
πεπιεσμός Press- (*Luft*).
πέος (-ους) *n* Penis *m*.
πέπλος ['pɛpl-] Schleier *m*.
πεποίθηση [-'piθ-] (-εις) Überzeugung *f*, Einstellung *f*; Vertrauen *n* (***σε***/ zu *D*).
πεπόνι [pɛ'pɔni] Honigmelone *f*; F ***κάνω το βαρύ ~*** e-e Flappe ziehen.
πεπονιά Honigmelonenbaum *m*.
πεπρωμένο [-prɔm-] Vorherbestimmung *f*, Schicksal *n*; **~ς** vorher bestimmt, prädestiniert.
πεπτικός [pɛpt-] Verdauungs-.
πέρα ['pɛra] *Adv.* drüben, weiter; *Präp. G* über *A* ... hinaus, mehr als; ***~ από*** über *A* ... hinaus; ***εδώ ~*** hier gleich; ***εκεί ~*** da hinten; ***~ (για) ~*** durch und durch; ***δεν τα βγάζω ~*** ich schaffe es nicht; ich habe zu krebsen; ***κάνω ~*** F sich (*A*) verkrümeln; *j-n* raussetzen; ***~ βρέχει*** F (das) ist nicht mein Bier.
περαιτέρω *Adv.* weiter; weiter-.
περ|αιώνω (σ· θ) 'übersetzen; erledigen; **~αίωση** (-εις) 'Übersetzen *n*; Erledigung *f*.
πέραμα *n* Furt *f*; Fähre *f*.
πέραν ['pɛran] *Präp.* jenseits (*G*/*G*);

πέρας 384

über *A*; **~ *τούτου*** darüber hinaus; **~ *του δέντος*** mehr als nötig.
πέρας (-ατος) *n* Ende *n*; ***φέρνω σε ~*** zu Ende führen.
πέραση ['pɛrasi] (-εις) Geltung *f*; ***έχω ~*** etwas gelten.
περασιά Durchgang *m*; *s. a.* ***πέραμα.***
πέρασμα *n* Überquerung *f*; Durchgang *m*, Korridor *m*; Übergang *m* (*a. fig.*); Ablauf *m des Wetters usw.*; Durchgangsstation *f*.
περασμέν|ος [-razm-] vergangen, verflossen; ***~α*** *n/pl.* Gewesene(s), Vergangenheit *f*; *s.* ***περνώ.***
περαστικ|ός [pɛrast-] vorübergehend; (schnell) vergänglich; *Su. m* Passant *m*; Durchgangs- (*Straße*); (***ας είναι***) ***~ά σας!*** gute Besserung!; ***είμαι ~ός*** gerade vorbeikommen, in der Gegend sein.
περατζάδα F Stippvisite *f*.
περ|ατώνω (σ· θ) zu Ende führen, beenden; **~άτωση** (-εις) Beendigung *f*.
περβάζι [pɛr'vazi] (*Tür-, Fenster-*) Rahmen *m*; Fensterbrett *n*.
περβόλι *s.* ***περιβόλι.***
περγαμηνή|ή [pɛrɣami'ni] Pergament *n*; Pergamentpapier *n*; Diplom *n*; *fig.* Titel *m*, Rang *m*; **~οειδής** [-ɔiδ-] Pergament- (*Papier*).
Πέργαμος ['pɛrɣam-] *f* Pergamos *n*.
περγαμό(ν)το [-'mɔtɔ] Bergamotte *f*.
περγελαχτά *Adv.* spöttisch.
πέρδικα, περδίκι Rebhuhn *n*.
περ|ηφανεύομαι [-fa'nɛvɔmɛ] (ευτ) eingebildet (*od.* unzugänglich) sein (***για***/ auf *A*); **~ηφάνια** Stolz *m*; **~ήφανος** stolz (***για***/ auf *A*).
περί [pɛ'ri] *Präp. s.* ***για***; *K. mit G* über *A*, für *A*, um *A*; *mit A* um *A* ... (herum); *Zeit, Zahl*: um *A*, gegen *A*; ***οι ~*** ... *A* die Anhänger *G*; ***οι ~ τον βασιλέα*** die Umgebung des Königs.
περι- *Präfix*, *oft*: um-, herum-, umher-; *Verstärkung*: über-, be-, ver-.
περιαρπάζω [-arp-] (ξ) ausplündern; *fig.* F runterputzen.
περιαυτο|λογία [pɛrĭaftɔlɔj-] Eigenlob *n*; **~λόγος** [-'lɔɣ-] Großmaul *n*; *Adj.* großsprecherisch; **~λογώ** [-'ɣɔ] (είς· ησ) sich (*A*) selbst loben.
περι|βάλλον [pɛri-] (-οντος) Milieu *n*; Umwelt *f*; Umgebung *f*; ***Υπηρεσία Προστασίας του Περιβάλλοντος*** Umweltschutzamt *n*; **~βαλλοντικός** Umwelt-; **~βαλλοντογενής** umweltbedingt; **~βαλλοντολόγος** Umweltschützer *m*; **~βάλλω** [-'valɔ] (βαλ· βληθ) umgeben (*a. fig.*); ausstatten (***με***/ mit *D*, *z. B. Macht*).
περ|ίβλεπτος [-'ivlɛpt-] angesehen; sichtbar; **~ιβλέπω** [-'vlɛpɔ] (ψ, ειδ) umherschauen; ***~ιβλέπομαι*** angesehen sein; **~ίβλημα** *n* Hülle *f*; *Tech.* Mantel *m*, Verkleidung *f*.
περι|βόητος [pɛri'vɔit-] berühmt; berüchtigt; **~βολάρης** [-vɔl-] (-ηδες) Gärtner *m*; **~βολάρισσα** Gärtnerin *f*; **~βολή** Kleidung *f*; Uniform *f*; *Rel.* Investitur *f*; Anlegen *n e-s Schwertes, e-s Grabens usw.*; **~βόλι** [-'vɔli] Garten *m*; *als Adj.* drollig; fröhlich (*Herz*); **~βολίσιος** (-ια) Garten-.
περίβολος Zaun *m*; Hof(raum) *m*.
περι|βραχιόνιο [-vra'çjɔn-] Armband *n*; **~βρέχω** [-'vrɛxɔ] (ξ) bespülen; **~γεγραμμένος** umschrieben; ***κύκλος ~γεγραμμένος*** Umkreis *m*.
περίγειο Perigäum *n*.
περι|γέλασμα [-'jɛlazma] *n* Verspottung *f*; **~γελαστής** Spötter *m*; **~γελαστικός** spöttisch.
περίγελος Gespött *n*.
περιγελώ [-jɛ'lɔ] (άς· ασ) verspotten, auslachen; F beschwindeln.
περιγιάλι [-'jali] Ufer *n*; Strand *m*.
περίγραμμα *n* Umriss(linie *f*) *m*.
περι|γραφή [-ɣra'fi] Beschreibung *f*; ***~γραφή καταζητουμένου*** Steckbrief *m*; **~γραφικός** beschreibend; anschaulich; *Math.* darstellend; **~γράφω** [-'ɣrafɔ] (ψ· αφ) beschreiben; darstellen; *Math.* Kreis schlagen um *A*; um'schreiben.
περίγυρ|α [pɛ'rijira] ringsherum; **~ο** Umwelt *f*.
περίδεμα *n* Verband *m*; Verbinden *n*.
περι|δένω [pɛri'δɛnɔ] (σ· θ) verbinden; binden um *A*; **~δέραιο** [-'δɛrɛɔ] Halsband *n*; **~διαβάζω** [-δiav-] umherschlendern; bummeln; **~διάβαση** (-εις) Rundgang *m*; F Bummel *m*; **~δίνηση** [-'δin-] Rollen *n*, Trudeln *n*; **~δινώ** [-δi'nɔ] (είς· ησ) (herum)rollen; ***~δινούμαι*** (-είσαι) rollen, trudeln; sich (*A*) drehen (***σε***/ um *A*); **~δρομιάζω** [-δrɔm-] (-δρόμιασε) sich (*A*) über'essen; *v/t.* verschlingen.
περίδρομο|ς [pɛ'riδrɔm-] Wildfang *m*,

385 **περίοικος**

Brausekopf *m*; F ***έφαγε τον ~*** er hat sich über'essen *od.* sich übernommen.

περιε-: ***περι-*** *mit Augment* ***ε***, *s.* ***περι-***, *z. B.* ***περιέγραψα*** *von* ***περιγράφω.***

περιειχ- *Impf. v.* ***περιέχω.***

περιεκτικ|ός [pɛriɛkt-] inhaltsreich; umfassend; **~ότητα** Fassungsvermögen *n*, Umfang *m*; Gehalt *m* (***σε***/ an *D*).

περι|έλιξη [-'ɛliksi] (-εις) Um'wickeln *n*; *El.* Wicklung *f*; **~ελίσσω** [-'lisɔ] (ξ· χτ/ -ει) um'wickeln; **~εργάζομαι** [-ɛr'ɣazɔmɛ] (στ) prüfen; beobachten; *etw.* besichtigen; **~έργεια** [-'ɛrja] Neugier(de) *f*; Wissbegierde *f*.

περίεργος [-'riɛrɣ-] neugierig; wissbegierig; umsichtig; *S.* sonderbar.

περι|έρχομαι [-'ɛrxɔmɛ] (ελθ· ηλθ) *v/t.* bereisen, durchwandern, durchstreifen (*a. Lokale*); geraten (***σε***/ in *A*); gelangen (***σε***/ zu, *zur Kenntnis*); *Macht*: 'zufallen (***σε***/ *D*); **~εχόμενα** *n/pl.* Inhaltsverzeichnis *n*; **~εχόμενο** Inhalt *m*; **~έχω** [-'ɛxɔ] (ειχ) enthalten.

περιζήτητος gefragt, begehrt.

περίζωμα *n* Gürtel *m*, Gurt *m*; Einfassung *f*, Schmuckleiste *f*; *mar.* Rüste *f*.

περιζώνω (σ· στ, θ) *v/t.* 'umgürten; *bsd. mil.* um'zingeln, einkreisen.

περίζωση [-'rizɔsi] (-εις) Umgürtung *f*; Umzingelung *f*, Einkreisung *f*.

περι|ήγηση [pɛri'ijisi] (-εις) (Rund-) Reise *f*, Umherreisen *n*; **~ηγητής** [-ijit-] Reisende(r), Tourist *m*; **~ηγητικός** Reise-; **~ηγούμαι** [-i'ɣumɛ] (*a.* -ιέμαι) (ηθ) *v/t.* bereisen.

περι|θάλπω [-'θalpɔ] (λψ) pflegen; beschützen; **~ίθαλψη** [-'iθalpsi] (-εις) Pflege *f*, Betreuung *f*; Beschützung *f*.

περίθλαση (-εις) *Phys.* Diffraktion *f*.

περι|θωριακός [pɛriθɔrĭa'kɔs] Rand- (*Bemerkung*); **~θώριο** [-'θɔr-] Rand *m*; *fig.* Spielraum *m*; *Hdl.* Preisspanne *f*, Gewinnspanne *f*; Marge *f* (*a. Typ.*).

περι|κάλυμμα [-'kalima] *n* Hülle *f*; Decke *f*; **~καλύπτω** [-'liptɔ] (ψ· φτ) einhüllen; zudecken, bedecken; **~καλώ** [-'lɔ] (είς) *s.* ***παρακαλώ.***

περι|κάρδιο [-'karð-] Herzbeutel *m*; **~κάρπιο** Fruchtgehäuse *n*.

περι|κεφαλαία [-ķefa'lɛa] Helm *m*; **~κλείνω** (-έκλεισα, -κλείσαμε· στ) um'schließen; enthalten, in sich schließen.

περίκλειστος umschlossen.

περι|κνημίδα [pɛrikni'miða] Strumpf (-band *n*) *m*; Gamasche *f*; **~κόβω** (ψα· όπηκα· κομμ) beschneiden, kappen, stutzen; *fig.* beschneiden, kürzen; **~κοκλάδα** *Bot.* Winde *f*; **~κοπή** Beschneidung *f*, Abschneiden *n*; Kürzung *f*; Auszug *m*, Abschnitt *m*; **~κόχλιο(ν)** (Schrauben-)Mutter *f*; **~κύκλωμα** *n s.* ***περικύκλωση***; **~κυκλώνω** [-ķikl-] (σ· θ) einschließen, einkesseln, einkreisen; **~κύκλωση** [-klɔsi] (-εις) Einschließung *f*, Einkesselung *f*.

περιλαβαίν|ω [-la'vɛnɔ] (περίλαβα) *v/t.* umfassen, *x Personen* fassen; packen, ergreifen (***από***/ an *D*); *Buch*: enthalten; mit *in e-e Liste* aufnehmen; **~ομαι** *Kosten*: inbegriffen sein.

περι|λαίμιο [-'lɛm-] Kragen *m*; Halstuch *n*; Halskette *f*; **~λάλητος** [-'lalit-] viel genannt.

περίλαμπρος [-lam͂br-] hervorragend.

περ|ιληπτικός [-lipt-] umfassend; zusammenfassend, gedrängt; Sammel-; *Su. n Gr.* Kollektivum *n*; **~ίληψη** [-'ilipsi] (-εις) Zusammenfassung *f*; ***εν ~λήψει*** in Kürze; **~ιλούζω** (περιέλουσα) *v/t.* übergießen; *fig.* überschütten; **~ίλυπος** tief betrübt.

περιμαζ|εύω [pɛrimaz-] (εψ) einsammeln; mitnehmen (ins Haus); *fig.* zügeln; ***~εύομαι*** sich (*A*) zusammennehmen; **~ώνω** *s.* ***περιμαζεύω.***

περι|μάχητος [-'maĭçit-] umstritten; begehrt; **~μένω** (μειν) warten (*A*/ auf *A*), *j-n* erwarten; erwarten (***από***/ von *D*); ***~μένω να*** ... warten, bis ...

περίμετρος [-mɛtr-] *f* Umkreis *m*; Umfang *m*.

πέριξ ['pɛriks] ringsherum; *G* um *etw.* (*A*) gelegen; ***τα ~*** Umgebung *f*; F Garten(nacht)lokale *n/pl.*

περιοδ|εία [pɛriɔð-] Rundreise *f*, Tournee *f*; **~εύω** (ευσ) *v/t.* bereisen; *v/i.* e-e Rundreise machen; **~εύων** [-'ðɛvɔn] *Thea.* Wander-; Reise-; **~ικό** Zeitschrift *f*; ***~ικό μόδας*** Modezeitschrift *f*; **~ικός** periodisch (*a. Math.*); zeitweilig; **~ικότητα** Periodizität *f*.

περί|οδος [pɛ'riɔð-] *f allg.* Periode *f* (*a. Med.*); Zeitabschnitt *m*; Zeitraum *m*; *Astr.* Umlauf *m*; *Gr.* Satzgefüge *n*, Periode *f*; ***βουλευτική ~οδος*** Legislaturperiode *f*; ***δοκιμαστική ~οδος*** Probezeit *f*; **~οικος** [-ik-] umwoh-

Π

nend; *hist. Su. m* Perioke *m* (*hist. außerhalb von Sparta*); **~οπτος** [-ɔpt-] sichtbar; hervorragend.
περιορ|ίζω [pεriɔr-] (σ· στ) begrenzen; beschränken; *Ausgaben, Rauchen* einschränken; *j-n* einsperren (***σε***/ in *A*); *fig.* bändigen; ***~ίζομαι*** sich (*A*) beschränken (***σε***/ auf *A*); **~ισμένος** *a.* borniert; **~ισμός** Begrenzung *f*; Beschränkung *f*, Einschränkung *f*; *mil.* Arrest *m*; ***~ισμός κατ' οίκον*** Ausgehverbot *n*; ***~ισμός κοινωνικών παροχών*** Sozialabbau *m*; ***~ισμός ταχύτητας*** Tempolimit *n*; **~ιστικός** einschränkend.
περι|όστεο [-'ɔst-] Knochenhaut *f*; **~οστίτιδα** Knochenhautentzündung *f*.
περιουσ|ία [pεrius-] Vermögen *n*; **~ιακός** Vermögens- (*Werte*).
περιούσιος (-ια) auserwählt.
περιοχή [-ɔ'çi] Gebiet *n* (*a. fig.*), Bezirk *m*; ***βιομηχανική ~*** Industriegebiet *n*; ***γύρω ~*** Umfeld *n*, Umgebung *f*; ***κρίσιμη ~*** Spannungsgebiet *n*; ***~ έκτακτης ανάγκης*** Notstandsgebiet *n*.
περι|πάθεια [-'paθ-] Leidenschaft *f*; **~παθής** leidenschaftlich.
περίπαιγμα *n* Verspottung *f*; Spott *m*.
περι|παίζω [pεri'pεzɔ] (ξ· χτ) verspotten; **~παίχτης** [-'pεxt-] Spötter *m*; **~παιχτικός** spöttisch; **~πάτημα** *n s.* ***περπάτημα***; **~πατητικός** Spazier-; *hist. Su. m* Peripatetiker *m*.
περίπατο|ς Spaziergang *m*, Spazierfahrt *f*; Promenade *f*; ***κάνω ~*** spazieren gehen; ***πάει ~*** F das ist hin.
περιπατώ *s.* ***περπατώ.***
περι|πέτεια *allg.* (*a. Liebes-*)Abenteuer *n*; Erlebnis *n*; Prüfung *f*, Heimsuchung *f*; **~πετειώδης** [-pε'tïɔð-] abenteuerlich, ereignisreich; **~πλάνηση** Umherirren *n*; **~πλανώ** [-pla'nɔ] (άς· ησ) in die Irre führen; ziellos umherführen; *v/p.* (***-ιέμαι·*** ηθ) umherirren; sich (*A*) verirren, sich (*A*) verlaufen; **~πλέκω** [-'plεkɔ] (ξ/ πλεγμ) (um)wickeln; *fig.* komplizieren, verzwickt machen; ***~πλέκομαι*** sich (*A*) verwickeln (***σε***/ in *A*); verzwickter werden; **~πλέον** darüber hinaus; *Su. n* Überschuss *m*; **~πλέω** [-'plεɔ] (ευσ) um'schiffen.
περιπλοκ|άδα [-plɔk-], **~άδι** Schlingpflanze *f*.
περιπλοκή [-plɔ'ki] Verwicklung *f*, Komplikation *f* (*a. Med.*).
περ|ίπλοκος verwickelt, kompliziert; **~ίπλους** [-'iplus] (-ου) Umschiffung *f*.
περι|πνευμονία [pεripnεvmɔn-] Lungenentzündung *f*; **~πόθητος** [-'pɔθ-] sehr begehrt; **~ποίηση** [-'piisi] (-εις) Pflege *f*; Betreuung *f*; *bsd. pl.* Entgegenkommen *n*, Zuvorkommenheit *f*; **~ποιητικός** [-piit-] entgegenkommend (***σε***/ zu *D*); **~ποιώ** [-'pjɔ] (είς· ησ· ηθ) *Ehre* verschaffen; ***~ποιούμαι*** pflegen; *j-n* gut behandeln, *j-m* sehr entgegenkommen; **~πολία** Streife *f*; Streifendienst *m*, *mil.* Patrouillieren *n*.
περ|ίπολος Streife *f*, Patrouille *f*; Patrouillenboot *n*; **~ιπολώ** [-pɔ'lɔ] (είς· *o. Aor.*) patrouillieren.
περίπου [pε'ripu] etwa, ungefähr.
περίπτερ|ο [-'riptεrɔ] Kiosk *m*, Stand *m*; *Ausstellung*: Pavillon *m*; **~ος** *Tempel*: ... mit Säulen umgeben, Säulen-.
περ|ίπτυξη [-'iptiksi] (-εις) Umarmung *f*; **~ιπτύσσομαι** (χτ) umarmen.
περιπτωσάρα F *fig.* hohe(s) Tier; gute Gelegenheit.
περίπτωση [pε'riptɔsi] (-εις) Fall *m*; ***σε ~*** im Falle; ***σε καμιά ~*** auf keinen Fall; ***σε κάθε ~*** auf jeden Fall; ***σε ~ που*** im Fall, dass.
περισκελίδα [-skεl-] (Reit-)Hose *f*.
περί|σκεψη [-skεpsi] (-εις) Vorsicht *f*, Umsicht *f*; **~σκιος** (-ια) schattig.
περι|σκόπιο [pεri'skɔp-] Periskop *n*; **~σκοπώ** [-'pɔ] (είς· ησ) *Horizont* absuchen; **~σπασμός** [-spazm-] Ablenkung *f*; Unannehmlichkeit *f*; **~σπούδαστος** [-'spuðast-] gewichtig; sehr gefragt; **~σπώ** [-'spɔ] (άς· -έσπασα) ablenken; *Gr.* mit Zirkumflex versehen; **~σπωμένη** Zirkumflex *m*.
περ|ίσσεια [pε'ris-] Überfluss *m*; Fülle *f*; **~ίσσευμα** [-sεvma] *n* Überschuss *m*; **~ισσευούμενος** [-isε'vum-] übrig; überflüssig; **~ισσεύω** (ευσ, εψ) (übrig) bleiben; überflüssig sein; zu viel sein; mehr, größer, länger werden; **~ίσσιος** (-ια) reich, üppig; überflüssig; **~ισσός** *s.* ***περιττός***; **~ισσότερο** [-i'sɔtεrɔ] *Adv.* mehr; *Zeit*: länger; ***το ~ισσότερο*** meistens; am längsten; **~ισσότερος** *Adj.* mehr; länger; ***οι ~ισσότεροι*** die meisten.

Π

περισταλτικός einschränkend, Beschränkungs-; *Med.* peristaltisch.
περίσταση [pɛ'ristasi] (-εις) Umstand *m*, Gelegenheit *f*; Fall *m*; *mst. pl.* Verhältnisse *n/pl.*; ***σε κάθε ~*** unter allen Umständen; ***σε τέτοια ~*** in diesem Fall; ***κατά τας περιστάσεις*** je nach den Umständen.
περιστατικ|ό Vorfall *m*; *pl.* Umstände *m/pl.*; ***πραγματικά ~ά*** *n/pl. jur.* Tatbestand *m*; **~ός** provisorisch, Not-.
περιστ|έρα, ~ερά [pɛrist-] Taube *f*; **~ερήσιος** (-ια) Tauben-; **~έρι** Taube *f*; **~ερώνας** Taubenschlag *m*.
περι|στοιχίζω [-stiç-] (σ) umgeben, umringen; **~στολή** [-stɔ'li] Einschränkung *f*; **~στόμιο** *Tech.* Einfüllstutzen *m*; **~στρέφω** [-'strɛfɔ] (ψ· αφ· αμμ) *v/t.* (herum)drehen; *Blick*: schweifen lassen; ***~στρέφομαι*** sich (*A*) drehen (*a. fig.*); **~στροφή** [-strɔ'fi] Umdrehung *f*; Umlauf *m*; *fig. pl.* Umschweife *m/pl.*; **~στροφικός** Dreh-; Wendel-.
περίστροφο [pɛ'ristrɔfɔ] Revolver *m*.
περ|ιστύλιο [-'stil-] Säulengang *m*, Peristyl *n*; **~ίστυλος** Säulen-.
περι|συλλέγω [-si'lɛγɔ] (ξ· -έχτηκα) aufsammeln; einfangen; F aufgabeln; mit ins Haus nehmen; **~συλλογή** [-lɔ'ji] Sammlung *f*; Aufsammeln *n*; *fig.* Sparsamkeit *f*; **~σφίγγω** [-'sfiŋ̃gɔ] ([γ]ξ· γμ) einschnüren; zusammendrücken; *mil.* (hart) bedrängen.
περι|σώζω [-'sɔzɔ] (-ίσωσα· θ) bewahren (***από***/ vor *D*); ***~σώζομαι*** verschont bleiben (***από***/ von *D*); **~τειχίζω** (σ) um'mauern; **~τείχιση** [-'tiç-] (-εις) Ummauerung *f*; **~τείχισμα** *n* Ummauerung *f*; Ringmauer *f*.
περ|ίτοιχ- *s.* ***περιτειχ-***; **~ιτομή** Beschneidung *f* (*bsd. Rel.*).
περι|τόναιο [-'tɔnɛɔ] Bauchfell *n*; **~τονίτιδα** Bauchfellentzündung *f*.
περίτρανος [-'ritran-] (klipp und) klar.
περι|τρέχω [pɛri'trɛxɔ] (ξ) *v/t.* durch'reisen; **~τριγυρίζω** (σ) einzäunen; *fig.* (herum)scharwenzeln um *A*.
περί|τριμμα [-trima] *n* Gerümpel *n*; *fig.* Auswurf *m*; **~τρομος** [-trɔm-] am ganzen Leibe zitternd.
περιτροπ|ή [pɛritrɔ'pi] Umdrehen *n*, Wenden *n*; ***εκ ~ής*** abwechselnd.
περιττ- *s.* ***περισσ-***.
περιττεύω (ευσ) sich erübrigen.
περιττο|λογία [pɛritɔlɔj-] Geschwätz *n*; **~λόγος** [-'lɔγ-] geschwätzig, redselig; **~λογώ** [-'γɔ] (είς· ησ) schwatzen.
περιττ|ός überflüssig; *Zahl*: ungerade; **~οσύλλαβος** *ngr. Gr. etwa* übersilbig (*z. B.* πράγμα – πράγματος *usw.*).
περίττωμα *n* Auswurf *m*; Stuhlgang *m*, *bsd. pl.* Exkremente *n/pl.*
περι|τύλιγμα [-'tiliγma] *n* Einwickeln *n*; Verpackung *f*; ***χαρτί περιτυλίγματος*** Einwickelpapier *n*; **~τυλίγω** [-ti'liγɔ] (ξ· χτ· ιγμ) einwickeln; verpacken; *fig.* verwickeln; **~τύλιξη** [-liksi] Verpacken *n*.
περι|φανής [pɛrifan-] offenbar; hervorragend; glänzend; **~φέρεια** [-'fɛrĭa] Umfang *m* (*z. B. des Körpers*); *Math.* Kreislinie *f*; *fig.* Gebiet *n*; (*Wahl-*) Bezirk *m*, (*Wahl-*)Kreis *m*; **~φερειακός** Bezirks-; **~φερής, ~φερικός** Kreis- (*Bahn*), Rund-, kreisförmig; **~φέρω** [-'fɛrɔ] (II = I) (umher)tragen, umherführen, führen (***σε***/ zu *D*, an *A*); ***~φέρομαι*** sich (*A*) herumtreiben.
περίφημος [pɛ'rifim-] berühmt; *S.* wunderschön, prächtig.
περιφλεγής [-flɛj-] feurig, glühend.
περίφοβος [-fɔv-] angstvoll.
περιφορά [-fɔ'ra] Umhertragen *n*; (*Grablegungs-*)Prozession *f*; *Astr.* Umlauf *m*.
περ|ίφραγμα [-fraγma] *n* Umzäunung *f*; **~ιφράζω** (σ) um'schreiben; umzäunen, einfriedigen; **~ίφραξη** [-fraksi] (-εις) Einzäunen *n*; **~ίφραση** (-εις) Umschreibung *f*; Periphrase *f*; **~ιφραστικός** umschreibend; umständlich (*sich ausdrücken*); *Gr.* zusammengesetzt; **~ίφραχτος** eingezäunt.
περιφρόνηση [pɛri'frɔnisi] (-εις) Missachtung *f*; Verachtung *f*.
περιφρονητ|έος [-frɔnit-] (-α) unwürdig, verachtungswürdig; **~ής** Verächter *m*; **~ικός** verächtlich.
περιφρονώ [-frɔ'nɔ] (άς, είς· ησ) *j-n* verachten; *Gesetz* missachten.
περι|φρούρηση [pɛri'frurisi] (-εις) Bewachung *f*; **~φρουρώ** [-'rɔ] (είς· ησ) wachen über *A*; **~χαρακώνω** [-xarak-] verschanzen; **~χαράκωση** [-kɔsi] (-εις) Verschanzung *f*.
περίχαρος hocherfreut.
περ|ίχυμα [pɛ'riçima] *n* Übergießen *n*;

~ιχύνω [-'çinɔ] (περίχυσα) über'gießen; ***~ιχύνομαι*** (θηκ) *a.* sich (*A*) bekleckern (***με***/ mit *D*); **~ίχωρα** [-'ixɔra] *n/pl.* Umgebung *f*, Umfeld *n*.
περι|ώνυμος [-'ɔnim-] weltberühmt; **~ωπή** [-ɔ'pi] Gipfel *m*; *fig.* hohe(r) Rang; ***~ωπής*** hochrangig; ***από ~ωπής*** von höherer Warte.
πέρκ|α, ~η Barsch *m*.
περμανάντ [pɛrma'nañ] (0) *n* Dauerwelle *f*.
περνοδιαβαίνω [pɛrnɔðiav-] (-διάβηκα) dauernd hin- und hergehen.
περνώ [pɛr'nɔ] (άς· ρασ· ρασμ) *v/t. Fluss* überqueren, gehen über *A* (*z. B. die Brücke*); *Kugel*: durchbohren, durchdringen; *Regen*: 'durchdringen durch *A*; *j-n* hinüberbringen; hinüberschaffen; führen (***από***/ aus, von *D*; durch (*A*) *ein Loch*; ***σε***/ nach *D*, auf *A*); übertreffen, überflügeln; (***τον σε***/ j-n in *D*, an *Größe usw.*); *Vermögen* über'schreiben; *auf die Rechnung* setzen, (ver)buchen; *Schuhe usw.* 'überziehen, anziehen; *Halskette* anlegen; *mit Farbe* übermalen; *Parkett* bohnern; *Prüfung* bestehen; *Militärdienst* (durch)machen; *Zeit*, *Ferien* verbringen; *v/i.* vorübergehen; (durch)kommen, (durch-)fahren; vorbeikommen; *Autobus*: vorbeikommen, *zweimal am Tage* verkehren; *Zeit*: vergehen, verfließen; *Krise*, *Mode*: vorübergehen; *Münze*: gültig sein; *Meinung*: Geltung haben, gelten; *Gesetz*: durchkommen; sich (*A*) bemühen, gehen (***σε***/ in *A*); ***~ καλά*** es gut haben; mit geht's gut; ***~ για*** *N* gelten als; ***πώς τα περνάτε;*** wie geht es Ihnen?; F (***την***) ***~ ζάχαρη*** (*od.* ***καρύδι και μέλι***) mir geht's blendend (*od.* himmlisch); ***ορίστε, περάστε!*** bitte, treten Sie näher!; ***πέρασα άσκημα στο ταξίδι*** ich hatte eine schlechte Reise; ***πέρασα ωραία σε*** ... ich amüsierte mich auf *dem Fest*.
περ|όνη [pɛ'rɔni] Nadel *f*, Brosche *f*; Gabel *f*; Wadenbein *n*; **~ονιάζω** (-ρόνιασα) durchstechen; *fig.* durch Mark und Bein gehen.
Περ|ού *n*, **~ουβία** [-ruv-] Peru *n*.
περουβιανός peruanisch.
περουζές [pɛru'zɛs] (-έδες) Türkis *m*.
περούκα [-'ruka] Perücke *f*.
περ|πάτημα *n* Gehen *n*, Marschieren *n*; Gang(art *f*) *m*; **~πατημένος** F ausgekocht, clever; **~πατητής** Spaziergänger *m*; **~πατώ** (ησ· ηθηκα/ τημ-) *v/i.* gehen, marschieren; spazieren gehen; *v/t.* spazieren führen.
Περσέας [pɛr'sɛas] Perseus *m*.
Πέρσης Perser *m*.
Περσία Persien *n*.
Περσίδα [pɛr'siða] Perserin *f*.
περσικός persisch.
πέρ(υ)σι ['pɛr(i)si] voriges Jahr.
περ(υ)σινός vorjährig.
περφορατέρ [-fɔra'tɛr] (0) *n* Locher *m*.
πεσιμισ|μός Pessimismus *m*; **~τής** (***-ίτρια***) Pessimist(in *f*) *m*; **~τικός** pessimistisch.
πέσιμο (-ατος) Fallen *n*, Sturz *m*.
πεσκέσι [pɛ'skɛsi] (Lebensmittel-)Geschenk *n*.
πεσκίρι [-'skiri] Handtuch *n*.
πεσσός Figur *f*, Stein *m im Brettspiel*.
πέστροφα ['pɛstrɔfa] Forelle *f*.
πεσών [-'sɔn] (-όντος) *m* Gefallene(r).
πέτα(γ)μα ['pɛta(ɣ)ma] *n* Werfen *n*; Flug *m*; ***είναι για ~*** er (sie, es) taugt nichts mehr; F ... ist Schund (P Mist); ... weg damit!
πετάλι [pɛ'tali] Pedal *n*, Fußhebel *m*.
πεταλίδα Muschel *f*.
πέταλ|ο Hufeisen *n*; Blumenblatt *n*; ***μαζεύω ~α*** F immer hinterherhinken.
πεταλ|οειδής, ~όσχημος hufeisenförmig.
πεταλούδα [-'luða] Schmetterling *m*; *Tech.* Flügelmutter *f*.
πεταλουδίζω (σ) flattern.
πετ|άλωμα *n* Beschlagen *n*; **~αλώνω** (σ) beschlagen; F *j-n* kleinkriegen; **~αλωτής** Hufschmied *m*.
πέταμα *n s.* ***πέταγμα.***
πετάμενος *s.* ***πετούμενος.***
πεταμένος weggeworfen.
πεταξ- *s.* ***πετώ.***
πεταρίζω [pɛta'rizɔ] (σ) flügge werden.
πέταυρο ['pɛtavrɔ] (Dach-)Latte *f*.
πετ|αύρωμα [-'tavr-] *n* Verschalung *f*; **~αυρώνω** (σ) verschalen.
πεταχτ|ός [pɛtaxt-] ... zum Werfen; *Tünchen*: ... durch Anklatschen; F geklatscht; kess; übermütig; *Su. n* Bewurf *m*; ***στα ~ά*** im Fluge, blitzschnell; **~ούλης** [-'ul-] flinke(r) Junge *m*.
πετειν|άρι [pɛtin-] Hähnchen *n*; **~όμυαλος** [-'ɔmĭal-] ... mit einem Spat-

zengehirn; **~ός** Hahn *m* (*a. Gewehr*); (*vulgär*) *s.* ***κλειτορίδα.***

πετ(ι)μέζι [-'mεzi] gekochte(r) fest gewordene(r) Most *m.*

πέτο Revers *n*, Jackenaufschlag *m.*

πετονιά große(r) Angelhaken *m.*

πετούμενος [pε'tum-] fliegend; *Su. n* Vogel *m.*

πέτρα Stein *m.*

πετρ|άδι Edelstein *m*; **~άς** [-'tras] (-άδες) Steinmetz *m*; Steinhauer *m.*

πετραχήλι Beffchen *n*; Stola *f*; Halsband *n.*

πετρελαιαγωγός Erdölleitung *f.*

πετρέλαιο [pε'trεlεɔ] Erdöl *n*; Petroleum *n*; *Argot*: Pleite *f*; (*keinen*) roten Heller (*haben*) ; ***θερμαντικό ~*** Heizöl *n.*

πετρελαιο|ειδή *n/pl.* Erdölarten *f/pl.*; **~θήκη** [-'θikj̩i] Öllager *n*; **~κηλίδα** Ölteppich *m*; **~κινητήρας** *s.* ***πετρελαιομηχανή***; **~κίνητος** [-'kj̩init-] Motor-, ... mit Motorantrieb; **~μηχανή** [-mixa'ni] Benzinmotor *m*; **~παραγωγή** [-paraγɔ'ji] Erdölgewinnung *f*; **~πηγή** [-pi'ji] Ölquelle *f*; **~ρύπανση** Ölpest *f*; **~φόρο** [-'fɔrɔ] Tanker *m*; **~φόρος** (-α) erdölhaltig; Öl-.

πετρένιος (-ια) steinern, Stein-.

πετριά Steinwurf *m*; Steine *m/pl.*; *fig.* Anspielung *f*, Stich *m.*

πέτρινος steinern (*a. Herz*); Stein-.

πετρίτης *Art* Falke *m*; Rotkehlchen *n.*

πετρο|βόλημα [pεtrɔ'vɔl-] *n* Steinigung *f*; Steinwurf *m*; **~βολώ** [-vɔ'lɔ] (είς, άς· ησ) mit Steinen bewerfen; steinigen; **~καλαμήθρα** Magnet *m*; *hist.* Kompass *m*; **~κάρβουνο** Steinkohle *f*; **~κόντυλο** Griffel *m*; **~κόπος** *s.* ***πετράς***; *Tech.* Steinbrecher *m.*

Πέτρος ['pεtr-] Peter *m.*

πετροσέλινο [-'sεl-] Petersilie *f.*

πετρότοπος Steinwüste *f.*

πετροχελίδονο [-çε'liδ-] *Zool.* Segler *m* (Cypselidae); Felsenschwalbe *f.*

πετρ|όψυχος [-'trɔpsix-] hartherzig, steinhart; **~ώδης** steinig.

πέτρωμα *n* Versteinerung *f*; *Tech.* Bindung *f*, Hartwerden *n.*

πετρώνω (σ· θ) *v/t. u. v/i.* versteinern; hart werden; *fig.* wie versteinert sein.

πετρωτός Stein-, ... aus Stein.

πέτσα Haut *f*; (*Brot*) Kruste *f*; *Med.* Schorf *m.*

πετσ|άς [pε'tsas] (-άδες) Sattler *m*; Lederhändler *m*; **~ένιος** (-ια) Leder-.

πετσέτα Handtuch *n*; Serviette *f.*

πετσί [pε'tsi] Leder *n*; Haut *f*; F Portemonnaie *n*; ***~ και κόκκαλο*** Haut und Knochen.

πετσιάζω (πέτσιασα) e-e Haut, e-e Kruste bekommen.

πέτσινος Leder-, ledern; F unecht.

πετσο|κόβω [pεtsɔ'kɔvɔ] (ψ· οπ, οφτ) zerstückeln, zerhacken; *fig.* niedermetzeln; *Sprache* radebrechen; **~κομματιάζω** (σ) *s.* ***πετσοκόβω.***

πετσούδα [pε'tsuδa] Thunfisch *m.*

πέτσωμα *n* Besohlen *n*; *fig.* Schmiergeld *n*, Hilfsgelder *n/pl.*

πετσώνω (σ· θ) besohlen; *fig. j-n* versohlen; *v/i.* e-e Kruste bekommen.

πέτυχα *s.* ***επιτυχαίνω.***

πετυχ|αίνω [pεtiç-] (πέτυχα) *s.* ***επιτυχαίνω***; *j-n* treffen; es gelingt mir; **~ημένος** gelungen; erfolgreich; *Su. m* Arrivist *m.*

πετ|ώ [pε'tɔ] (άς· αξ· αχτ· α[γ]μ· *Impf.* *oft* πέταγα) *v/t.* werfen, F schmeißen; *alte Sachen* wegwerfen, ausrangieren; *j-n* hinauswerfen, F rausschmeißen; *Drachen* steigen lassen; *Knospen* treiben; *v/i.* fliegen; *Fahne*: flattern; *fig.* zittern *vor Freude*; ***~ιέμαι (-ιούμαι, ~άγομαι)*** (hinaus)stürzen; laufen, springen; spritzen; dazwischenreden; ***~ώ έξω*** hinauswerfen; ***~ιέμαι απάνω*** aufspringen; ***μου πέταξε μια κουβέντα*** er machte e-e Anspielung; ***πέταξε το πουλί*** die Gelegenheit ist verpasst; ***~ωνιά*** *s.* ***πετονιά.***

πεύκη, πεύκι *s.* ***πεύκο.***

πευκιάς [pεf'kj̩as] Fichtenwald *m.*

πεύκινος ['pεfkj̩in-] Fichten-.

πεύκο ['pεfkɔ], **πεύκος** Fichte *f.*

πευκώνας *s.* ***πευκιάς.***

πεφ- *s.* ***φ-.***

πεφτάτρι Sternschnuppe *f.*

πέφτω ['pεftɔ] (πεσ· πεσμ) fallen (*a. Preis*); stürzen; *Haar*: ausfallen, ausgehen; *Mauer*: einstürzen; *Knopf*: abgehen; *Krankheit*: befallen (***σε/ A***); *Blitz*: einschlagen; *Los*: zufallen; *Wind, Kälte*: nachlassen; *Dunkel*: hereinbrechen; *tot* hinfallen; *Pers.* hinfällig werden; *im Krieg* fallen; ***έπεσε άρρωστος*** er wurde krank; ***μου έπεσε βαρύ*** es fiel mir schwer; ***ποια μέρα πέφτει η***

Π

γιορτή σου; auf welchen Tag fällt dein Namenstag?; *Argot*: blechen müssen; ***πέσε!*** *Argot*: her damit!
πέψη ['pɛpsi] (-εις) Verdauung *f*.
πεψίνη [-'psini] Pepsin *n*.
πηγ-, πήγα *s.* ***πηγαίνω.***
πηγ|άδι [pi'ɣaði] Brunnen *m*, Quelle *f*; **~αδίσιος** (-ια) Brunnen-, Quell-; **~άζω** (σ) entspringen (***από***/ in *D*); *fig*. entstammen (***από***/ *D*); (*vom Volke*) ausgehen.
πηγαιμός *s.* ***πηγεμός.***
πηγαινο|έλα [pijɛnɔ'ɛla] *n* (*pl.*) Kommen und Gehen *n*; **~έρχομαι** [-'ɛrxɔmɛ] kommen und gehen; hin- und hergehen; **~ερχομός** *s.* ***πηγαινοέλα.***
πηγαίνω [pi'jɛnɔ] (πηγ· πηγεμεν) *v/i*. gehen (*a. Pers., S., z. B. Uhr*); *Kurs, Geld*: stehen; *Ausgaben, Material*: draufgehen (***σε, για***/ für *A*); *v/t*. bringen; *j-n* führen; *Kleider*: passen (***με***/ zu *D*); stehen (***σε***/ *D*); **~ *να βρω*** aufsuchen; ***πάω για*** *N* trachten nach; ich möchte gern ... werden; ***πάω να ...*** ich bin im Begriff zu ...; ***πάει ...*** ist hin, ist vorbei; ***πάνε τρία χρόνια που*** es ist (*od.* sind) drei Jahre her, dass; ***πάει η ώρα εφτά*** es ist gleich sieben; ***δεν πάει*** (***να***) es geht nicht (, dass); *s. a.* ***πάει***; **~ *πάσο*** F passen; aufgeben; ***πήγαινε!*** geh!
πηγαίος [pi'jɛɔs] (-αία) Quell-; *fig*. spontan, höchsteigen.
πήγανο ['piɣanɔ] Raute *f*.
πηγεμός [pijɛm-] Gehen *n*; **~ *και έρχομος*** Hin- und Rückfahrt *f*.
πηγή [pi'ji] Quelle *f* (*a. fig.*); *Argot*: Dealer ['di:-] *m*; ***από έγκυρη ~*** aus zuverlässiger Quelle.
πηδάλιο [-'ðal-] Steuer *n*; *Uhr*: Regulierzeiger *m*; Pedal *n*.
πηδαλι|ούχος [-'ljux-] Steuermann *m*; *fig*. Lenker *m*; **~ουχούμενος** [-u-'xum-] lenkbar; **~ουχώ** (είς· ησ) Steuermann sein; *fig*. am Ruder sein.
πήδημα *n* Springen *n*; Sprung *m*.
πηδη|ματιά [piðima'tja] Sprung *m*; **~τής** Springer *m*; **~τός** springend; *Adv*. durch Springen; **~χτάδικο** Tanzdiele *f*; **~χτός** (-ή) Springer(in *f*) *m*; springend; Spring- (*Tanz*).
πηδώ [pi'ðɔ] (άς· ησ, ηξ· ημ) *v/i*. springen (*a. fig.* ***από - σε***/ von *D* — auf *A*); *v/t*. *etw*. über'springen; *Seite* überschlagen; *Argot*: *j-n* in die Pfanne hauen.
πήζω ['pizɔ] (ξ· ηγμ) *v/t*. zum Gerinnen bringen; gerinnen lassen (0/ zu *D*); hart machen; *v/i*. gerinnen; hart (fest) werden; *fig*. reif werden; wimmeln (***από***/ von *D*); F duselig werden.
πηκτ|ή [pi'kti] Sülze *f*; Gallerte *f*; Gelee *n*; **~ικός** *Chem*. koagulierend; **~ός** geronnen, dickflüssig; *fig*. dicht.
πηλ|άλα Rennen *n*; **~αλώ** (άς· ησ) *v/i*. rennen; galoppieren; *v/t*. abhetzen.
πηλήκιο [-'lik-] (Soldaten-)Mütze *f*.
πηλίκο [pi'likɔ] Quotient *m*.
πήλινος irden, Ton-.
πηλο|πλάστης [pilɔ'plast-] Töpfer *m*; **~πλαστική** Töpferei *f*.
πηλ|ός Ton(erde *f*) *m*; Lehm *m*; Mörtel *m*; Schlamm *m*, F Matsch *m*; **~ώδης** lehmartig, schlammig.
Πηνελόπη [pinɛ'lɔpi] Pe'nelope *f*.
πηνίζω [pin-] (σ) aufspulen; **~ίο** Spule *f* (*a. El.*).
πήξ|η ['piksi] Einschlagen *n*, Eintreiben *n*; Errichtung *f*, Zusammenbau *m*; Gefrieren *n*; Hartwerden *n*; **~ιμο** (-ατος) Hartwerden *n*; Gefrieren *n*.
πηρ- *s.* ***παίρνω.***
πήρα Beutel *m*; Jagdtasche *f*.
πήχη ['piçi] Elle *f* (*a. Maß*); Unterarm *m*; Latte *f*.
πηχτ- *s.* ***πηκτ-.***
πήχτρα ['pixtra] dicke Masse *f*; F Gewühl *n*; *als Adv*. dick; dicht; ***κόσμος ~*** Gedränge *n*.
πι [pi] (0) *n* Pi *n*; F **~ *και φι*** dalli!, ... wie der Blitz.
πια [pja] *nicht* ... mehr; schon; endlich; *verstärkend*: geradezu, direkt.
πιανίστ|ας [pja'nistas] Pianist *m*; **~ρια** Pianistin *f*.
πιάνο Klavier *n*; Piano *n*; *Adv*. piano; P Fingerabdrücke *m/pl*.
πιάν|ω ['pjanɔ] (σ· στ· σμ) *v/t*. fassen (***από***/ an, bei *D*), packen, (er)greifen; anfassen; *j-n auf der Straße* abfangen, anhalten; F erwischen; *Dieb* ergreifen, festnehmen; *Zimmer* mieten; *den Puls* fühlen; *Ort, Platz* besetzen; *Platz* belegen; *Fieber* bekommen; *Gefühl*: *j-n* überkommen, befallen; *Kopf usw.*: *j-m* wehtun; *Essen*: *bei j-m* anschlagen; *Gespräch* beginnen, aufnehmen; *Lied* anstimmen; *etw*. anrechnen; *Geld* ein-

Π

bringen; *Radiosender*: einstellen, F reinholen; *v/i.* fassen (***από***/ bei *D*); halten, haften bleiben; *Schiff*: anlegen; Anklang finden; *Same*: aufgehen; Wurzel fassen; *Witz*: verfangen; *Essen*: anbrennen; *Regen*, *Kälte usw.*: einsetzen; ***~ομαι*** sich (*A*) halten, sich (*A*) festhalten (***από***/ an *D*); kommen (***από***/ zu *Geld*); hängen bleiben (***από***/ an *D*); in Streit geraten, sich (*A*) anlegen (***με***/ mit *D*); *Glieder*: taub (*od.* steif) werden (*od.* sein); ***~ω φωτιά*** Feuer fangen; ***με πιάνει η θάλασσα*** ich werde seekrank; ***τι σ' έπιασε;*** was ist in dich gefahren?; ***πιάνει τόπο*** es wird fühlbar, es wirkt.

πιάσιμο ['pjas-] (-ατος) Fassen *n*, Ergreifen *n*; Griff *m*; Anfassen *n*, Befühlen *n*; Anhalten *n*; Mieten *n*; Lähmung *f usw.*; ***~ των μυών*** Muskelkater *m*; *s. Verb* ***πιάνω.***

πιάσμα *n* Griff *m*.

πιασμένος besetzt; taub, steif.

πιάστρα (Topf-)Lappen *m*.

πιατέλα [pja'tɛla] Schüssel *f*.

πιατικά *n/pl.* Geschirr *n*.

πιάτο Teller *m*; Gericht *n*, Gang *m*.

πιατοθήκη [-'θiķi] Geschirrschrank *m*.

πιατόπανο Geschirrtuch *n*.

πιάτσα ['pjatsa] Marktplatz *m*; *Hdl.* Markt *m*; Börse *f*; (*Taxi-*)Stand *m*; ***της ~ς*** Volks-, Gauner- (*Sprache*).

πιγκουίνος [piŋgu'in-] Pinguin *m*.

πιγκ πογκ (0) *n* Tischtennis *n*.

πιγούνι [pi'ɣuni] Kinn *n*.

πίδακας ['pið-] Springbrunnen *m*.

πιε! [pjɛ] trink!; *s.* ***πίνω.***

πιέζω ['pĭɛzɔ] (-ίεσα· στ· πιεσμ) *Knopf* drücken (*a. A*/ gegen *A*); (zusammen)pressen; *Frucht* auspressen; *fig. j-n* drängen (***να***/ zu).

πιερότος Maske *f* (*als Pers.*).

πιες! [pjɛs] trink!; *s.* ***πίνω.***

πίεση ['piɛsi] Druck *m*; Drängen *n*; ***ατμοσφαιρική ~*** Luftdruck *m*; ***αρτηριακή ~*** Blutdruck *m*; ***υψηλή ~*** Hochdruck *m*; ***χαμηλή ~*** Tiefdruck *m*; ***ασκώ ~ σε*** Druck ausüben (auf *A*); ***είμαι κάτω από ~ χρόνου*** unter Zeitdruck stehen.

πιεστήριο (*Drucker-*)Presse *f*; Kelter *f*; ***υπό το ~*** im Druck.

πιεστ|ής [pjɛst-] Drucker *m*; **~ικός** Druck(er)-; Druck- (*Mittel*), Zwangs-; drückend; **~ός** gepresst; gedrückt; zusammendrückbar; *fig.* aufdringlich (***σε***/ gegenüber *D*); *Su. n* Kompressibilität *f*.

πιέτα Falte *f*.

πιέτε! ['pjetɛ] trinkt!; *s.* ***πίνω.***

πιθαμή [piθa'mi] Spanne *f*.

πιθανο|κρατία [piθanɔkrat-] Probabilismus *m*; **~λογώ** [-lɔ'ɣɔ] (είς· ησ) wahrscheinlich sein; ***~λογείται*** man hält es für wahrscheinlich.

πιθαν|ός wahrscheinlich; **~ότητα** Wahrscheinlichkeit *f*, Aussicht *f*.

πιθ|αράς [piθa'ras] (-άδες) Töpfer *m*; **~άρι** Tongefäß *n*, Krug *m*.

πιθηκ|ίζω [-θiķ-] (σ) nachäffen; **~ισμός** Nachäffung *f*; **~οειδής** [-ɔið-] affenartig.

πίθηκος Affe *m*; Nachäffer *m*; ***ανθρωποειδής ~*** Menschenaffe *m*.

πίκα *Karte*: Pik *n*; Groll *m*; ***τον έχω μια ~*** ich habe e-n Pik auf ihn.

πικάντικος [pi'kaňd-] pikant, Appetit anregend; F *fig.* aufgeweckt, helle.

πικάπ [pi'kap] (0) *n* Plattenspieler *m*.

πικ|άρισμα *n* Ärgern *n*; Anstachelung *f*; **~άρω** [-'arɔ] (αρισ) ärgern, reizen.

πικές [pi'ķɛs] Pikee *m* (*Stoff*).

πίκι ['piķi] *mar.* Gaffel *f*.

πικνίκ [pik'nik] (0) *n* Picknick *n*.

πίκρα ['pikra] Bitterkeit *f*; Trübsal *f*.

πικρ|άδα *s.* ***πίκρα***; **~αίνω** (II = I· αθ· αμ) bitter machen; betrüben, kränken; bitter werden; ***~αίνομαι*** sich (*A*) ärgern; verbittern; **~αλίδα** Zichorie *f*; **~αμός** Verbitterung *f*, Betrübnis *f*; **~αμύγδαλο** [-a'miɣðalɔ] bittere Mandel *f*; **~αντικός** [-aňd-] betrüblich, ärgerlich; unleidlich; **~ία** *s.* ***πίκρα***; **~ίζω** (σ) bitter schmecken; **~ικός** Bitter-; Pikrin- (*Säure*).

πικρίλα bittere(r) Geschmack.

πίκρισμα *n s.* ***πίκρα.***

πικρό|γελο [pi'krɔjɛlɔ] bittere(s) Lachen *n*; **~γλωσσος** bissig.

πικρο|δάφνη [-'ðafni] Oleander *m*; **~καρδίζω** [-karð-] (σ) betrüben.

πικρόλογα *n/pl.* Stichelei *f* (*pl.* -en).

πικρ|ός [pikr-] bitter (*a. fig.*); **~ότητα** Bitterkeit *f*; **~ούτσικος** [-'uts-] leicht bitter; **~όχολος** [-'ɔxɔl-] jähzornig.

πιλ|άλα [pi'lala] Rennen *n*; **~αλώ** (άς· ησ) *v/i.* (umher)rennen; galoppieren; *v/t.* abhetzen.

Π

πιλατεύω [pilat-] (εψ) piesacken.
πιλάφας [pi'laf-] Stammler *m*.
πιλάφι [pi'lafi] Pilaw *m*; ***ατζέμ ~*** Reis mit Soße u. Fleisch.
πίλημα *n* Filz *m*.
πιλο|θήκη [pilɔ'θiķi] Hutschachtel *f*; **~ποιός** [-'pjɔs] Hutmacher *m*; **~πωλείο** [-pɔl-] Hutgeschäft *n*.
πιλ|οτάρω [pilɔ'tarɔ] (ρισ) steuern, fliegen; lotsen; **~οτίνα** Pilotin *f*; **~ότος** Pilot *m*; *mar*. Lotse *m*; Pilot-, Versuchs- (*Objekt*); ***δεύτερος ~ότος*** Kopilot *m*.
πινάκα Schüssel *f*.
πίνακας ['pinakas] Wandtafel *f*; Gemälde *n*, Bild *n*; Verzeichnis *n*, Liste *f*; (*Logarithmen-*)Tafel *f*; (schwarzes) Brett; *El*. (*Schalt-*)Tafel *f*; ***~ ανακοινώσεων*** schwarze(s) Brett *n*; ***~ περιεχομένων*** Inhaltsverzeichnis *n*.
πινάκι *s*. ***πινακίδιο.***
πινακ|ίδα [pinaķ-] Schild *n*; Täfelchen *n*; ***~ίδα σημάνσεως*** Verkehrsschild *n*; **~ίδιο** Zeichenbrett *n*; *Hdl*. Bordereau *n*.
πινάκιο [-'naïķ-] Teller *m*; Schild *n*; *jur*. Sitzungsliste *f*.
πινακο|γλείφτης [pinakɔ'ɣlift-] Speichellecker *m*; **~θήκη** [-'θiķi] Gemäldesammlung *f*.
πινέζα Heftzwecke *f*, Reißnagel *m*.
πιν|ελιά [-nɛ'lja] Pinselstrich *m*; **~έλο** [-'ɛlɔ] Pinsel *m*.
πινίο [pi'niɔ] Ritzel *n*, Zahnrad *n*.
πίνω ['pinɔ] (πιε!· να πιω· ήπια· πιωθ· πιωμ) *v/t*. trinken; aufsaugen; *v/i*. trinken; ***τα ~*** F sein Geld versaufen.
πιο [pjɔ] *Adv*. mehr; *Komp*. -er; *Sup*. -(e)st-: ***~ ψηλός*** höher; ***ο ~ ψηλός*** der höchste.
πιόμα *n s*. ***πιόσιμο.***
πιονέρος [piɔ'nɛr-] Pionier *m*.
πιόνι ['pjɔni] *Schach*: Bauer *m*; *fig*. Marionette *f*, Werkzeug *n*.
πιόσιμο ['pjɔs-] (-ατος) Trinken *n*, F Trinkerei *f*.
πιοτί [pjɔ'ti] F Süffeln *n*.
πιοτό [pjɔ'tɔ] Getränk *n*; Trinken *n*.
πίπα (Tabaks-)Pfeife *f*; (Zigaretten-) Spitze *f*.
πιπ|εράτος [pipɛr-] gepfeffert (*a. fig*.); **~έρι** [-'ɛri] Pfeffer *m*.
πιπερ|ιά Pfefferbaum *m*; Paprika *m*; **~ιέρα** Pfefferstreuer *m*; **~ίζω** (σ) wie Pfeffer schmecken; **~οδοχείο** Pfefferfässchen *n*; **~όριζα** Ingwer *m*.
πιπ|έρωμα [pi'pɛr-] *n* Pfeffern *n*; **~ερώνω** (σ) pfeffern.
πιπί (0) *n* F Pipi *n machen*.
πιπίζω [pip-] (σ) piepsen, quietschen.
πιπίλα [pi'pila] Lutscher *m*, Schnuller *m*.
πιπ|ίλημα (-ατος) *n* Lutschen *n*; **~ιλίζω** (σ) lutschen (*am Daumen*); *j-m* den Nerv töten.
πιρούνι [pi'runi] Gabel *f*.
πιρουνιάζω (-ούνιασα) mit der Gabel essen; *j-m* durch u. durch gehen.
πισθάγκωνα [pi'staŋgɔna]: ***τον δένω ~*** *j-m* die Hände auf den Rücken binden.
πισίνα [pi'sina] Schwimmbecken *n*.
πισινός hinter-, Hinter- (*Tür*); *Su. m* Hintern *m*; *Su. f* Hintertür *f*.
πίσσα ['pisa] Teer *m*, Pech *n*; pech- (*schwarz*); stock- (*finster*).
πισσ|άνθρακας [-'añθrakas] Pechkohle *f*; **~άσφαλτος** [-'asfalt-] *f* Teer *m*; **~όχαρτο** Dachpappe *f*; **~ώδης** Teer-, pechartig.
πίσσωμα ['pis-] *n* Teeren *n*.
πισσώνω (σ· θ) teeren.
πισσωτός geteert.
πίστα ['pista] Arena *f*, Piste *f*, (Kampf-) Bahn *f*; Tanzfläche *f*.
πιστάγκωνα *Adv*. *s*. ***πισθάγκωνα.***
πιστ|ευτός [-stɛ'ftɔs] glaubhaft, glaubwürdig; **~εύω** [-'ɛvɔ] (εψ· ευτ) *v/t. es* glauben, *den Worten, j-m* glauben, trauen; *j-n* für *fähig* halten; *v/i*. glauben (***σε***/ an *A*: *Gott usw*.); *Su. n* Kredo *n*.
πίστ|η ['pisti] Glaube *m* (*a. Rel*.; ***σε***/ an *A*); *Hdl*. Kre'dit *m*; *eheliche* Treue *f*; ***καλή τη ~ει*** in gutem Glauben; ***δίνω ~η*** Glauben schenken (***σε***/ *D*); ***μου βγήκε η ~η*** es war e-e richtige Qual für mich.
πιστικός Schäfer *m*.
πιστο|δότηση [pistɔ'ðɔt-] (-εις) Kreditgewährung *f*; **~δοτώ** [-ðɔ'tɔ] (είς· ησ) Kredit gewähren.
πιστόλι Pistole *f*.
πιστολ|ιά Pistolenschuss *m*; **~ίζω** (σ) Pistolenschüsse abgeben.
πίστομα ['pistɔma] kopfüber; auf die Nase.
πιστόνι [-'stɔni] *Tech*. Kolben *m*.
πιστο|ποίηση [pistɔ'piisi] (-εις) Be-

scheinigung *f*; Beglaubigung *f*; **~ποιητικό** [-piit-] Bescheinigung *f*, Schein *m*; **~ποιώ** [-'pjɔ] (είς· ησ) bescheinigen; beglaubigen.

πιστ|ός treu (**σε**/ *D*); *Abschrift usw.*: getreu, genau; *Rel. Su.* Gläubige(r); **~ότητα** Echtheit *f*, Genauigkeit *f*; **~οχρεώνω** [-ɔxrε-] (σ) *Posten* (ver-) buchen; **~ώνω** (σ· θ) auf Pump geben (***τον με***/ j-m etw.); kreditieren.

πίστωση ['pistɔsi] (-εις) Kre'dit *m*; Guthaben *n*; Gutschrift *f auf ein Konto*; 'Kredit *n*; (verfügbare) Gelder *n/pl.*; ***επί πιστώσει*** auf Kredit.

πιστωτ|ής (***-ώτρια***) Gläubiger(in *f*) *m*; 'Kreditor (-'torin *f*) *m*; **~ικός** Kredit-.

πίσω¹ ['pisɔ] *Adv.* hinten; zurück; wieder; *als Adj.* hinter-, Hinter-; *Präp. Zeit*: ... ~ vor *D*; nach *D*; ~ ***από*** hinter *A*, *D*; ***από*** ~ ***από*** hinter *D*, hinter ... *D* hervor; ***δίνω*** ~ zurückgeben; ***γυρίζω*** ~ zurückkehren; zurückgeben; ***παίρνω*** ~ zurücknehmen; ***πάει*** ~ *Uhr*: geht nach.

πίσω²! F mach halblang!, hör auf!

πισω|βελωνιά [-vεlɔ'nïa], **~γάζι** überwendliche(r) Stich; **~γυρίζω** [-jir-] zurückkehren; *etw.* umkehren, wenden; **~γύρισμα** *n* Rückkehr *f*; **~δρομώ** [-ðrɔ'mɔ] (άς· ησ) zurückweichen.

πισ|ωκάπουλα [pisɔ'kapula] auf der Kuppe; **~ώκωλα** [-'ɔkɔla] rücklings.

πισώπλατα [-'ɔplata] auf dem Rücken; hinterrücks.

πίτα ['pita] Blätterteigpastete *f*; Fladenbrot *n*.

πίτ|ερο, ~ουρο [-urɔ] Kleie *f*.

πιτζάμα Pyjama *m*, Schlafanzug *m*.

πιτσ|ιλιά [pits-] Spritzer *m*; **~ιλίζω** (σ) bespritzen; **~ίλισμα** *n* Bespritzen *n*; **~ιλιστός** gesprenkelt.

πιτσιρίκα junge(s) Mädchen; Freundin *f*.

πιτσιρίκος Steppke *m*, Knirps *m*.

πιτσούνι [pi'tsuni] Täubchen *n*; Püppchen *n* (*kleines Mädchen*).

πιτυρ|ίαση [piti'riasi] (-εις) Hautabschuppung *f*; Kopfgrind *m*; **~ίδα** Kopfschuppen *f/pl.*

πίτυρο *s.* ***πίτερο.***

πιτυρούχος kleiehaltig.

πιω, πιωθ- *s.* ***πίνω.***

πιώμα *n s.* ***πιοτό.***

πιωμένος [pjɔm-] *s.* ***πίνω***; *Mensch*: betrunken.

πιωτ- *s.* ***πιοτ-.***

πλά(γ)ι ['plai] Seite *f*; Hüfte *f*, Seite *f*.

πλάγια ['plaja] seitlich; seitwärts; *fig.* hinten herum, unlauter.

πλαγιά [pla'ja] Abhang *m*.

πλαγιάζω (πλάγιασα· σμ) *v/i.* sich (*A*) hinlegen, zu Bett gehen; umknicken; *v/t.* auf die Erde legen; zu Bett bringen.

πλάγιασμα *n* Schlafengehen *n*; Hinlegen *n*, Zubettbringen *n*; Umknicken *n*.

πλαγιαστός [-jast-] hingelegt; zu Bett gebracht; umgeknickt, schief.

πλαγίαυλος [pla'jiavl-] Flöte *f*.

πλαγινός Neben- (*Mann*, *Haus*).

πλάγιος (-ια) quer-, schräg; schief, scheel (*Blick*); Neben- (*Straße*); Seiten-, Neben- (*Tür*); *fig.* unlauter, F krumm; Seiten- (*Verwandte*); *Gr.* oblique.

πλαγιότιτλος Nebentitel *m*.

πλαγκτό Plankton *n*.

πλαδαρ|ός [plaðar-] schlaff; *fig.* kümmerlich; **~ότητα** Schlaffheit *f*; Schwäche *f*.

πλαζ [plaz] (0) *f* Strand *m*.

πλάθω (έπλασα· πλάστηκα· σμ) kneten (*z. B. Brot*); formen; bilden; *fig.* sich (*D*) etw. ausdenken.

πλάι ['plai]: *Präp.* ~ ***σε*** neben *A*, *D* (*a. fig.*); ~ - ~ nebeneinander.

πλαίσιο ['plεs-] Rahmen *m* (*a. fig.*, *meist pl.*); *Auto*: Fahrgestell *n*.

πλαισιώνω (σ· θ) (ein)rahmen; *mil.* sich vereinigen; *fig.* unterstützen.

πλακ- *s.* ***πλέκω.***

πλάκα¹ ['plaka] Platte *f*; Schiefertafel *f*; Grabstein *m*; Schieferplatte *f*; Schallplatte *f*; Stück *n Seife*; F Spaß *m*, Vergnügen *n*; (*Schuh-*)Leisten *m*; ***έχω*** ~ ein Spaßvogel sein; ***του κάνω*** ~ *j-n* aufziehen; spaßen (mit *j-m*).

Πλάκα² Plaka *f* (*Stadtteile v. Athen vor der Akropolis*).

πλακάκι [-'kaïki] Fliese *f*; Platte *f*; ***τα κάνω ~α*** *etw.* vertuschen; klein beigeben.

πλακάτ *n* Plakat *n*.

πλακέ plattiert.

πλάκες *f/pl.* Scherze *m/pl.*

πλακί [pla'ki] *Art* Ragout *n*.

πλακιώτικος ... der Plaka.

πλακομύτης [plakɔ'mit-] (-ισσα, -ικο) plattnasig.

πλακ|οστρώνω (σ· θ) pflastern; fliesen; **~όστρωση** [-'ɔstrɔsi] (-εις) Pflas-

Π

πλακόστρωτος 394

terung *f*; Fliesenlegen *n*; **~όστρωτος** [-strɔt-] gepflastert; gefliest.
πλακούντας [pla'kun̆das] *allg.* Kuchen *m*; *Anat.* Mutterkuchen *m.*
πλάκωμα *n* Pflasterung *f*; Zerschmetterung *f*; Beschweren *n*; Beklemmung *f*; Beischlaf *m*; F Zank *m.*
πλακ|ώνω pflastern; zerschmettern; *Papiere* beschweren; *fig.* hereinbrechen über *A*; koitieren; F vertrimmen; verdecken; hinpfuschen *A*; ***~ώνομαι*** (***σε***) F versessen sein (auf *A*).
πλάκωση (-εις) F Bredouille *f.*
πλακωτός platt, flach; mit Platten ausgelegt; *Su. n Art* Brettspiel *n.*
πλάνεμα *n* Täuschung *f*; Verführung *f.*
πλαν|ερός [planɛr-] betrügerisch; verführerisch; **~ευτής** (***-εύτρα***) [-nɛft-] Verführer(in *f*) *m*; **~εύω** (εψ) täuschen, betrügen; verführen.
πλάνη[1] ['plani] Irrtum *m.*
πλάνη[2] Hobel *m.*
πλανητάριο Planetarium *n.*
πλαν|ήτης Planet *m*; **~ητικός** Planeten-; Nomaden-.
πλανίζω (σ) *v/t.* glatt hobeln.
πλάνο ['planɔ] Plan *m*; Programm *n.*
πλαν|όβιος [-'nɔv-] (-ια) Wander-, Nomaden-; **~όδιος** [-'ɔð-] (-ια) umherziehend, Straßen- (*Händler*).
πλάνος ['plan-] (-α) verführerisch; *Su. m, f* Schwindler(in *f*) *m.*
πλάνταγμα ['plan̆da-] *n* Platzen *n.*
πλαντάζω (ξ· γμ) F die Platze kriegen; platzen (***από***/ vor *D*).
πλαν|ώ [pla'nɔ] (άς· ησ· ηθ) *v/t.* irreführen; **~ώμαι** (*od.* ***~ιέμαι***) (umher)schweifen; sich irren (***σε***/ in *D*).
πλασ- *s.* ***πλαθ-.***
πλασ|άρισμα [pla'sar-] *n* Unterbringung *f*, Platzierung *f*; **~άρω** (-αρα, -άρισα) unterbringen, platzieren; absetzen; (***του***/ j-m) *etw.* andrehen; werben (für *A*); ***~άρομαι*** sich (*A*) ins rechte Licht setzen; Stellung beziehen.
πλάση (-εις) Schöpfung *f*; Schaffen *n*, Gestaltung *f*; *Brot*: Kneten *n.*
πλασιέ [pla'sjɛ] (0) *m* Vertreter *m*, Reisende(r).
πλάσιμο (-ατος) Schaffen *n*; Kneten *n*; Formung *f*, Gestaltung *f.*
πλάσμα ['plazma] *n* Geschöpf *n*, *bsd. Biol.* Lebewesen *n*; *Med.* Plasma *n*; *jur.* Rechtsfiktion *f*; *fig.* Wahn *m.*
πλασματικός fiktiv; Schaffens-; schöpferisch; phantastisch.
πλαστ|αριά [plastar-] Knetbrett *n*; **~ελίνη** Knetmasse *f*; **~ήρι** Teigrolle *f.*
πλάστης Schöpfer *m.*
πλάστιγγ|α ['plastin̆ga] Waage *f*; **~ας** bedachtsame(r) Mensch *m.*
πλαστικ|ή [-'ki] Bildhauerei *f*, Plastik *f*; **~ό** [-'kɔ] Kunststoff *m*, Plastik *n*, Plast *m*; ***ακρυλικό ~ό*** Akrylharz *n*; **~ός** plastisch (*a. Med.*); bildhaft; räumlich hervortretend; *Phys.* verformbar; Plastik-; *Körper*: schön geformt; **~ότητα** Plastizität *f*; Bildhaftigkeit *f*; Anschaulichkeit *f*; Verformbarkeit *f*; schöne Form *f.*
πλαστο|γράφημα [plastɔ'ɣraf-] *n* Fälschung *f*; **~γράφηση** (-εις), **~γραφία** Fälschung *f*; **~γραφικός** Fälschungs-, Falsch-; **~γράφος** Fälscher *m*; **~γραφώ** [-ɣra'fɔ] (είς· ησ) fälschen; *fig. mst.* verfälschen; **~προσωπία** Double *n.*
πλαστ|ός [plast-] gefälscht, unecht; erfunden; **~ότητα** Falschheit *f*, Unechtheit *f*; Fiktion *f*; **~ούργημα** [-'urj-] *n* Geschöpf *n*; **~ουργός** Schöpfer *m*; **~ουργώ** (είς· ησ) (er)schaffen.
πλατ|αγίζω [plata'jizɔ] *Welle*: klatschen; *Zähne*: klappern; *Lippen*: schmatzen; **~άγισμα** *n*, **~αγισμός** Klatschen *n*; Klappern *n*; Schmatzen *n.*
πλαταίνω (υν) *v/t.* verbreitern; erweitern; *Kleid* weiter machen; *v/i.* breiter, weiter werden.
πλατάνι, πλάτανος Platane *f.*
πλατάρια [pla'tarĭa] *n/pl.* Geflügelinnereien *pl.*
πλατεία [pla'tia] Platz *m*; *Thea.* Parkett *n.*
πλατει|άζω (πλάτειασα) babbeln; **~ασμός** Babbelei *f.*
πλάτεμα *n* Verbreiterung *f*; Weitermachen *n* (*z. B. Kleid*).
πλάτ|η Rücken *m* (*a. Stuhl-*); Schulter(blatt *n*) *f*; ***κάνε ~ες*** *j-n* decken.
πλατίνα Platin *n.*
πλάτος *n* Breite *f* (*a. Geogr.*); Weite *f.*
πλατσαρίζω *v/i.* herumpatschen.
πλατσομύτης (-α) breitnasig.
πλατσουρίζω *s.* ***πλατσαρίζω.***
πλατύγυρος [pla'tijir-] breitrandig.
πλάτυνση [-tin̆si] (-εις) Verbreiterung *f*; Erweiterung *f.*

Π

πλατύνω *s.* ***πλαταίνω.***
πλατυποδία [platipɔð-] Plattfuß *m.*
πλατ|ύς (-ιά, -ύ) breit; *fig.* eingehend; **~ύσκαλο** [-'iskalɔ] Treppenabsatz *m*; **~ύφυλλος** [-'ifil-] breitblättrig.
πλατφόρμα [plat'fɔrma] Tribüne *f*, Podium *n*; Plattformwagen *m*, Anhänger *m*.
πλάτωμα *n* freie(r) Platz.
Πλάτωνας ['platɔnas] Platon *m*.
πλατωνικός platonisch; nichtig.
πλαφ! bauz!, bums!
πλέγμα ['plɛγma] *n* Geflecht *n*; Strickarbeit *f*; Klöppelei *f*; *fig.* Komplex *m*.
πλέγω *s.* ***πλέω.***
πλειάδα [pli'aða] (+ *G*) Hand voll *f* (*z. B. Soldaten*).
Πλειάδες [pli-] *f/pl.* Siebengestirn *n*.
πλεϊμπόυς [plɛĭ'bɔis] Playboy *m*.
πλειο|δοσία [pliɔðɔs-] Meistgebot *n*; **~δότης** Meistbietende(r); **~δοτικός** ... der Meistbietenden; **~δοτώ** (είς· ησ) (*j-n*) überbieten.
πλειον|ότητα [pliɔn-] Mehrheit *f*, Mehrzahl *f*; **~οψηφία** [-ɔpsif-] Majorität *f*, Stimmenmehrheit *f*; **~οψηφώ** (είς· ησ) *s.* ***πλειοψηφώ.***
πλειοψηφία *s.* ***πλειονοψηφία.***
πλειοψηφικό|ς: *~* ***εκλογικό σύστημα*** Mehrheitswahlsystem *n*.
πλειοψηφώ [pliɔpsi'fɔ] (είς· ησ) die Majorität haben *od.* erhalten.
πλειστηρ|ιάζω [-stir-] (-ίασα) versteigern; **~ίαση** (-εις), **~ιασμός** Versteigerung *f*, Auktion *f*; ***αναγκαστικός ~ιασμός*** Zwangsversteigerung *f*.
πλείστ|ος ['plist-] (πλείστη) zahlreich, sehr viel; ***οι ~οι*** die meisten; (***κατά*** *od.* ***ως επί***) ***το ~ον*** meist(ens).
πλεκτ- *s. a.* ***πλεχτ-.***
πλεκτάνη [plɛ'ktani] Schlinge *f*; ***του στήνω ~*** j-m e-n Strick drehen.
πλεκτήριο Strickereibetrieb *m*.
πλέκτης Stricker *m*.
πλεκτ|ό *s.* ***πλεχτό;*** **~ός** geflochten; gestrickt.
πλέκω ['plɛkɔ] (έπλεξα· πλεχτ· γμ) flechten; stricken; *Spitzen* klöppeln; *Kranz* winden; *Hände* falten; *Pläne, Ränke* schmieden.
πλεμάτι [plɛ'mati] Einkaufsnetz *n*.
πλεμόνι Lunge *f*.
πλέμπα, πλεμπάγια F Plebs *m*.
πλέν|ω ['plɛnɔ] (υν· υθ· υμ) waschen; *Geschirr* abwaschen; *Zähne* putzen; ***~ομαι*** sich (*A*) waschen.
πλέξη Flechten *n*; Stricken *n*.
πλεξίδα *s.* ***πλεξούδα.***
πλέξιμο ['plɛks-] (-ατος) Flechten *n*; Stricken *n*; Strickware *f*.
πλεξ|ούδα [plɛ'ksuða] Zopf *m*; Flechte *f*; Geflecht *n*; **~ουδώνω** (σ) e-n Zopf flechten.
πλέον ['plɛɔn] *K.* mehr; schon; *Math.* plus; *s.* ***πια, πιο; επί ~*** darüber hinaus, dazu noch; *Su. n* Plus *n*.
πλεονάζω (σ) über'wiegen, zahlreich sein; überschüssig sein.
πλεόνασμα *n* Überschuss *m*; ***~ εξαγωγών*** Exportüberschuss *m*.
πλεονασμός Überfülle *f*; Überwiegen *n*; *Gr.* Pleonasmus *m*.
πλεονέκτημα *n* Vorteil *m*; Vorzug *m*, Gabe *f*
πλεονέκτης (***-έκτρια***) Habgierige(r).
πλεονεκτ|ικός vorteilhaft; habgierig; **~ώ** (είς· ησ) im Vorteil sein (***από***/ gegenüber *D*).
πλεονεξία [plɛɔnɛks-] Habgier *f*.
πλεονεχτ- *s.* ***πλεονεκτ-.***
πλεούμενο [plɛ'umɛnɔ] Wasserfahrzeug *n*.
πλέριος ['plɛr-] (-ια) vollständig.
πλευρ|ά [plɛ'vra] Seite *f* (*a. fig.*; *Math.*); Flanke *f*; Seitenwand *f*; *Anat.* Rippe *f*; Rippenfell *n*; (*Berg-*)Abhang *m*; ***από όλες τις ~ές*** von allen Seiten (*a. fig.*); **~ίζω** (σ) anlegen (***σε***/ an *A*); **~ικός** Seiten-; Flanken-; Rippen(fell)-; **~ίτης, ~ίτιδα** [-'itiða] Rippenfellentzündung *f*; **~ιτικός** pleuritisch; **~ίτωμα** *n s.* ***πλευρίτιδα;*** **~ιτώνω** (σ) *v/t.* e-e starke Erkältung verursachen; *v/i.*, *v/p.* (***~ιτώνομαι***) sich (*A*) gehörig erkälten; **~ό** *s.* ***πλευρά;*** **~οκόπημα** *n* Flankenangriff *m*; **~οκοπώ** [-ɔkɔ'pɔ] (είς, άς· ησ) die Flanke angreifen.
πλεύση ['plɛfsi] (-εις) Schifffahrtsweg *m*; Route *f*.
πλεύσιμος ['plɛfs-] schiffbar.
πλευστός [plɛfst-] *s.* ***πλωτός.***
πλεχθ-, πλεχτ- *s.* ***πλέκω.***
πλεχτ|ό [plɛ'xtɔ] Strickjacke *f*; Trikot *n*; *pl.* Strickwaren *f/pl.*; **~ός** *s.* ***πλεκτός.***
πλέω ['plɛɔ] (έπλευσα· ευστ) *v/i.* fahren, segeln; schwimmen (***σε***/ auf *D*; *im Gelde*).

Π

πληβείος [pli'viɔs] *hist.* Plebejer *m.*
πληγ|ή [pli'ji] Wunde *f*; Hieb *m*, Schlag *m*; *fig.* Plage *f*; **~ή στην καρδιά** Liebeskummer *m*; **~ιάζω** (πλήγιασα) *Hände*: wund werden; sich (*A*) wund reiben (**από**/ an *D*).
πλήγ|μα ['pliɣma] *n* Schlag *m* (*a. fig.*); **~ωμα** *n* Verletzung *f.*
πληγ|ωμένος [pliɣɔm-] verletzt; **~ώνω** (σ· θ) verletzen (*a. fig.*).
πληθαίνω [pliθ-] (υν) *v/t.* vermehren; *v/i.* sich (*A*) vermehren.
πληθοπαραγωγή [-θɔparaɣɔ'ji] Massenproduktion *f.*
πλήθος *n* Menge *f*; (Volks-)Masse *f.*
πληθυντικό|ς [pliθiñd-] vermehrend; *Su. m* Plural *m*; **μιλώ στον ~** siezen (**σε**/ *A*).
πληθύνω *s.* **πληθαίνω.**
πληθυσμός [-izm-] Bevölkerung *f.*
πληθ|ώρα [pli'θɔra] Überfülle *f*; Häufung *f*; *Med.* Plethora *f*; **~ωρικός** *Hdl.* (stark) aufgebläht; reichlich; **~ωρισμός** Fülle *f*; *Hdl.* Inflation *f*; **ποσοστό ~ωρισμού** Inflationsrate *f*; **~ωριστικός** inflationistisch.
πληκτικός langweilig, eintönig.
πλήκτρο Taste *f*; (*Trommel, Billard*) Stock *m*; (*Hahnen-*)Sporn *m*; *Mus.* Anschlag *m*; **~ διαστήματος** Leertaste *f.*
πληκτρολόγιο [pliktrɔ'lɔj̃ɔ] Tastatur *f*; Klaviatur *f.*
πλημμελειο|δικείο [plimɛlĩɔðik̞-] *etwa*: Landgericht *n*; **~δίκης** *etwa*: Landgerichtsrat *m.*
πλημ|μέλημα [pli'mɛl-] *n* Vergehen *n*; Verbrechen *n*; **~μελής** fehlerhaft.
πλημμ|ύρα [pli'mira] Überschwemmung *f*; *fig.* Flut *f*, Fülle *f*; **~υρίδα** Hochwasser *n*; **~υρίζω** (σ) *v/i.* über die Ufer treten; überschwemmt werden (*a. fig.*); *v/t.* überschwemmen; **~ύρισμα** *n* Überschwemmung *f*; **~υρώ** [-i'rɔ] (είς· ησ) *s.* **πλημμυρίζω.**
πλην [plin] *Präp. G* außer *D*; *Ko.* aber, jedoch; *Adv. Math.* minus; **~ τούτου** außerdem; **~ εάν** *Ko.* wenn ... nicht; **~ του ότι** *Ko.* außer dass.
πλήξη ['pliksi] Langeweile *f.*
πληρεξ|ούσιο [plirɛ'ksusjɔ] *Urkunde*: Vollmacht *f*; **~ουσιοδοτώ** (είς· ησ) bevollmächtigen; **~ούσιος** (-ια) bevollmächtigt; *Su. m* Bevollmächtigte(r); Prokurist *m*; **~ουσιότητα** [-u'sjɔt-] Bevollmächtigung *f.*
πλήρης ['plir-] voll (*G*/ von *D*), voller (*mst. o. Art., G/G*); voll (*Gehalt, Erfolg*); vollständig, vollzählig.
πληρότητα Vollheit *f*, Fülle *f.*
πληροφορ|ητής [plirɔfɔr-] Informator *m*; **~ία** Nachricht *f*; Auskunft *f*; Information *f*; **~ική** Informatik *f*; **~ιοδότης** [-jɔ'ðɔt-] Zuträger *m*, Spitzel *m*; **~ώ** [-'rɔ] (είς· ησ· ηθ) *j-n* benachrichtigen; *j-n* unterrichten (**για**/ von *D*); *j-m* mitteilen (**ότι**/ dass); **~ούμαι** erfahren; sich (*A*) erkundigen (**για**/ nach *D*).
πληρώ [pli'rɔ] (είς· ωσ) *K.* füllen (*G*/ mit *D*), ausfüllen; *Bedingung* erfüllen; *Bedürfnis* befriedigen.
πλήρωμα *n* Füllen *n*; Erfüllung *f*; *allg.* Mannschaft *f*, Besatzung *f*; (*Kirchen-*) Gemeinde *f.*
πληρ|ωμή [-rɔ'mi] Zahlung *f*, Bezahlung *f*; Honorar *n*, Vergütung *f*; **~ωμή με δόσεις** Ratenzahlung *f*; **~ωμή τοις μετρητοίς** Barzahlung *f*; **~ώνω** (σ· θ) *Waren usw.* bezahlen; *Geld, Steuern* zahlen; *Rechnung* (be)zahlen; *fig.* heimzahlen (**του το**/ j-m etw.); **~ώνομαι** *a.* bestochen werden; **δεν ~ώνεται** *fig.* ist unbezahlbar; **~ωμένος** *a. fig.* bezahlt; bestochen.
πλήρωση ['plirɔsi] (-εις) Erfüllung *f.*
πληρωτ|έος [-rɔt-] (-έα) zahlbar (*an Order*); zu zahlen(d); **~ής** Zahler *m*; **~ός** zahlbar.
πλησ|ιάζω (-ίασα) *v/t.* sich (*A*) nähern (**σε**/ *D*); mit *j-m* verkehren; zu nahe kommen (**το σε**/ mit *D* an *A*); näher kommen; nähern (**του το**/ *D* - *A*); *v/i.* zusammenrücken; **~ίαση** [-'iasi] (-εις), **~ίασμα** *n* Nähern *n*; Annäherung *f*; Näherkommen *n*; **~ίασμα έχθρου** Feindberührung *f*; **~ιέστερος** näher; nächst-; **~ίον** *Adv.* nah(e); *Präp. G* nahe bei *D*, nahe an *A*, in der Nähe *G*; *als Adj.* nahe, in der Nähe liegend; *Su. m* Nächste(r); **~ιόχωρος** nahe gelegen; **~ίστιος** (-ια) ... mit vollen Segeln (*a. fig.*).
πλησμονή [plizmɔ'ni] Menge *f*, Überfluss *m*; Sättigung *f.*
πλήττω ['plitɔ] (έπληξα· πλήγηκα· ηγμ) treffen; sich (*A*) langweilen.
πληχτ- *s.* **πληκτ-.**

πλιάτσικο ['pljatsikɔ] Beute *f*, Plünderung *f*.
πλιατσικολογώ (είς· ησ) plündern.
πλιγούρι [pli'ɣuri] *s.* ***μπλιγούρι.***
πλιθάνθρακας [pliθ-] Brikett *n*.
πλιθάρι [pliθ-] Ziegel(stein) *m*.
πλιθί [pli'θi] ungebrannte(r) Ziegel.
πλίθινος ['pliθ-] Ziegel-.
πλιθ|όκτιστος Ziegel-; **~οποιία** [-ɔpi'ia] Ziegelei *f*.
πλίθος ['pliθ-] Ziegel(stein) *m*.
πλιθ|οστρώνω mit Ziegeln bedecken; **~όστρωτος** [-'ɔstrɔt-] Ziegel-; **~ουργείο** [-urj-] Ziegelei *f*.
πλινθο- *s.* ***πλιθο-.***
πλίνθος *f* Ziegel(stein) *m*.
πλιξ (0) *n* Haarfestiger *m*.
πλισέ [pli'sɛ] (0) *n*, **~ς** Plissee *n*.
πλο|ήγηση [plɔ'ijisi] (-εις), **~ηγία** Lotsendienst *m*; **~ηγός** [-iɣ-] Lotse *m*; **~ηγώ** [-'ɣɔ] (είς· ησ) lotsen; Lotse sein; *fig*. durchlotsen.
πλοι|άριο [pli'ar-] kleine(s) Schiff *n*, Boot *n*; **~αρχία** [-arç-] Dienstzeit *f als Kapitän*; Kapitänsrang *m*.
πλοίαρχος ['pliarx-] Kapitän *m*.
πλοίο ['pliɔ] Schiff *n*; ***εμπορικό ~*** Handelsschiff *n*; ***φορτηγό ~*** Containerschiff *n*.
πλοιοκτήτης [pliɔkt-] (***-ήτρια***) Schiffseigentümer(in *f*) *m*; Reeder *m*.
πλοκάμι [plɔ'kami], **πλόκαμος** Haarflechte *f*; *Polyp*: Fangarm *m*.
πλοκή [plɔ'ki] Verflechtung *f*, Verstrickung *f*; *fig*. Aufbau *m*; Bau *m*; *lit*. Handlung *f*, Fabel *f*.
πλόσκα flache Holzflasche *f*.
πλουμ|ί [plu'mi], **~ίδι** Stickmuster *n*; Stickerei *f*; Verzierung *f*; **~ίζω** (σ) (be)sticken, verzieren.
πλούμισμα *n* Besticken *n*, Verzieren *n*.
πλουμιστός bestickt, verziert.
πλους [plus] (-ου· *pl*. -όες) Schiffsfahrt *f*, Seereise *f*; *s.* ***πλεύση.***
πλουσιοπάροχος großzügig; reichlich.
πλούσιος (-ια) reich (***σε***/ an *D*); reichlich.
πλουταίνω (υν) *s.* ***πλουτίζω.***
πλούτη ['pluti] *n*/*pl*. Reichtum *m*.
πλουτίζω (σ) *v*/*t*. reich machen, bereichern (*mst. fig*.); *v*/*i*. reich werden; sich (*A*) bereichern.
πλούτισμα *n*, **πλουτισμός** Bereicherung *f*; Reichwerden *n*.
πλουτο|κράτης [plutɔ'krat-] Plutokrat *m*; **~κρατία** Plutokratie *f*; **~κρατικός** plutokratisch; **~παραγογικός** Rohstoff-, rohstofferzeugend.
πλούτος ['plut-] *m* (*Dh*.: *n*) Reichtum *m* (*G*/ an *D*), (*Privat*-)Vermögen *n*; ***δασικός ~*** Waldbestand *m*; ***ορυκτός ~*** Bodenschätze *m*/*pl*.
πλουτ|οφόρος [-tɔ'fɔr-] (-α) einträglich; reich; Einnahme- (*Quelle*); **~ώ** (είς· ησ) *s.* ***πλουτίζω.***
πλύμα ['plima] *n* Spülwasser *n*.
πλυντ|ήρας [pli'ndiras] Waschmaschine *f*; Waschbecken *n*; **~ήριο** Wäscherei *f*; Waschküche *f*; *elektrische* Waschmaschine *f*; *Auto*: Waschanlage *f*; ***~ αυτοεξυπηρέτησης*** Waschsalon *m*; ***~ήριο πιάτων*** Geschirrspüler *m*.
πλύντρια ['plindr-] Wäscherin *f*.
πλύνω *s.* ***πλένω.***
πλύση ['plisi] (-εις), **πλύσιμο** (-ατος) Waschen *n*; Abwaschen *n*; Wäsche *f*; ***έχομε πλύση*** wir haben Waschtag.
πλυσταριό Waschküche *f*.
πλύστρα *s.* ***πλύντρια.***
πλώιμος seetüchtig; *s.* ***πλωτός.***
πλώρ|α ['plɔra], **~η** Bug *m*; ***βάζω ~η*** Kurs nehmen (***σε***/ auf *A*); F zusteuern (***για***/ auf *A*).
πλωτάρχης Korvettenkapitän *m*.
πλωτ|ός schiffbar; schwimmend, Schwimm-; ***~ή νήσος*** Bohrinsel *f*.
πνεύμα ['pnɛvma] *n allg*. Geist *m*; (*Erfinder*-, *Unternehmer*-)Geist *m*; Sinn *m*; *Gr*. Spiritus *m*; ***~ της εποχής*** Zeitgeist *m*; ***παραδίδω το ~*** den Geist aufgeben.
πνευματ|ικός [pnɛvmat-] geistig; *Tech*. Druckluft-, Pressluft-, pneumatisch; *Su*. *m* Beichtvater *m*; **~ισμός** Spiritismus *m*; **~ιστής** Spiritist *m*; **~ιστικός** spiritistisch; **~οκρατία** [-ɔkrat-] Spiritualismus *m*; **~ώδης** geistreich; alkoholhaltig; ***~ώδη*** *n*/*pl*. Spirituosen *f*/*pl*.
πνευμοθώρακας [pnɛvmɔ'θɔrak-] Pneumothorax *m*.
πνεύμονας ['pnɛvmɔnas] Lunge *f*.
πνευμον|ία [pnɛvmɔn-] Lungenentzündung *f*; **~ικός** Lungen-.
πνευσ- *s.* ***πνέω.***
πνευστός [pnɛf'stɔs] *Mus*. Blas-.

Π

πνέω ['pnεɔ] (έπνευσα) wehen, blasen; **~ *τα λοίσθια*** in den letzten Zügen liegen; **~ *μένεα*** vor Wut schnauben.
πνιγέας (*pl.* -είς) *Mus.* Dämpfer *m.*
πνιγερός [pnijεr-] drückend.
πνιγμ|ονή [pniγm-], **~ός** Ersticken *n*; Ertrinken *n*; Ertränken *n*; Tod(esfall) *m* durch Ertrinken *usw.*
πνίγ|ω ['pniγɔ] (ξ· ιγ· ιγμ) *v/t.* erwürgen; ertränken; ersticken; *fig.* erdrücken; ***~ομαι*** ersticken (*a. in der Arbeit*); ertrinken; *fig.* tief *in Schulden* stecken.
πνίξιμο (-ατος) *s.* ***πνιγμονή.***
πνιχτικός *s.* ***πνιγερός.***
πνο|ή [pnɔ'i] Hauch *m*, Luftzug *m*; Atem(zug) *m*; *fig.* Inspiration *f*, Beseelung *f*; ***... μακράς ~ής*** langfristig.
ποά Grün *n.*
ποάνθρακας [pɔ'aňθrakas] Torf *m.*
ποδάγρα [-'ðaγra] Podagra *n.*
ποδ|άρα [pɔð-] große(r) Fuß *m*; **~αράτος** [-a'rat-] ... mit Füßen; ***~αράτο*** im Stehen; **~άρι** *s.* ***πόδι***; **~αριά** Fußtritt *m*; Fußstapfe *f*; Hosenbein *n*; **~αρικό** (*Tisch-*)Bein *n*, Fuß *m*; *fig.* ***καλό ~αρικό*** Glück *n*; **~αρίλα** Fußschweiß *m*; **~αστράγαλος** [-a'straγal-] Knöchel *m*; **~ένω** [-'εnɔ] (πόδεσα) (***τον***/ *j-m*) *Schuhe* anziehen.
ποδηγ|έτης [pɔði'jεt-] Führer *m*, Leiter *m*; **~ετώ** [-ε'tɔ] (είς· ησ) führen; anleiten.
ποδηλ|ασία [pɔðilas-] Radfahren *n*; Radfahrsport *m*; **~άτης** (***-ισσα***) Radfahrer(in *f*) *m*; Radsportler(in *f*) *m.*
ποδηλατ|ικός [pɔðilat-] Radfahr-, Rad- (*Rennen*); **~ιστής** *s.* ***ποδηλάτης.***
ποδήλατο Fahrrad *n*, Rad *n*; ***κάνω ~*** Rad fahren.
ποδηλατο|δρομία Radrennen *n*; **~δρόμιο** Radrennbahn *f*; **~δρόμος** *m, f* Radrennfahrer(in *f*) *m.*
ποδηλατώ [-la'tɔ] (είς· ησ) Rad fahren, radeln.
πόδι ['pɔði] Fuß *m*; Bein *n*; *Maß*: Fuß *m* (*0,33 m*); ***με τα ~α*** zu Fuß; ***στο ~*** auf den Beinen *sein*; im Stehen *essen*; ***το βάζω στα ~α*** davonrennen.
ποδιά Schürze *f*; (Rock-)Schoß *m.*
ποδίζω (σ) *mar. wegen Sturms* Zuflucht suchen (***σε***/ bei *D*).
ποδίσκος Schaft *m*, Blütenstängel *m.*
ποδο|βολή [pɔðɔvɔ'li], **~βόλημα** *n*, **~βολητό** Getrampel *n*; **~βολώ** [-vɔ'lɔ] (άς· ησ) trampeln.
ποδόγυρος [pɔ'ðɔjir-] Saum *m*; *fig. die* holde Weiblichkeit.
ποδο|κίνητος ... mit Fußantrieb, Tret-; **~κρότημα** *n* Trampeln *n*; **~κροτώ** [-krɔ'tɔ] (είς· ησ) mit den Füßen trampeln; *fig. j-n* niederschreien.
ποδόλουτρο [pɔ'ðɔlutrɔ] Fußbad *n.*
ποδο|πάνι [-'pani] Fußlappen *m*; **~πατώ** [-pa'tɔ] (άς· ησ) *j-n* treten, zertrampeln; *fig.* mit Füßen treten; **~πέδη** [-'pεði] Fußbremse *f*; Fußfessel *f.*
ποδόπληκτρο [-'ðɔpliktrɔ] Pedal *n.*
ποδο|σφαιρικός Fußball-; **~σφαίριση** (-εις) Fußball(spiel *n*) *m*; **~σφαιριστής** Fußball(spiel)er *m.*
ποδόσφαιρο [pɔ'ðɔsfεrɔ] Fußball *m*; ***παίζω ~*** Fußball spielen.
ποδόφρενο [-frεnɔ] (Fuß-)Bremse *f.*
πόζα ['pɔza] Pose *f*; ***κρατώ ~*** sich (*A*) in Pose werfen (***σε***/ gegenüber *D*).
ποζάρω (πόζαρα, -άρισα) Modell stehen; sich (*A*) in Positur werfen.
ποθεινός *s.* ***ποθητός.***
πόθεν ['pɔθεn] woher; ***~ έσχες*** (0) *n* Vermögensnachweis *m.*
ποθητός [-θit-] begehrt; erstrebenswert; *in Briefen*: lang entbehrt.
πόθος Sehnsucht *f* (***για***/ nach *D*), sehnliche(r) Wunsch *m*; Leidenschaft *f.*
ποθ|ώ [pɔ'θɔ] (είς· ησ) sich (*D*) wünschen, sich (*D*) ersehnen; begehren; ***~ούμενο*** Gewünschte(s).
-ποιείο [-pi'iɔ] -fabrik *f*, -betrieb *m*, -macherei *f.*
ποίη|μα ['piima] *n* Gedicht *n*; Werk *n*; **~ση** (-εις) Dichtung *f*; Poesie *f*; *Rel.* Erschaffung *f.*
ποιητ|άκος [pii'tak-] Dichterling *m*; **~άρης** (-δες) Volksdichter *m*; **~ής** (***-ήτρια***) Dichter(in *f*) *m*, Poet(in *f*) *m*; *Rel.* Schöpfer(in *f*) *m*; **~ική** Dichtkunst *f*; **~ικός** dichterisch, poetisch; **~ός** künstlich, gemacht; tunlich.
-ποιία [-pi'ia] -fabrikation *f.*
ποικ|ιλία [pikil-] Mannigfaltigkeit *f*, Verschiedenheit *f*; *Hdl.* Auswahl *f*; *Bot.* Art *f*; *Zool.* Abart *f*; ***χάριν ~ιλίας*** zur Abwechslung; **~ίλλω** (ποίκιλα· ιλμ) *v/t.* verzieren; verändern; *Thema* abwandeln, variieren; *v/i.* schwanken

399 πολιτευόμενος

(***από - σε, ως***/ von *D* - zu *D*, bis zu *D*).
ποίκιλμα ['pikilma] *n* Verzierung *f*.
ποικιλόμορφος [-'lɔmɔrf-] verschie-den(artig), abwechslungsreich.
ποικίλος [pi'kil-] vielfältig; bunt.
ποικιλ|ότροπος [piki'lɔtrɔp-] verschiedenartig; **~οτρόπως** [-ɔ'trɔpɔs] auf verschiedene Art und Weise; **~όχρωμία** [-ɔxrɔm-] Buntheit *f*; **~όχρωμος** vielfarbig, bunt.
ποίκιλση ['pikilsi] (-εις) Stickerei *f*.
ποικιλτικός mannigfach.
ποικιλωδία *Mus*. Variation *f*.
ποικιλώνυμος sehr verschieden bezeichnet.
ποιμαίνω [pim-] (αν) weiden, hüten.
ποιμ|αντικός [-mand-], **~αντορικός** Hirten- (*Stab*); Bischofs-; **~ενάρχης** [-ɛ'narç-] Prälat *m*; **~εναρχώ** Bischof sein; **~ένας** Hirt *m*, Schäfer *m*; *Rel*. Hirte *m*; Pastor *m*; **~ενική** *Mus*. Pastorale *f*; **~ενικός** Hirten-, Schäfer-.
ποίμν|η ['pimni], **~ιο** Herde *f*; *Rel*. Gemeinde *f*.
ποιμνιοστάσιο [pimnĭɔ'stas-] Pferch *m*; Schafstall *m*.
ποιν|ή [pi'ni] Strafe *f*; ***επί ~ή*** *G* bei Strafe *G*; **~ικολόγος** [-ikɔ'lɔɣ-] Strafrechtskundler *m*, Kriminalist *m*; **~ικός** strafrechtlich, Straf-, kriminal; ***~ικό δίκαιο*** Strafrecht *n*; ***~ικός κώδηκας*** Strafgesetzbuch *n*; ***~ική δικονομία*** Strafprozessordnung *f*; **~ολόγιο** Strafgesetzbuch *n*.
ποιόν [pi'ɔn] Wesen *n*, Beschaffenheit *f*; Moral *f*; (*Klang*-)Farbe *f*.
ποίος ['piɔs] (ποία), **ποιος** [pjɔs] (ποια) *als Adj*. welcher, welche, welches; was für ein(e); *als Su*. wer; *pl*. gewisse.
-ποιός [-'pjɔs] -hersteller *m*, -fabrikant *m*, -macher *m*.
ποιότητα ['pjɔt-] Qualität *f*, Güte *f*; Sorte *f*; ***~ ζωής*** Lebensqualität *f*.
ποιοτικός [pjɔt-] qualitativ.
ποιούμαι ['pĭumɛ] (είσαι· ηθ) *in Zusammensetzungen*: gemacht werden; ***~ λόγον*** reden; ***~ χρήσιν*** Gebrauch machen; ***περί πολλού ~*** großen Wert legen auf *A*.
-ποιώ [-'pjɔ] (είς· ησ): -igen, -(is)ieren, machen; *z. B*. ***ικανοποιώ*** befähigen.
ποκάμισο [pɔ'kamisɔ] Hemd *n*.
ποκάρι Vlies *n*.
πόκερ ['pɔkɛr] (0) *n* Poker *n*.
πόκος *s*. ***ποκάρι***.
πολέμαρχος [pɔ'lɛmarx-] Recke *m*, Kämpe *m*; *hist*. Heerführer *m*.
πολεμικ|ή [pɔlɛmi'ki] Kriegskunst *f*; Polemik *f*; **~ός** [-'kɔs] Kriegs- (*Schiff*); kriegerisch.
πολέμιος (-ια) feindlich; *Su*. *m* Feind *m*.
πολεμιστ|ήριος [-mi'stir-] (-ια) Angriffs- (*Signal*), Kampf-; **~ής** Kriegsteilnehmer *m*; Kämpfer *m*; ***παλιός ~ής*** Veteran *m*.
πολεμίστρ|α Schießscharte *f*; **~ια** Kämpferin *f*.
πολεμο|κάπηλος [pɔlɛmɔ'kapil-] Kriegshyäne *f*, Kriegstreiber *m*; **~παθής** [-paθ-] kriegsgeschädigt.
πόλεμος ['pɔlɛm-] Krieg *m*; *fig*. *mst*. Kampf *m* (***κατά*** *G*/ gegen *A*).
πολεμο|φόδια [-'fɔð-] Kriegsmaterial *n*; Munition *f*; **~χαρής** [-xar-] kriegslustig.
πολεμώ [pɔlɛ'mɔ] (άς, είς· ησ) *v/t*. bekämpfen; *fig*. kämpfen (***κατά*** *G*/ gegen *A*); sich (*A*) bemühen (***να***/ zu).
πολεοδομ|ία [-ɔðɔm-] Städtebau *m*; **~ικός** städtebaulich.
πόλη ['pɔli] (-εις) Stadt *f*; ♀ Konstantinopel *n*.
πολικλινική Poliklinik *f*.
πολικ|ός Polar-; sibirisch (*Kälte*); **~ότητα** Polarität *f*.
πολιομυελίτιδα Kinderlähmung *f*.
πολιορκητ|ής [pɔlĭɔrkit-] Belagerer *m*; **~ικός** Belagerungs-.
πολιορκ|ία Belagerung *f*; ***κατάσταση ~ίας*** Belagerungszustand *m*; **~ώ** (είς· ησ) belagern; *fig*. umgarnen.
πολιός [pɔ'ljɔs] (-ά) grau(haarig).
πολιούχος [pɔ'ljux-] *m*, *f* Beschützer(in *f*) *m*; Schutzheilige(r).
πόλις (-εως) *f* *s*. ***πόλη***.
πόλισμαν ['pɔlizman] (0) *m* Polizist *m*.
πολιτεία Staat *m*; Stadt *f*; Staatsverfassung *f*; Verhalten *n*; Lebensführung *f*; ***είναι βίος και ~*** er führt(e) ein abenteuerliches Leben.
πολιτειακός [pɔlitĭak-] Staats-; ... der Regierungsform.
πολίτευμα [-'litɛvma] *n* Verfassung *f*, Grundgesetz *n*.
πολιτ|εύομαι [pɔli'tɛvɔmɛ] (ευτ) sich (*A*) politisch betätigen; *fig*. sich (*A*) benehmen; ***το ~εύτηκα*** ich hab's absichtlich über'hört; **~ευόμενος**

πολιτευτής 400

[-ɛ'vɔmɛn-], **~ευτής** [-ɛft-] Politiker *m*; Wahlkandidat *m*.
πολίτης (Staats-)Bürger *m*; ♀ Konstantinopler *m*.
πολιτικάνος Politikaster *m*.
πολιτικ|ή [pɔliti'ki] Politik *f*; ***κυβερνητική ~ή*** Regierungspolitik *f*; ***~ή ειρήνης*** Friedenspolitik *f*; **~ολογία** [-ɔlɔj-] Biertischpolitik *f*; **~ολόγος** [-'lɔɣ-] *s.* ***πολιτικάνος***; **~ολογώ** [-ɔlɔ'ɣɔ] (είς· ησ) politisieren; **~ός** politisch; zivilrechtlich; zivil, Zivil- (*Ehe, Klage, Behörden, Kleidung*); *Su. m* Politiker *m*, Staatsmann *m*; ***~ή οικονομία*** Volkswirtschaft *f*.
Πολίτικος Konstantinopler *m*.
πολιτισμ|ένος [pɔlitizm-] kultiviert, zivilisiert, Kultur- (*Volk*); **~ός** Kultur *f*, Zivilisation *f*.
πολίτισσα (Staats-)Bürgerin *f*; ♀ Konstantinoplerin *f*.
πολιτιστικός kulturell.
πολιτο|γράφηση [pɔlitɔ'ɣraf-] (-εις) Einbürgerung *f*; **~γραφώ** [-ɣra'fɔ] (είς· ησ) einbürgern; ***~γραφούμαι*** eingebürgert werden; sich (*A*) einbürgern lassen; **~φύλακας** [-'filakas] Volkspolizist *m*; **~φυλακή** Miliz *f*, Milizsoldat *m*; *hist.* Bürgerwehr *f*.
πολίχνη [pɔ'lixni] Ortschaft *f*.
πόλκα Polka *f*; Jacke *f*.
πολλαπλασ|ιάζω [-plas-] (-ίασα· στ) vervielfachen; verstärken; *Math.* multiplizieren, malnehmen; **~ίαση** (-εις) Vervielfältigung *f*; Verstärkung *f*; **~ιασμός** *s.* ***πολλαπλασίαση***; Multiplikation *f*; **~ιαστέος** [-ja'stɛ-] Multiplikand *m*; **~ιαστής** Multiplikator *m*; **~ιαστικός** Vervielfältigungs- (*Zahlen*); Rechen-.
πολλα|πλάσιος (-ια) vielfach; *Su. n* Vielfache(s); **~πλός** mehrfach, vielfach, vielfältig.
πολλή *s.* ***πολύς***.
πολλοστ|ημόριο [pɔlɔsti'mɔr-] Bruchteil *m*; **~ός** allerletzt-; *Su. n* Bruchteil *m*.
πόλος ['pɔl-] *allg. a. El.* Pol *m*; *fig.* Gegenpol *m*; ***βόρειος ~*** Nordpol *m*; ***νότιος ~*** Südpol *m*; ***~ έλξης*** Blickfang *m*.
πολτ|οποίηση [pɔltɔ'piisi] (-εις) Einstampfen *n*; Makulatur *f*; **~οποιώ** [-'pĭɔ] (είς· ησ) zerquetschen; *Typ.* einstampfen; **~ός** Brei *m*.
πολύ [pɔ'li] sehr; viel; *Zeit*: lange; ***παρά ~*** sehr, vielmals; (all)zu; ***το ~ (-~)*** höchstens; ***για** od. **επί ~*** (auf) lange (Zeit hinaus); ***πάει ~*** das geht zu weit; ***~ περισσότερο*** viel mehr; ***~ που ...*** *iro.* nicht die Bohne ...; ***~ πράμα!*** F Donnerwetter!, wunderbar!
πολύ- viel-; voll-; sehr.
πολυ|ανδρία [-aňðr-] Vielmännerei *f*; **~ανθρωπία** [-aňθrɔ'pia] starke Bevölkerung *f*; **~άνθρωπος** [-'aňθrɔp-] volkreich; stark bevölkert; *Straße*: belebt; **~άριθμος** [-'ariθm-] zahlreich; **~άσχολος** [-'asxɔl-] viel beschäftigt.
πολυ|βολείο Maschinengewehrnest *n*; **~βολισμός** Maschinengewehrfeuer *n*; **~βόλο** Maschinengewehr *n*.
πολυγαμία [-ɣam-] Vielweiberei *f*.
πολύγλωσσος [-'liɣlɔs-] polyglott.
πολ|υγονία [pɔliɣɔn-] Fruchtbarkeit *f*; **~ύγονος** fruchtbar; **~υγράφηση** [-'ɣraf-] (-εις) Vervielfältigung *f*, Kopieren *n*; **~υγράφος** Vielschreiber *m*; Kopiergerät *n* (*a.* ***πολύγραφος***); **~ύγραφος** Kopiergerät *n*; **~υγραφώ** [-ɣra'fɔ] (είς· ησ) vervielfältigen, kopieren; **~υγυρεμένος** viel verlangt.
πολ|υδάπανος [pɔli'ðapan-] verschwenderisch; *S.* kostspielig; **~ύδεντρος** [-'iðeňdr-] baumreich; **~υδωρία** [-iðɔr-] Großzügigkeit *f*; **~ύδωρος** großzügig; **~ύεδρο** [-'iɛðrɔ] Vielflach *n*, Polyeder *n*; **~υεθνικός** multinational; **~υεκατομμυριούχος** Multimillionär *m*; **~υέλαιος** [-i'ɛlɛɔs] Lüster *m*, Kronleuchter *m*; **~υέξοδος** *s.* ***πολυδάπανος***; **~υετής** langjährig; *Bot.* perennierend, immer während; **~υετία** lange Dauer *f*.
πολ|υζηλεμένος [pɔlizil-] höchst beneidenswert; **~ύζυγο** [-'iziɣɔ] Sprossenwand *f*; **~υήμερος** [-i'imɛr-] mehrtägig; **~υθεΐα** [-iθɛ'ia], **~υθεϊσμός** [-θɛizm-] Polythe'ismus *m*, Vielgötterei *f*; **~υθεϊστής** [-iθɛist-] Polythe'ist *m*; **~υθόρυβος** krakeelend.
πολυθρόνα [-'θrɔna] Sessel *m*.
πολυ|θρύλητος [pɔli'θrilit-] sagenhaft; viel gerühmt; **~καιρία** [-kɛr-] Alter(sschwäche *f*) *n*; **~καιρίζω** (σ) alt(ersschwach) werden; **~καιρινός** alt(ersschwach), baufällig; **~καιρι-**

σμένος [-ķerizm-] ältest-; **~καρπία** Ertragfähigkeit *f*.

πολ|ύκαρπος [pɔ'likarp-] ertragreich; **~υκατάστημα** *n* Kaufhaus *n*, Warenhaus *n*; **~υκατοικία** [-ikatiķ-] Etagenhaus *n*, Wohnblock *m*; **~υκίλυνδρος** [-i'ķiliňðr-] Mehrzylinder-; **~υκινητήριος** [-iķini'tir-] (-ια) mehrmotorig; **~ύκλαυστος** viel beweint.

πολυ|κλινική *s.* ***πολικλινική***; **~κομματικός** [-kɔmat-] Mehrparteien-.

πολ|ύκομος [pɔ'likɔm-] stark behaart; **~υκοσμία** [-ikɔzm-] Menschenansammlung *f*; **~ύκροτος** [-'ikrɔt-] geräuschvoll; Aufsehen erregend, sensationell; *Su. n* Revolver *m*; **~υκτήμωνας** [-i'ktimɔnas] sehr begütert; **~υκύμαντος** [-i'ķimaňd-] sehr bewegt (*a. fig.*); **~υκύτταρος** [-i'ķitar-] mehrzellig; **~υλογάς** [-ilɔ'γas] (-ού, -άδικο) schwatzhaft; **~υλογία** [-lɔj-] Geschwätzigkeit *f*; **~υλογώ** [-lɔ'γɔ] (είς· ησ) (*mst. mit* τα) weitschweifig sein.

πολυ|μάθεια [pɔli'maθ-] Gelehrsamkeit *f*; **~μαθής** gelehrt; belesen; **~μελής** [-mɛl-] vielköpfig; **~μέρεια** [-'mɛr-] Vielseitigkeit *f*; **~μερής** vielseitig; mehrteilig; multilateral; *Chem.* polymer; **~μερισμός** *Chem.* Polymerie *f*; **~μέτωπος** Vielfronten- (*Krieg*); **~μήχανος** erfinderisch.

πολ|ύμορφος [pɔ'limɔrf-] vielgestaltig; polymorph; **~ύμοχθος** mühselig; **~υνίκης** siegreiche(r) Sportler; **~υνοιάζει** [-i'njazi] es bekümmert *j-n* sehr; **~ύξερος** gelehrt.

πολυ|ομβρία [pɔliɔmvr-] starke Niederschlagstätigkeit *f*; **~όροφος** *s.* ***πολυώροφος***; **~παθημένος, ~παθής** *s.* ***πολύπαθος***.

πολύπαθος [-'lipaθ-] schwer geprüft.

πολ|υπειρία [pɔlipir-] reiche Erfahrung *f*; **~ύπειρος** erfahrungsreich; **~υπλανεμένος** [-ipla-] viel herumgekommen; **~ύπλευρος** [-'iplɛvr-] vielseitig; *fig.* vielschichtig; **~υπληθής** [-ipliθ-] stark besucht, Groß- (*Kundgebung*); **~ύπλοκος** [-'iplɔk-] kompliziert; **~ύποδας** *Zool.*, *Med.* Polyp *m*; **~ύπονος** [-'ipɔn-] mühsam; **~υποσία** [-ipɔs-] Trinkerei *f*, P Sauferei *f*; **~υπότης** Trunkenbold *m*.

πολυ|πράγμονας [pɔli'praγmɔnas] geschäftig; dreist, taktlos; **~πραγμονώ** (είς· ησ) geschäftig sein; überall dabei sein; **~πραγμοσύνη** [-'sini] Geschäftigkeit *f*; Dreistigkeit *f*.

πολυπρόσωπος *Thea.* personenreich; *Pers.* vielseitig (*a. iro.*).

πολύπτυχος [-ptix-] *Boden*: wellig, höckerig; *Kleid*: faltenreich.

πολ|ύς [pɔ'lis] (-ύ *od.* -λού, -ύ· *f* -λή, -λής, -λή· *n* -ύ, -ύ *od.* -λού· *pl.* -λοί, -λές, -λά) viel, *pl.* viele; *Weg*, *Zeit*: lang; *Entfernung*: groß; *Fieber*: hoch; ***~ύς καιρός, ~λή ώρα*** lange; ***οι ~λοί*** die Menge, die Masse; ***προ ~λού*** seit langem; ***από την ~λή δουλειά ...*** vor lauter Arbeit ...

πολ|υσαρκία [pɔlisarķ-] Wohlbeleibtheit *f*, Korpulenz *f*; **~ύσαρκος** [-'isark-] korpulent; **~υσέλιδος** [-i'sɛlið-] *Buch*: dickleibig; **~υσήμαντος** [-i'simaňd-] *Wort*: vieldeutig; höchst bedeutend; **~υσταυρία** *pol.* mehrfache(s) Ankreuzen (*e-s Kandidaten*); **~ύστηλος** [-'istil-] mehrspaltig; **~ύστροφος** [-strɔf-] aufgewickelt; *fig.* wendig; **~υσύλλαβος** [-'silav-] mehrsilbig; **~υσύνθετος** [-'siňθɛt-] (vielfach) zusammengesetzt, polysynthetisch (*z. B. Sprache*); **~υσυσκευή** Vielzweckgerät *n*; **~υσύχναστος** stark besucht; *Straße*: sehr belebt; **~υσχιδής** [-isçi'ðis] *fig.* weit verzweigt.

πολυ|τάλαντος steinreich; talentiert; **~τάραχος** [-'tarax-] sehr bewegt (*a. fig.*); **~τεκνία** Kinderreichtum *m*.

πολύτεκνος kinderreich.

πολυ|τέλεια [pɔli'tɛl-] Luxus *m*, Pracht *f*; **~τελής** luxuriös, prachtvoll, Pracht-; **~τεχνείο** [-tɛxn-] technische Hochschule *f*; **~τεχνικός** polytechnisch; technische(r) Hoch-; **~τεχνίτης** (***-ισσα***) *s.* ***πολύτεχνος***.

πολ|ύτεχνος [pɔ'litɛxn-] Praktikus *m*, Allerweltskünstler *m*; **~ύτιμος** kostbar, Edel- (*Stein*); *Dienst*: unschätzbar; **~υτοκία** [-itɔķ-] Fruchtbarkeit *f*; **~ύτομος** [-'itɔm-] mehrbändig; **~ύτροπος** [-trɔp-] viel herumgekommen; verschlagen, gewandt; kompliziert; **~ύτυπος** [-'itip-] verschiedenartig; **~υύμνητος** [-i'imnit-] viel besungen.

πολυ|φαγία [pɔlifaj-] Gefräßigkeit *f*; **~φάγος** [-'faγ-] gefräßig; *Su. m* Vielfraß *m*; **~φασικός** [-fas-] *El.* Mehr-

πολύφερνος 402

phasen-; vielgestaltig.
πολύφερνος mitgiftschwer.
πολ|υφωνία [-fɔn-] Vielstimmigkeit *f*; Mehrstimmigkeit *f*; **~ύφωνος** mehrstimmig; **~ύφωτο** *s.* ***πολυέλαιος***; **~υχρήματος** [-i'xrim-] begütert; **~ύχρηστος** [-'ixrist-] viel gebraucht.
πολυχρον|εμένος [-xrɔnɛm-] (er,) der lange leben möge; **~ίζω** (σ) *v/t.* ein langes Leben schenken *od.* wünschen; *v/i.* lange leben *od.* dauern.
πολ|υχρόνιος [pɔli'xrɔn-] (-ια), **~ύχρονος** langjährig; langlebig; **~υχρωμία** [-xrɔm-] Vielfarbigkeit *f*; **~ύχρωμος** bunt, vielfarbig.
πολυ|ψηφία *s.* ***πλειονοψηφία***; **~ψήφιος** (-ια) *Zahl*: mehrstellig.
πολυ|ώδυνος [pɔli'ɔðin-] sehr schmerzhaft; **~ώνυμος** viel genannt; ... mit vielen Namen; *Su. n Math.* Polynom *n*, Klammerausdruck *m*.
πολύωρος [pɔ'liɔr-] mehrstündig.
πολυώροφος [-'ɔrɔf-] mehrstöckig.
Πολων|ία [pɔlɔn-] Polen *n*; **~ίδα** Polin *f*; **♀ικός** polnisch; **~ός** Pole *m*.
πολώνω (σ) polarisieren.
πόλωση (-εις) *Phys.* Polarisation *f*; *allg.* Polarisierung *f*.
πομάδα Pomade *f*.
Πομερανία [pɔmɛran-] Pommern *n*.
πόμολο Türklinke *f*, Drücker *m*; Fenstergriff *m*.
πόμπ|ε(υ)μα ['pɔm̃bɛ(v)ma] *n*, **~ευση** [-ɛfsi] (-εις) Anprangerung *f*.
πομπεύω [pɔm̃b-] (εψ· εμ) anprangern, bloßstellen (***σε***/ vor *D*).
πομπή [pɔ'm̃bi] Prozession *f*, (*Triumph-*)Zug *m*; Schande *f*, Schandfleck *m*.
πομπόν Puderquaste *f*.
πομπός *El.* Sender *m*.
πομπώδης [pɔm̃b-] pompös, prunkvoll; *Rede*: hochtrabend.
πομφόλυγα [pɔ'ɱfɔliɣa] Luftblase *f*, Seifenblase *f* (*a. fig.*); *Med.* Bläschen.
πόνεμα *n* Schmerz *m*, Leiden *n*.
πονεμένος [pɔnɛm-] leidend; niedergeschlagen.
πονέντες [-'nɛn̆dɛs] Westwind *m*.
πονεσ- *s.* ***πονώ***.
πονετικός [pɔnɛt-] mitleidsvoll.
πόνημα *n lit.* Werk *n*, Arbeit *f*.
πον|ηράδα, ~ήρεμα *n s.* ***πονηριά***.
πονηρ|εύω [pɔnir-] (εψ· ευτ) *v/t.* schlau machen; argwöhnisch machen; *v/i.* boshaft werden; ***~εύομαι*** listig vorgehen; Verdacht schöpfen; **~ιά** Schlauheit *f*; Gaunerei *f*, Streich *m*; **~όμουτρο** Schlauberger *m*; **~ός** schlau, helle; listig; gewieft.
πον|όδοντος Zahnschmerzen *m/pl.*; **~όκαρδος** [-'ɔkarð-] mitleidig.
πονο|κεφαλιάζω [pɔnɔ-] (-φάλιασα) *v/t.* F *j-n* löchern; *v/i.* Kopfschmerzen bekommen (***με***/ von *D*); *s.* ***πονοκεφαλώ***; **~κέφαλος** [-'kɛfal-] Kopfschmerzen *m/pl.*; **~κεφαλώ** (άς) sich (*D*) den Kopf zerbrechen (***για***/ über *A*, wegen *G*), *s.* ***πονοκεφαλιάζω***.
πον|όλαιμος [pɔ'nɔlɛm-] Halsschmerzen *m/pl.*; **~όματος** [-'ɔmat-] Augenschmerzen *m/pl.*
πόνος Schmerz(en *pl.*) *m*; Leid *n*; Mitgefühl *n*; *pl.* Geburtswehen *pl.*
πονοψυχιά [pɔnɔpsiç-] Mitgefühl *n*.
πονόψυχος mitfühlend.
ποντάρω [pɔn̆'darɔ] (-αρα, -άρισα) setzen (***σε***/ auf *e-e Nummer*; *a. fig.*).
ποντίζω (σ) versenken; Anker werfen.
ποντίκι Maus *f*; *s. a.* ***ποντικός***.
ποντικο|παγίδα [pɔn̆dikɔpaj-], **~πιάστρα** [-'pjastra] Mausefalle *f*.
ποντικ|ός [pɔn̆dik-] Maus *f*; Ratte *f*; Muskel *m*; *Argot*: Klauer *m*; **~ότρυπα** [-'ɔtripa] Mauseloch *n*; **~οφάρμακο** [-'farmakɔ] Rattengift *n*; Mäusegift *n*.
πόντιση (-εις) Versenkung *f*; Ankerwerfen *n*.
ποντιφικός Pontifikal-; päpstlich.
ποντο|πορία [-pɔr-] Seefahrt *f*; **~πόρος** Seefahrer *m*; *Adj.* seetüchtig; **~πορώ** [-'rɔ] (είς· ησ) die See befahren.
πόντος[1] ['pɔn̆d-] Meer *n*; ***Εύξεινος*** ♀ Schwarze(s) Meer *n*.
πόντος[2] Zentimeter *m*; *Sport*: Punkt *m*; Laufmasche *f*.
πον|ώ [pɔ'nɔ] (άς, είς· εσ) *v/t.* schmerzen *A*, wehtun *D* (*a. fig.*); *fig.* es tut mir sehr Leid; *sein Geld* bereuen; (***για***) hängen (an *D*), sich (*A*) sehnen (nach *D*); *v/i.* Schmerzen haben, leiden; Mitleid haben; trauern (***για***/ um *A*); ***μου ~εί ...*** (es) tut mir weh.
ποπλίνα [pɔ'plina] Popelin *m*.
ποπό! ach herrje!, du meine Güte!
πορδ|ή [pɔrð-] Furz *m*, Bauchwind *m*, Blähung *f*; *Argot*: Kerl *m*, Person *f*; **~ιά**

s. ***πορδή***; **~οβούλωμα** *n Argot*: *Pers.* Mistvieh *n*.
πόρδος *Argot*: dumme(r) Laffe.
πορ|εία [pɔr-] Marsch *m* (*a. fig.*); Verlauf *m der Krankheit*; Gang *m*; *Astr.* Lauf *m*; Kurs *m*; ***υποχρεωτική κυκλική ~εία*** Kreisverkehr *m*; **~εύομαι** (ευτ) marschieren, wandern; auskommen (***με***/ mit *D*).
πόρθηση ['pɔrθ-] (-εις) Eroberung *f*; Verwüstung *f*.
πορθητής Eroberer *m*.
πορθμ|έας [pɔrθm-] (*pl.* -είς) Fährmann *m*; **~είο** Furt *f*; Fähre *f*; *pl.* Fährgeld *n*; **~ός** Meerenge *f*, Sund *m*.
πορθώ [pɔr'θɔ] (είς· ησ) erobern; verwüsten.
πορίζ|ω [pɔr-] (σ· στ) *v/t. j-m zu etw.* verhelfen; ***~ομαι*** sich (*D*) *etw.* verschaffen; *Beweise* beibringen; *Schlüsse* ziehen; *seinen* Lebensunterhalt verdienen.
πόρισμα *n* Schlussfolgerung *f*; Ergebnis *n*, Ausgang *m*; Folgesatz *m*.
πορισ|μός Beschaffung *f*, Beibringung *f*; **~τικός** Beschaffungs-.
πορν|εία Prostitution *f*; **~είο** Bordell *n*; **~εύω** (εψ) *v/t.* zur Unzucht verführen; ***~εύομαι*** sich (*A*) prostituieren.
πόρνη ['pɔrni] Prostituierte *f*, Dirne *f*; *fig. Argot*: Wucherin *f*.
πορν|ικός Prostituierten-, Dirnen-; **~ογραφία** [-ɔɣraf-] Pornographie *f*; **~ογραφικός** pornographisch.
πόρνος Wüstling *m*.
πορν|όσπιτο [pɔr'nɔspitɔ], **~οστάσιο** [-'stas-] Bordell *n*.
πόρος Furt *f*; Passage *f*; Pore *f*; *mst. pl.* Mittel *n/pl.*
πορπατ- *s.* ***περιπατ-***.
πόρπη Schnalle *f*; Druckknopf *m*.
πορσελάνη [pɔrsɛ'lani] Porzellan *n*.
πόρτα ['pɔrta] Tür *f*; Pforte *f*.
πορτατίφ (0) *n* Leselampe *f*.
πορτ|έλο [-'ɛlɔ] kleine Tür *f*; **~ιέρης** [-'jɛr-] (-ηδες) Pförtner *m*, Portier *m*.
πορτμπαγάζ [pɔrtba'gaz] *n* (*Fahrrad*) Gepäckträger *m*; *Auto*: Kofferraum *m*; F Allerwerteste(r).
Πορτο|γαλία [pɔrtɔɣal-] Portugal *n*; **~γαλίδα** Portugiesin *f*; **≗γαλικός** portugiesisch; **~γάλος** Portugiese *m*.
πορτο|καλάδα [pɔrtɔkal-] Orangensaft *m*; **~καλής** (-ιά, -ί) apfelsinenfarben; **~κάλι** Apfelsine *f*, Orange *f*; **~καλιά** Apfelsinen- *od.* Orangenbaum *m*; **~καλόφλουδα** Apfelsinenschale *f*.
πορτο|φολάς [-fɔ'las] (-άδες) Taschendieb *m*; **~φόλι** [-'fɔli] Brieftasche *f*; Portemonnaie *n*.
πορτραίτο [pɔr'trɛtɔ] Porträt *n*.
πορφύρα [pɔr'fira] Purpur *m* (*a. Stoff*, *Mantel*); Purpurschnecke *f*.
πορφυρένιος (-ια) purpurfarben.
πορφυρογέννητος [-'jɛnit-] in Purpur geboren (*Titel der Kinder der byzantinischen Kaiser*).
πορφυρός purpurrot.
πορώδης porös.
Ποσειδώνας [pɔsi-] Po'seidon *m*.
πόση ['pɔsi] Trinken *n*; Getränk *n*.
πόσθη ['pɔsti] Vorhaut *f*.
πόσιμος trinkbar; Trink-.
ποσό Quantität *f*; Betrag *m*; *z. B.* ***αφορολόγητο ~ τέκνων*** Kinderfreibetrag *m*.
πόσ|ος ['pɔs-] wie viel(e); wie groß; wie hoch; wie weit; **~ο(ν)** wie (sehr) *mit Verb*; wie ...!; ***~ο ...;*** wie teuer ...?; ***κάθε ~ο*** wie oft; ***~ο του μήνας, ~ες (του μήνας) έχουμε σήμερα;*** den Wievielten haben wir heute?
ποσοστό [pɔsɔ'stɔ] Prozentsatz *m*; Gewinnbeteiligung *f*, Tantieme *f*; ***~ ακρίβειας*** Teuerungsrate *f*.
ποσ|ότητα Menge *f*; Quantität *f* (*a. Gr.*); **~οτικός** mengenmäßig, Mengen-, quantitativ (*a. Chem.*).
πόστα ['pɔsta] Post *f*; Einsatz *m beim Spiel*; *Arbeit*: Schicht *f*; ***βάζω ~*** *j-m* die Leviten lesen.
πόστερ (0) *n* Poster *n*.
ποστίς (0) *n* Haarteil *n*.
πόστο Posten *m*, Stellung *f*, Stelle *f*.
ποστ-ρεστάν [-rɛ'stan] postlagernd.
ποτ|άμι [pɔ'tami] Fluss *m*; *als Adv.* in Strömen; **~αμιά** Flussgebiet *n*, Au(e) *f*; **~αμίδα** Grasmücke *f*; **~αμίσιος** (-ια) Fluss-, Süßwasser- (Fisch).
ποταμ|οπλοΐα [-mɔplɔ'ia] Flussschifffahrt *f*; **~όπλοιο** [-'ɔpliɔ] Flussdampfer *m*; **~ός** Fluss *m*, Strom *m* (*a. fig.*); **~όσκυλλο** [-'ɔskilɔ] Fischotter *f*; **~όψαρο** [-'ɔpsarɔ] Flussfisch *m*.
ποταπ|ός [pɔtap-] gemein, niedrig; **~ότητα** Gemeinheit *f*.
ποτ|άσα [pɔ'tasa] (*a.* **πότ-**) Pottasche *f*, Kali *n*; **~άσιο** Kalium *n*.

Π

πότε ['pɔtɛ] wann; ***από*** ~ seit wann; ***κάθε*** ~ wie oft; ***έως*** (***ως***) ~ bis wann; ~ - ~ *od.* ~ ***και*** ~ dann und wann.
ποτέ(ς) [pɔ'tɛ(s)] einmal, einst; je(mals); nie(mals); ~ ***μου*** nie (in meinem Leben); ***παρά*** ~ als niemals; als je.
ποτ|ήρι [pɔ'tiri] Glas *n*; **~ηριά** Glas voll *n*; **~ήριο** Glas *n*; Kelch *m*.
πότης (***-ισσα***) Trinker(in *f*) *m*; ***καλός*** ~ trinkfest.
ποτίζω (σ· στ) *v/t.* tränken, zu trinken geben; *Blumen* begießen; *v/i.* nass *od.* feucht werden; sich (*A*) voll saugen.
πότισμα *n* Tränken *n*; Begießen *n*.
ποτιστ|ήρι [pɔtist-] Gießkanne *f*; **~ής** Bewässerungsgraben *m*; Begießende(r); **~ικός** Bewässerungs-; Wasser liebend; Land- (*Regen*).
ποτ|ίστρα Tränke *f*, Schwemme *f*; **~ό** Getränk *n*; **~οποιία** Getränkeindustrie *f*; **~οπωλείο** Ausschank *m*.
ποτούρι [-'turi] Pumphose *f*.
ποτπουρί [pɔtpu'ri] (0) *n* Potpourri *n*; Kunterbunt *n*.
που [pu] *Pron.* der, die, das; welche(r), welches; *Ko.* dass; so dass; denn; weil; wie ...!; ~ ***λες*** sag ich dir; letzten Endes.
πού [pu] wo?; wohin?; ***από*** ~ woher; ***για*** ~ wohin; ~ ***και*** ~ hin und wieder; ***από*** ~ ***κι' ως*** ~ wieso denn, inwiefern; ~ ***το ξέρεις;*** woher weißt du das?
πουγκί [pu'ŋ̟g̟i] Geldbeutel *m*; Kapital *n*, Rücklage *f*.
πούδρα ['puðra] Puder *m*.
πουδρ|άρισμα *n* Pudern *n*; **~άρω** [-'arɔ] (αρισ) pudern; ***~άρομαι*** sich (*A*) pudern; **~ιέρα** Puderdose *f*.
πούθε ['puθɛ] woher.
πουθενά [-θɛ'na] nirgends; nirgendwo(hin); irgendwo(hin).
που|καμίσα [puka'misa] Bluse *f*; **~κάμισο** [-'kamisɔ] Hemd *n*.
πουλ|άδα [pul-] Poularde *f*; **~άκι** [-'ak̟i] Küken *n*; Vögelchen *n*; ***~άκι μου!*** F mein Kind(chen)!; **~άρι** Fohlen *n*, Füllen *n*; **~ερικό** *mst. pl.* Federvieh *n*, Geflügel *n*.
πουλεύω (ψ) F losziehen, abhauen; verschwinden; entwischen.
πούλη|μα *n*, **~ση** (-εις) Verkauf *m*; Verkaufserlös *m*.
πουλητής (***-ήτρια***) Verkäufer(in *f*) *m*.
πούλι ['puli] *Spiel*: Stein *m*; Flitter *m*.
πουλί Vogel *m*; Hühnchen *n*, Küchlein *n*; P Filou *m*, Schlauberger *m*.
πούλια Siebengestirn *n*; Flittergold *n*.
πούλμαν ['pul-] (0) *n* Reisebus *m*.
πουλόβερ [pu'lɔvɛr] (0) *n* Pullover *m*.
πουλόπουλος [pu'lɔp-]: ***γίνομαι*** ~ F Leine ziehen, abschwirren.
πούλος *Argot*: *s.* ***πούτσος***.
πουλώ [pu'lɔ] (άς, είς· ησ) verkaufen (*a. fig.* = *verraten*); F (im Stich) lassen.
πούντα ['puṅda] Erkältung *f*; Brustfellentzündung *f*.
πουντιάζω (πούντιασα) sich (*A*) erkälten; Brustfellentzündung bekommen.
πούντρα ['pudra] Puder *m*.
πουντραρ- *s.* ***πουδραρ-***.
πούντσ(ι) ['puṅts(i)] Punsch *m*.
πούπετα *s.* ***πουθενά***.
πουπουλένιος [pupu'lɛn-] (-ια) flaumig; Daunen- (*Decke*).
πούπουλο Daune *f*; Flocke *f*.
πουράκι Zigarillo *m*.
πουρέ(ς) [pu'rɛ(s)] *n* (*m*) Püree *n*.
πουρί Trass *m*, Tuffstein *m*; Kalkstein *m*; Zahnstein *m*; Kesselstein *m*.
πουριτανός Puritaner *m*; Purist *m*.
πουρμπουάρ (0) *n* Trinkgeld *n*.
πουρνάρι [purn-] Zwergeiche *f*, Kermeseiche *f*; immergrüne Eiche *f*; *pl.* Sträucher *m/pl.*
πουρνό Morgen *m*, Frühe *f*.
πούρο ['purɔ] Zigarre *f*.
πουρός F (*alt*) vertrocknet.
πούσαι! ['pusɛ] *sehr* F: hallo du da!, Sie da!
πους-άπ [pus'ap] *n Sport*: Liegestütz *m*.
πούσι ['pusi] Dunst *m*, Nebel *m*.
πούστης *Argot*: Strichjunge *m*; Tunte *f*; *zur Frau*: Puppe *f*.
πουτάνα *Argot*: Hure *f*.
πουταναριό [putana'ri̯ɔ] Bordell *n*.
πουτί [pu'ti] (*vulgär*) weibliche Scham *f*.
πουτίγκα [pu'tiŋ̟ga] Pudding *m*.
πούτσος (*vulgär*) Schwanz *m*.
πουφ [puf] pfui!, äh!; ***ένα*** ~ e-e Seifenblase, nix.
πώδης [pɔ'ɔð-] grasähnlich, Gras-.
πράγμα ['pra(ɣ)ma] *n* Sache *f*, Ding *n*; Angelegenheit *f*, F Chose *f*; Ware *f*, Stoff *m*; *die* Schamteile *m/pl.*; *pl.* Gepäck *n*, Sachen *f/pl.*; Zustand *m*; ***στα πράγματα*** am Ruder, an der Krippe; angesäuselt.
πραγματεία [praɣmat-] Dissertation *f*.

Π

πρα(γ)μάτεια Ware *f*, Artikel *m*.
πραγματεύομαι [praγma'tεvɔmε] (ευτ) (*A*) behandeln (*A*); sich (*A*) befassen (mit *D*); handeln (mit *D*).
πρα(γ)ματευτ|άδικο [pra(γ)matε'ftaðikɔ] (Krämer-)Laden *m*; **~ής** (ambulanter) Händler *m*.
πράγματι ['praγmati] tatsächlich.
πραγματικ|ός wirklich; wahr; *Phys*. reell; Tat- (*Sachen*); *jur*. dinglich; **~ότητα** Wirklichkeit *f*, Realität *f*.
πραγματισ|μός Realismus *m*; **~τής** Realist *m*.
πραγματο|γνώμονας [praγmatɔ'γnɔmɔnas] Sachverständige(r); **~γνωμοσύνη** (-εις) Gutachten *n*; **~γνωσία** [-γnɔs-] Sachkenntnis *f*; **~ποίηση** [-'piisi] (-εις) Verwirklichung *f*; Erfüllung *f*; **~ποιήσιμος** [-pi'is-] durchführbar; erfüllbar; **~ποιώ** [-'pĭɔ] (είς· ησ) verwirklichen; durchführen; *Versprechen* erfüllen; *v*/*p*. (***~ποιούμαι***) *a*. in Erfüllung gehen.
πραγμ|ατώνω *s*. ***πραγματοποιώ***; **~άτωση** (-εις) *s*. ***πραγματοποίηση***.
πραιτοριανός [prεtɔrĭa'nɔs] *hist*. prätorianisch; *Su*. *m* Prätorianer *m*.
πρακτ|ική [prakti'ķi] Praxis *f*; Übung *f*; **~ικό** Protokoll *n*; *pl*. Protokoll *n*, Bericht *m*; Tagebuch *n*; **~ικός** praktisch; zweckdienlich; *Pers*. ohne normales Studium (= praktisch); *Su*. Heilpraktiker *m*; **~ικότητα** praktische(r) Sinn *m*; Zweckdienlichkeit *f*.
πράκτορας ['praktɔras] Vertreter *m*; Geschäftsträger *m*; (*Geheim*-, *Versicherungs*-)Agent *m*.
πρακτορείο (*Zeitungs*-)Agentur *f*; Vertretung *f*; Vermittlung *f*; Büro *n*; ~ ***ταξιδίων*** Reisebüro *n*.
πράμα ['prama] *s*. ***πράγμα***; F ***είναι*** ~ (der, die) das ist was!; ***κορίτσι*** ~ ein richtiges (tadelloses) Mädchen.
πραμ|άτεια [pra'matĭa] Ware *f*; **~ατευτής** Textilienhändler *m*.
πραμ(μ)- *s*. ***πραγμ-***.
πραν|ές *n* [pran-] Abhang *m*; **~ής** abschüssig.
πράξη ['praksi] (-εις) Handlung *f*, Tat *f*, Vorgehen *n*; *Börse*, *Hdl*. Abschluss *m*, Geschäft *n*; Buchung *f*; Praxis *f*, Routine *f*; Maßnahme *f*, Schritt *m*; (*Geburts*- *usw*.) Urkunde *f*; *Thea*. Akt *m*, Aufzug *m*; *Math*. Rechnungsart *f*; *Med*. Akt *m*, Beischlaf *m*; ~ ***ανταλλαγής*** Umtauschaktion *f*; ~ ***πανικού*** Kurzschlusshandlung *f*.
πραξι|κόπημα [-'kɔpima] *n* Staatsstreich *m*, Putsch *m*; **~κοπηματίας** Putschist *m*; **~κοπηματικός** subversiv, umstürzlerisch; Putsch-.
πράος (-α) sanft, mild.
πραότητα Sanftheit *f*, Milde *f*.
πρασ|ιά [pras-] Beet *n*; Vorgarten *m*; **~ινάδα** Grün *n*; Rasen *m*; **~ινίζω** (σ) grün färben; grün werden; **~ινίλα** Grünliche(s), grüne(r) Fleck; **~ινοκίτρινος** [-inɔ'ķitr-] gelbgrün.
πράσινος grün (*a*. = *unreif*); *Su*. *n* Grün *n*.
πρασινωπός [prasinɔp-] grünlich.
πράσο Porree *m*.
πρασσάς F Taschendieb *m*.
πρατ|ήριο Verkaufsstelle *f*, Geschäft *n*; ***~ήριο βενζίνης*** Tankstelle *f*; **~ηριούχος** [-i'rĭux-] Tankwart *m*.
πράττω ['pratɔ] (έπραξα· χθ) tun (*z. B. s-e Pflicht*); *gut* handeln.
πράυνση ['praiñsi] (-εις) Besänftigung *f*, Linderung *f*.
πρα|ϋντικός [praiñd-] besänftigend, lindernd; **~ΰνω** [-'inɔ] (II = I· υνθ) besänftigen, *Schmerz* lindern.
πραχτ- *s*. ***πρακτ-***.
πρέζα ['prεza] Prise *f*, (*vulgär*) Koks *m*; Schnüffeln *n* (*von Rauschgift*).
πρεζάκιας Süchtige(r); *Argot*: Schnüffler *m*.
πρεμιέρα Uraufführung *f*.
πρέμνο Baumstumpf *m*.
πρέπει ['prεpi] zustehen, zukommen (***σε***/ *D*); sich schicken (***σε***/ für *A*); es ist nötig; müssen; sollen; ~ ***να φύγω*** ich muss gehen; ~ ***να έφτασε*** er muss angekommen sein; ***έπρεπε να ήσουν εκεί*** du hättest hier sein müssen; ***καθώς*** ~ wie es sich gehört; *als Adj*. anständig, fein.
πρέπον (-οντος) *K*. Anständigkeit *f*.
πρεπούμενος passend, schicklich, anständig.
πρέπω (έπρεψα) (gut) wirken, aussehen.
πρέπων ['prεpɔn] (-ουσα, -ον) *s*. ***πρεπούμενος***.
πρέσα ['prεsa] Presse *f*.
πρεσάρω (αρ· αρισ) pressen.
πρεσβ|εία [prεzv-] Botschaft *f*; Gesandtschaft *f*; Abordnung *f*; Alter *n*,

πρεσβευτής 406

Achtung *f* (*vor dem Alter*); **~ευτής** [-ɛft-] Botschafter *m*; Gesandte(r); **~ευτικός** [-ɛft-] Botschafts-; Gesandtschafts-; **~εύω** (εψ) *v/i.* Botschafter, Gesandter sein; *v/t.* sich (*A*) bekennen (zu *D*); glauben, zugeben.

πρέσβης *s.* ***πρεσβευτής.***

πρεσβ|υτέριο [prɛzvi'tɛr-] Presbyterium *n*; Pfarrhaus *n*; **~ύτερος** älter-; *Su. m* verheiratete(r) Pfarrer *m*; ***~υτέρα*** *Su. f* Pfarrfrau *f*; **~ύτης** Greis *m*; **~υτικός** Greisen-, greisenhaft.

πρεσβύωπας Weitsichtige(r).

πρεσβυωπ|ία [prɛzviɔp-] Weitsichtigkeit *f*; **~ικός** weitsichtig.

πρέφα ['prɛfa] Preference *f*; Satz *m* Preferencekarten; ***παίρνω ~*** F mir schwant *etwas*.

πρήζ|ω ['prizɔ] (ξ· στ) *v/t.* aufblähen; anschwellen lassen; ***~ομαι*** (an)schwellen; sich aufblähen; F ***~ω το κεφάλι*** F *fig. j-n* völlig benebeln, den Kopf heiß machen.

πρην|ηδόν [prinið-] bäuchlings; **~ής** *mil.* ... in liegender Stellung; im Anschlag; ***θέση ~ής*** Liegestütz *m*.

πρή|ξιμο ['priks-], **~σιμο** (-ατος) Schwellung *f*, Geschwulst *f*, F Beule *f*.

πρησμένος [prizm-] geschwollen.

πριγιόν: ***πέφτω στο ~*** F hochgenommen werden.

πρίγκιπας ['priŋ̑gipas] Prinz *m*; Fürst *m*, *z. B. von Monaco.*

πριγκιπ|άτο [priŋ̑gi-] Fürstentum *n*; **~έσα** Prinzessin *f*; Fürstin *f*; **~ικός** prinzlich; fürstlich.

πριγκίπισσα *s.* ***πριγκιπέσα.***

πρίζα Steckdose *f*; Stecker *m*.

πριέλι [pri'ɛli] Zirkel *m*.

πριμ [prim] (0) *n* Beihilfe *f*, Zuschuss *m*; Prämie *f*.

πριμάτος [prim-] Primas *m*.

πριμοδοτώ [-ðɔ'tɔ] *v/t.* bezuschussen, subventionieren.

πρίμος *Wind*: günstig; *Su. m* Rückenwind *m*.

πριν [prin] *Adv.* vorher, zuvor; *als Adj.* vorig-; *Präp. G od.* ***από*** vor *D*; *Ko.* (***να***) *mit St. II Präs.* bevor, ehe; ***τα ~*** das Vergangene; ***από τα ~*** von vornherein; im Voraus.

πρινάρι *s.* ***πουρνάρι.***

πρίνος *s.* ***πουρνάρι.***

πριόνι [pri'ɔni] Säge *f*.

πριον|ίδια *n/pl.* Sägespäne *m/pl.*; **~ίζω** (σ· στ) sägen, zersägen.

πριόνισμα *n* Sägen *n*.

πριονιστ|ήρι Sägewerk *n*; **~ής** Säger *m*; **~ικός** Säge-; **~ός** zersägt; gezackt.

πριον|όμυλος [priɔ'nɔmil-] Sägemühle *f*; **~ωτός** gezahnt, gezackt.

πρίσμα ['prizma] *n* Prisma *n*; ***με το ~*** *G* im Lichte *G*.

πρισματικός prismenförmig.

προ [prɔ] *K. mit G* vor *D* (*Ort u. Zeit*); für *A*; ***~ ολίγου*** vor kurzem; ***~ πολλού*** vor langer Zeit, seit langem; ***~ Χριστού*** vor Christi (Geburt); ***~ παντός*** (***πάντων***) vor allem; ***~ και μετά*** früher oder später.

προ- *Präfix, oft*: vor-, voran-, voraus-, vorher-, vorwärts-.

προ|αγγελία [-aŋ̑gɛl-] Vorankündigung *f*; Voranmeldung *f*; **~άγγελος** Vorbote *m*; **~αγγέλλω** [-'ŋ̑gɛlɔ] (ειλ· ελθ) (im Voraus) ankündigen; erwarten lassen; **~άγγελμα** *n s.* ***προαγγελία;*** **~άγγελος** Vorbote *m*.

προαγοράζω (σ· στ) aufkaufen.

προ|άγω [-'aγɔ] (-άγαγα· χτ· ηγμ) *etw.* fördern, unterstützen; *Beamte* befördern; *Schüler* versetzen; **~αγωγή** [-γɔ'ji] Förderung *f*; Beförderung *f*; Versetzung *f*; **~αγωγικός** Beförderungs-; Versetzungs-; **~αγωγός** [-aγɔγ-] Zuhälter *m*.

προ|αίρεση [prɔ'ɛrɛsi] (-εις) Belieben *n*, Gutdünken *n*; Vorsatz *m*; ***με ~αίρεση*** vorsätzlich; **~αιρετικός** [-ɛrɛt-] freiwillig; fakultativ; **~αιρούμαι** [-ɛ'rumɛ] (είσαι· ηθ) belieben, mögen; **~αισθάνομαι** [-ɛ'stanɔmɛ] (ανθ) vorausfühlen, ahnen; **~αίσθημα** *n*, **~αίσθηση** [-'ɛstisi] (-εις) Vorgefühl *n*, Ahnung *f*; **~αιώνιος** [-ɛ'ɔn-] (-ια) ewig, uralt; **~ακτέος** [-a'ktɛ-] (-α) zu befördernd; **~αλείφομαι** [-a'lifɔmɛ] (φτ) sich (*A*) vorbereiten (***για***/ als; *auf e-n Posten*).

προάλλες [prɔ'alɛs]: ***τις ~*** neulich.

προαναγγ|ελία [prɔanaŋ̑gɛl-] Vorankündigung *f*, Voranzeige *f*; **~έλλω** [-'ɛlɔ] *s.* ***προαγγέλλω.***

προαν|ακρίνω [prɔana'krinɔ] (II = I· θ) e-e Voruntersuchung einleiten; **~άκριση** (-εις) Voruntersuchung *f*; **~άκρουσμα** *n* Ouvertüre *f*; Prälu-

dium *n*, Vorspiel *n* (*a. fig.*); *fig.* Vorbote *m*; **~ακρούω** [-a'kruɔ] präludieren.
προαναφερόμενος [-anafɛ'rɔm-] oben erwähnt; **~φέρω** [-'fɛrɔ] (προανεφερ-) (oben) erwähnen.
προανάφλεξη (-εις) Vorzündung *f.*
προαπαιτώ [prɔapɛ'tɔ] (είς· ησ) vorausbedingen; ***~απαιτούμενο*** Vorbedingung *f*; **~απαντώ** [-apa'n̆dɔ] (άς· ησ) *v/t.* vorher antworten; *j-m* entgegengehen; **~απη-** *s.* ***προαπα-***; **~αποφασίζω** [-apɔfas-] (σ) (vorher) beschließen; vor'herbestimmen.
προάσκηση [prɔ'ask-] (-εις) Vorübung *f*; **~ασπίζω** [-a'spizɔ] (σ) verteidigen; **~ασπιστής** Verteidiger *m*; **~άστι(ο)** [-'ast-] Vorstadt *f.*
προαύλιο [prɔ'avl-] Vorhof *m*; (Schul-)Hof *m.*
προαφαιρώ [-afɛ'rɔ] (είς· -αφαίρεσα) vorher abziehen, wegnehmen.
πρόβα ['prɔva] Anprobe *f*; *Thea.* Probe *f*; ***για ~*** zur Anprobe; ***του κάνω ~*** e-e Anprobe (bei ihm) machen.
προβαδίζω [prɔvað-] (σ) *G* den Vortritt haben vor *D*, *j-m* voranschreiten; **~βάδισμα** *n* Vortritt *m*; Vorrang *m*; ***έχω το ~βάδισμα*** führend sein; **~βαίνω** (-βώ· -έβηκα) weitergehen, fortschreiten; *fig.* schreiten, übergehen (***σε***/ zu *D*), *Erklärung* abgeben; **~βάλλω** (πρόβαλα· βληθ· βλημ) *v/t.* *allg.*, *fig.* in den Vordergrund stellen; vorschieben; projizieren; *Kopf* (hinaus)stecken; *Schatten* werfen; *Film* vorführen; *Einwand* erheben, vorbringen; *Frage* aufwerfen; *v/i.* erscheinen, sich zeigen.
προβάρω anprobieren.
προβατάρης [prɔvat-] (-ηδες) Schafhirt *m*; **~ίλα** Schafsgeruch *m*; **~ίνα** Mutterschaf *n*; **~ίσιος** (-ια) Schaf-; **~οκάμηλος** [-ɔ'kamil-] *f* Lama *n.*
πρόβατο ['prɔvatɔ] Schaf *n*; *Argot*: Spitzel *m.*
προβατοτροφία Schafzucht *f.*
προβ(ε)ιά Schaffell *n*; *a. allg.* Fell *n.*
πρόβ(ε)ιος ['prɔvǐɔs] (-ια) Schaf-.
Προβηγκία [prɔvi'ŋ̆g̥ia] *die* Provence.
προβιβάζω [prɔviv-] (σ· στ) befördern; *Schüler* versetzen; **~ασμός** Beförderung *f*; Versetzung *f.*
προβλεπτικός [-vlɛpt-] vorhersehend; vorsorglich; **~ότητα** Vorsorglichkeit *f.*
προβλέπω (πρόβλεψα· -βλέφτηκα) vorhersehen; veranschlagen als; *e-n Fall* vorsehen; Vorsorge treffen (für); ***~βλεπόμενος*** vorgesehen.
πρόβλεψη ['prɔvlɛpsi] (-εις) Voraussicht *f*; Vorsorge *f*; Vorkehrung *f*; *Hdl.* Sicherheit *f*, Kaution *f*; ***~ καιρού*** Wettervorhersage *f.*
πρόβλημα ['prɔvlima] *n* Problem *n*, Frage *f*; Aufgabe *f.*
προβληματικός problematisch.
προβλήτα [-'vlita] Mole *f.*
προβοδίζω [-vɔð-] (hinaus)begleiten; **~βόδισμα** *n* Verabschiedung *f.*
προβοκάτορας [prɔvɔ-] Provokateur *m*; **~άτσια** Provokation *f.*
προβολέας [-'lɛas] (*pl.* -είς) Scheinwerfer *m*; Bildwerfer *m*; ***~έας ομίχλης*** Nebelscheinwerfer *m*; **~ή** Vorstehen *n*; Projektion *f*; (Film-)Vorführung *f*; *Turnen*: Ausfall *m.*
προβοσκίδα [-vɔsk̥-] Rüssel *m.*
προβούλευμα [-'vulɛvma] *n* Vorbescheid *m über die etwaige Nichtigkeit e-r Beschwerde.*
προβώ *St. II v.* ***προβαίνω.***
προγαμιαίος [prɔɣa'mǐɛɔs] (-αία) voreheIich; Ehe- (*Geschenk*); **~γενέστερος** [-jɛ'nɛst-] früher; vorangegangen; *Su. m* Vorgänger *m.*
πρόγευμα ['prɔjɛvma] *n* Frühstück *n.*
προγευματίζω (σ) frühstücken; **~γεφύρωμα** [-jɛ'fir-] *n mil.* Brückenkopf *m*; **~γιαγιά** [-ja'ja] Urgroßmutter *f.*
πρόγκα ['prɔŋ̆ga] (öffentliche) Blamage *f*; ***τρώγω ~*** sich (*A*) blamieren.
προγκάρω (αρισ) auspfeifen, ausbuhen.
προγκίζω [prɔŋ̆g̥-] (ξ) *v/t.* antreiben; abblitzen lassen; auspfeifen; *v/i.* scheuen, zurückschrecken.
πρόγνωση ['prɔɣnɔsi] (-εις) Prognose *f*; (*Wetter-*) Vorhersage *f.*
προγνωστικός [-ɣnɔst-] Vorhersage-; hellseherisch; *Su. n* Anzeichen *n*; *s.* ***πρόγνωση***; Hinweis *m* (auf *A*); ***~ά*** *n/pl.* ***ποδοσφαίρου*** *s.* ***προπό.***
προγονή [-ɣɔ'ni] Stieftochter *f*; **~γόνι** *s.* ***προγονός***; Stiefkind *n*; **~γονικός** altererbt, angestammt, ... der Ahnen; **~γονολατρία** Ahnenverehrung *f.*
πρόγονος Vorfahr *m*, Ahne *m.*

Π

προγονός Stiefsohn *m*.
πρόγραμμα ['proɣrama] *n* Programm *n*; Grundsatz *m*; **~ *διδασκαλίας*** Lehrplan *m*; **~ *μαθημάτων*** Stundenplan *m*; *Rfk*. **~ *που διαλέξατε*** Wunschprogramm *n*.
προγραμματίζω (σ) programmieren.
προ|γραμματικός richtungweisend; **~γραμματιστής** (***-ίστρια***) Planer(in *f*) *m*; Programmierer(in *f*) *m*; **~γραφή** [-ɣra'fi] Verfolgung *f*, Beschattung *f*; *hist*. Proskription *f*; **~γράφω** [-fɔ] (ψ· αφ) beschatten, verfolgen; **~γυμνάζω** [-jimn-] (σ) auf e-e Prüfung vorbereiten; üben; privat unterrichten; *Sport*: trainieren; **~γύμναση** (-εις) Repetitorium *n*; Privatunterricht *m*; Nachhilfeunterricht *m*; Training *n*; **~γυμνάσιο** Progymnasium *n*; **~γυμναστής** Repetitor *m*; Privatlehrer *m*; Trainer *m*; *mil*. Ausbilder *m*.
προδια|γραφή [proðiaɣra'fi] Plan *m*; Richtlinien *f*/*pl*.; Entwurf *m*; **~γράφω** (ψ· μμ) planen, festlegen, entwerfen.
προ|διάθεση [-'ðïaθɛsi] (-εις) Veranlagung *f*, Anlage *f* (***προς*** *A*, ***σε***/ zu *D*); **~διαθέτω** [-ðia'θɛtɔ] (σ· τεθ) *j-n* gewinnen, einnehmen (***για***/ für *A*); *bsd. Med*. empfänglich machen (***προς*** *A*/ für *A*); **~διάσκεψη** [-'ðïaskɛpsi] (-εις) Vorkonferenz *f*; **~διάταξη** [-taksi] (-εις) vorherige Regelung *f*; **~διατάσσω** [-ðïa'tasɔ] (ξ· γμ) im Voraus regeln; **~διατεθειμμένος** [-tɛθim-] eingenommen; empfänglich; **~διατύπωση** [-'tipɔsi] (-εις) erste(r) Entwurf *m*.
προδίδω *s*. ***προδίνω***.
προ|δικάζω [-ðik-] (σ) *v*/*t*. vorher (*od*. vorschnell) beurteilen; e-e Vorentscheidung fällen; **~δικασία** Vorverfahren *n*; **~δικαστικός** vorläufig; Vor- (*Frage*); **~δίνω** [-'ðinɔ] (δωσ· δοθ) verraten (***του το***/ j-m etw.); *Eid* brechen; **~διορίζω** [-ðiɔr-] vorher bestimmen.
πρόδομος ['proðɔm-] Vorzimmer *n*; Diele *f*; *Anat*. Vorhof *m*.
προδοσία Verrat *m*; ***εσχάτη*** **~** Hochverrat *m*.
προ|δότης [-'ðɔt-] (***-ότρα, -ότισσα***) Verräter(in *f*) *m*; **~δοτικός** verräterisch.
προδρομικός sich anbahnend.
πρόδρομος Vorläufer *m*; Vorbote *m*.
προ|εδρεία [proɛðr-] *s*. ***προεδρία***; **~εδρείο** Vorstand *m*, Präsidium *n*; **~εδρεύω** (ευσ) (*G*) den Vorsitz (*G*) führen; **~εδρία** Vorsitz *m*; Präsidentenamt *n*; Amtszeit *f* e-s Präsidenten; **~εδρικός** Präsidial-; **~εδριλίκι** *s*. ***προεδρία***.
πρόεδρος ['proɛðr-] Präsident *m e-s Staates*; Vorsitzende(r); **~ *της κυβέρνησης*** Ministerpräsident *m*.
προειδο|ποίηση [proiðo'piisi] (-εις) Warnung *f* (***προς*** *A*/ an *A*); ***~ποίηση κινδύνου*** *Schild*: Gefahrenstelle *f*; **~ποιητικός** warnend, Warn-; **~ποιώ** [-'pjɔ] (είς· ησ) vorher benachrichtigen (***για***/ von *D*); warnen.
προειπ- *s*. ***προλέγω***.
προειρημένος [-iri-] oben genannt.
προεισ|άγω (-εισήγαγα· -ησάχτηκα) einleiten; **~αγωγή** [-ɣɔ'ji] Einleitung *f*; **~αγωγικός** einleitend.
προεκ|βάλλω [proɛk'valɔ] (προέξεβαλα· βληθ) (sich) vorstrecken, (sich) vorschieben; verlängern; **~βολή** [-vɔ'li] Vorstrecken *n*; Verlängerung *f*; Vorschub *m*; **~λέγω** [-ɛ'klɛɣɔ] (ξ· εγ/ προεξελ-) vorher wählen; **~λογικός** [-klɔj-] Wahl- (*Kampf*, *Versprechen*).
προ|έκταση [pro'ɛktasi] (-εις) Verlängerung *f*; Ausdehnung *f*; Ansatzstück *n*; *fig*. Aspekt *m*; **~εκτείνω** [-ɛ'ktinɔ] (ταθ· ταμ· -εξέτεινα) verlängern; ausdehnen; ***~εκτείνομαι*** sich erstrecken (***σε***/ auf *A*); **~εκτίμηση** (-εις) Voranschlag *m*; **~έλαση** [-'ɛlasi] (-εις) Vormarsch *m*, Vorstoß *m*; **~ελαύνω** [-ɛ'lavnɔ] (λασ) vormarschieren, vorstoßen (***προς*** *A*/ auf *A*); **~έλευση** [-'ɛlɛfsi] (-εις) Herkunft *f*; Ursprung *m*.
προελληνικός [-ɛlini'kɔs] vorgriechisch.
προ|εξάρχω [proɛ'ksarxɔ] Anführer, Führer sein; **~εξέχω** [-ɛ'ksɛxɔ] (*o. Aor*.) hervorspringen, hervorragen; **~εξόφληση** [-ɛ'ksɔfl-] (-εις) Diskont *m*; Bevorschussung *f*; vorfristige Zahlung *f*; **~εξοφλητικός** [-flit-] Diskont-; **~εξοφλώ** (είς· ησ) *Gehalt* bevorschussen; Vorschuss zahlen; vorfristig zahlen; *Wechsel* diskontieren; *fig*. (*z. B. Meinung*) vorwegnehmen; **~εξοχή** [-'çi] Vorsprung *m*; Erker *m*; *Geogr*. Landzunge *f*.

Π

προ|εόρτια [prɔɛ'ɔrt-] *n/pl.* Vorfeier *f*, Vorabend *m*; **~εργασία** [-ɛrɣas-] Vorarbeit *f*; **~έρχομαι** [-'ɛrxɔmɛ] (ελθ· ηλθ) herrühren (***από***/ aus *D*); stammen (***από***/ aus *D*); gelangen (***σε***/ zu *D*); **~εστός** Gemeindevorsteher *m*; **~ετοιμάζω** (σ· στ) vorbereiten; ***~ετοιμάζομαι*** im Begriff sein, sich (*A*) anschicken (***να***/ zu); **~ετοιμασία** Vorbereitung *f*; **~έχω** [-'ɛxɔ] hervorstehen; *fig. j-n* übertreffen; den Vorrang haben.
πρόζα Prosa *f*.
προζύμι [prɔ'zimi] Hefe *f*; Sauerteig *m*.
προη- *K. s.* ***προε-, προα-.***
προηγμένος [prɔiɣm-] befördert; fortgeschritten; fortschrittlich.
προηγ|ούμαι [prɔi'ɣumɛ] (είσαι· ηθ) vorangehen (*G*/*D*); **~ούμενος** vorangehend, vorhergehend; Vor- (*Jahr*); *Su. n* Präzedenzfall *m*, Beispiel(fall *m*) *n*; *Su. n/pl.* Obengesagte(s); *fig.* alte Rechnungen *f/pl.*; **~ουμένως** [-u'mɛnɔs] *Adv.* vorher, zuvor.
προθάλαμος Vorzimmer *n*; Wartezimmer *n*.
πρόθεμα *n* Präfix *n*, Vorsilbe *f*.
προθέρμανση (-εις) Vorwärmung *f*.
πρόθεση (-εις) Absicht *f*; Vorhaben *n*; *Gr.* Präposition *f*; ***με ~*** absichtlich.
προ|θεσμία [prɔθɛzm-] Frist *f*; Termin *m*; ***~θεσμία καταγγελίας*** Kündigungsfrist *f*; **~θετικός** [-θɛt-] präpositional; **~θήκη** [-'θiķi] Schaufenster *n*; **~θυμία** [-θim-] Bereitwilligkeit *f*, Geneigtheit *f*; **~θυμοποιούμαι** [-θimɔ'pjumɛ] (είσαι· ηθ) geneigt sein, bestrebt sein.
πρόθυμος [-θi-] bereit, geneigt.
πρόθυρ|ο Haustür *f*; Vorhalle *f*; ***εις τα ~α*** vor den Toren; im Vorfeld.
προϊδεάζω [prɔiðɛ-] *s.* ***προειδοποιώ***; *j-m* e-n Wink geben.
προίκα ['pri-] Mitgift *f*, Aussteuer *f*.
προικ|ίζω [priķ-] (σ· στ) *j-m* e-e Mitgift geben; *fig.* ausrüsten, ausstatten (***με***/ mit *D*); **~ιό** *s.* ***προίκα.***
προίκιση (-εις) Gewährung *f* e-r Mitgift, Ausstattung *f*.
προικ|ισμένος [priķizm-] begabt; **~οδοτώ** (είς· ησ) *s.* ***προικίζω***; **~οθήρας** [-ɔ'θiras] Mitgiftjäger *m*.
προϊόν [prɔi'ɔn] (-όντος) Produkt *n*; Erlös *m*; *fig. a.* Frucht *f*; ***εθνικό ~*** Sozialprodukt *n*; ***~ ποιότητας*** Markenprodukt *n*.
προ|ΐσταμαι [prɔ'istamɛ] (-έστην) vorstehen (*G*/*D*), Leiter sein; **~ϊστάμενος** [-i'stam-] (***-η***) Chef(in *f*) *m*, Leiter(in *f*) *m*, Vorgesetzte(r); ***~ϊστάμενος ηχοληψίας*** Aufnahmeleiter *m*; **~ϊστορία** [-istɔr-] Vorgeschichte *f*; **~ϊστορικός** prähistorisch.
πρόκα Schuhnagel *m*, Zwecke *f*.
προ|κάλυμμα [prɔ'kalima] *n* Schutzraum *m*; Luftschutzkeller *m*; Deckung *f*; Unterstand *m*; **~καλύπτω** [-ka'liptɔ] (ψ) verdecken; schützen; *mil.* decken; **~κάλυψη** [-'kalipsi] (-εις) Verdecken *n*; *mil.* Deckung *f*; **~καλώ** [-ka'lɔ] (είς· εσ· κληθ) herausfordern, provozieren (***σε***/ zu *D*); hervorrufen, erregen; ***~καλούμαι*** *a.* entstehen; **~κάνω** [-'kanɔ] (αμ, αν) *Arbeit* schaffen; *j-n* einholen; ***~κάνω και ...*** es schaffen zu ...
προκατα|βάλλω [prɔkata'valɔ] (βαλ· βληθ) vorschießen (***του το***/ j-m etw.); *Miete* im Voraus bezahlen; **~βλητέος** [-vli'tɛ-] (-α) im Voraus zahlbar; **~βολή** [-vɔ'li] Vorschuss *m*; Vorausbezahlung *f*; ***~βολή φόρου*** Steuervorauszahlung *f*; **~βολικός** Voraus- (*Zahlung*), im Voraus (erfolgt); **~κλυσμιαίος** [-kli'zmĭɛɔs] (-αία) vorsintflutlich (*a. fig.*); **~λαμβάνω** (λαβ· ληφθ) vorwegnehmen, *j-m* zuvorkommen; *fig. j-n* voreingenommen machen.
προκατ|άληψη [-'talipsi] (-εις) Voreingenommenheit *f*; **~αρκτικός** [-arkt-] Elementar- (*Schule*); vorbereitend, vorläufig, Vor-, Präliminar- (*Frieden*); *Su. n/pl.* Vorbereitungen *f/pl.*; Präliminarien *pl.*
προκατασκευασμένος vorgefertigt.
προκατειλημμένος [-tili'mɛn-] voreingenommen (***εναντίον*** *G*/ gegen *A*).
προ|κάτοχος [-'katɔx-] vorig; *Su. m* Vorgänger *m*; **~κείμενον** [-'ķim-] Thema *n*, Gegenstand *m*; ***εις το ~κείμενον*** zur Sache; **~κείμενος** vorliegend; gegenwärtig; **~κειμένου να** *Ko.* im Falle dass, sofern; angesichts der Tatsache, dass; **~κειμένου περί** [pɛ'ri] *G* was ... (*A*) anbetrifft.
πρόκειται ['prɔķitɛ] (*Impf.* επρόκετο) es handelt sich (***για***/ um *A*); werden; ***~*** (***να γίνει***) bevorstehen.

Π

προ|κήρυξη [-'k̡iriksi] (-εις) Aufruf *m*; Ausrufung *f*; *Hdl.* Ausschreibung *f*; **~κηρύσσω** [-k̡i'risɔ] (υξ· υχτ) ausrufen, öffentlich bekannt machen; *Stellung* ausschreiben.
προκληθ- *St. II Pass. v.* ***προκαλώ.***
πρόκληση ['prɔkl-] (-εις) Herausforderung *f* (***προς*** *A*/ an *A*; ***σε***/ zu *D*); *jur.* Aufforderung *f*.
προ|κλητικός [-klit-] herausfordernd; **~κόβω** [-'kɔvɔ] (ψ· μμ) vorankommen, Fortschritte machen; *Pflanze usw.*: gedeihen; **~κοίλι** [-'k̡ili] Bauch *m*, Wanst *m*; **~κομμένος** [-kɔ'mεn-] arbeitsam; anstellig, geschickt; *Su. m iro.* Drückeberger *m*; **~κοπή** [-kɔ'pi] Vorankommen *n*, Fortschritt *m*; Gedeihen *n*; Arbeitseifer *m*.
προ|κριματικός [prɔkrimat-] Ausscheidungs- (*Kämpfe*); **~κρίνω** [-'krinɔ] (II = I· θ) den Vorzug geben (*A*/*D*); vorher entscheiden.
πρόκριση ['prɔkrisi] (-εις) Vorauswahl *f*; *bsd. Sport*: Ausscheidung *f*.
πρόκριτος Standesperson *f*.
προκυμαία [-k̡i'mεa] Kai *m*, Mole *f*.
προκύπτω [-'k̡iptɔ] (ψ) sich (*A*) hinauslehnen; sich (*A*) ergeben.
πρόκυψη [-k̡ipsi] (-εις) Vorbeugen *n*.
προ|λαβαίνω [prɔla'vεnɔ] (πρόλαβα· ληφθ) *v/t.* einholen; *j-m* zuvorkommen; *Zug* erreichen; *Gefahr usw.* verhüten, abwenden, bannen; *Arbeit* schaffen; dazu kommen (***να***/ zu); *unp.* es gelingt, zu ...; **~λεγόμενα** *n/pl.* Einleitung *f*, Vorwort *n*; **~λέγω** [-'lεγɔ] (ειπ· λεχτ) vorhersagen; voraussagen.
προλετ|αριακός [prɔlεtar-] proletarisch; **~αριάτο** [-a'rĭatɔ] Proletariat *n*; **~άριος** Proletarier *m*.
προληπτικ|ός [-lipt-] vorbeugend, Vorbeugungs-; Vorsorge-; abergläubisch; *Adv.* vorsorglich; ***~ή*** (***εξέταση***) Vorsorge(untersuchung) *f*; ***~ό*** *Su. n* Vorbeugungsmittel *n*.
πρόληψη ['prɔlipsi] (-εις) Verhütung *f*, Abwendung *f*; Vorurteil *n*; Aberglaube *m*; ***~ ατυχημάτων*** Unfallverhütung *f*.
προλιμένας [-li'mεnas] Reede *f*.
προλογίζω e-e Einleitung geben.
πρόλογος [-lɔγ-] Vorwort *n*.
προλύτης [-'lit-] Doktor *m* der Theologie; Lizentiat *m*.
προμαντεύω [-mañd-] (εψ) voraussagen; ahnen.
πρόμαχος Vorkämpfer *m*.
προμαχ|ώ [prɔma'xɔ] (είς· ησ) Vorkämpfer sein, kämpfen (*G*/ für *A*); **~ώνας** Bollwerk *n*, Bastion *f*.
προμελ|έτη [prɔmε'lεti] Entwurf *m*; Planung *f*; Vorstudium *n*; *jur.* Vorsatz *m*; ***εκ ~έτης*** vorsätzlich; **~ετώ** [-ε'tɔ] (άς· ησ) *etw.* vorher überlegen, planen.
προμεσημβρ|ία [prɔmεsim̥'vria] Vormittag *m*; **~ινός** Vormittags-.
προμετωπίδα [prɔmεtɔp-] Titelseite *f*; Titelblatt *n*.
Προμηθέας [-mi'θεas] Pro'metheus *m*.
προμήθεια [-'miθ-] Beschaffung *f*; Vorrat *m*, Lagerbestand *m*; Provision *f*, Vermittlungsgebühr *f*.
προμηθ|ευτής [prɔmiθεft-] (***-εύτρια***) Lieferant(in *f*) *m*; **~ευτικός** Beschaffungs-, Liefer-, Lieferungs-; Konsum- (*Genossenschaft*); **~εύω** [-'εvɔ] (εψ· ευτ) *allg.* beschaffen, besorgen; versorgen (*A* ***από***/ mit *D*); *Hdl.* liefern; ***~εύομαι*** sich (*D*) *etw.* beschaffen; (sich) *etw.* anschaffen.
προμήκης [-'mik̡is] (πρόμηκες) länglich; ***~ μυελός*** Nachhirn *n*.
προ|μήνυμα [prɔ'minima] *n* Vorzeichen *n*, Vorbote *m*; Vorahnung *f*; ***~μηνύω*** [-'niɔ], **~μηνώ** (άς· ησ) deuten auf *A*, *nichts Gutes* versprechen; ***~μηνύεται*** (es) verspricht zu werden; *ein Gewitter* zieht herauf.
πρόμυτα *s.* ***μπρούμυτα.***
πρόναος ['prɔna-] Vorhof *m*, Vorhalle *f*; *Adj.* ... vor dem Tempel.
προνοητικ|ός [prɔnɔit-] vorsorglich; **~ότητα** Vorsorglichkeit *f*.
πρόνοια ['prɔnĭa] Fürsorge *f*; Vorsorge *f* (***για***/ für *A*); Umsicht *f*; ***κοινωνική ~*** Sozialfürsorge *f*.
προνομ|ία [-nɔm-] Privileg *n*; **~ιακός** privilegiert; bevorzugt.
προ|νόμιο Vorrecht *n*, Privileg *n*; *jur.* Patent *n*; *fig.* Gabe *f*; **~νομιούχος** [-'mjux-] (-α) privilegiert, bevorrechtigt; patentiert; *fig.* bevorzugt; Vorzugs- (*Aktie*).
προνοώ [prɔnɔ'ɔ] (είς· ησ) Vorsorge treffen (***για***/ für *A*).
προνύμφη [prɔ'nim̃fi] *Zool.* Larve *f*.
προξεν|ειά *s.* ***προξενιά***; **~είο** Konsulat *n*; **~εύω** (εψ) vermitteln, beschaf-

Π

fen; **\~ητής** (Ehe-)Vermittler *m*; **\~ήτρα** (Ehe-)Vermittlerin *f*; **\~ιά** (Ehe-)Vermittlung *f*; **\~ικός** Konsular-.
πρόξενος Urheber *m*; Konsul *m*.
προξενώ [prɔksɛ'nɔ] (είς· ησ) verursachen; *Schaden* zufügen; *Überraschung* bereiten.
προοδευτικ|ός [prɔɔðɛft-] fortschrittlich, progressiv (*a. Steuer*); **\~ότητα** Fortschrittlichkeit *f*.
προοδεύω (ευσ) Fortschritte machen.
πρόοδος ['prɔɔð-] *f* Fortschritt *m*; Leistungsstand *m*; *Math*. Reihe *f*.
προ|οιμιακός [prɔimĭak-] einleitend; **\~οίμιο** [-'im-] Einleitung *f*; Präambel *f*; *Mus*. Vorspiel *n*; Vorbote *m*; *pl. ohne* Umschweife *pl*.; **\~οιωνίζομαι** [-iɔ'ni-] (στ) voraussagen; *Gutes* versprechen.
προοπτικ|ή [prɔɔpti'ķi] Perspektive *f*; (Zukunfts-)Aussicht *f*, Chance *f*; *fig*. Abstand *m*; **\~ός** [-'kɔs] perspektivisch.
προορατικ|ός [prɔɔrat-] vorausschauend; **\~ότητα** Vorsorglichkeit *f*.
προορ|ίζω [prɔɔr-] (σ) bestimmen, ausersehen; **\~ισμένος** bestimmt, ausersehen (***να***/ dazu, zu); **\~ισμός** Bestimmung *f*; Aufgabe *f*; Bestimmungsort *m*; Reiseziel *n*; Berufung *f*, Los *n*; **\~ώ** [-'rɔ] (άς· ειδ) *s.* ***προβλέπω***.
προπαγ|άνδα Propaganda *f*, Werbung *f*; **\~ανδίζω** (σ) werben für *A*; **\~ανδιστής** Propagandist *m*; **\~ανδιστικός** Propaganda-, Werbe-.
προ|παίδεια [-'pɛð-] Einmaleins *n*; Rechenfibel *f*; **\~παιδεία** Anfangsunterricht *m*; Einführung *f*; **\~παίδευση** [prɔ'pɛðɛfsi] (-εις) *s.* ***προπαιδεία***; **\~παιδευτική** [-ɛft-] Propädeutik *f*; **\~παιδευτικός** Einführungs-, Vorbereitungs-; **\~παιδεύω** (ευσ) *j-m* Anfangsunterricht erteilen; **\~παίρνω** [-'pɛrnɔ] (παρ· πηρ· παρθ) anschnauzen.
προ|παντός [-pa'ňdɔs], **\~πάντων** vor allem.
προπάππος [-'pap-] Urgroßvater *m*; Urahn *m*.
προπαρα|λήγουσα [prɔpara'liɣusa] drittletzte Silbe *f*; **\~μονή** [-mɔ'ni] vorgestrige(r) Tag *m*; **\~σκευάζω** [-'skɛ-'vazɔ] (ευσ) vorbereiten; *j-n* einführen (***σε***/ in *A*); sich (*A*) vorbereiten (***προς*** *A*/ auf *A*); **\~σκευαστικός** [-skɛvast-] Vorbereitungs-; **\~σκευή** [-skɛ'vi] Vorbereitung *f*; *pl*. Anstalten *f/pl*.; Einführung *f*.
προπαροξύτονος [-ɔ'ksitɔn-] ... mit dem Akut auf der drittletzten Silbe.
προπατζής [-pa'dzis] (-ήδες) Inhaber *m* e-s Propo-Ladens, F Propo-Fritze *m*.
προ|πάτορας Vorvater *m*, Ahn(e) *m*; **\~πατορικός** Ahnen-, Erb- (*Sünde*); **\~πατώ** (άς) *s.* ***περπατώ***.
προπέλα [-'pɛla] Propeller *m*; Schiffsschraube *f*.
προ|πέμπω [prɔ'pɛm̆bɔ] (μψ) *j-n* geleiten; *etw*. vorausschicken; **\~περασμένος** [-pɛrazm-] vorletzt-; **\~περισπώμενος** [-pɛri'spɔm-] ... mit dem Zirkumflex auf der vorletzten Silbe; **\~περνώ** [-pɛr'nɔ] (άς· περασ) überholen; *fig*. überflügeln.
πρόπερσι ['prɔpɛrsi], **προπέρσι** im vorletzten Jahr.
προπερσινός ... des vorletzten Jahres.
προ|πέτασμα [prɔ'pɛtazma] *n* Deckung *f*; *fig*. (*z. B. Rauch-*) Vorhang *m*; **\~πέτεια** [-'pɛt-] Frechheit *f*, Dreistigkeit *f*; **\~πετής** frech, dreist; **\~πηλακίζω** [-pilaķ-] (σ) schmähen, beschimpfen; **\~πηλακισμός** Schmähung *f*; **\~πίνω** (-ήπια) trinken (***για***/ auf *A*); **\~πλάθω** [-'plaθɔ] (σ· στ) modellieren, ein Modell machen.
πρόπλασμα *n* Modell *n*, Muster *n*.
προ|πληρωμή [-plirɔ'mi] Vorauszahlung *f*; **\~πληρώνω** (σ· θ) vorauszahlen; **\~πληρωτέος** [-rɔ'tɛɔs] (-α) vorauszahlbar.
πρόπλυμα *n* Vorwäsche *f*.
προπό (0) Fußballtoto *n*.
πρόποδες ['prɔpɔðɛs] *m/pl*. Fuß *m e-s Berges*.
προπολεμικός [-pɔlɛm-] Vorkriegs-; *Adv*. vor dem Kriege.
προπομπ|ή [prɔpɔ'm̆bi] Geleit *n*; Voraussendung *f*; **\~ός** Bote *m*; Begleiter *m*; *mil*. Vortrupp *m*; Spitze *f*.
προ|πόνηση [prɔ'pɔn-] Training *n*; ***κάνω \~πόνηση*** trainieren; **\~πονητής** Trainer *m*; **\~πονώ** [-pɔ'nɔ] (άς, είς· ησ) trainieren; **\~πορεία** Vorfahrt *f*; Vorhut *f*; **\~πορεύομαι** [-pɔ'rɛvɔmɛ] (ευτ) an der Spitze marschieren.
πρόποση (-εις) Trinkspruch *m*.
προπρύτανης [-'prit-] Prorektor *m*.
πρόπτωση *Med*. Hervortreten *n*.
προ|πύλαια [prɔ'pilɛa] *n/pl*. Pro-

Π

py'läen *pl.*; **~πύργιο** [-'pirjɔ] Bollwerk *n*; **~πώληση** (-εις) Vorverkauf *m*; **~πωλώ** [-pɔ'lɔ] (είς· ησ) vorher verkaufen; ***~πωλούμαι*** im Vorverkauf erhältlich sein; **~ρρηθείς** [-ri'θis] (-είσα, -έν) oben erwähnt, vorgenannt.

πρόρρηση ['prɔrisi] (-εις) Weissagung *f*, Prophezeiung *f*.

προς [prɔs] *Präp.* (*mit A*) zu *D*, nach *D*, in Richtung auf *A*; zum Preise von *D*; gegen *A*; an *A*; für *A*; (*mit G*) von *D*, ...seits, bei ...!; zu *D*; (*mit D*) außer *D*, neben *D*, bei *D*; *Beispiele mit A*: ***~ βορράν*** nach Norden; ***~ τον Ελλήσποντον*** auf die Dardanellen zu; ***~ τα δεξιά μου*** rechts von mir, zu meiner Rechten; ***βλέπει ~*** *Tür*: geht zu ... hinaus; ***~ τον κύριον*** ... (an) Herrn ...; ***~ 30 δρχ. το μέτρο*** zum Preise von 30 Drachmen das Meter *od.* zu 30 Dr. ...; ***εις ~ δέκα*** einer gegen zehn; ***~ το παρόν*** zur Zeit; ***~ το βράδυ*** gegen Abend; ***βήμα ~ βήμα*** Schritt für Schritt; ***λέξη ~ λέξη*** Wort für Wort; ***~ χάριν σου*** um deinetwillen; *mit G*: ***~ μητρός*** mütterlicherseits; ***~ θεού!*** bei Gott; ***~ κακού μου*** zu meinem Schaden; *mit D*: ***~ τούτοις*** daneben, außerdem; ***ως ~*** *A* was (*A*) anbetrifft.

προσ- [prɔs-] *Präfix*, *oft*: an-, (hin)zu-, nach-, er-.

προσαγ|όρευση [-a'ɣɔrɛfsi] (-εις) Begrüßung *f*; Ansprache *f*; Anrede *f*; **~ορεύω** (ευσ) begrüßen; *j-n* anreden (*A*/ mit).

προσ|άγω [-'aɣɔ] (γαγ/ -ήγαγα· χθ/ -ήχθηκα) vorlegen; *Beweise* beibringen; *Zeugen* stellen; vorführen; **~αγωγή** Vorlage *f*; Beibringung *f*; Stellung *f von Zeugen*; Vorführung *f*; **~άναμμα** *n* Feueranzünder *m*.

προσανατολ|ίζω [-anatɔl-] (σ· στ) orientieren; ***~ίζομαι*** sich (*A*) orientieren (***σε***/ über *A*); **~ισμός** Orientierung *f*; ***επαγγελματικός ~ισμός*** Berufsberatung *f*.

προσ|άπτω [prɔ'saptɔ] *K.* (προσήψα· φτ) anfügen; anknüpfen; beschuldigen; **~άραξη** [-'araksi] (-εις) Auflaufen *n*; Strandung *f*; **~αράσσω** [-a'rasɔ] (ξ) auflaufen (***σε***/ auf *A*); **~αρμογή** [-armɔ'ji] Aufsetzen *n e-s Korkens*; Anbringung *f*; Anpassung *f* (***σε***/ an *A*); Umschulung *f*; *Med.*, *Biol.* Adaptation *f*; *Auge*: Akkomodation *f*; **~αρμόζω** [-ar'mɔzɔ] (σ) anbringen (***σε***/ an, auf *A*); ***~αρμόζομαι*** sich (*A*) anpassen (***σε***/ an *A*); sich (*A*) abfinden (***με***/ mit *D*); **~αρμοστικός** anpassungsfähig; **~αρμοστικότητα** Anpassungsfähigkeit *f*; **~άρτημα** *n* Zubehörteil *m*, Zubehör *n*; *Hdl.* Anhängsel *n*, Allonge *f*; Anlage *f*; **~άρτηση** (-εις) Anfügung *f*, Beifügung *f*; Annexion *f*, Einverleibung *f*; Anschluss *m* (***σε***/ an *A*); **~αρτώ** [-ar'tɔ] (άς· ησ) anfügen, beifügen; *Land* annektieren.

προσ|αυξάνω [prɔsaf'ksanɔ] (ξησ) erhöhen; **~αύξηση** [-'afksisi] (-εις) (*Gehalts-*)Erhöhung *f*, Anhebung *f*; Zulage *f*; **~βάλλω** [-'zvalɔ] (πρόσβαλα· βληθ) angreifen (*a. Med.*); *j-n* beleidigen; *jur.* anfechten; ***~βάλλομαι*** betroffen werden; **~βάνω** *s.* ***προσβάλλω.***

πρόσβαση ['prɔzvasi] (-εις) Zugang *m*.

προσ|βέλνω *s.* ***προσβάλλω***; **~βλέπω** [prɔz'vlɛpɔ] (ψ) *j-n* anblicken; *e-r S.* entgegensehen; **~βλημένος** beleidigt; angefochten; **~βλητικός** [-vlit-] beleidigend, verletzend; **~βολή** [-vɔ'li] Angriff *m*; Galopp *m*; *Med.* Anfall *m*, Krampf *m*; Leiden *n*; *fig.* Schlag *m* (***για***/ für *A*); Beleidigung *f*; *jur.* Anfechtung *f*.

πρόσγειος ['prɔzjiɔs] (-εια) *Astr.* erdnah; Erd-; *Flugw.* ... in Bodennähe.

προσ|γειούμαι [prɔzji'umɛ] (είσαι· ωθ) *Flugw.* landen; **~γειώνω** (σ) *mar.* landen; *Flugw.* abstellen; *El.* erden; ***~γειώνομαι*** landen; *fig.* festen Boden unter den Füßen bekommen; **~γείωση** [-'jiɔsi] (-εις) Landung *f*; Erdung *f*; **~δένω** [-'ðɛnɔ] (σ) anknüpfen, anbinden; *Gurt* festschnallen; ***~δένομαι*** (θ) sich (*A*) anschnallen; **~δέχομαι** [-'ðɛxɔmɛ] (χτ) annehmen, billigen; **~δίδω** [-'ðiðɔ] (δωκ· δοθ) *Glanz usw.* verleihen, geben.

προσδιορ|ίζω [prɔzðiɔr-] (σ) *Gewicht* bestimmen; *Preis* festsetzen; **~ισμός** Bestimmung *f* (*a. Gr.*); Festsetzung *f*; ***επιρρηματικός ~ισμός*** adverbiale Bestimmung; **~ιστικός** bestimmend, Bestimmungs-.

προσδοκία [prɔzðɔk̡-] Erwartung *f*; ***παρά πάσαν ~ν*** wider Erwarten.

προσδοκώ [-ðɔ'kɔ] (άς· *o. Aor.*) erwarten, hoffen (auf *A*).

προσε- *s.* ***προσ-.***
προσ|εγγίζω [prɔsɛ'ŋɟizɔ] (σ) *v/t.* nähern, näher bringen; *v/i.* heranrücken, sich (*A*) nähern; *Schiff*: anlaufen (***σε***/ *A*); **~έγγιση** [-'ɛŋɟisi] (-εις) Näherbringen *n*; Nahen *n*; *mar.* Anlaufen *n*; Zufahrt *f* (***προς*** *A*/ nach *D*); *Math.* Annäherung *f*; ***κατά ~έγγιση*** annähernd; **~εκρουσ-** *s.* ***προσκρούω***; **~εκτικός** aufmerksam, umsichtig; einsichtsvoll; *S.* vorsichtig, sorgfältig; **~έλευση** [-'ɛlɛfsi] (-εις) Ankunft *f*; *mil.* Meldung *f*; **~ελκύω** [-ɛl'ķiɔ] (υσ· υστ) *etw.* auf sich (*A*) ziehen; *j-n* heranziehen, gewinnen.
προσεπ|ικαλώ [prɔsɛpika'lɔ] (είς· εσ) *jur.* beiladen; **~ίκληση** (-εις) Beiladung *f*; **~ικυρώνω** [-iķir-] (σ) zusätzlich bestätigen; **~ικύρωση** [-'ķirɔsi] (-εις) zusätzliche Bestätigung *f*.
προσ|έρχομαι [prɔ'sɛrxɔmɛ] (ελθ· ηλθ) (***σε***) kommen (zu *D*); erscheinen vor (*D*) *Gericht*; *mil.* sich (*A*) melden bei *D* (*a. zur Prüfung*); **~εταιρίζομαι** [-ɛtɛ'rizɔmɛ] (στ) *j-n* für sich (*A*) gewinnen; es sich (*D*) zu eigen machen; **~εταιρισμός** Heranziehung *f*; Verbindung *f* (mit *D*); Sichzueigenmachen *n*; **~έτι** noch (dazu).
προσ|ευχή [prɔsɛf'çi] Gebet *n*; **~ευχητήριο** [-ɛfçi'tir-] Betsaal *m*; Gebetsnische *f*; **~εύχομαι** [-'ɛfxɔmɛ] (ηθ) beten; **~εχής** [-ɛ'çis] kommend, nächst-; nahe bevorstehend; **~εχτ-** *s.* ***προσεκτ-***; **~έχω** [-'ɛxɔ] (ξ) achten (***σε***/ auf *A*), *o. Objekt*: aufpassen; bemerken (***τον***/ j-n); sich (*A*) vorsehen (*A*/ vor *D*); *z. B. Kinder* aufpassen (*A*/ auf *A*), *j-n* behüten, *Haus* hüten; bemerken; **~εχώς** [-ɛ'xɔs] demnächst.
προση- *s.* ***προσα-, προσε-.***
προσηγορ|ία [prɔsiɣɔr-] Anrede *f*; **~ικός** Nenn-, Nominal-; *Su. n* Gattungsname *m*.
προσ|ηλιακός, ~ήλιος (-ια) sonnig.
προσηλυτ|ίζω (σ) bekehren (***σε***/ zu *D*); **~ισμός** Bekehrungseifer *m*.
προσήλυτος Neubekehrte(r); Übergetretene(r).
προσηλ|ωμένος [prɔsilɔm-] ergeben (***σε***/ *D*); nur bedacht (***σε***/ auf *A*); **~ώνω** (σ· θ) fest richten auf *A*; ***~ώνομαι*** sich (*A*) einstellen (***σε***/ auf *A*), sich (*A*) widmen (***σε***/ *D*); ***~ωμένος*** *a.* fixiert (***σε***/ auf *A*); vertieft (***σε***/ in *A*).
προ|σήλωση [prɔ'silɔsi] (-εις) angespannte Aufmerksamkeit *f*; (starke) Bindung *f* (***σε***/ an *A*); **~σημαίνω** (αν· ανθ) ankündigen; bezeichnen; **~σημειώνω** (σ· θ) vormerken; **~σημείωση** [-si'miɔsi] (-εις) Vormerkung *f*; **~σήνεια** [-'sin-] Zugänglichkeit *f*, Freundlichkeit *f*; **~σήνεμος** windig, Wind-; **~σηνής** zugänglich.
προσηρμοσμένος [prɔsirmɔzm-] geeignet (***σε***/ für *A*).
προσηυξησ- *s.* ***προσαυξάνω.***
προσ|ηχθ- *s.* ***προσάγω***; **~ηψ-** *s.* ***προσάπτω.***
προσθαλ|ασσώνω [prɔsθala'sɔnɔ] (σ· θ) *v/t.* auf dem Wasser landen; ***~ασσώνομαι*** *v/i.* wassern, auf dem Wasser landen; **~άσσωση** [-'asɔsi] (-εις) Wasserlandung *f*.
προσθαφαίρεση [prɔsθa'fɛrɛsi] (-εις) Addition und Subtraktion *f*.
πρόσ|θεμα ['prɔsθɛma] *n* Zusatz *m*; *Hdl.* Allonge *f*; **~θεση** [-θɛsi] (-εις) Hinzufügung *f*; Addition *f*.
προσθετέος (-α) hinzufügend; *Su. m* Summand *m*.
προσθετικός zerlegbar.
πρόσθετ|ος zusätzlich, Mehr-; Ersatz-; ***~ο για μονόκλινο δωμάτιο*** Einzelzimmerzuschlag *m*.
προσ|θέτω (πρόσθεσα· -τέθηκα· -θεμένος) hinzufügen, hinzusetzen (***σε***/ zu *D*); addieren; noch andere *Sorgen* machen (***του***/ j-m); ***~θέτομαι*** sich (*A*) gesellen (***σε***/ zu *D*); **~θήκη** [-'θiķi] Zusatz *m*; Anhang *m*; Beilage *f*.
προσιτός [prɔsi'tɔs] zugänglich (*a. fig.*); *Preis*: erschwinglich.
πρόσκαιρος ['prɔsķɛr-] vorläufig, zeitweilig; *jur.* von e-r Dauer von 10–20 Jahren (*Gefängnis*).
προσ|κάλεσμα [prɔs'kalɛzma] *n* Einladung *f*; **~καλεσμένος** (ein)geladen; (vor)geladen; *Su. m, f a.* Gast *m*; **~καλώ** [-ka'lɔ] (είς, άς· κληθ) (ein)laden; *jur.* (vor)laden; *Arzt* rufen; **~κεκλημένος** [-ķɛklim-] *s.* ***προσκαλεσμένος***; **~κεφάλαιο** [-ķɛ'falɛɔ] *Tech.* Lager *n*; **~κέφαλο** Kopfkissen *n*.
προσκήνιο [prɔ'sķin-] Vordergrund *m*; *Thea.* Proszenium *n*, Vorbühne *f*.
πρόσκληση ['prɔskl-] (-εις) Aufforde-

προσκλητήριο 414

rung *f*; Einladung *f*; Freikarte *f*; *mil.* Einberufung *f*; *jur.* Vorladung *f*.
προσκλητήριο [-klit-] Einladung(sschreiben *n*) *f*; *mil.* Appell *m*.
πρόσκλιση (-εις) Verbeugung *f*; Neigung *f*.
προσ|κόλληση [prɔ'skɔl-] (-εις) Anleimen *n*; Anschluss *m*; F ***... της ~κολλήσεως*** ... immer dabei (*d.h. a. als ungebetener Teilnehmer*); **~κολλώ** [-kɔ'lɔ] (άς· ησ· ηθ) anleimen, ankleben; *fig.* (***σε***) zuteilen (*D*), abkommandieren (zu *D*); ***~κολλιέμαι*** sich (*A*) hingeben (*D*); sich (*A*) *j-m* ungebeten anschließen; **~κομιδή** [-kɔmi'ði] Opfergebet *n*; **~κομίζω** (σ) vorlegen, beibringen.
πρόσκομμα *n* Hindernis *n*.
προσκοπι|κός [prɔskɔpi'kɔs] Pfadfinder-; **~σμός** [-'zmɔs] Pfadfinder *m/pl*.
πρόσκοπος (*-ίνα*) Pfadfinder(in *f*) *m*.
πρόσκρουση [-skrusi] (-εις) Stoßen *n*; Anstoß *m*; Aufprall *m*.
προσκρούω [prɔ'skruɔ] (σ) (***σε***) stoßen (an *A*, *fig.* auf *A*); prallen (gegen *A*); *jur.* verstoßen (gegen *A*).
πρόσκτηση (-εις) Erwerb *m*.
προσ|κύνημα [-'ķin-] *n* Wallfahrtsort *m*; Huldigung *f*; *pl.* Empfehlungen *f/pl.*; **~κύνηση** (-εις) Anbetung *f*, Verehrung *f*; **~κυνητήριο** Betstuhl *m*; Wallfahrtsort *m*; **~κυνητής** (***-ήτρια***) Pilger(in *f*) *m*; Anbeter(in *f*) *m*; **~κυνώ** [-ķi'nɔ] (άς, είς· ησ) anbeten; sich (*A*) *j-m* empfehlen; *j-n* grüßen; *j-m* huldigen; **~κυρώ** [-ķi'rɔ] (είς· ωσ) bestätigen; *jur.* zuerkennen.
προσλαβαίνω [-la'vɛnɔ] (προσέλαβα, πρόσλαβα· ληφτ) *s.* ***προσλαμβάνω.***
προσλαλιά [prɔzlal-] (Begrüßungs-)Ansprache *f*.
προσλαμβάνω (λαβ· ληφθ) *j-n* einstellen, engagieren; aufnehmen; *Farbe, Aussehen* annehmen.
πρόσληψη (-εις) Einstellung *f*; Annehmen *n*; *Psych.* Assoziation *f*.
προσμαρτυρώ (είς· ησ) bezeugen.
πρόσμειξη [-miksi] (Bei-)Mischung *f*; Zusatz *m*.
προσμένω (μειν) abwarten; entgegensehen (*D*).
προσμετρώ (άς· ησ· -ιέμαι) *v/t.* anrechnen (***σε***/ auf *A*, *z.B. die Rente*).
πρόσοδος *f* Ertrag *m*; Einkommen *n*; Einnahme *f*.
προσοδοφόρος (-α) einträglich.
προσοικ|ειώνω [prɔsi'ķɔnɔ] (σ· θ) *v/t.* *j-n* vertraut machen (mit *D*); ***~ειώνομαι*** *j-n* auf seine Seite ziehen; sich (*D*) *etw.* zu eigen machen; sich (*A*) gewöhnen (***προς*** *A*/ an *A*); **~είωση** (-εις) Vertrautheit *f*; Aneignung *f*.
προσομοιάζω [-'mjazɔ] (σ) ähneln *D*.
προσόν (-όντος) Gabe *f*; *mst. pl.* Fähigkeiten *f/pl.*, Qualifikationen *f/pl.*
προσ|ονομάζω [prɔsɔnɔm-] (σ) *j-m* e-n Beinamen geben; **~ορμίζω** [-ɔrm-] (σ· σθ) *v/t.* verankern; ***~ορμίζομαι*** landen, anlegen; **~όρμιση** (-εις) Landen *n*, Anlegen *n*.
προσοχή [prɔsɔ'çi] Aufmerksamkeit *f*; Achtung *f*; Vorsicht *f*; ***~!*** Achtung!; *mil.* Stillgestanden!; ***με ~*** vorsichtig.
πρόσοψη ['prɔsɔpsi] (-εις) Fassade *f*, Vorderseite *f*; *Argot*: ***του χαλνάω την ~*** *j-m* eins in die Fresse hauen.
προσόψι Handtuch *n*.
προσπ|άθεια [prɔ'spaθ-] Bemühung *f*; Versuch *m*; ***πειραματική ~άθεια*** Versuchsobjekt *n*; ***καταβάλλω πολλές ~άθειες*** sich (*A*) sehr bemühen; **~αθώ** [-a'θɔ] (είς· ησ) sich (*A*) bemühen; versuchen.
προσ|πελάζω [-pɛl-] (σ) *v/t.* sich (*A*) *j-m* nähern, *j-m* nahe stehen; **~πέλαση** (-εις) Annäherung *f*; Anmarsch *m*; **~πέρασμα** *n* Überholen *n*; **~περνώ** [-pɛr'nɔ] (άς· ρασ) überholen; *fig.* überflügeln; **~πέφτω** [-'pɛftɔ] (πεσ) zu Füßen fallen (***σε***/ *D*) (*a. fig.*); *Licht*: einfallen; **~ποίηση** [-'piisi] (-εις) Verstellung *f*; Getue *n*; **~ποιητός** [-piit-] gespielt; **~ποιούμαι** [-'pjumɛ] (είσαι· ηθ) *den Kranken usw.* spielen; simulieren; so tun (***ότι***/ als ob); nachmachen; **~πορίζω** [-pɔr-] (σ· θ) verschaffen; ***~πορίζομαι*** sich (*D*) verschaffen.
πρόσρηση (-εις) Empfehlung *f*.
προσταγή [-sta'ji] Verordnung *f*; Befehl *m*; Kommando *n*.
πρόσταγμα [-stayma] *n s.* ***προσταγή.***
προστ|άζω [prɔst-] (ξ) anordnen; befehlen; kommandieren; **~ακτική** [-akti'ķi] *Gr.* Imperativ *m*; **~ακτικός** gebieterisch, Befehls-.
προστα|σία Schutz *m*; Protektion *f*; Schirmherrschaft *f*; ***~σία καταγγε-***

Π

λίας Kündigungsschutz *m*; **~σία μνημείων** Denkmalschutz *m*; **~σία περιβάλλοντος** Umweltschutz *m*; **~σία (των) στοιχείων** Datenschutz *m*; **~σία της φύσης** Naturschutz *m*; *s.* **περιβάλλον**; **~τευόμενος** [-tɛ'vɔm-] Schützling *m*, Günstling *m*; **~τευτικός** [-tɛft-] Schutz- (*Zoll*); Beschützer-; Gönner-; **~τεύω** [-'tɛvɔ] (εψ· ευτ) beschützen (**από**/ vor *D*); begünstigen.

προστάτης [prɔ'stat-] (**-άτρια, -ισσα**) Beschützer(in *f*) *m*; Gönner(in *f*) *m*; *Anat.* Prostata *f*.

προστέγασμα [-'stɛγazma] *n*, **πρόστεγο** Schutzdach *n*; Markise *f*.

προστεθειμένος *s.* **προσθέτω.**

προστιμάρω (αρισ) *j-m* e-e Geldstrafe auferlegen.

πρόστιμο Geldstrafe *f*; F **του βάζω ~ για** er bekommt e-n Strafzettel für *A*.

προσ|τρέχω [-'trɛxɔ] (ξ) herbeieilen; *fig.* appellieren (**σε**/ an *A*); **~τριβή** Reiben *n*; Reibung *f* (*a. fig. Streitigkeit*); **~τρίβω** [-'trivɔ] (ψ) reiben.

πρόστυλος mit Säuleneingang.

πρόστυμμα ['prɔstima] *n* Beize *f*.

πρόστυπος reliefartig.

προστυχ|αίνω [-stiç-] (υν), **~εύω** (ψ) *v/t.* verschlechtern; *v/i.* abwärts gehen, (tief) sinken; **~ιά** Gemeinheit *f*; Unflätigkeit *f*; Schund *m*; **~οδουλειά** [-xɔðul-] Pfuscherei *f*; Gemeinheit *f*; **~όκοσμος** [-'xɔkɔzm-] Pöbel *m*.

πρόστυχος ['prɔstix-] gemein, pöbelhaft; unanständig; minderwertig (*a. Stoff*); *Su. f* Hure *f*.

προ|συλλαμβάνω [prɔsila'ɱvanɔ] (λαβ· ληφτ) in Schutzhaft nehmen; **~σύμβαση** [-'siɱvasi] (-εις), **~συμφωνία** [-siɱfɔn-] Vorvertrag *m*.

προσυνελαβ- *s.* **προσυλλαμβάνω.**

προσυπο|γραφή Gegenzeichnung *f*; **~γράφω** (ψ) gegenzeichnen.

προσφά(γ)ι [prɔ'sfai] Aufschnitt *m*, Zubrot *n*.

πρόσφατος frisch; neuest-.

προσφάτως vor kurzem, kürzlich.

προσ|φέρω [prɔ'sfɛrɔ] (πρόσφερα· φερθ) anbieten (**του το**/ j-m etw.); *Summe* bieten; **~φέρω κάτι στον εαυτό μου** sich (*D*) etw. gönnen; **~φέρομαι** *a.* sich erbieten; sich eignen (**σε**/ zu *D*); **~φεύγω** [-'fɛvγɔ] (φυγ) (**σε**) sich (*A*) wenden an *A* (*um Hilfe*); **~φιλής** [-fil-] lieb, teuer; **~φορά** [-fɔ'ra] Angebot *n*; Gebot *n e-r Summe*; Geschenk *n*; Spende *f*; **ειδική ~φορά** Sonderangebot *n*; **~φορά θέσεων** Stellenangebot *n*.

πρόσφορ|ο Hostie *f*, Opfergabe *f*; **~ος** geeignet, günstig (**για**/ für *A*).

πρόσφυγας (**-γίνα**) Flüchtling *m*, weibliche(r) Flüchtling.

προσφυγ|ή [prɔsfi'ji] Zuflucht *f* (**σε**/ zu *D*); Antrag *m* (**σε**/ an *A*); Anrufung *f* (**σε**/ *G*); **~ικός** Flüchtlings-.

πρόσφυμα [-fi-] *n* Suffix *n*; Infix *n*.

πρόσφυση (-εις) Verwachsung *f*; Haften(bleiben) *n*, Haftvermögen *n*, *Phys.* Adhäsion *f*.

προσ|φώνημα [prɔ'sfɔn-] *n*, **~φώνηση** (-εις) Ansprache *f*; **~φωνώ** [-fɔ'nɔ] (είς· ησ) begrüßen.

πρόσχαρος ['prɔsxar-] heiter.

προ|σχεδιάζω [prɔsçɛð-] (-δίασα) vorher planen; **~σχεδιασμένος** geplant; wohl überlegt; **~σχέδιο** wohl überlegte(r) Plan; Vorentwurf *m*.

πρόσχημα *n* Vorwand *m*.

προσχηματικός [prɔsçimat-] angeblich, scheinbar.

προσχολικός Vorschul- (*Alter*).

πρόσχωμα ['prɔsx-] *n* Ablagerung *f*; Anschwemmung *f*; Versandung *f*.

προσχών|ω (σ· θ) Erde, Sand anschwemmen; **~ομαι** *v/i.* versanden.

προσ|χώρηση (-εις) Zustimmung *f*; Beitritt *m*; **~χωρώ** [-xɔ'rɔ] (είς· ησ) (**σε**/*D*) zustimmen; *Partei* beitreten.

πρόσχωση (-εις) *s.* **πρόσχωμα.**

προσωδία [-sɔð-] Prosodie *f*.

προσωκρατικός vorsokratisch.

προσωνυμία [-ɔnim-] Zuname *m*.

προσωπ|άρχης [prɔsɔ'parçis] Personalchef *m*; **~είο** Maske *f*; **~ίδα** Maske *f*; (*Schutz-*)Maske *f*; **~ιδοφόρος** [-iðɔ'fɔr-] (-α) maskiert; Masken- (*Ball*); **~ικός** persönlich; Personal- (*Pronomen*; *Union*); Gesichts- (*Nerv*); *Su. n* Personal *n*; Belegschaft *f*; *Su. n/pl.* Meinungsverschiedenheiten *f/pl.*; **~ικό εδάφους** Bodenpersonal *n*; **~ικότητα** Persönlichkeit *f* (*Psych. u. Mensch*).

πρόσωπο ['prɔsɔpɔ] Gesicht *n*; Person *f* (*a. jur.*); *Thea.* Rolle *f*; Fassade *f*; **~ επαφής** *Med.* Kontaktperson *f*.

Π

προσωπο|γραφία Porträt *n*; **~γράφος** Porträtmaler *m*; **~γραφώ** [-ɣraˈfɔ] (είς· ησ) porträtieren; schildern; **~κράτηση** [-ˈkrat-] (-εις) (Polizei-)Gewahrsam *m*; (Schuld-)Haft *f*; **~λατρία** [-latr-] Personenkult *m*; **~ληπτώ** [-liˈptɔ] (είς· ησ) Partei nehmen; **~ληψία** [-lips-] Parteinahme *f*.

προσωπο|ποίηση [-ˈpiisi] (-εις) Personifizierung *f*; **~ποιώ** [-ˈpjɔ] (είς· ησ) personifizieren.

προσωριν|ός [prɔsɔr-] zeitweilig, vorläufig; Not-; *jur*. einstweilig; *Adv*. *a*. vorübergehend; **~ότητα** Schwebezustand *m*.

πρόταση (-εις) Vorschlag *m*; *bsd*. *jur*. Antrag *m*; Schriftsatz *m*; *Gr*. Satz *m*; Ausstrecken *n* (*der Hände*); ***κυρία ~*** Hauptsatz *m*; ***υποτεταγμένη*** *od*. ***εξαρτημένη*** (*od*. ***δευτερεύουσα***) **~** untergeordnete(r) Satz *m*, Nebensatz *m*.

προ|τάσσω [-ˈtasɔ] (ξ· χτ) voranstellen; vorstrecken; *Widerstand* leisten; **~τείνω** [-ˈtinɔ] (II = I· ταθ) *Arm* ausstrecken; *etw*., *j-n* vorschlagen (***για***/ für *A*; als); *bsd*. *jur*. beantragen.

προτείχισμα [-ˈtiçizma] *n* Vorwerk *n*; Außenmauer *f*.

προτεκτοράτο Protektorat *n*.

προ|τελευταίος [-tɛlɛˈftɛ-] (-αία) vorletzt-; **~τεραία** [-tɛˈrɛa] Vortag *m*; **~τεραιότητα** Vorrang *m*, Priorität *f*; ***τεραιότητα αριστερής λωρίδας*** Linksverkehr *m*.

προτέρημα *n* Vorzug *m*, Gabe *f*.

προτεστ|άντης (***-ισσα***) Protestant(in *f*) *m*; **~αντικός** protestantisch.

προτήτερ|α [-ˈtitɛra] *Adv*. früher; **~ος** vorig, früher.

προ|τίθεμαι [prɔˈtiθɛmɛ] (-εθηκ) beabsichtigen; **~τίμηση** (-εις) Bevorzugung *f*; Vorliebe *f*; ***κατά ~τίμηση*** vorzugsweise; **~τιμητέος** [-timit-] (-α) vorzuziehen(d); **~τιμότερος** vorzuziehen(d), besser; **~τιμώ** [-tiˈmɔ] (άς· ησ· ηθ) vorziehen (***το, από***/ *A*, *D*); lieber mögen; ***τι ~τιμάτε ...***; was mögen Sie lieber ...?; **~τομή** Büste *f*.

προτού [prɔˈtu] *Ko*. (*mit St. II*) bevor; *Adv*. vorher.

προ|τρεπτικός [-trɛpt-] ermunternd; **~τρέπω** (ψ) ermuntern; aufstacheln; **~τρέχω** [-ˈtrɛxɔ] (ξ) voranlaufen (*G*/*D*); **~τροπή** [-trɔˈpi] Ermunterung *f*; Aufstachelung *f*.

πρότυπο [-tipɔ] Muster *n* (*a*. *fig*.); Modell *n*; Standard *m*; Vorbild *n*; *Tech*. Form *f*.

προτυποποιώ [-pɔˈpjɔ] (είς· ησ) normieren, normen.

πρότυπος musterhaft, Muster-.

προτύτερος *s*. ***προτήτερος***.

προύμυτα [ˈprumita] kopfüber.

προϋπ|άντηση [prɔiˈpand-] (-εις) Entgegenkommen *n*; **~αντώ** [-aˈndɔ] (άς· ησ) *v*/*t*. entgegengehen *D*, empfangen; **~άρχω** [-ˈarxɔ] (ξ) schon vorher bestehen; vorangehen (*G*/*D*).

προϋπ|όθεση [prɔiˈpɔθ-] (-εις) Voraussetzung *f*; Vorbedingung *f*; ***με την ~όθεση*** unter der Voraussetzung; **~οθέτω** (σ) voraussetzen; **~ολογίζω** (σ) veranschlagen (***σε***/ auf *A*), schätzen; **~ολογισμός** Voranschlag *m*; Haushaltsplan *m*, Budget *n*; ***κρατικός ~ολογισμός*** Staatshaushalt *m*.

προϋφίσταμαι *s*. ***προϋπάρχω***.

προύχοντας [ˈpruxɔndas] Standesperson *f*, *pl*. Notabeln *pl*.

προ|φανής [prɔfan-] (*Adv*. -ώς) offensichtlich; vordergründig; **~φαντός** Früh-; *Su*. *n*/*pl*. Frühobst *n*.

πρόφαση (-εις) Vorwand *m*; Ausrede *f*.

προ|φασίζομαι [prɔfaˈsizɔmɛ] (στ) vorschützen; **~φέρω** (πρόφερα) *Wort* aussprechen; äußern; **~φητεία** [-fit-] Prophezeiung *f*; **~φητεύω** (εψ) prophezeien, weissagen; **~φήτης** Prophet *m*; **~φητικός** prophetisch; **~φθάνω** *s*. ***προφταίνω***; **~φίλ** [-ˈfil] (0) *n* Profil *n*; **~φορά** [-fɔˈra] Aussprache *f*; **~φορικός** mündlich; *Su*. *n*/*pl*. mündliche Prüfung *f*; **~φταίνω** (ασ), **~φτάνω** [-ˈftanɔ] *j-n* einholen; *Zug* erreichen; es schaffen (***να***/ zu); *Ausgaben* decken können, auskommen (mit *D*); *Arzt* bezahlen können; verraten, F stecken (***το σε***/ *j-m A*).

προφυλάγω *s*. ***προφυλάω***.

προφυλ|ακή [prɔfilaˈki] Vorposten *m*; **~ακίζω** (σ) in Untersuchungshaft nehmen; **~άκιση** [-ˈlaik-] (-εις) Untersuchungshaft *f*; **~ακιστέος** in Untersuchungshaft zu nehmen(d); **~ακτικός** [-akt-] vorbeugend, prophylaktisch; vorsichtig; Vorsichts- (*Maßnah-*

me); *Su. n* Vorbeugungsmittel *n*; Kondom *n*.

προ|φύλαξη [-'filaksi] (-εις) Vorsicht(smaßnahme) *f*; Rücksichtnahme *f*, Schonung *f*; **~φυλαχτήρας** Stoßstange *f* (*Auto*); *allg*. Schutz(mantel *usw*.) *m*; **~φυλαχτικός** *s*. ***προφυλακτικός***; **~φυλάω** [-'laɔ] (ξ· χτ· γμ) *v/t*. bewahren, schützen (***από***/ vor *D*); sich (*A*) in Acht nehmen; sich (*A*) vorsehen.

προχειράντζα F Notbehelf *m*.

προχειρολογ|ία Stegreifrede *f*; **~ώ** (είς· ησ) aus dem Stegreif sprechen.

πρόχειρος ['prɔïçir-] griffbereit, zur Hand; improvisiert; provisorisch; *Pers*. leicht erreichbar; *S*. gängig; *Adv*. *a*. fürs Erste; *Su. n* Kladde *f*; ***εκ του προχείρου*** aus dem Stegreif.

προχειρότητα Improvisation *f*.

προ|χθές [prɔ'xθεs] vorgestern; **~χθεσινός** vorgestrig, ... von vorgestern; **~χρονολογώ** (είς· ησ) zurückdatieren, ein früheres Datum einsetzen.

πρόχωμα *n* Damm *m*, Erdwall *m*.

προ|χωρημένος [prɔxɔrim-] *Zeit*: vorgerückt; *fig*. fortgeschritten; **~χώρηση** (-εις) Vorrücken *n*, Vorankommen *n*; *mil*. Vormarsch *m*; *fig*. Fortschreiten *n*; Ansteigen *n des Fiebers*; **~χωρώ** (άς, είς· ησ) vorrücken (*a*. *Zeit*), weitergehen; *mil*. vormarschieren; *fig*. Fortschritte machen; *Fieber*: steigen; übergehen (***να***/ zu).

προψές [-'psεs] vorgestern Abend.

προ|ωθημένος [prɔɔθ-] vorgeschoben; **~ώθηση** (-εις) Förderung *f*, Vorantreiben *n*; Antrieb *m*; *mil*. (sofortige) Verlegung *f*; **~ωθητικός** Trieb-; **~ωθώ** [-ɔ'θɔ] (-είς· ησ) vorantreiben; e-e Lösung (*G*) beschleunigen; mit Nachdruck betreiben; *Tech*. (an)treiben; **~ώλης** [-'ɔl-]: ***εξώλης και ~ώλης*** völlig heruntergekommen.

πρόωρος vorzeitig, verfrüht.

προωστ|ήρας [prɔɔ'stiras] Antrieb *m*; ***τετράτροχος ~ήρας*** Vierradantrieb *m*; **~ήριος** (-ια), **~ικός** Antriebs-, Treib-.

πρύμα ['prima] *Adv*. *Wind*: günstig; vom Heck her; *fig*. ausgezeichnet.

πρυμ|άτσα *s*. ***πρυμνήσιος***; **~ίζω** (σ) günstigen Wind haben; ***τα ~ίζω*** sich (*A*) davonmachen; *fig*. ausweichen.

πρύμ(ν)η ['prim(n)i] Heck *n*; ***ανακρούω ~*** kehrtmachen; *fig*. umschwenken.

πρυμήσιος [pri'mis-] (-ια) Heck-; *Su. n* Hintertau *n*.

πρύμος günstige(r) Wind *m*.

πρυταν|εία [pritan-] Rektorat *n*; **~είο** Rektorat *n*; **~εύω** (ευσ) Rektor sein; *fig*. herrschen; sich (*A*) durchsetzen.

πρυτανικός Rektor-, Antritts- (*Rede*).

πρύτανης Rektor *m*.

πρώην ['prɔin] ehemalig, Ex-.

πρωθιερ|άρχης [prɔθiε'rarçis] Primas *m*; **~έας** (*pl*. -είς) Oberpriester *m*.

πρωθυπουργ|εύω [prɔθipurj-] (ευσ) *s*. ***πρωθυπουργώ***; **~ία** Ministerpräsidentschaft *f*; **~ικός ...** des Ministerpräsidenten; **~ός** [-'ɣɔs] Ministerpräsident *m*; **~ώ** [-'ɣɔ] (είς· ησ) Ministerpräsident sein.

πρωθύστερο [-'θistεrɔ] *Gr*. Inversion *f*; **~ς** umgedreht, invertiert.

πρωί [prɔ'i] früh; morgens; *heute* Morgen; *Su. n* (*G* ***πρωινού***) Morgen *m*; Vormittag *m*; ***το ~*** morgens; vormittags; ***~ και βράδυ*** Tag und Nacht; **~-~** sehr früh.

πρωιμάδια [prɔi'maδ-] *n/pl*. Frühgemüse *n*, Frühobst *n*.

πρώιμος ['prɔim-] frühreif; Früh-; vorzeitig; ganz jung (*z. B. Kalb*).

πρωι|μότητα Frühreife *f*; Frühzeitigkeit *f*; **~νό** Morgen *m*; Frühstück *n*; **~νός** Morgen-; früh (*Abreise*).

πρωκτός [prɔkt-] After *m*, Anus *m*.

Πρωσ|ία [prɔs-] Preußen *n*; **~ίδα** Preußin *f*; **2ικός** preußisch.

Πρώσος ['prɔs-] Preuße *m*.

πρωτ- [prɔt-] *oft*: zum ersten Mal; erst-; Meister, Weltmeister.

πρώτα ['prɔta] zuerst, zunächst; früher, vorher; **~ ~** in erster Linie.

πρωταγων|ιστής [prɔtaɣɔn-] *Thea*. Hauptdarsteller *m*; Hauptperson *f*; **~ίστρια** Hauptdarstellerin *f*; **~ιστώ** (είς· ησ) die Hauptrolle spielen.

πρωτ|άθλημα [-'aθl-] *n* Meisterschaft *f*; **~αθλητής** (***-ήτρια***) Meister(in *f*) *m*; Sieger(in *f*) *m*; *fig*. Wegbereiter(in *f*) *m*; **~αίτιος** [-'εt-] (-ια) hauptschuldig; *Su. m* Anstifter *m*, Urheber *m*; **~άκουστος** [-'akust-] unerhört; **~απριλιά** erste(r) April *m*; Aprilscherz *m*; **~απριλιάτικος** [-apri'ljat-] April-;

П

πρωτάρα 418

Su. n Aprilscherz *m*; **~άρα** Frau, die zum ersten Mal geboren hat; **~άρης** Anfänger *m*, Neuling *m*; (-άρα, -άρικο) *Adj.* unerfahren; **~αριά** *s.* ***πρωτάρα***; **~άρικος** erstgeboren.

πρωταρχ|ίζω [prɔtarç-] (σ) schon früh beginnen; **~ικός** allererst-; Haupt-.

πρωτ|άτο [prɔt-], **~εία** *n/pl.* Vorrang *m*; erste(r) Platz *m*; **~εϊκός** launisch; **~εΐνη** [-ɛ'ini] Prote'in *n*; **~εξαδέλφη** [-ɛksa'ðɛlfi] Kusine *f*; **~εξάδελφος** Vetter *m*; **~εργάτης** [-ɛr'ɣat-] (***-ισσα***) Wegbereiter(in *f*) *m*.

πρωτ|εύουσα [prɔ'tɛvusa] Hauptstadt *f*; Kreisstadt *f*, Departementshauptstadt *f*; **~ευουσιάνος** [-ɛvu-'sjan-] Hauptstädter *m*; **~εύω** (εψ) der Erste sein; überragen, übertreffen.

πρώτης! ['prɔtis] F prima!; Klasse!; **~ *γραμμής*** F erstklassig; *Pers.* ein Ass.

πρωτ|ιά Vorrang *m*; Vorhand *f im Spiel*; erste(r) Kauf *m*; **~ινός** damalig.

πρώτιστος allererst-, hauptsächlichst-; *Adv.* hauptsächlich.

πρωτο- *s.* ***πρωτ-***.

πρωτ|οβάθμιος [prɔtɔ'vaθm-] (-ια) höchstrangig; oberst-; ... erster Instanz; **~όβαλτος** [-'ɔvalt-] neu (*z. B. Kleid*); **~οβγάζω** [-ɔvɣ-] (βγαλ) zum ersten Mal (*od.* als Erster) herausnehmen *usw.*, *s.* ***βγάζω***; **~οβγαίνω** [-ɔvj-] (βγηκ) zum ersten Mal (*od.* als Erster) erscheinen *usw.*, *s.* ***βγαίνω***; **~όβγαλτος** [-'ɔvɣalt-] ungeschult, unerfahren; **~οβουλία** [-ɔvul-] Initiative *f*, Anregung *f* (*G*/ zu *D*), Anstoß *m*; ***~οβουλία πολιτών*** Bürgerinitiative *f*; **~οβρόχια** [-ɔ'vrɔïç-] *n/pl.* erste Regenfälle *m/pl.* (*im Herbst*).

πρωτ|ογενής [prɔtɔjɛn-], **~ογέννητος** [-'jɛnit-] erstgeboren; **~όγερος** [-'ɔjɛr-] *hist.* (Dorf-)Älteste(r); **~όγονος** [-'ɔɣɔn-] Ur- (*Zustand*); primitiv; *Su. m* Primitive(r), Ureinwohner *m*; **~όγραφο** [-'ɔɣrafɔ] Original *n*.

πρωτο|δικείο [-ðik̦-] Landgericht *n*; **~δίκης** Landgerichtsrat *m*, Landrichter *m*.

πρωτόδικος landgerichtlich.

πρωτο|είδωτος [-'iðɔt-] noch nicht da gewesen, unerhört; **~ετής** ... im ersten Jahr; *Su. m* Studienanfänger *m*.

πρωτόζωο [-'tɔzɔɔ] Urtier *n*.

πρωτ|οκαθεδρία [prɔtɔkaθɛðr-] Vorsitz *m*; erste(r) Platz *m*; **~όκλιτος** [-'ɔklit-] ... der ersten Deklination; **~οκόλληση** [-ɔ'kɔl-] (-εις) Protokollierung *f*; Registrierung *f*; **~οκολλητής** [-ɔkɔlit-] Protokollführer *m*; **~όκολλο** Protokoll *n*; Ein- und Ausgangsbuch *n*; Etikette *f*; **~οκολλώ** [-ɔkɔ'lɔ] (άς· ησ) zu Protokoll nehmen.

πρωτ|όλειο Erstlingswerk *n*; **~ολούβια** [-ɔ'luv-] *n/pl.* Erstlinge *m/pl.*; **~ομάγειρος** Küchenchef *m*.

Πρωτομαγ|ιά [-ma'ja] erste(r) Mai; Maifeier *f*; **♀ιάτικος** Mai-.

πρωτο|μάστορας [-'mastɔras] Obermeister *m*; Vorarbeiter *m*; **~μηνιά** [-min-] Monats Erste(r).

πρώτον ['prɔtɔn] *s.* ***πρώτα***; erstens; ***το ~*** zum ersten Mal.

πρωτόνιο 'Proton *n*.

πρωτο|νότια *n/pl.* Südwind *m*; **~ξείδιο** [-'ksið-] Oxyd *n*, Oxid *n*; **~παλίκαρο** [-pa'likarɔ] Tapferste(r); *allg.* Tüchtigste(r); *hist.* Unterhauptmann *m*.

πρωτ|όπειρος [prɔ'tɔpir-] völlig unerfahren; *Su. m* Neuling *m*; **~όπλασμα** [-'ɔplazma] *n* Proto'plasma *n*; **~όπλαστος** [-'ɔplast-] zuerst geschaffen; *Su. m* erste(r) Mensch *m*; **~οπορία** [-ɔpɔr-] Vorhut *f*; Avantgarde *f*; **~οπόρος** Avantgardist *m*; Vorkämpfer *m*; *Adj. mil.* vorgeschoben; ***~οπόρος ομίλου*** (*Sport*) Tabellenführer *m*.

πρώτ|ος ['prɔt-] erst-; Klassenbeste(r), Primus *m*; ***~ος αριθμός*** Primzahl *f*; ***πρώτη ύλη*** Rohstoff *m*; ***~ο λεπτό*** Minute *f*.

πρωτο|στάτης Spitze *f*; Hauptanführer *m*, Initiator *m*; **~στατώ** [-sta'tɔ] (είς· ησ) Haupttäter, Initiator sein.

πρωτόσχολος Primus *m*; Klassenälteste(r).

πρωτοτάξιδος auf Jungfernfahrt.

πρωτ|οτοκία [prɔtɔtɔk̦-] Erstgeburt *f*; **~οτόκια** [-ɔ'tɔïk̦a] Erstgeburtsrecht *n*; **~ότοκος** [-'ɔtɔk-] erstgeboren; **~οτυπία** [-ɔtip-] Originalität *f*; **~ότυπο** Original *n*; Urschrift *f*; **~ότυπος** *Idee usw.*: originell; Original-, ... im Original; Grund- (*Wort*); **~οτυπώ** (είς· ησ) originell sein, den Mut haben; **~ουργός** [-urɣ-] *s.* ***πρωτεργάτης***; **~οφανής, ~όφαντος** [-'ɔfaňd-] noch nicht da gewesen, unerhört; **~οφειλέτης** [-ɔfi'lɛt-] Hauptschuldner *m*.

πρωτοχρον|ιά [prɔtɔxrɔn-] Neujahr *n*; **~ιάτικος** Neujahrs-; *Adv.* zu Neujahr.
πρωτο|ψάλτης [-'psalt-] Vorsänger *m*; **~ψεύτης** Erzlügner *m*.
πρωτυτ- *s.* ***προτητ-***.
πτ- *s.* ***φτ-***.
πταίσμα ['ptɛzma] *n* Schuld *f*; *jur.* Übertretung *f*.
πταισματο|δικείο [-tɔðik-] Amtsgericht *n*; **~δίκης** Amtsrichter *m*.
πταίστης Schuldige(r); Sünder *m*.
πταίω *s.* ***φταίω***.
πταρμός [ptar-] Niesen *n*.
πτελέα [ptɛ'lɛa] Ulme *f*.
πτερ- *s. a.* ***φτερ-***.
πτέραρχος *etwa*: Luftmarschall *m*.
πτέρη ['ptɛri] Farnkraut *n*, Farn *m*.
πτέρνα *s.* ***φτέρνα***.
πτερν|ίζω [ptɛrn-] (σ) *v/t.* die Sporen geben *D*; **~ιστήρας** [-i'stir-] Sporn *m*, *mst. pl.* Sporen.
πτερό Feder *f*; Flügel *m* (*a. fig.*); **~ *αυτοκινήτου*** Schutzblech *n*.
πτερ|όροια [ptɛ'rɔrja] Mauser *f*; **~οροώ** [-ɔrɔ'ɔ] (είς· ησ) sich (*A*) mausern; **~οφόρος** [-ɔ'fɔr-] geflügelt; **~οφυία** [-ɔfi'ia] Federwuchs *m*; **~οφυώ** [-ɔfi'ɔ] (είς· ησ) Federn bekommen.
πτέρυγα ['ptɛriγa] *allg., a. fig., mil.* Flügel *m*; **~ *γυναικών*** *Krankenhaus*: Frauenstation *f*.
πτερ|υγίζω [ptɛrij-] (σ) flattern; **~ύγιο** kleine(r) Flügel *m*; (*Fisch-*)Flosse *f*; (*Nasen-*)Flügel *m*; (*Ohr-*)Läppchen *n*; *Med.* Star *m*; Propeller *m*, Luftschraube *f*; **~ύγισμα** *n* Flattern *n*.
πτέρωμα *n* Gefieder *n*; Federkleid *n*.
πτερ|ώνω (σ) befiedern; *fig.* beflügeln; ***~ώνομαι*** Flügel bekommen; **~ωτός** geflügelt; gefiedert.
πτην|ό [pti'nɔ] Vogel *m*; **~οτροφείο** [-ɔtrɔf-] Geflügelfarm *f*; Vogelhaus *n*; **~οτροφία** Geflügelzucht *f*; **~οτρόφος** Geflügelzüchter *m*.
πτήση ['ptisi] (-εις) Flug *m*; Fliegen *n*; ***κατευθείαν ~*** Direktflug *m*; ***~ επιστροφής*** Rückflug *m*; ***~ τσάρτερ*** Charterflug *m*.
πτητικός Flug-; *Chem.* flüchtig.
πτίλο ['ptilɔ] Daune *f*.
πτυελισμός [ptiɛl-] Speichelfluss *m*.
πτύελο ['ptiɛlɔ] Speichel *m*, F Spucke *f*.
πτυελο|δοχείο [-ɔðɔç-], **~δόχη** [-'ðɔïçi] Spucknapf *m*.
πτύσ|ιμο ['ptis-] Ausspucken *n*; **~μα** *n s.* ***πτύελο***.
πτυσσόμενος [pti'sɔm-] zusammenklappbar; Klapp- (*Tisch*).
πτύσσω ['ptisɔ] (ξ· χτ) falten; zusammenklappen; *Segel* einziehen.
πτυχ|ή [pti'çi] Falte *f*; **~ίο** Diplom *n*; Staatsexamen *n*; **~ιούχος** [-'çjux-] (-α) diplomiert, Diplom-.
πτύχωση (-εις) Plissee *n*; *Geol.* Bodenwelle *f*.
πτυχωτός plissiert; wellig.
πτώμα ['ptɔma] *n* Leiche *f*; Kadaver *m*; *als Adv.* halb tot (***από***/ vor).
πτωμαΐνη [-ma'ini] *Med.* Ptoma'in *n*.
πτώση ['ptɔsi] (-εις) Fall *m*; Sturz *m*; (*Schnee-*)Fall *m*; (*Haar-*)Ausfall *m*; *Flugw.* Absturz *m*; Einsturz *m e-r Brücke*; *pol.* Sturz *m*; Sinken *n*, Abnahme *f des Fiebers*; Fallen *n von Preisen usw.*; *Gr.* Fall *m*, Kasus *m*; *Med.* Ptosis *f*.
πτωτικός [ptɔt-] Kasus-; *Su. n/pl.* flektierbare Wörter *n/pl*.
πτωχ|αίνω [ptɔç-] (υν) verarmen; **~εία** Armut *f*.
πτώχευση ['ptɔïçɛfsi] (-εις) Verarmung *f*; Bankrott *m*, Konkurs *m*.
πτωχ|εύω [ptɔç-] (εψ) verarmen; *Hdl.* Bankrott machen; **~ικό** bescheidene(s) Haus *n*; F Bude *f*; **~ικός** ärmlich, armselig; **~οκομείο** [-ɔkɔm-] Asyl *n*; Armenhaus *n*; Heim *n*; **~ός** [-'xɔs] arm (***σε***/ an *D*); *Kleidung*: ärmlich; *Kenntnisse*: gering.
πυαιμία Pyämie *f*; Blutvergiftung *f*.
πυγμ|αίος [piγm-] (-αία) zwergenhaft; *Su. m* Pygmäe *m*; **~αχία** [-aç-] Boxkampf *m*; Faustkampf *m*; **~αχικός** Box-; **~άχος** [-'ax-] Boxer *m*; Faustkämpfer *m*; **~αχώ** [-a'xɔ] (είς· ησ) boxen; **~ή** Faust *f*; *fig.* feste Hand; ***δεν έχει ~ή*** er kann sich (*A*) nicht behaupten.
πυγολαμπίδα [piγɔlamb-] Glühwürmchen *n*, Leuchtkäfer *m*.
πυελίδα [piɛ'liða] Nierenbecken *n*.
πύελος *f* Becken *n* (*a. Anat.*); Schüssel *f*; Urne *f*, Sarg *m*.
πυζάμα [pi'zama] Pyjama *m*.
πύηση ['piisi] (-εις) Eiterung *f*.
Πυθαγ|όρας [piθa'γɔras] Py'thagoras *m*; **≈όρειος** (-α) pythagoräisch.

Πυθία [piθ-] 'Pythia *f*.
πυθικός [piθi'kɔs], **πύθιος** *hist.* pythisch, delphisch (*Kämpfe*).
πυθμένας Grund *m*, Boden *m*.
πυκν|άδα [pikn-] *s.* ***πυκνότητα***; **~ογραμμένος** [-ɔɣram-] eng geschrieben, kompress; **~οκατοίκητος** [-ɔka'tikit-] dicht besiedelt; **~όρρευστος** [-'ɔrɛfst-] dickflüssig; **~ός** dicht; kompakt; *Fragen*: ununterbrochen; *Besuch*: häufig; *rhet.* prägnant; **~ότητα** Dichte *f* (*a. Phys.*), Dichtigkeit *f*; Prägnanz *f*.
πύκνωμα *n s.* ***πύκνωση.***
πυκνώνω [pikn-] (σ) *v/t.* verdichten; *Lösung* verdicken; dichter machen *od.* stellen; *Besuche* häufiger machen; *v/i.* dichter werden; dickflüssiger werden; zusammenrücken; häufiger werden.
πύκνωση ['piknɔsi] (-εις) Verdichtung *f*; Verdickung *f*; Kondensation *f*; Vermehrung *f*.
πυκνωτής *El.* Kondensator *m*.
πύλη ['pili] Tor *n*; Pforte *f*, Portal *n*.
πυλ|ώνας [pi'lɔnas] Portal *n*; **~ωρός** [-ɔr-] Pförtner *m* (*a. Anat.*).
πυξάρι [piks-] Buchsbaum *m*.
πυξίδα Kompass *m*; Büchse *f*, Dose *f*.
πύξος *f s.* ***πυξάρι.***
πύο ['piɔ] Eiter *m*.
πυ|όρροια [pi'ɔria] Eitern *n*; **~ορροώ** [-ɔrɔ'ɔ] (είς· ησ) eitern.
πυρ [pir] (πυρός, *pl.* πυρά) *n* Feuer *n* (*a. mil.*).
πύρα ['pira] Hitze *f* (*a. als Empfindung*).
πυρ|ά Scheiterhaufen *m*; (**ο**) ***δια ~άς θάνατος*** (der) Feuertod.
πυρ|άδα *s.* ***πύρα***; **~ακτώνω** (σ) glühend machen; ***~ακτωμένος*** glühend; **~άκτωση** [-'aktɔsi] Glühen *n*.
πυραμίδα [pira'miða] Pyramide *f*.
πυρ|ασφάλεια [-a'sfal-] Feuerversicherung *f*; **~ασφαλής** feuersicher; **~αυλοκίνηση** [-avlɔ'kin-] Düsenantrieb *m*; **~αυλοκίνητος** Düsen-.
πύραυλος ['piravl-] *allg.* Rakete *f*.
πυργ|ίσκος [pir'jisk-] Panzerturm *m*; **~οποιία** [-ɣɔpi'ia] Turmbau *m*.
πύργος ['pirɣɔs] Turm *m* (*a. Schach*); Burg *f*; Schloss *n*; Landhaus *n*.
πυργώνω (σ· θ) auftürmen, turmhoch bauen; mit Türmen umgeben.
πυργωτός [pirɣɔt-] turmartig.
πυρ|είο Streichholz *n*; **~ετικός** Fieber-; fiebrig; **~ετός** Fieber *n* (*a. fig.*); ***κίτρινος ~ετός*** Gelbfieber *n*; **~ετώδης** [-ɛ'tɔð-] fieberhaft (*a. fig.*); Fieber erregend.
Πυρηναία [-'nɛa] *n/pl.* Pyrenäen *pl.*
πυρήνας [pi'rinas] Kern *m* (*a. fig.*); Zellkern *m*; *pol.* Zelle *f*.
πυρηνικ|ός [pirin-] Kern-; Atom-, Atomsperr- (*Vertrag*); ***~ός αντιδραστήρας*** Kernreaktor *m*; ***~ή φυσική*** Kernphysik *f*.
πυρικαυστός verbrannt, abgebrannt.
πυρίμαχος [-'rimax-] feuerfest.
πύρινος feu(e)rig; heiß (*Tränen*).
πυρίτ|ης Pyrit *m*, Schwefelkies *m*; **~ιδα** (Schieß-)Pulver *n*.
πυριτιδαποθήκη [piritiðapɔ'θiki̯] Pulvermagazin *n*.
πυριτικ|ός Kiesel- (*Säure*); ***~ό άλας*** *n* Silikat *n*.
πυρίτιο Silizium *n*.
πυρ|καγιά [-ka'ja] Brand *m*, Feuersbrunst *f*; ***~καγιά δάσους*** Waldbrand *m*; **~οβάτης** [-ɔ'vatis] Feuertreter *m*; **~οβολαρχία** [-ɔvɔlarç-] Batterie *f*, *oft*: Kompanie *f*; **~οβολείο** Geschützstand *m*; **~οβόλημα** *n s.* ***πυροβολισμός***; **~οβόληση** (-εις) Schießen *n*; Schuss *m*; **~οβολητής** Artillerist *m*.
πυροβολικό Artillerie *f*; ***αντιαεροπορικό ~*** Flak *f*; ***αντιαρματικό ~*** Panzerabwehr *f*; ***βαρύ ~*** schwere Artillerie *f*; ***ελαφρύ ~*** leichte Artillerie *f*.
πυρο|βολισμός Schießen *n*, Feuern *n*; Schuss *m*; *pl.* Schießerei *f*; **~βολιστής** *hist.* Artillerist *m*; **~βόλο** Geschütz *n*, Kanone *f*; *Adj.* Feuer- (*Waffe*).
πυροβολ|οστάσιο [pirɔvɔlɔ'stas-] Geschützpark *m*; **~οστοιχία** Geschützreihe *f*; **~ώ** (άς, είς· ησ) *v/i.* schießen; *v/t.* beschießen, schießen (auf *j-n*).
πυρο|δοτώ [-ðɔ'tɔ] (είς· ησ) entzünden; **~λάτρης** (***-ισσα***) Feueranbeter(in *f*) *m*.
πυρ|όλιθος [pi'rɔliθ-] Feuerstein *m*; **~όλυση** [-lisi] *Tech.* Kracken *n*; **~ομαχικά** [-ɔmaç-] *n/pl.* Munition *f*; **~οπαθής** [-paθ-] durch Feuer zerstört *od.* beschädigt; *Su. m* Brandopfer *n*; **~όπετρα** [-'ɔpɛtra] Feuerstein *m*; **~οσβεστήρας** [-ɔzvɛst-] Feuerlöscher *m*; **~οσβέστης** Feuerwehrmann *m*; **~οσβεστικός** Feuerlösch-; ***~οσβεστικό σώμα, ~οσβεστική***

П

υπηρεσία Feuerwehr *f*; **~όσκαφο** [-'ɔskaf-] *hist.* Dampfschiff *n*; **~οστεγής** [-stɛj-] feuerfest.
πυροτέχνημα *n* Feuerwerk *n*.
πυροφάνι [pirɔ'fani] Leuchte *f* am Fischerboot.
πυρ|πόληση [pir'pɔl-] (-εις) Brandstiftung *f*; Niederbrennen *n*; **~πολητής** Brandstifter *m*; Kapitän *od.* Matrose *m* e-s Branders; **~πολικό** *mar.* Brander *m*; **~πολώ** [-pɔ'lɔ] (είς· ησ) in Brand setzen.
πυρσ|εύω [pirs-] (ευσ) Leuchtsignale geben; blinken; **~ός** Fackel *f*; Leuchtsignal *n*; **~ωρίδα** Leuchtboje *f*.
πύρωμα *n* Erhitzen *n*; Wärmen *n*.
πυρ|ωμένος [pirɔm-] erhitzt; gewärmt; glühend; **~ώνω** (σ· θ) *v/t. Tech.* erhitzen; *Metalle* glühen; *Hände* wärmen; *v/i.* sich erhitzen; warm werden; glühen.
πύρωση ['pirɔsi] (-εις) Erhitzen *n*, Glühen *n*; *Med.* Sodbrennen *n*.
πυτζάμα [pi'dzama] Schlafanzug *m*.
πυώδης [pi'ɔð-] vereitert, eiternd.
πωλήσας [pɔ'lisas] (-αντος) *Bank*: Verkäufer *m*.
πώληση (-εις) Verkauf *m*; Vertrieb *m*.
πωλητ|ήριο [pɔlit-] Verkaufsvertrag *m*; **~ής** Verkäufer *m*; ***αυτόματος ~ής*** Automat *m* (*z. B. für Zigaretten*).
πωλήτρια Verkäuferin *f*.
πωλώ (άς, είς· ησ· ηθ) *s.* ***πουλώ.***
πώμα ['pɔma] *n* Stöpsel *m*, Pfropfen *m*; Verschluss *m*; *Tech.* Stutzen *m*.
πωματίζω (σ) zustöpseln.
πωπώ ['pɔ'pɔ] ach herrje!
πωρί *s.* ***πουρί.***
πώρινος ['pɔrinɔs] Tuffstein-.
πωρόλιθος [pɔ'rɔliθɔs] Tuffstein *m*.
πώρος *s.* ***πουρί.***
πωρ|ωμένος [pɔrɔm-] verhärtet (*a. fig.*); **~ώνω** (σ) *v/t.* versteinern; ***~ώνομαι*** versteinern; verhärten.
πώρωση ['pɔrɔsi] (-εις) Versteinerung *f*; Verhärtung *f*; Gefühllosigkeit *f*.
πώς [pɔs] wie; wieso; **~;** sicher!, doch!; ***~ όχι;*** wieso nicht?; ***κάνω ~ και ~*** alles Mögliche tun.
πως [pɔs] dass; ***κατά ~ έμαθα*** wie ich hörte.
πως [pɔs] irgendwie; ***άλλως ~*** irgendwie anders.

Ρ

Ρ, ρ [rɔ] Rho *n*; ρ΄ = 100; ͵ρ = 100.000.
ραβαΐσι [-a'isi] Schmaus *m*; Radau *m*.
ραβάνι: *πάει ~* *fig.* es geht glatt.
ραβανί [rava'ni] *Art* Biskuit *m*.
ραβασάκι [rava'saiķi] Liebesbrief *m*; F *iro.* Schrieb *m*; Wisch *m*.
ραβδ|ί [ra'vði] Stock *m*; Stäbchen *n*; **~ιά** Stockschlag *m*; **~ίζω** prügeln; abschlagen.
ράβδισμα *n s.* ***ραβδισμός.***
ραβδισμός Stockschläge *m/pl.*, Prügel *m/pl.*; Abschlagen *n*.
ράβδος ['ravð-] *f* Stock *m*; (*Hirten-*)Stab *m*; Wünschelrute *f*; ***ρυθμική ~*** Taktstock *m*; ***~ σιδηροδρομική*** *Esb.* Schiene *f*; ***~ διεύθυνσης*** Lenksäule *f*; ***~ χρυσού*** Goldbarren *m*.
ραβδοσκόπος [-'skɔp-] *m, f* Rutengänger(in *f*) *m*.
ραβδούχος *hist.* Ordnungshüter *m*; *römisch*: Liktor *m*.
ράβδωμα *n s.* ***ράβδωση.***
ραβδώνω (σ· θ) kannelieren, riefe(l)n, rillen; *Gewehr* mit Zügen versehen.
ράβδωση ['ravðɔsi] (-εις) Streifen *m*; Riefe *f*; Zug *m e-r Waffe*.
ραβδωτός gestreift; kanneliert, gerieft; *Waffe*: gezogen.
ραβίνος [ra'vinɔs] Rabbiner *m*.
ράβω ['ravɔ] (έραψα· ράφτηκα· μμ) nähen; F machen; sich (*D*) *ein Kleid* machen lassen.
ράγα ['raγa] *s.* ***ρόγα.***
ραγάδα Riss *m*.
ραγδ|αίος (-αία) heftig (*z. B. Regen*);

stürmisch; schlagartig; **~αιότητα** [-ɛ'ɔt-] Heftigkeit *f*.
ραγή [ra'ji] *Med.* Rissfraktur *f*.
ραγιάς [ra'jas] (-άδες) *hist.* nicht islamische(r) Bürger der Türkei; Sklave *m*; F Schlappschwanz *m*.
ραγίζω [raj-] (σ· στ) *v/i.* springen, Sprünge bekommen; *lit. Herz:* zerspringen; *v/t. e-n* Sprung *in e-m Glas* verursachen; *j-m das Herz* brechen.
ράγισμα *n* Sprung *m*, Riss *m*; F Kaputtmachen *n*.
ραγού [ra'ɣu] (0) *n* Ragout *n*.
ραδιεν|έργεια [raðiɛ'nɛrja] Radioaktivität *f*; **~εργός** [-'ɣɔs] radioaktiv.
ραδίκι Zichorie *f*.
ραδινός schlank; geschmeidig.
ράδιο ['raðĭɔ] Radium *n*; Radio *n*, Radiogerät *n*.
ραδιο|γράφημα [raðĭɔ'ɣraf-] *n* Röntgenaufnahme *f*; Funktelegramm *n*, Funkspruch *m*; **~γραφία** Röntgenuntersuchung *f*; **~γραφώ** [-'fɔ] (είς· ησ) durchleuchten; funken; **~γωνιομετρία** [-ɣɔnjɔmɛtr-] Funkpeilung *f*; **~γωνιόμετρο** Funkpeilgerät *n*; **~ηλεκτρολογία** Funk(wesen *n*) *m*; **~θεραπεία** [-θɛrap-] Röntgenbehandlung *f*; **~κατευθυνόμενος** ferngelenkt; **~λόγος** Strahlenforscher *m*, Röntgenologe *m*; **~πικάπ** Rundfunkgerät *n* mit Plattenspieler.
ραδιοπομπ|ή [-pɔ'm̃bi] Rundfunksendung *f*; **~ός** Rundfunksender *m*.
ραδιο|πρόγραμμα [-'prɔɣrama] *n* Rundfunkprogramm *n*; **~σκηνοθεσία** Rundfunkbearbeitung *f*; **~σταθμός** Rundfunksender *m*; **~-ταξί** Funktaxi *n*; **~τηλεγράφημα** *n* Funktelegramm *n*, Funkspruch *m*; **~τηλεγραφία** drahtlose Telegrafie *f*.
ραδι|ουργία [raðiurj-] Intrige *f*, Ränke *pl.*; **~ουργικός** ränkesüchtig, intrigant; **~ούργος** [-'urɣ-] (-α) intrigant; *Su. m* Ränkeschmied *m*; **~ουργώ** (είς· ησ) intrigieren, Ränke schmieden.
ραδιο|φώνημα [-'fɔn-] *n* Rundfunkübertragung *f*; **~φωνία** Rundfunkwesen *n*; *s. Anhang* ***EPT***; **~φωνικός** Rundfunk- (*Sender*).
ραδιόφωνο [ra'ðjɔfɔnɔ] Rundfunkgerät *n*, Radio *n*; **~** ***μεσαίων κυμάτων*** Mittelwellenempfänger *m*.
ραζακί [razaĭ'ķi] *Weintraubenart.*
ραθυμία [raθim-] Trägheit *f*.
ράθυμος träge, lässig, untätig.
ραθυμώ [-θi'mɔ] (είς· ησ) träge *od.* lässig sein.
ραιβός [rɛv-] gekrümmt, krumm.
ραΐζω (ράισα) *s.* ***ραγίζω.***
ραίνω (αν· ανθ) *s.* ***ραντίζω***; *mit Blumen* überschütten.
ρακένδυτος [ra'ķɛňðit-] zerlumpt.
ρακέτα [ra'ķeta] Tennisschläger *m*.
ρακ|ή [ra'ķi], **~ί** Raki *m*, *griech.* Schnaps *m*; **~οπότηρο** [-kɔ'pɔtirɔ] Schnapsglas *n*.
ράκος ['rak-] *n* Lumpen *m*; *bsd. fig.* Fetzen *m*; *Pers.* Penner *m*.
ρακοσυλλέχτης [-si'lɛxt-] Lumpensammler *m*.
ραλαντί [rala'ňti]: ***στο ~*** im Zeitlupentempo.
ράλι ['rali] Rallye *f*.
ράμμα ['rama] *n* Nähgarn *n*.
ραμολιμέντο [ramɔli'mɛňdɔ] Altersblödsinn *m*; F Tattergreis *m*.
ράμνο ['ramnɔ] Dornstrauch *m*; -dorn *m*; ***~ η πετραία*** Weißdorn *m*.
ράμπα ['ram̃ba] *Thea.* Rampe *f*.
ραμφ|ίζω [raɱf-] (σ), **~οκοπώ** [-ɔkɔ'pɔ] (είς· ησ) aufpicken.
ράμφος ['raɱf-] *n* Schnabel *m*; *mar.* Ankerpflug *m*.
ρανίδα [ran-] Tropfen *m*.
ραντάρ [ra'dar] (0) *n* Radar *n*, Funkmesstechnik *f*.
ραντεβού [raňdɛ'vu] (0) *n* Verabredung *f*; Bestellung *f*, Termin *m*; *beim Arzt:* ***με ~*** auf Bestellung.
ράντζο ['raňdzɔ] Klappbett *n*; Ranch *f*.
ραντίζω [raňd-] (σ) besprengen; benetzen; bespritzen.
ράντισμα *n* Besprengen *n*; Benetzen *n*; Bespritzen *n*.
ραντιστή|ρας [-ňdist-], **~ρι** Gießkanne *f*; Weihwedel *m*.
ραπ|ανάκι [rapa'naĭķi] Radieschen *n*; **~άνι** Rettich *m*.
ραπίζω (σ) ohrfeigen.
ράπισμα *n* Ohrfeige *f*.
ραπτικ|ή [rapt-] Schneiderei *f*; **~ός** Näh-; *Su. n/pl.* Schneiderlohn *m*.
ραπτομηχανή Nähmaschine *f*.
ράπτ|ρια *s.* ***ράφτρα***; **~ω** *s.* ***ράβω.***
ρασιοναλισμός Rationalismus *m*.
ράσο Kutte *f*, Priestergewand *n*.
ρασοφόρος [-'fɔrɔs] Geistliche(r).

ράστερ ['rastɛr] (0) *n* Raster *m*.
ράτσα [-tsa] Geschlecht *n*; Rasse *f*; *fig*. Teufelskerl *m*; *Adj*. *fig*. rassig, fesch; ***σκυλί από ~*** Rassehund *m*.
ρατσισ|μός Rassenhass *m*, Rassismus *m*; **~της** Rassenverfechter *m*; Rassenfanatiker *m*; **~τικός** rassistisch.
ραφανίδα [rafa'niða] Rettich *m*.
ραφ|είο Schneiderwerkstatt *f*, Schneiderei *f*; **~ή** Naht *f*.
ράφι ['rafi] Wandbrett *n*; Regal *n*; Fach *n*; ***έμεινε στο ~*** sie blieb sitzen.
ραφιν|άρω (αρισ· αριστ) *Tech*. raffinieren; *j-m* Schliff beibringen; **~άτος** raffiniert; fein, ... mit guten Manieren.
ραφτάδικο [ra'ftað-] Schneiderei *f*.
ράφτης Schneider *m*.
ραφτ|ικός *s*. ***ραπτικός***; **~ός** genäht.
ράφτρα ['raftra] Schneiderin *f*.
ραχάτι [-'xati] Ruhe *f*, Gemütlichkeit *f*; Phlegma *n*; ***με το ~ του*** immer mit der Ruhe.
ράχη ['raïçi] Rücken *m* (*a*. *fig*.); Rückgrat *n*; Gebirgskamm *m*.
ραχ|ίτης [ra'çit-] Rückenmark *n*; **~ίτιδα** Rachitis *f*; **~ιτικός** rachitisch; **~ιτισμός** *s*. ***ραχίτιδα***.
ραχο|κοκαλιά [raxɔkɔkal-], **~κόκαλο** Wirbelsäule *f*.
ραχούλα [-'xula] Hügel *m*.
ράψιμο ['raps-] (-ατος) Nähen *n*.
ραψωδ|ία [rapsɔð-] Rhapsodie *f*; Epos *n*; *hist*. Gesang *m der Ilias*; **~ός** *hist*. Sänger *m*, Barde *m*.
ρε! [rɛ] he (da)!, du!; was ... doch!; ***~ ου!*** F ach, hör mal!; tatsächlich?!
ρεαλισ|μός [rɛal-] Realismus *m*; **~τής** (***-ίστρια***) Realist(in *f*) *m*; **~τικός** realistisch.
ρέβα ['rɛva] Rettich *m*.
ρεβεγιόν [-vɛj-] (0) *n* Weihnachtsabend *m*, Heiligabend *m* (*a*. = *Feier*).
ρεβέρ (0) *n* Revers *n*.
ρεβιζιονισμός Revisionismus *m*.
ρεβ|ίθι [-'viθi] Kichererbse *f* (*Frucht*); **~ιθιά** Kichererbse *f* (*Pflanze*).
ρεβόλβερ (0) *n* Revolver *m*.
ρέβω (έρεψα) *v*/*t*. abreißen; *fig*. herunterbringen; *v*/*i*. einstürzen; *fig*. herunterkommen.
ρεγάλο Geschenk *n*; Spende *f*.
ρεγιόν (0) *n* Kunstseide *f*; Reyon *m*, *n*.
ρέγκα ['rɛŋga] Hering *m*.
ρέγομαι ['rɛɣɔmɛ] aufstoßen; *Argot*: scharf sein (auf *j-n*).
ρέγουλα ['rɛɣula] Regel(mäßigkeit) *f*; Maß *n*; ***με ~*** mit Maßen, maßvoll; ***παίρνω τη ~*** die Sache beherrschen.
ρεγουλάρισμα *n* Regulierung *f*.
ρεγουλάρω (αρισ) regulieren, einstellen, in Ordnung bringen.
ρεζεντ|ά, ~άς [rɛzɛ'da(s)] Re'seda *f*.
ρεζέρβα [-'zɛrva] Reserverad *n*; Ersatzreifen *m*; *allg*. Reserve *f*; *als Adv*. in Reserve.
ρεζερβουάρ [-zɛrvu'ar] (0) *n* Benzinbehälter *m*; Reservoir *n*.
ρεζές [rɛ'zɛs] (-έδες) Türangel *f*.
ρεζ|ιλεύω [rɛzil-] (εψ) blamieren, lächerlich machen; **~ίλι, ~ιλίκι** [-i'liķi] Blamage *f*; Gespött *n*; ***γίνομαι ~ίλι*** zum Gespött werden.
ρείθρο ['riθrɔ] Rinnstein *m*; Rinnsal *n*.
ρείκι ['riķi] Heide *f*, Erika *f*.
ρεκλάμα [rɛ'klama] Werbung *f*, Reklame *f*.
ρεκλαμάρω (αρισ) *v*/*t*. werben (für *A*).
ρεκόρ [-'kɔr] (0) *n* Rekord *m*.
ρέκτης ['rɛkt-] tatkräftig, tüchtig.
ρέλι ['rɛli] Saum *m*.
ρελιάζω [rɛlj-] (ρέλιασα· στ) säumen.
ρεμ- *s*. ***ρευμ-***.
ρεμάλι [rɛ'mali] Stromer *m*.
ρεματιά [rɛmat-] Schlucht *f*.
ρεμβ|άζω (σ) träumen; **~ασμός** Träumerei *f*; **~ώδης** träumerisch.
ρεμούλα [rɛ'mula] Ausplünderung *f*, Raub *m*; Schlamassel *m*.
ρεμπελ|εύω [rɛ(m̌)bɛl-] (εψ) herumfaulenzen, herumbummeln; **~ιό** Bummelleben *n*; *hist*. Aufstand *m*.
ρέμπελος ['rɛ(m̌)bɛl-] bummelig; schlampig; *Su*. *m* Rebell *m*.
ρεμπεσκές [rɛbɛs'ķɛs] (-έδες) Tagedieb *m*.
ρεμπέτ|ης [rɛ'bɛtis] (***-ισσα***) Vagabundierende(r); Vagant(in *f*) *m*; **~ικο** Vagantenlied *n*.
ρέντα ['rɛňda] Glück *n*, F Schwein *n*.
ρεντίκολο [rɛ'dikɔlɔ] F komisch.
ρεοστάτης [rɛɔ'stat-] regelbare(r) Widerstand *m*.
ρεπαν- *s*. ***ραπαν-***.
ρεπερτόριο [-pɛr'tɔr-] Spielplan *m*; Repertoire *n*.
ρεπό [rɛ'pɔ] (0) *n* (Arbeits-)Pause *f*.

ρεπορτάζ [rεpɔr'taz] (0) *n* Reportage *f*, Berichterstattung *f*.
ρεπόρτερ [-tεr] (0) *m* Reporter *m*.
ρεπούμπλικα [rε'publika] breitrandige(r) Hut.
ρέπω ['rεpɔ] (*nur Impf.* έρεπα) neigen (***προς*** *A*/ zu *D*) (*a. fig.*).
ρεσάλτο [rε'saltɔ] *mar.* Entern *n*.
ρέστα: ***του δίνω ~*** F *j-m* rausgeben.
ρεστάρω [rε'starɔ] pleite sein.
ρέστος ['rεst-] übrig; *Su. m* arme(r) Schlucker *m*; *n/pl.* Rest *m*.
ρετάλι [rε'tali] Stoffrest *m*; *Pers.* Heruntergekommene(r).
ρετάρω [rε'tarɔ] e-e schwere Zunge haben.
ρετιρέ [rεti'rε] (0) *n* Dachgeschosswohnung *f* (mit Terrasse).
ρετουσ|άρισμα [rεtu'sarizma] *n* Retusche *f*; **~άρω** (αρισ) retuschieren.
ρετρό [rε'trɔ] Filmretrospektive *f*; ***ταινία ~*** alte(r) Film.
ρετσέλι [-'tsεli] Eingemachte(s).
ρετσέτα [rε'tsεta] Rezept *n*.
ρετσ|ίνα [rε'tsina] Harz *n*; Harzwein *m*; **~ινάτος** [-'nat-] geharzt; *Su. n* Harzwein *m*; **~ίνι** Harz *n*; **~ινιά** Harzweinfleck *m*; *fig.* Schandmal *n*; **~ινόλαδο** [-i'nɔlaðɔ] Rizinusöl *n*.
ρεύγομαι *s.* ***ρεύομαι.***
ρεύμα ['rεvma] *n* Strom *m* (*a. El.*); Fluss *m*, Fließen *n*; (*Meeres-*)Strömung *f*; Lauf *m*; (*Luft-*)Zug *m*; (*Menschen-*) Auflauf *m*; (*Fluss-*)Bett *n*; *fig.* Strömung *f*; ***στο ~*** *G* im Laufe *G*; ***~ υψηλής τάσης*** Starkstrom *m*; ***~ χαμηλής τάσης*** Schwachstrom *m*; ***♀ του Κόλπου*** Golfstrom *m*.
ρευματιά *s.* ***ρεματιά.***
ρευματ|ικός [rεvmat-] rheumatisch; **~ισμός** Rheumatismus *m*; **~οδότης** Steckdose *f*; **~ολήπτης** [-ɔ'lipt-] Stecker *m*.
ρεύομαι (ευτ) aufstoßen, F rülpsen.
ρεύση ['rεfsi] (-εις) Fließen *n*, Fluss *m*; *Med.* Pollution *f*.
ρευστ|ό [rεfst-] Flüssigkeit *f* (*als Körper*); Fluidum *n*; *Hdl. pl.* flüssige Mittel *n/pl.*; **~οποίηση** [-ɔ'piisi] (-εις) Verflüssigung *f*; Schmelzen *n*; *Hdl.* Kapitalisierung *f*; **~οποιώ** [-'pjɔ] (είς· ησ) *Gas* verflüssigen; *Metall* schmelzen; *Hdl.* flüssig machen, kapitalisieren; **~ός** flüssig (*a. Geld*); *fig.* unbeständig; ... im Fluss; **~ότητα** Flüssigkeit *f* (*a. Hdl.*); Unbeständigkeit *f*.
ρεύω ['rεvɔ] (εψ) *s.* ***ρέβω.***
ρέφα F Anteil *m*; Lohn *m*; F etwas zu erben.
ρεφάρω [rε'farɔ] (αρισ) F sich (*A*) machen (= *sich erholen finanzielll usw.*).
ρεφεν|ές [rεfε'nεs] (-έδες) Beitrag *m*; **~έ** auf gemeinsame Kosten.
ρεφρέν [rε'frεn] (0) *n* Refrain *m*.
ρέψιμο ['rεps-] (-ατος) Aufstoßen *n*; Ruin *m*, Verfall *m*.
ρέω ['rεɔ] (ευσ) fließen, strömen.
ρήγ|ας (*G* ρήγα, ρηγός) König *m*; **~ισσα** Königin *f* (*bsd. Spielkarte*).
ρήγμα ['riɣma] *n* Bruch *m*, Riss *m*; *mil.* Einbruch *m*; (*Partei*) Spaltung *f*.
ρηγω- *s.* ***ριγω-.***
ρήμα ['rima] *n* Verb *n*; Wort *n*.
ρήμαγμα [-maɣma] *n* Verwüstung *f*.
ρημαγμένος verwüstet.
ρημ|άδι [ri'maði] Ruine *f*; Kram(zeug *n*) *m*; **~αδιακός** verlassen, herrenlos; **~άζω** (ξ) *v/t.* verwüsten, ruinieren; *v/i.* verfallen, zugrunde gehen.
ρήμασμα *s.* ***ρήμαγμα.***
ρηματικ|ός [rimat-] Verb-, Verbal-; ***~ή διακοίνωση*** Verbalnote *f*.
Ρηνανία [rinan-] Rheinland *n*.
Ρήνος ['rin-] Rhein *m*.
ρήξη ['riksi] (-εις) Bruch *m*; Aufbrechen *n*; Platzen *n*, Aufplatzen *n*; *Med.* Ruptur *f*; *fig.* Abbruch *m*; *fig.* Streit *m*.
ρηξικέλευθος [riksi'k̦εlεfθ-] bahnbrechend; *Su. m* Bahnbrecher *m*.
ρήπανση (-εις) Verschmutzung *f*.
ρήση ['risi] (-εις) Ausspruch *m*.
ρήσος Luchs *m*.
ρητ|ίνη *s.* ***ρετσίνι***; **~ινίτης** Harzwein *m*.
ρητό Denkspruch *m*, Sentenz *f*.
ρήτορας ['ritɔras] Redner *m*.
ρητορ|εία Rede *f*; Redekunst *f*; **~εύω** (ευσ) e-e Rede halten, sprechen; **~ική** [-i'k̦i] Rhe'torik *f*, Redekunst *f*; **~ικός** [-k-] rhetorisch; rednerisch; Redner-.
ρητός ausdrücklich; deutlich; sagbar; *Zahl*: rational.
ρήτρα ['ritra] Klausel *f*; ***ποινική ~*** Konventionalstrafe *f*; ***~ του μάλλον ευνοούμενου κράτους*** Meistbegünstigungsklausel *f*.
ρηχ|ά [ri'xa] *n/pl.* Untiefe *f*, seichte Stelle *f*; **~ός** flach, seicht (*a. fig.*).

P

ρίγα ['riɣa] Lineal *n*; Streifen *m*.
ρίγανη Dost(e *f*) *m* (*Origanum vulgare*).
ριγέ [ri'jɛ] gestreift.
ριγκ [riŋk] (0) *n* Boxring *m*.
ρίγος ['riɣ-] *n* Schüttelfrost *m*, Schauder *m* (*a. fig.*).
ριγώ [ri'ɣɔ] (είς· ησ) schaudern.
ριγ|ώνω (σ) lin(i)ieren; **~ωτός** lin(i)iert; gestreift.
ρίζα ['riza] Wurzel *f* (*a. fig.*); Fuß *m des Berges*; *Gr.*, *jur.* Stamm *m*; ***κυβική ~*** Kubikwurzel *f*; ***τετραγωνική ~*** Quadratwurzel *f*.
ριζάρι Krapp *m*.
ριζικ|ό¹ Schicksal *n*; Glück *n*; **~ό²** Wurzel(zeichen *n*) *f*; *Chem.* Radikal *n*; **~ός** Wurzel-; Grund-; radikal.
ριζιμιός (-ιά) fest, stabil.
ριζ|ό [ri'zɔ], *a. pl.* **-ά** Fuß *m* (*des Berges*).
ριζο|βολώ [rizɔ-] (είς, άς· ησ) Wurzel schlagen (*a. fig.*); **~βούνι** [-'vuni] Fuß *m e-s Berges*; **~σπάστης** [-'spast-] Radikalist *m*, Radikale(r); **~σπαστικός** radikal; **~σπαστισμός** Radikalismus *m*; **~φυία** Einwurzelung *f*.
ρίζωμα *n* Verwurzelung *f*, Einwurzelung *f*; Wurzelstock *m*.
ριζών|ω (σ· θ) *v/t.* Wurzel schlagen lassen; *fig.* fest begründen; *v/i. u. v/p.* (***~ομαι***) Wurzel schlagen (*a. fig.*).
ρίζωση ['rizɔsi] (-εις) Verwurzelung *f*.
ρικν|ός [rikn-] runz(e)lig, verknittert; **~ότητα** runzlige(s) Aussehen *n*.
ρίμα ['rima] Reim *m*.
ριμάρω (II = I *od.* αρισ) reimen.
ριμμένος *s.* ***ρίχνω.***
ρίνα ['rina] große(r) Raubfisch *m*.
ρινγκ [riŋk] (0) *n s.* ***ριγκ.***
ρίνη ['rini] Feile *f*.
ριν|ί Feile *f*; **~ίζω** (σ) (ab)feilen.
ρινικός Nasen- (*Höhle*), nasal.
ρίνισμα *n* Feilen *n*; *pl.* Späne *m/pl.*
ρινόκερος [ri'nɔķɛrɔs] Nashorn *n*, Rhinozeros *n*.
ρινορραγία Nasenbluten *n*.
ρινοφωνία Näseln *n*.
ριξ- *s.* ***ριψ-, ρίχνω.***
ριξιά Wurf *m*; Schuss *m*; Ladung *f*.
ρίξιμο (-ατος) (*Speer-*) Werfen *n*, Wurf *m*; Schuss *m*.
ριπή *s.* ***ρίξιμο;*** *mil.* Salve *f*; (Wind-) Stoß *m*; ***σε ~ οφθαλμού*** im Nu.
ριπ|ίδι [-'piði] Fächer *m*; **~ίζω** (σ) anfachen (*Feuer u. fig.*); fächeln.
ριπολίνη [ripɔ'lini] Lackfarbe *f*.
ριτσινόλαδο *s.* ***ρετσινόλαδο.***
ρίτσος ['rits-] *s.* ***ρήσος.***
ρίχν|ω (έριξα· ριχτ-; -ιγμ) *v/t. allg.* werfen; *Anker*, *Blick*, *Schatten* werfen; zuwerfen (***του το***/ j-m etw.); stürzen (***τον σε***/ j-n in *A*); *Wasser* eingießen; *Haus* niederreißen; *Regierung* stürzen; *Salz* streuen, schütten; *Karten* legen; *Patrone* abschießen; *Schuss* abgeben; *Meinung*, *Gedanken* äußern, in die Debatte werfen; F bemogeln; ***~ομαι*** sich (*A*) stürzen (***σε***/ in *etw.*, auf *j-n*); vorstürzen; F anbändeln (***σε***/ mit *D*); ***~ει*** es fällt *Regen*, *Schnee*; ***τα ~ω*** anbändeln; würfeln; Karten legen; ***το ~ω έξω*** *fig.* alles von sich werfen; sich (*D*) e-n vergnügten Tag machen.
ριχτ-, ριψ- *s.* ***ρίχνω.***
ρίχτης Frauenheld *m*; Gauner *m*.
ρίψη (-εις) Werfen *n*.
ρίψιμο *s.* ***ρίξιμο.***
ριψο|κινδυνεύω [ripsɔķiñðin-] (***ευσ***) *v/t.* aufs Spiel setzen; *v/i.* (viel) wagen; **~κίνδυνος** tollkühn.
ρο [rɔ] *n* Rho *n*.
Ροβέρτος [rɔ'vɛrt-] 'Robert *m*.
ροβίθι [-'viθi] Kichererbse *f*.
ροβολώ (άς· ησ) hinunterrollen.
ρόγα ['rɔɣa] Beere *f*; Brustwarze *f*; Lohn *m*.
ρόγχος ['rɔŋ̃x-] Schnarchen *n*; Röcheln *n*.
ρόδα Rad *n*; F Karre *f*, Auto *n*; ***~ στοιχείων*** Typenrad *n*.
ροδ|ακινιά Pfirsichbaum *m*; **~άκινο** [-'aiķinɔ] Pfirsich *m*.
ροδαλός [-ðal-] rosig, rosa.
ροδ|άνι Spinnrad *n*; ***η γλώσσα της πάει ~άνι*** sie hat ein tüchtiges Mundwerk; **~ανίζω** (σ) aufhaspeln, aufwickeln.
ρόδαξ ['rɔðaks] (-ακος) *m* Rosette *f*.
ροδέλα Dichtungsring *m*; (Unterleg-) Scheibe *f*; *Argot*: After *m*.
ροδέλαιο [rɔ'ðɛlɛɔ] Rosenöl *n*.
ρόδι Granatapfel *m*.
ροδιά Granatapfelbaum *m*.
ροδιακός rhodisch, ... von Rhodos.
ροδίζω (σ) sich rosig färben.
ρόδινος Rosen-; rosig (*a. fig.*).
ρόδο ['rɔðɔ] Rose *f*.
ροδ|οδάφνη [rɔðɔ'ðafni] Oleander *m*;

~οδάχτυλος *lit.* rosenfingerig; **~ό-δεντρο** Rhododendron *m*, Alpenrose *f*; **~οκόκκινος** rosenrot.
Ρόδος ['rɔðɔs] *f* Rhodos *n*.
ροδόστα(γ)μα *n* Rosenwasser *n*.
Ροδούλα Dornröschen *n*.
ροδώνας [rɔ'ðɔnas] Rosengarten *m*.
ροζ [rɔz] (0) *n* Rosa *n*.
ροζέτα [rɔz-] Rosette *f*.
ροζιά|ζω (ρόδιασα) Schwielen bekommen; **~ρικος** schwielig.
ρόζος Schwiele *f*; Knorren *m*, Ast *m im Holz*.
ροή [rɔ'i] Fluss *m*, Lauf *m*.
ρόκα ['rɔka] Spinnrocken *m*; *Bot*. Gartenranke *f*.
ροκάνα Knarre *f*; große(r) Hobel *m*.
ροκανάκιας F Vielfraß *m*.
ροκάνι Hobel *m*.
ροκαν|ίδι [-'niði] Hobelspan *m*; **~ίζω** (σ) (ab)hobeln; *Knochen* abnagen; nagen an *D*; *fig*. klein machen.
ροκάνισμα [rɔ'kan-] *n* Abhobeln *n*; Abnagen *n*; Nagen *n*; Aufzehren *n*.
ρόκανο *s*. ***ροκάνι***.
ροκοκό Rokoko *n*.
ρολάρω (αρισ) *Geld*: rollen, zirkulieren; *Auto* fahren.
ρολό [rɔ'lɔ] (0) Rollladen *m*; Rolle *f*.
ρολ|ογάς [-lɔ'ɣas] (-άδες) Uhrmacher *m*; **~ό(γ)ι** [-'lɔi] Uhr *f*; *El*. Zähler *m*; ***~ό(γ)ι του νερού*** Wasseruhr *f*; ***πάει ~ό(γ)ι*** *fig*. reibungslos gehen.
ρόλο|ς ['rɔl-] Rolle *f* (*a. Thea. u. fig.*); ***παίζω ~*** e-e (wichtige) Rolle spielen.
ρομανικός [rɔmani'kɔs] romanisch.
ρομαντζάρω [-'dzarɔ] (αρισ) träumen, romantisch sein.
ρομάντζο (Liebes-)Roman *m*.
ρομαντικ|ός [rɔmand-] romantisch; *Su. m* Romantiker *m*; **~ότητα** Romantische(s), romantische(s) Wesen *n*.
ρομαντισμός *Malerei, Musik usw.* Romantik *f*.
ρομβοειδής [rɔmvɔið-] rhombisch, rautenförmig, Rauten-.
ρόμβος ['rɔmv-] Rhombus *m*; Kreisel *m*; *Fisch*: Butt *m*.
ρόμπα ['rɔba] Hauskleid *n*; Morgenrock *m*.
ρομπότ [rɔ'bɔt] (0) *n* Roboter *m*.
ρομφαία [rɔ'mfɛa] Schwert *n*.
ρόπαλο Keule *f*, Streitkolben *m*.
ροπή Neigung *f* (***προς*** *A*/ zu *D*).
ρόπτρο ['rɔptrɔ] Türklopfer *m*; (Trommel-)Schlägel *m*.
ροσμπίφ [rɔ'zbif] (0) *n* Roastbeef *n*.
ρότα ['rɔta] *mar*. Kurs *m*, Route *f*.
ροτόντα [rɔ'tɔnda] Rotunde *f*.
ρότορ (0) *n El*. 'Rotor *m*, Anker *m*.
ρούβλι ['ruvli] Rubel *m*.
ρούγα ['ruɣa] Gasse *f*.
ρουζ [ruz] (0) *n* Lippenstift *m*; Rouge *n*.
ρουθ|ούνι [ru'θuni] Nasenloch *n*; **~ουνίζω** (σ) schnauben; **~ούνισμα** *n* Schnauben *n*.
ρουκέτα *Feuerwerkskörper*: Rakete *f*.
ρουλεμάν [rul(ε)'man] (0) *n* Kugellager *n*.
ρουλέτα [ru'lɛta] Roulette(spiel) *n*.
ρουμάνι dichte(r) Wald *m*, Dickicht *n*.
Ρουμ|ανία [ruman-] Rumänien *n*; **~ανίδα** Rumänin *f*; **~ανικός** rumänisch; **~άνος** Rumäne *m*.
ρούμι Rum *m*.
ρουμπίνι [ru'bini] Rubin *m*.
ρούνος Rune *f*, Runenzeichen *n*.
ρουπάκι [ru'paiki] (Rot-)Eiche *f*.
ρούπι *hist*. $\frac{1}{8}$ Elle; F ***δεν το κουνώ ~*** ich rühre mich nicht von der Stelle.
Ρουρ [rur] *n* Ruhr *f*; ***περιοχή του ~*** Ruhrgebiet *n*.
Ρουσ- *s*. ***Ρωσ-***.
ρούσος (-α) rothaarig.
ρουσφέτι [ru'sfɛti] Gefälligkeit *f*; Schmiergeld *n*; Begünstigung *f* (im Amt); ***κάνω ~α*** Gefälligkeiten erweisen.
ρουσφετο|λογία Vetternwirtschaft *f*, F Filzokratie *f*; Korruption *f*; **~λόγος** (***-α***) korrupte(r) Mensch; **~λογώ** Vetternwirtschaft betreiben.
ρουτ|ίνα [ru'tina] Routine *f*; **~ινιάζω** (σ) es wird mir zur Gewohnheit; **~ινιάρικος** [-i'njar-] routiniert.
ρούφηγμα ['rufiɣma] *n* Schlürfen *n*.
ρουφη|(γ)ματιά [rufi(ɣ)mat-], **~ξιά** Schluck *m*; **~χτός** schlürfend; geschlürft; ***αυγό ~χτό*** rohe(s) Ei *n*.
ρουφήχτρα Strudel *m*.
ρουφιανεύω [rufja'nεvɔ] (εψ) F verpfeifen; schlecht machen.
ρουφιάνος [ru'fjan-] (***-α***) Kuppler(in *f*) *m*; Denunziant(in *f*) *m*; Spion(in *f*) *m*.
ρουφώ (άς· ησ, ηξ· ηχτ) schlürfen; *Luft* einatmen, schlucken; aufsaugen; *fig*. aussaugen.
ρουχαλ- *s*. ***ροχαλ-***.

Ρ

ρουχικά *n/pl.* Kleidungsstücke *n/pl.*
ρουχισμός Kleidung *f*, Garderobe *f*.
ρούχ|ο ['ruxɔ] Stoff *m*; Kleidung(s-stück *n*) *f*; *pl.* Wäsche *f*; Anzug *m*; *Med.* Regel *f*; ***τρώγομαι με τα ~α μου*** mit sich selbst unzufrieden sein.
ροφ- *s.* ***ρουφ-.***
ρόφημα ['rɔf-] *n* Labetrunk *m*; (heißes) Getränk *n*.
ροχ|άλα [rɔ'xala] Auswurf *m*, Spucke *f*; **~αλητό** [-ali'tɔ] Schnarchen *n*; Röcheln *n*; **~αλίζω** (σ) schnarchen; röcheln; **~άλισμα** *n s.* ***ροχαλητό.***
ρόχθος ['rɔxθ-] Rauschen *n*, Brausen *n*.
ρυάκι [ri'aiķi] Bach *m*.
ρύγχος ['riŋx-] *n* Schnauze *f*, Maul *n*; *fig.* Schnauze *f*; Spitze *f*.
ρυζάλευρο [ri'zalɛvrɔ] Reismehl *n*.
ρύζι ['rizi] Reis *m*.
ρυζό|γαλο [-'zɔɣalɔ] Milchreis *m*; **~νερο** Reissaft *m*.
ρυθμ|ίζω [riθm-] (σ) regeln (*a. Tech.*), regulieren; **~ικός** rhythmisch; **~ικότητα** Regelmäßigkeit *f*.
ρύθμιση (-εις) Regulierung *f*; ***~ του ήχου*** Klangregelung *f*.
ρυθμιστ|ής [riθmist-] Regler *m*, Regulator *m*; (*a.* ***-ίστρια***) Ordnungskraft *f*; **~ικός** Regel-, Regulier-.
ρυθμός Rhythmus *m*; Gleichmaß *n*; Takt *m*; Tempo *n*; *lit.* Metrum *n*; *Bau, Möbel*: Stil *m*; Ordnung *f in der Arbeit*; ***~ αύξησης*** Zuwachsrate *f*.
ρύμη ['rimi] Übereifer *m*; *Tech.* Schwungkraft *f*; Gasse *f*; ***στη ~ του λόγου του*** *fig.* in der Hitze des Gefechts.
ρυμός Deichsel *f*.
ρυμοτομ|ία [rimɔtɔm-] Stadtplanung *f*; **~ικός** städtebaulich; **~ώ** (είς· ησ) Stadtplanung betreiben; *v/t.* planen.
ρυμούλκ|α [ri'mulka] Anhänger *m*; ***~α επί κάμπης*** Raupenschlepper *m*; **~ηση** Abschleppen *n*; Ziehen *n*.
ρυμουλκ|ία *s.* ***ρυμούλκηση***; **~ό** *mar. u. Auto*: Schlepper *m*; **~ώ** (είς· ησ) schleppen, ziehen; *Auto* abschleppen; *fig.* lenken, regieren.

ρυπαίνω [rip-] (αν· ανθ) verschmutzen, besudeln (*a. fig.*).
ρύπανση (-εις) Verschmutzung *f*; ***~ της ατμόσφαιρας*** Luftverschmutzung *f*; ***~ του περιβάλλοντος*** Umweltverschmutzung *f*.
ρυπαντικός [ripaňdi'kɔs] Verschmutzungs-; *fig.* entehrend.
ρυπαρ|ός unsauber, schmutzig (*a. fig.*); **~ότητα** [-a'rɔt-] Unsauberkeit *f*; *fig.* Gemeinheit *f*.
ρύπος Schmutz *m*; *fig.* Schande *f*.
ρύση ['risi] (-εις) Fließen *n*, Fluss *m*; *Med.* Regel *f*.
ρυτ|ίδα [ri'tiða] Runzel *f*, Falte *f*; **~ιδωμένος** runzlig, zerfurcht; **~ιδώνω** (σ) *v/t.* runz(e)lig machen, furchen; *fig.* kräuseln.
ρω [rɔ] *n* Rho *n*.
ρώγα Beere *f*; Brustwarze *f*.
ρωγαλίδα [rɔɣal-] Tarantel *f*.
ρωγμή [rɔɣ'mi] Riss *m*, Spalte *f*; Scharte *f*.
ρωγοβύζι [rɔɣɔ'vizi] Lutscher *m*; Saugflasche *f*.
Ρωμαία [rɔ'mɛa] Römerin *f*.
ρωμαίικ|α [rɔ'mɛika] *n/pl. heute mst. iro.* saloppe(s) Neugriechisch *n*; *fig. z. B.* ***μίλα ~α*** sprich deutsch mit mir!; **~ο** *iro.* das moderne Griechenland; **~ος** *iro.* (neu)griechisch.
ρωμ|αϊκός [-aik-] römisch; **Ϩαίος** Römer *m*.
ρωμαλ|έος [rɔmal-] (-α) kräftig, rüstig; **~εότητα** Rüstigkeit *f*, (Voll-)Kraft *f*.
ρώμη ['rɔmi] Kraft *f*; Wagemut *m*.
Ρώμη Rom *n*.
Ρωμι|ά [rɔmi'a] *iro.* Griechin *f*; **~ός** *iro.* Grieche *m*; **Ϩοσύνη** [-ɔ'sini] *iro.* Griechentum *n*.
Ρωμυλία [rɔmil-] Ru'melien *n*.
ρωπογραφία [rɔpɔɣra'fia] Miniatur *f*.
Ρωσ|ίδα Russin *f*; **Ϩικός** russisch; **Ϩιστί** *Adv.* auf Russisch, russisch.
Ρώσος Russe *m*.
ρωτακίζω [rɔta'ķizɔ] das „r" falsch aussprechen.
ρώτημα *n* Frage *f*; Fragen *n*.
ρωτώ [rɔ'tɔ] (άς· ησ) fragen (***τον - κάτι*** *od.* ***για***/ j-n - nach *D*).

P

Σ

Σ, σ, ς ['siɣma] Sigma *n*; σ' = 200; ͵σ = 200.000.
σ' = **σε**.
σα *s.* **σαν**; ~ **να λέμε** das heißt also.
σαβάνα Savanne *f*.
σάβανο ['savanɔ] Leichentuch *n*.
σαβανώνω (σ) in ein Leichentuch hüllen.
σαββατ|ιανός [savatjan-] Sonnabend-; *Su. n* attische weiße Weintraube *f*; **~ιάτικος** Sonnabend-, sonnabendlich; *Adv.* sonnabends.
Σάββατο ['savatɔ] Sonnabend *m*, Samstag *m*.
σαββατ|όβραδο [-'ɔvraðɔ] Sonnabendabend *m*; **~οκύριακο** [-ɔ'k̡irjakɔ] Wochenende *n*.
σαβ|ούρα [-'vura] Ballast *m*; *fig*. Plunder *m*; **~ουρώνω** (σ) mit Ballast beladen; *fig*. über'laden; F sich (*A*) voll fressen.
σαγάνι [sa'ɣani] (zweistielige) Pfanne *f*.
σαγή Pferdegeschirr *n*.
σαγήνευ|μα *n*, **~ση** [-εfsi] Bezaubern *n*, Zauber *m*; *fig*. Hochgenuss *m*.
σαγην|ευτικός [-jinεft-] bezaubernd; verführerisch; **~εύω** (ευσ· ευτ) bezaubern; mit dem Schleppnetz fischen.
σαγήνη [sa'jini] Zauber *m*; Reiz *m*; Schleppnetz *n*.
σαγίτα [-'jita] Pfeil *m*; Weberschiffchen *n*.
σαγιτ|εύω (ψ· εμ) mit Pfeil u. Bogen schießen; *fig*. bestricken; **~οθήκη** [-ɔ'θik̡i] Köcher *m*.
σάγμα *n* Sattel *m*; *Tech*. Lager *n*.
σαγματοποιός [-tɔ'pjɔs] Sattler *m*.
σαγόνι [-'ɣɔni] Kinn *n*, Kinnlade *f*.
σαδισ|μός [saðiz-] Sadismus *m*; **~τής** Sadist *m*; **~τικός** sadistisch.
σαζάνι [sa'zani] Karpfen *m*.
σάζι Binse *f*, Rohr *n*.
σάζω *s.* **σιάζω**.
σαθρ|ός [saθr-] morsch, baufällig; *fig*. fadenscheinig; wacklig; **~ότητα** Baufälligkeit *f*; Fadenscheinigkeit *f*.
σαικσπηρικός shakespearesche(r), ... von Shakespeare.
σαΐνι [sa'ini] *Art* Falke *m*; *fig*. Fuchs *m*; F sehr helle.
σάιντ-κάρ ['said'kar], **σάιντκαρ** (0) *n* Beiwagen *m*.
σαίνω ['sεnɔ] (ην) um *j-n* herumscharwenzeln.
σαϊτ- *s.* **σαγιτ-**.
σάκα ['saka] Ranzen *m*, Schulmappe *f*; Jagdtasche *f*; Mappe *f*.
σακάκι [sa'kaik̡i] Jackett *n*; Säckchen *n*.
σακαρ|άκα [saka'raka] Bruchbude *f*; Klapperkasten *m*; **~άκας** *iro*. alte(r) Haudegen *m*.
σακάς (-άδες) Pelikan *m*.
σακ|άτε(υ)μα [-'katε(v)ma] *n* Verstümmelung *f*; F Pfuscharbeit *f*; **~ατεύω** (εψ· ευτ) verstümmeln; kaputtmachen; erledigen, fertig machen; **~ατεμένος** F ausgepumpt; **~άτης** (**-ισσα**) Krüppel *m*, Verkrüppelte(r); **~άτικος** verstümmelt, verkrüppelt; *fig*. ausgemergelt; wacklig; **~ατιλίκι** *fig*. Schwäche *f*.
σακ|ί [sa'k̡i] Sack *m*; **γουρούνι στο ~ί** *fig*. Katze *f* im Sack, mulmige Sache; **τον έβαλε στο ~ί** *fig*. er hat ihn reingelegt; **~ιάζω** (σάκιασα) einsacken; **~ίδιο** Brotbeutel *m*.
σάκος ['sak-] Sack *m*, Beutel *m*; **χειρουργικός ~** Bestecktasche *f*.
σακούλ|α [-'kula], **~ι** Säckchen *n*; Geldbörse *f*; Tüte *f*; **πλαστική ~α** Plastiktüte *f*; **~α απορριμμάτων** Müllbeutel *m*; **~ διατήρησης τροφίμων** Frischhaltebeutel *m*; **κάνω ~α** F dahinterkommen.
σακουλάκι Beutel *m*; **~ τσαγιού** Teebeutel *m*
σακουλιάζω (-ούλιασα) *v/t*. in die Tasche stecken; einsacken; eintüten; *v/i*. *Kleid*: bauschen, sich ausbeulen; *Haut*: schlaff werden.
σάκχαρο ['sakxarɔ] Zucker *m*; **υποφέρει από ~** er (sie) ist zuckerkrank.
σακχαροδιαβήτης *K*. Zuckerkrankheit *f*.
σάλα Wohnzimmer *n*, Salon *m*; Saal *m*.
σάλαγος Lärm *m*; *Interj*. hü!; brr!
σαλαγώ (άς· ασ) *Tiere* durch Zurufe lenken.
σαλαμάντρα Salamander *m*.
σαλάμι Salami(wurst) *f*.

Σαλαμίνα [sala'mina] 'Salamis *n*.
σαλαμούρα [-'mura] Salzlake *f*; *als Adv*. versalzt.
σαλάτα Salat *m* (*a. fig*.); **~ ντομάτες** Tomatensalat *m*.
σαλατιέρα [sala'tĭεra] Salatschüssel *f*.
σαλατικά *n/pl*. Gemüse *n*; Salat *m*.
σαλάχι [sa'laĭçi] Rochen *m*.
σαλβάρι [salv-] Pumphose *f*.
σάλεμα [-lεma] *n* Schwanken *n*, Beben *n*; Wogen *n*.
σαλέπι [-'lεpi] Knabenkraut *n*, Orchis *f*; Salep *m*.
σαλεύω [sal-] (εψ· εμ) *v/t*. rütteln; *v/i*. schwanken, wanken (*a. fig*.); sich (*A*) rühren (**από**/ von *D*).
σάλι Schal *m*; Floß *n*.
σάλιαγκας ['saljaŋ̆gas] Schnecke *f*; Caracalla-Bohne *f*.
σαλιάγκος F Blender *m*.
σαλι|άζω [salj-] (σάλιασα) sabbern; **~άρα** [-'ara] Sabberlätzchen *n*; **~άρης** (-α, -ικο) sabbernd (*a. fig*.); *fig*. albern; **~αρίζω** quasseln; flirten; **~άρισμα** *n* Quasselei *f*.
σαλ|ιγκάρι [sali'ŋ̆gari], **~ίγκαρος** [-'iŋ̆gar-] (*a*. **-ιγγ-**) Schnecke *f*.
σαλιέρα [sa'ljεra] Salzfass *n*.
σάλι|ο ['saljɔ] Speichel *m*; *mar*. Floß *n*; **του τρέχουν τα ~α** ihm läuft das Wasser im Mund zusammen.
σάλιωμα *n* Befeuchtung *f* (*mit Speichel*).
σαλιώνω (σ) befeuchten.
σαλόνι Salon *m*, Empfangszimmer *n*; Wohnzimmermöbel *pl*., Garnitur *f*; **~ αισθητικής** Kosmetiksalon *m*.
Σαλονίκη *s*. **Θεσσαλονίκη**.
σάλος Wogen *n*, Toben *n des Meeres*; *fig*. Unruhen *f/pl*.
σαλπάρω (αρισ) den Anker lichten.
σάλπιγγα [-piŋ̆ga] Trompete *f*; *Anat*. Eileiter *m*; (eustachische) Röhre *f*.
σαλπιγκτής [-piŋ̆kt-] Trompeter *m*.
σαλπίζω [salp-] (σ) trompeten; *mil*. blasen (*A*/ zu *D*).
σάλπισμα *n* Trompeten(stoß *m*) *n*; Trompetensignal *n*.
σαλπιστής *s*. **σαλπιγκτής**.
σαλτ|άρω [salt-] (αρισ, αρ) springen; F *auf e-n LKW* aufspringen u. etw. stehlen; **~ιμπάγκος** [-i'baŋ̆g-] Gaukler *m*; Gauner *m*.
σάλτο(ς) Salto *m*, Sprung *m*.
σάλτσα ['saltsa] Soße *f*, Tunke *f*.
σαλτσιέρα Soßenschüssel *f*.
σαμ|αράς [sama'ras] (-άδες) Sattler *m*; **~άρι** (Pack-)Sattel *m*; **~αρτζής** (-ήδες) Sattler *m*; **~αρώνω** (σ) satteln.
σαματάς Radau *m*, Geschrei *n*.
σάματι(ς) als ob; mir scheint.
σαμιακός [samĭa'kɔs] ... von Samos.
σαμιαμίθι [-'miθi] grüne Eidechse *f*.
σαμοβάρι [-mɔv-] Samowar *m*.
σαμόλαδο [-laðɔ] Sesamöl *n*.
Σάμο(ς) ['samɔ(s)] *f* Samos *n*.
σαμούρι [-'muri] Zobel *m*.
σαμπάνια Champagner *m*, Sekt *m*.
σαμποτ|άζ [sabɔ'taz] (0) *n* Sabotage *f*; **~αριστής** Saboteur *m*; **~άρω** (αρισ) sabotieren; **~έρ** [-'εr] (0) *m* Saboteur *m*.
σαμπουάν (0) *n* Haarwaschmittel *n*, Shampoo *n*.
σαμπούκος [sa'm̆buk-] Holunder *m*.
σαμπρέλα [-m̆br-] *Auto*: Schlauch *m*.
σάμπως *Ko*. als ob; *Adv*. wohl.
σαν [san] *Ko*. wie *ein Mensch*; als, *z. B*.: *du* als ...; wenn; als; da (ja); **~ να** als ob; **μαύρος ~ τον κόρακα** rabenschwarz; *St. II*: **~ τον είδε, ...** als er ihn sah (*od*. gesehen hatte), ...; *St. II Präs*.: **~ τον δης, ...** wenn du ihn siehst, ...; *mst. mit St. I*: **~ δεν θέλει, ...** da er nicht will, ...; **έτρεχε, ~ να τον κυνηγούσαν** er lief, als ob man ihn jagte.
σανατόριο [sana'tɔrĭɔ] Sanatorium *n*.
σανδάλι [sa'n̆ðali] *s*. **σαντάλι**.
σανίδα *s*. **σανίδι**; **~ σέρφιγκ** Surfbrett *n*.
σαν|ιδένιος [sani'ðεn-] (-ια) Bretter-; **~ίδι** [-'iði] Brett *n*, Latte *f*; **~ιδόσκαλα** [-i'ðɔskala] Laufsteg *m*; **~ίδωμα** *n* Diele *f*; Dielen *n usw*.; **~ιδώνω** (σ· θ) dielen; täfeln, verschalen; **~ίδωση** (-εις) Täfelung *f*; **~ιδωτός** gedielt; getäfelt.
σανό(ς) Heu *n*.
σανσκριτικά [san̆s-] *n/pl*. Sanskrit *n*.
σαντάλι [sa'n̆dali] Sandale *f*.
σαντιγί [san̆di'ji] Schlagsahne *f*.
σάντουιτς [-n̆dŭits] (0) *n* Sandwich *n*.
σαντορίνιος [san̆dɔ'rinĭɔs] ... von (*der Insel*) Santorin.
σαντούρι [sa'n̆duri] *trapezförmiges* Saiteninstrument.
σαξ- *s*. **σάττω**.
Σάξονας ['saksɔnas] Sachse *m*.

Σ

Σαξον|ία [saksɔn-] Sachsen *n*; **~ίδα** Sächsin *f*; **≈ικός** sächsisch.
σαξόφωνο [sa'ksɔfɔnɔ] Saxophon *n*.
σαπ|ίζω [sap-] (σ) *v/t*. faulig machen; ***τον ~ίζω στο ξύλο*** j-n gehörig vertrimmen; *v/i*. verfaulen; *fig*. verrotten; **~ίλα** [-'ila] Moder *m*; *fig*. Verrottung *f*.
σάπιος (-ια) faul, verfault (*a. fig*.).
σάπισμα *n* Vermoderung *f*.
σαπ|ουνάδα [sapu'naða] Seifenwasser *n*; Seifenschaum *m*; **~ούνι** [-'uni] Seife *f*; **~ουνίζω** (σ) einseifen; **~ούνισμα** *n* Einseifen *n*; **~ουνόνερο** [-'nɔnɛrɔ] Seifenwasser *n*; **~ουνόφουσκα** [-u'nɔfuska] Seifenblase *f* (*a. fig*.).
σαπρ|ογόνος [saprɔ'ɣɔn-] fäulniserregend; **~ός** (-ά) *s*. ***σάπιος***; **~όφυτο** Saprophyt *m*.
σάπφειρος ['sapfir-] Saphir *m*.
σαπφικός [sapfi'kɔs] ... der Sappho.
Σαπφώ [sap'fɔ] (-ούς) *f* Sappho *f*.
σαπωνοποι|είο Seifenfabrikation *f*; **~ός** Seifenfabrikant *m*.
σάρα ['sara]: ***η ~ και η μάρα*** Krethi und Plethi *pl*.
σαρ|αβαλιάζω [saraval-] (-βάλιασα) *v/t*. ramponieren; *Auto* kaputtfahren; *v/i*. klapprig werden; **~άβαλο** [-valɔ] Bruchbude *f*; *Auto*: Klapperkasten *m*.
σαράι [sa'rai] Serail *n*, Palast *m*.
σάρακας *s*. ***σαράκι***.
Σαρακηνός [sarak̡in-] Sarazene *m*.
σαράκι [-'raïk̡i] Holzwurm *m*; *fig*. Kummer *m*.
σαρακι|άζω [sarak̡-] (-άκιασα) von Würmern zerfressen werden; **~ασμένος** [-azm-] *a*. wurmstichig.
σαρακοστ|εύω [sarakɔst-] (εψ) *v/i*. fasten; *v/t*. *j-m etw*. entziehen; **~ή** Fastenzeit *f*; **~ιανός** Fasten-.
σαρακ|οφάγωμα [-kɔ'faɣ-] *n* Wurmstich *m*, wurmstichige Stelle *f*; **~οφαγωμένος** [-ɔfaɣɔm-] wurmstichig; **~ώνω** (σ) zerfressen.
σαράντα [sa'rañda] vierzig; *n/pl*. Totengedenktag *m* (*40 Tage nach dem Tode*).
σαρανταήμερο [-ňda'imɛrɔ] (40-tägige) Adventszeit *f*.
σαραντ|απόδαρο [sarañda'pɔðarɔ], **~αποδαρούσα** [-'rusa] Tausendfüßler *m*; **~άρης** (-α, -ικο) vierzigjährig; **~αριά** (etwa) vierzig; **~αρίζω** (σ) vierzig (Jahre) werden.
σαράντισμα *n* Tag *m* vierzig Tage nach dem Tod *od*. der Geburt.
σαράφ|ης [sa'raf-] (-ηδες) (***-ισσα***) Geldwechsler(in *f*) *m*; **~ικο** Wechselstelle *f*.
σαραφλίκι [-'flik̡i] Provision *f*, Gewinn(spanne *f*) *m*.
σαργός [sarɣ-] Meerbrasse *f*.
σαρδέλα [-'ðɛla] Sardelle *f*.
Σαρδηνία [sarðin-] Sardinien *n*.
σαρδόνιος [-'ðɔn-] (-ια) sardonisch, hämisch (*Lachen*).
σαρίδι [sa'riði] F Krempel *m*.
σαρίκι [-'rik̡i] Turban *m*.
σάρκα Fleisch *n* (*a. der Frucht*; *Rel*.).
σαρκ|άζω [sark-] (σ) höhnisch lachen, spotten; **~ασμός** (bitterer) Spott *m*; Sarkasmus *m*; **~αστικός** höhnisch, sarkastisch.
σαρκικός [sark̡-] fleischlich.
σάρκινος fleischlich, Fleisch-.
σαρκ|ίο Leib *m*; Narbe *f*; *z. B. zittern um sein* Leben *n*; *fig*. leibliche(s) Wohl *n*; **~οβόρος** [-kɔ'vɔr-] (-α) Fleisch fressend; **~ολάβος** [-ɔ'lav-] *Med*. Pinzette *f*; **~οφάγος** [-'faɣ-] (-α) Fleisch fressend; *Su*. *f* Sarkophag *m*.
σαρκώδης fleischig.
σάρκωμα *n Med*. Sarkom *n*.
σαρκ|ώνω (σ) (ab)heilen; ***~ωμένος*** fleischig.
σάρκωση ['sarkɔsi] (-εις) Fleischbildung *f*; *Rel*. Fleischwerdung *f*.
σαρμάκο F still!, pst!; ***κάνω ~*** sich (*A*) dumm stellen.
σαρμάς [sar'mas] (-άδες) Kohlroulade *f*.
σάρπα Schärpe *f*, Schal *m*.
σάρωθρο(ν) ['sarɔθr-] Besen *m*.
σάρωμα *n* Fegen *n*; *fig*. Verheerung *f*.
σαρ|ώνω (σ) (aus)fegen, (aus)kehren; *fig*. hinwegfegen; *Bild* abtasten; **~ωτής** (Straßen-)Feger *m*.
σας [sas] *enklitisch* euer, Ihr.
σας [sas] *D*, *A von* **(*ε*)*σεις***: *D*, *A* euch; *D* Ihnen, *A* Sie.
σασί [sa'si] (0) *n* Chassis *n*.
σαστίζω (σ· σμ) *v/t*. verwirren, bestürzen; *v/i*. aus der Fassung geraten.
σαστιμάρα [sasti'mara], **σάστισμα** *n* Bestürzung *f*, Verwirrung *f*.
σαταν|άς [sata'nas] 'Satan *m* (*a. fig*.); **~ικός** teuflisch.
σατέν [-'tɛn] (0) *n* Satin *m*.

σάτιρα Sa'tire *f*.
σατιρ|ίζω [satir-] (σ) bespötteln; **~ικός** satirisch; **~ισμός** Spott *m*; **~ιστής** Satiriker *m*; **~ογράφος** [-ɔ-'ɣraf-] Satirenschreiber *m*.
σάτιρος Satiriker *m*.
σατραπεία *hist*. persische Provinz; Herrscherzeit *f*.
σατράπης [sa'trap-] *hist*. Satrap *m*; *fig*. Despot *m*.
σατραπικός tyrannisch.
σατυρικός [satiri'kɔs] satyrisch.
σάτυρος ['satir-] Satyr *m*, Faun *m*.
σαύρα ['savra] Eidechse *f*; Saurier *m*.
σαυροειδές (*pl*. -ή) *n* Kriechtier *n*.
σαφάρι Safari *f*.
σαφ|ήνεια [sa'fin-] Klarheit *f*; **~ηνίζω** (σ) klarmachen, klären; **~ηνισμός** Klarstellung *f*, Klärung *f*; **~ής** (*Adv*. -ώς) klar, deutlich.
σαφρ|ακιάζω [safrak-] (-άκιασα) *Hände*: spröde werden.
σαφρίδι [sa'friði] Stachelmakrele *f*.
σαχάνι [sa'xani] Pfanne *f*.
σάχης ['saïç-] Schah *m*.
σάχλα ['saxla] Schalheit *f*, Fadheit *f*; dumme(s) Zeug.
σαχλ|αίνω [saxl-] *s*. ***σαχλιάζω***; albern werden; **~αμάρα** [-a'mara] Albernheit *f*; **~αμάρας** Taps *m*, Schafskopf *m*; **~αμαρίζω** (σ) faseln; **~ιάζω** (σ) fade, schal werden; **~ίζω** dummes Zeug reden; herumalbern; **~ός** fade, schal; albern.
σάψαλο ['sapsalɔ] Ruine *f* (*a*. *fig*.).
σβανάρω [zvan-] (ρισ) F saufen.
σβανάς [-'nas] (-άδες) Sichel *f*.
σβάρνα Egge *f*.
σβαρνιάρης [zvar'njar-] (-α, -ικο) fahrlässig.
σβαρνίζω (σ) eggen; *fig*. (auf dem Boden) hinter sich (*D*) schleifen.
σβάστικα ['zvastika] Hakenkreuz *n*.
σβελτάδα Gewandtheit *f*.
σβέλτος ['zvɛlt-] behände, gewandt, rasch, flink.
σβελτοσύνη [-tɔ'sini] *s*. ***σβελτάδα***.
σβερκιά Schlag *m* auf den Nacken.
σβέρκος ['zvɛrk-] Nacken *m*.
σβερκώνω (σ) F erwischen; sich (*D*) *etw*. unter den Nagel reißen.
σβέσ|η ['zvɛsi] Löschen *n*; Erlöschen *n*; **~ιμο** (-ατος) *s*. ***σβήσιμο***.
σβήνω ['zvinɔ] (σ· στ) *v/t*. löschen; *El*. *Licht* ausmachen; *Durst* stillen; (aus-) radieren; *Wörter* streichen; *v/i*. erlöschen (*a*. *fig*.), ausgehen; *Inschrift*: verwischt sein; *Hoffnung*: schwinden; *Mensch*: das Bewusstsein verlieren; dahingehen, sterben.
σβήσιμο (-ατος) Erlöschen *n*; Ausmachen *n*; Streichen *n*; Ausradieren *n*; Verwischen *n*; Dahinschwinden *n*.
σβηστήρας Radiergummi *m*; Feuerlöscher *m*.
σβηστ|ήρι [zvi'stiri] Radiergummi *m*; **~ός** erloschen; ausgelöscht; ausgemacht; ausradiert; verwischt.
σβίγκος ['zviŋg-] *Art* Pfannkuchen *m*.
σβόλι ['zvɔli] Klümpchen *n*.
σβολιάζω [zvɔl-] (σ) *v/t*. Klöße machen; *v/i*. klumpig werden.
σβόλος Klumpen *m*; Kloß *m*, Klößchen *n*.
σβουνιά [zvun-] Kuhmist *m*, Kuhfladen *m*.
σβούρα Kreisel *m*.
σβουρίζω [zvur-] (σ) brummen.
σγάρα ['zɣara] Kropf *m*.
σγουρ|αίνω [zɣur-] (αν) *v/t*. kräuseln; *v/i*. sich kräuseln; **~ό** Locke *f*; **~οκέφαλος** [-ɔ'kɛfal-] mit lockigem Haar; **~ομάλλης** [-ɔ'mal-] (-α, -ικο) kraushaarig, lockig; **~ός** kraus; kraushaarig, lockig.
σγούρωμα *n* Kräuseln *n*, Locken *n*.
σγουρώνω (σ) *s*. ***σγουραίνω***.
σε[1] [sɛ], **σ-**, **σ'** *Präp*. *A Dativbezeichnung*: ***στο φίλο*** dem Freund; *Ort* (*Ruhe*) *D*, *Richtung A*: in, an, auf; zu *D*, *z. B*. im, ins Zimmer; am, an den Strand; auf der, auf die Post; zur Post; *Zeit*: in *D*, um *A*, an *D*, *z. B*. im Alter; um fünf Uhr; am 25. Dezember; ***~ δυο μέρες*** in zwei Tagen; ***κατοικεί ~ χωριό*** er wohnt auf dem Dorfe; ***σ' αυτό το έργο*** in diesem Werk.
σε[2] *Pron*. dich.
σέβ|ας ['sɛvas] (*nur N u. A*) *n* Achtung *f*, Respekt *m* (***προς*** *A*/ vor *D*); ***τα ~η μου*** meine Empfehlungen (***σε***/ an *A*).
σέβασμα *n s*. ***σέβας***.
σεβάσμιος (-ια) ehrwürdig.
σεβασμ|ιότατος [sɛva'zmjɔt-] höchst ehrwürdig; ***Ωιότατε!*** Eure Eminenz!; Herr Bischof!; **~ιότητα** Verehrungswürdigkeit *f*; *als Titel*: Hochwürden;

Σ

~ός Achtung *f*, Respekt *m*; Ehrfurcht *f* (**προς** *A*/ vor *D*).
σεβαστ|ός [sɛvast-] anerkennenswert, verehrungswürdig; *Betrag*: nennenswert; **~έ ...!** sehr verehrte(r) ...
σεβιότ [sɛ'vjɔt] (0) *n* Cheviot *m*.
σεβντάς [sɛv'das] Liebesverlangen *n*, Liebe *f*.
σέβομαι ['sɛvɔmɛ] (βαστ) verehren, ehren; *Gesetz* achten.
σεβρό [sɛ'vrɔ] (0) Chevreau *n*.
σεγκοντάρω [sɛgɔň'darɔ] beistehen (**τον**/ *j-m*).
σέζ(-)λογκ (0) *f* Liegestuhl *m*.
σεζόν (0) *f* Saison *f*; **δευτερεύουσα ~** Nachsaison *f*; **κύρια ~** Hauptsaison *f*, Hochsaison *f*.
σειέμαι (σείστηκα) beben; sich (*A*) wiegen (*beim Gehen*); *s. a.* **σείω.**
σεΐζης [sɛ'iz-] (-ηδες) Pferdeknecht *m*.
σεινάμενος sich (*A*) wiegend.
σειρ|ά [si'ra] Reihe *f* (*a. Math.*); Reihenfolge *f*; Schicht *f*; Zeile *f*; Geschlecht *n*, Familie *f*; Stand *m*, Klasse *f*; **τηλεοπτική ~ά** Fernsehserie *f*; **~ά ειδών** Sortiment *n*; **~ά μαθημάτων** Kurs(us) *m*; **κατασκευή κατά ~άς** Serienfertigung *f*; **με τη ~ά** der Reihe nach; **είναι η ~ά μου** *od.* **έχω ~ά** ich bin an der Reihe.
σειρήνα [si'rina] Sirene *f* (*a. mythologisch*); *Auto*: Hupe *f*; **~ του κινδύνου** Alarmglocke *f*.
σείσιμο ['sisimɔ] (-ατος) Beben *n*; Erschütterung *f*.
σεισμ|ικός [sizm-] Erdbeben-, seismisch; **~ικότητα** Erdbebenanfälligkeit *f*; **~ογράφος** [-ɔ'ɣraf-] Seismograph *m*; **~ολογία** [-ɔlɔj-] Erdbebenkunde *f*; **~οπαθής** [-paθ-], **~όπληκτος** [-'ɔplikt-] Erdbebenopfer *n*; **~ός** Erdbeben *n*.
σεισοπυγίδα [-pij-] Bachstelze *f*.
σειστός (sch)wankend.
σείω ['siɔ] (έσεισα· σείστηκα) *v/t.* schütteln, rütteln; wackeln (an *D*); *v/i.* (sch)wanken; wackeln; beben; **σείομαι** (σείστηκα) beben.
σεκλ|έτι [sɛ'klɛti] Schwermut *f*; **~ετίζω** (σ) bedrücken (**με, για**/ wegen *G*); verdrießen; **~ετίζομαι** sich (*D*) Sorgen machen.
σέλα ['sɛla] Sattel *m*.
σελάγισμα *n* Glanz *m*, Leuchten *n*.
σέλας ['sɛlas] (-αος· *o. pl.*) *n* Licht *n*, Glanz *m*; **βόρειο ~** Nordlicht *n*.
σελάς (-άδες) Sattler *m*.
σελάχι Patronengürtel *m*; *s.* **σαλάχι.**
σελέμ|ης [-'lɛm-] (-ηδες) Schmarotzer *m*; **~ι** umsonst, gratis.
σελήνη [sɛ'lini] Mond *m*; **νέα ~** Neumond *m*; **~ του μέλιτος** Flitterwochen *f/pl*.
σεληνιάζομαι [-'njaz-] (στ) mondsüchtig sein; **~ιακός** Mond-; mondsüchtig; **~ιασμός** Mondsucht *f*.
σελήνιο Selen *n*.
σεληνόφως (-ωτος) *n* Mondlicht *n*.
σελίδα [sɛ'liða] Seite *f*.
σελιδο|δείχτης [-ðɔ'ðixt-] Lesezeichen *n*; **~θέτης** [-'θɛt-] Setzschiff *n*; **~ποίηση** [-'piisi] (-εις) *Typ.* 'Umbruch *m*; **~ποιώ** [-'pjɔ] (είς· ησ) um'brechen.
σελιδώνω [sɛlið-] (σ· θ) paginieren; *s.* **σελιδοποιώ.**
σελίνι [sɛ'lini] Schilling *m*.
σέλινο Sellerie *f od. m*.
σελοφάν [sɛlɔ'fan] (0) *n* Zellophan *n*.
σελτές [sɛl'tɛs] Matratze *f*.
σελώνω (σ) satteln.
σεμιγδάλι [sɛmi'ɣðali] Grieß *m*.
σεμινάριο Seminar *n*.
σεμνο|πρέπεια [sɛmnɔ'prɛp-] Anstand *m*; **~πρεπής** anständig.
σεμν|ός [sɛmn-] bescheiden, zurückhaltend; anständig; seriös; **~ότητα** Bescheidenheit *f*, Zurückhaltung *f*; Anständigkeit *f*; **~οτυφία** [-ɔtif-] Prüderie *f*, Zimperlichkeit *f*; **~ότυφος** prüde, zimperlich; **~ύνομαι** (-ύνθηκα) prahlen, stolz sein (**για**/ auf *A*).
σέμνωμα *n* Stolz *m*.
σένα ['sɛna] *betont* dir, dich.
σενάριο [-'narjɔ] Drehbuch *n*.
σεναριογράφος Drehbuchautor *m*.
σεντέφι [sɛ'ňdɛfi] Perlmutter *f*.
σεντίνα [sɛ'ňdina] Leckwasser *n*; Bilge *f*; *fig.* Mob *m*.
σεντόνι [sɛ'ňdɔni] Bettlaken *n*; Überzug *m*.
σεντονιάζω (σεντόνιασα) *Steppdecke* überziehen.
σεντούκι [sɛ'ňduki] Truhe *f*.
σεξουαλ|ικός [sɛksual-] sexuell; **~ισμός** Sexualität *f*.
σέπαλο ['sɛpalɔ] Kelchblatt *n*.
σέπια ['sɛp-] *Zool.* Sepia *f*.
σέπομαι *s.* **σήπομαι.**

Σ

σεπτ|εμβριανός September-; **Σέμβριος** [-'ɛɱvr-] September *m*.
σεπτός verehrungswürdig.
σέρα Treibhaus *n*.
σερά(γ)ι *s*. ***σαράι***.
σερβάντα [-'vańda] Kredenz *f*.
Σερβ|ία [sɛrv-] Serbien *n*; **~ίδα** Serbin *f*.
σερβιέτα: ~ ***υγείας*** Damenbinde *f*.
σερβικός serbisch.
σερβ|ίρισμα [sɛr'virizma] *n* Servieren *n*; Auftragen *n* (*der Speisen*); **~ίρω** (ρισ) servieren; **~ιτόρος** Kellner *m*; Servierer *m*; **~ίτσιο** [-'itsiɔ] Service *n*; ***~ίτσιο του καφέ*** Kaffeeservice *n*.
Σέρβος Serbe *m*.
σεργ|ιάνι [sɛr'jani] Spaziergang *m*, F Bummel *m*; **~ιανίζω** (σ) (*a*. -άω) *v/i*. spazieren gehen; F e-n Bummel machen; *v/t*. spazieren führen.
σερενάτα Serenade *f*.
σερ|έτης (-ηδες) Quengler *m*; **~ετιλήκι** Quengelei *f*.
σερζ [sɛrz] (0) *n* Serge *f*.
σερίφ [sɛ'rif] (0) *m* 'Sheriff *m*.
σερμαγιά [sɛrma'ja] Kapital *n*.
σερμπέτι [sɛr'm̃bɛti] Scherbett *n*, Sorbet *n*; süß (*Kaffee*).
σερνικός männlich.
σέρν|ω ['sɛrnɔ] (έσυρα· υρθ) *v/t*. ziehen; schleppen; *mit den Füßen* schleifen, F latschen; *Tanz* anführen; herziehen (***του***/ über *j-n*); ***~ομαι*** schleppen; *fig*. um sich greifen; ***σύρε!*** F zieh los!
σερπαντίνα Papierschlange *f*.
σερπετ|ιά [sɛrpɛt-] Lebhaftigkeit *f*; **~ός** lebhaft.
σερσέμης [-'sɛm-] (-ηδες) Döskopf *m*; *wie ein* Ölgötze *m*.
σέρτης (-ηδες) Hitzkopf *m*.
σέρτικος scharf; schwer (*Zigarre*).
σέρφιγκ (0) *n* Surfen *n*; ***κάνω ~*** surfen.
σεσημασμένος [sɛsimazm-] registriert, vermerkt; F auf der schwarzen Liste; notorisch; *s*. ***σημαίνω***.
σέσκ(ου)λο ['sɛsk(u)lɔ] Rübe *f*.
σεσουάρ (0) *n* Föhn *m*, Haartrockner *m*.
σέσουλα [-sula] Schaufel *f*; Schöpfkelle *f*.
σεφτέ|ς [sɛ'ftɛs] erste(s) Geschäft *n* am Tage; ***κάνω ~*** gut anfangen; ***δεν έκανα ~ ακόμη*** ich habe noch nichts eingenommen *od*. verkauft.
σηκός Nische *f*; Haupttempel *m*.
Σηκουάνα *Fluss*: Seine *f*.
σήκωμα *n* Heben *n*; Anheben *n*; Abheben *n von Geld*; Einziehen *n*; Wecken *n*; Aufstehen *n*; Schürzen *n*; Aufkrempeln *n*.
σηκών|ω [sik-] (σήκω!· σ· θ) *v/t*. heben; aufheben; *Mauer* höher machen; *Anker* lichten; *Geld* abheben (***από***/ von *D*); *j-n* wecken; *Kleid* schürzen, raffen; *Ärmel* aufkrempeln; *keinen Spaß* verstehen; *Lärm* machen; *Klima*: bekommen (*D*); ***~ομαι*** aufstehen; *Kranker*: (wieder) aufstehen; F ***~ει*** es geht.
σηκώτι [si'kɔti] Leber *f*.
σηκωτό|ς getragen; gehoben; erhoben (*Kopf*); ***παίρνω ~*** *j-n* auf den Arm nehmen.
σήμα ['sima] *n* Zeichen *n*; Marke *f*; Abzeichen *n* (*a*. *mil*.); Signal *n*; Wappen *n*; ***~ εμπορίου*** Warenzeichen *n*; ***~ κατειλημμένου*** Besetztzeichen *n*; ***~ κινδύνου*** Notsignal *n*; Notbremse *f*.
σημάδε(υ)μα [-'maðɛ(v)ma] *n* Kennzeichnung *f*; Anvisieren *n*.
σημ|αδε(υ)μένος [simaðɛ(v)'mɛn-] gekennzeichnet; anvisiert; *vom Schicksal* gezeichnet; **~αδευτής** [-ðɛft-] gute(r) Schütze *m*; **~αδεύω** (εψ· ευτ) kennzeichnen, markieren; schießen (***τον σε***/ j-m in *A*); zielen auf *A*; *fig*. *j-n* zeichnen (brandmarken); **~άδι** Zeichen *n*; Zielscheibe *f*; Merkmal *n*; Vorzeichen *n*; **~αδιακός** [-aðjak-] gezeichnet; bemerkenswert; bedeutend; **~αδούρα** [-'ðura] Boje *f*.
σημ|αία [si'mɛa] Fahne *f*, Flagge *f*; **~αίνω** (αν· ανθ· ασμ) *v/t*. bedeuten; *Uhr*: läuten, schlagen; ein Zeichen *od*. ein Signal geben; *Silber* stempeln; *v/i*. von Bedeutung sein.
σημαιο|στολίζω [simɛɔstɔl-] (σ) beflaggen; **~στόλιστος** beflaggt; **~φόρος** [-'fɔr-] Fahnenträger *m*; Fähnrich *m*; *fig*. Bannerträger *m*.
σήμανση ['simańsi] (-εις) Abstempelung *f*; Kennzeichnung *f*; Registrierung *f*; Verbrecherkartei *f*; Vornahme *f* von Fingerabdrücken.
σημαντήρας [-ńdi-] Bake *f*, Boje *f*.
σημαντικ|ή [simańdi'ki̯] Se'mantik *f*; **~ός** bedeutend; *Gr*. anzeigend; **~ότητα** Bedeutsamkeit *f*.
σήμαντρο [-mańdrɔ] Stempel *m*; *Mus*. Triangel *m*; Kirchenglocke *f*.

Σ

σημασ|ία [simas-] Bedeutung *f* (*a.* = *Wichtigkeit*), Sinn *m*; **~ιολογία** [-sjɔlɔj-] Semantik *f*.
σηματ|όγραφο(ν) [-'tɔɣraf-] Signalbuch *n*; **~ογράφος** Signalmast *m*; **~οδοσία** [-ɔðɔs-] Signalisierung *f*; **~οδότης** Verkehrsampel *f*; Blinker *m*; Blinkfunker *m*; **~οδοτώ** [-ðɔ'tɔ] (είς· ησ) signalisieren, blinken.
σημείο [sim-] Punkt *m* (*a. Typ., Phys., fig.*), Stelle *f*; Spur *f*; Zeichen *n* (*a. Math.*); *Mus.* Note *f*; **~ *ζωής*** Lebenszeichen *n*; **~ *του ορίζοντα*** Himmelsrichtung *f*; **~ *στίξης*** Satzzeichen *n*; ***νεκρό* ~** tote(r) Punkt *m*.
σημειο|γραφία Notenschrift *f*; **~λογία** *Med.* Symptomatik *f*.
σημείωμα [-'miɔma] *n* (Rand-)Bemerkung *f*; Notiz *f*; *pol.* Note *f*; *Büro*: Merkblatt *n*; ***βιογραφικό* ~** Lebenslauf *m*.
σημει|ωματάριο Notizbuch *n*; **~ώνω** (σ· θ) anmerken; *Fehler* anstreichen; aufzeichnen; *Adresse usw.* notieren; bemerken; sich (*D*) *etw.* notieren; berücksichtigen; *Rekord* verzeichnen; *Erfolg, Punkt* erzielen; ***~ώνω με κόκκινο μολύβι*** rot ankreuzen.
σημείωση [si'miɔsi] (-εις) Aufzeichnung *f*, Notiz *f*; Vermerk *m*; Aufzeichnen *n*, Notieren *n*.
σημειωτ|έος [simĭɔt-] (-α) bemerkenswert; **~ός** angemerkt, angestrichen, bezeichnet; ***κάνω βήμα ~ό*** auf der Stelle treten.
σήμερα ['simɛra] heute; **~** (0) *n* Heute *n*.
σημερινός heutig.
σήμερο *s.* ***σήμερα***; ***το* ~** heutzutage; ***από* ~** ab heute.
Σημίτης [si'mit-] Semit *m*.
σημίτι Brezel *f*.
σημιτικός semitisch.
σημύδα [si'miða] Birke *f*.
σην- *s.* ***σαίνω***.
σηπεδών (-όνος) *f s.* ***σαπίλα***.
σηπτικός [sipt-] fäulniserregend.
σήραγγα [-aŋga] Tunnel *m*; Kanal *m*.
σηρ|ικός chinesisch; seiden; **~οτροφία** [-ɔtrɔf-] Seidenzucht *f*; **~οτρόφος** Seidenzüchter *m*.
σησ|άμι [si'sami] Sesam *m*; **~αμιά** Sesam(kraut *n*) *m*; **~αμόλαδο** [-a'mɔlaðɔ] Sesamöl *n*.
σήτα Mehlsieb *n*.
σηψαιμία [sipsɛm-] Blutvergiftung *f*.
σήψη ['sipsi] (-εις) Fäulnis *f*, Verwesung *f*; *fig.* Verrottung *f*; *s.* ***σηψαιμία***.
σηψιγόνος fäulniserregend.
σθεναρ|ός [stɛnar-] stark, kraftvoll; **~ότητα** Stärke *f*; Kraft *f*.
σθένος ['stɛn-] *n* Kraft *f*, Mut *m*, Herz *n*; *Chem.* Wertigkeit *f*.
σι (0) *n Mus.* h *n*.
σιαγόνα [sĭa'ɣɔna] Kiefer *m*, Kinnbacken *m*; Kinn *n*; ***άνω* ~** Oberkiefer *m*; ***κάτω* ~** Unterkiefer *m*.
σιά|ζω ['sjazɔ] (έσιαξα· σιάχτηκα· χτ· γμ) *v/t. Bett usw.* machen; *etw.* erledigen; *Uhr usw.* reparieren; in Ordnung bringen; *Zeilen* (aus)richten; *v/i.* sich erledigen; *Pers.*: sich (*A*) herausmachen; *Wetter*: besser werden; ***τα ~ξανε*** sie haben sich vertragen.
σιάκι ['sjaĭķi] (*Fisch*) Butt *m*.
σιαλ|ικός [sjal-] Speichel-; **~ογόνος** [-ɔ'ɣɔn-] (-α) Speichel- (*Drüse*).
σίαλος ['sial-] Speichel *m*.
σιαμαί|ος [sia'mɛ-] (-α) siamesisch; ***~οι αδελφοί*** (die) siamesische(n) Zwillinge; **≈ος** Siamese *m*.
σιάνω *s.* ***σιάζω***.
σιάξιμο ['sjaksimɔ] (-ατος) Erledigung *f*; Machen *n*; Ordnen *n*; Instandsetzung *f*; Aussöhnung *f*.
σιάχνω *s.* ***σιάζω***.
Σιβηρ|ία [sivir-] Si'birien *n*; **≈ικός** sibirisch.
σιγά [si'ɣa] *Adv.* leise; langsam; **~ - ~** (immer) langsam; nach und nach.
σιγαλ|ιά [siɣal-] Stille *f*, Ruhe *f*; **~οπαπαδιά** [-ɔpapað-] Wolf *m* im Schafspelz; **~ός** leise; ruhig.
σιγανός langsam; leise, still.
σιγ|άρο [si'ɣarɔ] Zigarre *f*; Zigarette *f*; **~αροθήκη** [-arɔ'θiķi] Zigarettenetui *n*; Zigarrenkiste *f*.
σιγαρ|οποιείο Zigarettenfabrik *f*; **~όχαρτο** Zigarettenpapier *n*.
σιγ|ή [si'ji] Stille *f*; Schweigen *n*; ***ενός λεπτού ~ή*** (eine) Schweigeminute; **~ηλός** still; schweigsam.
σιγίλιο [si'jil-] Bulle *f*; Siegel *n*.
σίγμα ['siɣma] (0) *n* Sigma *n*.
σιγμοειδής S-förmig.
σιγο- [siɣɔ-] leise; langsam *machen*.
σιγο|βράζω [-'vrazɔ] (σ· στ) *v/t. u. v/i.* schmoren, auf kleiner Flamme kochen;

fig. schwelen; **~βρέχει** nieseln, tröpfeln; **~καίω** [-'kʲεɔ] schwelen; **~μουρμουρίζω** [-murmur-] (σ) summen.
σιγουρ|άρω [siɣu'rarɔ] (αρισ) sichern; **~εύομαι** (-ρευτεί) sich (*A*) vergewissern; **~εύω** (ψ) in Sicherheit bringen; **~ιά** Sicherheit *f*.
σίγουρο|ς sicher (***για***/ *G*); ***~ς για τον εαυτό του*** selbstsicher; ***το 'χω για ~*** ich halte es für sicher.
σιγώ [si'ɣɔ] (άς· ησ) schweigen (*a. fig.*); *fig.* verstummen, verebben.
σιδερ|άδικο [siðε'rað-] Schmiede *f*; Eisenwarenhandlung *f*; **~άς** [-'as] (-άδες) Schmied *m*; Eisenwarenhändler *m*; **~ένιος** (-ια) eisern (*a. fig.*); **~ικά** *n/pl.* Eisenwaren *f/pl.*
σιδερίτης *Weintraubenart.*
σίδερο ['siðεrɔ] (σίδερου) Eisen *n*; Bügeleisen *n*; *pl.* Kette *f*; *mar.* Anker *m*; ***~ της πόρτας*** Türriegel *m*.
σιδεροκέφαλος [-'kʲεfal-] kerngesund; *als Wunsch etwa*: ich beglückwünsche Sie *zur Verlobung usw.*
σιδέρωμα *n* Bügeln *n*, Plätten *n*.
σιδερ|ώνω [siðεr-] (σ· θ) bügeln, plätten; **~ωτήριο** Bügelmaschine *f*; Plätterei *f*; **~ωτής** Plätter *m*, Bügler *m*; F Draufgänger *m*; Querkopf *m*; **~ωτός** gebügelt; **~ώτρ(ι)α** [-'ɔtr(ĭ)a] Plätterin *f*.
σιδηρ|έλασμα [siði'rεlazma] *n* Eisenblech *n*; **~ίτης** Eisenspat *m*.
σίδηρο *s.* ***σίδερο.***
σιδηρ|οβιομηχανία Eisenindustrie *f*; **~οδέσμιος** [-ɔ'ðεzm-] (-ια) gefesselt; **~όδεσμος** Eisenbeschlag *m*; **~οδοκός** Eisenträger *m*; **~οδρομικός** [-ɔðrɔm-] Eisenbahn-; *Su. m* Eisenbahner *m*; *Adv.* mit der Eisenbahn; **~όδρομος** Eisenbahn *f*; Zug *m*; **~ομετάλλευμα** *n* Eisenerz *n*; **~οπαγής** [-ɔpa'jis] Eisen- (*Beton*); **~οπυρίτης** [-pi'rit-] Schwefelkies *m*; **~οπωλείο** [-pɔl-] Eisenwarenhandlung *f*.
σίδηρος ['siðir-] Eisen *n*; ***εποχή του σιδήρου*** Eisenzeit *f*.
σιδηροτροχιά [-trɔç-] Gleis *n*.
σιδηρουργ|είο [siðirurj-] Schmiede *f*; Eisenwerk *n*; **~ία** Eisenindustrie *f*; Eisenhüttenkunde *f*; **~ικός** Eisen(industrie)-; **~ός** Schmied *m*.
σιδηρ|ούς [siði'rus] (-ά, -ούν) eisern (*a. fig.*); **~ούχος** [-'ux-] (-α) eisenhaltig; **~ωρυχείο** [-ɔriç-] Eisenbergwerk *n*; **~ωτήριο** Plätterei *f*.
σίελο *s.* ***σάλιο.***
σικ (0) *n* Schick *m*; *Adj.* schick.
σίκαλη ['sikali] Roggen *m*.
Σικελία [sikʲel-] Sizilien *n*.
σικελικός sizilianisch.
σίκλ|α ['sikla], **~ος** Eimer *m*.
σικχ- *s.* ***σιχ-.***
σιλανσιέ (0) *n* Schalldämpfer *m*.
σιλάχι *s.* ***σελάχι.***
Σιλεσ|ία [silεs-] Schlesien *n*; **~ιακός** schlesisch.
σιλό (0) *n* Silo *m*, *n*.
σιλουέτα Silhouette *f*; Scherenschnitt *m*; (die) schlanke Linie *f*.
σιμά [si'ma] neben (*A*, *D*); ***~ μου*** neben mir; neben mich.
σιμιγδάλι [simi'ɣðali] Grieß *m*.
σιμιγδαλένιος Grieß-.
σιμίτι [si'miti] Kringel *m*.
σιμός stupsnasig.
σιμωνία [simɔ'nia] Simonie *f*.
σιμώνω (σ) *v/t.* sich (*A*) *j-m* nähern, zu *j-m* (heran)treten.
σινάπι [si'napi] Senf *m*.
σινάφι [si'nafi] Innung *f*, Zunft *f*; Gesellschaftsschicht *f*.
σινεμά [sinε'ma] (0) *n* Kino *n*.
σινί [si'ni] Messingtablett *n*.
σινιάλο [si'njalɔ] Signal *n*, Zeichen *n*.
σινικός [sinik-] chinesisch.
σιντ- *s.* ***σεντ-.***
σιντριβάνι Springbrunnen *m*.
σιρίτι Litze *f*, Schnur *f*.
σιρόκος [si'rɔk-] Schirokko *m*.
σιρόπι [-'rɔpi] Sirup *m*; sehr süß.
σιρόπιασμα [-'rɔpjazma] *n* Süßen *n* mit Sirup; *fig.* Liebäugeln *n*, Flirten *n*.
σισκεμπάπ [siskʲε'bap] (0) *n* Röstfleisch *n* am Spieß.
σισύρα [-'sira] Pelz *m*.
σιτ|αγορά [sitaɣɔ'ra] Getreidemarkt *m*; **~αγρός** [-aɣr-] Getreidefeld *n*; **~αποθήκη** [-apɔ'θikʲi] Getreidespeicher *m*; **~αράς** [-a'ras] (-άδες) Getreidehändler *m*; **~αράτος** Weizen-; *fig.* klipp und klar; **~αρέμπορος** [-a'rεm̃bɔr-] Getreidehändler *m*; **~αρένιος** (-ια) Weizen-; **~αρήθρα** [-a'riθra] Feldlerche *f*; **~άρι** Getreide *n*; Weizen *m*; **~αρόψειρα** [-a'rɔpsira] Getreideblattlaus *f*.

Σ

σίτεμα ['sitɛma] *n* Abhängen *n* (*des Fleisches*).
σιτ|εμπορία Getreidehandel *m*; **~έμπορος** Getreidehändler *m*.
σιτ|ευτός [sitɛft-] gemästet, Mast-; **~εύω** (εψ) mästen; *Fleisch*: abhängen.
σιτηρ|ά [siti'ra] *n/pl*. Getreide *n*; **~έσιο** Tagesration *f*, Verpflegung *f*.
σιτίζω (σ) verpflegen; *s*. ***σιτεύω***.
σίτιση (-εις) Mästung *f*; Verpflegung *f*.
σιτισ|μός Verpflegung *f*; **~τής** *mil*. Furier *m*, Verpflegungsoffizier *m*.
σιτο|βολώνας [sitɔvɔ'lɔnas] Scheune *f*; Getreidespeicher *m*; **~δεία** Missernte *f*; **~ειδής** [-ið-] getreideartig; *Su*. *n* Getreidepflanze *f*; **~παραγωγή** [-paraɣɔ'ji] Getreideerzeugung *f*; **~πώλης** [-'pɔl-] Getreidehändler *m*.
σίτος Weizen *m*; Getreide *n*.
σιτοφόρος [sitɔ'fɔr-] getreidereich, Getreide-.
σιφόνι [si'fɔni] Pipette *f*; Klosettbecken *n*, Spülbecken *n*; Schlauch *m*; *s*. ***σίφουνας***.
σιφονιέρα [-'njɛra] Kommode *f*.
σίφουνας ['sifunas] Windhose *f*, Wasserhose *f*; *fig*. Sturm *m*.
σίφωνας *s*. ***σιφόνι*** *u*. ***σίφουνας***.
σιχαίνομαι [si'çɛnɔmɛ] (σιχάθηκα· αμ) *v/t*. verabscheuen, nicht leiden können; *v/i*. sich (*A*) ekeln.
σίχαμα *n* eklige(s) Zeug; *Pers*. Ekel *n*.
σιχαμάρα *s*. ***σιχασιά***.
σιχαμ|ένος [sixam-], **~ερός** widerwärtig, ekelhaft.
σιχασ|ιά [sixas-] Abscheu *m*, Ekel *m*; **~ιές** ekelhafte(s) Zeug; **~ιάρης** (-α, -ικο) mäklig, wählerisch.
σιωνισμός [sĩɔnizm-] Zionismus *m*.
σιωπ|ή [sjɔ'pi] Schweigen *n*, Stillschweigen *n*; ***του τάφου ~ή*** Grabesstille *f*; **~ή!** Ruhe!; **~ηλός** schweigend; schweigsam; verschwiegen; **~ηρός** *s*. ***σιωπηλός***; stillschweigend; **~ητήριο** Zapfenstreich *m*; **~ώ** (άς· ησ) schweigen.
σκάβω ['skavɔ] (ψ· φτ) (um)graben; ausgraben; *Stein usw*. behauen.
σκάγι ['skaji] *mst*. *pl*. Schrot *n*, *m*.
σκάζω ['skazɔ] (σ) *v/t*. zum Platzen bringen (*a*. *fig*.); *v/i*. *Gefäß*: bersten, zerspringen; *Bombe*: platzen (*a*. *fig*. ***από***/ vor *D*); umkommen *vor Hitze*; hervorbrechen; *Geld* herausrücken; P ***σκάσε!*** halt's Maul!; ***το ~*** F entwischen (***από***/ aus); *Schule* schwänzen; ***~ στα γέλια*** *Lachen*: losplatzen.
σκαθ|άρι [skaθ-] Mistkäfer *m*; **~αρόνι** [-a'rɔni] Käfer *m*.
σκαιός [sk̡ɛ'ɔs] grob.
σκάκι ['skaĭk̡i] Schach(spiel) *n*.
σκακ|ιέρα Schachbrett *n*; **~ιστής** (***-ίστρια***) Schachspieler(in *f*) *m*.
σκάλ|α ['skala] Treppe *f*; Leiter *f*; *Mus*. Tonleiter *f*; Steigbügel *m*; *mar*. Anlegeplatz *m*; Anlegen *n*; ***πιάνω*** (***πολλές***) ***~ες*** (häufig) anlegen.
σκαλί Stufe *f*.
σκαλίζω [skal-] (σ) (um)graben; kratzen; scharren; behauen; ziselieren; ***~ σε ξύλο*** schnitzen; *fig*. *v/t*. durch'wühlen; *v/i*. he'rumwühlen; *Feuer* schüren; *Unkraut* jäten.
σκάλισμα *n* Umgraben *n*; Behauen *n*, Ziselieren *n*; Schnitzen *n*; *fig*. Durch'wühlen *n*.
σκαλιστ|ήρι [skalist-] Hacke *f*; Spaten *m*; **~ής** Gräber *m*; Jäter *m*; Graveur *m*; **~ός** behauen; graviert; geschnitzt.
σκαλμός *mar*. Dolle *f*.
σκαλοπάτι [-'pati] Stufe *f*; Sprosse *f*.
σκάλωμα *n* Klettern *n*; Stockung *f*.
σκαλ|ώνω (σ) klettern (***σε***/ auf *A*); stocken; **~ωσιά** Gerüst *n*.
σκάμμα ['skama] *n* Seifenschaum *m*; *Sport*: Sprunggrube *f*.
σκαμνί [ska'mni] Schemel *m*, Fußbank *f*; Hocker *m*; *fig*. ***τον καθίζω στο ~*** *j-n* auf die Anklagebank bringen.
σκαμπαβία [skam̆bav-] Barkasse *f*.
σκαμπάζω (σ) kapieren, verstehen.
σκαμπαν|εβάζω [skam̆banɛv-] *Schiff*: stampfen; **~έβασμα** [-'ɛvazma] *n* Stampfen *n*; *fig*. Schwankung *f*.
σκαμπίλι [-m̆bi-] Maulschelle *f*.
σκανδάλη [ska'n̆ðali] Drücker *m am Gewehr*, Abzugshebel *m*.
σκανδαλ|ιάρης [-'ljaris] (-α, -ικο) ränkevoll; *Kind*: ungezogen; *Frau*: kokett; *Su*. *m* F Stänker *m*; **~ίζω** (σ) *v/t*. Anstoß erregen bei *D*, *j-n* schockieren; Argwohn erregen; verführen; ***~ίζομαι*** Anstoß nehmen an (*D*); **~ιστικός** anstößig; skandalös.
σκάνδαλο ['skan̆ðalɔ] Skandal *m*; Ärgernis *n*; ***βάζω ~*** Streit machen; ***πέτρα του σκανδάλου*** Stein *m* des Anstoßes.

Σ

σκανδαλ|οθηρία [-ɔθiˈria] Skandalberichterstattung *f*; Skandalgeschichten *f/pl.*; **~οθηρικός** Skandal- (*Presse*); skandalsüchtig.
σκανδαλ|οποιός [-lɔˈpjɔs] Skandalmacher *m*; Intrigant *m*; **~ώδης** skandalös, unerhört.
Σκανδιναβ|ία [skaňðinav-] Skandiˈnavien *n*; **Σικός** skandinavisch; **~ός** (*f* **-ή**) Skandinavier(in *f*) *m*.
σκανιάζω [skaˈnjazɔ] (σ) F *j-n* nerven, löchern.
σκανταλ- *s.* **σκανδαλ-.**
σκανταλ|ιά (*Kinder-*)Streich *m*, Unfug *m*; **~ιάρης** (-α, -ικο) ungezogen; zänkisch.
σκαντζ|αρώνω [skaňdz-] (σ) *s.* **σκαλώνω**; **~όχοιρος** [-ˈɔïçir-] Igel *m*.
σκάνω (σ) *s.* **σκάζω.**
σκαπ|ανέας [skapaˈnɛas] (*pl.* -είς) Gräber *m*; *mil., a. fig.* Pionier *m*; Schrittmacher *m*; **~άνη** Hacke *f*, Haue *f*; **~ετίζω** (σ) (*a.* **~ετώ**) sich (*A*) davonmachen; *Gipfel* überschreiten.
σκαπουλάρω (-αρα, -άρισα): **τη ~** entkommen; *fig.* davonkommen.
σκαπτός [skapt-] gegraben.
σκάπτω *s.* **σκάβω.**
σκάρα [ˈskara] Rost *m*; Grill *m*; **της ~ς** vom Rost, gegrillt.
σκαραβαίος [-aˈvɛɔs] Skarabäus *m*.
σκαρί Stapel *m* (*a. fig.*), Helling *f*; *fig.* Natur *f*, Charakter *m*; rüstige(r) Mensch.
σκαρίζω [skaˈrizɔ] *v/t.* weiden.
σκαρ|ίφημα [skaˈrif-] *n* Skizze *f* (*a. lit.*); **~ιφώ** [-iˈfɔ] (άς· ησ) skizzieren.
σκαρλ|ατίνα [skarlat-] Scharlach *m*; **~άτος** scharlachrot.
σκαρμός *s.* **σκαλμός.**
σκάρος nächtliche(s) Weiden *n*.
σκαρπέλο Skalpell *n*; Meißel *m*.
σκαρπίνι [-ˈpini] Halbschuh *m*.
σκαρτάρω [skart-] (αρισ) ablegen, beiseite legen; ausscheiden.
σκάρτος schlecht, F mies; *Maschine*: defekt; schofel; *als Su.* Niete *f*.
σκαρφαλώνω [skarfal-] (σ) klettern.
σκαρφίζ|ομαι [-ˈfizɔmɛ] (στ) *v/t.* vorhaben, aushecken; **μου ~εται** ich setze mir *etw.* in den Kopf.
σκάρωμα [ˈskar-] *n* Erfindung *f*, Erdichtung *f*.
σκαρώνω (σ) auf Stapel legen; sich (*D*) *etw.* ausdenken, erfinden; **του σκάρωσα μια δουλειά** ich habe etw. gegen ihn ausgeheckt; ich habe ihm e-n bösen Streich gespielt.
σκάση [ˈskasi], **σκασίλα** Ärger *m*.
σκάσιμο (-ατος) Platzen *n*, Bersten *n*; Explosion *f*; Riss *m*, Sprung *m*; Ärger *m*; Qual *f*; Schwänzen *n der Schule*; Durchbruch *m der Zähne*.
σκασμός [skazm-] Erstickungstod *m*; *s.* **σκάση**; F e-e Affenhitze; **~!** F halt's Maul!
σκαστός [skast-] klatschend, schmatzend; klingend (*Münze*); F erwischt; ertappt; **είμαι ~ από** *Schule* schwänzen; sich (*A*) drücken vor *D*; F **γίνομαι ~** verduften.
σκατό Kot *m*, Mist *m*; **~!** F Mist!
σκατο- [skatɔ-] F Mist-, Dreck-, *vulgär* Scheiß-; widerlich.
σκατών|ω (σ· θ) *mit Kot* beschmutzen; **τα σκάτωσε** er hat Mist gemacht; **~ομαι** F sich (*A*) voll machen.
σκάφανδρο Taucheranzug *m*.
σκαφέας [-ˈfɛas] (*pl.* -είς) Gräber *m*.
σκάφη Trog *m*, Schüssel *f*; Kahn *m*.
σκαφ|ή [skaˈfi] Graben *n*; **~ίδα, ~ίδι** *s.* **σκάφη.**
σκάφος *n* Schiff *n* (*a. fig.*); Schiffsrumpf *m*.
σκαφτιάς [skaˈftjas] (-άδες) Gräber *m*; Feldarbeiter *m*.
σκαφτός [skafˈtɔs] ausgegraben; geschnitzt; behauen.
σκάφτω *s.* **σκάβω.**
σκάψιμο [ˈskaps-] (-ατος) Graben *n*; ˈUmgraben *n*; Behacken *n*.
σκάω [ˈskaɔ] *s.* **σκάζω.**
σκεβρός [skɛvr-] gebogen, gekrümmt.
σκέβρωμα *n* Krümmen *n*; Gebeugtheit *f*.
σκεβρώνω (σ) *v/t.* krümmen; *Holz a.* sich verziehen; sich durchbiegen; *fig.* (nieder)beugen; *v/i.* sich krümmen.
σκελέα lange Unterhose *f*.
σκέλεθρο [ˈskɛlɛθrɔ] *s.* **σκελετός.**
σκελεθρωμένος völlig abgemagert.
σκελετό *s.* **σκελετός.**
σκελετ|ός [skɛlɛt-] Skelett *n* (*a. fig.*); Gerüst *n*; Rahmen *m*; Gestell *n*; (*Brillen-*)Fassung *f*; **~ώδης** skelettartig; spindeldürr.
σκέλι *s.* **σκέλος.**
σκελίδα [skɛˈliða] Knoblauchzehe *f*.

σκέλος *n* Schenkel *m* (*a. Math.*), Bein *n*; Seite *f e-r Bilanz.*

σκεπάζ|ω [skεp-] (σ· στ) *v/t.* bedecken, *Dach* decken; *j-n* schützen, decken (***από***/ vor *D*); *etw.* vertuschen; **~*ομαι*** sich (*A*) zudecken.

σκεπάρνι [-'parni] Beil *n.*

σκεπαρν|ιά Axthieb *m*; **~ίζω** (σ) behauen.

σκέπασμα [-pazma] *n* Decke *f*; Deckel *m*; Decken *n* (*des Daches*); Zudecken *n*; *fig.* Vertuschen *n.*

σκεπαστ|ά *Adv.* vage, verschwommen; **~ή** Schutzdach *n*; **~ός** bedeckt; ... mit Deckel; überdacht; *s.* ***σκεπαστά.***

σκέπαστρο ['skεpastrɔ] *mil.* Deckung *f*; Schutzhaube *f.*

σκέπη Obdach *n*; Deckung *f*; *fig.* Schutz *m*; Schleier *m*; *Anat.* Netz *n.*

σκεπή Dach *n.*

σκεπτικισ|μός [skεptik-] Skeptizismus *m*; **~τής** Skeptiker *m.*

σκεπτικ|ός nachdenklich; skeptisch; *Su. n jur.* Entscheidungsgründe *m/pl.*; **~ότητα** Nachdenklichkeit *f.*

σκέπτομαι ['skεptɔmε] (φτ· μμ) *v/t.* denken an *A*; überlegen; erwägen; *v/i.* nachdenken (***πάνω σε***/ über *A*); gedenken (***να***/ zu), vorhaben; ***εσκεμμένος*** vorbedacht, überlegt.

σκέπω ['skεpɔ] (*o. Aor.*) *s.* ***σκεπάζω***; (be)schützen.

σκέρτσο ['skεrtsɔ] Anmut *f*; Schick *m*; Scherzo *n*; Getue *n.*

σκερτσόζος (-α) anziehend; schick; fidel; geziert.

σκέτος ['skεt-] rein (*Butter*); einfach, ungezuckert (*Kaffee*); trocken (*Brot*); *fig.* ... ohne Falsch; F *als* Habenichts *m.*

σκετς (0) *n* Hörspiel *n*; Sketch *m.*

σκευαγωγός [skεvaγɔγ-] Güter-; *Su. f* Gepäckwagen *m.*

σκευάζω *s.* ***συσκευάζω.***

σκευ|ασία [skεvas-] Zubereitung *f*; Präparat *n*; **~οθήκη** [-ɔ'θiki] Bufett *n*; Schrank *m*; (*Reise-*)Necessaire *n.*

σκεύος ['skεv-] *n* Gerät *n*; ***επιτραπέζια σκεύη*** Essgeschirr *n*; ***μαγειρικά σκεύη*** Kochgeschirr *n.*

σκευοφόρος [skεvɔ'fɔr-] *f* Güterwagen *m*; Gepäckwagen *m*; *Adj.* Last-, Trag- (*Tier*).

σκευοφυλάκιο [-fi'laïkiɔ] Sakristei *f.*

σκευωρ|ία [-vɔr-] Umtriebe *m/pl.*, Machenschaften *f/pl.*; **~ώ** (είς· ησ) *v/t.* ausklügeln; *v/i.* intrigieren.

σκέψη ['skεpsi] (-εις) Überlegung *f*; Gedanke *m* (***σε***/ an *A*); Grübeln *n.*

σκηνή [ski'ni] Zelt *n*; Bühne *f*; Bühnenbild *n*; Vorhang *m*; Bild *n e-s Aktes*; *fig.* Szene *f*, Auftritt *m.*

σκην|ικός Bühnen-, Theater-; *Su. n/pl.* Bühnenbild *n*; **~ίτης** Zeltbewohner *m*, Nomade *m*; **~ογραφία** [-ɔγraf-] Bühnenbild *n*; **~ογραφικός** Bühnen-; **~ογράφος** Bühnenbildner(in *f*) *m*; **~ογραφώ** [-γra'fɔ] (είς· ησ) Bühnenbildner sein.

σκηνο|θεσία [skinɔθεs-] Regie *f*; Inszenierung *f*; Aufführung *f*; **~θέτης** Regisseur *m*, Spielleiter *m*; **~θετώ** [-θε'tɔ] (είς· ησ) inszenieren (*a. fig.*); Regie führen.

σκήνωμα *n* Zelt *n*; Gebeine *n/pl.*; beseelte(r) Körper.

σκήπτρο ['skiptrɔ] Zepter *n* (*a. fig.*).

σκήτη ['skiti], **σκήτος** Einsiedelei *f*, Eremitage *f*, Klause *f.*

σκι (0) *n* Schi *m*; Schilaufen *n*; ***κάνω ~*** Schi laufen; ***θαλάσσιο ~*** Wasserschilaufen *n.*

σκιά [ska] Schatten *m* (*a. fig.*; *Pers.*); Geist *m*, Gespenst *n.*

σκια|γράφημα [-'γraf-] *n* Scherenschnitt *m*; Skizze *f*; **~γραφία** Kunst *f* des Scherenschnitts; *s.* ***σκιαγράφημα***; **~γραφώ** [-'fɔ] (είς· ησ) e-n Scherenschnitt *von j-m* machen; skizzieren; entwerfen.

σκιάδ|α Laube *f*; **~ι** Strohhut *m.*

σκιάζω¹ ['skazɔ] (σκίασα· στ· σμ) beschatten; verdunkeln; schattieren.

σκιάζ|ω² (έσκιαξα· σκιάχτηκα· γμ) *j-n* erschrecken; **~*ομαι*** e-n Schreck bekommen, erschrecken.

σκιαμαχ|ία [skamaç-] Schattenboxen *n* (*a. fig.*); vergebliche Mühe *f*; **~ώ** (είς· ησ) gegen Schatten kämpfen (*a. fig.*).

σκιάξιμο ['skaks-] Einschüchterung *f*; Schreck *m.*

σκιάς¹ (-άδος) *f s.* ***σκιάδα.***

σκιάς² [skas] (-άδες) Bösewicht *m.*

σκίαση ['skiasi] (-εις) Beschatten *n*; Schattierung *f.*

σκιαχτά *Adv.* ängstlich, schreckhaft.

σκιάχτρο ['skaxtrɔ] Schreckgespenst *n*; Vogelscheuche *f.*

σκιέρ [skiεr] (0) *m* Schiläufer *m.*

σκιερ|ός [sk̡iεr-] Schatten spendend; schattig; dunkel; *Phys.* undurchsichtig; **~ότητα** Schattige(s); Undurchsichtigkeit *f.*
σκιζ- *s.* ***σχιζ-.***
σκίνο ['sk̡inɔ] Binse *f.*
σκίουρος ['sk̡iur-] Eichhörnchen *n.*
σκιόφως ['sk̡ɔfɔs] (-ωτος) *n* Halbdunkel *n*; Zwielicht *n.*
σκίρτημα *n* Rucken *n*, Auffahren *n*; Freudensprung *m.*
σκιρτώ [sk̡ir'tɔ] (άς· ησ) aufspringen, auffahren; rucken; *fig.* springen (***από***/ vor *D*).
σκιτσάρω [sk̡i'tsarɔ] (αρισ) skizzieren.
σκίτσο Skizze *f.*
σκιώδης *s.* ***σκιερός***; Schatten- (*Regierung*).
σκλάβα Sklavin *f*; Gefangene *f.*
σκλαβιά Sklaverei *f*, Knechtschaft *f.*
σκλάβ|ος ['sklav-] Sklave *m*; Gefangene(r); **~ωμα** *n* Versklavung *f.*
σκλαβώνω (σ) versklaven; (zu Dank) verpflichten.
σκλήθρο ['skliθrɔ] Splitter *m*; Dorn *m*; *Bot.* Erle *f.*
σκληρα|γώγηση [sklira'ɣɔjisi] (-εις) Abhärtung *f*, spartanische Erziehung *f*; **~γωγία** Abhärtung *f*; **~γωγώ** [-'ɣɔ] (είς· ησ) abhärten; streng erziehen.
σκληρ|άδα [sklir-] Härte *f*; **~αίνω** *s.* ***σκληρύνω***; **~όκαρδος** hartherzig; **~οκέφαλος** [-ɔ'k̡εfal-] dickköpfig; **~όπετσος** [-'ɔpεts-] dickschalig; dickhäutig; **~ός** hart; grausam; *Kind*: trotzig; **~ότητα** Härte *f*; Grausamkeit *f.*
σκληρ|οτράχηλος [sklirɔ'traĭçil-] hartnäckig; **~όψυχος** hartherzig.
σκλήρυνση ['skliriňsi] (-εις) Härten *n*; Verhärtung *f*; *bsd. fig.* Versteifung *f*; Hydrierung *f*, (Fett-)Härtung *f.*
σκληρυντικός härter werdend.
σκληρύν|ω [-'rinɔ] (II = I· υνθ, αθ) härten, hart machen; ***~ομαι*** hart werden; sich (*A*) verhärten.
σκλήρωση ['sklirɔsi] (-εις) *s.* ***σκλήρυνση***; Sklerose *f.*
σκνίπα ['sknipa] (kleine) Mücke *f*; ***έγινε*** ~ er ist sinnlos betrunken.
σκοιν- *s.* ***σχοιν-.***
σκολ- *s.* ***σχολ-.***
σκολαρίκι *s.* ***σκουλαρίκι.***
σκολείο F Besserungsanstalt *f.*
σκολειό [skɔ'ljɔ] Schule *f.*
σκόλη ['skɔli] Feiertag *m*; ***κάνω*** ~ freihaben; pausieren.
σκολιανά *n/pl.* Pöbeleien *f/pl.*
σκολίωση (-εις) Verkrümmung *f*, Krümmung *f.*
σκονάκι [-'naĭk̡i] *Med.* Pulver *n*; Prise *f* Rauschmittel.
σκόνη Staub *m*; *s.* ***σκονάκι.***
σκον|ίζω [skɔn-] (σ) bestäuben; ***~ίζομαι*** staubig werden, einstauben; **~ισμένος** staubig, verstaubt.
σκόνταμμα ['skɔňdama] *n* Stolpern *n*; *fig.* Torpedierung *f*, Vereitelung *f.*
σκοντάφτω [-'aftɔ] (ψ) stolpern (***σε***/ über *A*); *fig.* auf Schwierigkeiten stoßen, F hängen bleiben.
σκόντο ['skɔňdɔ] Skonto *m.*
σκόπελος Klippe *f* (*a. fig.*).
σκόπευση Zielen *n*, Schießen *n* (nach *D*; auf *A*).
σκοπευτ|ήριο [skɔpεft-] Schießstand *m*; **~ής** (***-έτρια***) Schütze *m* (-zin *f*); *Foto*: Sucher *m*; **~ικός** Ziel-; Schieß-.
σκόπευτρο *Foto*: Sucher *m.*
σκοπεύω (εψ) zielen; zielen (auf *A*), anvisieren; (*o. Aor.*) beabsichtigen.
σκοπιά Wache *f*; Wachtturm *m*; *allg.* Aussichtspunkt *m*; Wachtposten *m*; *fig.* Warte *f.*
σκόπιμος ['skɔpim-] zweckmäßig, nützlich; beabsichtigt, vorsätzlich.
σκοπιμότητα Zweckmäßigkeit *f*; Vorbedacht *m*, Vorsätzlichkeit *f.*
σκοποβολή [-vɔ'li] Scheibenschießen *n*; Schießübung *f.*
σκοπ|ός [skɔp-] Ziel *n*; Zweck *m*; *mil.* Wache *f*; Melodie *f*, Weise *f*; Vorsatz *m*; Plan(soll *n*) *m*; ***επί ~όν*** *mil.* legt an!; ***από ~ού*** vorsätzlich; ***με ~ό*** (*A*) zwecks (*G*); ***έχω ~ό*** beabsichtigen, vorhaben; **~ώ** [-'pɔ] (είς· ησ) beabsichtigen.
σκορ (0) *n Sport*: Punktzahl *f*, Tor *n.*
σκορδαλιά [-'lja] Knoblauchbrei *m.*
σκορδαλός [skɔrða'lɔs] Lerche *f.*
σκορδίλα Knoblauchgeruch *m.*
σκόρδο ['skɔrðɔ] Knoblauch *m.*
σκορδ|όπιστος *iro.* ungetreue(r) Liebhaber *m*; **~ούλα** Pest *f.*
σκόρερ ['skɔrεr] (0) *m* Torschütze *m.*
σκόρος Motte *f.*
σκορο|φάγωμα [-'faɣɔma] *n* Mottenfraß *m*; **~φαγωμένος** von Motten zerfressen.
σκορπίζω [skɔrp-] (σ· στ) *v/t.* zer-

Σ

σκόρπιος 440

streuen, *Blumen* streuen; *Duft* verbreiten; *fig.* vergeuden; *v/i.* sich zerstreuen, auseinander laufen.
σκόρπιος (-ια) zerstreut.
σκορπ|ιός, ~ίος Skorpion *m*; F *fig.* Schlange *f.*
σκόρπισμα ['skɔrpizma] *n* Zerstreuung *f*; Verschwendung *f.*
σκορπιστ|ής Verschwender *m*; **~ός** zerstreut; verschwendet.
σκορπο|χέρης [skɔrpɔ'çɛr-] (-ηδες) (**-έρα**) Verschwender(in *f*) *m*; **~χώρι: έγιναν ~χώρι** sie zerstreuten sich.
σκορπώ (άς) *s.* **σκορπίζω.**
σκοτ|αδερός [skɔtaðɛr-] *s.* **σκοτεινός; ~άδι** Dunkelheit *f*; *fig.* Schleier *m*; **έχω ~άδι** das ist mir schleierhaft; **~άδι πίσσα** stockdunkel; **~αδισμός** Obskurantismus *m*; **~αδιστής** *hist.* Dunkelmann *m.*
σκοτειν|άδα, ~ιά Dunkelheit *f*; **~ιάζω** (-είνιασα) dunkel werden; *fig.* sich verfinstern; *v/t.* verdunkeln.
σκοτ|είνιασμα [-'tinjazma] *n* Dunkelwerden *n*; Verfinsterung *f*; **~εινός** dunkel (*a. fig.*), finster; **στα ~εινά** im Dunkeln (*a. fig.*).
σκοτζέζικος [skɔ'dzɛzikɔs] schottisch.
Σκοτ|ία [skɔt-] Schottland *n*; **~ίδα** Schottin *f.*
σκοτιδιάζω *s.* **σκοτεινιάζω.**
σκοτ|ίζω [skɔt-] (σ· στ) *v/t.* verdunkeln, verdüstern (*a. fig.*); *fig. j-m* zusetzen; **~ίζομαι** sich (*A*) kümmern (**για**/ um *A*); *fig.* sich trüben (**από**/ vor *D*); **~ίστηκα!** F ich pfeife drauf.
σκοτικός schottisch.
σκοτισμός Verdunkelung *f*; Quälerei *f.*
σκοτο|δίνη [skɔtɔ'ðini], **~δινίαση** (-εις) Schwindelanfall *m.*
Σκότος ['skɔt-] Schotte *m.*
σκότος *n s.* **σκοτάδι;** Verblendung *f.*
σκοτούρα Sorge *f*; Schwindel *m.*
σκότωμα *n* Mord *m*; harte Strafe *f.*
σκοτ|ωμός [skɔtɔm-] Töten *n*, Morden *n*; *fig.* Geschubse *n*, Drängelei *f*; Knochenarbeit *f*; **~ώνω** (σ· θ) *v/t.* töten, umbringen (*a. fig.*); *Zeit* totschlagen; **~ώνομαι** ums Leben kommen; sich (*A*) umbringen (*a. fig.*: **σε**/ vor *D*); sich (*A*) gehörig stoßen; drängeln, sich schubsen.
σκούζω (έσκουξα) schreien; kreischen; *Hund*: heulen; *Schwein*: grunzen.
σκουλαμέντο *Med.* Tripper *m.*
σκουλαρίκι [-'riki̯] Ohrring *m.*
σκουλ|ήκι [sku'liki̯] Wurm *m*, Made *f*; **~ηκιάζω** (-ήκιασα) wurmstichig (*od.* madig) werden; **~ηκιάρης** [-i'ka̯r-] (-α, -ικο) wurmstichig, madig; **~ήκιασμα** *n* Wurmstich *m.*
σκουμπρί [sku'mbri] Makrele *f.*
σκούνα *mar.* Schoner *m.*
σκούντημα ['skuňd-] *n*, **σκουντιά** Stoß *m*, F Schubs *m*; *fig.* Anstoß *m.*
σκουντ|ούφλημα [-'ňdufl-] *n* Stolpern *n*; **~ούφλης** (-ηδες) Griesgram *m*; Stolperer *m*; **~ουφλιάζω** (-ούφλιασα) griesgrämig sein; **~ουφλώ** [-u'flɔ] (άς· ησ) stolpern; **~ώ** [sku'ňdɔ] (άς· ησ, ηξ) stoßen, F schubsen; F *fig.* antreiben, anstoßen.
σκούξιμο ['skuks-] (-ατος) Geschrei *n*; Kreischen *n*; *Schwein*: Gegrunze *n.*
σκούπα ['skupa] Besen *m*; **ηλεκτρική ~** Staubsauger *m.*
σκουπ|ιδαριό [-piða'rïɔ] Müllkippe *f*; **~ίδι** Müll *m*, Kehricht *m*; **τον κάνω ~ίδι** F *j-n* zur Schnecke machen; **~ιδιάρης** [-i'ðjar-] (-ηδες) Straßenfeger *m*; Müllkutscher *m*; **~ιδιάρικος** Müllabfuhr-; **~ιδοτενεκές** (-έδες) Mülleimer *m*; **~ίζω** (σ· στ) fegen, kehren; reinigen, abwischen; *Gabel*; *Nase*; *Schuhe* putzen; *Hände* abtrocknen.
σκούπισμα ['skupizma] *n* Fegen *n*, Kehren *n*; Putzen *n*; Abtrocknen *n.*
σκουπόξυλο [-'pɔksilɔ] Besenstiel *m.*
σκουραίνω [skur-] (υν) *v/t.* dunkler machen; *v/i.* dunkel werden; *Silber*: anlaufen; *fig.* sich verschlimmern.
σκουρ|ιά Rost *m* (πιάνω *ansetzen*); **~ιάζω** (σ) *v/i.* rosten, rostig werden, anlaufen; *fig.* veralten; *v/t.* oxydieren.
σκούριασμα ['skurjaz-] *n* Rosten *n.*
σκουριασμένος verrostet; *fig.* überholt, F ... aus der Mottenkiste.
σκούρ|ος ['skur-] (-α) dunkel (*a. fig.*); **~ο** dunkel-, *z. B.* **μπλε ~ο** dunkelblau; **τα βρίσκω ~α με** Probleme (*od.* Pech) haben mit *D.*
σκουτάρι [sku'tari] Schild *m.*
σκουτέλι Suppenschüssel *f.*
σκούτερ ['skut-] (0) *n* Motorroller *m.*
σκουτί [sku'ti] dicke(r) Wollstoff *m*; *pl.* Unterzeug *n.*
σκουφάκι [-'faïki̯] Kappe *f*; **~ του μπάνιου** Badekappe *f.*

Σ

σκουφάτος [sku'fat-] ... mit Kappe; *Zool.* Kamm-, ... mit Haube.
σκουφί [sku'fi] Haube *f.*
σκούφια Mütze *f*, Haube *f*, Kappe *f.*
σκουφίτσα [sku'fitsa] Kappe *f.*
σκούφος Pudelmütze *f*; *Zool.* Haube *f.*
σκραπ [skrap] F *nicht* die Bohne.
σκράπας ['skrapas] Unbedarfte(r).
σκρίνιο ['skrinjɔ] *Möbel*: Sekretär *m.*
σκρόφα ['skrɔfa] Sau *f*; *vulgär* Nutte *f.*
σκύβαλο ['skʝivalɔ] Abfall *m*; Spreu *f.*
σκύβω ['skʝivɔ] (ψ· μμ) *v/t.* beugen; neigen; *v/i.* sich (*A*) beugen (*a. fig.*), sich (*A*) bücken; sich (*A*) lehnen (***από***/ über *A*).
σκυθρωπ|άζω [skʝiθrɔp-] grollen; mürrisch sein; **~ός** sauertöpfisch, grämlich.
σκύλα Hündin *f.*
σκύλευση (-εις) Ausplünderung *f.*
σκυλ|εύω [skʝil-] (ευσ) ausplündern; marodieren; **~ί** Hund *m*; **~ιάζω** (-σκύλιασα) *v/t.* in Wut bringen; *v/i.* rasen (***από***/ vor *D*).
σκύλ|ιασμα ['skʝiljazma] *n* Wut *f*, Raserei *f*; **~ινος** *s.* ***σκυλίσιος.***
σκυλίσιος (-ια) Hunde- (*a. fig.*).
σκυλ|οβρίζω [skʝilɔvr-] (σ) anpöbeln; **~όδοντο** [-'ɔðɔn̆dɔ] Eckzahn *m*; **~οκαυγάς** wilde(r) *od.* wütende(r) Kampf; **~ολό(γ)ι** [-ɔ'lɔ(j)i] Gesindel *n*; **~ομούρης** [-ɔ'mur-] (-α, -ικο) ... mit e-m Affengesicht; flegelhaft; **~όμυγα** [-'ɔmiɣa] Stechfliege *f*; **~οπνίχτης** [-ɔ'pnixt-] F alte(r) Kahn *m.*
σκύλο|ς ['skʝil-] Hund *m*; ***σαν το ~ με τη γάτα*** wie Hund und Katz(e).
σκυλοφάγωμα [-'faɣɔma] Gezerre *n*; Stänkerei *f.*
σκυλό|ψαρο [-'lɔpsarɔ] Hai(fisch) *m*; **~ψειρα** [-psira] Zecke *f.*
σκύμνος ['skʝimn-] *Tier*: Junge(s) *n.*
σκύρο ['skʝirɔ] Schotter *m.*
σκυρ|όδεμα [skʝi'rɔð-] *n*, **~οκονίαμα** *n* Beton *m.*
σκυρόστωση (-εις) Schotterdecke *f.*
σκυτάλη [skʝi'tali] Staffelstab *m.*
σκυταλοδρομία [skʝitalɔðrɔm-] Staffellauf *m*, Stafettenlauf *m.*
σκυφτός [skʝift-] gebeugt; *s.* ***σκύβω.***
σκύψιμο ['skʝips-] (-ατος) Beugen *n*, Bücken *n*; Neigen *n.*
σκωληκ|όβρωτος [skɔli'kɔvrɔt-] wurmstichig; **~οειδής** [-ɔið-] wurmartig; Wurm- (*Fortsatz*); **~οειδίτιδα** [-ɔi'ðitiða] Blinddarmentzündung *f*; **~οτροφία** Seidenraupenzucht *f*; **~οφαγωμένος** wurmstichig.
σκώμμα ['skɔma] *n* Spott *m.*
σκώπτης ['skɔpt-] (***-πτρια***) Spötter(in *f*) *m*, Spaßvogel *m.*
σκωπτικ|ός spöttisch; **~ότητα** Spöttelei *f*; Spottlust *f.*
σκώπτω ['skɔptɔ] (ψ) *j-n* verspotten.
σκωρίαση [skɔ'riasi] (-εις) Oxydierung *f*, Rosten *n.*
σκώρος *s.* ***σκόρος.***
σλαβικός [slav-] slawisch.
σλαβολόγος [slavɔ'lɔɣɔs] Slawist *m.*
σλάβος Slawe *m.*
σλάιτς (0) *n* Dia *n*, Diapositiv *n.*
σλαμ! Ruhe!
σλιπ (0) *n*, **σλιπάκι** Slip *m*; Schwimmshorts *pl.*
Σλοβ|ακία [slɔvakʝ-] Slowakei *f*; **~άκος** [-'ak-] Slowake *m*; **~ενία** Slowenien *n*; **~ένος** Slowene *m.*
σμάλτο ['zmaltɔ] Emaille *f*; Zahnschmelz *m.*
σμαλτώνω (σ) emaillieren.
σμαρ|αγδένιος [zmar-] (-ια) *s.* ***σμαράγδινος***; **~άγδι** [-'aɣði] Smaragd *m*; **~άγδινος** smaragden.
σμάραγδος ['zmaraɣð-] Smaragd *m.*
σμάρι ['zmari] Schwarm *m.*
σμαρίδα *s.* ***μαρίδα.***
σμεουρ(δ)ιά Himbeerstrauch *m.*
σμέουρο ['zmeurɔ] Himbeere *f.*
σμέρνα ['zmerna] Hausenfisch *m.*
σμηναγός [zminaɣ-] Hauptmann *m* der Luftwaffe; **~αρχία** [-arç-] Staffel *f.*
σμήναρχος ['zminarx-] Oberst *m* der Luftwaffe.
σμην|ίας Unteroffizier *m* der Luftwaffe; **~ίτης** Luftwaffenangehörige(r).
σμήνος ['zmin-] *n* Schwarm *m*; Bienenstock *m*; *mil.* Fliegerstaffel *f.*
σμίγω ['zmiɣɔ] (έσμιξα· χτ) *v/t.* vermischen, vermengen; *j-n* treffen; *v/i.* Beziehungen aufnehmen; sich (*A*) treffen.
σμικρός (-ά) *s.* ***μικρός.***
σμίκρυνση ['zmikrin̆si] (-εις) Verkleinerung *f*, Verringerung *f.*
σμικρύνω (II = I) verkleinern.
σμιλάγι [zmi'laji] Eibe *f*, Taxus *m.*
σμιλάρι *s.* ***σμίλη.***
σμιλευτός [zmileɾ'tɔs] gemeißelt.
σμιλεύω (εψ) (aus)meißeln.

Σ

σμίλη Meißel *m*; *Med.* Skalpell *n*.
σμίξιμο ['zmiks-] (-ατος) Verbindung *f*; Begegnung *f*.
σμόκιν (0) *n* Smoking *m*.
σμπαρ|άλια [zba'ralja] Trümmer *pl.*; **~αλιάζω** (-άλιασα· στ) *v/t.* zertrümmern, F kaputtschlagen; *v/i.* zerbrechen, F kaputtgehen.
σμπαράρω [zbar-] (II = I) *v/t.* schießen; *v/i.* zerfetzt sein.
σμπάρο ['zbarɔ] Schuss *m*; Streich *m*; ***μ'ένα ~ δύο τρυγόνια*** zwei Fliegen mit einer Klappe.
σμύρη *s.* ***σμυρίγλι.***
σμυρίγλι [zmi'riγli], **σμύριδα** Schmirgel *m*.
σμύρνα Myrrhe *f*; *Fisch*: Muräne *f*.
σμυρν|αϊκος [zmir'nai-], (*a.* **~αιικός**) smyrnaisch; ... aus Izmir.
Σμύρνη Izmir *n*; *hist.* Smyrna *n*.
σνομπ [snɔb] (0) *m* Snob *m*.
σνομπάρω (αρα· αρισ) ein Snob sein.
σοβαρ|εύομαι [sɔva'rɛvɔmɛ] (ευτ) im Ernst sprechen; **~εύω** (εψ· ευτ) *allg.* ernst werden; *Lage*: sich zuspitzen; vernünftig werden; sich (*A*) mausern; **~ός** ernst; schwer wiegend; seriös, zuverlässig; *Adv.* im Ernst; ernstlich, schwer *krank*; **~ότητα** Ernst *m*, Ernsthaftigkeit *f*; **~οφανής** [-ɔfan-] wichtigtuerisch.
σοβάς *s.* ***σουβάς.***
σοβα|τζής [sɔva'dzis] (-ήδες) Anstreicher *m*; Verputzer *m*; **~τίζω** (σ) verputzen; tünchen.
σοβ|ιέτ [sɔ'vjɛt] (0) *n* Sowjet *m*; **~ιετικός** sowjetisch; *bis Ende 1990* ***Σιετική Ένωση*** Sowjetunion *f*.
σοβινισ|μός [sɔvin-] Chauvinismus *m*; **~τής** Chauvinist *m*.
σοβώ [sɔ'vɔ] (είς· ησ) (*fig.*) schwelen, drohen.
σόγια Sojabohne *f*.
σόδα ['sɔða] Soda *n*, *f*.
σοδειά [sɔ'ðja] Ernte *f*.
σόι ['sɔi] (σογιού) Familie *f*, Sippe *f*; Geschlecht *n*; Rasse *f*, Stamm *m*; ***τι ~*** was für (ein); ***από ~*** aus guter Familie.
σοϊλίτικος [sɔi'lit-] Rasse-.
σοκ (0) *n* Schock *m*.
σοκάκι [sɔ'kaiķi] Gasse *f*.
σοκάρισμα *n* Schlag *m*, Schock *m*.
σοκάρω [sɔk-] (σόκαρα, αρισ) schockieren, entrüsten.
σόκιν ['sɔķin] (0) empörend; *Su.* (0) *n* unfeine(r) Witz, Zote *f*.
σοκολ|άτα [sɔkɔl-] Schokolade *f*; **~ατένιος** (-ια) Schokoladen-, schokoladenbraun; **~ατίνι** Praline *f*.
σολ (0) *n Mus.* G *n*.
σόλα Sohle *f*.
σολατσ- *s.* ***σουλατσ-.***
σολιάζω [sɔlj-] (σόλιασα) besohlen.
σολίστ(ας) [sɔ'list-] *m* Solist *m*.
σόλο Solo *n*.
σολοικ|ίζω [sɔliķ-] (σ) falsch sprechen *od.* schreiben; **~ισμός** Sprachfehler *m*.
σόλοικος ['sɔlik-] fehlerhaft; *fig.* ungehörig.
σολομός Lachs *m*.
σολωμικός ... von (*dem Dichter*) Solomos.
Σομαλία So'malia *n*.
σομιέ [sɔ'mjɛ] (0) *n* Auflegematratze *f*.
σόμπα ['sɔba] Ofen *m*; ***~ πετρελαίου*** Petroleumofen *m*.
σονάτα Sonate *f*.
σονέτο Sonett *n*.
σόντα ['sɔñda] Sonde *f*.
σοπράνο [sɔpr-] *f* Sopran *m*.
σορός [sɔr-] *f* Sarg *m*; Leichnam *m*.
σορτς (0) *n* Shorts *pl.*, kurze Hose *f*.
σοσιαλδημο|κράτης (***-ισσα***) Sozialdemokrat(in *f*) *m*; **~κρατία** Sozialdemokratie *f*; **~κρατικός** sozialdemokratisch.
σοσιαλισ|μός [sɔsjal-] Sozialismus *m*; **~τής** (***-ίστρια***) Sozialist(in *f*) *m*; **~τικός** sozialistisch.
σοσόνι [sɔ'sɔni] Socke *f*.
σουαρέ [sua'rɛ] (0) *n* Abendgesellschaft *f*.
σουβαδίζω, σουβαντίζω *s.* ***σοβατίζω.***
σουβάς [su'vas] (-άδες) Tünche *f*, Putz(mörtel) *m*.
σουβενίρ [suvɛ'nir] (0) *n* Andenken *n*.
σούβλα ['suvla] Bratspieß *m*; Ahle *f*, Pfriem *m*; ***της ~ς*** Spieß-.
σουβλ|άκι [su'vlaiķi] kleine(r) Spieß *m*; **~άκια** *n/pl.* Schaschlik *m*; **~ατζίδικο** *etwa*: Grillstube *f*, Schaschlikstand *m*; **~ερός** spitz; **~ί** Ahle *f*, Pfriem *m*; Spieß *m*; **~ιά** Stich *m* (*a. Schmerz*); Stechen *n*; **~ίζω** (σ) aufspießen; durchbohren; erstechen; *Schmerz*: *j-n* durchzucken, stechen.
σούβλισμα ['suvlizma] *n* Aufspießen

n; Durchbohren *n*; Erstechen *n*; stechende(r) Schmerz *m*.
σουβλιστός aufgespießt; am Spieß gebraten.
σουγιάς (-άδες) Taschenmesser *n*.
σουγλ- *s*. ***σουβλ-***.
σούδα Rinnstein *m*; Graben *m*.
Σουδάν [-'ðan] (0) *n* Sudan *m*.
σουδάριο *s*. ***σάβανο***.
Σουδητία [suðit-] Sudetenland *n*.
Σουέζ [su'ɛz] (0) *n* Suez *n*.
σούζα ['suza] demütig; ***στάσου ~*** mach schön!; ***στέκομαι ~*** Männchen machen; strammstehen; ***σηκώνομαι ~*** *Pferd*: sich (*A*) aufbäumen.
Σουηδ|έζα [sui'ðɛza], **~ή** Schwedin *f*; **~ία** Schweden *n*; **≈ικός** schwedisch; **~ός** Schwede *m*.
σουίτα [su'ita] Suite *f*.
σουλατσ|αδόρος [sulatsa'ðɔr-] Herumbummler *m*; **~άρω** [-'arɔ] (ρισ) herumbummeln.
σουλάτσο (kleiner) Bummel *m*.
σουλ|ήνα [su'lina] Rohr *n*; Schlauch *m*; Rippe *f des Heizkörpers*; Tube *f*; **~ηνάρι** Röhrchen *n*; Tube *f*.
σουλ|ούπι [su'lupi] Form *f*, Schnitt *m*, Modell *n*; **~ουπώνω** (σ) *v/t*. etwas Form geben (*D*), schicker machen.
σουλουπιάρικος (-η, -ικο) schick.
σουλτ|ανίνα Sultanine *f*; **~άνος** Sultan *m*.
σούμα¹ ['suma] Schnaps *m*.
σούμα² ['suma] Endbetrag *m*; ***κάνω τη ~*** alles zusammenzählen.
σουξέ [su'ksɛ] (0) *n* Erfolg *m*, F Hit *m*.
σούπα ['supa] Suppe *f*; *fig*. Salat *m*; ***~ μούπες*** F Ausflüchte *f/pl*.
σουπερμάρκετ (0) *n* Supermarkt *m*.
σουπιά Tintenfisch *m*; P Spitzel *m*.
σουπιέρα [-'pjɛ-] Suppenschüssel *f*.
σούρα Falte *f*; Runzel *f*; *fig*. Diebstahl *m*; F Besäufnis *n*, Suff *m*.
σουρβάκα [sur'vaka] Kornelkirschenzweig *m*.
σούρβ|ο ['survɔ] Vogelbeere *f*; ***~α*** *n/pl*. Silvesternacht *f*.
σουρεαλισμός Surrealismus *m*.
σουρ|εύω (εψ) beschimpfen, verleumden; **~ίζω** (σ) pfeifen.
σουρλουλού [surlu'lu] (-ούδες) *f* Herumtreiberin *f*; Schlampe *f*.
σουρντίνα [sur'dina] Dämpfer *m*.
σούρνω *s*. ***σέρνω***.
σουρο|μαδώ [surɔma'ðɔ] (άς· ησ) an den Haaren zerren; ***~μαδιέμαι*** sich (*D*) die Haare raufen; **~μαλλιάζω** (-μάλλιασα) an den Haaren zerren; ***~μαλλιάζομαι*** (-μαλλιαστήκα) sich in die Haare geraten.
σούρουπ|α ['surupa] gegen Abend; **~ο** Vesper *f*; Abenddämmerung *f*.
σουρ|ούπωμα *n s*. ***σούρουπο***; **~ουπώνει** [-u'pɔni] es wird dunkel.
σούρσιμο (-ατος) Kriechen *n*.
σουρτούκης [-'tuïkis] (-ηδες) (*f* ***-α***) Herumlungerer(in *f*) *m*.
σουρτούκο [sur'tukɔ] Überzieher *m*.
σούρωμα *n* Filtrieren *n*; Knittern *n*; Zusammenlegen *n*.
σουρ|ώνω [sur-] (σ· θ) *v/t*. durchseihen, sieben; filtern; filtrieren; plissieren; zusammenlegen; *v/i*. *Stoff*: knittern; kraftlos (*od*. ermattet) sein; ***~ωμένος*** angetrunken.
σουρωτήρι [surɔt-] Sieb *n*; Filter *m*; *fig*. Angetrunkene(r).
σους! [sus] still!, Ruhe!
σουσάμι [su'sami] Sesam *m*; ***… με ~*** Sesam- (*Kringel*).
σουσαμόλαδο Sesamöl *n*.
σουσούμι [su'sumi] Kennzeichen *n*; Aussehen *n*; Spitzname *m*.
σουσουράδα Bachstelze *f*.
σούσουρο ['susurɔ] Flüstern *n*, Gemurmel *n*; *fig*. Klatsch *m*, Gerede *n*.
σούστα ['susta] Feder *f*, Sprungfeder *f*; Karren *m*; Spange *f*; *Art* Tanz *m*.
σουτ! [sut] pst!
σουτ (0) *n Fußball*: Schuss *m*.
σουτάρω (αρισ) ein Tor schießen; F ins Stocken geraten.
σουτζουκάκι Hackfleischklößchen *n*.
σουτζούκι [su'dzuïki] harte Wurst *f*; *Art* Süßigkeit *f*.
σουτιέν [su'tjɛn] (0) *n* Büstenhalter *m*.
σούφρ|α ['sufr-] *s*. ***σούρα***; **~ωμα** *n* Falten *n*; Knittern *n*; Unterschlagen *n*; Sti'bitzen *n*.
σουφρ|ώνω (σ) in Falten legen; knittern; F mausen; unter'schlagen; **~ωτός** faltig, zerknittert.
σοφάρω [sɔf-] (ρισ) chauffieren.
σοφάς [sɔ'fas] (-άδες) Sofa *n*.
σοφέρ (0) *m* Fahrer *m*, Schofför *m*.
σοφία [sɔf-] Weisheit *f*, (großes) Wissen; ≈ Sophie *f*.
σοφίζομαι [-'fizɔmɛ] (στ) *v/t*. ersin-

Σ

σόφισμα 444

nen; sich (*D*) etw. ausdenken; etw. ersinnen; *das Wort* verdrehen.

σόφισμα *n* Trugschluss *m*.

σοφιστ|εία [sɔfist-] Spitzfindigkeit *f*; **~εύομαι** [-'ενɔmε] (εφτ) spitzfindig sein; **~ής** *hist*. Gelehrte(r), Weise(r); Wortverdreher *m*; **~ική** Sophistik *f*; Wortverdreherei *f*; **~ικός** sophistisch; spitzfindig.

σοφίτα Dachgeschoss *n*; Mansarde *f*.

Σοφοκλής [sɔfɔ'klis] 'Sophokles *m*.

σοφολογιότατος hochgelehrt; halbgebildet; F pingelig.

σοφός weise; gelehrt; vernünftig; sinnreich, praktisch.

σπαγέτο [spa'jεtɔ] Spaghetti *pl*.

σπαγκοραμμένος [spaŋgɔram-] knauserig, filzig.

σπάγκος ['spaŋg-] Bindfaden *m*, Schnur *f*; *fig*. Geizkragen *m*.

σπαζοκεφαλιά [spazɔkεfal-] *fig*. harte Nuss *f*; *dunkel*: Rätsel *n*.

σπάζω ['spazɔ] (σ· σμ) *v/t*. zerbrechen, zertrümmern; *Faden* zerreißen; sich (*D*) *den Fuß* brechen; sich (*D*) *den Kopf* zerbrechen; *j-m den Kopf* einschlagen; *Rekord* brechen; *v/i*. entzweigehen; zerreißen; ***έσπασα στη δουλειά*** ich hab mich kaputtgearbeitet.

σπάθα Säbel *m*.

σπαθασκία [spaθask-] Fechten *n*.

σπαθάτος gerade, schlank und rank; säbeltragend.

σπάθη Schwert *n*; Degen *m*; Säbel *m*; Spachtel *m*.

σπαθ|ί [spa'θi] *s*. ***σπάθη***; *Kartenspiel*: Treff *n*, Kreuz *n*; F *Adv*. ehrlich; wie ein Mann; **~ιά** Säbelhieb *m*; **~ίζω** (σ) den Säbel ziehen; *mit dem Säbel* fechten; **~ισμός** *s*. ***σπαθιά***; **~οφόρος** [-ɔ'fɔr-] säbeltragend; *Su*. *m iro*. Soldat *m*; **~όχορτο** [-'ɔxɔrtɔ] Schwertlilie *f*.

σπάλα ['spala] Schulterblatt *n*.

σπαν|άκι [spa'naiķi] Spinat *m*; **~ακόπιτα** *etwa*: Spinatpastete *f*.

σπάνια ['spanja] *Adv*. selten.

σπανίζω selten(er) werden; knapp werden.

σπάνιος (-ια) selten; knapp.

σπανιότητα [spa'njɔt-] Seltenheit *f*; Knappheit *f*; *Objekt*: Rarität *f*.

σπανός [spa'nɔs] bartlos; kahl (*z. B. Berg*); *Su*. *m* Milchbart *m*.

σπάνω *s*. ***σπάζω***.

σπαρ|άγγι [spa'raŋgi], **~αγγιά** [-a'ŋga] Spargel *m*.

σπάραγμα *n s*. ***σπαραγμός***.

σπαρ|αγμός [sparaγm-] Zerreißen *n*, Zerfleischen *n*; Zuckung *f*; *fig*. Jammer *m*, bittere(r) Schmerz; Zwistigkeit *f*; **~άζω** (ξ· χτ) *v/t*., *a. fig*., *z. B. Herz*: zerreißen, zerfleischen; *v/i*. zucken; *Fisch*: zappeln; **~ακτικός** (-χτ-) herzzerreißend; **~άσσω** [-'asɔ] (ξ· χτ) *s*. ***σπαράζω***.

σπάραχνο ['sparaxnɔ] Kieme *f*.

σπάργαν|ο ['sparγanɔ] Windel *f*; ***στα ~α*** in den Kinderschuhen.

σπαργανώνω (σ) in Windeln wickeln.

σπαρ(θ)- *s*. ***σπέρνω***.

σπαρματσέτο Stearinkerze *f*.

σπαρμένος [sparm-] (aus)gesät.

σπάρσιμο ['spars-] (-ατος) Säen *n*; Aussaat *f*.

σπαρτ|αρίζω [spart-] (σ) *s*. ***σπαρταρώ***; **~άρισμα** [-'arizma] *n* Zappeln *n*, Zucken *n*; **~αριστός** zappelnd; *fig*. erregend; zwerchfellerschütternd (*Lachen*); **~αρώ** [-a'rɔ], **~άω** (άς· ησ) zappeln; zucken; *Herz*: pochen; sich *vor Lachen* schütteln.

Σπάρτη ['sparti] Sparta *n*.

σπαρτιατικός spartanisch.

σπαρτικός Sä-.

σπάρτιο Ginster *m*.

σπαρτ|ό *mst. pl*. Saat *f*; **~ός** gesät; besät; Saat-; verstreut.

σπαρτσίνα [sparts-] Schiffstau *n*.

σπασίκλας F Streber *m*.

σπάσιμο ['spas-] (-ατος) Zerbrechen *n*; Zerspringen *n*; Brechen *n*, Bruch *m* (*a. Anat*.); Bruch *m*, Hernie *f*.

σπασμ|ένος [spazm-] zerbrochen, entzwei; *Anat*. gebrochen; *fig*. ruiniert; schlapp; **~ός** Krampf *m*; Zuckung *f*; **~ώδης, ~ωδικός** krampfhaft (*a. fig*.), krampfartig; Krampf-.

σπαστικός [spasti'kɔs] *Med*. spasmogen; Spastiker *m*.

σπατ|αλεύω [spat-] (εψ) *s*. ***σπαταλώ***; **~άλη** (*Zeit- usw*.) Verschwendung *f*, Vergeudung *f*.

σπάταλος verschwenderisch.

σπαταλώ [spata'lɔ] (άς· ησ) verschwenden, vergeuden.

σπάτουλα [-tula] Spachtel *m*.

σπαχής [spaï'çis] (-ήδες) Reiter *m*.

σπάω *s*. ***σπάζω***; F abhauen.

Σ

σπείρα ['spira] Spirale *f*; *Baukunst*: Volute *f*; (*Schmuggler*-)Bande *f*.
σπείραμα *n* Spirale *f*; Rolle *f*.
σπειρί [spi'ri] *s.* ***σπυρί.***
σπειροειδής [-ið-] spiralförmig.
σπείρω *s.* ***σπέρνω.***
σπείρωμα *n* Trosse *f*.
σπέκουλα ['spεkula] Spekulation *f*.
σπεκουλάρω (αρισ) spekulieren.
σπεράντσα [-'rañtsa] Notanker *m*.
σπέρμα ['spεrma] *n* Same *m*; Kern *m*; *pl. a.* Brut *f*; *fig.* Keim *m*; ***~ διαβόλου*** Ausgeburt *f* des Teufels.
σπερματ|ικός Samen-; **~ογόνος** samenerzeugend; Keim- (*Drüse*); **~όζωο** [-'tɔzɔɔ] Samenzelle *f*, Spermium *n*; **~όρροια** [-'tɔrja] Samenfluss *m*.
σπερμο|λογία [spεrmɔlɔj-] Klatsch *m*; Aufpicken *n* von Körnern; **~λόγος** [-'lɔγ-] Klatschmaul *n*; **~λογώ** [-'γɔ] (είς· ησ) klatschen; Körner aufpicken.
σπέρνω ['spεrnɔ] (σπειρ· σπαρ(θ)· σπαρμ) säen; *ein Feld* besäen; *fig. Panik* verbreiten; *Zwietracht* stiften.
σπεσιαλιτέ [spεsjali'tε] (0) *n*, *f* Spezialität *f*; *Med.* Sonderpräparat *n*.
σπέσιαλ πράμα F (et)was Besonderes.
σπεύδω ['spεvðɔ] (ευσ) eilen, sich (*A*) beeilen (***να***/ zu).
σπήλαιο ['spilεɔ] Höhle *f*, Grotte *f*; *Med.* Kaverne *f*, Hohlgeschwür *n*.
σπηλιά [spi'lja] Höhle *f*.
σπίθα ['spiθa] Funke(n) *m*.
σπιθαμ|ή Spanne *f*; **~ιαίος** [-'mjεɔs] (-α) eine Spanne lang; *fig.* winzig.
σπιθίζω (σ) *s.* ***σπιθοβολώ.***
σπιθο|βολή [spiθɔvɔ'li], **~βόλημα** *n* Funkeln *n*; Funkensprühen *n*; **~βολώ** (άς· ησ) funkeln; Funken sprühen.
σπιθούρι [spi'θuri] Fünkchen *n*.
σπιλάδα¹ [spil-] Bö *f*, Windstoß *m*.
σπιλάδα² Klippe *f*.
σπίλος ['spilɔs] Fleck *m*; Muttermal *n*; *fig.* Schandfleck *m*.
σπίλωμα *n* Beschmutzung *f* (*a. fig.*).
σπιλώνω (σ· θ) beschmutzen (*a. fig.*).
σπινθ|ήρας [spi'ñθiras] Funke(n) *m*; Funkenentladung *f*; **~ηρίζω** (σ) *s.* ***σπιθοβολώ***; *fig.* funkeln; **~ήρισμα** *n*, **~ηρισμός** *s.* ***σπιθοβόλημα; ~ηροβόλος*** Funken sprühend; *fig.* funkelnd; **~ηροπαραγωγός** [-irɔparaγɔγ-] Zündvorrichtung *f*.
σπίνος ['spin-] Fink *m*.
σπιουν|άρω [spĭun-] (αρισ) spionieren; intrigieren; **~ιά** Spionieren *n*; Intrige *f*.
σπιούνος Spion *m*; Intrigant *m*.
σπιρ|ούνι [spi'runi] Sporn *m*; *mst. pl.* Sporen; **~ουνίζω** (σ) die Sporen geben *D*, *fig. j-n* anspornen.
σπιρτάδα [spirt-] Spiritusgeruch *m*; Spiritusgeschmack *m*; *fig.* Witz *m*.
σπίρτο Streichholz *n*; Alkohol *m*; *fig. Adj.* aufgeweckt, helle.
σπιρτόζος [spir'tɔzɔs] witzig.
σπιρτο|θήκη Streichholzschachtel *f*; **~λόγος** [-'lɔγ-] Spirituskocher *m*.
σπιτάκι [spi'taiki] Häuschen *n*.
σπίτι ['spiti] Haus *n*; Familie *f*; *Adv.* nach Hause *gehen*; ***εξοχικό ~*** Ferienwohnung *f*; ***από ~*** aus gutem Hause; ***κάνω ~*** e-e Familie gründen.
σπιτ|ικό [spiti'kɔ] Zuhause *n*, Heim *n*; **~ικός, ~ίσιος** (-ια) häuslich, Haus-; hausgemacht; ***~ίσιο φαγητό*** Hausmannskost *f*.
σπιτονοικο|κυρά [-nikɔ-] Hauswirtin *f*; **~κύρης** (-ηδες) Hauswirt *m*.
σπιτώνω (σ) *j-n* beherbergen.
σπλα(γ)χν|ίζομαι [spla'(ŋ)xnizɔmε] (στ) sich (*A*) *j-s* erbarmen (*A*/*G*); **~ικός** barmherzig; Eingeweide-.
σπλά(γ)χνο ['spla(ŋ)xnɔ] *mst. pl.* Eingeweide *pl.*; Spross *m*, Kind *n*; *fig.* Brust *f*; Schoß *m der Erde*.
σπλήν|α ['splina], **~ας** Milz *f*.
σπληνάντερο [spli'nañdεrɔ] Spießbraten *m* von Eingeweiden u. Milz.
σπλην|ιάζω (σπλήνιασα) an der Milz leiden; **~ιάρης** (-α, -ικο) milzkrank; schwermütig; **~ικός** milz-.
σπογγαλιεία Schwammfischerei *f*.
σπόγγος ['spɔŋg-] Schwamm *m*.
σπογγώδης schwammig, porös.
σποδ|ιά [spɔð-] heiße Asche *f*; **~ός** *f* Asche *f*.
σπολλάτι [spɔ'lati] *iro.* danke schön; ich bedanke mich!
σπονδείος [spɔ'ñðiɔs] Spondeus *m*.
σπονδή [spɔ'ñði] Trankopfer *n*; *pl.* Friedenszeit *f*.
σπονδυλικός [-ñðilik-] *Anat.* Wirbel-.
σπόνδυλος Wirbel(knochen) *m*.
σπονδυλωτός [spɔñði-] Wirbel-; *Werk*: mehrteilig; *Su. n* Wirbeltier *n*.
σπορ [spɔr] (0) *n* Sport *m*; *pl.* Sport-

Σ

σπορά 446

arten *f/pl.*; **ντύσιμο ~** Freizeitkleidung *f*.

σπορ|ά Saat *f*, Aussaat *f*; *fig.* Brut *f*; **Ṣάδες** [-'aδεs] *f/pl.* Sporaden *f/pl.*; **~αδικός** vereinzelt (auftretend), sporadisch; *Tier*: verstreut lebend; **~αδικότητα** Sporadität *f*.

σπορέας [spɔ'rεas] (*pl.* -είς) Sämann *m*; Sämaschine *f*.

σπορείο Pflanzenschule *f*.

σπορ|έλαιο [spɔ'rεlεɔ] Pflanzenöl *n*; **~ιάζω** (σπόριασα) Frucht ansetzen; keimen; **~ιάς** [-'ïas] (-άδες) Sämann *m*; Sämaschine *f*; **Ṣιάς** P November *m*; **~ικό** Saatkorn *n*.

σπόριο ['spɔr-] *Biol.* Spore *f*; *pl. a.* **-α** geröstete (*Sonnenblumen-*)Kerne *m/pl.*; *s. a.* **σπόρος.**

σπορο|διαλογέας [spɔrɔδïalɔ'jεas] (*pl.* -είς) Getreidesortiermaschine *f*; **~καθαριστήριο** Worfelmaschine *f*.

σπόρος Same *m*; Kern *m* (*a. fig.*).

σπόρτσμαν (0) *m* Sportler *m*.

σποτ (0) *n* Strahler *m*, Reflektorlampe *f*; Werbespot *m*.

σπουδάζ|ω [spuδ-] (σ· σμ) *etw.* studieren; *j-n* studieren lassen; **~ων** im Ernst *sprechen*; **~ει γιατρός** Arzt studieren.

σπουδ|αιολογία [spuδεɔlɔj-] ernste Worte *n/pl.*; **~αίος** (-α) wichtig; ernst; tüchtig; seltsam, komisch; **κάνει το ~αίο** er macht sich wichtig; **~αιότητα** [-ε'ɔt-] Wichtigkeit *f*; Ernsthaftigkeit *f*; **~αιοφανής** wichtigtuerisch; **~ασμένος** [-azm-] studiert; **~αστήριο** Arbeitszimmer *n*; Lesesaal *m*; **~αστής** (**-άστρια**) Student(in *f*) *m*.

σπουδή [spu'δi] Eile *f*; Studium *n*; Studie *f e-s Künstlers*; **~ στο σπίτι σας** Heimstudium *n*.

σπουργίτ|ης [spur'jit-], **~ι** Sperling *m*, Spatz *m*.

σπρέι Spray *n*; **εντομοκτόνο ~** Insektenspray *n*.

σπρωξιά [sprɔ'ksja] F Schubs *m*.

σπρώξιμο ['sprɔksimɔ] (-ατος) Stoßen *n*, Schubsen *n*; Schieben *n*; *fig.* Antrieb *m*, Nachhilfe *f*.

σπρώχνω ['sprɔxnɔ] (ξ· γμ) stoßen; drängeln, F schubsen; *fig. j-n* antreiben, *etw.* zu weit treiben.

σπυρ|άκι [spi'raïkj] Körnchen *n*; Pustel *f*; **~ί** Korn *n*; Pickel *m*; Pille *f*; **~ιάζω** (σπύριασα) Pickel bekommen; **~ιάρης** (-α, -ικο) pickelig.

σπύριασμα ['spirjazma] *n* Bildung *f* von Pickeln.

σπυρωτός [-rɔt-] körnig.

σπω (ας· ασ· αστ) *s.* **σπάζω.**

στα [sta] (*aus* **εις τα**) in den; in die.

σταβάρι [-'vari] Deichsel *f*.

σταβλ|άρχης [sta'vlarç-] Stallmeister *m*; **~ίτης** Stallknecht *m*.

στάβλος ['stavl-] Stall *m* (*a. fig.*).

σταγόνα [sta'γɔna] Tropfen *m* (*a. fig.*).

σταγονόμετρο Pipette *f*.

σταδιακός [staδïa'kɔs] stufenweise.

στάδιο *Maß*: Stadion *n* (= 185,2 m); Stadion *n*, Kampfbahn *f*; Stadium *n*, Stufe *f*; Tätigkeitsbereich *m*, Gebiet *n*.

σταδιοδρομ|ία [staδjɔδrɔm-] Laufbahn *f*, Karriere *f*; *hist.* Stadionlauf *m*; **~ώ** [-'mɔ] (είς· ησ) Karriere machen (wollen); vorwärts kommen.

στάζω ['stazɔ] (ξ) *v/i.*, *v/t.* tröpfeln.

σταθ- *s.* **στέκομαι.**

σταθερ|οποίηση [staθεrɔ'piisi] (-εις) Stabilisierung *f*; **~οποιώ** (είς· ησ) stabilisieren; **~ός** (-ά) beständig; standhaft; *Preis*: fest; **~ότητα** Beständigkeit *f*; Standhaftigkeit *f*; Stabilität *f*.

σταθηκ- [staθik-] *s.* **στέκομαι.**

σταθμ|ά *n/pl.* Gewichte *n/pl.*; **~άρχης** [-'arç-] Bahnhofsvorsteher *m*; *Polizei*: Reviervorsteher *m*.

στάθμευση ['staθmεfsi] (-εις) Halten *n*; Haltmachen *n*, Lagern *n*; *mil.* Stationierung *f*; Parken *n*; Anlegen *n*; **χώρος στάθμευσης** Parkplatz *m*; **απαγόρευση στάθμευσης** Parkverbot *n*.

σταθμεύω (εψ) *Zug*: halten; *Auto*: parken; *Schiff*: anlegen; *Heer*: Halt machen, sich lagern.

στάθμη Senkblei *n*; Wasserwaage *f*; Stand *m*, Wasserstand *m*.

σταθμ|ητός [staθmit-] wägbar; messbar; **~ίζω** (σ) wiegen, wägen; ausloten; *fig.* bedenken, einschätzen.

στάθμιση [-misi] (-εις) Wiegen *n*, Wägen *n*; Ausloten *n*; *fig.* Einschätzung *f*.

σταθμός [staθm-] *Esb.* Bahnhof *m*, Station *f*; *allg.* Station *f*; *fig.* Markstein *m*; Etappe *f*, Stadium *n*; **αστυνομικός ~** Polizeirevier *n*; **ηλεκτρικός ~** Elektrizitätswerk *n*; **~ ηλεκτρικού** U-Bahnhof *m*; **παιδικός ~** Kinderhort *m*; **ραδιοφωνικός ~** Rundfunksender

Σ

447 σταυρός

m; ~ ***εντατικής παρακολούθησης*** Intensivstation *f*; ~ ***πρώτων βοηθειών*** Unfallstation *f*.
σταθμώ (άς) *s.* ***σταθμίζω***.
σταίνω *s.* ***στήνω***.
στακτ- *s.* ***σταχτ-***.
στακτός tropfenweise; destilliert.
σταλ- *s.* ***στέλνω***.
στάλα Tropfen *m*; ein bisschen.
σταλα(γ)ματιά Tropfen *m*.
σταλάζω [sta'lazɔ] (ξ) *v/t.* tröpfeln; einträufeln; *fig.* träufeln (in *A*).
στάλαξη ['stalaksi] (-εις) Tröpfeln *n*.
σταλαχτ|ίτης [stala'xtit-] Stalaktit *m*; **~ός** *s.* ***στακτός***.
σταλθ- *s.* ***στέλνω***.
σταλία Liegetage *m/pl*.
σταλιά *s.* ***στάλα***; ~ ***μπόμπιρας*** Dreikäsehoch *m*.
σταλ|ιάζω [stal-] (στάλιασα, -ξα) rasten (lassen); sich (*D*) die Beine in den Leib stehen; **~ίζω** (σ) rasten (lassen).
στάλος ['stalɔs], **σταλός** Rasten *n*; Rastplatz *m*.
στάλσιμο (-ατος) Absendung *f*.
σταμάτ|ημα *n*, **~ισμα** *n* Stehenbleiben *n*, Stillstand *m*; Aufhören *n*; *aktiv*: Stillsetzen *n*, Anhalten *n*, F Stoppen *n*; Abstellen *n*; Stillen *n des Blutes*; *mil.* Aufhalten *n*, Fesselung *f*.
σταματούκα! hör auf!
σταματώ [stama'tɔ] (άς· ησ· ημ, ισμ) *v/i. allg.* (*z. B. Uhr*) stehen bleiben, F stoppen; *Regen, Schmerz*: aufhören; *Zeitung*: ihr Erscheinen einstellen; *Vormarsch*: zum Stillstand kommen; *Zug*: halten; ***δε*** ~ nicht halten, durchfahren; *v/t. j-n* aufhalten; *Blut* stillen; *Tech.* abstellen; *Auto* anhalten; stillsetzen.
στάμνα ['stamna] Krug *m*.
σταμνί [-'mni] kleine(r) Krug *m*.
στάμπα ['stam̃ba] Abdruck *m*, Fleck *m*; Stempel *m*; Stanze *f*; Schablone *f*.
σταμπ|άρω (στάμπαρα· αρισ-) (ab-)stempeln; stanzen; *fig.* sich (*D*) *etw.* einprägen; abstempeln (***τον για***/ j-n zu *D*); **~αρισμένος** (ab)gestempelt; **~άτος** gestempelt.
στάνη Schafstall *m*; Sennhütte *f*.
σταν|ικός [stan-] unfreiwillig; Zwangs-(*Heirat*); *Adv.* gezwungenermaßen; **~ιό**: ***με το ~ιό*** unter Zwang.
στάνταρ(τ) ['stañd-] (0) *n* Norm *f*.
στάξιμο Tropfen *n*, Tröpfeln *n*.
σταρ (0) *m*, *f* Star *m*, Filmstern *m*.
σταρ- *s.* ***σιταρ-***.
σταράτος Weizen-; weizenblond; *fig.* unzweideutig; *Adv.* (-α) F rundheraus.
σταρένιος Weizen-.
στάση ['stasi] (-εις) Aufenthalt *m*, Halt (*m*) *machen*; *mil.* Ruhe(stellung) *f*; *Bus*: Haltestelle *f*; *Hdl.* Stillstand *m*, Stagnation *f*; Einstellung *f der Zahlungen*; *Med.* (*Blut-*)Stauung *f*; (*Harn-*)Verhaltung *f*; Körperhaltung *f*; *fig.* Haltung *f*; Aufstand *m*, Rebellion *f*; Beständigkeit *f*; ~ ***ταξί*** Taxistand *m*.
στασ|ιάζω (στασίασα) sich empören, putschen, meutern; **~ίαση** [-'siasi] (-εις), **~ιασμός** [-jazm-] Empörung *f*, Meuterei *f*; **~ιαστής** Meuterer *m*, Rebell *m*; **~ιαστικός** Aufstands-, Rebellen-, aufrührerisch.
στασίδι [sta'siði] Kirchenstuhl *m*.
στάσιμ|ο (-ατος) Haltung *f*, Pose *f*; Anhalten *n des Zuges*; *Thea. hist.* Intermezzo *n* des Chores; **~ος** (still)stehend; stehend (*Gewässer*); *Schüler*: sitzen geblieben; *Beamter*: nicht befördert; *Su. m Kursus*: Wiederholer *m*; ***είμαι ~ος*** stagnieren.
στασιμότητα [stasi'mɔt-] Stillstand *m*; *mil.* Ruhe *f*; *Hdl.* Stagnation *f*.
στάσου *s.* ***στέκομαι***.
στατήρας Zentner *m*; Waage *f*.
στατικ|ή Statik *f*; **~ός** statisch; *Med.* zusammenziehend.
στατιστικ|ή [statisti'ḱi] Statistik *f*; **~ός** statistisch; *Su. m* Statistiker *m*.
σταυρ|αετός [stavraεt-] Königsadler *m*; **~ανθή** *n/pl.* Kreuzblütler *m/pl*.
σταυρο|βελονιά [stavrɔvεlɔn-] Kreuzstich *m*; **~δέρφι** [-'ðεrfi] enge(r) Freund; *pl.* dicke Freunde (*mit Brüderschaft*); **~δρόμι** [-'ðrɔmi] Kreuzung *f*; **~ειδής** [-ið-] kreuzförmig; **~θόλιο** [-'θɔliɔ] Kreuzgewölbe *n*; **~κόπημα** [-'kɔp-] *n* Bekreuzigung *f*; **~κοπιέμαι** [-'pjεmε] (ιέσαι· ηθ), **~κοπούμαι** (είσαι· ηθ) sich (*A*) bekreuzigen.
σταυρ|όλεξο [sta'vrɔlεksɔ] Kreuzworträtsel *n*; **~οπόδι** [-ɔ'pɔði] mit übereinander geschlagenen Beinen; im Türkensitz; **~ός** Kreuz *n*; *Tech.* Kreuzkopf *m*; *Zool.* Seestern *m*; *s. a.* ***ερυθρός***; ***κάνω το ~ό μου*** sich (*A*) be-

Σ

σταυροφορία 448

kreuzigen; **~οφορία** [-ɔfɔr-] Kreuzzug *m* (*a. fig.* = Kampagne *f*); **~οφόρος** Kreuzfahrer *m*; **~οχέρι** [-'çeri] mit gekreuzten Armen; **~οχεριάζομαι** (στ) die Arme kreuzen.

σταύρωμα ['stavr-] *n* Kreuzen *n*; Übereinanderschlagen *n*; Kreuzigung *f*; Qual *f*; *Rel.* Messe *f* zur Heilung *od.* gegen Hexerei.

σταυρώνω (σ· θ) *Arme* kreuzen; *Beine* übereinander schlagen; *j-n* kreuzigen; *fig.* quälen; *Rel.* das Kreuz machen (*zur Abwendung des Bösen*).

σταύρωση (-εις) *s.* ***σταύρωμα.***

σταυρωτ|ής [stavrɔt-] (-ήδες) Quälgeist *m*; Folterknecht *m*; **~ός** gekreuzt; kreuzweise; quer; *Jackett*: zweireihig.

σταφίδα [sta'fiða] Rosine *f*; ***κορινθιακή ~*** Korinthe *f*; ***έγινα ~*** sinnlos betrunken sein.

σταφιδ|ιάζω (-φίδιασα) eintrocknen; (zusammen)schrumpfen; runzlig werden; **~ικός** Rosinen-; **~οπαραγωγός** [-ɔparaɣɔɣ-] Rosinen erzeugend; *Su. m* Rosinenerzeuger *m*.

σταφιδόψωμο Lebkuchen *m*.

σταφυλή *s.* ***σταφύλι***; Zäpfchen *n*.

σταφ|ύλι [sta'fili] Weintraube *f*; **~υλίτης** *Anat.* Zäpfchen *n*.

σταφυλ|οθεραπεία Traubenkur *f*; **~όρωγα** [-'ɔrɔɣa] Weinbeere *f*.

σταχολογ- *s.* ***σταχυολογ-.***

σταχτερός aschfarben, Asch-.

στάχτη ['staxti] Asche *f*; ***ρίχνω ~ στα μάτια*** Sand in die Augen streuen.

σταχτής [-'xtis] (-ιά, -ί) aschfarben.

σταχτοδοχείο [-ðɔç-] Aschbecher *m*.

σταχτόνερο [stax'tɔnɛrɔ] Lauge *f*.

Σταχτοπούτα Aschenbrödel *n*.

σταχτώνω (σ) mit Asche bestreuen.

στάχυ ['staïçi] (-χυού) Ähre *f*.

σταχυο|λόγημα [staïçiɔ'lɔjima] *n*, **~λογία** Ährenlese *f*; *fig.* Sammlung *f*; **~λόγος** Ährenleser *m*; Kompilator *m*, Sammler *m*; **~λογώ** [-lɔ'ɣɔ] (είς· ησ) Ähren lesen; sammeln, kompilieren.

σταχώνω (σ) *Bücher* einbinden.

στέαρ ['stɛar] (-ατος) *n* Talg *m*.

στεαρίνη *s.* ***στεατίνη.***

στεατ|ικός [stɛat-] Talg-, Stearin-; **~ίνη** Stearin *n*; **~οκήριο** [-ɔ'kir-] Stearinkerze *f*; **~ώδης** talgig.

στεγάζω (σ· στ) *Haus* bedachen; *j-n* unterbringen.

στεγαν|οποίηση [stɛɣanɔ'piisi] (-εις) Abdichten *n*, Dichten *n*; **~οποιώ** [-ɔ'pjɔ] (είς· ησ) (ab)dichten; **~ός** dicht, undurchlässig; **~ότητα** Dichtigkeit *f*, Undurchlässigkeit *f*; ***μη ~ότητα*** Undichtigkeit *f*.

στέγα|ση ['stɛɣasi] (-εις) Bedachung *f*; Unterbringung *f*; Wohnungswesen *n*; **~σμα** *n s.* ***στέγαση***; Dachdeckermaterial *n*; Wohnraum *m*.

στεγαστικός [stɛɣast-] Dach- (*Platte*); Wohnungsbau- (*Anleihe*); Bauspar-.

στέγαστρο ['stɛɣastrɔ] Überdachung *f*; Obdach *n*; Unterbringung *f*.

στέγη ['stɛji] Dach *n*; Obdach *n*; *Bürokratie*: Wohnraum *m*.

στέγνα ['stɛɣna] Trockenheit *f*.

στεγνός trocken; dürr; *Adv.* (-ά) in dürren Worten.

στέγνωμα ['stɛɣn-] *n* Trocknen *n*.

στεγνώνω (σ) *v/t.* (ab)trocknen; *v/i.* (aus)trocknen, trocken werden.

στεγνω|τήρι [stɛɣnɔ'tiri] Trockner *m*; **~τικός** Trocken-; *Med.* stopfend; *Su. n* Trockenmittel *n*.

στειλ- *s.* ***στέλνω.***

στειλ|ιάρι Stiel *m*; Griff *m*; Knüttel *m*; *fig.* Prügel *m/pl.*; **~ιαρώνω** (σ) *e-n* Stiel einsetzen; verhauen.

στείρευμα ['stirɛvma] *n* Austrocknen *n*; Versiegen *n*.

στειρ|εύω (ευσ, εψ) austrocknen; *Quelle*: versiegen; **~ολόγημα** [-ɔ'lɔj-] *n Bot.* Beschneiden *n*; **~οποίηση** [-ɔ'piisi] (-εις) Sterilisierung *f*; **~οποιώ** [-ɔ'pjɔ] (είς· ησ) sterilisieren.

στείρος ['stir-] (-α) unfruchtbar; *fig. mst.* fruchtlos.

στειρ|ότητα Unfruchtbarkeit *f*, Sterilität *f*; **~ώνω** *v/t.* sterilisieren.

στείρωση ['stirɔsi] (-εις) Sterilisierung *f*; Unfruchtbarkeit *f*.

στέκα Billardstock *m*; Skistock *m*.

στεκάμενος stehend (*Gewässer*); *fig.* rüstig.

στέκι ['stɛïki] F Stammplatz *m*; Stammlokal *n*.

στέκ|ομαι ['stɛkɔmɛ], **~ω** (στάσου!, σταθ-) *Person*, *Maschine*: stehen bleiben; *Zug*: halten; immer (*z. B. erfolglos*) sein; *wo?*: (da)stehen; *wohin?*: sich (*A*) stellen; sich (*A*) erweisen als *fähig*, *Mann usw.*; *Kleider*: stehen, passen; *Umstand*: eintreten; ***~ει να*** es geziemt

sich, zu ...; ***δεν ~ει καλά*** es steht nicht gut mit ihm; ***~ω στα κουπιά*** rudern; ***στάθηκε στο λόγο του*** er hat zu s-m Wort gestanden.
στέλεχος [-lɛx-] *n* Stiel *m*, Griff *m*; *Bot.* Stängel *m*; Stamm *m*; *Hdl.* Block *m*, Original *n e-r Quittung*; Talon *m*; Leiter *m*; *mil.*, *pol.* Kader *m*; ***ανώτατο ~*** leitende(r) Angestellte(r).
στέλνω ['stɛlnɔ] (ειλ· αλ[θ]) (zu)schicken, (zu)senden (***του το***/ j-m *A*).
στέμμα ['stɛma] *n* Krone *f* (*hist. a. Regierung*); *Astr.* Hof *m*.
στέμφυλο *K.* Weintreber *pl.*
στέναγμα ['stɛnaγma] *n*, **στεναγμός** Seufzen *n*, Stöhnen *n*, Seufzer *m*.
στενάζω (ξ) seufzen; *vor Schmerz* (*a. fig.*) stöhnen.
στεναχ- *s.* ***στενοχ-***.
στένεμα *n* Engermachen *n*; Bücken *n*; Verengerung *f*; Einlaufen *n*.
στενεύω (εψ) *v/t. Kleid* enger machen; *Kleid*: zu eng sein; *Schuh*: drücken; *v/i. Weg*: sich verenge(r)n; *Kleid*: einlaufen; *fig.* kritisch werden.
στενή P Kittchen *n*.
στενό *mst. pl.* Engpass *m*; Meerenge *f*; enge Gasse *f*.
στενόγραμμος Schmalspur-.
στενο|γράφημα *n* Stenogramm *n*; **~γράφηση** Stenographieren *n*; **~γραφία** Kurzschrift *f*, Stenographie *f*; **~γραφικός** stenographisch; **~γράφος** *m*, *f* Stenograph(in *f*) *m*; **~γραφώ** (είς· ησ) stenographieren; **~δακτυλογράφος** [-ðaktilɔ-] *m/f* Stenotypist(in *f*) *m*.
στεν|όκαρδος [stɛ'nɔkarð-] kleinmütig, furchtsam; hartherzig; **~οκεφαλιά** [-ɔk̡ɛfal-] Engstirnigkeit *f*, Borniertheit *f*; **~οκέφαλος** engstirnig; borniert; **~όκωλος** [-'ɔkɔl-] mit flachem Gesäß; **~όμακρος** [-makr-] länglich, oval; **~οπορία** Pass *m*, Engpass *m*; **~ός** eng (*a. fig.*), schmal; nah (*verwandt*); Intim-; ***τα βρήκα ~ά*** ich stieß auf Schwierigkeiten; **~οσόκακο** [-ɔ'sɔkakɔ] enge Gasse *f*; **~ότητα** Enge *f*; (*Geld*-)Knappheit *f*; Beschränktheit *f*; Vertrautheit *f*; ***~ότητα εφοδιασμού*** Versorgungsengpass *m*.
στεν|οχωρημένος [stɛnɔxɔrim-] bedrückt; ... in Verlegenheit; **~οχώρια** Beengtheit *f*, Raummangel *m*; *fig.* Beklommenheit *f*; Verlegenheit *f*; Kummer *m*; Unbehagen *n*; *pl.* Schwierigkeiten *f/pl.*; **~οχωριέμαι** [-ɔxɔ'rjɛmɛ] (*a.* -[ι]ούμαι· ιέσαι, είσαι· ηθ) (***για***) sich (*D*) Sorgen machen (über, um *A*), sich (*A*) abquälen mit *D*; **~όχωρος** beengt, eng; *fig.* bedrückt; gelangweilt; niederdrückend; **~οχωρώ** [-xɔ'rɔ] (είς· ησ) *v/t. j-m* Sorgen machen; *j-n* in Verlegenheit bringen.
στεντόρει|ος [stɛ'ndɔrjɔs] (-α): ***με ~α φωνή*** mit Stentorstimme.
στένωμα *n s.* ***στένωση; επικίνδυνο ~ οδοστρώματος*** *Schild*: verengte Fahrbahn.
στενωπός [stɛnɔp-] *f* Gasse *f*; Pfad *m*.
στένωση ['stɛnɔsi] (-εις) Verengerung *f*; *Med.* Stenose *f*.
στέπα ['stɛpa] Steppe *f*.
στέργω ['stɛrγɔ] (έστερξα) *v/t.* gutheißen; *v/i.* eingehen auf *A*; es schaffen.
στερεά [stɛrɛ'a] Festland *n*; ♀ ***Ελλάδα*** (-άς) *etwa*: Mittelgriechenland *n*.
στέρεμα *n* Versiegen *n*; Austrocknen *n*.
στερεο|μετρία [stɛrɛɔmɛtr-] Stereometrie *f*; **~ποίηση** [-'piisi] (-εις) Härtung *f*; *Phys.* Festwerden *n* (*e-r Flüssigkeit*); **~ποιώ** [-'pjɔ] (είς· ησ) *Fette usw.* härten; ***~ποιούμαι*** fest werden; *fig.* sich (*A*) konsolidieren.
στερεός (-ά), *a.* **στέρεος** (-η) fest (*a. Körper*); solide; hart; *Stoff*: haltbar.
στερεο|σκοπικός [-skɔp-] stereoskopisch; **~σκόπιο** Stereoskop *n*.
στερε|ότητα [stɛrɛ'ɔt-] Festigkeit *f*; Härte *f*; Haltbarkeit *f*, Dauerhaftigkeit *f*; **~οτυπία** [-ɔtip-] Stereotypie *f*; *fig.* ständige Wiederholung; **~ότυπος** stereotyp (*a. fig.*), feststehend; abgeschmackt; *Su. n* Druckplatte *f*; **~οτυπώνω** (σ) *Typ.* stereotypieren; **~οφωνικός** stereophonisch, Raum(*Ton*).
στερευ- *s.* ***στειρευ-***.
στερ|έωμα [stɛr-] *n* Konsolidierung *f*; Stütze *f*; Himmelsgewölbe *n*; **~εώνω** (σ) *v/t.* festigen; befestigen, festmachen; *fig.* sichern, festigen; *Foto*: fixieren; *v/i.* fest werden; aushalten (***σε***/ bei *D*); **~έωση** [-'ɛɔsi] (-εις) Festigung *f*; Befestigung *f*; Fixieren *n*; **~εωτής** Fixiersalz *n*.
στέρηση (-εις) Entziehung *f*; Berau-

Σ

bung *f*; Aberkennung *f von Rechten*; Entbehrung *f*, *pl*. Not *f*.
στερητικός [sterit-] aberkennend, ausschließend; *Gr*. Verneinungs-.
στεριά *s*. ***στερεά***; ***στη*** ~ ans Land.
στεριανός Land-; *Su*. *m* Binnenländer *m*; F Landratte *f*.
στερλίνα [-'lina] Pfund *n* Sterling.
στέρνα ['stɛrna] Zisterne *f*.
στερνά *n*/*pl*. Lebensabend *m*.
στέρνο Brustbein *n*; *fig*. *a*. Brust *f*.
στερνοπαίδι Nachkömmling *m*.
στερνός später-; letzt-.
στέρξιμο ['stɛrks-] (-ατος) Billigung *f*.
στέρφος ['stɛrf-] (-α) unfruchtbar.
στερ|ώ [stɛ'rɔ] (είς· ησ) berauben (***τον*** - *G*/ j-n - *G*); entziehen (***τον*** - *G*/j-m - *A*); ***~ούμαι*** *v*/*t*. entbehren; Mangel leiden (an *D*), nicht haben; ***~ημένος*** karg; *G* ohne (jeden, jede) *A*.
στεφάν|η [stɛ'fani] Kranz *m*; Rand *m*, Einfassung *f*; Fassband *n*; (*Blumen-*, *Zahn-*) Krone *f*; **~ι** Reifen *m*; Gesims *n*; Einfassung *f*; Kranz *m*.
στεφανιαίος (-α) Kranz-(*Arterie*).
στέφαν|ο ['stɛfanɔ] Brautkranz *m*; **~ος** Kranz *m*; ***ακάνθινος ~ος*** Dornenkrone *f*; **Ωος** Stephan *m*.
στεφάνωμα *n* Bekränzung *f*; Trauung *f*; *fig*. Auszeichnung *f*; Krönung *f*.
στεφανώνω (σ) bekränzen; *kirchlich* trauen; *Sieger* auszeichnen.
στεφάνωση (-εις) *s*. ***στεφάνωμα.***
στέφω ['stɛfɔ] (ψ· φτ) *s*. ***στεφανώνω.***
στέψη ['stɛpsi] (-εις) *s*. ***στεφάνωμα.***
στη(ν) [sti(n)] (*aus* ***εις την***) der, dem; in der, in dem, in die, in den.
στηθάγχη [sti'θaŋçi] *Med*. Angina *f*.
στηθαίο Geländer *n*; Brustwehr *f*.
στηθ(ηκ)- *s*. ***στήνω.***
στήθι *s*. ***στήθος.***
στηθ|ικός [stiθ-] Brust-; tuberkulös; **~όδεσμος** [-'ɔðɛzm-] Büstenhalter *m*; Korsett *n*; **~οκοπιέμαι** [-ɔkɔ'pjɛmɛ] (ιέσαι) *v*/*p*. sich an die Brust schlagen; **~όπανο** [-'ɔpanɔ] Büstenhalter *m*.
στήθος ['stiθ-] *n* Brust *f* (*a. vom Geflügel*); ***από στήθους*** auswendig.
στηθο|σκόπηση [stiθɔ'skɔp-] (-εις), **~σκοπία** Auskultation *f*; **~σκόπιο** Hörrohr *n*; **~σκοπώ** [-kɔ'pɔ] (είς· ησ) abhorchen.
στηθούρι *s*. ***στήθος.***
στήλη ['stili] (*Grab*) Säule *f*; *Zeitung*: Spalte *f*; *El*. Batterie *f*; *allg*. Packen *m*; *El*. ***πυρηνική ~*** Brennstab *m*; ***σπονδυλική ~*** Wirbelsäule *f*; ***~ του έχειν*** *Hdl*. Habenseite *f*; ***~ χρεώσεων*** Sollseite *f*.
στηλ|ίτευση [-'litɛfsi] (-εις) Anprangerung *f*; **~ιτεύω** (εψ) anprangern; **~ίτης** Angeprangerte(r); *Rel*. Säulenasket *m*; **~ώνω** *s*. ***στυλώνω.***
στημόνας [sti-] *Bot*. Staubgefäß *n*.
στημόνι [sti'mɔni] *Weberei*: Kette *f*.
στημ|ονιάζω (-όνιασα) die Kette herstellen *od*. spulen; **~όνιασμα** [-'ɔnjazma] *n* Kettspulen *n*.
στην *s*. ***στη.***
στήνω ['stinɔ] (σ· θ) errichten, aufstellen (*a. Tech.*, *Weihnachtsbaum*); *Tech*. montieren; *Zelt* aufschlagen; *Falle* stellen; *Streit* vom Zaune brechen.
στήριγμα ['stiriɣma] *n allg*. Stütze *f*.
στηρίζ|ω (ξ· χτ) *v*/*t*. stützen (*a. fig*. ***σε***/ auf *A*); ***~ομαι*** sich (*A*) stützen, basieren (***επάνω σε, σε***/ auf).
στήριξη [-riksi] (-εις) Abstützung *f*.
στήσιμο (-ατος) Aufstellung *f*, Errichtung *f*; Montage *f* (*e-r Maschine*).
στητός [sti'tɔs] aufrecht, gerade.
στια *s*. ***εστία.***
στίβαγμα *n s*. ***στοίβασμα.***
στιβάδα Haufen *m*; Ballen *m*.
στιβάλι [sti'vali] Stiefel *m*.
στιβαρ|ός [-var-] (-ά) kräftig, nervig; **~ότητα** Kraft *f*, Stärke *f*.
στίβος Arena *f* (*a. fig.*), Kampfplatz *m*, Aschenbahn *f*; Leichtathletik *f*.
στίβω *s*. ***στύβω.***
στιγγάρω (αρισ) *Segel* reffen.
στίγμα ['stiɣma] *n* Fleck *m*, *lit*. Mal *n*; Strieme *f*; Punkt *m*; Tupfen *m*; *fig*. Schandfleck *m*; *mar*. Besteck *n*; *Bot*. Narbe *f*.
στιγματίζω (σ· στ) brandmarken.
στιγμή [-'ɣmi] Augenblick *m*, Moment *m*; *Typ*. Punkt *m*; *s*. ***τελεία***; ***στη ~*** im Nu.
στιγμ|ιαίος [stiɣ'miɛ-] (-α) augenblicklich, momentan; **~ιότυπο** [-'jɔtipɔ] Momentaufnahme *f*; *fig*. Skizze *f*.
στίζω ['stizɔ] (ξ· χτ) tupfen; punktieren; tätowieren; *Gr*. Zeichen setzen.
στικ (0) *n* Steuerknüppel *m*.
στικτός getupft; gefleckt; punktiert (*Linie*); tätowiert.
στιλ *n s*. ***στυλ.***

στίλβωμα *n* Polieren *n*; Glätten *n*.
στιλβώνω [stil'vɔnɔ] (σ) polieren; glätten; *Schuhe* putzen.
στίλβωση *s.* ***στίλβωμα.***
στιλβωτ|ήριο Schuhputzsalon *m*; **~ής** Schuhputzer *m*; Polierer *m*.
στιλέτο Stilett *n*.
στιλό Kugelschreiber *m*; Füllfederhalter *m*.
στιλπν|ός [stilpn-] glänzend, blank; poliert; **~ότητα** Glanz *m*; Politur *f*.
στίμμι ['stimi] Antimon *n*.
στίξη ['stiksi] (-εις) Zeichensetzung *f*, Interpunktion *f*; *Med.* Punktur *f*.
στις [stis] (*aus* ***εις τας***) in den, in die.
στιφάδο [sti'faðɔ] *in Öl gekochtes Rindfleisch mit Zwiebeln.*
στίφος *n* Schwarm *m*; Schar *f*; Horde *f*.
στιχο|γραφία [stixɔɣraf-] Verseschmieden *n*; **~γράφος, ~πλόκος** [-'plɔk-] Reimschmied *m*, Versemacher *m*, Dichter *m*; **~ποιία** *s.* ***στιχουργία***; **~ποιός** *s.* ***στιχογράφος.***
στίχος Vers *m*; Reihe *f*; (*Text*) Zeile *f*.
στιχ|ούργημα [sti'xurj-] *n* Dichtwerk *n*; **~ουργία** Dichtwerk *n*; Verskunst *f*; ... der Dichtkunst; **~ουργικός** Vers-; **~ουργός** [-urɣ-] *s.* ***στιχογράφος***; Textdichter *m*; (*Werbe-*)Texter *m*; **~ουργώ** [-'ɣɔ] (είς· ησ) *v/t.* in Versen darstellen; *v/i.* Verse machen *od.* schmieden; F texten.
στιχτός *s.* ***στικτός.***
στο (*aus* ***εις το***), **στο(ν)** (*aus* ***εις τον***) (in) dem, (in) der; in den, in die; ***... ~ να,*** *z. B.* ***αποβλέπω*** (απέβλεψα) ***~ να*** darauf abzielen, zu ...; danach streben, zu ...
στοά Säulenhalle *f*, Kolonnade *f*; Stollen *m im Bergwerk*; *Phil.* 'Stoa *f*.
στοίβα Haufen *m*, Stoß *m*, Stapel *m*.
στοίβαγμα *n s.* ***στοίβασμα.***
στοιβ|άζω (ξ· χτ) (auf)stapeln; verstauen (***σε***/ in *A*); **~ασιά** *s.* ***στοίβα.***
στοίβασμα ['stivazma] *n* Stapeln *n*, Aufschichten *n*; Verstauen *n*.
στοιβαχτός [-vaxt-] (auf)gestapelt; verstaut.
στοιχειό [-'çjɔ] Gespenst *n*, Geist *m*.
στοιχεί|ο [sti'çiɔ] *allg.* Element *n* (*a. Chem. u. fig.*), Urstoff *m*; Bestandteil *m*; (*Büro-, Arbeits-*)Kraft *f als Person*; Buchstabe *m*; Letter *f*, (Schrift-)Type *f*; *pl.* Grundzüge *m/pl. e-r Wissenschaft*; *statistische* Angaben *f/pl.*; *Büro*: Akten *f/pl.*, Unterlagen *f/pl.*; ***τραπεζικά ~α*** Bankverbindung *f*.
στοιχειο|θεσία [stiçïɔθɛs-] *Typ.* Satz *m*; **~θέτης** Setzer *m*; **~θέτηση** (-εις) Satz *m*; **~θετώ** [-θɛ'tɔ] (είς· ησ) *Typ.* setzen; **~θήκη** [-'θiki̯] Setzkasten *m*; **~χύτης** [-'çitis] Schriftgießer *m*.
στοιχειώδης [-'çjɔð-] Elementar-, Grund-, Anfangs-; elementar, selbstverständlich (*Höflichkeit*).
στοιχειώνω [-'çjɔnɔ] (σ· μ) als Gespenst 'umgehen; verhext sein.
στοίχημα ['stiçi-] *n* Wette *f*; Einsatz *m*; ***βάζω ~ πως ...*** ich wette, dass ...
στοιχηματίζω (σ) wetten.
στοιχίζω (σ) (in e-r Reihe) antreten lassen; kosten (***του***/ j-n); ***~ ακριβά*** teuer zu stehen kommen (***του***/ *j-n*).
στοίχος ['stix-] Reihe *f*, Linie *f*.
στοκ [stɔk] (0) *n* Warenbestand *m*.
στοκάρω (αρισ) verkitten; verputzen; verspachteln.
στόκος Kitt *m*; Stuck *m*.
Στοκχόλμη [stɔ'k(x-)] Stockholm *n*.
στολαρχ|ία [stɔlarç-] Admiralswürde *f*; **~ίδα** Admiralsschiff *n*.
στόλαρχος [-larx-] Admiral *m*.
στολ|ή [stɔ'li] Uniform *f*; (*Volks-*)Tracht *f*; Ornat *m*; Dienstkleidung *f*; *fig.* Schmuck *m*; **~ίδι** Schmuck *m*; **~ίζω** (σ· στ) schmücken; *fig. j-m* den Kopf waschen; **~ίσκος** Flottille *f*; *Luftwaffe*: Geschwader *n*.
στόλισμα *n*, **στολισμός** Schmuck *m*; Schmücken *n*.
στόλος Flotte *f*.
στόμα ['stɔma] *n* Mund *m*; Sprechweise *f*; (*Fluss*) Mündung *f*; Schneide *f des Messers*; ***από ~τος*** auswendig.
στοματ|άς (-άδες) Großmaul *n*; **~ικός** Mund- (*z. B. Höhle*).
στομ|άχι [stɔ'maïçi] Magen *m*; ***με άδειο ~άχι*** auf nüchternen Magen; ***μου κάθισε στο ~άχι*** das (der, die) liegt mir im Magen (*a. fig.*); **~αχιάζω** [-aç-] (-άχιασα) sich (*D*) den Magen verderben; **~αχικός** Magen-; magenleidend; *S.* gut für den Magen; ***~αχικές ενοχλήσεις*** *f/pl.* Magenbeschwerden *f/pl.*; **~αχόπονος** [-'xɔ-] Magenschmerzen *m/pl.*
στόμαχος ['stɔmax-] Magen *m*.
στόμιο Öffnung *f*; (*Fluss*) Mündung *f*;

Σ

στόμφος 452

Anat. (*Magen- usw.*) Mund *m*; *Tech. a.* Stutzen *m*.

στόμφ|ος ['stɔɱf-] hochtrabende(r) Ton *m*; Schwulst *m*; ***με ~ο*** von oben herab.

στομφώδης [stɔ'ɱfɔð-] hochtrabend.

στόμωμα *n* Härten *n*; Stumpfheit *f*; Stumpfwerden *n*.

στομωμένος stumpf (geworden).

στομώνω (σ· θ) *v/t.* *Eisen* härten; stumpf machen (*od.* werden).

στόμωση *s.* ***στόμωμα.***

στον *s.* ***στο.***

στόνος ['stɔn-] Stöhnen *n*; Seufzen *n*.

στοπ [stɔp] (0) *n* *Telegramm*: Punkt *m*, Ende *n*; stop!; Stoppen *n*.

στορ [stɔr] (0) *n* Store *m*.

στοργή [stɔr'ji] Zärtlichkeit *f*; (*Mutter-*)Liebe *f*.

στοργικός zärtlich, liebevoll.

στόρι *s.* ***στορ;*** Transparent *n*; Fensterrollo *n*.

στούκος ['stuk-] Putz *m*.

στουμπανίζω *s.* ***στουμπίζω.***

στουμπίζω [stu'm̆bizɔ] zerstoßen, zertrampeln; *fig.* verwalken; F *Geld* blechen; *Mitgift* (mit)kriegen.

στούμπος ['stum̆b-] Stößel *m*.

στουμπώνω (σ· θ) *v/t.* (hinein)stopfen (***σε***/ in *A*); voll stopfen; überfüttern; *v/i.* übersättigt sein.

στούντιο ['studjɔ] Studio *n*.

στουπέτσι [stu'pɛtsi] Bleiweiß *n*.

στουπ|ί [stup-] Werg *n*; *als Adj.* fade; ***έγινε ~ί στο μεθύσι*** er war sternhagelvoll; **~όχαρτο** [-'ɔxartɔ] Löschpapier *n*.

στουππ- *s.* ***στουπ-.***

στούπωμα ['stup-] *n* Stöpsel *m*; Zustöpseln *n*; Löschen *n*.

στουπώνω (σ) zustopfen; zustöpseln; *Tinte* löschen.

στουρνάρι [stur'nari] Feuerstein *m*; *fig.* Dussel *m*.

στους (*aus* ***σε*** + ***τους***) *m/pl.* in den ..., in die ...

στόφα ['stɔfa] Stoff *m*; Brokat *m*.

στοχάζομαι [stɔ'xaz-] (στ) *etw.* bedenken, sich (*D*) *etw.* überlegen.

στόχαση [-xasi] (-εις) Überlegung *f*, *mit*, *ohne* Bedacht *m*.

στοχασ|μός [stɔxazm-] *s.* ***στόχαση;*** Gedankengang *m*; **~τής** Denker *m*; **~τικός** vernünftig, klug.

στόχαστρο ['stɔxastrɔ] Visier *n*.

στόχος Zielscheibe *f*, Ziel *n*.

στραβά [stra'va] *Adv.* schief; verkehrt; ***~ - κουτσά*** so recht und schlecht.

στραβ|ίζω (σ) schielen; **~ισμός** Schielen *n*.

στραβο|βλέπω [stravɔ'vlɛpɔ] *s.* ***στραβοκοιτάζω;*** **~κάνης** [-'kan-] (-α, -ικο) krummbeinig; **~κέφαλος** [-'ķɛfal-] dickköpfig; **~κοίταγμα** [-'ķitaɣma] *n* feindselige(r) Blick *m*; **~κοιτάζω** (ξ) schief *od.* feindselig ansehen; **~κομμένος** [-kɔ'mɛn-] schlecht (zu)geschnitten; **~λαίμης** (-α, -ικο) schiefhalsig; **~λαιμιάζομαι** [-lɛ'mjazɔmɛ] (στ) sich (*D*) den Hals ausrenken; **~μάρα** [-'mara] Blindheit *f*, Verblendung *f*; Widrigkeit *f*; **~μούρης** [-'mur-] (-α, -ικο) *s.* ***στραβομούτσουνος;*** **~μουτσουνιάζω** [-mutsun-] (σ) das Gesicht verziehen; **~μούτσουνος** ... mit schiefem Gesicht, schiefmäulig; **~μύτης** [-'mit-] (-α, -ικο) schiefnasig.

στραβόξυλο [-'vɔksilɔ] Krummholz *n*; *fig.* Querkopf *m*.

στραβο|πάτημα [stravɔ'pat-] *n* Schieftreten *n*; *fig.* Fehltritt *m*; **~πατώ** [-pa'tɔ] (άς· ησ) *v/t.* *Schuh* schief treten; *v/i.* umknicken; **~πόδαρος** [-'pɔðar-], **~πόδης** (-α, -ικο) O-beinig.

στραβ|ός [strav-] schief, krumm; blind (***από***/ auf *D*); verkehrt, falsch; ***πήρε ~ό δρόμο*** es ist schief gegangen; er ist auf Abwege geraten; **~οτιμωνιά** [-ɔtimɔ'nja] Fehlsteuerung *f*; *fig.* Fehltritt *m*.

στράβωμα *n* Verbiegung *f*; Krummwerden *n*; Verdrehen *n*; Blendung *f*; Erblindung *f*.

στραβωμάρα [stravɔ'mara] Blindheit *f*; *fig.* Malheur *n*.

στραβών|ω (σ· θ) *v/t.* (ver)biegen; *etw.* verdrehen, entstellen; *j-n* blind machen, blenden; *v/i.* sich krümmen, sich biegen; schief gehen; ***~ομαι*** erblinden; *fig.* verblendet sein.

στραγάλια [stra'ɣal-] *n/pl.* geröstete Kichererbsen *f/pl.*

στραγαλιάνος [-'ljan-] Stieglitz *m*.

στραγγ|αλίζω [straŋ̆gal-] (σ) erwürgen, erdrosseln; *Wahrheit* verdrehen; **~άλισμα** *n*, **~αλισμός** Erwürgen *n*, Erdrosselung *f*; *fig.* Verdrehung *f*; **~αλιστής** Würger *m*; Verdreher *m*.

Σ

στραγγίζω [strañg-] (σ, ξ) *v/t.* *Wäsche* auswringen; abtropfen lassen; durchsieben; filtern; *v/i.* abtropfen; *fig.* (*bsd. Aor.*) ganz (he)runtersein.
στράγγισμα *n* Auswringen *n*; Durchsieben *n*; Filtern *n*; Abtropfen *n*.
στραγγιστ|ήρι [strañgi'stiri] Sieb *n*; Entsafter *m*; **~ός** ausgewrungen; (durch)gesiebt; gefiltert.
στραμπούλιγμα *n s.* ***στραμπούλισμα.***
στραμπ|ουλίζω [strambu'lizɔ] (σ, ξ) verrenken, verstauchen; **~ούλισμα** *n* Verrenkung *f*; Verstauchung *f*.
στραπ|ατσάρω (αρισ) *v/t.* *Auto* demolieren; *j-m* Schaden zufügen; *fig.* beschimpfen; **~άτσο** Schaden *m*.
στράτα Straße *f*, Weg *m*.
στρατ|άρχης [stra'tarç-] Feldmarschall *m*; **~αρχικός** Marschall- (*Stab*); **~εία** Feldzug *m*; Marsch *m*; Wehrdienst *m*.
στράτευμα ['stratɛvma] *n* Heer *n*, Armee *f*.
στρατ|εύομαι (ευτ) eingezogen werden (*od.* sein); wehrpflichtig sein; *fig.* sich (*A*) einsetzen (für *A*); ***~ευμένος*** eingezogen; engagiert.
στράτευση Wehrdienst *m*.
στρατεύσιμος [stra'tɛfs-] wehrfähig; wehrpflichtig.
στρατ|ηγείο [-tij-] Hauptquartier *n* (*a. fig.*), Zentrale *f*; **~ήγημα** *n* Kriegslist *f*, Manöver *n*; Kunstgriff *m*; **~ηγία** Generalsrang *m*; Oberbefehl *m*, Heeresleitung *f*; Dienstzeit *f* (*als General*); **~ηγική** Strategie *f* (*a. fig.*); **~ηγικός** strategisch; **~ηγός** [-iɣ-] General *m*; Oberbefehlshaber *m*; **~ηλάτης** [-i'lat-] Feldherr *m*.
στρατί Gasse *f*, Weg *m*.
στρατ|ιά [stra'tja] Armee *f*; *Rel.* Heerschar *f*; **~ιώτης** [-'tjɔt-] Soldat *m*; **~ιωτικοποίηση** [-jɔtikɔ'piisi] (-εις) Militarisierung *f*; **~ιωτικός** [stratjɔt-] militärisch; Militär- (*Dienst*); Kriegs- (*Gesetz*, *Zustand*); *Su. m* Militärperson *f*; *Su. n* Militärdienst *m*; **~ιωτίνα** Soldatin *f*.
στρατο|δικείο [stratɔðik-] Militärgericht *n*; **~δίκης** Mitglied *n* des Militärgerichts; **~κόπος** Wanderer *m*; **~κρατία** [-krat-] Militärherrschaft *f*; Militarismus *m*; **~κρατικός** militaristisch; **~κρατούμαι** (είσαι· ηθ) vom Militär beherrscht sein; **~λογία** Einberufung *f*; Rekrutierung *f*; *allg.* Anwerbung *f*; **~λογικός** Rekrutierungs-; Anwerbe-; **~λόγος** Wehrersatzamt *n*; *früher*: Wehrbezirkskommando *n*; Werbeoffizier *m*; **~λογώ** (είς· ησ) einberufen; ausheben; (an)werben; *fig.* F auf die Beine bringen.
στρατονομία Militärpolizei *f*.
στρατο|πέδευση [stratɔ'pɛðɛfsi] Lagern *n*; **~πεδευτικός** [-pɛðɛft-] Lager-; **~πεδεύω** (ευσ) lagern.
στρατ|όπεδο Lager *n* (*a. pol.*); Biwak *n*; ***~όπεδο γυμναστών*** FKK-Gebiet [ɛfka:'ka:-] *n*; ***~όπεδο συγκεντρώσεως*** Konzentrationslager *n*; **~ός** Armee *f*, Heer *n*.
στρατ|όσφαιρα [stra'tɔsfɛra], **~οσφαίρα** [-ɔ'sfɛra] Stratosphäre *f*.
στρατ|ούλα [-'tula] Laufgitter *n*; (die) erste(n) Schritte; **~ουλίζω** (σ) die ersten Schritte tun.
στράτσο, στρατσόχαρτο [-'tsɔxartɔ] Packpapier *n*.
στρατών|α, ~ας Kaserne *f*.
στρατων|ίζω [stratɔn-] (σ· στ) kasernieren, einquartieren; ***~ίζομαι*** kaserniert sein, einquartiert sein; **~ισμός** Kasernierung *f*, Einquartierung *f*.
στραφ- *s.* ***στρέφω.***
στρεβλ|ός [strɛvl-] krumm; *fig.* verschroben; **~ότητα** Gekrümmtheit *f*, krumme Linie *f*; *fig.* Verschrobenheit *f*; **~ώνω** (σ· θ) krümmen, (ver)biegen; *fig.* entstellen; *hist.* foltern.
στρέβλωση ['strɛvlɔsi] (-εις) Verbiegen *n*; Verdrehung *f*; Folterung *f*.
στρεβλωτήριο Folterwerkzeug *n*.
στρέ(γ)ω ['strɛ-] *s.* ***στέργω.***
στρείδι ['striði] Auster *f*.
στρειδότσεφλο Austernschale *f*.
στρέμμα ['strɛma] *n* Dekar *n* (= 10 Ar *od.* 1000 qm).
στρεπτ|όκοκκος [strɛ'ptɔkɔk-] Streptokokkus *m* (*pl.* -kokken); **~ός** gedreht; drehbar; gezwirnt.
στρέφ|ω ['strɛfɔ] (ψ· αφ· μμ) *v/t.* drehen; wenden; *v/i.* sich (*A*) *nach rechts* wenden; ***~ομαι*** sich (*A*) drehen (*a. Astr.*); sich (*A*) zuwenden (***προς*** *A/D*).
στρέψη (-εις) Drehung *f*; Torsion *f*.
στρεψ|οδικία [-psɔðik-] Rechtsverdrehung *f*; **~όδικος** haarspalterisch;

στρεψοδικώ 454

Su. m Rechtsverdreher *m*; **~οδικώ** (είς· ησ) das Recht verdrehen.
στρήπ-τηζ (0) *n* Striptease *m*.
στρι! (*aus* ***στρίβω***) verschwinde!
στρίβω ['strivɔ] (ψ· φτ· μμ) *v/t*. drehen; *Faden* zwirnen; aufspulen; *Schnurrbart* zwirbeln; *v/i. nach rechts* abbiegen; (***το***) ~ F abhauen; ***τα*** ~ zurücknehmen; ***μου στρίβει*** ich drehe durch; ***τούχε στρίψει*** er ist übergeschnappt.
στρίγκλα ['striŋgla] Hexe *f* (*a. fig.*).
στριγκλ|ιά [-'glja] Hexenwerk *n*; Schrei *m*; Kreischen *n*; **~ίζω** (σ) kreischen; schreien; *Bremsen*: quietschen; voller Tücke sein.
στρίγκλος ['striŋgl-] Kobold *m*; Ungeheuer *n*; Geizhals *m*.
στριμμένος [strim-] verschroben, verdreht; *Bart*: gezwirbelt.
στρίμω(γ)μα ['strimɔ(ɣ)ma] *n* Gedränge *n*; Bedrängen *n*.
στριμ|ώνω (**~ώχνω**) [stri'mɔ(x)nɔ] (στρίμωξα· ωχτ) *v/t*. zusammendrängen, F (rein)quetschen; *fig. j-m* zusetzen, auf *j-n* eindringen.
στριμω|ξιά, ~ξίδι Gedränge *n*, F Gewühle *n*.
στριμωχτός [-mɔxt-] zusammengedrängt; bedrängt.
στρίποδο ['stripɔðɔ] Tragebock *m*.
στριφογυρίζω [strifɔjir-] (σ) *v/t*. herumdrehen; kreisen lassen; schwenken; *v/i*. sich (*A*) drehen, herumwirbeln; ***τα*** ~ *fig*. sich (*A*) winden.
στριφτάρι [-'ftari] *Mus*. Wirbel *m*, Saitenspanner *m*.
στρίφ(τ)ω ['strif-] *s*. ***στρίβω***.
στρίφωμα *n* Säumen *n*; Saum *m*.
στριφώνω (σ) säumen.
στρίψιμο ['strips-] (-ατος) Abbiegen *n*, Wenden *n* (*des Autos*); Drehen *n*; Drehung *f*; Zwirnen *n*; Zwirbeln *n*; Aufspulen *n*; Drall *m*.
στροβιλιά [strɔvil-] Kiefer *f*.
στροβιλ|ίζω (σ) *v/t*. drehen, kreisen lassen; *Blätter* aufwirbeln; *v/i*. sich (*A*) drehen, walzen; **~ισμός** Drehen *n*; Walzen *n*.
στρόβιλος Turbine *f*; Kreisel *m*; Walzer *m*; Wirbel *m*; ~ ***νερού*** Strudel *m*.
στρογγυλ|άδα [strɔŋgil-] *s*. ***στρογγυλότητα***; **~αίνω** (υν) *v/t*. (ab)runden; *v/i*. rund werden.
στρογγύλε(υ)μα [strɔ'ŋgilɛ(v)ma] *n* Abrundung *f*; Rundwerden *n*.
στρογγυλ|εύω (εψ) *v/t*. abrunden, rund machen; *v/i*. rund (*a*. = dick) werden; **~οκάθομαι** [-ɔ'kaθɔmɛ] (-θησα) es sich (*D*) bequem machen, sich (*A*) häuslich niederlassen.
στρογγ|υλός [strɔŋgi'lɔs] rund (*a. Zahl*); deutlich (*Worte*); **~υλότητα** Rundung *f*, Rundheit *f*; **~υλούτσικος** [-i'luts-] rundlich; **~ύλωμα** *n*, **~ύλωση** (-εις) *s*. ***στρογγύλευμα***; **~υλώνω** (σ) *s*. ***στρογγυλαίνω***.
στρόμπος ['strɔmb-] Kreisel *m*; Walze *f*; Verseilmaschine *f*.
στρόντιο ['strɔndjɔ] Strontium *n*.
στρούγκα ['struŋga] Pferch *m*, Hürde *f*; *fig*. Herde(nvieh *n*) *f*.
στρουθ|ί [stru'θi] *K. s*. ***σπουργίτης***; **~οκάμηλος** *a. f Vogel* Strauß *m*.
στρουμπουλός [strumbul-] rundlich, F pummelig.
στρόφαλ|ο Kurbelwelle *f*; **~ος** Kurbel *f*; Griff *m*; *Med*. Strophulus *m*.
στροφαλοφόρος [-falɔ'fɔr-]: ~ ***άξονας*** Kurbelwelle *f*.
στροφ|έας (*pl*. -είς) *Anat*. Atlas *m*, erste(r) Halswirbel *m*; Türangel *f*; **~ή** Wendung *f*, Drehung *f*; *Tech*. Umdrehung *f*; Kurve *f*, (*Weg*-)Biegung *f*; Strophe *f*; Kehrreim *m*, Refrain *m*; ***στενή ~ή*** Haarnadelkurve *f*; ***επικινδυνές ~ές*** *Schild*: Doppelkurve *f* (*zunächst rechts*).
στρόφιγγα [-fiŋga] Angel *f*, Zapfen *m*; Scharnier *n*; *Tech*. Hahn *m*.
στροφ|ίλι [strɔ'fili] Treber *pl*.; **~ιλιά** *s*. ***στροφίλι***; ***στροβιλιά***.
στρόφος Tragseil *n*; *Med*. Kolik *f*.
στρυφν|άδα [strifn-] *s*. ***στρυφνότητα***; **~ός** scharf, herb; unwirsch, barsch; *Stil*: geschraubt; vertrackt; **~ότητα** Herbheit *f*; Barschheit *f*; Geschraubtheit *f*.
στρυχνίνη [stri'çnini] Strychnin *n*.
στρώμα *n* Schicht *f* (*a. fig*.), Lage *f*; Lager *n*, (*Stroh*-)Sack *m*; Matratze *f*.
στρωματσάδα Lager *n auf dem Fußboden*.
στρωμ|άτσο [-'matsɔ] Matratze *f*; **~νή** *s*. ***στρώμα***.
στρών|ω ['strɔnɔ] (σ· θ· μ) *v/t*. ausbreiten; *Boden* auslegen; *mit Blumen* bestreuen; *Bett* machen; *Tisch* decken;

Straße pflastern; *fig.* *j-n* zwingen (**σε**/ zu *D*); *fig.* glätten, ordnen; *v/i.* *Kleid*: glatt sitzen, gut fallen; *fig.* *Arbeit*: glatt gehen; *Maschine*: wieder gehen; *Tier*: sich fügen; **~ομαι** sich (*A*) hinlegen, es sich (*D*) bequem machen; *fig.* sich (*A*) machen (**σε**/ an *A*).

στρώση ['strɔsi] (-εις) *s.* **στρώσιμο;** (*Bett-*)Bezug *m.*

στρωσίδι Bettzeug *n*; Bezug *m*.

στρώσιμο (-ατος) Ausbreitung *f*; Bettenmachen *n*; Auslegung *f*; Bestreuung *f*; Decken *n*; Pflasterung *f*.

στρωτήρας [strɔ'tiras] *Esb.* Schwelle *f*; Querbalken *m*.

στρωτός ausgebreitet; *Weg*: eben; *Haar*: glatt; *Kleid*: gut sitzend; *Schrift*: gleichmäßig; *Text*: einfach, F glatt; *Adv.* glatt *gehen*.

στύβω ['stivɔ] (έστυψα· φτ) ausquetschen; *Wäsche* auswringen; **~ το μυαλό μου** (**για ...**) *fig.* sich (*D*) den Kopf zermartern (wegen *G*).

στυγερ|ός [stijɛr-] (-ά) abscheulich; **~ότητα** Abscheulichkeit *f*.

στυγνός [stiɣn-] mürrisch, finster.

στυλ (0) *n* Stil *m*; F **στο έτσι ~** auf diese Weise; ganz grundlos.

στυλίδα [sti'liða] kleine Säule *f*; Nasenscheidewand *f*.

στυλίστας [sti'listas] gute(r) Stilist.

στυλίτης [-'litis] Säulenheilige(r).

στυλό (0) *s.* **στιλό.**

στυλο|βάτης [stilɔ'vat-] Sockel *m*; *fig.* Stütze *f*, Träger *m*; **~γράφος** [-'ɣraf-] *s.* **στιλό; ~κέφαλο** [-'ķɛfalɔ] Kapitell *n*, Kapitäl *n*.

στύλος Säule *f*; Pfeiler *m*; *Tel.* Mast *m*; *Bot.* Griffel *m*; *fig.* Stütze *f*.

στύλωμα *n* Stützen *n*; Stärkung *f*.

στυλώνω (σ) (ab)stützen; *j-n* stärken; **~ τα μάτια** (hin)starren.

στυπόχαρτο *s.* **στουπόχαρτο.**

στυπτηρία *s.* **στύψη.**

στυπτικ|ός [stiptik-] *Med.* adstringierend; stopfend; **~ότητα** stopfende Wirkung *f*.

στύση ['stisi] (-εις) Erektion *f*.

στυφ|άδα [stif-] Herbheit *f*, Säuerlichkeit *f*; **~άδο** *s.* **στιφάδο; ~ίζω** [-'izɔ] (σ) *v/t.* zusammenziehen; *v/i.* säuerlich sein; **~ός** herb, säuerlich.

στύψη (-εις) Stopfen *n*; Alaun *m*.

στύψιμο (-ατος) Ausquetschen *n*, Auspressen *n*; Auswringen *n*.

στωικ|ισμός [stɔiķ-] *s.* **στωικότητα; ~ός** *allg.* stoisch; *Su.* *m* Stoiker *m*; **~ότητα** Stoizismus *m*; stoische Ruhe.

συ [si] du.

συ·- *mit Augment* = **συνε-.**

Συβαρίτης [sivar-] Genussmensch *m*.

συγ·- *mit Augment* = **συνε-.**

σύγαμπρος ['siɣam̃br-], **σύγγαμβρος** ['siŋ̃g-] Schwager *m*.

συγγένεια [si'ŋ̃gɛn-] Verwandtschaft *f* (*a. Chem.*); **~ εξ αίματος** Blutsverwandtschaft *f*; *s. a.* **επιγαμία.**

συγγεν|εύω [siŋ̃gɛn-] (εψ) verwandt sein (*od.* werden); sehr ähnlich sein; **~ής** verwandt (*a. Sprache*); *Krankheit*: erblich, angeboren; *Su.* Verwandte(r); **~ικός** verwandtschaftlich; Familien- (*Rat*); **~ολό(γ)ι** [-ɔ'lɔ(j)i] (die) ganze Verwandtschaft, F Sippschaft *f*.

συγ(γ)νώμη [si'ɣnɔmi], [si'ŋ̃gnɔmi] *s.* **συγνώμη.**

συγγνωστός [siŋ̃gnɔst-] entschuldbar; *jur.* unverschuldet.

σύγγραμμα [-ŋ̃grama] *n lit.* Werk *n*.

συγγραφ|έας [siŋ̃gra'fɛas] (*pl.* -είς) Schriftsteller *m*; Verfasser *m*, Autor *m*; **~ή** Abfassung *f*, Schreiben *n*; **~ή υποχρεώσεων** (Bau-, Werk-)Vertrag *m*; Werk *n*; **~ικός** schriftstellerisch; Autoren-, Urheber- (*Recht*).

συγ·γράφω [si'ŋ̃grafɔ] (ψ) *v/t.* verfassen; *v/i.* schriftstellern.

συγκαίομαι [si'ŋ̃gɛɔmɛ] (να συγκαώ· συγκάηκα) sich (*D*) (die Haut) wund reiben.

σύγκαιρος ['siŋ̃gɛr-] gleichzeitig; rechtzeitig.

συγκαλά [-ŋ̃ga'la]: *mst.* **στα συγκαλά μου** auf dem Posten *sein*, *nicht* ganz bei Troste *sein* (*bsd. iro.*); wieder zu sich *kommen*.

συγ·καλύπτω [siŋ̃ga'liptɔ] (ψ· μμ) verdecken; *fig.* vertuschen, verschleiern; *Schuldige* decken.

συγκάλυψη (-εις) Verdeckung *f*; Vertuschung *f*; Deckung *f*.

συγ·καλώ [-ŋ̃ga'lɔ] (είς· εσ· κληθ· κλημ) einberufen.

σύγκαμα *n* wund geriebene Stelle *f*.

συγκαμένος wund gerieben.

συγκατ|άβαση [siŋ̃ga'tav-] (-εις) Nachgiebigkeit *f*; Nachsicht *f*; Ein-

συγκαταβατικός 456

willigung *f*; **~αβατικός** nachgiebig; *Vorschlag*: entgegenkommend; *Preis*: günstig; **~αβατικότητα** Nachgiebigkeit *f*; Willfährigkeit *f*; **~άθεση** [-'taθεsi] (-εις) (*για*) Zustimmung *f* (zu *D*), Einwilligung *f* (in *D*).

συγκατ|αλέγω [-ta'lεɣɔ] (λεξ· λεχτ· λεγμ) *v/t*. zählen, rechnen (*σε*/ zu *D*); **~αλέγομαι** *a*. vertreten sein; **~άνευση** (-εις) *s*. ***συγκατάθεση***; **~ανεύω** (ευσ) (*για*) zustimmen (*D*); einwilligen (in *A*).

συγκατε- *s*. ***συγκατα-***.

συγκατέχω [-'tεxɔ] mitbesitzen.

συγκατ|ηγορούμενος [siŋgatiɣɔ'rum-] mitangeklagt; **~οίκηση** [-'ikisi] Zusammenwohnen *n*.

συγκάτοικος (*f* **-η**) Mitbewohner(in *f*) *m*.

συγκατ|οικώ [siŋgati'kɔ] (είς· ησ) zusammenwohnen; **~οχή** [-ɔ'çi] Mitbesitz *m*.

συγκάτοχος [-tɔx-] Mitbesitzer *m*.

συγκεκριμένος [siŋgεkri'mεnɔs] konkret; bestimmt, genau, klar (*Anweisung*); benannt (*Zahl*); (*Adv*. -α) offensichtlich; gerade.

συγκεντρικός konzentrisch.

συγ·κεντρών|ω (σ· θ) *v/t*. versammeln; zentralisieren; *Ergebnisse* zusammenfassen; *Gedanken usw*. konzentrieren; **~ομαι** sich versammeln; sich (*A*) konzentrieren (*σε*/ auf *A*).

συγκέντρωση [si'ŋgεndrɔsi] (-εις) Versammlung *f*; Konzentrierung *f*; Sammlung *f*; Zentralisierung *f*; *fig*. Konzentration *f* (*σε*/ auf *A*); (*Presse*) Konferenz *f*.

συγκεντρωτ|ικός zentralisierend, Zentral-; **~ισμός** Zentralismus *m*.

συγκερ|ασμός [siŋgεr-] Mischen *n*; Mischung *f*; Beimischung *f*, Zusatz *m*; **~νώ** (είς) mischen; beimischen.

συγ·κεφαλ|αιώνω [-ŋgεfalε-] (σ· θ) zusammenfassen; **~αίωση** [-'εɔsi] (-εις) Übersicht *f* (über *A*); **~αιωτικός** [-εɔt-] zusammenfassend.

συγκεχυμένος [siŋgεçim-] verworren, konfus; verwirrt.

συγ|κινημένος [siŋgini'mεnɔs] bewegt, gerührt; **~κίνηση** (-εις) Rührung *f*, Gemütsbewegung *f*, Aufregung *f*; **~κινησία** *Med*. Mitbewegung *f*; **~κινητικός** rührend, ergreifend.

συγ·κινώ [siŋgi'nɔ] (είς· ησ) rühren, ergreifen, bewegen.

συγκληρονόμος [siŋglir-] Miterbe *m*.

σύγκληση (-εις) Einberufung *f*.

συγκλητικός [siŋglit-] (*Universitäts-*) Senator *m*; *a*. *hist*. Senatoren-.

σύγκλητος Senat *m der Universität*.

σύγκλινο Mulde *f*.

συγ·κλον|ίζω (σ) *s*. ***συγκλονώ***; **~ιστικός** erschütternd; **~ώ** (είς· ησ) erschüttern (*a*. *fig*.).

συγκοινων|ία [siŋginɔn-] *Esb*. *usw*. Verbindung *f*, Verkehr *m*; Kommunikation *f*; **~ιακός** [-njak-] Verkehrs-(*Mittel*); **~ώ** [-'nɔ] (είς· ησ) verbunden sein (*με*/ mit *D*); **~ούντα δοχεία** kommunizierende Röhren *f/pl*.

συγ|κόλληση [si'ŋgɔl-] (-εις) Zusammenleimen *n*; *Tech*. Schweißung *f*; Lötung *f*; *Med*. Verwachsung *f*; **~κολλητής** Schweißer *m*; **~κολλητικός** Schweiß-, Löt-; **~·κολλώ** [-ŋgɔ'lɔ] (άς) zusammenleimen; *Tech*. schweißen; löten.

συγκομιδή Ernte *f*; *fig*. Ertrag *m*.

συγ·κομίζω (σ) (ein)ernten; *Gewinn* erzielen; *fig*. einheimsen.

συγ|κοπή [-ŋgɔ'pi] *Gr*., *Mus*. Syn'kope *f*; Vokalausstoß *m*; *Med*. Kollaps *m*; **~·κόπτω** (ψ· π) *Gr*. synkopieren.

σύγκορμος ['siŋgɔrm-] ... mit dem (*od*. am) ganzen Körper.

συγκρατημένος zurückhaltend.

συγκράτηση [siŋ'grat-] (-εις) Konsolidierung *f*; Eindämmung *f* (*der Flut*); Einfrierung *f* (*der Preise*).

συγ·κρατ|ώ [siŋgra'tɔ] (είς· ησ) *v/t*. zurückhalten; im Zaume halten; eindämmen; zusammenhalten; im Wege sein; *Wörter* behalten; *etw*. *aufgesaugt* halten; **~ούμαι** (**-ιέμαι**) sich (*A*) beherrschen (können); sich (*A*) zusammennehmen.

συγκρητισμός [siŋgriti'zmɔs] Synkre'tismus *m*.

συγ·κρίνω [si'ŋgrinɔ] (σύγκρινα· θ· συγκεκριμένος) vergleichen (***προς*** *A*, ***με***/ mit *D*); miteinander vergleichen.

σύγκριση ['siŋgrisi] (-εις) Vergleich *m*; ***σε ~ με*** im Vergleich zu *D*.

συγ|κρίσιμος vergleichbar; **~κριτικός** vergleichend, Vergleichs-; *Adv*. vergleichsweise; **~κριτικός βαθμός** Komparativ *m*.

Σ

συγκρότη|μα *n* Gruppe *f*; Heeresgruppe *f*; Konzern *m*; *pol*., *Tech*. Block *m*; Batterie *f* (*Wasserhahn*); (*Hotel-*) Komplex *m*; Belegschaft *f*; ***τουριστικό ~μα*** Feriendorf *n*; **~μα-μαμμούθ** *n* Ballungszentrum *n*; **~ση** (-εις) Bildung *f*; Aufstellung *f*; Einberufung *f*; Zusammensetzung *f des Personals*.
συγ·κροτώ [siŋgrɔ'tɔ] (είς· ησ) *Hdl*. gründen, errichten; *Truppen* aufstellen; *Rat* bilden; *Versammlung* einberufen.
σύγκρουση ['siŋgrusi] (-εις) Zusammenstoß *m*; *fig*. Konflikt *m*; ***μαζική ~*** Massenkarambolage *f*; ***μετωπική ~*** Frontalzusammenstoß *m*.
συγκρουστήρας [-'stiras] Puffer *m*.
συγ·κρού|ω (σ· στ) *v/t*. zusammenschlagen; ***~ομαι*** zusammenstoßen, *bsd. fig*. aufeinander prallen.
σύγκρυο ['siŋgriɔ] Zittern *n*, Schauder *m*.
συγκυρία [siŋgir-] Zufall *m*; ***κατά ~*** ganz zufällig.
συγκυριαρχία Kondominium *n*.
συγκυρίαρχος Mitregent *m*.
συγκύριος Miteigentümer *m*.
συγνώμη [si'ɣnɔmi] Verzeihung *f*; Entschuldigung *f*; *jur*. Aufhebung *f* e-s Hindernisses; ***~!*** Verzeihung!
συ|γυρίζω [sijir-] (σ) aufräumen, *Zimmer* machen; *j-n* zurechtweisen; **~γύρισμα** *n* Aufräumen *n*.
συγ·χαίρω [si'ŋçɛrɔ] (να συγχαρώ· χαρηκ-) *v/t*. beglückwünschen, gratulieren (***επί*** *G*, ***για***/ zu *D*).
συγχαρητήρι|ος [siŋxari'tir-] (-α) Glückwunsch-; ***τα ~ά μου!*** meinen Glückwunsch!, ich gratuliere!
συγ·χέω [si'ŋçɛɔ] (χυσ) durcheinander bringen, verwirren.
συγ|χορδία [siŋxɔrð-] *Mus*. Akkord *m*; **~·χορδίζω** (σ) *Mus*. stimmen; **~χορευτής** [-xɔrɛft-] Tanzpartner *m*; **~·χρονίζω** [-xrɔn-] (σ) modernisieren; *Film* synchronisieren; zeitlich abstimmen; *fig*. zusammenfallen mit *D*; **~χρονισμένος** zeitgemäß; **~χρονισμός** Gleichzeitigkeit *f*; Synchronismus *m*; Synchronisierung *f*; Modernisierung *f*.
σύγχρονος ['siŋxrɔn-] gleichzeitig; zeitgenössisch; modern, heutig; *Su*. *m* Zeitgenosse *m*; *Adv*. (-χρόνως) gleichzeitig.
συγ·χρωτ|ίζομαι [-xrɔ'tizɔmɛ] (στ) verkehren (***με***/ mit *D*); **~ισμός** Verkehr *m*, Umgang *m*.
συγ|χύζω [si'ŋçizɔ] (σ· στ) verwirren (*a. fig*.); vermengen (***προς*** *A*/ mit *D*); *j-n* kribbelig (*od*. nervös) machen; ***~χύζομαι*** sich (*A*) aufregen; ***~χυσμένος*** aufgeregt.
σύγχυση ['siŋçisi] (-εις) Verwirrung *f*; *fig*. Aufregung *f*, Rausch *m*; *jur*. Störung *f*; *Psych*. Affekt *m*; ***βρίσκομαι σε ~*** im Affekt handeln.
συγχώνευ|μα [si'ŋxɔnɛvma] *n* Legierung *f*; Verschmelzung *f*; **~ση** [-nɛfsi] (-εις) Legieren *n*; Verschmelzung *f*; *fig*. Zusammenlegung *f*, *Hdl*. Fusion *f*.
συγ·χωνεύω (εψ) legieren; verschmelzen; *fig*. zusammenlegen.
συγχώρηση [si'ŋxɔr-] (-εις) Vergebung *f*; Verzeihung *f*; Erlass *m*.
συγχωριανός Landsmann *m*.
συγχωροχάρτι Ablassbrief *m*.
συγ·χωρ|ώ [siŋxɔ'rɔ] (είς, άς· ησ, εσ) verzeihen, entschuldigen; *Sünden* vergeben; ***με ~είτε!*** verzeihen Sie!; ***δεν ~είται*** ... ist unverzeihlich; ***~εμένο*** selig, verstorben.
σύδεντρο ['siðɛňdrɔ] Waldgebiet *n*.
συ·ζεύγω [si'zɛvɣɔ] (ευξ· ευτ) zusammenfügen, vermählen; einspannen.
συζευκτικός [-zɛfktik-] Binde-, Satz- (*Stein*); konjunktional.
σύζευξη ['sizɛfksi] (-εις) Einspannen *n*; Vermählung *f*; *El*. Parallelschaltung *f*.
συζήτηση [si'zit-] (-εις) Erörterung *f*; Unterhaltung *f*; Diskussion *f*, Aussprache *f*; Debatte *f*; *jur*. Verhandlung *f*.
συζητ|ήσιμος erwägenswert; fragwürdig, strittig; **~ητής** Diskussionsteilnehmer *m*; gute(r) Redner *m*; **~ητικός** Diskussions-.
συ·ζητώ [sizi'tɔ] (είς, άς· ησ) *v/t*. besprechen, diskutieren; *jur*. verhandeln; *v/i*. (sich) streiten, e-e Debatte führen.
συζυγ|ία [sizij-] Ehestand *m*; *Gr*. Konjugation *f*; *Astr*. Konjunktion *f*; ***~ίαι νεύρων*** Hirnnerven *m/pl*.; **~ικός** ehelich, Ehe-.
σύζυγος Mann *m*, Ehemann *m*, Gatte *m*; *f* Frau *f*, Ehefrau *f*, Gattin *f*.
συ·ζώ [si'zɔ] (*s*. ***ζω***) zusammenleben.
σύθαμπος ['siθaňbɔs] Abenddämmerung *f*.
συθέμελα [si'θɛmɛla] von Grund auf.

Σ

συκαμιά 458

συκ|αμιά [sika'mĭa] Maulbeerbaum *m*; **~άμινο** Maulbeere *f*.
συκιά [si'ķĭa] Feigenbaum *m*.
σύκο ['sikɔ] Feige *f*.
συκο|φάγος [-'faɣ-] Pirol *m*, Goldamsel *f*; **~φάντης** [-'fañd-] (*-τρια*) Verleumder(in *f*) *m*.
συκοφαντ|ία [sikɔfañd-] Verleumdung *f*; **~ικός** verleumderisch; **~ώ** (είς· ησ) verleumden (*σε*/ bei *D*).
συκόφυλλο [-filɔ] Feigenblatt *n*.
συκωταριά [sikɔta'rja] Leber *f* u. andere Innereien.
συκώτι [si'kɔti] Leber *f*.
συλ·- *mit Augment* ***συνε-***.
σύληση (-εις) Kirchenraub *m*; Plünderung *f*.
συλλαβαίνω *s.* ***συλλαμβάνω***.
συλλαβή [sila'vi] Silbe *f*.
συλλαβ|ίζω (σ) buchstabieren; **~ικός** Silben- (*z. B. Schrift*).
συλ|λάβισμα *n*, **~λαβισμός** Buchstabieren *n*; **~λαβιστά** *Adv.* nach Silben; Silbe für Silbe; **~λαβόγριφος** [-la'vɔɣrif-] Silbenrätsel *n*.
συλλαλητήριο [silalit-] Versammlung *f*, Kundgebung *f*.
συλ|·λαμβάνω [sila'ŋvanɔ] (συνέλαβα· ληφθ) *v/t.* fangen, ergreifen; *jur.* verhaften, festnehmen; *Gefangene* machen; *Plan usw.* erfassen; *Verdacht* schöpfen; *v/i.* schwanger werden; **~·λέγω** (σύλλεξα· χτ) sammeln; *Erkundigungen* einziehen; **~λέκτης** [-'lɛkt-] Sammler *m* (*a. Tech.*); *El.* Kollektor *m*; **~λέκτρια** Sammlerin *f*.
σύλληψη ['silipsi] (-εις) Ergreifung *f*, Festnahme *f*, Verhaftung *f*; *Zool.* Empfängnis *f*; ***~ ιδέας*** Inspiration *f*.
συλλογ|έας [silɔ'jɛas] (*pl.* -είς) Sammler *m*; **~ή** Sammeln *n*; (*Gesetzes-*) Sammlung *f*; Auswahl *f*; Sortiment *n*, Kollektion *f*; Grübeln *n*; ***~ή έκδοσης σε μεμονωμένα φύλλα*** Loseblattsammlung *f*; **~ίζομαι** [-'izɔmɛ] (στ), *a.* **~ιέμαι** (ιέσαι) *v/t.* denken an *A*; *etw.* bedenken; *v/i.* urteilen, denken; **~ικός** kollektiv, gemeinsam; Kollektiv- (*Vertrag*); *Su. f* Kollektiv *n*; **~ικότητα** Kollektivität *f*; **~ιούμαι** (είσαι) *s.* ***συλλογίζομαι***; **~ισμένος** nachdenklich; **~ισμός** Schlussfolgerung *f*; Syllogismus *m*; Überlegung *f*.
σύλλογος ['silɔɣ-] Verband *m*, (*z. B. Sport-*)Verein *m*, Kollegium *n*.
συλλυπητήρι|ος [silipit-] (-α) Beileids-(*Schreiben*); ***~α*** *Su. n/pl.* Beileid *n*.
συλλυπούμαι [-li'pumɛ] (είσαι· συλλυπήθηκα) *j-m* sein Beileid bekunden.
συλώ [si'lɔ] (άς· ησ) (aus)plündern; Kirchenraub begehen.
συμ·- *mit Augment* ***συνε-***.
συμ|·βαδίζω [simvað-] (σ) zusammengehen (*a. fig.*); **~·βαίνω** (να -βώ· συνέβηκα) erfolgen; geschehen; zustoßen (*του*/ *D*); ***~βαίνει να ...*** es ist so, dass ...; **~·βάλλω** (συνέβαλα· συμβληθ-) *v/i.* beitragen (*σε*/ zu *D*); münden (*σε*/ in *A*); ***~βάλλομαι*** e-n Vertrag schließen; ***~βαλλόμενος*** vertragschließend; **~βάν** (-άντος) *n* Ereignis *n*.
σύμβαση ['simvasi] (-εις) Vertrag *m*; *mst. pol.* Abkommen *n*, Konvention *f*; ***γενική συλλογική ~*** Manteltarifvertrag *m*.
συμ|βατικός [simvat-] vertraglich (vereinbart), Vertrags-; konventionell; **~βατικότητα** Konvention *f*, Brauch *m*; **~βία** Gemahlin *f*.
συμ|·βιβάζω [simviv-] (σ· στ) *v/t.* versöhnen, aussöhnen; *Streit* beilegen; ***~βιβάζομαι*** im Einklang sein (***προς*** *A*/ mit *D*), entsprechen *D*; sich (*A*) abfinden können; *jur.* e-n Kompromiss schließen (***με***/ mit *D*); sich miteinander vereinbaren lassen; **~βιβάσιμος** vereinbar, zulässig; **~βιβασμός** Versöhnung *f*; Vergleich *m*, Kompromiss *m*.
συμβιβαστ|ής [simvivast-] Vermittler *m*; **~ικός** versöhnlich, kompromissbereit; *S.* gütlich; **~ικότητα** Kompromissbereitschaft *f*; Vereinbarkeit *f*.
συμβ|ιώνω (σ) zusammenleben; **~ίωση** (-εις) Zusammenleben *n*; *Biol.* Symbiose *f*.
συμβλημένος vertragschließend.
συμβοηθός [simvɔiθ-] *m, f* Gehilfe *m*, Gehilfin *f*.
συμβόλαιο Vertrag *m*; Notariatsurkunde *f*; ***~ αγοράς*** Kaufvertrag *m*.
συμβολαιο|γραφείο Notariat *n*; **~γραφικός** notariell; Notariats- (*Gebühren*); **~γράφος** Notar *m*.
συμβολ|ή [simvɔ'li] Beitrag *m*, Anteil *m*; Zusammenfluss *m*; **~ίζω** (σ) symbolisieren; **~ικός** *allg.* symbolisch; **~ισμός** Symbolismus *m*.

Σ

σύμβολο Symbol *n*, Sinnbild *n*; Zeichen *n*; *Mus.* Note *f*; ***φωτινό ~*** *EDV*: Cursor *m*; **~ *εξουσίας*** Statussymbol *n*; **~ *πίστεως*** Glaubensbekenntnis *n*.

συμβουλ|άτορας [siŋvu'latɔras] Ratgeber *m*; **~ευτικός** [-ɛft-] beratend.

συμ·βουλ|εύω (εψ· ευτ) *v/t. j-m* raten; *j-n* beraten; ***~εύομαι*** *j-n* um Rat fragen (***επί*** *G*, ***σε***/ in *D*); *Arzt* konsultieren; *in e-m Buch* nachschlagen; **~ή** Rat (-schlag) *m*.

συμβούλιο [si'ŋvul-] Rat *m*; Kollegium *n*; Konferenz *f*; ***Ευρωπαϊκό ~*** Europarat *m*; **~ *Ασφαλείας*** Sicherheitsrat *m*; **~ *εργαζομένων*** Betriebsrat *m*.

σύμβουλος Rat *m als Pers. u. Titel*; Ratgeber *m*; Berater *m*; ***δημοτικός ~*** Stadtrat *m*; ***νομικός ~*** Rechtsberater *m*; **~ *σε αναπτυσσόμενη χώρα*** Entwicklungshelfer *m*.

συμμάζεμα [si'maz-] *n* Einsammeln *n*; Aufräumen *n*; Bändigung *f*.

συμμαζ|εύω [sima'zɛvɔ] (εψ· εμένος) einsammeln, zusammenlesen; *Haus* aufräumen; *Kleid* raffen, kürzen, enger machen; *fig.* bändigen; ***~εύομαι*** sich (*A*) zusammennehmen.

συμ|μάζωμα *n s.* ***συμμάζεμα***; **~μαζωμένος** [-mazɔm-] eingesammelt; aufgeräumt; gekürzt; gebändigt; **~μαζώνω** (σ) *s.* ***συμμαζεύω***; **~μαζωχτός** *s.* ***συμμαζωμένος***.

συμμαθητής [-maθit-] (***-ήτρια***) Mitschüler(in *f*) *m*.

συμμαχ|ία [simaç-] Bündnis *n*, Allianz *f*, Bund *m*; Pakt *m*; ***Βορειοατλαντική ~ία*** Nordatlantikpakt *m*; **~ικός** alliiert; ... der Verbündeten.

σύμμαχος verbündet, alliiert.

συμ·μαχώ [sima'xɔ] (είς· ησ) sich (*A*) verbünden.

συμ|·μερίζομαι [simɛ'rizɔmɛ] (στ) *Schmerz*, *Meinung* teilen; **~·μετέχω** [-'tɛxɔ] (*s.* ***έχω***, *Anhang*) (*G od.* ***σε***) teilnehmen (an *D*); Anteil nehmen (an *D*); *Hdl.* beteiligt sein (*G*/ an *D*); **~μετοχή** [-tɔ'çi] Teilnahme *f* (***σε***/ an *D*); *Hdl.*; *pol.* Beteiligung *f* (***σε***/ an *D*); *z.B.* ***~μετοχή στις εκλογές*** Wahlbeteiligung *f*; **~μετοχικός** [-mɛtɔç-] gemeinsam, Mit-; **~μέτοχος** [-'mɛtɔx-] Teilnehmer *m*; Teilhaber *m*.

συμμετρ|ία [simɛtr-] Ebenmaß *n*; Symmetrie *f*; **~ικός** ebenmäßig; symmetrisch; *Zahl*: rational.

σύμμετρος angemessen (***προς*** *A*/*D*); kommensurabel, vergleichbar.

συμμιγής [simij-] gemischt.

συμμορ|ία [simɔr-] Bande *f*; **~ιακός** Banden-; **~ίτης** (***-ισσα***) Bandit(in *f*) *m*; **~ιτισμός** Bandenwesen *n*; **~ιτοπόλεμος** Guerillakrieg *m*.

συμ·μορφ|ώνω [simɔrf-] (σ· θ) *v/t.* in Einklang bringen; *j-n* zur Vernunft bringen; ***~ώνομαι*** sich richten (***προς*** *A*/ nach *D*); Vernunft annehmen; ***~ωμένος*** ... in Ordnung.

συμμόρφωση [-fɔsi] (-εις) Anpassung *f*, Ausrichtung *f*; Unterwerfung *f*.

συμ|παγής [simbaj-] kompakt, dicht; fest gefügt; **~πάθεια** Mitleid *n*; (***προς*** *A*) Sympathie *f* (für *A*); Neigung *f* (zu *D*); *Med.* Nebenwirkung *f*; **~παθητικός** sympathisch, F nett; mitfühlend; sympathisch (*Nervensystem*); Schutz- (*Färbung*); **~πάθιο** Entschuldigung *f*; ***με το ~πάθιο*** mit Verlaub zu sagen ...; **~·παθώ** [-ba'θɔ] (είς· ησ) *v/t.* Mitleid haben mit *D*; *j-n* sympathisch finden, F *j-n* mögen; sympathisieren mit *D*.

συμπαιγνία [simbɛɣ'nia] Komplott *n*.

συμ|παίκτης [si'mbɛkt-] Spielgefährte *m*; Mitspieler *m*; **~παίκτρια** Spielgefährtin *f*; Mitspielerin *f*.

σύμπαν (-αντος) *n* Weltall *n*.

συμπαρ|άσταση [simbar-] (-εις) Beistand *m*, Unterstützung *f*; **~αστάτης** *Pers.* Beistand *m*; **~αστατώ** [-asta'tɔ] (είς· ησ) *j-m* beistehen; **~ασύρω** [-a'sirɔ] mit sich ziehen, mitreißen.

συμπαρε- (-παρα + ε) *s.* ***συμπαρα-***.

συμ·πάσχω [-'mbasxɔ] (παθ) (***με***) mit *j-m* leiden; Mitleid haben mit *D*.

συμ|πατριώτης [simba'triɔt-] (***-ισσα***) Landsmann *m* (-männin *f*); **~πεθέρα** [-bɛ'θɛra] Mutter *f* des Schwiegersohnes *od.* der Schwiegertochter; **~πεθερεύω** (εψ) sich (*A*) verschwägern; **~πεθεριά** Verschwägerung *f*; **~πεθεριάζω** (σ) *s.* ***συμπεθερεύω***; **~πέθερος** Vater *m* des Schwiegersohnes *od.* der Schwiegertochter.

συμπεπ- *s.* ***συμπ-***.

συμ|·περαίνω [simbɛr-] (αν) schließen, folgern (***από***/ aus *D*); **~πέρασμα**

Σ

συμπερασματικός 460

n Schluss(folgerung *f*) *m*; **~περασματικός** [-razm-] folgernd; *Gr.* konsekutiv; **~περασμός** Vermutung *f*.
συμπεριε- *s.* ***συμπερι-***.
συμπεριλαμβ|άνω [-la'ŋvanɔ] (-περίλαβα· ληφθ) *v/t.* aufnehmen (***σε***/ in *A*); mit einbegreifen; ***~άνω στο πρόγραμμα*** einprogrammieren, speichern; ***~άνομαι*** mit einbegriffen sein; ***~ανομένου*** einschließlich *G*.
συμπερι|πλοκή [-plɔ'ḳi] Verflechtung *f*; Verwirrung *f*; **~φέρομαι** (φερθ) sich (*A*) benehmen (***σε***/ gegen *A*); **~φορά** Benehmen *n*, Betragen *n*; ***αποκλίνουσα ~φορά*** Fehlverhalten *n*.
σύμ|πηκτος ['sim̃bikt-] zähflüssig; **~πηξη** [-biksi] (-εις) Kondensierung *f*.
συμ|·πιέζω [si'm̃bjɛzɔ] (-πίεσα) (zusammen)pressen, komprimieren; ***~πιεσμένος αέρας*** Pressluft *f*; **~πίεση** [-'biɛsi] (-εις) Verdichtung *f*, Kompression *f*; **~πιεστής** [-bĭɛst-] Kompressor *m*; **~πιεστικός** Kompressor-; Verdichtungs-; **~πιεστός** komprimierbar; **~·πίπτω** [-'biptɔ] (πεσ) *fig.* sich decken; *Math.* sich schneiden; gleichzeitig eintreten; *unp.* es trifft sich.
σύμπλεγμα ['sim̃bleɣma] *n* Verflechtung *f*; *Kunst*: Gruppe *f*; (*Straßen-*) Netz *n*; Monogramm *n*; Komplex *m*; ***~ κατωτερότητας*** Minderwertigkeitskomplex *m*; ***Οιδιπόδειο ~*** Ödipuskomplex *m*.
συμ|πλέκτης [si'm̃blɛkt-] Kupplung *f*; **~πλεκτικός** Kupplungs-; *Gr.* nebenordnende Binde- (*Wörter*); **~·πλέκω** [-'blɛkɔ] (ξ· χθ, πλακ) ineinander verflechten, verschlingen; *Hände* falten; ***~πλέκομαι*** handgemein werden; *mil.* plänkeln; **~πληγάδες** *m/pl.* gefährliche(r) Engpass; **~πλήρωμα** [-'blir-] *n* Ergänzung *f*; Nachtrag *m*; Nachschlag *m Essen*; **~πληρωματικός** Ergänzungs-; nachträglich; Zusatz-; *Math.* Komplement-; *Su. n/pl.* Zubehörteile *n/pl.*; **~·πληρώνω** (σ· θ) ergänzen; *Arbeit*, *Lebensjahr* vollenden; *Formular* ausfüllen; *Schulaufgaben* nachholen; *Platz* besetzen; **~πλήρωση** [-rɔsi] (-εις) Ergänzung *f*; Vollendung *f*; Ausfüllen *n e-s Formulars*; Nachholen *n*.
συμπλοκή [sim̃blɔ'ḳi] Falten *n*; Verschlingung *f*; Handgemenge *n*; Zusammenstoß *m*; *fig.* Verflechtung *f*.
σύμπνοια ['sim̃bnia] Einvernehmen *n*.
συμπολεμιστής [sim̃bɔlɛm-] Kriegskamerad *m*.
συμπολιτ|εία Staatenbund *m*, Konföderation *f*; **~ευόμενος** [-ɛ'vɔm-] regierungsfreundlich.
συμπολ|ίτευση [-ɛfsi] (-εις) Regierungskoalition *f*; **~ίτης** Mitbürger *m*.
συμ|πόνεση *s.* ***συμπόνια***; **~πονετικός** mitleidig; **~πόνια** Mitleid *n*; **~πονώ** (είς· εσ) bemitleiden.
συμ·ποσι|άζω [sim̃bɔsj-] (σ) *v/i. u. v/p.* (***~άζομαι***) zechen; feiern; **~αστής** Teilnehmer *m* e-s Gelages.
συμπόσιο Fest *n*; Trinkgelage *n*; *Universität u. hist.* Symposium *n*.
συμπότης Zechgenosse *m*.
σύμπραξη (-εις) Mitwirkung *f*.
συμ·πράττω [-'bratɔ] (συνέπραξα) mitwirken; zusammenarbeiten.
συμπρωταγωνιστής [sim̃brɔtaɣɔni'stis] (***-ίστρια***) Mithauptdarsteller(in *f*) *m*.
σύμπτυξη ['sim̃ptiksi] (-εις) Zusammenfaltung *f*; Zusammendrängung *f*; Rettung *f*; Zurückweichen *n*.
συμ·πτύσσ|ω (σύμπτυξα· χτ) *v/t.* zusammenfalten; *Segel* reffen; zurückdrängen; *Termin* verkürzen; ***~ομαι*** zusammenrücken; *mil.* zurückweichen.
σύμπτωμα *n* Symptom *n*, Anzeichen *n*; ***χωρίς συμπτώματα*** symptomfrei.
συμπτωματικός [sim̃ptɔmat-] symptomatisch; zufällig (*bsd. Adv.* ***-α***).
σύμπτωση [-ptɔsi] (-εις) Zusammentreffen *n*; Zufall *m*; *Math.* Kongruenz *f*; ***κατά ~*** zufällig.
συμ|·πυκνώνω [sim̃bi'knɔnɔ] (σ· θ) verdichten; kondensieren; ***~πυκνωμένος*** kondensiert; **~πύκνωση** [-'biknɔsi] (-εις) Verdichtung *f*, Kondensierung *f*.
συμπυκνωτ|ήρας, ~ής *El.* Kondensator *m*; Verdichter *m*.
συμπυκνωτικός Kondensations-.
συμ·φέρει [si'ɱfɛri] (συνέφερε) es ist vorteilhaft, es lohnt sich (*für mich usw.*).
συμφέρο(ν) (-οντος) Interesse *n*; Vorteil *m*.
συμφεροντο|λογικός [siɱfɛrɔñdɔ-] aus selbstsüchtigen Motiven; **~λόγος** [-'lɔɣ-] (-α) eigennützig.

Σ

συμφερτικός vorteilhaft, nützlich, lohnend.

συμφέρων (-ουσα, -ον) *K. s.* ***συμφερτικός.***

συμ·φιλ|ιώνω [siɱfilj-] (-ίωσα· θ) *v/t.* aussöhnen; **~*ιώνομαι*** sich (*A*) aussöhnen (***με***/ mit *D*); **~ίωση** [-'liɔsi] (-εις) Aussöhnung *f*; **~ιωτικός** [-jɔt-] Versöhnungs-.

συμφοιτητής [siɱfit-] (**-*ήτρια***) Kommilitone *m* (*f* -onin), Studienkamerad(in *f*) *m*.

συμφορά Unglück *n*, Unheil *n*.

συμφόρηση [si'ɱfɔr-] (-εις) Stauung *f*, (*Verkehrs-*) Stau *m*; *Med.* Blutung *f*, Blutsturz *m*; Schlaganfall *m*.

σύμφορος vorteilhaft, günstig.

σύμφυρμα [-firma] *n* Gemisch *n*.

συμφυρμός Kontamination *f*.

συμφυρτός gemischt.

συμ·φύρω (II = I) vermengen.

σύμφυ|ση (-εις) Zusammenwachsen *n*, Verwachsung *f*; **~τος** zusammengewachsen; angeboren (***σε***/ *j-m*).

σύμφωνα ['siɱfɔna]: **~ *προς*** *A*, ***με*** laut *G* (*D*), gemäß *D*, auf Grund *G*, im Einklang mit *D*.

συμφων|ητικό Vereinbarung *f*; **~ία** Übereinstimmung *f*; Vereinbarung *f*; *Mus.* Sinfonie *f*; *Gr.* Kongruenz *f*; *Hdl. mst.* Abkommen *n*; ***με αμοιβαία ~ία*** im gegenseitigen Einverständnis; ***με τη ~ία ότι ...*** unter der Bedingung, dass ...; **~ικός** Konsonanten- (*Bündel*); sinfonisch, Sinfonie-.

σύμφωνο Pakt *m*, Vertrag *m*; *Gr.* Konsonant *m*; ***πολιτιστικό ~*** Kulturabkommen *n*; **~ *μη επιθέσεως*** Nichtangriffspakt *m*.

συμφωνόληκτος ... auf e-n Konsonanten endend.

σύμφων|ος übereinstimmend; einverstanden; **~*οι!*** einverstanden!

συμ·φωνώ [siɱfɔ'nɔ] (είς· ησ) sich einig sein (***σε***/ in *D*, über *A*); übereinstimmen (***με, μαζί ... ότι***/ mit *D* darin, dass); übereinkommen, sich einigen; passen (***με***/ zu *D*); zustimmen *D*.

συμ·ψηφ|ίζω [siɱbzif-] (σ) anrechnen (***με***/ auf *A*); verrechnen (***με***/ mit *D*); ausgleichen; **~ισμός** Verrechnung *f*; Anrechnung *f*; ***γραφεία ~ισμού*** Verrechnungsstelle *f*.

συν [sin] (*D*) mit *D*; *Math.* plus (+); **~ *τω χρόνω*** mit der Zeit.

συν- *Präfix oft*: mit-, zusammen-, ver-; ***συ-*** *vor* ***ζ, σ-***; ***συγ-*** *vor* ***γ-, κ-, χ-***; ***συλ-*** *vor* ***λ-***; ***συμ-*** *vor* ***β-, π-, φ-, ψ-***; ***συρ-*** *vor* ***ρ-***.

συναγελάζομαι [-ajɛ'lazɔmɛ] (στ) verkehren (mit *D*).

συναγερμός [-ajɛrm-] Alarm *m*; Versammlung *f*; **~ *νέφους*** Smogalarm *m*.

σύναγμα ['sinaɣma] *n* Versammlung *f*, Menschenauflauf *m*; *Med.* Stein *m*.

συναγρίδα Meerbrachsen *m*.

συν|άγω [si'naɣɔ] (συνάγαγα, -άχτηκα· αγμ) *v/t.* versammeln; *Heer* zusammenziehen; *S.* sammeln; schließen (***εκ*** *G*, ***από***/ aus *D*); **~*άγομαι*** folgen, sich ergeben (***από***/ aus *D*); **~αγωγή** Versammlung *f*; Synagoge *f*.

συναγων|ίζομαι [sinaɣɔ'nizɔmɛ] (σ· στ) *v/t.* konkurrieren (können) mit *D*; wetteifern, Mitbewerber haben (***σε***/ um *A*, in *D*); **~ισμός** Konkurrenz *f*; (*unlauterer*) Wettbewerb *m*; **~ιστής** (**-*ίστρια***) Mitkämpfer(in *f*) *m*; Konkurrent(in *f*) *m*, Mitbewerber(in *f*) *m*.

συν|αδελφικός [-aðɛlf-] Kollegen-, kollegial; **~αδελφικότητα** Kollegialität *f*; **~άδελφος** Kollege *m*, Amtsbruder *m*; **~αδελφοσύνη** Kollegialität *f*.

συν|άζω (ξ· χτ) versammeln; **~*άζομαι*** *a.* sich ansammeln; **~αθροίζω** [-a'θrizɔ] (σ· στ) sammeln; versammeln; zusammenziehen; um sich (*A*) scharen; *Betrag a.* einnehmen; *s.a.* ***συνάζω***; **~άθροιση** [-'aθrisi] (-εις), **~άθροισμα** *n* Sammlung *f*; Versammlung *f*; Zusammenlaufen *n*.

συν|αίνεση [si'nɛnɛsi] (-εις) Einwilligung *f*; Billigung *f*; **~αινώ** [-ɛ'nɔ] (είς· εσ) einwilligen (***σε***/ in *A*); **~αίρεση** (-εις) *Gr.* Zusammenziehung *f*, Kontraktion *f*; **~αιρώ** (είς· συναίρεσα· εθ· -ούμαι, -είται) *Vokale* kontrahieren.

συν|αισθάνομαι [sinɛ'stanɔmɛ] (ανθ) einsehen; sich (*D*) bewusst sein *G*; *Psych.* wahrnehmen; **~αίσθημα** *n* Empfindung *f*; Gefühl *n*; **~αισθηματικός** [-ɛstimat-] Gefühls- (*Welt*); empfindsam; sentimental; **~αισθηματικότητα** Empfindsamkeit *f*; Sen-

Σ

συναίσθηση 462

timentalität *f*; Sensibilität *f*; **~αίσθηση** Bewusstsein *n*; ***έχω ~αίσθηση*** *G* sich (*D*) *e-r S.* bewusst sein.
συναίτιος [si'nɛt-] Mittäter *m*.
συνακόλουθ|ος [-a'kɔluθ-] folgend; folgerichtig; *Su. m* Gefährte *m*; ***~α*** *n/pl.* Begleitumstände *m/pl.*
συνακολουθώ [-lu'θɔ] (είς· ησ) begleiten; *j-m* folgen (*a. fig.*); *j-m* nachfolgen; folgen, sich ergeben.
συν|αλλαγή [-ala'ji] Tausch(handel) *m*; Handel(sverkehr) *m*; Geschäft *n*, Transaktion *f*; Ämterschacher *m*; **~άλλαγμα** [-'alaɣma] *n* Devisen *f/pl.* (***επί*** *G*/ auf *A*), Valuta *f*; Wechsel *m*.
συναλλαγματικ|ή [sinalaɣmat-] Wechsel *m*; **~ός** Devisen-.
συναλλάζ|ω [sina'lazɔ] (ξ· χτ) *v/t.* (um)tauschen; abwechselnd gebrauchen; ***~ομαι*** in Verbindung stehen, Handel treiben; um Ämter schachern.
συναλλακτικός [-lakt-] Handels-, Tausch-, Geschäfts-.
συναλοιφή [-ali'fi] *allg. Gr.* Verschmelzung *f* zweier Vokale.
συνάμα zusammen; gleichzeitig.
συναναστρ|έφομαι [-ana'strɛfɔmɛ] (αφ) verkehren (*A od.* ***με***/ mit *D*); **~οφή** [-ɔ'fi] Umgang *m* (*o. pl.*).
συνάνθρωπος Mitmensch *m*.
συν|άντηση [si'nañd-] (-εις) Treffen *n*; Zusammenkunft *f*; Verabredung *f*, Termin *m*; *Sport*: Spiel *n*; ***ορίζω ~άντηση*** sich (*A*) verabreden; **~αντώ** [-añ'dɔ] (άς· ησ) *v/t.* treffen; *fig.* stoßen auf *A*; ***~αντιέμαι*** sich (*A*) treffen; stoßen (***με***/ auf *A*).
συναξάρι Sammlung *f* von Heiligengeschichten; *iro.* Schlafmittel *n*.
σύναξη ['sinaksi] (-εις) Versammlung *f*; Einnahme *f von Geld*; *mil.* Appell *m*.
συναπ|άντημα *n* (zufällige) Begegnung *f*; **~αντώ** (άς) *s.* ***συναντώ.***
συναπτός aufeinander folgend.
συνάπτω [si'naptɔ] (σύναψα· φτ· μμ) zusammenbinden; beifügen; *Ehe, Freundschaft* schließen; *Vertrag* (ab-) schließen; *Beziehungen* anknüpfen; *den Kampf, e-e Anleihe* aufnehmen.
συναρθρώνω (σ) zusammenfügen.
συν|άρθρωση [-'narθrɔsi] (-εις) Verbindung *f*, Zusammenfügung *f*; Gelenk *n*; **~αριθμώ** [-ariθ'mɔ] (είς· ησ) mitzählen; mitrechnen; **~αρμογή** [-armɔ'ji] Zusammenfügung *f*; Montage *f*; Anpassung *f*; **~αρμόζω** (σ· στ) zusammenfügen; montieren; anpassen.
συναρμολ|όγημα [sinarmɔ'lɔj-] *n*, **~όγηση** (-εις), **~ογία** Zusammenfügung *f*; Aufstellung *f*, Montage *f*; **~ογώ** [-ɔ'ɣɔ] (είς· ησ) zusammenfügen; aufstellen, montieren.
συναρμοστής [-armɔst-] Monteur *m*.
συν|αρπαγή [sinarpa'ji] Zauber *m*, Reiz *m*; **~αρπάζω** (σ) *v/t.* begeistern, hinreißen; ***~αρπάζομαι*** sich (*A*) hinreißen lassen; **~αρπαστικός** hinreißend, packend; **~άρτηση** (-εις) Zusammenhang *m*; *Math.* Funktion *f*; **~αρτώ** [-ar'tɔ] (άς· ησ) miteinander verbinden.
συνασπ|ίζομαι [sina'spizɔmɛ] (στ) sich (*A*) verbünden, zusammengehen; **~ισμός** Koalition *f*; Wahlbündnis *n*.
συναυλία [sina'vlia] Konzert *n*.
συναυτουργ|ία [-afturj-] Mittäterschaft *f*; **~ός** [-'ɣɔs] Komplize *m*.
συν|άφεια [si'nafja] Verbindung *f*, Kontakt *m*; Zusammenhang *m*; *Phys.* Kohäsion *f*; **~αφής** zusammenhängend; *fig.* verwandt.
συνάφι Zunft *f*, Innung *f*, Gilde *f*.
συνάχι [si'naïçi] Schnupfen *m*; ***αλλεργικό ~*** Heuschnupfen *m*; ***παίρνω ~*** e-n Schnupfen bekommen.
συναχ|ιάζομαι [sina'çjazɔmɛ] (στ), **~ώνομαι** [-'xɔnɔmɛ] (θ) sich (*D*) e-n Schnupfen holen.
σύναψη ['sinapsi] (-εις) Abschluss *m*; (*Friedens-*)Schluss *m*; Aufnahme *f e-r Anleihe*.
συνδαιτυμόνας [siñðeti'mɔnas] Tischgenosse *m*.
συν|·δαυλίζω [siñða'vlizɔ] (σ) schüren (*a. fig.*), F anheizen; **~δαύλιση** [-'ðafl-] Schüren *n*, F Anheizen *n*.
συνδεδεμένος verbunden; *s.* ***συνδέω.***
σύνδεντρος ['siñðeñdr-] bewaldet.
σύνδεση (-εις) Anknüpfung *f*, (*Verkehrs-*)Verbindung *f* (*a. Tel.*); *El.* Schaltung *f*; Anschluss *m* (*a. Tel.*); ***~ παράλληλος*** Nebenschaltung *f*.
σύνδεσμος ['siñðezm-] Verbindung *f*; *fig.* Bande *f*, Bund *m*; *Gruppe*: Verband *m*; *Anat.* Gelenkband *n*; *Gr.* Konjunktion *f*; *mil.* Verbindung(sdienst *m*) *f*,

Σ

Verbindungsoffizier *m*; ~ **καρντάν** Kardangelenk *n*.
συνδετ|ήρας [-ðɛ'tiras] Klammer *f*; Verbindungsstück *n*; **~ικός** Verbindungs-, Binde-, Anschluss-.
συνδέ|ω (σύνδεσα· θ) *v/t.* verbinden, verknüpfen; *El.* (ein)schalten; **~ομαι** sich (*A*) verbinden, verbunden sein (**για**/ durch *A*); einander nahe stehen.
συνδημότης [-ði'mɔtis] Mitbürger *m* (aus derselben Gemeinde).
συν|διαλέγομαι [siñðĭa'lɛɣɔmɛ] (χτ) sich (*A*) unterhalten; **~διάλεξη** [-'ðjalɛksi] (-εις) Unterhaltung *f*; (*Telefon-*) Gespräch *n*; **αστική ~διάλεξη** Ortsgespräch *n*; **υπεραστική ~διάλεξη** Ferngespräch *n*.
συνδιαλλ|αγή [siñðĭala'ji] Versöhnung *f*; **~άσσω** [-'asɔ] (ξ) versöhnen; **~αχτικός** Versöhnungs-; versöhnlich.
συν|διασκέπτομαι [siñðĭa'sķɛptɔmɛ] (φτ) beraten, verhandeln; **~διάσκεψη** [-'ðjasķɛpsi] (-εις) Konferenz *f*, Beratung *f*; **~διατρίβω** [-ðĭa'trivɔ] (ψ) sich (*D*) die Zeit vertreiben; **~διδασκαλία** Koedukation *f*; **~διε-, ~διη-** *s.* **συνδια-**.
συνδικαλίζομαι [-ðika'lizɔmɛ] (στ) gewerkschaftlich organisiert sein.
συνδικαλισ|μός [siñðikal-] Gewerkschaftsbewegung *f*; Syndikalismus *m*; **~τής** (-**ίστρια**) Gewerkschaftler(in *f*) *m*; **~τικός** gewerkschaftlich.
συνδικάτο Gewerkschaft *f*; Syndikat *n*.
σύνδικος Syndikus *m*; Konkursverwalter *m*.
συνδιοίκηση (-εις) Mitbestimmung *f*.
συνδρομ|ή [siñðrɔ'mi] Unterstützung *f*; Beitrag *m*; Abonnement *n*; Zusammentreffen *n*; **~ητής** (-**ήτρια**) Abonnement(in *f*) *m*; (*Fernsprech-*)Teilnehmer(in *f*) *m*; **γίνομαι ~ητής** *G* abonnieren *A*.
συν|·δυάζω [si'ñðĭazɔ] (-δύασα) verbinden, verknüpfen; gegenüberstellen, vergleichen; **~δυασμός** Verbindung *f*; Vergleich *m*; *Math.* Kombination *f*; *pol.* Wahlbündnis *n*; **~δυαστικός** Kombinations-.
συνε- *s.* **συ-, συγ-, συλ-, συμ-, συν-, συρ-**.
συνεβ- *s.* **συμβ-**.
συν|εδρία *s.* **συνεδρίαση**; **~εδριάζω** [-ɛðr-] (σ) tagen, e-e Sitzung abhalten; **~εδρίαση** (-εις) Tagung *f*, Sitzung *f*, Beratung *f*; **~έδριο** Kongress *m*, Konferenz *f*; **ελεγκτικό ~έδριο** Rechnungskammer *f*.
σύνεδρος ['sinɛðr-] (*a. f*) Kongressmitglied *n*; Berufsrichter *m beim Schwurgericht*.
συνείδηση [si'nið-] Bewusstsein *n*; Gewissen *n*; **έχω ~** *G* sich (*D*) bewusst sein *G*; **~ περιβαλλοντικών προβλημάτων** Umweltbewusstsein *n*.
συνειδητ|οποιώ [siniðitɔ'pjɔ] (είς· ησ) zum Bewusstsein bringen; **~οποιούμαι** sich (*D*) vergegenwärtigen; **~ός** (*Adv.* -ά) bewusst; gewissenhaft; **~ότητα** Gewissenhaftigkeit *f*.
συνειρμικός [sinirmi'kɔs] assoziativ; *Adv.* im Zusammenhang damit, dabei.
συνειρμός [sinirm-] Zusammenhang *m*; *Psych.* Assoziation *f*.
συνεισηγητής [sinisijit-] *jur.* Berichterstatter *m*.
συνεισ|φέρω [-ni'sfɛrɔ] (II = I/ συνεισέφερα) spenden; beitragen; **~φορά** [-fɔ'ra] Spende *f*; Beitrag *m*; *jur.* Kollation *f*; *Hdl.* Einlage *f*.
συνεκ|δοχή [-ðɔ'çi] *lit.* Syn'ekdoche *f*, *etwa*: symbolhafte(r) Ausdruck; **~δοχικός** *Bedeutung*: ... im engeren (*od.* weiteren) Sinne; **~παίδευση** [-'pɛðɛfsi] Koedukation *f*.
συνεκτικ|ός [sinɛkt-] kohäsiv; bindend; dauerhaft, fest; **~ή δύναμη** Kohäsion *f*; **~ός επίδεσμος** Bandage *f*; **~ός ιστός** Bindegewebe *n*; **~ότητα** Kohäsion *f*; Naht(stelle) *f*.
συνεκφορά [sinɛkfɔ'ra] *Gr.* Vokalverschmelzung *f*.
συνέλευση [si'nɛlɛfsi] (-εις) Versammlung *f*; **ετήσια γενική ~** Jahreshauptversammlung *f*.
συνενν|οημένος [sinɛnɔim-] verabredet; *sich* verschworen *haben* (**να**/ zu); **~όηση** (-εις) Verständigung *f*; Einverständnis *n*; **~οούμαι** [-ɔ'umɛ] (είσαι· ηθ) sich (*A*) verständigen; sich (*A*) (*gut*) verstehen (**με**/ mit *D*).
συν|ενοχή [sinɛnɔ'çi] Mitschuld *f*; **~ένοχος** [-'ɛnɔx-] *m, f* Mitschuldige(r); **~εντευκτήριο** [-ɛñðɛf'ktir-] Treffpunkt *m*.
συνέντευξη [si'nɛñðɛfksi] (-εις) Verabredung *f*; Interview *n* (**από**/ mit *D*); ~

Σ

συνενώνω 464

τύπου Pressekonferenz *f*; ***παίρνω ~ από*** sich (*A*) verabreden mit *D*; *j-n* interviewen.

συν|ενώνω [sin-] (σ· θ) vereinigen; miteinander verknüpfen; **~ένωση** [-'ɛnɔsi] (-εις) Vereinigung *f*; Verknüpfung *f*; **~επάγω** [-ɛ'paɣɔ] (***αγαγ/-επηγαγ***) *s.* ***συνεπιφέρω***; **~επαίρνω** [-ɛ'pɛrnɔ] (πηρ) (mit sich) fortreißen, begeistern.

συν|έπεια [si'nɛpĭa] Folge *f*, Konsequenz *f*; Zusammenhang *m*; Folgerichtigkeit *f*; ***κατά ~έπεια*** folglich, infolgedessen; **~επής** konsequent, folgerichtig; gewissenhaft; gemäß (***προς*** *A*/*D*); **~επιβάτης** [-ɛpi'vat-] Mitreisende(r); **~φέρω** [-'fɛrɔ] (II = I) mit sich bringen, nach sich ziehen.

συν|επτυγμένος [sinɛptiɣm-] gedrängt, bündig; **~επώς** [-ɛ'pɔs] *Adv.* folglich, infolgedessen.

συν|εργάζομαι [sinɛr'ɣazɔmɛ] (στ) mitarbeiten, mitwirken (***σε***/ an *D*); zusammenarbeiten; **~εργασία** Mitarbeit *f*; Zusammenarbeit *f*; **~εργάτης** Mitarbeiter *m*; gegenseitige Hilfe; **~εργατικός** Mitarbeiter-; genossenschaftlich; *Su. f* Genossenschaft *f*; **~έργεια** [-'ɛrjĭa] Mitwirkung *f*; **~εργείο** Werkstatt *f*; Belegschaft *f*; ***~εργείο επισκευών*** Reparaturwerkstatt *f*; **~εργία** *s.* ***συνέργεια.***

σύνεργο ['sinɛrɣɔ] Werkzeug *n*.

συνεργ|ός (*a. f*) Helfershelfer(in *f*) *m*; **~ώ** (είς· ησ) mithelfen (***σε***/ bei *D*).

συνερ|ίζομαι (στ) *v/t. S.* übel nehmen; auf *j-n* böse sein; aufeinander neidisch sein; sich (*A*) streiten; **~ισιά** Ärger *m*; Neid *m*; Streiterei *f*.

Σ

συνέρχομαι [-'nɛrxɔmɛ] (να -ελθ· ηλθ) zusammenkommen; wieder zu sich kommen; sich (*A*) erholen (***από***/ von *D*); ***~ σε γάμο*** e-e Ehe eingehen.

σύνεση (-εις) Einsicht *f*, Verstand *m*.

συνεσταθ- *s.* ***συνιστώ.***

συνεσταλμένος [sinɛstalm-] zurückhaltend, schüchtern.

συνεστησ- *s.* ***συνιστώ.***

συνεστίαση [sinɛ'stiasi] gemeinsame(s) Mahl, Essen; Bankett *n*.

συνεσω- *s.* ***συσσω-.***

συνεταιρ|ίζομαι [-ɛtɛ'rizɔmɛ] (στ) sich (*A*) zusammenschließen; **~ικός** genossenschaftlich; gemeinsam; Gesellschafts-; **~ισμένος** zusammengeschlossen; genossenschaftlich; **~ισμός** Genossenschaft *f*; **~ιστικοποίηση** [-istikɔ'piisi] (-εις) genossenschaftliche(r) Zusammenschluss *m*.

συνέταιρ|ος [si'nɛtɛr-] Genossenschaftler *m*; Teilhaber *m*, Gesellschafter *m*; ***νεότερος ~ος*** Juniorpartner *m*; ***~ε!*** F Meister!, Herr Nachbar!

συν|ετίζω (σ· στ) *v/t.* zur Einsicht bringen; ***~ετίζομαι*** es einsehen; **~έτιση** (-εις) Zurechtweisung *f*; Einsicht *f*; **~ετός** einsichtig, vernünftig.

συν|εύρεση [si'nɛvrɛsi] (-εις) *s.* ***συνουσία***; Begegnung *f*; **~ευρίσκομαι** [-ɛ'vriskɔmɛ] *s.* ***συνουσιάζομαι***; zusammen sein; **~εφαπτομένη** [-ɛfaptɔ'mɛni] Kotangente *f*; **~εφέρνω** [-ɛ'fɛrnɔ] (συνέφερα) *v/t.* wieder zu sich bringen; *v/i.* wieder zu sich kommen.

συνέχεια [si'nɛĭçĭa] Fortsetzung *f*; Folge *f*; Kontinuität *f*; Weiterfahrschein *m*; ***δίνω ~*** Folge leisten; ***στη ~*** im Anschluss daran; hintereinander.

συνεχ|ής [sinɛç-] fortwährend, dauernd; ineinandergehend (*Zimmer*); ***~ές ρεύμα*** Gleichstrom *m*; **~ίζω** (σ) fortsetzen; ***~ίζομαι*** *fig.* weitergehen.

συν|έχιση [si'nɛĭçisi] Fortsetzung *f*, Fortführung *f*; **~εχιστής** Erhalter *m* (*der Tradition*); **~εχόμενος** nebeneinander liegend; **~έχω** *v/t.* zurückhalten, (davon) abhalten.

συνη- *aus* ***-ε*** + ***α, ε,*** *s.* ***συνα-, συνε-.***

συνηγαγ- *s.* ***συνάγω.***

συν|ηγορία [siniɣɔr-] Plädoyer *n*; *allg.* Fürsprache *f*; **~ήγορος** Verteidiger *m*; Rechtsanwalt *m*; Justitiar *m*; **~ηγορώ** [-ɣɔ'rɔ] (είς· ησ) *j-n* verteidigen; *fig.* sprechen (***υπέρ*** *G*/ für *A*).

συν|ήθεια [si'niθ-] Gewohnheit *f*; Angewohnheit *f*; Brauch *m*; *Hdl.* Usance *f*; **~ήθειο** [-'iθjɔ] *s.* ***συνήθεια***; *Med.* Periode *f*; **~ήθης** üblich, gewöhnlich; gewohnt; ***κατά το σύνηθες*** gewöhnlich; **~ηθίζω** *v/t. u. v/i. j-n* gewöhnen an *A*; sich (*A*) gewöhnen (*A od.* ***με*** *od.* ***σε***/ an *A*); ***~ηθίζομαι*** in Mode sein; vorkommen, üblich sein; **~ηθισμένος** gewöhnt (***να***/ daran, dass); gewöhnlich, üblich; **~ήθως** [-'iθɔs] *Adv.* gewöhnlich, meistens.

συν|ηλικιώτης [sinili'ḱɔt-] Altersge-

nosse *m*; **~ημίτονο** [-i'mitɔnɔ] Kosinus *m*; **~ημμένος** [-i'mɛn-] beigefügt; *Su. n* Anlage *f*; *Adv.* in der Anlage; *s.* ***συνάπτω***; **~ηρημένος** [-irim-] *Gr.* zusammengezogen, kontrahiert; **~ήχηση** [-'iç-] (-εις) Zusammenklang *m.*
σύνθεσε *s.* ***συνθέτω.***
σύνθεση ['sin̆θesi] (-εις) Zusammenstellung *f*; Struktur *f*; *Typ.* Satz *m*; Zusammensetzung *f*, *z. B. e-s Ausschusses* (*a. Gr.*); *Mus.* Komposition *f*; *Chem.*, *Phil.* Synthese *f.*
συν|θέτης [si'n̆θεt-] Schriftsetzer *m*; Komponist *m*; **~θετικός** *allg.* synthetisch, Kunst- (*Stoff*); Bestand- (*Teil*).
σύνθετ|ος zusammengesetzt; vielfältig, vielschichtig; ***~ος τόκος*** Zinseszins *m*; *Su.* ***~ο*** Möbelgarnitur *f*, Set *n.*
συν·θέτω [si'n̆θεtɔ] (σύνθεσα· συντεθ-) zusammenstellen; *Buch* verfassen; *Mus.* komponieren; *Typ.* setzen.
συνθήκ|η [-'θiki] Pakt *m*, Vertrag *m*; *pl.* ***~ες*** Verhältnisse *n*/*pl.*, Umstände *m*/*pl.*; ***~η μη επιθέσης*** Nichtangriffspakt *m*; ***~ες εργασίας*** Arbeitsbedingungen *f*/*pl.*
συνθηκο|λόγηση [sin̆θikɔ'lɔj-] (-εις), **~λογία** Vertragsabschluss *m*; Kapitulation *f*; **~λογώ** [-lɔ'γɔ] (είς· ησ) e-n Vertrag abschließen; kapitulieren.
σύνθημα *n* Signal *n*, Zeichen *n*; *pol.*, *mil.* Losung *f*; ***διαφημιστικό ~*** Werbespruch *m.*
συνθηματικός [-θimat-] Zeichen-, Symbol-; chiffriert; ***είναι ~*** e-e bestimmte Bedeutung haben.
συνθηματολογία [sinθimatɔ-] *pol. iro.* Schlagwortkatalog *m.*
συν·θλίβω [sin̆'θlivɔ] (ψ· ιφτ) zerdrücken, zerquetschen.
σύνθλιψη ['sin̆θlipsi] (-εις) Zerdrücken *n*, Zerquetschung *f.*
σύνθρονο ['sin̆θrɔnɔ] Sitzreihe *f* hinter dem Altar.
συνιδιοκτήτης Miteigentümer *m.*
συνίζιση [si'nizisi] (-εις) Vokalverschmelzung *f.*
συνισταμένη *Math.*, *Phys.* Resultierende *f*, Resultante *f*; *fig.* Summe *f.*
συνιστ|ώ [sini'stɔ] (άς· να συστησ· συστήθηκα) *Firma usw.* gründen; bilden; vorstellen (***του, σε - τον***/ j-m j-n); empfehlen (***του, σε - κάτι***/ j-m etw. *A*); *Arzt*: verordnen; *Brief* einschreiben lassen; ***~ώμαι*** (άσαι) sich (*A*) vorstellen; gegründet werden *usw.*
συννεφ|ιά [sinεf-] bewölkte(r) Himmel *m*; Bewölkung *f*; **~ιάζω** (-έφιασα) sich bewölken (*a. fig.*); *fig.* sich (*A*) verdüstern; **~ιασμένος** [-jazm-] bewölkt, wolkig.
σύννεφο ['sinεfɔ] Wolke *f.*
συννεφ|όκαμα [-'fɔk-] Schwüle *f*; **~ούμαι** [-'fumε] (είσαι) *s.* ***συννεφιάζω***; **~ώδης** bewölkt.
συννυφάδα [sinif-] Schwägerin *f.*
συνοδ|εία Begleitung *f* (*a. Mus.*); (feierliches) Gefolge *n*; *mil.* Geleit(zug *m*) *n*; **~εύω** (ευσ, εψ) *allg.* begleiten (*a. Mus.*); *mil.* geleiten; **~ικός** Synodal-; *Su. m* Synodale *m*; **~οιπορία** gemeinsame Reise; *fig.* Mitläufertum *n*; **~οιπόρος** (*a. f*) Mitreisende(r); Lebensgefährte *m* (-tin *f*); Reisegefährte *m* (-tin *f*); *fig. pol.* Mitläufer(in *f*) *m*; **~οιπορώ** [-ipɔ'rɔ] (είς· ησ) zusammen reisen; **~ός** Begleiter *m*; *f* Stewardess *f*; ***~ός τρένου*** (Zug-)Schaffner *m.*
σύνοδος ['sinɔð-] *f* Sitzung(speriode) *f*; *Rel.* Synode *f*; *Astr.* Konjunktion *f.*
συνοικέσιο [sini'kεs-] Ehevermittlung *f*; Partie *f.*
συνοίκηση [si'nik-] (-εις) Zusammenleben *n*; *Zool.* Beiwohnung *f.*
συνοικ|ία [sinik-] Stadtteil *m*, Vorstadt *f*; ***~ία διασκεδάσεων*** Vergnügungsviertel *n*; **~ιακός** Vorstadt-; *fig.* abgelegen; **~ίζω** (σ) besiedeln; kolonisieren; **~ισμός** Stadtteil *m*; Besiedlung *f*; Siedlung *f*; (*Dorf*) Flecken *m.*
σύνοικος *m*/*f* Nachbar(in *f*) *m*, Hausgenosse *m* (Hausgenossin *f*).
συνοικώ [sini'kɔ] (είς· ησ) zusammenwohnen; *ohne Heirat* zusammenleben.
συνολικός [sinɔl-] gesamt, Gesamt-; eingehend; *Adv.* ***-α*** insgesamt.
σύνολο Gesamtheit *f*, Gesamtmenge *f*; ***~ (της) πλαζ*** Strandanzug *m.*
συνομήλικος [sinɔ'mil-] gleichaltrig; *Su.* Altersgenosse *m.*
συνομιλ|ητής [-milit-] (***-ήτρια***) Gesprächspartner(in *f*) *m*; **~ία** Gespräch *n*; **~ώ** (είς· ησ) sich (*A*) unterhalten.
συνομο|λόγηση [-mɔ'lɔj-] (-εις), **~λογία** Abschluss *m*; Vereinbarung *f*; **~λογώ** [-lɔ'γɔ] (είς· ησ) *Vertrag* abschließen; *Bedingung* billigen.
συν|ομοσπονδία [sinɔmɔspɔn̆ð-]

Σ

συνομοταξία 466

Konföderation *f*; Zentralverband *m*; (*Gewerkschafts-*)Bund *m*; **~ομοταξία** [-taks-] *Zool.* Stamm *m* (*a. fig. iro.*); **~ονθήλευμα** *n* Zusammentragung *f*, Kompilation *f*; **~ονόματος** [-ɔ'nɔ-mat-] gleichnamig; *Su. m* Namensvetter *m.*

συνοπτικ|ός [sinɔpt-] gedrängt, kurz gefasst, Übersichts-; *jur.* summarisch; **~ότητα** Gedrängtheit *f*, Kürze *f*.

συν|οργανίζω [-ɔrγan-] (σ) orchestrieren; **~ορεύω** (ευσ) grenzen (***με***/ an *A*); **~οριακός** Grenz-, Demarkations-; **~ορίτης** (***-ισσα***) Grenznachbar(in *f*) *m.*

σύνορο ['sinɔrɔ] Grenze *f*.

συνουσ|ία [sinu'sia] Beischlaf *m*; **~ιάζομαι** [-u'sjazɔmɛ] (στ) den Beischlaf vollziehen.

συνοφρυ|ωμένος [sinɔfriɔ'mɛnɔs] ... mit gerunzelter Stirn; **~ώνομαι** (-ώθηκα) die Stirn runzeln.

συνοχή [sinɔ'çi] Zusammenhang *m*; Zusammenhalt *m*; *Phys.* Kohäsion *f*.

σύνοψη ['sinɔpsi] (-εις) Übersicht *f*; Grundriss *m*; *Rel.* Gesangbuch *n.*

συνοψίζω (σ) kurz zusammenfassen.

συνταγή [siňda'ji] Rezept *n*; (***πουλιέται***) ... ***μόνο με ~*** verschreibungspflichtig; ***χωρίς ~*** rezeptfrei.

σύνταγμα ['siňdaγma] *n* Verfassung *f*; Grundgesetz *n*; *mil.* Regiment *n.*

συνταγματ|άρχης [-'tarç-] Oberst *m*; **~ικός** verfassungsmäßig, konstitutionell; Verfassungs-; **~ικότητα** Verfassungsmäßigkeit *f*.

συνταγολόγιο Rezeptbuch *n.*

συνταιριάζω [siňdɛri'azɔ] (-ταίριασα) *Gegensätze* überwinden, miteinander in Einklang bringen.

Σ

συν|τάκτης [si'ňdakt-] Redakteur *m*; Autor *m*, Verfasser *m*; **~τακτικός** redaktionell; Redaktions- (*Personal*); *pol.* konstituierend; konstitutionell; *Chem.* Struktur-; *Gr.* syntaktisch.

σύνταξη ['siňdaksi] (-εις) *allg.* Redaktion *f*; Rente *f*; Pension *f*; *Gr.* Syntax *f*; Rektion *f der Verben*; Aufstellung *f e-r Liste*; *mil.* Ordnung *f*; ***βγαίνω στη ~*** F auf Rente gehen.

συν|ταξιδιώτης [siňdaksi'ðjɔt-] Mitreisende(r), Reisegefährte *m*; **~τάξιμος** (renten)anrechnungsfähig; Rentenbemessungs-.

συνταξιοδότηση (-εις) Altersversorgung *f*; Ruhestand *m*; ***πρόωρη ~*** Vorruhestand *m.*

συνταξι|οδοτούμαι (είσαι· ηθ· ημ) in den Ruhestand treten; **~οδοτώ** (είς· ησ) in den Ruhestand versetzen; **~ούχος** (*a. f*) Rentner(in *f*) *m.*

συν·ταρ|άζω (*a.* -άσσω· ξ· χτ) erschüttern (*a. fig.*); aufwühlen; **~ακτικός** erschütternd.

συν·|τάσσω [si'ňdasɔ] (σύνταξα· χτ) verfassen; redigieren; aufstellen; organisieren, sammeln; ***~τάσσομαι*** sich (*A*) anschließen (***με***/ *D*); *Gr.* (***με***) regieren; **~ταυτίζω** [-daft-] (σ) identifizieren; (einander) gleichsetzen; **~ταύτιση** (-εις), **~ταυτισμός** Identifizierung *f*.

σύνταχα ['siňdaxa] frühmorgens.

συν·τείνω [si'ňdinɔ] (II = I) beitragen.

συντεκνία [siňdɛkn-] Patenschaft *f*.

σύντεκνος *m*, *f* Pate *m*, Patin *f*.

συν|τέλεια Ende *n*; Weltuntergang *m*; **~τέλεση** (-εις) Vollendung *f*, Durchführung *f*.

συντελεστ|ής Faktor *m*; *Math.* Koeffizient *m*; **~ικός** fördernd.

συν·|τελώ [siňdɛ'lɔ] (είς· εσ· εστ) *v/t.* bewirken; durchführen, vollenden; *v/i.* (***σε***) dienen (zu *D*), beitragen (zu *D*); ***~τελούμαι*** durchgeführt werden, geschehen; *nur Präs.* im Gange sein; **~τέμνω** [-'dɛmnɔ] (ταμ, τεμ· τμηθ) abkürzen, verkürzen.

συντετ- *s.* ***συντ-***.

συντε|ταγμένη Koordinate *f*; **~τριμμένος** [-drim-] zerknirscht.

συντεχν|ία [siňdɛxn-] Innung *f*, *hist.* Zunft *f*; Berufsgenossenschaft *f*; **~ίτης** Berufsgenosse *m.*

σύντεχνος *s.* ***συντεχνίτης***.

συντήρηση (-εις) Erhaltung *f*; Frischhaltung *f*; Unterhalt *m*; Traditionalismus *m.*

συντηρητικ|ός [siňdirit-] konservativ; vorsichtig; *jur.* Sicherungs-; ***~ό*** Konservierungsmittel *n*; **~ότητα** Konservatismus *m.*

συν·τηρώ [-di'rɔ] (είς· ησ) erhalten, bewahren; *Familie* unterhalten, ernähren.

σύν|τμηση ['siňdmisi] (-εις) Abkürzung *f*; **~τομα** bald, in Kürze.

συντόμευση (-εις) Abkürzung *f*.

συντομ|εύω [-'mɛvɔ] (εψ) abkürzen; **~ία** Abkürzung *f*; *fig.* Kürze *f*.
συντομογραφία Abkürzung *f* (*z. B. Adj.*).
σύντομος kurz; bündig.
συν·τον|ίζω [siňdɔn-] (σ· στ) (aufeinander) abstimmen (*a. El.*), koordinieren; gleichschalten; verstärken; **~ισμένος** [-ism-] abgestimmt, koordiniert; *mil.* verstärkt; **~ισμός** Abstimmung *f* (*a. El.*); Koordinierung *f*; Gleichschaltung *f*; Verstärkung *f*; **~ιστής** [-ist-] Koordinator *m*; *Tech.* Abstimmspule *f*; **~ιστικός** Abstimm-; Koordinierungs- (*Ausschuss*).
σύντονος angespannt; intensiv, wirksam, beharrlich.
συντοπίτης [siňdɔp-] (*-ισσα*) Landsmann (-männin *f*) *m*.
συν·|τρέχω [si'ňdrɛxɔ] (ξ) *v/t. j-m* beistehen; *v/i.* zusammenlaufen; beitragen (*σε/* zu *D*); **~τριβή** [-dri'vi] Zerschmetterung *f*; Aufreibung *f*; *fig.* Zerknirschung *f*; **~τρίβω** [-'drivɔ] (ψ· φτ· μμ) *v/t.* zerschmettern; *fig.* niederschmettern, schwer treffen; *mil.* aufreiben; ***~τρίβομαι*** zerschellen.
σύντριμμα ['siňdrima] *n*, **συντρίμμι** Scherbe *f*; Trümmer *pl.*; *fig.* seelische(s) Wrack, Ruine *f*.
συντριπτικός [siňdript-] niederschmetternd; vernichtend (*Schlag*); erdrückend (*Übermacht*).
σύντριψη (-εις) *s.* ***συντριβή.***
συντρόφε(υ)μα [si'ňdrɔfɛ(v)ma] *n* Gesellschaft *f*; Begleitung *f*.
συντροφεύω (εψ) *v/t. j-m* Gesellschaft leisten; *v/i.* sich (*A*) zusammentun.
συντρόφια *m/pl.* F Kommunisten *m/pl.*, Kommune *f*.
συντροφ|ιά, ~ία Gesellschaft *f*; *Hdl.* Kompanie *f* (= Co.); *als Adv.* zusammen; ***κρατώ ~ιά*** *j-m* Gesellschaft leisten; **~ιάζω** (-όφιασα) *s.* ***συντροφεύω***; **~ικός** gemeinschaftlich; kameradschaftlich; *Adv.* (-ά) brüderlich (*teilen*); **~ικότητα** Kameradschaftlichkeit *f*.
συντρόφισσα Gefährtin *f*; Genossin *f*; Gesellschafterin *f*.
σύντροφος ['siňdrɔf-] Kamerad *m*, Gefährte *m*; *pol.* Genosse *m*; *Hdl.* Kompagnon *m*, Gesellschafter *m*.

συν·τυ|χαίνω [siňdi'çɛnɔ] (σύντυχα) *v/t. j-m* begegnen; sich zufällig treffen; sich (*A*) unterhalten; *unp.* (***~χαίνει***) es trifft sich; **~χία** [-'çia] Zufall *m*; zufällige(s) Zusammentreffen *n*.
συν|υπαίτιος [sini'pɛt-] Mitschuldige(r); **~ύπαρξη** [-'iparksi] Koexistenz *f*; **~ύπαρχτος** [-parxt-] nebeneinander bestehend; **~υπάρχω** [-'parxɔ] ([η]ρξ) nebeneinander bestehen, koexistieren; **~υπεύθυνος** [-i'pɛfθin-] mitverantwortlich; **~υπολογίζω** zusammenrechnen; **~υφαίνω** (φαν) durch'wirken; *fig.* anzetteln, aushecken; **~υφασμένος** eng verbunden.
συνωδία Uni'sono *n*.
συνωθούμαι [sinɔ'θumɛ] (είσαι· ηθ) sich (*A*) drängen.
συνωμ|οσία [sinɔmɔs-] Verschwörung *f*; **~ότης** Verschwörer *m*; **~οτικός** Verschwörer-, konspirativ; **~οτώ** [-ɔ'tɔ] (είς· ησ) sich (*A*) verschwören.
συν|ωνυμικός synonym; **~ώνυμο** Synonym *n*; **~ώνυμος** synonym.
συνωστ|ίζομαι [sinɔ'stizɔmɛ] (στ) sich (*A*) drängen; **~ισμός** Gedrängel *n*.
σύξυλος ['siksil-] ... mit Mann und Maus; verblüfft, baff.
συρθ- *s.* ***σέρνω.***
Συρ|ία [sir-] Syrien *n*; Syrerin *f*; **Ωιακός** syrisch.
σύριγγα ['siriŋga] (*Injektions-*) Spritze *f*; (Pan-)Flöte *f*.
συρίγγιο [si'riŋɡɔ] Fistel *f*.
σύριγμα [-riɣma] *n*, **συριγμός** Pfiff *m*, Pfeifen *n*.
σύριγξ ['siriŋks] (-γγος) *f s.* ***σύριγγα.***
Σύριος Syrer *m*.
συριστικός Pfeif-; pfeifend.
σύρμα ['sirma] *n* Draht *m*; ***αγκαθωτό ~*** Stacheldraht *m*.
συρμ|ατένιος (-ια), **~άτινος** Draht-; **~ατόπλεγμα** [-a'tɔplɛɣma] *n* Drahtverhau *m*; Drahtnetz *n*; **~ατόσχοινο** [-a'tɔsçinɔ] Drahtseil *n*; **~ή** Rinnstein *m*; Rinne *f*; Hausrat *m*; **~ός** *Esb.* Zug *m*; Ziehen *n*; Mode *f*; ***~ός φορτώσεως αυτοκινήτων*** Autoreisezug *m*.
σύρ(ν)ω *s.* ***σέρνω.***
συ·ρράβω [si'ravɔ] (ψ· αφ· μμ) zusammennähen; *fig.* kompilieren.
σύρραξη (-εις) Zusammenstoß *m*.
συρραφή [-ra'fi] Zusammennähen *n*; Kompilieren *n*.

Σ

συρρέω 468

συ·ρρέω [si'rεɔ] (συνέρρευσα) zusammenfließen; *fig.* zusammenströmen.
σύρριζα ['siriza] bis zur Wurzel; mit der Wurzel; ~ ***σε*** ganz nahe an *D*.
συρρίκνωση [si'riknɔsi] (-εις) Schrumpfung *f*; Runzligwerden *n*.
συρροή [sirɔ'i] Zusammenfluss *m*; Zusammenströmen *n*, Auflauf *m*, Andrang *m*; *jur*. Zusammentreffen *n*.
σύρσιμο ['sirs-] (-ατος) Schleppen *n*; Kriechen *n*.
συρτάρι Schublade *f*.
σύρ'τα-φέρ'τα ['sirta'fεrta] *n od. n/pl.* Hin- und Hergelaufe *n*.
σύρτη ['sirti] Sandbank *f*.
σύρτης ['sirt-] Riegel *m*; Rutsche *f*.
συρτ|οθηλιά [sirtɔθil-] Schlinge *f*; **~ός** schleppend (*a. fig.*), geschleppt; *Stimme a.* lang gezogen; *Su. m* Sirtos *m* (*Art Rundtanz*).
συρφετός [sirfεt-] Gesindel *n*, Pöbel *m*.
σύρω *St. II v.* ***σέρνω***.
συ·σκέπτομαι [si'sk̡εptɔmε] (φτ) beraten, verhandeln.
συ·σκευ|άζω [-sk̡εv-] (σ· στ) verpacken; *Arznei* anfertigen; **~ασία** Verpacken *n*; Verpackung *f*; Präparat *n*; ***διαφανής ~ασία*** Klarsichtpackung *f*; **~αστής** Packer *m*.
συσκευή Gerät *n*; ~ ***βίντεο*** Videogerät *n*; ***περιφερειακή*** ~ Peripheriegerät *n* (*e-s Computers*); ~ ***τηλεόρασης*** Fernsehgerät *n*.
σύσκεψη ['sisk̡εpsi] (-εις) Beratung *f*.
σύσκιος (-ια) schattig.
συ·σκ|οτίζω [siskɔt-] (σ· στ) verdunkeln; *fig.* verschleiern; **~ότιση** (-εις), **~οτισμός** Verdunk(e)lung *f* (*a. im Krieg*); *fig.* Verschleierung *f*.
σύσπαση ['sispasi] (-εις) Krampf *m*.
συ·σπ|ειρώνω [-spi'rɔnɔ] (ωσ· ωθ) zusammenrollen; scharen (um sich *A*); ***~ειρώνομαι*** sich (*A*) scharen (***περί*** *A*/ um *A*); **~είρωση** [-'irɔsi] (-εις) Zusammenrollen *n*; Zusammenschluss *m*.
συ·σπώ [si'spɔ] (άς· συνέσπασα) zusammenziehen; *die Brauen* runzeln.
συσσίτι|ο [si'sit-] Verpflegung *f*; Kasino *n*; Kantine *f*; Mensa *f*; ***μαθητικά ~α*** *n/pl.* Schulspeisung *f*.
συσσωμ|ατώνω [sisɔma'tɔnɔ] (ωσ· ωθ) einverleiben; vereinen; **~άτωση** (-εις) Einverleibung *f*; Vereinigung *f*.
σύσσωμος ['sisɔm-] vereint; gesamt; einhellig (*Zustimmung*).
συσσώρευση [si'sɔrεfsi] (-εις) Anhäufung *f*, Aufhäufung *f*.
συσσωρ|ευτής [-rε'ftis] Akkumulator *m*; **~εύω** (ευσ· ευτ) (*Reichtümer*) anhäufen; aufhäufen.
συστάδα [si'staða] (Baum-)Gruppe *f*.
συσταίνω *s.* ***συνιστώ***.
συσταλτ|ικός [-stalt-] zusammenziehend; **~ός** zusammenziehbar.
σύσταση ['sistasi] (-εις) Zusammensetzung *f*; Errichtung *f*, Rat *m* (*pl.* Ratschläge); Gründung *f*; Empfehlung *f*; Zeugnis *n* (***για***/ über *A*); Vorstellung *f e-r Person*; Anschrift *f*, Adresse *f*; *mil.* Sammeln *n*; *jur.* Komplott *n*; ***επί συστάσει*** eingeschrieben.
συστατικός Empfehlungs- (*Brief*); Bestand- (*Teil*); *Su. n* Bestandteil *m*, Element *n*; Empfehlung *f*.
συ·στέλλ|ω [si'stεlɔ] (συνέστειλα· αλ) zusammenziehen; *Tech.* schrumpfen; ***~ομαι*** sich (*A*) genieren.
σύστημα *n* System *n*; *Med. oft*: Organe *n/pl.*; Methode *f*; Ordnung *f*; Gewohnheit *f*; ***από*** ~ aus Prinzip; ***αναλογικό εκλογικό*** ~ Verhältniswahlrecht *n*; ***πλειοψηφικό εκλογικό*** ~ Mehrheitswahlrecht *n*; ***ομοσπονδιακό*** ~ Föderalismus *m*; ***~ μεταφορών*** Transportwesen *n*.
συστηματ|ικός [sistimat-] systematisch; zielbewusst, methodisch (***σε***/ in *D*); *Su. f* Systematik *f*; **~οποίηση** [-ɔ'piisi] (-εις) Systematisierung *f*; Methodik *f*; **~οποιώ** [-ɔ'pjɔ] (είς· ησ) systematisieren; gut planen.
συστημένος [sistim-] eingeschrieben, Einschreibe- (*Brief*).
συστήνω [-'stinɔ] (σύστησα· συστηθ-) adressieren; *s.* ***συνιστώ***.
συστοιχία [-stiç-] Reihe *f*; *El.* Batterie *f*; *lit.* Stabreim *m*.
σύστοιχος ['sistix-] einander zugeordnet; *Gr.* inner-(*es Objekt*).
συστολή [sistɔ'li] Zusammenziehung *f*; Schrumpfung *f*; *Med.*, *Gr.* 'Systole *f*; Scheu *f*, Hemmung *f*.
συστρατιώτης Kriegskamerad *m*.
σύστρεμμα *n* Knäuel *n*; Wicklung *f*.
συ·στρέφ|ω [-'strεfɔ] (ψ· αφ) (zusammen)drehen; ***~ομαι*** sich (*A*) drehen.

Σ

συστροφή [-strɔ'fi] Wirbel *m*; Wirbeln *n*; Zusammendrehen *n*.
συ·|σφαιρώνω [sisfεr-] (σ) zusammenballen; **~σφίγγω** [-'sfiŋgɔ] (σύσφιξα· χτ) straffen; *Schraube* anziehen; festigen; ***~σφίγγομαι*** *Beziehungen*: enger werden.
σύσφιξη ['sisfiksi] (-εις) Anziehen *n*; Straffung *f*; Festigung *f*.
συ·σχετ|ίζω [sisçεt-] (σ· στ) in Verbindung bringen (***με***/ mit *D*); **~ικός** Korrelativ-.
συσχ|έτιση (-εις), **~ετισμός** Gegenüberstellung *f*; Wechselbeziehung *f*.
συφέρνει [si'fεrni] *s.* ***συμφέρει.***
σύφιλη Syphilis *f*.
συφιλιδικός [-filið-] syphilitisch.
συφορ|ιάζω [sifɔr-] (σ) *j-n* ins Unglück stürzen; **~ιασμένος** (von e-r Katastrophe *usw.*) Betroffene(r).
συχαρίκια *n/pl.* Botenlohn *m*.
συχν- häufig, oft.
συχνά [si'xna] oft, häufig; **~ *πυκνά*** sehr oft, F alle naslang.
συχνάζω (σ) verkehren, Stammgast sein (***σε***/ bei *j-m*; in *D*).
σύχνασμα ['sixnazma] *n* Besuch *m*, Umgang *m*.
συχν|ός [sixn-] häufig, ständig; **~ότητα** Häufigkeit *f*; *Phys*. Frequenz *f*.
συχωρεμένος [sixɔrεm-] selig.
συχώριο [si'xɔriɔ] *s.* ***σχώριο.***
συχωριοχάρτι [-'xarti] *Rel.* Ablassbrief *m*; Namensliste *f* der verstorbenen Familienmitglieder.
σύψυχος ... mit Mann und Maus.
σφαγ|έας [sfa'jεas] (*pl.* -είς) Schlächter *m*; Mörder *m*; **~είο** Schlachthaus *n*; **~ή** Schlachten *n*; Metzelei *f*, Blutbad *n*; **~ιάζω** (σ· στ) schlachten; *fig*. vernichten; *Interessen* opfern; *Rechte usw.* missachten; **~ιασμός** Schlachten *n*; Hinopferung *f*; Missachtung *f*; **~ιαστής** Schlächter *m*; Vernichter *m*; j., der *etw.* preisgibt.
σφάγιο ['sfajiɔ] Schlachttier *n*; geschlachtete(s) Tier *n*.
σφαγίτιδα Halsschlagader *f*.
σφαδ|άζω [sfað-] (σ) zucken; zappeln; **~ασμός** Zucken *n*; Zappeln *n*.
σφάζω ['sfazɔ] (ξ· αχτ· γμ) schlachten; erstechen, ermorden.
σφαίρα ['sfεra] Kugel *f*; Globus *m*; (*Gummi-*)Ball *m*; *fig*. Bereich *m*.
σφαιρ|ίδιο Kügelchen *n*; Schrot *n*; Wahlkugel *f*; **~ικός** kugelförmig; Kugel- (*Fläche*); *fig*. allseitig.
σφαιριστ|ήριο Billardraum *m*; Spielzimmer *n*; **~ής** Billardspieler *m*.
σφαιρο|βολία [sfεrɔvɔl-] Kugelstoßen *n*; **~βόλος** Kugelstoßer *m*; **~βολώ** (είς· ησ) Kugelstoßen betreiben.
σφαιροειδής kugelförmig.
σφαίρωμα *n* Knauf *m*.
σφαιρωτός [sfεrɔt-] kugelförmig.
σφάκελ|ο ['sfaiķεlɔ] *s.* ***μούντζα;*** **~ος** Gangräne *f*, Brand *m*.
σφάκτης ['sfakt-] *s.* ***σφάχτης.***
σφακτό *s.* ***σφάγιο.***
σφάλαγγος ['sfalaŋg-] Maulwurf *m*.
σφαλερός (-ά) irrig, falsch.
σφαλι|άρα [sfa'ljara] Ohrfeige *f*; **~αρίζω** (σ) ohrfeigen.
σφαλίζω [sfa'lizɔ] (σ· στ· σμ) *v/t.* (zu-) schließen, zumachen; *v/i.* schließen, zugehen.
σφάλισμα *n* Zuschließen *n*.
σφαλιστός geschlossen.
σφάλλ|ω ['sfalɔ] (έσφαλα· αλμ) *v/i. u. v/p.* ***~ομαι*** sich (*A*) irren (***σε***/ in *D*).
σφάλμα ['sfalma] *n* Irrtum *m*; Fehler *m*.
σφαλνώ *s.* ***σφαλίζω.***
σφάξιμο ['sfaks-] (-ατος) Schlachten *n*; *fig*. Stiche *m/pl.*, Stechen *n* (*als Schmerz*); *fig*. e-e Tracht Prügel.
σφαχτάρι *s.* ***σφάγιο.***
σφάχτης Schlächter *m*; *fig*. Mörder *m*; *Schmerz*: Stechen *n*, Stich *m*.
σφαχτό *s.* ***σφάγιο.***
σφενδ|όνη *s.* ***σφεντόνα;*** **~ονίζω** (σ) schleudern; abschießen; **~όνιση** Schleudern *n*.
σφεντ|άμι [sfε'ňdami] Feldahorn *m*; **~όνα** Schleuder *f*; *mar*. Knoten *m*.
σφετερ|ίζομαι [sfεtε'rizɔmε] (στ) an sich (*A*) reißen, usurpieren; **~ισμός** Usurpation *f*; **~ιστής** Usurpator *m*.
σφή|γγα ['sfiŋga], **~κα** [-'ika] Wespe *f*; **~κοφωλιά** Wespennest *n*; *fig*. Räuberhöhle *f*.
σφήνα ['sfina] Keil *m* (*a. fig.*); Scheibe *f* (*Brot*); Werbespot *m*.
σφηνοειδής keilförmig; Keil-.
σφήνωμα *n* Verkeilung *f*; Einkeilung *f* (*a. fig.*).
σφηνώνω (σ· θ) verkeilen; einkeilen.
σφήνωση (-εις) *s.* ***σφήνωμα.***
σφίγγα ['sfiŋga] Sphinx *f* (*a. fig.*).

Σ

σφίγγ|ω ['sfiŋgɔ] (ξ· χτ· γμ) *v/t.* drücken, pressen; fest zuschnüren (*z. B. Taille*); *Schuh*: drücken; *Knoten, Schraube usw.* (fest) anziehen; *Faust* ballen; *Zähne* zusammenbeißen; *Hahn* ordentlich zumachen; stärken, widerstandsfähig machen; *Ei* zu hart kochen; *fig. j-n* auf Trab bringen; *v/i. Tür*: klemmen; *Soße*: zu dick werden; *Ei*: zu hart werden; *Kälte*: schneidend werden; *Fisch*: frischer bleiben; *Lage*: sich verschärfen; Bauchweh bekommen; unerträglich werden; **~ομαι** sich einschnüren; *Herz*: sich zusammenkrampfen; zusammenrücken; *fig.* sich (*finanziell*) einschränken.

σφιγμένος *Pers.* verklemmt.

σφικτός *s.* **σφιχτός.**

σφίξη ['sfiksi] (-εις) *Tech.* Anziehen *n*; Bedrängnis *f*; (*Geld-*)Sorgen *f/pl.*; *Med.* Stuhldrang *m*; Verstopfung *f*.

σφίξιμο ['sfiksimɔ] (-ατος) Anziehen *n der Schraube*; Druck *m*; Verstopfung *f*; *s.* **σφίγγω.**

σφιχτ|αγκαλιάζω [sfixtaŋg-] (-άλιασα) fest umarmen; **~οδεμένος** [-ɔðεm-] fest verschnürt; *fig.* fest verbunden; **~ός** fest; stramm; *Schuh*: eng; *Ei*: hart; *Tech.* (fest) angezogen; *Tür*: klemmend; *fig.* knickerig; **~οχέρης** (-α) knickerig; *Su. m* Geizhals *m*.

σφοδρ|ός heftig, stark; **~ότητα** Heftigkeit *f*, Stärke *f*.

σφόλι F Seitenhieb *m*; Ausrede *f*.

σφόνδυλος ['sfɔñðil-] Schwungrad *n*.

σφοντύλι [sfɔ'ñdili] Spinnrad *n*.

σφουγγ|αράδικο [sfuŋga'raðikɔ] Schwammfischerboot *n*; **~αράς** (-άδες) Schwammfischer *m*; **~άρι** Schwamm *m*; **~αρίζω** (σ) abwischen; scheuern, schrubben; **~αρίστρα** Scheuerfrau *f*; Schrubber *m*; **~αρόπανο** [-a'rɔpanɔ] Wischlappen *m*, Scheuerlappen *m*; **~άτο** Eierkuchen *m*; **~ίζω** (σ) (ab)wischen; abtrocknen.

σφούγγισμα *n* Abwischen *n*; Abtrocknen *n*.

σφουγγιστήρι Wischtuch *n*.

σφραγ|ίδα [sfraj-] Stempel *m* (*a. Abdruck*); Siegel *n*; **~ίδα ημερομηνίας** Datumsstempel *m*; **~ιδοφύλακας** [-iðɔ'filakas] Siegelbewahrer *m*; **~ίζω** (σ· στ) stempeln; *Brief* versiegeln; gut verschließen; verplomben; *Zahn* füllen; *fig. z. B. Leben* (ab)schließen.

σφράγ|ιση ['sfraïjisi] (-εις), **~ισμα** *n* Stempeln *n*; Abstempelung *f*; Versiegeln *n*; Verschließen *n*; Verschluss *m*; Füllung *f*, Plombe *f*.

σφραγιστήρας [sfrajist-] Stempel *m*.

σφραγιστός gestempelt, Stempel-; verschlossen.

σφριγηλός [sfrijil-] kraftvoll.

σφρίγος ['sfriɣ-] *n* Tatendrang *m*.

σφριγώ (άς· ησ) vor Kraft strotzen.

σφυγμ|ομέτρηση (-εις) Pulszählung *f*; Sondierung *f*; **~ομέτρηση κοινής γνώμης** Meinungsumfrage *f*; **~ομετρώ** (είς· ησ) den Puls zählen, *j-m* den Puls fühlen; *fig.* sondieren; **~ός** Puls(schlag) *m*; *fig.* wunde(r) Punkt *m*.

σφύ|ζω ['sfizɔ] (ξ) *Puls*: schlagen; pochen; pulsieren; **~ξη** (-εις) Pulsschlag *m*.

σφύρα ['sfira] (*a. Wurf-*)Hammer *m*; *Anat.* Hammer *m* (*Gehörknöchel*).

σφυρ|ηλάτηση [sfiri'lat-] Schmieden *n* (*lit. a. fig.*); **~ήλατος** geschmiedet (*lit. a. fig.*); **~ηλατώ** [-ila'tɔ] (είς· ησ) schmieden (*a. fig.*); **~ί** Hammer *m*; **βγάζω στο ~ί** *fig.* unter den Hammer bringen.

σφύριγμα ['sfiriɣma] *n* Pfeifen *n*; *fig.* Auszischen *n*.

σφυρίδα *Art* Seebarsch *m*.

σφυρ|ίζω (ξ) pfeifen; zischen; *Thea.* auszischen; *j-m etw.* zuflüstern; *Ohren*: klingen; **~ιχτός** pfeifend; *Adv.* (-α) durch Pfeifen; **~ίχτρα** [-'ixtra] Pfeife *f*.

σφυρ|ό [sfi'rɔ], *mst. pl.* **~ά** Knöchel *m*.

σφυρο|βολία [sfirɔ-] Hammerwerfen *n*; **~δρέπανο** [-'ðrεpanɔ] Hammer und Sichel (*o. Art.*); **~κόπανο** [-'kɔpanɔ] Axt *f*; **~κόπημα** *n* Schmieden *n*; Beschuss *m*; **~κοπώ** (είς· ησ) schmieden; beschießen; F behämmern.

σχάρα ['sxara] Rost *m*, Grill *m*; **της ~ς** gegrillt, geröstet; *Auto*: **~ αποσκευών** Dach(gepäck)träger *m*.

σχάση ['sxasi] (-εις) Einschnitt *m*; *Med.* Obduktion *f*.

σχεδία Floß *n*.

σχεδ|ιάγραμμα [sçε'ðjaɣrama] *n* Grundriss *m*; **~ιάζω** (σ) skizzieren, entwerfen; vorhaben; **~ίαση** [-'ðiasi] Entwerfen *n*, Skizzieren *n*; **~ίασμα** *n s.* **σχεδιογράφημα**; **~ιαστής** (**-ιάτρια**) Zeichner(in *f*) *m*.

σχέδιο ['sçɛð-] Plan *m*, Grundriss *m*; Entwurf *m*, Konzept *n*; Form *f e-s Hutes*; Muster *n auf Stoff*; Design *n*; Projekt *n*, Vorhaben *n*; Absicht *f*; **~-νόμου** Gesetzesentwurf *m*.

σχεδιο|γράφημα [sçɛðiɔ'ɣraf-] *n* Zeichnung *f*, Plan *m* (*a. Aktionsplan*); Skizze *f*; (*Gesetzes-*) Entwurf *m*; **~γράφηση** Zeichnen *n*, Skizzieren *n*; **~γραφία** Entwurf *m*, Skizze *f*; **~γραφώ** [-ɣra'fɔ] (εíς· ησ) skizzieren, entwerfen; **~ποιημένος** [-piim-] geplant; **~ποίηση** [-'piisi] (-εις) Planen *n*, Planung *f*.

σχεδόν [sçɛ'ðɔn] fast, beinahe; ziemlich, F *u. iro. oft*: quasi.

σχέση ['sçɛsi] (-εις) *allg.* Beziehung *f* (**με**/ zu *D*, mit *D*; **ανάμεσα σε**/ zwischen *D*); **δημόσιες σχέσεις** Öffentlichkeitsarbeit *f*; **σε ~ με** mit Bezug auf *A*.

σχετίζ|ω (σ· στ) in Beziehung bringen (**προς** *A*/ zu *D*; **με**/ mit *D*); **~ομαι** (miteinander) in Beziehung stehen; verkehren (**με**/ mit *D*).

σχετικ|ά [sçɛtik-] (**με, προς** *A*) mit Bezug auf *A*; **~οκρατία** [-ɔkrat-] Relativismus *m*; **~ός** betreffend (**με**/ *A*); relativ; angemessen; bekannt, befreundet; **~ότητα** Relativität *f*.

σχετλι|άζω [sçɛtl-] (σ) jammern; **~ασμός** Wehleid *n*; **~αστικός** wehleidig.

σχήμα ['sçima] *n* Form *f*; Schema *n*; Gestalt *f*; *Math.* Figur *f*, Gebilde *n*; *rhet.* Figur *f*; *Rel.* Ornat *m*, *fig.* geistliche Würde *f*; Format *n e-s Buches*; *mil.* Gruß *m*; **~ όγδοο** Oktav(format) *n*; **σε ~** *G* in Form *G*.

σχηματ|ίζω (σ· στ) bilden; entwerfen; gestalten; **~ίζομαι** sich (*D*) *ein Bild* machen von *D*; **~ικός** schematisch; figürlich; Form-; **~ισμός** Bildung *f*; *mil.* Formation *f*; *Gr.* Flexion *f*; **~οποίηση** [-ɔ'pi-] (-εις) schematische Darstellung *f*.

σχίζα Span *m*; Splitter *m*.

σχιζοφρεν|ής [sçizɔfrɛn-] schizophren; **~ία** Schizophrenie *f*; **~ικός** schizophren.

σχίζ|ω ['sçizɔ] (σ· στ) *v/t.* spalten; *j-m etw.* zerschmettern; sich (*D*) *die Hand* aufritzen, aufreißen; *fig.* durchschneiden; **~ομαι** *Kleid*: reißen; *Fluss*: sich gabeln; *fig.* sich (*A*) einsetzen (**για**/ für *A*); F sich (*A*) rein umbringen.

σχίνος *f* Mastixbaum *m*.

σχίσιμο ['sçisimɔ] Spalten *n*; Zerschmettern *n*; Aufreißen *n*; Riss *m*.

σχίσμα *n* Riss *m*; Spalt *m*; *fig.* Spaltung *f*; *Rel.* Schisma *n*.

σχισμ|άδα *s.* **σχισμή**; **~ατικός** Spaltungs-; schismatisch, spalterisch; **~ή** Riss *m*; Spalt *m*, Ritze *f*, Schlitz *m*.

σχιστ|όλιθος [sçi'stɔliθ-] Schiefer *m*; **~ός** gerissen; gespalten.

σχοιν|άκι [sçi'naiki] Seil *n springen*; **~άς** (-άδες) Seiler *m*; **~ένιος** (-ια) Binsen-; **~ί** Seil *n*, Tau *n*; Leine *f*.

σχοίνινος Seil-.

σχοινο|βάτης [sçinɔ'vat-] (**-ισσα**) Seiltänzer(in *f*) *m*; **~βατώ** (εíς· ησ) ein Seiltänzer sein (*a. fig.*); **~κλίμακα** [-'klimaka] Strickleiter *f*.

σχοίνος ['sçin-] Binse *f*.

σχοινοτενής *mst. fig.* weitschweifig.

σχολ|άζω [sxɔl-] (σ) *v/t.* entlassen; *Schule*: *j-m* freigeben; *v/i.* Feierabend machen; aus der Schule kommen, freihaben; **~αρχείο** [sxɔlarç-] *hist.* dreiklassige Mittelschule *f*; **~άρχης** Mittelschuldirektor *m*; Institutsdirektor *m*.

σχόλασμα *n* Feierabend *m*; Schulschluss *m*; Entlassung *f*.

σχολαστ|ικισμός [sxɔlast-] Scholastik *f*; **~ικός** scholastisch; pedantisch; F pingelig; *Adv.* peinlich *sauber*; *Su. m* Scholastiker *m*; Pedant *m*; **~ικότητα** Pedanterie *f*.

σχολείο [sxɔl-] Schule *f*; **δημοτικό ~** Volksschule *f*; **ολοήμερο ~** Ganztagsschule *f*.

σχόλη Feiertag *m*; **κάνω ~** pausieren.

σχολή Schule *f*; archäologische(s) Institut *n*; Fakultät *f e-r Universität*; Freizeit *f*, Muße *f*; **επαγγελματική ~** Berufsschule *f*; **~ οδηγών** Fahrschule *f*; **~ χορού** Tanzschule *f*.

σχολ|ιάζω (σχολίασα) *v/t.* kommentieren; bekritteln; *v/i.* herumkritteln; **~ιανός** Schul-; Ruhe-; **~ιαστής** Kommentator *m*; **~ίατρος** Schularzt *m*; **~ικός** Schul-; **~ιό** *s.* **σχολείο.**

σχόλιο Kommentar *m*; Anmerkung *f*.

σχολν|άω, ~ώ (άς) *s.* **σχολάζω.**

σχώριο Sündenvergebung *f*.

σχωρνώ (άς) *s.* **συγχωρώ.**

σώβρακο ['sɔvrakɔ] Unterhose *f*.

σώζ|ω (έσωσα· σωθηκ-· σωσμ-) *v/t.* retten (***από***/ vor *D*); erlösen (***από***/ von *D*); bewahren, erhalten; ***~ομαι*** erhalten sein; verbraucht, F alle sein; *allg.* zu Ende sein; *s. a.* ***σώνω.***

σωθ- *s.* ***σώζω.***

σώθηκαν: ***~ τα ψέματα*** so wahr, wie ich hier stehe.

σωθικά *n/pl.* Eingeweide *pl.*; (die) Tiefen der Seele.

σωκάρδι [sɔ'karði] Weste *f.*

Σωκράτης 'Sokrates *m.*

σωκρατικός sokratisch.

σωλήνα [sɔ'lina] Rohr *n*; Rippe *f des Heizkörpers*; *Fernsehen*: Röhre *f*; (*Verdauungs-*) Apparat *m*; ***δοκιμαστικός ~*** Reagenzglas *n*; ***~ εξαγωγής*** Auspuffrohr *n.*

σωληνάριο Tube *f.*

σωλήνας *s.* ***σωλήνα.***

σωληνοειδής röhrenförmig.

σωλήνωση [sɔ'linɔsi] Rohrleitung *f.*

σώμα ['sɔma] *n* Körper *m*; Körperschaft *f*; Heizkörper *m*; *mil. diplomatische(s)* Korps *n*; Exemplar *n*; *Typ.* Schriftgrad *m*; ***εκλογικό ~*** Wählerschaft *f*; ***~ του εγκλήματος*** Corpus *n* Delicti.

σωμασκ|ία Leibesübung(en) *f* (*pl.*); ***~ώ*** (είς) Gymnastik treiben.

σωματ|άρχης [sɔma'tarç-] Korpkommandeur *m*; ***~είο*** (*Berufs-*) Verband *m*; ***~εμπορία*** [-ɛm̃bɔr-] Mädchenhandel *m*; Sklavenhandel *m*; ***~ικός*** körperlich, Körper-, Leibes-; materiell.

σωμάτιο Korpuskel *f*; *Med. gelbe(r)* Körper *m.*

σωματο|δομική [sɔmatɔ-] Körperertüchtigung *f*, Bodybuilding *n*; ***~λογία*** Somatologie *f*, Körperkunde *f*; ***~ποίηση*** [-'piisi] (-εις) Verkörperung *f*; Bündeln *n*; ***~ποιώ*** [-'pjɔ] (είς· ησ) verkörpern; ***~φύλακας*** Leibwächter *m*; ***~φυλακή*** Leibwache *f*; Garde *f.*

σωματ|ώδης korpulent, beleibt, mächtig; ***~ώνω*** (σ) verkörpern.

σωμάτωση (-εις) Verkörperung *f.*

σών|ω ['sɔnɔ] (σ· θ) *v/t. s.* ***σώζω;*** aufbrauchen; *etw.* erreichen können, langen (bis zu *D*); ***~ομαι*** reichen, langen; auf die Neige gehen, *bsd. Aor.* alle *od.* aufgebraucht sein; ***~ει*** es reicht, es langt; ***~ει και καλά*** um jeden Preis.

σώος (-α) ganz, heil; wohlbehalten; ***~ και ακέραιος*** heil u. gesund.

σώπα! ['sɔpa] schweig!, still!

σωπαίνω (πασ) *v/t.* zum Schweigen bringen, beruhigen; *v/i.* schweigen.

σωρ|εία [sɔr-] Haufen *m*; ***~είτης*** Kettenschluss *m*; Haufenwolke *f.*

σώρευση ['sɔrɛfsi] (-εις) Anhäufung *f.*

σωρ|εύω (ευσ) häufen; ***~εύομαι*** sich häufen (*z. B. a. Probleme*); ***~ηδόν*** haufenweise; ***~ιάζομαι*** [-'jazɔmɛ] (στ) zusammenbrechen, hinsinken; ***~ιάζω*** *v/t.* (σώριασα) auf e-n Haufen werfen; ***~ός*** (***από***) Haufen *m*; Menge *f* (*Geld*).

σώσε! F ein Tumult *m.*

σωσίας Doppelgänger *m.*

σωσίβι|ο [sɔ'siv-] Rettungsring *m*; Schwimmweste *f*; ***~ος*** Rettungs-.

σώσιμο ['sɔs-] (-ατος) Rettung *f*; Schwund *m*; F Allewerden *n.*

σώσμα ['sɔzma] *n* Neige *f.*

σωστ|ά [sɔ'sta] *Adv.* richtig, (das) stimmt; genau, *z. B. zwei Uhr*; ***~ικός*** Rettungs- (*Station*); ***~ός*** richtig; *Mensch*: ehrlich; ernst; *Su. n* (das) richtige Verhalten; (das) Richtige; ***στα ~ά*** wirklich; ***με τα ~ά μου*** im Ernst; richtig (*geistig normal*); ***είναι ~ό*** stimmen.

σώστρα ['sɔstra] *n/pl.* Bergegeld *n*; Rettungslohn *m.*

σωτήρας Retter *m*; *Rel.* Erlöser *m.*

σωτ|ηρία Rettung *f*, Errettung *f*; Erlösung *f*, Heil *n*; ***~ήριος*** (-ια) rettend.

σώτρο ['sɔtrɔ] Felge *f*, Radkranz *m.*

σώφρονας ['sɔfrɔnas] verständig, vernünftig; besonnen; sittsam.

σωφρ|ονίζω [sɔfrɔn-] (σ) zur Vernunft bringen; ***~όνισμα*** *n*, ***~ονισμός*** Züchtigung *f*, Strafe *f*, Buße *f.*

σωφρονιστ|ήρας [sɔfrɔni'stiras] Weisheitszahn *m*; ***~ήριο*** Besserungsanstalt *f*; ***~ικός*** Besserungs-, Straf-.

σωφρο|νώ [sɔfrɔ'nɔ] (είς· ησ) vernünftig sein; ***~σύνη*** [-'sini] Klugheit *f*, Besonnenheit *f*; Sittsamkeit *f.*

Σ

T

Τ, τ [taf, ta] Tau *n*; τ´ = 300; ͵τ = 300.000.
τα *pl. v.* ***το,*** die.
ταβάνι [ta'vani] (Zimmer-)Decke *f*.
τάβανος Pferdebremse *f*.
ταβανόσκουπα Staubbesen *m*.
ταβανώνω (σ) e-e Decke ziehen.
ταβάς [ta'vas] (-άδες) Tablett *n*.
ταβατούρι [-va'turi] Klamauk *m*.
ταβ|έρνα Taverne *f*; **~ερνιάρης** (***-ισσα***) (-ηδες) Wirt(in *f*) *m*.
τάβλα ['tavla] Brett *n*; Tafel *f*; Gäste *m/pl. od.* j-n zu Tisch *haben*; ***~ στο μεθύσι*** sternhagelvoll; ***πέφτω ~*** F fix und fertig sein.
τάβλι Spielbrett *n*; Backgammon *n*.
ταγάρι [taɣ-] Knappsack *m*, Ränzel *n*; *fig.* F Klette *f*; lästig.
ταγέρ [ta'jɛr] (0) *n* Kostüm *n*.
ταγ|ή [ta'ji] Futter *n*; Hafer *m*; **~ίζω** (σ) füttern (*a. ein Kind*); **~ίνι** (Futter-) Ration *f*.
τάγισμα *n s.* ***τάισμα.***
ταγκ|άδα [ta'ŋgaða] ranzige(r) Geschmack *m*; **~ιάζω** (σ) ranzig werden.
ταγκίζω [-'ŋ̟g̟izɔ] (σ) *s.* ***ταγκιάζω.***
ταγκό [ta'ŋgɔ] (0) *n* Tango *m*.
ταγκ|ός [-'ŋgɔs] ranzig; **~ώνω** (σ) *s.* ***ταγκιάζω.***
τάγμα ['taɣma] *n* Bataillon *n*; (Ritter- *usw.*) Orden *m*; ***~ Ιησουιτών*** Jesuitenorden *m*.
ταγματάρχης [-'tarç-] Major *m*.
τάδε[1] ['taðɛ]: ***ο ~(ς)*** der und der; ***η ~*** die und die; ***το ~*** das und das; soundso; ***ο κύριος ~*** Herr Soundso, F Dingsbums.
τάδε[2] *pl. v.* ***τόδε;*** dieses, folgendes.
ταζέδικος [ta'zɛð-] frisch; F hübsch, attraktiv.
τάζω (έταξα· χτ· γμ) *bsd. Rel.* geloben.
ταΐζω *s.* ***ταγίζω.***
ταινία [tɛn-] Band *n*; Streifen *m*, Banderole *f*; Film *m*; Bandwurm *m*; ***ασπρόμαυρη ~*** Schwarzweißfilm *m*; ***κολλητική ~*** Klebeband *n*; ***~ βουβή*** Stummfilm *m*; ***~ γραφομηχανής*** Farbband *n*; ***~ ελαστική*** Gummiband *n*; ***κυλιόμενη ~*** Fließband *n*; ***~ μαγνητοφώνου*** Tonband *n*; ***~ ομιλούσα*** Tonfilm *m*; ***~ οκτώ*** (***δεκαέξι***) ***χιλιοστών*** Schmalfilm *m*.
ταινιόπλεγμα [tɛ'njɔplɛɣ-] *n* Litze *f*.
ταίρι ['tɛri] Gegenstück *n*, *der eine Schuh, Strumpf usw.*; Partner *m*, Gefährte *m*; ***δεν έχει ~*** er hat nicht seinesgleichen.
ταιρι|άζω (ταίριασα, ξ· σμ) *v/t.* Paare (*von Schuhen*) bilden; aufeinander abstimmen; anpassen (***με***/ *D*); *v/i.* passen (***με***/ zu *D*); zueinander passen; ***δεν ~άζει*** es schickt sich nicht (***σε***/ für *A*); ***τα ~άζομε*** einig werden; **~ασμένος** *s.* ***ταιριαστός.***
ταίριασμα ['tɛrjazma] *n* Abstimmen *n*, Ineinklangbringen *n*; Zusammenpassen *n*, Übereinstimmung *f*.
ταιριαστός gut zusammenpassend; verliebt (*Paar*).
τάισμα *n* Füttern *n*.
ταΐστρα [ta'istra] Fresssack *m* (*für Esel z. B.*).
ταϊφάς [tai'fas] Gruppe *f*; Bande *f*.
τάκα: ~ ~ F auf der Stelle.
τακίμι [ta'ķimi] *Tech.* Satz *m*; Besteck *n*; Service *n*; Garnitur *f*; Schicht *f*; *fig.* ein Herz u. e-e Seele (*sein*).
τάκος Dübel *m*; Klotz *m*, Keil *m*; Brotkanten *m*; *fig.* Venus *f* (*als Frau*).
τακούνι [ta'kuni] (Schuh-)Absatz *m*.
τακτ (0) *n Benehmen*: Takt *m*.
τακτικ|ά [takt-] regelmäßig; ordentlich; **~ή** Taktik *f*; Ordnung *f*; **~ός** regelmäßig (*a. Gr.*); ordentlich; *Hdl.* pünktlich; *mil.* regulär; Ordnungs- (*Zahl*); *Zeit*: festgesetzt; **~ότητα** Regelmäßigkeit *f*; Ordentlichkeit *f*; Pünktlichkeit *f*.
τακτο|ποίηση [-'piisi] (-εις) Ordnen *n*; Anordnung *f*; Regelung *f*; **~ποιώ** [-'pjɔ] (είς· ησ) anordnen; *Hdl.* regeln.
τακτός bestimmt, festgesetzt.
ταλ|αιπωρία [talɛpɔr-] Strapaze *f*; Plage *f*; **~αίπωρος** leidgeprüft, elend; **~αιπωρώ** [-ɛpɔ'rɔ] (είς· ησ) quälen, plagen; *Stoff* strapazieren; ***~αιπωρούμαι*** sich (*A*) abmühen.
ταλανίζω (σ) bejammern, beklagen.
ταλ|αντεύομαι [tala'n̆dɛvɔmɛ] (εφτ) schwingen; *fig.* schwanken; **~άντευση** [-'an̆dɛfsi] Schwingen *n*; *fig.* Schwanken *n*.

τάλαντο Talent *n*, Begabung *f*.
ταλαντούχος [-'n̆dux-] (-α) begabt.
ταλάντωση (-εις) Schwingung *f*.
ταλαντωτ|ής Oszillator *m*; **~ικός** Schwingungs-.
τάλαρα (*a*. **τάλιρα**) F Zaster *m*, Koks *m*.
τάλε-κουάλε ['talεku'alε] quasi.
ταλέντο *s*. ***τάλαντο; νέο ~*** Nachwuchstalent *n*.
τάληρο ['talirɔ] Fünfdrachmenstück *n*; Taler *m*.
ταλίμι [-'limi] Exerzieren *n*, Drill *m*.
ταλκ (0) *n* Talk *m*; Puder *m*.
τάμα *n* Gelübde *n*; Widmung *f*.
ταμάμ [ta'mam] *Adv*. genau; prima.
ταμάχι [-'maïçi] Gier *f*; Habsucht *f*.
ταμειακός Kassen-; fiskalisch.
ταμείο Kasse *f*; Kassenbuch *n*; ***δημόσιο ~*** Fiskus *m*, Schatzamt *n*; ***~ θεάτρου*** Theaterkasse *f*; ***~ συντάξεων*** Pensionskasse *f*; ***~ υγείας*** Krankenkasse *f*.
Τάμεσης ['tamεsis] Themse *f*.
ταμ|ιακός Kassen-; Kassierer-; **~ίας** Kassierer *m*; *mil*. Zahlmeister *m*; **~ίευμα** [-'iεvma] *n* Kassenbestand *m*; Ersparte(s); **~ίευση** [-'iεfsi] Sparen *n*; Einkassieren *n*.
ταμιευτ|ήριο [-ε'ftir-] Sparkasse *f*; ***ταχυδρομικό ~ήριο*** Postsparkasse *f*; **~ικός** Spar-; fiskalisch.
ταμιεύω (εψ) sparen; Kassierer sein.
ταμιτζάνα [-'dzana] Korbflasche *f*.
ταμπακέρα [taba'k̜εra] Tabakdose *f*; F geschuldete(r) Dank.
ταμπάκης [ta'baïk̜is] (-ηδες) Gerber *m*; F Halsabschneider *m*.
ταμπακοθήκη *s*. ***ταμπακέρα***.
ταμπάκος [ta'bak-] Schnupftabak *m*.
ταμπέλα [ta'bεla] Tabelle *f*.
ταμπεραμέντο Temperament *n*.
τάμπια *s*. ***ταμπούρι***.
ταμπλάς [ta'blas] (-άδες) Waagschale *f*; Schlaganfall *m*; F *fig*. (der) Schlag.
ταμπλό [ta'blɔ] (0) *Auto*: Armaturenbrett *n*.
ταμπόν [ta'm̆pɔn] (0) *n*, **~ι** Stempelkissen *n*; *Med*. Tampon *m*.
ταμπού [ta'bu] (0) *n* Ta'bu *n*.
ταμπουράς [-m̆bu'ras] (-άδες) *Art* Gitarre *f*.
ταμπούρι [ta'buri] Bollwerk *n*; Schützengraben *m*; *fig*. Schanze *f*.
ταμπούρλο [ta'm̆burlɔ] Trommel *f*.
ταμπουρ|ώνομαι [tabu'rɔnɔmε] (θ) sich (*A*) verschanzen (*a. fig*.); **~ώνω** *e-n Platz* befestigen.
τανάλια Kneifzange *f*.
ανάπαλιν *Adv*. umgekehrt.
τανκ [taŋ̆k] (0; *pl*. -ς) *n* Panzerwagen *m*, Kampfwagen *m*.
ταννίνη Tannin *n*.
ταντανίζω [tan̆dan-] (σ) durchrütteln.
τανύζ|ω [ta'nizɔ] (σ· στ) *v/t*. spannen; *Flügel* ausbreiten; ***~ομαι*** *a. Med*. sich (*A*) krümmen, pressen, drängen.
τάνυσμα *n*, **τανυσμός** Spannen *n*; Ausbreiten *n*; Stuhldrang *m*.
τανυτό Stuhldrang *m*.
τανύω [ta'niɔ] (σ· στ) *s*. ***τανύζω***.
ταξ- *s*. ***τάσσω***.
τάξει: ***εν ~*** [ε'n̆daksi] in Ordnung; *s. a*. ***εντάξει; είναι εν ~ με (απέναντι)*** sich (*A*) korrekt verhalten (*D*) gegenüber.
τάξειδ- *s*. ***ταξιδ-***.
τάξ|η ['taksi] Ordnung *f a. Zool*.; (*Schul-, Gesellschafts-*)Klasse *f*; (*Mittel-*)Stand *m*; *mil*. Rang *m*; (*Militär-*)Dienst *m*; *pl*. Mannschaftsstand *m*; *Med*. Regel *f*; ***πρώτης ~εως*** erstklassig.
ταξί [ta'ksi] (0) 'Taxi *n*.
ταξ|ιάρχης [-'ksjarç-] Brigadekommandeur *m*; Erzengel *m*; *Rel*. Komtur *m*; **~ιαρχία** Brigade *f*; **~ίαρχος** [-'iarx-] Brigadegeneral *m*.
ταξιδεύτης (***-εύτρια***) Reisende(r); F Reiseonkel *m*; Reisetante *f*.
ταξ|ιδεύω [taksið-] (εψ) reisen; ***~ιδε(υ)μένος*** (weit) gereist; **~ίδι** Reise *f*; ***~ίδι αναψυχής*** Erholungsreise *f*; ***επαγγελματικό ~ίδι*** Dienstreise *f*; ***ομαδικό ~ίδι*** Gesellschaftsreise *f*; **~ιδιάρης** (-ηδες) F Reiseonkel *m*; **~ιδιάρικος** reiselustig; oft reisend; Zug- (*Vogel*); **~ιδιώτης** [-i'ðjɔt-] (***-ισσα***) Reisende(r).
ταξ|ιθέτης [taksi'θεt-] (***-ισσα***) Platzanweiser(in *f*) *m*; **~ιθέτρια** Platzanweiserin *f*; **~ικός** Klassen-; ***~ικός αγώνας*** Klassenkampf *m*.
τάξιμο (-ατος) *s*. ***τάμα***.
ταξι|νόμηση [taksi'nɔm-] (-εις), **~νομία** Einordnung *f*; Klassifizierung *f*; Einteilung *f*; **~νόμος** Verteiler *m*; Ordner *m*; **~νομώ** [-nɔ'mɔ] (είς· ησ)

T

(ein)ordnen; (ein)gruppieren; klassifizieren; F einsortieren.
ταξιτζής [-'dzis] (-ήδες) Taxifahrer *m.*
τάξος *f* Taxus *m*, Eibe *f.*
τάπα Pfropfen *m*, Stöpsel *m.*
ταπειν|ός [tapin-] bescheiden; demütig; gemein; **~οσύνη, ~ότητα** Bescheidenheit *f*; Demut *f*; Gemeinheit *f*; **~όφρονας** [-'ɔfrɔn-] bescheiden; demütig; **~οφρονώ** [-ɔfrɔ'nɔ] (είς· ησ) bescheiden, demütig sein; **~οφροσύνη** [-'sini] Bescheidenheit *f*; Demut *f*; **~ώνω** (σ· θ) demütigen.
ταπ|είνωση [ta'pinɔsi] (-εις) Erniedrigung *f*; **~εινωτικός** erniedrigend.
ταπέτο Vorleger *m*, Läufer *m.*
ταπετσ|αρία [tapɛtsar-] Tapete *f*; Tapezierung *f*; Polsterung *f*; **~ιέρης** Tapezierer *m.*
τάπ|ητας Teppich *m*; (*Asphalt-*) Decke *f*; *K.* ***θέτω επί ~ητος*** aufs Tapet bringen.
ταπητουργ|είο, ~ία Teppichweberei *f*; **~ός** [-'ɣɔs] Teppichweber *m.*
ταπί F geliefert, pleite; los *sein.*
τάπια *s.* ***ταμπούρι.***
ταπώνω (σ) zustöpseln, zupfropfen.
τάρα Tara *f*; *s.* ***απόβαρο.***
τάραγμα *n s.* ***ταραγμός.***
ταραγμ|ένος [taraɣm-] bewegt; erschüttert; **~ός** Erschütterung *f.*
ταράζ|ω [ta'razɔ] (ξ· χτ· γμ) *v/t.* (durch)rühren; *fig.* schütteln; *Meer* aufwühlen; *fig.* erschüttern; *Ruhe* stören; ***~ομαι*** sich (*A*) aufregen.
ταραμάς [tara'mas] rote(r) Kaviar *m.*
ταραμοσαλάτα (roter) Fischrogencreme *m.*
τάραξη (-εις) *s.* ***ταραγμός.***
ταραξίας [-'ksias] Unruhestifter *m.*
ταράτσα Terrasse *f*; Dachterrasse *f.*
ταραχ|ή [tara'çi] Bewegung *f*, Wellengang *m*; *fig.* Unruhe *f*, Aufruhr *m*; *Psych.* Erschütterung *f*, Aufregung *f*; Störung *f*; *pl.* Unruhen *f/pl.*; **~οποιός** [-xɔ'pjɔs] Störenfried *m*, Randalierer *m*, F Radaubruder *m.*
τάραχος *s.* ***ταραχή.***
ταραχώδης [tarax-] unruhig, stürmisch, bewegt.
ταρίφα [-'rifa] Tarif *m*; Preisliste *f*; F Sippschaft *f.*
ταρ|ιχεία [tariç-], **~ίχευση** [-'içɛfsi] (-εις) Einsalzen *n*; Einbalsamierung *f*; **~ιχευτός** [-içɛft-] eingesalzen; **~ιχεύω** (εψ) einsalzen; *Tote* einbalsamieren.
ταρσανάς [tarsa'nas] (-άδες) Werft *f.*
ταρσός Fußwurzel *f.*
τάρταρ|α: ***στα ~α*** im Schoß *der Erde*; **~ος** Unterwelt *f.*
ταρτουφισμός Heuchelei *f.*
τασάκι [ta'saki] Aschenbecher *m.*
τάση ['tasi] (-εις) Strecken *n der Arme*; Ausdehnung *f*; *El.* Spannung *f*; *fig.* Hang *m*; Tendenz *f* (***προς*** *A*/ zu *D*).
τάσι Schüssel *f*; Aschenbecher *m*; Waagschale *f*; *Mus.* Teller *m*; *Tech.* Radkappe *f.*
τασκεμπάπ [taskɛ'bap] (0) *n* Taskebab (*Art Gulasch*).
τάσσ|ω ['tasɔ] (ξ· χτ) *v/t.* hinstellen, hinsetzen, unterbringen; *fig.* festsetzen; ***~ομαι*** (***με***) sich (*A*) *j-m* anschließen; (***κατά***) sich (*A*) wenden (gegen *A*).
τατουάζ [tatu'az] (0) *n* Tätowierung *f.*
ταυ [taf] *n* Tau *n*; ***δοκός ~*** T-Eisen *n.*
ταυρο|μαχία [tavrɔmaç-] Stierkampf *m*; **~μάχος** [-'max-] Stierkämpfer *m.*
ταύρος ['tavr-] Stier *m.*
ταυτ|ίζω [taft-] (σ) identifizieren; gleichsetzen (***με***/ *D*); ***~ίζομαι*** sich decken; sich (*A*) identifizieren (***με***/ mit *D*); **~ισμός** Identifizierung *f*; Gleichsetzung *f*; **~ολογία** [-ɔlɔj-] Tautologie *f*; **~ολόγος** [-'lɔɣ-] (-α) tautologisch; **~ολογώ** [-lɔ'ɣɔ] (είς· ησ) sich wiederholen; **~όσημος** [-'ɔsim-] gleichbedeutend; identisch; **~ότητα** Identität *f*; Personalien *pl.*; Ausweis *m*; ***δελτίο ~ότητας*** Personalausweis *m*; ***φοιτητική ~ότητα*** Studentenausweis *m*; ***αποδείχνω την ~ότητά μου*** sich (*A*) ausweisen; **~όχρονος** [-'ɔxrɔn-] gleichzeitig; *Tech.* Simultan-; *Su. n* Gleichzeitigkeit *f.*
ταφ|ή [ta'fi] Beerdigung *f*; **~ικός** Bestattungs- (*Bräuche*); **~όπετρα** [-'ɔpɛtra] Grabstein *m*; *fig. die* Verschwiegenheit selbst.
τάφος Grab *n*; P Geldschrank *m.*
τάφρος ['tafr-] *f* Graben *m.*
ταφτάς [ta'ftas] Taft *m.*
τάχα ['taxa], **τάχατε(ς)** *Adv.* angeblich; denn, etwa *nicht*, vielleicht; zum Schein (*z. B. den Freund spielen*); *in Fragesätzen*: wohl, denn.
ταχεία [ta'çia] Eilzug *m.*

T

ταχθ- s. ***τάσσω.***
ταχιά [ta'çja] morgen früh.
ταχινός [taçin-] früh.
ταχτ- s. ***τακτ-, τακτική*** *usw.*
ταχύ [ta'çi]: ***το ~*** morgens früh.
ταχυβόλο [-'vɔlɔ] Schnellfeuergeschütz *n.*
ταχυ|γραφία [taçiɣra'fia] Stenografie *f*; **~γράφος** Stenograf *m.*
ταχυδαχτυλουργ|ία [taçiðaxtilurj-] Taschenspielerei *f*; **~ός** [-'ɣɔs] Taschenspieler *m.*
ταχυδρομείο [taçi'ðrɔm-] *allg.* Post *f*; ***κεντρικό ~*** Hauptpostamt *n.*
ταχυδρομ|ίζω (σ) aufgeben, zur Post geben; **~ικά** *n/pl.* Porto *n*; **~ικός** Post-; Brief- (*Taube*); *Adv.* per *od.* mit der Post; *Su. m* Postbeamte(r).
ταχυ|δρόμος [taçi'ðrɔm-] Postbote *m*, Briefträger *m*; **~δρομώ** [-'mɔ] (είς· ησ) s. ***ταχυδρομίζω***; **~καρδία** beschleunigte Herztätigkeit *f.*
ταχύμετρο [ta'çi-] Geschwindigkeitsmesser *m*, Tachometer *m*; *mar.* Log *n.*
ταχύνω (II = I· υνθ) beschleunigen; sich (*A*) beeilen.
ταχ|ύπλους [ta'çiplus] (-ουν) schnell (fahrend); **~ύς** [-'is] schnell, Schnell- (*Zug*); flink; beschleunigt (*Puls*); **~ύτητα** [-'itita] Geschwindigkeit *f*; Schnelligkeit *f*; Raschheit *f*; *Auto*: Gang *m*; ***ακολουθητέα ~ύτητα*** Richtgeschwindigkeit *f*; ***κιβώτιο ~υτήτων*** Getriebekasten *m*; ***αλλαγή της ~ύτητας*** Gangschaltung *f.*
ταψί [ta'psi] (rundes) Kuchenblech *n.*
τέζα ['tɛza] (0) straff; ***έμεινε ~*** F er ist krepiert, hops (= *tot*); ***~ στο μεθύσι*** sternhagelvoll.
τεζάκι Ladentisch *m*; Schanktisch *m.*
τεζ|αριστός gespannt; straff; **~άρω** (ρισ) spannen, straffen, stramm ziehen; F ***τα ~άρω*** F abkratzen (= *sterben*).
τεθ- s. ***θέτω.***
τε|θλασμένη [tɛθla'zmɛni] gebrochene Linie *f*; **~θλασμένος** *s.* ***θλω***; **~θλιμμένος** [-θlim-] *s.* ***θλιμμένος.***
τεθωρακισμένος [tɛθɔrakizm-] gepanzert; *Su. n* Panzerwagen *m.*
τείνω ['tinɔ] (έτεινα· ταθηκα) *v/t.* spannen, straffen; ausstrecken; *v/i.* (***προς*** *A*) neigen (zu *D*), tendieren (zu *D*); abzielen (auf *A*), hinausgehen (auf *A*).
τειχίζω [tiç-] (σ) um'mauern.
τείχι|ση [-çisi] (-εις) Ummauerung *f*; Befestigung *f*; **~σμα** Mauerwerk *n.*
τειχοποιία [tixɔpi'ia] Mauerbau *m.*
τείχος ['tix-] *n* Mauer *f.*
τεκές [tɛ'ḱɛs] (-έδες) islamische(s) Kloster; F Rauschgifthöhle *f.*
τεκμαρτός [tɛkmar'tɔs] nachweisbar.
τεκμ|ήριο [tɛk'mirïɔ] Mutmaßung *f*; Schluss *m*; Zeichen *n*, Anzeichen *n*, Merkmal *n*; Beweis *m*; Beleg *m*, Nachweis *m*; **~ηριώνω** [-irj-] (σ· θ) nachweisen, belegen; mutmaßen.
τέκνο ['tɛknɔ] Kind *n*, Nachkomme *m*; *hist. Argot*: Gigolo *m*; Dandy *m.*
τεκνο|γονία [tɛknɔɣɔn-] Zeugung *f* von Kindern; **~κτονία** [-ktɔn-] Kindesmord *m*; **~ποιώ** [-'pjɔ] (είς· ησ) Kinder zeugen.
τέκτονας Freimaurer *m*; Maurer *m.*
τεκτον|ικός Bau-; Maurer-; Freimaurer-; *Geol.* tektonisch; **~ισμός** Freimaurerei *f.*
τελάλης (-ηδες) *hist.* Ausrufer *m.*
τελάρο (*Tür- usw.*) Rahmen *m*; Stickrahmen *m*; Lattenkiste *f.*
τελατίνι Juchten *n.*
τελεία [tɛl-] Punkt *m*; ***άνω ~*** Hochpunkt *m* (= *Semikolon*).
τέλειο: ***το ~*** F (das) Goldrichtig(e).
τελειο|ποίηση [tɛljɔ'piisi] (-εις) Vervollkommnung *f*; **~ποιήσιμος** [-pi'isim-] zu vervollkommnen(d); **~ποιώ** [-'pjɔ] (είς· ησ) vervollkommnen.
τέλειος ['tɛljɔs] (-εια) vollkommen; vollendet.
τελει|ότητα [tɛ'lïɔt-] Vollkommenheit *f*; Vollendung *f*; **~όφοιτος** Abiturient *m*; Absolvent *m.*
τελείωμα [tɛ'li-] *n* s. ***τελειωμός.***
τελει|ωμός [tɛlj-] Beendigung *f*; Ende *n*; **~ώνω** (σ· ωμ) *v/t.* beend(ig)en, abschließen; *Lebensjahr* vollenden; erledigen; *etw.* aufbrauchen; *Brot usw.* aufessen; F *j-n* fertig machen; *v/i.* zu Ende gehen (*od.* sein); *Vertrag*: ablaufen; (*Aor.*) aus sein, alle sein; F fertig sein.
τελείως [-'liɔs] *Adv.* völlig.
τελείωση (-εις) Vollendung *f.*
τελ|ειωτικός [tɛljɔt-] endgültig; End- (*Urteil*); Gnaden- (*Stoß*); **~εολογία** [-ɛɔlɔj-] Teleologie *f.*
τέλεση ['tɛlɛsi] (-εις) Durchführung *f*, Ausführung *f*, Begehung *f.*
τελεσ|ίγραφο [-'siɣrafɔ] Ultimatum *n*;

~ιδικία rechtskräftige(s) Urteil *n*; **~ίδικος** rechtskräftig.
τελεσ|φόρηση [tεlε'sfɔr-] (-εις) Wirksamkeit *f*; **~φόρος** (-α) wirksam; **~φορώ** [-fɔ'rɔ] (είς· ησ) Erfolg haben.
τελετ|άρχης [-'tarç-] Festleiter *m*; **~ή** Fest *n*, Feier *f*; Feierlichkeit *f*; **~ουργία** [-urj-] Gottesdienst *m*; Feier *f*; **~ουργώ** [-ur'γɔ] (είς· ησ) die Messe zelebrieren.
τελευτ|αία [tεlε'ftεa] *Adv*. kürzlich; letzten Endes; **~αίος** (-αία) letzt-; **~ώ** (άς· ησ) *v/t*. abschließen, vollenden; *v/i*. aus dem Leben scheiden.
τελεύω (εψ) *s*. ***τελειώνω***.
τελεφερίκ (0) *n* Drahtseilbahn *f*; Sessellift *m*.
τέλη (*pl*. *v*. ***τέλος***) Ende *n* (*Januar*).
τέλι Draht *m*; *Mus*. Saite *f*.
τελικός End-; endgültig; *Gr*. final.
τέλμα ['tεlma] *n* Sumpf *m*.
τελματ|ώδης sumpfig; **~ώνω** (σ) *v/t*. in e-n Sumpf verwandeln; ***~ώνομαι*** stecken bleiben.
τελμάτωση (-εις) Versumpfung *f*; *fig*. ***είναι σε ~*** auf dem toten Punkt sein.
τέλ|ος ['tεl-] *n* Ende *n*; Schluss *m*; Gebühr *f*; Zoll *m*; *pl*. Kosten *pl*., Unkosten *pl*.; ***εξαγωγικά ~η*** *n/pl*. Ausfuhrzoll *m*; ***~η*** *n/pl*. ***επεξεργασίας*** Bearbeitungsgebühr *f*; ***επί ~ους, εν ~ει, ~ος*** (***πάντων***) endlich; schließlich.
τελ|ώ [tε'lɔ] (είς· εσ· εστ· σμ) *v/t*. durchführen, ausführen; vollenden; vollziehen; *Fest* begehen, feiern; ***~ώ προφυλακισμένος*** sich (*A*) in Untersuchungshaft befinden; ***~ούμαι*** erfolgen, stattfinden.
τελων|ειακός [tεlɔňiak-] Zoll-; **~είο** Zollamt *n*.
τελ|ώνης Zollbeamte(r); *Bibel*: Zöllner *m*; **~ωνίζω** (σ) verzollen; **~ώνιο** Zoll *m*; böse(r) Geist *m*; **~ωνισμός** Verzollung *f*; **~ωνοσταθμάρχης** [-staθ'març-] Leiter *m* des Zollamtes.
τεμαχίζω [tεma'çizɔ] (σ· στ) (zer)stückeln; *Anat*. sezieren; *Kuchen* in Stücke schneiden.
τεμάχιο [-'maïç-] Stück *n* (*a*. *Mus*.); Teil *m*, Parzelle *f*.
τεμαχι|σμός [tεmaç-] Zerstückelung *f*; Aufteilung *f*; **~στός** gestückelt; zerstückelt; aufgeteilt.
τεμενάς [-'nas] (-άδες) Kotau *m*, Verbeugung *f* (*a*. *fig*.).
τέμενος *n* Heiligtum *n*; Tempel *m* (*a*. *fig*.); Moschee *f*.
τέμνουσα ['tεmnusa] Sekante *f*.
τεμπ|έλης [tε'm̌bεl-] (-α, -ικο) faul; **~ελιά** Faulheit *f*; **~ελιάζω** (-έλιασα) faulenzen; **~ελόσκυλο** [-ε'lɔsķilɔ] Faulpelz *m*; **~ελχανάς** [-εlxa'nas] (-άδες) (*f* ***-νού***) Faulenzer(in *f*) *m*.
τεμπεσίρι [tεbε'siri] Kreide *f*.
τέμπλο ['tεm̌blɔ] *Rel*. Ikonenwand *f*.
τέμπο ['tεm̌pɔ] Tempo *n*.
τέναγος ['tεnaγ-] *n* Moor *n*; Furt *f*.
τενεκ|εδένιος [tεnεķε'ðεn-] (-ια) Blech-, blechern; **~ές** (-έδες) Blech *n*; Blechdose *f*; *fig*. Taugenichts *m*; **~ετζής** [-ε'dzis] (-ήδες) Klempner *m*.
τένις (0) *n* Tennis *n*.
τένοντας ['tεnɔňdas] Sehne *f*.
τενόρος Tenor *m*.
τέντα ['tεňda] Zelt *n*; Markise *f*; *Adv*. sperrangelweit offen.
τεντζερέδια *n/pl*. Kochgeschirr *n*.
τέντζερ|ες ['tεňdzεrεs] (-έδες), **~ης** Kochtopf *m*; Kasserolle *f*.
τεντιμπ|όης [tεdi'bɔis] (-ηδες) Rocker *m*; Rowdy *m*; **~οϊσμός** Rowdytum *n*.
τέντωμα ['tεňd-] *n* Spannen *n*; Ausstrecken *n*; Ausbreiten *n*; Recken *n*.
τεντών|ω (σ· θ) *v/t*. spannen; (aus-)strecken; recken; *Ohren* spitzen; *Tür* weit aufreißen; *v/i*. sein Lager aufschlagen; ***~ομαι*** sich (*A*) recken; sich (*A*) ausstrecken; *fig*. sich (*A*) brüsten.
τέρας ['tεras] (-ατος) *n* Monstrum *n*; Wunder *n*, Ausbund *m*.
τεράστιος (-ια) riesig, ungeheuer.
τερατο|λόγημα [tεratɔ'lɔj-] *n*, **~λογία** Lügenmärchen *n*; **~λογώ** [-lɔ'γɔ] (είς· ησ) Märchen erzählen.
τερατ|όμορφος abscheulich, grässlich; **~ούργημα** *n* Ungeheuerlichkeit *f*; Monstrum *n*; **~ουργός** [-urγ-] Wundertäter *m*; Gaukler *m*; **~ώδης** scheußlich; monströs; **~ωδία** Ungeheuerlichkeit *f*.
Τεργέστη [tεr'jεsti] Triest *n*.
τερ|ετίζω [tεrεt-] (σ) zwitschern; (vor sich hin) summen; trillern; **~έτισμα** *n*, **~ετισμός** Zwitschern *n*; Trillern *n*.
τερηδόνα [tεri'ðɔna] Holzwurm *m*; Karies *f*.
τερλίκι [tεr'liķi] Pantoffel *m*; Socke *f*.

τέρμα ['tɛrma] *n* Ende *n*; Ziel *n*; Endhaltestelle *f*; *Sport*: Tor *n*; ***βάζω ~ σε*** ein Ende setzen *D*.
τερματ|ίζω (σ) *v/t*. beenden; ein Ende setzen *D*; *v/i*. ein Ende nehmen; am Ziel sein; **~οφύλακας** Torwart *m*.
τέρμινο Frist *f* (= *Tag usw*.).
τερμίτης [tɛr'mitis] Termite *f*.
τερπν|ός [tɛrpn-] angenehm, erfreulich; **~ότητα** Annehmlichkeit *f*.
τέρπω ['tɛrpɔ] (έτερψα· φτ) erfreuen.
τερτίπι [tɛr'tipi] Kniff *m*.
τέρτσος F Verlierer *m*.
τέρψη ['tɛrpsi] (-εις) Vergnügen *n*.
τεσσάρα Vier *f*; *mil*. F vier Tage Bau.
τεσσαρ|άγκωνος [-'raŋgɔn-] viereckig; **~ακοστός** vierzigst-.
τέσσαρες *s*. ***τέσσερεις***.
τεσσάρι Vier *f*; ***~ σπαθί*** Kreuz *n* (*Kartenspiel*).
τέσσερ|α ['tɛsɛra], **~ις** *m*, *f* vier.
τεσσερ|άμισι, ~ισήμισι viereinhalb.
τεστ (0) *n* Test *m*.
τεταγμένη *Math*. Ordinate *f*.
τεταμένος gespannt; straff; *s*. ***τείνω***.
τετανικός [tɛtan-] tetanisch.
τέτανος Tetanus *m*, Starrkrampf *m*.
τεταρταίος (-αία) viertägig; ... nach vier Tagen (eintretend).
Τετάρτη [tɛ'tarti] Mittwoch *m*; *Mus*. Quarte *f*.
τεταρτημόριο [-tarti'mɔr-] Viertel *n*.
τέταρτ|ο ['tɛtartɔ] Viertel *n*; Viertelstunde *f*; *Adv*. viertens; **~ος** viert-.
τε|τελεσμένος [tɛtɛlɛzm-] *s*. ***τελώ***; vollendet(*e Tatsache*); **~τέλεσται** [-'tɛlɛstɛ] es ist vollbracht.
τετμημένη *Math*. Abszisse *f*.
τέτοιος ['tɛtjɔs] (-α) (ein) solcher, (eine) solche, (ein) solches; so ein, eine, eins; derartig.
τετρα- [tɛtra-] vier-; sehr, ungemein.
τετραβάγγελο die vier Evangelien *pl*.
τετραγων|ίζω [-ɣɔn-] (σ) viereckig machen, kanten; *Math*. quadrieren; **~ικός** viereckig; Quadrat- (*Meter*); *fig*. klar; bestechend; **~ισμός** Quadratur *f*; Quadrierung *f* (*z. B*. 5^2).
τετράγων|ο [tɛ'traɣɔnɔ] Viereck *n*; Häuserblock *m*; **~ος** viereckig; quadratisch; *fig*. klar; bestechend.
τετράδα Vierer *m*; Viererreihe *f*.
τετράδιο Heft *n*.
τετρ|άδιπλος [tɛ'traðipl-] vierfach; vierfältig; **~άδυμα** [-'aðima] *n/pl*. Vierlinge *m/pl*.; **~άεδρος** [-'aɛðr-] vierseitig; *Su*. *n* Vierflach *n*; **~αετής** [-aɛt-] vierjährig; **~αήμερος** [-a'imɛr-] viertägig; **~αθέσιος** [-a'θɛs-] (-ια) viersitzig; **~άθυρος** *Auto*: viertürig; **~ακινητήριος** (-ια) viermotorig.
τετρακοσαριά: *καμιά ~* etwa vierhundert.
τετρακ|όσιοι [tɛtra'kɔsii] (-ιες, -ια) vierhundert; (***τα***) ***~όσια*** sehr gescheit; **~οσιοστός** [-ɔsjɔst-] vierhundertst-.
τετρα|κύλινδρος [-'kiliňðr-] Vierzylinder-; **~μελής** [-mɛl-] viergliedrig; vierköpfig; **~μερής** vierteilig.
τετράμετρος *lit*. achtfüßig (*Vers*).
τετρ|άμηνος [tɛ'tramin-] viermonatig; Viermonats-; Quartals-; **~άπατος** [-'apat-] vierstöckig; **~απέρατος** [-a'pɛrat-] durchtrieben; **~απλάσιος** (-ια) vierfach; **~άπλευρος** [-'aplɛvr-] vierseitig; **~απλός** vierfach.
τετρ|αποδίζω [tɛtrapɔð-] (σ) auf allen vieren gehen; **~άποδο** Vierfüßler *m*; *fig*. Schafskopf *m*; **~άποδος** vierfüßig, vierbeinig; **~άπραχτος** [-'apraxt-] vieraktig; **~αρχία** *hist*. (*römische*) *Verwaltungseinheit f*; **~άστιχο** Vierzeiler *m*; **~άτομος** vierbändig; **~άτροχος** vierrädrig.
τετρ|αφωνία [tɛtrafɔn-] Quartett *n*; **~άχρονος** [-'axrɔn-] Viertakt-; **~άωρος** vierstündig; **~αώροφος** [-a'ɔrɔf-] vierstöckig.
τετριμμένος abgedroschen.
τεύτλο ['tɛftlɔ] rote Rübe *f*.
τευτονικός [tɛftɔni'kɔs] teutonisch; germanisch (*Sprache*).
τεύχος ['tɛfx-] *n* Heft *n*, Broschüre *f*.
τέφρα ['tɛfra] Asche *f*.
τεφρο|δοχείο [tɛfrɔðɔç-] Aschenbecher *m*; **~δόχος** [-'ðɔx-] *f* Urne *f*; Aschenkasten *m*.
τεφτέρι [-'ftɛri] Kontobuch *n*; Register *n*; Notizbuch *n*.
τεχνάζομαι [tɛ'xnazɔmɛ] (στ) listig sein; sich (*D*) *etw*. ausdenken.
τέχνασμα *n* Kniff *m*, Trick *m*.
τέχν|η ['tɛxni] Kunst *f*; Geschick(lichkeit *f*) *n*; Kniff *m*; Handwerk *n*, Gewerbe *n*; ***γραφικές ~ες*** Grafik *f*; ***οι Καλές Ωες*** die schönen Künste.
τεχν|ητός [tɛxni'tɔs] Kunst- (*Seide*), künstlich (*Zahn*); **~ική** Technik *f*;

~ικός Fach- (*Schule, Wort*); technisch; praktisch; künstlerisch, kunstvoll; Gewerbe-; *Su. m* Techniker *m*; **~ίτης** Handwerker *m*; Techniker *m*; Meister *m*; **~οκρατία** [-ɔkrat-] Technokratie *f*; **~οκρίτης** Kunstrichter *m*.

τεχνολογ|ία [-lɔj-] Technologie *f*; *Gr.* Analyse *f*; **~ικός** technologisch.

τεχν|ολόγος Technologe *m*; **~ολογώ** [-ɔlɔ'ɣɔ] (είς· ησ) sich (*A*) mit Technologie befassen; *Gr.* analysieren; **~οτροπία** Stil *m e-r Epoche*; **~ουργείο** [-urj-] Werk *n*, Betrieb *m*; Werkstatt *f*; **~ούργημα** *n* Fabrikat *n*; Kunstwerk *n*; **~ουργικός** Fabrik-; **~ουργός** Künstler *m*; Handwerker *m*; **~ουργώ** [-ur'ɣɔ] (είς· ησ) verfertigen; kunstvoll (aus)arbeiten.

τέως ['tɛɔs] bis jetzt; *Adj.* bisherig, ehemalig; damalig; Ex- (*Minister*).

τζαζ [dzaz] (0) *f* Jazz *m*; Jazzband *f*; ~ ***μουσική*** Jazzmusik *f*; ***συγκρότημα*** ~ Jazzband *f*.

τζάζλος F Chaot *m*, Spinner *m*.

τζάκι ['dzaïķi] Herd *m*; Heim *n*; ***από*** ~ aus gutem Haus.

τζαμαρία [dzamar-] Gewächshaus *n*; Glaswand *f*; Wintergarten *m*, Glasveranda *f*; **~ς** F *fig.* Brillenschlange *f*.

τζάμι ['dzami] (Fenster-)Scheibe *f*; ***~α*** *pl. iro.* Brille *f*; ***μπροστινό*** ~ Windschutzscheibe *f*; ***πίσω*** *od.* ***οπίσθιο*** ~ Heckscheibe *f*.

τζαμί Moschee *f*.

τζαμικός Scheiben-, Glas-.

τζαμ(ι)λίκι *s.* ***τζαμαρία.***

τζάμπα ['dzaba] umsonst, gratis.

τζαμπατζ|ής [dzaba'dzis] (-ήδες) Nassauer *m*; **~ίδικος** Gratis-; unqualifiziert; **~ού** (-ούδες) Nassauerin *f*.

τζαμ|τζής [dzam̌'dzis] (-ήδες) Glaser *m*; **~ώνω** (σ) verglasen; **~ωτός** verglast; Glas- (*Tür*).

τζαναμπέτ|ης [dzana'bɛt-] (-ισσα, -ικο), **~ικος** mürrisch; *Su.* Nörgler *m*.

τζάνερο [-nɛrɔ] Mirabelle *f*.

τζάντζαλο ['dzaňdzalɔ] Lumpen *m*.

τζάουλ ['dzaul] (0) *n Phys.* Joule [dʒaʊl] *n*.

τζάω (ας· ασ) *Argot*: türmen.

τζερεμές [dzɛrɛ'mɛs] (-έδες) F Drückeberger *m*; Geldstrafe *f*; Verlust *m*.

τζες *m* F Galan *m*.

τζετ [dzɛt] (0) *n* Düsenflugzeug *n*.

τζίβα ['dziva] Stroh *n*; Seil *n*; F strohige(s) Haar, strohige(r) Bart.

τζι(γ)έρι [dzi'(j)ɛri] Leber *f*; *n/pl.* Eingeweide *pl.*; F der (die) Liebste.

τζινάβω F parlieren.

τζιριτζάντζουλα [dziri'dzaňdzula] *f mst. pl.* Fisematenten *pl.*

τζίρος ['dzir-] Umsatz *m*.

τζίτζικας ['dzidzikas], **τζιτζίκι** Zikade *f*, Grille *f*.

τζίφος Fehlschlag *m*.

τζίφρα Monogramm *n*; Kritzelei *f*.

τζογαδόρος [dzɔɣa'ðɔr-] Spieler *m*.

τζόγος Spiel *n*; *Tech.* tote(r) Punkt *m*.

τζόκεϊ ['dzɔkɛi] (0) *m* Jockei *m*.

τζούρα F Rest *m*; faule(r) Zauber *m*; F *als Adj.* mies, gemein.

τζουτζές [dzu'dzɛs] (-έδες) Zwerg *m*; Clown *m*.

τζούφιος ['dzuf-] (-ια) leer, hohl.

τήβεννος ['tivɛn-] *f* Toga *f*; Robe *f*.

τηγ|ανητός [tiɣan-] *s.* ***τηγανιστός;*** ***~ανητές πατάτες*** *f/pl.* Bratkartoffeln *pl.*; **~άνι** (Brat-)Pfanne *f*; **~ανιά** Pfanne voll *f*; **~ανίζω** (σ) braten, schmoren; **~ανιστός** geschmort, gebraten; Pfannen-

τηγανίτα Eierkuchen *m*.

τηλεβόας Sprachrohr *n*, Megaphon *n*.

τηλεβόλο [tilɛ'vɔlɔ] Geschütz *n*.

τηλε|γραφείο [-ɣraf-] Telegrafenamt *n*; **~γράφημα** *n* Telegramm *n*; (telegrafische) Meldung.

τηλεγραφ|ητής [tilɛɣraf-] (***-ήτρια***) Telegrafist(in *f*) *m*; **~ία** Telegrafie *f*; **~ικός** telegrafisch.

τηλέγραφος Telegraf *m*.

τηλε|γραφώ [tilɛɣra'fɔ] (είς· ησ) telegrafieren; **~θεατής** Fernsehzuschauer *m*; **~κατευθυνόμενος** [-katɛfθi-'nɔm-] ferngelenkt.

τηλέμετρο Entfernungsmesser *m*.

τηλεοπτικός Fernseh-.

τηλεόραση Fernsehen *n*; ***βλέπω*** ~ fernsehen; ***δέκτης, συσκευή ~ς*** Fernsehgerät *n*, Fernseher *m*; ***δορυφορική*** ~ Satellitenfernsehen *n*; ***καλωδιακή*** ~ Kabelfernsehen *n*.

τηλεπάθεια [-'paθ-] Telepathie *f*.

τηλεπικοινων|ία [-lɛpiķinɔn-] Fernmeldewesen *n*, Telekommunikation *f*; **~ιακός** Fernmelde-.

τηλεσκόπιο [tilɛ'skɔp-] Fernglas *n*, Teleskop *n*.
τηλέτυπο [-tipɔ] Fernschreiber *m*.
τηλεφακός Teleobjektiv *n*.
τηλεφωνείο Fernsprechamt *n*.
τηλεφώνημα *n* Telefonanruf *m*.
τηλεφων|ητής [tilɛfɔn-] Telefonist *m*; ***αυτόματος ~ητής*** automatische(r) Anrufbeantworter *m*; **~ήτρια** Telefonistin *f*, Telefonfräulein *n*; **~ία** Fernsprechwesen *n*; **~ικός** telefonisch (*a. Adv.*); Telefon-; ***~ικός κατάλογος*** Telefonbuch *n*.
τηλέφωνο [ti'lɛfɔnɔ] Telefon *n*, Fernsprecher *m*; Telefonnummer *f*; ***από το ~*** telefonisch; ***~ ανάγκης*** Notrufsäule *f*; ***παίρνω στο ~*** *j-n* anrufen.
τηλεφωνώ [-fɔ'nɔ] (άς, είς· ησ) telefonieren (*A*/ mit *D*), anrufen (***του***/ *j-n*).
τηλε|φωτογραφία Bildfunk *m*; **~χειρισμός** [-çir-] Fernsteuerung *f*; **~χείριστος** ferngesteuert.
τήξ|η ['tiksi] (-εις) Schmelzen *n*; *El.* Durchbrennen *n*; Verschmelzung *f*; ***πυρηνική ~η*** Kernfusion *f*; **~ιμος** schmelzbar.
τήραγμα ['tiraɣma] *n* Miene *f*.
τηράζω (ξ), *a.* **τηράω** (άς· τήρα!) angucken; aufpassen.
τήρηση (-εις) Bewahrung *f*; Aufbewahrung *f*; Aufrechterhaltung *f*; Einhaltung *f*; (*Buch-*)Führung *f*.
τηρ|ητής Bewahrer *m*, Befolger *m*; **~ώ** (είς, άς· ησ) bewahren; *Ordnung* aufrechterhalten; *Gesetz* einhalten; *Versprechen* halten; *Bücher* führen.
της [tis] *G v.* ***η***.
της ihr; ***το βιβλίο ~*** ihr Buch.
τι; was? (*a.* = warum?); was für ein(e), *pl.* was für; wie *schön!*; *s.* ***τις***.
τιάρα Tiara *f*.
τίγγα ['tiŋga] Schlei *m*.
τίγρη ['tigri] Tiger *m*.
Τίγρης ['tiɣris] *Geogr.* Tigris *m*.
τίγρης ['tiɣris] Tiger *m*.
τιθάσευση (-εις) Bändigung *f*, Zähmung *f*.
τιθασ|ευτής [tiθasɛft-] Bändiger *m*; **~εύω** (εψ) bändigen.
τικ (0) *n* Tick *m*.
τικ-τακ tick-tack.
τίλιο Lindenblütentee *m*.
τιμαλφ|ής [timalf-] kostbar; *Su. lit.* ***~ές*** *n* Kleinod *n*; ***~ή*** *n/pl.* Wertsachen *f/pl*.
τιμαριθμικός ... nach dem Lebenshaltungsindex.
τιμάριθμος [ti'mariθm-] Index(zahl *f*) *m*; Lebenshaltungsindex *m*.
τιμάριο *hist.* Lehen *n*, Lehnsgut *n*.
τιμαρι|ούχος Lehnsherr *m*; **~ώτης** Lehnsmann *m*; **~ωτικός** Lehns-, Feudal- (*Wesen*); **~ωτισμός** Feudalismus *m*.
τιμ|ή [ti'mi] Ehre *f*; *Hdl.* Preis *m*; *allg. u. Phys.* Wert *m*; *Börse*: Kurs *m*; *mst. pl.* Ehrenbezeigungen *f/pl.*; ***ειδική ~ή*** Sonderpreis *m*; ***~ή κόστους*** Einkaufspreis *m*; ***~ή συναλλάγματος*** Wechselkurs *m*; ***~ής ένεκεν*** ehrenhalber; ***με ~ή*** hochachtungsvoll; ***διατελώ μετά ~ής*** mit vorzüglicher Hochachtung.
τίμη|μα *n* (Gegen-)Wert *m*; Lohn *m*; **~ση** (-εις) Kursnotierung *f*.
τιμητικός ehrenvoll, Ehren-.
τίμιος (-ια) ehrlich; *Mädchen*: unbescholten; wertvoll, Edel- (*Metall*).
τιμιότητα Ehrlichkeit *f*; Unbescholtenheit *f*.
τιμο|κατάλογος [timɔka'talɔɣ-] Preisliste *f*; **~κρατία** Geldherrschaft *f*; **~λόγιο** [-'lɔj-] Tarif *m*; Warenrechnung *f*; Preisliste *f*; **~λογώ** [-lɔ'ɣɔ] (είς· ησ) den Preis, den Tarif festlegen; *Ware* auspreisen.
τιμόνι Steuer *n*; Ruder *n* (*a. fig.*); Lenkrad *n*.
τιμονιά [-'nja] Steuerung *f*, Lenkung *f*.
τιμονιέρ|α Lenkgehäuse *n*; **~ης** (-ηδες) Steuermann *m*; Ruderer *m*; Pilot *m*.
τιμ|ώ [ti'mɔ] (άς· ησ) *j-n* ehren; *j-n mit e-m Besuch* beehren; schätzen; ***~ώμαι*** wert sein, kosten.
τιμώρηση (-εις) Bestrafung *f*.
τιμωρ|ητέος [timɔrit-] (-α) straffällig; **~ία** Strafe *f*, Bestrafung *f*; **~ός** Strafende(r); **~ώ** (άς, είς· ησ) bestrafen.
τίναγμα ['tinaɣma] *n*, **τιναγμός** Schütteln *n* (*a. der Betten*); Rütteln *n*; Stoß *m*; Sprung *m*.
τινάζ|ω (ξ· χτ) *v/t.* schütteln (***από***/ von *D*); durchschütteln; ausschütteln; *Teppich* ausklopfen; schleudern; *in die Luft* sprengen; *e-n Fußtritt* versetzen; ***~ω τα μυαλά μου στον αέρα*** sich (*D*) e-e Kugel durch den Kopf jagen; ***τα τίναξε*** er ist krepiert; ***~ομαι*** sich (*D*)

den Staub abschütteln; *Wasser*: emporschießen; *in die Luft* fliegen; *vom Sitz* aufspringen.
τίναξη (-εις) *s.* ***τίναγμα.***
τίνι; *K.* wem?
τίποτ|α ['tipɔta], **~ε** etwas; *verneint*: nichts; *als Antwort*: keine Ursache!; **~'** ***άλλο*** etwas anderes; sonst nichts; ***άλλο ~ε!*** und ob!
τιποτένι|ος (-ια) bedeutungslos; nichtswürdig; ***για ένα ~ο πράγμα*** für nichts und wieder nichts.
τίποτες *s.* ***τίποτα.***
τιράντες [-'aňdεs] *f/pl.* Hosenträger *m/pl.*
τιρμπουσόν [tirbu'sɔň] (0) *n* Korkenzieher *m.*
τις (τι) *K.* (*G* ***τινός,*** *D* ***τινί,*** *A* ***τινά***) *bsd. in älteren Wörterbüchern zur Rektionsangabe*: jemand(es).
τιτάνας Titan(e) *m.*
τιτανικός titanenhaft.
τιταν|όλιθος [tita'nɔliθ-] Kalkstein *m*; **~ομαχία** Titanenkampf *m.*
τιτιβίζω piepen, zwitschern.
τιτλομανία [titlɔman-] Titelsucht *f.*
τίτλος *allg.* Titel *m* (*a. Hdl., jur.*); Zertifikat *n*; Feingehalt *m.*
τιτλ|ούχος [ti'tlux-] Würdenträger *m*; **~οφόρος** [-ɔ'fɔr-] e-n Titel führend; **~οφορώ** [-fɔ'rɔ] (είς· ησ) *v/t. j-m* e-n Titel verleihen; *etw.* betiteln; *j-n* titulieren; *v/i.* e-n Titel führen; ***~οφορούμενος*** ... mit dem Beinamen.
τμήμα ['tmima] *n* Teil *m*; Abschnitt *m e-s Buches*; Polizeirevier *n*; (*Wahl-*)Bezirk *m*; Station *f e-s Krankenhauses*; Abteilung *f e-r Firma, im Kaufhaus usw., z. B. mil.*; *Math.* Sektor *m*, Segment *n*, Ausschnitt *m.*
τμηματ|άρχης [-'tarç-] Abteilungsleiter *m*; **~ικός** Abteilungs-, Teil-, teilweise; Jahres- (*Prüfungen*); *Adv.* abschnittsweise.
το *Art. n* das; ***~ και ~*** dies und das.
τοιχίο [ti'çiɔ] Mäuerchen *n*; Mauerteile *m/pl.* (*der Türöffnung*).
τοίχιση ['tiçisi] Ummauerung *f.*
τοιχο|γραφία [tixɔɣraf-] Fresko *n*; **~γυρίζω** [-jir-] (σ) umfrieden, ummauern; **~δομή** [-ðɔ'mi], **~δομία** Maurerhandwerk *n*; Mauerwerk *n*; **~δόμος** Maurer *m.*
τοιχο|κόλλημα [tixɔ'kɔl-] *n* Anschlag *m*, Plakat *n*; **~κόλληση** Anschlagen *n*, Ankleben *n*; **~κολλώ** (άς· ησ) anschlagen, ankleben; **~ποιία** Mauern *n.*
τοίχος ['tix-] Wand *f*; Mauer *f.*
τοίχωμα *n* Mauer *f*; Wand(ung) *f.*
τόκα topp!, es gilt!; schlag ein!; ***κάνω ~*** *in die Hand* einschlagen; anstoßen.
τοκάρω (ρισ) anstoßen, sich (*D*) zuprosten.
τοκάς [tɔ'kas] (-άδες) Schnalle *f.*
τοκετός [tɔķεt-] Entbindung *f.*
τοκ|ίζω [tɔķ-] Geld (auf Zinsen) ausleihen; verzinsen; **~ισμός** Geldverleih *m.*
τοκιστής Geldverleiher *m.*
τοκο|γλυφία [tɔkɔɣlif-] Wucher *m*; **~γλυφικός** wucherisch; Wucher-; **~γλύφος** Wucherer *m*; **~γλυφώ** [-ɣli'fɔ] (είς· ησ) Wucher treiben; **~μερίδιο** [-mε'rið-] Zinsschein *m*; Dividende *f.*
τόκ|ος Zins *m*, *mst. pl.* Zinsen; ***~ος εθνικής τράπεζας*** Leitzins *m*; ***~οι του λαβείν*** Habenzinsen *m/pl.*; ***με σταθερό ~ο*** festverzinslich.
τοκο|φόρος [tɔkɔ'fɔr-] (-α) zinsbringend; **~φορώ** [-'rɔ] (είς· ησ) Zinsen bringen *od.* tragen; **~χρεολύσιο** [-xrεɔ'lis-] Tilgungsrate *f.*
τόλμη Kühnheit *f*; Dreistigkeit *f.*
τόλμημα *n* F Bravourstück *n.*
τολμ|ηρός [tɔlmir-] kühn, wagemutig; gewagt; **~ώ** (άς· ησ) wagen.
τολύπη [-'lipi] Knäuel *n*; (*Schnee-*) Flocke *f*; (*Rauch-*)Schwaden *m.*
τομ|αρένιος [tɔmar-] (-ια) Leder-; **~άρι** Leder *n*; *iro.* Fell *n*; Körper *m*; *fig.* Leben *n*; Lump *m*, Schuft *m.*
τομάτα Tomate *f.*
τομ|έας [tɔ'mεas] (*pl.* -είς) Ausschnitt *m*, Sektor *m*; *Zool.* Schneidezahn *m*; Frontabschnitt *m*; *fig.* Gebiet *n*; **~ή** (*Längs-, Quer-*)Schnitt *m* (*a. Med.*); Schnittpunkt *m*; *lit.* Zäsur *f.*
τόμος Band *m.*
τον [tɔn] *A v.* **ο:** den.
τονάζ [tɔ'naz] (0) *n* Tonnage *f.*
τον|ίζω [tɔn-] (σ· στ) betonen (*Gr. u. fig.*); *Gr.* mit Akzent versehen; darauf hinweisen (***του - ότι*** / j-n - dass); *Mus.* vertonen; **~ικός** Ton-; Akzent- (*Zeichen*); Stärkungs- (*Mittel*); **~ικότητα** Tonalität *f*; Tonus *m*, Spannung *f*; **~ισμός** Betonung *f*; Vertonung *f.*
τόνος¹ ['tɔnɔs] Tonne *f*; Thunfisch *m.*

τόνος² *allg.* Ton *m*; Nachdruck *m*; Schwung *m*; *Gr.* Akzent *m*; *Med.* Tonus *m*; Spannung *f.*
τονώνω (σ) stärken, kräftigen.
τόνωση ['tɔnɔsi] (-εις) Stärkung *f.*
τονωτικός stärkend, Stärkungs-; *Su. n* Stärkungsmittel *n.*
τοξάρι *Mus.* Bogen *m.*
τόξεμα ['tɔksεma] *n* Bogenschießen *n.*
τοξ|ευτής [tɔksεft-] (*-εύτρια*) Bogenschütze *m* (-tzin *f*); **~εύω** (ευσ) mit dem Bogen schießen; schleudern.
τοξικ|ολογία [tɔksikɔlɔj-] Toxikologie *f*; **~ός** [-'kɔs] giftig; Vergiftungs-; **~ότητα** Giftigkeit *f.*
τοξίνη Toxin *n.*
τοξίνωση (-εις) Vergiftung *f.*
τόξο ['tɔksɔ] Bogen *m* (*a. Mus.*); Gewölbe *n*; ***ουράνιο ~*** Regenbogen *m.*
τοξοειδής [-ksɔið-] bogenförmig.
τοξότης *mst. Astr.* Schütze *m.*
τοξωτός bogenförmig.
τοπάζι [tɔ'pazi] Topas *m.*
τοπάρχης [-'parç-] Bezirksvorsteher *m*; *Pers.* Lokalgröße *f.*
τόπι ['tɔpi] Ball *m*; Kugel *f*; Ballen *m.*
τοπ|ικισμός Lokalpatriotismus *m*; **~ικός** örtlich, Lokal-.
τοπ|ίο Landschaft *f*; **~ιογραφία** [tɔpĭɔɣraf-] Landschaft(smalerei) *f*; Landschaftsbild *n.*
τοπο|γραφία [tɔpɔɣraf-] Topographie *f*; **~γράφος** Topograph *m*, Vermessungsingenieur *m.*
τοπο|θεσία [-θεs-] Lage *f*; Gegend *f*; **~θετημένος** [-θεtim-] (an)gestellt; angelegt; **~θέτηση** (-εις) Aufstellen *n*; Anstellung *f*, Unterbringung *f*; (*Geld-*) Anlage *f*; **~θετώ** [-θε'tɔ] (είς· ησ) stellen; *Bücher* ordnen; *j-n* anstellen, unterbringen; *Geld* anlegen.
T
τοπομαχικός [-maïç-] ortsfest; *Su. n* schwere(s) Geschütz *n.*
τόπ|ος ['tɔp-] Ort *m*, Platz *m* (*a. fig.*); Heimat *f*; Stelle *f*; Raum *m*; ***επί ~ου*** an Ort und Stelle, vor Ort.
τοποτηρητής Stellvertreter *m*; Geschäftsführer *m*; *Rel.* Vikar *m.*
τοπούζι [-'puzi] Keule *f.*
τοπωνυμ|ία [tɔpɔnim-] Ortsname *m*; **~ικός** Ortsnamen-.
τορβάς [tɔr'vas] (-άδες) Tornister *m.*
τορευτ|ής [-rεft-] Graveur *m*; **~ική** Gravieren *n*; Gravierkunst *f*; **~ός** graviert; kunstvoll.
τορεύω (ευσ) gravieren.
τόρμος *Tech.* Zacke *f*, Zahn *m.*
τορναδόρος *s.* ***τορνευτής.***
τόρνευ|μα ['tɔrnεvma] *n*, **~ση** Drehen *n*; Drechseln *n.*
τορνευτ|ής [-nεft-] Dreher *m*; Drechsler *m*; **~ός** gedreht; gedrechselt; *Stil:* geschliffen; *fig.* kunstvoll.
τορνεύω (ευσ· εφτ) *Metalle* drehen; *Holz* drechseln; *Stil* (aus)feilen.
τόρνος Drehbank *f.*
τορπ|ίλα Torpedo *m*; Mine *f*; **~ιλάκατος** [-i'lakat-] *f* Torpedoboot *n.*
τορπιλ|ίζω [tɔrpil-] (σ) torpedieren (*a. fig.*); **~ικό** Torpedoboot *n*; **~ισμός** Torpedierung *f* (*a. fig.*); **~οβόλο** = ***τορπιλικό.***
τόρτα (Obst-)Torte *f.*
τόσο so; so sehr; ***~ ... όσο(ν)*** so ... wie; ***~ ... που*** (***ώστε***) so ... dass; ***όχι και ~*** einigermaßen; ***~*** (***το καλύτερο***) umso (besser); ***~ όμορφος*** schön.
τόσος *s. a.* ***τόσο*** so viel; *pl.* so viele; so groß, so hoch; *nach Zahlen* und etwas, und mehr; ***~ ... που*** (***ώστε***) so (*od.* derart) ... dass, so groß (viel) ... dass; ***όσα είπε, τόσα άκουσα*** was er sagte, (das) habe ich gehört.
τοσούτσικος [-'uts-] so klein, winzig.
τοστ (0) *n* Toast *m*; *oft*: Sandwich *m.*
τοστιέρα [tɔs'tĭεra] Toaster *m.*
τότε(ς) ['tɔtε(s)] dann; damals; *Adj.* damalig; ***από ~ που*** seit(dem); ***έως ~*** bis dann, dahin; ***~ πια*** dann erst.
του [tu] *G v.* ***ο*** *u.* ***το,*** des.
του sein; ***το βιβλίο ~*** sein Buch.
τουαλέτα [tua'lεta] *allg.* Toilette *f.*
τούβλο ['tuvlɔ] Ziegelstein *m*; *fig.* F Rindvieh *n.*
τουλάχιστο [tu'laïçistɔ] *allg.* wenigstens; mindestens (*z. B. 100 DM*).
τούλι Tüll *m.*
τουλίπ|α [tu'lipa], **~η** Tulpe *f.*
τουλ|ούμι Schlauch *m*; ***με το ~ούμι*** in Strömen (*regnen*); **~ουμιάζω** (-ούμιασα) *v/t.* in Schläuche füllen; *fig. j-n* übel zurichten; *v/i.* anschwellen; **~ουμίσιος** (-ια) Schlauch-; **~ουμοτύρι** Ziegenkäse *m* aus Schläuchen.
τουλούμπα [tu'luba] Pumpe *f.*
τουλούπα [-'lupa] Knäuel *n*; (*Schnee-*) Flocke *f*; (*Rauch-*) Wolke *f.*

τουλπάνι [tul'pani] Musselin *m*; Kopftuch *n*.
τούμπ|α ['tu(m̆)ba] Purzelbaum *m*; Anhöhe *f*; *Mus*. Tuba *f*; ***κάνω ~ες*** katzbuckeln (***σε***/ vor *D*).
τουμπανιάζω *v/t*. (τουμπάνιασα) aufblähen; prall füllen; *fig*. *j-n* verdreschen; *v/i*. anschwellen, dick werden.
τούμπανο *s*. ***τύμπανο***.
τουμπάρισμα *n* Umstürzen *n*.
τουμπάρω (αρισ, αρ· αριστ) *v/t*. umwerfen, umstürzen; *fig*. F *j-n* rumkriegen; *v/i*. umstürzen.
τούνελ (0) *n* Tunnel *m*.
τούντρα ['tuňdra] Tundra *f*.
τουπέ [tu'pɛ] (0) *n* Arroganz *f*; ***με ~*** von oben herab, dreist.
τουρ|ισμός Tourismus *m*, Fremdenverkehr *m*; **~ίστας** (***-ίστρια***) Tourist(in *f*) *m*; **~ιστικός** Touristen-, Fremdenverkehrs-.
τούρκεμα ['turk̡ɛma] *n* Türkisierung *f*.
τουρκ|εύω [turk̡-] (εψ) Türke (*od*. türkisch) werden; *fig*. wild werden; **Ωία** Türkei *f*; **~ιά** (das) Türkenvolk; **~ικός** türkisch.
Τούρκισσα Türkin *f*.
τουρκιστί [turk̡i'sti] auf Türkisch.
Τουρκμένος Turkmene *m*.
τουρκο|κρατία [turkɔkrat-] Türkenherrschaft *f* (*1453–1821 in Griechenland*); **~μερίτης** [-mɛ'rit-] (***-ισσα***) aus türkischen Gebieten stammende(r) Grieche (-chin); **~πούλι** Stieglitz *m*.
Τούρκος ['turk-] Türke *m*.
τουρκουάζ [-'kŭaz] *n* Türkis *m*; türkisfarben.
τουρκό|φιλος Türkenfreund *m*; **~φωνος** türkischsprachig (*Grieche*).
τουρλού (0) *n* Gemüseeintopf *m*.
τουρλ|ώνω (σ) *v/t*. aufhäufen; wölben, ausbauchen; aufblähen; **~ωτός** gewölbt, geschweift; aufgebläht.
τουρμπάνι Turban *m*; Musselin *m*.
τουρμπίνα [tur'bina] Turbine *f*.
τούρνα ['turna] Hecht *m*.
τουρνέ [tur'nɛ] (0) *f* Tournee *f*.
τουρσί eingesalzene(s) Gemüse *n*; Sauer- (*Kohl*).
τούρτα Kremkuchen *m*, Kremtorte *f*.
τουρτ|ουρίζω [turtur-] (σ) vor Kälte zittern; schaudern; **~ούρισμα** *n* Zittern *n*, Frieren *n*; Schauder *m*.
τούρτουρο *s*. ***τουρτούρισμα***.
τους [tus] *A pl*. *v*. ***οι*** die.
τους ihr *pl*.; ***το βιβλίο ~*** ihr Buch.
τούτος ['tut-] (τούτη) diese(r), dies(es); ***εκτός τούτου*** außerdem; ***εν τούτοις*** jedoch.
τούφα Büschel *m*, *n*; Strähne *f*; *s.a*. ***τουλούπα***.
τουφ|έκι [tu'fɛik̡i] Flinte *f*, Gewehr *n*; **~εκιά** (Gewehr-)Schuss *m*; **~εκίδι** Gewehrschüsse *m/pl*.; **~εκίζω** (σ) *v/t*. erschießen; *v/i*. schießen; **~εκισμός** Erschießung *f*; Schuss *m*.
τούφος ['tuf-] Tuff *m*.
τουφωτός [tufɔt-] büschelig.
τράβα ['trava] Balken *m*.
τράβαλα *n/pl*. Schererei *f*.
τραβέρσα [-'vɛrsa] Schwelle *f*, Querbalken *m*; Tischplatte *f* (*quer zum Fenster*); *Fußball*: Querpass *m*.
τράβηγμα [-viɣma] *n* Ziehen *n* (*a. e-s Wechsels*); Schleppen *n*; Schieben *n*; *Typ*. Abziehen *n*; ***τραβήγματα*** *pl*. Umstände *m/pl*.; Scherereien *f/pl*.
τραβ|ηγμένος [traviɣm-] betrunken; *s*. ***τραβώ***; ***~ηγμένο από τα μαλλιά*** an den Haaren herbeigezogen; **~ηκτική** Tratte *f*; **~ηξιά** [-i'ksja] Zug *m*, Schluck *m*; Ziehen *n*, Schleppen *n*; **~ηχτικός** *fig*. anziehend, bezaubernd; **~ηχτός** [-ixt-] gezogen; gespannt.
τραβ|ώ [tra'vɔ] (άς· ηξ· χτ· [γ]μ) *v/t*. ziehen (***από***/ an *D*); schleppen; schieben; *j-n* anziehen; verlangen (nach *D*); *Betrag* abziehen; *Foto* knipsen; *Geld* abheben; *Kind* von der Schule nehmen; *Interesse* erregen; *Ohrfeige* geben; *Revolver*, *Schwert* ziehen; *Schuss* abfeuern; *Strecke* zurücklegen; *Tinte* aufsaugen; *Typ*. drucken; *Unangenehmes* durchmachen; *Waren* entnehmen (***από***/ *D*); *Hdl*. abnehmen; *Wasser* schöpfen; *Wechsel* ziehen (***επί*** *G*/ auf *A*); *v/i*. gehen (***σε***/ an *die Arbeit*); Platz machen; *fig*. anziehend wirken; *Magnet*: anziehen; *Maß*: reichen; *Ofen*: ziehen; *Zeit*: sich hinziehen; ***~ιέμαι*** (***~ιούμαι***) sich (*A*) zurückziehen (***από***/ von, aus *D*); *Hdl*. Absatz haben; *Kummer*: erträglich sein; F schuften; verkehren; ***του ~ώ ένα βρισίδι*** *j-n* runterputzen, anschnauzen; ***~ώ σε μάκρος*** sich in die Länge ziehen; ***~ώ τα μαλλιά μου*** sich (*D*) die Haare raufen; ***το ~ώ*** eins trinken.

T

τραγ|ανίζω [traɣan-] (σ) *v/t.* knabbern; *v/i.* knirschen; **~άνισμα** *n* Knabbern *n*; Knirschen *n*; **~ανιστός, ~ανός** knusp(e)rig; knackig; knirschend; *Su. n* Knorpel *m*.
τραγ(ε)ιά Ziegenfell *n*; Schlauch *m*.
τραγ|ελαφικός [trajɛlaf-] absonderlich, bizarr; **~έλαφος** *Fabeltier*: Bockhirsch *m*; *fig.* Ungetüm *n*.
τραγί [tra'ji] Zicklein *n*.
τραγιάσκα [-'jaska] (*Bauern-*) Mütze *f*.
τραγικ|οκωμικός tragikomisch; **~ός** tragisch; *Adv. a.* bombastisch; *Su. m* Tragiker *m*; **~ότητα** Tragik *f*.
τραγίλα Bocksgeruch *m*.
τραγίσιος [tra'jis-] (-ια) Ziegen-(*Fleisch*), Bocks-.
τραγισμός Stimmbruch *m*.
τραγογένης [traɣɔ'jɛn-] Bocksbart *m*.
τράγος (Ziegen-)Bock *m*.
τραγούδ|ι [tra'ɣuði] Lied *n*; ***λαϊκό ~ι*** Volkslied *n*; **~ισμα** *n* Singen *n*, Gesang *m*.
τραγουδ|ιστής [traɣuð-] Sänger *m*; **~ιστός** Sing-; melodiös; *Adv.* singend, im Lied; **~ίστρ(ι)α** Sängerin *f*; **~ώ** [-'ðɔ] (άς, είς· ησ· ηθ, ιστ· ημ, ισμ) singen; *j-m etw.* vorsingen; *lit etw.* besingen; ***~ιέμαι*** besungen werden.
τραγωδ|ία [traɣɔð-] Trauerspiel *n*, Tragödie *f* (*a. fig.*); **~ός** Tragiker *m*; *Thea.* Tragöde *m*; **~ώ** [-'ðɔ] (είς· ησ) *etw.* tragisch darstellen.
τραινάρω [trɛn-] hinziehen.
τρακ [trak] (0) *n* Lampenfieber *n*.
τράκα Knall *m*; Knallen *n*; Schwärmer *m*, Petarde *f*; Zusammenstoß *m*; F Schnorren *n*; ***κάνω ~ σε*** *etw. von j-m* schnorren.
τρακαδόρος Schnorrer *m*.
τρακ|άρισμα [tra'kar-] *n* Zusammenstoß *m*; **~άρω** (αρ, αρισ· αριστ) *v/t.* stoßen; *Auto* fahren (***σε***/ gegen *A*); *v/i.* zusammenstoßen, aufeinander prallen; stoßen (***με***/ auf *A*); *fig.* sich (*A*) zanken.
τρακατρούκα Knallfrosch *m*.
τράκος Zusammenstoß *m*.
τρακόσιοι (-ες, -α) *s.* ***τριακόσιοι.***
τρακτέρ [tra'ktɛr] (0) *n* Traktor *m*.
τραμ [tram] (0) *n*, **τραμβάι** [tra'ɱvai] Straßenbahn *f*.
τραμουντάνα Nordwind *m*.
τράμπα Tausch(handel) *m*.
τραμπ|άλα [tra'm̆bala] Wippe *f*; **~αλίζομαι** [-a'lizɔmɛ] (στ) wippen.
τραμπούκος [tra'm̆buk-] Raufbold *m*, Schläger *m*.
τρανεύω [tran-] (εψ) heranwachsen.
τρανζίστορ (*pl.* -ς) *n* Transistor *m*.
τράνζιτο (0) Transit(verkehr) *m*; *Adv.* im Transit.
τραν|ός eindeutig, klar; groß, erwachsen; bedeutend; **~ότητα** Eindeutigkeit *f*, Klarheit *f*.
τράνταγμα ['tran̆daɣma] *n* Durchrütteln *n*; Gerüttel *n*; Erdstoß *m*.
τραντάζω [tra'n̆dazɔ] (ξ· χτ) *v/t.* durchschütteln, durchrütteln; schleudern; *Schlag* versetzen; *v/i.* rütteln.
τράπεζα ['trapɛza] Tisch *m*; *Hdl.* Bank *f*; ***αγία ~*** Altar *m*; ***διεθνής ~*** Weltbank *f*; ***~ στοιχείων*** Datenbank *f*.
τραπ|εζαρία Esszimmer *n*; Speisesaal *m*; **~έζι** [-'ɛzi] Tisch *m*; Tischgeschirr *n*; Tafel *f aufheben*; ***στο ~έζι*** bei Tisch *sitzen*; ***κάνω το ~έζι*** bewirten (***του***/ *j-n*); **~εζικός** Bank-; *Su. m* Bankbeamte(r); **~έζιο** Trapez *n* (*a. zum Turnen*).
τραπεζ|ίτης [trapɛz-] Bankier *m*; Backenzahn *m*; **~ιτικός** Bank-; **~ογραμμάτιο** [-ɔɣra'mat-] Banknote *f*; **~οκόμος** Servierer *m*, Kellner *m*; **~ομάντιλο** [-ɔ'man̆dilɔ] Tischtuch *n*.
τραπ|έζωμα [tra'pɛzɔma] *n* Bewirtung *f*; **~εζώνω** (σ) *v/t.* bewirten.
τραπηδώ [trapi'ðɔ] (άς· ησ) hüpfen.
τράπουλα [-pula] Spiel *n* Karten.
τραστ [trast] (0) *n* Trust *m*.
τράτα Schleppnetz *n*; Fischerboot *n*; Trata *f* (*Frauen-Rundtanz*).
τρατ|άρισμα [tra'tar-] *n* Bewirtung *f*; **~άρω** (αρα, αρισ) bewirten (***τον*** *A*/ *j-n* mit *D*), spendieren (*j-m etw.*).
τράτο (genügend) Zeit *f*; Anlauf *m*.
τραυλίζω [travl-] (σ) stottern; lispeln (θ *für* ς); *fig.* stammeln.
τραύλισμα *n*, **τραυλισμός** Stottern *n*; Lispeln *n*; Stammeln *n*.
τραυλός [travl-] stotternd; stammelnd; *Su. m* Stotterer *m*.
τραύμα ['travma] *n* Wunde *f*; *jur.* Körperverletzung *f*; *Psych.* Trauma *n*.
τραυματ|ίας [travma'tias] Verwundete(r); **~ίζω** (σ· στ) verwunden; *Psych.* verletzen; **~ικός** Wund- (*Fieber*); traumatisch; **~ιοφορέας** [-ïɔfɔr-] (*pl.* -είς)

Sanitäter *m*; **~ισμός** Verwundung *f*, (Körper-)Verletzung *f*.
τραφ- *s.* ***τρέφω.***
τραχανά|ς [traxa'nas] (-άδες) *Art Teiggericht*: harter Grießbrei *m*; F ***απλώνω ~*** mir ist es völlig Wurscht.
τραχ|εία [-'çia] Luftröhre *f*; **~ηλιά** Halskrause *f*; Kragen *m*.
τράχηλος ['traïçil-] Nacken *m*.
τράχυνση (-εις) Rauwerden *n*.
τραχ|υντικός [traçiňd-] rau; aufbrausend; **~ύνω** [-'inɔ] (II = I· υσμ) rau machen; aufrauen; *fig.* reizen; verschlimmern; ***~ύνομαι*** rau werden; **~ύς** (-ιά, -ύ) rau; zäh (*Fleisch*); hart (*Arbeit*); *fig.* barsch, schroff; **~ύτητα** Rauheit *f*; Barschheit *f*, Schroffheit *f*; **~ύφωνος** [-'ifɔn-] ... mit rauer Stimme.
τράχωμα ['trax-] *n* Trachom *n*.
τρεις [tris] *m*, *f* (*n*: τρία) drei.
τρεκλ- *s.* ***τρικλ-.***
τρέλ|α ['trɛla] Verrücktheit *f*, Wahnsinn *m*; Dummheit *f*; *als Adj.* F toll, entzückend; ***~ες*** *pl.* Toben *n*.
τρελ|ά *Adv.* verrückt; toll; **~αίνω** (αν· αθ· αμ) *v/t.* verrückt machen; ***~αίνομαι*** verrückt werden; *fig.* schwärmen (***για***/ für *A*); F verrückt sein (nach *D*); **~αμάρα** *s.* ***τρέλα***; **~οκομείο** [-ɔkɔm-] Irrenhaus *n*; Wahnsinnige(r); **~ός** verrückt (***για***/ nach *D*); toll, närrisch (***από***/ vor *D*); **~ούτσικος** [-'uts-] närrisch, schnurrig; **~όχορτο** [-'ɔxɔrtɔ] Tollkirsche *f*, Belladonna *f*.
τρεμάμενος [trɛ'mamɛnɔs] zitternd.
τρεμεντίνα [-'ňdi-] Terpentin *n*.
τρεμολάμπω (μψ) flimmern, blinken.
τρέμολο *Mus.* Tremolo *n*.
τρεμοσβήνω [-'zvinɔ] (σ) flackern; *fig.* (langsam) verlöschen.
τρεμ|ούλα [trɛ'mula] Zittern *n*; Schauder *m*; **~ουλιάζω** (-ούλιασα) zittern, (er)schaudern; **~ουλιάρης** (-άρα, -άρικο) angstbebend; zitternd, Zitter- (*Greis*); *Su. m* Angsthase *m*; **~ούλιασμα** *n* Zittern *n*; Flimmern *n*, Flackern *n*; **~ουλιαστός** (-χτ-) zitternd, bebend; flimmernd.
τρέμουσα ['trɛmusa] Flitter(gold *n*) *m*; *Typ.* Schlangenlinie *f*.
τρεμοφέγγω ([γ]ξ) flackern.
τρέμω ['trɛmɔ] (*o. Aor.*) zittern (***από***/ vor *Kälte*; um *mein Leben*).
τρεν|άρισμα [trɛ'narizma] *n* Aufschub *m*, Verzögerung *f*; **~άρω** (αρισ) *v/t.* verzögern, hinausschieben.
τρένο Zug *m*.
τρέξιμο ['trɛks-] (-ατος) Lauf *m*; Fließen *n*; *pl.* Laufereien *f/pl.*
τρέπ|ω ['trɛpɔ] (έτρεψα· τραπηκα· αμμ) *v/t.* drehen, wenden; *Übel* abwenden; *Geld* wechseln; konvertieren, umwandeln; *Math.* umwandeln; ***~ομαι*** sich (*A*) wenden; die Flucht ergreifen; *Gr.* werden zu *D*, übergehen in *A*; ***~ω σε φυγή*** *v/t.* in die Flucht schlagen.
τρέφω ['trɛfɔ] (έθρεψα· τραφ, θραφ· θρεμμ) *v/t.* (er)nähren; *Baby* füttern; *Tier* mästen; *Bart* wachsen lassen; *fig. Hoffnung* hegen; *v/i. Wunde*: heilen, verwachsen; *Frucht*: reifen.
τρεχ|άλα [trɛ'xala] *s.* ***τρέξιμο***; *Adv.* rasch; **~άματα** *n/pl.* Lauferei *f*; **~άμενος** *s.* ***τρεχούμενος***; **~αντήρι** [-a'ňdiri] Schnellsegler *m*; **~άτος** laufend, (an)gelaufen; **~ούμενος** [-'umɛn-] laufend; fließend.
τρέχ|ω ['trɛxɔ] (ξ) *v/i.* laufen; rennen; (zu) hastig sein; umherlaufen; *Uhr*: vorgehen; *Blut*, *Wasser*: fließen; *Hahn*: tropfen, undicht sein; *v/t.* laufen lassen; ***τι ~ει;*** was ist los?; ***το ~ον έτος*** das laufende Jahr; ***~ουσα τιμή*** Marktpreis *m*.
τρηβ- *s.* ***τριβ-.***
τρήμα ['trima] *n* Loch *n*, Öffnung *f*.
τρήση ['trisi] (-εις) Durchbohrung *f*, Durchlöcherung *f*.
τρία *n v.* ***τρεις***; drei; *Su. n* (die) Drei.
τριάδα Dreiergruppe *f*; *Rel.* Dreieinigkeit *f*; Dreifaltigkeit *f*.
τριαδικ|ός [triað-] dreifach; dreiteilig; dreieinig; **~ότητα** *Rel.* Dreifaltigkeit *f*.
τρίαινα ['triɛna] Dreizack *m*; Harpune *f*.
τριακονταετ|ής [-kɔňdaɛt-] dreißigjährig; **~ία** Zeit von 30 Jahren.
τρια|κοσαριά [-kɔsa'rĭa] *etwa* dreihundert; **~κόσιοι** [-'kɔsii] (-ες, -α) dreihundert; **~κοσιοστός** dreihundertst-; **~κοστός** dreißigst-.
τριανδρία [triaňðr-] Triumvirat *n*.
τριάντα [tri'aňda] dreißig.
τριαντ|αμία *das* Kartenspiel 31; **~άρα** [-'ara] Dreißigjährige *f*; **~άρης** (-α, -ικο) Dreißigjährige(r); **~αριά: *καμιά ~αριά*** etwa dreißig; **~αρίζω** (σ) dreißig (*Jahre*) werden (*od.* sein).

τριαντ|αφυλλένιος (-ια) Rosen-; rosig; **~αφυλλιά** [-afil-] Rosenstock *m*; **~άφυλλο** Rose *f*; *Art* Süßigkeit *f*.
τριάρ|α [tri'ara] Drei *f*; *Art Kinderspiel*: Drei; *mil.* drei Tage Arrest; **~ι** Drei *f*; Dreizimmerwohnung *f*.
τριβέας [tri'vεas] (*pl.* -είς) *Tech.* Lager *n*; Zerkleinerungsmaschine *f*.
τριβ|έλι [tri'vεli] Bohrer *m*; *fig.* Nervensäge *f*; **~ελίζω** (σ) (durch)bohren; *fig.* *j-n* nerven; **~έλισμα** *n* Bohren *n*.
τριβή Reiben *n*; Reibung *f*; Abnutzung *f*, Verschleiß *m*; *fig.* Routine *f*.
τριβόλι [-'vɔli] Erdstachelnuss *f*, Bürzeldorn *m* (*tribulus*).
τρίβω ['trivɔ] (ψ· φτ· μμ) *v/t.* reiben; *Fensterscheiben*, *Zähne* putzen; abscheuern (*z. B. am Ärmel*); *Med.* einreiben; frottieren; *v/i.* sich (*A*) einreiben; *Brot*: zerbröckeln; sich abnutzen; Praxis bekommen; **~ *τα μάτια*** sich (*D*) die Augen reiben (***από***/ vor *D*).
τριγενής [trijεn-] *Gr.* drei Genera aufweisend.
τρίγλη, τριγλί [tri'γli] Mugel *m* (Meeräsche *f*).
τρίγλωσσος dreisprachig.
τριγμός Knirschen *n*; Knarren *n*.
τρι|γυρίζω [trijir-] (σ) *v/t.* umzäunen; *fig.* um *j-n* herumscharwenzeln; *j-n* verfolgen; *v/i.* herumspazieren; sich (*A*) herumtreiben; **~γύρισμα** *n* Herumspazieren *n*; Herumtreiberei *f*; **~γυρίστρα** Herumtreiberin *f*; *Med.* Nagelbettentzündung *f*; **~γυρνώ** [-jir'nɔ] (άς) *s.* ***τριγυρίζω***.
τριγων|ικός [triγɔn-] dreieckig; **~ισμός** Triangulation *f*.
τρίγωνο ['triγɔnɔ] Dreieck *n*; *Mus.* Triangel *m*, *n*; **~ *κινδύνου*** Warndreieck *n*.
τριγωνομετρ|ία Trigonometrie *f*; **~ώ** (άς· είς· ησ) triangulieren.
τρίγωνος dreieckig; dreikantig.
τρίδιπλος *s.* ***τριπλός***.
τρίδυμος dreifach; *Su.* *m* Drilling *m*.
τριετ|ηρίδα Dreijahresfrist *f*; **~ής** dreijährig; Dreijahres-; **~ία** Triennium *n*.
τριζο|βολώ (είς), **~κοπώ** (άς) laut knarren; knirschen.
τριζόνι [-'zɔni] Grille *f*.
τρίζω ['trizɔ] (ξ) *Tür*: knarren, quietschen; knirschen *mit den Zähnen*.
τρι|ήμερος [tri'imεr-] dreitägig; **~ηραρχία** Triumvi'rat *n*; **~ήρης** (-ους) *f* *hist. mar.* Dreidecker *m*; **~θέσιος** (-ια) dreisitzig (*Sofa*).
τρικ (0) *n* Trick *m*.
τρι|κάταρτο [-'katart-] Dreimaster *m*; **~κέφαλος** [-'ķεfal-] dreiköpfig; **~κινητήριος** (-ια) dreimotorig.
τρι|κλίζω [trikl-] (σ) torkeln, taumeln; **~κλοποδιά** [-klɔpɔð-] Beinstellen *n* (*a. fig.*); *fig.* Hinterhältigkeit *f*; ***βάζω ~κλοποδιά σε*** = **~κλοποδίζω** (σ) *j-m* ein Bein stellen (*a. fig.*); **~κλός** torkelnd.
τρίκορφος dreigipflig.
τρικούβερτος [tri'kuvεrt-] Dreideck-; Riesen- (*Spaß*).
τρίκοχος [-kɔx-] dreieckig; *Su.* *n* Dreispitz *m*.
τρικράνι Dreizack *m*; Mistgabel *f*.
τρίκυκλο ['triķiklɔ] Dreirad *n*.
τρικυμ|ία [triķim-] Sturm *m* (*a. fig.*); Unwetter *n*; **~ίζω** (σ) e-n Sturm verursachen; **~ιώδης** stürmisch.
τρίλεπτο [-lεptɔ] Dreiminuten-Gespräch *n*.
τρίλια ['trilĭa] *Mus.* Trillern *n*.
τρι|λογία [-lɔj-] Trilogie *f*; **~μελής** [-mεl-] dreigliedrig; dreiköpfig; **~μερής** dreiteilig.
τρίμερ|ος dreitägig; ***~ο*** dreitägige(s) Fasten; ***~α*** *n/pl.* Totengedenkmesse *f*.
τριμηνία Trimester *n*, Vierteljahr *n*; Vierteljahresgehalt *n*.
τρίμηνος ['trimin-] vierteljährig.
τρίμμα ['trima] *n* Krume *f*, Krümel *m*; Scherbe *f*; *ein* bisschen.
τριμμένος abgetragen; *fig.* eingefuchst.
τρίξιμο ['triks-] (-ατος) Knarren *n*; Knirschen *n*.
τρίο Trio *n*.
τρίοδος *f* Straßenkreuzung *f*; ***... των τριόδων*** ordinär; Straßenjunge *m*.
τρίπατος dreistöckig.
τρι|πλασιάζω [-plas-] (-σίασα· στ) verdreifachen; **~πλάσιος** (-ια) dreifach; dreimal so groß (so viel).
τρίπλευρος ['triplεvr-] dreiseitig.
τρι|πλός dreifach; dreiseitig; **~πλότυπος** ... in dreifacher Ausfertigung; **~πλώνω** (σ) verdreifachen; dreimal falten.
τριπόδι Dreifuß *m*; Trab *m*.

τρι|ποδίζω [tripɔð-] (σ) traben; **~ποδισμός** Trab *m.*

τρίποδο Dreifuß *m*; Stativ *n.*

τρίπραχτος [-praxt-] dreiaktig.

τρίπτερος ['triptɛr-] dreiflügelig.

τρίπτυχο ['triptixɔ] Triptychon *n*, dreiteilige(s) Bild *n.*

τρισ- *oft*: höchst, überaus, sehr.

τρισ|άγιο [tri'sajɔ] Dreiheiligkeitshymne *f*; Totengebet *n*; **~άθλιος** [-'aθl-] (-ια) höchst erbärmlich; **~διάστατος** [triz'ðia-] dreidimensional; **~εγγόνι** [-ɛ'ŋgɔni] Ururenkel *m*; **~εκατομμύριο** [-ɛkatɔ'mir-] Billion *f*; **~ευτυχισμένος** überglücklich; **~κατάρατος** [-ka'tarat-] dreimal verflucht; *Su. m* Satan *m* (*a. fig.*).

τρισκότεινος stockfinster.

τρί|στηλος ['tristil-] dreispaltig; **~στιχος** [-stix-] dreizeilig; **~στρατο** [-stratɔ] Straßenkreuzung *f.*

τρισύλλαβος [-'silav-] dreisilbig.

τρισυπόστατος [-i'pɔstatɔs] *Gott*: dreieinig; dreiköpfig; dreiteilig.

τρισχίλιοι [tri'sçilii] dreitausend.

τριτάξιος [tri'taks-] (-ια) dreiklassig.

Τρίτη ['triti] Dienstag *m*; ♀ Terz *f*; *Math.* dritte Potenz.

τριτημόριο Drittel *n.*

τριτο|βάθμιος [tritɔ'vaθm-] (-ια) *Math.* ... dritten Grades; **~γενής** [-jɛn-]: ***~γενής αιώνας*** Tertiär *n*; **~ετής** ... im dritten Jahr.

τριτόκλιτος [tri'tɔklit-] ... der dritten Deklination.

τρίτομος dreibändig.

τριτοπρόσωπος *Gr.* ... in der dritten Person.

τρίτ|ος dritt-; *Su. n* Drittel *n*; ***~ο*** *Adv.* drittens.

τρίτροχο ['tritrɔxɔ] Dreirad *n.*

τριτώνω (σ) (sich) dreimal wiederholen.

τριφασικός [-fas-] Dreh- (*Strom*); *Adv. a.* F ganz prima; tragisch.

τρίφτης Reibe *f*; Schabeisen *n.*

τριφτός gerieben.

τριφύλλι, τρίφυλλο Klee *m.*

τρίφυλλος dreiblättrig; dreiflügelig.

τριφωνία [trifɔn-] Trio *n.*

τρίφωτος dreiarmig (*Leuchter*).

τρίχ|α Haar *n*; ***παρά ~*** um ein Haar; **~ες** [-çɛs] *pl.* dumme(s) Zeug.

τρίχας F Nervensäge *f*; Windbeutel *m.*

τριχ|ένιος (-ια) Haar-, hären; **~ιά** Strick *m*, Strang *m.*

τρίχινος [-çin-] *s.* ***τριχένιος.***

τριχ|οειδής [trixɔið-] Kapillar- (*Gefäß*); **~όπτωση** [-'ɔptɔsi] (-εις) Haarausfall *m*; **~οφυία** Haarwuchs *m.*

τρίχρονος ['trixrɔn-] dreijährig; *Su. n* (der) dritte Jahrestag.

τριχρωμία Dreifarbendruck *m.*

τρίχρωμος [-xrɔm-] dreifarbig; *Su. f* Trikolore *f.*

τρίχω|μα *n*, **~ση** (-εις) Behaarung *f*, Haarkleid *n*; Haarwuchs *m.*

τριχωτός [trixɔt-] behaart.

τριψήφιος (-ια) *Zahl*: dreistellig.

τρίψιμο ['trips-] (-ατος) Reiben *n*; Reibung *f*; Einreibung *f*; Abnutzung *f*, Verschleiß *m*; Zerbröckeln *n.*

τρι|ωδία [triɔð-] Trio *n*; **♀ώδιο** drei Wochen vor Fastnacht; **~ώνυμο** [-'ɔnimɔ] Trinom *n.*

τρίωρ|ος ['triɔr-] dreistündig; ***~ο*** *Su. n* drei Stunden *f/pl.*

τριώροφος [-'ɔrɔf-] dreistöckig; dreistufig (*Rakete*).

τροβαδούρος Troubadour *m.*

Τροία ['tria] Troja *n.*

τρόλεϊ [-ɛi] (0) *n* O(berleitungs)bus *m.*

τρολές [trɔ'lɛs] (-έδες) Kontaktrolle *f.*

τρόμαγμα *n* Erschrecken *n*; Schreck *m.*

τρομ|αγμένος angsterfüllt; erschrocken, entsetzt; **~άζω** (ξ· γμ) *v/t.*, *v/i.* erschrecken; *v/i.* e-n Schreck bekommen (***με***/ vor *D*); Mühe haben (***να***); **~άρα** Schreck *m*; ***~άρα σου*** zum Teufel; **~αχτικός** entsetzlich; **~ερός** schrecklich; *fig.* gewaltig (*Wirkung*); F ausgekocht (*Mensch*); **~οκράτης** [-ɔ'krat-] Terrorist *m.*

τρομοκρατ|ία Schreckensherrschaft *f*, Terror *m*; **~ικός** Terror-; terroristisch; **~ώ** (είς· ησ) *v/t.* terrorisieren; e-e Schreckensherrschaft ausüben (über *j-n*); *j-m* drohen (***ότι***/ dass).

τρόμος Schreck *m*; Angstgefühl *n.*

τρόμπα ['trɔmba] Pumpe *f.*

τρομπ|άρω [-'mbarɔ] (αρισ) (auf-) pumpen; **~έτα** Trompete *f*; **~όνι** Posaune *f.*

τρόπαιο Trophäe *f*, Siegeszeichen *n*; Triumph *m.*

τροπαι|ούχος [trɔpɛ'ux-] (-α), **~οφόρος** (-α) siegreich, triumphierend; *Su. m* Triumphator *m.*

τροπάρι [-'pari] *Rel.* Troparium *n*; Motette *f*; *fig.* F alte Leier *f*.
τροπή Wendung *f*; *Math.*, *Hdl.* Konvertierung *f*; Sonnenwende *f*.
τρόπιδα (Schiffs-)Kiel *m*.
τροπικές: ~ ***χώρες*** *f/pl.* Tropen *pl.*
τροπ|ικός [trɔp-] tropisch, Tropen-; *Astr.* Wende- (*Kreis*); Sonnenwend-; *lit.* figürlich; *Gr.* ... der Art u. Weise; **~ολογία** [-ɔlɔj-] Abänderung(santrag *m*) *f*; **~ολογώ** [-lɔ'ɣɔ] (είς· ησ) *Gesetz* abändern, modifizieren; **~οποίηση** [-ɔ'piisi] (-εις) Abänderung *f*; Umgestaltung *f*; **~οποιητικός** Abänderungs-; **~οποιώ** [-ɔ'pjɔ] (είς· ησ) abändern; umgestalten.
τρόπ|ος ['trɔp-] Art und Weise *f*; Verfahren *n*; Art *f*, Wesen *n*, *mst. pl.* Manieren *f/pl.*, Benehmen *n*; Mittel *n/pl.*; *Gr.* bildliche(r) Ausdruck *m*, Redeblume *f*; ***ελάσσων ~ος*** Moll *n*; ***μείζων ~ος*** Dur *n*; ***~ος του λέγειν*** bildlich gesprochen, wie man so sagt; ***με ~ο*** schonend; ***με κάθε ~ο*** unter allen Umständen; ***με κανένα ~ο*** auf keinen Fall.
τρουά κάρ [tru'a'kar] Dreiviertel- (*Ärmel*).
τρούλος ['trul-] Kuppel *f*.
τρουλωτός Kuppel-, mit Kuppel.
τρουμπ- *s.* ***τρομπ-.***
τρούφα ['trufa] Trüffel *f*.
τροφαντός [trɔfañd-] frühreif; Früh- (*Obst*); drall, gut genährt.
τροφ|έας [-'fɛas] (*pl.* -είς) Ernährer *m*; **~εία** *n/pl.* Kostgeld *n*; Stipendium *n*; **~ή** Nahrung *f*; Verpflegung *f*; Pension *f*; Essen *n*; ***ωμή, φυτική ~ή*** Rohkost *f*; ***~ή βρεφών*** Babynahrung *f*; **~ικός** Ernährungs-; Nahrungsmittel-.
τρόφιμ|α ['trɔfima] *n/pl.* Lebensmittel *n/pl.*; **~ος** Pflegekind *n*; Kostgänger *m*; Pensionär *m*.
τροφιμότητα Nahrhaftigkeit *f*.
τροφο|δοσία [trɔfɔðɔs-] Verpflegung *f*; *Tech.* Speisung *f*; **~δότης** Lieferant *m*; Verpflegungsoffizier *m*; **~δότηση** *s.* ***τροφοδοσία,*** *Tech.* Inganghaltung *f*; **~δοτώ** (είς· ησ) verpflegen; *Med.* ernähren; *Tech.* speisen; in Gang halten; *mit Nachrichten* beliefern.
τροφός *f* Amme *f*.
τροχ|άδην [trɔ'xaðin] im Laufen; im Laufschritt; ***διαβάζω ~άδην*** *Text* überfliegen; **~άζω** (σ) traben.
τροχαία [trɔï'çɛa] Verkehrspolizei *f*.
τροχ|αϊκός [-xaik-] trochäisch; **~αίος** [-'çɛɔs] (-αία) rollend (*Material*); ... per Achse; Verkehrs- (*Unfall*); *Su.* *m* Trochäus *m* (´ -); **~αλία** [-xal-] Flaschenzug *m*; *Tech.* Transmission *f*.
τρόχαλο Steinchen *n*; Rolle *f*.
τροχασμός [trɔxazm-] Trab *m*.
τροχ|ήλατο [-'çilatɔ] Draisine *f*; **~ήλατος** rollend; **~ιά** Radspur *f*; Gleis *n*; *Astr.* Bahn *f*; *Geschoss*: Flugbahn *f*; **~ίζω** (σ) schleifen, schärfen; *fig.* *j-n* schleifen, drillen.
τρόχιλος *s.* ***τροχαλία.***
τροχίλος Kolibri *m*.
τροχ|ιοδειχτικός [trɔçïɔðixt-] Leuchtspur-; **~ιόδρομος** [-'çjɔðrɔm-] Straßenbahn *f*; **~ίσκος** Rädchen *n*; Rolle *f*; *Med.* Tablette *f*.
τρόχισμα ['trɔïç-] *n* Schleifen *n* (*a. fig.*).
τροχιστήρι Schleifstein *m*; **~ο** Schleiferei *f*.
τροχιστής [trɔç-] Schleifer *m*.
τροχονόμος Verkehrspolizist *m*.
τροχοπέδ|η [trɔxɔ'pɛði] Bremse *f*; ***βάζω ~η σε*** *fig.* bremsen (*A*); **~ιλο** Rollschuh *m*.
τροχοπεδώ (είς· ησ) *v/t.* bremsen.
τροχ|ός [trɔx-] Rad *n*; ***οδοντικός ~ός*** Zahnrad *n*; **~όσπιτο** Wohnwagen *m*; Campingbus *m*; **~οφόρο** [-ɔ'fɔrɔ] Fahrzeug *n*.
τρύγη|μα ['trij-] *n*, **~ση** (-εις) Weinlese *f*; *fig.* Aussaugung *f*.
τρυγητ|ής [trijit-] Winzer *m*; Weinbauer *m*; **Ὁής** F Herbstmond *m* (= September); **~ός** Weinlese *f*.
τρυγ|ία [trij-] Weinstein *m*; Zahnstein *m*; **~ιά** Weintreber *m*; **~ίζω** (σ) *s.* ***τρυγώ;*** **~ικός** Weinstein-; **~ίτρ(ι)α** Winzerin *f*.
τρυγόν|α [tri'ɣɔna], **~ι** Turteltaube *f*.
τρύγος Weinlese *f*.
τρυγώ [tri'ɣɔ] (άς· ησ· ηθ) *v/i.* Weinlese halten; den Honig ausnehmen; *v/t.* ernten; *fig.* F *j-n* ausnehmen.
τρύπα ['tripa] Loch *n*; (*Fuchs*) Bau *m*, Nest *n*, Höhle *f*; F Bude *f*; ~ ***όζοντος*** Ozonloch *n*.
τρυπάν|η, **~ι** Bohrer *m*.
τρυπ|ανίζω (σ) durchbohren; **~άνισμα** *n* Durchbohrung *f*.

τρύπανο *s.* ***τρυπάνι.***
τρύπημα *n* Lochung *f*; Durchbohrung *f*; (Durch-)Stechen *n*.
τρυπητ|ή [tripi'ti] Schaumlöffel *m*; **~ήρας** Pfriem *m*, Ahle *f*; **~ήρι** Pfriem *m*; Locher *m*; **~ό** (Haar-)Sieb *n*; **~ός** durchlöchert; durchbohrt.
τρύπιος (-ια) durchlöchert.
τρυπ|ιοχέρης [tripĭɔ'çɛr-] (-α, -ικο) freigebig; **~ίτσα, ~ούλα** [-'ula] winzige(s) Loch *n*; **~οφράχτης** [-ɔ'fraxt-] Zaunkönig *m*.
τρυπώ [tri'pɔ] (άς· ησ) *v/t*. (durch)bohren, lochen; stechen in *A*; *v/i*. stechen; Löcher bekommen; ***... τρύπησαν*** *Sohlen*: ... sind durchgelaufen.
τρύπωμα *n* Verstecken *n*; Heften *n*.
τρυπώνω (σ· ωμ) *v/t*. verstecken, F hintun; heften; *v/i*. sich (*A*) verkriechen.
τρυτάνη [tri'tani] Zünglein *n an der Waage*; Waage *f*.
τρυφερ|άδα [trifɛ'raða] Zärtlichkeit *f*; Zartheit *f*; **~αίνω** [trifɛr-] (αν) *v/t*. weich, mürbe machen; *v/i*. weich, mürbe werden; **~ίτσα** zarte Bande *pl*. *knüpfen*; **~ός** zart; *fig*. zärtlich; **~ότητα** *s*. ***τρυφεράδα.***
τρυφ|ή [tri'fi] Wohlleben *n*; Üppigkeit *f*; **~ηλός** genusssüchtig; üppig; **~ηλότητα** Genusssucht *f*; Üppigkeit *f*; **~ώ** (άς· ησ) üppig leben, schwelgen.
Τρωάδα [trɔ'aða] Troja *n* (*Gebiet*).
τρωαδίτικος trojanisch (*Gebiet*).
τρώγλη ['trɔɣli] Höhle *f*; *fig*. F Loch *n*, (Bruch-)Bude *f*.
τρωγλοδύτ|ης [-ɣlɔ'ðit-] Höhlenbewohner *m*; Schimpanse *m*; Zaunkönig *m*; **~ισσα** Höhlenbewohnerin *f*.
τρωγοπίνω [-ɣɔ'pinɔ] (*s*. ***πίνω***) prassen, schmausen.
τρώγ|ω ['trɔɣɔ] (να φάω· φαγ· φαγωθ· φαγωμ) essen; *j-n* (*heimtückisch*) umbringen; *Tier*: fressen; *j-n* beißen; *Kleid*, *Schuhe* abtragen; *Fußboden* abtreten; *Geld* verschleudern, verpulvern; *Kohle usw*. verschlucken, verbrauchen (*z. B. vom Ofen*); *Kummer usw*.: verzehren, *j-m* zu schaffen machen; *Motte*: zerfressen; *Maus*: zernagen; *etw*. ausnutzen, Missbrauch treiben mit *D*; *Schelte*, *Gefängnis* bekommen; *j-n* quälen, bearbeiten (***να***/ zu); *unp*. mich juckt ...; ***~ομαι*** *S*. essbar, genießbar sein; *Pers*.: erträglich sein, *verneint*: unausstehlich sein; *j-n* quälen (***να***/ zu); sich (*A*) zanken.
τρωικός [trɔik-] trojanisch (*Stadt*).
τρωκτικός nagend; *Su*. *n* Nagetier *n*.
τρώση ['trɔsi] (-εις) Verletzung *f*.
τρωτός verwundbar; *fig*. anfechtbar; *Su*. *n* Fehler *m*, Lücke *f*.
τρώω ['trɔɔ] (τρως, τρώει, τρώμε, τρώτε, τρών[ε]) *s*. ***τρώγω.***
τσάγαλο ['tsaɣalɔ] (grüne) Mandel *f*.
τσαγανός Krebs *m*; *fig*. Schwung *m*.
τσαγιέρα [tsa'jɛra] Teekanne *f*.
τσαγκ|αράδικο [tsaŋ̈ga'rað-] Schusterladen *m*; **~άρης** (-ηδες) Schuster *m*; **~αροδευτέρα** [-arɔðɛ'ftɛra] blaue(r) Montag *m*; **~αρόσουβλο** [-'rɔsuvlɔ] Ahle *f*, Pfriem *m*.
τσαγκός [tsaŋ̈g-] *Pers*. schwierig.
τσάγκρα ['tsaŋ̈gra] Jagdgewehr *n*.
τσαγκρουνίζω *s*. ***τσουγκρανίζω.***
τσάι ['tsai] (τσαγιού) *n* Tee *m* (*a*. = *Teestunde*); ***~ του βουνού*** *etwa* Kräutertee *m*.
τσαΐρι [tsa'iri] Wiese *f*, Weide *f*.
τσακάλι Schakal *m*.
τσακίζ|ω [tsaķ-] (σ) *v/t*. zerbrechen; zerdrücken; *Papier* knicken; *Krankheit usw*.: schwer mitnehmen; F runterbringen; *v/i*. hinfällig werden; *Kälte*: abflauen; *Herz*: brechen; ***~ομαι*** zerschellen; sich (*A*) wegscheren; sich (*A*) umbringen, zu ...
τσακίρ-κέφι F Schwips *m*.
τσάκ|ιση (-εις) (Bügel-)Falte *f*; **~ισμα** *n* Spalten *n*; Zerbrechen *n*; Falten *n*; (Bügel-)Falte *f*; Zerschmetterung *f*; *lit*. Kehrreim *m*; *pl*. Getue *n*.
τσακιστός zerbrochen; zerdrückt; gefaltet; *Su*. *f kein* Pfennig *m*.
τσακίστρα Zierpuppe *f*, Preziose *f*.
τσακμ|άκι Feuerstahl *m*; Zünder *m*; **~ακόπετρα** Feuerstein *m*.
τσάκνο Holzspan *m*.
τσάκωμα *n*, **τσακωμός** [tsakɔm-] Fangen *n*, Fang *m*; Ertappen *n*, F Erwischen *n*; *n/pl*. Zank und Streit (*m*).
τσακ|ώνω (σ· θ) *v/t*. schnappen, ertappen, F erwischen; ***~ώνομαι*** sich (*A*) zanken; sich in die Haare geraten (F kriegen); ***~ωμένος*** zerstritten; **~ωτός** ertappt.
τσαλα|βούτας [tsala'vutas] Pfuscher *m*; Bummler *m*; **~βουτώ** [-vu'tɔ] (άς·

T

ησ) in den Matsch treten; bummeln; pfuschen.

τσαλ|άκωμα [tsa'lak-] *n* Zerknittern *n*, Knittern *n*; **~ακώνω** (σ) *v/t*. zerknittern; *Ansehen* ruinieren; F *j-n* zu Mus machen; *v/i*. *Stoff*: knittern; **~απάτημα** *n* Zertrampeln *n*; **~απατώ** [-apa'tɔ] (άς· ησ) zertreten; trampeln auf *A*; *j-n* niedertrampeln.

τσαλαπετεινός [-tin-] Wiedehopf *m*.

τσαλί [tsa'li] Reisig *n*.

τσαλίμι Getue *n*.

τσαμπί [tsa'm̌bi] Traube *f*.

τσαμπουκαλεύ|ω (ψ· φτ) P verpfeifen; ***~ομαι*** „gestempelt“ werden; durchsickern; in der Liste sein.

τσαμπουκάς [tsam̌bu'kas] (-άδες) Tätowierung *f*; *fig*. Stadtgespräch *n* (*werden*); *fig*. Schnoddrigkeit *f*.

τσαμπ|ούνα [tsa'm̌buna] Dudelsack *m*; Winseln *n*; **~ουνίζω** Dudelsack spielen; *fig*. plärren; quackeln; faseln; **~ούνισμα** *n* Dudelsackspielen *n*; Plärrerei *f*; Faselei *f*; **~ουνώ** [-u'nɔ] (άς) *s*. ***τσαμπουνίζω***.

τσάμπουρο Traubenstrunk *m*.

τσαν|άκι [tsa'naïk̡i] Teller *m*; *fig*. Strolch *m*; **~ακογλείφτης** [-akɔ'ɣlift-] Speichellecker *m*.

τσάντα (Schul-, Hand-)Tasche *f*.

τσαντάκι: **~** ***υγιεινής*** Kulturbeutel *m*.

τσάντζαλα ['tsaňdzala] *n/pl*. Lumpen *m/pl*.

τσαντίλα [-'ňdila] Seihetuch *n*; Sacktuch *n*.

τσαντίρι [-'ňdiri] Zelt *n*.

τσαούσης [tsa'usis] (-ηδες) (türkischer) Feldwebel; *fig*. Grobian *m*.

τσάπα Hacke *f*, Haue *f*.

τσαπατσ|ούλης [tsapa'tsul-] (-α, -ικο) schluderig; **~ουλιά** Schluderei *f*; **~ούλικος** *s*. ***τσαπατσούλης***.

τσαπέλα [-'pɛla] Kranz *m* Feigen.

τσαπ|ί *s*. ***τσάπα***; **~ίζω** (σ) (auf)hacken.

τσαπουρνιά [-'nja] Schlehdorn *m*.

τσαρδ|άκι [-'ðaïk̡i] Schutzdach *n*; Baracke *f*; **~ί** Baracke *f*.

τσαρ|ικός zaristisch; **~ίνα** Zarin *f*.

τσάρκα Spaziergang *m*.

τσαρλατ|ανιά [tsarlata'nja] Scharlatanerie *f*; **~άνος** Scharlatan *m*.

τσάρος Zar *m*.

τσαρούχι [-'uïçi] Schnabelschuh *m*.

τσάσκα Tasse *f*, Schale *f*.

τσάταλο Stock *m*; *fig*. Prügel *pl*.; Anschnauzer *m*.

τσατίζω (σ) F *j-n* kribbelig machen.

τσατμάς getünchte(r) Bretterzaun.

τσατσάρα [tsa'tsara] Kamm *m*.

τσαχπίνης (-α, -ικο) gerissen; kokett.

τσεβδίζω [tsɛvð-] (σ) lispeln; stottern.

τσεγκέλι [tsɛ'ŋ̌g̡ɛli] Haken *m*.

τσεκ (0) *n* Scheck *m*.

τσεκάρω [tsɛ'karɔ] (αρισ) kontrollieren; abzeichnen; abhaken; einchecken.

τσεκ|ούρι [tsɛ'kuri] Axt *f*, Beil *n*; **~ουριά** Axthieb *m*; **~ούρωμα** *n* Axthieb *m*; *fig*. Schlag *m*, Verhängnis *n*; **~ουρώνω** (σ) *v/t*. abhauen, behauen; *fig*. F *j-m e-e Strafe* aufbrummen; *Schüler* durchfallen lassen.

τσελβόλ (0) *n* Zellwolle *f*.

τσέλιγκας ['tsɛliŋ̌gas] (-άδες) Oberhirt *m*, Herdenbesitzer *m*.

τσελίκι [-'lik̡i] Stahl *m*; *fig*. Kraftmensch *m*.

τσέλο ['tsɛlɔ] Violoncello *n*.

τσέμπαλο ['tsɛm̌balɔ] Cembalo *n*.

τσεμπέρι [tsɛ'm̌bɛri] Kopftuch *n*.

τσέπη ['tsɛpi] (*Jackett*-)Tasche *f*.

τσεπώνω (σ) in die Tasche stecken, einstecken; F *Geld* einsacken.

τσερκέλι [tsɛr'k̡ɛli], **τσέρκι** (Fass-) Reifen *m*, Band *n*.

τσερτσεβές [tsɛrtsɛ'vɛs] (-έδες) Rahmen *m*; Schwelle *f*.

τσέτης ['tsɛtis] (*pl*. -τες) türkische(r) Aufständische(r) (*gegen die Griechen 1919–22*).

τσέτουλα [-tula] Kerbholz *n*.

τσε-τσε (0) *n* Tsetsefliege *f*.

Τσέχ|α Tschechin *f*; **~ια** Tschechien *n*; **♀ικος** tschechisch; **~ος** Tscheche *m*.

Τσεχοσλοβ|ακία *hist*. Tschechoslowakei *f*; **♀ακικός** tschechoslowakisch; **~άκος** Tschechoslowake *m*.

τση· τσι *dialektisch für* ***της· τους***.

τσιβί [tsi'vi] Holznagel *m*.

τσιγαρ|ίζω [tsiɣar-] (σ· στ) anbräunen; braun braten; F *j-m* e-n Denkzettel verpassen; ***~ίζομαι*** *fig*. sich (*A*) abquälen; **~ιστός** braun gebraten.

τσιγάρο [tsi'ɣarɔ] Zigarette *f*; *s. a.* ***πούρο***.

τσιγαροθήκη Zigarettenetui *n*; Zigarrenkiste *f*.

T

τσιγγ|άνα [tsi'ŋgana] Zigeunerin *f*; **~άνος** Zigeuner *m*.
τσιγκέλι *s.* ***τσεγκέλι.***
τσίγκινος ['tsiŋginɔs] Zink-, zinken.
τσίγκος ['tsiŋg-] Zink *n*.
τσιγκ|ουνεύομαι [tsiŋgu'nɛvɔmɛ] (ευτ) knausern; **~ούνης** (-α *od*. -ισσα) knauserig; *Su. m* Knauser *m*; **~ουνιά** Knauserei *f*; **~ουνικός** knauserig; armselig, kärglich.
τσίκνα Geruch *m* von Angebranntem; Harngeruch *m*.
τσικν|ίζω [tsikn-] (σ) *v/t*. anbrennen lassen; *v/i*. angebrannt riechen; ***~ισμένος*** angebrannt; **~ιστός** angebrannt (riechend); **Ωοπέμπτη** [-ɔ'pɛm̌pti] Donnerstag *m* der 2. Karnevalswoche; **~ώνω** (σ) *s*. ***τσικνίζω.***
τσιληπουρδώ [tsilibur'ðɔ] (άς· ησ) frech sein; übermütig werden.
τσίλ|ια: ***κρατώ ~ιες*** F Schmiere stehen.
τσιλιβήθρα [-li'viθra] Bachstelze *f*; *fig*. mickerige Person.
τσίλικος (*a*. -ια) *Münze*: ganz neu, blank.
τσίμα: **~ ~** bis ans Ende (***σε***/ *G*); mit Ach u. Krach.
τσιμ|εντάρω [tsimɛ'ňdarɔ] (αρα, αρισ) zementieren; **~έντο** [-'ɛňdɔ] Zement *m*.
τσιμεντώνω *v/t*. *s*. ***τσιμεντάρω.***
τσιμισίρι [-mi'siri] Buchsbaum *m*.
τσιμουδιά [tsimuð-] Mucks *m*, Sterbenswörtchen *n*; **~!** kein Wort!
τσιμούχα [-'muxa] Saum *m*, Rand *m*, Streifen *m*; Dichtungsring *m*.
τσίμπημα ['tsim̌b-] *n* Stechen *n*; Kneifen *n*; Aufpicken *n*, Picken *n*; Insektenstich *m*.
τσιμπ|ηματιά *s*. ***τσίμπημα***; Stich *m*; Kniff(stelle *f*) *m*; **~ίδα** (Feuer-, Kneif-)Zange *f*; **~ίδι** Pinzette *f*.
τσίμπλα ['tsim̌bla] Augendrüsenschleim *m*; Schnuppe *f e-s Dochtes*.
τσιμπλ|ιάζω (τσίμπλιασα) triefende Augen haben; **~ιάρικος** triefäugig.
τσιμπολ|όγημα [tsim̌bɔ'lɔjima] *n* Happen *m*, Bissen *m* (*Essen*); **~ογώ** (άς· ησ) stechen; kneifen; picken; e-n Happen (*Essen*) nehmen; abknöpfen (***του το***/ *j-m etw*.).
τσίμπος Stechen *n*; Kneifen *n*.
τσιμπούκι [tsi'm̌buik̡i] Tabakspfeife *f*; *mar*. Bramstenge *f*.
τσιμπούρι [-'m̌buri] Zecke *f*; *fig*. Quälgeist *m*.
τσιμπώ [tsi'm̌bɔ] (άς· ησ) stechen; kneifen; *Vögel*: aufpicken; *Fisch*: anbeißen; *fig*. e-n Happen essen; *s*. ***τσιμπολογώ***; F *j-n* schnappen.
τσίνισμα ['tsinizma] *n* Ausschlagen *n*; *fig*. Wutanfall *m*.
τσίνουρο [-nurɔ] Augenwimper *f*.
τσινώ (ασ· ησ) *Pferd*: ausschlagen; *fig*. aufbrausen; *v/t*. *j-n* aufregen; reizen.
τσιπ (0) *n Elektronik*: Chip *m*.
τσίπα Haut *f der Milch*; Häutchen *n*; *fig*. Schamgefühl *n*.
τσιπούρα [-'pura] Meerbrasse *f*.
τσίπουρο Weintreber *m*; Schnaps *m aus Weintreber*.
τσιράκι [tsi'raik̡i] Lehrling *m*; Helfer *m*, Kollaborateur *m*.
τσίριγμα ['tsiriγma] *n*, **τσιρίδα** gellender Schrei; ***τσιρίδες*** *pl*. Gepiepe *n*.
τσιρίζω (σ) gellend schreien.
τσιριμόνια [tsiri'mɔn-] *mst*. *pl*. Umstände *m/pl*.
τσιριχτός [-rixt-] schrill, gellend.
τσίρκο Zirkus(vorführung *f*) *m*.
τσίρλα ['tsirla] Durchfall *m*.
τσίρος getrocknete Makrele *f*; *fig*. Hering *m*.
τσίσια ['tsisja]: ***κάνω ~*** F Pipi machen.
τσίτα τσίτα mit Mühe und Not.
τσίτι Kattun *m*, Kaliko *m*.
τσιτσίδι [tsi'tsiði] *Adv*., **τσίτσιδος** splitternackt.
τσιτσιρίζω (σ) *v/i*. brutzeln; *Vogel*: zwitschern; *fig*. *j-n* zappeln lassen.
τσιτώνω (σ) spannen; zu voll füllen; *fig*. F *j-n* tüchtig rannehmen.
τσιφ *Hdl*. (= ***αξία, ασφάλεια, μεταφορά***) cif.
τσιφλικάς [tsifli'kas] (-άδες) Großgrundbesitzer *m*.
τσιφλίκι [tsi'flik̡i] Landgut *n*.
τσιφούτης (-ισσα, -ικο) kleinlich, filzig; *Su. m* Geizkragen *m*.
τσίφτης (-ηδες) (-ισσα, -ικο) F flott.
τσίχλα ['tsixla] Drossel *f*; *fig*. Hering *m*; Kaugummi *m*.
τσιχλογέρακο [-'jɛrakɔ] Habicht *m*.
τσογλάνι [tsɔ'γlani] Gammler *m*.
τσόκαρο ['tsɔkarɔ] Holzschuh *m*; Klatschweib *n*.
τσόλι Plunder *m*, Lumpen *pl*.
τσολιάς [tsɔ'ljas] (-άδες) Evzone *m*.

τσόντα ['tsɔn̆da] Ansatz *m* (*am Kleid*); Zusatz *m*.
τσοντάρ|ισμα *n* Ansetzen *n*, Zusetzen *n*; *fig*. Beitrag *m*, Spende *f*; **~ω** (τσόνταρα· αρισ) zusetzen, ansetzen; spenden.
τσοπ|άνης [tsɔp-] (-ηδες) Schäfer *m*; Hirt *m*; **~άνος** *s*. ***τσοπάνης***; **~ανόσκυλο** Schäferhund *m*.
τσουβ|άλι [tsu'vali] Sack *m*; **~αλιάζω** (-άλιασα) einsacken; *fig*. F *j-n* reinlegen.
τσουγκρ|άνα [tsu'ŋ̆grana] Harke *f*; **~ανιά** Kratzer *m*, Riss *m*; **~ανίζω** (σ) harken; kratzen; **~ίζω** (σ) *v/t*. anstoßen (mit *D*); (***τα***) sich (*A*) zanken.
τσούγκρισμα ['tsuŋ̆grizma] *n* Anstoßen *n*; Zank *m*.
τσούζω ['tsuzɔ] (έτσουξα) *v/t*. *Augen usw*.: brennen (***του***/ j-m); beißen; *fig*. verletzen; *v/i*. beißen, schneidend sein; ***το*** ~ F einen zwitschern.
τσουκάλ|α große(r) Kochtopf *m*; **~ι** *s*. ***τσουκάλα***; Nachttopf *m*.
τσουκνίδα [tsukn-] Brennnessel *f*.
τσούλα Schlampe *f*.
τσουλ|ήθρα [tsu'liθra], **~ίστρα** Rutschbahn *f*, Rutsche *f*.
τσούλι *s*. ***τσόλι***; Pferdedecke *f*.
τσουλούφι [-'lufi] Haarbüschel *n*, Strähne *f*.
τσουλώ (άς· ησ) rutschen; schlittern.
τσουνί Stiel *m*; Stängel *m*; Strunk *m*.
τσούνια *n/pl*. Kegeln *n*; Kegelspiel *n*.
τσούξιμο ['tsuks-] (-ατος) Brennen *n*, Beißen *n*.
τσούπρα Mädchen *n*.
τσουράπι [-'rapi] grobe(r) Strumpf *m*; Socke *f*.
τσουρέκι [-'rɛi̯ki] *Art* Stolle *f*.
τσούρμα ['tsurma] Schar *f*; *mar*., *Hdl*. Besatzung *f*; *Adv*. zusammen.
τσουρουφλίζω [-rufl-] (σ) ansengen.
τσουχτερός beißend, schneidend.
τσούχτρα ['tsuxtra] F böse(r) Drachen *m*; Qualle *f*.
τσόφλι Schale *f*; Hülse *f*.
τσόχ|α ['tsɔxa] (grobes) Tuch *n*, Stoff *m*; *fig*. Schlauberger *m*; **~ινος** Tuch-.
τυγχάνω [ti'ŋ̆xanɔ] (έτυχα) *s. a.* ***τυχαίνω***, erreichen, erlangen (*G*/*A*); teilhaftig werden (*G*/*G*); (zufällig) sein; *unp*. (***να***) es ist ein Zufall, dass ...; es fügt sich, dass ...; ***έτυχε να απουσιάζω*** ich war zufällig abwesend; ~ ***προσοχής*** Beachtung finden.
τυλιγ|άδι [tili'ɣaði] Haspel *f*; **~αδιάζω** (σ) aufhaspeln, aufwickeln.
τύλιγμα [-liɣma] *n* Einwickeln *n* (***με***/ *in Papier - A*); Einpacken *n*; (Auf-)Wickeln *n*; *fig*. Verwicklung *f*.
τυλ|ίγω [ti'liɣɔ] (ξ· χτ· γμ), **~ίζω** *v/t*. einwickeln, einschlagen; *Faden* aufwickeln; *fig*. verwickeln, hineinziehen (***σε***/ in *A*); **~ίγομαι** sich (*A*) einwickeln; sich (*A*) winden, sich (*A*) rollen; **~ιχτός** [-ixt-] eingewickelt; (auf)gewickelt; gewunden; *fig*. verwickelt.
τύλος Schwiele *f*, harte Haut *f*; Hühnerauge *n*.
τύλωμα *n* Verhärtung *f*.
τυλώνω (σ· θ) *v/t*. schwielig machen; voll stopfen; *v/i*. sich verhärten.
τύμβος Grabmal *n*; Grabstein *m*.
τυμβω|ρυχία [-ri'çia] Grabschändung *f*; **~ρύχος** [-'rixɔs] Grabschänder *m*.
τυμπαν|ίζω [tim̆ban-] (σ) trommeln, pauken; **~ισμός** Trommeln *n*, Paukenschlagen *n*; *Med*. Blähsucht *f*, Trommelsucht *f*; **~ιστής** Trommler *m*.
τύμπανο Trommel *f*; Pauke *f*; *Anat*. Trommelfell *n*.
τυμπανοκρουσία [-ɔkrus-] Trommeln *n*; *fig*. (Schlagen *n* der) Werbetrommel *f*, Marktschreierei *f*.
Τυνησία [tinis-] Tunesien *n*.
Τύνις (-ιδος) *f* Tunis *n*.
τυπικ|ό [tipi'kɔ] *Gr*. Formenlehre *f*; Klosterordnung *f*; Ritual *n*; **~ός** formell (*Besuch*); förmlich; äußerlich, förmlich; typisch, kennzeichnend; pedantisch; *jur*. Form- (*Mängel*); **~ότητα** Formalität *f*, Förmlichkeit *f*; Pedanterie *f*; Typische(s).
τυπογραφ|είο [tipɔɣraf-] Druckerei *f*, Druckhaus *n*; **~ία** Buchdruck *m*; Buchdruckerkunst *f*; **~ικός** Druck- (*Fehler usw*.), typographisch.
τυπο|γράφος [tipɔ-] (Buch-)Drucker *m*; Setzer *m*; **~γραφώ** [-ɣra'fɔ] (είς· ησ) drucken (lassen); **~κλεψία** [-klɛps-], **~κλοπία** unerlaubte(r) Nachdruck *m*; **~κλοπώ** [-klɔ'pɔ] (είς· ησ) unerlaubt nachdrucken; **~κρατία** [-krat-] Formalismus *m*; **~λάτρης** [-'latr-] (***-ισσα***) Formalist(in *f*) *m*; **~λογία** [-lɔj-] Typologie *f*, Typenlehre *f*; **~ποίηση** [-'piisi] (-εις) Normung *f*,

T

Standardisierung *f*; **~ποιώ** [-'pjɔ] (είς· ησ) normen; standardisieren.
τύπος Presse *f* (*Zeitungen*); Druck *m*; Abdruck *m*; Spur *f*; Gepräge *n*; Vorbild *n*, Muster *n e-s Beamten*; Äußere(s), Erscheinungsbild *n*; *mst. pl. gesellschaftliche* Formen *f/pl.*; Art *f*, Typ *m*; *mst. pl.* Formalitäten *f/pl.*; *Math.*, *Chem.* Formel *f*; *fig.* Type *f*.
τύπωμα *n* Druck *m*.
τυπώνω (σ) drucken; drucken lassen, veröffentlichen; prägen; ***~ στο μυαλό μου*** sich (*D*) *etw.* einprägen.
τύπωση (-εις) Druck *m*; Prägen *n*.
τυπωτικός Druck-; *Su. n/pl.* Druckkosten *pl*.
τυραννία [tiran-] (*a.* **-ράννια**) Tyrannei *f*; *fig.* Qual *f*, Plackerei *f*; **~ίδα** Gewaltherrschaft *f*; *hist.* Tyrannis *f*; **~ικός** tyrannisch; despotisch; *fig.* qualvoll; **~ίσκος** kleine(r) Tyrann *m*.
τύραννος Ty'rann *m* (*a. fig.*).
τυραννώ [tira'nɔ] (είς· ησ) ein Tyrann sein (*a. fig.*).
τύρβη Trubel *m*.
τυρέμπορος [ti'rɛm̃bɔr-] Käsegroßhändler *m*; **~ί** Käse *m*; *fig.* Bauer *m*; **~ιέρα** Käseglocke *f*; **~ίνη** Kasein *n*; **~ινή** „Käsewoche" *f*, F letzte Karnevalswoche *f*.
τυρόγαλο [-'rɔɣalɔ] Molke *f*.
τυροκομείο [tirɔkɔm-] Käserei *f*, Käsefabrik *f*; **~ία** Käsefabrikation *f*; **~ώ** (είς· ησ) Käse machen.
Τυρόλο [ti'rɔlɔ] Tirol *n*.
τυρόπιτα Käsepastete *f*.
τυροπωλείο [-pɔl-] Käsehandlung *f*; **~πώλης** Käsehändler *m*.
τυρρηνικός tyrrhenisch.
τύρφη ['tirfi] Torf *m*.
τυφεκ- *s.* ***τουφεκ-***.
τυφικός Typhus-; typhuskrank.
τύφλα ['tifla], **τυφλαμάρα** Blindheit *f*; *fig.* Verblendung *f*.
τυφλοκομείο Blindenanstalt *f*; **~ομάρα** Schluderigkeit *f*; **~ομός** *s.* ***τύφλωση***; **~όμυ(ι)γα** Blindekuh *f*; **~οπόντικας** Maulwurf *m*.
τυφλός [tifl-] blind (*a. fig.*); ***~ό (έντερο)*** Blinddarm *m*; ***~ός δρόμος*** Sackgasse *f*; ***στα ~ά*** blindlings.
τυφλοσύρτης [-'sirt-] Blindenführer *m*; *fig.* Leitbild *n*; *fig.* Klatsche *f*; Eselsbrücke *f*; *bsd. Schule*: Spickzettel *m*; **~ότητα** Blindheit *f*.
τύφλωμα ['tifl-] *n s.* ***τύφλωση***.
τυφλώνω (σ) *v/t. Licht*: blenden; *fig.* verblenden; ***~ομαι*** erblinden.
τύφλωση ['tiflɔsi] (-εις) Blenden *n*; Erblindung *f*; *fig.* Verblendung *f*.
τύφος Typhus *m*; *fig.* Hochmut *m*; ***εξανθηματικός ~*** Fleckfieber *n*.
τυφώνας [-'fɔnas] Taifun *m*.
τυχ- *s.* ***τυγχάνω***.
τυχαίνω [ti'çɛnɔ] (έτυχα· τεύχθηκα) *v/t. j-n* treffen; *v/i.* zufällig sein; *j-m* zufallen; *j-m* zustoßen, betroffen werden *von D*; *unp.* (***να*** *od.* ***και***) es trifft sich, dass ...; ***έτυχε να μην έχω*** ... zufällig (*od.* da gerade) hatte ich kein ...
τυχαίος [tiç-] (-αία) zufällig; alltäglich, (der, die) erste Beste; **~αίως** [-'çɛɔs] zufällig, durch Zufall; **~άρπαστος** [-'xar-] Emporkömmling *m*; **~ερός** glücklich; Glück bringend; zufällig (zusammentreffend); Glücks- (*Spiel*); ***~ερό σου είναι να ...*** (es ist) ein Glück, dass du ... (*od.* für dich) ...; ***~ερά*** *n/pl.* Nebeneinkünfte *f/pl*.
τύχη ['tiçi] Schicksal *n*; Los *n*; Glück *n*; Zufall *m*; ***κατά ~*** zufällig; ***στην ~*** auf gut Glück; ***λέγω την ~*** wahrsagen.
τυχοδιώκτης Glücksritter *m*; Gauner *m*; **~διωχτικός** abenteuerlich.
τυχόν [ti'xɔn] zufällig; vielleicht.
τύψη ['tipsi] (-εις) Gewissensbiss *m*; Schlag *m*.
των [tɔn] *G pl. v.* ***ο, η, το***.
τωόντι [tɔ'ɔn̈di] tatsächlich.
τώρα ['tɔra] jetzt, nun; jetzt gleich; ***από ~*** von jetzt an; jetzt schon; ***έως ~*** bis jetzt; ***~ και*** (jetzt) vor; ***~ κι' άλλη μια φορά*** schon längst.
τωρινός gegenwärtig, heutig, jetzig; *Su. m/pl.* Zeitgenossen *m/pl*.

Y

Υ, υ [ipsi'lɔn *od.* 'ipsilɔn] Ypsilon *n*; υ΄ = 400; ͵υ = 400.000.
ύαινα ['iɛna] Hyäne *f*.
υάκινθος ['ĭakiñθ-] Hyazinthe *f*; *Stein*: Hyazinth *m*.
υαλ- *s.* ***γυαλ-***.
υαλο|βάμβακας [ĭalɔ-] Glaswolle *f*; **~γράφημα** *n* Glasmalerei *f*; **~ειδής** [-ið-] Glas- (*Körper*), glasartig; ***~ειδές*** *n Anat*. Glaskörper *m*; **~κοπώ** (άς· ησ) glitzern; **~μέταξα** Glaswolle *f*.
υαλόπετρα [ĭa'lɔpɛtra] Quarz *m*.
υαλο|πίνακας [-'pinakas] Glasscheibe *f*, (Fenster-)Scheibe *f*; **~ποιείο** [ĭalɔpi'iɔ] Glashütte *f*; **~ποιία** Glasherstellung *f*; **~ποιώ** [-'pjɔ] (είς· ησ) Glas herstellen; **~πώλης** Glaswarenhändler *m*.
ύαλος ['ial-] *f K.* Glas *n*.
υαλ|οσκεπής [-ɔsk̡ɛp-] verglast, ... mit Glasdach; **~ουργείο** Glashütte *f*; **~ουργία** [-urj-] *s.* ***υαλοποιία***; **~ουργός** [-urɣ-] Glasmacher *m*; **~όφρακτος** [-'ɔfraxt-] verglast; **~όχαρτο** [-'ɔxartɔ] Glaspapier *n*; **~ώδης** gläsern; Glas-; *fig*. glasig.
ύβος ['iv-] Buckel *m*; *Zool*. Höcker *m*.
υβρεολόγιο [ivrɛɔ'lɔjɔ] Schimpfkanonade *f*, Schnauzerei *f*.
ύβρη ['ivri] Beschimpfung *f*; Schmähung *f*; *Rel*. Lästerung *f*; Hybris *f*; Schimpfwort *n*.
υβρίζω (σ· στ) *v/t. j-n* beschimpfen; *j-n e-n Feigling* schimpfen; *Rel*. lästern.
υβριστ|ής [ivrist-] Schimpfende(r), Lästerer *m*; **~ικός** Schimpf-, Schmäh-; beleidigend; schmähsüchtig.
υγεία [i'jia] Gesundheit *f*, *s.* ***γειά***; ***στην (υ)γειά σας!*** auf Ihr Wohl!
υγειονομ|είο [ijiɔnɔm-] Quarantänestation *f*; **~ία** Gesundheitsamt *n*; **~ικός** Gesundheits-; sanitär.
υγειονόμος [ijiɔ'nɔm-] Leiter *m* des Gesundheitsamtes.
υγ|ιαίνω [i'jɛnɔ] (*o. Aor.*) gesund sein; ***~ίαινε*** leb wohl!, ***~ιαίνετε*** leben Sie wohl!
υγιειν|ή [ijii'ni] Hygiene *f*; **~ός** *S*. gesund (*Klima*); hygienisch.
υγιής [iji'is] *Pers*. gesund (*a. fig.*).
υγραέριο [iɣra'ɛrĭɔ] Flüssiggas *n*.
υγραίν|ω [iɣr-] (αν· ανθ) *v/t*. befeuchten; ***~ομαι*** *a.* feucht werden.
ύγρανση (-εις) Befeuchtung *f*.
υγρ|αντικός [iɣrañd-] befeuchtend, Feuchtigkeits-; **~ασία** Feuchtigkeit *f*, Nässe *f*; **~ό** Flüssigkeit *f*; flüssige(r) Körper *m*; *Gr.* 'Liquida (*r*, *l*); **~όμετρο** [-'ɔmɛtrɔ] Hygrometer *n*.
υγρο|ποίηση [iɣrɔ'piisi] (-εις) Verflüssigung *f*; **~ποιήσιμος** verflüssigungsfähig; **~ποιώ** [-'pjɔ] (είς· ησ) verflüssigen.
υγρ|ός [iɣr-] feucht, nass; flüssig; **~οσκόπιο** Hygroskop *n*; **~ότητα** Feuchtigkeit *f*.
υγρόφιλος feuchtigkeitsliebend; feuchtigkeitsaufsaugend.
ύδατα *n/pl. s.* ***ύδωρ***, Gewässer *n/pl*.
υδατ|αγωγός [iðataɣɔɣ-] Aquädukt *m*; **~άνθρακας** [-'añθrakas] Kohlenwasserstoff *m*; **~άνθρακες** *m/pl*. Kohlenhydrate *pl*.; **~ανθρακούχος** kohlenhydratehaltig.
υδάτινος Wasser-.
υδατο|γραφία [iðatɔɣraf-] Aquarell *n*; **~γράφος** Aquarellmaler *m*.
υδατ|όμετρο Wasseruhr *f*; **~όπτωση** [-ptɔsi] (-εις) Wasserfall *m*; **~όσημο** Wasserzeichen *n*; **~οστεγής** [-ɔstɛj-] wasserdicht; **~όσφαιρα** [-'ɔsfɛra] Wasserball *m*; **~οσφαίριση** (-εις) Wasserball(spielen *n*) *m*; **~ούχος** [-'ux-] wasserhaltig; **~όφραγμα** *n* Staudamm *m*; **~ώδης** wässrig.
ύδρα ['iðra] Hydra *f*; Wassertierchen *n*.
υδραγωγ|είο [-ɣɔj-] Wasserleitung *f*; Aquädukt *m*; Wasserwerk *n*; **~ός** [-'ɣɔs] Wasserrohr *n*; *Adj*. Wasserleitungs-; ***~ό*** Entwässerungsmittel *n*.
υδραντλία [iðrañdl-] Wasserpumpe *f*.
υδρ|αργυρικός [iðrarjir-] Quecksilber-; **~άργυρος** Quecksilber *n*; **~ατμός** [-atm-] Wasserdampf *m*.
υδραυλικ|ή [iðravli'k̡i] Hydraulik *f*; **~ός** hydraulisch; wasserfest (*Asbest*); *Su. m* Installateur *m*, Rohrleger *m*.
υδρ|είο [i'ðriɔ] Wasserkrug *m*; Wasserreservoir *n*; **~εύομαι** [-'ɛvɔmɛ] (ευτ) mit Wasser versorgt werden.

ύδρευση (-εις) Wasserversorgung *f*.
υδρία Wasserkrug *m*.
υδρό|βιος [i'ðrɔv-] (-ια) Wasser-, im Wasser lebend; **~γειος** [-jɔs] Erd- (*Kugel*); *Su. f* Erdkugel *f*.
υδρογ|ονάνθρακας [iðrɔγɔ'nañθrakas] Kohlenwasserstoff *m*; **~ονανθρακικός** Kohlenwasserstoff-; **~όνο** Wasserstoff *m*; **~ονοβόμβα** [-γɔnɔ'vɔɱva] Wasserstoffbombe *f*; **~ονούχος** [-ɔ'nux-] (-α) wasserstoffhaltig; **~ονώνω** [-'ɔnɔ] (σ) hydrieren.
υδρογραφ|ία Hydrographie *f*; **~ικός** hydrographisch; See- (*Karte*).
υδρο|δείχτης [-'ðixt-] Wasserstandsanzeiger *m*; **~δοχείο** [-ðɔç-] Feldflasche *f*; Wasserflasche *f*; **~δυναμική** [-ðinam-] Hydrodynamik *f*.
υδροηλεκτρικός hydroelektrisch; **~ *σταθμός*** Wasserkraftwerk *n*.
υδρ|οθειικός [-ɔθiik-] Schwefelwasserstoff-; **~όθειο** [-'ɔθjɔ] Schwefelwasserstoff *m*.
υδροθεραπ|εία [iðrɔθɛrap-] Wasserheilverfahren *n*, Kneippkur *f*; **~ευτικός** [-ɛftik-] Wasserheil-.
υδρο|θήκη (Trink-)Wasserbehälter *m*; **~κέφαλος** ... mit Wasserkopf; *Med. Su. m* Hydrozephalus *m*; *fig*. Wasserkopf *m*; *Staat*: überzentralisiert; **~κίνητος** Wasser- (*Mühle*).
υδρο|κυάνιο [-'ķan-] Blausäure *f*; **~ληψία** [-lips-] Wasserentnahme *f*; **~λογία** Gewässerkunde *f*.
υδρό|λυση [i'ðrɔlisi] (-εις) Hydrolyse *f*; **~μελι** [-mɛli] *Art* Met *m*.
υδρ|ομετρητής [iðrɔmɛtrit-], **~όμετρο** Wasseruhr *f*; **~ομηχανή** [-mixa'ni] Wasserturbine *f*; **~όμυλος** [-'ɔmil-] Wassermühle *f*.
υδρο|νομή [iðrɔnɔ'mi] Wasserverteilung(sanlage) *f*, Wasserversorgung *f*; **~πλάνο** [-'planɔ] Wasserflugzeug *n*; **~ποσία** [-pɔs-] Wassertrinken *n*; **~ρρόη** [-'rɔi] Dachrinne *f*; **~σκοπία** Hydrogeologie *f*; **~στάθμη** [-'staθmi] Wasserwaage *f*; Wasserstand *m*; **~στάθμηση** (-εις) Wasserstandsregelung *f*; **~στατική** Hydrostatik *f*; **~σωλήνας** [-sɔ'linas] Wasserrohr *n*; **~τροχός** [-trɔx-] Wasserrad *n*.
υδρ|όφιλος [i'ðrɔfil-] Wasser aufsaugend; **~οφοβία** [-ɔfɔv-] Wasserscheu *f*; Tollwut *f*; **~όφοβος** wasserscheu; **~οφόρα** Wasserwagen *m*; Wassertransporter *m*; **~οφόρος** [-ɔ'fɔr-] Wasserträger *m*; *Adj*. Wasserleitungs-; **~όφραγμα** *n*, **~οφράχτης** Schleuse *f*; Staudamm *m*; **~όφυτο** [-'ɔfitɔ] Wasserpflanze *f*; **~όφωνο** [-'ɔfɔnɔ] Unterwasserhorchgerät *n*; **~οχαρής** feuchtigkeitsliebend; *Su. fig*. Wasserratte *f*.
υδρο|χλωρικός [iðrɔxlɔr-] Chlorwasserstoff-; ***~χλωρικό οξύ*** Salzsäure *f*; **~χλώριο** Chlorwasserstoff *m*; **~χόος** [-'xɔɔs] *Astr*. Wassermann *m*.
υδρ|όχρωμα [i'ðrɔxrɔma] *n* Wasserfarbe *f*; **~ώπικας** [-'ɔpikas], **~ωπικία** Wassersucht *f*.
ύδωρ ['iðɔr] (ύδατος) *n* Wasser *n*.
υιικός [ijik-] Kindes-; Sohnes-.
υιο|θεσία [ijɔθɛs-], **~θέτηση** (-εις) Adoption *f*; *allg*. Annahme *f* (*e-r Meinung*); **~θετούμενος** [-θɛ'tum-] Adoptivkind *n*; **~θετώ** [-θɛ'tɔ] (είς· ησ) adoptieren; *fig*. sich (*A*) anschließen (*D*); *e-e Stellung* einnehmen.
ύλη ['ili] Stoff *m*, Materie *f* (*bsd. Phil.*); Material *n*; *fig*. Inhalt *m e-s Buches*; *Med*. Eiter *m*; ***πρώτη ~*** Rohstoff *m*; ***τεχνητή ~*** Kunststoff *m*; ***γραφική ~*** Schreibmaterial *n*; ***οικοδομικές ύλες*** Baumaterial *n*; ***συνθετικές ύλες*** synthetische Stoffe *m/pl*.
υλικ|ό [ili'kɔ] Material *n*; ***~ό πολέμου*** Kriegsmaterial *n*; ***έμψυχο ~ό*** Menschenpotential *n*; ***~ά*** *pl*. Zutaten *f/pl*.
υλικ|ός materiell; sinnlich, körperlich; **~ότητα** Stofflichkeit *f*; Materielle(s).
υλισ|μός Materialismus *m*; **~τής** Materialist *m*; **~τικός** materialistisch.
υλο|ποίηση [ilɔ'piisi] (-εις) Verwirklichung *f*; **~ποιώ** [-'pjɔ] (είς· ησ) materialisieren; **~τομία** Holzfällen *n*; Abholzung *f*; **~τόμος** Holzfäller *m*; **~τομώ** (είς· ησ) Holz fällen; abholzen.
υμ|έναιος [i'mɛnj-] Hochzeit(sgesang *m*) *f*; **~ένας** Membrane *f*, Häutchen *n*; Jungfernhäutchen *n*; **~ενόπτερο** [-ɛ'nɔptɛrɔ] Hautflügler *m*; **~ενώδης** häutchenartig, Membran-.
Υμηττός [imi'tɔs] (*Berg*) Hymettos *m*.
ύμνηση ['imnisi] (-εις) Lobpreisung *f*.
υμνητ|ής Lobredner *m*; **~ικός** Lob-.
υμνο|γράφος [imnɔ'γraf-] Hymnendichter *m*; **~λογία** Lobgesang *m* (*G*/ auf *A*); **~λόγιο** [-'lɔjɔ] Gesangbuch *n*; *fig*. Lobeshymne *f*; **~λογώ** [-lɔ'γɔ] (είς·

Υ

ύμνος 496

ησ) Hymnen, Loblieder singen; *s. a.* ***υμνώ.***

ύμνος ['imn-] (Lob-)Gesang *m*, Hymne *f*; *fig*. Loblied *n* (***σε, για***/ auf *A*); ***εθνικός ~*** Nationalhymne *f*.

υμν|ώ [i'mnɔ] (είς· ησ) (lob)preisen (*a. fig.*); besingen; **~ωδία** [-ɔð-] Lobgesang *m*; Gesangbuch *n*; **~ωδός** Kirchenlieddichter *m*.

υνί [i'ni] (υνιού) Pflugschar *f*.

υπ' *s.* ***υπό.***

υπαγόμενος fallend (***σε***/ unter *A*).

υπαγ|όρευση [ipa'ɣɔrɛfsi] (-εις) Diktat *n*; *fig*. Gebot *n*; ***καθ' ~όρευση*** nach Diktat; **~ορεύω** (ευσ· ευθ) diktieren; *fig*. gebieten, erheischen.

υπ|άγω [i'paɣɔ] (υπήγαγα· υπήχθηκα· χτ) *v/t*. unterstellen; unterordnen; einordnen; ***~άγομαι (σε)*** fallen (unter *A*), gehören (zu *D*); untergeordnet sein *D*; **~αγωγή** [-'ji] Einordnung *f* (***σε***/ in *A*); Unterordnung *f*.

υπαίθριος [i'pɛθr-] (-ια) Freilicht- (*Kino*), Freiluft- (*Schule*); ambulant (*Händler*); Land- (*Leben*), ... im Freien.

ύπαιθρο ['ipɛθrɔ] freie Luft *f*; ***στο ~*** im Freien; **~ς** *f* Land *n*; ***οι κάτοικοι της υπαίθρου*** Landbevölkerung *f*.

υπαιν|ιγμός [ipɛniɣm-] Anspielung *f* (***για***/ auf *A*); **~ίσσομαι** [-'isɔmɛ] (χτ) anspielen (*A*/ auf *A*).

υπ|αίτιος [i'pɛt-] (-ια) (*G*) schuldig (an *D*), verantwortlich (für *A*); *Su*. Schuldige(r); **~αιτιότητα** [-ɛ'tjɔt-] (***για***) Verschulden *n* (an *D*), Verantwortlichkeit *f* (für *A*); **~ακοή** [-akɔ'i] Gehorsam *m*; **~άκουος** gehorsam; **~ακούω** [-a'kuɔ] (σ) gehorchen (***σε***/ *D*); **~ακτικός** abführend; *Su. n* Abführmittel *n*.

υπαλλαγή [ipala'ji] Austausch *m*, Ersatz *m*; *Gr*. Metonymie *f*.

υπαλληλ|ία [ipalil-] Beamtenstellung *f*; Beamtenschaft *f*; **~ικός** Beamten-; **~ίσκος** kleine(r) Beamte(r).

υπάλληλος [i'palil-] (ο, η) Beamte(r), Beamtin *f*; Angestellte(r); ***δημόσιος ~*** Beamte(r); ***τραπεζικός ~*** Bankbeamte(r).

υπανάπτ|υκτος [ipa'naptikt-] unterentwickelt; ***~υκτος χώρα*** Entwicklungsland *n*; **~υξη** Unterentwicklung *f*.

υπανα|χώρηση [-'xɔrisi] (-εις) Widerruf *m*; *jur*. Rücktritt *m*; **~χωρώ** [-xɔ'rɔ] (είς· ησ) sich (*A*) davonstehlen; *jur*. zurücktreten; *Meinung* widerrufen.

υπανε- *s.* ***υπανα-.***

υπάνθρωπος Untermensch *m*.

υπαξιωματικός Unteroffizier *m*.

Υπαπαντή [ipapa'ndi], ***εορτή της ~ς*** Mariä Lichtmess *f* (*2. Februar*).

υπαρκτικός bestehend, existenziell; *Gr*. ... des Seins.

υπαρκτός [iparkt-] existierend, vorhanden; ***είναι ~*** es besteht.

ύπαρξη ['iparksi] (-εις) Existenz *f*, Dasein *n*; Vorhandensein *n*; Menschenkind *n*.

υπαρξισκός existenzialistisch; *Su. m* Existenzialist *m*.

υπαρξισ|μός Existenzialismus *m*; **~τής** Existenzialist *m*; **~τικός** existenzialistisch.

υπαρχηγός stellvertretende(r) Chef.

υπάρχοντα [i'parxɔnda] *n/pl*. Hab und Gut *n*, Vermögen *n*.

υπάρχω [i'parxɔ] (*Impf*. υπηρχ-· *Aor*. υπηρξ-) existieren, bestehen; *unp*. es gibt *A*.

υπ|ασπιστής [ipaspist-] Adjutant *m*; **~αστυνόμος** Polizeikommissar *m*.

υπατεία *hist*. Konsulat *n*.

ύπατος höchst-; *Su. m hist*. Konsul *m*; ***~ αρμοστής*** Gouverneur *m*.

υπε- *s.* ***υπο-.***

υπ|έγγυος [i'pɛŋgɔs] verpfändet; garantiert; verantwortlich; **~έδαφος** [-'ɛðaf-] *n* Erdboden *m*, Erdschicht *f*; **~εζωκότας** (-ότος) Brustfell *n*.

υπεισάγω *K*. einschleppen; *Wort* einfügen.

υπεισ|έρχομαι [-'ɛrxɔmɛ] sich (*A*) einschleichen; **~ηγαγ-** *s.* ***υπεισάγω;*** **~ηλθ-** *s.* ***υπεισέρχομαι;*** **~ηχθ-** *s.* ***υπεισάγω.***

υπεκ|·μισθώνω [ipɛkmist-] (σ· θ) 'untervermieten; **~·φεύγω** [-'fɛvɣɔ] (φυγ) *v/t*. entgehen *D*; sich (*A*) entziehen *D*; es vermeiden (***να***/ zu); **~φυγή** [-fi'ji] Ausflucht *f*, Ausrede *f*.

υπεν|θυμίζω [ipɛnθim-] (σ) in Erinnerung bringen (***του*** - j-m), erinnern (***του το***/ j-n an *A*); **~θύμιση** (-εις) Mahnung *f*, Erinnerung *f*.

υπενοικ|ιάζω [ipɛnik-] (-οίκιασα) untervermieten; **~ίαση** (-εις) Untervermietung *f*; **~ιαστής** Untervermieter *m*.

υπενωματάρχης Sergeant *m*.

υπεξ|αγωγή [ipεksaγɔ'ji] Entwendung *f*; **~αίρεση** [-'εrεsi] (-εις) Unterschlagung *f*; **~αιρώ** [-ε'rɔ] (είς· εσ) unterschlagen.
υπεξε- *s.* ***υπεκ-***.
υπεξούσιος [ipε'ksus-] (-ια) abhängig; untergeben.
υπέρ [i'pεr] (*G*) für *A*, zugunsten *G*; (*A*) über (*örtlich*: *D*, *A*; *fig.*: *A*); über, mehr als; **~ *πατρίδος*** für das Vaterland; **~ *την κορυφήν του όρους*** über dem (den) Berggipfel; **~ *τους πεντακοσίους*** über fünfhundert; **~ *παν άλλο*** über alles; ***τα ~ και τα κατά*** das Für u. Wider.
υπερ- *Präfix*, *oft*: über-, hyper-, super-; ungemein, äußerst; *bei Verben oft*: übermäßig, überaus, über alles; *z. B.* ***υπεραγαπώ*** über alles lieben.
υπέρα Masttau *n*.
υπερ|αιμία [ipεrεm-] Blutfülle *f*, Hyperämie *f*; **~αίρω** (να -αρ· -ήρα· ηρθ) *v/t*. über *etw*. *A* erheben; *fig*. in den Himmel heben; **~*αιρομαι*** (υπερηρθ-) sich (*A*) über'heben, überheblich sein; **~αισθησία** [-εstis-] Überempfindlichkeit *f*, Hyperästhesie *f*; **~αισθητικός** überempfindlich; **~αισθητός** übersinnlich; **~ακοντίζω** [-akoñd-] (σ) über das Ziel hinaus werfen; *fig*. übertreffen.
υπερ|άλπειος [ipε'ralp-] (-α) transalpin; **~αμύνομαι** [-a'minɔmε] (υνθ) (*G*) für *etw*. kämpfen; sich (*A*) schützen (vor *D*); **~άνθρωπος** [-'añθrɔp-] Übermensch *m*; *Adj*. übermenschlich; **~άνω** [-'anɔ] *Adv*. darüber; *Präp*. (*G*) oberhalb *G*, über *D*, *A*; *fig*. über *A*; **~αξία** [-aks-] Mehrwert *m*; **~άριθμος** [-'ariθm-] überzählig; zahlreich.
υπερ|ασπίζω [ipεrasp-] (σ· στ) verteidigen (*mil*., *jur*., *fig*.); **~άσπιση** (-εις) Verteidigung *f*; ***μάρτυρας ~άσπισης*** Entlastungszeuge *m*; **~ασπιστής** Verteidiger *m*.
υπερ|αστικός *Tel*. Fern- (*Gespräch*); **~ατλαντικός** [-atlañd-] Übersee-, transatlantisch; **~ατομικός** Sach- (*Werte*).
υπερ|βαίνω [ipεr'vεnɔ] (βώ· υπερέβηκα) *Grenze*, *Alter* überschreiten; *Hindernis* überwinden; *j-n* überragen, übertreffen; *Betrag*, *Kräfte* übersteigen; *Erwartungen* übertreffen; **~βάλλον** (-οντος) Überschuss *m*; **~βάλλω** [-'valɔ] (βαλ) *s.* ***υπερβαίνω***; übertreffen (***σε***/ an *D*); übertreiben.
υπέρβαρος *n* Übergepäck *n*.
υπέρβαση (-εις) Überschreitung *f* (*a. jur*., *fig*.); *Hdl*. Überziehung *f*.
υπερ|βασία [-vas-] Überschreitung *f*; Übergriff *m*; **~βατικός** überschreitend; transzendental; *Zahl*: transzendent; **~βατός** überschreitbar; *Su. n Gr*. Inversion *f*; **~βιομηχανοποίηση** (-εις) Überindustrialisierung *f*.
υπερβολ|ή [-vɔ'li] *s.* ***υπέρβαση***; *fig*. Übertreibung *f*, Maßlosigkeit *f*; *Math*., *rhet*. Hyperbel *f*; ***καθ' ~ή*** übertrieben; **~ικός** übermäßig; übertrieben; *Math*. hyperbolisch; *Pers*. ***είναι ~ικός*** er übertreibt; **~ικότητα** Übertreibung *f*.
υπερβόρειος polar-, nördlichst-; *Su. m hist*. Hyperboreer *m*.
υπερβραχύς Ultrakurz- (*Welle*).
υπερβώ *s.* ***υπερβαίνω***.
υπέρ|γειος [i'pεrj-] (-α) überirdisch; **~γηρος** [-jir-] steinalt.
υπεργολάβος Subunternehmer *m*.
υπερδεξιός *pol*. ultrarechts.
υπερδιέγερση [ipεrði'εjεrsi] (-εις) Überreizung *f*; überreizte Stimmung.
υπέρεισμα *n* Stütze *f*, Unterlage *f*.
υπερεθνικόφρονος Chauvinist [ʃo·vi·-] *m*.
υπερεκτ|ίμηση (-εις) Überbewertung *f*; **~ιμώ** (είς· ησ) 'überbewerten.
υπερεκ|·χειλίζω [ipεrεkçil-] (σ) *Fluss*: 'übertreten; *fig*. erschöpft sein; **~χείλιση** Übertreten *n*.
υπερένταση [-'εñdasi] (-εις) Überbeanspruchung *f*; **~ *δύναμης*** (***προσπάθειας***) Überanstrengung *f*.
υπερ|εν·τείνω [-ε'ñdinɔ] (II = I· ταθ/ υπερενετ-) überbeanspruchen; **~επάρκεια** Überfluss *m*.
υπερ|εργασία [ipεrεrγas-] Mehrarbeit *f*; Überarbeitung *f*; **~έρυθρος** [-'εriθr-] ultrarot; **~εσία** *s.* ***υπηρεσία***; *fig*. Ausgang *m* der Sache; **~έσοδα** *n/pl*. Überschüsse *m/pl*. (*an Einkünften*); **~ευαισθησία** [-εvεstis-] Überempfindlichkeit *f*; **~ευαίσθητος** [-ε'vεstit-] überempfindlich; **~ευτυχής** [-εftiç-] überglücklich.
υπερέχω [ipε'rεxɔ] (*o. Aor.*) überragen (*G* ***κατά*** *A*, ***σε***/ *A* um *A*, an *D*).
υπερήλικος [-'rilikɔs] bejahrt.

Y

υπερ|ημερία [iperimer-] Verzug *m*, Überfälligkeit *f*; **~ήμερος** rückständig, überfällig.
υπερ|ηφάνεια [iperi'fan-] Stolz *m*; **~ηφανεύομαι** [-ifa'nevɔmɛ] (ευθ) stolz (*od*. eingebildet) sein (***για*** *A*/ auf *A*); **~ήφανος** stolz; eingebildet.
υπερηχητικός [iperiçit-] Überschall-.
υπερθαλάσσιος [-θa'las-] (-ια) überseeisch.
υπερθεμ|ατίζω [iperθɛmat-] (σ) ein höheres Gebot machen; *fig*. überbieten; **~άτιση** (-εις) höhere(s) Gebot *n*; Überbietung *f*; **~ατισμός** höhere(s) Gebot *n*; **~ατιστής** Mehrbieter *m*; Meistbietende(r).
υπερ|θερμαίνω [-θɛrm-] (αν) überhitzen; überheizen; **~θέρμανση** [-'θɛrmaňsi] (-εις) Überhitzung *f*; Überheizung *f*; **~θερμία** Übertemperatur *f*.
υπέρθερμος überhitzt; überheizt.
υπέρθεση [i'pɛrθɛsi] (-εις) Stundung *f*, Aufschub *m*; *Gr*. Metathese *f*.
υπερθετικ|ό, ~ός Superlativ *m*.
υπέρθυρο [-θirɔ] (*Tür-*)Sturz *m*.
υπερ|ίσχυση [-'isçisi] (-εις) Überwindung *f*; Übergewicht *n*; Triumph *m*; **~ισχύω** [-i'sçiɔ] (σ) überwältigen, überwinden (*G*/*A*); siegen (über *A*).
υπερίτης Senfgas *n*.
υπεριώδης [-'rĭɔð-] ultraviolett.
υπερ|κέραση [ipɛr'ķɛrasi] (-εις) *mil*. Überflügelung *f*; **~κομματικός** [-kɔmat-] überparteilich; **~κόπωση** [-'kɔpɔsi] (-εις) Übermüdung *f*; **~κόρεση** [-'kɔrɛsi] (-εις), **~κορεσμός** Übersättigung *f*; Sättigung *f*.
υπέρκορος [i'pɛrkɔr-] übersättigt.
υπερ|κόσμιος [-'kɔzm-] (-ια) überirdisch; *Phil*. transzendental; **~κρατικός** überstaatlich.
υπέρλογος allgemein gültig.
υπερ|μαγγανικός übermangansauer; **~μάχομαι** *s*. ***υπερμαχώ***.
υπέρμαχος Verfechter *m*.
υπερ|μαχώ [iperma'xɔ] (είς· ησ) (*G*) kämpfen für *A*, verfechten *A*; **~μεγέθης** [-mɛ'jɛθ-] gewaltig.
υπέρμετρος [i'pɛrmɛtr-] übermäßig.
υπερμετρωπία Weitsichtigkeit *f*.
υπερ|νίκηση [ipɛr'niķ-] (-εις) Überwindung *f*; **~νικώ** [-ni'kɔ] (άς· ησ) überwinden.
υπέρογκος [-rɔῆg-] übermäßig.
υπερ|οξίδιο [iperɔ'ksið-] Hyperoxid *n*; **~οπλία** übermäßige Rüstung; **~όπτης** [-'ɔpt-] Protz *m*, Großtuer *m*; **~οπτικός** arrogant; **~ορία** Verbannung *f*; **~όριος** (-ια) ... im Ausland.
ύπερος *Bot*. Stempel *m*.
υπερούσιος transzendental.
υπεροχή [-ɔ'çi] Überlegenheit *f*; Vorrang *m*; Vorsprung *m*; *Math*. Rest *m*.
υπέροχος [i'pɛrɔx-] unübertroffen (***σε***/ in *D*); vorzüglich.
υπερ|οψία [iperɔps-] Hochmut *m*, Anmaßung *f*; **~παραγωγή** [-paraɣɔ'ji] Überproduktion *f*; **~πέραν** [-'pɛran] (0) *n* Jenseits *n*; **~πήδηση** (-εις) Überspringen *n*; Überwindung *f*; **~πηδώ** (άς· ησ) *etw*. überspringen; *j-n* wegdrängen; *Hindernis* überwinden.
υπερ|πλεονάζω [iperplɛɔn-] (σ) in Hülle u. Fülle vorhanden sein; **~πληθής** [-pli'θis] volkreich, dicht bevölkert; **~πληθυσμός** [-θizm-] Übervölkerung *f*; **~πληρής** zu voll, 'übervoll; **~πληρώ** (είς· ωσ) zu voll füllen; ***~πληρούμαι*** überlaufen; **~πόντιος** [-'poňd-] (-ια) überseeisch, Übersee-.
υπερρεαλισ|μός Surrealismus *m*; **~τικός** surrealistisch.
υπερ|σιβηρικός [-sivir-] transsibirisch; **~σιτίζω** (σ) überfüttern; **~σιτισμός** Überernährung *f*, Überfütterung *f*; **~συντέλικος** [-si'ňdɛl-] Plusquamperfekt *n*; **~ταξικός** [-taks-] über den Klassen stehend.
υπέρ|ταση [i'pɛrtasi] (-εις) Überspannung *f*, Überdruck *m*; *Med*. erhöhte(r) Blutdruck; **~τατος** höchst-.
υπερ|τείνω [ipɛr'tinɔ] (υπερέτεινα· ταθ) überspannen; **~τέρηση** (-εις) Überlegenheit *f*.
υπέρτερος überlegen (***σε***/ an *D*).
υπερτερώ [ipɛrtɛ'rɔ] (είς· ησ) (*G od*. *A*) überlegen sein *D*, übertreffen *A*.
υπερ|τίμημα *n* Mehrwert *m*; **~τίμηση** (-εις) Preiserhöhung *f*; *fig*. Überbewertung *f*; **~τιμώ** [-ti'mɔ] (άς· ησ) *v/t*. *Preis* erhöhen, anheben; *Kräfte* überschätzen; ***~τιμώμαι*** teurer werden; *Miete*: steigen.
υπερτροφ|ία [ipɛrtrɔf-] Hypertrophie *f*; **~ικός** hypertroph, vergrößert.
υπέρυθρος rötlich; infrarot.
υπερ|υψώνω [ipɛrips-] (σ· θ) sehr erhöhen; *fig*. *j-n* in den Himmel heben;

~φαλαγγίζω [-falaŋ̑g̯-] (σ· στ) *mil.* überflügeln, umgehen; **~φαλάγγιση** [-ŋ̑g̯isi] (-εις) Überflügelung *f*, Umgehung *f*; **~φαλαγγώ** (είς· ησ) *s.* ***υπερφαλαγγίζω***; **~φίαλος** [-'fial-] anmaßend, frech; **~φορτίζω** [-fɔrt-] (σ) über'laden; überlasten; **~φόρτιση** (-εις) Überladung *f*; **~φορτώνω** (σ) *s.* ***υπερφορτίζω***; **~φυσικός** *allg.* übernatürlich; **~φωτίζω** (σ) *Foto*: überbelichten; **~φωτισμένος** überbelichtet.

υπερ|χειλής [-çil-] übervoll; **~χειλίζω** (σ) überlaufen; *Fluss*: ausufern; *fig.* überschäumen; **~χείλιμα** *n*, **~χείλιση** (-εις) Überlaufen *n*; Ausufern *n*; **~χλωριούχος** [-xlɔ'ri̯ux-] (-α) Überchlor-; **~ψηφίζω** (σ) *v/t.* billigen, stimmen (für *A*); **~ψήφιση** (-εις) Annahme *f*, Billigung *f*.

υπερώ|α [ipɛ'rɔa] Gaumen *m*; **~ιος** (-ια) Gaumen-; palatal.

υπερ|ωκεάνιος [-ɔk̡ɛ'anj-] (-ια) Übersee-; Ozean- (*Dampfer*); *Su. n* Ozeandampfer *m*; **~ώο** Mansarde *f*, Dachgeschoss *n*; *Thea.* Galerie *f*; **~ωρία** Überstunde *f*; **~ωριακός**: ***~ωριακή εργασία*** Überstunden *f/pl.*

υπεσ- *s.* ***υφίσταμαι.***

υπεσχεθ- *s.* ***υπόσχομαι.***

υπ|εύθυνος [i'pɛfθin-] verantwortlich (*G*/ für *A*); **~ευθυνότητα** Verantwortlichkeit *f*.

υπηγαγ-, υπηγμένος *s.* ***υπάγω.***

υπ|ήκοος [i'pikɔɔs] untertan; untertänig; *Su. m, f* Staatsangehörige(r); *mst. hist.* Untertan *m*; **~ηκοότητα** [-ikɔ'ɔt-] Staatsangehörigkeit *f*.

υπήνεμος [i'pinɛm-] windgeschützt.

υπηρεσία [ipirɛs-] Dienst *m*; 'Service ['sə:vis] *m*; Dienststelle *f*, Amt *n*; Dienstpersonal *n*; Dienstmädchen *n*; ***~ διάσωσης*** Rettungsdienst *m*; ***~ πληροφοριών*** Nachrichtendienst *m*; ***ώρες ~ς*** Öffnungszeiten *f/pl.*

υπηρ|εσιακός [ipirɛsjak-] dienstlich, amtlich; Dienst-; *Pers.* pflichtbewusst, gewissenhaft; **~έτης** Diener *m*; (unterer) Beamte(r); *fig.* Lakai *m*; *pl. mil.* Bedienungsmannschaft *f*; **~έτηση** (-εις) *mil.* Bedienung *f*; **~ετικός** Dienst- (*Personal*); Diener-; diensteifrig; *Su. n* Personal *n*; **~έτρια** Dienstmädchen *n*; **~ετώ** (άς, είς· ησ) *v/i.* beschäftigt sein; *mil.* dienen; *v/t.* *j-m* dienen.

υπήρξα [i'pirksa], *Impf.* **υπήρχα** ich war; *s. a.* ***υπάρχω.***

υπ|ίατρος [i'pi̯iatrɔs] Sanitätsoffizier *m*; **~ίλαρχος** Kavallerieleutnant *m*.

υπν|αλέος [ipnal-] (-α) schläfrig, schlaftrunken; **~αράς** (*f* -ού) schläfrig, verschlafen; *Su. fig.* Schlafmütze *f*; **~ηλία** Schlafsucht *f*; Halbschlaf *m*.

υπνο|βασία [ipnɔvas-] Schlafwandeln *n*; **~βάτης** Schlafwandler *m*; **~βατικός** schlafwandlerisch; **~βατώ** [-va'tɔ] (είς· ησ) schlafwandeln; **~βότανο** Schlafmittelpflanze *f*; **~δωμάτιο** Schlafzimmer *n*.

ύπνο|ς ['ipn-] Schlaf *m*; ***με παίρνει ο ~ς*** einschlafen; ***είδα στον ~*** mir träumte.

υπνόσακος [i'pnɔsakɔs] Schlafsack *m*.

υπνοφόρος [-'fɔr-] (-α) Schlaf-.

ύπνωση ['ipnɔsi] (-εις) Hypnose *f*.

υπνωτ|ίζω [ipnɔt-] (σ· στ) hypnotisieren (*a. fig.*); **~ικός** Schlaf-; *Su. n* Schlafmittel *n*; **~ισμός** Hypnotismus *m*; Hypnose *f*; **~ιστής** Hypnotiseur *m*; **~ιστικός** hypnotisch.

υπό [i'pɔ] (*G*) *beim Pass.* von *D*; (*A*) unter (*wo? D*; *wohin? A*; *fig. mst. D*); unterhalb *G*; *Geogr.* am Fuße *G*; ***~ τις διαταγές*** unter dem Befehl; ***~ το μηδέν*** unter Null; ***~ μορφήν*** in Gestalt; ***~ τα όπλα*** zu den Waffen *rufen*; ***~ το πρόσχημα*** unter dem Vorwand; ***~ τους Τούρκους*** unter den Türken; ***~ τέτοιες συνθήκες*** unter solchen Verhältnissen; ***είμαι ~*** F kuschen müssen.

υπο- *Präfix*, *oft*: unter-; *bedeutet auch*: allmählich, ein wenig, heimlich.

υποαπασχόληση [-apa'sxɔlisi] (-εις) Unterbeschäftigung *f*.

υπόβαθρο [-vaθrɔ] Fundament *n*, Unterlage *f*; Sockel *m*.

υποβάλλ|ω [ipɔ'valɔ] (υπόβαλα· βληθ· βλημ) *Grundlage* legen; *fig.* unterbreiten (***του το***/ j-m etw.); *Bericht* erstatten; *Antrag*, *Gesuch* einreichen; *Meinung* vertreten, vorbringen; *e-m Verhör*, *e-r Prüfung* unterziehen; *zu Ausgaben* zwingen; *Thea.* soufflieren; (dazu) anregen (***του ... να***/ j-n ... zu); ***~ομαι*** *a.* sich (*A*) unterwerfen; ***~ω υποψηφιότητα*** kandidieren.

υπο|βαστάζω [ipɔvast-] (ξ) stützen;

~βιβάζω [-viv-] (σ· στ) *j-n* unterschätzen; *Preis* herabsetzen; *Büro*: *j-n* zurückstufen; *mil.* degradieren; *Segel* einziehen; **~βιβασμός** Herabsetzung *f*; Rückstufung *f*; Degradierung *f*; Einziehen *n*; **~βλέπω** (υπόβλεψα) beargwöhnen; trachten nach *D*; **~βλητικός** [-vlit-] suggestiv, anregend; **~βλητικότητα** Effekt *m*, suggestive Wirkung; **~βοηθώ** [-vɔi'θɔ] (είς· ησ) *v/t.* unterstützen.
υποβολ|έας [ipɔvɔl-] (*pl.* -είς) Souffleur *m*; **~είο** Souffleurkasten *m*; **~ή** Unterbreitung *f e-s Vorschlags usw.*, Einreichung *f*, Stellung *f e-s Antrags*; *Psych.* Suggestion *f*; *jur.* Unterschiebung *f*; **~ιμαίος** (-αία) unecht; suggeriert, unterschoben.
υπο|βόσκω [-'vɔskɔ] (*o. Aor.*) schwelen (*a. fig.*); *Med.* latent sein; **~βρύχιο** [-'vriç-] Unterseeboot *n*; **~βρύχιος** (-ια) Unterwasser-; Unterseeboot-.
υπο|γάστριο [ipɔ'ɣastr-] Unterleib *m*; **~γεγραμμένος** unterschrieben; *Su. f* Iota subscriptum *n*.
υπόγει|ος [i'pɔj-] (-α) unterirdisch; Tiefbau-; ***~ος σιδηρόδρομος*** Untergrundbahn *f*; ***~α διάβαση*** Unterführung *f*; *Su. n* Kellergeschoss *n*.
υπογεννητικ|ός geburtenschwach; **~ότητα** Geburtenrückgang *m*.
υπόγλυκος feinsüß.
υπογραμμ|ατέας [ipɔɣrama'tεas] (*pl.* -είς) Untersekretär *m*; Gerichtsschreibergehilfe *m*; **~ίζω** (σ) unterstreichen (*a. fig.*); **~ός** Muster *n*, Beispiel *n*.
υπο|γραφή [-ɣra'fi] Unterschrift *f*; Unterzeichnung *f e-s Vertrages*; **~γράφω** (ψ· αφ, αφτ) unterschreiben (*a. fig.*); *jur.* unterzeichnen.
υπο|δαυλίζω [-ðavl-] (σ· στ) schüren (*a. fig.*); **~δαύλιση** [-'ðavlisi] Schüren *n*; **~δεέστερος** [-ðε'εstεr-] unterlegen (*G/D*), minderwertig; untergeben.
υπόδειγμα [i'pɔðiɣma] *n* Muster *n* (*a. fig.*); *fig.* Vorbild *n*.
υποδειγματικός vorbildlich.
υπόδειξ|η [i'pɔðiksi] (-εις) Hinweis *m*; Vorschlag *m*, F Idee *f*; ***καθ' ~ιν*** auf Vorschlag.
υποδείχνω [-'ðixnɔ] (υπόδειξα· ειχτ) hinweisen (***του το***/ *j-n* auf *A*); vorschlagen (*j-m A*).
υποδεκ|άμετρο [-ðε'kamεtrɔ] Dezimeter *n*, *m*; Lineal *n*; **~ανέας** [-a'nεas] (*pl.* -είς) Gefreite(r).
υπ|οδένω (υπόδεσα, -δησα) *v/t.* beschuhen, *j-m* Schuhe kaufen; **~όδεση** (-εις) *s.* ***υπόδηση***.
υπο|δέχομαι [ipɔ'ðεxɔmε] (χτ) empfangen; *fig.* aufnehmen; **~δηλώνω** (σ) hindeuten auf *A*, andeuten; **~δήλωση** [-'ðilɔsi] (-εις) Andeutung *f*.
υπόδημα *n* Schuh *m*; Stiefel *m*.
υποδηματ|άς [ipɔðima'tas] (-άδες) Schuster *m*; **~οβιομηχανία** Schuhindustrie *f*; **~οποιείο** [-ɔpi'iɔ] Schuhmacherei *f*; **~οποιία** [-ɔpi'ia] Schuhfabrikation *f*; Schusterhandwerk *n*; **~οποιός** Schuhmacher *m*; **~οπώλης** Schuhverkäufer *m*.
υπόδηση (-εις) Schuhzeug *n*, Fußbekleidung *f*; Schuhanziehen *n*.
υπο|διαίρεση [ipɔði'εrεsi] (-εις) Unter'teilung *f*; Teilung *f*; Untereinteilung *f*; Unterabteilung *f*; **~διαιρώ** (είς· -διαίρεσα· εθ· διαιρεμ) unter'teilen; teilen, gliedern, aufteilen (***σε***/ in *A*); **~διαστολή** Komma *n*; **~διευθυντής** [-ðiεfθiňd-] stellvertretende(r) Direktor *m*; Abteilungsleiter *m*.
υπόδικος [i'pɔð-] Untersuchungsgefangene(r); Angeklagte(r); *Adj.* (angeblich) schuld (***για***/ an *D*).
υπο|διοίκηση [-ði'ik̦-] (-εις) Kreisverwaltung *f*; **~διοικητής** Kreisverwalter *m*.
υπο|δομή [ipɔðɔ'mi] Unterbau *m*; Infrastruktur *f*; Fundament *n*; **~δόριος** (-ια) subkutan.
υπόδουλος unterjocht.
υπο|δουλώνω [ipɔðul-] (σ) unterjochen; ***~δουλώνομαι*** unterjocht werden (***σε, υπό*** *G*/ von *D*); **~δούλωση** [-lɔsi] (-εις) Unterjochung *f*; **~δουλωτής** Unterdrücker *m*.
υποδοχή [ipɔðɔ'çi] Empfang *m*; Empfangszimmer *n*; Hotelhalle *f*; *Tech.* Lagerung *f*, Lager *n*; Einbettung *f*.
υπο|δύομαι [-'ðiɔmε] (θ) *Thea.* die Rolle (*G*) spielen, darstellen; **~επιτροπή** [-εpitrɔ'pi] Unterausschuss *m*; **~ζύγιο** [-'zijɔ] Zugtier *n*, Lasttier *n*.
υπόθα [i'pɔθa] F Chose *f*.
υπο|θαλάσσιος Unterwasser-; **~θάλπω** (υπόθαλψα) (an)wärmen; *j-n* (heimlich) beherbergen, verborgen halten; *fig.* nähren, schüren, anstacheln.

υπόθαλψη [i'pɔθalpsi] (-εις) Wärmen *n*; Beherbergung *f*; *fig*. Anstachelung *f*.
υπόθεμα *n* Untersatz *m*.
υπ|οθερμία [ipɔθεrm-] Untertemperatur *f*; **~όθερμος** lauwarm.
υπόθεση [i'pɔθεsi] (-εις) Annahme *f*; Hypothese *f*; Voraussetzung *f*; (*Privat*-)Angelegenheit *f*, Sache *f* (*a. jur.*); Affäre *f*; *lit*. Fabel *f*, Stoff *m*.
υποθετ|έος (-α) vorausgesetzt; ***~έο ότι*** vorausgesetzt dass; nehmen wir an, dass; **~ικός** konditional, bedingend; Konditional-, Bedingungs- (*Sätze*); mutmaßlich, hypothetisch; ***~ική έγκλιση*** Konditional *m*.
υπόθετο *Med*. Zäpfchen *n*, Suppositorium *n*.
υποθέτω [ipɔ'θεtɔ] (υπόθεσα· -τέθηκα) annehmen, vermuten, sich (*D*) denken.
υπο|θήκευση [-'θikεfsi] (-εις) Belastung *f* (mit e-r Hypothek); **~θηκεύω** (εψ· ευτ) mit e-r Hypothek belasten; **~θήκη** [-'θiki] Hypothek *f*; ***βάλλω ~θήκη*** *v/t*. belasten; **~θηκικός** hypothekarisch, Hypotheken-.
υποκάμισο [ipɔ'kamisɔ] Hemd *n*.
υποκάρδιος [-'karð-] (-ια) geheim.
υποκατάστ|αση [ipɔka'tastasi] (-εις) Ersetzung *f*, Vertretung *f*; **~ατος** Vertreter *m*; *Su*. *n* Ersatz(stoff) *m*; **~ημα** *n* Zweigstelle *f*, Filiale *f*.
υπόκειμαι [i'pɔkimε] darunter liegen; *fig*. unterliegen (***σε***/ *D*).
υποκειμεν|ικός [ipɔkimεn-] subjektiv; *Gr*. Subjekt(s)-; **~ικότητα** Subjektivität *f*; **~ισμός** Subjektivismus *m*.
υποκείμεν|ο [ipɔ'kim-] *iro*. Subjekt *n*, Person *f*, Kerl *m*; *Gr*. Subjekt *n*; Thema *n*, Gegenstand *m*; **~ος** darunter liegend; *fig*. unterworfen; ***~ος σε*** -pflichtig; *z. B.* ***~ος σε έγκριση*** genehmigungspflichtig.
υποκελευστής [-kεlεfst-] Maat *m*; Seekadett *m*.
υποκίνηση (-εις) Anstiftung *f*.
υποκιν|ητής Anstifter *m*; ***~ητής ταραχών*** Unruhestifter *m*; **~ώ** (είς· ησ) anstiften.
υπο|κλέπτω [ipɔ'klεptɔ] (ψ· απ) stehlen, plagiieren; entlocken (***του το***/ j-m etw.); sich (*D*) *die Zeit* abstehlen; **~κλινής** geneigt, gebeugt; **~κλίνομαι** [-'klinɔmε] (θ) sich (*A*) verneigen, sich (*A*) verbeugen (***μπροστά σε***; *fig*. ***σε***/ vor *D*); *s*. ***υποκύπτω.***
υπόκλιση (-εις) Verneigung *f*, Diener *m*; Knicks *m*.
υποκλοπή Unterschlagung *f*, Verheimlichung *f*.
υπο|κλυσμός [ipɔklizm-] *Med*. Spülung *f*; **~κόμης** (-ητος) Vicomte *m*; **~κόμισσα** Vicomtesse *f*; **~κόπανος** (*Gewehr*) Kolben *m*; **~κοριστικός** Verkleinerungs-; *Su*. *n* Diminutiv *n*.
υπόκοσμος [i'pɔkɔzm-] Unterwelt *f*.
υποκουλτούρα Subkultur *f*.
υποκρίνομαι [ipɔ'krinɔmε] (θ) *v/t*. *Thea*. darstellen, spielen (*a. fig*.); so tun (***ότι***/ als ob); *v/i*. heucheln.
υπ|όκριση [i'pɔkrisi] (-εις) *Thea*. Darstellung *f*; *s*. ***υποκρισία***; **~οκρισία** Heuchelei *f*, Scheinheiligkeit *f*.
υποκριτ|ής Heuchler *m*, Simulant *m*; *Thea*. Darsteller *m*; **~ική** Schauspielkunst *f*; **~ικός** heuchlerisch, scheinheilig; **~ικότητα** Verstellungskunst *f*.
υποκρίτρια Heuchlerin *f*.
υπόκρουση (-εις) Begleitung *f*.
υπο|κρούω [-'kruɔ] (σ) *Mus*. begleiten; **~κρύπτω** [-'kriptɔ] (ψ· υβ) in sich bergen; verschleiern.
υπόκρυψη [i'pɔkripsi] (-εις) Verschleierung *f*.
υποκύπτω [-'kiptɔ] (ψ) sich (*A*) unterwerfen (***σε***/ *D*); (***από***) erliegen *D*.
υπόκωφος [-kɔf-] *Geräusch*: dumpf.
υπο|λαμβάνω [ipɔlamv-] (λαβ· ληφτ) *j-n* halten für *A*; entgegnen, erwidern; **~λάμπω** [-'lambɔ] (μψ) schimmern; **~λανθάνω** [-lanθ-] (λαθ) latent sein; *fig*. mitschwingen, verborgen sein.
υπόλειμμα [i'pɔlima] *n* Rest *m*.
υπο|λείπομαι [-'lipɔmε] (λειφτ) übrig bleiben; verbleiben, (noch) da sein; zurückbleiben (***από*** j-m gegenüber/ an *D*); **~λειπόμενος** [-li'pɔm-] verbleibend; *Su*. *n* Rest(betrag) *m*.
υπολήπτομαι [-'liptɔmε] (*o. Aor.*) (hoch) schätzen, achten.
υπόληψη [i'pɔlipsi] (-εις) Hochachtung *f*; Ansehen *n genießen*; ***με ~*** angesehen (*Pers.*); *Brief*: hochachtungsvoll; ***δεν τον έχω σε ~*** ich habe keine hohe Meinung von ihm.
υπολογ|ίζω [ipɔlɔj-] (σ· στ) *v/t*. berechnen, veranschlagen (***σε***/ auf *A*); *Zinsen* mitberechnen; *fig*. rechnen (mit

υπολογίσιμος 502

D); gedenken (**να**/ zu); **~ίσιμος** ernst zu nehmend; **~ισμός** Berechnung *f*, Veranschlagung *f*; ***πρόχειρος ~ισμός*** Hochrechnung *f*; *fig*. ***από ~ισμό*** aus Berechnung; **~ιστής** *El*. Rechner *m*, Computer *m*; berechnende(r) Mensch; ***~ιστής τσέπης*** Taschenrechner *m*; **~ιστικός** Berechnungs-; Rechen-.

υπό|λογος [i'pɔlɔɣ-] verantwortlich; rechnungspflichtig; **~λοιπος** [-lip-] restlich; *Su*. *n* Rest(schuld *f*) *m*; *Hdl*. Überschuss *m*, Saldo *m*, Bilanz *f*.

υπολοχαγός Oberleutnant *m*.

υπο|μειδιώ [ipɔmi'ðjɔ] (άς· -μειδίασα) schmunzeln; **~μένω** [-'mɛnɔ] (μειν) *v/t*. (es) aushalten, ertragen; *v/i*. warten, sich (*A*) gedulden.

υπομηχανικός Absolvent *m* des „Kleinen Technikums" *od*. des K.A.T.E.; stellvertretende(r) Ingenieur.

υπο|μίσθιος [ipɔ'mist-] (-ια) Lohn-, Miet-, bezahlt; **~μισθώνω** (σ· θ) 'untervermieten; **~μίσθωση** [-'mistɔsi] (-εις) Untermiete *f*; **~μισθωτής** Untermieter *m*.

υπόμνημα [i'pɔmn-] *n* Denkschrift *f*, Memorandum *n*; Legende *f* (*auf Karten*); Eingabe *f*; *jur*. Schriftsatz *m*; *mst. pl*. Kommentar *m* (**σε**/ zu *D*).

υπομνημ|ατίζω *v/t*. kommentieren; **~άτιση** (-εις) Kommentierung *f*; **~ατιστής** Kommentator *m*.

υπόμνηση (-εις) Mahnung *f*.

υπομνηστικ|ός [ipɔmnist-] Merk-; ***~ό σημείωμα*** Notiz *f*.

υπο|μοίραρχος [-'mirarx-] Gendarmerieoberleutnant *m*; **~μονάδα** Untereinheit *f*.

υπομον|ετικός [-mɔnɛt-] geduldig; **~εύω** (εψ) sich (*A*) gedulden; **~ή** Geduld *f*; ***κάνω ~ή*** Geduld haben; **~ητικός** geduldig.

υπο|μόχλιο [ipɔ'mɔxl-] Drehpunkt *m*, Auflagepunkt *m*; **~ναύαρχος** [-'navarx-] Vizeadmiral *m*.

υπόνοια [i'pɔnja] Verdacht *m*, *pl*. Verdachtsgründe *m/pl*.; Argwohn *m*.

υπο|νόμευση [ipɔ'nɔmɛfsi] (-εις) Untergrabung *f*, Unterminierung *f* (*a. fig*.); **~νομευτής** [-nɔmɛft-] Unterminierer *m*; **~νομευτικός** Wühl- (*Arbeit*); **~νομεύω** (ευσ) (*a. fig*.) untergraben; wühlen (*fig*.).

υπόνομος [i'pɔnɔm-] *m*, *f* Abzugskanal *m*, Kloake *f*; Mine *f* (*a. mil*.).

υπονο|ώ [-nɔ'ɔ] (είς· ησ) meinen, denken; ***τι ~είς;*** was meinst du damit?; ***~είται*** das ist (so) gemeint; ***μ' αυτό ~είται ...*** darunter versteht man ...

υπό|ξανθος [-ksañθ-] schwachblond; gelblich; **~ξινος** [-ksin-] säuerlich.

υποπεσ- *s*. ***υποπίπτω.***

υπόπικρος schwachbitter.

υπο|πίπτω [-'piptɔ] (υπέπεσα) geraten in *A*; *in e-n Fehler* verfallen; *in Ungnade* fallen; *zur Kenntnis* gelangen; **~πλέω** [-'plɛɔ] (ευσ) vor dem Winde segeln; **~πλοίαρχος** Kapitänleutnant *m*; **~πόδιο** [-'pɔð-] Fußbank *f*, Schemel *m*; **~πολλαπλάσιο** *Math*. Quotient *m*; **~προϊόν** [-prɔi'ɔn] (-όντος) Nebenprodukt *n*; **~προξενείο** [-prɔksɛn-] Vizekonsulat *n*; **~πρόξενος** Vizekonsul *m*.

υποπτεύομαι [ipɔ'ptɛvɔmɛ] (εφτ) *v/t*. verdächtigen (***τον*** - *G*/ j-n - *G*); den Verdacht haben (***ότι***/ dass).

ύποπτος verdächtig (*G*/*G*); zwielichtig.

υποσελίδιος *Buch*: ... unter dem Strich; Fuß- (*Note*).

υπο|σημαίνω [-sim-] (μαν) *j-m* e-n Wink geben; **~σημειώνω** [-'mjɔnɔ] *v/t*. Anmerkungen machen zu *D*; ***~σημειώνομαι*** *Brief*: zeichnen, verbleiben; **~σημείωση** [-si'miɔsi] (-εις) Anmerkung *f*, Fußnote *f*.

υποσιτ|ίζω [-si'tizɔ] *v/t*. ungenügend ernähren; ***~ίζομαι*** *a*. unterernährt sein; **~ισμός** Unterernährung *f*.

υπο|σκάβω [-'skavɔ] (ψ· αφ· μμ) untergraben (*z. B. Gesundheit*); unterhöhlen; **~σκαφή** Untergrabung *f*; Aushöhlung *f*; **~σκελίζω** [-skɛl-] (σ· στ) *j-m* ein Bein stellen; *fig*. verdrängen, ausschalten; **~σκέλιση** Beinstellen *n*; **~σκελισμός** Beinstellen *n*; *fig*. Ausschaltung *f*, Verdrängung *f*; **~σκήνιο** [-'skin-] Proszenium *n*; **~σκιάζω** (-σκίασε) *v/t*. schattieren; *v/i*. sich verdunkeln; **~σκίασμα** [-'skiazma] *n* Halbschatten *m*.

υπόσκιος [i'pɔsk-] (-ια) schattig.

υποσμηναγός [-zminaɣ-] Leutnant *m* der Luftwaffe.

υπόσπονδος [-spɔñð-] vertraglich geschützt.

υποστάθμη [-'staθmi] Bodensatz *m*, Niederschlag *m*; *fig*. Pöbel *m*.

υπόσταση [i'pɔstasi] (-εις) Bestand *m*, Existenz *f*; Grundlage *f e-r Behauptung*; *Med.* Hypostase *f*.

υπο|στάτης *s.* ***υπόθεμα***; **~στατικό** Gut *n*, Gehöft *n*.

υπόστεγ|ο [-stεɣɔ] Schutzdach *n*; Flugzeughalle *f*; **~ος** überdacht.

υπο|στέλλω (υπέστειλα· υπεσταλ-) Fahne einziehen, einholen; *Geschwindigkeit* drosseln; **~στήριγμα** [-'stiriɣma] *n* Stütze *f* (*a. fig.*), Träger *m*; **~στηρίζω** (ξ· χτ· γμ) stützen; *fig.* unterstützen; *jur.* verteidigen; behaupten (*etw. od. dass*); **~στήριξη** [-'stiriksi] (-εις) Unterstützung *f*; Stütze *f*, Rückhalt *m*; Behauptung *f*; **~στηριχτής** (***-ίχτρια***) Geldgeber(in *f*) *m*; **~στιγμή** Komma *n*; **~στίζω** (ξ) punktieren; *Gr.* Komma setzen.

υπο|στολή [ipɔstɔ'li] Einholen *n* (*der Fahne*); Beschränkung *f*; **~στράτηγος** [-'strat iɣ-] Generalmajor *m*; **~στρέφω** [-'strεfɔ] (ψ· αφ· αμμ) *etw.* umdrehen; sich (*A*) umdrehen; *mar.* beidrehen; *Med.* rückfällig werden; **~στροφή** [-strɔ'fi] Umdrehung *f*; *mar.* Beidrehen *n*; *Med.* Rückfall *m*.

υπόστρωμα [i'pɔstr-] *n* Unterschicht *f*; Satteldecke *f*; Substrat *n*.

υποστυλώνω (σ) abstützen.

υποστώ [ipɔ'stɔ] *St. II Präs. Konj. v.* ***υφίσταμαι.***

υποσυνείδητ|ο [-si'niðitɔ] Unterbewusstsein *n*; **~ος** unterbewusst.

υποσχεθηκ- *s.* ***υπόσχομαι.***

υπ|όσχεση [i'pɔsçεsi] (-εις) Versprechen *n*; **~οσχετικό** schriftliche(s) Versprechen *n*; **~όσχομαι** [-'ɔsxɔmε] (υποσχέθηκα· σχεμ) *allg.* versprechen (***του το***/ *j-m A*).

υπο|ταγή [-ta'ji] Unterordnung *f* (***σε***/ unter *A*); Unterwerfung *f*; Unterwürfigkeit *f*; **~τακτικός** untergeordnet (*a. Gr.*); untergeben; unterwürfig; ergeben; *Su. f* Konjunktiv *m*.

υπό|ταξη (-εις) *s.* ***υποταγή***; *Gr.* Unterordnung *f*; **~ταση** (-εις) Niederdruck *m*; niedrige(r) Blutdruck.

υποτασικός ... mit niedrigem Blutdruck.

υπο|τάσσω [ipɔ'tasɔ] (ξ· χτ) unterwerfen, unterjochen; *fig.* bändigen; ***~τάσσομαι*** sich (*A*) unterwerfen (***σε***/ *j-m*); *Gr.* den Konjunktiv verlangen; **~τείνουσα** [-'tinusa] Hypotenuse *f*; **~τέλεια** Tributpflichtigkeit *f*, Botmäßigkeit *f*; **~τελής** tributpflichtig, botmäßig; *Gr.* Neben- (*Satz*); **~τεταγμένος** [-tεtaɣm-] unterworfen.

υπο|τίθεμαι [-'tiθεmε]: ***~τίθεται*** man vermutet; **~τιθέμενος** vermutlich.

υπο|τίμηση (-εις) Unterschätzung *f*; Senkung *f*; Entwertung *f*; ***~τίμηση αξιών*** Baisse *f*; ***~τίμηση (του) νομίσματος*** Abwertung *f*; **~τιμώ** [-ti'mɔ] (άς· ησ) unterschätzen; den Preis ... (*G*) senken; *Geld* abwerten; ***~τιμώμαι*** fallen, sinken; entwerten.

υπότιτλος Untertitel *m*.

υποτονικός matt, schlaff, F müde.

υπο|τροπή [-trɔ'pi] Rückfall *m*; **~τροπιάζω** (σ) *Kranker*: e-n Rückfall bekommen; **~τροπιασμός** [-trɔpjaz-] Rückfall *m*; **~τροπικός** subtropisch; Rückfall-; **~τροφία** Stipendium *n*; *Med.* Unterernährung *f*.

υπότροφος [i'pɔtrɔf-] Stipendiat *m*.

υπο|τυπώδης [ipɔtip-] primitiv; *Organ*: verkümmert; **~τύπωμα** *n* Skizze *f*; **~τυπώνω** (σ) entwerfen, skizzieren; **~τύπωση** (-εις) Entwurf *m*, Skizze *f*.

ύπουλος ['ipul-] tückisch; *fig.* unterirdisch; *Adv.* insgeheim.

υπουλότητα Hinterlist *f*, Tücke *f*.

υπουργείο [ipurj-] Ministerium *n*; Kabinett *n*; ≗ ***Εξωτερικών*** Außenministerium *n*; ≗ ***Εργασίας*** Arbeitsministerium *n*; ≗ ***Οικονομικών*** Wirtschaftsministerium *n*; ≗ ***Παιδείας*** Erziehungsministerium *n*; ≗ ***Συγκοινωνίας*** Verkehrsministerium *n*; ≗ ***Υγείας*** Gesundheitsministerium *n*; ≗ ***Βόρειας Ελλάδας*** Ministerium für Nordgriechenland; *s. a. Abkürzungsliste*.

υπ|ουργεύω [ipurj-] (ευσ) Minister sein; **~ούργημα** *n* (Staats-)Amt *n*.

υπουργ|ία [ipurj-] Ministeramt *n*, Ministerposten *m*; Amtszeit *f* e-s Ministers; **~ικός** ministeriell; Minister- (*Rat*); **~ίνα** [-'jina] Ministerin *f*; Frau des Ministers; **~ός** [-'ɣɔs] Minister *m*; **~ώ** [-'ɣɔ] (είς· ησ) Minister sein.

υποφαινόμενος [ipɔfε'nɔm-] Unterzeichnete(r); *scherzhaft*: meine Wenigkeit; (*in Berlin*:) F ikke.

υπόφαιος (-α) gräulich.

υπο|φερτός erträglich; leidlich; **~φέρω** (*Impf.* υπόφερνα· *Aor.* -όφερα)

Y

υπόφραγμα 504

v/t. ertragen; (*nicht*) ausstehen (können); (zu) leiden (haben); *v/i.* durchmachen; leiden (***από***/ an *D*, *fig.* unter *D*); ***~φέρομαι*** erträglich sein; ***δεν ~φέρεται*** ... ist unausstehlich.
υπόφραγμα *n* Zwischendeck *n.*
υπο|φρούραχος [-'frurax-] stellvertretende(r) Kommandant *m*; **~φυλαχτήρας** [-fila'xtiras] (*Gewehr*) Schloss *n*, Sperre *f.*
υπόφυση [i'pɔfisi] (-εις) Hirnanhang *m*, Hypophyse *f.*
υπο|φώσκω [-'fɔs-] (*Impf.* υπέφωσκα) *Tag*: anbrechen, *bsd. fig.* aufsteigen; **~φωτίζω** (σ) *Foto*: unterbelichten; **~φωτισμένος** unterbelichtet; **~χείριος** [-'çir-] (-ια) untertan, gefügig; **~χθόνιος** [-'xθɔn-] (-ια) unterirdisch.
υποχοντρ|ία [ipɔxɔn̆dr-] Hypochondrie *f*, Trübsinn *m*; **~ιάζω** (σ) Hypochonder werden, trübsinnig werden; **~ιακός** *s.* ***υποχόντριος.***
υποχόντριος (-ια) hypochondrisch, trübsinnig; menschenfeindlich.
υπόχρεος verpflichtet (***να***/ zu ...); verbunden (***σε***/ *j-m*); ***~ εξ αναγωγής*** regresspflichtig.
υποχρε|ωμένος [ipɔxrεɔm-] gezwungen; verpflichtet; verbunden; **~ώνω** (σ) *v/t.* zwingen (***σε***/ zu *D*); (*j-n* zu Dank) verpflichten; ***~ώνομαι*** verpflichtet sein.
υπο|χρέωση [ipɔ'xrεɔsi] (-εις) Verpflichtung *f* (***προς*** *A*, ***σε***/ *D* gegenüber); *bsd. Hdl.* Verbindlichkeit *f*; **~χρεωτικός** obligatorisch, Pflicht-; entgegenkommend; ***~χρεωτική στροφή δεξιά*** vorgeschriebene Fahrtrichtung rechts; **~χρεωτικότητα** Verpflichtung *f*; Zuvorkommenheit *f.*
υπόχρυσος [i'pɔxris-] golden.
υπο|χώρηση [-'xɔr-] (-εις) Rückzug *m*; Zurückweichen *n*; Nachgeben *n* (*a. fig.*); *fig.* Zugeständnis *n*; **~χωρητικός** Rückzugs-; nachgiebig; **~χωρώ** [-xɔ'rɔ] (είς, άς· ησ) sich (*A*) zurückziehen, zurückweichen; *Boden*: nachgeben (*a. fig.*) (***σε***/ *D*); *Fieber*: nachlassen.
υπόψη [i'pɔpsi]: ***έχω, λαβαίνω ~*** berücksichtigen (*s.* ***όψη***).
υποψήφιος [ipɔ'psif-] (-ια) kandidierend; künftig, ... in spe; *Su. m* Kandidat *m*, Anwärter *m* (auf *A*); Bewerber *m* (um den Posten eines ...).
υποψηφιότητα [-psi'fjɔt-] Kandidatur *f*, Anwartschaft *f*; ***εκθέτω*** *od.* ***υποβάλλω ~*** kandidieren, sich (*A*) als Kandidat aufstellen lassen.
υπο|ψία [ipɔ'psia] Verdacht *m*; *pl.* Verdachtsgründe *m/pl.*; Argwohn *m*; **~ψιάζομαι** [-'psjazɔmε] (στ) *j-n* verdächtigen; argwöhnen (***ότι***/ dass).
υπόψυχρος [i'pɔpsixr-] kühl.
ύπτια ['iptĭa] auf dem Rücken.
ύπτιος ['ipt-] (-ια) auf dem Rücken liegend (*od.* auf den Rücken gefallen).
υπώρεια [i'pɔr-] Fuß *m* e-s Berges.
ύστατος letzt-.
ύστερα ['istεra] *Adv.* dann, später; außerdem; *Präp.* ***~ από*** nach *D.*
υστέρα Gebärmutter *f.*
υστέρημα *n* Fehlbetrag *m.*
υστερ|ία Hysterie *f*; **~ικός** (*a.* -ιά) hysterisch.
υστερ(ι)ν|ός [istεr(i)n-] (nach)folgend; letzt-; ***καλά ~ά*** einen glücklichen Lebensabend!
υστερισμός Hysterie *f*; ***μαζικός ~*** Massenhysterie *f.*
ύστερο ['istεrɔ] Mutterkuchen *m.*
υστερ|οβουλία [istεrɔvul-] Hintergedanke *m*; **~όβουλος** hinterhältig.
υστερ|όγραφο [-'ɔγrafɔ] Postskriptum *n*; Nachtrag *m*; **~ολογισμός** *s.* ***υστεροβουλία.***
υστερόπονοι *m/pl.* Nachwehen *pl.*
ύστερος folgend, Nach-; letzt-.
υστερότοκος Nachkömmling *m.*
υστεροφημία Nachruhm *m.*
υστερ|οχρονολογώ [istεrɔxrɔnɔlɔ'γɔ] (είς· ησ) nachdatieren; **~όχρονος** später; **~ώ** (είς· ησ) zurückbleiben; unterlegen sein (***από***/ j-m - ***σε***/ an *D*); es fehlt mir (***σε***/ an *D*); zurück(geblieben) sein (***σε***/ in *D*); *s.* ***στερώ.***
υφ|άδι [i'faδi] Einschlag *m*, Schuss *m*; **~αίνω** (αν· ανθ· ασμ) weben; *fig.* anzetteln; **~αίρεση** [-'εrεsi] (-εις) Entwendung *f*; Zinsabzug *m*; *Gr.* Vokalausfall *m*; **~αιρώ** [-ε'rɔ] (είς· εσ) *j-m etw.* entwenden; abziehen.
ύφαλα *n/pl. mar.* Unterwasserteil *m.*
υφαλοκρηπίδα Festlandsockel *m.*
ύφαλος *f* Riff *n*, Klippe *f.*
ύφανση ['ifan̆si] (-εις) Weben *n*, Weberei *f*; Webart *f*; *fig.* Anzettelung *f.*
υφαντ|ήριο [ifa'n̆dir-] Weberei *f*; **~ής** (***-άντρα***) Weber(in *f*) *m*; **~ική** Weberei

f; **~ικός** Web- (*Stuhl*); Weber-; **~ός** gewebt.
υφαντουργ|είο [ifañdurj-] Textilfabrik *f*; **~ία, ~ική** Textilindustrie *f*; **~ικός** Textil-; **~ός** Textilfabrikant *m*; Textilarbeiter *m*.
υφαρπ|αγή [ifarpa'ji] Umgehung *f*; Erschleichung *f*; Abschneiden *n des Wortes*; **~άζω** (σ) (sich *D*) *etw*. erschleichen, F abluchsen (***του το***/ j-m etw.); heimlich entwenden; *j-m das Wort* abschneiden.
ύφασμα ['ifazma] *n* Stoff *m*, Gewebe *n*; *pl*. Textilien *pl*.
υφασματέμπορος [-'tɛm̃bɔrɔs] Textilhändler *m*.
υφασμένος *s*. ***υφαίνω.***
υφέν [i'fɛn] *f Gr*. Synizesehäkchen *n*, *z. B*. ***γ̯α*** = [ja].
ύφεση ['ifɛsi] (-εις) Herunterholen *n*, Einziehen *n*; Nachlassen *n*, Sinken *n des Fiebers*; *pol*. Entspannung *f*; *Mus*. Erniedrigungszeichen *n*; ***βαρομετρική*** **~** Tiefdruck *m*, Wettersturz *m*.
υφή Gewebe *n*; Struktur *f*, Bau *m*; Aufbau *m der Rede*; *fig*. Prägung *f*.
υφηγ|εσία [ifijɛs-] Dozentur *f*; ***διατριβή για ~εσία*** Habilitation *f*; **~ητής** (-***ήτρια***) (Privat-)Dozent(in *f*) *m*; ***γίνομαι ~ητής*** sich (*A*) habilitieren; **~ητικός** Dozenten-.
υφήλιος [i'fil-] *f* Weltkreis *m*.
υφ|ίσταμαι [i'fistamɛ] (να υποστώ· υπέστ-) *v/t*. *etw*. aushalten, ertragen (müssen); *Unfall* erleiden; *Folgen* tragen; *Prüfung* machen, sich (*A*) *e-r Prüfung* (*D*) unterziehen; *Phys. Brechung usw*. erfahren; *v/i*. bestehen, existieren; **~ιστάμενος** untergeben, untergeordnet; bestehend.
ύφος *n* Stil *m*, Ausdrucksweise *f*; Miene *f*, Gesichtsausdruck *m*; Haltung *f*.
υφυπουργός Staatssekretär *m*.
υψηλ|ός [ipsil-] hoch; groß; *fig*. erhaben; Hoch- (*Frequenz*); *Su*. *n* Höhe *f*; ***αφ' ~ού*** von oben herab; **Ὑότατε!, Ὑοτάτη!** Hoheit! *f*; **~ότατος** höchst-, Hoheit *f*; **~ότητα** Höhe *f*; Erhabenheit *f*; ***η Αυτού Ὑότης*** Seine Hoheit *f*; **~όφρονας** hochgesinnt; dünkelhaft.
υψηλοφρο|νώ [ipsilɔfrɔ'nɔ] (είς· ησ) hochgesinnt sein; dünkelhaft sein; **~σύνη** [-'sini] Stolz *m*; Dünkel *m*.
υψικάμινος [ipsi-] *f* Hochofen *m*.
ύψιλο Ypsilon *n*.
υψ|ίπεδο [i'psipɛðɔ] Hochebene *f*; **~ιπέτης** [-'pɛt-] *m* (*f* -τις, -ιδος) hochfliegend (*a. fig*.); **~ιπετής** vom Himmel gekommen, Himmels-.
ύψιστος (υψίστη) *allg*. höchst-; riesig; *Su. m* (*Gott*) der Höchste.
υψ|ίφωνος [i'psifɔn-] ... mit hoher Stimme; *Su. m* Tenor *m*; *Knaben*: Sopran *m*; *Su. f* Sopran *m*; **~οδείχτης** [-ɔ'ðixt-] Höhenmesser *m*; **~ομέτρηση** [-ɔ'mɛtr-] (-εις) Höhenmessung *f*; **~όμετρο** *Geogr*. Kote *f*; Höhenangabe *f*; Höhenmesser *m*.
ύψος ['ips-] *n allg*., *Geogr*., *Math*. Höhe *f*; *fig. a*. Erhabenheit *f*; Stand *m*; **~ *τόκου*** Zinssatz *m*.
ύψωμα *n* Anhöhe *f*, Höhe *f*; *Rel*. Hostie *f*; *s*. ***υψωμός.***
υψωμός [ipsɔm-] Erhöhung *f*.
υψών|ω (σ· θ) *v/t*. *Hände* (er)heben; *Drachen* steigen lassen; *Flagge* hissen; *Mauer* höher machen; *Stimme* erheben; *Preis* erhöhen, anheben; *j-n* erhöhen; *Math*. potenzieren; ***~ομαι*** sich (*A*) erheben, steigen (*a. fig*.).
ύψωση ['ipsɔsi] (-εις) Heben *n*; Hissen *n*; F Hochziehen *n* (*e-s Hauses*); Aufstieg *m*; Ansteigen *n*; Preiserhöhung *f*; *fig*. Erhöhung *f*; ***η Ὑ του Τιμίου Σταυρού*** die Kreuzeserhöhung (*14. Sept*.).
υψωτικός steigend.

Φ

Φ, φ [fi] Phi *n*; φ´ = 500; ͵φ = 500.000.
φα (0) *n Mus*. f *n*.
φάβα ['fava] Platterbse *f* (*Lathyrus*); Erbsbrei *m*; F *fig*. Kitsch *m*.
φαβορ|ί [-vɔ'ri] (0) *n* Günstling *m*; *Sport*: Favorit *m*; **~ίτες** *f/pl*. Backen-

φαβοριτισμός 506

bart *m*; **~ιτισμός** Günstlingswirtschaft *f*.
φαγάδικος [faɣ-] gefräßig.
φαγ|άνα [fa'ɣana] Bagger *m*; *fig*. Fass *n* ohne Boden; F *s*. ***φαγάς***; Geier *m*, Raffke *m*; **~ανός** F verfressen; **~άς** (-ού, -ούδικο) gefräßig; *Su*. *m* Vielfraß *m*; *fig*. Fass *n* ohne Boden.
φά(γ)ε! ['fa(j)ɛ] iss!; *Imp*. *v*. ***τρώγω***.
φαγεντιανό [-jɛňdja'nɔ] Fayence *f*.
φαγητό [faji'tɔ] Essen *n*; ***μεσημβρινό ~*** Mittagessen *n*; ***βραδυνό ~*** Abendessen *n*.
φαγί [fa'ji] Essen *n*.
φαγκρί [fa'ŋgri] Zahnbrassen *m*.
φαγκότο [fa'gɔtɔ] Fagott *n*.
φαγο|πότι [faɣɔ'pɔti] F Speis u. Trank (0); Schmaus *m*; F Ringelpiez *m*; **~ποτώ** [-pɔ'tɔ] (εἰς· ησ) schmausen.
φαγόπυρο [-'ɣɔpirɔ] Buchweizen *m*.
φαγούρα [fa'ɣura] Jucken *n*.
φάγουσα [-ɣusa] Geschwür *n*.
φαγωθ- *St*. *II Pass*. *v*. ***τρώγω***.
φάγωμα *n* Essen *n*; Fressen *n*; Zerfressen *n*; Abscheuern *n*; *pl*. Zank *m*.
φαγωμ|άρα [faɣɔ'mara] Jucken *n*; Streiterei *f*; **~ένος** satt; zerfressen; verschlissen; **~ός** Zank *m*, Streit *m*.
φαγ|ώνομαι [-'ɣɔnɔmɛ] (θ) verschleißen; zerfressen werden; sich (*A*) streiten; **~ώσιμος** essbar; *fig*. appetitlich; *Su*. *n*/*pl*. Esswaren *f*/*pl*.
φάδι *s*. ***υφάδι***.
φαειν|ός [fain-] strahlend, glänzend (*a*. *fig*.); **~ότητα** Glanz *m*.
φαΐ *n s*. ***φαγί***; ***έχει πολύ ~*** (er) ist von Interesse.
φαιάνθρακας [fɛ'aňθrakas] Braunkohle *f*.
φάιβ-ο-κλοκ (0) *n* Fünfuhrtee *m*.
φαιδρ|ός [fɛðr-] froh, fröhlich; lustig (*Geschichte*); **~ότητα** Fröhlichkeit *f*; Lustigkeit *f*; **~ύνω** [-'inɔ] (II = I· υνθ) *v*/*t*. erheitern; *v*/*i*. fröhlich sein; vor Freude strahlen; **~ωπός** *s*. ***φαιδρός***.
φαινέλαιο [fɛ'nɛlɛɔ] Phenol *n*.
φαινικ|ός: ***~ό οξύ*** Karbolsäure *f*.
φαινόλη Phenol *n*.
φαίν|ομαι ['fɛnɔmɛ] (φάνηκα) sichtbar sein; erscheinen; scheinen (*Gegensatz*: *sein*); *leicht usw*. zu sein scheinen; ***μου ~εται*** mir scheint (***ότι***/ dass); es ist deutlich (***από***/ an *D*); ***πώς σας ~εται;*** was sagen Sie dazu?

φαινομεν|ικός [fɛnɔmɛn-] scheinbar, Schein- (*Tod*); *fig*. phänomenal; **~ικότητα** Schein *m*, Anschein *m*.
φαινόμεν|ο [fɛ'nɔmɛnɔ] Erscheinung *f*, Phänomen *n*; *fig*. Wunder *n*, Genie *n*, Ausbund *m von Respektlosigkeit*; ***κατά τα ~α*** dem Anschein nach.
φαινομενο|κρατία Phänomenalismus *m*; **~λογία** Phänomenologie *f*.
φαιο- dunkel.
φαιός (-ά) grau; dunkel.
φάκα Mausefalle *f*, Falle *f* (*a*. *fig*.).
φάκελος ['faķɛl-] Umschlag *m*, Kuvert *n*; Akte *f*, Ordner *m*; (*Post*-) Sendung *f*.
φακελώνω (σ· θ) in e-n Umschlag stecken, verschließen; verpacken; *fig*. *j*-*n* in den Akten führen.
φακή [-'ķi] Linse *f*; ***αντί πινακίου ~ς*** für ein Linsengericht.
φακ|ίδα [faķ-] Sommersprosse *f*; **~ιδιάρης** (-α, -ικο) sommersprossig.
φακιόλι [fa'ķɔli] Kopftuch *n*.
φακ|ίρης (-ηδες) Fakir *m*; **~ιρικό** Kunststück *n*.
φακ|ός [fak-] *Phys*. Linse *f*; *Foto*: Objektiv *n*; Taschenlampe *f*; ***προαντικειμενικός ~ός*** Vorsatzlinse *f*; ***~οί επαφής*** Kontaktlinsen *f*/*pl*.
φάλαγγα ['falaŋga] Waagebalken *m*; Fingerknochen *m*, Zehenknochen *m*; **~** (***σε τετράδες***) Kolonne *f* (in Viererreihen).
φαλάγγι [-'laŋģi] Rolle *f*, Walze *f*; *Art* giftige Spinne *f*; ***παίρνω ~*** *v*/*t*. *j*-*n* niederwalzen.
φάλαινα ['falɛna] Wal(fisch) *m*; *fig*. *Frau*: Dampfwalze *f*.
φαλαινο|θήρας [-'θiras] Walfänger *m*; **~θηρικό** Walfänger *m* (*Boot*).
φαλάκρα [fa'lakra] Glatze *f*.
φαλακρ|αίνω (αν) kahl werden; **~ός** kahl(köpfig); kahl (*a*. *Berg*); **~ότητα** Kahlköpfigkeit *f*; Kahlheit *f*.
φαλ|άκρωμα [fa'lakr-] *n s*. ***φαλάκρωση***; **~ακρώνω** (σ) kahl werden; **~άκρωση** [-'akrɔsi] (-εις) Kahlwerden *n*, Haarausfall *m*.
φάλαρο ['falarɔ] *mst*. *pl*. Ziergehänge *n* (*am Pferd*).
φαλ|ιμέντο [-'mɛňdɔ] Konkurs *m*; **~ιρίζω** (σ), **~ίρω** Konkurs machen.
φαλκιδεύω *v*/*t*. *Inhalt* verfälschen.
φαλκόνι Falke *m*.
φαλλός Phallus *m*, Penis *m*.

Φ

φαλτσ|άρισμα [faltsar-] *n Mus.* Falschspielen *n*, Disharmonie *f*; *Fußball*: Effet *m*; **~αριστός** Effet- (*Schuss*); **~άρω** (αρισ) falsch spielen; *Fußball*: e-n Effetball schießen; *allg.* e-n Fauxpas begehen.

φαλτσέτα [fal'tseta] Schustermesser *n*.

φάλτσ|ο Misston *m*; Fehler *m*; *allg.* Fauxpas *m*; **~ος** *Mus.* falsch; disharmonisch; schief, schräg; F völlig daneben.

φαμελ|ιά [famɛl-] Familie *f*; *Argot*: Sex *m*; **~ίτης** Familienvater *m*.

φάμπρικα ['fabrika] Fabrik *f*; *fig.* Schliche *m/pl.*, Tricks *m/pl.*

φαμπρικ|άντης [-'kańd-] Fabrikant *m*; **~άρω** (ρισ) fabrizieren; *fig.* aushecken, fabrizieren.

φαν- *s.* ***φαίνομαι.***

φανάρι [fa'nari] Scheinwerfer *m*; Laterne *f*; Ampel *f*; Fliegenschrank *m*; **~ *πεζών*** Fußgängerampel *f*.

φανατ|ίζω (σ· στ) fanatisieren; ***~ίζομαι*** sich (*A*) begeistern (***με***/ für *A*); **~ικός** fanatisch; *Su. m* Fanatiker *m*; **~ισμός** Fanatismus *m*.

φαν|έλα [fa'nɛla] Flanell *m*; Unterhemd *n*; **~ελένιος** (-ια) Flanell-.

φανερ|ός [fanɛr-] klar, offensichtlich; ***φως ~ό*** sonnenklar.

φαν|έρωμα [fan-] *n s.* ***φανέρωση***; **~ερώνω** (σ· θ) *v/t.* offenbaren (***του το***/ j-m etw. *A*); *etw.* äußern; *etw.* bezeichnen, angeben; ***~ερώνομαι*** erscheinen, auftauchen; **~έρωση** [-'ɛrɔsi] (-εις) Offenbarung *f*, Enthüllung *f*; **~ερωτής** Enthüller *m*.

φανηκ- *s.* ***φαίνομαι.***

φανός Laterne *f*; Leuchtturm *m*; Scheinwerfer *m*; Taschenlampe *f*.

φανο|στάτης [fanɔ'stat-], **~φόρος** [-'fɔr-] Laternenpfahl *m*.

φαντ|άζομαι [fa'ńdazɔmɛ] (στ) sich (*D*) einbilden, *etw.* zu sein; sich (*D*) *etw.* denken, sich (*D*) (*etw.*) vorstellen; glauben; ***~άσου!*** stell dir mal vor!; **~άζω** (ξ) wirken, Eindruck machen, gut aussehen.

φαντ|αρία [fańdar-] Infanterie *f*; F (Trupp) Soldaten *m/pl.*; **~άρος** Infanterist *m*; *allg.* Soldat *m*.

φαντασία [fańdas-] Phantasie *f*, Einbildung *f*; Illusion *f*; *Mus.* Fantasie *f*; ***κατά ~*** in der Einbildung.

φαντασιο|κόπημα [fańdasiɔ'kɔp-] *n*, **~κοπία** Illusion *f*, Wahn(bild *n*) *m*; Täuschung *f*; **~κόπος** (-α) wirklichkeitsfremd; träumend; *Su. m* Phantast *m*; Träumer *m*; **~κοπώ** [-kɔ'pɔ] (είς· ησ) phantasieren, träumen.

φαντασι|οπληξία [-iɔpliks-] *s.* ***φαντασιοκοπία***; Schrulle *f*, Grille *f*; **~όπληχτος** *s.* ***φαντασιοκόπος***; launisch; schrullig; **~ώδης** eingebildet, imaginär; phantasievoll.

φαντασίωση [fańda'siɔ-] (-εις) Phantasie(gebilde *n*) *f*, Wahn *m*.

φάντασμα *n* Gespenst *n*; Geist *m*.

φαντασμ|αγορία [-ɣɔr-] *Thea.* Phantasmagorie *f*, Traumspiel *n*; Traum *m*; Blendwerk *n*; **~ένος** eingebildet; **~ός** Einbildung *f*, F Angeberei *f*.

φαντ|αστικός [fańd-] eingebildet, imaginär (*a. Math.*); gedacht, fiktiv; *Bild*: virtuell; phantastisch; **~αστός** vorstellbar, denkbar; **~αχτερός, ~αχτός** auffällig, lebhaft.

φαντεζί [fańdɛ'zi] (0) = ***φανταχτερός.***

φάντης ['fańd-] *Karte*: Bube *m*.

φανφ|άρα [fa'ŋfara] Fanfare *f*; Blasorchester *n*; **~αρόνος** Großmaul *n*.

φάπα Ohrfeige *f*.

φάρα Stamm *m*, Geschlecht *n*; *fig.* Schlag *m*.

φαρ|άγγι [fa'raŋɟi] Schlucht *f*; **~αγγώδης** [-a'ŋgɔð-] schluchtenreich.

φαράσι Müllschaufel *f*.

φαρδ|αίνω [farð-] (υν) verbreitern; erweitern; *Kleid a.* auslassen; *v/i.* breiter, weiter werden; sich weiten.

φάρδεμα *n* Verbreiterung *f*.

φαρδιά: ***~πλατιά*** lang und breit.

φάρδος *n* Breite *f*, Weite *f*; *fig.* F Schwein (*haben*).

φαρδ|ύνω *s.* ***φαρδαίνω***; **~ύς** [-'is] (-ιά, -ύ) breit, weit, *s. a.* ***φαρδιά.***

φαρέτρα Köcher *m*.

φαρί Reitpferd *n*.

φαρίνα feine(s) Weizenmehl *n*.

φαρισ|αίος [faris-] Pharisäer *m*; **~αϊσμός** *fig.* Pharisäertum *n*.

φαρμακ|εία [farmak-] Giftmord *m*; Zaubertränke *m/pl.*; **~είο** Apotheke *f* (*a. fig.*); ***φορητό ~είο*** Verbandskasten *m*; **~εμπορείο** [-ɛmbɔr-] Arzneihandel *m*; **~ερός** giftig (*a. fig.*); Gift-; verdammt; schneidend (*Kälte*).

Φ

φαρμάκευμα [-ķɛvma] *n* Vergiften *n*.
φαρμακευτ|ής [farmaķɛft-] Giftmischer *m*, Giftmörder *m*; **~ική** Arzneikunde *f*, Pharmazeutik *f*; **~ικός** Arznei- (*Mittel*); pharmazeutisch.
φαρμακ|εύτρια Giftmischerin *f*; **~εύω** [-'ɛvɔ] (ευσ) *v/t*. vergiften.
φαρ|μάκι [far'maĭķi] Gift *n*; schneidende Kälte *f*; *fig*. Bitternis *f*; *als Adj*. gallebitter; **~μακίλα** gallebittere(r) Geschmack.
φάρμακο ['farmakɔ] Arznei *f*, Medikament *n*, Medizin *f*.
φαρμακο|βιομηχανία pharmazeutische Industrie *f*; **~λογία** [-makɔlɔj-] Pharmakologie *f*; **~λόγος** [-'lɔɣ-] Pharmakologe *m*; **~ποιία** [-pi'ia] Arzneibereitung *f*; Arzneibuch *n*; **~ποιός** [-'pjɔs] (*a. f*) Pharmazeut(in *f*) *m*; Apotheker(in *f*) *m*; **~πωλείο** [-pɔl-] Drogerie *f*; **~πώλης** Drogist *m*; Apotheker *m*.
φαρμ|άκωμα *n* Vergiftung *f*; **~ακώνω** (σ· θ) vergiften; *Kaffee*: gallebitter schmecken; *fig*. verbittern.
φάρος ['far-] Leuchtturm *m*; Scheinwerfer *m*; Graupe *f*.
φάρσα Farce *f*; Streich *m*.
φαρσέρ [far'sɛr] (0) *m* Schäker *m*.
φαρσί perfekt (*sprechen*).
φάρυγγας ['fariŋ̃gas] Rachen *m*.
φαρυγγ|ικός [-riŋ̃g-] Rachen-, guttural; **~ίτιδα** Rachenentzündung *f*.
φαρφαράς (-άδες) Angeber *m*.
φαρφουρί [-fu'ri] Porzellan *n*.
φάσα ['fasa] Besatz *m*, Verbrämung *f*.
φασαρία [fasar-] Trubel *m*, *pl*. Unruhen *f/pl*.; *pl*. Umstände *m/pl*.
φάση ['fasi] (-εις) *allg*. Phase *f* (*a. El*.).
φασιανός Fasan *m*.
φασικός Phasen-.
φασίνα *mar*. Pechstreifen *m*; Wischen *n*, Reinemachen *n*; Wischtuch *n*.
φασισ|μός [fas-] Faschismus *m*; **~τής** (*-ίστρια*) Faschist(in *f*) *m*; **~τικός** faschistisch; **~τόμουτρο** Faschist *m*.
φάσκελο *s*. ***μούντζα***.
φασκελώνω [fasķɛl-] (σ) *s*. ***μουντζώνω***.
φασκιά Windel *f*.
φάσκιωμα ['fasķ-] *n* Wickeln *n*.
φασκιώνω (σ) *ein Kind* wickeln; *Med*. verbinden.
φασκομηλιά Salbei(tee) *m*.
φάσκω ['faskɔ]: ~ ***και αντιφάσκω*** sich widersprechen.
φάσμα ['fazma] *n* Erscheinung *f*, Geist *m*; *bsd. fig*. Gespenst *n des Krieges*; *Phys*. Spektrum *n*.
φασματ|ικός Spektral-; **~οσκόπιο** [-ɔ'skɔp-] Spektroskop *n*; **~ώδης** *s*. ***φασματικός***.
φασολ|άδα Bohnensuppe *f*; **~άλακια** *n/pl*. Brechbohnen *f/pl*.
φασ|όλι [fa'sɔli], **~ολιά** Bohne *f*.
φασουλής [-su'lis] Kasper *m*.
φασούλι *s*. ***φασόλι***.
φάσσα ['fasa] Wildtaube *f*.
φαταλισ|μός [fatali'zmɔs] Fatalismus *m*; **~τής** Fatalist *m*.
φαταούλας *m* gefräßig.
φάτνη Krippe *f*.
φατν|ιακός [fatnĭak-] alveolar; **~ίο** *Anat*. Alveole *f*, Zahnfach *n*.
φάτνωμα ['fatn-] *n* Deckenfeld *n*, Kassette *f*.
φατούρα [-'tura] Faktur *f*.
φατρ|ία [fatr-] Clique *f*; *pol*. Fraktion *f*; **~ιάζω** (-ίασα) e-e Gruppe unterstützen; **~ιακός** Fraktions-; **~ιασμός** Cliquen-; Cliquenwirtschaft *f*; **~ιαστής** Anhänger *m* e-r Clique.
φάτσα ['fatsa] Fassade *f*; Gesicht *n*; *Adv*. zum Vorschein.
φαυλο|κράτης [favlɔ'kra-] korrupte(r) Politiker; F Filzokrat *m*; **~κρατία** F Filzokratie *f*.
φαύλος ['favl-] korrupt; verludert; *Su*. *m* Schuft *m*; ~ ***κύκλος*** Teufelskreis *m*; ~ ***σε*** direkt gegenüber (*D*).
φαυλότητα [fa'vlɔt-] Verluderung *f*.
φαφλατ|άς [fafla'tas] (-άδες· *f* -ού) geschwätzig; *Su*. Schwätzer *m*; **~ίζω** (σ) faseln.
φαφούτης [fa'fut-] (-α *od*. -ισσα) zahnlos.
φάω *St. II v*. ***τρώγω***.
φεβρου|αριανός [fɛvruarĭa'nɔs] Februar-; **Ωάριος** Februar *m*.
φεγγ|αράδα [fɛŋ̃gar-] Vollmond *m*; **~άρι** Mond(schein) *m*; Mondmonat *m*; *pl*. Launen *f/pl*.; **~αριάτικος** Mond-; launisch; **~αρόλουστος** [-a'rɔlust-] Mond-, mondbeschienen; **~αροπρόσωπος** *fig*. Mondgesicht *n*; **~αρόφωτο** Mondlicht *n*; **~ίζω** (σ) schimmern; **~ίτης** Luke *f*, Dachfenster *n*; Fensterklappe *f*; **~οβολή, ~ο-**

Φ

βόλημα *n*, **~οβολιά** Strahlen *n*, Leuchten *n*; **~οβόλος** [-ɔ'vɔl-] strahlend, leuchtend; **~οβολώ** [-vɔ'lɔ] (είς· ησ) strahlen, leuchten.

φέγγος ['fɛŋ̆g-] *n* Glanz *m*; Schein *m*; Augenlicht *n*.

φεγγρίζω [fɛŋ̆gr-] (σ) durchscheinend sein; *s. a.* ***φέγγω.***

φέγγω ['fɛŋ̆gɔ] (έφεξα) *v/i.* leuchten (***του***/ *j-m*); scheinen; *unp.* hell werden, tagen; abmagern.

φεϊγβολάν [fɛivɔ'lañ] (0) *n* Flugblatt *n*.

φείδομαι ['fiðɔmɛ] (φείστηκα) (*G*) *etw.* sparen; *j-n* schonen; *Zeit* gut nutzen; *keine Mühe* scheuen.

φειδ|ώ [fi'ðɔ] (-ούς) *f* Sparsamkeit *f*; Schonung *f*; Nutzung *f*; **~ωλεύομαι** [-ɔ'lɛvɔmɛ] (ευτ) kargen, knausern (mit *D*); **~ωλία** Sparsamkeit *f*; Knauserei *f*; **~ωλός** sparsam; knauserig.

φελάχος [fɛ'laxɔs] Fellache *m*.

φελί [fɛ'li] Scheibe *f*; Stück *n*.

φελιάζω (φέλιασα) *Kleid* säumen, besetzen mit *D*; *Bot.* pfropfen.

φέλιασμα *n* Besatz *m*; Pfropfen *n*.

φελλ|ός [fɛl-] Korken *m*, Pfropfen *m*; Schwimmgürtel *m*; *fig.* Leichtfuß *m*; **~ωτός** Kork(en)-.

φελούκα [-'luka] Feluke *f*.

φέλπα ['fɛlpa] Velvet *m*; Plüsch *m*.

φεμιν|ισμός [fɛmin-] Frauenbewegung *f*, Feminismus *m*; **~ίστρια** Feministin *f*.

φενάκη [fɛ'naiķi] Perücke *f*; *fig.* Schwindel *m*.

φενακ|ίζω [fɛnaķ-] (σ) täuschen; **~ισμός** Täuschung *f*.

φέξη ['fɛksi] Schein *m*; Morgendämmerung *f*; ***στη χάση και στη ~*** alle Jubeljahre mal.

φέξιμο (-ατος) Leuchten *n*; Schein *m*.

φεουδαλ|ικός [fɛuðal-] feudal; **~ισμός** Feudalherrschaft *f*; Lehnswesen *n*.

φεουδ|άρχης [fɛu'ðarç-] Lehnsherr *m*; **~αρχία** Feudalismus *m*, Lehnswesen *n*; **~αρχικός** feudal, Lehns-.

φέουδο ['fɛuðɔ] Lehen *n*.

φερ- *s.* ***φέρνω.***

φέρε ['fɛrɛ] *St. II Imp. v.* ***φέρνω***; ***~ να δούμε!*** wollen wir sehen!

φερ|έγγυος [-'rɛŋ̆g̱ɔs] (-α) zahlungsfähig, solvent; **~εγγυότητα** [-ɛ'ŋ̆g̱ɔt-] Zahlungsfähigkeit *f*.

φέρελπις ['fɛrɛlpis] (-έλπιδος· *n* -ι) hoffnungsvoll, aussichtsreich.

φερέοικος [fɛ'rɛi-] Nomaden-; Haus- (*Schnecke*).

φερετζές (-έδες) *m* Schleier *m*.

φέρετρο ['fɛrɛtrɔ] Sarg *m*; Bahre *f*.

φερέφωνο *fig.* Sprachrohr *n*.

φέριμποτ ['fɛrim̆bɔt] (0) *n* Fähre *f*.

φερμάρω [fɛrm-] (φέρμαρα *od.* αρισ) anstarren; halten; *j-m* auflauern.

φερμένος gebracht; *s.* ***φέρω.***

φερμουάρ [-mu'ar] (0) *n* Reißverschluss *m*.

φέρν|ω ['fɛrnɔ] (φερ· φερθ) *Last*, *Kleider*; *Namen* tragen; bringen (***του το***/ j-m etw.); einführen (***σε***/ in *A*); *Weg*: führen; *Ergebnis*, *Gewinn* bringen; *Durst*, *Abscheu* verursachen; zu *e-r Katastrophe* führen; *Schwierigkeiten* machen; *Arzt* kommen lassen, rufen; *ein Beispiel* geben; ***~ομαι*** *Schiff*: treiben; ***φέρομαι*** sich (*A*) benehmen (***σε***/ gegen *A*); gelten (***ως***/ als), erwähnt *od.* genannt werden.

φέρσιμο (-ατος) Benehmen *n*, Haltung *f*; (*Möbel-*) Transport *m*.

φέρτε: *είμαι ~* drauf u. dran sein; am Ende sein.

φερτός ortsfremd.

φέρω *K. s.* ***φέρνω.***

φερώνυμος [fɛ'rɔnim-] den Namen ... tragend; gleichnamig.

φέσι Fes *m*; F beschwipst; ***βάζω ~ σε*** *j-n* prellen.

φέστα Fest *n*.

φεστιβάλ [fɛsti'val] (0) *n* Festspiel *n*, F Festival *n*.

φεστόνι Feston *n* (*Ornament*).

φεσώνω [fɛ'sɔnɔ] (σ) *v/t. j-n* mit e-m Fes bekleiden; *j-n* prellen; *j-n* berauschen; betrunken machen.

φέτα ['fɛta] Schnitte *f*, Scheibe *f*; Schafskäse *m*.

φετινός diesjährig.

φετ|ίχ [fɛ'tix] (0) *n* Fetisch *m*; **~ιχισμός** [-iç-] Fetischismus *m*; **~ιχιστής** Fetischist *m*.

φέτος in diesem Jahr.

φευ! [fɛv] (ο) weh!

φευγ|άλα [fɛ'vɣala] Weglaufen *n*, Flucht *f*; **~αλέος** (-α) flüchtig; fliehend; **~ατίζω** (σ) *v/t. j-m* bei der Flucht helfen; **~άτος** geflohen, flüch-

φευγιό 510

tig; weg, abgefahren; *Su. m* Flüchtling *m*; **~ιό** [fɛ'vjɔ] *s.* ***φευγάλα.***
φεύγω ['fɛvɣɔ] (έφυγα) *v/i.* (weg)gehen; abfahren; abreisen; *Schiff, Zug*: (ab)gehen, (ab)fahren; gehen, fahren, reisen (***για***/ nach *D*, aufs *Dorf*); fliehen (***μπροστά*** [***από***]/ vor *D*), entkommen; *v/t. e-r S.* (*D*) aus dem Wege gehen; ***~ για το ταξίδι*** auf die Reise gehen; ***όπου φύγει, φύγει!*** rette sich, wer kann!
φηγός [fiɣ-] *f* Buche *f.*
φήμη ['fimi] Gerücht *n*; (*schlechter, guter*) Ruf *m*; *bsd. jur.* Leumund *m.*
φημ|ίζω (σ) *v/t.* berühmt machen; ***~ίζομαι*** berühmt sein (*od.* werden); **~ισμένος** berühmt (***για***/ wegen *G*).
φθάνω *s.* ***φτάνω.***
φθαρτ|ικός [fθart-] zerstörend, verderblich, schädlich; **~ός** verderblich; *fig.* vergänglich.
φθάσιμο ['ftas-] (-ατος) Ankunft *f.*
φθείρ|ω ['fθirɔ] (έφθειρα· φθαρ) abtragen, verschleißen; *Gesundheit* zerrütten; *Sitten* verderben; *v/p.* (***~ομαι***) zerfallen, sich (*A*) auflösen.
φθηνός [ftin-] billig.
φθιν|οπωρινός [ftinɔpɔr-] herbstlich, Herbst-; **~όπωρο** Herbst *m.*
φθίνω ['ftinɔ] (έφθινα) *Zeit*: dahinschwinden; *Mond*: abnehmen; *Gesundheit*: sich verschlechtern; *Hdl.* daniederliegen.
φθίση ['ftisi] (-εις) Schwindsucht *f*, Tuberkulose *f*; Dahinschwinden *n.*
φθισ|ιατρείο Sanatorium *n*; **~ικός** schwindsüchtig, tuberkulös; **~ιώ** [-'sjɔ] (άς· ησ) schwindsüchtig sein.
φθογγικ|ός Laut-; ***~ή μεταβολή*** Lautverschiebung *f.*
φθογγολογ|ία [fθɔŋgɔlɔj-] Lautlehre *f*; **~ικός** phonetisch.
φθόγγος Laut *m*; *Mus.* Ton *m.*
φθογγόσημο [-'ŋgɔsimɔ] *Mus.* Note *f*; Lautzeichen *n.*
φθονερός [ftɔnɛr-] neidisch.
φθόνος Neid *m*, Missgunst *f.*
φθονώ [fθɔ-, ftɔ'nɔ] (είς· ησ) *v/t.* beneiden; *v/i.* neidisch sein (auf *A*).
φθορ|ά [fθɔ'ra] Schaden *m*; Verschleiß *m*; *fig.* ***έχω ~ά*** verschlissen sein (*am Ärmel*); ***παθαίνω ~ά*** an Ansehen verlieren; **~έας** (*pl.* -είς) Schädling *m.*
φθορ|ίζω [fθɔr-] (σ) fluoreszieren; **~ικός** Fluor-.
φθόριο Fluor *n.*
φθορισμός Fluoreszenz *f.*
φθοροποιός [fθɔrɔ'pjɔs] (-ά) verheerend, zerstörerisch.
φι [fi] (0) *n* Phi *n.*
φιάλη ['fjali] Flasche *f*; *hist.* Gefäß *n.*
φιαλίδιο Fläschchen *n.*
φιάσκο ['fjaskɔ] Fiasko *n.*
φίγγι ['fiŋgi] *s.* ***μύρτιλλο; κόκκινο ~*** Preißelbeere *f.*
φιγ|ούρα [fi'ɣura] Bild *n*; Figur *f* (*Kartenspiel, Mus., fig.*); Effekt *m*; ***κάνει ~ούρα*** etwas hermachen; **~ουράρω** (αρισ) Eindruck machen; **~ουρατζής** (-ήδες) Stutzer *m*; F Fatzke *m*; **~ουρίνι** Modejournal *n.*
φιδές [fi'ðɛs] (-έδες) *m* Fadennudel *f*; Engelshaar *n.*
φίδι Schlange *f.*
φιδ|ίσιος Schlangen-; *fig.* schlangenhaft (*Körper*); **~ωτός** Schlangen-; ***~ωτός δρόμος*** Serpentine *f.*
φίκος ['fik-] Gummibaum *m.*
φίλαθλος ['filaθl-] Sportfreund *m.*
φιλαλήθ|εια [-la'liθ-] Wahrheitsliebe *f*; **~ης** wahrheitsliebend.
φιλ|αλληλία [filalil-] Altruismus *m*; **~αναγνώστης** Leseratte *f.*
Φιλανδ|ία [filaňð-] Finnland *n*; **℘ικός** finnisch; finnländisch; **~ή** Finnin *f*; Finnländerin *f*; **~ός** Finne *m*, Finnländer *m.*
φιλανθρωπ|ία [filaňθrɔp-] Menschenfreundlichkeit *f*; Wohltätigkeit *f*; **~ικός** wohltätig.
φιλ|άνθρωπος [fil-] Menschenfreund *m*; Wohltäter *m*; **~απόδημος** [-a-'pɔðim-] reiselustig; **~αράκος** *iro.* Freundchen *n*, Spitzbube *m*; **~αργυρία** [-arji'ria] Habsucht *f*; **~άργυρος** habsüchtig; **~αρέσκεια** [-a'rɛsk-] Koketterie *f*; **~άρεσκος** kokett.
φιλαρμονικ|ή [filarmɔn-] Philharmonie *f*; **~ός** philharmonisch.
φιλαρχία [-larç-] Herrschsucht *f.*
φίλαρχος ['filarx-] herrschsüchtig.
φιλ|άσθενος [-'lastɛn-] kränklich; **~αυτία** [-aft-] Selbstsucht *f.*
φίλαυτος ['filaft-] selbstsüchtig, egoistisch; *Su. m* Egoist *m.*
φιλδισένιος (-ια) elfenbeinern, Elfenbein-.

Φ

φίλδισι ['filðisi] Elfenbein *n.*
φιλειρηνι|κός [filirin-] friedliebend; Friedens-; **~σμός** Friedensliebe *f.*
φιλ|εκδικία [filɛgði-] Rachsucht *f*; **~έκδικος** rachsüchtig; **~εκπαιδευτικός** [-ɛkpɛðɛft-] bildungsbeflissen; **~ελεήμονας** barmherzig; **~ελευθερία** Freiheitsliebe *f*; **~ελευθερισμός** Liberalismus *m*; **~ελευθεροποίηση** (-εις) Liberalisierung *f*; **~ελεύθερος** freiheitsliebend; liberal; **~έλληνας** Philhellene *m* (*mst. hist.*), Griechenfreund *m*; **~ελληνικός** griechenfreundlich; **~ελληνισμός** Philhellenismus *m.*
φίλεμα ['filɛma] *n* Bewirtung *f*; *fig.* kleine Aufmerksamkeit *f.*
φιλενάδα [filɛn-] Freundin *f.*
φιλεργατικός arbeiterfreundlich.
φιλεργία [-ɛr'jia] Arbeitsamkeit *f.*
φίλεργος ['filɛrγ-] arbeitsam.
φιλές [fi'lɛs] (-έδες) Haarnetz *n*; *Sport*: Netz *n.*
φιλέτο Filet *n.*
φιλ|εύσπλαγχνος [-'lɛfsplaŋ̃xn-] barmherzig; **~εύω** (εψ· εμ) *v/t. j-n* bewirten mit *D*; (***τον κάτι***) *j-m etw.* geben.
φίλη ['fili] Freundin *f.*
φιλ|ηδονία Wollust *f*; **~ήδονος** genusssüchtig; wollüstig; sinnlich.
φίλημα *n* Kuss *m.*
φιλ|ηνάδα [filin-] *s.* ***φιλενάδα***; **~ήσυχος** friedliebend; **~ί** Kuss *m*; **~ία** Freundschaft *f.*
φιλιγκράν (0) *n* Wasserzeichen *n.*
φιλικ|ός freundschaftlich, Freundschafts-; freundlich, gastlich; **~ή *Εταιρεία*** *hist.* Hetärie *f* der Philiker *od.* der Befreundeten (*Geheimbund v. 1814*); **~ότητα** Freundlichkeit *f.*
φιλιππικός Phi'lipper-; *Su. m* Strafrede *f.*
Φιλιππίνες *f/pl.* Philippinen *pl.*
Φίλιππος Philipp *m.*
φιλισταϊσμός Spießbürgertum *n.*
φιλιστρίνι [fili'strini] *mar.* Luke *f.*
φίλιωμα *n* Versöhnung *f.*
φιλ|ιώνω [-'ljɔnɔ] (φίλιωσα· θ) *v/t.* versöhnen; *v/i.* sich (*A*) vertragen; **~ίωση** [-'liɔsi] (-εις) Versöhnung *f*; **~ιωτής** [-lĭɔt-] Schlichter *m*, Vermittler *m*; **~ιωτικός** Versöhnungs-, Schlichtungs-; versöhnlich.
φιλμ (0) *n* Film *m*; *s.* ***ταινία.***
φιλντισένιος (-ια) Elfenbein-.
φίλντισι Elfenbein *n.*
φιλ|οβασιλικός [filɔvasil-] königstreu, royalistisch; *Su. m* Royalist *m*; **~όγαμος** [-'ɔγam-] heiratslustig; **~οδίκαιος** [-ɔ'ðiķɛ-] (-α) gerechtigkeitsliebend; **~όδικος** prozesssüchtig; **~οδοξία** [-ɔðɔks-] Ruhmsucht *f*; Ehrgeiz *m*; **~όδοξος** ehrgeizig; **~οδοξώ** [-ðɔ'ksɔ] (είς· ησ) *v/i.* ruhmsüchtig sein; *v/t.* den Ehrgeiz haben (***να***/ zu ...); **~οδώρημα** [-'ðɔr-] *n* Trinkgeld *n*; **~οδωρία** Freigebigkeit *f*; Gabe *f*; **~οδωρώ** [-ðɔ'rɔ] (είς· ησ) belohnen; beschenken.
φιλ|οζωία [filɔzɔ'ia] Lebensfreude *f*; **~όζωος** [-'ɔzɔɔs] lebensfroh; tierliebend; **~οθηρία** [-ɔθir-] Jagdleidenschaft *f*; **~όθρησκος** [-risk-] religiös.
φιλ|οκαλία [filɔkal-] Schönheitssinn *m*; **~όκαλος** mit Schönheitssinn begabt; **~οκαλώ** [-ka'lɔ] (είς· ησ) Schönheitssinn haben; **~οκατήγορος** [-ɔka'tiγɔr-] tadelsüchtig, krittelig; **~οκέρδεια** [-ɔ'ķɛrð-] Gewinnsucht *f*; **~οκερδής** gewinnsüchtig; **~οκίνδυνος** [-ɔ'ķiñðin-] waghalsig; **~ολαϊκός** volkstümlich.
φιλολογ|ία [filɔlɔj-] Philologie *f*; Literatur *f*; Faselei *f*; **~ικός** philologisch; literarisch, Literatur- (*Wissenschaft*).
φιλόλογος [-lɔγ-] Philologe *m*; Literat *m*; Literaturwissenschaftler *m.*
φιλ|ομάθεια [filɔ'maθ-] Wissbegierde *f*; **~ομαθής** wissbegierig; **~όμουσος** musisch; **~ονικία** [-ɔniķ-] Wortgefecht *n*; **~όνικος** [-'ɔnik-] streitsüchtig; **~ονικώ** [-ni'kɔ] (είς· ησ) (sich) streiten (***σε***/ über *A*).
φιλόνομος gesetzestreu.
φιλ|οξενία [filɔksɛn-] Gastfreundschaft *f*; **~όξενος** gastfreundlich; gastlich (*Haus*); **~οξενούμενος** [-'num-] Gast(freund) *m*; *Zool.* Parasit *m*; **~οξενώ** [-ksɛ'nɔ] (είς· ησ) *j-n* (gastfreundlich) aufnehmen.
φιλ|όπατρης [fi'lɔpatr-] Patriot *m*; **~οπατρία** Vaterlandsliebe *f*, Patriotismus *m*; **~οπερίεργος** [-pɛ'riɛrγ-] neugierig, klatschsüchtig; **~οπόλεμος** [-'pɔlɛm-] kriegslüstern; **~οπόνημα** *n* Produkt *n* e-r Arbeit; **~οπονία** Arbeitslust *f*; Strebsamkeit *f*; **~όπονος** arbeitsfreudig; strebsam; **~οπο-**

φιλοποσία 512

νώ [-pɔ'nɔ] (είς· ησ) *v/t.* sorgfältig bearbeiten; *v/i.* gern arbeiten; **~οποσία** Trunksucht *f*; **~οπότης** Trinker *m*.
φιλ|οπραγμοσύνη [filɔpraɣmɔ'sini] Vorwitzigkeit *f*; **~οπρόοδος** [-'prɔɔð-] fortschrittlich; *Su. m* Fortschrittler *m*; **~οπροσωπία** [-prɔsɔp-] Parteilichkeit *f*; Begünstigung *f*; **~οπρόσωπος** parteilich, voreingenommen; **~οπρωτία** Geltungsbedürfnis *n*; **~όπρωτος** geltungssüchtig; **~όπτωχος** [-'ɔptɔx-] mildtätig.
φίλος ['fil-] Freund *m*; *Adj.* lieb, teuer; befreundet; freundschaftlich.
φιλοσοφ|ία [-sɔf-] Philosophie *f*; **~ικός** philosophisch; ***~ικός λίθος*** Stein *m* der Weisen; **~ικότητα** Gleichmut *m*.
φιλ|όσοφος Philosoph *m*; **~οσοφώ** [-sɔ'fɔ] (είς· ησ) philosophieren.
φιλ|οστοργία [filɔstɔrj-] Zärtlichkeit *f*; **~όστοργος** [-'ɔstɔrɣ-] zärtlich.
φιλ|οτάραχος [filɔ'tarax-] ruhelos, stürmisch; **~ότεκνος** kinderlieb; sich Kinder wünschend; **~οτέλεια** Briefmarkenkunde *f*; **~οτελισμός** [-tɛl-] Briefmarkenkunde *f*, Briefmarkensammeln *n*; **~οτελιστής** Briefmarkensammler *m*, Philatelist *m*; **~οτέχνημα** [-'tɛxn-] *n* Kunstwerk *n*; **~οτεχνία** Liebe *f* zur Kunst; Kunstverstand *m*; **~ότεχνος** der Kunst zugetan; kunstverständig, geschickt; **~οτεχνώ** [-tɛ'xnɔ] (είς· ησ) kunstvoll bearbeiten *od.* herstellen; **~οτιμία** Ehrgefühl *n*; Großzügigkeit *f*; **~ότιμο** Ehrgefühl *n*, Würde *f*; **~ότιμος** ehrliebend; ehrgeizig; großzügig; **~οτιμώ** [-ti'mɔ] (είς· ησ) an *j-s* Ehrgefühl appellieren; *j-s* Ehrgeiz anstacheln; ***~οτιμούμαι*** den Ehrgeiz haben; **~οτομαριστής** [-mar-] F Ellbogenmensch *m*.
φιλουριά *s.* ***φιλύρα.***
φιλο|φρόνημα [filɔ'frɔn-] *n*, **~φρόνηση** (-εις) Liebenswürdigkeit *f*, Kompliment *n*; **~φρονητικός** zuvorkommend; **~φρονώ** [-frɔ'nɔ] (είς· ησ) zuvorkommend sein; **~φροσύνη** [-'sini] Zuvorkommenheit *f*.
φιλόφτωχος [-ftɔxɔs] mildtätig.
φιλοχρήματος [-'xrimat-] geldgierig.
φίλτατος liebst-, teuerst-.
φιλτζάνι [fil'dzani] Tasse *f*.
φιλτρ|άρισμα *n* Filtrieren *n*; **~άρω** (αρισ· αριστ) filtrieren; filtern; destillieren.
φίλτρο¹ ['filtrɔ] Filter *m* (*a. Foto*); *Rfk.* Entstörung *f*.
φίλτρο² Liebestrank *m*; *mütterliche* Liebe *f*, Zärtlichkeit *f*.
φιλύποπτος [-'lipɔpt-] misstrauisch.
φιλυποψία Argwohn *m*.
φιλύρα [-'lira] *K.* Linde *f*.
φιλ|ώ [fi'lɔ] (είς, άς· ησ) küssen; ***~ιέμαι*** sich küssen.
φιμώνω (σ· θ) *v/t. j-m* e-n Maulkorb anlegen (*a. fig.*).
φίμωση ['fimɔsi] (-εις) Anlegen *n* e-s Maulkorbs; Knebelung *f* (*a. fig.*); *Med.* Phimose *f*.
φίμωτρο [-mɔtrɔ] Maulkorb *m*.
φινάλε (0) *n* Finale *n*; Ergebnis *n*; ***στο ~*** letzten Endes.
φινάτος *Pers.* fein, vornehm.
φινέτσα [fi'nɛtsa] (guter) Geschmack.
φινίρισμα *n Tech.* Endbearbeitung *f*.
φίνις (0) *n* Endspurt *m*.
φινιστρίνι [-ni'strini] Bullauge *n*.
φίνος (-α) *Pers.* fein; *S.* edel, wertvoll.
φιντάνι Baumschule *f*; Setzling *m*; Schössling *m*; *fig.* Sprössling *m*.
φιξ [fiks] (0) fest (*Preis*).
φιξ|άρισμα *n* Fixierung *f*, Fixieren *n*; **~άρω** (αρισ) fixieren; **~ατίφ** [-a'tif] (0) *n* Fixiermittel *n*.
φιόγκος ['fjɔŋg-] Schleife *f*.
φιόρδ (0) *n* Fjord *m*.
φιόρ|ε, ~ο Blume *f*.
φιορίνι [fjɔ'rini] Gulden *m*.
φιρί: *το πάω ~ ~* *etw.* im Übereifer tun.
φίρμα Firma *f*.
φιρμάνι [fir'mani] *hist.* Ferman *m*.
φίσα *El.* Stecker *m*; Karteikarte *f*; Spielkarte *f*.
φισέκι Patrone *f*.
φίσκα überfüllt, F proppenvoll.
φιστ|ικής [fisti'ķis] (-ιά, -ί) pistaziengrün; **~ίκι** [fi'stiķi] Pistazie *f*; **~ικιά** Pistazienbaum *m*.
φίστουλας ['fistulas] *m* Fistel *f*.
φιτίλι Docht *m*; Zündschnur *f*; ***βάζω ~α*** Zwietracht säen.
φκιάνω *s.* ***φτιάνω.***
φκιάρι ['fķari] Schaufel *f*.
φλαμανδικός flämisch.
φλαμ|ούρι [fla'muri] Lindenblüte *f*; Linde *f*; **~ουριά** Linde *f*.
φλάμπουρο ['flambhurɔ] Banner *n*.

Φ

φλανέλλα *s.* ***φανέλα.***
φλάντζα Dichtung(sring *m*) *f.*
φλάουτο ['flautɔ] Flöte *f.*
φλας [flas] (0) *n* Blitzlicht(vorrichtung *f*) *n*; *Auto*: Blinker *m*; ***βάζω ~*** blinken.
φλάσκ|α, ~ι Kürbisflasche *f*; Flaschenkürbis *m.*
φλασκιά Kürbis *m.*
φλέβα ['flεva] *Anat.* Ader *f* (*fig. a. Talent für*), Vene *f*; (*Erz-, Wasser-*) Ader *f*; ***κρατώ ~ από*** abstammen (von *D*).
Φλεβάρης [flεv-] Februar *m.*
φλεβ|ικός [flεv-] venös, Venen-; **~ίτιδα** Venenentzündung *f*; **~οτομία** Aderlass *m*; **~οτομίδα, ~οτόμο** Lanzette *f*; **~οτομώ** [-ɔtɔ'mɔ] (είς· ησ) zur Ader lassen; **~ώδης** venös.
φλέγμα ['flεɣma] *n* Schleim *m*; F Rotz *m der Nase*; *fig.* Phlegma *n.*
φλεγμα|σία *s.* ***φλεγμονή***; **~τικός, ~τώδης** Schleim-; phlegmatisch.
φλεγμονή [flεɣmɔ'ni] Entzündung *f.*
φλεγμονικός entzündlich.
φλέγ|ω ['flεɣɔ] (ξ· χτ, εγ) *v/t.* anzünden, in Brand setzen; ***~ομαι*** in Brand geraten; in Flammen stehen; brennen (*a. fig.* ***εκ*** *G*, ***από***/ vor *D*).
φλεκτήρας [-'ktiras] Zünder *m.*
φλέμα *n s.* ***φλέγμα.***
φλεμόνι [flε'mɔni] Lunge *f.*
φλέξη ['flεksi] (-εις) Entzündung *f*; Aufflammen *n.*
φλερτ [flεrt] (0) *n* Flirt *m.*
φλερτάρω (αρισ) flirten (*A*/ mit *D*).
φλιπεράκι Flipper *m*; **~α** *n/pl.* Spielhalle *f.*
φλιτάρω Insektenvertilgungsmittel sprühen; *Obst* spritzen.
φλιτζάνι [fli'dzani] Tasse *f.*
φλόγα ['flɔɣa] Flamme *f* (*a. fig.*).
φλογάτος flammend; feuerrot.
φλογ|έρα [flɔ'jεra] Hirtenflöte *f*; **~ερός** in Flammen stehend, brennend; *fig.* glühend; **~ίζω** (σ· στ) *v/t. s.* ***φλέγω***; *fig.* e-e Entzündung verursachen; **~ισμός** Entzündung *f* (*a. Med.*); Inbrandsetzung *f.*
φλογο|βόλος [flɔɣɔ-] Flammen-, Feuer-; Flammen werfend; *Su. n* Flammenwerfer *m*; **~βολώ** [-vɔ'lɔ] (είς· ησ) in Flammen stehen, brennen.
φλογοσωλήνας Flammrohr *n.*
φλογώδης in Flammen; feuerrot.
φλογώνω (σ· θ) aufflammen; feuerrot werden; *fig.* aufbrausen.
φλόγωση ['flɔɣɔsi] (-εις) *Med.* Entzündung *f*; Temperatur *f.*
φλοιός [fli'ɔs] Rinde *f*; Schale *f e-r Zitrone*; (Erd-)Kruste *f*; Hirnhaut *f.*
φλοισβίζω [flizv-] (σ) plätschern; rauschen.
φλοίσβος ['flizv-] Plätschern *n*; Rauschen *n.*
φλοκάτα [flɔ'kata] (*a.* **-η**) Hirtenmantel *m*; Wettermantel *m*; Wolldecke *f.*
φλόκος *mar.* Klüwer *m.*
φλόμ|ιασμα ['flɔmĭazma] *n*, **~ωμα** *n* Betäubung *f*; Qualm *m*; Benommenheit *f*, Schwindel *m.*
φλομώνω (σ) *v/t.* betäuben; verqualmen; *v/i.* verqualmt sein (werden).
φλοτέρ [flɔ'tεr] (0) *n* Ponton *m.*
φλούδα *s.* ***φλοιός.***
φλουδερός [fluðεr-] dickschalig.
φλούδι *s.* ***φλοιός.***
φλυαρία [fliar-] Geschwätz *n.*
φλύαρος schwatzhaft; *Su. m* Schwätzer *m.*
φλυαρώ [flia'rɔ] (είς· ησ) schwatzen.
φλύκταινα Bläschen *n*, Pickel *m.*
Φλωρεντία [flɔrεňd-] Florenz *n.*
φλωρί Gulden *m*, Dukaten *m.*
φλώρος = ***φλωρί***; F Pimpelfritze *m.*
φοβάμαι [fɔ'vamε] (άσαι) *s.* ***φοβούμαι.***
φοβ|έρα [fɔ'vεra] Drohung *f*, Einschüchterung *f*; **~ερίζω** (σ) *v/t. j-m* drohen, *j-n* einschüchtern; **~έρισμα** *n*, **~ερισμός** *s.* ***φοβέρα***; **~ερός** fürchterlich; gewaltig, F doll.
φόβητρο ['fɔvitrɔ] Schreckgespenst *n.*
φοβ|ίζω erschrecken, ängstigen; *s.* ***φοβερίζω***; **~ιτσιάρης** [-i'tsjar-] (-α, -ικο) ängstlich; *Su.* Angsthase *m.*
φόβος Furcht *f*, Angst *f* (*G*, ***για, από***/ vor *D*).
φοβ|ούμαι [fɔ'vumε] (είσαι· ηθ) *v/t.* fürchten (***μην***/ dass); *v/i.* Angst haben, sich (*A*) fürchten (*A od.* ***από***/ vor *D*); **~ώ** (είς) *s.* ***φοβίζω.***
φόδρα ['fɔðra] *allg. a. Tech.* Futter *n*; Beschlag *m.*
φοδράρω (αρα· αρισ) *Kleider* füttern; *Tech.* auskleiden, beschlagen.
φοίνικας ['finikas] *Vogel* Phönix *m*; *s.* ***φοινικιά.***
φοιν|ίκι [fi'niķi] Dattel *f*; **~ικιά** Dattel-

φοινικικός 514

palme *f*; **~ικικός** phönizisch; **~ικόπτερος** [-'kɔptɛr-] Flamingo *m*.
φοίτηση ['fit-] (-εις) (Schul-)Unterricht *m*; Studium *n* an *D*; Besuch *m*; ***υποχρεωτική*** **~** Schulpflicht *f*.
φοιτητ|ής [fitit-] Student *m*; **~ικός** Studenten-, studentisch; **~όκοσμος** Studentenschaft *f*.
φοιτ|ήτρια [fi-] Studentin *f*; **~ώ** [-'tɔ] (άς· ησ) (***σε***) studieren an *D*; *Schule* besuchen (*A*); verkehren in *D*.
φόλα ['fɔla] Fleck *m*, Flicken *m*.
φολ|ίδα Schuppe *f*; **~ιδωτός** schuppig; Schuppen-.
φομπ [fɔb] fob, frei an Bord.
φον|εύω (εψ) ermorden, töten; **~ιάς** (-άδες) Mörder *m*; **~ικό** Mord *m*, Totschlag *m*; **~ικός** Mord- (*Waffe*); tödlich.
φόνισσα Mörderin *f*.
φόνος ['fɔn-] Mord *m*; Todesfall *m*.
φοντάν (0) *n* Fondant *m*, *n*.
φόντι ['fɔn̆di] Oberleder *n*.
φόντ|ο ['fɔn̆dɔ] Hintergrund *m*; *mst. pl.* Kapital *n*; *fig.* ***έχω τα ~α να ...*** das Zeug haben, zu ...
φόρα Gewalt *f*; Anlauf *m*; Schwung *m*.
φορ|ά [fɔ'ra] Mal *n*; Schwung *m*; Gang *m*, Lauf *m der Dinge*; ***άλλη ~ά*** ein anderes Mal; ***άλλη μια ~ά*** wieder einmal; ***δύο ... ~ές*** zweimal *usw*.; ***μια ~ά*** einmal; ***πολλές ~ές*** häufig, oft; ***αυτή τη ~ά*** diesmal; ***κάθε ~ που*** jedesmal, wenn.
φοράδα Stute *f*; *fig.* F Maschine *f*.
φορατζής [fɔra'dzis] (-ήδες) Steuereinnehmer *m*.
φορέας (*pl.* -είς) *allg*. Träger *m*; **~ *στοιχείων*** Datenträger *m*.
φορείο Tragbahre *f*.
φόρεμα *n* Kleid *n*; Kleidungsstück *n*.
φορεμένος getragen; abgetragen.
φορεσ- *s.* ***φορώ.***
φορ|εσιά Kostüm *n*; Anzug *m*; **~ητός** tragbar.
φόρμα ['fɔrma] Form *f*; Trainingsanzug *m*; Overall *m*; Vordruck *m*; ***στη ~ μου*** *Sport*: in Form.
φορμαδεύδη [-'ðɛvði] Formalin *n*; Formaldehyd *n*.
φορμ|αλισμός Formalismus *m*; **~αλιστής** (***-ίστρια***) Formalist(in *f*) *m*; **~άρω** (αρισ) *v/t*. ausbilden, trainieren; ***~αρισμένος*** trainiert, gut in Form.
φορμόλη Formalin *n*.
φόρμουλα [-mula] Formel *f*.
φόρο Markt *m*; Kontrollamt *n*.
φοροδιαφυγή [fɔrɔðĭafi'ji] Steuerhinterziehung *f*.
φορολογ|ήσιμος [-lɔ'jis-], **~ητέος** (-α) steuerpflichtig; **~ία** Besteuerung *f*; Steuer *f*; ***διπλή ~ία*** Doppelbesteuerung *f*; **~ικός** Steuer- (*Erklärung*); **~ούμενος** [-'ɣumɛn-] steuerpflichtig; *Su. m a.* Steuerzahler *m*; **~ώ** [-'ɣɔ] (είς· ησ) besteuern, Steuern einziehen; abnötigen (***τον με***/ j-m etw.).
φόρος[1] ['fɔr-] Steuer *f*; Gebühr *f*; *bsd. hist.* Tribut *m*; **~ *εισοδήματος*** Einkommensteuer *f*; **~ *καταθέσεων*** Kapitalertragssteuer *f*; **~ *κληρονομίας*** Erbschaftssteuer *f*; **~ *κύκλου εργασιών*** Umsatzsteuer *f*; **~ *μισθωτών υπηρεσιών*** Lohnsteuer *f*; **~ *νομικών προσώπων*** Körperschaftssteuer *f*; **~ *περουσίας*** Vermögenssteuer *f*; **~ *πετρελαιοειδών*** Mineralölsteuer *f*; **~ *προστιθέμενης αξίας*** (***ΦΠΑ***) Mehrwertsteuer *f* (MWSt.); *s. a. Abkürzungsverzeichnis*; **~ *υποτέλειας*** Tribut *m*.
φόρος[2] Forum *n*.
φοροφυγάδας Steuerhinterzieher *m*.
φόρτε (0) *n* Kraft *f* (*a. fig.*); Höhepunkt *m*; *Mus.* Forte *n*; forte.
φορτηγάκι Lieferwagen *m*.
φορτηγ|ίδα [fɔrtij-] Leichter *m*; Lastkahn *m*; **~ό** [-'ɣɔ] Lastkraftwagen *m* (LKW); Frachtdampfer *m*.
φορτ|ίζω [fɔrt-] (σ) *s.* ***φορτώνω***; *El.* laden; **~ικός** lästig, aufdringlich; **~ικότητα** Aufdringlichkeit *f*; **~ίο** Ladung *f* (*a. El.*), Last *f* (*a. fig.*), Fracht *f*.
φόρτιση Laden *n* (*a. El.*).
φορτοεκ|φόρτωση [fɔrtɔɛk'fɔrtɔsi] Ein- und Ausladen *n*; **~φορτωτής** Hafenarbeiter *m*.
φόρτος Ladung *f*; Last *f*, Bürde *f*; *Med.* Beschwerden *f*/*pl*.
φόρτσα ['fɔrtsa] Kraft *f*, Gewalt *f*; *Adv.* gewaltig, heftig.
φορτσάρω (αρισ) *v/t*. vorantreiben; *Segel* aufziehen; *v/i*. heftiger werden.
φόρτωμα *n* Beladung *f*; Ladung *f*; *fig.* Last *f*; ***γίνομαι ~*** zur Last werden.
φορτών|ω (σ· θ) *v/t*. beladen; aufbürden (***τον με***/ j-m etw.), aufladen (***σε***/ j-m); *v/i*. laden, Ladung einnehmen;

Φ

~ομαι *fig.* drängen, quälen (**τον**/ j-n).
φόρτωση ['fɔrtɔsi] (-εις) Beladung *f*; Verladung *f*; Laden *n*.
φορτωτ|ής Befrachter *m*; Ladearbeiter *m*, Hafenarbeiter *m*; **~ικός** Lade-, Fracht-; *Su. f* Frachtbrief *m*, Konnossement *n*; *Su. n/pl.* Ladegeld *n*.
φορ|ώ [fɔ'rɔ] (άς· εσ· εθ) *Kleidung*, *Brille usw.* tragen; anziehen (**του το**/ j-m etw.); *Hut* aufsetzen; *Schlips* umbinden; **~ιέται** man trägt (*heute*) ...
φουαγιέ [fua'jɛ] (0) *n* Foyer *n*.
φουγάρο [-'ɣarɔ] Schornstein *m*.
φούγκα ['fuga] *Mus.* Fuge *f*.
φουκαράς [fuka'ras] (-άδες) arme(r) Schlucker.
φουκτ- *s.* **χουφτ-.**
φουλ|αριστός [fulari'stɔs] voll (**με**/ 0), prall gefüllt (mit *D*); blitzschnell; **~άρω** (αρισ) *v/t.* voll füllen.
φούλι ['fuli] Jasmin *m*.
φουμαδόρος [fuma'ðɔr-] (**-α, -ισσα**) (Ketten-)Raucher(in *f*) *m*.
φούμαρα *n/pl. fig.* große Rosinen im Kopf; große Worte *n/pl.*
φουμ|άρισμα [fu'mar-] *n* Rauchen *n*; **~άρω** (αρ[ισ]) rauchen, F paffen.
φούμο(ς) Ruß *m*; Schwärze *f*.
φούντα ['fuňda] Troddel *f*, Quaste *f*.
φουντάρω (αρ[ισ]) *v/t. Schiff* in den Grund bohren; *v/i.* Anker werfen.
φούντι ['fuňdi] *Fass*: Bodenbrett *n*.
φούντο ['fuňdɔ] Grund *m*.
φουντ|ούκι [fu'ňduķi] Haselnuss *f*; **~ουκιά** Hasel(nuss)strauch *m*.
φούντωμα *n* Wuchern *n*; dichte Belaubung *f*; Umsichgreifen *n* (*des Feuers*); Ausuferung *f*; Rötung *f* (*des Gesichtes*).
φουντ|ωμένος [fuňdɔm-] aufbrausend; dicht belaubt; **~ώνω** (σ) wuchern; *Baum*: sich dicht belauben; *Feuer*, *Revolution*: wüten, rasen; *fig.* aufbrausen; *Gesicht*: rot anlaufen; **~ωτός** dicht belaubt; ... voller Troddeln; buschig.
φούρια ['fur-] Ungestüm *n*; Furor *m*; *fig.* Hitze *f des Gefechts*.
φουριόζος [-'rjɔz-] (-α) ungestüm.
φούρκα ['furka] Galgen *m*; Gabelpfahl *m*; T-Stück *n*; Wut *f*.
φουρκέτα [-'ķεta] Haarnadel *f*.
φουρκίζ|ω [furķ-] (σ· στ) *v/t.* aufhängen; *Ast* abstützen; *fig. j-n* in Wut bringen; **~ομαι** in Wut geraten.
φούρναρης (-ηδες) Bäcker *m*.
φουρν|άρικο [fur'nar-] Bäckerei *f*; Backofen *m*; **~αριό** Backstube *f*; **~έλο** Sprengkammer *f*; Mine *f*; Sprengung *f*; **~ιά** Schub *m Brote*, *fig. a. Menschen*; **~ιές-~ιές** schubweise; **~ίζω** (σ) in den Backofen schieben; *fig. j-m etw.* vorsetzen, reichen; **~ιστός** gebacken.
φούρνος ['furn-] Backofen *m*; Bäckerei *f*; **του φούρνου** ofenfrisch.
φουρτ|ούνα [fur'tuna] Sturm *m*, Unwetter *n*; *fig.* Missgeschick *n*; **~ουνιάζω** [-u'njazɔ] (σ) stürmisch werden; *fig.* aufbrausen; **~ουνιασμένος** stürmisch; *fig.* schwer geprüft.
φουσάτο Horde *f*.
φούσκα Blase *f*; Bläschen *n*, Pickel *m*; Luftballon *m*.
φουσκ|άλα [fu'skala] Blase *f*, Bläschen *n*, Pickel *m*; **~αλιάζω** (-άλιασα) sich mit Blasen bedecken; anschwellen; **~αλίδα** Luftblase *f*; *s.* **φουσκάλα.**
φουσκί [-'sķi] Düngererde *f*.
φουσκο|δεντριά Ausschlagen *n* der Bäume; **~θαλασσιά** [-θalas-] hohe See *f*; **~νεριά** [-nε'rĭa] Sturmflut *f*.
φούσκωμα ['fusk-] *n* Aufblasen *n*; Anschwellen *n*; Schwellung *f*; Schnaufen *n*; Atemnot *f*; *Med.* Blähung *f*.
φουσκών|ω (σ) *v/t. Ballon* aufblasen; aufblähen (*a. fig.*); auftreiben; *Segel* blähen; *fig. j-n* aufbringen, rasend machen; *v/i.* sich aufblähen *usw.*; (an-)schwellen; aufquellen; schnaufen, außer Atem sein; *Milch*: überkochen; *Teig*: aufgehen.
φούσκωση (-εις) *s.* **φούσκωμα;** Ärgernis *n*, Ärger *m*.
φουσκωτός aufgebläht; (an)geschwollen; bauschig, Puff-.
φούστα ['fusta] (Frauen-)Rock *m*; *mar.* Feluke *f*.
φουστανέλα [-'nεla] Fustanella *f*.
φουστάνι [-'stani] Rock *m*, Kleid *n*.
φουτμπόλ [fut'bɔl] (0) *n* Fußball *m*.
φουτουρισμός Futurismus *m*.
φουφού [fu'fu] *f* Kohlenbecken *n*.
φουφούλα Pumphosen *f/pl.*
φουχτ- *s.* **χουφτ-.**
φραγγ|έλιο [fra'ŋ̆gεl-] Peitsche *f*; **~ελώνω** (σ· θ) peitschen, geißeln.
φραγή [fra'ji] Zaun *m*; Damm *m*.
φραγκ|εύω [fra'ŋ̆g-] (εψ) *v/t.* katholi-

Φραγκιά 516

sieren; *v/i.* Katholik werden; **ϩιά** Abendland *n.*
φράγκικος ['fraŋg-] (*a.* -ικός) abendländisch; katholisch.
φραγκισκανός Franziskaner *m.*
Φραγκίσκος [fra'ŋgisk-] Franz *m.*
φράγκο¹ ['fraŋgɔ] Franc *m*, Frank(en) *m*; *fig.* (*kein*) Heller *m.*
φραγκο-² *hist.* westlich; katholisch.
φραγκοκλησιά westliche Kirche.
φραγκόκοτα [-'ŋgɔkɔta] Perlhuhn *n.*
Φραγκοκρατία [-krat-] Frankenherrschaft *f.*
Φράγκος Franke *m*, Abendländer *m.*
φραγκο|σταφυλιά Johannisbeerstrauch *m*; **~στάφυλο** Johannisbeere *f.*
Φραγκφούρτη Frankfurt *n.*
φράγμα ['fraɣma] *n* Einzäunung *f*, Zaun *m*; Staudamm *m*; Sperre *f*; ***~ του ήχου*** Schallmauer *f.*
φραγμός *s.* ***φράγμα***; Damm *m*, Schranke *f* (*a. fig.*), Barriere *f*; Sperrfeuer *n.*
φράζω ['frazɔ] (έφραξα· χτ· γμ) *v/t.* einzäunen; *Weg* versperren; *Loch, Pore* verstopfen; *v/i.* verstopft werden; ***έφραξε*** ... ist verstopft.
φρακ [frak] (0) *n*, **φράκο** Frack *m.*
φρακ|άρισμα [fra'kar-] *n* Blockieren *n*; (*Auto*) Stau *m*; **~άρω** (αρ· αρισ· αρισμ) *v/t.* blockieren; *v/i.* blockiert, verstopft sein, im Stau sein (*od.* stehen).
φρακτ- *s.* ***φραχτ-***.
φρακτήρας [fra'ktiras] Schleuse *f.*
φράντζα ['frandza] Franse *f*; Tolle *f.*
φραντζ|όλα [frandz-] Baguette *n, f*; **~ολάκι** [-ɔ'laiki] Brötchen *n*, Wecke *f.*
Φραντσέζ|α [fran'dsɛza] Französin *f*; **~ικος** französisch; **~ος** Franzose *m.*
φράξια ['fraks-] *pol.* Zelle *f*; Fraktion *f.*
φράξιμο (-ατος) Einzäunen *n*; Versperren *n*; Verstopfen *n*; Verschluss *m*; Stau *m*; ***ανάδρομο ~*** Rückstau *m.*
φράουλα ['fraula] Erdbeere *f*; Erdbeerkompott *n.*
φραπέ (0) eisgekühlt.
φρασεολογ|ία [frasɛɔlɔj-] Ausdrucksweise *f*; Phraseologie *f*; **~ικός** ... der Ausdrucksweise; phraseologisch.
φρασεολόγιο Redewendungen *f/pl.*
φράση ['frasi] (-εις) Satz *m*; Ausdruck *m*; Wendung *f*; **~-παράδειγμα** Mustersatz *m.*
φραστικός Ausdrucks-, Satz-; *Su. n* Ausdrucksweise *f*, Stil *m.*
φράχτης ['fraxt-] Zaun *m*; Hecke *f*; *Tech.* Schleuse *f.*
φραχτός eingezäunt; eingehegt.
φρέαρ ['frɛar] (-ατος) *n* Brunnen *m.*
φρεάτιο Quell *m*; Gully *m*; Siel *n*; Abzugsschacht *m*; Fahrstuhlschacht *m.*
φρεγά|δα [frɛɣ-], **~τα** Fregatte *f.*
φρέζα ['frɛza] Fräsmaschine *f.*
Φρειδερίκος [friðɛ'rik-] Friedrich *m.*
φρένα ['frɛna] *n/pl.* Verstand *m*; ***έξω φρενών*** von Sinnen; ***γίνομαι έξω φρενών*** außer sich geraten.
φρεναπάτη Sinnestäuschung *f.*
φρενάρ|ισμα [frɛ'nariz-] *n* Bremsen *n*; **~ω** (αρα· αρισ) bremsen.
φρένες *f/pl. s.* ***φρένα***.
φρεν|ήρης [frɛ'nir-] wahnsinnig, außer sich; **~ιάζω** (φρένιασα) *v/t.* wahnsinnig machen; *v/i.* toben (***από***/ vor *D*); wahnsinnig werden.
φρένιασμα *n* Wutanfall *m.*
φρεν|ικός Geistes-; *Med.* ***~ικό νεύρο*** Phrenikus *m*; **~ίτιδα** Hirnhautentzündung *f*; Irrsinn *m*; *fig.* tobende(r) Beifall; **~ιτικός** wahnsinnig; rasend.
φρένο ['frɛnɔ] Bremse *f*; ***~ κόντρα*** Rücktrittbremse *f*; ***~ κινδύνου*** Notbremse *f.*
φρενο|βλάβεια [-'vlav-] Irrsinn *m*; geistige Umnachtung *f*; **~βλαβής** irrsinnig; **~κομείο** [-kɔm-] Irrenanstalt *f.*
φρεν|ολογία Psychiatrie *f*; Phrenologie *f*; **~ολόγος** [-'lɔɣ-] Irrenarzt *m*; Phrenologe *m*; **~οπαθής** [-ɔpaθ-] geisteskrank; **~όπληκτος** irre.
φρεσκ|άδα [frɛsk-] Frische *f*; Aufgeräumtheit *f*; **~άρισμα** *n* Erfrischen *n*; Frischmachen *n*; Frischwerden *n*; **~άρω** (αρισ) *v/t.* erfrischen; frisch machen; *allg. Sachen* auffrischen; *v/i.* frisch werden.
φρέσκο Fresko *n*; F Kittchen *n.*
φρεσκο|βαμμένος frisch gestrichen; **~πλυμένος** frisch gewaschen.
φρέσκος ['frɛsk-] frisch; **~ ~** frisch u. munter.
φρίζα Fries *m.*
φριζάρω [friz-] (αρισ) frisieren.
φρικαλ|έος [frikal-] (-α) grauenvoll, gräulich; **~εότητα** Gräueltat *f*, Abscheulichkeit *f.*
φρικασέ (0) *n* Frikassee *n.*

Φ

φρίκη ['friķi] Grauen *n*, Entsetzen *n*.
φρικιάζω (σ) *s.* ***φρίττω.***
φρικ|ίαση [-'ķiasi] Schaudern *n*; **~ιαστικός** schauderhaft, abscheulich; **~τός, ~ώδης** *s.* ***φριχτός.***
φριμάζω (σ) schnauben, fauchen.
φριτούρα [-'tura] Braten *n* (in Fett).
φρίττω ['fritɔ] (ξ) es schaudert mich; es graut mir.
φριχτός [frixt-] schrecklich.
φροκάλι [frɔ'kali] *s.* ***φρόκαλο;*** Ausfegen *n*.
φροκαλ|ιά Besenstrich *m*; Besen *m*; **~ίζω** (σ) ausfegen.
φρόκαλο Besen *m*; *pl.* Kehricht *m*, Schmutz *m*.
φροκαλώ (άς) *s.* ***φροκαλίζω.***
φρόνημα *n* Einstellung *f*, Ansicht *f*; Moral *f*; Selbstbewusstsein *n*.
φρονηματ|ίζω [frɔnimat-] (σ) das Selbstbewusstsein *j-s* heben; *j-n* zur Vernunft bringen; **~ισμός** Hebung *f* der Moral; Abschreckung *f*.
φρόνηση Vernunft *f*, Besonnenheit *f*.
φρονιμ|άδα [frɔnim-] Bravheit *f* (*e-s Kindes*); *s.* ***φρόνηση;*** **~εύω** (εψ) *v/t.* zur Vernunft bringen; *v/i.* Vernunft annehmen; **~ίτης** Weisheitszahn *m*.
φρόνιμος vernünftig; *Kind*: artig.
φρονιμότητα [frɔnim-] Besonnenheit *f*, Einsicht *f*.
φροντ|ίδα [frɔňd-] Sorge *f*, Fürsorge *f*; **~ίζω** (σ) sorgen (*A od.* ***για/*** für *A*); *etw.* besorgen; sich (*A*) kümmern (***τον/*** um *A*); sich (*A*) darum bemühen (***να/*** zu ...); **~ιστήριο** Seminar *n*; Praktikum *n*; Nachhilfeschule *f*; **~ιστής** Kurator *m*; Repetitor *m*; *Thea.* Requisiteur *m*.
φρονώ (είς· *o. Aor.*) der Meinung sein (dass); *etw.* für richtig halten.
φροξυλιά [frɔksil-] Holunder *m*.
φρούδος ['fruð-] eitel, leer.
φρουμάζω *s.* ***φριμάζω.***
φρουρ|ά [fru'ra] Wache *f*; Garde *f*; Garnison *f*, Besatzung *f*; ***~ά απεργών*** Streikposten *m*; **~αρχείο** [-arç-] Kommandantur *f*.
φρούρ|αρχος ['frurarx-] Kommandant *m*; **~ηση** (-εις) Bewachung *f*.
φρουριακός [frurjak-] Festungs-.
φρουρίδα [frur-] Kriegsschiff *n*; Geleitfahrzeug *n*.
φρούριο Festung *f*; *hist.* Burg *f*.
φρουρ|ός Wächter *m*, (Schild-)Wache *f*; **~ώ** (είς· ησ) *v/t.* bewachen; *fig.* wachen über *A*; *v/i.* Wache stehen.
φρουτιέρα [-'tjεra] Obstschale *f*.
φρούτο ['frutɔ] Frucht *f*; *pl.* Obst *n*.
φρύαγμα ['friaγma] *n* Schnauben *n*.
φρυάζω [fri'azɔ] (ξ) schnauben (*a. fig.*: ***από/*** vor *D*).
φρύγανα *n/pl.* Reisig *n*.
φρυγαν|ιά [friγan-] Röstbrot *n*, Toast *m*; **~ιέρα** Toaster *m*; **~ίζω** (σ) *Brot* rösten.
φρυγικός phrygisch.
φρύγω (ξ· υγ· πε ... γμ) *s.* ***φρυγανίζω.***
φρύδι ['friði] Augenbraue *f*; (*Krater*) Rand *m*; (*Berg*) Kamm *m*.
φρύνος ['frin-] Kröte *f*.
φρύξη ['friksi] Rösten *n*.
φταί|ξιμο ['ftεks-] (-ατος) Schuld *f*; Fehler *m*; **~χτης** ['ftεxt-] Schuldige(r).
φταίω ['ftεɔ] (ξ) Schuld haben (*od.* schuld sein) (***για/*** an *D*).
φτάν|ω ['ftanɔ] (σ) *v/i.* ankommen, eintreffen (***σε/*** in *D*); *Winter usw.* kommen; *Ziel* erreichen (***σε/*** *A*); so weit kommen (***να/*** dass); reichen (***ως/*** bis zu *D*); genügen; *v/t.* erreichen, einholen (*a. fig.*); reichen, langen (***του το/*** j-m etw. *A*); ***~ει*** es reicht, es ist genug; ***~ει πια!*** es reicht jetzt aber, nun Schluss!; ***~ει να*** es würde genügen, wenn ...; wenn ... nur; ***έφτασα*** ich bin schon da.
φταρνίζομαι [ftar'nizɔmε] (στ) niesen.
φτασμένος arriviert.
φτελιά [ftεl-] Ulme *f*.
φτενός [ftεn-] dünn, fein; knapp.
φτενόφλουδος dünnschalig.
φτέρη Farnkraut *n*.
φτεριάζω Federn bekommen.
φτέρνα ['ftεrna] Ferse *f*.
φτερνίζομαι *s.* ***φταρνίζομαι.***
φτέρνισμα *n* Niesen *n*.
φτερνοκοπώ (είς· ησ) mit der Ferse ausschlagen; *Thea.* trampeln (*als Missbilligung*).
φτερ|ό [ftε'rɔ] Flügel *m*; Wedel *m*; Feder *f* (*a. Tech.*); Schutzblech *n*, Kotflügel *m*; **~ούγα** [-'uγa] Flügel *m*; **~ουγίζω** [-uj-] (σ) flattern.
φτέρωμα *n* Gefieder *n*.
φτερ|ώνω (σ) beflügeln; *v/i.* Flügel bekommen; **~ωτή** [-ɔ'ti] Radschaufel *f*; **~ωτός** beflügelt.
φτηναίνω [ftin-] (ην) *v/t.* verbilligen, billiger machen; *v/i.* billiger werden.

Φ

φτήνια niedrige Preise *m/pl.*
φτηνοδουλειά [-ðu'lja] Pfuscherei *f*, Bruch *m*; Billigarbeit *f*.
φτηνός [ftin-] billig.
φτιάν|ω ['ftjanɔ] (ξ, σ· χτ, στ· γμ, σμ) *v/t.* machen, anfertigen; *Haus* bauen; *Bett* machen; in Ordnung bringen, ordnen; *v/i.* besser werden, sich bessern; **~ομαι** sich (*A*) schminken; sich (*A*) betäuben (**με**/ mit *D*); **τα ~ω** ein Verhältnis haben; sich (*A*) vertragen; **τι ~εις;** was treibst du?; was machst du?, wie geht's?
φτιασ|ίδι [ftĭa'siði] Schminke *f*; **~ιδώνω** (σ) schminken.
φτιάσιμο ['ftjas-] (-ατος) Anfertigung *f*; Reparatur *f*.
φτιαστός [ftjast-] gemacht (*a.* = künstlich), angefertigt; gebaut; in Ordnung gebracht; *Wein*: verfälscht.
φτιάχνω = **φτιάνω.**
φτου! [ftu] pfui!; toi, toi, toi!
φτουρώ [ftu'rɔ] (άς) lange reichen.
φτυ|άρι ['ftjari] Schaufel *f*, Schippe *f*; **~αρίζω** (σ) (weg)schaufeln; **~άρισμα** *n* Schaufeln *n*.
φτύμα ['ftima] *n* Speichel *m*, F Spucke *f*.
φτύνω ['ftinɔ] (σ· στ) spucken; **~ επάνω του** *j-n* anspucken.
φτύσμα *n s.* **φτύμα**; Spucken *n*.
φτυστός: *z. B.* **~ ο πατέρας του** ganz sein Vater.
φτω *s.* **φτύνω.**
φτωχαίνω [ftɔç-] (υν) *v/t.* arm machen; *v/i.* verarmen, arm werden.
φτώχεια Armut *f*, Dürftigkeit *f*.
φτωχεύω [ftɔç-] (εψ) *s.* **φτωχαίνω;** Bankrott machen.
φτώχεψη (-εις) Verarmung *f*; Bankrott *m*.
φτωχ|ικός ärmlich, dürftig; *Su. n* Behausung *f*; **~οδέρνω** [-xɔ'ðernɔ] (δειρ) dahinvegetieren; **~οκομείο** Armenhaus *n*; **~ολόγι, ~ολογιά** [-xɔlɔj-] arme Leute *pl.*; **~ός** arm (**σε**/ an *D*); *Su. m* arme(r) Schlucker *m*; **~ούτσικος** [-'xuts-] ärmlich.
φυγ- *s.* **φεύγω.**
φυγ|άδας [fi'ɣaðas] Flüchtling *m*; **~άδευση** [-ðefsi] (-εις) Fluchthilfe *f*; **~αδεύω** (ευσ) zur Flucht verhelfen; **~ή** [-'ji] Flucht *f*; **~οδικία** [-ɣɔðik̦-] Nichterscheinen *n* vor Gericht, Kontumaz *f*; **~όδικος** nicht erschienen; *Su. m* Nichterschienene(r); **~οδικώ** [-ɣɔði'kɔ] (είς· ησ) vor Gericht nicht erscheinen; **~οκεντρικός** [-ɔk̦endr-] Zentrifugal-; Tangential-; **~όκεντρος** Zentrifugal-, Flieh- (*Kraft*).
φυγ|ομαχία [-maĭ'çia] Drückebergerei *f*; **~όμαχος** feige; *Su.* Drückeberger(in *f*) *m*; **~ομαχώ** (είς· ησ) sich (*A*) drücken (**κατά** *A*/ vor *D*).
φυγ|όπονος [fi'ɣɔpin-] flüchtig; **~οπονία** Arbeitsscheu *f*; **~όπονος** arbeitsscheu; **~οπονώ** (είς· ησ) die Arbeit scheuen; F sich (vor der Arbeit) drücken; **~οστρατία** [-strat-] Wehrdienstverweigerung *f*; **~όστρατος** Wehrdienstverweigerer *m*.
φύκια ['fik̦-] *n/pl.*, **φύκος** ['fik-] *n* Alge *f*, Seetang *m*.
φύλαγμα *n s.* **φύλαξη.**
φυλά(γ)|ω [fi'la(ɣ)ɔ] (ξ· χτ· γμ) *v/t.* bewachen; *Schafe* hüten; beschützen, bewahren (**από**/ vor *D*); *Geld* aufbewahren, aufheben, sparen; *Kleider* schonen; *j-m* auflauern; *Geheimnis*, *Stillschweigen* bewahren; **~ομαι** sich (*A*) hüten (**από**/ vor); vorsichtig sein; **~ω βάρδια** Wache stehen.
φύλακας Wächter *m*, Hüter *m*; Wärter *m*; **~-άγγελος** Schutzengel *m*.
φυλακ|είο Wache *f*, Wachstube *f*; **~ή** Gefängnis *n*; **~ίδα** Wachboot *n*; **~ίζω** (σ· στ) einsperren, inhaftieren.
φυλάκιο [-'laĭk̦ĭɔ] Wachstube *f*; Wachbataillon *n*.
φυλ|άκιση [fi'laĭk̦isi] (-εις) Inhaftierung *f*; Haft *f*, Gefängnisstrafe *f*; **~ακισμένος** [-ak̦izm-] Gefangene(r); **~ακτήριο** [-a'ktir-] *s.* **φυλαχτάρι;** **~άκωμα** *n s.* **φυλάκιση; ~ακώνω** (σ· θ) *s.* **φυλακίζω.**
φύλαξη ['filaksi] (-εις) Bewachung *f*; Hüten *n*, Schutz *m*; Bewahrung *f*; **για ~** zur Aufbewahrung.
φύλαρχος Stammeshäuptling *m*.
φυλ|αχτάρι [-la'xtari], **~αχτό** Talisman *m*, Amulett *n*; **~άχτρα** [-'axtra] Jagdschirm *m*.
φυλετι|κός [filɛt-] rassisch; Rassen-; Stammes- (*Fehde*); **~σμός** Rassenlehre *f*, Rassenhass *m*.
φυλή [fi'li] Stamm *m*; Rasse *f*; Volk *n*.
φυλλάδ|α Broschüre *f*; Schmöker *m*; F *Zeitung*: Wurstblatt *n*; **~ιο** Heft *n*; Broschüre *f*; Prospekt *m*; Ausweis *m*.

Φ

φύλλο Blatt *n* (*a. Zeitung*), Blatt *n Papier*; Spielkarte *f*; Folie *f*; *Typ.* Bogen *m*; (*Tür*) Flügel *m*; Blätterteig *m*; *mil.* ~ ***αδείας*** Urlaubsschein *m*; ~ ***ποιότητος*** Tauglichkeitszeugnis *n*.
φυλλοβολία [-vol-] *s.* ***φυλλόρροια.***
φυλλ|οβόλος Laub-; laubfarben; **~οβολώ** (είς· ησ) *s.* ***φυλλορροώ***; *a.* grün werden.
φυλλο|ειδής [filɔið-] blattförmig; **~κάρδια** *n/pl.*: ***μεσ' απ' τα ~κάρδια*** aus tiefstem Herzen; **~λογώ** [-lɔ'ɣɔ] (είς· ησ) durchblättern; **~μαδώ** (είς· ησ) *v/t.* entblättern, die Blätter abzupfen (von *D*); **~μετρώ** [-mɛ'trɔ] (είς, άς· ησ) durchblättern.
φυλλ|οξήρα [-'ksira] Reblaus *f*; **~όρροια** [-'lɔrĭa] Laubfall *m*; **~ορροώ** [-ɔrɔ'ɔ] (είς· ησ) sich entlauben; *fig.* dahinschwinden; **~οφόρος** Blätter- (*Pflanze*); *Su. n* Laubbaum *m*.
φύλλωμα *n*, **φυλλωσιά** Laub *n*.
φύλο ['filɔ] Geschlecht *n*; Stamm *m*.
φυλογονία Stammesgeschichte *f*.
φύμα ['fima] *n* Geschwulst *f*, Beule *f*.
φυμ|ατικός tuberkulös; **~άτιο** Tuberkel *f*; **~ατιώδης** [-a'tĭɔð-] Tuberkel- (*Bakterium*); tuberkulös; ***~ατιώδης λαρυγγίτιδα*** Kehlkopftuberkulose *f*; **~ατίωση** Tuberkulose *f* (*Tbc*).
φυνικυλαίρ (0) *n* Drahtseilbahn *f*.
φύρα ['fira] Schwund *m*, Gewichtsverlust *m*; *fig.* Hefe *f* des Volkes.
φυραίνω (αν) e-n Schwund erleiden, (ein)schrumpfen; sich verziehen; *fig.* senil werden.
φύραμα *n* Teig *m*; Brei *m*; Paste *f*; *fig.* Schlag *m*, F Kaliber *n*.
φύρδην ['firðin]: ~ ***μίγδην*** (wie) Kraut und Rüben.
φυρονεριά [firɔnɛ'rĭa] Ebbe *f*.
φυρός geschrumpft; verzogen.
φύσα Blasebalg *m*; *Med.* Winde *m/pl.*
φυσαλίδα (*Wasser-*)Blase *f* (*a. Med.*).
φυσαρμόνικα (Mund-)Harmonika *f*.
φυσέκι [-'sɛĭḱi] Patrone *f*.
φυσερό Blasebalg *m*.
φύση ['fisi] *allg.* Natur *f* (*a. fig.*); Wesen *n*, Charakter *m*; P männliche(s) Glied *n*; ***από*** ~ von Natur; ***κατά*** ~ natürlich, naturgemäß; ***νεκρή*** ~ Stillleben *n*; ***παρά*** ~ widernatürlich.
φύσημα *n* Blasen *n*; Wehen *n*; Luftzug *m*; *Med.* Geräusch *n*.
φυσηματιά *s.* ***φύσημα.***
φυσητ|ήρας [fisit-] Blasebalg *m*; *Zool.* Pottwal *m*; **~ήρι** Blasebalg *m*.
φυσιατρική Naturheilkunde *f*.
φύσιγγα ['fisiŋga] Ampulle *f*.
φυσ|ίγγι [fi'siŋgi] Patrone *f*; **~ιγγιοθήκη** [-iŋgɔ'θiḱi] Patronentasche *f*.
φυσικ|ά [fisi'ka] *Adv.* natürlich, selbstverständlich; **~ή** Physik *f*; Naturwissenschaft *f*; Physikbuch *n*; **~ό** Anlage *f*, Angewohnheit *f*; **~οθεραπεία** [-ɔθɛrap-] Naturheilkunde *f*; **~οθεραπευτής** Heilpraktiker *m*; **~ομαθηματικός** [-ɔmaθimat-] mathematisch-naturwissenschaftlich; **~ός** natürlich (*a. fig.* = ungezwungen); physisch; Natur- (*Wissenschaft*); physikalisch; *jur.* unehelich; *Su. m* Physiker *m*, Naturwissenschaftler *m*; **~ότητα** Natürlichkeit *f*; ***έχω ~ότητα*** natürlich, normal verlaufen.
φυσιογνω|μία [fisiɔɣnɔm-] Physiognomie *f*, *Pers.*: Persönlichkeit *f*; *fig.* Form *f*, Fiktion *f*; **~σία** Naturkunde *f*.
φυσιογραφ|ία [-ɣraf-] Naturbeschreibung *f*; **~ικός** Naturbeschreibungs-.
φυσιο|δίφης [fisiɔ'ðif-] Naturforscher *m*; **~θεραπεία** Krankengymnastik *f*; **~κράτης** [-'krat-] Naturalist *m*; **~κρατία** Naturalismus *m*; **~λάτρης** Naturfreund *m*; **~λατρία** Liebe *f* zur Natur; **~λογία** [-lɔj-] Physiologie *f*; **~λογικός** physiologisch; normal (*z. B. Puls*); *Adv.* natürlich, normal(erweise); **~λόγος** [-'lɔɣ-] Physiologe *m*; **~προστασία** [-prɔstas-] Naturschutz *m*.
φύσκα Magen *m*; Dickdarm *m*; Blasebalg *m*; Blase *f*.
φυσομανώ [fisɔma'nɔ] (άς· ησ) *Wind*: pfeifen; toben (*a. fig.*); *fig.* schnauben.
φυσούνα Blasebalg *m*; *Flgw.* Gangway *f*.
φυσώ [fi'sɔ] (άς· ησ, ηξ) *v/t.* (an)blasen; sich *die Nase* putzen; *v/i.* blasen, wehen; *fig.* schnauben.
φυτεία Pflanzung *f*; ~ ***ζαχαροκαλάμου*** Zuckerrohrplantage *f*.
φύτεμα *n* Anpflanzung *f*, Pflanzen *n*.
φύτευση ['fitɛfsi] (*a.* -τεψη) (-εις) Anpflanzung *f*, Pflanzen *n*.
φυτευτ|ήρι [fitɛft-] Pflanzholz *n*; **~ής** Pflanzer *m*; **~ός** gepflanzt.
φυτ|εύω (εψ· εφτ) (an)pflanzen; *fig.*

φυτικός 520

Kugel jagen (in *A*); **~ικός** Pflanzen-; vegetativ (*a. Med.*).
φυτό [fi'tɔ] Pflanze *f*, Gewächs *n*.
φυτο|βιώ [fitɔ-] (οίς) *s.* ***φυτοζωώ***; **~ζώηση** [-'zɔisi] (-εις) Vegetieren *n*; Stagnation *f*; **~ζωώ** [-zɔ'ɔ] (είς· ησ) (dahin)vegetieren; *Hdl.* stagnieren; **~κομείο** [-kɔm-] Baumschule *f*; botanische(s) Institut *n*; **~κομία** Pflanzenzucht *f*; **~κόμος** Pflanzenzüchter *m*; Botaniker *m*; **~λόγος** [-'lɔɣ-] Botaniker *m*; **~φαγία** [-faj-] Vegetarismus *m*, pflanzliche Ernährung *f*; Pflanzenkost *f*; **~φαγικός** Pflanzen fressend; vegetarisch; **~φάγος** Pflanzen fressend; *Su. m* Pflanzenfresser *m*; Vegetarier *m*; **~φαγώ** [-fa'ɣɔ] (είς· ησ) Pflanzen fressend; *Mensch*: vegetarisch essen.
φυτόψειρα [fi'tɔpsira] Blattlaus *f*.
φύτρ|α ['fitra], **~ο** Keim *m*, Trieb *m*; *fig.* Sippe *f*, F Mischpoke *f*.
φύτρωμα *n* Sprießen *n*, Keimen *n*.
φυτρώνω (σ) (hervor)sprießen, keimen, wachsen; *fig.* auftauchen.
φυτώριο [fi'tɔr-] Baumschule *f*.
φώκια ['fɔḳa] Seehund *m*.
φωλ|εά [fɔl-] *s.* ***φωλιά***; **~εύω** (εψ) *s.* ***φωλιάζω***; **~ιά** Nest *n*; Horst *m*; (*fig. Räuber-*) Höhle *f*; Bau *m*; **~ιάζω** (φώλιασα) nisten; seine Höhle *od.* s-n Bau haben; s-n Winterschlaf halten.
φώλιασμα *n* Nisten *n*; Nestbau *m*; Winterschlaf *m*.
φώναγμα *n* Schreien *n*; Ruf *m*.
φων|άζω (ξ) *v/t.* rufen; *v/i.* schreien; **~ακλάς** [-a'klas] (-άδες), *f* **~ακλού** (-ούδες) Schreihals *m*.
φωνακτ- *s.* ***φωναχτ-***.
φων|άρα [fɔ'nara] Donnerstimme *f*; **~ασκία** [-asḳ-] Schreierei *f*; **~ασκώ** [-a'skɔ] (είς· ησ) schreien; keifen; **~αχτός** [-axt-] laut(stark); schrill; *fig.* schreiend; *Adv.* lauthals.
φων|ή [fɔ'ni] Stimme *f*; Schrei *m*; *Mus.* Ton *m*; *Gr.* (*Tätigkeits-*, *Leide-*) Form *f*; ***βάζω τις ~ές*** schreien; **~ήεν** [-'iɛn] (-εντος) *n* Vokal *m*; **~ηεντόληκτος** vokalisch auslautend; **~ητική** Phonetik *f*; **~ητικός** phonetisch; *Anat.* Stimm- (*Band*, *Lippe*); Vokal- (*Musik*); ***~ητική μεταβολή*** Lautverschiebung *f*; **~ογράφημα** *n*, **~ογράφηση** (-εις) Tonaufnahme *f*; **~ογραφικός** Schall-, Ton(aufnahme)-; **~ογράφος** Tonaufnahmegerät *n*; **~ογραφώ** (είς· ησ) *Ton* aufnehmen.
φωνοληπτικός [fɔnɔlip-] Tonaufnahme-; **~ψία** Tonaufnahme *f*.
φωνο|λογία [-lɔj-] Phonetik *f*; Phonologie *f*; **~ταινία** [-tɛn-] Tonfilm *m*.
φως [fɔs] (φωτός) *n* Licht *n*; Augenlicht *n*; P Kies *m*; etwas Handfestes; ***οπίσθιο ~*** Rücklicht *n*; ***~ αποστάσεως*** Fernlicht *n*; ***~ πορείας*** Abblendlicht *n*; ***~ στάθμευσης*** Standlicht *n*; ***~ φανερό*** sonnenklar; ***επί το ~*** im Lichte *G*; ***έρχομαι στο ~*** ans Licht kommen; ***δίνω πράσινο ~*** *fig.* grünes Licht geben (***σε***/ *D*); *s. a.* ***φώτα***.
φωστήρας Leuchte *f* (*a. fig.*).
φωσφορ|ίζω [fɔsfɔr-] phosphoreszieren; schimmern; **~ικός** Phosphor-; **~ισμός** Phosphoreszenz *f*.
φωσφ|όρος Phosphor *m*; **~ορούχος** [-ɔ'rux-] (-α) Phosphor-; phosphorhaltig; **~ορώδης** phosphoreszierend.
φώτα ['fɔta] *n/pl.* Lichter *n/pl.*; Kultur *f*, Bildung *f*; ♀ Epiphaniasfest *n*.
φωτ|αγώγηση [-a'ɣɔj-] (-εις) festliche Beleuchtung *f*; **~αγωγός** Luke *f*; Lichtschacht *m*; **~αγωγώ** [-aɣɔ'ɣɔ] (είς· ησ) festlich beleuchten, illuminieren; **~αέριο** [-a'ɛr-] Gas *n*; ***φυσικό ~αέριο*** Erdgas *n*; **~αντιγραφή** Fotokopieren *n*; *s. a.* ***φωτο-***; **~αντίτυπο** Fotokopie *f*; **~αυγής** [-avj-] licht, hell; **~αψία** [-aps-] *s.* ***φωταγώγηση***.
φωτ|εινός [fɔtin-] hell (beleuchtet); Leucht- (*Schrift*); licht; **~εινότατος** lichtstark; **~εινότητα** Helligkeit *f*; **~ερό** Luke *f*; **~ερός** hell.
φωτιά [fɔ'tja] Feuer *n*; Brand *m*; ***βάζω ~*** Feuer legen; *fig.* hetzen.
φωτίζ|ω (σ· στ) *v/t.* beleuchten, erleuchten; *fig. j-n* aufklären (***σε***/ über *A*); *Foto*: belichten; *Rel.*, *lit.* erleuchten; *v/i.* ***~ει*** es wird Tag; ***~ομαι*** *Rel.* getauft werden.
φώτιση ['fɔt-] (-εις) *a. Rel.* Erleuchtung *f*; *Foto*: Belichtung *f*; *Rel.* Taufe *f*.
φωτισ|μός Beleuchtung *f*; Belichtung *f*; **~τικός** Beleuchtungs-; Leucht-.
φωτο|αντίγραφο [fɔtɔa'ndiɣrafɔ] Fotokopie *f*; **~βολία** [-vɔl-] Leuchten *n*, Strahlung *f*; **~βολίδα** Leuchtkugel *f*; (*Gas*) Glühstrumpf *m*; **~βόλος** (-α) leuchtend, strahlend; **~βολώ** [-vɔ'lɔ] (είς· ησ) leuchten, strahlen.

Φ

φωτογένεια [-'jεnĭa] Fotowirksamkeit *f*; Fluoreszenz *f*, Leuchten *n*.
φωτο|γενής [fɔtɔjεn-] photogen; **~γραφείο** [-γraf-] Fotoatelier *n*; **~γράφημα** *n s.* ***φωτογραφία***; **~γράφηση** Fotografieren *n*; **~γραφία** Fotografie *f*, Foto *n*, Aufnahme *f*; **~γραφίζω** *s.* ***φωτογραφώ***; **~γραφικός** fotografisch, Foto-; ***~γραφική μηχανή*** Fotoapparat *m*; **~γράφος** Fotograf *m*; **~γραφώ** [-γra'fɔ] (είς· ησ) fotografieren, F knipsen; ***~γραφούμαι*** sich (*A*) fotografieren lassen.
φωτοθλαστής Linsenfernrohr *n*.
φωτοληψία [-lip'sia] (Foto-)Aufnahme *f*; F Knipsen *n*; Lichtmenge *f*.
φωτομετρία Photometrie *f*.
φωτ|όμετρο [-'tɔmεtrɔ] Belichtungsmesser *m*; **~ομοντέλο** Fotomodell *n*; **~οπαθές** [-ɔpa'θεs] lichtempfindlich; **~οσβέστης** [-ɔ'zvεst-] Obskurant *m*, Kulturbanause *m*; **~οσκιάζω** [-ɔ'sķazɔ] (-σκίασα· στ) retuschieren; abtönen; **~οσκίαση** [-'sķiasi] (-εις) Retuschieren *n*; Abtönung *f*; **~οστέφανο(ς)** [-ɔ'stεf-] Heiligenschein *m*; **~οσύνθεση** (-εις) Photosynthese *f*; *Typ*. Fotosatz *m*.
φωτοτυπ|ία [fɔtɔtip-] Fotokopie *f*; Phototypie *f*; ***σε ~ία*** in Fotokopie; **~ικός** Fotokopier- (*Apparat*).
φωτότυπο Faksimile *n*.
φωτ|όφοβος lichtscheu; **~οφόρος** [-'fɔr-] (-α) lumineszierend; Leucht-; **~οφράκτης** Verschluss *m*; **~οχημεία** [-ɔçim-] Photochemie *f*; **~οχρονικά** *n/pl*. Wochenschau *f*; **~οχρωματικός** [-xrɔmat-] photochromatisch; **~οχυσία** Illumination *f*.

Χ

Χ, χ [çi] Chi *n*; χ´ = 600; ͵χ = 600.000.
χα [xa]: ***χα! χα! χα!*** haha'ha!
Χαβάη [xa'vai] *f* Hawaii *n*.
χαβάνι (Messing-)Mörser *m*; Tabakschneidemaschine *f*.
χαβάς [-'vas] (-άδες) Weise *f*, Melodie *f*.
χαβιάρι Kaviar *m*.
Χάβρη ['xavri] Le Havre *n*.
χάβω ['xavɔ] (ψ) F kapieren.
Χάγη ['xaji] Haag *m*.
χαδ- *s.* ***χαϊδ-***.
χαζεύω (εψ) gaffen.
χάζι ['xazi] Vergnügen *n*; ***τον κάνω ~*** ich finde Gefallen an ihm; ***έχει ~ να*** *iro*. es wäre schön, zu ...
χαζ|ίρι (0) fix und fertig; **~ίρικος** fertig; **~ομάρα** Albernheit *f*; **~ός** (Hans) Guckindieluft *m*; Gaffer *m*.
χαθ- *s.* ***χάνω***.
χάιδε(υ)μα *n s.* ***χάιδι***.
χαϊδ|ε(υ)μένος verwöhnt, F verpimpelt; **~ευτικός** [-εft-] zärtlich.
χαϊδεύω [xaið-] (εψ· εμ) streicheln; verwöhnen.
χάιδι ['xaiði] *mst. pl.* Zärtlichkeit *f*; ***κάνω ~α*** sich (*A*) zieren.
χαϊδιάρης (-α, -ικο) anschmiegsam; zärtlichkeitsbedürftig.
χαϊδολο|γιέμαι [-'jεmε] (-ιέσαι) F Mätzchen machen; **~γώ** (άς) *v/t*. liebkosen, streicheln.
χαϊμαλί Talisman *m*, Amulett *n*.
χαίνω ['çεnɔ] (*o. Aor.*; *Impf.* έχαινα) *Abgrund*: gähnen; *Wunde*: klaffen.
χαιράμενος [çε'ram-] freudig.
χαίρε, *mst.* ***χαίρετε*** ['çεrε(tε)] *allgemeiner Gruß*: Auf Wiedersehen!, Adieu!; Guten Tag!
χαιρ|εκακία [çεrεkaķ-] Schadenfreude *f*; **~έκακος** [-'εkak-] schadenfroh; **~εκακώ** [-ka'kɔ] (είς· ησ) schadenfroh sein; **~έτημα** *n s.* ***χαιρέτισμα***; **~ετίζω** (σ) *s.* ***χαιρετώ***; **~έτισμα** *n* Gruß *m*; ***πολλά ~ετίσματα σε ...*** viele Grüße an ...; **~ετισμός** Gruß *m*; Begrüßung *f* (***δια*** *G*/ durch *A*); *mil.* Salutieren *n*; *Rel. pl.* Marienhymnen *f/pl.*; **~ετιστήριος** Gruß-; **~ετούρα** jubelnde Begrüßung, Jubel *m*; **~ετώ**

χαΐρι 522

[-ε'tɔ] (άς· ησ) grüßen; *mil.* salutieren; *fig.* begrüßen; Glück wünschen *D zum Namenstag.*

χαΐρι [xa'iri] Erfolg *m*, Glück *n.*

χαίρομαι ['çerɔmɛ], **χαίρω** (να χαρώ· [ε]χαρη-) *v/t. Jugend* genießen *A*, sich (*A*) freuen (an *D*); sich *großer Achtung* (*G*) erfreuen; sich *s-s Lebens* (*G*) freuen; *v/i.* sich (*A*) freuen (***για, με***/über *A*); ... ***να σε χαρώ ...*** ... doch bitte ...; ach bitte ...; ***χαίρω πολύ*** sehr angenehm (*d. h.* Ihre Bekanntschaft zu *machen*).

χαίτη ['çeti] Mähne *f.*

χακί [xa'ķi] Khaki *n.*

χάλαζα *s.* ***χαλάζι u. χαλάζιο.***

χαλάζι [xa'lazi] Hagel *m*; ***πέφτει*** (***ρίχνει***) ~ es hagelt.

χαλαζίας [-'zias] Quarz *m.*

χαλ|άζιο *Med.* Gerstenkorn *n*; **~αζόκοκος** [-a'zɔkɔk-] Hagelkorn *n.*

χαλάλι (***του***) (es) sei (ihm) gegönnt!

χαλαλίζω (σ) *j-m etw.* gönnen; *j-m etw.* vergeben.

χαλαρ|ός [xalar-] lose, locker; *Markt*: flau; **~ότητα** Lockerheit *f*, Laxheit *f.*

χαλάρωμα *n* Lockerung *f.*

χαλαρών|ω (σ) *v/t.* lockern; ***~ομαι*** sich lockern; nachlassen.

χαλάρωση [xa'larɔsi] (-εις) Lockerung *f*; Erschlaffung *f*; *pol.* Entspannung *f.*

χαλασ- *s.* ***χαλνώ.***

χαλασιά *s.* ***χαλασμός.***

χάλασμα *n* Zertrümmerung *f*; Zerstörung *f*; Verderbnis *f*; Ruine *f*; *s.* ***χαλνώ***; *pl.* Trümmer *m/pl.*

χαλασ|μένος [xalazm-] zertrümmert; entzwei, F kaputt; zerstört; verderbt; **~μός** *s.* ***χάλασμα***; ***~μός κόσμου*** Tohuwabohu *n*; Menschenauflauf *m*; Freudentaumel *m*; **~τής** Vernichter *m.*

χαλάστρα: ***μου*** (***τα***) ***'κανες ~*** du hast mir alles verdorben.

χαλάω *s.* ***χαλνώ.***

χαλβάς [xal'vas] Halva *n* (*e-e Süßigkeit*); Blödian *m*; F Memme *f.*

χαλεπ|ός [-lɛp-] mühselig, schwierig; **~ότητα** Mühseligkeit *f.*

χάλι ['xali] *mst. pl.* F Klemme *f*; ***είμαι ~α*** sich (*A*) schlecht fühlen; ***έχω ~α*** in der Patsche sein.

χαλί Teppich *m*; *fig.* Spielball *m* (*j-s werden*); Misere *f.*

χαλίκι Kieselstein *m.*

χαλίκωση [xa'likɔsi] (-εις) Kieselsteinbelag *m*; *Med.* Staublunge *f.*

χαλιμά 1001 Nacht *f.*

χαλινα|γώγηση [xalina'ɣɔj-] (-εις) Zügelung *f*; **~γωγώ** [-ɣɔ'ɣɔ] (είς· ησ) zügeln (*a. fig.*).

χαλιν|άρι [xalin-], **~ός** Zügel *m*, Zaum *m*; *fig.* Beschränkung *f*; **~ώνω** (σ· θ) (auf)zäumen; *fig.* zügeln.

χαλίνωση [-'linɔsi] (-εις) Aufzäumen *n*; *fig.* Zügelung *f.*

χαλίφης [-'lif-] (-ηδες) Kalif *m.*

χαλκάνθη [xal'kañθi] Kupfervitriol *n.*

χαλκάς [-'kas] (-άδες) Metallring *m*; Türklopfer *m.*

χαλκ|είο [xalķ-] Kupferschmiede *f*; *fig.* (*Lügen-*)Fabrik *f*; **~έντερος** [-'eñdɛr-] unermüdlich; **~εύω** (ευσ) *v/t. etw.* aus Kupfer schmieden; *fig. Ränke* schmieden; **~ιάς** (-ιάδες) Kupferschmied *m.*

χαλκιδικός ... (aus) der Chalkidike.

χάλκινος ['xalķin-] Kupfer-, kupfern.

χαλκίτιδα Kupfererz *n.*

χαλκο|γράφημα [xalkɔ'ɣraf-] *n* Kupferstich *m*; **~γραφία** Kupferstechkunst *f*; Kupferstich *m*; **~λαμπρίτης** [-la'm̃brit-] Kupferglanz *m*; **~μανία** [-man-] Abziehbild *n*; **~νόμισμα** [-'nɔm-] *n* Kupfermünze *f*; **~πράσινος** patinafarben.

χαλκ|ός [xalk-] Kupfer *n*; **~οτσούκαλο** [-ɔ'tsukalɔ] Kupfergefäß *n*; **~ουργός** [-urɣ-] Kupferschmied *m*; **~ούχος** [-'ux-] kupferhaltig.

χάλκωμα *n* Kupfergeschirr *n.*

χαλκωματ|άδικο [xalkɔma'tað-] Kupferschmiede *f*; **~άς** (-δες) Kupferschmied *m*; **~ένιος** (-ια) *s.* ***χάλκινος.***

χαλκωρυχείο Kupferbergwerk *n.*

χαλ|νώ [xal'nɔ] (άω, άς· λασ· λαστ· λασμ) zerstören; entzweimachen, F kaputtmachen; *Stimmung, Plan, j-n* verderben; *Kind* verwöhnen; *Mädchen* verführen; *Schuhe, Kleidung* zerreißen; *Haus* abreißen; *j-n* umbringen; *Geld* ausgeben (***σε***/ für *A*); *Geld* wechseln, F klein machen; *v/i.* entzwei- *od.* kaputtgehen; verderben; *Mensch*: verfallen; ***τα ~άσαμε*** wir haben uns verkracht; ***~άει τον κόσμο*** er setzt Himmel und Erde in Bewegung; ***~άει ο κόσμος*** es gibt e-n Riesentumult.

χάλυβας ['xalivas] Stahl *m.*

χαλύβδινος [-'livð-] Stahl-, stählern; *fig.* eisern.
χαλύβδωση [xa'livðɔ-] (-εις) Härten *n.*
χαλυβ|οβιομηχανία [xalivɔviɔmixan-] Stahlindustrie *f*; **~ώνω** (σ) härten; Stahl herstellen.
χαλύβωση [-'livɔsi] (-εις) Stahlerzeugung *f.*
χαλώ (άς) *s.* ***χαλνώ.***
χαμάδα [xam-] Fallolive *f.*
χαμαι- *s.* ***χαμο-.***
χαμ|αιλέοντας [-ɛ'lɛɔn̆das] Chamäleon *n*; **~αίμηλο** *s.* ***χαμομήλι.***
χαμαι|πετής [xamɛpɛt-] Boden-, Erd-; ordinär; **~τυπείο** Bordell *n.*
χαμ|άλης [xa'mal-] (-ηδες) (Last-)Träger *m*; *fig.* Rüpel *m*, Lump *m*; **~αλιάτικα** [-'ljat-] *n*/*pl.* Trägerlohn *m*; **~αλίκι** [-'liķi] Schufterei *f*; **~αλίτικος** Träger-; Schwer-, Knochen- (*Arbeit*).
χαμάμ [-'mam] *n* türkische(s) Bad *n.*
χαμέν|ος [xa'mɛn-] verloren; weg; erledigt, ruiniert; *Su. m* Nichtsnutz *m*; ***~ο κορμί*** Taugenichts *m*; ***τα 'χει ~α*** er ist verrückt geworden; er ist fassungslos; ***τρέχει στα ~α*** er bemüht sich vergeblich; *s.* ***χάνω.***
χαμ|έρπεια [-'mɛrp-] Niedrigkeit *f*, Kriecherei *f*; **~ερπής** kriecherisch.
χαμηλο|βλεπούσα *fig.* Mauerblümchen *n*; **~θώρης** (-α) verschämt.
χαμηλ|ός [xamil-] niedrig; tief; *Stimme*: leise; **~οτάβανος** ... niedriger Decke; **~όφωνος** [-'ɔfɔn-] leise.
χαμήλωμα *n* Senken *n*; Bücken *n*; Nachlassen *n*; Niederung *f.*
χαμηλώνω (σ· ωμ) *v*/*t. allg.* niedriger machen; *Preis*, *Stimme*, *Augen* senken; *Radio* leiser stellen; herunterlassen; *v*/*i.* sich senken; sich (*A*) bücken; nachlassen.
χαμίνι Straßenjunge *m.*
χαμιτικός hamitisch.
χαμ|όγελο [xa'mɔjɛlɔ] Lächeln *n*; **~ογελώ** [-jɛ'lɔ] (άς· ασ) lächeln; **~όγι** Kate *f*; **~όδεντρο** [-'ɔðɛn̆drɔ] Strauch *m*, Busch *m*; **~οκέλα** [-ɔ'ķɛla] Hütte *f*, Kate *f*; **~οκέρασο** [-ɔ'ķɛrasɔ] Erdbeere *f*; **~όκλαδο** [-'ɔklaðɔ] *Bot.* Wacholder *m*; *pl.* Gestrüpp *n*; **~οκυλιέμαι** (ιέσαι· ηθ) sich (*A*) auf dem Boden wälzen; **~ομήλι** [-ɔ'mili], **~όμηλο** Kamille *f*; Kamillentee *m.*

χαμός Verlust *m*, Tod *m*; *fig.* (Menschen-)Gewühl *n.*
χάμου ['xamu] *Adv.* unten, auf dem Boden; nieder- (*schlagen*).
χάμουρα [-mura] *n*/*pl.* Zaumzeug *n.*
χαμούρα verkommene(s) Weib.
χαμπάρι [xa'bari] Nachricht *f*; ***τι ~α;*** was gibt's Neues?; ***δεν έχω ~*** ich hab keine Ahnung (***από***/ von *D*); ***το παίρνω ~*** ich merke es.
χαμπαρίζω [xabar-] (σ) e-e Ahnung haben (***από***/ von *D*); *j-n* achten.
χαμπέρι *s.* ***χαμπάρι.***
χα(μ)ψί *s.* ***χαψί.***
χάμω *s.* ***χάμου.***
χάνι ['xani] *hist.* Herberge *f*, Han *m.*
Χανιά *n*/*pl.* Kandia *n* (*auf Kreta*).
χαντ|άκι [xa'n̆daiķi] Graben *m*; **~άκωμα** *n* Rain *m*; **~ακώνω** (σ· θ) *v*/*t.* zugrunde richten, ruinieren; ***~ακώνομαι*** zugrunde gehen.
χάντ-μπωλ (0) *n* Handball *m.*
χάντρα ['xan̆dra] (Glas-)Perle *f.*
χά|νω ['xanɔ] (έχασα· θ· αμ) *v*/*t.* verlieren; *Gelegenheit* verpassen; *seine Zeit* verplempern; *fig.* mir entgeht etwas (***που***/ weil; wenn); ***~νομαι*** verloren gehen; entwerten; sich (*A*) verirren, sich (*A*) verlaufen; verschwinden; wegfallen (*z. B. Buchstabe in e-m Wort*); ***~νω το δρόμο*** sich (*A*) verlaufen; ***τα ~νω*** die Fassung verlieren; ***τι θα ~σω να ...*** was riskiere ich, wenn ...; ***~σου!, να χαθείς!*** scher dich weg!
χάος *n* Chaos *n*, Wirrwarr *m*; Abgrund *m.*
χάπι ['xapi] Pille *f*, Tablette *f*; F Dämlack *m.*
χαρ|ά [xa'ra] Freude *f*; Hochzeit *f*; *oft*: ***μια ~ά*** glänzend, prima; ***μετά ~άς*** mit Vergnügen; ***έχω ~ά*** sich (*A*) freuen; ***κάνω ~ά*** Hochzeit machen; ***παιδική ~ά*** Kinderspielplatz *m*; ***~ά στο πράμα*** *iro.* Wichtigkeit!; wertlos.
χαραγή Sprung *m*; Spalier *n*; Kerbe *f*; Gravieren *n*; Absteckung *f*; Morgenröte *f*, Tagesanbruch *m.*
χάρα(γ)μα ['xara(ɣ)ma] *n s.* ***χαραγή;*** *pl. s.* ***χαράματα.***
χαρα(γ)ματιά *s.* ***χαραγή;*** Schramme *f*; Spalt *m.*
χαράδρα [-'raðra] Schlucht *f.*
χαρ|άζω [xar-] (ξ· χτ· γμ) (ein)gravieren; (ein)kerben, einschneiden; aufneh-

χάρακας 524

men (*σε*/ auf *Schallplatte A*); *Grenze usw.* abstecken; zeichnen; einprägen; **~άζει** der Tag bricht an.
χάρακας [-rakas] Lineal *n*; Linienblatt *n*; Pfahl *m*, Palisade *f*.
χαρ|άκι [xa'raïk̯i] Lineal *n*; Einschnitt *m*, Kerbe *f*; Strich *m*, Linie *f*; Riefe *f e-r Säule*; *Bot*. Pfropfen *n*; **~ακιά** [-ak̯-] Schramme *f*; (gerade) Linie *f*; Strich *m*.
χαρακτήρας Charakter *m*; Merkmal *n*; Gepräge *n*, Stempel *m*; *Gr*. Stammauslaut *m*; *Typ*. Letter *f*, Schriftzeichen *n*; (*Schrift-*) Zug *m*; *Pers. z. B.* ***αδύνατος*** **~** ein schwächlicher Charakter.
χαρακτηρ|ίζω (σ· στ) kennzeichnen, charakterisieren; bezeichnen (0 *od.* ***ως***/ als); **~ισμός** Charakterisierung *f*, Kennzeichnung *f*; Charakteristik *f*; **~ιστικός** charakteristisch (*G*/ für *A*); *Su. n* Merkmal *n*, Kennzeichen *n*; *n/pl.* Gesichtszüge *m/pl.*; **~ιστικότητα** Wesenszüge *m/pl.*; **~ολογία** Charakterkunde *f*.
χαρ|άκτης [xa'rakt-] (Kupfer-, Stahl-) Stecher *m*; **~ακτικός** Gravier-; *Su. f* Gravierkunst *f*; **~ακτός** graviert, gestochen; eingeschnitten; **~άκωμα** *n* Liniieren *n*; Pfahlwerk *n*; Weinspalier *n*; *mil.* Schützengraben *m*.
χαρακ|ώνω (σ· θ) liniieren; *durch Pfahlwerk* verschanzen, befestigen; ein Spalier errichten; kerben; ***~ώνομαι*** sich (*A*) verschanzen; **~ωτός** liniiert; geriefelt, gefurcht, gerippt.
χαραμ- *s.* ***χαραγμ-***.
χαραμάδα (*Tür-*)Spalt *m*, Ritze *f*.
χαράματα: ***τα*** **~** bei Tagesanbruch.
χαράμι (es ist) verloren; unverdientermaßen; **~** ***να του γίνει*** soll er daran krepieren!
χαραμ|ίζω (σ) verschwenden, *Geld* verpulvern (***σε***/ an *A*); **~οφάγος** [-ɔ'faɣ-] Schmarotzer *m*, Parasit *m*.
χάραξη ['xaraksi] Gravieren *n*; Liniieren *n*, Linienziehen *n*; Abstecken *n*.
χαραξιά Strich *m*, Linie *f*.
χαρ|άτσι [-'ratsi] *hist.* Kopfsteuer *f*; Zwangsabgabe *f*; **~ατσώνω** (σ) *j-n* übermäßig besteuern; F *j-n* schröpfen.
χαραυγή [xara'vji] Morgengrauen *n*.
χαραχτ- *s.* ***χαρακτ-***.
χάρβαλο ['xarvalɔ] Ruine *f* (*a. fig.*).
χαρβαλώνω (σ) kaputtmachen.
χαρέμι [xa'rɛmi] Harem *m*.
χάρη ['xari] Anmut *f*, Reiz *m*, Charme *m*; *pl. bsd.* Vorzüge *m/pl.*; Gefallen *m*; Dank *m*; *Rel.*, *jur.* Gnade *f*, *jur.* Begnadigung *f*; ***χρωστώ*** **~** Dank schulden (***σε***/ *D*); ***του δόθηκε*** **~** er wurde begnadigt; ***κάνε μου τη*** **~** ***να ...*** tu mir den Gefallen, zu ...
χαρηκ- *s.* ***χαίρομαι***.
χαριεντ|ίζομαι [xarïɛ'ndizɔmɛ] (στ) schäkern; **~ισμός** Schäkerei *f*.
χαρίζ|ω (σ· στ) schenken; *Strafe, Schuld* erlassen; ***~ομαι*** gefällig sein, e-n Gefallen tun (***τον***/ j-m).
χάριν *K. G* wegen *G*, für *A*; ***παραδείγματος*** **~** zum Beispiel.
χάρισμα *n* Geschenk *n*, Gabe *f*; Talent *n*, Gabe *f*; *Adv.* gratis.
χαριστ|ής Geber *m*, Schenkende(r); **~ικός** freigebig; parteiisch; Gnaden- (*Stoß*); ***διάταξη ~ικής αιτίας*** *jur.* Schenkung *f*.
χαριτ|όβρυτος [xari'tɔvrit-] entzückend; **~ολόγημα** *n* Bonmot *n*; **~ολογία** Plauderei *f*; **~ολόγος** (-α) unterhaltsam; **~ολογώ** [-'ɣɔ] (είς· ησ) unterhaltsam sein; **~ωμένος** reizend.
χάρμα ['xarma] *n* Genuss *m*; **~** ***οφθαλμών*** Augenweide *f*.
χαρμάνης F Habenichts *m*.
χαρμάνι Gemisch *n*; Tabakmischung *f*.
χαρμόσυνος [xar'mɔsin-] erfreulich; ... voller Freude, Freuden-.
χαροκαμένος [-rɔkam-] *j-m* durch den Tod genommen.
χαρο|κόπι [xarɔ'kɔpi] Vergnügen *n*; F Fete *f*; **~κόπος** Lebemann *m*.
χάροντας *s.* ***χάρος***.
χαροπαλεύω [xarɔpal-] (ευσ) mit dem Tode ringen; *fig.* kämpfen (um *A*).
χαρο|ποιός [-'pjɔs] (-ά) freudig, erfreulich; **~ποιώ** [-'pjɔ] (είς· ησ) erfreuen.
χάρος (*a.* ♌) Charon *m*, *der Fährmann der Unterwelt*; *fig.* Freund Hein *m*.
χαρούμενος [xa'rum-] fröhlich, froh.
χαρ|ούπι [-'rupi] Johannisbrot *n*; **~ουπιά** Johannisbrotbaum *m*.
χαρτ|αετός [xartaɛt-] Drache *m* (*Spielzeug*); **~άκι** [-'aïk̯i] Zettel *m*; **~αποθήκη** Zettelkasten *m*, Kartei *f*; **~ένιος** (-ια) *s.* ***χάρτινος***.
χαρτζιλ|ίκι [xardzi'lik̯i] Kleingeld *n*; Taschengeld *n*; **~ικώνω** (σ) *v/t. j-m* etwas Kleingeld geben.
χάρτης ['xart-] Papier *n*; Landkarte *f*;

X

Urkunde *f*; **~ πόλης** Stadtplan *m*; **~ φωτογραφικός** Fotopapier *n*; **~ επιστολών** Briefpapier *n*; **συνταγματικός ~** Verfassungsurkunde *f*.

χαρτί [xar'ti] Papier *n*; Dokument *n*, Urkunde *f*, Zeugnis *n*, *pl*. Papiere *n/pl*.; Spielkarte *f*, *pl*. Karten *f/pl*. *u*. Kartenspiel *n*; **~ τουαλέτας** Toilettenpapier *n*; **χαρτιά αυτοκινήτου** Wagenpapiere *n/pl*.

χαρτικά Schreibwaren *f/pl*.

χάρτινος Papier-, papieren.

χαρτο|βασίλειο [xartɔva'sil-] heilige(r) Bürokratius *m*, Amtsschimmel *m*; **~βιβλιοπωλείο** Schreibwaren- u. Buchhandlung *f*; **~γραφία** [-ɣraf-] Kartographie *f*; **~γραφικός** kartographisch; **~γράφος** Kartograph *m*; **~δένω** (σ· θ) broschieren; kartonieren; **~δέσιμο** (-ατος) Broschieren *n*; Kartonieren *n*, Pappen *n*.

χαρτ|όδετος [xar'tɔðεt-] broschiert; kartoniert, gepappt; **~οθέτης** [-ɔ'θεt-] *Typ*. Bogenanleger *m*; **~οθήκη** [-ɔ'θik̯i] Kartei *f*; Aktentasche *f*, Mappe *f*; **~οκόφτης** Brieföffner *m*; **~ομαντεία** [-ɔmaňd-] Kartenlegen *n*; **~ομάντιλο** Papiertaschentuch *n*; **~ομάντισσα** Kartenlegerin *f*.

χαρτ|ονένιος [-tɔ'nεn-] (-ια) Papp-, Karton-, ... aus Pappe *od*. Pappmaché; **~όνι** Pappe *f*, Karton *m*.

χαρτο|νόμισμα [xartɔ'nɔm-] *n* Banknote *f*; Papiergeld *n*; **~παίγνιο** [-'pεɣn-] Kartenspiel *n*; **~παίζω** [-'pεzɔ] (ξ) Karten spielen; **~παικτείο** [-pεkt-] Spielbank *f*; **~παιξία** [-pεks-] Kartenspielen *n*; **~παίχτης** (-τρα) (Karten-)Spieler(in *f*) *m*.

χαρτο|ποιείο [xartɔpi'iɔ] Papierfabrik *f*; **~ποιία** [-pi'ia] Papierfabrikation *f*; **~ποιός** [-'pjɔs] Papierfabrikant *m*; Arbeiter *m* in e-r Papierfabrik; **~πόλεμος** Papierkrieg *m*; Konfettiregen *m*; **~πωλείο** [-pɔl-] Schreib- und Papierwarenhandlung *f*; **~πώλης** Schreibwarenhändler *m*; **~ρίχτρα** [-'rixtra] Kartenlegerin *f*; **~σακούλα** [-sa'kula] Tüte *f*; **~σημαίνω** [-sim-] (αν· ανθ· ασμ) e-e Stempelmarke aufkleben; abstempeln.

χαρτόσημο [-'tɔsimɔ] Stempelpapier *n*; Stempelmarke *f*.

χαρτού (-ούδες) *f* Kartenlegerin *f*.

χαρτούρα Trinkgeld *n für die Musiker*.

χαρτο|φύλακας [xartɔ'filakas] (Akten-)Mappe *f*; Brieftasche *f*; Archivar *m*; **~φυλάκιο** [-fi'laïk̯-] Brieftasche *f*; Aktenmappe *f*; *pol*. Protefeuille *n*.

χαρτ|ώνω (σ) mit Papier auslegen; **~ωσιά** *im Spiel*: Stich *m*; Glück *n*.

χαρχάλι Halskette *f*; Kehllappen *m*.

χαρωπός [xarɔ'pɔs] lustig, fröhlich.

χασάπ|ης [xa'sap-] (-ηδες) Fleischer *m*, Schlächter *m*, Metzger *m*; **~ικο** Fleischerei *f*, Schlächterei *f*.

χασές [-'sεs] (*Gewebe*) Perkal *m*.

χάση Abnahme *f des Mondes*; **στη ~ και στη φέξη** alle Jubeljahre einmal.

χασικλής [xasikl-] (-ήδες) Haschischraucher *m*.

χάσικος rein, weiß; tadellos.

χάσιμο (-ατος) Verlust *m*.

χασίσ(ι) (0) *n* Haschisch *m*.

χασισο- Haschisch-.

χάσκ|α ['xaska] *Adv*. mit offenem Munde; *Spiel*: Schnappen *n* nach e-r Süßigkeit; **~ας** Gaffer *m*; **~ω** (έχασκα, εχάσκησα) gaffen; *S*. klaffen.

χάσμα ['xazma] *n* Schlund *m*, Abgrund *m*; Spalte *f*; *fig*. Lücke *f*.

χασμάδα Spalt *m*.

χάσμημα *n s*. **χασμουρητό**.

χασμουρ|ητό [xazmuri'tɔ] Gähnen *n*; **~ιάρης** (-ηδες) Gähner *m*; **~ιέμαι** (ιέσαι· ηθ), **~ιούμαι** gähnen.

χασμωδία [xazm-] *Gr*. Hyatus *m*; *fig*. Unterbrechung *f*; Leere *f*.

χασο|μέρης [xasɔ-] Nichtstuer *m*; **~μέρι** Nichtstun *n*; Zeitverlust *m*; Lohnausfall *m*; **~μερώ** [-mε'rɔ] (άς· ησ) *v/i*. in die Luft gucken; (die) Zeit verlieren; *v/t*. *j-n* aufhalten.

χασοφεγγαριά [-fεŋ̃ga'rja] abnehmende(r) Mond.

χασούρα Verlust *m*; Fehlschlag *m*.

χασούρης (-ηδες) F Versager *m*.

χαστ|ούκι [-'stuïk̯i] Ohrfeige *f*; **~ουκίζω** (σ), **~ουκώνω** (σ) ohrfeigen.

χατζ|ής [xa'dzis] (-ήδες) Hadschi *m*, Mekkapilger *m*; **~ιλίκι** Wallfahrt *f*.

χατίρι Gefallen *m*; Gunst *f*; **για το ~ σου** dir zuliebe.

χατιρικός parteiisch; Gunst-, Gnaden-.

χαυλιόδοντας Stoßzahn *m*.

χαύνος ['xavn-] schlaff, schlapp.

X

χαυν|ότητα [xa'vnɔt-] Schlaffheit *f*; **~ώνω** (σ) erschlaffen, entkräften.
χαύνωση ['xavnɔsi] (-εις) Erschlaffung *f*, Erlahmung *f*; Entkräftung *f*.
χαυνωτικός erschlaffend; deprimierend.
χαφ|ιεδισμός [xafjɛð-] Denunziantentum *n*; Bespitzelung *f*; **~ιές** [-'jɛs] (-ιέδες) Denunziant *m*; Spitzel *m*.
χαφ-μπάκ [xaf'bak] (0) *m* Läufer *m*.
χάφτης Hans Guckindieluft *m*.
χάφτω (έχαψα) *Essen* verschlingen; schlucken (*a. fig.*); schnappen nach *D*.
χάχανα ['xaxana] *n/pl.* schallende(s) Gelächter *n*.
χαχανητό Gekicher *n*.
χαχανίζω (σ) schallend lachen.
χάχας [-xas] Ölgötze *m*.
χάχλανο *s.* ***χάχανα***.
χαχόλος [xa'xɔl-] Bauer *m*, ungeleckte(r) Bär *m*.
χάψη ['xapsi] F Kittchen *n*.
χαψί Anschovis *f*.
χαψιά Happen *m*; Schnappen *n*.
χάψιμο (-ατος) Verschlingen *n*.
χαώδης [xa'ɔð-] chaotisch.
χεζάς (-άδες) *s.* ***χέστης***.
χέζ|ω ['çɛzɔ] (σ· στ) *v/i.* (*vulgär*) scheißen, kacken; *v/t.* P *die Hosen* voll machen; P *fig. j-n* anranzen, anpfeifen; ***~ομαι*** P sich voll machen; *fig. vor Angst* in die Hosen machen.
χειλ|αράς [çila'ras], **~άς** (-ού, -άδικο) ... mit wulstigen Lippen.
χειλεόφωνος [-lɛ'ɔfɔn-] labial, Lippen-; *Su. n* Lippenlaut *m*.
χείλι ['çili] Lippe *f*; Rand *m*.
χειλικός Lippen-; *Gr.* labial.
χείλος *n s.* ***χείλι***.
χειλόφωνος *s.* ***χειλεόφωνος***.
χειμ|αδιό [çima'ðjɔ] Winterquartier *n*; **~άζομαι** [-'azɔmɛ] (στ) e-n schweren Winter *od.* viel durchmachen; ***~αζόμενος*** *a.* schwer geprüft.
χείμαρρος ['çimar-] Gießbach *m*.
χειμαρρώδης reißend; *fig.* stetig.
χειμερινός winterlich; Winter-.
χειμέρ|ιος (-ια) Winter-; ***~ια νάρκη*** Winterschlaf *m*.
χειμώνας [-'mɔnas] Winter *m*.
χειμωνιάζ|ω [çimɔn-] (-μώνιασα) winterlich werden; ***~ει*** es wird Winter.
χειμωνιάτικος *s.* ***χειμερινός***.
χειρ|αγώγηση [çira'ɣɔj-] (-εις), **~αγωγία** Führung *f* (*a. fig.*); Geleit *n*; *fig.* Anleitung *f*; **~αγωγός** [-'ɣɔs] Führer *m*, *fig. bsd.* Berater *m*; **~αγωγώ** [-'ɣɔ] (είς· ησ) führen, geleiten; *fig.* (an)leiten; gängeln.
χειρ|άμαξα [-'ramaksa] Schubkarren *m*; **~αποσκευή** Handgepäck *n*.
χειρ|αφεσία [çirafɛs-] Freilassung *f*; Emanzipation *f*; Mündigsprechung *f*; **~αφετημένος** [-fɛtim-] freigelassen; emanzipiert; mündig gesprochen; **~αφέτηση** (-εις) *s.* ***χειραφεσία***; **~άφετος** *s.* ***χειραφετημένος***; **~αφετώ** [-afɛ'tɔ] (είς· ησ) freilassen; *Frau*: bürgerlich gleichstellen; emanzipieren; *jur.* mündig sprechen.
χειραψία [çiraps-] Händeschütteln *n*, Händedruck *m*; Handschlag *m*.
χειρ|ίδα Ärmel *m*; **~ιδωτός** ... mit Ärmeln.
χειρ|ίζομαι [çi'rizɔmɛ] (στ) handhaben; *gut* beherrschen; betätigen; *Thema* behandeln; *Angelegenheit* regeln; **~ισμός** Handhabung *f*; Betätigung *f*; Behandlung *f*; Regelung *f*; **~ιστήριο** Griff *m*; Taster *m*; *Computer*: Maus *f*; **~ιστής** Maschinist *m*; Telegrafist *m*; Datentypist *m*; *Chem.* Laborant *m*.
χείριστος *Sup. v.* ***κακός***: schlechtest-; schlimmst-.
χειρίστρια Telegrafistin *f*; Datentypistin *f*.
χειροβολ|ιά [çirɔvɔl-] Bündel *n*; Hand voll *f*; **~ιάζω** (-βόλιασα) bündeln.
χειρ|όβολο [çir-] *s.* ***χειροβολιά***; **~οβομβίδα** [-ɔvɔmv-] Handgranate *f*; **~όγραφο** [-'ɔɣrafɔ] Manuskript *n*; *mst. hist.* Handschrift *f*; **~όγραφος** handgeschrieben; **~οδέσμη** *s.* ***χειροπέδη***; **~οδικία** [-ɔðik-] Faustrecht *n*; **~οκίνητος** [-'kinit-] Hand-, ... für Handbetrieb; **~οκρόταλο** Kastagnette *f*; **~οκρότημα** *n*, **~οκρότηση** (-εις) Applaus *m*, Beifall(klatschen *n*) *m*; **~οκροτώ** [-krɔ'tɔ] (είς· ησ) *j-n* beklatschen, applaudieren (***τον***/ j-m).
χειρ|ολαβή [çirɔla'vi] Handlauf *m des Geländers*; Handgriff *m*; **~ομάλαξη** [-'malaksi] (-εις) Massage *f*; **~ομαντεία** [-mand-] Handlesekunst *f*; Chiromantie *f*; **~ομάντισσα** Handliniendeuterin *f*, Chiromantin *f*; **~όμυλος** [-'ɔmil-] Handmühle *f*.
χειρονομ|ία [-nɔm-] Gebärde *f*, Geste

f; Gestikulation *f*; **~ώ** (είς· ησ) gestikulieren.
χειρο|πέδη [çirɔ'pεði] Handschelle *f*; **~πιαστός** [-pjast-] fühlbar; handgreiflich (*bsd. fig.*); *liegt* auf der Hand; **~πλήκτρο** [-'pliktrɔ] *Mus.* Klöppel *m*; **~πόδαρα** [-'pɔðara] *Adv.* an Händen und Füßen; **~ποίητος** [-'piit-] handgearbeitet; Hand-; **~σφαίριση** [-'sfεr-] (-εις) Handball *m*.
χειρότερα [çi'rɔtεra] *Adv.* schlechter; schlimmer; übler.
χειροτ|έρεμα *n*, **~έρευση** (-εις) Verschlechterung *f*; **~ερεύω** (εψ) *v/t.* verschlechtern; *v/i.* **~ερεύομαι** sich verschlechtern, schlechter werden; es wird schlechter *mit mir usw.*
χειρότερο|ς schlechter, schlimmer; **τόσο το ~** umso schlimmer; **πάει στο ~** er wird immer hinfälliger.
χειρο|τεχνείο [çirɔtεxn-] Werkstatt *f*, Atelier *n*; **~τέχνημα** *n* Handarbeit *f*; **~τέχνης** Handwerker *m*; **~τεχνία** Handwerk *n*; Kunsthandwerk *n*; **~τεχνικός** Hand-; handwerklich.
χειροτον|ία *Rel.* Ordination *f*; **~ώ** (είς· ησ) ordinieren; F verdreschen.
χειρ|ουργείο [çir-] Operationssaal *m*; **~ούργηση** (-εις) Operation *f*; **~ουργική** Chirurgie *f*; **πλαστική ~ουργική** Schönheitschirurgie *f*; **~ουργικός** chirurgisch.
χειρ|ούργος [çi'rurɣ-] Chirurg *m*; **~ουργώ** [-ur'ɣɔ] (είς· ησ) operieren.
χιερ|οφίλημα [-rɔ'fil-] *n* Handkuss *m*; **~όφρενο** [-'ɔfrεnɔ] Handbremse *f*.
χειρ|ώναχτας einfache(r) Arbeiter *m*; **~ωναχτικός** körperlich (*Arbeit*).
χέλι ['çεli] Aal *m* (*a. fig.*).
χελιδόνι Schwalbe *f*; **~σμα** *n* Schwalbenlied *n* (*im Frühling*).
χελών|α [çε'lɔna], **~η** Schildkröte *f*; **~οειδής** Schildkröten-.
χελ|ώνια [çε'lɔn-] *n/pl.* Skrofeln *f/pl.*; *Zool.* (Ordnung *f* der) Schildkröten *f/pl.*; **~ωνιάρης** (-α, -ικο) skrofulös; *Su. m* Königsadler *m*; **~ώνιο** Knochenpanzer *m*; **~ωνίσιος** (-ια) Schildkröten-.
χέρα große Hand *f*.
χέρι ['çεri] Hand *f*; Arm *m*; Henkel *m*; Griff *m* (*z. B. am Kühlschrank*); **ένα, δύο ~** einmal, zweimal; **~ με ~** Zug um Zug; **~ - ~** Hand in Hand; **από πρώτο ~** aus erster Hand; **βάζω ~** anfassen, berühren; **του δίνω ~** *j-m* die Hand geben; **δίνω** (*od.* **βάζω**) **ένα ~** (*j-m*) zur Hand gehen; **τον έχω στο ~** ich habe ihn in der Hand; **στο ~ μου είναι να ...** es liegt in meiner Hand, zu ...
χεριά Hand voll *f*.
χερικό: καλό ~ glückliche Hand *f*; **κάνω ~** den Anfang machen.
χερο- *s.* **χειρο-.**
χεροπάνι [çεrɔ'pani] Lappen *m*.
χερ|ούκλα [-'rukla] plumpe Hand *f*; **~ουλάς, ~ουλάτης** [-u'lat-] Pflugsterz *m*, Griff *m*; **~ούλι** [-'uli] Griff *m*; Henkel *m*; Stiel *m*.
χερσ|αίος [çεrs-] (-αία) Land-; Kontinental- (*Klima*); **~όνησος** [-'ɔnis-] *f* Halbinsel *f*; **Ձόνησος** Cherso'nes *m*.
χέρσος[1] brachliegend, unbebaut.
χέρσος[2] ['çεrs-] *f* Festland *n*.
χερσότοπος Ödland *n*.
χέρσωμα *n* Brache *f*, Brachfeld *n*.
χερσώνω (σ· θ) brachliegen lassen.
χεσιά [çεs-], **χέσιμο** (-ατος) (*vulgär*) Scheißen *n*; Scheiße *f*.
χεσίδι (*vulgär*) Anschiss *m*.
χεσμένος [çε'zmε-] (*vulgär*) beschissen.
χέστης (*vulgär*) Scheißer *m* (*a. fig.*).
Χετ|αίος [çε'tεɔs] Hetiter *m*; **~ετικός** hetitisch.
χηλή [çi'li] Huf *m*; *mar.* Mole *f*.
χημ|εία [çim-] Chemie *f*; **~είο** Laboratorium *n*; chemische(s) Institut *n*; **~ικός** chemisch; *Su. m* Chemiker *m*.
χήνα Gans *f*; *fig.* (dumme) Gans *f*.
χην|άκι [çi'naiki], **~άριο** Gänschen *n*; **~ίσιος** (-ια) Gänse-.
χήνος ['çin-] Gänserich *m*.
χήρα ['çira] Witwe *f*.
χηρ|εία Witwenstand *m*, Witwenschaft *f*; *fig.* Vakanz *f*; **~ευάμενος** [-ε'vam-] im Witwenstand lebend; **~ε(υ)μένος** [-ε(v)m-] verwitwet; **~εύω** (εψ) Witwe *od.* Witwer sein; *fig. Stelle*: unbesetzt, vakant sein; **~εύουσα θέση** Vakanz *f*, unbesetzte Stelle *f*; **~ιός** *s.* **χήρος.**
χήρος ['çir-] Witwer *m*.
χθες [xθεs, xtεs] gestern; **~ το βράδυ** gestern Abend; **~ προχθές** neulich.
χθεσινός gestrig; ganz neu.
χι [çi] (0) *n* Chi *n*; **~ μι** *n Argot*: (ist) großer Mist.
χιασ|μός *Gr.* Chiasmus *m*; **~τί** kreuz-

weise; über Kreuz (*legen*); **~τός** gekreuzt, kreuzweise.
Χιλ|ή [çi'li] Chile *n*; ... **της ~ής** chilenisch.
χίλια *s.* ***χίλιοι.***
χιλιάδ|α [çilj-] Tausend *n*; tausend; ***δύο ~ες*** *usw.* zweitausend *usw.*; ***~ες άνθρωποι*** Tausende von Menschen.
χιλιά|ζω [çilj-] (σ) auf Tausend erhöhen; ***να τα ~σεις*** *etwa*: ein langes Leben sei dir vergönnt!; **~κριβος** unschätzbar; **~ρα** $2^1/_2$-Oka-Flasche *f*; **~ρικο** Tausenddrachmenschein *m*.
χιλιαρχία *hist.* Tausendschaft *f*.
χιλιασμός *Rel.* Spaltung *f*.
χιλι|ετηρίδα Jahrtausend *n*; Tausendjahrfeier *f*; **~ετής** tausendjährig; **~ετία** *s.* ***χιλιετηρίδα.***
χιλιμιντρ- *s.* ***χλιμιντρ-.***
χιλιόγραμμο Kilo(gramm) *n*.
χιλιοειπωμένος *fig.* abgedroschen.
χίλιοι ['çilii] (-ιες, -ια) tausend.
χιλι|ομετρικός [çiljɔmεtr-] Kilometer-; **~όμετρο** Kilometer *m*; **~οποδαρούσα** Tausendfüßler *m*; **~οστημόριο** [-ɔsti'mɔr-] Tausendstel *n*.
χιλιοστό|γραμμο [çiljɔ'stɔ-] Milligramm *n*; **~μετρο** Millimeter *m*; **~ς** tausendst-; ***εν ~(ν)*** ein Tausendstel *n*.
χιλιόχρονος tausendjährig.
χίμαιρα ['çimεra] Hirngespinst *n*.
χιμαιρικός verstiegen, überspannt.
χιμπατζής [çimba'dzis] (-ήδες) Schimpanse *m*.
χιμώ *s.* ***χυμώ.***
Χιο *f s.* ***Χίος.***
χιονάνθρωπος Schneemann *m*.
χιονάτος schneeweiß.
χιόνι ['çĭɔni] Schnee *m*; *als Adv.* eiskalt; schneeweiß.
χιονι|ά Schneewetter *n*; **~ές** Schneeballwerfen *n*; **~άς** Schneewetter *n*.
χιονίζ|ω [çĭɔn-] (σ) *v/t.* einschneien; *v/i. unp.* ***~ει*** es schneit.
χιόνισμα *n* Schneien *n*.
χιον|ισμένος verschneit, über'schneit; **~ίστρα** Frostbeule *f*.
χιον|οβόλος [çĭɔnɔ'vɔl-] schneereich, Schnee-; **~όβροχο** [-'ɔvrɔxɔ] Schneeregen *m*; **~οδρομία** [-ðrɔm-] Schiwettkampf *m*; ***~οδρομία μακρών αποστάσεων*** Langstreckenlauf *m*; **~οδρόμος** Schiläufer *m*; **~οθύελλα** [-'θiεla] Schneesturm *m*; **~όλευκος** [-'ɔlεfk-] schneeweiß; **~όμπαλα** Schneeball *m*; **~όνερο** *s.* ***χιονόβροχο***; **~οσκέπαστος** [-ɔ'sķεpast-], **~οσκεπής** schneebedeckt; **~οστιβάδα** [-ɔstiv-] Lawine *f*; **~οστρόβιλος** Schneegestöber *n*; **~όσφαιρα** Schneeball *m*.
Χίος ['çiɔs] *f* Insel *f* Chios.
χιούμορ ['çumɔr] (0) *n* Humor *m*.
χιουμορίστ|ής Humorist *m*; **~ικός** humoristisch.
χιτώνας [çi'tɔnas] Waffenrock *m*; *hist.* Tunika *f*; *Geol.* Schicht *f*; ***κερατοειδής ~*** Hornhaut *f*.
χιτώνιο Jacke *f*; *mil.* Rohrmantel *m*.
χιώτικος ['çĭɔt-] ... von Chios.
χλαίνη ['xlεni] Soldatenmantel *m*.
χλαμύδα [xla'miða] *hist.* kurze(r) Überwurfmantel *m*.
χλέμπα ['xlεba] (Knust *m*) Brot *n*.
χλεμπονιάρης [xlεbɔ'nja-] (-α, -ικο) fahl, gelblich.
χλευάζω [xlεv-] (σ· στ) verhöhnen.
χλεύασμα *n*, **χλευασμός** Verhöhnung *f*, Verspottung *f*; Hohn *m*.
χλευαστ|ής Spötter *m*; **~ικός** höhnisch, spöttisch.
χλιαίν|ω [xli'εnɔ] (χλίανα· ανθ) *v/t.* anwärmen; ***~ομαι*** sich erwärmen.
χλιαρ|ός [xliar-] lauwarm; *fig.* lau; **~ότητα** leichte Wärme *f*, (*a. fig.*) Lauheit *f*.
χλιδή [xli'ði] Luxus *m*.
χλιμ|ιντρίζω [xlimiňdr-] (σ) wiehern; **~ίντρισμα** [-'iňdrizma] *n* Wiehern *n*; **~ιντρώ** [-i'ňdrɔ] (άς· ησ) wiehern.
χλιός (-ιά) *s.* ***χλιαρός.***
χλο|άζω [xlɔ-] (σ) grün werden; grünen; **~ερός** tiefgrün; **~ερότητα** [-ε'rɔt-] satte(s) Grün, grüne Farbe *f*.
χλόη Grün *n*; Rasen *m*.
χλομ|άδα [xlɔm-] Blässe *f*, Bleichheit *f*; **~αίνω, ~ιάζω** (χλόμιασα) blass *od.* bleich werden; **~ός** blass, bleich.
χλωμ- *s.* ***χλομ-*** *usw.*
χλωράδα [xlɔ'raða] *s.* ***χλωρότητα.***
χλωρ|ίαση [xlɔ'riasi] Bleichsucht *f*; **~ίδα** Pflanzenwelt *f*, Flora *f*; Grünfink *m*; **~ικός** chlorsauer (*Natrium*).
χλώριο Chlor *n*.
χλωριούχ|ος [xlɔ'rĭux-] (-α) Chlor-, -chlorid; chlorig; ***~ο νάτριο*** Natriumchlorid *n*, Kochsalz *n*.
χλωρ|ός grün; frisch; **~ότητα** Grün *n*;

Frische *f*; **~οτύρι** [-ɔ'tiri] Quark *m*.
χλωρο|φορμίζω [xlɔrɔfɔrm-] (σ) chloroformieren; **~φόρμιο** Chloroform *n*; **~φόρμιση** (-εις) Chloroformierung *f*; **~φύλλη** Chlorophyll *n*.
χλώρωση ['xlɔrɔsi] Bleichsucht *f*.
χλωρωτικός bleichsüchtig.
χνάρι ['xnari] Schnittmuster *n*; Schablone *f*; Spur *f*; ***ακολουθώ τα ~α*** in die Fußstapfen *j-s* treten.
χνοτίζω [xnɔt-] (σ) stinken.
χνότο ['xnɔtɔ] Atem *m*, Mundgeruch *m*.
χνουδάτος [xnuð-] flaumig.
χνούδι ['xnuði] Flaum *m*; Milchbart *m*.
χνουδ|ιάζω (χνούδιασα) e-n Flaum (*od.* e-n Milchbart) bekommen; ausfransen; **~ίζω** (σ) enthaaren.
χνούδισμα *n* Enthaaren *n*; Flaumbildung *f*.
χνουδωτός [xnuðɔt-] flaumig.
χνοώδης [xnɔ'ɔð-] flaumig.
χοάνη [xɔ'ani] Schmelztiegel *m*; Trichter *m*; ***~ ρινός*** Nasenloch *n*, *Tier*: Nüster *f*.
χόβολη ['xɔvɔli] glühende Asche *f*.
χοιραδικός [çirað-] skrofulös.
χοιρ|ίδιο [çi'rið-] Ferkel *n*; **~ινό** Schweinefleisch *n*; **~ινός** Schweine-, Schweins-; **~οβοσκός** [-ɔvɔsk-] Schweinehirt *m*; **~οβότανο** (Gemüse-)Portulak *m*; **~ομάντρι** Schweinestall *m*; **~ομέρι, ~ομήρι** Schinken *m*; **~όπουλο** Ferkel *n*.
χοίρος ['çir-] Schwein *n*.
χοιρ|οστάσιο [çir-] *s.* ***χοιρομάντρι***; **~ότριχα** [-'ɔtrixa] Borste *f*; **~οτροφία** [-ɔtrɔf-] Schweinezucht *f*.
χόκεϊ ['xɔkɛi] (0) *n* Hockey *n*.
χολ [xɔl] (0) *n* Diele *f*, Vorraum *m*; (Hotel-)Halle *f*.
χολ|έρα [xɔl-] 'Cholera *f*; F Mistvieh *n*; **~ερικός** Cholera-; cholerisch; *Su. m* Cholerakranke(r); *fig.* Choleriker *m*.
χολ|ή Galle *f* (*a. fig.*); **~ηδόχος** [-i'ðɔx-] Gallen- (*Blase*); **~ηστερίνη** Cholesterin *n*; **~ιάζω** (χόλιασα) *v/t. j-n* sehr verärgern; *v/i.* böse sein (***μαζί***/ mit *D*).
χόλιασμα *n* Verärgerung *f*.
χολ|οκυστίτιδα [xɔlɔķi'stitiða] Gallenblasenentzündung *f*; **~όλιθος** [-'ɔliθ-] Gallenstein *m*; **~οσκάνω** (σ) *v/t. j-n* ärgern; *v/i.* sich (*A*) ärgern; **~όσκαση, ~όσκασμα** *n* Ärger *m*; **~ώνω** (σ· θ) erbosen.
χόμπι ['xɔbi] (0) Steckenpferd *n*, Hobby *n*.
χονδρ- *s.* ***χοντρ-***.
χοντράδα [xɔn'draða] Flegelhaftigkeit *f*; Zotenreißerei *f*.
χοντραίνω (χόντρυνα) *v/t.* dick(er) machen; *v/i.* dick(er) werden; *Stimme*: tiefer werden; ***τα (ε)χόντρηναν*** sie wurden grob zueinander.
χοντράκι Klumpen *m*.
χοντρ|άνθρωπος [xɔ'ndranθrɔp-] Grobian *m*, Flegel *m*; **~έλα** dicke, massige Frau; **~ικός** Engros- (*Handel*); ***τιμές ~ικής πώλησης*** Engrospreis *m*; **~ικώς** [-i'kɔs] en gros, im großen.
χοντρ(ο)- *oft*: dick, plump, grob.
χοντρό: ***κάνω το ~ μου*** F Großes machen.
χοντρο|γάιδαρος [-'ɣaiðar-] Esel *m*; *fig.* Dussel *m*; **~γυναίκα** [-ji'nɛka] Dicke *f*, Weibsbild *n*; **~δουλειά** [-ðul-] grobe Arbeit *f* (*a. Erzeugnis*); **~ειδής** [-ið-] grob, plump, derb; **~καμωμένος** [-kamɔm-] grob gemacht; *Pers.* grobschlächtig; **~κεφαλιά** [-ķɛfal-] Dickköpfigkeit *f*; F Dusseligkeit *f*; **~κέφαλος** dickköpfig; F bekloppt; **~κομμένος** grob geschnitten; *fig.* hingepfuscht; **~κοπιά** Pfuscharbeit *f*; Flegelei *f*.
χοντρομπαλάς (-ού, -άδικο) dickleibig, massig.
χοντρόπετσος dickhäutig (*a. fig.*).
χόντρος[1] Graupe *f*; Grütze *f*; *Anat.* Knorpel *m*.
χόντρος[2] *n* Dicke *f*, Stärke *f*.
χοντρ|ός [xɔndr-] dick, stark; *Salz*: grobkörnig; *Stimme*: tief; *Arbeit, Scherz, Worte, Mensch*: grob; ***έχει ~ό πετσί*** er hat ein dickes Fell; **~όφλουδος** [-'ɔfluð-] dickschalig; **~οφτιαγμένος** *s.* ***χοντροκαμωμένος***.
χοντρυν- *s.* ***χοντραίνω***.
χορδ|ή [xɔr'ði] Saite *f*; Sehne *f*; ***φωνητική ~ή*** Stimmlippe *f*; **~ίζω** (σ) *Mus.* stimmen; *Uhr* aufziehen.
χόρδισμα *n* Stimmen *n*.
χορδ|ιστής (Klavier-)Stimmer *m*; **~οτόνο** Steg *m*.
χορεία Chor *m*, Gemeinschaft *f*.
χόρεμα ['xɔrɛma] *n* Tanzen *n*.

χορευτ|ής [xɔrɛft-] Tänzer *m*; **~ικός** Tanz-; tänzerisch.
χορ|εύτρια [-'rɛftria] Tänzerin *f*; **~εύω** (εψ) *v/i.* tanzen (*a. fig.*); *v/t.* tanzen mit *D*.
χορήγη|μα [xɔ'rij-] *n* Zuschuss *m*, Unterstützung(sgelder *n/pl.*) *f*; **~ση** (-εις) Erteilung *f*, Gewährung *f*, Zuteilung *f*, Bewilligung *f*; Lieferung *f*.
χορηγ|ητής [xɔrijit-] Zuteiler *m*; (Geld-)Geber *m*; Lieferant *m*; **~ία** Zuwendung *f*; *s.* ***χορήγηση***; ***βασιλική ~ία*** Krondotation *f*, Zivilliste *f*; **~ός** [-ɣ-] Spender *m*; *s. a.* ***χορηγητής***; **~ώ** [-'ɣɔ] (είς· ησ) erteilen, gewähren (*a. Urlaub*); zuteilen; *Kredit* bewilligen; *Auskunft* erteilen; *Bescheinigung* ausstellen; ***~ούμενος*** erteilt *usw.*
χορικό Chorgesang *m*.
χορικός Tanz-; Chor-.
χόριο *Anat.* Lederhaut *f*; Zottenhaut *f*.
χορογραφία Choreographie *f*.
χορο|διδασκαλείο Tanzschule *f*; **~διδάσκαλος** Tanzlehrer *m*.
χορ|όδραμα [-'rɔðr-] *n* Ballett *n*; **~οεσπερίδα** [-ɔɛspɛr-] Tanzabend *m*; **~οπήδημα** [-ɔ'pið-] *n* Luftsprung *m*; **~οπηδώ** [-ɔpi'ðɔ] (άς· ησ) tanzen und springen; **~ός** Tanz *m*; Ball *m*, Tanzvergnügen *n*; Chor *m*; ***~ός μεταμφιεσμένων*** Maskenball *m*.
χοροστάσι Tanzsaal *m*, Tanzdiele *f*; *Rel.* Chor(gestühl *n*) *m*.
χορταίνω [xɔrt-] (ασ· ασμ) *v/t.* sättigen, satt machen; *fig. j-n* überschütten mit *D*; *v/i.* satt werden; *fig.* genug haben (von *D*); ***δεν ~ να ...*** sich (*A*) nicht satt (*z. B. sehen*) können; ***δεν ~ νερό*** dauernd trinken müssen; ***~ ύπνο*** sich (*A*) ausschlafen; ***χόρτασα*** ich bin satt.
χορτ|άρι Gras *n*; Heu *n*; Unkraut *n*; **~αριάζω** (-τάριασα) mit Gras (*od.* Unkraut) überwuchert werden; **~αρικό** *mst. pl.* Gemüse *n*.
χορτασ- *s.* ***χορταίνω***.
χόρτασμα *n s.* ***χορτασμός***.
χορτ|ασμός Sättigung *f*; *fig.* Übersättigung *f*; Überdruss *m*; **~αστικός** sättigend; überreichlich; **~άτος** satt.
χόρτο ['xɔrtɔ] Gras *n*; Heu *n*; *fig.* Grünschnabel *m*; *pl.* Gemüse *n*.
χορτο|κόπος Schnitter *m*; **~κοπτικός** [-kɔpt-] Heumäh- (*Maschine*).
χορτονομή [-nɔ'mi] Viehfutter *n*.
χορτ|όσουπα [xɔr'tɔsupa] Gemüsesuppe *f*; **~οφαγία** [-ɔfaj-] Pflanzenkost *f*; Vegetarismus *m*; **~οφάγος** [-'faɣ-] (-α) Pflanzen fressend; vegetarisch; *Su. m* Vegetarier *m*.
χορωδ|ία [xɔrɔð-] Chorgesang *m*; Choral *m*; Chor *m*; **~ός** Chorsänger *m*.
χότζας ['xɔdzas] Hodscha *m*.
χουβαρνταλίκι Freigebigkeit *f*.
χουγιάζω [xuj-] (χούγιαξα) wegscheuchen; *Kind* ausschelten.
χουζούρεμα *n* süße(s) Nichtstun.
χουζ|ουρεύω [xuzur-] (εψ) faulenzen; es sich (*D*) bequem machen; **~ούρι** Ruhe *f*, Nichtstun *n*.
χούι ['xui] (*pl.* χούγια) Veranlagung *f*; Angewohnheit *f*; F Dreh *m*.
χουλιάρ|α [xu'ljara] Suppenlöffel *m*; **~ι** Löffel *m*; *fig.* Klatschbase *f*.
χουνέρι Enttäuschung *f*, Pech *n*.
χουνί Trichter *m*; Tüte *f*.
χουρμ|αδιά [xurmað-] Dattelpalme *f*; **~άς** (-άδες) Dattel *f*.
χους [xus] (χου) Erde *f*.
χουσμέτι Dienst *m*, Gefälligkeit *f*.
χούφτα Handteller *m*; Hand voll *f*.
χούφταλο ['xuftalɔ] Mummelgreis *m*.
χουφτ|ιά Hand voll *f*; **~ιάζω** (χούφτιασα) greifen, packen.
χουχ|ουλιάζω [xuxul-] (-ούλιασα) sich *in die Hände* hauchen; **~ούλιασμα** *n* Anhauchen *n* (*zum Wärmen*).
χοχλάδι [xɔ'xlaði] Kiesel *m*.
χοχλακίζω [-xlak̡-] (σ) (auf)wallen, (auf)schäumen.
χράμι ['xrami] Wolldecke *f*.
χράνο Meerrettich *m*.
χρεία ['xria] Notwendigkeit *f*; Not *f*; Notdurft *f*, Bedürfnis *n*.
χρει|άζομαι [xri'azɔmɛ] (στ) *v/t.* brauchen, benötigen; ***μου ~άζεται*** ich habe (es) nötig; ***~άζεται σε*** *Aufmerksamkeit*: muss geschenkt werden *D*; ***~άζεται να ...*** es ist nötig, erforderlich, dass ...; ***δεν ~άζεται να ξανάρθεις*** du brauchst nicht wiederzukommen.
χρειαζούμενος [xria'zum-] erforderlich; *Su. n/pl.* Erforderliche(s).
χρεμ|ετίζω [xrɛmɛt-] (σ) wiehern; **~έτισμα** *n* Wiehern *n*.
χρεόγραφο [xrɛ'ɔɣrafɔ] Wertpapier *n*.
χρεο|κοπημένος [xrɛɔkɔp-] bankrott; **~κοπία** Bankrott *m* (*a. fig.*); **~κόπος** Bankrotteur *m*; **~κοπώ** [-kɔ'pɔ] (είς·

ησ) Bankrott machen; *fig.* scheitern; **~λυσία** [-lis-] Schuldentilgung *f*, Amortisation *f*; **~λύσιο** *Hdl.* Annuität *f*, Tilgungsquote *f*; **~λυτικός** Amortisations-, Tilgungs- (*Anleihe*); ... in *od.* durch Annuitäten.

χρέ|ος ['xrɛ-] *n* (*Geld*) Schuld *f*; Pflicht *f*, Aufgabe *f*; **~η** *pl.* Amt *n*.

χρεοστάσιο Moratorium *n*.

χρεοφειλέτης [xrɛɔfil-] Schuldner *m*.

χρεών|ω (σ· θ) *Hdl.* belasten ([**με**]/ mit *D*); **~ομαι** belastet werden; Schulden machen.

χρέωση ['xrɛɔsi] (-εις) Debet *n*, Soll *n*; Verschuldung *f*; Belastung *f*; ***φέρνω σε ~ ενός λογαριασμού*** ein Konto belasten mit *D*.

χρεώστης Schuldner *m*.

χρεωστ|ικός Schuld- (*Verschreibung, Schein*); **~ώ** *s.* ***χρωστάω.***

χρήμα ['xrima] *n*, *mst. pl.* **χρήματα** Geld *n*.

χρηματ|αγορά [xrimataγɔ'ra] Geldmarkt *m*; Börse *f*; **~ίζω** (σ· στ) (*nur Aor.*) ***χρημάτισε ...*** er hatte den Posten e-s ... inne; ***~ίζομαι*** sich (*A*) bereichern; bestechlich sein.

χρηματ|ικός Geld-; pekuniär; **~ιστηριακός** Börsen-; **~ιστήριο** Börse *f*; **~ιστής** Börsenmakler *m*; **~ιστικός** Geld-, Finanz-; Börsen-, Kurs-.

χρηματόγραφο [-γrafɔ] Wertpapier *n*.

χρηματο|δότης [ximatɔ'ðɔt-] Geldgeber *m*, Finanzier [-'tsje·] *m*; **~δότηση** (-εις) Finanzierung *f*; **~δοτώ** [-ðɔ'tɔ] (είς· ησ) finanzieren; **(αυτόματη) ~θυρίδα** Geldautomat *m*; **~κιβώτιο** [-ķi'vɔt-] Geldschrank *m*, Safe *m*; **~μεσίτης** [-mɛs-] Börsenmakler *m*; Geldvermittler *m*; **~φυλάκιο** [-fi'laïķ-] Portemonnaie *n*.

χρήση ['xrisi] Gebrauch *m*, Benutzung *f*; Rechnungsjahr *n*; ***σε ~*** in, im Gebrauch; ***~ όπλου*** Waffengebrauch *m*; ***κάνω ~*** Gebrauch machen (*G*/ von *D*).

χρησι|καρπία [-kar'pia] Nutznießung *f*; **~κτησία** [-kti'sia] *jur.* Ersitzung *f*.

χρησιμ|εύω [xrisim-] (ευσ) dienen (***σε***/ *S.*: zu *D*; *Pers.*: mit *D*); nützlich sein; **~οθήρας** Utilitarist *m*; Ausnutzer *m*; **~οθηρία** Utilitarismus *m*; Ausnutzung *f*; **~οποίηση** [-ɔ'piisi] (-εις) Gebrauch *m*, Verwendung *f*; **~οποιήσιμος** [-ɔpi'is-] verwendbar; **~οποιώ** (είς· ησ) gebrauchen, verwenden; dienen (***προς*** *A*, ***σε***/ zu *D*).

χρήσιμος nützlich, dienlich.

χρησιμότητα Nützlichkeit *f*.

χρησμο|δοσία [xrizmɔðɔs-] Weissagung *f*, Orakel *n*; **~δότης** Weissager *m*; **~δοτικός** prophetisch; **~δοτώ** [-ðɔ'tɔ] (είς· ησ) prophezeien.

χρησμός [xrizm-] *allg.* Orakel *n*.

χρήστης Nutznießer *m*.

χρηστικός praktisch, brauchbar.

χρηστο|ήθεια [xristɔ'iθ-] gute Sitten *f/pl.*, hohe Moral; **~ήθης** sittenrein; **~μάθεια** [-'maθ-] Chrestomathie *f*.

χρηστ|ός ehrbar; tüchtig; gut (*Sitte*); **~ότητα** Ehrbarkeit *f*, Tüchtigkeit *f*.

χρίζω (σ· στ) *v/t.* salben; F einschmieren; weißen; *v/i.* sich (*A*) beschmieren.

χρίση ['xrisi] (-εις) Salben *n*, Einsalbung *f*; Einschmieren *n*.

χρίσμα ['xrizma] *n* Salbung *f*; Salböl *n*; amtliche Anerkennung, Vorzug *m*.

χριστεπώνυμος [xristɛ'pɔ-] christlich.

χριστιαν|ίζω [xristjan-] (σ) christianisieren; **~ικός** christlich; **~ισμός** Christentum *n*; **~ός** christlich; *Su. m* Christ *m*; **~οσύνη** Christenheit *f*.

χριστός gesalbt.

Χριστ|ός Christus *m*; ***μετά ~όν*** nach Christi (Geburt), nach Christus; ***προ ~ού*** vor Christi (Geburt), vor Christus; ***~ός ανέστη*** *Ostergruß*: Christus ist auferstanden.

Χριστούγεννα [xri'stujɛna] *n/pl.* Weihnachten *n*; Lieder *n/pl.* am Weihnachtsabend; ***καλά ~!*** *vor dem Fest*: Frohe Weihnachtstage!

χριστουγεννιάτικος [-jɛ'njat-] Weihnachts- (*Baum*).

χριστόψωμο [-'stɔpsɔmɔ] Weihnachtsstollen *m*.

χροιά [xri'a] (Gesichts-)Farbe *f*, Teint *m*; *fig.* Anflug *m*; ***~ ήχου*** Klangfarbe *f*.

χρόνια ['xrɔnja] *n/pl.* Jahre *n/pl.*; ***~ πολλά*** *allg.* herzlichen Glückwunsch!; Fröhliche Weihnachten!; Frohes neues Jahr!; Frohe Ostern!

χρον|ιά [xrɔn-] Jahr *n*; Jahrgang *m*; **~ιάζω** (χρόνιασα) ein Jahr alt werden; *Aor. a.* der Tod des ... jährt sich; **~ιάρικος** (*f a.* -ιάρα) ein Jahr alt; einjährig; **~ιάτικος** Jahres-; *Su. n* Jahresgehalt *n*; Jahrestag *m*; **~ίζω** (σ) sich

X

χρονικογράφος 532

hinziehen; *Med.* chronisch werden; *s.* ***χρονάζω.***

χρονικ|ογράφος Chronist *m*; **~ός** Zeit-; *Gr.* temporal; *Su. n* Chronik *f*; ***~ό διάστημα*** Zeitraum *m.*

χρόνιος (-ία) langwierig; alt(hergebracht); *Med.* chronisch.

χρονο|γράφημα [xrɔnɔ'ɣraf-] *n* Feuilleton *n*; **~γραφία** Chronographie *f*; **~γράφος** Feuilletonist *m*; Chronist *m*; **~λόγηση** Datierung *f*; **~λογία** [-lɔj-] Zeitrechnung *f*; Datum *n*; **~λογικός** chronologisch; zeitlich (*Reihenfolge*); **~λογώ** [-lɔ'ɣɔ] (είς· ησ) datieren; ***~λογούμαι*** stammen (***από***/ aus *D*); **~μέτρημα** *n* Zeitmessung *f*; **~μετρία** Chronometrie *f*, Zeitmessung *f*; **~μετρικός** chronometrisch.

χρον|όμετρο [xrɔ'nɔmɛtrɔ] Chronometer *m*; Stoppuhr *f*; **~ομετρώ** [-'trɔ] (άς· ησ) die Zeit messen, abstoppen.

χρόνος ['xrɔn-] Zeit *f*; Jahr *n* (*pl. mst.* χρόνια· χρονών); *Mus.* Takt *m*, Tempo *n*; *Gr.* Tempus *n*, Zeit *f*; Silbenquantität *f*; ***πόσων χρονών είναι;*** wie alt ist er?

χρονοτριβ|ή [-tri'vi] Zeitverlust *m*; Verzögerung *f*; **~ώ** (είς· ησ) Zeit verlieren; sich (*A*) aufhalten.

χρυσαλλίδα [xrisal-] Schmetterling(spuppe *f*) *m.*

χρυσ|άνθεμο [xri'sañθɛmɔ] Chrysantheme *f*; **~αυγή** Morgenröte *f*; **~αφένιος** [-a'fɛn-] (-ια) goldglänzend; **~άφι** Gold *n*; **~αφικό** *mst. pl.* Goldschmuck *m*; **~ή** Gelbsucht *f* (*s.* ***χρυσός²***); ***~ή Ακτή*** [-'i a'kti] Goldküste *f.*

χρυσ|ίζω [xris-] (σ) *v/t.* vergolden; *v/i.* (golden) schimmern; **~ικός** Goldschmied *m*; **~ίο** Münzgold *n*; Reichtum *m*; **~ίτιδα** Goldsand *m.*

χρυσ|όβουλο [xri'sɔvulɔ] goldene Bulle *f*; **~όδετος** [-'ɔðɛt-] in Gold gebunden *od.* gefasst; **~οθήρας** [-ɔ'θiras] Goldgräber *m*; **~οκάνθαρος** [-'kañθar-] Goldkäfer *m*; *fig.* Geldsack *m* (*Person*); **~οκεντημένος** [-ɔk̯ɛñdim-] goldbestickt; **~όκολλα** Goldblättchen *n*; Borax *m*; **~οκόλλητος** [-'kɔlit-] goldverziert; **~ομάλλης** (-α *od.* -ούσα) goldhaarig.

χρυσόμαλλ|ος [-mal-] goldhaarig; ***το ~ο δέρας*** das Goldene Vlies.

χρυσ|όμηλο [xri'sɔmilɔ] Apfelsine *f*; **~όμυγα** [-'ɔmiɣa] Goldkäfer *m.*

χρυσο|ποίκιλτος [xrisɔ'pik̯ilt-] goldbestickt; goldverziert; **~ρυχείο** [-riç-] Goldmine *f.*

χρυσός¹ [xris-] Gold *n*; *fig.* hochanständige(r) Mensch.

χρυσός² golden, Gold- (*a. fig.*).

χρυσόσκονη Goldstaub *m.*

χρυσο|στέφανος [-'stɛfan-] Heiligenschein *m*, Aureole *f*; **~στολίζω** (σ) mit Gold verzieren.

χρυσ|ούφαντος [-ɔ'ifañd-] golddurchwirkt; **~οφόρος** (-α) goldhaltig; **~οχέρης** [-ɔ'çɛr-] (-α, -ικο) selten geschickt; **~οχοείο** [-ɔxɔ-] Goldschmiede *f*; Juweliergeschäft *n*; **~οχόος** [-ɔ'xɔɔs] Goldschmied *m*; **~όψαρο** [-'ɔpsarɔ] Goldfisch *m.*

χρύσωμα *n* Vergoldung *f.*

χρυσώνω (σ· θ· [κε-]) vergolden.

χρυσωρυχείο Goldmine *f.*

χρύσωση ['xrisɔsi] (-εις) Vergoldung *f.*

χρυσωτής Vergolder *m.*

χρώμα ['xrɔma] *n* Farbe *f* (*a.* Farbstoff *m u. fig.*); Schminke *f*; *fig. a.* Würze *f.*

χρωματ|ίζω (σ· στ) färben (*a. fig.*), kolorieren; *fig. j-n* abstempeln (*A*/ als); **~ικός** farbig; Farben-; *Mus.* chromatisch.

χρωμ|άτισμα *n* Färbung *f*; Farbe *f*; **~ατισμός** *s.* ***χρωμάτισμα;*** Farbgebung *f*, Kolorit *n* (*bsd. fig.*).

χρωματιστ|ής [xrɔmat-] Färber *m*; Anstreicher *m*; **~ικός** Farb- (*Stoff*); Färber-; **~ός** farbig, bunt; gefärbt.

χρωματο|θήκη [-tɔ'θik̯i] Malkasten *m*; **~ποιείο** [-pi'iɔ] Farbenfabrik *f*; **~πυξίδα** [-pi'ksiða] Palette *f*; **~πώλης** [-'pɔl-] Farbenhändler *m.*

χρωματ|όσωμα *n* Farbkörper *m*; **~ουργία** [-turj-] Farbenindustrie *f.*

χρωμικός Chrom-.

χρώμιο ['xrɔm-] Chrom *n.*

χρωμιοχάλυβας Chromstahl *m.*

χρωμ|όσωμα *n* Chromosom *n*; **~οτυπία** [-ɔtip-] Farbendruck *m.*

χρωστάω [xrɔ'staɔ] (ούσα· *o. Aor.*) schulden, schuldig sein (***του το***/ j-m etw. *A*); verdanken; die Pflicht haben (***να***/ zu).

χρωστ|ήρας [xrɔ'stiras] Pinsel *m*; **~ικός** färbend; *Su. f* Pigment *n.*

χτ- *s.* ***κτ-.***

χταπόδι [xta'pɔði] Krake *f*, Achtfüßler *m*, Tintenschnecke *f*.
χτέν|α, ~ι ['xtɛni] Kamm *m*.
χτενίζω (σ) kämmen; *Werk* überarbeiten, aufputzen, F frisieren.
χτένισμα *n* (Durch-)Kämmen *n*; Frisur *f*; *fig.* Überarbeitung *f*, F Frisieren *n*.
χτες *s.* ***χθες.***
χτήμα ['xtima] *n* Grundstück *n*.
χτίζω *s.* ***κτίζω.***
χτικ|ιάζω (χτίκιασα) *v/i.* an Schwindsucht erkranken; *v/t.* schwindsüchtig machen; *fig. j-m* auf die Nerven gehen; **~ιάρης** (-α, -ικο) schwindsüchtig; **~ιό** Schwindsucht *f*; *fig.* Schufterei *f*.
χτίστης Bauarbeiter *m*, Maurer *m*.
χτιστικά *n/pl.* Baukosten *pl.*
χτύπημα ['xtip-] *n* Schlag *m* (*a. fig.*), Hieb *m*; Prügel *pl.*; Schlagen *n von Eiern*; Schlag *m der Glocke*; *Sport*: (*Frei-*) Stoß *m*; blaue(r) Fleck *m*.
χτυπητήρι Schneebesen *m*, Quirl *m*.
χτυπητ|ός [-pit-] geschlagen; geklopft; *Kleidung usw.*: auffällig; *Wort*: beißend; ***~ά αυγά*** Rühreier *n/pl.*; ***~ός τίτλος*** Schlagzeile *f*.
χτυποκάρδι Herzklopfen *n* (*a. fig.*).
χτύπος Schlag *m* (*a. Herz-*, *Puls-*); Klopfen *n*; Herzklopfen *n*.
χτυπ|ώ [xti'pɔ] (άς· ησ· ηθ) *v/t.* schlagen; (*die Glocke*) läuten; (*an die Tür*) klopfen; *in die Hände* klatschen; *mit den Füßen* trampeln; *Feind* angreifen; *Kugel usw.*: treffen; *fig.* geißeln, kritisieren; *Sonne*: brennen auf *A*; *Jagdtier* erlegen; *Wein*: *in den Kopf* steigen; *v/i.* schlagen, läuten; sich (*A*) stoßen (***σε***/ an *D*); *Zähne*: klappern; ***~ιέμαι*** sich (*A*) schlagen, sich (*A*) prügeln; ***αυτό ~άει άσχημα*** das klingt schlecht; ***μου ~άει στα νεύρα*** er fällt mir auf die Nerven.
χυδα|ΐζω [çiða'izɔ] (-δάισα) sich (*A*) gewöhnlich (ordinär) benehmen *od.* ausdrücken; **~ϊκός** *s.* ***χυδαίος.***
χυδαιο|λογία [çiðɛolɔj-] Vulgarismus *m*, ordinäre(r) Ausdruck *m*; **~λόγος** [-'lɔɣ-] (-α) ordinäre(r) Mensch *m*, Plebejer *m*; **~λογώ** (είς· ησ) sich (*A*) gewöhnlich ausdrücken.
χυδ|αίος [çið-] (-αία) gewöhnlich, vulgär, pöbelhaft; **~αιότητα** [-ɛ'ɔt-] Pöbelhaftigkeit *f*; **~αϊσμός** [-aizm-] Vulgarismus *m*.
χυθ- *s.* ***χύνω.***
χύλισμα *n* Extrakt *m*.
χυλόπιτα [çi'lɔpita] *Art* Nudeln *f/pl.*; ***τρώω ~*** *fig.* abblitzen.
χυλός Brei *m*, Mus *n*; *Med.* Chylus *m*.
χυλώνω (σ· θ) *v/t.* zu Brei machen; *v/i.* breiig werden.
χύμα ['çima] *Adv. als Adj. Hdl.* lose (verpackt); (wüst) durcheinander; ***τα λέω ~*** sehr offen (*über j-n*) sprechen.
χυμ|ός Saft *m*; *Med.* Chymus *m*; ***~ός φρούτων*** Fruchtsaft *m*; **~ώ** (άς· ηξ) sich (*A*) stürzen (auf *A*); **~ώδης** saftig.
χύν|ω ['çinɔ] (έχυσα· θ) *Wasser* (ein-) gießen; ausgießen; vergießen; weggießen; *Wein usw.* einschenken; *Mehl, Reis usw.* (ein)schütten; ausschütten; verschütten; *Blei*, *Kerzen* gießen; ***~ομαι*** ablaufen, verrinnen; *Fluss*: sich ergießen, fließen (***σε***/ in *A*); *fig.* sich (*A*) stürzen (***απάνω***/ auf *A*).
χύσ|η ['çisi] (-εις), **~ιμο** (-ατος) Eingießen *n*; Ausgießen *n*; Vergießen *n*; Weggießen *n*; Einschenken *n*; Einschütten *n*; Ausschütten *n*; Verschütten *n*; Gießen *n*; Fließen *n*; Münden *n*; Ansturm *m*; *mar.* Seeschaden *m*.
χυτήριο [çi'tirĭɔ] Gießerei *f*; Gießmaschine *f*.
χύτης Gießer *m*.
χυτ|ός [çit-] gegossen; Guss- (*Eisen*); *fig. Körper*: ebenmäßig, schön geformt; *Kleid*: wie angegossen; *Adv.* ... wie angegossen; glatt; **~οσίδηρος** [-ɔ'siðir-] Gusseisen *n*.
χύτρα ['çitra] Kochtopf *m*; ***~ τυχύτητας*** Schnellkochtopf *m*.
χωλ|αίνω (αν) *v/i.* hinken (*a. fig.*); *fig.* nicht klappen; *v/t. j-n* lahm machen; **~ός** lahm, hinkend; **~ότητα** Hinken *n*, Lahmen *n*.
χώμα ['xɔma] *n* Erde *f*; Erdboden *m*; Staub *m*; ***όλο χώματα*** ganz staubig.
χωματ|ένιος [xɔmat-] (-ια) irden, Ton- (*Gefäß*); **~ερή** Mülldeponie *f*; **~ίλα** Erdgeruch *m*; **~ουργικός** [-urj-] Erd- (*Arbeiten*).
χωμένος *s.* ***χώνω.***
χώνευ|μα ['xɔnɛvma] *n*, **~ση** [-nɛfsi] Verdauung *f*; Schmelzen *n*; Gießen *n*.
χωνευτ|ήρι(ο) [xɔnɛ'ftir-] Gießerei *f*; Schmelztiegel *m*; Graburne *f*; **~ής** Gießer *m*; **~ικός** verdauungsfördernd; leicht verdaulich; Gieß-; **~ό** Schmelz-

barkeit *f*; **~ός** gegossen, geschmolzen; schmelzbar; *Schrank* (in die Wand) eingelassen; *Leitung*: unter Putz.

χωνεύω (εψ) *v/t.* verdauen; *fig. j-n nicht* verdauen können; *Metall* gießen; schmelzen; *fig.* kapieren; *v/i.* sich verbrauchen; zerfallen; *Kohle*: verglühen; sich *nicht* leiden können.

χώνεψη *s.* ***χώνευμα.***

χωνί Trichter *m*; Schmelztiegel *m*; Flüstertüte *f*.

χών|ω ['xɔnɔ] (έχωσα· θ) *v/t.* (hinein-) stecken; stoßen; *Keil* eintreiben; *Geld* verstecken; *j-n* begraben; *seine Nase* stecken in *A*; **~ομαι** sich (*A*) (hinein)drängen; sich (*A*) (ein)schleichen; stecken bleiben; (χώθηκε) er steckt in Schulden; sich (*A*) einmischen.

χώρα ['xɔra] Land *n*; Gebiet *n*, Territorium *n*; Großstadt *f*; (*Magen- usw.*) Gegend *f*; ***~μέλος*** Mitgliedsstaat *m*; ***χαμηλόμισθη ~*** Billiglohnland *n*; ***~ παραγωγής*** Erzeugerland *n*; ***~ υπό ανάπτυξη*** Entwicklungsland *n*.

χωρατ|ά zum Spaß; scherzhaft; **~ατζής** [-a'dzis] (-ήδες) Spaßvogel *m*; **~εύω** (εψ) scherzen, Spaß machen; **~ό** Spaß *m*; Witz *m*.

χωράφι [xɔ'rafi] Acker *m*, Feld *n*.

χωρητικ|ός [-rit-] fassend; umfangreich; **~ότητα** Fassungsvermögen *n*; Rauminhalt *m*, Tonnage *f*.

χώρια *s.* ***χωριστά***; ausgenommen.

χωρ|ιανός [xɔrjan-] Landsmann *m*; **~ιάτης** Bauer *m* (*a. fig.*); **~ιατιά** Flegelei *f*; Bauernschaft *f*; **~ιάτικος** Land-; dörflich, bäuerisch (*a. fig.*); **~ιάτισσα** [-'jatisa] Bäuerin *f*.

χωριατ|όπαιδο [xɔrja'tɔpɛðɔ] Bauernjunge *m*; **~οπούλα** [-ɔ'pula] Bauernmädchen *n*; **~όπουλο** Bauernjunge *m*; **~οσύνη** [-ɔ'sini] *s.* ***χωριατιά.***

χωρίζ|ω [xɔr-] (σ· στ) *v/t.* trennen; scheiden, sondern (***από***/ von *D*); teilen (***σε***/ in *A*), zuteilen; verteilen (***σε***/ unter *A*); *Ehe*: sich (*A*) scheiden lassen (***με, μαζί***/ von *D*); *v/i.* sich (*A*) trennen; sich (*A*) scheiden lassen; ***~ομαι*** sich (*A*) trennen.

χωρ|ικός *s.* ***χωριάτικος***; Territorial-; *Su. m* Dorfbewohner *m*; **~ιό** Dorf *n*; Stelle *f in e-m Buch*; ***μουσειακό ~ιό*** Museumsdorf *n*; ***ψαράδικο ~ιό*** Fischerdorf *n*; ***είμαι από ~ιό*** *fig.* F das lässt mich kalt; **~ιουδάκι** [-ju'ðaiki] Weiler *m*.

χωρίς [xɔ'ris] *Präp.* ohne *A*; *Ko.* ***~ να*** ohne dass, ohne zu; ***~ άλλο*** auf jeden Fall; sowieso; ***~ μία*** ohne e-n Pfennig.

χωρισιά *s.* ***χωρισμός.***

χώρισμα *n s.* ***χωρισμός***; Trennwand *f*; getrennte(r) Raum *m*; Fach *n*.

χωρισ|μός Trennung *f*; Aussonderung *f*; Teilung *f*; (Ehe-)Scheidung *f*; **~τά** einzeln; getrennt; **~τικός** separatistisch; **~τός** getrennt, separat, Einzel-.

χωρίστρα Scheitel *m*.

χωρογραφ|ία Länderbeschreibung *f*; **~ικός** chorographisch.

χωρο|μέτρης [-'mɛtr-] Landmesser *m*; **~μέτρηση** (-εις) Landvermessung *f*; **~μετρία** Vermessungskunde *f*; **~μετρικός** Vermessungs-; **~μετρώ** [-mɛ'trɔ] (είς· ησ) *Feld* vermessen; **~νομία** Zuteilung *f* von Boden.

χώρος ['xɔr-] Platz *m*, Raum *m* (*a. Phys.*); ***~ επιβατών*** Fahrgastraum *m*; ***~ πανηγυριού*** (Volks-)Festplatz *m*; ***~ στάθμευσης*** Parkplatz *m*.

χωρο|στάθμηση [-'staθm-] (-εις) Nivellierung *f*; **~σταθμώ** [-'mɔ] (είς· ησ) Höhenunterschiede bestimmen, nivellieren; **~φύλακας** [-'filakas] Gendarm *m*; **~φυλακή** Gendarmerie *f*.

χωρ|ώ [xɔ'rɔ] (άς· εσ) *v/t.* fassen; *v/i.* Platz finden (in *D*), F reingehen (in *A*); zugehen (***προς*** *A*/ auf *A*); ***δεν ~εί, ~άει ...*** *fig.* es ist kein Platz für (*A*) ...

χωσιά [xɔs-] Hinterhalt *m*.

χώσιμο (-ατος) Hineinstecken *n*; Hineinstoßen *n*; Zuschütten *n*.

χωστός hineingesteckt, hineingestoßen; eingegraben; vergraben.

Ψ

Ψ, ψ [psi] Psi *n*; ψ' = 700; ,ψ = 700.000.
ψάθα ['psaθa] Stroh *n*; Strohhut *m*; *Art trapezförmiges* Segel *n*; *fig.* F ***μένω ~*** ruiniert sein; ***πέθαινε στην ~*** er ist verreckt.
ψαθ|άκι [-'aïki] Strohhut *m*; **~ένιος** (-ια) *s.* ***ψάθινος.***
ψαθί Binse *f*; Stroh *n*; Strohhut *m*.
ψάθινος Binsen-; Stroh-, ... aus Stroh.
ψαθούρι *Art* Mürbegebäck *n*.
ψαλ|ίδα [psa'liða] große Schere *f*; Ranke *f*; Ohrwurm *m*; *Med.* Trichopsylosis *f*; **~ίδι** Schere *f*; F Klatschtante *f*; **~ιδίζω** (σ· στ) *bsd. Haare* schneiden; *Gehalt* beschneiden; **~ίδισμα** *n* Schneiden *n usw.*; **~ιδιστός** beschnitten; **~ιδωτός** scherenförmig.
ψάλλ|ω ['psalɔ] (έψαλα· ψαλθ) *Rel.* singen; ***του τα ~ω κανονικά*** j-m gehörig die Leviten lesen; ***τι μου ~εις*** was quatschst du da?
ψαλμ|ός [psal'mɔs] Psalm *m*; ***κοντός ~ός αλληλούια*** und damit basta!; **~ωδία** Psalmensingen *n*; **~ωδός** Psalmist *m* (*a. Sänger*).
ψάλ|σιμο (-ιματος) *Rel.* Singen *n*; **~της** (Kirchen-)Sänger *m* (*Rel. u. fig.*).
ψαλτός gesungen.
ψαμμόλιθος [psa'mɔliθ-] Sandstein *m*.
ψάξιμο (-ματος) Durchsuchen *n*.
ψαραγορά [psaraɣɔ'ra] Fischmarkt *m*.
ψαράδι|κα [psa'raði-] *n/pl.* Fischgeschäft *n*; **~κο** Fischerboot *n*; **~κος** Fischer-.
ψαραίνω (ηκ) ergrauen.
ψαράς [psa'ras] (-άδες) Fischer *m*; Fischhändler *m*; Fischesser *m*.
ψάρε(υ)μα *n* Fischen *n*; Fischfang *m*; Aushorchen *n*.
ψαρεύω (ψ· ευτ) *v/t.* fischen; aushorchen; ***~ στα θολά νερά*** im Trüben fischen.
ψαρής (-ιά, -ί) grauhaarig; *Su. m* (-ήδες) Schimmel *m*.
ψάρι ['psari] Fisch *m*; ***μεγάλο ~*** F *fig.* große(s) Tier.
ψαρ|ική Fischfang *m*; **~ίλα** Fischgeruch *m*; **~ίσιος** (-ια) Fisch-.
ψαρο- grau; *s.* ***ψαρός.***
ψαρόβαρκα Fischerboot *n*.
ψαρο|κάικο [psarɔ'kaïkɔ] (*Segel-*)Fischerboot *n*; **~κόκαλο** Fischgräte *f*.
ψαρό|κολλα [-kɔla] Fischleim *m*; **~λαδο** [-laðɔ] Fischtran *m*.
ψαρονέφρι [-'nɛfri] Filet *n*.
ψαρόνι Star *m*.
ψαροπούλα [-'pula] Fischerboot *n*.
ψαροπούλι Eisvogel *m*.
ψαρός grau(haarig).
ψαρό|σουπα [-supa] Fischsuppe *f*; **~τοπος** fischreiche Gegend *f*.
ψαροτούφεκο Handharpune *f*, Fischspeer *m*.
ψαροφάγος [-'faɣɔs] Fischesser *m*; *Zool.* Eisvogel *m*.
ψαύση ['psafsi] Berührung *f*.
ψαχν|ό schiere(s) Fleisch *n*; *fig.* ***έλα στο ~ό*** komm zur Sache!; **~ός** schier.
ψάχ(ν)ω (έψαξα· χτ) *v/t.* durchsuchen; *v/i.* suchen (***για***/ nach *D*).
ψαχουλεύω (εψ) herumsuchen, durchwühlen (***σε***/ *A*).
ψεγ|άδι [psɛ'ɣaði] Fehler *m*; Gebrechen *n*; **~αδιάζω** (-άδιασα· στ), **ψέγω** (ξ) *v/t.* tadeln; F ausschimpfen.
ψείρα ['psira] Laus *f*.
ψειρ|ιάζω (ψείριασα) Läuse bekommen; **~ιάρης** (-άρα, -άρικο) verlaust; **~ίζω** (σ· στ) (ent)lausen; F *fig.* zerpflücken; P klauen; ***~ίζομαι*** sich (*A*) lausen.
ψεκ|άζω [psɛ'ka-] (σ) besprühen, (be)spritzen; **~ασμός** Besprühung *f*.
ψεκαστήρας [psɛka'stiras] Zerstäuber *m*; Düse *f*.
ψεκτός [psɛkt-] tadelnswert.
ψελλίζω [psɛl-] (σ) stottern.
ψέλλισμα *n*, **ψελλισμός** Stottern *n*.
ψελλός stotternd, Stotter-.
ψέλνω ['psɛlnɔ] *s.* ***ψάλλω.***
ψέμα ['psɛma] *n* Lüge *f*; ***λέω ~τα*** lügen.
ψένω *s.* ***ψήνω.***
ψες [psɛs] gestern (Abend).
ψεσινός ... von gestern Abend.
ψευδ(ο)- [psɛvð(ɔ)-] falsch, unecht, Schein-, Pseudo-.
ψευδ|άργυρος [-'arji-] Zink *n*; **~επίθεση** [-ɛ'piθɛsi] (-εις) Scheinangriff *m*; **~ευλάβεια** [-ɛ'vlavïa] Scheinheiligkeit *f*; **~ευλαβής** scheinheilig.

ψευδής falsch, unwahr; künstlich, falsch (*z. B. Zähne*).
ψευδίζω [psεv'ðizɔ] (σ) lispeln.
ψευδο|λόγημα [psεvðɔ'lɔj-] *n* Lügerei *f*, Lüge *f*; **~λογία** Lügen *n*; **~λόγος** [-'lɔɣ-] (-α) lügnerisch; **~λογώ** (είς· ησ) die Unwahrheit sagen.
ψεύδομαι (ευστ) lügen.
ψευδομάρτυρας falsche(r) Zeuge *m*.
ψευδομαρτυρ|ία falsche Aussage *f*; **~ώ** (είς· ησ) falsch aussagen.
ψευδορκία [-ɔrķ-] Meineid *m*.
ψεύδορκος ['psεvðɔrk-] meineidig.
ψευδορκώ (είς· ησ) meineidig werden.
ψεύδος ['psεvðɔs] *n* Lüge *f*.
ψευδός [-'ðɔs] lispelnd.
ψευδώνυμο [-'ðɔnimɔ] Pseudonym *n*, Deckname *m*.
ψεύ(σ)της ['psεf(s)t-] Lügner *m*; Betrüger *m*.
ψευτ|ιά [psε'ftja] Lüge *f*; Betrügerei *f*; **~ίζω** (σ) (ver)fälschen.
ψεύτικος falsch, unecht; künstlich; Schein-, wertlos.
ψευτο- *s.* ***ψευδ(ο)-.***
ψευτο|γιατρός Quacksalber *m*; **~δουλειά** Pfuscharbeit *f*.
ψευτο|ζώ, ~περνάω F zu krebsen haben.
ψεύτρα Lügnerin *f*; Betrügerin *f*.
ψήγμα *n* Span *m*; Körnchen *n*.
ψηλάφηση [psi'laf-] Tasten *n*; Abtasten *n*.
ψηλαφητ|ά *Adv.* tastend; **~ός** greifbar; *fig.* handgreiflich.
ψηλα|φίζω (σ), **~φώ** (άς· ησ) betasten, (ab)tasten.
ψηλομύτης (-α, -ικο) hochnäsig.
ψήλος ['psilɔs] *n u. m* Höhe *f*.
ψηλ|ός hoch (*a. Stimme*); groß; *s.* ***υψηλός***; ***~ά τα χέρια!*** Hände hoch!
ψήλωμα *n* Wachsen *n*; Anhöhe *f*.
ψηλώνω (σ) *v/t.* errichten; erhöhen; *v/i.* größer werden, wachsen.
ψημένος [psim-] gebraten *usw.*; *fig.* ... im Bilde; F *fig.* weich gemacht; ***μέτρια ~*** halb roh, mittel.
ψήν|ω (έψησα· θ) *v/t. Ziegel* brennen; *Fleisch* braten; *Kaffee* kochen; *Kuchen* backen; ***~ομαι*** *fig.* brennen, glühen; *Obst*: reifen; F hinkriegen; *j-n* rumkriegen; (την) sich (*A*) gesundstoßen; ***τα ψήσανε*** sie sind einander zugetan.
ψήσιμο ['psis-] (-ατος) Brennen *n*; Braten *n*; Kochen *n*; Backen *n*; *fig.* Gehirnwäsche *f*; (*in den*) Kinderschuhen.
ψησταριά [psist-] Grill-Restaurant *n*.
ψηστιέρα Grill *m*.
ψητ|ό Braten *m*; *fig.* Kern *m e-r Sache*; ***βοδινό ~ό*** Rinderbraten *m*; **~ός** gebraten *usw.*
ψηφί *s.* ***ψηφίο.***
ψηφιακός Digital-.
ψηφίδωμα [psi'fiðɔma] *n*, **ψηφιδωτό** Mosaik *n*.
ψηφιδωτός Mosaik-.
ψηφίζω (σ· στ) *v/i.* wählen; *v/t. j-n* wählen, stimmen für *A*; *Entwurf* annehmen.
ψηφίο Ziffer *f*; Buchstabe *m*; *Typ.* Type *f*, Letter *f*.
ψήφισ|η (-εις) Abstimmung *f*, Wahl *f*; Annahme *f*; **~μα** *n* Beschluss *m*.
ψηφο|δέλτιο [psifɔ'ðεlt-] Stimmzettel *m*; **~δόχος** [-'ðɔx-] *f* Wahlurne *f*; **~θέτημα** [-'θεtima] *n* Mosaik *n*; **~θέτης** Mosaikkünstler *m*; **~θήρας** [-'θir-] Stimmenwerber, -sammler *m*; **~θηρία** Stimmenfang *m*; **~λέκτης** [-'lεk-] Stimmensammler, -zähler *m*.
ψήφος *f Wahl*: Stimme *f*; Wahlkugel *f*; (*Vertrauens-*) Votum *n*; Wahlrecht *n*; Wahlsystem *n*; ***~ αποδοκιμασίας*** Misstrauensvotum *n*.
ψηφο|φορία [psifɔfɔr-] Wahl(gang *m*) *f*, Abstimmung *f*; **~φόρος** *m*, *f* Wähler *m*; Stimmberechtigte(r) *m*, *f*; **~φορώ** (είς· ησ) seine Stimme abgeben.
ψηφώ (άς· ησ) achten, rechnen; Rücksicht nehmen auf *A*.
ψι [psi] (0) *n* Psi *n*.
ψιθ|υρίζω [psiθir-] (σ) flüstern, murmeln; *Blätter*: rascheln; *Insekten*: summen; **~ύρισμα** *n* Flüstern *n*.
ψίθυρος Flüstern *n usw.*
ψιλά [psi'la] *n/pl.* Kleingeld *n*.
ψιλαίνω (αν, ην) dünner, feiner machen; *Stimme* heben.
ψιλή *Gr.* Spiritus lenis (').
ψιλικαντζής [-kaň'dzis] (-ήδες) Kurzwarenhändler *m*; *fig.* Krämerseele *f*.
ψιλικ|ό: *δεν έχω ~ό* ich habe keinen Pfennig; ***~ά*** *n/pl.* Kurzwaren *f/pl.*; Kleinigkeiten *f/pl*.
ψιλοβρέχει [-'vrεïçi] es nieselt.
ψιλο|δουλειά [psilɔðu'lja] Feinarbeit *f*; *mst. pl.* Bagatellen *f/pl.*; **~κομμένος** *Tabak*: fein geschnitten; *Kaffee*: fein

gemahlen; **~κοπανισμένος** [-kɔpaniz-] fein gestoßen; **~λογία** [-lɔj-] Spitzfindigkeit *f*; Genauigkeit *f*; **~λογώ** [-lɔ'ɣɔ] (είς· ησ) *Thema* zerreden; **~ρωτώ** (άς· ησ) ausfragen.

ψιλ|ός dünn; fein; *Stimme*: hoch, durchdringend; *Frage*: heikel; *Konsonant*: unbehaucht (κ, π, τ); **~οτραγουδώ** (άω, άς· ησ) leise singen, summen; **~όφλουδος** [-'ɔfluð-] dünnschalig.

ψίλωση (-εις) Enthaarung *f*; Austrocknung *f*; Setzen des Spiritus lenis.

ψιμύθι(ο) [psi'miθ-] Schminke *f*.

ψιτ! hallo!, huhu!

ψιττακ|ίζω [psitak-] (σ) herunterleiern; nachplappern; **~ός** Papagei *m*.

ψίχα ['psixa] Krume *f*, der weiche Teil *des Brotes*; *Bot*. Mark *n*; etwas.

ψιχ|άλα [psi'xala] Sprühregen *m*; Tropfen *m*; **~αλίζει** (σ) nieseln; **~άλισμα** *n* Nieseln *n*, Sprühregen *m*; Besprühen *n*.

ψίχουλο Krümel *m*; ein Bisschen *n*.

ψιψιρίζω (σ) *v/t*. F durchackern.

ψόγος ['psɔɣ-] Tadel *m*, Vorwurf *m*.

ψοφίμι [-'fimi] Kadaver *m*, Aas *n*; *fig*. Wrack *n*.

ψόφιος (-ια) *Tier*: verendet; *fig*. abgearbeitet; halb tot (***από***/ vor).

ψοφολογώ [psɔfɔ-] (είς· ησ) F am Abkratzen sein; vor sich hindösen.

ψοφώ (άς· ησ) krepieren; sterben (*G*/ vor *D*); ganz wild sein (***για***/ auf *A*).

ψυγ- *s*. ***ψύχω***.

ψυγειάκι: ***φορητό*** **~** Kühltasche *f*.

ψυγείο [psij-] Kühlschrank *m*; (*Auto*) Kühler *m*.

ψυκτ|ήρας Gefrieranlage *f*; **~ικός** Kühl-.

ψυλλ|ιάζω [psilj-] (ψίλλιασα) *v/i*. Flöhe bekommen; *v/t*. Flöhe einschleppen in *A*; F *j-m etw*. stecken, verraten; ***~ιάζομαι*** Wind davon bekommen; **~ίζω** (σ) *v/t*. *etw*. nach Flöhen absuchen.

ψύλλ|ος ['psil-] Floh *m*; ***για ~ου πήδημα*** wegen e-r Kleinigkeit.

ψυξ- *s*. ***ψύχω***.

ψύξη ['psiksi] (-εις) Kühlung *f*; Erfrieren *n*.

ψυχαγωγ|ία [-xaɣɔj-] Freizeitgestaltung *f*; Zerstreuung *f*; **~ικός** lustig, unterhaltsam, amüsant; **~ώ** [-'ɣɔ] (είς· ησ) *v/t*. zerstreuen, unterhalten.

ψυχανάλυση Psychoanalyse *f*.

ψυχανεμίζομαι (στ) *v/t*. ahnen, mir schwant etwas.

ψυχαρισμός [psixariz-] Bewegung *f* für die Volkssprache (*nach Psycharis*).

ψυχ|ή [psi'çi] Seele *f*; Mut *m*, *das* (*ein*) Herz (*haben*); Schmetterling *m*; ***δεν ... ~ή*** keine Menschenseele ...; ***μου έβγαλε την ~ή*** er hat mir bös zugesetzt; **~ιατρείο** [-ïatr-] psychiatrische Klinik *f*; **~ίατρος** Psychiater *m*, Nervenarzt *m*; **~ικάρης** [-i'kar-] (-άρα, -άρικο) barmherzig; *iro*. *Frau*: lose; **~ικό** milde Gabe *f*; Mitleid *n*; **~ικός** seelisch, psychisch; Seelen- (*Ruhe*); **~οβγάλτης** F Nervtöter *m*; **~οβλαβής** [psixɔvlav-] seelisch krank; **~ογιός** Pflegesohn *m*; Stift *m*; Bote *m*; **~οκόρη** Pflegetochter *f*; **~ολογία** [-lɔj-] Psychologie *f*; ***~ολογία του βυθού*** Tiefenpsychologie *f*; ***~ολογία της μορφής*** Gestaltpsychologie *f*; **~ολογικός** psychologisch.

ψυχολόγος [-xɔ'lɔɣ-] Psychologe *m*.

ψυχο|λογώ (είς· ησ) Psychologe sein; *j-m* auf den Zahn fühlen; **~μάνα** [-'mana] Pflegemutter *f*; **~μαχητό** [-maïçi-] Todeskampf *m*; **~μαχώ** (είς· ησ) mit dem Tode ringen; **~πάθεια** [-'paθ-] Psychopathie *f*; **~παίδι** [-'pɛði] Pflegekind *n*; **~πατέρας** Pflegevater *m*; **~πιάνομαι** [-'pjanɔmɛ] wieder zu sich kommen; **~πονώ** [-pɔ'nɔ] (άς) *v/t*. Mitleid haben mit *D*.

ψυχόρμητο [-'ɔrmitɔ] Instinkt *m*.

ψυχορραγώ [-ɔra'ɣɔ] (είς· ησ) mit dem Tode ringen.

ψύχος *n* Kälte *f*; ***κάνει ~*** es ist kalt.

ψυχο|σύνθεση (-εις) Seelenverfassung *f*, Gemütsart *f*; **~τεχνική** [-tɛxni'ki] Kältetechnik *f*.

ψυχο|φθόρος (-α) für das Gemüt schädlich; **~χάρτι** Totengedenkliste *f*.

ψύχρα ['psixra] kühle(s) Wetter *n*.

ψυχραιμία [psixrɛm-] Kaltblütigkeit *f*.

ψύχραιμος kaltblütig; *Zool*. Kaltblüter *m*.

ψυχρ|αίνω (αν· αθ, ανθ· αμ) *v/t*. kühlen; *fig*. entmutigen; *v/i*. *Wetter*: kühl werden; **~όαιμος** *s*. ***ψύχραιμος***; **~ολουσία** [-ɔlus-] kalte(s) Bad *n*; kalte Dusche *f* (*a. fig.*); Rüffel *m*; **~ός** kühl (*a. fig.*); **~ότητα** Kühle *f*; *fig*. Kühle *f*, Frostigkeit *f*.

ψύχω ['psixɔ] (έψυξα· χτ· γμ) *v/t.* kühlen, zum Gefrieren bringen.
ψυχώνω (σ) *fig.* beteuern.
ψύχωση (-εις) Psychose *f*; *fig.* Beflügelung *f*.
ψωλή [psɔ'li] Penis *m*.
ψωμ|άδικο [psɔ'maðikɔ] Bäckerladen *m*; **~άκι** [-'aiķi] Brötchen *n*; **~άς** [-'mas] (-άδες) Bäcker *m*; **~ί** [psɔ'mi] Brot *n*; *a. allg.* Essen *n*; *fig.* Brot *n*, Auskommen *n*; ***μαύρο, άσπρο ~ί*** Schwarz-, Weißbrot *n*; ***σικαλίσιο ~ί*** Roggenbrot *n*; ***βγάζω το ~ί μου*** ich habe mein Auskommen; **~ίζω** (σ· στ) *v/t.* unterhalten, ernähren; **~οζήτης** [-ɔ'zit-] Bettler *m*; **~οτρώγω** [-ɔ'trɔɣɔ] (-όφαγα) *v/t.* schmarotzen bei *D*; übervorteilen.
ψωμωμένος kraftstrotzend; gut genährt.
ψώνι ['psɔni] Einkauf *m*; *mst. pl.* Einkäufe *m/pl.*; Lebensmittel *pl.*
ψωνίζω [psɔn-] (σ) *v/t.* (ein)kaufen (***από***/in *D*); *v/i.* Einkäufe machen; ***που τον ψώνισες;*** *fig.* F wo hast du denn den aufgegabelt?; ***την ψώνισε*** er (sie) ist übergeschnappt.
ψώνιο *s.* ***ψώνι***; *fig.* Depp *m*; übergeschnappt; F sehr hübsch (*S. od. Pers.*).
ψώνισμα *n* Einkaufen *n*.
ψώρα *Zool.* Krätze *f*; *Bot.* Schorf *m*; *fig.* Verderb *m*; Schädling *m*.
ψωραλέος (-α) räudig (*a. fig.*), krätzig; verelendet.
ψωράλογο [-lɔɣɔ] Klepper *m*.
ψωριάζω (ψώριασα· σμ) *v/i.* die Krätze bekommen; *v/t.* die Krätze übertragen; *fig.* verelenden.
ψωριάρης (-α, -ικο) *s.* ***ψωραλέος***.
ψωρ|ίαση (-εις) *Zool.* Schuppenflechte *f*; *Bot.* Schorf *m*; **~ικός** *s.* ***ψωραλέος***; **~ιώ** [psɔ'riɔ] (άς· ησ) die Krätze haben; **~οκώσταινα** *iro. etwa* (das) hellenische Reich (= *Griechenland*); **~οπερηφάνια** [-ɔpɛri'fan-] Aufgeblasenheit *f*; **~οπερήφανος** aufgeblasen.

Ω

Ω, ω [ɔ'mɛɣa] Omega *n*; ω' = 800; ͵ω = 800.000.
ω [ɔ] *Vokativpartikel*: ***ω Αθηναίοι!*** (o) Athener!
ω *Erstaunen*: oh!, o ...; *Bedauern*: ach!; ***~ της αναιδείας!*** oh, was für eine Unverschämtheit!
ωάριο [ɔ'ar-] *Anat.* Ei *n*, Ovum *n*.
ωδείο [ɔ'ðiɔ] O'deum *n*; Konservatorium *n*.
ωδ|ή [ɔ'ði] *alt*: Lied *n*; *poet.* Ode *f*; **~ική** Gesangslehre *f*; **~ικός** Sing-, Gesangs-; ***~ικό πτηνό*** Singvogel *m*.
ωδίνες *f/pl.* Geburtswehen *pl.*
ώθηση ['ɔθisi] (-εις) Stoß *m*; Vorschieben *n*; Vorantreiben *n*; Antrieb *m*; ***υπό την ~*** (*G*) auf Drängen von *D*.
ωθώ [ɔ'θɔ] (είς· ησ· ηθ) *v/t.* (vor)schieben; vorantreiben; *Tür* drücken.
ωκεανία [ɔķɛa'nia] Ozeanien *n*.
ωκεάνιος (-ια) ozeanisch.
ωκεανός [ɔķɛa'nɔs] Ozean *m*; ***Ατλαντικός ~*** Atlantische(r) Ozean *m*; ***Ειρηνικός ~*** Stille(r) Ozean *m*; ***Ινδικός ~*** Indische(r) Ozean *m*.
ωλένη [ɔ'lɛni] *Anat.* Elle *f*.
ωμ *n Phys.* Ohm *n*.
ωμέγα *n* Omega *n*; F Allerwerteste(r).
ωμ|ιαίος (-αία) Schulter-; **~όμετρο** Ohmmeter *n*; **~οπλάτη** [-ɔ'plati] Schulterblatt *n*.
ώμος Schulter *f*, Achsel *f*; ***υψώνω τους ώμους*** die Achseln zucken.
ωμ|ός roh; *fig.* grausam; schroff; **~ότητα** Roheit *f*; Gräueltat *f*.
ωο- [ɔɔ-] *Anat.* Ei-, Oo-.
ωο|ειδής [ɔɔið-] eiförmig, oval; **~θήκη** [-'θiķi] Eierstock *m*, Ovarium *n*; *Bot.* Fruchtstock *m*; *s.* ***αβγοθήκη***; **~κύταρο** [-'ķitarɔ] Eizelle *f*; **~θηλάκιο** [-θi'laiķiɔ] *Med.* Follikel *f*; **~ρρηξία** Ovulation *f*, Eisprung *m*.
ωοτοκία [-tɔķ-] Eierlegen *n*.
ώρ|α ['ɔra] Stunde *f*; Zeit *f*; ***~α καλή!***

etwa: Alles Gute!, guten Heimweg!; ***καλή ~α*** *eingeschaltete Formel, etwa*: das Glück sei mit *ihm*; ***της ~ας*** à la carte, nach der Karte; ***για ~α ανάγκης*** für den Notfall; ***με την ~α*** (***μου ...***) rechtzeitig; ***με τις ~ες*** stundenlang; ***προς ~αν*** zur Stunde; ***απάνω στην ~α*** im richtigen Augenblick; ***είναι πολύ ~α, που ...*** schon lange; ***~α άφιξης*** Ankunftszeit *f*; ***~ες γραφείου*** Sprechzeit *f*; Bürostunden *f*/*pl*.; ***θερινή ~α*** Sommerzeit *f*; ***~α αιχμής*** (*Verkehr*) Stoßzeit *f*.

ωρ|αίος [ɔ'rɛɔs] (-αία) schön; gut; **~αιότητα** Schönheit *f*.

ωράριο Arbeitszeit *f*; Stundenplan *m*; Dienststunden *f*/*pl*.; Geschäftszeit *f*; ***ελαστικό ~*** gleitende Arbeitszeit *f*.

ωριαίος (-αία) Stunden- (*z. B. Lohn*); stündlich.

ωριμάζω [ɔrim-] (ωρίμασα· σμ) *v*/*i*. (heran)reifen; *v*/*t*. zur Reife bringen.

ωρίμα(ν)ση, ωρίμασμα *n* Reifen *n*, Reifwerden *n*.

ώριμος reif (*a. fig*.); reiflich.

ωριμότητα Reife *f*.

ωρίτσα Stündchen *n*.

ωρο|δείχτης [ɔrɔ'ðix-] Stundenzeiger *m*; **~λογάς** [-lɔ'ɣas] (-άδες) Uhrmacher *m*; **~λογιακός** Uhr-, Stunden-; ***~λογιακό μηχανισμό*** Zeitzünder *m*; **~λόγι(ο)** [-'lɔj-] Uhr *f*; Stundenplan *m*; *Rel*. Brevier *n*; ***~λόγι του χεριού*** Armbanduhr *f*; ***ηλιακό ~λόγιο*** Sonnenuhr *f*; **~λογοποιός** [-lɔɣɔ'piɔs] Uhrmacher *m*; **~λογοπωλείο** [-pɔl-] Uhrengeschäft *n*; **~λόι** [-'lɔi] (-γιού) Uhr *f*; **~μίσθιο** Stundenlohn *m*; **~σκόπιο** [-'skɔp-] Horoskop *n*.

ωρύομαι [ɔ'riɔmɛ] heulen, brüllen (*a. fig*. ***από ...***/ vor *Wut*), *s*. ***ουρλιάζω.***

ως [ɔs] *Präp. mit A* bis (*mit Adv*.), bis zu *D*; *Ko*. wie (*z. B. Sie sehen*); als, sobald (*z. B. er mich sah*); wie (*kämpfen* wie *ein Löwe*); *Adv*. etwa (*fünfzig*); ***~ προς*** (***αυτό***) was (das) anbetrifft; ***~ να*** (*mst. mit Imp*.) *Ko*. als ob, als wenn (*mit Konj*.); ***~ έχει*** so, wie es ist.

ωσάν *s*. ***σαν.***

ωσαννά! *Rel*. hosi'anna!

ωσαύτως [ɔ'saftɔs] desgleichen.

ώσπου (***να***) bis.

ώστε ['ɔstɛ] *Ko*. (*so*) ... dass; *im Hauptsatz*: also, demnach.

ωστόσο [-'tɔsɔ] dennoch, doch.

ωτακουστ|ής [ɔtaku-] Lauscher *m*; Spion *m*; **~ώ** (εiς· ησ) lauschen.

ωταλγία [ɔtalj-] Ohrenschmerzen *m*/*pl*.

ωτίδα Kragstein *m*; *Vogel*: Trappe *f*.

ωτίτιδα (Mittel-)Ohr(en)entzündung *f*.

ωτο|λόγος [ɔtɔ'lɔɣ-] Ohrenarzt *m*; **~ρινολαρυγγολόγος** Hals-, Nasen-, Ohrenarzt *m*.

ωφέλ|εια [ɔ'fɛl-] Nutzen *m*; Gewinn *m*; ***βρίσκω ~εια από αυτό*** das ist mir von Nutzen; **~ημα** *n s*. ***ωφέλεια.***

ωφελιμισ|μός [ɔfɛlimi'zmɔs] Utilitarismus *m*; **~τής** Utilitarist *m*.

ωφέλιμο Nützliche(s) *n*.

ωφελιμοκρατία [-imɔkrat-] *s*. ***ωφελιμισμός.***

ωφέλιμος nützlich (***σε***/ *D od*. für *A*).

ωφελιμότητα Nützlichkeit *f*.

ωφελ|ώ (εiς· ησ· ηθ) *v*/*t*. nützen *D*, helfen *D*, von Nutzen sein *D*; ***~ούμαι*** (***από***) Nutzen ziehen (aus), Gebrauch machen (von), *Geld* verdienen (an *D*).

ωχ [ɔx] ach (je)!, au!

ώχρα Ocker *m*, Ockergelb *n*.

ωχρ|αίνω (αν· ανθ) *v*/*i*. erbleichen, erblassen, blass werden (***από***/ vor); *Farbe*: verschießen; *v*/*t*. zum Erbleichen bringen, bleich machen; **~ίαση** Blasswerden *n*, Erbleichen *n*; Verschießen *n der Farbe*; **~ιώ** (ας· ασ) *v*/*i*. *s*. ***ωχραίνω***; *Ruhm*: verblassen (***μπροστά σε***/ neben *D*); **~ός** blass, bleich, fahl; *Eindruck*: verschwommen; ***~ός σύνδεσμος*** *Anat*. Bandscheibe *f*; **~ότητα** Blässe *f*, Fahlheit *f*.

Griechische Abkürzungen
Ελληνικές συντομογραφίες

Α ***ανατολή*** Osten *m*; Orient *m*.
Α. Δ. ***Αναγκαστικό Διάταγμα*** Notverordnung *f*.
Α. Ε. ***ανώνυμη εταιρεία*** Aktiengesellschaft *f* (AG); ***ασφαλιστική εταιρεία*** Versicherungsgesellschaft *f*.
αι. ***αιώνας*** Jahrhundert *n* (Jh.).
Α. Κ. ***Αστικός Κώδικας*** Bürgerliche(s) Gesetzbuch *n* (BGB); ***Αντιπρόεδρος Κυβερνήσεως*** stellvertretende(r) Ministerpräsident *m*.
Α. Ν. ***Αναγκαστικός Νόμος*** Notgesetz *n*.
Α. Ο. ***αθλητικός όμιλος*** Sportverein *m*.
Α. Ο. Σ. ***Ανώτατο Οικονομικό Συμβούλιο*** Oberste(r) Wirtschaftsrat *m*.
α/π ***ατμόπλοιο*** Dampfer *m*.
Α. Π. ***Αστυνομία Πόλεων*** städtische Polizei *f*.
Α. Π. Ε. ***Αθηναϊκό Πρακτορείο Ειδήσεων*** Athener Nachrichtenagentur *f*.
αρ. ***αριθμός*** Zahl *f*, Nummer *f* (Nr.), Größe *f* (Gr.).
Α. Τ. Ε. ***Αγροτική Τράπεζα Ελλάδας*** Landwirtschaftsbank *f* Griechenlands.

Β ***βόρειος*** nördlich, Nord-; ***βορράς*** Norden *m*; Nordwind *m*.
ΒΑ ***βορειοανατολικός*** nordöstlich.
ΒΔ ***βορειοδυτικός*** nordwestlich.
Β. Δ. ***Βασιλικό Διάταγμα*** Königliche Verordnung *f*.
βλ. ***βλέπε*** siehe (s.).

Γ. Δ. Γ. ***Γενική Διεύθυνση Γεωργίας*** Generaldirektion *f* der Landwirtschaft.
γραμμ. *s.* ***γραμμάριο.***
Γ. Σ. Ε. Ε. ***Γενική Συνομοσπονδία Εργατών Ελλάδας*** Griechische(r) Gewerkschaftsbund *m*.

Δ ***δύση*** Westen *m*; ***δυτικός*** westlich, West-.
Δ. ***διάταγμα*** Verordnung *f*; ***δήμος*** Großgemeinde *f*.
Δ. Α. ***δήμος Αθηναίων*** Athener Stadtverwaltung *f*.
Δδα *s.* ***δεσποινίδα.***
Δ. Ε. ***Δημόσια Έργα*** öffentliche Arbeiten *f/pl*.
Δ. Ε. Ε. ***Διοίκηση Εξωτερικού Εμπορίου*** Außenhandelsverwaltung *f*.
Δ. Ε. Η. ***Δημόσια Επιχείρηση Ηλεκτρισμού*** öffentliche(r) Elektrizitätsbetrieb *m*.
Δ. Ε. Σ. ***Διεθνής Ερυθρός Σταυρός*** Internationale(s) Rote(s) Kreuz *n*.
Δ. Ε. Σ. Π. Α. ***Διοικούσα Επιτροπή των Συλλόγων Πανεπιστημίου Αθήνας*** Verwaltungskomitee *n* der Kollegien der Universität Athen.
δηλ. *s.* ***δηλαδή.***
Δ. Ο. Ε. ***Διεθνής Ολυμπιακή Επιτροπή*** Internationale(s) Olympische(s) Komitee *n* (IOK); ***Διεθνής Οργάνωση Εργασίας*** Internationale(s) Arbeitsamt *n* (IAA).
Δ. Ο. Σ. ***Διεθνής Οικονομική Συνεργασία*** internationale wirtschaftliche Zusammenarbeit *f*.
Δ. Ο. Υ. ***Διεύθυνση Οικονομικών Υπηρεσιών*** Direktion *f* der Wirtschaftsämter.
δρ. *s.* ***δράμια;*** *s.* ***διδάκτορας.***
δρχ. ***δραχμές,*** *s.* ***δραχμή.***
Δ. Σ. ***Διοικητικό Συμβούλιο*** Verwaltungsrat *m*; ***Διπλωματικό Σώμα*** Diplomatische(s) Korps *n* (CD).
Δ. Υ. ***Δημόσια Υπηρεσία*** öffentliche(r) Dienst *m*, Staatsdienst *m*; ***Δημόσιος Υπάλληλος*** Beamter *m*.

Ε ***εθνικός*** national; ***ελληνικός*** griechisch.
ε. α. ***εν αποστρατεία*** im Ruhestand (i. R.).
Ε. Β. Ε. ***Εμπορικό και Βιομηχανικό Επιμελητήριο*** Industrie- und Handelskammer *f* (IHK).
Ε. Ε. ***ετερόρρυθμη εταιρεία*** Kommanditgesellschaft *f* (KG).
Ε. Κ. Α. ***Ευρωπαϊκή Κοινότητα Αμύνης*** Europäische Verteidigungsgemeinschaft *f*.
Ε. Λ. Π. Α. ***Ελληνική Λέσχη Περιήγησης και Αυτοκινήτου*** Griechi-

scher Touring- und Automobilclub *m* (ADAC).

Ε.Λ.Τ.Α. ***Ελληνικά Ταχυδρομεία*** Griechische Post *f*.

Ε.Ο.Κ.Α. ***Εθνική Οργάνωση Κύπριων Αγωνιστών*** Nationale Organisation *f* der Zypernkämpfer.

Ε.Π.Ε. ***εταιρεία περιορισμένης ευθύνης*** Gesellschaft *f* mit beschränkter Haftung (GmbH).

Ε.Ρ.Τ. ***Ελληνική Ραδιοφωνία-Τηλεόραση*** Griechische Rundfunk- und Fernsehanstalt *f*.

Η.Π.Α. ***Ηνωμένες Πολιτείες της Αμερικής*** Vereinigte Staaten *m/pl.* von Amerika (USA).

Ι.Κ.Α. ['ika] ***Ίδρυμα*** *n* ***Κοινωνικών Ασφαλίσεων*** Sozialversicherungsanstalt *f*.

ί.μ. ***ίδιο μέρος*** ebenda.

Ι.Ν.Β.Ι. ***Ιησούς Ναζωραίος Βασιλεύς Ιουδαίων*** Jesus von Nazareth, König der Juden.

Ι.Χ. ***ιδιωτικής χρήσεως*** Privatgebrauch; *a.* PKW.

κ. *s.* ***κύριος, κυρία; και.***

Κα *s.* ***Κυρία.***

κ.ά. ***και άλλα*** und andere(s) (u.a.).

Κ.Δ. ***Καινή Διαθήκη*** Neue(s) Testament *n*.

Κελ. ***Κελσίου*** *Phys.* Celsius.

Κ.Ε.Μ.Ε. ***Κέντρο Εκπαιδευτικών Μελετών και Επιμορφώσεως*** Anstalt *f* für pädagogische Forschungen und Fortbildung.

κεφ. *s.* ***κεφάλαιο.***

Κ.Κ. ***Κομμουνιστικό Κόμμα*** Kommunistische Partei *f*.

Κ.Τ.Ε.Λ. [ktɛl] ***Κοινό Ταμείο Εισπράξεων Λεωφορείων*** *etwa*: Interessengemeinschaft *f* für Autobusverkehr.

Κ.Τ.Ε.Ο. ***Κέντρο Τεχνικού Ελέγχου Οχημάτων*** Technische(r) Überwachungsverein *m* (TÜV).

κτλ. ***και τα λοιπά*** und so weiter (usw.).

Κ.Υ.Π. ***Κεντρική Υπηρεσία Πληροφοριών*** Zentrale(r) Nachrichtendienst *m*.

Κων/πολη *s.* ***Κωνσταντινούπολη.***

λ ***λίτρο, λίτρα*** Liter *n od. m*.

Λ.Σ. ***Λιμενικό Σώμα*** Hafenverwaltung *f*.

λ/σμός *s.* ***λογαριασμός.***

λ.χ. ***λόγου χάριν*** zum Beispiel (z.B.).

μ ***μικρο-*** *Maß*: mikro-, Mikro- (= *ein Millionstel*).

μ.κ.δ. ***μέγιστος κοινός διαιρέτης*** größte(r) gemeinschaftliche(r) Teiler *m*.

μ.μ. ***μετά μεσημβρία(ν)*** nachmittags.

Μ.Τ.Π.Υ. ***Μετοχικό Ταμείο Πολιτικών Υπαλλήλων*** Pensionskasse *f* für Staatsbeamte.

μ.Χ. ***μετά Χριστό(ν)*** nach Christus (n.Chr.).

Ν ***νότος*** Süden *m*; ***νοτίως*** südlich.

ΝΑ ***νοτιοανατολικά*** südöstlich.

Ν.Α.Σ. [nas] ***Ναυτικός Αθλητικός Σύνδεσμος*** Marine-Sportverband *m*.

Ν.Α.Τ.Ο. *n* North Atlantic Treaty Organization ***Οργανισμός Βορείο-Ατλαντικού Συμφώνου*** (die) NATO.

ΝΔ ***νοτιοδυτικά*** südwestlich.

Ν.Δ. ***Νομοθετικό Διάταγμα*** *n* gesetzliche Verordnung *f*; ***Νέα Δημοκρατία*** *Partei*: Neue Demokratie *f*.

Ν.Ο. [nɔ] ***Ναυτικός Όμιλος*** Jachtklub *m*.

Ξ.Α. ***Ξένη Αποστολή*** Ausländische Vertretung *f* (CD).

Ο.Δ.Ε.Π. ***Οργανισμός Διοικήσεως Εκκλησιαστικής Περιουσίας*** Amt *n* für die Kirchenvermögensverwaltung.

Ο.Ε. ***Ομόρρυθμη Εταιρεία*** offene Handelsgesellschaft *f*.

Ο.Η.Ε. ***Οργανισμός Ηνωμένων Εθνών*** Vereinte Nationen *f/pl.*, UN *f*.

Ο.Λ.Π. ***Οργανισμός Λιμένα Πειραιά*** Hafenamt *n* von Piräus.

Ο.Σ.Ε. ***Οργανισμός Σιδηροδρόμων Ελλάδας*** Verband *m* griechischer Eisenbahnen.

Ο.Τ.Ε. [ɔ'tɛ] ***Οργανισμός Τηλεπικοινωνιών Ελλάδας*** Amt *n* für das Fernmeldewesen Griechenlands.

ΠΑ.Σο.Κ. ***Πανελλήνιο Σοσιαλιστικό Κίνημα*** Griechische Sozialistische Bewegung *f*.

πβ. ***παράβαλε*** vergleiche (vgl.).
Π. Β. ***Πρόεδρος Βουλής*** Parlamentspräsident *m.*
Π. Β. Ε. Ε. ***Πρόνοια Βόρειων Επαρχιών Ελλάδας*** Fürsorge *f* für die nördlichen Provinzen Griechenlands.
Π. Γ. Π. ***Πολιτικό Γραφείο Πρωθυπουργού*** Politische(s) Büro *n* des Ministerpräsidenten.
Π. Δ. ***Παλαιά Διαθήκη*** Alte(s) Testament *n.*
Π. Ε. Θ. ***Πρόνοια Εργατών Θάλασσας*** Sozialfürsorge *f* für Seeleute.
περ. *s.* ***περίπου*** zirka (ca.).
Π. Ι. Σ. ***Πανελλήνιος Ιατρικός Σύλλογος*** Griechische(r) Ärzteverband *m.*
π/κ *s.* ***πετρελαιοκίνητος.***
Π. Κ. ***Πρόεδρος Κυβερνήσεως*** Ministerpräsident *m*; ***Ποινικός Κώδικας*** Strafgesetzbuch *n* (StGB).
π. μ. ***προ μεσημβρίας*** vormittags.
Π. Ν. ***Πολεμικό Ναυτικό*** Kriegsmarine *f.*
Π. Σ. Ο. ***Παγκόσμιος Συνδικαλιστική Ομοσπονδία*** Weltgewerkschaftsbund *m.*
Π. Υ. ***Πυροσβεστική Υπηρεσία*** Feuerwehr *f.*
π. χ. ***παραδείγματος χάριν*** zum Beispiel (z. B.).
π. Χ. ***προ Χριστού*** vor Christus (v. Chr.).

σ., σελ. ***σελίδα*** Seite *f* (S.).
Σα *s.* ***Σία.***
Σ. Α. Λ. ***στροφές ανά λεπτόν*** Umdrehungen *f/pl.* in der Minute (U/min.).
Σ. Ε. ***Συμβούλιο Επικρατείας*** Staatsrat *m.*
Σ. Ε. Π. ***Σώμα*** *n* ***Ελλήνων Προσκόπων*** Verein *m* griechischer Pfadfinder.
σημ. ***σημείωση*** Anmerkung *f* (Anm.).
Σία ***συντροφία*** (&) Co.
Σ. Π. Α. Π. [spap] ***Σιδηρόδρομοι Πειραιά-Αθήνας Πελοποννήσου*** Piräus-Athen-Peloponnes-Bahn *f.*
στ. ***στίχος*** Zeile *f* (Z.), Vers *m.*
συν/τος *G v.* ***συνάλλαγμα.***

Τ. *s.* ***ταμείο.***
Τ. Ε. Τράπεζα Ελλάδας Bank *f* von Griechenland.
Τ. Ε. Ε. ***Τεχνικό Επιμελητήριο Ελλάδας*** Gewerbekammer *f* Griechenlands.
τετρ. *s.* ***τετραγωνικός.***
τ. μ. ***τετραγωνικά μέτρα*** Quadratmeter *pl.*
τομ. ***τόμος*** Band *m* (Bd.).
τον. ***τόννοι*** Tonnen *f/pl.*; Bruttoregistertonnen *f/pl.* (BRT).
τραπεζογ/τιο *s.* ***τραπεζογραμμάτιο.***
τρ. μ. ***τρέχοντος μηνός*** des laufenden Monats.
Τ. Σ. ***Ταμείο Συντάξεων*** Pensionskasse *f.*

Υ. ***Υπουργείο*** Ministerium *n*; ***Υπηρεσία*** Dienststelle *f*, Amt *n.*
Υ. Β. ***Υπουργείο Βιομηχανίας*** Industrieministerium *n.*
Υ. Γ. ***Υπουργείο Γεωργίας*** Landwirtschaftsministerium *n*; ***υστερόγραφο*** Postskriptum *n* (PS).
Υ. Δ. ***Υπουργείο Δικαιοσίνης*** Justizministerium *n.*
Υ. Ε. ***Υπουργείο Εσωτερικών*** Innenministerium *n.*
Υ. Ε. Ν. ***Υπουργείο Εμπορικής Ναυτιλίας*** Ministerium *n* für die Handelsschifffahrt.
Υ. Κ. Π. ***Υπηρεσία Κρατικών Προμηθειών*** Sozialamt *n.*
Υ. Ο. ***Υπουργείο Οικονομικών*** Finanzministerium *n.*
Υ(Π)ΕΞ ['iˑpɛks] ***Υπουργείο Εξωτερικών*** Ministerium *n* des Äußeren, Auswärtige(s) Amt *n.*
Υ. Σ. ***υψηλή συχνότητα*** Hochfrequenz *f* (HF).

Φ. Ε. Κ. ***Φύλλο Εφημερίδας Κυβερνήσεως*** Blatt *n* des Staatsanzeigers; ***Φόρος Έκτακτων Κερδών*** Steuer *f* auf außerordentliche Gewinne.
Φ. Κ. Ε. ***Φόρος Κύκλου Εργασιών*** Umsatzsteuer *f.*
Φ. Κ. Π. ***Φόρος Καθαρής Προσόδου*** Reinertragssteuer *f.*
Φ. Π. Α. ***Φόρος Προστιθέμενης Αξίας*** Mehrwertsteuer *f* (MwSt.).

χ × *in der Mathematik.*
Χ. Α. Ν. ***Χριστιανική Αδελφότητα Νέων*** *s.* ***Χ. Ε. Ν.,*** Christliche(r) Verein *m* junger Männer.

Χ. Β. *χιλιοβάτ n* Kilowatt *n* (kW).
χγ. *χειρόγραφο* Manuskript *n* (MS).
χγρ. *χιλιόγραμμο* Kilogramm *n* (kg).
Χ. Ε. Ν. *Χριστιανική Ενότητα Νεανίδων* Christliche(r) Verein *m* junger Mädchen.

χιλ. *χιλιάδες pl.* tausend.
χλγρ. *s.* **χγρ.**
χλμ., χμ. *χιλιόμετρο* Kilometer *m* (km).
Χ. Σ. *χαμηλή συχνότητα El.* Niederfrequenz *f* (NF).

Deklinations- und Konjugationsmuster

I. Deklination der Substantive

Allgemeine Bemerkungen

Mit einigen Ausnahmen ist das Genus (Geschlecht) der neugriechischen Substantive am Ausgang zu erkennen:

maskulin	*feminin*	*neutral*
-ς	-α, -η	-ο, -ι

Allgemeine Regel für alle Genera
(männliche, weibliche, sächliche Wörter)

Der **Dativ** (Singular und Plural) wird (analytisch) durch die Präposition **σε, σ-** + **Akkusativ** gebildet.

στον πατέρα	*dem Vater*	στους πατέρες	*den Vätern*
στη μητέρα	*der Mutter*	στις μητέρες	*den Müttern*
στο παιδί	*dem Kind*	στα παιδιά	*den Kindern*

Der **Genitiv Plural** aller Substantive aller Typen endet auf **-ων**.

των πατέρ**ων**	των μητέρ**ων**	των παιδι**ών**
der Väter	*der Mütter*	*der Kinder*

Maskuline Substantive, die im Singular und Plural auf **-ς** ausgehen, verlieren im **Singular Genitiv, Akkusativ** und **Vokativ** das **-ς**:

ο πατέρα**ς** *der Vater*, **του πατέρα** *des Vaters*, **τον πατέρα** *den Vater*, **πατέρα!** *Vater!*

Deklinationsmuster

1. Gleichsilbige maskuline Substantive

Singular

N	ο	ουρανός	μαθητής	επιβάτης	δρόμος
G	του	ουρανού	μαθητή	επιβάτη	δρόμου
A	τον	ουρανό	μαθητή	επιβάτη	δρόμο
V		ουρανέ!	μαθητή!	επιβάτη!	δρόμε!

Plural

N	οι	ουρανοί	μαθητές	επιβάτες	δρόμοι
G	των	ουρανών	μαθητών	επιβατών	δρόμων
A	τους	ουρανούς	μαθητές	επιβάτες	δρόμους
V		ουρανοί!	μαθητές!	επιβάτες!	δρόμοι!

Singular

N	ο	πατέρας	ταμίας	γείτονας	άνθρωπος
G	του	πατέρα	ταμία	γείτονα	ανθρώπου
A	τον	πατέρα	ταμία	γείτονα	άνθρωπο
V		πατέρα!	ταμία!	γείτονα!	άνθρωπε!

Plural

N	οι	πατέρες	ταμίες	γείτονες	άνθρωποι
G	των	πατέρων	ταμιών	γειτόνων	ανθρώπων
A	τους	πατέρες	ταμίες	γείτονες	ανθρώπους
V		πατέρες!	ταμίες!	γείτονες!	άνθρωποι!

Wie **ταμίας** deklinieren auch **ο άντρας** *der Mann* und **ο μήνας** *der Monat*.

Einige Proparoxytona auf **-ος** haben gleich bleibenden Akzent, z. B.

αντίλαλλος *Echo*
ανήφορος *Aufstieg*
αυλόγυρος *Hofmauer*
κατήφορος *Abhang*
λαχανόκηπος *Gemüsegarten*

G	του αντίλαλλου – των αντίλαλλων
A	τον αντίλαλλο – τους αντίλαλλους

2. Ungleichsilbige maskuline Substantive

Plural -δες

Singular

N	ο	ψωμάς	καφές	παππούς	μανάβης
G	του	ψωμά	καφέ	παππού	μανάβη
A	τον	ψωμά	καφέ	παππού	μανάβη
V		ψωμά!	καφέ!	παππού!	μανάβη!

Plural

N	οι	ψωμάδες	καφέδες	παππούδες	μανάβηδες
G	των	ψωμάδων	καφέδων	παππούδων	μανάβηδων
A	τους	ψωμάδες	καφέδες	παππούδες	μανάβηδες
V		ψωμάδες!	καφέδες!	παππούδες!	μανάβηδες!

3. Archaischer Typ: -έας – -είς

	Singular		*Plural*
N	ο γραμματέας *Sekretär*	οι	γραμματείς
G	του γραμματέα	των	γραμματέων
A	το γραμματέα	τους	γραμματείς
V	γραμματέα!		γραμματείς!

1. Gleichsilbige feminine Substantive

Singular

N	η καρδιά	η ώρα	η θάλασσα
G	της καρδιάς	της ώρας	της θάλασσας
A	την καρδιά	την ώρα	τη θάλασσα
V	καρδιά!	ώρα!	θάλασσα!

Plural

N	οι καρδιές	οι ώρες	οι θάλασσες
G	των καρδιών	των ωρών	των θαλασσών
A	τις καρδιές	τις ώρες	τις θάλασσες
V	καρδιές!	ώρες!	θάλασσες!

Den **Genitiv Plural** betonen auf der **vorletzten** Silbe Substantive des Typs

1. **ελπίδα**   *Hoffnung* – G pl. **των ελπίδων**
2. **σάλπιγγα** *Trompete* – G pl. **των σαλπίγγων**

Zum Typ **ελπίδα** gehören **αμαζόνα, γοργόνα, σειρήνα, θυγατέρα**; viele Wörter auf **-ίδα**: **ασπίδα, γαρίδα, πατρίδα, σταφίδα**.

Zum Typ **σάλπιγγα** gehören Wörter auf **-τητα** wie **θερμότητα, ιδιότητα** usw., ferner **διώρυγα, όρνιθα, πέρδικα, σήραγγα, φάλαγγα** u. a.

Singular

N	η ψυχή	η νίκη	η ζάχαρη
G	της ψυχής	της νίκης	της ζάχαρης
A	την ψυχή	τη νίκη	τη ζάχαρη
V	ψυχή!	νίκη!	ζάχαρη!

Plural

N	οι ψυχές	οι νίκες	οι ζάχαρες
G	των ψυχών	των νικών	*kein Genitiv*
A	τις ψυχές	τις νίκες	τις ζάχαρες
V	ψυχές!	νίκες!	ζάχαρες!

Archaischer Typ (-εις)

Singular

N	η σκέψη	η δύναμη
G	της σκέψης, σκέψεως	της δύναμης, δυνάμεως
A	τη σκέψη	τη δύναμη
V	—	δύναμη!

Plural

N	οι σκέψεις	οι δυνάμεις
G	των σκέψεων	των δυνάμεων
A	τις σκέψεις	τις δυνάμεις
V	σκέψεις!	δυνάμεις!

Mädchennamen auf **-ω** haben im Genitiv regelmäßig **-ς**, z. B. **η Κλειώ**: της Κλειώς; **η Φρώσω**: της Φρώσως.

2. Ungleichsilbige feminine Substantive

Singular

N	η	αλεπού	η	γιαγιά
G	της	αλεπούς	της	γιαγιάς
A	την	αλεπού	τη	γιαγιά
V		αλεπού!		γιαγιά!

Plural

N	οι	αλεπούδες	οι	γιαγιάδες
G	των	αλεπούδων	των	γιαγιάδων
A	τις	αλεπούδες	τις	γιαγιάδες
V		αλεπούδες!		γιαγιάδες!

Neutrale Substantive

Grundregel: Nominativ, Akkusativ und Vokativ der Neutra sind im Singular und Plural gleich.

1. Gleichsilbige neutrale Substantive

Singular

N, A, V	το	βουνό	το	παιδί
G	του	βουνού	του	παιδιού

Plural

N, A, V	τα	βουνά	τα	παιδιά
G	των	βουνών	των	παιδιών

Singular

N, A, V	το	σπίτι	το	δέντρο	το	κράτος
G	του	σπιτιού	του	δέντρου	του	κράτους

Plural

N, A, V	τα	σπίτια	τα	δέντρα	τα	κράτη
G	των	σπιτιών	των	δέντρων	των	κρατών

Singular

N, A, V	το	δάχτυλο	το	πρόσωπο	το	έδαφος
G	του	δάχτυλου	του	προσώπου	του	εδάφους

Plural

N, A, V	τα	δάχτυλα	τα	πρόσωπα	τα	εδάφη
G	των	δάχτυλων	των	προσώπων	των	εδαφών

Für den festen Akzent bei Wörtern wie **δάχτυλο** lässt sich keine Regel geben. Es sind meist volkstümliche Wörter, die nicht der früheren Katharevusa angehören, z. B. **αμύγδαλο** *Mandel*, **σέλινο** *Sellerie*, **σύννεφο** *Wolke*, **τριαντάφυλλο** *Rose*, **σίδερο** *Eisen*.

2. Ungleichsilbige neutrale Substantive

Singular

N, A, V	το καθεστώς	γεγονός	φως	κρέας
G	του καθεστώτος	γεγονότος	φωτός	κρέατος

Plural

N, A, V	τα καθεστώτα	γεγονότα	φώτα	κρέατα
G	των καθεστώτων	γεγονότων	φώτων	κρεάτων

Singular

N, A, V	το δράμα	το όνομα	το δέσιμο
G	του δράματος	του ονόματος	του δεσίματος

Plural

N, A, V	τα δράματα	τα ονόματα	τα δεσίματα
G	των δραμάτων	των ονομάτων	των δεσιμάτων

3. Unregelmäßige neutrale Substantive

a) **Undeklinierbar**, z. B. το ρεκόρ, το άλφα, το βήτα usw.; το Πάσχα.
   Eigennamen wie **Αδάμ, Μωάμεθ**.
   Ortsnamen wie **Ιερουσαλήμ, Γιβραλτάρ**.

b) Einige Neutra auf **-ον, -αν, -εν, -υ**:
   ον, παρόν, παρελθόν, προϊόν, καθήκον, ενδιαφέρον, συμφέρον, μέλλον; παν, σύμπαν; μηδέν, φωνήεν; οξύ, δόρυ.

Singular

N, A, V	το ον	καθήκον	παν	σύμπαν
G	του όντος	καθήκοντος	παντός	σύμπαντος

Plural

N, A, V	τα όντα	καθήκοντα	πάντα	σύμπαντα
G	των όντων	καθηκόντων	πάντων	συμπάντων

Singular

N, A, V	το μηδέν	φωνήεν	οξύ	δόρυ
G	του μηδενός	φωνήεντος	οξέος	δόρατος

Plural

N, A, V	τα —	φωνήεντα	οξέα	δόρατα
G	των —	φωνηέντων	οξέων	δοράτων

II. Deklination der Adjektive

Die Adjektive bewahren den Akzent der im Wörterbuch angegebenen Grundform.

Deklinationsmuster

καλός (-ή, -ό) *Singular*

	m	*f*	*n*
N	ο **καλός**	η **καλή**	το **καλό**
G	του **καλού**	της **καλής**	του **καλού**
A	τον **καλό**	την **καλή**	το **καλό**
V	**καλέ**	**καλή**	**καλό**

Plural

	m	*f*	*n*
N	οι **καλοί**	οι **καλές**	τα **καλά**
G	των **καλών**	των **καλών**	των **καλών**
A	τους **καλούς**	τις **καλές**	τα **καλά**
V	**καλοί**	**καλές**	**καλά**

Ebenso: όμορφ**ος** όμορφ**η** όμορφ**ο**
όμορφ**ου** όμορφ**ης** όμορφ**ου** usw.

Nur im *Feminin Singular* haben abweichende Formen:

N	η ωραί**α**	η πλούσι**α**	η γλυκ**ιά**
G	της ωραί**ας**	της πλούσι**ας**	της γλυκ**ιάς**

Der Genitiv Plural ist regelmäßig:
των ωραί**ων** των πλούσι**ων** των γλυκ**ών**

Die Abweichung **-α** ist im Wörterbuch angegeben.

βαθύς (-ιά, -ύ) *Singular*

	m	*f*	*n*
N	ο **βαθύς**	η **βαθιά**	το **βαθύ**
G	(του **βαθύ**)	της **βαθιάς**	(του **βαθυού**)
A	το **βαθύ**	τη **βαθιά**	το **βαθύ**
V	—	—	—

Plural

	m	*f*	*n*
N	οι **βαθιοί**	οι **βαθιές**	τα **βαθιά**
G	των **βαθιών**	των **βαθιών**	των **βαθιών**
A	τους **βαθιούς**	τις **βαθιές**	τα **βαθιά**
V	—	—	—

σταχτής (-ιά, -ί)   *Singular*

	m	f	n
N	ο σταχτής	η σταχτιά	το σταχτί
G	(του σταχτιού)	της σταχτιάς	(του σταχτιού)
A	το σταχτή	τη σταχτιά	το σταχτί
V	σταχτή	σταχτιά	σταχτί

Plural

	m	f	n
N	οι σταχτιοί	οι σταχτιές	τα σταχτιά
G	των σταχτιών	των σταχτιών	των σταχτιών
A	τους σταχτιούς	τις σταχτιές	τα σταχτιά
V	σταχτιοί	σταχτιές	σταχτιά

ζηλιάρης (-α, -ικο)   *Singular*

	m	f	n
N	ο ζηλιάρης	η ζηλιάρα	το ζηλιάρικο
G	του ζηλιάρη	της ζηλιάρας	του ζηλιάρικου
A	το ζηλιάρη	τη ζηλιάρα	το ζηλιάρικο
V	—	ζηλιάρα	—

Plural

	m	f	n
N	οι ζηλιάρηδες	οι ζηλιάρες	τα ζηλιάρικα
G	των ζηλιάρηδων	—	των ζηλιάρικων
A	τους ζηλιάρηδες	τις ζηλιάρες	τα ζηλιάρικα
V	ζηλιάρηδες	ζηλιάρες	ζηλιάρικα

γλωσσάς (-ού, -άδικο)   *Singular*

	m	f	n
N	ο γλωσσάς	η γλωσσού	το γλωσσάδικο
G	του γλωσσά	της γλωσσούς	του γλωσσάδικου
A	το γλωσσά	τη γλωσσού	το γλωσσάδικο
V	γλωσσά	γλωσσού	γλωσσάδικο

Plural

	m	f	n
N	οι γλωσσάδες	οι γλωσσούδες	τα γλωσσάδικα
G	των γλωσσάδων	των γλωσσούδων	των γλωσσάδικων
A	τους γλωσσάδες	τις γλωσσούδες	τα γλωσσάδικα
V	γλωσσάδες	γλωσσούδες	γλωσσάδικα

Unregelmäßige Adjektive

Zu diesen werden in den heutigen neugriechischen Schulgrammatiken der Typ

m	f	n
-ης	-ης	-ες

und das Wort **πολύ** *viel* gezählt. Daneben sind einige Adjektive aus der Katharevusa noch gebräuchlich, z. B. **ενδιαφέρων** (-ουσα, -ον) *interessant*.

Singular

	Maskulinum = Femininum		Neutrum	
N	ο, η διεθνής	συνήθης	το διεθνές	σύνηθες
G	του, της διεθνούς	συνήθους	του διεθνούς	σύνηθους
A	το, τη διεθνή	συνήθη	το διεθνές	σύνηθες
V	διεθνή	συνήθη(ς)	διεθνές	σύνηθες

Plural

	Maskulinum = Femininum		Neutrum	
N	οι διεθνείς	συνήθεις	τα διεθνή	συνήθη
G	των διεθνών	συνήθων	των διεθνών	συνήθων
A	τους, τις διεθνείς	συνήθεις	τα διεθνή	συνήθη
V	διεθνείς	συνήθεις	διεθνή	συνήθη

πολύς ist nur im *Singular* unregelmäßig:

	m	f	n
N	ο πολύς	η πολλή	το πολύ
G	(του πολλού)	της πολλής	(του πολλού)
A	τον πολύ	την πολλή	το πολύ

Plural: πολλοί, πολλές, πολλά *usw.*

Steigerung der Adjektive

Die neugriechischen Adjektive werden

1. **analytisch** (μεταφραστικά) gesteigert durch die Partikel **πιο**:

πιο ψηλός	höher
oder ο πιο ψηλός	der höchste

Diese Steigerungsform ist bei allen Adjektiven möglich.

2. **synthetisch** (μονολεκτικά) durch verschiedene Suffixe, z. B. **-ότερος, -ότερη, -ότερο**:

ψηλότερος	höher
ο ψηλότατος	der höchste
ψηλότατος	sehr hoch

Der **Superlativ** heißt im Neugriechischen **σχετικό υπερθετικό** (*relativer Superlativ*), der **Elativ απόλυτο υπερθετικό** (*absoluter Superlativ*).

Beispiele:

Ο Όλυμπος είναι ψηλός. *Der Olymp ist hoch.*

Ο Όλυμπος είναι **πιο ψηλός** (*od.* **ψηλότερος**) από τον Κίσαβο.
Der Olymp ist höher als der Kissavos.

Ο Όλυμπος είναι **πολύ ψηλός** (*od.* **ψηλότατος**).
Der Olymp ist sehr hoch (äußerst hoch, am höchsten).

Übersicht

Positiv	Komparativ analytisch	Komparativ synthetisch	Superlativ	Elativ
ψηλός *hoch*	**πιο** ψηλός	ψηλ**ότερος** *höher*	**ο πιο ψηλός** **ο** ψηλ**ότατος** *der höchste*	**πολύ ψηλός** **παρά πολύ** ψηλός ψηλ**ότατος** *sehr hoch, am höchsten*

Weitere Angaben zur synthetischen Bildung.
Adjektive auf:

-ος	**μικρός**	– μικρ**ότερος**	*klein*	– *kleiner*
	στερεός	– στερε**ότερος**	*fest*	– *fester*
-υς	**βαρύς**	– βαρ**ύτερος**	*schwer*	– *schwerer*
	μακρύς	– μακρ**ύτερος**	*lang*	– *länger*
-ης	**επιμελής**	– επιμελ**έστερος**	*fleißig*	– *fleißiger*
	επιεικής	– επιεικ**έστερος**	*nachsichtig*	– *nachsichtiger*

Ebenfalls **-έστερος** haben Adjektive aus der Katharevusa, z. B.
σώφρων – σωφρον**έστερος** *vernünftig* – *vernünftiger*

Unregelmäßige (synthetische) Steigerung

απλός: απλούστερος, απλούστατος *einfach*

γέρος: γεροντότερος, – *alt*

κακός: χειρότερος, – *schlecht*

καλός: καλύτερος, άριστος *gut*

λίγος: λιγότερος, ελάχιστος *wenig*

μεγάλος: μεγαλύτερος, μέγιστος *groß*

μικρός: μικρότερος, ελάχιστος *klein*

πολύς: περισσότερος, – *viel* (selten: **πιότερος**)

III. Konjugation

Das neugriechische Verb besitzt zwei Stämme (Stamm I, Stamm II), durch welche die Art der Handlung beschrieben wird.

Der erste Stamm – das ist die Form, in der das Verb im Wörterbuch erscheint, z. B. **γράφω** *schreiben* – bezeichnet die zeitlich unbegrenzte Handlung.

Der zweite Stamm (γράψω) bezeichnet die zeitlich begrenzte Handlung.

Bildung des II. Stammes aus dem I. Stamm

1. Verben auf -ω:

δένω (σ· θ)

An Stelle des Konsonanten oder Konsonantenkomplexes vor **-ω** tritt das in Klammern stehende Element.

I. Stamm	II. Stamm Aktiv	II. Stamm Passiv
δέ[ν]ω *ich binde* ↑ fällt weg	να δέσω έδεσα	να δεθώ δέθηκα
γράφω (ψ· φτ, φ· γραμμ-) **γρά[φ]ει** *er schreibt* ↑ fällt weg	να γράψει έγραψε	γράφτηκε od. γράφηκε

Bei vokalisch auslautenden Stämmen treten diese Elemente direkt an den Stamm, z. B.

σείω *schütteln*
(σ· στ): έσεισα *ich schüttelte*
σείστηκε *es ist geschüttelt worden*

2. Verben auf -ώ:

Der in Klammern stehende Buchstabenkomplex tritt an die Stelle von **-ώ.** Die erste Form **-άς** oder **-είς** lässt die Präsenskonjugation erkennen.

αγαπώ (άς· ησ) αγαπάς αγαπά	*ich liebe* *du liebst* *er, sie liebt*	να αγαπήσω αγάπησα *ich liebte*	να αγαπηθώ αγαπήθηκα *ich bin geliebt worden*
μισώ (είς· ησ) μισείς μισεί	*ich hasse* *du hasst* *er, sie hasst*	να μισήσω μίσησα *ich hasste*	να μισηθώ μισήθηκα *ich bin gehasst worden*

Unregelmäßigkeiten

Die wichtigsten Unregelmäßigkeiten sind in Klammern hinter dem Stichwort angegeben, z. B.

βλέπω (δες, ιδέ, δέστε, να δήτε!, να (ι)δώ· είδα· να ιδωθώ, ειδώθηκα).

Übersicht über die Zeitformen nach Stämmen

1. Verben auf -ω

Stamm I δεν- **Aktiv**

Präs. Ind. **δένω, -εις, -ει | -ουμε, -ετε, -ουν(ε)**
ich binde

Präs. Konj. **να δένω, -εις, -ει | -ουμε, -ετε, -ουν(ε)**
(dass) ich binde

Futur I **θα δένω, -εις, -ει | -ουμε, -ετε, -ουν(ε)**
ich werde (immer) binden

Impf.	**έδενα, -ες, -ε | δέναμε, δένατε, έδεναν** (od. **δένανε**) *ich band* (*immer*)	
Kond. I	**θα έδενα, -ες, -ε | δέναμε, δένατε, έδεναν** (od. **δένανε**) *ich würde binden*	
Imperativ	**δένε!** **δένετε!**	*binde!* *bindet!*
Adverbialpartizip	**δένοντας**	*durch Binden, indem man bindet*

Passiv

Präs. Ind.	**δένομαι, -εσαι, -εται | δενόμαστε, δένεστε, δένονται** *ich werde gebunden*	
Präs. Konj.	**να δένομαι, -εσαι, -εται | δενόμαστε, -εστε, -ονται** *dass ich gebunden werde*	
Futur I	**θα δένομαι, -εσαι, -εται | δενόμαστε, -εστε, -ονται** *ich werde gebunden werden*	
Impf.	**δενόμουν(α), -όσουν(α), -όταν(ε) | -όμαστε (-όμασταν), -όσαστε (-όσασταν), δένονταν** (od. **δένουνταν, -όντουσαν**) *ich wurde gebunden*	
Kond. I	θα **δενόμουν(α)** *ich würde gebunden werden*	usw. (s. Impf.)
Imperativ	**δένου!** **δένεστε!**	*werde* (*sei*) *gebunden!* *werdet* (*seid*) *gebunden!*

Stamm II δεσ- **Aktiv**

Präs. Konj.	**να δέσω, -εις, -ει | -ουμε, -ετε, -ουν(ε)** (*dass*) *ich binde*	
Futur I	**θα δέσω, -εις, -ει | -ουμε, -ετε, -ουν(ε)** *ich werde binden*	
Aorist	**έδεσα, -ες, -ε | δέσαμε, -ατε, έδεσαν** od. **δέσανε** *ich band*	
Perfekt	**έχω** usw. **δέσει**	*ich habe gebunden*
Plusq.	**είχα** usw. **δέσει**	*ich hatte gebunden*
Futur II	**θα έχω** usw. **δέσει**	*ich werde gebunden haben*
Kond. II	**θα είχα** usw. **δέσει**	*ich würde gebunden haben, ich hätte gebunden*
Imperativ	**δέσε!** **δέστε!**	*binde!* *bindet!*
Grundform (απαρέμφατο): **δέσει**		*gebunden*

Stamm II δεθ- **Passiv**

Präs. Konj.	**να δεθώ, -είς, -εί | -ούμε, -είτε, -ούν(ε)** *dass ich gebunden werde*	
Futur I	**θα δεθώ, -είς, -εί | -ούμε, -είτε, -ούν(ε)** *ich werde gebunden werden*	
Aorist	**δέθηκα, -ηκες, -ηκε | δεθήκαμε, -ήκατε, δέθηκαν** (od. **δεθήκανε**) *ich wurde gebunden*	
Perfekt	**έχω δεθεί**	*ich bin gebunden worden*
Plusq.	**είχα δεθεί**	*ich war gebunden worden*
Futur II	**θα έχω δεθεί**	*ich werde gebunden worden sein*
Kond. II	**θα είχα δεθεί**	*ich würde gebunden worden sein, wäre gebunden worden*

Imperativ	δέσου!	*werde (sei) gebunden!*
	δεθείτε!	*werdet (seid) gebunden!*
Grundform (απαρέμφατο): δεθεί		*gebunden (worden seiend)*
Partizip	δεμένος	*gebunden*

2. Verben auf -ώ (άς)

Stamm I — **Aktiv**

Präs. Ind.	αγαπώ, -άς, -ά | -ούμε, -άτε, -ούν(ε) od. αγαπάω, -άς, -άει | -άμε, -άτε, -άν(ε) *ich liebe*	
Präs. Konj.	να αγαπώ od. να αγαπάω usw. *(dass) ich liebe*	
Futur I	θα αγαπώ od. θα αγαπάω usw. *ich werde (immer) lieben*	
Impf.	αγαπούσα, -ούσες, -ούσε | -ούσαμε, -ούσατε, -ούσαν(ε) *ich liebte*	
Kond. I	θα αγαπούσα *ich würde lieben*	usw. wie Impf.
Imperativ	αγάπα! αγαπάτε!	*liebe!* *liebt!*
Adverbialpartizip	αγαπώντας	*liebend, durch Lieben*

Passiv

Präs. Ind.	αγαπιέμαι, -ιέσαι, -ιέται | -ιόμαστε, -ιέστε, -ιούνται *ich werde geliebt*	
Präs. Konj.	να αγαπιέμαι *dass ich geliebt werde*	usw. wie Präs. Ind.
Futur I	θα αγαπιέμαι *ich werde (immer) geliebt werden*	usw. wie Präs. Ind.
Impf.	αγαπιόμουν(α), -ιόσουν(α), -ιόταν | -ιόμαστε, -ιόσαστε, -ιόνταν (od. -ιούνταν) *ich wurde geliebt*	
Kond. I	θα αγαπιόμουν(α) *ich würde geliebt werden*	usw. wie Impf.
Imperativ	να αγαπιέσαι! να αγαπιέστε!	*werde (sei) geliebt!* *werdet (seid) geliebt!*

Stamm II αγαπησ- — **Aktiv**

Präs. Konj.	να αγαπήσω, -ήσες, -ήσει | -ήσουμε, -ήσετε, -ήσουν *(dass) ich liebe*	
Futur I	θα αγαπήσω *ich werde lieben*	usw. wie Präs. Konj.
Aorist	αγάπησα, -ησες, -ησε | αγαπήσαμε, -ήσατε, αγάπησαν *ich liebte*	
Perfekt	έχω αγαπήσει usw.	*ich habe geliebt*
Plusq.	είχα αγαπήσει usw.	*ich hatte geliebt*
Futur II	θα έχω αγαπήσει usw.	*ich werde geliebt haben*
Kond. II	θα είχα αγαπήσει usw.	*ich würde geliebt haben, ich hätte geliebt*
Imperativ	αγάπησε! αγαπήστε!	*liebe!* *liebt!*
Grundform (απαρέμφατο): αγαπήσει		*geliebt (habend)*

Stamm II αγαπηθ-
Passiv
Präs. Konj.	**να αγαπηθώ, -ηθείς, -ηθεί | -ηθούμε, -ηθείτε, -ηθούν**	
	(dass) ich geliebt werde	
Futur I	**θα αγαπηθώ** usw.	*ich werde geliebt werden*
Aorist	**αγαπήθηκα, -ήθηκες, -ήθηκε | -ηθήκαμε, -ηθήκατε, -ήθηκαν**	
	ich wurde geliebt	
Perfekt	**έχω αγαπηθεί** usw.	*ich bin geliebt worden*
Plusq.	**είχα αγαπηθεί** usw.	*ich war geliebt worden*
Futur II	**θα έχω αγαπηθεί** usw.	*ich werde geliebt worden sein*
Kond. II	**θα είχα αγαπηθεί** usw.	*ich würde geliebt worden sein, ich wäre geliebt worden*
Imperativ	**αγαπήσου!**	*werde (sei) geliebt!*
	αγαπηθείτε!	*werdet (seid) geliebt!*
Grundform (απαρέμφατο):	**αγαπηθεί**	*geliebt (worden seiend)*
Partizip	**αγαπημένος**	*geliebt*

3. Verben auf -ώ (είς· ησ)

Stamm I
Aktiv
Präs. Ind.	**μισώ, -είς, -εί | -ούμε, -είτε, -ούν**	
	ich hasse	
Präs. Konj.	**να μισώ** usw.	*(dass) ich hasse*
Impf.	**μισούσα, -ούσες** usw. (wie αγαπώ)	
	ich hasste	

Passiv
Präs. Ind.	**μισούμαι, -είσαι, -είται | -ούμαστε, -είστε, -ούνται**	
	ich werde gehasst	
Präs. Konj.	**να μισούμαι** usw.	*ich würde gehasst*
Impf.	**μισόμουν, -όσουν, -όταν | -όμαστε, -όσαστε, -όνταν** (od. **-ούνταν**)	
	ich wurde gehasst	

Stamm II: wie **αγαπώ**
Aktiv
Präs. Konj.	**να μισήσω**	*(dass) ich hasse*

Passiv
Präs. Konj.	**να μισηθώ**	*(dass) ich gehasst werde*

4. Vier Verben nur mit Passivendung (Deponentien)

θυμάμαι	sich erinnern	κοιμάμαι	schlafen
λυπάμαι	bedauern	φοβάμαι	fürchten

Präs. Ind.	**θυμάμαι** (od. **-ούμαι**), **-άσαι, -άται | -ούμαστε, -άστε, -ούνταν**
	ich erinnere mich
Impf.	**θυμόμουν, -όσουν, -όταν | -όμαστε, -όσαστε, -όνταν** (**-ούνταν**)
	ich erinnerte mich

Im Imperfekt haben einige Verben auch **-ούμουν**:
στερούμουν, -ούσουν, -ούνταν | -ούμαστε, -ούσαστε, -ούνταν.
Hierzu gehören **αποτελούμαι, αφαιρούμαι, εξαιρούμαι**.

Die Hilfsverben έχω *haben* und είμαι *sein*

έχω *haben*

Präs. Ind.	έχω, -εις, -ει | -ουμε (-ομε), -ετε, -ουν	
	ich habe	
Präs. Konj.	να έχω usw.	*(dass) ich habe*
Futur	θα έχω usw.	*ich werde haben*
Impf.	είχα, -ες, -ε | -αμε, -ατε, -αν	
	ich hatte	
Imperativ	έχε!	*habe!*
	έχετε!	*habt!*
Adverbialpartizip	έχοντας	*habend*

είμαι *sein*

Präs. Ind.	είμαι, είσαι, είναι | είμαστε, είστε, είναι	
	ich bin	
Präs. Konj.	να είμαι usw.	*ich sei (bin)*
Futur	θα είμαι usw.	*ich werde sein*
Impf.	ήμουν, ήσουν, ήταν | ήμαστε, ήσαστε, ήταν	
	ich war	
Imperativ	να είσαι!	*sei!*
	να είστε!	*seid!*
Adverbialpartizip	όντας	*seiend*

Teil II

Deutsch-Neugriechisch

Von

Dr. Heinz F. Wendt

Neubearbeitung 1999

Von

Michalis Patsatzis

Hinweise
für die Benutzung des Wörterbuches

1. **Die alphabetische Anordnung** ist überall streng eingehalten. An alphabetischer Stelle sind auch angegeben:

   a) die wichtigsten unregelmäßigen Formen der Verben;
   b) einige Komparative und Superlative von Adjektiven;
   c) die wichtigsten Formen der Fürwörter;
   d) die wichtigsten Eigennamen.

2. **Rechtschreibung.** Für die Schreibung der deutschen Wörter dienten als Norm die amtlichen Regeln der deutschen Rechtschreibung (Duden), für die griechischen Wörter das ΟΡΘΟΓΡΑΦΙΚΟ ΛΕΞΙΚΟ ΤΗΣ ΔΗΜΟΤΙΚΗΣ – ΜΟΝΟΤΟΝΙΚΟ ΣΥΣΤΗΜΑ (ΕΚΔΟΣΕΙΣ ΣΤ. ΠΑΤΑΚΗ).

3. **Die Aussprachebezeichnung** in der Lautschrift der Association Phonétique Internationale ist in eckigen Klammern ([ ]) nur dort beigefügt worden, wo Aussprache und Betonung von den Regeln für die Aussprache des Deutschen auf Seite 565 abweichen, und zwar ist aus Gründen der Platzersparnis meist nur derjenige Teil des betreffenden Wortes phonetisch wiedergegeben, der von den allgemeinen Regeln der Aussprache abweicht.

4. **Die Betonung** der deutschen Wörter wird durch das Tonzeichen ['] vor der betonten Silbe angegeben.

5. **Die Bedeutungsunterschiede** der verschiedenen Übersetzungen sind durch abgekürzte Bedeutungshinweise oder durch Zusätze wie *Auto*, *Sport* usw., zuweilen auch durch verwandte Ausdrücke (Synonyme) gekennzeichnet.

   Verschiedenartige Begriffe werden durch das Semikolon, verwandte Begriffe (Synonyme) durch Komma getrennt.

6. **In runden Klammern** ( ) stehende Bestandteile eines Stichwortes bedeuten, dass das betreffende Wort mit diesen Bestandteilen oder ohne diese gebraucht werden kann, also zwei Formen hat.

   Wegen **-(r)** siehe „Deklination der Substantive", Seite 1092, Ziff. 4. Die in spitzen Klammern stehenden Hinweise hinter den deutschen Substantiven, Verben oder Adjektiven beziehen sich auf die im Anhang zusammengefassten Formen der Deklination der deutschen Substantive und Adjektive, die Steigerung der Adjektive bzw. die Formen der Konjugation der deutschen Verben.

7. **Der kurze Strich (-)** in Wörtern wie z. B. **Land-enge** *f* (= Landenge) deutet die Trennung der Sprechsilben an.

8. **Hochgestellte Ziffern** ([1], [2]) hinter einem Stichwort unterscheiden Wörter von gleicher Schreibung, z. B.:

   Ton[1] ⟨-*ɇs*; *⁼e*⟩ *m allg.* τόνος ...
   Ton[2] ⟨-*ɇs*; *-e*⟩ *m* (*Erde*) άργιλος *f*, πηλός.

9. **Die Tilde (das Wiederholungszeichen)** (~) ist angewendet, um zusammengehörige und verwandte Wörter zum Zweck der Raumersparnis zu Gruppen zu vereinigen.

   Sie vertritt das ganze voraufgegangene Wort oder den Wortteil vor dem senkrechten Strich (|), z. B.:

   Rede *f* λόγος ...; **~freiheit** *f* (= Redefreiheit) ελευθερία του λόγου.

   Friedens|bedingung *f* όρος ειρήνης; **~bewegung** *f* (= Friedensbewegung) ειρηνιστικό κίνημα; ...

10. **Das Sternchen** (*) bei den Verben verweist auf die „Alphabetische Liste der unregelmäßigen deutschen Verben" im Anhang.

Οδηγίες για τη χρήση του λεξικού

1. Η αλφαβητική διάταξη τηρείται παντού αυστηρά. Αλφαβητικά αναφέρονται επίσης:

   α) οι κυριότεροι ανώμαλοι τύποι των ρημάτων,
   β) μερικοί τύποι του συγκριτικού και του υπερθετικού βαθμού των επιθέτων,
   γ) οι κυριότεροι τύποι των αντωνυμιών,
   δ) τα κυριότερα κύρια ονόματα.

2. Ορθογραφία. Για τις γερμανικές λέξεις εφαρμόζονται οι επίσημοι κανόνες της γερμανικής ορθογραφίας («Duden»), για τις ελληνικές λέξεις ισχύει το ΟΡΘΟΓΡΑΦΙΚΟ ΛΕΞΙΚΟ ΤΗΣ ΔΗΜΟΤΙΚΗΣ – ΜΟΝΟΤΟΝΙΚΟ ΣΥΣΤΗΜΑ (ΕΚΔΟΣΕΙΣ ΣΤ. ΠΑΤΑΚΗ).

3. Η προφορά σύμφωνα με την φωνητική γραφή της Association Phonétique Internationale δίνεται σε αγκύλες ([ ]) μόνο εκεί που προφορά και τονισμός διαφέρουν από τους κανόνες για την προφορά της Γερμανικής (σελ. 565). Από έλλειψη χώρου δίνεται φωνητικά μόνο εκείνο το μέρος της σχετικής λέξης που διαφέρει από τους γενικούς κανόνες της προφοράς.

4. Ο τονισμός των γερμανικών λέξεων δίνεται με το σημείο του τόνου (ˈ) μπροστά από την τονισμένη συλλαβή.

5. Οι διαφορές της σημασίας στις διάφορες μεταφράσεις δίνονται με σύντομες οδηγίες για την σημασία ή με προσθέσεις όπως *Auto*, *Sport* κτλ., καμιά φορά και με συνώνυμα.

   Διαφορότροπες έννοιες χωρίζονται με *Semikolon* (;), συνώνυμα με κόμμα.

6. Τα μέρη ενός λήμματος που βρίσκονται μέσα σε στρογγυλή παρένθεση ( ) σημαίνουν ότι η σχετική λέξη μπορεί να χρησιμοποιείται μαζί με τα μέρη αυτά ή χωρίς αυτά, δηλαδή ότι έχει δύο τύπους.

   Για το -(r) βλ. «Κλίση των ονομάτων», σελ. 1092, αρ. 4.

   Οι σε παρένθεση βρισκόμενες οδηγίες πίσω από τα γερμανικά ουσιαστικά, επίθετα ή ρήματα αναφέρονται στους στις σελίδες 1089 ως 1104 βρισκομένους τύπους των γερμανικών ουσιαστικών και επιθέτων, στο συγκριτικό και υπερθετικό βαθμό των επιθέτων, σχετικά στους τύπους της κλίσης των γερμανικών ρημάτων.

7. Το ενωτικό (-) σε λέξεις όπως **Land-enge** (= Landenge) φανερώνει τον χωρισμό των προφερομένων συλλαβών.

8. Υψηλά αναγραφόμενοι αριθμοί ([1], [2]) πίσω από ένα λήμμα ξεχωρίζουν λέξεις της ίδιας γραφής, λ.χ.

   Ton[1] ⟨*-e̸s*; *⸚e*⟩ *m allg.* τόνος ...
   Ton[2] ⟨*-e̸s*; *-e*⟩ *m* (*Erde*) άργιλος *f*, πηλός.

9. Το σημείο της επανάληψης (~) χρησιμοποιείται από έλλειψη χώρου για να ενωθούν συγγενικές λέξεις σε ομάδες.

   Αντιπροσωπεύει ολόκληρη την προηγούμενη λέξη ή το μέρος της λέξης που βρίσκεται μπροστά από την κάθετη γραμμή (|), λ.χ.

   Rede *f* λόγος ...; **~freiheit** *f* (= Redefreiheit) ελευθερία του λόγου.

   Friedens|bedingung *f* όρος ειρήνης; **~bewegung** *f* (= Friedensbewegung) ειρηνιστικό κίνημα; ...

10. Ο αστερίσκος (*) παραπέμπει στον Αλφαβητικό πίνακα των ανωμάλων γερμανικών ρημάτων, βλ. γραμματικό παράρτημα.

Erklärung der deutschen Aussprache für den Griechen

Εξήγηση της γερμανικής προφοράς για τον Έλληνα
Γενικοί κανόνες για την προφορά της Γερμανικής

A 1. Η Γερμανική έχει μακρόχρονα, βραχύχρονα και δίχρονα φωνήεντα.

2. Τα βραχύχρονα φωνήεντα είναι πάντα ανοιχτά:
[ɛ] [œ] [ɪ] [ʏ] [ɔ] [ʊ]

3. Τα μακρόχρονα και δίχρονα φωνήεντα είναι πάντα κλειστά, με εξαίρεση του [ε]:
[eː] [øː] [iː] [yː] [oː] [uː]
[e˙] [ø˙] [i˙] [y˙] [o˙] [u˙]

Εξαίρεση: [ɛː] [ɛ˙]

4. Οι ξένες λέξεις έχουν στην συλλαβή, που ακολουθεί την τονισμένη συλλαβή, βραχύχρονα φωνήεντα που δεν σχηματίζουν ιδιαίτερη συλλαβή:
[ĭ] [y̆] [ŭ] [ŏ]

5. Το γερμανικό **a** είναι ουδέτερο, δηλ. ο ήχος του είναι εξίσου μακριά από το **o** και **e**. Αλλά συνήθως το μακρόχρονο **a** προφέρεται χαμηλότερα από το βραχύχρονο ή το δίχρονο.
Αποδίδομε το μακρόχρονο χαμηλό **a** με [ɑː]
το βραχύχρονο και δίχρονο υψηλό **a** με [a] [a˙]

6. Στις αρχικές συλλαβές **be-** και **ge-**,
στις λήγουσες μπροστά από **-l, -ln, -lst, -m, -n, -nd, -nt,** [**-r, -rm, -rn, -rt, -rst**]*) **-s**
και στον καταληκτικό φθόγγο (**-e**) προφέρεται το **e** σαν μικτός φθόγγος με αόριστο ήχο: [ə]

B Η γερμανική ορθογραφία βασίζεται εν μέρει στο ιστορικό και εν μέρει στο φθογγολογικό σύστημα. Υπάρχουν όμως και κανόνες, σύμφωνα με τους οποίους οι περισσότερες γερμανικές λέξεις μπορούν να προφέρονται σωστά.

1. Το φωνήεν είναι πάντα βραχύχρονο μπροστά από τα διπλά σύμφωνα (λ. χ. **ff, mm, tt, ss****), **ck** που γράφεται για το **kk** και τις περισσότερες φορές βραχύχρονο μπροστά από δύο ή περισσότερα σύμφωνα.
offen [ˈʔɔfən]
lassen [ˈlasən]
oft [ʔɔftʻ]

Εξαιρέσεις αναφέρονται στο λεξικό με χαρακτηρισμό του μακρόχρονου φωνήεντος: wüst [yː]

*) βλ. E 7b. **) για το **ß** βλ. B 2e.

2. Το φωνήεν είναι μακρόχρονο

   a) σε ανοιχτή τονισμένη συλλαβή: Ware ['va:ʀə]

   Αν το φωνήεν στα ομαλά ρήματα είναι μακρόχρονο στο απαρέμφατο, τότε μένει μακρόχρονο και στις άλλες μορφές:

   sagen ['za:gən]
   sagte ['za:ktə]
   gesagt [gə'za:kt‘]

   b) αν είναι διπλό: Paar [p‘a:ʀ]

   c) αν ακολουθεί ένα άφωνο **h**: Bahn [ba:n]

   d) αν ακολουθεί μόνο ένα σύμφωνο: Tag ['ta:k‘]

   Εξαιρέσεις:

ab	[ˀap‘]	bis	[bɪs]	hin	[hɪn]	in	[ˀɪn]
man	[man]	mit	[mɪt‘]	ob	[ˀɔp‘]	um	[ˀʊm]
-nis	[-nɪs]	ver-	[fɛʀ]	zer-	[tsɛʀ]	bin	[bɪn]
zum	[tsum]	das	[das]	an	[ˀan]	von	[fɔn]
un-	[ˀʊn-]	wes	[vɛs]	was	[vas]	es	[ˀɛs]
des	[dɛs]	weg	[vɛk‘]				

   e) μπροστά από το **ß** που βρίσκεται μεταξύ δύο φωνηέντων.

   grüßen ['gʀy:sən]

   Το μάκρος ή την βραχύτητα του φωνήεντος μπροστά από το *ß* που βρίσκεται στο τέλος μιας λέξης, εξακριβώνει κανείς σχηματίζοντας τον πληθυντικό του σχετικού ουσιαστικού ή τον συγκριτικό του επιθέτου· αν μένει το *ß* και στον πληθυντικό ή στον συγκριτικό, τότε το φωνήεν είναι μακρόχρονο:

   Gruß [u:] – Grüße [y:],
   groß [o:] – größer [ø:]

   f) Επειδή **ch** και **sch** δεν διπλασιάζονται ποτέ, δεν μπορεί κανείς να καταλάβει, αν το φωνήεν που προηγείται είναι μακρόχρονο ή βραχύχρονο. Τις περισσότερες φορές είναι βραχύχρονο:

   Bach [bax]
   Wäsche ['vɛʃə]

Εξαιρέσεις αναφέρονται στο λεξικό με χαρακτηρισμό του μακρόχρονου φωνήεντος:

Buch [u:]

3. Δίχρονα φωνήεντα βρίσκονται μόνο σε άτονες συλλαβές, τις περισσότερες φορές σε ξένες λέξεις:

   vielleicht [fi·'laiçt‘]
   monoton [mo·no·'t‘o:n]

C Η Γερμανική έχει τρεις διφθόγγους: au [aʊ]
ai, ei, ey [aɪ]
äu, eu, oi [ɔʏ]

Το πρώτο στοιχείο του διφθόγγου τονίζεται περισσότερο από το δεύτερο.

Το δεύτερο στοιχείο είναι πολύ ανοιχτό, δηλ. το ανοιχτό **u** [ʊ] μοιάζει κάπως στο **au** [aʊ] με το κλειστό **o** [o], το ανοιχτό **i** [ɪ] σε **ai, ei, ey** [aɪ] μοιάζει λίγο με το κλειστό **e** [e], σε **äu, eu, oi** [ɔʏ] παρουσιάζεται επίσης μια ελαφρή στρογγύλωση προς το **ö** [ø]. Γι' αυτό μερικοί δεν γράφουν [aʊ], [aɪ], [ɔʏ], αλλά [ao], [ae], [ɔø].

D Ρινικά φωνήεντα βρίσκονται μόνο σε ξένες λέξεις παρμένες από την Γαλλική. Σε τονισμένη θέση – πολλές φορές σε αντίθεση με την Γαλλική – είναι αυτά μακρόχρονα, σε μη τονισμένη θέση δίχρονα.

Σε λέξεις της καθομιλουμένης αντικαθίστανται αυτά σήμερα από το αντίστοιχο φωνήεν μαζί με τον ρινικό κλειστό φθόγγο

[ŋ].

Αποδίδομε την προφορά των λέξεων αυτών σύμφωνα με τον τρόπο όπως ακούονται πραγματικά από το στόμα ενός μορφωμένου Γερμανού, και όχι όπως το θέλουν τα γλωσσικά βιβλία της ρουτίνας:

Balkon [balˈkɔŋ]

Η προφορά των ξένων λέξεων ή μερών των ξένων λέξεων που η προφορά τους διαφέρει από τους γενικούς κανόνες, αναφέρεται στο λεξικό.

E Παρακάτω πρόκειται για μερικά χαρακτηριστικά σημεία που σχετίζονται με διάφορα γερμανικά σύμφωνα και την προφορά τους όσον αφορά τη θέση τους στην λέξη.

1. Μπροστά από κάθε αρχικό τονισμένο φωνήεν προφέρεται στη γερμανική ένας ξαφνικόηχος φθόγγος των φωνητικών χορδών (*Stimmlippenverschlusslaut*) που λέγεται επίσης λαρυγγικός ξαφνικόηχος φθόγγος (*Kehlkopfverschlusslaut*) (στην Αγγλική *glottal stop*, στην Γαλλική *coup de glotte*). Μοιάζει πολύ με το *Stød* στην δανική και με το *Hamza* στην αραβική:

   [ʔ].

   Ο φθόγγος αυτός στην γερμανική ορθογραφία δεν σημειώνεται.

   ab·ändern [ˈʔapʔɛndɐn]

2. Το **h** προφέρεται στη γερμανική:

   a) στην αρχή της λέξης:

   hinein [hɪˈnaɪn]

   b) μπροστά από τονισμένα φωνήεντα· μπροστά από φωνήεντα που ανήκουν σε μια ριζική συλλαβή (τότε αυτά έχουν ένα δευτερεύοντα τόνο):

   Halt [halt]
   anhalten [ˈʔanhaltən]

   c) σε μερικές λέξεις, προ πάντων ξένες:

   Uhu [ˈʔuːhuː]
   Alkohol [ˈʔalkʻoˑhoːl]

Σε όλες τις άλλες περιπτώσεις το **h** δεν προφέρεται:

gehen ['ge:ən]
sehen ['ze:ən]
Ehe ['ʔe:ə]

3. **p – t – k**

Οι στιγμιαίοι αυτοί φθόγγοι δασύνονται στη γερμανική στις παρακάτω αναφερόμενες θέσεις, δηλ. συνδέονται με μια πνοή που ακούεται φανερά μετά τη διάρρηξη του κλεισίματος (μιλούμε για „κλείθρο", γιατί ο ρους της αναπνοής βρίσκει εμπόδιο σε ένα κλείσιμο των φωνητικών οργάνων – γλώσσας, χειλέων).

Οι δασινόμενοι φθόγγοι βρίσκονται

a) στον απόλυτο αρχικό φθόγγο μπροστά από φωνήεν:

Pech [p'ɛç]

ή μπροστά από **l, n, r** και **v** (στο **qu-**):

Plage ['p'la:gə]
Kreis [k'ʀaɪs]
Quelle ['k'vɛlə]

b) στην τονισμένη συλλαβή στο εσωτερικό της λέξης:

ertragen [ʔɛʀ't'ʀa:gən]

c) σε ξένες λέξεις μπροστά από φωνήεν, επίσης σε μη τονισμένη συλλαβή:

Krokodil [k'ʀo·k'o·'di:l]

d) στον απόλυτο καταληκτικό φθόγγο:

Rock [ʀɔk']

Σε όλες τις άλλες περιπτώσεις οι φθόγγοι αυτοί δε δασύνονται ή μόνο λίγο.

4. **b – d – g**

Οι ηχηροί αυτοί στιγμιαίοι φθόγγοι είναι στο τέλος μιας λέξης άηχοι (βλ. κανόνα 3*d*):

ab [ʔap']
und [ʔʊnt']
Weg [ve:k']

Το ίδιο ισχύει για τις ομάδες συμφώνων **-gd-, -bt-, -gt-**:

Jagd [ja:kt']
gibt [gi:pt']
gesagt [gə'za:kt']

Στην κατάληξη συλλαβής μπροστά από σύμφωνο της συλλαβής που ακολουθεί προφέρονται **b, d, g** χωρίς φωνή (σχεδόν άηχα) b̥, d̥, g̊.

ablaufen ['ʔab̥laʊfən]
endgültig ['ʔɛnd̥gʏltɪç]
weggehen ['vɛg̊ge:ən]

5. Αν συμπέσουν όμοια άηχα στιγμιαία σύμφωνα που ανήκουν σε δύο διάφορες συλλαβές (λ.χ. **-tt-**), τότε προφέρεται μόνο το ένα, το οποίο παρατείνεται λίγο. Όταν λ.χ. σε „Betttuch" έχει κανείς σχηματίσει το **-t-**, τότε σταματά λίγο, προτού να λύσει το κλείσιμο και προφέρει το επόμενο **-u-**. Επομένως υπάρχει μόνο μία έκρηξη με δάσυνση που ακολουθεί.

   Betttuch [ˈbɛttʻu:x]
   Handtuch [ˈhanttʻu:x]

6. Αν υπάρχει μετά από ένα άηχο καταληκτικό σύμφωνο ένα ηχηρό σύμφωνο, που βρίσκεται στην αρχή της επομένης συλλαβής, τότε δεν παρουσιάζεται αφομοίωση, δηλ. ούτε το καταληκτικό άηχο σύμφωνο κάνει το επόμενο σύμφωνο άφθογγο, ούτε επιδρά η ηχηρότητα του αρχικού συμφώνου στο άηχο καταληκτικό σύμφωνο. Η ηχηρότητα παρουσιάζεται αμέσως ύστερα από την άρθρωση του άηχου συμφώνου.

   aussetzen [ˈʔaʊszɛtsən]
   Absicht [ˈʔapzɪçtʻ]

7. Ο μορφωμένος Γερμανός έχει γενικά δύο **r:**

   a) ένα **r** του σταφυλίτη που παράγεται από έναν ή περισσότερους κραδασμούς του σταφυλίτη,

   rollen [ˈʀɔlən]
   Ware [ˈvɑːʀə]
   schreiben [ˈʃʀaɪbən]

   Στην κατάληξη και μπροστά από σύμφωνα παράγεται το **r** χωρίς κραδασμούς, γίνεται σχεδόν [ə],

   für [fy:ʁ]
   stark [ʃtaʁkʻ]

   b) ένα άλλο **r** που μοιάζει σχεδόν με φωνήεν στην μη τονισμένη καταληκτική συλλαβή **-er** [ɐ], σχεδόν = [æa],

   Lehrer [ˈle:ʀɐ]

Φθογγολογική αξία των γραμμάτων και διαφόρων ομάδων των γραμμάτων

Γράμμα ή ομάδα γραμμάτων	φθογγολογική αξία	παράδειγμα	προφορά κατά API.	αντίστοιχος ή παρόμοιος φθόγγος στη Νεοελληνική
a, aa, ah	βλ. A 5			
	[aː]	Wagen	['vaːgən]	α͡α
		Saal	[zaːl]	
		wahr	[vaːʀ]	
a	[a]	Mann	[man]	α: άλλος
	[a·]	radieren	[ʀa·'diːʀən]	
ai, ay	[aɪ] βλ. C	Mai	[maɪ]	αϊ: γάιδαρος
		Bayern	['baɪɐn]	
au	[aʊ]	Haus	[haʊs]	α͡ου
ä, äh	[ɛː], F [eː]	Käse	['k‘ɛːzə], F ['k‘eːzə]	ε͡ε
		wählen	['vɛːlən]	
ä	[ɛ]	Männer	['mɛnɐ]	ε: εγώ
	[ɛ·]	Ägypten	['ʔɛ·'gʏptən]	
äu	[ɔʏ] βλ. C	läuten	['lɔʏtən]	οη: γοητεύω
b	[b] βλ. E4	Brot	[bʀoːt‘]	μπ: μπαίνω
		Abend	['ʔaːbənt‘]	
	[p]	halb	[halp‘]	π: ελπίδα
		(er) gibt	[giːp‘t‘]	
	[b̥]	abladen	['ʔab̥laːdən]	
c μόνο σε ξένες λέξεις				
	[k]	Café	[k‘a'feː]	κ: καλός
	[ts]	Celsius	['tsɛlzi̯ʊs]	τσ: τσέπη
ch μετά από *ä*, *e*, *ö*, *ü*, *äu*, *eu*, *ei*, *ai*, *ay* και στην παραγωγική συλλαβή *-chen*				
	[ç]	Fächer	['fɛçɐ]	χ: χέρι
		schlecht	[ʃlɛçt‘]	
		ich	[ʔɪç]	
		Köchin	['k‘œçɪn]	
		Bücher	['byːçɐ]	
		Sträucher	['ʃtʀɔʏçɐ]	
		euch	[ʔɔʏç]	
		leicht	[laɪçt‘]	
		laichen	['laɪçən]	
		Kännchen	['k‘ɛnçən]	

Γράμμα ή ομάδα γραμμάτων	φθογγολογική αξία	παράδειγμα	προφορά κατά API.	αντίστοιχος ή παρόμοιος φθόγγος στη Νεοελληνική
μετά από *a, o, u, au*				
	[x]	lachen Koch Buch auch	['laxən] [k'ɔx] [bu:x] [ˀaʊx]	χ: ζάχαρη
σε ξένες λέξεις				
	[k]	Charakter Chronik	[k'a˙'ʀaktɐ] ['k'ʀo:nɪk']	κ: κότα
	[ʃ]	Chauffeur Chef	[ʃɔ'fø:ʀ] [ʃɛf]	γαλλ. ch, αγγλ. sh
	[tʃ]	Chile	['tʃi:le˙]	αγγλ. ch
chs	[ks] αλλά:	sechs nächst επειδή *näch-st*, όχι *nächs-t*; *-st* εδώ κατάληξη συγκριτικού!	[zɛks] [nɛ:çst']	ξ: ξέρω
ck	[k] βλ. B1	Brücke	['bʀʏkə]	κ: κάνω
d	[d]	Dank leider	[daŋk'] ['laɪdɐ]	ντ: ντύνω
	βλ. E 4 [t] [d̥]	Bad endlich	[ba:t'] ['ˀɛnd̥lɪç]	τ: τέχνη
dt	[t]	Stadt (*er*) sandte	[ʃtat'] ['zant'ə]	τ: τεχνική
e, ee, eh	[e:]	Weg Meer mehr	[ve:k'] [me:ʀ] [me:ʀ]	φωνήεν μεταξύ του ελλ. ι και ε, πολύ μακρόχρονο
	[ɛ]	weg	[vɛk']	ε: εγώ
	[e˙]	Telefon F	[t'e˙le˙'fo:n] ['t'e:le˙fo:n]	
	[ə] βλ. A 6	bitte bitten Handel	['bɪt'ə] ['bɪt'ən] ['handəl]	αυτό το φωνήεν δεν υπάρχει στα ελλ., είναι αόριστος φθόγγος μεταξύ του ε και ο

Γράμμα ή ομάδα γραμμάτων	φθογγολογική αξία	παράδειγμα	προφορά κατά API.	αντίστοιχος ή παρόμοιος φθόγγος στη Νεοελληνική
ei, ey	[aɪ]	klein	[k‘laɪn]	aï: καϊμάκι
		Meyer (επώνυμο)	['maɪɐ]	
eu	[ɔʏ]	heute	['hɔʏtə]	οη: γοητεύω
f	[f]	Fall	[fal]	φ: φύση
		fünf	[fʏnf]	
g	[g]	Garten	['gaʀtən]	γκ: γκάζι
		tragen	['t‘ʀa:gən]	
		Gnade	['gna:də]	
		για το [g̊] πρβ. Ε 4		
	[k]	Tag	[t‘a:k‘]	κ: καπέλο
		Weg	[ve:k‘]	
		Berg	[bɛʀk‘]	
	[g̊]	Flugzeug	['flu:g̊tsɔʏk‘]	
		Πολλοί Γερμανοί προφέρουν [x] μετά τα βαθειά φωνήεντα (*a*, *o*, *u* κτλ.) (πρβ. στο *ch*);		χ: ζάχαρη
		μετά τα ανοικτά φωνήεντα (*ä*, *e* κτλ.) και μετά το *r* [ç] (πρβ. στο *ch*.) Η προφορά αυτή είναι διαλεκτική.		χ: χέρι
	F [x], [ç]	Tag	[t‘ax]	
		Weg	[ve:ç]	
		Berg	[bɛʀç]	
		Flugzeug	['flu:xtsɔʏç]	
	[ç]	στην κατάληξη *-ig*		
		König	['k‘ø:nɪç]	
		wenig	['ve:nɪç]	
		σημειωτέον όμως: Könige ['k‘ø:ni·gə]		
	[g̊]	Königreich	['k‘ø:nɪg̊ʀaɪç]	
		königlich	['k‘ø:nɪg̊lɪç]	
h	[h] βλ. Ε 2			
		Haus	[haʊs]	αγγλ. h
		hinein	[hɪ'naɪn]	

Γράμμα ή ομάδα γραμ-μάτων	φθογγο-λογική αξία	παράδειγμα	προφορά κατά API.	αντίστοιχος ή παρόμοιος φθόγγος στη Νεοελληνική
i, ie, ih, ieh	[iː]	wir hier ihn Vieh	[viːʀ] [hiːʀ] [ˀiːn] [fiː]	οῖη: ποίημα
	[ɪ]	in	[ɪn]	ι: νωρίς
	[i·] βλ. B 3	Minute	[mi·ˈnuːtə]	ι, ει: ίππος, είδος
	[ĭ] βλ. A 4	Ferien Spanien	[ˈfeːʀĭən] [ˈʃpaːnĭən]	ι: σπάνιος
j	[j]	Jahr jeder	[jaːʀ] [ˈjeːdɐ]	γι: για, γιος
	σε ξένες λέξεις:			
	[ʒ]	Jalousie	[ʒa·lu·ˈziː]	γαλλ. j
k	[kʻ] βλ. E 3	Karte klein stark	[ˈkaʀtə] [kʻlaɪn] [ʃtaʀkʻ]	κ: κακός
l	[l]	Land spielen viel	[lantʻ] [ˈʃpiːlən] [fiːl]	λ: λάμπα
m	[m]	Mann Heim	[man] [haɪm]	μ: μηχανή
n	[n]	nein nun	[naɪn] [nuːn]	ν: νερό
ng	[ŋ]	lang singen Endung	[laŋ] [ˈzɪŋən] [ˈˀɛndʊŋ]	γγ: αγγούρι
αλλά:	[ng]	*n* και *g* προφέρονται χωριστά, αν ανήκουν σε διάφορα συστατικά μέρη της λέξης:		ν-γκ
		eingreifen ungern	[ˈˀaɪngʀaɪfən] [ˈˀʊngɛʀn]	
nk	[ŋk]	Bank sinken	[baŋkʻ] [ˈzɪŋkən]	γγκ
	βλ. επίσης *n-g*			
αλλά	[nk]:	Unkenntnis	[ˈˀʊnkʻɛntnɪs]	ν-κ

Γράμμα ή ομάδα γραμμάτων	φθογγολογική αξία	παράδειγμα	προφορά κατά API.	αντίστοιχος ή παρόμοιος φθόγγος στη Νεοελληνική
o, oo, oh	[oː]	Tor Boot Ohr	[tʻoːʀ] [boːtʻ] [ʔoːʀ]	φωνήεν μεταξύ των ελλ. ο και ου, πολύ μακρόχρονο
	[ɔ]	Post	[pʻɔstʻ]	o: όλος
	[õ]	Memoiren	[me·ˈmõɑːʀən]	σχεδόν ου σε Ουάσιγκτον
	[o·] βλ. B3	monoton	[mo·no·ˈtʻoːn]	φωνήεν μεταξύ των ελλ. ο και ου
ö, oe, öh	[øː]	schön Goethe Höhle	[ʃøːn] [ˈgøːtʻə] [ˈhøːlə]	γαλλ. neutre
	[œ]	öffnen	[ˈʔœfnən]	γαλλ. neuf
	[ø·] βλ. B3	Ökonomie	[ʔø·kʻo·no·ˈmiː]	γαλλ. peu
p	[pʻ] βλ. E3 [p]	Post Puppe	[pʻɔstʻ] [ˈpʻʊpʻə]	π: πατέρας
pf	[pf]	Στενός σύνδεσμος μεταξύ *p* και *f* Pferd Kupfer stumpf	 [pfeːʀtʻ] [ˈkʻʊpfɐ] [ʃtʊmpf]	πφ
ph	[f]	μόνο σε ξένες λέξεις παρμένες σχεδόν όλες από την αρχαία ελληνική. Phonetik Philosophie	 [fo·ˈneːtʻɪkʻ] [fi·lo·zo·ˈfiː]	φ: φωνή
qu	[kv]	Quelle bequem Quadrat	[ˈkʻvɛlə] [bəˈkʻveːm] [kʻva·ˈdʀɑːtʻ]	κβ
r	[ʀ] [ɐ] βλ. E7	Lehrer	[ˈleːʀɐ]	σχεδόν όπως το ελλ. γ στη λέξη γάλα, αλλά αρθρώνεται με τον σταφυλίτη.
		μόνο σε ξένες λέξεις:		
rh	[ʀ]	Rhythmus	[ˈʀʏtmʊs]	

Γράμμα ή ομάδα γραμμάτων	φθογγολογική αξία	παράδειγμα	προφορά κατά API.	αντίστοιχος ή παρόμοιος φθόγγος στη Νεοελληνική
s	[z]	Στον πρώτο φθόγγο πριν από φωνήεν, στον μεσόφθογγο μεταξύ φωνηέντων και μετά τα *m*, *n*, *l*, *r*:		
		See Absicht lesen Linse	[zeː] [ˈʔab̥zɪçtʻ] [ˈleːzən] [ˈlɪnzə]	ζ: ζηλεύω
	[s]	σ' όλες τις άλλες περιπτώσεις:		
		Haus ist Erbse	[haʊs] [ʔɪstʻ] [ˈʔɛʀb̥sə]	σ: σήμα
sp	[ʃp]	Στην αρχή μιας λέξης και μετά από προθέματα:		
		sprechen Beispiel	[ˈʃpʀɛçən] [ˈbaɪʃpiːl]	γαλλ. ch + π ή αγγλ. sh + π
st	[ʃt]	Στην αρχή μιας λέξης και μετά από προθέματα:		
		stehen verstehen	[ˈʃteːən] [fɛʀˈʃteːən]	αγγλ. sh + τ ή γαλλ. ch + τ
		Σε άλλες θέσεις και στην αρχή πολλών ξένων λέξεων, επίσης μετά από ξένα προθέματα όπως *in-*, *dis-*, *re-*:		
	[sp]	Knospe Respekt	[ˈkʻnɔspə] [ʀeˑˈspɛktʻ]	σπίτι
	[st]	Fenster Star Industrie	[ˈfɛnstɐ] [staːʀ] [ʔɪndʊsˈtʻʀiː]	στέκω
ss	[s] βλ. B 1, 2e	Wasser lassen	[ˈvasɐ] [ˈlasən]	σ: σύρω
ß	[s] βλ. B 2e	Größe heißen Gruß	[ˈgʀøːsə] [ˈhaɪsən] [gʀuːs]	σ: σύρω

Γράμμα ή ομάδα γραμ-μάτων	φθογγο-λογική αξία	παράδειγμα	προφορά κατά API.	αντίστοιχος ή παρόμοιος φθόγγος στη Νεοελληνική
sch	[ʃ] βλ. B 2f	schön waschen Σημειωτέον όμως: Häuschen πρβ. και το **ch!**	[ʃøːn] [ˈvaʃən] [ˈhɔʏsçən]	γαλλ. ch αγγλ. sh
t	[tʻ] βλ. E 3	Tag Hut	[tʻɑːkʻ] [huːtʻ]	τ, προφέρε-ται με δασύ πνεύμα
th	[tʻ]	μόνο σε ξένες λέξεις και σε κύρια ονόματα: Theater Theodor	 [tʻeˑˈɑːtʻɐ] [ˈtʻeːoˑdoːʀ]	
-tion	[tsĭoːn] βλ. A 4	Nation Μόνο σε ξένες λέξεις.	[naˑˈtsĭoːn]	τσ: τσιγάρο
tsch	[tʃ]	deutsch Tscheche	[dɔʏtʃ] [ˈtʃɛçə]	αγγλ. ch
tz	[ts] βλ. B 1	sitzen Platz Το προ του tz βρισκόμενο φω-νήεν είναι πάντοτε βραχύ.	[ˈzɪtsən] [pʻlats]	τσ: τσιγάρο
u, uh	[uː]	Hut Uhr	[huːtʻ] [ˀuːʀ]	ου: ουρανός, αλλά πολύ μακρόχρονο
u	[ʊ] βλ. B 3	Mutter	[ˈmʊtɐ]	ου, αλλά κλίνει λίγο προς το ο
	[uˑ] βλ. A 4 [ŭ]	Musik Statue	[muˑˈziːkʻ] [ˈʃtaːtʻŭə]	ου: ουρανός μισόφωνο ου
ü, üh	[yː]	Tür führen	[tʻyːʀ] [ˈfyːʀən]	γαλλ. sûr
ü	[ʏ]	Glück	[glʏkʻ]	φθόγγος με-ταξύ των γαλλ. u και eu
	[yˑ] [y̆]	amüsieren Etui	[ˀaˑmyˑˈziːʀən] [ˀeˑˈtʻy̆iː]	γαλλ. u μισόφωνο γαλλ. u

Γράμμα ή ομάδα γραμ-μάτων	φθογγο-λογική αξία	παράδειγμα	προφορά κατά API.	αντίστοιχος ή παρόμοιος φθόγγος στη Νεοελληνική
v	[f]	Vater	[ˈfaːtɐ]	φ: φαίνομαι
		Στο τέλος ξένων λέξεων:		
		brav	[bʀaːf]	
	[v]	Στην αρχή και στη μέση ξένων λέξεων:		
		Vase	[ˈvaːzə]	β: βάλλω
		November	[noˑˈvɛmbɐ]	
w	[v]	Welt	[vɛltʻ]	β: βάλλω
		Schwester	[ˈʃvɛstɐ]	
		ewig	[ˈˀeːvɪç]	
x	[ks]	Axt	[ˀakstʻ]	ξ: ξύλο
		Hexe	[ˈhɛksə]	
y	[yː]	Lyrik	[ˈlyːʀɪk]	βλ. ü
	[ʏ]	Rhythmus	[ˈʀʏd̥mʊs]	
	[yˑ]	Physik	[fyˑˈziːk]	
		κατά δύο τρόπους:		
		Ägypten	[ˀɛˑˈgʏptən], [ˀɛˑˈgɪptən]	
z	[ts]	Zahl	[tsaːl]	τσ: τσιμπώ
		zwei	[tsvaɪ]	
		Herz	[hɛʀts]	

A

A, a [aː] *n* Α, α (άλφα) *n*; ***von A bis Z*** από την αρχή ως το τέλος; από το Α έως το Ω; ***A-Dur*** λα μείζον; ***a-Moll*** λα έλασσον

à: ***... à 50 Pfennig*** ... των 50 πφένιχ; ***à la carte*** της ώρας

Aal ⟨*-ęs; -e*⟩ *m* χέλι

aalen: sich ~ F χουζουρεύω

Aas ⟨*-es; -e*⟩ *n* ψοφίμι; (*Schimpfwort; pl Äser*) κανάγιας

aasen ⟨*-t*⟩ ανεμοσκορπίζω

Aasgeier *m* όρνιο, καρτάλι

ab *präp D* από; *adv* (= *abgegangen*) ... έπεσε; ***von heute ~*** από σήμερα; ***~ und zu*** πότε - πότε, κάπου κάπου; *THEA* φεύγει; *HDL z.B.* **~ *Athen*** παραδοτέο στην Αθήνα; (***Preis***) ***~ Werk*** (τιμή) εργοστασίου; ***~ Werk*** (*Fabrik*) παραδοτέα από το εργοστάσιο (μας); *HDL* (= *minus*) μείον

ab- *oft* απο-, εκ-, κατα-

abändern *allg* αλλάζω; *JUR* μεταρρυθμίζω; *Gesetz* τροποποιώ, τροπολογώ

Abänderung *f* αλλαγή; μεταρρύθμιση; τροποποίηση

Abänderungsantrag *m* τροπολογία

abarbeiten ⟨*-e-*⟩ ξεδουλεύω

Abart *f* παραλλαγή; *ZOOL* ποικιλία

Abbau ⟨*-ęs; 0*⟩ *m TECH* διάλυση; (*e-s Erzlagers*) εκμετάλλευση; *fig* (*von Personal*) περιορισμός

abbauen (*demontieren*) διαλύω, αποσυναρμολογώ; εκμεταλλεύομαι; *Brücke usw* ξηλώνω; *fig Schranken* μειώνω, περιορίζω

abbau|fähig, ~würdig εκμεταλλεύσιμος

abbeißen* αποκόπτω με τα δόντια; ***etw ~ von*** *D* δαγκώνω *A*

abbekommen* (*erhalten*) παίρνω ένα μέρος; *G oder* από; (*lösen*) αποκολλώ; *Regen, Schelte usw* τρώγω; ***nichts ~*** μένω αμπάλωτος

abberufen* ανακαλώ; *Botschafter* μετακαλώ

Abberufung *f* ανάκληση; **~s-** ανακλητήριος

abbestellen *v/t* ξεπαραγγέλνω

abbezahlen πληρώνω με δόσεις

abbiegen* ⟨*sn*⟩ *v/i* στρίβω (***rechts*** δεξιά *usw*)

Abbild *n* ομοίωμα *n*, ίνδαλμα *n*

abbilden ⟨*-e-*⟩ εικονίζω, απεικάζω

Abbild|en *n* απεικόνιση; **~ung** *f* εικόνα, εικονογραφία; *TECH* σχήμα *n*

abbinden* (*losbinden*) ξεδένω; *MED* απολινώ; *subst* απολίνωση

Abbitte ⟨*0*⟩ *f* αίτηση συγγνώμης; ***~ leisten*** ζητώ συγγνώμη

abblasen* *fig* (*absagen*) ματαιώνω

abblättern ⟨*sn*⟩ *fig Wandbelag*: ξεφλουδίζομαι

abblenden ⟨*-e-*⟩ αντιθαμβώνω τα φώτα

Abblendlicht *n* αντιθαμβωτικό φως *n*, φώτα *n/pl* πορείας

abblitzen: *er ist abgeblitzt* έφαγε την χυλόπιτα; ***~ lassen*** προγκίζω

abbrechen* κόβω; *Haus* γκρεμίζω; *Beziehungen, EDV* διακόπτω, διαρρηγνύω

abbremsen ⟨*-t*⟩ φρενάρω

abbrennen* *v/t, v/i* ⟨*sn*⟩ (κατα)καίω; ***abgebrannt*** (*pleite*) ταπί

abbringen* ξεκόβω (***von*** *D*/από)

abbröckeln ⟨*-le*⟩ θρυμματίζω; ⟨*sn*⟩ *Kurs*: πίπτω

Abbruch *m* (*e-s Hauses*) γκρέμισμα *n*; κατεδάφιση; *fig* διακοπή; ***~ tun*** μειώνω την αξία

abbrühen ζεματίζω

Abbrühen *n* ζεμάτισμα *n*

abbrummen *Strafe* αποτίνω

abbuchen χρεώνω (***etw von e-m Konto***/λ-σμο με)

Abbuchung *f* χρέωση (***vom*** *Konto*/*G*)

abbürsten ⟨*-e-*⟩ βουρτσίζω; *Schuhe* σκουπίζω

abbüßen ⟨*-t*⟩ αποτίνω

Abbüßen *n* απότιση

Abc [aːbeːˈtseː] ⟨*-; -*⟩ *n* αλφαβήτα, αλφάβητο; **~-Schütze** *m* μαθητούδι; **~-Waffen** *f/pl* Α.Β.Χ. (= ατομικά-βακτηριολογικά-χημικά) όπλα *n/pl*

abdampfen ⟨*sn*⟩ F (*weggehen*) ξεκινώ (-άς)

A

abdanken 580

abdanken παραιτούμαι; *König*: παραιτούμαι από τον θρόνο

Abdankung *f* παραίτηση

abdecken *Haus* αποστεγάζω; *Tisch, Bett* ξεστρώνω, ξεσκεπάζω; (*bedecken*) σκεπάζω

abdichten ⟨*-e-*⟩ στεγανοποιώ

Abdichtung *f* στεγανοποίηση

abdrängen απωθώ (**nach** *D*, **in** *A*/σε)

abdrehen *v/t Wasser, Radio usw* κλείνω; *v/i Flugzeug*: αλλάζω διεύθυνση

Abdruck *m* (*Spur, Zahn-*) αποτύπωμα *n*; (*Relief*) έκτυπο; τύπος

abdrucken *Buch* τυπώνω

abdrücken (*in Wachs usw*) αποτυπώνω; (*schießen*) πυροβολώ; (*Revolver*) ρίχνω μια πιστολιά; **sich ~** αποτυπώνομαι

Abend ⟨*-s; -e*⟩ *m* βράδυ *n*, βραδιά, εσπέρα; **gegen ~** προς το βράδυ; **es wird ~** βραδιάζει; **am frühen ~** το βραδάκι; **zu ~ essen** δειπνίζω, δειπνώ; **guten ~!** καλησπέρα!; *j-m* **guten ~ wünschen** καλησπερίζω

Abend- βραδινός, εσπερινός

Abend|andacht *f* εσπερινός; **~anzug** *m* → **Abendgarderobe**; **~brot** ⟨*-ęs; 0*⟩ *n* → **Abendessen**; **~dämmerung** *f* σούρουπο, λυκόφως *n*; **~essen** *n* βραδινό φαγητό, δείπνο; **ohne ~essen** άδειπνος; **~garderobe** *f* επίσημη αμφίεση; **~gesellschaft** *f* σουαρέ ⟨*0*⟩ *n*; **~kasse** *f* βραδινό ταμείο (θεάτρου); **~kleid** *n* βραδινό φόρεμα *n*; **~kurs** *m* βραδινός κύκλος μαθημάτων; **~land** ⟨*-ęs; 0*⟩ *n* εσπερία, δύση

abend|ländisch δυτικός; **~lich** βραδιάτικος, εσπερινός

Abendmahl *n* μετάληψη; κοινωνία; **das ~ geben** (**nehmen**) μεταλαβαίνω

Abendrot *n* κοντοβασίλεμα *n*

abends το βράδυ

Abend|stern *m* Αποσπερίτης, Αφροδίτη; **~unterhaltung** *f* εσπερίδα

Abenteuer *n* περιπέτεια; **~-** περιπετειώδης

abenteuerlich περιπετειώδης; **ein ~es Leben** βίος και πολιτεία

Abenteurer *m* τυχοδιώκτης

aber αλλά, μα, (και *oder* αλλ') όμως

Aberglaube *m* πρόληψη; δεισιδαιμονία

abergläubisch προληπτικός; δεισιδαίμων

aberkennen* στερώ (**j-m etw**/κτ από κπ); **~d** στερητικός

Aberkennung *f* (*von Rechten*) στέρηση

abermal|ig επανειλημμένος; **~s** ξανά, πάλι

abfahren* ⟨*sn*⟩ φεύγω, αναχωρώ (**nach** *D*/για); *Schiff*: αποπλέω, εκπλέω

Abfahrt *f* αναχώρηση; (*Schiff*) απόπλους, έκπλους

Abfahrts|lauf *m* (*Sport*) κάθοδος *f*; **~zeit** *f* ώρα αναχωρήσεως

Abfall *m* (*Unbrauchbares*) άχρηστα αντικείμενα *n/pl*; (*radioaktiver* **~**) απορρίματα *n/pl*; *fig* αποστασία (**von** *D*/από), εξωμοσία

Abfälle *m/pl* (*Küchen-*) σκουπίδια *n/pl*; (*Industrie-*) απόβλητα *n/pl*

Abfalleimer *m* σκουπιδοτενεκές, κουβάς σκουπιδιών

abfallen* ⟨*sn*⟩ πέφτω (*auch in der Leistung*); *Blätter*: μαδώ (-άς); *fig* αποστατώ (*auch* REL)

abfällig δυσμενής; **~ beurteilen** κατακρίνω

Abfallprodukt *n* υποπροϊόν, απόβλητο

abfangen* (*j-n*) πιάνω

abfärben λεκιάζω (**auf** *A*/*A*); ξεβάφω; *fig* εξασκώ επίδραση (**auf** *A*/σε)

abfassen ⟨*-t*⟩ *Vertrag* διατυπώνω, συντάσσω

Abfassung *f* διατύπωση; *e-s Werkes* συγγραφή

abfeilen ρινίζω, λιμάρω

abfertigen (*absenden*) διεκπεραιώνω; *Gepäck* εκτελωνίζω

Abfertigung *f* διεκπεραίωση; εκτελωνισμός

abfeuern ⟨*-re*⟩ *Schuss* τραβώ (-άς); εκσφενδονίζω

abfinden* *v/t* αποζημιώνω; **sich** (*A*) **mit** *etw* (*D*) **~** εγκαρτερώ σε; **sich damit ~, dass** το παίρνω απόφαση πως; **sich nicht ~ können** δεν συμβιβάζομαι (**mit** *D*/με)

Abfindung *f* αποζημίωση, εφάπαξ *n*

abflauen ⟨*sn*⟩ *Sturm, Wut usw*: κοπάζω, τσακίζω; εξασθενώ; HDL χαλαρώνομαι, ελαττώνομαι; **~de Winde** εξασθενούντες άνεμοι

abfliegen* ⟨*sn*⟩ ξεκινώ (-άς), απογειώνομαι

abfließen* ⟨*sn*⟩ παροχετεύομαι, χύνομαι (**in** *A*/σε)

Abflug *m* απογείωση; (*Aufschrift*) αναχωρούντες επιβάται
Abfluss *m* διαρροή; (*im Haus*) βόθρος; **~rohr** *n* σωλήνας
abfragen ερωτώ; *e-n Schüler etw* ~ εξετάζω κπ σε
abfressen* ξερριζώνω
Abfuhr *f* μεταφορά; μεταγωγή; *fig* απόκρουση
abführen (*z. B. als Gefangenen*) απάγω; *MED* ενεργώ; βγαίνω, αφοδεύω; **~d** ενεργητικός
Abführmittel *n* καθάρσιο, ενεργητικό, διουρητικό
abfüllen (*in Flaschen*) εμφιαλώνω
Abfüllung *f* εμφιάλωση
Abgabe *f* δόσιμο (-ατος); (*Steuer*) φόρος, επιβάρυνση; (*Sport*) πάσα
Abgang *m* (*e-r Person*) παραίτηση; *THEA* αποχώρηση; (*aus der Schule*) αποφοίτηση
Abgangszeugnis *n* απολυτήριο
abgasarm φτωχός σε καυσαέρια
Abgas|e *n/pl* καυσαέρια *n/pl*; **~sonderuntersuchung** *f* έλεγχος εκπομπής καυσαερίων
abgeben* παραδίνω; *Schuss* ρίχνω; *Erklärung* προβαίνω σε; *Stellungnahme* διατυπώνω, συντάσσω; ***s-e Stimme ~ für*** δίνω ψήφο υπέρ *G*, ψηφίζω; ***sich ~*** καταπιάνομαι (***mit*** *D, auch Person*/με)
ab|gebrannt F άψιλος, νέτος, απένταρος; **~gebrüht** ζεματιστός; *fig* τετραπερασμένος, απαθής; **~gedeckt** ξέστρωτος; **~gedroschen** *fig* (τε)τριμμένος; **~gefahren** φευγάτος; **~gegriffen** φθαρμένος; *fig* → ***abgedroschen***; **~gehangen** *Fleisch*: σιτεμένος; ***nicht ~gehangen*** ασίτευτος; **~gehärtet** σκληραγωγημένος
abgehen* ⟨*sn*⟩ *BAHN usw* κινώ, αναχωρώ; *Schiff*: εκπλέω; *von der Schule*: αποφοιτώ (-άς); *Beamter*: παραιτούμαι; (*sich lösen*) ξεκολλώ (-άς); *Farbe usw*: ξεβάφω, βγαίνω; *Knopf*: πέφτω
Abgehen *n* (*sich Lösen*) ξεκόλλημα *n*
ab|gehobelt ξυστός; **~gekämpft** κατακουρασμένος; **~geklärt** ισορροπημένος; **~gekürzt** *Wort usw*: συντετμημένος; **~gelaufen** *HDL* ληγμένος; *Wechsel*: ληξιρόθεσμος; **~gelegen** απόκεντρος, παράμερος; **~geleitet** παράγωγος
Abgeltung *f* αποκατάσταση
ab|gemacht σύμφωνοι!; ***als ~gemacht betrachten*** κομποδένω; **~gemagert** αποστεομένος, ατροφικός
ab|geneigt απρόθυμος; ***nicht ~geneigt*** διατεθειμένος (**zu**/να); **~genutzt** φθαρμένος, τριμμένος
Abgeordnete(r) βουλευτής, βουλευτίνα; εκπρόσωπος; αντιπρόσωπος
Abgeordneten|- βουλευτικός; **~haus** *n* βουλή
ab|gerissen *fig* ξεβράκωτος, αμπάλωτος; **~gerundet** αποστρογγυλεμένος
Abgesandte(r) απεσταλμένος
ab|geschabt ξυστός; **~geschieden** απόμερος; μεμονωμένος
Abgeschiedenheit *f* μοναξιά
ab|geschlossen κλειστός; *HDL* συνημμένος; (*einsam*) έρημος; *HDL* ***nicht ~geschlossen*** ασύναπτος; **~geschmackt** σαχλός, στερεότυπος
Abgeschmacktheit *f* σάχλα
abgesehen παρεκτός (**von** *D*/από), εκτός *G*; ***~ davon*** άσχετα από αυτό; ***es ~ haben*** επιβουλεύομαι (***auf*** *A*/*A*)
ab|gesetzt *Beamter usw*: έκπτωτος; **~gesondert** μεμονωμένος; **~gespannt** αποκαμωμένος; ***sehr ~gespannt*** κατάκοπος
Abgespanntheit *f* κούραση, κόπωση
ab|gestanden μπαγιάτικος; **~gestimmt** (*z. B. Maßnahmen*) συντονισμένος; **~gestorben** *Glied*: ***wie ~gestorben sein*** μουδιάζω; **~gestoßen:** ***sich ~gestoßen fühlen von*** *D* απαυδώ από; **~gestumpft** *fig* αποκοιμισμένος; *Kegel usw*: κολοβός
Abgestumpftheit *f* αμβλύτητα
ab|getragen πολυφορεμένος, τριμμένος; *Stoff usw*: ***... ist ~getragen*** ... φαγώθηκε; **~geurteilt** δεδικασμένος
abgewinnen*: ***ich kann dem keinen Geschmack*** *oder* ***nichts ~*** δεν το κάνω γούστο, δεν μου καλοφαίνεται
abgewöhnen *j-m etw* κάνω κπ να ξεσυνηθίσει κάτι; ***sich etw ~*** το ξεσυνηθίζω; *Rauchen, Trinken* κόβω
abgießen* (ξε)χύνω
Abglanz *m* αντιφεγγιά, αντηλιά
abgleiten* ⟨*sn*⟩ *v/i* ξεγλιστρώ (-άς); *fig* (*sinken*) προστυχαίνω; ***es gleitet an ihm ab*** ούτε κρύο ούτε ζέστη του κάνει

A
abgöttisch 582

abgöttisch ειδωλολατρικός
abgrasen ⟨*-t*⟩ *v/t* ξεγυμνώνω βόσκοντας, καταβιβρώσκω
abgrenzen ⟨*-t*⟩ *auch fig* οριοθετώ; *fig Aufgaben neu* ~ (αφ)ορίζω
Abgrenzung *f* αφορισμός, οριοθέτηση; **~s-** αφοριστικός
Abgrund *m* χάσμα *n*, βάραθρο, γκρεμός, άβυσσος *f*
ab|gründig αχανής; **~grundtief** βαραθρώδης, απύθμενος
abgucken μαθαίνω παρατηρώντας; *Schüler*: αντιγράφω
Abguss *m* (*Kopie*) εκμαγείο
abhacken αποκόπτω
abhaken ξεκαρφώνω; απαγκιστρώνω; *fig in e-r Liste* τσεκάρω
Abhaken *n* απαγκίστρωση
abhalten* *fig* κωλύω (***j-n von***/να ...); ενοχλώ; *Kälte usw* εμποδίζω, κωλύω να μπει; (*entfernt halten*) απομακρύνω (***von*** *D*/από); *Gottesdienst* τελώ; *Konferenz usw* συνέρχομαι σε; ***abgehalten werden*** γίνομαι, λαμβάνω χώρα
Abhaltung *f* εμπόδιση; *e-r Konferenz* συγκρότηση
abhandeln ⟨*-le*⟩ *vom Preis* παζαρεύω; *Thema* διαπραγματεύομαι (*A*/περί *G*)
ab'handen: ~ ***kommen*** παραπέφτω (***j-m***/ σε κπ)
Abhandlung *f* διατριβή (***über*** *A*/σε)
Abhang *m* κατήφορος, πλαγιά
abhäng|en* *v/t* ξεκρεμώ; *v/i Fleisch*: σιτεύω; *fig* εξαρτώμαι (***von*** *D*/από); **~ig** υπεξούσιος, εξαρτώμενος (***von*** *D*/ από); ***~ig machen*** εξαρτώ; *fig* ***~ig sein*** εξαρτώμαι (***von*** *D*/από)
Abhängigkeit *f* εξάρτηση; TECH ***in ~*** *G oder* ***von*** συναρτήσει (*του χρόνου*); **~s-** GR πλάγιος
abhärten ⟨*-e-*⟩ σκληραγωγώ
Abhärtung *f* σκληραγωγία
abhauen* τσεκουρώνω; κουτσουρεύω; ⟨*sn*⟩ F (*weggehen*) πουλεύω, το στρίβω, ξεκουμπίζομαι; ***hau ab!*** άι χάσου!
Abhauen *n* αποτομή
abhäuten ⟨*-e-*⟩ γδέρνω
abheben* σηκώνω; *Geld* αποσύρω, τραβώ (-άς), σηκώνω (***von*** *D*/από); *Karten* κόβω
Abheb|en *n* σήκωμα *n*; **~ung** *f* (*von Bankeinlagen*) ανάληψη
abhelfen*: ***dem ist nicht abzuhelfen*** είναι αδιόρθωτο
abhetzen ⟨*-t*⟩ *v/t Tier* πηλαλώ (-άς); *fig* ***sich ~*** κομματιάζομαι (***um ... zu***/για να)
Abhilfe ⟨*0*⟩ *f* άρση των δυσκολιών; ~ ***schaffen*** αντιμετωπίζω την κατάσταση
abhobeln ⟨*-le*⟩ ροκανίζω
Abhobeln *n* ροκάνισμα *n*
abholen έρχομαι (πηγαίνω) να (τον) πάρω; *z.B. Auto* παραλαμβάνω; ***~ lassen*** *Möbel* μετακομίζω
Abholmöbel *pl* έπιπλα *n/pl* πού μετακομίζει ο αγοραστής
abholzen ⟨*-t*⟩ υλοτομώ, αποδασώνω
Abholzung *f* αποδάσωση
abhorchen MED στηθοσκοπώ
abhören κρυφακούω
Abhören *n* TEL υποκλοπή; (*von Schallplatten*) ακρόαση
abirren ⟨*sn*⟩ παραστρατίζω
Abirren *n* παραστράτημα *n*
Abi'tur ⟨*-s*; *-e*⟩ *n* απολυτήριες εξετάσεις *f/pl*; **~i'ent** ⟨*-en*⟩ *m* απόφοιτος, τελειόφοιτος
abkanzeln ⟨*-le*⟩ κατσαδιάζω
abkapseln ⟨*-le*⟩ πωματίζω; *fig* ***sich ~*** ζω κατάκλειστος, ασκητεύω
abkaufen αγοράζω (***j-m etw***/κτ από κπ)
Abkehr ⟨*0*⟩ *f* αποχή (***von*** *D*/από), κόψιμο (-ατος) (***von*** *D*/*G*)
abklappern ⟨*-re*⟩ *alle Läden* παίρνω σβάρνα
Abklatsch *m* στερεοτυπία
abklingen* ⟨*sn*⟩ *Schwellung*: διαλύομαι
abklopfen *fig* ψηλαφίζω
abknabbern ⟨*-re*⟩ ξεψαχνίζω, ξεκοκκαλίζω
abknöpfen F (*wegnehmen*) αποσπώ (-άς), τσιμπολογώ (***j-m etw***/κτ από κπ)
abkochen αποβράζω
Abkochung *f* αφέψημα *n*
abkommandieren προσκολλώ (-άς) (***zu*** *D*/σε), αποσπώ (-άς), μεταθέτω
Abkommandierung *f* απόσπαση
Abkomme ⟨*-n*⟩ *m* απόγονος
abkommen* ⟨*sn*⟩ *vom Wege* εξέρχομαι *G*; ξεστρατίζω; *von e-m Thema* βγαίνω (από)
Abkommen *n* συμφωνία
abkömmlich: ~ ***sein*** ευκαιρώ
Abkömmlinge *m/pl* κατιόντες *m/pl*
ab|kratzen ⟨*-t*⟩ *v/t* αποξέω; ⟨*sn*⟩ F (*sterben*) ψοφώ; **~kriegen** (*entfernen*) μπορώ να βγάλω

A
583 Abmeldung

abkühlen *v/t* (απο)κρυώνω, (*auch fig*) ψυχραίνω; *v/i* ⟨*sn*⟩ (*auch sich*) δροσίζομαι; *Wetter*: φρεσκάρω; *fig* ψυχραίνομαι
Abkühlung *f* δρόσισμα *n*
Abkunft ⟨*0*⟩ *f* καταγωγή
abkuppeln ⟨*-le*⟩ *BAHN* αποζευγνύω
Abkupplung *f* απόζευξη
abkürzen ⟨*-t*⟩ συντομεύω, συντέμνω
Abkürzung *f* σύντμηση, συντομογραφία
abküssen ⟨*-t*⟩ καταφιλώ
abladen* ξεφορτώνω
Abladen *n* εκφόρτωση
Ablage *f* (*Archiv*) αρχειοθήκη; (*Gestell*) στήριγμα *n*; *fig* **in der ~ verschwinden** μπαίνω στο ράφι
ablagern: sich ~ κατακάθομαι, ιζάνω
Ablagerung *f GEOL* ίζημα *n*
Ablass ⟨*-es*; *⸚e*⟩ *m REL* συγχώρεση; **~brief** *m* συγχωροχάρτι
ablassen* *Wasser usw* κάνω, αφήνω να εκρεύσει; εκκενώνω; (*Preis*) εκπίπτω (**von** *D*/από); *v/i* παραιτούμαι (**von** *D*/*G*)
Ablasshahn *m* κρουνός εκκενώσεως
Ablativ ⟨*-s*; *-e*⟩ *m GR* αφαιρετική
Ablauf *m* (*Start*) εκκίνηση; *e-r Frist* παρέλευση, εκπνοή, λήξη; *der Ereignisse* πορεία; → **Abfluss**
ablaufen* ⟨*sn*⟩ *Wasser*: εκρέω; (*Sport*) ξεκινώ; *Monat*, *Jahr*: φθίνω, τελειώνω; *Frist*, *Vertrag*: λήγω, τελειώνω, εκπνέω; *Wechsel*: λήγω; *Schuhe* χαλάω; **es lief gut** (**schlecht**) **für mich ab** μου βγήκε σε καλό (κακό)
Ableben *n* αποβίωση
ablecken γλείφω
ablegen *v/t Kleider* αποβάλλω; *alte Kleider*, *Ungebrauchtes*; *Karten* ξεσκαρτάρω; *Akten* κλασάρω; κατατάσσω, ταξινομώ; *Gewohnheit* απαρνιέμαι; *Fehler* κολάζω; *Eid*, *Prüfung* δίνω; **Rechenschaft ~** δίνω λόγο, λογοδοτώ
Ablegen *n* αποβολή; σκαρτάρισμα *n*; ταξινόμηση
Ableger *m BOT* καταβολάδα
ablehnen *allg* απορρίπτω, αποποιούμαι; *Vorschlag* αρνιέμαι; **es ~ zu ...** αρνιέμαι να ...; **~d** αρνητικός
Ablehnung *f* απόρριψη; αποποίηση; άρνηση
ableisten ⟨*-e-*⟩ *Dienstzeit* εκτίω; *Militärdienst* κάνω, εκπληρώνω; **seinen Militärdienst ~** υπηρετώ τη στρατιωτική μου θητεία
Ableistung *f* εκπλήρωση
ableitbar παρακτέος
ableiten ⟨*-e-*⟩ *Wasser usw* αποχετεύω; *GR* παράγω; *Rechte* έλκω
Ableitung *f* αποχέτευση; *GR* (*Wort*) παράγωγο
ablenken *auch fig* παρεκτρέπω; *fig* αποσπώ (-άς); *MIL* απασχολώ; *PHYS* εκτρέπω
Ablenk|ung *f* περισπασμός; παρέγκλιση; εκτροπή; **~ungs-** αντιπερισπαστικός; **~ungsangriff** *m* απασχόληση, επίδειξη
ablesen* διαβάζω (**von** *D*/από); *Zähler* λαμβάνω την ένδειξη μετρητού
ableugnen ⟨*-e-*⟩ αρνιέμαι; **es ~** ξελέγω; *Glauben* απαρνιέμαι
Ableugnung *f* άρνηση
ablichten ⟨*-e-*⟩ → **fotokopieren**
Ablichtung *f* φωτοαντίγραφο
abliefern ⟨*-re*⟩ παραδίνω
Ablieferung *f* παράδοση
ablösen ⟨*-t*⟩ ξεκολλώ (-άς), βγάζω; *j-n* αντικαθιστώ; *Wache* (*mst abgelöst werden*) αλλάζω; *Anleihe* εξαγοράζω; **sich ~** ξεκολλώ
Ablös|en *n* ξεκόλλημα *n*; **~ung** *f der Wache* αλλαγή; απόσπαση; *Ersatz* αντικατάσταση
abluchsen ⟨*-t*⟩ F υφαρπάζω (**j-m etw**/κτ από κπ)
abmachen (*lösen*) βγάζω; (*regeln*) κανονίζω; *Pauschale*, *Festpreis* συμφωνώ σε; **abgemacht!** σύμφωνος!, σύμφωνοι!
Abmachung *f* κανονισμός, συμφωνία
abmagern ⟨*-re*; *sn*⟩ αδυνατίζω (**durch** *A*/από)
Abmager|ung *f* αδυνάτισμα *n*, απίσχναση; **~ungs-** απισχναντικός; **~ungskur** *f* θεραπεία αδυνατίσματος
abmähen δρεπανίζω
Abmähen *n* δρεπάνισμα *n*
Abmarsch *m* αναχώρηση
abmarschieren ⟨*sn*⟩ αναχωρώ
abmelden ⟨*-e-*⟩ *z.B. Auto* ξεδηλώνω (**bei** *D*/σε); *j-n* δηλώνω την αναχώρησή του; **sich polizeilich ~** δηλώνω την αναχώρησή μου
Abmeldung *f* ξεδήλωση; δήλωση της αναχωρήσεως

A
abmessen 584

abmessen* μετρώ
Abmessungen *f/pl* διαστάσεις *f/pl*
abmontieren *Teil* βγάζω; *alles* αποσυναρμολογώ
abmühen: sich ~ κοπιάζω (**bei** *D*/σε), αγωνιώ (-άς)
abmustern ⟨*-re*⟩ απολύω
abnagen ροκανίζω
Abnagen *n* ροκάνισμα *n*
abnähen κάνω πιέτες, πτυχές
Abnäher *m* πιέτα, πτυχή
Abnahme *f der Ware* παραλαβή; (*Wegnahme*) αφαίρεση; (*Minderung*) ελάττωση; *der Temperatur, der Kräfte* κατάπτωση; *des Fiebers* πτώση; → ***Amputation***
abnehmen* *v/t* παίρνω (***j-m etw für***/του το για); *Hut usw* βγάζω; *Waren* παραλαμβάνω; (*abkaufen*) τραβώ (-άς); *v/i* (*dünner werden*) αδυνατίζω; (*sinken*) πέφτω; λιγοστεύω; *Tage*: μικραίνω; *Mond*: μικραίνω, φθίνω; ***ab- und zunehmen*** αυξομειώνομαι
Abnehmer *m* παραλήπτης; αγοραστής
Abneigung *f* αποστροφή, αντιπάθεια (***gegen*** *A*/για); ***aus innerer ~*** εξ ιδιοσυγκρασίας; ***e-e ~ haben gegen*** *A* αντιπαθώ *A*
ab'norm παράτυπος, ανώμαλος
Abnormi'tät *f* παρατυπία
abnötigen φορολογώ (***j-m etw***/κπ με κτ)
abnutzen (*auch* **-nützen**) ⟨*-t*⟩ φθείρω; ***sich ~*** φθείρομαι; τρίβομαι
Abnutzung *f* τριβή, *bsd der Kleidung* φθορά
Abonn|ement [abɔn(ə)'mãː] ⟨*-s*; *-s*⟩ *n* συνδρομή; **~ent** [abɔ'nɛnt] ⟨*-en*⟩ *m* συνδρομητής; **~entin** *f* συνδρομήτρια
abon'nieren γίνομαι συνδρομητής *G*
abordnen ⟨*-e-*⟩ αποστέλλω (**zu** *D*/σε)
Abordnung *f* πρεσβεία, αντιπροσωπεία
Abort ⟨*-ęs*; *-e*⟩ *m* αποχωρητήριο, μέρος *n*
A'bort ⟨*-ęs*; *-e*⟩ *m* MED εξάμβλωση, αποβολή
abpacken βάζω σε πακέτα
abpassen ⟨*-t*⟩ *j-n* καραδοκώ; ***e-e Gelegenheit ~*** καιροφυλακτώ
ab|pellen ξεφλουδίζω; **~pfeifen*** (*Sport*) σφυρίζω τη λήξη, τη διακοπή; **~pflücken** δρέπω, συλλέγω
abplacken, abplagen: *sich ~* μοχθώ
abplatzen ⟨*-t*; *sn*⟩ αποκολλώ
abprallen ⟨*sn*⟩ εξοστρακίζομαι; *Ball*: αναπηδώ
abquälen: *sich ~* βασανίζομαι, στενοχωριέμαι (***mit*** *D*/για)
abrackern ⟨*-re*⟩ παραδέρνω; ***sich umsonst ~*** κοπανίζω αέρα
Abraham ⟨*-s*⟩ *m* Αβραάμ *m*
abrasieren ξυρίζω
abraten* αποτρέπω (***j-m davon ... zu***/κπ να)
abräumen *v/t* βγάζω; (*abfahren*) αποκομίζω; *Tisch* ξεστρώνω
abrechnen ⟨*-e-*⟩ (*auch fig drohend*) λογαριάζομαι; *fig* ***~ mit j-m*** ξεκαθαρίζω τους λογαριασμούς μου με κπ
Abrechnung *f* απολογισμός
Abrechnungszeitraum *m* εκκαθαριστικό
Abrede *f*: ***in ~ stellen*** αρνιέμαι
abregen: F ***sich ~*** ξεθυμώνω
abreiben* αποτρίβω; (*frottieren*) τρίβω; *subst* τρίψιμο (-ατος)
Abreise *f* αναχώρηση
abreisen ⟨*-t*; *sn*⟩ αναχωρώ, φεύγω (***nach*** *D*, ***in*** *A*/για)
Abreisetag *m* ημέρα αναχώρησης
Abreißblock *m* διπλότυπο
abreißen* *v/t* αποσπώ (-άς); ρεύω; (*z. B. durch Sturm*) αφαρπάζω; *Haus* γκρεμίζω, κατεδαφίζω
Abreißkalender *m* ημεροδείκτης
abrichten ⟨*-e-*⟩ γυμνάζω, ασκώ
abriegeln ⟨*-le*⟩ μανταλώνω
abrinden ⟨*-e-*⟩ ξεφλουδίζω
Abriss *m des Hauses* γκρέμισμα *n*, κατεδάφιση; (*Übersicht*) επιτομή, σκίτσο
abrissreif για γκρέμισμα, κατεδαφιστέος
abrollen ξετυλίγω; ⟨*sn*⟩ *fig Ereignisse*: ξετυλίγομαι
abrücken *v/t* (*umstellen*) μετακινώ; *von e-r Idee* αποκρούω (*A*), παραιτούμαι (***von*** *D/G*); *v/i* ⟨*sn*⟩ MIL κινώ
Abruf *m*: ***auf ~*** σε ετοιμότητα
abrufen* ανακαλώ
abrunden ⟨*-e-*⟩ στρογγυλεύω (*auch fig* ***auf***/σε)
Abrundung *f* στρογγύλεμα *n*
abrüsten ⟨*-e-*⟩ αφοπλίζω
Abrüst|ung *f* αφοπλισμός; **~ungskonferenz** *f* συνέδριο αφοπλισμού
abrutschen ⟨*sn*⟩ (*auch fig*) γλιστράω, ολισθαίνω; *Erdmasse*: κατολισθαίνω

585 **abschnüren**

Absage *f* ανάκληση; (*Brief mst*) αρνητική απάντηση
absagen *Verabredung usw* ανακαλώ; *Unterredung* ματαιώνω
absägen πριονίζω; F (*entlassen*) ξύνω
Absatz *m im Buch*, *JUR* εδάφιο; *beim Diktieren*: άλλη παράγραφος; (*Schuh-*) τακούνι; (*von Waren*) διάθεση; *HDL* **~ haben** τραβιέμαι; **~förderung** *f* υποστήριξη πωλήσεων; **~gebiet** *n* αγορά; **~krise** *f* έλλειψη ζήτησης; **~markt** *m* αγορά διαθέσεως
abschaben αποξέω, ξύνω
abschaffen καταργώ, καταλύω
Abschaffung *f* κατάργηση, κατάλυση
abschälen ξεφλουδίζω; *Haut*: **sich ~** ξεφλουδίζομαι; *MED* απολεπίζομαι
abschalten ⟨*-e-*⟩ *v/t* διακόπτω; *Fernseher*, *Radio*, *Licht usw* κλείνω; *Kontakt* αποσυνδέω; *EDV* σβήνω; *v/i* F (*nicht teilnehmen*) μένω αμέτοχος
abschätzen ⟨*-t*⟩ υπολογίζω, εκτιμώ
Abschätzung *f* υπολόγισμος, εκτίμηση
Abschaum ⟨*-es*; *0*⟩ *m fig* απόβρασμα *n*
abscheiden* *v/t* αποχωρίζω; (*Elektrolyse*) αποτίθεμαι (**an** *D*/σε)
Abscheu ⟨*-es*; *0*⟩ *m* βδελυγμία, αποτροπιασμός; αποστροφή (**vor** *D*/για)
abscheuern ⟨*-re*⟩ τρίβω, καθαρίζω; **sich ~** τρίβομαι, φαγώνομαι
Abscheuern *n* (*auch fig*) τρίψιμο (-ατος); φάγωμα *n*
ab'scheulich βδελυρός, αποτρόπαιος, μυσαρός
Abscheulichkeit *f* μυσαρότητα, στυγερότητα
abschicken αποστέλλω
abschieben* απομακρύνω; (*ausweisen*) απελαύνω; *v/i* ⟨*sn*⟩ (*weggehen*) παίρνω πόδι
Abschied ⟨*-es*; *-e*⟩ *m* αποχαιρετισμός; **von j-m ~ nehmen** αποχαιρετώ κπ; *MIL* **seinen ~ nehmen** παίρνω το απολυτήριό μου; **~s-** αποχαιρετιστήριος
Abschiedsessen *n*: **ein ~ geben** δίνω αποχαιρετηστήριο γεύμα
abschießen* εκσφενδονίζω, εκτοξεύω; βάλλω; *Patrone* ρίχνω; *Rakete* εξαπολύω, εκτοξεύω; *Flugzeug* καταρρίπτω; *Wild* αγρεύω, χτυπώ (-άς); F *fig* (*aus der Stellung drängen*) ξύνω, εξοβελίζω; F **j-n ~ wollen** (= *verjagen*) έχω κπ στο μάτι
abschirmen προκαλύπτω; *TECH* προασπίζω
abschlachten ⟨*-e-*⟩ (κατα)σφάζω
Abschlag *m* δόση; → **Rabatt**
abschlagen* αποκόβω; *Früchte* τινάζω; ραβδίζω; *Angriff* αντικρούω; *Bitte usw* απορρίπτω
abschlägig: e-n ~en Bescheid erteilen δίνω αρνητική απάντηση
Abschlagszahlung *f* πληρωμή με δόσεις, δόση
abschleifen* *v/t* ακονίζω; εξομαλύνω; **sich ~** (*glatt werden*) εξομαλύνομαι; (*sich abnutzen*) τρίβομαι
Abschleppdienst *m* συνεργείο ρυμουλκήσεως
abschleppen *Auto* ρυμουλκώ; *MAR* εφελκύω
Abschlepp|seil *n* σχοινί ρυμουλκήσεως; **~wagen** *m* ρυμουλκό
abschließen* *Tür* κλειδώνω; (*beenden*) τελειώνω; (*vollenden*) (απο)περατώνω, αποτελειώνω; *Bücher*, *Rechnung*, *Diskussion* κλείνω; *Konto* ισολογίζω; *Vertrag* συνομολογώ, συνάπτω; *JUR Vorgang* ολοκληρώνω; **~d etw sagen** λέω κτ τελειώνοντας *oder* ολοκληρώνοντας ...
Abschluss *m* (*Ende*) τέλος *n*; τελείωμα *n*; αποπεράτωση; αποτελείωση; *HDL* κλείσιμο (-ατος); (*Konto*) ισολογισμός; (*e-s Vertrages*) συνομολόγηση, σύναψη; (*Börsen-*) πράξη; **zum ~** *seiner Rede* εν κατακλείδι ...; **zum ~ bringen** ολοκληρώνω, → **abschließen**; **~-** απολυτήριος; **~prüfung** *f* απολυτήριες εξετάσεις *f/pl*; **~zeugnis** *n* απολυτήριο
Abschminken *n* ντεμακιγιάζ ⟨*0*⟩ *n*
abschneiden* αποκόβω, (απο)τέμνω; (*mit der Schere*) ψαλιδίζω; *Weg* συντομεύω; (*durch Schnee*) αποκλείω; *Zweig* κουτσουρεύω; *fig* **j-m das Wort ~** παίρνω *oder* υφαρπάζω από κάποιον το λόγο; **gut ~** ευδοκιμώ (**bei** *D*/σε); **schlecht ~** αποτυγχάνω (**bei** *D*/σε); *subst* αποκοπή, αποτομή; ψαλίδισμα *n*; *e-s Wortes* υφαρπαγή; (*bei e-r Wahl*) αποτελέσματα *n/pl*
Abschnitt *m allg* τμήμα *n* (*auch e-s Buches*); (*e-s Werkes*, *Artikels usw*) απόσπασμα *n*; (*als Beleg*) κουπόνι; (*Front-*) τομέας
abschnittweise τμηματικός
abschnüren σφίγγω; *MED* απολινώνω

abschöpfen ξαφρίζω; *fig den Rahm* ~ παίρνω τον αφρό, παίρνω το καλλίτερο

abschrauben ξεβιδώνω, αποκοχλιώνω; *subst* ξεβίδωμα *n*

abschrecken *v/t* TECH βάφω; *j-n* εκφοβίζω, φοβερίζω; *sich* ~ *lassen* εκφοβίζομαι; ~**d** εκφοβιστικός; *Strafe* παραδειγματικός; ~**des Beispiel** (εκφοβιστικό) παράδειγμα *n*, παραδειγματισμός

Abschreckung *f* εκφοβισμός

Abschreckungsmittel *n* παραδειγματισμός

abschreiben* (*kopieren*) ξεσηκώνω, μεταγράφω; (*Schule auch*) αντιγράφω; *Schuld* σβήνω; *fig j-n als ...* ~ ξεγράφω κπ ως, σαν

Abschreib|en *n* ξεσήκωμα *n*, αντιγραφή, μεταγραφή; ~**er** *m* αντιγραφέας; ~**ung** *f* απόσβεση

abschreiten* μετρώ με βήματα

Abschrift *f* αντιγραφή, ξεσήκωμα *n*; (*Urkunde*) αντίγραφο

abschuften ⟨-e-⟩: *sich* ~ κοψομεσιάζομαι, θαλασσοπνίγομαι

abschuppen *v/t Fisch* ξύνω, απολεπίζω

abschürfen: *sich die Haut* ~ (ξε)γδέρνω

Abschuss *m* εκτόξευση, εκσφενδόνιση; *e-s Flugzeugs* κατάρριψη

abschüssig κατηφορικός, απόκρημνος; ~**er Weg** κατήφορος

Abschussrampe *f* εκτοξευτής

abschütteln ⟨-le-⟩ (*auch fig*) αποτινάζω; *sich* (D) *den Staub usw* ~ τινάζομαι; *subst* αποτίναξη

abschwächen *z.B. Eindruck* μειώνω; *sich* ~ εξασθενώ

Abschwächung *f* μείωση

abschweifen ⟨sn⟩ εξέρχομαι, ξεστρατίζω (*von D*/από); (*vom Wege, Thema*) (*ohne Objekt*) ξεφεύγω, παρεκκλίνω

Abschweifung *f* παρέκβαση, παρέκκλιση

abschwellen* ⟨sn⟩ ξεπρήζομαι

abschwenken ⟨sn⟩ στρίβω (*rechts* δεξιά *usw*)

ab|schwindeln ⟨-le-⟩ υφαρπάζω; ~**schwirren** ⟨sn⟩ F (*gehen*) την κάνω, την πουλεύω

abschwören* *v/t* εξομνύω (*A, seinem Glauben*)

absegeln ⟨-le-; sn⟩ αποπλέω, κάνω πανιά; *subst* απόπλους (-ου), άπαρση

absehbar: *in* ~**er Zeit** εντός μικρού χρονικού διαστήματος

absehen* → **abgucken**; (*nicht beachten*) παραβλέπω (*von D/A*), αφήνω κατά μέρος; *es abgesehen haben auf* αποβλέπω σε; (*es*) *... ist nicht abzusehen* δεν μπορεί να προβλεφθεί

abseifen σαπουνίζω

abseilen: *sich* ~ κατεβαίνω με σχοινί

abseits *liegen, sitzen usw* παράμερα, σε μια μπάντα

Abseits ⟨0⟩ *n* (*Sport*) οφσάιντ ⟨0⟩ *n*

absenden* αποστέλλω, στέλνω; διεκπεραιώνω

Absend|er *m* αποστολέας; ~**ung** *f* αποστολή, στάλσιμο *-(*ατος)

absengen καψαλίζω

Absengen *n* καψάλισμα *n*

absenken χαμηλώνω

absetzbar *Ware*: πουλούμενος; *leicht* ~ ευκολοξόδευτος; *schwer* ~ δυσδιάθετος; *Betrag*: αφαιρετέος

absetzen ⟨-t-⟩ *v/t allg Last usw* αποθέτω; *Minister usw* καθαιρώ; *Waren* διαθέτω, ξοδεύω; *j-n aus dem Auto* σταματώ (-άς) κπ; *von der Steuer* ~ αφαιρώ από την εφορία; *sich* ~ (*sinken*) κατακάθομαι; MIL υποχωρώ

Absetz|en *n* απόθεση; ~**ung** *f* καθαίρεση, ανατροπή

absichern ⟨-re-⟩ προφυλάσσω; *sich* ~ προφυλάσσομαι (*gegen A*/από)

Absicherung *f* προφύλαξη (*gegen A*/κατά *G*)

Absicht *f* πρόθεση, σκοπός; *mit* ~ από σκοπού, εκ προθέσεως; ~**en** *pl* βλέψεις (*auf A*/επί *G*, σε)

absichtlich εσκεμμένος; *adv* επίτηδες; → *mit Absicht*

absinken* ⟨sn⟩ *Temperatur*: ~ *auf* (10 *Grad usw*) κατεβαίνω, πέφτω (στους 10 βαθμούς)

absitzen* *Strafe* εκτίω

abso'lut απόλυτος; (*herrschend*) αυταρχικός; ~**er Herrscher** μονοκράτορας; ~**e Monarchie** μονοκρατορία

Absolu'tion *f* άφεση; *j-m* ~ *erteilen* δίνω σε κπ άφεση

Absolu'tismus ⟨0⟩ *m* απολυταρχία

absolu'tistisch απολυταρχικός

Absol'vent ⟨-en⟩ *m* τελειόφοιτος

absol'vieren τελειώνω

ab'sonderlich παράξενος, τραγελαφικός

Ab'sonderlichkeit *f* παραξενιά
absondern ⟨*-re*⟩ αποχωρίζω; (*beiseite nehmen*) ξεμοναχιάζω; *MED* εκκρίνω; *TECH* εκλύω; ***sich*** ~ απομονώνομαι
Absonderung *f* αποχωρισμός; απομόνωση; *MED* έκκριση; *TECH* έκλυση
absor'bieren απορροφώ (-άς); **~d** απορροφητικός; υδρόφιλος
Absor'bierung *f* απορρόφηση
abspalten ⟨*-e-*⟩ αποσπάω; *bsd PHYS* αποσπώ (-άς)
Abspaltung *f* απόσπαση (*auch POL*)
abspeichern ⟨*-re*⟩ *EDV* σώζω
abspeisen ⟨*-t*⟩: *fig* ***j-n*** ~ ξεφεύγω (***mit*** *D*/με)
abspenstig: ~ ***machen*** παίρνω
absperren *Tür* κλειδώνω; *TECH* (απο)φράσσω; *Straße bsd* κλείνω; *Gas, Wasser* κόβω
Absperr|hahn *m* απομονωτικός κρουνός, κρουνός διακοπής; **~ung** *f* απόφραξη; (*in Straßen*) περίφραξη
abspielen *Hymne usw* ανακρούω; ***vom Blatt*** ~ *etwa* παίζω από πρώτη όψη; ***sich*** ~ διαδραματίζομαι
Abspielen *n e-r Hymne* ανάκρουση
absplittern ⟨*-re; sn*⟩ αποσχίζομαι
Absprache *f* συμφωνία
absprachegemäß κατά την συμφωνία (μας)
absprechen* αμφισβητώ (***j-m etw***/κτ σε κπ); (*vereinbaren*) συμφωνώ (***etw***/σε κάτι)
abspringen* ⟨*sn*⟩ (*auch fig*) αποσκιρτώ (-άς); (*sich lösen*) βγαίνω; ***mit dem Fallschirm*** ~ πέφτω με αλεξίπτωτο; *subst* αποσκίρτηση
Absprung *m* αποσκίρτηση
abspulen ξετυλίγω
abspülen ξεπλένω
abstammen ⟨*perf ungebr*⟩ κατάγομαι (***von*** *D*/από)
Abstammung *f* καταγωγή; (*Geschlecht*) γένος *n*; ***von gleicher*** ~ ομογενής
Abstand *m* απόσταση; διάστημα *n*; (*Unterschied*) διαφορά; (*geistig*) προοπτική; (*Entgelt*) αποζημίωση; *PSYCH* ~ ***gewinnen*** *unpers* χρειάζεται προοπτική; ~ ***nehmen*** παραιτούμαι (***von*** *D*/*G*, από)
abstatten ⟨*-e-*⟩ *Besuch* κάνω; *Dank* αποδίδω
abstauben ξεσκονίζω; *subst* ξεσκόνισμα *n*
abstechen* *v/i* ξεχωρίζω (***von*** *D*/από)
Abstecher *m* βόλτα
abstecken *Grenze* (*auch fig*) χαράζω, διαχωρίζω; *durch Pfähle* πασσαλώνω; *subst* χάραξη
abstehen* εξέχω; **~*de Ohren*** πεταχτά αυτιά
Absteige *f* → ***Absteigequartier***
absteigen* ⟨*sn*⟩ (*vom Tier*) (ξε)πεζεύω; (*in e-m Hotel*) μένω
Absteigequartier *n* κατάλυμα *n*, αποκούμπι; διαφθορείο
Absteiger *m*: (*Sport*) ~ ***sein*** βρίσκομαι σε πτώση
abstellen *Teller usw* ακουμπώ; *TECH* σταματώ (-άς); *Radio usw* κλείνω; *Mängel* καταργώ; *Auto* παρκάρω, υποστεγάζω
Abstell|en *n* σταμάτημα *n*; κλείσιμο (-ατος); **~raum** *m* αποθήκη; **~tisch** *m* βοηθητικός πάγκος
abstempeln ⟨*-le*⟩ *Briefe usw* επισημαίνω; σφραγίζω; *Pass usw* (*auch* ~ ***lassen***) θεωρώ; ***nicht abgestempelt*** αθεώρητος; *fig* ***abgestempelt sein als*** είμαι σταμπαρισμένος σαν *N*
Abstempelung *f* σήμανση
absterben* ⟨*sn*⟩ απονεκρώνομαι; *Glied*: μουδιάζω; *subst* απονέκρωση
Abstieg ⟨*-ɇs; -e*⟩ *m* κατάβαση, κάθοδος *f*; *fig* κατάπτωση
Abstimm- *TECH* συντονιστικός
abstimmen *v/i* ψηφίζω (***über etw***/*A*); (*auch aufeinander*) *Handlungen*, *ELEKTR* συντονίζω; ***aufeinander*** ~ *Farben usw* ταιριάζω, συναρμονίζω; εναρμονίζω
Abstimmung *f* ψήφιση, ψηφοφορία (***über*** *A*/για *A*, επί *G*); συντονισμός; ταίριασμα *n*
Abstimmungsergebnis *n* αποτέλεσμα *n* της ψηφοφορίας
absti'nent αντιαλκοολικός; *allg* εγκρατής
Absti'nenz ⟨*0*⟩ *f* εγκράτεια; **~ler** *m* αντιαλκοολικός; εγκρατής
abstoppen σταματώ (-άς); *Zeiteinheit* χρονομετρώ
Abstoß *m* (*Fußball*) κτύπημα *n*
abstoßen* *v/t* απωθώ, ανακρούω; *Ware* ξεκάνω; *z.B. Wasser* αφήνω να γλιστρά; *PHYS* ***sich*** ~ απωθούμαι; *fig* ***das stößt mich ab*** με αηδιάζει; **~d** *fig* αποκρουστικός

A
Abstoßung 588

Abstoßung *f* ανάκρουση; *PHYS* άπωση
ab'strakt αφηρημένος
Abstrakt|ion [-ak'tsĭo:n] *f* αφαίρεση; **~um** ⟨*-s*; *-ta*⟩ *n* αφηρημένο ουσιαστικό
abstreifen βγάζω
abstreiten* αρνούμαι
Abstrich *m* (*Kürzung*) ψαλίδισμα *n*, περικοπή; ***~e machen*** (*z.B. am Gehalt*) περικόπτω *A*
abstufen διαβαθμίζω
Abstufung *f* διαβάθμιση
abstumpfen → ***stumpf machen***; *fig v/t* αποχαυνώνω; *v/i* ⟨*sn*⟩ αποχαυνώνομαι (***durch*** *A*/από)
Abstumpfung *f fig* αποχαύνωση
Absturz *m* πτώση (*auch LUFTF*), κατάπτωση; *EDV* πέσιμο του συστήματος
abstürzen ⟨*-t*; *sn*⟩ πέφτω (*auch EDV*); γκρεμίζομαι (*auch LUFTF*)
abstützen ⟨*-t*⟩ στηρίζω, υποστυλώνω; *Ast* φουρκίζω; *subst* στήριξη
absuchen ψάχνω; ερευνώ; *Horizont* περισκοπώ
ab'surd παράλογος
Absurdi'tät *f* παραλογισμός
Ab'szess ⟨*-es*; *-e*⟩ *m* απόστημα *n*
Ab'szisse *f MATH* τετμημένη
Abt ⟨*-ẹs*; *-̈e*⟩ *m* ηγούμενος, αβάς
abtakeln ⟨*-le*⟩ ξαρματώνω; *subst* ξαρμάτωμα *n*
abtasten ⟨*-e-*⟩ ψηλαφώ (-άς); *Bild* σαρώνω
Abtauautomatik *f* αυτόματη απόψυξη
abtauen *den Kühlschrank* κάνω απόψυξη; *Tiefgefrorenes* αποψύχω; *subst* απόψυξη
Ab'tei *f* ηγουμενείο
Ab'teil *n BAHN* διαμέρισμα *n*, κουπέ *n*
abteilen διαχωρίζω, διαμερίζω
Abteilen *n* διαχώριση
Ab'teilung *f e-r Firma* (*auch MIL*) τμήμα *n*; *e-s Krankenhauses* κλινική; *MIL* απόσπασμα *n*; (*Fach*) χώρισμα *n*
Ab'teilungs|- τμηματαρχικός; **~kommandeur** *m* αποσπασματάρχης; **~leiter** *m* τμηματάρχης
Äb'tissin *f* ηγουμένη (-νισσα)
abtönen *Farben* φωτοσκιάζω
Abtönung *f* φωτοσκίαση
abtöten ⟨*-e-*⟩ απονεκρώνω
Abtötung *f* νέκρωση
abtragen* *Kleider*, *Schuhe* τρώω, φθείρω; *Haus* γκρεμίζω; *Schulden* εξωφλώ; ***sich ~*** φαγώνομαι (*bsd aor*), παλαιώνω
abträglich επιζήμιος
Abtransport *m* αποκομιδή
abtransportieren αποκομίζω
abtreiben* *v/t Vieh* κατεβάζω; *Embryo* κάνω έκτρωση; *v/i* ⟨*sn*⟩(*vom Kurs*) εκπίπτω
Abtreibung *f* έκτρωση; **~s-** εκτρωτικός
abtrennen αποσχίζω, αποσπώ (-άς); *Landesteil*, *JUR Verfahren* διαχωρίζω
Abtrennung *f* απόσχιση, απόσπαση; διαχωρισμός
abtreten* *Fußboden usw* τρώω; παραχωρώ (***an*** *A*/σε), εκχωρώ (***j-m etw***/κτ σε κπ)
Abtret|ende(r) εκχωρητής; **~ung** *f* παραχώρηση, εκχώρηση; *des Vermögens* έκσταση; **~ungsurkunde** *f* παραχωρητήριο
Abtrift ⟨*0*⟩ *f MAR*, *LUFTF* έκπτωση
abtrocknen ⟨*-e-*⟩ *v/t* στεγνώνω; *Hände* σκουπίζω; ***sich ~*** σκουπίζομαι; *v/i* ⟨*sn*⟩ (*trocken werden*) ξεραίνομαι; *subst* απόμαξη; σκούπισμα *n*
abtropfen ⟨*sn*⟩ *v/i* στάζω; ***~ lassen*** στραγγίζω
Abtropfen *n* αποστάλαγμα *n*
abtrünnig αποστατικός; ***~ werden*** αποστατώ
Abtrünnig|e(r) αποστάτης (*f* -ισσα), αρνησίθρησκος; **~keit** ⟨*0*⟩ *f* αποστασία, αρνησιθρησκεία
abtun* (*erledigen*) φτιάχνω; απορρίπτω
aburteilen καταδικάζω; ***nicht abgeurteilt*** μη καταδικασμένος
abverlangen απαιτώ; γυρεύω (***j-m etw***/κτ από κπ)
abwägen → ***abwiegen***; *fig* ζυγίζω; σταθμίζω
Abwägen *n* ζύγισμα *n*
abwälzen ⟨*-t*⟩: *fig etw* ***von sich ~*** ξεφορτώνομαι *A*; ***Kosten ~ auf*** *A* ρίχνω σε
abwandeln ⟨*-le*⟩ *Thema* ποικίλλω; *GR* κλίνω
abwandern ⟨*-re*; *sn*⟩ αποδημώ
abwarten ⟨*-e-*⟩ περιμένω ήσυχα; προσμένω; ***die Zeit nicht ~ können*** δεν βλέπω την ώρα να + *St I*; **~d** *POL Haltung* παθητικός
abwärts (προς τα) κάτω; *fig* ***es geht mit ihm ~*** χειροτερεύει
Abwasch ⟨*-ẹs*; *0*⟩ *m* άπλυτα *n/pl*;

πλύσιμο (-ατος); πλύσεις f/pl; (~ mit der Hand) πλύσιμο στο χέρι; **~becken** n νεροχύτης, λάντζα

abwaschen* Geschirr πλένω; **sich ~** πλένομαι

Abwasch|en n πλύσιμο (-ατος); **~wasser** n απόπλυμα n

Abwässer pl ακάθαρτα νερά n/pl, λύματα n/pl

abwechseln ⟨-le⟩ v/t αλλάζω; ~ (lassen) εναλλάσσω; v/i (miteinander) ~ εναλλάσσω; **sich ~** εναλλάσσομαι (in D/σε)

abwechselnd adv εναλλάξ, εκ περιτροπής; Dienst ~ versehen εναλλάσσω

Abwechslung f (Vielfalt) αλλαγή; ποικιλία; **zur ~** χάριν ποικιλίας

abwechslungsreich ποικίλος; **~ gestalten** ποικίλλω

Abweg m παραστράτημα n; **auf ~e geraten** παραστρατίζω; **auf ~e bringen** παραστρατίζω

abwegig Gedanke: στρεβλός; Handlung: άστοχος; Ansicht: λανθασμένος, λαθεμένος

Abwehr ⟨0⟩ f άμυνα (gegen A/κατά G); (e-s Angriffs) απόκρουση

Abwehr|- (~mechanismus) αμυντικός; **~dienst** m αντικατασκοπεία

abwehren Angriff αποκρούω; Gefahr αποσοβώ

abweichen* ⟨sn⟩ v/i (ohne präp) παραλλάζω; διαφέρω (von D/από; in D/κατά A); (von der Bahn, auch fig) παρεκκλίνω, εκτρέπομαι (von D/G); **voneinander ~** διαφέρουμε μεταξύ G (über A, hinsichtlich G/δια A); **vom Kurs oder Weg ~** ξεδρομίζω, λοξοδρομώ

Abweichung f παραλλαγή; παρέκκληση; εκτροπή; GR ανωμαλία

abweisen* Antrag, j-n απορρίπτω, αποκρούω; barsch προγκίζω; **sich nicht ~ lassen** επιμένω; **~d** ακατάδεκτος

abwenden* ⟨-e-⟩ Gefahr, Übel αποτρέπω, προλαμβάνω; Gesicht αποστρέφω; **sich ~** ξεκόβω (von D/από)

Abwendung f αποτροπή, αποσόβηση, πρόληψη

abwerben* (j-n/κπ) προσηλυτίζω (σε βάρος ενός εργοδότου)

abwerfen* ρίχνω; Gewinn αποδίδω

abwerten ⟨-e-⟩ auch HDL υποτιμώ (-άς)

Abwertung f υποτίμηση

abwesend απών; fig αφηρημένος; **~ sein** λείπω, απουσιάζω; fig ξεχνιέμαι

Abwesenheit ⟨0⟩ f απουσία, έλλειψη

abwickeln ⟨-le⟩ ξετυλίγω, εξελίσσω; Geschäfte διεξάγω, πραγματοποιώ; διεκπεραιώνω; **sich ~** (geschehen) εξελίσσομαι

Abwicklung f διεξαγωγή; HDL εκτέλεση; von Arbeiten ρυθμός

abwiegen* ζυγίζω; σταθμίζω

Abwiegen n ζύγισμα n

abwimmeln ⟨-le⟩: **sich** (D) **etw ~** ξεφορτώνομαι A

abwinken νεύω αρνητικά

abwirtschaften ⟨-e-⟩: **er hat abgewirtschaftet** είναι κατεστραμμένος, βούλιαξε (από τα χρέη)

abwischen σκουπίζω

Abwischen n σκούπισμα n

abwracken ξαρματώνω

Abwurf m Bomben usw ρίψη

abzahlen Schulden ξεπληρώνω; Raten πληρώνω με δόσεις

abzählen απαριθμώ, μετρώ (-άς); **an den Fingern ~** μετρώ (-άς) στα δάχτυλα

Abzahlung f ξεπλήρωμα n; **auf ~** με δόσεις

abzapfen αντλώ; fig τσιμπώ (j-m etw/του το)

abzäunen φράζω

Abzeichen n (auch MIL) σήμα n, έμβλημα n

abzeichnen ⟨-e-⟩ αντιγράφω σχέδια; (prüfen und ~) θεωρώ; (nach Prüfung s-e Initialen setzen) μονογραφώ; τσεκάρω; Schriftstück: **nicht abgezeichnet** αθεώρητος

Abziehbild n χαλκομανία

abziehen* v/t allg τραβώ, αποσύρω, βγάζω; Betrag αφαιρώ, τραβώ (-άς); Fell γδέρνω; Truppen αποσύρω (aus D/από); vom Preis: εκπίπτω; vom Gehalt: (παρα)κρατώ; TYP τραβώ; v/i ⟨sn⟩ Truppen: οπισθοχωρώ, υποχωρώ; Rauch: βγαίνω, F (weggehen) φεύγω; **zieh ab!** φύγε!, παράτα με!; subst des Felles γδάρσιμο (-ατος); TYP τράβηγμα n

abzielen αποσκοπώ (auf A/σε)

abzirkeln ⟨-le⟩ fig: **genau ~** ζυγίζω καλά

Abzug m (der Unkosten) αφαίρεση; vom Gehalt: κράτηση; vom Preis: έκπτωση;

A
abzüglich 590

TYP δοκίμιο; (*Foto*) αντίτυπο; *von Gas*: εκφυγή; *am Gewehr*: σκανδάλη; *MIL* οπισθοχώρηση; αποχώρηση; *HDL* ***nach ~*** μετά από αφαίρεση; ***in ~ bringen*** αφαιρώ
abzüglich *G* μείον; ***~ der Kosten*** αφαιρουμένων των εξόδων
abzugsfähig αφαιρετέος
Abzugs|kanal *m* υπόμονος; **~rohr** *n* εκκενωτής
Abzweigdose *f ELEKTR* διακλαδωτήρας
abzweigen *v/t TECH* διακλαδώνω; *v/i* ⟨*sn*⟩ *Weg*: διακλαδίζομαι
Abzweigung *f des Weges* διακλάδωση
ach! αχ, ου!, όχου!; *Freude, Trauer*: α!; *Bedauern*: ω; ***ach je!*** ωχ!; ***~ so*** α, έτσι
Ach: *mit ~ und Krach* κουτσά-στραβά; τσίτα-τσίτα
A'chat [-aːt] ⟨*-ẹs; -e*⟩ *m* αχάτης
A'chill(eus) *m* Αχιλλέας
A'chillesferse *f* αχίλλειος πτέρνα
achro'matisch αχρωματικός
Achse *f* άξων *m*, άξονας; ***... per ~*** τροχαίος
Achsel|(höhle) *f* μασχάλη; ***die ~n zucken*** κουνάω τους ώμους; **~klappe** *f*, **~stück** *n* επωμίδα; **~zucken** *n* ανασήκωμα *n* των ώμων
Achsen- αξονικός
acht οχτώ, οκτώ; ***Zeitraum von ~ Jahren*** οκταετία
Acht¹ *f* (*Zahl*) οκτάρι
Acht² *f*: ***~ geben*** δίνω προσοχή (***auf*** *A*/σε), κοιτάζω (***auf*** *A*/*A*); ***sich in ~ nehmen*** φυλάγομαι, προφυλάσσομαι (***vor*** *D*/από); ***außer ~ lassen*** δεν λαμβάνω υπόψη; αγνοώ *A*
achtbar αξιότιμος, ευυπόληπτος
achte(r) όγδοος
Achteck ⟨*-ẹs; -e*⟩ *n* οκτάγωνο
achteckig οκτάγωνος
Achtel *n* όγδοο
achten ⟨*-e-*⟩ *v/t* (*respektieren*) εκτιμώ (-άς); *Gesetz* σέβομαι; *v/i* προσέχω, δίνω προσοχή (***auf*** *A*/σε)
ächten ⟨*-e-*⟩ προγράφω, αποκηρύσσω
achtens όγδοο
achtenswert αξιότιμος
Achterbahn *f* ρωσικά βουνά *n/pl*
Achterdeck *n* πρύμνη
achtfach οκταπλάσιος
Achtfüßler *m* οχταπόδι
achthundert οχτακόσια, οχτακοσαριά; **~'tausend** οχτακόσιες χιλιάδες
achtjährig οκταετής
achtlos απρόσεχτος
Achtlosigkeit *f* απροσεξία
achtmal οχτώ φορές, οκτάκις
achtsam προσεκτικός
Acht'stundentag *m* οκτάωρο
acht|stündig οκτάωρος; **~tägig** οκταήμερος
acht'tausend οχτώ χιλιάδες
Achtung ⟨*0*⟩ *f* προσοχή; ***~!*** προσοχή!; (*Respekt*) υπόληψη, σεβασμός (***vor*** *D*/ προς *A*); ***~ haben vor*** *D* σέβομαι *A*
Ächtung *f* προγραφή
achtzehn δεκαοχτώ; **~jährig** δεκαοκταετής; **~te(r)** δέκατος όγδοος
achtzig ογδόντα
Achtzigjährige(r) ογδοντάρης (-άρα)
achtzig|ste(r) ογδοηκοστός; **~'tausend** ογδόντα χιλιάδες
ächzen ⟨*-t*⟩ βογγάω; *subst* βογγητό
Acker ⟨*-s;* ⸚⟩ *m* αγρός, χωράφι; **~bau** ⟨*-ẹs; 0*⟩ *m* γεωργία; **~bau-** γεωργικός; **~bauer** *m* αγρότης, γεωργός; **~baukunde** ⟨*0*⟩ *f* γεωπονία; **~bestellung** *f* αγροκαλλιέργεια; **~land** ⟨*-ẹs; 0*⟩ *n* καλλιεργήσιμη γη
ackern ⟨*-re*⟩ οργώνω, (*auch fig*) μοχθώ; *subst* όργωση; (*auch fig*) κάματος
a conto για λογαριασμό (*G*), εις βάρος
ad acta [at 'ʔaktaː]: ***~ legen*** βάζω στο ράφι, κλείνω
Adams|- αδαμιαίος; **~apfel** *m* μήλο του Αδάμ, καρύδι; **~kostüm** *n*: ***im ~kostüm*** σε αδαμιαία περιβολή
Adapta'tion *f MED, BIOL* προσαρμογή
A'dapter *m* (*für Schuko-Stecker*) ταυ *n* (για φις σούκο)
Ad'dier- αθροιστικός
ad'dieren αθροίζω, προσθέτω
Addi'tion *f* πρόσθεση; ***~ und Subtraktion*** προσθαφαίρεση
ade! [a'deː] αντίο, χαίρετε
Adel ⟨*-s; 0*⟩ *m* αριστοκρατία (*bsd Stand*); (*Vornehmheit*) ευγένεια, αρχοντιά
adelig αριστοκρατικός
Adelige(r) ευγενής; άρχοντας
Ader ⟨*-; -n*⟩ *f* φλέβα; ***zur ~ lassen*** φλεβοτομώ; **~lass** ⟨*-es;* ⸚*e*⟩ *m* φλεβοτομία, αφαίμαξη
Adhä'sion *f PHYS* πρόσφυση
a'dieu! χαίρετε!, χαίρε!, γεια σας (σου)
Adjektiv ⟨*-s; -e*⟩ *n GR* επίθετο
adjektivisch επιθετικός

A
591 Ahnung

Adju'tant ⟨*-en*⟩ *m* υπασπιστής
Adler *m* αετός; **~nase** *f*: **er** (**sie**) **hat eine ~nase** είναι γερακομύτης (-ισσα)
adlig → **adelig**
Admi'ral ⟨*-s*; *-e*⟩ *m* ναύαρχος; **~ sein** ναυαρχώ; **~i'tät** *f* ναυαρχείο; **~s-** ναυαρχικός
Admi'ralsschiff *n* ναυαρχίδα, στολαρχίδα
adop'tieren υιοθετώ
Adop'tion *f* υιοθεσία
Adop'tiv|- θετός; **~kind** *n* υιοθετημένο παιδί; **~sohn** *m* παραγιός; **~tochter** *f* παρακόρη
Adres'sat ⟨*-en*⟩ *m* παραλήπτης
A'dressbuch *n* κατάλογος των διευθύνσεων
A'dresse *f* διεύθυνση; **per ~** με την ευγενή φροντίδα
A'dressen|änderung *f* αλλαγή διεύθυνσης (κατοικίας); **~liste** *f* λίστα με διευθύνσεις
adres'sieren διευθύνω, απευθύνω (**an** *A*/προς)
a'drett ευπρεπισμένος
Adria *f* Αδριατική, Αδρίας; **~tische**(**s**) **Meer** Αδριατικό πέλαγος
Adria'nopel *n* Αδριανούπολις *f*
adstrin'gierend *MED* στυπτικός
Ad'vent ⟨*-ẹs*; *-e*⟩ *m etwa*: Σαρακοστή των Χριστουγέννων
Ad'ventszeit *f etwa*: σαρανταήμερο, → **Advent**
Ad'verb ⟨*-s*; *-ien*⟩ *n* επίρρημα *n*
adverbi'al επιρρηματικός
adversa'tiv *GR* εναντιωματικός
Advo'kat ⟨*-en*⟩ *m* δικηγόρος
Aerody'namik *f* αεροδυναμική
aerody'namisch αεροδυναμικός
Aero'statik *f* αεροστατική
A'ffäre *f* υπόθεση; σχέση (ερωτική); **sich aus der ~ ziehen** ξεμπερδεύω, ξεμπλέκω από την υπόθεση
Affe ⟨*-n*⟩ *m* μαϊμού (-δες) *f*, πίθηκος
A'ffekt ⟨*-ẹs*; *-e*⟩ *m PSYCH* αψιθυμία
affek'tiert επιτηδευμένος, εξεζητημένος
Affek'tiertheit *f* επιτήδευση
Affen- μαϊμουδιστικός, πιθηκοειδής
affig ναζιάρης (-α, -ικο)
Affini'tät *f* συγγένεια
Af'ghan|e ⟨*-n*⟩ *m* Αφγανός; **~in** *f* Αφγανή; **~istan** *n* Αφγανιστάν *n*
Afrika *n* Αφρική; **~ner** [-'kaː-] *m* Αφρικανός; **~nerin** *f* Αφρικάνα (-ή)
afri'kanisch αφρικανικός
After *m* δακτύλιος, πρωκτός
ä'gäisch Αιγαίος; **Ägäisches Meer** (το) Αιγαίο πέλαγος
Aga'memnon *m* Αγαμέμνονας
A'gave *f* αθάνατος, αγάβη
A'gent ⟨*-en*⟩ *m auch POL* πράκτορας, πράκτωρ *m*; (*Geheim-*) κατάσκοπος; **~ur** [-'tuːʀ] *f* πρακτορείο
Aggre'gat ⟨*-ẹs*; *-e*⟩ *n TECH* συγκρότημα *n*; **~zustand** *m* κατάσταση (των σωμάτων)
Aggressi'on *f* επίθεση
aggres'siv επιθετικός
Ä'gina *n* Αίγινα
Agio ['aːdʒo˙] ⟨*-s*; *0*⟩ *n* άτζιο, επικαταλλαγή
Agi|ta'tion *f POL* δημαγωγία; **~'tator** ⟨*-s*; *-'oren*⟩ *m* δημαγωγός
agi'tieren διαφωτίζω
Ago'nie *f* αγωνία
A'grar- αγροτικός
A'grar|land *n* αγρόκτημα *n*, αγροτική έκταση; **~markt** *m* αγροτική αγορά; **~politik** *f* αγροτική πολιτική
Agro|'nom ⟨*-en*⟩ *m* γεωπόνος, αγρονόμος; **~no'mie** ⟨*0*⟩ *f* αγρονομία
agro'nomisch αγρονομικός
Ä'gypt|en *n* Αίγυπτος *f*; **~er** *m* Αιγύπτιος; **~erin** *f* Αιγύπτια
ä'gyptisch αιγυπτιακός
ah! (*Erleichterung*) ουφ!
a'ha ά, έτσι
Ahle *f* τρυπητήρι, σουβλί
Ahn(e) ⟨*-en*⟩ *m* πρόγονος, προπάτορας
ahnden ⟨*-e-*⟩ τιμωρώ; *JUR* πατάσσω; (*rächen*) εκδικούμαι
Ahndung *f* τιμωρία; πάταξη; αντεκδίκηση
ähneln μοιάζω (*D*/σε *oder* με)
ahn|en προαισθάνομαι, προμαντεύω; μυρίζομαι (**dass**/ότι, πως); *unpers* **mir ~t** μυρίζει (**j-m**/του), οσφραίνομαι *A*
Ahnen- προπατορικός, προγονικός
ähnlich όμοιος, παραπλήσιος, παρόμοιος (*D*/με); **~ sehen** μοιάζω (*D*/με); **das sieht ihm ~** τέτοιος είναι αυτός
Ähnlichkeit *f* ομοιότητα, μοιάσιμο (-ατος)
Ahnung *f* προαίσθηση; είδηση (**von** *D*/από); **e-e ~ haben** χαμπαριάζω (**von** *D*/από); **keine ~ haben** είμαι ανίδεος

A
ahnungslos 592

(**von** *D*/από); ***ich habe keine*** ~ χαμπάρι δεν έχω, δεν έχω ιδέα
ahnungslos ανίδεος
Ahnungslosigkeit *f* άγνοια
Ahorn ⟨*-s; -e*⟩ *m* σφένδαμος
Ähre *f* στάχι
Aids [e:ds] ⟨*0*⟩ *n* έιτζ ⟨*0*⟩ *n*
aidskrank ασθενής με έιτζ
Aidstest *m* τεστ (*oder* εξέταση) για έιτζ
Airbag ['ɛ:(r)bɛk] ⟨*-s; -s*⟩ *m* αερόσακος
Airbus *m* αιρ-μπαζ ⟨*0*⟩ *n*, airbus
Akade'mie *f* ακαδημία; **~mitglied** *n* ακαδημαϊκός
Aka'demiker *m* ακαδημαϊκός
aka'demisch ακαδημαϊκός
A'kanthus(blatt *n*) ⟨*-; -*⟩ *m* άκανθος
Akazie [a·'ka:tsĭə] *f* ακακία, γαζία
akklimati'sieren: ***sich*** ~ εγκλιματίζομαι
Akklimati'sierung *f* εγκλιματισμός, εξοικείωση
Akkomoda'tion *f* (*des Auges*) προσαρμογή
Ak'kord ⟨*-ẹs; -e*⟩ *m* συγχορδία; (*Arbeit*) αποκοπή; **~-** κατ' αποκοπή; **~arbeit** *f* εργασία κατ' αποκοπή
Ak'kordeon ⟨*-s; -s*⟩ *n* ακορντεόν
Ak'kordlohn *m* πληρωμή κατ' αποκοπή
akkredi'tieren *POL* διαπιστεύω (***j-n bei*** *D*/κπ επί *G*); (*Bank*) ανοίγω πίστωση (***zugunsten*** *G*/υπέρ *G*)
Akkredi'tiv ⟨*-s; -e*⟩ *n* διαπιστευτήρια *n/pl*; (*Bank*) πίστωση, πιστωτική επιστολή
Akkumu|la'tion *f des Kapitals* συσσώρευση; **~'lator** ⟨*-s; -'toren*⟩ *m* συσσωρευτής
akku'rat ακριβής
Akkusativ ⟨*-s; -e*⟩ *m GR* αιτιατική
Akne ⟨*0*⟩ *f* ακμή
A'kontozahlung *f* δόση
Akro'bat ⟨*-en*⟩ *m* ακροβάτης; **~ik** ⟨*0*⟩ *f* ακροβασία
A'kropolis ⟨*-; -len*⟩ *f* Ακρόπολη
A'krostichon ⟨*-s; -chen*⟩ *n lit* ακροστοιχία
A'krylharz *n* ακρυλικό πλαστικό
Akt ⟨*-ẹs; -e*⟩ *m THEA, MED* πράξη; *Malerei*: γυμνό; ***in drei ~en*** *usw* τρίπρακτος
Akte *f* φάκελος; ντοσιέ *n*; *pl* **~n** στοιχεία *n/pl*; ***zu den ~n legen*** βάζω στο αρχείο
Akten|deckel *m* πλίκος, φάκελος; **~mappe** *f* χαρτοφύλακας; **~notiz** *f* σημείωση; **~schrank** *m* αρχειοθήκη; **~tasche** *f* χαρτοφύλακας; **~zeichen** *n* γνώρισμα *n* (αριθμός) φακέλου
Aktie ['aktsĭə] *f* μετοχή
Aktien|- μετοχικός; **~gesellschaft** *f* ανώνυμη εταιρία (Α.Ε.); **~inhaber** *m* μεριδιούχος; **~kurse** *m/pl* αξία μετοχών; **~markt** *m* αγορά μετοχών; **~mehrheit** *f* πλειοψηφία μετοχών
Ak'tion *f* δράση; (*Vorgehen*) ενέργεια
Aktio'när ⟨*-s; -e*⟩ *m* μέτοχος
Ak'tionsradius *m* ακτίνα ενεργείας; (*Funk*) εμβέλεια
ak'tiv ενεργητικός; *Dienst*: ενεργός
'aktiv *GR* ενεργητικός
Aktiv ⟨*-s; 0*⟩ *n GR* ενέργεια, ενεργητική φωνή
Ak'tiva *n/pl* ενεργητικό
akti'vieren δραστηριοποιώ
Akti'v|ierung *f* ενεργοποίηση; δραστηριοποίηση; **~ist** ⟨*-en*⟩ *m* ακτιβίστας
Aktivi'tät *f* ενεργητικότητα; **~en** *f/pl* δράση, πράξεις *f/pl*
Ak'tivposten *m* ενεργητικό
Aktuali'tät *f* αμεσότητα, επίκαιρο, επικαιρότητα
aktu'ell επίκαιρος
Akupunk'tur *f* βελονισμός
A'kustik ⟨*0*⟩ *f* ακουστική
a'kustisch ακουστικός
A'kut ⟨*-ẹs; -e*⟩ *m* οξεία
a'kut *MED* οξύς; καυτός
Ak'zent ⟨*-ẹs; -e*⟩ *m GR* τόνος; ***mit zwei ~en*** δίτονος; ***mit dem ~ auf der vorletzten*** *oder* ***vorvorletzten Silbe*** βαρύτονος; **~verschiebung** *f* (*um e-e Silbe nach vorn*) αναβίβαση
Ak'zept ⟨*-ẹs; -e*⟩ *n HDL* αποδοχή
Akzep'tant ⟨*-en*⟩ *m* αποδέκτης
akzep'tieren *allg* παραδέχομαι; *HDL* αποδέχομαι
à la αλά
Ala'baster *m* αλάβαστρο; **~-** αλαβάστρινος
A'larm ⟨*-ẹs; -e*⟩ *m* συναγερμός; **~ *schlagen*** χτυπώ συναγερμό; **~bereitschaft** *f* επιφυλακή; κατάσταση ετοιμότητας; ***j-n in ~bereitschaft versetzen*** θέτω κπ σε συναγερμό; **~glocke** *f* σειρήνα κινδύνου
alar'mieren *Polizei usw* θέτω σε συναγερμό; *fig* καταθορυβώ
A'laska *n* Αλάσκα
A'laun ⟨*-s; -e*⟩ *m* στύψη

A
593 **Allgemeinheit**

Al'ban|er *m* Αλβανός; **~erin** *f* Αλβανίδα; **~ien** *n* Αλβανία; **~ier** *m* → ***Albaner***
al'banisch αλβανικός
albern ανόητος
Albernheit *f* κουταμάρα
Al'bino ⟨*-s; -s*⟩ *m* λευκίας
Albtraum *m* εφιάλτης
Album ⟨*-s; -ben*⟩ *n* λεύκωμα *n*, άλμπουμ *n*
Albu'min ⟨*-s; -e*⟩ *n* λεύκωμα *n*
Alchi'm|ie ⟨*0*⟩ *f* αλχημεία; **~ist** ⟨*-en*⟩ *m* αλχημιστής
Ale'xander *m* Αλέξανδρος; ***~ der Große*** ο Μέγας Αλέξανδρος
Ale'xandri|a, ~en ⟨*-s; 0*⟩ *n* Αλεξάνδρεια
Alge *f* φύκι
Algebra ⟨*0*⟩ *f* άλγεβρα
algebraisch [-'bʀaːɪʃ] αλγεβρικός
Al'ger|ien *n* Αλγερία; **~ier** *m* Αλγερινός; **~ierin** *f* Αλγερινή
al'gerisch αλγερινός
Algier ['ˀalʒiːʀ] *n* Αλγέρι
Alibi ⟨*-s; -s*⟩ *n* άλλοθι
Ali'mente *pl* διατροφή
Al'kali ⟨*-s; -en*⟩ *n* αλκάλι (-εως), αλκάλιο
al'kalisch αλκαλικός
Alkibiades [-'biː-] *m* Αλκιβιάδης
Alkohol ⟨*-s; -e*⟩ *m* οινόπνευμα *n*, αλκοόλ *n*, σπίρτο
alkohol|abhängig αλκοολικός; **~frei** μη οινοπνευματώδης
Alkoholgehalt *m* περιεχόμενο οινοπνεύματος
alkoholhaltig οινοπνευματώδης, αλκοολούχος
Alko'holiker *m* αλκοολικός
alko'holisch αλκοολικός
Alkohol|ismus [-hoˈlɪsmʊs] ⟨*0*⟩ *m* αλκοολισμός; **~test** *m* αλκοτέστ ⟨*0*⟩ *n*
All ⟨*-s; 0*⟩ *n* σύμπαν (-παντος) *n*
all: ***vor ~em*** προ παντός (*oder* πάντων); ***in ~er Frühe*** πρωί - πρωί; ***in ~er Ruhe*** με την ησυχία μου; **~bekannt** πασίγνωστος
alle¹ *pl* όλοι, όλες, όλα; πάντες; κάθε, *z.B.* ***~ drei Monate*** κάθε τρεις μήνες; ***~ möglichen*** κάθε λογής; ***~ Arten*** (**von**) **...** παντός είδους; ~, ***die*** όσοι; ~, ***die mich kennen*** (όλοι) όσοι με γνωρίζουν; ***wir*** (***ihr, sie***) ~ όλοι μας (σας, τους)
alle² (*verbraucht*): ***... ist ~*** τελείωσε, σώθηκε
Al'lee *f* λεωφόρος *f*
Allego'rie *f* αλληγορία
alle'gorisch αλληγορικός
al'lein μονάχος, μόνος; *ko* (*aber*) μόνο; ***ganz ~*** καταμόναχος, ολομόναχος; ***ganz ~ bleiben*** μένω μπουκάλα; ~ (*privat*) ιδιαιτέρως; ***~ stehend*** (*einsam*) ξεμοναχιασμένος; (*unverheiratet*) εργένης (-ισσα)
Al'lein-, al'lein- αποκλειστικός, μονο-
Al'lein|handel(srecht *n*) *m* μονοπώλιο; **~herrschaft** *f* μοναρχία; ***die ~herrschaft haben*** μοναρχώ
al'leinig μόνος, μοναδικός
allemal: ***ein für ~*** μια για πάντα
allenfalls το πολύ-πολύ
aller|- *vor dem Superlativ* = ***von allen*** όλων, *z.B.* ***der ~beste*** ο καλύτερος όλων; **~dings** (*dennoch*) μολαταύτα; (*auf jeden Fall*) πάντως; ***~dings!*** μάλιστα, βεβαίως; **~erst** πρώτιστος
Aller'gie *f* αλλεργία
Al'lergiker *m* αλλεργικός
al'lergisch αλλεργικός
allerhand → ***allerlei***; ***das ist ~!*** είναι από τ'άγραφα!
Aller'|heiligenfest *n* εορτή των Αγίων Πάντων; **~heiligste(s)** ιερό
aller|höchstens το πολύ-πολύ; **~lei** κάθε λογής, λογιών λογιών *mit pl*; **~letzt-** τελευταίος; **~liebst-** ροδόκαλος, μαγευτικός
Aller'|seelen(fest) *n* Ψυχοσάββατο; **~weltskerl** *m* πάντεχνος; **~werteste(r)** (*scherzhaft*) μετόπισθεν *n*/*pl*
alles (το) παν (παντός) *n*, όλο, όλα *n*/*pl*; (*z.B.* ~ *anfassen*) το κάθετι; ***~ andere*** όλα τ'άλλα; ***~ andere*** *sein, aussehen* ***als ...*** κάθε άλλο παρά ...; ***~ in allem*** όλα όλα; ***~ zusammen*** συνολικά, όλα όλα; ~, ***nur*** *nicht, kein* μόνο ... (δεν); ~, ***was*** όσο, όσα *n*/*pl*, όλα όσα
Allesfresser *m*/*pl* ζώα παμφάγα *n*/*pl*
allgemein γενικός, καθολικός; *adv* γενικά, γενικώς; (*Volks-*) παλλαϊκός; ***im Allgemeinen*** εν γένει, γενικά
Allgemeine(s) γενικά *n*/*pl* (**über** *A*/περί *G*)
Allge'mein|- γενικός; εγκύκλιος; **~arzt** *m* γενικός γιατρός; **~befinden** *n* κατάσταση υγείας; **~bildung** *f* φόντο, γενική μόρφωση; **~heit** ⟨*0*⟩ *f* γενι-

A
Allgemeininteresse 594

κότητα, καθολικότητα; **~interesse** *n* γενικό συμφέρον
All'heilmittel *n* (*auch fig*) πανάκεια
Alli'anz *f* συμμαχία
alli'iert, Alli'ierte(r) σύμμαχος
Allmacht ⟨*0*⟩ *f* παντοδυναμία
all'|mächtig παντοδύναμος; ***der Allmächtige*** Παντοκράτορας; **~mählich** βαθμιαίος; *adv* βαθμηδόν, αγάλι-αγάλι
Allonge [a'lɔŋʒə] *f* HDL πρόσθεση, προσάρτημα *n*
Allotro'pie *f* CHEM αλλοτροπία
allseitig γενικός, καθολικός
Alltag *m* καθημερινή ζωή, μονοτονία
alltäglich καθημερινός; (*gewöhnlich, Serien-*) *Person*: τυχαίος, ... της αράδας; *S* ... της αράδας; *Ausdruck*: κοινότυπος
Alltagszeug *n* (*Anzug*) καθημερινά *n/pl*
allwissend πάνσοφος
allzu πάρα πολύ; ***~ oft*** συχνότατα; ***~ viel*** υπερβολικός; *adv* πάρα πολύ
Allzweck- πολλών χρήσεων, ... γενικής χρήσεως
Alm *f* βουνήσιο λιβάδι
Almanach ⟨*-s*; *-e*⟩ *m* ημερολόγιο
Almosen *n* ελεημοσύνη, ψυχικό; **~empfänger** *m mst iron* ψωμοζήτης
Aloe *f* αλόη
Al'paka ⟨*-s, 0*⟩ *n* (*Wolle und Metall*) αλπακάς; ⟨*-s*; *-s*⟩ (*Tier*) αιγοκάμηλος
al 'pari εις το άρτιον
Alpen *pl* 'Αλπεις (-εων) *f/pl*; **~jäger** *m* MIL αλπινιστής; **~rose** *f* ροδόδενδρο; **~veilchen** *n* κυκλάμινο
Alpha ⟨*-s*; *-s*⟩ *n* άλφα *n*
Alpha'bet ⟨*-ęs*; *-e*⟩ *n* αλφάβητο
alpha'betisch αλφαβητικός; ***~e Reihenfolge*** αλφαβητική σειρά
Alphastrahlen *m/pl* ακτίνες α *f/pl*
Alpi'n|ismus ⟨*0*⟩ *m* αλπινισμός; **~ist** ⟨*-en*⟩ *m* αλπινιστής
Alptraum *m* → ***Albtraum***
als *ko* (*zeitlich*) όταν, σαν, ως, καθώς: *z. B. mit aor* ***~ ich ihn sah ...*** σαν (όταν, ως) τον είδα ...; (*nach Vergleichen*) από; παρά: ***größer ~ du*** μεγαλύτερος από σένα; ***ich gehe lieber, ~ dass ich bleibe*** προτιμώ να φύγω παρά να μείνω; (*in der Eigenschaft*): ***du ~ Verwandter*** εσύ σαν συγγενής; (*gelten*) ~ για (*mit N*); ***~ ob*** (*mit konj II*) σα να +*St I* (*mst impf*), λες και ... (*impf*); σάματι; σάμπως; ως να (*mst impf*): ***~ ob er wollte*** σαν να ήθελε; ***er lief, ~ ob man ihn jagte*** έτρεχε, σα να τον κυνηγούσαν; ***gerade ~*** πάνω που; ***schon ~*** (*junger Mann*) από (νέος)
als'|bald αμέσως; **~dann** έπειτα
also λοιπόν
alt *Person*: ηλικιωμένος, γέρος (γριά); *Baum*: γέρικος; *S* παλαιός, παλιός; *hist* αρχαίος; (*ehemalig*) πρώην ⟨*0*⟩; ***ihr 10 Jahre ~er Bruder*** ο ηλικίας 10 ετών αδελφός της; ***wie ~ ist er?*** πόσων χρονών (*oder* ετών) είναι; ***er ist zehn Jahre*** (~) είναι δέκα χρονών (*oder* ετών); ***ich bin*** (***schon***) ~ γέρασα; ***~ machen*** *Sorgen*: γερνώ; ***das macht Sie ~*** αυτό σας κάνει γέρο (γριά); ***~ werden*** γερνώ; *S* παλαιώνω; (*lange leben*) πολυχρονίζω
Alt ⟨*-s*; *-e*⟩ *m* μέση φωνή
Al'tar ⟨*-ęs*; *⸚e*⟩ *m* (*christlich*) αγία τράπεζα, βήμα *n*; (*allg und fig*) βωμός
altbacken μπαγιάτικος
Altbauwohnung *f* παλιό διαμέρισμα
Alte ⟨*-n*⟩ *f* γριά
alt|eingesessen αυτόχθων; **~ehrwürdig** πατριαρχικός
Alten|pflege *f* γηροκομία; **~teil** *n* JUR γεροντομοίρι
Alte(r) γέρος, γέροντας
Alter *n* ηλικία; παλαιότητα; γεράματα *n/pl*, γέρα *n/pl*, γερατειά *n/pl*; ***im ~ von*** σε ηλικία *G*; ***im heiratsfähigen ~ sein*** έχω ηλικία γάμου; ***ein trauriges ~ haben*** κακογερνώ (-άς); ***... mittleren ~s*** μεσόκοπος
Altera'tion *f* αλλοίωση
älter|e(r) πρεσβύτερος, μεγαλύτερος, γεροντότερος; αρχαιότερος; ***~e Personen*** άτομα *n/pl* μεγάλης ηλικίας; ***~ werden*** ηλικιώνομαι
altern ⟨*-re*; *sn*⟩ γερνώ (-άς), γεράζω
alterna'tiv εναλλακτικός
Alterna'tiv|e *f* εναλλακτική λύση; **~energie** *f* εναλλακτική (οικολογικά παραγόμενη) ενέργεια, π.χ. ηλιακή ενέργεια; **~lösung** *f* εναλλακτική λύση *oder* εκλογή
alters: ***seit ~*** από παλιά, από τα αρχαία χρόνια
Alters|erscheinung *f* γεροντικό σύμπτωμα *n*; **~genosse** *m* συνομήλικος; **~grenze** *f* όριο ηλικίας; ***Erreichung der ~grenze*** συμπλήρωση

ορίου ηλικίας; **~heim** *n* γεροκομειό, άσυλο για τους γέρους; **~präsident** *m* πρεσβύτερο μέλος *n* (της Συνελεύσεως); **~rente** *f* σύνταξη γήρατος
altersschwach καχεκτικός (από το γήρας); *Tisch usw*: σάπιος, πολυκαιρινός
Alters|schwäche ⟨*0*⟩ *f* γεροντικός μαρασμός; πολυκαιρία; **~versorgung** *f* συνταξιοδότηση
Alter|tum ⟨*-s; 0*⟩ *n* αρχαιότητα; **~tümer** *pl* αρχαία *n/pl*, αρχαιότητες *f/pl*
altertümlich αρχαϊκός
Altertums|forscher *m* αρχαιολόγος; **~kunde** *f* αρχαιογνωσία, αρχαιομάθεια
ältest- μεγάλος (*z. B. Sohn*); ο μεγαλύτερος *usw* → ***ältere*(*r*)**; πολυκαιρισμένος
Älteste|(r) πρωτόγερος; *hist* δημογέροντας (-οντα); ***die ~n** oder **~nrat*** *m* οι γέροντες *m/pl*
altgedient *MIL* παλαίμαχος
Altgeige *f* βιόλα
Altgriechenland *n* (= *Zentral- und Südgriechenland*) Αρχαία Ελλάδα; ***Bewohner ~s*** παλαιοελλαδίτης
alt'hergebracht πατροπαράδοτος
Althochdeutsch *n* αρχαία άνω γερμανική
ältlich γριίστικος, γραώδης
Altmetall *n* άχρηστα μέταλλα *n/pl*
altmodisch ντεμοντέ ⟨*0*⟩, ασυγχρόνιστος
Altpapier *n* παλιόχαρτα *n/pl*, άχρηστα χαρτιά *n/pl*
Altphilologe *m* κλάσικος φιλόλογος
Altru'ismus ⟨*0*⟩ *m* φιλαλληλία, αλτρουϊσμός
Altstadt *f* παλιό κέντρο (της) πόλης; **~sanierung** *f* συντήρηση των κτιρίων της παλιάς πόλης
Altsteinzeit ⟨*0*⟩ *f* παλαιολιθική εποχή
Altwaren|händler *m* παλαιοπώλης; **~handlung** *f* παλαιοπωλείο
Alt'weibersommer *m* γαϊδουροκαλόκαιρο
Alufolie *f* αλουμινόχαρτο
Alu'minium ⟨*-s; 0*⟩ *n* αλουμίνιο, αργίλιο
Alve'ole *f* *ANAT* φατνίο, κυψελίδα
am = ***an dem***; → ***an***
Amal'gam ⟨*-s; -e*⟩ *n* αμάλγαμα *n*
Ama'teur ⟨*-s; -e*⟩ *m* ερασιτέχνης; **~-**ερασιτεχνικός
Ama'zone *f* αμαζόνα
Ambiti'onen *f/pl*: ***~ haben*** έχω φιλοδοξίες
Amboss ⟨*-es; -e*⟩ *m* αμόνι
ambu'lant *MED* εξωνοσοκομιακός; *MED* ***~ Behandelte*(*r*)**, ***in ~er Behandlung*** εξωτερικός ασθενής
Ambu'lanz *f etwa*: εξωτερικά γιατρεία *n/pl*; → ***Krankenwagen***
Ameise *f* μυρμήγκι
Ameisen|haufen *m* (*auch fig*) μυρμηκιά; **~säure** ⟨*0*⟩ *f* μυρμηκικό οξύ
Amen ⟨*-s; -*⟩ *n* αμήν ⟨*0*⟩ *n*
A'merika *n* Αμερική
Ameri'kan|er *m* Αμερικανός; **~erin** *f* Αμερικανίδα
ameri'kanisch αμερικανικός
amerikani'sieren αμερικανίζω
Amerika'nismus ⟨*-; -men*⟩ *m* αμερικανισμός
Ame'thyst ⟨*-e̸s; -e*⟩ *m* αμέθυστος
Amme *f* παραμάνα, τροφός *f*
Ammenmärchen *n* παραμύθια της Χαλιμάς
Ammoniak [-'nĭak] ⟨*-s; 0*⟩ *n* αμμωνία
Am'monium- αμμωνιακός
Amne'sie *f* *MED* αμνησία
Amne'stie *f* αμνηστεία
amne'stieren αμνηστεύω
A'möbe *f* αμοιβάδα
'Amok *m*: ***~ laufen*** παθαίνω αμόκ
a'morph άμορφος
Amortisa'tion *f* χρεολυσία, απόσβεση
amorti'sieren αποσβήνω
Ampel *f* φανάρι
Ampere [am'pe:ʀ] ⟨*-s; -*⟩ *n* αμπέρ ⟨*0*⟩ *n*; **~'meter** *n* αμπερόμετρο
Amphibie [am'fi:bĭə] *f* αμφίβιο
Am'phibienfahrzeug *n* αμφίβιο
Am'phitheater *n* αμφιθέατρο
Ampli'tude *f* πλάτος *n*; **~nmodulation** *f* διαμόρφωση κατά πλάτος
Am'pulle *f* αμπούλα, φύσιγα
Amputa'tion *f* ακρωτηριασμός, αποκοπή
ampu'tieren ακρωτηριάζω, αποκόβω
Amsel *f* κότσυφας
Amster'dam *n* Αμστερντάμ *n*
Amt ⟨*-e̸s; ⸚er*⟩ *n* (*Staats-*) αξίωμα *n*, λειτούργημα *n*, υπηρεσία; (*Pflichten*) καθήκοντα *n/pl*; (*Stellung*) θέση; (*Behörde*) υπηρεσία, οργανισμός; γραφείο, εφορία; ***von ~s wegen*** εξ επαγ-

A
amtieren 596

γέλματος; ***von ~s wegen erfolgt*** αυτεπάγγελτος
am'tieren λειτουργώ; εκτελώ καθήκοντα (***als ...***/*G*)
amtlich επίσημος; υπηρεσιακός; ***~ verfügt*** αυτεπάγγελτος
Amts|antritt *m* ανάληψη υπηρεσίας; **~arzt** *m* αστίατρος
amtsärztlich αστιατρικός
Amts|bezirk *m* δικαιοδοσία; **~blatt** *n* εφημερίδα της Κυβερνήσεως; **~diener** *m* κλητήρας; **~enthebung** *f* απαλλαγή από τα καθήκοντα; **~gericht** *n* πταισματοδικείο, ειρηνοδικείο; **~richter** *m* πταισματοδίκης, ειρηνοδίκης; **~schimmel** *m* χαρτοβασίλειο; **~tätigkeit** *f*, **~zeit** *f* θητεία; ***~zeit des Bürgermeisters*** δημαρχία; ***~zeit des Ministers*** υπουργία
Amu'lett ⟨*-~~e~~s; -e*⟩ *n* φυλαχτό, χαϊμαλί, βασκαντήρα
amü's|ant διασκεδαστικός, γουστόζικος; **~ieren** *v/t* ψυχαγωγώ; ***sich ~ieren*** ξεφαντώνω; (*auf e-m Fest auch*) περνώ ωραία (σε)
amusisch άμουσος
an *D*, *A allg* σε, εις *A*; *nur Akkusativ*; (*nahe*) ~ *D* παρά *A*; *GEOGR* επί *G*; προς *A*; από; (*bei Vergleichen*) κατά; ***Tür ~ Tür*** πόρτα με πόρτα; *Beispiele*: ***ich ging ~ den Schalter*** πήγα στη θυρίδα; ***am Montag*** τη Δευτέρα, ***am Sonnabend*** το Σάββατο *usw*; ***am 25. Dezember*** στις 25 Δεκεμβρίου; ***~ Bord*** στο πλοίο; ***eine Villa am Meer*** έπαυλη στη θάλασσα; ***am Saronischen Golf*** στον Σαρωνικό; ***~ Herrn ...*** προς τον κύριο ...; → *Verben und Adjektive, z. B. sterben* ~ από, *überlegen* ~ κατά *usw*; ***~ und für sich*** καθ'εαυτό
Anachro'nismus ⟨*-; -men*⟩ *m* αναχρονισμός
ana'log ανάλογος
Analo'gie *f* αναλογία
Analphabet ⟨*-en*⟩ *m* αναλφάβητος; **~entum** ⟨*-s; 0*⟩ *n* αναλφαβητισμός
Ana'lyse *f* ανάλυση
analy'sieren αναλύω
A'nalysis ⟨*0*⟩ *f MATH* ανάλυση
ana'lytisch αναλυτικός
Anä'mie *f* αναιμία
Anam'nese *f MED* ιστορικό
Ananas ⟨*pl - oder -se*⟩ *f* ανανάς
Anar'chie *f* αναρχία, ακυβερνησία
Anar'ch|ismus ⟨*0*⟩ *m* αναρχισμός; **~ist** ⟨*-en*⟩ *m* αναρχικός
anar'chistisch αναρχικός
Anästhe'sie *f* αναισθησία
Ana'tom ⟨*-en*⟩ *m* ανατόμος; **~ie** [-'mi:] *f* ανατομία; (*Gebäude*) ανατομείο
ana'tomisch ανατομικός
anbahnen προπαρασκευάζω τον δρόμο (*A*/για); *Beziehungen* συνάπτω; ***sich ~*** βρίσκομαι εν όψει; *Schlimmes*: επαπειλούμαι, προμηνύομαι
Anbau ⟨*-~~e~~s; 0*⟩ *m* (*z. B. von Weizen*) καλλιέργεια; ⟨*-~~e~~s; -ten*⟩ παράρτημα *n*, επέκταση
anbau|en καλλιεργώ; προσθέτω παράρτημα; επεκτείνω (***an*** *A*/*A*); **~fähig** καλλιεργήσιμος
Anbau|fläche *f* καλλιεργήσιμη γη; **~möbel** *n/pl* σύνθετα έπιπλα *n/pl*; **~schrank** *m* σύνθετο ερμάριο
Anbeginn ⟨*-~~e~~s; 0*⟩ *m* έναρξη, απαρχή
anbehalten* κρατώ (επάνω μου)
an'bei *HDL* συνημμένως
anbeißen* *v/t* δαγκώνω; *Fisch*: τσιμπώ (-άς); *fig* τα χάβω
Anbeißen *n* τσίμπημα *n*
anbelang|en: *was ...* (*A*) **~t** όσον αφορά *A*
anbellen *v/t* γαυγίζω σε
anberaumen *v/t* ορίζω, συγκαλώ
anbeten ⟨*-e-*⟩ λατρεύω (*auch fig*), προσκυνώ; *fig* έχω λατρεία σε
Anbetracht: *in ~* *G* με αφορμή *A*; ***in ~ dessen, dass*** δεδομένου ότι
anbetreffen*: *was ...* (*A*) ***anbetrifft*** ως προς *A*, όσον αφορά *A*
Anbetung *f* λατρεία, προσκύνημα *n*
anbiedern ⟨*-re*⟩: ***sich ~*** γλείφω
anbieten* προσφέρω (***j-m etw***/κτ σε κπ)
Anbieter *m* πωλητής
anbinden* προσδένω, δένω; ***nicht angebunden*** άδετος; ***kurz angebunden sein*** λακωνίζω, είμαι λιγόλογος *oder* απότομος
Anbindung *f* (*Anschluss*) σύνδεση (***an*** *A*/προς *A*)
anblasen* φυσώ (-άς)
Anblick *m* θέα, θέαμα *n*, όραμα *n*
anblicken *v/t* βλέπω
anbrechen* *Packung usw* ανοίγω; ⟨*sn*⟩ *Tag*: ξημερώνει; ***die Nacht bricht an*** νυχτώνει
anbrennen* *v/t* ανάβω; *v/i* ⟨*sn*⟩ *Essen*:

πιάνω, αρπάζω; ~ ***lassen*** τσικνίζω
anbringen* προσαρμόζω (***an, auf*** *A*/σε), τοποθετώ; *Inschrift* επιγράφω (***auf*** *A*/επί *G*); *TECH* εγκαθίζω; *Änderung* επιφέρω
Anbringung *f* προσαρμογή
Anbruch ⟨*-es; 0*⟩ *m* έναρξη; → ***Tages-, Nacht***; (*z. B. des Sommers*) έμπα *n*; ***mit*** ~ *G* με την άφιξη *G*
anbrüllen *fig* αποπαίρνω
Ancona [-'ko:-] *n* Αγκώνα
Andacht *f* κατάνυξη, ευλάβεια; (*Gottesdienst*) λειτουργία
andächtig *Gebet*: κατανυκτικός; ευλαβής
andauern ⟨*-re*⟩ *v/i* διαρκώ, εξακολουθώ, παρατείνομαι; συνεχίζομαι; (*lange*) παρακρατώ; ~**d** συνεχιζόμενος; (μακρο)χρόνιος; *Schmerz*: απέραστος
Andenken *n* ανάμνηση (***an*** *A*/*G*); (*als Sache*) ενθύμιο, (*Reise-*) σουβενίρ ⟨*0*⟩ *n*, (*Familien- usw*) κειμήλιο; ***zum*** ~ ***an*** σε ανάμνηση *G*
ander|-: ***ein*** ~***er***, ***eine*** ~***e***, ***ein*** ~***es*** άλλος, έτερος; ***der*** ~***e***, ***die*** ~***e***, ***das*** ~***e***; *pl* ***die*** ~***en*** ο άλλος *usw*; (*verschiedenartig*) διαφορετικός; αλλοιώτικος; ***... ist kein*** ~***er als*** δεν είναι άλλος από *A*; ***unter*** ~***em*** μεταξύ άλλων; ***und*** ~***e(s)*** (***u.a.***) και (ούτω) καθεξής
anderenfalls αλλοιώς, άλλως, διαφορετικά
andererseits εξ άλλου, αφ' ετέρου
anderes: ***etwas*** ~ τίποτ' άλλο; ***das ist etwas*** ~ (αυτό) αλλάζει, είναι άλλη παράγραφος
ändern ⟨*-re*⟩ *Namen usw* αλλάζω; *Meinung*, *Lebensweise usw* μεταβάλλω; (*teilweise*) τροποποιώ; ***sich*** ~ αλλάζω; μεταβάλλομαι
anders *adv* αλλοιώς, αλλοιώτικα, άλλως, διαφορετικά; ***wer*** ~***?*** ποιός άλλος
anders|- αλλο-; ~ ***denkend*** ετερόφρονας, αλλόφρονας
Andersgläubige(r) αντίδοξος
anders|wo (κάπου) αλλού; ~**woher** από αλλού; ~**wohin** αλλού
anderthalb ενάμισυ
Änderung *f* (*des Wetters, Namens*) αλλαγή; μεταβολή; μετάπτωση (***von*** *D* - ***in*** *A*, ***auf*** *A*/από - σε)
Änderungsvorschlag *m* πρόταση τροπολογιών
anderweitig άλλος; *adv* αλλοιώτικα; αλλού
andeuten ⟨*-e-*⟩ *v/t* υποδηλώνω, υπαινίσσομαι; ~**d** ενδεικτικός (*A*/*G*)
Andeutung *f* υποδήλωση
andichten ⟨*-e-*⟩ προσάπτω άδικα (***j-m etw***/κτ σε κπ)
Andrang ⟨*-es; 0*⟩ *m* συρροή, συνωστισμός
andrehen *Gas usw* ανοίγω; *Licht* ανάβω; F (*betrügerisch*) πασάρω (***j-m etw***/κτ σε κπ)
androhen: ***j-m etw*** ~ απειλώ κπ με
Androhung *f* απειλή; ***unter*** ~ *e-r Strafe oder Folge* επί ποινή *G*
Andros *n* 'Ανδρος *f*
andrücken πιέζω (***an*** *A*/σε)
aneignen ⟨*-e-*⟩: ***sich*** (*D*) ~ *Kenntnisse usw* αποκτώ; (*widerrechtlich*) ιδιοποιούμαι; *Ansichten usw* υιοθετώ *A*
Aneignung *f* απόκτηση; ιδιοποίηση; προσοικείωση
anein'ander προς αλλήλους; ~ ***geraten*** πιάνομαι; ~ ***grenzen*** γειτνιάζω (***an*** *A*/με)
Anek'dote *f* ανέκδοτο
anekeln ⟨*-le*⟩ *v/t* αηδιάζω
Ane'mone *f* ανεμόνη
anerkannt αναγνωρισμένος, *K* εγνωσμένος; ~ ***werden*** (*als wahr*) ομολογούμαι
anerkennen* αναγνωρίζω; (*Bürosprache*) επαινώ; (*billigen*) συνομολογώ, καθιερώνω; (*als wahr*) παραδέχομαι; *Vaterschaft* ***nicht*** ~ αποκηρύσσω
anerkennenswert άξιος επαίνου
Anerkennung *f* αναγνώριση; έπαινος, φιλοφρόνημα *n*; καθιέρωση; (*Spende*) αφιέρωμα *n*; (*Dank*) ευχαριστία
anfachen *Feuer* (*und fig*) ριπίζω
anfahren* *v/t* προσκομίζω; *Auto*: χτυπώ (-άς); F (*anschnauzen*) αποπαίρνω; *v/i* ⟨*sn*⟩ (*losfahren*) ξεκινώ; ***angefahren kommen*** προσπελάζω
Anfahrt *f* (*Ankunft*) άφιξη; (*Nähern*) προσπέλαση; (*Weg*) πρόσβαση
Anfall *m* *MED* προσβολή; *PSYCH* παροξυσμός; (*Wut*) παραφορά; (*Fieber-*) εισβολή
anfallen* *v/t* επιτίθεμαι (σε), ορμάω (σε); *v/i* ⟨*sn*⟩ *Material*: μαζεύομαι
anfällig ευπρόσβλητος (***für*** *A*/σε)
Anfälligkeit *f* ευπάθεια

A
Anfang 598

Anfang ⟨*-ẹs*; *-̈e*⟩ *m* αρχή; **~ Oktober** *usw* (στις) αρχές (του) Οκτωβρίου; **am ~** στην αρχή; **von ~ an** απ' αρχής, από την αρχή

anfangen* *v/t und v/i* αρχίζω (**mit** *D*/με; *GR* **mit** *D*/από); *Streit* στήνω; **wieder** *Streit* **~** ξαναρχίζω; **gut ~** κάνω σεφτέ

Anfänger *m* αρχάριος, πρωτάρης; (*Schul-*) μαθητούδι

anfänglich αρχικός; *adv* κατ' αρχάς

anfangs στην αρχή

Anfangs|- αρχικός; στοιχειώδης; **~buchstabe** *m* αρχικό γράμμα; **~gehalt** *n* αρχικός μισθός; **~unterricht** *m* προπαιδεία; ***~unterricht erteilen*** προπαιδεύω; **~zeit** *f THEA* ώρα ενάρξεως

anfassen ⟨*-t*⟩ πιάνω, (*berühren*) πειράζω, πασπατεύω; *subst* πιάσιμο (-ατος); πασπάτεμα *n*

anfechtbar *JUR* αμφισβητήσιμος, ακυρώσιμος; *fig* τρωτός

Anfechtbarkeit ⟨*0*⟩ *f* ακυρωσία

anfechten* *v/t JUR* αμφισβητώ; προσβάλλω; ενίσταμαι (*A*/κατά *G*)

Anfechtung *f* αμφισβήτηση, προσβολή; (*Versuchung*) πειρασμός

anfeinden ⟨*-e-*⟩ εχθρεύομαι, προσβάλλω

Anfeindung *f* εχθρότητα, εχθροπρέπεια

anfertigen *allg* κατασκευάζω, φτιάνω; *Arznei* συσκευάζω

Anfertigung *f* κατασκευή, φτιάσιμο (-ατος)

anfeuchten ⟨*-e-*⟩ νοτίζω, υγραίνω

anfeuern ⟨*-re*⟩ *nur fig j-n* εμψυχώνω

Anfeuerung *f* εμψύχωση

anflehen *v/t* εκλιπαρώ, ικετεύω

anfliegen* *LUFTF* προσεγγίζω; (*landen*) προσγειώνομαι (*A*/σε); (*Städte regelmäßig*) εξυπηρετώ

Anflug *m* προσέγγιση; *fig* άγγιγμα *n* (**von** *D*/*G*), χροιά

anfordern ⟨*-re*⟩ ζητώ; απαιτώ

Anforderung *f* αναζήτηση; απαίτηση

Anfrage *f* ερώτημα *n*; *POL* επερώτηση; ***e-e ~ richten an*** *A* επερωτώ (-άς) *A*

anfragen επερωτώ; ερωτώ (***bei j-m nach*** *D*/κπ για)

anfressen* τραγανίζω; ***von Würmern angefressen*** σκουλικοφαγομένος

anfreunden ⟨*-e-*⟩: ***sich ~ mit*** κάνω φιλία με

anfügen προσάπτω; προσαρτώ (-άς)

Anfügung *f* προσάρτηση

anfühlen → ***betasten***; ***sich hart*** *usw* **~** είναι σκληρό στην αφή

Anfuhr *f* προσκομιδή

anführen (*befehligen*) ηγούμαι (*A*/*G*); (*zitieren*) παραθέτω *A*, αναφέρω *A*; *Grund* εμφανίζω; (*betrügen*) γελώ (-άς)

Anführ|er *m* αρχηγός; καπετάνιος; *JUR* οδηγός; **~ung** *f* αρχηγία; παράθεση; **~ungszeichen** *n/pl* εισαγωγικά *n/pl*

anfüllen γεμίζω, πληρώ (εντελώς)

Angabe ⟨*0*⟩ *f* (*Wichtigtuerei*) κομπασμός

Angaben *f/pl allg* δεδομένα *n/pl*; *statistische* **~** στοιχεία *n/pl*

angaffen *v/t* κοιτάζω

angeben* *v/t* (*bezeichnen*) φανερώνω; *HDL* (*erklären*) δηλώνω; *v/i* (*wichtig tun*) κάνω τον καμπόσο, καυχιέμαι

Angeb|er *m* καυχησιάρης (-ηδες); **~e'rei** *f* αλαζονεία

angeblich *adv* δήθεν (*auch adj*); τάχα

angeboren έμφυτος, σύμφυτος (***j-m***/σε)

Angebot ⟨*-ẹs*; *-e*⟩ *n auch HDL* προσφορά (**an** *D*/*G*); **~ *und Nachfrage*** ζήτηση και προσφορά

angebracht (*passend*) εύλογος, ταιριαστός

angebrannt καμένος; **~ *riechen*** τσικνίζω

angebrochen *Päckchen*: ανοιγμένος; ***nicht ~*** *Kuchen usw*, *auch fig* αφάγωτος

angedeihen*: **~ *lassen*** χορηγώ (***j-m etw***/κτ σε κπ)

Angedenken: ***seligen ~s*** μακαρία τη μνήμη

angefertigt φτιαγμένος

angefochten προσβεβλημένος

angegangen *Essen*: πειραγμένος

angegossen *Kleidung*: ***wie ~*** χυτός; ***sitzt wie ~*** στέκει χυτά

angegriffen κουρασμένος; *Gesundheit*: επισφαλής; ευπαθής; **~ *sein*** (*z. B. Nerven*) πειράζομαι (*bsd aor*)

angeheitert εύθυμος; ***etwas ~ sein*** είμαι στο κέφι

angehen* ⟨*sn*⟩: ***j-n um etw ~*** απευθύνομαι σε κπ για να ζητήσω κτ; ***ein Problem ~*** πλησιάζω, αντιμετωπίζω; (*betreffen*) ***es geht mich an*** με νοιάζει; ***was gehts dich an?*** τι σε νοιάζει; ***was ... angeht*** όσο για ...; ***das geht nicht an*** δεν κάνει; **~ *gegen*** *A* πολεμώ κατά

A
599 **angreifen**

G; **~d** (*künftig*) μέλλων (-ουσα, -ον), μελλοντικός
angehören *e-r Partei, der Vergangenheit*: ανήκω (*D*/σε)
Angehörig|e(r) *e-s Staates*: υπήκοος; ***meine ~en*** οι δικοί μου; ***die ~en*** οι οικείοι
Angeklagte(r) κατηγορούμενος (*f* -ουμένη)
angekommen *K* αφιγμένος
Angel ⟨-; *-n*⟩ *f* καλάμι; (*Tür-*) ρεζές (-έδες); στρόφιγγα
angelang|en ⟨*sn*⟩ φθάνω; ***nicht ~t*** άφθαστος
angelaufen: ***~ kommen*** έρχομαι τρεχάτος
angelegen: ***sich*** (*D*) ***etw ~ sein lassen*** νοιάζομαι για
Angelegenheit *f* υπόθεση; πράγμα *n*, δουλειά
angelegt *Geld*: τοποθετημένος
angelehnt γερτός; *Tür*: μισόκλειστος
angelernt *Arbeiter*: εκπαιδευμένος
Angelhaken *m* αγκίστρι, πετονιά
An'gelika *f* Αγγελική
angeln ⟨*-le*⟩ αγκιστρεύω, ψαρεύω, γαντζώνω; *subst* αγκίστρωση
Angel|punkt *m* άξονας; **~rute** *f* καλαμίδι
angelsächsisch αγγλοσαξονικός
Angelschnur *f* ορμιά, καθετή
angemerkt σημειωτός
angemessen *Stellung usw* αρμόδιος, εύθετος, οικείος; ανάλογος (*D*/προς *A*, με); (*würdig*) άξιος (*D*/*G*); δίκαιος; *Frist*: εύλογος
angenehm ευχάριστος, τερπνός; ***sehr ~*** (*Ihre Bekanntschaft zu machen*) χαίρω πολύ
angenommen (*akzeptiert, anerkannt*) παραδεδεγμένος; δεκτός; *Kind*: θετός; ***~, dass ...*** υποθέτοντας *oder* ας υποθέσουμε ότι ...
angeödet αψυχαγώγητος
angepasst → ***anpassen***; ***nicht ~*** απροσάρμοστος
angeregt ζωηρός
angesäuselt F βρεγμένος, στο κέφι
angeschlagen F (*gebrechlich*) παρμένος; ***stark ~*** *Firma*, HDL καραβοτσακισμένος
angeschwollen *allg* πρησμένος, φουσκωμένος; MED οιδηματώδης
angesehen επιφανής, έντιμος, περίβλεπτος
Angesicht *n*: ***von ~ zu ~*** κατά πρόσωπο
angesichts *G* εν όψει, ενώπιον *G*, μπροστά σε; ***~ derTatsache, dass*** προκειμένου να ...
angespannt σε ένταση; *Arbeit*: εντατικός
angestammt προγονικός
angestellt (*im Büro*) τοποθετημένος; ***fest ~*** μόνιμος
Angestellt|e(r) (ιδιωτικός) υπάλληλος; ***kaufmännische(r) ~e(r)*** εμποροϋπάλληλος; ***leitende(r) ~e(r)*** διευθυντικό στέλεχος *n*; ***die ~en*** ο υπαλληλικός κόσμος
Angestelltenversicherung *f* υπαλληλική ασφάλεια
angestrengt *adv* κοπιαστικά
angetan: ***ich bin von ihm ~*** αυτός είναι της αρεσκίας μου
angetrunken σουρωμένος
angewandt *Wissenschaft*: εφηρμοσμένος
angewidert αηδιασμένος (**von**/από)
angewiesen: ***~ sein auf*** *A* (*Hilfe usw*) χρειάζομαι, έχω ανάγκη από
angewöhnen συνηθίζω (***j-m etw***/κτ σε κπ); ***sich*** (*D*) ~ συνηθίζω (***etw***/σε κτ); (*z.B. das Rauchen*) το παίρνω συνήθεια; (*Schlechtes*) κακοσυνηθίζω (*A*/σε); ***sich ~ zu*** αποκτώ της συνήθεια να
Angewohnheit *f* συνήθεια, χούι; ***aus ~*** καθ' έξιν
ange|wurzelt: ***wie ~wurzelt*** σαν κούτσουρο; **~zeigt** ενδεδειγμένος; **~zogen** *Schraube*: ***fest ~zogen*** σφιχτός
An'gina ⟨-; *-nen*⟩ *f* αγγίνα, κυνάγχη; ***~ pectoris*** στηθάγχη
angleichen* εξισώνω (*D*/προς *A*); εξομοιώνω (*D*/*A*); HDL *Gewinne* εξισώνω (**an** *A*/με); *Preise* ***einander ~*** εξισορροπώ
Angleichung *f* ομοίωση; εξίωση
Angler *m* ψαράς (-άδες)
angliedern ⟨*-re*⟩ προσαρτώ (**an** *A*/σε)
Angliederung *f* προσάρτηση
Ang'listik ⟨*0*⟩ *f* η αγγλική φιλολογία
An'gorawolle *f* μαλλί της Αγκύρας
angreifen* χτυπώ (-άς) *A*, επιτίθεμαι (*A*/κατά *G*); *fig*, MED, *lit usw* προσβάλλω; MED επηρεάζω; *bsd Krankheit*: τσακίζω; MIL ***die Flanke ~*** πλευροκοπώ; *Kapital* βάζω χέρι σε

Angreifer *m* επιτιθέμενος
angrenzen ⟨*-t*⟩ γειτνιάζω (**an** *A*/προς *A*); **~d** γειτονικός
Angriff *m* επίθεση; προσβολή; **e-n ~ (durch)führen gegen** *A* εξαπολύω επίθεση κατά *G*; **etw in ~ nehmen** εγχειρώ; βάζω μπρος
Angriffs|- επιθετικός; **~lust** ⟨*0*⟩ *f* επιθετικότητα
angriffslustig επιθετικός, πολεμικός
Angst ⟨-; **¨e**⟩ *f* φόβος (**vor** *D*/*G oder* για, από); **~ haben** φοβάμαι (**vor** *D*/*A oder* από); **in Ängsten** εναγώνιος
angsterfüllt έντρομος
Angst|gefühl *n* αγωνία; **~hase** *m* F κιοτής, P χέστης
ängst|igen *v/t* αγριεύω, φοβίζω; **sich ~igen** δειλιάζω; **~lich** αγχώδης, φοβιτσιάρης; *adv* σκιαχτά; **~lich sein** δειλιάζω
Ängstlichkeit ⟨*0*⟩ *f* δειλία, τρεμούλα
angstvoll περίφοβος
angucken F κοιτάζω; **was guckst du mich so an?** τι με κοιτάς έτσι;
anhaben* φορώ; **... kann mir nichts ~ ...** δε με ταράζει *oder* βλάπτει
anhaften ⟨*-e-*⟩ κολλώ (**j-m**/σε κπ)
Anhalt *m* → **Anhaltspunkt**
anhalten* *v/t* TECH σταματώ (-άς), ακινητώ; *j-n auf der Straße* πιάνω; (*ermahnen*) παραινώ (**j-n zu ...**/κπ να ...); *v/i* (*stehen bleiben*) σταματώ (-άς); (*andauern*) βαστώ (-άς); παρατείνομαι
Anhalten *n* πιάσιμο (-ατος)
anhaltend (*andauernd*) εξακολουθητικός; παρατεινόμενος
Anhalter *m*: **per ~** με ωτοστόπ
Anhaltspunkt *m* στήριγμα *n*; **~e** *pl* στοιχεία *n/pl*; **~e geben** παρέχω στοιχεία
Anhang ⟨*-ℯs*; **¨e**⟩ *m* εξάρτημα *n*, προσθήκη, παράρτημα *n*; **ohne ~** (*allein*) μόνος
anhängen* *v/t* κρεμάω; (*Böses nachsagen*) κοτσάρω (**j-m etw**/κτ σε κπ)
Anhänger *m* (*Auto*) ρυμουλκούμενο όχημα *n*, ρυμούλκα, πλατφόρμα, τρέιλερ *n*; (*Person*) οπαδός, (*Partei-*) θιασώτης; **~in** *f* θιασώτιδα; **~schaft** *f* οπαδοί *m/pl*
anhängig JUR εκκρεμής; **... ist ~** εκκρεμεί
anhänglich αφωσιωμένος, προσηλωμένος
Anhänglichkeit ⟨*0*⟩ *f* προσήλωση
Anhängsel *n* HDL προσάρτημα *n*
anhäufen θησαυρίζω, συσσωρεύω, επισωρεύω; *subst* θησαύρισμα *n*, συσσώρευση, επισώρευση
anheben* (ανα)σηκώνω; **ein wenig ~** ανασηκώνω; (*Preise erhöhen*) υψώνω, αυξάνω
Anhebung *f* (ανα)σήκωμα *n*; ύψωση
anheften ⟨*-e-*⟩ καρφιτσώνω
an'heim: ~ fallen (**j-m**) πέφτει στο μερτικό μου, (μου) τυχαίνει, (μου) λαχαίνει; **~ stellen** (**es j-m**) θέτω στην κρίση κάποιου; τον αφήνω ελεύθερο να ...
Anheirat *f*: **durch ~** εξ επιγαμίας, από συμπεθεριό
anheizen ⟨*-t*⟩ F (*fig*) ζεσταίνω, αυξάνω
Anheizung *f* αναθέρμανση
anheuern ⟨*-re*⟩ ναυτολογώ
Anhieb: auf ~ με το πρώτο
Anhöhe *f* ύψωμα *n*
anhören *v/t* ακροάζομαι; **es hört sich gut an** αυτό χτυπάει (ακούεται) καλά
Anhörung *f* POL διαβούλευση (*G*/με)
Ani'lin ⟨*-ℯs*; *0*⟩ *n* ανιλίνη
ani'malisch ζωικός, κτηνώδης
A'nis ⟨*-es*; *-e*⟩ *m* γλυκάνισο, άνισο
ankämpfen παλεύω (**gegen** *A*/κατά *G*)
Ankara *n* 'Αγκυρα
Ankauf *m* εξαγορά; αγορά (*G*/*G*)
ankaufen *Anteile usw* εξαγοράζω
Ankaufspreis *m* τιμή αγοράς
Anker *m* MAR άγκυρα, σίδερο; (*leichter ~*) ισχάδα; ELEKTR ρότορ ⟨*0*⟩ *n*, επαγώνιμο; **vor ~ gehen** ελλιμενίζομαι, αράζω; **~ lichten** ξαγκιστρώνω, σαλπάρω; **vor ~ liegen** ορμώ; **~ werfen** αγκυροβολώ; φουντάρω; **~boje** *f* σημαδούρα; **~bolzen** *m* TECH συνοχέας
ankern ⟨*-re*⟩ *v/i* αγκυροβολώ
Ankern *n* αγκυροβόλημα *n*
Anker|platz *m* όρμος, αγκυροβόλι; **~tau** *n* παλαμάρι; **~werfen** *n* αγκυροβόληση, πόντιση
anketten ⟨*-e-*⟩ αλυσοδένω; **angekettet** αλυσόδετος
ankitten ⟨*-e-*⟩ κολλώ (-άς) με στόκο
Anklage *f* κατηγορία (**auf** *A*, **wegen** *G*/για), έγκληση, κλήση; καταγγελία; **~ erheben** υποβάλλω μήνυση (**gegen j-n wegen** *G*/εναντίον κάποιου για); απαγγέλλω κατηγορία (**wegen** *G*/

A
601 anlegen

για); ~ κατηγορητικός; **~bank** *f* εδώλιο (του) κατηγορουμένου
anklagen *JUR* κατηγορώ (**j-n** *G oder* **wegen** *G*/κπ για); καταγγέλλω (**j-n wegen** *G*/κπ για); μηνύω; ***nicht angeklagt*** ακατηγόρητος
Ankläger *m* κατήγορος, εγκαλεστής
Anklageschrift *f* κατηγορητήριο, εγκλητήριο, απαγγελία κατηγορίας
anklammern ⟨*-re*⟩ στερεώνω (**an** *A*/σε); *fig* **sich** ~ προσκολλούμαι (**an** *A*/σε)
Anklang *m*: ~ ***finden*** βρίσκω (καλή) απήχηση; F πιάνω
ankleben προσκολλώ (-άς); *Plakate* τοιχοκολλώ (-άς)
ankleiden ⟨*-e-*⟩ *v/t* ντύνω; **sich** ~ ντύνομαι
Ankleidepuppe *f* μανεκέν-κούκλα
anklicken *EDV etwa*: επιλέγω με το ποντίκι, κάνω κλικ
anklopfen χτυπώ (-άς) (την πόρτα)
anknabbern ⟨*-re*⟩ ροκανίζω
anknipsen ⟨*-t*⟩ *Licht* ανάβω, ανοίγω
anknüpfen προσδένω, προσάπτω; *Beziehungen* συνάπτω; *Gespräch* πιάνω
Anknüpf|ung *f* συνάφεια; άνοιγμα *n*; **~ungspunkt** *m fig* αφετηρία
ankommen* ⟨*sn*⟩ φθάνω (**in** *D*/σε), καταφθάνω; F (*Echo finden*) πιάνω; ***es kommt auf ...*** (*A*) **an** εξαρτάται από ...; ***das kommt darauf an***(, **ob**) ... εξαρτάται (από το αν ...); ***es kommt nicht darauf an*** δεν έχει σημασία; ***es kommt auf dich*** (**Sie**) **an, ... zu** +*inf* εξαρτάται από εσένα (εσάς) να ...; ***es kommt mir sehr darauf an*** με νοιάζει πολύ; ***ich lasse es darauf ankommen*** το αφήνω στην τύχη, το διακινδυνεύω
Ankömmling ⟨*-s; -e*⟩ *m* προσερχόμενος; νεοφερμένος
ankreiden ⟨*-e-*⟩ παρεξηγώ (**j-m etw**/κπ για κτ)
ankreuzen ⟨*-t*⟩ σημειώνω με σταυρό
ankündigen *allg* προαγγέλλω, προσημαίνω; (*bekannt machen*) γνωστοποιώ; **sich** ~ *Ereignis*: επωάζομαι
Ankündigung *f* προαγγελία
Ankunft ⟨*-; ⸚e*⟩ *f* άφιξη, φθάσιμο, ερχομός; (*amtlich*) προσέλευση
ankuppeln ⟨*-le*⟩ *BAHN* κοτσάρω (**an** *A*/σε)
ankurbeln ⟨*-le*⟩ *fig die Wirtschaft* αναθερμαίνω, ενεργοποιώ, ωθώ
Ankurbelung *f* ενεργοποίηση; αναθέρμανση, ώθηση
Anky'lose *f MED* αγκύλωση
anlächeln ⟨*-le*⟩ χαμογελώ (**j-n**/σε κπ)
Anlage *f TECH* (*Errichtung*) εγκατάσταση; (*Fabrik*) εργοστάσιο, συγκρότημα *n* (*auch Stereo-*); (*e-s Weges*) άνοιγμα *n*; *mst pl* (*Werke*) εγκαταστάσεις *f/pl*; (*Geld-*) τοποθέτηση, διάθεση; (*Grün-, Park*) περίπατος; (*Anordnung*) διάταξη; (*Fähigkeit*) ιδιοφυία, προδιάθεση (**zu** *D*/προς *A*, σε); (*Charakter*) φυσικό; *HDL* (*zum Brief*) συνημμένο, προσάρτημα *n*; **in der** ~ συνημμένως; εγκλείστως; εσώκλειστος
Anlage|berater *m* σύμβουλος επενδύσεων; **~kapital** *n* κεφάλαιο προς επένδυση
anlanden ⟨*-e-*⟩ αράζω, προσορμίζομαι
anlangen ⟨*sn*⟩ → ***anbelangen***; ***ankommen***
Anlass ⟨*-es; ⸚e*⟩ *m* αφορμή (**zu** *D*/για); ενδόσιμο; ~ ***geben zu*** *D* δίδω αφορμή *oder* λαβή για; γεννώ (-άς) *A*, επισύρω *A*; ***ohne jeden*** ~ άνευ αφορμής; **aus** ~ *G* επ' ευκαιρία *G*
anlassen* *Motor* κινητοποιώ, βάζω μπρος, ξεκινώ; *Mantel* δεν βγάζω; *Stahl* βάφω; (*brennen lassen*) αφήνω ... (συνέχεια) αναμμένο; **sich gut** ~ *S* ανοίγει καλές προοπτικές
Anlassen *n TECH* εκκίνηση
Anlasser *m* (*Auto*) μίζα
anlässlich *G* → ***aus Anlass***
anlasten ⟨*-e-*⟩ καταλογίζω (**j-m etw**/κτ σε κπ)
Anlauf *m* φόρα, ορμή; **e-n** ~ ***nehmen*** παίρνω φόρα
anlaufen* *Schiff*: προσεγγίζω (*A*/σε); ⟨*sn*⟩ *Metall*: σκουραίνω; *Glas*: θαμπώνω; (*beginnen*) ξεκινώ (-άς); *Motor*: παίρνω μπρος; *subst* προσέγγιση
Anlaut *m GR* αρχικός φθόγγος
anlegen *TECH* εγκαθιστώ (-άς), εγκαταστaίνω; *Weg* διανοίγω; (*U-Bahn-Strecke*) χαράσσω; *Halskette* περνώ (-άς); *Sammlung* καταρτίζω; *Kleider* φορώ (-άς); *Geld* τοποθετώ, διαθέτω (**in** *D*/σε); (*fest*) ακινητοποιώ; *Schiff*: σταθμεύω, πλευρίζω, (*häufig*) πιάνω πολλές σκάλες; **sich** ~ (*sich streiten*) πιάνομαι, τα βάζω (**mit** *D*/με)

Anlegen *n* άραγμα *n*, στάθμευση, προσόρμιση; (*e-s Schwertes, e-s Grabens rund um ...*) περιβολή; (*von Geld*) τοποθέτηση; *TECH → auch* ***Anlage***
Anlege|platz *m*, **~stelle** *f* σκάλα, όρμος
anlehnen *v/t* ακουμπώ (-άς) (**an** *A*/σε); *Tür* μισοκλείνω, διανοίγω; **sich ~** ακουμπώ (-άς) (**an** *A*/σε); ***angelehnt*** ακουμπισμένος; *Tür*: μισόκλειστος; *subst* ακούμπημα *n*
Anleihe *f* (*Staats-, Zwangs-*) δάνειο; ***e-e ~ aufnehmen*** συνάπτω δάνειο; **~-** δανειακός, δανειστικός
anleimen προσκολλώ (-άς) (**an** *A*/σε); *subst* προσκόλληση
anleiten ⟨*-e-*⟩ χειραγωγώ (***j-n in*** *D*, **zu** *D*/κπ σε, προς *A*); καθοδηγώ, ποδηγετώ
Anleitung *f* χειραγωγία, καθοδήγηση
anlernen προπαρασκευάζω (***j-n in*** *D*/κπ σε)
anliegen* *Kleider*: στρώνω, έρχομαι κουτί
Anlieg|en *n* (*Problem, Sorge*) παράκληση; επιθυμία; (*Ziel, Absicht*) σκοπός; **~er** *m* γείτονας; περίοικος; *für Autos*: κάτοικος (αυτής της οδού)
anlocken δελεάζω
anlöten ⟨*-e-*⟩ συγκολλώ (-άς)
anlügen* λέγω ψέμματα (***j-n***/σε κπ)
anluven *MAR* ορτσάρω
anmachen (*befestigen*) στερεώνω, προσάπτω; *Licht usw* ανοίγω; *Feuer* ανάβω; *Salat* καρυκεύω
anmahnen *v/t HDL* υπενθυμίζω, θυμίζω
anmalen μπογιατίζω, χρωματίζω; *iron Frau*: **sich ~** ζωγραφίζομαι, μακιγιάρομαι
Anmarsch *m* προσπέλαση
anmarschieren ⟨*sn*⟩ προσπελάζω
anmaßen ⟨*-t*⟩: **sich** (*D*) *etw* **~** (*Rechte usw*) έχω την απαίτηση, έχω την αξίωση; **sich** (**nicht**) **~ zu** *+inf* (δεν) έχω την αξίωση να ...; **~d** υπερφίαλος, αγέρωχος
Anmaßung *f* αυθάδεια; υπεροψία
Anmeldeformular *n* έντυπο δηλώσεως
anmelden ⟨*-e-*⟩ δηλώνω (**bei** *D*/σε); *Schüler* εγγράφω; (*z.B. Vorbehalte*) εκφράζω; **sich ~** δηλώνω την άφιξη
anmeldepflichtig δηλώσιμος, δηλωτέος
Anmeldung *f* δήλωση; εγγραφή; αίτηση *G*
anmerken σημειώνω; ***sich nichts ~ lassen*** κρύβω τα αισθήματά μου; ***man merkt*** (***es***) ***ihm an*** (***dass***) του φαίνεται (πως) ...
Anmerkung *f* σημείωση; (*unter dem Strich*) υποσημείωση; ***~en machen*** υποσημειώνω (**zu** *D*/*A*)
anmessen* (*iron für* ***Maß nehmen***) παίρνω μέτρο (***j-m etw***/σε κπ για)
anmustern ⟨*-re*⟩ ναυτολογώ
Anmusterung *f* ναυτολογία
Anmut ⟨*0*⟩ *f* χάρη, σκέρτσο, γοητεία, ανθηρότητα
anmutig επιχαρής, χαριτωμένος
annageln ⟨*-le*⟩ καρφώνω, καθηλώνω; ***angenagelt*** καρφωτός
Annageln *n* κάρφωμα *n*, καθήλωμα *n*
annähen κολλώ (-άς)
annähern ⟨*-re*⟩: **sich ~** *z.B. Farbe*: πλησιάζω (*D*/προς *A*); (*ähnlich sein*) προσομοιάζω (*D*/προς *A*); **~d** παραπλήσιος; *adv* κατά προσέγγιση
Annäher|ung *f* πλησίαση; *auch MATH* προσέγγιση; **~ungsversuch** *m* προσπάθεια επαφής; **~ungswert** *m MATH* τιμή κατά προσέγγιση
Annahme *f* (*Empfang, Entgegennahme*) παραλαβή; (*von Bedingungen, Vorschlägen*) αποδοχή, παραδοχή; (*e-s Gesetzes*) ψήφιση; (*Mutmaßung*) υπόθεση, τεκμήριο; ***die ~ geht dahin, dass ...*** τεκμηριώνεται, ότι ...; **~stelle** *f* κέντρο *oder* γραφείο παραλαβής
An'nalen *f/pl* χρονικά *n/pl*
annehmbar παραδεκτός, αποδεκτός; ***schwer ~*** δύσκολα αποδεκτός; ***etwas Annehmbares*** κάτι της προκοπής; ~ (*leidlich*) **sein** (**werden**) ανθρωπεύω
annehmen* (*akzeptieren*) παραδέχομαι; *Wechsel* αποδέχομαι; (*billigen*) προσδέχομαι; (*vermuten*) υποθέτω; *Geschenk* δέχομαι; *Ratschlag usw* παίρνω από; *POL Entwurf* ψηφίζω; *Kind, Meinung* υιοθετώ; *Mode, Religion* ενστερνίζομαι; *Farbe, Ausdruck* προσλαμβάνω; *Fehler* αποκτώ (-άς); ***sich e-r Sache*** (*G*) **~** επιλαμβάνομαι (*G*/*G*); ***nehmen wir an, dass ...*** ας υποθέσουμε ότι ...
Annehmen *n* πρόσληψη; → ***Annahme***
Annehmlichkeit *f* τερπνότητα, βολή
annek'tieren προσαρτώ (-άς)
Annexi'on *f* προσάρτηση
Annonce [a'nõ:sə, a'nɔŋsə] *f* αγγελία

603 anrufen

annon'cieren δημοσιεύω αγγελία
Annui'tät *f* χρεολύσιο; ***in*** *oder* ***durch ~en*** χρεολυτικός
annul'lieren ακυρώνω
Annul'lierung *f* ακύρωση
A'node *f ELEKTR* άνοδος *f*; **~n-** ανοδικός
anöden ⟨*-e-*⟩ *fig* ζαλίζω, πλήττω, γκρινιάζω
anomal ανώμαλος
Anoma'lie *f* ανωμαλία
ano'nym ανώνυμος; *Verfasser*: ανεπίγραφος
Anonymi'tät ⟨*0*⟩ *f* ανωνυμία
A'nophelesmücke *f* κώνωψ (-πος) *m*, ανωφελής (-ούς)
Anorak ⟨*-s*; *-s*⟩ *m* άνορακ *n*, μπουφάν *n*
anordnen ⟨*-e-*⟩ *Bücher usw* τακτοποιώ, διατάσσω, διαθέτω; (*anweisen*) προστάζω, επιτάσσω
Anordnung *f* τακτοποίηση, διάταξη, διάθεση; επιταγή
anorganisch *CHEM* ανόργανος
anormal → ***anomal***; έκρυθμος
anpacken *Problem* αντιμετωπίζω
Anpacken *n* αντιμετώπιση
anpassen ⟨*-t*⟩ προσαρμόζω (***etw an*** *A*/κτ σε); (*z. B. die Ausgaben*) ταιριάζω (*D*/προς *A*); ***sich ~*** προσαρμόζομαι (***an*** *A*/σε); ***einander ~*** ταιριάζω *A*
Anpassung *f* προσαρμογή (***an*** *A*/προς *A*)
anpassungsfähig προσαρμοστικός
Anpassungsfähigkeit ⟨*0*⟩ *f* προσαρμοστικότητα
anpeilen *MIL*, *LUFTF* επισημαίνω
Anpeilung *f* επισήμανση (διευθύνσεως)
anpfeifen* *Spiel* σφυρίζω την έναρξη *G*
anpflanzen ⟨*-t*⟩ φυτεύω
Anpflanzung *f* φύτευμα *n*
anpinkeln ⟨*-le*⟩ *v/t* P κατουρώ (-άς)
anpöbeln ⟨*-le*⟩ σκυλοβρίζω
anpochen χτυπώ (-άς) την πόρτα
anprangern ⟨*-re*⟩ καταγγέλω, στηλιτεύω (***als***/ως)
Anprangerung *f* καταγγελία, στηλίτευση
anpreisen* διαφημίζω, διαλαλώ, ρεκλαμάρω
Anpreisung *f* διαφήμιση
Anprobe *f* πρόβα, δοκιμή; ***bei j-m e-e ~ machen*** του κάνω πρόβα
anprobieren προβάρω, δοκιμάζω
anpumpen F ζητώ δανεικά (***j-n um*** *A*/*A* – από κπ)
Anrainer *m* γείτονας
anraten* συμβουλεύω (***j-m zu ...***/κπ να ...)
Anraten: *auf sein ~* κατά συμβουλή *G*
anrechnen ⟨*-e-*⟩ *auch fig* καταλογίζω (***j-m etw***/κτ σε κπ); συμψηφίζω (***auf*** *A*/σε); ***auf die Rente ~*** λογίζεται συντάξιμος
Anrechnung *f* καταλογισμός, συμψηφισμός
anrechnungsfähig συντάξιμος
Anrecht *n* δικαίωμα *n*
Anrede *f* προσαγόρευση, προσφώνηση; **~fall** *m* κλητική
anreden ⟨*-e-*⟩ προσαγορεύω (***j-n mit*** *D*/κπ ... *A*); (*auf der Straße*) πλευρίζω; ***j-n mit du ~*** μιλώ σε κπ στον ενικό; ***j-n mit Sie ~*** μιλώ σε κπ στον πληθυντικό
anregen παρακινώ (***j-n zu*** *D*/σε), υποβάλλω (***j-n zu ...***/κπ να ...); εμπνέω (***j-n zu*** *D*/κτ σε κπ *oder G*); *Appetit* ανοίγω, διεγείρω; *Phantasie* εξάπτω; ***angeregt werden*** εμπνέομαι; **~d** υποβλητικός; *Getränk*: διεγερτικός
Anreg|er *m* διεγέρτης; **~ung** *f* παρακίνηση, διέγερση, εισήγηση, πρωτοβουλία (***zu*** *D*/*G*); ***auf ~ung*** *G* με εισήγηση *G*; **~ungs-** *MED* εντατικός; **~ungsmittel** *n* διεγερτικό
anreichern ⟨*-re*⟩ εμπλουτίζω
Anreicherung *f* εμπλουτισμός
anreihen αραδιάζω; ***sich ~*** διαδέχομαι (*D*/*A*)
Anreiz *m* κίνητρο (***zu ...***/για να), παρότρυνση
anreizen ⟨*-t*⟩ κεντώ (-άς), παροτρύνω (***zu*** *D*/προς *A*)
anrempeln ⟨*-le*⟩ σκουντώ (-άς)
anrennen* ⟨*sn*⟩: ***~ gegen*** *A* προσκρούω σε; *fig* εναντιώνομαι (***gegen*** *A*/σε); ***angerannt kommen*** έρχομαι στα πεταχτά
Anrichte *f* μπουφές *m*
anrichten ⟨*-e-*⟩ *Speisen* ετοιμάζω; *Schaden* προξενώ
anrüchig κακόφημος; ύποπτος; ***~e Sache*** μπερδεψοδουλειά
anrücken ⟨*sn*⟩ πλησιάζω
Anruf *m* (*Telefon-*) τηλεφώνημα *n*; *allg* κλήση; **~beantworter** *m* αυτόματος τηλεφωνητής
anrufen* *v/t* τηλεφωνώ, παίρνω (στο) τηλέφωνο; ***j-n später nochmals ~*** ξαναπαίρνω κπ; *fig z. B. Gott* επικαλούμαι

Anruf|er *m* TEL καλών *m*; **~ung** *f* επίκληση, προσφυγή (*G*/σε)
anrühren *Teig, Gips usw* ζυμώνω; (*betasten*) μαλάζω; *Essen* **nicht ~** δεν αγγίζω; *subst* ζύμωμα *n*
Ansage *f* αγγελία
ansagen αγγέλλω
Ansager *m* (*Radio*) εκφωνητής, ομιλητής; **~in** *f* εκφωνήτρια, ομιλήτρια
ansammeln ⟨*-le*⟩ αθροίζω, συναθροίζω, μαζεύω; **sich ~** *Menschen*: συνάζομαι
Ansammlung *f* άθροισμα *n*; (*von Menschen*) κοσμοπλημμύρα
ansässig εγκατεστημένος; **~ sein** κατοικοεδρεύω
Ansatz *m* TECH προέκταση; (*Anlauf*) φόρα; (*Beginn*) αφετηρία; (*Versuch auch lit*) δοκιμή, απόπειρα; **im ~** στο πρώτο στάδιο; σε πρώτη φάση; **in ~ bringen** υπολογίζω; **~stück** *n* προέκταση; → *auch* TECH **Einsatz**
ansaugen απομυζώ; ρουφάω (-άς), αναρροφώ (-άς) (*auch* TECH); *subst* αναρρόφηση
anschaffen *v/t* προμηθεύω; **sich** (*D*) *etw* **~** προμηθεύομαι, αγοράζω
Anschaffung *f* προμήθεια, απόκτηση; (*Ergebnis, konkret*) απόκτημα *n*
anschauen: sich (*D*) *etw* **~** κοιτάζω, (*genau*) περιεργάζομαι
anschaulich παραστατικός; αφηγηματικός (**in** *D*/σε); (*im Vortrag*) μεταδοτικός
Anschau|lichkeit ⟨*0*⟩ *f* παραστατικότητα, πλαστικότητα; **~ung** *f* (*z. B.* POL) φρόνημα *n*; (*Lehrmeinung*) δοξασία; θεωρία; αντίληψη (**über** *A*/για)
Anschein ⟨*-es; 0*⟩ *m* φαινομενικότητα; **dem ~ nach** κατά τα φαινόμενα; **es hat den ~** φαίνεται, εικάζεται; **sich den ~ geben, dass** προσποιούμαι ότι, επιτηδεύομαι *A*
anscheinend καθώς φαίνεται; φαινομενικά
anscheißen* (*vulgär*) χέζω (**j-n**/κπ)
anschicken: sich ~ ετοιμάζομαι (**zu** .../να ...); αποδύομαι (**zu** *D*/σε)
anschießen* *Tier* λαβώνω
Anschlag *m* (*Plakat*) τοιχοκόλλημα *n*; MUS πλήκτρο; (*Attentat*) απόπειρα (**auf** *A*/εναντίον *G*), επιβουλή; MIL **im ~ liegend** πρηνής
anschlagen* *v/t* *Plakat* τοιχοκολλώ (-άς); *Mitteilung* κολλώ (-άς); (*befestigen*) στερεώνω; *v/i* (*bellen*) γαυγίζω; ⟨*sn*⟩ *z. B. Impfung, Essen*: πιάνω (**bei j-m**/*A*)
Anschlagsäule *f* στήλη διαφημίσεως
anschließen* *v/t* συνάπτω, *auch* ELEKTR συνδέω (**an** *A*/σε); → **anketten; sich ~** τάσσομαι (**j-m**/με), συντάσσομαι (*D*/προς *A*); (*e-r Meinung*) (*D*) ασπάζομαι *A*; (*e-r Gruppe, e-m Vertrag*) προσχωρώ σε; **~d** επόμενος, ακόλουθος; **sich daran ~d** (*folgender*) επακολουθήσας (-ήσα, -ήσαν); *adv* ακολούθως
Anschluss *m* προσάρτηση (**an** *A*/σε); σύνδεση; ELEKTR (**~buchse**) είσοδος *f*; (*Fahrplan usw*) ανταπόκριση; POL προσχώρηση (**an** *A*/σε); *hist* άνσλους *n*; (*Grundstück*) **Anschlüsse** έργα υποδομής; → *auch* **erschlossen; ~ finden** συνάπτω γνωριμία; **im ~ an** *A* εν συνεχεία *G*; **~-** συνδετικός; **~klemme** *f* ELEKTR ακροδέκτης
anschmieg|en: sich ~en ακουμπώ (-άς) χαϊδευτικά (**an** *A*/σε); *Kleid*: στρώνω; **~sam** χαϊδιάρης (-α, -ικο)
anschmieren F (*täuschen*) τσουβαλιάζω
anschnallen *Schi* στερεώνω; LUFTF **sich ~** δένω τη ζώνη ασφαλείας
Anschnallgurt *m* ζώνη ασφαλείας
anschnauzen ⟨*-t*⟩ *v/t* F μαλώνω, του τραβώ ένα βρισίδι
Anschnauzer *m* ταμπάνι, μάλωμα *n*
anschneiden* (απο)κόβω το πρώτο κομμάτι; *Melone usw* δοκιμάζω κόβοντας κομμάτι; *Frage, Thema* ανακινώ, ξεσκαλίζω
An'schovis ⟨-; -⟩ *f* αντζούγια
anschrauben βιδώνω (σε)
anschreiben* (*schreiben an*) γράφω (*A*/σε); (*an die Tafel*) γράφω σε; (*auf Kredit geben*) γράφω; **gut angeschrieben sein bei j-m** με βλέπει με καλό μάτι
anschreien* *v/t* φωνάζω *G oder* σε *A*
Anschrift *f* σύσταση, διεύθυνση; **ohne ~** ανεπίγραφος
Anschriftenliste *f* κατάλογος διευθύνσεων
anschuldigen → anklagen
Anschuldigung *f* **→ Anklage**; καταγγελία; **die ~ erheben, dass** διατυπώνω την κατηγορία ότι

anschüren *Feuer* αναζωπυρώνω, σκαλίζω; *fig* αναμοχλεύω
anschwärzen ⟨*-t*⟩ αμαυρώνω; *fig* κακοσυσταίνω, διαβάλλω (**bei** *D*/σε), κατηγορώ
anschweißen ⟨*-t*⟩ προσκολλώ (-άς)
anschwellen* ⟨*sn*⟩ διογκώνω; τουλουμιάζω, φουσκώνω; *Fluss, Kosten*: εξογκώνομαι; ~ **lassen** πρήζω; *subst* διόγκωση, φούσκωμα *n*, εξόγκωση
anschwemmen προσχώνω
Anschwemmung *f* πρόσχωμα *n*
anschwindeln ⟨*-le*⟩ F ξεγελώ
ansehen* *v/t* βλέπω, κοιτάζω; **sich** (*D*) ~ κοιτάζω, θεωρώ; **man sieht es ihm an, dass** του φαίνεται, πως; **man sieht es** (*z. B. das Alter*) **Ihnen nicht an** δεν σας φαίνεται
Ansehen *n* υπόληψη, ευυποληψία, εντιμότητα; **großes ~ genießen** έχω μεγάλη πέραση; **~ verleihen** ευπρεπίζω; **an ~ verlieren** φθείρομαι; **Einbuße an ~** φθορά; **vom ~** εξ όψεως; **ohne ~** *der Person usw* χωρίς διακρίσεις
ansehnlich (*gut aussehend*) ευπαρουσίαστος; (*imponierend*) θεωρητικός, φιγουράτος; (*Vermögen usw*) αρκετός
Ansehung: *JUR* **ohne ~** *G* ασχέτως *G*
anseilen δένω με σχοινί
ansengen *v/t* περικαίω, τσουρουφλίζω, καψαλίζω
ansetzen ⟨*-t*⟩ *v/t* (*anstücken*) προσθέτω; (*Leiter usw*) βάζω; επιθέτω; *Essen* βάζω στη φωτιά; (*Ärmel usw annähen*) κολλώ, ράβω σε; *v/i* (*keimen*) ξεσποριάζω; *Pflanze*: δένω; **Ähren ~** ξεσταχιάζω; **zum Sprung ~** παίρνω φόρα; (**sich**) ~ (*Staub usw*) επικάθομαι
Ansicht *f des Hauses* όψη; (*e-r Stadt*) άποψη; (*Meinung*) άποψη, φρόνημα *n*, γνώμη; (*Anschauung*) δοξασία, ιδέα; (*Urteil*) απόφαση; **nach ~** *G* από απόψεως *G*; **ich bin der ~** είμαι της γνώμης; **meiner ~ nach** κατά την γνώμη μου; **nach allgemeiner ~** κατά γενική ομολογία; **anderer ~ sein** έχω διαφορετική άποψη
Ansichts|karte *f* καρτποστάλ ⟨*0*⟩ *f*, εικονογραφημένο δελτάριο; **~sache** *f* ζήτημα *n* αντιλήψεως
ansiedeln ⟨*-le*⟩ *v/t* οικίζω, εποικίζω; **sich ~** εποικώ, αποικώ
Ansied(e)lung *f* οικισμός; εποίκιση, αποίκηση
Ansinnen *n* απαίτηση
anspannen *Pferde* ζεύω; *Kräfte* καταβάλλω, τσιτώνω; *Seil usw* εντείνω
Anspannung *f* ένταση
anspielen *fig* υπαινίσσομαι (**auf** *A*/σε)
Anspielung *f* υπαινιγμός; **er machte e-e ~** μου πέταξε μια κουβέντα
anspitzen ⟨*-t*⟩ λεπτύνω; *Bleistift* ξύνω
Anspitz|en *n* λέπτυνση; **~er** *m* (*Bleistift-*) ξυστήρι
Ansporn ⟨*-ȩs; 0*⟩ *m* παρόρμηση, παρότρυνση
anspornen σπηρουνίζω (*auch fig*); *fig* παρορμώ; **~d** παρορμητικός
Ansprache *f* αγόρευση, προσφώνηση; **e-e ~ halten** αγορεύω, βγάζω λόγο
ansprech|bar ευπροσήγορος; **er ist nicht ~bar** δε μιλιέται; **~en*** απευθύνω το λόγο (**j-n**/προς *A*); (*erwähnen*) αναφέρω; **j-n** *auf der Straße* **~en** διπλαρώνω; **~end** (*attraktiv*) ελκυστικός
anspringen* ⟨*sn*⟩ *Motor*: παίρνω μπρος
anspritzen ⟨*-t*⟩ πιτσιλίζω
Anspruch *m* αξίωση (**auf** *A*/επί *G*), δικαίωμα *n* (**auf** *A*/σε); απαίτηση; **~ auf Vollständigkeit erheben** έχω αξίωση πληρότητος; **~ haben** δικαιούμαι (**auf** *A*/*G*); **in ~ nehmen** ωφελούμαι (**etw**/ από κτ); απασχολώ (**j-n**/κπ); *j-n* **stark in ~ nehmen** παραβαραίνω; **Ansprüche stellen** προβάλλω απαιτήσεις
anspruchslos *Mensch*: εύκολος, ολιγαρκής
Anspruchslosigkeit ⟨*0*⟩ *f* ολιγάρκεια
anspruchsvoll απαιτητικός; ... μεγάλων αξιώσεων
anspucken φτύνω
anstacheln ⟨*-le*⟩ πικάρω, (*auch fig*) κεντώ; *fig* εξεγείρω (**zu** *D*/σε)
Anstacheln *n* κέντηση, πικάρισμα *n*
Anstalt *f* ίδρυμα *n*, εγκατάσταση; **~en** *f/pl* (*Vorkehrungen*) προπαρασκευές *f/pl*; **~en treffen zu** *D* προπαρασκευάζομαι προς *A*
Anstand ⟨*-ȩs; 0*⟩ *m* αξιοπρέπεια, ευσχημοσύνη, ευκοσμία; ⟨*pl* **⸚e**⟩ (*des Jägers*) ενέδρα
anständig αξιοπρεπής, ... καθώς πρέπει; (*passend*) πρεπούμενος; (*ganz gut*) ανθρώπινος; *adv* (*z. B. essen*)

A
Anständigkeit 606

ανθρώπινα; ***etwas Anständiges*** *zu essen* κάτι της προκοπής
Anständigkeit *⟨0⟩ f* αξιοπρέπεια, σεμνοπρέπεια
anstands|halber χάριν ευπρεπείας; **~los** *adv* χωρίς αντίρρηση
anstarren κοιτάζω με γουρλωμένα μάτια; *subst* μάτιασμα *n*
anstatt *G präp* αντί *G*, αντί για; *ko* **~ dass, ~ zu** *+inf* αντί να
anstechen* *Fass* ανοίγω
anstecken (*anheften*) καρφιτσώνω; (*anzünden*) ανάβω; *MED* κολλώ, μεταδίδω (***j-n mit*** *D*/κτ σε κπ); (*infizieren*) μολύνω; ***nicht angesteckt*** αμόλυντος; **~d** *MED* κολλητικός, (*auch fig*) μεταδοτικός; μολυντικός
Ansteckung *f* μετάδοση, μόλυνση
Ansteckungsgefahr *f* κολλητηκότητα, κίνδυνος μεταδόσεως
anstehen* (*Schlange stehen*) κάνω ουρά; ***e-e Lösung ... steht an*** πρόκειται να λυθεί, λυθούν *usw*; **~d** *allg* υφιστάμενος; *Problem auch* άλυτος
ansteigen* *⟨sn⟩ Weg*: ανηφορίζω; *Fluss*: αναβαίνω; *Fieber*: προχωρώ; *Preise, Bevölkerung*: αυξάνομαι; υψώνομαι; *subst allg* ανάβαση; προχώρηση; αύξηση; ύψωση
anstellen *v/t* τοποθετώ (***j-n***/κπ); *bsd Beamte* διορίζω (***j-n bei, in*** *D*/κπ σε); ***j-n fest ~*** μονιμοποιώ; *Radio usw* ανοίγω; βάζω μπρος; *allg oft* (*z.B. Versuche*) κάνω; ***sich ~*** κάνω ουρά, μπαίνω στην ουρά; (*sich zieren*) κάνω νάζια; ***sich ~ als ob*** προσποιούμαι ότι; ***sich dumm*** *usw* **~** κάνω τον κουτό; F *iron* ***er hat wieder was*** (***Schönes***) ***angestellt*** έκανε το θαύμα του πάλι; *subst des Radios usw* άνοιγμα *n*
Anstellerei *f* F νάζι
anstellig καπάτσος, προκομμένος
Anstellung *f* τοποθέτηση; διορισμός; μονιμοποίηση
ansteuern *⟨-re⟩* κατευθύνομαι (*A*/προς *A*)
Anstich *m allg* τρύπημα *n*; (*e-s Fasses*) άνοιγμα *n*
Anstieg *⟨-(e)s; -e⟩ m* άνοδος *f*; *Preise*: αύξηση
anstieren → ***anstarren***
anstiften *⟨-e-⟩* υποκινώ (***j-n zu***/κπ σε)
Anstift|er *m* υποκινητής, πρωταίτιος, μοχλός; **~ung** *f* υποκίνηση
anstimmen *Lied* πιάνω, παιανίζω
Anstoß *m* πρόσκρουση; ώθηση; *fig* πρωτοβουλία (**zu** *D*/*G*); (*Ärgernis*) σκάνδαλο; (*Fußball*) αρχικό κτύπημα *n*; *fig* ***den ~ geben*** κάνω την άρχη (να); ***~ erregen*** σκανδαλίζω (***bei*** *D*/*A*); ***~ nehmen an*** *D* σκανδαλίζομαι από
anstoßen* *v/t* σπρώχνω; F (*erinnern*) θυμίζω (***j-n***/σε κπ); *v/i* (*beim Trinken*) τσουγκρίζω (***mit*** *D*/*A*); *v/i ⟨sn⟩* προσκρούω (***an*** *D*/σε); (*angrenzen*) συνορεύω (***an*** *A*/προς *A*); (*verärgern*) σκανδαλίζω (***damit bei*** *D*/*A*)
Anstoßen *n* τσούγκρισμα *n*
anstößig σκανδαλιαρικός
anstreben φιλοδοξώ (*A*/*A*)
anstreichen* μπογιατίζω, χρωματίζω; *Fehler usw* ***rot ~*** σημειώνω με κόκκινο μολύβι; ***angestrichen*** σημειωτός
Anstreicher *m* μπογιατζής (-ήδες), χρωματιστής
anstrengen *v/t* κουράζω, (*sehr*) καταπονώ; *Prozess* επάγω, εισάγω; ασκώ; ***sich ~*** κοπιάζω (***bei*** *D*/σε), κατακόβομαι, προσπαθώ (***zu***/να); **~d** κοπιαστικός, κουραστικός, καταπονητικός
Anstrengung *f* προσπάθεια, κόπος, μόχθος, κούραση
Anstrich *m* βάψιμο; *fig* (*Aussehen*) όψη
Ansturm *m* εφόρμηση, ορμή, γιουρούσι; (*Touristen-*) εισβολή
anstürmen *⟨sn⟩* επέρχομαι, ορμάω (-άς) (***gegen*** *A*/κατά *G*)
Anstürmen *n* εφόρμηση
Antarktis [ʔantˈʔark-] *⟨0⟩ f* Ανταρκτική
antˈarktisch ανταρκτικός
antasten *⟨-e-⟩ Recht, Ehre* θίγω
Anteil *m* μέρος *n* (***an*** *D*/από); (*am Erbe*) μοίρα, μερίδιο, μερτικό, κλήρος; (*Beitrag*) συμβολή; (*zu e-m Fest*) ανάλογο, ρεφενές (-έδες); ***~ haben*** κοινωνώ (***an*** *D*/*G*), μετέχω *G*; ***~ nehmen*** συμμετέχω (***an*** *D*/σε); → *auch* ***Teilnahme***
Anteilnahme *f* συλλυπητήρια *n/pl*
Anˈtenne *f* αντένα, κεραία
Antholoˈgie *f* ανθολογία, ανάλεκτα *n/pl*
Anthraˈzit *⟨-s; -e⟩ m* ανθρακίτης
Anthropoiden [-poːˈiːdən] *pl* ανθρωποειδείς *m/pl*
Anthropoˈloge *⟨-n⟩ m* ανθρωπολόγος
anti- αντι-
Antialkoˈholiker *m* αντιαλκοολικός
Antiˈbabypille *f* αντισυλληπτικό χάπι
Antibiˈotika *n/pl* αντιβιοτικά *n/pl*

Antifa'schist ⟨*-en*⟩ *m* αντιφασίστας
an'tik παλαιός, αρχαϊκός; *Stil*: αρχαιοπρεπής
An'tike ⟨*0*⟩ *f* αρχαιότητα, αρχαίο
Antikörper *m* αντίσωμα *n*
An'tillen *pl* Αντίλλες *m*/*pl*
Anti'lope *f* αντιλόπη
Antimilita'rismus ⟨*-*⟩ *m* αντιμιλιταρισμός
antimilita'ristisch αντιστρατιωτικός, αφιλοπόλεμος
antimonar'chistisch αντιβασιλικός
antinatio'nal αντεθνικός
Antino'mie *f* PHILOS αντινομία
Antipa'thie *f* αντιπάθεια
anti'pathisch αντιπαθής
Anti'poden *pl* αντίποδες *m*/*pl*
Anti'quar ⟨*-s*; *-e*⟩ *m* παλαιοβιβλιοπώλης, αρχαιοπώλης
Antiquari'at ⟨*-(e)s*; *-e*⟩ *n* παλαιοβιβλιοπωλείο, αρχαιοπωλείο
anti'quarisch ... του αρχαιοπώλου; αρχαίος; *Buch*: παλαιοβιβλιοπωλικός
Antiqui'tät *f* αντίκα; **~en** *pl* αντίκες *f*/*pl*
Antiqui'täten|händler *m* έμπορος αντικών; **~handlung** *f* κατάστημα *n* με αντίκες; **~schmuggel** *m* αρχαιοκαπηλία
Antise|'mit ⟨*-en*⟩ *m* αντισημίτης; **~mi'tismus** ⟨*-*⟩ *m* αντισημιτισμός
Anti'septikum ⟨*-s*; *-ka*⟩ *n* αντισηπτικό
anti'septisch αντισηπτικός
Anto'nym ⟨*-s*; *-e*⟩ *n* αντίθετο
Antrag ⟨*-(e)s*; *⸚e*⟩ *m* αίτηση (**auf** *A*/*G*; **an** *A*/προς *A*); *bsd* POL, JUR προσφυγή (**an** *A*/σε); (*Gesetzes-*) πρόταση; (*bsd Gesuch an e-n Vorgesetzten*) αναφορά (**an** *A*/σε), εισήγηση; **e-n ~ stellen** υποβάλλω αίτηση, κάνω αναφορά *oder* εισήγηση; **auf ~ von** *D* μετά από αίτηση *G*
Antragsformular *n* έντυπο *oder* δελτίο αιτήσεως
antragstellend αιτών
Antragsteller *m* αιτών (-ούντος) *m*; αναφερόμενος; **~in** *f* αιτούσα
antreffen* βρίσκω, συναντώ
antreiben* παρορμώ (**zu** *D*/σε), σπρώχνω; *Lasttier* ελαύνω, κεντώ; *Schafe* προγκίζω; *fig*, TECH προωθώ; **angetrieben werden von** *D oft*: παίρνω κίνηση από; *subst* έλαση, κέντημα *n*; παρόρμηση
antreten* *v*/*t allg* αρχίζω; **Reise ~** πάω ταξίδι; *Erbschaft* αποδέχομαι; *Dienst*, *Stellung* αναλαμβάνω υπηρεσία (**bei** *D*/σε); *Beweis* παρέχω; MIL **~ lassen** παρατάσσω; *v*/*i* ⟨*sn*⟩ MIL παρατάσσομαι; **angetreten** παρατεταγμένος; (*als Befehl*) σε γραμμή!; *subst* MIL παράταξη, προσκλητήριο
Antrieb *m* TECH μετάδοση κινήσεως; (*Vorrichtung*) προωστήρας; (*Stoßen*) ώθηση; PSYCH παρόρμηση; **aus eigenem ~** αυθόρμητα; **~s-** κινητήριος, προωστήριος
antrinken*: **sich e-n Rausch ~** έρχομαι στο κέφι; **sich Mut ~** πίνω προς ενθάρρυνση
Antritt *m allg* έναρξη; *e-s Amtes* ανάληψη
Antritts|besuch *m* εναρκτήρια επίσκεψη; **~rede** *f* εναρκτήριος λόγος
antun* *ein Leid usw* κάνω; *Gewalt*, *Zwang* εξασκώ; **sich etw ~** εγκληματώ κατά του εαυτού μου
Ant'werpen *n* Αμβέρσα
Antwort *f* απάντηση, απόκριση (**auf** *A*/σε); **ohne ~** αναπάντητος
antworten ⟨*-e-*⟩ απαντώ (-άς) (**j-m, auf** *A*/σε), αποκρίνομαι
Anus ⟨*-*; *Ani*⟩ *m* πρωκτός
anvertrauen εμπιστεύομαι (**j-m etw**/κτ σε κπ)
anvisieren *v*/*t* σκοπεύω
anwachsen* ⟨*sn*⟩ προσφύομαι; (*mehr werden*) αυξάνω; *subst* (*der Bevölkerung*) αύξηση
Anwalt ⟨*-(e)s*; *⸚e*⟩ *m allg* δικηγόρος; **~schaft** *f* δικηγορία, δικηγορική
Anwalts|gebühren *f*/*pl* δικηγορικά *n*/*pl*; **~kammer** *f* Δικηγορικός Σύλλογος
Anwandlung *f* ξαφνική διάθεση (**von** *D*/για)
anwärmen υποθάλπω
Anwärter *m* υποψήφιος (**auf** *A*/για); (*zweiter usw*) επιλαχών *m*; (*Offiziers-*) δόκιμος; **~ auf den Posten e-s ...** υποψήφιος για
Anwartschaft *f* υποψηφιότητα; δοκιμότητα
anweisen* (*befehlen*) διατάσσω, δίνω εντολή σε *A*; **j-m den Platz** (*im Theater*) **~** οδηγώ κπ στη θέση; → **angewiesen**
Anweisung *f* (*Verordnung*) εντολή; (*Unterricht*) διδασκαλία; (*Rat*) συμ-

βουλή; (*Zahlungs-*) ένταλμα *n*; **~en** *pl* οδηγίες *f/pl*; **~en erteilen** δίνω οδηγίεις σε, ορμηνεύω; **auf ~** *G* κατ' εντολή *G*; **nach ~ des Arztes** κατά την οδηγία του γιατρού
anwendbar εφαρμόσιμος
anwenden ⟨*-e-*⟩ εφαρμόζω; *Mittel usw* προσφεύγω σε; *JUR* **sich ~ lassen** εφαρμόζομαι
Anwendung *f* εφαρμογή
anwerben* *MIL, allg* στρατολογώ
anwerfen* *Motor* βάζω μπρος
Anwesen *n* ιδιοκτησία
anwesend παρών (-ούσα, -όν); **~ sein** παρίσταμαι; παρευρίσκομαι; ***ist Herr ... ~?*** είναι μέσα ο κύριος ...; ***die Anwesenden*** οι παριστάμενοι, οι παρόντες
Anwesenheit ⟨*0*⟩ *f* παρουσία; *JUR* παράσταση
Anwesenheitsliste *f* πίνακας των παρόντων
anwidern ⟨*-re*⟩ αηδιάζω; ***angewidert von*** *D* αηδιασμένος από
Anwohner *m* παρόδιος, περίοικος
Anzahl ⟨*0*⟩ *f* αριθμός; **e-e** (**ganze**) **~ *von*** κάμποσοι; ***beschlussfähige* ~** απαρτία
anzahlen πληρώνω μερικώς
Anzahlung *f* μερική πληρωμή
anzapfen *Fass* ανοίγω; διατρυπώ; *TEL* παρακολουθώ (το τηλέφωνο); ***angezapft werden*** παρακολουθούμαι; F (*um Geld*) ξεψαχνίζω
Anzapfung *f* *TEL* παρακολούθηση (τηλεφώνου)
Anzeichen *n* ένδειξη; (*Merkmal*) τεκμήριο, σύμπτωμα *n*; (*Vorzeichen*) προγνωστικό
anzeichnen ⟨*-e-*⟩ σημειώνω
Anzeige *f* (*Inserat*) αγγελία; (*Werbe-*) διαφήμιση; (*Geburts-, Heirats- usw*) αγγελτήριο, δήλωση; *JUR, HDL* ειδοποίηση; (*als strafbar*) καταγγελία, μήνυση; **~ *erstatten*** υποβάλλω μήνυση (**gegen** *A* **wegen** *D*/εναντίον *G* λόγω *G oder* για)
anzeigen *Zeit usw* δείχνω, επιδεικνύω; *JUR* καταγγέλλω, μηνύω (***j-n wegen*** *G* **bei** *D*/κπ για σε); (*denunzieren*) καταδίδω (***j-n bei***/κπ σε); ***nicht angezeigt*** αμήνυτος, ακατάγγελτος; ***für angezeigt halten*** κρίνω ενδεδειγμένο; **~d** παρεμφατικός; σημαντικός
Anzeigenteil *m* (*Zeitung*) μικρές αγγελίες *f/pl*
Anzeiger *m* (*als Zeitungstitel*) *etwa* αγγελιοφόρος
anzetteln ⟨*-le*⟩ *Aufstand* υποκινώ
anziehen* *v/t andere* ντύνω; *Kleid, Schuhe* βάζω, φορώ; (*spannen*) τεντώνω; *Seil* μαζεύω; *Schraube, Knoten* σφίγγω; *ELEKTR Magnet* (*auch fig attraktiv sein*) ελκύω, τραβώ (-άς); **sich** (**warm**) **~** ντύνομαι (ζεστά); *subst TECH* σύσφιγξη, σφίξη; **~d** επαγωγός; ελκυστικός (*auch fig*)
Anziehung *f* (*Reiz*) ελκυστικότητα; **~s-** ελκτικός
Anziehungs|kraft *f* *ELEKTR* έλξη; *fig* ελκυστικότητα; μαγνητισμός; **~punkt** *m fig* πόλος έλξεως, μαγνήτης
Anzug *m* κουστούμι, ενδυμασία; ***im* ~ *sein*** πλησιάζω; *Gewitter usw* επίκειμαι
anzüglich διφορούμενος
anzünden ⟨*-e-*⟩ ανάβω; *Gas* ανοίγω; (*in Brand setzen*) αναφλέγω; *subst* άναμμα *n*
anzweifeln ⟨*-le*⟩ αμφισβητώ
Anzweiflung *f* αμφισβήτηση
ä'olisch αιολικός
Ao'rist ⟨*-s; -e*⟩ *m* αόριστος
A'orta ⟨*-; -ten*⟩ *f* αορτή
a'part ιδιόρρυθμος; διαλεκτός
A'partment ⟨*-s; -s*⟩ *n* διαμέρισμα *n*
Apa'thie *f* απάθεια
a'pathisch απαθής; **~ *werden*** αποκαρώνω
Apen'nin ⟨*-s*⟩ *m*, **~en** *m/pl* Απέννινα *n/pl*
Aperi'tif ⟨*-s; -s*⟩ *m* ορεκτικό; απεριτίφ *n*
Apfel ⟨*-s; ⁼e*⟩ *m* μήλο; *fig* **in den sauren ~ *beißen*** κάνω την ανάγκη φιλοτιμία; **~baum** *m* μηλιά; **~kuchen** *m* μηλόπιτα; **~mus** *n* μους *n* μήλου, κρέμα μήλου
Apfel'sine *f* πορτοκάλι
Apfel'sinen|baum *m* πορτοκαλιά; **~schale** *f* πορτοκαλόφλουδα
Apfel|torte *f* τάρτα μήλου; **~wein** *m* μηλίτης
Apho'rismus ⟨*-; -men*⟩ *m* αφορισμός
apho'ristisch αφοριστικός
Aphrodi'siakum ⟨*-s; -ka*⟩ *n* αφροδισιακό
Apoka'lypse *f* *REL* αποκάλυψη
apoka'lyptisch αποκαλυπτικός

apo'kryph *REL* απόκρυφος
A'pollo ⟨*-s*⟩ *m* Απόλλωνας
A'postel *m* απόστολος; **~geschichte** ⟨*0*⟩ *f* Πράξεις *f/pl* των Αποστόλων
apos'tolisch αποστολικός
Apo'stroph ⟨*-s*; *-e*⟩ *m* απόστροφος *f*
Apo'physe *f ANAT* απόφυση
Apo'theke *f* φαρμακείο; **~r(in** *f*) *m* φαρμακοποιός *m, f*
Appa'rat ⟨*-ɇs*; *-e*⟩ *m allg* (*auch Staats-*) μηχανή; μηχάνημα *n*; συσκευή; (*Rundfunk-*) ραδιόφωνο; **~ur** [-'tuːʀ] *f* εξοπλισμός; μηχανισμός
Appartement [-tə'mãː] ⟨*-s*; *-s*⟩ *n* διαμέρισμα *n*; *größeres*: σουίτα
Ap'pell ⟨*-s*; *-e*⟩ *m MIL* σύναξη, προσκλητήριο; *allg* έκκληση (**an** *A*/σε)
appel'lieren επικαλούμαι (**an** *A*/*A*), προστρέχω (**an** *A*/σε)
Appe'tit ⟨*-ɇs*; *-e*⟩ *m* όρεξη (**auf** *A*/για); ***guten ~!*** καλή όρεξη!; ***~ haben auf*** *A* επιθυμώ *A*; F γουστάρω *A*; ***~ bekommen auf*** *A* έχω όρεξη για
appe'tit|anregend ορεκτικός; **~lich** ορεκτικός; *fig* λαχταριστός, αφράτος; **~los** ανόρεκτος
Appe'titlosigkeit ⟨*0*⟩ *f* ανορεξία
applau'dieren χειροκροτώ (***j-m***/κπ); ζητωκραυγάζω
Ap'plaus ⟨*-es*; *-e*⟩ *m* χειροκρότημα *n*
Apposi'tion *f GR* παράθεση, αντιστοιχία
Apri'kose *f* βερίκοκκο
Apri'kosenbaum *m* βερικοκκιά
April [a'prɪl] ⟨*-s*; *-e*⟩ *m* Απρίλιος; **~-** απριλιάτικος, πρωταπριλιάτικος; **~scherz** *m* πρωταπριλιάτικη φάρσα
Ap'side *f ASTR* αψίδα
Apsis ⟨*-*; *-'siden*⟩ *f* αψίδα
Aquä'dukt ⟨*-ɇs*; *-e*⟩ *m* υδραγωγός
Aqua'rell ⟨*-s*; *-e*⟩ *n* υδατογραφία, ακουαρέλα; **~maler** *m* υδατογράφος
A'quarium ⟨*-s*; *-rien*⟩ *n* ενυδρείο
Ä'quator ⟨*-s*; *0*⟩ *m* ισημερινός; **~-** ισημερινός
Äquatori'alafrika *n* Ισημερινή Αφρική
Äqui'noktium ⟨*-s*; *-ien*⟩ *n* ισημερία
äquiva'lent ισάξιος; *MATH, CHEM* ισοδύναμος; ***~ sein*** ισοδυναμώ
Äquiva'lent ⟨*-s*; *-e*⟩ *n* ισοδύναμο; (*Gegenwert*) αντίτιμο
Ära ⟨*-*; *-ren*⟩ *f* εποχή
Araber *m* 'Αραβας; Αράπης; **~in** [-'raː-] *f* Αραβίνα; Αράπισσα
Arabeske [-'bɛskə] *f* αραβούργημα *n*
Arabien [-'raːbĭən] *n* Αραβία
arabisch [-'raː-] αραβικός
Aräo'meter *n PHYS* αραιόμετρο
Arbeit *f* δουλειά, εργασία; (*wissenschaftliche*) μελέτη; ***grobe ~*** βαναυσουργία; χονδροδουλειά; *lit* (*Werk*) πόνημα *n*; (*als Produkt*) έργο; (*Schul-*) μάθημα *n*; (*z.B. Dienststelle*) (***ihre***) ***~ aufnehmen*** αρχίζω να λειτουργώ
arbeiten ⟨*-e-*⟩ δουλεύω, εργάζομαι (***an*** *D*/σε); *Herz usw*: λειτουργώ; ***daran ~, um zu ...*** ενεργοποιούμαι για να ...; **~d** (*Kapital*) ενεργός
Arbeiter *m* εργάτης; (*Werktätiger*) εργαζόμενος; **~-** εργατικός, ... εργασίας; **~in** *f* εργάτρια; **~klasse** ⟨*0*⟩ *f* εργατική τάξη; **~schaft** ⟨*0*⟩ *f* εργατικός κόσμος; **~wohlfahrt** *f etwa*: οργανισμός γενικής προνοίας
Arbeitgeber *m* εργοδότης; **~anteil** *m* εργοδοτική εισφορά; **~verband** *m* εργοδοτικός σύνδεσμος, οργάνωση εργοδοτών
Arbeitnehmer *m* εργαζόμενος, μισθωτός
arbeitsam εργατικός
Arbeitsamkeit ⟨*0*⟩ *f* εργατικότητα
Arbeits|amt *n* ΟΑΕΔ (οργανισμός απασχολήσεως εργατικού δυναμικού); **~bedingungen** *f/pl* συνθήκες εργασίας; **~beschaffung** *f* αύξηση της προσφοράς εργασίας; **~beschaffungsmaßnahme** *f* μέτρα για αύξηση της προσφοράς εργασίας; **~beschaffungsprogramm** *n* πρόγραμμα *n* για αύξηση της προσφοράς εργασίας; **~biene** *f* εργάτρια μέλισσα; **~buch** *n* βιβλιάριο εργατικό; **~dienst** *m MIL* αγγαρεία; **~einstellung** *f* απεργία; **~erlaubnis** *f* άδεια εργασίας
arbeitsfähig ικανός προς εργασία
Arbeits|fläche *f* επιφάνεια εργασίας; **~gemeinschaft** *f* εργατιά; κοινοπραξία; **~gericht** *n* εργατοδικείο; **~kampf** *m* εργατικός αγώνας; **~kraft** *f* δυναμικό εργασίας; *pers* εργαζόμενος; **~lager** *n* (*Zwang*) στρατόπεδο καταναγκαστικής εργασίας; **~lohn** *m* μισθός, εργατικά *n/pl*
arbeitslos άνεργος; ***~ sein*** F κάθομαι
Arbeitslose(r) *m* άνεργος
Arbeitslosen|fürsorge ⟨*0*⟩ *f*, **~geld** *n*, **~hilfe** *f* βοήθημα *n* (*oder* επίδομα *n*)

A
Arbeitslosenunterstützung 610

ανεργίας; **~unterstützung** *f* επίδομα *n* ανεργίας; **~versicherung** *f* ασφάλιση (κατά της) ανεργίας; **~zahl** *f* αριθμός των ανέργων

Arbeits|losigkeit ⟨*0*⟩ *f* ανεργία; **~lust** ⟨*0*⟩ *f* εργατικότητα, φιλοπονία; **~mangel** ⟨*-s*; *0*⟩ *m* έλλειψη εργασίας; **~markt** *m* αγορά εργασίας; *mst* εργασία; **~ministerium** *n* υπουργείο εργασίας; **~moral** *f* ηθικό εργασίας; **~niederlegung** *f* αναστολή της εργασίας; **~platz** *m* τόπος (*oder* χώρος, θέση) εργασίας, εργατική θέση; *oft*: εργασία; **~recht** *n* εργατικό δίκαιο; **~ruhe** *f* αργία

arbeitsscheu αφιλόπονος, φυγόπονος

Arbeits|stelle *f* → ***Arbeitsplatz***; **~tag** *m* εργάσιμος *f* (ημέρα); **~teilung** *f* καταμερισμός εργασίας; **~tier** *n* δουλευτής; **~tisch** *m* πάγκος εργασίας

Arbeitsuchende(r) ζητών (ζητούσα) εργασία

arbeitsunfähig ανίκανος προς εργασία; → *auch* ***schreiben***

Arbeits|unfall *m* εργατικό ατύχημα; **~verhältnis** *n* σχέση εργασίας; **~vertrag** *m* συμβόλαιο εργασίας; **~zeit** *f* (*täglich*) ωράριο; χρόνος εργασίας; ***gleitende ~zeit*** ελαστικό ωράριο; **~zeitverkürzung** *f* μείωση του ωραρίου εργασίας; **~zimmer** *n* σπουδαστήριο

archa|isch [ʔaʀ'ɡaːɪʃ] αρχαϊκός; **~i'sierend** αρχαΐζων

Archa'ismus ⟨*-*; *-men*⟩ *m* αρχαϊσμός

Archäolog|e [ʔaʀçɛːoˑ'loːɡə] ⟨*-n*⟩ *m* αρχαιολόγος; **~ie** [-'giː] ⟨*0*⟩ *f* αρχαιολογία

archäo'logisch αρχαιολογικός

Arche: ***die ~ Noah*** η κιβωτός του Νώε

Archiman'drit ⟨*-en*⟩ *m* αρχιμανδρίτης

Archi'medes *m* Αρχιμήδης

Archi'pel ⟨*-s*; *-e*⟩ *m* αρχιπέλαγος *n*

Archi'tekt ⟨*-en*⟩ *m* αρχιτέκτονας; **~en-** αρχιτεκτονικός

architek'tonisch αρχιτεκτονικός

Architek'tur *f* αρχιτεκτονική

Archi'trav ⟨*-s*; *-e*⟩ *m* επιστήλιο

Ar'chiv [aʀ'çiːf] ⟨*-s*; *-e*⟩ *n* αρχείο; **~ar** [-'vaːʀ] ⟨*-s*; *-e*⟩ *m* αρχειοφύλακας, χαρτοφύλακας

Are'al ⟨*-s*; *-e*⟩ *n* εμβαδό

A'rena ⟨*-*; *-nen*⟩ *f* στίβος, αρένα (*auch fig*); *fig*, POL παλαίστρα; *nur hist* εφηβείο

Areo'pag ⟨*-s*; *-e*⟩ *m* 'Αρειος Πάγος

Ares ⟨*0*⟩ *m* (*Kriegsgott*) 'Αρης (-εως)

arg ⟨*"er*; *"st*⟩ κακός; *verstärkend*: μεγάλος; (*grob*) χονδροειδής; *dial* = *sehr* πολύ; ***im ~en liegen*** *nur S* βρίσκεται σε αταξία *oder* σε παρακμή

Argen'tin|ien *n* Αργεντινή; **~ier** *m* Αργεντινός; **~ierin** *f* Αργεντινή

argen'tinisch αργεντινός, αργεντίνικος

ärger χειρότερος, → ***arg***

Ärger ⟨*-s*; *0*⟩ *m* αγανάκτηση (**über** *A*/για); μπελάς (**mit** *D*/*G*); αγρίεμα *n*, κάκιωμα *n*; (*Wut*) οργή, χολόσκασμα *n*; ***s-n ~ unterdrücken*** δίνω τόπο στην οργή; ***s-n ~ auslassen*** ξεθυμαίνω (**an** *D*/σε)

ärgerlich εξοργιστικός; *S* εκνευριστικός; ***~ sein*** (***auf j-n, über etw***) αγαναχτώ με, κακιώνω (για, με), πειράζομαι (από κτ, με κπ)

ärgern ⟨*-re*⟩ *v/t* πειράζω (***j-n***/κπ), εξοργίζω, θυμώνω, εκνευρίζω, πικάρω, δυσαρεστώ; ***sich ~ über*** *A* αγαναχτώ με, κακιώνω για, πειράζομαι από, με, αγριεύω με, δυσαρεστούμαι με, εξοργίζομαι; πικάρομαι; *subst* αγανάχτηση, οργή, πικάρισμα *n*

Ärgernis ⟨*-ses*; *-se*⟩ *n* σκάνδαλο; μπελάς; ***~ erregen*** προκαλώ σκάνδαλο

Arglist ⟨*0*⟩ *f* δολιότητα; υπουλότητα

arglistig δόλιος (-ια), ύπουλος

arglos άκακος, αθώος, ντόμπρος; άδολος

Arglosigkeit *f* ακακία, αθωότητα

Argo'nauten *m*/*pl* Αργοναύτες *m*/*pl*

ärgst- χειρότερος, → ***arg***

Argu'ment ⟨*-s*; *-e*⟩ *n* επιχείρημα *n*; **~a'tion** *f* επιχειρηματολογία

argumen'tieren επιχειρηματολογώ

Argwohn ⟨*-s*; *0*⟩ *m* υποψία, καχυποψία; ***~ erregen*** πονηρεύω

argwöhnisch φιλύποπτος, καχύποπτος; ***~ sein*** υποπτεύομαι; ***~ machen*** πονηρεύω

Ari'adne *f* Αριάδνη

Arie ['ʔaːʀiə] *f* άρια, μονωδία

Aristo'krat ⟨*-en*⟩ *m* αριστοκράτης, ευπατρίδης; **~ie** [-'tiː] *f* αριστοκρατία

aristo'kratisch αριστοκρατικός, γαλαζοαίματος

Ari'stophanes *m* Αριστοφάνης

Ari'stoteles *m* Αριστοτέλης

Arith'metik ⟨*0*⟩ *f* αριθμητική
arith'metisch αριθμητικός
Ar'kade *f* καμάρα, αψίδα; **~n-** αψιδωτός
Ar'kadien *n* Αρκαδία
Arktis ⟨*0*⟩ *f* Αρκτική
arktisch αρκτικός
Arm ⟨*-es*; *-e*⟩ *m* μπράτσο, χέρι; *auch* TECH βραχίονας; ***unter dem ~*** παραμάσκαλα; υπό μάλης; ***in die ~e, in den ~en*** αγκαλιά; ***j-n auf dem ~ tragen*** φέρνω κπ σηκωτό; ***j-n auf den ~ nehmen*** παίρνω κπ σηκωτό; *fig* (*verulken*) παίρνω κπ στο μεζέ; ***~ in ~*** χέρι με χέρι; ***ein ~ voll*** αγκαλιά
arm φτωχός, πτωχός (**an** *D*/σε); (*bedauernswert*) καϋμένος; ***~ werden*** φτωχαίνω; ***~e Leute*** φτωχολογιά
Ar'mada ⟨*-*; *-den*⟩ *f* αρμάδα
Arma'turenbrett *n* (*Auto*) ταμπλό; LUFTF πίνακας οργάνων πτήσεως
Armband *n* βραχιόλι; **~uhr** *f* ρολόι του χεριού
Arm|e(r) φτωχός, *f* φτωχή; ***die ~en*** φτωχολογιά
Ar'mee *f* στρατός; στρατιά; **~korps** *n* σώμα *n* στρατού
Ärmel *m* μανίκι; ***weiter ~*** μανίκα; (***e-n***) ***~ einsetzen*** μανικώνω; *fig* ***etwas aus dem ~ schütteln*** ξέρω (*oder* παίζω) κάτι στα δάκτυλα; ξέρω νεράκι; **~kanal** ⟨*-s*; *0*⟩ *m* Μάγχη, Στενό της Μάγχης
ärmellos αμάνικος
Armenhaus *n* πτωχοκομείο
Ar'men|ien *n* Αρμενία; **~ier** *m* Αρμένης; **~ierin** *f* Αρμένισσα
ar'menisch αρμενικός
Armenviertel *n* φτωχογειτονιά
Armleuchter *m* (*Schimpfwort*) βλάκας
ärmlich φτωχικός
armselig μίζερος
Armseligkeit *f* μιζέρια, ελεεινότητα
ärmst- *auch* κακόμοιρος, δόλιος; καϋμένος; ***der Ärmste*** ο καϋμένος
Armut ⟨*0*⟩ *f* φτώχεια, πενία
Armutszeugnis *n*: ***sich ein ~ ausstellen*** δίνω το μέτρο της ανεπάρκειάς μου
A'roma ⟨*-s*; *-men*⟩ *n* άρωμα *n*; **~stoff** *m* μυρωδικό
aro'matisch αρωματικός
Arrangement [ʔaʀɑ̃:ʒəˈmɑ̃:] ⟨*-s*; *-s*⟩ *n* διευθέτηση
arrangieren [-ˈʒi:ʀən] διευθετώ
Ar'rest ⟨*-es*; *-e*⟩ *m* MIL περιορισμός; ***drei, sechs, acht Tage ~*** τριάδα, εξάρα, οχτάρα *oder* τρεις μέρες *usw* περιορισμό
Arrhyth'mie *f* MED αρρυθμία
arro'gant υπερφίαλος, αλαζονικός, υπερόπτης
Arro'ganz ⟨*0*⟩ *f* αλαζονεία, υπεροψία
Arsch ⟨*-es*; *⸚e*⟩ *m* (*vulgär*) κώλος; **~backe** *f* γλουτός
Arse'nal ⟨*-s*; *-e*⟩ *n* οπλοστάσιο; *fig* συνάθροιση
Ar'senik ⟨*-s*; *0*⟩ *n* αρσενικό
ar'senikhaltig αρσενικούχος
Art *f* είδος *n* (*auch* BIOL); ***~*** (***und Weise***) τρόπος, *mst pl* τρόποι; (TYP) τύπος; (*Natur*) φυσικό; ***aller ~*** παντοειδής; ***alle ~en von, jeder ~*** παντός είδους; ***jede ~ von*** κάθε λογής; ***jeder ~*** πάσης φύσεως; ***alle ~en von*** λογιών λογιών; ***nach*** (*türkischer*) ***~*** αλά ...; ***in einer ~ ...*** κατά τρόπο ...; ***auf diese ~ und Weise*** με αυτόν τον τρόπο; ***aus der ~ schlagen*** διαφέρω από την οικογένειά μου
Artemis *f* Άρτεμη
Ar'terie [-ʀĭə] *f* αρτηρία
Ar'terien|- αρτηριακός; **~verkalkung** *f* αρτηριοσκλήρωση
Arterioskle'rose *f* αρτηριοσκλήρωση
ar'tesisch αρτεσιανός
Ar'thritis ⟨*0*⟩ *f* αρθρίτιδα
ar'thritisch αρθριτικός
artig *Kind*: φρόνιμος, εύτακτος
Artigkeit *f* ευταξία
Ar'tikel *m* (*Ware*) είδος *n*; πραγμάτεια; GR, *Zeitungs-*, *Vertrags-* άρθρο; ***... mit ~*** GR έναρθρος
Artikula'tion *f* άρθρωση; (*gute*) διάρθρωση
artiku'lier|en αρθρώνω; (*gut*) διαρθρώνω; **~t** *Rede*: έναρθρος
Artille'r|ie *f* (*leichte*, *schwere* ελαφρό, βαρύ) πυροβολικό; **~ist** ⟨*-en*⟩ *m* πυροβολητής
Arti'schocke *f* αγκινάρα, κινάρα
Ar'tist ⟨*-en*⟩ *m* ακροβάτης
ar'tistisch ακροβατικός
Arz'nei *f* φάρμακο, γιατρικό; **~-** φαρμακευτικός; **~bereitung** *f* φαρμακοποιία; **~buch** *n* φαρμακοποιία; **~kunde** ⟨*0*⟩ *f* φαρμακευτική; **~pflanze** *f* βοτάνι, βότανο; **~schrank** *m* ντουλάπι-φαρμακείο
Arzt ⟨*-es*; *⸚e*⟩ *m* γιατρός, ιατρός; ***praktischer ~*** *oder* ***~ für Allgemeinmedizin***

A
Ärzterat 612

παθολόγος; **behandelnder ~** θεράποντας, γιατρός
Ärzterat *m* ιατρικό συμβούλιο
Ärztin *f* γιατρίνα, γιατρός *f*
ärztlich ιατρικός
Arztpraxis *f* ιατρείο
As *n* → **Ass**
As'best ⟨-*ẹs*; -*e*⟩ *m* αμίαντος
ASCII-Code ['aski:ko:t] *m* *EDV* ASCII κώδικας
Aschbecher *m* → **Aschenbecher**
Asche ['ʔaʃə] *f* στάχτη, τέφρα; **mit ~ bestreuen** σταχτώνω
Aschen|bahn *f* στίβος; **~becher** *m* σταχτοδοχείο, τασάκι; **~kasten** *m* τεφροδόχος
asch|farben σταχτής, φαιός; **~grau** λευκόφαιος
Äschylos ['ʔɛ:ʃy·lɔs] *m* Αισχύλος
a'septisch ασηπτικός
Aserbei'dschan *n* Αζερμπαϊτζάν *n*
Asi'at ⟨-*en*⟩ *m* Ασιάτης; **~in** *f* Ασιάτισσα
asi'atisch ασιατικός
Asien ['ʔa:zĭən] *n* Ασία
As'ke|se *f* άσκηση; **~t** ⟨-*en*⟩ *m* ασκητής
as'ketisch ασκητικός
Ä'sop *m* Αίσωπος
Asowsche(s) Meer *n* Αζοφική
As'pekt ⟨-*s*; -*e*⟩ *m* (*e-r Frage*) όψη, άποψη
As'phalt ⟨-*s*; -*e*⟩ *m* άσφαλτος *f*
asphal'tier|en ασφαλτοστρώνω; **~t** ασφαλτόστρωτος
Asphyxie [-'ksi:] *f* *MED* ασφυξία
As'pik ⟨-*s*; -*e*⟩ *m* ζελέ *n*, πηχτή
aspi'rier|en *GR* δασύνω; **~t** *GR Laut*: δασυνόμενος
Aspi'rin ⟨-*s*; *0*⟩ *n* ασπιρίνη
aß → **essen**
Ass ⟨-*es*; -*e*⟩ *n* άσος
Assel ⟨-; -*n*⟩ *f* *ZOOL* σκολόπεντρα
As'sessor ⟨-*s*; -*s'soren*⟩ *m* *JUR* τακτικός; πάρεδρος
Assimila'tion *f* αφομοίωση
assimi'lier|bar αφομοιώσιμος; **~en** αφομοιώνω; **sich ~en** αφομοιώνομαι; **~end** αφομοιωτικός
Assis'tent ⟨-*en*⟩ *m* βοηθός, παραστάτης, επιμελητής
Assis'tenzarzt *m* βοηθός γιατρός, επιμελητής γιατρός
Assozia'tion *f* *PSYCH* συνειρμός, πρόσληψη
As'syrien *n* Ασσυρία
Ast ⟨-*ẹs*; ¨*e*⟩ *m* κλάδος; *im Holz*: ρόζος; F → **Buckel**
Aster ⟨-; -*n*⟩ *f* αστρολούλουδο
Ästhetik [ʔɛs'te:tɪk] ⟨*0*⟩ *f* αισθητική
äs'thetisch αισθητικός, καλαίσθητος
Asthma ⟨-*s*; *0*⟩ *n* άσθμα *n*
asth'matisch ασθματικός
Astigma'tismus ⟨*0*⟩ *m* αστιγματισμός
Astro'log|e ⟨-*n*⟩ *m* αστρολόγος; **~ie** [-'gi:] ⟨*0*⟩ *f* αστρολογία; **~ie betreiben** αστρολογώ
astro'logisch αστρολογικός
Astro|'naut ⟨-*en*⟩ *m* αστροναύτης; **~'nom** ⟨-*en*⟩ *m* αστρονόμος; **~no'mie** ⟨*0*⟩ *f* αστρονομία
astro'nomisch αστρονομικός
ASU ⟨*0*⟩ *f* (= *Abgassonderuntersuchung*) έλεγχος καυσαερίων
A'syl ⟨-*s*; -*e*⟩ *n* άσυλο, ασυλία
Asy'lant ⟨-*en*⟩ *m* (*abwertend*) → **Asylbewerber**
A'syl|antrag *m* αίτηση ασυλίας; **~bewerber(in** *f*) *m* αιτών *m* (αιτούσα *f*) ασυλία; **~recht** ⟨-*ẹs*; *0*⟩ *n* δίκαιο περί ασυλίας; **~suchende(r)** αναζητών (-ούσα, -ούν) ασυλία
asyndetisch *GR* ασύνδετος, ασυνδύαστος
a'taktisch *MED* αταξικός
Ata'vismus ⟨-; -*men*⟩ *m* αταβισμός
ata'vistisch αταβιστικός
Ata'xie ⟨*0*⟩ *f* *MED* αταξία
Atelier [atə'lĭe:] ⟨-*s*; -*s*⟩ *n* εργαστήριο, ατελιέ ⟨*0*⟩ *n*, χειροτεχνείο
Atem ⟨-*s*; *0*⟩ *m* πνοή, ανάσα; (*Mundgeruch*) χνώτο; **den ~ anhalten** κρατώ την ανάσα (**vor** *D*/από); **~ holen** παίρνω αναπνοή *oder* ανάσα; **außer ~ sein** φουσκώνω, λαχανιάζω; **~-** (*z.B. Übungen*) αναπνευστικός; **~beschwerden** *f*/*pl* δύσπνοια
atemlos χωρίς ανάσα
Atem|not ⟨*0*⟩ *f* φούσκωμα *n*; *MED* δύσπνοια; **~pause** *f* ξέσκασμα *n*; **~wege** *m*/*pl* αναπνευστικές οδοί; **~zug** *m* πνοή
Atheis|mus [a·te·'ɪsmʊs] ⟨*0*⟩ *m* αθεΐα; αθεϊσμός; **~t** ⟨-*en*⟩ *m* αθεϊστής
athe'istisch άθεος
Athen [a·'te:n] *n* Αθήνα
A'thene *f* (*Göttin*) Αθηνά
A'thener *m* Αθηναίος; *adj* αθηναϊκός; **~in** *f* Αθηναία

Äther ⟨*-s; 0*⟩ *m* αιθέρας, αθέρας
ätherisch [ε'tε:ʀɪʃ] (*auch* CHEM) αιθέριος
Äthiop|ien [ε·ti'o:pĭən] *n* Αιθιοπία; **~ier** *m* Αιθίοπας; **~ierin** *f* Αιθίοπας *f*
äthi'opisch αιθιοπικός
Ath'let ⟨*-en*⟩ *m* αθλητής; **~in** *f* αθλήτρια
ath'letisch αθλητικός
Athos ['a:tɔs] *m* 'Αθωνας; ***der Heilige Berg*** ~ 'Αγιον 'Ορος, Αγιονόρος
At'lantik ⟨*-s; 0*⟩ *m* → ***der Atlantische Ozean***; **~pakt** *m* Ατλαντική Συμμαχία
At'lantis ⟨*0*⟩ *n* Ατλαντίδα
at'lantisch ατλαντικός; ***der Atlantische Ozean*** ο Ατλαντικός Ωκεανός
Atlas ⟨*-; -'lanten*⟩ *m* GEOGR, ANAT 'Ατλας, άτλας (-αντος); (*Stoff*) ⟨*-ses; -se*⟩ ατλάζι; **~gebirge** *n* 'Ατλας (-αντος)
atmen ⟨*-e-*⟩ αναπνέω, ανασαίνω; (*durch~*) αναπνέω βαθειά
Atmo'sphär|e *f* (*auch Maßeinheit und fig*) ατμόσφαιρα; **~en'überdruck** *m* ατμόσφαιρα
atmo'sphärisch ατμοσφαιρικός
Atmung *f* αναπνοή, διαπνοή; ***künstliche*** ~ τεχνιτή αναπνοή
Atmungsorgane *n/pl* αναπνευστικά όργανα *n/pl*
Ätna *m* Αίτνα, Αίτνη
Ä'tolien *n* Αιτωλία
A'toll ⟨*-s; -e*⟩ *n* ατόλλη
Atom [a·'to:m] ⟨*-s; -e*⟩ *n* άτομο; **~-** ατομικός, πυρηνικός
ato'mar ατομικός
A'tom|bombe *f* ατομική βόμβα; **~energie** ⟨*0*⟩ *f* ατομική ενέργεια
a'tomgetrieben πυρηνοκίνητος
A'tom|gewicht *n* ατομικό βάρος *n*; **~kraftgegner** *m* αντίπαλος *oder* εχθρός της πυρηνικής ενέργειας; **~kraftwerk** *n* πυρηνικό εργοστάσιο; **~krieg** *m* πυρηνικός πόλεμος; **~reaktor** *m* πυρηνικός αντιδραστήρας; **~sperrvertrag** *m* συνθήκη περιορισμού πυρηνικών (όπλων); **~streitmacht** *f* πυρηνική δύναμη; **~versuch** *m* πυρηνική δοκιμή; **~wissenschaftler** *m* πυρηνικός επιστήμονας; **~zertrümmerung** *f* διάσπαση του ατόμου
atonal MUS ατονικός
Atro'phie *f* MED ατροφία
a'trophisch ατροφικός
Atro'pin ⟨*-s; -e*⟩ *n* ατροπίνη

ätsch! *int* όρσε!
Attaché [ata'ʃe:] ⟨*-s; -s*⟩ *m* ακόλουθος
A'ttacke *f* (*Sport*) εφόρμηση, επίθεση
Attentat ⟨*-ℯs; -e*⟩ *n* (δολοφονική) απόπειρα (***auf** A*/κατά *G*)
A'ttest ⟨*-ℯs; -e*⟩ *n* πιστοποιητικό
Attika *n* Αττική
attisch αττικός
Atti'zismus ⟨*-; -men*⟩ *m* αττικισμός
Attrak'tion *f* ατραξιόν ⟨*0*⟩ *f*
attrak'tiv ελκυστικός; ~ ***sein*** τραβώ (-άς) (***für j-n**/A*)
A'ttrappe *f* σκηνικά σκεύη *n/pl*, μίμηση, κόπια; (*als Figur*) εικονικό ανδρείκελο
Attri'but ⟨*-s; -e*⟩ *n* GR κατηγορούμενο
attribu'tiv κατηγορηματικός
ätzen ⟨*-t*⟩ καυτηριάζω
Ätzen *n* καυτηριασμός
ätzend CHEM καυστικός; *fig* καυτερός
Ätz|mittel *n* καυστικό μέσο; **~natron** *n* καυστικό νάτριο; **~ung** *f* καυτηρίαση
Aubergine [o·bεr'ʒi:nə] *f* μελιτζάνα
auch και, επίσης; *in der Antwort*: ~ ***nicht*** ούτε; ***ich*** ~ ***nicht*** ούτε εγώ; ***ich 'auch*** εγώ το ίδιο
Audienz [-'dĭεnts] *f* ακρόαση; ***in*** ~ ***empfangen*** δέχομαι σε ακρόαση
audiovisu'ell οπτικοακουστικός
Audi'torium ⟨*-s; -rien*⟩ *n* ακροατήριο (*Saal und Zuhörer*)
Aue *f* ποταμιά
Auer|hahn *m* αγριοπετεινός; **~ochse** *m* άγριος ταύρος
auf[1] *präp mit Dativ und Akkusativ*: σε, εις; (*oben auf*) πάνω σε, επί *G*; ~ ***...*** (*A*) ***hinauf*** ανά *G*; ~ ***...*** (*A*) ***zu*** κατεπάνω σε, κατά *A*; *Einladung*: μετά *A*; *Beispiele*: ~ ***dem Tisch*** (επάνω) στο τραπέζι; ~ ***dem Boden*** (επάνω) στο πάτωμα; ~ ***der Post*** στο ταχυδρομείο; ~ ***den Tisch legen*** βάζω στο τραπέζι; ~ ***der Erde***, ~ ***Erden*** *K* επί της γης; ***er stürzte*** ~ ***den Herrn*** (***ihn***) ***zu*** όρμησε επάνω στον κύριο (επάνω του); ~ ***der Stelle*** πάραυτα; ~ ***kurze Zeit*** για λίγο καιρό; ~ ***immer*** για πάντα; ~ ***einige Tage*** για λίγες μέρες; ***von Jugend*** ~ από μικρός; ~ ***alle Fälle*** για κάθε ενδεχόμενο; ~ ***diese Art*** με αυτό τον τρόπο; ~ ***einmal*** με μιας; ~ ***Deutsch*** *usw* γερμανικά; **~s** ***Beste*** το καλύτερο; ~ ***und ab gehen*** πηγαινοέρχομαι; κόβω βόλτες; *Treppe* ανεβοκατεβαίνω; ***sich*** ~ ***und davon***

machen το σκάω; **~ *und einziehen*** (*Segel*) ανεβοκατεβάζω
auf² *adv* (*offen*) ανοιχτός; *Geschäft*: **~ *sein*** είμαι ανοιχτός; (*nicht zugeknöpft*) ακούμπωτος; (*nicht schlafen*) **~ *sein*** είμαι ξύπνιος
auf³ *int* επάνω!, εμπρός!, άιντε!
auf- *als Präfix oft* ανα-; *Ausdruck der vollendeten Handlung, z. B.* **~*essen*** αποτρώω
aufarbeiten ⟨*-e-*⟩ (*Altes*) ξαναδιορθώνω, ανακαινίζω; κατεργάζομαι, συμπληρώνω; (*Rückstände*) διεκπεραιώνω; *fig* επεξεργάζομαι
Aufarbeitung *f* ανασκευή; *TECH* κατεργασία
aufatmen ⟨*-e-*⟩ *auch fig* ανασαίνω; ***erleichtert*** **~** ξαλαφρώνω
aufbahren νεκροστολίζω
Aufbau ⟨*-es; 0*⟩ *m* (*e-s Gebäudes*) ανέγερση, κτίση, χτίσιμο (-ατος); (*Wieder-*) ανοικοδόμηση; *fig* (*z. B. des Schulwesens*) ανόρθωση, διοργάνωση; δομή; (*e-s Romans usw*) υφή, διάρθρωση, οικονομία; *pl* **~*ten*** εποικοδόμημα *n*
aufbauen ανεγείρω, κτίζω; ανορθώνω; διοργανώνω; διαρθρώνω
aufbäumen: *sich* ~ εξεγείρομαι (***gegen*** *A*/κατά *G*)
aufbauschen *Nachrichten usw* διογκώνω, παραλέω
Aufbauschen *n* όγκωση
Aufbaustoffe *m/pl* (*Lebensmittel*) θρεπτικά συστατικά *n/pl*
aufbegehren επαναστατώ (***gegen*** *A*/ κατά *G*)
aufbehalten* *Hut* δεν βγάζω
aufbereiten ⟨*-e-*⟩ παρασκευάζω
Aufbereitung *f* (*z. B. Wolle*) κάματος; (*Bergbau*) διαλογή; *CHEM* κατεργασία; *TECH* παρασκευή
aufbessern ⟨*-re*⟩ διορθώνω; *Gehalt* υψώνω
Aufbesserung *f* διόρθωση; ύψωση
aufbewahren φυλάω
Aufbewahrung *f* φύλαξη; ***zur*** **~** για φύλαξη
aufbieten* *allg Kräfte, Menschen* κινητοποιώ, επιστρατεύω
Aufbietung ⟨*0*⟩ *f* κινητοποίηση, επιστράτευση
aufbinden* ξεδένω, λύνω; *fig* ***j-m etw*** **~** πουλώ ψέμματα σε κπ
aufblähen *auch fig* φουσκώνω; διογκώνω; *Bauch* τουρλώνω; *fig* μεγαλοποιώ; *fig* ***sich*** **~** κορδώνομαι
Aufblähen *n* φούσκωμα *n*; διόγκωση; *fig* μεγαλοποίηση
aufblasen* φουσκώνω
Aufblasen *n* φούσκωμα *n*
aufbleiben* ⟨*sn*⟩ μένω άγρυπνος; *Tür*: μένω ανοιχτός
aufblicken αναβλέπω (***zu*** *D*/σε); *fig* σέβομαι (***zu*** *D*/*A*); *subst* ανάβλεψη
aufblitzen ⟨*-t*⟩ αναλάμπω
aufblühen ⟨*sn*⟩ *v/i* ανθώ; (*sprießen*) βλασταίνω; *fig* προκόβω
Aufblühen *n* άνθηση, βλάστηση, άνοιγμα *n*; *fig* προκοπή
aufbrauchen *v/t Vorrat, Brot usw* τελειώνω, εξαντλώ, σώνω; κατατρώγω
aufbrausen ⟨*-t; sn*⟩ *Wasser, Meer, fig* αναβράζω (***vor*** *D*/από); *fig* φουντώνω; *subst* βρασμός, βράσιμο (-ατος); **~*d*** αψίθυμος, φουντωμένος, οργίλος
aufbrechen* *v/t Tür, Schrank usw* διαρρηγνύω, παραβιάζω; *v/i* ⟨*sn*⟩ (*weggehen*) ξεκινώ (-άς); F ανοίγω πανιά; (*spät*) αργοκινώ; *Blüte*: ανοίγω; *Wunde*: σκάζω; ***unaufgebrochen*** αδιάρρηκτος; *subst* διάρρηξη, παραβίαση; ρήξη; θλάση
aufbrennen*: ***ein Zeichen*** **~** στιγματίζω, σημαδεύω
aufbringen* *v/t neue Moden usw* λανσάρω, καθιερώνω; *Schiff* συλλαμβάνω, κάνω ρεσάλτο σε; (*ärgern*) φουσκώνω, χολιάζω, οργίζω; ***aufgebracht werden*** χολιάζω
Aufbruch *m* ξεκίνημα *n*; *zur Jagd*: έξοδος *f*; ***im*** **~ *sein*** (*reisefertig*) ανοίγω πανιά
aufbrühen ζεματίζω; *Kaffee* ψήνω
aufbrummen F *Strafe, Rechnung* ζεματίζω (***j-m etw***/κπ με κτ); *Strafe* τσεκουρώνω (κπ *A*)
aufbügeln ⟨*-le*⟩ ξανασιδερώνω
aufbürden ⟨*-e-*⟩ φορτώνω (***j-m etw***/κπ με κτ)
aufdecken ξεσκεπάζω; (*Tisch decken*) στρώνω το τραπέζι; *fig* (*enthüllen*) αποκαλύπτω; **~*d*** αποκαλυπτικός
Aufdeckung *f fig* αποκάλυψη
aufdrängen επιβάλλω (***j-m etw***/κτ σε κπ); ***sich*** **~** προσκολλώμαι (***j-m***/σε κπ), παραχώνομαι (***j-m***/σε κπ)

aufdrehen *Hahn* ανοίγω; *Schraube* ξεστρίβω
aufdringlich φορτικός, ενοχλητικός
Aufdringlichkeit *f* φορτικότητα
Aufdruck *m* εντύπωμα *n*; στάμπα
aufdrucken εντυπώνω, τυπογραφώ (σε)
aufdrücken *Tür usw* ανοίγω δια πιέσεως; *Stift zu sehr* πατώ; *Stempel* επιθέτω; *subst* επιβολή
aufein'ander (*zeitl*) ο ένας μετά τον άλλο(ν); (*Ort*) ο ένας απάνω στον άλλο(ν); **~ folgen** (αλληλο)διαδέχομαι; **~ folgend** αλλεπάλληλος, (αλληλο)διαδοχικός; *Jahre*: συναπτός; **~ prallen** (*auch fig*) αλληλοσυγκρούομαι
Aufein'anderfolge *f* (αλληλο)διαδοχή
Aufenthalt ⟨*-ęs*; *-e*⟩ *m* παραμονή, διαμονή; JUR **ständiger ~** διαμονή; BAHN στάση; **wie lange haben wir hier ~?** πόσο θα μείνουμε εδώ;
Aufenthalts|genehmigung *f* άδεια παραμονής; **~ort** *m* τόπος διαμονής, διαμονή, κατοικία; **~raum** *m* σαλόνι
auferlegen επιβάλλω (**j-m etw**/κτ σε κπ); *Zwangsarbeit* αγγαρεύω
Auferlegung *f* επιβολή
auferstehen* ⟨*sn*⟩ REL ανασταίνομαι; *Ostergruß*: **Christus ist auferstanden** Χριστός ανέστη; **in Wahrheit ist er auferstanden** αληθώς ανέστη
Auferstehung ⟨*0*⟩ *f* ανάσταση; **~ von den Toten** νεκρανάσταση
auferwecken ανασταίνω
aufessen* αποτρώω, το τρώω όλο; **bis zur Hälfte ~** μισοτρώω
auffahren* *v/i* ⟨*sn*⟩ *Auto usw*: πέφτω (**auf** *A*/πάνω σε), προσκρούω (**auf** *A*/σε); (*aufspringen*) (ανα)πηδώ (-άς); *v/t* **viel Essen ~** παραθέτω πολλά πιάτα
Auffahr|t *f* (*als Ort*) είσοδος; **~unfall** *m* ατύχημα *n* πρόσκρουσης
auffallen* ⟨*sn*⟩ πέφτω στην αντίληψη (**j-m**/κάποιου); **~d** *Kleidung usw* χτυπητός; φανταχτερός
auffällig → **auffallend**
auffangen* πιάνω, συλλαμβάνω; *Stoß* αποσβένω, απορροφώ
Auffangschale *f* υποδοχέας
auffassen ⟨*-t*⟩ αντιλαμβάνομαι; (*falsch*) εκλαμβάνω (κακώς)
Auffassung *f* αντίληψη, εκδοχή
Auffassungs|gabe ⟨*0*⟩ *f* ευμάθεια; **~sache** ⟨*0*⟩ *f* ζήτημα *n* αντιλήψεως; **~vermögen** ⟨*-s*; *0*⟩ *n* αντίληψη, νοημοσύνη
auffind|bar: **nicht ~bar** ανεύρετος; **schwer ~bar** δυσεύρετος; **~en*** ανευρίσκω, βρίσκω
Auffindung *f* ανεύρεση, εύρεση
aufflackern ⟨*-re*; *sn*⟩ αναλάμπω
aufflechten* ξεπλέκω
auffliegen* ⟨*sn*⟩ πετώ (-άς) προς τα πάνω; *Veranstaltung*: ματαιώνομαι; *Firma usw* ναυαγώ; *Verbrechen, Geheimnis* ανακαλύπτομαι, αποκαλύπτομαι
auffordern ⟨*-re*⟩ *allg* προσκαλώ (**zu** *D*/σε); (*zum Kampf*) προκαλώ σε; *e-n Bewerber* καλώ (**zu**/να)
Aufforderung *f* πρόσκληση; (*auch* JUR) πρόκληση
aufforsten ⟨*-e-*⟩ αναδασώνω
Aufforstung *f* αναδάσωση
auffressen* καταβροχθίζω; *Neid*: κατατρώω
auffrischen *Wind*: ψύχομαι
aufführen THEA ανεβάζω; HDL (*angeben*) αναφέρω; (*spezifizieren*) μερικεύω; **sich ~** συμπεριφέρομαι; **sich schlecht ~** ασχημονώ; THEA **aufgeführt werden** ανεβαίνω
Aufführung *f* THEA παράσταση, σκηνοθεσία
auffüllen (*ergänzen, auch Personal*) απαρτίζω; *Suppe* γεμίζω; *Konto* τροφοδοτώ
Auffüllung *f* απάρτιση; γέμισμα *n*
Aufgabe *f* (*Schul-*) μάθημα *n*; (*zu lösen*) πρόβλημα *n*; (*Übung*) άσκηση; (*Mission*) αποστολή; (*Pflicht*) έργο (**zu** + *inf*/να ...), χρέος *n*; καθήκον (-οντος); (*Verzicht*) αποβολή; (*Preisgabe*) παράτημα *n*; (*der Stellung*) εγκατάλειψη, παραίτηση; (*e-s Briefes*) παράδοση; HDL (*Auflösung*) διάλυση; **die ~ haben, zu ...** έχω για αποστολή να ...
aufgabeln ⟨*-le*⟩ F περισυλλέγω; μαζεύω; **wo hast du denn den aufgegabelt?** που τον ψώνισες; → **auffinden**
Aufgabengebiet *n* ειδικότητα
Aufgang *m* (*in e-m Haus*) είσοδος *f*; (*Treppenhaus*) κλιμακοστάσιο; (*e-s Gestirns*) ανατολή; → **Weg**
aufgeben* *v/t Anzeige* βάζω; *Brief usw* ταχυδρομώ; *Rätsel* βάζω; (*beauftragen*) αναθέτω (**j-m etw**/κτ σε κπ); *Stellung, Unternehmen* εγκαταλείπω,

A
aufgebläht 616

εξοφλώ με; *Kranken* εγκαταλείπω τη θεραπεία κάποιου; *Plan, Gewohnheit* παραιτούμαι από; *Rauchen, Reisen usw* κόβω; *Schularbeiten* βάζω; *das Spielen* αφήνω; *Beschäftigung, Dichten usw* εξοφλώ με; *Hoffnung* εγκαταλείπω; **den Geist ~** (*sterben*) παραδίδω το πνεύμα; *v/i* (*sich ergeben*) F το βάζω κάτω; **ich gebs auf!** *auch* τα παρατάω!

aufgebläht φουσκωτός; *HDL* **stark ~** πληθωρικός

aufgeblasen φουσκωμένος; *fig* ξιπασμένος, ψωροπερήφανος

Aufgeblasenheit ⟨*0*⟩ *f* ψωροπερηφάνεια, κόρδωμα *n*

Aufgebot *n* (*amtlich*) προαγγελία; (*an Menschen oder Material*) κινητοποίηση *G*

aufgebracht οργισμένος; **~ werden** οργίζομαι, θυμώνω

Aufgebrachtheit ⟨*0*⟩ *f* χόλιασμα *n*

aufge|braucht: ~braucht sein *aor* σώθηκε; **~geben:** (*von den Ärzten*) **~geben sein** είμαι ξεγραμμένος; **~gessen** αποφαγωμένος; **~hängt** κρεμασμένος

aufgehen* ⟨*sn*⟩ *allg* ανοίγω; *Gestirn*: ανατέλλω, βγαίνω; *Same*: πιάνω; *Blüte*: ανοίγω, ξεφυτρώνω; *Fallschirm*: ανοίγω; *Teig, Kuchen*: φουσκώνω, ανεβαίνω; *Fenster, Tür*: ανοίγω; *MATH Gleichung*: αληθεύω; *Rechnung*: βγαίνω σωστός; (*sich völlig angleichen*) αφομοιώνομαι (**in** *D*/με); *in ein anderes Volk* συγχωνεύομαι με *A*; **völlig ~ in** *D* (*z.B. s-m Beruf*) έχω πάθος με; **in Rauch ~** διαλύομαι σε καπνό; **mir geht ein Licht auf** το παίρνω χαμπάρι, μπαίνω στο νόημα

aufge|klärt (*informiert*) πληροφορημένος; *hist auch* διαφωτισμένος; **~laufen** (*Zinsen*) δεδουλευμένος

Aufgeld *n* επικαταλλαγή, άτζιο

aufge|legt: gut ~legt sein είμαι ευδιάθετος, είμαι στα καλά, έχω τα κέφια μου; **nicht (gut) ~legt sein** είμαι αδιάθετος, δεν έχω κέφι; **~nommen** *Teppich usw* ξέστρωτος; **~räumt: in ~räumter Stimmung** ευδιάθετος, κεφάτος; **~regt** αναμμένος, συγχυσμένος, ταραγμένος; **~regt werden** ανάβω, ταράζομαι, συγχίζομαι; **~reiht** αραδιαστός; **~sammelt** περισυνειλεγμένος; **~schmissen** F καραβοτσακισμένος; **~schossen: hoch ~schossen** ψηλός; **~schwollen** τυμπανιαίος; **~spießt** σουβλιστός; **~stapelt** στοιβαχτός

aufgeweckt έξυπνος; ανοιχτομάτης (-α, -ικο)

Aufgewecktheit ⟨*0*⟩ *f* εξυπνάδα

aufge|wickelt κουβαριαστός; **~worfen → werfen; → wulstig**

aufgießen* **→ gießen; Tee ~** βράζω *oder* κάνω τσάι

aufgreifen* πιάνω, συλλαμβάνω

auf'grund *präp G* (επί τη) βάσει *G*, δυνάμει *G*

Aufguss *m* (*Kaffee, Tee*) αφέψημα *n*

aufhaben* *v/t Hut* φορώ; (*geöffnet*) έχω ανοιχτό; *Schule*: **was hast du auf?** τι μάθημα σου έβαλαν;

aufhacken τσακίζω

aufhalten* *v/t* (*stoppen*) σταματώ (-άς), ανακόπτω; *j-n* (*zurückhalten*) κρατώ, καθυστερώ; (*geöffnet halten*) κρατώ ανοιχτό; **sich ~** (*wo?*) παραμένω, διαμένω; παρεπιδημώ; **sich ~ mit** *D* (*Zeit verschwenden*) χρονοτριβώ με; **sich ~ über** *A* (*kritisieren*) σχολιάζω *A*; *subst* σταμάτημα *n*, αναχαίτηση

aufhängen* ⟨*auch -te*⟩ κρεμάω (*auch Verbrecher*); αναρτώ; *Wäsche* απλώνω; **sich ~** (*sich töten*) κρεμιέμαι

Aufhäng|en *n* κρέμασμα *n*; ανάρτηση; **~ung** *f* (*Auto*) ανάρτηση

aufhäufen αθροίζω, συσσωρεύω

Aufhäufung *f* συσσώρευση

aufhebbar αναιρέσιμος

aufheben* (*etw vom Boden*) μαζεύω; (*etw Umgefallenes*) σηκώνω, εγείρω; *Blockade* αίρω, λύνω; (*widerrufen*) ακυρώνω, καταργώ; *Sitzung* διαλύω; (*ausgleichen*) συμψηφίζω; *Geld usw* φυλάω; **sich ~** ισοσταθμίζω; **aufzuhebend** ακυρωτέος

Aufheben *n* φύλαξη; **viel ~ machen** κάνω μεγάλη φασαρία (**von** *D*/για); γίνεται πολύς λόγος για

aufhebend *JUR* ανατρεπτικός

Aufhebung *f fig* αναίρεση; (*von Gesetzen*) άρση, ακύρωση, κατάλυση; διάλυση; *JUR* **~ e-s Hindernisses** συγγνώμη; **~s-** ακυρωτικός

aufheitern ⟨*-re*⟩ διασκεδάζω (**j-n**/κπ); *Wetter*: **sich ~** ανοίγω

Aufheiterung *f* άνοιγμα *n*

aufhelfen* βοηθώ (**j-m**/κπ) να σηκωθεί

aufhellen *fig e-e Angelegenheit* διαλευκαίνω; *Farbe v/t, v/i* ⟨*sn*⟩ ανοίγω
aufhetzen ⟨*-t*⟩ παρακινώ (***zu*** *D*/σε), υποκινώ, ερεθίζω
Aufhetzung *f* παρακίνηση
aufholen κερδίζω έδαφος, ισοφαρίζω
aufhorchen τεντώνω τ' αφτιά μου; ***das lässt*** **~** αυτό είναι ανησυχητικό
aufhören *v/i Regen, Schmerz usw* σταματώ (-άς), παύω; **~** ***mit*** *D* παύω; ***hör auf!*** πάψε!, σταμάτα!; ***da hört doch alles auf!*** αυτό υπερβαίνει κάθε μέτρο!; *subst* παύσιμο (-ατος), σταμάτημα *n*
aufkaufen προαγοράζω; (*für e-e spätere Lieferung oder vor der Ernte*) αγοράζω (όλα τα διαθέσιμα πράγματα)
aufklaren *Wetter*: ξανοίγω
Aufklaren *n* ξάνοιγμα *n*
aufklären *v/t fig* διαφωτίζω (***j-n über*** *A*/κπ περί *G*); (*klarstellen*) διασαφηνίζω, διαλευκαίνω; *Wetter*: ***sich*** **~** ξεκαθαρίζω, καλωσυνεύω, ξανοίγω; *auch fig* ξαστερώνω; **~d** διασαφηνιστικός
Aufklär|er *m* (*Erkunder*) ανιχνευτής, κατάσκοπος; *MIL LUFTF* αεροπλάνο αναγνωρίσεως; **~ung** *f* διαφώτιση; διασάφηση; διαλεύκανση; (*Auskunft*) ενημέρωση (***über*** *A*/σχετικά με); *PHILOS, hist* διαφωτισμός; *MIL* ανίχνευση, αναγνώριση; (*Spionage*) κατασκόπευση
Aufklärungs|- ανιχνευτικός, αναγνωριστικός; κατασκοπικός; **~dienst** *m* κατασκοπεία; **~feldzug** *m* διαφωτιστική εκστρατεία; **~flugzeug** *n* αεροσκάφος αναγνωρίσεως
aufkleben κολλάω πάνω σε
Aufkleben *n* επικόλληση
aufknöpfen ξεκουμπώνω, ξεθηλυκώνω
aufkochen αναβράζω
Aufkochen *n* βρασμός
aufkommen* ⟨*sn*⟩ *allg* (*sich zeigen*) εμφανίζομαι; *Neues*: γίνομαι της μόδας, λανσάρομαι; (*überlegen sein*) αναμετριέμαι (***gegen*** *A*/με); (*für die Kosten*) αναλαμβάνω *A*; ***für den Schaden*** **~** πληρώνω τα σπασμένα; αποκαθιστώ *A*
Aufkommen *n* (*Erscheinen*) γένεση, εμφάνιση; (*Ertrag*) εισοδήματα *n/pl*; (*Quellen*) *an Kohle und Stahl* πόροι *m/pl* (***an*** *D*/σε)
aufkratzen ⟨*-t*⟩ *Wunde*; *Wolle* ξύνω; F ***aufgekratzt*** (*lustig*) κεφάτος
aufkrempeln ⟨*-le*⟩ *Ärmel* ανασκουμπώνω, σηκώνω; ***die Ärmel*** **~** ξεμπρατσώνομαι; ***mit aufgekrempelten Ärmeln*** ξεμπράτσωτος
aufkreuzen ⟨*-t*; *sn*⟩ F *fig* κάνω την εμφάνισή μου
aufkündigen ανακαλώ
Aufkündigung *f* ανάκληση
auflachen χαχανίζω, καγχάζω
aufladen* *v/t* φορτώνω (***j-m etw***/κπ με κτ); ***zu viel*** **~** παραβαραίνω
Aufladen *n* φόρτωμα *n*
Auflage *f* (*Buch*) έκδοση; (*Silber-*) ντουμπλέ *n*; (*Anzahl*) κυκλοφορία; (*Bedingung*) ***mit der*** **~** με τον όρο, με την συμφωνία; **~n-höhe** *f* αριθμός αντιτύπων, κυκλοφορία; **~punkt** *m* *TECH* υπομόχλιο
auflassen* *Tür usw* αφήνω ανοικτό; *JUR Grundstück usw* μεταβιβάζω, εκχωρώ
Auflassung *f* εκχώρηση, μεταβίβαση
auflauern ⟨*-re*⟩ (***j-m***) παραμονεύω, παραφυλάω *A*
Auflauern *n* παραφύλαξη
Auflauf *m* (*Menschen-*) συρροή, χαλασμός κόσμου
auflaufen* ⟨*sn*⟩ *Schiff*: εξοκέλλω, προσαράσσω (***auf*** *A*/σε), καθίζω; *HDL Beträge* προκύπτω, συσσωρεύομαι; ***aufgelaufene Zinsen*** *pl* δεδουλευμένοι τόκοι; *Schiff* **~*****lassen*** καθίζω; *subst e-s Schiffes* προσάραξη, κάθισμα *n*
aufleben ⟨*sn*⟩ ξαναζωντανεύω; ***wieder*** **~** (*entstehen*) ξαναγεννιέμαι
auflecken γλείφω
Auflegematratze *f* σουμιέ *n*
auflegen βάζω πάνω; ακουμπώ; *Anleihe, Buch* εκδίδω; ***wieder*** **~** ξαναβγάζω; *Hörer* βάζω στη θέση του
Auflegen *n* επίθεση
auflehnen: *sich* **~** ακουμπώ, στηρίζομαι (***auf*** *A*/σε); *fig* απειθώ (***gegen*** *A*/σε, προς *A*)
auflesen* μαζεύω
auf|leuchten ⟨*-e-*⟩ (*auch fig*) αναλάμπω; **~liegen*** είναι καλά στηριγμένος *oder* συνδεδεμένος; **~lockern** ⟨*-re*⟩ χαλαρώνω; **~lodern** ⟨*-re*⟩ (*auch fig*) αναφλέγομαι
auflösbar διαλυτός
auflösen ⟨*-t*⟩ *Parlament, Versammlung*

A
auflösend 618

διαλύω; *Zucker*, CHEM αναλύω; CHEM, *Staat* αποσυνθέτω; *Lager* καταργώ; *Haar* ξεπλέκω; *Verlobung* διαλύω; **sich ~** (*sich zerstreuen*) σκορπίζω; *Nebel usw s. oben* διαλύομαι *usw*; **nicht aufgelöst** αδιάλυτος; **~d** διαλυτικός

Auflösung *f* POL, HDL διάλυση; ανάλυση; αποσύνθεση; (*e-r Aufgabe*) λύση; (*e-r Verlobung*) διάλυση; (*des Heeres*) διαρροή

Auflösungszeichen *n* MUS αναίρεση

aufmachen *v/t* ανοίγω; (*lösen*) λύω; **auf- und zumachen** ανοιγοκλείνω; **sich ~** (*sich anschicken*) κινώ (**zu**/να); (*weggehen*) ξεκινώ

Aufmachung *f* (*um zu wirken*) επίδειξη; εμφάνηση; (*Ausstattung*) διάκοσμος; (*Zeitung*) **in großer ~** με μεγάλα στοιχεία

Aufmarsch *m allg*, MIL συγκέντρωση, συνάθροιση; παράταξη; παρέλαση

aufmarschieren ⟨*sn*⟩ συγκεντρώνομαι, συναθροίζομαι; παρατάσσομαι

aufmerksam προσεκτικός; (*zuvorkommend*) ευγενής; **j-n ~ machen auf** *A* υποδεικνύω *A* σε κπ; εφιστώ την προσοχή κάποιου σε

Aufmerksamkeit *f* προσοχή; (*Freundlichkeit*) φιλοφροσύνη; (*kleines Geschenk*) καλούδια *n/pl*, χάρισμα *n*; **die ~ lenken auf** εφιστώ την προσοχή κάποιου σε; **~ erregen** προκαλώ την προσοχή; **große ~ schenken** *D* δίνω μεγάλη προσοχή σε

aufmuntern ⟨*-re*⟩ εμψυχώνω, εγκαρδιώνω

Aufmunterung *f* εμψύχωση

aufnähen ράβω

Aufnahme *f* (*Empfang*; *auch Reaktion auf etw*) υποδοχή; (*e-s Mitgliedes*) εγγραφή; POL (*in e-e Gemeinschaft*) ένταξη (**in** *A*/σε); (*von Flüchtlingen*) απορρόφηση; (*mit Tonband usw*) ηχοληψία; (*Schallplatten-*) εγγραφή; (*e-s Fotos*) λήψη; φωτογραφία; (*e-r Anleihe*) σύναψη; (*e-s Films*) γύρισμα *n*; (*e-s Protokolls*) σύνταξη

aufnahmefähig αντιληπτικός

Aufnahme|fähigkeit *f* αντιληπτικότητα; **~leiter** *m* (*Radio*) προϊστάμενος ηχοληψίας; (*Film*) προϊστάμενος γυρίσματος; **~prüfung** *f* εισιτήριες εξετάσεις *f/pl*; εισιτήρια δοκιμασία

aufnehmen* (*empfangen*) δέχομαι (***kühl*** ψυχρά *usw*), υποδέχομαι; **j-n** (*mit in e-e Liste*) (συμ)περιλαμβάνω κπ (σε); *Anzeige*, *Wort* καταχωρίζω; (*in der Schule*, *Familie*, *im Krankenhaus*) εισάγω (**j-n in** *D*/κπ σε); *Mitarbeiter* προσλαμβάνω; *Schallplatten* εγγράφω; *auf Schallplatten* χαράσσω (σε); *Ton* φωνογραφώ; *Arbeit* παίρνω, πιάνω; *Kredit* αναλαμβάνω; *Kampf*, *Anleihe* συνάπτω; *Protokoll* τηρώ; *Teppich* ξεστρώνω; *Verhandlungen* αρχίζω; **j-n bei sich ~** σπιτώνω κπ; **j-n gastfreundlich ~** φιλοξενώ κπ; **j-n gut ~** καλοδέχομαι; *fig etw* **in sich ~** δέχομαι

aufnötigen επιβάλλω (**j-m etw**/κτ σε κπ)

aufopfern ⟨*-re*⟩ θυσιάζομαι, κόβομαι (**für** *A*/για)

aufpassen ⟨*-t*⟩ προσέχω (**auf** *A*/*A*); **pass auf!** πρόσεξε!, τα μάτια σου τέσσερα!; **pass auf, dass ...** κοίτα καλά να μην ...

Aufpasser *m* φύλακας

aufpflanzen ⟨*-t*⟩ στήνω

aufpicken τσιμπώ (-άς), ραμφίζω

aufplatzen ⟨*-t*; *sn*⟩ σκάζω, διαρρηγνύομαι; *subst* ρήξη

Aufprall ⟨*-~~e~~s*; *0*⟩ *m* πρόσκρουση

aufprallen ⟨*sn*⟩ προσκρούω (**auf** *A*/σε)

aufprobieren *Hut usw* δοκιμάζω

aufpumpen φουσκώνω, τρομπάρω

Aufputsch- διεγερτικός

aufputschen (*auch fig*) διεγείρω (**zu** *D*/σε); **~d** διεγερτικός

Aufputsch|mittel *n* διεγερτικό φάρμακο; **~ung** *f* διέγερση

aufquellen* ⟨*sn*⟩ φουσκώνω; *Konserven*: **aufgequollen sein** δείχνω φούσκωμα

aufraffen μαζεύω; **sich ~ zu** *D* ενθαρρύνομαι, εγκαρδιώνομαι, κάνω κουράγιο (**zu** *D*/σε)

aufragen προεξέχω

aufrappeln: sich wieder ~ F ξελασπώνομαι

aufrauchen *Zigarette* αποκαπνίζω

aufrauen τραχύνω

aufräumen *Haus* τακτοποιώ, συγυρίζω; *fig* παστρεύω (**mit** *D*/*A*); *subst* συγύρισμα *n*

aufrecht όρθιος, ορθός, στητός; *pers* ευθύς; **~ stehen** στέκω όρθιος; **~ sitzen**

A
619 aufschlitzen

(*im Bett*) ανακάθομαι; ~ (**hin**)**setzen** ανακαθίζω
aufrechterhalten* *Ordnung* διατηρώ; περιφρουρώ
Aufrechterhaltung ⟨*0*⟩ *f* τήρηση, διατήρηση; περιφρούρηση
aufregen *v/t* εκνευρίζομαι, φουσκώνω, ξανάβω; **sich** ~ νευριάζω, ξανάβω (**über** *A*, **bei** *D*/με), αρπάζομαι; χολοσκάω; **~d** διεγερτικός, δραματικός
Aufregung *f* έξαψη, ερεθισμός; παραζάλη, ταραχή; εκνευρισμός; (*allg Aufruhr*) σάλος; **ohne** ~ ατάραχος, ασύγχιστος
aufreiben* *fig* αδυνατίζω; *MIL* συντρίβω, αποδεκατίζω; *Arbeit*: κουράζω; **sich** ~ **bei** *D* εξαντλούμαι από; **~d** εξαντλητικός
Aufreibung *f* συντριβή; κατάτριψη
aufreihen *allg* αραδιάζω; (*auf e-n Faden*) αρμαθιάζω; *subst* αράδιασμα *n*
aufreißen* *Pflaster* ξεστρώνω; *Augen, Mund* ανοίγω διάπλατα; *Tür* (*weit*) τεντώνω; *Naht* ξηλώνω; **sich** (*D*) *die Hand* ~ σχίζω; **aufgerissen** ξέστρωτος; *subst* τέντωμα *n*; σχίσιμο
aufreizen ⟨*-t*⟩ *v/t* ερεθίζω, παροξύνω; προκαλώ, εξάπτω; **~d** ερεθιστικός, παροξυντικός
Aufreizung *f* ερεθισμός
aufrichten ⟨*-e-*⟩ ορθώνω, ανορθώνω; *fig* (*seelisch*) (**wieder**) ~ εμψυχώνω; **sich** ~ ορθώνομαι; *im Bett* ανακαθίζω; *fig* αναθαρρεύω, εμψυχώνομαι
aufrichtig ειλικρινής
Aufrichtigkeit ⟨*0*⟩ *f* ειλικρίνεια
aufriegeln ⟨*-le*⟩ ξεμανταλώνω
Aufriss *m* σχεδιάγραμμα *n*
aufritzen ⟨*-t*⟩: **sich** (*D*) *die Hand* ~ σχίζω
aufrollen ξετυλίγω; *fig Frage usw* θέτω επί τάπητος
aufrücken ⟨*sn*⟩ (*befördert werden*) προβιβάζομαι; (*weitergehen*) προχωρώ; *MIL* (*zusammenrücken*) πυκνώνω τους ζυγούς
Aufruf *m POL* επίκληση; διακήρυξη; κλήση; (*von Namen usw*) εκφώνηση; (*zu e-r Tat*) έκκληση (**zu** *D/G*); (*Proklamation*) ανακήρυξη; (*Appell an die Gefühle usw*) έκκληση (**zu** *D*/για)
aufrufen* *Namen usw* εκφωνώ; (*zu e-r Tat*) κηρύσσω (**zu** *D*/σε); *JUR* **nicht aufgerufen** ανεκφώνητος
Aufruhr ⟨*-es; -e*⟩ *m* ταραχή, διατάραξη, αντάρα, αναστάτωση; **in** ~ ανάστατος; **in** ~ **versetzen** αναστατώνω
aufrühren: *fig* **viel Staub** ~ θορυβώ πολύ; αναταράζω; *Vergangenheit* ξεσκαλίζω; *Sache* ανακινώ
Aufrührer *m* στασιαστής
aufrührerisch στασιαστικός
aufrunden ⟨*-e-*⟩ *Betrag* στρογγυλεύω (**auf** *A*/σε)
aufrüsten ⟨*-e-*⟩ οπλίζω; *EDV* αναβαθμίζω
Aufrüstung *f* εφοπλισμός; *EDV* αναβάθμιση
aufrütteln ⟨*-le*⟩ (*aus dem Schlaf*) (*auch fig*) αφυπνίζω, *fig* εξεγείρω
aufsagen *Gedicht* λέω, απαγγέλλω; (*auswendig*) απομνημονεύω; → **kündigen**; *subst* απομνημόνευση
aufsammeln ⟨*-le*⟩ μαζεύω, περισυλλέγω
aufsässig ανυπότακτος, δυσπειθής
Aufsatz *m* (*Gegenstand*) επίθεμα *n*; (*Schule*) έκθεση; (*~thema*) θέμα *n*; (*Abhandlung*) διατριβή (**über** *A*/επί *G*); *lit* δοκίμιο; (*Zeitung*) άρθρο
aufsaugen απορροφώ; απομυζώ (-άς); *Tinte* τραβώ (-άς)
auf|schauen κοιτάζω προς τα πάνω; **~schäumen** *v/i* κοχλάζω; **~scheuchen** ξιππάζω, ανακινώ; **~schichten** ⟨*-e-*⟩ στοιβάζω, θημωνιάζω
aufschieben* αναβάλλω (**auf** *A*/σε); *JUR* αναστέλλω; **~de Wirkung** ανασταλτική ισχύς; **aufzuschiebend** αναβλητέος
Aufschiebung *f* αναβολή
aufschießen* ⟨*sn*⟩ *BOT* αναβλαστάνω, ξεφυτρώνω
Aufschlag *m* (*Aufprall*) πρόσκρουση; *auf den Preis*: έξτρα *n/pl*; F καπέλο; (*am Sakko*) ρεβέρ ⟨*0*⟩ *n*; **~-** (*Zünder*) κρουστικός
aufschlagen* *v/t Buch* ανοίγω; *Zelt* στήνω, μπήγω; *HDL* **auf** *e-e Ware e-n Betrag* ~ ανατιμώ *A* κατά *A*; F πουλώ με καπέλο; *v/i* ⟨*sn*⟩ (*auftreffen*) προσκρούω, κτυπώ (-άς); *subst* διάνοιξη; στήριγμα *n*
aufschließen* ξεκλειδώνω; *fig* (*zugänglich machen*) αξιοποιώ; *v/i* ⟨*sn*⟩ (*zusammenrücken*) πυκνώνω
aufschlitzen ⟨*-t*⟩ σχίζω; *j-m* **den Bauch** ~ ξεκοιλιάζω *A*

A
Aufschluss 620

Aufschluss *m* ενημέρωση (**über** *A*/πάνω σε), διασάφηση; **~ geben** διαφωτίζω (**j-m über** *A*/κπ περί *G*), δίδω διασαφήσεις; ενημερώνω (**über** *A*/σε)
aufschlüsseln ⟨*-le*⟩: *HDL* **nach Branchen ~** ταξινομώ κατά κλάδους
Aufschlüsselung *f* ταξίνομηση
aufschlussreich αποκαλυπτικός; διδακτικός
auf|schmieren επαλείφω; **~schnappen** (*e-e Redensart*) παίρνω; μαθαίνω (ευκαιριακά)
aufschneiden* σχίζω; *Braten, Kuchen* κόβω (*subst* κόψιμο); *Melone* ανοίγω; (*Märchen erzählen*) τερατολογώ; (*prahlen*) περιαυτολογώ, κομπάζω
Aufschneid|en *n* σχίσιμο; **~er** *m* καυχησιάρης; **~e'rei** *f* κομπασμός
Aufschnitt *m* κρύα ψητά *n/pl*, σαλαμικά *n/pl*; (*Zubrot*) προσφάγι; **~platte** *f* κρύος μπουφές (-έδες)
aufschnüren ξεδένω, λύνω
aufschrauben (*losschrauben*) ξεβιδώνω
aufschrecken *v/t und v/i* ⟨*sn*⟩ τρομάζω, ξιππάζω
Aufschrei *m* ξεφωνητό, αναφώνημα *n*
aufschreiben* (*notieren*): **sich** *etw* **~** σημειώνω; F **j-n ~** (*für ein Strafmandat*) δίνω σε κπ κλήση
aufschreien* ξεφωνίζω, αναφωνώ
Aufschrift *f* επιγραφή; **ohne ~** ανεπίγραφος
Aufschub *m* αναβολή; *JUR* αναστολή; (*Zahlungs-*) δικαιοστάσιο
aufschütteln ⟨*-le*⟩ τινάζω
aufschütten ⟨*-e-*⟩ *Straße usw* επιχωματώνω; *Steine usw* επισωρεύω; (*nachfüllen*) ξαναγεμίζω, προσθέτω
Aufschüttung *f* επίχωμα *n*, επιχωμάτωση
aufschwatzen ⟨*-t*⟩ πασάρω (**j-m etw**/κτ σε κπ)
aufschwingen*: sich ~ (*auffliegen*) ανυψώνομαι; (*Turnen*) κάνω ανακυβίσθηση; *fig* **sich ~ zu** *D* ενθαρρύνομαι *oder* παίρνω την απόφαση να ...
Aufschwung *m* προκοπή, πρόοδος *f*; (*am Reck*) ανακυβίσθηση; **e-n** (**großen**) **~ nehmen** προοδεύω (σημαντικώς), ευδοκιμώ
aufsehen* αναβλέπω (**zu** *D*/σε); (*achten*) σέβομαι *A*
Aufsehen ⟨*-s*; *0*⟩ *n* θόρυβος, κρότος; **~ erregen** κάνω μπούγιο, δημιουργώ σάλο; **~ erregend** πολύκροτος, εντυπωσιακός
Aufseher *m* φύλακας, επιτηρητής, επιστάτης
aufsetzen ⟨*-t*⟩ *Hut* βάζω; *Brille* φορώ; *Schriftstück* συντάσσω; *Essen* βάζω στην φωτιά; *Miene* παίρνω; *subst* βάλσιμο (-ατος); σύνταξη
Aufsicht *f* επίβλεψη, επιστασία (**über** *A/G*); **die ~ führen** ασκώ εποπτεία, επιβλέπω (**bei** *D*/σε)
Aufsichts|- εφορευτικός; **~behörde** *f* επιστασία; **~rat** *m HDL* διοικητικό συμβούλιο
auf|spannen *Schirm, Segel* ανοίγω; *Seil* τεντώνω; **~sparen** *Geld und anderes* αποταμιεύω; **~speichern** ⟨*-re*⟩ αποθηκεύω; **~sperren** ανοίγω διάπλατα; *fig* **Mund und Nase ~sperren** μένω με το στόμα ανοιχτό
aufspielen *mst v/i* παιανίζω; **zum Tanz ~** παίζω για τον χορό; **sich ~** κάνω τον καμπόσο; **er spielt sich als** (**Dichter** *usw*) **auf** κάνει τον (ποιητή *usw*)
auf|spießen ⟨*-t*⟩ σουβλίζω; **~splittern** ⟨*-re*⟩ *v/t* (*auch fig*) διασπώ (-άς); *v/i* ⟨*sn*⟩ διασπώμαι
aufspringen* ⟨*sn*⟩ (*vom Sitz*) τινάζομαι, αναπηδώ (-άς) από, πετιέμαι απάνω; ανατινάζομαι (**vor** *Freude*/από); (*auf den Bus*) πηδώ σε; (*platzen*) σκάζω
aufspulen τυλίγω
aufspüren (*auch fig*) ανιχνεύω; *Tier bsd* εξιχνιάζω, ιχνηλατώ
Aufspür|en *n* ιχνηλασία; ανίχνευση; **~er** *m* ιχνηλάτης
aufstacheln ⟨*-le*⟩ συνεγείρω, προτρέπω (**zu** *D*/σε)
Aufstachelung *f* προτροπή
Aufstand *m* επανάσταση, ανταρσία, στάση
aufständisch επαναστατικός
Aufständische(r) αντάρτης
Aufstands- στασιατικός
aufstapeln ⟨*-le*⟩ στοιβάζω; *bsd HDL* επισωρεύω
Aufstapelung *f* επισώρευση
auf|stechen* τρυπώ (-άς); **~stecken** βάζω, προσαρμόζω
aufstehen* ⟨*sn*⟩ σηκώνομαι, εγείρομαι; (*offen sein*) είμαι ανοιχτός
Aufstehen *n* έγερση

A
621 **Aufwärtsbewegung**

aufsteigen* ⟨*sn*⟩ ανεβαίνω, ανέρχομαι; ανυψώνομαι; **~d** ανοδικός

aufstellen *allg, auch Zelt, Maschine* στήνω, τοποθετώ; (*nach e-r Ordnung*) διαθέτω; *Soldaten, Schüler* παρατάσσω; *Theorie* διατυπώνω; *Gesetz* θέτω; *Liste* συντάσσω, καταρτίζω; *Rechnung* καταστρώνω; *Kandidaten* παρουσιάζω; *Truppen* συγκροτώ; *als Beispiel* (*Muster*) ~ παραδειγματίζω; **e-e Behauptung ~** ισχυρίζομαι; **sich ~** παρατάσσομαι; **sich als Kandidat ~ lassen** εκθέτω υποψηφιότητα; **aufgestellt werden als** εκτίθεμαι

Aufstellung *f* στήσιμο (-ατος), τοποθέτηση; παράταξη; σύνταξη, κατάστρωση, συγκρότηση; συναρμολογία; **~ nehmen** παρατάσσομαι; **~ nehmen lassen** παρατάσσω

Aufstieg ⟨*-ḙs; -e*⟩ *m* ανήφορος, ανάβαση; ύψωση; **den ~ unternehmen** παίρνω τον ανήφορο

Aufstiegsmöglichkeit *f* (*in e-r Stellung*) ευκαιρία καριέρας; **~en** *f/pl* δυνατότητες *f/pl* προβιβασμού; **berufliche ~en** υπηρεσιακή εξέλιξη

aufstöbern ⟨*-re*⟩ ξετρυπώνω

Aufstöbern *n* ξετρύπωμα *n*

aufstocken *Kapital* προσθέτω

aufstoßen* *Tür* ωθώ; (*nach dem Essen*) ρεύομαι; *subst* ώθηση; ρέψιμο (-ατος); **saures ~** οξυρεγμία

auf|streichen* επαλείφω; *Butter usw* αλείφω; **~streifen** *Ärmel* ανασκουμπώνω, ανασηκώνω

Aufstrich *m* επάλειμμα *n*

auf|stützen ⟨*-t*⟩ *Ellbogen* στηρίζω (**auf** *A*/σε); **sich ~stützen** στηρίζομαι (**auf** *A*/σε); **~suchen** *j-n* πηγαίνω να τον βρω; **~takeln** ⟨*-le*⟩ *MAR* αρματώνω, εξαρτίζω

Auftakt *m MUS* άρση; *fig* πρελούδιο

auftanken βάζω βενζίνη, γεμίζω το ρεζερβουάρ

auftauchen ⟨*sn*⟩ (*auch fig*) αναδύομαι; *fig* (*erscheinen*) κάνω την εμφάνισή μου; *Frage*: αναφύομαι; **plötzlich vor j-m ~** του ζεφυτρώνω; *subst* ανάδυση; ξεφύτρωμα *n*

auftauen *v/t und v/i* ⟨*sn*⟩ ξεπαγώνω; *fig* ζωηρεύω; *subst* ξεπάγωμα *n*

aufteilen καταμερίζω (**an** *A*/σε); μοιράζω (**unter** *A*/σε); κατανέμω; *etw* **unter sich ~** μοιράζομαι *A*

Aufteilung *f* καταμερισμός; κατανομή

auftischen κερνώ (-άς); *fig Lügen* ξεφουρνίζω

Auftrag ⟨*-ḙs; ⸚e*⟩ *m* εντολή; *HDL* παραγγελία (**auf** *A*/για); **im ~** *G* κατ' εντολήν *G*; **in ~ geben** παραγγέλνω

auftragen* *Speisen* παραθέτω; *Farbe* βάζω; *Kleider* φορώ μέχρι φθοράς; (*übertreiben*) τα μεγαλώνω

Auftraggeber *m* εντολοδότης; παραγγελιοδότης

auftreiben* *Geld usw* βρίσκω; (*blähen*) φουσκώνω

auftrennen *Kleid* ξετρυπώνω, ξηλώνω, ξερράβω; *subst* ξετρύπωμα *n*

auftreten* ⟨*sn*⟩ πατώ; (*erscheinen*; *im Fernsehen*) εμφανίζομαι; (*Epidemie*; *plötzlich*) ενσκήπτω; (*seuchenartig*) επιδημώ; *THEA* βγαίνω στη σκηνή; *Krankheit*: **wieder ~** υποτροπιάζω; (*als Bürge*) μπαίνω; (*als Käufer*) συμπεριφέρομαι (ως); (*sich benehmen*) φέρομαι; **~ gegen** *A* ξεσπαθώνω εναντίον *G*; *subst* (*Benehmen*) φέρσιμο (-ατος)

Auftrieb *m* αναπτέρωση, ώθηση; **~ geben** *D* αναπτερώνω *A*, δίνω ώθηση, δίνω τόνο (*D*/σε); **neuen ~ geben** αναζωπυρώνω

Auftritt *m* (*Szene*) σκηνή; (*Streit*) επεισόδιο; (*Krach*) πανηγύρι

auftrumpfen: j-m gegenüber ~ επιβάλλομαι σε κπ, έχω κπ καβάλα

auftun* ανοίγω

auf|türmen συσσωρεύω; **~wachen** ⟨*sn*⟩ ξυπνώ (-άς); **~wachsen*** ⟨*sn*⟩ μεγαλώνω

aufwallen *Wasser*: κοχλάζω

Aufwallung *f* αναβρασμός; (*fig z. B. der Leidenschaft*) έξαψη; ερεθισμός

Aufwand ⟨*-ḙs; 0*⟩ *m* δαπάνη (**an** *D*/*G*); κόπος; (*Arbeits-, Zeit-*) κατανάλωση; *z. B.* **~ an Zeit** δαπάνη, κατανάλωση χρόνου

aufwändig → ***aufwendig***

aufwärmen ξαναζεσταίνω; *fig* αναμασώ

Aufwartefrau *f* οικιακή βοηθός *f*

aufwarten ⟨*-e-*⟩ προσφέρω (**j-m mit** *D*/κτ σε κπ), εξυπηρετώ (**j-m damit**/κπ *A*)

Aufwartung *f* υπηρεσία

aufwärts προς τα επάνω; **~ gehen** προκόβω

Aufwärtsbewegung *f* ανάβαση, *auch* ανοδική πορεία

Aufwasch ⟨-*es*; *0*⟩ *m* άπλυτα *n/pl*; **in e-m ~** F όλο μαζί, μονομιάς
aufwaschen* ξεπλένω, νεροβγάζω; *subst* ξέπλυμα *n*
aufwecken ξυπνώ (-άς), αφυπνίζω, εξεγείρω; *subst* ξύπνημα *n*
aufweichen *v/t* μουσκεύω, διαβρέχω; *v/i* ⟨*sn*⟩ μαλακώνω
aufweisen* *Merkmal* επιδεικνύω; *Index, Frage, auch Risse* παρουσιάζω; **etwas aufzuweisen** (= *Vorzüge*) **haben** έχω προτερήματα
aufwend|en* ⟨-*e*-⟩ *Zeit, Kraft, Geduld, Geld* καταναλώνω; *Mühe, Kräfte* καταβάλλω; **~ig** δαπανηρός (**in** *D*/σε)
Aufwendung *f* κατανάλωση, δαπάνη
auf|werfen* *Wall* σηκώνω, εγείρω; *Frage* προβάλλω; *Problem* θέτω; **~werten** ⟨-*e*-⟩ επανεκτιμώ (-άς), ανατιμώ
Aufwertung *f* ανατίμηση
aufwickeln ⟨-*le*⟩ τυλίγω, κουβαριάζω; *subst* τύλιγμα *n*
aufwiegeln ⟨-*le*⟩ διεγείρω (**zu** *D*/σε), εξεγείρω (**zu** *D*/σε)
Aufwiegelung *f* εξέγερση, διέγερση
aufwiegen* ζυγίζω, αντισταθμίζω
Aufwiegler *m* διεγέρτης
aufwirbeln ⟨-*le*⟩ *v/t Staub* σηκώνω; *fig* **Staub ~** κάνω ντόρο; *v/i* ⟨*sn*⟩ σηκώνομαι
auf|wischen σφουγγαρίζω; **~wühlen** *Meer* ταράσσω; *Erde und fig* ανασκαλίζω; *Vergangenes* ξεσκαλίζω
Aufwühlen *n* ξεσκάλισμα *n*
Aufwurf *m* επιχωμάτωση
aufzählen απαριθμώ, αραδιάζω; *subst* απαρίθμηση, αράδιασμα *n*
aufzäumen χαλινώνω
Aufzäumen *n* χαλίνωση
aufzehren κατατρώω; *fig* (*verbrauchen*) ροκανίζω; *Kräfte* εξαντλώ
Aufzehrung *f fig* ροκάνισμα *n*
aufzeichnen ⟨-*e*-⟩ (*notieren*) σημειώνω; (*skizzieren*) σχεδιάζω, ιχνογραφώ
Aufzeichnung *f* σημείωση
aufzeigen *v/t* ξεφανερώνω
aufziehen* (*hochziehen*) ανασύρω; *Flagge, Segel* υψώνω; *Uhr* κουρδίζω; *Bild* επικολλώ (-άς); (*auf e-n Kranz*) αρμαθιάζω; *Kind* ανατρέφω; (*necken*) κουρδίζω (**j-n**/κπ); F κάνω πλάκα σε; *Uhr*: **nicht aufgezogen** ακούρδιστος; *v/i* ⟨*sn*⟩ MIL παρατάσσομαι; *Wache*: αλλάζω; *Gewitter*: επέρχομαι; *subst* (*der Flagge*) ύψωση; (*Segel*) σήκωμα *n* πανιών; (*Uhr und fig*) κούρδισμα *n*
Aufzucht *f* ανατροφή, μεγάλωμα *n*; ανάθρεμμα *n*
Aufzug *m* (*Parade*) παράταξη; (*Umzug*) πομπή; THEA πράξη; TECH (*Winde*) καρούλι; (*größerer*) ανελκυστήρας; (*Personen-*) ασανσέρ ⟨*0*⟩ *n*; (*Kleidung*) γκαρδαρόμπα, σκουτιά *n/pl*
aufzwingen* επιβάλλω (**j-m etw**/κτ σε κπ)
Augapfel *m* κόρη του οφθαλμού
Auge ⟨-*s*; -*n*⟩ *n* μάτι, *K* οφθαλμός; → **Knospe**; **in meinen ~n** στα μάτια μου; **mit bloßem ~** με γυμνό μάτι; **mit eigenen ~n** με τα μάτια μου; **mit geschlossenen ~n** με κλειστά μάτια; **unter vier ~n** στόμα με στόμα, ιδιαιτέρως; **unter den ~n** *der Polizei* μπροστά στα μάτια *G*; (*Turnen*) **~n geradeaus!** ατενώς!; **ein ~ haben auf** *A* (*aufpassen*) προσέχω, (επι)βλέπω; (*erstreben*) αποβλέπω σε; εποφθαλμιώ (-άς) *A*; **j-n im ~ behalten** *oder* **haben** *oder* **nicht aus den ~n lassen** έχω κπ στο μάτι, κατοπτεύω; **ins ~ fallen** χτυπώ στο μάτι; *etw* **ins ~ fassen** αντιμετωπίζω, ματιάζω; **vor ~n haben** έχω προ οφθαλμών; *j-m* **schöne ~n machen** κάνω σε *A* τα γλυκά μάτια; **j-m die ~n öffnen** ξεστραβώνω κπ; **sich die ~n reiben vor** *D* τρίβω τα μάτια από; **soweit das ~ reicht** όσο παίρνει το μάτι; **die ~n für immer schließen** κλείνω για πάντα τα μάτια; *e-r Tatsache* (*D*) **offen ins ~ sehen** αντιμετωπίζω *A* κατάματα; **immer vor ~n stehen** παραμένει διαρκώς στο νου μου; **j-m Sand in die ~n streuen** ρίχνω σε κπ στάχτη στα μάτια; **ein ~ geworfen haben auf** *A* εποφθαλμιώ (-άς); **ein ~ zudrücken** (*etw übersehen*) κλείνω τα μάτια, κάνω στραβά μάτια; **kein ~ zutun** (*nicht schlafen*) δεν κλείνω μάτι
Augen- οφθαλμικός
Augen|arzt *m* οφθαλμίατρος, οφθαλμολόγος; **~arztpraxis** *f* οφθαλμιατρείο; **~blick** *m* στιγμή; **alle ~blicke** κάθε τόσο; **e-n ~blick bitte!** μια στιγμή, παρακαλώ!; **in dem ~blick, als** την στιγμή που
augenblicklich στιγμιαίος, ακαριαίος
Augen|braue *f* φρύδι; **~entzündung** *f*

φλεγμονή του οφθαλμού; **~farbe** *f* χρώμα *n* των οφθαλμών; **~heilkunde** *f* οφθαλμιατρική; **~höhle** *f* κόγχος; **~klinik** *f* οφθαλμιατρείο; **~leiden** *n* οφθαλμοπάθεια; **~licht** ⟨*-es; 0*⟩ *n* φως *n*; **~lid** *n* βλέφαρο, ματόφυλλο; **~maß** *n* οπτική εκτίμηση; *fig* (**rechtes**) **~*maß*** ευθυκρισία; **~merk: *sein ~merk richten auf*** *A* στρέφω την προσοχήν μου σε; **~nerv** *m* οπτικό νεύρο; **~schein** ⟨*-s; 0*⟩ *m* JUR αυτοψία; ***in ~schein nehmen*** κάνω επιθεώρηση

augenscheinlich οφθαλμοφανής

Augen|schmerzen *m/pl* πονόματος, ματοπόνος; **~triefen** *n* τσίμπλα; **~tropfen** *m/pl* κολλύριο; **~weide** ⟨*0*⟩ *f* χάρμα *n* οφθαλμών; χαρά ματιού; **~wimper** *f* βλεφαρίδα; **~winkel** *m* κανθός; **~zahn** *m* κυνόδοντας άνω γνάθου; **~zeuge** *m* αυτόπτης μάρτυρας

Aug'ment ⟨*-s; -e*⟩ *n* GR αύξηση

August ⟨*-, -s; -e*⟩ *m* (*Name*), **Au'gust** ⟨*-s; -e*⟩ *m* (*Monat*) Αύγουστος

August- αυγουστιάτικος

Au'gustus ⟨*-; 0*⟩ *m* (*Kaiser*) Αύγουστος

Auk'tion *f* δημοπρασία

Aula ⟨*-; -len*⟩ *f* αίθουσα (τελετών)

Aure'ole *f* χρυσοστέφανος

Au'rora *f* Ηώς (-ούς) *f*

aus¹ *präp D* από (απ', αφ'): ***~ dem Haus*** από το σπίτι; ***~ Eisen*** από σίδερο; (*Grund*) ***~ Neid*** από φθόνο; (*auch fig*) εκ, εξ *G*; ***~ D ... heraus*** (απο)μέσα από; ***~ Gründen*** για λόγους ...; ***~ wirtschaftlichen Gründen*** για λόγους οικονομικούς; ***~ sein*** έχω τελειώσει; ***es ist ~!*** τελείωσε

aus-² *Präfix oft*: από-, εκ-, προ-

aus³ (*Sport*) άουτ

Aus ⟨*0*⟩ *n* άουτ *n*

ausarbeiten ⟨*-e-*⟩ επεξεργάζομαι, απεργάζομαι; *Plan* εκπονώ, καταρτίζω

Ausarbeitung *f* επεξεργασία, εκπόνηση; *von Gesetzen* επεξεργασία

ausarten ⟨*-e-; sn*⟩ (*jedes Maß verlieren*) εκτροχιάζομαι (**in** *A*/σε)

ausatmen ⟨*-e-*⟩ εκπνέω

Ausatmung *f* εκπνοή

ausbaden ⟨*-e-*⟩: ***etw ~ müssen*** πληρώνω τη νύφη εγώ

ausbaggern ⟨*-re*⟩ σκάβω με εκσκαφέα

ausbalancieren (ισο)ζυγίζω, αντισταθμίζω

Ausbalancierung *f* αντιστάθμιση

Ausbau *m* τελειοποίηση; επέκταση; (*z.B. der Flotte*) ενίσχυση; (*Wegnahme*) αφαίρεση

ausbauchen τουρλώνω

ausbauen τελειοποιώ; επεκτείνω; (*wegnehmen*) αφαιρώ

ausbedingen*: ***sich*** (*D*) *etw* ~ θέτω ως όρο

ausbessern ⟨*-re*⟩ διορθώνω, μαστορεύω

Ausbesser|er *m* διορθωτής; **~ung** *f* διόρθωση; **~ungswerk** *n* μηχανοστάσιο

ausbeulen: *sich ~* κάνω κοιλιά; *Anzug*: κάνω γόνατα

Ausbeute *f* απολαβή

ausbeuten ⟨*-e-*⟩ εκμεταλλεύομαι (*auch pers*)

Ausbeut|er *m* εκμεταλλευτής; **~ung** *f* εκμετάλλευση

ausbilden ⟨*-e-*⟩ εκπαιδεύω, εξασκώ (**in** *D*/σε), (δια)μορφώνω, καταρτίζω (**in** *D*/σε); MIL *bsd* ασκώ (**j-n in** *D*/κπ σε); (*spezialisieren*) ειδικεύω (**in** *D*/σε); ***sich ~*** γυμνάζομαι (**in** *D*/σε)

Ausbild|er *m* MIL γυμναστής; **~ung** *f* (*Berufs- usw*) εκπαίδευση, μόρφωση, καταρτισμός; **~ungs-** εκπαιδευτικός

ausbitten*: ***sich*** (*D*) *etw* ~ ζητώ ρητώς

aus|blasen* σβήνω; **~bleiben*** ⟨*sn*⟩ δεν έρχομαι; (*lange*) αργώ; **~bleichen*** ⟨*sn*⟩ ξεθωριάζω

Ausblick *m* θέα

ausbomben: *ausgebombt* βομβόπληκτος

ausbooten ⟨*-e-*⟩ *v/t* ξεμπαρκάρω; *fig* ξύνω

ausbrechen* *v/t* (*wegnehmen*) βγάζω; ***sich*** (*D*) *etw* ~ σπάζω *A*; *Speisen* ξερνώ (-άς), εξεμώ; *v/i* ⟨*sn*⟩ *Gefangener*: αποδρώ (-άς) (**aus** *D*/από); *Krieg, Feuer*: ξεσπάω, εκρηγνύομαι; *fig* (*in Lachen usw*) εκρηγνύομαι

Ausbrecher *m* δραπέτης

ausbreiten ⟨*-e-*⟩ *v/t* εξαπλώνω; στρώνω; *Flügel* ανοίγω; *Karte, Gefaltetes* ξεδιπλώνω; ***sich ~*** *Feuer, Krankheit, Licht*: διαδίδομαι

Ausbreit|en *n* εξάπλωση; στρώσιμο (-ατος); τανυσμός; **~ung** *f* διάδοση

ausbrennen* *v/t* καυτηριάζω; (*niederbrennen; auch* MED) κατακαίω; *v/i* ⟨*sn*⟩

A
Ausbruch 624

Haus usw: καίομαι; *Feuer*: σβήνω; *subst* καυτηριασμός
Ausbruch *m* (*Krieg*, *Klage*, *Feuer usw*) έκρηξη; (*Freude*, *Wut auch*) ξέσπασμα *n*; (*Flucht*) δραπέτευση
ausbrüten ⟨*-e-*⟩ κλωσσώ (-άς), (*auch fig*) εκκολάπτω
ausbügeln ⟨*-le*⟩ σιδερώνω; *Nähte* πατώ ... (με το σίδερο); *fig* διορθώνω
ausbürgern ⟨*-re*⟩ εκπατρίζω
Ausbürgerung *f* εκπατρισμός
ausbürsten ⟨*-e-*⟩ βουρτσίζω
Ausdauer *f* αντοχή; εμμονή
ausdauernd ανθεκτικός; ~ **sein** έχω αντοχή
ausdehnbar εκτατός; *PHYS* διασταλτικός
ausdehnen *Grenzen* επεκτείνω; προεκτείνω; *PHYS* διαστέλλω; *Gespräch* μακραίνω, (*zu sehr*) παρατραβώ; **sich** ~ *PHYS* διαστέλλομαι; *Gespräch*: μακραίνω, τραβώ σε μάκρος; **sich** *auf ein Thema* (*A*) ~ επεκτείνομαι σε
Ausdehnung *f* έκταση, επέκταση; *PHYS* διαστολή
Ausdehnungs|- διασταλτικός; **~vermögen** ⟨*-s*; *0*⟩ *n PHYS* διασταλτικότητα
ausdenken*: **sich etw** ~ επινοώ (*A*); σοφίζομαι, μηχανεύομαι
ausdorren ⟨*sn*⟩ αποξηραίνομαι
ausdrehen *Gas usw* κλείνω
Ausdruck *m* εκφράση, φράση; (*Fach-*) όρος; (*Computer-*) εκτύπωση; **zum** ~ **bringen** εκφράζω
ausdrucken *EDV* εκτυπώνω
ausdrück|en (*pressen*) πιέζω; *fig* εκφράζω (**j-m etw**/κτ σε κπ); *Zigarette* σβήνω; **sich ~en** εκφράζομαι; **~lich** ρητός (-ώς), κατηγορηματικός
Ausdrucks|- εκφραστικός; φραστικός; **~fähigkeit** ⟨*0*⟩ *f* παραστατικότητα; **~kraft** ⟨*0*⟩ *f* εκφραστικότητα
ausdrucks|los ανέκφραστος; **~voll** εκφραστικός; παραστατικός
Ausdrucksweise *f* ύφος *n*, φραστικό, λεκτικό, φρασεολογία
ausdünsten ⟨*-e-*⟩ αναθυμιάζω
Ausdünstung *f* αναθυμίαση; εξάτμιση
ausein'ander: ~ **brechen*** ⟨*sn*⟩ *v/i* σπάζω; σχίζομαι στα δύο; ~ **bringen*** διαχωρίζω; ~ **fallen*** ⟨*sn*⟩ διαλύομαι; διακρίνομαι; ~ **gehen*** ⟨*sn*⟩ χωρίζομαι; *Menge*: σκορπίζω; (*dick werden*) παχαίνω; **die Meinungen der ...** (*G*) **gehen auseinander** (οι) *N*... διχάζονται; ~ **laufen*** ⟨*sn*⟩ *Menge*: διασκορπίζομαι; → ~ **gehen**; ~ **legen** (*erklären*) εξηγώ; αναλύω; ~ **nehmen*** *allg*, *Maschine*, *Schrank* ξηλώνω; διαλύω; *Motor auch* λύνω; ~ **rollen** ξετυλίγω; ~ **setzen** ⟨*-t*⟩ κατατοπίζω (**j-m etw**/κπ σε *oder* κπ επί *G*); εκθέτω (**j-m etw**/κτ σε κπ); **sich** *mit j-m* ~ **setzen** κάνω συζήτηση με; (*mit etw*, *e-r Frage usw*) αντιμετωπίζω *A*, διαπραγματεύομαι περί *G*; ~ **stehen*** χάσκω; ~ **stellen** αραιώνω; ~ **treiben*** διασκορπίζω
Ausein'andersetzung *f* λογομαχία; αντιμετώπιση; (*Sport*) αναμέτρηση
Ausein'andertreibung *f* διασκόρπιση
aus|erkoren, ~erlesen εκλεκτός
ausersehen* προορίζω (**zu** *D*/για); *part* προορισμένος (**dazu ... zu** + *inf*/ να)
auserwähl|en εκλέγω; **~t** εκλεκτός, επίλεχτος; *Volk*: περιούσιος
ausfahren* *v/t j-n* περιπατώ (με το αμάξι); (*transportieren*) μετακομίζω; *v/i* ⟨*sn*⟩ περιπατώ (με το αμάξι); *Schiff*: αποπλέω
Ausfahrt *f* (*Verlassen und Weg*) έξοδος *f*; (*Spazierfahrt*) περίπατο με το αμάξι
Ausfall *m* (*von Einnahmen usw*) χάσιμο (-ατος); (*e-r Veranstaltung*) ματαίωση; *Bus*: ... δεν κυκλοφορεί; (*Defizit*) έλλειμμα *n*; *MIL* έξοδος *f*; (*Strom- usw*) διάλειψη; (*Haar-*) πτώση; *pl* **Ausfälle** (*Beleidigungen*) προσβολές *f/pl*
ausfallen ⟨*sn*⟩ *Haare usw*: πέφτω; *Vortrag usw*: ματαιώνομαι; *Buchstabe*, *Einnahme*: χάνομαι; *Bus usw*: δεν κυκλοφορώ; (= *nicht stattfinden*) δεν γίνομαι, δεν λαμβάνω χώρα; *Stoff usw* (*gut*, *schlecht*): δείχνω; *TECH*, *Strom*: διαλείπω; *Maschine*: σταματώ (-άς)
ausfällen *CHEM* (κατα)κρημνίζω
Ausfällen *n* κρήμνισμα *n*
ausfasern ⟨*-re*, *sn*⟩ ξεφτίζω
ausfechten* *e-e S* ξεμπερδεύω με; **etw miteinander** ~ μετριέμαι
ausfegen σαρώνω
ausfeilen λιμάρω; *fig Stil*, *Rede* λαξεύω, τορνεύω, επεξεργάζομαι
ausfertigen *Pass usw* εκδίδω
Ausfertigung *f* έκδοση; (*Urteilsurkunde*) απόγραφο; **in zweifacher** ~ εις διπλούν

ausfindig: ~ ***machen*** βρίσκω, ξετρυπώνω
Ausfindigmachen *n* εξεύρεση
ausfliegen* ⟨*sn*⟩ πετώ (από ...); *fig* ξεπορτίζω
ausfließen* ⟨*sn*⟩ εκρέω
Ausflucht ⟨-; ⸚*e*⟩ *f* υπεκφυγή; ***Ausflüchte machen*** τα στριφογυρίζω
Ausflug *m* εκδρομή
Ausflügler *m* εκδρομέας
Ausflugs|lokal *n* εξοχικό κέντρο; **~programm** *n* πρόγραμμα *n* εκδρομών
Ausfluss *m* (*auch Ort*) εκροή
ausforschen → ***erforschen***
ausfragen ανακρίνω
ausfransen ⟨-*t*; *sn*⟩ ξεφτίζω, χνουδιάζω
ausfressen* *Tier*: αδειάζω τη σκάφη; *fig* ***etw ausgefressen haben*** το διέπραξα; θαυματούργησα
Ausfuhr *f* εξαγωγή; **~-** εξαγωγικός
ausführbar κατορθωτός; εξαγώγιμος
ausführen *Waren* εξάγω; *Arbeit*, *Auftrag*, *Befehl* εκτελώ; *Auftrag auch* διεκπεραιώνω; (*ausarbeiten*) επεξεργάζομαι; (*darlegen*) εκθέτω
Ausfuhrgenehmigung *f* άδεια εξαγωγής
aus'führlich λεπτομερής, αναλυτικός; ***~er*** *adv* λεπτομερέστερα
Aus'führlichkeit ⟨*0*⟩ *f* διεξοδικότητα
Ausführung *f* εκτέλεση; ***gute*** ~ *z.B. e-s Fotos* επιτυχία; **~s-** *JUR* νομοτελεστικός; (*Bestimmungen*) κανονιστικός
Ausfuhrzoll *m* εξαγωγικά τέλη *n*/*pl*
ausfüllen γεμίζω, πληρώ; *Amt* επιτελώ; *Lücke*, *Formular* συμπληρώνω
Ausgabe *f* έξοδο, δαπάνη; (*e-s Buches*) έκδοση; **~n** *f*/*pl* έξοδα *n*/*pl*; ***tägliche ~n*** μικροέξοδα *n*/*pl*
Ausgang *m* (*konkret*) έξοδος *f*; (*der Wahlen*, *e-s Prozesses usw*) έκβαση
Ausgangs|- αρχικός; **~punkt** *m* αφετηρία; **~stellung** *f* (*Turnen*) θέση εκκινήσεως
ausgeben* *Geld* ξοδεύω, δαπανώ (-άς), χαλάω (-άς) (***für*** *A*/σε); ***sich ~ als*** επαγγέλλομαι *A*
ausgebildet εκπαιδευμένος; ***praktisch*** ~ εμπειρικός
ausgebreitet στρωτός, ξαπλωτός
Ausgebrochene(r) δραπέτης
Ausgeburt [-u:-] *f* αποκύημα *n*, έκτρωμα *n*

ausge|dehnt εκτεταμένος; *Gespräch*: μακράς διαρκείας; μακρός; **~drückt** εκφρασμένος; **~glichen** *pers* ισορροπημένος
Ausgeglichenheit ⟨*0*⟩ *f fig* ισορροπία
ausgehen* ⟨*sn*⟩ (*spazieren gehen*) βγαίνω (έξω); *Haar*: πέφτω; *Licht*: σβήνω; *Vorräte*: τελειώνω; *Angelegenheit*: τελειώνω; ***mir ist das Benzin ausgegangen*** έμεινα από βενζίνη; (*von e-m Punkt*, *e-r Person*) προέρχομαι από; *fig* (*voraussetzen*) ~ ***von*** *D* ξεκινώ από, προϋποθέτω *A* (***davon, dass***/ότι); *Macht*: ***vom Volke*** ~ πηγάζω από το λαό; (***streben nach***) αποβλέπω (***auf etw***/σε), ***darauf ~ zu*** επιδιώκω να; ***es ist für ihn gut ausgegangen*** του βγήκε σε καλό
ausge|hoben *Grube*: ορυκτός; **~höhlt** κοίλος, βαθουλός
Ausgehverbot *n* περιορισμός κατ' οίκον
ausge|kocht *Mensch* F τρομερός; **~lassen** κεφάτος; **~liefert** παραδομένος; **~löscht** σβηστός; **~macht** *Licht*: σβηστός; βέβαιος; τελείως, *z.B.* F ***~machter Dummkopf*** τελείως βλάκας; βλάκας και μισός; **~mergelt** ψόφιος, ξεζουμισμένος; **~nommen** παρεκτός (*N*) από; ***~nommen sein*** εξαιρούμαι; **~prägt** εκφραστικός, σημαδεμένος; **~pumpt** F σακατεμένος; **~rechnet** ίσα-ίσα; **~ruht** ξεκούραστος; **~rüstet** εξοπλισμένος; **~sät** σπαρμένος; **~schlossen** αποκλεισμένος; απόβλητος (***aus*** *D*/από *A*); ***das ist ~schlossen*** (αυτό) αποκλείεται; **~schrieben** (*Wort*) ολόγραφος; **~setzt** εκτεθειμένος, υποκείμενος (*D*/σε); **~sprochen** (*ganz*, *sehr*) πολύ, εξαιρετικά; **~spült** ξεπλυμένος
ausgestalten ⟨-*e*-⟩ διαμορφώνω
ausge|stellt έκθετος; *Bescheinigung*: χορηγούμενος; **~storben** *BIOL Art*: εξαφανισμένος; *Straße*: ***wie ~storben*** έρημος; **~stoßen** *MIL* αποτεταγμένος; *allg* απόβλητος (***aus*** *D*/από *A*); **~sucht** *Früchte*: διαλεχτός; εκλεχτός; **~trocknet** ξεραμένος; **~übt:** ***~übter Beruf*** επάγγελμα που ασκώ; **~wachsen:** ***~wachsen sein*** (*Körper*) έχω δέσει
Ausgewiesene(r) απελαθείς (-έντος)
ausge|wogen ισορροπημένος; **~wrungen** στραγγιστός; **~zackt** οδοντωτός;

A
ausgezeichnet 626

~zeichnet έξοχος, εξαίρετος; (*sehr gut*) άριστος; *adv* εξαίρετα, πρίμα; (*es geht mir*) περίφημα
ausgiebig μπόλικος, άφθονος
ausgießen* χύνω, ξεχύνω
Ausgießen *n* χύσιμο, διάχυση
Ausgleich ⟨-*e*s; -*e*⟩ *m allg* αντιστάθμιση; αντιστάθμισμα *n* (**für** *e-e Mühe usw*/*G*); (*Konto-*) εξίσωση; (*Budget*) ισοζύγιο; (*Kompromiss*) συμβιβασμός
ausgleichen* αντισταθμίζω; *Konto* εξισώνω; *Bilanz* ισοσκελίζω; *Gegensätze* ισορροπώ; ισοφαρίζω; **sich ~** ισοσταθμίζω, ισοζυγίζω, ισοφαρίζω
Ausgleichsabgabe *f* αντισταθμιτική εισφορά, εξισωτική εισφορά
ausgleiten* ⟨*sn*⟩ ολισθαίνω, ξεγλιστρώ; παραπατώ (-άς)
Ausgleiten *n* ολίσθημα *n*; παραπάτημα *n*
ausgraben* σκάβω; (*auch fig alten Brief usw*) ξεθάβω; (*Baum*) εξορύσσω
Ausgrabung *f* (*e-s Tempels usw*) ανασκαφή; εκταφή; εξόρυξη
Ausguck ⟨-*e*s; -*e*⟩ *m* ξάγναντο
Ausguss *m* νεροχύτης
aushaken ξεκαρφώνω
aushalten* *v/t* βαστώ (-άς), υφίσταμαι, υπομένω; (*widerstehen*) αντέχω σε; **es nicht mehr ~ können vor** *D* δεν αντέχω; *in e-m Beruf*: **er hält es nirgendwo lange aus** δεν στεριώνει πουθενά; **es ist nicht zum Aushalten** δεν υποφέρεται
aushandeln ⟨-*le*⟩ *Vertrag, Bedingungen* συνομολογώ
aushändigen παραδίδω, επιδίδω
Aushändigung *f* επίδοση; παράδοση
Aushändigungsurkunde *f* επιδοτήριο
Aushang *m* αφίσα
aushängen* *Plakat* κολλώ; *Tür* ξεκρεμώ; *Kleider*: **sich ~** ξετσαλακώνομαι
Aushängeschild *n* πινακίδα, ρεκλάμα
aushauchen: sein Leben ~ εκπνέω, ξεψυχώ (-άς); → **ausatmen**
ausheben* *Tür* βγάζω; *Graben* σκάβω; MIL στρατολογώ; *Spielhölle* ξηλώνω; *Verbrecherbande* εξαρθρώνω
Aushebung *f* στρατολογία; όρυγμα *n*
aushecken *v/t* μαγειρεύω (**gegen** *A*/του), μηχανεύομαι
ausheilen ⟨*sn*⟩ *v/i* αποθεραπεύομαι

aushelfen* διευκολύνω (**j-m**/κπ); **j-m ~ mit** κπ βολεύω με
Aushilfe *f als Person* προσωρινός βοηθός
Aushilfspersonal *n* βοηθητικό προσωπικό
aushilfsweise βοηθητικώς
aushöhlen βαθουλώνω, κουφώνω; *subst* βαθούλωμα *n*; υποσκαφή
ausholen: zum Schlag ~ σηκώνω το χέρι για κτύπημα; *fig* **weit ~** μακρηγορώ
aushorchen ψαρεύω, βολιδοσκοπώ
aushungern ⟨-*re*⟩ *v/t* ξελιγώνω, ξεθεώνω στην πείνα, κυριεύω δια λιμού
auskämmen χτενίζω
auskämpfen → **ausfechten**
auskehren σαρώνω
auskennen*: sich ~ in *D* είμαι ξεφτέρι σε; *Ort*: ξέρω τα κατατόπια *G*
ausklammern ⟨-*re*⟩ *fig* αποκλείω, αφήνω κατά μέρος
Ausklang *m* πέρας *n*; *lit* φινάλε ⟨*0*⟩ *n*; έβγα *n* (*z.B. des Sommers*)
Auskleidekabine *f* αποδυτήρια *n/pl*
auskleiden ⟨-*e*-⟩ γδύνω; TECH φοδράρω; **sich ~** γδύνομαι
ausklingen* *fig* τελειώνω (**in** *D*/σε), καταλήγω (**in** *D*/σε)
ausklopfen *Teppich usw* τινάζω, χτυπώ
ausklügeln ⟨-*le*⟩ *v/t* σκευωρώ, σοφίζομαι
auskommen* ⟨*sn*⟩ τα βολεύω, βολεύομαι; **~ mit** τα βγάζω πέρα με; **mit** *j-m* **~** τα βολεύω με; **mit dir ist nicht auszukommen** δε βολεύεσαι
Auskommen *n*: **sein ~ haben** βγάζω το ψωμί μου; **sein gutes ~ haben** έχω οικονομική άνεση
auskosten ⟨-*e*-⟩ γεύομαι, απολαμβάνω
Auskosten *n* γεύση
auskramen ξεθάβω
auskratzen ⟨-*t*⟩ *v/t* εξορυγνύω; MED αποξέω; **j-m die Augen ~** του βγάζω τα μάτια
auskriechen* ⟨*sn*⟩ *Vogel*: βγαίνω (από το αυγό)
auskühlen αποκρυώνω
Auskulta'tion *f* MED στηθοκόπηση, ακρόαση
auskul'tieren MED ακροάζομαι
auskundschaften ⟨-*e*-⟩ κατασκοπεύω
Auskunft ⟨-; ⸚*e*⟩ *f* πληροφορία; **Auskünfte erteilen** παρέχω πληροφορίες

Auskunfts|büro *n* γραφείο πληροφοριών; **~schalter** *m* θυρίδα πληροφοριών
Auskupplung *f* απόζευξη
auskurieren *v/t* αποθεραπεύω; **sich ~** αναλαμβάνω τελείως, γίνομαι περδίκι
auslachen *v/t* περιγελώ (-άς), περιπαίζω
ausladen* ξεφορτώνω; → **vorspringen**; *subst* εκφόρτωση
Auslage *f* (*Geld*) *mst* **~n** *pl* έξοδα *n/pl*; **kleine ~n** μικροέξοδα *n/pl*; (*Ware*) έκθεμα *n*
Ausland ⟨*-es*; *0*⟩ *n* εξωτερικό, αλλοδαπή; **... aus dem ~** (*als adv*) απέξω, έξωθεν; **... im ~** έξω
Ausländer *m* αλλοδαπός; ξένος; **~in** *f* αλλοδαπή; ξένη
Ausländerpolizei *f* τμήμα *n* αλλοδαπών
ausländisch ξένος, ξενικός; **~e Vertretung** ξένη αποστολή
Auslands|- απόδημος, ξενητεμένος; **~auftrag** *m* παραγγελία εξωτερικού; **~gespräch** *n* TEL διεθνής συνδιάλεξη; **~grieche** ⟨*-n*⟩ *m* απόδημος Έλληνας, ξενητεμένος; **~krankenschein** *m* δελτίο ασφάλειας εξωτερικού; **~markt** *m* διεθνής αγορά, αγορά εξωτερικού; **~reise** *f Touristik*: ταξίδι στο εξωτερικό
auslassen* *v/t Wort* παραλείπω; *Kleid* φαρδαίνω; *Fett* λειώνω; **s-e Wut ~ an** *D* ξεθυμαίνω σε; **sich ~ über** *A* (*sprechen*) εκτείνομαι επί *G*
Auslassung *f* παράλειψη; (*Erklärung*) δήλωση
Auslassungszeichen *n* απόστροφος *f*
Auslassventil *n* βαλβίδα εξαγωγής
Auslauf *m* εκροή; (*Bewegungsfreiheit*) άνετη κυκλοφορία, ελευθερία κινήσεως
auslaufen* ⟨*sn*⟩ (*aus e-m Fass*) διαρρέω (από); *Schiff*: αποπλέω; (*enden*) λήγω
Ausläufer *m* (*Berg*) πρόποδες *m/pl*, (*z.B. der Alpen*) παραφυάδα
Auslaut *m* GR καταληκτικός φθόγγος
auslauten ⟨*-e-*⟩ **auf** *A* καταλήγω σε
ausleben: sich ~ αποχαλινώνομαι, απολαβαίνω της ζωής
auslecken *Teller* γλείφω
ausleeren εκκενώνω
Ausleerung *f* εκκένωση
auslegen εκθέτω; *Boden* στρώνω; *Geld* προκαταβάλλω (**für j-n**/σε κπ); (*deuten*) ερμηνεύω; **falsch ~** παρερμηνεύω
Ausleg|er *m* (*Deuter*) ερμηνευτής; TECH πρόβολος (δοκός); (*Kran-*) μπίγα, κεραία γερανού; **~ung** *f* στρώσιμο (-ατος); ερμηνεία
ausleihen* *allg* δανείζω; (*Geld auf Zinsen*) δανείζομαι με τόκο
auslernen τελειώνω τη μαθητεία
Auslese *f* επιλογή (*auch* BIOL); (*Elite*) άνθος *n*
auslesen* διαλέγω, επιλέγω; *Buch* τελειώνω το διάβασμα
ausliefern ⟨*-re*⟩ παραδίδω; *Gefangene* εκδίδω
Auslieferung *f* παράδοση; έκδοση
Auslieferungsvertrag *m* συνθήκη εκδόσεως
auslöschen *Spuren* εξαλείφω; *Erinnerungen* απαλείφω; → **löschen**
auslosen ⟨*-t*⟩ κληρώνω; διαλέγω με κλήρο (*auch Person*)
auslösen ⟨*-t*⟩ TECH αφήνω, απελευθερώνω; βάζω μπρος; *Gefangene* λυτρώνω; *Beifall* προκαλώ; *Pfand* εξαγοράζω
Auslöser *m* (*Foto*) πλήκτρο κλείστρου; TECH αφετήρας
Auslosung *f* κλήρος
Auslösung *f* TECH άφεση
ausloten ⟨*-e-*⟩ βολιδοσκοπώ, βυθομετρώ (-άς), σταθμίζω
auslüften ⟨*-e-*⟩ *v/t* αερίζω, εξαερίζω; *v/i Bettbezug usw* αερίζομαι
ausmachen *Licht*, *Feuer* σβήνω; ELEKTR *Licht auch* κλείνω; (*vereinbaren*) συμφωνώ; κανονίζω; (*Bestandteil sein*) αποτελώ; (*lokalisieren, feststellen*) εντοπίζω; **das macht nichts aus** δεν πειράζει; *subst* σβήσιμο
ausmalen διακοσμώ; *fig* περιγράφω; **sich** (*D*) **etw ~** φαντάζομαι *A*
Ausmarsch *m* εκκίνηση
ausmarschieren ⟨*sn*⟩ εκκινώ
Ausmaß *n* διάσταση, *mst pl* διαστάσεις, μέγεθος *n*; *fig* (*Bedeutung*) έκταση; **riesige ~e annehmen** προσλαμβάνω γιγάντειες διαστάσεις
ausmeißeln ⟨*-le*⟩ γλύφω, σμιλεύω
ausmerzen ⟨*-t*⟩ εξοντώνω; πατάσσω; *Vorurteile* γκρεμίζω
Ausmerzung *f* (*e-s Übels*) πάταξη
ausmessen* καταμετρώ, μετρώ
Ausmessung *f* καταμέτρηση

A
ausmisten 628

ausmisten ⟨*-e-*⟩ αδειάζω την κοπριά; *fig* ξεσκαρτάρω, πετώ τα άχρηστα
ausmustern ⟨*-re*⟩ ξεσκαρτάρω; *MIL* απολύω
Ausnahme *f* εξαίρεση; *GR oft* εξαιρούμενα *n/pl*; *v/t* **keine ~ machen** δεν κάνω εξαιρέσεις; *v/i* **e-e ~ machen** *oder* **bilden** εξαιρούμαι, αποτελώ εξαίρεση; **mit ~** *G* με εξαίρεση *A*; **~fall** *m* εξαιρετική περίπτωση; **~zustand** *m* έκρυθμη κατάσταση
ausnahms|los ανεξαίρετος; **~weise** κατ' εξαίρεση
ausnehmen* (*Anwesende*) εξαιρώ; *Geflügel* ξαντερίζω; F ξετινάζω; **sich** (**gut**) ~ δείχνω (καλός); **~d** εκτάκτως, μοναδικά
ausnutzen ⟨*-t*⟩ εκμεταλλεύομαι (**j-n**/ κπ); *Gelegenheit* επωφελούμαι *G*
Ausnutzung *f* εκμετάλλευση
auspacken *Koffer* αδειάζω; F (*Skandal enthüllen*) βγάζω βρώμα
auspeitschen μαστιγώνω
Auspeitschung *f* μαστίγωμα *n*
auspfeifen* *THEA* σφυρίζω; γιουχαΐζω, γιουχάρω
ausplaudern ⟨*-re*⟩ διαδίδω
ausplündern ⟨*-re*⟩ *auch fig* ληστεύω, λεηλατώ; κουρσεύω (*A*/*A*); *Haus* ξεγυμνώνω
Ausplünderung *f* καταλήστευση, γύμνωση, ρεμούλα
ausposaunen (*auch fig*) διασαλπίζω, *fig* διατυμπανίζω
ausprägen *Münze* εκτυπώνω; **sich ~** φανερώνομαι, εκφράζομαι
auspreisen ⟨*-t*⟩ τιμολογώ
auspressen ⟨*-t*⟩ συνθλίβω; *Saft* βγάζω; *Frucht* πιέζω, στίβω, ζουλάω; *fig* (*j-n*) απομυζώ (-άς), γδύνω
Auspressen *n* στίψιμο (-ατος)
ausprobieren δοκιμάζω; *Waffe* περιεργάζομαι
Auspuff *m* εξάτμιση; **~rohr** *n* σωλήνας εξάτμισης
auspumpen *Wasser usw* αντλώ; *Gefäß* εκκενώνω με αντλία
ausquartieren καταλύω αλλού
ausquetschen *Frucht* ζουπάω
ausradier|en ξύνω, σβήνω; (*vernichten*) εξαλείφω; **~t** σβηστός
ausrangieren [-raŋʒiːrən] (ξε)σκαρτάρω, πετώ (-άς)
ausrasten ⟨*-e-*⟩ *TECH* ξεγαντζώνομαι
ausrauben *Geschäft* απογυμνώνω; → ***ausplündern***
ausräuchern ⟨*-re*⟩ (*desinfizieren*) απολυμαίνω δια καπνίσματος; (*zerstören*) εκπορθώ
ausräumen αδειάζω; *Zimmer* βγάζω τα έπιπλα από; *subst* άδειασμα *n*
ausrechnen ⟨*-e-*⟩ λογαριάζω, υπολογίζω
Ausrede *f* δικαιολογία, υπεκφυγή, πρόφαση, F σφολί
ausreden ⟨*-e-*⟩ τελειώνω (τον λόγο); *j-m etw* ~ αποτρέπω, αποσυμβουλεύω; **~ lassen** αφήνω να τελειώσει
ausreichen επαρκώ (**für**/σε); **~d** επαρκής
ausreifen ⟨*sn*⟩ ωριμάζω
Ausreise *f* έξοδος *f* (**aus** *D*/από *A*); **~erlaubnis** *f*, **~genehmigung** *f* άδεια εξόδου
ausreisen ⟨*-t*⟩ φεύγω στο εξωτερικό
Ausreisevisum *n* βίζα εξόδου
ausreißen* *v/t* αποσπώ (-άς), ξερριζώνω; **Haare ~** ξεμαλλιάζω; *v/i* ⟨*sn*⟩ (*weglaufen*) δραπετεύω
Ausreißer *m* δραπέτης
ausreiten* ⟨*sn*⟩ κάνω περίπατο με το άλογο
ausrenken: sich (*D*) **etw ~** στραμπουλάω (-άς); **sich die Hüfte** (**Schulter**) ~ ξεγοφιάζω (ξεπλατίζω); **sich den Hals ~** ξεσβερκιάζομαι, στραβολαιμιάζω
ausrichten ⟨*-e-*⟩ (*in e-e Linie bringen*) ευθυγραμμίζω; *Soldaten* ζυγιάζω; (*erreichen*) κατορθώνω; (*bestellen*) μεταβιβάζω; *fig* (*in Einklang bringen*) συμμορφώνω (**nach** *D*/με); *subst MIL* ευθυγράμμηση, ζύγιση; συμμόρφωση
Ausritt *m* περίπατος με το άλογο
ausrollen ⟨*sn*⟩ *LUFTF* τροχοδρομώ
ausrotten ⟨*-e-*⟩ *Tiere usw* εξολοθρεύω, εξοντώνω; *fig bsd* ξεριζώνω, πατάσσω
Ausrottung *f* εξολόθρευση, εξόντωση; εκρίζωση; **~s-** εξολοθρευτικός, εξοντωτικός
ausrücken *v/t TECH* αποζευγνύω; *v/i* ⟨*sn*⟩ *MIL* εκστρατεύω; (*weglaufen*) δραπετεύω
Ausruf *m* κραυγή, ξεφωνητό, επιφώνημα *n* (*z. B. der Missbilligung*)
ausrufen* *v/t* επιφωνώ; (*zum Bürgermeister usw*) αναγορεύω *N*, ανακηρύσσω *N*; (*bekannt geben*) προκηρύσσω

Ausruf|er *m* διαλαλητής, κήρυκας; **~ung** *f* ανακήρυξη; προκήρυξη
Ausrufungs|- επιφωνηματικός; **~zeichen** *n* θαυμαστικό
ausruhen *v/t z. B. Füße* αναπαύω; **sich ~** αναπαύομαι, ξεκουράζομαι
ausrupfen ξεμαδώ
ausrüsten ⟨*-e-*⟩ *Heer usw* εξοπλίζω; *allg*, MAR αρματώνω; *fig* (*mit Vorzügen usw*) προικίζω με
Ausrüstung *f* εξοπλισμός; αρμάτωμα *n*, καταρτισμός; (*e-s Soldaten*) εξάρτηση, αποσκευές *f/pl*
ausrutschen ⟨*sn*⟩ παραπατώ (-άς), γλιστρώ (-άς)
Aussaat *f* σπορά, σπάρσιμο (-ατος)
aussäen σπέρνω
Aussage *f* απόφανση; JUR κατάθεση
aussagen μαρτυρώ (**vor** *D*/ενώπιον *G*), καταθέτω; *fig Bild usw*: εκφράζω
Aussatz ⟨*-es*; *0*⟩ *m* λέπρα
aussätzig λεπρός
aussaugen απομυζώ (-άς); *fig* ρουφώ το αίμα *G*
ausschachten ⟨*-e-*⟩ εκβαθύνω, σκάβω
Ausschacht|maschine *f* εκσκαφέας; **~ung** *f* εξόρυξη; εκχωμάτωση
ausschalten ⟨*-e-*⟩ ELEKTR, *Motor* διακόπτω, σβήνω; *fig Widerstand* ξεπερνώ; *Gegner* εξοβελίζω
Ausschalter *m* διακόπτης
Ausschank ⟨*-es*; *⸚e*⟩ *m* ποτοπωλείο, καπηλειό
Ausschau: *nach* *etw* **~ *halten*** ζητώ με το μάτι
ausschauen → ***Ausschau***; → ***aussehen***
ausscheiden* *v/t* (*Unnützes*) εξοβελίζω, ξεσκαρτάρω; *Schweiß usw* εκκρίνω; TECH, *Gase* εκλύω; *v/i* ⟨*sn*⟩ (*sich trennen*) αποσχίζομαι (**aus** *D*/από); (*Sport*) αποχωρώ; ***aus dem Spiel* ~** βγαίνω από το παιγνίδι
Ausscheidung *f* έκκριμα *n*; έκλυση; **~en** *pl* MED απεκκρίματα
Ausscheidungskampf *m* προκριματικός αγώνας
aus|schelten* μαλώνω, χουγιάζω; **~schenken** *Getränke* προσφέρω; **~schicken** αποστέλλω
ausschiffen *v/t* αποβιβάζω, ξεμπαρκάρω; *Waren* εκφορτώνω
Ausschiffung *f* αποβίβαση
ausschimpfen (*j-n*) κατσαδιάζω, εξυβρίζω
ausschlachten ⟨*-e-*⟩ *Schlachtvieh* κατακρεουργώ; *fig* εκμεταλλεύομαι
ausschlafen*: ***sich* ~** χορταίνω ύπνο; ***s-n Rausch* ~** ξεμεθώ
Ausschlag *m* (*Haut-*) εξάνθημα *n*, έκζεμα *n*; (*der Magnetnadel*) εκτροπή; MED ***... mit* ~** εξανθηματικός; *fig* ***den* ~ *geben*** υπερισχύω
ausschlagen* *v/t* (*verkleiden*) επιστρώνω; (*ablehnen*) αποκρούω; (*übertreffen*) βάζω κάτω; *v/i Pferd*: κλωτσώ (-άς); *Baum*: βλασταίνω, κομπιάζω, ανοίγω, μπουμπουκιάζω; *Zeiger*: εκτρέπομαι; *subst* κλοτσιά; βλάστηση, άνοιγμα *n*
ausschlaggebend αποφασιστικός, υπερισχύων
ausschließ|en* *fig* αποκλείω, *auch* (*j-n*) ξεμακραίνω; (*Sport*) αποβάλλω; (*j-n ohne Schlüssel lassen*) κλείνω έξω; ***es ist nicht auszuschließen*** δεν αποκλείεται; **~end** στερητικός; **~lich** αποκλειστικός
Ausschließ|lichkeit *f* αποκλειστικότητα; **~ung** *f* (*Arbeitskampf*) ανταπεργία, αποκλεισμός, λοκάουτ ⟨*0*⟩ *n*
ausschlüpfen *Vögel*: εκκολάπτομαι
Ausschluss *m* αποβολή, αποκλεισμός; ***unter* ~ *der Öffentlichkeit*** κεκλεισμένων των θυρών
ausschmücken διακοσμώ; (*Erzählung*) στολίζω (**mit** *D*/με)
Ausschmückung *f* διακόσμηση; στόλισμα *n*
ausschneiden* εκτέμνω, κόβω, αποκόπτω; *Kleid*: ***ausgeschnitten*** έξωμο
Ausschnitt *m* (*Zeitung*) απόκομμα *n*; (*Sektor*) τομέας; (*Kleid*) ντεκολτέ ⟨*0*⟩ *n*; MATH (*Segment*) τμήμα *n*; *allg* (*auch Ausschneiden*) εκτομή
ausschöpfen εξαντλώ (*auch fig*); ***alle Möglichkeiten* ~** εξαντλώ όλα τα μέσα (***um zu ...***/για να ...)
ausschreiben* *Stellung usw* προκηρύσσω; *Rechnung* συντάσσω, εκδίδω
Ausschreibung *f* HDL προκήρυξη διαγωνισμών
ausschreiten* ⟨*sn*⟩ ανοίγω βήμα *oder* το κομπάσο
Ausschreitung *f* παρεκτροπή
Ausschuss *m* επιτροπή; (*Abfall*) απόρριμμα *n*; (*-Ware*) απόβλημα *n*, απόβλητα *n/pl*, σκάρτο

ausschütteln ⟨*-le*⟩ τινάζω
ausschütten ⟨*-e-*⟩ χύνω; *Dividende* διανέμω; ***sich ~ vor Lachen*** ξεκαρδίζομαι από τα γέλια
ausschwärmen ⟨*sn*⟩ *Bienen*: βγαίνω απ' το σμάρι (*oder* κοπάδι); *MIL* αναπτύσσομαι
ausschweifend *Leben*: έκδοτος, ακόλαστος; ~ ***leben*** το ρίχνω στην κρεπάλη, ακολασταίνω
Ausschweifung *f* ακολασία, κατάχρηση
ausschwitzen ⟨*-t*⟩ *etw* ιδρώνω; *Krankheit* γιατρεύω δι' εφιδρώσεως
aussehen* φαίνομαι *N* (**wie**/ως); δείχνω (**als ob**/σαν, πως); (*ähneln*) μοιάζω (**wie**/με); ***Sie sehen wie 30 aus*** φαίνεστε σαν τριάντα ετών; **er** (**sie**) ***sieht gut aus*** είναι όμορφος; ***gut ~d*** εμφανίσιμος; ***es sieht nach Regen aus*** πάει για βροχή
Aussehen *n Person, S* όψη εμφάνιση, θωριά
aussehend: *gut* ~ εμφανίσιμος
außen έξω; ***nach*** ~ προς τα έξω
Außen- (*z.B. -Handel*) εξωτερικός
Außenbord- (*-Motor*) εξωλέμβιος
aussenden ⟨*-e-*⟩ *Elektronen* εκτοξεύω; *Radio*: εκπέμπω; *j-n* αποστέλλω
Außen|dienst *m* εξωτερική υπηρεσία; **~handel** *m* εξωτερικό εμπόριο; **~handelsdefizit** *n* έλλειμμα *n* εξωτερικού εμπορίου; **~handelsüberschuss** *m* πλεόνασμα *n* εξωτερικού εμπορίου
Außen|kabine *f* εξωτερική καμπίνα; **~mauer** *f* προτείχισμα *n*; **~minister** *m* υπουργός των εξωτερικών; **~ministerium** *n* υπουργείο εξωτερικών; **~politik** *f* εξωτερική πολιτική; **~seite** *f* έξω μέρος *n*; **~seiter** *m* αμύητος, άουτ-σαΐντερ *m*; **~stände** *m/pl* εκκρεμείς λογαριασμοί *m/pl*; *Steuern usw* εκκρεμότητες *f/pl*; **~stehende**(**r**) *fig* άσχετος
außer[1] *präp* (*D*) έξω από, εκτός (*G*), πλην (*G*); ~ ***Gefahr*** εκτός κινδύνου; ~ ***Stande sein*** αδυνατώ; ~ ***dass*** *ko* εκτός του ότι, πλην του ότι; ~ ***wenn*** *ko* εκτός αν; ~ ***sich*** έξαλλος (**vor** *D*/από), έξω φρενών; ~ ***sich geraten*** γίνομαι έξω φρενών
außer-[2] *Präfix* εξω-
außer-[3] εξωτερικός
außer|dem εκτός τούτου, ύστερα; **~dienstlich** εξωυπηρεσιακός
äußere εξωτερικός; εξώτερος; (**das**) ***Äußere*** έξω *n*; (*Aussehen*) εξωτερικό; *Person* παρουσιαστικό; (*Schein*) φαινόμενα *n/pl*
außer|ehelich εξώγαμος, εξωσυζυγικός; **~gerichtlich** εξώδικος; **~gewöhnlich** έκτακτος; εξαίσιος, μοναδικός; (*Umstände*) εξαιρετικός; **~halb** *präp* (*G*) έξω *G*, απέξω από, εκτός *G*
Außer'kraftsetzung *f* αχρηστία
äußerlich (*förmlich*) τυπικός; *fig* (*ohne Tiefe*) επιφανειακός, εξωτερικός; *MED* ~ ***anzuwenden*** εξωτερικής χρήσεως
Äußerlichkeit *f* τυπικότητα; εξωτερικό
äußern ⟨*-re*⟩ *etw* φανερώνω; (*Gefühle*) εξωτερικεύω, εκδηλώνω; *Meinung*, *Gedanken* εκφράζω; ***sich dahin gehend*** ~ γνωματεύω (**dass**/ότι)
außer|ordentlich έκτακτος, εξαιρετικός; **~parlamentarisch** εξωκοινοβουλευτικός; **~planmäßig** εκτός του σχεδίου; απρόβλεπτος, έκρυθμος; *Amt*: έκτακτος
äußerst *adv* εξαιρετικά, εντελώς, σφόδρα
äußerst|- (*z. B. Schale, Haut*) εξώτερος; (*am Rand gelegen*) έσχατος; *Gefahr*: έσχατος; *Fleiß*: άκρος; *adv* άκρως; ***im ~en Fall*** σε έσχατη ανάγκη; (**das**) ***Äußerste*** άκρο, ακρότητα; ***das Äußerste wagen*** διακινδυνεύω το παν; ***zum Äußersten treiben*** ωθώ στα άκρα
außerstande: ~ ***sein*** αδυνατώ
außertariflich *Gehalt*: εκτός ταρίφας
Äußerung *f* εξωτερίκευση, φανέρωση
aussetzen ⟨*-t*⟩ *v/t etw der Sonne usw*, *Kind* εκθέτω (κτ σε); *JUR*, *Zahlung* αναστέλλω; *Preis*, *Belohnung* τάσσω; ***auf die Ergreifung e-s Mörders eine Summe von ...*** ~ ο δολοφόνος επικηρύττεται με ποσό *G*; *v/i* (*stocken*) διαλείπω, διακόπτομαι; *Motor*: λειτουργεί με διακοπές; ***an*** *j-m etw* ***auszusetzen haben*** επικρίνω, κριτικάρω; ***sich*** ~ (*e-r Gefahr usw*, *D*) εκτίθεμαι σε; *subst* έκθεση; αποστολή; διάλειψη; **~d** διαλείπων; *Stimme*: διακεκομμένος
Aussicht *f* θέα (**auf** *A*/*G*); *fig* (*auf Gewinn*) προσδοκία *G*; πιθανότητα (*z. B.* **auf** *Regen*/*G*); **~en** *pl* (*Chance*) προοπτικές *f/pl*; ***in ~ stehen, dass*** πρόκειται να ...; ***in ~ stellen*** επαγγέλλομαι

631 **ausströmen** A

aussichtslos μάταιος, απελπιστικός
Aussichtspunkt *m* σκοπιά
aussichtsreich εύελπις (*n* -ι); *Kandidat*: επικρατέστερος
Aussichtsturm *m* περιωπή, ξάγναντο
aussieben κοσκινίζω (*auch fig*); *fig* ψυχολογώ
Aussiedler *m* απόδημος, μετανάστης; (*Deutschstämmiger*) επαναπατριζόμενος Γερμανός
aussöhnen συμβιβάζω, συμφιλιώνω; **sich ~ mit** *D* συμφιλιώνομαι με
Aussöhnung *f* συμφιλίωση, φτιάξιμο (-ατος)
aussondern ⟨*-re*⟩ αποχωρίζω, ξεσκαρτάρω
Aussonderung *f* χωρισμός
aussorgen *v/i* ξεγνοιάζω
ausspähen αγναντεύω, βιγλίζω
ausspannen *v/t* → **spannen**; *Pferde* ξεζεύω; *v/i* (*ausruhen*) ξεκουράζω, κάνω ρηλάξ
Ausspannung *f* ξεκούραση
aussparen *mst* TYP αφήνω κένο χώρο
ausspeien* *Lava* φτύνω, βγάζω
aussperren *Arbeiter* αποκλείω; (*z. B. j-n aus Versehen*) κλείνω έξω
Aussperrung *f* αποκλεισμός, ανταπεργία, λοκάουτ ⟨*0*⟩ *n*
ausspielen *v/t Trumpf* παίζω; ***j-n gegen einen anderen* ~** μεταχειρίζομαι κπ εναντίον ενός άλλου; *v/i* παίζω πρώτος
ausspionieren κατασκοπεύω
Aussprache *f* (*e-s Wortes*) προφορά; (*Dialog*) συζήτηση; ***gute* ~** ευφωνία
aussprechbar: *leicht* ~ ευκολοπρόφερτος; ***schwer* ~** δυσκολοπρόφερτος
aussprechen* *Wort* προφέρω, αρθρώνω; *Vertrauen* εκφράζω; ***sich* ~** εξηγιέμαι (***mit***/με); τάσσομαι (***gegen*** *A*/κατά *G*)
ausspritzen ⟨*-t*⟩ χύνω; MED πλένω, καθαρίζω με σύριγγα
Ausspruch *m* ρήση, ρητό
ausspucken φτύνω, πτύω
ausspülen *Wäsche* ξεβγάζω, ξεπλένω; *Mund* πλένω
ausstaffieren εξοπλίζω; προικίζω (***mit*** *D*/με), γαρνίρω
Ausstand ⟨*-ẹs; ⁼e*⟩ *m* απεργία
ausstatten ⟨*-e-*⟩ εφοδιάζω (***mit*** *D*/με); *Büro usw* εξοπλίζω; *Haus* επιπλώνω; *bsd fig* προικίζω (***mit*** *D*/με); *bsd* THEA διακοσμώ (***mit*** *D*/με)
Ausstattung *f* εφοδιασμός; εξοπλισμός, προίκιση; (*z. B. e-s Buches*) εμφάνιση; THEA διακοσμήσεις *f/pl*; σκηνικά *n/pl*
ausstechen* *Erde* σκάβω; (*ziselieren*) σκαλίζω; *Auge* βγάζω; *fig* (*übertreffen*) ξεπερνώ (-άς), κλέβω την παράσταση από
ausstehen* *v/t* (*erleiden*) υπομένω, τραβώ (-άς), βαστώ (-άς); *v/i* καθυστερώ; *bsd Zahlung*: είναι εκκρεμής, εισπρακτέος; *j-n* **nicht ~ können** δε χωνεύω; **~d** καθυστερούμενος, εισπρακτέος
aussteigen* ⟨*sn*⟩ κατεβαίνω, βγαίνω
Aussteig|en *n* κατάβαση; **~er** *m etwa*: κάποιος που ζει εναλλακτικά
ausstellen *Waren* εκθέτω; *Pass, Scheck, Wechsel* εκδίδω; *Bescheinigung* βγάζω, χορηγώ (***j-m***/σε κπ); **ausgestellte Ware** έκθεμα *n*
Ausstell|er *m* εκθέτης; εκδότης; **~ung** *f* έκθεση; έκδοση
Ausstellungs|gelände *n* έδαφος, τόπος έκθεσης; **~raum** *m* αίθουσα έκθεσης; **~stück** *n* έκθεμα *n*
aussterben* ⟨*sn*⟩ ξεκληρίζομαι, εκλείπω
Aussteuer ⟨*-; -n*⟩ *f* προίκα
Ausstieg ⟨*-ẹs; -e*⟩ *m* (*Bus*) κάθοδος *f*
ausstopfen γεμίζω, βουλώνω; *Tiere* βαλσαμώνω
Ausstoß *m* (*Produktion*) παραγωγή, απόδοση
ausstoßen* (*vertreiben*) απωθώ; *Beleidigungen, Schrei* βγάζω; (*aus der Armee*) αποβάλλω; GR εκθλίβω
Ausstoßung *f* απόταξη, αποβολή
ausstrahlen PHYS, *auch Programm* ακτινοβολώ, εκπέμπω
Ausstrahlung *f* PHYS ακτινοβολία, (*auch Radio*) εκπομπή
ausstrecken (*j-n legen auf A*) εκτείνω (κπ σε); *Hand* απλώνω, τείνω; *Arm* προτείνω; *Zunge* βγάζω; **sich ~** τεντώνομαι; *subst* τέντωμα *n*; ανάταση; πρόταση
ausstreichen* ξεγράφω, διαγράφω
ausstreuen σκορπίζω, σπέρνω; *Gerüchte* διασπείρω
ausströmen *v/i* ⟨*sn*⟩ *Gas*: διαφεύγω; *Wasser*: εκρέω, χύνομαι; *v/t Duft* διαχύνω; *subst* διαφυγή; εκροή; διάχυση

ausstudieren τελειώνω τις σπουδές
aussuchen διαλέγω, ξεδιαλέγω, εκλέγω; *subst* ξεδιάλεγμα *n*
Austausch ⟨*-ẹs; 0*⟩ *m* ανταλλαγή
austauschen ανταλλάσσω
austeilen διανέμω, μοιράζω (**an** *A*/σε)
Austeilung *f* διανομή
Auster ⟨*-; -n*⟩ *f* στρείδι
Austernschale *f* στρειδότσουφλο
austoben: sich ~ (*zügellos sein*) αποχαλινώνομαι; μαίνομαι (*auch Wetter*); (*Wut auslassen*) ξεθυμαίνω; *Kinder*: θορυβώ, χαλάω τον κόσμο
austragen* *Post* διανέμω; *Streit* αποφασίζω
Austräger *m* διανομέας
Au'stral|ien [-lĭən] *n* Αυστραλία; **~ier** *m* Αυστραλός
au'stralisch αυστραλιανός (*auch* -κός)
austreiben* εκδιώκω; ξεσυνηθίζω (**j-m etw**/κπ από); *Geister* εξορκίζω
Austreibung *f* εξορκισμός
austreten* *v/t Schuhe* ανοίγω; *v/i* ⟨*sn*⟩ αποσύρομαι, αποχωρώ (**aus** *e-m Verein usw*/από)
austrinken* το πίνω όλο
Austritt *m* έξοδος *f*, αποστασία (**aus** *D*/από, εκ *G*)
austrocknen ⟨*-e-*⟩ *v/t* ξηραίνω; *See* αποξηραίνω; *Pflanzen* μαραίνω; *v/i* ⟨*sn*⟩ ξηραίνομαι (*auch Mund*); στεγνώνω
Austrockn|en *n*, **~ung** *f* ξήρανση; αποξήρανση
austrompeten ⟨*-e-*⟩ διασαλπίζω
ausüben *Amt* εκτελώ, εκπληρώνω; *Beruf, Einfluss usw* εξασκώ; *Pflicht, Macht, Beruf* ασκώ
Ausübung *f* εκπλήρωση, άσκηση, εξάσκηση; ενάσκηση
Ausverkauf *m* ξεπούλημα *n*, εκποίηση
ausverkauf|en ξεπουλώ (-άς), εκποιώ; **~t** *Karten*: εξαντλημένος
auswachsen* ⟨*sn*⟩ (*keimen*) φυτρώνω; *Kind, Tier*: **... ist ausgewachsen** ... μεγάλωσε; **es ist zum Auswachsen!** είναι να τρελαίνεται κανείς
Auswahl *f* διαλογή, εκλογή; (*von Werken*) συλλογή, επιλογή; *HDL* **große ~** μεγάλη ποικιλία; **e-e ~ treffen** κάνω επιλογή
auswählen εκλέγω, διαλέγω, επιλέγω
auswalzen ⟨*-t*⟩ *TECH* εξελαύνω
auswandern ⟨*-re; sn*⟩ ξενιτεύομαι, μεταναστεύω, μισεύω, αποδημώ
Auswander|er *m* μετανάστης; **~ung** *f* μετανάστευση, μισεμός, αποδημία
auswärtig εξωτερικός; ***Auswärtiges Amt*** υπουργείο των εξωτερικών; ***~e Angelegenheiten*** *f/pl* εξωτερικές υποθέσεις *f/pl*
auswärts (*z.B. essen*) έξω; **nach ~** προς τα έξω; στο εξωτερικό
auswaschen* ξεπλένω; → ***erodieren***
auswechsel|bar ανταλλακτικός; *TECH* εναλλάξιμος; **~n** ⟨*-le*⟩ αλλάζω, αντικαθιστώ, κάνω αλλαγή
Auswechs(e)lung *f* αλλαγή, αλλαξιά
Ausweg *m fast nur fig* διέξοδος *f*
ausweglos αδιέξοδος; **~e Lage** απροχώρητο
Ausweglosigkeit *f* αδιέξοδο
ausweichen* ⟨*sn*⟩ παραμερίζω; *fig* αποφεύγω; **~d** (*antworten*) με υπεκφυγές; *subst* παραμέρισμα *n*
ausweiden ⟨*-e-*⟩ *Tier* βγάζω τα σπλάχνα από
Ausweis ⟨*-es; -e*⟩ *m* (*Personal-*) δελτίο ταυτότητος; F ταυτότητα; φυλλάδιο
ausweisen* (*aus e-m Land*) εκδιώκω, απελαύνω; **sich ~** αποδείχνω την ταυτότητα
Ausweispapier *n* διαπιστευτήρια *n/pl*
Ausweisung *f* απέλαση, εκδίωξη
ausweiten ⟨*-e-*⟩ διευρύνω; *HDL* αναπτύσσω; **sich ~** αναπτύσσομαι; επεκτείνομαι
Ausweitung *f HDL* ανάπτυξη; (*des Krieges*) επέκταση
auswendig απ' έξω; **~ lernen** αποστηθίζω, απομνημονεύω
Auswendiglernen *n* αποστήθιση
auswerfen* *Anker* ρίχνω; *Gewinn, Geld* μοιράζω (**an** *A*/σε)
auswerten ⟨*-e-*⟩ αξιοποιώ
Auswertung *f* αξιοποίηση
auswickeln ⟨*-le*⟩ ξετυλίγω
Auswickeln *n* ξετύλιγμα *n*
auswiegen* ζυγίζω
auswirken: sich ~ έχω επίπτωση (**auf** *A*/σε); επιδρώ
Auswirkung *f* αντίκτυπος, επίπτωση (**auf** *A*/σε)
auswischen σβήνω; **j-m eins ~** του σκαρώνω μια δουλειά
auswringen* *Wäsche* στραγγίζω, στρίβω

Auswuchs ⟨*-es*; *⸚e*⟩ *m* βλαστάρι; *BIOL*, *BOT* έκφυση; *fig* έκτρωμα *n*
Auswurf *m* φλέμα *n*; *fig* απόρριμα *n*
auszacken οδοντώ
auszahlen (ξε)πληρώνω; ***sich ~ durch*** *A* (*einsparen*) ξεπληρώνομαι από
auszählen *bsd Stimmen* καταμετρώ; *Boxer* μετρώ
Auszahlung *f* πληρωμή
Auszählung *f* (*Stimmen-*) διαλογή, καταμέτρηση
auszehren *v/t* εξαντλώ
Auszehrung *f* εξάντληση
auszeichnen ⟨*-e-*⟩ *v/t* (*Waren*) κοστολογώ; (*ehren*) τιμώ (-άς) (**mit** *D*/με), αναδεικνύω; *Sieger* στεφανώνω; (*durch Achtung usw*) περιβάλλω με; ***mit e-m Orden ~*** παρασημοφορώ; ***sich ~*** αριστεύω, ανδραγαθώ; διακρίνομαι (**durch** *A*/για; **als**/ως)
Auszeichnung *f* ανάδειξη; στεφάνωμα *n*; διάκριση; παρασημοφόρηση; (*Orden*) παράσημο
auszieh|bar συρταρωτός; *Tisch*: ... έχει δυνατότητα επεκτάσεως; **~en*** *v/t Kleider, Schuhe* βγάζω; (*j-n*, *auch fig auspressen*) γδύνω; (*allg*, *auch Zähne*) εξάγω; *Tisch* επεκτείνω; *v/i* ⟨*sn*⟩ (*aus e-m Haus*) μετακομίζω, μετοικώ; ***sich ~en*** γδύνομαι, αποδύομαι
Ausziehen *n* γδύσιμο (-ατος)
Ausziehtisch *m* τραπέζι με σύστημα επεκτάσεως
auszischen *THEA* συρίζω, σφυρίζω; *POL* γιουχαΐζω
Auszischen *n* σφύριγμα *n*
Auszubildende(r) μαθητευόμενος
Auszug *m* (*aus e-m Ort*) *hist* Έξοδος *f*; (*e-s Kontos*, *auch aus e-m Buch*) απόσπασμα *n*
auszugsweise σε περικοπές
auszunehmend εξαιρέσιμος, εξαιρετέος
au'tark αυτάρκης
Autar'kie *f* αυτάρκεια
au'thentisch αυθεντικός
Auto ⟨*-s*; *-s*⟩ *n* αυτοκίνητο
Autobahn *f* αυτοκινητόδρομος, εθνική οδός *f*; **~auffahrt** *f* είσοδος *f* στην εθνική οδό; **~ausfahrt** *f* έξοδος *f* από την εθνική οδό; **~dreieck** *n* διασταύρωση, κόμβος; **~gebühr** *f* διόδια *n/pl*; **~kreuz** *n* κόμβος εθνικής οδού; **~zubringer** *m* αμαξιτός προς εθνική οδό
Autobiogra'phie *f* αυτοβιογραφία
autobio'graphisch αυτοβιογραφικός
Autobus *m* λεωφορείο
Autodi'dakt ⟨*-en*⟩ *m* αυτοδίδακτος, αυτομαθής
autodi'daktisch αυτοδίδακτος
Auto|diebstahl *m* κλοπή αυτοκινήτου (*pl* κλοπές αυτοκινήτων); **~fähre** *f* φεριμπότ ⟨*0*⟩ *n*; **~fahren** *n* οδήγηση; **~fahrer** *m* αυτοκινητιστής
auto'gen: ***~es Training*** αυτογενής άσκηση
Auto|'gramm ⟨*-s*; *-e*⟩ *n* αυτόγραφο; **~gra'phie** *f* αυτογραφία
Auto|händler *m* έμπορος αυτοκινήτων; **~industrie** *f* αυτοκινητοβιομηχανία; **~kennzeichen** *n* αριθμός αυτοκινήτου
Auto'mat ⟨*-en*⟩ *m* αυτόματο; *TECH* αυτόματη μηχανή; **~en-münze** *f* κέρμα *n*, μάρκα; **~ik** *f* αυτοματισμός
Automa'tion ⟨*0*⟩ *f TECH* αυτοματοποίηση; αυτοματισμός
auto'ma|tisch αυτόματος; **~ti'sieren** αυτοματοποιώ
Automa|ti'sierung *f* → ***Automation***; **~'tismus** ⟨*-*; *-men*⟩ *m* αυτοματισμός
Automechaniker *m* μηχανικός αυτοκινήτων
Automo'bil ⟨*-s*; *-e*⟩ *n* αυτοκίνητο; **~club** *m* λέσχη αυτοκινητιστών
auto'nom αυτόνομος
Autono'mie *f* αυτονομία; ***Erlangung der ~*** αυτονόμηση
Autor ⟨*-s*; *-'oren*⟩ *m* συγγραφέας; συντάκτης
Auto|radio *n* ραδιόφωνο αυτοκινήτου; **~reisezug** *m* συρμός φορτώσεως αυτοκινήτων
Au'toren- συγγραφικός
Auto|rennen *n* αυτοκινητοδρομία; **~repara'turwerkstatt** *f* συνεργείο αυτοκινήτων
Au'torin *f* συγγραφέας *f*
autori|'sieren εξουσιοδοτώ; **~'tär** εξουσιαστικός; *Eltern*: αυταρχικός
Autori'tät *f* (*auch Sachkenner*) αυθεντία
Auto|schlange *f* φάλαγγα αυτοκινήτων; **~schlosser** *m* μηχανικός αυτοκινήτου; τεχνίτης αυτοκινήτων; **~schlüssel** *m* κλειδί αυτοκινήτου; **~straße** *f* αυτοκινητόδρομος
Autosuggestion *f* αυθυποβολή

Auto|unfall *m* αυτοκινητικό δυστύχημα *n*; **~verkehr** *m* (***starker*** μεγάλη) κίνηση αυτοκινήτων; **~vermietung** *f* ενοικίαση αυτοκινήτων; **~waschanlage** *f* σύστημα *n* αυτόματου πλυσίματος; **~wäsche** *f* πλυντήριο αυτοκινήτων
Avant|'garde [a·vã·-, a·vaŋ-] *f* πρωτοπορεία; *POL* εμπροσθοφυλακή; **~gar'dist** ⟨*-en*⟩ *m* πρωτοπόρος
avantgar'distisch πρωτοποριακός
Aver'sion *f* αποστροφή (***gegen*** *A*/για)
Avis [a·'viːs] ⟨*-es*; *-e*⟩ *n* ειδοποιητήριο
axi'al αξονικός
Axi'om ⟨*-s*; *-e*⟩ *n* *PHILOS* αξίωμα *n*
Axt ⟨*-*; *⸗e*⟩ *f* τσεκούρι, μπαλτάς (-άδες), αξίνα; **~hieb** *m* τσεκουριά
Azetylen [-'leːn] ⟨*-s*; *0*⟩ *n* ασετυλήνη, ακετυλένιο
a'zurblau ⟨*0*⟩ γαλάζιος

B

B, b [beː] *n* μπ; ***B-Dur*** σι ύφεση μείζον; ***b-Moll*** σι ύφεση ελάσσων
Baby ['beːbi·] ⟨*-s*; *-s*⟩ *n* μωρό, νήπιο, *K* βρέφος *n*; **~ausstattung** *f* μωρουδικά *n/pl*; **~nahrung** *f* παιδική τροφή; **~sitter(in** *f*) *m* μπέμπυ-σίτερ ⟨*0*⟩ *f/m*
Bacchantin [-'xa-] *f* βάκχη, μαινάδα
Bach ⟨*-ęs*; *⸗e*⟩ *m* ρυάκι; **~stelze** *f* σουσουράδα, τσιλιβήθρα
Backblech *n* ταψί
Backbord ⟨*-s*; *-e*⟩ *n* αριστερή πλευρά
Backe *f* μάγουλο, παρειά
backen* ψήνω; ***braun*** ~ ξεροψήνω
Backen *n* ψήσιμο (-ατος)
Backen|bart *m* φαβορίτες *f/pl*; **~knochen** *m/pl* ζυγωματικά *n/pl*; **~zahn** *m* τραπεζίτης, γομφίος
Bäcker *m* ψωμάς (-άδες); αρτοποιός; **~ei** [-'ʀaɪ] *f* φούρνος; αρτοποιείο; **~laden** *m* ψωμάδικο, αρτοπωλείο, φούρνος
Back|ofen *m* φούρνος, κλίβανος; ***in den ~ofen schieben*** ψήνω; **~pfeife** *f* χαστούκι; **~pulver** *n* μπέικιν πάουντερ ⟨*0*⟩ *n*; **~stein** *m* τούβλο; **~stube** *f* φουρναριό
Backup [bɛk'ap] ⟨*-s*; *-s*⟩ *n* *EDV* αντίγραφο ασφαλείας
Backwaren *f/pl* γλυκίσματα *n/pl*
Bad ⟨*-ęs*; *⸗er*⟩ *n* (*auch das Zimmer*) μπάνιο, λουτρό; ***türkische*(*s*)** ~ χαμάμ ⟨*0*⟩ *n*; ***heiße*(*s*)** ~ θερμόλουτρο
Bade|- λουτρικός; **~anstalt** *f* λουτρά *n/pl*; **~anzug** *m*, **~hose** *f* μαγιό ⟨*0*⟩; **~kappe** *f* σκουφάκι (μπάνιου); **~kur** *f* λουτροθεραπεία; **~laken** *n* πετσέτα μπάνιου; **~mantel** *m* μπουρνούζι, ρόμπα μπάνιου; **~meister** *m* επόπτης των λουτρών
baden ⟨*-e-*⟩ (*selbst*) κάνω μπάνιο; κολυμπώ; *v/t* (*j-n*) λούζω
Baden *n* κολύμπι; μπάνιο
Bade|ort ⟨*-ęs*; *-e*⟩ *m* λουτρό, λουτρόπολη; **~reise** *f* ταξίδι στα λουτρά; **~saison** *f* εποχή για μπάνιο; **~schuhe** *m/pl* παπούτσια μπάνιου; **~steg** *m* εξέδρα; **~stube** *f* μπάνιο; **~tuch** *n* πετσέτα μπάνιου; **~wanne** *f* μπανιέρα; **~zeug** *n* λουτρικά *n/pl*; **~zimmer** *n* μπάνιο, λουτρό
Badminton ['bɛdmintən] ⟨*0*⟩ *n* μπάντμιντον ⟨*0*⟩; **~schläger** *m* ρακέτα μπάντμιντον
baff: (***ganz***) ~ ***sein*** μένω κόκκαλο *oder* ξερός
Bagage [ba·'gaːʒə] ⟨*-*; *0*⟩ *f* (*Gesindel*) σκυλολόι
Baga'telle *f* μπαγκατέλα
bagatelli'sieren αλαφροπιάνω, θεωρώ ως μπαγκατέλα
Bagdad *n* Βαγδάτη
Bagger *m* φαγάνα, εκσκαφέας
Bahn *f* δρόμος; *Eisenbahn*: σιδηρόδρομος; *ASTR* τροχιά; (*zum Laufen usw*) πίστα, στίβος; ***auf die schiefe ~ geraten*** πέφτω στο βούρκο, παίρνω τον κακό δρόμο
Bahnbeamte(r) σιδηροδρομικός υπάλληλος
bahnbrechend ρηξικέλευθος, πρωτοποριακός

Bahndamm *m* πρόχωμα *n*
bahnen *v/t Weg* διανοίγω, τέμνω; **sich e-n Weg ~ durch** *A* ανοίγω δρόμο *oder* δίοδο ανάμεσα σε
Bahn|fahrt *f* σιδηροδρομικό ταξίδι; **~hof** *m* σταθμός; **~hofsgaststätte** *f* κυλικείο; **~hofsvorsteher** *m* σταθμάρχης; **~linie** *f* σιδηροδρομική γραμμή; **~steig** ⟨-*e*s; -*e*⟩ *m* αποβάθρα; **~übergang** *m* διάβαση; σιδηροδρομική διασταύρωση; **~wärter** *m* σταθμοφύλακας
Bahre *f* φέρετρο; → ***Tragbahre***
Bai *f* κόλπος
Baiser [bɛ'ze:] ⟨-*s*; -*s*⟩ *n* μαρέγγα
Baisse ['bɛ:sə] *f* HDL κίνηση προς τα κάτω
Bajo'nett ⟨-*s*; -*e*⟩ *n* ξιφολόγχη, λόγχη
Bak'terie [-rĭə] *f* βακτηρίδιο, βακτήριο; **~n-** μικροβιακός
Bakterio'loge ⟨-*n*⟩ *m* βακτηριολόγος
Balance [ba·'lã:sə, -'laŋsə] *f* ισορροπία; **~ *halten*** διατηρώ την ισορροπία μου; **~akt** *m* ακροβασία
balan'cieren *v/i*, *v/t* ισορροπώ; *v/i* κρατώ ισορροπία
bald σε λίγο, μετά από λίγο, σύντομα; *z.B.* ***fand* ~** δεν άργησε να βρει; ***möglichst* ~** το ταχύτερο
Baldachin ['baldaxi:n] ⟨-*s*; -*e*⟩ *m* ουρανός
baldig προσεχής, κοντινός
Baldrian ⟨-*s*; -*e*⟩ *m* βαλεριάνα, βαλεριανή
Balg ⟨-*e*s; ⸚*e*⟩ *m* (*Haut*) τομάρι; (*Blase-*) φύσα, φυσερό; F (*Kind*) μάγκας
balgen: *sich* ~ διαπληκτίζομαι
Balge'rei *f* διαπληκτισμός
Balkan ⟨-*s*; *0*⟩ *m* Βαλκάνια *n/pl*; **~-** βαλκανικός; **~halbinsel** *f* Βαλκανική (χερσόνησος)
Balken *m* δοκάρι, δοκός, τράβα; (*Vierkant-*) καδρόνι
Balkon [-'kɔŋ, -'kõ:] ⟨-*s*; -*e*, -*s*⟩ *m* μπαλκόνι, εξώστης
Ball ⟨-*e*s; ⸚*e*⟩ *m* τόπι, μπάλα; (*Tanz*) χορός, χοροεσπερίδα
Ba'llade *f* μπαλάντα
Ballast ⟨-*e*s; -*e*⟩ *m* έρμα *n*, σαβούρα (*auch fig*); ***mit* ~ *beladen*** σαβουρώνω; **~ *abwerfen*** αφερματίζω; ***ohne* ~** ανερμάτιστος
Ballen *m* HDL μπάλα, μπόγος; (*Stoff*) τόπι; (*am Fuß*) προεξοχή του μεγάλου δαχτύλου
ballen *Faust* σφίγγω; ***sich* ~** συγκεντρώνομαι
Ba'llett ⟨-*s*; -*e*⟩ *n* μπαλέτο, χορόδραμα *n*; **~tänzer** *m* χορευτής μπαλέτου; **~tänzerin** *f* χορεύτρια μπαλέτου
Ba'llistik ⟨*0*⟩ *f* βλητική
Ballon [ba·'lɔŋ] ⟨-*s*; -*s*, -*e*⟩ *m* μπαλόνι, αερόστατο; **~fahrer** *m* αεροπλόος
Ballspiel *n* παιχνίδι με μπάλα
Ballung *f* συγκέντρωση
Ballungszentrum *n* κέντρο συμφορήσεως; συγκρότημα-μαμούθ *n*
Balsam ⟨-*s*; -*e*⟩ *m* βάλσαμο
Balt|e ⟨-*n*⟩ *m* Βαλτικός; κάτοικος βαλτικού κράτους; **~ikum** *n* Βαλτικές Χώρες *f/pl*
baltisch βαλτικός
balzen ⟨-*t*⟩ ZOOL ετοιμάζομαι για ζευγάρωμα
Bambus ⟨-, -*ses*; -*se*⟩ *m* καλάμι, μπαμπού ⟨*0*⟩ *n*
ba'nal κοινότυπος, πεζός
Banali'tät *f* πεζότητα, κοινοτυπία
Ba'nane *f* μπανάνα
Ba'nanenstecker *m* ELEKTR ελατηριωτός ρευματολήπτης
Ba'nause ⟨-*n*⟩ *m* άμουσος
Band¹ ⟨-*e*s; ⸚*e*⟩ *m* (*Buch*) τόμος
Band² ⟨-*e*s; ⸚*er*⟩ *n* δεσμός; (*Schnur*) κορδέλα; ταινία, λουρίδα; TECH ***laufende*(s) ~** ατέρμων μεταγωγός; *fig* ***am laufenden* ~** χωρίς διακοπή; → ***Tonband***; *fig pl* ⟨-*e*⟩ (*der Freundschaft usw*) δεσμός, σύνδεσμος, συνδετικός κρίκος
Band³ [bɛnt] ⟨-; -*s*⟩ *f* (*Kapelle*) μπάντα
band → ***binden***
Bandage [ban'da:ʒə] *f* συνεκτικός επίδεσμος, ανάδεμα *n*
Bandaufnahme *f* λήψη σε ταινία
Bande *f* σπείρα, μπάντα, συμμορία, κλίκα
Banden|- συμμοριακός; **~wesen** ⟨-*s*; *0*⟩ *n* συμμοριτισμός
Bande'role *f* ταινία
Bänderriss *m* ρήξη συνδέσμων
Bandförderer *m* μεταφορέας δι' ιμάντος
bändigen *auch Menschen*, *fig* δαμάζω, *fig* υποτάσσω, τιθασεύω
Bändig|er *m* δαμαστής; **~ung** *f* δαμασμός, δάμασμα *n*
Ban'dit ⟨-*en*⟩ *m* κλέφτης; συμμορίτης

Band|maß *n* μετροταινία, μεζούρα; **~nudeln** *f/pl* χυλοπίτες *pl*; **~säge** *f* κορδέλα; **~scheibe** *f* ωχρός σύνδεσμος; **~wurm** *m* ταινία
bange δειλός, φοβητσιάρης (-α, -ικο); **~ sein** δειλιάζω, φοβάμαι; **mit ist ~ vor** *D* φοβάμαι *A*, αγωνιώ για; **Bange machen** δειλιάζω
bangen (*auch* **sich ~**) στενοχωριέμαι (**um** *A*/για)
Bangkok *n* Μπανγκόκ ⟨*0*⟩ *f*
Bank¹ ⟨-; ¨e⟩ *f* (*Sitz-*) μπάγκος (*auch Kartenspiel*); (*Schul-*) θρανίο; (*Parlament*; *Anklage-*) εδώλιο; *fig* **auf die lange ~ schieben** ρίχνω στο χρονοντούλαπο
Bank² ⟨-; -*en*⟩ *f* HDL τράπεζα; **~-** τραπεζικός; **~beamte(r)** τραπεζιτικός; **~direktor** *m* διευθυντής τράπεζας
Ban'kett ⟨-*s*; -*e*⟩ *n* επίσημο συμπόσιο
Bank|filiale *f* υποκατάστημα *n* τράπεζας; **~geschäft** *n* τραπεζική εργασία; → **Bank²**
Bankier [baŋ'kje:] ⟨-*s*; -*s*⟩ *m* τραπεζίτης
Bank|konto *n* τραπεζιτικός λογαριασμός; **~leitzahl** *f* κωδικός τράπεζας; **~note** *f* τραπεζογραμμάτιο, χαρτονόμισμα *n*
Ban'krott ⟨-*s*; -*e*⟩ *m* (*auch fig*) χρεοκοπία, πτώχευση; **~ machen** χρεοκοπώ (*auch fig*); *adj* (*verbal*) **... ich bin bankrott** χρεοκόπησα; **~eur** [-'tø:ʀ] ⟨-*s*; -*e*⟩ *m* χρεοκοπημένος
Bann ⟨-*e̸s*; -*e*⟩ *m* αφορισμός; (*Kirchen-*) ανάθεμα *n*; (*Charme*) γοητεία; **in den ~ tun** αφορίζω; **j-n in den ~ schlagen** (*bezaubern*) θέλγω, γοητεύω
Bann- αφοριστικός
bannen *Gefahr usw* προλαμβάνω; *Schwierigkeiten* αντιμετωπίζω; *Teufel* εξορκίζω; **gebannt** μαγεμένος; **ganz gebannt sein von** *D* θέλγομαι από; *Gefahr*, *Krankheit*: **gebannt werden** εκλείπω
Banner *n* φλάμπουρο, σημαία; **~träger** *m* σημαιοφόρος
Bann|fluch *m* ανάθεμα *n*; **~meile** *f etwa*: περιμετρική ζώνη
Bannung *f* (→ **bannen**) πρόληψη, αντιμετώπιση
bar (*zahlen*) τοις μετρητοίς; (*ohne*) γυμνός, στερημένος (*G*/*G*); **~er Unsinn** ρεκόρ ⟨*0*⟩ *n* βλακείας
Bar ⟨-; -*s*⟩ *f* μπαρ ⟨*0*⟩ *n*
Bär ⟨-*en*⟩ *m* αρκούδα; ASTR **Große(r) ~** Μεγάλη Άρκτος *f*; **Kleine(r) ~** Μικρή Άρκτος *f*; *fig* **j-m e-n ~en aufbinden** παίρνω κπ στο μεζέ
Ba'racke *f* παράγκα, παράπηγμα *n*
Ba'rackenlager *n* παραπήγματα *n*/*pl*
Bar'bar ⟨-*en*⟩ *m* βάρβαρος
Barbara *f* Βαρβάρα
Barba'rei ⟨*0*⟩ *f* βαρβαρότητα
bar'barisch βαρβαρικός, βάρβαρος
Barbe *f* (*Fisch*) μπαρμπούνι
Bar'bier ⟨-*s*; -*e*⟩ *m* μπαρμπέρης (-ηδες), κουρέας
Barde ⟨-*n*⟩ *m hist* βάρδος
Ba'rett ⟨-*s*; -*e*⟩ *n* σκούφος
bar|fuß, ~füßig ξυπόλητος, ξεκάλτσωτος, γυμνοπόδης (-α, -ικο)
Bargeld ⟨-*e̸s*; *0*⟩ *n* μετρητά *n*/*pl*
bargeldlos δι' επιταγής
Bariton ['ba:ʀiˑtɔn] ⟨-*s*; -*e*⟩ *m* βαρύτονος
Barium ⟨-*s*; *0*⟩ *n* βάριο
Bar'kasse *f* άκατος *f*; μπενζίνα
Barke *f* βάρκα
Bärlapp ⟨-*s*; -*e*⟩ *m* λυκοπόδιο
barm'herzig εύσπλα(γ)χνος, φιλεύσπλαγχνος; *K* ελεήμονας
Barm'herzigkeit ⟨*0*⟩ *f* ελεημοσύνη, ευσπλαγχνία
ba'rock μπαρόκ; *fig* παράξενος
Ba'rock ⟨-*s*; *0*⟩ *n*, *m* μπαρόκ ⟨*0*⟩ *n*
Baro'meter *n* βαρόμετρο; **~-** βαρομετρικός; **~stand** *m* βαρομετρικό ύψος *n*
Ba'ron ⟨-*s*; -*e*⟩ *m* βαρώνος; **~in** *f* βαρώνη
Barren *m* (*Gold- usw*) όγκος, βέργα; (*Turngerät*) δίζυγο
Barriere [barĭ'e:ʀə] *f* φραγμός
Barri'kade *f* οδόφραγμα *n*
barsch ⟨-*er*; -*est*⟩ στρυφνός, τραχύς; *adv auch* με το κακό
Barsch ⟨-*e̸s*; -*e*⟩ *m* πέρκα, πέρκη
Bar|schaft *f* μετρητά *n*/*pl*; **~scheck** *m* επιταγή μετρητών
Barschheit *f* στρυφνότητα, τραχύτητα, κακοτροπιά
Bart ⟨-*e̸s*; ¨e⟩ *m* γέν(ε)ια *n*/*pl*
bärtig με γένια
bartlos σπανός, αγένειος
Ba'ryt ⟨-*s*; -*e*⟩ *m* βαρίτης, βαρύτης
Barzahlung *f* πληρωμή τοις μετρητοίς; **gegen ~** τοις μετρητοίς
Ba'salt ⟨-*s*; -*e*⟩ *m* βασάλτης
Ba'sar ⟨-*s*; -*e*⟩ *m* παζάρι

Base *f* (*Kusine*) εξαδέλφη; *CHEM* βάση
Basedowkrankheit ⟨*0*⟩ *f* βρογχοκήλη
Basel *n* Βασιλεία
ba'sieren βασίζομαι (***auf*** *D*/σε)
Ba'silika ⟨-; *-ken*⟩ *f* βασιλική
Ba'silikum ⟨*-s*; *-ken*⟩ *n* βασιλικό(ς)
Basis ⟨-; *-sen*⟩ *f* βάση
basisch *CHEM* βασικός
Baske ⟨*-n*⟩ *m* Βάσκος
Baskenmütze *f* μπερές (-έδες)
Basketball ⟨*-ẹs*; *0*⟩ *m* καλαθοσφαίριση, μπάσκετ ⟨*0*⟩ *n*
baskisch βασκικός
Basrelief ['baʀeˑlĭɛf] *n* ανάγλυφο
Bass [a] ⟨*-es*; *⁼e*⟩ *m* βαθύφωνος, μπάσος; **~geige** *f* κοντραμπάσο
Bassin [ba'sɛ̃; -'sɛŋ] ⟨*-s*; *-s*⟩ *n* δεξαμενή, γούρνα
Ba'ssist ⟨*-en*⟩ *m* βαθύφωνος
Bassschlüssel *m* κλειδί του φα
Bast ⟨*-ẹs*; *-e*⟩ *m* δεματικό
basta φθάνει; ***und damit ~*** τελείωσε
Bastard ⟨*-s*; *-e*⟩ *m* *BIOL* μιγάς (-άδος), μούλος, μπάσταρδος
Bas'tei *f* → ***Bastion***
basteln ⟨*-le*⟩ μαστορεύω
Bast|eln *n* μαστόρεμα *n*; **~ler** *m* μάστορας; **~ler-** μαστορικός
Bas'tion *f* προμαχώνας
bat → ***bitten***
Bataillon [bata'lĭo:n] ⟨*-s*; *-e*⟩ *n* τάγμα *n*, μοίρα
Ba'tist ⟨*-s*; *-e*⟩ *m* μπατίστα
Batterie [-'ri:] *f* *ELEKTR* συστοιχία, μπαταρία, στήλη; *MIL* πυροβολαρχία
Bau ⟨*-ẹs*; *0*⟩ *m* (*Bauen*) χτίσιμο, οικοδομή, οικοδόμηση; ⟨*-ẹs*; *-ten*⟩ (*Gebäude*) κτίριο, οικοδόμημα *n*; (*Struktur*) υφή; ⟨*-ẹs*; *-e*⟩ (*des Tieres*) φωλιά; ***im ~ sein, sich im ~ befinden*** είμαι υπό κατασκευή
Bau- οικοδομικός; αρχιτεκτονικός; (*-kran*) δομικός
Bau|arbeiten *f*/*pl* οικοδομή; **~arbeiter** *m* κτίστης; **~art** *f* οικοδόμηση; **~aufsicht** ⟨*0*⟩ *f* επιστασία της οικοδομής; **~aufsichtsbehörde** *f* πολεοδομία; **~boom** [-bu:m] ⟨*-s*; *-s*⟩ *m* οικοδομικός οργασμός
Bauch ⟨*-ẹs*; *⁼e*⟩ *m* κοιλιά; (*Korpulenz*) μπάκα; ***e-n ~ bekommen*** αποκτώ στομάχι και κοιλιά; **~binde** *f* κοιλιόδεσμος; **~fell** *n* περιτόναιο; **~fellentzündung** *f* περιτονίτιδα
bauchig κυρτός
bäuchlings (με την κοιλιά) μπρούμυτα
Bauch|redner *m* εγγαστρίμυθος; **~schmerzen** *m*/*pl* κοιλόπονος; ***~schmerzen bekommen*** σφίγγω; **~speicheldrüse** *f* πάγκρεας (-ατος) *n*
Baudenkmal *n* κτίριο-μνημείο
bauen *v*/*t* κτίζω, οικοδομώ; *Weg* διανοίγω; *Schiff* ναυπηγώ; *v*/*i* βασίζομαι (***auf*** *A*/σε)
Bauen *n* κτίσιμο (-ατος), οικοδομή
Bauer¹ ⟨*-n*⟩ *m* χωριάτης (*auch fig*), αγρότης, χωρικός; *fig* βλαχοδήμαρχος
Bauer² ⟨*-s*; *-*⟩ *n* κλουβί
Bäuerin *f* χωριάτισσα, χωρική
bäuerisch (*auch fig*) χωριάτικος
Bauern|- χωριάτικος; **~fänger** *m* αγύρτης, κομπογιανίτης; **~fängerei** *f* αγυρτεία; **~gut** *n* αγροτικό κτήμα *n*; **~haus** *n* αγροτόσπιτο; **~hof** *m* → ***Bauerngut***; **~junge** *m* χωριατόπαιδο; **~lümmel** *m* βλάχος; **~mädchen** *n* χωριατοπούλα
bauernschlau κουτοπόνηρος
Baufach *n* αρχιτεκτονική
baufällig σαθρός, ετοιμόρροπος
Bau|fälligkeit ⟨*0*⟩ *f* σαθρότητα; **~fluchtlinie** *f* ευθυγράμμηση; **~genossenschaft** *f* οικοδομικός συνεταιρισμός; **~gerüst** *n* σκελετός οικοδομής, ξυλόδεμα *n*; **~grundstück** *n* οικόπεδο (για να χτίσω); **~herr** *m* ιδιοκτήτης (οικοδομής); **~holz** *n* οικοδομική ξυλεία, ξυλικά *n*/*pl*; **~ingenieur** *m* πολιτικός μηχανικός; **~kasten** *m* (*Metall-*) μεκανό; (*elektronisch usw*) παιδικό εργαστήριο; **~kosten** *pl* οικοδομικά έξοδα *n*/*pl*; **~kunst** ⟨*0*⟩ *f* αρχιτεκτονική, οικοδομική; **~land** ⟨*-ẹs*; *0*⟩ *n* οικόπεδο
Baum ⟨*-ẹs*; *⁼e*⟩ *m* δένδρο, δέντρο; ***mit Bäumen bepflanzt*** δεντρόφυτος; **~allee** *f* δεντροστοιχία
Baumaterial *n* οικοδομικό υλικό
Bäumchen *n* δενδρύλλιο
Baumeister *m* αρχιτέκτονας
baumeln ⟨*-le*⟩ αποκρεμάζομαι
Baumkuchen *m* κορμός
baumlos άδεντρος
Baum|schule *f* δεντροκομείο, φυτώριο; **~stamm** *m* κορμός; **~stumpf** *m* πρέμνο; κούτσουρο
Baumwoll|e *f* βαμβάκι, βάμβαξ (-ακος)

B
Baumwollindustrie 638

m; **aus ~e, baumwollen** βαμβακερός; **~industrie** *f* βαμβακουργία; **~pflanze** *f* βαμβακιά; **~pflanzung** *f* βαμβακοφυτεία; **~samen** *m* βαμβακόσπορος

Bau|ordnung *f* κανονισμός οικοδομικής; **~plan** *m* οικοδομικό σχέδιο; **~platz** *m* οικόπεδο

Bausch ⟨*-es*; *-e*⟩ *m MED* ταμπόν; ***in ~ und Bogen*** συνολικά, όλα μαζί

bausch|en (*auch* **sich ~en**) *Kleid* σακκουλιάζω, φουσκώνω; **~ig** *Kleid*: μπουφάν; φουσκωτός

Bau|schutt *m* μπάζα *n/pl*; **~sparkasse** *f* στεγαστικό ταμιευτήριο; **~sparvertrag** *m* σύμβαση του στεγαστικού ταμιευτηρίου; **~stein** *m allg* στοιχείο; *ELEKTR* ανταλλάξιμο στοιχείο; **~stelle** *f* εργοτάξιο; **~stil** *m* αρχιτεκτονικός ρυθμός; **~stopp** ⟨*-s*; *-s*⟩ *m* σταμάτημα *n* της οικοδομής; **~teil** *n* συστατικό; **~unternehmer** *m* εργολάβος (οικοδομής); **~vorhaben** *n* οικοδομική πρόθεση; **~werk** *n* κτίσμα *n*, οικοδόμηση; **~wesen** ⟨*-s*; *0*⟩ *n* οικοδομική, οικοδομικός τομέας; **~wirtschaft** ⟨*0*⟩ *f* οικοδομικές επιχειρήσεις *f/pl*

Bau'xit ⟨*-s*; *-e*⟩ *m* βοξίτης

Bayer ⟨*-n*⟩ *m* Βαυαρός; **~in** *f* Βαυαρή

bayerisch βαυαρικός

Bayern *n* Βαυαρία

Ba'zillus ⟨*-*; *-llen*⟩ *m* βάκιλος; (*auch fig*) μίασμα *n*

be- *Präfix oft* απο-

be'absichtig|en σκοπεύω, έχω σκοπό, λέω (***zu***/να); **~t** σκόπιμος

Beachvolleyball ['bi:tʃ-] *m* μπιτσβόλεϊ ⟨*0*⟩ *n*

be'acht|en ⟨*-e-*⟩ προσέχω (*A*/σε); παρατηρώ *A*; **~enswert, ~lich** αξιοσημείωτος; φοβερός

Be'achtung *f* παρατήρηση; προσοχή; ***~ schenken*** συνερίζομαι (***j-m***/κπ); δίνω προσοχή (*D*/σε)

Be'amte(r) δημόσιος υπάλληλος; ***kleiner ~*** υπαλληλίσκος

Be'amten|- υπαλληλικός; **~schaft** ⟨*0*⟩ *f* υπαλληλικός κόσμος; **~stellung** ⟨*0*⟩ *f* υπαλληλία

be'ängstigen φοβίζω

be'anspruch|en διεκδικώ; (*j-n beschäftigen*) αποσχολώ; *Raum* καταλαμβάνω; *Zeit* χρειάζομαι; *TECH* (*Material usw*) τείνω, προξενώ κόπωση *oder* καταπόνηση σε; *Kredit* προσφεύγω σε; *JUR* ***nicht ~t*** αδιεκδίκητος; *Person*: ***stark ~t*** πολύ απασχολημένος

Be'anspruchung *f* διεκδίκηση; (*nervlich*) ένταση; *TECH* τάση, κόπωση; καταπόνηση; (*Kredit*) προσφυγή (σε)

be'anstanden ⟨*-e-*⟩ παραπονιέμαι (*A*/για); κριτικάρω

Be'anstandung *f* παράπονο

be'antragen *v/t* κάνω αίτηση; *JUR* προτείνω, *bsd POL* εισηγούμαι

Be'antragung *f* αίτηση (*G*/*G*); εισήγηση επί *G*

be'antworten ⟨*-e-*⟩ απαντώ, αποκρίνομαι (*A*/σε)

Be'antwortung *f* απάντηση (*G*/σε)

be'arbeiten ⟨*-e-*⟩ *etw* δουλεύω; (*Eisen*, *Tabak*, *Baumwolle*, *Leder usw*) κατεργάζομαι, επεξεργάζομαι; *Feld* καλλιεργώ; (*behauen*) πελεκίζω; *Akten* ενεργώ; *Text lit* διασκευάζω; *Thema* πραγματεύομαι; ***leicht zu ~*** ευκατέργαστος

Be'arbeitung *f* κατεργασία, δούλεμα *n*; καλλιέργεια; διασκευή; (*Büro*) ***zur ~*** προς ενέργεια

be'argwöhnen υποψιάζομαι

Be'atmung *f*: ***künstliche ~*** τεχνιτή αναπνοή

be'aufsichtigen επιθεωρώ, επιβλέπω, επιτηρώ, επιστατώ; *z.B. Schüler* εποπτεύω

Be'aufsichtigung *f* επίβλεψη; επιστασία

be'auftrag|en (***j-n mit*** *D*) αναθέτω (κτ σε κπ), επιφορτίζω (κπ με *oder* να); **~t** εντεταλμένος (***mit*** *D*/δια *A*), τεταγμένος (***mit*** *D*/επί *G*); επιφορτισμένος (***mit*** *D*/με)

Be'auftrag|te(r) εντεταλμένος; **~ung** *f* ανάθεση

be'baubar οικοδομήσιμος

be'bau|en *Feld* καλλιεργώ; *Grundstück* χτίζω σε; οικοδομώ σε; **~t** ... με κτίσμα(τα); οικοδομήσιμος

Be'bauung *f* κτίσιμο (-ατος) (*G*/σε)

beben τρεμουλιάζω; σείομαι; *fig* λαχταρώ (***vor*** *D*/από); *subst* σείσιμο (-ατος); **~d** τρεμουλιαστός, περίτρομος

be'bildern ⟨*-re*⟩ εικονογραφώ

Be'bojung *f MAR* επισήμανση

be'brüten ⟨*-e-*⟩ κλωσσώ (-άς)

Be'brüten *n* κλώσσημα *n*

Becher *m* κούπα
Becken *n GEOL, GEOGR, ANAT* λεκάνη; *ANAT auch* πύελος *f*; (*Behälter*) δεξαμενή; *MUS* κύμβαλο
be'dachen στεγάζω
be'dacht: ***nur*** ~ προσηλωμένος (***auf*** *A*/σε); → ***bedenken***
Be'dacht: (*mit, ohne*) ~ στοχασμός
be'dächtig αργός
Be'dächtigkeit ⟨*0*⟩ *f* στοχασμός
be'dachtsam συλλογισμένος
Be'dachung *f* στέγαση
be'dank|en: ***sich ~en für ... bei j-m*** ευχαριστώ κπ για; *auch iron* ***ich ~e mich dafür*** ευχαριστώ πολύ!
Be'darf ⟨*-(e)s; 0*⟩ *m* ανάγκη; χρειαζούμενα *n/pl*; ~ ***haben an*** *D* έχω ανάγκη από, χρειάζομαι *A*
Be'darfs|artikel *m/pl* πράγματα *n/pl* της πρώτης ανάγκης; **~fall:** ***im ~fall*** σε περίπτωση ανάγκης; **~güter** *n/pl* πράγματα της πρώτης ανάγκης; **~haltestelle** *f* προαιρετική στάση
be'dauer|lich λυπηρός; **~n** ⟨*-re*⟩ *v/t* λυπάμαι (*auch* -ούμαι); ***ich ~e, dass*** λυπούμαι που *oder* ότι ...
Be'dauern *n* λύπη; ***j-m sein ~ ausdrücken*** εκφράζω τη λύπη μου σε κπ
be'dauernswert κακόμοιρος, οικτρός, αξιολύπητος
be'decken *v/t* σκεπάζω; καλύπτω (***mit*** *D*/με *A*, υπό *G*); επικαλύπτω
Be'deckung *f* προστασία, συνοδεία
be'denken* *v/t* στοχάζομαι, συλλογίζομαι, σταθμίζω; ***j-n im Testament ~*** γράφω κπ στη διαθήκη μου; ***j-n mit etw ~*** δωρίζω κτ σε κπ, εφοδιάζω κπ με κτ
Be'denken *n* στόχαση; (*Zweifel*) ενδοιασμός; (*Zögern*) δισταγμός; ~ ***haben*** *auch* ενδοιάζω; διστάζω; ***j-m gegenüber ~ haben*** έχω αφορμές εναντίον *G*
be'denkenlos ανενδοίαστος
be'denklich κρίσιμος, νόθος, παρακινδυνευμένος
Be'denkzeit *f* προθεσμία αποφάσεως
be'deut|en ⟨*-e-*⟩ *v/t allg* σημαίνω; *Wort*: εννοώ; ***was soll das ~en?*** τι θα πει αυτό; ***das hat nichts zu ~en*** δεν σημαίνει τίποτε, δεν έχει σημασία; **~end** *allg* σημαντικός; **~sam** ουσιαστικός
Be'deutung *f* (*Sinn*) σημασία, νόημα *n*, έννοια; (*Wichtigkeit*) σημασία, σημαντικότητα; *GR* ***mit der ~ ...*** (*N*) σημαντικός (*G*); ***von ~ sein*** σημαίνω
be'deutungslos ασήμαντος, τιποτένιος
Be'deutungslosigkeit *f* ασημαντότητα; ασημότητα, μικρότητα
be'deutungsvoll αξιόλογος
be'dienen *v/t am Tisch*: σερβίρω; (*j-n*) εξυπηρετώ; *Maschine* χειρίζομαι; ***sich*** (*A*) *e-s Mittels, e-r Methode* ~ μετέρχομαι *A*; ~ ***Sie sich!*** πάρετε!
Be'dien|stete(r) υπάλληλος, μέλος *n* του προσωπικού; **~ung** *f* εξυπηρέτηση; (*Maschine*) χειρισμός; **~ungsvorschrift** *f* οδηγία χειρισμού
be'ding|en* προϋποθέτω; **~t** υποθετικός, σχετικός; *GR* δυνητικός
Be'dingtheit *f* υποθετικότητα
Be'dingung *f* όρος; *pl auch* συνθήκες *f/pl*; **~(en)** ***knüpfen an*** *A*, ***... dass*** το εξαρτώ ... από + *subst*; ***unter besseren ~en*** υπό καλύτερους όρους; ***unter der ~, dass*** υπό τον όρο ότι (θα) ...; με τη συμφωνία ότι; ***es ist eine unerlässliche ~*** είναι εκ των ων ουκ άνευ
Be'dingungs- (*-Satz*) υποθετικός, δυνητικός
be'dingungslos άνευ όρων
be'drängen *j-n* στριμώχνω, πιέζω, στενοχωρώ
Be'dräng|en *n* στρίμωγμα *n*; **~nis** ⟨*-; -sse*⟩ *f* σφίξη, στενοχώρια, κατάντημα *n*
be'drängt στριμωχτός
be'droh|en επαπειλώ, απειλώ (***j-n***/κπ); ***~t sein von*** απειλούμαι με; (*z.B. Ertrinken*) κινδυνεύω με; **~lich** απειλητικός, επικίνδυνος
Be'drohung *f* απειλή
be'drucken τυπώνω
be'drück|en καταπιέζω; *PSYCH* σφίγγω, θλίβω; **~end** θλιβερός, εφιαλτικός; **~t** στενοχωρημένος, θλιμμένος; ***~t sein*** στενοχωριέμαι, σεκλετίζομαι (***von*** *D*/με, για)
Be'drückung *f* καταπίεση
Bedu'in|e ⟨*-n*⟩ *m* Βεδουίνος; **~in** *f* Βεδουίνα
be'dürfen* χρειάζομαι, έχω ανάγκη; απαιτώ (*G/A*), υπόκειμαι σε
Be'dürfnis ⟨*-ses; -se*⟩ *n* χρεία, ανάγκη; ***sein ~ verrichten*** κάνω την ανάγκη μου; **~anstalt** *f* δημόσιο αποχωρητήριο

be'dürfnislos ολιγαρκής
Be'dürfnislosigkeit ⟨*0*⟩ *f* ολιγάρκεια
be'dürftig, Be'dürftige(r) φτωχός
Beefsteak ['bi:fste:k] ⟨*-s*; *-s*⟩ *n* μοσχαρίσια μπριζόλα; (*Hacksteak*) μπιφτέκι
be'ehren: *j-n mit* *e-m Besuch* ~ τιμώ (-άς); ***sich*** ~ ***zu*** λαμβάνω την τιμή να ...
be'eid|en, **~igen** *etw* βεβαιώνω ενόρκως
be'eilen: *sich* ~ βιάζομαι, σπεύδω (**zu**/να)
be'eindrucken εντυπωσιάζω; (*stark*) ~ κάνω αίσθηση
be'einflussen ⟨*-t*⟩ *v/t* επηρεάζω, επιδρώ (-άς) σε
Be'einflussung *f* επίδραση, επιρροή; ***gegenseitige*** ~ αλληλεπίδραση
be'einträchtigen επηρεάζω *A*, επιδρώ (-άς) βλαβερά σε; *Betriebe, Person bsd* θίγω
Be'einträchtigung *f* βλαβερή επίδραση επί *G*; επίπτωση; *MED* (*anderer Organe*) συμπάθεια
be'enden ⟨*-e-*⟩ τελειώνω, περατώνω; *Arbeit auch* παύω; *Diskussion, EDV* κλείνω; ***das Studium*** ~ αποφοιτώ
be'endigen → ***beenden***
Be'endigung *f* τελείωμα *n*, αποτελείωση, περάτωση, κατάπαυση; ~ ***des Studiums*** *oder* ***der Schule*** αποφοίτηση
be'eng|en στενεύω; *fig* στενοχωρώ; **~t** στενόχωρος
Be'engtheit ⟨*0*⟩ *f* στενοχώρια
be'erben κληρονομώ (***j-n***/από κπ)
be'erdigen θάβω, ενταφιάζω
Be'erdig|ung *f* ταφή, θάψιμο (-ατος); **~ungsinstitut** *n* γραφείο τελετών
Beere *f* ρόγα
Beet ⟨*-es*; *-e*⟩ *n* πρασιά, παρτέρι
be'fähig|en κάνω ικανό; **~t** ικανός, ταλαντούχος
Be'fähigung *f* ικανότητα
be'fahr|bar αμαξιτός; ***schwer*** **~bar** δύσχρηστος; **~en*** διελαύνω (*A*/από); ***die Strecke*** ... **~en** *BAHN* κάνω το δρομολόγιο ...; ***stark*** **~ene *Straße*** πολυσύχναστος δρόμος; *subst* διέλευση (*durch Busse*/*G*; *der Straße*/από ...)
be'fallen* (*schädigen*) προσβάλλω; *Gefühl usw*: πιάνω (***j-n***/κπ); ***von*** *e-m Zweifel* ~ ***sein*** διακατέχομαι από
be'fangen (*scheu*) ντροπαλός; (*voreingenommen*) προκατειλημμένος; *JUR* μεροληπτικός
Be'fangenheit ⟨*0*⟩ *f* ντροπαλότητα; προκατάληψη; μεροληψία
be'fassen ⟨*-t*⟩: ***sich*** ~ ασχολούμαι (με), πραγματεύομαι (***mit*** *D*/περί *G*); → ***beschäftigen***
be'fehden ⟨*-e-*⟩ → ***bekämpfen; sich*** ~ αλληλομαχώ
Be'fehl ⟨*-es*; *-e*⟩ *m* διαταγή; προσταγή, επιταγή, κέλευσμα *n*; *EDV* εντολή; ***zu*** **~!** διατάξτε!
be'fehl|en* διατάσσω (***j-m etw*** *oder* ***zu***/κπ *A* ... να), προστάζω; **~end** *Ton*: επιτακτικός; **~igen** *MIL* διοικώ, άρχω (*A*/*G*)
Be'fehls|- προστακτικός, επιτακτικός; **~form** *f* προστακτική; **~haber** *m* αρχηγός, διοικητής; **~verweigerung** *f* άρνηση διαταγής
be'feinden ⟨*-e-*⟩ εχθρεύομαι; ***sich*** ~ είμαστε στα μαχαίρια
be'festig|en στερεώνω (***an*** *D*/σε); *MIL* οχυρώνω; (*ummauern*) τειχίζω; **~t** οχυρός
Be'festig|ung *f* στερέωση; οχύρωμα *n*, οχύρωση; **~ungswerke** *n/pl* οχυρωματικά έργα *n/pl*
be'feuchten ⟨*-e-*⟩ υγραίνω; *Lippen* βρέχω; ***mit Speichel*** ~ σαλιώνω
Be'feucht|en *n* ύγρανση, βρέξιμο (-ατος); **~ung** *f* ύγρανση
be'feuern ⟨*-re*⟩ επισημαίνω; *fig* γαλβανίζω
Be'feuerung *f* (*Bebojung*) *MAR* επισήμανση
be'finden* κρίνω (→ ***schuldig***); ***etw für gut*** ~ νομίζω κάτι καλό; ***über etw*** ~ αποφαίνομαι περί *G*; ***sich*** ~ είμαι, βρίσκομαι
Be'finden *n* κατάσταση υγείας
be'findlich κείμενος, ευρισκόμενος; ***im Bau*** ~ (ο) υπό κατασκευή ...
be'flagg|en σημαιοστολίζω; **~t** σημαιοστόλιστος
Be'flaggung *f* σημαιοστολισμός
be'fleck|en *auch fig* λεκιάζω, κηλιδώνω, μιαίνω; **~t** μιαρός
Be'fleckung *f* μίανση, κηλίδωση
be'fleißigen: *sich* ~ (*G*) επιμελούμαι *G oder A*, επιδίδομαι σε
be'flissen αφιερωμένος (*G*/σε)
Be'flissenheit ⟨*0*⟩ *f* επίδοση, σπουδή

be'flügel|n ⟨*-le*⟩ *auch fig* φτερώνω; **~t** φτερωτός
Be'flügelung *f* αναπτέρωση
be'fohlen → ***befehlen***
be'folgen *Rat usw* ακολουθώ; *Gesetz* τηρώ
Be'folgung *f* τήρηση; κανονικότητα
be'förder|n ⟨*-re*⟩ μετακομίζω, μεταφέρω, μεταβιβάζω; *Beamte usw* προβιβάζω, προάγω (**zu** *D*/σε); ***zu ~nd*** προακτέος; **~t** προηγμένος; ***nicht ~t*** στάσιμος, απροβίβαστος
Be'förder|ung *f* μετακόμιση, μεταφορά; προβιβασμός, προαγωγή; **~ungs-** προαγωγικός; ... των μεταφορών; **~ungstarif** *m* τιμολόγιο των μεταφορών
be'frachten ⟨*-e-*⟩ ναυλώνω, φορτώνω
Be'fracht|er *m* ναυλωτής, φορτωτής; **~ung** *f* ναύλωμα *n*, ναύλωση
be'fragen *v/t* επερωτώ, εξετάζω
Be'frag|te(r) ερωτηθείς (-έντος); **~ung** *f* εξέταση
be'freien (**von** *D*) γλυτώνω (από), ελευθερώνω (από); *von Pflichten*, *Dienst usw* απαλάσσω (*G oder* από), *bsd* POL απολυτρώνω (από); **sich ~ von** *D* ελευθερώνομαι (από), γλυτώνω (από)
Be'frei|er *m* λυτρωτής, ελευθερωτής; **~ung** *f* λύτρωση, απελευθέρωση; απαλλαγή; **~ungs-** απελευθερωτικός
be'fremd|en ⟨*-e-*⟩ *v/t* παγώνω, ξαφνιάζω; *subst* σάστισμα *n*, σοκάρισμα *n*; **~end, ~lich** εκπληκτικός; σόκιν ⟨*0*⟩
be'freunde|n ⟨*-e-*⟩: ***sich ~n mit*** (*D*) *allg* εξοικειώνομαι με; γίνομαι φίλος με; **~t** φίλος; **~te**(*r*) ***Staat*** φιλική χώρα; (***miteinander***) ***~t sein*** σχετίζομαι
be'frieden ⟨*-e-*⟩ ειρηνεύω
be'friedigen ικανοποιώ; *Bedürfnisse* πληρώ; *Bedarf* αντιμετωπίζω; **~d** ικανοποιητικός
Be'friedigung ⟨*0*⟩ *f* ικανοποίηση; πλήρωση; (*Genugtuung*) ευαρέστηση
Be'friedung *f* ειρήνευση
be'fruchten ⟨*-e-*⟩ *Tiere*, *Pflanzen* γονιμοποιώ; **~d** γονιμοποιός
Be'fruchtung *f* γονιμοποίηση
Be'fugnis ⟨*-; -se*⟩ *f* εξουσία, εξουσιοδότηση
be'fugt αρμόδιος, εξουσιοδοτημένος; ***nicht ~*** ανεξουσιοδότητος
Be'fund ⟨*-es; -e*⟩ *m* αποτέλεσμα *n*; MED διάγνωση, δελτίο υγείας; ***ohne ~*** (***o.B.***) χωρίς συμπτώματα
be'fürchten ⟨*-e-*⟩ φοβούμαι; αγωνιώ (-άς) (**dass**/μην)
Be'fürchtung *f* αγωνία
be'fürworten ⟨*-e-*⟩ συνηγορώ (*A*/υπέρ *G*), υποστηρίζω; διατυπώνω γνώμη υπέρ *G*
Be'fürwort|er *m* συνήγορος, υποστηρικτής; **~ung** *f* συνηγορία υπέρ *G*, υποστήριξη
be'gabt ευφυής, προικισμένος, ταλαντούχος; ***stimmlich ~*** καλλίφωνος
Be'gabung *f* ευφυία, προικισμός, ταλέντο, τάλαντο
begann → ***beginnen***
be'gatten ⟨*-e-*⟩ βατεύω, οχεύω
Be'gattung *f* οχεία
be'geben*: ***sich*** (*A*) ***~*** μεταβαίνω; (*ereignen*) συμβαίνει
Be'gebenheit *f* συμβάν *n*, γεγονός *n*
be'gegnen ⟨*-e-*⟩ *j-m* αντικρύζω, συναντώ (-άς); ***sich ~*** σμίγω
Be'gegnung *f* συνάντηση, σμίξιμο (-ατος); ραντεβού *n* (**mit** *D*/με); *Sport*: αναμέτρηση
be'gehen* *Fest* άγω, τελώ; *Verbrechen* διαπράττω; *Unrecht* κάνω; ***festlich ~*** πανηγυρίζω; (*durchgehen*) περνώ (-άς) από; *Weg*: ***viel begangen*** πολυσύχναστος
be'gehren ποθώ, επιθυμώ
Be'gehren *n* πόθος, επιθυμία
be'gehrenswert λαχταριστός
be'gehrlich λιγούρης
Be'gehrlichkeit *f* επιθυμητικό; λιγούρα
be'gehrt περιζήτητος; περιπόθητος
Be'gehung *f* τέλεση; διάπραξη
be'geister|n ⟨*-re*⟩ ενθουσιάζω (***j-n***/κπ); ***sich ~n für*** *A* ενθουσιάζομαι με; **~nd** ενθουσιαστικός; **~t** ενθουσιασμένος (**von** *D*/με)
Be'geisterung ⟨*0*⟩ *f* ενθουσιασμός; ***in ~ geraten*** ενθουσιάζομαι
be'geisterungsfähig εύκολα ενθουσιαζόμενος; ***nicht ~*** ανενθουσίαστος
Be'gierde *f* λιγούρα, λαχτάρα
be'gierig: ***~ sein auf*** *A* λαχταρώ, λιχουδεύομαι *A*
be'gießen* ποτίζω, καταβρέχω; *subst* πότισμα *n*, κατάβρεγμα *n*
Be'ginn ⟨*-s; 0*⟩ *m* αρχή, έναρξη
be'ginnen* αρχίζω (*A*/*A*) *oder* (**mit** *D*/

B beglaubigen 642

με; *GR* από); *Gespräch* πιάνω; παίρνω (**zu**/να); κάνω αρχή; **neu ~** ξαναρχίζω; **~d mit dem 1. Januar** αρχής γενομένης από 1ης Ιανουαρίου
be'glaubig|en πιστοποιώ; *Urkunde* επικυρώνω; **amtlich ~en lassen** επικυρώνω; **nicht ~t** *JUR* ανεπικύρωτος
Be'glaubig|ung *f* πιστοποίηση; επικύρωση; επισημοποίηση; **~ungsschreiben** *n* διαπιστευτήρια *n/pl*
be'gleichen* (εκ)καθαρίζω, εξοφλώ
Be'gleichung *f* ξεκαθάρισμα *n*, εξόφληση
Begleit- (*-Schreiben usw*) που συνοδεύει ..., ... συνοδεύων
be'gleiten ⟨*-e-*⟩ *v/t* συνοδεύω (*auch MUS*); παραβγάζω; *MUS* ακομπανιάρω, υποκρούω
Be'gleit|er *m* συνοδός; *lit* συνέκδημος; **~erscheinung** *f* σύμπτωμα *n*; **~papiere** *n/pl* συνοδευτικά έγγραφα *n/pl*; **~ung** *f* συνοδεία; ακομπανιαμέντο, υπόκρουση
be'glichen *HDL* καθαρός
be'glücken κάνω ευτυχισμένο; *mst iron* τιμώ (-άς) (**mit** *D*/με *A*); **~d** μακάριος, ... της ευτυχίας
be'glückwünschen συγχαίρω (**zu** *D*/ για); **j-n zu e-r Erwerbung ~** εύχομαι σε κπ „με γεια“ για ...
be'gnadig|en αμνηστεύω, απονέμω χάρη σε; **er wurde ~t** *auch* του δόθηκε χάρη; **nicht ~t** αμνήστευτος
Be'gnadigung *f* αμνηστεία, απονομή χάριτος
be'gnügen: sich ~ mit αρκούμαι σε, ευχαριστιέμαι σε, με
be'gonnen → beginnen
be'graben* χώνω, θάβω, (*auch fig*) ενταφιάζω
Be'gräbnis [-ε:-] ⟨*-ses; -se*⟩ *n* κηδεία, ενταφιασμός
be'gradigen ευθυγραμμίζω
be'greifen* *v/t Inhalt, Sinn* καταλαβαίνω, νιώθω; *e-n Unterschied* εννοώ; **in sich ~** περιλαμβάνω; *subst* κατάληψη, νιώσιμο (-ατος)
be'greiflich καταληπτός, (κατα)νοητός; **schwer ~** δυσκατάληπτος; **ich mache es ihm ~** τον μπάζω στο νόημα
be'grenz|en ⟨*-t*⟩ *Gebiet* ορίζω, οροθετώ; *fig* περιορίζω; **~t** περιορισμένος; (*beschränkt*) πεπερασμένος
Be'grenzung *f* περιορισμός
Be'griff *m* έννοια, ιδέα; **schwer von ~** ντουβάρι, δύσνους (-ουν); **im ~ sein zu** είμαι έτοιμος να, ετοιμάζομαι να, κάνω να ... + *St II*, πάω να ...; κοντεύω να ...
be'griff → begreifen
be'griffen → begreifen; **in** *D* **~ sein** βρίσκομαι σε + *subst*, *oft*: -μο
be'grifflich εννοιακός, εννοιολογικός
Be'griffs|bestimmung *f* ορισμός; **~vermögen** ⟨*-s; 0*⟩ *n* αντιληπτικό, ικανότητα αντίληψης
be'gründ|en ⟨*-e-*⟩ *Handlung, Entschluss* αιτιολογώ, δικαιολογώ; *Unternehmen* θεμελιώνω, ριζώνω; **~et** βάσιμος; **→ gründen**
Be'gründ|er *m* ιδρυτής; **~erin** *f* ιδρύτρια; **~ung** *f* αιτιολογία; θεμελίωση; **mit der ~ung** με το αιτιολογικό
be'grüß|en ⟨*-t*⟩ χαιρετώ (-άς), χαιρετίζω (*auch fig billigen*); (*amtlich*) προσαγορεύω; **~enswert** επιθυμητός, καλοδεχούμενος
Be'grüßung *f* χαιρετισμός (**durch** *A*/ με); προσαγόρευση
Be'grüßungsansprache *f* προσαγόρευση
be'günstig|en ευνοώ; προστατεύω; **~t** ευνοούμενος; **vom Schicksal ~t** καλόμοιρος
Be'günstigung *f* εύνοια; φιλοπροσωπία
be'gutachten ⟨*-e-*⟩ γνωμοδοτώ
Be'gutacht|er *m* γνωμοδότης; **~ung** *f* γνωμοδότηση
be'gütert πολυχρήματος, καλοστεκούμενος
be'haart μαλλιαρός, τριχώδης; **dicht ~** δασύτριχος
Be'haarung *f* τρίχωση
be'häbig *Mensch*: καθιστικός
be'haftet: ~ sein mit *D* (*Fehler*) έχω, παρουσιάζω
be'hag|en: es ~t mir μου είναι αρεστό; **~lich** ευάρεστος
Be'haglichkeit *f* θαλπωρή, αναπαυτικότητα
be'halten* φυλάσσω; *Wörter* συγκρατώ
Be'hälter *m* δοχείο, δεξαμενή, ντεπόζιτο
be'hände σβέλτος, γοργός
be'handel|n ⟨*-le*⟩ *MED* νοσηλεύω, ια-

τρεύω, παρακολουθώ; *Wunde* θεραπεύω; *Person* μεταχειρίζομαι; (**Kinder**) **gut ~n** φέρομαι καλά (στα παιδιά); *Thema* διεξέρχομαι, διαπραγματεύομαι (*auch* περί *G*); **sich ~n lassen** νοσηλεύομαι; **~nder Arzt** θεράπων ιατρός; *Angaben*: **vertraulich ~t werden** ... θα παραμείνουν εμπιστευτικοί; **~t werden** *Themen usw* γίνεται λόγος για *A*

Be'händigkeit ⟨*0*⟩ *f* σβελτάδα, γοργότητα

Be'handlung *f* νοσηλεία; θεραπεία; μεταχείριση; διαπραγμάτευση; **ohne ärztliche ~** ανοσήλευτος, ακοίταχτος

Be'handlungsmaßnahme *f* MED θεραπευτική αγωγή

be'hängen* *Wände mit D* κρεμάω κάτι σε; στολίζω με; κρεμώ (-άς) (**j-n mit**/κπ με)

be'harr|en επιμένω (**auf** *A*/σε); **~lich** επίμονος, σύντονος

Be'harrlichkeit ⟨*0*⟩ *f* επιμονή

be'hauen *v/t* πελεκώ (-άς), πελεκίζω; τσεκουρώνω; *adj* πελεκητός

Be'hauen *n* πελέκημα *n*

be'haupten ⟨*-e-*⟩ ισχυρίζομαι, υποστηρίζω; *Meinung* μένω σταθερός σε, εμμένω σε; **sich** *oder* **die Stellung ~** δεν το βάζω κάτω

Be'hauptung *f* ισχυρισμός; υποστήριξη

be'heben* *Schwierigkeiten usw* εξουδετερώνω; *Schaden* αποκαθιστώ

Be'hebung *f* εξουδετέρωση; αποκατάσταση

be'heimatet: ~ sein *Tiere*: είμαι κοινός σε, ζω; *Mensch*: η πατρίδα μου είναι ... (*N*)

Be'helf ⟨*-(e)s; -e*⟩ *m* διέξοδος *f*, προσωρινή βοήθεια

be'helfen*: **sich ~ mit** *D* καταφεύγω σε

Be'helfs- βοηθητικός

be'helfsmäßig προσωρινός

be'helligen βαραίνω (**j-n mit** *D*/κπ με), κουράζω

be'hende → behände

Be'hendigkeit *f* **→ Behändigkeit**

be'herbergen φιλοξενώ; (*heimlich*) υποθάλπω; *z.B. Schloss – ein Museum* στεγάζω

be'herrschen *v/t* εξουσιάζω, κυβερνώ (-άς); *Leidenschaft* (συγ)κρατώ; *Sprache* κατέχω; **sich ~ vor** *D* κρατιέμαι από; **sich ~** (**können**) συγκρατούμαι, αυτοκυβερνιέμαι; **~d** *Punkt*: επίκαιρος

Be'herrscher *m* ηγεμόνας, ηγεμών (-ονος) *m*; **~ der Meere** θαλασσοκράτορας; **~in** *f* ηγεμονίδα

be'herrscht συγκρατημένος, κύριος εαυτού; **~ sein** κυριεύομαι; **~ werden** καταλαμβάνομαι

Be'herrschung *f* κυρίευση; συγκράτηση

be'herzigen ενστερνίζομαι

Be'herzigung *f* ενστερνισμός

be'herzt εύψυχος

Be'herztheit ⟨*0*⟩ *f* ευψυχία

be'hexen ⟨*-t*⟩ ματιάζω; (*auch fig*) μαγεύω

be'hilflich: ~ sein επιβοηθώ (**j-m**/*A*)

be'hindern ⟨*-re*⟩ εμποδίζω, δυσχεραίνω

Be'hinder|te(r) ανάπηρος; **~ung** *f* δυσχέρεια, χάντικαπ ⟨*0*⟩ *n*; MED αναπηρία

Be'hörde *f*, *mst pl* αρχές *f*/*pl*; εξουσία, εφορ(ε)ία

be'hüten ⟨*-e-*⟩ προφυλάσσω (**vor** *D*/ από), προσέχω; **Gott behüte!** ο θεός φυλάξοι

be'hutsam προσεκτικός, προφυλακτικός; *adv* με καλό τρόπο

Be'hutsamkeit ⟨*0*⟩ *f* προσοχή

bei *präp D* (*Ort*) (*nahe*) κοντά σε; (*bei der Botschaft in Athen, bei Homer*) σε *A*; (*Zeit*) πάνω σε; με; (*bei e-m Unfall*) κατά *A*, σε; **~ Tisch** στο τραπέζι; **~ uns** (*z. B. in Griechenland*) σε μας; **~ mir** στο σπίτι μου; **~ Sakellarides** (*am Telefon*) οικία Σακελλαρίδη; **~ offenem Fenster** με τα παράθυρα ανοιχτά; **~ Sonnenaufgang** με τον ήλιο; **~ Licht** με το φως; **~ Regen** με τη βροχή; (*Verkehr*) **~ Rot, Grün** με κόκκινο (πράσινο) φως; **~ Gott!** μα τον Θεό!, προς Θεού!; **~ Tage, ~ Nacht** την ημέρα, τη νύχτα; **~ den Wahlen** στις εκλογές; **die Schlacht ~ ...** η μάχη του ...; **~ sich haben** έχω μαζί μου; *Schirm usw* βαστώ μαζί μου; **nicht ganz ~ sich** (*D*) **sein** δεν είμαι στα καλά μου

beibehalten* διαφυλάσσω, διατηρώ

Beiblatt *n* παράρτημα *n*

beibringen* *Belege, Zeugen* προσκομίζω, προσάγω, πορίζομαι; (*lehren*) μαθαίνω (**j-m etw**/κτ σε κπ *oder* κπ κτ);

ορμηνεύω (**j-m etw**/κπ να ...); *j-m* **e-e Niederlage ~** νικώ, κάνω ματ; *j-m* **e-e Wunde ~** επιφέρω σε κπ τραύμα
Beibringung *f* προσαγωγή, πορισμός
Beichte *f* εξομολόγηση; **j-m die ~ abnehmen** εξομολογώ κπ
beichten ⟨*-e-*⟩ *v/i* εξομολογώ; *v/t* εξομολογούμαι; *fig* εκμυστηρεύομαι (**j-m etw**/κτ σε κπ)
Beicht|stuhl *m* εξομολογητήριο; **~vater** *m* πνευματικός
beide αμφότεροι, και οι δύο; **alle ~** και οι δυο τους; **wir ~** και οι δυο μας; **einer von ~n** ένας απ' τους δύο; **keins von ~n** ούτε το ένα ούτε το άλλο; **~s** και τα δυο
beider|lei και από τους δύο; **~lei Geschlechts** αμφοτέρων των φύλων; **~seitig** ... από τα δύο μέρη; αμοιβαίος; **~seits** από τα δύο μέρη
beidrehen *MAR* ανακωχεύω, βάζω αλακάπα
Beifahrer *m* συνοδηγός
Beifall ⟨*-s; 0*⟩ *m* επιδοκιμασία; **~ klatschen** καταχειροκροτώ; **j-m ~ spenden** επευφημώ *A*
beifällig ευμενής; **etw ~ aufnehmen** επικροτώ *A*
Beifallklatschen *n* χειροκρότημα *n*
beifügen επισυνάπτω, εγκλείω, εσωκλείω (*D*/σε)
Beifügung *f* προσάρτηση; → **Attribut**
Beifuß ⟨*-es; 0*⟩ *m BOT* αρτεμισία
Beigabe *f* πρόσθεση
beige [beːʒ] ⟨*0*⟩ μπεζ ⟨*0*⟩
beigeben* προσθέτω; F **klein ~** κάνω νερά
beigefügt εσώκλειστος, έγκλειστος
Beigeordnete(r) πάρεδρος
Beigeschmack ⟨*-es; 0*⟩ *m* ιδιάζουσα γεύση; *fig* χροιά
Beihilfe *f* (οικονομική) ενίσχυση
beikommen* ⟨*sn*⟩ καταφέρνω (**j-m**/*A*); **man kann ihm nicht ~** αυτός δεν πιάνεται
Beil ⟨*-es; -e*⟩ *n* τσεκούρι, πελέκι
Beilage *f* παράρτημα *n*; (*Speise*) προσφάγι
beiläufig *adv* παρεμπιπτόντως
beilegen (*beifügen*) εγκλείω, εσωκλείω (*D*/σε); *Streit* διευθετώ, τακτοποιώ, κανονίζω
Beilegung *f* διευθέτηση
bei'leibe: ~ nicht ούτε να λέγεται
Beileid ⟨*-es; 0*⟩ *n* συλλυπητήρια *n/pl*; **j-m sein ~ aussprechen** συλλυπούμαι κπ; **~s-** συλλυπητήριος
beiliegend εσώκλειστος; *adv* εγκλείστως
beimessen* *Bedeutung* αποδίδω (*D*/σε)
beimischen προσμιγνύω, συγκερνώ (-άς)
Beimischung *f* πρόσμιξη, συγκερασμός
Bein ⟨*-es; -e*⟩ *n* σκέλος *n*; *mst* πόδι; (*Knochen*) οστό; (*Tisch-*) ποδαρικό; *etw* **auf die ~e bringen** πραγματοποιώ; φέρνω σε πέρας *A*; *lange usw* **auf den ~en sein** είμαι στο πόδι; **j-m ein ~ stellen** (*auch fig*) τρικλοποδίζω; **sich auf die ~e machen** παίρνω δρόμο
beinahe σχεδόν, παρ' ολίγο, κοντά; λίγο έλειψε (και, να ...), *z.B.* **~ wäre er gefallen** λίγο έλειψε και έπεσε *oder* να πέσει; **~ hätte ich den Zug versäumt** κινδύνευσα να χάσω το τρένο
Beiname *m* επωνυμία, επίκληση
Beinbruch *m* σπάσιμο του ποδιού; *fig* **das ist kein ~** δε χάλασε ο κόσμος
beiordnen ⟨*-e-*⟩ προσκολλώ (**j-m**/σε); **beigeordnet** *GR* συμπλεκτικός
Beipackzettel *m* χαρτί με οδηγίες
beipflichten ⟨*-e-*⟩ προσχωρώ (*D*/σε), συμμερίζομαι (*D*/σε)
Beiprogramm *n* πρόσθετο πρόγραμμα *n*
be'irren: sich nicht ~ lassen δεν επηρεάζομαι
Beirut *n* Βηρυτός *f*
bei'sammen μαζί, ομού
Bei'sammensein *n*: **gemütliches ~** γλέντι
Beischlaf ⟨*-es; 0*⟩ *m* συνουσία
bei'seite κατά μέρος, παράμερα; **~ legen** *allg* ξεχωρίζω; *Geld* βάζω κατά μέρος; **~ nehmen** ξεμοναχιάζω; **~ treten** παραμερίζω
beisetzen ⟨*-t*⟩ θάβω
Beisetzung *f* ταφή
Beisitzer *m* πάρεδρος; **~ sein** παρεδρεύω
Beispiel *n* παράδειγμα *n*; **zum ~ (z.B.)** παραδείγματος χάριν (π.χ.), λόγου χάριν (λ.χ.); (*dagewesener Fall*) προηγούμενο; **sich ein ~ nehmen** παραδειγματίζομαι (**an** *D*/από)
beispiel|haft παραδειγματικός; **~los** απαραδειγμάτιστος, ανήκουστος

beispielsweise → ***zum Beispiel***
beißen* *v/t* δαγκώνω; *Hund auch* τρώγω; ***sich auf die Zunge ~*** δαγκώνω τη γλώσσα μου; *v/i Kälte usw* τσούζω; *Fleisch*: ***nicht zu ~*** αμάσητος; *subst* δάγκωμα *n*; τσούξιμο (-ατος); **~d** *fig Worte, Ironie*: καυστικός, τσουχτερός (*auch Kälte*)
Beistand *m* συμπαράσταση, αντίληψη, αρωγή
beistehen* συμπαραστέκομαι (***j-m***/σε κπ), παραστέκομαι (***j-m***/σε κπ)
Beistell- (*Tisch usw*) βοηθητικός
beisteuern ⟨*-re*⟩ συνεισφέρω (***zu***/σε)
beistimmen συμφωνώ (***j-m***/με κπ)
Beitrag ⟨*-es; ⸚e*⟩ *m* εισφορά, συνδρομή, συνεισφορά; ρεφενές (-έδες); (*Vorschlag*) εισήγηση; (*Zeitung*) άρθρο; (*klein*) αρθρίδιο
beitragen* (***zu***) συντείνω (σε), συμβάλλω (σε), συνεισφέρω (σε)
beitreten* ⟨*sn*⟩ *e-r Partei usw* προσχωρώ (*D*/σε)
Beitritt *m* προσχώρηση; *Staat*: ένταξη (***zu*** *D*/σε)
Beiwagen *m* σάιντκαρ ⟨*0*⟩ *n*, αμαξάκι
beiwohnen παρευρίσκομαι, παρίσταμαι (*D*/σε *A*)
Beiwort *n* GR επίθετο
Beize *f* (*Mittel*) πρόστυμμα *n*, μορντάν ⟨*0*⟩ *n*; → ***Beizen***
bei'zeiten από νωρίς, εγκαίρως
beizen ⟨*-t*⟩ προστύφω
Beizen *n* πρόστυψη
be'jahen λέγω ναι, επιβεβαιώνω; **~d** καταφατικός; GR βεβαιωτικός
Be'jahung *f* κατάφαση
be'jammern ⟨*-re*⟩ ταλανίζω, θρηνώ
be'jammernswert αξιοθρήνητος
be'kämpfen (*auch fig*) καταπολεμώ (-άς); *Theorie* αντικρούω
Be'kämpfung *f* καταπολέμιση
be'kannt γνωστός; (*sehr*) ξακουσμένος, ακουσμένος; φημισμένος (***wegen*** *G*/ για); ***~ geben*** εξαγγέλλω; ***~ machen*** δηλοποιώ, ανακοινώνω, εξαγγέλλω; ***öffentlich ~ machen*** προκηρύσσω; ***j-n mit*** *j-m* ***~ machen*** γνωρίζω κπ με; ***j-n mit*** *etw* ***~ machen*** καθιστώ κπ κοινωνό *G*; ***miteinander ~ sein*** γνωριζόμαστε, σχετιζόμαστε; *Einzelheiten usw* ***~ werden*** γνωστοποιούμαι
Be'kannt|e *f* γνωστή; ***e-e griechische ~e von ihm*** μία Ελληνίδα γνώριμή (*oder* γνωστή) του; **~e(r)** *m* γνωστός
Be'kanntgabe *f* γνωστοποίηση
be'kanntlich ως γνωστό
Be'kannt|machung *f* δηλοποίηση, ανακοίνωση; ανακοινωθέν (-έντος) *n*; προκήρυξη; **~schaft** *f* (*auch Person*) γνωριμία
be'kehren προσηλυτίζω
Be'kehrung *f* προσηλυτισμός
be'kennen* *v/t* καθομολογώ; ***Farbe ~*** απορρίπτω το προσωπείο; ***sich ~ zu*** *D* πρεσβεύω *A*
Be'kenntnis ⟨*-ses; -se*⟩ *n* καθομολόγηση; (*Konfession*) θρήσκευμα *n*
be'klagen *v/t* θρηνώ; *Schicksal* κλαίω; ***sich*** (*A*) ***~ bei j-m über*** *A* παραπονιέμαι σε κπ για
be'klagenswert αξιοδάκρυτος
Be'klagte(r) εναγόμενος, *f*: εναγομένη
be'kleben κολλώ (-άς) (***etw mit*** *D*/σε, *A*)
be'klecksen ⟨*-t*⟩ μουντζουρώνω
be'kleid|en ⟨*-e-*⟩ ντύνω (***j-n***/κπ); (*auszeichnen*) περιβάλλω (***mit*** *D*/με); *Amt* κατέχω; **~et** ντυμένος
Be'kleidung *f* ντύσιμο (-ατος); (*Kleid*) ενδυμασία
Be'kleidungsindustrie *f* βιομηχανία ετοίμων ενδυμάτων
be'klemmen στενοχωρώ
Be'klemmung *f* πλάκωμα *n*
be'klommen στενοχωρημένος; ***~ machen*** στενοχωρώ
be'klopfen *v/t* MED επικρούω
be'kloppt F βαρεμένος
be'knien F δεν αφήνω ... απροσκύνητο (***so lange bis***/ως που)
be'komm|en* *v/t allg Gehalt usw* παίρνω, λαμβάνω; *Fieber* πιάνω; *ein Kind* αποκτώ (-άς), F *auch* κάνω; *Vorwürfe* δέχομαι; *Schelte*, *Gefängnis*, *Schläge* τρώγω; *v/i* ⟨*sn*⟩ (*j-m gut tun, z.B. Klima*) με σηκώνει, με ωφελεί; *anstelle des Passivs*: ***ich ~e etw geschenkt*** = ***mir wird etw geschenkt*** μου χαρίζουν κάτι; ***wohl ~s!*** στην υγειά σας!; ***wo ~t man ...?*** πού βρίσκει κανείς *oder* μπορεί να πάρει κανείς ...
be'kömmlich εύπεπτος, στομαχικός; ***~ sein*** κάνει καλό (***j-m***/σε κπ)
be'köstigen τρέφω
Be'köstigung *f* τροφή
be'kräftigen επισφραγίζω
Be'kräftigung *f* επισφράγιση

B bekränzen 646

be'kränzen ⟨*-t*⟩ στεφανώνω
be'kreuzigen: *sich* ~ σταυροκοπιέμαι
Be'kreuzigung *f* σταυροκόπημα *n*
be'kriegen *v/t* καταπολεμώ (-άς)
be'kritteln ⟨*-le*⟩ σχολιάζω
be'kritzeln ⟨*-le*⟩ κακογραφώ (σε)
be'kümmer|n ⟨*-re*⟩ *v/t*: ***es ~t mich sehr*** αυτό με λυπεί *oder* στενοχωρεί
be'kümmert λυπημένος; ***ich bin sehr ~, dass ...*** το 'χω μεράκι που ...
be'kunden ⟨*-e-*⟩ *Ansichten* διαδηλώνω; *Interesse* επιδεικνύω
be'lächeln ⟨*-le*⟩ *v/t* ειρωνεύομαι
be'lachen *v/t* καταγελώ (-άς), περιπαίζω
be'laden* φορτώνω, επιφορτίζω
Be'ladung *f* φόρτωση, φόρτωμα *n*
Be'lag ⟨*-ęs*; *⸚e*⟩ *m* επίστρωμα *n*; (*der Zunge*) επίχρισμα *n*, γανάδα; (*Furnier*) καπλαμάς; (*Straßen-*) οδόστρωμα *n*; (*Brot-*) υλικά *n/pl* (που τα βάζει κάνεις στο ψωμί)
Be'lagerer *m* πολιορκητής
be'lagern ⟨*-re*⟩ πολιορκώ
Be'lagerung *f* πολιορκία
Be'lagerungs|- πολιορκητικός; **~zustand** *m* κατάσταση πολιορκίας
Be'lang *m*: ***von ~*** σημαίνων, άξιος προσοχής; ***ohne ~*** ανάξιος λόγου; **~e** *m/pl* συμφέροντα *n/pl*
be'langlos αψήφιστος, αναξιόλογος
be'lassen* αφήνω όπως είναι
be'lasten ⟨*-e-*⟩ φορτώνω, βαραίνω; *Budget* επιβαρύνω (***mit*** *D*/με, από); *JUR* ενοχοποιώ (***j-n***/κπ), είμαι ενοχοποιητικός (***j-n***/για *A*), βαρύνω (***mit*** *D*/με); *HDL* χρεώνω (***mit*** *D*/με); (*mit Steuern*) επιβάλλω σε; ***mit e-r Hypothek ~*** υποθηκεύω; ***ein Konto ~ mit*** *D* χρεώνω έναν λογαριασμό με; **~d** ενοχοποιητικός
be'lastet *Konto*: χρεωμένος; ***erblich ~ sein*** έχω κληρονομική ασθένεια
be'lästigen ενοχλώ
Be'lästigung *f* ενόχληση
Be'lastung *f* φόρτωση; επιβάρυνση; χρέωση; ενοχοποίηση; *PSYCH* ένταση; *HDL* ***unter ~*** *G* χρεώσει *G*
Be'lastungszeuge *m* μάρτυρας κατηγορίας
be'laub|en: *sich* ~en δασώνω, φουντώνω; **~t** φυλλώδης, φουντωμένος
Be'laubung *f* φούντωμα *n*
be'laufen*: *sich ~ auf* *A* ανέρχομαι σε, συμποσούμαι σε
be'lauschen κρυφακούω
be'leb|en (*auch fig*) ζωοποιώ, ζωογονώ; ***sich ~en*** ζωηρεύω; *HDL* κινούμαι; **~t** *Straße*: πολυάνθρωπος
Be'lebung *f* ζωοποίηση, ζωογόνηση
Be'leg ⟨*-ęs*; *-e*⟩ *m* τεκμήριο, αποδεικτικό; δικαιολογητικό; ***ich habe ~e*** έχω δεδομένα; **~-** αποδεικτικός
be'legen *Fußboden* (επι)στρώνω; (*beweisen*) τεκμηριώνω; *Brot* ***mit Käse ~*** απλώνω τυρί σε ...; *Platz* πιάνω; ***mit Beschlag ~*** κατέχω
Be'legschaft *f* συνεργείο, συγκρότημα *n*, προσωπικό
be'legt → ***belegen***; *Zunge*: ***ist ~*** γάνιασε ...; **~es Brötchen** *n* σάντουιτς ⟨*0*⟩ *n*
be'lehren *v/t* νουθετώ, δασκαλεύω; **~d** νουθετικός, διδακτικός
Be'lehrung *f* νουθεσία, δασκάλεμα *n*
be'leibt παχουλός, εύσαρκος
be'leidig|en προσβάλλω, βρίζω; **~end** προσβλητικός, υβριστικός; **~t** προσβεβλημένος
Be'leidigung *f* προσβολή, βρισιά
be'leihen* *A* δανείζομαι με υποθήκη
be'lesen πολυμαθής, διαβασμένος
Be'lesenheit ⟨*0*⟩ *f* πολυμάθεια
be'leucht|en ⟨*-e-*⟩ (δια)φωτίζω; ***gut ~et*** φωτισμένος
Be'leuchtung *f* φωτισμός, διαφώτιση; **~s-** φωτιστικός
Belgie|n [-gĭən] *n* Βέλγιο; **~r** *m* Βέλγος; **~rin** *f* Βελγίδα
belgisch βελγικός
Belgrad *n* Βελιγράδι
be'lichten ⟨*-e-*⟩ (*Foto*) φωτίζω
Be'lichtung *f* φώτιση
Be'lichtungs|messer *m* φωτόμετρο; **~zeit** *f* χρόνος εκθέσεως
be'lieb|en (*geruhen*) ευαρεστούμαι, ευχαριστιέμαι; ***wie es Ihnen ~t*** όπως σας αρέσει
Be'lieben *n* προαίρεση; ***nach ~*** κατ' αρέσκεια, κατά βούληση
be'liebig: *jeder Beliebige* *oder* ***jeder x-Beliebige*** τυχαίος, οποιοσδήποτε; ***an jeder ~en Stelle*** οπουδήποτε
be'liebt δημοτικός, δημοφιλής; αγαπητός (***bei*** *D*/σε)
Be'liebtheit ⟨*0*⟩ *f* δημοτικότητα
be'liefern ⟨*-re*⟩ εφοδιάζω; (*mit Waren, Nachrichten*) τροφοδοτώ (***mit*** *D*/με)

Be'lieferung *⟨0⟩ f* εφοδιασμός; τροφοδότηση
bellen γαυγίζω
Bellen *n* γαύγισμα *n*
Belle'tristik *⟨0⟩ f* λογοτεχνία
be'lohnen αμείβω; (επι)βραβεύω
Be'lohnung *f* αμοιβή; επιβράβευση; ***e-e ~ aussetzen*** επικηρύττω (***auf*** *A/A*); (*in Anzeigen*) ***gute ~*** θα αμειφθεί καλά
Be'lüftung *f* TECH εξαερισμός
be'lügen* λέω ψέμματα (***j-n***/σε κπ)
be'lustigen *v/t* τέρπω; ***sich ~*** διασκεδάζω; ***~d*** τερπνός; αστείος
Be'lustigung *f* διασκέδαση
be'mächtigen: ***sich e-r Sache*** (*G*) ~ κυριεύω *A*, κατακτώ (-άς) *A*
Be'mächtigung *f* κυρίευση
be'malen (επι)χρωματίζω; ***e-e Wand ~*** ζωγραφίζω πάνω σ'έναν τοίχο
be'mängeln *⟨-le⟩* επικρίνω
Be'mängelung *f* επίκριση
be'mannen επανδρώνω
Be'mannung *⟨0⟩ f* επάνδρωση
be'mänteln *⟨-le⟩ fig* καπακώνω, καπακιάζω
be'merk|bar αισθητός; ***sich ~bar machen*** τραβώ την προσοχή επάνω μου; ***~en*** (*etw sagen*) παρατηρώ; (*sehen*) προσέχω, μαρκάρω; (*wahrnehmen*) αντιλαμβάνομαι *G oder A*, σημειώνω; ***~t werden*** *auch* γίνομαι αντιληπτός; ***~enswert*** σημειωτέος, αξιοπαρατήρητος
Be'merkung *f* (*Aussage*) παρατήρηση; (*Notiz*) σημείωμα *n*
be'messen* καταμετρώ (-άς); υπολογίζω
Be'mess|ung *f* υπολογισμός; ***~ungsgrundlage*** *f* βάση υπολογισμού
be'mitleid|en *⟨-e-⟩* οικτ(ε)ίρω, συμπονώ, λυπάμαι; ***~enswert*** άξιος οίκτου
Be'mitleidung *f* συμπόνοια
be'mittelt καλοστεκούμενος, εύπορος
be'mogeln *⟨-le⟩* F δολιεύομαι, ρίχνω
be'mühen ενοχλώ (***j-n***/κπ); ***sich*** (*A*) ~ ***um*** *A* επιζητώ, επιδιώκω, παλεύω για; (*sehr*) αγωνίζομαι (***um*** *A*/για); (***um j-n***) κοντογυρίζω; ***sich darum ~, dass*** (***zu …***) προσπαθώ, ενεργώ, πασχίζω να; ***sich vergeblich ~*** ματαιοπονώ, τρέχω στα χαμένα; ***sich ~*** (= *gehen*) περνώ (-άς) (***in, an*** *A*/σε)
Be'mühung *f* προσπάθεια
be'muttern *⟨-re⟩* καλοκοιτάζω
be'nachbart γειτονικός; διπλανός, παράπλευρος; ***~e Länder*** *n/pl* γειτονικές χώρες *f/pl*; ***~ sein*** γειτονεύω (*D*/με)
be'nachrichtigen ειδοποιώ, πληροφορώ (***über*** *A*, ***von*** *D*/για); ***vorher ~*** προειδοποιώ (***von*** *D*/περί *G*)
Be'nachrichtig|ung *f* ειδοποίηση; ***~ungsschreiben*** *n* ειδοποιητήριο
be'nachteilig|en *v/t* αδικώ (***bei*** *D*/σε); ***~t*** αδικημένος (***in*** *D*/σε)
Be'nachteiligung *f* αδικία (*G*/κατά *G*), επίπτωση (***bei*** *D*/σε)
be'nagen κοκκαλίζω
be'nebelt F (*betrunken*) στο κέφι
be'nehmen*: ***sich ~*** (συμπερι)φέρομαι (***gegen*** *A/D*); ***sich j-m gegenüber ~ als ob*** φέρομαι σε κπ σα να ...
Be'nehmen *n* συμπεριφορά, τρόποι *m/pl*; ***sich*** (*A*) ***mit j-m ins ~ setzen*** έρχομαι σε συνεννόηση με κπ
be'neiden *⟨-e-⟩* ζηλεύω (***j-n um*** *A*/κπ για), φθονώ
be'neidenswert αξιοζήλευτος, επίζηλος; ***nicht ~*** αφθόνητος
be'neidet επίζηλος
Benelux(staaten) (η) Μπενελούξ
be'nennen* ονομάζω (***j-n***/κπ); ***e-n Rechtsanwalt ~*** βάζω δικηγόρο
Be'nennung *f* ονομασία, επονομασία
be'netzen *⟨-t⟩* ραντίζω; καθυγραίνω
Ben'galen *n* Βεγγάλη
ben'galisch βεγγαλικός; ***~e(s) Feuer*** βεγγαλικά (φώτα) *n/pl*
Bengel *m* μάγκας
be'nommen ζαλισμένος; ***ich bin ganz ~*** μου πήραν το κεφάλι
Be'nommenheit *⟨0⟩ f* νάρκωση, ζάλη
be'noten *⟨-e-⟩* βαθμολογώ
be'nötigen *v/t* χρειάζομαι
Be'notung *f* βαθμολόγηση
be'nutzen *⟨-t⟩* επωφελούμαι (*A/G*), μεταχειρίζομαι (*A/A*); *Zug, Dampfer usw* παίρνω; *Gelegenheit* αξιοποιώ
Be'nutz|er *m* χρήστης; (*e-s Buches*) αναγνώστης; ***~ung*** *f* χρήση; ***~ungsgebühr*** *f* τέλος *n* χρήσεως
Ben'zin *⟨-s; -e⟩ n* βενζίνη; ***~behälter*** *m* ρεζερβουάρ *n*; ***~gutschein*** *m* κουπόνι βενζίνης; ***~kanister*** *m* δοχείο βενζίνης; ***~motor*** *m* βενζινομηχανή; ***~tank*** *m* ρεζερβουάρ *n*; ***~uhr*** *f* δείκτης βενζίνης

Ben'zol ⟨*-s; -e*⟩ *n* βενζόλη, βενζόλιο
be'obachten ⟨*-e-*⟩ παρατηρώ; *z. B. Krankheit* παρακολουθώ; ***heimlich ~*** κρυφοκοιτάζω
Be'obacht|er *m* παρατηρητής θεωρός; **~ung** *f* παρατήρηση
Be'obachtungs|- επιτηρητικός; **~gabe** *f* παρατηρητικότητα; **~posten** *m* καραούλι; **~stand** *m* παρατηρητήριο
be'ordern ⟨*-re*⟩: ***j-n ~ nach, zu*** *D* επιφορτίζω κπ με, αγγαρεύω να πάει σε ...
be'packen ζαλώνω (***mit*** *D*/*A*)
be'pflanz|en ⟨*-t*⟩ καταφυτεύω; **~t** κατάφυτος
be'pflastern ⟨*-re*⟩ επιστρώνω
be'quem άνετος, αναπαυτικός; *Haus*: βολικός; (*geräumig*) απλόχωρος; (*träge*) νωθρός; ***~ zu handhabend(er)*** ευμεταχείριστος; ***es sich ~ machen*** καλοκάθομαι; ***j-n ~ hinsetzen*** καλοκαθίζω; ***~en: sich ~en*** καταδέχομαι (***zu***/να); ***sich nicht dazu ~en zu ...*** δεν εννοώ να ..., δεν λέω να ...
Be'quemlichkeit *f* άνεση; νωθρότητα; ***~en*** *pl* ευκολίες *f*/*pl*
be'raten* *v*/*t* συμβουλεύω, χειραγωγώ (***j-n***/κπ); συσκέπτομαι (***über*** *A*/επί *G*); ***sich ~*** συνδιασκέπτομαι; **~d** συμβουλευτικός, γνωμοδοτικός
Be'rater *m* σύμβουλος, χειραγωγός
be'ratschlagen διαβουλεύομαι (***über*** *A*/*A*)
Be'rat|schlagung *f* διαβούλευση; **~ung** *f* διάσκεψη; σύσκεψη; *mst pl* (***interne***) ***~ungen*** διαβουλεύσεις *f*/*pl*; (*Ratschläge des Arztes usw*) συμβουλή; χειραγώγηση; (*Berufs-*) προσανατολισμός
be'rauben στερώ, αποξενώνω (***j-n*** *G*/κπ από *A*); *j-n ~* (*ausrauben*) ληστεύω
Be'raubung *f* στέρηση, αποξένωση
be'rausch|en μεθώ (-άς) (*auch fig*); **~end** μεθυστικός (*auch fig*); **~t** μεθυσμένος (***von*** *D*/από); ***~t werden*** μεθώ (-άς)
be'rechnen ⟨*-e-*⟩ υπολογίζω, λογαριάζω; *Gewinn, Schaden usw* αριθμώ; **~d** συμφεροντολογικός
Be'rechnung *f* υπολογισμός; **~s-** υπολογιστικός
be'rechtig|en εξουσιοδοτώ; δίνω το δικαίωμα; **~t:** ***~t sein zu ...*** δικαιούμαι να
Be'rechtig|te(r) δικαιούχος; **~ung** *f* εξουσιοδότηση
be'reden ⟨*-e-*⟩ συζητώ (***etw***/κτ); καταφέρνω (***j-n***/κπ); ***sich ~*** συσκέπτομαι
be'redsam εύγλωττος
Be'redsamkeit ⟨*0*⟩ *f* ευγλωττία, ευφράδεια
be'redt ευφραδής
Be'reich ⟨*-ẹs; -e*⟩ *m* περιοχή; *fig* σφαίρα, κύκλος
be'reichern ⟨*-re*⟩ *Kenntnisse usw* πλουτίζω; ***seinen Bestand ~ um*** *A* εμπλουτίζομαι; ***sich ~*** πλουτίζω, χρηματίζομαι
Be'reicherung *f* (εμ)πλουτισμός
be'reinigen *v*/*t* διευθετώ
Be'reinigung *f* διευθέτηση
be'reisen ⟨*-t*⟩ *v*/*t* περιοδεύω, περιηγούμαι
be'reit έτοιμος (***zu*** *D*/προς *A*, για), πρόθυμος (***zu*** .../να); **~en** ⟨*-e-*⟩ ετοιμάζω; *Essen* παρασκευάζω; *Empfang, Überraschung* επιφυλάσσω; ***Schwierigkeiten ~en*** δυσκολεύω (***j-m***/κπ); ***Kummer ~en*** στενοχωρώ (***j-m***/κπ *A*)
Be'reiter *m* ιπποδαμαστής
be'reithalten* προετοιμάζω
be'reits ήδη, κιόλα(ς)
Be'reitschaft *f* ετοιμότητα
Be'reitschafts|dienst *m*: ***~dienst haben*** (*Arzt usw*) εφημερεύω; (*Apotheke bsd*) διανυκτερεύω; **~polizei** *f* 'Αμεση Δράση
be'reitstehen* είμαι προετοιμασμένος
be'reitstellen προετοιμάζω, προπαρασκευάζω
Be'reitstellung *f* προετοιμασία
be'reitwillig πρόθυμος
Be'reitwilligkeit ⟨*0*⟩ *f* προθυμία
be'reuen μετανοιώνω, μετανοώ (*A*/για); ***es ~*** μεταμελούμαι; (*sein Geld*) ***nicht ~*** δεν πονώ
Berg ⟨*-ẹs; -e*⟩ *m* βουνό, όρος *n*; ***über den ~ sein*** βλέπω άσπρη μέρα; ***er ist über alle ~e*** το 'κοψε λάσπη, (μου, μας) σκαπουλάρησε; *Kranker*: ***er ist über den ~*** (την) σκαπουλάρησε; ***mir stehen die Haare zu ~e*** σηκώνονται οι τρίχες μου
berg'ab κατηφορικά; *Weg*: ***~ gehen*** κατηφορίζω; *fig* ***es geht mit mir ~*** παίρνω τον κατήφορο
Bergabhang *m* βουνοπλαγιά
berg|'an, ~'auf ανηφορικά; ***~'auf gehen*** ανηφορίζω; *fig* παίρνω καλό δρόμο

Berg|arbeiter *m* → ***Bergmann***; **~bau** ⟨*-¢s*; *0*⟩ *m*, **~bauindustrie** *f* βιομηχανία εξορύξεως; **~besteigung** *f* ανάβαση όρους; **~bewohner** *m* ορεσίβιος, βουνήσιος

bergen* διασώζω; (*aus den Trümmern*) ανασύρω από; *Gefahr usw*: ***in sich ~*** εγκυμονώ, εγκρύπτω

Berg|führer *m* οδηγός βουνών; **~gipfel** *m* κορφοβούνι

bergig ορεινός

Berg|kamm *m* κορυφογραμμή; **~kette** *f* οροσειρά; **~mann** ⟨*-¢s*; *-leute*⟩ *m* μεταλλωρύχος, ανθρακωρύχος; **~rutsch** *m* πτώση βουνού, κατολίσθηση; **~steigen** *n* ορειβασία; **~steiger** *m* ορειβάτης; **~steiger-** ορειβατικός

Bergung *f* διάσωση

Bergwerk *n* μεταλλείο, ορυχείο; **~s-** μεταλλευτικός

Be'richt ⟨*-¢s*; *-e*⟩ *m* (*Wetter- usw*) δελτίο; (*e-r Tatsache, schriftlich*) έκθεση; (*amtlich*) πρακτικά *n/pl*; (*Referat*) εισήγηση; γνωμάτευση; ***~ erstatten*** υποβάλλω έκθεση (*D*/σε); εισηγούμαι *A*

be'richten ⟨*-e-*⟩ εκθέτω; εισηγούμαι (***über*** *A*/*A*); αναφέρω (***j-m über*** *A*/σε κπ επί *G*)

Be'richterstatt|er *m* ανταποκριτής; ειδησεογράφος; *JUR* συνεισηγητής; **~ung** *f* ειδησεογραφία

be'richtigen διορθώνω, επανορθώνω

Be'richtigung *f* διόρθωση

be'rieseln ⟨*-le*⟩ ποτίζω, ραντίζω

be'ritten έφιππος

Ber'lin *n* Βερολίνο; **~er** *adj* βερολινέζικος; **~er** *m* Βερολινέζος; **~erin** *f* Βερολινέζα

ber'linisch βερολινέζικος

Bern *n* Βέρνη

Bernstein *m* κεχριμπάρι, ήλεκτρο; **~-** κεχριμπαρένιος

bersten* ⟨*sn*⟩ σκάζω; *Erde*: σχίζομαι στα δύο; *subst* σκάσιμο (-ατος), διάρρηξη

be'rüchtigt διαβόητος; περιβόητος

be'rücksichtigen έχω *oder* παίρνω, υπ' όψη, λαμβάνω υπ' όψη, συλλογίζομαι

Be'rücksichtigung *f oft verbal* το να ...; λήψη υπ' όψη; ανασκόπηση

Be'ruf ⟨*-¢s*; *-e*⟩ *m* επάγγελμα *n*, F δουλειά; ***freier ~*** ελεύθερο επάγγελμα *n*

be'rufen* διορίζω (***j-n zu*** *D*/κπ *A*); *als Zeuge* καλώ ως; ***sich ~ auf*** *A* επικαλούμαι *A*, αναφέρομαι σε; *~ adj* αρμόδιος; *Quelle*: έγκυρος; ***~ sein*** έχω προορισμό (***zu*** *D*/*A*); ***sich ~ fühlen zu*** *D* έχω έφεση σε, για *A*

Be'rufs|- επαγγελματικός; επαγγελματίας +*subst*; (*Offizier*) μόνιμος; **~anfänger** *m* αρχάριος; **~ausbildung** *f* επαγγελματική μόρφωση; ***... ist ohne ~ausbildung*** είναι επαγγελματικά ακατάρτιστος; **~beratung** *f* επαγγελματικός προσανατολισμός, επαγγελματική κατεύθυνση (των νέων); **~erfahrung** *f* προϋπηρεσία; **~genossenschaft** *f* συντεχνία

be'rufsmäßig → ***Berufs-***; εξ επαγγέλματος

Be'rufs|richter *m* (*beim Schwurgericht*) σύνεδρος; **~schule** *f* επαγγελματική σχολή; **~schulzeugnis** *n* επαγγελματικό ενδεικτικό

be'rufstätig: ***~ sein*** εργάζομαι

Be'rufs|tätige(r) εργαζόμενος, απασχολημένος; **~umschulung** *f* επαγγελματική μετεκπαίδευση; **~wahl** ⟨*0*⟩ *f* εκλογή του επαγγέλματος

Be'rufung *f* έφεση *f* (*JUR*, *auch innere ~*); (*Bestimmung*) διορισμός, προορισμός; ***unter ~ auf*** *A* επικαλούμενος *A*; ***~ einlegen gegen*** *A* κάνω *oder* υποβάλλω έφεση κατά *G*, εφεσιβάλλω *A*; εκκαλώ *A*

Be'rufungs|beklagte(r) εφεσίβλητος; **~gericht** *n* εφετείο; **~kläger** *m* αιτών (-ούντος) *m* έφεση, εκκαλών (-ούντος) *m*; **~richter** *m* εφέτης

be'ruhen βασίζομαι, εδράζομαι (***auf*** *D*/σε); ***etw auf sich ~ lassen*** το αφήνω ανενέργητο

be'ruhigen ηρεμώ; (*auch* **sich**) καθησυχάζω, ημερεύω, καλμάρω (***j-n***/κπ); *Baby* γαληνεύω; **~d** καθησυχαστικός; *MED* ηρεμιστικός

Be'ruhigung *f* ημέρωση, καθησύχαση

Be'ruhigungs|- ηρεμιστικός; **~mittel** *n* ηρεμιστικό φάρμακο

be'rühmt φημισμένος (***wegen*** *G*/για), ξακουσμένος, περίφημος; ***~ machen*** φημίζω; ***~ werden*** φημίζομαι

Be'rühmtheit *f* (*auch Person*) διασημότητα; φήμη

be'rühren (*auch fig*) αγγίζω; άπτομαι (*G*); *Gegenstand, Frage* θίγω

B
Berühren 650

Be'rühr|en *n* αφή; **~ung** *f* επαφή (*auch* *MIL*); θίξη; ψαύση
Be'ryll ⟨*-s*; *-e*⟩ *n* βηρύλλιο
be'sag|en σημαίνω; ***das ~t nicht viel*** δεν λέει τίποτε; **~t** όπως λέγεται
be'sänftigen (*z.B. Zorn*) καταπραΰνω; *bsd Menschen* γλυκαίνω, εξιλεώνω; ***sich ~*** γλυκαίνομαι; ***sich ~ (lassen)*** καλοσυνεύω; **~d** καταπραΰντικός
Be'sänftigung *f* καταπράυνση, εξιλέωση; **~s-** εξιλεωτικός
be'sät κατάσπαρτος, σπαρτός
Be'satz *m* γαρνιτούρα, παρυφή
Be'satzung *f* *MAR* πλήρωμα *n*; *MIL* κατοχή; φρουρά
Be'satzungsregime [-ʀeˑ'ʒi:m] *n* καθεστώς *n* κατοχής
be'saufen*: ***sich ~*** F σουρώνω, το τσούζω γερά, μεθάω (-άς)
Be'säufnis ⟨*-ses*; *-se*⟩ *n* F σούρα, κραιπάλη
be'schädigen ζημιώνω, φθείρω, βλάπτω
Be'schädig|er *m* ζημιωτής; **~ung** *f* φθορά
be'schaffen βρίσκω, προμηθεύω (***j-m etw***/κπ με κτ); *bsd Geld, Grundstück* εξοικονομώ; *adj* ***so ~*** τέτοιος
Be'schaffenheit *f* κατασκευή, ποιόν
Be'schaffung *f* προμήθεια, εξεύρεση, εξοικονόμηση; **~s-** προμηθευτικός
be'schäftigen ασχολώ, απασχολώ; *j-n* ενασχολώ; ***sich ~ mit*** *D* ασχολούμαι, ενασχολούμαι (σε, με), καταγίνομαι (με)
be'schäftigt απασχολημένος; ***~ sein*** υπηρετώ (*beruflich als*/ως); ***den ganzen Tag ~ sein*** ξημεροβραδιάζομαι
Be'schäftig|te(r) απασχολούμενος; **~ung** *f* απασχόληση, ασχολία; δουλειά; ***ohne ~ung*** αργός
be'schämen *v/t* (κατα)ντροπιάζω, αποσβολώνω
Be'schämung *f* ντροπή, αποσβόλωμα *n*
be'schatten ⟨*-e-*⟩ (επι)σκιάζω; *fig* παρακολουθώ κρυφά (***j-n***/κπ)
be'schau|en κοιτάζω; **~lich** γαλήνιος
Be'schaulichkeit ⟨*0*⟩ *f* γαλήνη
Be'scheid ⟨*-ęs*; *-e*⟩ *m* μήνυμα *n*, ειδοποίηση; ***j-m ~ geben*** στέλνω μήνυμα σε κπ, ειδοποιώ; ***~ wissen*** ξέρω καλά τα βολεύω
be'scheiden*: ***sich ~ mit*** *D* ευχαριστιέμαι με, σε; δεν ζητώ περισσότερα,
be'scheiden *adj* μετριόφρονας (-η, -ο); ταπεινός, σεμνός; ***~ sein*** είμαι μετριόφρονος, είμαι ταπεινός
Be'scheidenheit ⟨*0*⟩ *f* μετριοφροσύνη, ταπεινοφροσύνη, σεμνότητα
be'scheinen* φωτίζω
be'scheinigen πιστοποιώ, βεβαιώνω
Be'scheinigung *f* πιστοποίηση, βεβαίωση; αποδεικτικό; πιστοποιητικό
be'schenken φιλοδωρώ
be'scheren μοιράζω δώρα (***j-n***/σε κπ); *Zukunft*: επιφυλάσσω
Be'scherung *f* μοίρασμα *n* δώρων; ***e-e schöne ~, da haben wir die ~!*** καλό και τούτο, ορίστε κατάσταση!
Be'schichtung *f* (*z.B. Metall-*) επικάλυψη (με)
be'schicken *TECH* τροφοδοτώ
be'schieden: ***es ist mir ~*** μου πέπρωται, μου είναι γραφτό
be'schießen* κανονιοβολώ
Be'schießung *f* κανονιοβολισμός
be'schimpfen βρίζω; λοιδορώ; ***sich ~*** αλληλοϋβρίζομαι
Be'schimpfung *f* εξύβριση, λοιδορία
Be'schlag *m*, *mst pl* **Beschläge** ελάσματα *n/pl* στερεώσεως; (*Eck-*) ελάσματα *n/pl* σε σχήμα γωνίας; ***etw in ~ nehmen*** κάνω κατάσχεση; ***j-n mit ~ belegen*** F απασχολώ
be'schlagen* *v/t* *Pferd* πεταλώνω; *CHEM* εξανθώ; *TECH* εφαρμόζω; φοδράρω; *v/i* ⟨*sn*⟩ *Glas*: θαμπώνω, θολώνω; ***... ist ~*** θάμπωσε; *subst* πετάλωμα *n*; εξάνθηση
be'schlagen *adj* εντριβής; καταρτισμένος (***in*** *D*/σε)
Be'schlagnahme *f* κατάσχεση; (*staatlich*) δήμευση; ***der ~ unterliegend*** δημεύσιμος
be'schlagnahmen κατάσχω; δημεύω
be'schleunig|en (επι)ταχύνω, επισπεύδω; *v/i* *Auto*: πιάνει; **~t** κατεσπευσμένος; *Puls*: ταχύς
Be'schleunigung *f* επιτάχυνση (*auch* *PHYS*), επίσπευση
Be'schleunigungsvermögen ⟨*-s*; *0*⟩ *n* (*Auto*) ρεπρίζ *f*
be'schließen* *etw* αποφασίζω, βουλεύομαι; (*beenden*) τελειώνω, *Leben* διανύω
Be'schluss *m* απόφαση; βουλή; ***auf ~ G*** σύμφωνα με απόφαση *G*

be'schlussfähig: ~ ***sein*** έχω την απαρτία
Be'schluss|fähigkeit ⟨*0*⟩ *f* απαρτία; **~fassung** *f* λήψη αποφάσεως; ψήφισμα *n*
be'schmieren λιγδιάζω, πασαλείβω; ***sich*** ~ χρίζομαι; ***sich*** (*D*) *die Hände* ~ αλείφω
be'schmutzen ⟨*-t*⟩ (*auch fig*) ρυπαίνω, λερώνω, μολύνω; ***sich*** ~ *Kind*: μαγαρίζω
Be'schmutzung *f* ρύπανση, μόλυνση
be'schneiden* *Baum* κλαδεύω; *Gehalt* ψαλιδίζω, κόβω; *Kredit* κόβω; *REL* περιτέμνω
Be'schneid|en *n* κλάδεμα *n*; **~ung** *f* περικοπή; περιτομή
be'schnitten ψαλιδιστός; κομμένος
be'schnüffeln ⟨*-le*⟩, **be'schnuppern** ⟨*-re*⟩ μυρίζω, οσφραίνομαι
be'schönigen *Fehler* κολάζω, μπαλώνω, ομορφαίνω
Be'schönigung *f* κολασμός, μπάλωμα *n*
be'schränk|en (***auf*** *A*) περιορίζω, περιστέλλω (σε), εντοπίζω (σε *oder* επί *G*); ***sich*** **~*en auf*** *A* περιορίζομαι σε; **~t** περιορισμένος; μικρόνους; **~*t sein*** κουτοφέρνω
Be'schränk|theit ⟨*0*⟩ *f* (*Enge*) στενότητα; *fig* μικρόνοια; **~ung** *f* περιορισμός, εντόπιση
be'schreiben* εξιστορώ, περιγράφω; *Kreis* διαγράφω; **~d** περιγραφικός
Be'schreibung *f* εξιστόρηση, περιγραφή
be'schreiten* βαίνω, βαδίζω, μπαίνω σε; ***den Rechtsweg*** ~ καταφεύγω στα δικαστήρια
be'schrift|en επιγράφω (*A*/επί *G*); **~et** ενεπίγραφος
be'schuldigen κατηγορώ (***j-n*** *G*/κπ για *A*)
Be'schuldigung *f* κατηγορία; έγκληση
be'schummeln ⟨*-le*⟩ δολιεύομαι
be'schützen ⟨*-t*⟩ προστατεύω, φυλάω (***vor*** *D*/από)
Be'schütz|er *m* προστάτης; (*e-r Stadt*) πολιούχος; **~er-** προστατευτικός; **~ung** *f* προστασία
be'schwatzen ⟨*-t*⟩ τουμπάρω
Be'schwerde *f* παράπονο; *JUR* έγκληση; κατηγορία; (*Leiden*) κακουχία, **~n** *pl auch* βάσανα *n*/*pl*; ~ ***einlegen gegen*** *A* κάνω παράπονα κατά *G*
be'schweren βαρύνω; *Papiere* πλακώνω; ***sich*** ~ ***bei j-m über*** *A* παραπονιέμαι σε κπ για
be'schwerlich επαχθής, επίπονος
Be'schwerlichkeit *f* επάχθεια
be'schwichtigen κατασιγάζω, καταπραΰνω; **~d** καταπραϋντικός
Be'schwichtigung *f* καταπράυνση
be'schwindeln ⟨*-le*⟩ F περιγελώ (-άς)
be'schwingt πεταχτός, αλέγρος
be'schwipst ψιλοσουρωμένος, στο κέφι
be'schwören* (*behaupten*) ορκίζομαι (*A*/για); *Geister* εξορκίζω
Be'schwörung *f* ορκωμοσία; εξορκισμός
Be'schwörungsformel *f* ξόρκι
be'seel|en εμψυχώνω; **~t** έμψυχος; **~*t sein*** διαπνέομαι (***von*** *D*/από *A*)
Be'seelung *f* πνοή
be'sehen*: ***sich*** (*D*) ***etw*** ~ κοιτάζω; ***bei Licht*** (***aus der Nähe***) ~ (το) καλοεξετάζω
be'seitigen *Hindernis* αίρω; *Gefahr* αποσοβώ; *Zweifel* λύνω; *Geruch* εξουδετερώνω; *Falten*, *Spuren* εξαφανίζω
Be'seitigung *f* άρση; αποσόβηση; λύση; εξουδετέρωση
Besen ⟨*-s*; *-*⟩ *m* σκούπα; **~schrank** *m* ντουλάπι για τις σκούπες; **~stiel** *m* σκουπόξυλο
be'sessen μανιακός; δαιμονισμένος; ***er ist von der Idee*** **~, *zu ...*** του καρφώθηκε η ιδέα να ...
be'setz|en ⟨*-t*⟩ *Ort*, *Platz* πιάνω; *Stadt* κατέχω, καταλαμβάνω; *Kleid* γαρνίρω; (*säumen*) φελιάζω (***mit*** *D*); *Stellung*, *Amt* καταλαμβάνω; *Komitee* ***neu*** **~*en*** ανανεώνω *A*; **~t** (*auch TEL*, *Toilette*) *K* κατειλημμένος; πιασμένος
Be'setzung *f* *allg* κατάληψη; *MIL* κατοχή; *THEA* κατανομή ρόλων
be'sichtigen επιθεωρώ; *Museum usw* επισκέπτομαι
Be'sichtigung *f* επιθεώρηση; επίσκεψη
be'siedel|n ⟨*-le*⟩ συνοικίζω, κατοικίζω; ***dicht*** **~t** πυκνοκατοικημένος
Be'siedlung *f* συνοικισμός
be'siegel|n ⟨*-le*⟩ επισφραγίζω; *e-e Tatsache* σφραγίζω; ***sein Schicksal ist*** **~t** είναι καταδικασμένος
be'siegen (*auch fig*) νικώ (-άς); (*im Spiel*) κερδίζω (***j-n***/κπ)

Be'siegte(r)

Be'siegte(r) νικημένος, ηττημένος
be'singen* υμνώ, δοξάζω, τραγουδώ (-άς)
be'sinn|en*: sich ~en (Meinung ändern) μετανοιώνω; (sich erinnern) θυμάμαι (G oder auf A/A); ~lich συλλογισμένος; e-e ~liche Stunde ώρα συλλογής
Be'sinnung ⟨0⟩ f συλλογή, σύννοια; (Bewusstsein) αισθήσεις f/pl; zur ~ kommen (aus der Ohnmacht) αναλαμβάνω τις αισθήσεις (μου) (από), συνέρχομαι; (vernünftig werden) έρχομαι στα λογικά μου; die ~ verlieren χάνω τις αισθήσεις μου; χάνω τα λογικά μου
be'sinnungslos λιπόθυμος, αναίσθητος; ~ sein vor (D) λυσσάω από
Be'sitz ⟨-es; 0⟩ m allg, JUR κατοχή, διακατοχή; JUR νομή; (Grundstück) κτήμα n; im ~ κάτοχος (G/G); in ~ nehmen καταλαμβάνω
be'sitz|anzeigend κτητικός; ~en* κατέχω; Fähigkeiten usw έχω
Be'sitz|er m κάτοχος; νομέας; ~ergreifung f κατάληψη της νομής; ~losigkeit ⟨0⟩ f ακτημοσύνη; ~tum ⟨-s; ⸚er⟩ n, ~ung f κτήμα n, κτήση
be'soffen F μεθυσμένος
be'sohlen σολιάζω
be'solden ⟨-e-⟩ μισθοδοτώ
Be'soldung f μισθοδοσία
be'sonder- ιδιαίτερος, ίδιος, ειδικός, μερικός; ganz ~ ξεχωριστός; das Besondere ειδικότητα; im Besonderen → besonders
Be'sonderheit f ιδιορρυθμία; (Einzelheit) μερικότητα
be'sonders ιδίως, ιδιαιτέρως, ειδικά, ειδικώς
be'sonnen σύνετος, φρόνιμος
Be'sonnenheit ⟨0⟩ f σύνεση, φρόνηση, σωφροσύνη
be'sorgen j-m etw προμηθεύω, οικονομώ; (etw) φροντίζω
Be'sorgnis ⟨-; -se⟩ f αγωνία, ανησυχία; ~ erregend ανησυχητικός
be'sorgt αγωνιώδης; νοιασμένος; ~ machen ανησυχώ; ~ sein um A νοιάζομαι A
Be'sorgung f προμήθεια; εκτέλεση; ~en machen κάνω ψώνια
be'spannen (mit Stoff usw) επικαλύπτω
be'spitzeln ⟨-le⟩ σπιουνάρω (A)

Be'spitzelung f χαφιεδισμός
be'spötteln ⟨-le⟩ σατιρίζω, θεατρίζω
Be'spöttelung f θεατρισμός
be'sprechen* συζητώ (A/για), κουβεντιάζω (A/A oder για); Buch κρίνω; (kommentieren) σχολιάζω
Be'sprechung f συζήτηση; σχολιασμός; κριτική; σύσκεψη
Be'sprechungsraum m αίθουσα συσκέψεων
be'sprengen ραντίζω, καταβρέχω
Be'sprengen n ράντισμα n
be'springen* Tier: οχεύω, βατεύω
be'spritzen ⟨-t-⟩ πιτσιλίζω
be'spülen περιβρέχω
besser (komp von gut) καλύτερος (adv -τερα; κάλλιο); ανώτερος, προτιμότερος; ~ werden Wetter: καλυτερεύω; j-n e-s Besseren belehren ξεστραβώνω κπ; es geht mir ~ είμαι καλύτερα; πάω καλά; es wird ihm ~ gehen θα γίνει καλά
bessern ⟨-re⟩ καλυτερεύω, βελτιώνω; διορθώνω; sich ~ καλυτερεύω
Besserung f καλυτέρευση, βελτίωση; gute ~! περαστικά σας!
best- βέλτιστος, (ο) καλύτερος
Be'stand m υπόσταση; (Dauer) διάρκεια; (an Waren) απόθεμα n, στοκ ⟨0⟩ n; ~ haben, von ~ sein διαρκώ; keinen ~ haben είμαι εφήμερος; HDL den ~ aufnehmen απογράφω, κάνω απογραφή
be'ständig σταθερός; αέναος; έμμονος; (z.B. Farbe) nicht ~ εξίτηλος
Be'ständigkeit f σταθερότητα, στάση
Be'stand|s-aufnahme f απογραφή; ~teil m συστατικό, στοιχείο
be'stärken ενισχύω
be'stätigen (Richtigkeit e-r S) βεβαιώνω; επικυρώνω; διαβεβαιώνω (j-m ... dass/κπ ... ότι); HDL den Empfang ~ γνωστοποιώ λήψη, γνωρίζω τη λήψη; sich ~ κυρώνομαι
Be'stätigung f βεβαίωση, διαβεβαίωση; (e-s Gesetzes) κύρωση; ... ist (sind) e-e ~ für A είναι βεβαιωτικός G; ~s- διαβεβαιωτικός; επικυρωτικός
be'statten ⟨-e-⟩ κηδεύω
Be'stattung f κηδεία
Be'stattungskosten pl θαπτικά n/pl
be'stäub|en v/t σκονίζω; Pflanzen: ~t werden γίνεται η επικονίαση G
Be'stäubung f BOT επικονίαση

653 **bestürzt** B

be'staunen θαυμάζω
beste (*Superlativ von* **gut**): **der Beste** ο καλύτερος; *iron* **mein Bester** ω βέλτιστε; **das Beste** το καλύτερο; το απάνω-απάνω; *lit* ανθός; **am ~n** το καλύτερο; **der erste Beste** τυχαίος; *etw* **zum Besten geben** αφηγούμαι; τραγουδώ (-άς); **er will mein Bestes** θέλει το καλό μου
be'stech|en* δωροδοκώ, δεκάζω, λαδώνω; **sich ~en lassen** δωροδοκούμαι; **~end** *Argument*: πειστικότατος; **~lich** δωροδοκούμενος, δωροδόκος; **~lich sein** δωροδοκούμαι
Be'stech|lichkeit ⟨*0*⟩ *f* δωροληψία; **~ung** *f* δωροδοκία; **~ungsgeld** *n* φακελάκι, χρήματα *n/pl* δωροδοκίας
Be'steck ⟨*-ęs*; *-e*⟩ *n* μαχαιροπήρουνα *n/pl*; (*Werkzeug usw*) τακίμι; MAR στίγμα *n*; **~tasche** *f* χειρουργικός σάκος
be'stehen* *v/i* υφίσταμαι, υπάρχω; **~ aus** *D* αποτελούμαι από, συνίσταμαι από *A*; **darin ~, dass ...** συνίσταμαι στο ότι ...; **~ auf etw** (*mst D*; *A*) επιμένω σε, ισχυρίζομαι (**darauf, dass**/ότι); *Prüfung*, *Gefahr* περνώ (-άς)
Be'stehen *n* ύπαρξη; εμμονή (**auf** *D*/σε)
be'stehend υφιστάμενος; **noch ~** ακατάργητος; **nicht ~** ανύπαρκτος
be'stehlen* κλέβω (**j-n**/κπ)
be'steig|bar: schwer ~bar δυσανάβατος; **~en*** *Zug*, *Schiff* επιβαίνω επί *G oder* σε, ανεβαίνω σε; *Pferd* καβαλικεύω; *Berg* ανεβαίνω σε
Be'steig|er *m* αναβάτης; **~ung** *f* επιβίβαση (*G*/σε), ανάβαση (*G*)
be'stellen HDL παραγγέλνω (**bei j-m etw**/κτ από κπ); *sein Haus* κυβερνώ (-άς); *Hotelzimmer* κλείνω; *Gruß* διαβιβάζω; *Mitglied* ορίζω; *Feld* καλλιεργώ; TEL **soll ich ihr etwas ~?** θέλετε να της πω τίποτα; **j-m etw durch j-n ~ lassen** διαβιβάζω κτ σε κπ με; **j-n ~ zu** *D* (*z. B. Leiter*) διορίζω κπ – *A*; **j-n zu sich** (*D*) **~** προσκαλώ κπ; *beim Arzt*: **waren Sie bestellt?** σας έχει ορίσει ώρα; **um meine Nerven war es schlecht bestellt** τα νεύρα μου ήταν σε κακό χάλι
Be'stellformular *n* έντυπο παραγγελίας
Be'stellnummer *f* αριθμός παραγγελίας
Be'stellung *f* παραγγελία; καλλιέργεια; **auf ~** επί παραγγελία
be'steuern ⟨*-re*⟩ φορολογώ
Be'steuerung *f* φορολογία
besti'alisch θηριώδης, κτηνώδης
Bestiali'tät *f* θηριωδία, κτηνωδία
Bestie ['bɛstĭə] *f* θηρίο, κτήνος *n*
be'sticken πλουμίζω
be'stimmen ορίζω; *Gewicht* προσδιορίζω; (*anordnen*) (επι)τάσσω; προορίζω (**j-n zu** *D*/κπ για); **~d** προσδιοριστικός
be'stimmt ορισμένος (*Stunde*, *Ansicht*); προορισμένος; τεταγμένος, τακτός; (*vom Schicksal*) γραφτός; (*gewisser*) κάποιος; *adv* (*unbedingt*) σίγουρα, χωρίς άλλο
Be'stimmtheit ⟨*0*⟩ *f* οριστικότητα, θετικότητα
Be'stimmung *f* καθορισμός; (*z. B. e-r Krankheit*) προσδιορισμός (*auch* GR); JUR διάταξη; (*Schicksal*) πεπρωμένο, μοίρα, τύχη; (*Berufung*) προορισμός
Be'stimmungs|- προσδιοριστικός; **~ort** *m* προορισμός
be'stirnt έναστρος
be'strafen τιμωρώ, κολάζω
Be'strafung *f* τιμωρία
be'strahlen (*beleuchten*) φωτίζω; MED υποβάλλω σε ακτινοθεραπεία
Be'strahlung *f* φωτισμός; MED ακτινοθεραπεία
Be'streben *n*: **in dem ~** μεριμνώντας να + *St II*
be'strebt: ~ sein πασχίζω (**zu**/να); **eifrig ~ sein** προθυμοποιούμαι (**zu**/να)
be'streichen* *Brot* αλείφω; περιαλείφω
be'streiken: die Firma ... wird bestreikt στην εταιρία ... γίνεται απεργία
be'streiten* αμφισβητώ, αρνούμαι; *Aufgaben* απαντώ σε
Be'streitung *f* αμφισβήτηση
be'streuen πασπαλίζω, κοκκίζω; (*mit Blumen*) στρώνω
be'stricken μαγνητίζω, σαγηνεύω
be'stücken αρματώνω
Be'stückung *f* αρμάτωμα *n*; πυροβόλα *n/pl*
be'stürmen εφορμώ (-άς); **j-n mit Bitten ~** του τρώω τ' αυτιά (να)
be'stürz|en ⟨*-t*⟩ ξαφνιάζω, σαστίζω; **~t** κατάπληκτος; **j-n ~t machen** καταπλήττω κπ; **~t sein über** *A aor* πάγωσα με

Be'stürzung *f* σάστισμα *n*, κατάπληξη
Be'such *m* επίσκεψη, (*als Besucher oft*) *pl* επισκέψεις *f/pl*; (*e-r Schule*) φοίτηση (σε); (*e-s Lokals*) **häufige(r)** ~ σύχνασμα *n*; **j-m e-n ~ abstatten** κάνω σε κπ επίσκεψη; **zu ~ kommen** έρχομαι σε επίσκεψη
be'suchen επισκέπτομαι; φοιτώ; συχνάζω; *Vorlesungen* παρακολουθώ
Be'sucher *m* επισκέπτης
be'sucht: stark ~ πολυπληθής; *kaum*, **schwach ~** ολιγάριθμος, ασύχναστος
Be'suchszeit *f* ώρα επισκέψεως
Beta ⟨*-s*; *-s*⟩ *n* βήτα *n* (β)
be'tagt (*alt*, *Person*) γέρος, ηλικιωμένος
Be'takelung *f* εξάρτιση
be'tasten ⟨*-e-*⟩ ψαύω; ψηλαφίζω, ψηλαφώ
be'tätigen *Bremse usw* χειρίζομαι; **sich politisch ~** πολιτεύομαι
Be'tätigung *f* χειρισμός
be'täuben κουφαίνω, ναρκώνω; *MED*, *auch fig* απoναρκώνω; *MED* αναισθητοποιώ; *Schmerz* νεκρώνω
Be'täubung *f* κώφωση, νάρκωση, νάρκη; αναισθητοποίηση; νέκρωση
Be'täubungs|- αναισθητικός; **~mittel** *n* ναρκωτικό, αναισθητικό
Bete *f*: **Rote ~** παντράζι
be'teilig|en: j-n ~en an *D* προσλαμβάνω κπ συνέταιρο *G*; δίνω σε κπ ένα μέρος *G*; **sich ~en an** *D* συμμετέχω σε; **~t** ενδιαφερόμενος (**an** *D*/για *A*); *HDL* **~t sein an** *D* συμμετέχω σε; (*Verbrechen*) είμαι συμμέτοχος σε
Be'teiligung *f* συμμετοχή; ενδιαφέρον
beten ⟨*-e-*⟩ προσεύχομαι, δέομαι (**zu** *D*/σε); (*wünschen*) παρακαλιέμαι (**dass**/να)
be'teuern ⟨*-re*⟩ επιμένω (*A oder* **dass**/ότι), διαβεβαιώνω (κπ) (**dass**/πως, ότι)
Be'teuerung *f* έντονη διαβεβαίωση, επιμονή
Bethlehem *n* Βηθλεέμ *f*
be'titeln ⟨*-le*⟩ επιγράφω, τιτλοφορώ *A*
Beton [be'tɔŋ] ⟨*-s*; *-s*⟩ *m* μπετόν ⟨*0*⟩, σκυροκονίαμα *n*
be'tonen *GR und fig* τονίζω; (*preisen*) εξαίρω
Be'tonmischmaschine *f* μαλακτήρας σκυροδέματος
Be'tonung *f* τονισμός; τόνος
be'tören μαγεύω; **~d** μαγευτικός
Be'törung *f* μαγεία
Be'tracht ⟨*-es*; *0*⟩ *m*: **in ~ ziehen** ψηφώ, έχω προ οφθαλμών μου; **in ~ kommen** είμαι υπολογίσιμος; **außer ~ lassen** αδιαφορώ για
be'tracht|en ⟨*-e-*⟩ παρατηρώ, κοιτάζω, θεωρώ; **näher ~en** (*prüfen*) ξεσκαλίζω; **~e mich als** (*A*) να με θεωρείς (*A*); **etw aufmerksam** *oder* **j-n wohlwollend ~en** καλοκοιτάζω
Be'trachten *n* κοίταγμα *n*
be'trächtlich αξιόλογος, αξιοσημείωτος
Be'trachtung *f* παρατήρηση, θεωρία; ανασκόπηση
Be'trag ⟨*-es*; *⸗e*⟩ *m* ποσό; **~ erhalten** ξωφλήθηκε; **im ~ von** ανερχόμενος σε
be'tragen* *Rechnung*: ανέρχομαι σε, συμποσούμαι σε; **sich ~** (συμπερι)φέρομαι
Be'tragen *n* συμπεριφορά, διαγωγή
be'trauen εμπιστεύομαι (**j-n mit** *D*/κτ σε κπ)
be'trauern ⟨*-re*⟩ πενθώ
Be'treff ⟨*-es*; *-e*⟩ *m e-s Briefes* αφορά; **Betr. Ihr Schreiben vom 26.6.1999** Επιστολή σας 26/6/1999
be'treffen* αφορώ *A*; (*befallen*) κοστίζω (**j-n**/σε κπ); **was (mich) betrifft** όσον αφορά (εμένα); τα κατ' εμέ; → **betroffen**; **~d** αναφερόμενος (*A*/σε), σχετικός (*A*/με)
be'treiben* *Gewerbe* εξασκώ; *Geschäft*, *Handel* επαγγέλλομαι, διεξάγω; *Bergwerk usw* εκμεταλλεύομαι; (*e-e S voranbringen*) ωθώ, επισπεύδω; *TECH*, *BAHN* κινώ
Be'treiben *n*: **auf ~** *G* με πρωτοβουλία *G*
be'treten* πατώ (**etw**/*A*); *Raum*, *Weg* μπαίνω σε; *adj* (*verlegen*) αμήχανος; *subst* είσοδος *f*; *verbal*: το να πατήσω
be'treuen φροντίζω; μεριμνώ (**j-n**/για)
Be'treuung ⟨*0*⟩ *f* περίθαλψη, εξυπηρέτηση; **ärztliche ~** ιατρική περίθαλψη; (*soziale*) μέριμνα (*G*/*G*)
Be'trieb *m* (*Unternehmen*) επιχείρηση; (*Werkstatt*) τεχνουργείο; (*Fabrik*) εργοστάσιο; εκμετάλλευση; (*Tätigkeit*, *Leben*, *TECH*) κίνηση; (*Tätigkeit*) ενέργεια; **in ~ nehmen** κινώ, θέτω σε κίνηση; **in ~ sein** *auch THEA usw* λειτουργώ; **in ~ setzen** βάζω *oder* θέτω σε κίνηση (ενέργεια)

be'triebsam αεικίνητος
Be'triebsamkeit ⟨*0*⟩ *f* δραστηριότητα; κινητικότητα
be'triebseigen ... του εργοστασίου (μας)
Be'triebs|ausgaben *f*/*pl* λειτουργικά έξοδα *n*/*pl* (επιχειρήσεως); **~geheimnis** *n* βιομηχανικό απόρρητο; **~gewinn** *m* λειτουργικό κέρδος *n* (επιχειρήσεως); **~kapital** *n* κεφάλαιο κινήσεως; **~klima** *n*: ***angenehmes ~klima*** άνετο (*oder* ευχάριστο) περιβάλλον (εργασίας); **~kosten** *pl* λειτουργικό κόστος *n*; **~leiter** *m* διευθυντής επιχειρήσεως; **~ordnung** *f* κανονισμός της επιχειρήσεως; **~rat** *m* συμβούλιο της επιχειρήσεως; **~system** *n* EDV λειτουργικό σύστημα *n*; **~unfall** *m* ατύχημα *n* εργασίας; **~wirtschaft** *f* οικονομία επιχειρήσεων
be'trinken*: ***sich ~*** μεθοκοπώ (-άς), μεθώ (-άς)
be'troffen: ***~ sein über*** *A aor* πάγωσα με; ***~ werden von*** *D* μου τυχαίνει *N*; προσβάλλομαι από; (*von e-r Epidemie*) χτυπιέμαι από; θίγομαι από; έχω πληγές από
Be'troffene(r) παθών (-ούσα, -όν)
be'trog → ***betrügen***
be'trüb|en λυπώ, θλίβω; ***tief ~en*** κακοκαρδίζω; **~lich** (*S*) πικραντικός, θλιβερός
Be'trübnis ⟨-; *-se*⟩ *f* θλίψη, πίκρα
be'trübt θλιμμένος, λυπημένος; ***zu Tode ~*** περίλυπος μέχρι θανάτου; ***~ sein über*** *A* λυπάμαι για
Be'trug ⟨*-ȩs*; *0 oder Betrügereien*⟩ απάτη, εξαπάτηση
be'trügen* απατώ, εξαπατώ; (*in der Ehe*) κερατώνω (***j-n mit*** *D*/κπ με)
Be'trüger *m* απατεώνας
be'trügerisch απατηλός, πλανερός
be'trunken πιωμένος, μεθυσμένος; ***~ sein*** είμαι μεθοσμένος; ***~ machen, werden*** μεθώ (-άς); ***sinnlos ~ sein*** *aor* έγινε σκνίπα
Bett ⟨*-ȩs*; *-en*⟩ *n* κρεβάτι, κλίνη; (*Fluss-*) κοίτη, ρεύμα *n*; ***zu ~ bringen, zu ~ gehen*** πλαγιάζω; ***zu ~ gebracht, (schon) im ~*** πλαγιαστός; ***ans ~ gefesselt sein*** κρεβατώνομαι; **~couch** [-kaʊtʃ] ⟨-; *-s*⟩ *f* καναπές-κρεβάτι; **~decke** *f* κουβέρτα, κλινοσκέπασμα *n*
bettel'arm πάμπτωχος
Bette'lei *f* επαιτεία, ζητιανιά, διακονιά
betteln ⟨*-le*⟩ επαιτώ (**um** *A*/*A*); ζητιανεύω; ***~ gehen*** διακονεύω
Bettel|n *n* ζητιανιά; **~stab** *m*: ***j-n an den ~stab bringen*** κάνω κπ να ζητιανεύει (για να ζήσει)
betten ⟨*-e-*⟩ (*z.B. e-n Verwundeten*) πλαγιάζω (προσεκτικά) (**auf** *A*/σε)
Bett|gestell *n* σκελετός του κρεβατιού; **~jacke** *f* λιζέζ *f*
bettlägerig κρεβατωμένος, κλινήρης; ***~ sein*** κοίτομαι
Bettlaken *n* σεντόνι
Bettler *m* ζητιάνος, επαίτης; **~in** *f* ζητιάνα
Bett|ruhe *f* κατάκλιση; **~stelle** *f* → ***Bettgestell***; **~umrandung** *f* (*Läufer*) διάδρομος κρεβατοκάμαρας
Bettung *f* BAHN έρμα *n*
Bett|vorleger *m* πατάκι; **~wäsche** *f*, **~zeug** *n* κρεβατόστρωση, σεντόνια *n*/*pl*
beugen (*auch fig*) κάμπτω, κυρτώνω; *Knie* κάμπτω, λυγίζω; *Recht* παραβιάζω; GR κλίνω; ***sich ~*** *auch fig* σκύβω, κάμπτομαι; (*Körper*) ***nach vorn ~*** λυγίζω προς τα εμπρός; ***Arme ~*** κάνω κάμψη των μπράτσων; ***gebeugt*** σκυφτός; *fig* ***er war unter ...*** (*D*) ***gebeugt*** γονάτισε από ...
Beug|en *n* κύρτωση, σκύψιμο (-ατος); **~er** *m* ANAT καμπτήρας; **~ung** *f auch* GR κλίση; PHYS παράθλαση
Beule *f* εξόγκωμα *n*, πρήξιμο (-ατος), φύμα *n*; *am Kopf* καρούμπαλο; ***~n bekommen*** (*durch Fallen*) κατασκοτώνομαι
be'unruhig|en ανησυχώ; ταράσσω; *Feind* ενοχλώ; ***sich ~en über*** (*A*), ***wegen*** (*G*) στενοχωριέμαι για; **~end** ανησυχητικός; **~t** ανήσυχος; ***~t sein*** ανησυχώ, αδημονώ (**über** *A*/για)
Be'unruhigung ⟨*0*⟩ *f* ανησυχία, ταραγμός
be'urkunden ⟨*-e-*⟩ επικυρώνω, επιβεβαιώνω δι' εγγράφου
be'urlauben χορηγώ άδεια (***j-n***/σε κπ); *Beamten* απαλάσσω από την υπηρεσία; ***sich ~ lassen*** παίρνω άδεια
Be'urlaubung *f* άδεια, χορήγηση αδείας; θέση σε αργία
be'urteilen κρίνω, γνωμοδοτώ
Be'urteil|er *m* εκτιμητής; **~ung** *f* κρίση, (*z.B. der Lage*) εκτίμηση

Beute ⟨*0*⟩ *f* λεία, λάφυρο, βορά (*auch fig*)
Beutel *m* σάκος, θυλάκιο; *ZOOL* μάρσιπος; **~tier** *n* μαρσιποφόρο
be'völker|n ⟨*-re*⟩ κατοικώ, κατοικίζω; **~t: schwach ~t** ολιγάνθρωπος; **stark ~t** πολυάνθρωπος
Be'völkerung *f* πληθυσμός
Be'völkerungs|explosion *f* πληθυσμιακή έκρηξη; **~statistik** *f* δημογραφία
be'vollmächtig|en πληρεξουσιοδοτώ; **~t** πληρεξούσιος; επιτετραμμένος (**zu** *D/A*)
Be'vollmächtig|te(r) πληρεξούσιος; επίτροπος; **~ung** *f* πληρεξουσιότητα
be'vor *ko* προτού να (*St II*), πριν να (*St II*)
be'vormunden ⟨*-e-*⟩ *nur fig* τραβώ από τη μύτη, άγω και φέρω
be'vorrechtig|en χορηγώ προνόμια (**j-n**/σε κπ); **~t** προνομιούχος
be'vorstehen*: **es steht bevor** επίκειται; είναι προσεχής *usw*, → **bevorstehend**; **~d** επικείμενος, επικρεμής; **nahe ~d** προσεχής
be'vorzug|en προτιμώ (-άς); *z.B. Kind* ξεχωρίζω (**vor** *D*/από); **~t** ευνοούμενος, προνομιούχος
Be'vorzugung *f* προτίμηση; ξεχώρισμα *n*
be'wachen φυλάω; *MIL* φρουρώ
Be'wacher *m* φύλακας
be'wachsen κατάφυτος
Be'wachung *f* φύλαξη, φρούρηση
be'waffn|en ⟨*-e-*⟩ εξοπλίζω, οπλίζω; **~et** οπλισμένος, ένοπλος; **bis an die Zähne ~et** οπλισμένος σαν αστακός
Be'waffnung *f* εξοπλισμός, οπλισμός
be'wahr|en *Geheimnis, Stillschweigen* φυλάω; *Andenken* διατηρώ; **~en vor** *etw* (*D*) φυλάω, προφυλάσσω από; (*erhalten*) τηρώ; **Gott ~e!** (ο) Θεός φυλάξοι; **~e!** όχι δα!
be'währ|en: sich ~en αποδεικνύομαι αρμόδιος, καλός *usw*; **~t** (*auch pers*) δόκιμος, δοκιμασμένος; (*Kämpfer, auch fig*) παλαίμαχος
Be'wahrer *m* τηρητής
be'wahrheiten ⟨*-e-*⟩: **sich ~** επαληθεύω
be'währt → **bewähren**
Be'währtheit ⟨*0*⟩ *f* δοκιμότητα
Be'wahrung *f* φύλαξη, τήρηση; διατήρηση; διάσωση
Be'währung *f* ευδοκίμηση; δοκιμή; *JUR* αναστολή εκτελέσεως της ποινής; **mit ~** με αναστολή
be'waldet σύνδενδρος, δασόφυτος
be'wältigen (*j-n*) δαμάζω; *Arbeit* φέρνω σε πέρας, καταφέρνω; *Schwierigkeiten* υπερνικώ (-άς)
Be'wältigung *f* υπερνίκηση
be'wandert (**in** *D*) ενήμερος *G*, εντριβής *G*; διαβασμένος σε
Be'wandtnis ⟨*-; -se*⟩ *f nur noch*: **damit hat es folgende ~** η κατάσταση (*oder* το πράγμα) παρουσιάζεται ως εξής ...
be'wässern ⟨*-re*⟩ αρδεύω
Be'wässerung *f* άρδευση
Be'wässerungs|- ποτιστικός; **~graben** *m* ποτιστήριο
be'wegen κουνάω, κινώ; *fig* (*rühren*) συγκινώ; **sich ~** κουνιέμαι, κινούμαι; κυκλοφορώ
be'wegen* (**j-n zu** *D*) κινώ (κπ σε), ξεσηκώνω, ωθώ (**j-n dazu ..., zu**/κπ ... να); **sich ~ lassen** παρακινούμαι
Be'wegen *n* κούνημα *n*
Be'weggrund *m* αίτιο
be'weglich *allg* κινητός; ευκίνητος; ευέλικτος
Be'weglichkeit ⟨*0*⟩ *f* ευκινησία; ευελιξία
be'wegt *Leben, See*: ταραχώδης; (*sehr*) πολυκύμαντος; (*gerührt*) συγκινημένος
Be'wegung *f* κίνηση; (*revolutionär*) κίνημα *n*; (*Unruhe*) ταραχή, συναγερμός; **in ~ setzen** θέτω σε κίνηση; (*mobilisieren*) κινητοποιώ; **sich in ~ setzen** ξεκινώ; *fig* **alle Hebel in ~ setzen** χαλάω τον κόσμο
Be'wegungs|- κινητικός; **~freiheit** ⟨*0*⟩ *f* άπλα; (*z.B. im Zimmer*) άνετη κυκλοφορία
be'wegungslos ακίνητος
Be'wegungslosigkeit ⟨*0*⟩ *f* ακινησία
be'wein|en θρηνώ, κλαίω (**j-n**/κπ); **~t** κλαμένος
Be'weis ⟨*-es; -e*⟩ *m* απόδειξη, τεκμήριο
Be'weis|- αποδεικτικός; **~aufnahme** *f* διεξαγωγή αποδείξεως
be'weis|bar αποδεικτέος; **~en*** αποδείχνω, αποδεικνύω
Be'weis|führung *f* επιχειρηματολογία; **~mittel** *n* τεκμήριο; *JUR* αποδεικτικό μέσο; **~stück** *n* πειστήριο
be'wenden: es dabei ~ lassen δεν επι-

μένω; ***die Sache (nicht) dabei ~ lassen*** (δε) θ'αφήσω τη δουλειά ασκάλιστη; ***lassen wir es dabei ~*** ας μη γίνεται πλέον ζήτημα γι' αυτό
be'werben*: ***sich ~ um*** *A* αιτούμαι *A*
Be'werb|er *m* αιτών (-ούντος) *m*; ***~er um den Posten e-s ...*** υποψήφιος *N*; **~ung** *f* αίτηση; ***~ung um den Posten e-s ...*** υποψηφιότητα *G*
Be'werbungs|gespräch *n etwa*: συνάντηση υποψήφιου με τον εργοδότη; **~schreiben** *n* γραπτή αίτηση εργασίας
be'werfen* ρίχνω (***j-n mit*** *D*/κτ σε κπ); (*verputzen*) επιχρίω; *subst* ρίξιμο (-ατος); επίχριση
be'werkstelligen φέρνω σε πέρας, επιτελώ
Be'werkstelligung *f* επιτέλεση
be'werten ⟨*-e-*⟩ εκτιμώ (-άς); (*benoten*) βαθμολογώ
Be'wertung *f* εκτίμηση; βαθμολόγηση
be'willigen *Kredit*, *Urlaub* χορηγώ; εκχωρώ (***j-m etw***/κτ σε κπ); *POL* (*stimmen für etw*) ψηφίζω
Be'willigung *f* χορήγηση; εκχώρηση; επιψήφιση
be'wirken συντελώ, προξενώ; ***~de Ursache*** γενεσιουργός αιτία
be'wirten ⟨*-e-*⟩ κερνώ (-άς) (***j-n mit***/κπ κτ *A*), φιλεύω, τρατάρω
Be'wirtung *f* κέρασμα *n*, φίλευμα *n*, τρατάρισμα *n*
be'wohn|bar κατοικήσιμος; **~en** *allg* κατοικώ
Be'wohner *m* κάτοικος
be'wohnt κατοικημένος
be'wölk|en: ***sich ~en*** (*auch fig*) συννεφιάζω; **~t** συννεφιασμένος, νεφελώδης
Be'wölkung *f* συννεφιά
Be'wölkungszunahme *f* αυξημένες νεφώσεις *f/pl*
Be'wunderer *m* θαυμαστής
be'wundern ⟨*-re*⟩ θαυμάζω; **~d** θαυμαστικός
be'wundernswert αξιοθαύμαστος
Be'wunderung *f* θαυμασμός
be'wunderungswürdig θαυμάσιος
Be'wurf *m* επίχρισμα *n*
be'wusst συνειδητός; (*absichtlich*) θεληματικός; ***sich*** (*D*) *etw* ***~ machen*** συνειδητοποιώ; ***sich*** (*D*) *e-r S* (*G*) ***~ sein*** συναισθάνομαι *A*, έχω συνείδηση *G*; **~los** ασυναίσθητος
Be'wusst|losigkeit ⟨*0*⟩ *f* αναισθησία; **~sein** *n* συναίσθηση, συνείδηση; ***zu ~sein bringen*** συνειδητοποιώ; (*zur Besinnung*) ξελιποθυμώ, συνέρχομαι
be'zahl|en *auch fig* πληρώνω; ***sich*** *etw* ***~en lassen*** παίρνω; ***teuer ~en*** (*auch fig*) ακριβοπληρώνω; **~t** (*Arbeit*) έμμισθος; (*als Quittung*) πληρώθηκε; ***das macht sich nicht ~t*** δεν αφήνει κέρδη
Be'zahlung *f* πληρωμή; απότιση
be'zähmen δαμάζω; ***seine Wut*** (*oder* ***sich***) **~** ξεθυμώνω
be'zaubern ⟨*-re*⟩ μαγεύω, σαγηνεύω; **~d** σαγηνευτικός
Be'zauberung *f* σαγήνη, γοητεία
be'zeichn|en ⟨*-e-*⟩ φανερώνω; (*markieren*) σημαδεύω; ονομάζω (***j-n als***/κπ ως, σαν); χαρακτηρίζω (**als**/ως); **~end** χαρακτηριστικός (**für** *A*/*G*); **~et** σημαδεμένος, χαρακτηρισμένος
Be'zeichnung *f* δείξιμο; ονομασία
be'zeugen μαρτυρώ
Be'zeugung *f* μαρτυρία
be'zichtigen καταμαρτυρώ (***j-n*** *G*/κτ σε κπ)
be'ziehen* *Waren* προμηθεύομαι; *e-e Stellung* υιοθετώ; *Bett* στρώνω; *Wohnung* εγκαθίσταμαι σε; *Gehalt* λαμβάνω; ***sich ~ auf*** *A* αφορώ σε, αναφέρομαι σε; *Himmel*: συννεφιάζει
Be'ziehung *f allg* σχέση (**zu, mit, zwischen** *D*/με; μεταξύ *G*); *etw* ***durch ~en erhalten*** με μέσα; ***in ~ bringen*** σχετίζω (**zu** *D*/προς, με *A*); ***miteinander in ~ stehen*** σχετίζομαι; **~en** (*Geschäfts- usw*) δοσοληψίες *f/pl*; ***in keiner ~ stehen zu D*** είμαι άσχετος με; ***er hat (gute) ~en*** έχει μεγάλα μέσα
be'ziehungs|los άσχετος; **~weise** (***bzw.***) αντιστοίχως
be'ziffern ⟨*-re*⟩ *Schaden* λογαριάζω (**auf** *A*/σε); ***sich ~ auf*** *A* συμποσούμαι σε
Be'zirk ⟨*-es; -e*⟩ *m* (*auch Wahl-*) περιφέρεια, τμήμα *n*; *POL Land*: διαμέρισμα *n*
Be'zirksvorsteher *m* τοπάρχης
be'zirzen ⟨*-t*⟩ γλυκομιλώ (*A*/σε)
Be'zogene(r) *HDL* αποδέκτης συναλλαγματικής
Be'zug *m* (*Bett-*) στρώση; (*Hülle*) περίβλημα *n*; (*Möbel*) επένδυση; (*Zei-*

B
Bezüge 658

tung) συνδρομή *G*; (*Waren*) προμήθεια; **mit ~ auf** *A* σχετικά με, προς *A*, αναφορικώς με; **~ nehmen auf** *A* αναφέρομαι σε
Be'züge *m/pl* αποδοχές *f/pl*
be'züglich αναφορικός; (*G*) σχετικά με *A*
Be'zugnahme *f* αναφορά (**auf** *A*/σε); **unter ~ auf** *A* εν αναφορά προς *A*
Be'zugschein *m* δελτίο; **auf ~** με το δελτίο
be'zwecken αποβλέπω σε, έχω ως αντικείμενο
be'zweifeln ⟨*-le*⟩ αμφισβητώ
be'zwingen* δαμάζω, καταφέρνω; *MIL* εκπολιορκώ
Bibel *f* Βίβλος *f*; **~gesellschaft** *f* Βιβλική Εταιρία
Biber *m* κάστορας; **~fell** *n* καστόρι
Biblio|'graph ⟨*-en*⟩ *m* βιβλιογράφος; **~gra'phie** *f* βιβλιογραφία
biblio'graphisch βιβλιογραφικός
Biblio|'thek *f* βιβλιοθήκη; **~the'kar** ⟨*-s; -e*⟩ *m* βιβλιοθηκάριος; **~'thekswissenschaft** ⟨*0*⟩ *f* βιβλιολογία
biblisch βιβλικός
bieder ντόμπρος, απλός
Biederkeit ⟨*0*⟩ *f* απλότητα
bieg|bar (*leicht*) ευκολογύριστος; **~en*** κάμπτω, λυγίζω; *v/i* ⟨*sn*⟩ *um die Ecke* στρίβω; **sich ~en** κάμπτω, λυγίζω (**unter** *D*/από); **~sam** εύκαμπτος, ευλύγιστος
Bieg|samkeit ⟨*0*⟩ *f* ευκαμψία; **~ung** *f* κάμψη; (*Weg-*) στροφή, γύρισμα *n*
Biene *f* μέλισσα
Bienen|korb *m* (*auch fig*) κυψέλη; **~schwarm** *m* σμήνος *n*; **~stich** *m MED* τσίμπημα *n* μέλισσας; **~stock** *m* μελισσώνας; **~wabe** *f* κερήθρα; **~zucht** *f* μελισσοκομία; **~züchter** *m* μελισσοκόμος
Bier ⟨*-ẹs; -e*⟩ *n* μπίρα, *K* ζύθος; → **Brauerei**; **~flasche** *f* φιάλη μπίρας; **~garten** *m* υπαίθρια μπιραρία; **~lokal** *n* μπιραρία; **~tischpolitik** *f* πολιτικολογία
Biest ⟨*-ẹs; -er*⟩ *n* (*nur Schimpfwort*) κτήνος *n*, στρίγγλα
bieten* *z.B. Geld* προσφέρω; *Möglichkeit* δίνω; *j-m* **die Stirn ~** αντιμετωπίζω *A*; **sich ~** (*Gelegenheit*) προσφέρομαι
Biga'mie *f* διγαμία
bi'gott θρησκόληπτος
Bigotte'rie *f* θρησκοληψία
Bi'kini ⟨*-s; -s*⟩ *m* μπικίνι ⟨*0*⟩
bi|kon'kav αμφίκοιλος; **~kon'vex** αμφίκυρτος
Bi'lanz *f* ισολογισμός; *fig z.B.* **traurige ~** θλιβερός απολογισμός; **~ ziehen** συντάσσω τον ισολογισμό; *fig* αναθεωρώ τα γεγονότα
bilateral διμερής
Bild ⟨*-ẹs; -er*⟩ *n allg* εικόνα; (*Foto*) φωτογραφία; (*Gemälde*) πίνακας; (*gerahmt*) κάδρο; *PHYS* είδωλο; (*im Kartenspiel*) φιγούρα; **sich ein ~ machen (können) von** *D* σχηματίζω ιδέα για, απεικάζω *A*; **im ~e sein** είμαι ενήμερος; **j-n ins ~ setzen** κατατοπίζω κπ; **~band** *m* τόμος με φωτογραφίες *oder* εικόνες
bilden ⟨*-e-*⟩ *GR*, *Regierung*, *Hindernis*, *Vermögen* σχηματίζω; *Sammlung* καταρτίζω; *Ausschuss* αποτελώ, συσταίνω; (*ausmachen*) αποτελώ; (*gestalten*; *schulen*) μορφώνω; (*formen*) πλάθω; (*Form geben*; *auch GEOL*; *sittlich*, *geistig*) διαμορφώνω; **~d** μορφωτικός; (*Künste*) εικαστικός
Bilder|buch *n* βιβλίο με εικόνες, εικονογραφημένο βιβλίο (για παιδιά); **~galerie** *f* πινακοθήκη; **~rahmen** *m* κορνίζα; **~rätsel** *n* γρίφος; **~stürmer** *m* εικονοκλάστης
Bildfläche *f* οθόνη; **auf der ~ erscheinen** εμφανίζομαι επί σκηνής, κάνω την εμφάνιση μου
Bild|funk *m* τηλεφωτογραφία; **~hauer** *m* γλύπτης; **~hauerei** *f* γλυπτική
bild'hübsch ζωγραφιστός, πεντάμορφος
bildlich εικονικός; (*übertragen*, *GR*) μεταφορικός
Bildnis ⟨*-ses; -se*⟩ *n* πορτραίτο
Bild|reporter *m* εικονολήπτης; **~röhre** *f* καθοδικός σωλήνας; **~schärfe** *f* καθαρότητα ειδώλου, κοντράστ ⟨*0*⟩ *n*; **~schirm** *m* οθόνη; **am ~schirm arbeiten** δουλεύω με ηλεκτρονικό υπολογιστή; **~schirmtext** *m* κείμενο οθόνης Η/Υ
Bildung *f* (*allg Gestaltung*) σχηματισμός; (*e-s Rates*) συγκρότηση; καταρτισμός; (*geistige*) μόρφωση, φώτα *n/pl*, παιδεία
Bildungs|- μορφωτικός; **~anstalt** *f* μορφωτικό ίδρυμα *n*; **~lücke** *f mst pl*

659 bissig

ελλείψεις *f/pl*; **~weg** *m*: ***zweiter ~weg*** επιμόρφωση; **~wesen** ⟨*-s; 0*⟩ *n* εκπαίδευση
Bilge *f MAR* σεντίνα
Billard ['bıljart] ⟨*-s; -e, -s*⟩ *n* μπιλιάρδο; ***~ spielen*** παίζω μπιλιάρδο; **~kugel** *f* μπίλια; **~spieler** *m* παίκτης μπιλιάρδου; **~stock** *m* στέκα
Billett [bı'ljɛt] ⟨*-s; -e, -s*⟩ *n* εισιτήριο θεάτρου
Billi'arde *f* τετράκις εκατομμύριο
billig φτηνός; (*schäbig*) ευτελής; ***~er machen, werden*** φτηναίνω; **~en** επιδοκιμάζω, εγκρίνω, προσδέχομαι
Billig|flug *m* φτηνή πτήση; **~keit** ⟨*0*⟩ *f* φτήνεια; ευτέλεια; **~lohnland** *n* χώρα με χαμηλούς μισθούς; **~ung** *f* επιδοκιμασία, έγκριση
Billion [bı'lĭo:n] *f* τρισεκατομμύριο
bimmeln ⟨*-le*⟩ κουδουνίζω
Bimsstein *m* ελαφρόπετρα
Binde *f* (*Bandage*) ανάδεμα *n*; δέσμη, επίδεσμος; (*Damen-*) σερβιέτα; (*e-r Zigarre*) δακτυλίδι
Binde|- συνδετικός; συζευκτικός; **~gewebe** *n* συνεκτικός ιστός; **~glied** *n* συνδετικός κρίκος; **~hautentzündung** *f* επιπεφυκίτιδα; **~mittel** *n* συνδετικό μέσο
binden* *v/t* (*auch Buch*) δένω (**an** *A*/σε); (*fesseln, verpflichten*) δεσμεύω; περιδένω (**um** *A*/*A*); *MIL* καθηλώνω; *v/i TECH Zement* μπήγω; ***sich ~*** δεσμεύομαι; ***gebunden*** *Mensch*: δεσμευμένος; **~d** (*z.B. Zusage*) δεσμευτικός
Binder *m* (*Schlips*) λαιμοδέτης; *TECH* συνδετήρας; → ***Bindemittel***
Binde|strich *m* ενωτικό (σημείο), συνέχεια; **~wort** *n GR* σύνδεσμος
Bindfaden *m* σπάγγος
Bindung *f* δέσμευση (*auch fig Verpflichtung*); σύνδεση; (*Schi-*) δέσιμο; ***~en*** *pl* ***an*** (*e-n Staat*) δεσμοί *m/pl* σε
binnen *D* (*auch G*) (*Zeit*) εντός *G*
Binnen|- εγχώριος, εσωτερικός, μεσόγειος; **~land** *n* εσωτερικό; **~markt** *m* εσωτερική αγορά; **~meer** *n* ηπειρωτική θάλασσα
Bi'nom ⟨*-s; -e*⟩ *n MATH* διώνυμο
bi'nomisch διωνομικός
Binse *f* ψαθί, σχοίνος; *fig* ***in die ~n gehen*** πάει στο βρόντο
Binsen|- ψάθινος; **~weisheit** *f* πασίγνωστο

Biochemie [-çe·'mi:] *f* βιοχημεία
biody'namisch βιοδυναμικός
Bio'graph ⟨*-en*⟩ *m* βιογράφος; **~gra'phie** *f* βιογραφία
bio'graphisch βιογραφικός
Bio|'loge ⟨*-n*⟩ *m* βιολόγος; **~lo'gie** ⟨*0*⟩ *f* βιολογία
bio'logisch βιολογικός
Bio'top ⟨*-s; -e*⟩ *n* βιότοπος
Birke *f* σημύδα
Birkhahn *m* αγριοκόκκορας
Bir|ma *n* Βιρμανία; **~'mane** ⟨*-n*⟩ *m* Βιρμανός; **~'manin** *f* Βιρμανή
bir'manisch βιρμανικός
Birn|baum *m* αχλαδιά, απιδιά; **~e** *f* αχλάδι, απίδι; *K* άπιον; → ***Glühbirne***
bis[1] *präp A* (*nur Zeit*), ***~ zu*** *D* (*Ort und Zeit*) (*auch* **auf, an, in,** *A*) μέχρι *G oder A*, ως *A*, έως (*A oder G*), ίσαμε; ***~ zu unserem Haus*** μέχρι το σπίτι μας; ***~ zum Omonoia-Platz*** μέχρι την Ομόνοια; ***~ an die Haustür*** ως την εξώπορτα; ***~ hierher*** μέχρι εδώ; ~ (**zum**) ***Sonnabend*** μέχρι το Σάββατο; ***~ zum Herbst*** μέχρι το φθινόπωρο; ***~ heute*** μέχρι σήμερα; ***~ 1998*** έως τα 1998; ***~ wann?*** έως πότε, μέχρι πότε; ***~ zur Stunde*** μέχρι στιγμής
bis[2] *ko* ως που (να), μέχρις ότου; όσον να ...
Bisam ⟨*-s; -e*⟩ *m* μόσχος (ο μοσχοφόρος); **~ratte** *f* μοσκοπόντικο
Bischof ['bıʃɔf] ⟨*-s; ⸚e*⟩ *m* δεσπότης; επίσκοπος; ***Herr ~!*** Σεβασμιώτατε!
bischöflich ['bıʃø·f-] δεσποτικός
Bischofs|- επισκοπικός; (*Kirche*) καθεδρικός; **~sitz** *m* μητρόπολις *f*; **~stab** *m* πατερίτσα; **~stuhl** *m* θρόνος
bisher [bıs'he:ʀ] ως τώρα, μέχρι τούδε; **~ig** τέως, (ο) μέχρι τούδε
Biskuit [bıs'kvi:t] ⟨*-s; -s, -e*⟩ *m* μπισκότο
bis'lang → ***bisher***
Bison ⟨*-s; -s*⟩ *m* βίσωνας, βόνασος
biss → ***beißen***
Biss ⟨*-es; -e*⟩ *m* δαγκωματιά, δήγμα *n*; (*als Merkmal*) δοντιά
bisschen: *ein ~* λίγο; κομμάτι; ένα τρίμμα; (*mit adj, Verben*) κάπως; ***ein ~ spät*** κάπως αργά; (*auch Zeit*) λιγάκι, κομμάτι; ***warte ein ~*** περίμενε λιγάκι!
Bissen *m* μπουκιά, χαψιά
bissig (*auch fig*) δαγκωνιάρης (-άρα, -άρικο), δηκτικός; *nur fig* πι-

κρόγλωσσος; ~**e Hunde!** οι σκύλοι δαγκώνουν
Bissigkeit ⟨*0*⟩ *f* (*auch fig*) δηκτικότητα
Bisswunde *f* δαγκωματιά, δαγκωνιά
Bistum ⟨*-s*; *⸗er*⟩ *n* επισκοπή
bis'weilen κάποτε, ενίοτε
Bitte *f* παράκληση, παρακάλεσμα *n*; **auf ~n** *G* κατά παράκληση (*G*/*G*); **ich habe eine ~ an Sie** έχω να σας παρακαλέσω κάτι
bitte! σας (σε) παρακαλώ *oder nur* παρακαλώ; (= *nehmen Sie!*) ορίστε!; (**wie**) **~?** ορίστε; (*als Protest*) **ich ~ Sie!** ορίστε κατάσταση!; *iron* **~, nimms doch** (*aber du bekommst es nicht*) όρσε να το πάρεις!
bitten* → **bitte**; παρακαλώ (**j-n – zu ...**/κπ να); *j-n* **zu sich ~** παρακαλώ να έλθει; **j-n um etw** (*A*) **~** ζητώ (-άς) (κτ από κπ *oder* το ... από), γυρεύω (κτ από κπ); *im Brief oft auch* **ich** (**wir**) **bitte**(**n**) **Sie, zu ...** ευαρεστηθείτε, να ...; **ich bitte ihn um Verzeihung** του ζητώ συγνώμη; **~d** (*Blick*) παρακλητικός
bitter (*auch fig*) πικρός; *fig* αγλύκαντος; *Kälte*: δριμύς; **~ machen, werden** πικραίνω; **~ schmecken** πικρίζω; **~'böse** αγριεμένος, (είναι) πυρ και μανία; φαρμακερός
Bitterkeit *f* πικρότητα, πίκρα; **die ~ nehmen** (*auch fig*) ξεπικραίνω
bitterlich: ~ weinen χύνω πικρά δάκρυα
Bitternis ⟨*-*; *-se*⟩ *f* πίκρα, *bsd fig* φαρμάκι
Bitt|gesuch *n*, **~schrift** *f* παράκληση; **~steller** *m* ικέτης
Bi'tumen ⟨*-s*; *-*⟩ *n* πισσάσφαλτος
Biwak ⟨*-s*; *-s*, *-e*⟩ *n* καταυλισμός
biwa'kieren καταυλίζομαι, στρατοπεδεύω
bi'zarr τραγελαφικός
blähen *v*/*t* φουσκώνω; *Essen*: μου φουσκώνει το στομάχι *oder* με φουσκώνει
Blähung *f* *MED* φούσκωμα *n*
Blamage [bla·'maːʒə] *f* ξεμπρόστιασμα *n*, ρεζίλι, ρεζιλίκι
bla'mier|en ρεζιλεύω, ντροπιάζω, ξεμπροστιάζω (**j-n**/κπ); **sich ~en** γελοιοποιούμαι, γίνομαι ρεζίλι; **~t** ντροπιασμένος
blank λείος, στιλπνός; *Messer*: γυμνός; F (**ohne Geld**) νέτος; **~ putzen** γυαλίζω
blanko *HDL* εν λευκώ
Blanko|kredit *m* πίστωση εν λευκώ; **~scheck** *m* λευκή επιταγή; **~vollmacht** *f* κάρτα μπιάνκα; **j-m ~vollmacht erteilen** εξουσιοδοτώ κπ εν λευκώ
Blas- *MUS* πνευστός
Bläschen ['blεːsçən] *n* φουσκαλίτσα
Blase *f* (*auch MED*) φούσκα, φουσκάλα, φυσαλίδα; *ANAT* (*Harn- usw*) κύστη; **~balg** *m* φύσα, φυσητήρι, ανεμιστήριο
blasen* *v*/*t* φυσώ (-άς), πνέω; *MUS* παίζω; **~ zu** *D* σαλπίζω *A*
Blasen *n* φύσημα *n*
Blasenentzündung *f* κυστίτιδα
Bläser *m* σαλπιγκτής
bla'siert ξιπασμένος
Blasorchester *n* ορχήστρα πνευστών
blass ⟨*a.* *⸗er*; *⸗est*⟩ ωχρός, χλωμός; **~ werden** κιτρινίζω, ωχραίνω (**vor** *D*/από)
Blässe ⟨*0*⟩ *f* ωχρότητα, κιτρινάδα
blässlich ύπωχρος
Blatt ⟨*-ǝs*; *⸗er*⟩ *n* (*auch fig Zeitung*) φύλλο; **~ Papier** κόλλα; **kein ~ vor den Mund nehmen** μιλώ έξω απ' τα δόντια; **das ~ hat sich gewendet** γύρισαν τα πράγματα; *MUS* **vom ~** *spielen* από μουσικού κειμένου
Blattaderung *f* νεύρωση
Blattern *f*/*pl* *MED* βλογιά
blättern ⟨*-re*⟩ ξεφυλλίζω (**in** *D*/*A*)
Blätterteig *m* φύλλα *n*/*pl* ζύμης, φύλλο; **~gebäck** *n* γλυκά *n*/*pl* με φύλλο; **~kuchen** *m etwa*: πίτα, μπουγάτσα; **~pastete** *f* πίτα
Blatt|feder *f* ελατήριο με λάμες; **~gold** *n* βαράκι; **~grün** *n* χλωροφύλλη; **~laus** *f* φυτόψειρα; **~werk** ⟨*-ǝs*; *0*⟩ *n* φυλλωσιά
blau γαλανός, κυανούς; *Stoff*, *Mode*: μπλε; (*vor Kälte*) μελανός (από); (*betrunken*) φέσι; *Hände*: **~ werden vor** (*D*) μελανιάζω από
blauäugig γαλανομάτης (-ισσα, -ικο)
Blaubeere *f* μύρτιλλο
Bläue ⟨*0*⟩ *f* γλαυκότητα
Blaufärbung *f* βαφή με κυανό χρώμα; *Gesicht usw* μελάνιασμα *n*
Blauhelm *m* *MIL* κυανόκρανος
bläulich υπόγλαυκος
Blaulicht *n* *Polizei*: κυανό σκαρδαμύσσον σήμα
blaumachen (*nicht arbeiten*) F αργώ, την κάνω κοπάνα

Blau|säure *⟨0⟩ f* υδροκυάνιο; **~werden** *n* μελάνιασμα *n*
blau'weiß γαλανόλευκος; ***die ~e griechische Flagge*** η Γαλανόλευκη
Blazer ['bleːzəʀ] *m* μπλαίηζερ *⟨0⟩ n*
Blech *⟨-es; -e⟩ n* έλασμα *n*; (*Eisen-*) λαμαρίνα; (*Zinn-*) τενεκές; (*Unsinn*) κολοκύθια *n/pl*; **~dose** *f* τενεκές (-έδες)
blechen F (*zahlen*) ακουμπώ (-άς)
blechern τενεκεδένιος
Blech|lawine *f etwa*: καραβάνι αυτοκινήτων; **~schaden** *m* ζημιές *f/pl* στην λαμαρίνα (αυτοκινήτου), υλική ζημιά
Blei *⟨-s; 0⟩ n* μολύβι, μόλυβδος
Bleibe *f* οίκημα *n*
bleiben* *⟨sn⟩ allg* μένω: (*treu usw, am Bett usw*) παραμένω; *fig* **~ bei** *D* επιμένω σε; *fig* **dabei ~, dass** επιμένω ότι; ***zu lange*** ~ παραμένω; αργώ; *TEL* ***~ Sie am Apparat!*** περιμένετε στο ακουστικό!; ***es bleibt abzuwarten, ob ...*** απομένει να δούμε αν ...; ***das bleibt aber unter uns!*** αυτό να μείνει μεταξύ μας; **~d** μόνιμος
bleich κάτωχρος, χλωμός, πελιδνός; ~ ***werden*** πανιάζω, χλωμιάζω; **~en** ασπρίζω, ξεθωριάζω; *Wäsche* λευκαίνω
Bleich|en *n* ξάσπρισμα *n*; λεύκανση; **~gesicht** *n* κιτρινιάρης (-α); **~heit** *⟨0⟩ f* χλωμάδα, πελιδνότητα; **~mittel** *n* λευκαντική ουσία; **~sucht** *⟨0⟩ f* χλώρωση, χλωμίαση
bleiern μολυβένιος, μολύβδινος
blei|farben μολυβδόχρωμος, μολυβής; **~frei** αμόλυβδος
Bleiglanz *m* γαληνίτης
bleihaltig μολυβδούχος
Blei|mantel *m* μολύβδωση; **~rohr** *n* μολυβδοσωλήνας; **~stift** *m* μολύβι; **~stiftanspitzer** *m* ξύστρα; **~vergiftung** *f* μολυβδίαση; **~wasser** *n* μολυβόνερο; **~weiß** *n* ψιμύθιο
Blende *f* (*Foto*) διάφραγμα *n*
blenden *⟨-e-⟩* (*Augenlicht rauben und fig Licht*) τυφλώνω; θαμβώνω; στραβώνω
Blenden *n* τύφλωση; θάμβωση
blendend *fig* περίλαμπρος; λαμπρότατος; ***es geht mir*** ~ είμαι μια χαρά
Blend|ung *f* τύφλωση; θάμβωση; **~werk** *n* οφθαλμαπάτη
Blennorrhöe [-'røː] *f* βλεννόρροια
Blick *⟨-es; -e⟩ m* ματιά, βλέμμα *n*; (*Aussicht*) θέα; **böse(r)** ~ βάσκαμα *n*; ***auf den ersten*** ~ εκ πρώτης όψεως, με την πρώτη ματιά
blicken βλέπω, κοιτάζω; ***sich ~ lassen*** εμφανίζομαι
Blick|fang *m* πόλος έλξεως; **~winkel** *m Foto*: οπτική γωνία
blind στραβός, (*auch fig*) τυφλός (***auf*** *D*/από); (*trübe*) θαμπός; *Schuss*: άσφαιρος; ***völlig*** ~ θεόστραβος; *j-n* ~ ***machen*** στραβώνω, τυφλώνω
Blinddarm *m* τυφλό (έντερο); (*Wurmfortsatz*) σκωλικοειδής απόφυση; **~entzündung** *f* σκωληκοειδίτιδα
Blinde *⟨-n⟩ f* τυφλή; **~(r)** *⟨-n⟩ m* τυφλός
Blinden|anstalt *f* τυφλοκομείο; **~führer** *m* τυφλοσύρτης
Blind|gänger *m MIL* μη εκραγείσα οβίδα; **~heit** *⟨0⟩ f* τύφλα, τυφλότητα; *fig* στραβομάρα; *MED* ***völlige ~heit*** αμαύρωση; *fig* ***j-n mit ~heit schlagen*** στραβώνω
blindlings στα τυφλά
blinken τρεμολάμπω, σηματοδοτώ
Blink|er *m* (*Auto*) φωτεινό σήμα *n*, φλας *⟨0⟩ n*; **~licht** *n* διαλείπον *oder* διακοπτόμενο φως *n*
blinzeln *⟨-le⟩* βλεφαρίζω, ανοιγοκλείνω
Blitz *⟨-es; -e⟩ m* αστραπή, κεραυνός; ***vom ~ getroffen*** κεραυνόπληκτος; *j-n* ***durch ~ erschlagen*** κεραυνοβολώ, κατακεραυνώνω; **~ableiter** *m* αλεξικέραυνο
blitzartig *Geschwindigkeit*: αστραπιαίος
blitz'blank αστραφτερός
blitz|en *⟨-t⟩* αστράφτω (***vor*** *Sauberkeit*/από); *auch fig Augen*: αστραποβολώ (***vor*** *D*/από); ***es ~t und donnert*** αστράφτει και βροντά
Blitz|krieg *m* κεραυνοβόλος πόλεμος; **~licht** *n* φλας *⟨0⟩ n*; **~schlag** *m* αστροπελέκι
blitz|'sauber πεντακάθαρος; **~'schnell** αστραπιαίος; *adv* με αστραπιαία ταχύτητα
Blitzwürfel *m* κυβοφλάς *⟨0⟩ n*
Block *⟨-es; ¨e⟩ m* (*Holz-*) κούτσουρο; (*Notiz-, auch POL*) μπλοκ *⟨0⟩ n*; *POL* συνασπισμός; *TECH, POL* συγκρότημα *n*; *HDL* (= *Original*) στέλεχος *n*; *HDL* (*Abreiß-*) διπλότυπο

B Blockade 662

Block|ade [blɔ'ka:də] *f* αποκλεισμός, μπλόκος; **~flöte** *f* ευθύαυλος
block|frei *POL* αδέσμευτος; **~'ieren** μπλοκάρω, αποκλείω; (*Leitung*) δεσμεύω; **~'iert** αποκλεισμένος
Blockschrift *f* κεφαλαία στοιχεία *n/pl*
blöd(e) μωρός, βλάκας, ανόητος; *Wort, Tat*: βλακώδης; **~ machen** (ξε)κουτιαίνω; **~ werden** παραλογίζομαι
Blöd|heit *f* μωρία, ηλιθιότητα; **~ian** ⟨*-s; -e*⟩ *m* χαλβάς, μπέκος, μάπας; **~sinn** ⟨*-es; 0*⟩ *m* βλακεία
blödsinnig παλαβός, ηλίθιος
Blödsinnigkeit *f* παλαβωμάρα
blöken βελάζω, βληχώμαι (-άσαι)
Blöken *n* βέλασμα *n*, βληχή
blond ξανθός; **~(haarig)** ξανθομάλλης (-ούσα, -άλικο)
Blon'dine *f* ξανθή, ξανθιά
bloß (*nackt*) γυμνός; μόνος; *adv* (*nur*) μόνο; ***mit ~em Auge*** δια γυμνού οφθαλμού
Blöße *f* γύμνια; γυμνότητα; (*Blamage*) ρεζίλι
bloß|liegen* ξεσκεπάζομαι; **~stellen** (*j-n*) απογυμνώνω; ξεμπροστιάζω; ***sich ~stellen*** εκτίθεμαι
Bluejeans ['blu:dʒi:ns] *pl* μπλουτζίν ⟨*0*⟩ *n*
Bluff ⟨*-s; -s*⟩ *m* μπλόφα; F σικέ *n*
bluffen μπλοφάρω
blühen ανθώ, ανθοβολώ; (*auch fig*) λουλουδιάζω; *Kultur*: ακμάζω; *subst* άνθισμα *n*; **~d** *fig* ανθηρός; ευδαίμων (-ον)
Blume *f* λουλούδι, άνθος *n*; (*Wein*) άρωμα *n*; *fig* ***durch die ~*** πλάγια
Blumen|beet *n* παρτέρι, βραγιά; **~garten** *m* κήπος; **~händler** *m* ανθοπώλης; **~kohl** *m* κουνουπίδι; **~laden** *m* ανθοπωλείο; **~strauß** *m* ανθοδέσμη; **~topf** *m* γλάστρα; **~vase** *f* ανθοδοχείο; **~verkäuferin** *f* ανθοπώλιδα; **~zucht** *f* ανθοκομία; **~züchter** *m* ανθοκόμος
blumig ανθηρός; αρωματικός
Bluse *f* πουκαμίσα, πουκάμισο
Blut ⟨*-es; 0*⟩ *n* αίμα *n*; *fig* ***frische(s) ~*** νέο αίμα; ***mit ~ beflecken*** (κατα-)ματώνω; ***ruhig ~!*** με την ησυχία σου (σας)!, σιγά-σιγά!; ***böses ~ machen*** ξεσηκώνω γενική αγανάκτηση; ***~ bildend*** αιμοποιητικός
Blut|- (*Gefäß*) αιμοφόρος; **~andrang** *m* συμφόρηση
blutarm αναιμικός
Blut|armut *f* αναιμία; **~ausfluss** *m* αιμορραγία; **~bad** *n* σφαγή, αιματοκύλισμα *n*
blutbefleckt λερωμένος *oder* λεκιασμένος με αίμα
Blutbild *n* αιμογράφημα *n*
Blut|bildung *f* αιμοποίηση; **~druck** ⟨*-es; 0*⟩ *m* πίεση αίματος
Blüte *f* (*e-r Pflanze, auch fig*) άνθος *n*; (*-Zeit*) άνθηση; (*Frische*) θαλερότητα; *fig* ακμή; ***in voller ~ stehen*** είναι σε πλήρη άνθηση, *bsd fig* ακμάζω
Blutegel *m* βδέλλα
bluten ⟨*-e-*⟩ ματώνω (*auch fig Herz*: ***angesichts*** *G*/για *A*)
Blüten|kelch *m* κάλυκας, κάλυξ *m*; **~lese** *f* ανθολογία; **~staub** *m* γύρη
Blut|entnahme *f* λήψη αίματος; **~erguss** *m* αιμάτωμα *n*
Bluterkrankheit ⟨*0*⟩ *f* αιμοφιλία
Blütezeit *f* εποχή της ανθήσεως (*auch fig*); (*z.B. e-r Stadt*) περίοδος *f* λαμπρότητος
Blut|farbstoff *m* αιμογλοβίνη; **~fleck** *m* αιματοκυλίδα; **~fülle** *f* υπεραιμία; **~gefäß** *n* αιμοφόρο αγγείο; **~gier** *f* αιμοβορία
blutgierig αιμοσταγής
Blutgruppe *f* ομάδα αίματος
blut|ig αιματηρός (*auch fig*); *Schlacht, Unruhen*: πολύνεκρος; **~'jung** νεώτατος
Blutkörperchen *n* αιμοσφαίριο; ***rote(s) ~*** ερυθροκύτταρο; ***weiße(s) ~*** λευκοκύτταρο
Blut|kreislauf *m* κυκλοφορία (του) αίματος; **~leere** *f* ισχαιμία; **~pfropf** *m* έμβολο; **~probe** *f* δείγμα *n* αίματος; **~rache** *f* βεντέτα; **~sauger** *m* *fig* βδέλλα; **~schande** *f* αιμομιξία; **~senkung** *f* καθίζηση (των ερυθροκυττάρων); **~spender** *m* αιμοδότης; **~spucken** *n* αιμοπτυσία
blutstillend: ***~es Mittel*** αιμοστατικό
Blutsturz *m* αιμορραγία
blutsverwandt συγγενής εξ αίματος
Blutsverwandtschaft *f* συγγένεια εξ αίματος
Bluttransfusion *f* μετάγγιση αίματος
blutüberströmt καταματωμένος
Blut|übertragung *f* αιμομετάγγιση; **~ung** *f* (αι)μάτωμα *n*; (*stark*) αιμορραγία; **~vergießen** *n* αιματοχυσία; **~ver-**

663 Bonmot B

giftung *f* δηλητηρίαση του αίματος, σηψαιμία; **~wurst** *f* λουκάνικο αίματος; **~zeuge** *m* (ιερο)μάρτυρας
Bö *f* σπιλάδα, μπουρίνι
Boa ⟨-; *-s*⟩ *f* βόας
Bob ⟨*-s*; *-s*⟩ *m* (*Sport*) μπομπ ⟨*0*⟩ *n*
Bock ⟨*-es*; *⁻e*⟩ *m* (ZOOL, *allg*) αρσενικό; (*Ziegen-*) τράγος; (*Turn-*) πλάγιος ίππος; (*hoher Schemel*) τρίποδο; TECH (*Stütze*) υπόβαθρο; **e-n ~** (= *Fehler*) **schießen** κάνω γκάφα
bockbeinig σκληροτράχηλος
Bockbier *n* μαύρη μπίρα
bock|en με πιάνει γινάτι; **~ig** πεισματάρης (-α, -άρικο)
Bockshorn *n*: ***j-n ins ~ jagen*** κοροϊδεύω κπ
Bockspringen *n Kinderspiel*: (τα) βαρελάκια, (οι) καβάλες
Bockwurst *f etwa*: μεγάλο χότ-ντόγκ *n*
Boden ⟨*-s*; *⁻*⟩ *m* έδαφος *n*; (*bebauter*) γη, γαία; TECH (*Decke, Belag*) επίστρωση, στρώμα *n*; (*Fuß-*) πάτωμα *n*; (*Meeres-, e-s Gefäßes*) πάτος; (*Dachgeschoss*) σοφίτα; **auf den ~** (*fallen*) κατά γης; **auf dem** (**den**) **~** κατάχαμα; **auf dem ~** χάμω; **zu ~ reißen** *Fahrzeug*: παρασέρνω; **zu ~ schlagen** (**strecken**) σωριάζω χάμω
Boden|- έγγειος; **~erhebung** *f* λοφίσκος; **~fenster** *n* φεγγίτης; **~fläche** *f* επιφάνεια; **~frost** *m* παγωνιά στο έδαφος; **~haftung** *f* (*Auto*) επαφή με το δρόμο
bodenlos απύθμενος; *fig* (*unglaublich*) αφάνταστος
Boden|nähe *f*: LUFTF ***in ~nähe*** πρόσγειος; **~personal** *n* προσωπικό εδάφους; **~satz** *m* κατακάθι; κατακάθι; καταστάλαγμα *n*; καθίζηση; **~schätze** *m*/*pl* ορυκτός πλούτος
bodenständig αυτόχθων
Bodenturnen *n* γυμναστική σε πάτωμα
Body ['bɔdi·] ⟨*-s*; *-s*⟩ *m* κορμάκι; **~building** [-bıldıŋ] ⟨*-(s)*; *0*⟩ *n* bodybuilding *n*
bog → ***biegen***
Bogen ⟨*-s*; *⁻ oder -*⟩ *m* (*Waffe*; *Linie*; *Brücken- usw*, MUS) τόξο; MUS *auch* δοξάρι; (*Papier*) φύλλο, κόλλα; TYP τυπογραφικό (φύλλο); (*Triumph-*) αψίδα; (*Gewölbe*) καμάρα; (*Kurve, Biegung*) στροφή; ***mit dem ~ schießen*** τοξεύω; ***um j-n e-n ~ machen*** αλλάζω δρόμο για να αποφύγω κπ; **~-** αψιδωτός
bogenförmig καμαρωτός, τοξοειδής
Bogen|gang *m* στοά; **~schießen** *n* τόξευμα *n*; **~schütze** *m* τοξότης; **~strich** *m* MUS δοξαριά
Bohle *f* πατόξυλο, μαδέρι, πάτερο
Böhmen ⟨*-s*; *0*⟩ *n* Βοημία
Bohne *f* φασόλι, φασίολος; ***grüne ~n*** φασολάκια *n*/*pl*; ***weiße ~n*** φασόλια *n*/*pl* (άσπρα); (*Kaffee-*) κουκκί; F ***nicht die ~*** δεν ... γρυ; μπιτ
Bohnen|kaffee *m* γνήσιος καφές; **~kraut** *n* θρούμπι
Bohnermaschine *f* παρκετέζα
bohnern ⟨*-re*⟩ κερώνω; *Parkett* περνώ (-άς)
Bohnerwachs *n* βερνίκι
Bohr- (*Maschine*) διατρητικός
bohren τρυπώ, τριβελλίζω; MAR ***in den Grund ~*** φουντάρω; *fig* **~** (= *drängen*) ***so lange bis*** καταζαλίζω κπ ως που
Bohrer *m* τρυπάνι
Bohrung *f* τρύπημα *n*; (**nach** *D*) διάτρηση; *Öl usw* γεώτρηση
böig με σπιλιάδες
Boiler ['bɔylə] *m* θερμοσίφωνας
Boje *f* σημαδούρα
Bo'livien *n* Βολιβία
Bollwerk *n* ταμπούρι; *bsd fig* έπαλξη
Bolzen *m* βλήτρο, μπουλόνι
bombar'dieren βομβαρδίζω
Bombar'dierung *f* βομβαρδισμός
bom'bastisch πομπώδης; *adv* (*z.B. vortragen*) τραγικά
Bombe *f* βόμβα; ***wie e-e ~ einschlagen*** πέφτω σα μπόμπα; **~n-** βομβαρδιστικός
Bomben|abwurf *m* ρίψη βομβών; **~attentat** *n* απόπειρα με βόμβα; **~attentäter** *m* βομβιστής; **~erfolg** *m* κολοσσιαία επιτυχία; **~flugzeug** *n* βομβαρδιστικό αεροπλάνο; **~geschäft** *n*: ***ein ~geschäft*** χρυσές δουλειές *f*/*pl*; **~leger** *m* βομβιστής
bombensicher *fig* υπερβέβαιος; ***~ sein*** αντέχω σε βόμβες
Bomber *m* βομβαρδιστικό
Bon [bɔŋ] ⟨*-s*; *-s*⟩ *m* απόκομμα *n*
Bonbon [bɔŋ'bɔŋ, bõ'bõː] ⟨*-s*; *-s*⟩ *m*, *n* καραμέλα, ζαχαρωτό, κουφέτο
bongen ['bɔŋən] (*an der Kasse*) κτυπώ (-άς)
Bonmot [bõ'moː] ⟨*-s*; *-s*⟩ *n* χαριτολόγημα *n*

Bonn *n* Βόννη
Bonus ⟨*-; -se*⟩ *m* κέρδος, πριμ ⟨*0*⟩ *n*
Bonze ⟨*-n*⟩ *m fig* μανδαρίνος
Boot ⟨*-ẹs; -e*⟩ *n* βάρκα, *K* λέμβος *f*
booten ['bu:tən] *EDV* μπουτάρω
Böotien [bø'o:tsĭən] *n* Βοιωτία
Boots|fahrt *f* περίπατος με βάρκα; **~mann** *m* βαρκάρης (-ηδες); *MAR* λοστρόμος; *MAR* (*erster*) ναύκληρος; **~verleih** *m* ενοικίαση λέμβων
Bor ⟨*-s; 0*⟩ *n* βόριο
Borax ⟨*-es; 0*⟩ *n* βόρακας, χρυσόκολλα
Bord ⟨*-ẹs; -e*⟩ *n* ράφι
Bord *m* (*nur noch mit präp*): **an ~** στο κατάστρωμα, στο καράβι; (*auch LUFTF*) **an ~ gehen** επιβιβάζομαι; **an ~ nehmen** επιβιβάζω; **über ~ werfen** ρίχνω στη θάλασσα; *fig* παραπετώ; **~-** *mst* ... πλοίου
Bor'dell ⟨*-s; -e*⟩ *n* οίκος ανοχής
Bord|fest *n* γιορτή στο πλοίο; **~funker** *m* ιπτάμενος ασυρματιστής; **~ingenieur** *m*, **~mechaniker** *m* ιπτάμενος μηχανικός; **~karte** *f* δελτίο επιβιβάσεως; **~stein** *m* κράσπεδο (πεζοδρομίου)
Bor'düre *f* κράσπεδο
borgen δανείζω (**j-m etw**/κτ σε κπ); **sich** (*D*) **etw ~** δανείζομαι *A*
Borke *f* → **Rinde**
bor'niert περιορισμένος, στενοκέφαλος
Borsalbe *f* βορική αλοιφή
Börse *f HDL* χρηματιστήριο; πιάτσα; → **Geldbeutel**; **~n-** χρηματιστηριακός
Börsen|bericht *m* δελτίο χρηματιστηρίου; **~krach** *m* κραχ ⟨*0*⟩ *n*; **~makler** *m* μεσίτης χρηματιστηρίου
Borste *f* γουρουνότριχα
Borte *f* κράσπεδο; γαλόνι
bösartig (*auch MED*) κακοήθης
Bösartigkeit *f* κακοήθεια
Böschung *f* γρέμπανο; επίχωμα *n*
böse *Mensch, Hund, Zunge, Wort*: κακός; *Krankheit*: άσχημος; (*wild*) άγριος; (*aufeinander*) κακιωμένος; **~ auf** *A*, **mit** *D* μαλωμένος με; **~ werden über** *A* κακιώνω για; **er ist mir ~** μου έχει (*oder* κρατάει) κακία; *aor* μου θύμωσε; μου κάνει μούτρα; **es ist nicht ~ gemeint** δεν είχα κακούς σκοπούς
Böse|s *n* κακό; **~s wünschen** κακοχρονίζω; **~wicht** ⟨*-ẹs; -e*⟩ *m* κακοποιός, κακοθελητής
boshaft μοχθηρός; πονηρός
Boshaftigkeit *f* μοχθηρία, πονηριά
Bosheit *f* κακία, κακεντρέχεια
bosnisch βοσνιακός
Bosporus ⟨*-; 0*⟩ *m* Βόσπορος
Boss ⟨*-es; -e*⟩ *m* αφεντικό
böswillig κακόβουλος
Böswilligkeit *f* κακοβουλία
bot → **bieten**
Bo'tanik ⟨*0*⟩ *f* βοτανική, βοτανολογία; **~er** *m* βοτανολόγος, φυτολόγος
bo'tanisch βοτανικός; **~e(r) Garten** βοτανικός κήπος; **~e(s) Institut** ινστιτούτο βοτανολογίας
botani'sieren βοτανίζω
Bote ⟨*-n*⟩ *m* (*e-s Geschäftes*) παιδί (για εξωτερικές δουλειές); (*Überbringer*) κομιστής; (*von Nachrichten*) αγγελιοφόρος
Botenlohn *m* κόμιστρα *n/pl*
Botschaft *f* (*Bescheid*) μήνυμα *n*; (*offiziell-feierliche Nachricht*) διάγγελμα *n*; (*Diplomatie*) πρεσβεία; **~er** *m* πρεσβευτής; **~er sein** πρεσβεύω; **~s-** πρεσβευτικός
Bottich ⟨*-s; -e*⟩ *m* βούτα, μαστέλο
Bouillon [bʊl'jɔŋ] ⟨*-; -s*⟩ *f* ζουμί, ζωμός
Boulevard [bu·lə'va:ʀ] ⟨*-s; -s*⟩ *m* λεωφόρος *f*; **~blatt** *n* λαϊκή εφημερίδα; **~presse** *f* λαϊκός τύπος
Bourgeois [bu·ʀʒo·'a] ⟨*-; -*⟩ *m POL* αστός; **~ie** [-'zi:] *f* αστική τάξη
Boutique [bu·'ti:k] *f* μπουτίκ ⟨*0*⟩ *n*
Bowle ['bo:lə] *f* σανγκρία
Bowling ['bo:lɪŋ] ⟨*-s; -s*⟩ *n* μπόουλινγκ ⟨*0*⟩ *n*
boxen ⟨*-t*⟩ πυγμαχώ
Boxen *n* μποξ ⟨*0*⟩ *n*
Boxer *m* πυγμάχος; **~shorts** [-ʃo:(r)ts] *pl* μποξεράκι
Boxkampf *m* πυγμαχία, μποξ ⟨*0*⟩ *n*
Boy'kott ⟨*-s; -s, -e*⟩ *m* μποϋκοτάζ ⟨*0*⟩ *n*, αποκλεισμός
boykot'tieren μποϋκοτάρω, κάνω μποϋκοτάζ (**j-n** *oder* **etw**/σε κπ *oder* σε κτ)
brach[1] [a:] → **brechen**
brach[2] (*Feld*) αργός
Brach|e *f*, **~feld** *n* χέρσωμα *n*; αγρανάπαυση, ανάπαμα *n*
Brachialgewalt [bra·'xĭa:l-] ⟨*0*⟩ *f*: **mit ~** με άσκηση σωματικής βίας; πυξ και λαξ, F πατκιούτ

brachliegen* είμαι χέρσος; *fig Kräfte*: μένω ανεκμετάλλευτος; **~d** χέρσος; **~ lassen** χερσώνω
brachte → **bringen**
brackig γλυφός
Bramstange *f MAR* τσιμπούκι
Branche ['bʀɑ̃:ʃə, 'bʀaŋʒə] *f HDL* κλάδος
Branchenverzeichnis *n* χρυσός οδηγός
Brand ⟨*-ǝs*; *¨e*⟩ *m* φωτιά, πυρκαϊά; (*Wund-*) γάγγραινα; *BOT* ερυσίβη; καπνία; (*Sonnen-*) έγκαυμα *n*; **in ~ geraten** παίρνω φωτιά; **in ~ setzen** πυρπολώ, διαφλέγω; **in ~ stecken** βάζω φωτιά σε; **in ~ stehen** καίομαι
Brand|- εμπρηστικός; **~blase** *f* φουσκάλα *oder* φυσαλίδα από κάψιμο; **~bombe** *f* εμπρηστική βόμβα
branden ⟨*-e-*⟩ θραυόμαι (**an** *A*/επί *G*)
brandig *MED* γαγγραινώδης; *BOT* ερυσιβώδης
Brand|katastrophe *f* ολοκαύτωμα *n*; **~mal** *n* στίγμα *n*
brandmarken *Tiere* βουλώνω; καυτηριάζω (*auch fig*)
Brand|markung *f* καυτηριασμός; **~opfer** *n* θύμα *n* πυρκαγιάς; **~salbe** *f* αλοιφή εγκαυμάτων; **~sohle** *f* μετζοσόλα; **~stätte** *f*, **~stelle** *f* τόπος πυρκαϊάς; **~stifter** *m* εμπρηστής (*auch fig*); **~stiftung** *f* εμπρησμός; **~ung** *f* κύματα *n/pl* που σκάνε στη παραλία; **~wunde** *f* έγκαυμα *n*
Branntwein *m* οινόπνευμα *n*, ρακί; **~brennerei** *f* οινοπνευματοποιείο
Brasili'aner *m* Βραζιλιάνος; **~in** *f* Βραζιλιάνα
brasili'anisch βραζιλιάνικος
Bra'silien [-liən] *n* Βραζιλία
braten* *v/t* ψήνω; (*in der Pfanne*) τηγανίζω; *Sonne*: καβουρδίζω; **zu scharf ~** παραψήνω; *v/i* ψήνομαι
Braten¹ *n* ψήσιμο (-ατος); τηγάνισμα *n*
Braten² *m* (*Gebratenes*) ψητό; *fig* **den ~ riechen** το παίρνω μυρουδιά
Brat|hähnchen *n* κοτόπουλο ψητό; **~kartoffeln** *f/pl* τηγανητές πατάτες *f/pl*; **~ofen** *m* φούρνος; **~pfanne** *f* τηγάνι
Bratsche *f* βιόλα
Bratspieß *m* σούβλα
Brauch ⟨*-ǝs*; *¨e*⟩ *m* έθιμο, συνήθεια; **nach altem ~** κατά τα παραδεδεγμένα
brauchbar χρήσιμος
Brauchbarkeit ⟨*0*⟩ *f* χρησιμότητα
brauchen (*nötig haben*) χρειάζομαι, έχω ανάγκη (*G oder* από); *Zeit* θέλω; **ich brauche** (**es**) μου χρειάζεται; **du brauchst nicht wiederzukommen** δεν χρειάζεται να ξανάρθεις
Braue *f* → **Augenbraue**
brauen ζυθοποιώ
Brau|er *m* ζυθοποιός; **~e'rei** *f* ζυθοποιείο
braun καφετής (-ιά, -ί), καφέ ⟨*0*⟩, μαρόν ⟨*0*⟩, (*auch Haar*) καστανός; **~ braten** τσιγαρίζω; *Sonne*: **~ brennen** μαυρίζω, F καβουρδίζω; **~ gebrannt** ηλιοκαμένος; **~ werden** μαυρίζω
Bräune ⟨*0*⟩ *f* καστανό χρώμα *n*
bräunen *v/t und v/i* (*sn*) μαυρίζω; *v/i* (*sn*) ροδίζω; (*sonnen-*)**gebräunt** ηλιοκαμένος
Bräunen *n* μαύρισμα *n*
Braunkohle *f* λιγνίτης
bräunlich μελανός, υπομέλας (-αινα)
Brause *f*, **~bad** *n* ντους ⟨*0*⟩ *n*; **~kopf** *m* περίδρομος; **~limonade** *f* γκαζόζα
brausen ⟨*-t*⟩ *Wasser*: κοχλάζω, μουγγρίζω, βοΐζω; (**sich**) **~** κάνω ντους; *subst* κόχλασμα *n*; (*Meer*) μουγγρητό
Braut ⟨*-*; *¨e*⟩ *f* μνηστή, νύφη; **~-** νυφικός
Bräutigam [-gam] ⟨*-s*; *-e*⟩ *m* μνηστήρας, νυμφίος, γαμπρός
Braut|kleid *n* νυφικό; **~kranz** *m* στέφανο; **~paar** *n* νυμφίοι *m/pl*
brav *Kind*: φρόνιμος
Bravheit *f* φρονιμάδα
bravo! μπράβο (σου, σας *usw*); γεια σου, σας
Brech|bohnen *f/pl* πράσινα φασόλια *n/pl*; **~eisen** *n* λοστός
brechen* *allg* σπάζω; θλω (*auch Strahlen*); *PHYS* διαθλώ (-άς); *Eid* πατώ, προδίδω; *Gesetz* παραβαίνω; *Herz* σπαρταρώ (-άς), σπαράζω; *Rekord* σπάζω, καταρρίπτω; *Wort* αθετώ; **sich** (*D*) *den Fuß* **~** σπάζω ... μου; *v/i* → **sich erbrechen**; **mit j-m ~** τα χαλάω με κπ; κόβω κάθε επαφή με κπ
Brechen *n* σπάσιμο (-ατος); θλάση
Brech|mittel *n* εμετικό; **~reiz** *m* τάση εμετού
Brechung *f PHYS* διάθλαση; **~s-** διαθλαστικός
Brei ⟨*-ǝs*; *-e*⟩ *m* χυλός, πολτός; *fig iron*

B
breiig 666

ζυμάρι, λειώμα *n*; ***zu ~ machen*** χυλώνω; *fig* F (*zerstampfen*) κάνω λειώμα; ***zu ~ werden*** χυλώνω; *fig* γίνομαι ζυμάρι
breiig χυλώδης, πολτώδης; ***~ werden*** χυλώνω; *fig* λασπώνω
breit φαρδύς, πλατύς; *Straße*: ευρύς; ***sich ~ machen*** στρώνομαι (***in*** *D*/σε); *fig* ξετσιπώνομαι; ***~er machen, werden*** φαρδαίνω; **~beinig** διάσκελα; **~blättrig** πλατύφυλλος
Breite *f* φάρδος *n*, (*auch* GEOGR) πλάτος *n*, GEOGR εύρος *n*
Breitengrad *m* μοίρα γεωγραφικού πλάτους; ***Athen liegt auf dem 38. ~*** Η Αθήνα βρίσκεται επάνω στον 38° παράλληλο κύκλο, ... έχει γεωγραφικό πλάτος 38° (μοίρες)
breit|randig πλατύγυρος; **~schultrig** *adv* με φαρδιούς ώμους
Breitwand *f* γιγάντια οθόνη, σινεμασκόπ *n*
Bremse¹ *f* TECH φρένο, ποδόφρενο, τροχοπέδη
Bremse² *f* ZOOL οίστρος; αλογόμυγα
bremsen ⟨*-t*⟩ φρενάρω
Brems|flüssigkeit *f* υγρό φρένων; **~licht** *n* (*Auto*) φώτα *n/pl* στοπ; **~pedal** *n* πεντάλι φρένων; **~schuh** *m* διαγώνας πέδης; **~strecke** *f* απόσταση φρεναρίσματος; **~ung** *f* φρενάρισμα *n*, τροχοπέδηση
Brenn- καύσιμος
brenn|bar καύσιμος; **~en*** *v/t Holz usw* καίω; *Ziegel* ψήνω; (*rösten*) καβουρδίζω; *Augen*: τσούζω (***j-m***/κπ); *Sonne*: χτυπώ (-άς), δέρνω (***auf*** *A*/*A*); *v/i* καίω, καίγομαι, ανάβω; *fig* **~ vor** (*D*) διακαίομαι από; ***darauf ~ zu ...*** έχω καΐλα να ..., βουρλίζομαι να ...; ***... ~t auf der Zunge*** ... καίει τη γλώσσα
Brennen *n* καύση; ψήσιμο (-ατος); καΐλα; τσούξιμο (-ατος); καβούρδισμα *n*; (*z.B. im Fuß*) κάψιμο (-ατος)
brennend (*auch fig Thema*) καυτός; ***~ heiß*** καυτός, καυστικός
Brenner *m* καυστήρας
Brenn|glas *n* φακός; **~holz** *n* καυσόξυλο; **~material** *n* καύσιμη ύλη; **~nessel** *f* τσουκνίδα, κνίδη; **~punkt** *m* PHYS, MATH εστία (*auch fig*); *fig* κέντρο; **~spiritus** *m* οινόπνευμα *n*; **~stoff** *m* καύσιμη ύλη; **~weite** *f* εστιακή απόσταση

brenzlig: ***~er Geruch*** τσίκνα; ***es riecht ~*** τσικνίζει; *fig* σκούρος; ***die Lage scheint mir ~*** σκούρα τα βλέπω τα πράματα
Bresche [ɛ] *f* χάσμα *n*
Bretagne [brəˈtanjə] *f* Βρετάνη
Brett ⟨*-es*; *-er*⟩ *n* σανίδι; (*dick*) τάβλα; (*Regal*) ράφι; **~chen** *n* αβάκιο; **~er** *n/pl* THEA σκηνή; **~er-** σανιδένιος; **~spiel** *n* επιτραπέζιο παιγνίδι
Brevier [breˈviːr] ⟨*-s*; *-e*⟩ *n* REL ρολόι
Brezel *f* κουλούρι
Brief ⟨*-es*; *-e*⟩ *m* γράμμα *n*, K HDL *mst* επιστολή; (*Börse*) πώληση; **~-** (*Stempel, Taube usw*) ταχυδρομικός; (*Stil, Papier*) επιστολικός; **~beschwerer** *m* χαρτοθλίπτης; **~bogen** *m* κόλλα; **~freund** *m* φίλος από αλληλογραφία; **~geheimnis** *n* απόρρητο των επιστολών; **~kasten** *m* γραμματοκιβώτιο; ***in den ~kasten werfen*** ταχυδρομίζω; **~kopf** *m* επικεφαλίδα
brieflich επιστολικός
Briefmarke *f* γραμματόσημο
Briefmarken|kunde *f*, **~sammeln** *n* φιλοτελισμός; **~sammler** *m* γραμματοσημοσυλλέκτης; φιλοτελιστής; **~sammlung** *f* συλλογή γραμματοσήμων; **~satz** *m* σειρά γραμματοσήμων
Brief|öffner *m* κοπτήρας; **~papier** *n* επιστολόχαρτο; **~tasche** *f* χρηματοφυλάκιο, πορτοφόλι; **~träger** *m* ταχυδρόμος; **~umschlag** *m* φάκελος, πλίκος; **~waage** *f* ζυγαριά για τα γράμματα; **~wahl** *f* εκλογή δι' αλληλογραφίας; **~wechsel** *m* αλληλογραφία
briet → ***braten***
Bri'gade *f* ταξιαρχία; **~general** *m* ταξίαρχος
Brigg ⟨*-*; *-s*⟩ *f* MAR μπρίκι
Bri'kett ⟨*-s*; *-s*⟩ *n* μπρικέτα, πλιθάνθρακας
brillant [-ˈljant] λαμπρός, λαμπρότατος
Bril'lant ⟨*-en*⟩ *m* μπριλάντι; **~-** ... με μπριλάντι
Brille *f* (ματο)γυαλιά *n/pl*; δίοπτρα *n/pl*; (*Klosett-*) κουλούρα
Brillen|futteral *n* θήκη γυαλιών; **~gestell** *n* σκελετός γυαλιών; **~glas** *n* κρύσταλλο; **~schlange** *f* κόμπρα; **~träger** *m* διοπτροφόρος
'Brindisi *n* Μπρίντεζι

667 Brüllen

B

bringen* (*j-m etw*; *Gewinn, Ergebnis usw*) φέρνω (σε κπ κτ); *Rundfunk*: μεταδίδω; *Zeitung*: δημοσιεύω; (*erwähnen*) αναφέρω; (*etw, z.B. auf die Post*) πηγαίνω; (*j-n hinführen*) πηγαίνω, οδηγώ; *fig* (*j-n auf den Verdacht usw*) φέρνω κπ σε, βάζω κπ σε; (*Geld auf die Bank*) ακουμπώ (-άς), βάζω; (*e-e Sache vor Gericht*) εισάγω σε; *Zukunft*: επιφυλάσσω; (*j-n ungebeten*) **mit ins Haus ~** κουβαλώ (-άς); (**j-n in** *e-e Notlage usw*) φέρνω κπ σε; **mit sich ~** (*die Folge sein*) συνεπάγομαι, συνεπιφέρω; **j-n wieder zu sich ~** (*zum Bewusstsein*) συνεφέρνω, επαναφέρω; **j-n um etw ~** στερώ κτ από κπ; **es zu etw ~** ευδοκιμώ; **es nicht über sich** (*A*) (*oder* **übers Herz**) **~ können, zu ...** έχω ενδοιασμούς να, πικραίνεται η καρδιά μου να; **j-n dazu ~, dass** κάνω κπ να ...; *oft Stützverb, z.B.* **zur Ausführung ~** προβαίνω σε εκτέλεση

Brise *f* αεράκι, αύρα

Bri'tannien *n* Βρετανία

Brite ⟨*-n*⟩ *m* Βρετανός

britisch βρετανικός

bröckel|ig ευκολότριφτος, εύθρυπτος; **~n** ⟨*-le*; *sn*⟩ θρυμματίζομαι; *Brot, Käse*: τρίβομαι

Brocken *m* κομμάτι; **ein paar ~** (*e-r Sprache*) μερικές λέξεις; **einige ~ Französisch verstehen** κάτι σκαμπάζει από γαλλικά; (*Schwierigkeiten*) **ein harter ~** παλούκι; (*Stein*) **großer ~** κοτρώνα

brodeln ⟨*-le*⟩ κοχλάζω

Bro'kat ⟨*-ęs*; *-e*⟩ *m* στόφα

Brokkoli *pl* μπρόκολα *n/pl*

Brom ⟨*-ęs*; *0*⟩ *n* βρώμιο; **~-** βρωμιούχος

Brombeer|e ['brɔm-] *f* βατόμουρο; **~strauch** *m* βάτος, βατσινιά

Bronchien *f/pl* βρόγχοι *m/pl*

Bronchitis [brɔn'çiːtɪs] ⟨*0*⟩ *f* βρογχίτιδα

Bronze ['brɔŋsə] *f* μπρούντζος, ορείχαλκος; **~-** μπρούντζινος, ορειχάλκινος

bronz|en → ***Bronze-***; **~ieren** [-'siːrən] μπρουντζάρω

Brosche [ɔ] *f* περόνη

bro'schier|en [ɔ] χαρτοδένω; **~t** χαρτόδετος

Bro'schüre *f* φυλλάδα; τεύχος *n*, μπροσούρα

Brot ⟨*-ęs*; *-e*⟩ *n* ψωμί, *K* άρτος; (*Laib*) καρβέλι; **Stück trockenes ~** ξεροκόμματο; **sein ~ verdienen** βγάζω το ψωμί μου; **~-** αρτο-; **~beutel** *m* σακίδιο

Brötchen [øː] *n* ψωμάκι; φραντζολάκι

Brot|brett *n* σανίδα για το ψωμί; **~erwerb** *m* βιοπορισμός; **~kanten** *m* τάκος; **~korb** *m* καλαθάκι για το ψωμί

brotlos *pers* χωρίς εισόδημα *oder* δουλειά; **~e Kunst** απρόσοδος απασχόληση

Brot|rinde *f* κόρα; **~röster** *m* φρυγανιέρα

Bruch [ʊ] ⟨*-ęs*; *⸚e*⟩ *m allg* θραύση (*z.B. Glas*); θλάση; (*-Stelle*) ρήγμα *n* (*auch fig unter Freunden*); ρήξη; αθέτηση; (*e-s Abkommens, e-s Versprechens*) παράβαση; (*auch* ANAT) σπάσιμο (-ατος); διάρρηξη; MED (*Hernie*) κήλη, κατέβασμα *n*; MATH κλάσμα *n*; MAR αβαρία; LUFTF **~ machen** καταπίπτω; **in die Brüche gehen** συντρίβομαι

Bruch- (*Zahl*) κλασματικός

Bruch|band *n* κηλεπίδεσμος; **~bude** *f* σαράβαλο, παλιόσπιτο

brüchig εύθραυστος

Bruch|rechnung ⟨*0*⟩ *f* κλασματικός λογαριασμός; **~stück** *n* θρύμμα *n*, θραύσμα *n*; → ***Fragment***; **~stückhaftigkeit** ⟨*0*⟩ *f* αποσπασματικότητα; **~teil** *m* πολλοστό, κλάσμα *n*; **im ~teil einer Sekunde** σε κλάσματα δευτερολέπτου

Brücke *f* γέφυρα (*auch Zahn-*), γεφύρι; **ohne ~** αγεφύρωτος

Brücken|bau *m* γεφυροποιία; **~bauer** *m* γεφυροποιός; (*auch fig*) γεφυρωτής; **~kopf** *m* προγεφύρωμα *n*, ορμητήριο

Bruder ⟨*-s*; *⸚*⟩ *m* αδελφός

brüderlich αδελφικός

Brüderlichkeit ⟨*0*⟩ *f* αδελφικότητα

Bruderschaft *f* αδελφάτο, αδελφότητα

Brüderschaft *f* αδελφότητα; **mit j-m ~ trinken** *etwa*: πίνοντας αρχίζω να μιλώ με κπ στον ενικό

Brühe *f* ζουμί, ζωμός

brühen ζεματίζω

brüh'warm ζεσταμένος; *mst fig* πρόσφατος; *adv* πρόσφατα

brüllen *Tier, fig Mensch*: μουγγρίζω (**vor** *D*/από), ωρύομαι, ουρλιάζω

Brüllen *n* μουγγρητό, ούρλιασμα *n*

B
Brummbär 668

Brummbär *m fig* καραβόσκυλος
brummen βομβώ, σβουρίζω
Brumm|en *n* βόμβος; (*im Kopf*) βοή, βοητό; **~er** *m* (*Fliege*) κρεατόμυγα
brummig (*mürrisch*) σκυθρωπός, κατσούφης (-α, -ικο)
brü'nett μελαγχροινός
Brunnen *m* πηγάδι, φρέαρ (-ατος) *n*, βρύση; (*Kur-*) ιαματικές πηγές *f/pl*; **~-** πηγαδήσιος
Brunst ⟨-; **~e**⟩ *f* οργασμός, βαρβατίλα
brünstig: **~ sein** *Tier*: είναι σε εποχή ζευγαρώματος
brüsk τραχύς; *adv auch* ξερά, τραχέως; **~ieren** [-'ki:ʀən] τραχύνω, πειράζω
Brüs'kierung *f* πείραγμα *n*, άγγιαγμα *n*
Brüssel *n* Βρυξέλλες *f/pl*
Brust ⟨-; **~e**⟩ *f* στήθος *n* (*auch vom Geflügel*); μαστός; βυζί; *fig* σπλάχνα *n/pl*; **die ~ geben** *oder* **bekommen** βυζαίνω; **sich an die ~ schlagen** στηθοκοπούμαι; **~-** στηθικός; θωρακικός; μαζικός; **~bein** *n* στέρνο; **~bild** *n* προτομή
brüsten ⟨-e-⟩: **sich ~** γαυριώ (-άς) (**mit** *D*/για *A*); παινεύομαι, τεντώνομαι
Brustfell *n* υπεζωκώτας; **~entzündung** *f* πλευρίτιδα, πούντα; **~entzündung bekommen** πουντιάζω
Brust|korb *m* θώρακας; **~krebs** *m* καρκίνος του στήθους; **~schwimmen** *n* πρόσθιο (*mst* -α)
Brüstung *f* παραπέτο, θωράκιο
Brust|warze *f* ρόγα, θηλή; **~wehr** *f* στηθαίο
Brut *f* ZOOL γόνοι *m/pl*, σπέρματα *n/pl*; **~-** επωαστικός
bru'tal βάρβαρος, κτηνώδης
Brutali'tät *f* βαρβαρότητα
Brutapparat *m* επωαστήριο, κλωσσομηχανή
brüten ⟨-e-⟩ επωάζω, κλωσσώ (-άς); *Sonne*: καίω; *fig* **über etw** (*A*) **~** βασανίζω *A*, διασκέπτομαι *A*
Brüten *n* επώαση, κλώσσημα *n*
Brüter *m*: (*Atom*) **schneller ~** αναπαραγωγικός αντιδραστήρας
Brut|henne *f* κλωσσού (-ούδες) *f*; **~reaktor** *m* → **Brüter**; **~stätte** *f* κλωσσοφωλιά; *fig* εστία
brutto HDL ακαθάριστος
Brutto|- *Gehalt*: ακαθάριστος; *Gewicht*: μικτός; **~einkommen** *n* ακαθάριστα έσοδα *n/pl*; **~registertonne** *f* κόρος, τόνος; **~sozi'alprodukt** *n* ακαθάριστο εθνικό προϊόν
Brutzeit *f* εποχή του κλωσσήματος
brutzeln ⟨-le⟩ τσιτσιρίζω
Bube ⟨-n⟩ *m* αγόρι; **böser ~** κατεργάρης; (*Kartenspiel*) φάντης
Bubikopf *m* κοντά μαλλιά *n/pl*
Buch [u:] ⟨-~~e~~s; **~er**⟩ *n* βιβλίο; *Weiß-, Gelbbuch* λευκή, κιτρινή βίβλος; (*das*) **Goldene ~** χρυσή Βίβλος; (*z.B. Dummkopf*) **wie er** (**sie, es**) **im ~e steht** ανεγνωρισμένος; **zu ~e schlagen** λογαριάζω, βαρύνω; HDL **~ führen** κρατώ λογιστικά βιβλία; *allg* **~ führen über** *A* σημειώνω (*A*) σ' ένα ημερολόγιο *oder* καρνέ
Buch- βιβλιο-; **~ und Schreibwarenhandlung** βιβλιοχαρτοπωλείο
Buch|besprechung *f* βιβλιοκρισία; **~binden** *n* βιβλιοδεσία; **~binder** *m* βιβλιοδέτης; **~binderei** *f* βιβλιοδετείο; **~druck** ⟨-~~e~~s; *0*⟩ *m* τυπογραφία; **~drucker** *m* τυπογράφος; **~druckerei** *f* τυπογραφείο; **~druckerkunst** ⟨*0*⟩ *f* τυπογραφία
Buch|e *f* οξυά; **~ecker** *f* βελανίδι
buchen HDL εγγράφω, καταχωρίζω; *Reise* κλείνω; *Erfolg* **für sich ~ können** εξασφαλίζω
Bücher|brett *n* ράφι; **~ei** [-'raɪ] *f* βιβλιοθήκη; **~freund** *m* βιβλιόφιλος; **~revisor** *m*: **vereidigte**(**r**) **~revisor** ορκωτός λογιστής; → **Buchprüfer**; **~schrank** *m* βιβλιοθήκη; **~wurm** *m* βιβλιοφάγος; *fig pers* βιβλιομανής
Buchführung *f* λογιστική; **einfache ~** απλογραφία; **doppelte ~** διπλογραφία
Buchhalt|er *m* λογιστής; **~ung** *f* λογιστική; (*Abteilung*) λογιστήριο
Buch|händler *m* βιβλιοπώλης; **~händler-** βιβλιοπωλικός; **~handlung** *f* βιβλιοπωλείο
Büchlein *n* βιβλιάριο
Buchprüfer *m* ελεγκτής
Buchsbaum *m* τσιμισίρι, πυξάρι, πύξος
Buchse *f* ELEKTR φίσα θηλυκή
Büchse *f* (*Dose*) βάζο; κονσέρβα; (*Flinte*) τουφέκι
Büchsen|- ... κονσέρβας; **~milch** *f* γάλα *n* κονσέρβας; **~öffner** *m* ανοιχτήρι για κονσέρβες
Buchstabe ⟨-n⟩ *m* (*Schrift*) γράμμα *n*; TYP στοιχείο

669 **Bundesrepublik**

B

buchsta'bieren συλλαβίζω
Buchsta'bieren *n* συλλαβισμός
buchstäblich *adv* κατά γράμμα, κυριολεκτικά
Bucht *f* κόλπος; ***kleine*** ~ κολπίσκος
Buchung *f* HDL (λογιστική) εγγραφή, *auch* πράξη; κλείσιμο, κράτηση (θέσης)
Buchungsbestätigung *f* επιβεβαίωση κράτησης
Buchweizen [uː] *m* φαγόπυρο; ***gemeine(r)*** ~ μάλαθ(ρ)ο
Buckel *m* καμπούρα, ύβος; κύφωση; ράχη
bücken: ***sich*** ~ σκύβω
Bücken *n* καμήλωμα *n*, σκύψιμο (-ατος)
bucklig καμπούρης (-α, -ικο), καμπουρωτός; υβός; ~ ***werden*** καμπουριάζω
Buckligkeit ⟨*0*⟩ *f* κυφότητα
Bückling ⟨*-s*; *-e*⟩ *m* (*Fisch*) καπνιστή ρέγκα; ***e-n*** ~ ***machen*** κάνω υπόκλιση; διπλοχαιρετίζω
Budapest *n* Βουδαπέστη
buddeln ⟨*-le*⟩ (ανα)σκαλεύω
Budde'lei *f* (ανα)σκάλευση
Buddha *m* Βούδας
Bu'ddh|ismus ⟨*0*⟩ *m* βουδισμός; **~ist** ⟨*-en*⟩ *m* βουδιστής
Bude *f* (*Bretter-*) παράπηγμα *n*; (*Verkaufs-*) κουτσομάγαζο, τρύπα; (*Zimmer*) κάμαρα; τρύπα; → ***Bruchbude***
Budget [byˈdʒeː] ⟨*-s*; *-s*⟩ *n* προϋπολογισμός
Bu'enos Aires *n* Μπουένος 'Αϊρες *n*
Büfett [byˈfeː] ⟨*-s*; *-s*⟩ *n* μπουφές (-έδες); (*auch Küchen-*) σκευοθήκη; (*Speisekarte*) ***kaltes*** ~ κρύο πιάτο
Büffel *m* ZOOL βουβάλι, βούβαλος
büffeln ⟨*-le*⟩ F εκστηθίζω
Bug ⟨*-ęs*; *-e*⟩ *m* MAR πλώρα, πρώρα
Bügel *m* (*Kleider-*) κρεμάστρα; **~eisen** *n* σίδερο σιδερώματος; **~falte** *f* τσάκιση
bügeln ⟨*-le*⟩ σιδερώνω; ***gebügelt*** σιδερωμένος; *subst* σιδέρωμα *n*
Bügler *m* σιδερωτής
bugsieren [bʊˈkˈsiːʀən] MAR ρυμουλκώ; *fig* καλοστρατίζω (***j-n***/κπ), κατευθύνω
Bühne *f* σκηνή, θέατρο; (*Tribüne*) βήμα *n*; TECH αποβάθρα; **~n-** σκηνικός
Bühnen|ausstattung *f* σκηνικός διάκοσμος; **~bearbeitung** *f* δραματοποίηση; **~bild** *n* σκηνογραφία, σκηνικό; **~bildner** *m* σκηνογράφος; **~dichter** *m* δραματοποιός; **~dichtung** *f* δραματουργία; **~stück** *n* σκηνικό έργο
buk → ***backen***
Bukarest *n* Βουκουρέστι
Bu'kett ⟨*-ęs*; *-e*⟩ *n* μπουκέτο
Bu'lette *f* (μεγάλος) κεφτές (-έδες)
Bul'gar|e ⟨*-n*⟩ *m* Βούλγαρος; **~ien** *n* Βουλγαρία; **~in** *f* Βουλγάρα
bul'garisch βουλγαρικός
Bull|auge *n* φινιστρίνι; **~dogge** *f* μπουλντόγκ ⟨*0*⟩ *n*, μολοσσός; **~dozer** [-ˈdoːsɐ] *m* μπουλντόζα, ωστικός ομαλυντήρας
Bulle ⟨*-n*⟩ *m* ZOOL ταύρος
Bummel *m* F σεργιάνι, γύρος
Bumme'lei *f* ρεμπέλεμα *n*
bummel|ig ρέμπελος; **~n** ⟨*-le*⟩ (*gehen*) περιδιαβαίνω, σεργιανίζω, χαζεύω; (*langsam, faul sein*) ρεμπελεύω; (*schlampig sein*) τσαλαβουτώ (-άς)
Bummel|streik *m* απεργία καθυστερήσεως; **~zug** *m* αργό τραίνο
Bummler *m* ρέμπελος; τσαλαβούτας
Bums ⟨*-es*; *-e*⟩ *m* γδούπος; μπουμ ⟨*0*⟩ *n*; ***bums!*** φραπ!
bumsen ⟨*-t*⟩ γδουπώ; *gegen die Tür usw* βροντοχτυπώ *A*; (*vulgär: koitieren*) γαμώ (-άς), γαμιέμαι
Bund[1] ⟨*-ęs*; *-e*⟩ *n* μάτσο (*z.B. Zwiebeln*), δέσμη; (*Schlüssel*) αρμαθιά, κρίκος
Bund[2] ⟨*-ęs*; *⸚e*⟩ *m* (*Zusammenschluss*) σύνδεσμος; (*Bündnis*) συμμαχία; *bsd* POL ομοσπονδία
Bündel *n* δέμα *n*, δεμάτι, αρμαθιά; (*aus Binsen*) βουρλιά; (*auch Strahlen-*) δέσμη, δεσμίδα
bündeln ⟨*-le*⟩ δεματιάζω, αρμαθιάζω, χειροβολιάζω
Bundes|- ομοσπονδιακός; **~bahn** *f* ομοσπονδιακοί σιδηρόδρομοι *m/pl*; **~bank** *f* ομοσπονδιακή τράπεζα; **~ebene** *f*: ***auf ~ebene*** επί ομοσπονδιακού επιπέδου; **~genosse** *m* σύμμαχος; **~gerichtshof** *m* Ανώτατο Ομοσπονδιακό Δικαστήριο; **~hauptstadt** *f* πρωτεύουσα της ομοσπονδίας; **~kanzler** *m* αρχικαγκελάριος; **~lade** *f* REL Κιβωτός της Διαθήκης; **~liga** *f* πρώτη (ποδοσφαιρική) κατηγορία; **~nachrichtendienst** *m* Ομοσπονδιακή Υπηρεσία Πληροφοριών; **~präsident** *m* πρόεδρος της ομοσπονδίας; **~rat** *m* ομοσπονδιακό συμβούλιο; **~republik**

Bundesstaat 670

f ομοσπονδιακή δημοκρατία; **~republik Deutschland** Ομοσπονδιακή Δημοκρατία της Γερμανίας; **~staat** *m* ομοσπονδία; **~tag** *m* ομοσπονδιακή βουλή; **~verfassung** *f* ομοσπονδιακό σύνταγμα; **~wehr** *f* ομοσπονδιακός στρατός
bündig συνεπτυγμένος; ολιγόλογος
Bündnis ⟨*-ses*; *-se*⟩ *n* συμμαχία; **~partner** *m* σύμμαχος
Bungalow [-lo] ⟨*-s*; *-s*⟩ *m* μπαγκαλόου ⟨*0*⟩ *n*
Bunker *m* MIL πολεμικό καταφύγιο; MAR ανθρακαποθήκη
bunt χρωματιστός, πολύχρωμος, ποικιλόχρωμος; (*vielfältig*) ποικίλος; **~ gemustert** φανταιζί; **bekannt wie ein ~er Hund** γνωστός σαν κάλπικη δεκάρα
Bunt|heit ⟨*0*⟩ *f* πολυχρωμία, ποικιλοχρωμία; **~metall** *n* μη σιδηρούχο μέταλλο; **~stift** *m* χρωματιστό μολύβι
Bürde *f* φόρτος, βάρος *n*
Burg *f* κάστρο, πύργος
Bürge ⟨*-n*⟩ *m* εγγυητής, εγγυοδότης
bürgen εγγυώμαι (-άσαι) (**für** *A*/για)
Bürger *m* αστός; (*Staats-*) πολίτης; **~in** *f* αστή; πολίτισσα; **~initiative** *f* πρωτοβουλία των πολιτών; **~krieg** *m* εμφύλιος πόλεμος
bürgerlich αστικός; **~es Gesetzbuch** (**BGB**) αστικός κώδικας
Bürgermeister *m* δήμαρχος; **~ sein** δημαρχεύω
Bürger|schaft *f* αστοί, πολίτες *m/pl*; **~steig** *m* πεζοδρόμιο; **~tum** ⟨*-s*; *0*⟩ *n* αστική τάξη; **~wehr** *f* πολιτοφυλακή
Burgfrieden *m* εκεχειρία
Bürgschaft *f* εγγύηση; εγγυητήριο; **~ leisten** εγγυοδοτώ; **~s-** εγγυητικός
Bur'gund *n* Βουργουνδία
Burm|a *n* Βιρμανία; **~ese** [-'meːzə] ⟨*-n*⟩ *m* Βιρμανός; **~esin** *f* Βιρμανή
bur'mesisch βιρμανικός
Bü'ro ⟨*-s*; *-s*⟩ *n* γραφείο; πρακτορείο; **~-** γραφικός; *mst* ... γραφείου; **~angestellte(r)** υπάλληλος γραφείου; **~arbeit** *f* εργασία γραφείου; **~artikel** *m/pl* είδη *n/pl* γραφείου; **~bedarf** *m* είδη *n/pl* γραφείου; **~gebäude** *n e-r Gesellschaft* μέγαρο γραφείων; **~kauffrau** *f*, **~kaufmann** *m* (εμπορικός, -ή) υπάλληλος *m*, *f* γραφείου; **~klammer** *f* συνδετήρας; **~kraft** *f* υπάλληλος γραφείου; **~krat** [-'kraːt] ⟨*-en*⟩ *m* γραφειοκράτης; **~kratie** [-kra'tiː] *f* γραφειοκρατία
büro'kratisch γραφειοκρατικός
Bü'ro|stunden *f/pl* ώρες (ώραι) *f/pl* γραφείου; **~zeit** *f* ωράριο εργασίας
Bursche ⟨*-n*⟩ *m* νεανίσκος, παλλικάρι; **stattliche(r) ~** λεβέντης
Burschenschaft *f* φοιτητική ένωση
burschikos [-'koːs] σανφασόν, χωρίς τύπους
Bürstchen *n* βουρτσάκι
Bürste *f* βούρτσα, (*bsd* ELEKTR) ψήκτρα
bürsten ⟨*-e-*⟩ βουρτσίζω
Bus [bʊs] ⟨*-ses*; *-se*⟩ *m* λεωφορείο, F μπούσι; **~bahnhof** *m* σταθμός λεωφορείων
Busch [ʊ] ⟨*-es*; *⸚e*⟩ *m* θάμνος, χαμόδενδρο; (*Dickicht*) λόχμη; ζούγκλα; *fig* **auf den ~ klopfen** βολιδοσκοπώ
Büschel *n* (*Gras*) μάτσο; (*Haar- usw*) τούφα
buschig τουφωτός; λάσιος, δασύς; **mit ~en Augenbrauen** φρυδάτος
Busen *m* στήθος *n*; (*auch Meer-*) κόλπος; αγκάλη; **~freund** *m* επιστήθιος φίλος
Buße *f* μετάνοια; (*Strafe*) επιτίμια *n/pl*, κανόνας; REL **~ tun** μετανοιώνω; REL **~ auferlegen** κανονίζω; *allg* βάζω πρόστιμο; **~ zahlen müssen** παίρνω πρόστιμο
büßen ⟨*-t*⟩ *Sünden* εξαγοράζω; **~ für** *A* πληρώνω (λαμβάνω) τα επίχειρα *G*; **das wirst du mir ~** θα μου το πληρώσεις
Buß|geld *n* πρόστιμο; **~tag** *m* (*evangelisch*) ημέρα της Μετανοίας
Büste *f* προτομή, μπούστος
Büstenhalter *m* (**BH**) σουτιέν ⟨*0*⟩ *n*, στηθόδεσμος
Busverbindung *f* συγκοινωνία με το λεωφορείο
Butt ⟨*-ẹs*; *-e*⟩ *m* (*Fisch*) σιάκι, ρόμβος
Butter ⟨*0*⟩ *f* βούτυρο; *Speisekarte*: **in ~** ... βουτύρου; F **alles ist in ~** όλα μέλι γάλα; **~brot** *n* σάντουιτς ⟨*0*⟩ *n* με βούτυρο; **~brotpapier** *n* λαδόκολλα; **~milch** *f* βουτυρόγαλα *n*
buttern ⟨*-re*⟩ βουτυροκομώ; *fig* **Geld in** *A* **~** χαραμίζω χρήματα για
Byte [bait] ⟨*-s*; *-s oder -*⟩ *n* EDV μπάιτ ⟨*0*⟩ *n*
byzan'tinisch βυζαντινός
By'zanz *n* Βυζάντιο

C

C, c [tse:] *n* τσ; *MUS* ντο *n*
Café [ka'fe:] ⟨-*s*; -*s*⟩ *n* καφετέρια
Cafete'ria ⟨-; -*s oder -rien*⟩ *f* καφετέρια
Camcorder ['kam-] *m* φορητή βιντεοκάμερα
campen ['kɛmpən] κατασκηνώνω
Camper *m* κατασκηνωτής
Camping ⟨-*s*; *0*⟩ *n* κατασκήνωση, κάμπινγκ ⟨*0*⟩ *n*; **~ausweis** *m* ταυτότητα κάμπινγκ; **~bus** *m* τροχόσπιτο; **~liege** *f* πολυθρόνα κάμπινγκ; **~platz** *m* κάμπινγκ *n*, κατασκήνωση
Cape [ke:p] ⟨-*s*; -*s*⟩ *n* περιώμιο
Cäsar ['tsɛ:za:ʀ] *m* Καίσαρας
Ca'ssette *f* → ***Kassette***
CD → ***Compactdisc***
CD-ROM-Laufwerk *n EDV* οδηγός δίσκου CD-ROM
Cell|ist [tʃɛ'l-] ⟨-*en*⟩ *m* βιολοντσελίστης; **~o** ['tʃɛlo˙] ⟨-*s*; -*s oder -lli*⟩ *n* βιολοντσέλο
Celsius ['tsɛlzĭʊs] ⟨*0*⟩ *PHYS Grad* Κελσίου
Cembalo ['tʃɛm-] ⟨-*s*; -*s*⟩ *n* τσέμπαλο, κύμβαλο
Cent [(t)sɛnt] ⟨-(*s*); -(*s*)⟩ *m* σεντ (*pl* -ς) *n*
Chal'kidike [ç-] *f* Χαλκιδική
Chalkis *f* Χαλκίς *f*, Χαλκίδα
Cha'mäleon [ka˙-] ⟨-*s*; -*s*⟩ *n* χαμαιλέοντας
Champagner [ʃam'panjɐ] *m* σαμπάνια, καμπανίτης
Champignon ['ʃampɪnjɔ̃:] ⟨-*s*; -*s*⟩ *m* μανιτάρι
Chance ['ʃã:sə, F 'ʃaŋzə] *f* ευκαιρία, δυνατότητα; προοπτική; ***gute ~n für*** θετικές προοπτικές για ...
Chancengleichheit *f* ισότητα ευκαιριών
Chania *n* Χανιά *n*/*pl*
Chaos ['ka:ɔs] ⟨-; *0*⟩ *n* χάος *n*
cha'otisch χαώδης, αβυσσαλέος
Cha'rakter [ka:-, *oft* ka-] ⟨-*s*; -'*tere*⟩ *m* χαρακτήρας, φύση, ήθος *n*; ***der bauliche ~*** *e-s Gebiets* μορφολογία; **~bild** *n* προσωπογραφία; **~fehler** *m* ελάττωμα *n* χαρακτήρα
cha'rakterfest: **~ *sein*** έχω σταθερό χαρακτήρα
Cha'rakterfestigkeit ⟨*0*⟩ *f* σταθερότητα χαρακτήρα
charakteri'sieren χαρακτηρίζω
Charakter|i'sierung *f*, **~istik** [-'rɪstɪk] *f* χαρακτηρισμός; **~'istikum** ⟨-*s*; -*ka*⟩ *n* χαρακτηριστικό
charakter|istisch [-'rɪstɪʃ] χαρακτηριστικός (***für*** *A*/*G*); **~los** *allg* αχαρακτήριστος
Cha'rakter|losigkeit *f* παλιμβουλία, αχαρακτήριστο; **~schwäche** *f* αδυναμία χαρακτήρα; **~stärke** *f* δύναμη χαρακτήρα; **~zug** *m* χαρακτηριστικό
Charge ['ʃaʀʒə] *f* αξίωμα *n*
Charm|e [ʃaʀm] ⟨-*s*; *0*⟩ *m* χάρη, θέλγητρο, γοητεία; **~eur** [-'mø:ʀ] ⟨-*s*; -*e*⟩ *m* γόης (-ητος), νοστιμιάρης (-ηδες)
Charta ['karta˙] ⟨-; -*s*⟩ *f* καταστατικός χάρτης
Charterer ['ʃaʀtəʀɐ] *m* ναυλωτής
Charter|flug *m* πτήση τσάρτερ; **~flugzeug** *n* → ***Chartermaschine***; **~gesellschaft** *f* εταιρία τσάρτερ; **~maschine** *f* αεροπλάνο τσάρτερ
chartern ⟨-*re*⟩ ναυλώνω
Chassis [ʃa'si:] ⟨-; -⟩ *n* σασί
Chau'ffeur ⟨-*s*; -*e*⟩ *m* → ***Schoffšr***
Chaussee [ʃo˙'se:] *f* αμαξιτή οδός; (παλαιά) εθνική οδός
Chauvinis|mus [ʃo˙vi˙'nɪsmʊs] ⟨-; *0*⟩ *m* σωβινισμός; **~t** ⟨-*en*⟩ *m* σωβινιστής
chauvi'nistisch σωβινιστικός
Chef [ʃɛf] ⟨-*s*; -*s*⟩ *m* (*Büro*) προϊστάμενος; αφεντικό; (*Anführer*) αρχηγέτης; **~arzt** *m* αρχίατρος; **~ingenieur** *m* αρχιμηχανικός; **~redakteur** *m* αρχισυντάκτης; **~sekretärin** *f* γραμματέας *f* προϊσταμένου
Check-up [tʃɛk'ap] ⟨-*s*; -*s*⟩ *m* τσεκ απ ⟨*0*⟩ *n*
Chem|ie [çe˙'mi:] ⟨*0*⟩ *f* χημεία; **~ikalien** [-'ka:lĭən] *pl* χημικά προϊόντα *n*/*pl*; **~iker** ['çe:mi˙kɐ] *m* χημικός; **~ikerin** *f* χημικός *f*
chemisch χημικός
Chemothera'pie *f* χημειοθεραπεία
Chi *n* Χι, χι *n*; Χ, χ
Chicorée [ʃi˙kɔ're:] ⟨-*s*; *0*⟩ *m* κιχώριο
Chiffre ['ʃɪfʀə, *meist* -fɐ] *f* κρυπτογραφία

chiffrieren 672

C

chif'frieren κρυπτογραφώ
Chif'frieren *n* κρυπτογράφηση
chif'friert κρυπτογραφημένος; συνθηματικός
Chikago [ʃi·'ka:go·] *n* Σικάγο
Chil|e ['tʃi:lə] *n* Χιλή; **~ene** [-'le:-] ⟨*-n*⟩ *m* Χιλιανός
chi'lenisch ... της Χιλής, χιλιανός
China ['çi:na·] *n* Κίνα; **~rinde** *f* κίνα
Chi'nes|e ⟨*-n*⟩ *m* Κινέζος; **~in** *f* Κινέζα
chi'nesisch κινέζικος, σινικός
Chinin [çi·'ni:n] ⟨*-s; 0*⟩ *n* κινίνη
Chios ['çi:ɔs] *n Insel* Χίος *f*; ***von der Insel*** ~ χιώτικος
Chip ⟨*-s; -s*⟩ *m* τσιπ ⟨*0*⟩ *n*
Chiroman'tie [çi·ro·-] ⟨*0*⟩ *f* χειρομαντεία
Chirurg [çi·'RʊRk] ⟨*-en*⟩ *m* χειρούργος, εγχειρητής; **~ie** [-'gi:] *f* χειρουργική, εγχειρητική
chi'rurgisch χειρουργικός
Chlor [klo:R] ⟨*-s; 0*⟩ *n* χλώριο; **~-** χλωριούχος
-chlorid χλωριούχος
Chlor'natrium *n* χλωριούχο νάτριο
Chloro'form [klo·Ro·-] ⟨*-s; 0*⟩ *n* χλωροφόρμιο
chlorofor'mieren χλωροφορμίζω
Chloro'phyll ⟨*-s; 0*⟩ *n* χλωροφύλλη
chlor'sauer (*z.B. Natrium*) χλωρικός
Chlor'wasserstoff *m* υδροχλώριο; **~-** υδροχλωρικός
Cholera ['ko·ləRa·] ⟨*0*⟩ *f* χολέρα; **~-** χολερικός; **~kranke(r)** χολερικός
Choleriker [ko·'le:Ri·kɐ] *m* χολερικός
cho'lerisch χολερικός
Chor [ko:R] ⟨*-es; ⸚e*⟩ *m* χορός, χορωδία; ***im*** ~ εν χορώ; **~-** χορικός
Choral [ko·'ra:l] ⟨*-s; ⸚e*⟩ *m* ψαλμωδία
Choreogra'phie [ko·rəo·-] *f* χορογραφία
choreo'graphisch χορογραφικός
Chor|gesang ['ko:R-] *m* χορωδία; **~sänger** *m* χορωδός
Chrestoma'thie [k-] *f* χρηστομάθεια
Christ [k-] ⟨*-en*⟩ *m* χριστιανός; **~abend** *m*, **~baum** *m usw* → ***Weihnachts-***
Christen|heit ⟨*0*⟩ *f* χριστιανοσύνη; **~tum** ⟨*-s; 0*⟩ *n* χριστιανισμός; **~verfolgung** *f* διωγμός των χριστιανών
christiani'sieren εκχριστιανίζω
Christiani'sierung *f* εκχριστιανισμός
Christkind *n* (το) θείο βρέφος *n*; Χριστούλης, νεογέννητος Χριστός
christlich χριστιανικός; **~-sozi'al** χριστιανοσοσιαλιστικός
Christ|us ['k-] ⟨*- oder G -i; D -o; A -um*⟩ Χριστός; ***vor ~us*** *oder* ***vor ~i Geburt*** (***v. Chr.***) προ Χριστού (π. Χρ.); ***nach ~us*** *oder* ***nach ~i Geburt*** (***n. Chr.***) μετά Χριστόν (μ. Χρ.); (*griech. Ostergruß*) ***~us ist auferstanden*** Χριστός ανέστη; (*Antwort*) ***in Wahrheit ist er auferstanden*** αληθώς ανέστη; **~usbild** *n* (*z.B. der Kuppel*) παντοκράτορας
Chrom [kRo:m] ⟨*-s; 0*⟩ *n* χρώμιο; **~-** χρωμικός; χρωμιωμένος
chro'matisch *MUS* χρωματικός
Chromo'som [k-] ⟨*-s; -en*⟩ *n* χρωμόσωμα *n*
Chromstahl ['k-] *m* χρωμιοχάλυβας
Chronik ['kRo:nɪk] *f* χρονικά *n/pl*
chronisch ['k-] χρόνιος; ~ ***werden*** χρονίζω
Chro'nist [k-] ⟨*-en*⟩ *m* χρονικογράφος
Chronolo'gie [k-] *f* χρονολογία
chrono'logisch χρονολογικός
Chrono'meter *n oder m* χρονόμετρο
Chrysan'theme [kRy·zan-] *f* χρυσάνθεμο
Cicero ['tsi:tse·Ro·] *m* Κικέρωνας
cif [tsɪf] = (***cost, insurance, freight*** = ***Kosten, Versicherung, Fracht***) τσιφ (αξία, ασφάλεια, ναύλο)
circa ['tsɪRka·] περίπου
City ['sɪti·] ⟨*-; -s*⟩ *f* κέντρο
Claqueur [kla·'kø:R] ⟨*-s; -e*⟩ *m THEA* εγκάθετος, κλακέρ ⟨*0*⟩ *m*
Claudius *m* Κλαύδιος
Clearing ['kli:-] ⟨*-s; -s*⟩ *n HDL* κλήριγκ ⟨*0*⟩ *n*
Clique ['klɪkə] *f* κλίκα, παρέα
Clown [klaʊn] ⟨*-s; -s*⟩ *m* γελωτοποιός, κλάουν ⟨*0*⟩ *m*
Cocktail ['kɔkte:l] ⟨*-s; -s*⟩ *m* κοκτέιλ *n*
Code [ko:d] ⟨*-s; -s*⟩ *m* → ***Kode***
Codex ['ko:dɛks] ⟨*-; 0*⟩ *m hist* κώδικας
College ['kɔlɪdʒ] ⟨*- oder -s; -s*⟩ *n* κολέγιο
Co'lombo [k-] *n* Κολόμπο
Comicstrips ['kɔmɪk 'stRɪps] *pl* εικονογραφημένα περιοδικά *n/pl*, κόμικς *n/pl*
Commonwealth ['kamənwɛlθ] ⟨*-*⟩ *n* κοινοπολιτεία
Com'pactdisc ⟨*-; -s*⟩ *f* (**CD**) κόμπακτ ντισκ ⟨*0*⟩ *n*

Computer [kɔm'pju:tɐ] *m* ηλεκτρονικός υπολογιστής, κομπιούτερ ⟨*0*⟩ *n*
Com'puterausdruck ⟨*-es; -e*⟩ *m* εκτύπωση μέσω υπολογιστή
com'puter|gesteuert διευθυνόμενος από υπολογιστή; **~gestützt** υποστηριζόμενος από υπολογιστή
Com'puter|spiele *n/pl* παιχνίδια *n/pl* με το κομπιούτερ; **~steuerung** *f* χειρισμός υπολογιστή
Container [-'te:-] *m* εμπορευματοκιβώτιο, κονταίηνερ ⟨*0*⟩ *n*; **~schiff** *n* φορτηγό πλοίο
Copyright ['kɔpiraɪt] ⟨*-s; -s*⟩ *n* συγγραφικά δικαιώματα *n/pl*, κοπυράιτ ⟨*0*⟩ *n*
Cornflakes [-fle:ks] *pl* κορν-φλέικς *n/pl*
Corpus De'licti ⟨*- -; Corpora -*⟩ *n* σώμα *n* του εγκλήματος
Couch [kaʊtʃ] ⟨*-; -es*⟩ *f* ντιβάνι
Coup [ku:] ⟨*-s; -s*⟩ *m* κόλπο
Cou'pon ⟨*-s; -s*⟩ *m* κουπόνι
Courage [ku'ʀa:ʒə] ⟨*0*⟩ *f* κουράγιο
Courtage [kʊʀ'ta:ʒə] *f* μεσιτεία, προμήθεια
Cousin [ku'zɛ̃:, ku'zɛŋ] ⟨*-s; -s*⟩ *m* (ε)ξάδελφος
Cou'sine [ku'-] *f* ξαδέλφη
Crack [krɛk] ⟨*-s; -s*⟩ *m* (*Rauschgift*) κρακ ⟨*0*⟩ *n*
Creme [kʀe:m] ⟨*-; -s*⟩ *f* → ***Krem***
cremefarben κρεμ ⟨*0*⟩
Cremesuppe *f* σούπα κρέμα
Croissant [kro'a'sã:] ⟨*-(s); -s*⟩ *n* κρουασάν ⟨*0*⟩ *n*
Cursor ['kœ:(r)sə(r)] ⟨*-s; -s*⟩ *m* *EDV* κέρσορας
Cyberspace ['saɪbə(r)spe:s] ⟨*-; -s*⟩ *m* *EDV* κυβερνοχώρος

D

D, d [de:] *n* ντ; *MUS* ρε *n*
da ['da:] [da...] *adv* (*Ort*) εκεί; **~ 'drüben** (**hinten**) εκεί πέρα; **wer '~?** ποιός είναι; **'der ... ~** *usw* → **der** (**die, das**); **~ sein** (*vorhanden*) υπάρχω, παρευρίσκομαι; ***nicht ~ sein*** λείπω; ***noch ~ sein*** (*übrig*) υπολείπομαι; (*zu Hause*) είναι σπίτι; *oft mit* φθάνω: ***wenn Sie rechtzeitig ~ sind*** αν φθάσετε εγκαίρως; **~ *'bin ich*** να με, ιδού εγώ; ***ich bin schon '~*** έφτασα; **~ *'ist einer*** να ένας; **~ *'ist der Weg*** να ο δρόμος; ***dann sind ~ die Bücher*** (= *das Thema der ...*) κατόπιν είναι τα βιβλία; (*dann, in diesem Fall*) τότε; '**~** (*in diesem Augenblick*) αυτή τη στιγμή; ***noch nicht ~ gewesen*** πρωτόφαντος, πρωτείδωτος; **~ *'hast du's*** να τα; **~ ...** να ...; *ko* [*immer schwach betont*] (*Grund*) γιατί, *K* διότι, επειδή; μιας και; **~ *doch*** μια που; **~ *... einmal*** μια που; **~ *ja*** σαν, αφού; **~ *er ja nicht will*** αφού δε θέλει
da'bei *adv*: (***nahe ~***) κοντά, πλησίον; **~ *sein*** παρευρίσκομαι, παρακάθομαι; ***überall ~ sein*** πολυπραγμονώ; ***ich bin ~*** κρατώ συντροφιά, είμαι μαζί κ' εγώ; (*in Wirklichkeit*) πραγματικά; ***ich bin ~*** (*im Begriff*), ***zu ...*** πάω να ...; (*einschränkend, Gegensatz*) *mst* ***'dabei:*** όμως, ωστόσο; ***es ist nichts ~*** δεν βλάπτει, δε σημαίνει; ***was ist ~?*** τι σημαίνει; έννοια σου (σας)!; ***'dabei 'bleiben*** επιμένω; ***es 'bleibt ~*** μένουμε σ' αυτό
da'bei|bleiben* ⟨*sn*⟩ (*nicht weggehen*) παραμένω; *fig bei e-r Sache* επιμένω σε; **~haben*** έχω μαζί μου; **~sitzen*** παρακάθομαι
da capo [da'ka:po'] μπις!; **~ *rufen*** μπιζάρω
Dach [a] ⟨*-es; ⸚er*⟩ *n* στέγη, σκεπή; (*Ziegel-*) κεραμίδια *n/pl*; ***unter ~ und Fach sein*** *Arbeit usw* καμωμένος; ***e-m aufs ~ steigen*** δίνω την παπάρα; ***eins aufs ~ bekommen*** τρώω την παπάρα
Dach|- υπωρόφιος; (*-Platte*) στεγαστικός; **~balken** *m* καδρόνι; **~decker** *m* κεραμιδάς (-άδες); **~fenster** *n* φεγγίτης; **~first** *m* καβαλάρης, κορφιάς; **~gepäckträger** *m* σκάρα (αυτοκινήτου); **~geschoss** *n* ανώγι, υπερώο; **~kammer** *f* σοφίτα; **~latte** *f*

Dachpappe 674

σανίδα σκεπής; **~pappe** *f* πισσόχαρτο; **~rinne** *f* υδρορρόη
Dachs ⟨*-es*; *-e*⟩ *m* ασβός
Dach|spitze *f* κολοφώνας; **~stuhl** *m* ξευκτό; **~verband** *m* διευθυντικό συγκρότημα *n*; **~ziegel** *m* κεραμίδι

D

dachte → ***denken***
Dackel *m* μπασέ ⟨*0*⟩ *n*
'dadurch *adv* (*Ort*) απομέσα; (*Grund*) με αυτό τον τρόπο; **~, *dass*** -οντας, -ώντας; ***~, dass man*** (***viel***) ***fragt*** ρωτώντας
'dafür *adv* για αυτό, δια τούτο; ***~ sein*** είμαι υπέρ; ***nichts ~ können*** δε φταίω
Da'fürhalten: *nach meinem ~* κατ' εμέ
da'gegen *adv* κατά; πάλι; απ' εναντίας; όμως; ***~ sein*** είμαι κατά
da'heim (στο) σπίτι; στην πατρίδα
'daher (*Ort*) απ' εκεί; *ko* (*Grund*) γι' αυτό; συνεπώς
da'herkommen* ⟨*sn*⟩ προσέρχομαι
da'hin εκεί, σ' εκείνο το μέρος; ***bis ~*** ως εκεί; (*Zeit*) έως τότε; F (*weg*) πάει; **'~ *gehend*** υπό την έννοια αυτή; (*dass*) ούτως ώστε; **~gegangen** πάει; **~gehen*** ⟨*sn*⟩ (*sterben*) σβήνω; *Ruhm usw*: ξεφτίζω; **~geschieden** κοιμισμένος; **~gestellt: *~gestellt sein lassen*** αφήνω ανεξέταστο; αφήνω εκκρεμότητα; **~leben** (*beschaulich*) διαβιώνω; **~raffen** ξεπατώνω, ξεκληρίζω; **~schlendern** ⟨*-re*⟩ αργοπορώ; **~schleppen: *sich ~schleppen*** κωλοσέρνομαι; **~schwinden*** ⟨*sn*⟩ *Hoffnung*, *Pläne*, *Vermögen usw* εξανεμίζομαι; **~siechen** ⟨*sn*⟩ αργοσβήνω, μαραζώνω; *subst* φθίση
da'hinten *adv* (*weiter weg*) εκεί πέρα
da'hinter *adv* (*Ort*) πίσω; (*Zeit*) μετά; ***dicht ~*** από κοντά; ***~ kommen*** *fig* παίρνω είδηση (χαμπάρι, κάβο); ***~ stecken*** είμαι ο υποκινητής, ο αυτουργός; ***es steckt etwas ~*** κάποιο λάκκο έχει η φάβα
da'hinvegetieren κουτσοπερνώ (-άς), κακοπερνώ
Dahlie ['da:lĭə] *f* δάλεια
Daktylus ⟨-; -'*tylen*⟩ *m poet* δάκτυλος
da|lassen* αφήνω πίσω; **~liegen*** είμαι πλαγιασμένος
dalli F στο τάκα-τάκα
Dalmatien [dal'ma:tsĭən] *n* Δαλματία
damal|ig πρώην; *als adv* τέως, τότε; **~s** τότε; ***schon ~s*** από τότε
Da'maskus *n* Δαμασκός *f*
Da'mast ⟨*-e̸s*; *-e*⟩ *m* δαμάσκο
Dame *f* κυρία; (*des Hauses*) οικοδέσποινα; (*Karte*, *Schach*) ντάμα; ***Pik ~*** ντάμα πίκα; ***die große ~ spielen*** κάνω την κυρία; ***meine ~n und Herren!*** κυρίες και κύριοι!; **~n** (*Toilette*) γυναικών
Damen|binde *f* σερβιέτα υγείας; **~friseur** *m* κομμωτής; **~kleid** *n* φόρεμα *n*; **~konfektion** *f* έτοιμα γυναικεία φορέματα *n*/*pl*; **~mode** *f* γυναικεία μόδα; **~oberbekleidung** *f* γυναικεία ενδυμασία; **~schneider** *m* μόδιστρος; **~schneiderin** *f* μοδίστρα; **~schuhe** *m*/*pl* γυναικεία παπούτσια *n*/*pl*; **~toilette** *f* τουαλέτα γυναικών
Damespiel *n* ντάμα
'damit *adv* με αυτό, δια τούτου; → *auch Adjektive und Verben*
da'mit *ko* για να, δια να; *K auch* όπως
dämlich κοκορόμυαλος, χαζός
Damm ⟨*-e̸s*; *¨e*⟩ *m* πρόχωμα *n*; νεροδεσιά; *MAR* μώλος; ***durch e-n ~ schützen*** μωλώνω; ***nicht*** (***recht***) ***auf dem ~ sein*** δεν είμαι στα συγκαλά μου
dämmen σταματώ (-άς)
dämmer|n ⟨*-re*⟩ *Tag*: χαράζει; ***es ~t*** (*morgens*) ξημερώνει; (*abends*) σουρουπώνει; *fig* ***es ~t mir*** αρχίζω να παίρνω κάβο
Dämmer|licht ⟨*-e̸s*; *0*⟩ *n* ημίφως *n*; **~ung** *f* χαράματα *n*/*pl*; σούρουπο
Dämon ⟨*-s*; *-'monen*⟩ *m* δαιμόνιο, δαίμονας
dä'monisch δαιμονικός
Dampf ⟨*-e̸s*; *¨e*⟩ *m* ατμός; αχνός; ***unter ~*** υπ' ατμόν
Dampf|- *TECH* ατμοκίνητος; *Essen*: αχνιστός; **~antrieb** *m*: ***mit ~antrieb*** ατμοκίνητος; **~bad** *n* ατμόλουτρο; **~druck** *m* πίεση ατμού
dampfen αχνίζω, ατμίζω
Dampfen *n* άχνισμα *n*
dämpfen *v*/*t Essen* αχνίζω; *Begeisterung usw* αναχαιτίζω; (*geringer machen*) μετριάζω; *Geräusch* κατασιγάζω; (*Essen*) ***gedämpft*** αχνιστός
Dämpfen *n* άχνισμα *n*
Dampfer *m* ατμόπλοιο, βαπόρι
Dämpfer *m MUS* σουρντίνα; (*Schall-*) σιλανσιέ ⟨*0*⟩ *m*; (*Stoß-*) αμορτισέρ ⟨*0*⟩ *n*; ***j-m e-n ~ aufsetzen*** βάζω σε κπ χαλινό

Dampferfahrt *f* ταξίδι με ατμόπλοιο
dampfförmig ατμοειδής
Dampf|heizung *f* θέρμανση ατμού; **~kessel** *m* ατμολέβητας; **~maschine** *f* ατμομηχανή; **~schiff** *n* ατμόπλοιο; *hist* πυρόσκαφο; **~schifffahrt** *f* ατμοπλοΐα; **~turbine** *f* ατμοστρόβιλος
Dämpfung *f* άχνισμα *n*; αναχαίτηση; κατασίγαση
Dampfwalze *f* ατμοκίνητος οδοστρωτήρας
danach [-'na:x] ύστερα, μετά, κατόπιν
Däne ⟨*-n*⟩ *m* Δανός
da'neben δίπλα (σ' αυτό); παράλληλα; **~*fallen*** παραπέφτω; **~*liegen*** παράκειμαι; **~ *liegend*** παράπλευρος; παρακείμενος; **~*setzen*** παραθέτω; **~*sitzen*** παρεδρεύω; **~ *sitzend*** πάρεδρος; **~ *stellen*** παραθέτω; **~*treffen*** αστοχώ, F πέφτω έξω; **~gehen*** ⟨*sn*⟩ *auch fig* αστοχώ; **~*gegangen*** άστοχος; **~hauen** F πέφτω έξω
Dänemark *n* Δανία
da'niederliegen* *HDL* χειμάζομαι, φθίνω; ***krank* ~** κρεβατώνομαι, είμαι κατάκοιτος; **~d** *HDL* χειμαζόμενος
Dänin *f* Δανέζα
dänisch δανικός, δανέζικος
dank *präp D* χάρη σε
Dank ⟨*-es; 0*⟩ *m* χάρη, ευχαριστία; **~ *schulden*** χρωστώ (-άς) χάρη σε; ***Gott sei* ~!** δόξα σοι ο Θεός; ***vielen*** (***herzlichen***) **~** ευχαριστώ πολύ (*oder* εγκάρδια); **~-** (*Schreiben*) ευχαριστήριος
dankbar ευγνώμονας; **~ *sein*** ευγνωμονώ (***j-m***/κπ)
Dankbarkeit ⟨*0*⟩ *f* ευγνωμοσύνη
danke ευχαριστώ; **~ *schön*** (***sehr***)**!** ευχαριστώ πολύ; **~ *vielmals*** ευχαριστώ παραπολύ
danken ευχαριστώ (***j-m für***/κπ *A* για)
Dankes- (*Worte*) ευχαριστήριος
Danksagung *f* ευχαριστήριο
dann τότε, ύστερα, έπειτα; **~ *auch*** (= *deshalb*) γι' αυτό; **~ *erst*** τότε πια; ***bis* ~** έως τότε; **~ *und wann*** πότε-πότε, κάπου κάπου, κάθε τόσο
da'ran σ' αυτό; ***nahe* ~** κοντά; ***nahe* ~ *sein, zu*** κοντεύω να; (*hinweisend*) *z.B.* **~ *gehindert werden, zu*** εμποδίζομαι από το να ...; ***gut*** (***übel***) **~ *sein*** καλο-(κακο)περνώ (-άς); ***was liegt mir* ~?** τι με νοιάζει; ***es liegt mir*** (***viel***) **~** με ενδιαφέρει ιδιαίτερα; ***es ist nichts* ~** (*Wahres*) δεν αληθεύει; → *auch Verben, Adjektive*: ***denken an*** *usw*; → ***dran***; **~*machen*: *sich* ~*machen, zu*** πιάνω να
da'ransetzen ⟨*-t*⟩: ***alles* ~, *um ... zu*** προσπαθώ με όλη μου τη δύναμη να ...; είδα κι έπαθα
da'rauf (*Ort*) πάνω σ' αυτό, σ' αυτό; (*Zeit*) ύστερα, κατόπιν, έπειτα; **~ *ausgehen, zu ...*** σκοπεύω να ...; κοιτάζω να ...; ***ich gebe nichts* ~** αδιαφορώ, δε δίνω δεκάρα; **~ *folgend*** μετέπειτα
da'raus απ' αυτό, εκ τούτου; ***was wird* ~?** τι θα γίνει; **~ *wird nichts*** πάει στα πουφ, γίνεται μάταια
darben πένομαι
darbieten* παρουσιάζω; *MUS* εκτελώ; ***sich* ~** παρουσιάζομαι
Darbietung *f* παρουσίαση, εκτέλεση; *MUS* ακρόαμα *n*
Darda'nellen *pl* Δαρδανέλια *n/pl*, Ελλήσποντος
darf → ***dürfen***
'darin, da'rin μέσα, (μέσα) σ' αυτό; → *auch Verben usw mit* ***in***
darlegen εκθέτω
Darlegung *f* έκθεση
Darlehen *n* δάνειο; *iron* ***unsichere***(***s***) **~** θαλασσοδάνειο
Darlehens|nehmer *m* δανειζόμενος, οφειλέτης; **~summe** *f* ποσό δανεισμού
Darm ⟨*-es; ⁻e*⟩ *m* έντερο; **~-** εντερικός; **~entzündung** *f* εντερίτιδα; **~spülung** *f* κλύσμα *n*; **~verschluss** *m* ειλεός, εντερική απόφραξη
darreichen παραθέτω
Darreichung *f* παράθεση
darstellen *allg, auch THEA* παρασταίνω; *THEA* ερμηνεύω; υποκρίνομαι; (*bildlich*) *e-n Gott usw* απεικονίζω; ***sich* ~** παρουσιάζομαι (***als***/-); **~d** *MATH* παραστατικός; περιγραφικός
Darsteller *m* υποκριτής
darstellerisch: *~e Fähigkeiten* *f/pl* ερμηνευτικά χαρίσματα *n/pl*
Darstellung *f* (*Wiedergabe*) παράσταση; *THEA* υπόκριση; απεικόνιση
dartun* εκθέτω, εξηγώ; (*beweisen*) αποδεικνύω
da'rüber υπεράνω, αποπάνω; **~ *geht nichts*** αυτό δεν έχει ταίρι; **~ *hinaus*** επί πλέον, πέρα απ' αυτό; → *Verben usw mit* ***über***

D

darum 676

D

'darum (*Grund*) γι' αυτό, δια τούτου; ***mir ist es ~ zu tun*** (**dass**) με νοιάζει, μ' ενδιαφέρει (να)
da'rum (*Ort*) τριγύρω, περί αυτού; → *Verben usw mit* ***um***
da'runter (*unten*) αποκάτω; (*zwischen*) ανάμεσα (σ' αυτούς); αναμέσα σ' αυτά; *z.B.* ***... ~ 10 Kinder*** συμπεριλαμβανομένων 10 παιδιών; (*~ tragen, Kleidung*) απομέσα; ***~ liegen*** υπόκειμαι, βρίσκομαι αποκάτω; ***~ liegend*** υποκείμενος; ***was verstehen Sie ~?*** τι εννοείτε λέγοντας αυτό; → *Verben usw mit* ***unter***
das *art* το; → ***der, die***; (*Demonstrativpron*) ~ (***da***) εκείνο, αυτό; (*Relativpron*) που, το οποίο; ***~, was*** όσο; ***~ und ~*** το τάδε, δείνα
Dasein ⟨*-s*; *0*⟩ *n* ύπαρξη
dasitzen*: ***~ und*** (*essen usw*) κάθομαι και ...
dasjenige → ***derjenige***
dass *ko* ότι, που, πως; *K auch* όπως; (*nach den Verben des Fürchtens usw*) μήπως; ~ (***nicht***) μη(ν) *nach* φοβούμαι, υποψιάζομαι *usw*
das'selbe το ίδιο, το αυτό
dastehen* στέκομαι, στέκω; ***gut ~*** στέκω (*oder* ακούομαι) καλά
Da'tei *f* στοιχειοθήκη
Daten *n/pl* στοιχεία *n/pl*, δοθέντα *n/pl*; ***persönliche ~*** ατομικά στοιχεία *n/pl*; **~autobahn** *f* EDV λεωφόρος πληροφοριών; **~bank** (*-*; *-en*) *f* τράπεζα πληροφοριών; **~material** *n* υλικό στοιχείων; **~schutz** *m* προστασία στοιχείων; **~sicherung** *f* EDV αποθήκευση δεδομένων; **~träger** *m* φορέας στοιχείων; **~typist(in** *f*) *m* χειριστής (-ίστρια); **~verarbeitung** *f* μηχανογράφηση; **~zentrum** *n* πληροφοριακό σύστημα διοικήσεως
da'tieren *v/t* χρονολογώ; *v/i* χρονολογούμαι (***von*** *D*/από)
Da'tierung *f* χρονολόγηση
Dativ ⟨*-s*; *-e*⟩ *m* GR δοτική
Dattel *f* χουρμάς (-άδες), φοινίκι; **~palme** *f* χουρμαδιά, φοινικιά
Datum ⟨*-s*; *Daten*⟩ *n* ημερομηνία; χρονολογία
Datums|angabe *f* στοχεία ημερομηνίας; **~stempel** *m* σφραγίδα ημερομηνίας
Daube *f* δούγα, δούγια
Dauer ⟨*0*⟩ *f* διάρκεια; ***lange ~*** πολυετία; ***von kurzer ~*** ολιγοχρόνιος; ***auf die ~*** επί μακρόν, επί πολύ; **~-** (*z.B. Regen*) αδιάκοπος; αδιάλειπτος; μόνιμος (*z.B. Einrichtung, Stellung*)
dauerhaft (*Stoff*) γερός, στερεός, πάγιος; *Friede*: μόνιμος; ***~ sein*** κρατώ (-άς)
Dauerhaftigkeit ⟨*0*⟩ *f* στερεότητα, παγιότητα; μονιμότητα
Dauerlauf *m* δρόμος αντοχής
dauer|n ⟨*-re*⟩ διαρκώ, βαστώ (-άς), τραβώ (-άς); ***es ~t lange, ehe*** αργώ να ...; **~nd** συνεχής, ενδελεχής; *Einrichtung*: μόνιμος; *adv* διαρκώς, συνέχεια, όλο; F *Heizofen* ***~nd anlassen*** *oder* ***brennen lassen*** αφήνω ... συνέχεια αναμμένο
Dauer|streik *m* απεργία διαρκείας; **~ton** *m* TEL συνεχής βομβός; **~welle** *f* περμανάντ ⟨*0*⟩ *n*
Däumchen *n*: ***~ drehen*** σταυρώνω τα χέρια μου
Daumen *m* μεγάλο δάχτυλο; αντίχειρας; *fig* ***über den ~ gepeilt*** με το μάτι; ***j-m den ~ drücken*** εύχομαι σε κπ καλή τύχη *oder* καλά ξεμπερδέματα
Däumling ⟨*-s*; *-e*⟩ *m* (*im Märchen*) κοντορεβιθούλης
Daune *f* πούπουλο, πτίλο
Daunendecke *f* πουπουλένιο πάπλωμα
'davon, da'von απ' αυτό, εξ αυτού; γι' αυτό; F ***das hast du da'von, wenn ...*** αυτά παθαίνεις, όταν ...; → *Verben usw mit* ***von***
da'von|fliegen* ⟨*sn*⟩ ξεπετιέμαι, αναπετώ (-άς); **~jagen** ⟨*sn*⟩ αποδιώχνω; **~kommen** ⟨*sn*⟩ (*mit dem Leben*) την σκαπουλάρω; ***noch einmal ~kommen*** τη γλυτώνω φτηνά; **~laufen*** ⟨*sn*⟩ δραπετεύω; ***es ist zum Davonlaufen*** είναι να τραβάει κανείς τα μαλλιά του; **~machen: *sich ~machen*** τα πρυμίζω, παίρνω πόδι; (*aus dem Haus*) ξεπορτίζω; **~rennen*** ⟨*sn*⟩ το βάζω στα πόδια; **~sausen** ⟨*-t*; *sn*⟩ φεύγω μάνι-μάνι; **~stehlen***: ***sich ~stehlen*** υπαναχωρώ; **~tragen*** μεταφέρω; ***e-n Sieg ~tragen*** κατάγω
'davor, da'vor (*Ort*) μπροστά απ' αυτό, έμπροσθεν, προ αυτού; (*Zeit*) προτού, έμπροσθεν; → *Verben usw mit* ***vor***
'dazu, da'zu σε αυτό, προς αυτό; επιπλέον; ***etw ~ essen*** το τρώω μαζί;

noch ~ (*zahlen usw*) έξτρα, επιπλέον; (*Zweck*) προς το σκοπό αυτό; **da'zu kommt, dass** πλην όλων των άλλων; → *auch Verben usw mit* **zu**
da'zu|geben* δίνω έξτρα *oder* επιπλέον; **~gehören** ανήκω σ' αυτόν, σ' αυτούς, είμαι μέρος του, τους *usw*; **~gehörig** που ανήκει σ' αυτόν, συστατικός; **~kommen*** ⟨*sn*⟩ φανερώνομαι (**als**/την ώρα που); *z.B. Schwierigkeiten*: προστίθεμαι; → **kommen** (**zu**); **~legen** προσθέτω; → **dazugeben**
da'zwischen ανάμεσα (σ' αυτά), (ανα)μεταξύ; **~kommen*** ⟨*sn*⟩ *Ereignis*: παρεμβάλλομαι; **wenn etwas** (**nichts**) **~kommt** ... αν (δε) (σου, σας *usw*) παρουσιασθεί εμπόδιο; **aber immer kommt etwas** ~ αλλά όλο κάτι παρουσιάζεται; **~reden** ⟨*-e-*⟩ πετιέμαι
DD-Dis'kette *f* EDV δισκέτα DD
De'batte *f* συζήτηση; **ohne** ~ ασυζήτητος; **zur** ~ **stehen** είναι υπό συζήτηση; **zur** ~ **stellen** θέτω υπό συζήτηση
debat'tieren συζητώ (**über** *A*/για)
Debet ['de:bɛt] ⟨*-s; 0*⟩ *n* χρέωση
Debitor ⟨*-s; -'toren*⟩ *m* χρεώστης
Debüt [de'by:] ⟨*-s; -s*⟩ *n* ντεμπούτο
debü'tieren ντεμπουτάρω
dechif'frieren αποκρυπτογραφώ
Deck ⟨*-ɇs; -s*⟩ *n* MAR κατάστρωμα *n*, κουβέρτα
Deckadresse *f* κρυπτή διεύθυνση
Decke *f* σκέπασμα *n*, κάλυμμα *n*; (*Bett-*, *Woll-*) κουβέρτα; (*Zimmer-*) ταβάνι, οροφή; **e-e** ~ **ziehen** ταβανώνω; **unter e-r** ~ **stecken** είναι συνεννοημένοι
Deckel *m* καπάκι; σκέπασμα *n*; κάλυμμα *n*; (*Ventil-*) κυάθιο; **mit** ~ σκεπαστός; **e-n** ~ **darauf setzen** καπακώνω
decken *auch fig*, MIL, HDL καλύπτω; MIL *auch* προκαλύπτω; *Dach* σκεπάζω; *Ausgaben* αντικρύζω; *Bedarf* αντιμετωπίζω; *Tiere* ανεβαίνω; **den Tisch** ~ στρώνω τραπέζι; *Ausgaben* ~ **können** προφτάνω *A*; αντεπεξέρχομαι σε; *fig* (*in Schutz nehmen*) κάνω πλάτες (**j-n**/σε κπ); **sich** ~ *fig* συμπίπτω, ταυτίζομαι
Deck|glas *n* καλυπτρίδα; **~mantel** *m fig* κάλυμμα *n*, μανδύα; **unter dem ~mantel** *G* υπό το πρόσχημα; **~name** *m* ψευδώνυμο
Deckung *f* HDL αντίκρυσμα *n*, κάλυψη; (*bsd Bank*, *Gold-*) κάλυμμα *n*; MIL σκέπαστρο; κάλυψη (**vor** *D*/από); *Scheck*: **ohne** ~ ακάλυπτο (τσεκ)
De'coder *m* αποκωδικοποιητής
de 'facto ντεφάκτο (*auch als adj*)
de'fekt *adj* ελαττωματικός, πλημμελής
De'fekt ⟨*-s; -e*⟩ *m* βλάβη
defek'tiv GR ελλειπτικός
defen'siv αμυντικός
Defen'sive *f* άμυνα; **in der** ~ σε άμυνα
defi'nieren ορίζω
Defini'tion *f* ορισμός
defini'tiv οριστικός
'Defizit ⟨*-s; -e*⟩ *n* έλλειμμα *n*
Defla'tion *f* αντιπληθωρισμός
deflatio'nistisch αντιπληθωριστικός
Degen *m* σπαθί
Degenera'tion *f* εκφυλισμός
degene'rier|en εκφυλίζομαι; **~t** έκφυλος
degra'dier|en MIL υποβιβάζω; **~t** έκπτωτος
Degra'dierung *f* υποβιβασμός, έκπτωση
dehnbar διασταλτικός
Dehnbarkeit ⟨*0*⟩ *f* διασταλτικότητα, ελαστικότητα
dehnen εκτείνω, τεντώνω
Dehnung *f* έκταση, τάση
dehy'drieren αφυδατώνω
Deich ⟨*-ɇs; -e*⟩ *m* νεροδεσιά
Deichsel *f* ρυμός, σταβάρι
dein ... σου; (*betont*) δικός σου; *als subst* **der Deine** ο δικός σου; **deiner** *G von du* σου, εσένα; *präp* + σένα; **~erseits** εκ μέρους σου; **~esgleichen** ο ομοιός σου
deinet|wegen, ~willen: um ~willen για χάρη σου, για το χατίρι σου
Deka- δεκ(-)
De'kade *f* δεκάς *f*, δεκάδα; (*Zeit*) δεκαημερία; **~n-** δεκαδικός
deka'dent παρακμάζων, εν παρακμή
Deka'denz ⟨*0*⟩ *f* παρακμή
De'kan ⟨*-s; -e*⟩ *m* κοσμήτορας; **~at** [-'na:t] ⟨*-s; -e*⟩ *n* κοσμητεία
Deklama'tion *f* απαγγελία
dekla'mieren απαγγέλλω
Deklara'tion *f* δήλωση
dekla'rier|en δηλώνω; **nicht ~t** αδήλωτος
Deklina'tion *f* GR κλίση; ASTR, PHYS έκκλιση
dekli'nieren κλίνω

D

Dekolleté [de'kɔl'te:] ⟨-*s*; -*s*⟩ *n* ντεκολτέ ⟨*0*⟩ *n*
dekolle'tiert ντεκολτέ ⟨*0*⟩, έξωμος
Dekorateur [-'tø:ʀ] ⟨-*s*; -*e*⟩ *m* διακοσμητής
Dekora'tion *f* διακόσμηση; *THEA* σκηνογραφία; **~s-** διακοσμητικός
dekora'tiv διακοσμητικός
deko'rieren διακοσμώ; (*auszeichnen*) παρασημοφορώ
De'kret ⟨-*s*; -*e*⟩ *n* θέσπιση
dekre'tieren θεσπίζω
Delega'tion *f* αντιπροσωπεία; εκπροσώπηση
dele'gier|en αποστέλλω; **~t** απεσταλμένος
Del'fin *m* → ***Delphin***
Delhi ['de:li'] *n* Δελχί
deli'kat (*schmackhaft*) νόστιμος; (*heikel*) ***e-e ~e Angelegenheit*** ακανθώδες (*oder* ανατολικό) ζήτημα
Delika'tesse *f*: ***mit ~*** (*taktvoll*) με λεπτότητα, διακριτικώς; (*Essen*) λιχουδιά, σπεσιαλιτέ ⟨*0*⟩ *f*; **~n** *pl* ντελικατέσεν ⟨*0*⟩; τρόφιμα *n*/*pl* πολυτελείας
Delika'tessengeschäft *n* εδωδιμοπωλείο (πολυτελείας)
De'likt ⟨-*s*; -*e*⟩ *n* πλημμέλημα *n*
Delin'quent ⟨-*en*⟩ *m* πταίστης
De'lirium ⟨-*s*; -*rien*⟩ *n* παραλήρημα *n*
Delos *n* Δήλος *f*
Delphi *n* Δελφοί *m*/*pl*
Delphin [dɛl'fi:n] ⟨-*s*; -*e*⟩ *m* δελφίνι
Delta ⟨-*s*; -*s*⟩ *n* (*Buchstabe und Fluss-*) δέλτα *n*
Dema'go|ge ⟨-*n*⟩ *m* δημαγωγός; **~'gie** *f* δημαγωγία; δημοκοπία
dema'gogisch δημαγωγικός
Demarka'tion *f* οροθέτηση; διαχωρισμός
Demarka'tionslinie *f* διαχωριστική γραμμή
demas'kieren ξεμασκάρω; ***sich ~*** βλάζω τη μάσκα
De'menti ⟨-*s*; -*s*⟩ *n* διάψευση
demen'tier|en διαψεύδω; ***nicht ~t*** αδιάψευστος
dem|entsprechend *adj* σχετικός; *adv auch* επομένως; **~gegenüber** εξ άλλου; **~gemäß** *adv* σύμφωνα με αυτό
dem|nach άρα, επομένως; **~'nächst** προσεχώς
demobili'sieren αποστρατεύω
demo'graphisch δημογραφικός
Demo'krat ⟨-*en*⟩ *m* δημοκράτης; **~ie** [-'ti:] *f* δημοκρατία
demo'kratisch δημοκρατικός
Demokrati'sierung *f* εκδημοκρατισμός
demo'lieren *Einrichtung usw* τα κάνω γυαλιά-καρφιά, ξηλώνω
Demon'str|ant ⟨-*en*⟩ *m* διαδηλωτής; **~a'tion** *f* διαδήλωση
demonstr|a'tiv επιδεικτικός; *GR* δεικτικός; **~ieren** [-'stri:ʀən] κάνω διαδήλωση; (*zeigen, vorführen*) επιδεικνύω
Demontage [-'ta:ʒə] *f* *TECH* διάλυση, εξάρμοση
demon'tieren λύω, εξαρμόζω, αποσυναρμολογώ
demorali'sieren εξαχρειώνω
Demosko'pie *f* δημοσκοπική έρευνα
De'mosthenes *m* Δημοσθένης (-ους)
Demut ⟨*0*⟩ *f* ταπεινοφροσύνη
demütig ταπεινός; **~en** ταπεινώνω, μειώνω; ***sich ~en*** ταπεινώνομαι; **~end** ταπεινωτικός, μειωτικός
Demütigung *f* ταπείνωση
demzufolge κατ' ακολουθίαν
den *A sg*, *D pl von* **der, die, das**
Denk|- (δια)νοητικός; **~art** *f* νοοτροπία
denken* σκέφτομαι (***an*** *A*/*A*), συλλογίζομαι (***an*** *A*/*A*); (*sorgend*) λογαριάζω (***an*** *A*/*A*); *v*/*i* (~ *können*) νοώ, διανοούμαι, στοχάζομαι; ***sich*** (*D*) ***etw ~*** φαντάζομαι *A*, σκέφτομαι *A*; **(es) *ist nur gedacht*** υπονοείται; ***~ Sie jeden Tag daran, dass ...*** (*oft*) να θυμάστε κάθε μέρα ότι ...
Denken *n* νόηση, σκέψη, διανόηση; ***logisches ~*** ορθοφροσύνη
denkend νοητικός, σκεπτόμενος
Denker *m* στοχαστής
denkfaul διανοητικώς αργός
Denk|mal ⟨-*ęs*; *⁼er*, -*e*⟩ *n* μνημείο; **~mal(s)schutz** *m*: ***unter ~mal(s)schutz*** διατηρητέος; **~schrift** *f* υπόμνημα *n*; **~spruch** *m* ρητό; **~weise** *f* νοοτροπία
denkwürdig αξιομνημόνευτος
Denkzettel *m iron* (*Strafe*) κολασμός; ***j-m e-n ~ verpassen*** φέρνω κπ σε θεογνωσία
denn διότι, γιατί, επειδή; *als Füllwort*: και, αμμή; *in der Frage*: άρα, τάχα, μήπως; *nach dem komp* (*alt*) → **als**; ***es sei ~*** εκτός εάν; ***was hast du ~ geglaubt?*** αμ τι νόμιζες;

679 **deswegen**

dennoch εν τούτοις, ωστόσο, μολαταύτα
den'tal οδοντικός; (*Laut*) οδοντόφωνος
Den|'tin ⟨*-s; 0*⟩ *n* αδαμαντίνη; **~'tist** ⟨*-en*⟩ *m* οδοντίατρος
Denunziant [-'tsĭant] ⟨*-en*⟩ *m* καταδότης, χαφιές (-έδες); *JUR* μηνυτής; **~entum** ⟨*-s; 0*⟩ *n* χαφιεδισμός
Denunzia'tion *f* καταμήνυση
denun'zieren μαντατεύω, καταδίδω
Denun'zierung *f* κατάδοση
Deo ⟨*-s; -s*⟩ *n*, **Deodorant** ⟨*-s; -s*⟩ *n* αποσμητικό
Departement [de·paʀtə'mã:] ⟨*-s; -s*⟩ *n* νομός; **~s-** νομαρχιακός
Dependance [de·pã'dã:s] *f* παράρτημα *n*
Depesche [de·'pɛʃə] *f* → ***Telegramm***
depla'ciert, deplat'ziert άτοπος
De'ponens ⟨*-; -'nentia* [-'tsĭa·] *oder* *-'nenzien*⟩ *n GR* αποθετικό ρήμα *n*
Deponie [-'ni:] *f* αποθήκη (απορριμάτων)
depo'nieren *HDL* αποθέτω, καταθέτω
Depo'nierung *f* απόθεση, κατάθεση
Deporta'tion *f* εκτόπιση
depor'tieren εκτοπίζω
Deposi'tar ⟨*-s; -e*⟩ *m* θεματοφύλακας
Depo'siten *n/pl* τραπεζικά ομόλογα *n/pl*; **~konto** *n* λογαριασμός καταθέσεων
Depot [de·'po:] ⟨*-s; -s*⟩ *n* ντεπό ⟨*0*⟩ (*auch BAHN*); *HDL* (*Hinterlegung*) κατάθεση; **~gebühr(en)** *f(pl) Bank*: φύλακτρα *n/pl*
Depp ⟨*-en*⟩ *m* F τζώρας, γκλάβας, βόδι
Depre'ssion *f* κατάθλιψη; ***barometrische*** ~ βαρομετρική ύφεση; **~s-** (*Zustand*) καταθλιπτικός
depri'mier|en καταθλίβω; ***~t sein*** είμαι καταθλιμένος, απογοητευμένος; **~end** καταθλιπτικός
Depu|ta'tion *f* επιτροπή; **~'tierte(r)** *m* απεσταλμένος; βουλευτής
der [de:ʀ] *art* ο *usw*; ['de:ʀ] (*da*) αυτός, εκείνος; ~ ***Mann da*** εκείνος ο άνθρωπος; *Relativpron* που, ο οποίος; ~ ***und*** ~ ο τάδε, δείνα; ***an dem und dem Tag*** την τάδε ημέρα; **~, ~ ...** (= *derjenige, welcher*) όποιος
derart (*groß, viel*) τόσο; **~, *dass*** μέχρι σημείου να ...; τόσο ... που (*oder* ώστε) ...; **~ig** τέτοιος, παρόμοιος
derb χονδροειδής; (*fest*) στερεός
Derbheit *f* χοντροκοπιά
dergestalt τοιουτοτρόπως; **~, *dass*** τόσο που; → ***derartig***
der'gleichen: ***nichts*** ~ τίποτε παρόμοιο (δεν) ...
Deri'vat ⟨*-s; -e*⟩ *n CHEM* παράγωγο
derjenige εκείνος; **~, *der*** (***welcher***) όποιος, όσος
Dermatolo'gie ⟨*0*⟩ *f* δερματολογία
der'selbe ο ίδιος, ο αυτός; ομο-, ομοιο-; ***ganz*** ~ ολόιδιος
Derwisch ⟨*-s; -e*⟩ *m* δερβίσης (-ηδες)
derzeitig *jetzig*: τωρινός; *damalig*: πρώην
des *G von* ***der***
Deserteur [-'tø:ʀ] ⟨*-s; -e*⟩ *m* λιποτάκτης
deser'tieren λιποτακτώ
Desertion [-'tsĭo:n] *f* λιποταξία
des|'gleichen *adv* παρόμοια; **~halb** γι' αυτό
Design [dɪ'zaɪn] ⟨*-s; -s*⟩ *n* σχέδιο, ντιζάιν ⟨*0*⟩ *n*; **~er(in *f*)** *m* σχεδιαστής, σχεδιάστρια
Desinfek'tion *f* απολύμανση
Desinfek'tions|- απολυμαντικός; **~mittel** *n* απολυμαντικό; **~raum** *m* απολυμαντήριο
desinfizieren [de·sˀɪnfi·'tsi:ʀən] απολυμαίνω; **~d** απολυμαντικός
deskrip'tiv παραστατικός
Desodo'rant ⟨*-s; -s, -e*⟩ *n* αποσμητικό
Desorganisa'tion *f* αποδιοργάνωση, ανοργανωσιά
Des'pot ⟨*-en*⟩ *m* δεσπότης; *fig* σατράπης
des'potisch δεσποτικός, τυραννικός
Despo'tismus ⟨*-; 0*⟩ *m* δεσποτισμός, δεσποτεία
dessen: ~ ***ungeachtet*** χωρίς να ληφθεί αυτό υπόψη
Dessert [dɛ'sɛ:ʀ] ⟨*-s; -s*⟩ *n* γλυκό, επιδόρπια *n/pl*
Dessin [dɛ'sɛ̃:] ⟨*-s; -s*⟩ *n* σχέδιο
Desti'll|at ⟨*-s; -e*⟩ *n* απόσταγμα *n*; **~a'tion** *f* απόσταξη
desti'llieren αποστάζω
Desti'llier|en *n* απόσταγμα *n*; **~kolben** *m* αποστακτήριο, λαμπίκος
desti'lliert αποσταγμένος, στακτός
desto τόσο; ~ ***besser*** τόσο το καλλίτερο
deswegen γι' αυτό το λόγο; δια τούτο, γι' αυτό

Deszen'denten *m/pl* κατιόντες *m/pl*
Detail [de'taɪ(j)] ⟨*-s*; *-s*⟩ *n* λεπτομέρεια; *pl* καθέκαστα *n/pl*
detaillieren [-'jiːʀən] εκθέτω λεπτομερώς, αναλύω
D
Detek'tiv ⟨*-s*; *-e*⟩ *m* ντέτεκτιβ ⟨*0*⟩ *m*
De'tektor ⟨*-s*; *-'toren*⟩ *m* TECH φωρατής
Determi'n|ante *f* ορίζουσα; **~ismus** ⟨*-*; *0*⟩ *m* PHILOS αιτιοκρατία
Detona'tion *f* εκπυρσοκρότηση
deto'nieren εκπυρσοκροτώ
Deus ex Machina ['maxinaˑ] ⟨*0*⟩ *m* θεός από μηχανής
deutbar: ***schwer*** ~ δυσερμήνευτος
deuteln ⟨*-le*⟩ σχολιάζω (**an** *D*/*A*)
deut|en ⟨*-e-*⟩ *Traum usw* εξηγώ, ερμηνεύω; (*mit dem Finger*) δείχνω με το δάχτυλο; *fig* προμηνεύω, προαγγέλλω (**auf** *A*/*A*); **~lich** σαφής, περιφανής; (*Sprechen*) καθαρός; *adv* καθαρά; σαφώς; ***es ist ~lich an*** *D* φαίνεται από; ***~lich machen*** κάνω φανερό (**dass**/ότι); (*erklären*) *v/t* καθιστώ σαφές
Deutlichkeit *f* σαφήνεια, ευκρίνεια
deutsch γερμανικός; ***auf Deutsch*** γερμανικά; *fig* ***auf gut Deutsch*** απλούστατα, ρωμαίικα; ***~-französisch*** γαλλογερμανός; ***~-griechisch*** ελληνογερμανικός
Deutsch *n* γερμανικά *n/pl*, γερμανική γλώσσα; **~e(r)** Γερμανός; (**die**) **~e** Γερμανίδα; **~land** *n* Γερμανία
deutschsprachig γερμανόφωνος
Deutung *f* διερμηνεία
De'vise *f* σύνθημα *n*
De'visen *f/pl* συνάλλαγμα *n*; **~-** συναλλαγματικός; **~kontrolle** *f* έλεγχος συναλλάγματος; **~kurs** *m* τιμή συναλλάγματος; **~makler** *m* μεσίτης συναλλάγματος
De'zember *m* Δεκέμβριος
de'zent ευπρεπής, κόσμιος
dezentrali'sieren αποκεντρώνω
Dezentrali'sierung *f* αποκέντρωση
dezentra'listisch αποκεντρωτικός
Dezi'mal|- δεκαδικός; **~system** ⟨*-s*; *0*⟩ *n* δεκαδικό σύστημα *n*
Dezimeter *m* υποδεκάμετρο
dezi'mieren δεκατεύω, δεκατίζω
Dezi'mierung *f* δεκατεία
Dhimoti'ki *f* (*extreme*) (άκρα) δημοτική
Dia ['diːaˑ] ⟨*-s*; *-s*⟩ *n* σλάιτς ⟨*0*⟩ *n*, διαφάνεια
Dia'betes ⟨*-*; *0*⟩ *m* διαβήτης, ζάχαρο
Dia'betiker *m* διαβητικός; **~in** *f* διαβητική
Dia'dem ⟨*-s*; *-e*⟩ *n* διάδημα *n*
Diadoche [-'dɔxə] ⟨*-n*⟩ *m hist* διάδοχος
Diafilm *m* φιλμ ⟨*0*⟩ *n* για σλάιτς
Diag'nose *f* διάγνωση; ***e-e ~ stellen*** διαγιγνώσκω
Diag'nostik ⟨*0*⟩ *f* διαγνωστική; **~er** *m* παθογνώστης
diag'nostisch διαγνωστικός
diago'nal διαγώνιος
Diago'nale *f* διαγώνια
Dia'gramm ⟨*-s*; *-e*⟩ *n* διάγραμμα *n*
Dia|'kon ⟨*-s*; *-en*, *-e*⟩ *m* διάκος, (ιερο)διάκονος; **~ko'nie** ⟨*0*⟩ *f* διακονία; **~konissin** [-koˑ'nɪsɪn] *f* διακόνισσα; (*mst in der Krankenpflege*) αδελφή του ελέους
Dia'lekt ⟨*-s*; *-e*⟩ *m* διάλεκτος *f*; **~ik** ⟨*0*⟩ *f* διαλεκτική
dia'lektisch διαλεκτικός; ιδιωματικός
Dia'log ⟨*-ẹs*; *-e*⟩ *m* διάλογος; ***in ~form*** διαλογικός
Dia'mant ⟨*-en*⟩ *m* διαμάντι, αδάμας; **~-** διαμαντένιος
dia'manten αδαμάντινος, διαμαντένιος
diame'tral διαμετρικός; ***~ entgegengesetzt*** εκ διαμέτρου αντίθετος
Diaposi'tiv ⟨*-s*; *-e*⟩ *n* σλάιτς ⟨*0*⟩ *n*
Diarrhö [-'røː] *f* διάρροια
Dias *n/pl* → ***Dia, Diapositiv***
Di'aspora ⟨*0*⟩ *f* διασπορά; ***die Griechen in der ~*** οι Έλληνες της διασποράς
Di'ät ⟨*0*⟩ *f* δίαιτα; ***~ halten*** κάνω δίαιτα; **~-** διαιτητικός
Di'äten *pl* αποζημίωση βουλευτική
Diather'mie ⟨*0*⟩ *f* MED διαθερμία
Di'ät|kur *f* κούρα; **~vorschriften** *f/pl* διαιτολόγιο
dich σε, (*betont*) (ε)σένα
dicht *allg*, *Haare*, *Wald*, *Finsternis*: πυκνός, δασύς; TECH στεγανός; *Stoffe*: γεμάτος; *Finsternis*: πήχτρα ⟨*0*⟩; ***~ da'bei*** κοντά κοντά; ***~er machen*** *oder* ***stellen, ~er werden*** πυκνώνω; ***~ besiedelt, ~ bevölkert*** πυκνοκατοικημένος; ***~ gedrängt*** στριμωχτός
Dichte *f* (*auch* PHYS) πυκνότητα
dichten[1] ⟨*-e-*⟩ TECH στεγανοποιώ
dichten[2] *lit* γράφω ποιήματα; στιχουργώ
Dichter *m* ποιητής; **~in** *f* ποιήτρια
dichterisch ποιητικός

Dichtigkeit ⟨*0*⟩ *f* πυκνότητα, δασύτητα, στεγανότητα
Dicht|kunst ⟨*0*⟩ *f* ποιητική; **~ung**[1] *f lit* ποίηση
Dicht|ung[2] *f TECH* παρέμβυσμα *n*, φλάντζα; **~ungsring** *m* λαστιχάκι, φλάντζα; **~ungsstutzen** *m* στυπειοθλίπτης
dick χοντρός, παχύς; (*flüssig*) πηκτός; → ***dickleibig***; ***~e Backe*** πρησμένο μάγουλο; ***~ machen*** παχαίνω, χοντραίνω; ***~ machend*** παχυντικός; ***~ werden*** παχαίνω, χοντραίνω; *Mensch auch* γεμίζω; (*gerinnen*) πήζω; *Soße*: σφίγγω; δένω; ***er ist ~ geworden*** έκανε κοιλιά; (*mit* πάχος *n*): ***eine ein Ziegelstein ~e Mauer*** τοίχος πάχους ενός τούβλου
dickbäuchig κοιλαράς (-ού, -άρικο)
Dickdarm *m* παχύ έντερο; **~entzündung** *f* εντεροκολίτιδα
dicke F (*reichlich*) μπόλικα; ***es ~ haben*** βαρέθηκα πια
Dicke *f* πάχος *n*, παχύτητα; (*Frau*) χοντρή
dick|fellig *auch fig* παχύδερμος; **~flüssig** πυκνόρρευστος, παχύς
Dickhäuter *m* παχύδερμος
dickhäutig σκληρόπετσος
Dickicht ⟨*-s*; *-e*⟩ *n* λόχμη, ρουμάνι
Dickkopf *m fig* μουλάρι
dickköpfig σκληροκέφαλος, στραβοκέφαλος
Dickköpfigkeit ⟨*0*⟩ *f* χοντροκεφαλιά
dickleibig *Buch*: πολυσέλιδος
Dick|machen *n* πάχυνση; **~schädel** *m* τζώρας
dickschalig χοντρόφλουδος
Dick|wanst *m fig* F κοιλαράς; **~werden** *n* πάχυνση
Di'daktik *f* διδακτική
die → ***der***; *art f sg* η, την; *allg pl* οι, τα; τους, τις, τα; **~ (*da*)** αυτή; *Relativpron* η οποία (*bzw. A*: την οποία), που; *pl* οι οποίοι, οι οποίες, τα οποία (*bzw. A*: τους οποίους *usw*); ***~ und ~*** η τάδε, δείνα
Dieb ⟨*-ȩs*; *-e*⟩ *m* κλέφτης
Diebes|bande *f* κλεφτουριά; **~gut** *n* κλοπιμαίο, κλεμένο
Diebin *f* κλέφτρα
diebisch κλέφτικος; *fig* πονηρός
Diebstahl ⟨*-ȩs*; *⸚e*⟩ *m* κλοπή, κλέψιμο (-ατος); **~versicherung** *f* ασφάλεια κατά της κλοπής
die|jenige → ***derjenige***; ***~jenigen, die ...*** όσοι
Diele *f* χωλ ⟨*0*⟩ *n*, πρόδομος; (*Boden*) σανίδωμα *n*; σανίδα
dielen σανιδώνω, πατώνω
Diel|en *n* σανίδωμα *n*; **~ung** *f* ξυλόστρωση
dienen *auch MIL* υπηρετώ (***j-m*** *oder e-r Sache*/κπ ή κτ); δουλεύω (***j-m***/για κπ); *MIL* στρατεύομαι; (*nützlich sein*) *e-r Person, zu e-r S* χρησιμεύω σε (**als**/ως); χρησιμοποιώ (**zu** *D*/προς *A*); συντελώ (**zu** *D*/σε *A*); ***womit kann ich Ihnen ~?*** σε τι μπορώ να σας χρησιμεύσω; *MIL* ***aktiv ~d*** εν ενέργεια
Diener *m* υπηρέτης; (*Verbeugung*) υπόκλιση; ***stummer ~*** καλόγερος; **~in** *f* υπηρέτρια
Dienerschaft *f* υπηρεσία
dienlich χρήσιμος; ***~ sein*** εξυπηρετώ (***j-m in***, *D*/*A* σε)
Dienst ⟨*-ȩs*; *-e*⟩ *m allg* υπηρεσία; εξυπηρέτηση; (*Gefallen*) καλωσύνη; ***der öffentliche ~*** Δημόσιες Υπηρεσίες; ***außer ~*** (***a.D.***) απόστρατος, εν αποστρατεία; ***vom ~...*** υπηρεσίας; ***in ~ nehmen*** μισθώνω; ***~ tun*** υπηρετώ; ***~ tuend*** σε υπηρεσία; ***was steht zu ~en?*** τι ορίζετε; **~-** υπηρεσιακός (*Gespräch*); υπηρετικός (*Personal*)
Dienstag ⟨*-ȩs*; *-e*⟩ *m* Τρίτη; ***am ~*** την Τρίτη
dienstags κάθε Τρίτη; την Τρίτη
Dienst|alter *n* (*Büro*) αρχαιότητα; ***nach dem ~alter*** κατ' αρχαιότητα; **~ältere(r)** αρχαιότερος; **~antritt** *m* παραλαβή υπηρεσίας
dienst|bar, ~bereit υπηρετικός
Dienst|bereitschaft ⟨*0*⟩ *f* υποταγή; **~bote** *m* υπηρέτης; **~eifer** *m* ενδελέχεια
dienst|eifrig ενδελεχής; **~fähig** → ***diensttauglich***; **~fertig** δουλικός; **~frei** εν αδεία
Dienst|grad *m* αξίωμα *n*; **~herr** *m HDL* κύριος; **~kleidung** *f* στολή υπηρεσίας; **~leistung** *f* προσφορά υπηρεσιών; (*Hotel*) παροχή υπηρεσιών
Dienstleistungs|abend *m* παράταση ωραρίου εργασίας; **~gewerbe** *n* κλάδος παροχής υπηρεσιών; **~industrie** *f* βιομηχανία των υπηρεσιών;

Dienstleistungsunternehmen 682

~unternehmen *n* επιχείρηση παροχής υπηρεσιών
dienstlich υπηρεσιακός
Dienst|mädchen *n* υπηρέτρια; **~personal** *n* υπηρετικό προσωπικό; **~pflicht** *f* υποχρεωτική θητεία; **~raum** *m* υπηρεσιακός χώρος; **~reise** *f* επαγγελματικό ταξίδι; **~stelle** *f* υπηρεσία; αρχές *f/pl*; γραφείο; ***die örtlichen ~stellen*** τα κατά τόπους γραφεία
dienst|tauglich ικανός (για υπηρεσία); **~untauglich** ανίκανος
Dienst|wagen *m* υπηρεσιακό αυτοκίνητο; **~weg** *m* υπηρεσιακή οδός; ***auf dem ~weg*** ιεραρχικά; **~zeit** *f* θητεία; χρόνος υπηρεσίας; (*e-s Kapitäns*) πλοιαρχία
dies τούτο; ***~ und das*** το και το; → ***dieser***; **~bezüglich** σχετικός; *adv* σχετικά
diese → ***dieser***
dieselbe → ***derselbe***
Diesel|(kraftstoff) *m* (καύσιμο) ντίζελ *n*; **~motor** *m* ντίζελ ⟨*0*⟩ *n*
dieser αυτός, τούτος (τούτη); *K* ούτος (αύτη, τούτο); *z.B.* ***mit ~ seiner Erklärung*** με την δήλωση του αυτή
dies|jährig φετινός; **~mal** αυτή τη φορά; **~seits** *präp G* εντεύθεν *G*
Dietrich ⟨*-s; -e*⟩ *m* αντικλείδι
diffa'mieren δυσφημίζω
Diffa'mierung *f* δυσφήμηση
Differential → ***Differenzial-***
Diffe'renz *f* διαφορά (*MATH und fig*)
Differenzial|- [-'tsĭa:l] διαφορικός; **~** ⟨*-s; -e*⟩ *n*, **~getriebe** *n* διαφορικό; **~quotient** *m* παράγωγο; **~rechnung** *f* διαφορικός λογισμός
differen'zieren διαφοροποιώ
di'ffus διάχυτος
Digi'tal|-, digi'tal *TECH* ψηφιακός; **~anzeige** *f* ψηφιακή ένδειξη; **~rechner** *m* ψηφιακός υπολογιστής; **~technik** *f* ψηφιακή τεχνολογία; **~uhr** *f* ψηφιακό ρολόι
Dik'tat ⟨*-ęs; -e*⟩ *n* υπαγόρευση; ***nach*** (= *gemäß*) **~** καθ' υπαγόρευσιν; **~or** ⟨*-s; -'toren*⟩ *m* δικτάτορας
dikta'torisch δικτατορικός
Dikta'tur *f* δικτατορία
dik'tieren (*auch gebieten*) υπαγορεύω (***j-m etw***/κτ σε κπ)
Dik'tion *f* απαγγελία, λεκτικό
Di'lemma ⟨*-s; -s*⟩ *n* δίλημμα *n*
Dile'ttant ⟨*-en*⟩ *m* τεχνίτης (ιατρός ***Arzt*** *usw*) του γλυκού νερού (*selten*, → ***Amateur***)
Dill ⟨*-s; -e*⟩ *m* άνηθο
Dimen'sion *f* διάσταση
Diminu'tiv ⟨*-s; -e*⟩ *n* υποκοριστικό
di'morph δίμορφος
DIN [di:n] Γερμανικές προδιαγραφές βιομηχανίας; **~-Format** *n* σχήμα DIN; **~-Norm** *f* νόρμα DIN
Di'nar ⟨*-s; -e*⟩ *m* δηνάριο
Diner [di'ne:] ⟨*-s; -s*⟩ *n* γεύμα *n*
Ding ⟨*-ęs; -e*⟩ *n allg* πράγμα *n*; *pers* (***das***) ***arme ~*** (η) καημένη; ***vor allen ~en*** προ πάντων, πρωτ' απ' όλα; ***ein ~ der Unmöglichkeit*** πράγμα που δεν γίνεται; ***guter ~e sein*** έχω τα κέφια μου, είμαι στις καλές μου; ***ein ~ drehen*** F κάνω ένα κόλπο; ***es geht nicht mit rechten ~en zu*** κάτι ύποπτο συμβαίνει; ***wie die ~e liegen*** (***stehen***) όπως πάνε τα πράγματα
dingen* *v/t* μισθώνω; ***gedungen*** *pers* βαλτός
dingfest: ***~ machen*** συλλαμβάνω
dinglich *JUR* πραγματικός, εμπράγματος
Dings|bums ⟨*0*⟩, **~da** ⟨*0*⟩ ο, η, το τάδε; ***Herr ~bums, ~da*** ο κύριος τάδε
Dingwort *n* ουσιαστικό
di'nieren γευματίζω
Dino'saurier [-rĭə] *m* δεινόσαυρος
Di'ogenes *m* Διογένης
Dio'nys, Di'onysos *m* Διόνυσος
Dioxyd ['di:-] ⟨*-s; -e*⟩ *n* διοξίδιο
Diö'zese *f* επισκοπή
Diphthe'rie *f* διφθερίτιδα
Diph'thong ⟨*-s; -e*⟩ *m* δίφθογγος
Di'plom ⟨*-s; -e*⟩ *n* δίπλωμα *n*, πτυχίο; **~-** (*Ingenieur, Psychologe usw*) διπλωματούχος, πτυχιούχος
Diplo'mat ⟨*-en*⟩ *m* διπλωμάτης; **~ie** [-'ti:] ⟨*0*⟩ *f* διπλωματία
diplo'matisch (*auch fig*) διπλωματικός; ***~es Korps*** διπλωματικό σώμα
diplo'miert πτυχιούχος
dir σου; (*betont*) (ε)σένα; *Reflexivpron* στον εαυτό σου
di'rekt ευθής, ίσιος; *Steuer*: άμεσος; (*ohne Umwege*) κατ' ευθείαν; (*verstärkend* = *geradezu*) πια; (*als adv*) γραμμή
Di'rektflug *m* κατευθείαν πτήση
Direk'tion *f* διεύθυνση; **~(s-gebäude** *n*) *f* διευθυντήριο

Di'rektor ⟨*-s*; *-'toren*⟩ *m* διευθυντής; ***stellvertretende***(***r***) **~** υποδιευθυντής; **~en-** διευθυντικός; **~ium** [-'to:ʀ-] ⟨*-s*; *-rien*⟩ *n hist* διευθυντήριο
Direktrice [-'tʀi:s] *f* διευθύντρια
Di'rekt|übertragung *f* απευθείας μετάδοση; **~verkauf** *m* άμεση πώληση; **~werbung** *f* άμεση διαφήμηση
Diri'gent ⟨*-en*⟩ *m* διευθυντής ορχήστρας, μαέστρος
diri'gieren διευθύνω
Dirne *f* πόρνη, κόφα; **~n-** πορνικός
Dis'kette *f* δίσκος, δισκέτα
Dis'kettenlaufwerk *n* οδηγός δισκέτας
Dis'kont ⟨*-s*; *-e*⟩ *m* προεξόφληση; **~bank** *f* τράπεζα προεξοφλήσεων; **~satz** *m* τόκος προεξοφλήσεως
Disko'thek *f* δισκοθήκη, ντισκοτέκ ⟨*0*⟩ *f*
dis'kret διακριτικός, εχέμυθος
Diskre'tion ⟨*0*⟩ *f* διάκριση, εχεμύθεια
Diskrimi'nierung *f* διάκριση
Diskus ⟨*-*; *-se*⟩ *m* δίσκος
Disku'ssion *f* συζήτηση; ***zur* ~ *stellen*** θέτω υπό συζήτηση
Disku'ssions|- συζητητικός; **~teilnehmer** *m* συζητητής
Diskuswerfer *m* δισκοβόλος
disku'tabel συζητήσιμος
disku'tieren συζητώ (***über*** *A*/για)
Disper'sion *f* PHYS διασκεδασμός; **~s-** διασκεδαστικός
Display [-'ple:] ⟨*-s*; *-s*⟩ *n* EDV εμφάνιση, οθόνη
dispo'nieren (*planen*) σχεδιάζω; διαθέτω (***über*** *A*/*A*)
Disposi'tion *f* διάταξη
Dis'put ⟨*-ęs*; *-e*⟩ *m* λογομαχία
disqualifi'zieren (*Sport*) αποκλείω, αποβάλλω
Disserta'tion *f* εναίσιμος διατριβή (***über*** *A*/επί *G*), πραγματεία
Dissimila'tion *f* ανομοίωση
Disso'nanz *f* παράκρουση
Dis'tanz *f* απόσταση; **~ *halten zu j-m*** κρατώ κπ σε απόσταση
distan'zieren: ***sich* ~ *von*** *D S* αποποιούμαι κάθε ευθύνης για ...; *pers* αποτραβιέμαι από; κρατώ κπ σε απόσταση
Distel *f* γαϊδουράγκαθο; **~fink** *m* καρδερίνα
Distichon ['dɪstɪçɔn] ⟨*-s*; *-chen*⟩ *n* δίστιχο
Di'strikt ⟨*-ęs*; *-e*⟩ *m* περιοχή
Diszi'plin *f* πειθαρχία
Diszipli'nar- πειθαρχικός
diszipli'narisch πειθαρχικός
diszipli'niert πειθαρχικός; ***sich* ~ *verhalten*** πειθαρχώ
diszi'plinlos απειθάρχητος
diver'gieren αποκλίνω; διαφωνώ
Divi'dend ⟨*-en*⟩ *m* διαιρετέος; **~e** *f* μέρισμα *n* (***auf*** *A*/για); (*Schein*) τοκομερίδιο
divi'dieren διαιρώ
Divi|'sion *f* MIL μεραρχία; MATH διαίρεση; **~sor** [-'vi:zɔʀ] ⟨*-s*; *-'soren*⟩ *m* διαιρέτης
Diwan ⟨*-s*; *-e*⟩ *m* ντιβάνι
D-Mark *f* γερμανικό μάρκο
doch ωστόσο, όμως; (*als Antwort auf verneinte Fragen*) ναι, μάλιστα; (= *sicher*) πως; (*Partikel mit imp*) για; ***pass* ~ *'auf!*** για πρόσεχε!; ***nicht* ~** όχι δα
Docht ⟨*-ęs*; *-e*⟩ *m* φιτίλι
Dock ⟨*-s*; *-s*⟩ *n* ντοκ ⟨*0*⟩ *n*, νεώσοικος, δεξαμενή
Docke *f* (*Garn*) μάτσο νήματος
Dodeka'eder *m* δωδεκάεδρο
Dodeka'nes ⟨*0*⟩ *m* Δωδεκάνησος *f*
Doge ['do:ʒə] ⟨*-n*⟩ *m* δόγης
Dogge *f* μολοσσός
Dogma ⟨*-s*; *-men*⟩ *n* δόγμα *n*
Dog'matik *f* δογματική; **~er** *m* δογματιστής
dog'matisch δογματικός; **~ *sein*** δογματίζω
Dogma'tismus ⟨*-*; *0*⟩ *m* δογματισμός
Dohle *f* καλιακούδα
Doktor ['dɔktɔʀ] ⟨*-s*; *-'toren*⟩ *m* διδάκτορας; MED γιατρός; ***Herr* ~!** Κύριε!; MED γιατρέ (μου)!; **~ *der Theologie*** προλύτης; ***s-n* ~ *machen*** γίνομαι διδάκτορας; **~'and** ⟨*-en*⟩ *m* υποψήφιος διδάκτορας; **~arbeit** *f* διδακτορική διατριβή; **~'at** ⟨*-s*; *-e*⟩ *n*, **~grad** *m* διδακτορία; **~prüfung** *f* διδακτορικές εξετάσεις *f*/*pl*
Dok'trin *f* δόγμα *n*
Doku'ment ⟨*-s*; *-e*⟩ *n* έγγραφο, χαρτί, ντοκουμέντο
Dokumen'tarfilm *m* ντοκυμανταίρ ⟨*0*⟩ *n*
dokumen'tieren τεκμηριώνω
Dolch ⟨*-ęs*; *-e*⟩ *m* εγχειρίδιο, κάμα
Dolde *f* κόρυμβος, φούντα
doll F (*dialektisch von toll*) κάτι, *z.B.* **~es *Zeug*** κάτι ανοησίες; (*prima*) μούρλια

Dollar 684

Dollar ⟨*-s*; *-s*⟩ *m* δολάριο
dolmetschen διερμηνεύω
Dolmetsch|en *n* διερμηνεία; **~er(in** *f*) *m* διερμηνέας *m, f*
Dolo'miten *pl* Δολομιτικές 'Άλπεις *f/pl*
D
Dom ⟨*-es*; *-e*⟩ *m* μητρόπολη; τρούλος
Do'mäne *f* δημόσιο κτήμα *n*; τομέας
domi'nieren επικρατώ (**über** *A/G*)
Domino(spiel) *n* ντόμινο
Domi'zil ⟨*-s*; *-e*⟩ *n* διαμονή
Dompteu|r [-'tøːʀ] ⟨*-s*; *-e*⟩ *m* (θηριο)δαμαστής; **~se** *f* (θηριο)δαμάστρια
Donau *f* Δούναβης; **~-** παραδουνάβιος
Donner *m* βροντή, μπουμπουνητό; ***wie vom ~ gerührt*** εμβρόντητος; **~-** βροντερός
donnern ⟨*-re*⟩ βροντάει, μπουμπουνίζει
Donnerschlag *m* αστροπελέκι
Donnerstag *m* Πέμπτη, → ***Dienstag***
Donnerstimme *f* (βροντο)φωνάρα
Donnerwetter *n nur fig* (*Lob*) μπράβο (σου, σας); (*Vorwurf und Verwunderung*) καλέ, *z.B.* **~, *wie bist du groß geworden!*** καλέ, πως μεγάλωσες!; (*Bewunderung*) πωπώ; ***zum ~!*** στο διάβολο!; ***es gibt ein ~*** θα γίνει καυγάς, θα φας κατσάδες
doof κουτός
Doppel *n* αντίγραφο; (*Tennis*) διπλό; **~-** διπλός; (*Monarchie*) δυαδικός; **~adler** *m* δικέφαλος αετός; **~besteuerung** *f* διπλή φορολογία; **~besteuerungsabkommen** *n* σύμβαση αποφυγής διπλής φορολόγησης; **~bett** *n* διπλό κρεβάτι; **~decker** *m* LUFTF διπλάνο
doppeldeutig διφορούμενος
Doppel|gänger *m* σωσίας; **~punkt** *m* διπλή τελεία; **~scheiben** *f/pl* διπλά τζάμια *n/pl*
doppelt διπλός, διττός, διπλάσιος; **~ *so groß*** *oder* ***alt*** διπλάσιος (***wie***/*G*); *Gebühren* ***um das Doppelte erhöhen*** διπλαζιάζω; **~-** αμφι-; **~kohlensauer** διττανθρακικός
Doppelzimmer *n* δίκλινο δωμάτιο
doppelzüngig δι(πλο)πρόσωπος
Dorf ⟨*-es*; *⸚er*⟩ *n* χωριό; **~älteste(r)** πρωτόγερος; **~bewohner** *m* χωριάτης
dörflich χωριάτικος
Dorfplatz *m* μεϊντάνι
Dorer *pl* Δωριείς (-έων)
dorisch δωρικός
Dorn ⟨*-es*; *-e, -en*⟩ *m auch fig* άκανθα, αγκάθι; *fig* ***das ist mir ein ~ im Auge*** μ' ενοχλεί πολύ; TECH επιβολέας τρυπητήρας; **~busch** *m* ράμνος *f*; **~gebüsch** *n* αγκαθιώνας; παλιούρα
dornig αγκαθένιος, ακάνθινος; *auch fig* ακανθώδης
Dorn|'rös-chen *n* (η) μαγεμένη βασιλοπούλα; **~strauch** *m* ράμνος *f*
dörren ξηραίνω
Dorsch ⟨*-es*; *-e*⟩ *m* μουρούνα
dort εκεί; ***von ~*** (***her***) απ' εκεί; ***~ entlang*** αποκεί; **~hin** προς τα 'κεί, κατά 'κεί; **~hinaus:** *fig* ***bis ~hinaus*** (= *sehr*) όσο παίρνει
Dose *f* βάζο, κουτί
Dosenöffner *m* ανοιχτήρι για κονσέρβες
do'sieren δοσολογώ
Do'sierung *f* δοσολογία
Dosis ⟨*-*; *-en*⟩ *f* δόση
Döskopf *m* σερσέμης (-ηδες)
Dotter *n, m* κρόκος
Do'zent ⟨*-en*⟩ *m* υφηγητής; **~en-** υφηγητικός; **~ur** [-'tuːʀ] *f* υφηγεσία
do'zieren διδάσκω; *iron* μιλώ σαν αυθεντία
Drache ⟨*-n*⟩ *m* δράκος, δράκοντας; (*weiblicher*) δράκαινα; **~n** *m* (*Papier-*) χαρταετός; (*böse Frau*) τσούχτρα; **~n-** δρακόντειος
Drachenfliegen *n* αιωροπτερισμός
Drachme *f* δραχμή; ***hundert ~n*** κατοστάρικο
Dragée [-'ʒeː] ⟨*-s*; *-s*⟩ *n* κουφέτο; MED δισκίο
Draht ⟨*-es*; *⸚e*⟩ *m* σύρμα *n*, τέλι; **~-** συρματένιος; ενσύρματος; **~bürste** *f* συρματόβουρτσα; **~funk** *m* ραδιοφωνία ενσύρματος; **~geflecht** *n* δικτυωτό
drahtlos ασύρματος
Draht|seil *n* συρματόσχοινο; **~seilbahn** *f* τελεφερίκ ⟨*0*⟩ *n*; **~verhau** ⟨*-es*; *-e*⟩ *m* συρματόπλεγμα *n*; **~zieher** *m* πρωταίτιος, „εγκέφαλος"
Drai'sine [dʀɑɪ-, *auch* dʀɛ'-] *f* τροχήλατο
dra'konisch δρακόντειος
drall τροφαντός; μεστωμένος
Drall ⟨*-es*; *-e*⟩ *m* στρίψιμο (-ατος)
Drama ⟨*-s*; *-men*⟩ *n auch fig* δράμα *n*
Dra'matiker *m* δραματουργός, δραματοποιός
dra'matisch *auch fig* δραματικός
dramati'sieren *auch fig* δραματοποιώ

Dramati'sierung *f* δραματοποίηση
Drama'turg *⟨-en⟩ m* δραματουργός
Dramatur'gie *f* δραματουργία
dran → ***daran***; ***Sie sind*** ~ είναι η σειρά σας *oder* σεις έχετε σειρά; ***gut*** (***besser***) ~ ***sein*** είμαι σε καλή (καλύτερη) μοίρα
drang → ***dringen***
Drang *⟨-ęs; 0⟩ m* ορμή; (*Druck*) πίεση; (*Tendenz*) τάση
Dränge'lei *f* στρίμωγμα *n*, συνωστισμός
drängeln *⟨-le⟩* σπρώχνω, στριμώχνω; (***sich***) ~ σκοτώνομαι (***um*** *A*/για), στριμώχνομαι; ~ ***Sie nicht so!*** μη στριμώχνεστε!
Drängeln *n* βιασύνη, → ***Drängelei***
drängen *v/t fig* πιέζω (***zu***/να), βιάζω (***zu***/να), φορτώνω; *j-n* ***zur Seite*** ~ παραγκωνίζω; *v/i* MED τανύομαι; ***die Zeit drängt*** πιέζει ο χρόνος; ***sich*** ~ συνωστίζομαι, χώνομαι (***in*** *D*/σε)
Drängen *n* πίεση, ξεσήκωμα *n*; ***auf*** ~ *G*, ***von*** *D* υπό την πίεση *G*
drangsa'lieren ξεροτηγανίζω
dra'pieren διακοσμώ (με παραπετάσματα)
drastisch δραστικός; *Einschränkung*: αυστηρός
drauf → ***darauf***; ~ ***und dran sein*** κοντεύω να; ~ ***los*** (*geradezu*) στα ίσα
Draufgänger *m* τολμητίας
draufgehen* *⟨sn⟩ Ausgaben*, *Material*: πηγαίνω (***für*** *A*/σε, για); ***die meiste Energie geht für ... drauf*** η μεγαλύτερη κατανάλωση ενεργείας πηγαίνει για ...
draußen (απ') έξω; ***von*** ~ από έξω; ~ ***vor*** *D* έξω από; ***weiter*** ~ παραέξω; ~ ***bleiben*** μένω απέξω
drechseln *⟨-le⟩* τορνεύω; ***gedrechselt*** τορνευτός
Drechsler *m* τορνευτής
Dreck *⟨-ęs; 0⟩ m* F βρομιά, μαγάρα; λάσπη; μουντζούρα; *fig* (= *nichts*) κουραφέξαλα *n*/*pl*; ***sich e-n*** ~ ***um etw kümmern*** (το) φασκελοκουκουλώνω; **~-** σκατο-; **~fink** *m* F μουρντάρης (-α)
dreckig βρόμικος; ~ ***werden, sich*** ~ ***machen*** βρομίζω, μουντζουρώνομαι; ***dann gehts mir*** ~ θα την έχω πολύ άσχημα
Dreckspritzer *m* πιτσίλισμα *n*
Dreh *⟨-ęs; 0⟩ m* F (*Methode*) χούι; (*Gegend*) μαχαλάς
Dreh|- περιστροφικός, περιστρεφόμενος; **~arbeiten** *f*/*pl* γύρισμα *n* (***an e-m Film***/μιας ταινίας); **~bank** *f* τόρνος
drehbar στρεπτός
Dreh|buch *n* σενάριο; **~bühne** *f* περιστροφική σκηνή
drehen στρέφω; στρίβω; περιστρέφω; *auch Film* γυρίζω; *Metalle* τορνεύω; ***hierher*** ~ γυρίζω κατά δω; ***nach der Windrichtung*** ~ MAR υποστρέφω; ***sich*** ~ *Wind*, *Rad*: γυρίζω, στρέφομαι (*auch* ASTR); (*auch Thema*) περιστρέφομαι (***um*** *A*/γύρω από)
Dreh|en *n* γύρισμα *n*, στρίψιμο (-ατος); **~er** *m* τορνευτής
Dreh|orgel *f* λατέρνα; **~punkt** *m* υπομόχλιο; **~scheibe** *f* περιστρεφόμενος δίσκος; BAHN αλλαγή; **~strom** *m* τριφασικό ρεύμα *n*; **~tür** *f* περιστροφική θύρα
Drehung *f* στροφή; στρέψη; MAR υποστροφή
Drehzeit *f* (*Film*) γύρισμα *n*
drei τρεις *m*,*f*, τρία *n*
Drei *f* τριάρι
drei|- τρι-; **~aktig** τρίπρακτος; **~bändig** τρίτομος
Dreibettzimmer *n* τρίκλινο δωμάτιο
dreidimensional τρισδιάστατος
Dreieck *⟨-ęs; -e⟩ n* τρίγωνο
dreieckig τριγωνικός
Drei'einigkeit *⟨0⟩ f* REL τριάδα
dreifach τριπλάσιος, τριπλός
Drei|'faltigkeit *⟨0⟩ f* REL τριάδα; **~fuß** *m* τριπόδι; καβαλέτο
dreihundert τριακόσιοι; ***etwa*** ~ τριακοσαριά; **~st-** τριακοσιοστός
Drei'jahres-, dreijährig τριετής
Drei|'käsehoch *⟨-s; -s⟩ m* σταλιά μπόμπιρας; **~klang** *m* τρίφωνη συγχορδία; **~'königsfest** *n* Επιφάνεια *n*/*pl*, Θεοφάνεια *n*/*pl*
drei|köpfig τριμελής, τρικέφαλος; **~mal** τρεις φορές, τρις; **~*mal so groß*** (***so viel***) τριπλάσιος
Drei|mi'nutengespräch *n* τρίλεπτη συνδιάλεξη; **~rad** *n* τρίτροχο
drei|seitig τρίπλευρος; **~silbig** τρισύλλαβος; **~spaltig** τρίστηλος
Dreispitz *⟨-es; -e⟩ m* τρίκωχο
dreißig τριάντα; ***etwa*** ~ τριανταριά; **~jährig** τριακονταετής
Dreißigjährige(r) τριαντάρης (-άρα)

D

dreißig|st- τριακοστός; **~tägig** τριαντaήμερος
dreist ξέθαρρος; αυθάδης, αναιδής; **~ *werden*** ξεθαρρεύομαι
dreistellig *Zahl*: τριψήφιος
Drei'sternehotel *n* ξενοδοχείο τριών αστέρων
Dreistigkeit *f* αυθάδεια, αναίδεια, προπέτεια
drei|stöckig τριώροφος; **~stufig** (*Rakete*) τριώροφος; **~stündig** τρίωρος; **~tägig** τριήμερος; **~tausend** τρεις χιλιάδες; **~teilig** τριμερής, τριαδικός
Drei'viertel|- (*Ärmel*) τρουά καρ; **~takt** *m* χρόνος τριών τετάρτων
Dreizack ⟨*-ȩs*; *-e*⟩ *m* τρίαινα
dreizehn δεκατρείς, δεκατρία; **~te(s) *Monatsgehalt*** δέκατος τρίτος μισθός
Dresch|- αλωνιστικός; **~e** *f*: **~e *bekommen*** τρώω ξυλιές
dreschen* αλωνίζω
Dresch|en *n* αλώνισμα *n*; **~er** *m* αλωνιστής; **~flegel** *m* δάρτης; **~maschine** *f* αλωνιστική μηχανή
dre'ssieren (εκ)γυμνάζω, ντρεσάρω
Dre'ssur *f* εκγύμναση
Drill ⟨*-ȩs*; *-e*⟩ *m* τρόχισμα *n*, εκπόνηση
Drillich ⟨*-ȩs*; *-e*⟩ *m* τρίμιτο, ντρίλι
drin → ***darin***; F ***das ist nicht* ~** δεν μπορεί, δεν υπάρχει τρόπος
dringen* *v/i* ⟨*sn*⟩ εισδύω (***in*** *A*/σε); διαπερνώ (-άς) (***durch***/*A*); *Nadel*: βυθίζομαι (***in*** *A*/σε); *fig* πιέζω (***in j-n***/κπ); επιμένω (***auf*** *A*/σε); **~d** επείγων; *Verdacht*: σοβαρός; *adv* επειγόντως; **~*d sein*** επείγω; **~*d etw* tun *müssen*** επείγομαι να; ***in* ~*den Fällen*** σε κατεπείγουσες περιπτώσεις; **~dst-** ο πλέον επείγων
dringlich → ***dringend***
Dringlichkeit ⟨*0*⟩ *f* άμεση εκτέλεση, έπειξη
Drink ⟨*-(s)*; *-s*⟩ *m* ποτό
drinnen μέσα, έσω, εντός
dritt|- τρίτος; **~*en Grades*** *MATH* τριτοβάθμιος; ***zu* ~** ανά τρεις; **~e(r)** τρίτος
Drittel *n* τρίτο; τριτημόριο
drittens τρίτο
Droge *f* ναρκωτικό
drogenabhängig ναρκομανής
Drogen|abhängige(r) ναρκομανής; **~beratungsstelle** *f* γραφείο πληροφόρησης ναρκομανών; **~handel** *m* εμπόριο ναρκωτικών; **~händler** *m* έμπορος ναρκωτικών; **~konsum** *m* κατανάλωση ναρκωτικών; **~konsu'ment** ⟨*-en*⟩ *m* χρήστης; **~problem** *n* πρόβλημα *n* ναρκωτικών; **~süchtige(r)** ναρκομανής; **~szene** ⟨*0*⟩ *f* κόσμος των ναρκομανών
Droge'rie *f* φαρμακείο, φαρμακοπωλείο
Dro'gist ⟨*-en*⟩ *m* φαρμακοπώλης
Droh- (*Brief*) απειλητικός
drohen επισείω (*j-m* ***mit*** *D*/κατά *G* κάτι); (*z.B. mit dem Rücktritt*) απειλώ *A*; **~, *dass*** απειλώ, ότι ...; φοβερίζω (***j-m***/κπ); (*bevorstehen*) επαπειλείται (***zu***/να); **~d** απειλητικός
Drohne *f* (*auch fig*) κηφήνας
dröhnen βροντώ (-άς), αχολογώ (-άς)
Dröhnen *n* αχός, γδούπος
dröhnend βροντόφωνος, βροντερός
Drohung *f* απειλή, φοβέρα
drollig κωμικός; *iron* διασκεδαστικός; ... (είναι) περιβόλι
Drome'dar ⟨*-s*; *-e*⟩ *n* δρομάδα
Droschke *f* ταξί; αμάξι της πιάτσας
Droschkenkutscher *m* αμαξάς (-άδες)
Drossel *f* τσίχλα
drosseln ⟨*-le*⟩ *Geschwindigkeit* αναστέλλω, υποστέλλω; *Ausgaben, Einfuhr* περιορίζω, φρενάρω
Drossel|spule *f* πηνίο αντιδράσεως; **~ung** *f* υποστολή; *der Einfuhr*: φρενάρισμα *n*
drüben πέρα; πέραν (***in*** *D*/σε); ***da* ~** εκεί πέρα
drüber: ~ *und drunter* άνω κάτω
Druck ⟨*-ȩs*; *⸚e*⟩ *m* πίεση; (*im Kopf, Magen*) βάρος *n*; (*seelisch*) θλίψη; *TECH*, *TYP* (*pl -e*) εκτύπωση; τύπος; ***im* ~ *sein*** (*Buch usw*) είμαι στο πιεστήριο, (εκ-)τυπώνομαι; *fig* (*in Schwierigkeiten*) τα βρίσκω στενά; *j-n* ***unter* ~ *setzen*** πιέζω; **~ *auf j-n ausüben*** ασκώ πίεση σε κπ; **~-** τυπογραφικός; καταπιεστικός; **~buchstabe** *m* τυπογραφικό στοιχείο
Drückeberger *m* δραπέτης του καθήκοντος; *MIL* κουραμπιές
drucken *TYP* (εκ)τυπώνω, τραβώ (-άς); **~ *lassen*** τυπώνω
drücken *auch Knopf* πιέζω; *Hand* σφίγγω; *Schuh usw*: βαραίνω; *Tür* ωθώ; ***j-n ans Herz* ~** σφίγγω κπ στην αγκαλιά μου; ***zu Boden* ~** *Krise*: γονατίζω; (*Schule*) *fig* ***sich* ~ *vor*** *D* είμαι

σκαστός από; ***sich vor der Arbeit ~*** φυγοπονώ; *subst* πίεση, πάτημα *n* (***auf*** *den Knopf/G*); **~d** *Wetter*: πνιγηρός; *Steuer*: καταπιεστικός, δυσβάσταχτος
Drucker *m* τυπογράφος; πιεστής, εκτυπωτής; **~-** πιεστικός
Drücker *m* πόμολο; (*am Gewehr*) σκανδάλη
Druck|e'rei *f* τυπογραφείο; **~erschwärze** *f* τυπογραφική μελάνη; **~fehler** *m* τυπογραφικό λάθος; **~fehlerverzeichnis** *n* παροράματα *n/pl*, ημαρτημένα *n/pl*; **~festigkeit** ⟨*0*⟩ *f* αντοχή συμπιέσεως; **~haus** *n* τυπογραφείο; **~knopf** *m* σούστα; **~knopf-** *TECH* (*z.B. -Steuerung*) επικόμβιος; **~kosten** *pl* τυπωτικά *n/pl*; **~luft-** *TECH* πνευματικός; **~messer** *m* μανόμετρο; **~mittel** *n fig* καταπιεστικό μέσο; **~platte** *f* στερεότυπο; **~pumpe** *f* καταθλιπτική αντλία; **~sache** *f* έντυπο; **~stoff** *m* εμπριμέ ⟨*0*⟩ *n*
drucktechnisch τυπογραφικός
drum → ***darum***; ***mit allem Drum und Dran*** με τα όλα του
drunter: ***~ und drüber*** άνω κάτω
Drusch ⟨*-ẹs; -e*⟩ *m* αλώνι
Drüse *f ANAT* αδένας, *K* αδήν (-ένος) *m*
Drüsen|erkrankung *f*, **~leiden** *n* αδενοπάθεια
Dschungel ⟨*-s; -*⟩ *m* ζούγκλα
du (ε)σύ; **~** (***selbst***) ο εαυτός σου; ***~ da!*** μωρέ!, καλέ!
Du'al ⟨*-s; -e*⟩ *m GR* δυϊκός; **~'ismus** ⟨*-; 0*⟩ *m* δυαδισμός; **~system** ⟨*-s; 0*⟩ *n* δυαδικό σύστημα *n*
Dübel *m* τάκος; τζαβέτα
Du'blee ⟨*-s; 0*⟩ *n* ντουμπλέ ⟨*0*⟩ *n*, καπλαμάς
Du'blette *f GR* διμορφία
du'blieren αναδιπλώνω
ducken καλαφίζω; F ***sich ~*** προσπέφτω (***vor*** *D*/σε), έρπω
Duckmäuser *m* σιγανοπαπαδιά, ανδράποδο; γερός πόντος
Dude'lei *f* τσαμπούνισμα *n*
Dudelsack *m* τσαμπούνα, γκάιδα; ***~ spielen*** τσαμπουνίζω
Du'ell ⟨*-s; -e*⟩ *n* μονομαχία; (*Feuerwechsel*) ανταλλαγή
duel'lieren: ***sich ~*** μονομαχώ
Du'ett ⟨*-ẹs; -e*⟩ *n* διωδία, ντουέτο
Duft ⟨*-ẹs; ¨e*⟩ *m* άρωμα *n*; ευωδιά, (μοσχο)μυρωδιά
duft|e: ***einfach ~e*** (= *großartig*) F της τρέλας και του μπαμ; **~en** ⟨*-e-*⟩ μυρίζω, μοσχοβολώ (***nach*** *D*/από), ευωδιάζω; **~end** μυρωδάτος; **~ig** (*leicht*) ανάερος
Du'katen *m* δουκάτο, φλουρί
duld|en ⟨*-e-*⟩ *v/t* (*tolerieren*) ανέχομαι; *Aufschub usw* επιδέχομαι; *v/i* (*leiden*) κακοπαθαίνω; **~sam** ανεκτικός
Duld|samkeit ⟨*0*⟩ *f* ανεκτικότητα; **~ung** *f* ανοχή; *REL* θεία παραχώρηση
dumm ⟨*¨er, ¨st-*⟩ κουτός, βλακώδης, μωρός; ***~es Zeug*** κουραφέξαλα *n/pl*; ***sich ~ stellen*** κάνω τον χαζό, κάνω την πάπια
Dumm|heit *f* βλακεία, ανοησία, κουταμάρα; (*Streich*) λωλάδα; **~kopf** *m* βλάκας, βλαξ *m*, μάπας; ***~kopf!*** ζωντόβουλο!
dumpf *Geräusch*: υπόκωφος; *Gefühl*: συγκεχυμένος, αμυδρός; *Luft*: βαρύς, ασφυκτικός; (*muffig*) μουχλιασμένος
Dumping ['dampıŋ] ⟨*-s; 0*⟩ *n*, **~praktiken** *f/pl* πρακτική ντάμπινγκ, υποκοστολόγηση; **~preis** *m* τιμή κάτω του κόστους
Düne *f* αμμόλοφος
Dung ⟨*-ẹs; 0*⟩ *m* κοπριά, κόπρος
Düngemittel *n* λίπασμα *n*
düngen λιπαίνω, κοπρίζω
Düng|en *n* κόπρισμα *n*; **~er** *m* λίπασμα *n*; κοπριά
Dunggrube *f* κοπρόλακκος
Düngung *f* λίπανση
dunkel ⟨*-kler*⟩ *auch fig* σκοτεινός; *auch fig* μαύρος; *Farbe, auch fig* σκούρος; *Sinn*: δυσνόητος; ***~ werden*** σκοτεινιάζω; *Farbe*: σκουραίνω; ***im Dunkeln*** στα σκοτεινά (*auch fig*); ***zu ~*** πολύ σκούρος; **~-** σκούρο, *z.B.* **~blau** μπλε σκούρο
Dunkel ⟨*-s; 0*⟩ *n* σκότος *n*
Dünkel ⟨*-s; 0*⟩ *m* έπαρση, οίηση
dunkel|blau → ***dunkel***; *auch* μαβύς; **~braun** καφέ σκούρος, μελαψός; **~farbig** βαθύχρωμος; **~grau** γκρίζος βαθύχρωμο
dünkelhaft πλήρης επάρσεως *oder* οιήσεως
Dunkelheit ⟨*0*⟩ *f* σκοτάδι, σκοτεινιά; ***Anbruch der ~*** βράδιασμα *n*; ***von der ~ überrascht werden*** με πιάνει η νύχτα
Dunkelkammer *f* σκοτεινός θάλαμος
dunkeln ⟨*-le*⟩ σκοτεινιάζω

D

dunkelrot άλικος
Dunkelwerden *n* σκοτείνιασμα *n*
dünk|en: mich ~t μου φαίνεται
dünn ψιλός, λεπτός; (*schlank*) αδύνατος; *Stoff*: αραιός; **~er machen** (*auch* **werden**) λεπτύνω; **~ besiedelt** αραιοκατοικημένος
Dünn|darm *m* λεπτό έντερο; **~e** ⟨*0*⟩ *f* λεπτότητα; αραιότητα; **~ermachen** *n* λέπτυνση
dünn|häutig λεπτόδερμος; **~schalig** ψιλόφλουδος
Dunst ⟨*-ɇs*; *̈-e*⟩ *m* αχνός, καταχνιά; **keinen ~ haben von** δεν χαμπαριάζω από; **ich habe keinen ~** (*davon*) δε μύρισα τα δάχτυλά μου
Dunst'abzughaube *f* απορροφητήρας
dunsten ⟨*-e-*⟩ αχνίζω
dünsten ⟨*-e-*⟩ *Essen* αχνίζω; **gedünstet** αχνιστός
dunstig ατμώδης
Dünung *f* αποθαλασσιά, καραντί
Duo ⟨*-s*; *-s*⟩ *n* δυάδα; διωδία
Dupli'kat ⟨*-s*; *-e*⟩ *n* διπλόγραφο; διπλότυπο
Duplizi'tät *f*: **~ der Ereignisse** σύμπτωση δύο γεγονότων
Dur ⟨*-*; *0*⟩ *n* μείζων τρόπος, ματζόρε
durch (*präp mit A*) (*örtlich*: *das Fenster*) από; (*die Straßen*) μέσα από; (*vermittels, instrumental*) με, δια *G*, μέσω, δια μέσον *G*; **~** *die Jahrhunderte* **hindurch** δια μέσου *G*; **~ und ~** πέρα (για) πέρα; *fig* (*z.B. ein Lügner*) όλως διόλου; **die ganze Nacht ~** καθ' όλη τη διάρκεια της νύχτας; **zehn Uhr ~** δέκα περασμένη; **ich bin ~** πέρασα, επέτυχα
durch- *Präfix oft*: δια-
durcharbeiten ⟨*-e-*⟩ *v/t Schriftstück usw* διεξέρχομαι; *v/i* εργάζομαι χωρίς διακοπή
durch'aus καθόλου, εντελώς, άντικρυς; **~ nicht** δεν ... καθόλου; μηδαμώς; (*in der Antwort*) **~!** μάλιστα!
durch|backen* καλοψήνω; **~beißen*** κόβω (πέρα πέρα) με τα δόντια; **~bilden** ⟨*-e-*⟩ διαπλάθω; **~blättern** ⟨*-re*⟩ *Buch* ξεφυλλίζω (*subst* ξεφύλλισμα *n*); **~blicken** διαβλέπω; **j-m gegenüber ~blicken lassen** του κάνω καμπανιές
Durch'blutung *f* αιμάτωση
durch'bohr|en *v/t* τριβελλίζω, διατρυπώ; *Kugel*: περνώ (-άς); (*mit der Lanze*) λογχίζω; *Schmerz*: σουβλίζω; **~t** διάτρητος, τρυπητός
Durch'bohrung *f* διατρύπηση, διάτρηση
durch|brechen* *v/t* σπάζω, διαθλώ (-άς); *v/i* ⟨*sn*⟩ ξεσπάω; **~'brechen*** *v/t* MIL *Front* διασπώ; (*auch Regel*) παραβιάζω; *Mauer* διανοίγω (*subst* διάνοιξη); **~brennen*** *v/i* ⟨*sn*⟩ ELEKTR καίομαι (*subst* τήξη); (*weglaufen*) δραπετεύω; **~bringen*** (*etw mit Erfolg*) διεξάγω κτ με επιτυχία; *Geld* κατασπαταλώ (-άς); *Gesetz* ψηφίζω; *Kranken* κάνω καλά; (*in der Prüfung*) δεν τσεκουρώνω; **~'brochen** τρυπητός
Durchbruch *m* ξέσπασμα *n*; διάνοιξη; MIL διάσπαση; παραβίαση; (*der Zähne*) σκάσιμο (-ατος); *fig* (*Erfolg*) διάνα, διείσδυση
durch|'dacht μελετημένος; **~'denken*** διασκέπτομαι
durchdrängeln: sich ~ σπρώχνομαι; στριμώχνομαι
durchdrehen *Fleisch* αλέθω; F (*verrückt werden*) κουζουλαίνομαι (**vor** *D*/από)
durchdringen* ⟨*sn*⟩ *v/i* διεισδύω (**durch** *A*/μέσα από *A oder* μέσω *G*); *auch fig* εισχωρώ; *fig Ansicht, Wahrheit*: επικρατώ
durch'dringen* *v/t Kugel, Regen*: (δια)περνώ (-άς), ξεπερνώ (-άς) (*subst* διαπέραση); **~d** ['dʊrç-] *Blick, Stimme*: διαπεραστικός, διεισδυτικός
Durch'dringung *f* διείσδυση
durchdrücken (*filtern*) διηθώ (με πίεση); (*strecken*) τεντώνω; *fig* → **durchsetzen**
durch'drungen εμποτισμένος (**von** *D*/από *A*); **~ sein von** *D* εμφορούμαι από
durchein'ander *adv* ανάκατα; **~ bringen** *Papiere, j-n* μπερδεύω; *S* ανακατεύω; **alles ~ bringen** τα μπερδεύω, τα κάνω θάλασσα; **~ geraten** γίνομαι ανωκάτω; **~ werfen** → **durcheinander bringen**
Durchein'ander ⟨*-s*; *0*⟩ *n* ανακάτωμα *n*; **wüstes ~** αναμπουμπούλα, κυκεώνας; **in e-m wüsten ~** φύρδην μίγδην
durchfahren* ⟨*sn*⟩ περνώ (-άς), διέρχομαι, διελαύνω; *Zug*: δε σταματώ
durch'fahren* *z.B. e-n Wald* διαπερνώ (-άς), διασχίζω; *Stadt, Meer, auch fig Schauder*: διατρέχω; *Gedanke*: περνώ (-άς) (**j-n**/από); *Meer* διαπλέω

Durch|fahrt *f* διέλευση; (*Weg*) δίοδος *f*; **~fall** *m* διάρροια; *fig* φιάσκο
durchfallen* ⟨*sn*⟩ διαπίπτω; *Theaterstück*: πέφτω; (*in der Prüfung*) απορρίπτομαι, αποτυχαίνω, κόβομαι; *Schüler* **~ lassen** τσεκουρώνω
durchfechten* *e-e S* πολεμάω να (το) επιτύχω
durch'feuchten ⟨*-e-*⟩ *v/t* διαβρέχω
durchfinden* βρίσκω διέξοδο; **nicht mehr ~ können** γίνομαι άνω κάτω
durch|'flechten* διαπλέκω (*subst* διαπλοκή); **~'flochten** διαπεπλεγμένος
durchfliegen* ⟨*sn*⟩ *v/i* δε προσγειώνομαι; F → **durchfallen**
durch'fliegen* *v/t* ίπταμαι, πετάω
durchfließen* ⟨*sn*⟩ *v/i* διαρρέω (**durch** *A/A*)
durch|'fließen* *v/t* διαρρέω; **~'forschen** διερευνώ
durchfragen: sich ~ bis zu *D* ρωτώ ένα ένα (για να φτάσω έως)
durch|frieren* ⟨*sn*⟩ *v/i* ξεπαγιάζω; **j-n ~frieren lassen** ξεπαγιάζω; **~gefroren** ξεπαγιασμένος
Durchfuhr *f* διαμετακόμιση, τράνζιτ ⟨*0*⟩ *n*
durchführbar εκτελέσιμος, εφαρμόσιμος
durchführen *allg* ενεργώ; *Plan* εκτελώ, εφαρμόζω; *Wahlen*, *Untersuchung*, *Revision* διενεργώ; *Angriff* εξαπολύω; *Aufgabe*, *Werk* επιτελώ
Durchführung *f* εκτέλεση, εφαρμογή; (*von Wahlen*) διενέργεια; επιτέλεση
Durchführungsbestimmung *f* διάταξη εφαρμογής, εκτελεστικό διάταγμα
Durch|gabe *f* (*e-r Nachricht*) μετάδοση; **~gang** *m* (*Weg*, *auch* PHYS) δίοδος *f*; διάβαση, διάβα
durchgängig καθολικός; *adv* καθολικά
Durchgangs|- (*Straße*) περαστικός; → **Transit-**; **~lager** *n* κέντρο διερχομένων; **~station** *f* πέρασμα *n*
durchgeben* *Nachricht* μεταδίδω; πασάρω (**j-m etw**/κτ σε κπ)
durchgebraten καλοψημένος; **nicht ~** άψητος; **wenig ~** σενιάν ⟨*0*⟩
durchgedreht κουζουλός, βαρεμένος
durchgehen* ⟨*sn*⟩ *v/i* περνώ (-άς) (**durch** *A/A*); *Pferd*: αφηνιάζω; → **durchbrennen**; *Temperament*: **mit j-m ~** παίρνω τα μυαλά κάποιου; *etw* **~ lassen** κάνω πως δε (το) βλέπω; παρορώ; *v/t Schriftstück usw* διαβάζω πέρα για πέρα; **noch (ein)mal ~** (*prüfen*) αναθεωρώ; επαναλαμβάνω; **~d** γενικός; *Zug*: κατ' ευθείαν; *Arbeitszeit*: συνεχής; **~d geöffnet sein** λειτουργώ με συνεχές ωράριο
durch|gesiebt στραγγιστός; **~gewetzt:** *Ärmel* **... sind ~gewetzt** ... φαγώθηκαν
durch'glüh|en διαπυρώνω; *fig* **~t sein von** *D* διαφλέγομαι από
durch|greifen* *fig* ενεργώ ριζικά; **~greifend** ριζικός; **~hauen*** κόβω; παραγουλιάζω στο ξύλο; **~hecheln** ⟨*-le*⟩ γλωσσοτρώω; **~hungern** ⟨*-re*⟩: **sich ~hungern** κακοζώ; **~kämmen** *Haar* χτενίζω
durch'kämmen *fig Stadt usw* χτενίζω
durchkämpfen → **durchfechten**
durch|kauen μασάω καλά; *fig* αναμασάω; **~kneten** ⟨*-e-*⟩ δουλεύω, αναζυμώνω; **~kochen** καλοβράζω; **~kommen*** ⟨*sn*⟩ περνώ (-άς) (*auch Gesetz*); *fig* (*es schaffen*) τα βολεύω (**bei j-m**/με), ξελασπώνω
durchkönnen* (*part* **durchkönnen**) μπορώ να περάσω
durch'kreuzen ⟨*-t*⟩ *fig Pläne* ματαιώνω, αντιπράττω σε; **die Meere ~** πελαγώνω, οργώνω
Durchlass ⟨*-es*; *ⁿe*⟩ *m* δίοδος *f*; (*kleiner*) πάσο
durchlassen* αφήνω να περάσει; TECH **Luft ~** ξεφυσώ
durchlässig διαπεραστός
durchlaufen* ⟨*sn*⟩ *v/i* περνώ (-άς) τρέχοντας
durch'laufen* *v/t Stadium* διατρέχω
Durchlauferhitzer *m* θερμοσίφωνας με άμεση θέρμανση
durch|leiten ⟨*-e-*⟩ *Waren* διαμετακομίζω; **~lesen*** διαβάζω όλα, όλο το ...; διεξέρχομαι
durch'leuchten ⟨*-e-*⟩ (*röntgen*) ακτινοσκοπώ; *fig pers* βολιδοσκοπώ; *Frage* εξετάζω λεπτομερώς
Durch'leuchtung *f* ακτινοσκόπηση
durch'löcher|n ⟨*-re*⟩ διατρυπώ; **~t** διάτρητος, τρυπητός
durch|lotsen ⟨*-t*⟩ *auch fig* πλοηγώ; **~lüften** ⟨*-e-*⟩ εξαερίζω; (**ordentlich**) **~lüften** ξεβρομίζω
Durch'lüftung *f* εξαερισμός
durch|machen (*leiden*) παθαίνω; *Elend*

D

δοκιμάζω; *Zeit(en)* διέρχομαι; *Stadium* διατρέχω; *Militärdienst* περνώ (-άς); ***er hat viel (im Leben) ~gemacht*** τράβηξε πολλά

Durchmarsch *m* διέλευση

durchmarschieren ⟨*sn*⟩ διελαύνω

Durchmesser *m* διάμετρος *f*

durchmüssen (*part* ***durchmüssen***) πρέπει να περάσω

Durchnahme *f e-s Kapitels* διαπραγμάτευση

durch|'nässen ⟨*-t*⟩ *Regen*: καταβρέχω, καταμουσκεύω; **~'nässt** βρεγμένος, μουσκεμένος; ***bis auf die Haut ~nässt werden*** βρέχομαι ως το κόκκαλο

durch|nehmen* (*Schule*) διδάσκω, (δια)πραγματεύομαι; ***nicht ~genommen*** αδίδαχτος; **~pausen** ⟨*-t*⟩ ξεσηκώνω (*subst* ξεσήκωμα *n*); **~peitschen** καμτσικίζω; *fig* περνώ (-άς) με βία; **~prügeln** ⟨*-le*⟩ ξυλοφορτώνω, ξυλοκοπώ (*subst* ξυλοκόπημα *n*)

durch'queren *See*, *Land* διασχίζω; *Wald* διαπερνώ (-άς)

Durch'querung *f* διάσχιση, διαπέραση

durch|rechnen ⟨*-e-*⟩: ***noch einmal ~rechnen*** μετεξετάζω (το λογαριασμό); **~regnen** ⟨*-e-*⟩: ***es regnet durch*** στάζει η στέγη (το ταβάνι, η κάμαρα *usw*); **~reiben***: ***sich ~reiben*** τρυπώ; ***... ist ~gerieben*** τρύπησε

Durchreiche *f* πάσο

Durchreise *f* διέλευση (**durch**/από); ***auf der ~ sein*** διέρχομαι

durchreisen ⟨*-t*; *sn*⟩ *v/i* περνώ (-άς), διέρχομαι

durch'reisen ⟨*-t*⟩ *v/t* περιτρέχω

durch|reißen* σχίζω; **~rühren** ταράσσω; *Speise* ***gut ~rühren*** δουλεύω; **~rütteln** ⟨*-le*⟩ τραντάζω, ταντανίζω

Durchsage *f* (ραδιοφωνική) ανακοίνωση

durchsägen πριονίζω

durch'schauen *fig* (*merken*) διαβλέπω

durchschauen → ***durchsehen***

durch|scheinen* (*auch fig*) διαφαίνομαι; **~scheinend** διαφανής; διαφαινόμενος; **~scheuern** ⟨*-re*⟩: *Ärmel* ***sich ~scheuern*** φαγώνομαι; ***... sind ~gescheuert*** ... φαγώθηκαν

durch'schiffen διαπλέω

Durchschlag *m* κόπια

durchschlagen* *v/t* (*trennen*) κόβω; (*lochen*) τρυπώ (-άς); (*sieben*) σουρώνω; *fig* **sich ~** βιοπαλεύω; (*kümmerlich*) τα φέρνω τσίμα-τσίμα

durch'schlagen* *v/i* διαπερνώ (-άς), ξεπερνώ (-άς)

durchschlagend *Erfolg*: θεαματικός; *Argument*: τετραγωνικός

Durchschlagpapier *n* καρμπόν

durch|schleusen ⟨*-t*⟩ περνώ (-άς) από νεροδεσιά; *fig* πλοηγώ, περνώ κρυφά (***j-n***/κπ); **~schlüpfen** ⟨*sn*⟩ διολισθαίνω (**durch** *A*/δια μέσου *G*); *z.B. durch die Tür*: μπουκάρω μέσα; *fig* διαφεύγω; **~schmuggeln** ⟨*-le*⟩ λαθρεμπορεύομαι; **~schneiden*** κόβω, διασχίζω

durch'schneiden* *MATH* (*durch'ziehen*) διατέμνω; *Wellen*: σχίζω

Durchschnitt *m* (*Mittelmaß*) μέσος όρος; (*Schneiden*) διατομή; ***im ~*** κατά μέσο όρο

durchschnittlich μέσος; *adv* κατά μέσο όρο

Durchschnitts|- (*Temperatur*, *Mensch usw*) μέσος; **~einkommen** *n* μέσο εισόδημα; **~temperatur** *f* μέση θερμοκρασία

durch|'schnüffeln ⟨*-le*⟩ *fig* ξεψαχνίζω; **~'schreiten*** βαδίζω, βηματίζω (από)

Durchschrift *f* αντίγραφο

Durchschuss *m TYP* διάστιχο; (*Verletzung*) διαμπερές τραύμα *n*

durch|schütteln ⟨*-le*⟩ *v/t* τραντάζω, (ανα)τινάζω; ***~geschüttelt werden*** παραδέρνω; **~'schweifen** γυρίζω; **~'schwimmen*** κολυμπώ διαμέσου *G*

durch|sehen* ελέγχω (**durch** *A*/*A*); (*prüfen*) κοιτάζω; ***nicht ~gesehen*** ακοίταχτος; **~seihen** διηθώ, σουρώνω (*subst* σούρωμα *n*)

durchsetzen ⟨*-t*⟩ επιβάλλω (***bei j-m etw***/κτ σε κπ); ***sich ~*** επιβάλλομαι (**bei** *D*/σε); (*z.B. im Leben*) επιπλέω; πιάνω; *Wahrheit*, *Meinung* επικρατώ (**gegen** *A*/*G*)

durch'setzen ⟨*-t*⟩ προσμιγνύω (***etw mit*** *D*/σε ... το), ανακατεύω (***mit***/με)

Durchsetzung *f* επιβολή (***von Forderungen***/αξιώσεων)

Durchsetzungsvermögen ⟨*-s*; *0*⟩ *n* επιβλητικότητα

Durchsicht *f* επιθεώρηση, εξέταση

durchsichtig λαγαρός, διαφανής, διαυγής

Durchsichtigkeit ⟨*0*⟩ *f* διαφάνεια, διαύγεια
durch|sickern ⟨*-re*; *sn*⟩ *auch fig* διαρρέω (*subst* διαρροή); F τσαμπουκαλεύομαι; **~sieben** στραγγίζω; κρησαρίζω; **~sprechen*** συζητώ
durch'stechen* τρυπώ (-άς), περονιάζω, διαπερνώ; *Landenge* διορύσσω (*subst* διόρυξη)
durchstecken περνώ (-άς)
Durchstich *m* διόρυξη, άνοιγμα *n*
durch|'stöbern ⟨*-re*⟩ σκαλίζω; **~'stoßen*** διωθώ, διατρυπώ
durch|stoßen* *MIL* διεισδύω (**durch** *A*/ δια *G*); τρυπώ (-άς) (**durch** *A*/*A*); **~streichen*** διαγράφω, σβήνω
durch|'streifen (*auch Lokale*) γυρίζω; **~'strömen** διαρρέω (*subst* διαρροή); **~'suchen** ψάχνω, διερευνώ (-άς); ***j-n* ~suchen** κάνω έρευνα σε κπ
Durch'suchung *f* ψάξιμο (-ατος), διερεύνηση, έρευνα
durch|'tanzen ⟨*-t*⟩ περνώ τη νύχτα χορεύοντας; **~'tränken** εμποτίζω
durch'trieben τετραπέρατος, κατεργάρης (-α, -ικο)
Durch'triebenheit ⟨*0*⟩ *f* κατεργαριά
durch|'wachen: *die Nacht ~wachen* διανυκτερεύω; **~'wachsen** *adj* ανακατωμένος; *Fleisch*: με λαρδί, τραγανά; λαρδωμένος
Durchwahl *f TEL* αυτόματη κλήση
durchwählen καλώ κατευθείαν
Durchwahlnummer *f* αριθμός αυτόματης κλήσης
durch|walken F μουρλαίνω στο ξύλο; **~'wandern** ⟨*-re*⟩ *v/t* περιέρχομαι, περιτρέχω; **~'wärmen** διαθερμαίνω; **~waten** ⟨*-e-*⟩ *v/t* περνώ *A* στα ρηχά
durchweg γενικώς
durch|'wehen διαπνέω (*subst* διαπνοή); **~weichen** *v/t* μουσκεύω; → ***durch'nässen***; **~'wirken** συνυφαίνω; **~'wühlen** (*auch fig*) ανασκαλεύω; *fig* ψαχουλεύω σε; **~'ziehen*** διεξέρχομαι, διατέμνω
durchziehen* *v/t* περνώ (-άς)
Durchzug *m* διέλευση; ρεύμα *n* αέρας; *MIL* πέρασμα *n*
dürf|en* μπορώ; επιτρέπεται να ...; κάνει να ...; ***nicht ~en*** δεν πρέπει να ...; δεν κάνει να ...; πρέπει να μη ...; ***darf ich rauchen?*** κάνει να καπνίζω; ***es ~te*** + *inf* πιθανώς (να ...); φοβούμαι μη ...
dürftig φτωχικός; *auch fig* πενιχρός
Dürftigkeit ⟨*0*⟩ *f* πενιχρότητα, φτώχεια
dürr (*hager*) ξερακιανός, ξερός, κάτισχνος; (*ohne Regen*) άβροχος, άβρεκτος
Dürre *f* ξεραΐλα, ξηρασία
Durst ⟨*-ẹs*; *0*⟩ *m* δίψα (**auf** *A*; *fig* **nach** *D*/*G*); **~ *haben*** διψάω (-άς); ***den ~ löschen*** ξεδιψώ (-άς); ***ich komme um vor ~*** γανιάζω για νερό
dürsten ⟨*-e-*⟩ *fig* διψάω (-άς) (**nach** *D*/*A*)
durstig διψασμένος; **~ *sein*** διψάω (-άς)
Dusche *f* ντους ⟨*0*⟩ *n*; *auch fig* ***kalte ~*** ψυχρολουσία
duschen κάνω ντους
Duschgel [-ge:l] ⟨*-s*; *-e*, *-s*⟩ *n* τζελ ⟨*0*⟩ *n* για ντους
Düse *f TECH* εγχυτήρας, ζικλέρ ⟨*0*⟩ *n*
Düsen|antrieb *m* αεριοπροώθηση; ***mit ~antrieb*** αεριωθούμενος; **~flugzeug** *n* τζετ ⟨*0*⟩ *n*, (αεροπλάνο) αεριωθούμενο
Dussel *m* F στουρνάρι
dusselig F χοντροκέφαλος
Dusseligkeit *f* χοντροκεφαλιά
düster [y:] ⟨*-trer*⟩ μαύρος; *auch fig* ζοφερός; *fig* άραχνος
Düster|heit, ~keit ⟨*0*⟩ *f* ζοφερότητα
Dutyfreeshop ['dju:ti'fri:ʃɔp] ⟨*-s*; *-s*⟩ *m* αφορολόγητα *n*/*pl*, κατάστημα *n* αφορολόγητων
Dutzend ⟨*-s*; *-e*⟩ *n* ντουζίνα, δωδεκάδα; ***etwa ein ~*** δωδεκαριά
dutzendweise κατά δωδεκάδα
duzen ⟨*-t*⟩ μιλώ στον ενικό (***j-n***/σε κπ)
Duzen *n* προσφώνηση στον ενικό
Dyn ⟨*-s*; *-*⟩ *n PHYS* δύνη
Dy'namik ⟨*0*⟩ *f* δυναμική
dy'namisch δυναμικός
Dyna'mit ⟨*-s*; *0*⟩ *n* δυναμίτιδα
Dy'namo ⟨*-s*; *-s*⟩ *m*, **~maschine** *f* δυναμό, δυναμομηχανή
Dynamo'meter *n* δυναμόμετρο
Dyna'stie *f* δυναστεία
dy'nastisch δυναστικός
D-Zug ['de:tsu:k] *m* εξπρές ⟨*0*⟩ *n*

E

E, e [ˀeː] *n etwa* ε (η); *MUS* μι *n*
Ebbe *f* άμπωτις (-ιδος); **~ und Flut** παλίρροια
eben (*glatt*) ομαλός, ίσιος, ισόπεδος; *Boden*: ακλινής; *Weg*: στρωτός; *auch MATH* επίπεδος; (*Trigonometrie*) ευθύγραμμος; (*genau*) **~** (**das**) (αυτό) ίσα-ίσα; *Zeit*: μόλις
Ebenbild *n* ομοίωμα *n*, (*der Mutter usw*) αντίγραφο
ebenbürtig εφάμιλλος (*D*/*G*), ισάξιος
Ebenbürtigkeit ⟨*0*⟩ *f* ομοταξία, ισοτιμία
Ebene *f* πεδιάδα, κάμπος; *fig* επίπεδο; *MATH* **schiefe ~** κεκλιμένο επίπεδο
eben|erdig *Übergang*: ισόπεδος; **~falls** *adv* επίσης
Eben|heit ⟨*0*⟩ *f* ομαλότητα; **~holz** *n* έβενος *f*; **aus ~holz** εβένινος; **~maß** *n* συμμετρία; ευρυθμία
ebenmäßig συμμετρικός, εύρυθμος
Ebenmäßigkeit ⟨*0*⟩ *f* ομαλότητα
ebenso ομοίως; **~ ... wie** το ίδιο ... όσο
Eber *m* συς *m*, σύαγρος, καπρί
ebnen ⟨*-e-*⟩ ισιώνω; ισοπεδώνω; *fig* **j-m den Weg ~** ανοίγω σε κπ το δρόμο
Ebnen *n* ίσιωμα *n*; ισοπέδωση
Echo [ˈˀɛçoː] ⟨*-s*; *-s*⟩ *n* αντίλαλος; *auch fig* απήχηση, ηχώ (-ούς) *f*; **~lotung** *f* ηχοβόληση
echt *allg*, *Ware*: γνήσιος; *Athener usw*: βέρος, καθαυτό; *Farbe*: ανεξίτηλος; (*rein*) *Butter usw*: ανόθευτος; *Handschrift usw*: αυθεντικός; *Patriot*, *Diamant*: αληθής
Echtheit ⟨*0*⟩ *f* γνησιότητα; αυθεντικότητα; *K* έγκυρον
Eck|- (*Schrank usw*) γωνιακός; (*Stein*) ακρογωνιαίος; **~ball** *m* (*Sport*) κόρνερ ⟨*0*⟩ *n*; **~daten** *n*/*pl* βασικά στοιχεία *n*/*pl*
Ecke *f* γωνιά, γωνία, άκρα; (*z.B. des Tisches*, *Kante*) κόχη, αγκωνή; **um die ~ biegen** στρίβω; *fig* **um die ~ bringen** ξεμπερδεύω με
eckig γωνιακός
Eck|lohn *m* βασικός μισθός; **~pfeiler** *m* ακρόβαθρο; **~stein** *m* γωνιόλιθος, αγκωνάρι; **~zahn** *m* κυνόδοντας
E'conomyklasse *f* οικονομική θέση
edel ⟨*-dl-*⟩ ευγενής
Edel|- *CHEM* (*Metall*) ευγενής, τίμιος; (*Stein*) πολύτιμος; **~mut** *m* γενναιοφροσύνη, μεγαλοψυχία; **~stein** *m* πετράδι; **~weiß** ⟨*-es*; *0*⟩ *n BOT* εντελβάις ⟨*0*⟩ *n*
E'dikt ⟨*-ẹs*; *-e*⟩ *n bsd hist* έδικτο
Efeu ⟨*-s*; *0*⟩ *m* κισσός
Effekt [ɛˈfɛkt] ⟨*-ẹs*; *-e*⟩ *m* αποτέλεσμα *n*; εφφέ ⟨*0*⟩ *n*; **~en** *pl HDL* χρεόγραφα *n*/*pl*; **~hascherei** *f* τάση να φιγουράρω
effek'tiv πραγματικός; αποτελεσματικός
e'ffektvoll φιγουράτος, φανταχτερός
effemi'niert θηλυπρεπής
effizi'ent αποτελεσματικός
Effizi'enz *f* αποτελεσματικότητα
e'gal ίσος, ισόμετρος; **das ist mir ~** το ίδιο μου κάνει
Egge *f* σβάρνα, βωλοκόπι
eggen *v*/*t* σβαρνίζω, βωλοκοπώ
Ego'ismus ⟨*-*; *0*⟩ *m* εγωισμός
Ego'ist ⟨*-en*⟩ *m* εγωιστής
ego'istisch εγωιστικός
ego'zentrisch εγωκεντρικός
ehe *ko* πριν να
Ehe [ˈeːə] *f* γάμος; **aus erster ~** από πρώτο γάμο; **e-e wilde ~ führen** συζώ; **e-e ~ eingehen** παντρεύομαι; **die ~ brechen** μοιχεύω
Ehe|- συζυγικός; **~bett** *n* συζυγικό κρεβάτι; **~brecher** *m* μοιχός; **~brecherin** *f* μοιχαλίδα; **~bruch** *m* μοιχεία; **~frau** *f* σύζυγος *f*; **~gatte** *m* σύζυγος; **~leute** *pl* σύζυγοι *m*/*pl*
ehe|lich συζυγικός; *Kind*: γνήσιος; **~liche Pflichten** συζυγικά καθήκοντα *n*/*pl*; **~liches Zusammenleben** έγγαμη συμβίωση; **~los** άγαμος
Ehelosigkeit ⟨*0*⟩ *f* αγαμία
ehemal|ig παλαιός; απόμαχος; *als adv* τέως, πρώην; **~s** πάλαι, άλλοτε
Ehe|mann *m* σύζυγος; **~paar** *n* ανδρόγυνο
eher προτύτερα; (*vielmehr*) (**wohl**) **~** μάλλον; (*lieber*) προτιμότερον
Ehering *m* βέρα
ehern σιδερένιος (*auch fig*)
Ehe|scheidung *f* διαζύγιο, χωρισμός; **~schließung** *f* παντρειά; **~stand** ⟨*-ẹs*;

0⟩ m συζυγία; **~stiftung** *f* συνοικέσιο; **~vermittlerin** *f* προξενήτρια; **~vermittlung** *f* προξενιά
ehrbar έντιμος, χρηστός
Ehrbarkeit *⟨0⟩ f* εντιμότητα
Ehre *f* τιμή; ***zu ~n*** *G* προς τιμήν *G*; ***in ~n*** αστιγμάτιστος; ***in ~n halten*** σέβομαι; ***j-m ~ machen*** κπ κολακεύω
Ehren- (*Bürger usw*) επίτιμος
ehren *v/t* τιμώ (-άς), σέβομαι
Ehrenamt *n* τιμητικό αξίωμα *n*
ehrenamtlich άμισθος; *adv* άνευ αποδοχών
Ehren|bezeigungen *f/pl* τιμές *f/pl*; **~grabmal** *n* κενοτάφιο
ehren|haft → ***ehrbar***; **~halber** τιμής ένεκεν
Ehrenrechte *n/pl*: ***bürgerliche ~*** αστικά και πολιτικά δικαιώματα *n/pl*
ehrenrührig ατιμωτικός
Ehren|sache *f* ζήτημα *n* τιμής; **~sitz** *m* θώκος
ehrenvoll τιμητικός
Ehrenwort *⟨-ȩs; -e⟩ n* λόγος τιμής; ***auf ~!*** λόγω τιμής; ***~!*** μα την αλήθεια!; ***sein ~ geben*** δίνω τον λόγο της τιμής μου
ehrerbietig ευλαβής
Ehrerbietung *f* ευλάβεια
Ehr|furcht *f* σεβασμός (***vor*** *D*/προς *A*); **~gefühl** *⟨-ȩs; 0⟩ n* φιλοτιμία; ***an j-s ~gefühl appellieren*** φέρνω κπ στο φιλότιμο
Ehrgeiz *m* φιλοδοξία; ***den ~ entwickeln, zu ...*** φιλοτιμούμαι να
ehrgeizig φιλόδοξος, φιλότιμος
ehrlich τίμιος; *adv* ... εντάξει
Ehrlichkeit *⟨0⟩ f* τιμιότητα
ehrlos άτιμος
Ehrlosigkeit *f* ατιμία
Ehrung *f* εκτίμηση
ehrwürdig σεβάσμιος; αξιότιμος, αιδέσιμος
Ei *⟨-ȩs; -er⟩ n* αβγό, *K* ωόν; ANAT ωάριο; ***faules, hart gekochtes, rohes, weich gekochtes ~*** κλούβιο, σφιχτό, ρουφηχτό, μελάτο αβγό; ***für ein ~ und ein Butterbrot*** για ένα κομμάτι ψωμί
Ei- ANAT ωο-
Eibe *f* τάξος *f*, σμιλάγι
Eich|baum *m*, **~e** *f* δρυς (-υός) *f*, βαλανιδιά; (*Holz*) δρύινο; ***immergrüne ~e*** πουρνάρι; **~el** *f* βαλανίδι, *auch* ANAT βάλανος
eichen[1] *adj* δρύινος
eichen[2] βουλλώνω, χαράσσω, ρυθμίζω
Eichenholz *n* δρυόξυλο; ***aus ~*** δρύινος
Eichenwald *m* δρυμός
Eichhörnchen *n* σκίουρος, βερβερίτσα
Eichmaß *n* πρότυπο, αγιάρι
Eichung *f* ρύθμιση
Eid *⟨-ȩs; -e⟩ m* όρκος; ***e-n ~ leisten*** ορκίζομαι, δίδω όρκο; ***an ~es statt*** ανώμοτος βεβαίωσις *f*; **~bruch** *m* επιορκία
eidbrüchig επίορκος; ***~ werden*** επιορκώ
Eidechse *f* σαύρα, γουστερίτσα
Eidesleistung *f* ορκοδοσία, ορκωμοσία
eidesstattlich: ***in Form e-r ~en Erklärung*** υπό τύπον υπεύθυνης δηλώσεως
Eidgenosse *m* ομόσπονδος
Eidgenossenschaft *⟨0⟩ f* (*Schweiz*) ομοσπονδία
eidlich ένορκος (*adv* ενόρκως)
Eidotter *n* κρόκος
Eier|becher *m* αβγοθήκη; **~frucht** *f* μελιτζάνα; **~händler** *m* αβγουλάς (-άδες); **~kuchen** *m* τηγανίτα; σφουγγαράτο; **~legen** *n* ωοτοκία; **~schale** *f* αβγότσουφλο; **~stock** *m* ANAT ωοθήκη; **~tanz** *m* F *fig* ακροβασία
Eifer *⟨-s; 0⟩ m* ζήλος, ζέση; **~er** *m* ζηλωτής
eifern *⟨-re⟩* εναντιώνομαι (***gegen*** *A*/σε)
Eifersucht *⟨0⟩ f* ζήλεια, ζηλοτυπία
eifersüchtig ζηλότυπος; ***~ sein auf j-n*** ζηλεύω κπ; ***aufeinander ~ sein*** ζηλεύομαι
eiförmig ωοειδής
eifrig ένθερμος, επιμελημένος; ***sehr ~*** *adv* ζεστά, με ζέση
Eigelb *⟨-s; -e⟩ n* κρόκος, κροκάδι
eigen δικός (μου), ίδιος; (*besonder-*) ιδιαίτερος; (*allein besitzend*) ιδιόκτητος; ~ (*eigentümlich*) ***sein*** ιδιάζω; *j-m* ***~ sein*** προσιδιάζω σε; ***in unserem ~en Land*** στην ίδια την πατρίδα μας
Eigen *n*: ***sich*** (*D*) ***etw*** (*Idee usw*) ***zu ~ machen*** υιοθετώ, εγκολπώνομαι
Eigenart *f* ιδιομορφία, ιδιοτροπία
eigenartig ιδιόμορφος, ιδιότροπος
Eigen|brötler *m* ιδιότροπος άνθρωπος *oder* τύπος; **~finanzierung** *f* αυτοχρηματοδότηση

E

eigenhändig ιδιόχειρος; *Unterschrift*: ιδιόγραφος; ~ **geschrieben** αυτόγραφος
Eigen|heim *n* ιδιόκτητο σπίτι; **~heit** *f* ιδιοτροπία; **~kapital** *n* προσωπικό κεφάλαιο; **~liebe** *f* φιλαυτία; **~lob** *n* περιαυτολογία, μεγαλαυχία
eigenmächtig αυθαίρετος
Eigen|mächtigkeit *f*, *mst pl* **~en** αυθαίρετα *n*/*pl*; **~name** *m* κύριο όνομα; **~nutz** ⟨*-es*; *0*⟩ *m* ιδιοτέλεια
eigennützig ιδιοτελής, ιδιωφελής
eigens *adv* ξεπίτηδες, επίτηδες
Eigenschaft *f* ιδιότητα
Eigenschaftswort *n* GR επίθετο
Eigensinn ⟨*-ɇs*; *0*⟩ *m* πείσμα *n*, κακοκεφαλιά
eigensinnig δύστροπος, κακοκέφαλος
Eigensinnigkeit *f* δυστροπία
eigenständig αυθύπαρκτος, αυτοδύναμος
Eigenständigkeit ⟨*0*⟩ *f* αυθυπαρξία
eigentlich ουσιαστικός (*adv* -ά), κυριολεκτικός; *Name*: κύριος; *oft Füllwort*: άραγε; ***warum ~?*** γιατί άραγε
Eigen|tum ⟨*-s*; *0*⟩ *n* κυριότητα, ιδιοκτησία; **~tümer** *m* ιδιοκτήτης; ***~tümer*** *G* ***sein*** είμαι κύριος *G*
eigentümlich τυπικός, ιδιόρρυθμος
Eigentümlichkeit *f* ιδιορρυθμία, (*auch Sprache*) ιδίωμα *n*, ιδιότητα
Eigentums|recht *n* δικαίωμα *n* κυριότητος; **~urkunde** *f* δικαιόγραφο; **~wohnung** *f* ιδιόκτητη κατοικία
Eigenvermögen *n* JUR εξώπροικα *n*/*pl*; ιδιωτική περιουσία
eigenwillig δύστροπος, ιδιότροπος
Eigenwilligkeit *f* ιδιοτροπία
eignen ⟨*-e-*⟩: ***sich ~*** προσφέρομαι (***zu*** *D*/σε), κάνω (για)
Eigner *m* ιδιοκτήτης
Eignung *f* καταλληλότητα
Eignungstest *m* τεστ *n* καταλληλότητας
Eil- κατεπείγων; (*-Marsch*) εσπευσμένος; (*Post*) επείγων (-ουσα, επείγον)
Eiland ⟨*-ɇs*; *-e*⟩ *n poet* μικρόνησος *f*
Eil|bote *m* έκτακτος ταχυδρόμος; **~brief** *m* επείγουσα επιστολή, επείγον (γράμμα); ***~brief!*** επείγουσα!
Eile ⟨*0*⟩ *f* σπουδή, βία, βια, βιασύνη; ***in ~ sein*** βιάζομαι; ***~ mit Weile!*** σπεύδε βραδέως
Eileiter *m* ANAT ωαγωγός, σάλπιγγα
eil|en ⟨*sn*⟩ σπεύδω (**zu**/να), πετιέμαι; ***es ~t*** κατεπείγει; **~ends** βιαστικά; **~ig** βιαστικός (*adv* -ά); *adv* επειγόντως; ***es ~ig haben*** είμαι βιαστικός; **~igst** εν τάχει
Eilzug *m* ταχεία
Eimer *m* κουβάς (-άδες), κάδος
ein (**eine, eins**) ένας (*K* εις); μία, μια; ένα; ***um ~ Uhr*** στη (F στις) μία; ***es ist ~ Uhr*** *oder* **eins** είναι μία; *art z.B.* ***~ Mensch*** ένας άνθρωπος; ***~er wie der andere*** ένας κ' ένας; ***~er nach dem anderen*** ένας-ένας; ***der ~e ... der andere*** ο μεν ... ο δε; ***die ~en ... die anderen*** άλλοι ... άλλοι; ***~ für alle Mal*** μια για πάντα; ***... ist mein Ein und Alles*** ... είναι το είναι μου; ***~ gewisser*** κάποιος; ***~ und dasselbe*** (είναι) εν και το αυτό; ***~em, ~en*** *D und A von* ***man***, *z.B.* ***das tut ~em gut*** αυτό μου (*oder* μας) κάνει καλό; *adv* ***weder ~ noch aus wissen*** δεν ξέρω τι να κάνω
ein-[1] *Präfix oft*: εν- (εγ-, ελ-, εμ-, εφ-)
ein-[2] *Zahlwort*: μονο-, ενικός
Einakter *m* THEA μονόπρακτο
Einak'zentsystem *n* μονοτονικό σύστημα
ein'ander αλλήλων, αλλήλους, αλληλο-, ο ένας ... τον άλλο
einarbeiten ⟨*-e-*⟩ εξοικειώνω στην εργασία (***j-n***/κπ); ***sich ~*** μαθαίνω *oder* συνηθίζω τη δουλειά
Einarbeitung *f* εξοικείωση
einarmig μονόχειρας, κουλός
einäschern ⟨*-re*⟩ αποτεφρώνω
Einäscherung *f* αποτέφρωση
einatmen ⟨*-e-*⟩ εισπνέω
Einatmung ⟨*0*⟩ *f* εισπνοή
einäugig μονόφθαλμος
Einbahnstraße *f* μονόδρομος
einbalsamieren βαλσαμώνω, ταριχεύω
Einbalsamierung *f* ταρίχευση
Einband ⟨*-ɇs*; *¨e*⟩ *m e-s Buches*: δέσιμο
ein|bändig μονότομος; **~basisch** CHEM μονοβασικός
Einbau ⟨*-ɇs*; *-ten*⟩ *m* εγκατάσταση; ενσωμάτωση; (*in die Wand*) εντοιχισμός; **~-** εντοιχισμένος
einbauen εγκαθιστώ, εντοιχίζω
Einbau|küche *f* εντοιχιζόμενη κουζίνα; **~möbel** *n*/*pl* κτιστά έπιπλα; **~schrank** *m* χωνευτό *oder* εντοιχιζόμενο ντουλάπι

ein|begriffen: ***mit ~begriffen sein*** συμπεριλαμβάνομαι; **~behalten*** *vom Gehalt*: (κατα)κρατώ
Einbehaltung *f* κράτηση; κατακράτηση
einbeinig μονοπόδαρος
einberufen* *Parlament* συγκαλώ; *Versammlung* συγκροτώ; *MIL* καλώ; *Jahrgang* επιστρατεύω; ***zur Kriegsmarine*** ~ ναυτολογώ; ***zum Heer*** ~ στρατολογώ; ***nicht*** ~ ασύγκλητος
Einberuf|ene(r) επίστρατος, κληρωτός; **~ung** *f* σύγκληση; συγκρότηση; *MIL* πρόσκληση; **~ungsbescheid** *m* διαταγή προσκλήσεως
Einbett|- μονόκλινος; **~zimmer** *n* μονόκλινο δωμάτιο
einbiegen* ⟨*sn*⟩ *v/i* στρίβω, λοξεύω; (***nach links***/αριστερά); *v/t* λοξεύω
einbilden ⟨*-e-*⟩: ***sich*** (*D*) ***etw*** ~ φαντάζομαι *A*; (*wichtig tun*) αλαζονεύομαι; καυχιέμαι (***auf*** *A*/για)
Einbildung *f* φαντασία; αυταρέσκεια; ***in der*** ~ κατά φαντασίαν
Einbildungskraft ⟨*0*⟩ *f* φαντασία
ein|binden* δένω; **~blättrig** μονόφυλλος
Einblick *m fig* γνώση, ιδέα; ***e-n ~ haben*** είμαι μπασμένος *oder* μυημένος (***in*** *A*/σε); ***j-m e-n ~ gewähren in*** *A* μυώ κπ σε; ***sich e-n ~ verschaffen in*** *A* ενημερώνομαι επί *G*
einbrechen* *v/t Tür* σπάζω; *v/i* ⟨*sn*⟩ (*in ein Haus*) διαρρηγνύω *A*, κάνω διάρρηξη
Einbrecher *m* διαρρήκτης; **~-** διαρρηκτικός
einbrennen* καυτηριάζω
einbringen* *Ernte* συγκομίζω (*auch Gewinn*), σοδιάζω; φέρνω (*auch JUR in die Ehe*); *Antrag* υποβάλλω; *die Sache* ***bringt etwas ein*** σηκώνει νερό; ***nicht eingebracht*** ασυγκόμιστος
Einbringung *f e-s Antrags*: υποβολή
einbrocken *Brot* βουτώ (-άς); *fig j-m* ***etw*** ~ βάζω σε μπελά; ***sich*** (*D*) ***etw*** ~ ανοίγω μπελάδες
Einbruch *m* διάρρηξη; *MIL* ρήγμα *n*; (*z.B. Schlechtwetter*) επίθεση *G*
Einbruchs|- διαρρηκτικός; **~diebstahl** *m* κλοπή διαρρήξεως
Einbuchtung *f* εγκοπή
einbürgern ⟨*-re*⟩ πολιτογραφώ; ***sich*** ~ *fig* καθιερώνομαι; ***sich ~ lassen*** πολιτογραφούμαι
Einbürgerung *f* πολιτογράφηση
Einbuße *f* χάσιμο (-ατος), αποστέρηση (***an*** *D*/*G*)
einbüßen ⟨*-t*⟩ αποστερούμαι (*A*/*A oder G*)
einchecken ['-tʃɛkən] τσεκάρω
eincremen αλείφω με κρέμα
eindämmen *Fluss* μωλώνω; *Feuer* εντοπίζω, καταστέλλω; *z.B. Ölpest* αιχμαλωτίζω; *fig* (*züngeln*) αναχαιτίζω
Eindämmung *f* εντόπιση, καταστολή
eindecken: *sich ~ mit* *D* καλύπτομαι από
Eindecker *m LUFTF* μονοπλάνο
eindeichen *v/t* μωλώνω
eindeutig μονοσήμαντος; (*klar*) τρανός
Eindeutigkeit *f* τρανότητα
eindeutschen εκγερμανίζω
eindicken *Suppe usw* δένω
Eindickung *f* δέσιμο
eindringen* ⟨*sn*⟩ (***in*** *A*) *Feind, Ideen*: εισχωρώ σε; εισβάλλω, εισορμώ (-άς) σε; *Einbrecher*: πατώ (-άς) *A*; *Wasser*: μπουκάρω, διεισδύω σε; *fig Thema*: εμβαθύνω σε; *subst* εισχώρηση, εισόρμηση; διείσδυση
eindringlich έντονος
Eindringling ⟨*-s*; *-e*⟩ *m* εισβολέας, επιδρομέας
Eindruck *m* εντύπωση (***von*** *D*/από); ~ ***machen auf*** *A* κάνω εντύπωση σε; φιγουράρω
eindrucken εντυπώνω
eindrücken εμπιέζω
eindrucksvoll εντυπωσιακός, επιβλητικός
eine(r) → ***ein***
einebnen ⟨*-e-*⟩ ισοπεδώνω
Einebnung *f* ισοπέδωση
einengen *auch Kleidung*: στενεύω
einer κάποιος; ~ ***wie der andere*** (= *gleich schlecht oder gut*) ένας κι' ένας
Einer *m MATH* μονάδα
einer'lei το ίδιο; ***das ist mir*** ~ το ίδιο μου κάνει
Einer'lei ⟨*-s*; *0*⟩ *n* μονοτονία, τα ίδια και τα ίδια
einerseits: ~ ***... andererseits*** αφ' ενός (μεν) ... αφ' ετέρου
einfach απλός; *Essen und fig* λιτός; (*ungezuckert*) σκέτος; (*ein Stück*) *Faden*: μονός; ασύνθετος; ***ganz*** ~ απλούστατα

E

Einfachheit ⟨*0*⟩ *f* απλότητα; λιτότητα
einfädeln ⟨*-le*⟩ βελονιάζω, περνώ βελόνη; *fig* μηχανεύομαι
einfahren* *v/t* → **einbringen**; *v/i* ⟨*sn*⟩ μπαίνω (με αμάξι); *Zug*: φθάνω; *Schiff*: φθάνω, εισπλέω
Einfahrt *f* (*Ort*) εμπασιά; (*Ort und Handlung*) είσοδος *f*; είσπλους
Einfall *m* επιδρομή, εισβολή; (*Idee*) *lit* εύρημα *n*; **witziger ~** ευφυολογία
einfallen* ⟨*sn*⟩ (*einstürzen*) βουλιάζω; εισβάλλω (**in** *A*/σε); *Licht*: προσπίπτω; **es fällt mir ein** μου κατεβαίνει; μου καπνίζει (**zu** .../να ...)
einfallsreich εμπνευσμένος
Einfalt ⟨*0*⟩ *f* ευήθεια
einfältig ευήθης, απλοϊκός
Einfamilienhaus *n* μονοκατοικία
ein|fangen* πιάνω; **~färben** TYP μελανώνω; **~farbig** μονόχρωμος
Einfärbung *f* μελάνωμα *n*
einfassen ⟨*-t*⟩ περιβάλλω; (*säumen*) ρελιάζω; κορδελιάζω
Einfassung *f* στεφάνι; περίζωμα *n*; ρέλι, στρίφωμα *n*
einfetten ⟨*-e-*⟩ αλείφω
einfinden*: sich ~ παρουσιάζομαι
einflechten* εμπλέκω; *fig* παρεμβάλλω
Einflechtung *f* εμπλοκή
einflößen ⟨*-t*⟩ ρίχνω στο στόμα (**j-m etw**/κάποιου κτ); *fig* εμφυσώ (**j-m etw**/ κτ σε κπ)
Einflugschneise *f* διάδρομος προσγείωσης
Einfluss *m* επιρροή, επίδραση (**auf** *A*/ επί *G*); **~ haben** έχω επιρροή; **~nahme** *f* επηρεασμός (**auf** *A*/*G*)
einflussreich ισχυρός, κραταιός
einflüstern ⟨*-re*⟩ *fig* ψιθυρίζω στ' αυτί, κανοναρχώ
Einflüsterung *f* υποβολή, κανονάρχισμα *n*
einförmig ομοιόμορφος
Einförmigkeit *f* ομοιομορφία
einfrieren* *v/t* ψύχω; παγώνω; HDL, *Mieten* δεσμεύω; *v/i* ⟨*sn*⟩ παγώνω; **~ lassen** *Beziehungen* αφήνω να παγώσουν; **eingefroren werden** *Preise*: παγώνω
Einfrier|en *n* HDL *der Preise* πάγωμα *n G* (*oder* σε); **~ung** *f* POL *fig* (*der Beziehungen*) υποβάθμιση
einfügen παρεμβάλλω, εντάσσω; **sich ~** *fig* προσαρμόζομαι (**in** *A*/προς *A*)
Einfügung *f* παρεμβολή
einfühlen: sich ~ in *j-n* (*Leid*) ψυχοπονώ (-άς); *allg* κατανοώ
Einfühl|samkeit ⟨*0*⟩ *f* (ψυχολογική) διείσδυση; κατανόηση; **~ung** *f* κατανόηση
Einfuhr *f* εισαγωγή; **~-** εισαγωγικός; **~beschränkungen** *f/pl* περιορισμοί *m/pl* εισαγωγών
einführen *auch Waren* εισάγω; εισκομίζω, μπάζω; *Methoden* εγκαινιάζω, τέμνω; *z.B. Kontrolle* καθιερώνω; *Mode* λανσάρω; *fig* προπαρασκευάζω (**j-n in** *A*/κπ σε); *pers* παρουσιάζω; *subst* μπάσιμο (-ατος)
Einfuhr|genehmigung *f* άδεια εισαγωγής; **~land** *n* χώρα εισαγωγής
Einführung *f* εμβολή (**in** *A*/σε); εγκαινιασμός; *e-r Methode* καθιέρωση; λανσάρισμα *n*; *fig Gebiet*, *Thema*: προπαιδεία; **e-e ~ geben** προπαιδεύω
Einführungs|- εισαγωγικός; προπαρασκευαστικός, προπαιδευτικός; **~angebot** *n* εναρκτήρια προσφορά; **~preis** *m* τιμή γνωριμίας
Einfuhr|verbot *n* απαγόρευση εισαγωγής; **~zoll** *m* εισαγωγικός δασμός
einfüllen: etw in ein Fass ~ γεμίζω ένα βαρέλι (με)
Eingabe *f* υπόμνημα *n*; **~gerät** *n* συσκευή εισαγωγής (EDV)
Eingang *m* είσοδος *f*; (*der Ware*) λήψη; ***Eingänge*** (*Briefe usw*) εισερχόμενα *n/pl*
eingangs: ~ *sagen* προηγουμένως; κατ' αρχάς
Eingangs|- ... της λήψεως, ... της εισόδου; **~datum** *n* ημερομηνία εισόδου; **~stempel** *m* σφραγίδα εισόδου
eingebaut *Möbel*: κτιστός; ένσωματωμένος; εντοιχισμένος
eingeben* *v/t fig* εμπνέω (**j-m etw**/κτ σε κπ); *Arznei*, EDV δίνω
eingebildet ξιπασμένος, φαντασμένος; *Kranker*: κατά φαντασίαν; **~ sein auf** *A* περηφανεύομαι για
Eingebildetheit *f* αλαζονεία
Eingebung *f* έμπνευση
einge|denk μνήμων (*G*/*G*); **~drückt** (*Nase*) πατσός; **~fallen** (*Wangen*) βουλιαγμένος; **~fleischt** φανατικός; **~gangen** *Brief usw*: ληφθείς (-έντος); **~hakt** *gehen* αγκαζέ, αλά μπρατσέτα

eingehen* ⟨*sn*⟩ *v/t Ehe, Vertrag usw* συνάπτω; *v/i Brief*: εισέρχομαι; *auf e-n Scherz, Rat* παίρνω από; (*einwilligen*) στέργω (**auf** *A*/*A*); (*welken, auch fig*) κατσιάζω; *Zeitung usw*: σταματώ (-άς); ~ **lassen** κατσιάζω; σταματώ (-άς); **~d** εισερχόμενος; *fig Untersuchung, Studium*: εμβριθής
eingelassen *Leitung*: χωνευτός
Eingemachte(s) ρετσέλι, γλυκό, κονσερβοποιημένα λαχανικά *n/pl usw*
eingenommen προδιατεθειμένος (**für** *A*/για *A*), (**gegen** *A*/κατά *G*); **von sich** ~ φαντασμένος; **nicht** ~ ασυμπαθής (**für** *A*/προς *A*); ~ **sein für** το βλέπω με καλό μάτι
einge|salzen παστός; **~schoben** παρενθετικός; **~schränkt** (*arbeiten*) πλημμελώς; **~schrieben** *Brief*: συστημένος, σε σύσταση; **~sessen** εγκαταστημένος; **~standener'maßen** ομολογουμένως
Eingeständnis ⟨*-ses*; *-se*⟩ *n* ομολογία
einge|stehen* *v/t* ομολογώ; **~stellt** → **einstellen**; (*gesinnt*) διατεθειμένος; **er ist ~stellt gegen** *A* (*aor*) διετέθη δυσμενώς κατά *G*
Eingestellte(r) (*Angestellter*) προσληφθείς (-έντος)
Eingeweide *pl* εντόσθια *n/pl*, σωθικά *n/pl*; **~wurm** *m* έλμινθα
Eingeweihte(r) μύστης, μυημένος
einge|wöhnen: sich ~wöhnen in *A* εγκλιματίζομαι, εξοικειώνομαι σε; **~wurzelt** *fig* καθιερωμένος; **~zahlt** κατατεθειμένος; **~zäunt** περίφραχτος; **~zogen: ~zogen werden** *MIL* στρατεύομαι
eingießen* ρίχνω, (εγ)χύνω (σε)
Eingießen *n* έγχυση
eingleisig με μία γραμμή
eingliedern ⟨*-re*⟩ εντάσσω (**in** *A*/σε); (*in die Gesellschaft*) αφομοιώνω, αποκαθιστώ (-άς); **sich ~ in** *A* αφομοιώνομαι σε
Eingliederung *f* ένταξη; αποκατάσταση; ενσωμάτωση; (*von Flüchtlingen*) απορρόφηση; αφομοίωση (**in** *A*/σε)
eingraben* παραχώνω
Eingraben *n* παραχώσιμο (-ατος)
eingravieren εγχαράσσω
eingreifen* επεμβαίνω, παρεμβαίνω (**in** *A*/σε); *Polizei auch*: μπαίνω στη μέση; *MIL, TECH* εμπλέκω (**in** *A*/σε)
Eingreif|en *n* επέμβαση; εμπλοκή; **~truppe** *f* δύναμη κρούσεως
Eingriff *m MED* εγχείρηση; **e-n ~ vornehmen** χειρουργώ
einhaken *v/t TECH* εμπλέκω; *v/i* πιάνω; *fig* (*eingreifen*) επεμβαίνω; (*intervenieren*) παρεμβαίνω; → **eingehakt**
Einhalt: e-r *S* (*D*) ~ **gebieten, tun** αναστέλλω *A*; θέτω τέρμα σε
einhalten* *Bedingungen, Gesetz, Zeitplan* τηρώ; *v/i* παύω
Einhaltung *f* τήρηση
einhämmern ⟨*-re*⟩ το βάζω καλά στο νου του; **sich** (*D*) *etw* ~ το γράφω στο μυαλό μου
einhändig μονόχειρας
einhändigen εγχειρίζω (**j-m etw**/κτ σε κπ)
Einhändigung *f* εγχείρηση
einhängen* *Tür* βάζω στους μεντεσέδες; *TEL* κλείνω, αφήνω
einhauen* (**auf j-n**) → **einschlagen**
einheften ⟨*-e-*⟩ (*in ein Kleid*) συρράπτω; *Büroakten* κλασάρω
einheimisch ντόπιος, εγχώριος; *BOT* ενδημικός
Einheimische *pl* ντόπιοι *m/pl*
einheimsen ⟨*-t*⟩ τσεπώνω, ενθυλακώνω; *Preis usw* σαρώνω
Einheit *f* μονάδα (*auch MIL*); ενότητα
einheitlich ενιαίος
Einheitlichkeit ⟨*0*⟩ *f* ενιαίο
einheizen ⟨*-t*⟩ θερμαίνω
einhellig ομόφωνος
Einhelligkeit ⟨*0*⟩ *f* ομοφωνία
einholen *v/t Anker* μαζεύω; *Fahne* υποστέλλω; *Auskünfte* ζητώ (-άς); *Segel* μαϊνάρω; *Verspätung* κερδίζω; (*j-n erreichen*) προφθάνω; *v/i* (*einkaufen*) κάνω ψώνια
Einholen *n* υποστολή; ψώνισμα *n*
einhüllen περικαλύπτω
einig ομόφρων, σύμφωνος, μονιασμένος; ~ **werden** τα ταιριάζουμε; **sich** (**völlig**) ~ **sein** συμφωνώ
einige *adj und subst* μερικοί, ένιοι, ορισμένοι; κάτι; *subst* μερικοί μερικοί; **vor ~r Zeit** προ ολίγου καιρού
einigeln ⟨*-le*⟩: **sich** ~ μαζεύομαι στο καβούκι μου
einigen: sich ~ συμφωνώ (**über** *A*/επί *G*), F ξηγιέμαι

einigermaßen κάπως, έτσι κ' έτσι, όχι και τόσο, αρκετά
Einig|keit ⟨*0*⟩ *f* ομόνοια, ένωση; **~ung** *f* ένωση; (*Verständigung*) συνεννόηση; (*im Arbeitsstreit*) συνδιαλλαγή; **e-e ~ung erzielen** καταλήγω σε συμφωνία
ein|impfen *fig* νουθετώ, κατηχώ (**j-m zu ...**/κπ να ...); → **impfen**; **~jagen** *Furcht* εμβάλλω (**j-m**/κπ σε); *j-m* **e-n Schreck ~jagen** κατατρομάζω *A*
einjährig μονοετής
ein|kalkulieren *fig* συνυπολογίζω; **~kassieren** εισπράττω (*subst* είσπραξη)
Ein|kauf *m* αγορά, ψώνια *n*/*pl*; **~käufe** *m*/*pl* ψώνια *n*/*pl*; **~käufe machen** κάνω ψώνια
einkaufen αγοράζω; ψωνίζω; **~ gehen** πάω να ψωνίσω
Einkäufer *m* πράκτωρας προμηθειών
Einkaufs|bummel *m* βόλτα να ψωνίσω; **~korb** *m* καλάθι για τα ψώνια; **~netz** *n* πλεμάτι; **~preis** *m* HDL αρχική τιμή; **~wagen** *m* καρότσι; **~zentrum** *n* εμπορικό κέντρο
Einkehr *f* επίσκεψη (**in** *A*/*G*); *fig* (*Besinnung*) σύννοια
ein|kehren *v*/*i* ⟨*sn*⟩ κάνω σταθμό; **~keilen** σφηνώνω; **~kerben** χαράσσω; **~kerkern** ⟨*-re*⟩ φυλακίζω; **~kesseln** ⟨*-le*⟩ περικυκλώνω; **~klagen** ενάγω για; **~klammern** ⟨*-re*⟩ θέτω εντός παρενθέσεως
Einklang *m* αρμονία; **im ~ mit** *D* σύμφωνα προς *A*, με; συμμορφούμενος προς *A*; **in ~ bringen mit** *D* συμμορφώνω με; εναρμονίζω προς *A*; **im ~ sein** (**stehen**) συμβιβάζομαι με
ein|kleben εγκολλώ; **~kleiden** ⟨*-e-*⟩ ενδύω, ντύνω; **~klemmen** μαγγώνω (*subst* μάγγωμα *n*)
Einkommen *n* εισόδημα *n*
einkommensschwach ασθενής εισοδηματικά
Einkommensteuer *f* φόρος εισοδήματος
einkreisen ⟨*-t*⟩ περικυκλώνω, ζώνω
Einkreisung *f* κύκλωμα *n*, περίζωση
Einkünfte *f*/*pl* εισοδήματα *n*/*pl*
einladen* *Waren* φορτώνω (σε); *Gäste* καλώ (**j-n zu** *D*/κπ σε), προσκαλώ; *zum Tanz* αγκαζάρω (για); **j-n zum Essen ~** καλώ *oder* αγκαζάρω να φάμε (σπίτι μου); **~d** *z.B. Essen*: ευπαρουσίαστος
Einladung *f* πρόσκληση, κάλεσμα *n* (**zu** *D*/για)
Einladungsschreiben *n* προσκλητήριο
Einlage *f* THEA εμβόλιμο, ιντερμέδιο; HDL κατάθεση, παρακαταθήκη; (*Zahn-*) πρόχειρο βούλωμα
einlagern ⟨*-re*⟩ αποθηκεύω
Einlagerung *f* αποθήκευση
Einlass ⟨*-es*; *¨e*⟩ *m* είσοδος *f*, άδεια εισόδου
einlassen* *v*/*t* επιτρέπω την είσοδο σε; *Wasser* εγχέω; **sich ~ auf** *etw*, **mit** *j-m* καταπιάνομαι με; **sich ~ auf** *etw*, **in** *etw* το ρίχνω σε, πιάνω *A*
Einlassventil *n* βαλβίδα εισαγωγής
Einlauf *m* MED κλύσμα *n*
einlaufen* ⟨*sn*⟩ (*ankommen*) εισέρχομαι; εισπλέω; *Stoffe*: μπαίνω, στενεύω; *subst* μπάσιμο (-ατος), στένεμα *n*; **~d** εισερχόμενος; **nicht ~d** αστένευτος
ein|leben: sich ~leben in *A* εξοικειώνομαι σε; **~legen** (*auch* EDV) βάζω (σε); *Pause* κάνω, παρεμβάλλω
Einlegesohle *f* πάτος
einleiten ⟨*-e-*⟩ (*in Gang setzen*) βάζω μπρος, ξεκινώ (-άς); *Strafverfolgung* ασκώ; *Untersuchung* διενεργώ; *Verhandlungen* αρχίζω; *Verfahren* κινώ; **~d** προοιμιακός, προεισαγωγικός
Einleitung *f* εισαγωγή, προοίμιο, προεισαγωγή, προλεγόμενα *n*/*pl*
einlenken *fig* κάνω νερά, αρχίζω να ενδίδω
einleucht|en ⟨*-e-*⟩: **es ~et mir ein** είναι ευνόητο *oder* σαφές; **~end** ευνόητος, σαφής, προφανής
einliefern ⟨*-re*⟩ διακομίζω; (*in ein Krankenhaus*) μεταφέρω
Einlieferung *f* διακομιδή; μεταφορά (**in** *A*/σε)
einlösen ⟨*-t*⟩ *Scheck usw* εξαργυρώνω; *Wechsel*, *Versprechen* πραγματοποιώ; **nicht eingelöst** όχι ξοφλημένος
Einlösung *f* εξαργύρωση; εξόφληση
einlullen *auch fig* βαυκαλίζω; **~d** *fig* αποκοιμιστικός
einmachen κονσερβοποιώ
Einmachglas *n* βάζο για κονσερβοποίηση
einmal μια φορά, άπαξ; (*irgendwann*) κάποτε, ποτέ; **nicht ~** ούτε (*oder* δεν) ...

καν ...; δεν ... μακάρι και ...; **auf ~** μονομιάς (*auch mit e-m Zug*); εφάπαξ; απότομα; (*gleichzeitig, zusammen*) συνάμα, όλοι μαζί; **noch ~** άλλη μια φορά; **noch ~ so viel, so weit** άλλος τόσος; **es war ~** (*ein König, der*) μια φορά κ' έναν καιρό ...
Einmal'eins ⟨-; *0*⟩ *n* προπαίδεια
einmalig ... εφ' άπαξ; *fig* μοναδικός
Ein|master *m* μονοκάταρτο; **~marsch** *m* εισβολή
ein|marschieren ⟨*sn*⟩ εισβάλλω; **~mauern** ⟨*-re*⟩ κτίζω, εντοιχίζω
Einmauerung *f* εντοιχισμός
einmeißeln ⟨*-le*⟩ γλύφω; αναγράφω
einmengen: sich ~ in *A* αναμιγνύομαι σε
Einminuten- μονόλεπτος
einmischen: sich ~ in *A* παρεμβαίνω σε, επεμβαίνω σε, ανακατεύομαι σε
Einmischung *f* ανάμιξη, επέμβαση
einmummeln ⟨*-le*⟩: F **sich ~** κουκουλώνομαι
einmünden ⟨*-e-*⟩ *Fluss*: χύνομαι (**in** *A*/σε); *Straße*: συναντώ (-άς) (**in** *A*/*A*)
einmütig ομόφωνος
Einmütigkeit ⟨*0*⟩ *f* ομοφωνία
Einnahme *f* (*von Geldern*) είσπραξη, σύναξη; (*Geld*) *mst pl* **~n** έσοδα *n*/*pl*, πρόσοδοι *f*/*pl*; *MIL* πάρσιμο (-ατος), άλωση; **~quelle** *f* πηγή εσόδων
einnehmbar καταληπτός
einnehmen* *Arznei* παίρνω, λαμβάνω; *Stadt* καταλαμβάνω, παίρνω; (*Raum ausfüllen*) καταλαμβάνω, πιάνω; *Betrag* συνάζω; *Stellung* υιοθετώ; **die Stelle** *j-s oder e-r S* **~** κατέχω τη θέση *G*; → **eingenommen**; *Arznei*: **angenehm einzunehmend** εύληπτος; *subst MED* λήψη; **~d** εφελκυστικός
ein|nicken ⟨*sn*⟩ με παίρνει (*oder* πιάνει) ύπνος; **~nisten** ⟨*-e-*⟩: **sich ~nisten in** *A fig* θρονιάζομαι σε
Einöde *f* ερημιά
einordnen ⟨*-e-*⟩ *Bücher usw* κατατάσσω (**in** *A*/σε); ταξινομώ; (*in e-e Kategorie*) υπάγω; **sich ~** (*fügen*) συμμορφώνομαι (**in** *A*/προς *A*); (*einreihen*) μπαίνω σε μια σειρά; (*Verkehr*) κρατώ λουρίδα πορείας
Einordnung *f* κατάταξη, ταξινομία, υπαγωγή
einpacken πακετάρω, κάνω πακέτο; τυλίγω; *subst* πακετάρισμα *n*; τύλιγμα *n*
einparken παρκάρω
Einpar'teien- (*System*) μονοκομματικός
ein|pauken: j-m etw ~pauken χαράσσω κτ στο νου κάποιου; **~pferchen** μαντρίζω (*subst* μάντρισμα *n*); **~pflanzen** ⟨*-t*⟩ εμφυτεύω
Einphasen- μονοφασικός
einpökeln ⟨*-le*⟩ παστώνω
Einpökeln *n* πάστωμα *n*
einprägen αποτυπώνω (**in** *A*/*allg* επί *G*, *fig* σε); εντυπώνω (**j-m etw**/κτ σε κπ); **sich** (*D*) **etw ~** τυπώνω (καλά) στο μυαλό μου, εντυπώνω; *unpers* **es hat sich mir eingeprägt** μου έχει εντυπωθεί
Einprägen *n* αποτύπωση
einprägsam ευμνημόνευτος; εντυπωσιακός; **schwer ~** δυσμνημόνευτος
einprogrammieren προγραμματίζω; βάζω στο πρόγραμμα
einquartier|en *MIL* βάζω σε στρατώνα, παρέχω κατάλυμα *n*; **sich ~en, ~t sein** επισταθμεύω; μπαίνω σε στρατώνα; *allg* καταλύω, φιλοξενούμαι
Einquartierung *f* κατάλυση
ein|rahmen πλαισιώνω, κορνιζάρω; **~rammen** μπήγω (*subst* έμπηγμα *n*); **~rasten** ⟨*-e-*; *sn*⟩ εμπλέκω (**in** *A*/σε); **~räumen** *Möbel* διευθετώ; *Rechte usw* παραχωρώ; (*eingestehen*) παραδέχομαι
Einräum|en *n* διευθέτηση; **~ung** *f* παραχώρηση; παραδοχή; **~ungs-** *GR* παραχωρητικός
einrechnen ⟨*-e-*⟩ συνυπολογίζω
Einrede *f JUR* ένσταση; **e-e ~ gegen** *j-n* **vorbringen** υποβάλλω ένσταση εναντίον *G*
einreden ⟨*-e-*⟩: **j-m etw ~** πείθω κπ για κτ; πουλώ (-άς) κτ σε κπ; **sich** (*D*) **etw ~** μου καρφώνεται η ιδέα (ότι); **sich nichts ~ lassen** δεν παίρνω από λόγια
einreiben* τρίβω, χρίζω; **sich ~** τρίβομαι
Einreibemittel *n* αλοιφή για εντριβή
Einreibung *f* εντριβή, τρίψιμο
einreichen *Antrag* υποβάλλω; *Klage* ασκώ
Einreichung *f* υποβολή; **~ e-r Klage** καταμήνυση
einreihen συγκατατάσσω (**in** *A*/σε); κατατάσσω (**unter** *A*/σε); **sich ~** μπαίνω σε μια σειρά

Einreiher *m* (*Anzug*) κουστούμι με μια σειρά κουμπιών
einreihig μιας σειράς; *Anzug*: απλός, μονόπετος
Einreihung *f* κατατάξη
Einreise *f* είσοδος *f*; **~genehmigung** *f* άδεια εισόδου
einreisen ⟨*-t*; *sn*⟩ μπαίνω, εισέρχομαι (**in** *A*/σε)
Einreisevisum *n* θεώρηση εισόδου
ein|reißen* *v/t Haus* κατεδαφίζω; *Stoff*, *Papier* ξεσχίζω, σχίζω; *v/i* ⟨*sn*⟩ (ξε)σχίζομαι; *fig* ριζοβολώ, καταντάει συνήθεια; **~renken** *MED* ανατάσσω; *fig* σιάζω; **~rennen***: ***j-m das Haus ~rennen*** γίνομαι σε κπ τσιμπούρι
einrichten ⟨*-e-*⟩ *Wohnung* επιπλώνω; (*gründen*) τακτοποιώ, ιδρύω, στήνω; ***so ~, dass ...*** τα βολεύω να ...; (*regeln*) (***es***) ~ κανονίζω; ***es ~ können zu*** κατορθώνω να ...; → ***einrenken***; (*möglich machen*) ***wenn Sie es ~ können*** αν αυτό σας βολεύει; ***sich ~*** (*Haushalt*) στήνω νοικοκυριό; (*sparsam sein*) ζω με οικονομία
Einrichtung *f* επίπλωση; ίδρυμα *n*, καθίδρυση; (*bsd von Schulklassen*) λειτουργία
ein|riegeln ⟨*-e-*⟩ μανταλώνω; **~rosten** ⟨*-e-*; *sn*⟩ σκουριάζω; **~rücken** *v/i* ⟨*sn*⟩ *Feind*: εισβάλλω; (*in die Armee*) κατατάσσομαι; *v/t TYP* μετατοπίζω εμπρός
eins (= *eine Sache*) ένα; (*in Schulzeugnissen*) άριστα; ***~ nach dem anderen*** ένα μετά το άλλο
Eins *f* ένα *n*; ***eine ~ erhalten*** (*in Schulzeugnissen*) αριστεύω
ein|sacken σακιάζω, τσουβαλιάζω; **~salben** αλείφω; **~salzen** ⟨*-t*⟩ ταριχεύω (*subst* ταρίχευση); παστώνω
einsam έρημος, παράμερος; *pers* μοναχικός; ***es ist ~*** είναι μοναξιά; ***sich ~ fühlen*** νοιώθω *oder* αισθάνομαι μοναξιά
Einsamkeit ⟨*0*⟩ *f* μοναξιά
einsammeln ⟨*-le*⟩ συμμαζεύω, περιμαζεύω; *subst* (συμ)μάζεμα *n*
Einsatz *m* (*Teil*) παρεμβολή; *TECH* (*z.B. beim Mixer usw*) εναλλάξιμο εργαλείο; (*Wett-*) στοίχημα *n*; (*Spiel*) μίζα, πόστα, ποντάρισμα *n*; (*z.B. aller Kräfte*) κινητοποίηση; (*Leistung*) προσφορά; (*der Polizei*) δραστηριοποίηση (***für*** *A*/για); (*Verwendung*) μεταχείρηση; ***unter ~ meines Lebens*** ριψοκινδυνεύοντας τη ζωή μου; **~kommando** *n* (*Polizei*) 'Αμεση Δράση, επικουρικό σώμα *n*
ein|saugen αναρροφώ; *subst* αναρρόφηση; **~scannen** [-skɛnən] *EDV* σκανάρω; **~schalten** ⟨*-e-*⟩ *ELEKTR* συνδέω; *TECH* ζεύω, εμπλέκω; (*einfügen*) παρεμβάλλω; ***sich ~schalten*** (*intervenieren*) παρεμβαίνω (**in** *A*/σε)
Einschalt|quote *f* ποσοστό ακροαματικότητας; **~ung** *f* παρεμβολή; *GR* παρένθεση
einschärfen παραινώ, κατηχώ (***j-m zu***/ κπ να)
einschätzen ⟨*-t*⟩ *allg* εκτιμώ (-άς); ***falsch ~*** παραγνωρίζω
Einschätzung *f* εκτίμηση
ein|schenken *Wein usw* βάζω, χύνω, κερνώ (-άς); *subst* χύσιμο, κέρασμα *n*; **~schicken** στέλνω; **~schieben*** παρεμβάλλω; **~schiffen** *v/t Personen und Waren* μπαρκάρω; ***sich ~schiffen nach*** *D* μπαρκάρω για
Einschiffung *f* μπαρκάρισμα *n*
ein|schlafen* ⟨*sn*⟩ αποκοιμούμαι; *Glied*: μουδιάζω; *fig Angelegenheit*: τελματώνομαι; **~schläfern** ⟨*-re*⟩ (απο)κοιμίζω; ναρκώνω; (*subst* κοίμισμα *n*); **~schläfernd** (απο)κοιμιστικός
Einschlag *m* (*Weberei*) υφάδιο, φάδι; (*~stelle e-s Geschosses, Blitzes usw*) σημείο πτώσεως; (*Nuance*) απόχρωση
einschlagen* *v/t Nagel* μπήγω; *Fenster*, *j-m den Kopf* σπάζω; *Weg* παίρνω; (*einwickeln*) τυλίγω; *v/i Blitz*: πέφτω; *Blitz*, *Nachricht*: ενσκήπτω; (*in die Hand*) ~ κάνω τόκα; ***schlag ein!*** τόκα!, βάλ'το!; *v/i* ⟨*sn*⟩ (*Erfolg haben*) *S* πιάνω; *Person*: ευδοκιμώ; *subst* μπήξιμο, πήξη
einschlägig σχετικός
ein|schleichen*: ***sich ~schleichen*** (*auch fig, z.B. Fehler*) παρεισδύω; F τρυπώνω; *subst* παρείσδυση, τρύπωμα *n*; **~schleppen** υπεισάγω; **~schließen*** κλείνω; (*umzingeln*) περικυκλώνω; (*umfassen*) περιλαμβάνω; **~schließlich** συμπεριλαμβανομένου (*G*/*G*)
Einschließung *f MIL* περικύκλωση
Einschluss *m*: ***unter ~*** *G* ανεξαιρέτως *A*
ein|schmeicheln ⟨*-le*⟩: ***sich ~schmei-***

701 Einsparung

cheln *bei j-m* καλοπιάνω; **~schmeichelnd** *Musik*: παθητικός; **~schmelzen*** *Metall* λιώνω; **~schmieren** επαλείφω; F χρίζω; **sich ~schmieren** (*sich schmutzig machen*) μουντζουρώνομαι; **~schmuggeln** ⟨*-le*⟩ (*auch fig*) παρεισάγω; **~schnappen** ⟨*sn*⟩ TECH πιάνω; *fig* (**leicht**) **~schnappen** *oder* **~geschnappt sein** παρεξηγιέμαι; **~schneiden*** (εγ)χαράσσω; **~schneidend** *fig* ριζοσπαστικός; **~schneien** *v/t* χιονίζω; *v/i* ⟨*sn*⟩ αποκλείομαι από το χιόνι; **~geschneit** χιονισμένος

Einschnitt *m* τομή, εντομή, εγκοπή

einschnüren περισφίγγω; **sich ~** σφίγγομαι

einschränken *Ausgaben, Rauchen* περιορίζω; *bsd Besuche, Spaziergänge* αραιώνω; (*mildern*) μετριάζω; **sich ~** σφίγγομαι, περιορίζομαι οικονομικά; **~d** περιοριστικός, περισταλτικός

Einschränkung *f* περιορισμός, αραίωση, περιστολή; μετρίαση

einschrauben (εγ)κοχλιώνω, βιδώνω

Einschreibe|brief *m* συστημένη επιστολή; **~gebühr** *f* τέλη *n/pl* συστάσεως; τέλη *n/pl* εγγραφής; **~n** *n* συστημένο

einschreiben* εγγράφω; **~ lassen** *Brief* συνιστώ (-άς)

ein|schreiten* ⟨*sn*⟩ επεμβαίνω; λαμβάνω μέτρα (**gegen** *A*/εναντίον *G*); *subst* επέμβαση; λήψη μέτρων; **~schrumpfen** ⟨*sn*⟩ συρρικνώνομαι, συστέλλομαι, φυραίνω; *bsd Mensch*: σταφιδιάζω

einschüchtern ⟨*-re*⟩ φοβερίζω, εκφοβίζω; **sich nicht ~ lassen** δεν παίρνω από φοβέρες

Einschüchterung *f* εκφοβισμός, φοβέρα, σκιάξιμο (-ατος)

einschulen εγγράφω (μαθητή), F βάζω στο σχολειό

Einschuss *m* (*Weberei*) φάδι; (*der Kugel usw*) (*Ort*) σημείο πτώσεως; (*am Körper*) κτύπημα *n*

einschütten ⟨*-e-*⟩ *Mehl usw* χύνω, εγχέω

ein|schwefeln ⟨*-le*⟩ θειαφίζω (*subst* θειάφισμα *n*); **~schwenken:** *fig* **auf j-s Linie ~schwenken** τάσσομαι με το μέρος του; **~segnen** ⟨*-e-*⟩ (*nicht orthodox*) *e-n Jugendlichen* χρίζω, δέχομαι για τη αγία μετάληψη

einsehen* (*begreifen*) εννοώ, κατανοώ; *Irrtum* νοιώθω, εξομολογούμαι; **es ~** συνετίζομαι; (*prüfen*) επιθεωρώ, εξετάζω; (*nachschlagen*) συμβουλεύομαι (σε); **ein Einsehen haben** βάζω γνώση; λυπάμαι (**mit j-m**/με, για κπ)

einseifen σαπουνίζω (*subst* σαπούνισμα *n*)

einseitig (*auch fig*) μονόπλευρος, μονομερής

Einseitigkeit *f* μονομέρεια

einsenden* στέλνω

Einsendung *f* ληφθείσα επιστολή

einsetzen ⟨*-t*⟩ *v/t allg* βάζω μέσα, ενθέτω; TECH *bsd* εγκαθίζω; *Stein* δένω (**in** *A*/σε); *Anzeige* καταχωρώ; (*Geldmittel*) διαθέτω; JUR (εγ)καθιστώ (-άς) (*A* **zu** *D*/*A* – *A*); (*feierlich*) ενθρονίζω; **in die Mauer ~** εντειχίζω; *v/i Wind, Regen, Kälte*: πιάνω; αρχίζω να πέφτω *usw*; *bsd* POL **sich ~ für** *A* τάσσομαι υπέρ *G*

Einsetzen *n* καταχώριση

Einsetzung *f* TECH εγκατάσταση; εγκαθίδρυση (*e-r Diktatur*); JUR εγκατάσταση; ενθρόνιση

Einsicht *f* κατανόηση, σύνεση, εχεφροσύνη; **~ nehmen in** *A* λαμβάνω γνώση *G*; *fig* **zur ~ bringen** συνετίζω; **zur ~ kommen** συνετίζομαι

einsichtig συνετός, φρόνιμος

einsichtsvoll συνετός, γνωστικός

einsickern ⟨*-re; sn*⟩ *Wasser*: μπουκάρω; *fig* εισχωρώ (**in** *A*/σε)

Einsied|e'lei *f* ερημιτήριο; **~ler** *m* ερημίτης, αναχωρητής; **als ~ler leben** μονάζω

einsiedlerisch φιλέρημος

einsilbig μονοσύλλαβος; ολιγόλογος

einsinken* ⟨*sn*⟩ βυθίζω; κατακαθίζω; *subst* κάθισμα *n*

einsitzig μονοθέσιος

einsortieren ταξινομώ

einspaltig μονόστηλος

einspannen συζευγνύω; TECH σφίγγω; F *fig* (*j-n beschäftigen*) ζεύω στη δουλειά

Einspannen *n* σύζευξη

einspännig μόνιππος

einsparen οικονομώ; *Energie* εξοικονομώ; *Arbeitsplätze* μειώνω; (*Maschine nicht verwenden*) θέτω εκτός

Einsparung *f* οικονομία (**von** *D*/σε); (*von Energie*) εξοικονόμηση *G*

E

einsperren (*j-n*) *allg* κλειδώνω, βάζω μέσα; (*in ein Gefängnis*) φυλακίζω, κλείνω μέσα; (*Arrest*) περιορίζω (***j-n in***/κπ σε)
Einsperrung *f* φυλάκιση, κάθειρξη
einspielen (*mst Perfekt*): ***sich ~*** (*gut verlaufen*) πάω πρίμα, εξελίσσομαι καλά; *TECH* τρίβομαι; ***gut aufeinander eingespielt sein*** αλληλοσυμπληρώνομαι (καλά)
einspinnen*: ***sich ~*** (*Seidenraupe*) κουκουλιάζω
einspringen* ⟨*sn*⟩ αντικαθιστώ (***für j-n***/κπ)
einspritzen ⟨*-t*⟩ εγχέω, εγχύνω
Einspritzpumpe *f* αντλία εμφυσήσεως
Einspritzung *f auch MED* έγχυση; → ***Injektion, Spritze***
Einspruch *m JUR* ανακοπή, ένσταση; ***~ erheben*** *JUR* ανακόπτω (***gegen*** *A*/*A*); υποβάλλω ένσταση (***gegen*** *A*/εναντίον *G*); *allg* διαμαρτύρομαι (***gegen*** *A*/κατά *G*); διαφωνώ
einst πάλαι, ποτέ, άλλοτε
ein|stampfen *TYP* πολτοποιώ; **~stauben** ⟨*sn*⟩ σκονίζομαι; **~stecken** μπάζω, μπήγω; (= *in die Tasche stecken*) τσεπώνω; (*ins Gefängnis*) βάζω μέσα; **~stehen*** ⟨*sn*⟩ αναλαμβάνω την ευθύνη (*oder* τη φροντίδα) (***für*** *A*/για); **~steigen*** ⟨*sn*⟩ μπαίνω, ανεβαίνω
einstellen *v/t* (*regulieren*) *TECH* κανονίζω, ρυθμίζω, ρεγουλάρω; (*Foto*) εστιάζω; *Mitarbeiter* προσλαμβάνω, διορίζω, παίρνω; (*abschaffen*) καταργώ; (*Programm nicht senden*) κόβω; (*beenden*) *Arbeit* (κατα)παύω; *Zahlungen* αναστέλλω, κάνω στάση *G*; *Zeitung*: ***ihr Erscheinen ~*** σταματώ (-άς); ***sich ~*** (*kommen*) εμφανίζομαι; ***sich ~ auf*** *A* προετοιμάζομαι για; ***eingestellt*** (*gestoppt*) ανασταλείς (-έντος); (*vorbereitet*) προετοιμασμένος (***auf*** *A*/για); ***Eingestellte(r)*** προσληφθείς (-έντος); → ***eingestellt***
einstellig μονοψήφιος
Einstellung *f* (*von Arbeiten usw, auch von Personal*) πρόσληψη; διορισμός; (*Foto*) εστίαση; (*Stoppen*) (*des Rauchens*) κόψιμο (-ατος); (*von Zahlungen*) στάση, αναστολή; *allg* κατάπαυση, παύση; (*Anschauung, auch POL*) φρόνημα *n*, πεποίθηση; ***gesellschaftliche ~*** κοινωνικά φρονήματα *n/pl*
Einstellungsgespräch *n* → ***Bewerbungsgespräch***
Einstieg ⟨*-es*; *-e*⟩ *m* είσοδος *f*; ***~ in die 35-Stunden-Woche*** εφαρμογή εβδομάδεις εργασίας 35 ωρών
einstig *als adj* άλλοτε
einstimmen αρχίζω να τραγουδώ με τους άλλους *oder* να συνάδω
einstimmig ομόφωνος; *adv auch POL* παμψηφεί
Einstimmigkeit ⟨*0*⟩ *f* ομοφωνία; παμψηφία
einstöckig μονόπατος, μονώροφος
ein|stoßen* σπάζω, διατρυπώ; **~streichen*** *Geld* τσεπώνω; **~streuen** *fig Bemerkungen* ρίχνω; **~strömen** ⟨*sn*⟩ εισρέω, εισβάλλω; **~studieren** μελετώ; αποστηθίζω
einstufen (*in e-e Gruppe*) διαβαθμίζω; ***j-n niedriger ~*** υποβιβάζω
Einstufung *f* διαβάθμιση
Einsturz *m* κατάρρευση, κατάπτωση, βούλιαγμα *n*; ***zum ~ bringen*** βουλιάζω
einstürzen ⟨*-t*; *sn*⟩ *Haus*: καταρρέω, καταπέφτω, κρημνίζομαι; *Mauer*: πέφτω, ρεύω
einstweil|en προσωρινώς; **~ig** προσωρινός; ***~ige Verfügung*** προσωρινή απόφαση
eintägig μονοήμερος, μονομεριάτικος
Eintags|- εφήμερος, ημερόβιος; **~fliege** *f* έντομο εφήμερο; *fig* μετεωρική εμφάνηση
eintauchen *v/t* εμβυθίζω, βουτώ (-άς); *in die Tinte* εμβάπτω; *Hände* βρέχω (***in*** *A*/σε); *subst* βούτηγμα *n*
Eintausch *m* ανταλλαγή
eintauschen ανταλάσσω
einteil|en διαιρώ; (*staffeln*) κλιμακώνω; ταξινομώ; **~ig** μονοκόμματος
Einteilung *f* διαίρεση; ταξινομία; διάκριση (***in*** *A*/σε)
eintönig μονότονος, πληκτικός
Eintönigkeit *f* μονοτονία
Eintopf *m etwa*: σούπα
Eintracht ⟨*0*⟩ *f* ομόνοια, αρμονία; ***in ~ leben*** ομονοώ
einträchtig μονιασμένος, αρμονικός
Eintrag ⟨*-es*; *⸚e*⟩ *m* εγγραφή
eintragen* εγγράφω, αναγράφω; (*z.B. unter e-m Datum*) καταχωρίζω; ***sich ~*** (***lassen***) (εγ)γράφομαι; ***eingetragen***

sein είμαι εγγεγραμμένος (***in*** *A*/σε); ***nicht eingetragen*** ακατάγραπτος
einträglich επικερδής, προσοδοφόρος
Eintragung *f* εγγραφή; καταχώριση
einträufeln ⟨*-le*⟩ ενσταλάζω
eintreffen* ⟨*sn*⟩ φθάνω (***in*** *D*/σε); *Voraussagen usw*: αληθεύω; *subst* φθάσιμο, άφιξη; (*z.B. im Büro*) προσέλευση
eintreib|bar εξησφαλισμένος; **~en*** *Geld* μαζεύω, χρηματολογώ; *Keil, Bolzen* χώνω, σφηνώνω (***in*** *A*/σε); *Vieh* μαζεύω
eintreten* ⟨*sn*⟩ μπαίνω, εισέρχομαι (***in*** *A*/σε); (*geschehen*) συμβαίνω, επέρχομαι; *Umstände*: στέκομαι; *fig* ***für j-n*** ~ υποστηρίζω κπ; ***inzwischen*** ~ παρεμβάλλομαι; ***treten Sie bitte ein!*** ορίστε μέσα!; **~d** ενδεχόμενος
Eintritt *m* είσοδος *f*; (*e-s Ereignisses, der Dunkelheit*) επέλευση; (*des Sommers usw*) ερχομός; (*in das Heer*) κατάταξη
Eintritts|geld *n* είσοδος *f*; **~karte** *f* εισιτήριο, μπιλιέτο; **~preis** *m* είσοδος *f* (***für*** *A*/σε)
ein|trocknen ⟨*-e-*; *sn*⟩ *v/i* (απο-)ξηραίνομαι; *Weintrauben*: σταφιδιάζω; **~tröpfeln** ⟨*-le*⟩ ενσταλάζω
Eintrübung *f* αύξηση των νεφώσεων
eintürig μονόθυρος
eintüten ⟨*-e-*⟩ σακουλιάζω
einüben εξασκώ (***j-n in*** *D*/κπ σε); ***sich*** ~ εξασκούμαι σε
ein und aus gehen* ⟨*sn*⟩ παραμπαίνω (***in*** *D*/σε); μπαινοβγαίνω
Ein- und Ausladen *n* φορτοεκφόρτωση
einverleiben προσαρτώ (-άς), συσσωματώνω, ενσωματώνω
Einverleibung *f* προσάρτηση; ενσωμάτωση
Einvernehmen *n* σύμπνοια; ***in gutem*** ~ με σύμπνοια αγαπημένα
einverstanden σύμφωνος; **~!** σύμφωνοι!; ~ ***sein mit*** *D* (***damit ..., dass***) συμφωνώ με; δέχομαι *A*
Einverständnis ⟨*-ses*; *-se*⟩ *n* συνεννόηση, συμφωνία
Einwand ⟨*-es*; *⸚e*⟩ *m* αντίρρηση, παρατήρηση (***gegen*** *A*/επί *G*); ***Einwände erheben*** φέρνω αντίρρηση
Einwanderer *m* μετανάστης
einwandern ⟨*-re*; *sn*⟩ μεταναστεύω
Einwanderung *f* μετανάστευση
Einwanderungs|land *n* μεταναστευτική χώρα; **~verbot** *n* ξενηλασία
einwandfrei άψογος; *wissenschaftlich* ~ αδιάβλητος; ~ ***geerdet*** άψογα γειωμένος
ein|weben υφαίνω; **~wechseln** ⟨*-le*⟩ *Geld* αλλάζω; (*austauschen*) ανταλλάσσω
Einwegverpackung *f* συσκευασία μιας χρήσης
ein|weichen *Wäsche* μουλιάζω (*subst* μούλιασμα *n*); **~weihen** εγκαινιάζω; *Kirche* καθιερώνω; μυώ (***in*** *A*/σε)
Einweihung *f* εγκαίνια *n*/*pl*; καθιέρωση; μύηση
einweisen* εισάγω (***in*** *A*/σε)
Einweisung *f* εισαγωγή (***in*** *A*/σε)
einwenden* ⟨*-e-*⟩ αντιλέγω, αντιτείνω (***gegen*** *A*/σε); ***dagegen lässt sich nichts*** ~ δεν χωράει αντίρρηση, αυτό δεν είναι κατακριτέο
einwerfen* *Fenster* σπάζω; *Bemerkung* ρίχνω; → ***einwenden***
einwickeln ⟨*-le*⟩ περιτυλίγω, τυλίγω; διπλώνω; ***sich*** ~ τυλίγομαι
Einwickel|n *n* περιτύλιγμα *n*, τύλιγμα *n*; δίπλωμα *n*; **~papier** *n* χαρτί περιτυλίγματος
einwilligen συγκατανεύω (***in*** *A*/για *A*), συγκατατίθεμαι, συναινώ (***in*** *A*/σε)
Einwilligung *f* συγκατάθεση (***zu*** *D*/σε, για *A*), συναίνεση
einwirken → ***wirken auf***
Einwirkung *f* επενέργεια, επίδραση; ***unter der*** ~ *G* υπό το κράτος *G*
Einwohner *m* κάτοικος; **~'meldeamt** *n* δημοτολόγιο
Einwurf ⟨*-es*; *⸚e*⟩ *m* (*Spalt*) άνοιγμα *n*, σχισμή, χαραμάδα; → ***Einwand***
einwurzeln ⟨*-le*⟩: ***sich*** ~ *mst fig* ριζοβολώ, ριζώνομαι
Einwurzelung *f* ρίζωμα *n*
Einzahl *f* GR ενικός (αριθμός)
einzahlen καταθέτω, καταβάλλω
Einzahlung *f* καταβολή, κατάθεση
Einzahlungsbeleg *m* απόδειξη κατάθεσης
einzäunen (περι)φράσσω, καγκελώνω; ***eingezäunt*** καγκελωτός
Einzäunen *n* περίφραξη; φράγμα *n*
einzeichnen ⟨*-e-*⟩ *Linie* διαγράφω, ιχνογραφώ; ***sich*** ~ ***in*** *A* εγγράφομαι σε
einzeilig μονόστιχος
Einzel ⟨*-s*; *-*⟩ *n* (*Sport*) μονό
Einzel|- ατομικός; (*getrennt, für sich*) (ξε)χωριστός; μονο-; (*Handel, Ver-*

Einzelbett 704

kauf) λιανικός; **~bett** *n* μονό κρεβάτι; **~fall** *m* μοναδική περίπτωση; **~haft** *f* απομονωτήριο
Einzelhandel *m* λιανική πώληση; **~*treiben*** ασχολούμαι με λιανική πώληση
Einzelhandels|geschäft *n* κατάστημα *n* λιανικής πώλησης; **~preis** *m* λιανική τιμή
E
Einzelheit *f* λεπτομέρεια, μερικότητα; ***in allen ~en*** με το νι και με το σίγμα; καθ' όλα
Einzelkabine *f* μονόκλινη καμπίνα
einzellig μονοκύτταρος
einzeln *adv* λιανικά, (ξε)χωριστά; *adj* μεμονωμένος; ***im Einzelnen*** *sagte er*: συγκεκριμένα; **Einzelne** *pl* μερικοί *pl*
Einzel|reise *f* μεμονωμένο ταξίδι; **~verkauf** *m* λιανική πώληση; **~zimmer** *n* μονόκλινο δωμάτιο; **~zimmerzuschlag** *m* πρόσθετο κόστος για μονόκλινο
einziehen* *v/t* (MIL *einberufen*) στρατολογώ; *Gelder*, *Steuern* εισπράττω; *Anker* σηκώνω; *Bauch* βάζω μέσα, „ρουφώ"; *Erkundigungen* συλλέγω; *Fahne* υποστέλλω; *Segel* μαζεύω, μαϊνάρω; *Schnürband* βουρλιάζω; *v/i* ⟨*sn*⟩ *in e-e Wohnung* εγκαθίσταμαι, κουβαλώ (-άς), μεταφέρομαι (***in*** *A*/σε); *in e-e Stadt* εισβάλλω; *Krem in die Haut* εισχωρώ; MIL ***nicht eingezogen*** ακλήρωτος
Einziehen *n* υποστολή; υποβιβασμός
Einziehung *f* είσπραξη; MIL κατάταξη στο στρατό
einzig μόνος; μοναδικός; μονογενής; αποκλειστικός; μηδέ; ***ich habe keine ~e Drachme*** ούτε μία δραχμή δεν έχω; ***~ und allein*** όλο κι' όλο; ... και μόνο; *nicht* ***ein Einziger*** ούτε ένας; **~artig** μοναδικός
Einzigartigkeit *f* μοναδικότητα
Einzimmerwohnung *f* γκαρσονιέρα
Einzug *m* εισέλαση
Einzugsbereich *m* περιοχή
einzwängen στριμώχνω
Eis ⟨*-es*; *0*⟩ *n* πάγος; (*Speise-*) παγωτό; *fig* ***wie ~*** κρούσταλλο; ***~ laufen*** παγοδρομώ
Eis|- (*Meer*) παγωμένος; **~bahn** *f* πίστα χιονοδρομίας, παγοδρόμιο; **~bär** *m* πολική *oder* λευκή αρκούδα; **~becher** *m* κύπελλο παγωτού; **~bein** *n etwa*: πατσάς; **~berg** *m* παγόβουνο; άισμπεργκ ⟨*0*⟩ *n*; **~brecher** *m* παγοθραυστικό; **~café** *n* καφετέρια; **~creme** *f* παγωτό; **~diele** *f* παγωτατζίδικο
Eisen *n* σίδερο, σίδηρος; ***zum alten ~ gehören*** είμαι για πέταμα; ***zwei ~ im Feuer haben*** το 'χω δίπορτο
Eisenbahn *f* σιδηρόδρομος; ***mit der ~*** σιδηροδρομικώς; **~-** (*Linie*, *Unglück*) σιδηροδρομικός; **~er** *m* σιδηροδρομικός; **~übergang** *m* σιδηροδρομική διάβαση; **~verbindung** *f* σιδηροδρομική συγκοινωνία; ***~verbindung haben*** συγκοινωνώ σιδηροδρομικώς (***mit*** *D*/με); **~wagen** *m* βαγόνι
Eisen|bergwerk *n* σιδηρωρυχείο; **~beschlag** *m* σιδηρόδεσμος; **~beton** *m* σιδερόμπετον ⟨*0*⟩; **~blech** *n* σιδηρέλασμα *n*; **~erz** *n* σιδηρομετάλλευμα *n*
eisenhaltig σιδηρούχος
Eisen|hüttenwerk *n* σιδηρουργία; **~industrie** *f* σιδηρουργία; **~industrie-** σιδηρουργικός; **~masse** *f* (*glühende*) μύδρος; **~ring** *m* κλοιός; **~spat** ⟨*-es*; *-e*⟩ *m* σιδηρίτιδα; **~träger** *m* σιδηροδοκός; **~waren** *f*/*pl* σιδερικά *n*/*pl*; **~warenhändler** *m* σιδεράς (-άδες); **~warenhandlung** *f* σιδεράδικο; **~werk** *n* σιδηρουργείο; **~zeit** ⟨*0*⟩ *f* εποχή (του) σιδήρου
eisern (*auch fig*) σιδηρούς; σιδερένιος; *Wille*: αδάμαστος
Eiseskälte *f* κρύο φαρμάκι
Eisfabrik *f* παγοποιείο
eisgekühlt *Speise*: φραπέ, παγωμένος
eisig (*auch fig*) παγερός; ***~e Kälte*** πολικό ψύχος, φαρμάκι
Eiskaffee *m* καφές φραπέ
eiskalt *adj und adv* μπούζι
Eis|keller *m fig* παγωμένο σπίτι *oder* δωμάτιο; **~kiste** *f* παγοθήκη; **~kunstlauf** *m* καλλιτεχνικό πατινάζ ⟨*0*⟩ *n*; **~lauf** *m* παγοδρομία, πατινάζ ⟨*0*⟩ *n*; → ***Eis laufen***; **~läufer** *m* παγοδρόμος, πατινέρ ⟨*0*⟩ *m*; **~masse** *f* παγώνας; **~meer** *n* Παγωμένη Θάλασσα; **~pickel** *m* ραβδοσκαπάνη; **~scholle** *f* παγώνας; **~schrank** *m* ψυγείο; **~torte** *f* τάρτα παγωτού; **~vogel** *m* ψαροπούλι; **~würfel** *m* κύβος πάγου, παγάκι; **~zapfen** *m* κρύσταλλος; **~zeit** *f* παγετώδης αιώνας, κατακλυσμός

eiszeitlich (*diluvial*) κατακλυσμιαίος
eitel ματαιόδοξος
Eitelkeit *f* ματαιοδοξία
Eiter ⟨*-s; 0*⟩ *m* πύο; **~-** πυώδης; **~beule** *f* απόστημα *n*; **~fluss** *m* πυόρροια
eiterig πυώδης
eitern ⟨*-re*⟩ βγάζω πύο, πυορροώ; *subst* πυόρροια; **~d** πυώδης
Eiterung *f* διαπύηση
Eiweiß ⟨*-es; -e*⟩ *n* ασπράδι (του αβγού); *BIOL* λεύκωμα *n*, πρωτεΐνη
eiweiß|haltig λευκωματούχος; **~reich** πλούσιος σε πρωτεΐνες
Eiweißstoffe *m/pl* πρωτεΐνες *f/pl*
Eizelle *f* ωοκύτταρο
Ejakula'tion *f* εκσπερμάτωση
ejaku'lieren εκσπερματώνω
Ekel¹ ⟨*-s; 0*⟩ *m* σίχαμα *n*, αηδία
Ekel² *n pers* σιχαμένος άνθρωπος
ekel|haft σιχαμερός, αηδής; **~n** ⟨*-le*⟩: ***es ekelt mir*** *oder* ***sich ~n*** σιχαίνομαι (***vor*** *D/A*)
Ek'lektiker *m PHILOS* εκλεκτικός
Ek'liptik *f ASTR* εκλειπτική; **~-** εκλειπτικός
Ek'stase *f* έκσταση; ***in ~ geraten*** ανάβω, περιέρχομαι σε έκσταση
Ekzem [-'tse:m] ⟨*-s; -e*⟩ *n* έκζεμα *n*
E'lan ⟨*-s; 0*⟩ *m* ορμή
E'lastikbinde *f* ελαστικός επίδεσμος
e'lastisch (*auch fig*) ελαστικός
Elastizi'tät ⟨*0*⟩ *f* ελαστικότητα
Ele'fant ⟨*-en*⟩ *m* ελέφαντας
Ele'fantenhochzeit *f fig* ένωση πολύ μεγάλων επιχειρήσεων
Elefan'tiasis ⟨*0*⟩ *f MED* ελεφαντίαση
ele'gant κομψός; *bsd Stil*: γλαφυρός
Ele'ganz ⟨*0*⟩ *f* κομψότητα
Elegie [-'gi:] *f* ελεγεία
e'legisch ελεγειακός
elektrifi'zieren εξηλεκτρίζω
Elektrifi'zierung *f* εξηλεκτρισμός
E'lektrik ⟨*0*⟩ *f* ηλεκτρολογία; **~er** *m* ηλεκτρομηχανικός
e'lektrisch ηλεκτρικός; ***~er Schlag*** ηλεκτροπληξία; ***~ betrieben*** ηλεκτροκίνητος
elektri'sier|bar ηλεκτρίσιμος; **~en** (*auch fig anfeuern*) ηλεκτρίζω
Elektri'sierung *f* ηλέκτριση
Elektrizi'tät ⟨*0*⟩ *f* ηλεκτρισμός
Elektrizi'täts|gesellschaft *f* ηλεκτρική εταιρία; **~werk** *n* ηλεκτρικός σταθμός
E'lektro|- ηλεκτρο-; **~antrieb** *m* ηλεκτροκίνηση
Elek'trode *f* ηλεκτρόδιο
E'lektrodynamik *f* ηλεκτροδυναμική
e'lektrodynamisch ηλεκτροδυναμικός
E'lektro|gerät *n* ηλεκτρική συσκευή; **~geschäft** *n* κατάστημα *n* ηλεκτρικών; **~kardiogramm** *n* ηλεκτροκαρδιογράφημα *n*; **~'lyse** *f* ηλεκτρόλυση; **~magnet** *m* ηλεκτρομαγνήτης; **~magnetismus** *m* ηλεκτρομαγνητισμός; **~'meter** *n* ηλεκτρόμετρο; **~motor** *m* ηλεκτρομηχανή
E'lektron [-tʀɔn] ⟨*-s; -'tronen*⟩ *n* ηλεκτρόνιο
Elek'tronen|- ηλεκτρονικός; **~emission** *f* εκπομπή ηλεκτρονίων; **~gehirn** *n* ηλεκτρονικός εγκέφαλος; **~rechner** *m* ηλεκτρονική αριθμομηχανή
Elek'tronik ⟨*0*⟩ *f* ηλεκτρονικά *n/pl*
elek'tronisch ηλεκτρονικός; ***~e Datenverarbeitung*** ηλεκτρονικό μηχανογραφικό σύστημα
E'lektro|schweißer *m* ηλεκτροκολλητής; **~'skop** ⟨*-s; -e*⟩ *n* ηλεκτροσκόπιο; **~technik** ⟨*0*⟩ *f* ηλεκτροτεχνία; **~techniker** *m* ηλεκτροτεχνίτης
Ele'ment ⟨*-s; -e*⟩ *n allg* (*auch CHEM und fig*) στοιχείο; (*Bestandteil*) συστατικό
elemen'tar στοιχειώδης, πρωταρχικός
Elemen'tar|schule *f* δημοτικό σχολείο; **~unterricht** *m* προκαταρκτική διδασκαλία
elend άθλιος, ελεϊνός; ***sich ~ fühlen*** είμαι άσχημα; ***~ aussehen*** δεν φαίνομαι καλά
Elend ⟨*-ęs; 0*⟩ *n* αθλιότητα, μιζέρια, κακομοιριά
elendig θεοσκοτωμένος
E'leusis *n* Ελευσίνα
Ele'vator [eˑleˑ'va:toʀ] ⟨*-s; -'toren*⟩ *m* ανελκυστήρας, ασανσέρ ⟨*0*⟩ *n*, ανυψωτήρας
elf έντεκα, ένδεκα
Elf *f* (*auch Fußball*) ενδεκάδα
Elfe *f* δρυάς (-άδος) *f*, νεράιδα
Elfenbein *n* φίλντισι, ελεφαντόδοντο; **~-** φιλντισένιος
elfenbein|ern φιλντισένιος; **~farben** ιβουάρ ⟨*0*⟩
Elfenbeinküste *f* Ακτή Ελεφαντοστού
elfte(r) ενδέκατος
Elftel *n* ενδέκατο
elftens ενδέκατο
elimi'nieren εξαλείφω

E

E'lisabeth *f* Ελισάβετ *f*
E'lite *f* (*das Beste*) άνθος *n*; (*der Gesellschaft*) οι επίλεκτοι *m/pl*, ελίτ ⟨*0*⟩ *f*; κρέμα (της κοινωνίας); **~-** επίλεκτος
E'litenbildung *f* διαμόρφωση των εκλεκτών *oder* μιας ελίτ
Elixier [eˑlɪ'ksiːʀ] ⟨*-s*; *-e*⟩ *n* ελιξίριο
Ellbogen *m* αγκώνας; ***die ~ gebrauchen gegen*** *A* διαγκωνίζομαι *A*
Elle *f* ANAT ωλένη; (*hist Maß*) πήχη, πήχυς (-εως)
El'lipse *f* έλλειψη
el'liptisch ελλειπτικός
Elsass ⟨-; *0*⟩ *n* Αλσατία
Elster ⟨-; *-n*⟩ *f* κίσσα
elterlich γονικός
Eltern *pl* γονείς *m/pl*; **~haus** *n* γονικό σπίτι
elternlos ορφανός
Email [eˑ'maɪ] ⟨*-s*; *-s*;⟩ *n*, **~le** [eˑ'maljə] *f* μίλτος, σμάλτο, εμαγιέ ⟨*0*⟩ *n*
E-Mail *f* (μλεκτρονικό) μήνυμα *n*
emaillier|en [eˑmal'jiːʀən] σμαλτώνω, μιλτώνω (*subst* σμάλτωμα *n*); **~t** *auch* εμαγιέ
Emana'tion *f* PHYS, PHILOS απορροή, εκπομπή
Emanzipa'tion *f* χειραφέτηση
emanzi'pier|en χειραφετώ; **~t** χειραφετημένος
Em'bargo ⟨*-s*; *-s*⟩ *n* αποκλεισμός (οικονομικός); εμπάργκο ⟨*0*⟩, *z. B. Öl-* εμπάργκο πετρελαίου
Embo'lie *f* έμφραξη, εμβολή
Embryo ⟨*-s*; *-s*⟩ *n* (*oder m*) έμβρυο
embryo'nal εμβρυώδης
emeri'tiert *Professor*: ομότιμος
Emi'gr|ant ⟨*-en*⟩ *m* μέτοικος, μετανάστης; **~a'tion** *f* μετανάστευση
emi'grieren ⟨*sn*⟩ μεταναστεύω
emi'nent *adv* εξαιρετικά; ***~ wichtig*** σπουδαιότατος
Emi'nenz *f* πανιερότης *f*
Emi'ssion *f* PHYS ακτινοβολία, εκπομπή; HDL έκδοση
Emi'ssions|belastung *f* επιβάρυνση από ακτινοβολία *oder* ατμοσφαιρική ρύπανση; **~werte** *m/pl* τιμές *f/pl* ακτινοβολίας
Emo'tion *f* συγκίνηση
em'pfahl → ***empfehlen***
Em'pfang ⟨*-ęs*; *⸚e*⟩ *m* υποδοχή, δέξιμο (-ατος); δεξίωση; (*Entgegennahme von Sachen*) παραλαβή; HDL άφιξη; (*Brief, Radio*) λήψη; (*Hotel*) ρεσεψιόν ⟨*0*⟩ *f*; ***jubelnder ~*** αποθέωση; ***herzlicher ~*** (*auch offiziell*) δεξίωση; ***j-m e-n herzlichen ~ bereiten*** του επιφυλάσσω θερμή υποδοχή; ***bei ~*** κατά τη παραλαβή; ***in ~ nehmen*** παραλαμβάνω; ***e-n ~ geben*** δέχομαι
em'pfangen* δέχομαι (***j-n***/κπ), υποδέχομαι; *Brief, Diplom* παίρνω; *Waren* παραλαμβάνω; *Fernsehen usw.* πιάνω; ***herzlich ~*** δεξιούμαι; *part* δεκτός, αποδεκτός; ***~ werden*** γίνομαι δεκτός
Em'pfänger *m* παραλήπτης; αποδέκτης; *Radio-, Fernseh-* δέκτης
em'pfänglich επιδεκτικός (***für*** *A/G*); (*geneigt*) προδιατεθειμένος; ***~ machen*** *bsd* MED προδιαθέτω (***für*** *A*/προς *A*, για)
Em'pfänglichkeit ⟨*0*⟩ *f* επιδεκτικότητα
Em'pfangnahme *f* HDL παραλαβή
Em'pfängnis ⟨-; *-se*⟩ *f* σύλληψη
em'pfängnisverhütend αντισυλληπτικός; ***~es Mittel*** αντισυλληπτικό
Em'pfangs|bestätigung *f* απόδειξη παραλαβής; **~chef** *m* διευθυντής υποδοχής
em'pfehlen* συνιστώ (-άς), συσταίνω (***j-m etw***/κτ σε κπ); ***sich ~*** αποχαιρετίζω; ***sich j-m ~*** (*grüßen*) προσκυνώ (-άς); **(es) ... *empfiehlt sich*** ενδείκνυται
em'pfehlenswert αξιοσύστατος
Em'pfehlung *f* σύσταση; οδηγία; ***ohne ~*** ασύστατος; **~s-** συστατικός
Em'pfehlungsschreiben *n* συστατική επιστολή
em'pfinden* *Freude usw* αισθάνομαι, νοιώθω
Em'pfinden *n* νοιώσιμο (-ατος)
em'pfindlich ευπαθής (*auch* TECH); ευαίσθητος (*auch* PHYS); (*sensibel, Person*) εύθικτος (***gegen*** *A*/σε); ***~e Stelle*** καίρια *n/pl*; ***~ sein*** είμαι ευαίσθητος
Em'pfindlichkeit *f* ευπάθεια, ευαισθησία
em'pfindsam αισθηματικός
Em'pfindsamkeit *f* αισθηματικότητα
Em'pfindung *f* αίσθημα *n*
em'pfindungslos αναίσθητος
em'pfohlen → ***empfehlen***
Emphy'sem ⟨*-s*; *-e*⟩ *n* MED εμφύσημα *n*
Empire|- [ɑ̃ː'piːʀ-] αυτοκρατορικός; **~stil** ⟨*-ęs*; *0*⟩ *m* αυτοκρατορικός ρυθμός, στυλ αμπίρ ⟨*0*⟩ *n*

em'pirisch εμπειρικός
Empi'rismus ⟨-; *0*⟩ *m* εμπειρισμός
em'por- *oft*: επαν(α)-, ανα-
em'pören *v/t* (*aufregen*) αγανακτώ, αναστατώνω; **sich ~** επαναστατώ (**gegen** *A*/κατά *G*); (**über** *A*) κατακραυγάζω κατά *G*; → **empört; ~d** αχαρακτήριστος (*Benehmen*); (*unerhört*) προκλητικός, σόκιν ⟨*0*⟩
em'por|heben* (*auch fig*) μετεωρίζω; **~kommen*** ⟨*sn*⟩ *fig* ευδοκιμώ
Em'porkömmling ⟨*-s*; *-e*⟩ *m* αρριβίστας, τυχάρπαστος
em'por|ragen υπερέχω (**über** *A*/*G*); **~richten** ⟨*-e-*⟩ *fig* ανορθώνω; **~schießen*** ⟨*sn*⟩ *Wasser*: τινάζομαι; *Fontäne*: αναπηδώ; **~schleudern** ⟨*-re*⟩ εκτοξεύω; **~senden*** αναπέμπω; **~sprudeln** ⟨*-le*; *sn*⟩ αναπηδώ; **~steigen*** ⟨*sn*⟩ ανηφορίζω, ανέρχομαι
em'pört αναστατωμένος; **~ sein** είμαι ανάστατος (**über** *A*/από) (**wegen** *G*/για).
Em'pörung *f* αγανάκτηση, οργή, στασίαση; (*Ärger*) αναστάτωση, κατακραυγή (**über** *A*/κατά *G*)
emsig φιλόπονος, προκομμένος
Emsigkeit ⟨*0*⟩ *f* ενδελέχεια
Emul'sion *f* γαλάκτωμα *n*
End- *allg* τελικός; ληκτικός; ακριανός; (*Urteil*) τελειωτικός
Endbetrag *m* σούμα
Ende ⟨*-s*; *-n*⟩ *n* (*Schluss*) τέλος *n*; λήξη; πέρας *n*; (*Ziel*) τέρμα *n*; (*Grenze*) όρος; (*Untergang der Welt*) συντέλεια; (*des Dorfes, der Welt usw*) άκρα; (*Telegramm*) στοπ *n*; (*Stück*) κομμάτι; **äußerste(s) ~** εσχατιά; **~ des** *2. Jahrhunderts* στα τέλη του ...; **~ November** στα τέλη Νοέμβρη; **am ~** στο τέλος; **letzten ~s** σε τελευταία ανάλυση, στο κάτω κάτω; **zu ~ führen** περατώνω, φέρνω σε πέρας; **zu ~ gehen** τελειώνω, λήγω; *Zeit*: φθίνω; **ein ~ nehmen** τερματίζω; **etw zu ~ machen** αποκάνω; **e-r Sache** (*D*) **ein ~ machen** βάζω τελεία και παύλα σε; **am ~ sein** (*erschöpft*) πεθαίνω, τα παίζω (απ' την κούραση); F είμαι φέρτε; **zu ~ sein** (*aor*) λήγω, απολύω, παύω; *e-r Sache* (*D*) **ein ~ setzen** βάζω (θέτω) τέρμα σε; **es ist noch ein gutes ~** είναι κομμάτι μακριά; **es ist kein ~ abzusehen** τελειωμό δεν έχει; **~ gut, alles gut** καλή αρχή, καλό τέλος
Endeffekt: *im* **~** σε τελευταία ανάλυση
enden ⟨*-e-*⟩ *v/i allg* (κατα)λήγω; απολήγω (**mit, bei** *D*/σε); *GR* (**auf**, *z. B. e-n Konsonanten*) λήγω σε; **nicht ~ wollend** (*Beifall*) παρατεταμένος
Endergebnis *n* αποτέλεσμα *n*, ρεζουμέ ⟨*0*⟩ *n*
endgültig τελειωτικός; οριστικός; πια (*mst mit präs oder Plusquamperfekt*); *Preis*: ξεκομμένος; *adv* (*verlassen*) οριστικά
Endhaltestelle *f* τέρμα *n*
Endivie [-'di:vĭə] *f* αντίδι
endlagern αποθηκεύω οριστικά
Endlagerung *f* οριστική αποθήκευση
end|lich επί τέλους, πια; **~los** απέραντος, απερμάτιστος; (*lang, Vortrag usw*) μακροσκελής
endo- *MED* ενδο-
endo'krin ενδοκρινής
End|preis *m* τιμή ξεκομμένη; **~produkt** *n* τελικό προϊόν; **~reinigung** *f* τελικός καθαρισμός; **~silbe** *f* λήγουσα; **~spurt** *m* (τελική) εφόρμηση; **~stand** *m* σκορ ⟨*0*⟩ *n*
Endstation *f* τέρμα *n*
Endung *f GR* κατάληξη
Endverbraucher *m* τελικός καταναλωτής
Ener'gie *f PHYS*, *auch fig* ενέργεια
ener'giebewusst προσεχτικός στη χρήση ενέργειας
Ener'gieerzeugung *f* παραγωγή ενέργειας
ener'gielos αδρανής
Ener'gie|losigkeit ⟨*0*⟩ *f* αδράνεια; **~problem** *n* ενεργειακό πρόβλημα; **~quelle** *f* ενεργειακή πηγή; **~verbrauch** *m* κατανάλωση ενέργειας; **~versorgung** *f* τροφοδότηση ενέργειας; **~vorräte** *m/pl* ενεργειακά αποθέματα *n/pl*
e'nergisch ενεργητικός
eng (*auch fig*) στενός; *Raum*: στενόχωρος; *Schuh*: σφιχτός; **~ geschrieben** πυκνογραμμένος; **~er machen** *Kleid* στενεύω, αποστενώνω, συμμαζεύω; **zu ~ sein** στενεύω
Engagement [ɑ̃ˑga:ʒ'mɑ̃:] ⟨*-s*; *-s*⟩ *n* δέσμευση; *THEA* συμβόλαιο
engagier|en [ɑ̃ˑga'ʒi:rən] *v/t* (*Mitarbeiter, Künstler*) προσλαμβάνω; **~t** (*gebunden*) δεσμευμένος; αγκαζέ; **sich**

E

Enge 708

~en δεσμεύομαι, στρατεύομαι, τάσσομαι στο πλευρό κάποιου
Enge *f* στενότητα; **in die ~ treiben** βάζω στη μέση
Engel *m* άγγελος
engelhaft αγγελικός
Engelsgeduld *f* ιώβεια υπομονή
Engermachen *n* στένεμα *n*
engherzig μικροπρεπής
England *n* Αγγλία
Engländer *m* 'Αγγλος; **~in** *f* Αγγλίδα
englisch αγγλικός
Eng|pass *m* στενή διάβαση, κλεισούρα, στενότητα; **es kommt zu ~pässen in ...** (*D*) θα έχει ελλείμματα σε
Engros|- [ã·'gRoː-, aŋ'gRoː-] (*Handel*) χοντρικός; **~preis** *m* τιμή χοντρικής πωλήσεως
engstirnig στενοκέφαλος
Engstirnigkeit ⟨*0*⟩ *f* στενοκεφαλιά
Enkel *m* έγγονος; **~in** *f* εγγονή; **~kind** *n* εγγόνι
En'klave [-v-] *f* θύλακος
e'norm υπέρογκος
Ensemble [ã·'sãːbl] ⟨*-s*; *-s*⟩ *n* THEA θίασος
ent- *oft*: απο-, αντι-, εκ-
ent'art|en ⟨*-e-*; *sn*⟩ εκφυλίζομαι, μπασταρδεύω; **~et** *auch Kunst*: εκφυλισμένος
Ent'artung *f* εκφυλισμός; **~s-** εκφυλιστικός
ent'behr|en στερούμαι (*A*/*G*), απορώ (*A*/*G*); **~en müssen** θα στερηθώ; **~lich** περιττός, μη αναγκαίος; **~t: lang ~t** ποθητός
Ent'behrung *f* στέρηση; **~en** *pl* κακοπέραση
ent'behrungsreich στερημένος
ent|'binden* αποδεσμεύω (**j-n von** *D*/κπ από); *e-e Frau* ξεγεννώ; **von den Pflichten ~binden** απαλλάσσω των καθηκόντων; *v/i Frau*: γεννώ; **~bunden werden** ξεγεννώ, ελευθερώνομαι
Ent'bindung *f* τοκετός, γέννα
Ent'bindungsheim *n* μαιευτήριο
ent'blättern ⟨*-re*⟩ ξεφυλλίζω
ent'blöß|en ⟨*-t*⟩ (ξε)γυμνώνω; *fig* ακοψιλώνω (**j-n** *G*/από); **sich ~en** γυμνώνομαι; αποψιλώνομαι; **~t** γυμνός
Ent'blößung *f* γύμνωση; γύμνια; *fig* αποψίλωση
ent'brennen* ⟨*sn*⟩ *v/i auch Krieg*: ανάβω
ent'decken *Neues* ανευρίσκω; *Land* ανακαλύπτω; (*erblicken*) αγναντεύω
Ent'deck|er *m* αυτός που ανακαλύπτει, εξιχνιαστής; **~ung** *f* ανακάλυψη; εύρεση
Ente *f* πάπια (*auch Nachtgeschirr*), παπί; *fig* ψευδής είδηση
ent'ehren ατιμάζω; **~d** ατιμωτικός
Ent'ehrung *f* ατιμασμός, ατίμωση
ent'eignen ⟨*-e-*⟩ απαλλοτριώνω
Ent'eignung *f* απαλλοτρίωση; **der ~ unterliegend** απαλλοτριώσιμος
ent'erb|en αποκληρώνω; **~t** απόκληρος
Ent'erbung *f* αποκλήρωση
Enterhaken *m* αρπάγη
Enterich ⟨*-s*; *-e*⟩ *m* πάπος
entern ⟨*-re*⟩ *v/t Schiff* κάνω ρεσάλτο *oder* εισβολή σε
ent'fachen εξάπτω
Ent'fachung *f* έξαψη
ent|'fahren* ⟨*sn*⟩ ξεφεύγω (**j-m**/από κπ); **~'fallen*** ⟨*sn*⟩ *Name*, *usw*. διαφεύγω (**j-m**/του); (*wegfallen*) JUR αίρομαι
ent'falten ⟨*-e-*⟩ ανελίσσω; *Fahne* ξεδιπλώνω; *auch fig* αναπτύσσω; **sich ~** (*Fallschirme usw*) ξεδιπλώνομαι; αναπτύσσομαι
Ent'falt|en *n* (*Segel*, *Fahne*) ανάπτυξη; **~ung** *f* ανέλιξη
ent'färben αποχρωματίζω
Ent'färb|en *n*, **~ung** *f* αποχρωματισμός
ent'fernbar: schwer ~ *Fleck*: δύσκολα απομακρυνόμενος
ent'fernen *v/t allg*, *etw und* MED αφαιρώ; *bsd j-n* ξεμακραίνω, (*auch* EDV) απομακρύνω; *Fleck* βγάζω, απαλείφω; **sich ~ von** *D* απομακρύνομαι από
ent'fernt (*auch Verwandte*) απομακρυσμένος, μακρινός; **weit ~** (*auch fig*) μακριά, ξέμακρα, αλάργα (**von** *D*/από); *fig* **weit ~ von uns!** μακριά από μας!; **~ sein** απέχω (**von** *D*/από); **nicht im Entferntesten** ούτε το παραμικρό
Ent'fernung *f* (*Distanz*) απόσταση; (*Wegnahme*) αφαίρεση; απομάκρυνση; (*Herausreißen*) εκβολή; (*Fleck*) απάλειψη; **geringe ~ von ... zu** γειτνίαση *G* ... προς *A*; **aus e-r ~ von** από απόσταση ... μέτρων
Ent'fernungsmesser *m* τηλέμετρο

ent|'fesseln ⟨*-le*⟩ *fig Leidenschaften* αποχαλινώνω; **~fesselt sein** *Elemente*: μαίνομαι; **~'flammen** *v/t fig* αναθερμαίνω, συνδαυλίζω; *v/i* ⟨*sn*⟩ ξεσπώ (-άς); **~'fliehen*** ⟨*sn*⟩ διαφεύγω; δραπετεύω (**aus** *D*/από)
Ent|'fliehen *n* διαφυγή; **~'flohene(r)** δραπέτης
ent'fremden ⟨*-e-*⟩ αποξενώνω
Ent'fremdung *f* αποξένωση
ent'führen *Menschen* απαγάγω
Ent'führ|er *m* απαγωγέας; **~te(r)** απαχθείς (-έντος); **~ung** *f* απαγωγή
ent'gegen εναντίον (*D*/*G*); **~-** *auch* ... σε προϋπάντηση; **~arbeiten** ⟨*-e-*⟩ κωλυσιεργώ (*D*/*A*); **~bringen*** *j-m Vertrauen, Achtung* περιβάλλω κπ με; **~eilen** ⟨*sn*⟩ σπεύδω σε προϋπάντηση; **~gehen*** ⟨*sn*⟩ προϋπαντώ (-άς) (**j-m**/*A*); *fig* (*dem Tode usw*) βαίνω (*D*/προς *A*); **~gesetzt** αντίθετος, εναντιωματικός; **~halten*** αντιλέγω (**j-m**/σε)
ent'gegenkommen* ⟨*sn*⟩ έρχομαι σε προϋπάντηση; *fig* περιποιούμαι (**j-m**/κπ)
Ent'gegenkommen *n* προϋπάντηση; *fig* περιποίηση
ent'gegen|kommend περιποιητικός (**zu** *D*/προς *A*); *Vorschlag*: συγκαταβατικός; **~laufen*** ⟨*sn*⟩ τρέχω προς; *fig* είμαι διαμετρικά αντίθετος με
Ent'gegennahme *f* παραλαβή
ent'gegen|nehmen* παραλαμβάνω, δέχομαι; *Beschwerden z.B.* **~genommen werden** γίνομαι δεκτός; **~sehen*** προσβλέπω (*D*/*A*); **~setzen** ⟨*-t*⟩ *Widerstand* προτάσσω; αντιθέτω (*D*/σε; κατά *G*); **~stehen*** είναι αντίθετος (*D*/σε)
ent'gegenstellen αντιτάσσω (**j-m etw**/κτ σε κπ); **sich ~** αντιφέρομαι (*D*/σε)
ent'gegen|treten* ⟨*sn*⟩ *e-r S* αντιμετωπίζω (*D*/σε); αντιπολιτεύομαι (**j-m**/κπ); **~werfen*** *MIL* επάγω (*D*/κατά *G*); **~wirken** αντενεργώ (*D*/κατά *G*); **~wirkend** *PHYS* ανταγωνιστικός
ent'gegnen ⟨*-e-*⟩ ανταπαντώ
Ent'gegnung *f* ανταπάντηση
ent'gehen* ⟨*sn*⟩ *Gefahr usw*: διαφεύγω (*D*/*A*); *Einzelheit*: διαφεύγω (**j-m**/του); **dir wird etwas ~, wenn** θα χάσεις αν ...
Ent'gelt ⟨*-es; 0*⟩ *n* αντάλλαγμα *n*
ent'gelten* ανταμείβω (**j-m etw**/κπ για)
ent|'giften ⟨*-e-*⟩ αποτοξινώνω; **~'gleisen** ⟨*-t; sn*⟩ εκτροχιάζομαι; *fig* κάνω γκάφα
Ent'gleisung *f* εκτροχιασμός; *fig* ολίσθημα *n* γλώσσας
ent|'gleiten* ⟨*sn*⟩ ξεφεύγω (*D*/του, από), διαφεύγω (*D*/του, από); **~'gräten** ⟨*-e-*⟩ ξεκοκκαλίζω; **~'haaren** αποτριχώνω, (απο)ψιλώνω
Ent'haarung *f* αποτρίχωση
Ent'haarungsmittel *n* αποτριχωτικό
ent'halten* *v/t* περιέχω, περικλείω; *Buch*: περιλαμβάνω; **in etw ~ sein** ενυπάρχω; **sich** (*A*) **e-r S** (*G*) **~** απέχω *G oder* από, απαρνιέμαι *A*, αφίσταμαι *G*
ent'haltsam εγκρατής
Ent'haltsamkeit ⟨*0*⟩ *f* εγκράτεια
Ent'härter *m* αποσκληρυντής
ent'haupten ⟨*-e-*⟩ καρατομώ, αποκεφαλίζω
Ent'hauptung *f* καρατόμηση
ent'heben*: **j-n s-s Amtes** *usw* **~** τον απαλάσσω των καθηκόντων
Ent'hebung *f* απαλλαγή (από τα καθήκοντα)
ent'heiligen ιεροσυλώ
Ent'heiligung *f* ιεροσυλία
ent'hüllen *allg und fig* αποκαλύπτω; *Gedanken* εξιχνιάζω
Ent'hüllung *f* αποκάλυψη (**über** *A*/για); *e-s Denkmals* αποκαλυπτήρια *n/pl*; εξιχνίαση
ent'hülsen ⟨*-t*⟩ εκκοκκίζω
Enthusi'ast ⟨*-en*⟩ *m* ενθουσιαστής
enthusi'astisch ενθουσιαστικός
ent'jungfern ⟨*-re*⟩ ξεπαρθενεύω
Ent'jungferung *f* παρθενοφθορία
ent|'keimen αποστειρώνω; **~'kernen** ξεσποριάζω; **~'kleiden** ⟨*-e-*⟩ γυμνώνω, γδύνω; **sich ~kleiden** γδύνομαι; **~'kleidet** γδυτός
ent'kommen* ⟨*sn*⟩ διαφεύγω; την σκαπουλάρω
Ent'kommen *n* αποφυγή
ent|'korken ξεστουπώνω; **~'körnen** *Baumwolle* εκκοκκίζω; **~'kräften** ⟨*-e-*⟩ *v/t* χαυνώνω; *v/i* αποδυναμώνομαι, εξασθενίζω; *Argument* καταρρίπτω
Ent'kräftung *f* χαύνωση, εξασθένηση
Ent'lade- εκφορτωτικός
ent'laden* *Wagen* ξεφορτώνω, *auch ELEKTR* εκφορτώνω; *ELEKTR und Waffe* εκκενώνω; *Waffe* απογεμίζω; **sich ~** *Pistole*: εκπυρσοκροτώ
Ent'lad|evorrichtung *f* εκφορτωτήρας;

Entladung 710

~ung *f* ξεφόρτωμα *n*, εκφόρτωση; εκκένωση
ent'lang *präp A*: **den Fluss ~** κατά μήκος *G*; *die Straße* ~ μέσα από
ent'larven *v/t* βγάζω (**als** *Lügner/A*), ξεσκεπάζω, ξεμασκάρω, F ξεβρακώνω
Ent'larvung *f* ξεσκέπασμα *n*, (*verbal*) το να ξεμασκάρω ...
ent'lassen* *Angestellten usw*, *MIL* απολύω, αποπέμπω; **aus dem Gefängnis ~** αποφυλακίζω; *MIL Jahrgang* αποστρατεύω; *auch aus e-r Stellung, aus dem Krankenhaus*: βγάζω από; *MIL* **~ werden** αφίεμαι; *aus dem Krankenhaus ~ werden* φεύγω από ...; *MIL* **zu ~d** αφέσιμος
Ent'lassung *f* απόλυση, αποπομπή; *MIL* αποστράτευση
Ent'lassungs|schein *m* απολυτήριο; εξιτήριο (*bsd Lazarett*); **~schreiben** *n* παύση
ent'lasten ⟨*-e-*⟩ ξεφορτώνω (**j-n**/κπ), ανακουφίζω; *Angeklagten* μαρτυρώ υπέρ *G*
Ent'lastung *f* ανακούφιση; *Verkehr* αποσυμφόρηση; *JUR* **~ erteilen für** *A* απαλλάσσω για
Ent'lastungszeuge *m* μάρτυρας υπεράσπίσεως
ent'lauben *v/t* ξεφυλλίζω; **sich ~** φυλλορροώ
ent|'laufen* ⟨*sn*⟩ δραπετεύω; **~'lausen** ⟨*-t*⟩ ξεψειριάζω, αποφθείρω
Ent'lausung *f* ξεψείριασμα *n*
ent'ledigen: sich (*A*) **e-r Sache** (*G*) **~** ξεβγάζω *A*, εξαφανίζω *A*
ent'leeren αδειάζω, εκκενώνω
Ent'leer|en *n* άδειασμα *n*, εκκένωση; **~ung** *f MED* κάθαρση; **~ungs-** αποκαθαρτικός
ent'legen απομακρυσμένος, απόκεντρος
ent'lehnen *Wörter* παίρνω, παραλαμβάνω (**aus** *D*/από)
ent|'locken υποκλέπτω, αποσπάω (**j-m etw**/κτ από κπ); **~'lohnen** αμείβω; **~'lohnt** μισθωτός
Ent'lohnung *f* αντιμισθία
ent|'lüften ⟨*-e-*⟩ αερίζω, εξαερίζω; **~'machten** ⟨*-e-*⟩ στερώ της εξουσίας
ent'mannen ευνουχίζω
Ent'mannung *f* ευνουχισμός
entmilitari'sieren αποστρατικοποιώ
Entmilitari'sierung *f* αποστρατικοποίηση
ent'mündigen απαγορεύω, θέτω σε απαγόρευση
Ent'mündig|te(r) απηγορευμένος; **~ung** *f* απαγόρευση
ent'mutig|en αποθαρρύνω; **~end** αποθαρρυντικός; **~t** *auch* ανεψύχωτος
Ent'mutigung *f* αποθάρρυνση
Ent'nahme *f* τράβηγμα *n* (**aus** *D*/από); προαφαίρεση
ent'nehmen* *Waren* τραβώ (-άς) (*D*/από); προαφαιρώ; *e-m Brief etw* μαθαίνω
ent'nerven εκνευρίζω
ent'öl|en ξελαδώνω; **~t** *Kakao*: αποβουτυρωμένος
ent'puppen: sich ~ εξέρχομαι εκ της χρυσαλλίδος (*oder* βομβυκίου); *mst fig* αποκαλύπτομαι, εμφανίζομαι από *A*, ξεκουμπώνομαι
ent'rahm|en αποβουτυρώνω; **~t** αποβουτυρωμένος
ent|'rätseln ⟨*-le*⟩ ξεδιαλύνω; **~'rechten** ⟨*-e-*⟩ στερώ κπ απ' τα δικαιώματά του; **~'reißen*** αρπάζω, παίρνω (**j-m etw**/κτ από κπ); **~'richten** ⟨*-e-*⟩ πληρώνω (*subst* πλήρωμα *n*); **~'rinnen*** ⟨*sn*⟩ ξεφεύγω, εκφεύγω (*D/A*); *z.B. dem Tode*: (το) γλυτώνω; **~'rollen** εξελίσσω; **~'rosten** ⟨*-e-*⟩ ξεσκουριάζω; **~'rümpeln** ⟨*-le*⟩ καθαρίζω από την παλιούρα
ent'rüsten ⟨*-e-*⟩: **sich ~ über** *A* αγαναχτώ με
Ent'rüstung *f* αγανάχτηση (**über** *A*/για)
Ent'rüstungsgeschrei *n* κατακραυγή
ent'saften ⟨*-e-*⟩ αποχυμώνω, ξεζουμίζω
Ent'safter *m* στραγγιστήρι
ent'sagen παραιτούμαι (*D/G*); *dem Glauben* αρνούμαι
Ent'sagung *f* αυταπάρνηση, εθελοθυσία
ent'salzen ⟨*-t*⟩ ξαλμυρίζω
ent'säuern ⟨*-re*⟩ αποξειδώνω
ent'schädigen αποζημιώνω
Ent'schädigung *f* αποζημίωση
ent'schärfen *fig* αμβλύνω; *Bombe* εξουδετερώνω
Ent'scheid ⟨*-ęs*; *-e*⟩ *m* απόφαση
ent'scheiden* αποφασίζω; *Schicksal*: κρίνω; **sich ~** αποφασίζω; **~d** αποφασιστικός
Ent'scheidung *f* απόφαση, λύση; **rechtskräftige ~** δεδικασμένο

Ent'scheidungs|- αποφασιστικός; **~grund** *m* σκεπτικό
ent'schieden κατηγορηματικός, έντονος; *adv* ***aufs ~ste*** κατηγορηματικότατα
Ent'schiedenheit ⟨*0*⟩ *f* θετικότητα
ent'schlafen* ⟨*sn*⟩ (*sterben*) κοιμάμαι (-άσαι); **~** *adj* κοιμισμένος
ent|'schließen*: ***sich ~schließen*** αποφασίζω (***zu*** *D*/*A*; να ...); **~'schlossen** αποφασισμένος; αδίσταχτος (***zu*** *D*/ για); αυτόβουλος
Ent'schlossenheit ⟨*0*⟩ *f* αποφασιστικότητα, αδίσταχτο
ent'schlüpfen ⟨*sn*⟩ ξεφεύγω (***j-m etw***/ από κπ), ξεφεύγω
Ent'schluss ⟨*-es*; *⸚e*⟩ *m* απόφαση; ***e-n*** (***den***) ***~ fassen*** παίρνω απόφαση
ent'schlüsseln ⟨*-le*⟩ αποκρυπτογραφώ
Ent'schlusskraft ⟨*0*⟩ *f* αυτοβουλία
ent'schuldbar συγχωρετέος
ent'schuldigen συγχωρώ; ***~ Sie bitte!*** με συγχωρείτε; ***sich ~*** ζητώ συγγνώμη
Ent'schuldigung *f* συγγνώμη; ***j-n um ~ bitten*** ζητώ συγγνώμη από κπ; ***~!*** συγγνώμη!, παρντόν!
Ent'schuldigungsgrund *m* ελαφρυντικό
ent'schwinden* ⟨*sn*⟩ εξαφανίζομαι
ent'seelt άψυχος
ent'senden* αποστέλλω; *Heer* διαπέμπω
ent'setz|en ⟨*-t*⟩ τρομάζω; ***sich ~en*** *oder* ***~t sein*** κατατρομάζω, φρικιώ (-άς)
Ent'setzen *n* τρόμος, φρίκη
ent'setz|lich τρομαχτικός, φριχτός; **~t** τρομαγμένος, → ***entsetzen***
ent'siegeln ⟨*-le*⟩ ξεβουλλώνω (*subst* ξεβούλλωμα *n*), αποσφραγίζω (*subst* αποσφράγηση)
ent'sinnen*: ***sich*** (*A*) **~** *G* ενθυμούμαι *A*
entsorgen *Müll* εξουδετερώνω
Ent'sorgung *f* εξουδετέρωση (απορριμάτων)
ent'spann|en (*lockern*) ξετεντώνω; ***sich ~en*** χαλαρώνω, χαλαρώνω τον εαυτό μου; *allg* κάνω ρηλάξ; **~t** χαλαρωμένος
Ent'spannung *f auch* POL χαλάρωση; POL ύφεση; (*körperlich*) ρηλάξ ⟨*0*⟩ *n*
ent'spinnen*: ***sich ~*** *fig* γίνομαι, εκτυλίσσω
ent'sprechen* (*D*) ανταποκρίνομαι (σε, προς *A*), αντιστοιχώ (προς *A*), αναλογώ (προς *A*); **~d** *adj* αντίστοιχος (*adv* -στοίχως), ανάλογος (*D*/με, προς *A*), σχετικός; *präp* (*D*) αναλόγως προς *A*, κατά *A*
Ent'sprechung *f* αντιστοιχία
ent|'sprießen* ⟨*sn*⟩ ξεφυτρώνω; *fig* προέρχομαι; **~'springen*** ⟨*sn*⟩ *auch fig* πηγάζω (***in*** *D*; ***aus*** *D*/από); **~'stammen** ⟨*sn*⟩ κατάγομαι; *fig* πηγάζω (*D*/ από); **~'stehen*** ⟨*sn*⟩ γεννιέμαι, προκαλούμαι, διαμορφώνομαι; *z.B. Panik*: προκαλούμαι
Ent'stehung *f* γένεση, διαμόρφωση; **~s-** γενετικός
ent'steigen* ⟨*sn*⟩ βγαίνω
ent'stell|en *auch Worte* παραμορφώνω, στρεβλώνω; (*verdrehen*) στραβώνω; (*unschön machen*) ασχημαίνω; **~end** παραποιητικός; **~t** παραμορφομένος
Ent'stellung *f* παραμόρφωση
ent'strömen ⟨*sn*⟩ εκρέω
ent'täuschen απογοητεύω; (*Hoffnungen*) διαψεύδω; **~d** απογοητευτικός
Ent'täuschung *f* απογοήτευση
ent'thron|en εκθρονίζω; **~t** έκπτωτος
Ent'thronung *f* εκθρόνιση
ent'völkern ⟨*-re*⟩ ερημώνω
ent'waffnen ⟨*-e-*⟩ αφοπλίζω; ξαρματώνω
Ent'waffnung *f* αφοπλισμός
Ent'waldung *f* αποψίλωση
ent'wässern ⟨*-re*⟩ αφυδατώνω; *Land* αποξηραίνω
Ent'wässerung *f* αφυδάτωση; αποξήρανση; **~s-** αποξηραντικός
entweder: ~ ... *oder* ή ... ή, είτε ... είτε
ent'weichen* ⟨*sn*⟩ *allg*, *auch Dampf*: διεκφεύγω, διαφεύγω; (*aus dem Gefängnis*) αποδράω
Ent'weichen *n* διαφυγή, εκφυγή
ent'weihen βεβηλώνω
Ent'weihung *f* βεβήλωση
ent'wenden ⟨*-e-*⟩ αφαιρώ, παίρνω (***j-m etw***/κτ από κπ)
Ent'wendung *f* αφαίρεση; υπεξαίρεση
ent'werfen* (προ)σχεδιάζω; (*industriell*) μελετώ (-άς); *Plan* καταστρώνω; *subst* σχεδίαση
ent'werten ⟨*-e-*⟩ *v/t allg*, *auch Geld* υποτιμώ; *Marke usw.* ακυρώνω; *v/i* ⟨*sn*⟩ *Geld*: υποτιμώμαι (-άσαι)
Ent'werter *m* μηχάνημα *n* για ακύρωση
Ent'wertung *f* υποτίμηση
Ent'wichene(r) δραπέτης

ent'wickeln ⟨*-le*⟩ (*entfalten*) ανελίσσω, *bsd fig* αναπτύσσω; εξελίσσω; *Foto* εμφανίζω; *ein Produkt* μελετώ (-άς); ***sich*** ~ αναπτύσσομαι; εξελίσσομαι (***zu*** *D*/σε)
Ent'wicklung *f* ανέλιξη; ανάπτυξη; εξέλιξη; (*Foto*) εμφάνιση
Ent'wicklungs|- εξελικτικός; **~helfer** *m* σύμβουλος σε αναπτυσσομένη χώρα; **~hilfe** *f* βοήθεια για αναπτυσσόμενες χώρες; **~land** *n* υπανάπτυκτος *oder* αναπτυσσομένη χώρα; **~phase** *f* εξελικτική φάση; **~politik** *f* αναπτυξιακή πολιτική
ent|'widmen ⟨*-e-*⟩ *Straße* φράσσω για την κυκλοφορία; **~'winden*** αρπάζω; **~'wirren** *fig* ξεδιαλύω, ξεμπερδεύω; **~'wischen** ⟨*sn*⟩ F σκάζω (**aus** *D*/από), πουλεύω; **~'wöhnen** *Kind* αποθηλάζω, απογαλακτίζω; **~'würdigen** εξευτελίζω
Ent'würdigung *f* εξευτελισμός
Ent'wurf *m* υποτύπωση, σχεδίαση, σχέδιο; προμελέτη; *TECH auch* μακέτα
ent'wurzeln ⟨*-le*⟩ ξερριζώνω
Ent'wurzelung *f* εκρίζωση
ent'zaubern ⟨*-re*⟩ ξεμαγεύω
ent'ziehen* αφαιρώ (***j-m etw***/κτ από κπ), στερώ (***j-m etw***/κπ από κτ); ***sich*** (*A*) ~ *D* υπεκφεύγω *A*
Ent'ziehung *f* (*e-r Genehmigung*) αφαίρεση; στέρηση
Ent'ziehungsheim *n* (*für Rauschgiftsüchtige*) θεραπευτήριο (για αποτοξίνωση)
ent'ziffern ⟨*-re*⟩ ντεσιφράρω, αποκρυπτογραφώ
Ent'zifferung *f* ντεσιφράρισμα *n*, αποκρυπτογράφηση
ent'zücken καταθέλγω, γοητεύω; **~d** χαριτωμένος, γοητευτικός; ... τρέλα
ent'zückt καταχαρούμενος, ερωτευμένος (***von*** *D*/με); ~ ***sein*** χαίρω, είμαι χαρούμενος
ent'zünd|en ⟨*-e-*⟩ ανάβω, πυροδοτώ; ***sich*** **~en** ανάβω, αναφλέγομαι; *MED* φλεγμαίνω; *MED* ***sich wieder*** **~en** η φλεγμονή υποτροπιάζει; **~et** φλογισμένος; **~*et sein*** *MED* έχω φλεγμονή; **~lich:** ***leicht*** **~lich** εύφλεκτος
Ent'zündung *f* άναμμα *n*, ανάφλεξη; *MED* φλεγμονή, φλόγωση
ent'zwei σπασμένος, χαλασμένος; **~brechen*** *v/t* σπάζω; *v/i* ⟨*sn*⟩ σπάζω; **~en** διχάζω; ***sich*** **~en** τα χαλάμε; **~gehen*** ⟨*sn*⟩ χαλάω (-άς), παραλύω; **~machen** χαλάω (-άς), *z.B. Möbel* ξεχαρβαλώνω
Ent'zweiung *f* διχόνοια
Enzian ⟨*-s*; *-e*⟩ *m* γεντιανή
En'zyklika ⟨*-*; *-ken*⟩ *f* πανταχούσα
Enzyklopä'die *f* εγκυκλοπαίδεια
En'zym ⟨*-s*; *-e*⟩ *n* ένζυμο
Eos ['ʔeːɔs] *f* Ηώς (-ούς) *f*
Epi'daurus *n* Επίδαυρος *f*
Epi|de'mie *f* επιδημία; **~'gramm** ⟨*-s*; *-e*⟩ *n* επίγραμμα *n*; **~'graphik** ⟨*0*⟩ *f* επιγραφική
Epik ⟨*0*⟩ *f* επική ποίηση
Epile'psie *f* επιληψία
epi'leptisch επιληπτικός
Epi'log ⟨*-s*; *-e*⟩ *m* επίλογος
Epi'phanienfest *n* Επιφάνεια *n/pl*; Φώτα *n/pl*
E'pirus *m* Ἠπειρος *f*
episch επικός
Epi'sode *f* επεισόδιο
Epi'zentrum *n* επίκεντρο
Epoche [e'pɔxə] *f* εποχή; ~ ***machen*** αφήνω εποχή
Epos ⟨*-*; *Epen*⟩ *n* έπος *n*
Epsilon [-ɔn] ⟨*-s*; *-s*⟩ *n* Ε, ε, έψιλον
Equa'dor *n* Εκουαντόρ ⟨*0*⟩ *n*
er [ʔeːʀ] αυτός; (*vor Dialogen*) εκείνος; ~ ***selbst*** ο ίδιος
er- *Präfix*, *oft*: εκ-
er'achten ⟨*-e-*⟩ κρίνω (**als** *A*/*A*), *z.B.* ***es als nützlich*** ~ κρίνω χρήσιμο; ***meines Erachtens*** κατ' εμέ
er'arbeiten ⟨*-e-*⟩ *v/t* αποκτώ εργαζόμενος, κτώμαι
Erb|- κληρονομικός; πάτριος; **~anlage** *f* κληρονομική ιδιότητα; *pl* γονίδια *n/pl*
er'barm|en: ***sich*** (*A*) *e-s Menschen* **~en** (τον) ευσπλαγχνίζομαι; *REL* ***Herr,*** **~*e dich!*** Κύριε ελέησον!
Er'barmen *n* ευσπλαγχνία, οίκτος; ~ ***haben mit*** *D* ελεώ *A*
er'bärmlich άθλιος, μικρός
Er'bärmlichkeit *f* αθλιότητα
er'barmungslos ανηλεής
er'bauen ιδρύω; *fig* καθαίρω; καλοκαρδίζω; ***sich*** ~ ***an*** *D* χαίρομαι *A*
Er'bauer *m* ιδρυτής
er'baulich εποικοδομητικός
Er'bauung *f* κτίση; *fig* (απο)κάθαρση; πηγή ευθυμίας

713 **Erdölleitung**

Er'bauungsbuch *n* πανηγυρικό
Erbe¹ *m* ⟨*-n*⟩ κληρονόμος; ***Wegfall von ~n*** ακληρία
Erbe² *n* ⟨*-s*; *0*⟩ (*auch fig*) κληρονομιά
er'beben *Erde*: σείομαι; *fig* τρεμουλιάζω
erben κληρονομώ (***von*** *D*/από); **~d** επίκτητος; **~los** ακληρονόμητος
er'betteln ⟨*-le*⟩ *v/t* ξητεύω
er'beuten ⟨*-e-*⟩ αρπάζω; *Einbrecher*: αποκομίζω
Erb|feind *m* προπατορικός εχθρός; **~fehler** *m* κληρονομικό στίγμα; **~folge** *f* διαδοχή
er'bieten*: ***sich ~*** προσφέρομαι
Erbin *f* κληρονόμος *f*
er'bitter|n ⟨*-re*⟩ εξαγριώνω; **~t** *Kampf*: κρατερός, άγριος
Er'bitterung *f* εξαγρίωση
Erbkrankheit *f* γενετική αρρώστια
er'blassen ⟨*-t*⟩ χλωμιάζω, ωχραίνω (***vor*** *D*/από), κερώνω
Erblasser ['εrp-lasə] *m* κληροδότης, κληρονομούμενος
er'bleichen* ⟨*sn*⟩ χλωμιάζω, ωχραίνω (***vor*** *D*/από)
Er'bleichen *n* ωχρίαση
erblich κληρονομικός; ***~ belastet*** φορέας κληρονομικού στίγματος
Erblichkeit ⟨*0*⟩ *f* κληρονομικότητα
er|'blicken μαρκάρω, διαβλέπω; **~'blinden** ⟨*-e-*; *sn*⟩ τυφλώνομαι
Er'blindung *f* τύφλωση
er'blühen ⟨*sn*⟩ ανοίγω, ανθίζω
Erbmasse *f* JUR κληρονομιά
er'bos|en ⟨*-t*⟩ χολώνω; **~t** χολωμένος, εξοργισμένος
er'brechen* *v/t* → ***aufbrechen***; ***sich ~*** ξερνώ (-άς)
Er'brechen *n* εμετός, ξερατό
er'bringen* *Beweise* προσάγω
Erbsbrei *m* φάβα
Erbschaft *f* κληρονομία
Erbschafts|- κληρονομικός; **~steuer** *f* φόρος κληρονομίας; **~streit** *m* κληρονομική αντιδικία
Erb|schein *m* κληρονομητήριο; **~schleicherei** *f* υποβολή κληρονόμου
Erbse *f* μπιζέλι; (*grüne*, *gelbe*) αρακάς (-άδες)
Erbsensuppe *f* σούπα μπιζέλια
Erb|sünde *f* προπατορικό αμάρτημα; **~teil** *n* (*auch m*) μοίρα, μοιράδι, κλήρος
Erd- γεώδης; (*-Kugel*, *-Strahlung*, *-Magnetismus*) γήινος; πρόσγειος
er'dacht ιδεατός, πλαστός
Erd|arbeiten *f/pl* χωματουργικά έργα *n/pl*; αποχωμάτωση; **~aufwurf** *m* επίχωμα *n*; **~ball** ⟨*-es*; *0*⟩ *m* γήινη σφαίρα
Erdbeben *n* σεισμός; ***von e-m ~ betroffen*** σεισμοπαθής; **~-** σεισμικός; **~kunde** *f* σεισμολογία; **~opfer** *n* σεισμόπληκτος
erdbebensicher αντισεισμικός
Erd|beere *f* φράουλα; **~beertorte** *f* τάρτα φράουλα; **~bevölkerung** *f* πληθυσμός της γης; **~boden** *m* χώμα *n*; **~bohrer** *m* γεωτρύπανο; **~bohrung** *f* γεώτρηση
Erde *f* (*Boden*; *Land*; *Planet*) γη, γαία; (*Humus*, *Boden*, *Staub*) χώμα *n*; (*Bibel*: *Ton*) χους *m*; ***auf die ~ fallen*** καταγής; ***auf der ~*** χάμω, κατάχαμα, καταγής; (*Bibel*) ***auf ~n*** επί (της) γης
erden ⟨*-e-*⟩ ELEKTR γειώνω; ***geerdet sein*** έχει γείωση
er'denk|en* επινοώ; **~lich** φανταστός; ***alles ~lich Gute*** τα βέλτιστα
Erden|leben *n* επίγεια ζωή; **~rund** *n* υφήλιος *f*
Erderschütterung *f* δόνηση της γης
erdfarben μαυροκίτρινος, ωχρός
Erd|gas *n* φυσικό αέριο; **~geschoss** *n*, *österr*. **~geschoß** *n* ισόγειο; **~halbkugel** *f* ημισφαίριο
er'dicht|en ⟨*-e-*⟩ επινοώ, πλάθω; **~et** πλαστός, μυθικός, μυθώδης
erdig γεώδης
Erd|karte *f* γεωγραφικός χάρτης; **~klumpen** *m* σβόλος; **~kreis** *m* οικουμένη; **~kruste** *f* φλοιός; **~kugel** *f* γεώσφαιρα; **~kunde** *f* γεωγραφία
erdnah ASTR πρόσγειος
Erdnuss *f* αραχίδα; *Frucht mst pl* αράπικα φιστίκια *n/pl*
Erdöl *n* πετρέλαιο; ***~ exportierende Länder*** πετρελαιοεξαγωγικές χώρες; ***~ produzierende Länder*** πετρελαιοπαραγωγές χώρες
er'dolchen μαχαιρώνω
Erdölgewinnung *f* πετρελαιοπαραγωγή
erdölhaltig πετρελαιοφόρος
Erdöl|industrie *f* πετρελαϊκή βιομηχανία; **~leitung** *f* πετρελαιαγωγός

E

Erdrauch 714

Erdrauch *m* καπνία
Erdreich ⟨*-es*; *0*⟩ *n* χώμα *n*; *REL* γη
er|'dreisten ⟨*-e-*⟩: ***sich ~dreisten*** αποκοττώ (-άς), αποτολμώ (-άς); **~'drosseln** ⟨*-le*⟩ στραγγαλίζω (*subst* στραγγαλισμός); **~'drücken** (*auch fig*) πνίγω; **~'drückend** συντριπτικός; (*Mehrheit*) τεράστιος
Erd|rutsch *m* καθίζηση (εδάφους); **~stoß** *m* σεισμική δόνηση; **~teil** *m* ήπειρος *f*
er'dulden ⟨*-e-*⟩ *Qualen* τραβώ (-άς); ***viel ~*** μαρτυρώ
Erdung *f ELEKTR* προσγείωση
Erd|wall *m* πρόχωμα *n*; **~wendigkeit** *f BOT* γεωτροπισμός
er'eifern ⟨*-re*⟩: ***sich ~*** εξάπτομαι
er'eignen ⟨*-e-*⟩: ***sich ~*** συμβαίνω, γίνομαι
Er'eignis ⟨*-ses*; *-se*⟩ *n* συμβάν (-άντος) *n*, γεγονός *n*, περιστατικό
er'eignisreich περιπετειώδης
er'eilen *Ereignis*: πλακώνω
Erek'tion *f* στύση, διέγερση
Ere'mit ⟨*-en*⟩ *m* ερημίτης; **~age** [-'taːʒə] *f* σκήτη
er'erbt: *alt ~* πατρογονικός; κληρονομημένος
er'fahren* *v/t* μαθαίνω (***über*** *A*/για), πληροφορούμαι; *Unangenehmes* αντιμετωπίζω; *PHYS Brechung usw* υφίσταμαι; *~ adj* έμπειρος (***in*** *D*/σε); πεπειραμένος, δόκιμος
Er'fahrung *f* πείρα (***in*** *D*/*G*); εμπειρία, μάθηση; ***in ~ bringen*** λαμβάνω γνώση *G*, ανακαλύπτω; ***schlechte ~en machen mit*** *D* έχω πικρή εμπειρία από
Er'fahrungsaustausch *m* ανταλλαγή εμπειριών
er'fand → ***erfinden***
er'fassen ⟨*-t*⟩ → ***ergreifen***; *fig Plan usw* συλλαμβάνω; κατανοώ; ***aktenmäßig ~*** φακελώνω; (*polizeilich*) σημειώνω, σημαίνω; *Regeln, Wörter* κωδικοποιώ
er'fasst: *polizeilich ~* σεσημασμένος
Er'fassung *f* (*polizeiliche*) σήμανση; (*der Dienstpflichtigen*) απογραφή
er'finden* *etwas Neues* βρίσκω, εφευρίσκω, επινοώ; (*ersinnen*) επινοώ; πλάθω; *Böses* σκαρώνω; *Lügen* κατασκευάζω
Er'finder *m* εφευρέτης
er'finderisch πολυμήχανος, επινοητικός; εφευρετικός
Er'findung *f* εφεύρεση; επινόηση; (*Hirngespinst*) κατασκεύασμα *n*
Er'findungs|- εφευρετικός, ευρετικός; **~gabe** ⟨*0*⟩ *f* εφευρετικότητα
Er'folg ⟨*-es*; *-e*⟩ *m* επιτυχία; ***~ haben*** πετυχαίνω
er'folg|en ⟨*sn*⟩ (*geschehen*) συμβαίνω; *Beförderung usw*: γίνομαι; (*durchgeführt werden*) τελούμαι; *impf* **~te** *oft*: υπήρξε; **~los** ανεπιτυχής, άστοχος
Er'folglosigkeit ⟨*0*⟩ *f* αστοχία, αποτυχία
er'folgreich επιτυχής, πετυχημένος; ***~ sein*** *S* πετυχαίνω
er'folgt γενόμενος; ***nicht ~***, *z.B.* ***nicht ~e Lösung*** η μη επίλυση
er'forderlich χρειαζούμενος, απαιτούμενος; ***das Erforderliche*** τα δέοντα, χρειαζούμενα, προσήκοντα *n/pl*
er'fordern ⟨*-re*⟩ απαιτώ
Er'fordernis ⟨*-ses*; *-se*⟩ *n* απαιτούμενο
er'forschen εξερευνώ (-άς); *Meinung usw* ερευνώ (-άς); *Ursache* διερευνώ (-άς)
Er'forsch|er *m* μελετητής; ερευνητής; διερευνητής; **~ung** *f* εξερεύνηση; διερεύνηση; αναζήτηση
er'fragen πληροφορούμαι (*A*/για); ***zu ~ bei*** *D* απευθυνθείτε σε ...
er'freu|en (*j-n*) χαροποιώ, ευφραίνω, ευαρεστώ (***j-n***/κπ); ***sich*** (*A*) **~en** *G* (***an*** *D*) χαίρομαι, χαίρω *A*, απολαμβάνω *A*; **~lich** χαρμόσυνος (*z.B. Nachricht*), τερπνός; (*etwas*) ***Erfreuliches*** τερπνότητα; **~t: *~t sein*** ευχαριστούμαι (-ιέμαι) (***über*** *A*/από)
er'frieren* ⟨*sn*⟩ ξεπαγιάζω
Er'frierung *f* κρυοπάγημα *n*, ξεπάγιασμα *n*
er'frischen δροσίζω, φρεσκάρω; ***sich ~*** δροσίζομαι; *subst* φρεσκάρισμα *n*; **~d** δροσιστικός
Er'frischung *f* δρόσισμα *n*; (*Eis usw*) αναψυκτικό
Er'frischungs|- αναψυκτικός; **~getränke** *n/pl* αναψυκτικά *n/pl*; **~raum** *m* αναψυκτήριο
er'füllbar πραγματοποιήσιμος; ***schwer ~*** δυσεκπλήρωτος
er'füllen *Pflicht, Versprechen* εκπληρώνω, εκτελώ; *Bedingung* πληρώ; ***sich ~*** *Voraussage usw*: επαληθεύομαι

er'füllt: ~ **sein von** D κατέχομαι από, εμφορούμαι από; **nicht ~** ανεκτέλεστος

Er'füllung f εκπλήρωση, εκτέλεση, πραγματοποίηση; **in ~ gehen** πραγματοποιούμαι; **nicht in ~ gegangen** απραγματοποίητος

Er'füllungsort m JUR τόπος καταβολής

er'funden → **erfinden**; (erdacht) πλαστός

Erg ⟨-s; -⟩ n PHYS έργο

er'gänzen ⟨-t⟩ v/t συμπληρώνω, αναπληρώνω **(durch** A/δια G); **Wort ... ist (in Gedanken) zu ~** εξυπακούεται; **~d** συμπληρωματικός, προσθετικός

Er'gänzung f συμπλήρωση, αναπλήρωση; **~s-** συμπληρωματικός

er'gattern ⟨-re⟩ F Geld συναποκομίζω **(bei** D/από); Sachen usw οικονομώ; **etw ~ bei** D το τσιμπώ από

er'gaunern ⟨-re⟩ Geld usw αποσπώ (-άς) **(von j-m**/του oder από

er'geben* v/t (zeigen) δείχνω; Gewinn δίνω, αποφέρω; (beim Rechnen) ergibt, ergeben ⟨-⟩ ίσον; → **sich ~**, z.B. **wie die Zahlen ~** όπως φαίνεται απ' τους αριθμούς...; **sich ~ aus** D συνάγομαι από, πηγάζω από, προκύπτω από; **es ergibt sich aus D** φαίνεται από; **daraus ergibt sich ...** συνεπάγεται ...; **sich dem Trunk usw ~** παραδίδομαι σε, το ρίχνω σε; **sich ~ in** A εγκαρτερώ σε

er'geben* adj (zugetan) αφιερωμένος, αφοσιωμένος; προσηλωμένος **(D**/σε); **Ihr (sehr) Ergebener** δικός σας

Er'gebenheit ⟨0⟩ f εγκαρτέρηση; (Hingabe) αφοσίωση

er'gebenst (Brief) όλως αφοσιωμένος

Er'gebnis ⟨-ses; -se⟩ n αποτέλεσμα n, έκβαση

er'gebnislos ατελεσφόρητος

Er'gebung f εγκαρτέρηση

er'gehen* ⟨sn⟩ Befehl: εκδίδομαι; **~ lassen** εκδίδω; **sich ~** σεργιανίζω; **sich ~ in D** (Beschimpfungen) εκτοξεύω A; **es ergeht mir übel** κακοπερνώ

Er'gehen n κατάσταση, διάθεση

er'giebig καρποφόρος, αποδοτικός

Er'giebigkeit ⟨0⟩ f αποδοτικότητα

er'gießen*: sich ~ in A Fluss: χύνομαι **(in** A/σε)

Ergono'mie ⟨0⟩ f εργονομία

ergo'nomisch εργονομικός

er'götz|en ⟨-t⟩ ευφραίνω, τέρπω; **sich ~en an** D ευφραίνομαι με; **~lich** τερπνός

er'grauen ⟨sn⟩ λευκαίνομαι

er'greifen* αρπάζω **(an** D/από), αδράζω **(an** D/από); etw πιάνω; Dieb συλλαμβάνω, πιάνω; Beruf ασπάζομαι; fig (rühren) συγκινώ; (packen, Wut usw) κυριεύω; **Maßnahmen** λαμβάνω; **Partei ~** λαμβάνω το μέρος G; **das Wort ~** λαμβάνω το λόγο; subst πιάσιμο (-ατος); **~d** συγκινητικός, παθητικός, κατανυκτικός

Er'greifung f σύλληψη; (e-r Maßnahme) λήψη

er'griffen → **ergreifen**; ληφθείς (-έντος); **~ sein** συγκινούμαι

Er'griffenheit ⟨0⟩ f κατάνυξη

er'|grimmen ⟨sn⟩ φουρκίζομαι; **~'gründen** ⟨-e-⟩ εξιχνιάζω

Er'guss m χύσιμο (-ατος), έκχυση

er'haben Linse: κυρτός; ανάγλυφος; fig ψηλός, **(über** A) ανώτατος; **über jeden Verdacht ~** υπεράνω υποψίας

Er'habenheit ⟨0⟩ f υψηλότητα, ύψος n

er'halten Brief usw, Diplom λαμβάνω, παίρνω; Gesundheit, Ehre διατηρώ; (bewahren) σώζω, διαφυλάττω; Familie συντηρώ; **sich selbst ~** αυτοσυντηρούμαι; adj (Quittung) ληφθείς (-έντος); **gut ~** (z.B. Schuhe) απάλιωτος; (Teil e-s Kunstwerks) σωζόμενος; **nicht ~** άπαρτος; άδεκτος

Er'halter m τηρητής

er'hältlich: ... ist ~ διαθέσιμος

Er'haltung f τήρηση; διατήρηση, διαφύλαξη, συντήρηση

er'haltungswürdig Bauwerk: διατηρητέος

er'hängen j-n κρεμάω, απαγχονίζω; **sich ~** κρεμιέμαι

Er'hängen n κρέμασμα n

er'härten ⟨-e-⟩ fig επαληθεύω

Er'härtung f επαλήθευση

er'haschen τσακώνω, πιάνω

er'heben* v/t allg εγείρω, σηκώνω, υψώνω (auch MATH); Hände υψώνω; Einwand προβάλλω; Forderung εγείρω; Stimme εντείνω, οξύνω; fig (geistig) εξυψώνω; Steuern επιβάλλω **(auf** A/επί G); (einziehen) εισπράττω; **seine Hand gegen j-n ~** σηκώνω χέρι σε; **Anklage ~** εισάγω κατηγορία; **ein Geschrei ~** βάζω ξεφωνητά; **sich ~** (aufstehen) εγείρομαι, σηκώνομαι;

erhebend

(*gegen j-n, etw*) εξεγείρομαι, κινούμαι, επαναστατώ (κατά *G*); (*aufragen*) ορθώνομαι; *sich selbst* ~ υψώνομαι

er'heb|end εξυψωτικός; **~lich** αδρός, σημαντικός; *Schaden:* σοβαρός

Er'hebung *f* έξαρση; (*e-r Forderung*) προβολή; *επιβολή;* είσπραξη; (*Aufstand*) επανάσταση; *fig* εξύψωση; (*Hügel*) ψήλωμα *n*

er'heitern ⟨-*re*⟩ φαιδρύνω, ιλαρύνω; **~d** ιλαρυντικός

Er'heiterung *f* ιλαρότητα

er'hell|en *v/t* (*erleuchten*) φωτίζω, καταυγάζω; **~en aus** *D* καταδεικνύομαι από; *daraus* **~t ...** απ' αυτό συνεπάγεται ...

er'hielt → erhalten

er'hitzen ⟨-*t*⟩ ζεσταίνω; *TECH* πυρώνω; *fig* εξάπτω; *sich* ~ *fig* εξάπτομαι; *subst* πύρωμα *n*; (*des Wassers*) ζέσταμα *G*

er'hitzt πυρωμένος; *fig* εξημμένος

Er'hitzung *f* πύρωμα *n*, ζέσταμα *n*

er'hoben: **~en Kopfes** αταπείνωτος

er'hoffen προσδοκώ ⟨-άς⟩; ελπίζω (*von D*/σε)

er'höhen (*Mauer usw*) σηκώνω, υψώνω, ψηλώνω; *Lohn usw* προσαυξάνω, αυξάνω, μεγαλώνω; *Preis* αυξάνω, υπερτιμώ ⟨-άς⟩; *Beitrag* αυξάνω; (*geistig*) εξυψώνω

Er'höhung *f* ύψωση (*auch fig*); προσαύξηση; αύξηση; εξύψωση; (*Hügel*) εξοχή, ψήλωμα *n*

er'hol|en: *sich* **~en** αναλαμβάνω (*auch Börse*); κάνω ρηλάξ; **~sam** αναζωογονητικός

Er'holung *f* αναψυχή, ξεκούραση

Er'holungs|gebiet *n* χώρος αναψυχής; **~heim** *n* αναπαυτήριο; **~pause** *f* ανάπαυλα; **~reise** *f* ταξίδι αναψυχής; **~urlaub** *m* αναρρωτική άδεια

er'hören ακούω, εισακούω

Erika ⟨-; -ken⟩ *f* BOT ρείκι, ερείκη

er'innern ⟨-*re*⟩ (*j-n an A*) θυμίζω (κτ σε κπ), υπενθυμίζω (κτ σε κπ); *sich e-r Sache* (*G*) *oder an etw* (*A*) θυμάμαι *A*, ενθυμούμαι *A*, αναμιμνήσκομαι

Er'innerung *f* θύμηση, ανάμνηση (*an A*/*G*); *zur* ~ *an A* στη μνήμη *G*; *in* ~ *bringen* υπενθυμίζω (*j-m*/σε κπ)

Er'innerungs|vermögen ⟨-*s*; *0*⟩ *n* μνήμη, μνημονικό; **~vorgang** *m* ανάπλαση

er'jagen *Tier* αγρεύω; *fig* καταδιώκω

er'kalten ⟨-*e-*; *sn*⟩ κρυώνω, ψύχομαι; *fig* ψυχραίνω; ~ *lassen fig* ψυχραίνω

er'kält|en ⟨-*e-*⟩: *sich* **~en** κρυώνω, κρυολογώ; *ich bin* **~et** κρυολόγησα; είμαι κρυωμένος

Er'kältung *f* κρύο, κρυολόγημα *n*; *e-e* ~ *verursachen* κρυολογώ

er'kämpfen (*Lebensunterhalt, Stellung*) πολεμάω να κερδίσω *oder* να πετύχω ...

er'kannt → erkennen; MED *nicht* ~ αδιάγνωστος

er'kauf|en *fig* κάνω θυσίες για *A* (*oder* για να κερδίσω, πετύχω κάτι); *teuer* **~t** απεκτημένος με πολλές θυσίες

er'kenn|bar (*leicht*) ευδιάκριτος; *schwer* **~bar** δυσδιάκριτος; **~en*** αναγνωρίζω, ξεχωρίζω; διακρίνω (*an D*/από), γνωρίζω (*an D*/από); *bsd* MED διαγιγνώσκω; JUR (*auf etw*) δικάζω σε; **~e** *dich selbst!* γνώθι σαυτόν!

Er'kennen *n* ξεχώρισμα *n*; διάγνωση

er'kenntlich ευγνώμων; *sich j-m* ~ *zeigen* εκδηλώνω την ευγνωμοσύνη μου προς *A*

Er'kenntlichkeit *f* ευγνωμοσύνη

Er'kenntnis ⟨-; -*se*⟩ *f* γνώση; κατανόηση; *der Baum der* ~ το δέντρο της γνώσεως; *zu der* ~ *kommen* (*gelangen*) συμπεραίνω; ~ γνωστικός; **~vermögen** ⟨-*s*; *0*⟩ *n* γνωστικό

Er'kennung *f* αναγνώριση

Er'kennungszeichen *n* διακριτικό σήμα *n*, γνώρισμα *n*, μάρκα

Erker *m* προεξοχή

er'klär|en εξηγώ (*j-m etw*/κτ σε κπ); (*erläutern*) ερμηνεύω; (*angeben, sagen*) δηλώνω (*dass*/ότι); HDL (*angeben*) δηλοποιώ; (*amtlich*) *Krieg* κηρύσσω; *maßgeblich* ~ γνωματεύω; *j-n für untauglich usw* ~ κρίνω κπ για *A*; *sich* ~ (*sich äußern*) εκδηλώνομαι; *sich bereit* ~ προθυμοποιούμαι; *sich mit etw einverstanden* ~ συμφωνώ σε; **~d** διερμηνευτικός, επεξηγηματικός

er'klärlich (*leicht* ~) εξηγήσιμος; *schwer* ~ δυσεξήγητος; ~ *sein* εξηγιέμαι

er'klärt κεκηρυγμένος (*auch Feind G*/ κατά *G*)

Er'klärung *f* εξήγηση; (*z.B. Vermögens-*) δήλωση; (*Kriegs-*) κήρυξη; *e-e* ~ *abgeben* κάνω μια δήλωση; **~s-** δηλωτικός

er|'klettern ⟨*-re*⟩, **~'klimmen*** σκαρφαλώνω σε, αναρριχώμαι (-άσαι) σε; **~'klingen*** ⟨*sn*⟩ ηχώ
er'krank|en ⟨*sn*⟩ αρρωσταίνω; **~t** άρρωστος (**an** *D*/από)
Er'krankung *f* αρρώστια
er'kühnen: ***sich*** **~** αποθρασύνομαι, θαρρεύω
er'kund|en ⟨*-e-*⟩ *MIL* κατασκοπεύω; **~igen:** ***sich ~igen nach*** *D* πληροφορούμαι για
Er'kundigung *f* πληροφορία; **~s-** κατασκοπικός
er'lahmen ⟨*sn*⟩ *fig Kräfte usw* εξασθενώ; φθίνω, μαραίνομαι; **~** ***lassen*** *Eifer* μαραίνω
er'lang|en τυγχάνω (*A*/*G*), επιτυχαίνω (*A*/*A*); **~t** κεκτημένος
Er'langung ⟨*0*⟩ *f* επίτευξη; απόκτηση
Er'lass ⟨*-es*; *-e*⟩ *m* (*Anordnung*) διάταγμα *n*; μήνυμα *n*, φιρμάνι; (*Schulden-*, *Sünden-*) άφεση
er'lassen* *Anordnung* εκδίδω; *Strafe*, *Schuld* χαρίζω (***j-m***/κτ σε κπ); *Sünde* συγχωρώ; **~** ***werden*** *Sünde*: αφίεμαι
Er'lassung *f* άφεση
er'laub|en επιτρέπω (***j-m etw***/κτ σε κπ); ***wenn es das Wetter ~t*** καιρού επιτρέποντος; ***ich ~e mir, zu ...*** λαμβάνω το θάρρος να ...
Er'laubnis ⟨*0*⟩ *f* άδεια; ***mit Ihrer*** **~** αν επιτρέπεται
Er'läuterer *m* ερμηνευτής, εξηγητής
er'läutern ⟨*-re*⟩ ερμηνεύω, εξηγώ; **~d** εξηγητικός, αποφαντικός
Er'läuterung *f* ερμηνεία, εξήγηση
Erle *f* σκλήθρα
er'leben ζω (*A*/*A*); *Überraschungen* δοκιμάζω; *Unangenehmes* αντιμετωπίζω; (*den kältesten Winter usw*) γνωρίζω
Er'lebnis ⟨*-ses*; *-se*⟩ *n* (*Abenteuer*) περιπέτεια; γεγονός *n*; (*zufällig*, *kleinere*) περιστατικό; (*inneres*) βίωμα *n*, βεβιωμένο
er'ledig|en διεκπεραιώνω, φτιάχνω, ολοκληρώνω, τελειώνω; (*auch töten*) ξεμπερδεύω, ξεκάνω; (*völlig erschöpfen*, *ruinieren*) (τον) καταντώ πτώμα; ***sich ~en*** *S* τακτοποιούμαι; (*das*) ***zu Erledigende*** πρακτέον; **~t** *Arbeit*: καμωμένος, τελειωμένος; *Person* (*ruiniert*) χαμένος; (*erschöpft*) καραβοτσακισμένος; ***ganz ~t sein von*** *D* τα έχω παίξει από
Er'ledigung *f* διεκπεραίωση, περαίωση; (*Besorgung*) δουλειά; (*Tötung*) ξεκάμωμα *n*, ξεμπέρδεμα *n*
er'legen (*Jagd*) αγρεύω
er'leichtern ⟨*-re*⟩ (*Gewicht und fig*) ξαλαφρώνω (***um*** *A*/κατά), ελαφρώνω; *fig* ευκολύνω, διευκολύνω; (***es***) ***j-m*** **~** (*auch Gewicht abnehmen*) ανακουφίζω κπ; ***sich*** **~** (*vom Magendruck*) ξεφουσκώνω; **~d** ελαφρυντικός
er'leichtert: ***sich ~ fühlen*** ελαφρώνομαι
Er'leichterung *f auch fig* ελάφρυνση; διευκόλυνση, ανακούφιση; **~** ***verschaffen*** ελαφρώνω, ανακουφίζω (***j-m***/κπ); **~s-** ελαφρυντικός
er'leiden* παθαίνω; *Qualen* τραβώ (-άς); *Verbrennungen usw* πάσχω; *Verluste*, *Unfall* υφίσταμαι
er'lernen μαθαίνω; ***etw nur schlecht*** **~** κακομαθαίνω
er'leucht|en ⟨*-e-*⟩ *auch fig*, *REL*, *lit* φωτίζω; **~et** φωτισμένος; *fig* (*geistig*) μεγαλόπνευστος; ***hell ~et*** κατάφωτος
Er'leuchtung *f auch fig* φώτιση
er'liegen* ⟨*sn*⟩ *den Verwundungen*, *auch MIL* υποκύπτω σε; ***zum Erliegen kommen*** *Verkehr*: σταματώ (-άς); *HDL* απονεκρώνομαι
er'logen ψεύτικος, τερατολογικός
Er'lös ⟨*-es*; *-e*⟩ *m* κέρδος *n*, εισόδημα *n*
er'loschen σβηστός
er'löschen* ⟨*sn*⟩ *v/i auch fig* σβήνω; *fig Ruhm*: δύω; *Firma*: διαλύομαι
er'lös|en ⟨*-t*⟩ απολυτρώνω (***aus, von*** *D*/από); *REL* σώζω; ***~e uns ...*** ρύσαι ημάς ...
Er'lös|er *m* απολυτρωτής; *REL* σωτήρας, ρύστης; **~ung** *f* απολύτρωση; σωτηρία, ρύσις *f*
er'mächtigen εξουσιοδοτώ
Er'mächtigung *f* εξουσιοδότηση
er'mahnen νουθετώ, παραινώ (***zu*** *D*/σε); **~d** νουθετικός, παραινετικός
Er'mahnung *f* νουθεσία, παραίνεση; **~s-** παρακλητικός
Er'mangelung *f*: ***in ~*** *G* ελλείψει *G*, μη ... όντας
er'mäßigen λιγοστεύω, μετριάζω; *Preis* κατεβάζω
Er'mäßigung *f* έκπτωση
er'matt|en ⟨*-e-*⟩ *v/t* καταπονώ; *v/i* ⟨*sn*⟩ εξαντλούμαι (***von*** *D*/από); **~et** εξαντλημένος

Ermattung 718

Er'mattung *f* εξάντληση
er'messen* (*schätzen*) εκτιμώ (-άς); (*beurteilen*) κρίνω
Er'messen: nach meinem ~ κατά την κρίση μου; **nach ~** κατά το δοκούν
Er'messenssache *f* ζήτημα *n* εκτιμήσεως *oder* κρίσεως
er'mitteln ⟨*-le*⟩ ανιχνεύω, ερευνώ; *Täter* ανακαλύπτω
Er'mittlung *f* ανίχνευση; ανακάλυψη
er'möglichen καθιστώ (-άς) δυνατό, υλοποιώ
Er'möglichung *f* πραγματοποίηση, κατόρθωση
er'morden ⟨*-e-*⟩ φονεύω, δολοφονώ
Er'mordung *f* φόνος, σφαγή
er'müd|en ⟨*-e-*⟩ *v/t* κουράζω; *v/i* ⟨*sn*⟩ κουράζομαι; **~end** κουραστικός, κοπιαστικός; **~et** κουρασμένος
Er'müdung *f* κούραση, κόπωση
er'muntern ⟨*-re*⟩ προτρέπω (**zu**/σε), παροτρύνω; **~d** προτρεπικός
Er'munterung *f* προτροπή, παρότρυνση
er'mutig|en εγκαρδιώνω (**zu**/σε), ενθαρρύνω; **~end** ενθαρρυντικός; **~t** ξέθαρρος
Er'mutigung *f* ενθάρρυνση, θάρρεμα *n*, εγκαρδίωση
er'nähren (δια)τρέφω; *MED* τροφοδοτώ; *Familie* συντηρώ, ζω; **sich ~** διαιτώμαι (-άσαι), τρέφομαι
Er'nähr|er *m* τροφέας; **~ung** *f* θρέψη; διατροφή; συντήρηση; **~ungs-** τροφικός
er'nennen* διορίζω (**j-n zu** *D*/κπ – *A*); *MIL* βαθμολογώ; (*feierlich*) ανακηρύσσω (**zu** *D*/*A*)
Er'nennung *f* διορισμός, αναγόρευση, βαθμολογία
Er'neuerer *m* ανακαινιστής
er'neuern ⟨*-re*⟩ ανανεώνω, ανακαινίζω; *Einrichtung* μεταρρυθμίζω
Er'neuerung *f* ανανέωση, ανακαίνηση; μεταρρύθμιση
er'niedrigen ταπεινώνω; **~d** ταπεινωτικός
Er'niedrigung *f* ταπείνωση
Er'niedrigungszeichen *n MUS* ύφεση
ernst σοβαρός; **~e Worte** *n/pl* σπουδαιολογία; **~ nehmen** παίρνω στα σοβαρά; *e-e Partei, e-n Staat* λαμβάνω σοβαρά υπ' όψη μου; **~er werden** δυσχεραίνομαι
Ernst ⟨*-es; 0*⟩ *m* σοβαρότητα; (*der Lage, der Krankheit*) βαρύτητα; **im ~** (στα) σοβαρά; **~ machen** (*mit etw*) κάνω πράξη (τις αποφάσεις); **im ~ sprechen** (**meinen**) σοβαρεύομαι
ernsthaft *S und Person* εμβριθής
Ernsthaftigkeit ⟨*0*⟩ *f* εμβρίθεια, σοβαρότητα
ernstlich σοβαρός
Ernte *f* θερισμός, συγκομιδή; εσοδεία; **~(dank)fest** *n* εορτή του θερισμού, εορτή των Ευχαριστιών
ernten ⟨*-e-*⟩ (*auch fig*) θερίζω; συγκομίζω; *Undank* αποκομίζω; *Lorbeeren* δρέπω
er'nüchter|n ⟨*-re*⟩ ξεμεθώ; *fig* απογοητεύω; **~t** ξεμέθυστος
Er'nüchterung *f* ξεμέθυση; *fig* απογοήτευση
Er'oberer *m* κατακτητής
er'obern ⟨*-re*⟩ κατακτώ, κυριεύω
Er'oberung *f* άλωση, *auch fig* κατάκτηση; κυρίευση; **~s-** κατακτητικός
ero'dieren διαβρώνω; **~d** διαβρωτικός
er'öffn|en ⟨*-e-*⟩ *Geschäft, Konto* ανοίγω; εγκαινιάζω; **~et werden** *oft*: ανοίγω
Er'öffnung *f* άνοιγμα *n*; εγκαίνια *n/pl*; **~s-** (*Ansprache*) εναρκτήριος
er'örtern ⟨*-re*⟩ συζητώ
Er'örterung *f* συζήτηση
Ero'sion *f* διάβρωση
E'rotik [-tɪk] ⟨*0*⟩ *f* ερωτισμός
e'rotisch ερωτικός
er'picht: ~ sein auf *A* έχω όρεξη για, ορέγομαι (**auf** *A*/*A*)
er'pressen ⟨*-t*⟩ εκβιάζω
Er'presser *m* εκβιαστής; **~-** εκβιαστικός
er'presserisch εκβιαστικός
Er'pressung *f* εκβιασμός
er'prob|en δοκιμάζω; **~t** δόκιμος, δοκιμασμένος
er'quick|en αναζωογονώ, ξεδιψώ (-άς); **~lich** ζωογόνος
Er'quickung *f* αναζωογόνηση
er'raten* μαντεύω
er'rechenbar μετρήσιμος
er'regbar (*leicht*) ευέξαπτος
Er'regbarkeit ⟨*0*⟩ *f* ευερεθιστότητα
er'regen *Neid, Interesse, Neugier* διεγείρω, κινώ, προκαλώ; **~d** διεγερτικός

Er'reg|er *m* *PHYS* διεγέρτης; **~ung** *f* *PHYS*, *allg* διέγερση, ερεθισμός
er'reich|bar κατορθωτός, εφικτός; **leicht ~bar** ευκατόρθωτος; **schwer ~bar** δυσαπόκτητος; **~en** *Ziel* κατορθώνω; φθάνω σε, επιτυχαίνω; *Zug* προφτάνω, προλαβαίνω; *telefonisch usw* βρίσκω; **es ~en** επιτυχαίνω (**dass**/ότι)
er'retten ⟨*-e-*⟩ σώζω (**aus** *D*/**von, vor** *D*/από)
Er'rett|er *m* σωτήρας; **~ung** *f* σωτηρία
er'richten ⟨*-e-*⟩ *Bau, Schule usw* οικοδομώ, εγείρω, ιδρύω; *HDL* (*gründen*) συγκροτώ, εγκαθιδρύω; *Zelt* στήνω
Er'richtung *f* έγερση, ίδρυση; εγκαθίδρυση; στήσιμο (-ατος)
er|'ringen* *Sympathie* κατακτώ; *Preis* επιτυγχάνω; *Sieg* κερδίζω; **~'röten** ⟨*-e-*; *sn*⟩ κοκκινίζω, ερυθριώ (-άς); *subst* ερύθημα *n*
Er'rungenschaft *f* επίτευγμα *n*
Er'satz ⟨*-es*; *0*⟩ *m* αναπλήρωση; (*Entschädigung*) αντιστάθμισμα *n* (**für** *A*/*G*); αποζημίωση; *auch PSYCH* υποκατάστατο; → **Reserve, Ersatzstoff**; **~ leisten** παρέχω αποζημίωση; **~-** αναπληρωτικός; *MIL, TECH* εφεδρικός; πρόσθετος; **~batai'llon** *n* έμπεδο τάγμα *n*; **~dienst** *m* πολιτική υπηρεσία για τους αντιρρησίες συνειδήσεως; **~mann** *m* (*bei Zulassungen*) επιλαχών *m*, αναπληρωτής; **~reifen** *m* ρεζέρβα; **~stoff** *m* υποκατάστατο; **~teil** *m* (*n*) ανταλλακτικό, *pl auch* εξαρτήματα *n*/*pl*
er|'saufen* ⟨*sn*⟩ πνίγομαι; **~'säufen** *v/t* πνίγω
er'schaffen* δημιουργώ; πλάθω
Er'schaffung *f* δημιουργία, γένεση; *der Welt* κτίση, ποίηση; **seit ~ der Welt** από καταβολής κόσμου
er'schallen* ⟨*sn*⟩ ηχώ
er'schaudern ⟨*-re*; *sn*⟩ τρεμουλιάζω
er'scheinen* ⟨*sn*⟩ *Sonne usw*: αναφαίνομαι, προβάλλω; *Person* (*auftauchen*) εμφανίζομαι; (*z.B. am Fenster*) βγαίνω σε; (*kommen*) παρουσιάζομαι; *vor Gericht* (*D*) προσέρχομαι σε; **vor Gericht nicht ~** φυγοδικώ; **~ lassen** εμφανίζω
Er'scheinung *f* εμφάνιση (*auch JUR*); *JUR* παράσταση, παρουσίαση; (*Christi*) επιφάνεια; (*Natur-*) φαινόμενο; (*Vision*) όραμα *n*; **äußere ~** παραστατικό, παράστημα *n*; **in ~ treten** κάνω την εμφάνισή μου; **es ist e-e bekannte** (**auffällige**) **~** είναι παρατηρημένο ότι
er'schienen → **erscheinen**; *JUR* **nicht ~** φυγόδικος, απολειπόμενος
er'schießen* τουφεκίζω, εκτελώ με τουφεκισμό
Er'schießung *f* τουφεκισμός
er'schlaff|en *v/i* ⟨*sn*⟩ *Körper, Interesse*: ατονώ; *v/t* χαυνώνω; **~end** άτονος, χαυνωτικός; **~t** χαύνος
Er'schlaffung *f* ατονία, χαύνωση
er'schlagen* σκοτώνω
er'schleichen*: **sich** (*D*) **etw ~** υφαρπάζω
Er'schleichung *f* υφαρπαγή
er'schlichen λαθραίος, υφαρπασμένος
er'schließen* *etw* διανοίγω; *Neuland* ξεχερσώνω, αποχερσώνω
Er'schließung *f* διάνοιξη; αποχέρσωση; προσπέλαση
Er'schließungskosten *pl* έξοδα *n*/*pl* έργων υποδομής
er'schlossen *Grundstück*: **voll ~** με όλα τα έργα υποδομής
er'schöpf|en *auch fig* εξαντλώ; **~t** καταβεβλημένος; *fig* εξαντλημένος; **~t sein** *Geduld*: εξαντλείται (*oft aor*)
Er'schöpfung *f* εξάντληση
er'schrecken *v/t* τρομάζω; *v/i* ⟨*; *sn*⟩ τρομάζω; *subst* τρόμαγμα *n*, ανασκίρτηση; **~d** τρομακτικός; *adv* τρομερά
er'schrocken τρομαγμένος, έντρομος
er'schüttern ⟨*-re*⟩ διασείω; *auch fig* συνταράζω, δονώ, συγκλονώ; *fig* σοκάρω; *Gesundheit* φθείρω; **~d** συγκλονιστικός, συνταρακτικός
Er'schütterung *f* δόνηση, σείσιμο (-ατος); διάσειση; (*durch Schwingung*) κραδασμός; *fig* ανατάραξη
er'schweren δυσκολεύω, βαρύνω; **~d** (*Umstand*) επιβαρυντικός
Er'schwerung *f* παρεμβολή δυσκολιών, επιβάρυνση
er'schwindeln ⟨*-le*⟩ → **ergaunern**
er'schwinglich *Ware, Preis*: προσιτός
er|'sehen* διαβλέπω (**aus** *D*/εκ *G*); **~'sehnen** *v/t* ποθώ
er'setz|bar αντικαταστατός; επανορθωτός; **~en** ⟨*-t*⟩ υποκαθιστώ (-άς) (**durch** *A*/δια *G*); *auch EDV* αντικαθιστώ; *Schaden* επανορθώνω; *Un-*

Ersetzung 720

kosten ανταποδίδω (***j-m etw***/κτ σε κπ)
Er'setzung *f* υποκατάσταση
er'sichtlich: ~ ***sein aus*** *D* φαίνεται από; ***es ist*** (***wird***) ~ ***aus*** ... (*D*), ***dass*** γίνεται φανερό από ... ότι
er'sinnen* σοφίζομαι, επινοώ
er'spähen αγναντεύω
Er'spähen *n* αγνάντεμα *n*
er'sparen οικονομώ; ***j-m etw*** ~ γλυτώνω κπ από
Er'spar|nis ⟨-; *-se*⟩ *f* αποταμίευση; *pl* οικονομίες *f/pl*; κομπόδεμα *n*; **~te(s)** αποταμίευση
er'sprießlich αίσιος
erst [eː] *adv* (*zunächst*) πρώτα; μόνο; όχι αργότερα (πρωτύτερα) από; ~ ***mittags*** μόνο το μεσημέρι; ***eben*** ~ μόλις τώρα; ~, ***wenn*** δεν ... παρά μόλις
erst- *oft*: πρωτ-; εναρκτήριος; *TYP* αρχέτυπος; → ***erste(r)***
er'starken ⟨*sn*⟩ δυναμώνω
er'starr|en ⟨*sn*⟩ (*vor Kälte*) παγώνω, κοκκαλιάζω; *auch allg* μουδιάζω; *Flüssigkeit*: πήζω; *Lava*: στερεοποιούμαι; (*vor Schreck*) απολιθώνομαι; ***~en lassen*** απολιθώνω; κάνω κπ να παγώσει; **~t** πηκτός; *fig* απολιθωμένος
Er'starrung *f* πάγωμα *n*; *fig* απολίθωση
er'statten ⟨*-e-*⟩ *Bericht* υποβάλλω; *Unkosten* ανταποδίδω; ***Anzeige*** ~ κάνω καταγγελία
Erstaufführung *f* πρεμιέρα
er'staunen *v/i* ⟨*sn*⟩ παραξενεύω, καταπλήττω
Er'staunen *n* απορία; κατάπληξη; ***in*** ~ ***versetzen*** εκπλήττω, ξιπάζω
er'staun|lich καταπληκτικός; ***es ist ~lich, wie ...*** είναι άξιο απορίας πως ...; **~t** κατάπληκτος; ***~t sein*** απορώ (***über*** *A*/περί *G*; ***dass***/πως *usw*); μένω κατάπληκτος
erst|e(r) πρώτος; ***erste Hilfe*** πρώτες βοήθειες *f/pl*; ***~e Klasse*** πρώτη τάξη; ***fürs Erste*** πρόχειρα; ***zum ~en Mal*** για πρώτη φορά; *oft*: πρωτ(ο)-
Erste|(r) (= *Beste*[*r*]) αριστούχος; ***der*** ~ ***des Monats*** πρωτομηνιά; ***der*** ~ ***sein*** πρωτεύω
er'stechen* μαχαιρώνω, σφάζω
Er'stechen *n* μαχαίρωμα *n*
er|'stehen* αποκτώ (-άς); αγοράζω; **~'steigen*** *v/t* ανεβαίνω; **~'steigern** ⟨*-re*⟩ αποκτώ στη δημοπρασία
Er'steigung *f* ανάβαση (*G*/σε)
er'stellen → ***herstellen***; ***bauen, errichten***
erst|ens πρώτο(ν), κατά πρώτο; **~ere(r):** ***der Erstere*** ο μεν ...; ***der Letztere*** ο δε
Erstgeborene(r) πρωτογέννητος, πρωτότοκος
Erstgeburt *f* πρωτοτοκία
Erstgeburtsrecht *n* πρωτοτόκια *n/pl*
er'sticken *v/t* αποπνίγω, (κατα)πνίγω; *v/i* ⟨*sn*⟩ ασφυκτώ (-άς); (*auch in der Arbeit*) πνίγομαι; *fig* (***im Keim***) ~ κατασβήνω; ***wir*** ~ ***hier vor Rauch*** μας αποπνίγει εδώ ο καπνός
Er'sticken *n* πνιγμός, ασφυξία; ***zum*** ~ ασφυκτικός
Er'stickung *f*, **Er'stickungstod** *m* θάνατος από ασφυξία, πνιγμός
erstklassig ... πρώτης τάξεως; *z.B.* ***~er Wein*** κρασί έξτρα
Erstlingswerk *n* πρωτόλειο
er|'streben *v/t* επιδιώκω; **~'strecken:** ***sich ~strecken*** *Land*: εκτείνομαι, προεκτείνομαι (***bis an*** *A*/μέχρι *G*); *auch fig* επεκτείνομαι (***auf*** *A*/σε)
Erstschrift *f* πρωτόγραφο
er'stürmen κυριεύω με έφοδο
er'suchen αιτώ, αιτούμαι (***um*** *A*/*A*), ζητώ (***j-n um*** *A*/κτ από κπ)
er'tapp|en F τσακώνω; **~t** τσακωτός
er'teil|en *Auskunft* χορηγώ, παρέχω, δίνω; *Befehl*, *Diplom*, *Genehmigung* δίνω; *Rat* παρέχω; *Unterricht* παραδίδω; *PHYS Geschwindigkeit* προσδίδω; **~t** χορηγούμενος
Er'teilung *f* χορήγηση; παροχή; δόση; παράδοση; (*e-s Rechtes, Patents*) απονομή
er'tönen ⟨*sn*⟩ ηχώ
Er'trag ⟨*-es*; *⸚e*⟩ *m* εισόδημα *n*; (*Leistung*) απόδοση; (*Ernte*) προκοπή; (*Profit*) κέρδος *n*
er'tragen* *Hunger usw* βαστώ (-άς); *Hitze usw* υποφέρω, ανέχομαι; *Verhalten* (*es*) υπομένω; ***etw*** ~ (***müssen***) υφίσταμαι
er'träglich ανεκτός, υποφερτός; ~ ***sein*** *Kummer*: τραβιέμαι; υποφέρομαι
Er'traglosigkeit ⟨*0*⟩ *f* αφορία
er'tragreich πολύκαρπος
Er'tragslage *f* εισοδηματική κατάσταση
er'tränken πνίγω; *subst* πνιγμός

721 erzbischöflich

er'träumen: ***sich*** (*D*) *etw* ~ (το) ονειρεύομαι
er'trinken* ⟨*sn*⟩ πνίγομαι; *subst* πνιγμός; πνίξιμο (-ατος)
er'trug → ***ertragen***
er'tüchtigen εξασκώ
Er'tüchtigung *f*: ***körperliche*** ~ σωματική εξάσκηση
er'übrigen εξοικονομώ; ***sich*** ~ περιττεύω
Erup'tion *f* έκρηξη
er'wachen ⟨*sn*⟩ ξυπνώ (-άς); *subst* ξύπνημα *n*
er'wachsen μεγάλος; (*mündig*) ενήλικος; ~ ***werden*** ηλικιώνομαι
Er'wachsene(r) μεγάλος, ενήλικος
er'wägen* *Folgen usw* αναμετρώ, σταθμίζω; (*berücksichtigen*) υπολογίζω
er'wägenswert συζητήσιμος
Er'wägung *f* στάθμιση; ***in*** ~ ***ziehen*** λαμβάνω υπ' όψη
er'wählen εκλέγω
er'wähnen *v/t* αναφέρω, μνημονεύω; (*j-n*) μελετώ (-άς), κάνω ομιλία για (***j-m gegenüber***/με κπ); ***oben*** ~ προαναφέρω
er'wähnenswert αξιόλογος, αξιομνημόνευτος
er'wähnt αναφερθείς (-έντος); ***oben*** ~ προαναφερθείς; ~ ***werden*** αναφέρομαι
Er'wähnung *f* αναφορά, μνημόνευση
er'wärmen *v/t* θερμαίνω, ζεσταίνω; ***sich*** ~ ζεσταίνομαι
Er'wärmung *f* θέρμανση
er'warten ⟨*-e-*⟩ *v/t* περιμένω (***j-n***; ***etw von*** *D*/κπ; κτ από); αναμένω, προσμένω; ***e-e Verurteilung zu*** ~ ***haben*** αντιμετωπίζω; ***zu*** **~*d*** αναμενόμενος; ~ ***lassen*** προαναγγέλλω; ***wie zu*** ~ όπως αναμενόταν; ***wider*** (***alles***) ***Erwarten*** εντελώς απρόσμενα
Er'wartung *f* αναμονή, προσδοκία; ***in*** ~ *G* εν αναμονή *G*
er'wecken *fig* εξεγείρω
Er'weckung *f* εξέγερση
er'weichen μαλακώνω; *fig* ***sich*** ~ ***lassen*** μαλακώνω, κάμπτομαι
Er'weich|en *n* μαλάκωμα *n*; **~ung** *f* μαλάκυνση
er'weisen* *Gefälligkeit, Dienst* παρέχω; *Ehre* αποτίνω, απονέμω; ***sich*** (*A*) ***als ...*** (*fähig, Mann usw*) ~ στέκομαι *N*, αποβαίνω; αποδείχνομαι; *unpers* βγαίνω; ***sich als richtig*** ~ επαληθεύομαι; ***sich j-m als nützlich*** ~ φαίνομαι σε κπ χρήσιμος
Er'weisung *f* απότιση
er'weiter|n ⟨*-re*⟩ διευρύνω, φαρδαίνω, πλαταίνω; *Geschäft, Einfluss* εκτείνω; *Umfang* διογκώνω; *Personal* ενισχύω; **~t** *Auflage*: επαυξημένος
Er'weiterung *f* διεύρυνση; (*der Linien*) επέκταση (*auch* GR); MED διάταση; (*e-r Straße*) άνοιγμα *n*
Er'werb ⟨*-es; -e*⟩ *m* (*e-r S, von Kenntnissen*) απόκτηση, κτήση; (*Broterwerb*) βιοπορισμός; → ***Beruf***
er'werben* αποκτώ (-άς), προσκτώμαι; *Gunst usw* κερδίζω; HDL *Anteile* εξαγοράζω; ***sich*** (*D*) ~ *A mst fig* κερδίζω; ***leicht zu*** **~(*d*)** εύκολα αποκτούμενος
er'werbs|- → ***arbeits-***, ***berufs-*** *usw*; **~los** άνεργος
Er'werbs|lose(r) *m/f* άνεργος (-η); **~tätige(r)** *m/f* εργαζόμενος (-η); **~zweig** *m* βιοτεχνικός *oder* επαγγελματικός κλάδος
Er'werbung *f* (*Sache*) απόκτημα *n*; → ***Erwerb***
er'widern ⟨*-re*⟩ ανταπαντώ (-άς); *Besuch* ανταποδίδω; *Gruß* αποδίδω
Er'widerung *f* ανταπάντηση; ανταπόδοση; απόδοση
er'wiesener'maßen αποδεδειγμένα
er'wirken *v/t* επιτυχαίνω
er'wischen F *j-n* γραπώνω, αρπάζω, σβερκώνω, πιάνω κπ σκαστό
er|'worben αποκτημένος, κεκτημένος; επίκτητος; **~'wünscht** επιθυμητός; **~'würgen** πνίγω, στραγγαλίζω; *subst* πνιγμός
Erz [ˀɛʀts, ˀeːʀts] ⟨*-es; -e*⟩ *n* ορυκτό, μετάλλευμα *n*
erz|- θεο-, *z.B.* **~*dumm*** θεόκουτος
Erz- *oft*: αρχ(ι)-
Erzabbau *m* μετάλλευση
er'zählen διηγούμαι, αφηγούμαι; λέω (***j-m etw***/κτ σε κπ), μιλάω (***von*** *D*/για); (*Lügen*) ***Märchen*** ~ τερατολογώ; **~d** διηγηματικός, αφηγηματικός
Er'zähl|er *m* διηγηματογράφος, αφηγητής; **~er-** διηγηματικός; **~ung** *f* διήγημα *n*, αφήγημα *n*; ιστόρημα *n*
Erzbischof *m* αρχιεπίσκοπος; μητροπολίτης
erzbischöflich αρχιεπισκοπικός; μητροπολιτικός

E

Erz|bistum *n* αρχιεπισκοπεία; μητρόπολις *f*; **~engel** *m* αρχάγγελος, ταξιάρχης
er'zeugen *TECH* παράγω; *Fabrik auch*: βγάζω; *ZOOL*, *BOT* γεννοβολώ (-άς), γεννώ (-άς) (*auch Hass usw*); *Durst*, *Abscheu* φέρνω
Er'zeuger *m* γονέας, γονιός, γεννήτωρας; *TECH* παραγωγός; **~land** *n* χώρα παραγωγής; **~preis** *m* τιμή παραγωγού
Er'zeug|nis ⟨*-ses*; *-se*⟩ *n* προϊόν (-όντος); κατασκεύασμα *n*; (*der Phantasie*) γέννημα *n*; **~ung** *f* παραγωγή; γέννηση
Erz|feind *m* άσπονδος εχθρός; **~grube** *f* μεταλλωρυχείο
erzhaltig μεταλλοφόρος
Erzherzog *m* αρχιδούκας; **~in** *f* αρχιδούκισσα
er'ziehbar: schwer ~ δύσκολα διαπαιδαγωγήσιμος
er'ziehen* (*aufziehen*) ανατρέφω, διαπαιδαγωγώ; (*unterrichten*) εκπαιδεύω
Er'zieher *m* ανατροφέας, εκπαιδευτής, παιδαγωγός; **~-** εκπαιδευτικός
er'zieherisch παιδαγωγικός
Er'ziehung ⟨*0*⟩ *f* ανατροφή; *elterlich*: διαπαιδαγώγηση; εκπαίδευση
Er'ziehungs|- εκπαιδευτικός; **~anstalt** *f* αναμορφωτήριο; **~berechtigte(r)** εντεταλμένος την διαπαιδαγώγηση; **~wesen** ⟨*-s*; *0*⟩ *n* παιδεία
er'zielen επιτυχαίνω; *Gewinn* αποκομίζω, έχω; *Punkt* σημειώνω
er'zittern ⟨*-re*⟩ (αρχίζω να) τρέμω
Erzlügner *m* πρωτοψεύτης
er'zogen → erziehen; **schlecht ~** κακοαναθρεμμένος, κακομαθημένος
er'zürn|en οργίζω; **sich ~en** μαλώνω (**mit j-m über** *A*/με κπ για); **wir haben uns ~t** είμαστε μαλωμένοι
er'zwingen* *allg und MIL* εκβιάζω
Er'zwingung *f* εκβίαση
er'zwungen → erzwingen; επιβεβλημένος, εκβεβιασμένος
es αυτό; **ich bin ~, ich bin's** εγώ είμαι; **→ Verben,** *z.B.* **geben: ~ gibt** υπάρχει; *mit präp* (**an es** =) **daran** *usw* σ' αυτό *usw*
Esche [ˈʔɛʃə] *f* μελία, φλαμουριά
Esel *m* γάιδαρος, γαϊδούρι, όνος; **du ~!** βρε ζωντόβολο!; ρε μούργο!; **~-** γαϊδουρινός
Ese'lei *f* κουταμάρα, μωρία
Eselin *f* γαϊδάρα, γαϊδούρα
Esels|- όνειος; **~brücke** *f* τυφλοσύρτης; **~ohr** *n* τσαλακάδα
Eseltreiber *m* ονηλάτης, γαϊδουριάρης (-ηδες)
Eskala'tion *f* κλιμάκωση
eska'lieren κλιμακώνω
Es'korte *f* συνοδεία (**unter der ...**/υπό)
Espe *f* τοπόλι, λεύκη η τρέμουσα; **wie Espenlaub zittern** τρέμω σαν το καλάμι
Essay [ˈʔɛseː] ⟨*-s*; *-s*⟩ *m* δοκίμιο
essbar φαγώσιμος, βρώσιμος; **~ sein** τρώγομαι
Essecke *f* γωνιά φαγητού, γωνία τραπεζαρία
essen* τρώω; (*etwas*) τσιμπώ (-άς); **~ gehen** πηγαίνω να φάω
Essen *n allg* (*Tätigkeit*) φάγωμα *n*, βρώση; (*Mahlzeit*) φαγητό; **j-m ~ machen** του φτιάχνω φαγητό; **→ Abendessen** *usw*; **~marke** *f* δελτίο φαγητού
Essenszeit *f* ώρα φαγητού
Es'senz *f* μύρο, μυρωδικό; απόσταγμα *n*; **~en** *pl* αρωματικά *n/pl*
Esser *m* καταναλωτής; **gute(r) ~** γερό πιρούνι, καλοφαγάς
Essgeschirr *n* επιτραπέζια σκεύη *n/pl*
Essig ⟨*-s*; *-e*⟩ *m* όξος, ξίδι, γλυκάδι; **mit ~ anmachen, zu ~ werden** ξιδιάζω
Essig|- οξικός; **~lake** *f* οξάλμη
essigsauer οξικός
Essigsäure *f* οξικό οξύ
Essig- und Ölständer *m* λαδόξιδο
Ess|löffel *m* κουτάλι; κουτάλι της σούπας; **~löffelvoll** *m* (μια) κουταλιά της σούπας; **~saal** *m* αίθουσα φαγητού; **~service** [-zɛʀˈviːs] *n* σερβίτσιο φαγητού; **~tisch** *m* τραπέζι του φαγητού; **~waren** *f/pl* φαγώσιμα *n/pl*, τρόφιμα *n/pl*; **~zimmer** *n* τραπεζαρία
Establishment [ɛsˈtɛblɪʃmɛnt] ⟨*-s*; *0*⟩ *n* κατεστημένο
Est|e [ˈʔeːstə] ⟨*-n*⟩ *m* Εσθονός, Έστος; **~in** *f* Εσθονή, Έστη
Estland *n* Εσθονία
Eta ⟨*-s*; *-s*⟩ *n* Η, η, (το) ήτα
eta'blier|en: sich ~en εγκαθίσταμαι; **~t** εγκατεστημένος, καθιερωμένος
Etage [eˈtaːʒə] *f* πάτωμα *n* όροφος
E'tagen|haus *n* πολυκατοικία; **~wohnung** *f* διαμέρισμα *n*
E'tappe *f* σταθμός; *MIL* μετόπισθεν *n/pl*

723 Exerzieren

Etat [ʔeːˈtaː] ⟨*-s*; *-s*⟩ *m* προϋπολογισμός
etepetete [ˈeːtəpəˈteːtə] F ντελικάτος; επιτετηδευμένος
Ethik [ˈʔeːtɪk] ⟨*0*⟩ *f* ηθική
ethisch ηθικός
Eti'kett ⟨*-s*; *-s*⟩ *n* ετικέτα
Eti'kette *f* ετικέτα, πρωτόκολλο, εθιμοτυπία
etliche [ˈʔɛt-] μερικοί
Etui [eˈtŭiː] ⟨*-s*; *-s*⟩ *n* θήκη
etwa (*ungefähr*) περίπου, κάπου; (*z.B. 50 km*) μέχρι, ως; (*in der Frage*: *vielleicht*) τυχόν, μη(ν), τάχα; ***hast du ihn ~ irgendwo gesehen?*** μη τον είδες πουθενά; **~ig** ενδεχόμενος; *als adj* τυχόν
etwas κάτι, κάτιτι, κάπως; (*wenig*) λίγο, λιγάκι, κομμάτι; ***so ~*** κάτι τέτοιο; ***ich habe dir ~ zu sagen*** έχω κάτι να σου πω; ***~ reicher*** λίγο πλουσιότερος; ***~ Brot*** λιγάκι ψωμί
Etymolo'gie *f* ετυμολογία
etymo'logisch ετυμολογικός
Eu'böa *n* Εύβοια
euch *A*, *D von* **ihr**: σας
euer (*eure*) (*enklitisch*) ο ... σας: ***~ Freund*** ο φίλος σας, (*betont*) δικός σας; ***der Euere*** ο δικός σας
Euka'lyptus ⟨*-*; *-*⟩ *m* ευκάλυπτος
Eule *f* κουκουβάγια, γκιώνης, μπούφος, γλαυξ (-κός) *f*
Eu'nuch ⟨*-en*⟩ *m* ευνούχος
Euphe'mismus ⟨*-*; *-men*⟩ *m* ευφημισμός
Euphrat ⟨*-s*⟩ *m* Ευφράτης
eures'gleichen οι όμοιοί σας
euret'wegen για το χατίρι σας, για χάρη σας
eurig: ***der Eurige*** ο δικός σας
Eu'ripides *m* Ευριπίδης
Euro ⟨*-(s)*; *-(s)*⟩ *m* ευρώ ⟨*0*⟩ *n*, ΕΥΡΩ
Euro- εύρω-, ευρωπαϊκός
Euro|bank *f* Ευρωτράπεζα; **~cheque** [-ʃɛk] ⟨*-s*; *-s*⟩ *m* ευρωτσέκ ⟨*0*⟩ *n*; **~-chequekarte** *f* κάρτα του ευρωτσέκ; **~-Kat** ⟨*-s*; *'-s*⟩ *m* ευρωπαϊκός καταλύτης; **~kommunismus** *m* ευρωκομουνισμός; **~norm** *f* ευρωπαϊκή νόρμα
Eu'ropa *n* Ευρώπη
Euro'päer *m* Ευρωπαίος; **~in** *f* Ευρωπαία
euro'päisch [-ˈpɛːɪʃ] ευρωπαϊκός; ***Europäische Gemeinschaft*** Ευρωπαϊκή Κοινότητα; ***Europäischer Gerichtshof*** Ευρωπαϊκό Δικαστήριο; ***Europäische Union*** Ευρωπαϊκή Ένωση (ΕΕ); ***Europäische Währungsunion*** Ευρωπαϊκή Νομισματική Ένωση
europäi'sieren εξευρωπαΐζω
Eu'ropa|parlament *n* Ευρωκοινοβούλιο; **~pokal** *m* κύπελλο Ευρώπης; **~rat** *m* Ευρωπαϊκό συμβούλιο
Euroscheck *m* → ***Eurocheque***
Eu'rydike *f* Ευρυδίκη
Euter *n* μαστός, μαστάρι, βυζί (γελάδας)
Eva *f* Εύα
evaku'ieren εκκενώνω
Evaku'ierung *f* εκκένωση
evan'gelisch ευαγγελικός
Evan'gelium ⟨*-s*; *-ien*⟩ *n* ευαγγέλιο, F βαγγέλιο
Eventuali'tät *f* ενδεχόμενο
eventu'ell ενδεχόμενος; *adv* ενδεχομένως
Evolu'tion *f* εξέλιξη
Ev'zone [εν-] ⟨*-n*⟩ *m* (*griech. Soldat*) εύζωνος, τσολιάς (-άδες)
ewig αιώνιος, παντοτεινός; *REL Licht* ακοίμητος, ανέσπερος
Ewigkeit *f* αιωνιότητα; ***ich hab dich e-e ~ nicht gesehen*** χρόνια και ζαμάνια έχω να σε δω
Ex- τέως, πρώην; *z.B.* **Exminister** *m* πρώην υπουργός
ex'akt ακριβής
Ex'aktheit ⟨*0*⟩ *f* ακρίβεια
E'xamen ⟨*-s*; *-*⟩ *n* εξετάσεις *f/pl*; → ***Prüfung***
exami'nieren εξετάζω
E'xarch ⟨*-en*⟩ *m* έξαρχος
Exe'ge|se *f* εξήγηση; **~t** ⟨*-en*⟩ *m* εξηγητής
Exeku'tion *f* εκτέλεση
Exeku'tionskommando *n* εκτελεστικό απόσπασμα *n*
Exeku'tiv|- (*Komitee*) εκτελεστικός; **~e** ⟨*0*⟩ *f hist* νομοτελεστικό; **~komitee** *n* εκτελεστική επιτροπή
E'xempel *n*: ***ein ~ statuieren*** παραδειγματίζω; ***Statuierung e-s ~s*** παραδειγματισμός
Exem'plar ⟨*-s*; *-e*⟩ *n* αντίτυπο
exem'plarisch παραδειγματικός; ***~e Bestrafung*** παραδειγματισμός
exer'zieren *MIL* γυμνάζομαι
Exer'zieren *n* γύμνασμα *n*, F ταλίμι

Exhibitionismus 724

Exhibitio'nismus ⟨-; *0*⟩ *m* επιδειξιομανία
Exhu'mierung *f* εκταφή
E'xil ⟨-*s*; -*e*⟩ *n* εξορία
exis'tent υπαρκτός
existentiell [-'tsĭɛl] υπαρξιακός
Exis'tenz *f* ύπαρξη, υπόσταση, οντότητα; **~ia'lismus** ⟨-; *0*⟩ *m* υπαρξισμός; **~minimum** *n* κατώτατο όριο διαβίωσης; **~mittel** *n/pl* μέσα *n/pl* υπάρξεως
exis'tieren υπάρχω, υφίσταμαι; *in etw* ενυπάρχω; **~d** υπαρκτός
exklu'siv αποκλειστικός; **~e** *adv* αποκλειστικά
Exklusivi'tät ⟨*0*⟩ *f* αποκλειστικότητα
Exkommunika'tion *f* → ***Exkommunizierung***
exkommuni'zieren αφορίζω, αποκηρύσσω
Exkommuni'zierung *f* αφορισμός, αποκήρυξη
Exkre'ment ⟨-*s*; -*e*⟩ *n* αποχώρημα *n*; **~e** *pl* περιττώματα *n/pl*, κόπρανα *n/pl*
Exmatrikula'tion *f* διαγραφή από το μητρώο
exmit'tieren κάνω έξωση
Exmit'tierung *f* έξωση
Exodus ⟨-; *0*⟩ *m* Έξοδος *f*
e'xotisch εξωτικός
Expan'sion *f* επέκταση
Expan'sionspolitik *f* επεκτατισμός
Exped|ient [-'dĭɛnt] ⟨-*en*⟩ *m* διεκπεραιωτής; **~i'tion** *f* διεκπεραίωση; αποστολή; εκστρατεία; **~i'tions-** εκστρατευτικός; ... της αποστολής
Experi'ment ⟨-*s*; -*e*⟩ *n* πείραμα *n*; **~ator** [-'ta:tɔʀ] ⟨-*s*; -'*toren*⟩ *m* πειραματιστής
experimen|'tell πειραματικός; **~'tieren** πειραματίζομαι (***an*** *D*/σε *A*)
Ex'perte ⟨-*n*⟩ *m* εμπειρογνώμονας, ειδήμονας
explo'dieren ⟨*sn*⟩ εκρηγνύομαι, ανατινάζομαι
Explo'sion *f* έκρηξη, ανατίναξη
explo'siv εκρηκτικός
Expo|'nat ⟨-*s*; -*e*⟩ *n* έκθεμα *n*; **~'nent** ⟨-*en*⟩ *m* MATH εκθέτης
expo'nieren εκθέτω
Ex'port ⟨-*ẹs*; -*e*⟩ *m* εξαγωγή; **~-** εξαγωγικός
Exporteur [-'tø:ʀ] ⟨-*s*; -*e*⟩ *m* εξαγωγέας
expor'tieren (*auch* EDV) εξάγω
Ex'port|land *n* χώρα εξαγωγής; **~überschuss** *m* πλεόνασμα *n* εξαγωγών
Ex'press ⟨-*es*; -*e*⟩ *m* ταχεία; εξπρές ⟨*0*⟩ *n*; **~-** άμεσος
Expressio'nismus ⟨-; *0*⟩ *m* εξπρεσιονισμός
Ex'presszug *m* → ***Express***
Exterritoriali'tät ⟨*0*⟩ *f* ετεροδικία; (*der Diplomaten*) ασυλία
extra *adv* (*eigens*) επίτηδες; (*zusätzlich*; *besonders gut*) έξτρα, επιπλέον
Extra- έκστρα ...
Extra ⟨-*s*; -*s*⟩ *n* παραπάνω *n*, έξτρα ⟨*0*⟩ *n*; ***mit vielen*** **~s** με πολλά παραπάνω; **~blatt** *n* παράρτημα *n*
extra'hieren CHEM εκχυλίζω; MED εξάγω
Ex'trakt ⟨-*ẹs*; -*e*⟩ *m* (εκ)χύλισμα *n*; **~ion** [-'tsĭo:n] *f* εξαίρεση; **~ions-** εξαγωγικός
extrava'gant εξαίρετος, ασυνήθιστος
ex'trem άκρος
Ex'trem ⟨-*s*; -*e*⟩ *n* ακρότητα, άκρο; **~ismus** [-'mɪs-] ⟨-; *0*⟩ *m* εξτρεμισμός; **~ist** ⟨-*en*⟩ *m* εξτρεμιστής
extre'mistisch εξτρεμιστικός
Extremi'täten *f/pl* άκρα *n/pl*
Exzel'lenz *f* εξοχότητα; **~!** εξοχώτατε!
Ex'zentriker- έκκεντρος
ex'zentrisch εκκεντρικός
Exzentrizi'tät *f* εκκεντρικότητα
exzer'pieren κάνω περίληψη
Exzer'pieren *n* περίληψη
Ex'zess ⟨-*es*; -*e*⟩ *m* παρεκτροπή

F

F, f [ˀɛf] *n* Φ, φ; *MUS* φα *n*
Fabel ⟨-; *-n*⟩ *f*, *z.B. Äsops* μύθος; → ***Handlung***; **~dichter** *m* μυθογράφος
fabelhaft (*auch enorm*) μυθώδης, μυθικός
Fa'brik *f* εργαστάσιο, φάμπρικα; **~-** βιομηχανικός
Fabri'kant ⟨*-en*⟩ *m* κατασκευαστής; εργοστασιάρχης
Fa'brikarbeiter *m* εργάτης (εργοστασίου)
Fabri'kat ⟨*-(e)s*; *-e*⟩ *n* κατασκεύασμα *n*; **~ion** [-'tsĭo:n] *f* κατασκευή
Fa'brik|besitzer *m* εργοστασιάρχης; **~preis** *m* εργοστασιακή τιμή; ***zu ~preisen*** με τιμές εργοστασίου
fabri'zieren *auch fig* κατασκευάζω
Fach ⟨*-(e)s*; *⸚er*⟩ *n* (*im Schrank*) διαμέρισμα *n*, θήκη; θέση; ντουλάπι; (*offen*) ράφι; (*Lehr-*) κλάδος
Fach|- ειδικός, τεχνικός; **~arbeiter** *m* ειδικευμένος εργάτης; **~arbeitermangel** *m* έλλειψη εξειδικευμένου προσωπικού; **~arzt** *m* ειδικός γιατρός; **~ausdruck** *m* όρος; **~bereich** *m etwa*: ειδικός κύκλος
fächeln ⟨*-le*⟩ ριπίζω
Fächer *m* ριπίδιο, βεντάλια
Fach|geschäft *n* ειδικό κατάστημα (***für***/για); **~hochschule** *f* ανωτάτη τεχνική σχολή, Τ.Ε.Ι.; **~mann** ⟨*-(e)s*; *-leute*⟩ *m* ειδήμονας; F ξεφτέρι (*auch iron*); **~messe** *f* κλαδική έκθεση; **~werk** *n* τσατμάς; **~wort** ⟨*-(e)s*; *⸚er*⟩ *n* όρος; **~wörterbuch** *n* ονοματολόγιο
Fackel ⟨-; *-n*⟩ *f* δαυλί, λαμπάδα, δάδα
fackeln ⟨*-le*⟩: ***ohne lange zu ~*** άρον άρον
Fackel|träger *m* δαδοφόρος; **~zug** *m* λαμπαδηφορία
fade άγευστος, ... στουπί; (*auch fig Person, Worte*) σαχλός, άνοστος; ***~ machen*** ανοσταίνω; ***~ werden*** ανοσταίνω
Faden ⟨*-s*; *⸚*⟩ *m auch fig* νήμα *n*; (*Näh-*) κλωστή; ***der ~ der Ariadne*** ο μίτος της Αριάδνης; ***den ~ verlieren*** χάνω τον ειρμό των σκέψεών μου; **~nudel** *f* φιδές (-έδες)
fadenscheinig φαγωμένος; *Argument*: σαθρός
Faden|scheinigkeit ⟨*0*⟩ *f* σαθρότητα; **~wurm** *m* νηματέλμινθα
Fadheit *f* σάχλα
Fading ['fe:dɪŋ] ⟨*-s*; *-s*⟩ *n* διάλειψη
Fa'gott ⟨*-(e)s*; *-e*⟩ *n* βαρύαυλος, φαγότο; **~ist** [-'tɪst] ⟨*-en*⟩ *m* βαρυαυλητής
fähig ικανός (***zu*** *D*/για); δεκτικός (*G*/*G*), *z.B.* ***anbau~*** δεκτικός καλλιεργείας; (*tüchtig*) επιτήδειος; ***zu allem ~*** ικανός για όλα; ***~ sein*** αξίζω
Fähigkeit *f* ικανότητα (***zu*** *D*/για *A*); επιδεκτικότητα; **~en** *pl* προσόντα *n*/*pl*
fahl ωχρός, χλωμός, λευκόφαιος
Fahlheit ⟨*0*⟩ *f* ωχρότητα
fahnden ⟨*-e-*⟩ καταζητώ (***nach*** *D*/*A*), ανερευνώ
Fahndung *f* καταζήτηση, έρευνα (***nach*** *D*/για)
Fahndungsdienst *m* καταδιωκτική αρχή
Fahne *f* σημαία, παντιέρα
Fahnen|abzug *m TYP* (πρώτο) δοκίμιο; **~eid** *m* όρκος στρατιώτου; **~flucht** ⟨*0*⟩ *f* λιποταξία
fahnenflüchtig: ***~ werden*** (***sein***) λιποταχτώ
Fahnen|flüchtige(r) λιποτάχτης; **~träger** *m* σημαιοφόρος
Fähnrich ⟨*-s*; *-e*⟩ *m* ανθυπασπιστής; σημαιοφόρος
Fahr|ausweis *m* εισιτήριο; **~bahn** *f* οδόστρωμα *n*, άσφαλτος *f*
fahrbar κινητός; *z.B. Tischchen*: ... με ρόδες
Fahr|bereitschaft *f* ετοιμότητα; **~damm** *m* → ***Fahrbahn***; **~dienstleiter** *m BAHN* ρυθμιστής
Fähre *f* φέριμποτ ⟨*0*⟩ *n*, πορθμείο
fahren* *v/t Auto* οδηγώ; (*transportieren*) φέρω, μετακομίζω; *v/i* ⟨*sn*⟩ *Zug*, *Person*: ***~ nach*** *D* φεύγω για, ταξιδεύω για, σε; *Schiff*: πλέω, αρμενίζω; ***~ mit*** *D* πηγαίνω με, *z.B.* ***mit dem Auto ~*** πηγαίνω με το αυτοκίνητο (***nach, zu*** *D*/σε); ***Rad ~*** ποδηλατώ; ***gegen e-e Mauer ~*** χτυπώ σε; (*streichen*) ***~ über*** *A* περνώ (-άς) πάνω από; P ***einen ~ lassen*** ξεφυσώ, κλάνω; ***schlecht*** (***gut***) ***dabei ~*** κακοπέφτω (καλοπέφτω); ***was***

Fahren 726

ist in dich gefahren? τι σ' έπιασε
Fahr|en *n* οδήγηση; **~er** *m* (*Auto*) οδηγός, σωφέρ *m*; **~erflucht** ⟨*0*⟩ *f* φυγή οδηγού; εγκατάλειψη ατυχήματος; **~gast** *m* επιβάτης; **~geld** *n* ναύλο; έξοδα *n*/*pl* κινήσεως; **~gemeinschaft** *f etwa*: ομάδα μετακίνησης; **~geschwindigkeit** *f* ταχύτητα; **~gestell** *n* (*Auto*) βάση, πλαίσιο; **~karte** *f* εισητήριο; *pl* έξοδα *n*/*pl* κινήσεως
Fahrkarten|automat *m* αυτόματος πωλητής εισιτηρίων; **~schalter** *m* θυρίδα εισιτηρίων
fahrlässig *JUR* αμελής; ράθυμος
Fahrlässigkeit *f* αμέλεια; ραθυμία
Fahrlehrer *m* δάσκαλος οδήγησης
Fahrplan *m* δρομολόγιο; **~auskunft** *f* πληροφορίες για το δρομολόγιο
fahrplanmäßig κανονικός; ... του δρομολογίου
Fahrpreis *m* τιμή του εισιτηρίου
Fahrrad *n* ποδήλατο; **~verleih** *m* κατάστημα *n* ενοικιάσεως ποδηλάτων; **~weg** *m* λωρίδα (δρόμος) ποδηλάτων
Fahr|schein *m* εισιτήριο; **~schule** *f* σχολή οδηγών; **~spur** *f* λωρίδα κυκλοφορίας; **~stuhl** *m* ασανσέρ *n*
Fahrt *f* διαδρομή; μετάβαση; (*an die Küste*) κάθοδος (**an** *A*, **nach** *D*/σε); (*zum Arbeitsplatz*) μεταφορά (σε); ταξίδι; (*Schiffs-*) πλους (-ου); ***in ~*** εν κινήσει; *Autobus*: ***~en machen*** κάνω δρόμους
Fährte *f* αχνάρι, ίχνος
Fahrtenschreiber *m* μετρητής αποστάσεων
Fahrtrichtungsanzeiger *m* δείκτης κατευθύνσεως
fahrtüchtig κατάλληλος για κυκλοφορία; ικανός για οδήγηση
Fahr|verhalten *n* οδική συμπεριφορά; **~zeit** *f* χρόνος μετάβασης
Fahrzeug *n* (*Auto usw*) όχημα *n*; τροχοφόρο; **~halter** *m* ιδιοκτήτης οχήματος; **~papiere** *n*/*pl* χαρτιά *n*/*pl* αυτοκινήτου; **~verkehr** *m* τροχοφόρα *n*/*pl*
fair [fɛːʀ] ευθύς
Fä'kalien *pl* ακαθαρσίες *f*/*pl*, περιττώματα *n*/*pl*; **~wagen** *m* βυτιοφόρο εκκενώσεως βόθρων
Fakir ⟨*-s*; *-e*⟩ *m* φακίρης (-ηδες)
Faksimile [fak'ziːmiˑleˑ] ⟨*-s*; *-s*⟩ *n* πανομοιότυπο
faktisch *adv* έργω
Fak|tor ⟨*-s*; *-'toren*⟩ *m* παράγοντας, συντελεστής; **~tum** ⟨*-s*; *-ten*⟩ *n* γεγονός *n*; **~'tur** *f* φατούρα; τιμολόγιο
Fakul'tät *f* σχολή
fakulta'tiv προαιρετικός
Falke ⟨*-n*⟩ *m* γεράκι, φαλκόνι, ιέραξ (-ακος) *m*
Fall ⟨*-ęs*; *⸚e*⟩ *m* (*Fallen, Sturz*) πέσιμο (-ατος), πτώση; *GR* (*Kasus*) πτώση; (*Umstand*) περίπτωση; περίσταση; (*Eventualität*) ενδεχόμενο; (*Vorkommnis*; *von Ungehorsam*; *von Typhus*) κρούσμα *n*; ***in diesem ~*** σε τέτοια περίσταση; ***auf jeden ~*** σε κάθε περίπτωση, εν πάση περιπτώσει, οπωσδήποτε; ***auf keinen ~*** με κανένα τρόπο, σε καμία περίπτωση; *ko* ***im ~e dass*** προκειμένου να, σε περίπτωση που; ***das ist*** (***nicht***) ***der ~*** (δεν) αληθεύει; (δεν) έγινε; ***das ist*** (***ganz***) ***mein ~*** (αυτό) είναι του γούστου μου; ***setzen wir den ~*** ας υποθέσουμε ...
Fallbeil *n* καρμανιόλα, γκιλοτίνα
Falle *f* (*auch fig*) παγίδα, ενέδρα, φάκα; ***j-m e-e ~ stellen*** παγιδεύω, ενεδρεύω; ***in die ~ gehen*** πιάνομαι στη φάκα
fallen* ⟨*sn*⟩ πέφτω, πίπτω (*auch im Krieg*); *Preise*: εκπίπτω; πέφτω; *Aktien*: υποτιμώμαι (-άσαι); (*unter e-e Kategorie*) υπάγομαι σε; (*in Ungnade*) υποπίπτω σε; *Kleid* (*sitzen*): στρώνω; *Verantwortung*: ***~ auf*** *A* πέφτω σε; ***zu Füßen ~*** (*auch fig*) προσπίπτω (***j-m***/σε); ***es fällt*** *Regen, Schnee* ρίχνει ...; ***es fällt mir auf die Nerven*** μου δίνει στα νεύρα; ***auf welchen Tag fällt dein Namenstag?*** ποια μέρα πέφτει η γιορτή σου; ***sich ~ lassen*** πέφτω (***in*** *A*/σε)
Fallen *n* πέσιμο (-ατος); (*von Preisen*) πτώση; κατρακύλισμα *n*
fällen κόβω, κόφτω; *Urteil, allg* εκφέρω; *JUR* εκδίδω; *MATH* άγω; *Holz* υλοτομώ; *subst* κοπή
fallend *fig* (*unter e-e Sache*) υπαγόμενος
fällig *HDL* ληξιπρόθεσμος; ***~ werden*** *z.B. Wechsel*: λήγω
Fälligkeit *f* λήξη
Fall|obst *n* πεσμένα οπωρικά *n*/*pl*; **~olive** *f* χαμάδα; **~reep** *n* αναβάθρα
falls σε περίπτωση που (+ *St II*), αν τυχόν, προκειμένου να; ***~ nicht*** αν δεν
Fallschirm *m* αλεξίπτωτο; **~jäger** *m* αλεξιπτωτιστής
Falltür *f* κλαβανή, καταπακτή

727 **Farbenfabrik**

falsch ⟨*-er*; *-est*⟩ (*unrichtig*) μη σωστός, λανθασμένος, εσφαλμένος; (*unwahr*) ψευδής, ψεύτικος; *Haar*, *Zähne*: τεχνητός, ψευδής; *Mensch*, *Charakter*: κίβδηλος, κάλπικος; *oft*: ψευδο-; παρα-; **~e Propheten** ψευδοπροφήτες *m/pl*; **~ singen** *oder* **spielen** παραφωνώ; **~ spielen** κλέβω στα χαρτιά; *adv auch* στραβά; **etw ~ machen** το κάνω στραβά
Falschaussage *f* ψευδομαρτυρία
fälschen *allg* παραποιώ, κιβδηλεύω; *Unterschrift*, *Geschichte* πλαστογραφώ; *Urkunde* νοθεύω; *Geld* παραχαράττω; *Wein* βαφτίζω
Fälscher *m* κιβδηλοποιός; νοθευτής; πλαστογράφος
Falsch|fahrer *m* οδηγός που κινείται στην αντίθετη λωρίδα; **~geld** *n* πλαστά χρήματα *n/pl*; **~heit** *f* (*Person*) υπουλότητα, κιβδηλεία; πλαστότητα
fälschlich (*Schreibung usw*) εσφαλμένος; *adv* καταχρηστικά; **~(erweise)** *nennen* εσφαλμένα
Falschmünzer *m* παραχαράχτης; **~ei** [-'raɪ] *f* παραχάραξη
Falschspieler *m* χαρτοκλέφτης; F αετονύχης
Fälschung *f* παραποίηση; κιβδηλοποιία; νοθεία; πλαστογραφία; **~s-** πλαστογραφικός
Falt|blatt *n* φυλλάδιο; **~boot** *n* πτυσσόμενο κανό
Falte *f* δίπλα; πτυχή; (*Kleid*) σούρα, πιέτα; (*Kniff*) τσάκιση, ζάρα; (*Runzel*) ζάρα, ρυτίδα; **in ~n legen** σουρώνω; **sich in ~n legen** ζαρώνω
falten ⟨*-e-*⟩ διπλώνω; *Hände* σταυρώνω; *Papier* τσακίζω; *subst* δίπλωμα *n*; συμπλοκή; τσάκισμα *n*
falten|los άπτυχος; *Kleid*: ασούφρωτος; *Gesicht*: αρρυτίδωτος; **~reich** *Kleid*: πολύπτυχος
Falter *m* ψυχή; *pl auch* λεπιδόπτερα *n/pl*
faltig *Haut*: ρυτιδώδης; *Gesicht*, *Kleid*: σουφρωτός
Falttür *f* πτυσσόμενη πόρτα
Falz ⟨*-es*; *-e*⟩ *m* δίπλα; TECH γλυφή τριγωνική; **~bein** *n* διπλωτήρας
falzen ⟨*-t*⟩ διπλώνω
Fama'gusta *n* Αμμόχωστος *f*
familiär [-'liɛːʀ] οικογενειακός; οικείος
Fa'milie [-liə] *f* οικογένεια, σόι; **e-e ~ gründen** κάνω οικογένεια; **~n-** (*Leben*, *Name usw*) οικογενειακός; (*-Rat*) συγγενικός
Fa'milien|angehörige(r) μέλος *n* της οικογενείας; **~anschluss** *m* υποδοχή στην οικογένεια; **~beihilfe** *f* επίδομα *n* οικογενειακών βαρών
Fa'milienbetrieb *m* οικογενειακή επιχείρηση
fa'milienfreundlich *Hotel*, *Politik*: φιλικός προς την οικογένεια
Fa'milien|kreis *m*: **im engsten ~kreis** σε στενό οικογενειακό κύκλο; **~name** *m* επώνυμο; **~oberhaupt** *n* αρχηγός οικογενείας; **~planung** *f* οικογενειακός προγραμματισμός; **~stand** ⟨*-ȼs*; *0*⟩ *m* οικογενειακή κατάσταση; **~vater** *m* οικογενειάρχης; **~zulage** *f* → ***Familienbeihilfe***
fa'mos F έκτακτος, έξτρα
Fa'natiker *m* φανατικός
fa'na|tisch φανατικός; **~ti'sieren** φανατίζω
Fana'tismus ⟨*-*; *0*⟩ *m* φανατισμός
fand → ***finden***
Fan'fare *f* φανφάρα
Fang ⟨*-ȼs*; *⸚e*⟩ *m* τσάκωμα *n*, πιάσιμο (-ατος); (*der Vögel*) νύχι; **~arm** *m* (*Polyp*) πλοκάμι
fangen* πιάνω, συλλαμβάνω, παγιδεύω, τσακώνω; **Feuer ~** αρπάζω, πιάνω φωτιά; *fig* (*sich verlieben*) ερωτοχτυπιέμαι; **schwer zu ~(d)** δύσληπτος
Fang|leine *f* βρόχι; **~netz** *n* δίχτυ; τράτα
Fanta'sie *f* MUS φαντασία; → ***Phantasie***
Farb|- (*z.B.* *~stoffe*) χρωματιστικός, βαφικός; **~abzug** *m* (*Foto*) έγχρωμο αντίτυπο; **~band** *n* ταινία γραφομηχανής
farbbeständig ανεξίτηλος
Farbe *f* (*auch Stoff*) χρώμα *n*; μπογιά, βαφή; (*Gesichts-*) χροιά; *fig* **~ bekennen** ανοίγω τα χαρτιά μου
Färbemittel *n* βαφή
Farben- χρωματικός
färben (*auch fig*) χρωματίζω; βάφω, μπογιατίζω; *subst* βάψιμο (-ατος)
farbenblind δαλτωνικός
Farbenblindheit ⟨*0*⟩ *f* δαλτωνισμός, αχρωματοψία
färbend χρωστικός
Farben|druck *m* χρωμοτυπία; **~fabrik** *f*

Farbenhändler 728

χρωματοποιείο; **~händler** *m* χρωματοπώλης; **~industrie** *f* χρωματουργεία; **~lehre** *f* (η) επί χρωμάτων θεωρία; **~skala** *f* χρωματική γκάμα
Färber *m* βαφέας; μπογιαντζής (-ήδες); **~-** χρωματιστικός; **~ei** [-'raı] *f* βαφείο
Farb|fernsehgerät *n* συσκευή έγχρωμης τηλεοράσεως; **~film** *m* έγχρωμο φιλμ *n*; **~fotografie** *f* έγχρωμη φωτογραφία; **~gebung** *f* χρωματισμός

F

farbig χρωματιστός, έγχρωμος
Farbkopie *f* έγχρωμη φωτοτυπία
farb|lich χρωματικός; **~liche Abstimmung** *f* χρωματισμός; **~los** αχρωμάτιστος, άχρωμος
Farb|skala *f* → **Farbenskala**; **~stift** *m* χρωματιστό μολύβι; **~stoff** *m* χρώμα *n*, βαφική ύλη
Färbung *f* χρωματισμός; *fig* χροιά
Farce ['faʀsə] *f* φάρσα
Farm *f* φάρμα, τσιφλίκι, αγρόκτημα *n*; **~er** *m* αγρότης
Farnkraut *n* φτέρη, πτέρις (-ιδος) *f*
Fa'san ⟨*-ẹs*; *-e*⟩ *m* φαζάνι, φασιανός
Fasching ⟨*-s*; *-e*⟩ *m* Αποκριά, Αποκριές *f/pl*
Fa'schis|mus ⟨*-*; *0*⟩ *m* φασισμός; **~t** ⟨*-en*⟩ *m* φασίστας
fa'schistisch φασιστικός
Fase'lei *f* φλυαρία, φαφλατιά
faseln ⟨*-le*⟩ φλυαρώ, φαφλατίζω, μωρολογώ
Faser ⟨*-*; *-n*⟩ *f* ίνα
faser|ig ινώδης, νηματώδης; **~n** ⟨*-re*⟩ ξεφτίζω
Fass ⟨*-es*; *¨er*⟩ *n* βαρέλι; **... aus dem ~** βαρελήσιος; *Wein*: **vom ~** χύμα; F **~ ohne Boden** φαγάνα
Fa'ssade *f* πρόσωπο, πρόσοψη
fassbar καταληπτός, κατανοητός, ευκατάληπτος; **schwer ~** δυσνόητος
Fassbarkeit ⟨*0*⟩ *f* ευκατάληπτο
fassen ⟨*-t*⟩ *v/t* (*greifen*) πιάνω; (*enthalten, z.B. Personen*) χωρώ, περιλαμβάνω, παίρνω; (*begreifen*) σκαμπάζω, μπαίνω μέσα; **j-n bei der Hand ~** πιάνω κπ από το χέρι; **sich ~** συγκρατούμαι, βαστιέμαι; **sich kurz ~** κοντολογώ
Fassen *n* πιάσιμο (-ατος)
fasslich ευκατάληπτος
Fasson [fa'sɔ̃:, -'sɔŋ] ⟨*-*; *-s*⟩ *f* μορφή, σχήμα *n*
Fassreifen *m* τσερκέλι
Fassung *f* (*Brillen-*) σκελετός; (*Glühbirnen-*) ντουί; (*Wortlaut*) διατύπωση; (*Ruhe*) **die ~ verlieren, aus der ~ geraten** τα χάνω, χάνω τον μπούσουλα; **aus der ~ bringen** σαστίζω; **die ~ bewahren** διατηρώ την ψυχραιμία μου
fassungslos σαστισμένος; **er ist ~** τα 'χει χαμένα
Fassungsvermögen *n* περιεκτικότητα
fast σχεδόν, παρ' ολίγον, κοντά; **~ so** τάλε-κουάλε; (*mit Verben*) λίγο έλειψε και ... (*oder* να ...); άλλο τόσο να ...
fasten ⟨*-e-*⟩ νηστεύω, σαρακοστεύω (*auch* **~ lassen**)
Fasten *n* (*auch pl*) νηστεία; **~-** νηστήσιμος; **~zeit** *f* νηστεία, σαρακοστή
Fastfood [-fu:d] ⟨*-(s)*; *0*⟩ *n* φαστ φουντ *n*
Fastnacht ⟨*0*⟩ *f* προτεραία της νηστείας
fa'tal μοιραίος
Fata'lis|mus ⟨*-*; *0*⟩ *m* μοιρολατρία; **~t** ⟨*-en*⟩ *m* μοιρολάτρης
fata'listisch μοιρολατρικός; μοιραίος
Fata Mor'gana ⟨*pl -nen oder -s*⟩ *f* αντικατοπτρισμός
Fatzke ⟨*-n*⟩ *m* F λιμοκοντόρος, κενόδοξος
fauchen φυσώ
faul (*nicht fleißig*) τεμπέλης, οκνηρός; (*verdorben*) σάπιος, σαπρός; *Witz*: κρύος; *Ei*: κλούβιος; **~ sein** οκνώ; *Ei*: **~ werden** κλουβιάζω, σαπίζω
Fäule ⟨*0*⟩ *f* → **Fäulnis**
faulen ⟨*sn*⟩ σαπίζω
faulenzen ⟨*-t*⟩ τεμπελιάζω, οκνηρεύω
Faulenz|er *m* τεμπελχανάς (-άδες); **~e'rei** *f* τεμπελιά, χουζούρι
Faulheit ⟨*0*⟩ *f* οκνηρία, τεμπελιά
Fäulnis ⟨*0*⟩ *f* σήψη, σαπίλα; **~ bewirken** σαπίζω
Faulpelz *m* τεμπελόσκυλο, κοπρίτης
Faun ⟨*-ẹs*; *-e*⟩ *m auch fig* σάτυρος
Fauna ⟨*-*; *-nen*⟩ *f* πανίδα
Faust ⟨*-*; *¨e*⟩ *f* γροθιά, πυγμή; **auf eigene ~** απομοναχός μου; **mit geballten Fäusten** με τις γροθιές σφιγμένες
Fäustchen: sich ins ~ lachen χαιρεκακώ
faustdick: e-e ~e Lüge ψέμα με ουρά
Faust|kampf *m* πυγμαχία; **~pfand** *n* αμανάτι; **~recht** ⟨*-ẹs*; *0*⟩ *n* χειροδικία; **~schlag** *m* γροθιά

Favo'rit ⟨*-en*⟩ *m* ευνοούμενος; (*Sport*) φαβορί; ***... ist** oder **gilt als ~ für** A* εμφανίζεται φαβορί για
Fax ⟨*-; -e*⟩ *n* φαξ *n*
Faxen *f/pl* καραγκιοζλίκια *n/pl*
Fax|gerät *n* συσκευή φαξ; **~nummer** *f* αριθμός φαξ
Fayence [fa·'jã:s] *f* φαγεντιανό
Fazit ⟨*-s; 0*⟩ *n* αποστάλαγμα *n*, απολογισμός
Februar ['fe:-] ⟨*-s; -e*⟩ *m* Φεβρουάριος
fechten* ξιφομαχώ, σπαθίζω; *fig* μάχομαι (***für** A*/υπέρ *G*, για); (*betteln*) ζητιανεύω
Fecht|en *n* ξιφομαχία, ξιφασκία; **~er** *m* ξιφομάχος; **~kampf** *m* διαξιφισμός; **~meister** *m* ξιφοδιδάσκαλος, οπλομάχος
Feder ⟨*-; -n*⟩ *f* φτερό; (*Schreib-*) πένα; TECH ελατήριο; (*Sprung-*) σούστα; ***~n bekommen*** βάζω φτερά; ***zur ~ greifen*** πιάνω την πένα; **~ball** *m* (*Sport*) μπάντμιντον; **~bett** *n* πουπουλένιο πάπλωμα *n*; **~bruch** *m* (*Auto*) σπάσιμο της σούστας; **~busch** *m* λοφίο; **~fuchser** *m iron* καλαμαράς (-άδες); **~halter** *m* κονδυλοφόρος; **~kleid** *n* φτέρωμα *n*
federleicht ελαφρός σαν πούπουλο
Federlesen: ***ohne viel ~*** απαζάρευτος; ***nicht viel ~s machen*** δεν φέρνομαι με το γάντι (***mit** D*/σε)
federn ⟨*-re*⟩ *v/i* TECH σουστάρω; *allg* (*Federn verlieren*) μαδώ; *auch **sich ~*** μαδώ
Federstrich *m* πενιά; ***mit einem ~*** *fig* με μια μονοκοντυλιά
Federung *f* (*Wagen*) ανάρτηση
Federvieh *n* πουλερικά *n/pl*
Feder|wuchs *m* φτέρωμα *n*; **~zeichnung** *f* ιχνογραφία
Fee *f* νεράιδα
Fegefeuer *n* πουργκατόριο, καθαρτήριο
fegen σαρώνω, σκουπίζω
Fegen *n* σάρωμα *n*, σκούπισμα *n*
Fehde *f* εχθοπραξία; ***in ~ liegen*** αλληλομαχώ
Fehl: ***ohne ~*** άψογος
Fehl- εσφαλμένος
fehl: ***~ am Platze*** άτοπος
Fehl|anzeige *f* αρνητική έκθεση; ***~anzeige!*** τζίφος; μουντζούρα!; **~betrag** *m* έλλειμμα *n*, υστέρημα *n*; **~bitte** *f* μάταια παράκληση
fehlen *v/i* (*auch abwesend sein*) λείπω (***an** D*/από); (*im Unterricht*) απουσιάζω (***in** D*/από); (*sündigen*) αμαρτάνω; αθετώ (***gegen** A/A*); ***es fehlt mir an** D* μου χρειάζεται *N*; *bsd fig* υστερώ κατά *A*; ***wenig hätte gefehlt, dass ...*** λίγο έλειψε να ...; ***was fehlt Ihnen?*** τι πάθατε; ***das hat mir gerade noch gefehlt!*** αυτό μου έλειπε!; ***an mir soll es nicht ~*** θα βάλω όλα τα δυνατά μου; *subst* απουσία; **~d** ελλείπων
Fehler *m* λάθος *n*, (*auch* TYP) σφάλμα *n*; (*Gebrechen, Charakter-,* TECH *Defekt*) ελάττωμα *n*, κουσούρι; (*Unzulänglichkeit*) ψεγάδι; (*Fehltritt*) παραπάτημα *n*, αμάρτημα *n*, φταίξιμο (-ατος); (*Lücke*) τρωτό; ***e-n ~ machen*** λαθαίνω; *Mensch*: ***mit e-m ~ behaftet*** ελαττωματικός
fehler|frei αλάνθαστος; **~haft** λανθασμένος; (*defekt*) πλημμελής; **~los** άπταιστος, αναμάρτητος
Fehlgeburt *f* αποβολή; ***e-e ~ haben*** αποβάλλω
fehlgehen* ⟨*sn*⟩ (*im Urteil*) πέφτω έξω
Fehl|griff *m* πλάνη; **~schlag** *m* αστοχία, τζίφος
fehl|schlagen* ⟨*sn*⟩ *S* αστοχώ; αποτυγχάνω; ***es ist mir ~geschlagen*** απέτυχα; ***~geschlagen*** αποτυχημένος
Fehl|schluss *m* παραλογισμός; **~schuss** *m* αστοχία
fehltreten* ⟨*sn*⟩ στραβοπατώ (-άς)
Fehltritt *m* ολίσθημα *n*; *auch fig* παραπάτημα *n*; *fig* στραβοπάτημα *n*; ***e-n ~ tun*** γλιστρώ (-άς)
Fehlzündung *f* ελαττωματική ανάφλεξη
Feier *f* εορτή, τελετή, πανηγυρισμός; εορτασμός; F γλέντι; **~-** εορτάσιμος; **~abend** *m* σχόλασμα *n*; ***~abend machen*** σχολάω; ***~abend haben*** έχω σχολάσει
feierlich εορτάσιμος; *Empfang*: πανηγυρικός; (*amtlich*) επίσημος
Feierlichkeit *f* τελετή, επισημότητα; *bsd* REL πανήγυρις *f*, πανηγύρι
feiern ⟨*-re*⟩ *v/t Fest* τελώ, εορτάζω; *ein Ereignis* πανηγυρίζω (*auch v/i*); *auch* κάνω, *z.B.* ***Ostern ~*** κάνω Πάσχα; (*nicht arbeiten*) σχολάω; (*mit anderen*) συμποσιάζω; *subst* εορτασμός, πανηγυρισμός

Feierstunde 730

Feier|stunde *f* τελετή, επισημότητα; **~tag** *m* σχόλη; αργία; *nationaler usw*: εορτή; **~tagskalender** *m* εορτολόγιο
feige ⟨*-r*; *feigst-*⟩ δειλός, άνανδρος; **~ *sein*** δειλιάζω
Feige *f* σύκο
Feigen|baum *m* συκιά; **~blatt** *n* συκόφυλλο
Feig|heit ⟨*0*⟩ *f* δειλία, ανανδρία; **~ling** ⟨*-s*; *-e*⟩ *m* άνανδρος
feilbieten* *Ware* διαθέτω (**auf** *dem Markt*/σε)
Feile *f* λίμα, ρίνη
feilen λιμάρω; *Stil* τορνεύω
feilschen παζαρεύω (**um** *A*/*A*)
Feilschen *n* παζάρεμα *n*; ***ohne*** **~** απαζάρευτος
fein (*dünn*) ψιλός, λεπτός; (*zart*) ντελικάτος; *Manieren*, *Benehmen*: φίνος, ευπρεπής; κομψός; *Nase*, *Finger*: κοντυλένιος; *Gold*: λαγαρός; *Herr*, *Dame*: ... καθώς πρέπει; *oft*: ψιλο-, *z.B.* **~ *gemahlen*** (*Kaffee*) ψιλοκομμένος; **~ *geschnitten*** (*Tabak*) ψιλοκομμένος; **~ *gestoßen*** (*Gewürz*) ψιλοκοπανισμένος; ***sich*** **~ *machen*** ντύνομαι με τα καλά, στο καντίνι; **~*er machen*** λεπτύνω
Feinbäckerei *f* ζαχαροπλαστείο
Feind ⟨*-(e)s*; *-e*⟩ *m* εχθρός; *bsd fig* πολέμιος; **~ *sein*** *D* εχθρεύομαι *A*
Feindes- (*Land*) εχθρός
feindlich εχθρικός, πολέμιος; *oft*: αντι-, *z.B.* ***erziehungsfeindlich*** αντιεκπαιδευτικός; **~ *gesinnt*** εχθρικώς διακείμενος
Feindschaft *f* εχθρότητα, έχθρα
feindselig εχθρικός
Feindseligkeit *f* (*Verhalten*) καταφορά; **~*en*** *pl* εχθροπραξία
feinfühlig ντελικάτος, διακριτικός
Feinfühligkeit ⟨*0*⟩ *f* διακριτικότητα
Fein|gehalt *m* τίτλος; **~heit** *f* λεπτότητα, φινέτσα; ευπρέπεια
feinkörnig *Film*: λεπτόκοκκο
Feinkostgeschäft *n* μαγαζί με ντελικατέσεν, εδωδιμοπωλείο
Feinschmecker *m* λιχούδης, καλοφαγάς (-άδες)
feinsinnig ευαίσθητος, αισθαντικός
Feinsinnigkeit *f* αισθαντικότητα
feist ⟨*-er*; *-est*⟩ παχουλός
Feld ⟨*-(e)s*; *-er*⟩ *n* (*Acker*) χωράφι; (*Schlacht-*, *auch* ELEKTR) πεδίο; (*flaches Land*) κάμπος; (*Spiel*) τετράγωνο; **~arbeit** *f* γεωργική εργασία; **~arbeiter** *m* γεωργός, σκαφτιάς (-άδες); **~bett** *n* ράντσο; **~blume** *f* αγριολούλουδο; **~flasche** *f* παγούρι; **~herr** *m* στρατηγός; **~lager** *n* καταυλισμός; **~marschall** *m* στρατάρχης; **~maus** *f* αρουραίος; **~messer** *m pers* γεωμέτρης; **~wächter** *m* αγροφύλακας; **~webel** *m* λοχίας; **~weg** *m* χωματόδρομος; **~zug** *m* εκστρατεία; **e-n ~*zug unternehmen*** εκστρατεύω
Felge *f* ζάντα
Fell ⟨*-(e)s*; *-e*⟩ *n* δέρμα *n*, δορά, τομάρι; ***gegerbtes*** **~** διφθέρα, βύρσα; *fig* ***ein dickes*** **~ *haben*** έχω χοντρό πετσί; ***j-m das*** **~ *über die Ohren ziehen*** γδέρνω
Fels ⟨*-en*⟩ *m*, **Felsen** *m* βράχος; (*Klippe*) σκόπελος
felsenfest ακλόνητος
Felsenschwalbe *f* πετροχελίδονο
felsig βραχώδης
Felswand *f* γκρεμός
Fe'luke *f* φελούκα
Femininum ⟨*-s*; *-nina*⟩ *n* GR θηλυκό
Femi'nis|mus ⟨*-*; *0*⟩ *m* φεμινισμός; **~tin** *f* φεμινίστρια
femi'nistisch φεμινιστικός
Fenchel ⟨*-s*; *0*⟩ *m* μάραθο(ς)
Fenn ⟨*-s*; *-e*⟩ *n* τέναγος *n*
Fenster *n* (*auch* EDV) παράθυρο; F ***sein Geld zum*** **~ *rausschmeißen*** πετώ τα λεφτά μου; **~bank** *f*, **~brett** *n* πεζούλι; **~chen** *n* θυρίδα; **~glas** *n* υαλοπίνακας; **~klappe** *f* φεγγίτης; **~laden** *m* παντζούρι, ξώφυλλο; **~platz** *m* θέση κοντά στο παράθυρο; **~putzer** *m* καθαριστής υαλοπινάκων; **~rahmen** *m* κούφωμα *n*; **~scheibe** *f* τζάμι; υαλοπίνακας; **~sturz** *m* εκπαραθύρωση
Ferien ['feːrĭən] *pl* διακοπές *f*/*pl*, παύσεις *f*/*pl*; **~arbeit** *f* εργασία κατά τις διακοπές; **~dorf** *n* τουριστικό συγκρότημα; **~haus** *n* εξοχικό σπίτι; **~kurs** *m* μαθήματα *n*/*pl* στις διακοπές; **~lager** *n* κατασκήνωση; **~ort** *m* τουριστικό χωριό (μέρος); **~wohnung** *f* διαμέρισμα *n* διακοπών
Ferkel *n* γουρουνόπουλο, χοιρίδιο; *fig* βρωμιάρης, λέτσος
Fer'ment ⟨*-s*; *-e*⟩ *n* ένζυμο, ζυμωτικό
fern *adj* άπω ⟨*0*⟩, μακρινός (*auch Zeit*); *adv* άπω, μακριά; (**der**) ***Ferne Osten*** (η) Ἀπω Ανατολή; **~ *halten*** κρατώ

έξω (**von** *D*/από); **sich ~ halten von** *D* απέχω από *oder G*; **das liegt mir fern** αυτό είναι μακριά μου; **das sei fern von mir!** μακριά μου!
Fernbedienung *f allg* τηλεκοντρόλ ⟨*0*⟩ *n*; *Fernsehen*: ΤιΒι-Κοντρόλ *n*, τηλεχειριστής
fernbleiben* ⟨*sn*⟩ απέχω (**von** *D*/από); *subst* αποχή (**von** *D*/από), σκάσιμο (-ατος)
Ferne *f* μάκρος *n*; **in der ~** μακριά; **aus der ~** απ' αλάργα
ferner έπειτα; **~hin** επίσης
ferngelenkt τηλεκατευθυνόμενος
Ferngespräch *n TEL* υπεραστική συνδιάλεξη
ferngesteuert τηλεχειριζόμενος
Fernglas *n* τηλεσκόπιο, διόπτρα *n*/*pl*; κιάλια *n*/*pl*; **im ~ sehen** κιαλάρω
Fern|heizung *f* τηλεθέρμανση; **~licht** *n* φως *n* αποστάσεως
Fernmelde|- τηλεπικοινωνιακός; **~amt** *n* κέντρο τηλεπικοινωνίας; **~wesen** ⟨*-s*; *0*⟩ *n* τηλεπικοινωνίες *f*/*pl*
fern|mündlich τηλεφωνικός; **~'östlich** της 'Απω Ανατολής
Fernschreib|en *n* τηλέτυπο; **~er** *m* τηλέτυπο
Fernseh|- ... τηλεοράσεως; τηλεοπτικός; **~ansager** *m* τηλεπαρουσιαστής ειδήσεων; **~ansagerin** *f* τηλεπαρουσιάστρια; **~apparat** *m* συσκευή τηλεοράσεως; **~empfänger** *m* δέκτης τηλεοράσεως
fernsehen* βλέπω τηλεόραση
Fernsehen *n* τηλεόραση; **im ~** από την τηλεόραση
Fernseh|film *m* τηλεταινία; **~gerät** *n* → ***Fernsehapparat***; **~schirm** *m* διάφραγμα *n* τηλεοράσεως; **~serie** *f* τηλεοπτική σειρά, σήριαλ *n*; **~spiel** *n* τηλεοπτικό έργο; **~teilnehmer** *m* τηλεθεατής; συνδρομητής τηλεοράσεως; **~übertragung** *f* τηλεοπτική μετάδοση
Fernsicht *f* προοπτική
Fernsprech|- (*amtlich für Telefon-*) τηλεφωνικός; → ***Telefon***; **~amt** *n* τηλεφωνικό κέντρο; **~anschluss** *m* τηλεφωνική σύνδεση; ***~anschluss haben*** έχω τηλέφωνο; **~buch** *n* τηλεφωνικός κατάλογος; **~er** *m* τηλέφωνο; **~stelle** *f* τηλεφωνείο; **~wesen** ⟨*-s*; *0*⟩ *n* τηλεφωνία
Fern|steuerung *f* τηλεκατεύθυνση; **~straße** *f* οδική αρτηρία
Fern|studium *n*, **~unterricht** *m* μαθήματα δι' αλληλογραφίας; **~verkehr** *m BAHN* υπηρεσία των μεγάλων γραμμών; **~verkehrsstraße** *f* εθνική οδός; **~zündung** *f* τηλεπυροδότηση
Ferse *f* φτέρνα, πτέρνα; ***j-m auf den ~n sein*** ακολουθώ κπ κατά πόδας; ***j-m auf den ~ folgen*** παίρνω κπ από πίσω
fertig (*bereit*) έτοιμος (**zu** *D*/προς *A*, για); παρεσκευασμένος (**zu** *D*/προς *A*); *MAR* **~!** άλα!; (*beendet*) έτοιμος; νέτος, τελειωμένος; (*es*) **~ bringen** καταφέρνω; **~ machen** τελειώνω; F *j-n* (*völlig erschöpfen*) καταντώ πτώμα; (*quälen*) πεθαίνω (**mit** *D*/σε); (*bezwingen*) αποτελειώνω; **sich ~ machen** ετοιμάζομαι; (*zum Kampf*) αποδύομαι σε; **~ sein** *Schuhe usw aor*: έγινε, έγιναν; F **ich bin ganz ~** (= *erschöpft*) τελείωσα πια; **~ stellen** φέρνω σε πέρας, ολοκληρώνω, εκπονώ; **~ werden mit** *D* εξοικονομώ; **fertig**(-) *vollendete Handlung*, *oft*: από-, *z.B.* **~ essen** αποτρώω; **mit dem Abästen ~ sein** αποκλαδεύω
Fertiggericht *n* έτοιμο φαγητό
Fertighaus *n* οικία λυομένη, λυόμενο σπίτι
Fertigkeit *f* επιτηδειότητα
Fertigprodukt *n* έτοιμο προϊόν
Fertig|stellung *f* ολοκλήρωση, εκπόνηση; **~ungsstraße** *f* διάδρομος συναρμολόγησης; **~ware** *f* τελικό προϊόν
Fes ⟨*-*; *-e*⟩ *m* φέσι
fesch [ε] ασήκης (-ισσα, -ικο)
Fessel *f* δεσμός; **~n** *pl* δεσμά *n*/*pl*
fesseln ⟨*-le*⟩ δεσμεύω; *fig* συναρπάζω; **~d** συναρπαστικός
Fesselung *f* δέσμευση
Fest ⟨*-ℯs*; *-e*⟩ *n* γιορτή, εορτή; τελετή; συμπόσιο; πανηγύρι; **frohes ~!** χρόνια πολλά!; **nach dem ~** απόσχολα
fest (*auch Körper*) στερεός; (*stabil*) ευσταθής; (*ungeschmolzen*) άλειωτος; *Einkommen*: πάγιος; *Mensch*: αμετάβλητος; *Anstellung*: μόνιμος; *Wille usw*: ακράδαντος, σταθερός; *Preis*: ορισμένος; φιξ, πάγιος; *adv* (*glauben*) ακράδαντα, σταθερά; (*überzeugt sein*) βάσιμα; (*im Bett liegen*) ασήκωτος; ~

F

Festanstellung 732

gefügt συμπαγής; **~ *versprechen*** λέω υπεύθυνα
Festanstellung *f* μονιμοποίηση
festbinden* δένω
Festessen *n* (*offiziell*) γεύμα *n*; πανδαισία (*auch fig*)
festfahren* ⟨*sn*⟩ : ***die Sache ist festgefahren*** σκάλωσε η δουλειά; ***sich ~*** *fig* σκαλώνω
Festgeld *n* δεσμευμένα (σε λογαριασμό) χρήματα *n/pl*
festgenommen: *nicht ~* ασύλληπτος
Festgenommene(r) συλληφθείς (-έντος)
festgesetzt ταγμένος, τακτός; *Zeit*: τακτικός
festhalten* *j-n* (κατα)κρατώ; *fig* εμμένω (***an*** *D*/σε); ***j-n als Geisel ~*** κρατώ κπ σαν όμηρο; ***sich ~ an*** *D* κρατιέμαι, πιάνομαι, βαστιέμαι από
Festhalten *n* κράτηση; *fig* εμμονή
festigen *allg* σταθεροποιώ; *Stellung* παγιώνω; *Einfluss* εμπεδώνω
Festig|keit ⟨*0*⟩ *f* στερεότητα; παγιότητα; TECH αντοχή; **~ung** ⟨*0*⟩ *f* σταθεροποίηση; παγίωση; εμπέδωση
Festival ⟨*-s*; *-s*⟩ *n* φεστιβάλ *n*
Festkonto *n* δεσμευμένος λογαριασμός
Festland ⟨*-es*; *0*⟩ *n* χέρσος *n*, ξηρά; ήπειρος *f*; **~(s)sockel** *m* υφαλοκρηπίδα
festlegen *Grenzen* καθορίζω; *Preis* τιμολογώ; *Geld* δεσμεύω, ακινητοποιώ; (*genau*) *Plan* προδιαγράφω; ***sich ~*** δεσμεύομαι (***auf*** *A*/από)
Festlegung *f* καθορισμός; ακινητοποίηση
festlich εορταστικός; ***~e Beleuchtung*** φωταγώγηση
Festlichkeit *f* πανηγύρι; τελετή
festmachen στερεώνω; *Schiff*: ναυλογώ, προσδένω, ορμίζω
Festmachen *n* όρμιση
festnageln ⟨*-le*⟩ καρφώνω; F (*verpflichten*) δένω; *subst* κάρφωμα *n*
Festnahme *f* σύλληψη; κράτηση
festnehmen* συλλαμβάνω
Festplatte *f* EDV σκληρός δίσκος
Festpreis *m* προκαθορισμένη τιμή
Fest|rede *f* πανηγυρικός; **~saal** *m* αίθουσα για γιορτές
festschnallen *Gurt* προσδένω
festsetzen ⟨*-t*⟩ τάσσω; καθορίζω; *Gehalt*, *Tag* ορίζω (***auf*** *A*/σε); *Preis* ορίζω, ξεκόβω; *Idee*: ***sich ~ bei*** *D* κολλώ (-άς) σε κπ; ***festgesetzt*** *Frist*: ταχθείς
Festsetzung *f* ορισμός, προσδιορισμός; → ***Festlegung***
Festspiel *n* φεστιβάλ *n*
fest|stecken καρφιτσώνω; **~stehen*** *fig* είμαι βέβαιος; **~stehend** στερεότυπος, αμετάλλαχτος; *Meinung*: αμεταγύριστος
feststell|bar: *nicht ~bar* ανεξακρίβωτος; **~en** διαπιστώνω, εξακριβώνω; (*klären*) διευκρινίζω
Feststellung *f* διαπίστωση, εξακρίβωση; (*als Erklärung*) διευκρίνιση
Festtag *m* εορτή; **~s-** εορταστικός
Festteilnehmer *m* πανηγυριώτης; **~in** *f* πανηγυριώτισσα
Festung *f* οχυρό, φρούριο, κάστρο; ***fliegende ~*** ιπτάμενο φρούριο; **~s-** φρουριακός
festverzinslich με σταθερό τόκο
Fest|wochen *f/pl* φεστιβάλ *n*; **~zug** *m* πομπή
Fete ['fe:tə] *f* F γιορτούλα
Fetisch ⟨*-es*; *-e*⟩ *m* φετίχ *n*; **~ismus** [-'ʃɪsmʊs] ⟨*-*; *0*⟩ *m* φετιχισμός; **~ist** ⟨*-en*⟩ *m* φετιχιστής
fett (*auch Boden*, *Erde*) λιπαρός; *Boden auch* βαρικός; (*dick*; *auch Essen*) παχύς; *fig* (*erheblich*) παχουλός; ***~ werden*** παχαίνω
Fett ⟨*-es*; *-e*⟩ *n* (*auch am Körper*) λίπος *n*; πάχος *n*; λίγδα; (*Schmalz*) ξύγκι
Fett|ablagerung *f* απόθεμα *n* λίπους; **~ansatz** *m* εναπόθεση λίπους
fettarm *Essen*: άπαχος
fetten ⟨*-e-*⟩ *v/i* λιγδιάζω
Fett|fleck *m* λίγδα; λεκές από λίπος; ***e-n ~fleck entfernen*** ξελαδώνω, ξελιγδιάζω; **~härtung** *f* σκλήρυνση
fettig λιγδερός, λιπαρός, στεατώδης
fettleibig παχύσαρκος
Fettleibigkeit ⟨*0*⟩ *f* παχυσαρκία
fettlos αλάδωτος
Fettnäpfchen: *ins ~ treten* κάνω γκάφα
Fett|polster *n* (*am Körper*) μαξιλαράκι (του λίπους); **~rand** *m* γλίνα; **~rückstand** *m* γλίνα; **~schicht** *f* στρώμα *n* λίπους; **~wanst** *m* κοιλαράς (-άδες)
Fetzen *m* κουρέλι; *auch fig* ράκος *n*; ***ein ~ Papier*** (*auch fig*) παλιόχαρτο
feucht υγρός, νοτερός; ***~ machen*** νο-

τίζω, υγραίνω; ~ **werden** νοτίζω, υγραίνομαι
Feuchtbiotop *n* υγρός βιότοπος
Feuchtigkeit ⟨*0*⟩ *f* υγρασία, νοτιά; **~s-** υγραντικός
feuchtkalt υγρός και ψυχρός
feu'dal (*prächtig*) αρχοντικός
Feu'dal|- φεουδαρχικός; **~herrschaft** *f* φεουδαρχία
Feuda'lismus ⟨-; *0*⟩ *m* φεουδαλισμός, τιμαριωτισμός
Feuer *n* φωτιά, (*auch* MIL) πυρ (πυρός) *n*; (*der Begeisterung*) παραφορά; ~ **fangen** φλέγομαι, πιάνω φωτιά; ~ **legen** βάζω φωτιά; ~ **machen** ανάβω φωτιά; (**auf j-n**) **das ~ eröffnen** πυροβολώ κπ; **das ~ erwidern** αντιπυροβολώ; ~ **speiend** πυρίπνους (-ουν)
Feuer- (*Waffe*) πυροβόλος
Feuer|anzünder *m* προσάναμμα *n*; **~bestattung** *f* αποτέφρωση; **~eifer** *m* θέρμη; **~einstellung** *f* κατάπαυση του πυρός
feuer|fest πυροστεγής, άφλεκτος, πυρίμαχος; **~gefährlich** εύφλεκτος
Feuerhaken *m* σκάλευθρο
Feuerlösch|- πυροσβεστικός; **~er** *m* πυροσβεστήρας
Feuermelder *m* πυραγγέλτης
feuern ⟨*-re*⟩ πυροβολώ; F (*entlassen*) ξύνω; *subst* πυροβολισμός
Feuerqualle *f* τσούχτρα
feuerrot κατακόκκινος
Feuersbrunst *f* πυρκαϊά
feuersicher πυρασφαλής
Feuer|stein *m* τσακμακόπετρα, πυρόλιθος; **~taufe** *f fig* βάφτισμα *n* του πυρός; **~tod** *m* δια πυρός θάνατος
Feuerung *f* καυσόξυλα *n/pl*, καύσιμη ύλη
Feuerversicherung *f* πυρασφάλεια
Feuerversicherungsgesellschaft *f* πυρασφαλιστική εταιρεία
Feuerwechsel *m* ανταλλαγή πυρών
Feuerwehr *f* πυροσβεστικό σώμα; **~leiter** *f* κινητή κλίμακα; **~mann** *m* ⟨*pl -leute*⟩ πυροσβέστης
Feuer|werk *n* πυροτέχνημα *n*; **~zange** *f* μασιά, τσιμπίδα
Feuerzeug *n* αναπτήρας; **~benzin** *n* βενζίνη για αναπτήρα; **~gas** *n* αέριο αναπτήρα
Feuilleton [fœjə'tõ:] ⟨*-s*; *-s*⟩ *n* επιφυλλίδα, υποσέλιδο; **~ist** [-'nɪst] ⟨*-en*⟩ *m* επιφυλλιδογράφος
feurig πύρινος; *Mensch*: θερμός; *Liebe*: περιφλεγής; *Rede*: νευρώδης, ενθουσιώδης
Fi'asko ⟨*-s*; *-s*⟩ *n* φιάσκο
Fibel ⟨-; *-n*⟩ *f* αλφαβητάριο
Fiber ⟨-; *-n*) *f* ίνα
Fichte *f* πεύκη, πεύκο
Fichten|- πεύκινος; **~wald** *m* πευκώνας; **~zapfen** *m* κουκουνάρα
ficken (*vulgär*) γαμώ
fi'del χαρωπός; F **~es Haus** χαρούμενη καρδιά
Fieber *n* πυρετός (*auch fig Wahl-*), θέρμη; ~ **bekommen** θερμαίνομαι
Fieber- εμπύρετος
fieber|frei απύρετος; **~haft** πυρετικός; *fig* πυρετογόνος
Fieberkurve *f* δελτίο θερμοκρασίας
Fiebermittel *n* αντιπυρετικό
fiebern ⟨*-re*⟩ έχω πυρετό; *fig* ~ **vor Ungeduld** λαχταρά η καρδιά μου
Fieberthermometer *n* ιατρικό θερμόμετρο
fiebrig πυρετικός
fiel → ***fallen***
Fi'gur ⟨-; *-en*⟩ *f* ανάστημα *n*; (*Kartenspiel*, MUS, *fig*) φιγούρα; MATH, *lit* σχήμα *n*; (*Körperwuchs*) σιλουέτα, παράσταση; **gute** ~ ωραίο σώμα
fi'gürlich σχηματικός; *lit* τροπικός; GR μεταφορικός
Fik'tion *f* επινόημα *n*
fik'tiv πλασματικός, ανύπαρκτος
Filet [fi'le:] ⟨*-s*; *-s*⟩ *n* φιλέτο; (*Gewebe*) φιλές; **~steak** *n* στέικ ⟨*0*⟩ *n*
Fili'ale *f* υποκατάστημα *n*
Film ⟨*-s*; *-e*⟩ *m* ταινία, φιλμ *n*; **~-** κινηματογραφικός; **~atelier** *n* στούντιο; **~aufnahme** *f* γύρισμα *n* ταινίας
filmen *v/t* κινηματογραφώ; *v/i* γυρίζω ταινία
Film|festival *n*, **~festspiele** *n/pl* φεστιβάλ *n* κινηματογράφου; **~industrie** *f* κινηματογραφική βιομηχανία; **~kamera** *f* κινηματογραφική μηχανή; **~schauspieler(in** *f*) *m* ηθοποιός (*f*) του κινηματογράφου; **~star** ⟨*-s*; *-s*⟩ *m* σταρ *m*, *f*; **~vorführgerät** *n* κινηματογραφική μηχανή προβολής; **~vorführung** *f* προβολή
Filou [fi'lu] ⟨*-s*; *-s*⟩ *m* μάγκας, πουλί
Filter *m* φίλτρο (*auch Foto*, EDV),

Filterkaffee 734

σουρωτήρι, διυλιστήριο; **~kaffee** *m* καφές φίλτρου
filtern ⟨*-re*⟩ σουρώνω, διυλίζω; *subst* διήθηση
Filterzigaretten *f/pl* τσιγάρα *n/pl* με φίλτρο
fil'trieren φιλτράρω, διηθώ; *subst* φιλτράρισμα *n*, διύλιση
Filz ⟨*-es*; *-e*⟩ *m* πίλημα *n*, κετσές; **~okra'tie** *f* νεποτισμός; **~stift** *m* μαρκαδόρος
F
Fimmel *m* F πετριά, φούμαρα
fi'nal *GR* τελικός
Fi'nale ⟨*-s*; *-*⟩ *n* φινάλε *n*
Fi'nanz|- χρηματιστικός, εφορειακός; **~amt** *n* (οικονομική) εφορεία; **~beamte(r)** εφορειακός (υπάλληλος); **~en** *pl* οικονομικά *n/pl*
finanziell [-'tsĭɛl] οικονομικός
Finanzier [-'tsĭe:] ⟨*-s*; *-s*⟩ *m* χρηματοδότης
finanzieren [-'tsi:rən] χρηματοδοτώ
Finan'zierung *f* χρηματοδότηση
Fi'nanz|jahr *n* οικονομικό έτος; **~mann** *m* ⟨*pl -leute*⟩ οικονομολόγος; **~minister** *m* υπουργός των οικονομικών; **~ministerium** *n* υπουργείο οικονομικών; **~wesen** ⟨*-s*; *0*⟩ *n* οικονομικά *n/pl*; **~wirtschaft** *f* δημόσια οικονομία; **~wissenschaft** *f* δημοσιονομία
Findelkind *n* έκθετο
find|en* βρίσκω (*auch etw gut ~en usw*), *K* ευρίσκω; ***sich ~en*** (*vorkommen*) επιχωριάζω; ***sich*** (*A*) ***in die Rolle e-s ... ~en*** υιοθετώ τον ρόλο *G*; ***das Wort ~et sich bei*** *Homer* η λέξη απαντά στον
Finder *m* ευρετής; **~lohn** *m* εύρετρα *n/pl*, βρετικά *n/pl*
findig εφευρετικός
Findigkeit *f* εφευρετικότητα
Fi'nesse *f* φινέτσα
Finger *m* δάχτυλο, δάχτυλος; ***kleine(r) ~*** μικρό δάχτυλο, ωτίτης; ***mit dem ~ auf j-n zeigen*** δακτυλοδεικτώ *A*; *fig* ***j-n um den ~ wickeln*** παίζω κπ στα δάχτυλα; **~-** δακτυλικός; **~abdruck** *m* δακτυλικό αποτύπωμα *n*; **~breit:** ***einen ~breit*** ένα δάχτυλο; **~chen** *n* δαχτυλάκι
finger|dick δάχτυλο; **~fertig** επιδέξιος
Finger|fertigkeit *f* ταχυχειρία; **~hut** *m* δαχτυλήθρα; ***einen ~hut voll*** (ένα) δάχτυλο; **~knochen** *m* φάλαγγα; **~kuppe** *f* ράγα; **~nagel** *m* νύχι
Fingerspitze *f* άκρα δαχτύλου
Fingerspitzengefühl ⟨*-ęs*; *0*⟩ *n* (*Takt*) διακριτικότητα; (*Geschicklichkeit*) επιτηδειότητα
fin'gier|en προσποιούμαι, υποκρίνομαι; **~t** εικονικός
Fink ⟨*-en*⟩ *m* σπίνος
Finne *f* (*des Bandwurms*) κυστίκερκος
Finn|e ⟨*-n*⟩ *m* Φιλανδός; **~in** *f* Φιλανδή
finnisch φιλανδικός
Finnland *n* Φιλανδία
finnländisch φιλανδικός
finster ⟨*auch -strer*⟩ σκοτεινός, ζοφερός (*auch fig*); (*mürrisch*) σύνοφρυς (-υ); στυγνός
Finsternis ⟨*-*; *-se*⟩ *f* σκοτάδι, ζοφερότητα; (*Sonnen- oder Mond-*) έκλειψη; ***ägyptische ~*** σκοτάδι πίσσα
Finte *f* μαραφέτι, τερτίπι
Firlefanz ⟨*-es*; *-e*⟩ *m* (*Sachen und Worte*) κουραφέξαλα *n/pl*
Firma ⟨*-*; *-men*⟩ *f* φίρμα, οίκος
Firmenname *m* επωνυμία
Firmung *f* (*katholisch*) (*etwa*) χρίσμα *n*
Firnis ⟨*-ses*; *-se*⟩ *m* λούστρο, βερνίκι
firnissen ⟨*-t*⟩ βερνικώνω
First ⟨*-ęs*; *-e*⟩ *m* κολοφώνας; **~pfette** *f* (*Mittelbalken*) μεσοδόκι
Fisch [ɪ] ⟨*-ęs*; *-e*⟩ *m* ψάρι; *K* ιχθύς; ***kleiner ~*** μαρίδα; **~-** ιχθυ(ο)-; **~bein** ⟨*-ęs*; *0*⟩ *n* μπαλαίνα; **~besteck** *n* σερβίτσιο για το ψάρι
fischen ψαρεύω (*fig* ***im Trüben*** στα θολά νερά), αλιεύω; *subst* ψάρεμα *n*
Fischer *m* ψαράς (-άδες); **~-** ψαράδικος, αλιευτικός; **~boot** *n* ψαράδικο, ψαροπούλα
Fische'rei *f* αλιεία (*auch Perlen- ...* μαργαριταριών); **~hafen** *m* αλιευτικό λιμάνι
Fischernetz *n* αλιευτικό δίκτυο
Fisch|esser *m* ιχθυοφάγος; **~fang** *m* ψάρεμα *n*, αλιεία; **~filet** *n* φιλέτο *oder* φέτα ψάρι; **~geruch** *m* ψαρίλα; **~gräte** *f* ψαροκόκκαλο; **~gräten-** (*Stoffmuster*) κλαδωτός; **~grund** *m* ψαρότοπος; **~händler** *m* ιχθυοπώλης, ψαράς; **~händlerin** *f* ψαρού *f*; **~handlung** *f* ψαράδικο, ιχθυοπωλείο; **~konserve** *f* ψάρια *n/pl* κονσέρβα; **~kunde** *f* ιχθυολογία; **~leim** *m* ψαρόκολλα; **~lokal** *n* ψαροταβέρνα; **~markt** *m* ψαραγορά, ψαράδικα *n/pl*, ψαροπάζαρο; **~otter** *m* ποταμόσκυλο; νερόσκυλο; **~suppe** *f*

ψαρόσουπα; **~tran** *m* ψαρόλαδο; **~zucht** *f* ιχθυοτροφία, ιχθυοκομία; **~zug** *m fig* (*Gewinn*) μπάζα
Fisima'tenten *pl* τζιριτζάντζουλες *f/pl*, κιχ μιχ ⟨*0*⟩
fis'kalisch ταμιακός
Fiskus ⟨*-; 0*⟩ *m* δημόσιο (ταμείο)
Fistel ⟨*-; -n*⟩ *f* φίστουλας; συρίγγιο; **~stimme** *f* κεφαλική φωνή
Fitness|center *n* γυμναστήριο; **~raum** *m* αίθουσα γυμναστικής
Fittich ⟨*-es; -e*⟩ *m*: ***j-n unter seine ~e nehmen*** παίρνω υπό την προστασία μου
fix σβέλτος; *Idee*: έμμονος; **~ *und fertig*** χαζίρικος; *als adv* χαζίρι
Fixa'tiv ⟨*-s; -e*⟩ *n* φιξατίφ *n*
fi'xieren *j-n* ατενίζω; (*Foto*) στερεώνω, φιξάρω
Fi'xier|en *n* στερέωση, φιξάρισμα *n*; **~mittel** *n* φιξατίφ *n*; στερεωτής; **~ung** *f* φιξάρισμα *n*
Fixstern *m* απλανής αστέρας
Fixum ⟨*-s; -xa*⟩ *n* ορισμένο ποσό
Fjord ⟨*-es; -e*⟩ *m* φιόρδ *n*
FKK [ˀɛfka·ˈka:] (*Freikörperkultur*) γυμνισμός; **~-Camp** [-kɛmp] ⟨*-s; -s*⟩ *n* στρατόπεδο γυμνιστών; **~-Strand** *m* παραλία γυμνιστών; **~-Urlaub** *m* διακοπές για γυμνιστές
flach (*eben*) επίπεδος; (*untief, auch fig*) ρηχός; *Land*: πεδινός; *Nase, Stein*: πλακωτός; ***~er Absatz*** (*Schuh*) ίσιο τακούνι; ***~e Hand*** παλάμη
Fläche *f* επίπεδο; έκταση; ***ebene ~*** ίσιωμα *n*; *MATH* επιφάνεια
Flächen|- επιφανειακός; **~inhalt** *m* εμβαδόν
Flach|heit *f* ισόπεδο; *fig* σαχλαμάρα; **~land** *n* πεδίο, χώρα πεδινή, κάμπος; **~land-** πεδινός
Flachs ⟨*-es; 0*⟩ *m* λινάρι, λίνο
flachsblond κατάξανθος
flackern ⟨*-re*⟩ *v/i* τρεμοσβήνω, τρεμοφέγγω; *subst* τρεμούλιασμα *n*; **~d** τρεμώδης
Fladen *m* πίτα, γαλέτα; **~brot** *n* λαγάνα
Flagge *f* σημαία, μπαντιέρα; ***die blauweiße griechische ~*** η γαλανόλευκος
Flaggschiff *n* ναυαρχίδα
Flak ⟨*pl - oder -s*⟩ *f* αντιαεροπορικό πυροβολικό; **~-** αντιαεροπορικός
Fla'mingo ⟨*-s; -s*⟩ *m* φλαμίνγκο, φοινικόπτερος
Flamme *f* (*auch fig*) φλόγα; (*Geliebte, iron*) βάσανο; ***auf kleiner ~ kochen*** σε σιγανή φωτιά; ***in ~n stehend*** φλεγόμενος
Fla'nell ⟨*-s; -e*⟩ *m* φανέλα; **~-** φανελένιος
fla'nieren σεργιανίζω
Flanke *f* πλευρά; (*Tier*) λαπάρα; → ***Flankenball***
Flanken|- πλευρικός; **~angriff** *m* πλευροκόπημα *n*; **~ball** *m* (*Fußball*) σέντρα
flan'kieren (*j-n*) παράκειμαι; βρίσκομαι στο πλάι του
Flansch ⟨*-es; -e*⟩ *m* *TECH* φλάντζα
Fläschchen *n* φιαλίδιο
Flasche *f* μποτίλια, μπουκάλι, φιάλη; (*Saug-*) μπιμπερό; F *fig* (*Tölpel*) πάτος; (*Pressluft- usw*) βόμβα; ***auf ~n ziehen*** μποτιλιάρω
Flaschen|- (= *in Flaschen*) εμφιαλωμένος; **~bier** *n* μπίρα φιάλης; **~kürbis** *m* νεροκολόκυθο, ξυλάγγουρο; **~öffner** *m* ανοιχτήρι; **~pfand** *n* αντίτιμο φιάλης; **~zug** *m* τροχαλία, παλάγκο
flatterhaft αψίκορος, μπόσικος
Flatterhaftigkeit ⟨*0*⟩ *f* αψικορία, μποσικάδα
flattern ⟨*-re*⟩ φτερουγίζω; *Fahne*: κυματίζω, πετώ (-άς); *Fahne* ***~ lassen*** ανεμίζω
flau (*schwach*) άτονος; *Markt*: χαλαρός; ***mir ist ~*** έχω ατονία
Flauheit *f* ατονία; *HDL* χαλαρότητα
Flaum ⟨*-es; 0*⟩ *m* χνούδι; ***e-n ~ bekommen*** χνοάζω; **~bart** *m* ίουλος; **~feder** *f* πούπουλο
Flausen *f/pl* καμώματα *n/pl*
Flaute *f* *HDL* κάλμα, κεσάτι, νέκρα
Flechte *f* *MED* έρπης; *BOT* λειχήνα; (*Haar*) πλεξούδα
flechten* πλέκω; *subst* πλέξιμο
Fleck ⟨*-es; -e und -en*⟩ *m* λεκές (-έδες), κυλίδα; (*Kaffee-*) λεκές από καφέ; (*Lederflicken*) φόλα; (*Sprenkelung*) βούλα; *fig* (*Schande*) στίγμα *n*; ***blaue(r) ~*** μελανιά; (*Wunde*) κτύπημα *n*; ***gelber ~*** κιτρινάδι; ***weißer ~*** ασπράδα; ***~e bekommen*** λεκιάζω; ***~e entfernen*** ξελεκιάζω
Flecken *m* (*Ort*) πολίχνη
fleckenlos αλέκιαστος, (*auch fig*) ακηλίδωτος, άσπιλος; *fig* πάλλευκος
Fleckentfernungsmittel *n* προϊόν που ξελεκιάζει

Fleckenwasser *n* διαλυτικό για τους λεκέδες
Fleckfieber *n* εξανθηματικός τύφος
fleckig λεκιασμένος, κηλιδωτός; ~ ***machen*** *v/t* λεκιάζω
Fledermaus *f* νυχτερίδα
Flegel *m* χοντράνθρωπος, χωριάτης
Flege'lei *f* χωριατιά
flegelhaft σκυλομούρης (-α, -ικο), άξεστος
flehen επαιτώ (**um** *A/A*); ικετεύω (**zu** *D/A*)
Flehen *n* ικεσία; **~de(r)** ικέτης
flehentlich ικετευτικός; ~ ***bitten*** ικετεύω
Fleisch ⟨-*ɇs*; *0*⟩ *n* κρέας *n*; (*lebendes und fig*) σάρκα, σαρξ *f*; (*schier, mager*) ψαχνό; ~ ***fressend*** BOT εντομοφάγος
Fleisch|- κρεατινός; **~brühe** *f* ζουμί; **~er** *m* χασάπης (-ηδες), κρεοπώλης; **~e'rei** *f*, **~erladen** *m* χασάπικο, κρεοπωλείο
fleisch|farben κρεατόχρωμος; **~ig** σαρκώδης
Fleisch|klößchen *n* κεφτές (-έδες); **~kost** *f* κρεατοφαγία
fleisch|lich (*auch fig*) σαρκικός; **~los** χωρίς κρέας
Fleisch|pastete *f* κρεατόπιτα; **~spieß** *m* σουβλάκι; **~vergiftung** *f* δηλητηρίαση από κρέας; **~werdung** *f* σάρκωση; **~wolf** *m* κρεατομηχανή
Fleiß ⟨-*es*; *0*⟩ *m* επιμέλεια, εργατικότητα; **~arbeit** *f* φιλοπόνημα *n*
fleißig επιμελής, εργατικός; (*häufig*) τακτικός
flek'tier|bar GR κλιτός; ***~bare Wörter*** *n/pl* πτωτικά *n/pl*; **~en** GR κλίνω
flennen κλαψουρίζω
fletschen: ***die Zähne*** ~ δείχνω τα δόντια
fle'xibel ευέλικτος, εύκαμπτος; (*Altersversorgung*) ... της ελαστικής βάσεως; *fig* ευέλικτος
Flexibili'tät ⟨*0*⟩ *f* ευελιξία, ευκαμψία
Fle'xion *f* GR κλίση; σχηματισμός
Fle'xions|endung *f*, **~merkmal** *n* GR παρεπόμενο
Flexor ⟨-*s*; -'*oren*⟩ *m* ANAT καμπτήρας
flicken μπαλώνω, προσράπτω; (*Bauwerk*) μερεμετίζω; *subst* μπάλωμα *n*
Flicken *m* μπάλωμα *n*, επίρραμμα *n*; (*Leder*) φόλα; **~teppich** *m* κουρελού *f*
Flickschuster *m* μπαλωματής (-ήδες)
Flieder *m* πασχαλιά
Fliege *f* μύγα; (*z.B. am Smokinghemd*) παπιγιόν; ***zwei ~n mit einer Klappe*** μ' ένα σμπάρο δύο τρυγόνια
fliegen* ⟨*sn*⟩ *v/i* πετώ (-άς); *K* ίπταμαι; αεροπορώ; *v/t* πιλοτάρω; (*entlassen werden*) F διώχνομαι, του δίνω δρόμο; ***in die Luft*** ~ τινάζομαι; *subst* πτήση; **~d** ιπτάμενος
Fliegen|fänger *m* μυγοχάφτης (-ηδες); **~gewicht** *n* (*Sport*) κατηγορία μύγας; **~schrank** *m* φανάρι; **~wedel** *m* μυγιαστήρι
Flieger *m* αεροπόρος, αεροναύτης
Flieger|- *oft*: αερο-, αεροπορικός; → ***Flug-***; **~alarm** *m* αεροπορικός συναγερμός; **~bombe** *f* αεροβόμβα; **~geschwader** *n* σμηναρχία; **~horst** *m* αεροπορική βάση; **~schule** *f* αεροπορική σχολή
Flieh- (*Kraft, Regler*) φυγόκεντρος
fliehen* ⟨*sn*⟩ φεύγω (**vor** *D*/μπροστά από); **~d** φευγαλέος
Fliese *f* πλακάκι
fliesen ⟨-*t*⟩ *v/t* πλακοστρώνω; ***gefliest*** πλακόστρωτος
Fliesen *n*, **~legen** *n* πλακόστρωση; **~leger** *m* πλακάς
Fließband *n* αλυσίδα συναρμολογήσεως
fließen* ⟨*sn*⟩ ρέω, τρέχω; εισρέω (**in** *A*/σε); *Fluss*: χύνομαι (**in** *A*/σε); *subst* ρεύση, τρέξιμο (-ατος), χύσιμο; **~d** τρεχούμενος; ***~d sprechen*** μιλάω μ' ευχέρεια
Flimmer ⟨-*s*; *0*⟩ *m* μαρμαρυγή; **~härchen** *n/pl* βλεφαρίδες *f/pl*
flimmern ⟨-*re*⟩ τρεμολάμπω; *subst* τρεμούλιασμα *n*; **~d** τρεμουλιαστός
flink σβέλτος, πεταχτός; ***~e(r) Junge*** πεταχτούλης
Flinkheit ⟨*0*⟩ *f* σβελτάδα, γρηγοράδα
Flinte *f* τουφέκι
Flipchart ⟨-*s*; -*s*⟩ *n* φλιπτσάρτ *n*
Flipper *m* φλιπεράκι
flippern φλιπάρω
Flirt [flœʀt] ⟨-*ɇs*; -*s*⟩ *m* φλερτ *n*; κόρτε *n*, ερωτοτροπία
flirten ⟨-*e*-⟩ ερωτοτροπώ, φλερτάρω
Flitter|gold *n* πούλια, τρέμουσα; **~wochen** *f/pl* μήνας του μέλιτος
flitzen ⟨-*t*; *sn*⟩ *v/i* τρέχω σαν βέλος
floaten ['flo:tən] ⟨-*e*-⟩ HDL *Kurs*: διακυμαίνομαι ελευθέρως

Float|en *n*, **~ing** ⟨*-s; 0*⟩ *n* ελεύθερη διακύμανση
Flocke *f* (*Schnee*) τολύπη, νιφάδα, τουλούπα; πούπουλο
flockig πουπουλένιος
Flock|seide *f* κροκίδι; **~ung** *f* κροκίδι
flog → ***fliegen***
floh → ***fliehen***
Floh ⟨*-ẹs; ⁻e*⟩ *m* ψύλλος; ***Flöhe bekommen*** ψυλλιάζω
flöhen *v/t* ψυλλίζω
Flohmarkt *m* αγορά μεταχειρισμένων
Flo'kati ⟨*-s; -s*⟩ *m* φλοκάτη
Flor ⟨*-ẹs; -e*⟩ *m* (*Stoff*) γάζα; (*als Zeichen der Trauer*) κρέπι; (*e-s Stoffes*) χνούδι; (*Samt*) πέλος *n*
Flora ⟨*-; -ren*⟩ *f* χλωρίδα
Flo'renz *n* Φλωρεντία
Floskel *f* πομφόλυγα, φούσκα; (*in Briefen usw*) (τυπική) φιλοφρόνηση
floss [ɔ] → ***fließen***
Floß [oː] ⟨*-es; ⁻e*⟩ *n* σχεδία, σάλι
Flosse *f* πτερύγιο (ιχθύος)
Flöte *f* αυλός, φλάουτο; (*Hirten-*) φλογέρα
flöten ⟨*-e-*⟩ παίζω το φλάουτο; (*pfeifen*) σφυρίζω
Flötenspieler *m* αυλητής
flott (*schnell*) κομψός, γοργός; (*schick*) σικ, F τσίφτης; ***das Geschäft geht ~*** οι δουλειές πάνε καλά
Flotte *f* στόλος
Flotten|chef *m* στόλαρχος; **~demonstration** *f* ναυτική επίδειξη; **~manöver** *n* ναυτικές ασκήσεις *f/pl*; **~stützpunkt** *m* ναυτική βάση
Flottille [flɔ'tɪljə] *f* στολίσκος
flottmachen *MAR* ανελκύω, αποκολλώ (-άς); (*wieder ~*) εκβυθίζω
Flottmachen *n* ανέλκυση
Fluch [uː] ⟨*-ẹs; ⁻e*⟩ *m* κατάρα, ανάθεμα *n*
fluchen καταριέμαι; βλαστημώ, αναθεματίζω (***auf, über*** *A/A*); ***wie ein Droschkenkutscher ~*** λέω τα εξ αμάξης
Flucht *f* φυγή, φευγάλα; (*heimlich*) απόδραση, δραπέτευση; (*Reihe*) σειρά, γραμμή; ***die ~ ergreifen*** τρέπομαι σε φυγή; ***in die ~ schlagen*** τρέπω σε φυγή, κατατροπώνω; ***j-m zur ~ verhelfen*** φυγαδεύω κπ
flüchten ⟨*-e-; sn*⟩ αποδρώ (-άς), δραπετεύω (***aus*** *D*/από *G*); (***sich***) ***~ zu*** *D* καταφεύγω σε
Fluchthilfe *f* φυγάδευση
flüchtig *Verurteilter*: φυγόποινος; φευγαλέος; (*vergänglich*) εφήμερος; (*oberflächlich*) επιπόλαιος; *CHEM* πτητικός; (*im Vorbeigehen*) *adv* (στ') αρπαχτά; ***~ lesen*** επιτροχάδην; ***wir kennen uns nur ganz ~*** κάπου σ' είδα, κάπου μ' είδες
Flüchtigkeit *f* αβλεψία
Flüchtigkeitsfehler *m* σφάλμα *n* από απροσεξία
Flüchtling ⟨*-s; -e*⟩ *m* πρόσφυγας, φυγάς (-άδες); δραπέτης; **~s-** προσφυγικός
fluchtverdächtig ύποπτος φυγής
Flug ⟨*-ẹs; ⁻e*⟩ *m* πτήση; (*des Vogels*) πέταγμα *n*; ***im ~e*** στα πεταχτά, αρπαχτά
Flug|- πτητικός; αεροπορικός; **~abwehr** *f* αεροπορική άμυνα; **~bahn** *f* (*Geschoss*) τροχιά; **~blatt** *n* φεϊγβολάν ⟨*0*⟩ *n*; **~dauer** *f* διάρκεια πτήσεως
Flügel *m allg und fig* φτερό, πτερό, φτερούγα; *K* πτέρυξ (-υγος) *f*; (*Fenster-, Tür-*) φύλλο; *MIL* πτέρυγα; *POL* παράταξη; ***mit den ~n schlagen*** αναφτερουγιάζω; **~mann** *m* πρωτοστάτης; **~mutter** ⟨*-; -n*⟩ *f TECH* πεταλούδα; **~tür** *f* δίφυλλη πόρτα
Fluggast *m* επιβάτης (αεροπλάνου)
flügge ικανός να πετώ; *fig* ***~ sein*** είμαι πια ξεπεταμένος
Fluggesellschaft *f* αεροπορική εταιρία
Flughafen *m* αεροδρόμιο, αερολιμένας; **~bus** *m* λεωφορείο για το αεροδρόμιο; **~gebühr** *f* τέλη *n/pl* αεροδρομίου
Flug|höhe *f* ύψος *n* πτήσεως; **~kapitän** *m* πιλότος; **~karte** *f* → ***Flugschein***; **~lotse** *m* ελεγκτής πτήσεων; **~lotsenstreik** *m* απεργία ελεγκτών πτήσεως; **~plan** *m* δρομολόγιο αεροπλάνου; **~platz** *m* αεροδρόμιο; **~reise** *f* αεροπορικό ταξίδι; **~schein** *m* αεροπορικό εισιτήριο; **~schreiber** *m* μαύρο κουτί; **~schüler** *m* ίκαρος; **~stützpunkt** *m* αεροπορική βάση; **~ticket** *n* → ***Flugschein***; **~verbindung** *f* αεροπορική συγκοινωνία; **~wesen** ⟨*-s; 0*⟩ *n* αεροπορία; **~zeit** *f* διάρκεια πτήσης
Flugzeug *n* αεροπλάνο, αεροσκάφος *n*; ***mit dem ~*** αεροπορικώς; **~entführer** *m* αεροπειρατής; **~entführung** *f* αεροπειρατεία; **~führer** *m* πιλότος; **~halle**

Flugzeugträger 738

f υπόστεγο; **~träger** *m* αεροπλανοφόρο
Fluidum ⟨*-s; -da*⟩ *n fig* ατμόσφαιρα, κλίμα *n*
Flunke'rei *f* μπούρδα
flunkern ⟨*-re*⟩ λέω μπούρδες; F πουλαώ μούσι
Fluor ⟨*-s; 0*⟩ *n* φθόριο; **~-** φθορικός
Fluores'zenz ⟨*0*⟩ *f* φθορισμός
fluores'zieren φθορίζω
Flur[1] ⟨*-es; -e*⟩ *m* διάδρομος
Flur[2] ⟨*-; -en*⟩ *f* κάμπος, (οι) αγροί *m/pl*; ***allein auf weiter ~*** ολομόναχος; **~schaden** *m* αγροζημία
Fluss [ʊ] ⟨*-es; ⁼e*⟩ *m* ποτάμι, ποταμός; (*Fließen*) ρεύση; ρύση; *fig* ροή; ***in ~ bringen*** βάζω μπρος; ***in ~ kommen*** μπαίνω σε κίνηση; **~bett** *n* κοίτη; **~dampfer** *m* ποταμόπλοιο; **~fisch** *m* ποταμόψαρο; **~gebiet** *n* ποταμιά
flüssig ρευστός (*auch Geld*); υγρός; *PHYS* ***~e(r) Körper*** υγρό; *HDL* ***~ machen*** ρευστοποιώ
Flüssig|gas *n* υγραέριο; **~keit** *f* (*als Körper*) ρευστό; υγρό; (*Zustand*) ρευστότητα; **~machung** *f HDL* ρευστοποίηση
Fluss|krebs *m* κάβουρας; **~pferd** *n* ιπποπόταμος; **~schifffahrt** *f* ταξίδι με ποταμόπλοιο; **~ufer** *n* ακροποταμιά
flüstern ⟨*-re*⟩ *v/i* κρυφομιλώ (-άς); *v/t* ψιθυρίζω (***ins Ohr***/στ' αυτί)
Flüstern *n* σούσουρο, ψιθύρισμα *n*
Flut *f* (*nicht Ebbe*) πλημμύρα (*auch fig*); *fig* κατακλυσμός (***von*** *D/G oder* από)
Flutlicht ⟨*-es; 0*⟩ *n* φωτισμός με προβολείς
fob (*= free on board*) *HDL* φομπ, ελεύθερο επί του πλοίου
Födera'lismus ⟨*-; 0*⟩ *m* ομοσπονδιακό σύστημα *n*
födera'listisch ομοσπονδιακός
Födera'tion *f* ομοσπονδία
födera'tiv ομοσπονδιακός
Fohlen *n* πουλάρι, πώλος
Föhn *m* νοτιάς, φεν *n*; (*Haartrockner*) σεσουάρ *n*
Fokus ⟨*-; -se*⟩ *m* εστία
Folge *f* (*Fortsetzung*) συνέχεια; (*Konsequenz, Wirkung*) συνέπεια, αποτέλεσμα *n*; (*zeitlich*) επακόλουθο; (*aufeinander*) διαδοχή; ***~ leisten*** δίνω συνέχεια; ***als ~*** *G* κατόπιν *G*, συνεπεία *G*; ***zur ~ haben*** έχει ως συνέπεια
folgen ⟨*sn*⟩ ακολουθώ (*auch* -άς) (*D/A*); επακολουθώ (*D oder* **auf** *A/A*); (*auch fig*) συνακολουθώ (***j-m***/*A*); (*auch fig; j-m, s-n Gedanken*) παρακολουθώ *A*; (*Redner, Herrscher, Sturm, Ruhe*) ***j-m; auf j-n, etw ~*** διαδέχομαι *A*; ***~ aus*** *D* βγαίνω από; ***daraus folgt*** απ' αυτό συμπεραίνεται; ***wie folgt*** ως εξής; ***Fortsetzung folgt*** έπεται συνέχεια *oder* ακολουθεί; **~d** επόμενος, κατοπινός; ύστερος; ***der ~de Tag*** η επόμενη; ***das Folgende*** το *oder* τα εξής; ***Folgendes*** τάδε
folgendermaßen ως εξής
folgerichtig συνεπής, συνακόλουθος
folgern ⟨*-re*⟩ βγάζω (***aus*** *D*/από), συμπεραίνω (***daraus, dass***/πως); συλλογίζομαι; ***aus ... D lässt sich ~*** συνεπόγεται από *A*; **~d** συμπερασματικός
Folgerung *f* συμπέρασμα *n*
Folge|satz *m GR* συμπερασματική πρόταση; **~widrigkeit** *f* ασυνέπεια
folg|lich επομένως, συνεπώς, κατά συνέπεια; **~sam** πειθήνιος
Folgsamkeit ⟨*0*⟩ *f* ευπείθεια
Foli'ant ⟨*-en*⟩ *m* ογκώδες βιβλίο
Folie [-lĭə] *f* φύλλο
Folienstift *m* μαρκαδόρος (για μεμβράνες)
Folklore [-'loːrə] ⟨*0*⟩ *f* λαογραφία; **~abend** *m* λαϊκή βραδιά; **~musik** *f* λαϊκή (δημοτική) μουσική
folklo'ristisch λαογραφικός, φολκλορικός
Folter *f* βάσανο (*auch fig*); (*-Werkzeug*) βασανιστήριο; **~-** βασανιστικός; **~kammer** *f* αίθουσα βασανιστηρίων; **~knecht** *m* βασανιστής
foltern ⟨*-re*⟩ βασανίζω
Folter|ung *f* βασανισμός; **~werkzeug** *n* στρεβλωτήριο
Fond [fɔ̃ː, fɔŋ] ⟨*-s; -s*⟩ *m* βάθος *n*, φόντο; *EDV* γραμματοσειρά
Fonds [fɔ̃ː, fɔŋ] ⟨*-; -*⟩ *m* φόντο, *mst pl* φόντα
Fon'täne *f* πίδακας
foppen μαργιολεύω
Foppe'rei *f* μαργιολιά
forcieren [-'siːrən] φορτσάρω
Förder|band *n* (ατέρμων) μεταφορέας; **~er** *m* υποστηρικτής; *TECH* μεταγωγός; **~korb** *m* κλωβός εξαγωγής
förderlich συντελεστικός

fordern ⟨*-re*⟩ απαιτώ, ζητώ (***etw von*** *D*/κτ – από), αξιώνω
fördern ⟨*-re*⟩ (*j-n*) προστατεύω, προωθώ, πατρωνάρω *A*; (*etw*) προάγω *A*, συντελώ σε; *Erze* εξορύσσω; **~d** συντελεστικός
Forderung *f* απαίτηση; ~ ***nach*** *D* αίτημα *n* για, αξίωση για; *bsd* *POL* διεκδίκηση *G*
Förderung *f* προαγωγή; *POL* (*z.B. der Investitionen*) κίνητρα *n/pl* (για); (*Erz*) εξόρυξη
Fo'relle *f* πέστροφα
Form *f allg* φόρμα, μορφή; (*Gestalt*) σχήμα *n*; *TECH* πρότυπο, καλούπι; (*Hut, Kleid*) σχέδιο; *GR* (*Tätigkeits-, Leide-*) φωνή; (*Sport*) φόρμα; (*Formalität*) τυπικό; (*gesellschaftliche*) **~en** τύποι *m/pl*; ***in*** ~ *G*, ***von*** *D* σε σχήμα *G*, υπό μορφή *G*, εν είδει *G*; ***in ~ sein*** είμαι σε φόρμα, στη φόρμα μου; ***in aller*** ~ τυπικώτατα
Form- σχηματικός; *JUR* (*-Mängel*) τυπικός
for'mal τυπικός
Forma|'lismus ⟨*-; 0*⟩ *m* τυποκρατία; **~'list** ⟨*-en*⟩ *m* τυπολάτρης *m* (*f* -ισσα); **~li'tät** *f* τυπικότητα; (*z.B. Zoll-*) διατύπωση; *allg* τύποι *m/pl*
For'mat ⟨*-s; -e*⟩ *n* σχήμα *n*; *fig* αξία; ***... von*** ~ ... μεγάλης αξίας
forma'tieren *EDV* μορφοποιώ
Forma'tion *f* σχηματισμός; (*Ehren-*) παράταξη; *GEOL* διάπλαση
formbar εύπλαστος
Formblatt *n* έντυπο
Formel *f* φόρμουλα; *MATH, CHEM* τύπος
for'mell τυπικός, επίσημος
formen πλάθω, (δια)πλάσσω
Formenlehre ⟨*0*⟩ *f GR* μορφολογία, τυπικό
Formfehler *m* παρατυπία
for'mieren σχηματίζω; ***sich*** ~ *MIL* παρατάσσομαι
förmlich τυπικός
Förmlichkeit *f* τυπικότητα
formlos άτυπος; άμορφος; *adv auch* χωρίς διατυπώσεις
Formlosigkeit *f* αμορφία
Formsache *f* διατύπωση
Formu'lar ⟨*-s; -e*⟩ *n* έντυπο
formu'lieren *Gedanken* διατυπώνω
Formu'lierung *f* διατύπωση
Formung *f* διάπλαση, πλάσιμο (-ατος)

forsch ⟨*-er; -est-*⟩ ενεργητικός, επιβλητικός
forschen *v/i* κάνω έρευνες, ερευνώ (-άς); ~ ***nach*** *D* αναζητώ *A*, ψάχνω *A*; **~d** διερευνητικός; *Blick*: ερευνητικός
Forsch|er *m* ερευνητής; εξερευνητής; **~ung** *f* μελέτη; έρευνα
Forschungs|- ερευνητικός; εξερευνητικός; **~auftrag** *m* εντολή έρευνας; **~gebiet** *n* πεδίο έρευνας; **~zentrum** *n* ερευνητικό κέντρο
Forst ⟨*-ẹs; -e*⟩ *m* δάσος *n*, δενδρώνας; **~-** δασικός; (*Akademie*) δασολογικός; **~amt** *n* δασαρχείο; **~aufseher** *m* δασοφύλακας; **~beamte(r)** δασικός
Förster *m* δασονόμος
Förste'rei *f* δασονομείο
Forst|meister *m* δασάρχης; **~revier** *n* δασαρχείο; **~verwaltung** *f* δασονομία; **~wesen** ⟨*-s; 0*⟩ *n* δασοκομία; **~wirtschaft** *f* δασοκομία; **~wissenschaft** ⟨*0*⟩ *f* δασολογία; **~wissenschaftler** *m* δασολόγος
Fort [foːʀ] ⟨*-s; -s*⟩ *n* φρούριο
fort → ***weg***; ***weiter***; **~!** άιντε!; ***er ist*** ~ έφυγε; πάει; ***in einem*** ~ ολοένα, όλο
fortan ['fɔʀt'ˀan] από δω κ' εμπρός
Fortbestand ⟨*-ẹs; 0*⟩ *m* διατήρηση
fort|bestehen* διατηρούμαι; **~bewegen: *sich ~bewegen*** (μετα)κινούμαι, προχωρώ
Fortbewegungsmittel *n* μέσο μετακινήσεως
fortbilden ⟨*-e-*⟩ μετεκπαιδεύω
Fort|bildung *f* μετεκπαίδευση; **~dauer** *f* ενδελέχεια
fortdauern ⟨*-re*⟩ συνεχίζομαι, πολυχρονίζω
Forte ⟨*-s; -s*⟩ *n MUS* φόρτε *n*
fort|fahren* ⟨*sn*⟩ φεύγω; *fig* εξακολουθώ (***in*** *D*/*A*); **~fallen*** ⟨*sn*⟩ χάνομαι; διακόπτομαι; **~führen** *fig* συνεχίζω
Fortgang ⟨*-ẹs; 0*⟩ *m* συνέχεια
fortge|schritten προηγμένος; (*im Studium*) προχωρημένος; **~setzt** εξακολουθητικός
fortjagen διώχνω, αποπέμπω
Fort|jagen *n* αποπομπή; **~kommen** *n* πρόοδος *f*, προαγωγή
fortkommen* ⟨*sn*⟩ αποχωρίζομαι; *fig* προάγομαι, προοδεύω; ***mach, dass du fortkommst!*** αβάρα από δω!

Fortleben *n* (*nach dem Tode*) αθανασία; μεταθανάτιος ζωή
fortpflanzen ⟨*-t*⟩ *BIOL* αναπαράγω; ***sich** ~* αναπαράγομαι
Fortpflanzung *f* αναπαραγωγή; (*ungeschlechtlich*) μονογένεση
fort|reißen* παρασέρνω; ***mit sich ~reißen*** παρασέρνω; συνεπαίρνω; *fig* συναρπάζω; **~schreiten*** ⟨*sn*⟩ *fig* προχωρώ (-άς), προοδεύω, προβαίνω; **~schreitend** *Krankheit, Besserung*: προϊών (-ούσα, -όν); (*allmählich*) προοδευτικός (*adv* -ά)
Fortschritt *m* πρόοδος *f*; προκοπή; ***~e machen*** προχωρώ (-άς); προκόβω; **~ler** *m* φιλοπρόοδος
fortschrittlich φιλοπρόοδος, προοδευτικός
Fortschrittlichkeit ⟨*0*⟩ *f* προοδευτικότητα
fortsetzen ⟨*-t*⟩ *v/t* συνεχίζω, εξακολουθώ
Fortsetzung *f* συνέχεια; εξακολούθηση; → ***folgen***
Fortsetzungsroman *m* ανάγνωσμα *n*
fort|während συνεχής; *adv* συνεχώς; **~wirken** εξακολουθώ να ενεργώ *oder* δρω
Forum ⟨*-s; -ren*⟩ *n* φόρουμ ⟨*0*⟩ *n*
Fo'ssil ⟨*-s; -lien*⟩ *n* απολίθωμα *n*
Foto ⟨*-s; -s*⟩ *n* φωτογραφία; **~-** φωτογραφικός; → *auch* **Photo-**; **~apparat** *m* φωτογραφική μηχανή; **~artikel** *m/pl* φωτογραφικά είδη *n/pl*; **~atelier** *n* φωτογραφείο; **~chemie** *f* φωτοχημεία
foto'gen φωτογενής
Foto|geschäft *n* κατάστημα *n* με φωτογραφικά; **~'graf** ⟨*-en*⟩ *m* φωτογράφος; **~gra'fie** *f* φωτογραφία
foto|gra'fieren φωτογραφώ (*subst* φωτογράφηση); ***sich ~grafieren lassen*** φωτογραφίζομαι; **~'grafisch** φωτογραφικός
Fotoko'pie *f* φωτοτυπία, φωτοαντίγραφο
fotoko'pieren φωτοτυπώ, φωτοαντιγράφω
Foto|papier *n* χάρτης φωτογραφικός; **~reporter** *m* φωτορεπόρτερ (*pl* -ς) *m*; **~satz** ⟨*-es; 0*⟩ *m* φωτοστοιχειοθεσία; **~zelle** *f* φωτοκύτταρο
Fötus ⟨*-ses; -se oder -ten*⟩ *m* έμβρυο
Fotze *f* (*sehr vulgär*) μουνί
Foul [faʊl] ⟨*-s; -s*⟩ *n* φάουλ *n*
Foyer [fo̯a'je:] ⟨*-s; -s*⟩ *n* φουαγιέ *n*
Fracht *f* ναύλος; **~-** φορτωτικός; **~brief** *m* φορτωτική; **~dampfer** *m*, **~er** *m* φορτηγό (ατμόπλοιο); **~geld** *n* ναύλος; **~kosten** *pl* κόμιστρα *n/pl*; **~schiff** *n* φορτηγό πλοίο; **~vertrag** *m* ναυλωτήριο
Frack ⟨*-ẹs; ⸚e*⟩ *m* φρακ *n*
Frage *f* ερώτημα *n*; ερώτηση; (*als Problem*) ζήτημα *n*, πρόβλημα *n*; *POL oft* ⟨*0*⟩, *z.B.* ***die griechische ~*** το ελληνικό; ***~ und Antwort*** ερωταπόκριση; ***e-e ~ stellen*** θέτω (ένα) ερώτημα *n*; ***gar nicht in ~ kommen, außer ~ stehen*** δεν συζητιέται, δεν χωρεί συζήτηση; ***das ist gar keine ~*** δε θέλει ρώτημα; ***in ~ stellen*** αμφισβητώ
Frage|- ερωτηματικός; **~bogen** *m* ερωτηματολόγιο
fragen (ε)ρωτώ (-άς) (***j-n nach** D oder **j-n etw***/κπ για κτ); ***nach j-m ~*** ζητώ κπ; ***sich ~*** αναρωτιέμαι (***ob***/αν); ***wiederholt** oder **erneut ~*** ξαναρωτώ (-άς); ***wenn ich ~ darf ...?*** αν επιτρέπεται η ερώτηση; **~d** ερωτηματικός
Fragezeichen *n* ερωτηματικό
frag|lich προβληματικός, αμφίβολος; **~los** αναμφίβολος
Frag'ment ⟨*-s; -e*⟩ *n* απόσπασμα *n*
fragmen'tarisch αποσπασματικός
fragwürdig συζητήσιμος
Frak'tion *f POL* φατρία, κοινοβουλευτική ομάδα
fraktio'niert *CHEM, MED* κλασματικός
Frak'tions|- φατριακός; **~disziplin** *f* πειθαρχία στη γραμμή της παράταξης; **~vorsitzende(r)** *m* πρόεδρος κοινοβουλευτικής ομάδας; **~zwang** *m* πίεση (για υπακοή) στα μέλη μιας παράταξης
Frak'tur *f* γοτθική γραφή; *MED* κάταγμα *n*
Franc [fʀɑ̃:] ⟨*-; -s*⟩ *m* φράγκο
frank: ***~ und frei*** μετά παρρησίας
Franke ⟨*-n*⟩ *m* Φράγκος
Franken *m* φράγκο; ***Schweizer ~*** ελβετικό φράγκο
Frankfurt *n* Φραγκφούρτη
fran'kieren γραμματοσημαίνω
Fran'kier|maschine *f* μηχανή γραμματοσήμανσης; **~ung** *f* γραμματοσήμανση
Frankreich *n* Γαλλία

Franse *f* κρόσσι, θύσανος; (*Fetzen*) ξέφτι
Franz ⟨*-ens*⟩ *m* Φραγκίσκος; **~branntwein** *m* αρωματισμένο αλκοόλ (για εντριβές)
Fran'zose ⟨*-n*⟩ *m* Γάλλος
Fran'zösin *f* Γαλλίδα
fran'zösisch γαλλικός; ***auf Französisch*** γαλλικά
frap'pant χτυπητός
Fräs|e *f*, **~maschine** *f* φρέζα, ενγλυφίδα
fräsen ⟨*-t*⟩ φρεζάρω
Fräser *m* φρεζαδόρος
fraß [aː] → ***fressen***
Fraß [aː] ⟨*-es; 0*⟩ *m* βορά; κακοφαγία
Fratze *f* μορφασμός, μούρη
fratzenhaft δύσμορφος
Frau *f* γυναίκα, γυνή; (*Ehe-*) σύζυγος *f*; (*Anrede*) ***gnädige ~*** κυρία; *hist* αρχόντισσα; (*Brief*) ***sehr geehrte*** (***liebe***) ***~ ...*** αξιότιμη (αγαπητή) κυρία; ***~ des Hauses*** οικοδέσποινα; ***alte ~*** γριά
Frauen|arbeit *f* γυναικοδουλειά; **~arzt** *m* γυναικολόγος; **~bewegung** *f* φεμινισμός; φεμινιστικό κίνημα *n*; **~feind** *m* μισογύνης (-ους); **~heilkunde** *f* γυναικολογία; **~herrschaft** *f* γυναικοκρατία; **~rechtlerin** *f* φεμινίστρια; **~zimmer** *n* (*verächtlich*) παλιογυναίκα
Fräulein *n* δεσποινίς *f*, δεσποινίδα; ***liebes ~!*** αγαπητή δεσποινίς ...!
frech αυθάδης, θρασύς, ιταμός; ***~ sein*** αυθαδιάζω; ***~ werden*** παίρνω πολύ αέρα
Frechheit *f* αυθάδεια, θράσος, ιταμότητα
Fre'gatte *f* φρεγάδα, φρεγάτα
Fre'gattenkapitän *m* αντιπλοίαρχος
frei *allg* ελεύθερος (***von*** *D*/*G*); *Sitten*: ελευθέριος; (*Zeit habend*) εύκαιρος; (*ungebunden*) αδέσμευτος (***gegenüber*** *D*/απέναντι *G*); (*im Handeln, unkontrolliert*) ανεξέταστος; ***~ an Bord*** (***fob***) φομπ, ελεύθερο επί του πλοίου; ***im Freien*** στο ύπαιθρο; ***~ werden*** *Zimmer*: ξενοικιάζομαι; ***~ sein*** ευκαιρώ; είμαι ελεύθερος; ***~ gewählt*** ελεύθερα εκλεγμένος
Frei|- (*Hafen, Zone usw*) ελεύθερος; (*Freiluft-*) υπαίθριος; (*gratis*) δωρεάν; **~bad** *n* ανοιχτή (υπαίθρια) πισίνα
freibekommen* (*ich bekomme frei*) *z.B. in der Schule*: σχολάω (-άς)
Freiberufler *m* ελεύθερος επαγγελματίας
freiberuflich: ***~ tätig sein*** εξασκώ ελεύθερο επάγγελμα
Frei|betrag *m* μη φορολογητέο ποσό; **~er** *m* μνηστήρας; **~exemplar** *n* δωρεάν αντίτυπο; **~frau** *f* βαρώνη; **~gabe** *f* απελευθέρωση
freigeben* (*Schule*) σχολάω (***j-m***/κπ) (από το μάθημα); *Reserve* αίρω; ***j-m den Weg ~*** ανοίγω σε κπ το δρόμο; → ***freilassen***
freigebig απλοχέρης (-α, -ικο)
Frei|gebigkeit *f* απλοχεριά; **~gepäck** *n* ατελείς αποσκευές *f*/*pl*
freigestellt *MIL* αστράτευτος
freihaben* έχω άδεια, σχολάω
Freihafen *m* ελεύθερος λιμένας
freihalten* (*bewirten*) κερνώ; *Platz* κρατώ ελεύθερο
Freihandel *m* ελεύθερο εμπόριο
Freihandelszone *f* ζώνη ελεύθερου εμπορίου
Freiheit *f* ελευθερία; ***dichterische ~*** άδεια ποιητική
freiheitlich φιλελεύθερος
Freiheits|krieg *m* απελευθερωτικός πόλεμος; **~liebe** ⟨*0*⟩ *f* φιλελευθερία
freiheitsliebend φιλελεύθερος
Freiheitsstrafe *f* ποινή καθείρξεως; στερητική της ελευθερίας ποινή; ***lebenslängliche ~*** ισόβια κάθειρξη
freiheraus ελευθεροστόμως; (*sprechen*) ντόμπρα
Frei|herr *m* βαρώνος; **~karte** *f* πρόσκληση, δωρεάν εισητήριο; **~körperkultur** ⟨*0*⟩ *f* (***FKK***) γυμνισμός; **~korps** *n* εθελοντικό σώμα *n*
frei|lassen* αποφυλακίζω, αφήνω ελεύθερο, χειραφετώ; *Raum* αφήνω άδειο; ***~gelassen*** απελεύθερος, χειραφετημένος
Frei|lassung *f* αποφυλάκιση, ελευθέρωση, χειραφέτηση; **~lauf** *m* *TECH* ελεύθερο
freilegen φέρνω στο φως
freilich βεβαίως, βέβαια
Freilicht|- (*Kino*) υπαίθριος; **~theater** *n* υπαίθριο θέατρο
Freiluft- υπαίθριος
freimachen *Ausguss* ξεβουλώνω; *Brief* γραμματοσημαίνω; *MED* *Oberkörper* γυμνώνω; *Zimmer* κενώνω; ***sich ~*** γδύνομαι; → ***frei***

F

Freimarke *f* γραμματόσημο
Freimaurer *m* μασώνος, τέκτονας, τέκτων *m*; **~ei** [-'ʀaɪ] ⟨*0*⟩ *f* μασωνία, (ελευθερο)τεκτονισμός
freimütig απροφάσιστος; *adv* παρρησία
Freimütigkeit ⟨*0*⟩ *f* παρρησία
freischaffend ελεύθερος
Freischärler *m* παρτιζάνος; *hist* κλέφτης
Freischütz ⟨-; *0*⟩ *m Oper*: Ελεύθερος σκοπευτής
freisetzen ⟨-*t*⟩ *v/t* απαλάσσω; *Energie* εκλύω, αφήνω ελεύθερο
freisinnig ελευθερόφρων
Freisinnigkeit ⟨*0*⟩ *f* ελευθεροφροσύνη
freisprechen* αθωώνω, απαλλάσσω (***von** D/G*)
Frei|sprechung *f* αθώωση, απαλλαγή; **~spruch** *m* αθωωτικό (*oder* απαλλακτικό) βούλευμα *n*; **~staat** *m* ελεύθερο κράτος
frei|stehen*: *es steht Ihnen frei, zu ...* είστε ελεύθερος να ...; **~stellen: *j-m etw ~stellen, zu ...*** αφήνω στη διάθεση (*oder* προαίρεση) σας; (*j-n von e-r Aufgabe*) απαλλάσσω κπ από
Freistil *m*, **~schwimmen** *n* (*Sport*) ελεύθερο στυλ; *z.B.* ***100 m*** ~ 100 μ. ελεύθερα
Freistoß *m* (*Fußball*) ελεύθερο κτύπημα
Freitag *m* Παρασκευή
Frei|tod *m* αυτοκτονία; **~übungen** *f/pl* ελεύθερη (χωρίς όργανα) γυμναστική, γυμναστική δωματίου; **~verkehr** *m Börse*: ελεύθερη διαπραγμάτευση
freiwillig εκούσιος, εθελοντικός
Freiwillig|e(r) εθελοντής; **~en-** εθελοντικός; **~keit** ⟨*0*⟩ *f* εθελοντικότητα
Freizeit *f* σχόλη; ψυχαγωγία; ελεύθερος χρόνος; ***bezahlte*** ~ άδεια μετ' αποδοχών; **~-** ... ψυχαγωγίας; **~angebot** *n* δυνατότητα ψυχαγωγίας; **~gestaltung** *f* αξιοποίηση ελεύθερου χρόνου; **~heim** *n* (*für Jugendliche*) κέντρο νεότητας; **~hemd** *n* σπορ πουκάμισο
Freizügigkeit *f* ελευθερία κινήσεως
fremd ξένος (*auch fig* = *nicht gemäß*: *D*/προς *A*); (*z.B. Eigentum*) αλλότριος; (*entlehnt*: *Wort*, *Weisheit*) δάνειος; **~artig** ξενότροπος, ετερογενής
Fremde ⟨*0*⟩ *f* ξένα, ξενητ(ε)ιά; ***in die ~ gehen*** ξενητεύομαι, μισεύω; ***in der ~ weilen*** είμαι ξενητεμένος
fremdenfeindlich εχθρικός στους ξένους, ξενόφοβος
Fremden|führer *m* ξεναγός; **~hass** *m* μισοξενία; **~legion** *f* Λεγεώνα των Ξένων; **~polizei** *f* τμήμα *n* αλλοδαπών; **~verkehr** *m* τουρισμός; **~verkehrs-** τουριστικός; **~verkehrsbüro** *n* γραφείο τουρισμού; **~zimmer** *n* ξενώνας
Fremde(r) ξένος
Fremd|finanzierung *f* εξωτερική χρηματοδότηση, δανεισμός; **~herrschaft** *f* ξενοκρατία; ***unter ~herrschaft stehen*** ξενοκρατούμαι; **~kapital** *n etwa*: δάνειο; **~körper** *m* ξένο σώμα *n*
fremdländisch αλλοδαπός; αλλοεθνής; ~ ***wirken*** ξενίζω
Fremdsprache *f* ξένη γλώσσα
fremdsprachig ξενόγλωσσος, ξενόφωνος
Fremd|währung *f* ξένο νόμισμα; **~wort** *n* ξένη λέξη
fre'netisch φρενιτικός
frequen'tieren συχνάζω
Fre'quenz *f* PHYS συχνότητα
Fresko ⟨-*s*; -*ken*⟩ *n* τοιχογραφία, φρέσκο
Fresse *f* P μουσούδι(α) (*pl*)
fressen* *Tier*: τρώω, καταβροχθίζω, βόσκω; P (*für essen*) μπουζουριάζω
Fress|en *n* φάγωμα *n*; ***ein gefundenes ~en*** ένα κελεπούρι; **~e'rei** *f* πολυφαγία
Freude *f* χαρά; ευφροσύνη, ηδονή; ***mit ~n*** μετά χαράς; ***j-m* (*e-e*)** ~ ***machen*** ευχαριστώ *A*, δίνω σε κπ χαρά; ***seine ~ haben an D*** χαίρομαι *A*, εντρυφώ (-άς) σε
Freuden|- χαρμόσυνος; **~botschaft** *f* χαρμόσυνη είδηση; **~fest** *n* πανηγυρισμός; **~geschrei** *n* αλαλαγμός χαράς; **~mädchen** *n* χαμαιτύπη, εταίρα; **~sprung** *m* σκίρτημα *n*; **~taumel** *m* αγαλλίαση, χαλασμός κόσμου
freud|estrahlend χαρούμενος, ευτυχής, καταχαρούμενος; **~ig** χαροποιός, χαρμόσυνος, πρόσχαρος
freuen: *sich* ~ χαίρω, χαίρομαι (***an etw, an j-m***/*A*); ***sich über etw, j-n*** ~ χαίρω, χαίρομαι για, με; ***sich auf etw*** (*A*) ~ περιμένω *A* με χαρά; *unpers* ***es freut mich*** χαίρομαι

Freund ⟨*-(e)s; -e*⟩ *m* φίλος; *fig* (*z.B. der Wahrheit*) εραστής; ***ich bin kein ~ davon*** δεν είναι του γούστου μου; ***sich j-n zum ~ machen*** γίνομαι φίλος με κπ
Freundchen *n iron* φιλαράκος; F ***mein ~!*** φιλαράκο μου
Freund|es- φίλιος; φιλικός; **~in** *f* φιλενάδα, φίλη
freundlich ευγενικός, φιλικός, ευγενής; προσηνής; ***seien Sie so ~*** έχετε την καλοσύνη
Freund|lichkeit *f* ευγένεια, προσήνεια; **~schaft** *f* φιλία
freundschaftlich φιλικός, φίλος; *adv* φιλικά, *auch* με το καλό
Freundschafts- φιλικός
Frevel ['fʀeːfəl] *m* ανοσιουργία
frevelhaft ανόσιος, κακοποιός
Freveltat *f* ανοσιούργημα *n*
Friede ⟨*-ns; -n*⟩ *m*: ***~ sei mit euch*** ειρήνη υμίν!; → ***Frieden***
Frieden ⟨*-s; -*⟩ *m* ειρήνη; ησυχία; (*amtlich*) ***~ schließen*** συνάπτω ειρήνη; (*persönlich*) ειρηνεύω; (***miteinander***) ***in ~ leben*** μονοιάζω; ***j-n in ~ lassen*** αφήνω κπ ήσυχο
Friedens- ειρηνικός; ... (της) ειρήνης
Friedens|bedingung *f* όρος ειρήνης; **~bewegung** *f* ειρηνιστικό κίνημα; **~initiative** *f* ειρηνευτική πρωτοβουλία; **~konferenz** *f* διάσκεψη ειρήνης; **~liebe** *f* ειρηνοφιλία; **~no'belpreis** *m* βραβείο Νόμπελ για την ειρήνη; **~politik** *f* ειρηνόφιλος πολιτική; **~prozess** *m* ειρηνευτική διαδικασία; **~richter** *m* ειρηνοδίκης; **~schluss** *m* σύναψη ειρήνης; **~stifter** *m* ειρηνοποιός; **~verhandlungen** *f/pl* διαπραγματεύσεις *f/pl* ειρήνης; **~vertrag** *m* συνθήκη ειρήνης; **~zeit** *f*: ***in ~zeiten*** σε καιρό ειρήνης
friedfertig ειρηνικός, φιλήσυχος
Friedhof *m* κοιμητήριο, νεκροταφείο
fried|lich, ~liebend ειρηνικός
Friedrich *m* Φρειδερίκος
frier|en* *allg* παγώνω (*auch pers*); ***ich ~e, mich ~t*** κρυώνω, παγώνω; *Wasser*: ***... ist gefroren*** πάγωσε ...
Fries ⟨*-es; -e*⟩ *m* (*vom dorischen Tempel*) διάζωμα *n*; (*am japanischen Tempel*) ζωοφόρος *f*
Frigidi'tät ⟨*0*⟩ *f* αναφροδισία, ψυχρότητα
Frika'delle *f* κεφτές
Frika'ssee ⟨*-s; -s*⟩ *n* φρικασέ *n*
frisch ⟨*-er; -est-*⟩ *Speisen*: φρέσκος, νωπός; (*neu*) πρόσφατος; *z.B. Luft*: δροσερός, δροσάτος; *Holz*: χλωρός; *Wunde*: νωπός; ***~ gepflückt*** νωπός; ***~ machen*** φρεσκάρω; ***sich ~ machen*** φρεσκάρω τον εαυτό μου; *Wetter*: ***es ist ~*** κάνει δροσιά; → ***gestrichen***
Frisch|e ⟨*0*⟩ *f* φρεσκάδα; δροσιά; **~haltebeutel** *m* πλαστικός σάκος για διατήρηση; **~haltefolie** *f* ζελατίνα (για συντήρηση φαγητών); **~haltung** *f* διατήρηση (τροφίμων); **~luftdüse** *f* βαλβίδα αέρα; **~machen** *n*, **~werden** *n* φρεσκάρισμα *n*
Fri'seur ⟨*-s; -e*⟩ *m* κομμωτής; (*Haarschneider*) κουρέας; **~geschäft** *n* κουρείο; κομμωτήριο
Fri'seurin *f* κομμώτρια
fri'sieren χτενίζω
Fri'sier|salon *m* κομμωτήριο; κουρείο; **~tisch** *m* τουαλέτα; **~umhang** *m* πενιουάρ *n*
Fri'sör *m* → ***Friseur***
Frist *f* προθεσμία, διορία; (*Aufschub*) αναβολή
frist|en ⟨*-e-*⟩: ***sein Leben ~en*** πορεύομαι; **~gemäß** εμπρόθεσμος; έγκαιρος; ***nicht ~gemäß*** εκτός προθεσμίας; **~los** απρόθεσμος; χωρίς προθεσμία
Fristverlängerung *f* παράταση προθεσμίας
Fri'sur ⟨*-; -en*⟩ *f* χτένισμα *n*, κόμμωση
fri'vol κυνικός
Frivoli'tät *f* κυνισμός
froh ⟨*-er; -est-*⟩ χαρούμενος, φαιδρός; (*erfreut*) ευχαριστημένος (***über*** *A*/ από); **~gemut** κεφάτος, ανοιχτόκαρδος
fröhlich εύθυμος, ιλαρός, χαρούμενος; ***~ sein*** ευθυμώ
Fröhlichkeit ⟨*0*⟩ *f* ευθυμία, ιλαρότητα
froh'locken αγάλλομαι (***über*** *A*/για)
Frohsinn ⟨*-(e)s; 0*⟩ *m* ευφροσύνη
fromm ⟨*-er, -st- oder ¨er, ¨st-*⟩ ευλαβής, (*auch Wunsch*) ευσεβής; (*religiös*) θρήσκος
Frömme'lei *f* ψευδοευλάβεια
Frömm|igkeit ⟨*0*⟩ *f* ευλάβεια, ευσέβεια; **~ler** *m* ταρτούφος
Fron *f*, **~arbeit** *f*, **~dienst** *m* αγγαρεία; ***~arbeit leisten*** κάνω αγγαρεία
frönen (*e-r Sucht*) κυλιέμαι (*D*/σε)

F

Fronleichnam 744

Fron'leichnam(s-fest *n*) ⟨*-es; 0*⟩ *m* Αγία Δωρεά
Front *f MIL* μέτωπο (*auch e-s Hauses*); ~ ***machen gegen*** *A* αντιτάσσομαι σε, κάνω μέτωπο εναντίον *G*; **~-** μετωπικός; **~abschnitt** *m* τομέας
fron'tal μετωπικός
Fron'talzusammenstoß *m* (*Auto*) μετωπική σύγκρουση
Frontkämpfer *m* (παλαιός) πολεμιστής
fror → ***frieren***
Frosch [ɔ] ⟨*-es; ⸗e*⟩ *m* βάτραχος, βατράχι; **~fisch** *m* βατραχόψαρο
Frost ⟨*-es; ⸗e*⟩ *m* παγωνιά, πάγος; **~beule** *f* χιονίστρα
fröstel|n ⟨*-le*⟩: ***mich ~t*** κρυώνω, ριγώ
frostig ψυχρός (*auch fig*)
Frostigkeit ⟨*0*⟩ *f* ψυχρότητα
Frostschutz|- αντιψυκτικός; **~mittel** *n* αντιψυκτικό
Frostwetter *n* παγερός καιρός
fro'ttieren τρίβω
Fro'ttiertuch *n* μπουρνούζι
Frucht ⟨*-; ⸗e*⟩ *f* καρπός (*auch fig*); (*Obst*) φρούτο, οπωρικό (*mst pl*); *fig* προϊόν (-όντος); ***Früchte ansetzen*** σποριάζω; ***Früchte tragen*** καρπίζω, (*auch fig*) καρποφορώ
fruchtbar καρπερός, εύκαρπος, γόνιμος (*auch fig*)
Fruchtbarkeit ⟨*0*⟩ *f* γονιμότητα (*auch fig*); ευκαρπία, καρποφορία; (*e-s Baumes*) πολυκαρπία
Früchte *f/pl* φρούτα *n/pl*, οπωρικά *n/pl*
Fruchteis ⟨*-es; 0*⟩ *n* παγωτό με φρούτα
fruchten ⟨*-e-*⟩ καρποφορώ
Fruchtgehäuse *n* περικάρπιο
fruchtlos άκαρπος; *fig* στείρος
Frucht|losigkeit ⟨*0*⟩ *f* στείρωση (*auch fig*); **~saft** *m* χυμός φρούτων; **~salat** *m* φρουτοσαλάτα; **~wechselwirtschaft** ⟨*0*⟩ *f* αμειψισπορά
fru'gal λιτός
früh πρωινός; (*vorig*) προτύτερος; *adv* ενωρίς, πρωί; ***morgens ~*** σύνταχα; **~er** → ***früher***; **~estens** το νωρίτερο; ***von ~ester Jugend an*** από μικρό παιδί; ***sehr ~, am ~en Morgen*** πρωί-πρωί
Früh- (*Tomate*) προφαντός; (*Obst*) πρώιμος; (*Zug*) πρωινός
Frühaufsteher *m als adj*: πολύ πρωινός
Frühe ⟨*0*⟩ *f* πρωί, αυγή; ***in aller ~*** αυγή-αυγή, αποταχιά
früher *adv* νωρίτερα; (*ehemals*) προτύτερα, αρχύτερα, άλλοτε; ***~ oder später*** αργά ή γρήγορα; ***von ~ sprechen, erzählen*** μιλώ για τα παλιά
früher- *adj* πρότερος, προτύτερος, προγενέστερος; (*ehemalig, Ex-*) πρώην ⟨*0*⟩; ***der ~e*** ο αλλοτινός
Früh|erkennung *f* πρώιμη διάγνωση; **~geburt** *f* (*Kind*) άκαιρο παιδί, απορριξιμιό; (*Gebären*) πρόωρος τοκετός; **~gemüse** *n* πρωιμάδια *n/pl*; **~jahr** *n* άνοιξη; **~jahrs-** ανοιξιάτικος; **~ling** ⟨*-s; -e*⟩ *m* άνοιξη; *K poet* έαρ *n*; **~lings-** ανοιξιάτικος, εαρινός; **~messe** *f* όρθρος
früh'morgens νωρίς το πρωί
frühreif πρώιμος, τροφαντός
Früh|reife *f* πρωιμότητα; **~stück** *n* πρωινό, πρόγευμα *n*
frühstücken (*gefrühstückt*) προγευματίζω
Frühstücks|büfett *n* *etwa*: μπουφές, τραπέζι με το πρωινό; **~fernsehen** *n* πρωινή τηλεόραση; **~raum** *m* αίθουσα πρωινού
frühzeitig πρώιμος; νωρίς
Fuchs [fʊks] ⟨*-es; ⸗e*⟩ *m auch fig* αλεπού (-ούδες) *f*; **~bau** *m* αλεποφωλιά
Füchschen ['fʏksçən] *n* αλεπούδι
fuchs|en ['fʊksən]: ***es ~t mich*** πειράζομαι, με πειράζει; **~rot** πυρρός, ρούσος
fuchs'teufels'wild: ***~ werden*** γίνομαι μπαρούτι, γίνομαι βαπόρι
Fuchtel *f*: ***unter j-s ~ stehen*** βρίσκομαι υπό την τυραννία του
fuchteln ⟨*-le*⟩: ***mit den Händen ~*** σείω τα χέρια
Fuder *n* φορτίο
Fug: ***mit ~ und Recht*** ακριβοδίκαια
Fuge *f TECH* αρμός, αρμογή, εναρμογή; *MUS* φυγή, φούγκ(α); ***aus den ~n gehen*** (*auch fig*) εξαρθρώνομαι; ***aus den ~n geraten*** ξεχαρβαλωμένος
fügen *v/t TECH* συναρμόζω (***in*** *A*/σε); ***sich ~*** (*gehorchen*) στρώνω; ***sich*** (*A*) ***~*** υποκύπτω (*D*/σε), συμμορφώνομαι (*D*/προς *A*); ***sich in sein Schicksal ~*** υποκύπτω στη μοίρα μου; ***es fügt sich, dass ...*** τυχαίνει να ...
füg|lich *adv* δεόντως; **~sam** πειθήνιος, ευπειθής
Fügsamkeit ⟨*0*⟩ *f* ευπείθεια
Fügung *f*: ***~ des Schicksals*** επιταγή της μοίρας; ***Gottes ~*** Θεού θέλημα *n*, θεία βουλή

fühlbar χειροπιαστός; αισθητός; *adv* (*z.B. sich verringern*) αισθητά; **es wird ~** πιάνει τόπο
fühlen (*empfinden*) αισθάνομαι; *Puls* πιάνω; *fig* **j-m auf den Zahn ~** ψυχολογώ; **sich ~** αισθάνομαι (τον εαυτό μου); **sich ~ als** νοιώθω σαν
Fühl|er *m* ZOOL κεραία; **s-e ~er ausstrecken** (**nach** *D*) κάνω δοκιμαστική κρούση *G*; **~ung** *f*, **~ungnahme** *f* επαφή
fuhr → **fahren**
Fuhre *f* αμαξιά, αμαξοφόρτωμα *n*
führen (*allg*, *Auto*; *hinführen*) οδηγώ (**zu**/σε); περνώ (-άς) (**aus, von** *D*/από; **nach** *D*, **auf** *A*, **zu** *D*/σε); *j-n*, *Buch* βαστώ (-άς), τηρώ; *Gespräch*, *Krieg*, *Prozess*, *Verhandlungen* διεξάγω; *Angriff* εξαπολύω; *Geschäft* F (το) δουλεύω; *Haus* (*verwalten*) διαφεντεύω; *Krieg auch* κάνω; *Leben* διάγω; *Ware* διαθέτω, φέρνω; *Weg*: βγαίνω, φέρνω (**zu, nach** *D*/σε); *Wirtschaft*, *Haushalt* κρατώ (-άς); **j-n ~ zu, nach** *D* πηγαίνω κπ σε; (*herumführen*) περιφέρω κπ σε; *fig zu e-r Katastrophe* **~** φέρνω σε, καταλήγω σε; **e-e Bewegung, e-n Aufstand ~** ηγούμαι *G*; **e-n Namen ~** φέρω όνομα; **j-n an der Hand ~** χειραγωγώ κπ; **j-n zu der Überlegung ~, wie ...** κάνω κπ να σκεφθεί, πως ...; (*Vorsprung haben*) **~ vor j-m** προηγούμαι *G* (**in** *D*/σε); **... führt** (**führen**) **zu nichts** ... πάει, δεν οδηγεί πουθενά; **sich ~** (συμπερι)φέρομαι
führend *Person*: βασικός, σημαίνων (-ουσα, -ον); *wissenschaftlich*: κορυφαίος; *Rolle*: ηγετικός; **~ sein** έχω το προβάδισμα
Führer *m allg* οδηγός; (*Berater*) χειραγωγός; POL (*der Opposition*) ηγέτης; (*Partei-*, *Banden-*) αρχηγός
führerlos άναρχος, ακέφαλος
Führer|schaft *f* αρχηγία; **~schein** *m* άδεια οδηγού αυτοκινήτου, άδεια οδήγησης; **internationaler ~schein** διεθνής άδεια οδήγησης
Fuhr|geld *n* αμαξιατικά *n/pl*, αγώγι; **~mann** *m* αραμπατζής, αμαξάς; (*Sternbild*) Ηνίοχος
Führung *f* οδηγία; (*Fremden-*) ξενάγηση; (*Leitung*) διεύθυνση; *auch fig* χειραγωγία; ηγεσία; (*Betragen*) διαγωγή; (*der Bücher*) τήρηση; (*e-s Krieges*) διεξαγωγή
Führungs|schiene *f* TECH οδηγός; **~zeugnis** *n* διαγωγή; (*polizeilich*) πιστοποιητικό ποινικού μητρώου
Fuhrwerk *n* αραμπάς (-άδες); κάρο
Fülle ⟨*0*⟩ *f* αφθονία; μεστότητα; πληθωρισμός; → **Hülle**
füllen γεμίζω (**etw mit** *D*/κτ με *oder A*), πληρώ (**mit** *D*/*G*); *Geflügel* παραγεμίζω, γομώνω; *Zahn* σφραγίζω; **halb voll ~** μισογεμίζω; **zu voll ~** παραγεμίζω; ξεχειλίζω; **sich ~** γεμίζω; *subst* γέμισμα *n*, πλήρωμα *n*; (*Zahn*) σφράγισμα *n*, έμφραξη
Füll|federhalter *m* στυλό; **~horn** *n* κέρας *n* της Αμαλθείας
füllig *Mensch*: γεμάτος
Füll|sel *n* παραγέμισμα *n*; γέμισμα *n*; **~ung** *f* γέμισμα *n*, πλήρωση; (*Geflügel*) γόμος; (*Zahn-*) έμφραξη, σφράγισμα *n*
Fund ⟨*-ẹs*; *-e*⟩ *m* εύρημα *n*; **glücklicher ~** κελεπούρι
Funda'ment ⟨*-ẹs*; *-e*⟩ *n* υπόβαθρο, υποδομή, θεμέλιο
Fund|büro *n* γραφείο απολεσθέντων αντικειμένων; **~grube** *f fig* μεταλλείο
fun'dier|en καθιστώ βάσιμο; θεμελιώνω; **gut ~t** βάσιμος; **schlecht ~t** ασύστατος
fündig εκμεταλλεύσιμος
Fundsache *f* ευρεθέν αντικείμενο; **~n** *pl* απολλεσθέντα *n/pl*
fünf πέντε
Fünf *f* πέντε *n*, πεντάρι, πεντάδα
fünf|aktig πεντάπραχτος; **~bändig** πεντάτομος
Fünfeck *n* πεντάγωνο
fünfeckig πεντάγωνος
Fünfer *m* πεντάρι; πεντάδα
fünf|fach πενταπλάσιος; **~hundert** πεντακόσιοι (= φ′); **etwa ~hundert** πεντακοσαριά
Fünfhundert'drachmenschein *m* πεντακοσάρικο
fünf|hundertst- πεντακοσιοστός; **~jährig** πενταετής
Fünfkampf *m* πένταθλο
fünfköpfig πενταμελής
Fünf'leptastück *n* πεντάλεπτο
fünf|mal πέντε φορές, πεντάκις; **~monatig** πεντάμηνος; **~stellig** πενταψήφιος; **~stöckig** πενταόροφος; **~stündig** πεντάωρος

fünft- πέμπτος

Fünf'tagewoche *f* εβδομάδα των πέντε ημερών, (το) πενθήμερο *oder* 5 θήμερο

fünf|tägig πενθήμερος; **~teilig** πενταμερής

Fünftel *n* πέμπτο

fünftens *adv* πέμπτο

Fünf'uhrtee *m* φάιβ-ο-κλοκ τη *n*

fünfzehn δεκαπέντε; **~jährig** δεκαπενταετής

fünfzig πενήντα, *K* πεντήκοντα (= ν′); ***etwa*** **~** πενηνταριά

Fünfzig'drachmenschein *m* πενηντάρικο

fünfzigjährig πεντηκονταετής; **~e(s)** ***Jubiläum*** πεντηκονταετηρίδα

Fünfzigjährige(r) πενηντάρης *m* (*f* -άρα)

fünfzigst- πεντηκοστός

fun'gieren λειτουργώ

Funk ⟨*-s; 0*⟩ *m* ασύρματος, ραδιοφωνία; ***über*** **~** δι' ασυρμάτου; **~anlage** *f* συσκευή ασυρμάτου

Fünkchen *n* (*z.B. Verstand*) κόμπος

Funke ⟨*-ns; -n*⟩ *m* σπίθα, σπινθήρας; *fig* έναυσμα *n*; **~n** ***sprühen*** σπιθοβολώ

funkeln ⟨*-le*⟩ μαρμαίρω, λαμπυρίζω

Funkeln *n* μαρμαρυγή

funkel'nagel'neu ολοκαίνουργος

funkelnd έκλαμπρος

funken εκπέμπω με ασύρματο

Funken *m* → ***Funke***

Funk|er *m* ασυρματιστής; **~gerät** *n* (φορητή) συσκευή ασυρμάτου; μέσο επικοινωνίας; **~messtechnik** *f* ραντάρ *n*; **~peilgerät** *n* ραδιογωνιόμετρο; **~peilung** *f* ραδιογωνιομετρία; **~spruch** *m* ραδιογράφημα *n*; **~station** *f* σταθμός ασυρμάτου; **~stille** *f* σιγή ασυρμάτου; **~telegramm** *n* ραδιοτηλεγράφημα *n*

Funk'tion *f* λειτουργία; MATH συνάρτηση

Funktio'när ⟨*-s; -e*⟩ *m* λειτουργός

funktio'nieren *v/i* λειτουργώ, εργάζομαι, δουλεύω

funk'tionsfähig σε κατάσταση λειτουργίας

Funk'tionsfähigkeit ⟨*0*⟩ *f* λειτουργικότητα

Funk|turm *m* πύργος ασυρμάτου; **~verkehr** *m* ραδιοεπικοινωνία; **~wagen** *m* περιπολικό (της) αστυνομίας; **~zeichen** *n* ραδιοσήμα *n*

für *präp A allg* (*zu Gunsten, anstatt*) για, *K* δια *A*; αντί *G*; προ *G*; *K* υπέρ *G*; προς *A*; *Beispiele*: **~** ***die Familie*** *arbeiten* για την οικογένεια; **~** ***das Geschenk*** *danken* για το δώρο; ***ich gehe*** **~** ***dich*** (= *an deiner Stelle*) θα πάω για σένα; **~** ***10 Mark*** για 10 μάρκα; **~** ***das Vaterland*** υπέρ πατρίδας; ***das Für und das Wider*** το υπέρ και το κατά; ***Schritt*** **~** ***Schritt*** βήμα προς βήμα; ***Stück*** **~** ***Stück*** εν προς εν; ***Wort*** **~** ***Wort*** λέξη προς λέξη; ***Tag*** **~** ***Tag*** κάθε μέρα; ***ganz*** **~** ***sich leben*** ζω αποκλεισμένος; (***das***) ***ist nichts*** **~** ***mich*** (αυτό) δεν μου κάνει

Fürbitte *f* μεσολάβηση; **~** ***einlegen*** μεσολαβώ

Furche *f* αυλάκι, αλετριά, ολκός

furchen αυλακίζω; ***gefurcht*** αυλακωτός

Furcht ⟨*-; 0*⟩ *f* φόβος (***vor*** *D/G*, για, από); **~** ***erregend*** επίφοβος

furchtbar τρομερός, φοβερός, δεινός; ***es ist*** **~** φοβερό πράγμα

fürchten ⟨*-e-*⟩ *v/t* φοβούμαι, φοβάμαι (***dass***/ότι; μην); ***sich*** **~** ***vor*** *D* φοβούμαι, φοβάμαι *A oder* από

fürchterlich φοβερός

furchtlos άφοβος

Furchtlosigkeit ⟨*0*⟩ *f* αφοβία

furchtsam φοβιτσιάρης (-α, -ικο), στενόκαρδος

Fur'nier ⟨*-s; -e*⟩ *n* καπλαμάς; επικόλλημα *n*

fur'nieren καπλαντίζω, επικολλώ (-άς)

Fur'nier|en *n* επικόλληση; **~holz** *n* → ***Furnier***

Fu'rore: **~** ***machen*** κάνω μπαμ

Fürsorge ⟨*0*⟩ *f* (*amtlich*) πρόνοια; αντίληψη; **~kasse** *f* Ταμείο προνοίας + *G*

fürsorglich προνοητικός, προβλεπτικός; στοργικός

Fürsorglichkeit ⟨*0*⟩ *f* θάλπος *n*; πρόνοια

Fürsprache *f* συνηγορία; σύσταση

Fürst ⟨*-en*⟩ *m* ηγεμόνας; (*z.B. von Monaco*) πρίγκιπας; **~entum** ⟨*-s; ⸚er*⟩ *n* ηγεμονία; πριγκιπάτο; **~in** *f* ηγεμονίδα; πριγκιπέσα

fürstlich ηγεμονικός (*auch fig*); πριγκιπικός

Furt *f* πόρος, πορθμείο, πέρασμα *n*

Fu'runkel *m, n* MED καλόγερος

Fürwort ⟨*-es; ⸚er*⟩ *n* GR αντωνυμία

747 **Gabelweihe**

Furz ⟨*-es*; *⸚e*⟩ *m* P κλανιά, πορδή
Fusel *m* F ελεεινό ρακί
Fu'sion *f HDL* συγχώνευση
fusio'nieren συγχωνεύω
Fuß [uː] ⟨*-es*; *⸚e*⟩ *m* πόδι; (*Möbelstück*) ποδαρικό; (*Lampen-*) βάση; ***großer ~*** ποδάρα; (*e-s Berges*) πρόποδες *m/pl*, ρίζα; ***~ des Berges*** ριζοβούνι; ***zu ~*** με τα πόδια, πεζή; ***zu ~ gehen*** πεζοπορώ; ***am ~e*** *G GEOGR* υπό *A*, στους πρόποδες *G*; ***auf dem ~e*** *folgen* καταπόδι, κατά πόδα, από κοντά; ***j-n auf freien ~ setzen*** αφήνω κπ ελεύθερο; ***noch auf freiem ~e sein*** παραμένω ασύλληπτος; *Kinder*: ***schon auf eigenen Füßen stehen*** είμαι (πια) ξεπεταμένος; ***auf großem ~(e) leben*** κάνω δαπανηρή ζωή; ***mit j-m auf gutem ~(e) stehen*** τα πάμε καλά; ***gut zu ~ sein*** είμαι καλός πεζοπόρος; ***festen ~ fassen*** ριζοβολώ
Fuß|- πεζοπορικός; **~angel** *f* τρίβολος; **~antrieb** *m*: ***mit ~antrieb*** ποδοκίνητος; **~bad** *n* ποδόλουτρο
Fußball *m* ποδόσφαιρο, φούτμπολ *n*; (*Ball*) μπάλα; ***~ spielen*** παίζω ποδόσφαιρο; **~-** ποδοσφαιρικός; **~er** *m* ποδοσφαιριστής; **~klub** *m* ποδοσφαιρικός όμιλος; **~platz** *m* γήπεδο ποδοσφαίρου; **~spiel** *n* ποδόσφαιρο; **~spielen** *n* ποδόσφαιρο; **~spieler** *m* ποδοσφαιριστής
Fuß|bank *f* σκαμνί, υποπόδιο; **~bekleidung** *f* υπόδηση; **~boden** *m* δάπεδο, πάτωμα *n*; **~bremse** *f* ποδόφρενο, φρένο
Füßchen *n* ποδαράκι
fußen ⟨*-t*⟩ βασίζομαι (***auf*** *D*/σε)
Fußgänger *m* πεζός; (*Passant*) διαβάτης; **~ampel** *f* φανάρι πεζών; **~in** *f* διαβάτισσα; **~tunnel** *m* υπόγεια διάβαση; **~übergang** *m*, **~überweg** *m* διάβαση πεζών; **~unterführung** *f* υπόγεια διάβαση πεζών; **~verkehr** *m* πεζοδρόμιση; **~zone** *f* ζώνη για τους πεζούς
Fußhebel *m* πετάλι, πέδιλο
fußkalt ... με κρύο πάτωμα
Fuß|lappen *m* τσούλι; **~marsch** *m* πορεία; **~note** *f* υποσημείωση; **~pflege** *f* ποδοκομία; **~pfleger(in** *f*) *m* ποδοκόμος *m*(*f*); **~sohle** *f ANAT* πατούσα, ταμπάνι; **~spur** *f* πατημασιά, (α)χνάρι
Fußstapfe *f* ποδαριά, ίχνος *n*; *fig* ***in j-s ~n treten*** ακολουθώ τα χνάρια κπ *G*
Fuß|tritt *m* κλωτσιά, λάκτισμα *n*; ***j-m e-n ~tritt versetzen*** κλωτσώ κπ, ποδοπατώ; **~wanderung** *f* πεζοπορία; **~weg** *m* μονοπάτι; **~wurzel** *f* ταρσός
Fusta'nella ⟨*-*; *-llen*⟩ *f* φουστανέλα; **~träger** *m* φουστανελάς (-άδες)
futsch [ʊ] F πάει; ***es ist ~*** πήγε περίπατο; ***das Geld ist ~*** τέλειωσαν τα λεφτά
Futter *n* τροφή, ζωοτροφία; (*Weide-*) βοσκή; νομή; (*getrocknet*) φορβή; (*Kleidung*) φόδρα, αστάρι; *TECH* επένδυση; **~mittel** *n/pl* ζωοτροφές *f/pl*; **~ration** *f* ταγή
Futte'ral ⟨*-s*; *-e*⟩ *n* θήκη
Futterkrippe *f* παχνί, φάτνη
füttern ⟨*-re*⟩ ταΐζω; *Kleider* φοδράρω, ασταρώνω; ***mit Pelz ~*** γουνώνω; *subst* τάισμα *n*
Fütterung *f* τάισμα *n*, σιτισμός; φοδράρισμα *n*, επένδυση
Fu'tur ⟨*-s*; *-e*⟩ *n GR* μέλλων (-οντος) *m*
Futu'rismus ⟨*-*; *0*⟩ *m* φουτουρισμός
Futuro'loge ⟨*-n*⟩ *m* μελλοντολόγος

G

G, g [geː] *n* γκ [γκε]
gab → ***geben***
Gabardine ['gabardiːn] ⟨*-s*; *-* [-diːnə]⟩ *m*, **~mantel** *m* καμπαρντίνα
Gabe *f* (*auch fig Gottes*) δώρο; χάρη, φιλοδωρία; (*Dosis*) δόση; (*Fähigkeit, Talent*) προτέρημα *n*, προσόν (-όντος), ταλέντο, χάρισμα *n*; ***milde ~*** ψυχικό
Gabel ⟨*-*; *-n*⟩ *f* (*Ess-*) πιρούνι; (*Heu-, allg*) διχάλι; (*Fahrrad*) περόνη
gabelförmig διχαλωτός
gabeln ⟨*-le*⟩: ***sich ~*** διακλαδίζομαι; *Fluss*: σχίζομαι
Gabel|stapler *m* κλαρκ *n*; **~ung** *f* διακλάδωση, διχάλωση; **~weihe** *f* (*Vogel*) ικτίνος

Gabriel ['ga:bri·ɛl] *m* Γαβριήλ ⟨*0*⟩ *m*
gackern ⟨*-re*⟩ κακαρίζω, κλώθω
Gaffel ⟨*-; -n*⟩ *f* MAR πίκι
gaffen χαζεύω, χάσκω
Gaffer *m* χάσκας, χαζός
Gage ['ga:ʒə] *f* αμοιβή (ηθοποιού)
gähnen χασμουριέμαι; *fig Abgrund*: χαίνω; *subst* χασμουρητό
Gala ⟨*0*⟩ *f* μεγάλη στολή, αμπιγέ φόρεμα *n*; **~abend** *m* εορταστική βραδιά; **~empfang** *m* εορτάσιμη υποδοχή
ga'lant γυναικάρεσκος
Gala|uniform *f* μεγάλη στολή; **~vorstellung** *f* πανηγυρική παράσταση
Ga'leere *f* γαλέρα
Ga'leerenstrafe *f* κάτεργα *n/pl*
Gale'rie *f* (*auch* THEA) γαλαρία; γκαλερί ⟨*0*⟩ *f*; THEA *auch* υπερώο
Galgen *m* κρεμάλα, αγχόνη; **~frist** *f* τελευταία προθεσμία; **~humor** *m* τραγικό χιούμορ
Galle *f* (*auch fig*) χολή; **die ~ läuft mir über** χολιάζω
gallebitter *als adj* φαρμάκι
Gallen|- χολώδης; **~blase** *f* χοληδόχος κύστη; **~blasenentzündung** *f* χολοκυστίτιδα; **~steine** *m/pl* χολόλιθοι *m/pl*
Gal'lerte *f* πηκτή
gallig *auch fig* χολώδης; *fig* πικρόχολος
Gal'lone *f* γαλόνι
Ga'lopp ⟨*-s; -e, -s*⟩ *m* καλπασμός, γκαλόπ *n*; **im ~** με καλπασμό
galop'pieren ⟨*sn*⟩ (*auch* MED) καλπάζω
gal'van|isch γαλβανικός; **~i'sieren** γαλβανίζω
Galvano|'meter *n* γαλβανόμετρο; **~'plastik** *f* ηλεκτροτυπία, γαλβανοπλαστική
Gamasche [ga·'maʃə] *f* γκέτα
Gamma ⟨*-s; -s*⟩ *n* γάμμα *n*, Γ, γ
Gämse *f* αίγαγρος
gang: ~ und gäbe sein είναι καθιερωμένο
Gang ⟨*-ẹs; ⁼e*⟩ *m* (*Gehen*) περπάτημα *n*, πορεία, βάδισμα *n*; μετάβαση; (*z.B. Einkäufe*) δρόμος (*mst pl*); (*Korridor*) διάδρομος; ANAT αγωγός, πόρος; (*Schrauben-*) TECH βήμα *n*; (*e-r Maschine*) λειτουργία; (*Auto*) ταχύτητα; (*Essen*) πιάτο; (*der Ereignisse, Dinge*) πορεία, φορά; (*e-r Angelegenheit*) δρόμος; **der gewohnte ~** (= *Trott*) ο κανονικός ρυθμός; **in vollem ~e** εν εξελίξει; *etw, Ereignisse*: **im ~e sein** υπάρχει στη μέση; **im ~(e) befindlich** συνεχιζόμενος; **in ~ setzen** *allg* βάζω μπρος; *Aktion* εξαπολύω; (*Auto*) **in den dritten ~ schalten** βάζω τρίτη
Gangart *f* περπάτημα *n*
gangbar *Weg*: βατός; *fig* (*möglich*) κατορθωτός
Gängelband: j-n am ~ führen άγω και φέρω κπ
gängeln ⟨*-le*⟩ σέρνω απ' τη μύτη
Ganges *m* Γάγγης
gängig HDL συνηθισμένος; → **gang**
Ganglion ⟨*-s; -lien*⟩ *n* γάγγλιο
Gan'grän *f* MED γάγγραινα
Gangschaltung *f* σύστημα *n* ταχυτήτων
Gangster ['gɛŋ-] *m* γκάγκστερ (*pl* -ς) *m*; **~-** γκαγκστερικός; **~tum** ⟨*-s; 0*⟩ *n* γκαγκστερισμός
Gans ⟨*-; ⁼e*⟩ *f* χήνα; *fig* **dumme ~** κουτοθήλυκο
Gänschen ['gɛnsçən] *n* χηνάκι
Gänse|- χηνήσιος; **~blümchen** *n* μαργαρίτα, ασπρολούλουδο; **~braten** *m* ψητή χήνα; **~füßchen** *n/pl* TYP εισαγωγικά *n/pl*; **~haut** *f*: **e-e ~haut bekommen** με πιάνει ανατριχίλα; **~marsch** *m*: **im ~marsch** ένας-ένας; **~rich** ⟨*-s; -e*⟩ *m* χήνος
ganz *adj* όλος, πας (πάσα, παν) *mit art*; ολόκληρος, ολάκερος *mst mit art*; *oft*: ολο-; παν- (παγ-; παμ-); (= *sehr*) θεο-; **~ Griechenland** όλη η Ελλάδα; **das ~e Haus** ολόκληρο το σπίτι; (*ähnlich*) **~ die** (**ihre**) **Mutter** ολόιδια η μάνα της; (*heil*) σώος; (*heil; auch Zahl*) ολόκληρος, ακέραιος; (*aus e-m Stück*) μονοκόμματος; *adv* όλως; (*z.B.* **~** *reifen, Glas füllen*) καλά; **~ gut** αρκετά καλά; **~ gewiss** βεβαιότατα; **~ genau** ακριβώς; **~ und gar** ολότελα; εξ ολοκλήρου; **~ und gar** (*nicht*) διόλου, καθόλου; **im Großen und Ganzen** εν γένει
Ganze(s) όλο, παν *n*, σύνολο
Gänze: in seiner ~ καθ' ολοκληρίαν
Ganzheit ⟨*0*⟩ *f* ακεραιότητα
Ganzheitsmethode *f* (*Leseunterricht*) καθολική μέθοδος
gänzlich παντελής; *adv* παντελώς
ganzseitig *Annonce*: ολοσέλιδος
Ganztagsschule *f* ολοήμερο σχολείο
gar *adj Essen, Gekochtes usw*: βρα-

σμένος; ***das Essen ist ~*** το φαΐ έβρασε; (***noch***) ***nicht ~*** αγίνωτος, άψητος; *adv* (*sehr*) πολύ; (*besonders, vor allem*) μονάχα, μάλιστα; (*vielleicht, etwa*) άραγε, μη, πως δεν ... (*im Frageton*); ***~ nicht*** (δεν) ... διόλου, καθόλου; (*kaum noch*) ***fast ~ nicht*** (***mehr***) μόλις; ***~ nichts*** απολύτως τίποτε; ***~ keiner*** ούτε ένας; ***es ist ~ nichts*** είναι τιποτένιο πράγμα; ***er weiß rein ~ nichts*** δεν ξέρει τίποτε; ***es weht fast ~ nicht mehr*** μόλις φυσάει

Garage [ga'ʁa:ʒə] *f* γκαράζ *n*

Ga'rant ⟨*-en*⟩ *m* εγγυητής

Garan'tie *f* εγγύηση; ασφάλεια; **~-** εγγυητικός; **~mächte** *f/pl* εγγυήτριες δυνάμεις *f/pl*

garan'tier|en εγγυώμαι, ασφαλίζω; **~t** εγγυημένος

Garan'tieschein *m* εγγυητήριο

Garbe *f* δεμάτι, χειροβολιά

Garde *f* φρουρά; σωματοφυλακή; **~-** ... της φρουράς

Garde'robe *f* ιματιοθήκη, βεστιάριο; (*Kleidung*) ιματισμός, γκαρνταρόμπα

Garde'roben|frau *f* ιματιοφύλακας *f*; **~haken** *m* κρεμάστρα; **~marke** *f* κουπόνι για την γκαρνταρόμπα; **~ständer** *m* πορτμαντό; **~zimmer** *n* καμαρίνι

Garderobier [-'bie:] ⟨*-s; -s*⟩ *m* ιματιοφύλακας

Gar'dine *f* κουρτίνα, στορ *n*

Gar'dinen|predigt *f* πανταχούσα; **~stange** *f* βέργα κουρτίνας

Gar'dist ⟨*-en*⟩ *m* φρουρός, βαρδιάνος

gär|en* (ανα)ζυμώνομαι; *bsd Bier*: (ανα)βράζω; *fig* ***es ~t in der Arbeiterschaft*** ο εργατικός κόσμος διατελεί εν βρασμώ

Gären *n* βράσιμο (-ατος)

Garn ⟨*-es; -e*⟩ *n* κλωστή; TECH νήμα *n*

Gar'nele *f* γαρίδα

gar'nieren γαρνίρω; *Kuchen* διακοσμώ

Gar'nierung *f* γαρνίρισμα *n*

Garni'son *f* φρουρά

Garni'tur *f* γαρνιτούρα, τακίμι

garstig κακός, *bsd Kind*: άτακτος, διαβολεμένος

Gärtchen *n* κηπάκος

Garten ⟨*-s;* ⸚⟩ *m* περιβόλι, κήπος; ***botanischer, zoologischer ~*** βοτανικός, ζωολογικός κήπος

Garten|- κηπουρικός; **~arbeit** *f* κηπουρική; **~bau** ⟨*-es; 0*⟩ *m* κηπουρική; **~geräte** *n/pl* κηπουρικά εργαλεία *n/pl*; **~haus** *n* κιόσκι; (*in der Stadt*) πισινό σπίτι; **~laube** *f* περγουλιά, αναδενδράδα; **~lokal** *n* εξοχικό κέντρο; **~schere** *f* κλαδευτήρι; **~stadt** *f* κηπόπολη

Gärtner *m* περιβολάρης, κηπουρός

Gärtne'rei *f* επιχείρηση κηπουρικής; *als Aufschrift z.B.* άνθη, φυτά, δέντρα

Gärtnerin *f* περιβολάρισσα, κηπουρός *f*

Gärung *f auch fig* ζύμωση

Gärungs|- ζυμωτικός; **~stoff** *m* μπέικιν *n*

Gas ⟨*-es; -e*⟩ *n* αέριο, φωταέριο, γκάζι; (*Auto*) ***~ geben*** πατώ το γκαζ; **~angriff** *m* επίθεση δια αερίων; **~beleuchtung** *f* αεριοφωτισμός; **~feuerzeug** *n* αναπτήρας γκαζιού; **~flasche** *f* φιάλη γκαζιού

gasförmig αεριώδης

Gas|hahn *m* αεριοκρουνός; **~heizung** *f* θερμάνση με φωταέριο; **~herd** *m* πετρογκάς ⟨*0*⟩ *n*; **~kammer** *f* θάλαμος αερίων; **~kocher** *m* γκαζιέρα; **~leitung** *f* σωλήνωση αερίου; **~maske** *f* αναπνευστήρας; αντιασφυξιογόνος μάσκα; **~messer** *m* αεριόμετρο; **~ofen** *m* σόμπα φωταερίου

Gaso'meter *m* αεριοδοχείο

Gas|pedal *n* πεντάλ *n* του γκαζιού; **~rohr** *n* αεριοσωλήνας

Gässchen ['gɛsçən] *n* στενοσόκακο

Gas|schutz- αντιασφυξιογόνος; **~turbine** *f* αεριοστρόβιλος

Gasse *f* σοκάκι, στρατί, ρούγα

Gassenhauer *m* τραγούδι της μόδας

Gast ⟨*-es;* ⸚*e*⟩ *m* (*Eingeladene*) καλεσμένος; (*persönlicher*) φιλοξενούμενος; F μουσαφίρης (-ηδες); (*Hotel-*) πελάτης; **~arbeiter** *m* αλλοδαπός εργαζόμενος; φιλοξενούμενος εργάτης

Gäste|buch *n* βιβλίο επισκεπτών; **~haus** *n* ξενώνας; **~zimmer** *n* δωμάτιο για τους ξένους

Gastfreund *m* φιλοξενούμενος

gastfreundlich φιλόξενος

Gast|freundschaft *f* φιλοξενία; ***~freundschaft gewähren*** φιλοξενώ (***j-m***/κπ); **~geber** *m* αυτός που φιλοξενεί; **~haus** *n*, **~hof** *m* πανδοχείο; **~hörer** *m* ακροατής

ga'stieren κάνω τουρνέ

Gastland *n* χώρα υποδοχής (ξένων)

gastlich φιλόξενος
Gast|lichkeit *f* φιλοξενία; **~mahl** *n* εστίαση; συμπόσιο
Ga'stritis ⟨*pl -i'tiden*⟩ *f* γαστρίτιδα
Gastrolle *f*: ***eine ~ geben*** κάνω τουρνέ
Gastrono'mie ⟨*0*⟩ *f* γαστρονομία
Gast|spiel *n* παράσταση ξένου ηθοποιού; **~stätte** *f* λοκάλ ⟨*0*⟩ *n*, εστιατόριο
Gasturbine *f* αεριοστρόβιλος
Gastwirt *m* εστιάτορας, λοκαντιέρης; **~schaft** *f* καπηλειό, μπιραρία, λοκάλ ⟨*0*⟩ *n*
Gas|uhr *f* ρολόι *n oder* μετρητής φωταερίου; **~werk** *n* εργοστάσιο παραγωγής φωταερίου
Gatt|e ⟨*-n*⟩ *m* σύζυγος; κύριος; **~in** *f* σύζυγος *f*
Gattung *f* είδος *n*
Gattungsname *m* προσηγορικό (όνομα *n*)
Gau ⟨*-ẹs; -e*⟩ *m hist etwa* νομός
Gaudium ⟨*-s; 0*⟩ *n* χαρά; γλέντι
Gauk|e'lei *f* τερατουργία; **~ler** *m* τερατουργός, γόης (-ητος), σαλτιμπάγκος
Gaul ⟨*-ẹs; ⸚e*⟩ *m* παλιάλογο
Gaumen *m* ουρανίσκος; υπερώα; **~-** ουρανικός; **~laut** *m* ουρανισκόφωνο
Gauner *m* αργυρολόγος, μπαμπέσης; **~-** (*Sprache*) ... της πιάτσας
Gaune'rei *f* αργυρολογία; μπαμπεσιά
gaunerhaft κάλπικος
Gaze ['ga:zə] *f* γάζα
ge'ächtet αποκηρυγμένος
Ge'ächze ⟨*-s; 0*⟩ *n* στεναγμοί *m/pl*
Ge'bäck ⟨*-ẹs; -e*⟩ *n* γλύκισμα *n*, *mst* μπισκότο; βούτηγμα *n*
Ge'bälk ⟨*-ẹs; -e*⟩ *n* δοκάρια *n/pl*
ge'ballt *Faust*: μπηχτός
ge'bändigt συμμαζεμένος
ge'bar → ***gebären***
Ge'bärde *f* χειρονομία
ge'bärden ⟨*-e-*⟩: ***sich ~ wie*** κάνω σαν
Ge'baren *n lit* διαγωγή, στάση
ge'bären* γεννώ (-άς), τίκτω; *bsd Tiere*: γεννοβολώ (-άς); *fig* αποκυώ
Ge'bärmutter *f* μήτρα, υστέρα; **~-** μητρικός; **~entzündung** *f* μητρίτιδα
Ge'bäude ⟨*-s; -*⟩ *n* κτίριο, ίδρυμα *n*, οικοδόμημα *n*
ge'baut φτιαγμένος, κτιστός; ***gut ~*** (*Körper*) εύσωμος
Ge'beine *n/pl* κουφάρι, οστά *n/pl*; (*e-s Heiligen*) σκήνωμα *n*

Ge'bell ⟨*-s; 0*⟩ *n* αλύχτημα *n*, γαύγισμα *n*
geben* *Stunden, Vorstellung, sein Ehrenwort, j-m etw* δίνω κτ σε κπ; *ein Essen* παραθέτω; *Glanz usw* προσδίδω; *Milch* κατεβάζω; *Ohrfeige* τραβώ (-άς); *erzeugen, Land, Pflanze usw*: κάνω; (*im Kartenspiel*) μοιράζω; ***zu viel ~*** παραδίδω; ***j-m e-e Kleinigkeit ~*** φιλεύω; *Schule*: ***j-m „sehr gut" ~*** βάζω σε κπ άριστα; ***zu verstehen ~*** αφήνω να εννοηθεί; ***von sich ~*** (= *sagen*) ξεστομίζω; ***es gibt*** (*A*) υπάρχει *N*, έχει *A*; ***Gott gebe, dass ...*** να δώσει ο Θεός να; ***was gibt's?*** τι τρέχει; *part* ***gegeben*** δοσμένος; *K aor* δοθείς (-είσα, -έν); *THEA* ***gegeben werden*** παίζομαι; ***du hast's ihm ordentlich gegeben*** καλά τον κανόνισες
Geb|en *n* δόσιμο (-ατος); δόση; (*der Karten*) μοιρασιά, μοίρασμα *n*; **~er** *m* δωρητής, χορηγητής; (*der Karten*) μοιραστής
Ge'bet ⟨*-ẹs; -e*⟩ *n* προσευχή, ευχή; ***j-n gehörig ins ~ nehmen*** του μιλώ με το κακό; **~buch** *n* προσευχητήριο
ge'beten → ***bitten***
ge'beugt γερτός, σκυφτός; κουλουριαστός; ***~ sein von*** (*z.B. vom Alter*) κουλουριάζομαι
Ge'biet ⟨*-ẹs; -e*⟩ *n* χώρα, έδαφος *n*; περιοχή, περιφέρεια (*auch fig*); *nur fig* τομέας, κύκλος
ge'bieten* *z.B. Gesetz*: κελεύω (**etw**/*A*); *Lage, Gewissen usw*: υπαγορεύω (**j-m etw**/κτ σε κπ); *Ehrfurcht, Schweigen* επιβάλλω (**j-m**/σε κπ); *v/i* **~ über** *A* κυριαρχώ *G*
Ge'bieter *m* δεσπότης, κυρίαρχος
ge'bieterisch προστακτικός, δεσποτικός
Ge'biets- (*Erweiterung usw*) εδαφικός
Ge'bilde *n allg* σχηματισμός; *MATH* σχήμα *n*
ge'bildet μορφωμένος
Ge'bimmel ⟨*-s; 0*⟩ *n* κουδούνισμα *n*
Ge'binde *n* μάτσο, δεμάτι
Ge'birge *n* οροσειρά
ge'birgig ορεινός
Ge'birgs|- βουνήσιος; *Klima*: ορεινός; *MIL* ορειβατικός; **~bewohner** *m* ορεινός, ορεσείβιος; **~kamm** *m* ράχη (βουνού); **~kette** *f* αλυσίδα ορέων, οροσειρά; **~pass** *m* πέρασμα *n*

751 **Gedächtnis**

Ge'biss ⟨*-es*; *-e*⟩ *n* οδοντοστοιχία (*auch* ***künstlich***/τεχνητή)
ge'bissen → ***beißen***
Ge'blendetsein *n* θάμβωση, θάμπωμα *n*
ge'blieben → ***bleiben***
Ge'blüt ⟨*-ẹs*; *0*⟩ *n* αίμα *n*, γένος *n*; σόι; ***von ~*** από σόι
ge'bogen → ***biegen***; καμπυλωτός; σκεβρός; *Linie*: κυρτός
ge'boren → ***gebären***; γεννημένος; ***~e(r)*** *Athener* εντόπιος; ***Frau M., ~e ...*** Κυρία Μ., το γένος ...; ***~ werden*** γεννιέμαι (*auch* -ιούμαι)
ge'borgen → ***bergen***
Ge'bot ⟨*-ẹs*; *-e*⟩ *n* (*der Pflicht usw*) υπαγόρευση; (*sittlich*) παράγγελμα *n*; *REL* εντολή; *HDL* (*e-r Summe*) προσφορά; ***die Zehn ~e*** ο δεκάλογος; *HDL* ***höheres ~*** υπερθεματισμός; ***ein höheres ~ machen*** υπερθεματίζω
ge'boten → ***bieten***; επιβαλλομένος, επιβεβλημένος
ge'bracht → ***bringen***
ge'brannt → ***brennen***; καβουρδιστός; ***ein ~es Kind*** *fig* παθός
ge'braten → ***braten***; ψητός, τηγανιτός
Ge'brauch *m* χρήση (χρήσις); μεταχείριση; *GR* ***fälschliche(r) ~*** κατάχρηση; ακυρολεξία; ***in, im ~*** εν χρήσει; ***~ machen von*** *D* κάνω χρήση *G*, ωφελούμαι από
ge'brauchen μεταχειρίζομαι, χρησιμοποιώ
ge'bräuchlich καθιερωμένος; *bsd Wort*: εύχρηστος; *adv* εν χρήσει
Ge'bräuchlichkeit ⟨*0*⟩ *f* ευχρηστία
Ge'brauchs|anweisung *f* (*für Geräte*) οδηγίες *f/pl* χρήσεως; **~muster** *n* υπόδειγμα *n* χρησιμότητος; **~wert** *m* αξία χρήσεως
ge'braucht *Kleidung usw*: μεταχειρισμένος; (***viel***) ~ πολύχρηστος; *oft*: παλιο-
Ge'brauchtwagen *m* μεταχειρισμένο αυτοκίνητο
Ge'brechen *n* σωματικό ελάττωμα *n*, ανωμαλία
ge'brechlich ανίσχυρος; ανάπηρος
Ge'brechlichkeit ⟨*0*⟩ *f* σακατιλίκι, αναπηρία
ge'brochen → ***brechen***; *ANAT* σπασμένος; *fig* ***völlig ~*** κατασυντετριμμένος (***durch*** *A*/εκ *G*); ***~e Linie*** τεθλαμένη; ***~ Französisch sprechen*** μιλάω σπαστά γαλλικά
Ge'brüder *pl HDL* αδελφοί *m/pl*
Ge'brüll ⟨*-ẹs*; *0*⟩ *n* (*des Rindes*) μούγγρισμα *n*; (*der Löwen*) βρυχηθμός; *allg* (*von Menschen*) ούρλιασμα *n*
Ge'brumm ⟨*-ẹs*; *0*⟩ *n* βόμβος, βοή, βοητό
ge'bückt σκυφτός
Ge'bühr *f* τέλος *n*, φόρος; ***über ~*** υπέρ το μέτρον; ***~en*** *pl* (*Arzt-, Notars- usw*) δικαιώματα *n/pl*
ge'bühren: *mir gebührt* *Lob usw* μου αξίζει, μου πρέπει ...; ***~d*** πρέπων (-ουσα, -ον), ευπρεπής; *adv* πρεπόντως; ***in ~der Weise*** καθώς πρέπει
Ge'bühren|einheit *f* μονάδα τέλους; **~erhöhung** *f* αύξηση τελών
ge'bühren|frei ατελής; **~pflichtig** φορολογητέος
ge'bunden → ***binden***; δετός, δεμένος; (*gefesselt*) δέσμιος; ***~ sein*** δεσμεύομαι (***an*** *A*/από)
Ge'burt [uː] *f* γέννηση; (*Entbindung*) τοκετός; ***leichte ~*** ευτοκία; ***von ~ an*** εκ γενετής; ***nach Christi ~*** μετά Χριστόν (μ. Χ.); ***vor Christi ~*** προ Χριστού (π. Χ.)
Ge'burten|kontrolle *f* έλεγχος των γεννήσεων; **~rückgang** *m* υπογεννητικότητα
ge'burtenschwach υπογεννητικός
Ge'burtenüberschuss *m* περίσσευμα *n* των γεννήσεων
ge'bürtig: *ein ~er Grieche* Έλληνας στην καταγωγή; ***~ sein aus*** *D* κατάγομαι από ...
Ge'burts|- γενετήσιος, γενετικός; **~anzeige** *f* δήλωση γεννήσεως; **~datum** *n* ημερομηνία γεννήσεως; **~helfer** *m* μάμμος, μαιευτήρας; **~hilfe** *f* μαιευτική; **~jahr** *n* έτος γεννήσεως; **~name** *m* πατρώνυμο; **~ort** *m* τόπος γεννήσεως; **~tag** *m* γενέθλια *n/pl*; **~tagsgeschenk** *n* γενεθλιακό δώρο; **~urkunde** *f* πιστοποιητικό γεννήσεως; **~wehen** *f/pl* ωδίνες *f/pl*, πόνοι *m/pl*
Ge'büsch [y] ⟨*-ẹs*; *-e*⟩ *n* θάμνοι *m/pl*
ge'dacht → ***denken***; φανταστικός, ιδανικός, ανύπαρκτος; ***es ist nur ~*** (*nicht ausgedrückt*) υπονοείται
Ge'dachte(s) ενθύμημα *n*
Ge'dächtnis ⟨*-ses*; *-se*⟩ *n* (***optisches, gutes, kurzes*** *usw*/οπτική, καλή, βραχεία) μνήμη; μνημονικό; θυμητικό;

G

zum ~ an *A* στη μνήμη *G*; ***aus dem ~*** (***hersagen***) (λέω) από μνήμης; ***sich*** (*D*) ***ins ~ zurückrufen*** ανακαλώ στη μνήμη μου

Ge'dächtnis|- μνημονικός; **~feier** *f* μνημόσυνο; **~schwäche** *f* αδυναμία μνήμης; **~schwund** *m* απώλεια μνήμης

Ge'danke ⟨*-ns*; *-n*⟩ *m* σκέψη, ιδέα; ***in ~n*** αφηρημένος; *adv auch* αστόχαστα; ***in ~n sein*** αφαιρούμαι; ***kein ~ daran*** ούτε κατά διάνοια; ***auf den ~n kommen*** μπαίνω σε ιδέα, μου μπαίνει η ιδέα; ***mir kam der ~, dass ...*** μου πέρασε από το νου, πως ...; ***j-n auf den ~n bringen*** βάζω σε κπ ιδέα; ***sich ~n machen über*** *A* έχω σκοτούρες για

Ge'danken|austausch *m* ανταλλαγή σκέψεων; **~freiheit** ⟨*0*⟩ *f* ελευθερία της σκέψεως; **~gang** *m* στοχασμός, διανόηση

ge'dankenlos απρόσεκτος; αστόχαστος, χωρίς ιδέες, ανίδεος

Ge'danken|losigkeit *f* απροσεξία; έλλειψη ιδεών, αστοχασιά; **~strich** *m* παύλα

Ge'deck ⟨*-ęs*; *-e*⟩ *n* μενού *n*; (*Besteck*) κουβέρ *n*, σερβίτσιο

ge'deihen* ⟨*sn*⟩ *Pflanze usw*, *fig* ευδοκιμώ; *Kind*: αναπτύσσομαι

Ge'deihen *n* προκοπή, ευδοκίμηση

ge'deihlich ευτυχής; επωφελής

Ge'denk|- επιμνημόσυνος; (*-Tafel*) αναμνηστικός; **~briefmarke** *f* γραμματόσημο αναμνηστικό

ge'denken* μνημονεύω (*G*/*A*); (*beabsichtigen*) σκέπτομαι (**zu**/να); ***nicht ~*** δεν εννοώ (**zu**/να)

Ge'denken *n* σκέψη

Ge'denk|feier *f* μνημόσυνο; **~münze** *f* μετάλλιο; **~stätte** *f* μνημείο; **~tag** *m* επέτειος *f*

Ge'dicht ⟨*-ęs*; *-e*⟩ *n* ποίημα *n* (*auch fig*); **~band** *m* τόμος ποιημάτων; **~sammlung** *f* ανθολογία

ge'diegen *Metall*: αυτοφυής; *Gold auch*: λαγαρός; *allg* στερεός

Ge'diegenheit ⟨*0*⟩ *f* αυτοφυές *n*; στερεότητα

ge'dieh → ***gedeihen***

ge'diehen → ***gedeihen***

ge'dielt σανιδωτός

Ge'dränge ⟨*-s*; *0*⟩ *n* συνωστισμός, στριμωξίδι; (***es ist***) ***ein schreckliches ~*** πατείς με πατώ σε

ge'drängt συνεπτυγμένος; *Übersicht*: συνοπτικός

Ge'drängtheit ⟨*0*⟩ *f* συνοπτικότητα

ge|'dreht στρεπτός; γυριστός; **~'druckt** έντυπος; τυπωμένος; έκτυπος; **~'drückt** πιεστός; *Person*: θλιμμένος; *Stimmung*: ζοφερός; **~'drungen** → ***dringen***; *Gestalt*: κοντόχοντρος; *Stil*: σύντομος

Ge'duld ⟨*0*⟩ *f* υπομονή; ***~ haben*** κάνω υπομονή

ge'duld|en ⟨*-e-*⟩: ***sich ~en*** υπομένω; **~ig** υπομονετικός

Ge'duldsfaden *m*: ***mir reißt jetzt der ~*** χάνω την τελευταία στάλα της υπομονής μου

ge'dungen → ***dingen***; *Person*: πληρωμένος

ge'dünstet γιαχνί, αχνιστός

ge'ehrt αξιότιμος, σεβαστός; ***sehr ~er Herr Joannidis!*** αξιότιμε Κύριε *oder* αξιότιμε κ. (κύριε) Ιωαννίδη!; ***sehr ~er Herr Professor!*** αξιότιμε Κύριε Καθηγητά!; ***sehr ~e Frau Makris!*** αξιότιμη Κυρία *oder* κυρία Μακρή!

ge'eignet (**für** *A*) κατάλληλος (για); πρόσφορος (για); *Augenblick*: επίκαιρος

Ge'fahr *f* κίνδυνος; ***auf die ~ hin, zu*** (***dass***) με κίνδυνο να; ***in ~ sein*** κινδυνεύω; ***~ laufen zu*** κινδυνεύω να; ***sich e-r ~ aussetzen*** εκτίθεμαι σε κίνδυνο; ***sich in ~ begeben*** ριψοκινδυνεύω; ***es besteht die ~, dass*** υπάρχει κίνδυνος να + *St II*

ge'fährd|en ⟨*-e-*⟩ θέτω σε κίνδυνο, διακινδυνεύω (*auch* ***sich ~en***); **~et** επισφαλής

Ge'fährdung *f* κίνδυνος; ***unter ~*** *G* με κίνδυνο *G*

Ge'fahrenzone *f* επικίνδυνη ζώνη

ge'fährlich επικίνδυνος; *Wunde*, *Fehler*: καίριος

Ge'fährlichkeit ⟨*0*⟩ *f* επικινδυνότητα

ge'fahrlos ακίνδυνος

Ge'fahrlosigkeit ⟨*0*⟩ *f* ακίνδυνο

Ge'fährt|e ⟨*-n*⟩ *m* σύντροφος, ταίρι; **~in** *f* συντρόφισσα

ge'fahrvoll επικίνδυνος

Ge'fälle *n* έγκλιση

ge'fallen* αρέσω, αρέσκω; ικανοποιώ (*D*/*A*); ***das gefällt mir*** αυτό μου (μ') αρέσει; ***sich*** (*D*) ***nichts ~ lassen*** δεν σηκώνω προσβολές; ***sich*** (*D*) ***etw ~ lassen*** ανέχομαι κτ; ***das lasse ich mir ~*** αυτό είναι του γούστου μου

Ge'fallen[1] *n* (*Freude*) ευχαρίστηση; ***an etw*** (*D*) ***~finden*** βρίσκω ευχαρίστηση σε; ***kein ~ daran finden*** δεν το κάνω γούστο; ***daran ~ finden, zu ...*** αρέσκομαι να ...; ***ich finde ~ an ihr*** την κάνω χάζι

Ge'fallen[2] *m* αρέσκεια, χατίρι, γούστο; ***ihm zu ~*** για το χατίρι του; ***tu mir den ~, zu ...*** κάνε μου τη χάρη να ...; ***kannst du mir einen ~ tun?*** μου κάνεις ένα θέλημα

Ge'fallene(r) πεσών (-όντος) *m*

ge'fällig εξυπηρετικός; (*fürs Auge*) ευχάριστος στο μάτι; ***~ sein*** χαρίζομαι (***j-m***/σε)

Ge'fälligkeit *f* καλωσύνη; (*kleiner Dienst*) ρουσφέτι; εξυπηρέτηση; ***j-m e-e ~ erweisen*** του κάνω μία ευκολία; **~s-** (*Schein*) *HDL* εικονικός

ge'fälligst (*heute unfreundlich!*) λοιπόν; ***merk dir das ~*** μάθε το, λοιπόν!; ***sag uns ~, was du weißt*** πες μας λοιπόν τι ξέρεις; ***schweig ~!*** σώπα λοιπόν!; *mit* να: ***gib ~ auf deine Worte acht*** να προσέχεις στα λόγια σου!

Ge'fallsucht ⟨*0*⟩ *f* φιλαρέσκεια

ge'fallsüchtig φιλάρεσκος

ge'fälscht πλαστός; κίβδηλος

ge'faltet διπλωμένος, τσακιστός; → ***falten***

ge'fangen → ***fangen***; αιχμάλωτος; ***~ halten*** κρατώ; ***~ nehmen*** (*auch fig*) αιχμαλωτίζω

Ge'fangene(r) (*Kriegs-, auch fig*) αιχμάλωτος; φυλακισμένος

Ge'fangennahme ⟨*0*⟩ *f* αιχμαλωσία

Ge'fangenschaft ⟨*0*⟩ *f* αιχμαλωσία; ***in ~ geraten*** αιχμαλωτίζομαι

Ge'fängnis ⟨*-ses; -se*⟩ *n* φυλακή; ***ins ~ werfen*** φυλακίζω; ***ins ~ kommen*** φυλακίζομαι; **~insasse** ⟨*-n*⟩ *m* κρατούμενος φυλακής; **~strafe** *f* φυλάκιση; **~wärter** *m* δεσμοφύλακας

ge'färbt χρωματιστός; → ***färben***

Ge'fasel ⟨*-s; 0*⟩ *n* μπουρμπουλήθρες *f/pl*

Ge'fäß ⟨*-es; -e*⟩ *n* βάζο; δοχείο; *BOT*, *ANAT* αγγείο

ge'fasst (*ruhig*) μακάριος; προετοιμασμένος (***auf*** *A*/για); ***sich ~ machen auf*** *A* προετοιμάζομαι για

Ge'fecht ⟨*-ǝs; -e*⟩ *n* πάλη, εμπλοκή; ***außer ~ setzen*** θέτω εκτός μαχής (*pass* τίθεμαι ...); ***in der Hitze des ~s*** στην ακμή της μάχης

ge|'fehlt: ***weit ~fehlt!*** καμία σχέση!; **~'feit:** ***gegen alles ~feit*** ανεπιβούλευτος; (*gegen e-e Krankheit*) άνοσος για; **~'fesselt** δεμένος, δέσμιος

Ge'fieder *n* φτέρωμα *n*

ge'fiedert φτερωτός

ge'fiel → ***gefallen***

Ge'filde *n*: ***die heimatlichen ~*** το πάτριο έδαφος

ge'filtert *CHEM* κατασταλαγμένος, φιλτραρισμένος; → ***filtern***

Ge'flecht ⟨*-ǝs; -e*⟩ *n* πλέγμα *n*, πλεξούδα

ge'fleckt στικτός, διάστικτος

ge'flissentlich εσκεμμένος (*adv*. -α)

ge|'flochten πλεκτός; → ***flechten***; **~'flogen** → ***fliegen***; **~'flohen** φευγάτος; → ***fliehen***; **~'flossen** → ***fließen***

Ge'flügel ⟨*-s; 0*⟩ *n* πουλερικό; **~farm** *f* πτηνοτροφείο; **~handlung** *f* ορνιθοπωλείο

ge'flügelt φτερωτός

Ge'flügelzucht *f* ορνιθοκομία

Ge'flüster ⟨*-s; 0*⟩ *n* ψιθύρισμα *n*

Ge'folg|e *n* ακολουθία; συνοδία; **~schaft** *f* οπαδοί *m/pl*

ge|'formt: ***schön ~formt*** χυτός; πλαστικός; **~'fragt** περιζήτητος; *HDL* επιθυμητός; **~'fräßig** λαίμαργος

Ge'fräßigkeit ⟨*0*⟩ *f* λαιμαργία, αδηφαγία

Ge'freite(r) υποδεκανέας; (*der Marine*) δίοπος

Ge'frier|- (*z.B. -Fleisch*) κατεψυγμένος; **~anlage** *f* ψυκτήρας

ge'frieren* ⟨*sn*⟩ *v/i* παγώνω, πήζω

Ge'frieren *n* πάγωμα *n*, πήξη, πήξιμο (-ατος); ***zum ~ bringen*** ψύχω, παγώνω

Ge'frierpunkt *m* σημείο πήξεως *oder* ψύξεως

ge'froren → ***frieren***, ***gefrieren***; παγωμένος; ***nicht ~*** απάγωτος

Ge'frorene(s) παγωτό

Ge'füge *n allg* δομή

ge'fügig πειθήνιος

Ge'fügigkeit ⟨*0*⟩ *f* ευπείθεια

Ge'fühl ⟨*-ǝs; -e*⟩ *n* (*Tast-, Kälte- usw*) αίσθηση; (*z.B. der Freude*) συναίσθημα *n*; αίσθημα *n*; (*Verständnis*) κατανόηση; ***ich habe das ~, dass*** αισθάνομαι ότι

ge'fühllos αναίσθητος; ανάλγητος; ασυμπαθής (**gegen** *A*/προς *A*); ~ **machen** πωρώνω
Ge'fühllosigkeit ⟨*0*⟩ *f auch fig* αναισθησία, αναλγησία
Ge'fühls|- (*-Welt*) συναισθηματικός; ~**duselei** *f* αισθηματολογία (*pl* -γίες); ~**leben** *n* αισθηματικά ζητήματα *n/pl*; ~**mensch** *m* αισθηματίας
ge'fühlvoll αισθηματικός, ευαίσθητος
ge|'funden → ***finden***; ~**'führt** ηγμένος, οδηγημένος; ~**'füllt** γεμιστός; γεμισμένος; *Geflügel*: παραγεμιστός; ~**'furcht** χαρακωτός; ~**'gabelt** διχαλωτός

G

Ge'gacker ⟨*-s; 0*⟩ *n* κακάρισμα *n*
ge'gangen → ***gehen***
ge'geben δεδομένος; ~**enfalls** ενδεχομένως
Ge'gebenheit *f* δεδομένο
gegen *präp A* κατά *G*, εναντίον *G oder* σε; (*Richtung*) προς *A*; (*ungefähr*) περί *A*; (*im Vergleich zu*) μπροστά σε; (~ *das Gesetz*) παρά *A*; (~ *Abend, 5 Uhr usw*) κατά *A*; ~ ***Belohnung*** επ' αποιβή
Gegen-, gegen- *oft*: αντι-, κατα-, εναντίον
Gegenangriff *m* αντεπίθεση; ***e-n ~ führen*** αντεπιτίθεμαι
Gegen|befehl *m* αντεπιταγή; ~**besuch** *m* αντεπίσκεψη; ***j-m e-n ~besuch machen*** αντεπισκέπτομαι κπ; ~**bewegung** *f* *POL* αντικίνημα *n*; ~**beweis** *m* ανταπόδειξη; ***e-n ~beweis antreten, liefern für*** *A* ανταποδεικνύω
Gegend *f* (*Landesteil*) μέρος *n*; (*Landschaft*) τοποθεσία; *ANAT* (*Herz-, Magen-*) χώρα; ***sandige ~*** αμμότοπος; ***in vielen ~en*** σε πολλά μέρη; (***gerade***) ***in der ~ sein*** είμαι περαστικός
Gegen|dienst *m* αντεξυπηρέτηση; ~**druck** ⟨*-es; 0*⟩ *m* αντιπίεση
gegenein'ander εναντίον αλλήλων, ο ένας κατά του άλλου; ~ ***geraten*** έρχομαι στα χέρια
Gegenforderung *f* ανταπαίτηση; ***e-e ~ stellen*** ανταπαιτώ
Gegen|frage *f* αντερώτηση; ~**geschenk** *n* αντίδωρο; ~**gewicht** *n* αντίβαρο; ~**gift** *n* αντίδοτο; ~**klage** *f* αντέγκληση; ***~klage erheben gegen*** *A* αντεγκαλώ *A*; ~**leistung** *f* αντιπαροχή; *HDL* αντάλλαγμα *n*; ~**lichtblende** *f* παρασολέ *n*; ~**liebe** *f* αμοιβαία αγάπη; ~**maßnahme** *f* αντίμετρο; ~**mittel** *n* αντίδοτο; ~**partei** *f* *JUR* αντίδικος, αντιδικία; ~**plan** *m* αντισχέδιο; ~**pol** *m fig* πόλος; ~**probe** *f* αναδοκιμή, ξαναδοκιμή; ~**rede** *f* αντιφώνηση; ***e-e ~rede halten*** αντιφωνώ; ~**revolution** *f* αντεπανάσταση; ~**revolutionär** *m* αντεπαναστάτης
Gegensatz *m* αντίθεση; ***im ~ zu*** αντίθετα προς *A*
gegensätzlich *Ansicht*: ενάντιος; ανταγωνιστικός
Gegensätzlichkeit *f* ανταγωνισμός
Gegen|schlag *m* αντίχτυπος; ~**seite** *f* αντίθετη πλευρά
gegenseitig αμοιβαίος; *oft*: αλληλ(ο)-
Gegen|seitigkeit ⟨*0*⟩ *f* αμοιβαιότητα; ~**spionage** *f* αντικατασκοπεία
Gegenstand *m* αντικείμενο (*auch fig*); (*Thema*) υποκείμενο, προκείμενο
gegenständlich αντικειμενικός
gegenstandslos άνευ αντικειμένου; περιττός
Gegen|stimme *f* αρνητική ψήφος, ψήφος κατά; ~**strömung** *f fig* αντίδραση; ~**stück** *n* ταίρι; ~**teil** *n* εναντίο(ν); ***im ~teil*** απ' εναντίας, κάθε άλλο
gegen'über *adv* απέναντι (*D*/από), αντίκρυ; ***ihm*** ~ αντίκρυ του; *präp D* (*im Vergleich*) μπροστά σε; ~**liegen*** είμαι απέναντι; ~**liegend** αντικρυνός; ~**stehend** αντιμέτωπος; ~**stellen** (*D*) παραλληλίζω, αντιδιαστέλλω
Gegen'überstellung *f* αντεξέταση, παραλληλισμός
gegen'übertreten* ⟨*sn*⟩ αντιμετωπίζω (*D*/*A*); ***sich*** ~ αντιμετωπιζόμαστε
Gegen|verkehr *m* αντίθετη κυκλοφορία; ~**vorschlag** *m* αντιπρόταση; ***e-n ~vorschlag machen*** αντιπροτείνω; ~**wart** ⟨*0*⟩ *f* παρουσία; *GR* ενεστώτας; (*Jetztzeit*) παρόν (-όντος); ***in ~wart von*** *D* παρουσία *G*, ενώπιον *G*
gegenwärtig τωρινός; ενεστωτικός; *adv* νυν
Gegen|wehr ⟨*0*⟩ *f* εναντίωση; ~**wert** *m* αντίτιμο; ~**wind** *m* αντίθετος άνεμος; ~**wirkung** *f* αντίπραξη
gegenzeichnen ⟨*-e-*⟩ προσυπογράφω
Gegenzeichnung *f* προσυπογραφή
ge|'gessen → ***essen***; ~**'glättet** στιλπνός, λείος; ~**'glichen** → ***gleichen***; ~**'gliedert** έναρθρος; ~**'glitten** → ***gleiten***

Gegner *m* αντίπαλος; αντιπολιτευόμενος
gegnerisch αντίπαλος; *Heer*: ενάντιος
Gegnerschaft *⟨0⟩ f* μισαλληλία
ge|'gossen χυτός; → ***gießen***; **~'griffen** → ***greifen***; **~'grillt** της σχάρας
Ge'hackte(s) *⟨-n; 0⟩ n* κιμάς
Ge'halt¹ *⟨-es; ¨er⟩ n* μισθός, αποδοχές *f/pl*; αμοιβή; ~ ***zahlen*** μισθοδοτώ
Ge'halt² *⟨-es; -e⟩ m* περιεχόμενο, περιεκτικότητα (**an** *D*/σε), ζουμί
ge'haltlos κενός περιεχομένου; *als adv* χωρίς ζουμί ...
Ge'halts|- μισθοδοτικός; **~abrechnung** *f* εκκαθάριση μισθού; **~anspruch** *m* (*in Bewerbungen*) επιθυμητέα (μηνιαία) αμοιβή, οικονομικές απαιτήσεις *f/pl*; **~empfänger** *m* μισθωτός, μισθοσυντήρητος; **~erhöhung** *f* αύξηση (των) αποδοχών; **~forderung** *f* απαιτήσεις *f/pl* μισθού; **~gruppe** *f* μισθολογική βαθμίδα; **~konto** *n* λογαριασμός μισθού; **~streifen** *m* απόδειξη μισθοδότησης; **~zahlung** *f* μισθοδοσία; **~zulage** *f* επιμίσθιο
ge'haltvoll *auch fig* ζουμερός
ge|'harzt ρετσινάτος; **~'hässig** ζηλόφθονος
Ge'hässigkeit *f* ζηλοφθονία
Ge'häuse *n* (*Uhr*) κάσα; περίβλημα *n*; (*Schnecken-*) όστρακο
Ge'hege *n* μάντρα, γκρέκι; ***j-m ins ~ kommen*** (τα) κάνω χαλάστρα σε κπ
ge'heiligt ιερός; *Bibel*: ~ ***werde ...*** αγιασθήτω ...
ge'heim κρυφός, μυστικός; ***im Geheimen*** κρυφά; ~ ***halten*** κρατώ μυστικό
Ge'heim|- μυστικός; **~abstimmung** *f* μυστική ψηφοφορία; **~agent** *m* μυστικός πράκτορας; **~beratung** *f* διαβούλιο; **~dienst** *m* μυστική υπηρεσία; **~haltung** *f* καθεστώς *n* απορρήτου; **~lehre** *f* μυσταγωγία
Ge'heimnis *⟨-ses; -se⟩ n* μυστικό, μυστήριο; (*Brief- usw*) απόρρητο; ***offene(s)*** ~ κοινό μυστικό; **~krämer** *m* μυστικός; **~kräme'rei** *f* μυστικότητα
ge'heimnisvoll μυστηριώδης, απόκρυφος
Ge'heimnummer *f* μυστικός αριθμός (*z.B. von Kreditkarten usw*)
Ge'heimpoli|zei *f* μυστική αστυνομία; **~zist** *m* μυστικός (αστυνόμος)
Ge'heim|rat *m* μυστικοσύμβουλος; **~schrift** *f* κρυπτογραφία
ge'heimst- (*Gedanken*) μύχιος
Ge'heiß *⟨-es; 0⟩ n lit*: ***auf*** ~ *G* κατά διαταγή *G*
gehen* *v/i ⟨sn⟩* πηγαίνω (*auch fig*); (*z.B. zwei Stunden ~, wie ein Betrunkener*) περπατώ (-άς); (*schreiten, ~ wie ...*) βαδίζω; (*an die Arbeit*) τραβώ (-άς) σε, αποδύομαι σε; (*ab~, Zug*) φεύγω; (*weg~*) φεύγω; ~ ***über*** *A* (*überqueren*) περνώ (-άς) *A*; *Geschäft*: (***gut*** ~) δουλεύω (καλά); *Kuchen, Teig*: ανεβαίνω; ***langsam*** ~ αργοπορώ; *Maschine*: δουλεύω, εργάζομαι; ***wieder*** ~ φεύγω; (*Fenster usw* ***auf*** *den Garten* ~) βλέπω προς *A*; ***auf allen vieren*** ~ περπατάω με τα τέσσερα; (*z.B. auf unebenem Boden*) κυκλοφορώ; ***in sich*** ~ μετανοώ; ***ins 30. Jahr*** ~ πατώ τα τριάντα; ***vor sich*** ~ (*geschehen*) γίνομαι; ***es geht um*** *A* γίνεται λόγος για ...; είναι θέμα *G*; πρόκειται να; ***wie geht's*** τι κάνεις; ***wie geht es Ihnen?*** τι κάνετε; πως είστε; ***es geht mir gut*** είμαι καλά; ***es geht*** (= *nicht gut, nicht schlecht*) έτσι κι' έτσι; (= *ist passabel*) τρώγεται; (*ist möglich*) πάει, κάνει; ***es geht nicht, dass ...*** δεν πάει, δεν σηκώνει να ...; ***wie lange geht ein Brief ...*** πόσο κάνει ένα γράμμα ...; ***es geht auf eins*** κοντεύει μία (***auf Mittag*** μεσημέρι); ~ ***lassen*** αφήνω να φύγει; ***sich ~ lassen*** αφήνομαι, ολιγωρώ
Gehen *n* πηγεμός, περπάτημα *n*, βάδισμα *n*; (*Sport*) βάδην *n*; ***das ~ fällt ihm schwer*** δυσκολεύεται να περπατά
ge'heuchelt προσποιητός
ge'heuer: ***nicht*** ~ ύποπτος; ***... scheint mir nicht*** ~ μου γεννά υποψίες; ***hier ist es nicht*** ~ το μέρος στοιχειώνει; ***etwas war nicht ganz*** ~ κάτι ύποπτο είχε συμβεί
Ge'heul *⟨-es; 0⟩ n* ουρλιαχτό; κλάμματα *n/pl*
Ge'hilf|e *⟨-n⟩ m* βοηθός; κάλφας (-άδες); **~in** *f* βοηθός *f*
Ge'hirn *⟨-es; -e⟩ n* εγκέφαλος, μυαλό; **~-** εγκεφαλικός; **~entzündung** *f* εγκεφαλίτιδα; **~erschütterung** *f* εγκεφαλική διάσειση; **~erweichung** *f* εγκεφαλομαλάκυνση; **~schlag** *m* εγκεφαλική συμφόρηση; **~wäsche** *f fig* πλύση εγκεφάλου
ge|'hobelt ξυστός; **~'hoben** → ***heben***;

G

Gehöft 756

für* ~*hobene Ansprüche *S* (= *teuer, elegant*) ... μεγαλυτέρων αξιώσεων
Ge'höft ⟨-*ẹs*; -*e*⟩ *n* αγρόκτημα *n*, υποστατικό
Ge'hölz ⟨-*es*; -*e*⟩ *n* δεντροφυτεία
Ge'hör ⟨-*ẹs*; *0*⟩ *n* ακοή; ***scharfe*(*s*)** ~ οξυηκοΐα; ~ ***finden*** εισακούομαι; ***j-m*** ~ ***schenken*** εισακούω κπ; ***nach dem*** ~ *spielen* με τ'αυτί; ~- *ANAT* ακουστικός
ge'horchen υπακούω (*D*/*A*; *fig* σε); ***nicht*** ~ παρακούω (*D*/*A*)
ge'hör|en (*besitzen*) ανήκω (*D*/σε) (*auch fig, z.B. zu der Familie* ~*en*); (*als Einteilung*) υπάγομαι (**zu** *D*/σε); ***es*** ~***t sich*** ταιριάζει, κάνει; ***wie es sich*** ~***t*** καθώς πρέπει; ***wem gehört das?*** ποιανού είναι αυτό
Ge'hörgang *m* ακουστικός πόρος
ge'hörig ανήκων (*D*/σε); (*stark*) γερός; *adv* (*tüchtig, z.B. ausschimpfen*) για καλά; → ***gebührend***
Ge'hörn ⟨-*ẹs*; -*e*⟩ *n* κέρατα *n*/*pl*
ge'hörnt κερασφόρος, κερατένιος
ge'horsam [oː] ευπειθής; ~***st*** ευπειθέστατος
Ge'horsam ⟨-*s*; *0*⟩ *m* ευπείθεια; πειθαρχία
Geh|steig ⟨-*ẹs*; -*e*⟩ *m*, ~**weg** *m* πεζοδρόμιο
Geier *m* γύπας, λούπης; *fig* (*Raffke*) φαγάνα
Geifer ⟨-*s*; *0*⟩ *m* σάλιο
Geige *f* βιολί
Geigenspieler *m* βιολιστής
Geigerzähler *m* μετρητής του Γκάιγκερ
geil λάγνος; P (*großartig*) μεγαλοπρεπής; ~ ***sein auf*** *A* P καυλώνω *A*
Geilheit ⟨*0*⟩ *f* λαγνεία, P καύλα
Geisel *f* όμηρος; ~**nahme** *f* λήψη ομήρων
Geiß *f* κατσίκα; ~**blatt** ⟨-*ẹs*; *0*⟩ *n* αγιόκλημα *n*
Geißel *f auch fig* μάστιγα, φραγγέλιο
geißeln ⟨-*le*⟩ μαστιγώνω (*auch fig*)
Geißelung *f* μαστίγωμα *n*
Geißlein *n* κατσίκι
Geist ⟨-*ẹs*; -*er*⟩ *m allg* (*Erfinder-, Unternehmer-*) πνεύμα *n*; (*Moral*) ηθικό; (*Gespenst*) φάντασμα *n*; (*Verstand, auch als Person*) νους; διάνοια; (*Witz*) γελοιότητα; *fig* ***führende*(*r*)** ~ κορυφαίος; ***große*(*r*)** ~ λαμπρό πνεύμα; ***böse*(*r*)** ~ τελώνιο, δαιμόνι; ***im*** ~***e*** *G* εν πνεύματι *G*; ***den*** ~ ***aufgeben*** παραδίδω το πνεύμα
Geisterbahn *f* τρένο φάντασμα
Geisterbeschwör|er *m* εξορκιστής; ~**ung** *f* εξορκισμός
geisterbleich κάτωχρος, χλωμός
Geisterfahrer *m* οδηγός φάντασμα, οδηγός στο αντίθετο ρεύμα
geisterhaft φαντασματικός
Geisterhaus *n* στοιχειωμένο σπίτι
Geistes- φρενικός; πνευματικός
geistesabwesend αφηρημένος
Geistes|abwesenheit *f* αφηρημάδα; ~**arbeiter** *m* εργάτης του πνεύματος; ~**armut** *f* φτώχεια πνεύματος; ~**gegenwart** *f* πνευματική ετοιμότητα; διαύγεια
geistes|gestört βλαμένος; ***er ist*** ~***gestört*** τ' άχει χαμένα; ~**krank** φρενοβλαβής
Geistes|krankheit *f* φρενοπάθεια; ~**schwäche** *f* άνοια, πνευματική καθυστέρηση; ~**störung** *f* φρενική ανωμαλία
geistesverwandt ομόφρονας, ομόδοξος
Geistes|wissenschaften *f*/*pl* θεωρητικές επιστήμες *f*/*pl*; ~**zustand** *m* πνευματική κατάσταση
geistig πνευματικός; ... του πνεύματος; διανοητικός; ***rein*** ~ νοητός; ~***e Getränke*** οινοπνευματώδη *n*/*pl*
geistlich εκκλησιαστικός; κληρικός
Geistlich|e(r) κληρικός, ιερέας, ιερωμένος; ***hohe*(*r*)** ~***e*(*r*)** αρχιερέας; ~***er sein*** ιερατεύω; ~**keit** ⟨*0*⟩ *f* κλήρος, ιερατείο
geist|los ανούσιος, σαχλός; ~**reich** πνευματώδης, χαριτολόγος
Geiz ⟨-*es*; *0*⟩ *m* φιλαργυρία, τσιγγουνιά
geizen ⟨-*t*⟩ φειδωλεύομαι, τσιγγουνεύομαι
Geizhals *m* καρμίρης, σπαγγοραμμένος
geizig φιλάργυρος
Geizkragen *m* → ***Geizhals***
Ge'jammer ⟨-*s*; *0*⟩ *n* μοιρολόι, ξεφωνητά *n*/*pl*; κλάψα
Ge'jauchze ⟨-*s*; *0*⟩ *n* αλαλαγμοί *m*/*pl*
ge|'kauft *bsd fig* αγορασμένος; ~**'kennzeichnet** σημαδεμένος
Ge'kicher ⟨-*s*; *0*⟩ *n* αναγέλασμα *n*, καγχασμός
Ge|'kläffe ⟨-*s*; *0*⟩ *n* γαυγίσματα *n*/*pl*;

G

~'klapper ⟨*-s*; *0*⟩ *n* (*mit Geschirr*) βρόντος
ge'klatscht: ***wie*** (*oder* ***ganz***) **~ *sein*** πέφτει η μύτη μου
ge'kleidet: ***gut*** **~** καλοφορεμένος
Ge'klirr ⟨*-s*; *0*⟩ *n* κλαγγή
Ge'klopfe ⟨*-s*; *0*⟩ *n* χτυπήματα *n/pl*
ge'knickt: **~ *sein*** *fig* είμαι συντετριμμένος
ge'kocht βραστός
Ge'kreische ⟨*-s*; *0*⟩ *n* στριγγλιές *f/pl*, κλαγγή
ge'kreuzt χιαστός, σταυρωτός; ***mit ~en Armen*** με τα χέρια σταυρωμένα
Ge'kritzel ⟨*-s*; *0*⟩ *n* ορνιθοσκαλίσματα *n/pl*
ge'krümmt καμπύλος, γαμψός
Ge'krümmtheit ⟨*0*⟩ *f* στρεβλότητα
ge|'kühlt παγωμένος; **~'künstelt** βεβιασμένος; **~'kürzt** *Kleid*: συμμαζεμένος; επίτομος
Ge'lächter *n* γέλια *n/pl*, (*schallendes*) χάχανα *n/pl*; ***in ein ~ ausbrechen*** σκάω στα γέλια
ge'laden → ***laden***; (*Gast*) προσκαλεσμένος; *Waffen*: γεμάτος
Ge'lage *n* φαγοπότι
ge'lähmt παράλυτος; *fig* ***wie*** **~** ξερός; **~ *sein*** παραλύω, *Hand usw auch* πιάνομαι
Ge'lände *n* γήπεδο; **~fahrzeug** *n* τζιπ ⟨*0*⟩ *n*
ge'ländegängig εκτός δρόμου ⟨*0*⟩
Ge'ländelauf *m* δρόμος σε ανώμαλο έδαφος; ανώμαλος δρόμος
Ge'länder *n* (*e-r Treppe*; *allg*) κιγκλίδα, κάγκελα *n/pl*
Ge'ländewagen *m* τζιπ ⟨*0*⟩ *n*
ge'langen ⟨*sn*⟩ (*erreichen*) φθάνω (***nach, zu*** *D*/σε); (*bis zu e-m Gipfel*) ανέρχομαι σε; (*zu e-r Feststellung*) προβαίνω σε; (*zu e-m Entschluss*) καταλήγω σε; ***zu dem Schluss ~, dass ...*** οδηγούμαι στο συμπέρασμα ότι
ge'langweilt βαριεστημένος
Ge'lass ⟨*-es*; *-e*⟩ *n* θαλαμίσκος; χώρος
ge'lassen *fig* ατάραχος, μακάριος; → ***lassen***
Ge'lassenheit ⟨*0*⟩ *f* αταραξία, γαλήνη, μακαριότητα
Gelatine [ʒe·la·'tiːnə] ⟨*0*⟩ *f* ζελατίνα (*auch* τζε-)
Ge'laufe ⟨*-s*; *0*⟩ *n* τρεξίματα *n/pl*
ge'laufen → ***laufen***; τρεχάτος
ge'läufig ευχερής; (*bekannt*) οικείος
Ge'läufigkeit ⟨*0*⟩ *f* ευχέρεια
ge'launt διατεθειμένος; ***gut*** **~** ευδιάθετος; ***gut ~ sein*** έχω τα κέφια μου; ***schlecht ~*** δεν έχω κέφι
Ge'läute ⟨*-s*; *0*⟩ *n* κωδωνοκρουσία
ge'läutert CHEM κατασταλαγμένος; *lit fig* εξηγνισμένος
gelb κίτρινος; *v/t* **~*färben***, *v/i* **~*werden*** κιτρινίζω
Gelb *n* κιτρινάδα; **~e** ⟨*-n*; *0*⟩ *n* (*Ei*) κροκάδι, κρόκος; **~fieber** *n* κίτρινος πυρετός; **~filter** *m* κίτρινο φίλτρο
gelb|grün πρασινοκίτρινος; **~lich** κιτρινωπός
Gelb|sucht ⟨*0*⟩ *f* ίκτερος, χρυσή; **~werden** *n* κιτρίνισμα *n*
Geld ⟨*-ẹs*; *-er*⟩ *n* χρήματα *n/pl*, λεφτά *n/pl*, παράδες *m/pl*; **~ *machen*** κάνω περιουσία; ***zu ~ machen*** ρευστοποιώ; **~ *wie Heu haben*** έχω λεφτά με ουρά; **~-** χρηματικός; χρηματιστικός
Geld|angelegenheit *f* υπόθεση σχετική με χρήμα; **~anlage** *f* τοποθέτηση χρημάτων; **~automat** *m* αυτόματη χρηματοθυρίδα; **~beutel** *m* πουγγί; *fig* κάσα; **~börse** *f* σακούλα, βαλάντιο; **~buße** *f* πρόστιμο; **~er** *n/pl* φόντο, (τα) φόντα; **~geber** *m* χρηματοδότης; **~geschenk** *n* χρηματικό δώρο; **~gier** ⟨*0*⟩ *f* φιλοχρηματία
geldgierig φιλοχρήματος
Geld|institut *n* τράπεζα; χρηματικός οργανισμός, ταμιευτήριο; **~knappheit** *f* στενότητα χρήματος; **~mangel** *m* απενταρία; **~markt** *m* χρηματαγορά; **~sack** *m* F (*Person*) χρυσοκάνθαρος; **~schein** *m* χαρτονόμισμα *n*; **~schrank** *m* χρηματοκιβώτιο; **~strafe** *f* πρόστιμο; ***j-m e-e ~strafe auferlegen*** βάζω σε κπ πρόστιμο; **~stück** *n* νόμισμα *n*; **~umlauf** *m* κυκλοφορία χρήματος; **~umtausch** *m* (αντ)αλλαγή χρήματος; **~verleiher** *m* τοκογλύφος; **~wechsel** *m* → ***Geldumtausch***; **~wechsler** *m* σαράφης (-ηδες), αργυραμοιβός
Gelee [ʒe·'leː] ⟨*-s*; *-s*⟩ *n* ζελέ *f*, πηκτή
ge'legen → ***liegen***; *Zeitpunkt*: επίκαιρος, βολικός; *allg* κατάλληλος; (*örtlich*) βρισκούμενος; ***um etw ~*** πέριξ *G*; ***zum Garten ~*** βλέποντας στο κήπο; ***schön ~*** σε ωραία θέση; ***mir ist sehr daran ~*** αυτό έχει σημασία για μένα;

G

με μέλει πολύ; ***das kommt mir sehr ~*** αυτό μου έρχεται κατ' ευχήν

Ge'legenheit *f* ευκαιρία, περίσταση; ***bei ~*** επ' ευκαιρία; ***bei dieser ~*** με την ευκαιρία; ***bei der ersten besten ~*** με πρώτη ευκαιρία; ***die ~ abpassen*** καιροφυλακτώ; ***die ~ versäumen*** χάνω, αφήνω την ευκαιρία; ***die ~ ist verpasst*** χάθηκε η ευκαιρία

Ge'legenheits|- ... ευκαιρίας; **~raucher** *m* ερασιτέχνης καπνιστής

ge'legentlich τυχαίος; *adv* τυχαία; *präp G* επ' ευκαιρία *G*; ***wenn Sie ~ einmal ...*** αν σας δοθεί η ευκαιρία να ...

ge'lehr|ig ευμαθής; **~sam** λόγιος

Ge'lehrsamkeit ⟨*0*⟩ *f* λογιότητα, πολυμάθεια, ευμάθεια

ge'lehrt πολυμαθής, λόγιος

Ge'lehrte(r) λόγιος

ge'leimt κολλητός

Ge'leise *n* σιδηροτροχιά, τροχιά

Ge'leit ⟨*-ɇs; -e*⟩ *n* χειραγωγία; συνοδία; → ***Geleitzug***

ge'leiten ⟨*-e-*⟩ χειραγωγώ; ξεβγάζω (***j-n bis zu*** *D*/κπ έως *A*); *MIL auch* συνοδεύω

Ge'leitzug *m* νηοπομπή, συνοδία

Ge'lenk ⟨*-ɇs; -e*⟩ *n ANAT* άρθρωση, κλείδωση; *TECH* άρθρωση, αρμός, γίγγλυμος; **~-** αρθρικός; **~band** *n ANAT* σύνδεσμος; **~entzündung** *f* αρθρίτιδα; **~grube** *f* γλήνη

ge'lenkig ευλύγιστος

Ge'lenk|igkeit ⟨*0*⟩ *f* ευλυγισία; **~pfanne** *f* κοτύλη; **~rheumatismus** *m* ρευματοαρθρίτιδα; **~verbindung** *f* διάρθρωση

ge'liebt αγαπημένος

Ge'liebt|e *f* αγαπητικιά, ερωμένη; **~e(r)** αγαπητικός, ερωμένος

ge'liefert (= *pleite*) F ταπί; *allg* χαμένος

ge'liehen → ***leihen***

ge'linde μαλακωμένος; επιεικής

ge'ling|en* ⟨*sn*⟩: ***es ~t mir zu ...*** κατορθώνω να ..., επιτυγχάνω να ...

Ge'lingen *n* επιτυχία, ευόδωση

ge'litten → ***leiden***

gellen στριγγλίζω

ge'loben *bsd REL* τάζω, το έχω τάμα (***dass***/να); ***sich*** (*D*) ***etw ~*** τάζω στο νου μου

Ge'löbnis ⟨*-ses; -se*⟩ *n* τάμα *n*, τάξιμο (-ατος)

ge|'lockt κατσαρός; **~'logen** → ***lügen***; **~'löscht** σβησμένος; **~'löst** λυτός; **~'lötet** συγκολλημένος

gelt? *dialektisch* δεν είναι έτσι

gelten* *Gesetz usw*: ισχύω; *z.B. Meinung*: πρυτανεύω; *Währung*, *Wort*: περνώ (-άς), έχω πέραση; **~ *als*** περνώ (-άς) για, περνιέμαι *N*; *z.B. das Datum* ***gilt als ...*** φέρεται σαν + *N*; ***etwas*** (***nichts***) ~ (δεν) έχω πέραση; ***es gilt ... zu*** + *inf* επιβάλλεται να ...; πρόκειται να ...; (*betreffen*) αφορά (***j-m***/κπ); **~d** ισχύων; ***~d machen*** αξιοποιώ

Geltung *f* κύρος *n*, πέραση, ισχύς *f*; ***~ haben*** ισχύω; *Meinung*: περνώ (-άς); ***zur ~ kommen*** φαίνομαι; ***zur ~ bringen*** *oder* ***kommen lassen*** τονίζω; αξιοποιώ; ***e-r S*** (*D*) ***~ verschaffen*** επιβάλλω *A*

Geltungsbereich *m* ευρύτητα

Ge'lübde *n* τάμα *n*, τάξιμο (-ατος)

ge'lungen → ***gelingen***; πετυχημένος, επιτυχής

Ge'mach [aː] ⟨*-ɇs; ¨er*⟩ *n hist poet* δώμα *n*

gemächlich [-'mɛːçlɪç] άνετος; νωχελικός

Ge'mächlichkeit ⟨*0*⟩ *f* άνεση; βραδυκινησία

ge'macht καμωμένος, φτιαγμένος, φτιαχτός; ***~er*** *Mann* δημιουργημένος

Ge'mahl ⟨*-ɇs; -e*⟩ *m* σύζυγος, *K* σύμβιος; ***Ihr Herr ~*** ο σύζυγός σας, ο κύριός σας

ge'mahlen → ***mahlen***; *Kaffee* (***fein***) ~ (ψιλο)κομμένος

Ge'mahlin *f* σύζυγος *f*, συμβία; ***Ihre Frau ~*** η κυρία σας

ge'mahnen *lit* θυμίζω (***j-n an*** *A*/κτ σε κπ)

Ge'mälde *n* ζωγραφιά, πίνακας; **~galerie** *f*, **~sammlung** *f* πινακοθήκη

ge'mäß *präp D* σύμφωνα προς *A oder* με, συνεπής προς *A*, κατά *A*; **~igt** μετρημένος; *Maßnahmen*: ήπιος; *Politiker*: μετριοπαθής; *Klima*: εύκρατος

Ge'mäuer *n* ντουβάρια *n/pl*

ge'mein (*allgemein*) κοινός, άδικος; (*zynisch*) κυνικός; (*niedrig*) ποταπός; (*Volk*: *gewöhnlich*) πρόστυχος, χυδαίος; (*unanständig*) άτσαλος

Ge'meinde *f* κοινότητα; (*über 10.000*) δήμος; (*der Gläubigen*) ποιήμνιο; (*Pfarr-*) ενορία; **~-** κοινοτικός; (*Rat*,

759 **Generalität**

Wahl) δημοτικός; **~amt** *n* κοινοτική υπηρεσία; **~mitglied** *n* REL ενορίτης; **~rat** *m* δημοτικό συμβούλιο; **~verwaltung** *f* κοινοτική διοίκηση; **~vorsteher** *m* κοινοτάρχης; **~wahlen** *f/pl* δημοτικές εκλογές *f/pl*
ge'meingefährlich επικίνδυνος στη δημόσια ασφάλεια
Ge'mein|gut ⟨-*es*; *0*⟩ *n* κοινό κτήμα *n*; **~heit** *f* προστυχιά; (*bsd Handlung*) ασχήμια
ge'mein|hin εν γένει; **~nützig** κοινωφελής
Ge'mein|nützigkeit ⟨*0*⟩ *f* κοινωφέλεια; **~platz** *m* κοινοτοπία
ge'meinsam κοινός; (*gehörend*) μαζικός; συνεταιρικός; *Interesse*: αλληλένδετος; *adv auch* κολληγιά; → ***Markt***; *z.B. Wörter*: **~ *haben*** έχομαι για κοινό
Ge'mein|samkeit *f* (*z.B. der Interessen*) κοινότητα; **~schaft** *f* κοινότητα, κοινοπολιτεία; χορεία
ge'meinschaftlich ομαδικός; συντροφικός; *adv* ομαδικά, κοινά; JUR (εξ) αδιαιρέτου
Ge'meinschafts|- (*Schule*) μικτός; **~arbeit** *f* κολληγιά; **~raum** *m* κοινόχρηστος χώρος
Ge'mein|sinn ⟨-*es*; *0*⟩ *m* αλληλεγγύη; **~sprache** *f* κοινή; **~wesen** ⟨-*s*; *0*⟩ *n* κοινότητα; **~wohl** *n* κοινό καλό
Ge'menge *n* ανακάτωμα *n*
ge'messen → ***messen***; (*auch fig*) μετρημένος
Ge'messenheit ⟨*0*⟩ *f* μετριοπάθεια
Ge'metzel *n* σφαγείο
ge'mietet νοικιασμένος
Ge'misch ⟨-*es*; -*e*⟩ *n* μίγμα *n*, μίξη, κράμα *n*
ge'mischt μικτός, ανάμικτος
Gemse *f* → ***Gämse***
Ge|'munkel ⟨-*s*; *0*⟩ *n* λόγια *n/pl* του κόσμου, σπερμολογίες *f/pl*; **~'murmel** ⟨-*s*; *0*⟩ *n* μουρμούρα
Ge'müse *n* λαχανικά *n/pl*; **~eintopf** *m* τουρλού *n*; **~garten** *m* λαχανόκηπος, μποστάνι; **~händler** *m* λαχανοπώλης, μανάβης (-ηδες); **~laden** *m* λαχανοπωλείο, μανάβικο; **~markt** *m* λαχαναγορά; **~suppe** *f* χορτόσουπα
ge'mustert *Stoff*: εμπριμέ
Ge'müt ⟨-*es*; -*er*⟩ *n* ψυχή, καρδιά; ***die ~er*** τα πνεύματα; ***sich*** (*D*) ***etw zu ~e führen*** (*scherzhaft* = *essen*) τρώω, μασώ *oder* πίνω με απόλαυση
ge'mütlich άνετος; *Person*: ευπροσήγορος
Ge'mütlichkeit ⟨*0*⟩ *f* ζεστασιά, ραχάτι
Ge'müts|art *f* φυσικό; **~bewegung** *f* συγκίνηση
ge'mütskrank υποχόνδριος
Ge'müts|mensch *m* ντόμπρος άνθρωπος; **~verfassung** *f* ψυχική διάθεση
Gen ⟨-*s*; -*e*⟩ *n* γονίδιο
ge|'nagelt *Sohle*: άρραφτος; **~'näht** ραφτός
ge'nannt → ***nennen***; ειπωμένος, αναφερθείς (-είσα, -έν); **~ *werden*** φέρομαι; ***der Genannte*** ο ειρημένος, ο ανωτέρω
ge'nau ακριβής (*adv* ακριβώς); (*sparsam*) φειδωλός; *Anschrift*: πιστός; ***peinlich* ~** ακριβολόγος; **~ *um*** (*Mittag*) μέσα σε; **~ *an*** *D* μέσα σε; **~ *um*** *zwei Uhr* ... σωστά; **~ *so viel*** τόσο δα; ***aufs Genaueste*** επακριβώς; ***~estens*** *befolgen* πιστά; ***es* ~ *nehmen*** ακριβολογώ; **~ *genommen*** κατ' ακρίβειαν
Ge'nauigkeit *f* ακρίβεια; ***peinliche* ~** ακριβολογία
ge'nauso ομοίως; **~ ... *wie*** το ίδιο ... όσο
Gendarm [ʒɑ̃'daʀm, ʒan-] ⟨-*en*⟩ *m* χωροφύλακας
Gendarme'rie *f* χωροφυλακή; **~abteilung** *f* μοιραρχία; **~hauptmann** *m* μοίραρχος
Genealo'gie *f* γενεαλογία
genea'logisch γενεαλογικός
ge'nehm → ***angenehm***; **~igen** εγκρίνω; → ***billigen***; **~igt** έγκριτος; ***nicht ~igt*** μη επικυρωμένος, άκυρος
Ge'nehmigung *f* (*amtlich*) έγκριση; HDL *usw* άδεια
ge'nehmigungspflichtig: **~ *sein*** χρειάζομαι έγκριση
ge'neigt γυρτός, κεκλιμένος; (*bereit*) ευδιάθετος; επιρρεπής (***zu*** *D*/σε; να); ***j-m* ~ *sein*** ευνοώ κπ
Ge'neigtheit ⟨*0*⟩ *f* προθυμία, διάθεση
Gene'ral ⟨-*s*; ⸚*e*⟩ *m* στρατηγός; **~-** (*Direktor usw*) γενικός; **~direktor** *m* γενικός διευθυντής; **~'feldmarschall** *m* αρχιστράτηγος
generali'sieren γενικεύω
Generali'tät *f* (οι) στρατηγοί

G

Gene'ral|leutnant *m* αντιστράτηγος; **~major** *m* υποστράτηγος; **~nenner** *m* κοινός παρονομαστής; **~probe** *f THEA* γενική δοκιμή; **~sekretär** *m* γενικός γραμματέας; **~s-rang** *m* στρατηγία; **~stab** *m* γενικό επιτελείο; **~stabs-chef** *m* επιτελάρχης; **~streik** *m* γενική απεργία; **~vertretung** *f* γενική αντιπροσωπεία
Genera'tion *f* γενεά
Genera'tionenvertrag *m* συμβόλαιο γενεών
Gene'rator ⟨*-s*; *-'toren*⟩ *m* ηλεκτρογεννήτρια
ge'nesen* ⟨*sn*⟩ αναρρώνω (**von** *D*/ από); **... ist ~** ανέρρωσε
Genesis ⟨*0*⟩ *f* γένεση
Ge'nesung *f* ανάρρωση
Ge'nesungsurlaub *m* αναρρωτική άδεια
Ge'netik ⟨*0*⟩ *f* γενετική
ge'netisch γενετικός
Genf *n* (η) Γενεύη
Genforschung *f* έρευνα γονιδίων
geni'al μεγαλοφυής; δαιμόνιος
Geniali'tät ⟨*0*⟩ *f* μεγαλοφυία
Ge'nick ⟨*-ęs*; *-e*⟩ *n* σβέρκος, τράχηλος
Genie [ʒe'ni:] ⟨*-s*; *-s*⟩ *n* μεγαλοφυία; δαιμόνιο; φαινόμενο (**an** *D*, *G*/*G*)
genieren [ʒe'ni:ʀən]: ***sich ~*** συστέλλομαι
ge'nießbar φαγώσιμος; *Getränk*: πόσιμος; ***das ist nicht ~*** *auch* αυτό δεν τρώγεται
ge'nießen* απολαβαίνω (*A*/*G*), απολαμβάνω; *die Vorteile e-r S*, *Macht usw* γεύομαι (*A*/*G oder A*); *Achtung* απολαμβάνω; *Jugend* χαίρομαι, γλεντώ (-άς)
Ge'nießer *m* καλοπερασάκιας, γλεντζές (-έδες)
Genitiv ⟨*-s*; *-e*⟩ *m* γενική
Genius ⟨*-*; *-nien*⟩ *m* δαιμόνιο
ge'nommen → ***nehmen***
Ge'nosse ⟨*-n*⟩ *m* σύντροφος
Ge'nossenschaft *f* συνεργατική; *HDL* συνεταιρισμός; **~ler** *m* συνέταιρος
ge'nossenschaftlich συνεργατικός; συνεταιρικός
Ge'nossenschaftsbank *f* συνεταιριστική τράπεζα
Ge'nossin *f* συντρόφισσα
Genremalerei ['ʒɑ̃:ʀə-] ⟨*0*⟩ *f* ρωπογραφία

Genu|a *n* Γένουα; **~'eser** *m* Γενουάτης; **~'eserin** *f* Γενουάτιδα
ge'nug αρκετός; ***~ haben von*** *D* (= *überdrüssig sein*) βαριέμαι *A*; ***~ davon!*** ξεμπέρδεψε!; ***mehr als ~*** με το παραπάνω; ***es ist ~*** αρκεί, φθάνει; ***es ist mehr als ~*** παραφθάνει; ***er kann nicht ~ bekommen*** είναι αχόρταγος
Ge'nüge: ***zur ~*** επαρκώς; με το παραπάνω
ge'nüg|en αρκώ; ***es ~t*** (***mir***) (μου) φθάνει, αρκεί; ***es würde ~en, wenn ...*** φθάνει να ...; **~end** αρκετός, ικανός
ge'nügsam ολιγαρκής
Ge'nügsamkeit ⟨*0*⟩ *f* ολιγάρκεια
Ge'nugtuung *f* ικανοποίηση, ευαρέσκεια
Genus ['gɛnʊs] ⟨*-*; *Genera*⟩ *n GR* γένος *n*; (*der Verben*) διάθεση
Ge'nuss [ʊ] ⟨*-es*; *⸚e*⟩ *m* (**an** *D*) απόλαυση (σε), ηδονή (σε), γεύση; (*von Nahrungsmitteln*) λήψη, κατανάλωση; ***es ist ein ~ für mich, wenn ...*** απολαβαίνω, όταν ...; ***in den ~*** *G* ***kommen*** τυγχάνω *G*; **~mensch** *m* ηδονιστής, Συβαρίτης; **~mittel** *n* διεγερτικό
ge'nussreich απολαυστικός, ηδονικός
Ge'nusssucht ⟨*0*⟩ *f* φιληδονία, τρυφηλότητα
ge'nusssüchtig τρυφηλός
Geo|dä'sie ⟨*0*⟩ *f* γεωδαισία; **~'dät** ⟨*-en*⟩ *m* γεωδαίτης
ge'öffnet ανοιχτός
Geo|'graph ⟨*-en*⟩ *m* γεωγράφος; **~gra'phie** ⟨*0*⟩ *f* γεωγραφία
geo'graphisch γεωγραφικός
Geo|'loge ⟨*-n*⟩ *m* γεωλόγος; **~lo'gie** ⟨*0*⟩ *f* γεωλογία; **~me'trie** *f* γεωμετρία
geo'metrisch γεωμετρικός
Geo|phy'sik *f* γεωφυσική; **~poli'tik** *f* γεωπολιτική
ge'ordnet εύτακτος, τακτοποιημένος
Georg *m* Γιώργης, Γεώργιος
Ge'orgi|en *n* Γεωργία; **~er** *m* Γεωργιανός; **~erin** *f* Γεωργιανή
geo'zentrisch γεωκεντρικός
ge'pachtet μισθωμένος
Ge'päck ⟨*-ęs*; *0*⟩ *n* πράγματα *n*/*pl*, αποσκευές *f*/*pl*; **~abfertigung** *f* διεκπεραίωση αποσκευών; **~annahme** *f* παραλαβή αποσκευών; **~aufbewahrung** *f* φύλαξη αποσκευών; **~ausgabe** *f* παράδοση αποσκευών; **~halter** *m*

πορτμπαγκάζ *n*; **~kontrolle** *f* έλεγχος αποσκευών; **~netz** *n* δικτυωτό; **~schalter** *m* θυρίδα αποσκευών; **~schein** *m* δελτίο αποσκευών; **~schließfach** *n* θυρίδα αποσκευών; **~stück** *n* αποσκευή; **~träger** *m* αχθοφόρος; (*im Auto*) πορτμπαγκάζ; **~wagen** *m* σκευοφόρος *f*; *BAHN* αποθήκη αμαξοστοιχίας

ge|'panzert τεθωρακισμένος, θωρακισμένος; **~'pfeffert** (*auch fig*) πιπεράτος; *Preis*: αλμυρός

Ge'pfeife ⟨*-s*; *0*⟩ *n* σφυρίγματα *n/pl*

ge|'pfiffen → ***pfeifen***; **~'pflastert** πλακόστρωτος; **~'pflegt** επιμελημένος; προσεγμένος; *Kleidung*: ευπρεπής

Ge|'pflegtheit ⟨*0*⟩ *f* ευπρέπεια; **~'pflogenheit** *f* έξη

ge|'pfuscht κακοκαμωμένος; **~'plagt** κακοπερασμένος

Ge'plänkel *n* αψιμαχία

ge'plant (προ)σχεδιασμένος; *Verbrechen*: προμελετημένος; ***nicht*** ~ ασχεδίαστος

Ge'plauder ⟨*-s*; *0*⟩ *n* κουβέντα

ge'pökelt αλίπαστος, παστός

Ge'polter ⟨*-s*; *0*⟩ *n* βρόντημα *n*

Ge'präge ⟨*-s*; *0*⟩ *n* χαρακτήρας, τύπος

ge'prägt έκτυπος

Ge'prassel ⟨*-s*; *0*⟩ *n* τρίξιμο (-ατος)

ge|'presst πεπιεσμένος; **~'priesen** πολυύμνητος, ευλογητός; **~'prüft** ελεγμένος; ***schwer ~prüft*** κακοπαθημένος; **~'punktet** *Stoff*: ... με πουά

Ge|'quäke ⟨*-s*; *0*⟩ *n* F κλαψούρισμα *n*; **~'quatsche** [a] ⟨*-s*; *0*⟩ *n* σαχλαμάρα, μωρολόγημα *n*, λίμα

ge'rade *adj* (*nicht krumm*; *fig aufrichtig*) ίσος, ευθύς; (*geradlinig*) ευθύγραμμος; (*aufrecht*) ορθός, όρθιος, άγυρτος; (*gestreckt*) ευθυτενής; *Zahl*: ζυγός, άρτιος; *adv* ~ **das** (*will ich*) ίσια-ίσια; *Zeit*: ~ (*weg sein*) μόλις; ~ ***oder ungerade*** μονά ή ζυγά; ~ ***machen*** ξεστραβώνω; ~ ***richten*** ισιώνω; ~ ***stehen*** ορθοποδώ; ~ ***werden*** ξεστραβώνω

Ge'rade ⟨*-n*⟩ *f* *MATH* ευθεία

gerade|'aus κατ' ευθείαν; ***~aus*** *gehen usw* ίσια; **~her'aus** νέτα-σκέτα; **~wegs** *adv* ίσια, γραμμή; ντουγρού; **~zu** *adv* → ***geradeaus***; (*dreist*) θαρρετός, ορθά-κοφτά; (*wirklich, in jeder Hinsicht*) πια, αυτόχρημα

Ge'radheit ⟨*0*⟩ *f* ισάδα, ευθύτητα; (*des Charakters*) ανυποκρισία

ge'radlinig ευθύγραμμος, *auch fig* αλόξευτος

Ge'ranie [-nĭə] *f* γεράνι

Ge'rassel ⟨*-s*; *0*⟩ *n* κλαγγή

Ge'rät ⟨*-ęs*; *-e*⟩ *n* συσκευή, σκεύος *n*; (*Werkzeug*) μηχάνημα *n*, μαραφέτι

ge'raten* ⟨*sn*⟩ (**in** *A*) καταντώ, περιέρχομαι (σε); ***gut*** ~ *Kinder*, *Produkt*: πετυχαίνω; βγαίνω καλά; ***in Brand*** ~ πιάνω φωτιά; ***in Streit*** ~ έρχομαι στα λόγια; ***in Verlegenheit*** ~ έρχομαι σε αμηχανία; → ***ratsam***

Ge'räteturnen *n* ενόργανη γυμναστική

Gerate'wohl: ***aufs*** ~ στην τύχη, (στα) κουτουρού

ge|'raubt αρπαχτός; **~'räuchert** καπνιστός

ge'raum: ***seit*** (***vor***) ***~er Zeit*** από (προ) καιρού

ge'räumig ευρύχωρος, απλόχωρος

Ge'räumigkeit ⟨*0*⟩ *f* ευρυχωρία

Ge'räusch ⟨*-ęs*; *-e*⟩ *n* θόρυβος; *MED* φύσημα *n*; **~kulisse** *f* (*Musik*) μουσική υπόκρουση

ge'räuschlos αθόρυβος

Ge'räuschlosigkeit ⟨*0*⟩ *f* σιγαλιά

ge'räuschvoll θυρυβώδης

gerben (βυρσο)δεψώ, αργάζω; ***j-m das Fell*** ~ του αργάζω το τομάρι

Gerb|en *n* δέψη, άργασμα *n*; **~er** *m* βυρσοδέψης; **~e'rei** *f* βυρσοδεψείο; **~säure** *f* δεψικό οξύ; **~stoff** *m* δεψίνη

ge'recht (*S und pers*) δίκαιος; σύμφωνος, *z.B.* ***situationsgerecht*** σύμφωνος προς την κατάσταση; ***j-m*** ~ ***werden*** δεν αδικώ κπ, δίνω σε κπ το δίκιο του; *Forderungen usw* ~ ***werden*** εκπληρώνω

Ge'rechtigkeit ⟨*0*⟩ *f* δικαιοσύνη; ***j-m*** ~ ***widerfahren lassen*** απονέμω σε κπ δικαιοσύνη

Ge'rede ⟨*-s*; *0*⟩ *n* κουβέντες *f/pl*; ***leere(s)*** ~ ματαιολογία

ge'reichen: ***j-m zur Ehre*** ~ τιμώ; δίνω σε κπ τιμή; ***j-m zum Nutzen*** ~ ωφελώ κπ *A*; ***j-m zum Schaden*** ~ προξενώ σε κπ ζημιά

ge'reist: ***viel*** ~ ταξιδεμένος; → ***weit*** ~ κοσμογυρισμένος

ge'reizt ερεθισμένος, εκνευρισμένος

Ge'reiztheit ⟨*0*⟩ *f* ερεθισμός, εκνευρισμός

Gericht 762

Ge'richt ⟨*-ęs; -e*⟩ *n* JUR δικαστήριο; (*Essen*) πιάτο; REL κριτήριο; ***das Jüngste*** ~ η Δευτέρα Παρουσία; ***vor*** ~ ενώπιον δικαστηρίου; ***vor*** ~ ***gehen*** καταφεύγω στα δικαστήρια; ***e-e S vor*** ~ ***bringen*** παραπέμπω στα δικαστήρια; (***j-n***/κπ) καλώ ενώπιον του δικαστηρίου; ***über j-n zu*** ~ ***sitzen*** εκφέρω κρίση περί *G*
ge'richtlich δικαστικός; νομικός
Ge'richts|- (*Beamter, Kosten usw*) δικαστικός; δικανικός; **~akten** *f/pl* δικογραφία; **~arzt** *m* ιατροδικαστής; **~barkeit** ⟨*0*⟩ *f* δικαιοδοσία; δωσιδικία; **~beschluss** *m* δικαστική απόφαση; **~diener** *m* κλητήρας; **~hof** *m* δικαστήριο; **~medizin** *f* ιατροδικαστική; **~mediziner** *m* ιατροδικαστής; **~schreiber** *m* γραμματέας δικαστηρίου; **~stand** *m* αρμοδιότητα; **~tag** *m* δικάσιμος (ημέρα); **~urteil** *n* κρίση; **~verfahren** *n* διαδικασία; **~verhandlung** *f* δίκη; **~vollzieher** *m* δικαστικός κλητήρας; **~vorsitzende(r)** *m* πρόεδρος; **~weg** *m* δικαστική οδός
ge|'rieben → ***reiben***; τριμένος; **~'rief(el)t** χαρακωτός, ραβδωτός
ge'ring λιγοστός; *Kenntnisse*: φτωχός; *Qualität*: κατώτερος; ***ganz*** ~ ελάχιστος, μικρός; ***aus ~er Höhe*** από μικρό ύψος; ***~e Zahl*** μικρός αριθμός; ***~er*** λιγώτερος, *K* ελάσσων (-ον); ~ ***achten*** αψηφώ; ~ ***schätzen*** καταφρονώ
ge'ringfügig ελάχιστος, τιποτένιος
Ge'ringfügigkeit *f* ελαχιστότητα
ge'ringschätzig καταφρονητικός
Ge'ringschätzung ⟨*0*⟩ *f* καταφρόνηση
ge'ringst|- παραμικρός, ελάχιστος; ***aus dem ~en Anlass*** με το παραμικρό; ***nicht im Geringsten*** (δεν ... *oder* ούτε) στο ελάχιστο
ge'rinnen* ⟨*sn*⟩ πήζω; *Milch auch* κόβω; ~ ***lassen*** (***machen***) πηγνύω, πήζω
Ge'rinn|en *n* πήξη; **~sel** *n* (*Blut-*) θρόμβος
Ge'rippe *n* κουφάρι, σκελετός; TECH ένδεσμος
ge|'rippt χαρακωτός; **~'rissen** → ***reißen***; σχιστός; *fig* κατεργάρης (-ισσα, -ικο)
Ge'rissenheit ⟨*0*⟩ *f* κατεργαριά
Ger'man|e ⟨*-n*⟩ *m* Γερμανός; **~in** *f* Γερμανίδα
ger'man|isch γερμανικός, γερμανόφωνος; **~i'sieren** εκγερμανίζω
Germa'nist ⟨*-en*⟩ *m* γερμανιστής; **~ik** ⟨*0*⟩ *f* γερμανική φιλολογία
gern ⟨*lieber, liebst-*⟩ *adv* ευχαρίστως; ***etw*** ~ ***tun*** μου αρέσει να ... + *St I*; μου αρέσει; ~ ***haben*** (***essen, trinken***) αγαπώ (-άς); ***etw*** ~ ***hören, erfahren*** καλοδέχομαι; ~ ***sehen*** βλέπω με καλό μάτι; ***j-n*** ~ ***sehen,*** *wie* ... καλοβλέπω κπ που ...; ~ ***gesehen sein*** είμαι ευπρόσδεκτος; ***ich möchte*** ~ θα ήθελα ...; ***bitte,*** ~ ***geschehen!*** παρακαλώ, τίποτε!; ~ ***gesehen*** καλοδεχούμενος
Ge'röchel [œ] ⟨*-s; 0*⟩ *n* ρόγχος
Ge'röll ⟨*-ęs; -e*⟩ *n* κατσάβραχα *n/pl*
ge|'ronnen → ***rinnen***; πηκτός, θρομβώδης; **~'röstet** ... της σχάρας, ψητός; ψημένος
Gerste ⟨*0*⟩ *f* κριθάρι; **~n-** κρίθινος, κριθαρένιος
Gerstenkorn *n* κριθαράκι (*auch* MED), MED χαλάζι
Gerte *f* βίτσα, βέργα
Ge'ruch [ʊ] ⟨*-ęs; ⁻e*⟩ *m* οσμή, μυρωδιά; (*Sinn*) όσφρηση; ***üble(r)*** ~ δυσοσμία; ~ ***von Angebranntem*** τσίκνα
ge'ruchlos αμύριστος, άοσμος
Ge'ruch|losigkeit ⟨*0*⟩ *f* ανοσμία; **~s-** οσφρητικός
Ge'rücht ⟨*-ęs; -e*⟩ *n* διαδόσεις *f/pl*, φήμη, άκουσμα *n*; *pl* **~e** φήμες *f/pl* (***über*** *A*/περί *G*); ***ein*** ~ ***verbreiten*** διαδίδω; ***es geht das*** ~, ***dass ...*** ακούγεται, φημολογείται (ότι)
Ge'rüchtemacher *m* διαδοσίας
ge'ruhen (*auch iron*) ευδοκώ; ευαρεστούμαι (***zu***/να)
ge'rührt συγκινημένος
Ge'rümpel ⟨*-s; 0*⟩ *n* σαράβαλα *n/pl*
Ge'rüst ⟨*-ęs; -e*⟩ *n* σκαλωσιά, σκελετός
ge'rüstet: *gut* ~ *fig* πάνοπλος
Ge'rüttel ⟨*-s; 0*⟩ *n* τράνταγμα *n*
ge|'sagt ειπωμένος; ***kurz*** **~sagt** εν ολίγοις; **~'salbt** χριστός; **~'salzen** αλατισμένος
ge'samt, Ge'samt- (*-Ausgaben, -Länge*) συνολικός; (*-Schuld*) ολικός; (*-Parlament*) σύσσωμος; σύμπας (-ασα, -αν)
Ge'samt|ansicht *f* πανόραμα *n*; **~ausgabe** *f* (τα) άπαντα; **~betrag** *m* σύνολο; **~eindruck** *m* γενική εντύπωση; **~heit** ⟨*0*⟩ *f* σύνολο, ολότητα; **~menge** *f* σύνολο; **~schule** *f etwa*: πολυκλαδι-

763 Geschirrspüler

κό σχολείο; **~summe** *f* σύνολο; **~wert** *m* συνολική αξία; ***im ~wert von*** (*D*) συνολικής αξίας *G*

Ge'sandt|e(r) πρεσβευτής; ***~er sein*** πρεσβεύω; **~schaft** *f* πρεσβεία

Ge'sandtschafts|- πρεσβευτικός; **~sekretär** *m* γραμματέας πρεσβείας

Ge'sang ⟨*-ęs*; *¨e*⟩ *m* (*Singen*) τραγούδι; REL, *Vogel* άσμα *n*; (*Lob-*) ύμνος; *der Ilias, hist* ραψωδία; **~buch** *n* υμνολόγιο

Ge'sangs|- ωδικός; **~kunst** *f* ωδική; **~lehrer** *m* δάσκαλος της ωδικής; **~unterricht** *m* μάθημα *n* ωδικής; **~verein** *m* ωδικός σύλλογος

Ge'säß [ɛː] ⟨*-es*; *-e*⟩ *n* έδρα, οπίσθια *n/pl*; F πάτος

ge|'sät σπαρτός, σπαρμένος; **~'sättigt** αποφαγωμένος; χορτάτος; *bsd* CHEM κεκορεσμένος; **~'schabt** ξυστός; **~'schädigt** ζημιωμένος, ζημιωθείς (-έντος)

Ge'schädigte(r) παθών (-όντος)

ge'schaffen καμωμένος (**zu** *D*/για)

Ge'schäft ⟨*-ęs*; *-e*⟩ *n allg* δουλειά, εργασία (*auch Bank-*); (*Börse, Bank*) πράξη; συναλλαγή, δοσοληψία, F νταραβέρι; (*Laden*) μαγαζί, κατάστημα *n*; ***ein gutes ~*** ένα καλό απόκτημα; ***ein schmutziges ~*** μια βρωμοδουλειά; ***~e machen mit*** *e-r S* (*D*) εμπορεύομαι; ***~e machen mit j-m*** έχω νταραβέρια *oder* δοσοληψίες με κπ; ***ein ~*** (= *Notdurft*) ***verrichten*** κάνω την ανάγκη μου

ge'schäftehalber για επαγγελματικούς λόγους

ge'schäftig πολυάσχολος, πολυπράγμων (-ον)

Ge'schäftigkeit ⟨*0*⟩ *f* πολυπραγμοσύνη

ge'schäftlich επαγγελματικός

Ge'schäfts|- εμπορικός; (*-Bücher*) λογιστικός; **~bericht** *m* απολογισμός, έκθεση των εργασιών; **~buch** *n* κατάστιχο; **~essen** *n* επαγγελματικό γεύμα *n*; **~frau** *f* (γυναίκα) επαγγελματίας

ge'schäftsführend διευθύνων

Ge'schäfts|führer *m* επίτροπος, διαχειριστής, διευθυντής; **~führerin** *f* διευθύντρια; **~führung** *f* διαχείριση; **~gebaren** *n* διεξαγωγή των εμπορικών συναλλαγών; **~inhaber** *m* καταστηματάρχης; **~jahr** *n* εμπορικό έτος *n*, έτος *n* απολογισμού; **~leitung** *f* διεύθυνση; **~mann** *m* επιχειρηματίας; **~ordnung** *f* κανονισμός; **~reise** *f* επαγγελματικό ταξίδι; **~reisende(r)** περιοδεύων αντιπρόσωπος; **~stelle** *f* κεντρικό γραφείο; **~träger** *m* πράκτορας, επιτετραμμένος; **~verkehr** *m* συναλλαγές *f/pl*; **~welt** ⟨*0*⟩ *f* εμπορικός κόσμος; **~zeiten** *f/pl* ώρες *f/pl* λειτουργίας

ge'schehen* ⟨*sn*⟩ *allg* γίνομαι; συμβαίνω; (*erfolgen*) συντελούμαι; *part* γενόμενος; ***das geschieht ihm recht*** καλά την έπαθε; ***es ist um ihn ~*** πάει, χάθηκε; ***dein Wille geschehe*** γενηθήτω το θέλημά σου

Ge'schehen *n allg* συμβάντα *n/pl*; (*Sport*) επικαιρότητα

ge'scheit έξυπνος; ***recht ~ sein*** είμαι στα καλά μου; ***er ist nicht recht ~*** δεν είναι στα καλά του

Ge'schenk ⟨*-ęs*; *-e*⟩ *n* δώρο, χάρισμα *n*; ***unnütze(s) ~*** δώρον άδωρον; ***ein ~ des Himmels*** δώρον Θεού, θείο δώρο; ***j-m ein ~ machen mit*** *D* δωρίζω κτ σε κπ; δίνω σε κπ δώρο

Ge'schenk|gutschein *m* δωροεπιταγή; **~papier** *n* χαρτί περιτυλίγματος

Ge'schichte *f* (*Erzählung*) διήγημα *n*; (*der Menschheit usw*) ιστορία; (*Sache, Ereignis*) F επεισόδιο; *iron* ***das ist ja eine schöne ~*** καλό και τούτο

ge'schichtlich ιστορικός; ***~ darlegen*** ιστορώ

Ge'schichts|- ιστορι(ο)-, ιστορικός; ... της ιστορίας; **~buch** *n* βιβλίο ιστορίας; **~forscher** *m* ιστορικός; **~lehrer** *m* ιστορικός; **~schreiber** *m* ιστοριογράφος; **~schreibung** ⟨*0*⟩ *f* ιστοριογραφία; **~unterricht** *m* μάθημα *n* της ιστορίας

Ge'schick ⟨*-ęs*; *-e*⟩ *n* επιτηδειότητα; (*Schicksal*) μοίρα, τύχη; **~lichkeit** ⟨*0*⟩ *f* επιδεξιότητα

ge'schickt επιδέξιος, φιλότεχνος; *adv auch* έντεχνα, τεχνηέντως; ***~ sein*** επιτηδεύομαι (**in** *D*/σε)

ge'schieden → ***scheiden***; διαζευγμένος

Ge'schirr ⟨*-ęs*; *-e*⟩ *n* (*Küchen-*) πιατικά *n/pl*, σκεύη *n/pl*; (*Pferde-*) ιπποσκευή; **~schrank** *m* πιατοθήκη, σκευοθήκη; **~spüler** *m* πλυντήριο πιάτων

G

ge'schlagen → ***schlagen***; χτυπητός, δαρτός

Ge'schlecht ⟨*-ẹs*; *-er*⟩ *n* ZOOL, GR γένος *n*, φύλο; (*Familie*) γενεά

ge'schlechtlich γενετήσιος, σεξουαλικός

Ge'schlechts- γενετήσιος; σεξουαλικός; αφροδίσιος

Ge'schlechts|akt *m* σεξουαλική πράξη; **~krankheit** *f* αφροδίσιο νόσημα; **~leben** *n* σεξουαλική ζωή

ge'schlechtslos (*Fortpflanzung*) άφυλος

Ge'schlechts|organe *n/pl*, **~teile** *m/pl* γεννητικά όργανα *n/pl oder* μόρια *n/pl*; **~trieb** ⟨*-ẹs*; *0*⟩ *m* σεξουαλική ορμή; **~verkehr** *m* συνουσία; **~wort** *n* GR άρθρο; **~zelle** *f* γαμετοκύτταρο, γαμέτης

ge'schlossen → ***schließen***; κλειστός; MIL αθρόος; **~ *auftreten*** φατριάζω

Ge'schmack ⟨*-ẹs*; *"er*⟩ *m* γεύση; *fig* γούστο; *pl* **Geschmäcker** προτιμήσεις *f/pl*; (*Gefallen*) αρέσκεια; (*Ästhetik*) καλαισθησία; (*Wohlgeschmack*) ουσία, νοστιμάδα; **salzige(*r*) ~** γλυφάδα; ***mit*** (***viel***) **~** (*Kleidung usw*) με (πολύ) μεράκι (*oder* γούστο); *Mensch* ***mit*** **~** καλαίσθητος; *Mensch* ***ohne*** **~** ακαλαίσθητος; **~ *finden an D*** μου αρέσει *N*; ***ich finde keinen ~ daran*** F δεν το κάνω γούστο

ge'schmack|lich γευστικός; **~los** (*fade*) άγευστος; *Kleidung*: άνοστος, ακαλαίσθητος; *Stil*: κακόγουστος; *Scherz*: νερόβραστος

Ge'schmacklosigkeit *f* ανοστιά; ακαλαισθησία, κακογουστιά

Ge'schmacks|- γευστικός; **~knospen** *f/pl* γευστικοί κάλυκες *m/pl*; **~sache** *f* ζήτημα *n* ορέξεως; ***das ist eine ~sache*** καθένας με τα γούστα του; **~verirrung** *f* πλάνη γούστου

ge'schmackvoll καλόγουστος

Ge'schmeide *n* χρυσαφικά *n/pl*, μπιζού ⟨*0*⟩ *n*(*pl*)

ge'schmeidig εύκαμπτος

Ge'schmeidigkeit ⟨*0*⟩ *f* ελαστικότητα, λυγερότητα, ευκαμψία

Ge'schmeiß ⟨*-ẹs*; *0*⟩ *n* συρφετός

Ge'schmier(e) ⟨*-ẹs*; *0*⟩ *n* πασαλείματα *n/pl*, (*Schreiben*) μουντζούρες *f/pl*

ge'schmiert: *es geht wie* **~** πάει χωρίς πρόβλημα

ge|'schmolzen → ***schmelzen***; χωνευτός; **~'schmort** [oː] τηγανιτός στην κατσαρόλα

ge'schnitten → ***schneiden***; κοφτός; ***gut*** (***schlecht***) **~** καλοκομμένος (στραβοκομμένος); *Wohnung*: ***gut*** **~** καλοσχεδιασμένος

ge'schnitzt σκαλιστός, γλυπτός

Ge'schöpf ⟨*-ẹs*; *-e*⟩ *n* πλάσμα *n*, ον (όντος) *n*, δημιούργημα *n*

Ge'schoss, *österr*. **Ge'schoß** ⟨*-es*; *-e*⟩ *n* βλήμα *n*, οβίδα; (*Etage*) όροφος

ge'schraubt (*Stil*) φαντασμένος

Ge'schrei ⟨*-s*; *0*⟩ *n* κραυγές *f/pl*, σαματάς; (*Skandal*) σούσουρο; ***ein ~ erheben*** καταβοώ

ge|'schrieben → ***schreiben***; **~'schrien** → ***schreien***

Ge'schubse ⟨*-s*; *0*⟩ *n* σκοτωμός

ge'schunden → ***schinden***; γδαρτός

Ge'schütz ⟨*-es*; *-e*⟩ *n* πυροβόλο, κανόνι; **~feuer** *n* κανονιοβολισμός, κανονίδι; **~stand** *m* πυροβολείο

ge'schützt: *~er Platz* (***Ort***) μέρος *n* προφυλαγμένο

Ge'schwader *n* MAR μοίρα; (*Luftwaffe*) στολίσκος

Ge'schwätz ⟨*-es*; *0*⟩ *n* φλυαρία, παπαρδέλες *f/pl*

ge'schwätzig φλύαρος

Ge'schwätzigkeit ⟨*0*⟩ *f* πολυλογία; ακριτομυθία

ge'schweige: ~ *denn* άσε που

ge|'schwiegen → ***schweigen***; **~'schwind** *lit* → ***schnell***; *adv* ταχέως, τροχάδην

Ge'schwindigkeit *f* ταχύτητα; ***mit halber*** **~** ημιταχώς

Ge'schwindigkeits|begrenzung *f* όριο ταχύτητας; **~messer** *m* ταχύμετρο; **~überschreitung** *f* υπερβολική ταχύτητα

Ge'schwister *pl* αδέλφια *n/pl*

ge|'schwollen → ***schwellen***; πρησμένος, φουσκωμένος; **~'schwommen** → ***schwimmen***

ge'schworen → ***schwören***

Ge'schworene(r) ένορκος

Ge'schworenengericht *n* κληρωτό *oder* ορκωτό δικαστήριο

Ge'schwulst ⟨*-*; *"e*⟩ *f* πρήξιμο (-ατος), όγκος, φύμα *n*

ge'schwulstartig οιδηματώδης

Ge'schwür ⟨*-ẹs*; *-e*⟩ *n* έλκος *n*; **~bildung** *f* εξέλκωση

ge'segnet ευλογημένος; καλογραμμένος; *z.B. Leben*: ανθόσπαρτος
Ge'selle ⟨*-n*⟩ *m* βοηθός τεχνίτη; σύντροφος
ge'sellen: *sich zu j-m* ~ συντροφεύω κπ
Ge'sellen|brief *m* δίπλωμα *n* τεχνικής μαθητείας; **~prüfung** *f* εξετάσεις *f/pl* τεχνικής μαθητείας
ge'sellig κοινωνικός
Ge'selligkeit *f* (*Umgänglichkeit*) κοινωνικότητα; (*kleine Feier*) γλέντι
Ge'sellschaft *f* (*Sozialwesen*) κοινωνία; (*HDL, Kultur usw*) εταιρία; (*lose Gruppe*) συντροφιά, παρέα; (*Verein*) όμιλος; (*Feier*) γλέντι, πάρτυ ⟨*0*⟩ *n*; ***j-m ~ leisten*** κάνω σε κπ παρέα, κρατώ σε κπ συντροφιά; **~er** *m allg* σύντροφος; *HDL* εταίρος; **~erin** *f* συντρόφισσα; *HDL* συνέταιρος *f*
ge'sellschaftlich κοινωνικός
Ge'sellschafts|- εταιρικός; συνεταιρικός; κοινωνικός; **~kapital** *n* εταιρικό κεφάλαιο; **~ordnung** *f* κοινωνικό σύστημα; **~politik** *f* κοινωνική πολιτική; **~reise** *f* ομαδικό ταξίδι; **~schicht** *f* κοινωνικό στρώμα; **~spiel** *n* παιγνίδι συναναστροφών; **~system** *n* κοινωνικό σύστημα
ge'sessen → ***sitzen***
Ge'setz ⟨*-es*; *-e*⟩ *n allg* νόμος; (*Statut*) θεσμός; ***ein eisernes ~*** άρθρο πίστεως; ***~e geben*** (*oder* ***machen, erlassen***) νομοθετώ (***für*** *A*/*A*); ***Erlassung von ~en*** νομοθέτηση; **~buch** *n* κώδικας; ***Bürgerliche(s) ~buch* (*BGB*)** αστικός κώδικας; **~entwurf** *m* νομοσχέδιο
Ge'setzes|- νομοθετικός; νομικός; **~bestimmungen** *f/pl* νομικά *n/pl*; **~hüter** *m* νομοφύλακας; **~kraft** ⟨*0*⟩ *f* ισχύς νόμου, νομική ισχύς; ***~kraft erlangen*** αρχίζω να ισχύω *oder* να έχω ισχύ νόμου
ge'setzestreu νομοταγής; νομιμόφρονας (-ον)
ge'setzgebend νομοθετικός
Ge'setzgeb|er *m* νομοθέτης; **~ung** *f* νομοθεσία
ge'setzlich νόμιμος, έννομος; *adv* νομίμως, νόμιμα; ***~ geschützt*** (σήμα) κατατεθέν
ge'setzlos άνομος; αναρχικός
Ge'setzlosigkeit *f* ανομία; αναρχία
ge'setzmäßig νόμιμος; τακτικός
Ge'setzmäßigkeit *f* νομιμότητα; τακτικότητα
ge'setzt μυαλωμένος; ***das ~e Alter*** η καθεστώσα (*oder* καθεστηκυία) ηλικία; *ko* ***~ den Fall, dass ...*** αν υποθέσουμε πως ...
ge'setzwidrig παράνομος; ***~ handeln*** παρανομώ
Ge'setzwidrigkeit *f* παρανομία
Ge'sicht ⟨*-es*; *-er*⟩ *n* πρόσωπο; (*Aussehen*) όψη; (*Erscheinung*) (*pl -e*) οπτασία, όραμα *n*; (***direkt***) ***ins ~*** κατάμουτρα, κατάμπροστα; ***~er schneiden*** κάνω μούτρα; ***das ~ verziehen*** στραβομουτσουνιάζω
Ge'sichts|- προσωπικός; **~ausdruck** *m* ύφος *n*, έκφραση προσώπου; **~farbe** *f* χρώμα *n* προσώπου; **~feld** *n* (*Auge*) πεδίο οράσεως; (*Optik*) οπτικό πεδίο; **~kreis** *m auch fig* ορίζοντας; **~punkt** *m* άποψη; ***unter dem ~punkt*** *G* από απόψεως *G*; **~rose** *f* ερυσίπελας (-ατος) *n*; **~sinn** ⟨*-es*; *0*⟩ *m* όραση; **~winkel** *m* οπτική γωνία; *fig* → **Gesichtspunkt**; **~züge** *m/pl* γραμμές *f/pl* του προσώπου
Ge'sims ⟨*-es*; *-e*⟩ *n* γείσο, θριγκός
Ge'sindel ⟨*-s*; *0*⟩ *n* συρφετός, σκυλολόι
ge'sinnt διατεθειμένος (*D*/για *A*); ***j-m wohl*** (***übel***) ***~ sein*** διάκειμαι φιλικά (δυσμενώς) προς *A*
Ge'sinnung *f* διάθεση, φρόνημα *n*
Ge'sinnungsgenosse *m* ομοϊδεάτης, ομόφρονας
ge'sinnungslos παλίβουλος; αβάσιμος, ανερμάτιστος
Ge'sinnungslosigkeit ⟨*0*⟩ *f* παλιβουλία
ge'sittet εύκοσμος, κόσμιος
ge'sonnen → ***sinnen***; ***~ sein zu ...*** είμαι διατεθειμένος να ...
ge'spalten σχιστός, διχασμένος
Ge'spann ⟨*-es*; *-e*⟩ *n* (*Tiere*; *auch fig Person*) ζευγάρι; (*Wagen*) όχημα *n*, άρμα *n*
ge'spannt τεταμένος (*auch Beziehungen*); (*gestreckt*) τεζαριστός; *Beziehungen*: ***~er werden*** εντείνομαι; ***~ sein auf*** *A* είμαι ανυπόμονος για
Ge'spenst ⟨*-es*; *-er*⟩ *n* φάντασμα *n*, στοιχειό
ge'spenst|erhaft, ~isch τρομακτικός, στοιχειωμένος
ge'sperrt (*Hafen usw*) κλειστός

G

ge'spien → ***speien***
Ge'spinst ⟨*-ẹs*; *-e*⟩ *n* ψιλό πλέγμα *n*
Ge'spött ⟨*-ẹs*; *0*⟩ *n* ρεζίλι; *Person*: κορόιδο, περίγελος; ***zum ~ G werden*** γίνομαι περίγελος *G*
Ge'spräch ⟨*-ẹs*; *-e*⟩ *n* συνομιλία, κουβέντα; *TEL* συνδιάλεξη; ***ein ~ beginnen*** (***anknüpfen***) ανοίγω (*oder* πιάνω την) κουβέντα; ***das ~ auf etw*** (*A*) ***bringen*** φέρνω την κουβέντα σε
ge'sprächig ομιλητικός
Ge'sprächigkeit ⟨*0*⟩ *f* ομιλητικότητα
Ge'sprächs|partner *m* συνομιλητής; **~runde** *f* γύρος των συνομιλιών; **~stoff** *m* θέμα *n* της συνομιλίας
ge'sprächsweise πάνω στην κουβέντα
ge'spreizt → ***spreizen***; *fig* επιτηδευμένος
Ge'spreiztheit *f* επιτήδευση
ge|'sprenkelt κατάστικτος; **~'sprochen** [ɔ] → ***sprechen***; **~'sprungen** → ***springen***; *Glas*: ***nicht ~sprungen*** αράγιστος
Ge'spür ⟨*-s*; *0*⟩ *n* διαίσθηση
Ge'stade *n* ακτή
Ge'stalt *f* μορφή; παράσταση; (*Wuchs*) κορμοστασιά, μπόι *n*; *fig* ***~ annehmen*** λαμβάνω υπόσταση, παίρνω μορφή; ***in ~ G*** υπό μορφή *G*
ge'stalten ⟨*-e-*⟩ *fig* (δια)μορφώνω; ***sich ~ zu D*** διαμορφώνομαι σε
Ge'stalter *m* διαμορφωτής
ge'staltlos άμορφος
Ge'staltung *f* πλάσιμο (-ατος), πλάση; διαμόρφωση
Ge'stammel ⟨*-s*; *0*⟩ *n* τραύλισμα *n*
ge'stampft κοπανιστός
ge'standen → ***stehen, gestehen***
ge'ständig: ***~ sein*** ομολογώ
Ge'ständnis ⟨*-ses*; *-se*⟩ *n* ομολογία; ***ein ~ ablegen*** προβαίνω σε ομολογία; ***j-n zu e-m ~ bewegen*** εξομολογώ κπ
Ge'stank ⟨*-ẹs*; *0*⟩ *m* βρόμα *n*, κακοσμία; ***den ~ beheben*** ξεβρομίζω
ge'stapelt στοιβαχτός
ge'statt|en ⟨*-e-*⟩ επιτρέπω (***j-m*** *A*/κτ σε κπ); ***ich ~e mir, zu ...*** λαμβάνω την τιμή (*oder* το θάρρος) να ...
Geste [ɛ] *oder* [e:] *f* χειρονομία
ge'stehen* ομολογώ
Ge'stehungskosten *pl* κόστος *n*
Ge'stein ⟨*-ẹs*; *-e*⟩ *n* πέτρωμα *n*
Ge'stell ⟨*-ẹs*; *-e*⟩ *n* σκελετός, βάση; υπόβαθρο; (*Bücher-*) ράφι
ge'stellt βαλτός, τοποθετημένος
ge'stempelt σεσημασμένος, σφραγιστός
gestern χθες; ***~ Abend*** χθες το βράδυ; ***er ist nicht von ~*** δεν είναι χθεσινός, δεν τρώει βρούβες
ge|'stickt κεντημένος; **~'stiefelt** παπουτσωμένος; **~'stiegen** → ***steigen***
Gestikula'tion *f* χειρονομία
gestiku'lieren χειρονομώ
Ge'stirn ⟨*-ẹs*; *-e*⟩ *n* άστρο, αστέρι
ge'stirnt έναστρος, αστερόεις (-εσσα, -εν)
Ge'stöber *n* → ***Schneegestöber***
ge'stochen [ɔ] → ***stechen***; χαραγμένος; **~'stohlen** → ***stehlen***; κλεμμένος; κλοπιμαίος
Ge'stöhne ⟨*-s*; *0*⟩ *n* άχι
ge|'storben → ***sterben***; νεκρός; **~'stoßen:** (***fein***) ***~stoßen*** (ψιλο)κοπανισμένος
Ge'sträuch ⟨*-ẹs*; *0*⟩ *n* χαμόκλαδα *n/pl*
ge'streckt *Flugbahn*: ευθυτενής; (*Turnen*) τεντωμένος; ***Beine ~ halten*** κρατώ τις γάμπες ίσιες
ge'streift ριγωτός; *Tiger*: γραμμωτός; *Stoff*: ραβδωτός
ge'strichen → ***streichen***; ***frisch ~*** φρεσκοβαμμένος; ***frisch ~!*** προσοχή, χρώματα!
ge'strickt πλεκτός
gestrig χθεσινός
Ge'strüpp ⟨*-ẹs*; *0*⟩ *n* λόχμη
ge'stückelt τεμαχιστός
Ge'stüt ⟨*-ẹs*; *-e*⟩ *n* ιπποφορβείο
ge'stutzt κολοβός
Ge'such [u:] ⟨*-ẹs*; *-e*⟩ *n* αναφορά, αίτηση (***um*** *A*/*G*)
ge'sucht περιζήτητος; *Wort*, *gekünstelt*: εξεζητημένος; *HDL* (*in Anzeigen*) ζητείται
ge'sund *Körper*, *Nahrung*, *Mensch*: υγιής (*auch fig*); *Klima*: υγιεινός; ***~ machen*** εξυγιαίνω; ***~ sein*** είμαι καλά, υγιαίνω; ***~ werden*** γίνομαι καλά, υγιαίνω; (***wieder***) ***~ werden*** αναρρώνω; **~en** ⟨*-e-*; *sn*⟩ υγιαίνω
Ge'sundheit ⟨*0*⟩ *f* υγεία; ***~!*** (*beim Niesen*) γείτσες!
ge'sundheitlich *adv* από υγεία; ***aus ~en Gründen*** για λόγους υγείας
Ge'sundheits|- υγειονομικός; **~amt** *n* υγειονομική υπηρεσία; **~behörden**

767 **Gewaltlosigkeit**

f/pl υγειονομικές αρχές *f/pl*; **~fürsorge** *f* υγειονομική περίθαλψη
ge'sundheitsgefährdend επικίνδυνος για την υγεία
Ge'sundheits|ministerium *n* υπουργείο υγείας; **~pflege** *f* υγιεινή; **~politik** *f* υγειονομική πολιτική
ge'sundheitsschädlich ανθυγιεινός
Ge'sundheits|wesen *n* υγειονομικό σύστημα; **~zeugnis** *n* πιστοποιητικό υγείας; **~zustand** ⟨*-ẹs*; *0*⟩ *m* κατάσταση της υγείας
Ge'sundung ⟨*0*⟩ *f* εξυγίανση
ge|'sungen → ***singen***; **~'sunken** → ***sinken***
ge'täfelt σανιδωτός
ge|'tan → ***tun***; **~'teilt** διχασμένος, διηρημένος
Ge'töse ⟨*-s*; *0*⟩ *n* βοή, βρόντημα *n*
ge'tragen → ***tragen***; φορεμένος
Ge'trampel ⟨*-s*; *0*⟩ *n* ποδοβολή
Ge'tränk ⟨*-ẹs*; *-e*⟩ *n* πιοτό, ποτό; (*heißes*) ρόφημα *n*
Ge'tränke|automat *m* αυτόματος πωλητής ποτών; **~karte** *f* κατάλογος ποτών
getrauen: ***sich*** (*D*) **~ *zu ...*** τολμώ να ...
Ge'treide *n* σιτάρι, σίτος, σιτηρά *n/pl*, δημητριακά *n/pl*; **~-** σιτοφόρος; δημητριακός; ... σιτηρών, σιτ(ο)-; **~anbau** ⟨*-ẹs*; *0*⟩ *m* σιτοκαλλιέργεια; **~arten** *f/pl* σιτοειδή *n/pl*; **~brand** *m* άναμμα *n*; **~einfuhr** *f* εισαγωγή σιτηρών; **~ernte** *f* σοδειά σιτηρών; **~feld** *n* σιταγρός; **~handel** *m* σιτεμπορία; **~händler** *m* σιτέμπορος; **~käfer** *m* σιταρόψειρα; **~mangel** ⟨*-s*; *0*⟩ *m* σιτοδεία; **~markt** *m* σιταροπάζαρο; **~speicher** *m* σιταποθήκη; **~wirtschaft** *f* οικονομία δημητριακών
ge|'trennt (ξε)χωριστός, διηρημένος; *adv* (ξε)χωριστά; → ***Post***; **~'treten** → ***treten***; πατητός
ge'treu πιστός (*D*/σε) (*auch genau*); *präp D* σύμφωνα με
Ge'triebe *n* μηχανισμός, κινητήρας, μετάδοση κινήσεως με γρανάζια; *fig* κίνηση
ge'trieben → ***treiben***; *fig* **~ *werden von*** *D* ορμώμαι εκ *G*
Ge'triebe|öl *n* γράσο; λάδι μηχανής; **~schaden** *m* βλάβη κινητήρα
ge|'trocknet (*in der Sonne*) αποξηραμένος, λιαστός; **~'troffen** → ***treffen***; **~'trost** [oː] *adv* ανενδοιάστως, αδίσταχτα
ge'trunken → ***trinken***
Getto ⟨*-s*; *-s*⟩ *n* γκέτο
Ge|'tue ⟨*-s*; *0*⟩ *n* προσποίηση, ακκισμός; **~'tümmel** ⟨*-s*; *0*⟩ *n* αναμπουμπούλα
ge|'tüpfelt, ~'tupft κατάστικτος; *Stoff*: με πουά
ge'übt εξασκημένος (***in*** *D*/σε)
Gewächs [-'vɛks] ⟨*-es*; *-e*⟩ *n* φυτό
gewachsen [-'vaksən]: ***gut* ~** καλοφτιαγμένος; ***schlecht* ~** κακοφτιαγμένος; *j-m, e-r S D* **~ *sein*** παραβγαίνω (***in*** *D*/σε); *auch* είμαι ισάξιος (***j-m***/*G*); ***... ist s-r Stellung* ~** είναι στο ύψος της θέσεως του
Ge'wächshaus *n* σέρα, θερμοκήπιο
ge|'wachst κηρωτός; **~'wagt** (*riskant*) παρακινδυνευμένος; *Witz*: ρισκέ
ge'wählt → ***wählen***; **~*e Ausdrucksweise*** καλλιέπεια
ge'wahr: ~ *werden* νοιώθω
Ge'währ ⟨*0*⟩ *f* εγγύηση, εχέγγυο (***für*** *A*/*G*)
ge'wahren *lit* → ***gewahr werden***
ge'währen παρέχω (***j-m*** *A*/κτ σε κπ); *Rente*, *Gnade* απονέμω; *Urlaub* χορηγώ; ***Kredit* ~** πιστοδοτώ; **~ *lassen*** αφήνω
ge'währleisten (*gewährleistet*) εγγυώμαι; *z.B. Stabilität* εξασφαλίζω
Ge'währleistung *f* εγγύηση; εξασφάλιση
Ge'wahrsam ⟨*-s*; *-e*⟩ *m* (*Polizei-*) προσωποκράτηση
Ge'währsmann *m* εγγυητής; (*Sachkenner*) αυθεντία
ge'währt χορηγούμενος
Ge'währung *f* παροχή, χορήγηση
Ge'walt *f* βία, ζόρι, στανιό; *JUR* εξουσία; (*des Windes usw*) ορμή, φόρα; ***höhere* ~** ανωτέρα βία; ***mit* ~** με το ζόρι (*oder* στανιό); **~ *anwenden*** μετέρχομαι βία, χρησιμοποιώ βία; ***sich in der* ~ *haben*** συγκρατούμαι
Ge'walt|- βίαιος, δυναστικός; **~anwendung** *f* βιασμός; **~herrschaft** *f* τυραννία; **~herrscher** *m* δυνάστης
ge'waltig *Wirkung*: τρομερός; φοβερός, (*auch fig*) μνημειώδης; *adv auch* βίαια, φόρτσα
ge'waltlos χωρίς βία
Ge'waltlosigkeit ⟨*0*⟩ *f* μη βία

G

gewaltsam 768

ge'waltsam βίαιος; *Tod:* ακούσιος; *adv* → *auch* ***mit Gewalt***
Ge'walt|samkeit *f* βιαιότητα; **~tat** *f* πράξη βίας
ge'walttätig βίαιος
Ge'walttätigkeit *f* βιαιότητα
Ge'wand ⟨*-¢s; ¨er*⟩ *n* αμφίεση
ge'wandt → ***wenden***; σβέλτος, καπάτσος
Ge'wandtheit ⟨*0*⟩ *f* σβελτοσύνη, ευστροφία
ge'wann → ***gewinnen***
ge'wärtig: ~ *sein* *G* είμαι προπαρασκευασμένος προς *A*, (το) περιμένω *A*
Ge'wässer *n* νερά *n/pl*, ύδατα *n/pl*; **~schutz** *m* προστασία υδάτων
Ge'webe *n* υφή, ιστός
ge'webt υφαντός
Ge'wehr ⟨*-¢s; -e*⟩ *n* τουφέκι, όπλο; **~feuer** *n* τουφέκισμα *n*; **~kolben** *m* κοντάκι; **~schuss** *m* τουφεκιά
Ge'weih ⟨*-¢s; -e*⟩ *n* κέρατο
ge'weiht μυημένος (*D*/σε)
Ge'werbe *n* επάγγελμα *n*; βιοτεχνία; **~-** βιοτεχνικός; **~freiheit** ⟨*0*⟩ *f* επαγγελματική ελευθερία; **~genehmigung** *f* άδεια για εμπόριο; **~schein** *m* άδεια εξασκήσεως επαγγέλματος; **~schule** *f* βιοτεχνική σχολή; **~steuer** *f* φόρος επιτηδεύματος; **~treibende(r)** βιοτέχνης
ge'werblich βιοτεχνικός, βιομηχανικός
ge'werbsmäßig επαγγελματικός
Ge'werkschaft *f* συνδικάτο, εργατική ένωση; **~ler** *m* συνδικαλιστής
ge'werkschaftlich συνδικαλιστικός
Ge'werkschafts|- συνδικαλιστικός; **~bund** *m* συνομοσπονδία συνδικαλιστών; **~mitglied** *n* μέλος *n* συνδικάτου; **~vertreter** *m* εκπρόσωπος συνδικάτου
ge'wesen → ***sein***
Ge'wicht ⟨*-¢s; -e*⟩ *n* βάρος *n*; (*zum Wiegen*) ζύγι, *pl auch* βάρη *n/pl*; (*Bedeutung*) ολκή; (*e-s Wortes*) βαρύτητα; (*der Uhr*) βαρίδι; ***spezifisches ~*** ειδικό βάρος *n*; ***das ~ feststellen*** ζυγοσταθμώ; *fig* ***~ haben*** έχω βάρος; *fig* ***~ legen auf*** *A* δίνω σπουδαιότητα σε; **~heben** *n* άρση βαρών; **~heber** *m* αρσιβαρίστας
ge'wichtig βαρυσήμαντος
Ge'wichtsverlust *m* απώλεια βάρους
ge'wickelt τυλιχτός, τυλιγμένος
ge|'wieft *fig* τετραπέρατος; **~'wiesen** → ***weisen***
ge'willt: ~ *sein zu ...* είμαι πρόθυμος να ...
Ge'wimmel ⟨*-s; 0*⟩ *n* συνωστισμός
Ge'winde *n* TECH σπείρωμα *n*; **~bohrer** *m* κοχλιοτομέας
Ge'winn ⟨*-¢s; -e*⟩ *m* κέρδος *n*, F καζάντι, ζουμί; ***~ abwerfen*** αφήνω κέρδη; ***~ bringend*** κερδοφόρος, επικερδής; **~anteil** *m* μερίδιο (κέρδους); **~ausschüttung** *f* καταβολή κερδών; **~beteiligung** *f* συμμετοχή στα κέρδη
ge'winnbringend κερδοφόρος, επικερδής
ge'winnen* (*auch fig*; *im Spiel*) κερδίζω; *allg* αποκτώ (-άς); *Anhänger* προσελκύω; ***j-n für A ~*** προδιαθέτω κπ για; ***wie gewonnen, so zerronnen*** ανεμομαζώματα διαβολοσκορπίσματα; **~d** ελκυστικός
Ge'winner *m* κερδισμένος; νικητής; (***der***) ***glückliche ~*** τυχερός; ***als ~ hervorgehen*** βγαίνω κερδισμένος
Ge'winn|liste *f* (οι) αριθμοί που κερδίζουν; **~spanne** *f* αέρας, περιθώριο κέρδους; **~sucht** ⟨*0*⟩ *f* φιλοκέρδεια; **~-und-Ver'lust-Rechnung** *f* λογαριασμός κερδών και ζημιών; **~ung** *f* απόκτηση
Ge'winsel ⟨*-s; 0*⟩ *n* κλαψουρίσματα *n/pl*
Ge'wirr ⟨*-¢s; 0*⟩ *n auch fig* μπέρδεμα *n*, ανακάτωμα *n*
ge'wiss βέβαιος; ορισμένος; *adv* βέβαια, βεβαίως; ***e-r S*** (*G*) ***~ sein*** είμαι βέβαιος για; ***ganz ~*** βεβαιότατα; ***gewisse*** (***Leute***) μερικοί, ορισμένοι; (***ganz***) ***gewisse*** (*auch iron*) μερικοί μερικοί; ***ein gewisser*** ποιος τις, κάποιος
Ge'wissen *n* συνείδηση (***reines, schlechtes***/καθαρή, βαριά); ***j-n auf dem ~ haben*** έχω πάρει κπ στο λαιμό μου
ge'wissenhaft ευσυνείδητος
Ge'wissenhaftigkeit ⟨*0*⟩ *f* ευσυνειδησία
ge'wissenlos ασυνείδητος, πωρωμένος
Ge'wissenlosigkeit ⟨*0*⟩ *f* ασυνειδησία
Ge'wissens|biss *m* τύψη (της συνειδήσεως); ***sich*** (***keine***) ***~bisse wegen*** *G* ***machen*** δεν έχω (καμμία) τύψη για

769 **Gipfelkonferenz**

A; **~freiheit** ⟨*0*⟩ *f* ελευθερία της συνειδήσεως
gewisser'maßen κατά κάποιο τρόπο, τρόπον τινά, ούτως ειπείν
Ge'wissheit *f* βεβαιότητα; ***sich über*** *A* **~ *verschaffen*** βεβαιώνομαι για
Ge'witter *n* καταιγίδα, θύελλα
ge'wittrig θυελλώδης
ge|'witzt αγέλαστος; **~'wogen** ευμενής (*D*/απέναντί του)
Ge'wogenheit ⟨*0*⟩ *f* ευμένεια
ge'wöhnen: *j-n an etw* (*A*) **~** συνηθίζω κπ σε; ***sich*** (*A*) **~ *an*** *A* συνηθίζω *A*; ***sich daran* ~, *zu ...*** μαθαίνω να ...
Ge'wohnheit *f* συνήθεια, εθισμός; ***j-m zur* ~ *werden*** μου γίνεται έξις *oder* συνήθεια; ***aus* ~** εκ συστήματος
ge'wohnheitsmäßig εθιμικός
Ge'wohnheits|recht *n* εθιμικό δίκαιο, έθιμο; **~verbrecher** *m* εγκληματίας καθ' έξη
ge'wöhnlich συνήθης, συνηθισμένος; *z.B. Kleidung*: ανεπίσημος; (*allgemein*) κοινός; ... της αράδας; (*ordinär*) πρόστυχος; (*vulgär*) χυδαίος; *adv* κοινά, συνήθως; ***wie* ~** κατά το σύνηθες; ***in* ~*er Sprache*** κοινώς
ge'wohnt συνήθης; ***es* ~ *sein, zu ...*** συνηθίζω να ..., το 'χω συνήθεια να ...
ge'wöhnt (***an*** *A*) συνηθισμένος (σε, με); ***nicht* ~** (***an*** *A*) ασυνήθιστος (σε)
Ge'wöhnung *f* συνήθεια, προσοικείωση
Ge'wölbe *n* θόλος, τόξο, (*auch des Fußes*) καμάρα
ge'wölbt θολωτός, τουρλωτός
ge'wonnen → ***gewinnen***; ***wie* ~, *so zerronnen*** μεροδούλι - μεροφάγι
ge'worfen → ***werfen***; πεταχτός
Ge'wühl ⟨*-ęs*; *0*⟩ *n* οχλοβοή, βαβυλωνία
ge'wunden → ***winden***; γυριστός; *Weg*: σκολιός; *adv* (*indirekt*, *gekünstelt*) πλαγίως; ***sich* ~ *ausdrücken*** αοριστολογώ
Ge'wünschte(s) ποθούμενο
Ge'würz ⟨*-es*; *-e*⟩ *n* καρύκευμα *n*, άρτυμα *n*, μπαχαρικό; **~gurken** *f*/*pl* αγγουράκια τουρσί; **~nelke** *f* καρυόφυλλο, γαρύφαλο
ge|'zackt, ~'zahnt πριονιστός, πριονωτός; οδοντωτός
Ge'zänk ⟨*-ęs*; *0*⟩ *n* φάγωμα *n*
ge'zeichnet (*als Böser*) σημαδιακός; (*vom Schicksal*) σημαδεμένος
Ge'zeiten *pl* παλίρροια
ge'zielt (*z. B. Werbung*) κατευθυνόμενος
ge'ziert κουνιστός, ναζιάρης (-α, -ικο)
Ge'ziertheit *f* ακκισμός
ge'zogen → ***ziehen***
ge'zuckert ζαχαρωτός, ζαχαρωμένος
Ge'zwitscher [ɪ] ⟨*-s*; *0*⟩ *n* λάλημα *n*, κελάιδημα *n*
ge'zwungen → ***zwingen***; υποχρεωμένος; (*auch Lächeln*) βεβιασμένος; **~ *sein zu ...*** είμαι αναγκασμένος να ..., οφείλω να ...; ***sich* ~ *sehen, zu ...*** βρίσκομαι στην ανάγκη να ...; **~er'maßen** εξ ανάγκης, αναγκαστικά

G

Ghana ['gaːna·] *n* Γκάνα
gib! δώσε!, δος!; → ***geben***
Gi'braltar *n* Γιβραλτάρ ⟨*0*⟩ *n*
Gicht ⟨*0*⟩ *f* αρθρίτιδα; (*in den Füßen*) ποδάγρα
Giebel *m* αέτωμα *n*
Gier ⟨*0*⟩ *f* απληστία, βουλιμία (***nach*** *D*/για)
gierig άπληστος; **~ *sein nach*** *D* λιγουρεύομαι (*A*)
gießen* *Wasser*, *Kerzen*, *Metall* χύνω; *Metall auch* χωνεύω; επιχύνω; *Blumen* ποτίζω; → *auch* ***begießen***; *subst* χύσιμο, χώνευση
Gießer *m* χύτης, χωνευτής
Gieße'rei *f* χωνευτήρι
Gieß|kanne *f* ποτιστήρι; **~löffel** *m* χυτήρας; **~maschine** *f* χυτήριο
Gift ⟨*-ęs*; *-e*⟩ *n* φαρμάκι, δηλητήριο; ***darauf können Sie* ~ *nehmen*** *etwa*: βάζω το κεφάλι μου (πως είναι έτσι); **~gas** *n* δηλητηριώδες αέριο
giftig δηλητηριώδης, τοξικός, (*auch fig*) φαρμακερός
Gift|igkeit ⟨*0*⟩ *f* τοξικότητα; **~mischer** *m* φαρμακευτής; **~schlange** *f* δηλητηριώδες φίδι
Gig [gɪk] ⟨*-*; *-s*⟩ *f* MAR κέλης (-ητος)
Gi'gant ⟨*-en*⟩ *m* γίγαντας, γίγας
gi'gantisch γιγαντιαίος
Gilde *f* συνάφι, συντεχνία
Gimpel *m* πυρρούλας
Gin [dʒɪn] ⟨*-s*; *-s*⟩ *m* τζιν ⟨*0*⟩ *n*
ging → ***gehen***
Ginster *m* σπάρτιο, γενίστη
Gipfel *m* κορυφή, ακρώρεια; *fig* (*des Ruhms*) κατακόρυφο; (*der Weisheit usw*) άκρο άωτο; **~konferenz** *f*

Gipfeltreffen 770

διάσκεψη κορυφής; **~treffen** *n* συνάντηση κορυφής
Gips ⟨*-es*; *-e*⟩ *m* γύψος; **~-** γύψινος; **~abdruck** *m* γύψινο εκμαγείο
gipsen ⟨*-t*⟩ γυψώνω
Gips|gießer *m* γυψοπλάστης; **~verband** *m* γύψινος επίδεσμος
Gi'raffe *f* καμηλοπάρδαλη
gi'rieren [ʒi·-] οπισθογραφώ, μεταφέρω
Gir'lande *f* γιρλάντα
Giro ['ʒi:ʀo·] ⟨*-s*; *-s*⟩ *n* οπισθογράφηση; συμψηφισμός; **~konto** *n* λογαριασμός όψεως, ανοιχτός λογαριασμός; **~verkehr** *m* διακίνηση λογαριασμών όψεως; **~zentrale** *f* γραφείο συμψηφισμού, κλήρινγκ χάουζ ⟨*0*⟩ *n*
girren → ***gurren***
Gischt *f* αφρός
Gi'tarr|e *f* κιθάρα; ***~e spielen*** παίζω κιθάρα; **~enspieler** *m*, **~'ist** ⟨*-en*⟩ *m* κιθαρίστας
Gitter *n* κάγκελο, κιγκλίδωμα *n*; *ELEKTR* σχάρα; **~-** καγκελωτός
gitterartig κιγκλιδωτός
Gitter|fenster *n* καφάσι; **~werk** *n* κιγκλίδωμα *n*, δικτυωτό
Gladi'ator ⟨*-s*; *-'toren*⟩ *m* μονομάχος
Glanz ⟨*-es*; *0*⟩ *m* λάμψη, στιλπνότητα; *fig* λαμπρότητα; φαεινότητα; ***~ verleihen*** (*auch fig*) λαμπρύνω
glänzen ⟨*-t*⟩ *auch fig Person*: λάμπω (**vor** *Freude*/από); *Fußboden*, *Augen*: γυαλίζω, λαμποκοπώ; ***durch Abwesenheit ~*** *iron* λάμπω δια της απουσίας μου; ***~ durch*** *Intelligenz usw* διακρίνομαι για; **~d** γυαλιστερός; *auch fig* λαμπρός (*z.B. Erfolg*); *Idee*: φαεινός; *adv* (*=sehr gut*) λαμπρά
Glanzleistung *f* λαμπρή απόδοση
glanzlos θολός, αστίλβωτος
Glanz|losigkeit ⟨*0*⟩ *f* θαμπάδα; **~stück** *n* δόξα, άθλος
glanzvoll περίλαμπρος, περιφανής
Glas ⟨*-es*; *⸚er*⟩ *n* γυαλί; (*Trink-*) ποτήρι; ***ein ~ Bier*** ένα ποτήρι μπίρα; (*Fenster-*) τζάμι; ***Jenaer ~*** ύαλος Ιένης; **~-** (*-Körper*) υαλοειδής; τζαμικός; γυάλινος; **~bläser** *m* υαλοποιός; **~er** *m* υαλοθέτης, τζαμάς; **~e'rei** *f* γυαλάδικο
gläsern υαλώδης, γυάλινος
Glas|faser *f* οπτική ίνα; **~glocke** *f* *ELEKTR* γλόμπος; γυάλινος κώδωνας; **~hütte** *f* υαλουργείο
gla'sieren *TECH* εμφιαλώνω; *Kuchen* γλασάρω
glasig γυάλινος (*auch Augen*)
Glas|malerei *f* υαλογραφία; **~perle** *f* χάντρα; **~scheibe** *f* υαλοπίνακας, τζάμι; **~tür** *f* τζαμόπορτα
Gla'sur *f* εμφιάλωση, μίλτος; (*Kuchen*) γλάσο
Glas|ve'randa *f* τζαμαρία; **~voll** ⟨*-*; *0*⟩ *n* ποτηριά; **~waren** *f*/*pl* γυαλικά *n*/*pl*; **~warenindustrie** *f* υαλοποία; **~wolle** *f* φίμπεργκλας *n*
glatt ⟨*auch ⸚er*, *⸚est-*⟩ ομαλός; (*schlüpfrig*) ολισθηρός, γλιστερός; (*reibungslos*) ομαλός; *Haar*: στρωτός; *See*: ατάραχτος, ακύμαντος; ***~ gehen*** *Arbeit*: στρώνω; ***es geht ~*** πάει στρωτά (η δουλειά); ***~ hobeln*** πλανιάρω; *Kleid*: ***~ sitzen*** στρώνω; ***es ist ~*** γλιστράει κανείς
Glätte *f* ομαλότητα; ολισθηρότητα
Glatteis *n* ολισθηρότητα (στους δρόμους)
glätten ⟨*-e-*⟩ λειαίνω, εξομαλύνω, γυαλίζω, στιλβώνω; αποξέω; *Falten* ξεσουφρώνω
Glätten *n* εξομάλυνση, λείανση, στίλβωση
glattweg ορθά-κοφτά
Glatz|e *f* φαλάκρα; **~kopf** *m* F φαλακρός
Glaube ⟨*-ns*; *0*⟩ *m* πίστη; *REL* θρησκεία; ***gemeinsamer ~*** ομοδοξία; ***in gutem ~n*** καλή τη πίστει; ***j-m ~n schenken*** πιστεύω
glauben: *es*, *den Worten*, *j-m* πιστεύω *A*; ***~ an*** *Gott*, *Träume usw* (*A*) πιστεύω σε; ***~, dass ...*** νομίζω, θαρρώ πως ...
Glaubens|artikel *m* άρθρο πίστεως; **~bekenntnis** *n* σύμβολο (*oder* ομολογία) πίστεως; **~freiheit** ⟨*0*⟩ *f* θρησκευτική ελευθερία; **~genosse** *m* ομόθρησκος, ομόπιστος; **~lehre** *f* δογματική; **~wechsel** *m* αλλαξοπιστία
glaubhaft πιστευτός
gläubig θρήσκος, ευσεβής
Gläubig|e(r) πιστός; **~er** *m* *HDL* πιστωτής
glaublich πιστευτός; ***kaum ~*** δυσκολοπίστευτος
glaubwürdig αξιόπιστος
Glaubwürdigkeit ⟨*0*⟩ *f* αξιοπιστία
gleich ίσος (*D*/με), όμοιος; ίδιος; ***der ~e*** απαράλλαχτος (**wie**/με); *adv* όμοια; *MATH* ίσον (=); (*Zeit*) ευθύς, αμέσως;

ομοιο-, *z.B.* ~ ***schwer*** ομοιοβαρής; ~ ***zu Anfang*** ευθύς εξ αρχής; ~ ***nach meiner Ankunft in ...*** μόλις έφθασα σε ...; ~ ***sein*** *MATH* ισούμαι, *mst* ισούται (*D*/με); ***es ist*** ~ ***sieben*** πάει η ώρα εφτά; ***es ist mir*** ~ το ίδιο μου κάνει; ***Gleiches mit Gleichem vergelten*** ανταποδίδω τα ίσα; ~ ***gesinnt*** ομόφρονας (-ον); ~ ***gesinnt sein*** ομοφρονώ; ~ ***lautend*** *Wort*: ομώνυμος; (*identisch*) ταυτόσημος

gleich- *oft*: ισο-, ομο-, ομοιο-

gleichaltrig συνομήλικος

Gleichaltrige(r) συνομήλικος

gleichartig ομοειδής, ομοιογενής

Gleichartigkeit *f* ομοιογένεια

gleich|bedeutend ταυτόσημος; **~berechtigt** ισόνομος

Gleichberechtigung ⟨*0*⟩ *f* ισονομία

gleichen* μοιάζω (*D*/με); ***sich*** ~ μοιάζω

gleichermaßen εξ ίσου

gleichfalls όμοια, παρομοίως; επίσης; ***danke, ~!*** ευχαριστώ, επίσης

gleich|farbig ομόχρωμος; **~förmig** ομοιόμορφος; **~gestellt** ομοταγής, → ***gleichrangig***

Gleichgewicht *n* ισορροπία, ισοζύγιο; ***im*** ~ ισόρροπος; ***sich im*** ~ ***befinden, im*** ~ ***sein*** ισορροπώ; ***sich im*** ~ ***halten*** ζυγίζομαι; ***ins*** ~ ***bringen*** ισορροπώ (*auch fig*)

Gleichgewichts|sinn ⟨*-e̸s*; *0*⟩ *m* αίσθηση ισορροπίας; **~störung** *f* ανισορροπία

gleichgültig αδιάφορος (***gegenüber*** *D*/ για); ***es ist mir*** ~ αδιαφορώ

Gleichgültigkeit ⟨*0*⟩ *f* αδιαφορία

Gleichheit ⟨*0*⟩ *f* ισότητα; ~ ***vor dem Gesetz, der Rechte*** ισονομία

Gleichheits|grundsatz *m* (αρχή) ισονομία(ς); **~zeichen** *n* σύμβολο της ισότητας (=)

Gleichklang *m* ομοφωνία

gleichkommen* ⟨*sn*⟩ παραβγαίνω (***j-m an*** *D*/με κπ σε κτ); ισοδυναμώ (*D*/με, προς *A*)

gleichmachen ισώνω; ισοπεδώνω (*bsd fig*); ***dem Erdboden*** ~ ισοπεδώνω

Gleichmach|e'rei *f* μανία για ισοπέδωση; **~ung** *f* ισοπέδωση

Gleichmaß *n* ρυθμός; συμμετρία

gleichmäßig ομαλός; συμμετρικός; *Schrift*: στρωτός; *adv* εξίσου

Gleich|mäßigkeit *f* συμμετρία; κανονικότητα; μονοτονία; **~mut** ⟨*-e̸s*; *0*⟩ *m* φιλοσοφικότητα

gleichmütig απαθής

Gleichmütigkeit ⟨*0*⟩ *f* απάθεια

gleichnamig συνονόματος; (*auch Bruch*) ομώνυμος

Gleich|namigkeit ⟨*0*⟩ *f* ομωνυμία; **~nis** ⟨*-ses*; *-se*⟩ *n* παραβολή

gleich|nishaft παραβολικός; **~rangig** ομότιμος; *MIL* ομοιόβαθμος

Gleichrichter *m ELEKTR* ανορθωτής; **~-** ανορθωτικός

gleichsam ούτως ειπείν

gleichschalten ⟨*-e-*⟩ συγχρονίζω; *fig* ευθυγραμμίζω

Gleichschaltung *f* συγχρονισμός; *fig* ευθυγράμμιση

gleichschenklig *Dreieck*: ισοσκελής

Gleichschritt ⟨*-e̸s*; *0*⟩ *m* βήμα *n* κανονικής πορείας

gleich|seitig ισόπλευρος; **~setzen** ⟨*-t*⟩ (*einander*) συνταυτίζω; **~silbig** ισοσύλλαβος; **~stellen** εξομοιώνω (***j-m etw***/κπ με κτ); εξισώνω; *Frauen* χειραφετώ

Gleich|stellung *f* εξομοίωση, εξίσωση (***mit*** *D*/προς *A*); χειραφέτηση; **~strom** ⟨*-e̸s*; *0*⟩ *m* συνεχές ρεύμα *n*

gleichtun*: ***es j-m*** ~ είμαι ισόπαλός του

Gleichung *f MATH* εξίσωση, σχέση; ***e-e*** ~ ***aufstellen*** εξισώνω

gleichviel *adv* το ίδιο (ποσοτικά)

gleichwertig ισάξιος, ισοδύναμος; ~ ***sein*** αντιστοιχώ (*D*/πρός *A*)

Gleichwertigkeit ⟨*0*⟩ *f* αντιστοιχία

gleich|winklig ισογώνιος; **~wohl** μολαταύτα

gleichzeitig σύγχρονος, ταυτόχρονος; *adv* σύναμα, σύνωρα; ~ ***eintreten, erfolgen*** συμπίπτω

Gleichzeitigkeit ⟨*0*⟩ *f* συγχρονισμός

Gleis ⟨*-es*; *-e*⟩ *n* σιδηροτροχιά; **~bettung** *f BAHN* πέλμα *n* σιδηροτροχιάς

gleiten* ⟨*sn*⟩ γλιστρώ (-άς), ολισθαίνω; ***~de Arbeitszeit*** ελαστικό ωράριο

Gleitschirmfliegen *n* παραγκλάιντινγκ ⟨*0*⟩ *n*

Gleitschutz *m* αντιολισθητικό; **~kette** *f* αντιολισθητική αλυσίδα

Gleitzeit *f* ελαστικό ωράριο

Gletscher *m* παγετώνας

glich → ***gleichen***

Glied ⟨*-e̸s*; *-er*⟩ *n ANAT*, *MATH usw* μέλος

gliedern 772

n; (*Ketten-*) κρίκος; ***männliche(s)*** ~ πέος *n*; ***in Reih und*** ~ ***antreten*** παρατάσσομαι επί ζυγών
gliedern ⟨*-re*⟩ υποδιαιρώ; *lit Stoff* διαρθρώνω
Gliederung *f* υποδιαίρεση; διάρθρωση
Glied|maßen *pl* άκρα *n/pl*; **~satz** *m* δευτερεύουσα πρόταση
glimmen* κουφοκαίω
Glimmer *m* (*Mineral*) μαρκάσι, μίκα
glimpflich επιεικής; ~ ***davonkommen*** πέφτω στα μαλακά
glitt → ***gleiten***
glitzern ⟨*-re*⟩ υαλοκοπώ (-άς), γυαλίζω
glo'bal ολικός, παγκόσμιος
Globus ⟨*- oder -ses; -se, Globen*⟩ *m* υδρόγειος (σφαίρα), γεώσφαιρα
Glöckchen *n* κουδουνάκι
Glocke *f* κουδούνι, καμπάνα; (*Glas-*) γλόμπος; *fig* ***an die große*** ~ ***hängen*** βάζω τρουμπέτα
glockenförmig κωδωνοειδής
Glocken|geläut *n* κωδωνοκρουσία; **~turm** *m* κωδωνοστάσιο
Glöckner *m* κωδωνοκρούστης
Glorienschein ['glo:rĭən-] *m* φωτοστέφανο
Glos'sar ⟨*-s; -e*⟩ *n* λεξιλόγιο
Glosse *f* γλώσσημα *n*
glos'sieren σχολιάζω
glotz|äugig γουρλομάτης (-άτα); **~en** ⟨*-t*⟩ F γουρλώνω
Glück ⟨*-es; 0*⟩ *n* ευτυχία; ευτύχημα *n*; γούρι; ***auf gut*** ~ στα κουτουρού; στην τύχη; ***das*** ~ ***haben zu ...*** έχω την τύχη να ...; ~ ***haben*** είμαι τυχερός; *für Jungverheiratete*: ***viel*** ~***!*** καλορίζικα!; ***mit etwas*** ~ με λίγη καλή τύχη; ***es ist ein*** ~ ***für dich*** τυχερό σου είναι (***dass***/να); ***j-m*** ~ ***wünschen zu*** *D* συγχαίρω κπ για; (***er***) ***brachte mir*** ~ μου 'κανε καλό ποδαρικό; ~ ***auf!*** καλώς ν'ανέλθεις!; ***das bringt*** ~ φέρνει γούρι; ~ ***bringend*** καλοπόδαρος, τυχερός, καλορίζικος; ~ ***verheißend*** ευοίωνος
Glucke *f* κλώσα
glucken κλωσώ (-άς); γουργουρίζω
glücken: *es glückt j-m* βγαίνει κπ *G* σε καλό
glücklich ευτυχής, ευτυχισμένος, καλότυχος; ~ ***sein*** ευτυχώ; ***j-n*** ~ ***preisen*** καλοτυχίζω; εύχομαι σε κπ καλή τύχη; **~*e Reise!*** καλό ταξίδι!; **~erweise** ευτυχώς; καλά που ...
Glücks- γουρλίτικος; (*Spiel*) τυχερός
glück'selig μακάριος, ευδαίμονας
Glück'seligkeit *f* μακαρισμός, ευδαιμονία
Glücks|fall *m* κελεπούρι; **~kind** *n* καλότυχος, γουρλής (*f* -λίδισσα); ***ich bin ein*** **~*kind*** είμαι τυχερός; **~pilz** *m* → ***Glückskind***; **~ritter** *m* τυχοδιώκτης; **~sache** ⟨*0*⟩ *f*: ***es ist*** **~*sache*** είναι θέμα τύχης; **~spiel** *n* τυχερό παιχνίδι; **~umstände** *m/pl* ευνοϊκές περιστάσεις *f/pl*
Glückwunsch *m* συγχαρητήρια *n/pl*; ***meinen*** ~***!*** τα συγχαρητήρια μου; ***herzlichen*** ~ *allg* χρόνια πολλά; **~karte** *f* ευχετήρια κάρτα; **~telegramm** *n* ευχετήριο τηλεγράφημα *n*
Glühbirne *f* λαμπτήρας, γλόμπος
glühen *v/i* πυρώνω; ψήνομαι (***vor*** *Fieber*/από); *fig* καίγομαι (***vor*** *D*/από)
Glühen *n* πύρωση, πυράκτωση; ***zum*** ~ ***bringen*** πυρακτώνω
glühend πυρακτωμένος; *auch fig* διακαής (*Wunsch*), πυριφλεγής (*Liebe*)
Glüh|faden *m* νήμα *n*; **~strumpf** *m* (*Gas*) φωτοβολίδα; **~würmchen** *n* πυγολαμπίδα, κωλοφωτιά
Glut *f* ανθρακιά; (*Hitze*) καύσωνας, κάψα
glutrot κατακόκκινος
Gly'kose ⟨*0*⟩ *f* γλυκόζη
Glypto'thek *f* γλυπτοθήκη
Glyze'rin ⟨*-s; 0*⟩ *n* γλυκερίνη
Gnade *f* REL, JUR χάρη, χάρις *f*; (*Erbarmen*) έλεος *n*, νισάφι; (*Gunst*) εύνοια; ***Euer*** **~*n!*** η χάρη σας; ***um*** ~ ***bitten*** ζητώ χάρη
Gnaden|- χαριστικός; **~gesuch** *n* αίτηση χάριτος
gnaden|los άσπλαχνος; **~reich** REL κεχαριτωμένος
Gnaden|schuss *m* χαριστική βολή; **~stoß** *m* τελειωτικό κτύπημα
gnädig ελεήμονας, ευμενής; **~*e Frau!*** κυρία; REL ~ ***sein*** ιλάσκομαι; ***sei mir*** ~ ***...!*** ιλάσθητί μοι ...; ***j-n*** ~ ***stimmen*** εξιλεώνω
Gnosis ⟨*0*⟩ *f* PHILOS γνώση
Gockel *m* F κόκορας
Gold ⟨*-es; 0*⟩ *n* χρυσός, μάλαμα *n*; (*-Schmuck*) χρυσάφι; **~-** *auch fig* χρυσός; *fig* διαμάντι; ***mit*** ~ ***verzieren*** χρυσοστολίζω
Gold|amsel *f* συκοφάγος, κιτρινο-

773 Gouvernante

πούλι; **~auflage** *f*: ***mit ~auflage*** πλακέ ⟨*0*⟩, μαλαμοκαπνισμένος; **~barren** *m* ράβδος χρυσού; **~blättchen** *n* χρυσόκολλα

gold|blond χρυσόξανθος; **~durchwirkt** χρυσοΰφαντος; **~en** χρυσαφύς, χρυσός, μαλαματένιος; **~farben** χρυσαφύς

Gold|fisch *m* χρυσόψαρο; **~gehalt** *m* (η) σε καθαρό χρυσό περιεκτικότητα

gold|gelb χρυσόξανθος; **~glänzend** χρυσαφένιος

Gold|gräber *m* χρυσωρύχος, χρυσοθήρας; **~grube** *f* χρυσωρυχείο; F *etwa*: κερδοφόρο κατάστημα *n*

gold|haltig χρυσούχος, χρυσοφόρος; **~ig** ξανθός; *fig* χρυσός; διαμαντένιος

Gold|käfer *m* χρυσοκάνθαρος, χρυσόμυγα; **~küste** ⟨*0*⟩ *f* Χρυσή Ακτή; **~lack** *m* BOT μανιτιά, χείρανθος; **~medaille** *f* χρυσό μετάλλιο; **~mine** *f* χρυσωρυχείο; **~münze** *f* νόμισμα *n* χρυσό; **~preis** *m* τιμή χρυσού; **~schmied** *m* χρυσοχόος; **~schmuck** *m* χρυσαφικό; **~staub** *m* χρυσόσκονη; **~stück** *n* νόμισμα *n* χρυσό; **~sucher** *m* χρυσοθήρας; **~waage: *s-e Worte auf die ~waage legen*** σταθμίζω τα λόγια μου; **~währung** *f* χρυσός κανόνας; **~waren** *f/pl* μαλαματικά *n/pl*, χρυσαφικά *n/pl*; **~wert** ⟨*-ẹs*; *0*⟩ *m* αξία χρυσού

Golf¹ ⟨*-ẹs*; *-e*⟩ *m* κόλπος

Golf² ⟨*-s*; *0*⟩ *n* (*Sport*) γκολφ ⟨*0*⟩ *n*; **~ball** *m* μπαλάκι του γκολφ; **~platz** *m* γήπεδο γκολφ; **~schläger** *m* μπαστούνι του γκολφ

Golfstrom ⟨*-ẹs*; *0*⟩ *m* ρεύμα *n* του κόλπου

Golgatha ['gɔl-] *n* Γολγοθάς

Gondel *f* γόνδολα

Gondoliere [-'li̯eːʀə] ⟨*-*; *-ri*⟩ *m* γονδολιέρης

Gong ⟨*-s*; *-s*⟩ *m* γκογκ ⟨*0*⟩ *n*

Goniome'trie ⟨*0*⟩ *f* γωνιομετρία

gönnen: *j-m etw ~* δεν ζηλεύω κπ για κάτι; κάνω το χαλάλι; ***sich*** (*D*) ***etw ~*** δεν παραιτούμαι από; ***sich*** (*D*) ***nichts ~*** απέχω απ' όλες τις απολαύσεις

Gönner *m* διαφεντευτής

gönnerhaft προστατευτικός

Gono|'kokkus ⟨*-*; *-kken*⟩ *m* γονόκοκκος; **~'rrhöe** *f* γονόρροια

gordisch: *der ~e Knoten* ο γόρδιος δεσμός

Gör ⟨*-ẹs*; *-en*⟩ *n*, **Göre** *f* F παλιοκόριτσο

Gorgo *f* Γοργόνα

Go'rilla ⟨*-s*; *-s*⟩ *m* γορίλας

Gosse *f* νεροσυρμή; ***in der ~ enden*** παίρνω τον κακό δρόμο

Got|en *m/pl* Γότθοι *m/pl*; **~ik** ⟨*0*⟩ *f* γοτθικός ρυθμός

gotisch γοτθικός

Gott ⟨*-ẹs*; *⸚er*⟩ *m allg* θεός; (*der christliche*) Θεός; ***von ~*** απ' τον Θεό; θεο-; *z.B.* ***von ~ gesandt*** θεόπεμπτος; ***der liebe ~*** ο καλός θεός; ***du lieber ~!*** θεέ μου!; ***~ behüte!*** (***bewahre!***) ο Θεός φυλάξοι; ***~ sei Dank!*** δόξα σοι ο θεός, ευτυχώς; ***~ geb's*** ο Θεός να δόσει; ***~ helfe dir*** (***euch***)***!*** ο Θεός βοηθός; ***~ weiß, was wird*** ο Θεός ξέρει τι θα γίνη; ***so ~ will*** θεού θέλοντος; ***um ~es willen*** προς Θεού, για όνομα του Θεού; ***wolle ~, dass ...*** (*konj impf*) άμποτε να ...

Götter|dämmerung *f* (το) λυκόφως των θεών; **~glaube** *m* πίστη στο θεό, πολυθεΐα; **~speise** *f* αμβροσία; (*Gelee*) ζελέ(ς, -έδες *m*) ⟨*0*⟩ *n*

Gottes|dienst *m* θεία λειτουργία; ***den ~dienst abhalten*** ιερουργώ; **~erkenntnis** *f* θεογνωσία; **~furcht** *f* θεοσέβεια

gottesfürchtig θεοσεβής

Gottes|gabe *f* δώρο Θεού; **~haus** *n* οίκος του Θεού

Gotteslästerer|er *m* βλάσφημος; **~ung** *f* βλασφημία

Gottes|leugner *m* αρνησίθεος; **~urteil** *n* θεοδικία

gottgefällig θεάρεστος

Gottheit *f* θεότητα

Göttin *f* θεά

göttlich *auch fig* θεϊκός, θείος; θεο-

Göttlichkeit ⟨*0*⟩ *f* θεότητα

gottlos άθεος, ασεβής

Gottlos|e(r) θεομπαίχτης, αρνησίθεος; **~igkeit** ⟨*0*⟩ *f* αθεΐα

Gott|mensch *m* (*Christus*) θεάνθρωπος; **~vertrauen** *n* εμπιστοσύνη στο θεό

gottvoll F αμίμητος, θεσπέσιος

Götze ⟨*-n*⟩ *m* είδωλο

Götzen|anbeter *m* ειδωλολάτρης; **~bild** *n* → ***Götze***; **~dienst** *m* ειδωλολατρεία

Gouver'nante [guˑvɛʀ-] *f* γκουβερνάντα

G

Gouver|nement [guˑvɛʀnəˈmãː] ⟨-s; -s⟩ *n* κυβερνείο; **~neur** [-ˈnøːʀ] ⟨-s; -e⟩ *m* κυβερνήτης, ύπατος αρμοστής
Grab ⟨-ęs; ⸚er⟩ *n* τάφος; ***j-n zu ~e tragen*** πηγαίνω κπ στα κυπαρίσσια
Grab- επιτάφιος; νεκρο-
graben* σκάβω, σκάπτω; ορύσσω
Graben¹ *n* σκάψιμο
Graben² ⟨-s; ⸚⟩ *m* χαντάκι, τάφρος, διόρυγμα *n*; ***e-n ~ ziehen*** σκάβω χαντάκι
Gräber *m* σκαφέας, σκαλιστής
Grabes|ruhe *f*, **~stille** *f* νεκρική σιγή
Grab|gesang *m* επιτάφιος ψαλμωδία; **~hügel** *m* τύμβος; **~inschrift** *f* επιτύμβιο; **~legung** *f* **Christi** επιτάφιος; **~mal** ⟨-ęs; ⸚er⟩ *n* μνήμα *n*; **~rede** *f* νεκρολογία; **~schänder** *m* τυμβωρύχος; **~schändung** *f* τυμβωρυχία; **~stätte** *f* τάφος; μνήμα *n*, τύμβος; **~stein** *m* επιτύμβιος πλάκα; **~stichel** *m* γλύφανο; **~urne** *f* νεκροθήκη
Grad ⟨-ęs; -e⟩ *m allg*, TECH, MATH βαθμός; MATH, GEOGR μοίρα; MATH *Gleichung* **4. ~es** διτετράγωνος; ***ein Winkel von 45 ~*** γωνία 45 μοιρών; ***in hohem ~e*** σε μεγάλο βαθμό; ***bis zu welchem ~e?*** σε ποιο βαθμό, σε ποιο ποσοστό; ***in ~e einteilen*** βαθμολογώ
Gradeinteilung *f* βαθμολογία; ***ohne ~*** αβαθμολόγητος
Graf ⟨-en⟩ *m* κόμης, κόντες (-ηδες)
Graf'fito ⟨-s; -ti⟩ *m oder n* επιγραφή
Grafik *f* γραφικές τέχνες *f/pl*; **~karte** *f* EDV κάρτα γραφικών
Gräfin *f* κόμισσα, κοντέσα
grafisch γραφικός
Gra'fit *m* → ***Graphit***
Grafolo'gie *f* → ***Graphologie***
Grafschaft *f* κομητεία
gram: *j-m ~ sein* του κρατώ (-άς) κακία (***wegen*** *G*/για)
Gram ⟨-ęs; *0*⟩ *m* θλίψη
Gramm ⟨-s; -e *oder* -⟩ *n* γραμμάριο
Gram'matik *f* γραμματική; **~fehler** *m* γραμματικό λάθος; ασυνταξία
gram'matisch γραμματικός
Grammo'fon, Grammo'phon ⟨-s; -e⟩ *n* γραμμόφωνο; **~platte** *f* δίσκος (γραμμοφώνου)
Gra'natapfel *m* ρόδι; **~baum** *m* ροδιά
Gra'nat|e *f* οβίδα; **~splitter** *m* θραύσμα *n* οβίδος
grandios [-ˈdĭoːs] μεγαλειώδης
Gra'nit ⟨-s; -e⟩ *m* γρανίτης
Granne *f* BOT άγανο, αθέρας
grantig τζαναμπέτης (-ισσα, -ικο)
granu'lier|en χονδροκοπανίζω; **~t** κοκκώδης, σπυρωτός, γκρανουλέ ⟨*0*⟩
Grapefruit [ˈgreːpfruːt] ⟨-; -s⟩ *f* γκρέιπφρουτ ⟨*0*⟩ *n*
Graphik *f* → ***Grafik***
graphisch → ***grafisch***
Gra'phit ⟨-s; -e⟩ *m* γραφίτης
Grapholo'gie ⟨*0*⟩ *f* γραφολογία
Gras ⟨-es; ⸚er⟩ *n* χορτάρι, χόρτο; ***ins ~ beißen*** F τινάζω τα πέταλα; ***über etw ~ wachsen lassen*** καλύπτω με το πέπλο της λήθης; ***darüber ist längst ~ gewachsen*** περασμένα ξεχασμένα; ***~ fressend*** χορτοφάγος
gras|en ⟨-t⟩ βόσκω; **~grün** καταπράσινος
Gras|halm *m* καλάμι χόρτου; **~hüpfer** *m* ακρίδα; **~mücke** *f* ποταμίδα
gra'ssieren *Krankheit usw*: σέρνομαι
grässlich φρικτός; τερατόμορφος
Grässlichkeit *f* φρικαλεότητα
Grat ⟨-ęs; -e⟩ *m* αθέρας, ακμή; (*e-s Berges*) κορυφογραμμή
Gräte *f* ψαροκόκκαλο, άκανθα
Gratifika'tion *f* επίδομα *n*, επιμίσθιο
gratis δωρεάν, χάρισμα
grätschen διασκελίζω
Grätschstellung *f* διάσταση
Gratu|'lant ⟨-en⟩ *m* συγχαίρων *m*; **~la'tion** *f* συγχαρητήρια *n/pl*
gratu'lier|en συγχαίρω (***j-m zu*** *D*/κπ για); **~e!** τα συγχαρητήριά μου; (*z.B. zum neuen Kleid*) με γεια!
grau γκρίζος, γκρι ⟨*0*⟩; φαιός; *Haar*: ψαρός, πολιός; *fig* ζοφερός; ***~ werden*** γκριζάρω
Gräuel *m* αγριότητα, φρίκη; **~tat** *f* φρικαλεότητα
grau|en¹: *der Tag ~t* ξημερώνει
grau|en²: *mir ~t vor* *D* φρικιώ, φρικάρω με
Grauen *n* φρίκη; ***~ erregend*** μακάβριος, φρικαλέος, αποτρόπαιος
grauen|erregend, ~haft, ~voll μακάβριος, φρικαλέος, αποτρόπαιος
grauhaarig ψαρομάλλης, γκριζομάλλης
graulen: *sich ~* ανατριχιάζω
gräulich¹ φρικαλέος
gräulich² (*grau*) υπόφαιος, γκριζωπός
Graupe *f* κριθαράκι; φάρος

Graupensuppe *f* σούπα κριθαράκι
grausam απηνής, σκληρός, ωμός
Grausamkeit *f* απήνεια, σκληρότητα, ωμότητα
grausen ⟨*-t*⟩ → ***grauen***[2]
grausig βλοσυρός, φρικτός
Grauzone *f etwa*: παρυφές *f/pl* του νόμου
Gra|veur [-'vøːʀ] ⟨*-s*; *-e*⟩ *m* χαράκτης; **~'vier-** χαρακτός
gra'vieren (εγ)χαράσσω
Gra'vier|en *n* χάραξη; **~kunst** *f* χαρακτική; **~ung** *f* εγχάραγμα *n*
Gravis ⟨-; -⟩ *m* βαρεία
Gravita'tion ⟨*0*⟩ *f* έλξη
gravi'tätisch αξιοπρεπής; *mst adv* αξιοπρεπώς
Grazie [-tsĭə] *f* χάρη
gra'ziös χαριτωμένος; *adv auch* χαριέντως
gräzi'sieren εξελληνίζω
Grä'zist ⟨*-en*⟩ *m* ελληνιστής
Greenwich ['gʀiːnɪtʃ] *n* Γκρήνουϊτς; ***... östlich von ~ ...*** ανατολικά από το Γκρήνουϊτς
Gre'gorius *m* Γρηγόριος
gregori'anisch γρηγοριανός
greifbar χειροπιαστός; (*erreichbar*) εφικτός
greifen* πιάνω, αρπάζω; ***~ nach*** *D* προσπαθώ να το πιάσω; ***~ zu*** *D* (*Mitteln*) καταφεύγω σε; ***zu weiteren Maßnahmen ~*** προχωρώ σε (περαιτέρω) μέτρα; ***das ist aus der Luft gegriffen*** είναι δημιούργημα της φαντασίας; ***um sich ~*** σέρνομαι
Greis ⟨*-es*; *-e*⟩ *m* γέροντας, γέρος
Greisen|- γεροντικός; **~alter** *n* γεροντική ηλικία
greisenhaft πρεσβυτικός, γεροντικός
Greisin *f* γριά, γραία, γερόντισσα
grell *Licht*: αποτυφλωτικός; *Farbe*: χτυπητός; *Stimme*: οξύς
Gremium ⟨*-s*; *-ien*⟩ *n* επιτελείο
Grenz|- (*-Linie*) οροθετικός; (*-Station*) συνοριακός; (*-Problem*) μεθοριακός; (*-Fluss*) μεθόριος; **~ausgleich** *m* εξισωτικός δασμός; **~befestigung** *f* συνοριοκό οχυρό; **~bevölkerung** *f* παραμεθόριος πληθυσμός; **~bewohner** *m* παραμεθόριος κάτοικος
Grenze *f* όριο (*auch fig*), σύνορο, *mst* σύνορα *n/pl*; *fig* μεταίχμιο; ***die ~n festsetzen*** οροθετώ; ***e-e ~ setzen*** *D* βάζω όριο σε; ***j-m ~n setzen*** θέτω σε κπ χαλινό
grenzen ⟨*-t*⟩ συνορεύω (**an** *A*/με), *auch fig* (*z.B. ans Wunderbare*) γειτνιάζω (**an** *A*/με); **~los** αχανής, απέραντος
Grenzenlosigkeit *f* αχανές *n*
Grenz|festsetzung *f* οροθεσία; **~formalität** *f* συνοριακή διαδικασία; **~gebiet** *n* συνορεύοντα εδάφη *n/pl*; **~kontrolle** *f* συνοριακός έλεγχος; **~linie** *f* συνοριακή γραμμή; **~nachbar** *m* συνορίτης; **~pfahl** *m* οριοδείκτης; **~polizei** *f* συνοριακή αστυνομία; **~stein** *m* ορόσημο; **~übergang** *m* συνοριακή διάβαση
grenzüberschreitend υπερβατικός
Grenz|wache *f* μεθοριακό φυλάκιο; **~zwischenfall** *m* συνοριακό επεισόδιο
Greuel *m* → ***Gräuel***; **~tat** *f* → ***Gräueltat***
greulich → ***gräulich***[1]
Grieche ⟨*-n*⟩ *m* Έλλην (-ος) *m*, Έλληνας
Griechen|freund *m* φιλέλληνας; **~junge** *m* ελληνόπουλο; **~land** *n* Ελλάς (-δος) *f*, Ελλάδα; **~tum** ⟨*-s*; *0*⟩ *n* ελληνισμός
Griechin *f* Ελληνίδα
griechisch ελληνικός; *adv* ελληνικά; ***das Griechische*** τα ελληνικά
Griechischunterricht *m* νεοελληνικά *n/pl*
Griesgram ⟨*-s*; *-e*⟩ *m Person*: σκουντούφλης
griesgrämlich σκουντούφλης (-α)
Grieß ⟨*-es*; *-e*⟩ *m* σιμιγδάλι; *MED* ψάμμος *f*; **~brei** *m* χυλός σιμιγδαλιού
griff → ***greifen***
Griff ⟨*-es*; *-e*⟩ *m allg* λαβή; (*Topf-*) μανίκι; (*Henkel*; *Tür-*) χερούλι; (*Greifen*) πιάσιμο (-ατος); *fig* ***e-n guten ~ tun*** βρίσκω διάνα; ***etw in den ~ bekommen*** επικρατώ *G*, γίνομαι κύριος *G*; ***etw fest im ~ haben*** ξετρίβομαι (*mst aor* ξετρίφτηκα) σε; έχω έλεγχο επί *G*
griffbereit πρόχειρος
Griffel *m* κοντύλι; *BOT* στύλος
Grill ⟨*-s*; *-s*⟩ *m* σχάρα, σκάρα; (*Gerät*) ψηστιέρα; ***vom ~*** στη σχάρα
Grille *f* τζίτζικας, γρύλος; *fig* παραξενιά
grillen ψήνω στη σκάρα; ***gegrillt ...*** της σκάρας
Grill|fest *n* μπάρμπεκιου ⟨*0*⟩ *n*; **~restau-**

Grimasse 776

rant *n* ψησταριά
Gri'masse *f* μορφασμός; **~n schneiden** μορφάζω, κάνω μορφασμούς (**j-m**/σε, του)
Grimmdarm *m* κόλο
grimmig βλοσυρός
Grind ⟨-*ẹs*; -*e*⟩ *m* κασίδα
grindig κασιδιάρης (-ισσα, -ικο)
grinsen ⟨-*t*⟩ μορφάζω
Grippe *f* γρίπη; **~welle** *f* κύμα *n* γρίπης
grob ⟨**¨**er; **¨**st-⟩ *allg* χονδρός; *Manieren*: βάναυσος, αγροίκος; *Gewebe*: καμπάδικος; *Benehmen, Antwort auch*: σκαιός; ***sie wurden ~ zueinander*** τα χόντρηναν
Grobheit *f* χοντροκοπιά, βαναυσότητα; (*stark*) γαϊδουριά
Grobian ⟨-*s*; -*e*⟩ *m* χοντράνθρωπος
grobkörnig *Salz*: χοντρός; *Foto*: γκρό-γκραίν
gröblich [ø:]: ***j-n ~ beleidigen*** προσβάλλω άσχημα
grölen φωνασκώ
Groll ⟨-*ẹs*; *0*⟩ *m* άχτι, πίκα, εχθροπάθεια
grollen *Donner*: μπουμπουνίζει; *v/i Person*: σκυθρωπεύω; κρατώ σε κπ κακία
Grönland [ø:] *n* Γροιλανδία
Gros [gro:] ⟨-; -⟩ *n* κύριος όγκος
Groschen *m* γρόσι; *fig* (*wenig Geld*) πεντάρα
groß [o:] ⟨**¨**er; **¨**t-⟩ μεγάλος; *Gestalt*: ψηλός; *Entfernung*: πολύς (πολή, πολύ); ***im Großen*** χονδρικά; F ***ganz ~!*** μούρλια!; ***wie ~?*** πόσος; ***im Großen und Ganzen*** εν γένει; *auch Kind*: ***~ werden*** μεγαλώνω; ***Großes leisten*** μεγαλουργώ; → *auch* ***größer***; ***ein ~es Geschäft*** *oder* **(etw)** ***Großes machen*** τα κάνω; ***Große(r)*** κορυφαίος
Groß- *oft*: μεγαλο-; *z.B.* ***Groß-Berlin*** (το) μεγάλο Βερολίνο
Großaktionär *m* μεγαλομέτοχος
großartig μεγαλοπρεπής
Großartigkeit ⟨*0*⟩ *f* μεγαλοπρέπεια
Großbank *f* μεγάλη τράπεζα
Groß|bri'tannien *n* Μεγάλη Βρετανία; **~buchstabe** *m* κεφαλαίο
Größe *f* μέγεθος *n*; (*Schuh- usw*) νούμερο, αριθμός; (*Körper-*) μπόι; MATH **(*gegebene*) ~** δεδομένο, διδόμενο; (*Großartigkeit*) μεγαλείο; (*Sport*) άσος
Großeltern *pl* παππούς και γιαγιά; *genauer*: γονείς *m*/*pl* του πατέρα *oder* της μητέρας
Größen|ordnung *f* μέγεθος *n*; **~verhältnis** *n* αναλογία μεγέθους; **~wahn** *m* μεγαλομανία
größenwahnsinnig μεγαλομανής
größer μεγαλύτερος; ***~ werden*** μεγαλώνω, ψηλώνω; ***~ machen um A*** μεγαλώνω κατά *A*
Größerwerden *n* αυγάτισμα *n*
großformatig μεγαλόσχημος
Groß|fürst *m* μέγας πρίγκιπας; **~grundbesitz** *m* μεγαλοϊδιοκτησία; **~grundbesitzer** *m* μεγαλοκτηματίας; **~handel** *m* μεγαλεμπόριο; **~handelspreis** *m* τιμή χονδρικής πώλησης; **~händler** *m* μεγαλέμπορος
großherzig μεγαλόκαρδος
Groß|herzog *m* μέγας δούκας (δουξ); **~industrielle(r)** μεγαλοβιομήχανος; **~kaufmann** *m* μεγαλέμπορος; **~macht** *f* μεγάλη δύναμη; **~maul** *n* φανφαρόνος; **~mut** *m* μεγαθυμία
großmütig μεγάθυμος
Groß|mutter *f* γιαγιά, μάμμη; **~onkel** *m* αδελφός του παππού; αδελφός της μάμμης; **~raum** *m* μεγάλος χώρος; **~raumbüro** *n* γραφείο πολλών θέσεων
groß'reinemachen κάνω τη γενική (*mst* ανοιξιάτικη) καθαριότητα; *subst* γενική καθαριότητα
Großschreibung *f* μεγάλα γράμματα *n*/*pl*
Großsprecher *m* κομπαστής
großsprecherisch κομπαστικός
großspurig μεγαλορρήμων (-ον)
Großspurigkeit ⟨*0*⟩ *f* μεγαλορρημοσύνη
Groß|stadt *f* μεγαλόπολη; **~städter** *m* μεγαλοπολίτης; **~stadtverkehr** *m* κυκλοφορία στις μεγαλουπόλεις
größt- μέγιστος; ο μεγαλύτερος
Groß|tante *f* αδελφή του παππού; αδελφή της γιαγιάς; **~tat** *f* μεγαλούργημα *n*, κατόρθωμα *n*
größten'teils ως επί το πλείστον
Großtuer *m* υπερόπτης
Großtue'rei *f* μεγαλαυχία, κόμπος
großtun* κομπάζω
Groß|unternehmen *n* μεγάλη επιχείρηση; **~vater** *m* παππούς (-ούδες), πάππος; **~wetterlage** *f* καιρικές συνθήκες *f*/*pl*
groß|ziehen* *Kinder* μεγαλώνω, ανατρέφω (*subst* μεγάλωμα *n*); **~zügig**

αφειδής; *Charakter*: γενναιόδωρος
Großzügigkeit ⟨*0*⟩ *f* αφειδία; γενναιοδωρία
gro'tesk αλλόκοτος
Grotte *f* σπήλαιο, άντρο
Grübchen *n* (*in der Wange*) λακκάκι, *nur pl* γελασίνοι *m*/*pl*
Grube *f* λάκκος, βόθρος; (*Bergwerk*) ορυχείο
Grübe'lei *f* πολλή σκέψη
grübeln ⟨*-le*⟩ είμαι συλλογισμένος
Grubenarbeiter *m* μεταλλευτής
Gruft ⟨-; *⁻e*⟩ *f* κρύπτη; τάφος
grün (*auch unreif*) πράσινος; χλοερός; (*unreif*) άωρος; **~ färben, ~ werden** πρασινίζω; **~e Versicherungskarte** πράσινη κάρτα ασφάλειας
Grün ⟨*-s*; *-*⟩ *n* πρασινάδα; (*Pflanzen-*) χλόη; (*Farbe*) χλοερότητα; ***im ~en wohnen*** *usw* έξω (από την πόλη), στην εξοχή; **~anlage** *f* ζώνη πράσινου
Grund ⟨*-ẹs*; *⁻e*⟩ *m* (*des Meeres*) πυθμένας; βυθός; (*Boden*) έδαφος *n*; (*des Gefäßes*) πάτος, βάθος *n*; (*Basis*) βάση; (*Ursache*) λόγος, αιτία; ***tiefer ~*** μυχός; ***~ und Boden*** γαιοκτησία; ***auf ~*** *G* (επί τη) βάσει *G*; σύμφωνα προς *A*; ***von ~ auf*** (*oder* ***aus***) ριζικά; εκ βάθρων; ***aus diesem ~e*** για το λόγο αυτό; ***aus prinzipiellen Gründen*** για λόγους αρχής; ***im ~e genommen*** κατά βάθος, κατ' ουσίαν; **(keinen) *~ haben zu*** *D oder inf* (δεν) έχω (κανένα) λόγο + *G oder* να; ***auf ~ stoßen*** αγγίζω τον βυθό; *Schiff* ***in den ~ bohren*** φουντάρω; *e-r S* (*D*) ***auf den ~ gehen*** εξονυχίζω *A*; ***keinen ~*** (***unter den Füßen***) ***finden*** δεν πατώνω; ***den ~ legen zu ...*** θέτω τα θεμέλια *G*; → ***aufgrund, zugrunde***
Grund|- εδαφικός; κτηματικός; θεμελιώδης; βασικός; κύριος; **~anstrich** *m* αστάρι; **~bedeutung** *f* κυρία σημασία; **~bedingung** *f* βασικός όρος; **~begriff** *m* βασική έννοια; **~besitz** *m* ακίνητη περιουσία, γαιοκτησία; **~besitzer** *m* γαιοκτήμονας, γαιοκτήμων (-ονος) *m*; **~buch** *n* κτηματολόγιο
gründen ⟨*-e-*⟩ *Firma, Bank usw* συνιστώ (-άς), ιδρύω; συγκροτώ; *fig Theorie usw* **~ auf** *A* βασίζω σε, επί *G*; *Staat* θεμελιώνω; *fig* **sich ~ auf** *A* βασίζομαι σε
Gründer *m* ιδρυτής, κτίτορας; **~in** *f* ιδρύτρια
grund'falsch εντελώς εσφαλμένος
Grund|fläche *f* βάση; **~gesetz** *n* βασικός νόμος
grun'dieren ασταρώνω
Grund|kapital *n* αρχικό κεφάλαιο; **~lage** *f* βάση, θεμέλιο; (*e-r Behauptung*) υπόσταση; ***auf der ~lage e-s Programmes*** με βάση ένα πρόγραμμα
grundlegend βασικός, ριζικός, θεμελιακός
gründlich εμπεριστατωμένος, εμβριθής; κατά βάθος
Gründlichkeit ⟨*0*⟩ *f* εμβρίθεια, ριζικότητα
Gründling ⟨*-s*; *-e*⟩ *m* (*Fisch*) γωβιός, γόπα
Grund|linie *f* βασική γραμμή; **~lohn** *m* βασικός μισθός
grundlos άπατος; *fig* αθεμελίωτος
Grund|mauer *f* θεμέλιο τείχος; **~nahrungsmittel** *n*/*pl* βασικά τρόφιμα *n*/*pl*
Grün'donnerstag *m* Μεγάλη Πέμπτη
Grund|pfeiler *m* θεμέλιος στύλος; **~platte** *f e-r Maschine* βάση; **~recht** *n* θεμελιώδες δίκαιο; **~regel** *f* αξίωμα *n*; **~rente** *f* αρχική σύνταξη; **~riss** *m* σχεδιάγραμμα *n*, σχέδιο; **~satz** *m* αρχή; δόγμα *n*, κριτήριο
grundsätzlich ... αρχής; δια λόγους αρχής
Grundschul|- (*Bildung*) κατώτερος; **~e** *f* δημοτικό σχολείο; **~lehrer** *m* δάσκαλος
Grundstein *m* θεμέλιος λίθος; ***den ~ legen zu*** *D* θέτω τα θεμέλια *G*; **~legung** *f* κατάθεση θεμελίου λίθου
Grund|steuer *f* έγγειος φόρος; **~stück** *n* οικόπεδο κτήμα *n*, ακίνητο, γήπεδο; **~stücksmakler** *m* κτηματομεσίτης; **~ton** *m* τονική
Gründung *f* σύσταση, ίδρυση
grundver'schieden άλλος παρ' άλλος
Grund|wasser *n* υπόγεια νερά *n*/*pl*; **~zahl** *f* απόλυτος αριθμός; **~zug** *m* κύριο χαρακτηριστικό; **~züge** *m*/*pl* (*e-r Wissenschaft*) στοιχεία *n*/*pl*
Grün|e(n) *pl* οικολόγοι *pl*; ***~e Politik*** οικολογική *oder* εναλλακτική πολιτική
grünen χλοάζω, πρασινίζω; **~d** χλοερός, θαλερός
Grün|fink *m* χλωρίδα; **~fläche** *f* πρασιά; **~gürtel** *m* πράσινη ζώνη; **~kohl** *m* γερμανικό λάχανο

grünlich πρασινωπός
Grün|schnabel *m* F κουτάβι; **~span** ⟨-*ęs*; *0*⟩ *m* γανάδα; **~*span ansetzen*** γανιάζω; **~specht** *m* πέλεκας; **~streifen** *m* πράσινη λωρίδα
grunzen ⟨-*t*⟩ γρυλίζω, γρούζω
Grunzen *n* γρυλισμός
Grüppchen *n* ομαδούλα
Gruppe *f* ομάδα, παρέα; όμιλος; MIL ενωμοτία; (*von Ausbeutern z.B.*) συγκρότημα *n*; (*z.B. des Laokoon*) σύμπλεγμα *n*; ~ ***von zehn*** δεκάδα
Gruppen|- ομαδικός, φατριακός; **~bildung** *f* φατριασμός; **~führer** *m* ομαδάρχης; **~reise** *f* ομαδικό ταξίδι
grup'pieren ταξινομώ σε ομάδες, γκρουπάρω; ***sich ~ um*** *A* συσπειρώνομαι
Grus ⟨-*es*; -*e*⟩ *m* ψιλό κάρβουνο; καρβουνόσκονη
grusel|n ⟨-*le*⟩: ***mich*** (***mir***) **~*t*** ανατριχιάζω (από φόβο)
Gruß ⟨-*es*; **"**-*e*⟩ *m* χαιρετισμός; MIL σχήμα *n*; ***letzte***(***r***) ~ τελευταίος ασπασμός; ***e-n ~ erwidern*** ανταποδίδω τον χαιρετισμό; ***viele Grüße an*** *A* πολλά χαιρετίσματα σε ...; ***richte bitte Grüße von mir aus!*** *K* δώσε τους χαιρετισμούς μου (***an*** *A*/σε); ***mit freundlichen Grüßen*** (*privat*) με φιλικούς χαιρετισμούς; HDL (διατελώ) μετά τιμής, διατελώ πρόθυμος
grüßen ⟨-*t*⟩ χαιρετώ (-άς); MIL κάνω σχήμα; ***j-n ~ lassen*** του διαβιβάζω χαιρετισμούς; ***grüß Gott!*** γεια σου (σας)!
Grütze *f* μπληγούρι; ***rote ~*** μπληγούρι με φρούτα; ***keine ~ im Kopf haben*** δεν έχω κουκούτσι μυαλό
Guate'mala *n* Γουατεμάλα
gucken F κοιτάζω; ***in die Luft ~*** χαζεύω τον ουρανό
Guckkasten *m* πανόραμα *n*
Guerillakrieg [ge'ˈrɪl(j)a-] *m* συμμοριτοπόλεμος; *hist* κλεφτοπόλεμος
Guillotine [giˈjoˈˈtiːnə] *f* καρμανιόλα, λαιμητόμος
Guinea [giˈˈneːaˈ] *n* Γουϊνέα
Gulden *m* φλουρί, φιορίνι; (*holländischer*) γκύλντα
Gully [ˈgʊliˈ] ⟨-*s*; -*s*⟩ *m* ιλυοδόχη
gültig έγκυρος; ***~ sein*** *Gesetz, Fahrkarte*: ισχύω; *Münze*: περνώ (-άς)
Gültigkeit ⟨*0*⟩ *f* ισχύς (-ύος) *f*, κύρος *n*; πέρασμα *n*; ***~ verleihen*** προσδίδω κύρος
Gummi ⟨-*s*; -*s*⟩ *m* γόμα, λάστιχο, ελαστικό; **~-** λαστιχένιος, ελαστικός; **~band** *n* ελαστική ταινία; **~baum** *m* φίκος
gum'mieren γομάρω
Gummi|reifen *m* ελαστικό; **~schlauch** *m* ελαστικός σωλήνας; **~stiefel** *m* λαστιχένια μπότα; **~strumpf** *m* ελαστική κάλτσα
Gunst ⟨*0*⟩ *f* εύνοια, ευμένεια; ***zu ~en von*** *D* προς όφελος *G*; ***in j-s ~ stehen*** απολαμβάνω την εύνοια *G*
günstig ευνοϊκός; *Preis*: συγκαταβατικός; *Wind*: ούριος; ***~ für*** *A* χαριστικός υπέρ *G*, βοηθητικός σε; ***~ sein*** *z.B. Wetter*: ευνοώ (***j-m***/*A*); ***es ist ~*** συμφέρει
Günstling ⟨-*s*; -*e*⟩ *m* ευνοούμενος, φαβορί *n*
Günstlingswirtschaft ⟨*0*⟩ *f* φαβοριτισμός
Gurgel *f* γούλα, λαιμός; **~mittel** *n* γαργάρα
gurgeln ⟨-*le*⟩ κάνω γαργάρα; (*Geräusch*) γουργουρίζω
Gurgeln *n* γαργάρα
Gurke *f* αγγούρι; F (*Nase*) μυτάρα
Gurken|kraut ⟨-*ęs*; *0*⟩ *n* BOT βοϊδόγλωσσα; **~salat** *m* αγγουροσαλάτα
gurren τρύζω; *Taube*: γρούζω
Gurt ⟨-*ęs*; -*e*⟩ *m* ζώνη; (*Sattel-*) ίγγλα; **~muffel** *m etwa*: κπ που δεν βάζει ζώνη κατά την οδήγηση; **~pflicht** *f* υποχρέωση πρόσδεσης
Gürtel *m* ζωνάρι, ζώνη; **~reifen** *m* (*Auto*) ράντιαλ *n*
gürten ⟨-*e*-⟩ περιζώνω
Guru ⟨-*s*; -*s*⟩ *m* γκουρού *m*
Guss ⟨-*es*; **"**-*e*⟩ *m* χύσιμο (-ατος); (*Regen-*) μπόρα; ***aus e-m ~*** μονοκόμματος; **~eisen** *n* χυτοσίδερος, μαντέμι; **~form** *f* καλούπι
Gut ⟨-*ęs*; **"**-*er*⟩ *n* (*Gehöft*) υποστατικό, κτήμα *n*; (*Vermögen*) αγαθό, *mst pl* **Güter** αγαθά *n*/*pl*, καλά *n*/*pl*; ***bewegliche Güter*** κινητά *n*/*pl*; ***fremde***(***s***) ~ αλλότρια *n*/*pl*; ***unrechte***(***s***) ~ διαβολομάζωμα *n*; ***das höchste ~*** (= *das Gute*) υπέρτατο αγαθό
gut ⟨*besser*; *best-*⟩ καλός; ωραίος; *Sitte*: χρηστός; *adv* καλά, καλώς; ***recht ~*** καλούτσικος; ***nun ~!*** ας είναι, έστω;

779 **Haarbüschel**

mein Guter! ευλογημένε; χριστιανέ μου!; ~ ***gemacht*** καλοκαμωμένος; ~ ***ausgefallen*** επιτυχημένος; ***etw ~ machen***, ~ ***ausfallen*** επιτυχαίνω; ***nur ~, dass ...*** καλά που (*oder* και); ~ ***in*** *D* (*z.B. Mathematik*) καλός σε; ~ ***mit j-m stehen*** τα έχω (πάω) καλά με; *HDL* ~ ***sein für*** *A* ισχύω για; ***es ~ haben*** καλοπερνώ; *helfen*, ***so ~ wir können*** όσο μπορούμε; ***es mit j-m ~ meinen*** θέλω το καλό κπ *G*; ***es tut j-m ~*** κάνει καλό; ~ ***unterrichtet*** καλά ενήμερος; → *auch* **Gute(s)**

Gutacht|en *n* γνώμη, γνωμοδότηση; ***ärztliche(s) ~en*** γνώμη ιατρού; ***ein ~en abgeben*** γνωμοδοτώ; **~er** *m* εμπειρογνώμονας

gut|achtlich γνωμοδοτικός; **~artig** καλόβολος; *bsd MED* καλοήθης

Gutdünken *n* προαίρεση; ***nach ~*** κατά προαίρεση

Güte ⟨*0*⟩ *f* καλωσύνη; (*Beschaffenheit*) ποιότητα; ***du meine ~!*** πωπώ!, θεέ μου!

Güter|- εμπορικός; **~bahnhof** *m* εμπορικός σταθμός; **~gemeinschaft** *f* κοινοκτημοσύνη; **~verkehr** *m* διακίνηση εμπορευμάτων; **~wagen** *m* σκευοφόρος *f*; **~zug** *m* εμπορική αμαξοστοιχία

Gute|(s) *n* καλό; ***im ~n*** φιλικά, με το καλό; ***alles ~!*** στο καλό; *im neuen Jahr oder zum Namenstag* χρόνια πολλά; ***ich wünsche dir alles erdenkliche ~*** σου εύχομαι τα βέλτιστα; ***ich will ja nur dein ~s*** το καλό που σου θέλω

gutgläubig καλόπιστος, αγαθόπιστος

Gutgläubigkeit ⟨*0*⟩ *f* αγαθοπιστία

guthaben*: ***ich habe bei ihm zehn Mark gut*** μου χρωστάει δέκα μάρκα

Guthaben *n* πίστωση, ενεργητικό

gutheißen* *v/t* επικροτώ; ***es ~*** στέργω

gutherzig καλόκαρδος

gütig ήπιος, καλωσυνάτος

gütlich συμβιβαστικός; *Teilung*: αφιλονίκητος; ***~e Einigung*** F συμβιβασμός; *adv auch* ***auf ~em Wege*** αγαπημένα, φιλικά

gutmütig καλόκαρδος

Gutmütigkeit ⟨*0*⟩ *f* καλοψυχία

gut'nachbarlich: *~e Beziehungen* *f/pl* σχέσεις *f/pl* καλής γειτονίας

Gutsbesitzer *m* κτηματίας

Gutschein *m* ένταλμα *n*, δελτίο (**für**/για)

gutschreiben* πιστώνω (***j-m etw***/κπ με)

Gutschrift *f* πίστωση

Gutta'percha ⟨*-; 0*⟩ *n* γουταπέρκα

guttu'ral λαρυγγόφωνος

Guttu'rallaut *m* λαρυγγόφωνο

gutwillig καλόβολος; εκούσιος

Gutwilligkeit ⟨*0*⟩ *f* προθυμία; φιλοφροσύνη

Gymna'sial|bildung ⟨*0*⟩ *f* γυμνασιακή μόρφωση; **~di'rektor** *m* γυμνασιάρχης

Gymnasiast [-'zĭast] ⟨*-en*⟩ *m* γυμνασιόπαιδο

Gym'nasium ⟨*-s; -ien*⟩ *n* γυμνάσιο; **~s-** γυμνασιακός

Gym'nastik ⟨*0*⟩ *f* γυμναστική

gym'nastisch γυμναστικός

Gynäko'loge ⟨*-n*⟩ *m* γυναικολόγος

gynäko'logisch γυναικολογικός

H

H, h [haː] *im Altgriechischen* δασεία (ʽ), *z. B.* ἅλμα (*Sprung*) = **Halma** (*Brettspiel*); *MUS* σι *n*

Haag *m* Χάγη

Haar ⟨*-es; -e*⟩ *n* τρίχα; (*Kopf-*) μαλλιά *n/pl*, κόμη; ***um ein ~*** παρά τρίχα; ***aufs ~, auf ein ~*** (*genau*) μέχρι κεραίας, ακριβώς; ***~e bekommen*** μαλλιάζω; ***die ~e schneiden*** κουρεύω; ***sich die ~e schneiden lassen*** κουρεύομαι; ***sich in die ~e geraten*** πιάνομαι μαλλιά με μαλλιά; ***sich die ~e raufen*** τραβώ τα μαλλιά μου; *fig* ***~e auf den Zähnen haben*** *etwa*: είμαι παχύδερμος *oder* αναίσθητος; ***sich deswegen keine grauen ~e wachsen lassen*** δεν ιδρώνει τ' αυτί μου απ' αυτό

Haar|- τριχένιος; **~ausfall** *m* τριχόπτωση, αλωπεκία; **~bürste** *f* βούρτσα μαλλιών; **~büschel** *n* τσουλούφι

haaren *z. B. Pelz*: μαδώ (-άς)
Haarentferner *m* αποψιλωτικό, ντεπιλατουάρ ⟨*0*⟩ *n*
Haaresbreite: *um* ~ παρά τρίχα
Haar|färbemittel *n* χρωμοσαμπουάν ⟨*0*⟩ *n*; **~festiger** *m* αφρός χτενίσματος; **~flechte** *f* πλοκάμι, πλόκαμος
haar|ig τριχωτός; **~klein** *fig adv* με το νι και με το σίγμα
Haar|klemme *f* τσιμπιδάκι; **~knoten** *m* κότσος; **~locke** *f* μπούκλα; **~nadel** *f* φουρκέτα; **~nadelkurve** *f* στενή στροφή; **~netz** *n* φιλές (-έδες)
haarscharf ακριβέστατος; στον πόντο
Haar|schneiden *n* κόψιμο μαλλιών; κούρεμα *n*; **~schnitt** *m* κόμμωση; **~sieb** *n* σουρωτήρι, κρησάρα
haarspalterisch λεπτολόγος
Haarspray ⟨*-s*; *-s*⟩ *n* λακ ⟨*0*⟩ *f*
Haarsträhne *f* μες *n*
haarsträubend ανατριχιαστικός
Haar|tolle *f* μες *n*; **~tracht** *f* κόμμωση; **~trockner** *m* σεσουάρ ⟨*0*⟩ *n*; **~waschmittel** *n* σαμπουάν ⟨*0*⟩ *n*; **~wasser** *n* λοσιόν ⟨*0*⟩ *f* μαλλιών; **~wuchs** *m* τριχοφυία
Hab: ~ *und Gut* *n* υπάρχοντα *n/pl*; **~e** ⟨*0*⟩ *f* υπάρχοντα *n/pl*, πράγματα *n/pl*; καλά *n/pl*, αγαθό
haben* έχω; *auch* είμαι; ***was für Wetter ~ wir?*** τι καιρός είναι; ***nicht haben*** *oft*: στερούμαι *A*; ... *an Kiosken* **zu ~** κυκλοφορεί; **an sich** (*D*) **~** (*aor*) απέκτησα *A*; **bei sich** (*D*) **~** βαστώ (-άς) μαζί μου; *z.B.* ***zur Kundin ~*** έχω πελάτισσα; **(*viel*) *zu tun ~*** έχω δουλειά; ***etw davon ~*** έχω κέρδος απ' αυτό; ***viel für sich ~*** αυτό πάει και έρχεται; ***das hat nichts auf sich*** δεν σημαίνει τίποτε; ***ich bin nicht dafür zu ~*** F δεν το κάνω γούστο
Haben *n* HDL έσοδα *n/pl*; → **Soll**
Habenichts ⟨*-es*; *-e*⟩ *m* φουκαράς (-άδες)
Haben|saldo *m* υπόλοιπο του έχειν; **~seite** *f* πίστωση; **~zinsen** *m/pl* τόκοι *m/pl* του λαβείν
Habgier *f* πλεονεξία
habgierig πλεονεκτικός
Habgierige(r) πλεονέκτης
habhaft: *e-r S* (*G*) **~ *werden*** γίνομαι κύριος *G*
Habicht ⟨*-s*; *-e*⟩ *m* τσιχλογέρακο
habili'tieren: *sich* ~ γίνομαι υφηγητής
Habsburger: *die* ~ *pl* οι Αψβούργοι *m/pl*
Habseligkeiten *f/pl* πράγματα *n/pl*
Habsucht ⟨*0*⟩ *f* → ***Habgier***
habsüchtig → ***habgierig***
Hack|brett *n* κρεατοσάνιδο; **~e** *f* τσάπα, σκαπάνη; **~en** *m* φτέρνα
hacken τσακίζω, λιανίζω; *Fleisch* κιμαδιάζω
Hacker(in *f*) *m* EDV χάκερ ⟨*0*⟩ *m*, *f*
Hackfleisch *n* κιμάς
Häcksel ⟨*-s*; *0*⟩ *m oder n* κομμένο άχυρο
Hader ⟨*-s*; *0*⟩ *m* διχόνοια
hadern ⟨*-re*⟩ *lit* → ***streiten; mit seinem Schicksal*** **~** μεμψιμοιρώ
Hades ⟨*-*; *0*⟩ *m* 'Αδης
Hadrian *m* Αδριανός
Hafen ⟨*-s*; *ᵘ*⟩ *m* λιμάνι, λιμήν (-ένος) *m*
Hafen|- λιμενικός; **~amt** *n* λιμεναρχείο; **~anlagen** *f/pl* λιμενικές εγκαταστάσεις *f/pl*; **~arbeiter** *m* φορτοεκφορτωτής, λιμενεργάτης; **~behörde** *f* λιμεναρχείο; **~damm** *m* μουράγιο; **~gebühren** *f/pl* λιμενικά τέλη *n/pl*; **~meister** *m* λιμενάρχης; **~platz** *m* σκάλα; **~polizei** *f* λιμενικό σώμα; **~stadt** *f* (πόλη με) λιμάνι; **~viertel** *n* συνοικία του λιμανιού
Hafer *m* βρώμη; **~flocken** *f/pl* κορν-φλέικς *n/pl* (από βρώμη); **~schleim** *m* χυλός από βρώμη
Haff ⟨*-ɇs*; *-e*⟩ *n* λιμνοθάλασσα
Haft ⟨*0*⟩ *f* (προσωπο)κράτηση; ***in ~ halten*** κρατώ; ***in ~ nehmen*** φυλακίζω; **~anstalt** *f* δεσμωτήριο, φυλακή
haftbar υπεύθυνος, δοσίλογος; ***gegenseitig ~*** αλληλέγγυος
Haft|barkeit ⟨*0*⟩ *f* ευθύνη; **~befehl** *m* ένταλμα *n* συλλήψεως
haften ⟨*-e-*⟩ πιάνω, προσφύομαι (**an** *D*/σε) (*auch haften bleiben*); (*bürgen*) ευθύνομαι, εγγυώμαι (**für** *A*/για); ***solidarisch ~*** ευθύνομαι συλλογικά
Haften *n*, **~bleiben** *n* πιάσιμο, πρόσφυση
Haftgläser *n/pl* φακοί *m/pl* επαφής
Häftling ⟨*-s*; *-e*⟩ *m* κρατούμενος
Haftpflicht ⟨*0*⟩ *f* αστική ευθύνη
haftpflichtig δοσίλογος, υπεύθυνος
Haft|pflichtversicherung *f* ασφάλεια αστικής ευθύνης; **~strafe** *f* φυλάκιση; **~ung** *f* ευθύνη
Hage|butte(n-strauch *m*) *f* κράταιγος,

μουμουτζελιά; **~dorn** ⟨-*es*; -*e*⟩ *m* λευκάκανθα
Hagel ⟨-*s*; *0*⟩ *m* χαλάζι; *fig* βροχή; **~korn** *n* χαλαζόκοκκος
hagel|n ⟨-*le*⟩: **es ~t** πέφτει (*oder* ρίχνει) χαλάζι; **es ~t Schläge** πέφτει ξύλο
Hagelversicherung *f* χαλαζασφάλεια
hager ισχνός
Hahn ⟨-*es*; -̈*e*⟩ *m* κόκκορας, αλέκτωρ (-ορος) *m*, πετεινός (*auch am Gewehr*); TECH κάνουλα, κρουνός; (*Wasser-*) βρύση
Hähnchen *n* κοτόπουλο, πετεινάρι
Hahnenkamm *m* λειρί
Hai(fisch) ⟨-*es*; -*e*⟩ *m* σκυλόψαρο, καρχαρίας (*auch fig*)
Haifa *n* Χάιφα *f*
Hain ⟨-*es*; -*e*⟩ *m* άλσος *n*
Ha'iti *n* Αϊτή
Häkchen *n* αγκίστρι; GR απόστροφος
Häkelarbeit *f* κροσέ ⟨*0*⟩ *n*
häkeln ⟨-*le*⟩ πλέκω με κροσέ
Häkelnadel *f* κροσέ ⟨*0*⟩ *n*
haken *v/t* γαντζώνω; κρεμώ (-άς) με αρπάγη (**an** *A*/σε); (*festgeklemmt sein*) σφίγγω
Haken *m* αρπάγη; αγκίστρι, γάντζος; (*Fleischer-*) τσιγγέλι; (*Boxen*) (**rechter**/δεξιό) κροσέ *n*; TECH κοράκι; (*e-r Schnalle*) αρσενική κόπιτσα; *fig* **da ist der ~** εδώ είν' ο κόμπος; **die Sache hat e-n ~** κάποιο λάκκο έχει η φάβα
hakenförmig γαμψός
Haken|kreuz *n* σβάστικα, αγκυλωτός σταυρός; **~nase** *f*: **mit e-r ~nase** καμπουρομύτης (-α)
halb μισός, ήμισυς (-ίσεια, -ισυ); (**eine**) **~e Stunde** μισή ώρα; **es ist ~ eins** είναι δώδεκα και μισή; **~ zwei** μιάμιση *oder* μία και μισή; **~ drei** δυόμισι *oder* δύο και μισή; **~ vier** τρεισήμισι *oder* τρεις και μισή; **~ fünf** τεσσερεισήμισι *oder* τέσσερεις και μισή; **~ und ~** μισό και μισό; **auf ~em Wege** μισόστρατα; **zum ~en Preis** μισοτιμής; **du hast die Arbeit** (*oder* **das**) **nur ~ getan** μισή την άφησες τη δουλειά; **~ angezogen** μισοντυμένος; **~ fertig** μισοέτοιμος; **~ nackt** μισόγυμνος; **~ offen** μισάνοιχτος; **~ tot** μισοπεθαμένος; *fig* ψόφιος (**vor** *D*/από); **~ verbraucht** μισοτελειωμένος; **~ verfallen** μισογκρεμισμένος; **~ voll** *Gefäß*: μεσάτος
halb|- ημι-, μισο-; **~amtlich** ημιεπίσημος, ανεπίσημος; **~automatisch** ημιαυτόματος
Halb|bildung *f* ημιμάθεια; **~dunkel** *n* ημίφως (-ωτος) *n*, μεσοσκοτάδι
Halbe ⟨-*n*⟩ *m*, *f oder n* μισόλιτρο
-halben, -halber, halber *präp G* χάρη *G*, λόγω *G*, ένεκεν *G*; **meinethalben** *usw* προς χάρη μου, για χάρη μου *usw*; **krankheitshalber** λόγω ασθενείας; **ehrenhalber** τιμής ένεκεν; **der Erholung halber** χάρη αναψυχής
Halbfabrikat *n* ημικατεργασμένο προϊόν
Halbfinale *n* (*Sport*) ημιτελικός
halbgebildet ημιμαθής
Halb|gott *m* ημίθεος; **~heit** *f* ατέλεια
hal'bieren διχοτομώ
Hal'bierung *f* διχοτόμηση
Halb|insel *f* χερσόνησος *f*; **~jahr** *n* εξάμηνο
halbjährig *Frist*: εξάμηνος, εξαμηνιαίος
Halb|kreis *m* ημικύκλιο; **~kugel** *f* ημισφαίριο
halblang ημίμακρος; F **mach** (**mal**) **~!** κάνε σκόντο!
Halb|leiter *m* ημιαγωγός; **~linke** ⟨-*n*⟩ *m* (*Fußball*) μέσα αριστερά *m*
halb|mast μεσίστιος; **auf ~mast gehisst** μεσίστιος; **~monatlich** (*Zeitschrift*) δεκαπενθήμερος
Halbmond *m* ημισέληνος *f*, μισοφέγγαρο; **der Rote ~** Ερυθρά Ημισέληνος
Halb|pension ⟨*0*⟩ *f* ημιδιατροφή; **~rechte** ⟨-*n*⟩ *m* (*Fußball*) μέσα δεξιά *m*; **~schlaf** *m* υπνηλία; **im ~schlaf liegen** μισοκοιμάμαι (-άσαι); **~schuh** *m* παπ(π)ούτσι; **~starke(r)** τεντιμπόης
halb|stündig ημίωρος; **~stündlich** ημιωριαίος
Halbtags|beschäftigung *f* μερική απασχόληση; **~kraft** *f* μερικά απασχολούμενος (*f* -ολουμένη)
Halbton *m* MUS ημιτόνιο
halb|trocken ημίξηρος; **~wegs** *fig* εν τινι μέτρω, πάνω κάτω
Halb|welt ⟨*0*⟩ *f* ημίκοσμος; **~zeit** *f* ημίχρονο, ημιχρόνιο
Halde *f* (*Kohlen-*) σωρός καρβούνων
half → **helfen**
Hälfte *f* μισό, ήμισυ (-εος) *n*; **zur ~** μεσιακά
Halfter *m* (*n*) καπίστρι
Halle *f* (*Diele*) χωλ ⟨*0*⟩ *n*; (μεγάλη) αίθουσα; (*Säulen-*) στοά

H

hallen αντηχώ
Hallen|bad *n* κλειστή πισίνα; **~bahn** *f* (*Sport*) κλειστός στίβος
Hallig *f* πεδινή νησίδα
hal'lo! (*Anruf*) καλέ!; βρε ...; (*am Telefon*) εμπρός!, αλλό!
Halluzina'tion *f* παραίσθηση
Halm ‹*-ẹs*; *-e*› *m* καυλός, στέλεχος; (*Stroh-*) καλάμι
halo'gen αλογόνο
Halo'gen|lampe *f* λάμπα αλογόνου; **~scheinwerfer** *m* προβολέας αλογόνου
Hals ‹*-es*; *¨e*› *m* λαιμός (*auch der Flasche*), τράχηλος; **~ über Kopf** μάνι-μάνι; **aus vollem ~e** (*lachen*) με όλη την ψυχή μου; (*schreien*) με όλη την δύναμη των πνευμόνων; F **es hängt mir zum ~ heraus** έχω μπουχτίσει
Hals|abschneider *m* αγιογδύτης; **~ausschnitt** *m* καρέ ‹*0*› *n*; **~band** *n* περιδέραιο, κολιέ ‹*0*› *n*
halsbrecherisch *fig* ακροβατικός, παρακινδυνευμένος
Hals|eisen *n* κλοιός; **~entzündung** *f* φαρυγγίτιδα; **~kette** *f* περιλαίμιο; **~krause** *f* τραχηλιά
Hals-, Nasen-, Ohrenarzt *m* ωτορινολαρυγγολόγος
Hals|schlagader *f* καρωτίδα; **~schmerzen** *m/pl* πονόλαιμος
halsstarrig ισχυρογνώμων, δύστροπος
Hals|starrigkeit *f* ισχυρογνωμοσύνη, δυστροπία; **~tuch** *n* φουλάρι; **~wirbel** *m*: **erster ~wirbel** στροφέας
halt! στοπ!, αλτ!, φέρμα!
Halt ‹*-ẹs*; *-e*› *m* (*Aufenthalt*) στάση; (*Stütze*) στήριγμα *n*; **~ machen** σταθμεύω
haltbar *Stoff*: στερεός; *Milch usw*: ... μακράς διαρκείας; **~ machen** *Lebensmittel* κονσερβοποιώ
Haltbar|keit ‹*0*› *f* στερεότητα; κράτημα *n*, διατήρηση; **~keitsdatum** *n* ημερομηνία λήξης; **~machung** *f* κονσερβοποίηση
halten* *v/t* βαστώ (-άς), κρατώ (-άς); *Ordnung, Versprechen* τηρώ; *Rede* βγάζω; *Stellung* διατηρώ; *Wort* κρατώ; *Zeitschrift* είμαι συνδρομητής σε; **etw** *aufgesaugt* συγκρατώ; *v/i* (*haften*) πιάνω; (*stoppen*) σταθμεύω, φερμάρω; *mit präp*: **auf etw** (*A*) **~** δίνω σημασία σε ...; **j-n für** *etw* (*j-n*) **~** παίρνω κπ για, θεωρώ κπ ως, κρίνω κπ, νομίζω *A*; **j-n für tot ~** νομίζω κπ για νεκρό; **j-n für** *fähig usw* **~** πιστεύω κπ *A*; **etw für überflüssig ~** κρίνω κτ περιττό; **gehalten werden für** *A* θεωρούμαι *N*; (*reflexiv*) **an sich** (*A*) **~** συγκρατούμαι; **sich** (*A*) **~ an** *D* κρατιέμαι από; *fig* **sich** (*A*) **~ an** *A* (*e-e Vorschrift*) πειθαρχώ σε; *fig* **sich** (*A*) **an j-n ~** επαφίεμαι σε; **sich** (*A*) **für** *klug usw* **~** φαντάζομαι τον εαυτό μου *A*; **auf sich** (*A*) **~** φέρομαι, ντύνομαι ευπρεπώς; **sich** (*A*) **gut ~** (*rüstig bleiben*) βαστιέμαι, κρατιέμαι; **an sich** (*A*) **~** δίνω τόπο στην οργή; **nicht an sich** (*A*) **~ können vor** *D* δεν κρατιέμαι, βαστιέμαι από; **~ von** *D* έχω γνώμη για; **viel ~ von** *D* έχω μεγάλη ιδέα για; **was hältst du von ...** τι ιδέα έχεις για; **für wie alt ~ Sie ihn?** πόσων χρονών τον κάνετε; → *auch* **Mund, Maul, Schritt**
Halten *n* στάθμιση; **zum ~ bringen** σταματώ
Halter *m* (*z. B. für Pfeife usw*) βάση (για); (*Träger*) ένδεσμος
Halte|stelle *f* στάση; **~verbot** *n* απαγόρευση σταθμεύσεως; **~verbotsschild** *n* πινακίδα απαγόρευσης στάθμευσης
-haltig -ούχος
haltlos (*unbeherrscht*) ακρατής; (*unbegründet*) αβάσιμος
Haltlosigkeit ‹*0*› *f* ακράτεια; αβάσιμο
Haltmachen *n* στάθμευση; → **Halt**
Haltung *f* στάση (*auch fig*), φέρσιμο (-ατος), συμπεριφορά, ύφος *n*; (*drohend*) διαθέσεις *f/pl*
Ha'lunke ‹*-n*› *m* παλιάνθρωπος
Häma'tit ‹*-s*; *-e*› *m* αιματίτης
Hamburg *n* (το) Αμβούργο
Hamburger *m* (*Essen*) χάμπουργκερ ‹*0*› *n*
hämisch σαρδόνιος
Hammel *m* κριάρι; **~braten** *m* ψητό αρνί
Hammer ‹*-s*; *¨*› *m* σφυρί, (*auch Wurf-*) σφύρα; **unter den ~ bringen** βγάζω στο σφυρί
hämmern ‹*-re*› σφυρηλατώ
Hammer|schlag *m* σφυροκόπημα *n*; **~werfen** *n* σφυροβολία
Hämoglo'bin ‹*-s*; *0*› *n* αιμοσφαιρίνη
Hämorrho'iden, Hämor'riden *pl* ζοχάδες *f/pl*, αιμορροΐδες *f/pl*

Hampelmann *m* ανδρείκελο (*auch fig*)
Hamster *m* χάμστερ ⟨*0*⟩ *n*, μυωξός; **~er** *m* θησαυριστής
hamstern ⟨*-re*⟩ θησαυρίζω
Hamstern *n* θησαύριση
Hand ⟨*-*; *¨e*⟩ *f* χέρι; ***große ~*** χέρα; ***flache ~*** παλάμη; *HDL* ***freie ~*** εντολή εν λευκώ; ***die öffentliche ~*** το (Ελληνικό) Δημόσιο, δημόσια εξουσία; *fig* ***kurzer ~*** χωρίς φασαρίες; *fig* ***meine rechte ~*** το δεξί μου χέρι; ***unter der ~*** κλεφτά; *etw* ***unter der ~ kaufen*** βρίσκω κελεπούρι; αγοράζω στη μαύρη; ***zur ~*** πρόχειρος; ***aus erster ~*** από πρώτο χέρι; ***eine ~ voll*** χεριά, χούφτα; ***~ in ~*** χέρι-χέρι; ***an Händen und Füßen*** χειροπόδαρα; ***Hände hoch!*** ψηλά τα χέρια; ***Hände weg von ...!*** κάτω τα χέρια από; ***zu Händen*** (***von***) (*Abk.* **z. H.**) (*auf Briefen*) με τη φροντίδα; υπ' όψη *G*; ***bei j-m um die ~ e-s Mädchens anhalten*** την ζητώ σε γάμο από κάποιον; (*mit Verben*): ***~ anlegen*** βάζω χέρι; ***j-m die ~ drücken*** σφίγγω το χέρι κπ; ***j-m die ~ geben*** δίνω σε κπ το χέρι; ***j-m zur ~ gehen*** δίνω σε κπ χείρα βοηθείας; ***j-n in der ~ haben*** έχω κπ στο χέρι; ***j-m freie ~ lassen*** αφήνω ελευθερία; ***~ an sich*** (*A*) ***legen*** αυτοχειριάζομαι; ***seine ~ im Spiel haben*** πολυπραγμονώ; *fig* ***auf der ~ liegen*** είναι χειροπιαστός; *fig* ***e-e Sache in die ~ nehmen*** επιλαμβάνομαι *G*; ***die Hände auf den Rücken binden*** δένω πισθάγκωνα; ***das hat ~ und Fuß*** αυτό είναι βάσιμο; ***es liegt in meiner ~*** (***zu ...***) είναι στο χέρι μου (να ...); ***das ist nicht von der ~ zu weisen*** είναι εντός των δυνατοτήτων
hand-, Hand- χειροποίητος, χειροτεχνικός
Hand|arbeit *f* εργόχειρο (*auch Stickerei usw*); χειροτεχνία; **~auflegen** *n* ανάταση του χεριού; **~ball** *m* χάντμπολ ⟨*0*⟩ *n*; **~bedienung** *f*, **~betrieb** *m* χειροκίνητη λειτουργία; **~brause** *f* ντους ⟨*0*⟩ *n* με χειρολαβή; **~bremse** *f* χειρόφρενο; **~buch** *n* εγχειρίδιο; **~creme** *f* κρέμα χεριών
Hände|druck ⟨*-es*; *¨e*⟩ *m* χειραψία; **~klatschen** *n* χειροκροτήματα *n/pl*
Handel ⟨*-s*; *0*⟩ *m* εμπόριο; → ***Geschäft; Transaktion***; ***im ~*** στο εμπόριο; ***~ und Wandel*** αλισβερίσι *n*; ***~ treiben*** εμπορεύομαι; ***~ treiben mit*** *D* κάνω εμπόριο με ...; ***in den ~ kommen*** βγαίνω στο εμπόριο
handel|n ⟨*-le*⟩ *v/i* εμπορεύομαι (***mit*** *D*/*A*); (*feilschen*) κάνω παζάρια; (*aktiv sein*) κινούμαι; (*tätig sein*) διενεργώ, ενεργώ; (*aktiv werden*) δρω (-ας); *gut usw* πράττω; ***gegen etw ~n*** αντιπράττω σε; *Thema*: ***~n von*** *D* διαπραγματεύομαι για; ***es ~t sich um*** *A* πρόκειται για; *subst* διενέργεια; (*Feilschen*) παζάρι
Handels|- εμπορικός; συναλλακτικός; **~abkommen** *n* εμπορικό σύμφωνο; **~attaché** *m* εμπορικός ακόλουθος; **~bank** *f* εμπορική τράπεζα; **~barriere** *f* εμπορικός φραγμός; **~beziehungen** *f/pl* εμπορικές σχέσεις *f/pl*
Handelsbilanz *f* εμπορικό ισοζύγιο; **~defizit** *n* έλλειμμα *n* εμπορικού ισοζυγίου; **~überschuss** *m* πλεόνασμα *n* εμπορικού ισοζυγίου
handels|einig: ***~einig werden*** έρχομαι σε συμβιβασμό; **~fähig** εμπορεύσιμος
Handels|gesellschaft *f*: ***offene ~gesellschaft*** (***OHG***) ομόρρυθμος (εμπορική) εταιρία; **~gesetzbuch** *n* εμπορικός κώδικας; **~hochschule** *f* ανωτάτη εμπορική σχολή; **~kammer** *f* εμπορικό επιμελητήριο; **~marine** *f* εμπορικό ναυτικό; **~register** *n* εμπορικό μητρώο; **~reisende(r)** περιοδεύων αντιπρόσωπος; **~schranke** *f* εμπορικός φραγμός; **~schule** *f* εμπορική σχολή; **~spanne** *f* δείκτης κέρδους; **~treibende(r)** εμπορευόμενος
handelsüblich συνηθισμένος στο εμπόριο
Handels|verkehr *m* εμπορική κίνηση; **~vertretung** *f* εμπορική αντιπροσωπεία
Händeschütteln *n* χειραψία
handfest *fig Beweis, Lüge*: πειστικός, χειροπιαστός
Handfläche *f* παλάμη
handgearbeitet χειροποίητος
Handgelenk *n* καρπός του χεριού
handgemein: ***~ werden*** ερχόμαστε στα χέρια
Hand|gemenge *n* συμπλοκή, άρπαγμα *n*; **~gepäck** *n* χειραποσκευές *f/pl*
handgeschrieben χειρόγραφος
Handgranate *f* χειροβομβίδα

handgreiflich χειροπιαστός (*auch fig*); ***gegen j-n ~ werden*** συμπλέκομαι με *A*
Hand|griff *m* χειρολαβή; **~habe** *f*: *fig* ***j-m e-e ~habe geben*** δίνω λαβή σε
handhaben χειρίζομαι; *e-e Waffe, auch fig* είμαι χειριστής *G*
Handhabung *f* χειρισμός
Handicap ['hɛndi'kɛp] ⟨*-s; -s*⟩ *n* (*Sport*) μειονέκτημα *n*; *fig* χάντικαπ ⟨*0*⟩ *n*, κώλυμα *n*
Hand|koffer *m* βαλίτσα; **~kuss** *m* χειροφίλημα *n*; **~langer** *m* επιβοηθητικός εργάτης; **~lauf** *m* (*des Geländers*) χειρολαβή
Händler *m* έμπορος; ***ambulante(r)*** **~** γυρολόγος, πραματευτής
Handlesekunst ⟨*0*⟩ *f* χειρομαντεία
handlich ευμεταχείριστος, εύχρηστος
Handlichkeit ⟨*0*⟩ *f* ευχρηστία
Handlung *f* πράξη; *auch lit* δράση; (*e-s Dramas*) πλοκή
Handlungs|freiheit ⟨*0*⟩ *f* ελευθερία δράσεως; **~reisende(r)** παραγγελιοδόχος; **~weise** *f* τρόπος ενέργειας
Hand|mühle *f* χειρόμυλος; **~pumpe** *f* χειραντλία; **~reichung** *f* εκδούλευση; **~rücken** *m* μετακάρπιο; **~schelle** *f* χειροπέδες *f/pl*, κλοιός; **~schlag** *m* χειραψία; **~schrift** *f* γράψιμο (-ατος); *mst hist* (*Urkunde*) χειρόγραφο; ***schlechte ~schrift*** κακογραφία
handschriftlich χειρόγραφος
Hand|schuh *m* γάντι, χειρόχτι; **~streich** *m* πραξικόπημα *n*; **~tasche** *f* τσάντα; **~teller** *m* παλάμη; **~tuch** *n* πετσέτα
Handumdrehen: ***im ~*** στο άψε-σβήσε
handvermittelt *TEL* με χειροκίνητη μεταγωγή
Hand|wagen *m* καρότσι; **~werk** *n* χειροτεχνία, βιοτεχνία; **~werker** *m* βιοτέχνης
handwerklich, Handwerks- βιοτεχνικός; ... (της) χειροτεχνίας
Hand|werkszeug ⟨*-ẹs; 0*⟩ *n* εργαλεία *n/pl*; **~wörterbuch** *n* επίτομο λεξικό; **~wurzel** *f* καρπός
Handy ['hɛndı] ⟨*-s; -s*⟩ *n TEL* κινητό
Hanf ⟨*-ẹs; 0*⟩ *m* καννάβι; **~-, hanfen** καννάβινος, κανναβήσιος
Hang ⟨*-ẹs; ⸚e*⟩ *m* (*Abhang*) κατήφορος; *fig* τάση, κλίση (**zu** *D*/προς *A*)
Hänge|boden *m* πατάρι; **~brücke** *f* κρεμαστή γέφυρα; **~matte** *f* αιώρα

hängen* *v/i* κρεμιέμαι, κρέμομαι (***an*** *D*/σε, από); *fig* ***an j-m*** (***etw***) **~** είμαι αφοσιωμένος σε κπ (κτ); *v/t* (*hing, hängte*) ***etw ~ an*** *A* κρεμώ (-άς), αναρτώ σε, από (***an die Decke*** από το ταβάνι); ***j-n ~*** (*henken*) απαγχονίζω, κρεμάω; ***etw an den Nagel ~*** βάζω τελεία και παύλα σε κάτι; ***den Mantel nach dem Winde ~*** πάω όπου φυσάει ο άνεμος; ***das hängt an e-m Haar*** κρέμεται από μια τρίχα; ***~ bleiben*** πιάνομαι (***an*** *D*/από); *Kleid*: σκαλώνω (***an*** *D*/σε); ***~ lassen*** F *j-n* εγκαταλείπω, παρατάω (-άς); ***nicht den Kopf ~ lassen*** δεν το βάζω κάτω
hängend κρεμαστός
Hängeschrank *m* κρεμαστό ντουλάπι
Hannibal *m* Αννίβας
Hannover [-'no:fa] *n* Αννόβερο
Hans *m* Γιάννης
Hanse ⟨*0*⟩ *f* Χάνσα; Χανσεατική Ένωση
hanse'atisch χανσεατικός
hänseln ⟨*-le*⟩ κάνω πλάκα (***j-n***/σε κπ)
Hansestadt *f* (*z.B. Hamburg*) χανσεατική πόλη
Hanswurst ⟨*-ẹs; -e*⟩ *m* παλιάτσος
Hantel *f* αλτήρας
han'tieren χειρίζομαι (***mit*** *D/A*)
haper|n ⟨*-re*⟩: ***es ~t an*** *D* (*Geld, Zeit*) στερούμαι *G*, έχω έλλειψη *G*; ***es ~t mit*** *D* (*stocken, schwanken*) είμαι ασταθής, σε κακά χάλια; ***es ~t mit den Schulen*** τα σχολεία υστερούν
Happen *m* μπουκιά, χαψιά
Hardware ['ha:(r)dwɛ:(r)] ⟨*-; -s*⟩ *f EDV* υλικό
Harem ⟨*-s; -s*⟩ *m* χαρέμι, γυναικώνας
Harfe *f* άρπα
Harfenspieler *m* αρπιστής
Harke *f* τσουγκράνα
harken τσουγκρανίζω
harmlos *Person*: άκακος; (*unschädlich*) αβλαβής
Harmlosigkeit *f* αθωότητα; αβλάβεια
Harmo'nie *f MUS und allg* αρμονία
harmo'nieren: ***miteinander ~*** ταιριάζω
Har'monika ⟨*-; -s*⟩ *f* φυσαρμόνικα
har'mon|isch αρμονικός, εναρμονισμένος; **~i'sieren** εναρμονίζω
Harmon|i'sierung *f* εναρμόνιση; **~ium** ⟨*-s; -ien*⟩ *n* αρμόνιο
Harn ⟨*-ẹs; 0*⟩ *m* κάτουρο, ούρα *n/pl*; **~-** ουριτικός; (*Säure*) ουρικός; **~blase** *f*

ουροδόχος, κύστη; **~blasen-entzündung** *f* κυστίτιδα; **~drang** *m* δυσουρία
harnen ουρώ; *subst* κατούρημα *n*
Harnisch ⟨-*es*; -*e*⟩ *m hist* θώρακας; *j-n* ***in ~ bringen*** ξεσηκώνω; ***in ~ geraten*** εξοργίζομαι
Harn|röhre *f* ουρήθρα; **~stein** *m* ουρόλιθος; **~stoff** *m* ουρία; **~untersuchung** *f* ουροσκοπία
Har'pune *f* αρπάγη, καμάκι
harpu'nieren καμακώνω
hart ⟨*¨er*; *¨est-*⟩ *allg* σκληρός; (*fest*) στερεός; *Ei*: σφιχτός; ***~ an*** *D* κοντά κοντά σε; ***~ machen*** σκληραίνω; *fig* σκληρύνω; ***~ werden*** σκληραίνω; πήζω; *Ei*: ***zu ~ werden*** σφίγγω
Härte *f* σκληρότητα; στερεότητα; **~fall** *m* ειδικό κοινωνικό περιστατικό
härten ⟨-*e*-⟩ σκληρύνω; *Eisen* βάφω; *Fette usw* στερεοποιώ
Härte|n *n* σκλήρυνση; *TECH* βαφή; **~prüfung** *f TECH* δοκιμασία σε σκληρότητα
Hartgeld ⟨-*es*; *0*⟩ *n* κέρματα *n/pl*
hart|gesotten *fig* πωρωμένος; **~herzig** σκληρόκαρδος; **~näckig** σκληροτράχηλος; *Fleck*: δυσεξίτηλος
Hartnäckigkeit ⟨*0*⟩ *f* ισχυρογνωμοσύνη
Härtung *f* στερεοποίηση, σκλήρυνση
Hartwerden *n* πήξη
Harz ⟨-*es*; -*e*⟩ *n* ρετσίνα, δεντρόκολλα
harz|en ⟨-*t*⟩ δακρύζω; **~ig** ρετσινάτος
Harzwein *m* ρετσίνα, ρετσινάτο; ***rote(r) ~*** κοκκινέλι
haschen κυνηγώ; ***~ nach*** *D* επιδιώκω; ***Haschen spielen*** παίζω κυνηγητό
Haschisch ⟨-; *0*⟩ *n* χασίσ(ι); ***~ rauchen*** καπνίζω χασίσ(ι); **~raucher** *m* χασικλής (-ήδες)
Hase ⟨-*n*⟩ *m* λαγός; F ***ein alter ~*** παλιά καραμπίνα
Haselnuss *f* φουντούκι
Hasenbraten *m* ψητός λαγός
Haspel *f* τυλιγάδι
Hass ⟨-*es*; *0*⟩ *m* μίσος *n*, έχθρα
hassen ⟨-*t*⟩ *v/t* μισώ
hassenswert αξιομίσητος
hässlich [ε] άσχημος; ***~ werden*** ασχημαίνω
Hässlichkeit *f* ασχήμια
Hast ⟨*0*⟩ *f* βία, σπουδή
hast|en ⟨-*e*-; *sn*⟩ τρέχω, βιάζομαι; **~ig** βιαστικός

hätscheln ⟨-*le*⟩ κανακεύω
Haube *f* σκούφια; (*der Vögel*) λοφιά; (*Auto*) καπό ⟨*0*⟩; (***sie***) ***unter die ~ bringen*** (της) βάζω στεφάνι; ***unter die ~ kommen*** βάζω στεφάνι
Haubenlerche *f* γαλιάνδρα
Hau'bitze *f* οβιδοβόλο
Hauch ⟨-*es*; *0*⟩ *m* πνοή; (*Dunst*) άχνα, αχνός; *fig* ίχνος *n*
hauch|'dünn αραχνοΰφαντος; **~en:** ***an etw ~en***, (***sich***) *in die Hände* ***~en*** χουχουλιάζω *A*; (*leise sprechen*) σιγομιλώ
Hauchlaut *m* δασεία
Haudegen *m*: ***alte(r) ~*** *iron* σακαράκας
Haue *f* (*Hacke*) τσάπα; F ***~ kriegen*** τρώω ξύλο
hauen* χτυπώ (-άς); ***Holz ~*** κόβω ξύλα; ***j-n übers Ohr ~*** τσουβαλιάζω, τη φέρνω σε κπ
Hauer *m* (*des Ebers*) χαυλιόδοντας, αρπάλι
Häufchen *n* κουμούλι (*Erde*)
Haufen *m* (*große Menge*) σωρός; (*übereinander, durcheinander*) στοίβα; (*Menschen-*) μπουλούκι; *fig* ***über den ~ werfen*** (*Plan usw*) ανατρέπω
häufen (συ)σωρεύω; στοιβάζω; *fig* ***sich ~*** πληθύνομαι
haufenweise αθρόος; σωρηδόν
Haufenwolke *f* σωρείτης
häufig συχνός; *Besuch*, *Frage*: πυκνός; *adv* συχνά, πολλές φορές; συχν-; **~er** συχνότερα, περισσότερες φορές; *Besuche* ***~er machen*** πυκνώνω; ***~er werden*** πυκνώνω
Häufigkeit ⟨*0*⟩ *f* συχνότητα
häufigst- (ο) συνηθέστερος
Häufung *f* (συ)σώρευση
Haupt ⟨-*es*; *¨er*⟩ *n auch fig* κεφαλή; **~-** κύριος, πρωταρχικός, κυρίως ..., κεντρικός, γενικός; προτεύων (-ουσα, -ον); πρώτος, πρωτ-; κεφαλο-
Haupt|aktionär *m* κύριος μέτοχος; **~altar** *m* μεγάλος βωμός
hauptamtlich *Person*: μόνιμος; ***~e Tätigkeit*** (η) καθαυτού δουλειά, κύρια ασχολία
Haupt|anführer *m* πρωτοστάτης; **~anschluss** *m ELEKTR* κύρια σύνδεση; **~bahnhof** *m* κεντρικός σταθμός
Hauptbeschäftigung *f* κύρια ασχολία; ***seine ~ besteht darin, zu ...*** το έχει (*oder* το έκανε) δουλειά του να ...
Haupt|buch *n HDL* καθολικό; **~darstel-**

ler *m* πρωταγωνιστής; **~darstellerin** *f* πρωταγωνίστρια; **~eingang** *m* κύρια είσοδος; **~fach** *n* κύριος κλάδος, κύρια ειδικότητα; **~gebäude** *n* κέντρο; **~gericht** *n* κύριο πιάτο; **~geschäftsstraße** *f* κύριος εμπορικός δρόμος; **~gewinn** *m* πρώτος λαχνός; **~grund** *m* κύριος λόγος

Häuptling ⟨*-s; -e*⟩ *m* αρχηγός

Haupt|mahlzeit *f* κύριο γεύμα; **~mann** ⟨*-ẹs; -leute*⟩ *m* MIL λοχαγός; **~merkmal** *n* χαρακτηριστικό σημείο; **~nenner** *m* MATH κοινός παρονομαστής; **~person** *f* πρωταγωνιστής; **~postamt** *n* κεντρικό ταχυδρομείο; **~quartier** *n* στρατηγείο; → ***Zentrale***; **~reisezeit** *f* κύρια ταξιδιωτική περίοδος

Hauptrolle *f* πρώτος ρόλος; ***die ~ spielen*** (*auch fig*) πρωταγωνιστώ

Hauptsache *f* κυριώτερο, (το) παν; ***in der ~*** κατά κύριο λόγο

hauptsächlich κυριώτερος; *adv* κυρίως, πρώτιστα; **~st-** πρώτιστος

Haupt|saison *f* κύρια τουριστική σεζόν; **~satz** *m* GR κύρια πρόταση; **~schulabschluss** *m* απολυτήριο δημοτικού; **~schuldner** *m* πρωτοφειλέτης; **~schule** *f* (εννεατάξιο) δημοτικό σχολείο; **~stadt** *f* πρωτεύουσα; **~stadt-** ... της πρωτεύουσας; **~städter** *m* πρωτευουσιάνος

hauptstädtisch πρωτευουσιάνικος

Haupt|straße *f* κεντρικός δρόμος; **~ursache** *f* κύρια αιτία; **~verkehrsstraße** *f* συγκοινωνιακή αρτηρία; **~verkehrszeit** *f* ώρες της αιχμής *oder* του συνωστισμού; **~versammlung** *f* γενική συνέλευση; **~wort** *n* GR ουσιαστικό

Haus ⟨*-es; ⸚er*⟩ *n* σπίτι, *K* οικία; HDL οίκος; ***~ an ~*** πόρτα με πόρτα; ***aus gutem ~e*** από σπίτι; ***außer ~*** *essen* έξω; ***zu ~e*** (στο) σπίτι; ***nach ~e gehen*** πάω σπίτι; ***in etw*** (*D*) ***zu ~e sein*** (= *gut kennen*) είμαι συνηθισμένος σε; ***ist Herr ... zu ~e?*** είναι μέσα ο κύριος ...; F ***ins ~ stehen*** επίκειμαι; ***~ halten*** κάνω οικονομία (***mit*** *D*/με)

Haus|- οικιακός (*z.B.* ELEKTR *Tarif*); σπιτήσιος, οικογενειακός; **~angestellte** *f* υπηρέτρια; βοηθός *f*; **~arbeit** *f* δουλειά του σπιτιού; (*Schüler*) μάθημα *n*; **~arzt** *m* οικογενειακός γιατρός; **~besetzer** *m* καταληψίας; **~besetzung** *f* κατάληψη σπιτιού; **~besitzer** *m* σπιτονοικοκύρης; **~besuch** *m* (*des Arztes*) επίσκεψη κατ' οίκον

Häuschen ['hɔʏsçən] *n* σπιτάκι, οικίσκος

hausen ⟨*-t*⟩ *Tiere*: έχω; (*wüten*) μαίνομαι

Häuserblock ⟨*-ẹs; -s*⟩ *m* (οικοδομικό) τετράγωνο

Haus|flur *m* διάδρομος; **~frau** *f* νοικοκυρά; **~friedensbruch** *m* παραβίαση οικογενειακού ασύλου; **~gerät** *n* οικιακή συσκευή

Haushalt ⟨*-ẹs; -e*⟩ *m* νοικοκυριό; HDL προϋπολογισμός; ***gemeinsame(r) ~*** συγκατοίκηση

Haushälterin *f* οικονόμα, οικονόμος *f*

Haushalts|artikel *m*/*pl* οικιακά είδη *n*/*pl*; **~defizit** *n* έλλειμα *n* προϋπολογισμού; **~geld** *n* έξοδα *n*/*pl* του σπιτιού; **~mittel** *n*/*pl* φόντα *n*/*pl* προϋπολογισμού; **~plan** *m* προϋπολογισμός

Haushaltung *f* νοικοκυριό

Haushaltungsschule *f* οικοκυρική σχολή

Hausherr *m* οικοδεσπότης, νοικοκύρης (-ηδες)

haushoch *fig* πελώριος

hau'sieren γυρολογώ

Hau'sierer *m* γυρολόγος

Haus|jacke *f* σακάκι δωματίου; **~kleid** *n* ρόμπα; **~lehrer** *m* οικοδιδάσκαλος; **~lehrerin** *f* οικοδιδασκάλισσα

häuslich οικιακός, οικείος

Haus|mädchen *n* υπηρέτρια; **~mannskost** *f* σπιτήσιο φαγητό; **~marke** *f* μάρκα του καταστήματος; **~meister** *m* πορτιέρης, διαχειριστής; **~mittel** *n* εμπειρικό γιατρικό; **~nummer** *f* αριθμός του σπιτιού; **~ordnung** *f* κανονισμός σπιτιού; **~putz** *m* καθαρίστρια του σπιτιού; **~rat** ⟨*-ẹs; 0*⟩ *m* συρμή, έπιπλα και σκεύη *n*/*pl*; **~schlüssel** *m* κλειδί της εξώπορτας; **~schuh** *m* παντούφλα

Hausse [o:s] *f* κίνηση προς τα πάνω

Haus|stand ⟨*-ẹs; 0*⟩ *m* νοικοκυριό; **~suchung** *f* κατ' οίκον έρευνα; **~tier** *n* κατοικίδιο ζώο; **~tür** *f* εξώπορτα; **~verwalter** *m* οικονόμος; **~wart** ⟨*-ẹs; -e*⟩ *m* πορτιέρης (-ήδες); **~wartin** *f* πορτιέρισσα; **~wirt** *m* σπιτονοικοκύρης (-ηδες); **~wirtin** *f* σπιτονοικοκυρά

H

Haut ⟨-; ¨-e⟩ *f* δέρμα *n*, πετσί; (*der Milch*) τσίπα; ***mit heiler ~ davonkommen*** γλυτώνω το τομάρι μου; ***er ist nur noch ~ und Knochen*** έμεινε πετσί και κόκκαλο; ***bis auf die ~ durchnässt sein*** γίνομαι παπάκι; ***es ist, um aus der ~ zu fahren*** είναι για να σκάσει κανείς

Haut|abschuppung *f* πιτυρίαση; **~abschürfung** *f* ξέγδαρμα *n*, εκδορά; **~arzt** *m* δερματολόγος; **~atmung** *f* άδηλος αναπνοή

Häutchen *n* υμένας, υμήν *m*, μεμβράνη, τσίπα

Haute Couture [o:t kuˈty:ʀ] ⟨*0*⟩ *f* υψηλή ραπτική

häuten ⟨*-e-*⟩ γδέρνω, ξεφλουδίζω; ***sich ~*** αποφλοιώνομαι, ξεφλουδίζομαι

Hautentzündung *f* δερματίτιδα

Hautevolee [o:t vɔˈle:] ⟨*0*⟩ *f* αρχοντολόι

Haut|farbe *f* χρώμα *n* του δέρματος; **~flügler** *m* υμενόπτερο; **~krankheit** *f* δερματοπάθεια; **~pflege** *f* περιποίηση του δέρματος; **~verletzung** *f* τραυματισμός του δέρματος

Ha'vanna *n* Αβάνα

Hava'rie *f* αβαρία

Ha'waii *n* Χαβάι *f*

HD-Dis'kette *f* EDV δισκέτα HD

he άκου!, μωρέ!; **~ du** (**da**) βρε συ

Headhunter [ˈhɛdhantɐ] *m* κυνηγός κεφαλών

Hebamme *f* μαμμή, μαία

Hebel *m* μοχλός, λοστός; ***alle ~ in Bewegung setzen*** κάνω πως και τι; **~arm** *m* μοχλοβραχίονας

heben* *v/t* σηκώνω; υψώνω; (*durch Hebel usw*) αναμοχλεύω; *Gewicht* αίρω; *Wrack* ανελκύω; *Auto* μαγγανίζω; *Stimme* ψιλαίνω; *fig* ***j-n in den Himmel ~*** υπερυψώνω; F ***e-n ~*** (*trinken*) πίνω κανένα ποτό; *subst* σήκωμα *n*; ύψωση; ανέλκυση; άρση

Hebewerk *n* ανυψωτήρας

He'bräer *m* Εβραίος; **~in** *f* Εβραία

he'bräisch εβραϊκός

Hebung *f* ανύψωση; → ***Heben***

Hecht ⟨*-es*; *-e*⟩ *m* λούτσος

Heck ⟨*-es*; *-s*⟩ *n* πρύμνη; **~-** πρυμνήσιος; ***vom ~ her*** πρύμα

Hecke *f* φράχτης

Heckenschütze *m* σκοπευτής εξ ενέδρας

Heck|fenster *n* πίσω παράθυρο; **~motor** *m* οπίσθια μηχανή; **~scheibe** *f* πίσω τζάμι; **~scheibenwischer** *m* πίσω υαλοκαθαριστήρας

Hedo|'nismus ⟨-; *0*⟩ *m* ηδονισμός; **~'nist** ⟨*-en*⟩ *m* ηδονιστής

Heer ⟨*-es*; *-e*⟩ *n* στρατός, στράτευμα *n*; *fig* (*Menge*) σμάρι; **~es-** στρατιωτικός; → ***Militär-, Kriegs-***

Heeres|bericht *m* ανακοινωθέν (-έντος) *n* των ενόπλων δυνάμεων; **~gruppe** *f* συγκρότημα *n*; **~leitung** *f* στρατηγία

Heer|führer *m* στρατηλάτης; **~lager** *n* στρατόπεδο; **~straße** *f* στρατιωτική οδός

Hefe *f* μαγιά *n/pl*, ζύμη; **~-** ένζυμος

Heft ⟨*-es*; *-e*⟩ *n* τετράδιο; (*Zeitschrift*) τεύχος *n*; *fig* ***das ~ in der Hand haben*** παίρνω και δίνω

heften *Buch* ράβω; *Broschüre* χαρτοδένω; ***~ auf*** *A Augen* καρφώνω (επάνω) σε; *Aufmerksamkeit* προσηλώνω σε; *subst* ράψιμο (-ατος)

heftig σφοδρός, λάβρος; *Schmerz*: έντονος; *bsd Regen*: ραγδαίος; *Wind*: βίαιος; (*aufbrausend*) οργίλος; ***~ werden*** φορτσάρω; MED επιτείνομαι

Heftigkeit *f* σφοδρότητα; επίταση

Heft|klammer *f* συνδετήρας; **~pflaster** *n* λευκοπλάστης; **~zwecke** *f* πινέζα

Hegemo'nie *f* ηγεμονία

hegen *Hoffnung usw* τρέφω; ***~ und pflegen*** περιποιούμαι στοργικά

Hehl *m* (*n*): ***kein ~ machen aus*** *D* λέω την αμαρτία μου; **~er** *m* κλεπταποδόχος; **~e'rei** *f* κλεπταποδοχή

Heide[1] ⟨*-n*⟩ *m* εθνικός, ειδωλολάτρης

Heide[2] *f* BOT ρείκι; (*Landschaft*) ρεικιά

Heidelbeere *f* μύρτυλλο

Heiden|'angst *f*: ***e-e ~angst haben*** μου πάει τρεις και δέκα; **~'geld** *n*: ***das kostet ein ~geld*** κοστίζει ο κούκκος αηδόνι; **~tum** ⟨*-s*; *0*⟩ *n* ειδωλολατρία

heidnisch εθνικός, ειδωλολάτρης

heikel ⟨*-kl-*⟩ κερατένιος; ολισθηρός

heil σώος, ακέραιος; *Glas auch* αρραγής

Heil ⟨*-es*; *0*⟩ *n* σωτηρία; ***sein ~ versuchen*** δοκιμάζω τη τύχη μου; ***~ dem König!*** ζήτω ο βασιλιάς!

Heiland ⟨*-es*; *0*⟩ *m* σωτήρας, μεσσίας

Heil|anstalt *f* θεραπευτήριο; **~bad** *n* ιαματικό λουτρό

heilbar ιάσιμος, θεραπεύσιμος; ***leicht ~***

H

ευθεράπευτος; ***schwer*** ~ δυσθεράπευτος

heilen *v/t* γιατρεύω, θεραπεύω (***j-n***/κπ); *auch fig z.B. Zeit*: επουλώνω; *v/i Wunde*: επουλώνομαι; *auch fig* ~ ***von*** *D* θεραπεύομαι, γιατρεύομαι; **~d:** ***schwer ~d*** δυσίατος

Heilgymnastik *f* φυσιοθεραπεία

heilig άγιος, ιερός, όσιος; ***Heilige(r) Geist*** 'Αγιον Πνεύμα *n*; ***Heilige(s) Grab*** πανάγιος Τάφος; ***~e Handlung*** ιεροπραξία; ***Heilige Schrift*** αγία Γραφή; ***ein Heiliger werden*** αγιάζω; ***~ sprechen*** αγιοποιώ, κατατάσσω στους αγίους

Heilig'abend *m* παραμονή Χριστουγέννων

heilig|en *v/t* εξαγιάζω, αγιάζω; ***der Zweck ~t die Mittel*** ο σκοπός αγιάζει τα μέσα

Heiligenbild *n* αγιογραφία, εικόνισμα *n*; **~maler** *m* εικονογράφος; **~malerei** *f* αγιογραφία

Heiligenschein *m* φωτοστέφανο (*auch fig*); ***j-n mit e-m ~ umgeben*** δίνω, προσδίδω σε κπ αίγλη

Heiligkeit ⟨*0*⟩ *f* αγιότητα; ***Seine ~*** Η Αυτού Αγιότης; (*der Patriarch*) Παναγιότης *f*; ***Eure ~!*** Παναγιώτατε!

Heilig|sprechung *f* αγιοποίηση, ανακύρυξη σε άγιο; **~tum** ⟨*-s*; *⁼er*⟩ *n* ιερό, άδυτο

Heilkraft *f* ιαματικότητα

heilkräftig ιαματικός

Heil|kraut *n* αγριοβότανο; **~kunde** *f* ιατρική

heillos: *~es* *oder* ***in e-m ~en Durcheinander*** σωρό ακατάστατα *n/pl*

Heil|mittel *n* γιατρικό; **~pflanze** *f* φαρμακευτικό φυτό; **~praktiker** *m etwa*: εμπειρικός θεράπων *m*; **~quelle** *f* ιαματική πηγή

heilsam υγιεινός; *fig* σωτήριος, ωφέλιμος

Heilsarmee *f* στρατός της σωτηρίας

Heil|ung *f* θεραπεία, εξυγίανση; **~ungs-** εξυγιαντικός; **~verfahren** *n* θεραπευτική μέθοδος

Heim ⟨*-ęs*; *-e*⟩ *n* σπίτι; (*Zuhause*) σπιτικό, τζάκι; (*Anstalt*) άσυλο

Heimarbeit *f* κατ' οίκον εργασία

Heimat ⟨*0*⟩ *f auch fig* (ιδιαίτερη) πατρίδα; *fig* εστία; **~adresse** *f* διεύθυνση καταγωγής; **~hafen** *m* λιμάνι καταχωρισμού; **~kunde** ⟨*0*⟩ *f* πατριδογραφία; **~land** *n* γενέτειρα

heimatlich πάτριος

Heimat|lose(r) άπατρις *m, f*; **~recht** *n* ιθαγένεια

Heim|fahrt *f* επιστροφή (στο σπίτι); **~gang** *m* (*Tod*) εις Κύριον αποδημία; **~industrie** *f* οικόσιτη βιομηχανία

heimisch ενδημικός; BOT ***~ sein*** ενδημώ, υπάρχω αυτοφυής; ***sich ~ fühlen*** αισθάνομαι σαν στο σπίτι μου

Heimkehr ⟨*0*⟩ *f* νόστος, παλινόστηση

heimkehren ⟨*sn*⟩ παλινοστώ

Heimleiter *m* διευθυντής ασύλου

heimlich *Liebe usw*: κρυφός; λαθραίος; *adv auch* κλεφτά

Heimlichkeit *f* μυστικότητα

Heim|reise *f* επιστροφή; **~stätte** *f* άσυλο; **~studium** *n* σπουδή στο σπίτι

heimsuchen μαστίζω; *Einbrecher usw*: ρημάζω; *auch fig iron* ενσκήπτω (*A*/σε)

Heim|suchung *f* μάστιγα; κακουχία; **~tücke** *f* υπουλότητα

heim|tückisch μουλωχτός, ύπουλος; **~wärts** στο σπίτι

Heim|weg *m* επιστροφή; ***guten ~weg!*** στο καλό!; **~weh** ⟨*-s*; *0*⟩ *n* νοσταλγία; ***~weh haben*** νοσταλγώ; **~werker** *m* μάστορας (από χόμπι)

heimzahlen *fig* πληρώνω (***j-m etw***/κτ σε κπ)

Heinrich *m* Ερρίκος

Heirat *f* γάμος, παντρειά

heiraten ⟨*-e-*⟩ παντρεύομαι, νυμφεύομαι; (*j-n*) παίρνω; ***jung ~*** μικροπαντρεύομαι

Heirats|antrag *m* πρόταση γάμου; **~anzeige** *f* αγγελτήριο γάμου

heirats|fähig της παντρειάς; **~lustig** φιλόγαμος

Heirats|schwindler *m* απατεώνας γάμου; **~vermittler** *m* προξενητής; **~vermittlung** *f* προξενιό

heiser βραχνός; ***~ machen, ~ werden vor*** *D* βραχνιάζω από

Heiserkeit *f* βραχνάδα

heiß ζεστός, θερμός; *Tränen*: πύρινος; GEOGR *Zone*: θερμή, πύρινη; *Wunsch*: διακαής; ***es ist (sehr) ~*** κάνει (μεγάλη) ζέστη; ***mir ist ~*** ζεσταίνομαι; *Essen usw* ***~ machen*** ζεσταίνω; **~blütig** θερμόαιμος

heiß|en* λέγομαι, ονομάζομαι; *lit* (*be-*

fehlen) ***j-n ~en zu ...*** διατάσσω κπ να ...; ***das ~t*** (*d.h.*) δηλαδή; ***es ~t, dass ...*** διαδίδεται ότι ...; ***was ~t ...?*** τι σημαίνει *N*; ***ich ~e*** λέγομαι *N*; ***wie ~t du?*** πώς σε λένε; ***was soll das ~en?*** τι θέλει να πεί αυτό; ***was ~t das auf Griechisch?*** πώς λέγεται αυτό ελληνικά; → ***nennen***

Heißhunger *m* βουλιμία, λίμα

heißhungrig λιμασμένος; ~ ***sein auf*** *A* λιμάζω για

heißlaufen* υπερθερμαίνομαι

Heiß|sporn ⟨-e̸s; -e⟩ *m* χολερικός; **~'wasserspeicher** *m* θερμοσίφωνας

heiter (*auch heitrer, heiterst-*) ιλαρός, ευδιάθετος, εύθυμος; *Wetter*: αίθριος

Heiterkeit ⟨*0*⟩ *f* ιλαρότητα, ευθυμία; ~ ***erregen*** φτιάχνω τη διάθεση

heiz|bar που θερμαίνεται; με θέρμανση; **~en** ⟨-*t*⟩ θερμαίνω, ζεσταίνω

Heiz|en *n* ζέσταμα *n*; **~er** *m* θερμαστής; *MAR* ανθρακίτης; **~kissen** *n* ηλεκτρικό μαξιλάρι; **~körper** *m* ραντιατέρ ⟨*0*⟩ *n*, θερμαντικό σώμα *n*; **~lüfter** *m* αερόθερμο; **~öl** *n* θερμαντικό πετρέλαιο; **~stufe** *f* (*bei Öfen*) βαθμός θερμότητας; **~ung** *f* θέρμανση

Hektar ⟨-*s*; -*e*⟩ *m* εκτάριο

Hektik ⟨*0*⟩ *f* βιασύνη, άγχος

hektisch βιαστικός, αγχώδης

hektogra'phieren πολυγραφώ

Hektoliter *m* εκατόλιτρο

Hektor *m* Έκτωρας

Held ⟨-*en*⟩ *m* ήρωας; ***junge(r)*** ~ παλληκάρι; *THEA* πρωταγωνιστής; *fig* γίγαντας

Helden|- ηρωικός; **~denkmal** *n* ηρώο; **~gedicht** *n* έπος *n*, εποποιία

heldenhaft ηρωικός

Helden|mut *m* ηρωισμός; **~tat** *f* ανδραγάθημα *n*; (*auch iron*) παλληκαριά, κατόρθωμα *n*; **~tum** ⟨-*s*; *0*⟩ *n* ηρωισμός

Heldin *f* ηρωίδα

helfen*: ***j-m*** ~ (***bei*** *D oder inf ohne zu*) βοηθώ κπ (σε *oder* να ...); (*nützen*) ωφελώ (*D*/*A*); *Arzt*, *Medizin*: με κάνει καλά; ***j-m aus der Patsche*** ~ ξελασπώνω κπ; ***sich*** (*D*) ~ βοηθιέμαι; ***ich weiß mir zu*** ~ τα βολεύω

Helfer *m* βοηθός

Helfershelfer *m* συνεργός

Helikon *m GEOGR* Ελικώνας

Heli'kopter *m* → ***Hubschrauber***

Helio'trop ⟨-*s*; -*e*⟩ *n BOT* ηλιοτρόπιο; ~ ⟨-*s*; -*e*⟩ *m* (*Edelstein*) ηλιοτρόπιο

Helium ⟨-*s*; *0*⟩ *n* ήλιο

hell φωτεινός; (*beleuchtet*) θωτεινός, φωτερός; *Augen*: γλαρός; *Bier*: ξανθός; *Farbe*: ανοιχτός; *fig* ***~er*** *Kopf*: γλαρός; ανοιχτομάτης; ***es wird*** ~ φέγγει, ξημερώνει; ***~er werden*** *Farbe*: ανοίγω; ~ ***leuchtend*** ολόφωτος; **~blau** γαλανός, μπλε ανοιχτός

Helle ⟨*0*⟩ *f* φωτεινό

Hel'lene ⟨-*n*⟩ *m* Έλληνας

hel'len|isch ελλαδικός; **~i'sieren** εξελληνίζω

Helle'nismus ⟨-; *0*⟩ *m* ελληνισμός

helle'nistisch ελληνιστικός

Heller *m* (*auch fig = wenig*) τσακιστή

Helles'pont ⟨-*s*; *0*⟩ *m* Ελλήσποντος

hell|grün ανοιχτός πράσινος; **~hörig** οξυήκοος; *Gebäude*: μη ηχομονωτικός

Helligkeit *f* λάμψη, σέλας (-αος) *n*

Helling *f MAR* σκαρί, εσχάρα

helllicht: ***am ~en Tage*** μέρα μεσημέρι

hellsehen* μαντεύω

Hellseh|en *n* μαντική, διόραση; **~er** *m* μάντης; **~erin** *f* μάντισσα

hellseherisch μαντικός

Helm ⟨-e̸s; -*e*⟩ *m* κράνος *n*; κάσκα; **~busch** *m* λοφιά

He'lot ⟨-*en*⟩ *m* είλωτας

Helsinki *n* Ελσίνκι

Hemd ⟨-e̸s; -*en*⟩ *n* πουκάμισο

Hemi'sphäre *f* ημισφαίριο

Hemm- ανασταλτικός

hemmen αναστέλλω, παρακωλύω; *Entzündung* περιορίζω; **~d** κατασταλτικός

Hemm|nis ⟨-*ses*; -*se*⟩ *n* κώλυμα *n*; **~schuh** *m* πέδιλο; **~ung** *f* παρακώλυση, αναχαίτηση; ***~ungen*** *pl PSYCH* αναστολές *f*/*pl*, συμπλέγματα *n*/*pl*; ***~ungen haben zu ...*** διστάζω να ...; ενδοιάζω να...

hemmungslos αχαλίνωτος

Hengst ⟨-*es*; -*e*⟩ *m* άτι

Henkel *m* χερούλι, λαβή

henken *v*/*t* απαγχονίζω

Henker *m* δήμιος, μπόγιας

Henne *f* κότα, όρνιθα

He'phaistos *m* Ήφαιστος

her εδώ, *z. B.* ***komm ~!*** έλα εδώ!; ***von dort*** ~ απ' εκεί; ***es sind drei Jahre*** ~, (*dass*) ... πάνε τρία χρόνια ...; ***wo ...*** ~ → ***woher***

herab [hɛ'rap] προς τα κάτω; *oft*: κατα-; → ***herunter-***
he'rabblicken βλέπω κάτω; *fig* ***auf j-n ~*** κοιτάζω κπ αφ' υψηλού
he'rab|drücken καταπιέζω; *Preise* εξευτελίζω; **~fallen*** ⟨*sn*⟩ καταπίπτω; **~gehen*** ⟨*sn*⟩ κατεβαίνω
he'rabgesetzt έκπτωτος; ***zu stark ~en Preisen*** με πολύ μειωμένες τιμές
he'rab|kommen* ⟨*sn*⟩ κατεβαίνω; **~lassen*** κατεβάζω; ***sich*** (*A*) ***zu etw*** (*D*) ***~lassen*** καταδέχομαι να κάνω κτ; **~lassend** καταδεκτικός; **~setzen** ⟨*-t*⟩ εξευτελίζω (***j-n***/κπ); *Preis* κατεβάζω, μειώνω; **~setzend** εξευτελιστικός
He'rabsetzung *f* υποβιβασμός, ελάττωση; **~ *auf ein Mindestmaß*** ελαχιστοποίηση
H
he'rab|steigen* ⟨*sn*⟩ κατεβαίνω; **~stürzen** ⟨*-t*; *sn*⟩ *v/i* καταπίπτω; πέφτω; **~tröpfeln** ⟨*-le*; *sn*⟩ καταστάλάζω; **~würdigen** εξευτελίζω
He'rabwürdigung *f* εξευτελισμός
He'raklion *n* (*Kreta*, *Attika*) Ηράκλειο
heran [hɛ'ran] κοντά, προς τα εδώ
he'ran|bilden ⟨*-e-*⟩ διαπλάσσω; **~bringen*** κουβαλώ (-άς); **~gehen*** ⟨*sn*⟩: *fig* ***an e-e S*** (*A*) ***~gehen*** πιάνω να ..., αντιμετωπίζω ...; **~kommen*** ⟨*sn*⟩ προσέρχομαι; *Zeit*: πλησιάζω; **~locken** κράζω; **~nahen** ⟨*sn*⟩ πλησιάζω; **~reichen** φθάνω (***an*** *A*/σε); **~reifen** ⟨*sn*⟩ ωριμάζω; *auch fig* μεστώνω; **~rücken** *v/t* σιμώνω (***etw an*** *A*/κτ σε); *v/i* ⟨*sn*⟩ κοντεύω, *auch fig*, *z. B. Fest*: σιμώνω; **~treten*** ⟨*sn*⟩ σιμώνω (***zu j-m***/κπ); **~wachsen*** ⟨*sn*⟩ τρανεύω; **~ziehen*** προσελκύω (***j-n***/κπ), υποχρεώνω (***j-n zu*** *D*/κπ σε); ***zu sich*** (*D*) ***~ziehen*** προσεταιρίζομαι
herauf [hɛ'raʊf] προς τα πάνω; **~arbeiten** ⟨*-e-*⟩: ***sich ~arbeiten*** προοδεύω εργαζόμενος; **~beschwören*** *Gefahr* επισωρεύω; **~kommen*** ⟨*sn*⟩ ανεβαίνω; **~setzen** ⟨*-t*⟩ *Preis* ανεβάζω, αυξάνω; **~ziehen*** ανασύρω; ⟨*sn*⟩ *Gewitter*: προμηνύεται
heraus [hɛ'raʊs] προς τα έξω; μέσα από; **~ *mit der Sprache!*** εμπρός, πες το!
he'raus|bekommen* *allg* βρίσκω; βγάζω; *fig Rätsel* μαντεύω; **~bilden** ⟨*-e-*⟩: ***sich ~bilden*** διαμορφώνομαι; **~brechen*** *v/t*, *v/i* ⟨*sn*⟩ ξεσπώ (-άς); **~bringen*** *Buch* βγάζω; **~finden*** (*erraten*) βρίσκω; (*feststellen*) διαπιστώνω; **~fischen** *auch fig* αλιεύω; **~fließen*** ⟨*sn*⟩ εκρέω; **~fordern** ⟨*-re*⟩ προκαλώ (***zu*** *D*/σε); **~fordernd** προκλητικός
He'raus|forderung *f* πρόκληση; **~gabe** ⟨*0*⟩ *f* έκδοση
he'rausgeben* *Buch* εκδίδω; *Geld* δίνω τα ρέστα; ***ich kann nicht ~*** δεν έχω ψιλά
He'rausgeber *m* εκδότης
he'raus|gehen* ⟨*sn*⟩: ***aus sich ~gehen*** *fig* το ρίχνω έξω; **~greifen*** *fig* πιάνω, εκλέγω κουτουρού; **~holen:** *fig* ***etw ~holen bei*** *D* το τσιμπώ (-άς) από; **~kommen*** ⟨*sn*⟩ βγαίνω (***aus*** *D*/από); *Produkt*, *Zeitung*, *Foto*, *gut usw* βγαίνω; (*bekannt werden*) γίνομαι γνωστός; ***nie*** *aus dem Land* ***~gekommen*** αξενίτευτος; **~kriegen** (*entfernen*) βγάζω; (*erfahren*) βρίσκω
he'rauskristallisieren: *fig* ***sich ~*** αποκρυσταλλώνομαι
he'raus|lassen* αφήνω να βγεί; **~machen: *sich ~machen*** *Person*: ρίχνω μπόι; *Kranker*: ξεγυρίζω
He'rausnahme *f* εξαγωγή
he'raus|nehmen* εξάγω; ***sich viel ~nehmen*** παίρνω πολύ αέρα; **~platzen** ⟨*-t*⟩ (*lachen*) χαχανίζω; **~pressen** ⟨*-t*⟩ *fig* απομυζώ; **~reden** ⟨*-e-*⟩: ***sich ~reden*** τα κλωθογυρίζω; **~reißen*** αποσπώ (-άς); *fig* γλυτώνω; **~rücken** *Geld* στουμπώνω, σκάζω; ***mit der Sprache ~rücken*** εκμυστηρεύομαι; **~rufen*** φωνάζω έξω; **~schneiden*** κόβω; **~springen*** ⟨*sn*⟩ πηδώ έξω; ***es springt nichts dabei heraus*** δε βγαίνει τίποτε
he'rausstellen βγάζω έξω; εποδεικνύω; ***sich ~*** εκδηλώνομαι, βγαίνω (***als***/*N*)
he'raus|strecken εκτείνω; *Zunge* βγάζω; **~stürzen** ⟨*-t*; *sn*⟩ πετάγομαι (***aus*** *D*/από); **~suchen** ξεδιαλέγω; **~treten*** ⟨*sn*⟩ βγαίνω, εξέρχομαι; **~winden*** ξετυλίζω; ***sich ~winden*** *fig* ξεμπλέκω (***aus*** *D*/από); **~ziehbar** συρτός; **~ziehen*** *Nagel usw* βγάζω; εξέλκω
herb ξινός; στυφός, δριμύς; *Wein*: μπρούσκος
her'bei|eilen ⟨*sn*⟩ προστρέχω; *auch zur*

791 **herrlich**

Hilfe: τρέχω; **~führen** (*verursachen*) επιφέρω; **~rufen*** μετακαλώ, κράζω; **~schaffen** κομίζω; κουβαλώ (-άς); **~sehnen, ~wünschen** λιμπίζομαι; περιμένω με λαχτάρα; **~ziehen*** προσελκύω; *fig* ***etw an den Haaren ~ziehen*** το τραβώ από τα μαλλιά

Herberge *f* χάνι, πανδοχείο, ξενώνας

Herbergs|mutter *f* επόπτρια; **~vater** *m* επόπτης

her|bestellen (***j-n***) ζητώ να έλθει; **~beten** ⟨*-e-*⟩ προσεύχομαι μηχανικά

Herbheit ⟨*0*⟩ *f* στυφάδα, δριμύτητα

her|bitten* παρακαλώ να έλθει; **~bringen*** φέρνω εδώ

Herbst ⟨*-ɇs; -e*⟩ *m* φθινόπωρο

herbstlich φθινοπωρινός

Herd [eː] ⟨*-ɇs; -e*⟩ *m allg*, TECH, *fig* εστία, τζάκι; (*Küchen-*, ELEKTR) κουζίνα

Herde *f* κοπάδι, ποιήμνιο; *auch fig* αγέλη, στρούγγα; **~n-** αγελαίος

Herdplatte *f* μάτι (ηλεκτρικής) κουζίνας

he'rein μέσα; ***~!*** εμπρός!

he'reinbrechen* ⟨*sn*⟩ *Epidemie*: ενσκήπτω; *Nacht*: επέρχομαι; *Dunkel*: πέφτει; *Regen*, *Unglück*: ***~ über j-n*** πλακώνω; πλήττω *A*; **~d** επελθών

he'rein|fallen* ⟨*sn*⟩ πέφτω μέσα; *fig* μπαίνω μέσα, κακοπέφτω; ***auf j-n ~fallen*** *unpers* μου την έφερε; **~gehen*** ⟨*sn*⟩ μπαίνω; **~legen** *fig* (*beim Spiel*) βάζω μέσα; **~schneien** ⟨*sn*⟩ *fig* κουβαλιέμαι; **~stürzen** ⟨*-t; sn*⟩ εισορμώ

herfallen* ⟨*sn*⟩: ***über j-n ~*** πέφτω επάνω του

Hergang *m* (*der Tragödie*) χρονικό

hergeben* παρατώ (-άς); δίνω; ***sich ~ zu*** *D* προσφέρομαι σε

hergehen* ⟨*sn*⟩: ***vor j-m ~*** προπορεύομαι κάποιου; ***hinter j-m ~*** παρακολουθώ κπ; ***da geht es hoch her*** γίνεται γλέντι τρικούβερτο

herhalten*: *fig* ***für alles ~ müssen*** πέφτουν όλα στην καμπούρα μου

her|holen φέρω, κομίζω; **~hören** αγροικώ; ***hör mal her!*** γροίκα!

Hering ⟨*-s; -e*⟩ *m* ρέγγα

herkommen* ⟨*sn*⟩ προσέρχομαι; (*herstammen*) προέρχομαι; ***komm her!*** για έλα δω!

herkömmlich πατροπαράδοτος

Herkules *m* Ηρακλής

Herkunft ⟨*0*⟩ *f* προέλευση, καταγωγή

Herkunftsland *n* χώρα προέλευσης *oder* καταγωγής

her|leiten ⟨*-e-*⟩ (*folgern*) συμπεραίνω, συνάγω (**aus** *D*/από); *Wort* παράγω; ***sich ~leiten aus*** *D* απορρέω (**aus** *D*/από); **~machen:** *v/t* ***etwas ~machen*** κάνω φιγούρα, φιγουράρω; ***sich ~machen über*** (*Arbeit*) ρίχνομαι σε; (*Essen*) καταβροχθίζω *A*

Hermaphro'dit ⟨*-en*⟩ *m* ερμαφρόδιτος

Herme'lin ⟨*-s; -e*⟩ *m* κακούμι; ερμίνα; **~pelz** *m* ερμελίνη, ερμίνα

Hermes *m* Ερμής

her'metisch ερμητικός; ***~ verschlossen*** ερμητικά κλεισμένος

her'nach *lit* → ***danach***

hernehmen* παίρνω

Hernie ['hɛʀnĭə] *f* MED κήλη; σπάσιμο (-ατος)

He'rodes *m* Ηρώδης

Hero'dot *m* Ηρόδοτος

heroisch [-'ʀoːɪʃ] ηρωικός

Hero'ismus ⟨*-; 0*⟩ *m* ηρωισμός

Herold ⟨*-s; -e*⟩ *m* κήρυκας

Herpes ⟨*0*⟩ *m* MED έρπης

Herr ⟨*-n; -en*⟩ *m* κύριος (*auch* REL); ***Herren*** (*Toilette*) Ανδρών; (*nur in Geschäften*) ***mein ~!*** κύριε!; ***~ Müller*** *usw* κύριε (Μύλερ); (*Gebieter*) δεσπότης; ***eigener ~*** (= *unabhängig*) αφεντικό; ***vornehme(r) ~*** άρχοντας; ***~ im Haus*** νοικοκύρης; ***~ sein über*** *A* κυριαρχώ *A*; ***~ der Lage sein*** είμαι κύριος (*oder* -ια) *G*; ***~ werden über*** *A* κυριεύω; ***den großen ~n spielen*** αρχοντοπιάνομαι; ***ich bin mein eigener ~*** είμαι κύριος του εαυτού μου

Herren|- ανδρικός; **~anzug** *m* ανδρικό κουστούμι; **~artikel** *m/pl* ανδρικά *n/pl*; **~bekleidung** *f* ανδρική ένδυση; **~friseur** *m* κουρέας; **~haus** *n* αρχοντικό

herrenlos αδέσποτος

Herren|schneider *m* ράφτης (ανδρικών ενδυμασιών); **~toilette** *f* ανδρικές τουαλέτες *f/pl*

Herrgott ⟨*-s; 0*⟩ *m* Κύριος ο Θεός; ***in aller Herrgottsfrühe*** πρωί πρωί

herrichten ⟨*-e-*⟩ ευπρεπίζω; (*vorbereiten*) προετιμάζω, φτιάχνω

Herrin *f hist* αφέντισσα

herrisch αυταρχικός, δεσποτικός

herrlich θεσπέσιος, έξοχος

H

Herrlichkeit 792

Herrlichkeit *f* μεγαλοπρέπεια
Herrschaft *f* δεσποτεία; δυναστεία; ηγεμονία; ***unter der ~*** *G* (*e-s Königs*) κατά τη βασιλεία *G*; ***meine ~en*** κυρίες και κύριοι
herrschaftlich αρχοντικός
herrschen *v/i* κυριαρχώ, ηγεμονεύω; *auch fig, z. B. Lüge, Ordnung*: βασιλεύω, ανάσσω; *Gesetze*: διέπω; *Meinung*: κρατώ; ***~ über*** *A* εξουσιάζω *A*; **~d** (*unumschränkt*) κυριαρχικός; ***die ~de Klasse*** η άρχουσα τάξη
Herrscher *m* κυριάρχος, δεσπότης; **~-** δεσποτικός; **~haus** *n* δυναστεία; **~in** *f* άνασσα
Herrschsucht ⟨*0*⟩ *f* αρχομανία, φιλαρχία
herrschsüchtig αρχομανής
her|rühren προέρχομαι (***aus*** *D*/από); (*Zeit*) χρονολογούμαι (***von*** *D*/από); **~sagen** αποστοματίζω; **~stammen** κατάγομαι (***von*** *D*/από); **~stellen** κατασκευάζω
Herstell|er *m* κατασκευαστής; *oft Suffix*: -ποιός; **~ung** *f* κατασκευή; *oft Suffix*: -ποιία
he'rüber κατά (*oder* προς) το μέρος μου, προς τα εδώ; **~bringen***, **~holen** μεταφέρω, φέρνω εδώ; **~kommen*** ⟨*sn*⟩ (***zu mir***) περνώ (-άς) από (το) σπίτι μου; **~ziehen***: *fig* ***zu sich ~ziehen*** παίρνω με το μέρος μου
he'rum (τρι)γύρω; *oft*: περι-
he'rumbummeln ⟨*-le*⟩ (τρι)γυρίζω, χαζεύω
he'rum|drehen στριφογυρίζω; **~drucksen** ⟨*-t*⟩ F τα μασώ (-άς), ξερομασώ (-άς) (***an*** *D*/*A*); **~fahren*** ⟨*sn*⟩ *Schiff*: περιπλέω; ***ein bisschen ~fahren*** κάνω βόλτες; **~faulenzen** ⟨*-t*⟩ ρεμπελεύω; **~führen** *Fremde* ξεναγώ; (*wickeln*) ελίσσω (***um*** *A*/περί *A*); F ***an der Nase ~führen*** τραβώ από τη μύτη; **~gehen*** ⟨*sn*⟩ τριγυρίζω; **~gekommen:** ***viel ~gekommen*** κοσμογυρισμένος; **~kommen*** ⟨*sn*⟩ περιέρχομαι; (*weit*) κοσμογυρίζω; *fig* ***um etw*** (*A*) ***~kommen*** αποφεύγω *A*; *fig* ***um etw nicht ~kommen*** δεν το γλυτώνω; **~kriegen** F (*überreden*) καταφέρνω; **~kritteln** ⟨*-le*⟩ σχολιάζω; **~laufen*** ⟨*sn*⟩ αλωνίζω; τριγυρίζω (***mit*** *D*/με); **~liegen***: ***in heillosem Durcheinander ~liegen*** είναι πεταγμένα *n/pl* σωρό ακατάστατα; **~lungern** ⟨*-re*⟩ F σουλατσάρω, ρεμπελεύω; **~murksen** ⟨*-t*⟩ F είμαι ματαιόσχολος; **~reichen** περιάγω
he'rum|schleichen* ⟨*sn*⟩ τριγυρίζω γύρω από (***um j-n***/κπ); **~spazieren** ⟨*sn*⟩ τριγυρίζω; **~stehen*** στέκομαι (γύρω); **~stehend** *Sachen*: αδέσποτος; **~stochern** ⟨*-re*⟩ (*im Essen*) ψιψιρίζω (***in*** *D*/*A*); **~streiten***: ***sich ~streiten*** τσακώνομαι; **~suchen** ψαχουλεύω; **~toben** κάνω τρέλες; **~tollen** χοροπηδώ
he'rumtreiben*: ***sich ~*** αλωνίζω
He'rumtreiber *m* παλιόκορμο; **~in** *f* παλιογυναίκα
he'rum|wälzen ⟨*-t*⟩: ***sich ~wälzen*** παραδέρνομαι; **~wickeln** ⟨*-le*⟩ κλωθογυρίζω; **~wirbeln** ⟨*-le*⟩ στριφογυρίζω; **~wühlen** σκαλίζω
he'rum|zanken: ***sich ~zanken mit*** *D* γκρινιάζω με; αλληλοτρώγομαι; **~ziehen*** ⟨*sn*⟩ περιφέρομαι
he'runter [hɛ-] προς τα κάτω; κατα-; ***~ nach*** *D* κάτω σε; *fig* ***er ist ganz ~*** στράγγιξε (***durch*** *A*/από)
he'runter|bringen* φέρνω κάτω; *fig* ρεύω, μπατάρω; **~fallen*** ⟨*sn*⟩ καταπίπτω
he'runtergekommen (*völlig*) εξώλης (και προώλης), μουρντάρικος
he'runter|hauen F: ***j-m e-e ~hauen*** δίνω σφαλιάρα σε κπ; **~holen** κατεβάζω; **~kommen*** ⟨*sn*⟩ κατεβαίνω; *fig moralisch* (τα) μουρνταρεύω, απογίνομαι; **~lassen*** χαμηλώνω; **~leiern** ⟨*-re*⟩ ψιττακίζω, παπαγαλίζω; **~machen** ξευτελίζω; **~putzen** ⟨*-t*⟩ F κατσαδιάζω (***j-n***/κπ), κοπανίζω; **~reißen*** *fig* ξεβρακώνω; **~schlucken** χάφτω; *fig* F ξεροκαταπίνω
hervor [hɛrˈfoːʀ] από μέσα
her'vor|brechen* ⟨*sn*⟩ σκάζω; **~bringen*** *Land, Pflanze*: κάνω; *Land*: βγάζω; *Wort* αρθρώνω; *Ton, Worte* βγάζω; *lit* παράγω; **~gehen*** ⟨*sn*⟩ *fig* προκύπτω, απορρέω, φαίνομαι (***aus*** *D*/από); (*stammen*) προέρχομαι (***aus*** *D*/από); **~gucken** *z. B. Unterrock*: ξεπροβάλλω; **~heben*** εξαίρω, τονίζω; **~holen** βγάζω; **~kommen*** ⟨*sn*⟩ προβάλλω; **~locken** δελεάζω; **~lugen** αναδύομαι (***aus*** *D*, ***durch*** *A*/μέσα από); **~quellen*** ⟨*sn*⟩ ξεμπουκάρω (***aus*** *D*, ***durch*** *A*/από); **~ragen** προεξέχω;

auch fig εξέχω; **~ragend** έξοχος; *Bedeutung*: πρωταρχικός; *Person*: εξαιρετικός; **~rufen*** (*verursachen*) προκαλώ; *THEA* μπιζάρω; *allg* φωνάζω
her'vor|sprießen* ⟨*sn*⟩ ξεφυτρώνω; **~springen*** ⟨*sn*⟩ προεξέχω; **~stehen*** προέχω; **~stürmen** ⟨*sn*⟩ εξορμώ (-άς); **~stürzen** ⟨*-t*; *sn*⟩ πετάγομαι (**aus** *D*/από); **~treten*** ⟨*sn*⟩ προέχω; *fig* εμφανίζω (**mit** *D*/με)
her'vortun*: ***sich ~*** διαπρέπω
Herz ⟨*-ens*; *-en*⟩ *n* καρδιά, *K* καρδία; (*Kartenspiel*) κούπα; (*Zentrum*) κέντρο; ***von ganzem ~en*** μ' όλη μου την καρδιά; ***leichten ~ens*** ελαφρά τη καρδία; ***schweren ~ens*** με βαρειά καρδιά; ***aus vollem ~en*** *lachen* με την καρδιά μου; ***wie konntest du es übers ~ bringen, zu ...*** πώς άντεξες να ...; ***j-m das ~ schwer machen*** πικραίνω κπ; ***sie waren ein ~ und e-e Seele*** έγιναν όλα μέλι γάλα; ***sich*** (*D*) ***etw zu ~en nehmen*** το παίρνω κατάκαρδα; ***es bricht*** (***zerreißt***) ***uns das ~*** σπαράζει η καρδιά μας
Herz|- καρδιακός; **~anfall** *m* καρδιακή προσβολή; **~beschwerden** *f*/*pl* καρδιοπάθεια; **~beutel** *m* περικάρδιο
herzen ⟨*-t*⟩ χαϊδεύω
herzensgut καλοκάγαθος
Herzens|güte *f* καλοκαγαθία; **~lust:** ***nach ~lust*** με την καρδιά μου; **~wunsch** *m* διακαής πόθος
herzergreifend συγκινητικός
Herzfehler *m* καρδιακό ελάττωμα
herz|förmig καρδιοειδής; **~haft** (*kräftig, tüchtig*) δυνατός; για καλά, δυνατά; (*würzig*) αρωματικός
herziehen* ⟨*sn*⟩ *fig* καταλαλώ (**über** ***j-n***/κπ)
herzig χαριτωμένος
Herz|infarkt *m* καρδιακό έμφραγμα; **~insuffizienz** *f* καρδιακή ανεπάρκεια; **~kammer** *f* κοιλία της καρδιάς; **~klappe** *f* βαλβίδα της καρδιάς; **~klopfen** *n* χτυποκάρδι; ***~klopfen bekommen*** (*auch* ***verursachen***) καρδιοχτυπώ
herzkrank καρδιοπαθής
Herzleiden *n* καρδιοπάθεια
herzlich εγκάρδιος; *Empfang*: ένθερμος
Herzlichkeit *f* εγκαρδιότητα
herzlos άκαρδος, ... χωρίς καρδιά
Herzlosigkeit *f* απονιά
Herzmuskel *m* μυοκάρδιο
Herzog ⟨*-¢s*; *¨e*⟩ *m* δουξ *m*, δούκας; **~in** *f* δούκισσα; **~tum** ⟨*-s*; *¨er*⟩ *n* δουκάτο
Herzschlag *m* αποπληξία
Herz|schrittmacher *m MED* βηματοδότης; **~transplantation** *f* μεταμόσχευση καρδιάς
her'zu *lit* προς τα εδώ
herzzerreißend σπαραξικάρδιος
He'täre *f hist* εταίρα
hetero'gen ετερογενής
Hetz|blatt *n* εμπρηστικό φύλλο; **~e** *f* (*Eile*) φούρια; *fig* διέγερση (**zum** *Krieg*/σε); συνδαύλιση μίσους (**gegen** *A*/κατά *G*); → ***Hetzjagd***
hetzen ⟨*-t*⟩ (*verfolgen*) κυνηγώ (-άς), κατατρέχω, καταδιώκω; *fig* διεγείρω (**zu** *D*/σε); προκαλώ μίσος (**gegen** *A*/κατά *G*); ⟨*sn*⟩ (*eilen*) παραβιάζομαι
Hetz|er *m* διεγέρτης, εμπρηστής; **~jagd** *f* κυνηγέσιο; *fig* καταδίωξη; **~rede** *f* εμπρηστικός λόγος
Heu ⟨*-¢s*; *0*⟩ *n* χορτάρι, σανό(ς); ***er hat Geld wie ~*** έχει λεφτά θάμα, λίρες με ουρά; **~boden** *m* χορτοβολώνας
Heuche'lei *f* υποκρισία, προσποίηση
heucheln ⟨*-le*⟩ υποκρίνομαι, προσποιούμαι
Heuchler *m* υποκρίτης; **~in** *f* υποκρίτρια
heuchlerisch υποκριτικός
heuer (*dialektisch*) φέτος
Heuer *f MAR* μισθός ναύτη
Heu|ernte *f* θέρισμα *n* χόρτου; **~gabel** *f* δικράνι
heulen ουρλιάζω; ωρύομαι; (*weinen*) κλαίω; μυξοκλαίω; F ***es ist zum Heulen*** είναι για κλάματα
Heule'rei *f* F ουρλιαχτό, κλαψούρισμα *n*
Heuschnupfen *m* αλλεργικό συνάχι
Heuschrecke *f* ακρίδα
Heuschreckenplage *f* επιδρομή ακρίδων
heute σήμερα; ***~ Abend*** απόψε; *als adj* αποψινός; ***ab ~*** από σήμερα; ***~ in acht Tagen*** σε μια εβδομάδα
heutig σημερινός; σύγχρονος
heutzutage σήμερα
Hexa'eder *m* εξάεδρο
hexago'nal εξάγωνος
He'xameter *m* εξάμετρο
Hexe *f auch fig* στρίγγλα, μάγισσα

hexen ⟨*-t*⟩ μαγεύω
Hexen|kessel *m* του Κουτρούλη ο γάμος; **~schuss** *m* οσφυαλγία
Hexe'rei *f* μαγγανεία, βασκανία
Hi'atus ⟨-; -⟩ *m* *GR* χασμωδία
Hieb ⟨*-ęs*; *-e*⟩ *m* χτύπημα *n*, πληγή; **~e** *pl* ραβδισμός; ***~e bekommen*** τρώω ξύλο
hielt → ***halten***
hier εδώ (*auch TEL*), ενταύθα; (*bei Aufruf e-s Namens*) παρών; ***von ~ (ab)*** απ' εδώ; ***~ gleich*** εδώ πέρα; ***gerade ~*** εδώ δα; ***~ und da*** εδώ κι' εκεί, που και που; ***~ zu Lande*** εδώ στον τόπο μας; ***~ ruht*** ενθάδε κείται; ***~ ist ...*** να + *N* (*auch A*), *z. B.* ***~ ist er, der Vater*** να τος, να ο πατέρας; ***~ bin ich*** να με; ***sieh ~ ...!*** ιδού *N*; **~an** σ' αυτό, → *auch* ***daran; darauf*** *usw*; ***~ bleiben*** μένω εδώ
hier- + *präp* → *auch Verben mit präp*
Hierarchie [hi·e·RaR'çiː] *f* ιεραρχία
hie'r|auf (*Zeit*) μετά ταύτα; (*Ort*) εδώ επάνω; **~aus** από τούτο; → ***daraus;*** **~bei** ως προς αυτό; με αυτή την ευκαιρία; **~durch** δια τούτου; **~für** για τούτο; **~gegen** εναντίον αυτού; **~her** εδώ; αυτού; ***ich kam ~her*** ήλθα εδώ; **~in** σ' αυτό; **~mit** με αυτό; **~nach** μετά τούτο; κατά τούτο
Hieroglyphen [hi·e·ro·'glyːfən] *f/pl* (*auch fig*) ιερογλυφικά *n/pl*
hier|über επάνω από αυτό; γι' αυτό; **~um** τριγύρω σ' αυτό; **~von** απ' αυτό; **~zu** προς τούτο; *auch* γι' αυτό; **~zulande** εδώ στον τόπο μας
hiesig εντόπιος, εγχώριος
hiev|en *Anker, Last usw* βιράρω; *MAR bsd* αίρω; ***~t!*** αίρε!
Hilfe *f* βοήθεια; ***~!*** βοήθεια; ***gegenseitige ~*** αλληλοβοήθεια; ***Erste ~*** σταθμός πρώτων βοηθειών; ***mit ~*** *G* με την βοήθεια *G*; ***j-m zu ~ kommen (eilen)*** πηγαίνω (σπεύδω) προς βοήθεια *G*; ***zu ~ nehmen*** *A* καταφεύγω σε; ***zu ~ rufen*** καλώ σε βοήθεια; ***j-m ~ leisten*** δίνω σε κπ βοήθεια; ***erste ~ leisten*** παρέχω πρώτες βοήθειες
Hilfeleistung *f* παροχή *oder* προσφορά βοηθείας
hilf|los αβοήθητος; **~reich** βοηθητικός
Hilfs|- (επι)βοηθητικός, επικουρικός; **~arbeiter** *m* βοηθητικός εργάτης
hilfsbedürftig αυτός που χρειάζεται βοήθεια
Hilfs|gelder *n/pl* επιδοτήσεις *f/pl*; **~mittel** *n* βοήθημα *n*; **~motor** *m* σερβομοτέρ ⟨*0*⟩ *n*; **~quelle** *f* καταφυγή; *pl* πόροι *m/pl*; **~verb** *n*, **~zeitwort** *n GR* βοηθητικό ρήμα
Himbeer|e *f* σμέουρο; **~strauch** *m* σμεουρδιά
Himmel *m* ουρανός; *fig* ***~ und Menschen*** κόσμος και κακό; ***heitere(r) ~*** αιθρία; ***vom ~*** απ' τον ουρανό; *fig* ***aus heiterem ~*** στα καλά καθούμενα; ***das war ein Schlag aus heiterem ~*** μου ήρθε κεραμίδα; ***ein ~ auf Erden*** επίγειος παράδεισος; ***~ und Erde in Bewegung setzen, um ... zu*** αναστατώνω το σύμπαν για να ...; ***du lieber ~!*** παναγία μου!; ***unter freiem ~*** στο ύπαιθρο; ***mitten am ~*** μεσούρανα; ***um ~s willen*** για όνομα του Θεού
himmelblau γαλάζιος, γαλανός, σιέλ ⟨*0*⟩
Himmel|fahrt *f REL* Ανάληψη; **~reich** *n* βασιλεία των ουρανών; **~s-** ουράνιος
himmelschreiend σκανδαλώδης
Himmels|gewölbe *n* στερέωμα *n*; **~körper** *m* ουράνιο σώμα; **~richtung** *f* κατεύθυνση του ορίζοντα; **~strich** *m* ζώνη
himmelweit θεόρατος; *auch fig* ***~ davon entfernt sein*** απέχω πάρα πολύ
himmlisch επουράνιος; *auch fig* ουράνιος, αμβρόσιος
hin *etwa*: (προς τα) εκεί; *oft*: κοντά σε, *z. B.* ***hinlaufen zu ...*** τρέχω κοντά σε; *Partikel bei präp, Verben usw, z. B.* ***an ... ~*** → ***entlang; nach*** *D* ***~*** κατά *A*; ***nach oben ~*** προς τα πάνω; ***auf*** *seine Bitte* ***~*** κατά *A*, βάσει *G*; *Sache* ***... ist ~*** (= *weg; kaputt; verloren*) ... πάει, ... πάει περίπατο, ... είναι λειώμα; ***~ ... her*** (= *immer dasselbe*): ***Johann ~, Johann her*** τι Γιάννης, τι Γιαννάκης; ***Kritik ~, Kritik her*** όπως και αν είναι η κριτική; ***~ und wieder*** που και που; ***~ und zurück*** μετ' επιστροφής, πήγαινε έλα; ***es ist noch lange ~*** είναι καιρός ακόμα; ***wo ist er ~*** (= *hingegangen*) πού πήγε
hi'nab προς τα κάτω; **~fahren*** ⟨*sn*⟩ *e-n Fluss* καταπλέω; **~fließen*** ⟨*sn*⟩ χύνομαι; **~führen** *Weg*: κατεβαίνω; **~führend** κατεβαστός; **~gehen*** ⟨*sn*⟩ κατεβαίνω (*subst* κατέβασμα *n*); **~schaffen** κατεβάζω; **~schleudern** ⟨*-re*⟩ γκρεμίζω; **~steigen*** ⟨*sn*⟩ κατεβαίνω;

795 hingepfuscht

(*subst* κάθοδος *f*); **~stürzen** ⟨*-t*⟩ *j-n* κατακρημνίζω; *v/i* (**sich**) ⟨*sn*⟩ γκρεμίζομαι
hi'nan *lit* → ***hinauf***
hinarbeiten ⟨*-e-*⟩: ***auf etw*** (*A*) ~ τείνω προς κάτι
hi'nauf προς τα επάνω; ανα-; ***den Berg*** ~ (παίρνοντας) τον ανήφορο; **~bringen*** ανεβάζω (*subst* αναβίβαση); **~gehen*** ⟨*sn*⟩ *Treppe*: ανεβαίνω; **~steigen*** ⟨*sn*⟩ ανεβαίνω; **~tragen*** ανεβάζω
hi'nauf- und hi'nunter|bringen* ανεβοκατεβάζω; **~gehen*** ⟨*sn*⟩ ανεβοκατεβαίνω; **~tragen*** ανεβοκατεβάζω
hi'naufziehen* ανελκύω
hi'naus (*bei Verben*) έξω; *als Interjektion* ~ ***mit ...*** έξω ...; ***zum Fenster*** ~ από το παράθυρο; ***darüber*** ~ επί πλέον; *präp* **über** (*A*) ~ επιπλέον *G*
hi'naus|begleiten ⟨*-e-*⟩ ξεπροβοδώ; **~fahren*** ⟨*sn*⟩ *aufs Meer*: ανοίγομαι; **~gehen*** ⟨*sn*⟩ βγαίνω, εξέρχομαι; *auf den Garten usw* βλέπω σε, προς *A*; **~geleiten** ⟨*-e-*⟩ ξεβγάζω (**bis zu** *D*/ως *A*); **~jagen** εξωθώ; **~laufen*** ⟨*sn*⟩ βγαίνω έξω; *fig* ***darauf ~laufen, dass ...*** καταλήγει να ...; **~lehnen: *sich ~lehnen*** προκύπτω; **~schieben*** *v/t* (επι)βραδύνω, αφήνω γι' άλλοτε; **~schreien*** (δια)βοώ (-άς); **~schwimmen*** ⟨*sn*⟩ ανοίγομαι; **~stecken** *Kopf* προβάλλω (από); **~stürzen** ⟨*-t*; *sn*⟩ πετιέμαι; **~werfen*** *allg* πετώ (-άς) έξω; εκδιώκω (**aus** *D*/εκ *G*); *fig Geld* ***zum Fenster ~werfen*** ξοδεύω αβέρτα; **~wollen*** θέλω να βγω (*fig* καταλήξω σε); **~zögern** διαιωνίζω, βραδύνω
Hinblick *m*: ***im ~ auf*** *A* εν όψει *G*
hinbringen* *etw* φέρνω; (*j-n begleiten*) παραβγάζω (**bis zu** *D*/ως *A*); *fig* (*regeln*) F ξεμπερδεύω
hinderlich ενοχλητικός
hindern ⟨*-re*⟩ εμποδίζω (***j-n an*** *D*/κπ σε), κωλύω (***j-n***/κπ), διακωλύω
Hindernis ⟨*-ses*; *-se*⟩ *n* εμπόδιο, πρόσκομμα *n*; (*Ehe-*) κώλυμα *n*; **~rennen** *n* δρόμος μετ' εμποδίων
hindeuten ⟨*-e-*⟩ υποδηλώνω (***auf*** *A*/*A*); ***alle Anzeichen deuten darauf hin, dass ...*** όλες οι ενδείξεις πείθουν ότι ...; ***alles deutete darauf hin, dass ...*** όλα δείχνανε πως ...
hin'durch: (*Zeit*) ***den ganzen Tag*** ~ όλη την ημέρα; (*Ort*) δια (μέσου), *z. B.* ***durch den Wald*** ~ δια μέσου του δάσους; → ***durch, durch-***
hi'nein μέσα; **~-** εν- (εγ-, ελ-, εμ-, ερ-), εισ-
hi'nein|denken*: ***sich*** (*A*) ~ ***in*** *A* εμβαθύνω σε; ***sich*** (*A*) ***in j-s Lage ~denken*** μπαίνω στη θέση κάποιου; **~drängen: *sich ~drängen in*** *A* χώνομαι σε; **~dürfen*** επιτρέπεται να μπω; **~fallen*** ⟨*sn*⟩ πέφτω μέσα; **~finden***: ***sich in etw*** (*A*) ***~finden*** εξοικειώνομαι με, σε; **~fließen*** ⟨*sn*⟩ εισρέω (***in*** *A*/σε); **~gehen*** ⟨*sn*⟩ μπαίνω; **~geraten*** ⟨*sn*⟩ εμπλέκομαι (***in*** *A*/σε); **~kommen*** ⟨*sn*⟩ εισέρχομαι; **~lassen*** (*ins Haus*) αφήνω να μπει (***j-n***/κπ); **~legen** βάζω μέσα (*auch fig j-n*); **~müssen*** πρέπει να μπω; **~reden** ⟨*-e-*⟩ πετιέμαι; παρεμβαίνω (***in*** *A*/σε); **~riechen*** F πασαλείβομαι (***in*** *A*/σε)
hi'neinschlittern ⟨*-re*⟩ F: ***mit vollen Segeln in etw*** (*A*) ~ πλησιάζω σε
hi'nein|stecken μπήγω, μπάζω, χώνω (***in*** *A*/σε); **~stopfen** πατηκώνω; **~stoßen*** μπήγω; **~strömen** ⟨*sn*⟩ *auch fig Menschen*: εισρέω (***in*** *A*/σε); **~tun*** μπάζω, βάζω; ***zu viel ~tun*** παραβάζω; **~ziehen*** *v/t* τραβώ μέσα; *fig* τυλίγω, μπερδεύω (***j-n in*** *A*/κπ σε); **~zwängen** *v/t* συμπιέζω, πατηκώνω (***in*** *A*/σε)
hinfahren* *v/t* μεταφέρω; (*j-n*) παραβγάζω κατά κει; *v/i* ⟨*sn*⟩ πηγαίνω εκεί
Hinfahrt *f* ταξίδι (κατά κει); ***auf der*** ~ πηγαίνοντας εκεί; **~karte** *f* απλό εισιτήριο
hin|fallen* ⟨*sn*⟩ πέφτω; **~fällig** (*schwach*) καχεκτικός; (*ungültig*) άκυρος; ***~fällig werden*** *Kranker*: απογίνομαι, τσακίζω (***vor***/από); ***immer ~fälliger werden*** πάω προς στο χειρότερο
Hinfälligkeit ⟨*0*⟩ *f* καχεξία
hin'fort *lit* στο εξής
hing → ***hängen***
Hingabe ⟨*0*⟩ *f* προσήλωση (***an*** *A*/σε), αφιέρωση (***an*** *A*/προς *A*), αφοσίωση
hin|geben* παραδίδω; ***sich e-r S*** (*D*) ***~geben*** προσκολλώμαι σε; παραδίνομαι, ενδίδω; **~'gegen** όμως; **~gehen*** ⟨*sn*⟩ πηγαίνω; **~gehören** είμαι στον τόπο μου; **~gelegt** ξαπλωτός, πλαγιαστός; **~gepfuscht** κακότεχνος;

H

hingerissen 796

~gerissen *adj* (κατ)ενθουσιασμένος
Hingeschiedene(r) εκλείπων (-όντος) *m*
hingezogen: ***sich*** (*A*) ***zu j-m ~ fühlen*** συμπαθώ κπ
hinhalten* τείνω; *fig j-n* εμπαίζω; **~d** αναβλητικός
hinhauen F (*richtig sein, gelingen*) πιάνω; ***sich*** **~** το στρώνω στον ύπνο
hinhocken: ***sich*** **~** μαζεύομαι
hinken κουτσαίνω; *auch fig* χωλαίνω (*subst* κούτσαμα *n*); **~d** κουτσός, χωλός
hin|kommen* ⟨*sn*⟩ (*ankommen*) φθάνω; **~kriegen:** F (***es schon***) ***~kriegen*** (τα) καταφέρνω; (*veranlassen*) ψήνω (***j-n zu ...***/κπ να ...); **~länglich** επαρκής; **~legen** βάζω; *Kind* πλαγιάζω; ***sich ~legen*** πλαγιάζω; F το παίρνω δίπλα; **~leiten** ⟨*-e-*⟩ οδηγώ (***j-n zu***/κπ σε); **~metzeln** ⟨*-le*⟩ κατακόπτω; **~nehmen*** παραδέχομαι; *fig* (*dulden*) στέργω (***es ... zu***/να), ανέχομαι; (*glauben*) χάφτω; ***~genommen werden*** γίνομαι ανεκτός; *Vorwürfe* ***~nehmen müssen*** δέχομαι; **~neigen** *fig* προσκλίνω (***zu*** *D*/προς *A*); **~opfern** ⟨*-re*⟩ σφαγιάζω; **~reichen** επαρκώ; **~reichend** επαρκής; *adv* αρκούντως
hinreißen* συναρπάζω; ***sich*** (*A*) ***~ lassen*** συναρπάζομαι; παραφέρομαι (***zu*** *D*/σε); **~d** συναρπαστικός
hinrichten ⟨*-e-*⟩ εκτελώ
Hinrichtung *f* εκτέλεση, θανάτωση
hin|scheiden* ⟨*sn*⟩ εκλείπω; **~schlachten** ⟨*-e-*⟩ θύω, κατακρεουργώ; **~schleppen:** ***sich ~schleppen*** *Zeit*: αργοπορώ, τραινάρω; **~schmeißen*** F *Arbeit* τα βροντώ (-άς) κάτω, τα παρατάω
hinsichtlich *G* από απόψεως *G*
hin|sinken* ⟨*sn*⟩ σωριάζομαι; **~stellen** τάσσω, ορθώνω; ***j-n ~stellen als*** *A* παρουσιάζω κπ σαν *A*; ***sich gerade ~stellen*** ορθοποδίζω; **~strecken** (*töten*) κατασφάζω; ***sich ~strecken*** στρώνομαι; **~stürzen** ⟨*-t*; *sn*⟩ πέφτω, σωριάζομαι
hint'ansetzen ⟨*-t*⟩ μεταθέτω για αργότερα
hinten *adv* (ο)πίσω; ***von ~*** όπισθεν, αποπίσω, ξοπίσω; ***da ~*** εκεί πέρα; ***~ herum*** *fig* πλάγια
hinter (*wo?* = *D*; *wohin?* = *A*) πίσω από, κατόπιν από; (*Zeit*) μετά (από); ***~*** (*D*) ***hervor*** από πίσω; **~** *etw* (*D*) ***her sein*** επιδιώκω; *Posten*: κυνηγώ; επιμένω (***dass ...***/ότι ...); ***~ j-m her sein*** καταδιώκω; κυνηγώ; ***~ sich*** (*D*) ***lassen*** αφήνω πίσω μου; ***~ sich herschleppen*** κωλοσέρνω
hinter-, Hinter- οπίσθιος, πισινός, πίσω
Hinter|achse *f* οπίσθιος άξονας; **~backe** *f* κωλομέρι; γλουτός; **~'bliebene(r)** επιζών (-όντος) *m*, χαροκαμένος
hinter|'bringen* μαρτυρώ (***j-m etw***/κτ σε κπ); **~einander** διαδοχικά; (*zehn Stunden usw*) μονορρούφι
Hinter|e(r) οπίσθιος; **~gedanke** *m* υστεροβουλία, (*böser*) κακία
hinter'gehen* *fig j-n* (κατα)δολιεύομαι
Hinter|grund *m* φόντο, βάθος *n*; ***geschichtlicher ~grund*** ιστορικό; *fig* ***die wahren ~gründe*** *G* το αληθινό παρασκήνιο *G*
hintergründig μυστηριώδης
Hinterhalt *m* καρτέρι, ενέδρα; ***im ~ liegen*** ενεδρεύω
hinterhältig υστερόβουλος
hinter'her κατόπιν, αποπίσω; **~kommen*** ⟨*sn*⟩ έρχομαι κατόπιν; **~laufen*** ⟨*sn*⟩ *j-m* κυνηγώ; **~schleppen** κωλοσέρνω
Hinter|kopf *m* ινίο; **~kopf-** ινιακός; **~land** ⟨*-es*; *0*⟩ *n* ενδοχώρα
hinter'lassen* *allg* καταλείπω, αφήνω
Hinter'lassenschaft *f* κληρονομία
hinter'legen *HDL* καταθέτω
Hinter'legung *f* κατάθεση
Hinterlist *f* υπουλότητα
hinterlistig ύπουλος
Hinterlistigkeit *f* κρυψίνοια
Hinter|mann *m fig* εγκέφαλος; **~rad** *n* οπίσθιος τροχός
hinterrücks πίσω; *fig* κρυφά; πλάγια
Hinterteil *n* οπίσθιο μέρος; (*Gesäß*) τα οπίσθια *n/pl*; (*Keule*) μπούτι; (*Tier*; *Mensch iron*) καπούλια *n/pl*
Hintertreffen: ***ins ~ geraten*** παραγκωνίζομαι
hinter'treiben* υπονομεύω, σαμποτάρω
Hinter|treppe *f* πισινή σκάλα, πίσω σκάλα; **~treppenroman** *m* φυλλάδα, ελαφρό μυθιστόρημα; **~tür** *f* πίσω πόρτα, παραπόρτι; *fig* (*des Gesetzes*) παραθυράκι; ***durch die ~tür*** από το παραπόρτι; *fig* κρυφά; **~wäldler** *m fig* κουμπούρα

797 **Hitze**

hintragen* φέρνω (εκεί)
hi'nüber *als Präfix oft*: μετα-, δια-; *fig* **~ sein** *S*: είμαι λειώμα; *pers*: έλειωσα (**vor** *D*/από)
hi'nüber|bringen* διαπεραιώνω, περνώ (-άς); **~fahren*** *v/t* (*Fähre*) διαπορθμεύω; *v/i* ⟨*sn*⟩ διασχίζω, περνώ (-άς); **~gehen*** ⟨*sn*⟩ περνώ; **~schaffen** *v/t* περνώ (-άς); **~springen*** ⟨*sn*⟩ μεταπηδώ (-άς)
hin und 'her προς τα εμπρός και προς τα πίσω
Hin und 'Her ⟨*0*⟩ *n fig Gerede*: σύν-πλήν *n*
hin- und 'her|bewegen: *sich* ~bewegen παλινδρομώ; **~gehen*** ⟨*sn*⟩ πηγαινοέρχομαι; **~geworfen werden** *fig* ανεμοδέρνομαι; **~schaukeln** ⟨*-le*⟩ *MAR* παραδέρνομαι; **~überlegen** *Frage* βασανίζω; **~wälzen** ⟨*-t*⟩ γυροφέρνω
Hin- und Rück|- πήγαινε έλα; **~fahrkarte** *f* εισιτήριο μετ' επιστροφής; **~fahrt** *f* πηγαιμός και ερχομός
hin und zurück πήγαινε έλα
hi'nunter προς τα κάτω; **~bringen*** κατεβάζω; **~gehen*** ⟨*sn*⟩ *Treppen* κατεβαίνω; **~purzeln** ⟨*-le; sn*⟩ κουτρουβαλιάζω; **~rollen** *v/t* κατρακυλώ (-άς); **~schlucken** καταπίνω
Hinweg *m* πηγαιμός
hin'weg [-'vɛk] μακριά απ' εδώ; **~!** πήγαινε!; **~fegen** (*Wind, Schnee*) σαρώνω (**über** *A*/*A*); **~gehen*** ⟨*sn*⟩ διασκελίζω (**über** *A*/*A*); *fig* αγνοώ (**über** *A*/*A*); **~kommen*** ⟨*sn*⟩ ξεπερνώ (-άς) (**über** *A*/*A*); **~raffen** *Seuche*: θερίζω; **~sehen*** παραβλέπω (**über** *A*/*A*)
hin'wegsetzen ⟨*-t*⟩: ***sich*** (*A*) ***über etw A*** **~** το παίρνω αψήφιστα
Hinweis ⟨*-es; -e*⟩ *m* υπόδειξη; παραπομπή (**auf** *A*/σε); παρατήρηση (**auf** *A*/επί *G*); νύξη (**auf** *A*/για); *Polizei*: ***e-n ~ erhalten haben*** έχω την πληροφορία (**dass**/ότι)
hinweisen* υποδεικνύω (***j-n auf*** *A*/κτ σε κπ); παρατηρώ (**darauf, dass**/ότι); υποδεικνύω (**auf** *A*/*A*); ***j-n darauf ~, dass ...*** τονίζω σε κπ ότι ..., υπενθυμίζω σε κπ ότι ...; ***es wird darauf hingewiesen*** επισημαίνεται, ότι; **~d** *GR* δεικτικός
Hinweisschild *n* πινακίδα σημάνσεως
hinwenden*: ***sich*** **~** στρέφομαι (**zu** *D*/προς *A*)
Hinwendung *f fig* στροφή (**zu** *D*/προς *A*)
hinwerfen* πετώ (-άς) (κάτω); *Bemerkung* ρίχνω; ***sich*** **~** ρίχνομαι κάτω; F ***den ganzen Kram*** **~** τα παρατάω
Hinz: ~ *und Kunz* κάθε καρυδιάς καρύδι
hinziehen* *v/t* τραβάω προς; ***sich*** **~** (*Zeit*) παρατείνομαι; (*lange*) πολυχρονίζω; (*Ort*) εκτείνομαι
hinzielen αποβλέπω (**auf** *A*/*A*)
hin'zufügen προσθέτω (**zu** *D*/σε); (*sagen*) επιλέγω
Hin'zufügung *f* πρόσθεση, προσθήκη
hin'zu|kommen* ⟨*sn*⟩ προσέρχομαι; *fig* έρχομαι να προστεθώ (**zu** *D*/σε); ***~ kommt, dass ...*** πρέπει επίσης να προστεθεί ότι; **~rechnen** ⟨*-e-*⟩ προσμετρώ; **~setzen** ⟨*-t*⟩ προσθέτω (**zu** *D*/σε); **~zählen** συγκαταριθμίζω; **~ziehen*** *Arzt* καλώ
Hiob ['hiːɔp] *m* Ιώβ *m*
Hiobsbotschaft *f* κακή είδηση
Hip'pokrates *m* Ιπποκράτης
Hirn|anhangsdrüse *f* υπόφυση; **~gespinst** *n* χίμαιρα, αποκύημα *n* της φαντασία; **~haut** *f* μήνιγκα; **~hautentzündung** *f* μηνιγγίτιδα; **~nerven** *m/pl* συζυγίες *f/pl* νεύρων
hirnverbrannt ηλίθιος
Hirsch ⟨*-es; -e*⟩ *m* λάφι, ελάφι, έλαφος *f*; **~-** ελάφειος; **~geweih** *n* ελαφοκέρατα *n/pl*; **~kalb** *n* νεβρός; **~kuh** *f* ελαφίνα
Hirse *f* κεχρί, κέχρος
Hirt ⟨*-en*⟩ *m* ποιμένας, τσοπάνης (-ηδες), βοσκός; **~e** ⟨*-n*⟩ *m REL* ποιμήν (-ένος) *m*; **~en-** ποιμαντικός, ποιμενικός
Hirten|brief *m* ποιμαντορική επιστολή; **~gedicht** *n* βουκολικό ποίημα *n*; **~junge** *m* τσοπανόπαιδο; **~mädchen** *n* βοσκοπούλα; **~stab** *m* γκλίτσα
hissen ⟨*-t*⟩ *Flagge* επαίρω, υψώνω
Hissen *n* ύψωση, έπαρση
Histolo'gie ⟨*0*⟩ *f* ιστολογία
Hi'stor|ie [-rĭə] *f* ιστορία; **~iker** *m* ιστορικός
hi'storisch ιστορικός
Hit ⟨*-s; -s*⟩ *m* (*Schlagererfolg*) επιτυχία
Hitze ⟨*0*⟩ *f* ζέστη; θερμότητα, καύσωνας; (*Fieber*) θέρμη; *fig* ***in der ~ des Gefechts*** στη θέρμη της συζητήσεως; στη φούρια της δου-

Hitzegrad 798

λειάς; **~grad** *m* βαθμός θερμότητας; **~welle** *f* καύσωνας
hitzig (*reizbar*) ευέξαπτος; (*aufgeregt*) ξαναμμένος; *Debatte*: θερμός
Hitz|kopf *m* σέρτης; **~schlag** *m* ηλίαση
HIV-negativ όχι φορέας του έιτζ
HIV-positiv φορέας του έιτζ
hob → ***heben***
Hobby ⟨*-s*; *-s*⟩ *n* χόμπι
Hobel *m* πλάνη, ροκάνι; **~bank** ⟨*-*; *⸚e*⟩ *f* μπάγκος
hobeln ⟨*-le*⟩ ροκανίζω
Hobelspan *m* ροκανίδι
hoch [o:] (*höher*; *höchst-*) ψηλός; *Stimme*: λεπτός; *Fieber*: οξύς, πολύς; ***gleich ~*** ισοϋψής, ισόπεδος; ***Hände ~!*** ψηλά τα χέρια; ***wie ~?*** πόσος; MATH, *z. B.* ***fünf ~ drei*** (5^3) τρίτη δύναμη του πέντε; ***er lebe ~!*** ζήτω!; ***hohes Alter*** μεγάλη ηλικία; ***das ist mir zu ~*** υπερβαίνει την αντίληψή μου; ***~ begabt*** χαρισματικός, ταλαντούχος; ***~ gelegen*** υψηλός; ***~ schätzen*** υπολήπτομαι; ***~ geschätzt*** αξιότιμος; ***~ gestellt*** *Person*: ψηλά
Hoch ⟨*-s*; *-s*⟩ *n* αντικυκλώνας, υψηλό βαρομετρικό
hoch-, Hoch- υψηλός; (*sehr*) πολύ, κατα-
Hochachtung *f* υπόληψη; ***mit vorzüglicher ~*** μετά τιμής
hochachtungsvoll μεθ' υπολήψεως
Hochbahn *f* μετρό
Hochbau *m* υπέργειες κατασκευές *f/pl*
hoch|berühmt υπερένδοξος; **~betagt** παρήλικος
Hoch|burg *f fig* ακρόπολη; (*z.B. des Kapitalismus*) μητρόπολη; **~deutsch** *n*: ***das ~deutsche*** η γραφομένη, κοινή γερμανική; άνω γερμανική; **~druck** ⟨*-ǝs*; *0*⟩ *m* υψηλή πίεση; ***mit ~druck*** με φούρια; **~druckgebiet** *n* ζώνη υψηλών πιέσεων; **~ebene** *f* οροπέδιο
hoch|erfreut καταχαρούμενος; **~fahren*** ⟨*sn*⟩ πετιέμαι απάνω; **~fliegend** *auch fig* υψιπέτης (*f* -ις); *fig* μεγαλοπράγμονας
Hoch|frequenz *f* υψηλή συχνότητα; **~gebirge** *n* υψηλά όρη *n/pl*
hochgehen* ⟨*sn*⟩ (→ ***aufregen***) F παίρνω φωτιά
Hochgenuss *m* πανδαισία (*auch fig*)
hoch|gestimmt υψηλόφρονας; **~gestochen** *Stil*: φαντασμένος
Hochglanz *m*: ***etw auf ~ bringen*** προσδίδω στιλπνότητα σε
Hochhaus *n* ψηλό κτίριο, ουρανοξύστης
hoch|heben* *Hand* ανυψώνω (*subst* ανύψωση); **~herzig** μεγαλόθυμος
Hochherzigkeit ⟨*0*⟩ *f* μεγαλοθυμία
hochkommen* ⟨*sn*⟩ *fig* (*wieder*) ξεγυρίζω
Hoch|kommissar *m* ύπατος αρμοστής; **~konjunktur** *f* οικονομική ευημερία
hochkurbeln ⟨*-le*⟩ μαγγανίζω
Hoch|land *n* ορεινή περιοχή, υψίπεδο; **~lautung** *f* ορθοέπεια
hochleben: *er lebe ~!* ας ζήσει, ζήτω!; ***j-n ~ lassen*** ζητωκραυγάζω κπ
Hochleistungs- ... υψηλής δυναμικότητας
hochmo'dern υπερσύγχρονος
Hochmut ⟨*-ǝs*; *0*⟩ *m* υπεροψία, αγερωχία
hoch|mütig υπεροπτικός; **~näsig** ψηλομύτης (-α, -ικο)
Hoch|ofen *m* υψικάμινος; **~punkt** *m* άνω τελεία (·); **~rechnung** *f* πρόχειρος υπολογισμός; **~rufe** *m/pl* ζητωκραυγή, ζήτω; ***~rufe ausbringen*** ζητωκραυγάζω; **~saison** *f* κύρια σεζόν
Hochschätzung *f* ευυποληψία
hoch|schlagen* *Kragen* ανεβάζω; **~schnellen** ⟨*sn*⟩ σκιρτώ (-άς), αναπηδώ (-άς); **~schnupfen** F αναρροφώ
Hochschulabschluss *m* δίπλωμα *n* ανώτατης σχολής
Hochschule *f* ανώτατη σχολή; ***technische ~*** πολυτεχνείο
Hochschulreife *f* προϋποθέσεις *f/pl* για πανεπιστημιακές σπουδές
Hochschwangere *f* ετοιμόγεννη
Hoch|sommer *m* καρδιά του καλοκαιριού; **~spannung** *f* υψηλή τάση
hochspielen μεγαλοποιώ, εξογκώνω
Hochsprung *m* άλμα *n* εις ύψος
höchst [hø:çst] *adv* άκρως; **~-** ανώτατος, ύψιστος
Hochstapler *m* απατεώνας
Höchstbetrag *m* ανώτατο ποσό
höchst|e(r) *Superlativ von* **hoch**; ο πιο ψηλός, υψηλότατος, ύψιστος, ανώτατος, μέγιστος; **~ens** το πολύ-πολύ; το ανώτατο
Höchstgeschwindigkeit *f* ανώτατη ταχύτητα

Hochstimmung *f* έξαρση
Höchst|leistung *f allg* ρεκόρ ⟨*0*⟩ *n*, επίδοση; **~maß** *n* υψηλότερος βαθμός
höchstper'sönlich αυτοπροσώπως
Höchst|preis *m* ανώτατη τιμή; **~stand** *m TECH* αριστοποιημένο επίπεδο
höchstwahr'scheinlich *adv* πιθανώτατα
Hochtechnologie *f* υψηλή τεχνολογία
hoch|trabend στομφώδης, πομπώδης; **~verehrt** (παν)σεβάσμιος
Hoch|verrat *m* εσχάτη προδοσία; **~verräter** *m* ένοχος εσχάτης προδοσίας; **~wasser** *n* πλημμύρα
hoch|werfen* αναρρίπτω; **~winden*** μαγγανίζω
Hochwürden (*Titel*) σεβασμιότητα; (*Anrede*) Αιδεσιμώτατε!
Hochzeit [ɔ] *f* γάμος, γάμοι *m/pl*; ***silberne, goldene, diamantene*** ~ αργυροί, χρυσοί, αδαμάντινοι γάμοι; **~s-** γαμήλιος
Hochzeits|kleid *n* νυφικό; **~reise** *f* γαμήλιο ταξίδι; **~tag** *m* ημέρα του γάμου; (*2., 3. usw*) επέτειος *f* του γάμου
hochziehen* ανασύρω, ανασπώ, μαγγανίζω
hocken κάθομαι οκλαδόν; *Huhn*: κουρνιάζω; ***sich*** (***hin***)~ κάθομαι
Hocker *m* σκαμνί
Höcker *m* ύβος
Hockey ['hɔkeˑ] ⟨*-s; 0*⟩ *n* χόκεϋ ⟨*0*⟩ *n*
Hockstellung *f*: ***in*** ~ σε βαθύ κάθισμα
Hode *f* όρχις (-εως) *m*; **~n** *pl* αχαμνά *n/pl*
Hodensack *m* όσχεο
Hof ⟨*-ẹs; ¨e*⟩ *m* αυλή; προαύλι; παλάτιο; *ASTR* στέμμα *n*; (*Gut*) αγρόκτημα *n*; ***bei ~e, am ~e*** στην αυλή, στα ανάκτορα; **~-** αυλικός, ανακτορικός; *hist* (*-Komponist usw*) ... της αυλής
hoffähig *allg* (*oft iron*) ευπρεπής, κόσμιος
hoffen ελπίζω (***auf*** *A*/σε), προσδοκώ (***auf*** *A*/*A*); **~tlich** μακάρι (να ...)
Hoffnung *f* ελπίδα (***auf*** *A*/σε, για); ***j-m die ~ nehmen*** απελπίζω κπ; ***j-m ~ machen*** παρέχω σε κπ ελπίδες
hoffnungslos απελπιστικός
Hoffnungslosigkeit ⟨*0*⟩ *f* απόγνωση
hoffnungsvoll ελπιδοφόρος; εύελπις (***hinsichtlich*** *G*/περί *G*)
Hofhund *m* μαντρόσκυλο
höflich ευγενικός, ευγενής; ***~e Anrede*** τιμητική προσηγορία
Höflichkeit *f* ευγένεια, κουρτεσιά
Höflichkeitsbesuch *m* επίσκεψη αβροφροσύνης
Höfling ⟨*-s; -e*⟩ *m* αυλόδουλος
Hof|marschall *m* αυλάρχης; **~mauer** *f* αυλόγυρος; **~narr** *m hist* γελωτοποιός; **~rat** ⟨*-ẹs; ¨e*⟩ *m* αυλικός σύμβουλος; **~tor** *n* αυλόπορτα
hohe → ***hoch***
Höhe *f* ύψος *n*, υψηλότητα; (*Anhöhe*) ύψωμα *n*; *Betrag*: ***in ~ von*** *D* (του) ύψους *G*, ανερχόμενος σε; ***auf der ~ (der Zeit)*** *G* ***sein*** είμαι ενήμερος *G*; ***das ist die ~!*** είναι απίστευτο; → ***Höhepunkt***
Hoheit *f* (*Anrede*) Υψηλοτάτη!; ***Seine ~*** η Αυτού Υψηλότης; **~s-** επικυριαρχικός; → ***Souveränität***
Hoheits|gebiet *n* επικράτεια; **~gewässer** *n/pl* χωρικά ύδατα *n/pl*; **~rechte** *n/pl* κυριαρχικά δικαιώματα *n/pl*
Höhen|angabe *f* υψόμετρο; **~lage** *f* ύψος *n*; **~linien** *f/pl* ισοϋψείς γραμμές *f/pl*; **~messer** *m* υψόμετρο; **~messung** *f* υψομέτρηση; **~sonne** *f ELEKTR* λάμπα μαυρίσματος
Höhepunkt *m* κορύφωση, ύψος *n*; *fig* (*Blüte*) ακμή; (*des Abends*) κλου ⟨*0*⟩ *n*; (*e-s Dramas*) καταστροφή; (*z.B. e-r Epidemie*) έξαρση; (*e-r Schlacht*) κρίση; *fig* ***auf dem ~ sein*** μεσουρανώ, κορυφώνομαι; ***s-n ~ erreichen*** αποκορυφώνομαι (***mit*** *D*/με)
höher|- *komp von* ***hoch,*** πιο ψηλός; ανώτερος; παραπάνω; ***~ machen*** *Mauer* υψώνω
Höher|gestellte(r) ανώτερος; **~stufung** *f* (*dienstlich*) υπηρεσιακή εξέλιξη
hohl (*auch Zahn*) κούφιος; *Nuss usw, pers* ζούφιος; *Kopf*: κούφιος
Hohl- *PHYS* κοίλος
Höhle *f* σπήλαιο, σπηλιά; άντρο; (*Tier-*) τρώγλη; (*Augen-*) κόγχη; ***seine ~ haben*** φωλιάζω
Höhlenbewohner *m* τρωγλοδύτης
Hohl|heit *f fig* κενότητα; **~kopf** *m* κλούβιο κεφάλι; **~kugel** *f* κοίλη σφαίρα; **~maß** *n* κοίλο μέτρο; **~raum** *m* κοίλος χώρος; **~spiegel** *m* κοίλο κάτοπτρο
Höhlung *f* κουφάλα, κοιλότητα
Hohl|weg *m* στενωπός *f*; **~ziegel** *m* διάκενος πλίνθος
Hohn ⟨*-ẹs; 0*⟩ *m* χλεύασμα *n*, εμπαιγ-

höhnen 800

μός; ***das spricht jeder Vernunft ~*** (αυτό) αντιβαίνει στη λογική

höhn|en *v/i* λέω (*mst aor* είπα) εμπαικτικώς; **~isch** χλευαστικός, εμπαικτικός

Hokus'pokus ⟨-; *0*⟩ *m* χοκαμπαζλίκι

hold χαριτωμένος; *Glück usw* ... ***ist mir ~*** είναι με το μέρος μου

holen πηγαίνω να πάρω; έρχομαι να πάρω; ***j-n ~ lassen*** στέλνω να (το) φέρω, να (τον) καλέσω

Hol|land *n* Ολλανδία; **~länder** *m* Ολλανδός; **~länderin** *f* Ολλανδέζα

holländisch ολλανδικός

Hölle *f* άδης, (*auch fig*) κόλαση

Höllen|hund *m* Κέρβερος; **~lärm** *m* πανδαιμόνιο; **~qual** *f*: ***~qualen erleiden*** περνώ (-άς) τα πάνδεινα; **~stein** *m* καυστική πέτρα

höllisch διαβολικός; *fig* (*sehr*) τρομερά, στα γερά; ***~ aufpassen*** έχω τα μάτια μου τέσσερα

Holocaust ⟨-(*s*); -*s*⟩ *m* ολοκαύτωμα *n*

holprig *Boden*: ανισόπεδος, ανώμαλος; *Stil*: στρυφνός

Holprigkeit *f* ανωμαλίες *f/pl*; στρυφνότητα

Ho'lunder ⟨-*s*; *0*⟩ *m*, **~strauch** *m* κουφοξυλιά, αφροξυλιά; *hist* ακτέα

Holz ⟨-*es*; ⸚*er*⟩ *n* ξύλο; (*Bau-*, *Brenn-*) ξυλεία; ***Eichen-, Nussbaum-*** *usw* → ***Nussbaum*** *usw*; **~-** ξυλ(ο)-; **~bock** *m* *ZOOL* τσιμπούρι

Hölzchen *n* ξυλάκι

hölzern ξύλινος, ξυλένιος

Holz|fällen *n* υλοτομία; **~fäller** *m* ξυλοκόπος; **~hammer** *m* κόπανος; **~händler** *m* ξυλέμπορος

holzig ξυλώδης

Holz|kohle *f* ξυλοκάρβουνο; **~lager** *n* ξυλαποθήκη; **~pantoffel** *m* ξυλοπέδιλο; **~pflock** *m* ξυλοκάρφι; **~schnitt** *m* ξυλογράφημα *n*; **~schnitzer** *m* ξυλογράφος; **~schnitzerei** *f* ξυλογραφία (*auch die Figur*); **~schuh** *m* τσόκαρο; **~span** *m* ξυλάκι; **~teller** *m* καυκί; **~verarbeitung** *f* επεξεργασία ξύλου; **~verkohlung** *f* απανθράκωση

Holzwand *f* ξυλότοιχος

Holzweg: ***auf dem ~ sein*** κάνω λάθος, είμαι σε λάθος δρόμο

Holzwurm *m* σαράκι

Homepage ['həumpeidʒ] ⟨-; -*s*⟩ *f* *EDV* ιστοσελίδα, σελίδα

Ho'mer *m* Όμηρος

ho'merisch ομηρικός

homo|- ομο-; **~'gen** ομογενής

Homo'nym ⟨-*s*; -*e*⟩ *n* *GR* ομώνυμος

Homöopa'thie ⟨*0*⟩ *f* ομοιοπαθητική

homöo'pathisch ομοιοπαθητικός

Homosexuali'tät ⟨*0*⟩ *f* ομοφυλοφιλία

homosexu'ell, Homosexu'elle(r) ομοφυλόφιλος

Hongkong *n* Χόγκ-κόγκ *n*

Honig ⟨-*s*; -*e*⟩ *m* μέλι; ***türkischer ~*** λουκούμι; ***den ~ ausnehmen*** τρυγώ (-άς); **~-** μελένιος; **~kuchen** *m* μελόπιτα; **~melone** *f* πεπόνι; **~schleuder** *f* μελιτοεξαγωγέας

honigsüß *auch fig* μελάτος; *fig* ... μέλι

Honigwabe *f* κερήθρα

Hono'rar ⟨-*s*; -*e*⟩ *n* αμοιβή; **~-** επίτιμος

Honoratioren [-'tsĭoːʀən] *pl* προύχοντες *m/pl*

hono'rieren *v/t* ανταμείβω; *Wechsel* εξοφλώ

Hooligan ['huːliˑgən] ⟨-*s*; -*s*⟩ *m* χούλιγκαν ⟨*0*⟩ *m*

Hopfen [ɔ] *m* λυκίσκος, ζυθοβότανο

Hops ⟨-*es*; -*e*⟩ *m* F πηδηξιά

hops|en ⟨-*t*; *sn*⟩ πηδώ, σκιρτώ; **~gehen*** ⟨*sn*⟩ F πηγαίνω θράσος, κάνω φτερά

Hörapparat *m* ακουστικό βαρυκοΐας

hörbar ακουόμενος, ακουστός

horchen κρυφακούω

Horcher *m* ωτακουστής

Horde *f* ορδή, μπάντα

hören ακούω (**über** *A*, **von** *D*/για); ***~ auf*** *A* ακούω *A*, υπακούω σε; *Vorlesungen* ακούω μάθημα; ***schwer ~*** βαρυακούω; ***nicht richtig ~*** παρακούω; ***hör mal!*** άκου!; καλέ!; *als Protest*: ***~ Sie mal!*** ορίστε κατάσταση!; ***wie ich hörte*** κατά πως έμαθα; ***ich habe es gehört, ich weiß es vom Hörensagen*** το έχω ακουστά; *als Ratgeber* ***gehört werden*** εισακούομαι; ***auf mich wurde nicht gehört*** δεν εισακούστηκα; ***von sich ~ lassen*** ακούγομαι

Hören *n* άκουσμα *n*

Hörer *m* *allg* ακροατής; (*Universität*) φοιτητής; (*als Gast*) ακροατής; *TEL* ακουστικό

Hörerschaft *f* ακροατήριο

Hör|folge *f* *RADIO* πρόγραμμα *n*; **~funk** *m* ραδιοφωνία; **~gerät** *n* → ***Hörapparat***

hörig δουλοπρεπής
Hörig|e(r) δούλος; **~keit** *f* δουλοπρέπεια
Hori'zont ⟨*-ẹs*; *-e*⟩ *m auch fig* ορίζοντας, ορίζων *m*; *fig* ***mit engem ~*** ... στενής αντιλήψεως
horizon'tal οριζόντιος; ***~e Lage*** οριζοντιότητα
Hor'mon ⟨*-s*; *-e*⟩ *n* ορμόνη
Horn ⟨*-ẹs*; *¨er*⟩ *n* κέρατο, κέρας (-ατος) *n*; *MUS* κορνέτο; → ***Hörner***; **~-** κεράτινος
Hörnchen *n* κερατάκι
Hörner: ***j-m ~ aufsetzen*** κερατώνω κπ
hörnern κεράτινος
Hornhaut *f* κερατοειδής χιτώνας; **~entzündung** *f* κερατίτιδα
Hor'nisse *f* σφήκα
Horn|ochse *m fig* κτήνος *n*; **~vieh** *n* κερασφόρα *n/pl*; *fig* κεφάλας
Horo'skop ⟨*-s*; *-e*⟩ *n* ωροσκόπιο; **~deutung** *f* γενεθλιαλογία
Hörrohr *n MED* ακουστικό, στηθοσκόπιο
Horrorfilm *m* τρομακτικό φιλμ
Hör|saal *m* ακροατήριο, αίθουσα παραδόσεων; **~spiel** *n RADIO* σκετς ⟨*0*⟩ *n*
Horst ⟨*-ẹs*; *-e*⟩ *m* φωλιά
Hort ⟨*-ẹs*; *-e*⟩ *m* καταφύγιο; *MIL* βάση
horten ⟨*-e-*⟩ αποθησαυρίζω
Hor'tensie [-zĭə] *f* ορτενσία
Hörweite *f* απόσταση ακοής; ***in ~*** όσον φτάνει η ακοή
Hose *f* παντελόνι; ***kurze ~*** σορτς ⟨*0*⟩ *n*
Hosen|bein *n* πόδι παντελονιού; **~boden** *m* κώλος; **~tasche** *f* τσέπη παντελονιού; **~träger** *m* (*mst pl*) τιράντες *f/pl*
Hospi'tal ⟨*-s*; *¨er*⟩ *n* νοσοκομείο
hospi'tieren είμαι ακροατής
Hospiz [-'spi:ts] ⟨*-es*; *-e*⟩ *n* ξενώνας
Hostie ['hɔstĭə] *f REL* αντίδωρο, πρόσφορο
Hotel [ho'ˈtɛl] ⟨*-s*; *-s*⟩ *n* ξενοδοχείο; **~gewerbe** *n* ξενοδοχειακή επιχείρηση *oder* βιομηχανία; **~halle** *f* χολ ⟨*0*⟩ *n*, υποδοχή ξενοδοχείου
Hotelier [ho'tɛ'lĭe:] ⟨*-s*; *-s*⟩ *m* ξενοδόχος
Ho'tel|komplex *m* ξενοδοχειακή μονάδα; **~restaurant** *n* εστιατόριο του ξενοδοχείου; **~unternehmen** *n* ξενοδοχειακή επιχείρηση; **~verzeichnis** *n* κατάλογος ξενοδοχείων; **~zimmer** *n* δωμάτιο ξενοδοχείου

Hub ⟨*-ẹs*; *¨e*⟩ *m TECH* διαδρομή
hüben: ***~ und drüben*** εδώ κι' εκεί
Hubraum *m* διαδρομή εμβόλου
hübsch νόστιμος, όμορφος; ***~es Mädchen*** νοστιμούλα; ***~er werden*** νοστιμεύω
Hubschrauber *m* ελικόπτερο; **~landeplatz** *m* χώρος προσγείωσης ελικόπτερου
huckepack: ***~ tragen*** κουβαλώ (-άς) στη πλάτη
Huckepackverkehr *m* σιδηροδρομική μεταφορά αυτοκινήτων
Huf ⟨*-ẹs*; *-e*⟩ *m* οπλή, χηλή; **~eisen** *n* πέταλο; **~lattich** ⟨*-s*; *0*⟩ *m* χαμολεύκι; **~schmied** *m* πεταλωτής
Hüft|- ισχιακός; **~e** *f* ισχίο, οσφύς (-ύος) *f*
Huftier *n* οπληφόρο
Hüftweh *n* ισχιαλγία
Hügel *m* λόφος
hügelig λοφώδης
Huhn ⟨*-ẹs*; *¨er*⟩ *n* κότα, όρνιθα
Hühnchen *n* ορνίθιο, κοτόπουλο
Hühner|auge *n* κάλος; **~brühe** *f* κοτόσουπα; **~hof** *m* κοτέτσι; **~stall** *m* κουμάσι, κοτέτσι; **~zucht** *f* ορνιθοτροφία
huldigen προσκυνώ (-άς) (***j-m***/κπ)
Huldigung *f* προσκύνημα *n*
Hülle *f* περίβλημα *n*, περικάλυμμα *n*; ***in ~ und Fülle*** μπόλικα μπόλικα
Hülse *f* λοβός; κάλυκας
Hülsenfrucht *f* όσπριο
hu'man ανθρώπινος
Huma'nis|mus ⟨*-*; *0*⟩ *m* ανθρωπισμός, ουμανισμός; **~t** ⟨*-en*⟩ *m* ανθρωπιστής
huma'nistisch ανθρωπιστικός
Humani'tät ⟨*0*⟩ *f* φιλανθρωπία
Hummel *f* μπούμπουρας
Hummer *m* αστακός
Hu'mor ⟨*-s*; *0*⟩ *m* χιούμορ ⟨*0*⟩ *n*
Humo|'reske *f* ευθυμογράφημα *n*; **~'rist** ⟨*-en*⟩ *m* χιουμοριστής; ευθυμογράφος
humo'ristisch χιουμοριστικός
hu'morvoll με χιούμορ
humpeln ⟨*-le*⟩ κουτσαίνω
Humpeln *n* κούτσαμα *n*
Humpen *m* (*Wein*) F κανδήλα
Humus ⟨*-*; *0*⟩ *m* χούμος
Hund ⟨*-ẹs*; *-e*⟩ *m* σκυλί, σκύλος; ***wie ~ und Katze*** σαν το σκύλο με τη γάτα; **~(e)-** σκυλήσιος, *K* κυνικός
Hunde|fänger *m* μπόγιας; **~hütte** *f* σπι-

H

Hundekälte 802

H

τάκι για (το) σκύλο; **~kälte** *f fig* κρύο διαβολεμένο; **~leben** *n*: ***ein ~leben führen*** περνώ σκυλήσια ζωή
hunde'müde καταπονημένος
hundert εκατό(ν) (ρ′)
Hundert ⟨*-s; -e*⟩ *n* εκατοντάδα; **~'drachmenschein** *m* κατοστάρικο, εκατοντάδραχμο
hundert|erlei εκατό ειδών; **~fach** εκατονταπλάσιος
Hundert'jahrfeier *f* εκατονταετηρίδα
hundert|jährig εκατονταετής; **~mal** εκατό φορές
Hundert'meterlauf *m* δρόμος εκατό μέτρων
hundertprozentig εκατό τοις εκατό
hundertst- εκατοστός
Hundertstel *n* εκατοστό
hunderttausend εκατό χιλιάδες; ***Hunderttausende von Menschen*** εκατοντάδες χιλιάδες άνθρωποι *m/pl*
Hunde|steuer *f* φορολογία των σκύλων; **~wetter** *n* αγριοκαίρι
Hündin *f* σκύλα
hündisch ανδραποδώδης
Hunds-tage *m/pl* κυνικά καύματα *n/pl*
Hüne ⟨*-n*⟩ *m* γίγαντας
Hunger ⟨*-s; 0*⟩ *m* πείνα; ***~ haben*** πεινώ (-άς); **~kur** *f* νηστεία; **~leben** *n* κακοζωία; **~leider** *m* φουκαράς (-άδες); **~lohn** *m* μισθός πείνας
hungern ⟨*-re*⟩ πεινώ (-άς); νηστεύω; *fig* ***~ nach*** *D* ορέγομαι *A*
Hungern *n* νηστεία, ασιτία
hungernd λιμώδης
Hungernde(r) νηστευτής (*f* -εύτρια)
Hungersnot *f* σιτοδεία, λιμός
Hunger|streik *m* απεργία πείνας; **~tod** *m* θάνατος από ασιτία
hungrig πεινασμένος; ***~ sein*** πεινώ (-άς)
Hupe *f* κόρνα, σειρήνα
hupen κορνάρω
hüpfen ⟨*sn*⟩ αναπηδώ (-άς)
Hupverbot *n* απαγόρευση κορναρίσματος
Hürde *f* μάνδρα; *fig* εμπόδιο; ***die ~ nehmen, überspringen*** υπερβαίνω το εμπόδιο
Hürdenlauf *m* δρόμος μετ' εμποδίων
Hure *f* πόρνη
Hur'ra ⟨*-s; -s*⟩ *n*, **~ruf** *m* ζητωκραυγή
hurtig *lit* ευκίνητος
huschen ⟨*sn*⟩ περνώ (-άς) γρήγορα
hüsteln ⟨*-le*⟩ βήχω ελαφρώς
husten ⟨*-e-*⟩ βήχω
Husten *m* βήχας; **~** *n* βήξιμο (-ατος); **~mittel** *n* αντιβηχικό; **~saft** *m* σιρόπι για το βήχα
Hut¹ ⟨*-ęs; ⸚e*⟩ *m* καπέλο, *K* πίλος
Hut² *f*: ***auf der ~ sein*** είμαι σε επιφυλακή
hüten ⟨*-e-*⟩ *Schafe usw* φυλάω; *Haus* προσέχω; ***das Bett ~*** παραμένω στο κρεβάτι; ***sich ~ vor*** *D* προσέχω *A*; ***hüte dich vor*** *D* φυλάξου από; *subst* φύλαξη
Hüter *m* φύλακας
Hut|geschäft *n* πιλοπωλείο; **~krempe** *f* μπορ ⟨*0*⟩ *n*; **~macher** *m* πιλοποιός; **~schachtel** *f* καπελιέρα
Hütte *f* καλύβα; χαμοκέλα; *TECH* μεταλλουργείο; (*Berg-*) καταφύγιο
Hütten|kunde ⟨*0*⟩ *f*, **~wesen** ⟨*-s; 0*⟩ *n* μεταλλουργία
Hy'äne *f* ύαινα
Hya'zinth ⟨*-s; -e*⟩ *m* (*Stein*) υάκινθος; **~e** *f* (*Blume*) υάκινθος
Hybris ⟨*0*⟩ *f* ύβρη
Hydra *f* ύδρα
Hy'drant ⟨*-en*⟩ *m* στόμιο υδροληψίας
Hy'draulik ⟨*0*⟩ *f* υδραυλική
hy'draulisch υδραυλικός
hy'drieren υδρογονώνω
Hydro|- ένυδρος; **~dy'namik** *f* υδροδυναμική; **~gra'phie** ⟨*0*⟩ *f* υδρογραφία; **~'lyse** *f* υδρόλυση; **~'statik** *f* υδροστατική
Hygiene [hy·'gĭeːnə] ⟨*0*⟩ *f* υγιεινή
hy'gienisch υγιεινός
Hygro|'meter *n* υγρόμετρο; **~'skop** ⟨*-s; -e*⟩ *n* υγροσκόπιο
Hymet'tos *m* (*Berg*) Υμηττός
Hymne *f* ύμνος
Hymnendichter *m* υμνογράφος
hyper- *oft*: υπερ-
Hy'perbel *f MATH*, *rhet.* υπερβολή
hyper'bolisch υπερβολικός
Hyper|oxid *n* υπεροξείδιο; **~tonie** [-'niː] *f MED* υπέρταση
Hyp'nose *f* ύπνωση
hyp'notisch υπνωτιστικός
Hypnotiseur [-'zøːʀ] ⟨*-s; -e*⟩ *m* υπνωτιστής
hypnoti'sieren *auch fig* υπνωτίζω
Hypo'chonder *m* υποχόνδριος
hypo'chondrisch υποχόνδριος

803 **Illyrien**

Hypo|'physe *f* υπόφυση; **~'stase** *f* MED υπόσταση; **~te'nuse** *f* υποτείνουσα; **~'thek** *f* υποθήκη; ***mit ~theken belastet*** βεβαρυμένος μετά υποθηκών; **~'theken-** ενυπόθηκος; **~'thekenzinsen** *m/pl* τόκοι *m/pl* από υποθήκες
Hypo'these *f* υπόθεση
hypo'thetisch υποθετικός
Hyste'rie *f* υστερία, υστερισμός
hy'sterisch υστερικός

I

I, i [iː] (*neugriechisch*) ι, η, υ; ει, οι; ***~ wo!*** μπα!
i'berisch ιβηρικός; ***Iberische Halbinsel*** Ιβηρική χερσόνησος *f*
Ibis ⟨*-ses; -se*⟩ *m* (*Vogel*) ίβις (-ιδος) *f*
ich εγώ; **~** (***selbst***) (ο) εαυτός μου; **'~ *bin's*** εγώ είμαι
Ich *n* εγώ ⟨*0*⟩ *n*
Ichthyo|lo'gie ⟨*0*⟩ *f* ιχθυολογία; **~saurier** *m* ιχθυόσαυρος
Ide'al ⟨*-s; -e*⟩ *n* ιδεώδες *n*, ιδανικό
ide'al *adj* ιδεώδης (*adv* -ώς), ιδανικός; (***das***) ***Ideale*** (η) ιδανικότητα
ideali'sieren εξιδανικεύω
Ideali'sierung *f* εξιδανίκευση
Idea'lis|mus ⟨*-; 0*⟩ *m* ιδεαλισμός; **~t** ⟨*-en*⟩ *m* ιδεαλιστής
idea'listisch ιδεαλιστικός
I'dee [i'deː] *f* ιδέα; έννοια; (*Ahnung*) είδηση (***von*** *D*/από); ***fixe ~*** έμμονη ιδέα
identifi'zier|en ταυτίζω; ***sich ~en mit*** *D* ταυτίζομαι (***mit*** *D*/με); ***noch nicht ~t*** ... αγνώστων στοιχείων
Identifi'zierung *f* ταύτιση
i'dentisch ταυτόσημος
Identi'tät ⟨*0*⟩ *f* ταυτότητα
Ideo'gramm ⟨*-s; -e*⟩ *n* ιδεόγραμμα *n*
Ideo|'loge ⟨*-n*⟩ *m* ιδεολόγος; **~lo'gie** *f* ιδεολογία
ideo'logisch ιδεολογικός
idio'matisch ιδιωματικός; **~*e*(*r*) *Ausdruck*** ιδιωματισμός
Idiosynkra'sie *f* MED ιδιοσυγκρασία
Idiot [i'dĭoːt] ⟨*-en*⟩ *m* ηλίθιος; MED ιδιώτης; **~ie** [-'tiː] *f* ηλιθιότητα; MED ιδιωτεία
idi'otisch ηλίθιος
I'dol ⟨*-s; -e*⟩ *n* είδωλο
I'dyll ⟨*-s; -e*⟩ *n* ειδύλλιο
i'dyllisch ειδυλλιακός
Igel *m* σκαντζόχοιρος, εχίνος
Igno'rant ⟨*-en*⟩ *m* αμαθής
igno'rieren αγνοώ
ihm του, σ'αυτόν
ihn τον, αυτόν
ihnen τους, σ'αυτούς; ***Ihnen*** σας, *K* υμίν
ihr[1] (*3. pers sg*) της, σ'αυτήν; (*Possessivpron*) **~ *Buch*** το βιβλίο της; *pl* το βιβλίο τους; (*betont*) ... δικός της; ... δικός τους; ***der Ihre*** ο δικός της; ο δικός τους
ihr[2] (*2. pers pl*) (*N*) (ε)σείς
Ihr[3] (*2. pers sg und pl*) ... σας; **~ *Buch*** το βιβλίο σας; **~ *ergebener*** δικός σας
ihrerseits εκ μέρους της, τους; ***Ihrerseits*** εκ μέρους σας
ihretwegen προς χάρη της (*pl* τους); ***Ihretwegen*** προς χάρη σας, για το χατίρι σας
ihrig: *der Ihrige* *3. pers* ο δικός της, τους; *2. pers* ο δικός σας
I'karia *f* Ικαρία
Ikaros *m* Ίκαρος
I'kone *f* εικόνισμα *n*
I'konenwand *f* εικονοστάσιο
Ilias *f* Ιλιάδα
Ilion *n*, **Ilium** *n* (= *Troja*) Ίλιο
illegal παράνομος
Illegali'tät *f* παρανομία
illegitim παράνομος
illoyal άπιστος
Illumina'tion *f* φωταγώγηση
illumi'nieren φωταγωγώ
Illu'sion *f* αυταπάτη, ίνδαλμα *n*; ***sich ~en machen*** αυταπατώμαι (***über*** *A*/ως προς)
illu'sorisch απατηλός
Illustr|a'tion *f* εικονογραφία; **~ator** [-'straː-] ⟨*-s; -'toren*⟩ *m* εικονογράφος
illu'strieren εικονογραφώ
Illu'strierte *f* (εικονογραφημένο) περιοδικό
Il'lyrien [-rĭən] *n hist* Ιλλυρία

I

Iltis ⟨-ses; -se⟩ m βρομοκούναβο
im → *in dem*
Image ['imitʃ] ⟨-; -s⟩ n ιματζ ⟨0⟩ n, φήμη; **~pflege** f φροντίδα του ιματζ
imagi'när φανταστικός
Imbiss ⟨-es; -e⟩ m μεζές (-έδες), τσίμπημα n; **e-n ~ zu sich nehmen** τσιμπώ (-άς); **~bude** f καντίνα; **~stube** f σνάκ-μπαρ ⟨0⟩ n, σουβλατζίδικο
Imita'tion f (απο)μίμηση
Imi'tator ⟨-s; -'toren⟩ m μιμητής
imi'tieren v/t μιμούμαι
Imker m μελισσοκόμος
immateri'ell αϋλος; JUR ασώματος
Immatrikula'tion f εγγραφή
immatriku'lieren εγγράφω
immer πάντα, πάντοτε; **für ~** για πάντα, διαπαντός; **auf ~** ανεπιστρεπτί; **schon ~** ανέκαθεν; **~** + *adj im komp* όλο και ..., ολοένα και ...; **~ mehr, ~ stärker** όλο και πιο πολύ; ... **auch ~** ...-δήποτε, *z.B.* **wer, wo, wann auch ~** οποιοσδήποτε, οπουδήποτε, οποτεδήποτε; **~ noch sein** εξακολουθώ να είμαι; **~grün** αειθαλής, πολυετής; **~hin** πάντως, μια φορά; **~zu** ολοένα
Immis'sion f ρύπανση
Immis'sionsschutz m προστασία από την ρύπανση
Immo'bilien [-ĭən] pl ακίνητα n/pl; → **Grundstück(s-)**; **~makler** m μεσίτης ακινήτων
im'mun MED άνοσος (**gegen** A/σε)
immuni'sieren ανοσοποιώ
Immuni'tät ⟨0⟩ f ανοσία (**gegen** A/σε); POL ασυλία; **~ der Abgeordneten** βουλευτική ασυλία
Imperativ ⟨-s; -e⟩ m προστακτική
Impe'rator ⟨-s; -'toren⟩ m αυτοκράτωρας
Imperfekt ⟨-s; -e⟩ n παρατατικός
Imperia'l|ismus ⟨-; 0⟩ m ιμπεριαλισμός; **~ist** ⟨-en⟩ m ιμπεριαλιστής
imperia'listisch ιμπεριαλιστικός
imperti'nent απόκοτος
Imperti'nenz f αποκοτιά
Impfarzt m δαμαλιστής
impfen v/t εμβολιάζω (**gegen** A/εναντίον G)
Impf|pass m βιβλιάριο εμβολιασμού; **~schein** m πιστοποιητικό εμβολιασμού; **~stoff** m μπόλι, εμβόλιο; **~ung** f μπόλιασμα n, εμβολιασμός; **~zwang** ⟨-¢s; 0⟩ m υποχρέωση εμβολιασμού

impo'nieren εντυπωσιάζω; **~d** επιβλητικός
Impo'niergehabe ⟨-s; 0⟩ n αλαζονεία
Im'port ⟨-s; -e⟩ m εισαγωγή; **~beschränkung** f περιορισμός εισαγωγών; **~eur** f-'tø:r⟩ ⟨-s; -e⟩ m εισαγωγέας
impor'tieren (*auch* EDV) εισάγω
impo'sant επιβλητικός
impotent MED ανίκανος
Impotenz f ανικανότητα
imprä'gnieren εμποτίζω (**mit** D/με G), διαβρέχω
Impres'sario ⟨-s; -s⟩ m θεατρίνος, θιασάρχης
Impressio'nismus ⟨-; 0⟩ m ιμπρεσιονισμός
impressio'nistisch ιμπρεσιονιστικός
Im'pressum ⟨-s; -ssen⟩ n στοιχεία n/pl εκδόσεως και του copyright
Improvisa'tion f αυτοσχεδιασμός, αυτοσχεδίαση
Improvi'sator ⟨-s; -'toren⟩ m αυτοσχεδιαστής
improvi'sier|en αυτοσχεδιάζω; **~t** αυτοσχέδιος
Im'puls ⟨-es; -e⟩ m ώθηση; **neuen ~ geben** δίνω νέα πνοή
impul'siv παρορμητικός
im'stande: **~ sein** είμαι σε θέση
in (*wo?* = D; *wohin?* = A) σε, Κ εις A; εν D; (D); εντός G, μέσα σε; **~ jedem Augenblick, ~ ganz Griechenland** ανά A; **~ Athen** στην Αθήνα; **~ einer Stunde** σε μια ώρα; **~ drei Wochen** σε τρεις εβδομάδες; **~ Richtung auf** A κατά A; **~ Kraft** σε ισχύ; **~ Bearbeitung sein** τελώ υπό επεξεργασία; **→ Gebrauch, Name** *usw*
in- *oft:* εν- (εγ-, ελ-, εμ-, ερ-)
In'angriffnahme f αντιμετώπιση
In'anspruchnahme f **e-s Kredits, e-r Hilfe**: προσφυγή σε; TECH τάση κοπώσεως, κόπωση
Inbegriff m **der Güte** *usw* ενσάρκωση
inbegriffen **Frühstück** *usw* μέσα; **Bedienung ~** μετά ποσοστού υπηρεσίας; **~ sein** *Kosten*: περιλαμβάνομαι
Inbe'triebnahme f εκκίνηση
Inbrunst ⟨-; 0⟩ f περιπάθεια
inbrünstig περιπαθής
Indefi'nitpronomen n αόριστη αντωνυμία
in'dem ενώ; (*auch instrumental*) -οντας,

-ώντας, *z.B.* **~ er (das) sagte** λέγοντας; **~ *man fragt*** ρωτώντας
Inder *m* Ινδός; **~in** *f* Ινδή
in'dessen εν τούτοις
Index ⟨-; *-dices* [-tse:s]⟩ *m* δείκτης; ευρετήριο; **~zahl** *f* τιμάριθμος
Indi'aner *m* ινδιάνος
indi'anisch ινδιάνικος
Indien *n* Ινδία
indifferent *auch* CHEM αδιάφορος
Indifferenz *f* αδιαφορία
Indigo ⟨*-s*; *-s*⟩ *n, m* ινδικό, λουλάκι
indigoblau λουλακύς (-ία, -ιό)
Indika'tion *f* MED ένδειξη
Indikativ ⟨*-s*; *-e*⟩ *m* GR οριστική
indirekt έμμεσος; *etw sagen, adv auch* πλαγίως
indisch ινδικός
indiskret αδιάκριτος
Indiskre'tion *f* αδιακρισία
indiskutabel εκτός συζητήσεως
Individu'al|- (*Begriff*) ατομικός; **~ismus** [-'lɪs-] ⟨-; *0*⟩ *m* ατομικισμός; **~ist** [-'lɪst] ⟨*-en*⟩ *m* ατομικιστής; **~i'tät** *f* ατομικότητα, οντότητα
individu'ell ατομικός
Individuum [-'vi:du·ʊm] ⟨*-s*; *-duen*⟩ *n* άτομο
Indiz [-'di:ts] ⟨*-es*; *-ien*⟩ *n* JUR ένδειξη; **~ienbeweis** *m* απόδειξη δι' ενδείξεων
indi'ziert: MED **es ist ~** ενδείκνυται (**bei** *D*/κατά *G*)
Indo'china *n* Ινδοκίνα
Indoger'manen *m/pl* Ινδογερμανοί *m/pl*
indoger'manisch ινδογερμανικός
Indo'nesien *n* Ινδονησία
In|dossa'ment ⟨*-s*; *-e*⟩ *n* οπισθογράφηση; **~dos'sant** ⟨*-en*⟩ *m* οπισθογράφος; **~dos'sat** ⟨*-en*⟩ *m* εκδοχέας
indos'sieren οπισθογραφώ, γυρίζω
Induk'tion *f* επαγωγή; **~s-** επαγωγικός
induk'tiv επαγωγικός
industriali'sieren εκβιομηχανίζω
Industriali'sierung *f* εκβιομηχάνιση
Indu'strie *f* βιομηχανία; **~-** βιομηχανικός; ***~- und Handelskammer*** Εμπορικό και Βιομηχανικό Επιμελητήριο (Ε.Β.Ε.); **~gebiet** *n* βιομηχανική περιοχή; **~kauffrau** *f*, **~kaufmann** *m etwa*: (ειδικευμένη, -ος) έμπορος βιομηχανικής επιχείρησης
industri'ell βιομηχανικός
Industri'elle(r) βιομήχανος
Indu'striestaat *m* βιομηχανικό κράτος
indu'zieren PHILOS, ELEKTR επάγω
inein'ander: ***~ gehend*** *Zimmer*: συνεχής; ***~ greifen*** εμπλέκομαι
In'einklangbringen *n* ταίριασμα *n*
in'fam αχρείος
Infa'mie *f* αχρειότητα
Infante'rie *f* πεζικό; **~-** πεζικός
Infante'rist ⟨*-en*⟩ *m* πεζός; φαντάρος
Infek'tion *f* μόλυνση; **~s-** μολυσματικός, μεταδόσιμος
Infiltra'tion *f* διείσδυση
infinitesi'mal απειροστός
Infinitiv ⟨*-s*; *-e*⟩ *m* GR απαρέμφατο
Infix ⟨*-es*; *-e*⟩ *n* GR είσφυμα *n*
infi'zieren *v/t* μολύνω, μιαίνω
Infla'tion *f* πληθωρισμός
inflatio'nistisch πληθωριστικός
Infla'tionsrate *f* ποσοστό πληθωρισμού
in'folge συνεπεία *G*, εκ (εξ) *G*; **~'dessen** συνεπώς, κατά συνέπεια
Infor'matik ⟨*0*⟩ *f* πληροφορική; **~er(in** *f*) *m* EDV επιστήμονας *m/f* πληροφορικής
Informa'tion *f* πληροφορία; ενημέρωση (**über** *A*/πάνω σε)
Informa'tions|blatt *n* ενημερωτικό φυλλάδιο; **~büro** *n* γραφείο ενημερώσεως; **~material** *n* στοιχεία *n/pl*, υλικό; **~schalter** *m* θυρίδα πληροφοριών, πληροφορίες *f/pl*
Infor'mator ⟨*-s*; *-'toren*⟩ *m* πληροφορητής
infor'mieren ενημερώνω, πληροφορώ (***j-n* über** *A*/κπ για); **sich** (*A*) **~ über** *A* ενημερώνομαι, πληροφορούμαι (**über** *A*/για)
infrarot υπέρυθρος
Infrastruktur *f* υποδομή
In'gangsetzung *f* εκκίνηση
Ingenieur [ɪnʒe·'nĭø:ʀ] ⟨*-s*; *-e*⟩ *m* μηχανικός
Ingwer ⟨*-s*; *0*⟩ *m* ζιγγίβερι, πιπερόριζα
Inhaber *m* κάτοχος; (*e-r Aktie*) κομιστής; (*e-s Ranges*) βαθμοφόρος
inhaf'tieren φυλακίζω
Inhaf'tier|te(r) φυλακισμένος; **~ung** *f* φυλάκιση, κράτηση
Inhala'tion *f* εισπνοή
inha'lieren εισπνέω
Inhalt ⟨*-ęs*; *-e*⟩ *m* περιεχόμενο; *Buch*: *mst pl* περιεχόμενα *n/pl*; (*Gehalt*) ουσία; (*Thema*) ύλη

inhalts|los κενός περιεχομένου; **~reich** περιεκτικός, ουσιαστικός
Inhaltsverzeichnis *n* πίνακας περιεχομένων
Initiale [-'tsĭa:lə] *f* αρχικό γράμμα *n*; μονογραφή; **~n** *f/pl* αρχικά *n/pl*
Initiative [-tsi·a·'ti:və] *f* πρωτοβουλία; ***aus eigener ~*** με δική μου πρωτοβουλία; ***die ~ ergreifen*** παίρνω την πρωτοβουλία
Injek'tion *f* ένεση
Injek'tions|nadel *f* βελόνα; **~spritze** *f* ενετήρας
inji'zier|en κάνω ένεση (***etw***/*G*), *K* ενίημι; ***~t werden*** *K* ενίεμαι
Inkarna'tion *f* ενσάρκωση
inklu'sive *des, der ... oder ohne Artikel* συμπεριλαμβανομένου + *G*
Inklu'sivpreis *m* τελική τιμή
In'kognito ⟨*-s; -s*⟩ *n* ινκόγκνιτο
in'kognito *adv* ινκόγκνιτο
inkompetent αναρμόδιος
inkonsequent ασυνεπής
Inkonsequenz *f* ασυνέπεια
In'kraftsetzung *f* εφαρμογή; (*e-s Gesetzes*) θέση σε ισχύ
In-'Kraft-Treten *n* (*verbal*) το να τεθεί σε ισχύ
inkrimi'nieren *v/t* ενοχοποιώ
Inkuba'tionszeit *f* επώαση
Inland ⟨*-es; 0*⟩ *n* εσωτερικό
Inländer *m* εντόπιος
Inlandflug *m* πτήση εσωτερικού
inländisch εντόπιος
Inlands|- *HDL* εγχώριος; **~geschäft** *n* εσωτερική συναλλαγή; **~gespräch** *n* συνδιάλεξη εσωτερικού; **~markt** *m* εσωτερική αγορά
in'mitten *G* εν (τω) μέσω *G*
inne|haben*: ***er hatte*** (***das Amt, den Posten e-s Ministers***) ***inne*** χρημάτισε (υπουργός); → ***Posten***; **~halten*** *v/i allg* σταματώ (-άς)
innen μέσα, έσω, εντός; ***von ~*** από μέσα
Innen|ausstattung *f* εσωτερική διακόσμηση; **~kabine** *f* εσωτερική καμπίνα; **~leben** *n* ψυχική ζωή; **~minister** *m* υπουργός εσωτερικών; **~ministerium** *n* υπουργείο εσωτερικών; **~politik** *f* εσωτερική πολιτική
innenpolitisch (*Kampf*) καθεστωτικός; ... της εσωτερικής πολιτικής
Innenstadt *f* κέντρο
inner|- εσωτερικός; (*Objekt*) *GR* σύστοιχος; **~betrieblich** ενδοεπιχειρησιακός
Inner|e(s) έσω *n/pl*, (*der Erde*) έγκατα *n/pl*; (*des Hauses*) εσωτερικό; ***im ~n*** μέσα, εντός
Inne'reien *pl* έγκατα *n/pl*, εντόσθια *n/pl*
inner|halb *präp G* εντός *G*, *auch fig und Zeit*: μέσα σε; **~lich** *auch MED* εσωτερικός; *pers* ενδοστρεφής; *Überzeugung usw* ενδόμυχος; **~parteilich** ενδοκομματικός
innerst- ενδότατος, *bsd fig* ενδόμυχος, μύχιος
Innerst|e(s) μυχός; ***im ~en*** *meiner Seele* στα ενδότερα
inne|werden* ⟨*sn*⟩ συναισθάνομαι (*G/A*); **~wohnen** ενυπάρχω
innig εγκάρδιος; βαθύς; οικείος
Innigkeit ⟨*0*⟩ *f* οικειότητα; εγκαρδιότητα
innigst ολόψυχος
Innova'tion *f* νεωτερισμός
Innung *f* συντεχνία, συνάφι
inoffiziell ανεπίσημος
Inqui|si'tion *f* ιερά εξέταση, ιεροκρισία; **~'sitor** ⟨*-s; -'toren*⟩ *m* ιεροεξεταστής, ιεροκρίτης
ins → ***in das***
Insasse ⟨*-n*⟩ *m* επιβάτης; (*Gefängnis-*) τρόφιμος (των φυλακών)
Insassenversicherung *f* ασφάλιση επιβατών
insbe'sondere ιδίως, ιδιαίτερα
Inschrift *f* επιγραφή
In'sekt ⟨*-es; -en*⟩ *n* έντομο; ***~en fressend*** εντομοφάγος
In'sekten|mittel *n* εντομοκτόνο; **~stich** *m* τσίμπημα *n* εντόμου
Insel ⟨*-; -n*⟩ *f* νησί, νήσος *f*; ***kleine ~*** νησίδα; ***öde*** (***unbewohnte***) ***~*** ξερονήσι; ***Ionische ~n*** Επτάνησος *f* (*oder* Επτάνησα *n/pl*), νησιά του Ιονίου; **~-** νησιώτικος; **~bewohner** *m* νησιώτης; **~bewohnerin** *f* νησιώτισσα; **~gruppe** *f* αρχιπέλαγος *n*
Inse'rat ⟨*-es; -e*⟩ *n* καταχώριση, αγγελία
inse'rieren καταχωρώ, βάζω αγγελία
Inse'rieren *n* καταχώριση
ins|ge'heim *adv* κρυφά, εν κρυπτώ; **~ge'samt** όλα όλα, συνολικά; *Rechnungen*: σύνολο
in'sofern *adv* ως τόσο
inso'fern: *ko ~ als* από την άποψη ότι; ως προς το ότι; καθ όσον

insolvent αφερέγγυος

Insolvenz *f* αφερεγγυότητα

insoweit → ***insofern***

Inspek'tion *f* επιθεώρηση

In'spektor ⟨*-s; -'toren*⟩ *m* επιθεωρητής

Inspira'tion *f* έμπνευση

inspi'rier|en εμπνέω (***j-n zu*** *D*/κτ σε κπ); **~t** εμπνευσμένος

inspi'zieren επιθεωρώ

instabil ασταθής

Instabili'tät ⟨*0*⟩ *f* αστάθεια

Instal|lateur [-'tøːʀ] ⟨*-s; -e*⟩ *m* εφαρμοστής, μηχανικός; (*sanitär*) υδραυλικός; **~la'tion** *f* εγκατάσταση

instal'lier|en εγκαθιστώ (-άς), στήνω; **~t** εγκατεστημένος

in'stand: ~ ***halten*** διατηρώ, συντηρώ; ~ ***setzen*** επανορθώνω, επιδιορθώνω

In'standhaltung *f* διατήρηση, συντήρηση

inständig θερμός; ~ ***bitten*** θερμοπαρακαλώ

In'standsetzung *f* επανόρθωση; επιδιόρθωση, φτιάξιμο (-ατος); **~s-** επανορθωτικός

Instantgetränk *n* στιγμιαίο ποτό, ρόφημα *n*

In'stanz *f* αρμόδια αρχή; δικαιοδοσία; *Gericht*: ***erster, zweiter, höherer*** ~ πρωτοβάθμιος, δευτεροβάθμιος, ... ανωτέρου βαθμού

In'stanzenweg *m* υπηρεσιακή οδός; ***auf dem*** ~ ιεραρχικά

In'stinkt ⟨*-ɇs; -e*⟩ *m* ένστικτο

instink'tiv ενστικτώδης; *adv auch* αυθορμήτως

in'stinktmäßig ορμέμφυτος

Insti'tut ⟨*-ɇs; -e*⟩ *n* ινστιτούτο; ***archäologisches*** ~ αρχαιολογική σχολή; ***chemisches*** ~ χημείο; **~ion** [-'tsi̯oːn] *f* θεσμός

instru'ieren δίνω οδηγίες σε, ορμηνεύω

Instruk'tion *f* οδηγία, ορμήνεια

Instru'ment ⟨*-ɇs; -e*⟩ *n* PHYS, MED εργαλείο; MUS όργανο

instrumen|'tal MUS οργανικός, ενόργανος; **~'tieren** ενορχηστρώνω, ενοργανώνω

Instrumen'tierung *f* ενορχήστρωση, ενοργάνωση

Insuffizienz [-'tsi̯ɛnts] *f* MED ανεπάρκεια

Insu'laner *m* → ***Inselbewohner***

insze'nieren (*auch fig*) σκηνοθετώ

Insze'nierung *f* σκηνοθεσία

in'takt ανέπαφος; *auch* αβίαστος (*z.B. Schloss*)

in'teger ακέραιος

Inte'gral ⟨*-s; -e*⟩ *n* MATH ολοκλήρωμα *n*; **~rechnung** *f* ολοκληρωτικός λογαριασμός

Integra'tion *f* ενσωμάτωση (***in*** *A*/σε); POL ένταξη

inte'grieren ενσωματώνω

Integri'tät ⟨*0*⟩ *f* POL ακεραιότητα; *der Grenzen auch* απαραβίαστο

Inte'llekt ⟨*-ɇs; 0*⟩ *m* νους, γνωστικό

intellektu'ell διανοητικός

Intellektu'elle(r) διανοούμενος

intelli'gent έξυπνος

Intelli'genz *f* νοημοσύνη, εξυπνάδα; (*als Schicht*) (οι) διανοούμενοι; **~quotient** *m* συντελεστής ευφυίας

Inten'dant ⟨*-en*⟩ *m* THEA διευθυντής

Intensi'tät *f* εντατικότητα

inten'siv εντατικός

-intensiv απαιτών: ***kosten~*** απαιτών μεγάλες δαπάνες; ***arbeits~*** απαιτών πολλή εργασία

intensi'vieren εντατικοποιώ

inter- *oft*: δι-

interalli'iert διασυμμαχικός

Inter'city|netz *n* δίκτυο υπερταχέων τρένων; **~zug** *m* υπερταχεία; **~zuschlag** *m* πρόσθετο κόστος υπερταχείας

intere'ssant ενδιαφέρων (-ουσα, -ον); *Preis usw*: συμφέρων

Inter'esse ⟨*-s; -n*⟩ *n* ενδιαφέρον (-οντος) (***für*** *A*/για; ***an*** *D*/προς *A*); συμφέρον (-οντος); ***an*** ~ ***verlieren*** ξεθυμαίνω; ***im*** ~ *G* προς το συμφέρον *G*; ***es ist*** (***liegt***) ***in meinem*** ~, ***zu ...*** συμφέρον μου είναι να ...

Inter'essen|gegensatz *m* αντίθεση συμφερόντων; **~gruppe** *f* ομάδα πιέσεως

Intere'ssent ⟨*-en*⟩ *m* ενδιαφερόμενος

Inter'essenverband *m* κοινοπραξία

intere'ssier|en *v/t* ενδιαφέρω; ***sich*** (*A*) ***~en für*** *A* ενδιαφέρομαι για; ***es ~t mich*** με ενδιαφέρει; ***~t sein an*** *D*, ***daran, zu ...*** (με) συμφέρει να ...; (*teilhaben*) συμμετέχω σε

interi'mistisch, Interims- προσωρινός

Interjek'tion *f* επιφώνημα *n*

inter|kontinen'tal διηπειρωτικός; **~kos'tal** διάπλευρος

Inter'mezzo ⟨*-s; -mezzi*⟩ *n* διάμεσο, ιντερμέδιο
in'tern (*auch EDV*) εσωτερικός
Inter'nat ⟨*-s; -e*⟩ *n* κολέγιο, οικοτροφείο
internatio'nal διεθνής
Internatio'nale ⟨*0*⟩ *f* Διεθνής *f*
internationali'sieren διεθνοποιώ
Inter'natsschüler *m* οικότροφος
Internet ⟨*-s; -s*⟩ *n EDV* Ίντερνετ ⟨*0*⟩ *n*
Inter'nist ⟨*-en*⟩ *m* παθολόγος; (*bsd Magen, Darm*) εντερολόγος
interparlamen'tarisch διαβουλευτικός
Interpola'tion *f* παρεμβολή
interpo'lieren *MATH* παρεμβάλλω
Inter'pret ⟨*-en*⟩ *m* διερμηνέας; **~a'tion** *f* διερμηνεία
interpre'tieren ερμηνεύω, εξηγώ
interpunk'tieren διαστίζω
Interpunk'tion *f* στίξη
Inter'railkarte *f* εισιτήριο ιντερέιλ
Inter|'regnum ⟨*-s; -regnen*⟩ *n* μεσοβασιλεία; **~'vall** ⟨*-s; -e*⟩ *n MUS* διάστημα *n*
interve'nieren παρεμβαίνω, επεμβαίνω (***in*** *D*/σε)
Interven'tion *f* παρέμβαση, επέμβαση
Interview [-'vju:] ⟨*-s; -s*⟩ *n* συνέντευξη, ιντερβιού ⟨*0*⟩ *n*
interviewen [-'vjuən] *j-n* παίρνω από κπ συνέντευξη
inthroni'sieren ενθρονίζω
in'tim μύχιος, ενδότατος, οικείος
Intimi'tät *f* οικειότητα
intolerant μισαλλόδοξος
Intoleranz *f* μισαλλοδοξία
intra- *oft*: ενδο-; δι(α)-
intramusku'lär ενδομυικός
intransitiv *GR* αμετάβατος
intrave'nös ενδοφλέβιος
Intri'gant ⟨*-en*⟩ *m* ραδιούργος
intri'gant *adj* ραδιουργικός
In'trige *f* ραδιουργία, μηχανορραφία
intri'gieren ραδιουργώ, μηχανορραφώ
Intui'tion *f* ενόραση
intui'tiv διαισθητικός
Inva'lide ⟨*-n*⟩ *m* ανάπηρος; απόμαχος
Inva'liden|- απομαχικός; **~rente** *f* σύνταξη ανικανότητος
Invalidi'tät ⟨*0*⟩ *f* αναπηρία
Inva'sion *f* εισβολή
Inven|'tar ⟨*-s; -e*⟩ *n* υπάρχοντα *n/pl*; **~'tur** *f* καταγραφή; ***~tur machen*** καταγράφω
Inver'sion *f* αναστροφή; *GR* υπερβατό, αντιστροφή
inves'tieren *HDL* επενδύω
Investi'tion *f* επένδυση
Investi'tions|hilfe *f* (κρατική) υποστήριξη επενδύσεων; **~programm** *n* πρόγραμμα *n* επενδύσεων; **~tätigkeit** *f* επενδυτική δραστηριότητα
Investi'tur *f REL* περιβολή
inwendig εσωτερικός; *adv* από μέσα
inwie|'fern, ~'weit από πού, ως πού; κατά πόσο; μέχρι ποιο βαθμό
in'zwischen στο αναμεταξύ, εν τω μεταξύ
I'on ⟨*-s; -en*⟩ *n* ιόν (-όντος); **~isa'tion** *f* ιονισμός
i'onisch ιωνικός; ***Ionische Inseln*** *f/pl* Ιόνιοι νήσοι *f/pl*, νησιά του Ιονίου
I'ota *n* ι, ιώτα *n*; *fig* ίχνος *n*
Iphi'genie [-nĭə] *f* Ιφιγένεια
I'rak *m* Ιράκ ⟨*0*⟩ *n*
I'ran *m* Ιράν ⟨*0*⟩ *n*; **~er** *m* Ιρανός
i'ranisch ιρανικός
ird|en πήλινος; **~isch** επίγειος; (*Leben*) κοσμικός
Ire ⟨*-n*⟩ *m* Ιρλανδός
I'rene *f* Ειρήνη
irgend -δήποτε; ***wenn ~*** αν τυχόν; ***wenn ~ möglich*** ει δυνατόν; **~eine(r)** κανένας, κάποιος, ... τις; οποιοσδήποτε; **~etwas** κάτιτι; **~jemand** → ***irgendeine(r)***; **~wann** κάποτε; **~welche** κάποιοι; **~wie** κάπως, όπως-όπως; κατά κάποιο τρόπο; ***~wie anders*** κάπως αλλιώς; **~wo** κάπου; ***~wo in*** *D*, ***bei*** *D* κάπου σε; **~wo(hin)** πουθενά, κάπου
I'ridium ⟨*-s; 0*⟩ *n* ιρίδιο
Iris ⟨*0*⟩ *f ANAT, BOT* ίριδα
irisch ιρλανδικός
Irland *n* Ιρλανδία
Iro'nie *f* ειρωνεία; ***~ des Schicksals*** ειρωνεία της τύχης
i'ronisch ειρωνικός
ironi'sieren ειρωνεύομαι
irrational παράλογος; *Zahl*: ασύμμετρος
irre παράφρονας; φρενοβλαβής; (*verwirrt*) συγκεχυμένος
Irre *f*: ***in die ~ führen*** *auch fig* παραπλανώ (-άς); ***in die ~ gehen*** χάνω το δρόμο; παραπλανιέμαι
irreführen *v/t* παραπλανώ (-άς); αποπροσανατολίζω; **~d** παραπλανητικός

Irreführung *f* παραπλάνηση
irregehen* ⟨*sn*⟩ παραστρατίζω
ir|regulär *MIL* άτακτος; **~religiös** άθρησκος
irremachen παραζαλίζω
irr|en: *mst* **sich ~en** απατώμαι, κάνω λάθος, σφάλλω; **sich** *in der Person* **~en** μπερδεύω (το άτομο); **wenn ich nicht ~e** εάν δεν απατώμαι, αν δεν κάνω λάθος
Irren|anstalt *f* φρενοκομείο; **~arzt** *m* φρενολόγος; **~haus** *n* τρελοκομείο
Irre(r) τρελός *m*, τρελή *f*; *fig* μανιακός *m*, μανιακή *f*; → **irre**
irrereden ⟨*-e-*⟩ παραληρώ; *subst* παραλήρημα *n*
Irr|fahrt *f* περιπλάνηση; **~garten** *m* λαβύρινθος
irrig σφαλερός
irri'tieren *j-n* μπερδεύω, συγχέω
Irr|lehre *f* αίρεση; **~sinn** ⟨*-es; 0*⟩ *m* φρενοβλάβεια
irrsinnig φρενοβλαβής
Irrtum ⟨*-s; ⸚er*⟩ *m* σφάλμα *n*, πλάνη
irrtümlich πλανημένος, σφαλερός
Irrweg *m* πλάνη
Ischias ['ɪsçĭas, *mst* 'ɪʃĭas] ⟨*-; 0*⟩ *f*, F *auch n*, *m* (*-Schmerzen*) ισχιαλγία
Is'lam ⟨*-s; 0*⟩ *m* Ισλάμ *n*, Ισλαμισμός
is'lam|isch ισλαμικός; **~i'sieren** εξισλαμίζω
Island *n* Ισλανδία
Isländer *m* Ισλανδός
isländisch ισλανδικός
Iso'hypsen *f/pl* ισοϋψείς *f/pl*
Isola'tion *f* → **Isolierung**
Iso'lator ⟨*-s; -'toren*⟩ *m* μονωτής, μονωτήρας
Iso'lier|- μονωτικός; **~band** *n* μονωτική ταινία
iso'lier|en *allg*, *PHYS* μονώνω; *MAR*, *MIL* αποκλείνω; **~t** μονωμένος
Iso'lier|ung *f* απομόνωση; → **Isolator**; **~zelle** *f* απομονωτήριο
Iso|me'trie ⟨*0*⟩ *f* ισομετρία; **~'top** ⟨*-s; -e*⟩ *n* ισότοπο
Israel ['ɪsraˑeːl, *oft* 'iˑsraɛl] *n* Ισραήλ *n*; **~i** [-'eːliˑ] *m* Ισραηλινός
isra|'elisch ισραηλινός; **~e'litisch** ισραηλιτικός
iss! φά(γ)ε!, → **essen**
Isthmus ⟨*-; 0*⟩ *m* ισθμός
I'talien [-lĭən] *n* Ιταλία; **~er** [-'lĭeː-] *m* Ιταλός; **~erin** [-'lĭeː-] *f* Ιταλίδα
italienisch [-'lĭeːnɪʃ] ιταλικός
Ita'zismus ⟨*-; 0*⟩ *m* ιωτακισμός
Ithaka *n* Ιθάκη
Izmir ['ɪzmiːʀ] *n* Σμύρνη

J

J, j [jɔt] *n neugriechisch*: γι, *z.B. in* γιατρός
ja ναι; μάλιστα; (*als Verstärkung*) μα; **~ sogar** επί πλέον δε; **~ oder nein** ναι ή όχι; **auch du hast ~ Schuld** φταις δα κ' εσύ; **Ja zu** *e-r S* (*D*) ναι σε ...
Jacht *f* γιοτ ⟨*0*⟩ *n*, θαλαμηγός
Jacke *f* μπουφάν ⟨*0*⟩ *n*; (*Frauen-*) ζακέτα
Jackenkleid *n* ντε πιες ⟨*0*⟩ *n*
Jacketkrone ['dʒɛkɪt-] *f* (*Zahn*) στεφάνη ολικής επικάλυψης από πορσελάνη, κορώνα Jacquet
Jackett [ʒa'kɛt] ⟨*-s; -s*⟩ *n* σακάκι, ζακέτα
Jagd [jaːkt] *f* κυνήγι (*auch fig* **nach** *D/G*), θήρα; **auf die ~ gehen** βγαίνω για κυνήγι; **~-** κυνηγετικός, θηρευτικός; **~beute** *f* θήραμα *n*; **~flugzeug** *n* καταδιωκτικό; **~gewehr** *n* δίκαννο; **~hund** *m* κυνηγετικός σκύλος; **~leidenschaft** *f* φιλοθηρία; **~recht** *n* δικαίωμα *n* θήρας; **~schein** *m* άδεια κυνηγιού; **~tasche** *f* σάκα, ταγάρι, πήρα
jagen κυνηγώ (-άς), θηρεύω; **j-n ~ aus** *D* διώκω κπ, διώχνω από; **j-n aus dem Hause ~** ξεσπιτώνω; *fig* **~ nach** *D* καταδιώκω *A*; (*eilen*) βιάζομαι; *e-e Kugel* φυτεύω (**in** *A*/σε); **sich e-e Kugel durch den Kopf ~** τινάζω το μυαλό μου στον αέρα
Jagen *n* κυνηγητό; *fig* κατατρεγμός (**nach** *D/G*)
Jäger *m* κυνηγός, θηρευτής; → **Jagdflugzeug**

J

Jäge'rei ⟨*0*⟩ *f* κυνηγετική
Jägerlatein *n* κορακίστικα *n/pl*
Jaguar ⟨*-s*; *-e*⟩ *m* ιαγουάρος
jäh απότομος; *adv und* **~lings** αποτόμως
Jahr ⟨*-es*; *-e*⟩ *n* χρόνος (*pl* χρόνια), *z.B.* ***Schul-*** χρονιά; έτος *n*; ***ein halbes ~*** μισό έτος; ***in diesem ~*** φέτος; ***voriges ~*** πέρυσι, το περασμένο χρόνο; ***im vorletzten ~*** πρόπερσι; ***im nächsten ~*** τον άλλο χρόνο, του χρόνου; ***im ersten ~*** (*Student usw*) πρωτοετής; ***im ~e 2000*** το 2000; ***die zwanziger ~e*** τα χρόνια του είκοσι; ***mit*** *z.B.* ***40 ~en*** στα σαράντα, σε ηλικία 40 ετών; ***das ganze ~ hindurch*** ολοχρονής; ***von ~ zu ~*** χρόνο με το χρόνο; ***j-m ein gutes neues ~ wünschen*** τον καλοχρονίζω; ***frohes neues ~!*** *allg* χρόνια πολλά!; καλή χρονιά!; ***ein glückliches neues ~!*** ευτυχισμένος ο καινούργιος χρόνος!; ευτυχές το νέο έτος!; → ***alt***

J

jahr'aus, jahr'ein χρόνο με το χρόνο
Jahrbuch *n* επετηρίδα
jahrelang επί αρκετά χρόνια
jähr|en: *sich ~en* κλείνω χρόνο; ***sein Tod ~t sich*** χρόνιασε ο μακαρίτης
Jahres- ετήσιος
Jahres|abonnement *n* ετήσια συνδρομή; **~abschluss** *m* HDL ετήσιος απολογισμός; **~anfang** *m* αρχιχρονιά; **~ausgleich** *m* φορολογική εκκαθάριση; **~bericht** *m* ετήσια έκθεση; **~bilanz** *f* ετήσιος απολογισμός; **~einkommen** *n* ετήσια έσοδα *n/pl*; **~'hauptversammlung** *f* ετήσια γενική συνέλευση; **~prüfungen** *f/pl* (*Universität*) τμηματικές εξετάσεις *f/pl*; **~tag** *m* επέτειος *f* (*G/G*); **~umsatz** *m* ετήσιος τζίρος; **~wende** *f* αλλαγή του χρόνου; **~zahl** *f* χρονολογία; **~zeit** *f* εποχή του έτους
Jahrgang *m* χρονιά, ηλικία; MIL κλάση
Jahr'hundert *n* αιώνας; εκατονταετία; ***halbe(s) ~*** πεντηκονταετία; **~feier** *f* εκατονταετηρίδα; **~wende** *f* τέλος *n* του αιώνα
-jährig -άχρονος; *z.B.* ***siebzehn-*** δεκαεφτάχρονος
jährlich ετήσιος; *adv* κατ' έτος
Jahr|markt *m* πανηγύρι; **~'tausend** *n* χιλιετηρίδα; **~'tausendwende** *f* τέλος *n* της χιλιετηρίδας; **~'zehnt** *n* δεκαετία
Jähzorn *m* οξυθυμία
jähzornig οξύθυμος, αψύς
Jakob *m* Ιακώβ *m*
Jalousie [ʒaˑluˑ'ziː] *f* παντζούρι
Ja'maika *n* Ιαμαϊκή
jambisch ιαμβικός
Jambus ⟨*-*; *-ben*⟩ *m* ίαμβος
Jammer ⟨*-s*; *0*⟩ *m* κακομοιριά; ***es ist ein ~*** είναι αξιολύπητο; **~geschrei** *n* θρήνος
jämmerlich άθλιος
jammer|n ⟨*-re*⟩ θρηνώ, κλαίγομαι; *laut* ολοφύρομαι; *subst* κλάψες *f/pl*, θρηνολογία; **~nd** θρηνώδης, παραπονιάρης (-α, -ικο); **~'schade** πολύ κρίμα
Jammertal *n* κοιλάς *f* των δακρύων
Januar ⟨*-s*; *-e*⟩ *m* Ιανουάριος
Japan *n* Ιαπωνία
Ja'paner *m* Ιάπωνας; **~in** *f* Ιαπωνέζα
ja'panisch ιαπωνικός
Jargon [ʒar'gõː] ⟨*-s*; *-s*⟩ *m* επαγγελματική γλώσσα; παραφθαρμένη γλώσσα, αργκό ⟨*0*⟩ *f*
Jas'min ⟨*-s*; *-e*⟩ *m* γιασεμί, φούλι
Jason *m* Ιάσωνας
Jaspis ⟨*-ses*; *-se*⟩ *m* ίασπις (-ιδος) *m*
Jastimme *f* ψήφος *f* υπέρ
jäten ⟨*-e-*⟩ (ξε)βοτανίζω; *subst* (ξε)βοτάνισμα *n*
Jauche *f* κοπρόνερο; **~grube** *f* βόθρος
jauchzen ⟨*-t*⟩ αναγαλλιάζω
ja'wohl μάλιστα
Jawort ⟨*-es*; *-e*⟩ *n* ναι *n*, συναίνεση; ***sein ~ geben*** λέω ναι; συμφωνώ, συναινώ να παντρευτώ
Jazz [dʒɛs, *früher* jats] ⟨*-*; *0*⟩ *m* τζαζ ⟨*0*⟩ *f*
je (*bisher*) ποτέ; ***... als ~*** παρά ποτέ; *er gab ihnen ~* ***e-n Apfel*** από ένα μήλο; ***~ zwei*** *usw* ανά δύο; ***~ Kilowattstunde*** ανά κιλοβατώρα; ***~ ... desto*** όσο ... (άλλο) τόσο; ***~ mehr ... desto mehr*** όσο ... άλλο τόσο; ***~ nachdem*** εξαρτάται; ***~ nachdem, ob ...*** ανάλογα με το αν ...; ***~ nach*** *den Umständen* σύμφωνα με; ανάλογα με
Jeans [dʒiːns] *pl* τζην ⟨*0*⟩ *n oder n/pl*
jede → ***jeder***
jedenfalls πάντως, οπωσδήποτε
jeder (***jede, jedes***) κάθε, πας (πάσα, παν) *ohne art*; *subst* καθένας, καθεμιά, καθένα; ***ein ~*** ο κάθε; ***~, der*** ο κάθε ένας που; ***~ Beliebige*** οποιοσδήποτε; ***jedes für sich*** εν προς εν; ***jedes fünfte***

Jahr κάθε πέμπτο έτος; **~mann** καθένας, έκαστος; **~zeit** ανά πάσα στιγμή
jedes → ***jeder***; **~ *Mal*** κάθε φορά; *ko* **~ *Mal wenn*** κάθε φορά που, οσάκις
jedoch [je·'dɔx] όμως, εν τούτοις
jegliche(r) *lit* έκαστος; ***ein* ~** (*Bibel*) έκαστος
jeher: ***von* ~** ανέκαθεν
jemals ['je:ma:ls] (*früher*) ποτέ; (*künftig*) ποτέ στο μέλλον
jemand κάποιος, κανείς, *K* τις; **~ *anders*** κάποιος άλλος, κανείς άλλος
Jemen *m* Υεμένη
jener (***jene, jenes***) *lit* εκείνος; ***zu* ~ *Zeit*** (σε) εκείνο τον καιρό
jenseitig *als adj* αντίπερα, αντιπέραν
jenseits *präp G* πέρα, επέκεινα *G*; *adv* αντίπερα
Jenseits ⟨-; *0*⟩ *n* (ο) άλλος κόσμος, υπερπέραν *n*
Jersey ['dʒø:ʀzɪ] ⟨-; *-s*⟩ *m* (*Stoff*) ζέρσεϋ ⟨*0*⟩ *n*
Je'rusalem *n* Ιερουσαλήμ *f*
Jesu'it ⟨*-en*⟩ *m* ιησουίτης
Jesu'itentum ⟨*-s*; *0*⟩ *n* ιησουιτισμός
Jesus *m* (*G und D* **Jesu**; *A* **Jesum**) Ιησούς (-ού); **~ *Christus*** Ιησούς Χριστός
jetzig τωρινός, νυν *als adj*
jetzt τώρα; νυν; ***bis* ~** έως τώρα; **~ *gleich*** από τώρα; ***von* ~ *an*** από τώρα; ***schon* ~** από τώρα; **~, *wo*** (***da***) τώρα πού
Jetztzeit ⟨*0*⟩ *f* τωρινή εποχή, (η) εποχή μας
jeweil|ig *als adj* εκάστοτε; **~s** εκάστοτε, κάθε φορά
Job [dʒɔp] ⟨*-s*; *-s*⟩ *m* (ευκαιριακή) δουλειά; *EDV* εργασία
jobben F δουλεύω (ευκαιριακά)
Jobsharing [-ʃɛ:rɪŋ] ⟨*-s*; *0*⟩ *n* διανομή μίας θέσης εργασίας σε δύο ή περισσότερα άτομα
Joch ⟨*-ẹs*; *-e*⟩ *n* ζυγός; (*Ochsen- usw*) ζεύγος; ***unter ein* ~ *bringen*** σκλαβώνω, βάζω κάτω απ' τον ζυγό; **~bogen** *m ANAT* ζυγωματικό τόξο (οστό)
Jockei ['dʒɔke·] ⟨*-s*; *-s*⟩ *m* τζόκεϋ ⟨*0*⟩ *m*
Jod ⟨*-ẹs*; *0*⟩ *n* ιώδιο
jodeln ⟨*-le*⟩ τραγουδώ (-άς) τυρολέζικα
Joga → ***Yoga***
joggen κάνω τζόγκινγκ
Jogging ⟨*-s*; *0*⟩ *n* τζόγκινγκ *n*; **~anzug** *m* αθλητική φόρμα
Joghurt ['jɔgʊʀt] ⟨*-s*; *-s*⟩ *m* γιαούρτι
Johann ['jɔ-, jɔ·'han] *m* Γιάννης, Ιωάννης
Jo'hann|a *f* Ιωάννα; **~es** *m* Ιωάννης
Jo'hannis|beere *f* φραγκοστάφυλο; **~beerstrauch** *m* φραγκοσταφυλιά; **~brot** *n* χαρούπι; **~brotbaum** *m* χαρουπιά; **~feuer** *n* φωτιές *f/pl* του 'Αϊ-Γιάννη
johlen φωνάζω, ουρλιάζω
Joint [dʒɔʏnt] ⟨*-s*; *-s*⟩ *m* τσιγαριλίκι
Jointventure [dʒɔʏnt'vɛntʃa] ⟨*-s*; *-s*⟩ *n* ομαδικές, συλλογικές επιχειρήσεις *f/pl*
Joker *m* (*Spielkarte*) μπαλαντέρ ⟨*0*⟩ *n*
Joppe *f* χιτώνιο
Jordan ⟨*-s*; *0*⟩ *m* Ιορδάνης
Jor'danien [-ĭən] *n* Ιορδανία
Joseph *m* Ιώσηπος, Ιωσήφ *m*
Jot [jɔt] *n* ιώτ *n*, *z.B.* ι *in* χωριό
Jota ['jo:ta] ⟨*-s*; *-s*⟩ *n* ιώτα (ι)
Joule [dʒaʊl] ⟨-; -⟩ *n ELEKTR* (*Maßeinheit*) ζουλ ⟨*0*⟩ *n*, τζάουλ ⟨*0*⟩ *n*
Journal [ʒʊʀ'na:l] ⟨*-s*; *-e*⟩ *n* ημερολόγιο; περιοδικό
Journa'lis|mus ⟨-; *0*⟩ *m* δημοσιογραφία; **~t** ⟨*-en*⟩ *m*, **~tin** *f* δημοσιογράφος
journa'listisch δημοσιογραφικός
jovi'al καταδεκτικός
Joystick ['dʒɔʏstɪk] ⟨*-s*; *-s*⟩ *m EDV* joystick *n*
Jubel ⟨*-s*; *0*⟩ *m* αγαλλίαση, αλαλαγμός; **~jahr** *n*: ***alle ~jahre einmal*** στη χάση και στη φέξη
jubeln ⟨*-le*⟩ αλαλάζω, ζητωκραυγάζω
Jubi|'lar ⟨*-s*; *-e*⟩ *m* εορτάζων (ιοβηλαίο); **~'läum** ⟨*-s*; *-'läen*⟩ *n* επέτειος *f*, ιοβηλαίο
Juchten *n* τελατίνι
juck|en κνίζω, φαγουρίζω; *mst* (***es***) **~t *mich*** με τρώει ...; έχω φαγούρα; ***sich* ~en** ξύνομαι
Jucken *n* φαγούρα, κνησμός
Ju'däa *n* Ιουδαία
Judas *m* Ιούδας
Jude ⟨*-n*⟩ *m* Ιουδαίος, Εβραίος; ***der Ewige* ~** ο περιπλανώμενος Εβραίος
Judentum ⟨*-s*; *0*⟩ *n* Ιουδαϊσμός
Jüdin *f* Εβραία
jüdisch ιουδαϊκός
Judo ⟨*-s*; *0*⟩ *n* τζούντο ⟨*0*⟩
Jugend ⟨*0*⟩ *f* νιάτα *n/pl*, νεότητα; (*Gruppe*) νεολαία; ***von* ~ *auf*** από μικρός; **~-** εφηβικός, νεανικός;

Jugendarbeitslosigkeit 812

~arbeitslosigkeit *f* νεανική ανεργία; **~bewegung** *f* (*in Deutschland*) κίνηση (της) νεολαίας; **~erinnerungen** *f/pl* παιδικές αναμνήσεις *f/pl*; **~freund** *m* παιδικός φίλος; **~fürsorge** *f* πρόνοια για τη νεολαία; **~gericht** *n* δικαστήριο ανηλίκων; **~gruppe** *f* ομάδα νέων; **~herberge** *f* ξενώνας νεολαίας, γιούθχοστελ ⟨*0*⟩ *n*; **~jahre** *n/pl* νεανικά χρόνια *n/pl*; **~kriminalität** *f* εγκληματικότητα των νέων

jugendlich νεανικός, εφηβικός

Jugend|liche(r) έφηβος; **~lichkeit** ⟨*0*⟩ *f* νεανικότητα; **~liebe** *f* πρώτη αγάπη; **~stil** ⟨*-ęs*; *0*⟩ *m* (*in Deutschland*) στυλ ⟨*0*⟩ *n* των 1900, Γιούγκεντστιλ ⟨*0*⟩ *n*; **~zeit** *f* νιάτα *n/pl*, νεανικά χρόνια *n/pl*

Jugo'slawien *n hist* Γιουγκοσλαβία

jugo'slawisch γιουγκοσλαβικός

Juli *m* Ιούλιος

Julia *f* Ιουλία

Jumbojet [-dʒɛt] ⟨*-s*; *-s*⟩ *m* μεγάλο αεριωθούμενο (αεροπλάνο)

jung ⟨*ᵘer*; *ᵘst-*⟩ νέος, νεαρός; μικρός; ***~e(s) Mädchen*** νέα; ***~e(r) Mann*** νέος; ***~ aussehen*** νεανίζω; ***wieder ~ werden*** ανανεάζω, ξανανιώνω

Jungbrunnen *m* πηγή νεότητος

Junge ⟨*-n*⟩ *m* παιδί, αγόρι

Junge|(s) *n* (*Tier*) νεογνό, μικρό; (*Vögel*) νεοσσός; (*Löwe, Bär usw*) σκύμνος; ***~ werfen*** γεννοβολώ

jungen γεννώ

jungenhaft νεανικός; αγορίστικος

Jünger *m REL* μαθητής

Jungfer *f*: ***alte ~*** γεροντοκόρη

Jungfern|- παρθενικός; *fig* εναρκτήριος; πρώτος; **~häutchen** *n* (παρθενικός) υμένας, υμήν *m*

Jungfernfahrt *f*: ***auf ~ sein, e-e ~ machen*** *MAR* είμαι πρωτοτάξιδος

Jungfrau *f* παρθένα; *ASTR* Παρθένος *f*; *REL* ***~ Maria*** Παρθένος *f*; ***die heilige ~*** η Παναγία

jungfräulich παρθενικός

Jungfräulichkeit ⟨*0*⟩ *f* παρθενιά

Junggesell|e *m* εργένης, μπεκιάρης; (***alter***) ***~e*** γεροντοπαλλήκαρο; **~en-** (*Leben*) εργένικος, μπεκιάρικος; **~enwohnung** *f* γκαρσονιέρα; **~in** *f* μπεκιάρισσα, εργένισσα

Jüngling ⟨*-s*; *-e*⟩ *m* νεανίας, έφηβος

Jünglings|- εφηβικός; **~alter** ⟨*-s*; *0*⟩ *n* εφηβεία

jüngst- νεότατος; *adv* τελευταία, νεωστί

Jungunternehmer *m* νεαρός επιχειρηματίας

jungverheiratet νιόπαντρος

Juni *m* Ιούνιος; *poet* Θεριστής

junior: *Herr M. ~* κύριος Μ. γιος; (***der***) ***Junior*** ⟨*-s*; *-'oren*⟩ (ο) νεότερος

Junior|chef *m* γιος του αφεντικού μιας επιχείρησης; **~partner** *m* νεότερος συνεταίρος

Junker *m hist* αρχοντοχωριάτης

Jupiter *m* Δίας, Ζευς (*G* Διος) (*auch ASTR*)

Jura (*ohne art, pl von* **jus**) νομικά *n/pl*; ***~ studieren*** σπουδάζω νομικά

Jura ⟨*-s*; *0*⟩ *m GEOL* Ιούρας

Jurispru'denz ⟨*0*⟩ *f hist* νομική

Ju'rist ⟨*-en*⟩ *m* νομικός

ju'ristisch *auch Person*: νομικός; *nur Person*: ηθικός

Jury ['ʒyːriˑ] ⟨*-*; *-s*⟩ *f* (*Film-, Sport usw*) κριτική επιτροπή

jus'tieren ρυθμίζω

Jus'tierung *f* ρύθμιση

Justiti'ar ⟨*-s*; *-e*⟩ *m* συνήγορος; νομικός σύμβουλος

Jus'tiz [iː] ⟨*0*⟩ *f* δικαιοσύνη; **~beamte(r)** δικαστικός υπάλληλος; **~minister** *m* υπουργός δικαιοσύνης; **~mord** *m* δικαστική δολοφονία; **~wesen** ⟨*-s*; *0*⟩ *n* δικαστικά *n/pl*

Jute *f* ιούτα

Ju'wel ⟨*-s*; *-e*⟩ *n* πολύτιμος λίθος; *fig* διαμάντι; **~en** *pl* τιμαλφή *n/pl*, μπιζού *n/pl*

Juwe'lier ⟨*-s*; *-e*⟩ *m* κοσμηματοπώλης; **~geschäft** *n* κοσμηματοπωλείο, χρυσοχοείο

Jux ⟨*-es*; *-e*⟩ *m* χωρατό; ***aus ~*** για πλάκα, για γέλια

J

K

K, k [ka:] *n* κάππα

Kaba'rett ⟨*-s; -e*⟩ *n* καμπαρέ ⟨*0*⟩ *n*

Kabel *n* (*Tau*) κάβος, γούμενα; *ELEKTR* καλώδιο; **~anschluss** *m* καλωδιακή σύνδεση; **~fernsehen** *n* καλωδιακή τηλεόραση

Kabeljau ⟨*-s; -s oder -e*⟩ *m* μουρούνα; (*gesalzen*) βακαλάος

Kabelnetz *n* καλωδιακό δίκτυο

Ka'bine *f* θάλαμος, καμπίνα

Kabi'nett ⟨*-s; -e*⟩ *n* υπουργικό συμβούλιο; (*Raum*) καμαρίνι

Kabi'nettskrise *f* υπουργική κρίση

Kabrio('lett) ⟨*-s; -s*⟩ *n* αμάξι καμπριολέ

Kachel ⟨*-; -n*⟩ *f* πλακάκι; **~ofen** *m* πήλινη σόμπα

kacken (*vulgär*) χέζω

Kadaver [ka·'da:vɐ] *m* ψοφίμι, πτώμα *n*; **~gehorsam** *m* δουλική υπακοή

Kader *m MIL, POL* στέλεχος *n*, *mst pl* στελέχη

Ka'dett ⟨*-en*⟩ *m* εύελπις (-ιδος) *m*; *MAR* δόκιμος

Kadi ⟨*-s; -s*⟩ *m* καδής (-ήδες)

Käfer *m* σκαθάρι, κάνθαρος

Kaffee ⟨*-s; -s*⟩ *m* καφές (-έδες)

kaffeebraun καφετής (-ιά, -ί)

Kaffee|geschäft *n* καφεκοπτείο; **~haus** *n* καφενείο; **~hausbesitzer** *m* καφετζής (-ήδες); **~kanne** *f* καφετιέρα; **~maschine** *f* καφετιέρα; συσκευή του καφέ; **~mühle** *f* αλεστική μηχανή; **~rösterei** *f* καφεκοπτείο; **~tasse** *f* φλιτζάνι του καφέ; **~trinker** *m* καφεπότης

Käfig ⟨*-s; -e*⟩ *m* κλουβί, καφάσι

Kaftan ⟨*-s; -e*⟩ *m* καφτάνι

kahl φαλακρός; σπανός; *Berg*: γυμνός; *Baum*: άφυλλος; **~ werden** *Berg usw*: γυμνώνομαι; *Kopf*: φαλακρώνω

Kahl|heit ⟨*0*⟩ *f* φαλακρότητα; γυμνότητα; **~kopf** *m* καραφλός, κουτρούλης; **~köpfigkeit** ⟨*0*⟩ *f* φαλακρότητα

Kahn ⟨*-ęs; ⸚e*⟩ *m* βάρκα, *K* λέμβος *f*

Kai ⟨*-s; -s oder -e*⟩ *m* προκυμαία; **~mauer** *f* κρηπίδωμα *n*

Kairo *n* Κάιρο

Kaiser *m* αυτοκράτορας; (*Bibel*) Καίσαρ (-αρος) *m*; (*deutsch*) Κάιζερ ⟨*0*⟩ *m*; **~in** *f* αυτοκράτειρα

kaiserlich αυτοκρατορικός

Kaiser|reich *n* αυτοκρατορία; **~schnitt** *m* καισαρική τομή; **~tum** ⟨*-s; 0*⟩ *n* αυτοκρατορία

Ka'jütboot *n* βάρκα με καμπίνα

Ka'jüte *f* θάλαμος, καμπίνα

Ka'kao ⟨*-s; -s*⟩ *m* κακάο

Kakerlak *oft*: [-'la:k] ⟨*-s; -en*⟩ *m* κατσαρίδα

Kaktus ⟨*-; -'teen, auch -se*⟩ *m* κάκτος

Kalauer *m* καλαμπούρι

Kalb ⟨*-ęs; ⸚er*⟩ *n* μοσχάρι, βιδέλο

kalben γεννώ μοσχάρι

Kalb|fleisch *n* μοσχαρίσιο κρέας; **~leder** *n* βιδέλο

Kalbs|- μοσχαρίσιος; **~braten** *m* βιδέλο *oder* μοσχαράκι ψητό; **~hachse** *f* μοσχαρήσιο πόδι; **~leber** *f* μοσχαρίσιο συκώτι

Ka'lender *m* ημερολόγιο, καλεντάρι

kal'fatern ⟨*-re*⟩ *MAR* καλαφατίζω

Kali ⟨*-s; 0*⟩ *n* κάλι

Ka'liber *n* διαμέτρημα *n*; (*auch fig*) ολκή; *fig* ***vom gleichen*** ~ απ' την ίδια πάστα

Ka'lif ⟨*-en*⟩ *m hist* χαλίφης (-ηδες)

Kalium ⟨*-s; 0*⟩ *n* ποτάσα

Kalk ⟨*-ęs; -e*⟩ *m* ασβέστη(ς); **~brenner** *m* ασβεστάς (-άδες); **~brennerei** *f* ασβεστάδικο

kalk|en ασπρίζω, ασβεστώνω; **~haltig** ασβεστούχος

Kalk|ofen *m* ασβεστοκάμινο; **~stein** *m* ασβεστόλιθος; πουρό

Kal'kül ⟨*-s; -e*⟩ *n* υπολογισμός

Kalkula'tion *f* υπολογισμός

kalku'lieren υπολογίζω

Kalkwasser ⟨*-s; 0*⟩ *n* ασβεστόνερο

kalli'graphisch καλλιγραφικός

Kalorie [-'ri:] *f* θερμίδα; **~'meter** *n* θερμιδόμετρο

kalt ⟨*⸚er; ⸚st-*⟩ κρύος; ψυχρός; ***~e(s) Bad*** ψυχρολουσία; ***~e Dusche*** (*auch fig*) ψυχρολουσία; **~ *werden*** κρυώνω; ψυχραίνω; ***es ist*** ~ κάνει κρύο; ***es ist ~ geworden*** ψύχρανε ο καιρός; ***mir ist*** ~ κρυώνω

Kaltblüter *m ZOOL* ψύχραιμος

kaltblütig ψύχραιμος

K

Kaltblütigkeit ⟨*0*⟩ *f* ψυχραιμία
Kälte ⟨*0*⟩ *f* ψύχος *n*, κρύο; **~einbruch** *m* εισβολή ψύχους; **~periode** *f* περίοδος ψύχους; **~technik** *f* τεχνική του ψύχους; **~welle** *f* κύμα *n* ψύχους
Kaltfront *f* ψυχρός αέρας, μέτωπο ψύχους
kaltmachen *fig* F ξεκάνω
Kaltmiete *f* ενοίκιο χωρίς θέρμανση
kalt|schnäuzig αναίσθητος, ψυχρός; **~stellen** F *j-n* ακινητοποιώ
Kalzium ⟨*-s*; *0*⟩ *n* ασβέστιο; **~karbid** *n* ανθρακασβέστιο; **~karbonat** *n* ανθρακικό κάλιο
kam → ***kommen***
Ka'mel ⟨*-s*; *-e*⟩ *n* καμήλα; **~-** καμηλήσιος; **~haar** *n* καμηλωτή
Ka'melie [-lĭə] *f* BOT καμέλια
Ka'meltreiber *m* καμηλιέρης
Kamera ⟨*-*; *-s*⟩ *f* φωτογραφική μηχανή; κινηματογραφική συσκευή
Kame'rad ⟨*-en*⟩ *m* σύντροφος; **~schaft** *f* συντροφιά
kame'radschaftlich συντροφικός
Kameramann *m* φωτορεπόρτερ *m*; οπερατέρ *m*
Ka'mille *f* χαμομήλι
Ka'min ⟨*-s*; *-e*⟩ *m* εστία, καμινάδα, *fig* γωνιά; (*Schornstein*) καπνοδόχος
Kamm ⟨*-ęs*; *⸚e*⟩ *m* χτένι, κτένι, (*großer*) χτένα, τσατσάρα; (*des Hahns*) λειρί; (*Gebirgs-*) κορυφογραμμή
kämmen *v/t* χτενίζω; ***sich ~*** χτενίζομαι; *subst* χτένισμα *n*
Kammer ⟨*-*; *-n*⟩ *f* κάμαρα, θάλαμος; ANAT κοιλία; HDL *usw* επιμελητήριο; POL κοινοβούλιο, Βουλή; **~diener** *m* καμαριέρης; **~gericht** *n* εφετείο; **~jäger** *m* εξολοθρευτής ζωυφίων; **~mädchen** *n* θαλαμηπόλος *f*; **~musik** *f* μουσική δωματίου; **~sänger** *m Titel, etwa*: διακεκριμένος τραγουδιστής; **~ton** ⟨*-ęs*; *0*⟩ *m* διαπασών ⟨*0*⟩ *f*
Kammgarn *n* πενιέ ⟨*0*⟩ *n*
Kampagne [-'panjə] *f* POL καμπάνια
Kampf ⟨*-ęs*; *⸚e*⟩ *m* αγώνας; POL *auch* πάλη; (*auch fig*) μάχη; πόλεμος (**gegen** *A*/κατά *G*); (*Sport*) ματς ⟨*0*⟩ *n*; ***der ~ ums Dasein*** ο αγώνας για την ύπαρξη
Kampf|- μαχητικός, πολεμικός; **~ansage** *f* πρόσκληση για αναμέτρηση; **~bahn** *f* στάδιο
kampfbereit ετοιμοπόλεμος
Kampfbereitschaft ⟨*0*⟩ *f* ετοιμοπόλεμο
kämpfen μάχομαι (*auch fig*); ***~ gegen*** *A* πολεμώ *A* (*fig* κατά *G*); ***~ für*** *A* παλεύω για; ***~ gegen*** *A* παλεύω κατά *G*; ***~ um*** *A* αγωνίζομαι για; (*Sport*) ***miteinander ~ in*** *D* αγωνίζομαι σε; ***mit der See ~*** θαλασσομαχώ; *mit Schwierigkeiten* ***zu ~ haben*** αντιμετωπίζω *A*; ***darum ~ zu ...*** πολεμώ να ..., αγωνίζομαι να ...; ***nicht ~d*** άμαχος
Kampfer ⟨*-s*; *0*⟩ *m* καμφορά
Kämpfer *m* μαχητής; αθλητής (***für*** *A*/*G*); **~in** *f* πολεμίστρια; αθλήτρια
kämpferisch μαχητικός
Kampf|fähigkeit ⟨*0*⟩ *f* μαχητικότητα; **~flugzeug** *n* μαχητικό (αεροσκάφος); **~gruppe** *f* ομάδα
kampflos *adv* αμαχητί
Kampfplatz *m* στίβος, παλαίστρα
kampfunfähig άμαχος
Kampfwagen *m* άρμα *n* μάχης, τανκ ⟨*0*⟩ *n*
kam'pieren κατασκηνώνω
Kam'pieren *n* κατασκήνωση
Kanada *n* Καναδάς
Ka'nadier [-dĭə] *m* Καναδός
ka'nadisch καναδικός
Kanaille [ka'naljə] *f* κανάγιας
Ka'nal ⟨*-s*; *⸚e*⟩ *m* διώρυγα, κανάλι (*auch Fernseh-*); (*Abzugs-*) οχετός; ***der ~ von Korinth*** η διώρυγα της Κορίνθου
Kanalisa'tion *f* (*Stadt*) αποχέτευση
Kanalisa'tionsnetz *n* αποχετευτικό δίκτυο
kanali'sieren διοχετεύω, αποχετεύω
Ka'narienvogel *m* καναρίνι
Ka'narische Inseln *f/pl* Κανάρια νησιά *n/pl*
Kan'dare *f* στομίδα; ***j-n an die ~ nehmen*** σφίγγω σε κπ τα λουριά
Kande'laber *m* (πολύφωτο) καντηλιέρι
Kandi'dat ⟨*-en*⟩ *m* υποψήφιος; ***sich als ~ aufstellen lassen*** βάζω *oder* θέτω υποψηφιότητα
Kandida'tur *f* υποψηφιότητα
kandi'dieren υποβάλλω υποψηφιότητα; **~d** υποψήφιος
kan'dier|en γλασάρω; ***~te Früchte*** *f/pl* φρουί γκλασέ *n/pl*, κόντιτο
Kandiszucker ['kandıs-] *m* κάντιο
Känguru ⟨*-s*; *-s*⟩ *n* καγκουρώ *f*
Ka'ninchen *n* κουνέλι
Ka'nister *m* μπιτόνι, δοχείο
Kännchen *n* κανατάκι; μικρή καφε-

815 **kärglich**

τιέρα; ***ein ~ Kaffee!*** *mst* έναν καφέ
Kanne *f* κανάτα, λαγήνι
Kanne'lierung *f* ράβδωση
Kanni'bal|e ⟨*-n*⟩ *m* κανίβαλος; **~ismus** [-'lɪs-] ⟨-; *0*⟩ *m* κανιβαλισμός
kannte → ***kennen***
Kanon ⟨*-s*; *-s*⟩ *m* κανόνας
Ka'none *f* τηλεβόλο, κανόνι; F *fig* (*Könner*) άσος; ξεφτέρι (***in*** *D*/σε)
Ka'nonen|boot *n* κανονιοφόρος; **~kugel** *f* σφαίρα τηλεβόλου; **~schuss** *m* κανονιά
ka'nonisch *REL* κανονικός
Kan'tate *f* καντάτα
Kante *f* ακμή, άκρο, παρυφή (*auch Stoff*); (*Saum*) ούγια; **~n** *m* (*Brot*) αγκωνή
kanten ⟨*-e-*⟩ *v/t* τετραγωνίζω
kantig γωνιώδης
Kan'tine *f* καντίνα
Kan'ton ⟨*-s*; *-e*⟩ *m* καντόνιο
Kantor ⟨*-s*; *-'toren*⟩ *m* πρωτοψάλτης
Kanu ⟨*-s*; *-s*⟩ *n* κανό ⟨*0*⟩
Kanzel *f* άμβονας, άμβων *m*; *LUFTF* θαλαμίσκος
Kanz'lei *f* καγκελαρία; γραφείο; **~beamte(r)** γραφέας; **~sprache** ⟨*0*⟩ *f* γλώσσα των καγκελαριών; γλώσσα καθαρεύουσα
Kanzler *m* καγκελάριος
Kap ⟨*-s*; *-s*⟩ *n* κάβος, ακρωτήριο; ***~ der Guten Hoffnung*** Ακρωτήριο της Καλής Ελπίδος
Ka'paun ⟨*-s*; *-e*⟩ *m* καπόνι
Kapazi'tät *f* χωρητικότητα; (*Könner*) εξοχότητα
Kapazi'täts|auslastung *f* εκμετάλλευση δυναμικού; **~erweiterung** *f* επέκταση δυναμικού
Ka'pell|e *f* παρεκκλήσι, ναΐσκος; *MUS* μπάντα; **~meister** *m* διευθυντής ορχήστρας
Kaper ⟨*-*; *-n*⟩ *f* *BOT* κάππαρη
Kapernstrauch *m* κάππαρη
ka'pier|en F πιάνω, παίρνω πρέφα, σκαμπάζω; ***ich hab's ~t*** μπήκα
Kapil'lar|- τριχοειδής; **~gefäß** *n* τριχοειδές αγγείο
Kapi'tal ⟨*-s*; *-lien*⟩ *n* κεφάλαιο, φόντα *n/pl*; ***tote(s)*** ~ νεκρό κεφάλαιο; ***eingezahlte(s)*** ~ καταβληθέν κεφάλαιο
Kapi'tal|anhäufung *f* συσσώρευση του κεφαλαίου; **~anlage** *f* τοποθέτηση κεφαλαίου; **~aufwand** *m* δαπάνη κεφαλαίου; **~ertrag** *m* κέρδη από τοποθέτηση κεφαλαίου; **~ertragssteuer** *f* φορολόγηση των κερδών (από μετοχές, τόκους ...); **~flucht** *f* μεταφορά κεφαλαίου στο εξωτερικό; **~hilfe** *f* οικονομική βοήθεια (ενός κράτους σε άλλο)
Kapita'lis|mus ⟨-; *0*⟩ *m* κεφαλαιοκρατία; **~t** ⟨*-en*⟩ *m* κεφαλαιοκράτης, καπιταλιστής
kapita'listisch κεφαλαιοκρατικός; καπιταλιστικός (*z.B. Land*)
Kapi'talmarkt *m* αγορά κεφαλαίου
Kapi'tän ⟨*-s*; *-e*⟩ *m* πλοίαρχος, καπετάνιος; ***~ der Handelsmarine*** εμποροπλοίαρχος
Kapitel [ka·'pɪtəl] *n* κεφάλαιο
Kapi'tell ⟨*-s*; *-e*⟩ *n* κιονόκρανο, στυλοκέφαλο
Kapitula'tion *f* συνθηκολογία (***bedingungslose***/άνευ όρων)
kapitu'lieren συνθηκολογώ
Ka'plan ⟨*-s*; *¨e*⟩ *m* εφημέριος
Kappa *n* κάππα *n*
Kappe *f* σκουφίτσα; *TECH* δακτυλήθρα
kappen *BOT* περικόπτω, κλαδεύω
Kapsel ⟨*-*; *-n*⟩ *f* κάψα, καψούλι
ka'putt F χαλασμένος, λειώμα; *Person*: ***ganz ~*** τσακισμένος; **~gehen*** ⟨*sn*⟩ *v/i* σπάζω, χαλνώ (-άς); **~lachen: *sich ~lachen*** πεθαίνω στα γέλια; **~machen** χαλνώ (-άς), καταστρέφω; *fig j-n* καταντώ κπ πτώμα; *Person*: ***sich ~machen*** κατασκοτώνομαι (***bei*** *D*/σε); **~schlagen*** (τα) κάνω γυαλιά-καρφιά
Ka'puze *f* κουκούλα, επίκρανο
Kara'biner *m* καραμπίνα
Ka'raffe *f* καράφα
Karambolage [-'la:ʒə] *f* καραμπόλα
Ka'rat ⟨*-s*; *-e*⟩ *n* καράτι
Kara'wane *f* καραβάνι
Kar'bid ⟨*-s*; *-e*⟩ *n* ανθρακασβέστιο
Kar'dan|gelenk *n* σύνδεσμος καρντάν; **~welle** *f* άξονας καρντάν
Kardi'nal ⟨*-s*; *¨e*⟩ *m* καρδινάλιος; **~zahl** *f* απόλυτος αριθμός
Kardio'gramm ⟨*-s*; *-e*⟩ *n* καρδιογράφημα *n*
Ka'renzzeit *f* χαριστική περίοδος *f*
Kar'freitag *m* Μεγάλη Παρασκευή; **~prozession** *f* επιτάφιος
karg ⟨*¨er*; *¨st-*⟩ φειδωλός; (*Landschaft*) ξυρός
kärglich φτωχικός, πενιχρός

K

Kärglichkeit 816

Kärglichkeit ⟨*0*⟩ *f* πενιχρότητα
Ka'ribik *f* Καραϊβική
ka'riert *Stoff*: καρέ
Karies ['ka:rĭɛs] ⟨*0*⟩ *f* τερηδόνα; ***von ~ befallen*** τερηδονισμένος, προσβεβλημένος από τερηδόνα
Karika'tur *f* καρικατούρα, γελοιογραφία; **~ist** [-'ɪst] ⟨*-en*⟩ *m* γελοιογράφος
kari'kieren γελοιογραφώ
karita'tiv αγαθοεργός
Karl *m* Κάρολος; ***~ der Große*** Καρλομάγνος
karme'sinrot βυσσινύς, κερμεζύς
Karneval ⟨*-s*; *-e*⟩ *m* καρναβάλι, αποκριές *f*/*pl*
Kar'nickel *n* F κουνέλι
Karo ⟨*-s*; *-s*⟩ *n* καρό ⟨*0*⟩
Karosse'rie *f* αμάξωμα *n*
Ka'rotte *f* καρότο
Kar'paten *pl* Καρπάθια *n*/*pl*
Karpfen *m* κυπρίνος, σαζάνι
Karre *f* καροτσάκι; καρότσι
Kar'ree ⟨*-s*; *-s*⟩ *n* καρέ ⟨*0*⟩ *n*
Karren *m* κάρο, (*zweirädriger*) σούστα
Karriere [ka'rĭe:rə] *f* σταδιοδρομία, καριέρα; ***~ machen*** (***wollen***) σταδιοδρομώ; **~macher** *m* αριβίστας
Karst ⟨*-ęs*; *-e*⟩ *m* καρστ ⟨*0*⟩ *n*
Karte *f* *allg* δελτίο; EDV κάρτα; (*Post-*) δελτάριο; (*Land-*) χάρτης; (*Speise-*) κατάλογος; (*Spiel-*) χαρτί; ***auf ~n*** (*rationiert*) με το δελτίο; ***~n spielen*** χαρτοπαίζω; ***nach der ~*** *essen* α λα καρτ, ... της ώρας; ***die ~n legen*** ρίχνω τα χαρτιά
Kar'tei *f* δελτιοθήκη; ***Aufnahme in die*** (*Verbrecher-*) ~ σήμανση; **~karte** *f* καρτέλα, φίσα; **~kasten** *m* δελτιοθήκη
Kar'tell ⟨*-s*; *-e*⟩ *n* καρτέλ ⟨*0*⟩ *n*; **~amt** *n* *etwa*: αρχή ελέγχου των καρτέλ
Karten *f*/*pl* (*Spiel-*) χαρτιά *n*/*pl*, τράπουλα; **~haus** *n*: *fig* ***zusammenstürzen wie ein ~haus*** καταρρέω σαν χάρτινος πύργος
Karten|legen *n* χαρτομαντεία; **~legerin** *f* χαρτομάντισσα, χαρτορρίχτρα
Kartenspiel *n* χαρτοπαίγνιο; (*Satz Spielkarten*) τράπουλα; **~en** *n* χαρτοπαιξία; **~er** *m* χαρτοπαίχτης; **~erin** *f* χαρτοπαίχτρα
Karten|telefon *n* καρτοτηλέφωνο; **~verkauf** *m* πώληση εισιτηρίων; **~vorverkauf** *m* προπώληση εισιτηρίων
Kar'toffel *f* πατάτα, *K* γεώμηλο; **~brei** *m* πουρές πατάτας; **~mehl** *n* πατατάλευρο; **~salat** *m* πατατοσαλάτα; **~schale** *f* φλούδι πατάτας; **~suppe** *f* πατατόσουπα
Karto'graph ⟨*-en*⟩ *m* χαρτογράφος; **~ie** [-'fi:] ⟨*0*⟩ *f* χαρτογραφία
karto'graphisch χαρτογραφικός
Karton [-'tɔŋ] ⟨*-s*; *-s*⟩ *m* χαρτόνι; **~-** χαρτονένιος
karto'niert χαρτόδετος
Karussell [-'sɛl] ⟨*-s*; *-s*⟩ *n* αλογάκια *n*/*pl*, καρουσέλι
Karwoche *f* (η) Μεγάλη Εβδομάδα
Karya'tide *f* Καρυάτιδα
Karzer *m* μπουντρούμι
Ka'schemme *f* καταγώγιο
Kaschmir ⟨*-s*; *-e*⟩ *m* (*Stoff*) κασμήρι
Käse *m* τυρί, τυρός; ***~ machen*** τυροκομώ; **~handlung** *f* τυροπωλείο
Kasein [-ze'ˑi:n] ⟨*-s*; *0*⟩ *n* τυρίνη
Käse|kuchen *m* τούρτα τυριού; **~pastete** *f* τυρόπιτα; **~'rei** *f* τυροκομείο
Ka'serne *f* στρατώνας
kaser'nier|en στρατωνίζω; ***~t sein*** στρατωνίζομαι
Käsestange *f* *etwa*: πεϊνιρλί ⟨*0*⟩
Ka'sino ⟨*-s*; *-s*⟩ *n* λέσχη, καζίνο
Kas'kade *f* καταρράχτης
Kaskoversicherung *f* κάσκο, γενική ασφάλεια
Kasper *m* *auch fig* φασουλής, καραγκιόζης; **~theater** *n* φασουλής
Kasse *f* ταμείο; ***leere ~n*** άδειο ταμείο; ***bei ~ sein*** διαθέτω λεφτά; ***~ machen*** κάνω ταμείο
Kassen|- ταμ(ε)ιακός; **~arzt** *m* ταμειακός γιατρός; **~bestand** *m* ταμίευμα *n*; **~bon** *m* ταμειακή απόδειξη; **~buch** *n* ταμείο; **~erfolg** *m* THEA εμπορικός μαγνήτης; **~zettel** *m* → ***Kassenbon***
Kasse'rolle *f* κατσαρόλα
Ka'ssette *f* κασέτα; κασετίνα
Ka'ssettenrekorder *m* κασετόφωνο
ka'ssieren εισπράττω; JUR *Urteil* ακυρώνω
Ka'ssierer *m* ταμίας
Kastagnette [kastan'jɛtə] *f* κρόταλο, κασταniέτα
Ka'stanie [-nĭə] *f* κάστανο; *fig* ***die ~n aus dem Feuer holen*** βγάζω τα κάστανα απ' τη φωτιά

817 **Kegelbahn**

Ka'stanienbaum *m* καστανιά
Kaste *f* κάστα
Ka'stell ⟨*-s*; *-e*⟩ *n* καστέλι
Kasten ⟨*-s*; *⸚*⟩ *m* κιβώτιο, θήκη
Ka'str|at ⟨*-en*⟩ *m* ευνούχος; **~a'tion** *f* εκτόμηση, ευνουχισμός
ka'strieren ευνουχίζω
Kasus ⟨*-*; *-*⟩ *m* GR πτώση; *fig* ζήτημα *n*; **~-** πτωτικός
Kat ⟨*-s*; *-s*⟩ *m* καταλύτης
Kata|'falk ⟨*-s*; *-e*⟩ *m* νεκραγωγός; **~'kombe** *f* κατακόμβη
Kata'log ⟨*-(e)s*; *-e*⟩ *m* κατάλογος
katalogi'sieren καταρτίζω κατάλογο, καταριθμώ
Kata|ly'sator ⟨*-s*; *-'toren*⟩ *m* καταλύτης; **~ly'sator-auto** *n* καταλυτικό αυτοκίνητο; **~'lyse** *f* κατάλυση
Ka'tarrh ⟨*-s*; *-e*⟩ *m* κατάρρους (-ου) *m*, καταρροή
Ka'taster *m* κτηματολόγιο; **~-** κτηματολογικός
katastro'phal καταστρεπτικός
Kata'strophe *f* καταστροφή; (*Naturusw*) θεομηνία
Kate *f* χαμοκέλα, κατώι
Kate'ch|ese *f* κατήχηση; **~et** ⟨*-en*⟩ *m* κατηχητής; **~ismus** ⟨*-*; *-men*⟩ *m* κατήχηση; *von Luther*: εγχειρίδιο του Λούθηρου
Kategorie [-'ʀiː] *f* κατηγορία
kate'gorisch κατηγορηματικός
Kater *m* γάτος; → ***Katzenjammer***
Katgut ⟨*-s*; *0*⟩ *n* MED απορροφήσιμα ράμματα *n*/*pl*
Katha'revusa ⟨*0*⟩ *f* („*Reinsprache*“, *neugriechisch*) καθαρεύουσα
Katha'rina *f* Αικατερίνη
Ka'tharsis ⟨*0*⟩ *f lit* κάθαρση
Ka'theder *n* καθέδρα
Kathe'drale *f* μητρόπολη
Ka'thet|e *f* MATH κάθετος πλευρά; **~er** *m* MED καθετήρας
Ka'thode *f* PHYS κάθοδος *f*
Katho'lik ⟨*-en*⟩ *m* καθολικός
ka'tholisch καθολικός
Katholi'zismus ⟨*-*; *0*⟩ *m* καθολικισμός
Kation ⟨*-s*; *-'onen*⟩ *n* κατιόν
Kat'tun ⟨*-s*; *-e*⟩ *m* τσίτι; **~-** πάνινος
Kätzchen *n* γατί
Katze *f* γάτα; ***für die Katz*** στο βρόντο; χαρά στο πράμα!
Katzen|jammer *m* μεθεόρτια *n*/*pl*, μαχμουρλίκι; **~musik** *f* θορυβώδεις κακοφωνίες *f*/*pl*; **~sprung** *m*: ***ein ~sprung*** δύο βήματα
Kauderwelsch ⟨*-(e)s*; *0*⟩ *n* αλαμπουρνέζικα *n*/*pl*
kauen *v*/*t* μασώ (-άς); (*lange*) μασουλίζω (***an*** *D*/*A*); ***an den Nägeln ~*** τρώω τα νύχια μου
kauern ⟨*-re*⟩: ***sich ~*** ζαρώνω
Kauf ⟨*-(e)s*; *⸚e*⟩ *m* αγορά; απόκτηση; (*Gekauftes*, *Ware*) ψώνια *n*/*pl*; (*etw*) ***in ~ nehmen*** (***, dass***) ***...*** αποδέχομαι απόφαση (ότι) ...
Kauf|- αγοραστικός; **~anreiz** *m* αγοραστικό κίνητρο
kaufen *v*/*t* αγοράζω (*auch fig*) (***bei*** *D*/ από); *Lebensmittel usw* ψωνίζω; *Kleider*, *Zeitung auch* παίρνω; ***sich*** (*D*) ***etw ~*** αγοράζω
Käufer *m* αγοραστής; **~in** *f* αγοράστρια
Kauf|haus *n* πολυκατάστημα *n*, μαγαζιά *n*/*pl*; **~kraft** ⟨*0*⟩ *f* αγοραστική δύναμη; **~leute** *pl* έμποροι *m*/*pl*
käuflich για πούλημα; *fig* αργυρώνητος
Kaufmann ⟨*-(e)s*; *-leute*⟩ *m* έμπορος
kaufmännisch εμπορικός
Kauf|preis *m* τιμή αγοράς; **~vertrag** *m* πωλητήριο
Kaugummi *m* τσίχλα, μαστίχα
Kau'kasien [-ziən] *n* Καυκασία
Kaukasus *m* Καύκασος
Kaulquappe *f* γυρίνος
kaum μόλις; ελάχιστα; *z.B.* ***~ bekannt*** ελάχιστα γνωστός; *oft*: δυσ- (→ ***auch schwer-***), *z.B.* ***~ unterscheidbar***, ***~ erkennbar*** δυσδιάκριτος; *ko* ***~ ... als*** μόλις (+ *St II*)
kau'sal αιτιατός; GR αιτιολογικός
Kausali'tät *f* αιτιότητα
Kau'tion *f* εγγύηση; ***als ~*** για εγγύηση
Kautschuk [-tʃʊk] ⟨*-s*; *-e*⟩ *m* καουτσούκ ⟨*0*⟩ *n*
Kauz ⟨*-(e)s*; *⸚e*⟩ *m* ZOOL μπούφος; *fig* ***komische***(***r***) ***~*** αλλότροπος
kauzig αλλότροπος
Kavalier [-'liːʀ] ⟨*-s*; *-e*⟩ *m* (*höflicher Mann*) ιππότης; καβαλιέρος
Kavalle|'rie *f* ιππικό; **~'rist** ⟨*-en*⟩ *m* ιππέας
Kaviar ⟨*-s*; *-e*⟩ *m* χαβιάρι; ***rote***(***r***) ***~*** ταραμάς
keck θαρρετός
Kegel *m* κώνος; **~bahn** *f etwa*: πίστα μπόουλινγκ ⟨*0*⟩ *n*

K

kegelförmig 818

kegel|förmig κωνικός; **~n** ⟨*-le*⟩ *etwa*: παίζω μπόουλινγκ
Kegel|n *n etwa*: μπόουλινγκ ⟨*0*⟩ *n*; **~schnitt** *m* τομή κώνου; **~spiel** *n etwa*: μπόουλινγκ ⟨*0*⟩ *n*
Kehl|deckel *m* επιγλωττίδα; **~e** *f* λαρύγγι, λάρυγγας; λαιμός; φάρυγγας
Kehlkopf *m* λάρυγγας; **~-** λαρυγγικός; **~entzündung** *f* λαρυγγίτιδα; **~spiegel** *m* λαρυγγοσκόπιο
kehren σκουπίζω, σαρώνω; (*wenden*) γυρίζω; ***sich nicht ~ an etw*** (*D*) το ρίχνω έξω, δεν (το) νοιάζομαι; *fig* ***in sich gekehrt*** ενδοστρεφής
Kehren *n* σκούπισμα *n*
Kehricht ⟨*-s*; *0*⟩ *m* αποσαρίδι, φρόκαλα *n*/*pl*; **~schaufel** *f* φαράσι
Kehrreim *m* ρεφραίν ⟨*0*⟩ *n*, γύρισμα *n*
Kehrseite *f* ανάποδη όψη; ***die ~ der Medaille*** άλλη όψη του νομίσματος
kehrt! μεταβολή!
kehrtmachen κάνω μεταβολή, γυρίζω πίσω
Kehrtwendung *f* μεταβολή
keifen φωνάζω
Keil ⟨*-ẹs*; *-e*⟩ *m* σφήνα; **~-** (*Schrift*) σφηνοειδής
Keile *f*: ***~ kriegen*** τρώω ξύλο; **~'rei** *f* αλληλοδαρμός
keilförmig σφηνοειδής
Keil|kissen *n* κεφαλάρι; **~riemen** *m* (*Auto*) ιμάντας
Keim ⟨*-ẹs*; *-e*⟩ *m* φύτρα; βλαστός; σπέρμα *n* (*auch fig*); *MED* βακτηρίδιο; ***etw im ~ ersticken*** το καταστέλλω εν τη γενέσει; τσακίζω
Keim|- βλαστικός; **~blatt** *n* κοτυληδόνας
keimen φυτρώνω; *z.B. Kartoffeln*: βλαστάνω; *subst* φύτρωμα *n*
keimfrei αποστειρωμένος; *CHEM* ασηπτικός; ***~ machen*** αποστειρώνω; ***~ bleiben*** ασηπτώ
Keimfreiheit ⟨*0*⟩ *f* ασηψία
keimtötend μικροβιοκτόνος
Keim|träger *m* φορέας (νοσογόνων) μικροβίων; **~zeit** *f* βλάστηση; **~zelle** *f* *ZOOL* γεννητικό κύτταρο; *fig* εστία
kein|er (***keine, kein***[**s**]) *adj und subst* (δεν ...) κανένας, καμιά, κανένα; ουδείς, ουδεμία, ουδέν; ***~ einziger*** ούτε ένας; ***~er von beiden*** κανένας απ' τους δύο; ***~er von uns*** (δεν ...) κανείς μας; ***der und ~ anderer*** αυτός και όχι άλλος; ***~er ist drinnen*** κανένας δεν είναι μέσα; *im Neugriechischen oft* = δεν ..., *bsd im Plural*: ***ich habe ~ Geld*** δεν έχω χρήματα; ***ich habe ~e Kinder*** δεν έχω παιδιά
keinerlei από κανένα είδος
keines|falls, ~wegs (δεν ...) καθόλου, διόλου; (*oder* δεν): μηδαμώς, επ' ουδενί λόγω; (*in der Antwort*) καθόλου, διόλου!, κάθε άλλο!
keinmal ούτε μια φορά
Keks [eː] ⟨*-es*; *-e*⟩ *m* μπισκότο; **~fabrik** *f* βιομηχανία μπισκότων
Kelch ⟨*-ẹs*; *-e*⟩ *m BOT* κάλυκας; (*Gefäß*) ποτήρι; *REL* άγιο δισκοπότηρο; *fig* κρίση, δύσκολες μέρες *f*/*pl*; **~blatt** *n* σέπαλο
Kelim ⟨*-s*; *-s*⟩ *m* κηλίμι
Kelle *f* (*des Maurers*) μυστρί
Keller *m* υπόγειο; (*Vorrats-*) κελάρι; **~assel** *f* κουβαρίδα; **~geschoss** *n* κατώι; **~meister** *m* κελάρης (-ηδες)
Kellner *m* σερβιτόρος, γκαρσόν ⟨*0*⟩; **~in** *f* σερβιτόρα
Kelte ⟨*-n*⟩ *m* Κέλτης
Kelter *f* πατητήρι
keltern ⟨*-re*⟩ πατώ (*subst* πάτημα *n*)
keltisch κελτικός
kennen* *etw*, *j-n* γνωρίζω; *j-n*, *Inhalt e-r Sache* ξέρω; ***sich ~*** γνωρίζομαι; ***wir ~ uns nur flüchtig*** κάπου σ' είδα, κάπου μ' είδες; ***~ lernen*** *j-n* γνωρίζομαι με, κάνω γνωριμία με
Kenn|er *m* γνώστης; *pl* ειδότες *m*/*pl*; **~karte** *f* πιστοποιητικό ταυτότητος
kenntlich ευγνώριστος; ***~ sein an*** *D* γνωρίζομαι από
Kenntnis ⟨*-*; *-se*⟩ *f* γνώση; **~se** *pl* (*Bildung*) γνώσεις *f*/*pl*, μάθηση; ***in ~*** εν γνώσει *G*; ***ohne jede ~ in*** *D* αδαής σε; ***~ haben von*** *D* έχω γνώση από; ***~ (davon) erhalten*** (**, dass**) λαμβάνω γνώση (του ...); ***j-n (davon) in ~ setzen*** καθιστώ σε κπ γνωστόν, το φέρω εις γνώσιν κάποιου
kenntnisreich πολυμαθής
Kenn|wort *n MIL* σύνθημα *n*; (*als Antwort*) παρασύνθημα *n*; **~zeichen** *n* γνώρισμα *n*; (*Auto*) διακριτικό; αριθμός κυκλοφορίας
kennzeichnen ⟨*-e-*⟩ μαρκάρω, σημαδεύω; χαρακτηρίζω; **~d** τυπικός
Kennzeichnung *f* επισήμανση, σημάδευμα *n*, χαρακτηρισμός

Kennziffer *f* δείκτης, ένδειξη
kentern ⟨*-re*; *sn*⟩ *v/i* σοβερτάρω, μπατάρω; ***zum Kentern bringen*** μπατάρω
Kephal'linia *n* (*Insel*) Κεφαλληνία
Ke'ramik *f* κεραμικά *n/pl*; **~fabrik** *f* κεραμοποιείο
ke'ramisch κεραμικός
Kerbe *f* χαραγή, εντομή, εγκοπή; ***in dieselbe ~ hauen wie ...*** βαδίζω στα ίχνη *G*
kerben χαράσσω, εγκόπτω
Kerb|holz *n* τσέτουλα; **~tier** *n* έντομο
Kerker *m* ειρκτή
Kerl ⟨*-ęs*; *-e*⟩ *m* άνθρωπος; τύπος; ***gemeine(r) ~*** παλιάνθρωπος; ***der arme ~*** ο καϋμένος; ***kleine(r) ~*** ανθρωπάκος
Kern ⟨*-ęs*; *-e*⟩ *m auch fig* πυρήνας; σπόρος; (*Obst-*) κουκούτσι; *fig* (*e-r Unterredung*) ουσία, ψαχνό; ***des Pudels ~*** ψητό; **~-** πυρηνικός; **~brennstoffe** *m/pl* πυρηνικά υλικά *n/pl*; **~energie** *f* πυρηνική ενέργεια; **~forschung** *f* πυρηνική έρευνα; **~fusion** *f* πυρηνική τήξη; **~gehäuse** *n* εντεριώνη, καρδιά
kern|gesund υγιέστατος; **~ig** εύρωστος; *Worte*: ζουμάτος
Kern|kraftgegner *m* αντίπαλος της πυρηνικής ενέργειας; **~kraftwerk** *n* πυρηνικό εργοστάσιο; **~ladungszahl** *f* ατομικός αριθμός
kernlos απύρηνος
Kern|physik *f* πυρηνική φυσική; **~physiker(in** *f*) *m* πυρηνικός φυσικός; **~punkt** *m fig* ουσία; **~reaktor** *m* πυρηνικός αντιδραστήρας; **~spaltung** *f* διάσπαση του πυρήνα; **~technik** *f* πυρηνική τεχνική
Kernwaffen *f/pl* πυρηνικά όπλα *n/pl*
kernwaffenfrei αποπυρηνικοποιημένος
Kerze *f* κερί, (*auch PHYS*) κηρίο
kerzengerade ολόρθος; *Wuchs*: ολόισος
Kerzen|licht *n* φως *n* του κεριού (***bei .../***με ...); **~ständer** *m* κηροπήγιο
Kescher *m* απόχη
kess ⟨*-er*; *-est-*⟩ ζωηρός
Kessel *m* καζάνι, λέβητας; **~raum** *m* λεβητοστάσιο; **~stein** *m* πουρί
Ketschup ⟨*-(s)*; *-s*⟩ *m*, *n* κέτσαπ ⟨*0*⟩ *n*
Kette *f* (*auch CHEM*) αλυσίδα; (*Gefangener*) σίδερο; *pl* δεσμά *n/pl*; (*Weberei*) στημόνι; *fig* (*Reihe*, *Folge*) κομπολόγι; ***die ~ herstellen*** *oder* ***spulen*** στημονιάζω; ***in ~n legen*** αλυσοδένω
Ketten|- (*auch PHYS*) αλυσιδωτός; **~glied** *n* κρίκος; **~rad** *n TECH* εχίνος; **~raucher** *m* φουμαδόρος, μανιώδης καπνιστής; **~reaktion** *f* αλυσιδωτή αντίδραση; **~schluss** *m* (*Logik*) σωρείτης
Kettspulen *n* στημόνιασμα *n*
Ketzer *m* αιρετικός; **~ei** [-'ʀaɪ] *f* αίρεση
ketzerisch αιρετικός
keuchen αγκομαχώ, ασθμαίνω
Keuchhusten *m* κοκκύτης, κοράκόβηχας
Keule *f* ρόπαλο; (*Tier*) μπούτι, μερί
Keulenschlag *m* κοπανιά; *fig* παλουκιά, καταπέλτης
keusch αγνός, παρθένος
Keuschheit ⟨*0*⟩ *f* αγνότητα
Kfz-Schein *m* άδεια κυκλοφορίας
Khaki ['ka:ki'] ⟨*-s*; *0*⟩ *m* χακί ⟨*0*⟩
Kichererbse [ɪ] *f* ρεβίθι; ***geröstete ~n*** στραγάλια *n/pl*
kichern [ɪ] ⟨*-re*⟩ γελώ (-άς), καγχάζω
Kiefer[1] *m ANAT* σαγόνι, γνάθος
Kiefer[2] ⟨*-*; *-n*⟩ *f* πεύκος, πεύκο
Kiefernwald *m* πευκοδάσος, πευκώνας
Kieker *m*: ***j-n auf dem ~ haben*** έχω κπ στο μάτι
Kiel ⟨*-ęs*; *-e*⟩ *m* καρίνα, τρόπιδα; *Schiff* ***auf ~ legen*** αρχίζω να ναυπηγώ
kielholen (*gekielholt*) *MAR* τροπίζω, καρενάρω
Kieme *f* σπάραχνο, βράγχια *n/pl*
Kienspan *m* δαδί
Kiepe *f* κοφίνι
Kies ⟨*-es*; *-e*⟩ *m* βότσαλα *n/pl*; χαλίκια *n/pl*; F (*Geld*) μπακίρια *n/pl*
Kiesel *m* βότσαλο; **~säure** ⟨*0*⟩ *f* πυριτικό οξύ; **~stein** *m* χαλίκι, βότσαλο
Kiesgrube *f* αμμορρυχείο
kikeri'ki: ***~ machen*** λαλώ κικιρίκου
Kilo ⟨*-s*; *-(s)*⟩ *n* κιλό; **~'gramm** *n* χιλιόγραμμο; **~'meter** *m* χιλιόμετρο; **~'meter-** χιλιομετρικός; **~'meterstein** *m* οδόσημο; **~'watt** *n* κιλοβάτ ⟨*0*⟩ *n*; **~'wattstunde** *f* κιλοβατώρα
Kimme *f* σκοπευτική εγκοπή
Kind ⟨*-ęs*; *-er*⟩ *n* παιδί; *K* τέκνο; ***kleine(s) ~*** παιδάκι, μικρό; ***einzige(s) ~*** μοναχοπαίδι; ***mein liebes ~!*** καϋμένε!; ***mit ~ und Kegel*** με τ' ασκέρι μου; ***von ~ auf*** από παιδί, από μικρός; ***an ~es statt annehmen*** υιοθετώ; ***ein ~ bekommen*** αποκτώ παιδί

K

Kindbettfieber *n* επιλόχιος πυρετός
Kinder|- παιδικός; νηπιακός; **~arzt** *m* παιδίατρος; **~betreuung** *f* (οργανωμένη) φροντίδα για παιδιά; **~bett** *n* παιδικό κρεβάτι; **~buch** *n* παιδικό βιβλίο; **~ei** [-'ʀaɪ] *f* παιδιάρισμα *n*; **~fahrkarte** *f* παιδικό εισιτήριο; **~frau** *f* βάγια, νταντά; **~freibetrag** *m* αφορολόγητο ποσό τέκνων
kinderfreundlich φιλικός προς τα παιδιά
Kinder|garten *m* παιδικό κέντρο, νηπιαγωγείο; **~gärtnerin** *f* νηπιαγωγός *f*; **~geld** *n* επίδομα *n* παιδιών; **~heilkunde** *f* παιδιατρική; **~hort** *m* παιδικός σταθμός; **~krankheit** *f* παιδική ασθένεια; *fig* αρχική δυσκολία; **~lähmung** *f* πολιομυελίτιδα
kinder|'leicht πανεύκολο; ***... ist ~leicht*** είναι παιγνίδι; **~lieb** φιλότεκνος; **~los** άτεκνος
Kinder|losigkeit ⟨*0*⟩ *f* ατεκνία; **~mädchen** *n* νταντά
kinderreich πολύτεκνος
Kinder|reichtum ⟨*-s; 0*⟩ *m* πολυτεκνία; **~schar** *f* μαρίδα, παιδολόι
Kinderschuh *m* παιδικό υπόδημα; ***noch in den ~en stecken*** βρίσκομαι στα σπάργανα
Kindersitz *m* παιδικό κάθισμα *n*
Kinderspiel *n* παιγνίδι (*bsd fig*); ***das ist kein ~*** αυτό δεν είναι παίξε γέλασε; **~platz** *m* παιδική χαρά
Kindersterblichkeit *f* παιδική θνησιμότητα
Kinderstube *f*: ***e-e gute ~ haben*** έχω τρόπους
Kinder|stuhl *m* παιδική καρέκλα; **~wagen** *m* καροτσάκι; **~zimmer** *n* δωμάτιο των παιδιών
Kindes|alter *n* παιδική ηλικία; **~beine:** ***von ~beinen an*** από μικρή ηλικία; **~entführung** *f* απαγωγή παιδιού; **~mord** *m* παιδοκτονία
Kindheit ⟨*0*⟩ *f* παιδική ηλικία
kindisch παιδαριώδης, νηπιακός; ***sich ~ benehmen*** παιδιαρίζω; ***~ werden*** ξεμωραίνομαι
kindlich παιδικός, αφελής
Kindlichkeit ⟨*0*⟩ *f* παιδικότητα
Kindskopf *m* παιδάριο
Ki'netik ⟨*0*⟩ *f* κινητική
ki'netisch κινητικός
Kinn ⟨*-ęs; -e*⟩ *n* πηγούνι, σαγόνι; **~backen** *m* μάγουλο, παρειά; → ***Kiefer***; **~haken** *m* (*Boxen*) άππερκατ ⟨*0*⟩ *n*; **~lade** *f* σαγόνι
Kino ⟨*-s; -s*⟩ *n* κινηματογράφος, σινεμά ⟨*0*⟩ *n*; **~-** κινηματογραφικός
Kiosk ⟨*-s; -e*⟩ *m* περίπτερο, κιόσκι
Kippe *f*: ***auf der ~ stehen*** *etwa*: βρίσκομαι σε αβεβαιότητα
kippen *v/t und v/i* ⟨*sn*⟩ γέρνω
Kipphebel *m* ζυγός
Kirche *f* εκκλησία; ναός; ***in die ~ gehen*** εκκλησιάζομαι
Kirchen- εκκλησιαστικός
Kirchen|älteste(r) επίτροπος εκκλησίας; **~bann** *m* ανάθεμα *n*; **~diener** *m* νεωκόρος; **~fest** *n* πανηγύρι; **~glocke** *f* καμπάνα; **~lied** *n* εκκλησιαστικός ύμνος; **~recht** *n* κανονικό δίκαιο; **~schiff** *n* ναυς *f*, καθολικό, μέσο κλίτος; **~spaltung** *f* σχίσμα *n*; **~staat** *m* (το) Βατικανό; **~steuer** *f* εκκλησιαστικός φόρος; **~väter** *m/pl* πατέρες *m/pl* της εκκλησίας
Kirch|gang *m* εκκλησιασμός; **~gänger** *m* εκκλησιαζόμενος; **~hof** *m* νεκροταφείο
kirchlich εκκλησιαστικός
Kirchturm *m* καμπαναριό; **~politik** *f* μικροπολιτική
Kirmes ⟨-; *-messen*⟩ *f* πανηγύρι
Kirsch ⟨*-es; -*⟩ *m* λικέρ ⟨*0*⟩ *n* κεράσι
Kirsch|- κερασένιος; **~baum** *m* κερασιά; **~e** *f* κεράσι; **~kuchen** *m*, **~torte** *f* τούρτα βύσσινου, τάρτα με βύσσινο; **~wasser** *n* → ***Kirsch***
Kissen *n* μαξιλάρι; TECH (*Stoß-*) πέλμα *n*; **~bezug** *m* μαξιλαροθήκη
Kiste *f* κάσα, θήκη; HDL κιβώτιο
Kitsch ⟨*-es; 0*⟩ *m* κακοτεχνία; κιτσ ⟨*0*⟩ *n*
kitschig κακότεχνος, ακαλαίσθητος
Kitt ⟨*-ęs; -e*⟩ *m* στόκος
Kittchen *n* F (*Gefängnis*) φρέσκο, στενή
kitten ⟨*-e-*⟩ στοκάρω
Kitzel ⟨*-s; 0*⟩ *m* γαργάλιμα (-ατος) *n*
kitzeln ⟨*-le*⟩ γαργαλάω, γαργαλίζω; *subst* γαργάλιμα *n*
Kitzler *m* ANAT κλειτορίδα
klaffen χάσκω; *Wunde*: χαίνω
kläffen βαβίζω, υλακτώ, γαυγίζω
Klage *f allg* παράπονο, κατηγορία (**über** *A*/για); μέμψη; JUR αγωγή; καταγγελία; (*Beschwerde*) προσφυγή; (*Geschrei*) οδυρμός, θρήνος; ***Grund***

821 **klatschen**

zur ~ παράπονο; JUR ***~ erheben gegen*** *A* εγείρω αγωγή, κατηγορώ; *allg* ***~ führen über*** (*die Zustände usw*) διατυπώνω παράπονο για

Klage|- παραπονετικός; θρηνητικός; **~erhebung** *f* άσκηση προσφυγής; **~geschrei** *n* ολοφυρμός; **~lied** *n* μοιρολόγι; θρηνωδία; ***~lieder singen*** μοιρολογώ

klag|en *v/i* (*jammern*) μοιρολογώ, μεμψιμοιρώ; ***wir können nicht ~en*** δεν έχουμε παράπονο; JUR ***gegen j-n ~en wegen*** *G* ενάγω κπ για; ***ich ~e gegen ihn*** του κάνω αγωγή; *subst* κλάψιμο (-ατος), κλάψες *f/pl*; **~end** θρηνώδης; παραπονετικός

Kläger *m* ενάγων (-οντος) *m*, μηνυτής; **~in** *f* ενάγουσα

Klageweib *n* μοιρολογίστρα

kläglich οικτρός, ελεεινός

Kläglichkeit *f* οικτρότητα

Kla'mauk ⟨*-s*; *0*⟩ *m* ταβατούρι

klamm *Finger*: αλύγιστος; *Wäsche*: υγρός και ψυχρός

Klammer ⟨*-*; *-n*⟩ *f* (*Büro-*) συνδετήρας; TYP ***runde ~*** παρένθεση; ***eckige ~*** αγκύλη; ***in ~n*** (***gesetzt***) παρενθετικός; **~ausdruck** *m* MATH πολυώνυμο

klammern ⟨*-re*⟩ στερεώνω (**an** *A*/σε); ***sich an etw*** (*A*) ***~*** προσκολλούμαι σε

Kla'motten *f/pl* F (*Kleider*) ρούχα *n/pl*

klang → ***klingen***

Klang ⟨*-es*; *⸚e*⟩ *m* ήχος; MUS ***nach den Klängen*** *G* υπό τους ήχους *G*; **~farbe** *f* χροιά ήχου

klanglos άτονος

Klangregelung *f* ρύθμιση του ήχου

klangvoll ηχηρός

Klapp|bett *n* αναδιπλούμενο κρεβάτι; **~couch** *f* καναπές-κρεβάτι *m*, μετατρεπόμενος καναπές; κομο-λί ⟨*0*⟩

Klappe *f* ANAT, TECH βαλβίδα; TECH κλείστρο; *der Flöte*: κλείστρο; F (*Mund*) ***halt die ~!*** σκασμός!

klapp|en: *nach oben ~en* σηκώνω; ***zur Seite ~en*** παραμερίζω; F (*gelingen*) πιάνω; ***es ~t*** γίνεται

Klapper ⟨*-*; *-n*⟩ *f* κρόταλο; **~kasten** *m* F (*Wagen*) σαράβαλο

klappern ⟨*-re*⟩ κροταλίζω; ***mit den Tellern ~*** βροντώ τα πιάτα; ***mit den Zähnen ~*** χτυπώ τα δόντια

Klapper|n *n* κροτάλισμα *n*; **~schlange** *f* κροταλίας; **~storch** *m* λελέκι; πελαργός (που φέρνει το μωρό)

Klapprad *n* πτυσσόμενο ποδήλατο

klapprig σαραβαλιασμένος; *als adv* σαράβαλο; ***~ werden*** σαραβαλιάζω

Klapp|stuhl *m* πτυσσόμενη καρέκλα; **~tisch** *m* πτυσσόμενο τραπέζι

Klaps ⟨*-es*; *-e*⟩ *m* παλαμάκι; F ***e-n ~ haben*** έχω δόση τρέλας

klar διαυγής; σαφής, φανερός; *Himmel*: καθαρός; ***ganz ~*** πάνδηλος; ***ein ~er Kopf*** τετράγωνο μυαλό; ***klipp und ~*** περίτρανος; *adv* ***~ und deutlich*** καθαρά και ξάστερα; ***das ist doch ~*** θέλει και ρώτημα; ***na klar!*** σουρ!; ***es wird mir ~*** αρχίζω να καταλαβαίνω, μπαίνω στο νόημα

Kläranlage *f* εγκατάσταση καθιζήσεως

klären ξεδιαλύνω, (δια)σαφηνίζω; ***sich ~*** αποσαφηνίζομαι; **~d** διασαφηνιστικός

Klarheit ⟨*0*⟩ *f* διαύγεια; σαφήνεια

Klari'nette *f* κλαρινέτο

klar|legen επεξηγώ; **~machen** *v/t* καθιστώ σαφές, διασαφηνίζω; *v/i* MAR παρασκευάζω; *Segel* αναπετάω; **~stellen** εξακριβώνω, διασαφηνίζω

K

Klarstellung *f* σαφηνισμός, διασάφηση

Klärung *f* σαφηνισμός, διευκρίνιση, ξεδιάλυμα *n*

Klasse *f* (*Schul-*, *Gesellschafts-*) τάξη; BAHN θέση; κατηγορία; ομοταξία; (*Bedeutung*) ολκή; **~!** F (= *sehr gut*) πρώτης!; *z.B.* ***ein ~wein!*** κρασί μεγαλείο!

Klassen|- ταξικός; **~kamerad** *m* συμμαθητής; **~kampf** *m* πάλη των τάξεων

klassenlos αταξικός

Klassenzimmer *n* αίθουσα

Klassifika'tion *f* ταξινόμηση, κατάταξη; ZOOL ζωοταξία

klassifi'zieren ταξινομώ, κατατάσσω

Klassik ⟨*0*⟩ *f* κλασική εποχή, κλασικοί χρόνοι *m/pl*

Klassiker *m* κλασικός

klassisch κλασικός

Klassi'zismus ⟨*-*; *0*⟩ *m* κλασικισμός

klatsch! πλατ!

Klatsch ⟨*-es*; *-e*⟩ *m* (*Wasser*) πλαταγή; (*Hand*) παλαμιά; *fig* (*Gerede*) κουτσομπολιό; **~base** *f* κουτσομπόλα

klatschen *Welle*: πλαταγίζω; (*in die Hände*) χτυπώ (-άς); (*Beifall*) χειροκροτώ; *fig* (*lästern*) κουτσομπολεύω

Klatschmaul 822

(**über** *A*/*A*); *subst* πλατάγημα *n*, κτύπος; **~d** *auch* σκαστός
Klatsch|maul *n* κουτσομπόλης; **~mohn** *m* παπαρούνα; **~sucht** ⟨*0*⟩ *f* κουτσομπολιό
klatschsüchtig κουτσομπόλης (-α)
Klatschweib *n* τσόκαρο
Klaue *f* νύχι, όνυξ (-υχος) *m* (*auch* TECH); F (*Schrift*) κακογραφία; **... mit ~n** γαμψόνυχος
klauen F βουτάω
Klause *f* ερημητήριο, ασκητήριο
Klausel ⟨-; *-n*⟩ *f* ρήτρα
Klau'sur *f*, **~arbeit** *f* (*Universität*) γραπτές εξετάσεις *f*/*pl*
Klavia'tur *f* πληκτρολόγιο
Klavier [-'viːʀ] ⟨*-s*; *-e*⟩ *n* πιάνο; **~spieler** *m* πιανίστας; **~stimmer** *m* χορδιστής; **~stunden** *f*/*pl* μαθήματα *n*/*pl* πιάνου
Klebeband *n* σελοτέιπ ⟨*0*⟩ *n*
kleben *v*/*t und v*/*i* κολλώ (-άς); **~d** κολλητικός
Klebestreifen *m* σελοτέιπ ⟨*0*⟩ *n*
klebrig κολλητικός, γλοιώδης
Klebrigkeit ⟨*0*⟩ *f* κολλητικότητα
Klebstoff *m* κόλλα
Klecks ⟨*-es*; *-e*⟩ *m* λεκές (-έδες); μουντζαλιά
klecksen ⟨*-t*⟩ μουντζαλώνω; μουντζουρώνω
Klee ⟨*-s*; *0*⟩ *m* τρυφύλλι; **~blatt** *n* τρυφύλλι; *fig* τριάδα; ***vierblättriges ~blatt*** τετράφυλλο τριφύλλι
Kleid ⟨*-es*; *-er*⟩ *n allg* φόρεμα *n*; *K* ιμάτιο; ενδυμασία; ***ein anderes ~ anziehen*** αλλάζω φόρεμα
kleiden ⟨*-e-*⟩ (*gut usw*) ντύνω (**j-n**/κπ); (*stehen*) πάει (**j-n**/του, σε); *fig* (*ausdrücken*) εκφράζω (**in** *A*/με); ***in Worte ~*** *auch* διατυπώνω; ***sich ~*** ντύνομαι; *fig* στολίζομαι (***in*** *A*/με)
Kleider|ablage *f* γκαρνταρόμπα, ιματιοφυλάκιο; **~bügel** *m* κρεμάστρα; **~bürste** *f* βούρτσα για τα ρούχα; **~haken** *m* κρεμάστρα; **~schrank** *m* ιματιοθήκη, ντουλάπα; **~ständer** *m* κρεμαστήρι
kleidsam ταιριαστός
Kleidung *f* ρούχο, ρούχα *n*/*pl*
Kleidungsstück *n* ένδυμα *n*, ενδυμασία, ρούχο
Kleie *f* πίτουρο
klein (*auch Alter*; *erbärmlich*, *unbedeutend*) μικρός; *Zahl*: ολίγος; ***sehr ~*** ελάχιστος; ***von ~ auf*** από μικρός; ***zu ~*** (πολύ) μικρός; ***~er werden*** μικραίνω; ***im ~en*** λιανικά; ***~ beigeben*** υποχωρώ; *fig* ***er ist ganz ~ geworden*** κατέβασε τ' αυτιά του; F ***~es Geschäft machen*** κάνω το ψιλό μου; ***~ hacken*** ψιλοκόβω; (*Fleisch auch*) κιμαδιάζω; **~-** *oft*: μικρ(ο)-
Kleinanzeige *f* μικρή αγγελία
Klein'asien *n* Μικρά Ασία, Μικρασία
kleinasi'atisch μικρασιατικός
Klein|betrieb *m* μικροεπιχείρηση; **~buchstabe** *m* μικρό γράμμα *n*; **~bürger** *m* μικροαστός; **~e(r)** μικρός, μικρούλης (-α)
kleiner μικρότερος, *auch* κοντότερος, μείων
Klein|gedruckte(s) *n* ψιλά γράμματα *n*/*pl*; **~geld** ⟨*-es*; *0*⟩ *n* ψιλά *n*/*pl*, λιανά *n*/*pl*
kleingläubig λιγόπιστος
Klein|handel *m* μικρεμπόριο; **~händler** *m* μικρέμπορος; **~heit** ⟨*0*⟩ *f* μικρότητα; **~hirn** *n* παρεγκεφαλίδα
Kleinigkeit *f* μικροδουλειά; ***wegen e-r ~*** για ψύλλου πήδημα
Kleinigkeitskrämer *m* μικρολόγος
Klein|kind *n* νήπιο; **~kram** *m* μικροπράγματα *n*/*pl*; **~krieg** *m etwa*: φαγωμάρα
klein|laut λιγόψυχος; **~lich** μικροπρεπής, μικρολόγος
Klein|lichkeit *f* μικροπρέπεια; στενοκεφαλιά; **~mut** *m* μικροθυμία
kleinmütig μικρόθυμος
Kleinod ⟨*-s*; *-odien*⟩ *n* τιμαλφές *n* (*pl* -φή)
kleinst- παραμικρός
Kleinstaat *m* μικρό κράτος; **~e'rei** ⟨*0*⟩ *f* παρτικουλαρισμός
Klein|stadt *f* κωμόπολη; **~städter** *m* επαρχιώτης
kleinstädtisch επαρχιώτικος
Kleinstlebewesen *n* μικροοργανισμός
Kleister *m* κόλλα
kleistern ⟨*-re*⟩ κολλώ (-άς)
Klemme *f* ELEKTR ακροδέκτης; F ***in der ~ sein*** έχω χάλια
klemmen *v*/*t* μαγγώνω; TECH κολλώ (-άς); F (*stehlen*) βουτώ (-άς); *v*/*i Tür*: σφηνώνω; **~d** *Tür*: σφιχτός
Klempner *m* τενεκετζής (-ήδες); υδραυλικός

K

Kle'opatra *f* Κλεοπάτρα
Klepper *m* (*altes Pferd*) ψωράλογο
Kleptoma'nie ⟨*0*⟩ *f* κλεπτομανία
kleri'kal κληρικός
Klerus ⟨*-; 0*⟩ *m* κλήρος
Klette *f* BOT (*auch fig*) κολλητσίδα
Kletter- (*Pflanze usw*) αναρριχητικός
klettern ⟨*-re; sn*⟩ σκαλώνω (***auf*** *A*/σε), σκαρφαλώνω, αναρριχώμαι (-άσαι)
Klettern *n* αναρρίχηση
Klettverschluss *m* αυτοκόλλητο κλείσιμο
Kli'ent ⟨*-en*⟩ *m* JUR πελάτης, εντολέας; **~*en*** *pl* πελατεία
Klima ⟨*-s; -s oder -te*⟩ *n* κλίμα (-ατος) *n*; **~anlage** *f* συσκευή κλιματισμού, αιρκοντίσιον ⟨*0*⟩; **~katastrophe** *f* καταστροφή του κλίματος
kli'matisch κλιματικός
Klimaveränderung *f* αλλαγή του κλίματος
Klinge *f* λεπίδα, λάμα; (*Degen*) σπαθί
Klingel *f* κουδούνι
klingeln ⟨*-le*⟩ κουδουνίζω
kling|en* *v/i* ηχώ, κουδουνίζω; *Ohren*: βουίζω, σφυρίζω; ***das ~t*** (***schlecht*** *usw*) αυτό χτυπάει (άσχημα); ***... ~t griechisch*** ... μοιάζει ελληνικά; *subst* κουδούνισμα *n*; **~end** κουδουνιστός; ***~ende Münze*** τα μετρητά, σκαστά
Klinik *f* κλινική, ιατρείο
klinisch κλινικός
Klinke *f* πόμολο
klipp: ***~ und klar*** ορθά κοφτά
Klippe *f* ύφαλος, *auch fig* σκόπελος
klippenreich βραχώδης
klirren κλαγγάζω
Klischee [-'ʃeː] ⟨*-s; -s*⟩ *n*, **~vorstellung** *f* κλισέ ⟨*0*⟩ *n*
Kli'stier ⟨*-s; -e*⟩ *n* κλύσμα *n*; κλυστήριο; **~spritze** *f* κλυστήριο
Klo ⟨*-s; -s*⟩ *n* F τουαλέτα
Klo'ake *f* καταβόθρα, υπόνομος
klopfen *allg*, *an die Tür* κρούω *A*, χτυπώ (-άς) *A*; *Herz*: *auch* πάλλω
Klopfen *n* χτύπος
Klöppel *m* κοπανέλι; (*der Glocke*) γλωσσίδι; MUS χειροπλήκτρο
Klöppe'lei *f* πλέγμα *n*
klöppeln ⟨*-le*⟩ *Spitzen* πλέκω
Klo'sett ⟨*-s; -e*⟩ *n* αποχωρητήριο, τουαλέτα; **~becken** *n* σιφόνι; **~brille** *f* κουλούρα; **~papier** *n* χαρτί υγείας
Kloß [oː] ⟨*-es; ⸚e*⟩ *m* σβώλος; (*Fleisch-*) κεφτές (-έδες)
Kloster ⟨*-s; ⸚*⟩ *n* μοναστήρι, μονή; **~-** μοναστηριακός; **~bruder** *m* καλόγερος; **~gemeinde** *f* κοινόβιο; **~gut** *n* μετόχι; **~leben** *n* καλογερική
klösterlich [-øː-] μοναστηριακός
Kloster|ordnung *f* τυπικό; **~vorsteher** *m* ηγούμενος
Klotz ⟨*-es; ⸚e*⟩ *m* κοντούκι, κούτσουρο, τάκος; *fig* (*Mensch*) κούτσουρο
Klub [ʊ] ⟨*-s; -s*⟩ *m* λέσχη; **~sessel** *m* φωτέιγ ⟨*0*⟩ *n*, πολυθρόνα
Kluft[1] ⟨*-; ⸚e*⟩ *f* (*Spalt*) *auch fig* άβυσσος *f*; χαράδρα
Kluft[2] ⟨*-; -en*⟩ *f* F (*Uniform*) στολή; (*Arbeits-*) φόρμα
klug ⟨*⸚er; ⸚st-*⟩ έξυπνος, φρόνιμος; ***nicht daraus ~ werden*** δεν βγάζω (*oder* βρίσκω) άκρη (από)
Klugheit ⟨*0*⟩ *f* εξυπνάδα, φρονιμότητα
Klümpchen *n* θρόμβος
Klumpen *m* σβώλι, σβώλος
klumpen θρομβούμαι
Klumpfuß *m* ραιβός πους
klumpig θρομβώδης; ***~ werden*** σβωλιάζω
Klüngel *m* κλίκα
Klüver [-v-] *m* MAR φλόκος; **~baum** *m* μπομπρέσο
knabbern ⟨*-re*⟩ τραγανίζω, γριτζανίζω; *subst* τραγάνισμα *n*
Knabe ⟨*-n*⟩ *m* νέος; → ***Junge***
knabenhaft παιδικός
Knabenkraut *n* σαλέπι
Knack ⟨*-es; -e*⟩ *m* (ένα) τακ
knacken *v/i* κροτώ; *v/t* τσακίζω; *Nüsse* σπάζω; F *Geldschrank* παραβιάζω
Knackwurst *f etwa*: λουκάνικο της Φραγκφούρτης
Knall ⟨*-es; -e*⟩ *m* (*Peitschen-*) (σ)τράκα; (*des Schusses*) κρότος; **~bonbon** *m* κροτίδα; **~effekt** *m* ραγδαίο αποτέλεσμα *n*
knallen κροτώ; χτυπώ; *mit der Tür ~* βροντώ *A*
Knall|en *n* τράκα; **~frosch** *m* κροτίδα; **~körper** *m* τράκα
knallrot κατακόκκινος
knapp ανεπαρκής, σπάνιος; *Geld*, *gewogen*: λειψός; ***~ 20 Sekunden*** 20 δευτερόλεπτα μόλις; ***~ sein*** σπανίζω; ***aber nicht zu ~!*** ... και κακό!; άλλο τίποτε

Knappe ⟨*-n*⟩ *m* ακόλουθος ιππότη; → ***Bergmann***
Knapp|heit ⟨*0*⟩ *f* έλλειψη; σπανιότητα; (*Geld-*) στενότητα; **~schaft** *f* συντεχνία των μεταλλουργών
Knarre *f* ροκάνα; F (*Gewehr*) τσάγκρα, καριοφίλι
knarren *v/i Tür*: τρίζω; *subst* τρίξιμο (-ατος); **~d** τριζάτος
Knast ⟨*-ɇs; 0*⟩ *m* F (*Gefängnis*) φυλακή, φρέσκο
knattern ⟨*-re*⟩ κροτώ
Knäuel *n* (*m*) κουβάρι, τουλούπα
Knauf ⟨*-ɇs; ⸚e*⟩ *m* σφαιρική λαβή
Knauser *m* τσιγγούνης
Knause'rei *f* τσιγγουνιά
knauser|ig τσιγγούνης, μίζερος; **~n** ⟨*-re*⟩ τσιγγουνεύομαι (**mit** *D/A*)
Knebel *m* φίμωτρο
knebeln ⟨*-le*⟩ φιμώνω
Knebelung *f* φίμωση
Knecht ⟨*-ɇs; -e*⟩ *m* δούλος
knecht|en ⟨*-e-*⟩ υποδουλώνω; **~isch** δουλικός
Knechtschaft ⟨*0*⟩ *f* δουλεία, σκλαβιά
kneifen* τσιμπώ; (*sich drücken*) το σκάζω (**vor** *D*/από); *subst* τσίμπημα *n*
Kneifzange *f* τσιμπίδα, τανάλια
Kneipe *f* καπηλειό, μπαράκι
Kneippkur *f* υδροθεραπεία
Knet|- ζυμωτικός; **~brett** *n* πλαστοριά
kneten ⟨*-e-*⟩ ζυμώνω; *subst* ζύμωση, πλάση
Knetmaschine *f* ζυμωτική μηχανή
Knick ⟨*-ɇs; -e*⟩ *m* (*Papier*) δίπλα
knicken διπλώνω
Knicker *m* σφιχτοχέρης (-α)
knickerig σφιχτός
Knicks ⟨*-es; -e*⟩ *m* υπόκλιση
Knie [kniː] ⟨*-s; - auch* ['kniːə]⟩ *n* γόνατο, γόνα, γόνυ (-ατος) *n*; **auf** (**den**) **~n** ***bitten*** γονατιστός; **auf die ~ *fallen*** πέφτω γονατιστός; **~beuge** *f* λύγισμα *n* των γονάτων, βαθύ κάθισμα *n*; **~fall** *m* REL γονυκλισία, μετάνοια
kniefällig γονατιστός
Knie|gelenk *n* άρθρωση του γόνατος; **~hose** *f* βρακί; **~kehle** *f* ιγνύς (-ύος) *f*, ιγνύα; **~n** *n* γονυκλισία; **~scheibe** *f* επιγονατίδα; **~strumpf** *m* κάλτσα (ως το γόνατο), κάλτσα (του γκολφ)
Kniff ⟨*-ɇs; -e*⟩ *m* δίπλα; *fig* (*Trick*) κόλπο, τερτίπι, *pl* μανούβρα
knifflig δύσκολος
knipsen ⟨*-t*⟩ (*lochen*) τρυπώ (-άς); *Fotos* τραβώ (-άς)
Knirps ⟨*-es; -e*⟩ *m* πιτσιρίκος
knirschen τραγανίζω; ***mit den Zähnen* ~** τρίζω τα δόντια; *subst* τραγάνισμα *n*, τριγμός
knistern ⟨*-re*⟩ τσιτσιρίζω; *fig* ***Knistern im Gebälk*** οι πρώτοι τριγμοί
knitter|frei ατσαλάκωτος; **~n** ⟨*-re*⟩ ζαρώνω; *Stoff*: τσαλακώνω; *subst* τσαλάκωμα *n*
Knoblauch [-oː-] ⟨*-ɇs; 0*⟩ *m* σκόρδο; **~zehe** *f* σκελίδα (σκόρδου)
Knöchel [œ] *m* κότσι, ποδαστράγαλος, αστράγαλος
Knochen *m* κόκκαλο, οστό; ***die ~ entfernen*** ξεκοκκαλίζω; **~-** κοκκαλένιος, οστεώδης; **~arbeit** ⟨*0*⟩ *f fig* σκοτωμός; **~bildung** *f* οστεοπλασία; **~bruch** *m* κάταγμα *n*; **~entzündung** *f* οστεΐτιδα; **~erweichung** *f* οστεομαλάκυνση; **~gerüst** *n* οστεώδες σύστημα *n*
Knochenhaut *f* περιόστεο; **~entzündung** *f* περιοστίτιδα
Knochenmark *n* μυελός, μεδούλι
knöchern κοκκαλένιος, οστέινος
knochig κοκκαλιάρης (-α, -ικο), κάτισχνος
knock-out [nɔk'aʊt] νόκ-άουτ ⟨*0*⟩ *n*; **~ *schlagen*** νικώ με νόκ-άουτ
Knolle *f* βολβός
Knollengewächse *n/pl* βολβόρριζα *n/pl*
knollig βολβώδης
Knopf ⟨*-ɇs; ⸚e*⟩ *m* κουμπί
knöpfen κουμπώνω; *Sakko*: ***geknöpft werden*** κουμπώνει
Knopfloch *n* κουμπότρυπα
Knorpel *m* χόνδρος
knorp(e)lig χόνδρινος
Knorren *m* ρόζος
knorrig οζώδης
Knospe *f* BOT, ANAT (*Geschmacks-*) κάλυκας; BOT *auch* μάτι, μπουμπούκι
knospen μπουμπουκιάζω
Knötchen *n* κόκκος
Knoten *m* (*auch* MAR) κόμπος; BOT, MED όζος; (*z.B. Drama*) δέσιμο; *fig* ***den gordischen ~ durchhauen*** κόβω τον γόρδιο δεσμό
knoten ⟨*-e-*⟩ *v/t* κομποδένω
Knotenpunkt *m* κόμπος
knotig οζώδης

Know-how [noːˈhaʊ] ⟨-(*s*); *0*⟩ *n* τεχνογνωσία
knüllen ζαρώνω
knüpfen συμπλέκω, κομποδένω; ***Beziehungen*** ~ κάνω *oder* αποκτώ σχέσεις; ***Bedingungen*** ~ ***an*** *A* (το) εξαρτώ από όρους
Knüppel *m* ματσούκι, μαγκούρα
knurr|en γουργουρίζω; ***mir*** **~*t der Magen*** η κοιλιά μου γουργουρίζει
Knurren *n* γουργουρητό
knusp(e)rig ξεροψημένος, αφράτος; *fig* αφρόπλαστος
Knute *f* κνούτο
Knüttel *m* στιλιάρι; → ***Knüppel***
koa'lieren συνασπίζομαι
Koali'tion *f* συνασπισμός
Koali'tionsregierung *f* κυβέρνηση συνασπισμού
Kobalt ⟨-*s*; *0*⟩ *n* κοβάλτιο
Koben *m* γουρουνόσταυλος
Kobold ⟨-*ęs*; -*e*⟩ *m* αγερικό, ξωτικό
Kobra ⟨-; -*s*⟩ *f* κόβρα, κόμπρα
Koch [ɔ] ⟨-*ęs*; ⸚*e*⟩ *m* μάγειρας; **~-** μαγειρικός; **~buch** *n* οδηγός μαγειρικής
kochen [ɔ] *v*/*t* μαγειρεύω; *Kaffee* ψήνω; *v*/*i* βράζω (*auch fig* **vor** *D*/από); (*bullern*) κοχλάζω (*auch fig* **vor** *D*/από); *v*/*t und v*/*i* ***gar*** ~ βράζω; ***anfangen zu*** ~ παίρνω βράση; ***auf kleiner Flamme*** ~ σιγοβράζω; *Ei, Fleisch*: ***weich*** ~ μελώνω; ***zu hart*** ~ *Ei* σφίγγω; *subst* μαγείρεμα *n*; βράση; **~d: ~*des Wasser*** νερό που βράζει; **~*d heiß*** ζεματιστός
Kocher *m z.B.* ELEKTR μάτι; καμινέτο
Köcher *m* σαγιτοθήκη
Koch|gelegenheit *f* δυνατότητα μαγειρέματος; **~geschirr** *n* μαγειρικά σκεύη *n*/*pl*; MIL καραβάνα; **~herd** *m* κουζίνα
Köchin [œ] *f* μαγείρισσα
Koch|kunst *f* μαγειρική, κουζίνα; **~löffel** *m* κουτάλα; **~nische** *f* κουζίνα-ντουλάπι, κουζινίτσα; **~platte** *f* ηλεκτρικό μάτι; **~salz** *n* μαγειρικό άλας; **~topf** *m* χύτρα, τσουκάλι, κατσαρόλα
Kode [koːd(ə)] ⟨-*s*; -*s*⟩ *m* κώδικας
Köder *m* δόλωμα *n*; δέλεαρ (-έατος) *n*
ködern ⟨-*re*⟩ δελεάζω
Kodex ⟨-/-*es*; -*e oder -dices*⟩ *m* κώδικας
ko'dieren κωδικοποιώ
Ko'dierung *f* αριθμογράφηση
kodifi'zieren κωδικοποιώ
Kodifi'zierung *f* κωδικοποίηση
Ko|eduka'tion ⟨*0*⟩ *f* συνεκπαίδευση; **~effi'zient** [koˑɛ-] ⟨-*en*⟩ *m* συντελεστής; δείκτης; **~existenz** *f* συνύπαρξη
Koffe'in ⟨-*s*; *0*⟩ *n* καφεΐνη
koffe'infrei ντεκαφεϊνέ ⟨*0*⟩, χωρίς καφεΐνη
Koffer *m* βαλίτσα; μπαούλο; **~anhänger** *m* ετικέτα για τη βαλίτσα; **~kuli** *m* καροτσάκι αποσκευών; **~raum** *m* πορτμπαγκάζ ⟨*0*⟩ *n*
Kognak [ˈkɔnjak] ⟨-*s*; -*s*⟩ *m* κονιάκ ⟨*0*⟩ *n*
Kohä'sion *f* συνεκτική δύναμη
Kohl ⟨-*ęs*; -*e*⟩ *m* λάχανο, κράμβη; (*Unsinn*) ***das ist*** (***reiner***) ~ άρες μάρες (κουκουνάρες)
Kohle *f* κάρβουνο, *auch* ELEKTR άνθρακας; ***wie auf ~n sitzen*** κάθομαι σε (αναμμένα) κάρβουνα
Kohlen- ανθρακοφόρος; ανθρακούχος; *auch* GEOL ανθρακικός
Kohlen|becken *n* μαγκάλι; **~bergwerk** *n* ανθρακωρυχείο; **~bunker** *m* ανθρακαποθήκη; **~dioxid** *n* διοξείδιο του άνθρακα; **~glut** *f* θράκα; **~händler** *m* ανθρακοπώλης; **~lager** *n* καρβουναρό
kohlensauer CHEM ανθρακικός
Kohlensäure ⟨*0*⟩ *f* ανθρακικό οξύ; ***ohne*** ~ (*Getränk*) χωρίς γκαζ, χωρίς ανθρακικό
kohlensäurehaltig αεριούχος
Kohlen|staub *m* μαρίλη, καρβουνόσκονη; **~stoff** ⟨-*ęs*; *0*⟩ *m* άνθρακας; **~träger** *m* ανθρακωρύχος; **~'wasserstoff** *m* υδρογονάνθρακας
Kohlepapier *n* καρμπόν ⟨*0*⟩
Köhler *m* ανθρακωρύχος
Kohletablette *f* δισκίο άνθρακα
kohlrabenschwarz καραμπογιά (*als adj*), αράπικος
Koi'ne ⟨*0*⟩ *f* κοινή
koi'tieren [koˑiˑ-] συνουσιάζομαι
Koitus ⟨-; -⟩ *m* συνουσία
Koje *f* καμπίνα
Koka'in ⟨-*s*; *0*⟩ *n* κοκαΐνη
Ko'karde *f* κονκάρδα, εθνόσημο
ko'kett φιλάρεσκος, κοκέτης (-α, -ικο)
Kokette'rie *f* κοκεταρία
koket'tieren *v*/*i* μαργιολεύω
Kokke *f* BIOL κόκκος
Kokon [-ˈkɔ̃ː, -ˈkɔŋ] ⟨-*s*; -*s*⟩ *m* βομβύκιο

Kokos|nuss *f* καρύδα; **~palme** *f* κοκκοφοίνικας
Koks [o:] ⟨*-es*; *-e*⟩ *m* κοκ ⟨*0*⟩ *n*, άνθρακας; P (*Kokain*) κάππα *n*
Kolben *m* κόπανος; (*Gewehr-*) υποκόπανος, κοντάκι; *TECH* έμβολο, πιστόνι; *CHEM* φιάλη; **~ring** *m* δακτύλιος εμβόλου; **~stange** *f* βάκτρο; **~stoß** *m* κοντακιά
Kolchis *n* Κολχική, Κολχίδα
Kolchose [kɔl'ço:zə] *f* κολχόζ ⟨*0*⟩ *n*
Kolibri ⟨*-s*; *-s*⟩ *m* κολίμπρι
Kolik *f* κωλικός
Kollabora'teur ⟨*-s*; *-e*⟩ *m* συμπράκτης, συνεργάτης (του εχθρού)
Kollaps ⟨*-es*; *-e*⟩ *m MED* συγκοπή
Kolleg [-'le:k] ⟨*-s*; *-s*⟩ *n* (*Vorlesung*) παράδοση
Kol'lege ⟨*-n*⟩ *m* συνάδελφος
Kol'legen- συναδελφικός
Kol'leggeld *n* δίδακτρα *n/pl*
kollegi'al συναδελφικός
Kollegiali'tät ⟨*0*⟩ *f* συναδελφότητα
Kol'leg|ium ⟨*-s*; *-ien*⟩ *n* συμβούλιο, σύλλογος; **~stufe** *f etwa*: λύκειο
Kol'lekte *f* έρανος; ***e-e ~ durchführen*** ερανίζομαι
Kollek'tion *f allg* συλλογή; (*Muster*) δειγματολόγιο
Kollek'tiv ⟨*-s*; *-e*⟩ *n* κολεκτίβο
kollek'tiv *adj* συλλογικός
Kollektiv|'ismus ⟨*-*; *0*⟩ *m* κολεκτιβισμός; **~i'tät** ⟨*0*⟩ *f* συλλογικότητα
Kollek'tivwirtschaft *f* (*Betrieb*) κολεκτιβιστικό αγρόκτημα *n*
Kol'lektor ⟨*-s*; *-'toren*⟩ *m ELEKTR* συλλέκτης
Koller *m* μανία, βούρλα; ***e-n ~ bekommen*** βουρλίζομαι
kollern ⟨*-re*; *sn*⟩ *v/i* κυλάω
kolli'dieren ⟨*sn*⟩ συγκρούομαι
Kolli'sion *f* σύγκρουση
Köln *n* Κολωνία; ***~isch Wasser*** κολώνια
koloni'al αποικιακός
Kolonia'lismus ⟨*-*; *0*⟩ *m* αποικιοκρατία
Kolo'nie *f* αποικία
Koloni'sator ⟨*-s*; *-'toren*⟩ *m* αποικιστής
koloni'sieren αποικίζω
Koloni'sierung *f* αποικισμός
Kolon'nade *f* στοά, κιονοστοιχία
Ko'lonne *f* φάλαγγα; στήλη
Kolora'tur *f* λαρυγγισμός, φιοριτούρα
kolo'rieren χρωματίζω
Kolo'rit ⟨*-ęs*; *-e*⟩ *n auch fig* χρωματισμός
Koloss [-'lɔs] ⟨*-es*; *-e*⟩ *m* κολοσσός
kolos'sal κολοσσιαίος
Kolportage [-'ta:ʒə] *f* διάδοση
kolpor'tieren διαδίδω
Ko'lumbien [-bĭən] *n* Κολομβία
Ko'lumbus *m* Κολόμβος
Ko'lumne *f allg*, *TYP* στήλη
Koma ⟨*-s*; *-s*⟩ *n* κώμα *n*
Kombi ⟨*-s*; *-s*⟩ *m* αυτοκίνητο στέισιον
Kombina'tion *f MATH* συνδυασμός; **~s-** συνδυαστικός
kombi'nier|en *allg* συνδυάζω; **~t** συνδυασμένος
Ko'met ⟨*-en*⟩ *m* κομήτης
Ko'metenschweif *m* κόμη
Komfort [-'fo:ʀ] ⟨*-s*; *0*⟩ *m* ανέσεις *f/pl*, ***... mit allem ~*** ... με όλα τα κομφόρ; ... με όλα τα χρειαζούμενα
komfor'tabel άνετος
Komik ⟨*0*⟩ *f* κωμικό, κωμικότητα; **~er** *m* κωμικός
komisch κωμικός; (*merkwürdig*) αλλόκοτος
Komi'tee ⟨*-s*; *-s*⟩ *n* επιτροπή
Komma ⟨*-s*; *-s*⟩ *n GR* κόμμα *n*, υποστιγμή; ***~ setzen*** υποστίζω
Komman'dant ⟨*-en*⟩ *m* διοικητής; φρούραρχος
Kommandan'tur *f* φρουραρχείο
Kommandeur [-'dø:ʀ] ⟨*-s*; *-e*⟩ *m* αρχηγός
komman'dieren *v/t* κουμαντάρω; προστάζω; *hist* άρχω (*A/G*); *MIL* διοικώ; *e-e Flotte* ναυαρχώ *G*
Komman'ditgesellschaft *f* ετερόρρυθμη εταιρία
Kom'mando ⟨*-s*; *-s*⟩ *n* κουμάντο, προσταγή; αρχηγία; (*Abteilung*) απόσπασμα *n*; (*Streife*, *Einsatz-*) περιπολικό; *MIL* διοίκηση; **~brücke** *f MAR* γέφυρα, γεφύρι
kommen* ⟨*sn*⟩ *v/i* έρχομαι; *Winter usw*: φθάνω; ***angelaufen, angerannt ~*** έρχομαι τρέχοντας; (*durch-*) περνώ (-άς); *fig* ***~ auf etw*** απεικάζω; σκέφτομαι; ***wie bist du darauf gekommen?*** πώς το σκέφτηκες αυτό; ***~ zu*** *D* προσέρχομαι σε; ***so weit ~, dass*** φθάνω να; *mst unpers* καταλήγω να; ***zu*** *Geld* ***~*** πιάνομαι, πλουτίζω; ***nicht dazu ~,*** *dass* αμελώ, δεν προλαβαίνω; ***ans Licht ~*** έρχομαι στο φως; ***auf die Welt ~***

έρχομαι στον κόσμο; ***zu sich*** (*D*) ~ έρχομαι στον εαυτό μου; ***wieder zu sich*** (*D*) ~ συνέρχομαι; ***zu e-m Ergebnis*** ~ καταλήγω σ' ένα αποτέλεσμα; ~ ***und gehen*** πηγαινοέρχομαι (*subst* πηγαινοέλα *n*); **~d** προσεχής, ερχόμενος; (***die***) ***nach uns Kommenden*** (οι) κατοπινοί

Kommen'tar ⟨*-s*; *-e*⟩ *m* σχόλιο; (*Buch*) υπομνήματα *n/pl* (**zu** *D*/σε)

kommen'tarlos ασχολίαστος

Kommen'tator ⟨*-s*; *-'toren*⟩ *m* σχολιαστής; υπομνηματογράφος

kommen'tieren σχολιάζω; υπομνηματίζω

Kom'merz ⟨*-es*; *0*⟩ *m* εμπόριο; (*Gewinn*) κέρδος

kommerziali'sieren εμπορικοποιώ, καθιστώ εμπορικό

kommerzi'ell εμπορικός

Kommili'tone ⟨*-n*⟩ *m* συμφοιτητής

Kom'miss ⟨*-es*; *0*⟩ *m* στρατιωτικό

Kommi'ssar ⟨*-s*; *-e*⟩ *m POL* επίτροπος; ***Hohe***(***r***) ~ αρμοστής

Kom'missbrot *n* κουραμάνα

Kommi'ssion *f* επιτροπή; **~är** [-'nɛːʀ] ⟨*-s*; *-e*⟩ *m* παραγγελιοδόχος; **~s-** παραγγελιοδοχικός

Kom'mode *f* σιφονιέρα

kommu'nal κοινοτικός

Kommu'nal|politik *f* κοινοτική πολιτική; **~wahl** *f* δημοτικές εκλογές *f/pl*

Kom'mune *f* κοινότητα

Kommunika'tion *f* επικοινωνία

Kommunika'tionsmittel *n* μέσο επικοινωνίας

Kommu'nion *f REL* αγία μετάληψη, κοινωνία

Kommu'nis|mus ⟨*-*; *0*⟩ *m* κομουνισμός; **~t** ⟨*-en*⟩ *m* κομουνιστής, F κουκουές

kommu'nistisch κομουνιστικός

kommuni'zieren *REL* μεταλαβαίνω; *allg* επικοινωνώ; ***~de Röhren*** *f/pl* συγκοινωνούντα δοχεία *n/pl*

Komödi'ant ⟨*-en*⟩ *m* θεατρίνος (*auch fig Heuchler*)

Ko'mödie [-ĭə] *f* κωμωδία

Kompagnon ['kɔmpanjɔn] ⟨*-s*; *-s*⟩ *m HDL* συνέταιρος

kom'pakt συμπαγής, πυκνός

Kom'paktanlage *f RADIO* στερεοφωνικό

Kompanie [-'niː] *f* (= **Co.**) συντροφία; *MIL* λόχος

Komparativ ⟨*-s*; *-e*⟩ *m* συγκριτικός βαθμός

Kom'parse ⟨*-n*⟩ *m auch fig* κομπάρσος

Kompass ⟨*-es*; *-e*⟩ *m* πυξίδα

kompa'tibel ⟨*-bl-*⟩ ανεκτός; συνδυαζόμενος (με); συμβατός

Kompatibili'tät *f* συμβατότητα

Kompensa'tion *f* αναπλήρωση

kompe'tent αρμόδιος (**in** *D*/για)

Kompe'tenz *f* αρμοδιότητα; **~bereich** *m* περιοχή αρμοδιοτήτων

Kompi'lator ⟨*-s*; *-'toren*⟩ *m* σταχυολόγος

kompi'lieren σταχυολογώ

Komple'ment|- *MATH* συμπληρωματικός; **~winkel** *m* παραπλήρωμα *n*

Komplet [-'pleː] ⟨*-s*; *-s*⟩ *n* κομπλέ ⟨*0*⟩ *n*

kom'plett τέλειος, ακέραιος

Kom'plex ⟨*-es*; *-e*⟩ *m PSYCH* σύμπλεγμα *n*; (*Häuser- usw*) συγκρότημα *n*

Komplika'tion *f MED* επιπλοκή

Kompli'ment ⟨*-ẹs*; *-e*⟩ *n* κομπλιμέντο, φιλοφρόνημα *n*

Kom'plize ⟨*-n*⟩ *m* συναυτουργός

kompli'zier|en περιπλέκω; ***sich ~en*** δυσκολεύομαι, δυσχεραίνομαι; **~t** πολύπλοκος, περίπλοκος

Kompli'zierung *f* περιπλοκή

Kom'plott ⟨*-ẹs*; *-e*⟩ *n* συνωμοσία

Kompo'nente *f* συστατικό

kompo'nieren συνθέτω

Kompo|'nist ⟨*-en*⟩ *m* συνθέτης; **~si'tion** *f* σύνθεση

Kom'pott ⟨*-ẹs*; *-e*⟩ *n* κομπόστα

kom'press *Schrift*: πυκνογραμμένος

Kom'presse *f* επίδεσμος

Kompre'ssion *f* (*auch EDV*) συμπίεση

Kom'pressor ⟨*-s*; *-'ssoren*⟩ *m* συμπιεστής; **~-** συμπιεστικός

kompri'mieren (*auch EDV*) συμπιέζω

Kompro'miss ⟨*-es*; *-e*⟩ *m* συμβιβασμός; ***e-n ~ schließen*** συμβιβάζομαι (***mit*** *D*/με)

kompro'missbereit συμβιβαστικός

Kompro'missbereitschaft *f* συμβιβαστικότητα

kompromit'tier|en εκθέτω; **~t** *auch* ντροπιασμένος

Kom'tur ⟨*-s*; *-e*⟩ *m* ταξιάρχης

Koncha ['kɔnça] ⟨*-*; *-chen*⟩ *f* (*Kirche*) κόγχη

Kondensa'tion *f* πύξη; **~s-** συμπυκνωτικός

K

Konden'sator ⟨*-s; -'toren*⟩ *m* ELEKTR πυκνωτής
konden'sier|en συμπυκνώνω; (*Dampf*) υγροποιούμαι; **~t** συμπυκνωμένος
Konden'sierung *f* συμπύκνωση
Kon'densmilch *f* γάλα εβαπορέ *n*
Kondi'tion *f* όρος; συνθήκη; προϋπόθεση; (*Sport*) αντοχή
Konditio'nal ⟨*-s; -e*⟩ *m* υποθετική (έγκλιση); **~-** υποθετικός
Kondi'tionstraining *n* προπόνηση στην αντοχή
Kon'ditor ⟨*-s; -'toren*⟩ *m* ζαχαροπλάστης
Kondito'rei *f* ζαχαροπλαστείο
Kondo'lenz *f* → ***Beileid***
kondo'lieren συλλυπούμαι (***j-m***/κπ)
Kon'dom ⟨*-s; -e*⟩ *m, n* προφυλακτικό
Kon'fekt ⟨*-ẹs; -e*⟩ *n* σοκολατάκια *n/pl*
Konfek'tion *f* πρετ ά πορτέ ⟨*0*⟩ *n*; (*als Unternehmen*) επιχείρηση πρετ ά πορτέ
Konfek'tionshaus *n* ραφτικός οίκος
Konfe'renz *f* (συν)διάσκεψη; (*Presse-*) συγκέντρωση; **~-** διασκεπτικός; **~saal** *m* εντευκτήριο
konfe'rieren *v/i* συνδιασκέπτομαι (***über*** *A*/με θέμα ... *A*)
Konfe'ssion *f* θρήσκευμα *n*
konfessio'nell θρησκευτικός
Kon'fetti ⟨*-s; 0*⟩ *n* χαρτοπόλεμος, κονφετί ⟨*0*⟩
Konfir'mand ⟨*-en*⟩ *m* (*nicht orthodox*) *etwa*: νεοφώτιστος
Konfir'mandenunterricht *m* κατηχητική προπαρασκευή
Konfirma'tion *f* *etwa*: χρίσμα *n*
konfir'mier|en: ~t *werden* *etwa*: δέχομαι το χρίσμα
konfis'zieren κατάσχω, δημεύω
Konfi'türe *f* γλυκό; μαρμελάδα
Kon'flikt ⟨*-ẹs; -e*⟩ *m* διαμάχη, σύγκρουση; MIL *auch* σύρραξη; *mit den Gesetzen* ***in ~ geraten*** έρχομαι σε σύγκρουση με ...
Konfödera'tion *f* συνομοσπονδία, συμπολιτεία
Konfronta'tion *f* JUR αντιπαράθεση; αναμέτρηση
konfron'tier|en *v/i* αντιπαραθέτω; ***~t sein mit*** *D* αντιμετωπίζω *A*; βρίσκομαι αντιμέτωπος με; ***~t werden mit*** *D* έρχομαι αντιμέτωπος με
kon'fus συγχυσμένος

Kon'gress [ε] ⟨*-es; -e*⟩ *m* συνέδριο; **~mitglied** *n* σύνεδρος
kongru'ent συμπίπτων (-ουσα, -ον)
Kongru'enz *f* MATH σύμπτωση; GR συμφωνία
Koni'fere *f* κωνοφόρο
König [-ɪç] ⟨*-s; -e*⟩ *m* (*auch Schach und fig*) βασιλιάς, βασιλέας; (*Karte*) ρήγας; **~in** *f* (*auch der Bienen*) βασίλισσα; (*Karte*) ρήγισσα
königlich [-nɪglɪç] βασιλικός
Königreich *n* βασίλειο, βασιλεία
Königs|- βασίλειος; **~adler** *m* ZOOL σταυραετός; **~blau** *n* μπλε ρουά ⟨*0*⟩ *n*; **~haus** *n* βασιλικός οίκος; **~mörder** *m* βασιλοκτόνος; **~paar** *n* βασιλικό ζεύγος; **~sohn** *m* βασιλόπουλα; **~tochter** *f* βασιλοπούλα
königstreu βασιλικός
Königtum ⟨*-s; 0*⟩ *n* βασιλεία
konisch κωνικός
Konjuga'tion *f* GR συζυγία
konjugieren [-'giː-] κλίνω
Konjunk'tion *f* GR σύνδεσμος; ASTR σύνοδος *f*, συζυγία
konjunktio'nal συζευκτικός
Konjunktiv ⟨*-s; -e*⟩ *m* GR υποτακτική; ***den ~ verlangen*** υποτάσσομαι
Konjunk'tur *f* συγκυρία; (*Hoch-*) μπουμ *n*; **~politik** *f* πολιτική συγκυρίας; **~schwankungen** *f/pl* συγκυριακές διακυμάνσεις *f/pl*
kon'kav κοίλος
Konkor'dat ⟨*-s; -e*⟩ *n* κονκορδάτο
kon'kret συγκεκριμένος
konkreti'sieren συγκεκριμενοποιώ
Konkur'rent ⟨*-en*⟩ *m* ανταγωνιστής
Konkur'renz *f* HDL συναγωνισμός; ανταγωνισμός; **~-** ανταγωνιστικός, συναγωνιστικός
konkur'renzfähig συναγωνίσιμος
Konkur'renzkampf *m* ανταγωνισμός
konkur'renzlos ασυναγώνιστος
konkur'rieren: ~ (***können***) ***mit*** (*D*) συναγωνίζομαι *A*
Kon'kurs ⟨*-es; -e*⟩ *m* πτώχευση; χρεωκοπία; ***~ machen*** πτωχεύω, φαλιρώ; ***~ anmelden*** κηρύσσω πτώχευση; **~masse** *f* *etwa*: περιουσιακά στοιχεία *n/pl* που διαθέτει κάποια επιχείρηση κατά τη πτώχευση; **~verwalter** *m* σύνδικος
können* (*Modalverb* + *inf ohne zu*) μπορώ να, δύναμαι να; (*gelernt haben*)

ξέρω, *z.B.* ***tanzen*** ~ ξέρω χορό; ***lesen und schreiben*** ~ ξέρω γράμματα; *v/t* **es** ~ ξέρω; ***Englisch*** ~ ξέρω αγγλικά; ***es kann sein*** μπορεί; ***er kann*** (= *mag*) ***kommen*** ας έλθει; ***wer kann*** (= *mag*) ***das sein?*** ποιος να είναι αυτός; ~ ***Sie mir sagen, ...*** δε μου λέτε (παρακαλώ), ...; ***ich kann nicht mehr*** δε μπορώ πια; ***ich kann nicht umhin, zu ...*** δε μπορώ να μη ...

könnend δυνάμενος

Könner *m* ξεφτέρι

Konnosse'ment ⟨*-ℯs*; *-e*⟩ *n* φορτωτική

konseku'tiv *GR* αποτελεσματικός

konse'quent συνεπής

Konse'quenz *f* συνέπεια, συμπέρασμα *n*

konserva'tiv συντηρητικός

Konserva|'tive(r) ⟨*-n*⟩ *f oder m* οπαδός συντηρητικής παράταξης; **~ti'vismus** ⟨*-*; *0*⟩ *m* συντηρητικότητα; **~tor** [-'vaː-] ⟨*-s*; *-'toren*⟩ *m* (*Museum*) έφορος μουσείου; **~'torium** ⟨*-s*; *-rien*⟩ *n* ωδείο

Kon'serve *f* κονσέρβα

Kon'servendose *f* κονσερβοκούτι

konser'vier|en κονσερβοποιώ; συντηρώ; ***nicht ~t*** ασυντήρητος

Konser'vierung *f* κονσερβοποίηση, διατήρηση

Konser'vierungsmittel *n* συντηρητικό

Konsi'storium ⟨*-s*; *-rien*⟩ *n* εκκλησιαστικό συμβούλιο

Kon'sole *f* κονσόλα, εταζέρα

konsoli'dieren στερεώνω, παγιώνω

Konsoli'dierung *f* παγίωση

Konso'nant ⟨*-en*⟩ *m* *GR* σύμφωνο; ***auf e-n ~en endend*** συμφωνόληκτος; **~en-** συμφωνικός; **~enverschiebung** *f* *GR* εναλλαγή των συμφώνων

Kon'sortium [-tsĭum] ⟨*-s*; *-ien*⟩ *n* κονσόρτιο

konspira'tiv συνωμοτικός

kon'stant σταθερός

Kon'stante *f* *PHYS* σταθερά

Konstantin *m* Κωνσταντίνος

Konstanti'nopel *n* Κωνσταντινούπολη, Πόλη

kon|sta'tieren διαπιστώνω; **~stitu'ierend** *POL* συντακτικός

Konstitu'tion *f* σύνταγμα *n*; *Person*: κράση

konstitutio'nell συνταγματικός

konstru'ieren κατασκευάζω

Konstruk'tion *f* κατασκευή

konstruk'tiv εποικοδομητικός

Konsul ⟨*-s*; *-n*⟩ *m* πρόξενος

Konsu'lar- προξενικός

konsu'larisch προξενικός

Konsu'lat ⟨*-s*; *-e*⟩ *n* προξενείο

Konsulta'tion *f* συμβουλή

konsul'tieren συμβουλεύομαι (***j-n***/κπ)

Kon'sum ⟨*-s*; *0*⟩ *m* κατανάλωση; **~-** καταναλωτικός; **~artikel** *m* καταναλωτικό αγαθό; **~ent** [-'mεnt] ⟨*-en*⟩ *m* καταναλωτής; **~genossenschaft** *f* καταναλωτικός συνεταιρισμός; **~gesellschaft** *f* καταναλωτική κοινωνία; **~güter** *n/pl* καταναλωτικά αγαθά *n/pl*

konsu'mieren καταναλώνω, καταναλίσκω

Kon'takt ⟨*-ℯs*; *-e*⟩ *m* επαφή; ***in ~ kommen*** έρχομαι σε επαφή; **~linsen** *f/pl* φακοί *m/pl* επαφής

Konter|admiral *m* υποναύαρχος; **~revolution** *f* αντεπανάσταση; **~revolutionär** *m* αντεπαναστάτης

Konti'nent ⟨*-ℯs*; *-e*⟩ *m* ήπειρος *f*

Kontinen'tal|- ηπειρωτικός; **~europa** ηπειρωτική Ευρώπη; **~klima** *n* χερσαίο κλίμα

Kontin'gent ⟨*-ℯs*; *-e*⟩ *n* μερός *n*, μερίδιο; ποσό; *MIL* τμήμα *n* στρατού

kontinu'ierlich διηνεκής, διαρκής, συνεχής

Konto ⟨*-s*; *-ten*⟩ *n* λογαριασμός; **~auszug** *m* απόσπασμα *n* λογαριασμού; **~buch** *n* βιβλίο λογαριασμών; **~führungsgebühren** *f/pl* διοικητικά έξοδα *n/pl* (τραπεζικού λογαρισμού); **~kor'rent** ⟨*-s*; *-e*⟩ *n* τρεχούμενος λογαριασμός; **~nummer** *f* αριθμός λογαριασμού

Kon'tor ⟨*-s*; *-e*⟩ *n hist* (εμπορικό) γραφείο

Kontostand *m* κατάσταση λογαριασμού

Kontrabass *m* κοντραμπάσο

kontra'hier|en συναιρώ; **~t** συνηρημένος

Kontraindika'tion *f* *MED* αντένδειξη

kontraindi'ziert: ***... ist ~*** αντενδείκνυται

Kon'trakt ⟨*-ℯs*; *-e*⟩ *m* κοντράτο, σύμβαση; **~bruch** *m* αθέτηση συμβάσεως

Kontrak'tion *f* συναίρεση

Kontrapunkt *m* *MUS* αντίστιξη

Kon'trast ⟨-ɇs; -e⟩ *m* αντίθεση; *MED* σκιαγράφηση
kontras'tieren αποτελώ αντίθεση
Kon'trastmittel *n MED* μέσο αντιθέσεως
Kon'troll|- ελεγκτικός; **~e** *f* έλεγχος; ***etw unter ~e bringen*** θέτω κτ υπό έλεγχο
Kontrolleur [-'løːʀ] ⟨-s; -e⟩ *m* ελεγκτής
kontrol'lieren ελέγχω; ***zu ~d*** ελεγκτικός
Kon'troll|lampe *f* λάμπα ελέγχου; **~stempel** *m* αριθμητήρας; **~turm** *m LUFTF* πύργος ελέγχου πτήσεων
Kon'tur *f* περίμετρος *f*
Konven'tion *f* σύμβαση; συμβατικότητα; (*Brauch*) έθιμο
Konventio'nalstrafe *f* ποινική ρήτρα
Konversa'tion *f* συνομιλία
Konversa'tionslexikon *n* εγκυκλοπαίδεια
konver'tierbar: ***frei ~e Währung*** ελεύθερα μετατρέψιμο νόμισμα
Konver'tierbarkeit *f HDL* μετατρεψιμότητα
konver'tieren (*auch EDV*) μετατρέπω
Konver'tierung *f* (*auch EDV*) μετατροπή
Konver'tit ⟨-en⟩ *m* αλλαξόπιστος
kon'vex κυρτός
Kon'voi ⟨-s; -s⟩ *m* πομπή; νηοπομπή
Konzentra'tion *f* συγκέντρωση
Konzentra'tionslager *n* στρατόπεδο συγκεντρώσεως
konzen'trier|en *Gedanken*; *Truppen usw* συγκεντρώνω; ***sich ~en*** συγκεντρώνομαι, προσηλώνομαι (***auf*** *A*/σε); **~t** (*dicht*) πυκνός
Konzen'trierung *f* συγκέντρωση
kon'zentrisch ομόκεντρος
Kon'zept ⟨-ɇs; -e⟩ *n* σχέδιο
Kon'zern ⟨-ɇs; -e⟩ *m* συγκρότημα *n*, κοντσέρν ⟨*0*⟩ *n*
Kon'zert ⟨-ɇs; -e⟩ *n* συναυλία, κοντσέρτο; **~saal** *m* αίθουσα συναυλιών
Konze'ssion *f* παραχώρηση
konze'ssiv *GR* παραχωρητικός, ενδοτικός
Kon'zil ⟨-ɇs; -e⟩ *n* σύνοδος *f*
Koopera'tion *f* συνεργασία
koope|ra'tiv συνεργατικός; **~'rieren** συνεργάζομαι
Koordi'nate [koˑɔʀ-] *f* συντεταγμένη
koordi'nieren συντονίζω
Koordi'nierung *f* συντονισμός; **~s-** συντονιστικός
Ko'peke *f* καπίκι
Kopen'hagen *n* Κοπεγχάγη
Kopf [ɔ] ⟨-ɇs; ¨e⟩ *m* κεφάλι, κεφαλή; (*e-r Bande*) εγκέφαλος; ***aus dem ~*** απ' έξω, από στήθους; ***auf den ~, mit dem ~*** κατακέφαλα; ***den ~ in den Sand stecken*** κρύβομαι πίσω απ' το δάχτυλό μου; ***den ~ verlieren*** τα χάνω; ***von ~ bis Fuß*** πατόκορφα; ***j-m den ~ verdrehen*** ξεμυαλίζω κπ; ***schlag dir das aus dem ~*** βγάλ' το απ' το νου σου; ***du kannst dich auf den ~ stellen ...*** να μου τρυπήσεις τη μύτη; ***er ist nicht auf den ~ gefallen*** κόβει το μυαλό του
Kopf-an-'Kopf-Rennen *n* (*fig Wahl*) μάχη στήθος με στήθος
Kopfarbeit *f* πνευματική εργασία
Kopfbahnhof *m etwa*: τέρμα *n* γραμμής
Kopfbedeckung *f* κάλυμμα *n* του κεφαλιού; ***ohne ~*** ασκεπής
Kopfbinde *f* κεφαλόδεσμος
köpfen αποκεφαλίζω; *subst* αποκεφαλισμός, καρατόμηση
Kopf|ende *n* επάνω μέρος *n oder* άκρο; **~grind** *m* πιτυρίαση; **~hörer** *m* ακουστικά *n/pl*
-köpfig -μελής; *z.B.* ***fünf-*** πενταμελής
Kopfkissen *n* μαξιλάρι; **~bezug** *m* μαξιλαροθήκη
kopflos ακέφαλος; *fig* ζαλισμένος
Kopf|losigkeit *f* ζαλάδα; **~nuss** *f* κατακεφαλιά; **~rechnen** *n* υπολογισμός απ' έξω; **~salat** *m* μαρούλι; *als Gericht*: μαρουλοσαλάτα
kopfscheu: ***j-n ~ machen*** ξιππάζω, σκιάζω; ***~ werden*** ξιππάζομαι, σκιάζομαι
Kopfschmerz|en *m/pl* πονοκέφαλος; ***j-m ~en bereiten*** *v/t* πονοκεφαλιάζω κπ; ***sich ~en machen*** πονοκεφαλιάζω (***über*** *A*, ***wegen*** *G*/για); **~tablette** *f* δισκίο κατά του πονοκεφάλου
Kopf|schuppen *f/pl* πιτυρίδα; **~sprung** *m* βουτιά; **~stand** *m* αζανά (του) κεφαλιού; **~steinpflaster** *n* πλακόστρωση, καλντερίμι; **~steuer** *f hist* χαράτσι; **~stoß** *m* κεφαλιά; **~tuch** *n* μαντήλι
kopf'über με το κεφάλι, πίστομα
Kopf|weh *n* πονοκέφαλος; **~zerbrechen** *n*: ***das bereitet mir ~zerbrechen*** αυτό με προβληματίζει
Ko'pie *f* κόπια, αντίγραφο; *fig* αντιγραφή; (*Nachbildung*) εκμαγείο
ko'pieren αντιγράφω, κοπιάρω (*auch fig*)

K

Ko'pierer *m* φωτοαντιγραφικό
Kopilot ⟨*-en*⟩ *m* δεύτερος πιλότος
Koppel¹ *f* μάντρα, περίβολος
Koppel² *n* ζωστήρας
koppeln → ***kuppeln***
Kopp(e)lung *f* (*von Raumschiffen*) επαφή
Kopte ⟨*-n*⟩ *m* Κόπτης
koptisch κοπτικός
Ko'ralle *f* κοράλλι
Korb ⟨*-ẹs; ⁼e*⟩ *m* καλάθι; (*großer*) καλάθα; κοφίνι; ***flacher*** ~ κάνιστρο; *fig* ***er hat e-n ~ bekommen*** έφαγε τη χυλόπιτα; **~flasche** *f* δαμετζάνα; **~flechterei** *f* καλαθοποιία; **~sessel** *m*, **~stuhl** *m* ψάθινη καρέκλα; **~voll** ⟨*0*⟩ *m* καλαθιά; **~weide** *f* λυγαριά
Kordel *f* γαϊτάνι
Ko'rea *n* Κορέα
Korfi'ot ⟨*-en*⟩ *m* Κερκυραίος; **~in** *f* Κερκυραία
Korfu *n* Κέρκυρα; **~er** *m* → ***Korfiot***
Ko'rinth *n* Κόρινθος; ***Golf von ~*** Κορινθιακός κόλπος; **~e** *f* κορινθιακή σταφίδα
ko'rinthisch κορινθιακός
Kork ⟨*-ẹs; -e*⟩ *m* φελλός; **~en** *m* πώμα *n*
Korkenzieher *m* τιρμπουσόν ⟨*0*⟩
Korn ⟨*-ẹs; ⁼er*⟩ *n* κόκκος (*auch Film*), σπυρί; (*Gewehr*) στόχαστρο; (*Getreide*) σιτάρι; ***etw aufs ~ nehmen*** βάζω κτ στο μάτι; **~-** δημητριακός
Korn|ähre *f* στάχι; **~blume** *f* άνθος σταριού κύανος
Körnchen *n* κουκούτσι, σπυράκι; *fig* κόκκος, δράμι; ***ein ~ Wahrheit*** κόκκος αληθείας
Kor'nelkirsch|baum *m* κρανιά; **~e** *f* κράνο
Kor'nett ⟨*-ẹs; -e*⟩ *n* *MUS* κορνέτο
körnig κοκκώδης
Kornkammer *f* (*auch fig*) σιτοβολώνας
Körper *m* κορμί; σώμα *n* (*auch PHYS*); ***mit dem ganzen ~*** σύγκορμος; ***auf dem (den) bloßen ~*** κατάσαρκα; **~-** σωματικός; **~bau** ⟨*-ẹs; 0*⟩ *m* σωματική διάπλαση
körperbehindert ανάπηρος
Körper|fülle *f* πάχητα *n/pl*; **~haltung** *f* κορμοστασία
körper|lich σωματικός; (*Arbeit*) χειρωνακτικός; **~los** ασώματος
Körper|lotion [-loːʃən] ⟨*-; -s*⟩ *f* λοσιόν ⟨*0*⟩ *f* σώματος; **~pflege** *f* καλλωπισμός; **~pflegemittel** *n* καλλυντικό; **~schaft** *f* σώμα *n*, σωματείο; **~schaftssteuer** *f* φόρος των εσόδων επιχειρήσεων; **~teil** *m* μέλος του σώματος; **~verletzung** *f* τραυματισμός; *bsd JUR* τραύμα *n*
Korpora'tion *f* σωματείο
Korps [koːʀ] ⟨*-* [koːʀs]; *-* [koːʀs]⟩ *n* *diplomatisches*, *MIL* σώμα *n*; **~geist** ⟨*-ẹs; 0*⟩ *m* συναδελφική αλληλεγγύη
korpu'lent εύσαρκος
Korpu'lenz ⟨*0*⟩ *f* ευσαρκία
Kor'puskel *f* *PHYS* σωμάτιο
Korreferent ⟨*-en*⟩ *m* συνεισηγητής
kor'rekt ορθός; ακριβής; *HDL* ευθύς; (*anständig*) καθώς πρέπει; *als adv* εντάξει, εν τάξει; ***sich j-m gegenüber ~ verhalten*** είμαι εν τάξει με (*oder* απέναντι)
Kor'rektheit ⟨*0*⟩ *f* ορθότητα
Kor'rektor ⟨*-s; -'toren*⟩ *m* διορθωτής
Korrek'tur *f* διόρθωση (*auch TYP*); **~abzug** *m* δοκίμιο; **~band** *n* διορθωτική ταινία
Korrela'tiv- συσχετικός
Korrespon'den|t ⟨*-en*⟩ *m* *HDL* αλληλογράφος; (*Zeitung*) απεσταλμένος, ανταποκριτής; **~tin** *f* αλληλογράφος *f*; **~z** *f* αλληλογραφία; επιστολογραφία; ***die ~z führen*** αλληλογραφώ
korrespon'dieren αλληλογραφώ; αντεπιστέλλω; ***~des Mitglied*** αντεπιστέλλον μέλος
Korridor ⟨*-s; -e*⟩ *m* διάδρομος
korri'gieren *allg* διορθώνω
korro'dieren *v/t* καταβιβρώσκω
Korro'sion *f* διάβρωση
kor|rum'pieren διαφθείρω; **~'rupt** διεφθαρμένος, εξαχρειωμένος
Korrup'tion *f* διαφθορά
Kor'sett ⟨*-s; -s*⟩ *n* κορσές (-έδες), στηθόδεσμος
Korsika *n* Κορσική
Korso ⟨*-s; -s*⟩ *m* αρματοδρομία; περιδιάβασμα *n*
Kor'vette *f* κορβέτα
Kor'vettenkapitän *m* πλωτάρχης
Kory'phäe *f* *Person*: κορυφαίος
Kosename *m* θωπευτικό όνομα
Kosinus ⟨*-; -*⟩ *m* *MATH* συνημίτονο
Kos'metik ⟨*0*⟩ *f* κοσμητική ; **~a** *n/pl* (*sg Kosmetikum*) κοσμητικά *n/pl*, καλλυντικά *n/pl*; **~erin** *f* αισθητικός *f*
Kos'metik|koffer *m* τσαντάκι καλλυ-

K

Kosmetiksalon 832

ντικών; **~salon** *m* στούντιο αισθητικής
kos'metisch κοσμητικός, καλλυντικός
kosmisch κοσμικός
Kosmos ⟨-; *0*⟩ *m* κόσμος
Kost ⟨*0*⟩ *f* τροφή
kostbar πολύτιμος
Kostbarkeit *f* κειμήλιο
kost|en ⟨*-e-*⟩ κοστίζω, στοιχίζω (***j-n***/σε κπ), κάνω; ***was ~et ...?*** πόσο κάνει ...; ***(es) ~et mich ein Vermögen*** ... μου κοστίζει παραπολύ; ***das ~et ihn das Leben*** του στοιχίζει τη ζωή; *v/t Essen* δοκιμάζω, γεύομαι (*A*/*G*)
Kosten *pl* κόστος *n*, έξοδα *n/pl*, δαπάνη; τέλη *n/pl*; ***auf ~ G*** προς βλάβη *G*; ***auf ~ anderer*** με έξοδα άλλων, εις βάρος άλλων, F με ξένα κόλλυβα; ***auf eigene ~*** ιδία δαπάνη; ***auf gemeinsame ~*** ρεφενέ
Kosten|anschlag *m* προκαταρκτικός υπολογισμός; **~dämpfung** *f* περιορισμός εξόδων
kostendeckend με κάλυψη εξόδων
Kosten|erstattung *f* επιστροφή δαπανών; **~explosion** *f* έκρηξη εξόδων; **~faktor** *m* παράγοντας που επηρεάζει τα έξοδα
kosten|los ανέξοδος; **~pflichtig** με υποχρεωτική δαπάνη
Kosten|punkt *m* ζήτημα *n* εξόδων; **~voranschlag** *m* προϋπολογισμός εξόδων
Kost|gänger *m* τρόφιμος; **~geld** *n* τροφεία *n/pl*
köstlich ηδύς; θείος
Köstlichkeit *f* ηδύτητα
Kostprobe *f* δοκιμή
kostspielig δαπανηρός
Kos'tüm ⟨*-s*; *-e*⟩ *n* ταγιέρ ⟨*0*⟩ *n*
Kot ⟨*-ǝs*; *0*⟩ *m* κόπρος, κόπρανα *n/pl*
Kotangens ⟨-; -⟩ *m* MATH συνεφαπτομένη
Ko'tau ⟨*-s*; *-s*⟩ *m* τεμενάς (-άδες); ***e-n ~ vor j-m machen*** κάνω σε κπ τεμενάδες
Kotelett [ko'tˈlɛt] ⟨*-s*; *-s*⟩ *n* κοτολέτα, μπριζόλα
Köter *m* βρωμόσκυλο
Kotflügel *m* (*Auto*) φτερό
kotzen ⟨*-t*⟩ P ξερνώ; ***... zum Kotzen*** ξεραστικός, αηδιαστικός
Krabbe *f* γαρίδα
krabbeln ⟨*-le*; *sn*⟩ *v/i Baby*: κάνω στράτα; *Tier*: έρπω
Krabbencocktail *m* κοκταίηλ *n* γαρίδων
Krach ⟨*-ǝs*; *⸚e*⟩ *m* ντόρος, (*auch fig*) πάταγος; θόρυβος; (*Börsen-*) κραχ ⟨*0*⟩ *n*; (*Streit*) καυγάς, μάλωμα *n*; ***~ machen*** κάνω θόρυβο
krachen *v/i* θορυβώ; ⟨*sn*⟩ *Balken usw*: κλονίζομαι
Krachmacher *m* καπετάν *m* φασαρίας
krächzen ⟨*-t*⟩ κράζω, κρώζω; *subst* κράξιμο, κρωγμός
Kraft ⟨-; *⸚e*⟩ *f allg* δύναμη; δυναμικότητα; ρώμη, φόρτε ⟨*0*⟩ *n*; *als Person* (*Büro- usw*): υπάλληλος; JUR ισχύς *f*; ***rückwirkende ~*** αναδρομική ισχύς; ***in ~ (befindlich)*** σε ισχύ (κείμενος); ***in ~ sein*** ισχύω; ***in ~ setzen*** θέτω σε ισχύ; ***in ~ treten*** τίθεμαι σε ισχύ; ***außer ~ sein*** *oder* ***treten*** ... έχει αχρηστευθεί
kraft *präp G* δυνάμει *G*
Kräfte: *nach ~en* (το) κατά δύναμιν; ***wieder zu ~n kommen*** δυναμώνω; **~verfall** *m* MED μαρασμός, καταβολή
Kraftfahrer *m* αυτοκινητιστής; οδηγός
Kraftfahrzeug *n* αυτοκίνητο; **~brief** *m etwa*: πιστοποιητικό ιδιοκτησίας; **~schein** *m* άδεια κυκλοφορίας; **~steuer** *f* τέλη *n/pl* κυκλοφορίας αυτοκινήτου; **~versicherung** *f* ασφάλεια αυτοκινήτων; **~werkstatt** *f* συνεργείο αυτοκινήτων
kräftig δυνατός, ισχυρός; *Stimme*: έντονος; **~en** *v/t* δυναμώνω, ισχυροποιώ; **~end** ενδυναμωτικός; **~er: *~er machen*** δυναμώνω
Kräftigung *f* δυνάμωμα *n*, τόνωση
kraftlos χαύνος, αδύνατος
Kraftlosigkeit ⟨*0*⟩ *f* χαυνότητα
Kraftmeier *m iron* παλικαράς (-άδες)
Kraftmeierei *f* θρασυδειλία
Kraft|mensch *m* τσελίκι; **~probe** *f* δυναμική αναμέτρηση; **~protz** ⟨*-es*; *-e*⟩ *m* νταής (-ήδες) *m*; **~stoff** *m* καύσιμα *n/pl*; **~übertragung** *f* (*Auto*) σύστημα *n* μετάδοσης κινήσεως
kraftvoll νευρώδης, δυνατός
Kraft|wagen *m* αυτοκίνητο; **~werk** *n* εργοστάσιο παραγωγής ρεύματος
Kragen *m* κολάρο, (*Hemd- auch*) λαιμός; (*Jackett*) γιακάς (-άδες); **~weite** *f* αριθμός κολάρου
Kragstein *m* (*Haus*) ωτίδα
Krähe *f* καρακάξα, κορώνη
krähen *Hahn*: λαλώ

833 **Kreditrahmen**

Krähenfüße *n/pl* ορνιθοσκαλίσματα *n/pl*
Krake *f* χταπόδι, οκταπόδι
Kralle *f* νύχι; ***mit ~n*** γαμψώνυχος
Kram ⟨*-e̸s; 0*⟩ *m* ρημάδι, σαβούρα; F πράγματα *n/pl*; (*alter*) παλιατζούρα
kramen *v/i* ανασκαλεύω
Krämer *m* μπακάλης (-ηδες), παντοπώλης; *fig* μικρολόγος; **~laden** *m* μπακάλικο, παντοπωλείο; **~seele** *f fig* → ***Krämer***
Krampf ⟨*-e̸s; ¨e*⟩ *m* σπασμός, κράμπα; ***e-n ~ bekommen*** παθαίνω κράμπα; **~-** σπασμώδης; **~ader** *f* κιρσός
krampf|artig σπασμώδης; **~haft** (*auch fig*) σπασμώδης; σπασμωδικός
Kran ⟨*-e̸s; ¨e*⟩ *m* γερανός, βίντσι; **~haken** *m* σαμπάνιο
krank ⟨*¨er, ¨st-*⟩ άρρωστος, ασθενής; ***~ machen, ~ werden*** αρρωσταίνω, αρρωστώ (-άς); ***~ sein*** *auch* δεν μπορώ; *auch fig* νοσώ
kränkeln ⟨*-le*⟩ είμαι φιλάσθενος
kranken υποφέρω (***an*** *D*/από)
kränken θίγω, πικραίνω
Kranken|- νοσοκομειακός; **~besuch** *m* (*vom Arzt*) επίσκεψη ασθενούς
kränkend πειρακτικός
Kranken|geld *n* επίδομα *n* ασθενείας; **~gymnastik** *f* θεραπευτική γυμναστική; **~haus** *n* νοσοκομείο; **~hausarzt** *m* νοσοκομειακός γιατρός; **~hauskosten** *pl* νοσήλια *n/pl*; **~kasse** *f* ταμείο υγείας; **~pflege** *f* νοσηλεία; **~pfleger** *m* νοσοκόμος; **~pflegerin** *f* νοσοκόμος *f*; **~schein** *m* κουπόνι (*oder* δελτίο) ασθενείας; (*in Griechenland*) βιβλιάριο ασθενείας; **~schwester** *f* νοσοκόμα; **~versicherung** *f* ασφάλιση ασθενείας; **~wagen** *m* ασθενοφόρο
krank|feiern ⟨*-re*⟩ F έχω τσαγκαροδευτέρα; **~geschrieben** *MIL* υπό ένδειξη; → ***krankschreiben***
krankhaft παθολογικός
Krankhaftigkeit ⟨*0*⟩ *f* παθολογικό
Krankheit *f* ασθένεια, νόσος *f*, αρρώστια
krankheitserregend νοσογόνος, παθογόνος
Krankheitserreger *m* μόλυσμα *n*, μίασμα *n*
kränklich αρρωστιάρικος
Kränklichkeit ⟨*0*⟩ *f* φιλασθένεια, καχεξία
krankschreiben* αναγράφω ως άρρωστο (***j-n***/κπ)
Kränkung *f* θίξιμο, πείραγμα *n*
Kranwagen *m* γερανοφόρο όχημα
Kranz ⟨*-e̸s; ¨e*⟩ *m* στεφάνι; *ARCH* στεφάνη; (*Feigen usw*) αρμάθα; **~arterie** *f* στεφανιαία αρτηρία
Krapfen *m etwa*: λουκουμάς (-άδες)
krass [a] ⟨*-er; -est-*⟩ ακραίος, εξτρέμ ⟨*0*⟩
Krater *m* κρατήρας
Kratzbürste *f* ξύστρα; *fig Person*: καπριτσιόζα
Krätze ⟨*0*⟩ *f* ψώρα; ***die ~ haben*** (***bekommen***) ψωριάζω
kratzen ⟨*-t*⟩ τσουγκρανίζω, γρατσουνίζω; *subst* τσουγκρανιά
Kratzer *m* (*Schramme*) γρατσουνιά
krätzig ψωραλέος
kraulen *v/t* ξύνω ελαφρά, χαϊδεύω; *v/i* (*schwimmen*) κάνω *oder* κολυμπώ (-άς) κρόουλ (*oder* κρωλ)
Kraulen *n* κρόουλ ⟨*0*⟩ *n*, κρωλ ⟨*0*⟩ *n*
kraus σγουρός, κατσαρός; *fig* αλλόκοτος
kräuseln ⟨*-le*⟩ κατσαρώνω; ***sich ~*** κατσαρώνω
kraushaarig σγουρομάλλης (-α, -ικο)
Kraut ⟨*-e̸s; ¨er*⟩ *n* αγριοβότανο; (*Arznei*) βοτάνι; ***Kräuter*** *pl* μυρωδικά *n/pl*; (***wie***) ***~ und Rüben*** φύρδην μίγδην; ***ins ~ schießen*** θρασομανώ
Kräuter|buch *n* βοτανολόγιο, γιατροσόφι; **~tee** *m etwa*: τσάι του βουνού
Kra'wall ⟨*-s; -e*⟩ *m* φασαρία
Kra'watte *f* γραβάτα
Kra'wattennadel *f* καρφίτσα
Krea'tur *f* πλάσμα *n*
Krebs [eː] ⟨*-es; -e*⟩ *m* *ZOOL*, *MED* καρκίνος; (*Fluss-*) κάβουρας; **~-** καρκινώδης
krebsartig καρκινοειδής
Krebs|gang *m*: ***den ~gang gehen*** καρκινοβατώ; **~geschwulst** *f* καρκίνωμα *n*; **~schaden** *m fig* καρκίνωμα *n*
Kre'dit ⟨*-e̸s; -e*⟩ *m* πίστωση; δάνειο; ***auf ~*** επί πιστώσει; ***~ gewähren*** δίνω πίστωση; **~-** δανειακός; **~anstalt** *f* πιστωτικό ίδρυμα; **~gewährung** *f* πιστοδότηση
kredi'tieren *v/t* πιστώνω
Kre'dit|institut *n* πιστωτικό ίδρυμα; **~karte** *f* πιστωτική κάρτα; **~rahmen** *m* πιστωτικό πλαίσιο

K

kreditwürdig 834

kre'ditwürdig αξιόπιστος
Kre'ditwürdigkeit ⟨*0*⟩ *f* πιστωτική επιφάνεια
Kredo ⟨*-s*; *-s*⟩ *n* *REL* πιστεύω *n*
Kreide *f* κιμωλία; *GEOL* κρητίδα; **~-** κρητιδικός
Kreis ⟨*-es*; *-e*⟩ *m* (*allg*, *POL*) κύκλος; γύρος; (*Bezirk*) δήμος; (*ELEKTR*, *Radio*) κύκλωμα *n*; ***im ~e*** σε κύκλο; ***im engen ~e*** (*der Familie*) σε στενό κύκλο *G*; ***e-n ~ schlagen um*** *A* περιγράφω; **~-** κυκλικός, κυκλο-; **~abschnitt** *m* τμήμα *n* κύκλου; **~bahn** *f* τροχιά, κύκλος
kreischen στριγγλίζω; *Vögel*: κράζω, κλαγγάζω; *subst* στριγγλιά
Kreisel *m* σβούρα
kreis|en ⟨*-t*⟩ *Gestirn*: περιφέρομαι; *Blut*: κυκλοφορώ; ***~en lassen*** στροβιλίζω; **~förmig** κυκλικός
Kreislauf *m* κυκλοφορία; **~beschwerden** *f*/*pl* → ***~störungen***; **~mittel** *n* φάρμακο του κυκλοφορικού συστήματος; **~störungen** *f*/*pl* κυκλοφοριακές διαταραχές *f*/*pl*
Kreislinie *f* *MATH* περιφέρεια
kreisrund κυκλοτερής
Kreißsaal *m* μαιευτική αίθουσα
Kreis|stadt *f* πρωτεύουσα του νομού; **~umfang** *m* *MATH* περιφέρεια κύκλου; **~verkehr** *m* (υποχρεωτική) κυκλική πορεία
Krem ⟨*-*; *-s*⟩ *f* κρέμα
Krema'torium ⟨*-s*; *-ien*⟩ *n* κρεματόριο, αποτεφρωτήριο
Kreml ⟨*-s*; *0*⟩ *m* Κρεμλίνο
Krempe *f* γύρος
Krempel ⟨*-s*; *0*⟩ *m* λανάρι; F πράγματα *n*/*pl*; (*alter Kram*) σαβούρα, σαρίδι
Kremtorte *f* γαλατόπιτα
kre'pier|en ⟨*sn*⟩ (*platzen*) σκάζω; (*sterben*) ψοφώ; ***er ist ~t*** τα τίναξε
Krepp ⟨*-s*; *-e oder -s*⟩ *m* κρέπ(ι) *n*
Kresse *f* κάρδαμο
Kret|a *n* Κρήτη; **~er** *m* Κρητικός; **~erin** *f* Κρητικιά
kretisch κρητικός
Kreuz ⟨*-es*; *-e*⟩ *n* σταυρός; *ANAT* μέση; (*Karte*) σπαθί; *MUS* δίεση
kreuz: ***~ und quer*** δώθε κείθε
kreuz|- (= *sehr*, *ungemein*) θεο-, κατα-, ολο-; *z.B.* ***~dumm*** θεόκουτος; ***~fi'del*** καταχαρούμενος
Kreuz|abnahme *f* αποκαθήλωση; **~bein** *n* ιερόν οστούν; **~blütler** *m*/*pl* σταυρανθή *n*/*pl*
kreuzen ⟨*-t*⟩ *z.B.* *Arme* σταυρώνω; διασταυρώνω; **sich** (*A*) **~** διασταυρώνομαι (*auch Briefe*); *subst* σταύρωμα *n*
Kreuzer *m* καταδρομικό
Kreuz|fahrer *m* *hist* σταυροφόρος; **~fahrt** *f* κρουαζιέρα; **~feuer** *n* διασταυρούμενο πυρ; *fig* βροχή
kreuzförmig σταυροειδής
Kreuzgang *m* *ARCH* περιστύλιο
kreuzigen *v*/*t* σταυρώνω
Kreuzigung *f* σταύρωση
Kreuz|kopf *m* *TECH* σταυρός, ζύγωμα *n*; **~otter** *f* έχιδνα, οχιά; **~schmerzen** *m*/*pl* οσφυαλγία; **~schnabel** *m* (*Vogel*) δρεπανόρραμφος; **~stich** *m* σταυροβελονιά; **~ung** *f* διασταύρωση (*auch BIOL*); *ZOOL* επιμιξία; **~verhör** *n* εξονυχιστική ανάκριση; **~weg** *m* δίστρατο; **~worträtsel** *n* σταυρόλεξο; **~zug** *m* σταυροφορία
kribbel|ig συγχυσμένος; ***j-n ~ig machen*** συγχύζω, εκνευρίζω; **~n** ⟨*-le*⟩ μυρμηγκιάζω
Kribbeln *n* μυρμήγκιασμα *n*; ***ein ~ fühlen*** μυρμηκιώ
Kricket(**spiel**) ⟨*-s*; *0*⟩ *n* κρίκετ ⟨*0*⟩ *n*
kriechen* ⟨*sn*⟩ (*auch fig*) έρπω; **~d** ερπυστικός
Kriech|er *m* *fig* ερπετό, τσανακογλείφτης; ***ein ~er sein*** είμαι δουλοπρεπής; **~e'rei** *f* *fig* δουλικότητα
kriecherisch δουλικός
Kriech|spur *f* (*Straße*) αργή λωρίδα; **~tier** *n* ερπετό, σαυροειδές *n*
Krieg ⟨*-ęs*; *-e*⟩ *m* πόλεμος; ***~ führen*** κάνω πόλεμο; ***vor dem ~e*** προπολεμικά; ***im ~e befindlich*** εμπόλεμος; ***~führend*** εμπόλεμος
kriegen F παίρνω; (*fassen*) πιάνω; ***ich werde dich schon ~!*** θα σου αλλάξω τη πίστη; ***Husten ~*** με πιάνει βήχας
Krieger *m* *hist* μαχητής
kriegerisch πολεμικός
Kriegführung *f* διεξαγωγή του πολέμου
Kriegs|- πολεμικός, στρατιωτικός; **~beschädigte**(**r**) ανάπηρος πολέμου; **~dienst** *m* στρατιωτική υπηρεσία
Kriegsdienstverweiger|er *m* αντιρρησίας; **~ung** *f* άρνηση στρατιωτικής υπηρεσίας
Kriegserklärung *f* κήρυξη πολέμου
Kriegsfuß: ***auf dem ~*** επί ποδός πο-

K

λέμου; *fig* **miteinander auf dem ~ stehen** είναι στα μαχαίρια
Kriegs|gefangene(r) αιχμάλωτος; **~gegner** *m* μισοπόλεμος; **~gericht** *n* στρατοδικείο; **~hetzer** *m* πολεμοκάπηλος; **~kamerad** *m* συστρατιώτης; **~kunst** *f* πολεμική; **~list** *f* στρατήγημα *n*; **~marine** *f* πολεμικό ναυτικό; **~recht** *n* στρατιωτικός νόμος; **~schauplatz** *m* θέατρο του πολέμου; **~schiff** *n* πολεμικό (πλοίο); **~teilnehmer** *m* πολεμιστής; **~treiber** *m* πολεμοκάπηλος; **~verbrecher** *m* εγκληματίας πολέμου
kriegsverwendungsfähig μάχιμος
Kriegszustand *m* κατάσταση πολέμου
Krim *f* Κριμαία; **auf der ~** στην Κριμαία
Krimi ⟨*-s*; *-s*⟩ *m* F (*Kriminalfilm*) αστυνομικό φιλμ
krimi'nal ποινικός
Krimi|na'list ⟨*-en*⟩ *m* ποινικολόγος, εγκληματολόγος; **~nali'tät** ⟨*0*⟩ *f* εγκληματικότητα; ***organisierte ~nalität*** οργανωμένο έγκλημα
Krimi'nal|polizei *f* ασφάλεια; **~roman** *m* αστυνομικό μυθιστόρημα
krimi'nell εγκληματικός, εγκληματίας
Kringel *m* κουλούρι
Krippe *f* φάτνη; *fig* **an der ~ sitzen** είμαι στα πράγματα
Krise *f* κρίση
kriseln ⟨*-le*⟩ ξεσπάει κρίση
Krisen|situation *f* κρίσιμη κατάσταση; **~stab** *m* επιτελείο κρίσης
Kri'stall ⟨*-s*; *-e*⟩ *m* κρύσταλλος; **~-** κρυσταλλικός
kri'stallartig κρυσταλλώδης
Kri'stallbildung *f* κρυστάλλωση
kri'stall|en κρυσταλλένιος; **~in** [-'li:n] έμμορφος; **~inisch** [-'li:-] κρυσταλλικός
Kristallisa'tion *f* κρυστάλλωση; (*als Körper*) κρυστάλλωμα *n*
kristalli'sieren *v/i* αποκρυσταλλώνω
Kristalli'sierung *f* κρυστάλλωση
kri'stallklar κρυστάλλινος
Kri'terium ⟨*-s*; *-ien*⟩ *n* κριτήριο
Kri'tik *f* κριτική; *PHILOS* έλεγχος; **~ üben an** *D* ασκώ κριτική για (*oder* σε)
Kritiker *m* κριτικός, επικριτής
kritisch κρίσιμος (*auch PHYS*), κριτικός; *Krankheit*: επικίνδυνος; **~ werden** στενεύω
kriti'sieren κριτικάρω; *THEA* κρίνω
Kritze'lei *f* κακογραφία, μουντζούρες *f/pl*
kritzeln ⟨*-le*⟩ κακογραφώ
Kro'ate ⟨*-n*⟩ *m* Κροάτης
Kro'atin *f* Κροάτισσα
kro'atisch κροατικός
kroch [ɔ] → ***kriechen***
Kroko'dil ⟨*-s*; *-e*⟩ *n* κροκόδειλος
Kroko'dilstränen *f/pl* κροκοδείλια δάκρυα *n/pl*
Krokus ⟨*-*; *-se*⟩ *m* κρόκος
Krone *f* στέμμα *n*; (*Währung*, *Zahn-*) κορώνα, θήκη; (*Dornen-*) στέφανος; (*Blumen-*) στεφάνη; *fig* (*der Schöpfung*) κορωνίδα
krönen στέφω, στεφανώνω; ***von Erfolg gekrönt werden*** στέφομαι από επιτυχία
Kron|leuchter *m* πολυέλαιος; **~prinz** *m* διάδοχος; **~prinzessin** *f* διάδοχος *f*
Krönung *f* στέψη; *fig* επιστέγασμα *n*
Kronzeuge ⟨*-n*⟩ *m* κύριος μάρτυρας
Kropf ⟨*-es*; *¨e*⟩ *m* σγάρα; *MED* βρογχοκήλη
Krösus ⟨*-*; *-se*⟩ *m* Κροίσος (*auch fig* = *sehr reich*), *auch* Μίδας
Kröte *f* φρύνος
Krück|e *f* δεκανίκι; **~stock** *m* πατερίτσα
Krug ⟨*-es*; *¨e*⟩ *m* στάμνα, πιθάρι, κανάτα; *hist* (*Wirtshaus*) πανδοχείο
Krümchen [y:] *n* θρύμμα *n*
Krume *f* ψίχα, τρίμμα *n*
Krümel *m* ψίχουλο
krümeln ⟨*-le*⟩ *v/i* θρυμματίζομαι
krumm ⟨*-er*, *¨er*; *-st-*, *¨st-*⟩ καμπύλος, κυρτός; στρεβλός; ***~e Linie*** καμπύλη; *fig* ***e-e ~e Tour*** με μπαμπεσιά; ***~ biegen*** *v/t* στραβώνω; ***~ werden*** στραβώνω, καμπουριάζω; **~beinig** στραβοκάνης (-α, -ικο); ***~ nehmen*** F παίρνω κτ στραβά
krümmen κυρτώνω, καμπυλώνω; ***sich ~*** κουλουριάζομαι; *Holz auch* ζαβώνω; *subst* κύρτωση, στρέβλωση
Krümmung *f* κυρτότητα; καμπή; → ***Biegung***
Kruppe *f* (*Pferd*) καπούλια *n/pl*
Krüppel *m* σακάτης; ***zum ~ machen*** σακατεύω
Kruste *f* κόρα, φλοιός; (*Brot*) κρούστα
Kruzifix ⟨*-es*; *-e*⟩ *n* σταυρωμένος
Krypta ⟨*-*; *-ten*⟩ *f* κρύπτη
Kuba *n* Κούβα

Ku'baner *m* Κουβανός
ku'banisch κουβανικός
Kübel *m* βούτα
Ku'bik|- κυβικός; **~meter** *m* κυβικό μέτρο; **~wurzel** *f* κυβική ρίζα; **~zahl** *f* *MATH* κύβος
kubisch κυβικός
Ku'bismus ⟨-; *0*⟩ *m* κυβισμός
Kubus ⟨-; *-ben*⟩ *m* κύβος
Küche *f* κουζίνα, μαγειρείο; (*Kochkunst*) μαγειρική
Kuchen *m* πάστα; (*Sand-*) κέικ ⟨*0*⟩ *n*; **~bäckerei** *f* ζαχαροπλαστική; **~blech** *n* ταψί
Küchen|chef *m* πρωτομάγειρας; **~gerät** *n* μαγειρικό σκεύος *n*; **~junge** *m* παραμάγειρας
Kuchenlöffel *m* κουτάλι του γλυκού
Küchen|maschine *f* μίξερ ⟨*0*⟩ *n*; **~möbel** *n/pl* έπιπλα *n/pl* κουζίνας; **~schabe** *f* κατσαρίδα
Kuckuck ⟨*-s*; *-e*⟩ *m* κούκος; F (= *Teufel*) ***zum ~!*** στο διάβολο!; ***zum ~ mit dir!*** τον κακό σου τον καιρό
K
Kufe *f* (*Schlittschuh*) έλασμα *n*; (*Schlitten*) πέλμα *n*
Kugel *f* (*auch der Waffe*) σφαίρα; μπίλια; τόπι; *MIL* βόλι, μπάλα; (*Süßigkeit*) *z.B.* ***Mozartkugeln*** μπαλάκια *n/pl* Mozart; **~-** (*-Fläche*) σφαιρικός
Kügelchen *n* σφαιρίδιο
kugelförmig σφαιροειδής, σφαιρικός
Kugel|kopf *m* μπαλάκι; **~kopf(schreib)maschine** *f* γραφομηχανή με μπαλάκι; **~lager** *n* ρουλεμάν ⟨*0*⟩ *n*, ένσφαιρος τριβέας; **~leuchte** *f* γλόμπος
kugeln ⟨*-le*⟩ *v/i* ⟨*sn*⟩ κυλώ (-άς); ***sich ~*** (***vor Lachen***) ξελιγώνομαι απ' τα γέλια
kugel'rund ολοστρόγγυλος
Kugel|schreiber *m* στυλό ⟨*0*⟩, μπικ ⟨*0*⟩ *n*; **~stoßen** *n* σφαιροβολία; ***~stoßen betreiben*** κάνω σφαιροβολία
Kuh ⟨*-*; *⸚e*⟩ *f* αγελάδα; (*groß*) δαμάλα (*auch Schimpfwort*); **~-** αγελαδινός; **~fladen** *m* σβουνιά; **~handel** *m* παζάρεμα *n*
kühl *Luft*: δροσερός; (*auch fig*) ψυχρός; κρύος; ***es ist ~*** κάνει ψύχρα; *Wetter*: ***~ werden*** ψυχραίνω, δροσίζομαι
Kühl|- ψυκτικός; **~anlage** *f* καταψυκτική εγκατάσταση; **~e** ⟨*0*⟩ *f* δροσιά, ψύχρα; ψυχρότητα (*auch fig*); ***~e spenden*** δροσοβολώ
kühlen δροσίζω; **~d** δροσοβόλος, αποψυκτικός
Kühler *m* (*Auto*) ψυγείο; **~flüssigkeit** *f* ψυκτικό υγρό; **~haube** *f* καπό ⟨*0*⟩ *n*
Kühl|haus *n* ψυγεία *n/pl*; **~schrank** *m* ψυγείο; **~tasche** *f* φορητό ψυγείο; **~ung** *f* ψύξη; **~wagen** *m* βαγόνι-ψυγείο; **~wasser** *n* νερό ψύξεως
Kuh|milch *f* αγελαδινό γάλα; **~mist** *m* σβουνιά
kühn τολμηρός, θαρραλέος
Kühnheit *f* τόλμη, θάρρος *n*
Kuhstall *m* βουστάσιο
Küken *n* νεοσσός, κλωσοπούλι
ku'lant φιλοφρονητικός
Kuli ⟨*-s*; *-s*⟩ *m* στυλό ⟨*0*⟩ *n*
kuli'narisch μαγειρικός
Ku'lisse *f* παρασκήνιο, *mst pl* παρασκήνια (*auch fig*); ***hinter den ~n*** (*auch fig*) παρασκηνιακός
Kulmina'tion *f* κορύφωση
kulmi'nieren *ASTR* μεσουρανώ (*subst* μεσουράνημα *n*)
Kult ⟨*-es*; *-e*⟩ *m* λατρεία, θρήσκευμα *n*
kulti'vier|en καλλιεργώ; **~t** καλλιεργημένος; *fig* πολιτισμένος
Kulti'vierung *f* καλλιέργεια; *fig* ημέρωση
Kul'tur *f* *BIOL* καλλιέργεια; *allg*, *fig* πολιτισμός; (*Bildung*) φώτα *n/pl*; **~-** πολιτιστικός; (*-Kontakte*) μορφωτικός; **~abkommen** *n* πολιτιστικό σύμφωνο; **~angebot** *n* πολιτιστική προσφορά; **~austausch** *m* πολιτιστικές ανταλλαγές *f/pl*; **~beutel** *m* νεσεσαίρ ⟨*0*⟩ *n*
kultu'rell πολιτιστικός
Kul'tur|film *m* ντοκυμανταίρ ⟨*0*⟩ *n*; **~geschichte** ⟨*0*⟩ *f* ιστορία του πολιτισμού; **~losigkeit** ⟨*0*⟩ *f* έλλειψη πολιτισμού; **~programm** *n* μορφωτικό πρόγραμμα
Kultusministerium *n* υπουργείο παιδείας (και θρησκευμάτων)
Kümmel *m* κύμινο
Kummer ⟨*-s*; *0*⟩ *m* λύπη, καημός; ***~ machen*** (***bereiten***) κακοκαρδίζω (***j-m***/κπ), σεκλετίζω (***j-m wegen*** *G*/κπ με, για)
kümmerlich πενιχρός, φτωχικός; *Leben*: στερημένος
kümmer|n ⟨*-re*⟩: ***was ~t dich das?*** τι σε νοιάζει (*oder* μέλει); ***sich um A ~n***

ενδιαφέρομαι για; νοιάζομαι (για); ***ich ~e mich nicht darum*** δεν με νοιάζει γι' αυτό
kummervoll θλιμμένος, περίλυπος
Kum'pan ⟨*-s; -e*⟩ *m* σύντροφος; συνένοχος
Kumpel *m* (*Bergarbeiter*) εργάτης ορυχείου; F φιλαράκι
kündbar μετακλητός; μη πάγιος
Kunde¹ *f lit* είδηση
Kunde² ⟨*-n*⟩ *m* πελάτης; (*Argot = Ganove*) νονός
Kunden|datei *f* αρχείο πελατών, πελατολόγιο; **~dienst** *m* (*z.B. Bank*) εξυπηρέτηση του κοινού
Kundgebung *f* διαδήλωση
kundig κάτοχος, ειδήμων (*G*/*G*)
kündigen *Vertrag* καταγγέλλω, διαλύω; ***j-m*** ~ απολύω *A*
Kündigung *f* καταγγελία; (*e-s Kredits*) μετάκληση; απόλυση; ***ohne*** ~ χωρίς προειδοποίηση
Kündigungs|frist *f* προθεσμία καταγγελίας; ***eine sechsmonatige ~frist einhalten*** τηρώ εξάμηνη προθεσμία καταγγελίας; **~recht** *n* δίκαιο της καταγγελίας; **~schutz** *m* προστασία καταγγελίας
Kundin *f* πελάτισσα
Kundschaft *f* πελατεία; **~er** *m* κατάσκοπος; ανιχνευτής
kundtun* διαδηλώνω
künftig μελλοντικός, μέλλων (-ουσα, -ον); *adv* στο εξής; **~hin** από δω και πέρα
Kunst ⟨*-; ¨e*⟩ *f* τέχνη, καλλιτεχνία; ***die bildenden Künste*** οι εικαστικές τέχνες; **~-** καλλιτεχνικός
Kunst|akademie *f* σχολή καλών τεχνών; **~ausstellung** *f* καλλιτεχνική έκθεση; **~faser** *f* συνθετική ίνα; **~fertigkeit** *f* επιτηδειότητα; **~flug** *m* ακροβασίες *f*/*pl* αεροπλάνου; **~geschichte** ⟨*0*⟩ *f* ιστορία της τέχνης; **~gewerbe** ⟨*-s; 0*⟩ *n* καλλιτεχνική βιομηχανία; **~griff** *m* μαραφέτι; **~händler** *m* έμπορος έργων τέχνης; **~handwerk** *n* χειροτεχνία
Künstler *m* καλλιτέχνης
künstlerisch καλλιτεχνικός
künstlich *allg* ψεύτικος; *Zahn*: τεχνητός, ψευδής; *Blumen*: πλαστικός
kunstlos άτεχνος
Kunstlosigkeit ⟨*0*⟩ *f* ατεχνία
Kunstmaler *m* ζωγράφος
kunstreich έντεχνος
Kunst|richtung *f* τεχνοτροπία; **~seide** *f* τεχνητό μετάξι, ραιγιόν; **~stoff** *m* πλαστικό, συνθετική ύλη; **~stofffüllung** *f* (*Zahn*) έμφραξη σύνθετης ρητίνης; **~stück** *n* τέχνασμα *n*; ***~stücke machen*** (*z.B. Bär*) κάνω επιδείξεις; ***das ist kein ~stück*** δε θέλει μεγάλη φιλοσοφία
Kunsttischler *m* λεπτουργός
Kunsttischlerei *f* λεπτουργείο
Kunstverstand *m* φιλοτεχνία
kunst|verständig φιλότεχνος; **~voll** (καλλι)τεχνικός; ***~voll bearbeiten*** φιλοτεχνώ
Kunstwerk *n* έργο τέχνης
kunterbunt πολύχρομος, παρδαλός; *fig* ποτπουρί, ανάκατα
Kupfer *n* χαλκός; **~-** χάλκινος; **~druck** *m* χαλκοτυπία; **~erz** *n* χαλκίτιδα; **~münze** *f* χαλκονόμισμα *n*
kupfern χάλκινος
Kupfer|schmied *m* χαλκουργός; **~stecher** *m* χαλκογράφος; **~stich** *m* χαλκογράφημα *n*; **~vitriol** *n* χαλκάνθη, θειικός χαλκός
Kupon [-'pɔŋ] ⟨*-s; -s*⟩ *m* κουπόνι
Kuppe *f* κορυφή
Kuppel *f* θόλος, τρούλος
Kuppe'lei *f* μαστροπεία
kuppeln ⟨*-le*⟩ TECH ζεύω
Kuppeln *n* ζέψιμο (-ατος)
Kuppler *m* ρουφιάνος, μαστροπός; **~in** *f* ρουφιάνα, μαστροπός *f*
Kupplung *f* συμπλέκτης, ντεμπραγιάζ ⟨*0*⟩ *n*, αμπραγιάζ ⟨*0*⟩ *n*
Kur *f* κούρα, θεραπεία
Kür *f* ασκήσεις *f*/*pl* κατά βούληση
Ku'rator ⟨*-s; -'toren*⟩ *m* φροντιστής
Kura'torium ⟨*-s; -rien*⟩ *n* διοικητικό συμβούλιο
Kur|aufenthalt *m* παραμονή σε κούρα; **~bad** *n* ιαματικό λουτρό
Kurbel *f* μανιβέλα, στρόφαλο; **~welle** *f* άξονας στροφαλοφόρος
Kürbis ⟨*-ses; -se*⟩ *m* κολοκύθι
Kurfürst ⟨*-en*⟩ *m hist* εκλέκτορας
Kurhaus *n* κτίριο με ιαματικά λουτρά
Ku'rier ⟨*-s; -e*⟩ *m* επίσημος ταχυδρόμος
ku'rieren θεραπεύω, κουράρω
kurios [-'oːs] παράξενος
Kuriosi'tät *f* αξιοπερίεργο

K

Kurort *m* λουτρόπολη
Kurpfuscher *m* τσαρλατάνος
Kurs ⟨*-es*; *-e*⟩ *m* (*Gang*) πορεία (*auch* POL); (*Börse*) τιμή; → ***Kursus***; ***~ nehmen auf*** *A* βάζω πλώρη για *A*; **~-** χρηματιστικός; **~anstieg** *m* άνοδος τιμών (μετοχών); **~buch** *n* δρομολόγιο
Kürschner *m* γουναράς (-άδες)
Kursgewinn *m* κέρδος από πώληση μετοχών; αύξηση τιμών (μετοχών)
kur'sieren κυκλοφορώ
kur'siv TYP κυρτός
Kursnotierung *f* τίμηση
Kursus ⟨-; *Kurse*⟩ *m* σειρά (*oder* κύκλος) μαθημάτων, μαθήματα *n/pl*; **~teilnehmer** *m* ακροατής
Kurswagen *m* BAHN κατ' ευθείαν *n*; κατευθείαν βαγόνι
Kurtaxe *f* τέλος *n* λουτρών
Kurve *f* στροφή; καμπή; *fig* (*körperliche Rundung*) καμπύλη; MATH καμπύλη, καμπυλότητα
kurz ⟨*‥er*; *‥est-*⟩ κοντός, βραχύς; *Zeit*: μικρός, λίγος; (*gekürzt*) επίτομος; (*gedrängt*) σύντομος; *adv* βραχέως, σύντομα; ***binnen ~em*** εντός ολίγου; ***in ~em*** μετά από λίγο; ***vor ~em*** προ ολίγου; ***~ und bündig*** βραχύλογος; *adv* κοντολογής; ***~ und gut*** με δύο λόγια; ***sich ~ fassen*** κοντολογώ; ***~ gefasst*** συνοπτικός; ***zu ~ kommen*** δεν παίρνω το μερτικό μου; ***zu ~ werden*** *Kleid*: κονταίνω; ***~ angebunden sein*** λακωνίζω; ***kürzer werden,*** *z.B. Tage*: μικραίνω; *Kleid* ***kürzer machen*** κονταίνω
kurz- *oft*: βραχυ-
Kurzarbeit ⟨*0*⟩ *f* απασχόληση για λίγες ώρες
kurz|ärm(e)lig *Hemd*: κοντομάνικος; **~atmig** ασθματικός
Kurzatmigkeit ⟨*0*⟩ *f* άσθμα *n*
Kürze ⟨*0*⟩ *f* βραχύτητα; συντομία; (*im Ausdruck*) κοντολογία; ***in ~*** εντός ολίγου; σύντομα
kürzen ⟨*-t*⟩ *v/t* κονταίνω; *Kleid auch* μικραίνω, συμμαζεύω; *Ausgaben* περικόπτω; *Gehalt*, *Kredit* κόβω; *Schriftstück* βραχύνω; MATH *Bruch* απλοποιώ
Kürzen *n* κόντεμα *n*
kürzer → ***kurz***
kurzerhand χωρίς φασαρίες
Kurzfilm *m* ταινία μικρού μήκους
kurzfristig βραχυπρόθεσμος; (*auf kurze Zeit*) βραχυχρόνια; *adv* POL μικρής πνοής
Kurzgeschichte *f* διήγημα *n*
kurzlebig βραχύβιος, ολιγόζωος
Kurzlebigkeit ⟨*0*⟩ *f* ολιγοζωία
kürzlich πρόσφατος; *adv* τελευταία; πρόσφατα
Kurzparkzone *f* ζώνη σύντομης στάθμευσης
Kurzschluss *m* ELEKTR βραχυκύκλωμα *n*
Kurzschlusshandlung *f*: ***e-e ~ begehen*** πανικοβάλλομαι; ***in e-r ~*** πανικόβλητος
Kurzschrift *f* στενογραφία
kurzsichtig κοντόφθαλμος, μύωπας (*auch fig*); ***~ sein*** έχω μυωπία
Kurzsichtigkeit ⟨*0*⟩ *f* μυωπία
Kurzstreckenlauf *m* δρόμος ταχύτητος
kurz'um κοντολογής
Kürzung *f* βράχυνση; περικοπή; MATH (*e-s Bruchs*) απλοποίηση
Kurz|waren *f/pl* ψιλικά *n/pl*; **~welle** *f* βραχύ κύμα *n*
kuschen [ʊ] *v/i* γονατίζω
Ku'sine *f* εξαδέλφη
Kuss [ʊ] ⟨*-es*; *‥e*⟩ *m* φιλί, φίλημα *n*
küssen ⟨*-t*⟩ φιλώ (-άς)
Küste [ʏ] *f* ακτή, παραλία
Küsten|- παραλιακός; **~bewohner** *m* κάτοικος ακτής; **~schifffahrt** *f* ακτοπλοΐα; ***~schifffahrt betreiben*** ακτοπλοώ; **~schutz** *m* προστασία των ακτών; **~wachschiff** *n* ακταιωρός *f*; **~wächter** *m* ακτοφύλακας
Küster *m* νεωκόρος
Kutsche [ʊ] *f* καρότσα, άμαξα; **~r** *m* αμαξάς (-άδες), ηνίοχος
Kutte *f* ράσο
Kutteln *pl* εντόσθια *n/pl*
Kutter *m* κότερο
Kuvert [ku'veːʀ] ⟨*-s*; *-s*⟩ *n* φάκελος; (*Gedeck*) σερβίτσιο
kv. [ka'faʊ] (= *kriegsverwendungsfähig*) μάχιμος
Kyniker *m* κυνικός
Ky'kladen *pl* Κυκλάδες *f/pl*
ky'rillisch κυριλλικός
Ky'thera *n* Κύθηρα *n/pl*

L

L, l [ɛl] *n neugriechisch* Λ, λ
laben *v/t* αναζωογονώ; ***sich ~ an*** *D* ενασμενίζομαι σε
labi'al χειλικός, χειλεόφωνος
Labi'al ⟨*-s; -e*⟩ *m* χειλικό, χειλεόφωνο
la'bil ανισόρροπος, ασταθής
Labili'tät *f* ανισορροπία
La'bor ⟨*-s; -s oder -e*⟩ *n* εργαστήριο
Labo'rant ⟨*-en*⟩ *m* χειριστής; **~in** *f* χειρίστρια
Labora'torium ⟨*-s; -rien*⟩ *n* εργαστήριο
La'borversuch *m* εργαστηριακό πείραμα
Laby'rinth ⟨*-ęs; -e*⟩ *n* (*auch* ANAT) λαβύρινθος
laby'rinthisch λαβυρινθώδης
Lache¹ [aː] *f* λούτσα
Lache² [a] *f*: ***höhnische ~*** καγχασμός
lächeln [ɛ] ⟨*-le*⟩ *v/i* χαμογελώ (-άς), μειδιώ (-άς)
Lächeln *n* χαμόγελο, μειδίαμα *n*
lachen [a] γελώ (-άς) (**über** *A*/με); ***sich halbtot ~*** ξεκαρδίζομαι στα γέλια; ***schallend ~*** χαχανίζω; *iron* ***dass ich nicht lache!*** ας γελάσω!
Lachen *n* γέλιο; ***in ~ ausbrechen*** σκάω στα γέλια
lachend γελαστικός
lächerlich γελοίος; *fig* ~ (***gering***) αστείος; ***~ machen*** γελοιοποιώ; ***sich ~ machen*** γίνομαι γελοίος, γελοιοποιούμαι
Lächerlichkeit *f* γελοιότητα
lachhaft γελοίος
Lachs ⟨*-es; -e*⟩ *m* σολομός
Lack ⟨*-ęs; -e*⟩ *m* βερνίκι; λούστρο
lackieren [-'kiː-] βερνικώνω
Lackmus ⟨*-; 0*⟩ *m* CHEM ηλιοτρόπιο
Lackschuh *m* παπούτσι λουστρίνι
Lade *f* σεντούκι, μπαούλο
Lade|- φορτωτικός; **~fläche** *f* επιφάνεια φόρτωσης; **~geld** *n* φορτωτικά *n/pl*; **~gewicht** *n* ανώτατο όριο φόρτωσης
laden* (*auch* ELEKTR, EDV) φορτώνω; PHYS, *fig* φορτίζω; *Waffe* γεμίζω; (*einladen*) προσκαλώ; JUR καλώ; *subst* φόρτωση; (*Waffe*) γέμισμα *n*
Laden ⟨*-s;* ¨⟩ *m* κατάστημα *n*, μαγαζί; **~besitzer** *m* μαγαζάτορας; **~dieb** *m* κλέφτης; **~diebstahl** *m* κλοπή σε καταστήματα; **~hüter** *m* άχρηστο *oder* αζήτητο εμπόρευμα *n*; **~schluss(zeit** *f*) *m* κλείσιμο των καταστημάτων, ωράριο; **~tisch** *m* τεζάκι
Lade|raum *m* χώρος φόρτωσης (σε φορτηγό); **~verzeichnis** *n* δηλωτικό; **~vorrichtung** *f* φορτωτήρας
lä'dier|en → ***beschädigen***; **~t** *Mensch*: λειψός
Ladung *f* φορτίο, φόρτωμα *n*; (*der Waffe*) γόμος; ELEKTR φορτίο; JUR κλήση
La'fette *f* κιλλίβαντας
lag → ***liegen***
Lage *f* (*wo?*) τοποθεσία; *e-r Stadt usw auch* θέση; *fig, allg*, HDL, POL κατάσταση; (*Schicht*) στρώμα *n*; ***die gegenwärtige ~*** η παρούσα κατάσταση; ***in der ~ sein*** είμαι σε θέση; **~plan** *m* (*e-s Grundstücks*) τοπογραφικό διάγραμμα
Lager *n* MIL στρατόπεδο; (*Bett*) στρώμα *n*; (*Erz- usw*) κοίτασμα *n*; (*Waren-*) αποθήκη, αμπάρι; TECH κουζινέτο, τριβέας; ***auf ~ haben*** έχω στην αποθήκη μου, διαθέτω
Lager|- στρατοπεδευτικός; **~bestand** *m* αποθέματα *n/pl*, προμήθεια; **~feuer** *n* υπαίθρια φωτιά; **~halter** *m* αποθηκάριος; **~haltung** *f* αποθήκευση; **~haltungskosten** *pl* έξοδα *n/pl* αποθήκευσης; **~haus** *n* αποθήκη
Lage'rist ⟨*-en*⟩ *m* αποθηκάριος
lagern ⟨*-re*⟩ *v/t* αποθηκεύω, αμπαριάζω; *v/i* MIL στρατοπεδεύω; καταυλίζομαι; **sich ~** MIL σταθμεύω; (*sich hinlegen*) πλαγιάζω; ξαπλώνομαι; *subst* στρατοπέδευση
Lager|platz *m* αποθήκη; **~raum** *m* χώρος αποθήκευσης; **~stätte** *f* (*Bett*) κοίτη; GEOL κοιτάσματα *n/pl*; **~ung** *f* αποθήκευση; TECH υποδοχή; MIL στρατοπέδευση
La'gune *f* λιμνοθάλασσα
lahm χωλός, κουτσός; *fig* αβάσιμος; ***~ legen*** παραλύω, νεκρώνω; **~en** χωλαίνω
lähmen MED, *fig* παραλύω; **~d** παραλυτικός
Lahmheit ⟨*0*⟩ *f* κούτσα
Lahmlegung *f* νέκρωση

Lähmung 840

Lähmung *f* παράλυση
Laib ⟨*-ẹs*; *-e*⟩ *m*: ~ **Brot** καρβέλι
Laich ⟨*-ẹs*; *-e*⟩ *m* γόνος
laichen γονεύω
Laie ⟨*-n*⟩ *m* REL *und fig* βέβηλος; *fig* άπειρος (**in** *D*/από); **blutiger ~ in** *D* αστοιχείωτος σε; **~n-** λαϊκός; THEA ερασιτεχνικός
laienhaft άπειρος
Laienpriester *m* κοσμικός ιερέας
La'kai ⟨*-en*⟩ *m* λακές (-έδες)
Lake *f* άλμη, αλμύρα
La'konien *n* Λακωνία
la'konisch λακωνικός (*auch fig*)
La'kritze *f* γλυκόριζα
lallen βατταρίζω
Lama ⟨*-s*; *-s*⟩ *n* ZOOL λάμα, προβατοκάμηλος
Lambda ⟨*-s*; *-s*⟩ *n* Λ, λ, λάμδα
La'melle *f* λάμα
lamen'tieren θρηνώ (**über** *A*/για)
La'metta ⟨*-s*; *0*⟩ *n* ασημένια βροχή
Lamm ⟨*-ẹs*; *⸚er*⟩ *n* αρνάκι; αρνί (*auch fig*); **~-** αρνίσιος; **~fleisch** *n* αρνίσιο κρέας, αρνάκι; **~kotelett** *n* κοτολέτα αρνίσια
Lämpchen *n* καντήλι
Lampe *f* λάμπα, λυχνία
Lampen|fieber *n* τρακ *n*; **~fuß** *m* λυχνοστάτης; **~schirm** *m* αμπαζούρ *n*
Lampion [-'pĭɔŋ] ⟨*-s*; *-s*⟩ *m* κινεζικός φανός
lancieren [laŋ'siːʀən] λανσάρω
Land ⟨*-ẹs*; *⸚er*⟩ *n* χώρα; τόπος; γη; (*Acker*) χωράφι; (*als Teil Deutschlands*) κρατίδιο; **offene**(**s**) **~** ύπαιθρος; **flache**(**s**) **~** κάμπος; **das Heilige ~** τ' άγια χώματα; **auf dem ~** στην εξοχή; **außer ~es** στο εξωτερικό; **zu ~e** κατά γη; **zu ~e und zu Wasser** κατά ξηρά και κατά θάλασσα; **an ~ gehen** βγαίνω στην ξηρά; **außer ~es gehen** ξενιτεύομαι
Land- (*Leben*; *Haus*) αγροτικός; χωριάτικος; (*Wind*) απόγειος, στεριανός; (*Tier*; *Klima*) χερσαίος
Land|ausflug *m* εκδρομή στην ξηρά; **~bevölkerung** *f* αγροτικός πληθυσμός; **~bewohner** *m* χωρικός
Lande|- αποβατικός; **~bahn** *f* LUFTF διαδρόμος προσγειώσεως; **~erlaubnis** *f* άδεια προσγειώσεως
land'einwärts στην ενδοχώρα, προς το εσωτερικό
Landekorps *n* αποβατικό άγημα *n*
landen ⟨*-e-*⟩ *v/i* ⟨*sn*⟩ MAR προσορμίζομαι, πιάνω στεριά; MIL κάνω απόβαση; LUFTF προσγειώνομαι; *v/t* MIL αποβιβάζω; F *fig* (*geraten in*) καταστάλαζω (**in** *D*/σε)
Landen *n* προσόρμιση
Land-enge *f* ισθμός
Lande-operation *f* LUFTF διαδικασία προσγειώσεως; *Schiff*: αποβατική επιχείρηση
Lände'reien *f/pl* κτήματα *n/pl*
Landes|- επιχώριος, εγχώριος; **~erzeugnis** *n* εγχώριο προϊόν; **~fürst** *m hist* επικυρίαρχος; **~herr** *m* άρχοντας; **~innere** *n* ενδοχώρα; **~sprache** *f* εθνική γλώσσα; **~tracht** *f* παραδοσιακή ενδυμασία; **~verweisung** *f* εκτόπιση; **~währung** *f* εθνικό νόμισμα *n*
Land|flucht *f* αστυφιλία; **~gericht** *n* πρωτοδικείο; **~gerichtsrat** ⟨*-ẹs*; *⸚e*⟩ *m* πρωτοδίκης; **~gut** *n* τσιφλίκι, κτήμα *n*; **~haus** *n* εξοχικό σπίτι; **~heim** *n* (**Kinder-** παιδικές) εξοχές *f/pl*; **~karte** *f* χάρτης
landläufig καθιερωμένος
ländlich αγροτικός
landlos *Bauer*: ακτήμονας (*als adj*)
Land|luft ⟨*0*⟩ *f* εξοχικός αέρας; **~rat** ⟨*-ẹs*; *⸚e*⟩ *m* έπαρχος, τοπάρχης; **~ratte** *f fig* στεριανός; **~schaft** *f* τοπίο; **~schaftsmalerei** *f* τοπιογραφία
Lands|mann ⟨*-ẹs*; *-leute*⟩ *m* (συμ-) πατριώτης, συντοπίτης; **~männin** *f* (συμ)πατριώτισσα
Land|spitze *f* ακρωτήριο; **~straße** *f* δημόσια οδός; **~streicher** *m* αλήτης; **~streicherei** *f* αλητεία; **~strich** *m* μέρος *n*
Landtag *m hist* δίαιτα; βουλή; *Bundesrepublik*: Κοινοβουλίο των Länder (Κρατιδίων)
Landtagsabgeordnete(**r**) βουλευτής
Landung *f* MAR κατάπλους (-ου); MIL απόβαση; → **Landen**; LUFTF προσγείωση
Landungs|- αποβατικός; **~brücke** *f* αποβάθρα, εξέδρα
Land|vermessung *f* χωρομέτρηση; **~wein** *m* ντόπιο κρασί; **~wind** *m* απόγι; **~wirt** *m* αγρότης, καλλιεργητής, γεωργός; **~wirtschaft** *f* γεωργία
landwirtschaftlich αγροτικός, γεωργικός

841 **lassen**

Land|wirtschafts- γεωργικός; **~zunge** *f GEOGR* γλώσσα γης
lang ⟨*¨er*; *¨st-*⟩ μακρύς; *Straße*, *Brief*: μεγάλος; *Weg*, *Zeit*: πολύς (πολλή, πολύ); *Stunden*, *Jahre*: επί *A*; ***fünf Meter*** ~ πέντε μέτρα το μήκος; ***(fünf) Jahre*** ~ επί (πέντε) έτη; ~ ***und breit*** *fig* κατά μήκος και κατά πλάτος; → ***lange***
lang- μακρ(ο)-
lang|andauernd παρατεταμένος; **~armig** μακρυχέρης (-α, -ικο); **~atmig** *fig* μακροσκελής; **~beinig** μακροσκελής
lange *Zeit*: πολύ, πολύ καιρό, πολλή ώρα; ***seit ~m*** από μακρού (χρόνου), από πολύ καιρό; ***vor ~r Zeit*** προ πολλού; ***auf ~e Zeit*** (***hinaus***) επί μακρόν, για πολύ; ***wie ~?*** πόσον καιρό; ~ ***dauern*** παίρνω μάκρος, μακροχρονίζω; ~ ***leben*** μακροχρονίζω; ***aber nicht mehr ~!*** αλλά όχι για πολύ!; ***es ist schon ~ her, dass er weggegangen ist*** είναι πολλή ώρα που έφυγε; ***ich habe Sie schon ~ nicht gesehen*** έχω καιρό να σας δω
Länge *f* μήκος *n*, μάκρος *n*; ***der ~ nach*** κατά μήκος; ***in die ~ ziehen*** *v/t* παρατραβώ (σε μάκρος); ***sich in die ~ ziehen*** τραβώ σε μάκρος; ***der ~ nach hinfallen*** πέφτω φαρδύς πλατύς
langen *v/t* (*erreichen*) φθάνω (***bis*** [***zu***] *D*/ως); ***j-m etw ~*** φθάνω κτ σε κπ; ~ ***nach*** *D* εκτείνω το χέρι προς *A*; F ***j-m e-e ~*** του κατεβάζω μια; ***es langt*** (= *genügt*) φθάνει
längen μακρύνω
Längen|grad *m* μοίρα μήκους; **~maß** *n* μέτρο μήκους
länger μεγαλύτερος; *Rede usw* εκτενής; *adv* μακρύτερα, μακρύτερο; *Zeit*: περισσότερο; πλέον; ~ ***machen*** μακραίνω, αυγατίζω (***um*** *A*/με); ~ ***werden*** μακραίνω; *Tage*: μεγαλώνω
Langeweile *f* βαρεμάρα, πλήξη, ανία; ~ ***haben*** βαριέμαι
Längezeichen *n GR* κεραία
Langfinger *m* (*Dieb*) μακρυχέρης
lang|fristig μακροπρόθεσμος; μεγαλής πνοής; *Anleihe auch* πάγιος; **~haarig** μακρυμάλλης; **~jährig** πολυετής (*auch Erfahrung*), μακροχρόνιος
Langlauf *m* χιονοδρομία μακρών αποστάσεων; **~ski** *m* σκι κατάλληλο για χιονοδρομίες μακρών αποστάσεων
langlebig μακροχρόνιος, μακρόβιος
Langlebigkeit ⟨*0*⟩ *f* μακροβιότητα
länglich μακρουλός, επιμήκης
Langmut ⟨*0*⟩ *f* μακροθυμία
lang|mütig μακρόθυμος, καλόβολος; **~nasig** μακρομύτης (-α, -ικο)
längs *präp G* → ***entlang***
Längs- ... κατά μήκος
langsam αργός, βραδύς, σιγαλός; *adv* βραδέως, σιγά; ***immer ~!*** σιγά σιγά!
Langsamkeit ⟨*0*⟩ *f* αργοπορία, βραδύτητα
Lang|schläfer *m* υπναράς (-άδες), φίλυπνος; **~spielplatte** *f* (**LP**) δίσκος, μεγάλης διαρκείας
Längsschnitt *m* τομή κατά μήκος *G*
längst προ πολλού; ***am ~en*** το περισσότερο
Langstrecken|lauf *m* δρόμος αντοχής; **~läufer** *m* δρομέας αντοχής
Lan'guste *f* αστακός
langweil|en (*gelangweilt*) *v/t* πλήττω, κουράζω; ***sich ~en*** πλήττω, βαριέμαι; **~ig** βαρετός; *Mensch auch*: βαρυντικός
Langwelle *f* μακρό κύμα *n*
langwierig χρόνιος
Langwierigkeit *f* παράταση
Lanze *f* λόγχη, κοντάρι, δόρυ (-ατος) *n*
Lan'zette *f* νυστέρι
Lap'palie [-ĭə] *f* ασήμαντο πράγμα, μικροδουλειά
Lappe ⟨*-n*⟩ *m* Λάπωνας
Lappen *m* πανάκι; κουρέλι; *ANAT* (*Leber-*) λοβός, κρημνός
läppisch παιδαριώδης, σαχλός
Lappland *n* Λαπωνία
Lärche *f BOT* λάρικα
Lärm ⟨*-es*; *0*⟩ *m* θόρυβος, κρότος, φασαρία; ~ ***machen*** κάνω κρότο, κάνω θόρυβο; ***viel ~ um nichts*** πολύς θόρυβος για τίποτε
lärmen θορυβώ, κροτώ; **~d** θορυβώδης
Lärmschutz *m* ηχοπροστασία
Larve [-fə] *f ZOOL* νύμφη
Laserdrucker ['le:-] *m* εκτυπωτής λέιζερ
lasern ⟨*-re*⟩ *MED* F θεραπεύω με λέιζερ (*oder* λάζερ)
Laserstrahl ['le:-] *m* λέιζερ (*oder* λάζερ) *n*; **~en** *pl auch* ακτίνες *f/pl* λέιζερ
lassen* *allg* (*auch zulassen*) αφήνω; επιτρέπω; δίνω να; (*veranlassen*) κάνω, βάζω, διατάζω; *auch ohne Übersetzung*; ***sich ~*** *durch Passivkonstruktion*;

L

lässig 842

Beispiele: **er ließ das Trinken** άφησε το ποτό; **du gehst und lässt mich allein** φεύγεις και μ' αφήνεις μόνη; **lass mich** (**mal**) **vorbei**(**gehen**)! άφησέ με να περάσω; **ich bedaure, dass ich Sie warten ließ** λυπάμαι του σας έκανα να περιμένετε; **lass mich mal an der Rose riechen!** δώσε μου να μυρίσω το τριαντάφυλλο; **ich muss mir die Haare schneiden ~** πρέπει να κόψω τα μαλλιά μου; **das lässt sich nicht beschreiben** δεν περιγράφεται; **das lässt sich machen** αυτό μπορεί να γίνει; **sich** (*D*) **etw machen** (**anfertigen**) **~** δίνω να μου το κάνουν, (το) παραγγέλνω; **~ Sie sehen!** για να δω!; **lasst uns gehen!** (ας) πάμε!; *Sorgen* **weit hinter sich** (*D*) **~** διώχνω μακρυά *A*

lässig νωθρός; αμελής

Lässigkeit ⟨*0*⟩ *f* νωθρότητα, αμέλεια

Lasso ⟨*-s; -s*⟩ *n* βρόχος

Last *f* (*auch fig*) φορτίο, φόρτος, βάρος *n*; (*Holz-*) ζαλίκι; (*Esel*) γομάρι; **zu ~en** *G* σε βάρος *G*; **zu ~en** *G* **gehen** αποβαίνω σε βάρος *G*; **j-m etw zur ~ legen** καταλογίζω κτ σε κπ; **j-m zur ~ fallen** γίνομαι σε κπ βάρος

Lastauto *n* → **Lastkraftwagen**

lasten ⟨*-e-*⟩ *z.B. auf dem Gewissen*: επικάθημαι σε

Laster[1] *m* → **Lastkraftwagen**

Laster[2] *n* βίτσιο, διαφθορά

Läste'rei *f* γλωσσοφαγιά

Lästerer *m* κακόγλωσσος, υβριστής

lasterhaft φαύλος

Lasterhaftigkeit *f* κακοήθεια, φαυλότητα

Lästermaul *n* κακόγλωσσος

lästern ⟨*-re*⟩ γλωσσοτρώω (**über j-n**/*A*); *REL* βλασφημώ

Lästerung *f* ύβρη, ασέβημα *n*; βλασφημία

lästig ενοχλητικός, βαρετός; **~ sein** βαραίνω (**j-m**/*A*); **j-m ~ fallen** γίνομαι σε κπ ενοχλητικός

Last|kahn *m* φορτηγίδα; **~kraftwagen** (**LKW**) *m* καμιόνι, φορτηγό; νταλίκα; **~schrift** *f HDL* χρεωστική εγγραφή; **~tier** *n* υποζύγιο; **~träger** *m* χαμάλης (-ηδες); **~zug** *m* μεγάλο φορτηγό με ρυμούλκα

La'sur *f* κύανος; **~it** [-'ri:t] ⟨*-s; 0*⟩ *m* κύανος

La'tein ⟨*-s; 0*⟩ *n* λατινικά *n/pl*

la'teinisch λατινικός

la'tent λανθάνων (-ουσα, -ον); **~ sein** λανθάνω

La'terne *f* φανάρι, φανός

La'ternenpfahl *m* φανοφόρος

La'trine *f* αφοδευτήριο

latschen [a:] F ποδοσέρνομαι

Latschen [a:] *m/pl* F παντόφλες *f/pl*, παλιά παπούτσια *n/pl*

Latte *f* σανίδα, δοκός *f*; F **lange ~** μαντράχαλος

Lattich ⟨*-s; -e*⟩ *m* μαρούλι

Latz ⟨*-es; ⸚e*⟩ *m* προστήθιο

lau *auch fig* χλιαρός

Laub ⟨*-es; 0*⟩ *n* φυλλωσιά, φύλλωμα *n*; **~baum** *m* δένδρο φυλλοβόλο; **~e** *f* σκιάδα, δράνα; **~fall** ⟨*-es; 0*⟩ *m* φυλλόρροια; **~frosch** *m* πράσινος βάτραχος; **~wald** *m* φυλλοβόλο δάσος *n*

Lauch ⟨*-es; -e*⟩ *m* πράσο

Lauer *f*: **auf der ~ liegen** στήνω καρτέρι

lauern ⟨*-re*⟩ καραδοκώ (**auf** *A*/*A*); *auch Gefahr*: ελλοχεύω (**darauf, dass**/να); *Tod*: παραφυλάω; *subst* καραδοκία

Lauf ⟨*-es; ⸚e*⟩ *m* (*Laufen*) τρέξιμο (-ατος); (*Sport*) δρόμος; ρεύμα *n*; *ASTR* πορεία; (*der Jahre*) πάροδος *f*; (*des Gewehrs*) κάννη; **der ~ der Dinge** η φορά των πραγμάτων; **im ~e meines Lebens** στη πορεία της ζωής μου; **im ~e der Zeit** συν τω χρόνω; με το πέρασμα του χρόνου; **im ~e des Tages** κατά την διάρκεια της ημέρας; *seinen Gefühlen* **freien ~ lassen** δίνω ελεύθερη διέξοδο σε ...

Lauf|bahn *f* (*auch fig*) στάδιο; (*Berufs-*) σταδιοδρομία; καριέρα; (*künstlerische*) πορεία; **~bursche** *m* τσιράκι, παιδί

laufen* ⟨*sn*⟩ *allg*, *Wasserhahn*: τρέχω; *TECH* (*in Betrieb sein*) λειτουργώ; *Gefahr* **~** διατρέχω; *z.B.* **nach Hause ~** πάω σπίτι τρέχοντας; *Brief*: **falsch ~** παραπατώ; *Baby*: **anfangen zu ~** κάνει στράτα

Laufen *n* τρέξιμο (-ατος); **im ~** τρέχοντας

laufend τρεχούμενος; *Nummer*: αύξων (-ουσα, -ον); *HDL* ανοιχτός; **die zur Zeit ~en** *Ausgrabungen* συνεχιζόμενος; **das ~e Jahr** το τρέχον έτος; **die ~en Ausgaben** τα τρέχοντα έξοδα; **auf dem Laufenden sein** είμαι ενήμερος;

είμαι (καλά) μπασμένος σε; ***j-n auf dem Laufenden halten*** κρατώ κπ ενήμερο

Läufer *m* δρομέας; *ELEKTR* ρότορας, επαγώγιμο; (*e-r Turbine*) στροφείο; (*Fußball*) χαφ(-μπακ) *m*; (*Mauerstein*) δρομικός λίθος; (*Teppich*) ταπέτο; **~**-δρομικός

Laufe'rei *f*, **~en** *pl* τρεχάματα *n*/*pl*

Lauf|gitter *n* στρατούλα; **~masche** *f* πόντος

Laufpass: ***j-m den ~ geben*** δίνω δρόμο σε κπ

Laufschritt: ***im ~*** τροχάδην

Laufsteg *m* σανιδόσκαλα, πασαρέλα

Laufwerk *n EDV* οδηγός, ντράιβ *n*

Laufzeit *f* (*e-s Wechsels*) διορία; (*e-s Kredits*) χρόνος ισχύος *G*; (*e-s Tonbandes*) διάρκεια; ***mit e-r ~ von*** διάρκειας *G*

Lauge *f* σταχτόνερο, αλισίβα

Lauheit *f* (*auch fig*) χλιαρότητα

Laune *f* καπρίτσ(ι)ο, ιδιοτροπία; ***gute ~*** κέφι, ευδιαθεσία; ***schlechte ~*** ζοχάδες *f*/*pl*; **~n** *f*/*pl* φεγγάρια *n*/*pl*

launenhaft ζόρικος, κακότροπος

Launenhaftigkeit ⟨*0*⟩ *f* ιδιοτροπία

Laus ⟨-; *¨e*⟩ *f* ψείρα; ***Läuse bekommen*** ψειριάζω

lauschen κρυφακούω

Lauscher *m* ωτακουστής

lauschig απόμερος, ήμερος

lausen ⟨*-t*⟩ ψειρίζω

laut¹ *präp G* (*auch D*) κατά *A*, σύμφωνα προς *A*, με

laut² *adj* δυνατός, μεγαλόφωνος; *adv* δυνατά

Laut ⟨*-(e)s*; *-e*⟩ *m auch GR* φθόγγος; ήχος

Laute *f* λαούτο

laut|en ⟨*-e-*⟩ *günstig usw* είμαι; *Text usw* ***~et wie folgt ...*** έχει ως εξής; ***~end auf*** *A*, *z.B. Drachmen*: εκφρασμένος σε

läuten ⟨*-e-*⟩ σημαίνω (***zu*** *D*/*A*); *die Glocke* χτυπώ (-άς), κρούω; *v*/*i* κουδουνίζω

lauter *Mensch*: αγνός; *Gold*: γνήσιος; (*viel*) ***~ Unsinn*** όλο ανοησίες; ***~ Tiere*** όλο ζώα; ***vor ~ Grübeln*** από την πολλή σκέψη

Lauterkeit ⟨*0*⟩ *f* αγνότητα, αφέλεια

Läuterung *f* κάθαρση

Lautgesetz *n GR* φθογγολογικός νόμος

lauthals *adv* φωναχτά

Lautlehre *f* φθογγολογία

lautlos άφωνος

Laut|malerei *f* ονοματοποιία; **~schrift** *f* φωνητική γραφή; **~sprecher** *m* μεγάφωνο; **~sprecherbox** *f* ηχείο

lautstark μεγαλόφωνος

Laut|stärke *f* ένταση ήχου; **~verschiebung** *f GR* εναλλαγή των συμφώνων; **~zeichen** *n* φθογγόσημο

lauwarm χλιαρός, υπόθερμος

Lava ⟨-; *-ven*⟩ *f* λάβα; (*Stück*) μύδρος

Lavendel [-'vɛn-] ⟨*-s*; -⟩ *m* λεβάντα

la'vieren *MAR*, *auch fig* λοξοδρομώ

La'vieren *n* λοξοδρομία

La'wine *f* χιονοστιβάδα

lax χαλαρός

Laxheit *f* χαλαρότητα

Laza'rett ⟨*-(e)s*; *-e*⟩ *n* στρατιωτικό νοσοκομείο

leben ζω (***von*** *D*/με, από *oder* -οντας); ***gerade ~ (können) von*** *D* μόλις που ζω από; ***gut ~*** καλοζώ; ***lange ~*** πολυχρονίζω; *in e-m Haus usw* μένω, κατοικώ; ***zehn Jahre (schon) in*** (*D*) **~** έχω σε ... δέκα χρόνια; ***er lebe (hoch)!*** ζήτω!; ***er lebt nicht schlecht*** δεν περνά και άσχημα; ***leb wohl!*** χαίρε(τε)!; ***~ Sie wohl!*** έχετε γεια, χαίρετε!, υγιαίνετε!

Leben *n* ζωή, βίος; *THEA usw* κίνηση; (*z.B. friedliches*) διαβίωση; ***mein ~ lang*** όλη τη ζωή μου; ***~ bringen in*** *A* ζωηρεύω; ***am ~ erhalten*** κρατώ στη ζωή; ***das ~*** *G* ***führen*** κάνω (την) ζωή ...; ***ein glückliches ~ führen*** ζω ευτυχισμένα; ***ein sorgloses ~ führen*** ζω ήρεμη ζωή; ***sein ~ geben für*** *A* δίνω τη ζωή μου για; ***sich das ~ nehmen*** αυτοκτονώ; ***ins ~ rufen*** *A* καθιερώνω *A*; ***ein langes ~ schenken*** *oder* ***wünschen*** πολυχρονίζω; ***ums ~ kommen*** χάνω τη ζωή; ***~ spendend*** ζωτικός

lebend ζωντανός

le'bendig ζωηρός, ζωντανός; ***wieder ~ werden*** αναβιώνω, ζωντανεύω

Le'bendigkeit ⟨*0*⟩ *f* ζωντάνια

Lebens|- ζωικός; **~abend:** ***am ~abend*** στη δύση της ζωής; **~art** *f* τρόπος ζωής; **~bedingungen** *f*/*pl* όροι *m*/*pl* της ζωής; **~beschreibung** *f* βιογραφία; **~dauer** *f* διάρκεια ζωής; ***lange ~dauer*** μακροημέρευση; **~erfahrung** *f* πείρα του κόσμου; **~erwartung** *f* προσδόκιμο επιβίωσης

lebensfähig βιώσιμος

Lebens|fähigkeit ⟨*0*⟩ *f* ζωτικότητα;

L

Lebensfreude 844

~freude ⟨*0*⟩ *f* χαρά για τη ζωή; **~gefahr** ⟨*0*⟩ *f* κίνδυνος θανάτου *oder* ζωής; ***unter ~gefahr*** με κίνδυνο ζωής
lebensgefährlich σοβαρότατος, θανάσιμος
Lebens|gefährte *m*, **~gefährtin** *f* ταίρι; **~größe** *f* φυσικό μέγεθος; **~haltung(s-kosten** *pl*) *f* κόστος *n* της ζωής; **~jahr** *n* έτος της ζωής; **~kampf** *m* βιοπάλη; **~kraft** *f* ζωική δύναμη, ζωτικότητα
lebenslänglich ισόβιος; *adv* εφ' όρου ζωής; ***~e Freiheitsstrafe*** ισόβια δεσμά *n/pl*
Lebenslauf *m* (*in Bewerbungen*) βιογραφικό σημείωμα *n*
lebenslustig ζωηρός
Lebensmittel *n/pl* τρόφιμα *n/pl*; **~abteilung** *f* τμήμα *n* τροφίμων (σε πολυκατάστημα), **~geschäft** *n* μπακάλικο, παντοπωλείο, κατάστημα *n* τροφίμων; **~karte** *f* δελτίο τροφίμων; **~knappheit** *f* ανεπάρκεια τροφίμων; **~preise** *m/pl* τιμές *f/pl* τροφίμων; **~vergiftung** *f* τροφική δηλητηρίαση
lebens|müde: *~müde sein* *aor*: βαρέθηκα τη ζωή; **~nah** ρεαλιστικός, ανάλογος με την πραγματική ζωή; **~notwendig** βιωτικός; ***das Lebensnotwendige*** τα απαραίτητα προς το ζην
Lebens|qualität ⟨*0*⟩ *f* ποιότητα ζωής; **~raum** *m* ζωτικός χώρος; *BIOL* βιότοπος; **~retter** *m* σωτήρας; **~standard** *m* βιοτικό επίπεδο; **~stellung** *f* μόνιμη θέση; **~unterhalt** *m* (τα) προς το ζην; **~versicherung** *f* ασφάλεια ζωής; **~wandel** *m* διαγωγή; **~weise** *f* τρόπος ζωής; **~werk** *n* έργο ζωής
lebens|wert άξιος να βιωθεί; **~wichtig** σημαντικός, απαραίτητος για τη ζωή
Lebens|zeichen *n*: ***ein ~zeichen geben*** δίνω σημείο ζωής; **~zeit** *f* διάρκεια της ζωής; ***auf ~zeit*** εφ' όρου ζωής
Leber ⟨*-; -n*⟩ *f* συκώτι, ήπαρ (-ατος) *n*; **~-** ηπατ(ο)-, ηπατικός; **~entzündung** *f* ηπατίτιδα; **~tran** *m* μουρουνόλαδο
Lebe|wesen *n* πλάσμα *n*, ον; **~'wohl** *n* αποχαιρετισμός; ***j-n, der Welt ~wohl sagen*** αποχαιρετώ (-άς) κπ
lebhaft ζωηρός, ζωντανός; *HDL Markt*: έντονος
Lebhaftigkeit ⟨*0*⟩ *f* ζωηρότητα
Lebkuchen *m* μελόπιτα; (*zu Weihnachten*) *etwa*: μελομακάρονο
leblos άψυχος, νεκρός
lechzen ⟨*-t*⟩ *v/i* λαχταρώ (-άς) (***nach*** *D/A*)
leck: *~ sein* διαρρέω, κάνω νερά
Leck ⟨*-es; -s*⟩ *n* διαρροή; ***ein ~ haben*** διαρρέω, κάνω νερά
lecken *v/t* γλείφω; (*sehr vulgär*) ***j-m den Arsch ~*** κωλογλείφω κπ; ***sich die Lippen ~*** γλείφομαι
lecker νόστιμος
Lecker|bissen *m* λιχουδιά; **~maul** *n* λιχούδης (-α, -ικο)
Leder *n* πετσί, δέρμα *n*; **... *aus ~*** δερμάτινος; **~-** πέτσινος, δερμάτινος; **~gürtel** *m* δερμάτινη ζώνη; **~haut** *f* *ANAT* χόριο; **~imitation** *f* απομίμηση δέρματος; **~jacke** *f* δερμάτινο; **~mantel** *m* δερμάτινο παλτό
ledern πέτσινος, δερμάτινος
Ledersohle *f* δερμάτινη σόλα
Lederwaren *f/pl* δερμάτινα είδη *n/pl*
ledig (*unverheiratet*) άγαμος; (*frei von*) ελεύθερος (*G/G*); **~lich** απλώς και μόνο; ***er sagte ~lich ...*** απλώς είπε ...
Lee ⟨*0*⟩ *f MAR* σταβέντο, υπήνεμη πλευρά
leer αδειανός, κενός; *Blatt*: άγραφος; *Gerede*, *Worte*: κούφιος; *Frucht*, *fig* τζούφιος; (*eitel*) φρούδος; ***~ ausgehen*** μένω αμπάλωτος; ***~ laufend*** *TECH* άφορτος; ***~ stehend*** *Wohnung*: ξενοίκιαστος; ***~ stehen lassen*** *Raum* αφήνω ανεκμετάλλευτο
Leere ⟨*0*⟩ *f* κενό, κενότητα
leeren *Glas* κενώνω; εκκενώνω; αδειάζω; ***sich ~*** αδειάζω
Leer|gut ⟨*-es; 0*⟩ *n* άδειο δοχείο ή συσκευασία για επανειλημμένη χρήση; **~lauf** *m* κίνηση στα άδεια; (*Auto*) νεκρή (ταχύτητα); *fig* ματαιοπονία; **~taste** *f* πλήκτρο διαστήματος; **~ung** *f* εκκένωση; **~zeile** *f* κενή γραμμή
le'gal νόμιμος; **~i'sieren** νομιμοποιώ
Legali|'sierung *f* νομιμοποίηση; **~'tät** ⟨*0*⟩ *f* νομιμότητα
legen *v/t* βάζω, θέτω; εμβάλλω (***in*** *A*/σε); *Eier* γεννώ; *Grundlage* υποβάλλω; *Karten* ρίχνω; *Pflaster* επιθέτω (***auf*** *A*/επί *G*); ***auf die Erde ~*** πλαγιάζω; ***sich ~*** ξαπλώνω (***auf*** *A*/σε); *Wind*: μαϊνάρω; *Lärm*: κατακάθομαι; *Zorn*: ελαττώνομαι; ***sich ins Bett ~*** πέφτω στο κρεβάτι; *MIL* ***legt an!*** επί σκοπόν!

845 leichtsinnig

Legen *n* βάλσιμο (-ατος)
Le'gende *f* θρύλος; (*auf Karten*) υπόμνημα *n*
Leggings *pl* κολάν *n*
le'gieren συγχωνεύω; *Suppe* δένω
Le'gier|en *n* συγχώνευση; **~ung** *f* κράμα *n*
Legi'on *f* λεγεώνα
legisla'tiv νομοθετικός
Legisla'tive *f* νομοθετική εξουσία
Legisla'turperiode *f* βουλευτική περίοδος *f*
legi'tim νόμιμος; *z.B. Interesse*: έννομος
Legitima'tion *f* (*Ausweis*) ταυτότητα
legiti'mieren νομιμοποιώ; ***sich*** ~ έχω ταυτότητα
Le Havre [lə 'avʀə] *n* Χάβρη
Lehen *n hist* φέουδο
Lehm ⟨-*ę*s; -*e*⟩ *m* λάσπη; πηλός; (*Ton*) άργιλος; **~boden** *m* αργιλώδες έδαφος
lehmig λασπώδης
Lehne *f* ακουμπιστήρι, στήριγμα *n*
lehnen ακουμπώ (-άς) (**an** *A*/σε); ***sich ~ auf*** *A* ακουμπώ (-άς) σε; ***sich ~ über*** *A* σκύβω πάνω από
Lehnstuhl *m* πολυθρόνα
Lehnswesen ⟨-*s*; *0*⟩ *n* φεουδαρχία
Lehnwort ⟨-*ę*s; *¨er*⟩ *n* δάνεια λέξη, δάνειο
Lehr|- διδακτικός; **~amt** *n* διδασκαλική; **~anstalt** *f* διδακτήριο; **~beauftragte(r)** επιφορτισμένος με τη διδασκαλία; **~buch** *n* διδακτικό βιβλίο
Lehre *f* δίδαγμα *n*, δόγμα *n*; διδασκαλία; (*Lehrzeit*) μαθητεία; (*Handwerk*) μαθήτευση; *TECH* ελεγκτής; ***in der ~ sein*** μαθητεύω
lehren *v/t und v/i* διδάσκω; ***j-n etw ~*** μαθαίνω κτ σε κπ; *Griechisch usw* παραδίνω; (*verkünden*) πρεσβεύω
Lehren *n* διδασκαλία; **~de(r)** δάσκαλος
Lehrer *m* (δι)δάσκαλος; (*Oberschule*) καθηγητής; **~-** (*Beruf*) διδασκαλικός; **~bildungsanstalt** *f* διδασκαλείο; **~in** *f* δασκάλα, (δι)δασκάλισσα; **~kollegium** *n* σύλλογος των καθηγητών
Lehr|fach *n* διδακτικός κλάδος; **~gang** *m* κύκλος (*oder* σειρά) μαθημάτων; **~geld** *n* δίδακτρα *n*/*pl*; **~herr** *m* (δάσκαλος) εργοδότης; **~jahr** *n* διδακτικό έτος; **~ling** ⟨-*s*; -*e*⟩ *m* μαθητευόμενος; **~meister** *m* παιδαγωγός; **~mittel** *n* μαθητικό βοήθημα *n*; **~plan** *m* σχολικό πρόγραμμα
lehrreich διδακτικός
Lehr|satz *m MATH* θεώρημα *n*; **~stelle** *f* θέση μαθητείας; **~stuhl** *m* έδρα; **~tätigkeit** *f* διδασκαλία (**an** *D*/σε); **~zeit** *f* μαθητεία
Leib ⟨-*ę*s; -*er*⟩ *m* σώμα *n*, κορμί; (*Bauch*) κοιλιά; **~arzt** *m* ιδιαίτερος γιατρός; **~binde** *f* κοιλιόδεσμος; **~chen** *n* κορσάζ *n*; **~eigene(r)** δουλοπάροικος; **~eigenschaft** ⟨*0*⟩ *f* δουλοπαροικία
Leibes|- σωματικός; **~erziehung** *f* σωματική αγωγή; **~kräfte: *aus ~kräften*** με όλη μου τη δύναμη; **~übungen** *f*/*pl* σωματικές ασκήσεις *f*/*pl*, γυμναστική; **~visita'tion** *f* σωματική έρευνα
Leibgarde *f* σωματοφυλακή
leib|'haftig ολοζώντανος; **~lich** (*z.B. Bruder*) εξ αίματος συγγενής; ζωντανός
Leib|rente *f* ισόβιον εισόδημα *n*; **~schmerzen** *m*/*pl* κοιλόπονος; **~wache** *f* σωματοφυλακή; **~wächter** *m* σωματοφύλακας
Leiche *f* λείψανο, πτώμα *n*
Leichen|- νεκρο-, νεκρικός; **~begängnis** ⟨-*ses*; -*se*⟩ *n* νεκρική πομπή
leichen'blass κατάχλωμος
Leichen|schauhaus *n* νεκροτομείο; **~tuch** *n* σάβανο; **~wagen** *m* νεκροφόρα
Leichnam ⟨-*ę*s; -*e*⟩ *m* πτώμα *n*, σορός
leicht ελαφρός; *Wein, Kaffee usw* ελαφρύς; (*mühelos*) *z.B. Arbeit*: εύκολος; *Gewicht auch* αβαρής; *Tod*: ανώδυνος; *oft*: ευ-, ευκολο-; *adv* (*oberflächlich*) ξυστά; ***es fällt mir ~*** μου έρχεται εύκολο; **~ *verdaulich*** χωνευτικός, εύπεπτος
Leicht|athletik *f* αθλητισμός (στίβου), στίβος; **~er** *m MAR* φορτηγίδα
leichtfertig επιπόλαιος
Leicht|fertigkeit *f* επιπολαιότητα; **~fuß** *m fig* ελαφρόπετρα
leichtgläubig εύπιστος
Leichtgläubigkeit ⟨*0*⟩ *f* ευπιστία
leichthin στα πεταχτά
Leicht|igkeit ⟨*0*⟩ *f* ελαφρότητα; ευκολία, ευχέρεια; **~metall** *n* ελαφρό μέταλλο; **~sinn** ⟨-*ę*s; *0*⟩ *m* επιπολαιότητα, απερισκεψία
leichtsinnig ελαφρόμυαλος, απερίσκεπτος

Leid ⟨*-ẹs; 0*⟩ *n* πόνος, δοκιμασίες *f/pl*, δεινά *n/pl*; ***unverdiente(s)*** ~ αναξιοπάθεια; ***j-m ein ~ zufügen*** κάνω κακό σε κπ; ***es tut mir ~*** λυπάμαι (***um j-n***/κπ; ***dass***/που)

leid: (***etwas***) ***ist mir ~ geworden*** απηύδησα από (κάτι)

leiden* ⟨*-e-*⟩ πάσχω (***an*** *D/A oder* από), υποφέρω (***an*** *D*, *fig* ***unter*** *Hitze usw*/από), *auch fig* πονώ (-άς) (***an*** *D*/από *A*); μαρτυρώ; *Qualen* ~ τραβώ (-άς); ***schwer ~ unter*** *D* δοκιμάζομαι σκληρά από; ***mit j-m ~*** συμπάσχω με κπ; *MED* (*angegriffen sein, Nerven usw*) προσβάλλομαι, πειράζομαι; ***was ich zu ~ habe*** τι υποφέρω; *fig* ***j-n nicht ~ können*** δεν χωνεύω κπ; ***sich nicht ~ können*** δεν χωνευόμαστε

Leiden *n* πάθηση, νόσημα *n*, οδύνη; *Christi* πάθος *n*; ***ein ~ haben*** ασθενώ, πάσχω (από); ***ich habe ein Ohrenleiden*** έχω πρόβλημα με τ' αυτιά (μου)

leidend πονεμένος; ***schwer ~*** βαριά πάσχων, παθιασμένος; ***~ sein*** νοσώ, (*schwer*) παθιάζω

Leidende(r) πάσχων (-οντος) *m*

Leidenschaft *f* πάθος *n*, μανία; μονομανία (***zu*** *D*/με); *auch* ***Theater-*** έρωτας με το θέατρο; ***Jagd-*** έρωτας στο κυνήγι

leidenschaftlich εμπαθής; *z.B. Sammler*: μανιακός; *Liebe*: παράφορος; *adv lieben* με πάθος; ***~e(r) Kaffeetrinker(in)*** θεριακλής (-λού *f*) του καφέ

Leidenschaftlichkeit ⟨*0*⟩ *f* εμπάθεια

Leidensgefährt|e ⟨*-n*⟩ *m*, ***~in*** *f* ομοιοπαθής *m, f*

leider *adv* δυστυχώς

leidgeprüft πολύπαθος

leid|ig δυσάρεστος; καταραμένος; ***~lich*** μέτριος; ... της ανθρωπιάς

Leid|tragende(r) χαροκαμένος; πενθών *m*; ***~wesen: zu meinem ~wesen*** με μεγάλη λύπη, λυπημένα

Leier *f* λύρα; *fig* ***die alte ~*** το ίδιο τροπάρι; ***~kasten*** *m* λατέρνα, οργανέτο; ***~kastenmann*** *m* λατερνατζής (-ήδες)

Leih|- δανεικός; ***~amt*** *n* → ***Leihhaus***; ***~bibliothek*** *f*, ***~bücherei*** *f* δανειστική βιβλιοθήκη

leihen* δανείζω (***j-m etw***/κτ σε κπ); ***sich*** (*D*) ***etw ~ von*** *D* δανείζομαι κτ από; *lit* ***j-m sein Gehör ~*** ακροάζομαι κπ; *subst* δάνεισμα *n*

Leih|er *m* δανειστής; ***~gebühr*** *f* τέλος δανεισμού; ***~haus*** *n* ενεχυροδανειστήριο; ***~wagen*** *m* νοικιασμένο αυτοκίνητο

Leim ⟨*-ẹs; -e*⟩ *m* κόλλα; (*Vogel-*) ιξός; *fig* ***auf den ~ gehen*** πέφτω σε παγίδα; ***aus dem ~ gehen*** παραλύω

leimen κολλώ (-άς)

Leim|farbe *f* κολλητικό χρώμα; ***~rute*** *f* ξόβεργα

Lein ⟨*-ẹs; -e*⟩ *m* λινάρι, λινός

Leine *f* σχοινί; ***an der ~ führen*** παίρνω από το σχοινί

Leinen *n* λινό; ***in ~ gebunden*** λινόδετος

leinen λινός

Lein|öl *n* λινέλαιο; ***~samen*** *m* λινόσπορος; ***~wand*** *f* λινό; οθόνη (*auch Kino*)

Leipzig *n* Λειψία

leise σιγανός, αθόρυβος; *Stimme*: χαμηλός; *adv* σιγά

Leisetreter *m* σιγανοπόταμο, χαμηλοθώρης

Leiste *f ANAT* βουβωνική χώρα; (*Tapeten-*) παρυφή

leisten ⟨*-e-*⟩ *Maschine, Arbeit*: αποδίδω; ***e-n Eid ~*** κάνω, δίνω όρκο; ***Folge ~*** *D* ανταποκρίνομαι σε; *Einladung* δέχομαι; ***j-m Widerstand ~*** προβάλλω σε κπ αντίσταση; ***es sich ~ können*** (***zu***) έχω τα μέσα (να); *fig iron* ***sich was*** (***Schönes***) ~ θαυματουργώ

Leisten *m* καλαπόδι, καλούπι

Leisten|- *ANAT* βουβωνικός; ***~bruch*** *m* κήλη; ***~gegend*** ⟨*0*⟩ *f* βουβωνική χώρα, περιοχή

Leistung *f* κατόρθωμα *n*; *TECH usw* απόδοση; επίδοση; *ELEKTR* ισχύς (-ύος) *f*; *Geld-*, *JUR* παροχή

Leistungsbilanz *f HDL* ισοζύγιο οικονομικής απόδοσης; ***~defizit*** *n* έλλειμα *n* ισοζυγίου οικονομικής απόδοσης

leistungsfähig δυναμικός; (*sehr*) αριστοποιημένος

Leistungs|fähigkeit ⟨*0*⟩ *f* αποδοτικότητα, δυναμικότητα; ***~gesellschaft*** *f etwa*: κοινωνία αποδοτικότητας; ***~prämie*** *f* πριμ *n* αποδόσεως; ***~prinzip*** *n* αρχή αποδοτικότητας

Leitartikel *m* κύριο άρθρο; ***~ verfassen*** αρθρογραφώ

leiten ⟨*-e-*⟩ *v/t Wasser, Gas, ELEKTR* διοχετεύω; (*j-n führen*) χειραγωγώ; *Politik* κατευθύνω; *Firma* διευθύνω, διαχειρίζομαι; (*verwalten*) διοικώ;

(*Büro*) Anweisungen ~ **an** *A* διαβιβάζω σε; *v/i PHYS, ELEKTR* άγω; *subst* διοχέτευση; **~d** κατευθυντήριος; *Angestellter*: ανώτατος; *ELEKTR gut* **~d** καλός αγωγός (του ηλεκτρισμού)

Leiter¹ *f* σκάλα, κλίμακα

Leiter² *m* προϊστάμενος, διαχειριστής; *e-r Veranstaltung usw* κοσμήτορας; *PHYS, ELEKTR* αγωγός; *guter* ~ καλός αγωγός (του ηλεκτρισμού)

Leit|faden *m* εγχειρίδιο; **~fähigkeit** ⟨*0*⟩ *f* αγωγιμότητα; **~gedanke** *m* απόφθεγμα *n*; **~motiv** *n* λάιτ-μοτίφ *n*; **~planke** *f* προστατευτικό διάζωμα

Leitung *f* (*e-r Firma*) διεύθυνση, διαχείριση; (*Wasser- usw*) διοχέτευση; *ELEKTR* αγωγός; *TEL* σύρμα *n*, γραμμή; *unter* ~ *G* (*von*) με επικεφαλής (τον ...)

Leit|währung *f* επικρατούν νόμισμα *n*; **~zins** *m* τόκος εθνικής τράπεζας

Lek'tion *f* μάθημα *n*; *j-m e-e* ~ **erteilen** δίνω σε κπ μάθημα

Lektor ⟨*-s; -'toren*⟩ *m* υφηγητής; *Verlag*: υπεύθυνος συντάκτης

Lek'türe *f* διάβασμα *n*, ανάγνωσμα *n*

Lemnos *n* Λήμνος *f*

Lende *f* ισχίο; μερί; **~n** *f/pl* λαγαρά *n/pl*

lenkbar *LUFTF* πηδαλιουχούμενος; *schwer* ~ δύσκολα κατευθυνόμενος

lenken *z.B. Schiff* διευθύνω; (*verwalten*) κατευθύνω; οδηγώ; ρυμουλκώ; *die Aufmerksamkeit* ~ εφιστώ (*auf A*/σε)

Lenk|er *m* πηδαλιούχος; **~rad** *n* τιμόνι, βολάν *n*; **~säule** *f* ράβδος *f* διευθύνσεως; **~stange** *f* (*Fahrrad*) πηδάλιο; **~ung** *f allg* διεύθυνση

Lenz ⟨*-es; -e*⟩ *m poet* έαρ (έαρος) *n*

Leo'pard ⟨*-en*⟩ *m* λεοπάρδαλη

Lepra ⟨*0*⟩ *f* λέπρα

leprakrank λεπρός

Lep'ton *n* (*pl -a*) (*100. Teil e-r Drachme*) λεπτό

Lerche *f* κορυδαλός

lernbegierig φιλομαθής

Lerneifer *m* φιλομάθεια

lernen μαθαίνω (*etw von D, aus D/*κτ από); (*als Lehrling*) μαθητεύω; *auswendig* ~ αποστηθίζω; *subst* μάθηση

Lesart *f* γραφή

lesbar αναγνώσιμος; *schwer* ~ δυσανάγνωστος; *leicht* ~ ευκολοδιάβαστος

Lesbos *n* Λέσβος *f*

Lese|buch *n* αναγνωστικό; **~lampe** *f* πορτατίφ *n*

lesen* *v/t* διαβάζω; *Wein* αποτρυγώ; (*Universität*) *v/i* παραδίδω; *weder* ~ *noch schreiben können* είμαι αγράμματος

Lesen *n* διάβασμα *n*, ανάγνωση; ~ *und Schreiben* (τα) γράμματα

lesenswert αξιανάγνωστος

Lesepult *n* αναλόγιο

Leser *m* αναγνώστης; **~** αναγνωστικός

Leseratte *f* φιλαναγνώστης

Leserin *f* αναγνώστρια

leserlich ευανάγνωστος

Lese|saal *m* αναγνωστήριο; **~stück** *n* ανάγνωσμα *n*; **~zeichen** *n* σελιδοδείκτης; **~zirkel** *m* αναγνωστική εταιρία

Lesung *f* ανάγνωσμα *n*; *POL* ψήφισμα *n*

Lethar'gie ⟨*0*⟩ *f* λήθαργος

Letter *f* στοιχείο, ψηφίο

Lette ⟨*-n*⟩ *m* Λετονός

Lettin *f* Λετονή

lettisch λετονικός

Lettland *n* Λετονία

letzt- τελευταίος, έσχατος; → *Ende*

Letzt: *zu guter* ~ στο κάτω-κάτω

letzt|ens τελευταία, εσχάτως; **~lich** τελικά

Leucht|- φωτιστικός, φωτοφόρος; **~boje** *f* φωτεινός σημαντήρας; **~e** *f* λάμπα, *auch fig* φωστήρας; **~en** *pl* (*Lampen usw*) φωτιστικά *n/pl*

leuchten ⟨*-e-*⟩ φέγγω, φωτίζω, φωτοβολώ; *subst* φωτοβολία; **~d** φεγγοβόλος, λαμπερός; *fig Beispiel*: λαμπρός

Leucht|er *m* κηροπήγιο, κηροστάτης; **~gas** ⟨*-es; 0*⟩ *n* φωταέριο; **~käfer** *m* πυγολαμπίδα, κωλοφωτιά; **~kraft** ⟨*0*⟩ *f* φωτιστική δύναμη; **~kugel** *f* φωτοβολίδα; **~reklame** *f* φωτεινή διαφημιστική πινακίδα; **~röhre** *f* στήλη φθορισμού (*oder* φωτισμού); **~schirm** *m* διάφραγμα φθορίζον; **~schrift** *f* (*Reklame*) φωτεινή επιγραφή, ηλεκτρική εφημερίδα; **~signal** *n* πυρσός; **~spur** *f* τροχιά; **~spurgeschoss** *n* τροχιοδεικτικό βλήμα *n*; **~turm** *m* φάρος, φανός; **~zifferblatt** *n* φωτεινή πλάκα

leugnen ⟨*-e-*⟩ αρνιέμαι, αρνούμαι

Leugnung *f* άρνηση

Leukas *n* Λευκάς *f*

Leuko'zyt ⟨*-en*⟩ *m* λευκοκύτταρο

Leumund ⟨*-es; 0*⟩ *m* φήμη

Leumundszeugnis *n* πιστοποιητικό καλής διαγωγής

Leute 848

Leute *pl* κόσμος, άνθρωποι *m/pl*; ***junge** ~* νέοι *m/pl*; ***die feinen** ~* ο καλός κόσμος; ***die einfachen (kleinen)** ~* ο κοσμάκης; *fig* ***unter die ~ bringen*** διαδίδω; *Geld* κυκλοφορώ
Leutnant ⟨*-s*; *-s*⟩ *m* ανθυπολοχαγός; ***~ der Luftwaffe*** ανθυποσμηναγός; ***~ zur See*** ανθυποπλοίαρχος
leutselig καταδεκτικός
Leutseligkeit *f* ευπροσηγορία, καταδεκτικότητα
Le'vant|e [-v-] ⟨*0*⟩ *f* ανατολή, λεβάντες; **~iner** [-'tiː-] *m* λεβαντίνος
Le'viten: ***j-m die ~ lesen*** ψάλλω σε κπ τον εξάψαλμο
Lev'koje *f* λευκόιον, μενεξές (-έδες)
Lexi|ko'graph ⟨*-en*⟩ *m* λεξικογράφος; **~ko'loge** ⟨*-n*⟩ *m* λεξικολόγος
Lexikon ⟨*-s*; *-ka*⟩ *n* λεξικό
Lezi'thin ⟨*-s*; *0*⟩ *n* λεκιθίνη
Libanon *m* (**der** ο) Λίβανος
Li'belle *f* νερονύφη; *TECH* αλφάδι
libe'ral *POL* φιλελεύθερος; ελευθερόφρονας
Libe'ral|e(n) *pl* (οι) φιλελεύθεροι *pl*; **~i'sierung** *f HDL* ελευθέρωση; **~ismus** [-'lɪs-] ⟨-; *0*⟩ *m POL* φιλελευθερισμός; ελευθεροφροσύνη
Li'bretto ⟨*-s*; *-s oder -tti*⟩ *n* λιμπρέτο
Libyen *n* Λιβύη
Licht ⟨*-ⱥs*; *-er*⟩ *n* φως (φωτός) *n*; (*Kerze*) κερί; ***im ~e** G* στο φως *G*; ***in e-m anderen ~e*** διαφορετικά; ***~ machen*** ανάβω το φως; *fig* ***das ~ der Welt erblicken*** βλέπω το φως της ημέρας; *fig* ***ans ~ bringen*** φέρνω στο φως; ***ans ~ kommen*** έρχομαι στο φως, βγαίνω στην επιφάνεια; *fig* ***grünes ~ geben für** A* δίνω πράσινο φως για; **(ein)** ***~ werfen auf** A* ρίχνω φως σε; δίνω μια νέα όψη σε
Licht- φωτεινός
licht ⟨*-er*; *-est-*⟩ φωταυγής; (*spärlich*) *Wald*: αραιός
Licht|bild *n* φωτογραφία; **~blick** *m fig* ακτίνα φωτός
lichtempfindlich φωτοπαθής, φωτοευαίσθητος
lichten ⟨*-e-*⟩ *v/t Anker* βιράρω, αίρω; *Wald* αραιώνω; **sich ~** (*auch fig Reihen*) αραιώνω; *Haare*: μαδώ (-άς)
lichter'loh: ***~ brennen*** φλογοβολώ, λαμπαδιάζω
Licht|geschwindigkeit ⟨*0*⟩ *f* ταχύτητα φωτός; **~jahr** *n* έτος *n* φωτός; **~maschine** *f* (*Auto*) δυναμό ⟨*0*⟩ *n*
Lichtmess: ***Mariä ~*** (*2. Februar*) εορτή της Υπαπαντής
Licht|quelle *f* φωτεινή πηγή; **~reklame** *f* → ***Leuchtreklame***; **~schacht** *m* φωταγωγός; **~schalter** *m* διακόπτης
lichtscheu φωτόφοβος
Licht|schutzfaktor *m* δείκτης προστασίας (αντιηλιακού); **~spielhaus** *n* κινηματογράφος; **~stärke** *f* φωτεινότητα; **~strahl** *m* ακτίνα φωτός
Lichtung *f* (*im Walde*) ξάνοιγμα *n*, λούζα, λάκκα
Lid [iː] ⟨*-ⱥs*; *-er*⟩ *n* βλέφαρο; **~(rand)entzündung** *f* βλεφαρίτιδα; **~schatten** *m* σκιά (για τα μάτια); **~strich** *m* αι λάινερ *n*
lieb αγαπητός, προσφιλής; (*angenehm*) ευχάριστος; (*nett*) ευγενής; *oft*: ... μου, *z.B.* ***~e Kinder*** παιδιά μου; ***mein Lieber*** καϋμένε!, καλέ!; ***~ haben*** αγαπώ (-άς), έχω στην καρδιά; ***~er haben*** καλύτερα το 'χω; ***~er nehmen, ~er mögen*** προτιμώ (-άς); **~äugeln** ⟨*-le*⟩ γλυκοματιάζω (**mit** *D/A*); *fig* έχω στο νου (**mit** *D*/να + *Verb*)
Liebchen *n* αγαπητικιά
Liebe *f* αγάπη (**zu** *D*/για), έρωτας; (*mütterliche*) στοργή; ***e-e ~ erwidern*** ανταγαπώ
Liebe|diene'rei *f* δουλικότητα; **~'lei** *f* ζαχάρωμα *n*
lieben αγαπώ (-άς)
liebenswert αξιαγάπητος
liebenswürdig αξιαγάπητος; (*nett*) ευγενικός; ***sehr ~ von Ihnen*** πολύ ευγενικό εκ μέρους σας
Liebenswürdigkeit *f* ευγένεια
Liebes|- ερωτικός; **~beziehungen** *f/pl* ερωτικές σχέσεις *f/pl*; **~brief** *m* ερωτική επιστολή, ραβασάκι; **~erklärung** *f* ερωτική εξομολόγηση; **~geschichte** *f* → ***Liebesroman***; F (*Angelegenheit*) ερωτοδουλειά; **~kummer** *m* σεβντάς, βάσανο, καϋμός (από έρωτα); **~lied** *n* ερωτικό τραγούδι
Liebesmüh: *iron* F ***vergebliche ~*** τζίφος η δουλειά μας
Liebes|paar *n* ερωτικό ζευγάρι; **~roman** *m* ιστορία αγάπης
liebestoll ερωτομανής
Liebes|trank *m* φίλτρο; **~verhältnis** *n* ερωτικές σχέσεις *f/pl*

liebevoll φιλόστοργος, στοργικός
Liebhab|er *m* εραστής, αγαπητικός; *fig* θεριακλής; **~e'rei** *f* ερασιτεχνία; **~erin** *f* αγαπητική; θεριακλού *f* (**von** *D/G*)
lieb'kosen ⟨*-t*; *lieb'kost*⟩ θωπεύω, χαϊδεύω
Lieb'kosung *f* θωπεία, χάιδια *n/pl*
lieblich γλυκός, ηδύς
Lieblichkeit ⟨*0*⟩ *f* χάρη, ηδύτητα
Liebling ⟨*-s*; *-e*⟩ *m* αγαπητός; **mein ~!** αγάπη μου, μάτια μου!
Lieblings- (*Essen usw*) αγαπημένος
lieblos άστοργος
Lieblosigkeit *f* αστοργία
Lieb|reiz ⟨*-es*; *0*⟩ *m* θέλγητρο; **~schaft** *f* ερωτοδουλειά
liebst|- φίλτατος; **der Liebste** αγαπητικός; **die Liebste** αγαπητικιά
Lied ⟨*-(e)s*; *-er*⟩ *n* τραγούδι, άσμα *n*; *REL* **das Hohe ~** άσμα *n* ασμάτων
Lieder|abend *m* ρεσιτάλ *n*, βραδιά τραγουδιού; **~buch** *n* βιβλίο ασμάτων; **~dichter** *m* ασματογράφος
Liederjan ⟨*-(e)s*; *-e*⟩ *m* βρόμα *n*
liederlich άτσαλος, ατάσθαλος; έκλυτος
Liederlichkeit ⟨*0*⟩ *f* ατσαλιά; έκλυση
lief → **laufen**
Liefer- προμηθευτικός
Liefe'rant ⟨*-en*⟩ *m* προμηθευτής
lieferbar παραδοτέος
Lieferfrist *f* προθεσμία παραδόσεως (*oder* παράδοσης)
liefern ⟨*-re*⟩ προμηθεύω; (*aus~*) παραδίνω; *Beweis* προσάγω; *ELEKTR Strom* χορηγώ; **zu ~d** παραδοτέος; *fig* **ich bin geliefert** χάθηκα
Liefer|schein *m* απόδειξη παραδόσεως; **~ung** *f* παράδοση; προμήθεια; χορήγηση; (*als Teil*) δόση
Lieferungs|- προμηθευτικός; **~bedingungen** *f/pl* όροι *m/pl* παραδόσεως (*oder* παράδοσης)
Lieferwagen *m* φορτηγάκι
Liege *f* ξαπλώστρα
lieg|en* κείτομαι, κείμαι, κατάκειμαι; *mst* βρίσκομαι; επικάθομαι (**auf** *D*/σε); **~en zwischen** *D* (*auch Zeit*) μεσολαβώ μεταξύ *G*; (**hierin**) **~t** *K* έγκειται ...; **es ~t an** *D* απόκειται σε; **es ~t an Ihnen** εναπόκειται σε σας (**zu ...**/να ...); **es ~t mir daran** με ενδιαφέρει; πρόκειται μόνο για ...; **mir ~t nichts daran** δε με νοιάζει; **der Schnee ~t noch** άλειωτα είναι τα χιόνια; **der Schnee lag ein Meter hoch ...** ήτανε ένα μέτρο; **~ bleiben** *Person*: μένω ξαπλωμένος; *Auto*: μένω στο δρόμο; *Waren*: μένω απούλητος; μένω άσταλτος; *Arbeit usw* παραμένω ανεκτέλεστος; **~ lassen** αφήνω; *Schirm usw* ξεχνάω (-άς)
Liegen *n* ξάπλα, κατάκλιση
liegend κείμενος
Liegenschaften *pl* ακίνητα *n/pl*
Liege|stuhl *m* ξαπλωτή καρέκλα, σαιζ-λόγκ *f*, ξαπλώστρα; **~stütz** ⟨*-es*; *-e*⟩ *m* (*Turnen*) πρόσαψη; πους-άπ ⟨*0*⟩ *n*; **~tage** *m/pl MAR* σταλία; **~wagen** *m* τουριστικό βαγκονλί; **~wiese** *f* γρασίδι
lieh → **leihen**
ließ → **lassen**
Lift ⟨*-(e)s*; *-e*⟩ *m* ασανσέρ *n*
Liga ⟨*-*; *-gen*⟩ *f* σύνδεσμος; *Fußball*: κατηγορία
Li'kör ⟨*-s*; *-e*⟩ *m* λικέρ *n*, ηδύποτο
lila ⟨*0*⟩ μελιτζανής (-ιά, -ί), λιλά
Lilie [-lĭə] *f* κρίνο, κρίνος
Lilipu'taner *m* λιλιπούτειος
Lima'ssol *n* (*auf Zypern*) Λεμεσός *f*
Limo'nade *f* γκαζόζα, λεμονάδα
Limou'sine *f* λιμουζίνα
lind ήπιος
Linde *f* φλαμουριά, φιλύρα, τιλία
Lindenblüte *f* φιλαμούρι
Lindenblütentee *m* τίλιο
lindern ⟨*-re*⟩ *Schmerz* γλυκαίνω; *bsd MED* καταπραΰνω, μαλακώνω; **~d** καταπραϋντικός, μαλαχτικός
Linderung *f* καταπράυνση; **j-m ~ verschaffen** ανακουφίζω κπ
Linderungs|- ανακουφιστικός; **~mittel** *n* μαλαχτικό
Line'al ⟨*-s*; *-e*⟩ *n* ρίγα, χάρακας
line'ar γραμμικός
Lingu'ist ⟨*-en*⟩ *m* γλωσσολόγος
lingu'istisch γλωσσικός
Linie [-nĭə] *f allg* γραμμή; αράδα; (*e-s Hauses*) κλάδος; **in erster ~** πρώτα-πρώτα; κατά πρώτο λόγο; **in erster ~ ... dann auch** κατ' αρχήν ... κατόπιν; **in erster ~ stehen** βρίσκομαι στη πρώτη γραμμή; *fig* **auf der ganzen ~** *gesiegt* κατά κράτος; **die schlanke ~** η σιλουέτα; **männliche ~** αντρική σιλουέτα; **e-e gerade ~ ziehen** ευθυγραμμίζω

L

Linien|blatt *n* χαρτί με γραμμές; **~bus** *m* λεωφορείο γραμμής; **~flug** *m* πτήση γραμμής; **~flugzeug** *n*, **~maschine** *f* αεροπλάνο της γραμμής; **~richter** *m* (*Sport*) επόπτης γραμμών, λάινσμεν *m*
linientreu πιστός στη γραμμή (του κόμματος)
Linien|verkehr *m* συγκοινωνία της γραμμής; **~ziehen** *n* χάραξη
li'nier|en ριγώνω, χαρακώνω; *subst* χάραξη; **~t** ριγωτός, χαρακωτός
link|- *auch* POL αριστερός; ζερβός; ***die ~e Seite*** *e-s Stoffes* ανάποδη
Linke *f* αριστερά (*auch* POL); ***zur ~n*** *G* προς τα αριστερά *G*; *fig* ***zur ~n neigen*** αριστερίζω
linkisch αδέξιος
links *adv* αριστερά, ζερβά; ***von ~*** από αριστερά; ***~ und rechts*** ζερβόδεξα; ***von ~ nach rechts*** προς τα δεξιά
Links|'außen ⟨-; -⟩ *m* έξω αριστερά *m*; **~drall** *m* τάση προς τα αριστερά; **~extre'mismus** *m* αριστερός εξτρεμισμός; **~händer(in** *f*) *m* αριστερόχειρας *m, f*
links|händig αριστερός, ζερβοχέρης (-α, -ικο); **~radikal** ριζοσπαστικός αριστερός
Linnen *n* → ***Leinwand***
Li'noleum ⟨*-s; 0*⟩ *n* λινέλαιο
Linse *f* PHYS φακός; BOT φακή
linsenförmig φακοειδής
Linsengericht: ***für ein ~*** αντί πινακίου φακής
Lippe *f* χείλι, χείλος *n*
Lippen|laut *m* χειλεόφωνο; **~stift** *m* κραγιόν
Liquida'tion *f* εκκαθάριση; **~s-** εκκαθαριστικός
Liqui'dator ⟨*-s; -'toren*⟩ *m* εκκαθαριστής; POL λικβινταριστής
liqui'dieren ξεκαθαρίζω; (*auflösen*) POL διαλύω; εξαλείφω
Liqui'dierung *f* POL εξάλειψη, λικβινταρισμός
Lira ⟨-; *-re*⟩ *f* (*Währung*) λίρα
lispeln ⟨*-le*⟩ ψευδίζω; *subst* ψεύδισμα *n*
List *f* δόλος, τέχνασμα *n*
Liste *f* λίστα, κατάλογος; ***schwarze ~*** μαύρος κατάλογος; ***auf die schwarze ~ setzen*** προγράφω; ***auf der schwarzen ~ stehen*** είμαι σε σημασμένος
listig δόλιος
Lita'nei *f* λιτανεία
Litau|en *n* Λιθουανία; **~er** *m* Λιθουανός
litauisch λιθουανικός
Liter *m* (*auch n*) λίτρο
lite'rarisch λογοτεχνικός
Lite'ra|t ⟨*-en*⟩ *m* λογοτέχνης; **~'tur** *f* λογοτεχνία; **~'tur-** λογοτεχνικός
Literatur-No'belpreis *m* βραβείο Νόμπελ λογοτεχνίας
Litfaßsäule *f* στήλη διαφημίσεων
Lithogra'phie *f* λιθογραφία
litt → ***leiden***
Litur'gie *f* λειτουργία
Litze *f* γαλόνι, σειρήτι; *auch* ELEKTR κορδόνι
Li'vree *f* λιβρέα
Lizentiat [-'tsĭa:t] ⟨*-en*⟩ *m* τελειοδίδακτος
Li'zenz *f* άδεια; **~nehmer** *m* δικαιούχος
LKW [ɛlka·'ve:] ⟨*-s; -s*⟩ *m* (= *Lastkraftwagen*) καμιόνι, νταλίκα; **~-Fahrer** *m* οδηγός νταλίκας
Lob ⟨*-ęs; -e*⟩ *n* έπαινος; ***über jedes ~ erhaben*** ανώτερος παντός επαίνου
loben *v/t* επαινώ, παινεύω; ***sich selbst ~*** περιαυτολογώ; **~d** επαινετικός
lobenswert αξιέπαινος
Lob|es-hymne *f* παιάνας; **~gesang** *m* δοξολογία, υμνωδία
löblich επαινετός
Loblied *n auch fig* ύμνος (**auf** *A*/σε), διθύραμβος; *fig* παινέματα *n/pl*; ***~er singen*** υμνολογώ, *fig* ψάλλω διθυράμβους (**auf** *A*/για); ***ein ~ anstimmen auf*** *A* κάνω το εγκώμιο *G*
lobpreisen ⟨*-t; gelobpreist*⟩ *auch fig* υμνώ, εγκωμιάζω
Lobpreisung *f* ύμνηση
Lobred|e *f* εγκώμιο; **~ner** *m* εγκωμιαστής
Loch [ɔ] ⟨*-ęs; ⸚er*⟩ *n* τρύπα; οπή; *im Zahn*: κουφάλα; *fig* F (*Bude*) τρώγλη; ***Löcher bekommen*** τρυπώ (-άς)
lochen τρυπώ (-άς)
Locher *m* τρυπητήρι, περφορατέρ *n*
löcherig τρύπιος
Lochung *f* τρύπημα *n*
Locke *f* μπούκλα
locken *v/t* δελεάζω; (*kräuseln*) σγουραίνω, κατσαρώνω
Locken *n* σγούρωμα *n*; **~kopf** *m* σγουρομάλλης *m* (-α *f*); **~wickler** *m* μπικουτί
locker μπόσικος, χαλαρός; *Gewebe*: αγανός, καμπάδικος; *Brot*: αφράτος; *Sitte*: έκλυτος; ***~ lassen*** μποσικάρω;

L

fig ***nicht ~lassen*** επιμένω; ***~ machen*** χαλαρώνω; *fig Geld* ***~machen*** λύνω το κομπόδεμα *n*; *Kleider*: ***~ sitzen*** παίζω; ***~ werden*** χαλαρώνω, χαλαρώνομαι, μποσικάρω
Lockerheit ⟨*0*⟩ *f* χαλαρότητα
locker|lassen*, ~machen → ***locker***
lockern ⟨*-re*⟩ χαλαρώνω, μποσικάρω; ξεσφίγγω; *MAR* παραλύω; *Schraube auch* λασκάρω; *Glieder* ξεκλειδώνω; *Sitten* εκλύω; **sich ~** χαλαρώνομαι
Lockerung *f* χαλάρωση; έκλυση (**der Sitten** ηθών)
lockig σγουρός, κατσαρός
Lock|mittel *n* δέλεαρ (-έατος) *n*; **~ruf** *m* κραξιά; **~vogel** *m* κράχτης
Loden *m* (*Stoff*) *etwa*: αδιάβροχη, τσόχα; **~mantel** *m* καπότα
lodern ⟨*-re*⟩ λαμπαδιάζω
Löffel *m* κουτάλι; (*Koch-*) χουλιάρι
löffeln ⟨*-le*⟩ τρώω με το κουτάλι
Löffelvoll ⟨*0*⟩ *m* κουταλιά
log → ***lügen***
Log [ɔ] ⟨*-s*; *-e*⟩ *n MAR* δρομόμετρο
Loga'rith|mentafel *f* λογαριθμικός πίνακας; **~mus** ⟨*-*; *-men*⟩ *m* λογάριθμος
Logbuch [ɔ] *n MAR* ημερολόγιο, ναυτολόγιο
Loge ['lo:ʒə] *f THEA* θεωρείο; (*Freimaurer*) στοά
Logen|bruder *m* ελευθεροτέκτονας; **~schließer** *m THEA* ταξιθέτης (*f* **-in** -τρια)
logieren [loˑ'ʒi:rən] καταλύω; κατοικώ
Logik ⟨*0*⟩ *f* λογική
logisch λογικός; ***~ denken*** ορθοφρονώ
Lo'gistik ⟨*0*⟩ *f MIL* επιμελητεία
Lohe¹ *f* (*Flamme*) φλόγα
Lohe² *f* (*zum Gerben*) πιτύκι
Lohn ⟨*-ęs*; *¨e*⟩ *m* μισθός; *fig* (*für e-e schlechte Tat*) επίχειρα *n/pl G*; ***in ~ stehend*** μίσθιος; **~-** μισθοδοτικός; **~abzug** *m* κράτηση μισθού; **~arbeit** *f* έμμισθη εργασία; **~ausfall** *m* απώλεια μισθού; **~empfänger** *m* μισθωτός
lohn|en (*lit für vergelten*) ανταμείβω (***j-m etw***/κπ για *A*); *unpers* (*vorteilhaft sein*) συμφέρει; ***sich ~en*** αξίζει; ***es ~t sich*** αξίζει τον κόπο; ***es ~t sich nicht, zu ...*** δεν αξίζει να ...; **~end** συμφερτικός, επικερδής
Lohn|erhöhung *f* αύξηση μισθών; **~fortzahlung** *f* πληρωμή μισθού κατά την διάρκεια της ασθενείας; **~gruppe** *f* μισθολογική κατηγορία; **~politik** *f* μισθολογική πολιτική; **~senkung** *f* μείωση μισθού; **~steuer** *f* φόρος μισθωτών υπηρεσιών; **~steuerjahresausgleich** *m* ετήσια εξίσωση του φόρου μισθωτών υπηρεσιών; **~steuerkarte** *f* φορολογική κάρτα; **~stopp** *m* πάγωμα *n* των μισθών; **~tarif** *m* μισθολόγιο; **~tüte** *f* φάκελος με το μισθό
Lohnzahl|er *m* μισθοδότης; **~ung** *f* μισθοδοσία
Lok [ɔ] ⟨*-*; *-s*⟩ *f* → ***Lokomotive***
lo'kal *adj* → ***Lokal-***
Lo'kal ⟨*-ęs*; *-e*⟩ *n* κέντρο; **~-** τοπικός
Lo'kal|angriff *m MIL* εγχείρημα *n*; **~blatt** *n* τοπική εφημερίδα; **~fernsehen** *n* τοπική τηλεόραση
lokali'sieren εντοπίζω
Lokali'sierung *f* εντόπιση
Lo'kal|nachrichten *f/pl* τοπικά νέα *n/pl*; **~patrio'tismus** *m* τοπικισμός; **~presse** *f* τοπικός τύπος; **~radio** *n* τοπική ραδιοφωνία; **~termin** *m JUR* επιτόπια έρευνα; **~verbot** *n* απαγόρευση εισόδου σε ένα συγκεκριμένο λοκάλ; **~zeitung** *f* τοπική εφημερίδα
Lokomo'tiv|e *f* ατμάμαξα, λοκομοτίβα; **~führer** *m* μηχανοδηγός
Lom'bardkredit *m* πίστωση επ' ενεχύρω χρεωγράφων
London *n* Λονδίνο; **~er** *m* Λονδρέζος; **~er** *adj* λονδρέζικος
Lorbeer [ɔ] ⟨*-s*; *-en*⟩ *m* δάφνη; *fig auch* ***~en ernten*** δρέπω δάφνες; **~baum** *m* δάφνη; **~blatt** *n* δαφνόφυλλο; **~kranz** *m* δαφνοστέφανος; **~zweige** *m/pl* βάγια *n/pl*
Lord ⟨*-s*; *-s*⟩ *m* λόρδος
Los ⟨*-es*; *-e*⟩ *n* (*Schicksal*) κλήρος, τύχη, μοίρα; (*Bestimmung*) προορισμός; (*Lotterie*) λαχείο; κλήρος; ***das große ~*** το πρώτο λαχείο; ***durch ~ bestimmt*** κληρωτός
los! άιντε!, έμπρος!, έλα, ελάτε!; ***~ Kinder!*** βρε παιδιά, ...; *MAR* άλα!
los *adj* (*lose*, *gelöst*, *ab*) βγαλμένος, ξεκολλημένος; ***etw, j-n ~ sein*** *aor* ξεφορτώθηκα κπ, κτ; ***was ist ~?*** τι τρέχει; τι γίνεται; ***es ist nichts ~*** είναι νέκρα; ***mit ihm ist nicht viel ~*** δεν κάνει παράδες; (***damit***) ***ist nicht viel ~*** (αυτό) δε λέει τίποτε
los- *oft*: αρχίζω να + *St I*; ξε-

L

-los *oft*: α-
lösbar [øː] διαλυτός
Lösbarkeit ⟨*0*⟩ *f* διαλυτότητα
los|bekommen* κατορθώνω να λύσω; **~binden*** λύνω, ξεδένω, αμολλάω (-άς)
Löschblatt *n* στουπόχαρτο
löschen [œ] *allg* σβήνω; *Hypothek* εξαλείφω; *Schrift* ξεφορτώνω; *Tinte* στουπώνω; *Waren* αποβιβάζω; (*streichen*) απογράφω; *subst* σβέση, απόσβεση
Lösch|mannschaft *f* πυροσβεστικό σώμα *n*; **~papier** *n* στουπόχαρτο; **~ung** *f* κατάσβεση; *HDL* εξάλειψη; εκφόρτωση; αποβίβαση; **~wagen** *m* (*Wasserwagen*) βυτιοφόρο όχημα *n*
los|drehen ξεβιδώνω; **~drücken** *Gewehr* αδειάζω
lose μπόσικος, χαλαρός; *Sitten*: ελεύθερος; (*unverpackt*) απακετάριστος; *Ware, Wein usw* (*adv, adj*) χύμα
Lösegeld *n* λύτρα *n/pl*, εξαγορά
loseisen ⟨*-t*⟩: ***sich ~ (können)*** (= *gehen*) F ξεκολλώ (-άς)
losen ⟨*-t*⟩ κληρώνω
lösen ⟨*-t*⟩ λύνω, λύω; *Ehe, Salz* διαλύω; *Probleme* (επι)λύω; *Fahrkarte* βγάζω
los|fahren* ⟨*sn*⟩ φεύγω; *fig* ***auf j-n ~fahren*** ορμώ πάνω (σε κπ ...); **~gehen*** ⟨*sn*⟩ ξεκινώ; (*sich lösen*) ξεκολλώ; *Pistole*: εκπυρσοκροτώ; *auf j-n* χυμάω εναντίον; **~gelassen: *wie ~gelassen*** *fig* μουρλός; **~haken** ξαγκιστρώνω
Loskauf *m* λύτρωση, εξαγορά; (*Dienstpflicht*) αντισήκωμα *n*
los|kaufen λυτρώνω, εξαγοράζω; ***sich ~kaufen von*** *D* (το) εξαγοράζω από *A*; **~kommen*** ⟨*sn*⟩ ξεσκαλώνω (***aus*** *D*/ από); *von e-r S* ξεκολλώ από; **~lassen*** αφήνω; *Seil* λασκάρω; (*losstürmen lassen*) εξαπολύω; *subst* παράτημα *n*; άφεση; **~laufen*** ⟨*sn*⟩ αμολλιέμαι
löslich [øː] διαλυτός; ***leicht*** ~ ευδιάλυτος; ***schwer*** ~ δυσδιάλυτος
Löslichkeit ⟨*0*⟩ *f* διαλυτότητα
loslösen ⟨*-t*⟩ εκλύω, αποσυνδέω
Loslösung *f* απαγκίστρωση
los|löten ⟨*-e-*⟩ ξεκολλώ; *subst* ξεκόλλημα *n*; **~machen** ξεσφίγγω; *Boot* λύνω; ***sich ~machen*** ξεκόβω; **~platzen** ⟨*-t*⟩ (*lachen*) καγχάζω; **~reißen*** αποσπώ (-άς) (*auch fig Augen* ***von*** *j-m*/ από); ***sich ~reißen*** ξεκολλώ
lossagen: *sich ~ von* *D* απαρνιέμαι κπ, κτ
los|schießen* εκτοξεύω; *fig* αρχίζω; *fig* ***schieß los!*** έλα ντε, άιντε; **~schimpfen** ξεσπάω (***auf*** *A*/σε); **~schlagen*** κάνω γιουρούσι; **~stürmen** ⟨*sn*⟩ ξεχύνομαι
Losung *f* σύνθημα *n*
Lösung *f* λύση, επίλυση; (*Drama*) καταστροφή; *CHEM* διάλυμα *n*, διάλυση
Lösungsmittel *n* διαλύτης
Losungswort ⟨*-ęs; -e*⟩ *n* (*als Antwort*) παρασύνθημα *n*
los|werden* ⟨*sn*⟩ *j-n* ξεφορτώνομαι; **~ziehen*** ⟨*sn*⟩ F (= *gehen*) ξεκουμπίζομαι
Lot ⟨*-ęs; -e*⟩ *n MAR* (*Senkblei*) βολίδα; (*der Maurer*) στάθμη, μολυβήθρα; *MATH* κάθετος *f*; (*zum Löten*) κολλητήρι
Löt- συγκολλητικός
loten ⟨*-e-*⟩ βολιδοσκοπώ
löten ⟨*-e-*⟩ κολλώ (-άς), συγκολλώ (-άς)
Löt|en *n* κόλλημα *n*; **~kolben** *m* κολλητήρι
Lotos ⟨*-; -*⟩ *m* λωτός
lotrecht κάθετος, κατακόρυφος
Lötrohr *n* καμινευτικός αυλός
Lotse [oː] ⟨*-n*⟩ *m* πλοηγός, πιλότος
lotsen ⟨*-t*⟩ πιλοτάρω; F *j-n zu e-m Ort* παρασέρνω
Lotsendienst *m* πλοηγία
Lötstelle *f* κόλλημα *n*
Lotte'rie *f* (*auch fig*) λαχείο, λοταρία
Lotto ⟨*-s; -s*⟩ *n* λότο
Lötung *f* συγκόλληση
Löwe ⟨*-n*⟩ *m* λιοντάρι, λέων (-οντος) *m*
Löwen|anteil *m* μερίδα του λέοντος; **~fell** *n* λεοντή; **~zahn** ⟨*-ęs; 0*⟩ *m BOT* πικραλίδα
Löwin *f* λέαινα
Luchs [ks] ⟨*-es; -e*⟩ *m* λύγκας, ρήσος
Lücke *f* κενό, χάσμα *n*; *fig* ***e-e ~ ausfüllen*** καλύπτω ένα κενό
Lückenbüßer *m* αναπληρωτής
lückenhaft χασματώδης; ελλειπής
lud → ***laden***
Luder *n* F βρομόσκυλο
Luft ⟨*-; ⸚e*⟩ *f* αέρας; *LUFTF* ***in der ~*** απροσγείωτος; (*schwebend*) μετέωρος; ***die ~ ablassen aus*** *D* ξεφουσκώνω; ***aus der ~ gegriffen*** ανεδαφικός; ***in die ~ gucken*** κάθομαι και χαζεύω; *etw* ***liegt in der ~*** προμηνύεται; ***sich ~ ma-***

chen ξεθυμαίνω; F ***die ~ ist rein*** το πεδίο είναι ελεύθερο
Luft|- αέριος; εναέριος; **~abwehr** *f* αεράμυνα; **~angriff** *m* αεροπορική επιδρομή; **~aufnahme** *f* αεροφωτογραφία; **~bad** *n* αερόλουτρο; **~ballon** *m* αερόστατο; (*für Kinder*) φούσκα; **~befeuchter** *m* υγραντήρας; **~blase** *f* φυσαλίδα, μπουρμπουλήθρα; **~brücke** *f* αερογέφυρα
Lüftchen *n* αεράκι
luftdicht ερμητικός, αεροστεγής; ***~ verschlossen*** αεροστεγώς κλεισμένος
Luftdruck ⟨*-ẹs; 0*⟩ *m* ατμοσφαιρική πίεση
lüften ⟨*-e-*⟩ αερίζω; *Geheimnis* λύω
Lüfter *m* ανεμιστήρας
Luft|fahrt *f* αεροπορία; **~fahrt-** αεροπορικός; **~filter** *m* (*Auto*) φίλτρο αέρα; **~fracht** *f* αεροπορικός ναύλος
luftgekühlt αερόψυκτος
Luftgewehr *n* αεροβόλο όπλο
luftig ευάερος
Luftikus ⟨*-; -se*⟩ *m* ελαφρόμυαλος
Luftkammer *f* αεροθάλαμος
Luftkissen *n* φουσκωτό μαξιλάρι; **~boot** *n* (ιπτάμενο) δελφίνι
Luft|klappe *f* βαλβίδα αέρα; **~krankheit** *f* ασθένεια του ύψους; ***Mittel gegen ~krankheit*** αντιεμετικό; **~kurort** *m* τόπος αεροθεραπείας; **~landetruppen** *f/pl* αεραγήματα *n/pl*
luftleer αερόκενος
Luft|linie *f* εναέριος γραμμή; **~loch** *n* LUFTF κενό αέρα; **~matratze** *f* φουσκωτό στρώμα *n*; **~pirat** *m* αεροπειρατής
Luftpost *f* αεροπορικό ταχυδρομείο; ***mit (per) ~*** αεροπορικώς; **~brief** *m* αεροπορικό γράμμα *n*
Luft|pumpe *f* αεραντλία; **~raum** *m* εναέριος χώρος; **~röhre** *f* ANAT τραχεία; **~schiff** *n* αερόπλοιο, ζέπελιν *n*, πηδαλιουχούμενο; **~schifffahrt** *f* αεροπλοΐα; **~schlacht** *f* αερομαχία
Luftschlösser *n/pl fig* αεροβασία; ***~ bauen*** αεροβατώ
Luftschutz *m* παθητική αεράμυνα; **~keller** *m* αντιαεροπορικό καταφύγιο, προκάλυμμα *n*
Luft|sprung *m* χοροπήδημα *n*; ***~sprünge machen*** χοροπηδώ (-άς); **~streitkräfte** *f/pl* αεροπορικές δυνάμεις *f/pl*; **~strömung** *f* ρεύμα *n* αέρα; **~temperatur** *f* θερμοκρασία αέρα; **~umwälzung** *f* κυκλοφορία αέρα
Lüftung *f* αερισμός
Luft|veränderung *f* (για λόγους υγείας) αλλαγή κλίματος; **~verkehr** *m* αεροπορική συγκοινωνία; **~verschmutzung** *f* ρύπανση, μόλυνση της ατμόσφαιρας; **~waffe** *f* αεροπορία; **~waffenangehörige(r)** σμηνίτης; **~zug** *m* φύσημα *n*, πνοή
Lüge *f* ψέμα *n*; ***j-n ~n strafen*** διαψεύδω κπ
lügen* λέω ψέματα; *subst* ψευδολογία; **~haft** ψευδολόγος
Lügenmärchen *n* τερατολόγημα *n*
Lügner *m* ψεύτης; **~in** *f* ψεύτρα
lügnerisch ψευδολόγος
Luke *f* φεγγίτης; MAR μπουκαπόρτα
lukra'tiv επικερδής
lumines'zierend φωτοφόρος
Lümmel *m* παλιόπαιδο, μόρτης
Lump ⟨*-en*⟩ *m* παλιάνθρωπος
Lumpen *m* ράκος, κουρέλι, παλιόπανο; *pl auch* τσάντζαλα *n/pl*; **~händler** *m* κουρελάς (-άδες); **~pack** ⟨*-s; 0*⟩ *n* σκυλολόι; **~sammler** *m* ρακοσυλλέκτης
lumpig μικροπρεπής; τιποτένιος
Lunch [lantʃ] ⟨*-es; -es*⟩ *m* ελαφρύ φαγητό; **~paket** *n* πακετάκι τροφίμων
Lunge *f* πνευμόνι, πνεύμονας; *fig* (*in der Stadt*) ***grüne ~*** πνεύμονας πρασίνου
Lungen|- πνευμονικός; **~entzündung** *f* πνευμονία; **~flügel** *m* λοβός του πνεύμονα
lungenkrank φθισικός
Lungentuberkulose *f* φυματίωση
Lunte *f* άπτρα, θρυαλλίδα; *fig* ***~ riechen*** παίρνω κπ μυρουδιά
Lupe *f* φακός; ***unter die ~ nehmen*** ελέγχω εξονυχιστικά
Lu'pine *f* λούπινο
Lurch ⟨*-ẹs; -e*⟩ *m* αμφίβιο
Lust ⟨*-; ⸚e*⟩ *f* όρεξη, διάθεση (**zu** *D*/για); (*Wonne*) ηδονή; ***mit ~ und Liebe*** με όλη μου την καρδιά; ***ohne ~ und Liebe*** χωρίς καρδιά; ***keine ~ haben zu ...*** βαριέμαι να ...; ***ich habe keine ~ mehr*** βαρέθηκα
Lüster *m* πολυέλαιος
lüstern ηδυπαθής
Lüsternheit *f* ηδυπάθεια, λιγούρα
lustig χαρούμενος, εύθυμος; ψυχαγωγι-

L

Lustigkeit 854

κός; *Geschichte*: φαιδρός; *iron* διασκεδαστικός; ***sich ~ machen über*** *A* εμπαίζω *A*, γελώ (-άς) με
Lustigkeit ⟨*0*⟩ *f* ευθυμία, φαιδρότητα
lustlos άκεφος; *Person*: δύσθυμος; *Börse*: σε χαμηλούς τόνους
Lustspiel *n* κωμωδία; **~dichter** *m* κωμωδιογράφος
Luthe'raner *m* λουθηρανός
lutschen [ʊ] πιπιλίζω *A*; *subst* πιπίλισμα *n*
Lutscher *m* ρωγοβύζι
luven *MAR* ορτσάρω
Luxemburg *n* Λουξεμβούργο
luxuri'ös πολυτελής
Luxus ⟨-; *0*⟩ *m* πολυτέλεια, λούσο; **~-** (*Hotel, Artikel*) ... πολυτελείας; **~artikel** *m/pl* είδη *n/pl* πολυτελείας; **~hotel** *n* ξενοδοχείο πολυτελείας
lym'phatisch λεμφικός
Lymphe *f* λέμφος *m oder n*
lynchen λυντσάρω
Lyra ⟨-; *-ren*⟩ *f* (*Volksinstrument mit drei Saiten*) λύρα
Lyrik ⟨*0*⟩ *f* λυρική
lyrisch λυρικός; μελικός
Lyzeum [-'tseːʊm] ⟨*-s; -zeen*⟩ *n hist* λύκειο; παρθεναγωγείο

M

M, m [ʔɛm] *n* Μ, μ
Maat ⟨*-es; -e*⟩ *m* (= *Seekadett*) υποκελευστής
Machart *f* κόψιμο (-ατος), μοντέλο
machen *allg*, *j-m e-e Freude* κάνω; (*anfertigen, z. B. Schuhe*) φτιάχνω; μαστορεύω; *Bett* στρώνω; *Essen* ετοιμάζω; *Gefangene* συλλαμβάνω; *Lärm* σηκώνω; *Militärdienst* κάνω, υπηρετώ; *Prüfung* δίνω; *Schwierigkeiten* φέρνω; *Zimmer* συγυρίζω; (*Bedürfnis verrichten*) F ***etw, Großes ~*** τα κάνω, κάνω το χοντρό μου; ***j-n ~ zu*** *D* κπ καθιστώ *A*; ***etw zu Ende ~*** αποτελειώνω; ***sich ein*** *Kleid* ***~ lassen*** ράβω; ***j-m noch andere*** *z. B.* ***Sorgen ~*** προσθέτω σε κπ ...; F ***vor Angst in die Hosen ~*** (*vulgär*) χέζομαι, τα κάνω πάνω μου; ***sich ~ an*** *A* στρώνομαι σε; ***sich an die Arbeit ~*** στρώνομαι στη δουλειά; ***es macht nichts*** δεν πειράζει; ***was macht das?*** τι πειράζει; ***was machst du?*** τι κάνεις; ***es wird sich schon ~*** θα φτιάξουν τα πράματα; ***es lässt sich ~*** (πράγμα που) γίνεται; ***~ Sie sich nichts daraus!*** μη σας νοιάζει!; ***ich mach mir nichts d(a)raus*** δε με νοιάζει; ***mach dir nichts d(a)raus!*** δεν βαριέσαι!; ***mach, dass du fortkommst!*** ξεκουμπίσου!; γρήγορα από δω!
Machen *n* φτιάξιμο (-ατος)
Machenschaften *f/pl* σκευωρία, μηχάνευμα *n*
-macher *oft*: -ποιός
-macherei *f oft*: -ποιείο
Macherlohn *m* (*Schneiderei*) ραφτικά *n/pl*
Macht ⟨-; ⸚*e*⟩ *f POL, MIL* δύναμη; εξουσία; ισχύς (-ύος) *f*; (*des Gesetzes*) κράτος *n*; ***mit aller ~*** με σφοδρότητα; ***die ~ haben*** εξουσιάζω; ***an der ~ sein*** είμαι στην εξουσία; ***an die ~ kommen*** ανέρχομαι στην εξουσία
Macht|- δυναμικός; **~apparat** *m* μηχανισμός της εξουσίας; **~befugnis** *f* αρμοδιότητα; **~ergreifung** *f* άνοδος *f* στην εξουσία (**durch** *A/G*); **~haber** *m* εξουσιαστής
mächtig ισχυρός, δυνατός, κραταιός; (*wichtig, reich*) τρανός; (*umfangreich*) ογκώδης; (*kundig*) κάτοχος (*G/G*); *adv* (*heftig*) φόρτσα, F ντιπ
machtlos αδύναμος, χωρίς εξουσία
Macht|missbrauch *m* κατάχρηση εξουσίας; **~übernahme** *f* ανάληψη της εξουσίας
machtvoll κραταιός
Machtwort *n*: ***ein ~ sprechen*** επιβάλλω τη θέληση μου
Machwerk *n* τσαπατσούλικη δουλειά
Mada'gaskar *n* Μαδαγασκάρη
Mädchen *n* κορίτσι, κόρη; ***junge(s) ~*** κοπέλα, νέα; ***leichte(s) ~*** παλιοκόριτσο; **~handel** *m* σωματεμπόριο; **~name** *m* πατρικό όνομα; *im Formular*: το γένος ...; **~oberschule** *f* γυμ-

νάσιο θηλέων; **~schule** *f* παρθεναγωγείο
Made *f* σκουλήκι; λεβίθα
made [meĭd]: **~ *in Greece*** Ελληνικής Κατασκευής
Mädel *n* → ***Mädchen***
Madenstich *m* σκουλήκιασμα *n*
madig σκουληκιασμένος; *fig* F *j-n* **~ *machen*** κακολογώ; **~ *werden*** σκουληκιάζω
Ma'donna ⟨-; *-nnen*⟩ *f* παναγία
Ma'drid *n* Μαδρίτη
Maffia ⟨-; *-s*⟩ *f* μαφία
mag → ***mögen; es ~ sein*** έστω
Maga'zin ⟨*-s*; *-e*⟩ *n* αποθήκη; (*Zeitschrift*) περιοδικό
Magd [aː] ⟨-; *⸚e*⟩ *f* δουλικό
Magen *m* στομάχι, στόμαχος; κοιλιά; ***verdorbene(r)* ~** κακοστομαχιά; ***auf leeren* ~** με το στομάχι άδειο; ***mit nüchternem* ~** *etwa*: νηστικός; ***sich*** (*D*) ***den ~ verderben*** κακοστομαχιάζω (***mit***/με); ***das*** (***der, die***) ***liegt mir im ~*** (*auch fig*) μου κάθεται στο στομάχι; **~-** γαστρικός; **~beschwerden** *f*/*pl* στομαχικές ενοχλήσεις *f*/*pl*; **~bitter** *m* πικρό (λικέρ); **~gegend** ⟨*0*⟩ *f* επιγάστριο; **~geschwür** *n* έλκος στομάχου; **~grube** *f* επιγάστριο; **~krebs** *m* καρκίνος στομάχου; **~leiden** *n* στομαχική πάθηση; **~säure** *f* γαστρικό οξύ; **~schmerzen** *m*/*pl* στομαχόπονος; **~tropfen** *m*/*pl* σταγόνες για το στομάχι; **~verstimmung** *f* κακοστομαχιά
mager *Mensch*: αδύνατος, *auch fig* ισχνός; *Fleisch*: ψαχνός, άπαχος; *fig* πενιχρός; **~ *machen, werden*** αδυνατίζω, ισχναίνω
Mager|keit ⟨*0*⟩ *f* ισχνότητα; **~milch** *f* άπαχο γάλα
Ma'gie ⟨*0*⟩ *f* μαγεία
Magier [-gĭə] *m* μάγος
magisch μαγικός
Ma'gister *m* διπλωματούχος πανεπιστημίου (Mag.), υφηγητής
Magi'strat ⟨*-ẹs*; *-e*⟩ *m* δημαρχία; **~s-** δημαρχιακός
Mag'nat ⟨*-en*⟩ *m* μεγιστάνας
Mag'nesium ⟨*-s*; *0*⟩ *n* μαγνήσιο
Mag'net ⟨*-en*⟩ *m* μαγνήτης; **~-** μαγνητικός; **~anker** *m* PHYS οπλισμός; **~band** *n* μαγνητοταινία
mag'net|isch μαγνητικός; **~i'sieren** μαγνητίζω
Magne'tismus ⟨-; *0*⟩ *m* μαγνητισμός
Mag'netnadel *f* μαγνητική βελόνα
Magneto'phonplatte *f* EDV μαγνητικός δίσκος
Mag'nolie [-lĭə] *f* μανόλια
Maha'goni ⟨*-s*; *0*⟩ *n* μαόνι
Mahd ⟨*0*⟩ *f lit* θερισμός
Mähdrescher *m* αλωνιστική μηχανή
mähen θερίζω
Mäh|en *n* θέρισμα *n*; **~er** *m* θεριστής
Mahl ⟨*-ẹs*; *-e*⟩ *n* γεύμα *n*
Mahl- αλεστικός
mahlen αλέθω; *Kaffee* κόβω
Mahl|en *n* άλεσμα *n*, άλεση; **~zahn** *m* γομφίος
Mahlzeit *f* γεύμα *n*, δείπνο; (***gesegnete***) **~!** καλή όρεξη!; *Gruß*: γεια σας, γεια σου!
Mähmaschine *f* θεριστική μηχανή
Mahnbescheid *m* έγγραφη ειδοποίηση
Mähne *f* χαίτη, κόμη
mahnen *v*/*t* υπενθυμίζω (***j-n***/σε κπ); JUR οχλώ
Mahn|gebühr *f* τέλος έγγραφης ειδοποίησης; **~ung** *f* υπενθύμιση; JUR όχληση (***zu*** *D*/προς *A*); (*Zahlungs-*) όχληση προς πληρωμή
Mähre *f* παλιάλογο
Mai ⟨*-s*; *-e*⟩ *m* Μάιος; ***der Erste* ~** η Πρωτομαγιά; πρώτη Μαΐου; **~-** (πρωτο)μαγιάτικος; **~feier** *f* Πρωτομαγιά; **~glöckchen** *n* άγριος κρίνος; **~käfer** *m* μηλολόνθη
Mailand *n* Μιλάνο
Mais ⟨*-es*; *-e*⟩ *m* καλαμπόκι, αραβόσιτος; **~kolben** *m* καλαμποκιά; **~mehl** *n* (*zum Backen*) κορν φλάουερ *n*
Mai'tresse [mɛː-] *f* παλλακίδα
Maje'stät *f* μεγαλειότητα; **~!** Μεγαλειότατε!; ***Eure* ~** η Μεγαλειότης Σας; ***Seine* ~ (*S.M.*) *der König*** η Αυτού Μεγαλειότης ο Βασιλιάς
Majo'näse *f* μαγιονέζα
Ma'jor ⟨*-s*; *-e*⟩ *m* ταγματάρχης
Majoran ⟨*-s*; *-e*⟩ *m* μαντζουράνα
Majori'tät *f* πλειοψηφία; ***die* ~ *haben*** *oder* ***erhalten*** πλειοψηφώ
Ma'juskel *f* κεφαλαίο γράμμα *n*
ma'kaber μακάβριος
make'donisch μακεδονικός
Makel *m* ψεγάδι
mäkelig γκρινιάρης (-α, -ικο), μίζερος (***im Essen***/σε)

makellos άψογος, ακηλίδωτος; *Person*: ασπροπρόσωπος; *Ansehen*: ασκίαστος
mäkeln ⟨*-le*⟩ γκρινιάζω
Makka'roni *pl* μακαρόνια *n/pl*
Makler [aː] *m* μεσίτης; **~ sein** μεσιτεύω; **~gebühr** *f* μεσιτικά *n/pl*; **~geschäft** *n* μεσιτικό γραφείο
Ma'krele *f* σκουμπρί, σκόμβρος; μαγιάτικο; (*getrocknet*) τσίρος
Makro *n* EDV μακροεντολή
Makro'kosmos *m* μακρόκοσμος
Makula'tur *f* παλιόχαρτο
mal (= **x**) *adv* MATH **fünf ~ fünf** πέντε επί πέντε; *Partikel* (= **einmal**) για; **sag ~!** για πες μου!
Mal[1] ⟨*-es*; *-e*⟩ *n* φορά; → **einmal**; **einmal** μια φορά; **zweimal** δυό φορές; **wenige ~e** μερικές φορές *f/pl*; **zum ersten ~e** για πρώτη φορά; **zum soundsovielten ~** για πολλοστή φορά; **ein anderes ~** άλλη φορά; **jedes ~** κάθε φορά; **mit einem ~** απότομα, με μιας; **ein und das andere ~** κάθε δύο φορές; *Gruß*: **bis zum nächsten ~!** γεια σας και χαρά σας!
Mal[2] ⟨*-es*; *-e*⟩ *n* (*Fleck*) στίγμα *n*
Mal- ζωγραφικός
-mal *oft*: -άκις, *z. B.* **sieben~** επτάκις; **siebzig~** εβδομηκοντάκις
M
Mala'chit ⟨*-s*; *-e*⟩ *m* μαλαχίτης
Ma'laria ⟨*0*⟩ *f* μαλάρια, ελονοσία
Malbuch *n* βιβλίο ιχνογραφίας
malen ζωγραφίζω; **sich ~ lassen** ζωγραφίζομαι; *subst* ζωγραφική
Maler *m* (*Kunst-*) ζωγράφος; (*von Heiligenbildern*) αγιογράφος; (*Handwerker*) μπογιατζής (-ήδες)
Male'rei *f* ζωγραφική
Malerin *f* ζωγράφος *f*
malerisch γραφικός
malizi'ös μοχθηρός
Malkasten *m* χρωματοθήκη
malnehmen* πολλαπλασιάζω
Malta *n* Μάλτα
Mal'tose ⟨*0*⟩ *f* μαλτόζη
malträ'tier|en κακοποιώ; *auch* **~t werden von** τρώω ξύλο από
Malve *f* μολόχα
Malz ⟨*-es*; *0*⟩ *n* βύνη
Malzeichen *n* σημείο πολλαπλασιασμού
Mama ⟨*-*; *-s*⟩ *f* μαμά
Mammut ⟨*-s*; *-e oder -s*⟩ *n* μαμούθ ⟨*0*⟩ *n* (*auch fig*); **~-** -μαμούθ

man κανείς, κάποιος
Management ['mɛnɛdʒ-] ⟨*-s*; *-s*⟩ *n* διαχείριση, μάνατζμεντ *n*
managen ['mɛnɛdʒən] διαχειρίζομαι, διευθύνω
Manager ['mɛnɛdʒɐ] *m* διαχειριστής, μάνατζερ *m*; **~krankheit** *f* ασθένεια των μάνατζερ
manch: **~ einer, ~er, ~e** κάποιος; **~erlei** διαφόρων ειδών; **~mal** κάποτε, ενίοτε, μερικές φορές
Man'dant ⟨*-en*⟩ *m* εντολοδότης, πελάτης
Manda'rine *f* μανταρίνι
Man'dat ⟨*-es*; *-e*⟩ *n* POL εντολή
Mandel *f* αμύγδαλο; ANAT *mst pl* αμυγδαλές *f/pl*; **bittere ~** πικραμύγδαλο; **~-** αμυγδαλωτός; **~baum** *m* αμυγδαλιά; **~entzündung** *f* αμυγδαλίτιδα
mandelförmig αμυγδαλοειδής
Mandel|kern *m* αμυγδαλόψιχα; **~kuchen** *m* αμυγδαλωτό; **~öl** *n* αμυγδαλόλαδο
Mando'line *f* μαντολίνο
Mandschu'rei (**die**) Μαντζουρία
Manege [-'neːʒə] *f* πίστα τσίρκου
Man'gan ⟨*-s*; *0*⟩ *n* μαγγάνιο
Mangel[1] ⟨*-s*; *¨*⟩ *m* έλλειψη (**an** *D/G*), ένδεια (**an** *D/G*); **aus ~ an** ελλείψει *G*; **aus ~ an Beweisen** ελλείψει αποδείξεων; **~ leiden an** *D* στερούμαι *A*
Mangel[2] *f* μαγγάνι
Mangelberuf *m* επάγγελμα *n* που έχει έλλειψη
mangelhaft ελλειπής, ελαττωματικός
Mangelhaftigkeit ⟨*0*⟩ *f* ατελές (-ούς) *n*
mangel|n[1]: **es ~t mir an** *D* μου λείπει *N*, στερούμαι *A*
mangeln[2] ⟨*-le*⟩ μαγγανίζω
mangels *G* ελλείψει *G*
Mangelware *f* είδος που βρίσκεται σε έλλειψη
Mangold ⟨*-es*; *-e*⟩ *m* BOT σέσκουλο
Ma'nie *f* μανία
Ma'nier *f* τρόπος; **~en** *pl* τρόποι *m/pl*; **keine ~en haben** δεν έχω καλούς τρόπους; **j-m ~en beibringen** μαθαίνω σε κπ τρόπους
manie'riert επιτηδευμένος, προσποιητός
Manie'riertheit *f* επιτήδευση, προσποίηση
ma'nierlich ευπρεπής
Mani'fest ⟨*-es*; *-e*⟩ *n* μανιφέστο,

857 **Markstein**

διακήρυξη; **~a'tion** *f* έκφανση, εκδήλωση
manifes'tieren: ***sich ~*** εκφαίνομαι
Mani'küre *f* μανικιούρ *n*
Manipula'tion *f* χειρισμός; μανούβρα; χειραγώγηση
manipu'lieren μανουβράρω; χειρίζομαι, χειραγωγώ
Manko ⟨*-s*; *-s*⟩ *n* → ***Mangel***[1]
Mann ⟨*-es*; *⸚er*⟩ *m* άντρας; (*Ehe-*) σύζυγος; ***junge(r) ~*** νέος; ***alte(r) ~*** γέρος; ***wie viel ~?*** πόσοι άνθρωποι; ***mit ~ und Maus*** αύτανδρος; ***an den ~ bringen*** ξεκάνω
mannbar αντρειωμένος; ***~ werden*** αντρώνομαι
Mannbarkeit ⟨*0*⟩ *f* αντρείωμα *n*; εφηβεία
Männchen *n* ανθρωπάκος; (*Tier*) αρσενικό; ***~ machen*** κάνω σούζα
Mannequin [manə'kɛ̃:] ⟨*-s*; *-s*⟩ *n* μανεκέν ⟨*0*⟩ *n*
Männer|- αντρίκιος, ... αντρών; **~stimme** *f* αντρική φωνή
Mannes|- αντρίκιος, ... αντρών; **~alter** ⟨*-s*; *0*⟩ *n* αντρική ηλικία
mannhaft παλληκαρήσιος, αντρικός
Mannhaftigkeit ⟨*0*⟩ *f* παλληκαριά
mannig|fach, ~faltig πολύπλευρος; ποικίλος
Mannigfaltigkeit ⟨*0*⟩ *f* ποικιλία
Männlein *n* ανθρωπάκι
männlich *auch* GR αρσενικός; (*mutig*) αρρενωπός; *Hormon*: ανδρογόνος
Männlichkeit ⟨*0*⟩ *f* ανδρισμός
Mannschaft *f* (*Sport*) ομάδα; MAR πλήρωμα *n*
mannstoll ανδρομανής
Mannstollheit ⟨*0*⟩ *f* ανδρομανία
Mannweib *n* ανδρογυναίκα
Mano'meter *n* μανόμετρο
Ma'növer [-v-] *n* MIL γυμνάσια *n/pl*; *fig* ελιγμός; (*Kunstgriff*) στρατήγημα *n*
manöv'rieren *auch fig* ελίσσομαι; μανουβράρω; *subst* μανούβρα
manöv'rierfähig ευέλικτος
Manöv'rierfähigkeit ⟨*0*⟩ *f* ευελιξία
Man'sarde *f* σοφίτα, υπερώο; **~n-** (*Zimmer*) υπορόφιος
Man'schette *f* μανικέτι, μανσέτα, περιχειρίδα
Man'schettenknopf *m* μανικετόκουμπο
Mantel ⟨*-s*; *⸚*⟩ *m* πανωφόρι, παλτό; *bsd* MIL μανδύας; TECH περίβλημα *n*, ένδυμα *n*; **~tarif(vertrag)** *m* γενική συλλογική σύμβαση
manu'ell χειροκίνητος
Manu|fak'tur *f hist* βιοτεχνικό εργαστήριο; **~'skript** ⟨*-es*; *-e*⟩ *n* χειρόγραφο
Mappe *f* χαρτοθήκη
Marathon *n* Μαραθώνας; **~-** μαραθώνιος; **~lauf** *m* μαραθώνιος δρόμος
Märchen *n* παραμύθι (*auch Lüge*); μύθος; **~erzähler** *m* παραμυθάς
märchenhaft παραμυθένιος, αμύθητος
Märchentante *f* παραμυθού *f*
Marder *m* κουνάβι
Marga'rine ⟨*0*⟩ *f* μαργαρίνη
Marge ['marʒə] *f* (*auch* TYP) περιθώριο
Marge'rite *f* (*Blume*) μαργαρίτα, λευκάνθεμο
Margi'nal- επισημειωτικός
Ma'ria *f* Μαρία; ***Jungfrau ~*** Παναγία
Marie [-'ri:] *f* Μαρία; **~chen** *n* Μαριγώ *f*
Ma'rien|bild *n* εικόνα της Παναγίας; **~käfer** *m* κοκκινέλη, λαμπρίτσα
Ma'rine *f* ναυτικό
ma'rineblau μπλεμαρέν
Ma'rine|infanterie *f* σώμα *n* πεζοναυτών; **~infanterist** *m* πεζοναύτης; **~werft** *f* ναύσταθμος
mari'nier|en μαρινάρω; **~t** μαρινάτος, ταριχευτός
Mario'nette *f auch fig* μαριονέτα, ανδρείκελο
mari'tim ναυτικός, θαλασσινός
Mark[1] ⟨*-*; *-*⟩ *f* (*Geldeinheit*) μάρκο; (*Grenzland*) *hist* συνοριακό κρατίδιο
Mark[2] ⟨*-es*; *0*⟩ *n* μυελός; BOT εντεριώνη, ψίχα; *Kälte*: ***durch ~ und Bein gehen*** περονιάζω; *Lärm*: είναι διαπεραστικός
Marke *f* σήμα *n*, μάρκα; *fig* F (*Mensch*) μάρκα
Marken|artikel *m* εμπόρευμα *n* ποιότητος; **~zeichen** *n* σήμα *n* κατατεθέν
Marketing ⟨*-s*; *0*⟩ *n* μάρκετινγκ ⟨*0*⟩ *n*; **~abteilung** *f* τμήμα *n* μάρκετινγκ
mar'kieren μαρκάρω, σημαδεύω; MAR *durch Bojen* επισημαίνω
Mar'kierung *f* σημάδεμα *n*
markig νευρώδης
Mar'kise *f* πρόστεγο, τέντα
Markstein *m* μεθόριος λίθος; *fig* σταθμός

Markt ⟨-*ęs*; *⁻e*⟩ *m HDL* αγορά; παζάρι; μαγαζιά *n*/*pl*; ***schwarze***(***r***) ~ μαύρη αγορά; ***Gemeinsame***(***r***) ***Europäische***(***r***) ~ Κοινή Ευρωπαϊκή Αγορά
Markt|- αγοραστικός; **~analyse** *f* ανάλυση αγοράς; **~anteil** *m* αγοραστική αναλογία
marktbeherrschend επικρατέστερος στην αγορά
Markt|flecken *m* κεφαλοχώρι, κώμη; **~forschung** *f* μάρκετινγκ *n*; εξερεύνηση της αγοράς; **~führer** *m* επικρατών στην αγορά; **~halle** *f* θολωτή αγορά; **~inspektion** *f* αγορανομία; **~lücke** *f* κενό αγοράς; **~ordnung** *f* οργανωτικό σύστημα *n* της αγοράς; **~platz** *m* αγορά, πιάτσα; **~preis** *m* τρέχουσα τιμή
marktschreierisch κομπογιαννίτικος
Markt|wert *m* αγοραία αξία; **~wirtschaft** *f* οικονομία της αγοράς
Marmarameer *n* Μαρμαράς
Marme'lade *f* μαρμελάδα
Marmor ⟨-*s*; -*e*⟩ *m* μάρμαρο; ***mit ~ verkleiden*** *oder* ***auslegen*** μαρμαρώνω
marmorn μαρμάρινος
Marmorverkleidung *f* μαρμάρωμα *n*
Ma'rokko *n* Μαρόκο
Ma'rone *f* μαρόνι
Ma'rotte *f* καπρίτσιο
M **Marquis** [-'kiː] ⟨-; -⟩ *m* μαρκέζος; **~e** [-'kiːsə] *f* μαρκέζα
Mars ⟨-; *0*⟩ *m ASTR* Άρης
Marsch¹ ⟨-*es*; *⁻e*⟩ *m auch fig* (*Kundgebung*) πορεία; *MIL* πεζοπορία; μαρς *n*; *MUS* εμβατήριο, μαρς *n*; ***marsch!*** μαρς!, F ίσα!
Marsch² ⟨-; -*en*⟩ *f* γόνιμο βαθύπεδο (στη Βόρεια Γερμανία)
Marschall ⟨-*s*; *⁻e*⟩ *m* στρατάρχης
Marschbefehl *m* διαταγή κινήσεως
marschbereit έτοιμος προς κίνηση
mar'schieren ⟨*sn*⟩ πορεύομαι, διελαύνω (***durch*** *A*/δια *G*)
Marsch|kolonne *f*, **~ordnung** *f* παραγωγή; **~route** *f* οδοιπορικό
Marseillaise [marsɛ'jɛːz] ⟨*0*⟩ *f* Μασσαλιώτιδα
Marseille [mar'sɛːj] *n* Μασσαλία
Marstall ⟨-*ęs*; *⁻e*⟩ *m* σταύλος ηγεμόνα
Marter *f* βάσανο, μαρτύριο; **~-** μαρτυρικός
martern ⟨-*re*⟩ μαρτυρεύω
Marterung *f* μαρτύριο
martialisch [martsi̯'aː-] *mst iron* αρειμάνιος
Märtyrer *m* μάρτυρας *m* (*auch* **-in** *f*), ιερομάρτυρας; ***als ~ sterben*** μαρτυρώ; **~-** μαρτυρικός; **~tum** ⟨-*s*; *0*⟩ *n* μαρτύριο
Mar'tyrium ⟨-*s*; -*rien*⟩ *n* μαρτύριο
Mar'xis|mus ⟨-; *0*⟩ *m* μαρξισμός; **~t** ⟨-*en*⟩ *m* μαρξιστής
mar'xistisch μαρξιστικός
März ⟨-*es*; -*e*⟩ *m* Μάρτιος, Μάρτης
Marzi'pan ⟨-*s*; -*e*⟩ *n* αμυγδαλωτό
Masche *f* θηλειά, βρόχος; (*Netz*) μάτι; (*Lauf-*) πόντος; F *fig* κομπίνα, τερτίπι; ***eine ~ im Strumpf haben*** έφυγε ένας πόντος από τη κάλτσα
Ma'schine *f* μηχανή; ~ ***schreiben*** δακτυλογραφώ
ma'schinegeschrieben δακτυλογραφικός
maschi'nell μηχανικός; ~ ***hergestellt*** κατασκευασμένος βιομηχανικά
Ma'schinen|bau ⟨-*ęs*; *0*⟩ *m* μηχανοποιία; **~bauer** *m* μηχανουργός; **~bauingenieur** *m* μηχανολόγος; **~fabrik** *f* μηχανουργείο
Ma'schinengewehr *n* πολυβόλο; **~feuer** *n* πολυβολισμός
Ma'schinen|pistole *f* αυτόματο; **~raum** *m*, **~saal** *m* μηχανοστάσιο; **~schreiben** *n* δακτυλογραφία; **~schreiber(in** *f*) *m* δακτυλογράφος *m*, *f*
Maschine'rie *f* μηχανή, μηχανισμός
Maschi'nist ⟨-*en*⟩ *m* μηχανικός; ***erste***(***r***) ~ *MAR* αρχιμηχανικός
Masern *pl* ιλαρά
Maske *f* μάσκα, προσωπίδα; *Person*: μασκαράς (-άδες)
Maskenball *m* χορός μεταμφιεσμένων
Maske'rade *f* μασκαράτα
mas'kier|en μασκαρεύω, μεταμφιέζω; ***sich ~en*** μασκαρεύομαι; **~t** μασκοφόρος
Mas'kierung *f* μεταμφίεση
Mas'kott|chen *n*, **~e** *f* μασκώτ *n*, γούρι
maskulin αρσενικός
Maskulinum ⟨-*s*; -*na*⟩ *n* αρσενικό
maß [aː] → ***messen***
Maß [aː] ⟨-*es*; -*e*⟩ *n* μέτρο; διάσταση; ρέγουλα; (*Anzug*) ***nach ~*** στα μέτρα μου, με το μέτρο; ***mit ~en*** με ρέγουλα; ***alles mit ~en*** μηδέν άγαν; ***in ~en*** *z. B. trinken* με μέθοδο; ***über die ~en*** όσο παίρνει; *ko* ***in dem ~e wie*** καθ' όσον; ~

859 **Mauer**

halten δείχνω μετριοπάθεια; ~ ***nehmen*** βγάζω αχνάρι, παίρνω μέτρο (***zu*** *D*/για); *fig* ***das ~ ist voll*** ξεχείλισε το ποτήρι
Massage [ma'saːʒə] *f* μασάζ *n*, μάλαξη
Maßanzug *m* στα μέτρα ενδυμασία
Masse *f* (*auch* PHYS) μάζα; όγκος, πλήθος *n*; ***die breite ~*** οι ευρύτερες μάζες, οι πολλοί
Maßeinheit *f* μονάδα μετρήσεως
Massen|- μαζικός, ομαδικός; **~abfertigung** *f* μαζική διεκπεραίωση; **~absatz** *m* μαζική πώληση; **~andrang** *m* γενικός συνωστισμός; **~arbeitslosigkeit** *f* μαζική ανεργία; **~bedarfsartikel** *m/pl* είδη *n/pl* πρώτης ανάγκης; **~demonstration** *f* πολυπληθής διαδήλωση; **~entlassung** *f* μαζική απόλυση; **~flucht** *f* μαζική φυγή
massenhaft μαζικός; *adv* μαζικά
Massen|karambolage *f* μαζική σύγκρουση; **~medien** *pl* μέσα μαζικής επικοινωνίας; **~mensch** *m* άνθρωπος-μάζα; **~mord** *m* ομαδικοί φόνοι *m/pl*; **~produktion** *f* μαζική παραγωγή; **~tourismus** *m* γενικός τουρισμός; **~verkehrsmittel** *n* μέσα μαζικής συγκοινωνίας; **~vernichtungswaffen** *f/pl* όπλα μαζικής καταστροφής; **~versammlung** *f* μαζική συγκέντρωση
massenweise *adv* μαζικά
Masseur [-'søːʀ] ⟨*-s; -e*⟩ *m* μασέρ *m*
Masseurin [-'søː-] *f* μασέρ *f*
Maßgabe: ***nach ~*** ανάλογος προς *A*, με; κατά *A*
maßgeb|end αυθεντικός; **~lich** αξιωματικός; *Quelle*: έγκυρος
ma'ssieren μαλάζω, κάνω μασάζ
massig μεγαλόσωμος, ογκώδης
mäßig [ɛː] μέτριος; έμμετρος; *Preis*: λογικός; ... με ρέγουλα, *z. B.* ***~ im Trinken*** πίνει με ρέγουλα
mäßigen *v/t* μετριάζω; ***sich ~*** περιμαζεύομαι
Mäßig|keit ⟨*0*⟩ *f* λιτότητα; λογικότητα; **~ung** *f* μετριοπάθεια
ma'ssiv συμπαγής, ατόφιος; *fig Vorwurf usw* δριμύς, σφοδρός
Maßkrug *m* μεγάλο ποτήρι μπίρας
maßlos άμετρος; ... χωρίς ρέγουλα; *adv auch* υπερβολικά
Maßlosigkeit *f* ακρότης *f*, αμετρία
Maßnahme *f* πράξη; ***~n ergreifen*** παίρνω, λαμβάνω τα μέτρα μου; ***halbe ~(n)*** ημίμετρα *n/pl*
Maßnahmenkatalog *m* κατάλογος με μέτρα
Maßregel *f* → ***Maßnahme***
maßregeln ⟨*-le*⟩ επιτιμώ κπ (***wegen*** *G*/ για)
Maßstab *m* κλίμακα; (*Karte*) ***im ~ ...*** υπό κλίμακα ...; ***in großem ~*** σε μεγάλη κλίμακα; ***in kleinerem ~*** σε μικρότερη αναλογία
maßvoll μετριοπαθής; ... με ρέγουλα
Mast[1] ⟨*-ęs; -e[n]*⟩ *m* κατάρτι, άλμπουρο; (*Leitungs-*) στύλος
Mast[2] ⟨*-; -en*⟩ *f* σίτευση; **~-** σιτευτός
Mastbaum *m* αντενοκάταρτο
Mastdarm *m* απευθυσμένο
mästen ⟨*-e-*⟩ σιτεύω; παχαίνω
Mästen *n* πάχυνση
Mastkorb *m* κόφα
Mästung *f* σίτηση
Mastvieh *n* θρεφτάρι, *mst pl* θρεφτάρια
Materi'al ⟨*-s; -lien*⟩ *n* υλικό, ύλη; **~fehler** *m* ελάττωμα *n* υλικού
materiali'sieren υλοποιώ
Materia'lis|mus ⟨*-; 0*⟩ *m* (***historischer*** ιστορικός) υλισμός, ματεριαλισμός; **~t** ⟨*-en*⟩ *m* υλιστής, ματεριαλιστής
materia'listisch υλιστικός
Ma'terie [-ʀĭə] *f* ύλη
materi'ell υλικός; (***das***) ***Materielle*** υλικότητα
Mathema'tik ⟨*0*⟩ *f* μαθηματικά *n/pl*; ***höhere ~*** ανώτερα μαθηματικά
Mathe'matiker *m* μαθηματικός
mathe'matisch μαθηματικός; ***~-naturwissenschaftlich*** φυσικομαθηματικός
Ma'tratze *f* στρωμάτσο, στρώμα *n*
Matriarchat [-'çaːt] ⟨*-ęs; -e*⟩ *n* μητριαρχία
Ma'tri|kel *f* μητρώο; **~ze** *f* μήτρα, διατύπωμα *n*, καλούπι
Ma'trose (*-n*) *m* ναύτης
Matsch ⟨*-es; 0*⟩ *m* F λασπόνερα *n/pl*
matschig πηλώδης, λασπώδης
matt ⟨*-er; -est-*⟩ *Person*: αποσταμένος, άτονος; *Farbe*: αμυδρός, θαμπός; *Foto, Schach*: ματ
Matte *f* ψάθα
Mattheit ⟨*0*⟩ *f* αμυδρότητα
Mattigkeit ⟨*0*⟩ *f* ατονία; απόσταμα *n*
Mattscheibe *f* (*Foto*) θαμπό γυαλί
Mauer *f* τείχος *n*; (*Wand*) τοίχος, τοίχωμα *n*

M

mauern ⟨*-re*⟩ τοιχοδομώ
Mauer|stein *m* τούβλο; **~vorsprung** *m* προεξοχή; **~werk** *n* τοιχοδομή
Maul ⟨*-ęs*; *⁻er*⟩ *n* στόμα *n* (ζώου); ρύγχος *n*; F ***halt's ~!*** σκάσε!, σκασμός!
Maulbeer|baum *m* μουριά; **~e** *f* μούρο
maulen κατσουφιάζω; *subst* κατσούφιασμα *n*; **~d** κατσουφιασμένος
Maulesel *m* μουλάρι, ημίονος; **~in** *f* μούλα, ημίονος *f*
Maulheld *m* μεγαλόστομος
Maulkorb *m* φίμωτρο; ***j-m e-n ~ anlegen*** (*auch fig*) φιμώνω
Maultier *n* → ***Maulesel***; **~treiber** *m* μουλαράς (-άδες)
Maul- und Klauenseuche *f* αφθώδης πυρετός
Maulwurf *m* τυφλοπόντικας
Maure ⟨*-n*⟩ *m* Μαύρος
Maurer *m* οικοδόμος, χτίστης; **~handwerk** ⟨*-ęs*; *0*⟩ *n* τοιχοδομία; **~kelle** *f* μυστρί
Maus ⟨*-*, *⁻e*⟩ *f* ποντίκι (*auch* EDV), ποντικός, *K und* ANAT μυς (μυός); EDV *auch* χειριστήριο
Mäuschen ['mɔysçən] *n* ποντικάκι; *fig* ***mein ~!*** πουλάκι μου!
mäuschenstill: ***es ist ~ hier*** εδώ είναι νέκρα, δεν ακούς μιλιά
Mauscursor ⟨*-s*; *-s*⟩ *m* EDV φωτεινό
Mause|falle *f* ποντικοπαγίδα; **~loch** *n* ποντικότρυπα
mausen ⟨*-t*⟩ F ξαφρίζω
Mauser ⟨*0*⟩ *f* πτερόρροια
mausern: ***sich ~*** πτερορροώ; *fig* βγαίνω απ' το καβούκι μου
mausetot: F ***er ist ~*** έμεινε τέζα
Mauso'leum ⟨*-s*; *-leen*⟩ *n* μαυσωλείο
Maut *f* (*Autobahn*) δίοδος *f*; **~gebühr** *f* διόδια *n/pl*; **~stelle** *f* θέση διοδίων; **~straße** *f* δρόμος με διόδια
maxi'mal ανώτατος
maxi'mieren οδηγώ κτ στο ανώτατο, μεγιστοποιώ
Maxi'mierung *f* μεγιστοποίηση
Maximum ⟨*-s*; *-ma*⟩ *n* μάξιμουμ *n*
Mayonnaise *f* → ***Majonäse***
Maze'don|ien [-ĭən] *n* Μακεδονία; **~ier** *m* Μακεδόνας
maze'donisch μακεδονικός
Mä'zen ⟨*-s*; *-e*⟩ *m* μαικήνας
Ma'zurka [-z-] ⟨*-*; *-s*⟩ *f* μαζούρκα
Mechanik [-'ça:-] *f* μηχανική; **~er** *m* (*Wartungs-*) συντηρητής
me'chan|isch μηχανικός; **~i'sieren** μηχανοποιώ
Mechan|i'sierung *f* μηχανοποίηση; **~ismus** [-'nɪs-] ⟨*-*; *-men*⟩ *m* μηχανισμός
Mecke|'rei *f fig* μουρμούρα, γκρίνια; **~rer** *m* μουρμούρης
meckern ⟨*-re*⟩ *Ziege*: βελάζω; *fig* μουρμουρίζω (***über jede Kleinigkeit***/με το παραμικρό); *subst* βέλασμα *n*; μουρμούρισμα *n*
Medaill|e [-'daljə] *f* μετάλλιο; HDL (*Gold*) βραβείο; *fig* ***die Kehrseite der ~e*** η άλλη πλευρά του ζητήματος; **~on** [-dal'jɔ̃:, -ɔŋ] ⟨*-s*; *-s*⟩ *n* μενταγιόν
Mediaabteilung *f* τμήμα *n* μέσων ενημέρωσης
medi'al: ***~es Verb*** μέσο ρήμα *n*
Medien *pl* μέσα *n/pl* επικοινωνίας; **~landschaft** *f etwa*: σύνολο μέσων μαζικής ενημέρωσης
Medika'ment ⟨*-ęs*; *-e*⟩ *n* φάρμακο, γιατρικό
medikamen'tös φαρμακευτικός
Medita'tion *f* διαλογισμός
medi'tieren διαλογίζομαι (***über*** *A*/*A*)
Medium ⟨*-s*; *-ien*⟩ *n allg* μέσο; GR μέση φωνή; *spiritistisch*: μέντιουμ *n*
Medi'zin *f* ιατρική; (*Arznei*) γιατρικό; **~er** *m* γιατρός; φοιτητής ιατρικής
medi'zinisch ιατρικός
Me'duse *f* μέδουσα
Meer ⟨*-ęs*; *-e*⟩ *n* θάλασσα; ***offene(s) ~*** πέλαγος *n*; ***am ~ gelegen*** παραθαλάσσιος; ***das Adriatische, Kaspische, Rote, Tote ~*** η Αδριατική, Κασπία, Ερυθρά, Νεκρά θάλασσα; ***das Schwarze ~*** (ο) Εύξεινος πόντος
Meer|äsche *f* κέφαλος; **~barbe** *f* μπαρμπούνι, τριγλί; **~blick** *m* θέα στη θάλασσα; **~brasse** *f* τσιπούρα, σαργός; **~busen** *m* κόλπος; **~enge** *f* στενά *n/pl*, μπουγάζι
Meeres|- θαλάσσιος; **~arm** *m* αγκάλη; **~früchte** *f/pl* θαλασσινά *n/pl*; **~grund** ⟨*-ęs*; *0*⟩ *m* βυθός; **~spiegel** ⟨*-s*; *0*⟩ *m* επιφάνεια της θάλασσας (***20 m unter dem ~spiegel*** 20 μ. κάτω από την ...); **~ufer** *n* παραλία
Meerrettich *m* ραπανάκι
Meer|schaum ⟨*-ęs*; *0*⟩ *m* σήπιο; **~schweinchen** *n* ινδικό χοιρίδιο; **~wasser** *n* θαλασσινό νερό; **~wolf** *m* (*Fisch*) λαβράκι

M

Mega|hertz *n* μεγαλόκυκλος; **~'phon** ⟨*-s*; *-e*⟩ *n* μεγάφωνο
Mehl ⟨*-ẹs*; *-e*⟩ *n* αλεύρι; **~-** αλευρο-
mehl|artig αλευροειδής; **~ig** αλευρώδης
Mehl|sack *m* αλευρόσακος; **~sieb** *n* κόσκινο; **~speise** *f* ζυμαρικό; **~staub** *m* πασπάλη; **~wurm** *m* αλευροσκούληκο
mehr περισσότερος; *adv* περισσότερο, πιό, πλέον (**als**/από); **~ als** (= *über*) υπέρ *A*, πέρα *G*, παραπάνω από; (*vielmehr*) μάλλον; **~ oder weniger** λίγο-πολύ; **~ und ~** όλο και περισσότερο; ***nicht ~ ...*** πια, πλέον; ***ich bleibe nicht ~ hier*** δε θα μείνω πλέον εδώ; **~ *werden*** περισσεύω; ***nichts ~*** τίποτε άλλο
Mehr- πρόσθετος
Mehr|arbeit *f* υπερεργασία; **~aufwand** *m*, **~ausgabe** *f* πρόσθετη δαπάνη
mehrbändig πολύτομος
Mehrbettzimmer *n* πολύκλινο (δωμάτιο)
mehrdeutig πολυσήμαντος
Mehreinnahme *f* πρόσθετο έσοδο
mehren *lit* επαυξάνω; ***sich ~*** αυξάνομαι
mehrere *adj und subst* μερικοί, κάμποσοι
mehrfach πολλαπλάσιος; (*mehrmalig*) απανωτός; *adv* απανωτά
Mehrheit *f* πλειονότητα; *POL* (*Stimmen-*) πλειοψηφία
Mehrheitswahlrecht *n* πλειοψηφικό (εκλογικό) σύστημα
mehr|jährig πολυχρόνιος; **~malig** επανειλημμένος; **~mals** πολλές φορές
Mehr|par'teiensystem *n* πολυκομματικό σύστημα; **~phasen-** *ELEKTR* πολυφασικός
mehr|silbig πολυσύλλαβος; **~spaltig** πολύστηλος; **~stellig** *Zahl*: πολυψήφιος; **~stimmig** πολύφωνος; **~stöckig** πολυώροφος; **~stündig** πολύωρος; **~tägig** πολυήμερος; **~teilig** πολυμερής
Mehrwegverpackung *f* συσκευασία πολλαπλής χρήσης
Mehrwert *m* προστιθεμένη αξία; **~steuer** *f* φόρος προστιθεμένης αξίας (Φ.Π.Α.)
Mehrzahl *f* πλειοψηφία, πλειονότητα; *GR* πληθυντικός (αριθμός)
mehrzellig πολυκύτταρος
Mehrzylinder- πολυκύλινδρος
meiden* *j-n* αποφεύγω; (*was schädlich ist*) απαρνιέμαι *A*
Meie'rei *f* γαλακτοκομείο
Meile *f* μίλι
Meilenstein *m* μιλιοδείκτης; *fig* ορόσημο, φάση
Meiler *m* ανθρακοκάμινο
mein ... μου; **~ *Onkel*** ο θείος μου; **~*e Tante*** η θεία μου; (*betont*) (ο) δικός μου; ***der ~e*** ο δικός μου; **~ *Ein und Alles*** το είναι μου
Meineid *m* ψευδορκία, επιορκία; ***e-n ~ leisten*** παίρνω ψεύτικο όρκο
meineidig ψεύδορκος, επίορκος; **~ *werden*** ψευδορκώ
mein|en νομίζω, εννοώ, κρίνω (**dass**/ότι); θέλω να πω; ***was ~en Sie mit ...?*** τι εννοείτε λέγοντας ...; ***was ~st du damit?*** τι υπονοείς; ***ich ~e es gut mit ihm*** θέλω το καλό του; ***gut gemeint*** καλοπροαίρετος; ***er ~t es nicht böse*** δεν έχει κακό στο νου; ***ich würde ~en*** θα έλεγα
meiner *G von* **ich**: μου; εμού, εμένα; εμού (του ιδίου); *oft*: *präp* + μένα *usw*; ***statt ~*** αντί για μένα; **~seits** εκ μέρους μου
meinet|halben, ~wegen (*Gleichgültigkeit*) ας είναι; (*zu meinen Gunsten*) για το χατίρι μου
Meinung *f* γνώμη; κρίση; ιδέα (**über** *A*/για); ***öffentliche ~*** κοινή γνώμη; ***hohe ~*** υπόληψη; ***irrige ~*** ετεροδοξία; ***nach meiner ~*** κατά τη γνώμη μου; ***der ~ sein, dass*** είμαι της γνώμης ότι; ***nach ~ G*** κατά τη γνώμη *G*; ***derselben ~ sein*** συμφωνώ (**über** *A*/με); ***anderer, gegensätzlicher ~ sein*** διαφωνώ, διχογνωμώ; ***die ~ vertreten*** είμαι της γνώμης; ***ich teile Ihre ~*** είμαι με τη γνώμη σας; ***ich bin nicht Ihrer ~*** διαφωνώ μαζί σας
Meinungs|austausch *m* ανταλλαγή απόψεων; **~forschung** *f* έρευνα απόψεων; **~forschungsinstitut** *n* ινστιτούτο για την έρευνα των απόψεων; **~umfrage** *f* δημοσκοπική έρευνα; **~verschiedenheit** *f* διχογνωμία, διαφωνία
Meise *f* αιγίθαλος, κλειδωνάς (-άδες)
Meißel *m* σμίλη; γλύφανο
meißeln ⟨*-le*⟩ σμιλεύω, λαξεύω
meist(-) (ο) περισσότερος; *adv* τις πε-

Meistbegünstigungsklausel 862

ρισσότερες φορές; συνήθως; ***die ~en*** οι περισσότεροι, *K* οι πλείστοι
Meist|begünstigungsklausel *f* ρήτρα του μάλλον ευνοουμένου κράτους; **~bietende(r)** πλειοδότης
meisten|s, ~'teils ως επί το πλείστον
Meister *m* (*auch fig*) μάστορας; *fig* άσος; (*Handwerk*) καλλιτέχνης; (*in e-m Fach*) ξεφτέρι σε; (*Sport*) πρωταθλητής; *iron* ***im Lügen*** *usw* ξεφτέρι στις ψευτιές; **~-** αριστουργηματικός
meisterhaft αριστοτεχνικός, μαστορικός; *adv* τεχνηέντως
Meisterin *f* μαστόρισσα
meistern ⟨*-re*⟩ αξιοποιώ
Meister|schaft *f* μαστοριά; (*Sport*) πρωτάθλημα *n*; **~stück** *n*, **~werk** *n* αριστούργημα *n*, αριστοτέχνημα *n*
Meistgebot *n* πλειοδοσία
Mekkapilger *m* χατζής (-ήδες)
Melancholie [-koˑ'liː] *f* μελαγχολία
Melan'choliker *m* μελαγχολικός
melan'cholisch μελαγχολικός; ***~ sein*** μελαγχολώ
Me'lasse *f* μελάσα
Meldebehörde *f* δημοτολόγιο
melden ⟨*-e-*⟩ *etw* αναγγέλλω, δηλώνω, επισημαίνω; (*übermitteln*) κομίζω; *Nachrichtenagenturen*: μεταδίδω; *Zeitung*: αναφέρω; ***j-m etw ~*** καταγγέλλω κτ σε κπ; ***sich ~*** (*antworten*) αποκρίνομαι; ***sich ~ bei*** *D* παρουσιάζομαι σε; *MIL*, *zur Prüfung* προσέρχομαι σε; (*Schule*) σηκώνω το χέρι μου; ***sich als Freiwilliger ~*** γράφομαι εθελοντής; ***sich zu Wort ~*** ζητώ το λόγο
Melde|pflicht *f* υποχρέωση δήλωσης; **~r** *m* διαγγελέας; **~register** *n* μητρώο του δήμου, δημοτολόγιο; **~zettel** *m* απόδειξη δήλωσης
Meldung *f* (αν)αγγελία; *EDV* μήνυμα *n*; (*Nachricht*) είδηση, αναφορά; παρουσίαση; *MIL* (*der Rekruten*) προσέλευση; ***~en über*** *A oft*: τα περί *G*
me'liert γρίβος, σταχτίς
Me'lisse *f* μελισσοβότανο
Melkeimer *m* καρδάρα
melken* αρμέγω; *subst* άρμεγμα *n*
Melo'die *f* σκοπός, μελωδία
me'lodisch μελωδικός
Melo'drama *n* μελόδραμα *n*
melodra'matisch μελοδραματικός
Me'lone *f* (*Honig-*) πεπόνι; (*Wasser-*) καρπούζι; *iron* (*Hut*) καβούκι
Mem'bran(e) *f* μεμβράνα, υμένας, υμήν *m*
Memme *f* F κιοτής (-ήδες)
Memoiren [-moˑ'aːʀən] *pl* απομνημονεύματα *n/pl*
Memo'randum ⟨*-s*; *-den*⟩ *n* υπόμνημα *n*
Menagerie [-ʒə'riː] *f* θηριοτροφείο
Menelaus *m* Μενέλαος
Menge *f* πλήθος *n*, ποσότητα; όγκος; (*Haufen*) σωρός; *MATH* (τα) σύνολα; ***e-e ~ anderer Industrien*** ένα σωρό άλλες βιομηχανίες; ***in ~n*** σωρηδόν
mengen ανακατώνω; ***sich ~ unter*** *A* μπαίνω σε; → ***einmischen***
Mengen|- ποσοτικός; **~lehre** ⟨*0*⟩ *f* *MATH* διδασκαλία των συνόλων
mengenmäßig ποσοτικός
Mengenrabatt *m* έκπτωση ποσότητας
Mennige ⟨*0*⟩ *f* μίνιο
Mensa ⟨*-*; *-s oder -sen*⟩ *f* συσσίτιο, καντίνα
Mensch ⟨*-en*⟩ *m* άνθρωπος; F *Interjektion*: καλέ!, βρε!; ***junge(r) ~*** νέος; ***viele ~en*** πολύς κόσμος; ***dieser ~ da*** αυτός ο χριστιανός
Menschen|- ανθρώπινος, ανθρωπόμορφος; **~affe** *m* ανθρωποειδής πίθηκος; **~alter** *n* γενεά; **~ansammlung** *f* κοσμοσυρροή; **~auflauf** *m* συρροή πλήθους; **~feind** *m* μισάνθρωπος; **~fresser** *m* ανθρωποφάγος; **~freund** *m* φιλάνθρωπος
menschenfreundlich φιλανθρωπικός
Menschenfreundlichkeit ⟨*0*⟩ *f* φιλανθρωπία
Menschengedenken: *seit ~* από (*oder* προ) αμνημονεύτων χρόνων
Menschen|hass *m* μισανθρωπία; **~kenntnis** *f*: ***~kenntnis haben*** ξέρω τους ανθρώπους; **~kind** *n* ύπαρξη
menschenleer άδειος από κόσμο
Menschen|menge *f* ανθρωποθάλασσα; **~opfer** *n* ανθρωποθυσία; **~rechte** *n/pl* ανθρώπινα δικαιώματα *n/pl*
menschenscheu ακοινώνητος
Menschenseele *f* ψυχή; ***ich traf keine ~*** δε συνάντησα ούτε μια ψυχή
Menschenskind! F χριστιανέ μου!
Menschenverstand *m*: ***der gesunde ~*** κοινή λογική, ο κοινός νους
Menschenwürde *f* αξιοπρέπεια του ανθρώπου
Menschheit ⟨*0*⟩ *f* ανθρωπότητα

M

863 Metzgerei

menschlich ανθρώπινος; φιλάνθρωπος
Mensch|lichkeit ⟨*0*⟩ *f* ανθρωπισμός; φιλανθρωπία; **~werdung** ⟨*0*⟩ *f* REL ενσάρκωση
Menstrua'tion *f* έμμηνα *n/pl*, περίοδος *f*
Mentali'tät *f* νοοτροπία
Men'thol ⟨*-s; 0*⟩ *n* μενθόλη
Me'nü ⟨*-s; -s*⟩ *n* μενού *n*
Menu'ett ⟨*-e̸s; -e*⟩ *n* μενουέτο
me'nügesteuert EDV *etwa*: με μενού
Mergel ⟨*-s; 0*⟩ *m* μάργα
Meridi'an ⟨*-s; -e*⟩ *m* μεσημβρινός
Me'rino ⟨*-s; -s*⟩ *n*, **~schaf** *n*, **~wolle** *f* μερινό, μερινός
Merk- υπενθυμιστικός
merkbar αισθητός; ουσιώδης
Merkblatt *n* υπόμνημα *n*, υπενθυμιστικό σημείωμα *n*
merken νοιώθω; *z. B. Regen* εννοώ; *Geruch* αισθάνομαι; ***etw ~ an*** *D* καταλαβαίνω κτ από; ***sich*** (*D*) ***etw ~*** (*notieren*) σημειώνω κτ; (συγ)κρατώ κτ στο μυαλό μου; ***woran haben Sie das gemerkt?*** πώς το καταλάβατε; ***~ Sie sich, dass ...*** μάθετε, ότι ...
merklich αισθητός
Merkmal *n* γνώρισμα *n*, χαρακτηριστικό, διακριτικό
Mer'kur *m auch* ASTR Ερμής
merkwürdig παράξενος, περίεργος
Merkwürdigkeit *f* αξιοσημείωτο; αξιοπερίεργο
Mesopo'tamien [-mĭən] *n* Μεσοποταμία
mesozoisch [-'tso:ɪʃ] μεσοζωικός
messbar μετρήσιμος
Messbecher *m* ογκομετρικό ποτήρι
Messe *f* REL λειτουργία, ιεροτελεστία; HDL έκθεση, εμποροπανήγυρη; ***die ~ lesen*** λειτουργώ; **~amt** *n* γραφείο (εμπορικής) εκθέσεως; **~ausweis** *m* εισιτήριο; **~besucher** *m* επισκέπτης έκθεσης; **~gelände** *n* περιοχή έκθεσης
messen* μετρώ; *fig* (*Wert, Kraft*) ***sich ~ mit*** *D* μετριέμαι με
Messen *n* μέτρημα *n*
Messeneuheit *f* νέα προϊόντα *n/pl* σε μια έκθεση
Messer[1] *m* μετρητής; (*Geschwindigkeits-*) δείκτης
Messer[2] *n* μαχαίρι; (*ohne art*) ***~ und Gabel*** (το) μαχαιροπήρουνο; **~held** *m* μαχαιροβγάλτης; **~spitze** *f* αιχμή μαχαιριού; ***e-e ~spitze voll*** (= *wenig*) μια πρίζα; **~stecherei** *f* μαχαιρώματα *n/pl*; **~stich** *m* μαχαιριά
Messestadt *f* πόλη που γίνονται εκθέσεις
Messgerät *n* μετρητής
Messgewand *n* άμφιο
Me'ssias *m* μεσσίας
Messing ⟨*-s; 0*⟩ *n* ορείχαλκος; **~-** ορειχάλκινος; **~blech** *n* πάφιλας
Messung *f* αναμέτρηση, μέτρημα *n*
Met ⟨*-e̸s; 0*⟩ *m* υδρόμελι
Me'tall ⟨*-s; -e*⟩ *n* μέταλλο; **~industrie** *f* (*erzeugende*) μεταλλουργία; (*verarbeitende*) μεταλλοβιομηχανία
me'tallisch (*Glanz*) μεταλλικός
Metal'lur|ge ⟨*-n*⟩ *m* μεταλλουργός; **~'gie** ⟨*0*⟩ *f* μεταλλουργία
metal'lurgisch μεταλλουργικός
Metamor'phose *f* μεταμόρφωση
Me'tapher *f* GR μεταφορά
meta'phorisch μεταφορικός
Metaphysik *f* μεταφυσική
meta'physisch μεταφυσικός
Meta'stase *f* μετάσταση
Mete'or ⟨*-s; -e*⟩ *m* μετέωρο
Meteo'rit ⟨*-en*⟩ *m* μετεωρίτης, μετεωρόλιθος
Meteoro|'loge ⟨*-n*⟩ *m* μετεωρολόγος; **~lo'gie** ⟨*0*⟩ *f* μετεωρολογία
meteoro'logisch: ***~e(s) Institut*** (εθνική) μετεωρολογική υπηρεσία
Mete'orstein *m* μετεωρόλιθος
Meter *m* (*oder n*) μέτρο; *z. B.* ***zehn ~ lang*** δεκάμετρος
Me'than ⟨*-s; 0*⟩ *n*, **~gas** *n* μεθάνιο
Me'thode *f* μέθοδος *f*; ***neue ~n einführen*** καινοτομώ
Me'thodik *f* μεθοδικότητα
me'thodisch μεθοδικός
Me'thyl ⟨*-s; 0*⟩ *n* μεθύλιο; **~alkohol** *m* μεθυλική αλκοόλη, μεθυλαλκοόλη
Me'töke ⟨*-n*⟩ *m hist* μέτοικος
Metrik *f* μετρική
metrisch (*auch poet*) μετρικός
Metro ⟨*-; -s*⟩ *f* υπόγειος σιδηρόδρομος, μετρό ⟨*0*⟩ *n*
Metro'pole *f* μητρόπολη
Metropo'lit ⟨*-en*⟩ *m* μητροπολίτης
Metrum ⟨*-s; -tren*⟩ *n* μέτρο, ρυθμός
Mette *f* REL όρθρος
Metze'lei *f* σφαγή, μακελειό
Metzge|r *m* χασάπης (-ηδες), κρεοπώλης; **~'rei** *f* χασάπικο

M

Meuchelmord *m* δολοφονία
Meute *f* κυνηγετικοί σκύλοι *m/pl*; *fig* σκυλολόι; ***die ~ loslassen*** αμολάω τα σκυλιά
Meute|'rei *f* ανταρσία, στασιασμός; **~rer** *m* στασιαστής
meutern ⟨*-re*⟩ στασιάζω
Mexiko *n* Μεξικό
Mezzosopran *m* μετζοσοπράνο, μεσόφωνος
mi'auen νιαουρίζω; *subst* νιαούρισμα *n*
mich *A von* **ich**: με, (ε)μένα; *K* εμέ
mied → ***meiden***
Mieder *n* κορσάζ *n*
Mief ⟨*-es; 0*⟩ *m* μπόχα
Miene *f* ύφος *n*, όψη; (***finstere*** άγριο); ***keine ~ verziehen*** δεν χάνω τον μπούσουλα
Mienenspiel *n* μιμική
mies F μίζερος, τζούρα; (*untüchtig*) μπακάμι ...; ***es geht mir ~*** έχω χάλια; είμαι άσχημα
Miesmacher *m* μοιρολογήτρα, πικραντέρης
Miesmuschel *f* μύδι
Miet|- υπομίσθιος; **~auto** *n* ενοικιαζόμενο αυτοκίνητο; **~dauer** *f* διάρκεια ενοικίου
Miete *f* νοίκι, ενοίκιο; μίσθωμα *n*
mieten ⟨*-e-*⟩ *Wohnung* νοικιάζω; *Zimmer* πιάνω; *etw* μισθώνω
Miet|en *n* νοίκιασμα *n*; μίσθωση; **~er** *m* ενοικιαστής; μισθωτής; **~erhöhung** *f* αύξηση του ενοικίου; **~erschutz** *m* ενοικιοστάσιο; **~sache** *f* μίσθιο; **~senkung** *f* ελάττωση του ενοικίου
Miets|haus *n*, **~kaserne** *f* πολυκατοικία; **~verlängerung** *f* αναμίσθωση
Miet|vertrag *m* ενοικιαστήριο; μισθωτήριο; **~wagen** *m* → ***Mietauto***
Mi'gräne *f* ημικρανία
mikro-, Mikro- μικρο-
Mi'krobe *f* μικρόβιο
Mikro|chip *m* μικροτσίπ ⟨*0*⟩ *n*; **~fiche** ⟨*-s; -s*⟩ *m oder n* είδος μικροφίλμ; **~film** *m* μικροφίλμ *n* (*pl* -ς); **~'fon** ⟨*-s; -e*⟩ *n* μικρόφωνο; **~kosmos** *m* μικρόκοσμος; **~'meter** *m oder n* μικρό, μικρομέτρο; **~'skop** ⟨*-s; -e*⟩ *n* μικροσκόπιο
mikro'skopisch μικροσκοπικός
Mikrowelle *f* μικροκύμα *n*
Mikrowellenherd *m* φούρνος μικροκυμάτων

Milbe *f* άκαρι (-εως) *n*
Milch ⟨*0*⟩ *f* γάλα (-ατος) *n*; ***kondensierte ~*** συμπυκνωμένο γάλα; ***saure ~*** ξινόγαλο; **~glas** *n* γαλακτόχρους ύαλος
milchig γαλακτώδης
Milch|kaffee *m* καφές με γάλα; **~mixgetränk** *n* κοκτέιλ ⟨*0*⟩ *n* με γάλα; μιλκ σέικ *n*; **~produkte** *n/pl* γαλακτοκομικά *n/pl*; **~produktion** *f* γαλακτοκομία; **~pulver** *n* γάλα σκόνη; **~reis** *m* ρυζόγαλο; **~straße** *f* γαλαξίας; **~topf** *m* γαλακτοδοχείο; **~zahn** *m* νεογιλό δόντι
mild(e) ήμερος; *Wetter*: ήπιος, γλυκός; (*nachsichtig*) επιεικής; *Urteil, Strafe*: ελαφρός; *~ Gabe* ψυχικό; *Wetter*: ***~r werden*** γλυκαίνω
Milde ⟨*0*⟩ *f* ημερότητα, γλυκύτητα; ηπιότητα; επιείκεια
mildern ⟨*-re*⟩ καταπραΰνω; κατευνάζω; *Schmerz* γλυκαίνω, μαλακώνω; *JUR* ***~de Umstände*** *m/pl* ελαφρυντικά *n/pl*
Milderung *f* κατευνασμός, μαλάκωμα *n*
mildtätig φιλόπτωχος, ελεήμονας
Mildtätigkeit ⟨*0*⟩ *f* ελεημοσύνη
Milieu [mi'ljø:] ⟨*-s; -s*⟩ *n* περιβάλλον (-οντος)
Mili'tär ⟨*-s; 0*⟩ *n* στρατός; ***die ~s*** *m/pl* στρατιωτικοί *m/pl*; **~-** στρατιωτικός; **~dienst** *m* στρατιωτική θητεία; **~dienstpflicht** *f* → ***Militärpflicht***; **~dienstverhältnis** *n* στρατολογική κατάσταση; **~gefängnis** *n* δεσμωτήριο; **~gericht** *n* στρατοδικείο; **~herrschaft** *f* στρατοκρατία
mili'tärisch στρατιωτικός
militari'sieren στρατικοποιώ
Militari'sierung *f* στρατικοποίηση
Milita'r|ismus ⟨*-; 0*⟩ *m* μιλιταρισμός; **~ist** ⟨*-en*⟩ *m* μιλιταριστής
milita'ristisch μιλιταριστικός
Mili'tär|person *f* στρατιωτικός; **~pflicht** ⟨*0*⟩ *f* υποχρεωτική στρατιωτική θητεία
mili'tärpflichtig στρατεύσιμος (*auch Alter*)
Mi'liz *f* πολιτοφυλακή
Milli'arde *f* δισεκατομμύριο
Milli|'gramm *n* χιλιοστόγραμμο; **~'meter** *m* χιλιοστόμετρο
Milli'on *f* εκατομμύριο
Millio'när ⟨*-s; -e*⟩ *m* εκατομμυριούχος
milli'onstel εκατομμυριοστός

865 **missbrauchen**

Milos *n* Μήλος *f*
Miltiades [-'ti:-] *m* Μιλτιάδης
Milz *f* σπλήνα; **~brand** ⟨*-¢s; 0*⟩ *m* άνθρακας, (το) κακό σπύρι
Mim|e ⟨*-n*⟩ *m lit* μίμος; **~ik** ⟨*0*⟩ *f* μιμική
mimisch μιμικός
Mi'mose *f* μιμόζα
Mina'rett ⟨*-s; -e*⟩ *n* μιναρές (-έδες)
minder|- λιγότερος; *Qualität*: κατώτερος; *adv* λιγότερο; **~begabt** λιγότερο προικισμένος
Minder|einnahme *f* ελάττωση των εσόδων; **~gewicht** *n* φύρα
Minderheit *f* μειονότητα; ***die ~ bilden*** μειοψηφώ
Minderheitsregierung *f* κυβέρνηση μειοψηφίας
minderjährig ανήλικος
Minderjährigkeit ⟨*0*⟩ *f* ανηλικ(ι)ότητα
mindern ⟨*-re*⟩ ελαττώνω
Minderung *f* ελάττωση
minderwertig κατώτερος, (*auch Stoff*) πρόστυχος
Minderwertigkeit *f* κατωτερότητα
Minderwertigkeitskomplex *m* σύμπλεγμα *n* κατωτερότητος
mindest|- ελάχιστος; ***nicht im ~en*** διόλου; ***~ens*** τουλάχιστον, το λιγότερο
Mindest|betrag *m* ελάχιστο ποσό; **~gebot** *n* (*Versteigerung*) κατώτατη τιμή; **~lohn** *m* κατώτατος μισθός; **~maß** *n*: ***auf ein ~maß*** στο ελάχιστο; **~umtausch** *m* ελάχιστη ανταλλαγή
Mine *f auch* MIL υπόνομος *m, f,* MIL νάρκη, μίνα
Minen|feld *n* ναρκοπέδιο; **~leger** *m* ναρκοβόλο; **~räumboot** *n* ναρκαλιευτικό; **~werfer** *m* ολμοβόλο
Mine'ral ⟨*-s; -e und -lien*) *n* ορυκτό
mine'ralisch μεταλλικός; ορυκτός
Minera'lo|ge ⟨*-n*⟩ *m* ορυκτολόγος; **~'gie** ⟨*0*⟩ *f* ορυκτολογία
Mine'ral|öl *n* ορυκτέλαιο; **~ölsteuer** *f* φόρος πετρελαιοειδών; **~wasser** *n* μεταλλικό νερό, εμφιαλωμένο νερό
Mi'nerva *f* Αθηνά
Minia'tur *f* μικρογραφία, μινιατούρα; **~-** μικρογραφικός; **~maler** *m* μικρογράφος
Minigolf *n* μινιγκόλφ ⟨*0*⟩ *n*; **~anlage** *f* γήπεδο μινιγκόλφ
mini'mal ελάχιστος
Minimum ⟨*-s; -ma*⟩ *n* μίνιμουμ *n*

Mi'nister *m* υπουργός; ***~ sein*** υπουργώ; **~amt** *n* υπουργία
minister|i'al, ~i'ell υπουργικός
Mini'sterium ⟨*-s; -ien*⟩ *n* υπουργείο
Mi'nister|posten *m* υπουργία; **~präsident** *m* πρωθυπουργός, πρόεδρος της κυβερνήσεως; **~präsidentschaft** *f* πρωθυπουργία; **~rat** *m* υπουργικό συμβούλιο
Minori'tät *f* μειονότητα, μειοψηφία; ***in der ~ sein*** μειοψηφώ
Mino'taurus *m* Μινώταυρος
Minu'end ⟨*-en*⟩ *m* μειωτέος
minus *adv* πλην, μείον
Minus|betrag *m* έλλειμμα *n*; **~zeichen** *n* σημείο αφαιρέσεως
Mi'nute *f* λεπτό; ***auf die ~*** στο λεπτό; ***zehn ~n*** δεκάλεπτο; ***von fünf ~n*** πεντάλεπτος
Mi'nutenzeiger *m* λεπτοδείκτης
Minze *f* δυόσμος
mir *D von* ***ich***: μου; (ε)μένα; (*reflexiv*) εαυτό μου; ***~ nichts, dir nichts*** άρον άρον, στο άψε σβήσε
Mira'belle *f* τζάνερο
Misch|batterie *f* (*Wasserhahn*) συγκρότημα *n* της βρύσης; **~brot** *n* ανάμ(ε)ικτο ψωμί; **~ehe** *f* επιγαμία
mischen ανακατεύω (***mit*** *D*/με), αναμ(ε)ιγνύω; ***sich ~ → sich einmischen***; *subst* συγκερασμός
Misch|gemüse *n* μείγμα *n* λαχανικών; **~krug** *m hist* κρατήρας; **~ling** ⟨*-s; -e*⟩ *m* μιγάς (-άδος) *m, f*; **~masch** ⟨*-¢s; -e*⟩ *m* αμάλγαμα *n*; **~ung** *f* μίγμα *n*, μίξη; συγκερασμός
mise'rabel ⟨*-bler*⟩ μίζερος, ελεεινός
Mi'sere *f* μιζέρια
Mispel *f* μούσμουλο; **~baum** *m* μουσμουλιά
miss- *Präfix, oft*: δυσ-; περι-, κατα-, κακο-
miss'acht|en ⟨*-e-*⟩ περιφρονώ (*auch Gesetze*); **~et** *auch* ανυπόληπτος
Miss|achtung *f* περιφρόνηση, ασέβεια (*G*/προς *A*); **~behagen** *n* δυσφορία; **~bildung** *f* παραμόρφωση
miss'billigen αποδοκιμάζω
Miss'billigung *f* αποδοκιμασία; **~s-** αποδοκιμαστικός
Missbrauch *m* κατάχρηση; ***~ treiben mit*** *D* κάνω κατάχρηση *G*
miss'brauchen ⟨*miss'braucht*⟩ καταχρώμαι (-άσαι)

M

missbräuchlich καταχρηστικός
miss'deuten ⟨*-e-*⟩ ⟨*miss'deutet*⟩ παρεξηγώ
Missdeutung *f* παρεξήγηση
missen → ***vermissen***; *etw*, *j-n* ***nicht ~ mögen*** δεν μπορώ να κάνω χωρίς ...
Misserfolg *m* αποτυχία, φιάσκο; **~** ***bringen D*** φέρνω αποτυχία
Missernte *f* κακή σοδειά
Misse|tat *f* κακούργημα *n*; **~täter** *m* κακούργος
miss|'fallen* δυσαρεστούμαι; ***es ~fällt mir*** μου κακοφαίνεται
Miss|fallen *n* δυσαρέσκεια; **~geburt** *f* έκτρωμα *n*; **~geschick** *n* αναποδιά; **~gestalt** *f* ασχημάνθρωπος
miss|gestaltet ασχημάτιστος; **~gestimmt** κακόκεφος, δύσθυμος; **~'glücken** → ***misslingen***; **~'gönnen:** ***j-m etw ~*** ζηλεύω κπ για κτ
Miss|griff *m* παράπτωμα *n*; **~gunst** *f* ζηλοφθονία
missgünstig ζηλόφθονος, φθονερός
miss'handeln ⟨*-le*⟩ κακοποιώ
Miss'handlung *f* κακοποίηση
Misshelligkeit *f* διαφωνία
Mi'ssion *f* (*Aufgabe*) αποστολή; REL ιεραποστολή; ***Innere ~*** εσωτερική διακονία
Missio'nar ⟨*-s; -e*⟩ *m* ιεραπόστολος
Missklang *m auch fig* παραφωνία, δυσαρμονία
Misskredit *m*: ***j-n in ~ bringen*** κακολογώ κπ; ***in ~ geraten*** πέφτω σε δυσμένεια
miss'lang → ***misslingen***
misslich *Lage*: ακροσφαλής
miss|'lingen*: ***es ~lingt mir*** αποτυχαίνω; **~'lungen** αποτυχημένος
Missmut *m* βαρυθυμία
missmutig βαρύθυμος; **~** ***sein*** βαρυθυμώ
miss'raten* → ***misslingen***; *adj Kind*: κακοαναθρεμμένος
Miss|stimmung *f* δυσθυμία; **~ton** *m* φάλτσο
miss'trauen απιστώ (***j-m***/σε κπ), δυσπιστώ
Misstrauen *n* δυσπιστία
Misstrauens|antrag *m* πρόταση μομφής; **~votum** *n* ψήφος αποδοκιμασίας
miss|trauisch δύσπιστος (***gegen*** *A*/προς *A*), καχύποπτος; **~vergnügt** δυσαρεστημένος
Miss|verhältnis *n* δυσαναλογία; ***im ~verhältnis zu D*** ασυμμέτρως προς *A*, δυσανάλογος; **~verständnis** *n* παρανόηση; παρεξήγηση
missverstehen* παρανοώ; παρεξηγώ
Misswirtschaft *f* κακοδιοίκηση
Mist ⟨*-es; 0*⟩ *m* κοπριά, κόπρος; F **~!** σκατό!
Mistel *f* ιξός
misten ⟨*-e-*⟩ *v/i* κοπρίζω
Mist|en *n* κόπρισμα *n*; **~gabel** *f* τρικράνι; **~haufen** *m* κοπρώνας; **~käfer** *m* μπούρμπουλας; **~vieh** *n* P *Person*: σκατό
mit *präp D* με, μ', μαζί, μετά *G*; *K* συν *D*; *instrumental auch* δια *G*; **~** ***dem Zug*** με το τραίνο; **~** ***mir*** μαζί μου; **~** ***Freuden*** μετά χαράς; **~** ***jedem Tag*** μέρα με τη μέρα; **~** ***der Zeit*** με τον καιρό; → ***Jahr***; ***was ist ~ dir?*** τι έχεις; ***da kann ich nicht ~*** δεν το χωράει ο νους μου
mit- *Präfix oft*: συν-, συ-, συγ-, συλ-, συμ-
Mit- συμμετοχικός
mitangeklagt συγκατηγορούμενος
Mitarbeit ⟨*0*⟩ *f* συνεργασία
mitarbeiten ⟨*-e-*⟩ συνεργάζομαι
Mitarbeiter *m* συνεργάτης; (*e-r Zeitung*) αρθρογράφος; **~-** συνεργατικός; **~in** *f* συνεργάτιδα; **~stab** *m* σύνολο συνεργατών
mit|bekommen* → ***mitkriegen***; **~berechnen** ⟨*-e-*⟩ *allg* βάζω; *Zinsen* υπολογίζω; **~besitzen*** συγκατέχω
Mitbesitzer *m* συγκάτοχος
mitbestimmen συνδιοικώ
Mit|bestimmung *f* συνδιοίκηση; **~bewohner** *m* συγκάτοικος
mitbringen* κομίζω, φέρω μαζί μου
Mit|bringsel *n* μικρό χάρισμα; **~bürger** *m* συμπολίτης; **~eigentümer** *m* συνιδιοκτήτης
mit|einander ο ένας με τον άλλον; **~empfinden*** ψυχοπονώ (-άς) (***mit j-m***/κπ)
Mit|erbe *m* συγκληρονόμος; **~esser** *m* σπυρί
Mitfahrer *m* (*Auto*) συνεπιβάτης; (*Motorrad*) συνεπιβαίνων *m*; **~zentrale** *f etwa*: κέντρο διευκόλυνσης συνεπιβατών
Mitfahrgelegenheit *f* δυνατότητα συνταξίδευσης

mitfühlen ψυχοπονώ (-άς) (***mit j-m***/κπ); **~d** συμπαθητικός
Mitgefühl ⟨*-es; 0*⟩ *n* πονοψυχία
mitgehen* ⟨*sn*⟩ ***mit j-m*** συνοδεύω κπ; F ***etw ~ lassen*** το (συμ)μαζεύω
mitgenommen *auch fig* παρμένος; (*leidend*) βλαμμένος
Mitgift *f* προίκα; ***ohne ~*** άπροικος; ***j-m e-e ~ geben*** προικίζω κπ; **~jäger** *m* προικοθήρας
Mitglied *n allg* μέλος *n* (***korrespondierendes*** επιστέλλον)
Mitglieds|ausweis *m* ταυτότητα μέλους; **~beitrag** *m* εισφορά μέλους; **~karte** *f* κάρτα μέλους; **~land** *n*, **~staat** *m* κράτος-μέλος *n*
mithalten*: ***mit j-m ~ können in*** *D* ανταγωνίζομαι κπ σε
mithelfen* συνεργώ
mit'hin συνεπώς
Mit|inhaber *m* συγκάτοχος; **~kämpfer** *m* συναγωνιστής
mitkommen* ⟨*sn*⟩ έρχομαι μαζί του; ***geistig nicht ~*** δε φθάνει ως εκεί το μυαλό μου; *Schule*: δεν παίρνω τα γράμματα
mitkriegen F στουμπίζω; (*verstehen*) καταλαβαίνω
Mitlaut *m* σύμφωνο
Mitleid ⟨*-es; 0*⟩ *n* συμπόνια, συμπάθεια, λύπη (***mit*** *D*/για); ***~ haben mit*** *D* συμπάσχω *A*, πονώ *A*
mitleidig συμπονετικός, πονόψυχος
mitleidsvoll πονετικός
mitmachen λαμβάνω μέρος σε; δέχομαι; ***nicht ~*** πάω πάσο (***bei*** *D*/σε); → ***durchmachen***
Mitmensch *m* συνάνθρωπος
mitnehmen* αποκομίζω, παίρνω μαζί (μου); *fig* ***j-n*** (***schwer, sehr***) ***~*** τσακίζω κπ; *Essen*: ***... zum Mitnehmen*** σε πακέτο
mit'nichten με κανένα τρόπο
mit|rechnen ⟨*-e-*⟩ συνυπολογίζω, συναριθμώ; **~reden** ⟨*-e-*⟩: ***ein Wörtchen mitzureden haben*** έχω κ' εγώ κάτι να πω; ***nicht ~reden können*** δεν μου πέφτει λόγος
Mitreisende(r) συνταξιδιώτης *m* (*f* -τισσα), συνεπιβάτης *m* (*f* -τισσα)
mitreißen* *ins Verderben* συμπαρασύρω; *beim Laufen* παίρνω σβάρνα; *fig* συναρπάζω; **~d** συναρπαστικός
mitschleifen *Auto*: παρασέρνω
Mitschuld ⟨*-; 0*⟩ *f* συνενοχή; **~ige(r)** συνένοχος *m*, *f*
Mitschüler *m* συμμαθητής
mit|schwingen* *fig* υπολανθάνω; **~spielen** παίρνω μέρος στο παιγνίδι
Mitspieler *m* συμπαίκτης
Mittag *m* μεσημέρι, *auch poet* μεσημβρία; ***es geht auf ~ zu*** μεσημεριάζει; ***zu ~ essen*** γευματίζω; **~essen** *n* γεύμα *n*, μεσημεριανό φαγητό
Mittags|- μεσημεριανός; **~hitze** *f* μεσημεριανή ζέστη; **~ruhe** *f*, **~schlaf** *m* μεσημεριάτικος ύπνος
Mittagsstunde *f* ώρα μεσημβρίας; ***gerade in der ~*** καταμεσήμερα
Mittagszeit *f* → ***Mittagsstunde***; ***um die ~*** μεσημεριάτικα
Mittäter *m* συνένοχος; **~schaft** *f* συνενοχή
Mitte *f* μέση, μέσο; (*Zentrum*) κέντρο; ***~ März*** (τα) μέσα Μαρτίου
mitteilen μεταδίδω (***j-m etw***/κτ σε κπ), αγγέλλω; γνωστοποιώ, αναγγέλλω; γνωρίζω; ***j-m etw durch*** *A* ***~*** γνωστοποιώ κτ σε κπ με; (*in Briefen*) ***ich teile Ihnen mit, dass ...*** σας γνωρίζω (*oder* πληροφορώ), ότι ...
mitteilsam ομιλητικός; ***~ sein*** ανοίγομαι
Mitteilung *f* μετάδοση; αναγγελία
Mittel *n* μέσο, μηχανή; (*Heil-*) γιατρικό; τρόπος; (*Geld-*) *pl* πόροι *m/pl*, μέσα *n/pl*; HDL ***flüssige ~*** ρευστά *n/pl*; ***mit allen ~n*** με κάθε μέσο, με κάθε τρόπο; ***nicht die ~ haben zu ...*** δεν έχω τα μέσα να ...
Mittel- μέσος
Mittelalter ⟨*-s; 0*⟩ *n* Μεσαίωνας; ***das frühe ~*** ο Άπω Μεσαίωνας
mittelalterlich μεσαιωνικός
Mittelasien *n* Μέση Ασία
mittelbar έμμεσος
Mittel|deutschland *n* Μέση Γερμανία; **~europa** *n* Κεντρική Ευρώπη; **~finger** *m* μεσαίο δάκτυλο
mittelfristig HDL μεσοπρόθεσμος
Mittel|gewicht *n* (ο) μέσων βαρών; **~griechenland** *n oft*: Στερεά Ελλάδα
mittelgroß κανονικός, μέσος, μέσο μπόι
Mittelklasse *f* μεσαία τάξη; *Auto*: ***der ~ ...*** μεσαίας κλάσης; **~wagen** *m* αμάξι μεσαίας κατηγορίας
Mittel|läufer *m* δεύτερος σέντερ φορ;

M

Mittellinie 868

~linie *f* (*Fußball*) κεντρική γραμμή; *MATH* διάμεσος
mittellos άπορος, ... άνευ πόρων
Mittellosigkeit ⟨*0*⟩ *f* ανέχεια
mittelmäßig μέτριος; μετρίως
Mittelmäßigkeit *f* μετριότητα
Mittelmeer *n* (η) Μεσόγειος (θάλασσα); **~-** μεσογειακός; **~klima** *n* μεσογειακό κλίμα; **~länder** *n/pl* μεσογειακές χώρες *f/pl*; **~raum** *m* μεσογειακός χώρος
Mittelohr *n* μέσον ους *n*; **~entzündung** *f* ωτίτιδα
Mittelpunkt *m* κέντρο
mittels *G* μέσω *G*, δια μέσου *G*
Mittelschule *f* μεσαία σχολή
Mittelsperson *f* μεσάζων (-οντος) *m*
Mittelstand ⟨*-es; 0*⟩ *m* μέση τάξη
Mittelstrecken|lauf *m* δρόμος ημιαντοχής; **~rakete** *f* πύραυλος μέσου βεληνεκούς
Mittel|streifen *m* διαχωριστική λωρίδα; **~stürmer** *m* σέντερ φορ *m*; **~weg** *m bsd fig* μέση οδός; **~welle** *f* μεσαίο κύμα *n*; **~wert** *m MATH* μεσότητα; **~wort** ⟨*-es; ¨er*⟩ *n GR* μετοχή
mitten: ~ **in** *D* μέσα σε, στη μέση; ~ **durch** *A* μέσα από; *z. B. schneiden* στη μέση; ~ **auf dem Weg** στη μέση του δρόμου; ~ **im Winter** στην καρδιά του χειμώνα
Mitternacht ⟨*0*⟩ *f* μεσάνυχτα *n/pl*; **~s-**, **mitternächtlich** μεσονύκτιος
Mitternachtssonne *f* ήλιος του μεσονυκτίου
mittler|- μέσος, μεσαίος; μέτριος; ***im ~en Alter*** μεσόκοπος
Mittler *m* μεσίτης
mittler'weile στο μεταξύ
Mittwoch ⟨*-es; -e*⟩ *m* Τετάρτη
mit'unter κάποτε
mit|verantwortlich συνυπεύθυνος; **~wirken** συνεργάζομαι (**an** *D*/σε); *THEA* συμμετέχω
Mit|wirkung ⟨*0*⟩ *f* συνέργεια, σύμπραξη; *THEA* ***unter ~wirkung von*** συμμετοχή *G*; **~wisser** *m* μυημένος; συστασιώτης
mitzählen συναριθμώ
Mixer *m* μίξερ *n*
Mob [ɔ] ⟨*-s; 0*⟩ *m* σεντίνα
Möbel *n* (*mst pl*) έπιπλο, έπιπλα *n/pl*; **~fabrik** *f* επιπλοποιείο; **~geschäft** *n* επιπλοπωλείο; **~händler** *m* επιπλοπώλης; **~stück** *n* έπιπλο; **~tischler** *m* επιπλοποιός; **~wagen** *m* όχημα *n* μεταφοράς επίπλων, σκευάμαξα
mo'bil κινητός; ~ ***machen*** επιστρατεύω, κινητοποιώ
Mobili'ar ⟨*-s; -e*⟩ *n* έπιπλα *n/pl*
mobili'sieren *MIL*, *auch fig* επιστρατεύω; *Kräfte* κινητοποιώ; *MIL*, *Helfer* στρατολογώ
Mobili'sierung *f auch fig* επιστράτευση, κινητοποίηση
Mo'bilmachung *f* επιστράτευση; ***allgemeine*** ~ πανστρατιά
Mo'biltelefon *n* κινητό τηλέφωνο, κινητό
mö'blier|en επιπλώνω; **~t** επιπλωμένος
Mö'blierung *f* επίπλωση
möchte → ***mögen***; ***ich*** ~ θέλω, θα ήθελα να ...; ***ich ~ gern*** επιθυμώ να ...; ***ich ~ am liebsten ...*** μου 'ρχεται να ...; ***ich ~ gar zu gern ...*** το 'χω μεράκι να ...; ***ich ~ lieber ... als ...*** προτιμώ να ... παρά να ...; ***was ~n Sie lieber?*** τι προτιμάτε; *oft mit* για να ...
Modali'tät *f* έγκλιση
Mo'dalverb *n* βοηθητικό ρήμα εγκλίσεως; → ***dürfen***, ***können***, ***mögen***, ***müssen***, ***sollen***, ***wollen***; *oft ohne Bewegungsverb*, *z. B.* ***ich muss nach Hause*** (*gehen*) πρέπει να πάω σπίτι; ***wohin wollen Sie?*** για που είστε; ***kann ich rauf*** (= *hinaufgehen*)? μπορώ ν' ανεβώ; ***ich möchte raus*** (= *aussteigen*) θέλω να κατεβώ; ***darf ich mal durch?*** μπορώ να περάσω; ***ich muss jetzt weg*** (*gehen*) πρέπει να φύγω τώρα
Mode *f* μόδα, συρμός; (***wieder***) ***in ~ bringen*** (ξανα)φέρνω στη μόδα; (***in***) ~ ***sein*** είναι μόδα (*oder* της μόδας); *mst* συνηθίζεται; **~-** ... της μόδας; **~farbe** *f* χρώμα *n* που είναι της μόδας; **~geschäft** *n* κατάστημα *n* ειδών μόδας
Mo'dell ⟨*-s; -e*⟩ *n allg* μοντέλο, πρότυπο (*auch Atom-*); ~ ***stehen*** ποζάρω
model'lieren προπλάσσω
Modemacher *m etwa*: μόδιστρος
Modenschau *f* επίδειξη μόδας
Moder ⟨*-s; 0*⟩ *m* σαπίλα
moder|ig σάπιος; **~n** ⟨*-re*⟩ *v/i* σαπίζω
mo'dern σύγχρονος, μοντέρνος; **~i'sieren** εκσυγχρονίζω
Moder|ni'sierung *f* (εκ)συγχρονισμός;

869 **Mondsichel**

(*e-r Stadt*) εξωραϊσμός; **~'nismus** ⟨-; *0*⟩ *m* καινοθηρία
Mode|sache *f* υπόθεση μόδας; **~schmuck** *m* κοσμήματα *n/pl* της μόδας; **~schöpfer** *m* δημιουργός μόδας; **~zeitschrift** *f* περιοδικό μόδας
modifi'zieren τροποποιώ
modisch νεωτεριστικός, της μόδας
Mo'distin *f* μοδίστρα
Mo'dul ⟨*-s*; *-e*⟩ *n* *ELEKTR* ανταλλάξιμο στοιχείο; **~a'tion** *f* διαμόρφωση
Modu'lator ⟨*-s*; *-'toren*⟩ *m* *TECH* μεταβλητής
Modus ⟨-; *-di*⟩ *m* *GR* έγκλιση
Mofa ⟨*-s*; *-s*⟩ *n* (*Motorfahrrad*) μοτοποδήλατο
Moge'lei *f* ζαβολιά, κλέψιμο (-ατος) στο παιγνίδι
mogeln ⟨*-le*⟩ κλέβω, απατώ, κάνω ζαβολιές
mögen* *v/t* (*gern haben*) αγαπώ; *e-n Menschen auch* γουστάρω, συμπαθώ; *allg, auch Essen* μου αρέσει; (*verlangen*) θέλω; *Modalverb mit inf ohne zu*: ***ich mag gern ... ansehen*** μου αρέσει να βλέπω ...; → *auch* ***möchte***; (*Wahrscheinlichkeit*) ***es mag sein*** μπορεί; (*Ungewissheit*) ***wo mag er sein?*** πού να είναι; (*Zugeständnis*) ***es mag, möge geschehen*** ας είναι, ας γίνει; ***er mag es tun*** ας το κάνει; (*Wunsch*) να ...: ***Gott möge Ihnen ein langes Leben schenken!*** ο Θεός να σας πολυχρονίζει!; (*Konjunktiv*) ***wie dem auch sei*** (*oder* ***sein mag***) όπως και αν έχει το πράγμα
möglich δυνατός, εφικτός; ***alles Mögliche*** ό, τι μπορεί; *auch* ***es ist nicht ~, dass*** δεν γίνεται να ...; ***das ist schon ~*** πράγμα που γίνεται; ***soweit es ~ ist*** όσο είναι δυνατό; ***im Rahmen des Möglichen*** κατά το δυνατόν; ***es ~ machen, zu ...*** κατορθώνω να ..., καθιστώ (-άς) δυνατό; ***anders ist es nicht ~*** δε γίνεται αλλιώς; ***alles Mögliche tun*** κάνω πως και πως; **~st** όσο το δυνατόν (+ *komp*), *z. B.* ***~st bald*** όσο το δυνατόν συντομώτερα, *auch* το ενωρίτερο; ***~st deutlich*** όσο το δυνατόν καθαρά; ***~st früh*** το ενωρίτερο; ***~st schnell*** όσο το δυνατόν γρήγορα; ***sein Möglichstes tun*** βάζω τα δυνατά μου
möglicher'weise ενδεχόμενα, μπορεί; ***~ etw tun*** ίσως να ..., ενδέχεται να ...
Möglichkeit *f* δυνατότητα, ενδεχόμενο; ***nach ~*** κατά το δυνατόν
Mohair [-'hɛːʀ] ⟨*-s*; *-e*⟩ *m* μοχαίρ *n*
Mohammed *m* Μωάμεθ *m*
Mohamme'daner *m* Μωαμεθανός
mohamme'danisch μωαμεθανικός
Mohn ⟨*-e̸s*; *-e*⟩ *m* παπαρούνα
Mohr ⟨*-en*⟩ *m* Αράπης, μαύρος
Möhre *f* → ***Mohrrübe***
Mohrrübe *f* δαυκί, καρότο
Mokka ⟨*-s*; *-s*⟩ *m* μόκα
Mole *f* μώλος, μόλος, προκυμαία
Mole'kül ⟨*-s*; *-e*⟩ *n* μόριο
Moleku'lar- (*Gewicht*) μοριακός
Molke ⟨*0*⟩ *f* ορρός; τυρόγαλο; **~'rei** *f* γαλακτοκομείο
Moll ⟨-; -⟩ *n* *MUS* ελάσσον, μινόρε *n*
mollig μαλακός; (*warm*) θαλπερός; *Frau*: παχουλός
Mo'lluske *f* *ZOOL* μαλάκιο
Mo'ment[1] ⟨*-e̸s*; *-e*⟩ *m* στιγμή; ***gerade in dem ~*** απάνω στην ώρα; **(*e-n*) *~ bitte!*** μια στιγμή, παρακαλώ
Mo'ment[2] ⟨*-e̸s*; *-e*⟩ *n* *PHYS* ροπή; (*Gesichtspunkt*) άποψη; σημαντικό
momen'tan στιγμιαίος; *adv* αυτή τη στιγμή
Mo'mentaufnahme *f* στιγμιότυπο, ενσταντανέ *n*
Mo'narch ⟨*-en*⟩ *m* μονάρχης; **~ie** [-'çiː] *f* μοναρχία
mo'narchisch μοναρχικός
Monarchist [-'çɪst] ⟨*-en*⟩ *m* μοναρχικός
monar'chistisch μοναρχικός
Monat ⟨*-e̸s*; *-e*⟩ *m* μήνας
monat|ig, *z. B.* ***dreimonatig*** τρίμηνος; **~lich** μηνιαίος; *adv* μηνιαίως, κατά μήνα
Monats|anfang *m* αρχιμηνιά; **~einkommen** *n*, **~gehalt** *n* μηνιάτικο; **~karte** *f* μηνιαίο δελτίο; **~miete** *f* μηνιάτικο; **~rate** *f* μηνιαία δόση
Mönch ⟨*-e̸s*; *-e*⟩ *m* μοναχός, καλόγερος; ***~ vom Berg Athos*** αγιορείτης
mönchisch μοναχικός
Mond ⟨*-e̸s*; *-e*⟩ *m* φεγγάρι, σελήνη; **~-** φεγγαριάτικος, σεληνιακός
Mond|fähre *f* σεληνάκατος *f*; **~finsternis** *f* έκλειψη σελήνης; **~licht** ⟨*-e̸s*; *0*⟩ *n* σεληνόφως *n*
mondlos αφέγγαρος
Mond|schein ⟨*-e̸s*; *0*⟩ *m* φεγγαράδα; **~sichel** *f* μηνίσκος

M

mondsüchtig σεληνιαζόμενος; ~ ***sein*** σεληνιάζομαι
Mondwechsel *m* φάση σελήνης; ***wir haben*** ~ είναι γέμιση *oder* χάση του φεγγαριού
mone'tär χρηματικός; οικονομικός
Mo'neten *pl* F παραδάκια *n/pl*, βόλια *n/pl*
Mongo'lei *f* Μογγολία
mo'nieren υπενθυμίζω
Monitor ⟨*-s*; *-'toren*⟩ *m* οθόνη τηλεόρασης, τηλεπαρουσιαστής
Mono- μονο-; μονοφωνικός
Monoga'mie ⟨*0*⟩ *f* μονογαμία
Mono|'gramm ⟨*-s*; *-e*⟩ *n* μονόγραμμα *n*, τζίφρα; **~gra'phie** *f* μονογραφή
Mo'nokel *n* μονύελο
Mono|'log ⟨*-s*; *-e*⟩ *m* μονόλογος; **~'pol** ⟨*-s*; *-e*⟩ *n* μονοπώλιο
monopoli'sieren μονοπολώ
Mono'polkapital *n* μονοπωλιακό κεφάλαιο
mono'ton μονότονος
Monstrum ⟨*-s*; *-stren*⟩ *n* έκτρωμα *n*, τέρας *n*
Mon'sun ⟨*-s*; *-e*⟩ *m* μουσώνας
Montag *m* Δευτέρα; ***blaue(r)*** ~ τσαγκαροδευτέρα
Montage [-'taːʒə] *f* συναρμολόγηση, μοντάρισμα *n*
Mon'tan|industrie *f* εξορυκτική (και μεταλλευτική) βιομηχανία; **~union** *f* κοινότητα άνθρακα και χάλυβα
Monte|ne'griner *m* Μαυροβουνιώτης; **~'negro** *n* Μαυροβούνι
Monteur [-'tøːʀ] ⟨*-s*; *-e*⟩ *m* εφαρμοστής, μοντέρ ⟨*0*⟩ *m*
mon'tieren μοντάρω, εναρμόζω
Monu'ment ⟨*-ẹs*; *-e*⟩ *n* μνημείο
monumen'tal μνημειώδης
Moor ⟨*-ẹs*; *-e*⟩ *n* βάλτος, έλος *n*, τέναγος *n*; **~bad** *n* λασπόλουτρο
Moos ⟨*-es*; *-e*⟩ *n* βρύο, μούσκλι
Moped ⟨*-s*; *-s*⟩ *n* μοτοποδήλατο, μηχανάκι
Mo'ral ⟨*0*⟩ *f* ηθική; (*Mut*) ηθικό, φρόνημα *n*; (*Fabel*) επιμύθιο
mo'ral|isch ηθικός; **~i'sieren** ηθικολογώ
Mora'list ⟨*-en*⟩ *m* ηθικολόγος
Mo'ralpredigt *f iron* ηθικολογία
Mo'rast ⟨*-ẹs*; *-e*⟩ *m* έλος *n*, βούρκος (*auch fig*)
mo'rastig ελώδης
Mora'torium ⟨*-s*; *-ien*⟩ *n* χρεοστάσιο
Mord ⟨*-ẹs*; *-e*⟩ *m* φόνος, δολοφονία (**an** *D/G*); **~-** (*Waffe*) φονικός; **~anschlag** *m* δολοφονική επίθεση
morden ⟨*-e-*⟩ φονεύω, σκοτώνω, δολοφονώ; *subst* σκοτωμός
Mörder *m* φονιάς, δολοφόνος; **~grube** *f fig* άδης
mörderisch φονικός
Mords|- φονικός; *fig* πελώριος, θεο-; **~'hunger** *m* λόρδα; **~kerl** *m* παλικαράς (-άδες)
Mordversuch *m* απόπειρα δολοφονίας
morgen αύριο; ~ ***früh*** αύριο το πρωί; ~ ***in acht*** (***vierzehn***) ***Tagen*** αύριο οχτώ (δεκαπέντε)
Morgen *m* πρωί *n*; αυγή; ***heute*** ~ σήμερα το πρωί; ***am Dienstagmorgen*** *usw* το πρωί της Τρίτης; ***guten*** ~***!*** καλημέρα
Morgen|andacht *f* πρωινή προσευχή; **~dämmerung** *f* όρθρος, γλυκοχάραμα *n*; **~grauen** *n* χαραυγή; ***im, beim ~grauen*** τα χαράματα; **~rock** *m* ρόμπα, πενιουάρ *n*; **~rot** *n*, **~röte** *f* αυγή, *auch fig* ηώς (-ούς) *f*
morgens το πρωί
Morgen|stern *m* αυγερινός; **~stunde** *f* πρωινή ώρα; ***in den frühen ~stunden*** τις πρωινές ώρες; **~zeitung** *f* πρωινή εφημερίδα
morgig αυριανός
Mor|'phin ⟨*-s*; *0*⟩ *n* μορφίνη; **~phi'nist** ⟨*-en*⟩ *m* μορφινομανής
Morphium ⟨*-s*; *0*⟩ *n* μορφίνη; **~süchtige(r)** μορφινομανής
Morpholo'gie ⟨*0*⟩ *f* μορφολογία
morsch σάπιος (*auch fig*), σαθρός
Morschheit ⟨*0*⟩ *f* σαθρότητα
Mörser *m* γουδί, χαβάνι; MIL βομβοβόλο
Morsezeichen *n* σήμα *n* Μορς
Mörtel *m* ασβεστοκονίαμα *n*, αμμοκονία
Mosaik [-za·'iːk] ⟨*-s*; *-en*⟩ *n* μωσαϊκό, ψηφιδωτό; **~-** μωσαϊκός, ψηφιδωτός
mosaisch [-'zaːɪʃ] μωσαϊκός
Mo'schee *f* τζαμί, τέμενος *n*
Moschus [ɔ] ⟨*-*; *0*⟩ *m* μόσχος
Mosel *f* (*Fluss*) Μοζέλας
Moses *m* Μωυσής
Moskau *n* Μόσχα
Mos'kito ⟨*-s*; *-s*⟩ *m* κουνούπι; **~netz** *n* κουνουπιέρα

Moslem ⟨*-s; -s*⟩ *m* μουσουλμάνος
mos'lemisch μουσουλμανικός
Most ⟨*-ɇs; -e*⟩ *m* μούστος
Mostrich ⟨*-ɇs; 0*⟩ *m* μουστάρδα
Motel ⟨*-s; -s*⟩ *n* μοτέλ *n*
Mo'tiv ⟨*-s; -e*⟩ *n* κίνητρο; *Muster*, *Bild*: μοτίβο; *PSYCH* ελατήριο
moti'vieren (*begründen*) αιτιολογώ; (*anregen*) (υπο)κινώ
Moti'vierung *f* υποκίνηση
Motor ⟨*-s; -'toren*⟩ *m* κινητήρας, μηχανή; **~antrieb** *m*: ***mit ~antrieb*** αυτοκίνητος, βενζινοκίνητος; **~boot** *n* βενζινάκατος *f*; βενζινόπλοιο; **~haube** *f* καπό
-mo'torig κινητήριος, *z. B.* ***viermotorig*** τετρακινητήριος
mo'torisch *PSYCH* μηχανικός
motori'sier|en: ~t μηχανοκίνητος
Motori'sierung *f* μηχανοκίνηση
Motor|öl *n* λάδι μηχανής; **~panne** *f* βλάβη μηχανής; **~rad** *n* μοτοσυκλέτα, μηχανή; **~radfahrer** *m* μοτοσυκλετιστής; **~roller** *m* σκούτερ *n*; **~schaden** *m* βλάβη μηχανής; **~schiff** *n* βενζινόπλοιο; **~sport** *m* σπορ *n* αυτοκινήτου; **~trawler** *m* μηχανότρατα
Motte *f* σκώρος
Mottenfraß *m* σκωροφάγωμα *n*
Mottenkiste: *fig* ***aus der ~*** βγαλμένος από τη ναφθαλίνη
Motten|kugel *f* βώλος ναφθαλίνης; **~mittel** *n* σκωροκτόνο; **~pulver** *n* αντισκωρικό
mottenzerfressen σκωροφαγωμένος
Motto ⟨*-s; -s*⟩ *n* γνωμικό
Mousepad *n EDV* ποντικόστρωμα *n*
Möwe *f* γλάρος
Mücke *f* κουνούπι, σκνίπα
Mückenstich *m* τσίμπημα *n* κουνουπιού
Mucker *m* ψευδευλαβής; **~tum** ⟨*-s; 0*⟩ *n* ψευδευλάβεια
Mucks ⟨*-es; -e*⟩ *m* τσιμουδιά; ***keinen ~ von sich geben*** δεν βγάζω τσιμουδιά
mucksen ⟨*-t*⟩: ***sich nicht ~*** δεν βγάζω τσιμουδιά *oder* γρι
müde κουρασμένος; ***~ machen*** κουράζω; ***~ werden*** κουράζομαι; **(es)** ***~ werden, zu ...*** αποκάμνω, απηυδίζω να ...
Müdigkeit ⟨*0*⟩ *f* κούραση
muffig μουχλιασμένος; *fig* κατσουφιασμένος; ***~ sein*** μουχλιάζω; ***~ riechen*** μυρίζω κλεισούρα *oder* μούχλα
Muffigkeit ⟨*0*⟩ *f* μούχλα
Mühe *f* κόπος, μόχθος; ***vergebliche ~*** κόπος χαμένος; ***mit ~ und Not*** τσίτα τσίτα; ***~ haben zu ...*** τρομάζω να ...; ***sich ~ geben*** κοπιάζω, κουράζομαι
mühelos άκοπος, ακόπιαστος
Mühelosigkeit ⟨*0*⟩ *f* ευχέρεια
muhen *Kuh*: μουγκανίζω
mühen: *sich ~* μοχθώ
mühevoll κοπιώδης
Mühl|e *f* μύλος; **~stein** *m* μυλόπετρα
Mühsal ⟨*-; -e*⟩ *f* μόχθος; ***~ erdulden*** περνάω κακουχίες
müh|sam, ~selig χαλεπός, ζόρικος
Mühseligkeit ⟨*0*⟩ *f* χαλεπότητα
Mu'latt|e ⟨*-n*⟩ *m*, **~in** *f* μιγάς (-άδος) *m,f*
Mulde *f* σκάφη, λακκάκι; *GEOGR* κοιλάδα, λεκανοπέδιο
Mull ⟨*-ɇs; -e*⟩ *m* γάζα
Müll ⟨*-ɇs; 0*⟩ *m* σκουπίδια *n/pl*; απόρριμμα *n*; **~abfuhr** *f* υπηρεσία απορριμμάτων; **~beseitigung** *f* αποκομιδή των απορριμμάτων; **~beutel** *m* σακούλα σκουπιδιών
Mullbinde *f* γάζα φαρμακευτική
Müll|container *m* κιβώτιο απορριμμάτων; **~deponie** *f* χωματερή; **~eimer** *m* σκουπιδοτενεκές (-έδες)
Müller *m* μυλωνάς (-άδες); **~in** *f* μυλωνού (-ούδες) *f*
Müll|haufen *m*, **~kippe** *f* σκουπιδότοπος; **~kutscher** *m*, **~mann** *m* σκουπιδιάρης (-ηδες); **~schaufel** *f* φαράσι; **~schlucker** *m* απορροφητήρας σκουπιδιών; **~verbrennung** *f* καύση απορριμμάτων; **~verbrennungsanlage** *f* εγκατάσταση για καύση απορριμμάτων; **~wagen** *m* σκουπιδιάρικο
multi|- πολυ-; **~kulturell** πολυπολιτισμικός; **~late'ral** πολυμερής, πολύπλευρος
Multi'media ⟨*-(s); 0*⟩ *n* πολυμέσα *n/pl*; **~zeitalter** *n* εποχή των πολυμέσων
Multimillionär *m* πολυεκατομμυριούχος
multinational πολυεθνικός
Multipli|'kand ⟨*-en*⟩ *m* πολλαπλασιαστέος; **~ka'tion** *f* πολλαπλασιασμός; **~'kator** ⟨*-s; -'toren*⟩ *m* πολλαπλασιαστής
multipli'zieren πολλαπλασιάζω
Mumie [-mĭə] *f* μούμια
Mumm ⟨*-s; 0*⟩ *m* F κουράγιο; ***nicht den***

Mummelgreis 872

~ ***haben, zu ...*** (*bsd bei Schuldbewussten*) δεν έχω μούτρα να ...
Mummelgreis *m* F χούφταλο
Mummenschanz ⟨*-es; 0*⟩ *m* μασκαράδα
Mumps ⟨*-; 0*⟩ *m MED* παρωτίτιδα, μαγουλάδα
München *n* Μόναχο
Münch'hausen *m* ο παραδοξολόγος, (βαρώνος) Μυνχάουζεν
Mund ⟨*-es; ¨er*⟩ *m* στόμα *n*; (*Magen- usw*) *ANAT* στόμιο; ***s-n ~ nicht halten können*** δε βαστώ τη γλώσσα μου; ***j-m nach dem ~e reden*** καλοπιάνω κπ, κάνω κομπλιμέντα σε κπ; ***halt den ~!*** πάψε!; ***mit offenem ~*** χάσκα; **~-** στοματικός
Mundart *f* διάλεκτος *f*, ιδίωμα *n*
mundartlich διαλεκτικός
Mündel *n* κηδεμονευόμενος
mündelsicher: *~e Wertpapiere* *n/pl* ασφαλή χρεώγραφα *n/pl*
münden ⟨*-e-*⟩ χύνομαι, εκβάλλω (***in*** *A*/ σε); *Straße*: βγαίνω; *subst* εκβολή, χύσιμο
Mund|geruch *m* χνώτο; **~harmonika** *f* φυσαρμόνικα; **~höhle** *f* στοματική κοιλότητα
mündig ενήλικος; ***~ werden*** ενηλικιώνομαι
mündlich προφορικός; ***das Mündliche, die ~e Prüfung*** τα προφορικά
Mundstück *n* επιστόμιο; *TECH* ακροστόμιο
mundtot: *j-n ~ machen* φιμώνω κπ
Mündung *f* (*Fluss-*) στόμιο, εκβολή
Mund|wasser *n* νερό γαργάρας; **~werk** *n*: ***ein loses ~werk haben*** μιλάω πολύ; **~winkel** *m* ακροστόμιο
Muni'tion *f* πολεμοφόδια, πυρομαχικά *n/pl*
munkel|n ⟨*-le*⟩ κρυφομιλώ; ***man ~t von*** *D* φημολογείται ότι *oder* πως ... *N*
Münster *n* μητρόπολη
munter ζωηρός; (*wach*) ξύπνιος; (*fröhlich*) χαρούμενος; ***~ machen*** ζωογονώ; ***~ sein*** είμαι μια χαρά; ***~ werden*** ξυπνώ
Munterkeit ⟨*0*⟩ *f* ζωηρότητα; φαιδρότητα
Münz|- νομισματικός; **~automat** *m* αυτόματος πωλητής
Münze *f* νόμισμα *n*; κέρμα *n*; (*Anstalt*) νομισματοκοπείο; ***alte ~*** αντίκα; *fig* ***etw für bare ~ nehmen*** παίρνω κτ τοις μετρητοίς; ***~n schlagen*** κόβω νομίσματα
münzen ⟨*-t*⟩: *fig* ***das ist auf dich gemünzt*** μ' αυτό υπονοείσαι εσύ
Münz|fernsprecher *m* κερματοδέκτης; **~gold** *n* χρυσός για νομίσματα; **~kenner** *m* νομισματολόγος; **~kunde** ⟨*0*⟩ *f* νομισματική; νομισματολογία; **~sammlung** *f* συλλογή νομισμάτων; **~tankstelle** *f* βενζινάδικο με κέρματα; **~wesen** ⟨*-s; 0*⟩ *n* νομισματικό σύστημα *n*; νομισματοκοπία
Mu'räne *f* μύραινα, σμέρνα
mürbe εύθρυπτος; *Fleisch*: τρυφερός; ***~ machen*** τρυφεραίνω; *fig j-n* ξεθεώνω; *seelisch* ***~ gemacht*** ψημένος κι έτοιμος; ***~ werden*** τρυφεραίνω; *fig* ξεθεώνομαι
Mürbegebäck *n etwa*: ψαθούρι
Murks ⟨*-es; 0*⟩ *m* φτηνοδουλειά
murksen ⟨*-t*⟩ τσαλαβουτώ (-άς)
Murmel *f* βώλος; ***~n spielen*** παίζω βώλους
murmeln ⟨*-le*⟩ *allg* μουρμουρίζω; ψιθυρίζω; *subst* μουρμούρισμα *n*
Murmeltier *n* αρκτόμυς (-υος); ***wie ein ~*** *schlafen* σαν τη μούμια
murren μεμψιμοιρώ, γογγύζω
Murren *n* μεμψιμοιρία; ***ohne ~*** αγόγγυστα
mürrisch αγέλαστος, στυγνός
Mus ⟨*-es; -e*⟩ *n* πελτές, χυλός
Muschel [ʊ] *f* κοχύλι, καβούκι; (*Ohr- usw*) κόγχη; (*Mies-*) μύδι; ***~n*** *pl auch* θαλασσινά *n/pl*
muschelförmig κογχοειδής
Muschelschale *f* όστρακο
Muse *f* μούσα
Mu'seum ⟨*-s; -'seen*⟩ *n* μουσείο
Musical ⟨*-s; -s*⟩ *n* μιούζικαλ *n*
Mu'sik *f* μουσική; ***~ machen*** έχω μουσική; **~-** μουσικο-; μουσικός
Musi'kalien [-lĭən] *pl* μουσικά κομμάτια, έντυπα *n/pl*
musi'kalisch μουσικός, έμμουσος
Musi'kant ⟨*-en*⟩ *m* μουσικός
Mu'sikdirektor *m* διευθυντής ορχήστρας
Musiker *m* μουσικός
Mu'sik|hochschule *f* ωδείο, μουσική ακαδημία; **~instrument** *n* μουσικό όργανο; **~kapelle** *f* μουσική; μπάντα; **~lehrer** *m* μουσικοδιδάσκαλος;

M

~stück *n* μουσικό κομμάτι; **~unterricht** *m* μάθημα *n* μουσικής
mus|isch μουσοτραφής; **~i'zieren** παίζω μουσική
Mus'kat- μοσχάτος
Muska'teller *m* μοσχάτο
Mus'katnuss *f* μοσχοκάρυδο
Muskel ⟨*-s; -n*⟩ *m auch fig* μυς (μυός) *m*; **~-** μυικός; **~kater** *m* πόνος των μυών; **~kraft** *f* μυική δύναμη; **~krampf** *m* κράμπα, νευροκαβαλίκευμα *n*; **~schmerzen** *m/pl* πόνοι *m/pl* στους μυς
Mus'kete *f* μουσκέτο
Muske'tier ⟨*-s; -e*⟩ *m hist* σωματοφύλακας
musku'lös μυώδης
Muss [ʊ] ⟨-; *0*⟩ *n* χρεία
muss → ***müssen***
Muße [u:] ⟨*0*⟩ *f* σκόλη, ραχάτι
Musse'lin ⟨*-s; -e*⟩ *m* μουσελίνα
müssen* πρέπει να ..., οφείλω να ..., έχω να ...; ***ich muss weg*** (= *weggehen, abreisen*) πρέπει να φύγω; → ***Modalverb***; *Wahrscheinlichkeit*: ***ich müsste*** (***noch***) ***... bekommen*** επρόκειτο να πάρω ...; ***er muss angekommen sein*** πρέπει να έφτασε; ***du hättest dort sein ~*** έπρεπε να ήσουν εκεί; *mit inf Passiv oft*: θέλει, χρειάζεται + *Verbalsubstantiv, z. B.* ***... muss befeuchtet werden*** θέλει μούσκεμα; ***das Öl muss gewechselt werden*** το λάδι χρειάζεται άλλαγμα
müßig αργός; (*zwecklos*) περιττός, άσκοπος
Müßig|gang ⟨*-ęs; 0*⟩ *m* αργία; **~gänger** *m* αργόσχολος
Muster *n* δείγμα *n*; παράδειγμα *n*; *auch fig* πρότυπο (***an*** *D/G*), υπόδειγμα *n*; *auf Stoff* σχέδιο; *HDL auch* μόστρα; *HDL* ***~ ohne Wert*** δείγμα άνευ αξίας; ***nach dem ~*** *G* στα πρότυπα *G*; **~-** (*-Betrieb*) πρότυπος; **~beispiel** *n* τύπος και υπογραμμός
mustergültig παραδειγματικός
Mustergültigkeit ⟨*0*⟩ *f* παραδειγματισμός
musterhaft υποδειγματικός
Musterkollektion *f* δειγματολόγιο
mustern ⟨*-re*⟩ *auch j-n* περιεργάζομαι; *Truppen* επιθεωρώ; *Rekruten* εξετάζω
Muster|n *n* (*Abwägen*) ζύγισμα *n*; **~rolle** *f MAR* ναυτολόγιο; **~ung** *f MIL* επιθεώρηση; υγειονομική εξέταση
Mut ⟨*-ęs; 0*⟩ *m* θάρρος *n*, κουράγιο; ***~ fassen*** ξεθαρρεύω, παίρνω κουράγιο; ***j-m ~ machen*** ενθαρρύνω κπ; ***den ~ verlieren*** αποθαρρύνομαι; ***wieder ~ bekommen*** αναθαρρεύω
Muta'tion *f BIOL* μετάλλαξη
mut|ig θαρραλέος, θαρρετός; **~los** άτολμος
Mutlosigkeit ⟨*0*⟩ *f* λιποψυχία, ατολμία
mutmaß|en ⟨*-t; gemutmaßt*⟩ εικάζω; **~lich** εικαστικός, επίδοξος
Mutmaßung *f* τεκμήριο
Mutter ⟨-; *¨er*⟩ *f* μητέρα, μάνα; *TECH* ⟨-; *-n*⟩ παξιμάδι, περικόχλιο; ***~ Gottes*** Θεοτόκος *f*, Μήτηρ Θεού; **~-** μητρώος; μητρικός; **~brust** *f* μητρικό στήθος
Mütterchen *n* (*altes*) κυρούλα
Mutter|kuchen *m ANAT* πλακούντας; **~land** *n* μητρόπολη
mütterlich μητρικός; **~erseits** μητρόθεν, προς μητρός
Mutter|liebe *f* μητρικό φίλτρο; **~mal** ⟨*-ęs; -e*⟩ *n* ελιά, σπίλος; **~mord** *m* μητροκτονία; **~schaf** *n* προβατίνα; **~schaft** ⟨*0*⟩ *f* μητρότητα
mutter'seelenal'lein ολομόναχος
Mutter|söhnchen *n* κανακάρης (-ηδες); **~sprache** *f* μητρική γλώσσα; **~witz** ⟨*-es; 0*⟩ *m* φυσική ευφυία
Mutti ⟨-; *-s*⟩ *f* μαμά
Mutwille ⟨*-ns; 0*⟩ *m* θρασύτητα; τρέλα
mutwillig θρασύς; σκανταλιάρης (-α, -ικο)
Mütze *f* σκούφια, κούκος; κασκέτο
My *n* Μ, μ, μυ *n*
My'kene *n* Μυκήναι *f/pl*, Μυκήνες *f/pl*
Mykonos *n* Μύκονος *f*
Myo'kard ⟨*-s; 0*⟩ *n* μυοκάρδιο
Myrrhe *f* σμύρνα
Myrte *f* μυρτιά, μυρσίνη
mysteri'ös μυστηριώδης
My'sterium ⟨*-s; -rien*⟩ *n* μυστήριο
Mystik ⟨*0*⟩ *f* μυστικισμός; **~er** *m* μυστικιστής
mystisch μυστικός
Mysti'zismus ⟨-; *0*⟩ *m* μυστικισμός
Mythe *f* μύθος
mythisch μυθικός
Mytholo'gie *f* μυθολογία
mytho'logisch μυθολογικός
Mythos ⟨-; *-then*⟩ *m* μύθος

M

N

N, n [ʔɛn] *n neugr* N, ν
na [naʔ] (*auffordernd*) ντε; λοιπόν; **~, komm!** έλα ντε!; **~ also** βλέπεις, λοιπόν; (*beschwichtigend*) **~, ~, keine Aufregung!** έλα, έλα κ'έννοια σου!; **~ ja, ...** ας είναι ...; (*fragend*) **~, was sagte er zu Ihnen?** λοιπόν, τι σας είπε; (*erstaunt*) **~, wie kommst du denn hierher?** μπα! πώς βρέθηκες εδώ; **~ so (et)was!** άλλο πάλι!, τι ναι τούτο πάλι; **~ und?** κι' ύστερα
Nabe *f TECH* λήμνη
Nabel *m* αφαλός, ομφαλός (*auch fig*); **~-** ομφαλικός; **~bruch** *m* ομφαλοκήλη; **~schnur** *f* ομφάλιος λώρος
nach *präp D* (*Zeit und Reihenfolge*) μετά *A*, μετά από; (*Zeit*) ύστερα από; (*Uhrzeit*) και; (*Ort*) σε, προς *A*, για; (*gemäß und Verteilung*) κατά *A*, με; *Beispiele*: **~ Christi Geburt** (*n. Chr.*) μετά Χριστόν (μ. Χρ.); **Glyphadha kommt** (**liegt**) **~ Kalamaki** η Γλυφάδα είναι μετά το Καλαμάκι; **~ dem Abendessen** μετά (*oder*: ύστερα από) το δείπνο; **1/4 ~ drei** τρεις και τέταρτο; **fünf** (**Minuten**) **~ halb drei** τρεις παρά είκοσι πέντε; **~ Hause** *gehen* στο σπίτι; **er fuhr ~ Paris** έφυγε για το Παρίσι; **~ Norden** προς βορρά; **~ meiner Meinung** κατά την γνώμη μου; **~ Platon** κατά τον Πλάτωνα; **~ Muster** βάσει δείγματος; **~ dem alten Tarif** με το παλιό τιμολόγιο; **der Länge ~** κατά μήκος; **~ Stämmen** κατά φυλές; **der Reihe ~** με τη σειρά; **~ und ~** βαθμηδόν; **~ wie vor** πριν και έπειτα; *verbal*: εξακολουθώ να ... + *St I*
nach- *oft*: μετα-; ξανα-; πρόσθετος, συμπληρωτικός
nachäffen *v/t* μαϊμουδίζω
Nachäff|er *m* μίμος; **~ung** *f* μαϊμουδισμός
nachahmen μιμούμαι; **~d** μιμητικός
nachahmenswert αξιομίμητος
Nachahm|er *m* μιμητής; **~ung** *f* (απο)μίμηση
nacharbeiten ⟨*-e-*⟩ κάνω υπερωρίες; *v/t das Versäumte* συμπληρώνω
Nachbar ⟨*-n*; *-n*⟩ *m* γείτονας (**von** *D*/με), σύνοικος; **~in** *f* γειτόνισσα
nachbarlich γειτονικός
Nachbarschaft *f* γειτονιά
Nachbeben *n* μετασεισμικές δονήσεις *f/pl*
nachbestellen ξαναπαραγγέλλω
Nachbestellung *f* πρόσθετη παραγγελία
nachbeten ⟨*-e-*⟩ παπαγαλίζω
Nachbeter *m* ετερόφωτος
nachbezahlen πληρώνω κατόπιν; (*Post*) πληρώνω τα εισπρακτέα
nachbilden ⟨*-e-*⟩ αναπαριστάνω
Nachbildung *f* αναπαράσταση
nachdatieren μεταχρονολογώ
nach'dem *ko* αφού, από τότε που; **je ~** εξαρτάται
nachdem *adv* κατόπιν, ύστερα
nachdenk|en* συλλογίζομαι *A*, σκέπτομαι (**über** *A*/για); *subst* συλλογή; **in** (**tiefes**) **Nachdenken versinken** βυθίζομαι στις σκέψεις; **~lich** συλλογισμένος, σκεπτικός
Nachdenklichkeit ⟨*0*⟩ *f* σκεπτικότητα
Nachdichtung *f* διασκευή
Nachdruck *m* ανατύπωση; **unerlaubte(r) ~** τυποκλοπία; *fig* (*Stärke*) τόνος, έμφαση; **mit ~** έντονα; **~ legen auf** *A* υπογραμμίζω *A*, εμμένω σε
nachdrucken ανατυπώνω; **unerlaubt ~** τυποκλοπώ
nachdrücklich έντονος, εμφαντικός
Nachdrücklichkeit ⟨*0*⟩ *f* επίταση
nachdunkeln ⟨*-le*⟩ μουνταίνω
Nacheiferer *m* ζηλωτής
nacheifern ⟨*-re*⟩ παραδειγματίζομαι (**j-m**/από κπ)
Nacheiferung *f* έντονη μίμηση
nachein'ander ο ένας μετά τον άλλον, αλληλοδιαδόχως
nachempfinden* → ***nachfühlen***
Nachen [aː] *m poet* βαρκούλα
nacherzählen αποδίδω (με δικά μου λόγια)
Nach|erzählung *f* απόδοση; **~feier** *f* μεθεόρτια *n/pl*; **~folge** *f* διαδοχή
nachfolgen ⟨*sn*⟩ **j-m** διαδέχομαι κπ, συνακολουθώ; **~d** κατοπινός; *MATH* (*Zahl*) *adj* εφεξής; **mit ~dem Regen ...** και θα βρέξει αργότερα
Nachfolger *m* διάδοχος

nachforschen ανιχνεύω
Nachforschung *f* ανίχνευση
Nachfrage *f* *HDL* ζήτηση (**nach** *D*/*G*); (*nach e-r bestimmten Sache*) επερώτηση, ερώτηση; **keine ~** αζητησία; *HDL* **ohne ~** αζήτητος
nach|fragen ρωτώ (-άς), ζητώ (-άς) πληροφορίες; **~fühlen: es j-m** συμμερίζομαι τα συναισθήματα κάποιου; **~füllen** *z. B. Öl* συμπληρώνω; **~geben*** *Boden*, *fig* υποχωρώ; *TECH*, *fig* ενδίδω (*D*/σε); *bsd MIL* κάμπτομαι; *subst* υποχώρηση; **~geboren** υστερογενής
Nachgebühr *f* εισπρακτέα (γραμματόσημα) *n*/*pl*
nachgehen* ⟨*sn*⟩ ακολουθώ (**j-m**/κπ); (*e-m Geschäft*) καταγίνομαι με; (*e-r Sache*) (= *erforschen*) ανιχνεύω; *Uhr*: πάει πίσω
nach|gemacht τεχνητός; **~gerade** (*z. B. unerträglich*) πλέον (ανυπόφορο)
Nachgeschmack *m* επίγευση (*auch fig*)
nachgiebig ενδοτικός
Nachgiebigkeit ⟨*0*⟩ *f* ενδοτικότητα
nachgrübeln ⟨*-le*⟩ βασανίζω τη σκέψη μου (**über** *A*/για)
nachhaltig εντατικός
nachhelfen* υποβοηθώ (*D*/*A*)
nachher κατόπιν, ύστερα
Nachhilfestunden *f*/*pl* προγύμναση, ιδιαίτερο (*oder* φροντιστηριακό) μάθημα; **~ geben** προγυμνάζω, κάνω ιδιαίτερο (*oder* φροντιστηριακό) μάθημα
nachholen *Schule*: **die Stunden ~** συμπληρώνω, αναπληρώνω τα μαθήματα; *subst* συμπλήρωση
Nach|hut *f* οπισθοφυλακή, ουρά; **~impfung** *f* αναδαμαλισμός
nachjagen ⟨*sn*⟩ κυνηγώ (*D*/*A*); *fig* θηρεύω (*D*/*A*)
Nachklang *m* απήχηση; *fig* ανάμνηση
Nachkomme ⟨*-n*⟩ *m* απόγονος
nachkommen* ⟨*sn*⟩ έρχομαι κατόπιν; *fig* ανταποκρίνομαι (*D*/σε)
Nach|kommenschaft *f* απόγονοι *m*/*pl*; **~kömmling** ⟨*-s*; *-e*⟩ *m* αποσπόρι
Nachkriegs|- μεταπολεμικός; **~zeit** *f*: **in der ~zeit** μεταπολεμικά
Nachkur *f* αποθεραπεία
Nachlass ⟨*-es*; *⸗e*⟩ *m* (*Rabatt*) έκπτωση; (*Erbschaft*) κληρονομία
nachlassen* *v*/*t* (*lockern*) χαλαρώνω; εκτονώνω; (*vom Preis*) κάνω σκόντο; (*Erbe*) αφήνω; *v*/*i* (*weniger werden*) μετριάζομαι; λασκάρω; ελαττώνομαι, λιγοστεύω; *Kälte*, *Regen*, *Wind*: κατεβάζω, κόβω; *Sturm auch* κοπάζω; *Fieber*: υποχωρώ: *Gedächtnis*: εξασθενώ; *Schmerz*, *Eifer*: μετριάζομαι; *subst* μετρίαση; χαλάρωμα *n*; εκτόνωση; (*des Fiebers*) ύφεση; (*der Kräfte*) υποχώρηση
nachlässig αμελής; αδιάφορος; **~ sein in** *D* ολιγωρώ *G*
Nachlässigkeit *f* αμέλεια, ολιγωρία
Nachlassverwalter *m* διαχειριστής κληρονομιάς
nachlaufen* ⟨*sn*⟩ τρέχω κατόπιν; *e-m Mädchen* κυνηγώ
Nachlese *f* (*Trauben-*) αποστάφυλα *n*/*pl*
nach|lesen* (ξανα)διαβάζω; συμβουλεύομαι (**bei** *D*/*A*); **~liefern** ⟨*-re*⟩ παραδίδω αργότερα; **~machen** προσποιούμαι, μιμούμαι; **~malen** αντιγράφω; **~messen*** ξαναμετρώ
Nachmittag *m* απόγευμα *n*; **am ~, nachmittags** το απόγευμα, *K* μετά μεσημβρίαν (μ. μ.); **~s-** απογευματινός
Nachmittagsvorstellung *f* απογευματινή παράσταση
Nachnahme *f* αντικαταβολή; **gegen ~** επί αντικαταβολή
Nachname *m* επώνυμο
nach|plappern ⟨*-re*⟩ παπαγαλίζω; **~prüfen** επαληθεύω, ελέγχω
Nachprüfung *f* επαλήθευση, έλεγχος
nachrechnen ⟨*-e-*⟩ ξαναλογαριάζω, ελέγχω
Nachrede *f*: **üble ~** κακολογία
nachreden ⟨*-e-*⟩ → **nachsagen**
Nachricht *f* είδηση, πληροφορία, μήνυμα *n*
Nachrichten|agentur *f* πρακτορείο ειδήσεων; **~büro** *n* (*Presse*) γραφείο τύπου; **~dienst** *m* υπηρεσία πληροφοριών; **~satellit** *m* δορυφόρος διαβιβάσεων; **~sprecher** *m* (*Fernsehen*) παρουσιαστής ειδήσεων; **~teil** *m* ειδησεογραφία
nachrücken ⟨*sn*⟩ επακολουθώ (**j-m**/κπ)
Nachruf *m* νεκρολογία
nachsagen επαναλαμβάνω; **j-m** (*etw Böses*) κατηγορώ κπ
Nach|saison *f* δευτερεύουσα σεζόν ⟨*0*⟩ *f*; **~satz** *m* συμπλήρωμα *n*; **im ~satz** (= *ergänzend*) επιπρόσθετα

nachschicken στέλνω σε άλλη διεύθυνση
Nachschlagebuch *n* λεξικό; τυφλοσύρτης
nachschlagen* συμβουλεύομαι (**in** *D*/*A*); *ein Wort* αναζητώ *A*
Nach|schlüssel *m* αντικλείδι; **~schub** *m* ενίσχυση, εφοδιασμός
nachsehen* *j-m* ακολουθώ με το βλέμμα; *etw*, *Schulaufgaben* ελέγχω; *j-m etw* παραβλέπω κτ σε κπ; ***ich seh nach, ob ...*** θα κοιτάξω, αν ...
Nachsehen *n*: ***das ~ haben*** μένω μπουκάλα
Nachsendeantrag *m* αίτηση για αποστολή σε άλλη διεύθυνση
nachsenden* → ***nachschicken***
Nachsicht ⟨*0*⟩ *f* επιείκεια; ***~ üben*** φέρομαι επιεικώς (***mit j-m***/προς, σε κπ)
nachsichtig επιεικής, ανεκτικός (***gegenüber*** *D*/απέναντι σε κπ)
nachsitzen* *Schüler*: ***~ müssen*** βάζω κπ τιμωρία; ***j-n ~ lassen*** αφήνω κπ τιμωρία; *subst* τιμωρία
Nach|speise *f* επιδόρπιο; **~spiel** *n* επίλογος (*auch fig*); ***ein ~spiel haben*** λαμβάνω κακή έκβαση
nach|sprechen* ξαναλέω; **~spüren** (παρ)ακολουθώ; κατασκοπεύω, εξερευνώ
nächst *präp D* μετά *A*
nächst|- (*Ort*) πλησιέστατος, κοντινότερος; (*Zeit*) προσεχής, επόμενος; (*Reihe*) κατοπινός; ***am ~en Tag*** την άλλη μέρα; **~e(r)** (*Mensch*) πλησίον *m*
nachstehen* υστερώ (*D*/από; **in** *D*/ως προς *A*); **~d** παρακάτω
nachstellen κατατρέχω (***j-m***/κπ); *Uhr v/t* βάζω πίσω
Nächstenliebe *f* (η) προς τον πλησίον αγάπη, φιλαλληλία
nächst|ens προσεχώς; **~liegend** πλησιέστερος; *fig* ***das Nächstliegende*** το απλούστατο
nach|streben έχω κπ για πρότυπο; **~suchen** αιτούμαι (***um*** *A*/*A*)
Nacht ⟨-; ⸚e⟩ *f* νύχτα; ***gute ~!*** καλή νύχτα (σας); ***die ganze ~*** (***durch***) ολονυχτίς, όλη νύχτα; ***es wird ~*** νυχτώνει; ***mitten*** *oder* ***tief in der ~*** άγρια μεσάνυχτα; **~-** νυχτερινός
Nacht|arbeit ⟨*0*⟩ *f* νυχτέρι; **~dienst** *m* νυχτερινή υπηρεσία; ***~dienst haben*** *z. B. Apotheke*: διανυκτερεύω
Nachteil *m* μειονέκτημα *n*; ***im ~ sein*** μειονεκτώ
nachteilig μειονεκτικός, ζημιόγονος
Nacht|eule *f* F *Person*: νυχτοπούλι; **~fahrverbot** *n* απαγόρευση νυχτερινής οδήγησης; **~flug** *m* νυχτερινή πτήση; **~frost** *m* παγωνιά της νύχτας; **~geschirr** *n* ουροδοχείο; **~hemd** *n* πουκαμίσα, νυχτικό
Nachtigall *f* αηδόνι
nächtigen διανυκτερεύω
Nachtisch [a:] *m* επιδόρπιο
Nacht|klub *m* νάιτ κλαμπ ⟨*0*⟩ *n*; **~leben** *n* νυχτερινή ζωή
nächtlich νυχτερινός
Nacht|lokal *n* νυχτερινό κέντρο; **~quartier** *n* νυχτερινό κατάλυμα *n*
Nachtrag ⟨-*e*s; ⸚*e*⟩ *m* συμπλήρωμα *n*, υστερόγραφο
nachtragen* (*ergänzen*) συμπληρώνω; ***es j-m ~*** μνησικακώ, κρατάω (-άς) κακία σε κπ; **~d** μνησίκακος (*D* ***gegenüber***/κατά *G*)
nachträglich συμπληρωματικός, όψιμος; *adv* εκ των υστέρων
nachtrauern ⟨*-re*⟩ *e-r S* (*D*) κλαίω *A*
Nachtruhe *f* νυχτερινή ησυχία
nachts τη νύχτα, κατά τη νύχτα
Nacht|schatten *m* BOT σολανό; **~schicht** *f* νυχτερινή βάρδια
Nachtschwärmer *m* ξενύχτης; **~in** *f* ξενύχτισσα
Nachtschwester *f* βραδινή νοσοκόμα
Nacht|tarif *m* νυχτερινή ταρίφα; **~tisch** *m* κομοδίνο; **~tischlampe** *f* πορτατίφ ⟨*0*⟩ *n*, λάμπα κομοδίνου; **~topf** *m* καθήκι; **~wache** *f* νυχτοφυλακή; **~wächter** *m* νυχτοφύλακας; **~wandler** *m* υπνοβάτης
nach|vollziehen* ⟨*nachvollzogen*⟩ *v/t* αναπαριστάνω; **~wachsen*** ⟨*sn*⟩ ξαναβγάζω
Nach|wahl *f* επαναληπτική εκλογή; **~wehen** *f/pl* υστερόπονοι *m/pl*; *fig* (κακά) επακόλουθα *n/pl*
Nachweis ⟨*-es*; *-e*⟩ *m* απόδειξη; (*Einkommens-*) τεκμήρια *n/pl*; CHEM ανίχνευση; ***den ~ erbringen*** (***liefern***) παρέχω τεκμήριο
nachweisbar αποδεικτός
nachweis|en* αποδεικνύω, επαληθεύω; CHEM ανιχνεύω; **~lich** *adv* αποδεδειγμένα

Nachwelt ⟨*0*⟩ *f* (οι) μεταγενέστεροι
nach|wiegen* ξαναζυγίζω; **~wirken** *v/i* έχω αντίκτυπο, έχω συνέπεια; (*lange*) μακροχρονίζω
Nach|wirkung *f* αντίκτυπος; **~wort** ⟨*-es; -e*⟩ *n* επίλογος; **~wuchs** *m* νέες γενεές *f/pl*
nach|zahlen πληρώνω προσθέτως *oder* καθυστερημένα; **~zählen** (ξανα-) μετρώ
Nachzahlung *f* πρόσθετη (*oder* καθυστερημένη) πληρωμή
nach|zeichnen ⟨*-e-*⟩ ξεσηκώνω (*subst* ξεσήκωμα *n*); **~ziehen*** ⟨*sn*⟩ *fig* (= *folgen*) ακουλουθώ το παράδειγμα (άλλου)
Nachzügler *m* αργοπόρος
Nacken *m* σβέρκος, αυχένας; **~-** αυχενικός
Nackenschläge *m/pl fig* δοκιμασίες *f/pl*
nackt γυμνός
Nackt|baden *n* μπάνιο χωρίς μαγιό; **~badestrand** *m* ακτή γυμνιστών; **~heit** ⟨*0*⟩ *f* γύμνια, γυμνότητα; **~kultur** ⟨*0*⟩ *f* γυμνισμός
Nadel *f* βελόνα; (*klein*) βελονίτσα; (*Kompass*) δείκτης; **~baum** *m* κωνοφόρο δέντρο; **~büchse** *f* βελονοθήκη; **~hölzer** *n/pl* BOT βελονόφυλλα *n/pl*; **~öhr** *n* βελονότρυπα; **~stich** *m* βελονιά
Nagel ⟨*-s;* ⸚⟩ *m* καρφί; ήλος; (*z. B. Finger-*) νύχι; *fig* ***den ~ auf den Kopf treffen*** πέφτω διάνα; *fig* ***etw an den ~ hängen*** εξοφλώ με; **~bürste** *f* βουρτσάκι των νυχιών; **~feile** *f* λίμα νυχιών; **~haut** *f* παρανυχίδα; **~lack** *m* μανό ⟨*0*⟩; **~lackentferner** *m* ασετόν ⟨*0*⟩
nagel|n ⟨*-le*⟩ καρφώνω; ***genagelt*** καρφωτός; **~neu** κατακαίνουργιος
Nagel|pflege *f* μανικούρ ⟨*0*⟩ *n*; **~schere** *f* νυχοκόπτης
nag|en ροκανίζω (**an** *D/A*), τραγανίζω; *fig* ***der Kummer ~t an ihm*** τον τρώει το σαράκι; **~end** τρωκτικός
Nagetier *n* τρωκτικό
nah → ***nahe***
Näh- ραφτικός
Nahbereich *m* κοντινή περιοχή
nahe *adj* εγγύς, κοντινός; *Verwandter*: στενός; *adv* κοντά, πλησίον; *präp* **~ an** *D, A*, **~ bei** *D* κοντά σε, πλησίον *G*; δίπλα σε; ***ganz ~*** πλησιέστατα; ξυστά (**an** *D*/σε); ***~ beieinander*** ο ένας κοντά στον άλλο; *Zeit*: ***~ bevorstehend*** κοντινός; ***~ daran sein, zu ...*** κοντεύω να, πάω να; ***j-m ~ gehen*** *fig* στοιχίζω σε κπ; (**zu**) ***~ kommen*** ζυγώνω (*D/A*); ***j-m etw ~ legen*** συστήνω κτ σε κπ; του δίνω νύξη; ***~ liegen*** *fig* είναι κοντά στο νου; ***~ liegend*** εύληπτος; ***~ stehen*** συνδέομαι (***j-m***/με κπ); ***~ stehend*** συνδεδεμένος
Nähe ⟨*0*⟩ *f* γειτονιά; ***in der ~*** κοντά; *präp G* παρά *A*; ***in nächster ~*** πλησιέστατα; ***aus nächster ~*** εξ επαφής
nahebei δίπλα
nahen ⟨*sn*⟩ πλησιάζω, κοντεύω; *subst* προσέγγιση
nähen ράβω, ράφτω; *subst* ράψιμο (-ατος)
näher πλησιέστερος, κοντινότερος; *adv* κοντινότερα; ***alles Nähere, die ~en Umstände*** τα καθέκαστα; ***~e Angaben*** *oder* ***Näheres*** περισσότερες πληροφορίες *f/pl*; ***bitte, treten Sie ~!*** ορίστε, περάστε!; ***~ bringen*** προσεγγίζω; *fig* ***j-m etw*** κάνω κπ να καταλάβει καλύτερα, εξηγώ; ***~ kommen*** πλησιάζω, προσπελάζω; *fig* ***sich ~ kommen*** έρχομαι σε επαφή; *subst* πλησίασμα *n*, προσπέλαση; ***~ rücken*** *auch Winter usw* φθάνω, εγγίζω
Nähe'rei *f* ράψιμο (-ατος)
Naherholungsgebiet *n etwa*: κοντινή περιοχή παραθερισμού
Näherin *f* ράφτρα
nähern πλησιάζω, προσεγγίζω; ***sich ~*** πλησιάζω, σιμώνω (***j-m***/κπ)
Nähgarn *n* ράμμα *n*
Nahkampf *m* μάχη εκ του συστάδην
nahm → ***nehmen***
Näh|maschine *f* ραπτομηχανή; **~nadel** *f* βελόνα
Nähr- θρεπτικός
Nährboden *m fig* εστία
nähren τρέφω; *Feuer* τροφοδοτώ; *fig Hoffnung usw* εκτρέφω; *subst* θρέψιμο (-ατος); υπόθαλψη
nahrhaft θρεπτικός
Nahrung ⟨*0*⟩ *f* τροφή
Nahrungs|- θρεπτικός, τροφικός; **~mangel** ⟨*-s; 0*⟩ *m* έλλειψη τροφής; **~mittel** *n/pl* τρόφιμα *n/pl*, τροφές *f/pl*; **~suche** *f*: ***auf ~suche gehen*** βγαίνω

N

Nahrungsverweigerung 878

για τροφή; **~verweigerung** *f* ασιτία
Nährwert *m* τροφική αξία
Nähseide *f* μπρισίμι
Naht ⟨-; ⁼e⟩ *f* ραφή; *TECH*, *MED* συγκόλληση
nahtlos άρραφος; *fig* χωρίς περιπλοκές
Nahtstelle *f* συνεκτικότητα
Nahverkehr *m* τοπική συγκοινωνία
Nahverkehrszug *m* τρένο τοπικής συγκοινωνίας
Nähzeug *n* ραπτικά μέσα *n/pl*
na'iv αγαθός, αφελής
Naivi'tät ⟨*0*⟩ *f* αγαθότητα, αφέλεια
Name ⟨*-ns*; *-n*⟩ *m* όνομα *n*; (*Familien-*) επώνυμο; ***auf den ~n*** *G* στο όνομα *G*; ***im ~n*** *G* εν ονόματι *G*; ***dem ~n nach*** εξ ονόματος; ***j-m e-n ~n geben*** ονομάζω κπ, δίνω όνομα σε κπ
namenlos ανώνυμος
namens *adv* εξ ονόματος *G*
Namens|- ονομαστικός; **~gebung** *f* ονοματοθεσία; **~tag** *m* ονομαστική εορτή; **~vetter** *m* συνονόματος; **~zug** *m* μονογραφή
namentlich ονομαστικός; *adv* ονομαστικά; *besonders* ιδίως; ***~ erwähnen*** αναφέρω ονομαστικά, ονομάζω
namhaft ονομαστός; ***j-n ~ machen*** ονομάζω κπ
nämlich *adv* δηλαδή; *adj* (*derselbe*) (ο) ίδιος
nannte → ***nennen***
na'nu! μπα!; τι λες!; πώς
Napf ⟨*-es*; ⁼*e*⟩ *m* γαβάθα
Naphtha ⟨*-s*; *0*⟩ *n* νάφθα; **~'lin** ⟨*-s*; *0*⟩ *n* ναφθαλίνη
Na'poleon *m* Ναπολέων *m*, Ναπολέοντας
Narbe *f* ουλή, σημάδι; *BOT* στίγμα *n*
narbig ουλώδης
Narde *f BOT* νάρδος
Nar'kose *f* νάρκωση
Nar'kotikum ⟨*-s*; *-ka*⟩ *n* ναρκωτικό
nar'koti|sch ναρκωτικός; **~'sieren** ναρκώνω
Narkoti'sierung *f* νάρκωση
Narr ⟨*-en*⟩ *m* τρελός, λωλός; ***j-n zum ~en halten*** παίρνω κπ στο μεζέ
narren κοροϊδεύω
Narrheit *f* τρέλα
Närrin *f* τρελή; λωλή
närrisch τρελός (**vor** *D*/από)
Nar'ziss ⟨-; *-e*⟩ *m* Νάρκισσος
Nar'zisse *f* νάρκισσος, ζαμπάκι
na'sal ρινικός; *GR* έρρινος
nasch|en [a]: ***gern ~en*** λιγουρεύομαι, λιχουδεύομαι (γλυκά); *Kind*: κλέβω γλυκά; **~haft** λιχούδης
Nasch|haftigkeit ⟨*0*⟩ *f* λιχουδιά; **~katze** *f* λιχούδης
Nase *f* μύτη, *K* ρις (ρινός) *f*; ***auf die ~ fallen*** πέφτω μπρούμυτα; *fig* ***e-e gute ~ haben für ...*** μυρίζομαι ... (*A*); ***seine ~ in alles stecken*** χώνω παντού τη μύτη μου; F ***die ~ rausstecken*** (= *ausgehen*) ξεμυτίζω
näseln ⟨*-le*⟩ μιλώ ένρινα; *subst* ένρινη ομιλία; **~d** έρρινος
Nasen|- ρινικός; **~bein** *n* ρινικό οστό; **~bluten** *n* ρινορραγία, αιμάτωμα *n* της μύτης; **~flügel** *m* πτερύγιο της μύτης; **~höhle** *f* ρινική κοιλότητα
nase(n)lang: F ***alle ~*** κάθε λίγο και λιγάκι
Nasen|loch *n* ρουθούνι; **~scheidewand** *f* ρινικό τοίχωμα; **~schleim** *m* μύξα; **~stüber** *m* μυτιά; **~tropfen** *m/pl* σταγόνες για τη μύτη
naseweis ξετσίπωτος
Nashorn ['na:s-] *n* ρινόκερος
nass [a] ⟨*-er oder* ⁼*er*; *nassest-*, *nässest-*⟩ υγρός; *Straße*: βρεγμένος; ***~ machen*** (***werden***) μουσκεύω; *Bett* βρέχω; ***sich ~ machen*** *Kind*: βρέχομαι, κατουριέμαι
Nässe ⟨*0*⟩ *f* υγρασία
nässen ⟨*-t*⟩ μουσκεύω; βρέχω
nasskalt υγρός και ψυχρός
Na'tion *f* έθνος *n*
natio'nal εθνικός
Natio'nal|bewusstsein *n* εθνική συνείδηση; **~einkommen** *n* εθνικό εισόδημα *n*; **~feiertag** *m* εθνική εορτή; **~galerie** *f* εθνική πινακοθήκη; **~garde** *f* εθνοφρουρά; **~gericht** *n* εθνικό φαγητό; **~getränk** *n* εθνικό ποτό; **~hymne** *f* εθνικός ύμνος
nationali'sieren εθνικοποιώ
Nationali'sierung *f* εθνικοποίηση
Nationa'lis|mus ⟨-; *0*⟩ *m* εθνικισμός; **~t** ⟨*-en*⟩ *m* εθνικιστής
nationa'listisch εθνικιστικός
Nationali'tät *f* εθνικότητα
Natio'nal|mannschaft *f* εθνική ομάδα; **~ökonomie** *f* εθνική οικονομία; **~park** *m* εθνικός δρυμός; **~sozialismus** *m* εθνικοσοσιαλισμός

natio'nalsozialistisch εθνικοσοσιαλιστικός
Natio'nal|tracht *f* εθνική στολή; **~versammlung** *f* εθνοσυνέλευση
Natrium *⟨-s; 0⟩ n* νάτριο; **~chlorid** *n* χλωριούχο νάτριο
Natron *⟨-s; 0⟩ n (= Natriumbikarbonat)* διττανθρακικό νάτριο (***$NaHCO_3$***) (*auch* δισα-)
Natter *f* δεντρογαλιά
Na'tur *f allg und fig* φύση; ***von ~*** εκ φύσεως; ***Liebe zur ~*** φυσιολατρεία
Natu'ralien [-lĭən] *pl* γεωργικά προϊόντα *n/pl*; ***in ~*** σε είδος
naturali'sieren → ***einbürgern***
Natura'lis|mus *⟨-; 0⟩ m* φυσιοκρατία; **~t** *⟨-en⟩ m* φυσιοκράτης
Na'turbeschreibung *f* φυσιογραφία
Natu'rell *⟨-s; -e⟩ n* φυσικό
Na'tur|erscheinung *f* φυσικό φαινόμενο; **~faser** *f* φυτική ίνα; **~forscher** *m* φυσιοδίφης; **~freund** *m* φυσιολάτρης
na'turgemäß φυσικός; κατά φύση
Na'tur|geschichte *⟨0⟩ f* φυσική ιστορία; **~gesetz** *n* φυσικός νόμος
na'turgetreu εκ του φυσικού
Na'tur|heilkunde *f* φυσικοθεραπεία; **~katastrophe** *f* θεομηνία; **~kunde** *⟨0⟩ f* φυσιογνωσία
na'türlich φυσικός (*auch fig*); (*ungekünstelt*) απροσποίητος; *bsd Manieren*: απέριττος; (*nicht künstlich, echt*) αυτοφυής; *adv* φυσικά, εννοείται; ***auf ~e Weise*** φυσιολογικά
Na'türlichkeit *⟨0⟩ f* φυσικότητα
Na'turpark *m* φυσικό πάρκο
Na'turschutz *m* φυσιοπροστασία; **~gebiet** *n* πάρκο φυσιοπροστασίας
Na'turtrieb *m* ένστικτο
Na'turwissenschaft *f* φυσική επιστήμη; **~ler** *m* φυσικός επιστήμονας
na'turwissenschaftlich φυσικός
Nauplia *n* Ναύπλιο
Nautik *⟨0⟩ f* ναυτική
Naviga'tion *⟨0⟩ f* ναυτιλία, ναυτική
Naviga'tionsschule *f* ναυτική σχολή
Naxos *n* Νάξος *f*
Nazi *⟨-s; -s⟩ m* F ναζιστής, ναζί *⟨0⟩ m*
Ne'apel *n* Νεάπολη
Nebel *m* καταχνιά, ομίχλη
nebelhaft ομιχλώδης; *fig* νεφελώδης
Nebel|horn *n* γόγγος; **~scheinwerfer** *m* προβολέας ομίχλης; **~schlussleuchte** *f* οπίσθιο φως ομίχλης
neben (*wo? D; wohin? A*) *auch fig* δίπλα σε, πλάι σε; (*außer, z. B. außer diesem Schaden*) εκτός *G*
Neben|- πλαϊνός, πλάγιος, διπλανός; **~absicht** *f* υστεροβουλία
neben'an δίπλα; παραπλεύρως (*wohnen*)
Neben|arbeit *f* πάρεργο; **~ausgaben** *f/pl* έξτρα έξοδα *n/pl*
neben'bei παρεπιπτόντως, παράλληλα; ***etw ~ verdienen*** κερδίζω λεφτά από δευτερεύουσα απασχόληση
Neben|beruf *m* δευτερεύον επάγγελμα *n*; **~beschäftigung** *f* πάρεργο, δευτερεύουσα απασχόληση; **~buhler** *m* αντίζηλος
nebeneinander ο ένας κοντά στον άλλο; πλάι-πλάι; (*dicht*) κολλητά; ***~ bestehen*** συνυπάρχω; ***~ legen*** βάζω πλάι-πλάι; ***~ stellen*** παραθέτω (*auch fig*); *subst* παράθεση
Neben|einkünfte *pl* έκτακτα έσοδα *n/pl*; **~einnahmen** *f/pl* πρόσθετα έσοδα *n/pl*; **~erkrankung** *f* MED συμπάθεια; **~erwerb** *m* δεύτερη δουλειά; **~fach** *n* δευτερεύον μάθημα *n*; **~fluss** *m* παραπόταμος; **~gebäude** *n* παράρτημα *n*; **~geräusche** *n/pl* (*Radio*) παράσιτα *n/pl*; **~haus** *n* πλαινό σπίτι
neben'her εν παρέργω, παράλληλα
Neben|kosten *pl* → ***Nebenausgaben***; **~linie** *f* (*Herkunft*) πλάγια γραμμή; BAHN μικρή γραμμή, ντεκοβίλ *⟨0⟩ n*; **~mann** *m* MIL παραστάτης; (*Schule*) διπλανός μαθητής; **~ordnung** *f* GR παράταξη; **~produkt** *n* παραπροϊόν (-όντος); **~sache** *f* μικροπράματα *n/pl*
nebensächlich επουσιώδης
Nebensatz *m* δευτερεύουσα πρόταση
Nebenschaltung *f* σύνδεση παράλληλη; διακλάδωση; ***in ~*** σε διακλάδωση
nebenstehend παράπλευρος
Neben|straße *f* πάροδος *f*; **~tür** *f* πλάγια πόρτα; **~verdienst** *m* κέρδος *n* από δευτερεύουσα απασχόληση; **~winkel** *m* MATH εφεξής γωνία; **~wirkung** *f* παρενέργεια; **~zimmer** *n* διπλανό δωμάτιο
neblig ομιχλώδης; ***es ist ~*** καταχνιάζει
nebst *D lit* (μαζί) με, και

N

Necessaire [neˑsɛ'sɛːʀ] ⟨-s; -s⟩ *n* (*Reise-*) νεσεσαίρ ⟨*0*⟩ *n* ταξιδιού
necken πειράζω (**j-n**/κπ), κουρδίζω, δουλεύω; *subst* πείραγμα *n*, κούρδισμα *n*
Neffe ⟨*-n*⟩ *m* ανεψιός
Nega'tion *f* άρνηση
negativ αρνητικός; *GR* αποφατικός; *JUR* αποθετικός
Negativ ⟨*-s*; *-e*⟩ *n Foto*: αρνητικό
Neger *m* νέγρος, μαύρος; **~in** *f* νέγρα, μαύρη
ne'gieren αρνούμαι
Negligé [neˑgliˑ'ʒeː] ⟨*-s*; *-s*⟩ *n* νεγκλιζέ ⟨*0*⟩ *n*
nehmen* παίρνω; *in die Hand* ~ παίρνω (σε), λαμβάνω; *e-e S, fig Eindruck* **mit sich** (*D*) ~ αποκομίζω; *Kind von der Schule* ~ αποσύρω, τραβώ (-άς); ***j-n*** *zu sich* (*D*), *mit ins Haus* ~ φέρνω; *Speise* ***zu sich*** (*D*) ~ παίρνω, F τσιμπώ (-άς); ***einige Gläschen zu sich*** (*D*) ~ κατεβάζω αρκετά ποτηράκια; *Narkotika* ***zu sich*** (*D*) ~ κάνω χρήση *G*; ***auf sich*** (*A*) ~ παίρνω απάνω μου
Nehmen *n* πάρσιμο (-ατος)
Neid ⟨*-es*; *0*⟩ *m* φθόνος, ζήλεια
neiden ⟨*-e-*⟩ φθονώ (***j-m etw***/κπ για)
Neider *m* ζηλιάρης (-α, -ικο), ζηλότυπος
neidisch φθονερός; ~ ***sein auf*** *A* φθονώ, ζηλεύω
Neige *f* υπόλοιπο, αποπότι; ***zur*** ~ ***gehen*** *allg* τελειώνω, σώνομαι
neigen *Kopf* γέρνω (**zu** *D*/προς *A*); *auch fig, z. B. zur Lüge* τείνω προς *A*, ρέπω προς *A*; κλίνω προς *A*; ***sich*** ~ ***zu, nach*** *D*, *z. B. Boot*: βαραίνω; γέρνω προς *A*; ***sich*** (***her***)~ σκύβω; (*zu Ende gehen*) τελειώνω, σώνομαι; *subst* γέρμα *n*, σκύψιμο (-ατος)
Neigung *f auch fig* κλίση (**zu** *D*/προς *A*), ροπή; (*Zuneigung*) συμπάθεια (**zu** *D*/προς *A*); (*zum Studium*) έφεση προς *A*
nein όχι; ~ **zu** *D* όχι σε
Neinstimme *f* ψήφος *f* κατά
Nektar ⟨*-s*; *0*⟩ *m* νέκταρ (-αρος) *n*
Nelke *f* γαρίφαλο
NE-Metalle [ˀɛn'ˀeː-] *pl* → ***Nichteisenmetalle***
Nenn- (*-Wert*) ονομαστικός
nennen* ονομάζω (*A*/κπ), (απο)καλώ; *Stadt nach j-m* επονομάζω; ***sich*** ~ λέγομαι; ***beim Namen*** ~ ονοματίζω
nennenswert αξιόλογος
Nenn|er *m* παρονομαστής; **~ung** *f* (*des Namens*) μνημόνευση; **~wert** *m* ονομαστική αξία
neoklassi'zistisch νεοκλασικός
Neolo'gismus ⟨-; *-men*⟩ *m* νεολογισμός
Neon ⟨*-s*; *0*⟩ *n* νέον; **~-** ... με νέον; **~leuchte** *f* λαμπτήρας νέον; **~reklame** *f* διαφήμιση νέον
Nepp ⟨*-s*; *0*⟩ *m* F κλεψιά
neppen F γδύνω, ληστεύω
Nepplokal *n* κοφτήριο
Neptun *m* Ποσειδώνας
Nerv [-f] ⟨*-s*; *-en*⟩ *m* νεύρο; *j-m* ***auf die ~en gehen*** εκνευρίζω; ***die ~en verlieren*** εκνευρίζομαι
Nervenarzt *m* νευρολόγος
nervenaufreibend εκνευριστικός
Nerven|entzündung *f* νευρίτιδα; **~heilanstalt** *f* νευρολογική κλινική; **~knoten** *m* γάγγλιο; **~krieg** *m* πόλεμος νεύρων; **~leiden** *n* νευροπάθεια; **~säge** *f* F τριβέλι, αρρώστια; **~schwäche** *f* νευρασθένεια; **~system** *n* νευρικό σύστημα *n*; **~zusammenbruch** *m* νευρικός κλονισμός
nervig νευρώδης
nervlich νευρικός
nervös [-'vøːs] νευρικός; ***j-n*** ~ ***machen*** εκνευρίζω κπ; ~ ***werden*** νευριάζω; εκνευρίζομαι
Nervosi'tät ⟨*0*⟩ *f* νευρικότητα, εκνευρισμός
Nerz ⟨*-es*; *-e*⟩ *m*, **~fell** *n* βιζόν ⟨*0*⟩; **~mantel** *m* επανωφόρι από βιζόν
Nesselausschlag *m* κνίδωση
Nest ⟨*-es*; *-er*⟩ *n auch MIL* φωλιά; (*Zuhause*) σπιτικό; **~wärme** *f* οικογενειακή ζεστασιά, ζεστή γωνιά
nett καλός, ευγενικός, γλυκούτσικος; (***das ist***) ***sehr*** ~ ***von Ihnen!*** καλωσύνη σας!
netto νέτος, καθαρός
Nettogewicht *n* βάρος καθαρό
Netz ⟨*-es*; *-e*⟩ *n auch fig* δίχτυ, *auch EDV* δίκτυο; *ANAT* σκέπη; (*Straßen-*) σύμπλεγμα *n*; (*Schmetterlings-*) απόχη; ***j-m ins*** ~ ***gehen*** πιάνομαι στα βρόχια κάποιου
Netzanschluss *m* σύνδεση στο δίκτυο
netzartig δικτυοειδής, δικτυωτός
Netz|haut *f ANAT* αμφιβληστροειδής (χιτώνας); **~karte** *f* κάρτα για ορισμένο συγκοινωνιακό δίκτυο; **~ma-**

N

gen *m ZOOL* κεκρύφαλος; **~werk** *n* δικτύωμα *n*, δικτύωση; *EDV* δίκτυο
neu ⟨*neu*(*e*)*st*-⟩ καινούργιος, νέος; *Kleidung*: πρωτόβαλτος; ***von ~em*** εκ νέου; → ***Neue*(*s*)**; ***~ angekommen*** νεοφερμένος; ***~ errichtet*** νεοσύστατος; ***~ erschienen*** πρωτοεμφανιζόμενος; *von Büchern*: κυκλοφόρησε ...; ***~ gebaut*** νεόχτιστος; ***~ geboren*** νεογέννητος; ***wie ~ geboren*** ξανανειωμένος; ***~ gegründet*** νεοσύστατος, αρτισύστατος; ***~ gepflanzt*** νεόφυτος; ***~ gestalten*** αναδημιουργώ, αναπλάθω; ***~ vermählt*** νιόπαντρος
neu- νεο-
Neu|ankömmling ⟨*-s*; *-e*⟩ *m* νεοφερμένος; **~auflage** *f* νέα έκδοση
Neubau *m* νεόχτιστο (κτίριο); **~viertel** *n* νεόχτιστος συνοικισμός; **~wohnung** *f* νεόχτιστο διαμέρισμα *n*
neuerdings νεωστί
Neuerscheinung *f* νέα (*oder* καινούργια) έκδοση; *mst* κυκλοφόρησε...; **~en** *pl* (*als Rubrik*) βιβλιογραφία
Neuerung *f* καινοτομία, νεωτερισμός; ***~en einführen*** καινοτομώ, νεωτερίζω
Neue|(s) νέο, νέα *n*/*pl*, νεώτερο; ***nichts ~s*** τίποτε νεώτερο (***von*** *D*/από); → ***neu***; ***was gibt es ~s*** τι χαμπάρια; τι μαντάτα (***von*** *D*/από)
Neugestaltung *f* αναδημιουργία
Neugier(de) ⟨*0*⟩ *f* περιέργεια; ***aus ~*** από περιέργεια
neugierig περίεργος
neugriechisch νεοελληνικός; (**das**) ***Neugriechisch*(e)** (τα) νέα ελληνικά *n*/*pl*
Neuheit *f* νεοτερισμός
Neuigkeit *f* νέο, νεώτερο; **~en** *pl* νεώτερα *n*/*pl*; νέα *n*/*pl*
Neujahr *n* νέο έτος, πρωτοχρονιά; ***zu ~*** πρωτοχρονιάτικα; ***prosit ~!*** χρόνια πολλά!
Neujahrs|- πρωτοχρονιάτικος, αγιοβασιλιάτικος; **~kuchen** *m* βασιλόπιτα
Neujahrstag *m* πρωτοχρονιά; ***am ~*** πρωτοχρονιάτικα, του 'Αη-Βασίλη
neulich τις προάλλες, τελευταία
Neuling ⟨*-s*; *-e*⟩ *m* πρωτόπειρος
neumodisch τελευταίας μόδας
Neumond ⟨*-ẹs*; *0*⟩ *m* νέα σελήνη, νουμηνία
neun εννιά, εννέα (9, θ'); **~fach** εννεαπλάσιος; **~hundert** εννιακόσιοι *m*/*pl*, εννιακόσια *n*/*pl*; **~hundertste(r)** εννιακοσιοστός; **~jährig** εννεαετής; **~tausend** εννέα χιλιάδες; **~tel** ένατο; **~tens** ένατο; **~te(r)** ένατος; **~zehn** δεκαεννιά; **~zig** ενενήντα; **~zigjährig** ενενηντάρης (-α); **~zigste(r)** ενενηκοστός
Neuordnung *f* ανασυγκρότηση
Neural'gie *f* νευραλγία
neu'ralgisch *auch fig* νευραλγικός; ***~er Punkt*** καίριο σημείο
Neuras'theniker *m* νευρασθενής
Neuregelung *f* (*der Arbeitszeit*) αναδιάρθρωση
Neureiche(r) νεόπλουτος
neuro'logisch νευρολογικός
Neu'rose *f* νεύρωση
Neu'seeland *n* Νέα Ζηλανδία
Neusprachler *m* φιλόλογος νέων γλωσσών
neust- *Nachrichten*: πρόσφατος, τελευταίος
neu'tral *auch GR* ουδέτερος
neutrali'sieren εξουδετερώνω
Neutrali'sierung *f* εξουδετέρωση
Neutrali'tät ⟨*0*⟩ *f* ουδετερότητα
Neutron ⟨*-s*; *-'tronen*⟩ *n* νετρόνιο, ουδετερόνιο
Neu'tronenbombe *f* βόμβα νετρονίου
Neutrum ⟨*-s*; *-tra*⟩ *n* ουδέτερο
Neuvermählt|e *f* νύμφη; **~e(r)** νιόγαμπρος
New York [njuːˈjɔʀk] *n* Νέα Υόρκη
nicht δε(ν) (*bei Verben*); όχι (*absolut*): ***~ heute, sondern morgen*** όχι σήμερα, άλλα αύριο; μή(ν) *mit dem imp*, *konj*, *beim subst*, *adj*, *part*, *z. B.* ***sprich ~*** μη μιλάς!; ***der ~ damit Vertraute*** ο μη εντριβής; ***ohne* (*es*) *zu wollen*** (*nicht wollend*) μη θέλοντας; ***durchaus ~*** επ' ουδενί λόγω; ***~ einmal*** ούτε, μήτε; ***gar ~, überhaupt ~*** (δεν) ... διόλου, καθόλου; ***~ nur ..., sondern auch ...*** όχι μόνο ... αλλά και; F ***~ die Bohne*** δε(ν) ... ντιπ; ***~ einmal im Traum*** (*möchte ich ihn sehen*) ... ούτε και ζωγραφιστό!
nicht ... *oft*: αν-, *z. B.* ***~ verantwortlich*** ανεύθυνος; ***~ doch!*** όχι δα!
Nichtachtung *f* ασέβεια, ανυποληψία
nichtamtlich εξώδικο
Nichtanerkennung *f*: ***~ der Vaterschaft*** αποκήρυξη
Nicht|'angriffspakt *m* συνθήκη μη επι-

N

Nichtbeachtung 882

θέσεως; **~beachtung** *f* (*der Verkehrszeichen*) μη σεβασμός
Nichte *f* ανεψιά
Nicht|einhaltung *f* μη τήρηση; **~eisenmetall** *n* μη σιδηρούχο μέταλλο; **~erfüllung** *f* ανεκτέλεστο; **~erscheinen** *n* απουσία; (*vor Gericht*) φυγοδικία
nichtig μηδαμινός; άκυρος; ***etw für ~ erklären*** το ακυρώνω
Nichtigkeit *f* μηδαμινότητα
Nicht|metalle *n/pl* αμέταλλα στοιχεία *n/pl*; **~mitglied** *n* μη μέλος *n*
Nichtraucher *m* μη καπνιστής; **~abteil** *n* κουπέ ⟨*0*⟩ *n* μη καπνιστών; **~zone** *f* ζώνη μη καπνιστών
nichts (δεν) ... τίποτε (-τα); ***~ dergleichen*** κάθε άλλο; ***rein gar ~*** δε(ν) ... γρυ; ***mir ~, dir ~*** στα καλά καθούμενα; ***sonst ~*** τιπότ' άλλο; ***für ~ und wieder ~*** για ένα τιποτένιο πράγμα; ***~ davon haben*** δεν έχω ωφέλεια απ' αυτό; ***~ sagend*** κενός; *Mensch*: γλυκανάλατος
Nichts ⟨-; *0*⟩ *n* μηδέν (-δενός) *n*
Nichtschwimmer *m* μη κολυμβητής; **~becken** *n* πισίνα μη κολυμβητών
nichtsdesto'weniger παρά ταύτα, παρ' όλα αυτά
Nichts|könner *m* ατζαμής; (τεχνίτης) του γλυκού νερού; **~nutz** ⟨*-es*; *-e*⟩ *m* χαμένος, άχρηστος
nichtsnutzig απρόκοπος
Nichts|tuer *m* ακαμάτης; **~tun** *n* χασομέρι, χουζούρι, ξάπλα
nichtswürdig άξιος περιφρόνησης, ανάξιος
Nicht|übereinstimmung *f* ασυμφωνία; **~verbreitung** *f* μη διάδοση; **~vorhandensein** *n* ανυπαρξία; **~wissen** *n* άγνοια; **~zutreffende(s)** (τα) περιττά
Nickel ⟨*-s*; *0*⟩ *n* νικέλιο; **~-** νικέλινος
nicken νεύω; *subst* νέμα *n*, νεύμα *n*
Nickerchen *n* κλεφτοΰπνι, υπνάκος; F ***ein ~ machen*** κλεφτοκοιμάμαι
nie ... ποτέ; ***... als ~*** ... παρά ποτέ; ***~ in meinem Leben*** ... ποτέ μου
nieder *adv*: ***~ mit ...!*** κάτω + *N*; **~-** *adj* κατώτερος
nieder|beugen *fig* σκεβρώνω; ***sich ~beugen*** γέρνω; σκύβω; **~brennen*** *v/t* κατακαίω; *v/i* ⟨*sn*⟩ αποτεφρώνομαι
Niederbrennen *n* καύση, αποτέφρωση
niederdeutsch κάτω γερμανική
Niederdruck ⟨*-es*; *0*⟩ *m* υπόταση
nieder|drücken πιέζω κάτω; **~drückend** *fig* στενόχωρος; **~fallen*** ⟨*sn*⟩ *v/i* πέφτω κάτω; ***vor j-m*** πέφτω μπροστά του
Niedergang ⟨*-es*; *0*⟩ *m fig* κάμψη, δύση
nieder|gedrückt στενοχωρημένος; **~geschlagen** μελαγχολικός, απογοητευμένος, κατηφής
Niedergeschlagenheit ⟨*0*⟩ *f* κατήφεια, αθυμία
nieder|halten* δαμάζω; **~kämpfen** πατάσσω; **~kauern** ⟨*-re*⟩: ***sich ~kauern*** λαγιάζω; **~knien** ⟨*sn*⟩ γονατίζω; **~knüppeln** ⟨*-le*⟩ σβαρνίζω χάμω; **~kommen*** ⟨*sn*⟩ ξεγεννώ (**mit** *D/A*)
Niederkunft ⟨-; *-e*⟩ *f* τοκετός, γέννα
Niederlage *f* ήττα; (*Lager*) αποθήκη
Niederlande *pl* (οι) Κάτω Χώρες *f/pl*
niederlassen*: ***sich ~*** εγκαθίσταμαι
Niederlassung *f* HDL υποκατάστημα *n*
nieder|legen αποθέτω; *Amt, Mandat* παραιτούμαι (*A/G*); *Kranz, Waffen* καταθέτω; **~machen, ~metzeln** ⟨*-le*⟩ πετσοκόβω, κατασφάζω; **~reißen*** κατεδαφίζω, γκρεμίζω; *subst* γκρέμισμα *n*
Niederreißung *f* κατεδάφιση
niederringen* καταβάλλω
Niedersachsen *n* Κάτω Σαξωνία
Niederschlag *m* υποστάθμη; CHEM καταβύθιση, καθίζηση; ***Niederschläge*** *pl* βροχοπτώσεις *f/pl*
niederschlagen* καταβάλλω; *Augen* κατεβάζω; ***sich ~*** CHEM επικάθομαι; *fig* υλοποιούμαι (**in** *D*/σε)
niederschlagsarm άνομβρος
Niederschlagsmenge *f* βροχοπτώσεις *f/pl*
niederschlagsreich πλούσιος σε βροχές
Niederschlagstätigkeit ⟨*0*⟩ *f* (*starke*) πολυομβρία
Niederschlagung *f* κατάσβεση
niederschmettern ⟨*-re*⟩ *Person* σβαρνίζω χάμω; ρίχνω κατά γης; *fig* κεραυνοβολώ; **~d** συντριπτικός; *Blick*: κεραυνοβόλος
nieder|schreien* *j-n* γιουχαΐζω; **~stimmen** *v/t* καταψηφίζω; **~strecken** *v/t* καταβάλλω
niederträchtig ευτελής
Niederträchtigkeit *f* ευτέλεια
nieder|trampeln ⟨*-le*⟩ τσαλαπατώ (-άς) (***j-n***/κπ); **~treten*** καταπατώ (***j-n***/κπ); *subst* καταπάτηση

Niederung *f* πεδιάδα
niederwerfen* καταβάλλω
niedlich νοστιμούτσικος, χαριτωμένος
Niednagel *m* παρανυχίδα
niedrig χαμηλός; (*gemein*) χαμερπής; *Tisch usw* **~er machen** χαμηλώνω; *fig Kosten* **~ halten** συμπιέζω
Niedrigkeit *f* χαμέρπεια
niemals ουδέποτε, ποτέ
niemand (δεν) ... κανείς, (δεν) ... κανένας; ουδείς; *in der Antwort nur*: κανείς
Niemandsland ⟨*-e̸s; 0*⟩ *n MIL* μεταίχμιο
Niere *f* νεφρό
Nieren|- νεφρικός; **~becken** *n* πυελίδα; **~entzündung** *f* νεφρίτιδα; **~erkrankung** *f* νεφροπάθεια; **~stein** *m* νεφρόλιθος
nieseln ⟨*-le*⟩ ψιχαλίζει; *subst* ψιχάλισμα *n*
Nieselregen *m* ψιχάλισμα *n*
niesen ⟨*-t*⟩ φτερνίζομαι; *subst* φτέρνισμα *n*
Nießbrauch ⟨*-e̸s; 0*⟩ *m* επικαρπία; ***den ~ haben von*** *D* επικαρπούμαι *A*
Niet ⟨*-e̸s; -e*⟩ *m TECH* πριτσίνι, τζαβέτα; **~e** *f* → ***Niet***; (*Lotterie*) τζίφος; *Person*: απρόκοπος
nieten ⟨*-e-*⟩ τζαβετάρω; πριτσινάρω
Ni'geria *n* Νιγηρία
Nihi'lis|mus ⟨*-; 0*⟩ *m* μηδενισμός; **~t** ⟨*-en*⟩ *m* μηδενιστής
nihi'listisch μηδενιστικός
Nikolaus *m* Νικόλαος; ***der heilige ~*** ο Άγιος Νικόλαος; *in Griechenland etwa*: ο Άγιος Βασίλειος
Niko'sia *n* Λευκωσία
Niko'tin ⟨*-s; 0*⟩ *n* νικοτίνη; **~vergiftung** *f* νικοτινίαση
Nil *m* Νείλος; **~pferd** *n* ιπποπόταμος
Nimbus ⟨*-; -se*⟩ *m* φωτοστέφανο
nimmer ουδέποτε; ***nie und ~(mehr)*** ποτέ των ποτέ
Nimmersatt ⟨*-e̸s; -e*⟩ *m* φαγάς, αχόρταγος
nippen κουτσοπίνω
Nippsache *f* μπιμπελό ⟨*0*⟩
nirgend|s, ~wo πουθενά; (**von**) **~woher** από πουθενά; **~wohin** πουθενά
Nische [iː] *f* γωνία, κόγχη
nisten ⟨*-e-*⟩ φωλιάζω
Nitroglyze'rin ⟨*-s; 0*⟩ *n* νιτρογλυκερίνη
Niveau [niˈvoː] ⟨*-s; -s*⟩ *n auch fig* επίπεδο, ισόπεδο
nivel'lieren *auch fig* ισοπεδώνω; χωροσταθμώ
Nivel'lierung *f* ισοπέδωση, χωροστάθμιση
nix [ɪ] F ένα πουφ, τίποτα
Nixe [ɪ] *f* νεράιδα
Nizza *n* Νίκαια
nobel ευγενής; γενναιόδωρος
Nobelhotel *n* ξενοδοχείο πολυτελείας
Nobelpreis [noˈbɛl-] *m* βραβείο Νόμπελ (**für** *A*/*G*)
noch [ɔ] ακόμα, ακόμη; **~** *heute usw* κιόλας; **~ *ein ...*** άλλος (ένας), άλλη (μια), άλλο (ένα) ...; **~ *nicht*** όχι ακόμη; **~ *einmal*** άλλη μια φορά; (*nicht*) **~ *einmal*** άλλοτε; ***... und ~ etwas*** ... και κάτι ακόμη; **~ *da'zu, da'zu ~*** πλέον; ***und da'zu ~*** και επιπλέον; *mit* ξανα-: ***hab ich ~ nie gehört*** ποτέ μου δεν το έχω ξανακούσει; **~malig** επανειλημμένος; **~mals** ακόμη μια φορά
Nocken *m TECH* έκκεντρο; **~welle** *f* εκκεντροφόρος άξονας
No'made ⟨*-n*⟩ *m* νομάς (-άδος); **~n-** νομαδικός
Nomen ⟨*-s; -*⟩ *n GR* όνομα *n*; **~kla'tur** *f* ονοματογραφία
Nomi'nal|- προσηγορικός; *GR* ονοματικός; **~einkommen** *n* ονομαστικά έσοδα; **~wert** *m* → ***Nennwert***
Nominativ ⟨*-s; -e*⟩ *m* ονομαστική
No-Name-Produkt *n* προϊόν χωρίς μάρκα
Nonne *f* καλόγρια, μονάστρια
Non'stopflug *m* κατευθείαν πτήση, απευθείας πτήση
Nord- βόρειος
Nordat'lantikpakt ⟨*-e̸s; 0*⟩ *m* Βορειοατλαντική Συμμαχία
norddeutsch βορειογερμανικός
Nord|deutschland *n* Βόρεια Γερμανία; **~en** ⟨*-s; 0*⟩ *m* βορράς
nord|europäisch βορειοευρωπαϊκός; **~griechisch** βορειοελλαδικός; **~isch** βορινός
nördlich βόρειος, αρκτικός
Nordlicht *n* βόρειο σέλας
nord'östlich βορειοανατολικός
Nord|'ostwind *m* βορειοανατολικός άνεμος, γραίγος; **~pol** ⟨*-s; 0*⟩ *m* βόρειος πόλος; **~see** ⟨*0*⟩ *f* Βόρεια Θάλασσα; **~'westen** *m* βορειοδυτικά *n*/*pl*
nord'westlich βορειοδυτικός

Nord|'westwind *m* βορειοδυτικός άνεμος, μαΐστρος; (*Brise*) μαϊστράλι; **~wind** *m* βοριάς
Nörge'lei *f* μουρμούρα, γκρίνια
nörgeln ⟨*-le*⟩ γκρινιάζω; *subst* γκρίνια
Nörgler *m* γκρινιάρης
Norm *f* κανόνας; προδιαγραφή, νόρμα; γνώμονας; στάνταρ ⟨*0*⟩ *n*
nor'mal κανονικός; *z. B. Puls*: φυσιολογικός; *fig* (*glatt*) ομαλός; **~e Lage** ομαλότητα; ***nicht ~ sein*** δεν είμαι στα καλά μου
Nor'malbenzin *n* απλή βενζίνη
nor'maler'weise συνήθως; φυσιολογικά
normali'sieren εξομαλύνω; ***sich ~*** εξομαλύνομαι
Normali'sierung *f* εξομάλυνση
Nor'malverbraucher *m* μέσος καταναλωτής
normen τυποποιώ, ενιαιοποιώ; ***genormt*** τυποποιημένος
Normung *f* τυποποίηση, στάνταρ ⟨*0*⟩ *n*
Norweg|en *n* Νορβηγία; **~er** *m* Νορβηγός; **~erin** *f* Νορβηγίδα
norwegisch νορβηγικός
nos'talgisch ... του παλιού καιρού
Not ⟨-; *¨e*⟩ *f* ανέχεια, ένδεια; (*Geld-*) απορία, πενία; (*Notlage*) ανάγκη, κατάντημα *n*; (*Gefahr*) κίνδυνος; ***~ leiden*** βρίσκομαι σε ανάγκη; ***~ leidend*** ενδεής; ***in ~ sein*** έχω ανάγκη; ***in größter ~*** σε έσχατη ανάγκη; ***zur ~*** εν ανάγκη
Not- αναγκαστικός, περιστατικός
No'tar ⟨*-s*; *-e*⟩ *m* συμβολαιογράφος
Notari'at ⟨*-s*; *-e*⟩ *n* συμβολαιογραφείο; (*Amt*) συμβολαιογραφία
Notari'ats|gebühren *f/pl* συμβολαιογραφικά *n/pl*; **~urkunde** *f* συμβόλαιο
notari'ell, no'tarisch συμβολαιογραφικός
Notarzt *m* γιατρός πρώτων βοηθειών; **~wagen** *m* ασθενοφόρο
Not|ausgang *m* έξοδος *f* κινδύνου; **~behelf** ⟨*-es*; *-e*⟩ *m* υποκατάστατο, διέξοδος; **~bremse** *f* φρένο κινδύνου *oder* ανάγκης; **~dienst** *m MED* έκτακτη υπηρεσία; Κέντρο Άμεσων Βοηθειών; ***sie erhielten e-n ~dienst aufrecht*** η λειτουργία τους υπήρξε πλημμελής; **~durft** ⟨*0*⟩ *f* χρεία; ***s-e ~durft verrichten*** κάνω την ανάγκη μου
notdürftig πρόσκαιρος; *adv* (*kaum*) μόλις
Note *f MUS* νότα, φθογγόσημο; *POL* σημείωμα *n*, διακοίνωση; (*Schule*) βαθμός; ***gute ~n bekommen*** (***geben***) παίρνω (βάζω) καλούς βαθμούς; ***nach ~n*** *spielen* από μουσικού κειμένου
Notebook ['no:tbʊk] ⟨*-s*; *-s*⟩ *n EDV* φορητός υπολογιστής
Noten|bank *f* εκδοτική τράπεζα; **~system** *n MUS* πεντάγραμμο
Notfall *m* ανάγκη, χρεία
not|falls σε περίπτωση ανάγκης, εν ανάγκη; **~gedrungen** αναγκαστικά
Notgroschen *m* ρεζέρβα για ώρα ανάγκης
no'tieren σημειώνω
No'tierung *f* πίνακας τιμών (χρηματιστηρίου)
nötig αναγκαίος, χρειαζούμενος; ***es ist ~*** είναι ανάγκη; πρέπει, χρειάζεται (**zu**/να); ***etw ~ haben*** θέλω *A*, έχω ανάγκη από; ***das Nötige*** τα απαραίτητα; ***das ist doch nicht ~*** (*als Dank*) δεν θα έπρεπε; **~en** καταναγκάζω, εκβιάζω (***j-n zu*** *D*/κπ να ...); **~enfalls** εν ανάγκη
Nötigung *f* καταναγκασμός, εκβιασμός
No'tiz [iː] *f* σημείωση; ***~ nehmen von*** *D* το λαμβάνω υπόψη; **~block** *m* μπλοκ ⟨*0*⟩ *n*; **~buch** *n* ατζέντα, σημειωματάριο
Notlage *f* κατάσταση ανάγκης
notlanden ⟨*-e-*⟩ *v/t* προσγειώνω έκτακτα; *v/i* ⟨*sn*⟩ προσγειώνομαι έκτακτα, αναγκαστικά
Notlandung *f* αναγκαστική προσγείωση
Notleidend|e(r) φτωχός, βρισκόμενος σε ανάγκη; ***die ~en*** *auch* οι απορούντες *m/pl*
no'torisch *mst iron Lügner usw* κλασικός; (*bekannt*) πασίγνωστος
Notruf *m* κλήση κινδύνου; **~nummer** *f* (τηλεφωνικός) αριθμός ανάγκης; **~säule** *f* τηλέφωνο ανάγκης
Not|rutsche *f* ολισθητική λωρίδα κινδύνου; **~signal** *n* σήμα *n* κινδύνου; **~stand** *m* κατάσταση ανάγκης; **~standsgebiet** *n* περιοχή έκτακτης ανάγκης; **~verordnung** *f* αναγκαστικός νόμος (Α.Ν.); **~wasserung** *f* αναγκαστική προσθαλάσσωση; **~wehr**

⟨*0*⟩ *f* αυτοάμυνα; ***aus*** (***in***) **~*wehr*** εν αμύνη

notwendig αναγκαίος; ***unbedingt ~*** απαραίτητος; ***auf das Notwendigste beschränken*** περιορίζω στο ελάχιστο

Notwendigkeit *f* αναγκαιότητα, χρεία

Notzeit *f*: ***in ~en*** εν ώρα ανάγκης

Notzucht ⟨*0*⟩ *f* βιασμός

No'velle *f* νουβέλα, διήγημα *n*; **~n-** διηγηματικός

Novel'list ⟨*-en*⟩ *m* διηγηματογράφος

November [-'vɛm-] *m* Νοέμβριος

Novize [-'vi:tsə] ⟨*-n*⟩ *m* δόκιμος (μοναχός)

n-te ['ʔɛntɛ] *MATH* (*Wurzel*) νιοστός

Nu: ***im ~*** στο άψε-σβήσε

Nuance [ny·'ã:sə, ny·'aŋsə] *f* απόχρωση

nüchtern νηστικός, αφάγωτος, *auch fig* νηφάλιος; (*nicht betrunken*) διαυγής; (*fade*) άγευστος; *fig* πεζολόγος; ***~ werden*** ξεμεθώ (-άς)

Nüchternheit ⟨*0*⟩ *f auch fig* νηφαλιότητα

Nudel *f*: ***breite ~*** λαζάνια *n/pl*; **~*n*** *pl* ζυμαρικά *n/pl*; **~holz** *n* πλαστήρι

Nu'dist ⟨*-en*⟩ *m* γυμνιστής; **~in** *f* γυμνίστρια

Nugat ⟨*-s*; *-s*⟩ *m*, *n* μαντολάτο

nukle'ar πυρηνικός; → ***Atom-, Kern-***

Null *f Zahl und fig* μηδέν (-δενός) *n*; *auch Person*: μηδενικό, νούλα; (*Schule*: *sehr schlecht*) κουλούρα, μηδέν; **~-~** (= ***00***) τουαλέτα

null μηδαμινός (*nicht vor subst*); ***~ und nichtig*** άκυρος; **~acht'fünfzehn** (*08/15*) ... της αράδας

Nullleitung *f ELEKTR* ουδέτερος αγωγός

Nullmeridian *m* (μηδέν) μήκος *n*

Nullpunkt *m* σημείο πήξεως (του νερού), μηδέν (-δενός) *n*; ***absolute*(*r*) ~** απόλυτο μηδέν; *fig* ***auf den ~ fallen*** πέφτω στο μηδέν; (*aor*) παρέλυσε

Null|tarif *m*: ***zum ~tarif*** δωρεάν; **~wachstum** *n* μηδενική ανάπτυξη

nu'merisch αριθμητικός

Numis'matik ⟨*0*⟩ *f* νομισματολογία

Nummer *f* αριθμός; (*im Varieté*) νούμερο; ***Beschluss Nr. ...*** (η) υπ' αριθμόν ... απόφαση; ***auf ~ Sicher gehen*** βαδίζω στα σίγουρα

numme'rier|en αριθμώ; **~t** ενάριθμος

Numme'rierung *f* αρίθμηση

Nummern|konto *n etwa*: ανώνυμος λογαριασμός; **~schild** *n* πινακίδα κυκλοφορίας

nun τώρα, νυν; (*also*) λοιπόν; (*als Einleitung*) **~, *wir haben ...*** να, έχουμε ...; **~ ...!** (*Interjektion*) μωρέ ...!; **~mehr** (από) τώρα

Nuntius [-tsĭus] ⟨*-*; *-tien*⟩ *m* νούντσιος

nur μόνο, μονάχα; δεν ... παρά; *ko* ***~ dass*** μόνο που; ***nicht ~ ..., sondern auch*** όχι μόνο ... άλλα και ...; ***aber ~, wenn ...*** μόνο όταν ..., μόνο αν; ***fast ~ noch*** δεν ... σχέδον πια πάρα ...; ***er ist ~ noch ...*** δεν είναι πια παρά ...

Nuss [ʊ] ⟨*-*; *¨e*⟩ *f* καρύδι; ***e-e ~ knacken*** *fig* λύνω μια σπαζοκεφαλιά; *fig* ***harte ~*** σκληρό καρύδι; **~-** καρυδένιος; **~baum** *m* καρυδιά; **~knacker** *m* καρυδοθραύστης; **~kuchen** *m* καρυδόπιτα; **~schale** *f* καρυδότσουφλο; **~torte** *f* καρυδόπιτα

Nüster *f* ρουθούνι

Nut *f*, **Nute** *f* λούκι, αυλάκι

Nuta'tion *f ASTR* κλόνηση

Nutte *f* (*vulgär*) πουτάνα, πόρνη

nutzbar χρήσιμος; **~ machen** αξιοποιώ

Nutzbarmachung *f* αξιοποίηση

nutzbringend επωφελής, ευδόκιμος

nütze: ***zu nichts ~ sein*** είμαι για πέταμα

Nutzeffekt *m* απόδοση, αποτελεσματικότητα

Nutzen ⟨*-s*; *0*⟩ *m* όφελος *n*, απολαβή (**aus** *D*/από); ***j-m von ~ sein*** ωφελώ κπ; ***~ ziehen aus*** *D* ωφελούμαι από, επωφελούμαι *G oder A*

nutzen (*auch* **nützen**) ⟨*-t*⟩ εξυπηρετώ (***j-m***/κπ), ωφελώ (*D*/*A*); *Gelegenheit* επωφελούμαι *A*; *Zeit* ***gut ~*** φείδομαι *G*

Nutzlast *f* ωφέλιμο φορτίο

nützlich χρήσιμος, ωφέλιμος (*D oder* ***für*** *A*/σε), επωφελής; ***~ sein*** χρησιμεύω (*D*/σε)

Nützlichkeit ⟨*0*⟩ *f* ωφέλεια, χρησιμότητα

nutzlos άχρηστος; *Bemühung*: άκαρπος, πεταμένος; *adv auch* χαράμι

Nutzlosigkeit ⟨*0*⟩ *f* ανωφέλεια, αλυσιτέλεια

Nutznieß|er *m* χρήστης; *JUR* νομεύς; **~ung** *f* επικαρπία; *JUR* νομή

Nutzung *f* χρησιμοποίηση, φειδώ (-ούς) *f*

Nutzungsrecht *n*: ***das ~ haben an*** *D* νέμομαι

Nylon ['nailɔn] ⟨*-s*; *0*⟩ *n* νάυλον ⟨*0*⟩

Nymphe *f* νύμφη

N

O

O, o [ʔoː] *n* O, ο; Ω, ω [ɔ]
o ... (*Erstaunen*) ω
O'ase *f* όαση
ob [ʔɔp] *wissen, fragen, erfahren usw* αν; ~ ***nicht*** μη(ν), μήπως, τάχα; ~ ***nun ... oder*** ~ θέλεις ... θέλεις; ***und*** ~***!*** άλλο τίποτε!; ακούς λέει; ***waren viele Leute da? und*** ~***!*** ήτανε πολύς κόσμος; – Ου! (*auch* αμμέ)
Obacht [ˈʔoːbaxt] ⟨*0*⟩ *f lit* προσοχή; ~ ***geben auf*** *A* προσέχω
Obdach [ˈʔɔpdax] ⟨*-es*; *0*⟩ *n* στέγη, σκέπη
obdachlos άστεγος; ~ ***machen*** ξεσπιτώνω; ~ ***werden*** ξεσπιτώνομαι
Obdachlos|enasyl *n* άσυλο των αστέγων; **~e(r)** αλήτης
Obduk'tion *f* νεκροψία
O-Beine *n/pl* ραιβοσκελία; ~ ***haben*** είμαι ραιβός, στραβοπόδης (-α, -ικο)
Obe'lisk ⟨*-en*⟩ *m* οβελίσκος
oben πάνω, επάνω, απάνω; άνω; ***nach*** ~ (προς τα) πάνω; ***von*** ~ από πάνω; ***von*** ~ ***her*** άνωθεν; ***von*** ~ **herab** από πάνω; *auch fig* αφ' υψηλού; ***weiter*** ~ ανώτερα; ***wie*** ~ ***gesagt*** όπως έχει ειπωθεί; ***nach*** ~ ***gehen*** πάω απάνω; ~ ***erwähnt,*** ~ ***genannt*** προαναφερθείς (-έντος)
oben'an πρώτα πρώτα; *fig* ~ ***stehen*** *an Bedeutung* έχω τον πρωτεύοντα ρόλο (σε)
oben'auf: ~ ***sein*** είμαι κεφάτος
oben'drein: ~ (***noch***) μάλιστα και, πάνω σ' όλα ... και
oben'hin αψήφιστα; απάνω-απάνω; ***bis*** ~ ***voll*** γεμάτος ως επάνω
ober- *adj* επάνω, άνω, ανώτερος
Ober *m* γκαρσόν; ***Herr*** ~***!*** γκαρσόν!
Ober|ägypten *n* (η) 'Ανω Αίγυπτος; **~arm** *m* βραχίονας; **~arzt** *m* αρχίατρος; **~aufseher** *m* αρχιεπιστάτης; **~befehl** *m* *MIL* αρχιστρατηγία, ανώτατη διοίκηση; **~befehlshaber** *m* αρχιστράτηγος; ανώτατος διοικητής; **~bett** *n* πάπλωμα *n*; **~bürgermeister** *m* πρώτος δήμαρχος; **~deck** *n* πρώτο κατάστρωμα
Obere(r) (*Kloster*) μεγαλόσχημος
Oberfläche *f* επιφάνεια
oberflächlich *fig* επιπόλαιος
Oberflächlichkeit *f* επιπολαιότητα
Ober|förster *m* δασάρχης; **~gefreite(r)** δεκανέας
oberhalb *präp G* πάνω από, υπεράνω *G*; *adv* απάνω
Oberhand ⟨*0*⟩ *f* υπεροχή; ***die*** ~ ***gewinnen über*** *A* υπερέχω *G*, επικρατώ *G*
Ober|haupt *n* αρχηγός; **~haus** *n POL* άνω Βουλή των Λόρδων; **~haut** *f* επιδερμίδα; **~hemd** *n* πουκάμισο, υποκάμισο; **~herrschaft** *f* κυριαρχία; **~hoheit** *f* επικυριαρχία
oberirdisch *ELEKTR* εναέριος
Ober|kellner *m* αρχισερβιτόρος, μαιτρ *m* (σε εστιατόριο); → ***Ober***; **~kiefer** *m* άνω γνάθος; **~kommando** *n* αρχιστρατηγία; **~körper** *m* επάνω μέρος του κορμού; **~landesgericht** *n* εφετείο; **~lauf** *m* (*Fluss*) ροή προς τα πάνω; **~leder** *n* πανώδερμα *n*, φόντι; **~lehrer** *m* καθηγητής; **~lehrerin** *f* καθηγήτρια; **~leitung** *f* *ELEKTR* εναέρια γραμμή; **~leutnant** *m* υπολοχαγός; **~lippe** *f* άνω χείλος *n*; **~priester** *m* πρωθιερέας
Oberrhein *m* (ο) 'Ανω Ρήνος
Ober|sanitäter *m* αρχινοσοκόμος; **~schenkel** *m* μηρός; **~schicht** *f* ανώτερη τάξη; **~schule** *f* γυμνάσιο; **~schüler** *m* γυμνασιόπαιδο
Oberst ⟨*-en*⟩ *m* συνταγματάρχης; ~ ***der Luftwaffe*** σμήναρχος
oberst- ανώτατος, κορυφαίος
Oberstabsarzt *m* επίατρος
Oberstleutnant *m* αντισυνταγματάρχης
Oberstudiendirektor *m* γυμνασιάρχης
Oberteil *n oder m* ανώτερο μέρος; (*Damenkleid*) κορσάζ *n*
ob'gleich αν και, μολονότι, καίτοι
Obhut ⟨*0*⟩ *f* προστασία, περιφρούρηση; ***j-n in s-e*** ~ ***nehmen*** παίρνω κπ υπό την προστασία μου
obig προειρημένος, πιο πάνω
Ob'jekt ⟨*-es*; *-e*⟩ *n auch GR* αντικείμενο
objek'tiv αντικειμενικός
Objek'tiv ⟨*-s*; *-e*⟩ *n* (*Foto*) αντικειμενικός (φακός); **~i'tät** ⟨*0*⟩ *f* αντικειμενικότητα
Ob'late *f* όστια, άζυμο

Obliga'tion *f* HDL ομολογία
obliga'torisch υποχρεωτικός
Obmann ⟨-*¢s*; *⁼er oder -leute*⟩ *m* κεχαγιάς (-άδες)
O'boe *f* οξύαυλος, όμποε *n*
Obolus ⟨-; -⟩ *m* οβολός; ***s-n ~ entrichten*** προσφέρω τον οβολό μου
Obrigkeit *f* εξουσία, (οι) ιθύνοντες *m/pl*
O'brist ⟨-*en*⟩ *m* POL συνταγματάρχης, αντιστράτηγος
ob'schon αν και
Observa'torium ⟨-*s*; -*rien*⟩ *n* αστεροσκοπείο
Obskuran'tismus ⟨-; *0*⟩ *m* σκοταδισμός
Obst ⟨-*¢s*; *0*⟩ *n* φρούτα *n/pl*, (ο)πωρικά *n/pl*; **~bau** ⟨-*¢s*; *0*⟩ *m* δεντροκομία, οπωροκαλλιέργεια; **~baum** *m* οπωροφόρο δέντρο; **~garten** *m* δενδρόκηπος; **~gärtner** *m* δενδροκαλλιεργητής, δεντροκόμος; **~geschäft** *n* οπωροπωλείο; **~händler** *m* οπωροπώλης; **~handlung** *f* → ***Obstgeschäft***; **~kuchen** *m* πάστα με φρούτα; **~plantage** *f* δεντροφυτεία
Obstruk'tion *f* κωλυσιεργία; ***~ treiben*** κωλυσιεργώ
Obst|salat *m* φρουτοσαλάτα; **~schale** *f* φρουτιέρα; (*von der Frucht*) φλούδι; **~torte** *f* τάρτα φρούτων
Obst- und Ge'müseladen *m* μανάβικο
obs'zön αισχρός
Obus ⟨-*ses*; -*se*⟩ *m* (*Oberleitungsbus*) τρόλεϋ ⟨*0*⟩ *n*
ob'wohl μολονότι
Ochse ['ˀɔksə] ⟨-*n*⟩ *m* βόδι (*auch pers*)
Ocker *m, n*, **~gelb** ⟨-*s*; *0*⟩ *n* ώχρα
Ode *f poet* ωδή
öde έρημος
Öde *f* ερημιά
Ö'dem ⟨-*s*; -*e*⟩ *n* οίδημα *n*
oder ή
Ödipus *m* Οιδίπους (-οδος), Οιδίποδας; **~komplex** *m* Οιδιπόδειο σύμπλεγμα *n*
Ody'ssee *f* Οδύσσεια
O'dysseus *m* Οδυσσέας
Ofen ⟨-*s*; *⁼*⟩ *m* σόμπα, θερμάστρα; (*Back-*) φούρνος; **~heizung** *f* θέρμανση με σόμπα; **~rohr** *n* μπουρί; **~schirm** *m* αλεξίπυρο
offen *allg* ανοιχτός (*auch* HDL; *Mensch*); (*unbezahlt*) ακατάβλητος; *Meer*: διάπλατος; (*ohne Mauer*) ατείχιστος; *Ebene*: ανοιχτός; *Wunde*: ανεπούλωτος; *Flasche*: ασφράγιστος; *fig* ***~ heraus*** ορθά-κοφτά, ξάστερα; ***weit ~*** ορθάνοιχτος; ***~e See*** ανοιχτά *n/pl*, πέλαγος *n*; ***mit ~en Karten*** μ' ανοιχτά χαρτιά; ***auf ~er Straße*** μεσόστρατα; *fig* (= *mitteilsam*) ***~ sein*** ανοίγομαι; *Person*: ***nicht ~ sein*** κρύβομαι; ***die Frage ~ lassen*** αφήνω το θέμα ανοιχτό; ***~ stehen*** *fig* είναι ελεύθερος (***j-m***/ για)
offenbar φανερός, έκδηλος; ***~ werden*** φανερώνομαι, εκδηλώνομαι
offen'baren φανερώνω (***j-m etw***/κτ σε κπ), εκδηλώνω
Offen'barung *f* φανέρωση; REL αποκάλυψη
Offen'barungseid *m* ένορκος δήλωση αφερεγγυότητος
Offenheit ⟨*0*⟩ *f* ανυποκρισία
offenherzig ανοιχτόκαρδος
Offenherzigkeit ⟨*0*⟩ *f* ανυποκρισία
offen|kundig ολοφάνερος; **~sichtlich** κατάδηλος, ολοφάνερος
öffentlich δημόσιος, κοινός; JUR επ' ακροατηρίου; *adv* δημοσία
Öffentlichkeit ⟨*0*⟩ *f* δημοσιότητα, κοινό, δημόσιο; ***in aller ~*** δημοσίως; ***unter Ausschluss der ~*** κεκλεισμένων των θυρών; *Nachricht*: ***an die ~ gelangen*** βγαίνω στη φόρα; ***an die ~ bringen*** βγάζω στη φόρα
Öffentlichkeitsarbeit *f* δημόσιες σχέσεις *f/pl*
offe'rieren προσφέρω (***j-m etw***/κτ σε κπ)
O'fferte *f* HDL προσφορά
offizi'ell επίσημος
Offi'zier ⟨-*s*; -*e*⟩ *m* αξιωματικός
Offi'ziersanwärter *m* δόκιμος αξιωματικός
offizi'ös ημιεπίσημος
öffnen ⟨-*e*-⟩ ανοίγω; ***weit ~*** ξανοίγω; ***halb ~*** μισανοίγω; ***sich ~*** ανοίγω
Öffn|en *n* άνοιγμα *n*; **~er** *m* ανοιχτήρι; **~ung** *f* άνοιγμα *n*, οπή; στόμιο; **~ungszeit** *f* (*Banken usw*) ωράριο εργασίας
Offsetdruck *m* όφσετ *n*
oft συχνά, πολλές φορές; ***wie ~?*** κάθε πότε
öfter(s) συχνότερα
oft|malig συχνός; **~mals** πολλές φορές
oh! → ***o*** ...; ου!, ω; *Freude*: αχ! [aːx]
Ohm ⟨-*s*; *0*⟩ *n* ELEKTR ωμ *n*

O

Ohmmeter *n* ωμόμετρο
ohne *präp A* χωρίς *A*; *K* άνευ *G*; ~ **weiteres** χωρίς άλλο; *ko* ~ **dass,** ~ **zu** + *inf* χωρίς να, δίχως να; *oft*: αν-, *z.B.* **ohne Stütze** ανυποστήρικτος
ohnehin οπωσδήποτε, έτσι κι έτσι
Ohnmacht *f* λιποθυμία; **in ~ fallen** λιποθυμώ
ohnmächtig λιπόθυμος; ~ **werden** λιποθυμώ; (*fast*) λιγώνω (**vor** *D*/από)
Ohnmachtsanfall *m* λιποθυμία
Ohr ⟨-e̸s; -en⟩ *n* αυτί, *K* ους (ωτός) *n*; **ganz ~ sein** είμαι όλο αυτιά; **die ~en spitzen** τεντώνω τ' αυτιά; **j-m in den ~en liegen wegen** πρήζω κπ; **j-m zu ~en kommen** παίρνω πρέφα (πως); **bis über die ~en verschuldet** χρεωμένος ως τ' αυτιά; **bis über die ~en verliebt** μέχρι μανίας ερωτευμένος; **j-n übers ~ hauen** πιάνω κπ κορόιδο
Öhr ⟨-e̸s; -e⟩ *n allg* όμμα *n*, οπή; (*Nadel-*) βελονότρυπα
Ohren- αυτ(ο)-, ωτ-
ohrenbetäubend εκκωφαντικός
Ohren|entzündung *f* ωτίτιδα; **~sausen** *n* βούισμα *n* των αυτιών; **~schmalz** *n* κυψέλη; **~schmerzen** *m/pl* ωταλγία; **~zeuge** *m* μάρτυρας αυτήκοος
Ohrfeige *f* μπάτσος, χαστούκι; *bsd fig* κόλαφος (**für**/κατά *G*)
ohrfeigen μπατσίζω, χαστουκίζω
Ohr|klipps *m/pl* σκουλαρίκια *n/pl* με κλιπς; **~läppchen** *n* λόβιο; **~muschel** *f* πτερύγιο (του ωτός); **~ring** *m* σκουλαρίκι; **~speicheldrüse** *f* παρωτίδα; **~wurm** *m* ωτοσκώληκας, ψαλίδα
O'ka ⟨*0*⟩ *f* (= *1280 g*) οκά
Okkul'tismus ⟨-; *0*⟩ *m* αποκρυφολογία
Okkupa'tion *f* κατοχή
okku'pieren κατακτώ
Öko|bewegung *f* οικολογικό κίνημα; **~laden** *m etwa*: κατάστημα *n* αγνών τροφίμων; **~'loge** ⟨-*n*⟩ *m* οικολόγος; **~lo'gie** ⟨*0*⟩ *f* οικολογία
öko'logisch οικολογικός
Öko'nom ⟨-*en*⟩ *m* οικονόμος; **~ie** [-'mi:] *f* οικονομία
öko'nomisch οικονομικός
Ökosystem *n* οικοσύστημα *n*
Ok'tav [-'ta:f] ⟨-*s*; *0*⟩ *n* όγδοο; **~e** [-'ta:və] *f* ογδόη, οκταφωνία; **~format** *n* σχήμα *n* όγδοο
Ok'tober *m* Οκτώβριος; **~-** οκτωβριανός; **~fest** *n* (*in München*) → ***Rummel***
oku'lieren *BOT* ενοφθαλμίζω; *subst* ενοφθαλμισμός
Öku'mene ⟨*0*⟩ *f* οικουμένη
öku'menisch οικουμενικός
Okzident ⟨-*s*; *0*⟩ *m* Δύση
Öl ⟨-e̸s; -*e*⟩ *n* λάδι, έλαιο (*auch TECH*), πετρέλαιο; → *auch* **Erdöl**; **mit ~ zubereitet** λαδερός; **~-** ελαιώδης, ελαιο-; πετρελαιοφόρος; **~baum** *m* ελαία, ελιά, ελαιόδενδρο; **wilde(r) ~baum** αγριελιά; **~behälter** *m* ελαιοδοχείο; *TECH* → **Öltank**; **~brenner** *m* θερμοκαυστήρας
Ole'ander *m* ροδοδάφνη, πικροδάφνη
ölen λαδώνω; *TECH* λιπαίνω; *subst* λάδωμα *n*; λίπανση
Öl|ernte *f* σοδειά, συγκομιδή λαδιού; **~farbe** *f* λαδομπογιά, ελαιόχρωμα *n*; **~filter** *m* (*Auto*) φίλτρο λαδιού; **~fleck** *m* πετρελαιοκηλίδα; **~gemälde** *n* ελαιογραφία; **~gesellschaft** *f* εταιρία πετρελαίου; **~händler** *m* λαδέμπορος; **~heizung** *f* θέρμανση πετρελαίου
ölig λαδερός, ελαιώδης
Oligarchie [-'çi:] *f* ολιγαρχία
O'live [-və] *f* ελιά; **reife** *oder* **abgefallene ~** χαμάδα, θρούμπα; **wilde ~** αγρίλι
O'liven|baum *m* → **Ölbaum**; **~hain** *m* ελαιώνας; **~öl** *n* ελαιόλαδο; **~pflanzung** *f* ελαιοφυτεία; **~wald** *m* ελαιώνας
Öl|kanne *f* (*auch TECH*) λαδωτήρι; **~lager** *n* πετρελαιοθήκη; **~lampe** *f* καντήλι; **~messstab** *m TECH* βυθομετρική ράβδος; **~ofen** *m* θερμάστρα πετρελαίου; **~papier** *n* λαδόχαρτο; **~pest** *f* πετρελαιοκηλίδα; **~presse** *f* ελαιοτριβείο, λιοτρίβι; **~pumpe** *f* ελαιαντλία; **~quelle** *f* πετρελαιοπηγή; **~raffinerie** *f* διυλιστήριο πετρελαίου; **~sardine** *f* σαρδέλα λαδιού; **~stand** *m* στάθμη λαδιού (κινητήρα); **~tank** *m* δεξαμενή πετρελαίου; **~tanker** *m* πετρελαιοφόρο, τάνκερ *n*; **~teppich** *m* πετρελαιοκηλίδα; **~ung** *f* λάδωμα *n*; λίπανση; *REL* **die Letzte ~ung** ευχέλαιο; **~wanne** *f* κάρτερ *n*, πυξίδα λιπάνσεως; **~wechsel** *m* αλλαγή λαδιού
O'lymp ⟨-*s*; *0*⟩ *m* Όλυμπος; *THEA* γαλαρία
O'lympia *n* Ολυμπία
Olympi'ade *f* Ολυμπιάδα
O'lympiasieger *m* ολυμπιονίκης

o'lympisch ολύμπιος; ολυμπιακός; ***Olympische Spiele*** ολυμπιακοί αγώνες *m/pl*
Oma ⟨*-; -s*⟩ *f* γιαγιά
Omega ⟨*-s; -s*⟩ *n* Ω, ω, (το) ωμέγα
Ome'lett ⟨*-es; -s oder -e*⟩ *n* ομελέτα
Omen ⟨*-s; -*⟩ *n* οιωνός; ***ein böses ~*** κακός οιωνός, γουρσουζιά
Omikron ⟨*-s; -s*⟩ *n* Ο, ο, (το) όμικρο
Omnibus *m* λεωφορείο
Ona'nie ⟨*0*⟩ *f* αυνανισμός
ona'nieren μαλακίζομαι
Ondula'tion *f* οντουλάρισμα *n*, οντουλασιόν *f*
ondu'lieren οντουλάρω
Onkel *m* θείος, μπάρμπας
Opa ⟨*-s; -s*⟩ *m* παππούς (-ούδες)
O'pal ⟨*-s; -e*⟩ *m* οπάλι
Oper *f* όπερα (*auch Haus*), μελόδραμα *n*
Opera'tion *f MED* εγχείρηση; *MIL* επιχείρηση; ***nach der ~*** μετεγχειρητικός (*adv -ά*)
Opera'tions|gebiet *n* επιχειρησιακός χώρος; **~saal** *m* αίθουσα εγχειρίσεων, χειρουργείο; **~tisch** *m* εγχειρητική τράπεζα
Ope'rette *f* οπερέτα
ope'rieren εγχειρίζω, χειρουργώ; *MIL* εκτελώ επιχειρήσεις
Opern|- μελοδραματικός; **~glas** *n* διόπτρα, κιάλια *n/pl*; **~haus** *n* όπερα; **~sänger** *m* τραγουδιστής όπερας
Opfer [ɔ] *n auch fig* θύμα *n*, θυσία; *fig* έρμαιο
opferbereit πρόθυμος για θυσία
Opfergabe *f* πρόσφορο
opfern ⟨*-re*⟩ θυσιάζω σε (*den Göttern*); *Tier* σφαγιάζω (*auch fig Rechte usw*); ***sich ~*** θυσιάζομαι
Opfer|platz *m* βωμός, θυσιαστήριο; **~priester** *m* θύτης; **~tod** *m* αυτοθυσία, εκούσιος θάνατος
Opium ⟨*-s; 0*⟩ *n* όπιο; **~höhle** *f* τεκές
opiumsüchtig οπιομανής
oppo'nieren αντιτάσσομαι (***gegen*** *A*/ σε); *POL* αντιπολιτεύομαι (***gegen*** *A*/*A*)
Opportu'nis|mus ⟨*-; 0*⟩ *m* καιροσκοπισμός; **~t** ⟨*-en*⟩ *m* καιροσκόπος
Opposi'tion *f* αντιπολίτευση; (*der Gestirne*) αντίθεση; ***in ~ zueinander stehen*** βρισκόμαστε σε αντιδικία
oppositio'nell αντιπολιτευτικός
Opposi|tio'nelle(r) αντιπολιτευόμενος; **~'tionspartei** *f* κόμμα *n* αντιπολίτευσης
Optativ ⟨*-s; -e*⟩ *m GR* ευκτική
op'tieren έχω δικαίωμα προτίμησης
Optik ⟨*0*⟩ *f* οπτική; **~er** *m* οπτικός
Opti'mis|mus ⟨*-; 0*⟩ *m* αισιοδοξία; **~t** ⟨*-en*⟩ *m* αισιόδοξος
opti'mistisch αισιόδοξος
Op'tion *f HDL* οψιόν *f*, αίρεση; **~en** *pl EDV* επιλογές *f/pl*
optisch οπτικός
O'rakel *n* μαντείο, χρησμός; **~-** μαντευτικός
orange [oˑ'ʀɑ̃:ʒ(ə)] πορτοκαλής (-ιά, -ί)
Orange [oˑ'ʀaŋʒə, oˑ'ʀɑ̃:ʒə] *f* πορτοκάλι; **~ade** [-'ʒa:də] *f* πορτοκαλάδα
O'rangen|baum *m* πορτοκαλιά; **~saft** *m* χυμός πορτοκάλι
Orang-Utan ⟨*-s; -s*⟩ *m* ουρακοτάγγος
Ora'torium ⟨*-s; -ien*⟩ *n* ορατόριο
Orchester [-'kɛstə] *n* ορχήστρα; **~loge** *f* λόζα, θεωρείο, προσκήνιο
orche'strieren ενορχηστρώνω
Orche'strierung *f* ενορχήστρωση
Orchidee [ɔʀçiˑ'de:ə] *f* ορχιδέα *n*
Orden *m* παράσημο, διάσημα *n/pl*; *Ritter- usw*) τάγμα *n*; ***e-n ~ tragen*** παρασημοφορώ
Ordens|geistliche(r) ιερομόναχος; **~verleihung** *f* παρασημοφορία
ordentlich τακτικός (*in der Arbeit usw*), κανονικός; *Beamter*: μόνιμος; *Professor*: τακτικός; *adv* τακτικά; καλά; στα γεμάτα (*z.B. lachen*); (*etw verbinden, fest*) κάργα; ***recht ~*** καλούτσικος, ... της ανθρωπιάς
Ordentlichkeit ⟨*0*⟩ *f* τακτικότητα
Order ⟨*-; -n oder HDL -s*⟩ *f* διαταγή (*auch HDL*); *HDL* (***für mich***) ***an die ~ des Herrn ...*** αντί για μένα πληρώστε τον κ.
ordern παραγγέλνω
Ordi'nalzahl *f* τακτικός αριθμός
ordi'när αγελαίος, χυδαίος; **~e(r)** ***Ausdruck*** χυδαιολογία; **~e(r)** ***Mensch*** χυδαιολόγος; ***sich ~ ausdrücken*** *oder* ***benehmen*** χυδαιολογώ
Ordi'nate *f* τεταγμένη
Ordina'tion *f REL* χειροτονία, ιεροσύνη
ordi'nieren χειροτονώ
ordnen ⟨*-e-*⟩ τακτοποιώ, ταξινομώ; *Bücher usw* κατατάσσω (***in*** *A*/σε); *Ausgaben* κανονίζω; *Finanzen* εξυγιαίνω; ***neu ~*** ανακατατάσσω
Ord|nen *n* τακτοποίηση, κανονισμός, φτιάξιμο (-ατος); **~ner** *m* ταξινόμος;

O

(*Büro*) κλασσέρ *n*; αρχειοθήκη; *EDV* κατάλογος
Ordnung *f* τάξη (*auch ZOOL*), τακτική, σύστημα *n*; οργανισμός; *MIL* σύνταξη; (*in der Arbeit*) ρυθμός; (*Schul-*, *Betriebs-*) κανονισμός; (*Tages-*) διάταξη; ***in ~*** *allg* εν τάξει; *z.B. Haus*: συμμορφωμένος; ***öffentliche ~*** δημόσια τάξη; ***in ~ bringen*** φτιάχνω, διορθώνω; *fig* ξεμπερδεύω, ξεμπλέκω; ***in ~ gebracht*** είναι εντάξει; ***in ~ gehen*** φτιάχνω; ***~ halten*** νοικοκυρεύω, διαφεντεύω; ***j-n zur ~ rufen*** ανακαλώ κπ στην τάξη
ordnungsgemäß κανονικός; *adv auch* δεόντως
Ordnungsliebe *f* αγάπη για την τάξη
ordnungsliebend τακτικός; (*ist* ...) ... αγαπάει τη τάξη
Ordnungs|strafe *f* πειθαρχική ποινή; **~zahl** *f* τακτικός αριθμός
Ordon'nanz *f* διαγγελέας
O'regano ⟨-; *0*⟩ *m BOT* ρίγανη
Or'gan ⟨*-s*; *-e*⟩ *n allg* όργανο; *pl MED oft*: σύστημα *n*; (*Sprachrohr*) οργανέτο; **~bank** *f* τράπεζα οργάνων
Organisa'tion *f* οργάνωση, διοργάνωση; (*Verband*, *Gruppe*) οργανισμός; **~s-** διοργανωτικός, οργανωτικός
Organi'sator ⟨*-s*; *-'toren*⟩ *m* οργανωτής, διοργανωτής
or'gani|sch οργανικός; ενόργανος; **~'sieren** διοργανώνω, οργανώνω
Orga'nis|mus ⟨-; *-men*⟩ *m* οργανισμός; **~t** ⟨*-en*⟩ *m* οργανιστής, οργανοκρούστης
Or'gan|spender *m* δωρητής οργάνου; **~transplantation** *f* μεταμόσχευση (οργάνου)
Or'gasmus ⟨-; *-men*⟩ *m* οργασμός
Orgel *f* όργανο; (*Leierkasten*) οργανέτο, λατέρνα
Orgien [-gĭən] *pl* όργια *n*/*pl*; ***~ feiern*** οργιάζω
Orient ['ʔoːrĭɛnt] ⟨*-s*; *0*⟩ *m* ανατολή; **~ale** [-'taː-] ⟨*-n*⟩ *m* Ανατολίτης
orien'talisch ανατολικός
orien'tieren προσανατολίζω; ***sich ~*** προσανατολίζομαι (**über** *A*/επί *G*)
Orien'tierung *f* προσανατολισμός
origi'nal πρωτότυπος, αυθεντικός
Origi'nal ⟨*-s*; *-e*⟩ *n* πρωτότυπο, πρωτόγραφο; (*e-r Quittung*) στέλεχος; *Person*: ιδιότυπος, πρωτότυπος; ***im ~*** πρωτότυπος; *Film* ***im ~*** στην ορίτζιναλ μορφή της; **~-** πρωτότυπος; **~fassung** *f* (*Film*) ορίτζιναλ μορφή, αμεταγλώττιστη κόπια
Origi|nali'tät *f* πρωτοτυπία; ιδιορρυθμία; **~'nalverpackung** *f* αρχική συσκευασία
origi'nell *Person*: ιδιόρρυθμος; *Idee usw* πρωτότυπος
Or'kan ⟨*-ẹs*; *-e*⟩ *m* τυφώνας, ανεμοθύελλα
Orna'ment ⟨*-ẹs*; *-e*⟩ *n* κόσμημα *n*
Or'nat ⟨*-ẹs*; *-e*⟩ *n* στολή; *REL* σχήμα *n*
Orpheus *m* Ορφέας
Ort¹ ⟨*-ẹs*; *-e*, *MATH und MAR ¨er*⟩ *m* τόπος, μεριά, θέση; ***an ~ und Stelle*** επί τόπου
Ort² ⟨*-ẹs*; *¨er*⟩ *n* (*Bergwerk*) τόπος εξαγωγής, τέλος της στοάς; *fig* ***vor ~*** επί τόπου
orthodox [-'dɔks] ορθόδοξος
Orthodo'xie ⟨*0*⟩ *f* ορθοδοξία
Orthogra'phie *f* ορθογραφία
ortho'graphisch ορθογραφικός
Ortho|'päde ⟨*-n*⟩ *m* ορθοπεδικός; **~pä'die** ⟨*0*⟩ *f* ορθοπεδική
ortho'pädisch ορθοπεδικός
örtlich τοπικός, επιτόπιος (*auch* -ία); *adv* (*z.B. Regen*) τοπικά
ortsansässig ντόπιος
Ortsbestimmung *f* τοπικός ορισμός
ortsbeweglich *TECH* φορητός, μεταβατικός
Ortschaft *f* κωμόπολη, πολίχνιο
ortsfest *TECH* αμετακίνητος
Orts|gespräch *n* αστική συνδιάλεξη; **~kenntnis** *f* τοπική εμπειρία; **~name** *m* τοπωνυμία; **~netzkennzahl** *f TEL* κωδικός αριθμός της πόλεως; **~tarif** *m* αστικό κοστολόγιο; **~wechsel** *m* μετατόπιση; **~zeit** *f* τοπική ώρα
Öse *f* όμμα *n*
Oslo *n* Όσλο
Os'mane ⟨*-n*⟩ *m* Οθωμανός
os'manisch οθωμανικός
Ost [ɔ] (*ohne art*) → ***Osten***; **~-** ανατολικός
Ost|en [ɔ] ⟨*-s*; *0*⟩ *m* Ανατολή; ***Nahe*(*r*)**, ***Mittlere*(*r*)**, ***Ferne*(*r*) ~en** Εγγύς, Μέση, Άπω Ανατολή; (*Wetter*) ***von West*(*en*) *nach* ~(*en*) ...** από Δυσμάς προς Ανατολάς
ostenta'tiv επιδεικτικός

Oster|ei ['ʔoːstə̆ʔai] *n* πασχαλιάτικο αυγό, *mst pl* κόκκινα αυγά *n/pl*; **~fest** *n* Πάσχα *n*; **~hase** *m* (*deutsches Fabeltier*) „πασχαλινός λαγός"; **~lamm** *n* λαμπριάτικο αρνί; **~'montag** *m* Δευτέρα του Πάσχα
Ostern *pl* (*ohne art*) Λαμπρή, Πάσχα *n*; **zu ~** λαμπριάτικος (*adv* -α); ***Frohe*** (***fröhliche***) **~!** καλό Πάσχα!, χρόνια πολλά!
Österreich ['ʔøːst(ə)ʀaiç] ⟨*-s; 0*⟩ *n* Αυστρία; **~er** *m* Αυστριακός; **~erin** *f* Αυστριακή
österreichisch αυστριακός
Oster|'sonntag *m* Κυριακή του Πάσχα; **~tag** *m* ημέρα του Πάσχα; **~woche** *f* Διακαινήσιμος *f*; **~zeit** *f* πασχαλιά
östlich [œ] ανατολικός
Ost|see ⟨*0*⟩ *f* Βαλτική; **~wind** *m* λεβάντες, ανατολικός άνεμος
Oszil'lator ⟨*-s; -'toren*⟩ *m* ταλαντωτής
Otter[1] *f* έχιδνα; οχιά
Otter[2] *m* υδρίδα
Otto ⟨*-s; -s, hist -'tonen*⟩ *m* 'Όθωνας, 'Όθων (-ωνος) *m*
Ouvertüre [ʔuˑvɛʀ'tyːʀə] *f* ουβερτούρα, εισαγωγή
Ouzo ⟨*-s; -s*⟩ *m* ούζο
oval [-'vaːl] οβάλ ⟨*0*⟩, ωοειδής
O'varium ⟨*-s; -rien*⟩ *n* ωοθήκη
Overall ['ʔoːvəɔːl] ⟨*-s; -s*⟩ *m* φόρμα
o weh! βαβαί!
O'xal- (*-Säure*) οξαλικός
O'xid *n*, **O'xyd** ⟨*-es; -e*⟩ *n* οξείδιο
oxi'dier|en, oxy'dier|en *v/t* οξειδώνω, σκουριάζω; *v/i* ⟨*sn*⟩ οξειδώνομαι, οξειδούμαι; **es ~t** οξειδούται; *subst* οξείδωση
Ozean ⟨*-s; -e*⟩ *m* ωκεανός; ***Atlantische(r)***, ***Indische(r)***, ***Stille(r)*** **~** Ατλαντικός, Ινδικός, Ειρηνικός ωκεανός; **~dampfer** *m* υπερωκεάνειο
Oze'anien [-ĭən] *n* Ωκεανία
oze'anisch ωκεάνειος
O'zon ⟨*-s; 0*⟩ *m, n* όζον (-οντος)
o'zonhaltig οζονούχος
O'zon|loch *n* τρύπα όζοντος; **~schicht** *f* στρώμα *n* όζοντος

P

P, p ['peː] *n* Π, π
Paar ⟨*-es; -e*⟩ *n* ζευγάρι, ζεύγος *n* (*auch Liebes-*), δυάδα
paar: *ein* **~** λίγοι, μερικοί; *oft*: δύο; ***ein ~ Zeilen*** δύο γραμμές
paaren ζευγαρώνω; ***sich*** **~** ζευγαρώνομαι; ***gepaart*** ζευγαρωτός
Paar|en *n*, **~ung** *f* ζευγάρωμα *n*
paarweise ζευγαρωτά
Pacht *f* μίσθωση (*auch Geld*); πάκτωση; ***in ~ geben*** δίδω με ενοίκιο
pachten ⟨*-e-*⟩ μισθώνω; *Grundstück* πακτώνω; *subst* μίσθωση; πάκτωση
Pächter *m* μισθωτής; πακτωτής
pachtfrei αμίσθωτος
Pacht|ung *f* μίσθωση; πάκτωση; **~vertrag** *m* μισθωτήριο
Pack[1] ⟨*-es; -e*⟩ *m* (*Bündel*) δέμα *n*
Pack[2] ⟨*-es; 0*⟩ *n* όχλος, συρφετός
Päckchen *n* (*Post*) μικρόδεμα *n*; (*Zigaretten*) πακέτα *n/pl*
packen (*einpacken*) συσκευάζω; *Koffer* κάνω; (*ergreifen*) πιάνω, βουτώ (-άς); αρπάζω (***an*** *D*/από); ***bei den Hörnern*** **~** πιάνω απ' τα κέρατα; ***sich*** **~** F ξεκουμπίζομαι; **~d** συναρπαστικός
Pack|er *m* συσκευαστής; **~esel** *m* γομάρι; **~papier** *n* χαρτί αμπαλλαρίσματος, στράτσο; **~ung** *f* πακέτο; MED επίθεμα *n*, κομπρέσα
Päda'gog|e ⟨*-n*⟩ *m* παιδαγωγός; **~ik** ⟨*0*⟩ *f* παιδαγωγική
päda'gogisch παιδαγωγικός
Paddel *n* παγαία; δίπλατο κουπί; **~boot** *n* (καναδικό) κανό
paddeln ⟨*-le; sn*⟩ λάμνω με παγαία (*oder* δίπλατο κουπί)
paffen F φουμάρω
Page ['paːʒə] ⟨*-n*⟩ *m* μικρός
pagi'nieren σελιδώνω
Pa'ket ⟨*-es; -e*⟩ *n* πακέτο, δέμα *n*; *fig* (*Steuer- usw*) δέσμη; **~annahme** *f* παράδοση δεμάτων; **~ausgabe** *f* παραλαβή δεμάτων; **~karte** *f* δελτίο δέματος; **~post** *f* ταχυδρομείο δεμάτων
Pakistan *n* Πακιστάν *n*

Pakt ⟨*-ęs*; *-e*⟩ *m* σύμφωνο, συνθήκη, συμμαχία
pak'tieren κλείνω συμφωνία
Palais [pa·'lɛː] ⟨*-* [*-s*]; *-* [*-s*]⟩ *n* μέγαρο, παλάτι
Pa'last ⟨*-ęs*; *⁼e*⟩ *m* παλάτι, ανάκτορα *n/pl*; **~-** παλατιανός
Paläs'tina *n* Παλαιστίνη
Palästi'nenser *m* Παλαιστίνειος
palästi'nensisch παλαιστίνειος
pala'tal υπερώιος, ουρανισκόφωνος
Pala'tal ⟨*-s*; *-e*⟩ *m* ουρανισκόφωνο
Pa'lette *f* παλέτα, χρωματοπυξίδα
Pali'sade *f* χάρακας
Palm|e *f* φοίνικας, φοίνιξ *m*, χουρμαδιά; **~'sonntag** *m* Κυριακή των Βαΐων; **~zweig** *m* βάιο, *mst pl* βάγια *n/pl*
Pam'phlet ⟨*-ęs*; *-e*⟩ *n* λίβελος
Panama *n* Παναμάς *n*
pa'nier|en αλευρώνω; **~t** πανέ
Panik [-nɪk] *f* πανικός; ***in ~ geraten, von ~ ergriffen werden*** πανικοβάλλομαι
panikartig πανικόβλητος
Panne *f* βλάβη; *Auto*: ***e-e ~ haben*** παθαίνω βλάβη
Pannen|dienst *m*, **~hilfe** *f* οδική βοήθεια
Pano'rama ⟨*-s*; *-men*⟩ *n* πανόραμα *n*
panschen *Wein*, *Milch usw* νερώνω; (*im Wasser*) τσαλαβουτώ (-άς)
Panthe'ismus ⟨*-*; *0*⟩ *m* πανθεϊσμός
panthe'istisch πανθεϊστικός
Pantheon ⟨*-s*; *-s*⟩ *n* πάνθεο
Panther *m* πάνθηρας, λεοπάρδαλη
Pan'tine *f* τσόκαρο
Pan'toffel *m* παντόφλα; ***unter dem ~ stehen*** τρέχω πίσω απ' τη γυναίκα μου
Panto'mime *f* παντομίμα
Panzer *m* ZOOL καβούκι, καυκί, καύκαλο; θώρακας; MIL (*Wagen*) (τε)θωρακισμένο (όχημα *n*); τανκ *n*; **~-** θωρακισμένος
Panzerabwehr *f* αντιαρματικό πυροβολικό; **~geschütz** *n*, **~kanone** *f* αντιαρματικό πυροβόλο
Panzerkampfwagen *m* άρμα *n*, τανκ *n*
panzern ⟨*-re*⟩ θωρακίζω; *subst* θωράκιση
Panzer|schiff *n* θωρακωτό; **~schrank** *m* κιβώτιο ασφαλείας
Panzertruppe *f* τεθωρακισμένο; ***Leutnant der ~*** υπίλαρχος
Panzer|turm *m* πυργίσκος; **~ung** *f* θωράκιση, θώρακας; **~wagen** *m* → ***Panzer***
Pä'onie [-nǐə] *f* BOT παιωνία
Papa *auch* [pa·'paː] ⟨*-s*; *-s*⟩ *m* μπαμπάς
Papa'gei ⟨*-s oder -en*; *-en*⟩ *m* παπαγάλος, ψιττακός
Papa'geienkrankheit ⟨*0*⟩ *f* ψιττακίαση
Pa'pier ⟨*-s*; *-e*⟩ *n* χαρτί (*auch Urkunde*), χάρτης; (*Schriftstück*) έγγραφο; **~e** *pl* (*Unterlagen*) χαρτιά *n/pl*; (*Urkunden*) έγγραφα *n/pl*; ***Bogen ~*** κόλλα; *fig* ***ein Fetzen ~*** άγραφο χαρτί; ***zu ~ bringen*** βάζω στο χαρτί; ***seine ~e fertig machen*** κάνω τα χαρτιά; **~-** χάρτινος
Pa'pier|fabrik *f* χαρτοποιείο; **~geld** ⟨*-ęs*; *0*⟩ *n* χαρτονόμισμα *n*; **~geschäft** *n*, **~handlung** *f* χαρτοπωλείο; **~korb** *m* καλάθι των αχρήστων; **~krieg** *m* χαρτοβασίλειο; **~schlange** *f* (*Fasching*) σερπαντίνα; **~taschentuch** *n* χαρτομάντιλο
Pa'pille *f* BOT, *allg* θηλή; (*Haar*) βολβός
Papp|- χαρτονένιος; **~becher** *m* χάρτινο κυπελλάκι
Pappe *f* χαρτόνι; ***aus ~*** → ***Papp-***
Pappel *f* λεύκη, λεύκα; (*Zitter-*) τοπόλι
pappen *v/t* χαρτοδένω; *subst* χαρτοδέσιμο (-ατος)
Pappenstiel *m fig* (*fast nichts*) παρωνυχίδα
Papp|karton *m* κουτί από χαρτόνι; **~maché** [-maʃeː] ⟨*-s*; *-s*⟩ *n* πεπιεσμένο χαρτί, παπιέ-μασέ *n*; *auch* χαρτόνι; ***aus ~maché*** από παπιέ-μασέ, χαρτονένιος; **~teller** *m* χάρτινο πιάτο
Paprika ['pa-] ⟨*-s*; *-s*⟩ *m* πιπεριά
Papst [aː] ⟨*-ęs*; *⁼e*⟩ *m* πάπας
päpstlich [ɛː] παπικός
Pa'pyrus ⟨*-*; *-ri*⟩ *m* πάπυρος
Pa'rabel *f* παραβολή
Para'bol- παραβολικός
Pa'rade *f* παράτα, παρέλαση; ***die ~ abnehmen*** παρελαύνουν ενώπιον *G*; **~pferd** *n fig etwa*: ... που κάνει φιγούρα; **~schritt** *m* βήμα *n* παρελάσεως
Para'dies ⟨*-es*; *-e*⟩ *n* παράδεισος (*auch f*)
para'diesisch παραδείσιος, παραδεισιακός
para'dox παράδοξος
Paraf'fin ⟨*-s*; *-e*⟩ *n* παραφίνη
Para'graph ⟨*-en*⟩ *m* παράγραφος; JUR άρθρο

P

Paraguay [-gvaɪ] *n* Παραγουάη
paral'lel *auch fig* παράλληλος (*D*/προς *A*)
Paral'lel|e *f* παράλληλος *f*; **e-e ~e** *oder* **~en ziehen** *bsd fig* παραλληλίζω; **~i'tät** ⟨*0*⟩ *f* παραλληλία; **~o'gramm** ⟨*-s; -e*⟩ *n* παραλληλόγραμμο
Para'ly|se *f* παράλυση; **~tiker** *m* παραλυτικός
Para'phrase *f* MUS παράφραση
Para'sit ⟨*-en*⟩ *m allg* παράσιτος; BIOL παράσιτο
Paratyphus *m* παράτυφος
Pärchen [ɛː] *n* ζευγάρι, ερωτικό
Pardon [-'dɔŋ, -'dɔ̃ː] ⟨*-s; 0*⟩ *m, n* συγγνώμη
Parfum [-'fœ̃ː] ⟨*-s; -s*⟩ *n*, **Par'füm** ⟨*-s; -e*⟩ *n* άρωμα *n*, μυρωδικό; (*Duft*) μυρωδιά
Parfüme'rie *f* αρωματοπωλείο
parfü'mier|en αρωματίζω, παρφουμάρω; **~t** αρωματισμένος; *Seife usw* αρωματικός
pa'rieren υπακούω
Pa'ris *n* Παρίσι; **~er** *m* Παρισινός
pa'riserisch παρισινός
Pari'tät *f* HDL ισοτιμία, παριτέ *f*
Park ⟨*-s; -s*⟩ *m* πάρκο
Park-and-ride-System *n* σύστημα *n* "park and ride"
parken σταθμεύω, παρκάρω
Parken *n* στάθμευση, παρκάρισμα *n*, πάρκινγκ *n*; **~ verboten** απαγορεύεται η στάθμευση
Par'kett ⟨*-ẹs; -e*⟩ *n* (*Boden*) παρκέ *n*, παρκέτο; THEA πλατεία; **~fußboden** *m* παρκέ πάτωμα *n*
Park|gebühr *f* τέλη *n/pl* σταθμεύσεως; **~haus** *n* κλειστό πάρκινγκ
Parkinsonkrankheit ⟨*-; 0*⟩ *f* πάρκινσον *f*, νόσος *f* του Πάρκινσον
Park|lücke *f* κενό για παρκάρισμα; **~möglichkeit** *f* δυνατότητα για παρκάρισμα; **~platz** *m* πάρκινγκ *n*, χώρος σταθμεύσεως; **~uhr** *f* παρκόμετρο; **~verbot** *n* απογόρευση σταθμεύσεως
Parla'ment ⟨*-s; -e*⟩ *n* βουλή, κοινοβούλιο
parlamen'tarisch κοινοβουλευτικός; *Regierung*: αντιπροσωπευτικός
Parlamenta'rismus ⟨*-; 0*⟩ *m* κοινοβουλευτισμός
Parla'ments|beschluss *m* βούλευμα *n*; **~gebäude** *n* βουλή; **~wahlen** *f/pl* βουλευτικές εκλογές *f/pl*
Par'nass *m* Παρνασσός
Paro'die *f* παρωδία
Parodon'tose *f* παροδοντίτιδα
Pa'role *f* σύνθημα *n*
Paros *n* (*Insel*) Πάρος *f*
Par'tei *f* κόμμα *n*; HDL μέρος *n*; JUR διάδικος; **j-s ~ ergreifen** παίρνω το μέρος κπ *G*; **~ nehmen** προσωποληπτώ; **in die ~ aufnehmen** δέχομαι στο κόμμα; **~-** κομματικός; **~abzeichen** *n* έμβλημα *n* του κόμματος; **~en-herrschaft** *f* κομματοκρατία; **~führer** *m* αρχηγός κόμματος; **~führung** *f* ηγεσία του κόμματος
Par'teigänger *m* οπαδός, θιασώτης; **ein ~ sein** κομματίζομαι; **~in** *f* θιασώτιδα
Par'tei|geist ⟨*-ẹs; 0*⟩ *m* κομματισμός; κομματικό πνεύμα *n*; **~genosse** *m* σύντροφος, μέλος *n* του κόμματος
par'teiisch μεροληπτικός; **~ sein** μεροληπτώ
par'teilich κομματικός (*adv* -ά)
Par'teilichkeit ⟨*0*⟩ *f* μεροληψία, κομματικότητα
par'teilos ακομμάτιστος
Par'teilosigkeit ⟨*0*⟩ *f* εξωκομματικότητα
Par'tei|nahme *f* προσωποληψία; **~tag** *m* συνέδριο κόμματος; **~versammlung** *f* συνέλευση κόμματος; **~vorsitzende(r)** πρόεδρος κόμματος; **~wesen** ⟨*-s; 0*⟩ *n* κομματισμός
Parterre [-'tɛʀ] ⟨*-s; -s*⟩ *n* ισόγειο; **~-** ισόγειος
Parthenon *m* Παρθενώνας
Par'tie *f* (HDL, *Spiel*) παρτίδα; (*Heirat*) συνοικέσιο; **e-e gute ~ machen** καλοπαντρεύομαι; **mit von der ~ sein** είμαι μαζί κι' εγώ, συμμετέχω της εκδρομής
partiell [paʀ'tsĭɛl] μερικός
Par'tikel ⟨*-; -n*⟩ *f* μόριο
Partikula'ris|mus ⟨*-; 0*⟩ *m* τοπικισμός; παρτικουλαρισμός; **~t** ⟨*-en*⟩ *m* τοπικιστής
Parti'san ⟨*-en*⟩ *m* παρτιζάνος, αντάρτης
Parti'sanen|krieg *m* ανταρτοπόλεμος; **~tätigkeit** ⟨*0*⟩ *f* ανταρτικές ενέργειες *f/pl*
Parti'tur *f* παρτιτούρα, μερολόγιο

Parti'zip ⟨*-s; -pien*⟩ *n GR* μετοχή; **~ial-** [-'pĭa:l] μετοχικός
Partner *m allg* ταίρι; *HDL* συνέταιρος; (*Tanz-, Film, THEA*) παρτνέρ *m*; **~in** *f* ταίρι; παρτνέρ *f*; **~stadt** *f* αδελφοποιημένη πόλη
Party ['pa:rti·] ⟨*-; -s*⟩ *f* πάρτι, συναναστροφή
Par'zelle *f* τεμάχιο κτήματος, χωράφι
Pasch [a] ⟨*-ęs; -e*⟩ *m* δυάδα
Pascha ⟨*-s; -s*⟩ *m* πασάς (-άδες)
Pass ⟨*-es; ¨e*⟩ *m* (*Ausweis*) διαβατήριο; *GEOGR* στενοπορία, δίοδος *f*, διάβαση; (*Fußball*) πάσα
pa'ssabel υποφερτός
Passage [pa·'sa:ʒə] *f* διάβαση, πόρος
Passagier [-'ʒi:ʀ] ⟨*-s; -e*⟩ *m* επιβάτης; ***blinde(r)*** ~ λαθρεπιβάτης; **~flugzeug** *n* επιβατικό αεροπλάνο
Pa'ssant ⟨*-en*⟩ *m* διαβάτης; **~in** *f* διαβάτης *f*, διαβάτισσα
Passbild *n* φωτογραφία διαβατηρίου
passen ⟨*-t*⟩ *Kleid, Schlüssel usw* εφαρμόζω; *Kleid*: ταιριάζω, στέκω, στέκομαι, πηγαίνω (**zu** *D*/με); (*zueinander*) ταιριάζω με; (*beim Kartenspiel*) πάω πάσο; *auch fig* **ich muss** ~ πάω πάσο; (*möglich sein*) ***passt es dir, zu ...*** σε να ...; ***wenn es Ihnen passt*** αν αυτό σας βολεύει ...
passend αρμόδιος, εύθετος, (*gut zusammen* ~) ευάρμοστος
Passform *f* (*Schuh usw*) εφαρμογή
pa'ssier|bar διαβατός; **~en** *v/t* διαβαίνω, περνώ; *Grenze* διέρχομαι; *v/i* ⟨*sn*⟩ γίνεται, συμβαίνει; ***was ist dir ~t?*** τι έπαθες
Pa'ssion *f REL* πάθη *n/pl*; (*Leidenschaft*) πάθος *n*
passio'niert (*Sammler usw*) μανιακός
Pa'ssions|spiel *n* πάθη *n/pl* του Χριστού; **~woche** *f* Μεγάλη εβδομάδα
passiv [-si:f] *POL, HDL, GR* παθητικός
Passiv|(um) ⟨*-s; -va*⟩ *n GR* παθητική φωνή; **~a** *pl HDL* παθητικό; **~i'tät** ⟨*0*⟩ *f auch CHEM* παθητικότητα
Passivraucher *m* παθητικός καπνιστής
Passkontrolle *f* έλεγχος διαβατηρίων
Passstraße *f* ορεινή διάβαση
Passus ⟨*-; -*⟩ *m* (*in e-m Buch*) χωρίο
Paste *f* πάστα
Pa'stell ⟨*-s; -e*⟩ *n* κρητιδογραφία, παστέλ *n*; **~-** (*Farbe*) παλ-

P

Pa'stete *f* παστίτσιο
pasteuri'sieren [pastø·-] παστεριώνω
Pastor ⟨*-s; -'toren*⟩ *m* (*protestantisch*) ποιμένας πάστορας
Pate ⟨*-n*⟩ *m* ανάδοχος, νονός
Paten|kind *n* αναδεκτός (-ή); **~schaft** *f* συντεκνία, κουμπαριά
Pa'tent ⟨*-ęs; -e*⟩ *n* πατέντα, δίπλωμα *n* ευρεσιτεχνίας; *hist, JUR* προνόμιο
pa'tent F τσίφτης (-ισσα); σικ
Pa'tentamt *n* γραφείο ευρεσιτεχνίας
paten'tier|en απονέμω δίπλωμα ευρεσιτεχνίας σε; **~t** με πατέντα
Pa'tent|inhaber *m* κάτοχος του διπλώματος ευρεσιτεχνίας; **~schutz** *m* προστασία ευρεσιτεχνίας
Pater'noster *n* πάτερ ημών *n*; ~ *m* (*Aufzug*) ασανσέρ *n*
pa'thetisch παθητικός, εμπαθής
Patho'lo|ge ⟨*-n*⟩ *m* παθολόγος; **~'gie** ⟨*0*⟩ *f* παθολογία
patho'logisch παθολογικός
Pathos ⟨*-; 0*⟩ *n* πάθος *n*
Patience [pa·'sĭã:s] *f* πασιέντσα
Patient [-'tsĭent] ⟨*-en*⟩ *m allg* ασθενής; (*e-s Arztes*) πελάτης, παθών *m*; **~en** *pl* πελατεία; **~in** *f* πελάτισσα, παθούσα
Patin *f* κουμπάρα, ανάδοχος *f*
Patina ⟨*0*⟩ *f* πάτινα, όρφνωση
Patras *n* Πάτραι *f/pl*, Πάτρα
Patriarch [-'arç] ⟨*-en*⟩ *m* πατριάρχης
patriar'chalisch πατριαρχικός
Patriar'chat ⟨*-ęs; -e*⟩ *n* πατριαρχείο; (*Würde*) πατριαρχία
Patri'ot ⟨*-en*⟩ *m* πατριώτης
patri'otisch πατριωτικός
Patrio'tismus ⟨*-; 0*⟩ *m* πατριωτισμός
Pa'trizier *m* πατρίκιος
Pa'tron ⟨*-s; -e*⟩ *m* (*Schutzheiliger, Schirmherr*) πολιούχος; F *iron* (*Kerl*) *z. B.* **ein übler** ~ παλιάνθρωπος
Pa'trone *f* φυσέκι, φυσίγγι
Pa'tronen|gürtel *m* σελάχι; **~tasche** *f* φυσιγγιοθήκη
Patrouille [pa·'trʊljə] *f* περίπολος; → ***Streife***
patroul'lieren ⟨*sn*⟩ περιπολώ; *subst* περιπολία
Patsche ⟨*0*⟩ *f fig* F χάλια *n/pl*; ***er ist (sitzt) in der*** ~ έχει χάλια; ***j-m aus der ~ helfen*** ξελασπώνω κπ
patsch|en τσαλαβουτώ; **~'nass:** ***er wurde ~nass*** έγινε λούτσα
patzig τραχύς, σκαιός

895 **Pergamonaltar**

Pauke *f* τύμπανο; ***mit ~n und Trompeten*** *durchfallen* παταγωδώς
pauken F (*z. B. Vokabeln*) αποστηθίζω; (*arbeiten*) μοχθώ
Pauker *m* F δάσκαλος
Paul *m* Παύλος
Pau'sanias *m* Παυσανίας
pausbäckig μαγουλάς *m* (-ού *f*)
pau'schal εφάπαξ
Pau'schal|e *f* εφάπαξ ποσό; **~preis** *m* αποκοπή; ***zum ~preis*** κατ' αποκοπή; **~reise** *f* προπληρωμένο ταξίδι
Pause *f* παύση, διακοπή, διάλειμμα *n*; ανάπαυση; *MUS* παύλα
pausenlos σύντονος, αδιάκοπος; ***~ beschäftigt*** ασκόλαστος
Pausenzeichen *n* σήμα *n* διαλείμματος
pau'sieren κάνω διάλειμμα
Pavillon [-ljɔŋ, -ljɔ̃:] ⟨*-s; -s*⟩ *m* κιόσκι; (*Ausstellungs-*) περίπτερο
Pazi'fis|mus ⟨*-; 0*⟩ *m* ειρηνισμός; **~t** ⟨*-en*⟩ *m* ειρηνιστής; **~tin** *f* ειρηνίστρια
pazi'fistisch ειρηνιστικός
PC-Arbeitsplatz *m EDV* θέση εργασίας σε PC
Pech ⟨*-s; -e*⟩ *n* πίσσα; *fig* ⟨*-s; 0*⟩ γουρσουζιά, κατσιποδιά; ***~ haben*** την παθαίνω; (*im Kartenspiel*) έχω γκίνια (-ιες)
Pech|- πισσώδης; **~kohle** *f* πισσάνθρακας
pech'schwarz μαύρος πίσσα
Pechvogel *m* F ατυχής, κακότυχος
Pe'dal ⟨*-s; -e*⟩ *n* πεντάλι, πέδιλο; (*bsd Klavier*) ποδόπληκτρο
Pe'dant ⟨*-en*⟩ *m* σχολαστικός; ***~ sein*** μικρολογώ; **~e'rie** *f* σχολαστικότητα
pe'dantisch σχολαστικός, τυπικός
Pegel *m* στάθμη, υδρόμετρο
Pein ⟨*0*⟩ *f lit* βάσανο
peinigen βασανίζω, κατατρύχω
Peinig|er *m* βασανιστής; **~ung** *f* βασανισμός
peinlich δυσάρεστος; *adv* ***~ sauber*** σχολαστικά ...; ***~ genau*** λεπτολόγος
Peitsche *f* μαστίγιο
peitschen μαστιγώνω; *Wind usw* δέρνω (***gegen*** *A*/*A*); *subst* μαστίγωμα *n*
Peking *n* Πεκίνο
pekuni'är χρηματικός
Pelar'gonie [-nĭə] *f* αρμπαρόριζα
Pe'lasger *m* Πελασγός
Pelikan ⟨*-s; -e*⟩ *m* πελεκάνος
Pell|e *f* φλούδι; (*Wurst*) φλούδα; **~kartoffeln** *f*/*pl* βραστές ακαθάριστες πατάτες
Peloponnes [-'ne:s] *m* Πελοπόννησος
pelopon'nesisch πελοποννησιακός
Pelz ⟨*-es; -e*⟩ *m* γούνα; (*Fell*) προβιά; **~geschäft** *n* γουναράδικο; **~händler** *m* γουναράς (-άδες)
pelzig: ***~ machen, werden*** μουδιάζω
Pelz|mantel *m* πανωφόρι από γούνα; **~mütze** *f* καλπάκι; **~waren** *f*/*pl* γουναρικά *n*/*pl*
Pendant [pɑ̃ˑ'dɑ̃:] ⟨*-s; -s*⟩ *n* αντίστοιχο
Pendel *n* εκκρεμές (-ούς); **~bewegung** *f* παλινδρομική κίνηση
pendeln ⟨*-le*⟩ ταλαντεύομαι; πηγαινοέρχομαι
Pendelverkehr *m* πηγαινοερχομός
Pe'nelope *f* Πηνέλοπη
pene'trant *adv riechen* έντονα
Penicil'lin ⟨*-s; 0*⟩ *n* πενικιλίνη
Penis ⟨*-; -se*⟩ *m* πέος (-ους) *n*
Pen'näler *m* γυμνασιόπαιδο
Penny ⟨*-s; -nies, Pence*⟩ *m* (*engl. Münze*) πένα
Pension [pɑ̃ˑ'zĭo:n] *auch* [pɛn-] *f* (*Rente*) σύνταξη; (*Hotel*) πανσιόν ⟨*0*⟩ *f*
Pensio|'när ⟨*-s; -e*⟩ *m*, **~'närin** *f* συνταξιούχος *m, f*; **~'nat** ⟨*-s; -e*⟩ *n* οικοτροφείο
pensio'nieren (***j-n***/κπ) συνταξιοδοτώ
pen'sionsberechtigt δικαιούχος συντάξεως
Pen'sionskasse *f* ταμείο συντάξεως
Pensum ⟨*-s; -sen*⟩ *n* (*Lehrstoff*) διδακτέα ύλη; *allg* πρόγραμμα *n*
Penta'gon ⟨*-s; -e*⟩ *n*, *in den USA*: '***Pentagon*** πεντάγωνο
Pen'tameter *m lit* πεντάμετρος (στίχος)
Penta'teuch ⟨*-s; 0*⟩ *m* πεντάτευχος *f*
Penthaus *n* ρετιρέ ⟨*0*⟩ *n*
Pep'sin ⟨*-s; -e*⟩ *n* πεψίνη
per [pɛʀ] *präp ohne art* με, *oft adv*; ***~ Auto*** με το αυτοκίνητο; ***~ Schiff*** με ατμόπλοιο, δια θαλάσσης; ***~ Luftpost*** αεροπορικώς
Perfekt ⟨*-s; -e*⟩ *n GR* παρακείμενος
per'fekt τέλειος; (*e-e Sprache sprechen*) φαρσί, άπταιστα
Perga'ment ⟨*-s; -e*⟩ *n* περγαμηνή, διφθέρα; **~papier** *n* λαδόχαρτο
Pergamon *n* Πέργαμος *f*; **~altar** *m* ο μεγάλος βωμός της Περγάμου

P

Peri'ode *f* περίοδος *f* (*auch MED*)
peri'odisch περιοδικός
Periodizi'tät ⟨*0*⟩ *f* περιοδικότητα
Peri'öke ⟨*-n*⟩ *m hist* περίοικος
Peripa'tetiker *m hist* περιπατητικός
Peri|phe'rie *f* περιφέρεια; **~*pherie e-r Stadt*** άκρη της πόλης; **~phe'riegerät** *n EDV* περιφερειακή συσκευή, περιφερειακό; **~'phrase** *f* περίφραση; **~'skop** ⟨*-s*; *-e*⟩ *n* περισκόπιο
peri'staltisch *MED* περισταλτικός
Perku'ssion *f MED* επίκρουση
perku'tieren επικρούω
Perle *f* μαργαριτάρι
Perlen|fischer *m* αλιέας (*oder* κυνηγός) μαργαριταριών; **~kette** *f* κολιέ ⟨*0*⟩ *n* από χάντρες (*oder* μαργαριτάρια)
Perl|huhn *n* φραγκόκοτα; **~mutt** ⟨*-s*; *0*⟩ *n*, **~mutter** ⟨*0*⟩ *f* σιντέφι, μαργαριταρόριζα
perma'nent διαρκής
Permuta'tion *f MATH* αντιμετάθεση
Per'petuum 'mobile ⟨*-ums*; *-les*⟩ *n* αεικίνητο
per'plex σαστισμένος
Perser *m* Πέρσης; **~in** *f* Περσίδα
Perseus *m* Περσέας
Persien *n* Περσία
persisch περσικός
Per'son *f auch JUR* πρόσωπο; άτομο; (*verächtlich*) υποκείμενο; ***in*** ~ αυτοπροσώπως; ***ich für meine*** ~ όσο για μένα
Perso'nal ⟨*-s*; *0*⟩ *n* προσωπικό; **~-** προσωπικός; *GR* (*-Form*) παρεμφατικός; **~abbau** *m* μείωση προσωπικού; **~abteilung** *f* τμήμα *n* προσωπικού; **~ausweis** *m* ταυτότητα, βιβλιάριο ταυτότητας; **~chef** *m* προσωπάρχης
Perso'nalien [-ĭən] *pl* ταυτότητα, στοιχεία *n/pl*
Perso'nal|mangel *m* έλλειψη προσωπικού; **~vertretung** *f* αντιπροσωπεία προσωπικού
Per'sonen|- επιβατικός; **~aufzug** *m* ασανσέρ ⟨*0*⟩ *n*; **~kraftwagen** (**PKW**) *m* αυτοκίνητο ιδιωτικής χρήσεως (= I.X.); επιβατικό αυτοκίνητο; **~kult** *m* προσωπολατρεία
Per'sonenstand *m* αστική κατάσταση
Per'sonenstandsregister *n* ληξιαρχικό βιβλίο
Per'sonenzug *m* επιβατική αμαξοστοιχία
personifi'zieren προσωποποιώ, ενσαρκώνω
Personifi'zierung *f* προσωποποίηση
per'sönlich προσωπικός; *adv* ***höchst*** ~ αυτοπροσώπως
Per'sönliche(s) οντότητα
Per'sönlichkeit *f* προσωπικότητα; ***führende*** **~*en*** παράγοντες *m/pl*
Perspek'tive *f* προοπτική
perspek'tivisch προοπτικός
Pe'ru *n* Περού *n*
Pe'rücke *f* περούκα
pervers [-'vɛʀs] διεστραμμένος
Perversion [-'zĭo:n] *f* διαστροφή
Pessi'mis|mus ⟨*-*; *0*⟩ *m* απαισιοδοξία; **~t** ⟨*-en*⟩ *m* απαισιόδοξος
pessi'mistisch απαισιόδοξος
Pest ⟨*0*⟩ *f* πανώλη, πανούκλα; λοιμός; ***an der*** ~ ***erkranken*** παθαίνω πανούκλα; ***es stinkt wie die*** ~ βρωμάει και ζέχνει; **~-** λοιμικός; **~beule** *f* φύμα *n*
Peter *m* Πέτρος
Petersburg *n* Πετρούπολη
Peter'silie [-lĭə] *f* μαϊντανός, πετροσέλινο
Peti'tion *f* αίτηση
Pe'troleum ⟨*-s*; *0*⟩ *n* πετρέλαιο; **~ofen** *m* θερμάστρα πετρελαίου
Pfad ⟨*-ęs*; *-e*⟩ *m auch EDV* μονοπάτι, στενωπός; *fig* δρόμος; **~finder** *m* πρόσκοπος
Pfaffe ⟨*-n*⟩ *m* F παπάς (-άδες)
Pfahl ⟨*-ęs*; *⸚e*⟩ *m* πάσσαλος; **~bau** *m* πελάδα
pfählen (*stützen*) δένω σε πάσσαλο; *hist* (*Strafe*) παλουκώνω
Pfalz *f GEOGR* Παλατινάτο
Pfand ⟨*-ęs*; *⸚er*⟩ *n* αμανάτι, ενέχυρο; ***als*** ~ αμανάτι
pfändbar κατασχέσιμος
Pfandbrief *m* ενεχυρόγραφο
pfänden ⟨*-e-*⟩ κατάσχω
Pfänder *m* κατάσχων (-οντος) *m*
Pfand|flasche *f* επιστρεφόμενο μπουκάλι; **~haus** *n* ενεχυροδανειστήριο; **~leiher** *m* ενεχυροδανειστής
Pfändung *f* κατάσχεση
Pfändungsbefehl *m* κατασχετήριο
Pfanne *f* τηγάνι, σαχάνι; **~n-** τηγανιτός
Pfannkuchen *m* τηγανίτα; (*Berlin*) *etwa*: σβίγκος
Pfarr|- παπαδίστικος; **~er** *m* παπάς (-άδες), ιερέας; (*verheiratet*) πρεσβύτε-

ρος; **~frau** *f* πρεσβυτέρα, παπαδιά; **~gemeinde** *f* ενορία; **~haus** *n* πρεσβυτέριο

Pfau ⟨*-ęs; -en*⟩ *m* παγώνι

Pfeffer *m* πιπέρι; ***rote(r)*** **~** κοκκινοπίπερο; **~baum** *m* πιπεριά; **~dose** *f* πιπεροδοχείο; **~gurke** *f* αγγουράκι του τουρσιού; **~minze** *f* μέντα, μίνθη; **~minzbonbon** *m* μέντα

pfeffern ⟨*-re*⟩ πιπερώνω; *fig* → ***gepfeffert***

Pfefferstreuer *m* πιπεριέρα

Pfeife *f* πίπα; (*Flöte*) σφυρίχτρα

pfeif|en* σφυρίζω; F ***auf etw ~en*** μουντζώνω κτ; P (***auf j-n***/κπ) γράφω κπ; P ***ich ~e auf dein Geld*** να βράσω τα λεφτά σου; *subst* σφύριγμα *n*

Pfeil ⟨*-ęs; -e*⟩ *m* σαΐτα, βέλος *n*; ***mit dem ~ schießen*** τοξεύω

Pfeiler *m* στύλος, ορθοστάτης

Pfennig ⟨*-s; -e*⟩ *m* πφένιχ ⟨*0*⟩ *n*; ***ich habe keinen ~*** δεν έχω μία

Pferd ⟨*-ęs; -e*⟩ *n* (*auch Turngerät*) ίππος, άλογο; *hist* ***das Trojanische ~*** ο Δούρειος ίππος; ***zu ~e*** έφιππος, καβάλα; *fig* ***sich aufs hohe ~ setzen*** το παίρνω απάνω μου; **~chen** *n* ιππάριο

Pferde|- ίππειος, αλογήσιος; **~bahn** *f hist* ιπποκίνητο τραμ; **~bremse** *f* αλογόμυγα; **~decke** *f* τσούλι; **~geschirr** *n* σαγή; **~händler** *m* ιππέμπορος; **~knecht** *m* σεΐζης (-ηδες); **~rennbahn** *f* ιπποδρόμιο; **~rennen** *n* ιπποδρομία, κούρσα; **~stall** *m* ιπποστάσιο; **~stärke** *f* (**PS**) TECH ίππος; **~wagen** *m* καρότσα; **~zucht** *f* ιπποτροφία

pfiff → ***pfeifen***

Pfiff ⟨*-ęs; -e*⟩ *m* σφύριγμα *n*, συριγμός; *fig* χούι; (*Trick*) μαραφέτι; ***mit ~*** *etwa*: με χούι, με σικ

Pfifferling *m*: ***ich gebe keinen ~ darauf*** δε δίνω δυάρα

pfiffig κουτοπόνηρος, καπάτσος; *als subst*: καταφερτζής *m* (*f* -ού)

Pfiffigkeit ⟨*0*⟩ *f* κουτοπονηριά, καπατσοσύνη

Pfiffikus ⟨*- oder -ses; -se*⟩ *m* καταφερτζής (-ήδες)

Pfingst|en *n oder pl, mst ohne art*, **~fest** *n* Πεντηκοστή; **~'montag** *m* Δευτέρα της Πεντηκοστής; **~rose** *f* παιωνία

Pfirsich ⟨*-s; -e*⟩ *m* ροδάκινο; **~baum** *m* ροδακινιά

Pflanze *f* φυτό; **~n-** φυτικός

pflanzen ⟨*-t*⟩ φυτεύω; ***gepflanzt*** φυτευτός; *subst* φύτεμα *n*

Pflanzen|fresser *m* φυτοφάγος; **~kost** *f* φυτοφαγία, φυτική τροφή; **~kunde** ⟨*0*⟩ *f* βοτανική; **~öl** *n* φυτικό έλαιο; **~reich** ⟨*-ęs; 0*⟩ *n* φυτικό βασίλειο; **~welt** ⟨*0*⟩ *f* χλωρίδα; **~wuchs** *m* φυτεία; **~zucht** *f* φυτοκομία; **~züchter** *m* φυτοκόμος

Pflanzer *m* φυτευτής

pflanzlich φυτο-; ***~e Ernährung*** φυτοφαγία

Pflanzung *f* φυτεία; εμφύτευση

Pflaster *n* MED μπλάστρι, έμπλαστρο; (*Straßen-*) οδόστρωμα *n*, λιθόστρωτο; ***ein ~ auflegen*** βάζω έμπλαστρο

pflastern ⟨*-re*⟩ πλακοστρώνω, λιθοστρώνω

Pflaster|stein *m* κυβόλιθος; **~ung** *f* πλακόστρωση

Pflaume *f* δαμάσκηνο

Pflaumen|baum *m* δαμασκηνιά; **~kuchen** *m* τάρτα δαμάσκηνο

Pflege *f* φροντίδα, περιποίηση, περίθαλψη, θεραπεία; (*des Bodens*) καλλιέργεια; **~eltern** *pl* θετοί γονείς *m/pl*; **~kind** *n* παραπαίδι; **~mutter** *f* ψυχομάνα

pflegen *v/t allg* φροντίζω; *j-n, etw* περιποιούμαι; *j-n* κοιτάζω; *sein Äußeres* ευπρεπίζω; *Kranke* θεραπεύω; *fig* καλλιεργώ; (*gewohnt sein*) συνηθίζω (να ...); ***sich ~*** περιποιούμαι τον εαυτό μου

Pflege|r *m* JUR κηδεμόνας; (*Kranken-*) νοσοκόμος; **~satz** *m* (*im Krankenhaus*) νοσήλια *n/pl*, βασικό νοσήλιο; **~sohn** *m* ψυχογιός; **~tochter** *f* ψυχοκόρη; **~vater** *m* ψυχοπατέρας

Pflicht *f* καθήκον (-οντος), χρέος *n*; ***die ~ haben zu ...*** οφείλω να ..., έχω χρέος να ...; **~-** υποχρεωτικός

pflichtbewusst ευσυνείδητος

Pflicht|erfüllung *f* εκτέλεση του καθήκοντος; **~gefühl** ⟨*-ęs; 0*⟩ *n* δεοντολογία; ***aus (reinem) ~gefühl*** (καθαρά) από δεοντολογία

pflichtgemäß σύμφωνος προς το καθήκον

Pflicht|teil *m* JUR νόμιμος μοίρα; **~umtausch** *m* κατώτατο επιτρεπόμενο όριο συναλλάγματος; **~verletzung** *f* JUR παράβαση καθηκόντων

Pflock ⟨*-ęs; ⁼e*⟩ *m* πάσσαλος

P

pflücken 898
P

pflücken μαζεύω, δρέπω; *Blumen* κόβω
Pflug ⟨*-e̸s; ¨e*⟩ *m* αλέτρι, άροτρο
pflügen οργώνω; *subst* άροση, όργωμα *n*
Pflug|ochse *m* καματερό; **~schar** *f* υνί
Pforte *f* πόρτα, πύλη; *fig* ***s-e ~n öffnen*** ανοίγει τις πύλες του
Pförtner *m* πορτιέρης (-ηδες), θυρωρός; *bsd* *ANAT* πυλωρός; **~loge** *f* θυρωρείο
Pfosten *m* παραστάτης
Pfote *f* (*Tier*) ποδάρι; F (*Hand*) βρωμόχερο; F (*Handschrift*) κακογραφία
Pfropfen *m* φελλός, τάπα, πώμα *n*; (*im Ohr*) βύσμα *n*
pfropfen *BOT* μπολιάζω, κεντρίζω
Pfropf|en *n* μπόλιασμα *n*, εμβολιασμός; **~reis** ⟨*-es; -er*⟩ *n* μπόλι, εμβόλιο
Pfründe *f* αργομισθία
Pfuhl ⟨*-e̸s; -e*⟩ *m* βάλτος
pfui! φτου!, πουφ!
Pfuiruf *m*, **~e** *pl* γιούχα *n/pl*; *THEA* μαξιλάρωμα *n*
Pfund ⟨*-e̸s; -e*⟩ *n* μισό χιλιόγραμμο; (*Währung*) λίρα; ***~ Sterling*** στερλίνα
Pfuscharbeit ['pfʊʃ-] *f* ψευτοδουλειά
pfuschen τσαλαβουτώ (-άς); ***j-m ins Handwerk ~*** επεμβαίνω στις δουλειές κάποιου
Pfusch|er *m* τσαλαβούτας, μαστροχαλαστής; **~e'rei** *f* προστυχοδουλειά
Pfütze *f* λούτσα
Phäno'men ⟨*-s; -e*⟩ *n* φαινόμενο
phänome'nal θαυμάσιος, υπέροχος
Phanta'sie *f* φαντασία; **~gebilde** *n* πλάσμα *n* της φαντασίας
phanta'sie|los αφάνταστος; **~ren** φαντασιοκοπώ; *bsd MED* παραληρώ, παραμιλώ (-άς); *subst* παραλήρημα *n*; **~voll** ευφάνταστος
Phan'tast ⟨*-en*⟩ *m* φαντασιοκόπος, ονειροπόλος
phan'tastisch (*auch unglaublich*) φανταστικός
Phan'tom ⟨*-s; -e*⟩ *n* φάντασμα *n*; **~bild** *n* φωτογραφία σκίτσο
Pharao ⟨*-s; -'onen*⟩ *m* (ο) Φαραώ
Phari'säer *m* φαρισαίος
Pharma|ko'loge ⟨*-n*⟩ *m* φαρμακολόγος; **~'zeut** ⟨*-en*⟩ *m* φαρμακοποιός; **~'zeutik** ⟨*0*⟩ *f* φαρμακευτική
pharma'zeutisch φαρμακευτικός
Phase *f allg, auch ELEKTR* φάση
Phasen|- φασικός; **~verschiebung** *f* *ELEKTR* διαφορά φάσεων
Phe'nol ⟨*-s; 0*⟩ *n* φαινόλη, φαινέλαιο
Phi *n* Φ, φ, φι *n*
Phil|an'throp ⟨*-en*⟩ *m* φιλάνθρωπος; **~ate'list** ⟨*-en*⟩ *m* φιλοτελιστής; **~harmo'nie** *f* φιλαρμονική
philhar'monisch φιλαρμονικός
Philipp *m* Φίλιππος
Philip'pinen *pl* Φιλιππίνες *f/pl*
Phi'lister *m* Φιλισταίος
phi'listerhaft στενοκέφαλος
Philo|'loge ⟨*-n*⟩ *m* φιλόλογος; **~lo'gie** *f* φιλολογία
philo'logisch φιλολογικός
Philo|'soph ⟨*-en*⟩ *m* φιλόσοφος; **~so'phie** *f* φιλοσοφία
philo|so'phieren φιλοσοφώ; **~'sophisch** φιλοσοφικός
Phlegma ⟨*-s; 0*⟩ *n* φλέγμα *n*
phleg'matisch φλεγματικός
Phon ⟨*-s; -s*⟩ *n* φων *n*
Pho'netik ⟨*0*⟩ *f* φωνητική
pho'netisch φωνητικός
Phönix ⟨*-es; -e*⟩ *m* φοίνικας
Phonolo'gie ⟨*0*⟩ *f* φωνολογία
Phosphor ['fɔsfɔʀ] ⟨*-s; 0*⟩ *m* φωσφόρος; **~-** φωσφορούχος, φωσφορικός
phosphor|es'zieren φωσφορίζω; **~es'zierend** φωσφορώδης; **~haltig** φωσφορούχος
Photo- → ***Foto-***
Phrase *f* φράση; ***leere ~*** σχήμα *n* λόγου
Phrasendrescher *m* αερολόγος
Phraseolo'gie *f* φρασεολογία
phraseo'logisch φρασεολογικός
Phy'sik ⟨*-; 0*⟩ *f* φυσική
physi'kalisch φυσικός
Physi|ker *m* φυσικός; **~kum** ⟨*-s; -ka*⟩ *n* ιατρικές προεξετάσεις *f/pl*
Physiogno'mie *f* φυσιογνωμία
Physio'loge ⟨*-n*⟩ *m* φυσιολόγος
Physiolo'gie ⟨*0*⟩ *f* φυσιολογία
physio'logisch φυσιολογικός
physisch φυσικός
Pi *n* πι *n*
Pia'nist ⟨*-en*⟩ *m* πιανίστας; **~in** *f* πιανίστρια
pi'ano *adv* πιάνο
Pi'ano ⟨*-s; -s*⟩ *n* πιάνο, κλειδοκύμβαλο
picheln ⟨*-le*⟩ F τα τσούζω
Pickel *m* σπυρί, κόκκος, μπιμπίκι; ***~ bekommen*** σπυριάζω
pickelig σπυριάρης (-α, -ικο)
picken τσιμπώ (-άς)

899 Planwirtschaft

Picknick ⟨*-s*; *-s*⟩ *n* πικνίκ ⟨*0*⟩ *n*
picknicken κάνω πικνίκ
piekfein κομψότατος; ~ ***sein*** *Person*: είμαι στην τρίχα
Piep *m*: F ***nicht ~ sagen*** δε βγάζω κιχ
piepe: F ***das ist mir ~!*** δε με νοιάζει καθόλου
piep|en τιτιβίζω; ***bei dir ~ts wohl!*** σου έστριψε; **~sen** ⟨*-t*⟩ → ***piepen***
piesacken F *j-n* ξεροτηγανίζω, βασανίζω κπ
Pietät [pi·e·'tɛːt] ⟨*0*⟩ *f* ευσέβεια, σεβασμός
pie'tätlos ασεβής
Pig'ment ⟨*-ɇs*; *-e*⟩ *n* χρωστική
Pik¹ [iː] ⟨*-s*; *-s*⟩ *n* (*Karte*) πίκα, μπαστούνι, σπαθί
Pik² *m*: ***ich habe e-n ~ auf ihn*** έχω κπ άχτι
pi'kant πικάντικος
Pike *f* κοντάρι, λόγχη
pi'kiert: (***leicht***) ~ ***sein*** μυγιάζομαι (εύκολα)
Pikto'gramm ⟨*-s*; *-e*⟩ *n* πικτογράφημα *n*
Pilger *m* προσκυνητής, χατζής; **~fahrt** *f* προσκύνημα *n*
Pille *f* χάπι
Pi'lot ⟨*-en*⟩ *m* πιλότος; **~in** *f* πιλότος *f*; **~projekt** *n* δοκιμαστική προσπάθεια
Pilz ⟨*-es*; *-e*⟩ *m* μανιτάρι; (*auch Bakterie*) μύκητας; ***wie ~e aus der Erde schießen*** φυτρώνω σαν το μανιτάρι; **~vergiftung** *f* δηλητηρίαση από μανιτάρια
pingelig F λεπτόλογος
Pinguin [-gu·iːn] ⟨*-s*; *-e*⟩ *m* πιγγουίνος
Pinie ['piːnĭə] *f* κουκουναριά
Pinienkern *m*, **~zapfen** *m* κουκουνάρι
pinkeln ⟨*-le*⟩ P κατουρώ (-άς)
Pinne *f* καρφάκι
Pinsel *m* πινέλο, χρωστήρας
pinseln ⟨*-le*⟩ πασαλείβω
Pinselstrich *m* πινελιά
Pin'zette *f* τσιμπίδι; *MED* λαβίδα
Pio'nier ⟨*-s*; *-e*⟩ *m* πιονέρης (-ηδες); *MIL*, *auch fig* σκαπανέας; **~korps** *n* μηχανικό
Pipeline ['paɪplaɪn] ⟨*-s*; *-s*⟩ *f* πετρελαιαγωγός
Pi'pette *f* σιφώνι; σταγονόμετρο
Pi'rat ⟨*-en*⟩ *m* πειρατής, κουρσάρος
Pirate'rie *f* πειρατεία
Pi'räus *n* Πειραιάς
Pi'rol ⟨*-s*; *-e*⟩ *m* συκοφάγος, κιτρινοπούλα
Pirou'ette *f* στροφή
pissen ⟨*-t*⟩ P κατουρώ (-άς)
Pissoir [-so·'aːʀ] ⟨*-s*; *-e*, *-s*⟩ *n* ουρητήριο
Pi'stazie [-ĭə] *f* φιστίκι
Piste *f* πίστα, στίβος
Pi'stole *f* πιστόλι
Pi'stolenschuss *m* πιστολιά
pitschnass: ~ ***werden*** γίνομαι παπί
Pizza ⟨*-*; *-s oder -zen*⟩ *f* πίτσα
Pizze'ria ⟨*-*; *-s*⟩ *f* πιτσαρία
placieren [-'tsiːʀən] → ***platzieren***
Placke'rei *f* ταλαιπωρία
plä'dieren συνηγορώ (***für*** *A*/υπέρ *G*)
Plädoyer [plɛ·doa·'jeː] ⟨*-s*; *-s*⟩ *n* συνηγορία, αγόρευση
Plage *f* βάσανο, πληγή
plagen ταλαιπωρώ; *Hunger*: βερίζω; ***sich*** ~ κακουχούμαι
Plagi'at ⟨*-s*; *-e*⟩ *n* λογοκλοπία; **~or** ⟨*-s*; *-'toren*⟩ *m* λογοκλόπος
Pla'kat ⟨*-ɇs*; *-e*⟩ *n* πλακάτ ⟨*0*⟩ *n*, αφίσα
Pla'kette *f* έμβλημα *n*, σήμα *n*
Plan ⟨*-ɇs*; *⸚e*⟩ *m* (*Skizze*) σχεδιάγραμμα *n*; (*auch Absicht*) σχέδιο; διάγραμμα *n*; *BAHN* δρομολόγιο; (*Plansoll*) σχέδιο, πλάνο, → *auch* **Soll**; ***den ~ erfüllen*** εκπληρώνω σχέδιο (πλάνο); ***Pläne schmieden*** κάνω σχέδια
Plane *f* πλαστικό κάλυμμα *n*; αντίσκηνο
planen σχεδιάζω, προμελετώ (-άς); σχεδιοποιώ; (*Stadt*) ρυμοτομώ
Plan|en *n* σχεδιοποίηση; **~er** *m* προγραμματιστής; **~erin** *f* προγραμματίστρια
Pla'net ⟨*-en*⟩ *m* πλανήτης
Plane'tarium ⟨*-s*; *-rien*⟩ *n* πλανητάριο
pla'nieren ισοπεδώνω
Pla'nierung *f* ισοπέδωση
Planke *f* σανίδα
Plänke'lei *f* συμπλοκή
planlos ασχεδίαστος, απρογραμμάτιστος
Planlosigkeit *f* έλλειψη σχεδίου
planmäßig μεθοδικός
Planmäßigkeit *f* μεθοδικότητα
planschen τσαλαβουτώ
Plan|soll *n* σκοπός, πλάνο; **~stelle** *f* οργανική θέση
Plantage [-'taːʒə] *f* φυτεία
Plan|ung *f* σχεδιοποίηση, προμελέτη; *wirtschaftlich usw* σχεδιασμός; **~wirtschaft** *f* σχεδιοποιημένη οικονομία

P

plappern ⟨*-re*⟩ φαφλατίζω
plärren τσαμπουνάω (-άς)
Plasma ⟨*-s; -men*⟩ *n* πλάσμα *n*
Plast ⟨*-es; -e*⟩ *m* πλαστικό
Plastik[1] *f* πλαστική
Plastik[2] ⟨*-s; 0*⟩ *n* (*Kunststoff*) πλαστικό; **~becher** *m* πλαστικό κυπελλάκι; **~behälter** *m* πλαστικό δοχείο; **~beutel** *m*, **~tüte** *f* πλαστική σακούλα
plastisch πλαστικός
Plastizi'tät ⟨*0*⟩ *f* πλαστικότητα
Pla'tane *f* BOT πλατάνι, πλάτανος
Plateau [-'to:] ⟨*-s; -s*⟩ *n* οροπέδιο
Platin ⟨*-s; 0*⟩ *n* πλατίνα
Platon *m* Πλάτωνας
pla'tonisch πλατωνικός
plätschern [ε] ⟨*-re*⟩ κελαρύζω, φλοισβίζω; *subst* κελάρυσμα *n*, φλοίσβος; **~d** γάργαρος
platt πλακωτός; *Nase*: πατσός; F ***einen Platten haben*** μένω από λάστιχο; ***~ gedrückt*** *Nase*: πατσός
Plättbrett *n* σανίδα του σιδερώματος
Plattdeutsch *n* (η) κάτω γερμανική
Platte *f* πλάκα (*auch Foto*); πλακάκι; (*e-r Zahnprothese*) μασέλα; ***kalte ~*** κρύο πιάτο; ***mit ~n ausgelegt*** πλακωτός
Plätteisen *n* σίδερο
plätten ⟨*-e-*⟩ σιδερώνω; *subst* σιδέρωμα *n*
Platten|schrank *m* δισκοθήκη; **~spieler** *m* πικάπ ⟨*0*⟩ *n*
Plätter *m* σιδερωτής; **~ei** [-'raɪ] *f* σιδηρωτήριο; **~in** *f* σιδερώτρια
Plattform *f* εξέδρα; βήμα *n*
Plattfuß *m* πλατυποδία
Plattheit *f* πεζότητα
Platz ⟨*-es; ⸚e*⟩ *m allg* θέση; *auch fig* τόπος; (*in der Stadt*) πλατεία; THEA κάθισμα *n*, *z. B.* ***~ acht*** το οχτώ κάθισμα; (*zum Bauen*) μέρος *n*; (*Raum*) χώρος; ***erste(r) ~*** πρωτεία *n/pl*; ***mittlere(r) ~*** μεσότητα; ***~ haben*** (*z. B. im Haus*) έχω άδεια *oder* ευρυχωρία; ***~ finden*** χωρώ (-άς) (***in*** *D*/σε); ***j-m ~ machen*** κάνω τόπο, δίνω σε κπ τη θέση μου; ***~ machen*** (*im Gepäckraum usw*) κάνω χώρο; ***es ist kein ~ da für*** *A* δε χωράει ... *N*
Platz|angst ⟨*0*⟩ *f* αγοραφοβία; **~anweiser** *m* ταξιθέτης; **~anweiserin** *f* ταξιθέτρια
Plätzchen *n* (*sicheres, ruhiges*) γωνιά, ρεφούτζιο; (*Gebäck*) μπισκότο
platzen ⟨*-t; sn*⟩ *Bombe, Rohr*: σκάζω, εκρηγνύομαι; *fig* ***vor*** *Wut, Neid*: σκάω, κρεπάρω από; ***vor*** *Lachen*: ξελιγώνομαι από
Platzen *n* σκάσιμο (-ατος), ρήξη; ***zum ~ bringen*** (*auch fig*) σκάζω
pla'tzieren πλασάρω
Pla'tzierung *f* πλασάρισμα *n*
Platz|karte *f* BAHN εισιτήριο για αριθμημένη θέση; **~regen** *m* νεροποντή; **~wunde** *f* πληγή από σκάσιμο του δέρματος
Plaude'rei *f* ψιλή κουβέντα, κοζερί; ***nette ~*** χαριτολογία
Plauderer *m* χαριτολόγος
plaudern ⟨*-re*⟩ κουβεντιάζω; (*ein bisschen*) τα λέμε ένα χεράκι
plau'sibel εύλογος, λογικός; ***~ wirken*** είναι αληθοφανής; ***j-m etw ~ machen*** τα κάνω λιανά σε κπ, εξηγώ
Playboy ⟨*-s; -s*⟩ *m* πλεμπόυ ⟨*0*⟩ *m*
Ple'bejer *m hist* πληβείος; *fig verächtlich* βλάχος
Plebs [e:] *auch* [ε] ⟨*0*⟩ *m*, *f* πλέμπα
Pleite *f* χρεοκοπία, πτώχευση; ***~ gehen*** χρεοκοπώ
pleite χρεοκοπημένος, ταπί; ***er ist ~*** είναι ταπί
Plempe *f* F *fig* νερόπλυμα *n*
Ple'narsitzung *f* ολομέλεια
Plenum ⟨*-s; 0*⟩ *n* ολομέλεια
Pleo'nasmus ⟨*-; -men*⟩ *m* GR πλεονασμός
Pleuel|lager *n* κουζινέτο μπιέλας; **~stange** *f* μπιέλα, διωστήρας
Plexiglas *n* πλεξιγκλάς ⟨*0*⟩ *n*
Pli'ssee ⟨*-s; -s*⟩ *n* πλισές
Plombe *f* σφράγισμα *n* (*auch Zahn*), έμφραξη
plom'bier|en σφραγίζω; **~t** σφραγισμένος
plötzlich ξαφνικός, αιφνίδιος; *adv* ξαφνικά, έξαφνα
Pluderhose *f* βράκα
plump άνοστος, άγαρμπος; *Kunstwerk, Stil*: βαρύς; ***~ machen*** ανοσταίνω
Plumpheit *f* ανοστιά, αγαρμποσύνη
Plunder ⟨*-s; 0*⟩ *m* σαβούρα
Plünderer *m* λαφυραγωγός, λεηλατητής
plündern ⟨*-re*⟩ λαφυραγωγώ, λεηλατώ
Plünderung *f* λαφυραγωγία, λεηλασία
Plural ⟨*-s; -e*⟩ *m* πληθυντικός (αριθμός)

plus *adv*, *MATH* πλέον, συν
Plus ⟨-; *0*⟩ *n* πλέον; (*Vorteil*) αβαντάζ ⟨*0*⟩ *n*
Plüsch [yː] ⟨*-ɇs*; *-e*⟩ *m* πλουζ ⟨*0*⟩ *n*, κατιφές
Plus|punkt *m fig* ενεργητικό; **~quamperfekt** ⟨*-s*; *-e*⟩ *n* υπερσυντέλικος
plustern ⟨*-re*⟩: ***sich*** (*A*) ~ φουσκώνω
Pluszeichen *n* σημείο προσθέσεως
Pluto'krat ⟨*-en*⟩ *m* πλουτοκράτης; **~ie** [-'tiː] *f* πλουτοκρατία
Plu'tonium ⟨*-s*; *0*⟩ *n* πλουτώνιο
pneu'matisch πνευματικός
Pneumo'thorax ⟨*-(es)*; *-e*⟩ *m* πνευμοθώρακας
Pöbel ⟨*-s*; *0*⟩ *m* όχλος
Pöbe'leien *f/pl* σκυλοβρίσματα *n/pl*
pöbelhaft χυδαίος
Pöbel|haftigkeit ⟨*0*⟩ *f* χυδαιότητα; **~herrschaft** *f* οχλοκρατία
pochen [ɔ] σφύζω; *Herz*: πάλλω; *fig* ~ ***auf*** *A* (*Recht*) επιμένω σε
pochiert [-'ʃ-] ποσέ ⟨*0*⟩
Pocken *pl* βλογιά, ευλογιά
pockenkrank: ~ ***sein*** πάσχω από ευλογιά
Pockenkranke(r) πάσχων (-ουσα, -ον) από ευλογιά
pockennarbig βλογιοκομμένος
Pockenschutzimpfung *f* εμβόλιο κατά της ευλογίας
Po'dest ⟨*-ɇs*; *-e*⟩ *n* πλατύσκαλο; εξέδρα
Podium ⟨*-s*; *-ien*⟩ *n* εξέδρα, βήμα *n*
Poe'sie *f* ποίηση
Po'et ⟨*-en*⟩ *m* ποιητής
po'etisch ποιητικός
Pointe [po'ɛ̃ːtə] *f* εύρημα *n*
Po'kal ⟨*-s*; *-e*⟩ *m* (*Sport*) κύπελλο; κούπα
Pökelfleisch *n* παστό κρέας *n*
pökeln ⟨*-le*⟩ παστώνω; ***gepökelt*** παστωμένος
Poker ⟨*-s*; *0*⟩ *m* πόκερ ⟨*0*⟩ *n*
pokern παίζω πόκερ
Pol ⟨*-s*; *-e*⟩ *m* πόλος
Po'lar- πολικός
Polari|sa'tion *f PHYS* πόλωση; **~'tät** *f* πολικότητα
Po'lar|kreis *m* πολικός κύκλος; **~stern** *m* πολικός αστέρας
Pole [oː] ⟨*-n*⟩ *m* Πολωνός
Po'lemik *f* πολεμική; ***e-e heftige ~ führen gegen*** *A* ασκώ σφοδρά πολεμική κατά *G*
po'lemisch πολεμικός
Polen *n* Πολωνία
Po'lier ⟨*-s*; *-e*⟩ *m* (*Bau*) αρχιεργάτης
po'lieren γυαλίζω, στιλβώνω, λουστράρω
Po'lier|en *n* γυάλισμα *n*; **~er** *m* στιλβωτής
po'liert στιλπνός, γυαλιστερός
Poliklinik *f* εξωτερικό ιατρείο
Polin *f* Πολωνέζα
Po'litbüro *n* πολιτικό γραφείο
Poli'tesse *f* αστυνομικίνα
Poli'tik ⟨*0*⟩ *f* πολιτική
Po'litiker *m* πολιτικός, πολιτευόμενος; ***die*** ~ ο πολιτικός κόσμος
po'litisch πολιτικός
politi'sieren πολιτικολογώ
Poli'tur *f* λούστρο
Poli'zei ⟨*0*⟩ *f* αστυνομία; **~auto** *n* αυτοκίνητο της αστυνομίας; **~beamte(r)** αστυνομικός υπάλληλος; (*höherer*) αστυνόμος; **~bericht** *m* αστυνομικό δελτίο; **~kommissar** *m* υπαστυνόμος
poli'zeilich αστυνομικός
Poli'zei|präsident *m* αρχηγός της αστυνομίας; **~revier** *n* τμήμα *n*, αστυνομικός σταθμός; **~staat** *m* αστυνομικό κράτος; **~stunde** *f* ώρα για το κλείσιμο των κέντρων διασκεδάσεως; **~verordnung** *f* διάταξη αστυνομική; **~wache** *f* αστυνομικό τμήμα
Poli'zist ⟨*-en*⟩ *m* αστυνομικός
Polka [ɔ] ⟨*-*; *-s*⟩ *f* πόλκα
Pollu'tion *f MED* ρεύση, ονείρωξη
polnisch [ɔ] πολωνικός
Polohemd *n* κοντομάνικο πουκάμισο
Polster *n* μαξιλάρι; ταπετσαρία; **~möbel** *pl* ντιβάνια και πολυθρόνες
polstern ⟨*-re*⟩ ταπετσάρω
Polster|n *n* ταπετσάρισμα *n*; **~er** *m* ταπετσιέρης (-ηδες); **~ung** *f* ταπετσαρία
Polterabend *m* (*in Deutschland*) θορυβώδης γιορτή την παραμονή γάμου
poltern ⟨*-re*⟩ κάνω αντάρα *oder* σαματά; (*schimpfen*) *mst* ***lospoltern*** βρίζω
poly- πολυ-
Poly|'eder *m* πολύεδρο; **~ga'mie** ⟨*0*⟩ *f* πολυγαμία
Po'lyp ⟨*-en*⟩ *m ZOOL*, *MED* πολύπους (-ποδος); *ZOOL* οχταπόδι
Poly'technikum ⟨*-s*; *-ken*⟩ *n* πολυτεχνείο
poly'technisch πολυτεχνικός
Polythe'ismus ⟨*-*; *0*⟩ *m* πολυθεϊσμός

Pomade 902

Po'made *f* μυραλοιφή, πομάδα
po'madig νωχελής
Pome'ranze *f* νεράντζι
Pommern *n* Πομερανία
Pommes frites [pɔm'frɪt] *pl* πατάτες τηγανιτές *f/pl*
Pomp ⟨*-es*; *0*⟩ *m* μεγαλείο
pom'pös πομπώδης, στομφώδης
Pontifi'kal- ποντιφικός
Pontius ['pɔntsĭʊs] *m*: ***von ~ zu Pilatus laufen*** τρέχω από τον Άννα στον Καϊάφα
Ponton [pɔn'tɔŋ] ⟨*-s*; *-s*⟩ *m* φλοτέρ ⟨*0*⟩ *m*; **~brücke** *f* ζεύγμα *n*
Pony ['pɔniː] ⟨*-s*; *-s*⟩ *n* πόνυ *n*; αφέλειες *f/pl*
Pool [puːl] ⟨*-s*; *-s*⟩ *m* κοινοπραξία
Poolbillard *n* σνούκερ ⟨*0*⟩ *n*
Popanz ⟨*-es*; *-e*⟩ *m* σκιάχτρο
Popcorn ⟨*-s*; *0*⟩ *n* ποπκόρν *n*
Pope ⟨*-n*⟩ *m* παπάς (-άδες)
Pope'lin ⟨*-s*; *-e*⟩ *m* ποπλίνα
Po'po ⟨*-s*; *-s*⟩ *m* F κώλος, ποπός
popu'lär δημοφιλής
populari'sieren εκλαϊκεύω
Populari'tät ⟨*0*⟩ *f* λαϊκότητα; δημοτικότητα
Pore *f* πόρος
Pornogra'phie ⟨*0*⟩ *f* πορνογραφία
porno'graphisch πορνογραφικός
po'rös πορώδης
Porphyr ⟨*-s*; *-e*⟩ *m* πορφυρίτης
Porree ⟨*-s*; *-s*⟩ *m* πράσο
Por'tal ⟨*-s*; *-e*⟩ *n* πυλώνας
Portemonnaie [-mɔ'neː] ⟨*-s*; *-s*⟩ *n* πορτοφόλι
Portier [-'tjeː] ⟨*-s*; *-s*⟩ *m* πορτιέρης (-ηδες), θυρωρός
Por'tion *f* (*Essen*) μερίδα; *iron* (*Mensch*) ***e-e halbe ~*** μια μπουκιά άνθρωπος
Porto ⟨*-s*; *-s oder Porti*⟩ *n* ταχυδρομικά *n/pl*
portofrei ατελής; → ***Gebühren-***
Porträt [-'trɛː] ⟨*-s*; *-s*⟩ *n* πορτραίτο, προσωπογραφία
porträ'tieren προσωπογραφώ
Portugal *n* Πορτογαλία
Portu'gies|e ⟨*-n*⟩ *m* Πορτογάλος; **~in** *f* Πορτογαλίδα
portu'giesisch πορτογαλικός
Portulak ⟨*-s*; *-s*⟩ *m* *BOT* γλιστρίδα, ανδράκλα, χοιροβότανο
Porzel'lan ⟨*-s*; *-e*⟩ *n* πορσελάνη, φαρφουρί; **~tiegel** *m* κάψα

P

Po'saune *f* τρομπόνι
Pose *f* πόζα, στάσιμο (-ατος); ***sich*** (*A*) ***in ~ werfen*** κρατώ πόζα
Po'seidon *m* Ποσειδώνας
Posi'tion *f* θέση, στάση
Posi'tionslichter *n/pl* *LUFTF* διακριτικά φώτα *n/pl*
positiv (*auch ELEKTR*) θετικός
Positiv[1] ⟨*-s*; *-e*⟩ *n* (*Foto*) θετική εικόνα
Positiv[2] ⟨*-s*; *-e*⟩ *m* *GR* θετικός βαθμός
Positi'vis|mus ⟨*-*; *0*⟩ *m* *PHILOS* θετικισμός; **~t** ⟨*-en*⟩ *m* θετικιστής
Posse *f* *THEA* φάρσα
Possenreiße|r *m* καραγκιόζης, γελωτοποιός; **~'rei** *f* γελωτοποιΐα
Posses'siv|- *GR* κτητικός; **~pronomen** *n* κτητική αντωνυμία
pos'sierlich αστείος, κωμικός
Post ⟨*0*⟩ *f* ταχυδρομείο; ***per ~***, ***mit der ~*** ταχυδρομικώς; ***mit getrennter ~*** εντός ιδιατέρου φακέλου; **~-** ταχυδρομικός; **~amt** *n* ταχυδρομείο, πόστα; **~angestellte(r)** ταχυδρομικός; **~anweisung** *f* ταχυδρομική επιταγή, εντολή; **~bank** *f* ταχυδρομικό ταμιευτήριο; **~beamte(r)** ταχυδρομικός υπάλληλος; **~bote** *m* ταχυδρόμος
Posten *m* (*Stellung*, *Amt*) πόστο; *HDL* παρτίδα, άρθρο, κοντύλι; *MIL* σκοπός; *fig* (***nicht***) ***auf dem ~ sein*** (δεν) είμαι στα καλά μου; **~jäger** *m* θεσιθήρας, αριβίστας
Poster ['poːstɐ] *n* αφίσα
Post|fach *n* ταχυδρομική θυρίδα (Τ.Θ.); **~gebühren** *f/pl* ταχυδρομικά *n/pl*
po'stieren τοποθετώ, εγκαθιστώ
Postkarte *f* δελτάριο; καρτ-ποστάλ *f*
postlagernd ποστ-ρεστάντ
Post|leitzahl *f* κωδικός (αριθμός); **~paket** *n* ταχυδρομικό δέμα; **~scheck** *m* ταχυδρομική επιταγή
Post'skriptum ⟨*-s*; *-ta*⟩ *n* υστερόγραφο
Postspar|buch *n* βιβλιάριο ταχυδρομικού ταμιευτηρίου; **~kasse** *f* ταχυδρομικό ταμιευτήριο
Poststempel *m* σφραγίδα ταχυδρομείου
Postu'lat ⟨*-s*; *-e*⟩ *n* *PHILOS* αίτημα *n*
postwendend με το πρώτο ταχυδρομείο
Post|wertzeichen *n* γραμματόσημο; **~wurfsendung** *f* ταχυδρομική διανομή εντύπων
Potential [-'tsĭaːl] ⟨*-s*; *-e*⟩ *n* *PHYS* δυνα-

903 **Präzisionsgerät**

μικό; *allg* αποδοτικότητα; **~differenz** *f ELEKTR* διάφορα δυναμικού
Po'tenz *f* δυναμικότητα; *MATH* δύναμη
poten'zieren *MATH* υψώνω (σε δύναμη)
Potpourri [-puˑriˑ] ⟨*-s*; *-s*⟩ *n* ποτπουρί
Pottasche *f* ποτάσα
Pottwal *m ZOOL* φυσητήρας
Pou'larde [puˑ-] *f* πουλάδα
Prä'ambel *f* προοίμιο
Pracht ⟨*0*⟩ *f* πολυτέλεια, μεγαλοπρέπεια; **~-** (*-Sohn*) καμαρωτός, *z. B.* ***ein ~pferd!*** άλογο μεγαλείο!; **~ausgabe** *f* έκδοση πολυτελείας
prächtig πολυτελής, μεγαλοπρεπής; *als adv* **~** μεγαλοπρεπώς; **~ *gekleidet*** λαμπροφόρος
prachtvoll → ***prächtig***
Prädi'kat ⟨*-ẽs*; *-e*⟩ *n GR* κατηγορούμενο, βαθμολογία; βαθμός; ***ohne*** **~** αβαθμολόγητος
prädika'tiv κατηγορηματικός
Prä'fekt ⟨*-en*⟩ *m* νομάρχης; **~ur** [-'tuːʀ] *f* νομαρχία
Präfix ⟨*-es*; *-e*⟩ *n GR* πρόθεμα *n*; ***ohne*** **~** απρόθετος
Prag *n* Πράγα
prägen *Münze* (εκ)τυπώνω, κόβω; *Charakter usw* πλάθω, μορφώνω; *Wort* σχηματίζω; *z.B. e-e Epoche* σφραγίζω; *subst* (εκ)τύπωση
präg'nant *Ausdruck*: πυκνός
Präg'nanz ⟨*0*⟩ *f* πυκνότητα
Prägung *f fig* μόρφωση; σχηματισμός
prähistorisch προϊστορικός
prahlen καυχιέμαι (***mit*** *D*/για), κομπορρημονώ
Prahl|en *n* κομπορρημοσύνη; **~er** *m* → ***Prahlhans***; **~e'rei** *f* καυχησιολογία; **~hans** ⟨*-es*; *⸚e*⟩ *m* καυχησιάρης
Prakti'kant ⟨*-en*⟩ *m* ασκούμενος
Praktikum ⟨*-s*; *-ka*⟩ *n* πρακτική εξάσκηση σε κάποιο επάγγελμα; φροντιστήριο
prakti|sch πρακτικός, εύχρηστος; ***~scher Arzt*** πρακτικός γιατρός; **~'zieren** (***als Arzt*** *usw*) επαγγέλλομαι (τον γιατρό); (***als Anwalt***) κάνω το δικηγόρο, δικηγορώ
Prä'lat ⟨*-en*⟩ *m* ιεράρχης, αρχιερέας; **~en-** αρχιερατικός
Prälimi'nar|- προκαταρτικός; **~ien** *pl* προκαταρτικά *n/pl*
Pra'line *f* σοκολατάκι

prall τεταμένος; (*~ gefüllt*) μεστός; *Sonne*: φωτεινός
prallen ⟨*sn*⟩ *Auto*: επιπίπτω (***auf***, ***gegen*** *A*/επί *G*), πέφτω (***auf*** *A*/σε)
Prallheit ⟨*0*⟩ *f* μεστότητα
prälu'dieren προανακρούω
Prä'ludium ⟨*-s*; *-dien*⟩ *n* πρελούδιο
Prämie ['pʀɛːmǐə] *f* (*Preis*) βραβείο, έπαθλο; (*Zulage*) πριμ *n*, πριμοδότηση; (*Versicherungs-*) ασφάλιστρο; **~n-** λαχειοφόρος
prä'mieren βραβεύω
Prä'mierung *f* βράβευση
prangen λάμπω, αστράφτω
Pranger *m hist etwa*: στήλη μαρτυρίου, στήλη διαπομπεύσεως; ***an den ~ stellen*** διαπομπεύω (*auch fig*)
Pranke *f* νύχι, πόδι
Präpa'rat ⟨*-ẽs*; *-e*⟩ *n* παρασκεύασμα *n*
präpa'rier|en παρασκευάζω; ***sich ~en*** παρασκευάζομαι; **~t** παρασκευασμένος
Präposi'tion *f GR* πρόθεση
prépositio'nal προθετικός, εμπρόθετος; ***~e Bestimmung*** εμπρόθετο
Präsens ⟨*-*; *-tia*, *-zien*⟩ *n GR* ενεστώτας
präsen'tier|en παρουσιάζω (*auch MIL*); ***~t das Gewehr!*** παρουσιάστε αρμ!
Prä'sentkorb *m* κανίσκι
Prä'senz ⟨*0*⟩ *f* (*der Truppen usw*) παραμονή
Präserva'tiv ⟨*-s*; *-e*⟩ *n* προφυλακτικό
Präsi'dent ⟨*-en*⟩ *m* πρόεδρος; (*e-r Bank usw*) διοικητής; **~schaft** *f* προεδρία; **~schaftswahlen** *f/pl* προεδρικές εκλογές *f/pl*
Präsi'dial- προεδρικός
Prä'sidium ⟨*-s*; *-dien*⟩ *n* προεδρία; (*Mitglieder*) προεδρείο
prasseln ⟨*-le*⟩ πλαταγίζω, τρίζω
prassen ⟨*-t*⟩ τρωγοπίνω
Prasser *m* γλεντζές (-έδες)
Präten'dent ⟨*-en*⟩ *m* διεκδικητής
prätentiös [-'tsǐøːs] απαιτητικός
Präven'tiv- προληπτικός
Praxis ⟨*-*; *-xen*⟩ *f* πρακτική, πείρα; *MED* (*Patienten*) πελατεία; (*Raum*) ιατρείο; *JUR* γραφείο; ***ohne ~*** ... του γλυκού νερού; **~ *bekommen*** εξασκούμαι, τρίβομαι
Präze'denzfall *m* προηγούμενο
prä'zis(e) ακριβής; με ακρίβεια
Präzi'sion ⟨*0*⟩ *f* ακρίβεια; **~s-gerät** *n* μηχάνημα *n* ακριβείας

P

predigen διδάσκω (**j-m** *A*/κτ σε κπ); *REL* κηρύσσω
Predig|en *n* κήρυξη; **~er** *m* ιεροκήρυκας; **~t** [-ıçt] *f* κήρυγμα *n*; ***e-e ~t halten*** κάνω κήρυγμα
Preference [-'ʀɑ̃:s] ⟨*0*⟩ *f* (*Kartenspiel*) πρέφα
Preis ⟨*-es*; *-e*⟩ *m* τιμή; (*Ehren-*) βραβείο; (*Sport*) έπαθλο, αριστείο; *fig* (*Opfer*) τίμημα *n*; ***um jeden ~*** σώνει και καλά, με κάθε τρόπο; ***um keinen ~*** με κανένα τρόπο, ούτε κατά διάνοια; ***zum ~e von ... Drachmen das Meter*** προς ... δρχ. (δραχμές) το μέτρο; ***e-n ~ aussetzen*** αθλοθετώ; ***den ~*** *e-r Ware* ***erhöhen*** ανατιμώ, ακριβαίνω; ***den ~ festsetzen für*** *A* διατιμώ *A*; ***mit e-m ~ auszeichnen*** βραβεύω
Preisanstieg *m* άνοδος *f* τιμών
Preisausschreiben *n* διαγωνισμός
Preiselbeere *f* κόκκινο φίγγι
preisen* εγκωμιάζω, εξαίρω; *Gott* δοξάζω; ***j-n glücklich ~*** μακαρίζω κπ
Preis|erhöhung *f* ανατίμηση; **~ermäßigung** *f* έκπτωση; **~festsetzung** *f* διατίμηση (**für** *A*/*G*); **~gabe** ⟨*0*⟩ *f* εγκατάλειψη, σφαγιασμός
preis|geben* εγκαταλείπω; **~gekrönt** βραβευθείς (-έντος); αριστούχος
Preis|index *m* τιμάριθμος; **~kontrolle** *f* έλεγχος των τιμών; **~lage** *f* επίπεδο τιμών; **~liste** *f* τιμολόγιο; **~nachlass** *m* έκπτωση; **~niveau** *n* επίπεδο τιμών; **~richter** *m* αγωνοδίκης; **~senkung** *f* έκπτωση; **~spanne** *f* περιθώριο; **~träger** *m* βραβευθείς (-έντος)
preiswert φθηνός, ολιγοδάπανος
pre'kär ακροσφαλής
Prellbock *m* προσκρουστήρας
prellen βάζω ένα φέσι (**j-n um** *A*/σε, *A*)
Prell|stein *m* γωνιόλιθος; **~ung** *f* μωλωπισμός
Premiere [pʀe'mǐe:ʀə] *f* πρεμιέρα
Premierminister [pʀe'mǐe:-] *m* πρωθυπουργός
Presse *f* (*Zeitungen*) τύπος; (*Druck-*) πιεστήριο, πρέσα; (*Wäsche-*) μαγγάνι; **~ball** *m* χοροεσπερίδα τύπου; **~freiheit** ⟨*0*⟩ *f* ελευθερία τύπου; **~konferenz** *f* συνέντευξη τύπου, πρες κόμφερανς (**auf e-r** ***...***/σε)
pressen ⟨*-t*⟩ *v*/*t* πιέζω, πρεσάρω; *MED* (*drücken*) τανύομαι; *subst* συμπίεση, θλίψη, ζούλισμα *n*
Presse|sprecher *m* εκπρόσωπος τύπου; **~wesen** ⟨*-s*; *0*⟩ *n* δημοσιογραφία
pre'ssier|en: es ~t επείγει (η ώρα)
Presskohle *f* μπρικέτα
Pressluft ⟨*0*⟩ *f* πεπιεσμένος αέρας; **~-** *auch* πνευματικός; **~hammer** *m* αερόσφυρα
Prestige [-'sti:ʒ(ə)] ⟨*-s*; *0*⟩ *n* γόητρο
Preuß|e ⟨*-n*⟩ *m* Πρώσος; **~en** *n* Πρωσία; **~in** *f* Πρωσίδα
preußisch πρωσικός
prickeln ⟨*-le*⟩ μυρμηγκιάζω
Prickeln *n* μυρμήγκιασμα *n*; **das ~** (*in der Hand usw*) **hört auf** ξεμουδιάζει ...
Priester *m* ιερέας, παπάς (-άδες), λειτουργός; **~-** ιερατικός; **~gewand** *n* άμφιο; **~herrschaft** *f* ιεροκρατία; **~in** *f* ιέρεια
priesterlich ιερατικός
Priester|seminar *n* ιερατική σχολή; **~weihe** *f* χειροτονία; **~würde** ⟨*0*⟩ *f* ιεροσύνη
prima πρύμα; *Ware* (*echt*) χάσικος; (***ganz***) ***~!*** F άφεριμ!; ***das Geschäft geht ~*** F η δουλειά πάει πρύμα
pri'mär προτεύων (-ουσα, -ον)
Primas ⟨*-*; *-se*⟩ *m* πριμάτος
Pri'mat ⟨*-es*; *-e*⟩ *n* πρωτεία *n*/*pl*
Primel *f* (*Blume*) ηράνθεμο, πρίμουλα, δακράκι
primi'tiv (*ursprünglich*; *Volk usw*) πρωτόγονος (*auch fig ungeschliffen*); αρχέγονος; (*Kunst*) αρχικός
Primi'tiv|e(r) πρωτόγονος; **~ismus** [-'vɪs-] ⟨*-*; *0*⟩ *m* πριμιτιβισμός; **~i'tät** ⟨*0*⟩ *f* πρωτογονισμός; λιτότητα
Primzahl [i:] *f* πρώτος αριθμός
Printer *m* *EDV* εκτυπωτής
Prinz ⟨*-en*⟩ *m* πρίγκιπας; **~essin** [-'tsɛsɪn] *f* πριγκιπέσα, πριγκίπισσα
Prin'zip ⟨*-s*; *-pien*⟩ *n* αρχή; ***im ~*** κατ' αρχήν, κατά βάση; ***aus ~*** για λόγους αρχής
prinzipiell [-'pǐel] αρχικός; *adv* κατ' αρχήν
prin'zipienlos ανερμάτιστος, χωρίς αρχές
Prior ['pʀi:ɔʀ] ⟨*-s*; *-'oren*⟩ *m* ηγούμενος; **~in** [-'o:ʀɪn] *f* ηγουμένη
Priori'tät *f* προτεραιότητα
Prise *f Salz usw* πρέζα
Prisma ⟨*-s*; *-men*⟩ *n* πρίσμα *n*
prismenförmig πρισματικός
Pritsche [ɪ] *f* ξυλοκρέβατο

pri'vat ιδιωτικός; ατομικός; ***ganz*** ~ τελείως ιδιωτικός; ~ ***versichert*** ιδιωτικά ασφαλισμένος
Pri'vat|angelegenheit *f* ιδιωτική υπόθεση; *pl oft*: (τα) ιδιαίτερα; **~besitz** *m*: ***im ~besitz*** ιδιόκτητος; **~dozent** *m* υφηγητής; **~eigentum** *n* ατομική ιδιοκτησία; **~fernsehen** *n* ιδιωτική τηλεόραση
privati'sieren ιδιωτεύω
Pri'vat|leben *n* ιδιωτική ζωή; **~lehrer** *m* καθηγητής για ιδιαίτερα (μαθήματα), προγυμναστής; **~mann** ⟨-*¢s*; -*leute*⟩ *m* ιδιώτης; **~patient** *m* ιδιωτικός ασθενής; **~quartier** *n* ιδιωτικό κατάλυμα
pri'vatrechtlich ... ιδιωτικού δικαίου
Pri'vat|schule *f* ιδιωτική σχολή; **~unterricht** *m* ιδιαίτερα (μαθήματα), προγύμναση; **~wagen** *m* (το) Ι.Χ. (= ιδιωτικής χρήσεως) αυτοκίνητο; **~wirtschaft** *f* ιδιωτική οικονομία
Privi'leg ⟨-*s*; -*gien*⟩ *n* προνόμιο
privile'giert προνομιούχος, προνομιακός
pro *A* (= *für jeden*) κατά *A*; ~ ***Kopf*** κατά κεφαλήν; ~ ***Person*** κατ' άτομο
pro- *oft*: φιλο-
Probe *f* (*Kost-*) δοκιμή; *THEA* πρόβα, δοκιμή; (*Stoff-*, *Wein-*) δείγμα *n*; *TECH* δοκιμασία (σε), *z.B.* ***Torsions-*** δοκιμασία σε στρέψη, ***Festigkeits-*** δ. σε αντοχή; ***zur*** ~ προς (*oder* υπό) δοκιμή; ***auf die ~ stellen*** δοκιμάζω; **~-** δοκιμαστικός
Probefahrt *f* δοκιμαστική οδήγηση
probe|n *THEA* κάνω πρόβα; **~weise** δοκιμαστικά
Probezeit *f* δοκιμαστική περίοδος
pro'bieren δοκιμάζω; γεύομαι (*A*/*G*); *subst* δοκιμή
Pro'blem ⟨-*s*; -*e*⟩ *n* πρόβλημα *n*, ζήτημα *n*; ***~e haben mit*** προβληματίζομαι με; ***das ist kein*** ~ δεν είναι (υπάρχει) ζήτημα
proble'matisch προβληματικός
Pro'dukt ⟨-*¢s*; -*e*⟩ *n* προϊόν (-όντος); *MATH* γινόμενο; *fig* (*Frucht*) αποκύημα *n* (*z.B. der Phantasie*)
Produk'tion *f* παραγωγή
Produk'tions|kosten *pl* έξοδα *n*/*pl* παραγωγής; **~menge** *f* ποσότητα παραγωγής; **~mittel** *n*/*pl* μέσα *n*/*pl* παραγωγής, κεφαλαιουχικός εξοπλισμός
produk'tiv παραγωγικός; γόνιμος
Produktivi'tät ⟨*0*⟩ *f* παραγωγικότητα; γονιμότητα
Produ'zent ⟨-*en*⟩ *m* παραγωγός
produ'zieren παράγω
pro'fan βέβηλος; **~ieren** [-'ni:-] βεβηλώνω
professio'nell επαγγελματικός
Pro'fessor ⟨-*s*; -'*ssoren*⟩ *m* καθηγητής
Profe'ssor|en- (-*Gehalt*) καθηγητικός; **~in** *f* καθηγήτρια
Profe'ssur *f* καθηγεσία, έδρα
Profi ⟨-*s*; -*s*⟩ *m* επαγγελματίας
Pro'fil ⟨-*s*; -*e*⟩ *n* προφίλ ⟨*0*⟩ *n*, κατατομή; (*Autoreifen*) κανάλι διαφυγής νερού
Pro'fit ⟨-*¢s*; -*e*⟩ *m* κέρδος, όφελος, αβάντσα, μπάζα
profi'tabel κερδοφόρος
Pro'fitgier *f* φιλοκέρδεια
pro'fit|gierig φιλοκερδής; **~ieren** [-'ti:-] καρπούμαι, επωφελούμαι (***von*** *D*/*A*)
Pro'forma- *HDL* εικονικός
Prog'nose *f* πρόγνωση
Pro'gramm ⟨-*s*; -*e*⟩ *n* πρόγραμμα *n*
program'matisch προγραμματικός
pro'gramm|gemäß σύμφωνος με το πρόγραμμα; προγραμματισμένος; **~ieren** [-'mi:-] προγραμματίζω
Program'mier|er *m* προγραμματιστής; **~erin** *f* προγραμματίστρια; **~sprache** *f* γλώσσα προγραμματισμού; **~ung** *f* προγραμματισμός
Pro'grammvorschau *f* πρόγραμμα *n* της προσεχούς εβδομάδος
progre'ssiv (*auch Steuer*) προοδευτικός
Pro'jekt ⟨-*¢s*; -*e*⟩ *n* σχέδιο
projek'tieren σχεδιάζω
Projek'tion *f* προβολή; κάτοψη
Projek'tionsapparat *m* προβολέας
Proklama'tion *f* διάγγελμα *n*, ανακήρυξη
prokla'mieren διακηρύσσω, ανακηρύσσω
Pro'kura ⟨-; -*ren*⟩ *f* πληρεξούσιο
Proku'rist ⟨-*en*⟩ *m* αναπληρωτής
Pro'let ⟨-*en*⟩ *m* πληβείος, αγροίκος
Prole|tari'at ⟨-*¢s*; *0*⟩ *n* προλεταριάτο; **~'tarier** *m* προλετάριος
prole'tarisch προλεταριακός
Pro'log ⟨-*¢s*; -*e*⟩ *m* πρόλογος
Prome'nade *f* περίπατος, παραλία
prome'nieren περπατώ
Pro'metheus *m* Προμηθέας

P

Pro'mille ⟨-; -⟩ *n* ποσοστό επί τοις χιλίοις
promi'nent διαπρεπής, εξέχων (-ουσα, -ον)
Promo'tion *f* αναγόρευση σε διδάκτορα
promo'vieren αναγορεύομαι (***zum Doktor*** διδάκτορας)
prompt *Antwort*, *Lieferung usw* άμεσος; ακριβής; *adv* αμέσως, χωρίς αναβολή
Pro'nom|en ⟨*-s*; *-*⟩ *n* αντωνυμία; **~i'nal-** αντωνυμιακός
Propä'deutik ⟨*0*⟩ *f* προπαιδευτική
Propa|'ganda ⟨*0*⟩ *f* προπαγάνδα; **~'ganda-** προπαγανδιστικός; **~gan'dist** ⟨*-en*⟩ *m* προπαγανδιστής
propa'gieren προπαγανδίζω
Pro'pangas *n* προπάνιο
Pro'peller *m* προπέλα, έλικα; ***mit ~antrieb*** ελικοκίνητος
Pro'phet ⟨*-en*⟩ *m* προφήτης; μάντης (-εως) *m* (*auch f* ***Prophetin***); ***die falschen ~en*** ψευδοπροφήτες *m/pl*
pro'phetisch προφητικός; μαντικός
prophe'zeien προφητεύω; μαντεύω, χρησμοδοτώ
Prophe'zeiung *f* προφητεία; μάντεμα *n*
prophy'laktisch προφυλακτικός
Propor'tion *f* ισομετρία; *MATH* αναλογία
proportio'nal: (***umgekehrt***) **~** (αντιστρόφως) ανάλογος (***zu*** *D*/προς); **~ *sein*** αναλογώ (*D*/προς *A*)
Propy'läen *pl* Προπύλαια *n/pl*
Prorektor *m* προπρύτανης
Prosa ⟨*0*⟩ *f* πεζογραφία; **~-** πεζός
pro'saisch πεζογραφικός, πεζός; (*auch fig*) πεζολόγος
Prosaschriftsteller *m* πεζογράφος
prosit, prost! [o:] (ε)βίβα!, εις υγείαν!, γειά σου!; **~ *Neujahr!*** χρόνια πολλά!
Proso'die *f* προσωδία
Pro'spekt ⟨*-ẹs*; *-e*⟩ *m* προσπέκτ *n*, φυλλάδιο
Prostata ⟨*-*; *-tae*⟩ *f ANAT* προστάτης
prostitu'ieren ατιμάζω; ***sich* ~** πορνεύομαι
Prostitu|'ierte ⟨*-n*⟩ *f* πόρνη; **~'tion** ⟨*0*⟩ *f* πορνεία
Pro'szenium ⟨*-s*; *-nien*⟩ *n* προσκήνιο
protegieren [-'ʒi:rən] προστατεύω
Prote'in ⟨*-s*; *-e*⟩ *n* πρωτεΐνη
Protek'tion *f* προστασία
Protekto'rat ⟨*-ẹs*; *-e*⟩ *m* προτεκτοράτο

Pro'test ⟨*-ẹs*; *-e*⟩ *m* διαμαρτυρία; *HDL* (*Wechsel-*) διαμαρτύρηση; **~ *erheben gegen*** *A* διαμαρτύρομαι κατά *G*; *HDL* ***zu ~ geben*** διαμαρτύρομαι
Prote'stant ⟨*-en*⟩ *m* διαμαρτυρόμενος, προτεστάντης
prote'stantisch προτεσταντικός
Protestan'tismus ⟨*-*; *0*⟩ *m* προτεσταντισμός
prote'stieren διαμαρτύρομαι (***gegen*** *A*/κατά *G*); *Wechsel* (*auch* **~ *lassen***) διαμαρτυρώ
Pro'test|kundgebung *f* εκδήλωση διαμαρτυρίας; **~marsch** *m* πορεία (διαμαρτυρίας); **~sturm** *m* θύελλα διαμαρτυριών; **~urkunde** *f* διαμαρτυρικό
Pro'these *f* πρόθεση; (*Zahn-*) μασέλα
Proto'koll ⟨*-s*; *-e*⟩ *n* πρωτόκολλο; *JUR* έκθεση; ***zu ~ nehmen*** πρωτοκολλώ (-άς); **~führer** *m* πρωτοκολλητής; **~ierung** [-'li:-] *f* πρωτοκόλληση
Proton ⟨*-s*; *-'tonen*⟩ *n* πρωτόνιο
Proto|'plasma ⟨*-s*; *0*⟩ *n* πρωτόπλασμα *n*; **~typ** *m TECH* πρωτότυπο; **~'zoon** ⟨*-s*; *-'zoen*⟩ *n* πρωτόζωο
protzen ⟨*-t*⟩ στομφάζω, καυχιέμαι (***mit*** *D*/για)
Provence [pʀɔ'vɑ̃:s]: ***die ~*** η Προβηγκία
Provi'ant ⟨*-s*; *-e*⟩ *m* εφόδιο, τρόφιμα *n/pl*
Provider [-'vaɪdɐ] *m EDV* παροχέας
Pro'vinz ⟨*-*; *-en*⟩ *f* επαρχία; **~-** επαρχιακός; **~ia'lismus** ⟨*-*; *0*⟩ *m* επαρχιωτισμός
provinzi'ell επαρχιακός, επαρχιωτικός
Pro'vinzler *m auch fig* επαρχιώτης
Provi'sion *f* (*Gebühr*) προμήθεια, F μίζα
provi'sorisch προσωρινός, πρόχειρος
Provi'sorium ⟨*-s*; *-rien*⟩ *n* προσωρινή έμφραξη
Provoka|teur [-'tø:ʀ] ⟨*-s*; *-e*⟩ *m* προβοκάτορας; **~'tion** *f* προβοκάτσια
provo'zieren κάνω προβοκάτσια, προκαλώ (***zu*** *D*/σε)
Proze'dur *f* διαδικασία
Pro'zent ⟨*-ẹs*; *-e*⟩ *n* εκατοστό; **... ~** (%) ... τοις εκατό; **5 ~** πέντε τοις εκατό; **~satz** *m* ποσοστό; επιτόκιο
prozentu'al εκατοστιαίος
Pro'zess ⟨*-es*; *-e*⟩ *m JUR* δίκη; *TECH*, *allg* μέθοδος *f*, τρόπος; ***e-n ~ führen*** διεξάγω δίκη; (***gegen j-n***) αντιδικώ

907 **pumpen**

σε; *fig* ***kurzen ~ machen mit*** *D* δεν κάνω φασαρίες με
Pro'zess|- δικονομικός; **~akten** *f/pl* δικογραφία; **~bevollmächtigte(r)** αντίκλητος
proze'ssieren διεξάγω δίκη
Proze'ssion *f* πομπή; (*Grablegungs-*) περιφορά
Pro'zessordnung *f* δικονομία
prüde σεμνότυφος
Prüde'rie *f* σεμνοτυφία
Prüf- δοκιμαστικός
prüfen *HDL*, *TECH* ελέγχω; *HDL auch* επιθεωρώ; *Schüler* εξετάζω; (*mustern*) περιεργάζομαι; *auch TECH* (*erproben*) δοκιμάζω (**auf** *A*/σε); **~d** *Blick*: εξεταστικός
Prüf|ende(r) εξεταστής; **~er** *m* εξεταστής; επόπτης; (*Wein-*) δοκιμαστής; **~gerät** *n* συσκευή ελέγχου; **~ling** ⟨*-s*; *-e*⟩ *m* εξεταζόμενος; **~stein** *m* κριτήριο; **~ung** *f* (*Kontrolle*) εξέταση, έλεγχος; *HDL* επιθεώρηση; *allg*, *TECH* δοκιμή; *TECH* δοκιμασία (**auf** *A*/σε); (*von Schülern usw*) εξετάσεις *f/pl*; ***mündliche ~ung*** προφορικά *n/pl*; (*Heimsuchung*) περιπέτεια
Prüfungs|- εξελεγκτικός, αναθεωρητικός; **~amt** *n* έλεγχος; **~arbeit** *f* διαγωνισμός; **~gebühr** *f* εξέταστρα *n/pl*
Prügel *m* ρόπαλο; ~ *pl* ξύλο, ραβδισμός; ~ ***bekommen*** (***kriegen***) τρώω ξύλο; ***es setzt*** ~ πέφτει ξύλο
Prüge'lei *f* αλληλοδαρμός, διαπληκτισμός
prügeln ⟨*-le*⟩ ξυλοκοπώ, δέρνω; ***sich*** ~ χτυπιέμαι, γροθοκοπούμαι; *subst* δαρμός, ξύλο
Prunk ⟨*-ẹs*; *0*⟩ *m* χλιδή
prunk|en επιδεικνύω (**mit** *D*/*A*); **~voll** πομπώδης, λουσάτος
P.S. → ***Postskriptum***
Psalm ⟨*-s*; *-en*⟩ *m* ψαλμός; **~ist** [-'mɪst] ⟨*-en*⟩ *m* ψαλμωδός
Psalter *m* ψαλτήριο
Pseudo- ψευδ(ο)-; αυτοκαλούμενος
Pseudo'nym ⟨*-s*; *-e*⟩ *n* ψευδώνυμο
Psi *n* ψι *n*, ψ, Ψ
pst! σουτ!
Psych|i'ater *m* ψυχίατρος; **~ia'trie** ⟨*0*⟩ *f* ψυχιατρική
psychi'atrisch ψυχικός
Psycho|ana'lyse [psy'ço·-] ⟨*0*⟩ *f* ψυχανάλυση; **~'loge** ⟨*-n*⟩ *m* ψυχολόγος; **~lo'gie** ⟨*0*⟩ *f* ψυχολογία
psycho'logisch ψυχολογικός
Psycho|'path ⟨*-en*⟩ *m* ψυχοπαθής (-ούς); **~pa'thie** ⟨*0*⟩ *f* ψυχοπάθεια
Psychose [-'ço:zə] *f* ψύχωση
Psychothera'pie ⟨*0*⟩ *f* ψυχοθεραπεία
Puber'tät ⟨*0*⟩ *f* εφηβεία, ήβη
Publika'tion *f* δημοσίευση; (*Werk*) δημοσίευμα *n*
Publikum ⟨*-s*; *0*⟩ *n* κοινό; F γαλαρία
publi'zieren δημοσιεύω
Publi'zist ⟨*-en*⟩ *m* δημοσιολόγος; **~ik** ⟨*0*⟩ *f* δημοσιολογία
Pudding ⟨*-s*; *-e oder -s*⟩ *m* πουτίγγα
Pudel *m* κανίς ⟨*0*⟩ *n*; ***wie ein begossener ~ abziehen*** φεύγω σαν βρεγμένη γάτα; ***das ist des ~s Kern!*** εδώ είναι το ψητό; **~mütze** *f* καλπάκι
Puder *m* πούδρα, πούντρα, ταλκ *n*; **~dose** *f* πουντριέρα
pudern ⟨*-re*⟩ πουδράρω, πουντράρω; ***sich*** ~ πουδράρομαι; *subst* πουδράρισμα *n*
Puder|quaste *f* πομπόν; **~zucker** *m* ζάχαρη σκόνη, ζάχαρη άχνη
Puff[1] ⟨*-ẹs*; *⁼e*⟩ *m* (*Stoß*) σκούντημα *n*; (*Knall*) κρότος, βρόντος
Puff[2] ⟨*-s*; *-s*⟩ *m* (*Bordell*) μπορντέλο
puffen σκουντώ (-άς); κάνω κρότο
Puffer *m TECH*, *BAHN* αποκρουστήρας; (*Kartoffel-*) *etwa*: τηγανίτα από τριμμένες πατάτες
Pull'over *m* πουλόβερ *n*
Puls ⟨*-es*; *-e*⟩ *m* σφυγμός; ***den ~ zählen*** σφυγμομετρώ; ***j-m den ~ fühlen*** πιάνω το σφυγμό κπ *G*; **~ader** *f* αρτηρία
pul'sieren σφύζω
Pulsschlag *m* σφυγμός, παλμός
Pult ⟨*-ẹs*; *-e*⟩ *n* καθέδρα
Pulver [-fɐ] *n* σκόνη, κόνις *f*; *MED* κονία; *MIL* μπαρούτι, πυρίτιδα; **~fass** *n* βαρέλι πυρίτιδος
pulveri'sieren κονιοποιώ
Pulver|i'sierung *f* κονιοποίηση; **~kaffee** *m* στιγμιαίος καφές; **~magazin** *n* πυριταποθήκη
pummelig F παχουλός, στρουμπουλός
Pump ⟨*-ẹs*; *0*⟩ *m* F βερεσέ *n*; F ***auf ~*** βερεσέ
Pumpe *f* αντλία, τρόμπα
pumpen αντλώ, τρομπάρω; F (*leihen*) δανείζω (***j-m etw***/κτ σε κπ); ***sich*** (*D*) ***etw*** (*A*) ~ δανείζομαι κτ; *subst* άντληση

P

Pumphose 908

Pumphose *f* σαλβάρι, βράκα
Punker(in *f*) ['paŋk-] *m* πανκ *m, f*
Punkt ⟨*-e̸s; -e*⟩ *m TYP, PHYS, fig* σημείο; *TYP* στιγμή; (*Telegramm*) στοπ *n*; (*Sport*) βαθμός; *GR* (*Satzende*) τελεία; (*Gedanken-*: ...) κουκίδα; (*Fleck*) στίγμα *n*; ***schwache(r)*** ~ σφυγμός; *TECH* **tote(r)** ~ νεκρό σημείο; *fig* **(sein) wunder** ~ (η) ευαίσθητη χορδή; ~ ***drei*** (***Uhr***) ακριβώς στις τρεις
punktgleich (*Sport*) ισόπαλος
punk'tier|en διαστίζω; *Linie* διαστίζω; *MED* παρακεντώ (-άς); **~t** διάστικτος, στικτός
Punk'tion *f MED* παρακέντηση
pünktlich ακριβής (***in*** *D*/σε); *HDL* τακτικός; *adv* ακριβώς, με την ώρα; (*zahlen*) καλώς
Pünktlichkeit ⟨*0*⟩ *f* ακρίβεια; τακτικότητα
Punkttabelle *f* (*Sport*) βαθμολογία
Punk'tur *f MED* στίξη
Punkt|wertung *f* βαθμολογία; **~zahl** *f* (*Fußball*) σκορ *n*
Punsch ⟨*-e̸s; -e*⟩ *m* πούντσ(ι)
Pup [u:] ⟨*-e̸s; -e*⟩ *m* P πορδή
pupen P κλάνω; κάνω τα κακά μου
Pu'pille *f* κόρη
Puppe *f* (*auch Schneider-*) κούκλα, πλαγγόνα; *ZOOL* χρυσαλλίδα; *fig* F ***bis in die ~n*** ως τις μικρές ώρες
Puppen|haus *n* κουκλίστικο σπίτι; **~kleider** *n/pl* κουκλόπανα *n/pl*; **~theater** *n* κουκλοθέατρο
pur *Gold usw* καθαρός, *auch* μονάχος; *Kaffee*: σκέτος
Pü'ree ⟨*-s; -s*⟩ *n* πουρές
Purga'torium ⟨*-s; 0*⟩ *n REL* καθαρτήριο
Pu'ris|mus ⟨*-; 0*⟩ *m GR* λογιωτατισμός; **~t** ⟨*-en*⟩ *m* λογιώτατος
Puri'taner *m* πουριτανός
Purpur ['pʊrpʊr] ⟨*-s; 0*⟩ *m* πορφύρα; **~**-πορφυρός; **~schnecke** *f* πορφύρα
Purzelbaum *m* τούμπα, κουτρουβάλα; ~ ***schlagen*** κάνω τούμπα
purzeln ⟨*-le; sn*⟩ κατρακυλώ (-άς) (*auch Preise*); *subst* κατρακύλισμα *n*
Pustel *f* φουσκάλα, φλύκταινα, φυσαλίδα
Pute *f* κούρκα, γαλοπούλα; **~r** *m* κούρκος, γαλόπουλο
puter'rot κατακόκκινος
Putsch [ʊ] ⟨*-e̸s; -e*⟩ *m* πραξικόπημα *n*
putschen στασιάζω
Putsch|'ist ⟨*-en*⟩ *m* στασιαστής; **~versuch** *m* απόπειρα πραξικοπήματος
Putte *f* αγαλματάκι αγγέλου
Putz ⟨*-es; 0*⟩ *m* (*am Haus*) σοβάς, επίστρωμα *n*; στόκος
putzen ⟨*-t*⟩ καθαρίζω, παστρεύω; *Zähne* πλένω, τρίβω; *Messer* τρίβω; *Schuhe* λουστράρω, στιλβώνω, γυαλίζω; **sich** *die Nase* ~ σκουπίζω; *subst* λουστράρισμα *n*, γυάλισμα *n*
Putzer *m* σοβατζής (-ήδες)
Putzfrau *f* καθαρίστρια
putzig ιδιότροπος, αλλόκοτος
Putz|macherin *f* μοδίστρα; **~mittel** *n* καθαριστικό
Pyg'mäe ⟨*-n*⟩ *m* πυγμαίος
Pyra'mide *f* πυραμίδα
Pyre'näen *pl* Πυρηναία *n/pl*
Py'rit ⟨*-s; -e*⟩ *m* πυρίτης
pythago'räisch: ***der ~e Lehrsatz*** πυθαγόρειο θεώρημα *n*
Py'thagoras *m* Πυθαγόρας
Pythia ['py:-] *f* Πυθία

Q

Q, q [ku:] *n neugr* = κ, *nur* + *u* = *qu*
qu [kv] κβ
Quacksalber *m* ψευτογιατρός, κομπογιαννίτης
Quader(stein) *m* τετράγωνος λίθος
Qua'drant ⟨*-en*⟩ *m* τεταρτοκύκλιο
Qua'drat ⟨*-e̸s; -e*⟩ *n* τετράγωνο; **~**-(*-Meter usw*) τετραγωνικός
qua'dratisch τετράγωνος
Qua'dratmeter *m* τετραγωνικό μέτρο; **~preis** *m* (*Wohnung*) (η) ανά τετραγωνικό μέτρο τιμή
Quadra'tur *f*: ***die ~ des Kreises*** ο τετραγωνισμός του κύκλου
Qua'dratwurzel *f* τετραγωνική ρίζα
qua'drieren τετραγωνίζω

Quadrille [ka'drɪljə] *f* τετράχορος

quaken κράζω; *subst* κράξιμο

quäken F *Kind*: κλαψουρίζω

Quäker *m* Κουάκερος

Qual *f* βάσανο, μαρτύριο

quälen *v/t* (κατα)βασανίζω; *subst* βασανισμός; **~d** αγωνιώδης, εφιαλτικός

Quäl|e'rei *f* ταλαιπωρία, παίδεμα *n*; **~geist** *m* τσιμπούρι

Qualifika'tion *f* προσόντα *n/pl*; *Sport*: πρόκριση

qualifi'zier|en καθιστώ ικανό; ***sich ~en*** αποδεικνύω τα προσόντα μου (**für** *A*/ για); *Sport*: προκρίνομαι; **~t** ικανός, προσοντούχος

Quali'tät *f* ποιότητα

qualita'tiv ποιοτικός

Qualle *f* τσούχτρα, μέδουσα

Qualm ⟨*-ȩs*; *0*⟩ *m* ντουμάνι

qualm|en βγάζω ντουμάνι; καπνίζω σα φουγάρο; **~ig** ντουμανιασμένος

qualvoll μαρτυρικός; *Krankheit*: βασανιστικός

Quanten|mechanik *f* κβαντομηχανική; **~theorie** ⟨*0*⟩ *f* θεωρία των κβάντα

Quanti'tät *f* ποσότητα, ποσό; GR χρόνος

quantita'tiv (*auch* CHEM) ποσοτικός

Quantum ⟨*-s*; *-ten*⟩ *n* ποσό

Quaran'täne [ka·-] *f* καραντίνα; **~station** *f* λοιμοκαθαρτήριο, υγειονομείο

Quark ⟨*-s*; *0*⟩ *m* μυζήθρα

Quar'tal ⟨*-s*; *-e*⟩ *n* τριμηνία

Quarte *f* MUS τετάρτη

Quar'tett ⟨*-ȩs*; *-e*⟩ *n* τετραφωνία; κουαρτέτο

Quar'tier ⟨*-s*; *-e*⟩ *n* κατάλυμα *n*, επισταθμεία; κονάκι

Quarz ⟨*-es*; *-e*⟩ *m* χαλαζίας

quasi ας πούμε, κατά κάποιο τρόπο

Quasse'lei *f* F σαλιάρισμα *n*

quasseln ⟨*-le*⟩ F σαλιαρίζω

Quaste *f* φούντα, θύσανος

Quatsch [a] ⟨*-es*; *0*⟩ *m* F κολοκύθια *n/pl*

quatsch|en F λέω ανοησίες *f/pl*; ***was ~st du da?*** τι βλακείες λες

Quatschkopf *m* φαφλατάς (-άδες), μωρολόγος

Quecke *f* BOT αγριάδα

Quecksilber *n* υδράργυρος; **~-** υδραργυρικός

Quell|- πηγαίος, βρύσινος; **~e** *f* πηγάδι; *auch fig* πηγή, βρύση; ***heiße ~en*** θερμές πηγές *f/pl*; ***aus zuverlässiger ~e*** από έγκυρη πηγή

quellen* ⟨*sn*⟩ ξεμπουκάρω (**aus** *D*, **durch** *A*/από); (*anschwellen*) φουσκώνω

Quellenforschung *f* ευρετική

Quenge'lei *f* μεμψιμοιρία

quengel|ig μεμψίμοιρος; **~n** ⟨*-le*⟩ μεμψιμοιρώ

Quengler *m* κλαψομοίρης

quer πλάγιος, εγκάρσιος; *fig adv* στραβά

Quer|balken *m* τραβέρσα, στρωτήρας; **~behang** *m* λαμπρεκαίν ⟨*0*⟩ *n*; **~brett** *n* τραβέρσα

Quere: *j-m in die ~ kommen* του κόβω το δρόμο

Que'rele *f* διαφωνία

querfeld'ein μέσα από τον κάμπο

Quer|flöte *f* πλαγίαυλος; **~kopf** *m* στραβόξυλο; **~latte** *f* δοκάρι; **~schnitt** *m* διατομή, εγκαρσία τομή

querschnittsgelähmt παραπληγικός

Querschnittslähmung *f* παραπληγία

Querstraße *f* κάθετος δρόμος

Queru'lant ⟨*-en*⟩ *m* σκανταλιάρης

Querverbindung *f* TEL απ' ευθείας σύνδεση; *Gruppen*: ***~en haben zu*** έχω διασυνδέσεις με

quetschen [ɛ] μαγγώνω, μωλωπίζω, ζουπίζω (*auch pers*)

Quetsch|en *n* μάγγωμα *n*; ζούλισμα *n*; **~ung** *f* μωλωπισμός, μώλωπας

quickle'bendig ολοζώντανος

quieken τσιρίζω; *Schwein*: γρυλλίζω

quietschen τσιρίζω, τρίζω

Quintessenz *f* πεμπτουσία

Quin'tett ⟨*-ȩs*; *-e*⟩ *n* πενταφωνία, κουιντέτο

Quirl ⟨*-ȩs*; *-e*⟩ *m* χτυπητήρι; ELEKTR μίξερ ⟨*0*⟩ *n*

quitt: *wir sind ~* είμαστε πάτσι

Quitte *f* κυδώνι

Quittenbaum *m* κυδωνιά

quittengelb κατακίτρινος

Quittengelee *n* μπελντές

quit'tieren *Rechnung* εξοφλώ; *Dienst* παραιτούμαι *G*

Quittung *f* απόδειξη, εξοφλητικό

Quittungsabschnitt *m* διπλότυπο

Quiz [kvɪs] ⟨*-*; *-*⟩ *n* κουίζ ⟨*0*⟩ *n*

Quorum ⟨*-s*; *0*⟩ *n* απαρτία

Quote *f* ποσοστό, αναλογία

Quotenregelung *f* διακανονισμός αναλογιών

Quotient [-'tsĭɛnt] ⟨*-en*⟩ *m* πηλίκο

R

R, r [ˀɛʀ] *neugr* Ρ, ρ [ʀoː]
Ra'batt ⟨*-ęs*; *-e*⟩ *m* έκπτωση, σκόντο
Rab'biner *m* ραβίνος
Rabe ⟨*-n*⟩ *m* κόρακας
rabenschwarz μαύρος σαν τον κόρακα
rabi'at άγριος
Rache [a] ⟨*0*⟩ *f* εκδίκηση; *göttliche* νέμεση; ~ ***nehmen*** παίρνω εκδίκηση (***für*** *A*/για), αντεκδικούμαι; ***(es) schreit nach*** ~ βοά εκδίκηση; **~akt** *m* πράξη (*oder* έγκλημα *n*) εκδικήσεως; αντεκδίκηση, *mst pl* (-δικήσεις); **~durst** *m* δίψα εκδικήσεως
Rachen [a] *m* φάρυγγας; F ***j-m etw in den ~ werfen*** *etwa*: χαρίζω κτ σε κπ; **~-** φαρυγγικός
rächen *Mord usw* εκδικιέμαι, εκδικούμαι *A*; *j-n* παίρνω εκδίκηση για; *Beleidigung*: ξεπλένω; ***sich an j-m*** ~ εκδικούμαι κπ
Rächer *m* εκδικητής
Ra'chitis ⟨*0*⟩ *f* ραχίτιδα
ra'chitisch ραχιτικός
Rachsucht ⟨*0*⟩ *f* φιλεκδικία
rachsüchtig φιλέκδικος, εκδικητικός
Racke'rei *f* σκοτωμός
Rad ⟨*-ęs*; *⸚er*⟩ *n* τροχός, ρόδα; (*Fahr-*) ποδήλατο; ~ ***fahren*** ποδηλατώ; **~-** (*-Rennen*) ποδηλατικός
Ra'dar ⟨*-s*; *0*⟩ *n oder m* ραντάρ ⟨*0*⟩ *n*; **~falle** *f*, **~kontrolle** *f* έλεγχος με ραντάρ; **~schirm** *m* οθόνη ραντάρ
Ra'dau ⟨*-s*; *0*⟩ *m* σαματάς, οχλαγωγία; **~-** οχλαγωγικός; **~bruder** *m* καπετάν φασαρίας, σκανταλιάρης
Rädchen [ɛː] *n* τροχίσκος
radebrechen *Sprache* πετσοκόβω
Rädelsführer *m* αρχισυνωμότης
rädern ⟨*-re*⟩ *hist* εκτελώ στον τροχό
Radfahr- ποδηλατικός
Radfahr|er *m* ποδηλάτης; **~sport** *m* ποδηλασία; **~weg** *m* λωρίδα ποδηλάτων
Radfelge *f* ζάντα
Radi'alreifen *m* ράντιαλ ⟨*0*⟩ *n*, στεφάνη
ra'dieren σβήνω; ξύνω; (*Kunst*) χαράζω με ακουαφόρτε
Ra'dier|en *n* σβύσιμο (-ατος); ξύσιμο (-ατος); **~gummi** *m* γόμα *n*, σβηστήρι; **~messer** *n* ξυστήρι; **~ung** *f* χαλκογραφία
Radieschen [-'diːsçən] *n* ρεπανάκι
radi'kal ριζικός; ριζοσπαστικός; *adv* ριζικά
Radi'kal ⟨*-s*; *-e*⟩ *n* CHEM, GR ριζικό; **~e(r)** *m* ριζοσπάστης
Radika'lis|mus ⟨*-*; *0*⟩ *m* ριζοσπαστισμός; **~t** ⟨*-en*⟩ *m* ριζοσπάστης
Radio ⟨*-s*; *-s*⟩ *n* ράδιο; → ***Rundfunk***
radioak'tiv ραδιενεργός; ***~es Element*** ραδιοϊσότοπο
Radio|aktivi'tät *f* ραδιενέργεια; **~apparat** *m* ραδιόφωνο; **~'loge** ⟨*-n*⟩ *m* ραδιολόγος
Radium ⟨*-s*; *0*⟩ *n* ράδιο; **~quelle** *f* ραδιούχος πηγή
Radius ⟨*-*; *-dien*⟩ *m* MATH ακτίνα
Rad|kappe *f* τάσι; **~kranz** *m* σώτρο; **~ler** *m* ποδηλάτης; **~nabe** *f* πλήμνη
Radrenn|bahn *f* ποδηλατοδρόμιο; **~en** *n* ποδηλατοδρομία; **~fahrer(in** *f*) *m* ποδηλατοδρόμος *m, f*
Rad|schaufel *f* φτερωτή; **~sport** *m* ποδηλασία; **~spur** *f* τροχιά; **~tour** *f* εκδρομή με ποδήλατο; **~wanderung** *f* → ***Radtour***; **~weg** *m* ποδηλατόδρομος
raffen *Geld* θησαυρίζω; *Kleid usw* σηκώνω, μαζεύω
Raff|er *m* καρχαρίας; **~gier** *f* απληστία
raffgierig άπληστος
Raffi|'nade *f* διυλισμένη ζάχαρη; **~na'tion** *f* διύλιση; **~ne'rie** *f* διυλιστήριο
raffi'nier|en διυλίζω, ραφινάρω; **~t** *fig* τετραπέρατος
Rah(e) *f* MAR κεραία, αντένα
Rahm ⟨*-s*; *0*⟩ *m* καϊμάκι, κρέμα, αφρόγαλο
rahmen *v/t* πλαισιώνω
Rahmen *m* πλαίσιο (*auch fig*); (*Tür-*, *Fenster-*) περβάζι, κορνίζα; (*Bilder-*) κάδρο; *fig* (*Milieu*) **gepflegte(r)** ~ πολιτισμένο περιβάλλον; *fig* **im** ~ *G* στα πλαίσια *G*
Rahmen|bedingungen *f/pl* συνθήκες *f/pl* πλαισίου; **~gesetz** *n* νόμος-πλαίσιο
Ra'kete *f* πύραυλος
Ra'keten|antrieb *m* πυραυλοκίνηση;

mit **~antrieb** πυραυλοκίνητος; **~flugzeug** *n* αεροπλάνο πυραυλοκίνητο
Ramme *f* πασσαλοπήκτης
rammen μπήγω, χτυπώ (-άς); ***ein Schiff* ~** κάνω ρεσάλτο (*oder* εμβολή)
Rampe *f* THEA ράμπα; (*Verlade-*) αποβάθρα (φορτίσεως)
rampo'nieren σαραβαλιάζω
Ramsch ⟨-*es*; *0*⟩ *m* άχρηστα πράγματα *n/pl*, σαβούρα
ran- F → ***heran***
Rand ⟨-*es*; ¨*er*⟩ *m* (*Ort*) άκρη, γύρος; (*e-s Glases*) χείλι; (*e-s Buches usw*) περιθώριο; (*e-s Stoffes, Saum*) παρυφή, ούγια, γύρος; ***bis zum ~e*** (***voll***) τίγκα; ***mit etw zu ~e kommen*** τα βγάζω πέρα
randa'lieren χαλάω τον κόσμο
Randbemerkung *f* σημείωση περιθωρίου, σημείωμα *n*
rändern ⟨-*re*⟩ πλαισιώνω, κορνιζάρω
Rand|löser *m* πλήκτρο για κατάργηση περιθωρίου; **~notiz** *f* → ***Randbemerkung***; **~streifen** *m* βοηθητική λωρίδα
rang → ***ringen***
Rang ⟨-*es*; ¨*e*⟩ *m* βαθμός; θέση; αξίωμα *n*; MIL τάξη; THEA εξέδρα; ***im höchsten* ~** πρωτοβάθμιος; **~abzeichen** *n* διακριτικό
rangältest- αρχαιότερος
rangehen* F (= *an die Sache usw*) ξηγιέμαι, εξηγούμαι
Rangfolge *f* ιεραρχική τάξη
rangieren [ʀaŋ'ʒiːʀən] μανουβράρω; *subst* μανούβρα
Rangordnung *f* ιεραρχία
Ranke *f* περιπλοκάδα; (*der Rebe*) ψαλίδα
Ränke *pl*: **~ *schmieden*** μηχανορραφώ
ranken, *sich* ~ αναρριχιέμαι
Ränkeschmied *m* ραδιούργος
rankommen* ⟨*sn*⟩ F (*erreichen*) φτάνω
rann → ***rinnen***
ran|nehmen* F (*aufrufen*) καλώ; ***j-n tüchtig ~nehmen*** F τσιτώνω κπ (στη δουλειά); **~schleppen** (*auch ungebetenen Gast*) κουβαλώ (-άς)
rannte → ***rennen***
Ranzen *m* σάκα; (*Schul-*) τσάντα
ranzig ταγγός; ***~e(r) Geschmack*** ταγγάδα; **~ *sein*** (*oder* ***werden, schmecken***) ταγγίζω
ra'pide γοργός
Rappe ⟨-*n*⟩ *m* καράς (-άδες), μαύρο άλογο; *fig* ***auf Schusters ~n*** με τα πόδια
Rappel *m*: ***e-n* ~ *haben*** (***bekommen***) αφηνιάζω
Rap'port ⟨-*es*; -*e*⟩ *m* MIL αναφορά
Raps ⟨-*es*; -*e*⟩ *m* ρέβα
rar σπάνιος; **~ *werden*** σπανίζω; ***er machte sich* ~** έγινε ακριβοθώρητος
ra'sant ταχύς, γοργότατος
rasch [a] γοργός; σβέλτος; *adv* γοργά
rascheln [a] ⟨-*le*⟩ *Blätter*: θροΐζω; *subst* θρόισμα *n*
Raschheit ⟨*0*⟩ *f* ταχύτητα; σβελτοσύνη
rasen ⟨-*t*⟩ μαίνομαι, λυσσομανώ (-άς); ⟨*sn*⟩ (*fahren*) πηγαίνω με φούρια; μπουκάρω (***in*** *A*/σε); *Auto*: **~ *gegen*** *A* πέφτω σε
Rasen *m* πελούζ ⟨*0*⟩ *f*, γκαζόν ⟨*0*⟩
rasend φρενιτικός, λυσσαλέος; ***j-n* ~ *machen*** εξαγριώνω κπ; **~ *werden vor*** *D* λυσσάω από
Rase'rei *f* μένος *n*, σκύλιασμα *n*
Ra'sierapparat *m* ξυριστική μηχανή
ra'sieren ξυρίζω; ***gegen den Strich* ~** κάνω κόντρα; ***sich* ~** (***lassen***) ξυρίζομαι
Ra'sier|en *n* ξύρισμα *n*; **~klinge** *f* ξυραφάκι; **~krem** *f* κρέμα ξυρίσματος; **~messer** *n* ξυράφι; **~pinsel** *m* πινέλο ξυρίσματος; **~schaum** *m* αφρός ξυρίσματος
Räson [rɛ'ˈzɔŋ, -'zõː] ⟨*0*⟩ *f* λογικό; ***j-n zur* ~ *bringen*** συμμορφώνω κπ
Raspel *f* ξυλοφάγος
raspeln ⟨-*le*⟩ ρινίζω
Rasse *f* *Tier*: γένος *n*, ράτσα; **~hund** *m* σκυλί από ράτσα
rasseln ⟨-*le*⟩ βροντώ (-άς); κλαγγάζω
Rassen|- ρατσιστικός, φυλετικός; **~hass** *m* φυλετικό μίσος
rass|ig γερός; **~isch** φυλετικός; ρατσιστικός
Ras'sist ⟨-*en*⟩ *m* ρατσιστής; **~in** *f* ρατσίστρια
Rast *f* ανάπαυση; **~ *machen*** αναπαύομαι
rasten ⟨-*e*-⟩ αναπαύομαι; ξεκουράζομαι
Raster *m* (*auch n*) ράστερ ⟨*0*⟩ *n*
Rasthaus *n* εστιατόριο σε εθνική οδό
rastlos αβάρετος
Rast|losigkeit ⟨*0*⟩ *f* αβαρεσιά; **~platz** *m* αναπαυτήριο; **~stätte** *f* → ***Rasthaus***
Rat ⟨-*es*; *Ratschläge*⟩ *m* συμβουλή; ⟨-*es*; ¨*e*⟩ (*Institution*) συμβούλιο; (*Ti-*

R

tel) σύμβουλος; ***j-n um ~ fragen in*** *D* συμβουλεύομαι κπ σε *oder* επί *G*

Rate *f* δόση; ***in ~n*** με δόσεις

raten* συμβουλεύω (***j-m zu*** *D*/ κπ να ...); (*erraten*) μαντεύω; καταλαβαίνω; *Rätsel* λύνω

Raten|kauf *m* αγορά με δόσεις; **~zahlung** *f* πληρωμή με δόσεις

Rat|geber *m* συμβουλάτορας; **~haus** *n* δημαρχείο

Ratifika'tion *f* κύρωση; **~s-urkunde** *f* επικυρωτικό έγγραφο

ratifi'zier|en *Vertrag* επικυρώνω; ***nicht ~t*** ανεπικύρωτος

Ratifi'zierung *f* επικύρωση

Ra'tion *f* μερίδα; (*Futter-*) ταγή; *MIL* σιτηρέσιο

ratio'nal *Zahl*: ρητός, συμμετρικός; **~i'sieren** οργανώνω ορθολογιστικά

Rationali'sierung *f* ρασιοναλιζασιόν ⟨*0*⟩ *f*, ορθολογιστική οργάνωση, ορθολογική ανάπτυξη

Rationa'lis|mus ⟨*-; 0*⟩ *m* ορθολογισμός; **~t** ⟨*-en*⟩ *m* ορθολογιστής

rationa'listisch ορθολογιστικός

ratio'nell ορθολογικός

ratio'nieren διανέμω με δελτίο

Ratio'nierung *f* διανομή με δελτίο

ratlos αμήχανος; ***~ sein*** είμαι σε αμηχανία

Ratlosigkeit ⟨*0*⟩ *f* αμηχανία

ratsam εύλογος, ενδεδειγμένος; ***es für ~ halten, zu ...*** κρίνω εύλογο να ...

Ratschlag *m* συμβουλή, οδηγία

Rätsel *n* (*auch fig*) αίνιγμα *n*, γρίφος, σπαζοκεφαλιά

rätselhaft αινιγματικός

Rats|herr *m* δημοτικός σύμβουλος; **~keller** *m* εστιατόριο του δημαρχείου

Ratte *f* ποντικός

Ratten|fänger *m* ποντικοθήρας; *fig* ξελογιαστής; **~gift** *n* ποντικοφάρμακο

rattern ⟨*-re*⟩ βροντώ (-άς)

rau τραχύς, τραχυντικός; *Stimme*: βραχνός; *Wesen*: απότομος, αγροίκος; *Wetter*: δριμύς

Raub ⟨*-ϵs; 0*⟩ *m* αρπαγή, ληστεία, ρεμούλα; *fig* ***ein ~ der Flammen*** παρανάλωμα *n* του πυρός

Raub|- αρπακτικός; **~bau** ⟨*-ϵs; 0*⟩ *m* καταχρηστική εκμετάλλευση (***an*** *D*/*G*); ***~bau betreiben an*** *D* (*z. B. Gesundheit*) υπονομεύω *A*

rauben ληστεύω, κλέβω, υπεξαιρώ (***j-m etw***/κτ από κπ); *fig* αφαιρώ

Räuber *m* ληστής; *hist* χαραμής (-ήδες); **~bande** *f* ληστοσυμμορία

Räube'rei *f* ληστεία

Räuber|hauptmann *m* λήσταρχος; **~höhle** *f* άντρο κακοποιών

räuberisch ληστρικός

Raubgier *f* αρπακτικότητα

raubgierig αρπακτικός

Raub|kopie *f* *EDV* πειρατικό αντίγραφο; **~mord** *m* φόνος μετά ληστείας; **~tier** *n* αρπακτικό ζώο; **~vogel** *m* αρπακτικό πτηνό

Rauch ⟨*-ϵs; 0*⟩ *m* καπνός; **~-** καπνογόνος

rauchen *v/t Pfeife usw* καπνίζω, φουμάρω; *Haschisch* πίνω; *v/i Ofen*: καπνίζω

Rauch|en *n* κάπνισμα *n*; ***~en verboten!*** απαγορεύεται το κάπνισμα; **~er** *m* καπνιστής; (*Aufschrift*) Καπνιστές

Raucherabteil *n* τμήμα *n* καπνιστών

räuchern ⟨*-re*⟩ *Wurst*, *Schinken* καπνίζω; ***geräuchert*** καπνιστός

Rauch|fang *m* καπνοδόχος; **~fleisch** *n* καπνιστό κρέας; **~geruch** *m* καπνίλα

rauchig καπνώδης

Rauch|verbot *n* απαγόρευση καπνίσματος; **~waren** *f/pl* είδη *n/pl* καπνιστού; (*Pelze*) γουναρικά *n/pl*

Räude *f* *MED* ψώρα

räudig ψωραλέος

rauf- F → ***hinauf-, herauf-***

Raufasertapete *f* αχρωμάτιστη (τραχυσμένη) ταπετσαρία

Raufbold ⟨*-ϵs; -e*⟩ *m* νταής (-ήδες)

raufen: ***sich ~*** διαπληκτίζομαι; *fig* ***sich die Haare ~*** τραβώ τα μαλλιά μου

Raufe'rei *f* διαπληκτισμός

raufgehen* ⟨*sn*⟩ F πάω απάνω

rauh → ***rau***

Rauheit *f* τραχύτητα (*auch Klima*), δριμύτητα; βραχνάδα; αγροικία

Raum ⟨*-ϵs; ⸚e*⟩ *m* (*auch PHYS*) χώρος; τόπος; (*Weite*) απλωσιά; (*Welt-*) διάστημα *n*; (*Wohn-*) δωμάτιο; ***isolierte(r) ~*** απομονωτήριο; ***leere(r) ~*** κενό; ***~ (Platz) haben*** έχω άπλα; ***viel ~ verlangen, beanspruchen*** απαιτώ πολύ χώρο; **~-** (*Ton*) στερεοφωνικός

räumen εκκενώνω, αδειάζω; *Platz*, *Zimmer* κενώνω; *Minen* εκκαθαρίζω; *Hindernisse usw* ***aus dem Weg ~*** αίρω;

R

(*j-n*) βγάζω (κπ) από τη μέση (*auch töten*); *subst* κένωση
Rauminhalt *m* χωρητικότητα; *MATH* όγκος
räumlich χωριτικός
Räumlichkeit *f* χώρος
Raum|mangel ⟨*-s*; *0*⟩ *m* έλλειψη χώρου; **~pfleger** *m* καθαριστής; **~pflegerin** *f* καθαρίστρια; **~schiff** *n* διαστημόπλοιο
Räumung *f* εκκένωση; (*von Minen*) εκκαθάριση
Räumungs|ausverkauf *m* ξεπούλημα *n*, εκποίηση; **~befehl** *m* διαταγή εκκενώσεως
raunen ψιθυρίζω
Raupe *f* *ZOOL*, *TECH* κάμπια
Raupen|kette *f* ερπύστρια; **~schlepper** *m* ρυμούλκα με ερπύστριες
Raureif *m* αγιάζι
raus → ***heraus, hinaus***; ~ ***hier!*** ουστ!; ~ ***hier aus ...*** έξω ρε από ...
rausbringen* F *ein Wort* βγάζω
Rausch ⟨*-es*; *"e*⟩ *m* (*auch fig*) μέθη, κραιπάλη; *PSYCH* οιστρηλασία; ***e-n ~ haben*** είμαι στο κέφι
rauschen φλοισβίζω, βοΐζω; *bsd Meer*: βοώ (-άς); *subst* φλοίσβος, θρους (-ου); **~d** *Beifall*: φρενιτιώδης
Rauschgift *n* ναρκωτικό; **~bekämpfung** *f* καταπολέμηση ναρκωτικών; **~handel** *m* εμπόριο ναρκωτικών; **~kriminalität** *f* εγκληματικότητα με ναρκωτικά
rauschgiftsüchtig τοξικομανής, ναρκομανής
raus|drängen (*aus e-r Stellung*) υποσκελίζω (*subst* υποσκέλιση); **~gehen*** ⟨*sn*⟩ (*auch Farbe beim Waschen*) βγαίνω; **~geworfen:** ***~geworfenes Geld*** πεταμένα λεφτά *n/pl*; **~kommen*** ⟨*sn*⟩ βγαίνω; **~kriegen** βγάζω; **~nehmen*** βγάζω
räuspern ⟨*-re*⟩: ***sich ~*** ξεροβήχω
raus|rücken → ***herausrücken***; F ***etw ~rücken*** (*zahlen*) βάζω κάτω λεφτά; **~schmeißen*** F *Geld* πετώ (-άς); *j-n* πετώ έξω
Raute *f* *BOT* ρυτή, απήγανος; (*Form*) ρόμβος
rautenförmig ρομβοειδής
Razzia ⟨*-*; *-zien*⟩ *f* έφοδος *f*, εξόρμηση (***bei einer ~***/σε ...)
Rea'gens ⟨*-*; *-zien*⟩ *n* αντιδραστήριο
Rea'genzglas *n* δοκιμαστικός σωλήνας
rea'gieren αντιδρώ (-άς), αντενεργώ
Reak'tion *f* αντίδραση (***gegen*** *A*/κατά *G*; ***auf*** *A*/σε), αντενέργεια
reaktio'när *POL* αντιδραστικός
Reaktio'när ⟨*-s*; *-e*⟩ *m* αντιδραστικός
Reak'tions- αντιδραστικός
Re'aktor ⟨*-s*; *-'toren*⟩ *m* (*Atom-*) αντιδραστήρας
re'al πραγματικός
Re'aleinkommen *n* πραγματικό εισόδημα
reali'sieren πραγματοποιώ
Rea'lis|mus ⟨*-*; *0*⟩ *m* ρεαλισμός, πραγματισμός; **~t** ⟨*-en*⟩ *m* ρεαλιστής, πραγματιστής
rea'listisch ρεαλιστικός
Reali'tät *f* πραγματικότητα
Re'alschule *f* πρακτικό μέσο σχολείο
Rebe *f* κλήμα *n*
Re'bell ⟨*-en*⟩ *m* στασιαστής, ρέμπελος; **~en-** στασιαστικός
rebel'lieren στασιάζω, αποστατώ
Rebel'lion *f* στάση
re'bellisch στασιαστικός
Rebhuhn *n* περδίκι
Reblaus *f* φυλλοξήρα
Rebus ⟨*-*; *-se*⟩ *m*, *n* λογόγριφος, λεξίγριφος
rechen *v/t* τσουγκρανίζω
Rechen *m* τσουγκράνα, κτένι
Rechen- αριθμητικός, λογιστικός
Rechen|aufgabe *f* αριθμητικό πρόβλημα *n*; **~fehler** *m* λογιστικό λάθος; **~maschine** *f* αριθμομηχανή, λογιστική μηχανή
Rechenschaft ⟨*0*⟩ *f* λόγος, λογαριασμός, αναφορά, λογοδοσία; ***~ ablegen über*** *A* (απο)δίδω λογαριασμό *G*, λογοδοτώ; **~s-bericht** *m* λογοδοσία, ραπόρτο
rechenschaftspflichtig υπόλογος
Rechenschieber *m* αριθμολόγιο
rechnen ⟨*-e-*⟩ λογαριάζω; ***~ auf*** *A* (→ ***verlassen***) βασίζομαι σε; ***damit ~, dass*** υπολογίζω να + *St II*; ***~ mit*** *D* υπολογίζω *A*, λογαριάζω *A*; ***~ als*** θεωρώ ως, λογαριάζω για; ***~ zu*** *D* (*gehören zu*) ανήκω σε
Rechnen *n* αριθμητική
Rechner *m* υπολογιστής
Rechnung *f* λογαριασμός; *MATH* λογισμός; (*Waren-*) τιμολόγιο; ***auf ~*** *G*

R

για λογαριασμό *G*; ***in ~ stellen*** καταχωρώ στο λογαριασμό; *fig* ***auf seine ~ kommen*** μπαλώνομαι (***bei*** *D*/ από); *fig* ***j-m e-n Strich durch die ~ machen*** χαλάω τα σχέδια κπ; *fig* ***die ~ ohne den Wirt machen*** κάνω το λογαριασμό χωρίς το ξενοδόχο
Rechnungs|ablage *f* αρχείο με *oder* για λογαριασμούς; **~art** *f* (*Addieren usw*) πράξη; **~einheit** *f* λογιστική μονάδα; **~führer** *m* λογιστής; **~jahr** *n* χρήση; **~wesen** ⟨*-s*; *0*⟩ *n* λογιστική
recht (*richtig*) σωστός, ορθός; *adv* ορθώς; εν τάξει; (*ziemlich*) αρκετά; ***~ so!*** μπράβο!; ***so ~ und schlecht*** κουτσά-στραβά; ***es ist mir ~*** δεν αντιλέγω; μου καλοφαίνεται (***dass***/που); ***das geschieht ihm ~*** καλά να πάθει; ***ich weiß nicht ~*** δεν ξέρω καλά-καλά; ***ist Ihnen das ~?*** σας κάνει αυτό;
recht|- (*nicht links*) δεξιός (*auch* POL); *Winkel*: ορθός; ***~e Seite*** (*e-s Stoffes*) (η) καλή
Recht ⟨*-ɇs*; *-e*⟩ *n* δίκαιο, δίκιο; (*Anspruch*) δικαίωμα *n* (***auf*** *A*/σε); ***die ~e*** (= *Jura*) νομικά *n*/*pl*; ***mit*** (*oder* ***zu***) ***~*** δικαίως; ***von ~s wegen*** αυτοδικαίως; ***~ haben*** έχω δίκιο; ***j-m ~ geben*** δίνω σε κπ δίκιο
Rechte ⟨*-n*⟩ *f* (*Hand*) δεξιά; ***zu meiner ~n*** προς τα δεξιά μου
Rechteck ⟨*-ɇs*; *-e*⟩ *n* ορθογώνιο
rechteckig ορθογώνιος
rechtfertigen δικαιολογώ (***j-n, etw***/κπ, κτ); ***sich ~*** δικαιολογούμαι; ***es ist gerechtfertigt*** δικαιολογείται; ***nicht zu ~(d)*** αδικαιολόγητος
Rechtfertigung *f* δικαιολογία (-λόγηση); **~s-** δικαιολογητικός
recht|gläubig ορθόδοξος; **~haberisch** ισχυρογνώμων
rechtlich νόμιμος
Rechtlichkeit ⟨*0*⟩ *f* νομιμότητα
rechtlos στερούμενος δικαιωμάτων, άνομος
Rechtlosigkeit ⟨*0*⟩ *f* έλλειψη δικαιωμάτων; ανομία
rechtmäßig νόμιμος
Rechtmäßigkeit ⟨*0*⟩ *f* νομιμότητα
rechts δεξιά; POL ***~*** (***eingestellt***) δεξιός; ***nach ~*** (προς τα) δεξιά; ***von ~*** απ' τα δεξιά; ***~ von mir*** προς τα δεξιά μου
Rechts|- (*Lage usw*) νομικός; **~anspruch** *m* νόμιμο δικαίωμα *n*
Rechtsanwalt *m* δικηγόρος; ***~ sein, als ~ tätig sein*** δικηγορώ
Rechts'außen ⟨*-*; *-*⟩ *m* (*Sport*) έξω δεξιά *m*
Rechts|beistand *m* συνήγορος; **~berater** *m* νομικός σύμβουλος
rechtschaffen τίμιος
Rechtschaffenheit ⟨*0*⟩ *f* τιμιότητα
Rechtschreib(e)|- ορθογραφικός; **~fehler** *m* ορθογραφικό λάθος, ανορθογραφία
Rechtschreibung *f* ορθογραφία
rechtsextrem δεξιός εξτρεμιστής
Rechtsextre'mismus *m* δεξιός εξτρεμισμός
Rechts|fähigkeit ⟨*0*⟩ *f* νομική ικανότητα; **~fall** *m* δικαστική υπόθεση; **~gelehrte(r)** νομομαθής; **~geschäft** *n* δικαιοπραξία
rechtsgültig έγκυρος, αυθεντικός
Rechtsgültigkeit ⟨*0*⟩ *f* κύρος *n*
Rechtshänder *m* δεξιόχειρας
Rechts|hilfeabkommen *n* σύμφωνο αμοιβαίας νομικής αρωγής; **~kraft** ⟨*0*⟩ *f* κύρος *n*
rechtskräftig τελεσίδικος
Rechts|kunde ⟨*0*⟩ *f* νομική; **~lage** *f* νομική θέση; **~mittel** *n* ένδικο μέσο; **~nachfolger** *m* δικαιοδόχος; **~norm** *f* κανόνας, κανόνας δικαίου; **~pflege** *f* νομολογία
Rechtsprechung *f* δικαιοδοσία
Rechtsradikale(r) ακροδεξιός
Rechts|schutz *m* νομική προστασία; **~schutzversicherung** *f* ασφάλεια νομικής προστασίας; **~staat** *m* κράτος *n* δικαίου; **~streit** *m* δικαστικός αγώνας; **~verdreher** *m* στρεψόδικος
Rechtsverkehr *m* προτεραιότητα δεξιάς λωρίδας
Rechtsweg *m* δικαστική οδός; ***auf dem ~*** δια δικαστικής οδού
Rechtswesen ⟨*-s*; *0*⟩ *n* δικαιοσύνη
rechtswidrig παράνομος
Rechtswissenschaft ⟨*0*⟩ *f* νομικά *n*/*pl*, νομική, νομολογία
rechtswissenschaftlich νομολογικός, νομικός
rechtwinklig ορθογώνιος
rechtzeitig έγκαιρος; με την ώρα μου
Reck ⟨*-ɇs*; *-e*⟩ *n* μονόζυγο
recken τεντώνω; ***sich ~*** τεντώνομαι, ανακλαδίζομαι; *subst* τέντωμα *n*
recycelbar [riˈsaɪk-] ανακυκλώσιμος

recyceln ανακυκλώνω
Re'cycling ⟨*-s; 0*⟩ *n* ανακύκλωση
Redak|teur [-'tøːʀ] ⟨*-s; -e*⟩ *m* συντάκτης; **~'tion** *f allg* σύνταξη
redaktio'nell συντακτικός
Redak'tions|- συντακτικός; **~chef** *m* διευθυντής της συντάξεως; **~personal** *n* συντακτικό προσωπικό
Rede *f* λόγος, ομιλία, εκφώνηση; ***direkte*** (***indirekte***) ~ ευθύς (πλάγιος) λόγος; ***nicht der ~ wert*** ανάξιος λόγου; ***e-e ~ halten*** κάνω ομιλία, εκφωνώ λόγο; ***j-n zur ~ stellen*** ζητώ από κπ εξηγήσεις; ***es ist die ~ von*** *D* γίνεται λόγος για; **~freiheit** ⟨*0*⟩ *f* ελευθερία του λόγου
redegewandt εύγλωττος
Rede|gewandtheit *f* ευγλωττία; **~kunst** *f* ρητορική, ομιλητική
reden ⟨*-e-*⟩ μιλώ, λαλώ; ***offen ~ mit*** *D* του ξανοίγομαι; ***in den Wind ~*** μιλώ στο βρόντο; ***er lässt mit sich ~*** μπορεί κανείς να τα βολέψει μαζί του; ***von sich ~ machen*** (*erscheinen*) κάνω την εμφάνισή μου
Reden *n* μιλιά
Redensart *f* ιδιωματισμός, τρόπος του λέγειν
Rede|'rei *f* φιλολογία; **~weise** *f* τρόπος ομιλίας, λαλιά; **~wendung** *f* ιδιωματισμός, έκφραση
redi'gieren συντάσσω
redlich ακέραιος, παστρικός
Redlichkeit ⟨*0*⟩ *f* ακεραιότητα
Redner *m* ομιλητής, ρήτορας; **~-** ρητορικός; **~in** *f* ομιλήτρια
rednerisch ρητορικός
redselig φλύαρος
Redseligkeit ⟨*0*⟩ *f* φλυαρία
Reduk'tion *f* ελάττωση, μείωση; *MATH* αναγωγή; **~s-** μειωτικός
Reduplika'tion *f GR* αναδιπλασιασμός
redu'zier|bar: ***nicht ~bar*** ανάγωγος; **~en** ελαττώνω, μειώνω; *MATH* ανάγω
Reede *f* καραβοστάσιο; **~r** *m* εφοπλιστής; **~'rei** *f* εφοπλιστική επιχείρηση
re'ell έντιμος; *MATH, PHYS* πραγματικός
Refe|'rat ⟨*-es; -e*⟩ *n* εισήγηση; **~ren'dar** ⟨*-s; -e*⟩ *m JUR* πάρεδρος; **~'rent** ⟨*-en*⟩ *m* εισηγητής; ομιλητής; **~'renz** *f* σύσταση
refe'rieren εισηγούμαι
reffen *Segel* στιγγάρω, συμπτύσσω
reflek'tieren αντανακλώ (-άς); *fig* ***auf etw*** (*A*) ~ εποφθαλμιώ (-άς)
Re'flektor ⟨*-s; -'toren*⟩ *m* ανταναλκαστήρας
Re'flex ⟨*-es; -e*⟩ *m* αντανάκλαση; **~-** αντανακλαστικός; **~bewegung** *f MED* αντανακλαστική κίνηση
Refle'xion *f PHYS* ανάκλαση, αντανάκλαση; ***diffuse ~*** διάχυση
refle'xiv *GR* αυτοπαθής; αλληλοπαθής
Re'form *f* αναμόρφωση, μεταρρύθμιση; **~-** αναμορφωτικός, μεταρρυθμιστικός
Reforma'tion *f REL* μεταρρύθμιση; **~s-** μεταρρυθμιστικός
Refor'mator ⟨*-s; -'toren*⟩ *m* μεταρρυθμιστής, αναμορφωτής
Re'formhaus *n* (*in Deutschland*) *etwa*: κατάστημα *n* διαιτητικών τροφίμων; είδη *n/pl* υγιεινής διατροφής
refor'mieren αναμορφώνω
Refor'mierte(r) *REL* καλβινιστής
refor'mistisch *POL* μεταρρυθμιστικός
Re'formpolitik *f* μεταρρυθμιστική πολιτική
Refrain [ʀə'fʀɛ̃ː, -'fʀɛŋ] ⟨*-s; -s*⟩ *m* ρεφραίν ⟨*0*⟩ *n*, επωδός *f*
Refrak'tion *f PHYS* διάθλαση
Re'fraktor ⟨*-s; -'toren*⟩ *m* φωτοθλάστης
Re'gal ⟨*-s; -e*⟩ *n* ράφι
Re'gatta ⟨*-; -ten*⟩ *f* λεμβοδρομία, ρεγκάτα
rege δραστήριος, ευκίνητος; *Verkehr*: πυκνός
Regel *f* κανόνας; ρέγουλα; *MED* περίοδος *f*, έμμηνα *n/pl*; *MED* ***Ausbleiben der ~*** αμηνόρροια; ***in der ~*** κατά κανόνα; **~-** ρυθμιστικός
regellos ακανόνιστος
Regellosigkeit *f* εκρυθμία
regelmäßig *auch GR* τακτικός; *GR* ομαλός; *auch MATH* κανονικός; *adv* τακτικά
Regelmäßigkeit *f* τακτικότητα; ομαλότητα; κανονικότητα
regel|n ⟨*-le*⟩ *allg* κανονίζω; ρυθμίζω; *Angelegenheit* χειρίζομαι; *HDL* τακτοποιώ; ***im Voraus ~n*** προκανονίζω; ***sich ~n*** φτιάχνω; **~recht** κανονικός; ... κατά κανόνα; (*Verstärkung*) κυριολεκτικός, απόλυτος; *adv auch* πια
Regelung *f* τακτοποίηση, ρύθμιση; χειρισμός; *HDL* κανονισμός
Regelverstoß *m* (*Fußball*) φάουλ ⟨*0*⟩ *n*
regelwidrig παράνομος

R

regen 916

reg|en: ***sich ~en*** κινούμαι; ***es ~t sich kein Lüftchen*** επικρατεί τέλεια μπονάτσα
Regen *m* βροχή; ***nach dem ~*** απόβροχα; **~-** βροχερός; όμβριος
Regenbogen *m* ουράνιο τόξο; **~haut** *f ANAT* ίριδα
Regenera'tion *f* ανάπλαση; **~s-** αναπλαστικός
regene'rieren αναπλάθω
Regen|fälle *m/pl* βροχοπτώσεις *f/pl*; **~guss** *m* νεροποντή; **~mangel** ⟨*-s*; *-*⟩ *m* ανομβρία; **~mantel** *m* αδιάβροχο; **~schauer** *m* μπόρα; βροχή; *Wetterbericht*: ***mit vereinzelten ~schauern*** με σποραδικές ασθενείς βροχές; **~schirm** *m* ομπρέλα
Re'gent ⟨*-en*⟩ *m* ηγεμόνας
Regen|tag *m* βροχερή ημέρα; **~tonne** *f* βροχοδέκτης; **~tropfen** *m* σταγόνα βροχής
Re'gentschaft *f* ηγεμονία
Regen|wald *m* τροπικό δάσος; **~wasser** *n* βρόχινα νερά *n/pl*, βροχόνερο; νερό της βροχής; **~wasserspeicher** *m* στέρνα; **~wetter** *n* βροχερός καιρός; **~zeit** *f* περίοδος *f* βροχών
Regie [ʀeˈʒiː] ⟨*0*⟩ *f* σκηνοθεσία; ***~ führen*** σκηνοθετώ
re'gieren κυβερνώ (-άς); *fig* (*j-n beherrschen*) ρυμουλκώ κπ; *GR* (*e-n Kasus*) συντάσσομαι με, θέλω *A*; **~d** δυναστευτικός
Re'gierung *f* κυβέρνηση; ηγεμονία; βασιλεία; ***... der ~*** κυβερνητικός; ***der ~ nahe stehend*** φιλοκυβερνητικός; **~s-** κυβερνητικός
Re'gierungs|bezirk *m* νομός; **~chef(in** *f*) *m* αρχηγός *m*, *f* της κυβέρνησης
re'gierungs|feindlich αντικυβερνητικός; **~freundlich** συμπολιτευόμενος
Re'gierungs|form *f* πολίτευμα *n*; **~gebäude** *n* κυβερνείο; **~partei** *f* συμπολίτευση; **~wechsel** *m* μεταπολίτευση; **~zeit** *f* (*e-s Herrschers*) βασιλεία
Regime [ʀeˈʒiːm] ⟨*-s*; *-* [-mə]⟩ *n* καθεστώς (-ώτος) *n*; **~gegner** *m*, **~kritiker** *m* αντιφρονών (-ούντος) *m*, αντικαθεστωτικός
Regi'ment ⟨*-es*; *-er*⟩ *n MIL* σύνταγμα *n*
Regi'on *f* περιφέρεια
regio'nal περιφερειακός, τοπικός
Regisseur [ʀeʒiˈsøːʀ] ⟨*-s*; *-e*⟩ *m* σκηνοθέτης, ρεζισέρ ⟨*0*⟩ *m*
Re'gister *n* κατάστιχο, μητρώο; κατάλογος
Registra'tur *f* αρχείο
regi'strier|en καταχωρίζω, καταγράφω, απογράφω; **~t** *auch* σεσημασμένος; *Schiff*: ***nicht ~t*** ανηολόγητος
Regi'strierung *f* απογραφή, καταχώριση, εγγραφή; σήμανση
Regler *m TECH* ρυθμιστής
regne|n ⟨*-e-*⟩ *unpers* βρέχει; ***es ~t in Strömen*** βρέχει με το τουλούμι; **~risch** βροχερός
Re'gress ⟨*-es*; *-e*⟩ *m* αναγωγή
Regre'ssion *f HDL* ύφεση
re'gresspflichtig εξ αναγωγής υπόχρεος
regsam ευκίνητος, ζωηρός
regu'lär τακτικός
Regu'lator ⟨*-s*; *-'toren*⟩ *m* ρυθμιστής
regu'lieren ρυθμίζω, ρεγουλάρω; *Uhr* κανονίζω
Regu'lierung *f* ρύθμιση, κανονισμός
Regung *f* κίνηση; συγκίνηση, ερεθισμός
regungslos ακίνητος
Regungslosigkeit ⟨*0*⟩ *f* ακινησία
Reh ⟨*-es*; *-e*⟩ *n* ζαρκάδι
rehabili'tieren *v/t* αποκαθιστώ
Rehabili'tierung *f* αποκατάσταση
Reibe *f* τρίφτης
reiben* τρίβω, εντρίβω, προστρίβω
Reib|en *n* τριβή, τρίψιμο (-ατος); προστριβή; **~e'reien** *f/pl fig* προστριβές *f/pl*; **~ung** *f* προστριβή (*pl auch fig*); τρίψιμο (-ατος)
reibungslos *fig*, *z. B. Abwicklung*: απρόσκοπτος, ομαλός
Reich ⟨*-es*; *-e*⟩ *n* κράτος *n*; (*Kaiser-*) αυτοκρατορία; (*König-*) βασίλειο; *REL* βασιλεία; (*deutsches*) Ράιχ *n*; ***das Dritte ~*** το Τρίτο Ράιχ
reich πλούσιος (***an*** *D*/σε); ***~ machen*** (***werden***) πλουτίζω
reichen: *v/t* ***j-m etw*** (***hin***)**~** δίνω κτ σε κπ; *v/i* ***~ bis zu*** *D* φθάνω, έρχομαι ως, ίσαμε; (*genügen*) (επ)αρκώ, φθάνω; ***~ für*** *A* φθάνω για, βγαίνω για; ***es reicht*** αρκεί, φθάνει; F ***jetzt reichts mir aber!*** φθάνει πια!, ξεμπέρδεψε!
reichhaltig *z. B. Bibliothek*: πλούσιος; ποικίλος; ***~e Auswahl*** ποικιλία
Reichhaltigkeit ⟨*0*⟩ *f* πλούτος
reichlich άφθονος, αρκετός; μπόλικος (*auch Kleidung*: *zu weit usw*)

R

Reichtum ⟨*-s; ⸚er*⟩ *m* πλούτος (*auch n*) (**an** *D/G*); πλούτη *n/pl*
Reichweite *f* εμβέλεια; προσιτότητα; **in** ~ σε προσιτά όρια; **außer** ~ εκτός βολής
reif ώριμος (*auch fig*); γινωμένος; ~ **sein** *Trauben usw mst aor* έγινε, έγιναν; ~ **werden** ωριμάζω, γίνομαι
Reif ⟨*-(e)s; 0*⟩ *m* (*Tau*) δροσοπάχνη
Reife ⟨*0*⟩ *f* ωριμότητα
reifen ⟨*sn*⟩ ωριμάζω, γίνομαι
Reifen[1] *n* ωρίμανση
Reifen[2] *m* (*Auto*) λάστιχο; (*Fass-*) γύρος; (*Spielzeug*) στεφάνι; **~druck** *m* πίεση ελαστικών; **~panne** *f*, **~schaden** *m* βλάβη λάστιχου; **~wechsel** *m* αλλαγή λάστιχου
Reife|prüfung *f* απολυτήριες εξετάσεις *f/pl*; **~zeugnis** *n* απολυτήριο
reiflich ώριμος; **nach ~er Überlegung** κατόπιν ώριμης σκέψεως
Reigen *m* συρτός
Reihe *f* σειρά (*auch* MATH), αράδα; MATH πρόοδος *f*; MIL στοίχος, φάλαγγα; **e-e ~ von** *D* κάμποσος, αρκετός; **in der ~** αράδα, στη γραμμή; **der ~ nach** με την αράδα, με τη σειρά; **in e-e ~ stellen** αραδιάζω; *fig* **aus der ~ tanzen** βγαίνω απ' τη σειρά μου; **ich bin an der ~** είναι η σειρά μου
Reihen|folge *f* διαδοχή; (*alphabetische*) σειρά; **~schaltung** *f* σύνδεση σε σειρά; **~untersuchung** *f* ομαδική (ακτινολογική) έρευνα
reihenweise κατά στοίχους, αραδιαστά, κατά σειρά
Reim ⟨*-(e)s; -e*⟩ *m* ομοιοκαταληξία, ρίμα
reimen ριμάρω; **sich ~** ομοιοκαταληκτώ
rein[1] F = **herein**, **hinein**
rein[2] καθαρός (*auch fig*); *Gold usw* μονάχος; *Wolle*: αγνός, ολόμαλλος; *Seide*: ολομέταξος; *Butter*: σκέτος, αγνός; (*keusch*) παρθένος; (*unschuldig*) αθώος; *adv* (*völlig*) τελείως, απολύτως; **~ gar nichts** απολύτως τίποτε; **~ machen** καθαρίζω; *fig* **ins Reine bringen** ξεκαθαρίζω; **ins Reine schreiben** καθαρογράφω; **mit j-m ins Reine kommen** τα φτιάχνω με κπ
Rein|ertrag *m* καθαρό κέρδος; **~fall** *m* F *fig* φιάσκο, αποτυχία
rein|fallen* ⟨*sn*⟩: **er ist mächtig reingefallen** την πάτησε, ξεγελάστηκε; F **nicht darauf ~fallen** (*nicht glauben*) δεν ξεγελιέμαι; **~gehen*** ⟨*sn*⟩ (*Platz haben*) χωρώ (-άς) (**in** *A*/σε)
Rein|gewinn *m* → **Reinertrag**; **~heit** ⟨*0*⟩ *f* καθαριότητα; αγνότητα
reinigen *allg* καθαρίζω; ξεπαστρεύω; **~d** καθαριστικός
Reinig|er *m* καθαριστής; **~ung** *f* καθάρισμα *n*; κάθαρση (*auch fig*); (*als Geschäft*) καθαριστήριο
Reinkarna'tion [reːɪn-] *f* μετενσάρκωση
rein|kriegen F (*unterbringen*) βολεύω (**in** *A*/σε); **~lassen*** → **hineinlassen**; **~legen** *j-n* F ξεγελώ (-άς)
reinlich *Person*: καθαρός
Reinlichkeit ⟨*0*⟩ *f* καθαριότητα
Reinmache|frau *f* καθαρίστρια; **~n** *n* καθάρισμα *n*
rein|rassig καθαρόαιμος; **~regnen** ⟨*-e-*⟩ τα νερά μπουκάρουν (**durch** *A*/από)
Reinschrift *f* καθαρό
Reis[1] ⟨*-(e)s; 0*⟩ *m* ρίζι, ρύζι
Reis[2] ⟨*-es; -er*⟩ *n lit* (*Schössling*) κλώνος, κλαρί, κλωνάρι
Reisbrei *m* λαπάς (-άδες)
Reise *f* ταξίδι; περιήγηση; **glückliche ~!** καλό ταξίδι!; **auf die ~ gehen** φεύγω για ταξίδι; **~-** οδοιπορικός; ... ταξιδιού
Reise|andenken *n* σουβενίρ ⟨*0*⟩ *n*; **~apotheke** *f* φαρμακείο ταξιδιού; **~bekanntschaft** *f* γνωριμία σε ταξίδι; **~beschreibung** *f* περιγραφή ταξιδιού; **~bügeleisen** *n* σίδερο του ταξιδιού; **~büro** *n* ταξιδιωτικό γραφείο, τουριστικό γραφείο; πρακτορείο ταξιδίων; **~bus** *m* πούλμαν ⟨*0*⟩ *n*; **~fieber** *n* ταξιδιωτικός πυρετός; **~führer** *m* οδηγός ταξιδιού, τουριστικό βιβλίο; *Person*: ξεναγός; **~gefährte** *m* συνταξιδιώτης; **~geld** *n* οδοιπορικά *n/pl*; **~gepäck** *n* αποσκευές *f/pl*; **~gesellschaft** *f* ταξιδιωτική ομάδα; **~leiter** *m* ξεναγός
reisen ⟨*-t; sn*⟩ ταξιδεύω; **~ nach** *D* φεύγω για, πηγαίνω σε; **zusammen ~** συνταξιδεύω
Reisen *n* περιήγηση; **~de(r)** περιηγητής, ταξιδιώτης
Reise|necessaire [-neˑsɛˈsɛːʀ] ⟨*-s; -e*⟩ *n* νεσεσαίρ ⟨*0*⟩ *n* για ταξίδι; **~pass** *m* διαβατήριο; **~proviant** *m* προμήθειες *f/pl*; **~route** *f* δρομολόγιο; **~ruf** *m*

R

Reisescheck 918

ταξιδιωτικές ανακοινώσεις *f/pl*; **~scheck** *m* τσεκ *n* ταξιδιού; **~spesen** *pl* οδοιπορικά *n/pl*; **~tasche** *f* τσάντα ταξιδιού; **~verkehr** *m* ταξιδιωτική κίνηση; **~versicherung** *f* ασφάλιση ταξιδιού; **~wetterbericht** *m* δελτίο καιρού για ταξιδιώτες; **~ziel** *n* προορισμός; σκοπός ταξιδιού
Reisfeld *n* ορυζώνας
Reisig ⟨*-s*; *0*⟩ *n* φρύγανα *n/pl*
Reiß'aus: ~ ***nehmen*** το βάζω στα πόδια
Reißbrett *n* σχεδιαστήριο
reißen* *v/t* σέρνω; ***etw an sich*** (*A*) ~ σφετερίζομαι κτ; ***j-m etw aus der Hand*** ~ αρπάζω κτ απ' τα χέρια κάποιου; ***j-n mit sich*** (*D*) ~ παρασέρνω κπ; *Witze* κάνω; *fig* **sich** (*A*) ~ ***um*** *A* κόβομαι για; *v/i* ⟨*sn*⟩ *z. B. Kleid*: σχίζομαι
Reißen *n* *MED* ρευματικοί πόνοι *m/pl*
reißend (*auch fig*) χειμαρρώδης; *Tier*: θηριώδης; ***~en Absatz finden*** γίνομαι ανάρπαστος
Reiß|verschluss *m* φερμουάρ ⟨*0*⟩ *n*; **~zwecke** *f* πινέζα
Reitbahn *f* ιπποδρόμιο
reiten* ⟨*sn*⟩ κάνω ιππασία, ιππεύω; (*wohin?*) πηγαίνω καβάλα; *subst* ιππασία
Reiter *m* ιππέας; **~-** έφιππος
Reite'rei *f* ιππασία; *MIL* ιππικό
Reiterin *f* ιππεύτρια
Reit|pferd *n* άλογο ιππασίας; **~schule** *f* σχολή ιππασίας; **~sport** *m* ιππασία
Reiz ⟨*-es*; *-e*⟩ *m* θέλγητρο, γόητρο; *PSYCH* ερεθισμός, ερέθισμα *n*; **~-** ερεθιστικός
reizbar ευερέθιστος
Reizbarkeit ⟨*0*⟩ *f* ευερεθιστότητα, αραθυμιά
reizen ⟨*-t*⟩ *allg*, *Augen usw* ερεθίζω (*auch Hund usw*); (*attraktiv sein*) προσελκύω; **~d** γλυκός (-ιά), θελκτικός
reizlos άχαρος
Reiz|mittel *n* διεγερτικό, ερεθιστικό; **~ung** *f* *auch MED* ερεθισμός
reizvoll γαργαλιστικός; *Vorschlag*: θελκτικός
rekapitu'lieren συγκεφαλαιώνω
Reklama'tion *f* παράπονα *n/pl*
Re'klame *f* ρεκλάμα, διαφήμιση; ~ ***machen für*** *A* (το) διαφημίζω, κάνω ρεκλάμα για
rekla'mieren απαιτώ (***etw***/κτ); διαμαρτύρομαι
rekonstruieren *z. B. ein Verbrechen* αναπαριστάνω
Rekonstruk'tion *f* αναπαράσταση
Rekonvales'zent ⟨*-en*⟩ *m* αναρρωνύωντας
Re'kord ⟨*-ęs*; *-e*⟩ *m* ρεκόρ ⟨*0*⟩ *n*, επίδοση; ***e-n*** (***neuen***) ~ ***aufstellen*** πετυχαίνω (νέο) ρεκόρ; **~-** ... ρεκόρ; **~zeit** *f* χρόνος ρεκόρ
Re'krut ⟨*-en*⟩ *m* νεοσύλλεκτος
rekru'tieren στρατολογώ
Rekru'tierung *f* στρατολογία
Rek'tion *f* *GR* σύνταξη, εκφορά
Rektor ⟨*-s*; *-'toren*⟩ *m* πρύτανης (-εως); (*Schule*) διευθυντής; **~-** πρυτανικός; **~at** [-'ʀaːt] ⟨*-ęs*; *-e*⟩ *n* πρυτανείο; πρυτανεία
Rektum ⟨*-s*; *-ta*⟩ *n* *ANAT* ορθό
Relais [ʀə'lɛː] ⟨- [*-s*];- [*-s*] ⟩ *n* ηλεκτρονόμος; **~station** *f* σταθμός αναμεταδόσεως
rela'tiv σχετικός
Rela'tiv- αναφορικός
Relati|'vismus ⟨*-*; *0*⟩ *m* σχετικοκρατία; **~vi'tät** *f* σχετικότητα; **~vi'tätstheorie** ⟨*0*⟩ *f* *PHYS* θεωρία της σχετικότητος
Relief [ʀe·'lĭef] ⟨*-s*; *-s*⟩ *n* ανάγλυφο
Religi'on *f* θρησκεία; **~s-** θρησκευτικός; **~s-lehrer** *m* δάσκαλος θρησκευτικών
religi'onslos άθρησκος
Religi'onsunterricht *m* μάθημα *n* θρησκευτικών
Religi'onswissenschaft *f* θρησκειολογία, θεολογία; **~ler** *m* θεολόγος
religi'onswissenschaftlich θεολογικός
religi'ös θρησκευτικός (*auch Person*); (*gläubig*) θρήσκος, φιλόθρησκος
Religiosi'tät ⟨*0*⟩ *f* θρησκευτικότητα
Reling ⟨*-*; *-s*⟩ *f* παραπέτο, κουπαστή
Reliquie [-'liːkvĭə] *f* λείψανο
Reminis'zenz *f* ανάμνηση
Remit'tende *f* επιστροφή (*mst pl* -ές)
Ren ⟨*-s*; *-s*⟩ *n* τάρανθο
Renaissance [ʀənɛ·'sãːs] *f* αναγέννηση
Rendezvous [ʀãːde·'vuː] ⟨- [*-s*]; - [*-s*]⟩ *n* ραντεβού ⟨*0*⟩ *n*; *von Raumschiffen*: επαφή
Rene'gat ⟨*-en*⟩ *m* αρνησίθρησκος
Renn|- δρομικός; αγωνιστικός; **~bahn** *f* πίστα

rennen* ⟨*sn*⟩ τρέχω; ***angerannt kommen*** έρχομαι τρεχάτος
Renn|en *n* τρέξιμο; (*Pferde- usw*) δρόμος; (*Sport*) κούρσα; **~fahrer** *m* αυτοκινητιστής; **~pferd** *n* άλογο ιπποδρομιών; **~rad** *n* αγωνιστικό ποδήλατο
Reno'mmee ⟨*-s*; *-s*⟩ *n* καλή φήμη
reno'mmiert ονομαστός
reno'vieren ανακαινίζω
Reno'vierung *f* ανακαίνιση; **~s-** ανακαινιστικός
ren'tabel ⟨*-bler*⟩ αποδοτικός, προσοδοφόρος
Rentabili'tät *f* αποδοτικότητα
Rente *f* σύνταξη; ***Gewährung e-r ~*** συνταξιοδότηση; ***~ beziehen*** συνταξιοδοτούμαι; ***j-m e-e ~ gewähren***, F ***j-n auf ~ setzen*** συνταξιοδοτώ κπ; F ***auf ~ gehen***, ***~ bekommen*** παίρνω σύνταξη
Rentenalter *n* συντάξιμη ηλικία
rentenanrechnungsfähig συντάξιμος; ***... ist ~*** λογίζεται συντάξιμος
Renten|bemessungs- συντάξιμος; **~empfänger** *m* συνταξιούχος; **~versicherung** *f* ασφάλιση συντάξεως
ren'tieren: *sich ~* είμαι επικερδής *oder* αποδοτικός
Rentner(in *f*) *m* συνταξιούχος *m*, *f*
Reorganisa'tion *f* αναδιοργάνωση
reorgani'sieren αναδιοργανώνω
Repara'tionen *f*/*pl* POL αποζημίωση; επανορθώσεις *f*/*pl*
Repara'tur *f* επιδιόρθωση, επισκευή, διόρθωμα *n*; **~werkstatt** *f* συνεργείο επισκευών
repa'rieren επιδιορθώνω; διορθώνω
Repatri'ierung *f* επαναπατρισμός
Repertoire [-'twaːʀ] ⟨*-s*; *-s*⟩ *n* ρεπερτόριο
repe'tieren επαναλαμβάνω
Repe'titor ⟨*-s*; *-'toren*⟩ *m* προγυμναστής, φροντιστής
Re'port ⟨*-ęs*; *-e*⟩ *m* έκθεση
Reportage [-'taːʒə] *f* ρεπορτάζ ⟨*0*⟩ *n*, ειδησεολογία
Re'porter *m* ρεπόρτερ ⟨*0*⟩ *m*, ειδησεογράφος
Repräsen'tant ⟨*-en*⟩ *m* αντιπροσωπός
Repräsen'tantenhaus *n* Βουλή των Αντιπροσώπων
Repräsenta'tion *f* παράσταση
repräsen|ta'tiv (*typisch*) τυπικός; αντιπροσωπευτικός; **~'tieren** αντιπροσωπεύω; παριστάνω
Repre'ssalien [-lĭən] *pl* αντίποινα *n*/*pl*
reprivati'sieren ιδιωτικοποιώ
Reprivati'sierung *f* ιδιωτικοποίηση
Reproduk'tion *f* αναπαραγωγή; (*von Gemälden*) ρεπροντουξιόν ⟨*0*⟩ *f*
reprodu'zieren αναπαράγω
Rep'til ⟨*-s*; *-lien*⟩ *n* ερπετό
Repu'blik *f* δημοκρατία
Republi'kaner *m* δημοκράτης
republi'kanisch δημοκρατικός; (*USA*) ρεπουμπλικάνος
requi'rier|en επιτάσσω; **~t** επίτακτος
Requi'rierung *f* επίταξη
Requi'siten *f*/*pl* THEA βοηθητικά (σκηνικά) στοιχεία *n*/*pl*
Requisiteur [-'tøːʀ] ⟨*-s*; *-e*⟩ *m* THEA φροντιστής
Re'seda ⟨*-*; *-s*⟩ *f* BOT ρεζεδά, ρεζεντά
Reser'vat ⟨*-ęs*; *-e*⟩ *n* (*Platz*) εξασφάλιση, κλείσιμο (-ατος)
Re'serve *f allg* ρεζέρβα, απόθεμα *n*, παρακαταθήκη; MIL εφεδρεία; (*Zurückhaltung*) επιφύλαξη; **~n** *pl* αποθεματικά *n*/*pl*; ***in ~*** ρεζέρβα; **~-** αποθεματικός; αποταμιευτικός; MIL, HDL, TECH εφεδρικός, έφεδρος; **~offizier** *m* έφεδρος αξιωματικός; **~rad** *n* ρεζέρβα; **~tank** *m* εφεδρικό δοχείο *oder* ντεπόζιτο
reser'vier|en *allg* κλείνω, φυλάω; *Platz* πιάνω; *Zimmer* κρατώ; ***sich*** *e-e Karte usw* ***~en lassen*** κλείνω, κρατώ; **~t** κρατημένος; *fig* επιφυλακτικός (***gegen*** *A*/για)
Reser'vierung *f* κράτηση, κλείσιμο
Reser'vist ⟨*-en*⟩ *m* έφεδρος
Reservoir [-vo'aːʀ] ⟨*-s*; *-e*⟩ *n* ρεζερβουάρ ⟨*0*⟩ *n*; (*Wasser-*) *auch* στέρνα
Resi'denz *f* έδρα
resi'dieren εδρεύω
resig'nieren αποκαρδιώνομαι
reso'lut αποφασιστικός
Resolu'tion *f* POL απόφαση
Resolu'tionsentwurf *m* σχέδιο αποφάσεως
Reso'nanz *f* απήχηση
Re'spekt ⟨*-ęs*; *0*⟩ *m* σεβασμός (***vor*** *D*/προς *A*); ***~ haben vor*** *D* σέβομαι *A*
respek'tieren *v*/*t* σέβομαι
re'spektlos ασεβής
Re'spektlosigkeit *f* ασέβεια
re'spektvoll ευλαβής, ευσεβής

Ressort [-'soːʀ] ⟨-*s*; -*s*⟩ *n* τμήμα *n*; *JUR* δικαιοδοσία
Rest ⟨-*ẹs*; -*e*⟩ *m* απομεινάρι, υπόλοιπο; *MATH* υπεροχή; (*Geld*) ρέστα *n/pl*; **~e** *pl* (*Essens-*) ξεροκόμματα *n/pl*
Restaurant [ʀɛstoˑ'ʀɑ̃ː], *auch* [-'ʀaŋ] ⟨-*s*; -*s*⟩ *n* εστιατόριο
Restau|ra'tion *f hist* παλινόρθωση; → ***Restaurant***; **~'rator** ⟨-*s*; -'*toren*⟩ *m* ανακαινιστής
restau'rieren ανακαινίζω; *Gebäude* αναπαλαιώνω
Rest|bestand *m* κατάλοιπο; **~betrag** *m* υπολειπόμενο
rest|lich υπόλοιπος; **~los** τέλειος, ολικός; *adv* απόλυτα, εντελώς
restrik'tiv περισταλτικός
Resul't|ante *f PHYS* συνισταμένη; **~at** ⟨-*ẹs*; -*e*⟩ *n* αποτέλεσμα *n*; *MATH* εξαγόμενο
resul'tieren συνάγομαι (***aus*** *D*/από)
Resü'mee ⟨-*s*; -*s*⟩ *n* ρεζουμέ ⟨*0*⟩ *n*
Re'torte *f* λαμπίκος
retten ⟨-*e*-⟩ σώζω, γλυτώνω (***j-n vor*** *D*/ κπ από); ***sich*** (*A*) ~ ***vor*** *D* γλυτώνω από; **~d** σωτήριος
Retter *m* σωτήρας, λυτρωτής
Rettich ⟨-*s*; -*e*⟩ *m* ραπάνι
Rettung *f* σωτηρία, γλυτωμός; *REL* ρύση
Rettungs|aktion *f* επιχείρηση--σωτηρία; **~anker** *m nur fig* σανίδα σωτηρίας; **~boot** *n* ναυαγοσωστική λέμβος *f*; **~dienst** *m* υπηρεσία διάσωσης; **~lohn** *m* σωστικά *n/pl*
rettungslos ανεπανόρθωτος (*adv* -α); *fig* ~ ***verloren sein*** βρίσκομαι σε τέλεια απόγνωση
Rettungs|ring *m* σωσίβιο, κουλούρα; **~station** *f* σταθμός διάσωσης; **~weste** *f* σωσίβιο
retu'schieren ρετουσάρω
Reue ⟨*0*⟩ *f* μετάνοια, μεταμέλεια; ***ohne ~(gefühl)*** αμεταμέλητος
reu|en: *es ~t mich* μετανοώ; **~e-voll, ~mütig** μετανιωμένος
Reuse *f* κιούρτος
Revanche [ʀeˑ'vɑ̃ʃə] *f* αντεκδίκηση; ρεβάνς ⟨*0*⟩ *f*; ~ ***nehmen*** παίρνω ρεβάνς; **~spiel** *n* (*Sport*) αγώνας ρεβάνς
revanchieren [-'ʒiːʀən]: ***sich*** ~ αντεκδικούμαι, ανταποδίδω
Revers [ʀə'veːʀ] ⟨- [-*s*]; - [-*s*]⟩ *n*, *m* (*am Jackett*) ρεβέρ ⟨*0*⟩ *n*
revi'dieren αναθεωρώ
Re'vier ⟨-*s*; -*e*⟩ *n* σταθμός; (*Bezirk*) περιοχή; **~vorsteher** *m* (*Polizei*) σταθμάρχης
Revi'sion *f HDL* έλεγχος; *JUR* αναθεώρηση
Revisio'nist ⟨-*en*⟩ *m POL* ρεβιζιονιστής
Revi'sions- αναθεωρητικός
Re'visor ⟨-*s*; -'*soren*⟩ *m* ελεγκτής; αναθεωρητής
Re'volte *f* στάση
Revolu'tion *f* επανάσταση (*auch fig*); ***die*** (***Französische, Griechische [1821-1829], Oktober-***) ~ η (Γαλλική, Ελληνική, Οκτωβριανή *oder* Ρωσική) Επανάσταση
Revolutio'när ⟨-*s*; -*e*⟩ *m* επαναστάτης
revolutio'när *auch Ansicht*: επαναστατικός
Re'volver *m* ρεβόλβερ ⟨*0*⟩ *n*, περίστροφο
Revue [ʀeˑ'vyː] *f* (*THEA u. Zeitung*) επιθεώρηση
Rezen'sent ⟨-*en*⟩ *m* κριτικός βιβλίων
rezen'sieren κρίνω
Rezen'sion *f* βιβλιοκρισία
Re'zept ⟨-*ẹs*; -*e*⟩ *n* συνταγή
re'zeptfrei χωρίς συνταγή (γιατρού)
Rezep'tion *f* (*Hotel*) ρεσεψιόν ⟨*0*⟩ *f*, υποδοχή, γραφείο υποδοχής
re'zeptpflichtig: *... ist* ~ χρειάζεται συνταγή του γιατρού
Re'zeptor ⟨-*s*; -'*toren*⟩ *m* υποδοχέας; *PSYCH* αισθητήριο
Reze'ssion *f HDL* υποτονική κίνηση, ύφεση
rezi'prok αλληλοπαθής
Rezita'tion *f* απαγγελία
rezi'tieren απαγγέλλω
R-Gespräch *n TEL* προπληρωμένη συνδιάλεξη
Rha'barber ⟨-*s*; *0*⟩ *m* ραβέντι
Rhapso'die *f* ραψωδία
Rhein *m* Ρήνος; **~land** ⟨-*ẹs*; *0*⟩ *n* Ρηνανία
Rhe'torik ⟨*0*⟩ *f* ρητορική
rhe'torisch ρητορικός; *nicht ernsthaft*: ... σχήμα λόγου
Rheu|ma ⟨-*s*; *0*⟩ *n* ρευματισμός, *mst pl* -μοί; **~'matiker** *m*, **rheu'matisch** ρευματικός; **~ma'tismus** ⟨-; *0*⟩ *m* → ***Rheuma***
Rhi'nozeros ⟨-*ses*; -*se*⟩ *n* ρινόκερος
Rho *n* Ρ, ρ, ρο *n*, ρω *n*

Rhodo'dendron ⟨*-s; -dren*⟩ *m* ροδόδενδρο
Rhodos *n* Ρόδος *f*
rhombisch ρομβοειδής
Rhombus ⟨*-; -ben*⟩ *m* ρόμβος
rhythmisch ρυθμικός; έρρυθμος
Rhythmus ⟨*-; -men*⟩ *m* ρυθμός
Richt- κατευθυντήριος
richten ⟨*-e-*⟩ *v/t* (*gerade machen*) ξεστραβώνω, ισιώνω; (*verurteilen*) δικάζω; (*reparieren*) φτιάχνω, επιδιορθώνω; ***über j-n ~*** κρίνω κπ; ***etw ~ auf*** *A* κατευθύνω κτ προς *A*; ***fest ~ auf*** *A* προσηλώνω σε; *Brief, Frage* ***~ an*** *A* απευθύνω προς *A*; ***s-e Aufmerksamkeit ~ auf*** *A* στρέφω την προσοχή μου σε; ***s-n Blick ~ auf*** *A* κατευθύνω το βλέμμα μου προς *A*; ***sich ~ auf*** *A* κατευθύνομαι προς *A*; ***sich ~ nach*** *D* συμμορφώνομαι προς *A*
Richter *m* δικαστής; κριτής; **~-** δικαστικός
richterlich δικαστικός
Richtfest *n* εγκαίνια *n/pl*
richtig σωστός (*adv* -ά), ορθός (*adv* ορθά, ορθώς); *Abschrift*: πιστός; *adv* (*tüchtig, sehr*) καλά, (*lachen*) στα γεμάτα; (*sich benehmen*) καλά; *etw* ***für ~ halten*** θεωρώ σωστό; ***das Richtige*** το σωστό, ορθό; ***er ist nicht ganz ~*** (***im Kopf***) δεν είναι στα καλά του; ***~ gehend*** *Uhr*: ... που πάει σωστά; ***~ stellen*** διορθώνω
Richtigkeit ⟨*0*⟩ *f* ορθότητα; αυθεντικότητα
Richt|linien *f/pl* οδηγίες *f/pl*, κατευθυντήριες γραμμές *f/pl*; **~schnur** *f fig* καθοδήγηση, γνώμονας; **~strahler** *m* κατευθυντήριος πομπός, κεραία κατευθυνομένης εκπομπής
Richtung *f* διεύθυνση, κατεύθυνση; (*geistige*) σχολή; ***in ~ auf*** *A* κατά *A*, προς (*z. B.* ***... die Dardanellen*** προς τον Ελλήσποντο); ***die ~ ändern*** μεταστρέφομαι
Richtungsänderung *f* μεταστροφή; *Auto*: αλλαγή πορείας
richtungweisend προγραμματικός
rieb → ***reiben***
riechen* *v/t, v/i* μυρίζω (*auch* ***an*** *D/A*; ***nach*** *D/A*); *v/t* οσφραίνομαι (*auch fig*); ***übel ~d*** δύσοσμος; *subst* μύρισμα *n*
rief → ***rufen***
Riefe *f* χαράκι, ράβδωση
riefe(l)n ⟨*-le*⟩ ραβδώνω
Riegel *m* μάνταλο, σύρτης; *fig* ***e-n ~ vorschieben*** *D* θέτω φραγμό σε
Riemen *m* ιμάντας, λουρί; *fig* ***den ~ enger schnallen*** σφίγγω το λουρί
Riese ⟨*-n*⟩ *m* γίγαντας, γίγας, κολοσσός
rieseln ⟨*-le*⟩ πέφτω
Riesen- γιγάντειος, γιγαντιαίος
riesengroß τεράστιος, κολοσσιαίος; *Unterschied*: ... (είναι) βουνό
Riesen|krach *m* → ***Riesentumult***; **~spaß** *m* γλέντι τρικούβερτο; **~tumult** *m*: ***es gibt e-n ~tumult*** χαλάει ο κόσμος; **~werk** *n* μεγαθήριο
riesig γιγάντειος, γιγαντιαίος, θεόρατος, παμμέγιστος, πελώριος
Riesin *f* γιγάντισσα
Riesling ⟨*-s; -e*⟩ *m* (είδος σταφιλιού:) ρίσλιγκ ⟨*0*⟩ *n*
riet → ***raten***
Riff ⟨*-(e)s; -e*⟩ *n* ύφαλος *f*, ξέρα
rigo'ros αυστηρός
Rille *f* αύλακα; ράβδωση; (*beim Reifen*) αυλάκωση
rillen ραβδώνω
Rind ⟨*-(e)s; -er*⟩ *n* βόδι, βόιδι; **~-** βοδινός; αγελαδινός
Rinde *f* φλοιός; (*Brot*) κρούστα, (*Käse auch*) γωνιά
Rinder|braten *m* βοδινό ψητό; **~herde** *f* βουκολιό; **~hirt** *m* βοσκός, βουκόλος
Rind|fleisch *n* βοδινό κρέας; **~(s)leder** *n* δέρμα *n* από μοσχάρι; βακέτα; **~vieh** *n* βόδι, βόδια *n/pl*; (*Dummkopf*) P (*pl -viecher*) κτήνος, ζωντόβολο
Ring ⟨*-(e)s; -e*⟩ *m* δακτύλιος; (*Finger-*) δαχτυλίδι; TECH κολάρο; (*Kolben-*) ελατήριο, όμμα *n*; (*Kreis*) κύκλος; (*Kette*) κρίκος; (*Sport*) ριγκ ⟨*0*⟩ *n*; **~-** δακτυλιοειδής; (*Wurm*) δακτυλιωτός
Ringe *m/pl* (*Turnen*) κρίκοι *m/pl*
ringeln ⟨*-le*⟩ κουλουριάζω; *Locken*: κατσαρώνω; ***sich ~*** κουλουριάζομαι; BOT κατσαρώνω
Ringel|natter *f* δεντρογαλιά; **~piez** ⟨*-es; -e*⟩ *m* F χοροεσπερίδα, χοροπήδημα *n*
ringen* παλεύω (***um*** *A*/για); ***mit dem Tode ~*** χαροπαλεύω; *fig* ***die Hände ~*** στηθοχτυπιέμαι
Ring|en *n* πάλη; ***erbitterte(s) ~en*** γιγαντομαχία; **~er** *m* παλαιστής; **~finger** *m* παράμεσος

R

ringförmig δακτυλιοειδής
Ring|kampf *m* πάλη; **~kämpfer** *m* παλαιστής; **~mauer** *f* περιτείχισμα *n*
rings: **~ um** *A* γύρω από, σε; **~herum** *adv* πέριξ, γύρω, περίγυρα
Ringstraße *f* κυκλικός (περιφερειακός) δρόμος
Rinne *f* αυλάκι, ολκός
rinnen* ⟨*sn*⟩ ρέω, τρέχω
Rinn|sal ⟨*-ẹs; -e*⟩ *n* ρυάκι; **~stein** *m* νεροσυρμή, σούδα
Rio de Janeiro [ʒa'neːro] *n* Ρίο Ιανέιρο
Rippe *f* ANAT πλευρά, παΐδι; (*des Heizkörpers*) σωλήνα(ς); *fig* ***sich*** (*D*) ***etw aus den ~n schneiden*** το κόβω από το πλευρό
Rippenfell *n* πλευρά; **~-** πλευρικός; **~entzündung** *f* πλευρίτιδα
Risiko ⟨*-s; -ken*⟩ *n* κίνδυνος; HDL ευθύνη
ris'k|ant ριψοκίνδυνος; **~ieren** *v/t* κινδυνεύω, ρισκάρω
riss → ***reißen***
Riss [ɪ] ⟨*-es; -e*⟩ *m* ρήγμα *n* (*auch fig*), ράγισμα *n*, σχίσιμο, σχίσμα *n*; ***e-n ~ bekommen*** ραγίζω; **~fraktur** *f* MED ράγισμα *n*, θλάση
rissig σχισμένος
ritt → ***reiten***
Ritt ⟨*-ẹs; -e*⟩ *m* έφιππος περίπατος
Ritter *m* ιππότης; **~-** ιπποτικός
ritterlich ιπποτικός
Ritter|lichkeit ⟨*0*⟩ *f* ιπποτισμός; **~orden** *m* ιπποτικό τάγμα *n*; **~schaft** ⟨*0*⟩ *f*, **~tum** ⟨*-s; 0*⟩ *n* ιπποτισμός
rittlings ιππαστί, καβάλα; **~ *sitzen*** καβαλικεύω
Ritu'al ⟨*-s; -e*⟩ *n* τυπικό, τελετουργική πράξη
Ritus ⟨*-; -ten*⟩ *m* τυπικό
Ritze *f* σχισμάδα, χαραμάδα; **~l** *n* TECH πινιό
ritzen ⟨*-t*⟩ χαράζω, σχίζω
Ri'vale ⟨*-n*⟩ *m* αντίζηλος
rivali'sieren ανταγωνίζομαι (***mit j-m***/ κπ)
Rivali'tät *f* αντιζηλία
Rizinus ⟨*-; - oder -se*⟩ *m* κίκι (-εως); **~öl** *n* κικινέλαιο, ρετσινόλαδο
Roastbeef ['roːstbiːf] ⟨*-s; -s*⟩ *n* ροσμπίφ ⟨*0*⟩ *n*
Robbe *f* φώκια
Robe *f* (*des Richters usw*) τήβεννος *f*
Roboter ['rɔbɔtɐ] *m* ρομπότ ⟨*0*⟩ *n*
ro'bust κοτσονάτος, εύρωστος
Ro'bustheit ⟨*0*⟩ *f* ευρωστία
roch → ***riechen***
röcheln ⟨*-le*⟩ αγκομαχώ; *subst* αγκομαχητό
Rochen [ɔ] ⟨*-s; -*⟩ *m* ZOOL σαλάχι
Rock ⟨*-ẹs; ¨-e*⟩ *m* φούστα, φουστάνι; *hist* (*Herren-*) σακάκι
Rock|band [-bɛnt] ⟨*-; -s*⟩ *f* ροκ συγκρότημα *n*; **~musik** *f* ροκ *f, n*
Rodelbahn *f* ελκηθροδρομία
rodeln ⟨*-le; sn*⟩ κατηφορίζω με το έλκηθρο
roden ⟨*-e-*⟩ εκχερσώνω, ξεχερσώνω
Rod|en *n*, **~ung** *f* εκχέρσωση
Rogen *m* ταραμάς, αυγά *n/pl* ψαριών
Roggen *m* σίκαλη, βρίζα; **~brot** *n* ψωμί από σίκαλη
roh (*unreif, auch brutal*) ωμός; (*ungebraten*) άψητος; άβραστος; (*unbearbeitet*) ακατέργαστος
Rohbau *m* γιαπί, ξεροτοιχία
Rohheit *f* ωμότητα
Roh|kost *f* (δίαιτα με βάση) ωμή φυτική τροφή; **~material** *n* ακατέργαστο υλικό; **~öl** *n* αργό πετρέλαιο
Rohr ⟨*-ẹs; -e*⟩ *n* TECH σωλήνα(ς); (*Kessel*) αυλός; BOT καλάμι; κάνα; **~-** καλαμένιος; (*-Stuhl*) ψάθινος
Röhr|chen *n* σωληνάριο; **~e** *f* σωλήνα(ς) (*auch Fernsehen*); (*Radio*) λυχνία; **~en-** αυλωτός
röhrenförmig σωληνοειδής
Röhricht ⟨*-s; -e*⟩ *n* καλαμιώνας
Rohr|leger *m* υδραυλικός, σωληνουργός; **~leitung** *f* σωλήνωση; **~möbel** *pl* ψάθινα έπιπλα *n/pl*; **~netz** *n* σωλήνωση; **~stock** *m* ράβδος *f*, βέργα; **~zucker** *m* ζάχαρη από ζαχαροκάλαμο
Roh|seide *f* ακατέργαστο μετάξι; **~stoff** *m* πρώτη ύλη
rohstoff|arm φτωχός σε πρώτες ύλες; **~reich** πλούσιος σε πρώτες ύλες
Roll- κυλιστός
Rollbahn *f* LUFTF διάδρομος απογειώσεως
Rolle *f* καρούλι, ροδάκι, ρόδα; (*Walze*) κύλινδρος; (*Wäsche-*) μαγγάνι; THEA (*auch fig*) ρόλος, μέρος *n*; ***auf ~n*** σε ροδάκια, πάνω σε ρόδες; *allg* ***e-e*** (***keine***) **~ *spielen*** (δεν) παίζω (κανένα) ρόλο; ***aus der ~ fallen*** ξεφεύγω από το ρόλο
rollen *v/t* κυλώ (-άς); *v/i* ⟨*sn*⟩ κυλιέμαι;

R

LUFTF ***zum Start*** **~** τροχοδρομώ για απογείωση; ***sich*** **~** κυλιέμαι; *subst* κύλισμα *n*, περιδίνηση; (*des Schiffes*) κλυδωνισμός; **~d** κυλιόμενος; **~de(s)** ***Material*** τροχαίο υλικό
Roller *m* (*Spielzeug*) πατίνι
Roll|feld *n* *LUFTF* διάδρομος; **~kragenpullover** *m* πουλόβερ *n* με λαιμό γυριστό; **~laden** ⟨*-s*; *¨*⟩ *m* ρολό; **~mops** ⟨*-es*; *¨e*⟩ *m* μαρινάτη ρέγγα
Rollschuh *m* πατίνι, (τροχο)πέδιλο; **~** ***laufen*** πατινάρω; **~laufen** *n* πατινάρισμα *n*
Rollstuhl *m* αναπηρική καρέκλα; **~fahrer** *m* ανάπηρος
Rolltreppe *f* κυλιόμενες σκάλες *f/pl*
Rom *n* Ρώμη
Ro'man ⟨*-s*; *-e*⟩ *m* μυθιστόρημα *n*; **~-** μυθιστορηματικός
Ro'mane [aː] ⟨*-n*⟩ *m* Ρωμανικός
ro'man|haft μυθιστορηματικός; **~isch** ρωμανικός, νεολατινικός
Roma'nist ⟨*-en*⟩ *m* ρωμανιστής; **~ik** ⟨*0*⟩ *f* ρωμανικές γλώσσες *f/pl*
Ro'manschriftsteller *m* μυθιστοριογράφος
Ro'mantik [a] ⟨*0*⟩ *f* ρομαντισμός; (*Gefühl*) ρομαντικότητα; **~er** *m* ρομαντικός
ro'mantisch ρομαντικός
Römer *m* Ρωμαίος; **~in** *f* Ρωμαία
römisch ρωμαϊκός, ρωμανικός
röntgen [-gən] (***geröntgt*** *mst* [-'rœnçt]) ακτινοσκοπώ
Röntgen|arzt *m* ακτινολόγος; **~aufnahme** *f* ακτινογραφία; **~behandlung** *f* ραδιοθεραπεία; **~bild** *n* → ***Röntgenaufnahme***
Röntgeno|'loge ⟨*-n*⟩ *m* ακτινολόγος; **~lo'gie** ⟨*0*⟩ *f* ακτινολογία
röntgeno'logisch ακτινολογικός
Röntgen|strahlen *m/pl* ακτίνες-Ραίντγκεν *oder* -X *f/pl*; **~untersuchung** *f* ραδιογραφία
rosa ⟨*0*⟩ ρόδινος, ροζ ⟨*0*⟩; *fig* ***alles durch die*** **~*(rote)*** ***Brille sehen*** τα βλέπω όλα ρόδινα
Rosa ⟨*-s*; *-*⟩ *n* ροζ *n*
Rose *f* τριαντάφυλλο, ρόδο; *MED* ερυσίπελας (-ατος); ανεμοπύρωμα *n*
Rosen|kranz *m* *REL* κομπολόι; **~'montag** *m* Καθαρά Δευτέρα; **~öl** *n* ροδέλαιο; **~stock** *m* τριανταφυλλιά
Ro'sette *f* ροζέτα
rosig ροδαλός, ρόδινος (*auch fig*)
Ro'sine *f* σταφίδα; **~n-** σταφιδικός
Rosmarin [oː] ⟨*-s*; *0*⟩ *m* δεντρολίβανο
Ross [ɔ] ⟨*-es*; *-e*⟩ *n poet*, *iron* άτι; ***auf dem hohen*** **~** ***sitzen*** μεγαλοπιάνομαι; **~apfel** *m* καβαλίνα; **~haar** *n* αλογότριχα
Rost[1] ⟨*-es*; *-e*⟩ *m* σκάρα; ***vom*** **~** της σκάρας
Rost[2] ⟨*-es*; *0*⟩ *m* σκουριά; **~** ***ansetzen*** σκουριάζω; **~ansatz** *m* σκούριασμα *n*
Röst|- τσιγαριστός, ... φούρνου; **~brot** *n* φρυγανιά
rosten ⟨*-e-*; *sn*⟩ σκουριάζω, οξειδώνομαι
rösten ⟨*-e-*⟩ καβουρδίζω; *Brot* φρυγανίζω; *Kartoffeln* (*in der Pfanne*) τηγανίζω; (*im Ofen*) ψήνω
Rosten *n* σκούριασμα *n*
Röst|en *n* καβούρδισμα *n*; φρύξη; **~er** *m* (ηλεκτρική) φρυγανιέρα
rost|frei ανοξείδωτος; **~ig** σκουριασμένος; **~*ig werden*** σκουριάζω
Rostschutzmittel *n* αντιοξειδωτικό
Rösttrommel *f* καβουρδιστήρι
rot κόκκινος (*auch POL*), *K* ερυθρός; → ***bei***; ***Rote Beete*** *BOT* κοκκινογούλι; ***Rote(s) Kreuz*** Ερυθρός Σταυρός; **~e(r)** ***Fleck*** κοκκινάδι; **~** ***färben,*** **~** ***werden*** (*allg*) κοκκινίζω; **~bäckig** κοκκινομάγουλος
Rotbarsch *m* (*Fisch*) (η) πέρκα
rot|blond ξανθοκόκκινος; **~braun** καστανός
Rotbuche *f* οξυά
Röte ⟨*0*⟩ *f* κοκκινάδα, ερυθρότητα
Röteln *pl MED* ερυθρά
röten ⟨*-e-*⟩ κοκκινίζω; ***sich*** **~** κοκκινίζω
rothaarig κοκκινομάλλης (-α, -ικο)
Rothaut *f* (*Indianer*) ερυθρόδερμος *m*, *f*
ro'tieren στρέφομαι
Rot|käppchen *n* Κοκκινοσκουφίτσα; **~kehlchen** *n ZOOL* κοκκινολαίμης; **~kohl** *m* κόκκινο λάχανο
rötlich [øː] κοκκινωπός
Rotor ⟨*-s*; *-'toren*⟩ *m* ρότορας
Rotstift *m* κόκκινο μολύβι
Ro'tunde *f* ροτόντα
Rötung *f* κοκκίνισμα *n*, ερυθρότητα
Rot|wein *m* κόκκινο κρασί; **~welsch** ⟨*-*; *0*⟩ *n* αργκώ ⟨*0*⟩ *f*, γλώσσα της πιάτσας
Rotz [ɔ] ⟨*-es*; *0*⟩ *m* μύξα; **~nase** *f* μυξιάρης (-α, -ικο)

R

Rouge [ʀuːʒ] ⟨*-s*; *-s*⟩ *n* ρουζ ⟨*0*⟩ *n*
Route [uː] ⟨*0*⟩ *f* δρόμος, πορεία
Rou'tine [uˑ] ⟨*0*⟩ *f* ρουτίνα; **~kontrolle** *f* έλεγχος ρουτίνας; **~maßnahme** *f* ενέργεια ρουτίνας
routi'niert ρουτινιάρικος
Rowdy ['ʀaʊdiˑ] ⟨*-s*; *-s*⟩ *m* τεντυμπόι, μόρτης; **~tum** ⟨*-s*; *0*⟩ *n* τεντυμποϊσμός
Roya'lis|mus [ʀoˑjaˑ-] ⟨*-*; *0*⟩ *m* βασιλοφροσύνη; **~t** ⟨*-en*⟩ *m* βασιλόφρονας
roya'listisch (φιλο)βασιλικός; βασιλόφρονας *m*, *f*
Rübe *f* σέσκ(ου)λο, παντζάρι; ***Rote ~*** κοκκινογούλι
Rubel *m* ρούβλι
Rübenzucker *m* ζάχαρη από ζαχαρότευτλο
rüber → ***herüber***, ***hinüber***; ***ich kann nicht ~*** (*kommen*) δεν μπορώ να περάσω
Ru'bin ⟨*-s*; *-e*⟩ *m* ρουμπίνι
Ru'brik *f* κατηγορία; στήλη; τίτλος
ruchbar [uː]: ***~ werden*** φήμη διαδίδεται, βγαίνει λόγος
ruchlos [uː] αχρείος
Ruchlosigkeit *f* αχρειότητα
Ruck ⟨*-ẹs*; *-e*⟩ *m* τίναγμα *n*, τράνταγμα *n*; ***mit e-m ~*** με τίναγμα; ***sich e-n ~ geben*** κάνω καρδιά; καταναγκάζομαι
Rück- *oft*: μετα-; ανάστροφος; (*Seite*) οπίσθιος
Rückantwort *f* ανταπάντηση; **~karte** *f* κάρτα με πληρωμένη απάντηση
ruckartig απότομος; με κόλπο
Rück|berufung *f* ανάκληση; **~blende** *f* (*Film*) αναδρομή; **~blick** *m fig* αναδρομή (***auf*** *A*/σε); αναπόληση (***auf*** *A*/*G*)
rück|blickend (***auf***) αναδρομικός; **~datieren** προχρονολογώ
rucken *v/i* τραντάζω
rücken *v/t* τραβώ (-άς), μετακινώ; *v/i* ⟨*sn*⟩ (*Platz machen*) ***etwas ~*** τραβώ παρά πέρα, κάνω τόπο; ***näher ~*** πλησιάζω
Rücken *m* ράχη, πλάτη, νώτα *n*/*pl*; ***auf dem ~*** (*liegend*) *adv* ανάσκελα; (*schwimmen*) υπτίως; *adj* ύπτιος; *fig* ***hinter dem ~*** πισώπλατα; *fig* ***auf den ~ fallen*** μένω μάρμαρο *oder* έκθαμβος; ***den ~ kehren*** γυρνώ (-άς) την πλάτη; **~-** νωτιαίος
Rückenmark *n* νωτιαίος μυελός; **~entzündung** *f* μυελίτιδα
Rückenschwimmen *n* ύπτια *n*/*pl*
Rück|erinnerung *f* αναπόληση (***an*** *A*/*G*); **~erstattung** *f* επιστροφή, απόδοση; **~fahrkarte** *f* εισιτήριο μετ' επιστροφής; **~fahrscheinwerfer** *m* προβολέας όπισθεν; **~fahrt** *f* επιστροφή, γυρισμός; **~fall** *m* MED υποστροφή; MED, JUR υποτροπή; ***e-n ~fall erleiden*** υποτροπιάζω; *auch* υπέστρεψε η νόσος
rückfällig JUR υπότροπος
Rück|flug *m* επιστροφή (με το αεροπλάνο); **~frage** *f* αντερώτηση
Rückführung *f* επαναφορά; ***~ in Privateigentum*** ιδιωτικοποίηση; ***~ in das Heimatland*** επαναπατρισμός
Rück|gabe *f* επιστροφή, απόδοση; **~gang** *m nur fig* μαρασμός, νέκρωση; HDL, *der Leistung usw* κάμψη
rückgängig: ***~ machen*** ανακαλώ, ανατρέπω
Rückgängigmachung *f* ανάκληση, ματαίωση
Rück|grat ⟨*-ẹs*; *-e*⟩ *n* ραχοκοκαλιά, σπονδυλική στήλη; *fig* ***kein ~grat haben*** δεν έχω σταθερότητα χαρακτήρα; **~griff** *m allg* αναδρομή (***auf*** *A*/σε); JUR αναγωγή; **~halt** *m* υποστήριξη, υποστήριγμα *n*
rückhaltlos ανεπιφύλακτος
Rück|kauf *m* εξώνηση; **~kehr** ⟨*0*⟩ *f* επιστροφή, γύρισμα *n*; **~kopplung** *f* αντίδραση; **~lage** *f* (*Geld*) ρεζέρβα, εφεδρεία; *pl auch* ακουμπίσματα *n*/*pl*; **~licht** *n* (*Auto*) πίσω φως; **~porto** *n* γραμματόσημο απαντήσεως; **~reise** *f* επιστροφή, γυρισμός; ***auf der ~reise*** στο γυρισμό; **~reiseverkehr** *m* κίνηση επιστροφής
Rucksack *m* σακίδιο, πήρα; **~tourismus** *m* τουρισμός με σακίδιο; **~tourist** *m* τουρίστας με σακίδιο
Rück|schlag *m* MED υποτροπή, μετάπτωση; (***viele***) ***~schläge erleiden*** υφίσταμαι δοκιμασίες; **~schritt** *m fig* οπισθοδρόμηση
rückschrittlich αντιπροοδευτικός
Rückschrittlichkeit ⟨*0*⟩ *f* POL οπισθοδρομικότητα
Rück|seite *f* πίσω πλευρά, όπισθεν μέρος *n*; **~sendung** *f* επιστροφή
Rücksicht *f* προφύλαξη; προσοχή; σεβασμός; ***ohne ~ auf*** *A* αδιάκριτα *G*; ~

***nehmen auf** A, j-n* προσέχω *A*; **~nahme** ⟨*0*⟩ *f* προφύλαξη
rücksichts|los αδιάκριτος, απερίσκεπτος; **~voll** διακριτικός
Rück|sitz *m* πίσω κάθισμα *n*; **~spiegel** *m* κάτοπτρο οδηγήσεως; **~spiel** *n* (*Fußball*) αγώνας ρεβάνς
Rückstand *m* TECH κατάλοιπο; ***im ~ sein*** καθυστερώ
rückständig οπισθοδρομικός, καθυστερούμενος
Rück|ständigkeit ⟨*0*⟩ *f* οπισθοδρομικότητα; **~stellungen** *f/pl* HDL προβλέψεις *f/pl*; **~stoß** *m* αντώθηση, ανάκρουση (*auch Waffe*); **~stufung** *f* υποβιβασμός, υποβάθμιση; **~tritt** *m* αποχώρηση (***von** D*/από); παραίτηση; JUR υπαναχώρηση; (*vom Kauf*) αναστροφή; (*Fahrrad*) (φρένο) κόντρα; **~trittsgesuch** *n* παραίτηση; **~vergütung** *f* επιστροφή καταβληθέντων
rückversichern ⟨*-re*⟩ αντασφαλίζω
Rückversicherung *f* αντασφάλεια
rückwärts πίσω; ***~ fahren*** κάνω όπισθεν; ***~ gehen*** πάω πίσω
Rückwärtsgang *m* όπισθεν ⟨*0*⟩ *f*
Rückweg *m* γυρισμός
ruckweise με κόλπο
rückwirkend JUR αναδρομικός; ***~e Kraft*** JUR αναδρομική ισχύς
Rück|wirkung *f* αντίχτυπος; **~zahlung** *f* πληρωμή; **~zug** *m* υποχώρηση, αποχώρηση; οπισθοδρόμηση; **~zugs-** υποχωρητικός
rüde απότομος
Rudel *n* κοπάδι, αγέλη; ***in ~n*** κοπαδιαστός
Ruder *n* κουπί; → ***Steuer** n*; ***am ~ sein*** *fig* κάνω κουμάντο; **~boot** *n* καΐκι; **~er** *m* κωπηλάτης
rudern ⟨*-re*⟩ τραβώ κουπί, κωπηλατώ
Ruder|n *n* κωπηλασία; **~pinne** *f* δοιάκι; **~regatta** *f* λεμβοδρομία
Ruf ⟨*-ǝs*; *-e*⟩ *m* (*schlechter*, *guter*) φήμη, όνομα *n*; (*Rufen*) κλήση; (*Berufung*) πρόσκληση
rufen* *v/t*, *v/i* φωνάζω; (*auch herbei~*) καλώ; *Arzt auch* προσκαλώ; *Losung* (*Demonstration*) κραυγάζω; ***ins Land ~*** μετακαλώ; ***zu Hilfe ~*** καλώ σε βοήθεια
Rufen *n* αναφώνηση
Rüffel *m*: ***e-n ~ erteilen*** (***bekommen***) βάζω (τρώω) κατσάδα
Ruf|name *m* (βαφτιστικό) όνομα *n*; **~nummer** *f* αριθμός κλήσεως; **~zeichen** *n* κλήση σταθμού
Rugby ['rakbi] ⟨*-*(*s*); *0*⟩ *n* ράκμπι ⟨*0*⟩ *n*
Rüge *f* μομφή
rügen ψέγω, μέμφομαι, επιτιμώ (-άς)
Ruhe ⟨*0*⟩ *f* ησυχία; ηρεμία; (*Schweigen*) σιγαλιά; (*Erholung*) ανάπαυση, ρηλάξ *n*; ***~!*** σουτ!, σιωπή!; ***ewige ~*** αιώνια ανάπαυση; ***in aller ~*** με το πάσο μου; με την ησυχία μου (σου *usw*); ***j-n in ~ lassen*** αφήνω κπ ήσυχο; ***lass mich in ~!*** παράτα με; **~-** σχολιανός
Ruhe|bank *f* έδρανο; **~bett** *n* ντιβάνι; **~geld** *n* σύνταξη; **~geldempfänger** *m* συνταξιούχος
ruhelos ανήσυχος; ακατάπαυστος
ruhen (*nicht arbeiten*) αργώ; κοιμάμαι; (*sich ausruhen*) αναπαύομαι; (*Grab*) κείμαι; ***~ lassen*** αφήνω ... ασκάλιστο
Ruhe|pause *f* ανάπαυση, διάλειμμα *n*; **~platz** *m* αναπαυτήριο
Ruhestand ⟨*-ǝs*; *0*⟩ *m* σύνταξη; MIL αποστρατεία; ***einstweilige(r) ~*** διαθεσιμότητα; ***im ~*** (***i. R.***) συνταξιούχος; MIL απόστρατος, εν αποστρατεία (ε. α.); ***in den ~ treten*** βγαίνω στη σύνταξη; MIL αποστρατεύομαι; ***in den ~ versetzen*** MIL αποστρατεύω
Ruhe|stätte *f* ησυχαστήριο; ***die letzte ~stätte*** τελευταία κατοικία; **~störer(in** *f*) *m* θορυβοποιός *m*, *f*; **~störung** *f*: ***öffentliche ~störung*** διατάραξη της κοινής ησυχίας; **~tag** *m* ημέρα αργίας, αργία
ruhig ήσυχος, ήρεμος; *Meer*: γαλήνιος; ***~ stellen*** MED ακινητοποιώ
Ruhigstellung *f* ακινητοποίηση
Ruhm ⟨*-ǝs*; *0*⟩ *m* δόξα
rühmen *v/t* δοξάζω; ***sich e-r Sache*** (*G*) (*oder **mit** D*) ~ καυχιέμαι για
rühmlich αξιέπαινος
ruhm|los άδοξος; **~reich** θρυλικός; **~süchtig** φιλόδοξος; **~voll** ένδοξος
Ruhr[1] ⟨*0*⟩ *f* MED δυσεντερία
Ruhr[2] ⟨*0*⟩ *f* Ρουρ ⟨*0*⟩ *n*
Rühreier *n/pl* χτυπητά αβγά *n/pl*
rühren *v/t* (*durch~*) ανακινώ, ανακατεύω, ταράζω; *fig j-n* συγκινώ; θίγω; *v/i* ***~ an** D* αγγίζω (*auch fig*); ***~ von** D* προέρχεται από; ***sich ~*** κινούμαι, σαλεύω; MIL ***rührt euch!*** ανάπαυση!; οδοιπορικό!; **~d** συγκινητικός, κατανυκτικός

R

Ruhrgebiet *n* περιοχή του Ρουρ
rührig δραστήριος; ρέκτης *m* (*f* -η)
Rührigkeit ⟨*0*⟩ *f* δραστηριότητα
rührselig αισθηματικός; παθητικός
Rührseligkeit ⟨*0*⟩ *f* αισθηματικότητα
Rühr|stab *m* *TECH* κίνητρο; **~ung** ⟨*0*⟩ *f* συγκίνηση
Ruin [ʀuˈiːn] ⟨*-s*; *0*⟩ *m* καταστροφή; *HDL auch* ναυάγιο; **~e** *f* ερείπιο; (*fig und Mensch*) χάρβαλο
rui'nier|en *j-n* καταστρέφω; βουλιάζω, αφανίζω; **~t** χαμένος, σπασμένος; *HDL* κατεστραμμένος; **~t werden** *auch* βουλιάζω
rülpsen ⟨*-t*⟩ F ρεύομαι
Rum [ʊ] ⟨*-s*; *0*⟩ *m* ρούμι
Ru'män|e ⟨*-n*⟩ *m* Ρουμάνος; **~ien** *n* Ρουμανία; **~in** *f* Ρουμανίδα
ru'mänisch ρουμανικός
rumkriegen F *j-n* ψήνω
Rummel ⟨*-s*; *0*⟩ *m* φασαρία, κίνηση; αναμπουμπούλα; (*Jahrmarkt*) *etwa*: πανηγύρι με ατραξιόν
ru'moren κάνω νταβαντούρι
Rumpelkammer *f* κελάρι
Rumpf ⟨*-es*; *¨e*⟩ *m* (*auch des Schiffes*) κορμός; μπούστος; **~beuge** *f* δίπλωση-πρόκυψη, μεγάλη επίκυψη
rümpfen: *die Nase ~ über A* στραβομουτσώνω με *oder* για
Rumpsteak [ˈʀʊmsteːk] *n* μπονφιλέ ⟨*0*⟩ *n*
rund (*auch Zahl*) στρογγυλός; κυκλοτερής; (*etwa*) περίπου; ***~ machen*** (***werden***) στρογγυλεύω
Rund|blick *m* πανόραμα *n*; **~bogen** *m* καμάρα
Runde *f* (*Sport*, *Verhandlungs-*) γύρος
runden ⟨*-e-*⟩ στρογγυλεύω
Rund|fahrt *f*, **~flug** *m* γύρος
Rundfunk *m* ραδιοφωνία; → ***Radio***; **~-** ραδιοφωνικός; ***~ und Fernsehnetz*** δίκτυο ραδιοφωνίας και τηλεόρασης; **~gerät** *n* ραδιόφωνο; **~gesellschaft** *f* ίδρυμα *n* ραδιοφωνίας; **~programm** *n* ραδιοπρόγραμμα *n*; **~sender** *m* ραδιοφωνικός σταθμός, ραδιοπομπός; **~sendung** *f* ραδιοφωνική εκπομπή; **~station** *f* ραδιοφωνικός σταθμός; **~übertragung** *f* ραδιοφωνική μετάδοση; **~wesen** ⟨*-s*; *0*⟩ *n* ραδιοφωνία
Rund|gang *m* περιδιάβαση, γυροβόλι; **~heit** ⟨*0*⟩ *f* κυκλικότητα
rund|heraus (*sprechen*) ξεκομμένα; **~herum** ολόγυρα; ***~herum um A*** ολόγυρα σε
rundlich στρογγυλωπός, παχουλός; *Hand*: αφράτος
Rundreise *f* περιοδεία; ***e-e ~ machen*** περιοδεύω
Rund|schreiben *n* εγκύκλιος *f*; **~streckenrennen** *n* σιρκουί ⟨*0*⟩; **~ung** *f* κυκλικότητα
rundweg *adv* νέτα σκέτα
Runkelrübe *f* παντζάρι
runter → ***hinunter***, ***herunter***
runter|gucken κοιτάζω κάτω; **~langen** *z. B. Buch* κατεβάζω, πιάνω (***j-m etw von D***/κτ σε κπ από); ***j-m e-e ~langen*** ρίχνω καρπαζιά σε κπ; **~machen** F κολαφίζω (***j-n***/κπ); **~putzen** ⟨*-t*⟩ F (*ausschelten*) ***j-n*** βρίζω, ταπεινώνω
Runzel *f* ζάρα, ζαρωματιά, ρυτίδα; ***~n bekommen*** ζαρώνω
runzel|ig → ***runzlig***; **~n** ⟨*-le*⟩ ζαρώνω; ***die Stirn ~n*** σουφρώνω τα φρύδια (μου); *subst* ζάρωμα *n*
runzlig ρυτιδωμένος; ***~ machen*** ρυτιδώνω
Rüpel *m* κατεργάρης (-ηδες)
rupfen (*auch fig*) ξεπουπουλιάζω (***j-n***/κπ), μαδώ (-άς); *subst* μάδημα *n*
ruppig απότομος; *fig* αυθάδης, βάναυσος
Rup'tur *f* *MED* ρήξη
Ruß [uː] ⟨*-es*; *0*⟩ *m* αιθάλη, καπνιά
Russe ⟨*-n*⟩ *m* Ρώσος
Rüssel *m* (*Elefant*) προβοσκίδα; (*Schwein*) ρύγχος
ruß|en [uː] ⟨*-t*⟩ καπνίζω; βγάζω αιθάλη; **~ig** αιθαλώδης
Russin *f* Ρωσίδα
russisch ρωσικός
Russland *n* Ρωσία
rüsten ⟨*-e-*⟩ εξοπλίζω; ***sich ~ zu D*** *fig* προετοιμάζομαι για
rüstig εύρωστος, καλοστεκούμενος; ***~ bleiben*** κρατιέμαι
Rüstigkeit ⟨*0*⟩ *f* ρωμαλεότητα
rusti'kal *Stil*: ρουστίκ ⟨*0*⟩
Rüstung *f* εξοπλισμός; (*Ritter-*) πανοπλία
Rüstungs|fabrik *f* οπλοποιείο; **~industrie** *f* πολεμική βιομηχανία; **~wettlauf** *m* κυνήγι των εξοπλισμών
Rüstzeug *n* εφόδια *n/pl*
Rute *f* βέργα; (*Schwanz*) ουρά
Ruten|gänger(in *f*) *m* ραβδοσκόπος *m*, *f*; **~hieb** *m* βεργιά

Rutsch [ʊ] ⟨-*e̸s*; -*e*⟩ *m* κατρακύλισμα *n*; ***in einem*** ~ όσο να πεις κύμινο; F ***guten*** ~**!** (*ins neue Jahr*) χρόνια πολλά!
Rutsche [ʊ] *f* σύρτης, τροχιά
rutsch|en ⟨*sn*⟩ γλιστρώ (-άς); *Auto auch* ντεραπάρω; *subst* γλίστρημα *n*; ντεραπάρισμα *n*; ~**fest** αντιολισθητικός
rütteln ⟨-*le*⟩ τραντάζω; σείω (**an** *D*/*A*); *fig* (*an etw*) θίγω *A*; *subst* τίναγμα *n*

S

S, s [ˀɛs] *Aussprache wie* ζ; *am Ende* **-ss-** *und* **ß** *wie* Σ, σ
Saal ⟨-*e̸s*; *Säle*⟩ *m* αίθουσα, σάλα
Saat *f* σπορά, σπαρτά *n/pl*; ~- σπαρτός, σπόρος; ~**korn** *n* σπορικό; ~**krähe** *f* κουρούνα
Sabbat ⟨-*s*; -*e*⟩ *m* Σάββατο
sabbern ⟨-*re*⟩ σαλιάζω; ~**d** (*auch fig*) σαλιάρης (-αρα)
Säbel *m* σπαθί, σπάθη; ***den*** ~ ***ziehen*** τραβάω το σπαθί; ~**hieb** *m* σπαθιά
Sabo|tage [-ˈtaːʒə] *f* σαμποτάζ ⟨*0*⟩ *n*; ~**'tage-akt** *m* δολιοφθορά; ~**'teur** ⟨-*s*; -*e*⟩ *m* σαμποτέρ ⟨*0*⟩ *m*
sabo'tieren σαμποτάρω
Saccharin [zaxaˈʀiːn] ⟨-*s*; *0*⟩ *n* ζαχαρίνη
Sachbearbeiter *m* αρμόδιος υπάλληλος
sachdienlich πρακτικός, ωφέλιμος
Sache *f* πράγμα *n*; (*Angelegenheit*) δουλειά, υπόθεση (*auch* JUR); (*Thema*) θέμα *n*; → ***unverrichtet***; ***bei der*** ~ ***bleiben, zur*** ~ ***kommen*** μένω ..., έρχομαι στο προκείμενο
Sachen *f/pl* (*Gepäck*) πράγματα *n/pl*
sachgemäß κατάλληλος
Sachkenn|er *m* εμπειρογνώμονας; ~**tnis** *f* πραγματογνωσία
sachkundig έμπειρος
Sach|lage *f* περιστατικά *n/pl*; ~**leistung** *f* παροχή σε είδος
sachlich αντικειμενικός
sächlich GR ουδέτερος
Sachlichkeit *f* αντικειμενικότητα
Sach|register *n* ευρετήριο; ~**schaden** *m* υλική ζημιά
Sachse [ˈzaksə] ⟨-*n*⟩ *m* Σάξονας, Σάξων *m*; ~**n** *n* Σαξονία
Sächsin *f* Σαξονίδα
sächsisch σαξονικός
sacht(e) *adv* σιγά-σιγά, αγάλι-αγάλι
Sachver|halt ⟨-*e̸s*; -*e*⟩ *m* τα γεγονότα, κατάσταση πράγματων; ~**ständige(r)** πραγματογνώμονας
Sack ⟨-*e̸s*; ⸚*e*⟩ *m* σακί, σάκος, τσουβάλι; (*Stroh-*) στρώμα *n*
Säckchen *n* σακούλα (-λι)
Sackgasse *f a. fig* αδιέξοδο; ***in e-e*** ~ ***geraten*** βαλτώνω
Sackleinwand *f* καναβάτσο
Sa'dis|mus ⟨-; *0*⟩ *m* σαδισμός; ~**t** ⟨-*en*⟩ *m* σαδιστής
sa'distisch σαδιστικός
säen σπέρνω, *auch fig Zwietracht usw* ενσπείρω; *subst* σπάρσιμο (-ατος)
Safe [seːf] ⟨-*s*; -*s*⟩ *m oder n* χρηματοκιβώτιο; τραπεζική θυρίδα
Saffianleder *n* μαροκινό
Safran [-fʀaːn] ⟨-*s*; -*e*⟩ *m* ζαφορά, κρόκος
Saft ⟨-*e̸s*; ⸚*e*⟩ *m* (*Frucht- usw*) χυμός; (*allg und Fleisch-*) ζουμί; *fig* ***ohne*** ~ ***und Kraft*** χωρίς ζουμί; στουπί
saft|ig χυμώδης, ζουμερός; ~**los** άχυμος (*auch fig*)
Sage *f* μύθος, θρύλος
Säge *f* πριόνι; ~- πριονιστικός; ~**fisch** *m* πρίστης; ~**mühle** *f* πριονόμυλος
sagen λέω (***j-m etw***/κτ σε κπ); ***etw*** ~ ***zu*** λέω για; ***j-m etw*** ~ ***lassen*** παραγγέλνω κτ σε κπ; ***nochmals*** ~ ξαναλέω; ***zu sich selbst*** ~ *oder* ***sich*** (*D*) ~ λέω στον εαυτό μου; ***leicht gesagt*** εύκολα λέγεται; ***wie man so sagt*** (κατά) που λέει ο κόσμος, τρόπος του λέειν; ***was*** ~ ***Sie dazu?*** πώς σας φαίνεται; ***das hat nichts zu*** ~ δεν έχει να κάνει; ***er lässt sich nichts*** ~ δε παίρνει από λόγια *oder* συμβουλές; ***lass es dir gesagt sein!*** μάθε το!, φύλαξέ το στο νου σου!
Sagen *n*: ***das*** ~ ***haben*** δίνω και παίρνω, κουμαντάρω
sägen πριονίζω; *subst* πριόνισμα *n*

sagenhaft μυθικός, μυθώδης (*auch fig, z. B. Reichtum*)
Säge|späne *m/pl* πριονίδια *n/pl*; **~werk** *n* πριονιστήριο
Sago ⟨*-s; 0*⟩ *n* σάγος
sah → ***sehen***
Sa'hara *f* Σαχάρα
Sahne ⟨*0*⟩ *f* καϊμάκι, κρέμα, αφρόγαλα *n*
Saison [zɛ'ˈzɔŋ, -ˈzɔ̃ː] *f* σεζόν ⟨*0*⟩ *f*, εποχή; (*z. B. Fußball-*) περίοδος *f*; **~-, sai'sonbedingt** εποχιακός
Saite *f* χορδή; *fig* ***andere ~n aufziehen*** δε χαρίζω κάστανα
Saiten|instrument *n* έγχορδο όργανο; **~spanner** *m* στριφτάρι
Sakko ⟨*-s; -s*⟩ *n* (*auch m*) σακάκι
Sakra'ment ⟨*-ȩs; -e*⟩ *n* μυστήριο; **~e** *n/pl* άχραντα μυστήρια *n/pl*
säkulari'sieren δημεύω
Sala'mander *m* σαλαμάνδρα
Sa'lami ⟨*-; -s*⟩ *f* σαλάμι
Salamis ['zaː-] *n* Σαλαμίνα
Sa'lat ⟨*-ȩs; -e*⟩ *m* σαλάτα (*auch fig*); ***grüner ~*** μαρούλι; F ***da haben wir den ~!*** ορίστε κατάσταση!
Salbe *f* αλοιφή
Salbei ⟨*-s; 0*⟩ *m* φασκόμηλο
salben χρίζω, αλείφω, μυρώνω
Salb|en *n* χρίση, μύρωμα *n*, άλειμμα *n*; **~öl** *n* μύρο, χρίσμα *n*; **~ung** *f* χρίσμα *n*, μύρωμα *n*
salbungsvoll *fig, z. B. Rede:* μελοδραματικός
sal'dieren ισοσκελίζω, εξοφλώ
Saldo ⟨*-s; -s oder -den*⟩ *m* υπόλοιπο; **~übertrag** *m* μεταφερόμενο σε νέο λογαριασμό υπόλοιπο
Sa'line *f* αλυκή, αλατουργείο
Sali'zyl|- σαλικυλικός; **~säure** ⟨*0*⟩ *f* σαλικυλικό οξύ *n*
Salmiak [-'mĭak] ⟨*-s; 0*⟩ *m* αμμωνιακό άλας *n*; **~geist** ⟨*-ȩs; 0*⟩ *m* αμμωνία
Salmo'nelle *f* σαλμονέλα
Salon [za'ˈlɔŋ, -ˈlɔ̃ː] ⟨*-s; -s*⟩ *m* σαλόνι, σάλα
Salo'niki *n* Θεσσαλονίκη
Sal'peter ⟨*-s; 0*⟩ *m* νίτρο; **~säure** ⟨*0*⟩ *f* νιτρικό οξύ *n*
Salto ⟨*-s; -s*⟩ *m* σάλτο
Sa'lut ⟨*-ȩs; -e*⟩ *m* MIL χαιρετισμός
salu'tieren χαιρετώ (-άς); *subst* χαιρετισμός
Salve *f* ομοβροντία, ριπή
Salz ⟨*-es; -e*⟩ *n* αλάτι, άλας (-ατος) *n*; ***~ und Pfeffer*** αλατοπίπερο; **~-** → ***salzig***; **~bergwerk** *n* αλατωρυχείο
salzen ⟨*-t; gesalzen*⟩ αλατίζω, αλμυρίζω; ***gesalzen*** αλατισμένος
Salz|fass *n* αλατιέρα; **~gebäck** *n* αλμυρά μπισκότα *n/pl*; **~gurke** *f* αγγούρι τουρσί
salzhaltig αλατούχος
salzig αλμυρός; ***~ sein*** αλμυρίζω; ***schwach ~*** γλυφός
Salz|kartoffeln *f/pl* πατάτες βραστές *f/pl*; **~lake** *f* σαλαμούρα, άρμη, άλμη; **~säure** ⟨*0*⟩ *f* υδροχλωρικό οξύ *n*; **~wasser** *n* άλμη; **~werk** *n* αλυκή
Sämaschine *f* σπορέας
Same ⟨*-ns; -n*⟩ *m* σπόρος, σπέρμα *n*
Samen|- σπερματικός, γονικός; **~korn** *n* γόνος, σπόρος; **~zelle** *f* σπερματοκύτταρο
sämig παχύς; ***~ machen, werden*** *Suppe usw* δένω
Sammel|- αθροιστικός; **~becken** *n* ρεζερβουάρ ⟨*0*⟩ *n*
sammeln ⟨*-le*⟩ *allg* μαζεύω, συλλέγω, συναθροίζω; *Reichtümer, Kenntnisse* αποθησαυρίζω; *Unterschriften* μαζεύω; ***sich ~*** συναθροίζομαι; → ***sich versammeln***
Sammel|n *n* συλλογή; αποθησαυρισμός; MIL σύσταση; **~'surium** ⟨*-s; -rien*⟩ *n* ποτπουρί, σύμφυρμα *n*
Samml|er *m* συλλέκτης; **~ung** *f* συλλογή, συνάθροιση; (*geistig*) συγκέντρωση
Samos *n* Σάμος *f*
Samo'war ⟨*-s; -e*⟩ *m* σαμοβάρι
Samstag ⟨*-ȩs; -e*⟩ *m* Σάββατο
samt *präp D* μαζί με, και; ***~ und sonders*** όλοι μαζί
Samt ⟨*-ȩs; -e*⟩ *m* βελούδο, κατιφές; **~-, samten** βελουδένιος, βελούδινος
sämtlich σύμπας (-ασα, -αν); όλοι οι; ***~e Werke*** (τα) άπαντα
samtweich βελούδινος
Sana'torium ⟨*-s; -rien*⟩ *n* αναρρωτήριο, σανατόριο
Sand ⟨*-ȩs; selten -e*⟩ *m* άμμος *f, m*; ***wie ~ am Meer*** σαν την άμμο της θάλασσας; *fig* ***auf ~ bauen*** χτίζω στην άμμο; ***den Kopf in den ~ stecken*** κρύβομαι πίσω απ' το δάχτυλό μου; ***im ~e verlaufen*** πάω (*oder* πήγε) στα πουφ; **~-** αμμώδης
San'dale *f* σανδάλι

929 **sauer**

Sand|bank *f* αμμουδιά, ξέρα; **~dorn** ⟨*-e̸s; -e*⟩ *m* ιπποφαές *n* ραμνοειδές; **~düne** *f* αμμόλοφος
sandig αμμώδης, αμμουδερός
Sand|mann: *fig* ***der ~mann*** ο Μορφέας; **~papier** *n* γυαλόχαρτο; **~stein** *m* αμμόλιθος; **~strand** *m* αμμουδιά, πλαζ ⟨*0*⟩ *f*; **~uhr** *f* αμμόμετρο
Sandwich ['zɛntvɪtʃ] ⟨*-e̸s; -e̸s*⟩ *n* σάντουιτς ⟨*0*⟩ *n*
San Fran'cisco *n* Σαν Φρανσίσκο
sanft ήπιος, πράος; **~-** γλυκο-, ηδυ-
Sanftheit ⟨*0*⟩ *f* πραότητα
sang → ***singen***
Sänger *m* τραγουδιστής; *REL, fig* ψάλτης; *hist* ραψωδός; *der Freiheit usw* βάρδος; **~in** *f* τραγουδίστρια
sang- und klanglos χωρίς πολλά πολλά, λάου-λάου; (*begraben*) άψαλτος
sa'nieren *v/t* εξυγιαίνω (*auch HDL*)
Sa'nierung *f* εξυγίανση; **~s-** εξυγιαντικός
sani'tär υγειονομικός
Sani'täranlagen *f/pl* εγκαταστάσεις *f/pl* υγιεινής
Sani'tät|er *m* νοσοκόμος; *MIL* τραυματιοφόρος; **~s-** υγειονομικός
sank → ***sinken***
Sank'tion *f* κύρωση; *POL* **~en** *pl* κυρώσεις *f/pl*
sanktio'nieren επικυρώνω
San Ma'rino *n* Άγιος Μαρίνος
sann → ***sinnen***
Santo'rin *n* (*Insel*) Θήρα, Σαντορίνη
Saphir ⟨*-s; -e*⟩ *m* ζαφείρι
Sar'delle *f* σαρδέλα
Sar'dine *f* σαρδέλα
Sar'dinien [-nĭən] *n* Σαρδινία
Sarg ⟨*-e̸s; ¨e*⟩ *m* φέρετρο
sar'kastisch σαρκαστικός
Sar'kom ⟨*-s; -e*⟩ *n MED* σάρκωμα *n*
Sarko'phag ⟨*-s; -e*⟩ *m* σαρκοφάγος *f*
saß [aː] → ***sitzen***
Satan ⟨*-s; -e*⟩ *m auch fig* Σατανάς, τρισκατάρατος
sa'tanisch σατανικός
Satel'lit ⟨*-en*⟩ *m* δορυφόρος; ***künstliche(r)*** **~** τεχνητός δορυφόρος
Satel'liten|fernsehen *n* δορυφορική τηλεόραση; **~schüssel** *f* F δορυφορική κεραία; **~stadt** *f* πόλη δορυφόρος
Satin [za'tɛŋ, -'tɛ̃ː] ⟨*-s; -s*⟩ *m* σατέν ⟨*0*⟩ *n*
Sa'tir|e *f* σάτιρα; **~iker** *m*, **sa'tirisch** σατιρικός
satt χορτάτος, χορτασμένος; *Farbe*: κατάκορος; ***e-e Sache*** (*A*), ***es ~ haben*** βαριέμαι (*aor* βαρέθηκα); ***es ~ haben, zu ...*** βαριέμαι να; ***~ machen, ~ werden*** χορταίνω; ***sich ~ essen*** χορταίνω; ***sich nicht ~*** (*z. B.* ***sehen***) ***können*** δε χορταίνω να (βλέπω)
Sattel ⟨*-s; ¨*⟩ *m* σέλα; σαμάρι; *GEOGR* διάσελο; *fig* ***fest im ~ sitzen*** δένω (*mst* έδεσα) το γάιδαρό μου; **~decke** *f* υπόστρωμα *n*
Sattelgurt *m* κολάνι
satteln ⟨*-le*⟩ σελώνω
Sattheit ⟨*0*⟩ *f* κορεσμός
sättigen *v/t* χορταίνω; **~d** χορταστικός
Sättigung *f* χορτασμός, *auch CHEM* κόρος; πλησμονή
Sattler *m* σαμαροποιός
Sattle'rei *f* σαμαροποιείο
Sa'turn ⟨*-s; 0*⟩ *m* Κρόνος
Satyr ⟨*-s; -e*⟩ *m* σάτυρος
Satz ⟨*-es; ¨e*⟩ *m* φράση; *GR* πρόταση; *TECH* σειρά, τακίμι; (*Boden-*) κατακάθισμα *n*; (*vom Abkochen*) απόβρασμα *n*; *TYP* στοιχιοθεσία; (*Briefmarken*) σειρά; **~bau** ⟨*-e̸s; 0*⟩ *m* δομή της φράσεως; **~gefüge** *n GR* περίοδος *f*; **~teil** *m* μέρος της προτάσεως; **~ung** *f* καταστατικό; **~ungs-** καταστατικός; **~zeichen** *n* σημείο στίξεως
Sau ⟨*-; Säue*⟩ *f* γουρούνα (*auch fig*, P), σκρόφα
sauber (*auch fig ehrbar, iron gemein*) καθαρός, παστρικός; ***~ machen*** καθαρίζω, παστρεύω
Sauberkeit ⟨*0*⟩ *f* καθαριότητα, πάστρα
säuberlich: ***fein ~*** μετ' επιμελείας, επακριβώς
säubern ⟨*-re*⟩ *auch fig* (ξε)παστρεύω, καθαρίζω (**von** *D*/από); *bsd POL Partei usw* εκκαθαρίζω
Säuberung *f* καθάρισμα *n*, πάστρεμα *n*; εκκαθάριση; **~s-** εκκαθαριστικός (*bsd fig, MIL*)
Saubohne *f* κουκί
Saudi ⟨*-s; -s*⟩ *m* Σαουδάραβας
Saudi-A'rabien *n* Σαουδική Αραβία, Σαουδαραβία
saudi-a'rabisch σαουδαραβικός
sau|er ξινός; *CHEM* οξύς; *Miene*: κρεμασμένος; ***~re Milch*** ξινόγαλα; ***~re(r) Geschmack*** ξινάδα; ***~er machen***

S

ξινίζω; **~er werden** ξινίζω; *Milch*: πήζω
Sauerampfer *m* οξαλίδα
Saue'rei *f* P βρομιά
Sauerkirsch|baum *m* βυσσινιά; **~e** *f* βύσσινο; **~saft** *m* βυσσινάδα
Sauer|kohl ⟨-*ẹs*; *0*⟩ *m*, **~kraut** ⟨-*ẹs*; *0*⟩ *n* λάχανο τουρσί
säuerlich ξινούτσικος; στυφός; *unreifes Obst*: **~ sein, schmecken** στυφίζω
säuern ⟨-*re*⟩ ξινίζω, οξύνω; *Teig*: αναζυμώ; *subst* ξίνισμα *n*
Sauerstoff ⟨-*ẹs*; *0*⟩ *m* οξύγονο
Sauerteig *m* ζύμη, μαγιά
Sauerwerden *n* ξίνισμα *n*
Saufbruder *m* μπεκρούλιακας
saufen* *Tier*: πίνω; *Mensch*: F σβανάρω
Säufer *m* P μεθύστακας
Saufe'rei *f* P μεθοκόπι
Säuferin *f* P μεθύστρα
Saug- *TECH* αναρροφητικός
saugen* *allg* ρουφώ (-άς); *TECH* αναρροφώ; *Tier*: βυζαίνω; θηλάζω; *subst* θηλασμός; *TECH* αναρρόφηση
säugen *v/t* βυζαίνω, θηλάζω, γαλουχώ; *subst* θηλασμός
Säugetier *n* θηλαστικό
saugfähig απορροφητικός
Saugflasche *f* μπιμπερό ⟨*0*⟩ *n*
Säugling ⟨-*s*; -*e*⟩ *m* βρέφος *n*, βυζανιάρικο
Säuglings|pflege *f* βρεφοκομία; **~schwester** *f* βρεφοκόμος *f*
Saug|napf *m* βεντούζα *a. ZOOL*; **~pumpe** *f* αναρροφητική αντλία
Säule *f* κολώνα, κίονας; (*Grab-*) στήλη
Säulen|gang *m* κιονοστοιχία; **~halle** *f* στοά
Saum ⟨-*ẹs*; ⁻*e*⟩ *m* ρέλι, γύρος, κράσπεδο, παρυφή, ούγια
säumen¹ *v/t* (*einfassen*) ρελιάζω, στριφώνω; *subst* στρίφωμα *n*
säum|en² *v/i lit* βραδυπορώ; (*zögern*) αργώ; **~ig** αργοπορημένος, καθυστερημένος (**in** *D*/σε); **~ige(r) Zahler** αργοπληρωτής
Sauna ⟨-; -*s oder* -*nen*⟩ *f* (*finnisch*) σάουνα
Säure *f* οξύ (-έος) *n*, ξινάδα
säure|beständig, ~fest οξυάντοχος
Säuregehalt *m* οξύτητα
Saure'gurkenzeit *f* F εποχή ισχνών αγελάδων
säurehaltig οξυούχος
Saus: in ~ und Braus leben περνώ ζωή και κότα
säuseln ⟨-*le*⟩ ψιθυρίζω
sausen ⟨-*t*; *sn*⟩ *v/i* βομβώ, βουίζω; (*laufen*) τρέχω ολοταχώς; *Kugel*: σφυρίζω; *subst* (*auch Ohren-*) βόμβος
Sau|stall *m fig* στάβλοι *m/pl* του Αυγεία; **~wetter** *n* διαβολόκαιρος; **~wirtschaft** *f fig* κόπρος του Αυγεία
Saxo'fon ⟨-*s*; -*e*⟩ *n* σαξόφωνο
S-Bahn ['ʔɛsbaːn] *f* = **Schnellbahn in Städten** ηλεκτρικός; **~hof** *m* σταθμός του ηλεκτρικού; **~netz** *n* δίκτυο ηλεκτρικού
scannen ['skɛnən] *EDV* σκανάρω, σαρώνω
Scanner ['skɛnɐ] *m EDV* σκάνερ ⟨*0*⟩ *m*, σαρωτής
Schabe *f* κατσαρίδα
Schabefleisch *n* αλεσμένο μπιφτέκι
Schabeisen *n* ξυστήρι
schaben ξύνω
Schabernack ⟨-*ẹs*; -*e*⟩ *m* πλάκα, καψκαρίκα; **~ treiben** κάνω πλάκες
schäbig φτωχικός, *auch fig* ευτελής
Schäbigkeit *f* ευτέλεια
Scha'blone *f* καλούπι, χνάρι; (*Schneider-, Schuster-*) στάμπα; *fig* ρουτίνα
scha'blonenhaft στερεότυπος
Schach ⟨-*s*; *0*⟩ *n* σκάκι; *fig* **in ~ halten** χαλιναγωγώ; **~brett** *n* σκακιέρα
Schacher ⟨-*s*; *0*⟩ *m* καπηλεία
schachern ⟨-*re*⟩ καπηλεύομαι (**mit** *D/A*); **um Ämter ~** συναλλάσσομαι
Schachfigur *f* πιόνι του σκακιού
schach'matt ματ ⟨*0*⟩
Schachspiel *n* σκάκι, ζατρίκιο; **~er** *m* σκακιστής
Schacht ⟨-*ẹs*; ⁻*e*⟩ *m* πηγάδι, φρέαρ (-ατος) *n*
Schachtel *f* κουτί; **e-e ~ Streichhölzer** ένα κουτί σπίρτα; F **alte ~** (*Frau*) καρακάξα
Schachzug *m fig* στρατήγημα *n*
schade κρίμα; **wie ~!** τι κρίμα; **~, dass ...** κρίμα που ...; **~ ums Geld** κρίμα (σ)τα λεφτά
Schädel *m* καύκαλο, κρανίο; F κόκα, γκλάβα; **~-** κρανιακός; **~bruch** *m* κάταγμα *n* κρανίου
schad|en ⟨-*e*-⟩ *v/t j-m, e-r S* ζημιώνω; *j-m* βλάπτω, πειράζω; **es** (*oder* **das**) **~et nichts** δεν πειράζει, δεν βλάπτει

S

Schaden ⟨*-s*; *⸚*⟩ *m* βλάβη, ζημιά (**an** *D*/σε); **zu meinem ~** προς βλάβη μου; **ohne ~** αζημίωτος; **j-m ~ zufügen** στραπατσάρω κπ, ζημιώνω κπ, βλάπτω κπ; **~ erleiden** παθαίνω ζημιά; **durch ~ wird man klug** παθήματα μαθήματα; **~ersatz** *m* αποζημίωση; **~ersatzanspruch** *m* αξίωση αποζημιώσεως; **~freiheitsrabatt** *m* ασφαλιστική έκπτωση (για οδήγηση χωρίς ατύχημα); **~freude** ⟨*0*⟩ *f* χαιρεκακία

schadenfroh χαιρέκακος; **~ sein** χαιρεκακώ

Schadensregulierung *f* αποκατάσταση βλάβης *oder* ζημιάς

schadhaft *Maschine*: ελαττωματικός; *Zahn*: τερηδονισμένος

schädigen ζημιώνω, (παρα)βλάπτω; **sich ~** φθείρομαι; **geschädigt werden** ζημιώνομαι

schädlich βλαβερός, επιζήμιος; επιβλαβής (**für** *A*/για, σε)

Schädlichkeit ⟨*0*⟩ *f* βλαβερότητα

Schädling ⟨*-s*; *-e*⟩ *m* φθορέας

Schadstelle *f* σημάδι φθοράς

schadstoffarm φτωχός σε ρύπους

Schadstoffe *m*/*pl* ρυπαρές *oder* βλαβερές ουσίες *f*/*pl*

Schaf ⟨*-ęs*; *-e*⟩ *n* πρόβατο; *fig* **dumme(s) ~** μάπας; **schwarze(s) ~** μαύρο πρόβατο; **~-** προβατήσιος; **~bock** *m* κριάρι

Schäfchen *n* προβατάκι

Schäfer *m* τσοπάνης (-ηδες), βοσκός, ποιμένας; **~-** ποιμενικός; **~hund** *m* τσοπανόσκυλο; (*deutscher*) λυκόσκυλο; **~in** *f* βοσκοπούλα, τσοπανοπούλα

Schaffell *n* προβιά

schaffen[1] *Arbeit*, *auch Zug* προλαβαίνω; *Ordnung* επιβάλλω; (*fertig bringen*) κατορθώνω; (*aufessen*) καταφέρνω; (*transportieren*) μεταβιβάζω; *e-e Strecke in vier Stunden usw* διανύω; *allg* **es ~** τα καταφέρνω; **es ~ zu ...** προλαβαίνω να ..., τα βολεύω ώστε να ...; **ich habs geschafft** τα κατάφερα; **j-m zu ~ machen** κόβω κπ

schaffen*[2] (*hervorbringen*) *Welt* δημιουργώ, πλάσσω, πλάθω; *Staat usw auch* φτιάνω; **sich** (*D*) **e-e Zukunft ~** δημιουργώ; *Welt*: **geschaffen werden** *auch* γίνομαι

Schaffen *n* πλάση, δημιουργία; **~s-** πλασματικός, δημιουργικός

Schaffenskraft ⟨*0*⟩ *f* δημιουργικότητα

Schaffner *m* εισπράκτορας

Schaffung *f* δημιουργία; **~ von Schwierigkeiten** παρεμβολή προσκομμάτων

Schaf|herde *f* στρούγγα, κοπάδι; **~hirt** *m* προβατάρης (-ηδες); **~(s)käse** *m* (τυρί) φέτα

Scha'fott ⟨*-ęs*; *-e*⟩ *n* ικρίωμα *n*

Schafskopf *m fig* κούτσουρο

Schafstall *m* ποιμνιοστάσιο, στάνη

Schaft ⟨*-ęs*; *⸚e*⟩ *m allg*, *TECH*, *BOT* στέλεχος; (*Pflanze auch*) ποδίσκος; (*Weberei*) μιτάρι; (*Gewehr*) κοντάκι; (*Säule*) κορμός; **~stiefel** *m* ψηλή *oder* στρατιωτική μπότα

Schaf|wolle *f* πρόβειο μαλλί; **~zucht** *f* προβατοτροφία

Schah ⟨*-s*; *-s*⟩ *m* σάχης

Scha'kal ⟨*-s*; *-e*⟩ *m* τσακάλι

Schal ⟨*-s*; *-s*⟩ *m* κασκόλ ⟨*0*⟩ *n*, σάλι

schal γλυκανάλατος; *bsd fig* σαχλός

Schale *f* γαβάθα; (*Joghurt-*) κεσές (-έδες); (*Obst-*) φρουτιέρα; *e-r Zitrone usw* φλούδα; (*Eier-*, *Nuss-*) τσόφλι; (*Muschel-*) όστρακο

schälen *Obst* καθαρίζω, ξεφλουδίζω; *Kartoffeln usw* καθαρίζω; *subst* ξεφλούδισμα *n*

Schalheit ⟨*0*⟩ *f* σάχλα

Schalk ⟨*-ęs*; *-e*⟩ *m* πλακατζής, χωρατατζής (-ήδες)

Schall ⟨*-ęs*; *-e*⟩ *m* ήχος; **~-** ηχητικός; φωνογραφικός; **~dämpfer** *m* σιγαστήρας; (*Auto*) σιλανσιέ ⟨*0*⟩ *n*

schallen ηχώ; **~d** (*Ohrfeige*) σκαστός

Schall|geschwindigkeit *f* ταχύτητα ήχου; **~mauer** ⟨*0*⟩ *f* φράγμα *n* του ήχου

Schallplatte *f* δίσκος

Schallplattenaufnahme *f* εγγραφή δίσκου

Schallwelle *f* ηχητικό κύμα *n*

Schal'mei *f* φλογέρα

schalt → **schelten**

Schalt|- ... διακόπτη, ... διανομής; **~brett** *n* ταμπλό ⟨*0*⟩, πίνακας διανομής

schalten ⟨*-e-*⟩ (*handhaben*) χειρίζομαι; *ELEKTR* συνδέω; παρεμβάλλω; *Gang* βάζω; F **schnell ~** καταλαβαίνω στον αέρα; (**frei**) **~ und walten** δίνω και παίρνω

Schalter *m* (*Post- usw*) θυρίδα, γκισέ ⟨*0*⟩ *n*; *ELEKTR* διακόπτης; **~beamte(r)**

S

υπάλληλος θυρίδας; **~schluss** *m* κλείσιμο θυρίδας; **~stunden** *f/pl* ώρες *f/pl* θυρίδας
Schalthebel *m* μοχλός αλλαγής ταχύτητας; *ELEKTR* διακόπτης αλλαγής
Schaltier *n* οστρακόδερμος
Schaltjahr *n* δίσεκτο έτος *n*
Schalt|tafel *f* ταμπλό ⟨*0*⟩, πίνακας διανομής; **~tag** *m* εμβόλιμος ημέρα; **~ung** *f ELEKTR* ζεύξη, σύνδεση
Scham ⟨*0*⟩ *f* ντροπή, αισχύνη; **~berg** *m ANAT* εφήβαιο
schämen: *sich ~ wegen* *G* **– *vor*** *D* ντρέπομαι για – από; ***sich ~ wegen*** *G* αισχύνομαι για; ***schäm dich, dass ...*** ντροπή σου που ...
Scham|gefühl *n* ντροπή, τσίπα; **~gegend** *f* ήβη
schamhaft ντροπαλός
Schamhaftigkeit ⟨*0*⟩ *f* ντροπή; αιδώς (-ούς) *f*
schamlos αναίσχυντος, ξεδιάντροπος
Scham|losigkeit *f* αναισχυντία; **~teile** *m/pl* γεννητικά μόρια *n/pl*
Schande ⟨*0*⟩ *f* ντροπή, αισχύνη; ***j-m ~ machen*** ντροπιάζω κπ; ***es ist e-e ~*** είναι ντροπή (**dass**/που, να)
schänden ⟨*-e-*⟩ ατιμάζω (*auch Frau*); *Grab* μιαίνω; *Kirche* ιεροσυλώ
Schänder *m* βεβηλωτής; ατιμαστής
Schandfleck *m* στίγμα *n*, σπίλος
schändlich αισχρός, ατιμωτικός
Schändlichkeit *f* ατιμία, αισχρότητα
Schandtat *f* κακούργημα *n*
Schändung *f* μίανση; ατίμωση, βιασμός; βεβήλωση
Schanze *f* οχύρωμα *n*
Schar *f* μπουλούκι; κοπάδι, αγέλη; ***in ~en*** κοπαδιαστά, σε αγέλη
scharen: (*Leute*) *um sich* (*A*) **~** (τους) συσπειρώνω; ***sich ~ um*** *A* συσπειρώνομαι γύρω *A*; **~weise** σε ομάδες, κοπαδιαστά
scharf *Messer*: κοφτερός; *Gegenstand allg* αιχμηρός; *Blick*, *Verstand*: διορατικός; *Auge*, *Foto*: οξύς; *Luft*, *Kälte*, *Worte*: δριμύς, τσουχτερός; *Waffe*: ένσφαιρος; *Geschmack*: οξύς, δριμύς; ***~ auf*** *A* μερακλής (-ού) σε
Scharfblick ⟨*-ẹs*; *0*⟩ *m* διορατικότητα, βαθύνοια
Schärfe *f* οξύτητα; δριμύτητα; διορατικότητα
schärfen οξύνω, τροχίζω
scharfkantig οξυγώνιος
scharfmachen *fig j-n* ερεθίζω, οξύνω; *subst fig* όξυνση
Scharf|macher *m* συνδαυλιστής; **~richter** *m* αποκεφαλιστής; **~schütze** *m* σκοπευτής
scharfsichtig οξυδερκής
Scharfsichtigkeit ⟨*0*⟩ *f* οξυδέρκεια
Scharfsinn ⟨*-ẹs*; *0*⟩ *m* αγχίνοια
scharfsinnig αγχίνους
Scharlach ⟨*-s*; *0*⟩ *m MED* οστρακιά, σκαρλατίνα
scharlachrot σκαρλάτος, ολοκόκκινος
Scharlatan ⟨*-s*; *-e*⟩ *m* τσαρλατάνος; **~e'rie** *f* τσαρλατανιά
Schar'mützel [Y] *n* αψιμαχία
Schar'nier ⟨*-s*; *-e*⟩ *n* ρεζές, γίγγλυμος
Schärpe *f* σάρπα
scharren σκαλίζω
Scharte *f* (*im Messer*) εγκοπή (*auch Schieß-*); *MIL* πολεμίστρα; ***die ~ auswetzen*** επανορθώνω ζημιά
Schaschlik ⟨*-s*; *-s*⟩ *m* σουβλάκια *n/pl*
Schatten *m auch fig* σκιά, ίσκιος; *30 Grad* ***im ~*** υπό σκιά; ***~ spendend*** σκιερός; *fig* ***in den ~ stellen*** επισκιάζω; *fig* ***s-e ~ vorauswerfen*** επωάζω; ***~ werfen auf*** *A* σκιάζω *A*
Schatten|bild *n* σιλουέτα, σκιαγράφημα *n*; **~reich** *n* σκιερός; **~seite** *f* σκιερή πλευρά; *fig* κακή πλευρά, σκοτεινή πλευρά
Schattenspiel *n* σκιοπαίγνιο, καραγκιόζης; **~er** *m* καραγκιοζοπαίκτης
schat'tieren σκιάζω
Schat'tierung *f* σκίαση
schattig σκιερός
Scha'tulle *f* κασετίνα
Schatz ⟨*-ẹs*; *⸚e*⟩ *m* θησαυρός; ***mein ~!*** θησαυρέ μου, χρυσέ μου; **~amt** *n* δημόσιο ταμείο; θησαυροφυλάκιο; **~anweisung** *f* έντοκο ομόλογο του Κράτους
schätz|bar τιμητός; **~en** ⟨*-t*⟩ *z. B. Entfernung* εκτιμώ, αποτιμώ (**auf** *A*/σε); προϋπολογίζω, προεικάζω; (*j-n achten*) εκτιμώ; ***sich glücklich ~en*** (***können***) χαρά σε μένα (σ' εμάς *usw*); θεωρούμαι ευτυχής
Schatz|gräber *m* θησαυρορύκτης; **~kammer** *f* θησαυροφυλάκιο; **~meister** *m* θησαυροφύλακας
Schätz|preis *m* υποθετική τιμή; **~ung** *f*

εκτίμηση; υπολογισμός; προεικασία
schätzungsweise κατά προσέγγιση
Schätzwert *m* κατ' εκτίμηση αξία
Schau *f* επίδειξη; έκθεση; ***zur ~ stellen*** επιδεικνύω
Schaubild *n* σχήμα *n*, πίνακας
Schauder *m auch fig* ρίγος *n*, τουρτούρισμα *n*; MED φρικίαση
schauder|haft φρικιαστικός; **~n** ⟨*-re*⟩ ριγώ, τουρτουρίζω, ανατριχιάζω (**vor** *D*/από); ***es ~t mich*** φρικιώ (-άς); *subst* ανατρίχιασμα *n*, φρικίαση
schauen βλέπω; → ***anschauen*** *usw*
Schauer *m* → ***Schauder***; (*Kälte-*) κρυάδες *f/pl*; (*Regen-*) μπουρίνι
schauerlich φρικτός, φρικιαστικός
Schaufel *f* φτυάρι, φκιάρι; (*Mehl-*, *Zucker-*) σέσουλα
schaufeln ⟨*-le*⟩ φτυαρίζω
Schaufel|n *n* φτυάρισμα *n*; **~rad** *n* φτερωτή
Schaufenster *n* βιτρίνα, προθήκη; **~bummel** *m*: ***e-n ~bummel machen*** κάνω βόλτα χαζεύοντας τις βιτρίνες; **~puppe** *f* μανεκέν-κούκλα
Schaukel *f* κούνια
schaukeln ⟨*-le*⟩ αιωρούμαι, κουνιέμαι; (*Boot*) λικνίζομαι; *v/t* (*wiegen*) λικνίζω
Schaukel|n *n* κούνημα *n*, αιώρηση; **~pferd** *n* ξύλινο αλογάκι; **~stuhl** *m* κουνιστή πολυθρόνα
schaulustig περίεργος; φιλοθεάμων (-ον); ***die Schaulustigen*** η γαλαρία
Schaum ⟨*-ẹs*; *⸚e*⟩ *m* αφρός; *fig* καπνοί *m/pl*; **~-** αφρώδης; **~bad** *n* αφρόλουτρο
schäumen *auch fig* αφρίζω (**vor** *D*/από); *fig* κοχλάζω (**vor** *D*/από); *subst* άφρισμα *n*; **~d** αφρισμένος, αφρώδης
Schaumgummi *m* (ελαστικό) κρεπ ⟨*0*⟩ *n*
schaumig αφρώδης
Schaum|löffel *m* ξαφριστήρι; **~stoffmatratze** *f* στρώμα *n* αφρολέξ; **~wein** *m* σαμπάνια
Schau|platz *m* θέατρο; **~prozess** *m* παραδειγματική δίκη
schaurig απαίσιος
Schauspiel *n* θέαμα *n*; δράμα *n*; **~er** *m* ηθοποιός; *auch fig* θεατρίνος; **~erin** *f* ηθοποιός *f*; *auch fig* θεατρίνα; **~ertruppe** *f* θίασος; **~kunst** *f* ηθοποιία
Schausteller *m* εκθέτης, πραματευτής
Scheck ⟨*-s*; *-s*⟩ *m* τσεκ ⟨*0*⟩ *n*, επιταγή; **~gebühr** *f* τέλος *n* επιταγής; **~heft** *n* βιβλιάριο επιταγών
scheckig παρδαλός
Scheckkarte *f* κάρτα τσεκ
scheel πλάγιος; στραβο-; **~ *ansehen*** (***angucken***) στραβοκοιτάζω
scheffeln ⟨*-le*⟩ *Geld* κόβω; ***Geld ~*** χρηματίζομαι
Scheibe *f* δίσκος; (*Brot*, *Käse*) φέτα; (*Glas-*) τζάμι, γυαλί; TECH (*Unterlage*) ροδέλα; **~n-** γυάλινος; σε φέτες
scheibenförmig δισκοειδής
Scheiben|schießen *n* σκοποβολή; **~wischer** *m* υαλοκαθαριστήρας
Scheich ⟨*-s*; *-s oder -e*⟩ *m* σεΐχης (-ηδες)
Scheide *f* ANAT κολεός, κόλπος; (*Messer*, *Schwert*) κολεός, ξιφοθήκη; **~linie** *f* μεθόριος (γραμμή)
scheiden* *v/t* χωρίζω; *Ehe* χωρίζω, διαζευγνύω; *v/i* ⟨*sn*⟩ ***von j-m ~*** αποχαιρετώ (-άς) κπ; ***sich ~ lassen von*** *D* χωρίζω με *oder* από, διαζευγνύομαι; ***aus dem Leben ~*** φεύγω από την ζωή
Scheide|wand *f* χώρισμα *n*; **~wasser** *n* CHEM ασημόνερο
Scheidung *f* χωρισμός; (*Ehe-*) χωρισμός, διαζύγιο
Schein ⟨*-ẹs*; *-e*⟩ *m* (*Glanz*) λάμψη, φέγγος *n*; (*Anschein*) επίφαση; (*Bescheinigung*) πιστοποιητικό; (*Gepäck- usw*) δελτίο; (*Geld-*) χαρτονόμισμα *n*; (***nur***) ***dem ~(e) nach*** κατ' επίφαση; κατ' επιφάνεια (μόνο); ***zum ~*** προς επίδειξη, για τα μάτια του κόσμου
Schein|- ψευδ(ο)-, ψευδής; (*-Angriff*) εικονικός; (*-Tod*) φαινομενικός; **~angriff** *m* ψευδεπίθεση; **~asylant** *m* ψευδοπολιτικός πρόσφυγας
scheinbar φαινομενικός, προσχηματικός
Scheinehe *f* προσποιητός γάμος
schein|en* (*Sonne usw*) λάμπω, φέγγω; (*den Anschein haben*) φαίνομαι; ***mir ~t*** (***dass***) μου φαίνεται (ότι, πως); ***es ~t*** *leicht usw* ***zu sein*** φαίνεται + *N*; ***er ~t*** (***mir gewogen***) ***zu sein*** φαίνεται (ευμενής απέναντί μου)
scheinheilig ψευδευλαβής
Scheinheilig|e(r) θεοτούμπης; **~keit** *f* ψευδευλάβεια
Scheintod *m* νεκροφάνεια
scheintot νεκροφανής
Scheinwerfer *m* προβολέας
Scheiß- (*vulgär*) *etwa*: διαβολο-, σκατο-

Scheiße ⟨*0*⟩ *f* (*vulgär*) σκατά
scheiß|e'gal (*vulgär*): ***das ist mir ~egal*** F δεν ιδρώνει τ' αυτί μου; **~en*** χέζω
Scheiß|en *n* (*vulgär*) χέσιμο (-ατος); **~er** *m* χέστης
Scheit ⟨*-es*; *-e*⟩ *n* δαδί
Scheitel *m* (*Haar*) χωρίστρα
scheiteln ⟨*-le*⟩ κάνω χωρίστρα
Scheitelpunkt *m* ζενίθ ⟨*0*⟩ *n*; MATH κατακόρυφο
Scheiterhaufen *m* πυρά
scheitern ⟨*-re*; *sn*⟩ *Plan usw* αποτυχαίνω, ατυχώ; *Schiff*, *auch fig* ναυαγώ
Scheitern *n* αποτυχία; ναυάγιο; ***zum ~ bringen*** ματαιώνω
Schellfisch *m* γάδος
Schelm ⟨*-es*; *-e*⟩ *m* κατεργάρης (-ηδες)
schelmisch κατεργάρης (-α, -ικο)
Schelte *f* κατσάδα; ***~ bekommen*** τρώγω κατσάδες
schelten* δίνω κατσάδες
Schema ⟨*-s*; *-ta*⟩ *n* μοντέλο, πρότυπο; ***nach ~ F*** κατά σύστημα
sche'matisch σχηματικός; μηχανικός
Schemel *m* σκαμνί
Schenke *f* καπηλειό
Schenkel *m auch* MATH σκέλος *n*; ANAT (*Ober-*, *Keule*) μηρός, μερί, μπούτι; **~-** μηρικός
schenken χαρίζω (***j-m etw***/κτ σε κπ), δωρίζω; *Gehör*, *Glauben* δίνω; *Glauben auch* αποδίδω; (*erlassen*) χαρίζω
Schenkende(r) δωρητής
Schenkung *f* δωρεά, δώρημα *n*; JUR διάταξη χαριστική αιτία
Schenkungs|steuer *f* φόρος δωρεάς; **~urkunde** *f* δωρητήριο
Scherbe *f* σύντριμμα *n*; όστρακο
Schere *f* ψαλίδι, (*groß*) ψαλίδα; (*Krebs-*) δαγκάνα
scher|en* *Schaf* κουρεύω; (*scherte*) (= *kümmern*) ***es ~t mich nicht*** δε με νοιάζει; ***was ~t mich das?*** τι με κόβει; ***ich ~e mich nicht darum!*** σκορδοκαίλα μ' έπιασε!; ***~ dich zum Teufel!*** άμε (*oder* άιντε) στο διάβολο!
Scheren *n* κουρά, κόψιμο (-ατος)
Scheren|schleifer *m* ακονιστής; **~schnitt** *m* σκιαγράφημα *n*, σιλουέτα
Schere'rei *f*: ***~en*** *pl* τράβαλα *n*/*pl*; ***j-m ~en machen*** δημιουργώ σε κπ μπελάδες; ***dann bekommen wir ~en*** θα βρούμε τον μπελά μας
Scherflein *n* οβολός; ***sein ~ dazu geben*** προσφέρω τον οβολό μου
Scherz ⟨*-es*; *-e*⟩ *m* αστείο, χωρατό; ***im ~*** στ' αστεία; ***zum ~*** για αστείο; ***sich*** (*D*) ***e-n ~ machen*** (***erlauben***) (***mit j-m***) κάνω πλάκα (με κπ); ***~ beiseite!*** ν'αφήσουμε τα χωρατά
scherzen ⟨*-t*⟩ αστειεύομαι
scherzhaft αστείος; *adv* χωρατά; ***~ auffassen*** παίρνω στ' αστεία
Scherzo [sk-] ⟨*-s*; *-s oder -zi*⟩ *n* σκέρτσο
scheu δειλός, ντροπαλός; ***~ machen*** ξιπάζω; ***~ werden*** ξιπάζομαι
Scheu ⟨*0*⟩ *f* συστολή, δειλία, ατολμία; ***ohne ~*** άφοβα
scheuchen αποδιώκω
scheuen *v*/*t*: ***die Arbeit ~*** φυγοπονώ; *keine Mühe* ~ δεν φείδομαι κόπων; *Gefahr* ~ αφειδώ; *v*/*i Pferd*: ξιπάζομαι; ***sich ~ vor*** *D*, ***zu ...*** αποφεύγω (να)
Scheuer|lappen *m* σφουγγαρόπανο; **~leiste** *f* περβάζι δαπέδου
scheuern ⟨*-re*⟩ σφουγγαρίζω
Scheune *f* σιτοβολώνας
Scheusal ⟨*-s*; *-e*⟩ *n* τέρας *n*, έκτρωμα *n*
scheußlich ειδεχθής, απαίσιος, σιχαμένος
Scheußlichkeit *f* ειδέχθεια, τερατούργημα *n*
Schi ⟨*-s*; *– oder -er*⟩ *m* σκι ⟨*0*⟩ *n*; *K* χιονοπέδιλο; ***~ laufen*** κάνω σκι
Schicht *f auch fig* στρώμα *n*; επίστρωμα *n*; (*Lage*) στιβάδα, πατωσιά; GEOL κοίτασμα *n*; (*Arbeit*) βάρδια, πόστα; *Zeit*: ***Früh-, Nacht-*** πρωινή, νυχτερινή βάρδια
Schicht|arbeit *f*, **~dienst** *m* εργασία σε βάρδιες
schicht|en ⟨*-e-*⟩ στοιβάζω; **~weise** κατά στιβάδες
schick σικ ⟨*0*⟩, κομψός, σκερτσόζος
Schick ⟨*-es*; *0*⟩ *m* σικ ⟨*0*⟩ *n*, κομψότητα, σκέρτσο, γάρμπο
schick|en στέλνω (***j-m etw***/κτ σε κπ), πέμπω; ***mit der Post ~en*** ταχυδρομίζω; ***sich in*** (*A*) ***~en*** υποτάσσομαι σε; ***es ~t sich nicht für*** *A* δεν ταιριάζει, δεν πάει σε (να)
Schicke'ria ⟨*0*⟩ *f etwa*: νεόπλουτοι *m*/*pl*, κομψευόμενοι *m*/*pl*
Schicki'micki ⟨*-s*; *-s*⟩ *m* κομψευόμενος
schicklich πρεπούμενος
Schicklichkeit ⟨*0*⟩ *f* πρέπον (-οντος)
Schicksal ⟨*-s*; *-e*⟩ *n* μοίρα, πεπρωμένο; ***es ist mein ~*** είναι γραφτό να + *St II*

S

schicksalhaft μοιραίος
Schicksals|- μοιραίος; **~gemeinschaft** *f* ομοιοπάθεια; **~göttin** *f* Μοίρα; **~schlag** *m* πλήγμα *n* της μοίρας
Schiebefenster *n* συρτό παράθυρο
schieben* τραβώ (-άς); ωθώ, σέρνω; *fig Schuld usw* επιρρίπτω (**auf** *A*/σε); *v/i* (*schachern*) αισχροκερδώ; **zur Seite ~** παραμερίζω; *fig etw* **auf die lange Bank ~** αναβάλλω επ' άπειρον; *subst* τράβηγμα *n*; (*Schachern*) αισχροκέρδεια
Schieber *m* σύρτης; *fig* αισχροκερδής; **~-** *fig* καπηλικός; **~geschäft** *n* αισχροκέρδεια
Schiebetür *f* συρτή πόρτα
Schiebung *f* F (*mit Waren*) καπηλεία; (*Betrug*) κομπίνα; (*mit Ämtern, Posten*) συναλλαγή
Schieds|gericht *n* διαιτητικό δικαστήριο; **~richter** *m* κριτής, διαιτητής (*auch Sport*); **~spruch** *m* διαιτητική απόφαση; **~verfahren** *n* διαιτησία
schief στραβός, λοξός; *auch* MATH επικλινής; πλάγιος; *adv bsd* στραβά; **~e Ebene** κεκλιμένο επίπεδο; *j-n* **~ ansehen** στραβοκοιτάζω; **~ gehen** F πάω στραβά; *unpers j-m* πάει στραβά (κτ σε *oder* για κπ)
Schiefer *m* σχιστόλιθος; **~dach** *n* πλακοσκεπής στέγη; **~platte** *f* σχιστοπλάκα; **~tafel** *f* (*Schule*) πλάκα
Schiefheit *f* λοξότητα
schielen στραβίζω, αλληθωρίζω; *fig* **~ nach** *D* έχω στο μάτι; *subst* στραβισμός; **~d** γκαβός, λοξόφθαλμος
schien → **scheinen**
Schienbein *n* ANAT κνήμη; F καλάμι
Schiene *f* BAHN σιδηροτροχιά; MED νάρθηκας
schienen φτιάχνω *oder* νάρθηκα
Schienenverkehr *m* σιδηροδρομική συγκοινωνία
schier *Fleisch*: ψαχνός, καθαρός; *adv* (*fast*) σχεδόν
Schierling ⟨*-s*; *-e*⟩ *m* BOT κώνειο
Schießbude *f* πανηγυριώτικο σκοποβολείο
Schießbudenfigur *f* (εικονικό) ανδρείκελο
schießen* πυροβολώ (**nach j-m**/κπ); σκοπεύω; τουφεκίζω; *Kugel* φυτεύω, σημοδεύω (**j-m in** *A*/κπ σε); *v/i* ⟨*sn*⟩ (*sich stürzen*) ρίχνομαι (**auf** *A*/σε)
Schieß|en *n* πυροβολισμός, τουφεκισμός; **~e'rei** *f* πυροβολισμός, κανονίδι; **~platz** *m* σκοπευτήριο; **~pulver** *n* μπαρούτι, πυρίτιδα; **~scharte** *f* πολεμίστρα; **~scheibe** *f* σκοπός, σημάδι; **~sport** *m* σκοποβολή; **~stand** *m* σκοπευτήριο; **~übung** *f* σκοποβολή
Schiff ⟨*-ęs*; *-e*⟩ *n* πλοίο; καράβι; βαπόρι; *auch fig* (*z. B. Staats-*) σκάφος *n*
schiffbar *Fluss*: πλωτός
Schiffbau ⟨*-ęs*; *0*⟩ *m* ναυπηγική; **~-** ναυπηγικός; **~er** *m* ναυπηγός
Schiffbruch *m auch fig* ναυάγιο; **~ erleiden** *auch fig* ναυαγώ
schiffbrüchig ναυαγός καραβοτσακισμένος
Schiffbrüchige(r) ναυαγός
schiffen *v/i* (*vulgär*) κατουρώ (-άς)
Schiffer *m* ναύτης; **~klavier** *n* ακορντεόν
Schifffahrt ⟨*0*⟩ *f* ναυσιπλοΐα, ναυτιλία
Schifffahrts|- ναυτιλιακός; **~kunde** ⟨*0*⟩ *f* ναυτική; **~weg** *m* πλεύση
Schiffs|agentur *f* γραφείο ναυτιλιακής εταιρίας; **~arzt** *m* γιατρός πλοίου; **~besatzung** *f* πλήρωμα *n*; **~eigentümer** *m* πλοιοκτήτης; **~fracht** *f* ναύλο; **~halter** *m* καραβοκύρης; **~junge** *m* μούτσος; **~kiel** *m* καρίνα; **~makler** *m* ναυλομεσίτης; **~manifest** *n* δηλωτικό; **~papiere** *n*/*pl* ναυτιλιακά έγγραφα *n*/*pl*; αποδημητήρια *n*/*pl*; **~raum** *m* κύτος *n*; **~register** *n* νηολόγιο; **~reise** *f* πλους (-ου); **~rolle** *f* ναυτολόγιο; **~rumpf** *m* σκάφος *n*; **~schraube** *f* προπέλα; **~tau** *n* καραβόσκοινο; **~werft** *f* ναυπηγείο
Schi'it ⟨*-en*⟩ *m* Σιίτης; **~in** *f* Σιίτισσα
schi'itisch σιιτικός
Schi'kane *f* αγγαρεία; *fig* F *Haus, Auto* ... **mit allen ~n** με τα όλα
schika'nieren αγγαρεύω
Schi|laufen *n* σκι ⟨*0*⟩ *n*, χιονοδρομία; **~läufer** *m* σκιέρ ⟨*0*⟩ *m*, *f*, χιονοδρόμος
Schild[1] ⟨*-ęs*; *-er*⟩ *n* πινακίδα; (*Firmen-*) επιγραφή
Schild[2] ⟨*-ęs*; *-e*⟩ *m* (*Schutz-*) ασπίδα; (*Wappen-*) θυρεός; **~bürger** *m* αβδηρίτης; **~drüse** *f* θυρεοειδής αδένας
Schilderer *m* ζωγράφος
schildern ⟨*-re*⟩ ιστορώ; (*ausführlich*) εξιστορώ; (*kurz*) διαγράφω

S

Schilderung *f* εξιστόρηση
Schild|kröte *f* χελώνα; **~laus** *f* κοχινελλίδα, κοκκίνα; **~patt** ⟨-*es*; *0*⟩ *n* όστρακο
Schildwache *f* φρουρός
Schilf ⟨-*es*; -*e*⟩ *n* καλάμι; καλαμιώνας; **~matte** *f* ψάθα; **~rohr** *n* καλάμι
schillern ⟨-*re*⟩ μαρμαίρω
Schilling ⟨-*s*; -*e*⟩ *m* σελίνι, σίλινγκ ⟨*0*⟩ *n*
Schimmel¹ ⟨-*s*; *0*⟩ *m* μούχλα, πάνα; **~ ansetzen** πανιάζω
Schimmel² *m* λευκός ίππος; (*Grau-*) ψαρής
schimmel|ig μουχλιασμένος; ***~ig werden*** μουχλιάζω; **~n** ⟨-*le*; *sn*⟩ μουχλιάζω; *subst* μούχλιασμα *n*
Schimmer *m* αμυδρή λάμψη; *fig* ιδέα; ***keinen ~ (davon) haben*** έχω (άγρια) μεσάνυχτα
schimmern ⟨-*re*⟩ λαμπυρίζω, αναλάμπω; *golden* χρυσίζω
Schim'panse ⟨-*n*⟩ *m* χιμπαντζής (-ήδες)
schimpfen βρίζω, υβρίζω (*auch z. B. j-n e-n Feigling*), κατσαδιάζω; ***über j-n ~*** κακολογώ κπ
Schimpf|en *n* ύβρισμα *n*, βρισιά; **~ende(r)** υβριστής; **~e'rei** *f* υβρεολόγιο
schimpflich αισχρός
Schimpfwort *n* ύβρη, βρισιά
Schindel *f* σανίδι; **~dach** *n* ξυλοσκεπή
schinden* γδέρνω
Schind|en *n* γδάρσιμο (-ατος); **~er** *m* γδάρτης; *fig* βασανιστής; **~e'rei** *f fig* αγγαρεία
Schinken *m* ζαμπόν ⟨*0*⟩ *n*
Schippe *f* φτυάρι; ***j-n auf die ~ nehmen*** παίρνω κπ στο μεζέ
schippen φτυαρίζω; *Schnee auch* καθαρίζω
Schirm ⟨-*es*; -*e*⟩ *m* ομπρέλα; (*Bild-*) οθόνη; (*Sonnen-*) παρασόλι; (*Mützen-*) γείσο, F κεραμίδι; *fig* αιγίδα
Schirmbild|aufnahme *f* μικρό ακτινογράφημα; **~stelle** *f* κέντρο ακτινογραφίσεως
Schirm|herr *m* πάτρωνας; **~herrschaft** *f* πατρωνεία; ***unter der ~herrschaft*** *G oder* ***von*** υπό την αιγίδα *G*; **~ständer** *m* ομπρελοθήκη
Schi'rokko ⟨-*s*; -*s*⟩ *m* σιρόκος
Schisma ⟨-*s*; -*men*⟩ *n* REL σχίσμα *n*
Schi|stock *m* στέκα; **~wettkampf** *m* χιονοδρομία
schizo'phren σχιζοφρενής, σχιζοφρενικός
Schizophre'nie *f* σχιζοφρένια
Schlacht *f* μάχη; **~-** μαχητικός; **~bank** *f* σφαγείο
schlachten ⟨-*e*-⟩ σφάζω, σφαγιάζω (*auch fig*); *subst* σφαγή, σφαγιασμός
Schlachtenbummler *m* θεατής
Schlächt|er *m* χασάπης (-ηδες), κρεοπώλης; (*auch Mörder*) σφάχτης; **~e'rei** *f* χασάπικο, κρεοπωλείο
Schlacht|feld *n* πεδίο μάχης; **~haus** *n*, **~hof** *m* σφαγείο; **~ordnung** *f* παράταξη; **~tier** *n* σφάγιο; **~vieh** *n* σφάγια *n*/*pl*
Schlacke *f* εκβολάδα
Schlaf ⟨-*es*; *0*⟩ *m* ύπνος; (*Winter-*) ZOOL νάρκη; **~anzug** *m* πυτζάμα; **~decke** *f* κουβέρτα
Schläfe *f* μελίγγι, κρόταφος
schlafen* κοιμάμαι (-άσαι); ***~ gehen*** πηγαίνω (*oder* πέφτω) να κοιμηθώ, πλαγιάζω; ***nicht ~ können*** ξαγρυπνώ; ***~ Sie wohl!*** καλόν ύπνο!; **~d** κοιμώμενος
Schlafengehen *n* πλάγιασμα *n*
Schläfer *m* υπναράς
schlaff λαγαρός, νερουλός; πλαδαρός; ***~ werden*** νερουλιάζω
Schlaffheit ⟨*0*⟩ *f* λαγαρότητα, πλαδαρότητα
Schla'fittchen: ***j-n beim ~ nehmen*** αρπάζω κπ απ' το λαιμό
Schlafkrankheit ⟨*0*⟩ *f* νόσος *f* του ύπνου
schlaflos άυπνος; ***~e Nacht*** ξενύχτι; ***e-e ~e Nacht verbringen*** ξενυχτάω
Schlaf|losigkeit ⟨*0*⟩ *f* αϋπνία; **~mittel** *n* υπνωτικό; *fig* συναξάριο; **~mütze** *f fig* νυσταλέος
schläfrig *auch fig* κοιμισμένος, μαχμουρλής (-ίδισσα); ***~ machen*** φέρνω νύστα; ***~ sein, ~ werden*** νυστάζω
Schläfrigkeit ⟨*0*⟩ *f* νύστα
Schlaf|sack *m* υπνόσακος; **~stelle** *f* κατάλυμα *n*; **~sucht** ⟨*0*⟩ *f* υπνηλία; **~tablette** *f* υπνωτικό χάπι; **~wagen** *m* βαγκονλί ⟨*0*⟩ *n*, κλινάμαξα
schlafwandeln ⟨-*le*⟩ υπνοβατώ; *subst* υπνοβασία
Schlafwandler *m* υπνοβάτης
schlafwandlerisch υπνοβατικός; *fig* (*Sicherheit*) ακλόνητος

Schlafzimmer *n* κρεβατοκάμαρα, υπνοδωμάτιο
Schlag ⟨*-ęs*; *⁼e*⟩ *m allg* (*Herz-*, *Puls-*) χτύπος; (*auch fig*, *der Glocke*) χτύπημα *n*; πλήγμα *n* (*auch fig*); *fig* κόλαφος (**für** *A*/κατά *G*); **elektrische**(**r**) ~ ηλεκτροπληξία; *fig* **vom gleichen** ~ από την ίδια φάρα; **wie vom ~e gerührt** απόπληκτος; **Schläge** *pl* (*Prügel*) ξυλιές *f*/*pl*
Schlag|abtausch *m Sport*, *MIL* ανταλλαγή κτυπημάτων; **~ader** *f* αρτηρία; **~anfall** *m* αποπληξία; **~baum** *m* φραγμός (διόδου); **~bolzen** *m* επικρουστήρας
schlagen* *v*/*t* χτυπώ (-άς), κρούω, βαρώ (-άς); (*prügeln*) δέρνω; *Eier* χτυπώ, ταράζω; *Trommel* κροτώ; *Tamburin* βαρώ (-άς); (*im Sport*) νικώ (-άς), κερδίζω; *Brücke* κάνω, κατασκευάζω; **kurz und klein** ~ τα κάνω γυαλιά καρφιά; *v*/*i Uhr*: χτυπώ (-άς), σημαίνω; *Puls*: σφύζω; *Wind usw* δέρνω (**gegen** *A*/*A*); **mit den Flügeln** ~ φτερουγίζω; **sich** (*A*) ~ χτυπιέμαι; (*Duell*) μονομαχώ; **das schlag dir aus dem Sinn!** αυτό βγάλ' το (*von* βγάζω) από το νου σου!
Schlagen *n* δαρμός, δάρσιμο (-ατος); κρούση; *von Eiern* χτύπημα *n*; *von Münzen* κοπή
schlagend *Beweis*: ψηλαφητός
Schlager *m* επιτυχία
Schlä|ger *m Person*: τραμπούκος, δάρτης; (*Tennis-*) ρακέτα; **~ge'rei** *f* συμπλοκή, γρονθοκόπημα *n*
schlagfertig ετοιμόλογος; *Antwort* έτοιμος
Schlagfertigkeit ⟨*0*⟩ *f* ετοιμολογία
Schlag|instrument *n* κρουστό όργανο; **~licht** *n* αχτιδοβόλημα *n*; **ein ~licht werfen auf** *A* ρίχνω πλήρες φως σε; **~loch** *n* λακκούβα; **~sahne** *f* (κρέμα) σαντιγύ ⟨*0*⟩; **~wetter** *n* γκριζού *n*; **~wort** *n* σύνθημα *n*; κοινοτοπία; **~zeile** *f* τίτλος; **~zeug** *n MUS* ντραμς *n*/*pl*
Schla'massel ⟨*-s*; *0*⟩ *m*, *n* νταβατούρι
Schlamm ⟨*-ęs*; *-e*⟩ *m* λάσπη; **~bad** *n* λασπόλουτρο
schlammig λασπώδης
Schlamp|e *f* τσαπατσούλα; **~e'rei** *f* ατσαλιά
schlampig τσαπατσούλης (-α, -ικο), ρέμπελος, άτσαλος

schlang → ***schlingen***
Schlange *f* φίδι; *fig* φίδι κολοβό; (*Reihe*) ουρά; **in der** ~ στην ουρά; ~ **stehen** περιμένω στην ουρά
schlängeln ⟨*-le*⟩: **sich** ~ ελίσσομαι
Schlangen|gift *n* δηλητήριο φιδιού; **~linie** *f TYP* τρέμουσα
schlank λεπτός, λιανός; ~ **und rank** καλοδεμένος, σπαθάτος; **~er machen, werden** λεπτύνω
Schlankheit ⟨*0*⟩ *f* λεπτότητα
schlapp χαύνος, νωχελικός
Schlappe *f fig* ήττα; **e-e** ~ **erleiden** αστοχώ
schlappmachen σωριάζομαι
Schla'raffenland ⟨*-ęs*; *0*⟩ *n* τεμπελχανιό; γη της επαγγελίας
schlau επιτήδειος, έξυπνος; πονηρός; (**nicht**) ~ **werden aus** *D* (δεν) βγάζω άκρη από
Schlauberger *m* F εξυπνάκιας
Schlauch ⟨*-ęs*; *⁼e*⟩ *m* λάστιχο; (*Auto*) σαμπρέλα, αεροθάλαμος; (*Feuerwehr*) σωλήνα(ς); **~boot** *n* φουσκωτό
schlauchen F **j-n** ξεθεώνω κπ
Schlau|heit *f* εξυπνάδα, επιτηδειότητα, πονηρία; **~kopf** *m* κατεργάρης
schlecht *allg* κακός; *Benehmen*: άσχημος; *Luft*: ακάθαρτος; **sehr** ~ *adv* κάκιστα; (*Schulzeugnis*) μηδέν; ~ **und recht** κουτσά-στραβά; **j-n** ~ **machen** κακολογώ κπ; ~ **werden** *S* χαλάω; **es bekommt mir** ~ μου κάνει κακό; **es geht mir** ~ *allg* κακοπερνώ (-άς), κακοζώ; (*krank*) δεν είμαι καλά; **es geht mir ~er** πάω στο χειρότερο; **mir wird** ~ ανακατεύομαι; **mir ist** ~ είμαι *oder* νοιώθω άσχημα; ~ **gelaunt** άκεφος
schlecht- (*Präfix*) *oft*: δυσ-, κακο-
Schlechte(s) κακό
schlecht|er χειρότερος; **~er werden** χειροτερεύω; **~erdings** απολύτως; **~est-** χείριστος; **~hin** απλώς
Schlechtigkeit *f* κακία
Schlecke'rei *f* λιχουδιά
Schleh|dorn ⟨*-ęs*; *-e*⟩ *m* αβραμηλιά, τσαπουρνιά; **~e** *f* αβράμηλο
Schlei ⟨*-ęs*; *-e*⟩ *m* (*auch* **Schleie** *f*) τίγγα
schleichen* ⟨*sn*⟩, *auch* **sich** (*A*) ~ κρυφοπερπατώ; **sich** ~ **durch** *A*, **in** *A* σέρνομαι; **~d** *Krankheit*: λανθάνων (-ουσα, -ον)
Schleich|handel *m* λαθρεμπόριο;

Schleichweg 938

~weg *m* μυστικός δρόμος; ***auf~wegen*** στα κρυφά; **~werbung** *f* γκρίζα διαφήμιση
Schleier *m* βέλο, πέπλος (*auch fig*)
schleierhaft γριφώδης
Schleife *f* φιόγκος; (*e-s Weges*) στροφή
schleifen* τροχίζω, ακονίζω, γυαλίζω, λειαίνω; (*quälen*) ξεθεώνω; ⟨*-te*⟩ παρασύρω; *Festung*: κατεδαφίζω
Schleif|en *n* ακόνισμα *n*, τρόχισμα *n*; λείανση; κατεδάφιση; **~er** *m* τροχιστής; **~e'rei** *f* τροχιστήριο; **~maschine** *f* ακονιστική μηχανή; **~stein** *m* ακόνι, ακονόπετρα; **~ung** *f* κατεδάφιση
Schleim ⟨*-ẹs; -e*⟩ *m* ANAT βλέννα; φλέγμα *n*; *allg* γλίνα; **~-** βλεννογόνος, φλεγματώδη; **~drüse** *f* βλεννογόνος αδένας
schleimen παράγω βλέννα
Schleimhaut *f* βλεννογόνος (χιτώνας)
schleimig βλεννώδης; γλοιώδης (*auch fig*)
schlemmen καλοτρώω
Schlemm|er *m* καλοφαγάς; **~e'rei** *f* καλοφαγία
schlendern ⟨*-re; sn*⟩ περιδιαβάζω
Schlendrian [-aːn] ⟨*-ẹs; 0*⟩ *m* τσαπατσουλιά
schlenkern ⟨*-re*⟩: ***mit den Beinen ~*** κουνώ τα κρεμάμενα πόδια μου
Schleppe *f* ουρά ενδύματος
schleppen *v/t* σέρνω, σύρω, τραβώ (-άς); MAR, TECH ρυμουλκώ; F (*j-n hinführen*) παρασέρνω κπ; *fig, z. B.* ***j-n ins*** *Theater* **~** ξεσηκώνω κπ να πάμε σε ...; (*schwer tragen*) κουβαλώ; *v/i Kleid*: σέρνομαι; **sich ~** (*kriechen*) σέρνομαι; *subst* σύρσιμο (-ατος), τράβηγμα *n*; ρυμούλκηση; **~d** συρτός; *fig* αργός
Schlepp|er *m* (MAR *und Auto*) ρυμουλκό; (*Flussschiff*) σλέπι; **~kahn** *m* ολκάδα; **~lift** *m* ανελκυστήρας χιονοδρόμων; **~netz** *n* γρίπος; **~tau** *n* πάρολκος; *Schiff* ***ins ~tau nehmen*** (το) αναδένω; *fig j-n* παρασέρνω; *fig* **im ~** *j-s* ***sein*** ρυμουλκούμαι από
Schlesien [-ziən] *n* Σιλεσία
schlesisch σιλεσιακός
Schleuder *f* σφεντόνα
schleudern ⟨*-re*⟩ *Stein, Wasser, auch fig* εξακοντίζω; εκσφενδονίζω; ***j-n zu Boden ~*** ρίχνω κπ κάτω
Schleudern *n* εξακόντιση, σφενδόνιση; (*Auto*) ντεραπάρισμα *n*; *Auto*: ***ins ~ geraten*** ντεραπάρω
Schleuderpreis *m*: ***zu ~en*** όσο-όσο
schleunigst τάχιστα
Schleuse *f* νεροδεσιά, υδροφράκτης
Schlich ⟨*-ẹs; -e*⟩ *m* κατεργαριά; **~e** *pl* μανούβρα, κόλπα *n/pl*; *j-m* ***auf die ~e kommen*** ξεσκεπάζω
schlicht απλός, αφάνταχτος; **~en** ⟨*-e-*⟩ τακτοποιώ, διαλύω, μεσολαβώ, → ***beilegen***
Schlicht|er *m* μεσολαβητής; **~heit** ⟨*0*⟩ *f* απλότητα; **~ung** *f* διευθέτηση; **~ungs-** συμφιλιωτικός, μεσολαβητικός
schlief → ***schlafen***
schließen* *allg* κλείνω; *Ehe, Freundschaft* συνάπτω; *v/i* (*zugehen*) κλείνω (**mit** *D*/σε); **~ aus** *D* (*folgern*) συνάγω, συμπεραίνω από; **sich ~** *Wunde*: κλείνω; ***etw in sich ~*** περικλείνω κτ; ***von sich*** (*D*) ***auf andere ~*** κρίνω εξ ιδίων τ'αλλότρια; ***die Augen für immer ~*** κλείνω τα μάτια (μου) για πάντα; ***haben Sie*** (***schon***) ***geschlossen?*** έχετε κλείσει;
Schließ|en *n* κλείσιμο (-ατος), κλείδωμα *n*; **~fach** *n* (ασφαλιστική) θυρίδα
schließlich τελικά, τέλος πάντων, επί τέλους
Schließ|muskel *m* σφιγκτήρας; **~ung** *f* κλείσιμο
schliff → ***schleifen***
Schliff ⟨*-ẹs; -e*⟩ *m* ακόνισμα *n*; *j-m* ***~ beibringen*** ραφινάρω; *e-m Werk* ***den letzten ~ geben*** ασχολούμαι με τις τελευταίες λεπτομέρειες *G*
schlimm (*Nachrichten, Krankheit, Zustände*) κακός, άσχημος; ***das ist nicht so ~*** δε χάλασε ο κόσμος; **~er** χειρότερος; ***~er werden*** χειροτερεύω
schlimmst|- ο χειρότερος; χείριστος; ***das Schlimmste befürchten*** φοβάμαι για το χειρότερο; **~enfalls** στην χειρότερη περίπτωση
Schlinge *f* θηλειά, συρτοθηλειά
Schlingel *m* πιτσιρίκος
schlingen* περιπλέκω, περιβάλλω
schlingern ⟨*-re*⟩ MAR διατοιχίζομαι, κάνω μπότζι; *subst* μπότζι, διατοίχηση
Schlingpflanze *f* περιπλοκάδα
Schlips ⟨*-es; -e*⟩ *m* γραβάτα, λαιμοδέτης

S

Schlitten *m* έλκηθρο; **~fahren** *n* ελκηθροδρομία; **~fahrt** *f* περίπατος με το έλκηθρο
Schlitterbahn *f* παγοδρόμιο
schlittern ⟨*-re*; *sn*⟩ γλιστρώ (-άς)
Schlittschuh *m* παγοπέδιλο; **~ *laufen*** πατινάρω, κάνω πατινάζ, παγοδρομώ; **~laufen** *n* πατινάρισμα *n*, παγοδρομία; **~läufer** *m* παγοδρόμος
Schlitz ⟨*-es*; *-e*⟩ *m* (*auch im Automaten*) σχισμή; (*im Kleid*) σχίσιμο (-ατος)
schlitzen ⟨*-t*⟩ σχίζω
schloss [ɔ] → ***schließen***
Schloss [ɔ] ⟨*-es*; *⸚er*⟩ *n* κλειδαριά, κλειδωνιά; (*Palast*) ανάκτορα *n*/*pl*; κάστρο, πύργος
Schlosser *m* κλειδαράς (-άδες), μηχανικός; **~ei** [-ˈʀaɪ] *f* κλειδαράδικο, κλειδοποιείο; συνεργείο; **~meister** *m* → ***Schlosser***
Schloss|platz *m* πλατεία των ανακτόρων; **~ruine** *f* ερείπια *n*/*pl* ανακτόρων
Schlot ⟨*-es*; *-e*⟩ *m* καμινάδα
schlotter|n ⟨*-re*⟩ κλονίζομαι; τρέμω; ***mir ~ten die Knie vor*** *D* λυθήκανε τα γόνατά μου από ...
schlottrig κλονισμένος; λυμένος
Schlucht *f* ρεματιά, φαράγγι, χαράδρα
schluchtenreich φαραγγώδης
schluchzen ⟨*-t*⟩ κλαίω με λυγμούς; *subst* λυγμός, αναφυλλητό
Schluck ⟨*-es*; *-e*⟩ *m* ρουφηξιά; **~auf** ⟨*-s*; *0*⟩ *m* λόξυγγας; ***den ~auf haben*** έχω λόξυγγα; **~beschwerden** *f*/*pl* κόμπος, δυσκαταποσία
schlucken καταπίνω (*auch fig nicht protestieren*); *Luft* ρουφώ (-άς); *fig* (*glauben*) χάφτω
Schluck|en ⟨*-s*; *0*⟩ *m* λόξυγγας; **~er** *m*: ***arme(r) ~er*** φουκαράς (-άδες); **~impfung** *f* εμβολιασμός από του στόματος
Schludeˈrei *f* τσαπατσουλιά
schluder|ig τσαπατσούλικος; **~n** ⟨*-re*⟩ δουλεύω τσαπατσούλικα
schlug → ***schlagen***
Schlummer ⟨*-s*; *0*⟩ *m* κλεφτοΰπνι
schlummern ⟨*-re*⟩ λαγοκοιμάμαι (-άσαι)
Schlund ⟨*-es*; *⸚e*⟩ *m* ANAT φάρυγγας, γούλα; (*Abgrund*) χάσμα *n*
schlüpfen ⟨*sn*⟩ διολισθαίνω (***durch*** *A*/δια μέσου *G*); χώνομαι (***in*** *A*/σε); ***aus dem Ei ~*** βγαίνω από το αβγό
Schlüpfer *m* κιλότα
schlüpfrig ολισθηρός; *Witz*: σκαμπρόζικος, ρισκέ ⟨*0*⟩
Schlüpfrigkeit *f fig* αχρειολογία
Schlupfwinkel *m* λημέρι
schlurfen ⟨*sn*⟩ ποδοσέρνομαι
schlürfen ρουφώ (-άς); *subst* ρούφηγμα *n*; **~d** ρουφηχτός
Schluss [ʊ] ⟨*-es*; *⸚e*⟩ *m* τέλος *n*, τελειωμός; (*Friedens-*) σύναψη; (*-Folgerung*) συμπέρασμα *n*; ***nun ~!*** φθάνει πια!; ***~ mit ...!*** τέλος πια σε ...!, τέρμα σε ...!; ***~ machen mit*** *D* βάζω τέρμα σε; **~-** τελικός
Schlussbilanz *f* τελικός απολογισμός
Schlüssel *m* κλειδί, κλείδα (*auch fig und* MUS); **~-** (*-Satz*, *-Stellung*) ... κλειδί; νευραλγικός; **~bein** *n* κλείδα; **~blume** *f* → ***Primel***; **~bund** *m* κρίκος για τα κλειδιά; **~industrie** *f* βιομηχανία κλειδί; **~loch** *n* κλειδαρότρυπα (***durch*** .../από); **~stellung** *f* πόστο
Schlussfolgerung *f* συμπέρασμα *n*
schlüssig αποφασισμένος; *Beweis*: πειστικός; ***sich*** (*D*) ***~ werden*** καταλήγω (σε οριστική απόφαση)
Schluss|kurs *m* αξία μετοχής πριν το κλείσιμο; **~licht** *n* πίσω φως; **~strich** *m*: ***e-n ~strich unter etw*** (*A*) ***ziehen*** βάζω τελεία και παύλα σε ...; **~verkauf** *m* εκπτώσεις *f*/*pl*; ξεπούλημα *n*; **~wort** ⟨*-es*; *-e*⟩ *n* επίλογος; τελαυταία λέξη
Schmach [aː] ⟨*0*⟩ *f* όνειδος *n*
schmachten ⟨*-e-*⟩ λαχταρώ
schmächtig λιπόσαρκος
schmachvoll επονείδιστος
schmackhaft νόστιμος, γευστικός
Schmäh- ονειδιστικός
schmähen *v*/*t* υβρίζω, μειώνω; ονειδίζω; *subst* εξύβριση, μείωση
schmählich επονείδιστος
Schmäh|schrift *f* λίβελος; **~ung** *f* προπηλακισμός
schmal στενός; *fig* πενιχρός
schmälern ⟨*-re*⟩ λιγοστεύω
Schmälerung *f* λιγόστεμα *n*
Schmal|film *m* ταινία οκτώ χιλιοστών; **~spur-** BAHN ... στενής γραμμής; *fig Person*: μικρο-; ... του γλυκού νερού, αρχάριος; **~spurbahn** *f* τρένο στενής γραμμής
Schmalz ⟨*-es*; *-e*⟩ *n* λειωμένο λίπος *n*
schmalzig λιπαρός; *fig Melodie*: μερακλήδικος, παθητικός

schma'rotzen ⟨*-t*⟩ παρασιτώ
Schma'rotzer *m* παράσιτος; **~tum** ⟨*-s*; *0*⟩ *n* παρασιτισμός
Schmarren *m* F (*Unsinn*) ανοησίες *f/pl*, κουταμάρες *f/pl*
Schmatz ⟨*-es*; *-e*⟩ *m* F σκαστό φιλί
schmatzen ⟨*-t*⟩ πλαταγίζω τα χείλη; *subst* πλαταγισμός; **~d** σκαστός
schmauchen F φουμάρω
schmeck|en *v/t* (*probieren*) γεύομαι *G*; *v/i bitter usw* έχω ... γεύση (ουσία); ***es ~t mir*** μ' αρέσει; F ***es ~t mir nicht, dass ...*** δε μου καλοφαίνεται, που ...
Schmeiche'lei *f* κολακεία, *pl auch* καλοπιάσματα *n/pl*
schmeichel|haft κολακευτικός; **~n** ⟨*-le*⟩ ***j-m*** (*auch fig*) κολακεύω κπ; **~nd** θωπευτικός
Schmeichler *m* κόλακας, γαλίφης; **~in** *f* γαλίφα
schmeichlerisch κολακευτικός
schmeißen* F πετώ (-άς)
Schmeißfliege *f* κρεατόμυγα
Schmelz ⟨*-es*; *-e*⟩ *m* σμάλτο; *fig der Stimme usw* σαγήνη; **~-** *TECH* τηκτικός
schmelzbar τήξιμος, χωνευτός
Schmelz|barkeit ⟨*0*⟩ *f* χωνευτικότητα; **~e** *f* λειώμα *n*
schmelzen* ⟨*-t*⟩ *v/t allg* τήκω; λ(ε)ιώνω; *Metall* ρευστοποιώ, χωνεύω; *Eis auch* διαλύω; *v/i* τήκομαι; *Schnee*: λ(ε)ιώνω (*auch fig* ***vor*** *D*/από)
Schmelz|en *n* τήξη, χώνευση, λ(ε)ιώσιμο (-ατος); **~ofen** *m* καμίνι, κάμινος *f*; **~punkt** *m* σημείο τήξεως; **~tiegel** *m* χωνευτήρι
Schmerbauch *m* κοιλαράς
Schmerz ⟨*-es*; *-en*⟩ *m* πόνος, άλγος *n*; ***stechende(r) ~*** σούβλισμα *n*; ***~en haben*** πονώ (-άς)
schmerzen ⟨*-t*⟩ πονώ
Schmerzensgeld *n* αποζημίωση οδύνης
schmerz|haft αλγεινός, επώδυνος; **~lich** οδυνηρός, θλιβερός
schmerzlindernd καταπραϋντικός; ***~es Mittel*** καταπραϋντικό φάρμακο
schmerzlos ανώδυνος
Schmerz|losigkeit ⟨*0*⟩ *f* ανωδυνία; **~mittel** *n* παυσίπονο
schmerzstillend παυσίπονος; ***~e(s) Mittel*** παυσίπονο
Schmetterball *m* (*Tennis*) σμας ⟨*0*⟩ *n*
Schmetterling ⟨*-s*; *-e*⟩ *m* πεταλούδα, (*auch Puppe*) χρυσαλλίδα
Schmetterlingsstil ⟨*-ęs*; *0*⟩ *m* (*Schwimmen*) πεταλούδα
schmettern ⟨*-re*⟩ *Ball* καρφώνω; *iron Lied* τραγουδώ δυνατά; *Vogel*: κελαηδώ; ***j-n zu Boden ~*** πετάω (-άς) κπ κάτω
Schmied ⟨*-ęs*; *-e*⟩ *m* σιδεράς (-άδες)
Schmiede *f* σιδεράδικο; **~eisen** *n* φερ φορζέ ⟨*0*⟩ *n*
schmiedeeisern ... φερ φορζέ ⟨*0*⟩
Schmiedehandwerk *n* σιδηρουργία
schmieden ⟨*-e-*⟩ (*auch fig*) *Charakter usw* σφυρηλατώ; *Kupfer*, *fig Ränke* χαλκεύω; *Pläne* κάνω; πλέκω; *Komplott* εξυφαίνω; *subst* σφυρηλάτηση
schmieg|en: *sich ~en an* *A* σφίγγομαι προς *A*; **~sam** εύκαμπτος
Schmiere *f* γλίντζα, λίπος, ξύγκι; *TECH* λιπαντικό; *THEA* F θίασος καμποτίνων; P ***~ stehen*** φυλάω τσίλια
schmieren λαδώνω; λιπαίνω; (*schlecht schreiben*) μουντζουρώνω; F (*bestechen*) λαδώνω; F ***sich ~ lassen*** δεν μένω αλάδωτος; ***es geht wie geschmiert*** πάει κορδόνι *oder* νεράκι
Schmier|en *n* λάδωμα *n* (*auch fig*), λίπανση; **~e'rei** *f* μουντζούρωμα *n*; **~fink** *m* λιγδιάρης; **~geld** *n* ρουσφέτι
schmierig λιγδερός; ***~ werden*** λιγδιάζω
Schmier|mittel *n* λιπαντικό, γράσο; **~öl** *n* λιπαντέλαιο, λίπος *n*; **~ung** *f TECH* άλειμμα *n*
Schminke *f* φτιασίδι
schminken μακιγιάρω; ***sich ~*** μακιγιάρομαι; *subst* φτιασίδωμα *n*, μακιγιάζ ⟨*0*⟩ *n*
schmirgeln ⟨*-le*⟩ γυαλίζω
Schmirgelpapier *n* σμυριδόχαρτο
schmiss → ***schmeißen***
Schmöker *m* F (*Buch*) φυλλάδα, κιτάπι
schmollen κατσουφιάζω; *subst* κατσούφιασμα *n*
schmolz → ***schmelzen***
Schmorbraten *m etwa*: βοδινό ψητό της κατσαρόλας
schmoren *v/t und v/i* σιγοβράζω; *ELEKTR* καρβουνιάζω
Schmortopf *m* κατσαρόλα
Schmuck ⟨*-ęs*; *-e*⟩ *m* στολίδι, στόλισμα *n*, κόσμημα *n*
schmuck *adj lit* νόστιμος
schmücken *v/t* στολίζω, διακοσμώ;

subst στόλισμα *n*, διακόσμηση; **~d** κοσμητικός
schmucklos ακόσμητος
Schmuck|sachen *f/pl* διαμαντικά *n/pl*, μπιζού ⟨*0*⟩ *n/pl*; **~stück** *n* κειμήλιο; αγλάισμα *n*
schmuddelig άπαστρος
Schmuggel ⟨*-s*; *0*⟩ *m* λαθρεμπόριο; **~-** λαθραίος
schmuggeln ⟨*-le*⟩ κάνω λαθρεμπόριο
Schmuggelware *f* λαθραία (είδη) *n/pl*
Schmuggler *m* λαθρέμπορος
schmunzeln ⟨*-le*⟩ υπομειδιώ (-άς)
schmusen ⟨*-t*⟩ γλυκομιλώ (-άς) (**mit** *D*/σε)
Schmuse'rei *f* γλυκομιλιά
Schmutz ⟨*-es*; *0*⟩ *m* ακαθαρσία, ρύπος; ***j-n mit ~ bewerfen*** λερώνω την τιμή κάποιου; **~beseitigung** *f* απορρύπανση; **~fink** *m* μουρντάρης; **~fleck** *m* μουντζούρα
schmutzig ακάθαρτος; βρομερός, βρόμικος (*auch fig niederträchtig*), ρυπαρός (*auch fig zotig*); ***~ machen*** λερώνω; ***sich*** (*A*) ***~ machen*** μουτζουρώνομαι; ***~ werden*** λερώνομαι
Schmutz|igkeit *f auch fig* βρομιά; **~literatur** *f* ρυπαρογραφία; **~wetter** *n* βρομόκαιρος
Schnabel ⟨*-s*; *⸚*⟩ *m* ράμφος *n*, μύτη; F ***den ~ halten*** κάνω μόκο
schnäbeln ⟨*-le*⟩ γλυκοφιλώ
Schnake *f* κουνούπι
Schnalle *f* αγκράφα, θηλυκωτήρι
schnallen θηλυκώνω; ***den Gürtel enger ~*** σφίγγω το ζωνάρι μου
schnalzen ⟨*-t*⟩: ***mit der Zunge ~*** κροταλίζω
schnappen γραπώνω, τσιμπώ (-άς) (***j-n***/κπ); ***~ nach*** *D* χάφτω; ***ein bisschen Luft ~*** ξεμουχλιάζω; *subst* χάψιμο (-ατος)
Schnapper *m* (*Tür-*) μπετούγια
Schnappschuss *m* ενσταντανέ ⟨*0*⟩ *n*
Schnaps ⟨*-es*; *⸚e*⟩ *m* σναπς ⟨*0*⟩ *n*; (*aus Weintreber*) τσίπουρο; **~glas** *n* ρακοπότηρο
schnarchen ροχαλίζω
Schnarch|en *n* ροχαλητό; **~er** *m* ροχαλιστής
schnarren τρίζω; **~d** *Stimme*: τσιριχτός
Schnatte'rei *f* παραμίλημα *n*
schnattern ⟨*-re*⟩ παραμιλώ (-άς), κελαϊδώ (-άς)
schnauben *v/i* ρουθουνίζω; φυσώ (-άς); φρυάζω (**vor** *D*/από); *subst* ρουθούνισμα *n*; φύσημα *n*
schnaufen (*kurzatmig*) κοντανασαίνω; αγκομαχώ
Schnauze *f* ρύγχος, *auch fig* μουσούδι; P ***halt die ~!*** σκασμός!
schnauzen ⟨*-t*⟩ σέρνω τα εξ αμάξης
schnäuzen ⟨*-t*⟩: ***sich ~*** φυσάω τη μύτη μου
Schnauze'rei *f* τα εξ αμάξης
Schnecke *f* σαλιγκάρι, σαλίγκαρος, κοχλίας; TECH ατέρμονας; ***j-n zur ~ machen*** κάνω κπ σκουπίδι
schneckenförmig κοχλιοειδής
Schnecken|gehäuse *n* κοχύλι, κοχλίδι; **~getriebe** *n* ατέρμων κοχλίας *m*
Schneckentempo *n*: ***im ~*** πολύ αργά; σα σαλίγκαρος
Schnee ⟨*-s*; *0*⟩ *m* χιόνι
Schneeball *m* χιονόμπαλα; **~schlacht** *f* χιονοπόλεμος
schneebedeckt χιονισμένος
Schnee|beseitigung *f* εκχιονισμός; **~fall** *m* χιονόπτωση; **~fälle** *pl* χιονοπτώσεις *f/pl*, χιόνια *n/pl*; **~flocke** *f* νιφάδα
schneefrei αχιόνιστος
Schnee|gestöber *n* χιονοστρόβιλος; **~grenze** *f* όριο του χιονιού; **~kette** *f* (*Auto*) αντιολισθητική αλυσίδα; **~mann** *m* χιονάνθρωπος; **~pflug** *m* εκχιονιστήρας; **~räumung** *f* εκχιονισμός; **~regen** *m* χιονόβροχο; **~sturm** *m* χιονοθύελλα
schneeweiß χιονάτος
Schnee'wittchen *n* Χιονάτη
Schneide *f* (*des Schwerts, Messers usw*) ακμή, κόψη; ***auf des Messers ~*** στη κόψη του ξυραφιού; **~-** κοπτικός
schneiden* κόβω, κόπτω; *in Stücke* τέμνω; *mit der Schere* ψαλιδίζω; *Linie*: διασταυρώνω; *fig j-n* (*nicht grüßen*) αγνοώ; ***sich ~*** κόβομαι, κόπτομαι; *fig* (*sich irren*) πέφτω έξω (**in** *D*/σε); ***ich habe mich in den Finger geschnitten*** έκοψα το δαχτυλό μου; ***ich lasse mir die Haare ~*** κόβω τα μαλλιά μου; *subst* κοπή, κόψιμο (-ατος); **~d** *fig*, *Kälte*: τσουχτερός; ***gut ~d*** κοφτερός; *Kälte*: ***~d sein*** τσούζω
Schneider *m* ράφτης; **~ei** [-'ʀaɪ] *f* ραφτική; ραφείο; **~in** *f* ράφτρα, μοδίστρα; **~meister** *m* ράφτης

schneidern ⟨*-re*⟩ ράβω
Schneiderwerkstatt *f* ραφείο
Schneide|werkzeug *n* κοπτήρας; **~zahn** *m* κοπτήρας
schneidig ζαρίφης (-ίφισσα)
schnei|en: ***es ~t*** χιονίζει; *subst* χιόνισμα *n*
Schneise *f* (*Wald*) μαντάρα
schnell γρήγορος, ταχύς; *adv* ταχέως, γρήγορα; ***~ machen*** κάνω γρήγορα; ***auf die Schnelle*** F στα γρήγορα; **~er** πιο γρήγορος; ταχύτερος; **~-** *oft*: ταχυ-
Schnellbahn *f* → ***S-Bahn***
schnellen *v/t*: ***in die Höhe ~*** τινάζω, εκσφενδονίζω ψηλά; *v/i* ⟨*sn*⟩ *Preise*: υψώνομαι ταχέως
Schnell|feuergeschütz *n* ταχυβόλο; **~gaststätte** *f* σνάκ-μπαρ ⟨*0*⟩ *n*; φαστφουντάδικο; **~gericht** *n* JUR αυτόφωρο; (*Essen*) πρόχειρο φαγητό; **~igkeit** *f* ταχύτητα; **~kochtopf** *m* χύτρα ταχύτητας; **~läufer** *m* δρομέας; **~segler** *m* τρεχαντήρι
schnellstens *adv* τάχιστα
Schnellzug *m* ταχεία
Schnepfe *f* μπεκάτσα; (*Wald-*) σκολόπαξ (-ακος) *m*
Schnippchen *n*: ***j-m ein ~ schlagen*** σκαρώνω σε κπ μια δουλειά
schnippeln ⟨*-le*⟩ ψαλιδίζω, κοψιδιάζω
schnippisch προπετής; αναιδής; ***~ sein*** τσιληπουρδώ
Schnipsel *n* κοψίδι
schnitt → ***schneiden***
Schnitt *m* κοψιά; (*Längs-*, *Quer-*) τομή; κατατομή; (*Kleid usw*) κόψη, κόψιμο (-ατος); ***goldene(r) ~*** χρυσή τομή; ***im ~*** πάνω κάτω; **~bohnen** *f/pl* (πράσινα) φασολάκια *n/pl*; **~e** *f* φέτα
Schnitter *m* δρεπανιστής; **~in** *f* δρεπανίστρια
Schnittfläche *f* τομή
schnittig *z. B. Auto*: καλλίγραμμος
Schnitt|lauch ⟨*-es; 0*⟩ *m* πρασάκι; **~linie** *f* τέμνουσα; **~muster** *n* πατρόν, χνάρι; **~punkt** *m* (*zweier Linien*) τομή; **~stelle** *f* EDV σημείο τομής; **~wunde** *f* κοψιά, κόψιμο (-ατος)
Schnitzel[1] *m* (*Schnippel*) κοψίδι
Schnitzel[2] *n* (*Wiener ~*) σνίτσελ ⟨*0*⟩ *n*
schnitzeln ⟨*-le*⟩ κοψιδιάζω
schnitzen ⟨*-t*⟩ γλύφω, λαξεύω; ***geschnitzt*** λαξευτός
Schnitzer *m* λαξευτής, γλύπτης; *fig* (*Fehler*) γκάφα; (*Sprach-*) σολοικισμός; ***~ machen*** σολοικίζω; ***böser ~*** στραβομάρα
Schnitze'rei *f* λάξευση; (*Werk*) ξυλόγλυπτο
schnodd(e)rig αθυρόστομος
Schnodd(e)rigkeit *f* αθυροστομία
schnöde *adv* (*behandeln*) με αψηφισιά
Schnorchel *m* MAR αναπνευστήρας
schnorcheln ⟨*-le*⟩ βουτώ με αναπνευστήρα
Schnörkel *m* καλλωπισμός, πλοκάμι, πλόκαμος
schnorren ζητιανεύω
Schnorrer *m* ζητιάνος
schnüffeln ⟨*-le*⟩ μυρίζω; *fig* κατασκοπεύω
Schnüff|eln *n* μύρισμα *n*; **~ler** *m fig* λαγωνικό
Schnuller *m* μπιμπερό ⟨*0*⟩, πιπίλα
Schnulze *f* F *etwa*: μερακλήδικο τραγούδι, αμανές *m*
Schnupfen *m* συνάχι; ***e-n ~ bekommen*** κολλάω συνάχι; ***sich e-n ~ holen*** συναχώνομαι
schnupfen *v/t* πρεζάρω, ρουφώ (-άς); → ***schnauben***
Schnupftabak *m* ταμπάκος
schnuppe: ***das ist mir ~*** δε με κόβει
schnuppern ⟨*-re*⟩ οσμίζομαι; (*am Essen*) μυρίζω
Schnur ⟨*-; ⸗e*⟩ *f* σπάγγος; γαϊτάνι; *auch* ELEKTR κορδόνι
Schnürchen *n*: ***es geht wie am ~*** πάει ρολόι, πάει καλά; ***wie am ~*** (*hersagen usw*) ακόμπιαστα
schnüren δένω, σφίγγω
schnurge'rade ολόισος
Schnurrbart *m* μουστάκι
schnurr|en ροχαλίζω, βομβώ; *Katze*: χουρχουρίζω; **~ig** αλαμπουρνέζικος, αλλόκοτος
Schnürsenkel *m* κορδόνι
schnurstracks *adv* ολόισα
schob → ***schieben***
Schober *m* θημωνιά
Schock ⟨*-s; -s*⟩ *m* σοκ ⟨*0*⟩ *n*
schockieren [-'ki:-] σοκάρω
Schöffe ⟨*-n*⟩ *m* (άμισθος) πάρεδρος
Schöffen|gericht *n* δικαστήριο συνέδρου και ενόρκων; **~liste** *f* κατάλογος ενόρκων
Schoko'lade *f* σοκολάτα; **~n-** σοκολα-

943 Schraube

τένιος; **~n-torte** *f* τούρτα σοκολάτα
Scho'last|ik ⟨*0*⟩ *f* σχολαστικισμός; **~iker** *m* σχολαστικός
scho'lastisch σχολαστικός
Scholle¹ *f* (*Erd-*) βόλος
Scholle² *f* (*Fisch*) γλώσσα
schon ήδη; κιόλας; πια, πλέον; *in Antworten*: για; *zuweilen unübersetzt*; ***und ... ~*** από τώρα; ***~ jetzt*** τώρα πια; ***~ wieder*** και πάλι; ***es ist ~ spät*** είναι πλέον αργά; ***~ zu spät*** πλέον πολύ αργά; ***~ seit drei Monaten*** *j-n hinhalten* εδώ και τρεις μήνες; ***ich geh ~*** φεύγω πια; ***ich glaube ~*** έτσι νομίζω; ***nun komm ~!*** έλα ντε!; (*Einräumung*) ***das ~!*** αυτό βεβαίως
schön όμορφος, ωραίος; ~ *singen* φίνα; F ***ganz ~*** (= *ziemlich*) αρκετά; ***e-s ~en Tages*** ένα ωραίο πρωινό; *Wetter*: ***es wird wieder ~*** καλωσυνεύει, ο καιρός φτιάνει; ***das ist alles ~ und gut*** αυτά είναι πολύ καλά; *iron* ***das wäre noch ~er, wenn wir den Zug verpassten*** έχει γούστο να μην προφτάσουμε το τρένο
schonen *j-n* φείδομαι; *Kleider* φυλάω; *Nerven* σώζω; ***sich ~*** προφυλάσσομαι; **~d** με τρόπο
Schoner *m* MAR σκούνα
Schönheit *f* ομορφιά, ωραιότητα, καλλονή (*auch als Person*)
Schönheits|chirurgie *f* πλαστική χειρουργική; **~fehler** *m fig* ασήμαντο κουσούρι; **~sinn** ⟨*-ęs; 0*⟩ *m* φιλοκαλία, καλαισθησία; ***Mangel an ~sinn*** αφιλοκαλία; **~wettbewerb** *m* καλλιστεία *n/pl*
Schön|schreibkunst ⟨*0*⟩ *f* καλλιγραφία; **~schrift** ⟨*0*⟩ *f* καλλιγραφία
Schonung *f* προφύλαξη, φειδώ (-ούς) *f*; (*Forst*) φυτώριο
Schön'wetter|lage *f* καλοκαιρία; **~periode** *f* περίοδος *f* καλοκαιρίας
Schonzeit *f* εποχή απαγορεύσεως κυνηγιού
Schopf [ɔ] ⟨*-ęs; ⁻e*⟩ *m* τσουλούφι; ***die Gelegenheit beim ~e ergreifen*** αρπάζω την ευκαιρία
schöpfen αντλώ (*auch fig*); *Hoffnung, Mut* λαμβάνω, παίρνω; *Verdacht* συλλαμβάνω; *Wasser* τραβώ (-άς); ***Atem ~*** παίρνω ανάσα; ***Luft ~*** παίρνω αέρα; *subst* άντληση; τράβηγμα *n*
Schöpfer *m* δημιουργός, κτίστης, πλάστης, ποιητής; (*alle auch = Gott*): ***der ~ (aller Dinge)*** ο Δημιουργός, Πλάστης *usw* (του παντός)
schöpferisch πλασματικός, δημιουργικός
Schöpf|kelle *f* σέσουλα; **~löffel** *m* χουλιάρα
Schöpfung *f* δημιουργία, πλάση, κτίση; (*Werk*) δημιούργημα *n*; **~s-** πλασματικός; **~s-geschichte** *f* Γένεσις *f*, βίβλος *f* Γενέσεως
Schoppen *m* (*Wein*) κούπα
Schorf ⟨*-ęs; -e*⟩ *m* MED κάκαδο, εφελκίδα; BOT ψώρα, ψωρίαση; **~bildung** *f* σχηματισμός εφελκίδων
Schornstein *m* καπνοδόχος; MAR φουγάρο; **~feger** *m* καπνοδοχοκαθαριστής
schoss → ***schießen***
Schoß [oː] ⟨*-es; ⁻e*⟩ *m* κόρφος, κόλπος; (*Rock-*) ποδιά; (*... der Erde*) σπλάχνα *n/pl*; ***im ~e*** *der Familie* στους κόλπους ...; ***auf den ~ nehmen*** παίρνω στα γόνατα; ***die Hände in den ~ legen*** σταυρώνω τα χέρια (μου); **~hund** *m* σκυλί σαλονιού
Schössling [œ] ⟨*-s; -e*⟩ *m* βλαστάρι
Schote *f* λοβός, λουβί
Schott ⟨*-ęs; -en*⟩ *n* MAR φρακτή
Schotte ⟨*-n*⟩ *m* Σκώτος, Σκωτσέζος
Schotter *m* σκύρα *n/pl*
Schottin *f* Σκωτίδα, Σκωτσέζα
schottisch σκωτικός, σκωτσέζικος
Schottland *n* Σκωτία
schraf'fieren κάνω γραμμοσκιές
Schraf'fierung *f* γραμμοσκιά
schräg πλάγιος, λοξός; επικλινής
Schrägheit ⟨*0*⟩ *f* λοξότητα, πλάγιο
Schramme *f* (*Haut*) νυχιά, αμυχή; (*Sache*) ξυσιματιά; (*an Möbeln*) γρατσουνιά
schrammen παίρνω ξυστά (***j-n***/κπ)
Schrank ⟨*-ęs; ⁻e*⟩ *m* ντουλάπι, ερμάριο; (*Kleider-*) ντουλάπα
Schränkchen *n* (μικρό) ντουλάπι
Schranke *f auch fig* φραγμός, φράγμα *n*; BAHN φράχτης; *fig* ***in ~n halten*** *A* θέτω περιορισμό σε
schrankenlos απεριόριστος; (*zügellos*) αχαλίνωτος
Schrank|fach *n* ράφι στη ντουλάπα; **~klappbett** *n* κομο-λί ⟨*0*⟩
Schraub|- βιδωτός; **~e** *f* βίδα; κοχλίας; (*Schiffs-*) έλικα; *fig* ***bei ihm ist eine ~e***

S

locker του 'στριψε η βίδα; **~en-** (*Antrieb*) ελικοκίνητος

Schrauben|dreher *m* κατσαβίδι; **~mutter** ⟨-; *-n*⟩ *f* παξιμάδι, περικόχλιο; **~schlüssel** *m* γαλλικό κλειδί; **~zieher** *m* κατσαβίδι

Schraub|stock *m* τανάλια, μέγγενη; **~verschluss** *m* κλείσιμο (-ατος) βιδωτό

Schreck ⟨*-es*; *-e*⟩ *m* τρόμος, τρομάρα; ***e-n ~ bekommen vor*** *D* τρομάζω με; ***j-m e-n ~ einjagen*** κατατρομάζω κπ

Schrecken *m* → ***Schreck***; *fig* πειραχτήρι

Schreckensherrschaft *f* τρομοκρατία; ***~ ausüben*** τρομοκρατώ

Schreckgespenst *n* φόβητρο, σκιάχτρο

schreck|haft φοβητσιάρης (-α, -ικο); *adv auch* σκιαχτά; **~lich** φριχτός, φοβερός, τρομερός

Schreckschuss *m* άσφαιρη βολή μ' ένα παιδικό πιστόλι; *fig* ψεύτικος συναγερμός; **~pistole** *f* παιδικό πιστόλι

Schrei ⟨*-es*; *-e*⟩ *m* φωνή, κραυγή, κράξιμο (-ατος); (*des Esels*) γκάρισμα *n*

Schreib|- γραφικός; **~arbeit** *f* γραφική εργασία; **~artikel** *m/pl* γραφικά είδη *n/pl*; **~büro** *n* δακτυλογραφήσεις *f/pl*

schreiben* γράφω; (*verfassen*) συγγράφω; *Aufsätze usw* θεματογραφώ; ***~ können*** γράφω, ξέρω γράμματα; ***deutlich ~*** καθαρογραφώ; ***neu ~*** μεταγράφω; ***richtig ~*** ορθογραφώ; ***ins Reine ~*** γράφω στο καθαρό; ***schlecht ~*** κακογράφω; ***j-n arbeitsunfähig ~*** κρίνω κπ ανίκανο για εργασία; ***j-n 25% arbeitsunfähig ~*** βγάζω κπ 25% ανάπηρο

Schreib|en *n* γράψιμο (-ατος); *Brief*, *HDL* επιστολή; **~er** *m* γραφέας; (*... dieser Zeilen*) (ο) γράφων; **~e'rei** *f* γραψίματα *n/pl*

schreibfaul: ***~ sein*** δεν είμαι γραφομανής, γράφω σπάνια

Schreib|feder *f* πένα, γραφίδα; **~heft** *n* τετράδιο; **~kraft** *f* δακτυλογράφος; **~maschine** *f* γραφομηχανή; **~material** *n* γραφική ύλη; **~papier** *n* χαρτί αλληλογραφίας; **~schrift** *f TYP* καλλιγραφικά στοιχεία *n/pl*; **~schutz** *m EDV* προστασία εγγραφής; **~tisch** *m* γραφείο; **~tischlampe** *f* λάμπα γραφείου; **~waren** *f/pl* είδη γραφείου; **~warengeschäft** *n* κατάστημα *n* γραφικών ειδών; **~weise** *f* (*z.B. e-r Formel*) τρόπος γραφής

schreien* (*rufen*) φωνάζω; (*laut*) κραυγάζω, βάζω τις φωνές; *Esel*: γκαρίζω; ***nach*** *Rache* **~** βοώ (-άς) *A*; ***sich heiser ~*** ξελαρυγγιάζομαι; *subst* φωνασκία; γκάρισμα *n*; **~d** *Unrecht*: κατάφωρος; *Farbe*: χτυπητός

Schrei|er *m* φωνακλάς (-άδες); **~e'rei** *f* φωνασκία; **~hals** *m* φωνακλάς (-άδες)

Schrein ⟨*-es*; *-e*⟩ *m* (*Heiligen-*) λειψανοθήκη; **~er** *m* ξυλουργός

schreiten* ⟨*sn*⟩ βηματίζω, οδεύω, βαδίζω, βαίνω; *fig* **~ zu** *D* προβαίνω σε

schrie → ***schreien***

schrieb → ***schreiben***

Schrieb ⟨*-s*; *-e*⟩ *m* F (*Schreiben*) χαρτί

Schrift *f* γραφή, γράψιμο (-ατος); (*Werk*) σύγγραμμα *n*; **~-** γραφικός; **~führer** *m* γραμματέας; **~gießer** *m* στοιχειοχύτης; **~grad** *m TYP* σώμα *n*; **~leiter** *m* συντάκτης; **~leitung** *f* σύνταξη

schriftlich έγγραφος (*adv* εγγράφως); ***~e Aufgaben*** *f/pl oder* **Prüfungen** *f/pl* (τα) γραπτά

Schrift|probe *f* δείγμα *n* γραφής; **~satz** *m* πρόταση; *JUR* υπόμνημα *n*; **~setzer** *m* συνθέτης; **~sprache** *f* γλώσσα γραφομένη

Schriftstell|er *m* συγγραφέας; **~e'rei** ⟨*0*⟩ *f* μυθιστοριογραφία

Schrift|stück *n* έγγραφο; **~tum** ⟨*-s*; *0*⟩ *n* λογοτεχνία; (*religiöses*) ιερογραφία; **~verkehr** *m*, **~wechsel** *m* αλληλογραφία; **~zeichen** *n* γραφικό σημείο; **~zug** *m* κονδυλιά

schrill οξύς, τσιριχτός

Schrillheit *f* οξύτητα

Schrippe *f* (*bsd Berlin*) ψωμάκι

schritt → ***schreiten***

Schritt ⟨*-es*; *-e*⟩ *m* βήμα *n*; *POL* διάβημα *n*, ενέργεια; (*bsd* **~e** *pl* ενέργειες), (*Maßnahme*) πράξη; (*der Verzweiflung*) κίνημα *n*; ***~ für ~*** βήμα προς βήμα; *fig* ***~ zu*** *D* βήμα για; ***ein ~ nach vorn*** ένα βήμα προς τα εμπρός; ***auf ~ und Tritt*** κάθε λίγο και λιγάκι; *Kind*: ***die ersten ~e tun*** κάνω τα πρώτα βήματα; **~länge** *f* δρασκελιά; **~macher** *m* πρωτοπόρος, σκαπανέας; *MED* βηματοδότης

schrittweise σταδιακός (*adv* -ά)

schroff (*steil*) απόκρημνος; *fig* (*barsch*) ωμός, τραχύς; *adv auch* ξεκομμένα
Schroffheit *f* απότομο (*auch fig*)
schröpfen *v/t* αφαιμάζω (*auch fig*), παίρνω αίμα; *fig* χαρατσώνω (***j-n***/κπ)
Schröpf|en *n* αφαίμαξη; **~kopf** *m* βεντούζα
Schrot ⟨*-ẹs; -e*⟩ *n* (*Getreide*) χοντροκομμένο στάρι; (*Munition*) σκάγια *n/pl*; *Person*: ***... von echtem ~ und Korn*** από καλή πάστα
Schrott ⟨*-ẹs; -e*⟩ *m* παλιοσίδερα *n/pl*
schrubben σφουγγαρίζω
Schrubber *m* ψήκτρα δαπέδου, σφουγγαρίστρα
Schrulle *f* λόξα
schrullig φαντασιόπληκτος; *als adv ...* λοξά
schrumpfen ⟨*sn*⟩ *v/i* συστέλλομαι, φυραίνω; *TECH* συστέλλω
Schrumpfung *f* συστολή
Schub ⟨*-ẹs; ¨e*⟩ *m TECH* ώθηση; (*Brote*; *Menschen*) φουρνιά; **~fach** *n* συρτάρι; **~karre** *f*, **~karren** *m* καροτσάκι, χειράμαξα; **~kraft** *f* ώση, ώθηση; έλξη; **~lade** *f* συρτάρι
Schubs [ʊ] ⟨*-es; -e*⟩ *m* F σπρωξιά, σπρώξιμο (-ατος)
schubsen ⟨*-t*⟩ F σπρώχνω (***j-n***/κπ); ***sich ~*** σκοτώνομαι; ***geschubst werden*** συνωθούμαι
schubweise φουρνιές-φουρνιές
schüchtern δειλός, ντροπαλός
Schüchternheit ⟨*0*⟩ *f* ντροπαλότητα
schuf → ***schaffen***
Schuft ⟨*-ẹs; -e*⟩ *m* παλιάνθρωπος
schuften ⟨*-e-*⟩ F βολοδέρνω; **~d** καματερός
Schufte'rei *f* χαμαλίκι
Schuh ⟨*-ẹs; -e*⟩ *m* παπούτσι, υπόδημα *n*; → ***Schuld***; **~anzieher** *m* κόκαλο; **~bürste** *f* βούρτσα παπουτσιών; **~creme** *f* βερνίκι; **~geschäft** *n* υποδηματοπωλείο; **~krem** *f* βερνίκι; **~macher** *m* παπουτσής (-ήδες), τσαγγάρης; **~mache'rei** *f* υποδηματοποιείο; **~putzer** *m* λούστρος; **~sohle** *f* σόλα; **~spanner** *m* καλαπόδι; **~verkäufer** *m* υποδηματοπώλης
Schul|- σχολικός; (*-Schiff*) εκπαιδευτικός; **~abgänger** *m* απόφοιτος; **~abschluss** *m* απολυτήριο σχολείου; **~arbeit** *f* μάθημα *n*, σχολική εργασία (στο σπίτι); ***~arbeiten machen*** προετοιμάζω, διαβάζω τα μαθήματά μου; **~arzt** *m* σχολίατρος; **~aufgabe** *f* μάθημα *n*, θέμα *n*; **~bank** *f* θρανίο; **~behörde** *f* εκπαιδευτική αρχή; **~bildung** ⟨*0*⟩ *f* σχολική μόρφωση; **~buch** *n* σχολικό βιβλίο
Schuld ⟨*-; -en*⟩ *f* (*Geld*) χρέος *n*, οφειλή; *JUR* ενοχή (*auch HDL*); ⟨*0*⟩ (*Fehler*) πταίσμα *n*, φταίξιμο (-ατος); ***schuld*** *sein* ***an*** *D* αίτιος *G*; ***~ haben an*** *D* φταίω για; ***j-m die ~ geben*** ρίχνω το βάρος (*oder* τα βάρη) σε; → ***Schulden***; **~-** (*-Schein usw*) χρεωστικός; (*-Recht usw*) ενοχικός
schuldbewusst συνειδητός της ενοχής
schulden ⟨*-e-*⟩: ***j-m etw ~*** χρ(ε)ωστώ (-άς) κτ σε κπ, οφείλω
Schulden *f/pl* χρέη *n/pl*, δανεικά *n/pl*; ***~ machen*** χρεώνομαι; ***seine ~ bezahlen*** ξεχρεώνω; ***tief in ~ stecken*** είμαι βουτηγμένος στα χρέη
Schuldenberg *m* βουνό από χρέη
schuldenfrei αχρέωτος; ***~ machen*** ξεχρεώνω
Schuldentilgung *f* χρεολυσία
Schuld|forderungen *f/pl* απαιτήσεις *f/pl*; *HDL* πιστώσεις *f/pl*; **~frage** *f* ζήτημα *n* ενοχής; **~gefühl** *n* αίσθημα *n* ενοχής; **~haft** *f* προσωποκράτηση
Schuldienst ⟨*-ẹs; 0*⟩ *m* διδακτική υπηρεσία
schuldig: ~ *G oder* **an** *D* ένοχος *G*, υπαίτιος *G*; ***j-m*** *Geld* ***~ sein*** χρωστώ κτ σε κπ; ***keine Antwort ~ bleiben*** είμαι ετοιμόλογος
Schuldig|e(r) αίτιος, υπαίτιος, φταίχτης; **~er** *m* (*Bibel*) οφειλέτης; **~keit** ⟨*0*⟩ *f* καθήκον (-οντος)
Schuldirektor *m* διευθυντής σχολείου
schuldlos αναίτιος
Schuldlosigkeit ⟨*0*⟩ *f* αθωότητα
Schuld|ner *m* χρεώστης, οφειλέτης; **~schein** *m* γραμμάτιο; ομόλογο; **~verschreibung** *f* ομολογία
Schule *f* σχολείο, σκολειό; ***höhere ~*** ανώτερη σχολή; ***zur ~ gehen*** πάω σχολείο; ***aus der ~ kommen*** (*freihaben*) σχολάζω; ***~ machen*** αφήνω εποχή
schulen *v/t* εξασκώ, μορφώνω
Schüler *m* μαθητής; ***~ sein*** μαθητεύω; **~austausch** *m* ανταλλαγή μαθητών; **~in** *f* μαθήτρια
Schulferien *pl* (σχολικές) διακοπές *f/pl*

schulfrei: ~ ***haben*** δεν έχει σχολείο
Schul|freund *m* συμμαθητής; **~geld** *n* δίδακτρα *n/pl*; **~hof** *m* αυλή του σχολείου
schulisch μαθητικός; σχολικός
Schul|jahr *n* σχολικό έτος; **~jugend** *f* νεολαία σχολικής ηλικίας; **~kamerad** *m* συμμαθητής; **~klasse** *f* τάξη; **~landheim** *n* μαθητικές εξοχές *f/pl*; **~lehrer** *m* δάσκαλος; **~mappe** *f* σάκα; **~pflicht** ⟨*0*⟩ *f* υποχρεωτική φοίτηση
schulpflichtig: **~e**(**s**) ***Alter*** σχολική ηλικία
Schul|schiff *n* εκπαιδευτικό πλοίο; **~schluss** ⟨*-es*; *0*⟩ *m* σχόλασμα *n*; **~speisung** *f* μαθητικά συσσίτια *n/pl*; **~tasche** *f* τσάντα
Schulter *f* ώμος; ***etw auf die leichte ~ nehmen*** παίρνω κτ αψήφιστα; **~-** ωμιαίος; **~blatt** *n* (ωμο)πλάτη
schultern ⟨*-re*⟩ *v/t* επωμίζομαι
Schulterriemen *m* τιράντα
Schul|ung *f* παίδευση; **~ungs-** (εκ)παιδευτικός; **~weg** *m* δρόμος προς το σχολείο; **~wesen** ⟨*-s*; *0*⟩ *n* δημόσια εκπαίδευση; **~zeit** *f* σχολική περίοδος *f*; **~zeugnis** *n* έλεγχος; **~zimmer** *n* τάξη
Schumme'lei *f* F ζαβολιά
schummeln ⟨*-le*⟩ F (*z. B. beim Spiel*) κλέβω, κάνω ζαβολιές
Schund ⟨*-es*; *0*⟩ *m* σκάρτο
Schuppe *f* (*Fisch*) *auch* ANAT λέπι; *pl* πυτιρίδα; (*Fisch*) φολίδα; *fig* ***mir fällt es wie ~n von den Augen*** ξεστραβώνομαι
schuppen *Fisch* ξελεπίζω; *subst* ξελέπισμα *n*
Schuppen *m* υπόστεγο; BAHN μηχανοστάσιο
Schuppenflechte *f* MED, ZOOL ψωρίαση
schuppig λεπιδωτός
Schur *f* κούρεμα *n*, κουρά
schüren υποδαυλίζω, συνδαυλίζω (*auch fig*); *Feuer* σκαλίζω; *fig* υποκαίω; *subst* υποδαύλιση
schürfen ερευνώ (-άς) (**nach** *D/A*); *nach Erzen*: μεταλλεύω; *subst* έρευνα
Schurke ⟨*-n*⟩ *m* παλιάνθρωπος
schurkisch αλιτήριος
Schurwolle *f* μαλλί από ζωντανά πρόβατα
Schurz ⟨*-es*; *-e*⟩ *m* εμπροσθέλλα
Schürze *f* ποδιά
schürzen ⟨*-t*⟩ *Kleid* σηκώνω; *subst* σήκωμα *n*
Schürzenjäger *m* γυναικάς (-άδες)
Schuss ⟨*-es*; *⸚e*⟩ *m* πυροβολισμός, βολή; τουφεκισμός; (*Fußball*) σουτ *n*; (*Weberei*) υφάδιο, φάδι, μίτος; *fig* (***gut***) ***in ~ sein*** είμαι σε καλή κατάσταση; ***etw*** (***wieder***) ***in ~ bringen*** βάζω σε τάξη, φτιάχνω
Schussel *m* ξεχασιάρης
Schüssel *f* γαβάθα, τάσι; (*Wasch-*) λεκάνη, λεγένι; (*Suppen-*) σουπιέρα
schusselig ξεχασιάρης (-α, -ικο)
Schusseligkeit ⟨*0*⟩ *f* αστοχασιά, αφηρημάδα
Schuss|linie *f* γραμμή βολής; **~waffe** *f* πυροβόλο όπλο; **~wechsel** *m* ανταλλαγή πυροβολισμών; **~wunde** *f* λάβωμα *n*
Schuster *m* τσαγκάρης (-ηδες); παπουτσής (-ήδες); **~laden** *m* τσαγκαράδικο; **~werkstatt** *f* παπουτσάδικο
Schutt ⟨*-es*; *0*⟩ *m* (*Bau-*) μπάζα *n/pl*; **~abladeplatz** *m* τόπος απορρημάτων, χωματερή
Schüttelfrost ⟨*-es*; *0*⟩ *m* ρίγος *n*, κρυάδες *f/pl*
schütteln ⟨*-le*⟩ ταράζω, αποτινάζω (**von** *D*/από); *Kopf*, *Baum* κουνώ (-άς); *Hand* σφίγγω; **sich** (*A*) **vor Lachen ~** σπαρταρώ (-άς) από τα γέλια; *subst* ξετίναγμα *n*, ανατάραγμα *n*
schütten ⟨*-e-*⟩ *Mehl*, *Reis usw* χύνω
Schutz ⟨*-es*; *0*⟩ *m* προστασία; φύλαξη; σκέπη; άμυνα (**vor** *D*/κατά *G*); **zum ~(e)** *G oder* **von** για την προάσπιση *G*; **unter dem ~** *G oder* **von** υπό την προστασία *oder* αιγίδα *G*; **~ suchen** ζητώ σκέπη; ***j-n in ~ nehmen*** υπερασπίζω κπ
Schutz|befohlene(**r**) προστατευόμενος; **~blech** *n* φτερό (αυτοκινήτου); **~brief** *m* (*Auto*) πρόσθετη ασφάλιση; **~brille** *f* προστατευτικά γυαλιά *n/pl*; **~dach** *n* σκεπαστή, προστέγασμα *n*
Schütze ⟨*-n*⟩ *m* σκοπευτής; (*Bogen-*) *auch* ASTR τοξότης
schützen ⟨*-t*⟩ προστατεύω, προφυλάσσω (***j-n* vor** *D*/κπ από); **sich** (*A*) **~ vor** *D* προφυλάσσομαι από
Schutzengel *m* φύλακας άγγελος
Schützengraben *m* χαράκωμα *n*
Schutzfärbung *f* προστατευτικός χρωματισμός

S

Schutzhaft *f* προφυλάκιση; ***j-n in ~ nehmen*** προφυλακίζω κπ
Schutz|haube *f* σκέπαστρο; **~heilige(r)** πολιούχος; **~helm** *m* προστατευτικός κράνος; **~hütte** *f* καταφύγιο; **~impfung** *f* προφυλακτικός εμβολιασμός
Schützling ⟨*-s*; *-e*⟩ *m* προστατευόμενος
schutzlos απροστάτευτος
Schutz|losigkeit ⟨*0*⟩ *f* απροφυλαξία; **~macht** *f* δύναμη-προστάτισσα; **~mann** *m* αστυφύλακας; **~marke** *f* έμβλημα *n*; **~raum** *m* προκάλυμμα *n*; **~vorrichtung** *f* TECH προφυλακτήρας; **~zölle** *m/pl* προστατευτικοί δασμοί *m/pl*
Schwabe ⟨*-n*⟩ *m* Σουήβος; **~n** *n* Σουηβία
schwäbisch σουηβικός
schwach ⟨*⁼er*, *⁼st-*⟩ αδύνατος; ασθενής; *Kaffee*, *Tee*, *Lärm*: ελαφρύς; *Eindruck*: ωχρός; *Farbe*, *Licht*, *Hoffnung*: αμυδρός; *Gehör*, *Gedächtnis*, *Verstand*: αμβλύς; *Stimme*: λεπτός; ***schwächer werden*** αδυνατίζω; εξασθενώ; απαμβλύνομαι; ***~e Stelle***, ***~e(r) Punkt*** ασθενές (*oder* τρωτό) σημείο
Schwäche *f* αδυναμία (*auch fig* **für** *A*/σε); **~anfall** *m* προσβολή αδυναμίας
schwächen αδυνατίζω, εξασθενίζω; αμβλύνω
Schwachkopf *m* μαλάκας
schwächlich αδύναμος, (*körperlich*) άτονος, ασθενικός, πλαδαρός
Schwäch|lichkeit *f* ατονία; **~ling** ⟨*-s*; *-e*⟩ *m* αδύνατος χαρακτήρας
schwachsichtig *adv* με αδύνατη όραση; ***~ sein*** δεν βλέπω καλά
Schwachsichtigkeit ⟨*0*⟩ *f* αδυναμία όρασης
Schwachsinn ⟨*-ęs*; *0*⟩ *m* ηλιθιότητα, ολιγόνοια
schwachsinnig ολιγόμυαλος, ηλίθιος
Schwachstrom ⟨*-ęs*; *0*⟩ *m* ELEKTR ρεύμα *n* χαμηλής τάσεως
Schwächung *f* αδυνάτισμα *n*, εξασθένιση
Schwaden *m* τολύπη
Schwager *m* γαμπρός, γυναικάδελφος
Schwäger|in *f* νύφη, γυναικαδέλφη, ανδραδέλφη; **~schaft** *f* αγχιστεία, συμπεθεριά
Schwalbe *f* χελιδόνι; **e-e** ***~ macht noch keinen Sommer*** ένας κούκος δεν φέρνει την άνοιξη
Schwalbennest *n* χελιδονοφωλιά
schwamm → ***schwimmen***
Schwamm ⟨*-ęs*; *⁼e*⟩ *m* σφουγγάρι, σπόγγος; (*Haus-*) βωλετός; (*Pilz*) μανιτάρι; **~fischer** *m* σφουγγαράς (-άδες); **~fischerei** *f* σπογγαλιεία
schwammig σπογγώδης
Schwan ⟨*-ęs*; *⁼e*⟩ *m* κύκνος
schwand → ***schwinden***
schwan|en: ***mir ~t etw*** F μου μυρίζει κτ; ***mir ~t nichts Gutes*** βάζω κακό στο νου μου
Schwanengesang *m* κύκνειο άσμα *n*
schwang → ***schwingen***
schwanger έγκυος (-α), γκαστρωμένος; ***~ werden*** γκαστρώνομαι
Schwangere ⟨*-n*⟩ *f* γκαστρωμένη
schwängern γκαστρώνω; *fig* γεμίζω
Schwangerschaft *f* εγκυμοσύνη; **~s-unterbrechung** *f* διακοπή της εγκυμοσύνης
Schwank ⟨*-ęs*; *⁼e*⟩ *m* φάρσα
schwanken *v/i* ταλαντεύομαι (*auch fig*); *Schiff*: κλονίζομαι (*auch fig*), παρακυλώ (-άς); σαλεύω, κουνώ (-άς); *Preise*: διακυμαίνομαι, αυξομειώνομαι; ***~ von ... (bis) zu*** *D* ποικίλλω από ... σε *oder* ως; (*zögern*) αμφιταλαντεύομαι; *subst* ταλάντευση, κλονισμός, μπότζι; (*der Preise*) αστάθεια, αυξομείωση; **~d** ταλαντευόμενος; *Preise*: ασταθής; (*zögernd*) ενδοιαστικός; ***~den Schrittes*** κουνιστός και λυγιστός
Schwankung *f* σάλεμα *n*; *fig* (δια-)κύμανση; PHYS αιώρηση
Schwanz ⟨*-es*; *⁼e*⟩ *m* ουρά, κέρκος *f*; (*vulgär*) πούτσος, εργαλείο; **~-** ουραίος
schwänzen ⟨*-t*⟩ *Schule* κάνω κοπάνα
Schwänz|en *n* σκάσιμο (-ατος); **~er** *m* σκαστός
schwappen τρεμουλιάζω; **~d** τρεμουλιαστός
Schwarm ⟨*-ęs*; *⁼e*⟩ *m* σμάρι, κοπάδι, τσούρμο; σμήνος; *fig* τρέλα, λαχτάρα
schwärmen ⟨*sn*⟩ → ***ausschwärmen***; *fig* ***~ für*** *A* τρελαίνομαι για
Schwärmer *m* (*Knallkörper*) τράκα; *fig* ονειροπόλος
Schwarte *f* χοντρόπετσο; (*Buch*) (**alte**) ~ παλιοβιβλίο
schwarz μαύρος, μελανός; ***~e Liste*** μαύρος κατάλογος, μαύρη λίστα;

S

Schwarz 948

~e(r) Markt μαύρη αγορά; *fig* **~e(r) Mann** μπαμπούλας; **~e(r) Fleck, Punkt** μαυράδι; **Schwarze(s) Meer** Μαύρη Θάλασσα; **~ machen, ~ werden** μαυρίζω; **sich ~ kleiden** μαυροφορώ; **~ gekleidet** μαυροντυμένος; μαυροφορεμένος (*auch Trauer*); **~ auf weiß** γραμμένο, γραπτό; γραπτώς; **~-** μαυρο-
Schwarz *n*: **das ~e** μελανάδα, μαυρίλα; **in ~ gehen** φοράω (-άς) μαύρα; **ganz in ~ gekleidet sein** είμαι βουτηγμένος στα μαύρα; **ins ~e treffen** βρίσκω διάνα (*auch fig*); **~arbeit** ⟨*0*⟩ *f* παράνομη (κρυφή) εργασία
schwarzarbeiten εργάζομαι παράνομα (λαθραία)
Schwarz|brot *n* μαύρο ψωμί; **~dorn** ⟨*-ẹs*; *-e*⟩ *m* τσαπουρνιά
Schwärze *f* μαυράδα, μαυρίλα
schwärzen ⟨*-t*⟩ μαυρίζω; *subst* μαύρισμα *n*
Schwarze(r) μαύρος, αράπης
Schwarzerde *f* μαυρόχωμα *n*
schwarzfahren* οδηγώ παράνομα; ταξιδεύω παράνομα
Schwarz|fahrer *m* λαθρεπιβάτης; **~handel** *m* μαύρη αγορά; **~händler** *m* μαυραγορίτης; **~hörer** *m* λαθρακροατής
Schwarzmarkt *m* μαύρη αγορά; **~preis** *m* τιμή μαύρης αγοράς
schwarzrotgold: die ~ene Fahne η μαυρο-κοκκινο-χρυσή σημαία
schwarzsehen* τα βλέπω όλα μαύρα
Schwarz|seher *m* ηττοπαθής; **~sehe'rei** *f* ηττοπάθεια; **~'weißfilm** *m* μαυρόασπρη ταινία; **~werden** *n* μαύρισμα *n*
schwatzen ⟨*-t*⟩ φλυαρώ, φαφλατίζω
Schwätz|er *m* φλύαρος, φαφλατάς (-άδες); **~e'rei** *f* φλυαρία, πολυλογία; **~erin** *f* γλωσσού (-ούδες) *f*, πολυλογού (-ούδες) *f*
schwatzhaft φλύαρος, πολυλογάς (-ού, -άδικο)
Schwatzhaftigkeit ⟨*0*⟩ *f* λογοκοπία
Schwebe *f*: **in der ~** σε εκκρεμότητα; μετέωρος; **in der ~ bleiben** παραμένω σε εκκρεμότητα; **~bahn** *f* εναέριος σιδηρόδρομος; **~balken** *m* (*Turngerät*) δοκός ισορροπίας
schweben *v/i* αιωρούμαι, πλανιέμαι (**über** *A* ... **hin**/σε); *JUR* εκκρεμεί; (= *sein*) **in Gefahr ~** κινδυνεύω; **~d** αιωρούμενος; εκκρεμής (*auch JUR*); *HDL* κυμαινόμενος; **~de Frage** εκκρεμότητα
Schwed|e ⟨*-n*⟩ *m* Σουηδός; **~en** *n* Σουηδία; **~in** *f* Σουηδή
schwedisch σουηδικός
Schwefel ⟨*-s*; *0*⟩ *m* θειάφι, θείο; **~-** θειικός; **~bad** *n* θειούχο λουτρό; **~dampf** *m* θειώδης ατμός; **~dioxid** *n* διοξείδιο του θείου
schwefel|haltig θειούχος; **~ig** (*auch* **schweflig**) θειούχος
Schwefelkies *m* (σιδηρο)πυρίτης
schwefeln ⟨*-le*⟩ *v/t* θειαφίζω
Schwefel|quelle *f* θειοπηγή; **~säure** ⟨*0*⟩ *f* θειικό οξύ; **~ung** *f* θείωση
Schwefel'wasserstoff *m* υδρόθειο; **~-** υδροθειικός
Schweif ⟨*-ẹs*; *-e*⟩ *m poet*, *ASTR* ουρά
schweifen *v/i* ⟨*sn*⟩ πλανιέμαι; *fig Gedanken usw* βόσκω, πλανιέμαι; **~ lassen** *Blick usw* περιστρέφω
Schweige|marsch *m* σιωπηλή πορεία; **~minute** *f* λεπτό σιωπής
schweigen* σωπαίνω, σιωπώ (**über** *A*/ για); σιγώ (*auch fig Gefühle usw*); **schweig!** σώπα!; **ganz zu ~ von** *D* για να μην αναφέρω ... *A*
Schweigen *n* σιωπή; **zum ~ bringen** σωπαίνω, κατασιγάζω
schweigend → **schweigsam**
Schweigepflicht ⟨*0*⟩ *f* επιβολή σιωπής
schweigsam σιωπηλός, σιγαλός
Schweigsamkeit ⟨*0*⟩ *f* σιωπηλότητα, σιγή
Schwein ⟨*-ẹs*; *-e*⟩ *n* γουρούνι, χοίρος; F (*Schmierfink*) γουρούνι; P (*Schimpfwort*) γαϊδούρι; F (*Glück*) **~ haben** έχω γούρι
Schweine|- χοιρινός, γουρουνήσιος; **~borste** *f* γουρουνότριχα; **~braten** *m* χοιρινό ψητό; **~fett** *n* χοιρινό λίπος; **~fleisch** *n* χοιρινό (κρέας); **~hund** *m fig* F βρομόσκυλο, γουρούνι; **~'rei** *f* F βρομιά; **~rippchen** *n* χοιρινό παϊδάκι; **~schmalz** *n* (*mit Grieben*) γλίνα; **~stall** *m* χοιρομάντρι; **~zucht** *f* χοιροτροφία
Schweinigel *m* F βρομιάρης (-ηδες)
schweinisch βρόμικος, ρυπαρός
Schweins|- → **Schweine-**; **~leder** *n* χοιρόδερμα
Schweiß ⟨*-es*; *-e*⟩ *m* ιδρώτας; **in ~ bringen** εφιδρώ, ιδρώνω; **in ~ gebadet**

S

949 **Schwimmblase**

sein είμαι βουτημένος στον ιδρώτα
Schweiß|- *TECH* συγκολλητικός; **~absonderung** *f*, **~ausbruch** *m* εφίδρωση; **~apparat** *m TECH* μηχανή συγκολλήσεως; **~blatt** *n* σουμπρά; **~brenner** *m TECH* σωλήνας συγκολλήσεως; **~drüsen** *f/pl* ιδρωτοποιοί αδένες *m/pl*
schweißen ⟨*-t*⟩ *TECH* συγκολλώ (-άς)
Schweiß|en *n* συγκόλληση; **autogene(s)** **~en** αυτογενής συγκόλληση; **~er** *m* συγκολλητής
schweißgebadet ... μούσκεμα στον ιδρώτα
Schweißgeruch *m* ιδρωτίλα
schweiß|ig ιδρωμένος; **~treibend** ιδρωτικός, εφιδρωτικός; **~treibende(s)** **Mittel** ιδρωτικό; **~triefend** κάθιδρος
Schweiß|tropfen *m* σταγόνα ιδρώτα; **~ung** *f TECH* συγκόλληση
Schweiz *f* Ελβετία; **~er** *m* Ελβετός; *adj* **~er** ⟨*0*⟩ ελβετικός; **~erin** *f* Ελβετίδα
schweizerisch ελβετικός
schwelen *auch fig, z. B. Krise* σιγοκαίω, λανθάνω; **~d** λανθάνων
schwelgen (*im Essen*) καλοτρώω; εντρυφώ (**in** *D*/σε)
Schwelge'rei *f* καλοφαγία
Schwelle *f* (*auch fig*) κατώφλι; *BAHN* τραβέρσα, στρωτήρας; *fig z. B.* **an der** ~ *des Winters* στα πρόθυρα *G*
schwell|en *v/t* φουσκώνω, πρήζω; **~en*** *v/i* ⟨*sn*⟩ φουσκώνω, πρήζομαι; διογκώνω; **geschwollen** πρησμένος
Schwellenangst *f* φοβία
Schwellung *f* φούσκωμα *n*; εξόγκωμα *n*; *MED* οίδημα *n*, πρήξιμο (-ατος)
Schwemme *f* ποτίστρα
Schwengel *m* (*Pumpen-*) λαβή, χέρι; (*Glocken-*) γλωσσίδι
schwenken *v/t* κουνώ (-άς); *Fahne auch* ανεμίζω; *in Butter usw* σωτάρω; *v/i* ⟨*sn*⟩ στρέφομαι; *MIL* κλίνω
Schwenkung *f* περιστροφή, γυροβολιά; *nach links usw* κλίση (επί)
schwer (*von Gewicht*) βαρύς, βαριός (*auch Krankheit, Geschütz*); (~ *verständlich*; *mühevoll*) *z. B. Unternehmen, Problem, Zeiten*: δύσκολος; *Krankheit auch* δυνατός; *adv* βαρέως, βαριά; δύσκολα; (~ *krank*) σοβαρά; ~ **von Begriff** αργόστροφος, ... στενής αντιλήψεως; ~ **erziehbar** δύσκολος να εκπαιδευθεί; **es fällt mir** ~ δυσκολεύομαι; ~ **machen** βαραίνω; **j-m das Leben** ~ **machen** πικραίνω κπ; ~ **nehmen** (το) παίρνω στα σοβαρά; **nimms nicht so** **~!** δεν βαριέσαι!; (**zu**) ~ **sein** βαραίνω (*D/A*); **sich** ~ **tun** δυσκολεύομαι (**mit** *D*/ σε; **zu ...**/να); ~ **verdaulich** δύσπεπτος; ~ **verletzt** βαριά τραυματισμένος
schwer|- *Präfix*: βαρυ-, βαρι(ο)-; δυσ-, δυσκολο-; *z. B.* ~ **aussprechbar** δυσκολοπρόφερτος
Schwerarbeit ⟨*0*⟩ *f* βαριά εργασία
Schwer|beschädigte(r) ανάπηρος; **~e** ⟨*0*⟩ *f* (*z. B. des Fehlers*) βαρύτητα; (*im Kopf*) βάρος *n*
schwerfällig βραδυκίνητος; βαρυκέφαλος
Schwerfälligkeit ⟨*0*⟩ *f* δυσκινησία
Schwer|gewicht(ler *m*) *n* (ο) βαρέων βαρών; **~gewichtsmeister** *m* πρωταθλητής βαρέων βαρών
schwerhörig βαρήκοος
Schwerhörigkeit ⟨*0*⟩ *f* βαρηκοΐα
Schwer|industrie *f* βαριά βιομηχανία; **~kraft** ⟨*0*⟩ *f* βαρύτητα
schwerlich μόλις, ελάχιστα μόνο
Schwermut ⟨*0*⟩ *f* μελαγχολία, σεκλέτι
schwermütig μελαγχολικός
Schwerpunkt *m PHYS* κέντρο βάρους *oder* μάζας; *fig* κέντρο, καρδιά
Schwert ⟨*-ęs*; *-er*⟩ *n* ξίφος *n*, σπαθί, σπάθη; ρομφαία (**zu** *D*/προς *A*); **~fisch** *m* ξιφίας; **~kampf** *m* ξιφομαχία; **~lilie** *f* σπαθόχορτο, ίριδα; **~streich** *m* σπαθιά
schwerwiegend *fig* βαρυσήμαντος
Schwester *f* αδελφή; **leibliche** ~ αυταδέλφη
schwieg → **schweigen**
Schwieger|eltern *pl* πεθερικά *n/pl*; **~mutter** *f* πεθερά; **~sohn** *m* γαμπρός; **~tochter** *f* νύφη; **~vater** *m* πεθερός
Schwiele *f* τύλος, ρόζος; **~n bekommen** ροζιάζω
schwielig τυλώδης, ροζιάρικος
schwierig δύσκολος; δυσχερής; *Mensch*: ζόρικος
Schwierigkeit *f* δυσκολία, δυσχέρεια; **~en haben bei** *D* δυσκολεύομαι σε; **~en machen** δυστροπώ
Schwimm|- πλωτός; κολυμπητικός; (*-Haut*, *-Vogel*) νηκτικός; **~bad** *n* κολυμβητήριο; **~becken** *n* πισίνα; **~bla-**

S

se *f ZOOL* νηκτική κύστη; **~docht** *m* λουμίνι

schwimmen* ⟨*wohin?* = *sn*⟩ κολυμπώ (-άς) (*auch fig*); *Vögel*: επιπλέω; *z. B. Holz*: πλέω; ***im Geld*** ~ κολυμπάω στα πλούτη; *fig* (*unsicher sein*) πελαγοδρομώ; ~ ***gehen*** πηγαίνω για κολύμπι; *fig* F ***oben*** ~ επιπλέω; *subst* κολύμπι, μπάνιο; **~d** πλωτός; *adv* κολυμπητά

Schwimmer *m* κολυμβητής; *TECH* φλοτέρ *m*; (*Auto*) πλωτήρας; **~in** *f* κολυμβήτρια

Schwimm|flossen *f/pl* βατραχοπέδιλα *n/pl*; **~gürtel** *m* φελλός, σωσίβιο; **~kunst** *f* κολυμβητική; **~shorts** *pl* μαγιό ⟨*0*⟩, σλιπ ⟨*0*⟩ *n*; **~vogel** *m* νηκτικό; **~weste** *f* σωσίβιο

Schwindel ⟨*-s*; *0*⟩ *m* ίλιγγος, ζάλη, ζαλάδα; (*Betrug*) αγυρτεία, κόλπο; ~ ***erregend*** *auch fig* ιλιγγιώδης; **~anfall** *m* σκοτοδίνη; **~ei** [-'laɪ] *f* → ***Schwindel*** (*Betrug*)

schwindelfrei: ~ ***sein*** δε ζαλίζομαι

Schwindelgefühl *n* λιγούρα, ζάλη

schwindelig ζαλισμένος; ~ ***machen*** ζαλίζω; ~ ***werden*** ζαλίζομαι; ***mir ist*** ~ ζαλίζομαι; ***mir wird*** **~*, wenn ich runtergucke*** με πιάνει ζάλη να κοιτάζω κάτω

schwindel|n ⟨*-le*⟩ *v/i* ζαλίζομαι, έχω ίλιγγο; (*lügen*) λέω ψέματα; *unpers* ***mir ~t vor*** *D* έχω ίλιγγο; *fig* ***mir ~t, wenn ...*** μου 'ρχεται ίλιγγος, όταν ...

schwinden* ⟨*sn*⟩ (*geringer werden*) εκλείπω (*auch fig Hoffnung*); *Zeit*: φθίνω

Schwindler *m* αγύρτης, απατεώνας; (*Scharlatan*) κομπογιανίτης

schwindlig ζαλισμένος, → ***schwindelig***

Schwindsucht ⟨*0*⟩ *f* φθίση, φυματίωση

schwindsüchtig φθισικός, φυματικός

schwingen* *v/t* ταλαντεύω, παλινδρομώ; *Lanze usw* κραδαίνω; επισείω (***gegen j-n***/κατά *G*); *v/i Saite*: δονούμαι; *subst* ταλάντωση, ταλάντευση, κραδασμός; **~d** παλμικός

Schwing|kreis *m ELEKTR* κύκλωμα *n*; **~ung** *f* ταλάντωση, ταλάντευση; δόνηση, παλμός; ***elektrische*** **~ung** ηλεκτρικό σήμα; **~ungs-** ταλαντωτικός

Schwips ⟨*-es*; *-e*⟩ *m* F κέφι; ***e-n*** ~ ***haben*** φτιάχνω κεφάλι; ***e-n*** ~ ***bekommen*** έρχομαι στο κέφι

schwirr|en ⟨*sn*⟩ *v/i* σφυρίζω, βουίζω; ***mir ~t der Kopf*** ζαλίζομαι

Schwitzbad *n* ατμόλουτρο; (*türkisches*) χαμάμ *n*

schwitzen ⟨*-t*⟩ (*auch fig von Scheiben*) ιδρώνω; ***leicht*** ~ εφιδρώνω; ***aufhören zu*** ~ ξεϊδρώνω

Schwitzen *n* ίδρωμα *n*; εφίδρωση; ***zum*** ~ ***bringen*** ιδρώνω

Schwof ⟨*-ęs*; *-e*⟩ *m* F ξεφάντωμα *n*

schwofen F ξεφαντώνω; πηγαίνω στο πηδηχτάδικο

schwoll → ***schwellen***

schwören* ορκίζομαι, δίνω όρκο (***bei*** *D*/σε); *ewige Treue* ~ ομνύω (***bei*** *D*/σε); ***auf j-n*** ~ έχω εμπιστοσύνη σε κπ; ~ ***lassen*** ορκίζω

schwul F ομοφυλόφιλος

schwül πνιγηρός

Schwüle ⟨*0*⟩ *f* συννεφόκαμα *n*, κουφόβραση

Schwule(r) P αδελφή, πούστης

Schwulität *f*: ***in ~en geraten*** μπαίνω σε μπελάδες

Schwulst ⟨*-ęs*; *¨e*⟩ *m* (*Stil*) στόμφος

schwülstig στομφώδης (*adv auch* μετά στόμφου), ογκώδης

Schwund ⟨*-ęs*; *0*⟩ *m* φύρα, ελάττωση (*allg, auch bei Waren*); (*Radio*) διάλειψη; ***e-n*** ~ ***erleiden*** φυραίνω

Schwung ⟨*-ęs*; *¨e*⟩ *m* φόρα, ορμή; (*Lebhaftigkeit*) ζωηράδα, οίστρος, ικμάδα; *Rede*: ***voller*** ~ γεμάτος ορμή

schwunghaft ζωηρός

Schwung|kraft ⟨*0*⟩ *f* ζωηράδα; **~rad** *n* σφόνδυλος

Schwur ⟨*-ęs*; *¨e*⟩ *m* όρκος; **~gericht** *n* (μικτό) ορκωτό δικαστήριο

sechs [zɛks] έξι

Sechs *f* εξάρι; (*Schule*) μηδέν; *dem Schüler* ***e-e*** ~ ***geben*** μηδενίζω

sechs|- εξα-; **~eckig** εξάγωνος; **~fach** εξαπλάσιος; **~hundert** εξακόσιοι; ***etwa ~hundert*** εξακοσαριά; **~jährig** εξαετής, εξάχρονος; **~köpfig** εξαμελής; **~monatig** *Frist usw* εξαμηνιαίος; **~monatlich** (*periodisch*) εξαμηνιαίος; **~stündig** εξάωρος; **~t-** έκτος; **~tägig** εξαήμερος; **~tausend** έξι χιλιάδες

Sechstel *n* έκτο

sechstens έκτο

sechzehn δεκάξι, δεκαέξι; **~hundert** χίλιοι εξακόσιοι; **~jährig** δεκαεξαετής, ... δεκαέξι χρονών; **~t-** δέκατος έκτος

sechzig εξήντα, εξήκοντα (ξ'); *etwa* ~ εξηνταριά; **~jährig** εξηκονταετής; ... εξήντα χρονών; **~st-** εξηκοστός
seda'tiv *MED* κατασταλτικός
Seda'tivum ⟨*-s*; *-va*⟩ *n* κατασταλτικό
Sedi'ment ⟨*-s*; *-e*⟩ *n* ίζημα *n*
Sedimenta'tion *f* ίζημα *n*
See ⟨*-*; *Seen*⟩ *f* θάλασσα; πέλαγος *n*; ***raue*** (***schwere***) ~ φουσκοθαλασσιά; ***auf hoher*** ~ στα ανοιχτά; (*als Beruf*) ***zur*** ~ ***fahren*** είμαι ναυτικός; ***zur*** ~ ***gehen*** γίνομαι ναυτικός; ***in*** ~ ***stechen*** βγαίνω στο πέλαγο, κάνω αβάρα
See ⟨*-s*; *Seen*⟩ *m* λίμνη
See|- θαλασσινός, θαλασσο-; ναυτικός; **~bad** *n* (*Ort*) παραθαλάσσιο λουτρό; **~bär** *m* θαλασσόλυκος; **~blick** *m* θέα στη θάλασσα; **~fahrer** *m* θαλασσοπόρος; **~fahrt** *f* θαλασσοπορία, πελαγοδρομία; (*Reise*) κρουαζιέρα; **~fisch** *m* θαλασσινό ψάρι; **~gang** ⟨*-ǝs*; *0*⟩ *m* θαλασσοταραχή; **~gefecht** *n* ναυμαχία; **~gericht** *n* ναυτοδικείο; **~gras** *n* φύκια *n/pl*; **~hafen** *m* (θαλασσινό) λιμάνι, πόρτο; **~herrschaft** ⟨*0*⟩ *f* θαλασσοκρατία; **~hund** *m* φώκια, φώκη; **~igel** *m* αχινός; **~kadett** *m* δόκιμος; **~karte** *f* υδρογραφικός χάρτης
seekrank: ~ ***sein*** έχω ναυτία; ~ ***werden*** με πιάνει (πειράζει) η θάλασσα
Seekrankheit ⟨*0*⟩ *f* ναυτία
Seekrieg *m* ναυτικός πόλεμος
Seeland *n* Ζηλανδία
Seele *f* ψυχή (*auch Person*); *fig* (*e-s Kabels*) μήτρα; (*e-s Unternehmens*) κλείδα; ***e-e treue*** ~ χρυσή καρδιά
Seelen|- ψυχικός; → ***Psycho-***; **~heil** *n* σωτηρία της ψυχής; **~messe** *f* μνημόσυνο; **~ruhe** *f* γαλήνη, ηρεμία; ***in aller ~ruhe*** ήρεμα
seelenruhig ήρεμος
Seelenwanderung *f* μετεμψύχωση
seelisch ψυχικός; ~***krank*** (***gestört***) ψυχοβλαβής
See|luft ⟨*0*⟩ *f* θαλασσινός αέρας; **~macht** *f* θαλάσσια δύναμη, θαλασσοκρατία; **~mann** ⟨*-ǝs*; *-leute*⟩ *m* ναύτης, θαλασσινός, εργάτης θάλασσας; **~meile** *f* ναυτικό μίλι
Seenot *f*: ***in*** ~ ***sein*** θαλασσοπνίγομαι
See|offizier *m* αξιωματικός του ναυτικού; **~pferdchen** *n* ιππόκαμπος; **~räuber** *m* κουρσάρος, πειρατής; **~räuberei** *f* πειρατεία; **~recht** *n* ναυτικό δίκαιο; **~reise** *f* κρουαζιέρα; **~rose** *f* νούφαρο, νυμφαία; **~schaden** *m* αβαρία, ναυσιβλάβεια; **~schlacht** *f* ναυμαχία; **~schwalbe** *f* γλαρόνι; **~stern** *m* αστερίας; **~streitkräfte** *f/pl* πολεμικό ναυτικό; **~tang** *m* φύκια *n/pl*
seetüchtig πλόιμος
See|tüchtigkeit *f* πλοϊμότητα, ευστάθεια; **~versicherung** *f* θαλασσασφάλεια; **~volk** *n* ναυτικός λαός; **~weg** *m* (η) θαλάσσια οδός; ***auf dem ~weg*** δια θαλάσσης; **~zunge** *f* γλώσσα
Segel *n* πανί; ιστίο; ***mit vollen ~n*** με γεμάτα πανιά; *auch fig* πλησίστιος; **~boot** *n* ιστιοπλοϊκό; **~flieger** *m* ανεμοπόρος; **~flug** *m* ανεμοπορία; **~flugzeug** *n* ανεμόπτερο
segeln ⟨*-le*⟩ πλέω, αρμενίζω; (*als Sport*) κάνω ιστιοπλοΐα; *Schiff*: βάζω, κάνω πανιά; ***mit dem Wind*** ~ επουρίζω; ***gegen den Wind*** ~ ορτσάρω; *subst* ιστιοδρομία
Segel|regatta *f* ιστιοδρομία; **~schiff** *n* ιστιοφόρο; **~schifffahrt** *f* ιστιοπλοΐα, αρμένισμα *n*; **~sport** *m* ιστιοπλοΐα; **~tuch** ⟨*-ǝs*; *-e*⟩ *n* καραβόπανο
Segen *m* ευχή, ευλογία; *fig* (*Glück*) εύρημα *n*; ευλογία του Θεού; ***ohne priesterlichen*** ~ αλειτούργητος
segensreich ευεργετικός, πολύτιμος
Segens|spruch *m* διάβασμα *n*; **~wunsch** *m* ευχή
Segler *m* αθλητής ιστιοπλοΐας; *ZOOL* πετροχελίδονο
Seg'ment ⟨*-ǝs*; *-e*⟩ *n* τμήμα *n*
segnen ⟨*-e-*⟩ ευλογώ, εύχομαι; *fig* ***das Zeitliche*** ~ αποχαιρετώ (-άς) το κόσμο; ***gesegnet*** ευλογημένος; μακάριος; *Appetit*: καλός; ***gesegnete***(***s***) ***Alter*** ευγηρία
Segnung *f* ευλογία; ***die ~en*** (*z. B. der Technik*) οι ευεργεσίες *f/pl*
Seh- οπτικός
sehen* *v/t* βλέπω; ***gut*** ~ ***können*** βλέπω καλά, καλοβλέπω; ***gern*** ~, ***dass*** (***wie***) ***jemand ...*** καλοβλέπω κπ, που ...; ***nochmals*** ~ ξαναβλέπω; ***sich*** ~ ***lassen*** εμφανίζομαι, δίνω το παρόν σε; ***er lässt sich nur selten*** ~ έγινε ακριβοθώρητος; ***sich in die Augen*** ~ στα μάτια κοιταζόμαστε; (***ich werde, will***) ***mal*** ~ να (*oder* θα) δω, ας δω; *JUR* ***gese-***

S

hen εθεωρήθη; ***um gesehen zu werden*** (= *um aufzufallen*) για να με δουν *oder* προσέξουν; *subst* όραση; βλέψη; ***vom Sehen*** *kennen* εξ όψεως
sehenswert αξιοθέατος
Sehenswürdigkeiten *f/pl* αξιοθέατα *n/pl*
Seher(in *f*) *m* μάντης (-εως) *m, f*
Seh|feld *n* οπτικό πεδίο; **~kraft** ⟨*0*⟩ *f* οπτική οξύτητα
Sehne *f* τένοντας; (*des Bogens*) χορδή
sehnen: *sich* ~ *nach* *D* λαχταρώ, επιθυμώ, νοσταλγώ
Sehnenzerrung *f* θλάση τένοντα
Sehnerv *m* οπτικό νεύρο
sehnig νευρώδης, εύτονος
sehnlich λαχταριστός
Sehnsucht *f* λαχτάρα, νοσταλγία, καϋμός, πόθος (***nach*** *D*/για); **~ *haben nach*** *D* νοσταλγώ, πεθυμώ *A*
sehnsüchtig λαχταριστός, νοσταλγικός
sehr *adv* πολύ, λίαν; ***so ~, wie ~*** όσο; ***so ~*** τόσο; *ko* ***so ~ ... auch*** όσο κι αν ...; ~ *danken* παραπολύ; (*oft*) τετρα-, πολυ-, βαθυ-, βαρυ-
Seh|vermögen *n* όραση; **~weite** *f* οπτικό πεδίο; **~winkel** *m* οπτική γωνία
sei: *es ~* ας είναι; ***es ~ denn, dass ...*** έκτος αν ...; **~ *es auch nur ...*** έστω και ...
seicht αβαθής, άβαθος (*auch fig*), ρηχός (*auch fig*); ***~e Stelle*** ρηχά
Seicht|heit *f*, **~igkeit** *f fig* σαχλαμάρα, κουταμάρα
Seide *f* μετάξι; ***reine ~*** ολομέταξος
Seiden- μεταξένιος, μεταξωτός
seidenartig μεταξοειδής
Seidenraupe *f* μεταξοσκώληκας; **~n-zucht** *f* μεταξοσκωληκοτροφία
Seidenstoff *m* μεταξωτό
seiend ων (ούσα, ον)
Seife *f* σαπούνι
Seifen|blase *f* σαπουνόφουσκα (*auch fig*); **~fabrik** *f* σαπωνοποιείο; **~lauge** *f* αλισίβα σαπουνιού; **~oper** *f* F σαπουνόπερα; **~schaum** *m* σαπουνάδα; **~wasser** *n* σαπουνόνερο
seihen *v/t* σουρώνω, διηθώ
Seil ⟨*-es; -e*⟩ *n* σχοινί; καλώδιο; ~ ***springen*** παίζω *oder* πηδώ (-άς) σχοινάκι; **~-** σχοίνινος; **~bahn** *f* τελεφερίκ ⟨*0*⟩ *n*, εναέριος σιδηρόδρομος; **~tänzer** *m* σχοινοβάτης
sein*[1] ⟨*sn*⟩ είμαι; (*existieren*) υπάρχω; (*dauernd; in Briefschlüssen*) διατελώ; *zufrieden usw* ~ μένω; ***ich bin gewesen in*** *D* έχω πάει σε; ***ich war gewesen in*** *D* είχα πάει σε; ***ich bin es*** εγώ είμαι; ***es ist an mir, zu ...*** απόκειται σε μένα να ...; ***es ist kalt, heiß*** *usw* κάνει κρύο, ζέστη ...; → ***sei***
sein[2] *pers pron* ... του; (*betont*) δικός του; (*selten*) αυτού; *z. B.* ~ ***Vater*** ο πατέρας του; ***~e Mutter*** η μητέρα του; ~ ***Buch*** το βιβλίο του; ***Seine Majestät*** η Αυτού Μεγαλειότης *f*; ***der Seine, der Seinige*** ο δικός του; ***die Seinigen*** οι δικοί του; ***das Seinige tun, das Meinige tun*** *usw* βάζει τα δυνατά του, βάζω τα δυνατά μου
Sein ⟨*-s; 0*⟩ *n* PHILOS ον (όντος), είναι *n*, οντότητα
Seine [sɛ:n] *f* Σηκουάνας
seiner|seits εκ μέρους του; **~zeit** εκείνο το χρόνο, τότε
seinesgleichen οι όμοιοι του; ***er hat nicht ~*** δεν έχει (το) ταίρι (του)
seinet|halben, ~wegen, *um ~wegen* για χάρη του
seismisch σεισμικός
Seismo'graph ⟨*-en*⟩ *m* σεισμογράφος
seit[1] *präp D* από *A*, *K*: *G*; *K* εκ, εξ *G*; εδώ και; έχω ... να; ~ ***heute Morgen*** από το πρωί; ~ ***gestern*** από χθες; ~ ***Ostern*** από το Πάσχα; ~ ***langem*** από πολύ καιρό; ~ ***Tagen*** από ημερών; ~ ***zwei Jahren*** εδώ και δύο χρόνια; ~ ***Jahren*** από χρόνια; ~ ***dem Tag, da ...*** αφ' ης ...; *verbal mit* έχω; ~ ***e-r Stunde läute ich schon*** έχω μια ώρα που κουδουνίζω; ~ ***geraumer Zeit habe ich nicht ...*** έχω καιρό να + *St II*; ~ ***e-m Monat habe ich nicht ...*** έχω ένα μήνα να + *St II*; ~ ***Jahr und Tag habe ich dich nicht gesehen*** χρόνια και ζαμάνια έχω να σε δω
seit[2] *ko* αφότου, από τότε που; αφ' ης; *z. B.* ~ ***ich verheiratet bin ...*** αφότου παντρεύτηκα ...; ~ ***ich hier bin ...*** από τότε που είμ' εδώ ...
seit'dem *adv* από τότε, έκτοτε; *ko* → ***seit***
Seite *f* (*der Straße, des Menschen, des Hauses, des Schiffes usw*) πλευρά, πλάι; μέρος *n*; *fig* (*Aspekt*) πλευρά; ANAT πλευρό; (*des Buches*) σελίδα; (*e-r*

S

953 **Selbstunterricht**

Bilanz) σκέλος *n*; (*e-s Kleiderstoffes*) μεριά; ***rechte*** (***linke, falsche***) ~ *e-s Stoffes* καλή (ανάποδη) μεριά; ***von allen ~n*** απ' όλες τις πλευρές (*auch fig*); ***von anderer ~*** από άλλο μέρος, από αλλού; ***auf*** (*oder* ***von***) ***beiden ~n*** και από τις δύο μεριές; ***von vielen ~n*** από πολλές πλευρές; ***zur ~*** κατά μέρος; ***zur ~ treten*** παραμερίζω, τραβώ παρά πέρα; *fig* ***ich bin auf s-r ~e*** είμαι με το μέρος του; ***auf einer ~*** (= *einseitig*) ***beschrieben*** γραμμένος μόνο από τη μια όψη; *fig* ***ganz auf meiner ~*** εγώ παρομοίως

Seiten|- πλευρικός; (*-Tür, -Verwandte*) πλάγιος; **~ansicht** *f* πλάγια άποψη; **~hieb** *m* σπόντα, καμπανιά (***erteilen*** κάνω); **~linie** *f* πλάγια γραμμή; (*Fußball*) πλευρική γραμμή

seitens *präp G* εκ μέρους *G*

Seiten|sprung *m fig* απιστία, F κεράτωμα *n*; **~stechen** *n*: ***~stechen haben*** με σουβλίζει το πλευρό μου; **~straße** *f* πάροδος *f*; **~streifen** *m* βοηθητική λωρίδα; **~tür** *f* παραπόρτι; **~wand** *f* πλευρά; **~zahl** *f* αριθμός σελίδας

seit|her από τότε, έκτοτε; **~lich** πλάγιος

seitwärts πλαγίως, πλάγια

Se'kante *f MATH* τέμνουσα

Se'kret ⟨*-es; -e*⟩ *n* έκκριμα *n*

Sekre|'tär ⟨*-s; -e*⟩ *m* γραμματέας; (*Möbel*) σκρίνιο; **~tari'at** ⟨*-es; -e*⟩ *n* γραμματεία; **~'tärin** *f* γραμματέας *f*

Sekt ⟨*-es; -e*⟩ *m* σαμπάνια, καμπανίτης

Sek|te *f* αίρεση; **~'tierer** *m* αιρετικός; **~'tion** *f* τμήμα *n*

Sektor ⟨*-s; -'toren*⟩ *m* τομέας; *MATH* τμήμα *n*

Sekun'dant ⟨*-en*⟩ *m hist* (*Duell*) μάρτυρας μονομαχίας

sekun'där δευτερεύων (-ουσα, -ον)

Se'kunde *f* δευτερόλεπτο; ***auf die ~*** (***genau***) στο δευτερόλεπτο

sekun'dieren παραστέκω (***j-m***/σε κπ)

selber ο ίδιος; ***ich werde ~ kommen*** θα έλθω ο ίδιος

selbst ο ίδιος, μόνος; (*Verstärkungspartikel*) δη, δε; ***ich ~*** εγώ ο ίδιος; μόνος μου; ***von ~*** από μένος μου; αυτομάτως; ***ganz von ~*** αυθορμήτως; *ko* ~ ***wenn***: ~ ***wenn Sie anrufen ...*** ακόμη κι αν τηλεφωνείτε ...; ***das versteht sich von ~*** είναι αυτονόητο, ενοείται; ***die Tatsache spricht für sich ~*** ομιλεί αφ' εαυτού το γεγονός; ***~ ernannt*** αυτοκαλούμενος; ***~ gebacken*** ... του σπιτιού

selbst- αυτο-

Selbstachtung *f* αυτοεκτίμηση

selbständig αυτοτελής; αυτοκέφαλος; αυτόνομος

Selbständig|e(r) (ελεύθερος) επαγγελματίας; **~keit** ⟨*0*⟩ *f* αυτοτέλεια; αυτονομία

Selbst|aufopferung *f* αυτοθυσία; **~auslöser** *m* (*Foto*) αυτοχρονομέτρης; **~bedienung** ⟨*0*⟩ *f* αυτοεξυπηρέτηση; **~befriedigung** *f* μαλακία; **~beherrschung** *f* αυτοκυριαρχία; **~beobachtung** *f* αυτοπαρατήρηση; **~bestimmung** ⟨*0*⟩ *f* αυτοδιάθεση

selbstbewusst συνειδητοποιημένος; ***~ sein*** μεγαλοφρονώ

Selbst|bewusstsein *n* φρόνημα *n*; *PSYCH* συνειδητοποίηση; **~bildnis** *n* αυτοπροσωπογραφία

Selbsterhaltung ⟨*0*⟩ *f* αυτοσυντήρηση; **~s-trieb** ⟨*-es; 0*⟩ *m* ένστικτο της αυτοσυντηρήσεως

Selbsterkenntnis ⟨*0*⟩ *f* αυτογνωσία

selbstgefällig αυτάρεσκος

Selbstgefälligkeit ⟨*0*⟩ *f* αυταρέσκεια, καμάρι

Selbstgespräch *n* μονόλογος; ***ein ~ führen*** μονολογώ

selbstherrlich αυθαίρετος (*adv* -α)

Selbstherrlichkeit ⟨*0*⟩ *f* ετσιθελισμός

Selbsthilfe ⟨*0*⟩ *f* αυτοοργάνωση; *JUR* αυτοδικία; ***zur ~ greifen*** αυτοδικώ

Selbst|induktion *f* αυτεπαγωγή; **~klebeband** *n* αυτοκόλλητη γάζα; **~klebefolie** *f* αυτοκόλλητο

selbstklebend αυτοκόλλητος

Selbst|kostenpreis *m* κόστος *n*; **~kritik** ⟨*0*⟩ *f* αυτοκριτική; **~laut** *m* φωνήεν (-εντος) *n*

selbstlos αλτρουιστικός

Selbst|losigkeit ⟨*0*⟩ *f* αυταπάρνηση; **~mord** *m* αυτοκτονία; ***~mord begehen*** αυτοκτονώ; **~mörder(in** *f*) *m* αυτόχειρας *m, f*; **~porträt** *n* αυτοπροσωπογραφία; **~sucht** ⟨*0*⟩ *f* φιλαυτία; εγωισμός

selbst|süchtig φίλαυτος, εγωιστικός; ***aus ~süchtigen Motiven*** συμφεροντολογικός; **~tätig** αυτόματος

Selbst|täuschung *f* αυταπάτη; **~unter-**

S

Selbstverleugnung 954

richt *m* αυτομάθεια; **~verleugnung** *f* αυταπάρνηση; **~verpflegung** *f* αυτοσυντήρηση; **~versorgung** *f* αυτάρκεια
selbstverständlich αυτονόητος; *adv* φυσικά, εννοείται
Selbst|verständnis *n* επίγνωση των ιδίων αξιών, αυτεπίγνωση; **~vertrauen** *n* αυτοπεποίθηση; **~verwaltung** *f* αυτοδιοίκηση
Selbstwählferndienst *m TEL* (*im Inland*) αυτόματη υπεραστική επικοινωνία; (*nach dem Ausland*) αυτόματη διεθνής επικοινωνία
Selbstzweck ⟨-*e*s; *0*⟩ *m* αυτοσκοπός
Selek'tion *f BIOL* επιλογή
selek'tiv επιλεκτικός
Se'len ⟨-*s*; *0*⟩ *n* σελήνι
selig μακάριος, όσιος, συγχωρεμένος; (*verstorben*) μακαρίτης (-ισσα); *iron* **...** ***~en Angedenkens*** μακαρίτικος
Seligkeit *f* μακαριότητα
Seligsprechung *f* αγιοποίηση
Sellerie *m oder f* σέλινο
selten σπάνιος, αραιός; *adv* σπάνια; ***~ gut*** σημαδιακός; *Freude*, *Genugtuung*: άφθαστος
Seltenheit *f* σπανιότητα, αραιότητα
Selterswasser *n* σελτς *n*, σόδα
seltsam παράξενος, φανταστικός
Seltsamkeit *f* παραδοξολογία
Se'mantik ⟨*0*⟩ *f* σημασιολογία
Se'mester *n* εξάμηνο; **~ferien** *pl* διακοπές *f*/*pl* εξαμήνου
Semi'kolon ⟨-*s*; -*s oder* -*la*⟩ *n* (*im Neugriech.*) άνω τελεία
Semi'nar ⟨-*s*; -*e*⟩ *n* σεμινάριο, φροντιστήριο; *REL* ιεροδιδασκαλείο
Se'mit ⟨-*en*⟩ *m* Σημίτης
se'mitisch σημιτικός
Semmel ⟨-; -*n*⟩ *f* ψωμάκι, φραντζόλα
Se'nat ⟨-*e*s; -*e*⟩ *m* γερουσία; (*der Römer*, *der Universität*) σύγκλητος *f*; **~or** ⟨-*s*; -'*toren*⟩ *m* γερουσιαστής; *hist* συγκλητικός
Sendegebiet *n* περιοχή (τηλεοπτικής *oder* ραδιοφωνικής) εμβέλειας
senden ⟨* *und* -*e*-⟩ στέλνω, αποστέλλω, πέμπω (*auch Radio*)
Send|er *m* (*Radio*) πομπός; **~e-zeit** *f* (*e-s Programms*) χρόνος εκπομπής (*Fernsehen*: ... προβολής); **~ung** *f* (*Waren-*) αποστολή; (*Post-*) φάκελος; (*Radio*) εκπομπή; προβολή

S

Senf ⟨-*e*s; *0*⟩ *m* σινάπι, μουστάρδα; **~gas** *n* υπερίτης; **~topf** *m* μουσταρδιέρα
sengen *v*/*t* αναφλογίζω
se'nil γεροντίστικος
Senili'tät ⟨*0*⟩ *f* γεροντικός μαρασμός
Senior ⟨-*s*; -'*oren*⟩ *m* γέρος, *pl* γέροντες, πρεσβύτερος; (*bei Namen*) πατήρ *m*
Senkblei *n* βασίδι, στάθμη
senk|en *Augen*, *Preis*, *Stimme* χαμηλώνω; *Steuern* λιγοστεύω; ***sich ~en*** χαμηλώνω, βυθίζομαι, κατακάθομαι; *subst* χαμήλωμα *n*; **~recht** κάθετος
Senk|rechte ⟨-*n*⟩ *f* κάθετος *f*; **~schnur** *f TECH* ζύγι; **~ung** *f* χαμήλωμα *n*; μείωση; (*Preis-*) πτώση, υποτίμηση; (*des Bodens*) κλίση; **~waage** *f* αραιόμετρο, γράδο
Senn|er *m* γελαδάρης; **~erin** *f* γελαδάρισσα; **~hütte** *f* στάνη
Sensa'tion *f* πάταγος, ντόρος; ***e-e ~ auslösen*** προκαλώ πάταγο, κάνω αίσθηση
sensatio'nell εντυπωσιακός, παταγώδης
Sense *f* δρεπάνι, δρέπανο
sen'sibel ⟨-*bl*-⟩ ευαίσθητος, εύθικτος
Sensibili'tät ⟨*0*⟩ *f* ευαισθησία
Sen'tenz *f* ρητό
sentimen'tal (συν)αισθηματικός
Sentimentali'tät *f* (συν)αισθηματικότητα
sepa'rat χωριστός
Sepa'rateingang *m* είσοδος *f* ανεξάρτητη
Separa'tismus ⟨-; *0*⟩ *m POL* (απο)χωριστικό κίνημα *n*
separa'tistisch χωριστικός
Sep'tember *m* Σεπτέμβριος; **~-** σεπτεμβριανός
septisch σηπτικός
Serb|e ⟨-*n*⟩ *m* Σέρβος; **~ien** *n* Σερβία; **~in** *f* Σερβίδα
serbisch σερβικός
Sere'nade *f* σερενάτα, καντάδα
Sergeant [zɛʀ'ʒant] ⟨-*en*⟩ *m* λοχίας; (*Gendarmerie*) υπενωματάρχης
Serie [-ʀĭə] *f* σειρά
seri'ell *EDV* σειριακός
Serien|fertigung *f*, **~herstellung** *f* κατασκευή σε σειρές
serien|mäßig μαζικός; **~reif** έτοιμος για μαζική παραγωγή

Serienschaltung *f* σύνδεση εν σειρά
seri'ös σοβαρός, αξιόπιστος
se'rös *MED* ορώδης
Serpen'tine *f* δρόμος με πολλές στροφές, οφιοειδής οδός *f*
Serum ⟨*-s*; *-ren*⟩ *n* ορός; **~-** ορώδης
Service[1] [zɛʀ'viːs] ⟨*-s*; - [-'viːsə]⟩ *n* σερβίτσιο, σετ *n*; *z. B.* **Tee-** σερβίτσιο του τσαγιού
Service[2] ['sœː(r)vɪs] ⟨-; *0*⟩ *m* (*Hotel*) σέρβις *n*; (*Reparatur-*) συντήρηση; (*Kundendienst*) εξυπηρέτηση πελατών; **~netz** *n* δίκτυο για σέρβις
ser'vieren σερβίρω
Ser'vier|en *n* (*von Getränken*) παράθεση; **~er** *m* σερβιτόρος; **~erin** *f* σερβιτόρα; **~wagen** *m* σερβάντ *f*, τραπεζάκι με ρόδες
Servi'ette *f* πετσέτα
Sesam ⟨*-s*; *-s*⟩ *m* σουσάμι; **~öl** *n* σουσαμόλαδο
Sessel *m* πολυθρόνα; **~lift** *m* τελεφερίκ ⟨*0*⟩ *n*
sesshaft (*Volksstamm*) μόνιμος; (*unbeweglich*) ασάλευτος
Sesshaftigkeit ⟨*0*⟩ *f* μόνιμη διαμονή
Set [sɛt] ⟨*-s*; *-s*⟩ *n* σετ ⟨*0*⟩ *n*
setzen ⟨*-t*⟩ *v/t* βάζω, θέτω; καθίζω; *Ofen usw* εγκαθιστώ, εγκαθιστώ (-άς); *TYP* συνθέτω, στοιχειοθετώ; *Segel* αναπετάω; *auf die Rechnung* περνώ (-άς); *Hoffnung* εναποθέτω (**auf** *A*/σε), βασίζω (**auf** *A*/πάνω σε); *v/i* (*Spiel*) ποντάρω; **sich ~** κάθομαι, καθίζω; (*in Flüssigkeiten*) κατακάθομαι, κατακαθίζω; επικάθημαι (**auf** *A*/σε); **sich ein Ziel ~** τάζω ... στο νου μου; ***j-n* vor die Tür** (**an die Luft**) **~** ξεπορτίζω; (*kündigen*) απολύω; **alles daran ~, zu ...** βάζω τα δυνατά μου (για) να ...; **etw über alles ~** βάζω κτ επάνω από κάθε τι άλλο; (*sich stützen*) **~ auf** *A* (*z. B. Kernkraftwerke*) βασίζομαι σε; **ich setze es mir in den Kopf, zu ...** μου κάθησε να; **setz dich!** κάτσε!; **~ Sie sich bitte!** καθίστε, παρακαλώ
Setz|en *n* βάλσιμο (-ατος), θέση; *der Segel* αναπέταση; **~er** *m* στοιχειοθέτης; **~e'rei** *f* στοιχειοθετείο; **~ling** ⟨*-s*; *-e*⟩ *m* φιντάνι
Seuche *f* επιδημία, λοιμός
Seuchengefahr *f* κίνδυνος επιδημίας
seufzen ⟨*-t*⟩ (ανα)στενάζω
Seufz|en *n* στέναγμα *n*, αναστεναγμός; **~er** *m* λυγμός, (ανα)στεναγμός
Sexappeal [zɛks'ʔə'piːl] ⟨*-s*; *0*⟩ *m* σεξαπίλ ⟨*0*⟩ *n*
Sex'tant ⟨*-en*⟩ *m* εξάντας
Sexu'alverbrechen *n* σεξουαλικό έγκλημα *n*
sexu'ell σεξουαλικός; **~e Belästigung** σεξουαλική παρενόχληση
se'zieren ανατέμνω
Se'zier|messer *n* νυστέρι; **~ung** *f* ανατομή; νεκροτομία
Shampoo ['ʃampu] ⟨*-s*; *-s*⟩ *n* σαμπουάν ⟨*0*⟩ *n*
Shetlandinseln *pl* (το) σέτλαντ
Shorts [ʃɔʀts] *pl* σορτς ⟨*0*⟩ *n*
Show [ʃoː] ⟨-; *-s*⟩ *f* σόου ⟨*0*⟩ *n*
Sia'mes|e ⟨*-n*⟩ *m* Σιαμαίος; **~in** *f* Σιαμαία
sia'mesisch σιαμαίος; **die ~en Zwillinge** οι σιαμαίοι αδελφοί
Si'birien [-ʀĭən] *n* Σιβηρία
si'birisch σιβηρικός; *Kälte*: πολικός
sich τον εαυτό του (της, τους); **für ~** χωριστός; **an ~** καθ' εαυτό (-ή, -ό)
Sichel [ɪ] *f* δρεπάνι
sichelförmig δρεπανοειδής
sicher [ɪ] (*gewiss*) βέβαιος, σίγουρος (*G*/για); (*gesichert*) ασφαλής (**vor** *D*/ από); **ich halte es für ~** το έχω για σίγουρο; (*Vermutung*) **er ist ~ angekommen** πρέπει να έφτασε; (*als Antwort*) **sicher!** πως!, βεβαίως!; **ja ~!** ναι βέβαια
Sicherheit *f* βεβαιότητα; ασφάλεια; *HDL* πρόβλεψη, εγγύηση; **mit absoluter ~** με απόλυτη βεβαιότητα
Sicherheits|- (*oft*) ... ασφαλείας; **~gurt** *m* ζώνη ασφαλείας; **~haken** *m*, **~klappe** *f TECH* ασφάλιστρο; **~kontrolle** *f* έλεγχος ασφαλείας; **~maßnahme** *f* ασφαλιστικό μέτρο; **~nadel** *f* παραμάνα, καρφίτσα ασφαλείας; **~rat** ⟨*-ҿs*; *0*⟩ *m* (*der UNO*) Συμβούλιο Ασφαλείας; **~ventil** *n* ασφαλιστική βαλβίδα
sicherlich σίγουρα, βέβαια
sichern ⟨*-re*⟩ ασφαλίζω (*auch Zukunft*), εξασφαλίζω, κατοχυρώνω (**etw vor** *D*/κτ από); *Alter auch* σιγουρεύω; **sich ~** *Stimmen* εξασφαλίζω; **gesichert** εξασφαλισμένος; **etw als gesichert betrachten** το θεωρώ δεδομένο
sicherstellen εξασφαλίζω; εξυπηρετώ
Sicherstellung *f* εξυπηρέτηση
Sicherung *f* ασφάλιση, εξασφάλιση,

S

Sicherungs- 956

διασφάλιση; (*Waffe und* ELEKTR) ασφάλεια; EDV σώσιμο, αποθήκευση
Sicherungs|- εξασφαλιστικός; JUR συντηρητικός; **~maßnahme** *f* μέτρο ασφαλείας
Sicht ⟨*0*⟩ *f* όψη; (*Auto, Wetterbericht*) ορατότητα; ***auf lange*** (***weite***) **~** για πολύ καιρό; HDL ***bei*** **~** εν όψει
Sicht- (*-Wechsel*) απρόθεσμος; (*sortierend*) κοσκινιστός
sichtbar ορατός, θεατός, καταφανής; ***deutlich*** **~** εμφανής; **~ *sein*** φαίνομαι; **~ *werden*** φανερώνομαι; *fig* διαφαίνομαι
Sichteinlagen *f/pl* HDL καταθέσεις *f/pl* όψεως
sichten ⟨*-e-*⟩ *Schiff* ανακαλύπτω, πρωτοβλέπω; (*genau prüfen*) κοσκινίζω, διυλίζω; (*ordnen*) τακτοποιώ
Sichten *n* κοσκίνισμα *n*, διύλιση
sichtlich προφανής, φανερός
Sicht|ung *f* → ***Sichten***; τακτοποίηση; **~vermerk** *m* θεώρηση; **~weite** *f* ορατότητα; ***in ~weite*** στα όρια ορατότητας
Sickergrube *f* χαβούζα, βόθρος
sickern ⟨*-re; sn*⟩ διαρρέω, στάζω
sie *f/sg* αυτή; *pl* αυτοί, αυτές, αυτά; *auch A*: αυτή(ν); αυτούς, αυτές, αυτά
Sie εσείς; *A*: σας; **~ *da!*** (*Anruf*) *etwa*: καλέ!
Sieb ⟨*-ęs; -e*⟩ *n* κόσκινο; τρυπητό; **~-** κοσκινιστός
sieben[1] *v/t* κοσκινίζω; *subst* κοσκίνισμα *n*
sieben[2] εφτά, επτά
Sieben *f* εφτάρι, επτάδα; **~gestirn** ⟨*-ęs; 0*⟩ *n* Πούλια, Πλειάδες *f/pl*
sieben|hundert επτακόσιοι (ψ′); **~hundertst-** επτακοσιοστός; **~jährig** εφτάχρονος, επταετής; **~köpfig** επταμελής; **~mal** εφτά φορές
Sieben|'monatskind *n* επταμηνίτικο; **~'sachen** *pl* (*Kleider*) τσαμασίρια *n/pl*
sieben|stündig επτάωρος; **~tägig** επταήμερος; **~tausend** εφτά χιλιάδες; **~te(r)** (= ***siebter***) έβδομος
sieb|te(r) έβδομος; **~tens** έβδομο; **~zehn** δεκαεπτά; **~zehnjährig** δεκαεπτάχρονος; **~zehnte(r)** δέκατος έβδομος; **~zig** εβδομήντα, εβδομήκοντα (ο′); **~zigjährig** εβδομηκοντάρης (-α, -ικο), εβδομηκονταετής; **~zigste(r)** εβδομηκοστός
Siechtum ⟨*-s; 0*⟩ *n* καχεξία
siedeln ⟨*-le*⟩ οικώ, εποικώ (***in*** *D*/σε); *selten auch* = ***sich ansiedeln***
sieden ⟨*-e-*⟩ ζέω, βράζω; *subst* ζέση
Siedepunkt *m* σημείο ζέσεως
Siedl|er *m* έποικος, άποικος; ***~er sein*** εποικώ; **~ung** *f* οικισμός; **~ungsgebiet** *n* οικιστική περιοχή
Sieg ⟨*-ęs; -e*⟩ *m* νίκη; θρίαμβος
Siegel *n* βούλα, σιγίλιο; ***unter dem ~ der Verschwiegenheit*** υπό εχεμύθειαν; **~lack** *m* βουλοκέρι
siegeln ⟨*-le*⟩ βουλώνω; *subst* βούλωμα *n*
siegen *v/t* νικώ (-άς); θριαμβεύω
Sieger *m* νικητής; **~in** *f* νικήτρια
Sieges|- νικητήριος, επινίκιος; **~beute** *f* λάφυρα *n/pl*; **~feier** *f* νικητήρια *n/pl*; **~göttin** *f* Νίκη; **~hymne** *f* νικητήρια *n/pl*; **~säule** *f* στήλη της νίκης; **~zeichen** *n* τρόπαιο; **~zug** *m* θριαμβευτική πομπή
siegreich νικηφόρος
sieh ...! (για) δες; να ...; **~e** *Seite* ... βλέπε ...
Siel ⟨*-ęs; -e*⟩ *n* (*Norddeutschland*) ιλυοδόχη
Si'esta ⟨*-; -s oder -ten*⟩ *f* σιέστα, ραχάτι
siezen ⟨*-t*⟩: ***j-n*** **~** μιλώ σε κπ στον πληθυντικό
Sigma ⟨*-s; -s*⟩ *n* σίγμα *n* (Σ; σ, ς)
Si'gnal ⟨*-s; -e*⟩ *n* σήμα *n*; σύνθημα *n*; σινιάλο; ***ein ~ geben*** σημαίνω; **~buch** *n* σηματόγραφο
signali'sieren σηματοδοτώ; *subst* σηματοδοσία
Si'gnalmast *m* σηματογράφος
Silbe *f* συλλαβή
Silben|- συλλαβικός; **~rätsel** *n* συλλαβόγριφος; **~trennung** *f* συλλαβισμός
Silber ⟨*-s; 0*⟩ *n* άργυρος, ασήμι; **~-** αργυρο-; αργυρός, ασημένιος; **~gehalt** *m* περιεκτικότητα σε άργυρο; **~geschirr** *n* ασημικά *n/pl*; **~hochzeit** *f* → ***Hochzeit***; **~medaille** *f* αργυρό μετάλλιο; **~münze** *f* αργύριο
silbern ασημένιος, αργυρός
Silber|pappel *f* λεύκη, λεύκα; **~pokal** *m* ασημένιο κύπελλο; **~schmied** *m* αργυροχόος; **~waren** *f/pl* ασημικά *n/pl*
silbrig ασημένιος
Silhouette [zi·lu·'etə] *f* σιλουέτα
Sili'kat ⟨*-ęs; -e*⟩ *n* οξυπυρίτιο, πυριτικό άλας *n*

S

Si'lizium ⟨*-s; 0*⟩ *n* πυρίτιο
Silo ⟨*-s; -s*⟩ *m, n* σιλό ⟨*0*⟩
Sil'vester(abend) *m* παραμονή της πρωτοχρονιάς
simpel *S* απλός; *pers* αφελής, κουτός
Sims ⟨*-es; -e*⟩ *m* κορνίζα, κορωνίδα
Simu|'lant ⟨*-en*⟩ *m* υποκριτής; **~la'tion** *f* προσποίηση
simu'lieren *v/t* προσποιούμαι
Simul'tan|- *TECH* ταυτόχρονος; **~dolmetscher** *m* ταυτόχρονος διερμηνέας
Sinaihalbinsel ['zi:na:i:-] *f* χερσόνησος *f* του Σινά
Sinfo'nie *f* συμφωνία; **~konzert** *n* συμφωνική συναυλία; **~orchester** *n* συμφωνική ορχήστρα
sin'fonisch συμφωνικός
singen* τραγουδώ (-άς); *REL* ψάλλω; *Vogel*: κελαϊδώ (-άς); *subst* τραγούδημα *n*; ψάλσιμο (-ατος); κελάιδισμα *n*; **~d** *adv* τραγουδιστά
Singspiel *n* κωμειδύλλιο
Singular ⟨*-s; -e*⟩ *m GR* ενικός (αριθμός)
Singvogel *m* ωδικό πτηνό
sinken* ⟨*sn*⟩ *v/i Schiff*: βυθίζομαι, βουλιάζω; *Fieber*: κοπάζω; *Preis*; *Temperatur*: κατεβαίνω; *Sonne*: βασιλεύω; *Werte*: υποτιμώμαι (-άσαι); *Ausgaben*; *Eifer*, *Vertrauen*, *Zahlen*: ελαττώνομαι; *moralisch* **tief ~** προστυχαίνω; **zu Boden ~** πέφτω; *subst* βύθιση; (*des Fiebers*) ύφεση; κατέβασμα *n*; κατάπτωση; (*der Sonne*) γέρμα *n*
Sinn ⟨*-ęs; -e*⟩ *m* (*Gehör usw*) αίσθηση; (*Bedeutung*) έννοια, νόημα *n*; (*Geist z. B. des Gesetzes*) πνεύμα *n*; **praktische(r) ~** πρακτικότητα; **eigentliche(r) ~** *oder* **ursprüngliche(r) ~** *e-s Wortes* κυριολεξία; **im eigentlichen ~e** κυριολεκτικά; **im übertragenen ~e** μεταφορικά; **im engeren (weiteren) ~e** υπό στενή (ευρεία) έννοια; **im wahrsten ~e des Wortes** όνομα και πράγμα; **von ~en sein** είμαι έξω φρενών; **im ~e haben** έχω κατά νου; **es kommt mir in den ~, zu ...** μούρχεται (στο νου) να ...
Sinnbild *n* σύμβολο; αλληγορία
sinnbildlich συμβολικός, εμβληματικός
sinnen*: **~ auf** *A* επιδιώκω; *Rache* επιζητώ; → **nachsinnen; gesonnen sein, zu ...** έχω κατά νου να; **j-m gut gesinnt sein** είμαι ευμενώς διατεθειμένος υπέρ αυτού; **~d** σκεπτικός
Sinnenlust ⟨*0*⟩ *f* ηδυπάθεια
sinnentstellend παραποιητικός
Sinnes|- αισθητικός; **~änderung** *f* αλλαγή γνώμης; **~organ** *n* αισθητήριο όργανο; **~täuschung** *f* παραίσθηση, φρεναπάτη
sinn|gemäß αναλογικός; *adv* ανάλογα, κατ' αναλογία; **~ig** ντελικάτος; (*sinnreich*) έντεχνος
sinnlich *Genüsse*, *Gelüste*: λάγνος; ηδυπαθής; *Mensch*: αισθησιακός, φιλήδονος; *PSYCH* **~e Wahrnehmung** αντίληψη (των αισθήσεων)
Sinnlichkeit ⟨*0*⟩ *f* αισθητικότητα, αισθησιασμός
sinnlos (*ohne Bedeutung*) ... χωρίς έννοια *oder* νόημα; (*unvernünftig*) ανόητος, παράλογος
Sinnlosigkeit *f* παραλογισμός, ανοησία
sinnreich έντεχνος; *adv auch* έντεχνα, τεχνηέντως
Sinnspruch *m* γνωμικό; απόφθεγμα *n*
sinn|verwandt συνώνυμος; **~widrig** παράλογος
sintern ⟨*-re*⟩ σιντεριώνω; *subst* σιντερίωση
Sintflut ⟨*0*⟩ *f* κατακλυσμός
sintflutartig κατακλυσμιαίος
Sinus ⟨*-; - oder -se*⟩ *m MATH* ημίτονο
Sippe *f* συγγένεια
Sippenhaftung *f* συνυπευθυνότητα της οικογένειας
Sippschaft *f* F ασκέρι, ταράφι
Si'rene *f* σειρήνα
Sirup [ʊ] ⟨*-s; -e*⟩ *m* σιρόπι
Sisyphusarbeit *f* ματαιοπονία
Sitte *f* έθος *n*, έθιμο; **~n** *pl* ήθη *n/pl*; **die guten ~n** τα χρηστά ήθη; **~n und Gebräuche** τα ήθη και (τα) έθιμα
Sitten|dezernat *n* τμήμα *n* ηθών; **~gemälde** *n* ηθογραφία; **~gesetz** *n* ηθικός νόμος; **~lehre** *f* ηθικολογία; ηθική
sittenlos ανήθικος
Sitten|losigkeit *f* ανηθικότητα; **~polizei** *f* αστυνομία ηθών; **~verderber** *m* διαφθορέας; **~verfall** *m* διαφθορά
sittlich ηθικός
Sittlich|keit ⟨*0*⟩ *f* ηθικό, ηθικότητα; **~keitsverbrechen** *n* σεξουαλικό έγκλημα *n*
sittsam σεμνοπρεπής

Sittsamkeit ⟨*0*⟩ *f* σεμνοπρέπεια
Situa'tion *f* κατάσταση, θέση
situ'iert: ***gut*** ~ καλοζωισμένος
Sitz ⟨*-es*; *-e*⟩ *m* έδρα (*auch fig*), κάθισμα *n*; (*e-s Bischofs*) καθέδρα; *JUR* ***s-n*** ~ ***haben*** εδρεύω
sitzen* κάθομαι; *ANAT Herz usw* εδρεύω; *Kleider*: στέκω, αρμόζω; *Modell*: ποζάρω; (*im Gefängnis*) είμαι στο φρέσκο; ~ ***bleiben*** *Schüler*: μένω στάσιμος; *Mädchen*: μένω στο ράφι; ***auf e-r Ware*** ~ ***bleiben*** το εμπόρευμα μένει στο ράφι, στο χέρι; ***bleiben Sie*** ~***!*** μη σηκωθείτε; ~ ***geblieben*** *Schüler*: στάσιμος; ~ ***lassen j-n*** αφήνω κπ στα κρύα του λουτρού; *e-e Beleidigung* ***nicht auf sich*** (*D*) ~ ***lassen*** κοντράρω, αντιστέκομαι σε, αντιτάσσομαι σε; *subst* καθισιά; ***im Sitzen*** καθιστός; *adv* καθιστά; ~**d** καθούμενος; (*Beschäftigung*) καθιστικός; *Kleid*: ***gut*** ~***d*** στρωτός, χυτός
Sitz|gelegenheit *f* κάθισμα *n*; ~**platz** *m* κάθισμα *n*; ~**stange** *f* κούρνια
Sitzung *f* συνεδρίαση; ***e-e*** ~ ***abhalten*** συνεδριάζω
Sitzungs|periode *f* σύνοδος *f*; ~**protokoll** *n* πρωτόκολλο συνεδρίασης; ~**saal** *m* αίθουσα συνεδρίασης
sizili'anisch σικελικός
Si'zilien [-lĭən] *n* Σικελία
Skala ⟨*-*; *-len*⟩ *f PHYS* κλίμακα
Skal'pell ⟨*-s*; *-e*⟩ *n* νυστέρι
Skan'dal ⟨*-s*; *-e*⟩ *m* σκάνδαλο; πανηγύρι; ~**macher** *m* σκανδαλοποιός
skanda'lös σκανδαλώδης
Skan'dal|presse *f* σκανδαλοθηρικός τύπος; ~**szene** *f* παρατράγουδο
Skandi'nav|ien [-ĭən] *n* Σκανδιναβία; ~**ier** *m* Σκανδιναβός; ~**ierin** *f* Σκανδιναβή
skandi'navisch σκανδιναβικός
Ske'lett ⟨*-es*; *-e*⟩ *n auch fig* σκελετός; ~- σκελετώδης
Skeptiker *m* σκεπτικιστής
skeptisch σκεπτικός
Skepti'zismus ⟨*-*; *0*⟩ *m* σκεπτικισμός
Sket(s)ch [skɛtʃ] ⟨*-es*; *-e*⟩ *m* σκετς ⟨*0*⟩ *n*
Ski [ʃiː] → ***Schi***
Ski|gebiet *n* περιοχή χιονοδρομιών; ~**gymnastik** *f* γυμναστική για σκι; ~**kurs** *m* μαθήματα *n/pl* σκι; ~**laufen** *n* χιονοδρομία; ~**läufer(in** *f*) *m* χιονοδρόμος, σκιέρ ⟨*0*⟩ *m*, *f*; ~**lehrer** *m* δάσκαλος σκι; ~**lift** *m* λιφτ *n* για σκιέρ; ~**stiefel** *m/pl* μπότες *f/pl* σκι; ~**urlaub** *m* διακοπές *f/pl* για σκι
Skizze *f* σκίτσο
skiz'zieren σκιτσάρω, σκαριφώ (-άς); *subst* σχεδίαση
Sklave [-və] ⟨*-n*⟩ *m* σκλάβος, δούλος (*auch fig*)
Sklaven|- δουλικός; ~**halter** *m* δουλοκτήτης; ~**handel** *m* δουλεμπορία; ~**händler** *m* δουλέμπορος
Sklave'rei ⟨*0*⟩ *f* σκλαβιά, δουλεία
Sklavin *f* σκλάβα, δούλα
sklavisch δουλικός
Skle'rose *f* σκλήρωση
skon'tieren κάνω έκπτωση
Skonto ⟨*-s*; *-s oder -ti*⟩ *m*, *n* σκόντο ⟨*0*⟩
Skor'but ⟨*-es*; *0*⟩ *m MED* σκορβούτο
Skor'pion ⟨*-s*; *-e*⟩ *m* σκορπιός; *ASTR* Σκορπιός
Skrotum ⟨*-s*; *-ta*⟩ *n ANAT* όσχεο
Skrupel *m* ενδοιασμός
skrupellos ασυνείδητος, χωρίς ενδιασμούς
Skrupellosigkeit *f* ασυνειδησία
Skulp'tur *f* γλυπτική; (*Werk*) γλυπτό
Slaw|e ⟨*-n*⟩ *m* Σλάβος; ~**in** *f* Σλάβα
slawisch σλαβικός
Slip [ɪ] ⟨*-s*; *-s*⟩ *m* σλιπ ⟨*0*⟩ *n*; ~**einlage** *f* σερβιετάκι
Slogan ['sloːgən] ⟨*-s*; *-s*⟩ *m* σλόγκαν ⟨*0*⟩ *n*, σύνθημα *n*
Slo'wak|e ⟨*-n*⟩ *m* Σλοβάκος; ~**ei** [-'kaɪ] *f* Σλοβακία; ~**in** *f* Σλοβακή
slo'wakisch σλοβακικός
Slo'wen|e ⟨*-n*⟩ *m* Σλοβένος; ~**ien** [-ĭən] *n* Σλοβενία; ~**in** *f* Σλοβενή
slo'wenisch σλοβενικός
Sma'ragd ⟨*-es*; *-e*⟩ *m* σμαράγδι, σμάραγδος
Smog [ɔː] ⟨*-s*; *-s*⟩ *m* νέφος *n*, καπναιθάλη; ~**alarm** *m* συναγερμός νέφους
Smoking ⟨*-s*; *-s*⟩ *m* σμόκιν ⟨*0*⟩ *n*
Smyrna *n* Σμύρνη
Snob ⟨*-s*; *-s*⟩ *m* σνομπ ⟨*0*⟩ *m*
so *adv* έτσι, ούτως; ~ ***la'la*** έτσι κ' έτσι; ~ ***ein(e), einer*** ένας τέτοιος; ~ ***etwas*** (*oder* F ***was***) κάτι τέτοιο; ~ ***oder*** ~ ούτως ή άλλως; ~ ***groß*** (***hoch, sehr, viel***), ***dass ...*** τόσος ... που (*oder* ώστε); (*Vergleich*) ~ ***... wie*** τόσο ... όσο; ~ ***gut wie*** το ίδιο όπως; ~ ***ists gut*** (*oder* ***richtig***) έτσι μπράβο!; ~ ***stehen die Dinge*** (*oder* ***verhält es sich***) έτσι

έχει το πράγμα; **~ gut ich kann** όσο μπορώ; **~, wie du dich beträgst** με τον τρόπο που φέρεσαι; *ko* **~ dass ...** έτσι ώστε να ...
so'bald *ko* μόλις *St II präs oder +aor*, όταν, άμα, ως + *aor*: **~ du mich brauchst ...** μόλις με χρειαστείς ...; **~ ich deinen Brief erhalten hatte ...** μόλις έλαβα το γράμμα σου; **~ sie das sah, ...** όταν το είδε...
Socke *f* (κοντή) κάλτσα; **die ~n ausziehen** ξεκαλτσώνω
Sockel *m* υπόβαθρο; (*e-r Säule*) βάση
Soda ⟨*0*⟩ *f* σόδα
so'dann έπειτα
Sodbrennen *n* πύρωση, καούρα
so'eben μόλις, προ ολίγου
Sofa ⟨*-s*; *-s*⟩ *n* καναπές *m*
so|'fern *ko* εφόσον, προκειμένου να; **~fern nicht** όσο δεν; **~'fort** αμέσως; **~'fortig** άμεσος, ευθύς
Software ['sɔftvɛːʀ] ⟨*-*; *-s*⟩ *f* *EDV* λογισμικό; **~anbieter** *m* προμηθευτής λογισμικού; **~paket** *n* πακέτο λογισμικού
so'gar μάλιστα, κιόλας, ακόμα και, δη
sogenannt λεγόμενος
so'gleich μονομιάς
Sohle *f* σόλα, πέλμα *n*; (*Bergwerk*) στοά, πάτωμα *n*
Sohn ⟨*-ẹs*; *¨-e*⟩ *m* γιος, υιός; **einzige(r) ~** μοναχογιός; **der verlorene ~** ο άσωτος υιός
Sojabohne *f* σόγια
Sokrates ['zoː-] *m* (ο) Σωκράτης
so'lange (wie) *ko* όσο, εφ' όσον, ενώ; *adv* τόση ώρα; **~ ich lebe** όσο ζω ...
So'larenergie *f* ηλιακή ενέργεια
solche|(r): (ein) ~r τέτοιος
Sold ⟨*-ẹs*; *-e*⟩ *m* *MIL* μισθός; *hist* λουφές *m*
Sol'dat ⟨*-en*⟩ *m* στρατιώτης; **~in** *f* στρατιωτίνα
sol'datisch στρατιωτικός
Soldbuch *n* ατομικό βιβλιάριο
Söldner *m* μισθοφόρος
soli'darisch: sich ~ erklären τάσσομαι αλληλέγγυος
Solidari'tät ⟨*0*⟩ *f* αλληλεγγύη
so'lide σταθερός; *Stoff*: γερός
Solidi'tät ⟨*0*⟩ *f* σταθερότητα
So'list ⟨*-en*⟩ *m* μονωδός, σολίστας; **~in** *f* μονωδός *f*
Soll ⟨*-[s]*; *-[s]*⟩ *n* χρέωση; **sein ~ erfüllen (übererfüllen)** εκπληρώνω (υπερεκπληρώνω, ξεπερνώ) το πλάνο; **~ und Haben** *HDL* δούναι και λαβείν
soll|en (*inf ohne zu*) *mst* να + *Verb*; (*verneint*) μη; (*die Pflicht haben*) οφείλω να ...; (*Wille e-s anderen*) θέλω να ...; (*Zukunft*) θα, πρόκειται να ...; (*man sagt*) λένε, λέγουν, λέγεται ότι, πώς; **was ~ ich Ihnen sagen?** τι να σας πω; **woher ~ ich das wissen?** που να ξέρω (πώς/**dass**); **was ~ ich tun?** τι να κάνω; **du ~st nicht töten (stehlen** *usw*) μη φονεύσης, μη κλέψεις; **was ~ das bedeuten?** τι θέλει να πει αυτό; **es ~ geschehen** θα γίνει; **er ~ krank sein** λένε (*oder* νομίζεται) ότι είναι άρρωστος; **~te:** (*Mahnung*) **du ~test kein Fleisch essen** δεν κάνει να φας κρέας; **man ~te meinen** έλεγες; (*Schicksal*) **er ~te ertrinken** του μελλε (έμελλε) να πνιγεί; (*konjunktional*) **~ten Sie ihn (zufällig) sehen ...** αν τύχει και τον δείτε ...
Söller *m* δώμα *n*, ηλιακτό
Solo ⟨*-s*; *-s oder -li*⟩ *n* μονωδία
sol'vent φερέγγυος
Sol'venz *f* φερεγγυότητα
So'malia *n* Σομαλία
somit άρα
Sommer *m* καλοκαίρι, θέρος *n*; **Mitte des ~s** μισοκαλόκαιρο; **es wird ~** καλοκαιριάζει; **den ~ verbringen** ξεκαλοκαιριάζω; **der ~ geht zu Ende** ξεκαλοκαιριάζει; **~-** καλοκαιρινός, θερινός; **~anfang** *m* αρχή του καλοκαιριού; **~fahrplan** *m* θερινό δρομολόγιο; **~ferien** *pl* θερινές διακοπές *f/pl*; **~ferienlager** *n* παραθεριστικό κέντρο; **~gast** *m* παραθεριστής; **~haus** *n* θέρετρο
sommerlich καλοκαιρινός
Sommer|monat *m*: **in den ~monaten** τους θερινούς μήνες; **~reifen** *m* λάστιχα *n/pl* για το καλοκαίρι; **~schlussverkauf** *m* καλοκαιρινές εκπτώσεις *f/pl*; **~sprosse** *f* φακίδα; **~urlaub** *m* καλοκαιρινές διακοπές *f/pl*; **~zeit** ⟨*0*⟩ *f* θερινό ωράριο
so'nach άρα, επομένως
So'nate *f* σονάτα
Sonde *f allg* σόντα; *MED* μήλη; *MED und GEOL* καθετήρας; *GEOL* γεωτρύπανο; **e-e ~ einführen** καθετηριάζω
Sonder|- ειδικός (*Korrespondent*); έκτακτος (*Vorstellung*); ιδιαίτερος

Sonderangebot 960

(*Preis*); **~angebot** *n* ειδική προσφορά; **~ausgabe** *f* έκτακτη έκδοση
sonderbar περίεργος, παράξενος; *pers auch* ανάποδος, αλλοιώτικος
Sonder|botschafter *m* έκτακτος απεσταλμένος; **~druck** *m* ιδιαίτερο αντίτυπο; **~fahrt** *f* έκτακτη διαδρομή; **~genehmigung** *f* ειδική άδεια
sonder|'gleichen άφταστος, ... που δεν έχει ταίρι; **~lich** *pers* → ***sonderbar***; ***nicht ~lich ...*** δεν (*oder* όχι) ... πολύ
Sonder|ling ⟨*-s*; *-e*⟩ *m* μυστήριος; **~marke** *f* αναμνηστικό γραμματόσημο; **~maschine** *f* έκτακτο αεροπλάνο
sondern¹: (*nicht*) **...** ~ αλλά
sondern² ⟨*-re*⟩ *v/t* χωρίζω (**von** *D*/από)
Sonder|preis *m* ειδική τιμή; μειωμένη τιμή; **~recht** *n* προνόμιο; **~sitzung** *f* ειδική σύνοδος; **~stellung** *f* (*z. B. e-r Stadt*) ιδιορρυθμία; **~zug** *m* έκτακτο τρένο; **~zulage** *f* ιδιαίτερη αμοιβή, επί πλέον επίδομα *n*
son'dieren σοντάρω; καθετηριάζω; *fig* βολιδοσκοπώ
Son'dierung *f* σόνταρισμα *n*, καθετηριασμός; βολιδοσκόπηση
Sonnabend *m* Σάββατο; **~-** σαββατιάτικος; **~'abend** *m* σαββατόβραδο
sonnabends το Σάββατο, σαββατιάτικα
Sonne *f* ήλιος; ***ohne*** ~ ανήλιαστος
sonnen *v/t* λιάζω; ***sich*** ~ λιάζομαι; *fig in s-m Ruhm* απολαύω *A*; *subst* λιάσιμο (-ατος)
Sonnen|- ηλιακός; ηλιόλουστος; λιο-; **~aufgang** *m* ανατολή ηλίου; **~bad** *n* ηλιόλουτρο; **~blume** *f* ήλιος, ηλίανθος; **~brand** *m* ηλιακό έγκαυμα *n*; **~brille** *f* γυαλιά *n/pl* ηλίου; **~deck** *n* άνω κατάστρωμα *n*; **~energie** *f* ηλιακή ενέργεια; **~finsternis** *f* έκλειψη ηλίου

S

sonnen|gebräunt ηλιοκαμένος; **~'klar** ... φως φανάρι
Sonnen|kollektor *m* ηλιακός συσσωρευτής; **~krem** *f* κρέμα ηλίου; **~licht** ⟨*-e̸s*; *0*⟩ *n* ηλιόφως *n*; **~milch** *f* αντιηλιακό γαλάκτωμα; **~öl** *n* αντιηλιακό λάδι; **~schein** ⟨*-e̸s*; *0*⟩ *m* λιακάδα; **~schirm** *m* ομπρέλα ηλίου; **~schutzmittel** *n* αντιηλιακό; **~stich** *m* ηλίαση, ηλιοπληξία; **~strahl** *m* ηλιακή ακτίνα; **~system** *n* ηλιακό σύστημα *n*; **~uhr** *f* ηλιακό ρολόι; **~untergang** *m* ηλιοβασίλεμα *n*, λιόγερμα *n*
sonnenverbrannt ηλιοκαμένος
Sonnenwende *f* τροπή, ηλιοστάσιο
sonnig ευήλιος; *Zimmer*: ηλιόλουστος; *Haus*: προσηλιακός; *fig* **~es Gemüt** αλέγρα καρδιά
Sonntag ⟨*-e̸s*; *-e*⟩ *m* Κυριακή; ***am*** ~ τη Κυριακή
sonntäglich κυριακάτικος
sonntags τη Κυριακή
Sonntags|- κυριακάτικος; **~dienst** *m* κυριακάτικη υπηρεσία; **~ruhe** *f* κυριακή αργία
so'nor ηχηρός
sonst αλλιώς, διαφορετικά; (*oft*) γιατί; (*früher*) άλλοτε; ~ ***gibts Streit*** γιατί θα γίνει καυγάς; ~ ***noch etwas?*** τίποτε άλλο; ~ ***wo*** κάπου αλλού
sonstig (ο) άλλος, υπόλοιπος
so'oft *ko* κάθε που, οσάκις, όποτε
So'phie *f* Σοφία
So'phist ⟨*-en*⟩ *m* σοφιστής; **~ik** ⟨*0*⟩ *f* σοφιστική
Sophokles ['zo:-] *m* Σοφοκλής (-ή, *K* -έους)
So'pran ⟨*-s*; *-e*⟩ *m* (*auch Person*) σοπράνο, υψίφωνος *f*
Sorge *f* φροντίδα (**für** *A*/για); επιμέλεια (**für** *A*/*G*); μέριμνα (**um** *A*/για); (*als Gegenstand*) μέλημα *n*; (*Kummer*) έννοια, σκοτούρα; (*Geld*) σφίξες *f/pl* (για); ***keine ~!*** έννοια σου (σας)!; ***j-m ~n machen*** στενοχωρώ κπ; ***in ~ sein*** *oder* ***sich ~n machen*** (**wegen** *G*, **über** *A*) στενοχωριέμαι (για), μεριμνώ (για); σκοτίζομαι (**um** *A*/για); ~ ***tragen für*** *A* φροντίζω να + *St II*; ***endlich die ~(n) los sein mit*** *D aor* ξέγνοιασα πια με ...; ***... erfüllt mich mit großer*** ~ ... με βάζει σε μεγάλη έγνοια; ***mach dir deswegen keine ~n*** μείνε ήσυχος γι' αυτό!
sorgen: ~ ***für*** *A* φροντίζω *A oder* για, επιμελούμαι *G oder A*, μεριμνώ για; ***sich ~ um*** *A* μεριμνώ για
sorgen|frei, ~los ασυννέφιαστος, ξέγνοιαστος; **~voll** σύννους, συλλογισμένος
Sorgfalt ⟨*0*⟩ *f* επιμέλεια
sorg|fältig επιμελής, επισταμένος; *adv auch* με επιμέλεια; **~los** ξέγνοιαστος, αμέριμνος; ***~los sein*** αμεριμνώ
Sorglosigkeit ⟨*0*⟩ *f* ξέγνοιασμα *n*, αφροντισιά

961 **Spanne**

Sorte *f* είδος *n*; *HDL* ποιότητα; (*Bank*) μετρητά *n/pl*; (*Devisen*) συνάλλαγμα *n*; ***jeder ~*** κάθε λογής
sor'tieren ξεδιαλέγω; ταξινομώ
Sor'tierung *f* ξεδιάλεγμα *n*, διαλογή, ταξινόμηση
Sorti'ment ⟨*-ęs*; *-e*⟩ *n* συλλογή
Soße *f* σάλτσα
Soßenschüssel *f* σαλτσιέρα
Souffleur [su'flø:ʀ] ⟨*-s*; *-e*⟩ *m* υποβολέας; **~kasten** *m* υποβολείο
souf'flieren υποβάλλω
Soundkarte ['saʊnt-] *f EDV* κάρτα ήχου
soundso: ***Herr Soundso*** ο κύριος τάδε; ***~ oft*** τόσες φορές; ***~ viel*** τόσος; ***zum ~vielten Mal*** τόσες φορές
Souterrain [su'tɛ'ʀɛ̃:] ⟨*-s*; *-s*⟩ *n* υπόγειο
Souve'nir ⟨*-s*; *-s*⟩ *n* ενθύμιο, αναμνηστικό
souverän [su'və'ʀɛ:n] κυριαρχικός; ***ein ~er Staat*** κυρίαρχο κράτος
Souve'rän ⟨*-s*; *-e*⟩ *m* κυριάρχος; ηγεμόνας; **~i'tät** ⟨*0*⟩ *f* κυριαρχία
so'viel τόσος; ***~ ich weiß*** όσο ξέρω; *aber*: ***so viel*** *Vermögen* ***wie ...*** όσος; ***so viel ... auch immer*** οσοσδήποτε
so'weit, 'soweit *ko* όσο; ***so weit sein*** *aor* φθάνω; ***so weit das Auge reicht*** ως εκεί που μπορεί να φθάσει το μάτι; ***ich gehe so weit zu behaupten, dass ...*** φθάνω μέχρι σημείου να λέω ...
so'wie καθώς και; (*sobald*) άμα
sowie'so έτσι κι αλλιώς, ούτως ή άλλως, οπωσδήποτε
So'wjetunion *f hist* Σοβιετική Ένωση
so'wohl: ***~ ... als auch*** και ... και, τόσο ... όσο
sozi'al κοινωνικός
Sozi'al|abbau *m* περιορισμός κοινωνικών παροχών; **~abgaben** *f/pl* κοινωνικές εισφορές *f/pl*; **~amt** *n* κέντρο κοινωνικής πρόνοιας; **~arbeiter** *m* κοινωνικός λειτουργός; **~beruf** *m* κοινωνικό επάγγελμα *n*; **~demokrat** *m* σοσιαλδημοκράτης; **~demokratie** *f* σοσιαλδημοκρατία
sozi'aldemokratisch σοσιαλδημοκρατικός
Sozi'al|fürsorge *f* κοινωνική πρόνοια; **~hilfe** *f* κοινωνική παροχή
soziali'sieren κοινωνικοποιώ
Soziali'sierung *f* κοινωνικοποίηση
Sozia'lis|mus ⟨*-*; *0*⟩ *m* σοσιαλισμός, κοινωνισμός; **~t** ⟨*-en*⟩ *m* σοσιαλιστής, κοινωνιστής
sozia'listisch σοσιαλιστικός, κοινωνιστικός
Sozi'al|leistungen *f/pl* κοινωνικές παροχές *f/pl*; **~produkt** *n* εθνικό προϊόν
sozi'alversichert κοινωνικά ασφαλισμένος
Sozi'alversicherung *f* κοινωνική ασφάλιση
Sozio|'loge ⟨*-n*⟩ *m* κοινωνιολόγος; **~lo'gie** ⟨*0*⟩ *f* κοινωνιολογία
sozio'logisch κοινωνιολογικός
Sozius ⟨*-*; *-se*⟩ *m* συνέταιρος; σύνοδος; (*Motorrad*) συνεπιβάτης; **~sitz** *m* οπίσθιο κάθισμα *n*; πίσω θέση
sozu'sagen ας πούμε, ούτως ειπείν
Spachtel *m, f* σπάτουλα, σπάθη; **~masse** *f* στόκος
Spag(h)etti [-'gɛti'] *pl* σπαγγέτι, λεπτό μακαρόνι
spähen ξαγναντεύω
Spähtrupp *m* περίπολος αναγνωρίσεως
Spa'lier ⟨*-s*; *-e*⟩ *n* αράδα, παράταξη; *BOT* κληματαριά; δενδροστοιχία; ***~ bilden*** αραδιάζομαι; ***~ stehen*** στέκομαι στη γραμμή
Spalt ⟨*-ęs*; *-e*⟩ *m* σχίσμα *n*, σχισμή, αραλίκι; (*Tür-*) χαραμάδα
spaltbar *TECH* σχάσιμος
Spalte *f* → ***Spalt***; χάσμα *n*, ρωγμή; (*Zeitung*) στήλη
spalt|en ⟨*-e-*⟩ σχίζω; *POL* διασπώ (-άς), διχάζω; *TECH Material* σχάζω; **gespalten** (*Meinung*) *POL* διχασμένος; *subst* σχίσμα *n*, σχίσιμο; **~erisch** διασπαστικός
Spalt|material *n* σχάσιμα υλικά *n/pl*; **~ung** *f* σχίσμα *n*; (*e-r Partei*) διάσπαση; διχασμός; **~ungs-** σχισματικός, διασπαστικός
Span ⟨*-ęs*; *⸚e*⟩ *m* πελεκούδι, σχίζα; *TECH* απόκομμα *n*; **~ferkel** *n* γουρουνόπουλο
Spange *f* κόπιτσα
Span|ien [-ĭən] *n* Ισπανία; **~ier** *m* Ισπανός; **~ierin** *f* Ισπανίδα
spanisch ισπανικός; *fig* ***das kommt mir ~ vor*** αυτό με παραξενεύει; (= *verdächtig*) αυτό μου φαίνεται ύποπτο, αρχίζουν να με τρων οι ψύλλοι
spann → ***spinnen***
Spann- εντατικός
Spanne *f* πιθαμή; *hist* παλάμη; *HDL*

S

(*Spielraum, Marge*) περιθώριο; → **Zeitspanne**
spannen τεντώνω, (εν)τείνω, κορδώνω; (*drücken*) σφίγγω; *Pferd* **vor den Wagen ~** ζεύω σε; *subst* τέντωμα *n*, ένταση; **~d** συναρπαστικός
Spann|er *m TECH* εντατήρας; (*Argot = Späher*) μπανιστηρτζής; **~kraft** ⟨*0*⟩ *f* ελαστικότητα; *fig* σθένος *n*; **~ung** *f TECH, ELEKTR* τάση; *ELEKTR auch* βολτάζ ⟨*0*⟩ *n*; *TECH, PSYCH* ένταση (*POL auch der Beziehungen*); (*Ungeduld*) αγωνία, αδημονία; **~weite** *f* άνοιγμα *n*, επέκταση; *fig* περιθώριο
Spar|- (απο)ταμιευτικός; **~buch** *n* βιβλιάριο ταμιευτηρίου; **~büchse** *f* κουμπαράς (-άδες); **~einlage** *f* αποταμιεύσεις *f/pl*
sparen *v/t* (απο)ταμιεύω; *Geld, Zeit usw* φείδομαι *G*; *v/i* (*sparsam sein*) κάνω οικονομίες; **~ mit** *D* λυπάμαι *A*; **sich** (*D*) **die Mühe ~** δεν κάνω τον κόπο; **nicht ~** αφειδώ
Spar|en *n* αποταμίευση; **~er** *m* (*auch Bau-*) αποταμιευτής; **die kleinen ~er** ευρύ αποταμιευτικό κοινό; **~flamme** *f*: **auf ~flamme** σε σιγανή φωτιά
Spargel *m* σπαράγγι, ασπάραγος
Spar|kasse *f* ταμιευτήριο; **~konto** *n* βιβλιάριο ταμιευτηρίου
spärlich αραιός, ευάριθμος
Spärlichkeit ⟨*0*⟩ *f* αραιότητα
Sparren *m* δοκάρι
sparsam οικονόμος (-α) (**in** *D*/σε); ολιγοδάπανος, φειδωλός
Sparsamkeit ⟨*0*⟩ *f* οικονομία, φειδωλία
Sparta *n* Σπάρτη
Spar'taner *m* Σπαρτιάτης
spar'tanisch σπαρτιάτικος
Sparzins *m* αποταμιευτικός τόκος
Spaß [aː] ⟨*-es; ⸚e*⟩ *m* αστείο, χωρατό; **zum ~** για πλάκα, χωρατά; **~ machen** κάνω πλάκα, χωρατεύω; **~ daran finden, zu ...** ευχαριστούμαι να ...; **keinen ~ verstehen** δε σηκώνει αστεία *oder* χωρατά; **es macht keinen ~** δεν έχει γούστο; **viel ~!** καλή διασκέδαση!
spaßen [aː] ⟨*-t*⟩ χωρατεύω; **nicht ~ mit** *D* δεν παίζω με
spaß|haft, ~ig αστείος, κωμικός
Spaß|macher *m*, **~vogel** *m* χωρατατζής (-ήδες); **ein ~vogel sein** έχω πλάκα
spät *z. B. Saat*: όψιμος; *Nacht*: βαθύς; *adv* αργά, (*zu ~*) εξώρας, παράκαιρα; **zu ~!** τώρα πια!; **bis ~ in die Nacht** ως αργά τα μεσάνυκτα; (**zu**) **~ kommen** αργώ (να έλθω); **wie ~ ist es?** τι ώρα είναι;
Spaten *m* φτυάρι
später ύστερος, στερνός, μεταγενέστερος; *adv* ύστερα, άλλοτε
spätestens το βραδύτερο, το αργότερο
Spät|herbst *m* τέλος *n* του φθινοπώρου; **~nachmittag** *m* απόβραδο; **~sommer** *m* ξεκαλοκαίριασμα *n*; **im ~sommer** στο τέλος του καλοκαιριού
Spatz ⟨*-en*⟩ *m* σπουργίτι
Spätzünder *m* βραδυφλεγής (*auch fig*)
spa'zieren: mit dem Auto ~ fahren πηγαίνω βόλτα με το αυτοκίνητό μου; **~ führen** σεργιανίζω, περιπατώ; **~ gehen** πάω (*oder* κάνω) περίπατο
Spa'zierfahrt *f* βόλτα με το αμάξι; **e-e ~ machen** κάνω (*oder* κόβω) βόλτες
Spa'zier|gang *m* περίπατος, γύρος, σεργιάνι; **e-n ~gang machen** κάνω (*oder* κόβω) βόλτες, κάνω περίπατο; **~gänger** *m* περιπατής; **~stock** *m* μπαστούνι
Specht ⟨*-(e)s; -e*⟩ *m* δρυοκολάπτης, πέλεκας
Speck ⟨*-(e)s; -e*⟩ *m* λαρδί, μπέικον
speckig γλιντζερός
Spedi|teur [-'tøːʀ] ⟨*-s; -e*⟩ *m* μεταφορέας; **~'tion** *f* διεκπεραίωση; (*Speditionsunternehmen*) γραφείο (*oder* επιχείριση) μεταφορών
Speer ⟨*-(e)s; -e*⟩ *m* δόρυ (-ατος) *n*; ακόντιο; **~werfen** *n* ακοντισμός; **~werfer** *m* ακοντιστής
Speiche *f* (*Rad*) ακτίνα; *ANAT* κερκίδα
Speichel ⟨*-s; 0*⟩ *m* σάλιο, σίαλος; (*ausgeworfen*) πτύελο; **~-** σιαλικός; **~lecker** *m* πινακογλείφτης, αυλοκόλακας; F κωλογλείφτης
Speicher *m* αποθήκη; (*Getreide*) αμπάρι; *EDV* καταχωρητής, μνήμη; **~adresse** *f EDV* διεύθυνση μνήμης; **~kapazität** *f* χωρητικότητα αποθήκευσης; **~medium** *n EDV* μέσο αποθήκευσης
speichern ⟨*-re*⟩ αποθηκεύω (*auch Computer*); *Energie* εναποθηκεύω
Speicher|ofen *m* (*Nacht-*) *ELEKTR* θερμοσυσσωρευτής; **~schutz** *m EDV* προστασία αποθήκευσης; **~ung** *f* αποθήκευση
speien* πτύω, φτύνω

S

963 Spielbank

Speise *f* έδεσμα *n*, φαγητό; **~eis** *n* παγωτό; **~fett** *n* λίπος εδώδιμο; **~kammer** *f* κελάρι; **~karte** *f* λίστα, κατάλογος; **~lokal** *n* → ***Restaurant***

speisen ⟨*-t*⟩ *v/i* (*essen*) *allg* τρώω; (*Mittag*) γευματίζω; (*Abend*) δειπνώ; *v/t allg*, *lit* δίνω φαγητά σε; *TECH* τροφοδοτώ

Speise|reste *m/pl* αποφάγια *n/pl*; **~röhre** *f* οισοφάγος; **~saal** *m* εστιατόριο, τραπεζαρία; **~wagen** *m* βαγκονρεστοράν ⟨*0*⟩ *n*, βαγόνι εστιατόριο

Speisung *f mst TECH* τροφοδοσία

Spek'takel *m* κοσμοχαλασιά, φασαρία, ντόρος

Spek|'tral- φασματικός; **~tro'skop** ⟨*-s*; *-e*⟩ *n* φασματοσκόπιο

Spektrum ⟨*-s*; *-tren oder -tra*⟩ *n* φάσμα *n*

Speku|'lant ⟨*-en*⟩ *m* κερδοσκόπος, αισχροκερδής; **~la'tion** *f* κερδοσκοπία, σπέκουλα; **~la'tions-** κερδοσκοπικός

speku'lieren σπεκουλάρω, κερδοσκοπώ; *fig* **~ *auf*** *A* καπηλεύομαι *A*

Spe'lunke *f* καταγώγιο

spen'dabel γενναιόδωρος, απλοχέρης

Spende *f* εισφορά, δωρεά, έρανος; συνεισφορά; **~n-** ερανικός

spenden ⟨*-e-*⟩ δωρίζω, εισφέρω, συνεισφέρω

Spenden|konto *n* λογαριασμός δωρεών; **~sammlung** *f* έρανος

Spender *m* χορηγός

spen'dieren *etw* κερνάω (-άς)

Sperling ⟨*-s*; *-e*⟩ *m* σπουργίτης

Sperma ⟨*-s*; *-men*⟩ *n* σπέρμα *n*

Sperr- *TECH* αποφρακτικός; ανασταλτικός

sperrangelweit: **~ *offen*** τέντα, ορθάνοιχτα

Sperre *f* απόφραξη; μπλόκο; *Gewehr*: υποφρακτήρας; *BAHN* έλεγχος; *z. B. Polizei*: ***~n errichten*** στήνω μπλόκο

sperren *Wasser*, *Gas*, *Unterstützung*, *Zuschuss* κόβω; *Weg* κλείνω; αποφράσσω; *TYP* αραιώνω; **~ *in*** *A* εγκλείω σε

Sperr|feuer *n* φραγμός; **~gebiet** *n* απαγορευμένη ζώνη; **~guthaben** *n* δεσμευμένος λογαριασμός

sperrig ... μεγάλων διαστάσεων

Sperr|konto *n* δεσμευμένος λογαριασμός; **~ung** *f* απόφραξη; (*Straße*) κλείσιμο (-ατος); *TYP* διάστημα *n*

Spesen *pl* έξοδα *n/pl*, δαπάνες *f/pl*

Spezi'al|- ειδικός; **~ausbildung** *f* εξειδίκευση (*in D*/σε); **~gebiet** *n* ειδικός κλάδος; **~geschäft** *n* ειδικό κατάστημα *n*

speziali'sier|en → ***ausbilden***; ***spezifizieren***; ***sich ~en auf*** *A* ειδικεύομαι σε; ***~t auf*** *A* ειδικευμένος σε

Speziali'sierung *f* ειδίκευση

Spezia'list ⟨*-en*⟩ *m* ειδικός, ειδήμονας; **~ *sein in*** *D* έχω ειδικότητα σε

Speziali'tät *f* ειδικότητα; σπεσιαλιτέ ⟨*0*⟩ *f*

Speziali'tätenrestaurant *n* εστιατόριο με σπεσιαλιτέ

spezi'ell ιδιαίτερος; *adv auch* ειδικά

Spezifika'tion *f* (εξ)ειδίκευση

spe'zifisch ειδικός; ***~es Gewicht*** ειδικό βάρος

spezifi'zieren εξειδικεύω

Sphäre *f* σφαίρα

sphärisch σφαιρικός

Sphinx ⟨*-*; *-e*⟩ *f* σφίγγα

spicken *Fleisch* λαρδώνω; *fig* ***gespickt sein mit*** *Rede*: βρίθω *G*

spie → ***speien***

Spiegel *m* καθρέφτης, κάτοπτρο (*auch fig*); ***in den ~ sehen*** κοιτάζομαι στον καθρέφτη; **~bild** *n* είδωλο, απεικόνιση; **~eier** *n/pl* αυγά μάτια *n/pl*

spiegel|'glatt *Meer*: γυαλί; **~n** ⟨*-le*⟩ *v/t* καθρεφτίζω, κατοπτρίζω; ***sich ~n*** καθρεφτίζομαι

Spiegelung *f* καθρέφτισμα *n*, αντανάκλαση, κατοπτρισμός

Spiel ⟨*-es*; *-e*⟩ *n* παιχνίδι, παίγνιο; (*mit anderen*, *Versteck- usw*) παιδιά; (*Sport*) ματς ⟨*0*⟩ *n*, συνάντηση; (*Karten-*) τζόγος; *TECH* τζόγος; (*Musik*) παίξιμο (-ατος); **~ *Karten*** τράπουλα; ***etwas*** (*A*) ***aufs ~ setzen*** ριψοκινδυνεύω; ***alles aufs ~ setzen*** διακυβεύω *oder* ρισκάρω τα πάντα; ***sein ~ mit j-m treiben*** παίρνω κπ στο ψιλό; ***auf dem ~ stehen*** κινδυνεύω; *Schicksal auch* παίζεται; ***leichtes ~ bei j-m haben*** παίζω κπ στα δάχτυλα; ***seine Hand im ~ haben*** μπαίνω (*mst* μπήκα) στο χορό; ***lassen Sie mich aus dem ~!*** μη με ανακατέψετε!

Spiel|art *f* παραλλαγή; **~ball** *m* μπάλα, τόπι; *fig* (*z. B. der anderen*) παιχνίδι; **~bank** *f* καζίνο, χαρτοπαικτείο;

S

Spielbrett 964

~brett *n* τάβλι, άβαξ (-ακος) *m*; **~dose** *f* οργανάκι, μουσικό κουτί
spielen *allg*, *THEA*, *Karten*, *Instrument* παίζω; *MUS Instrument* κρούω, βαρώ (-άς); *THEA Rolle* παίζω, διαδραματίζω; *den Kranken*, *Dummen usw* κάνω, προσποιούμαι (τον) ...; *v/i Farbe*: κλίνω (**ins ...**/προς το ...); *THEA Handlung* διαδραματίζομαι; *oft*: **die Handlung spielt in ...** το σκηνικό σε ...; **den großen Mann ~** κάνω το καμπόσο; → *auch* **Streich**; **eine Rolle ~** *auch fig* παίζω ρόλο (**in** *D*/σε); **mit den Schlüsseln ~** παίζω τα κλειδιά; *Orchester*: *v/t*, *v/i* παιανίζω; *subst* παίξιμο (-ατος); κρούση; **~d** (*z. B. lernen*) διασκεδάζοντας
Spieler *m* παίκτης; χαρτοπαίκτης; **~ei** [-'raɪ] *f* παιχνίδι (*auch fig*); **~in** *f* (χαρτο)παίκτρια
spielerisch παιχνιδιάρης (-α, -ικο)
Spiel|feld *n* (*Sport*) γήπεδο; **~film** *m* κινηματογραφική ταινία; **~gefährte** ⟨*-n*⟩ *m* συμπαίκτης; **~gefährtin** *f* συμπαίκτρια; **~halle** *f* αίθουσα με ηλεκτρονικά *oder* φλιπεράκια; **~karte** *f* τραπουλόχαρτο; **~kasino** *n* καζίνο; **~leiter** *m* σκηνοθέτης; **~leitung** *f* σκηνοθεσία; **~marke** *f* μάρκα, φίσα
Spielplan *m* *THEA* δραματολόγιο, ρεπερτόριο; ***lange auf dem ~ stehen*** κρατώ μακρά σειρά παραστάσεων
Spiel|platz *m* παιδότοπος, παιδική χαρά; **~raum** *m fig* περιθώριο; *TECH auch* αέρας, τζόγος; **~regel** *f* κανόνας, κανονισμός; **~sachen** *f/pl* παιχνίδια *n/pl*; **~uhr** *f* μουσικό ρολόι; **~verderber** *m* πικραντέρης, ταραξίας; ***ich bin kein ~verderber*** δε χαλάω χατίρι; **~waren** *f/pl* παιχνίδια *n/pl*; **~zeit** *f* *THEA* σαιζόν ⟨*0*⟩ *f* (του θεάτρου); (*Sport*) διάρκεια του ματς; **~zeug** *n* παιχνίδι (*auch fig*)
Spiere *f MAR* μπαστούνι
Spieß ⟨*-es*; *-e*⟩ *m* κοντάρι; (*Brat-*) σούβλα; F *MIL* λοχίας; **~-** ... της σούβλας; ***am ~ gebraten*** σουβλιστός; ***den ~ umdrehen*** *fig* προβάλλω αντιπαρατηρήσεις
Spießbürger *m* μικροαστός
spießbürgerlich μικροαστικός
Spießbürgertum ⟨*-s*; *0*⟩ *n* μικροαστισμός
spießen ⟨*-t*⟩ σουβλίζω, λογχίζω

spi'nal: ***~e Kinderlähmung*** πολιομυελίτιδα
Spi'nat ⟨*-es*; *-e*⟩ *m* σπανάκι
Spind ⟨*-es*; *-e*⟩ *m*, *n* ερμάρι
Spindel *f* αδράχτι, άτρακτος *f*
spindel'dürr σκελετώδης
Spinn- κλωστικός; αραχναίος
Spinne *f* αράχνη
spinnen* γνέθω, κλώθω; (*Unsinn reden*) λέω παραμύθια; (*träumen*) ονειροπολώ
Spinnen *n* γνέσιμο (-ατος), κλώση; **~tiere** *n/pl* αραχνοειδή *n/pl*
Spinn|er *m* κλώστης; *fig* ονειροπόλος; παραμυθάς; **~e'rei** *f* νηματουργείο, κλωστήριο; *fig* ονειροπόλημα *n*; **~erin** *f* κλώστρια; **~gewebe** *n* ιστός αράχνης; **~rad** *n* ροδάνι
Spi'on ⟨*-s*; *-e*⟩ *m* σπιούνος, κατάσκοπος
Spio'nage [-'na:ʒə] ⟨*0*⟩ *f* σπιουνιά, κατασκοπεία; **~-** κατασκοπικός
spio'nieren σπιουνάρω, κατασκοπεύω; *subst* κατασκόπευση
Spi'ral|e *f* σπιράλ ⟨*0*⟩ *n*, σπείρα (*auch MATH*); **~feder** *f* σπειροειδές ελατήριο
spi'ralförmig σπειροειδής, ελικοειδής
Spiri'tis|mus ⟨*-*; *0*⟩ *m* πνευματισμός; **~t** ⟨*-en*⟩ *m* πνευματιστής
spiri'tistisch πνευματιστικός
Spiritu'osen *pl* οινοπνευματώδη *n/pl*
Spiritus ⟨*-*; *0*⟩ *m* σπίρτο, οινόπνευμα *n*; *GR* πνεύμα *n*; **~geruch** *m* σπιρτάδα; **~kocher** *m* καμινέτο
Spi'tal ⟨*-s*; *-er*⟩ *n* νοσοκομείο
spitz *allg* μυτερός, σουβλερός; *Winkel*: οξύς; *fig* σαρκαστικός
Spitz|bogen *m* γοτθική καμάρα; **~bube** *m* κατεργάρης; (*mst Schelm*) μαργιόλης
Spitze *f* (*des Messers*, *des Schuhs usw*) μύτη, αιχμή; άκρα, άκρη; *MATH und fig* (*Gipfel*) κορυφή; (*Bemerkung*) κεντιά; (*des Pfeils*) γλώσσημα *n*; *MIL* (*e-r Truppe*) προπομπός; (*Anführer*) πρωτοστάτης; (*am Kleid*) δαντέλα, τρίχαπτο; (*Saum*) μπιμπίλα; **an der ~** επί κεφαλής; **an der ~** *e-r S* (*G*) **stehen** πρωτοστατώ σε; ***etw auf die ~ treiben*** το παρακάνω (με)
Spitzel *m* χαφιές (-έδες)
spitzen ⟨*-t*⟩ *v/t Bleistift usw* ξύνω, οξύνω; *Ohren* τεντώνω; *subst* ξύσιμο (-ατος)

S

965 Sprechzimmer

Spitzen|belastung(s-zeit) *f* ELEKTR περίοδος *f* μέγιστου φόρτου; **~kleid** *n* φόρεμα *n* με δαντέλες; **~leistung** *f* (*Sport*) επίδοση ρεκόρ; *allg* κορυφαία επίδοση
spitzfindig σοφιστικός, ψιλολόγος
Spitz|findigkeit *f* ψιλολογιά, σόφισμα *n*; **~hacke** *f* κασμάς (-άδες)
spitzkriegen παίρνω κάβο
Spitzname *m* παρατσούκλι
spitzwinklig οξυγώνιος
Splitter *m* σχίζα, αγκίδα; (*Granat-*) θραύσμα *n*
splitter|n ⟨*-re*; *sn*⟩ *Holz*: σχίζομαι; **~'nackt** θεόγυμνος, ολοτσίτσιδος
sponsern υποστηρίζω χρηματικά, σπονσοράρω, χορηγώ σε
Sponsor ⟨*-s*; *-en*⟩ *m* σπόνσορας, χορηγός, χρηματοδότης
spon'tan αυθόρμητος
Spontaneität [-ta·ne·i·'tɛːt] *f* αυθορμητισμός
Spo'raden *pl* Σποράδες *f/pl*
spo'radisch σποραδικός
Spore *f* BIOL σπόριο; **~n-** (*Pflanze*) κρυπτόγαμος
Sporen *pl* → ***Sporn***; *dem Pferd* ***die ~ geben*** (τον) σπιρουνίζω
Sporn ⟨*-e̸s*; *-ren*⟩ *m* σπιρούνι; (*Hahnen-*) πλήκτρο
Sport ⟨*-e̸s*; *0*⟩ *m* σπορ *n*, αθλητισμός; ***~ treiben*** κάνω σπορ; **~-** αθλητικός; **~artikel** *m/pl* είδη *n/pl* σπορ, αθλητικά είδη *n/pl*; **~freund** *m* φίλαθλος; **~geschäft** *n*, **~haus** *n* κατάστημα *n* ειδών σπορ; **~hemd** *n* πουκάμισο σπορ; **~ler** *m* αθλητής; **~lerin** *f* αθλήτρια
sportlich αθλητικός; φίλαθλος; ***~ gekleidet*** ντυμένος σπορ
Sport|möglichkeiten *f/pl* δυνατότητες *f/pl* για σπορ; **~nachrichten** *f/pl* αθλητικά νέα *n/pl*; **~palast** *m* παλαί ⟨*0*⟩ *n* ντε σπορ; **~platz** *m* γήπεδο; **~veranstaltung** *f* αθλητική συνάντηση; **~verein** *m* αθλητικός σύλλογος; **~wagen** *m* σπορ αυτοκίνητο
Spott ⟨*-e̸s*; *0*⟩ *m* σκώμμα *n*, χλεύασμα *n*; ***beißende(r) ~*** σαρκασμός
spott'billig πάμφτηνος
spotten ⟨*-e-*⟩ *v/i* χλευάζω, κοροϊδεύω (***über*** *A*/*A*); ***das spottet jeder Beschreibung*** δεν περιγράφεται, δεν λέγεται
Spötter *m* χλευαστής
Spottgedicht *n* σάτιρα
spöttisch χλευαστικός, κοροϊδευτικός
Spott|lust ⟨*0*⟩ *f* σκωπτικότητα; **~preis** *m* εξευτελιστική τιμή
sprach → ***sprechen***
Sprache *f* γλώσσα; ***zur ~ bringen*** θέτω προς συζήτηση; ***zur ~ kommen*** τίθεται υπό συζήτηση; ***das verschlägt mir die ~*** μένω με ανοιχτό το στόμα
Sprach|eigentümlichkeit *f* ιδίωμα *n*; **~en-schule** *f* σχολή (ξένων) γλωσσών; **~fehler** *m* γλωσσικό λάθος, σολοικισμός; **~forscher** *m* γλωσσολόγος; **~führer** *m* (*Buch*) (ξενόγλωσσοι) διάλογοι *m/pl*, οδηγός γλώσσας; **~gefühl** ⟨*-e̸s*; *0*⟩ *n* γλωσσικό αίσθημα *n*; **~kenntnisse** *f/pl* γλωσσομάθεια; **~kurs** *m* γλωσσικό μάθημα *n*; **~labor** *n* εργαστήριο για γλωσσομάθεια; **~lehre** *f* γραμματική; **~lehrer** *m* διδάσκαλος γλωσσών
sprachlich γλωσσικός
sprachlos άφωνος, βουβός; ***~ sein vor*** *D* μένω άναυδος από
Sprach|losigkeit ⟨*0*⟩ *f* λούφα, βουβαμάρα; **~rohr** *n fig* οργανέτο, εκφραστικό όργανο; **~schwierigkeit** *f* γλωσσική δυσκολία; **~störung** *f* (*nervöse*) αφασία; **~unterricht** *m* διδασκαλία γλώσσας (*oder* γλωσσών); **~vermögen** ⟨*-s*; *0*⟩ *n* λόγος; **~wissenschaft** *f* γλωσσολογία; **~wissenschaftler** *m* γλωσσολόγος
sprang → ***springen***
Spray [sprɛː] ⟨*-s*; *-s*⟩ *n* σπρέι ⟨*0*⟩ *n*
sprechen* μιλώ (-άς), ομιλώ (-είς) (***von*** *D*, ***über*** *A*/για); ***Griechisch*** *usw* ~ μιλώ ελληνικά; ***~ für*** *j-n* συνηγορώ, ομιλώ υπέρ *G*; ***das spricht für*** *j-n* αυτό συνηγορεί υπέρ *G*; ***das spricht gegen j-n*** αυτό καταδικάζει κπ; ***zu ~ sein*** *Arzt usw* δέχομαι; ***er ist nicht zu ~*** δεν δέχεται (*ist böse*), (*auch* ***nicht gut zu ~***) δε μιλιέται; ***auf j-n nicht gut*** *oder* ***schlecht zu ~ sein*** έχω κπ στο μάτι; ***ich möchte*** *A ... oder* ***kann ich*** *A* ***... sprechen?*** μπορώ να δώ ... (*A*); TEL μπορώ να μιλήσω σε ...
Sprech|en *n* μίλημα *n*, μιλιά, ομιλία; **~er** *m* (*auch Radio*) ομιλητής, εκφωνητής; **~stunde** *f* (*Arzt*) ώρες *f/pl* επισκέψεων; (*Büro*) ώρες *f/pl* γραφείου; ***~stunde haben*** δέχομαι; **~stundenhilfe** *f* βοηθός *bsd* ιατρείου; **~zimmer** *n* εντευκτήριο; ιατρείο

S

spreizen ⟨*-t*⟩ *Beine* ανοίγω; *fig* **sich ~** κορδώνομαι
sprengen *v/t* εκρηγνύω, ανατινάζω; **in die Luft ~** τινάζω; (*mit Wasser*) *Straße* καταβρέχω; *Garten* αρδεύω; ποτίζω; *Versammlung* διαλύω; *v/i* ⟨*sn*⟩ *Reiter*: καλπάζω; ορμώ (-άς)
Spreng|en *n* έκρηξη, διάρρηξη; **~kopf** *m*: **atomare(r) ~kopf** πυρηνική κεφαλή; **~satz** *m* εκρηκτική γόμωση; **~schlag** *m* φουρνέλο; **~stoff** *m* εκρηκτική ύλη; **~stoffattentat** *n* δυναμιτιστική απόπειρα; **~ung** *f* ανατίναξη, διάρρηξη; (*Bewässerung*) κατάβρεγμα *n*; άρδευση; διάλυση; **Achtung ~ung!** βάρδα, φουρνέλο!; **~wagen** *m* καταβρεχτήρας
sprenkeln ⟨*-le*⟩ στίζω
Spreu ⟨*0*⟩ *f* σκύβαλο
Sprichwort ⟨*-e̸s*; *¨er*⟩ *n* παροιμία
sprichwörtlich παροιμιακός
sprießen* ⟨*sn*⟩ βλαστάνω, (ξε-)φυτρώνω; *subst* βλάστηση, έκφυση
Spriet ⟨*-e̸s*; *-e*⟩ *n* MAR κοντάρι
Springbrunnen *m* σιντριβάνι (*auch* συν-), πίδακας
springen* ⟨*sn*⟩ πηδώ (-άς) (**über** *A/A*); σαλτάρω; *Glas*: ραγίζω; *vor Freude* (*D*) *usw* σκιρτώ (-άς) (από); (*laufen*) πετιέμαι; *subst* πήδημα *n*; **~d: der ~de Punkt** ουσία, κύριο σημείο
Spring|er *m* άλτης; **~flut** *f* δυνατή φουσκονεριά, πλημμύρα
Spritze [ɪ] *f* TECH εγχυτήρας; MED σύριγγα; ένεση; (*Feuer-*) πυροσβεστική αντλία; **j-m e-e ~ geben** κάνω σε κπ ένεση
spritzen ⟨*-t*⟩ *v/t* ψεκάζω (*auch* BOT); (*vulgär*: *ejakulieren*) χύνω; *v/i* ⟨*sn*⟩ (*laufen*) πετιέμαι
Spritz|er *m* ψεκάδα, πιτσιλιά; **~tour** *f* μικρή εκδρομή
spröde σκληρός, άκαμπτος; *Hände*: ξηρός; *fig* σεμνότυφος; **... gegen ~ Haut** απαλυντικός; **~ machen** *oder* **werden** *Hände*: ξηραίνω
Sprödigkeit ⟨*0*⟩ *f* ακαμψία
spross [ɔ] → **sprießen**
Spross [ɔ] ⟨*-es*; *-e*⟩ *m* (*auch Kind*) βλαστός, βλαστάρι
Sprosse *f* σκαλοπάτι
Sprossenwand *f* σουηδική σκάλα
Sprössling [œ] ⟨*-s*; *-e*⟩ *m* (*auch e-r Familie*) βλαστάρι, γόνος, κλωνάρι
Spruch [ʊ] ⟨*-e̸s*; *¨e*⟩ *m* ρητό, λόγιο; απόφθεγμα *n*; JUR απόφαση; **~band** ⟨*-e̸s*; *¨er*⟩ *n* πλακάτ ⟨*0*⟩ *n*
spruchreif *Sache*: επίκαιρος, F ψημένος; **... ist ~** *auch verbal* έφτασε ο καιρός ...
Sprudel *m* μεταλλικό νερό; (*Quelle*) ιαματική πηγή
sprudeln ⟨*-le*; *sn*⟩ *Quelle*, *Leben*: χοχλακίζω; **~d** *Lachen*: γάργαρος
sprühen πιτσιλίζω; *Regen*: ψιχαλίζει; (*Funken*) σπιθοβολώ (*auch fig*)
Sprüh|mittel *n* σπρέι ⟨*0*⟩ *n*; **~regen** *m* ψιχάλα
Sprung ⟨*-e̸s*; *¨e*⟩ *m* πήδημα *n*, άλμα *n*, σάλτο; *Glas*: ράγισμα *n*, σκάσιμο (-ατος); **auf dem ~e stehen** πάω να ...; *fig* **keine großen Sprünge machen können** δεν έχω λεφτά για πέταμα; *Glas*: **Sprünge bekommen** ραγίζω; **~brett** *n* βατήρας, τραμπολίνο; **~feder** *f* ελατήριο; **~federmatratze** *f* σομιέ ⟨*0*⟩ *n*; **~grube** *f* (*Sport*) σκάμμα *n*
sprunghaft αλματικός, αλματώδης; *Person*: παλίντροπος, καπριτσιόζος; *fig adv* (*Fortschritt usw*) με άλματα
Sprunglauf *m* (*Ski*) χιονοδρομικό άλμα *n*
Spucke ⟨*0*⟩ *f* σάλιο, πτύελο
spucken φτύνω, πτύω; *Blut auch* ξερνώ (-άς)
Spuck|en *n* φτύσιμο, πτύειν *n*; **~napf** *m* πτυελοδοχείο
Spuk ⟨*-e̸s*; *-e*⟩ *m* στοιχειά *n/pl*, φαντάσματα *n/pl*
spuk|en: da ~t es το μέρος στοιχειώνει
Spülbecken *n* νεροχύτης
Spule *f* μασούρι, καρούλι, μπομπίνα; *bsd* ELEKTR πηνίο
spulen μασουρίζω
spülen ξεπλένω, ξεβγάζω; *ans Land* ξεβράζω, ξερνώ (-άς)
Spül|en *n* ξέβγαλμα *n*; **~kasten** *m* καζάνι, καζανάκι; **~mittel** *n* απορρυπαντικό για τα πιάτα; **~tisch** *m* νεροχύτης; **~tuch** *n* πετσέτα κουζίνας; **~ung** *f* MED κλύσμα *n*, υποκλυσμός; (*WC*) καζανάκι; **~wasser** *n* ξέπλυμα *n*
Spulwurm *m* λεβίθα, ασκαρίδα
Spund ⟨*-e̸s*; *-e*⟩ *m* έμβολο
Spur *f* πάτημα *n*, (α)χνάρι; (*Wagen-*) τροχιά; (*e-s Verbrechens usw*, *auch wenig*) ίχνος *n*; (*wenig*) ιδέα; *fig* **heiße ~** φρέσκα ίχνη *n/pl*; **keine ~** ούτε γιώτα;

967 Stadtplanung

e-r Sache (*D*) ***auf die ~ kommen*** το ξετρυπώνω; ***j-m auf die ~ kommen*** παίρνω κπ μυρωδιά

spür|bar αισθητός; ***~bar werden in*** *D* γίνομαι αισθητός σε; **~en** *v/t z. B. Unruhe* νοιώθω, αισθάνομαι, εννοώ; ακούω

Spür|en *n* νοιώσιμο (-ατος); **~hund** *m* ανιχνευτικός σκύλος, λαγωνικό (*auch fig pers*)

spurlos ... χωρίς (να αφήσει) ίχνη; ***nicht ~ vorübergehen*** αφήνω ίχνη (***an*** *D*/επί *G*); ***~ verschwinden*** χάνομαι από το πρόσωπο της γης

Spürsinn ⟨-*ẹs*; *0*⟩ *m* όσφρηση; ένστικτο

Spurt ⟨-*ẹs*; -*s*⟩ *m* σπριντ ⟨*0*⟩ *n*

Spurweite *f* BAHN πλάτος *n* της γραμμής

sputen: *sich ~* βιάζομαι

Sputum ⟨-*s*; -*ta*⟩ *n* φλέμα *n*, απόχρεμμα *n*

Staat ⟨-*ẹs*; -*en*⟩ *m* κράτος *n*, πολιτεία; δημόσιο; (*Pracht*) λούσο, χλιδή; ***~ machen*** ζω σαν αγάς; αλαζονεύομαι

Staatenbund *m* συμπολιτεία

staat|enlos άπατρις (-ιδος), άπολις (-ιδος) *m, f*; **~lich** κρατικός

Staats|- κρατικός; δημόσιος, πολιτειακός, εθνικός; **~amt** *n* υπούργημα *n*; **~angehörige(r)** υπήκοος; **~angehörigkeit** *f* υπηκοότητα; ιθαγένεια; **~anwalt** *m* εισαγγελέας; **~anwaltschaft** *f* εισαγγελία; **~anzeiger** *m* εφημερίδα της Κυβέρνησης; **~bank** *f* εθνική τράπεζα; **~beamte(r)** δημόσιος υπάλληλος; **~bürger** *m* πολίτης; **~bürgerin** *f* πολίτισσα; **~dienst** *m* δημοσία υπηρεσία; **~examen** *n etwa*: γραπτές πτυχιακές εξετάσεις *f/pl*; **~gewalt** ⟨*0*⟩ *f* διακυβέρνηση; **~haushalt** *m* κρατικός προϋπολογισμός

Staatskosten *pl* έξοδα *n/pl* του κράτους; ***auf ~*** δημοσία δαπάνη, δημοτελής

Staats|mann *m* πολιτικός, πολιτευόμενος; **~oberhaupt** *n* ηγέτης; **~rat** *m* (*Titel*) κρατικός σύμβουλος; (*Gruppe*) συμβούλιο επικρατείας; **~sekretär** *m* υφυπουργός; **~streich** *m* πραξικόπημα *n*; **~verfassung** *f* πολίτευμα *n*; **~wappen** *n* εθνόσημο; **~wohl** *n* κοινό συμφέρον

Stab ⟨-*ẹs*; ⸚*e*⟩ *m* κοντός, βακτηρία; (*Hirten-*) ράβδος; MIL επιτελείο; (*Mitarbeiter-*) (εργατικό) κλιμάκιο

Stäbchen *n* ραβδί

Stabhochsprung *m* άλμα *n* επί κοντώ

sta'bil ευσταθής (*auch* PHYS), σταθερός (*auch Preis*); μόνιμος; **~i'sieren** *v/t* σταθεροποιώ, μονιμοποιώ

Stabili|'sierung *f* σταθεροποίηση, μονιμοποίηση; **~'tät** ⟨*0*⟩ *f* σταθερότητα, μονιμότητα, εδραιότητα; **~'tätspolitik** *f* πολιτική σταθερότητας

Stabreim *m lit* παρήχηση

Stabs|arzt *m* επίατρος; **~offizier** *m* αξιωματικός επιτελής

stach [aː] → ***stechen***

Stachel [a] ⟨-*s*; -*n*⟩ *m* αγκάθι, κέντρο, κεντρί (*auch* ZOOL); BIOL αγκίδα, αγκίδι; **~draht** *m* αγκαθωτό σύρμα *n*; **~drahtverhau** ⟨-*ẹs*; -*e*⟩ *n* αγκιδωτό συρματόπλεγμα *n*; **~häuter** *m* ZOOL εχινόδερμο

stachelig αγκιδωτός, αγκαθωτός, ακανθωτός

Stachelschwein *n* ακανθόχοιρος

Stadion [-ĭɔn] ⟨-*s*; -*dien*⟩ *n* στάδιο (*auch griech. Maß = 185,2 m*); **~lauf** *m hist* σταδιοδρομία

Stadium ⟨-*s*; -*dien*⟩ *n* στάδιο, σταθμός

Stadt [a] *f*, *pl* ***Städte*** πόλη; (*Innen-*) άστυ *n*, κέντρο; ***kleinere ~*** χώρα; **~auto** *n* αυτοκίνητο για την πόλη; **~autobahn** *f etwa*: αστικός δρόμος γρήγορης κυκλοφορίας; **~bahn** *f* ηλεκτρικός, μετρό ⟨*0*⟩

stadtbekannt πασίγνωστος

Stadt|bevölkerung *f* αστικός πληθυσμός; **~bezirk** *m* συνοικία; **~bild** *n* εικόνα της πόλης

Städtchen *n* κωμόπολη

Städtebau ⟨-*ẹs*; *0*⟩ *m* πολεοδομία; **~amt** *n* πολεοδομικό γραφείο; **~er** *m* πολεοδόμος

städtebaulich πολεοδομικός

Städtepartnerschaft *f* αδελφοποίηση πόλεων

S

Städter *m* αστός

Stadt|gebiet *n* αστική περιοχή; **~gespräch** *n* → ***Ortsgespräch***; ***zum ~gespräch werden*** κουβεντιάζουν κτ στο παζάρι

städtisch αστικός

Stadt|mensch *m* άνθρωπος της πόλης; **~mitte** *f* κέντρο; άστυ *n*; **~plan** *m* χάρτης της πόλης; **~planung** *f* ρυμοτομία; ***~planung betreiben*** ρυμοτομώ;

Stadtrundfahrt 968

~rundfahrt *f* περιοδεία στα αξιοθέατα; **~teil** *m*, **~viertel** *n* συνοικία
Stadtverordnet|e(r) δημοτικός σύμβουλος; **~en-versammlung** *f* δημοτικό συμβούλιο
Stadtzentrum *n* κέντρο (πόλης)
Sta'fettenlauf *m* σκυταλοδρομία
Staffel *f* MIL κλιμάκιο; (*Flieger-*) μοίρα
Staffe'lei *f* καβαλέτο, τρίποδο
Staffellauf *m* σκυταλοδρομία
staffeln ⟨*-le*⟩ κλιμακώνω
Staffelung *f* κλιμάκωση
Stagna'tion *f* νέκρα, απραξία, στασιμότητα, ακινησία
stag'nieren φυτοζωώ; *Preise*: μένω στάσιμος
stahl → ***stehlen***
Stahl ⟨*-ęs*; *¨e*⟩ *m* χάλυβας, ατσάλι; **~-** χαλύβδινος; **~arbeiter** *m* εργάτης χαλυβουργείου
stählen (*abhärten*) σκληραγωγώ
stählern χαλύβδινος, ατσαλένιος (*auch fig*)
Stahlerzeugung *f* παραγωγή χάλυβα
stahl'hart ατσαλένιος
Stahl|helm *m* χαλύβδινο κράνος; **~industrie** *f* χαλυβοβιομηχανία; **~stich** *m* χαλυβογραφία; **~werk** *n* χαλυβουργείο
Stalak'tit ⟨*-en*⟩ *m* σταλακτίτης
Stall ⟨*-ęs*; *¨e*⟩ *m* σταύλος, αχούρι; (*Hühner-*, *Schweine-*) κουμάσι; **~meister** *m* σταυλάρχης; **~ung** *f* κτηνοστάσιο
Stamm ⟨*-ęs*; *¨e*⟩ *m* κορμός, στέλεχος *n*; (*Rasse*) φυλή; φύλο; (*Geschlecht*) γενεά; ZOOL (*auch fig iron*) συνομοταξία; GR θέμα *n*
Stammbaum *m* γενεαλογικό δέντρο; **~forschung** *f* γενεαλογία; ***~forschung betreiben*** γενεαλογώ
stammeln ⟨*-le*⟩ τραυλίζω; *subst* τραύλισμα *n*; **~d** τραυλός
stammen (*perf selten*): ***~ aus*** *D* κατάγομαι από; χρονολογούμαι από; ***woher ~ Sie*** (***denn***)? από πού είστε;
Stammes|- (*-Fehde*) εμφύλιος; **~häuptling** *m* φύλαρχος
Stamm|gast *m* θαμώνας; ***~gast sein*** συχνάζω; **~halter** *m* αρσενικός κληρονόμος
stämmig γεροδεμένος
Stamm|kapital *n* αρχικό κεφάλαιο; **~kunde** *m* θαμώνας; **~lokal** *n* στέκι; **~platz** *m* στέκι; **~rolle** *f* MIL στρατολογικό μητρώο; **~tisch** *m* στέκι
stammverwandt ομόφυλος
stampfen κοπανίζω; *Schiff*: σκαμπανεβάζω; ***mit den Füßen ~*** ποδοβολώ
Stampf|en *n* κοπάνισμα *n*; MAR σκαμπανέβασμα *n*; **~er** *m* κόπανο
stand → ***stehen***
Stand ⟨*-ęs*; *¨e*⟩ *m Zustand*, JUR κατάσταση; *Klasse*: τάξη; *Kiosk*: περίπτερο; (*Wasser-*, *Sonnen- usw*) ύψος *n*; ***... von ~*** ευγενής; ***e-n schweren ~ haben*** βρίσκομαι σε δύσκολη θέση
Standard ⟨*-s*; *-s*⟩ *m Gold*, HDL πρότυπο, κανόνας; στάνταρ ⟨*0*⟩ *n*; (*Niveau*) επίπεδο; **~-** *adj* στάνταρ(τ)
standardi'sieren τυποποιώ
Standard|i'sierung *f* τυποποίηση; **~werk** *n* έργο βασικό *oder* στάνταρτ
Stan'darte *f* λάβαρο
Standbild *n* ανδριάντας, άγαλμα *n*
Ständchen *n* καντάδα, μαντινάδα; ***ein ~ bringen*** κάνω καντάδα
Ständer *m* ορθοστάτης; (*niedrig*) βάση
Standesamt *n* ληξιαρχείο
standesamtlich ληξιαρχικός
Standesbeamte(r) ληξίαρχος
standesgemäß σύμφωνος προς το βαθμό του
Standes|genosse *m* ομοταγής; **~unterschied** *m* κοινωνική διαφορά
stand|fest ευσταθής; **~haft** σταθερός, ακλόνητος, συνεπής; (*im Glauben usw*) απροσηλύτιστος
Standhaftigkeit ⟨*0*⟩ *f* σταθερότητα
standhalten* αντέχω (*D*/σε)
ständig συχνός; *Rat*: διαρκής; *Mitglied*: μόνιμος; (*intensiv*) εντατικός; *adv* συνεχώς, μόνιμα, διαρκώς; ***nicht ~*** (*Mitglied*) πάρεδρος
Stand|licht *n* (*Auto*) φώτα *n*/*pl* στάσης; **~ort** *m* σταθμός
Standpunkt *m* άποψη; ***vom ~*** *G* από απόψεως *G*
Standrecht ⟨*-ęs*; *0*⟩ *n* στρατιωτικός νόμος
standrechtlich βάσει αποφάσεως στρατοδικείου εκστρατείας
Standspur *f* βοηθητική λωρίδα
Stange *f* κοντάρι; (*Telegrafen-*) στύλος; (*Zigaretten*) κούτα
Stängel *m* BOT στέλεχος *n*, κότσανι
stank → ***stinken***
Stänke'rei *f* παρατράγουδο

S

stänkern ⟨*-re*⟩ καυγαδίζω
Stanze *f* TECH στάμπα, ζουμπάς
stanzen ⟨*-t*⟩ σταμπάρω; *Löcher* εντυπώνω, διατρυπώ
Stanz|maschine *f*, **~werkzeug** *n* ζουμπάς; διατρητής δια πιέσεως
Stapel *m* στοίβα; MAR σκαρί; ***auf ~*** στα σκαριά; ***vom ~ lassen*** καθελκύω; ***auf ~ legen*** σκαρώνω; **~lauf** *m* καθέλκυση
stapeln ⟨*-le*⟩ στοιβάζω; *subst* στοίβαγμα *n*
stapfen ⟨*sn*⟩ πατώ βαριά, τσαλαβουτώ
Star[1] ⟨*-ẹs*; *-e*⟩ *m* ZOOL ψαρόνι; MED ***graue(r) ~*** πάνα, καταρράχτης; ***grüne(r) ~*** γλαύκωμα *n*; ***schwarze(r) ~*** αμαύρωση
Star[2] ⟨*-s*; *-s*⟩ *m Film usw* σταρ ⟨*0*⟩ *m*, *f*, αστέρας
starb → ***sterben***
stark ⟨*-er*, *-st-*⟩ δυνατός, ισχυρός, σθεναρός; (*intensiv*) έντονος; (*heftig*) σφοδρός; (*dick*) χονδρός; *Tabak*, *Kaffee usw* βαρύς; *Hand*, *Verwaltung*: στιβαρός; *Licht*: εντατικός; *Verkehr*: μεγάλος, υπερβολικός; ***das ist ein ~es Stück!*** άλλο πάλι αυτό!
Stärke *f* δύναμη, ισχύς *f*; σφοδρότητα; ρώμη; στιβαρότητα; (*Dicke*) πάχος *n*; (*des Windes usw*) φόρα; *bsd fig* (*in e-m Fach*) φόρτε ⟨*0*⟩ *n*; CHEM άμυλο; (*Wäsche-*) κόλλα
stärkehaltig αμυλούχος
Stärkemehl *n* αμυλάλευρο, νισεστές
stärken *v/t j-n* δυναμώνω, τονώνω, ισχυροποιώ; *Wäsche* κολλαρίζω; ***gestärkt*** *Kragen*: κολλαριστός; *subst* κολλάρισμα *n*; **~d** δυναμωτικός, τονωτικός
stärker → ***stark***; ***~ werden*** δυναμώνω
Starkstrom ⟨*-ẹs*; *0*⟩ *m* ρεύμα *n* υψηλής τάσης
Stärkung *f* ενίσχυση (*z. B. des Bündnisses*); δυνάμωμα *n*, τόνωση; (*z. B. der Demokratie*) στερέωση
Stärkungs|- δυναμωτικός, τονωτικός; **~mittel** *n* τονωτικό, δυναμωτικό
starr στερεός, αλύγιστος; *Blick*: ατενής; *Hände*, *eisig*: ... κρούσταλλο; ***~ machen*** *fig* απολιθώνω; ***~ werden*** *vor Kälte*: *auch fig* παγώνω (***vor*** *Schreck*/από)
starren: *auf j-n ~* ατενίζω κπ, στυλώνω τα μάτια σε κπ; (*voll sein*) ***~ vor*** *D* (*Schmutz*) βρίθω από
Starr|heit ⟨*0*⟩ *f* στερεότητα; *fig* πείσμα *n*; **~kopf** *m* κεφάλι αγύριστο, πεισματάρης
starrköpfig ξεροκέφαλος, πεισματάρης
Starr|köpfigkeit ⟨*0*⟩ *f* ξεροκεφαλιά, πείσμα *n*; **~krampf** ⟨*-ẹs*; *0*⟩ *m* τέτανος; **~sinn** ⟨*-ẹs*; *0*⟩ *m* ισχυρογνωμοσύνη
Start ⟨*-ẹs*; *-s*⟩ *m* LUFTF απογείωση; (*Sport*) εκκίνηση; **~automatik** *f* αυτοματισμός εκκίνησης; **~bahn** *f* διάδρομος απογείωσης; **~band** *n* (*Sport*) βαλβίδα
start|bereit: *~bereit sein* είμαι έτοιμος για εκκίνηση; **~en** ⟨*-e-*⟩ *v/t Aktion* εξαπολύω; *v/i* ⟨*sn*⟩ (LUFTF, *Sport*) ξεκινώ
Start|er *m* αφέτης, μίζα; **~hilfekabel** *n* καλώδιο για φόρτιση μπαταρίας; **~linie** *f* (*Sport*) αφετηρία; **~zeichen** *n* σήμα *n* εκκίνησης
Statik ⟨*0*⟩ *f* στατική
Sta'tion *f* σταθμός
statio'när MED (*Behandlung*) συνεχής, ... (θεραπεία) σε νοσοκομείο; ***~ behandelt werden*** νοσηλεύομαι
statio'nier|en σταθμεύω; ***~t sein*** MIL εδρεύω
Statio'nierung *f* MIL στάθμευση
Sta'tionsvorsteher *m* σταθμάρχης
statisch στατικός
Sta'tist ⟨*-en*⟩ *m* κομπάρσος
Sta'tistik *f* στατιστική; **~er** *m* στατιστικός
sta'tistisch στατιστικός
Sta'tiv ⟨*-s*; *-e*⟩ *n* τρίποδο
Stator ⟨*-s*; *-'toren*⟩ *m* ELEKTR επαγωγέας
statt *Präp G* αντί *A*, αντί για; → ***anstatt***; ***an Kindes ~ annehmen*** υιοθετώ
Stätte *f* μέρος *n*, θέση
statt|finden* λαμβάνω χώρα, γίνομαι, τελούμαι; **~geben*** επιδοκιμάζω, εγκρίνω (*D*/*A*); **~gefunden** γινομένος; **~haft** επιτρεπτικός, δεκτός
Statthalter *m* κυβερνήτης
stattlich *Figur usw* επιβλητικός, ασήκης (-ισσα, -ικο); (*beträchtlich*) σημαντικός
Stattlichkeit ⟨*0*⟩ *f* επιβλητικότητα
Statue [-tuːə] *f* άγαλμα *n*, ανδριάντας
Statu'ette *f* αγαλμάτιο
statu'ieren: *ein Exempel an j-m ~* τιμωρώ κπ προς παραδειγματισμό των άλλων
Sta'tur *f* κορμοστασιά, μπόι *n*

Status 970

Status ⟨-; -⟩ *m* κατάσταση; καθεστώς *n*; **~ quo** *m* παρόν κεθεστώς *n*; **~symbol** *n* σύμβολο τάξεως; **~zeile** *f* EDV *etwa*: γραμμή μηνυμάτων συστήματος

Sta'tut ⟨-*es*; -*en*⟩ *n* κανονισμός; **~en** *pl* καταστατικό

sta'tutengemäß καταστατικός

Stau ⟨-*es*; -*s*⟩ *m* (*Verkehrs-*) κυκλοφοριακή συμφόρηση

Staub ⟨-*es*; *0*⟩ *m* σκόνη; (*Mehl-*) άχνη; **~ wischen** ξεσκονίζω; **~ aufwirbeln** σηκώνω σκόνη; *fig* προξενώ αίσθηση; **sich aus dem ~e machen** το κόβω λάσπη

staubbedeckt σκονισμένος

Staub|besen *m* ξεκονίστρα; **~beutel** *m* σάκος για τη σκόνη

Stau-becken *n* λίμνη φράγματος, υδροληψία (φράγματος)

stauben *v/i* σκονίζομαι, σηκώνω σκόνη

Staub|faden *m* BOT νήμα *n*; **~fänger** *m* φωλιά της σκόνης

staubfrei ασκόνιστος

Staubgefäß *n* BOT στημόνι

staubig σκονισμένος; **~ werden** σκονίζομαι

Staub|körnchen *n* κόκκος σκόνης; **~sauger** *m* ηλεκτρική σκούπα; **~tuch** *n* ξεσκονόπανο; **~wedel** *m* ξεσκονιστήρι; **~wischen** *n* ξεκόνισμα *n*; **~wolke** *f* νέφος *n* κονιορτού; **~zucker** *m* ζάχαρη άχνη

Staudamm *m* φράγμα *n* εκτροπής

stauen *Wasser usw* μαζεύω; **sich ~** (*sich hemmen*) αναστέλλομαι; (*sich häufen*) μαζεύομαι, στοιβάζομαι; *Verkehr*: γίνεται συμφόρηση

staunen *v/i* παραξενεύομαι, εκπλήσσομαι, απορώ (**über** *A*/με); *subst* έκπληξη; απορία

Staupe *f* κυνική επιδημία

Stausee *m* λίμνη φράγματος

Stauung *f* (*Häufung*) συσσώρευση, στοιβαγμός; (*Verkehrs-*) συμφόρηση; (*Blut-*) στάση

Steak [ste:k] ⟨-*s*; -*s*⟩ *n* στέικ ⟨*0*⟩ *n*

Stea'rin ⟨-*s*; -*e*⟩ *n* στεαρίνη; **~-** στεατικός; **~kerze** *f* στεατικύριο

Stech|- χαρακτικός; **~apfel** *m* δατούρα, F πορδόχορτο; **~eisen** *n* στιγέας

stechen* κεντρίζω, αγκυλώνω; *Mücke usw* τσιμπώ (-άς); (*mit der Lanze*) λογχίζω; *Sonne*: καίω; *in Kupfer usw* εγχαράσσω; **sich in den Finger ~** τρυπώ (-άς) το δάχτυλό μου; **in See ~** βγαίνω στ' ανοιχτά

Stech|en *n* νύξη, τσίμπημα *n*, (*auch Schmerz*) σουβλιά; **~er** *m* χαράκτης; **~fliege** *f* βοϊδόμυγα, οίστρος; **~mücke** *f* κουνούπι; **~palme** *f* αριά; δρυς η αρία

Steckbrief *m* κατασχετήριο

steckbrieflich: ~ suchen καταζητώ

Steck|buchse *f* ELEKTR φις ⟨*0*⟩ *n*; **~dose** *f* ELEKTR πρίζα, ρευματοδότης

stecken χώνω, βάζω, μπήγω, εμβάλλω (**in** *A*/σε); **in die Tasche ~** τσεπώνω; *Kopf* **aus** *dem Fenster* **~** προβάλλω από; *Kopf* **durch** *die Tür* **~** βάζω σε; *fig* **seine Nase in alles ~** χώνω τη μύτη μου παντού; **bis zum Hals in Schulden ~** *aor* χώθηκα στα χρέη ως το λαιμό; *v/i* **wo habt ihr denn so lange gesteckt?** τι γίνατε τόσο καιρό; **~ bleiben** κοντοσκέκω, χώνομαι; *Essen*: κομπιάζω

Stecken *m* ράβδος

Steck|en-pferd *n* ξύλινο άλογο; *fig* ερασιτεχνία, χόμπυ ⟨*0*⟩ *n*; **~er** *m* ELEKTR φίσα, ρευματολήπτης; **~kontakt** *m* πρίζα; **~ling** ⟨-*s*; -*e*⟩ *m* ξεμασκαλίδι, μόσχευμα *n*; **~nadel** *f* καρφίτσα

Steg ⟨-*es*; -*e*⟩ *m* μόλος; γεφυράκι; MUS καβαλάρης; **aus dem ~reif** εκ του προχείρου

stehen* (*wo?*) στέκομαι, στέκω; (*nicht sitzen*) στέκω όρθιος; *auf dem Tisch usw* είμαι, βρίσκομαι σε *usw*; *Uhr*: *aor* σταμάτησε; *Kurs, Geld, Kleider*: πηγαίνω; *Kleider auch* στέκομαι, στέκω; *Akzent usw* μπαίνω (**auf** *D*/σε); **~ auf** *A sehr* F (= *wünschen*) μερακλώνω για, ψοφώ για; **vor** *Schwierigkeiten* **~** αντιμετωπίζω; **sich gut ~ mit** *j-m* τα έχω καλά με (μαζί) ...; **sich die Beine in den Bauch ~** σταλιάζω στα πόδια μου; **es steht bei Demosthenes** (*D*) το λέει (*oder* γράφει) ο Δημοσθένης; **es steht in der Zeitung** το γράφει η εφημερίδα; **wie stehts?** πώς τα περνάτε (περνάς); **sich gut ~** στέκω καλά; **es steht nicht gut mit ihm** (*gesundheitlich, finanziell*) δεν είναι *oder* πάει καλά; **wie steht der Dollar?** πόσο πάει το δολάριο; (*Sport*) **wie steht das Spiel?** πώς είναι το σκορ; **wie steht es mit**

S

Ihrer Gesundheit? πώς πάει η υγεία σας; ***er steht zu seinem Wort*** στέκεται στο λόγο του; ***so standen die Dinge, als ...*** έτσι είχαν τα πράγματα, όταν ...; ***stundenlange(s) Stehen*** πολύωρη ορθοστασία, στάλιασμα *n*; ***im Stehen*** *essen* στο πόδι; ***zum Stehen bringen*** ανακόπτω; ~ ***bleiben*** (*anhalten*) σταματώ (-άς); *Maschine auch* στέκω

Stehenbleiben *n* σταμάτημα *n*

stehend ιστάμενος, ακάθιστος; *Heer*: σταθερός; *Gewässer*: στάσιμος, στεκάμενος

Stehkragen *m* όρθιο (σκληρό) κολάρο

stehlen* κλέβω (***j-m etw***/κτ από κπ); F ***er kann mir gestohlen bleiben!*** ας πάει να κουρεύεται!

Steh|platz *m* όρθια θέση; ***nur ~plätze*** μόνο όρθιοι; **~pult** *n* υψηλό αναλόγιο

steif ντούρος; *Mensch*: μονοκόμματος; *Benehmen*: τυπικός; *Wäsche*: κολλαριστός; *Flüssigkeit*: πηχτός; *Rücken*: πιασμένος; *Knie*: δύσκαμπτος; ~ ***machen*** (*lähmen*) ξυλιάζω; ~ ***werden,*** *z. B. Hände*: ξυλιάζω (***vor*** *D*/από); *Flüssigkeit*: πήζω; ~ ***und fest behaupten*** ισχυρίζομαι με επιμονή

Steifheit *f* δυσκαμψία; *bsd* MED ακαμψία; τυπικότητα; ξύλιασμα *n*

Steig ⟨*-ẹs*; *-e*⟩ *m* ατραπός, μονοπάτι; **~bügel** *m* σκάλα, αναβολέας (*auch* ANAT)

steigen* ⟨*sn*⟩ *allg* ανεβαίνω, ανέρχομαι; *auch fig* υψώνομαι; *Preise auch* παίρνω τον ανήφορο; *Wasser, Fieber*: ανεβαίνω; *Fieber auch* προχωρώ (-άς); *Wein in den Kopf*: χτυπώ (-άς); ~ ***aus*** *D*, ***vom*** *Pferd*: κατεβαίνω από; ***in die Badewanne*** ~ μπαίνω στη μπανιέρα; ***über etw*** (*A*) ~ το διασκελίζω; *Drachen* ~ ***lassen*** αμολώ (-άς), μετεωρίζω; πετώ (-άς); *subst* ψήλωμα *n*; PHYS αναδρομή; **~d** υψωτικός, αυξανόμενος, αύξων; *Temperatur usw* σε άνοδο

steigern ⟨*-re*⟩ *Bemühungen*: εντείνω; *Ausgaben* επαυξάνω

Steigerung *f* ένταση; επαύξηση, αύξηση; GR παράθεση

Steigerungs|rate *f* ποσοστό αυξήσεως; **~stufen** *f/pl* GR παραθετικά *n/pl*

Steigung *f* ανηφόρα, ανωφέρεια, ανηφοριά

steil απόκρημνος; (*ansteigend*) ανηφορικός; *Berg usw* ορθός; *Treppe*: όρθιος

Steil|hang *m* απότομη πλαγιά; **~heit** ⟨*0*⟩ *f* ανωφέρεια, ανηφόρα; **~küste** *f* απόκρημνη ακτή; **~wandzelt** *n* σκηνή με όρθια τοιχώματα

Stein ⟨*-ẹs*; *-e*⟩ *m* πέτρα, λίθος; (*Obst*) κουκούτσι; (*Spiel*) πούλι, πεσσός; *Herz*: ***von*** ~ άτρωτος; ~ ***der Weisen*** φιλοσοφικός λίθος; ***aus ~ gebaut*** λιθόκτιστος; ***in ~ gehauen*** λαξευτός; ***in ~ hauen*** *auch* γλύφω; ***mit ~en bewerfen*** πετροβολώ

Stein|- πέτρινος, λιθικός; **~adler** *m* χρυσαετός

stein'alt υπέργηρος

Stein|bildung *f* MED λιθίαση; **~block** *m* ογκόλιθος; **~bock** *m* ZOOL κριάρι, κριός, αίγαγρος; ASTR Αιγόκερως; **~brecher** *m* TECH πετροκόπος, λιθοθραύστης (*pers und* TECH); **~bruch** *m* λατομείο, νταμάρι; **~butt** ⟨*-ẹs*; *-e*⟩ *m* καλκάνι; **~chen** *n* πετρούλα, λιθάρι; **~druck** *m* λιθογραφία; **~eiche** *f* δρυς η άμισχος, F *oft*: δέντρο

steinern πέτρινος, λιθικός

Steingut ⟨*-ẹs*; *0*⟩ *n* πήλινα αγγεία *n/pl*; ***aus*** ~ αργιλόπλαστος

steinhart πέτρινος, αδαμάντινος

Steinhauer *m* μαρμαράς (-άδες)

steinig πετρώδης, λιθώδης; ***~e(r) Boden*** κατσάβραχα; **~en** πετροβολώ, λιθοβολώ

Steinigung *f* πετροβόλημα *n*, λιθοβόλημα *n*

Steinkohle *f* πετροκάρβουνο, γαιάνθρακας, λιθάνθρακας; **~n-bergwerk** *n* λιθανθρακωρυχείο

Stein|marder *m* ικτίδα; **~metz** ⟨*-en*⟩ *m* πετράς (-άδες); μαρμαράς (-άδες)

steinreich μυριόπλουτος

Stein|salz ⟨*-es*; *0*⟩ *n* ορυκτό άλας; **~werfer** *m* λιθοβόλος; **~wurf** *m* πετριά; **~zeit** ⟨*0*⟩ *f* λιθική εποχή *oder* περίοδος

Steiß ⟨*-es*; *-e*⟩ *m* πυγή; **~bein** *n* ANAT κόκκυγας

Stelle *f* μεριά, τόπος; (*Annahme- usw*) κέντρο, σημείο; (*in e-m Buch*) χωρίο; (*Fleck*) κηλίδα, λεκές *m*; ***höchste*** ~ (*Platz*) περιωπή; ***staatliche ~n*** κρατικοί φορείς *m/pl*; ***an meiner*** ~ στη θέση μου; ***an erster*** ~ πρωτίστως; ***auf der*** ~ (*z. B. sterben*) επί τόπου; (*sofort*) πάραυτα; ***an j-s ~ treten*** υποκαθιστώ κπ

stellen (*wohin?*) θέτω, βάζω (**auf, in** *usw A*/σε), τοποθετώ; *z. B. Möbel* διατάσσω; *Antrag* υποβάλλω; *Aufgabe* δίνω; *Bedingungen usw* θέτω ...; *z. B. Dieb* εντοπίζω; *Falle* στήνω; *Fragen* θέτω, κάνω; *Uhr* κανονίζω; *Zeugen* προσάγω, παρουσιάζω; *Themen* **zur Diskussion** ~ θέτω υπό συζήτηση, (*wieder*) επαναφέρω προς συζήτηση; **sich** ~ (*wohin?*) στέκομαι; *Frage*: **sich** ~ προβάλλω; **sich** *dumm usw* ~ κάνω, υποκρίνομαι τον ...; **sich gegen j-n** ~ **wegen** *e-r Sache* (*G*) εναντιώνομαι σε κπ για; *fig* **sich hinter j-n** ~ ενδυναμώνω κπ, υποστηρίζω κπ; **sich schlafend** ~ προσποιούμαι τον κοιμισμένο; **sich auf die Seite** *j-s* ~ τάσσομαι με ...
Stellen *n* θέση, βάλσιμο (-ατος)
Stellen|angebot *n* προσφορά θέσεως (εργασίας); **~besetzung** *f* κατάληψη θέσης; **~gesuch** *n* ζήτηση θέσης (εργασίας); **~vermittlung(s-büro** *n*) *f* μεσιτικό γραφείο εργασίας
stellenweise κατά τόπους
Stellplatz *m* θέση, χώρος
Stellung *f allg* θέση (*auch Arbeit*); (*Ort*) τοποθέτηση; (*von Zeugen*) προσαγωγή, παρουσίαση; (*e-s Antrags*) υποβολή; ~ **nehmen zu** *D* λαμβάνω θέση σε *oder* για; **~nahme** *f* θέση, γνώμη (**für** *A*/υπέρ *G*)
Stellungs|befehl *m MIL* κλήση; **~suche** *f* αναζήτηση θέσης (εργασίας)
stellvertretend αναπληρωτικός
Stellvertreter *m* αναπληρωτής, αντικαταστάτης; **~-** *oft*: αντ(ι)-, *z. B.* ~ **des Staatsanwalts** αντεισαγγελέας
Stellwerk *n* κέντρο χειρισμού των αλλαγών
Stelze *f* ξυλοπόδαρος; **auf ~n gehen** περπατώ με ξυλοπόδαρα
Stemmeisen *n* σμίλη
stemmen *Gewicht*: ανυψώνω, σηκώνω; στηρίζω (**gegen** *A*/*A*); *Hände in die Hüften* βάζω; **sich ~ gegen** *A* ακουμπώ με δύναμη εναντίον *G*; *fig* αντιτάσσομαι σε
Stempel *m* στάμπα, βούλα, σφραγίδα; *fig* χαρακτήρας; (*Instrument*) στάμπα, σφραγίδα; **~-** σφραγιστός; ένσημος; **~kissen** *n* ταμπόν ⟨*0*⟩; **~marke** *f* ένσημο, χαρτόσημο
stempeln ⟨*-le*⟩ σφραγίζω, σταμπάρω, χαρτοσημαίνω; *Briefe* επισημαίνω; *Silber* σημαίνω; **gestempelt** σεσημασμένος
Stempel|n *n* σφράγιση, βούλωμα *n*, αποτύπωση; **~ung** *f* επισήμανση
Stenge *f MAR* επιστήλιο
Stengel *m* → **Stängel**
Steno|'graf ⟨*-en*⟩ *m* στενογράφος; **~gra'fie** *f* στενογραφία
stenogra'fieren στενογραφώ
Steno|gra'fieren *n* στενογράφηση; **~'grafin** *f* στενογράφος *f*
steno'grafisch στενογραφικός
Steno'gramm ⟨*-s*; *-e*⟩ *n* στενογράφημα *n*
Ste'nose *f MED* στένωση
Stenoty'pist(in *f*) ⟨*-en*⟩ *m* στενοδακτυλογράφος *m, f*
Stentorstimme *f* φωνή στεντόρεια
Step [ε] ⟨*-s*; *-s*⟩ *m* στεπ ⟨*0*⟩ *n*, κλακέτες *f/pl*
Steppdecke *f* πάπλωμα *n*
Steppe *f* στέπα
steppen γαζώνω; *Schuh* κορδελιάζω; *v/i* (*Tanz*) κάνω στεπ *oder* κλακέτες
Steppke ⟨*-s*; *-s*⟩ *m* πιτσιρίκος
Steppstich *m* γαζί
Sterbe|- επιθανάτιος; **~bett** *n* επιθανάτια κλίνη; **~hemd** *n* σάβανο
sterben* ⟨*sn*⟩ πεθαίνω (**an** *D*; *fig* **vor** *D*/από), αποβιώνω; **gestorben** πεθαμένος; *subst* θάνατος, πεθαμός; **im Sterben liegen** ψυχορραγώ
sterbens'krank ετοιμοθάνατος
Sterbenswörtchen: kein ~ sagen δε βγάζω τσιμουδιά
Sterbe|sakramente *n/pl* (*katholisch*) επιτάφια μυστήρια *n/pl*; **~urkunde** *f* πιστοποιητικό θανάτου
sterblich θνητός; **die ~en Überreste** *m/pl* σορός *f*
Sterblichkeit ⟨*0*⟩ *f* θνησιμότητα
Stereo|- στερεοφωνικός; **~anlage** *f* στερεοφωνικό συγκρότημα *n*; **~me'trie** ⟨*0*⟩ *f* στερεομετρία
stereo'phonisch στερεοφωνικός
Stereo'skop ⟨*-s*; *-e*⟩ *n* στερεοσκόπιο
stereo|'skopisch στερεοσκοπικός; **~'typ** *auch fig* στερεότυπος
Stereoty'pie *f* στερεοτυπία
ste'ril στείρος (*auch fig*)
Sterili'sier- αποστειρωτικός
sterili'sier|en αποστειρώνω; **~t** αποστειρωμένος

Sterili|'sierung *f* στειροποίηση, αποστείρωση; **~'tät** *⟨0⟩ f MED* αγονία; στειρότητα
Stern *⟨-ⱸs; -e⟩ m* άστρο, αστέρας; **~bild** *n* αστερισμός; **~chen** *n* αστερίσκος; **~deuter** *m* αστρολόγος
Sternen|- διάστερος; **~banner** *n* (*USA*) αστερόεσσα; **~himmel** *m* ξαστεριά
sternenklar ξάστερος
Sternenlicht *⟨-ⱸs; 0⟩ n* αστροφεγγιά
sternenlos ανάστερος
stern|förmig αστεροειδής; **~hagel'voll** (*betrunken*) τύφλα στο μεθύσι
Stern|schnuppe *f* διάττων (-οντος) αστέρας; **~warte** *f* αστεροσκοπείο
Stetho'skop *⟨-s; -e⟩ n MED* στηθοσκόπιο
stetig σταθερός, αδιάκοπος
Stetigkeit *⟨0⟩ f* σταθερότητα, αδιάκοπη ακολουθία
stets [eː] πάντοτε
Steuer¹ *f* φόρος, εφορία, φορολογία; **~ *auf Luxusartikel*** φόρος πολυτελείας; ***nach Abzug der ~n*** εκπεσθέντες φόροι
Steuer² *n* τιμόνι, πηδάλιο; *Auto*: βολάν *⟨0⟩ n*
Steuer|- φορολογικός; **~aufkommen** *n* (κρατικά) έσοδα *n/pl* από φόρους; **~befreiung** *f* φορολογική απαλλαγή; **~berater** *m* φορολογικός σύμβουλος; **~einnehmer** *m* εισπράκτορας του δημοσίου; **~erklärung** *f* φορολογική δήλωση; **~erleichterungen** *f/pl* φορολογικές απαλλαγές *f/pl*
steuerfrei αφορολόγητος
Steuer|freibetrag *m* αφορολόγητο ποσό; **~freiheit** *⟨0⟩ f* απαλλαγή φόρου; **~hinterziehung** *f* φοροδιαφυγή; **~karte** *f* δελτίο φορολογίας
Steuerknüppel *m LUFTF* στικ *⟨0⟩ n*
steuerlos ακυβέρνητος, απηδαλιούχητος
Steuermann *m* τιμονιέρης (-ηδες), πηδαλιούχος κυβερνήτης
steuern *⟨-re⟩ Auto* οδηγώ; *TECH* διευθύνω; *MAR* κυβερνώ (-άς); πιλοτάρω; *v/i* πηδαλιουχώ
steuerpflichtig *S* φορολογήσιμος; *pers* φορολογούμενος
Steuerrad *n* τιμόνι; *Auto*: βολάν *⟨0⟩ n*
Steuerrückvergütung *f* επιστροφή φόρου
Steuerruder *n* τιμόνι
Steuersenkung *f* μείωση των φόρων
Steuerung *f TECH* διεύθυνση; *ELEKTR* ρύθμιση, έλεγχος; ***automatische ~*** αυτόματος έλεγχος
Steuer|vergünstigung *f* φορολογικές ελαφρύνσεις *f/pl*; **~vorauszahlung** *f* προπληρωμή φόρου
Steuerzahl|er *m* φορολογούμενος; **~ung** *f* φορολογία; *pers* ***von ~ungen befreit*** αφορολόγητος, απαλλαγμένος από φορολογία
Steven [v] *m MAR* κοράκι
Steward ['stjuːəʀt] *⟨-s; -s⟩ m* καμαρότος, αεροσυνοδός; **~ess** [stjuːəʀ'dɛs] *⟨-; -en⟩ f* (αερο)συνοδός *f*
Stich [ɪ] *⟨-ⱸs; -e⟩ m* νύξη, νυγμός (*auch fig*), κεντιά; (*Nadel-*) βελονιά; (*Messer-*) μαχαιριά; (*Wespen-*) τσίμπημα *n*; *Kartenspiel*: χαρτωσιά; (*Schmerz*) σουβλιά, κόψιμο (-ατος); *fig* ***j-n im ~ lassen*** αφήνω κπ στα κρύα του λουτρού
Stiche'lei *f fig* κεντιά, μπηχτή, νύξη
stich|eln *⟨-le⟩* κάνω νύξη, ρίχνω πετριές; **~haltig** *fig* βάσιμος
Stich|haltigkeit *⟨0⟩ f* βάσιμο, βασιμότητα; **~ling** *⟨-s; -e⟩ m* (*Fisch*) γαστερόστεος; **~probe** *f* δειγματοληπτικός έλεγχος; **~tag** *m* ωρισμένη ημέρα; **~wort** *n* (*Wörterbuch*) λήμμα *n*; (*Losung*) σύνθημα *n*
sticken κεντώ, πλουμίζω; ***gestickt*** κεντητός
Stick|en *n* κέντημα *n*; **~e'rei** *f* κέντημα *n*, πλουμί; **~erin** *f* κεντίστρα; **~garn** *n* κλωστή κεντήματος
Stickgas *n* ασφυξιογόνο αέριο
stickig πνιγηρός
Stickluft *⟨0⟩ f* πνιγηρός αέρας
Stick|muster *n* πλουμί; **~rahmen** *m* τελάρο
Stickstoff *⟨-ⱸs; 0⟩ m* άζωτο
stickstoffhaltig αζωτούχος
Stiefbruder *m* ετεροθαλής αδελφός
Stiefel *m* υπόδημα *n*; (*hoher*) μπότα; **~ette** [-'lɛtə] *f* μποτίνι; **~schaft** *m* περικνημίδα
Stief|eltern *pl* πατριός και μητριά; **~kind** *n* προγόνι; **~mutter** *f* μητριά, δευτερομάνα
Stiefmütterchen *n BOT* πανσές (-έδες) *m*
stiefmütterlich: ~ *behandeln* *fig* δε πολυνοιάζομαι για; ολιγωρώ (*A/G*)
Stief|schwester *f* ετεροθαλής αδελφή;

Stiefsohn 974

~sohn *m* πρόγονος; **~tochter** *f* πρόγονη; **~vater** *m* πατριός
stieg → ***steigen***
Stiege *f* σκαλίτσα
Stieglitz ⟨*-es*; *-e*⟩ *m* καρδερίνα, γαρδέλι
Stiel ⟨*-ęs*; *-e*⟩ *m* (*Griff*) στειλιάρι, χερούλι; *BOT* κοτσάνι, στέλεχος *n*; (*Blatt-*) μίσχος; (*beim Knopf*) ποδαράκι; ***mit Stumpf und ~*** *ausrotten* σύρριζα
Stier ⟨*-ęs*; *-e*⟩ *m* ταύρος; ***junge(r) ~*** δαμάλι
stieren καρφώνω τα μάτια μου (***auf*** *A*/ σε)
Stier|kampf *m* ταυρομαχία; **~kämpfer** *m* ταυρομάχος
stieß → ***stoßen***
Stift[1] ⟨*-ęs*; *-e*⟩ *m* βελονόκαρφο; (*Nagel*) καρφί; (*Schreib-*) μολύβι
Stift[2] ⟨*-ęs*; *-e*⟩ *n* εκκλησιαστικό ίδρυμα *n*, άσυλο; *bsd* μονή; → ***Altersheim***
stiften ⟨*-e-*⟩ *allg*, *Preise usw* ιδρύω, δωρίζω, χορηγώ; *Zwietracht* σπέρνω (***zwischen*** *D*/μεταξύ *G*); ***j-m etw*** (*A*) ~ αναθέτω κτ σε κπ
Stifter *m* κτίτορας
Stiftung *f* ίδρυση; δωρεά; ίδρυμα *n*
Stiftzahn *m* βιδωτό δόντι
Stil ⟨*-ęs*; *-e*⟩ *m allg* στιλ ⟨*0*⟩ *n*; ύφος *n*; *Bau*, *Möbel auch* ρυθμός; φραστικό; ***antike(r) ~*** αρχαιοτροπία; **~-** (σε) στιλ
Sti'lett ⟨*-s*; *-e*⟩ *n* στιλέτο
stilgerecht σε καλό (*oder* αρμόδιο) στιλ
stili'sieren στιλιζάρω
Sti'list ⟨*-en*⟩ *m lit* στιλίστας, υφοτέχνης; **~ik** *f* τέχνη του λόγου
sti'listisch λεκτικός
still σιγανός, σιωπηλός, ήρεμος; γαλήνιος; *Reserve usw* αποκρυβείς (-έντος); ***~!*** σώπα!; ***im Stillen*** μέσα μου; ***sei ~!*** πάψε!; ***~er Teilhaber*** *etwa*: εισοδηματίας
Stille ⟨*0*⟩ *f* σιωπή, σιγή, σιγαλιά, ηρεμία; ***in der ~*** κρυφίως; ***in aller ~*** στα σιγανά; (*heimlich*) κρυφά κρυφά
stillen *Kind* βυζαίνω, γαλουχώ; *Blut* σταματώ (-άς); *Durst* σβήνω; *Hunger*, *Rache* χορταίνω; *Schmerz* καταπαύω; *subst* βύζαγμα *n*; σταμάτημα *n*; κατάπαυση; σβέση
stillgestanden! *MIL* προσοχή
Stillleben [ɪ] *n* νεκρή φύση
still|legen ⟨*lege still*, *stillgelegt*⟩ *Betrieb* αχρηστεύω; **~liegen*** ⟨*liege still*, *stillgelegen*⟩ ακινητώ
stillos ['stiːl-] χωρίς ύφος
stillschweigen* σιωπώ (-άς)
Stillschweigen *n* σιωπή; ***~ bewahren*** τηρώ σιωπή
stillschweigend σιωπηρός
stillsetzen ⟨*-t*⟩ *TECH* σταματώ (-άς); *subst* σταμάτημα *n*
Stillstand ⟨*-ęs*; *0*⟩ *m* σταμάτημα *n*, στασιμότητα; *HDL* στάση; ***zum ~ bringen*** ακινητοποιώ; ***zum ~ kommen*** σταματώ (-άς)
stillstehen* σταματώ, ακινητοποιώ; **~d** στάσιμος
Stilmöbel *pl* έπιπλα στιλ *n*/*pl*
stilvoll καλαισθητικός, καλαίσθητος
Stimm|- *ANAT* φωνητικός; **~abgabe** *f* ψηφοφορία; **~band** *n ANAT* → ***Stimmlippe***; **~berechtigte(r)** ψηφοφόρος, εκλογέας; **~bruch** ⟨*-ęs*; *0*⟩ *m* (*bei Heranwachsenden*) τραγισμός; **~e** *f* φωνή, μιλιά; *Wahl*: ψήφος *f*; ***... mit hoher ~e*** οξύφωνος; ***... mit tiefer ~e*** βαρύφωνος; ***s-e ~e abgeben*** ψηφίζω
stimmen *Instrument* κουρδίζω; ***j-n*** *schlecht*, *gut* ~ διαθέτω κπ; ***für*** (***gegen***) ***j-n ~*** ψηφίζω υπέρ *G* (κατά *G*); ***das stimmt*** σωστά, είναι σωστό; ***etwas stimmt hier nicht*** κάτι είναι στραβό εδώ
Stimmen *n* κούρδισμα *n*
Stimmen|fang *m* αλιεία ψήφων; **~gewirr** *n* βαβυλωνία; **~gleichheit** *f* ισοψηφία; **~mehrheit** *f* πλειοψηφία; ***keine ~mehrheit erzielen*** μειοψηφώ
Stimm-enthaltung *f* αποχή (στις εκλογές), αποχή από την ψηφοφορία
Stimmen|ungleichheit *f* ανισοψηφία; **~werber** *m* ψηφοθήρας; **~zahl** *f*: ***gleiche ~zahl erhalten*** ισοψηφώ
Stimmer *m MUS* χορδιστής
Stimmgabel *f* διαπασών *f*
stimm|gewaltig εύφωνος; **~haft** *GR* ηχηρός
Stimmlippe *f* φωνητική χορδή
stimmlos *GR* άηχος
Stimm|losigkeit ⟨*0*⟩ *f GR* αφωνία; **~recht** ⟨*-ęs*; *0*⟩ *n* δικαίωμα *n* ψήφου
Stimmung *f* διάθεση; (*Heiterkeit*) κέφι, αλεγράδα; *PSYCH* θυμός; ***gehobene ~*** ευθυμία; ***nicht in ~ sein*** δεν έχω κέφι (*oder* διάθεση); ***j-n in e-e ~ versetzen*** διαθέτω κπ

S

975 **Stoßdämpfer**

Stimm|wechsel *m* τραγισμός; **~zettel** *m* ψηφοδέλτιο
stinken* βρομώ (-άς), ζέχνω; *subst* βρόμισμα *n*; **~d** βρομερός
Stipendi'at ⟨*-en*⟩ *m* υπότροφος
Sti'pendium ⟨*-s*; *-ien*⟩ *n* υποτροφία
stippen βουτώ (-άς) (**in** *A*/σε)
Stirn *f* μέτωπο, κούτελο, κούτρα; ***die ~ haben, zu ...*** έχω μούτρα να ...; ***j-m die ~ bieten*** ανταπεξέρχομαι σε; **~-** μετωπικός; **~höhle** *f* μετωπιαίος κόλπος; **~runzeln** *n* συνοφρύωση
stöbern ⟨*-re*⟩ ψαχουλεύω (**in** *D*/σε)
stochern [ɔ] ⟨*-re*⟩ σκαλίζω; ***im Feuer ~*** (το) υποδαυλίζω; ***im Essen ~*** *etwa*: σιγοτρώω χωρίς όρεξη
Stock ⟨*-ęs*; *⸚e*⟩ *m* μπαστούνι, ράβδος *f*, ραβδί; (*Trommel*) πλήκτρο; (*Etage*) πάτωμα *n*
stock'dunkel θεοσκότεινος
stocken ανακόπτομαι, σταματώ (-άς); *HDL* νεκρώνω; (*aussetzen*) διαλείπω; *in der Rede* κομπιάζω; (*schimmeln*) μουχλιάζω; *subst* διάλειψη; κόμπιασμα *n*; ***ins Stocken geraten*** σκαλώνω; **~d** διαλείπων (-ουσα, -ον); *Stimme*: διακεκομμένος
stock'finster κατασκότεινος, ζοφερός
Stock|fisch *m* μπακαλιάρος; **~hieb** *m* ξυλιά, μπαστουνιά
Stockholm *n* Στοκχόλμη
stockig μουχλιασμένος
Stock|schlag *m* ραβδιά; ***~schläge*** *pl* ραβδισμός, ξυλιές *f*/*pl*; **~schnupfen** *m* ξερή κόρυζα
Stockung *f* σταμάτημα *n*; *HDL* νέκρωση, ακινησία; (*Verkehrs-*) συμφόρηση
Stockwerk *n* πάτωμα *n*, όροφος
Stoff ⟨*-ęs*; *-e*⟩ *m* (*Materie*) ύλη; (*Tuch*) ύφασμα *n*; (*lit Fabel*) υπόθεση; ***grobe*(*r*) *~*** χονδρόπανο; ***bedruckte*(*r*) *~*** εμπριμέ ⟨*0*⟩ *n*; *Menschen*: ***aus demselben ~*** από την ίδια πάστα
Stoffballen *m* ρολό υφάσματος
stofflich υλικός
Stoffwechsel *m BIOL* μεταβολισμός
stöhnen βογγάω (-άς); *vor Schmerz, auch fig* στενάζω από; ***~ unter*** *D* γογγύζω υπό *A*; *subst* βογγητό, στεναγμός
Stoiker ['sto:iˑ-] *m* στωικός
stoisch [-ɪʃ] στωικός
Stoi'zismus ⟨*-*; *0*⟩ *m* στωικισμός
Stola ⟨*-*; *-len*⟩ *f* φελόνι
Stolle *f etwa*: τσουρέκι
Stollen *m Bergwerk*: στοά, γαλαρία
stolpern ⟨*-re*; *sn*⟩ σκοντάφτω (**über** *A*/σε); *fig* ***~ über*** *ein Wort usw* απορώ με *oder* για; *subst* σκόνταμμα *n*
stolz υπερήφανος; ***~ sein auf*** *A* υπερηφανεύομαι για, καμαρώνω *A oder* για
Stolz ⟨*-es*; *0*⟩ *m* υπερηφάνεια, καμάρωμα *n*; *der Familie usw* καμάρι
stol'zieren ⟨*sn*⟩ περπατώ σαν παγώνι
stop! στοπ! (*auch im Telegramm*)
stopfen (*flicken*) μαντάρω, καρικώνω; *Loch* (*auch fig*), *Mund fig* βουλώνω; (*hineinzwängen*) πατηκώνω (**in** *A*/σε); ***etw in den Mund ~*** μπουκώνω κτ; *fig* ***j-m den Mund ~*** μπουκώνω κπ; *MED* στύφω, προκαλώ δυσκοιλιότητα; *subst* μαντάρισμα *n*; **~d** *MED* στυπτικός; ***~de Wirkung*** στυπτικότητα
Stopf|garn *n* κλωστή για μαντάρισμα; **~nadel** *f* βελόνα για μαντάρισμα
Stoppel(**feld** *n*) *f* καλάμι
stoppen σταματώ (-άς), κάνω στοπ
Stopp|en *n* αναστολή, ανακοπή; **~schild** *n* πινακίδα υποχρεωτικής στάσης; **~uhr** *f* χρονόμετρο
Stöpsel *m* τάπα, πώμα *n*
Stör ⟨*-ęs*; *-e*⟩ *m ZOOL* οξύρρυγχος
Storch ⟨*-ęs*; *⸚e*⟩ *m* λελέκι, πελαργός
Store [ʃto:ʀ] ⟨*-s*; *-s*⟩ *m* στορ ⟨*0*⟩ *n*
stören ενοχλώ (***j-n***/κπ); *Ruhe* (δια)ταράσσω; *Frieden* παραβιάζω; *Lärm usw* πειράζω (***j-n***/κπ); *bsd MIL* παρενοχλώ; ***lassen Sie sich nicht ~*** μην ενοχλείστε!
Störenfried ⟨*-ęs*; *-e*⟩ *m* ταραχοποιός
stor'nieren *HDL* ακυρώνω
Stor'nierungsgebühr *f* τέλος *n* ακύρωσης
Stornobuchung *f* ακύρωση
Störgeräusch *n Radio*: παράσιτα *n*/*pl*
störrisch πεισματάρης (-ισσα, -ικο), κακόγνωμος
Störung *f* ταραχή, διατάραξη (*auch MED*), παρενόχληση; *PSYCH* σύγχυση; (*in der Versorgung*) επίπτωση σε; **~en** *pl* (*Funk*) παρεμβολές *f*/*pl*; παράσιτα *n*/*pl*; ***atmosphärische ~en*** ατμοσφαιρικά *n*/*pl*
Stoß [o:] ⟨*-es*; *⸚e*⟩ *m* σπρωξιά, ώθηση; (*Schlag*) κρούση; κλωτσιά; κερατιά; (*Erschütterung*) τίναγμα *n*; (*Fußball*) κτύπημα *n*, σουτ ⟨*0*⟩ *n*; (*Haufen*) στοίβα
Stoßdämpfer *m* αμορτισέρ ⟨*0*⟩ *n*

S

Stößel *m* γουδοχέρι, κόπανο
stoßen* *allg* σπρώχνω, ωθώ; **~ in** *A* χώνω σε; **~ an** *A*, *fig* **auf** *A* προσκρούω σε; *Land*: **~ an** *A* γειτνιάζω προς *od.* με *A*; *Dolch* **~ in** *A* εμβυθίζω σε; **~ durch** *A* διεξέρχομαι δια *G*; **~ auf etw** (*z. B. Schwierigkeiten*) συναντώ *A*; *zufällig* **~ auf** *j-n* τρακάρω με, *auf etw*, *j-n* συναντώ (-άς) *A*, αντιμετωπίζω *A*; **sich ~** χτυπιέμαι; *fig* **sich an etw** (*D*) **~** σκανδαλίζομαι από; **von sich** (*D*) **~** λακτίζω; *subst* σπρώξιμο (-ατος), κρούση
stößig: ~ sein κουτουλίζω, κουτουλάω
Stoß|seufzer *m* κοντοστέναγμα *n*; **~stange** *f* προφυλακτήρας; **~trupp** *m* MIL ομάδα κρούσης
stoßweise σε στοίβες; (*ruckweise*) με σκόλπο
Stoß|verkehr *m* πυκνή κυκλοφορία; **~zahn** *m* χαυλιόδοντας; **~zeit** *f* ώρα αιχμής
Stotterer *m* τραυλός, ψελλός
stottern ⟨*-re*⟩ τραυλίζω, ψελλίζω; *Motor*: F ρετάρω; *subst* τραύλισμα *n*; **~d** τραυλός
Stövchen *n* καμινέτο επιτραπέζιο
Straf|- ποινικός; σωφρονιστικός; **~anstalt** *f* σωφρονιστικό ίδρυμα *n*
Strafanzeige *f* μήνυση; **~ erstatten gegen j-n wegen** *G* υποβάλλω μήνυση εναντίον *oder* κατά *G* για
strafbar αξιόποινος
Straf|barkeit ⟨*0*⟩ *f* αξιόποινο; **~e** *f* τιμωρία, ποινή (*bsd* JUR); κόλαση; **bei ~e von** *D* επί ποινή *G*
strafen παιδεύω, τιμωρώ
Straferlass *m* αμνηστία
straff τεταμένος, τεζαριστός; *adv auch* τέζα; *Disziplin usw* αυστηρός
straffällig [ɑː] τιμωρητέος
straffen τείνω, τεζάρω, συσφίγγω
straffrei [ɑː] ατιμώρητος; *adv auch* αποινεί
Straffreiheit ⟨*0*⟩ *f* ατιμωρησία
Straffung *f* σύσφιγξη
Strafgefangene(r) φυλακισμένος
Strafgesetz *n* ποινικός νόμος; **~buch** *n* ποινικός κώδικας (Π.Κ.)
Straf|kolonie *f* σωφρονιστική αποικία; **~kompanie** *f* σωφρονιστικός λόχος
sträflich αξιόμεμπτος
Sträfling ⟨*-s*; *-e*⟩ *m* φυλακισμένος
straflos ατιμώρητος
Straflosigkeit ⟨*0*⟩ *f* ατιμωρησία
Strafmandat *n* κλήση; **j-m ein ~ erteilen** (**ausfertigen**) μοιράζω (δίνω) κλήση σε κπ
Straf|porto *n* πρόσθετα ταχυδρομικά *n*/*pl*; **~predigt** *f*: **j-m e-e ~predigt halten** ψάλλω σε κπ τον εξάψαλμο; **~prozess** *m* ποινική δίκη; **~prozessordnung** *f* ποινική δικονομία; **~raum** *m* (*Fußball*) μεγάλη περιοχή; **~recht** ⟨*-es*; *0*⟩ *n* ποινικό δίκαιο
strafrechtlich ποινικός
Straf|register *n* ποινικό μητρώο; **~stoß** *m* (*Fußball*) πέναλτυ ⟨*0*⟩ *n*; **~tat** *f* εγκληματική πράξη; **~verfahren** *n* ποινική διαδικασία; **~verfolgung** *f* ποινική δίωξη; **~zettel** *m* δελτίο προστίμου; **~zumessung** *f* επιμέτρηση της ποινής
Strahl ⟨*-es*; *-en*⟩ *m* ακτίνα, ακτίδα
strahlen ακτινοβολώ, λάμπω (*auch fig* **vor**/από), φεγγοβολώ
Strahlen *n* έκλαμψη; **~behandlung** *f* ακτινοθεραπεία
strahlen|d φωτοβόλος, ακτινοβόλος (*auch fig*); *Ruhm*: εκθαμβωτικός; *Zukunft*, *Wetter*: λαμπρός; **~förmig** ακτινοειδής
Strahlung *f* ακτινοβολία; εκπομπή
Strähne *f* τσουλούφι
stramm σφιχτός; γερός; (*dastehend*) στητός; **~ ziehen** τεζάρω; **~stehen*** στέκομαι προσοχή; *fig* στέκομαι σούζα (**vor j-m**/μπροστά σε κπ)
strampeln ⟨*-le*⟩ χτυπώ με τα πόδια, "κάνω ποδήλατο"
Strand ⟨*-es*; *⸚e*⟩ *m* πλαζ ⟨*0*⟩ *f*, ακρογιάλι, παραλία; **~anzug** *m* σύνολο (της) πλαζ; **~bad** *n* οργανωμένη πλαζ
stranden ⟨*-e-*; *sn*⟩ MAR εξοκέλλω (*auch fig*)
Strand|gut ⟨*-es*; *0*⟩ *n* έρμαιο; **~korb** *m* πολυθρόνα για τη πλαζ; **~nähe** *f* γειτνίαση ακτής; **~promenade** *f* παραλία; **~ung** *f* προσάραξη, κάθισμα *n*; **~wächter** *m* ακτοφύλακας
Strang ⟨*-es*; *⸚e*⟩ *m* σκοινί; *fig* **über die Stränge schlagen** το παραξηλώνω
Stra'paze *f* ταλαιπωρία; ... (είναι) πεθαμός; **~n** *pl* κακοπάθεια; **~n erleiden**, **durchmachen** κακοπαθαίνω
strapa'zier|en *Stoff* ταλαιπωρώ; *fig Argumente usw* λέγω και ξαναλέγω; **~fähig** ... αντοχής
Straße *f* οδός *f*, δρόμος; **auf offener ~**

977 **Streitfrage**

στη μέση του δρόμου; *fig* **auf der ~ sitzen** (*ohne Obdach*) μένω στους πέντε δρόμους

Straßen|- οδικός; παρόδιος; **~anzug** *m* ένδυμα *n* περιπάτου; **~arbeiten** *f/pl* οδικές εργασίες *f/pl*; **~bahn** *f* τραμ ⟨*0*⟩ *n*; τροχιόδρομος; **~bahnhaltestelle** *f* στάση του τραμ; **~bau** ⟨*-es; 0*⟩ *m* οδοποιία; **~bauingenieur** *m* οδοποιός; **~benutzungsgebühr** *f* διόδια *n/pl*; **~café** *n* καφετέρια με τραπέζια στο πεζοδρόμιο; **~decke** *f* οδόστρωμα *n*; **~ecke** *f* τρίστρατο; **~feger** *m* οδοκαθαριστής; **~händler** *m* πλανόδιος πωλητής; **~junge** *m* μάγκας, χαμίνι; **~karte** *f* οδικός χάρτης; **~kreuzung** *f* τρίοδος *f*, τρίστρατο; **~lage** *f*: **gute ~lage** (*Auto*) ευστάθεια; **~netz** *n* οδικό δίκτυο; **~sperre** *f* οδόφραγμα *n*, μπλόκο; **~verhältnisse** *n/pl* οδικές συνθήκες *f/pl*

Straßenverkehr *m* κυκλοφορία στους δρόμους; **~s-ordnung** *f* Κώδικας Οδικής Κυκλοφορίας (Κ.Ο.Κ.)

Straßenwalze *f* οδοστρωτήρας

Stra|'tege ⟨*-n*⟩ *m* στρατηγός; **~te'gie** *f* στρατηγική

stra'tegisch στρατηγικός

Strato'sphäre ⟨*0*⟩ *f* στρατόσφαιρα

sträuben: sich ~ *Haare*: ορθώνομαι; **sich ~ gegen** *A* εναντιώνομαι σε

Strauch ⟨*-es; ¨er*⟩ *m* χαμόδενδρο, θάμνος

straucheln ⟨*-le; sn*⟩ σκοντάφτω (**über** *A*/σε); *fig* (*im Leben*) εξοκέλλω

Strauß[1] ⟨*-es; ¨e*⟩ *m* δεμάτι, μάτσο

Strauß[2] ⟨*-es; -e*⟩ *m* (*Vogel*) στρουθοκάμηλος

streben: ~ nach *D* επιδιώκω *A*, αποβλέπω σε; **danach ~ zu ...** φιλοδοξώ να ...

Streb|en *n* επιδίωξη; **~er** *m* αρριβίστας; **~ertum** ⟨*-s; 0*⟩ *n* αρριβισμός

strebsam φιλόπονος

Strebsamkeit ⟨*0*⟩ *f* φιλοπονία

Strecke *f* διαδρομή; έκταση; *BAHN* γραμμή; (*U-Bahn usw*) κλάδος; *Bergwerk*: στοά; *fig* **auf der ~ bleiben** μένω στο τόπο; *fig* **zur ~ bringen** αφήνω στο τόπο

strecken τεντώνω; *Arme* τείνω; *Waffen* καταθέτω; *subst* διάταση; *der Arme*: τάση

Streich ⟨*-es; -e*⟩ *m* (*Hieb*) σμπάρο; χτύπημα *n*; (*Dummheit*) λωλάδα; (*Schabernack*) φάρσα, κασκαρίκα; (*böser*) παιγνίδι, κόλπο; **j-m e-n ~ spielen** παίζω σε κπ μια κασκαρίκα

streicheln ⟨*-le*⟩ χαϊδεύω

streichen* *v/t* (*färben*) βάφω; **Butter auf etw** (*A*) **~** βουτυρώνω κτ; (*löschen*) *HDL*, *JUR* απαλείφω; *Wort*, *j-n* διαγράφω; *Wort auch* σβήνω; **über etw** (*A*) **~** περνώ (-άς) επάνω σε; *subst* σβέση

Streichholz *n* σπίρτο; **~schachtel** *f* σπιρτόκουτο

Streich|instrument *n* έγχορδο όργανο; **~käse** *m* μαλακό τυρί; **~orchester** *n* ορχήστρα εγχόρδων οργάνων; **~ung** *f* *HDL* απάλειψη; *aus der Liste*: διαγραφή

Streifband *n*: **unter ~** υπό ταινία

Streife *f* περιπολία, περιπολικό; (*Razzia*) έφοδος *f*; **e-e ~ machen** περιπολώ

streifen *v/t* (*berühren*) ψαύω, αγγίζω; θίγω; *Kugel auch* τον παίρνει ξυστά; *v/i* ⟨*sn*⟩ τριγυρίζω (**durch die Straßen** στους δρόμους)

Streifen *m* λωρίδα; (*Muster*) ρίγα, ράβδωση; (*Film*) ταινία; → **gestreift**; **~dienst** *m* περιπολία; **~wagen** *m* περιπολικό

Streif|licht *n*: **~lichter werfen auf** *A* ρίχνω ασθενές φως σε; **~zug** *m* είσοδος, εισέλαση; *fig* (*durch die Literatur*) συνοπτική έκθεση *G*

Streik ⟨*-es; -s*⟩ *m* απεργία; **~-** απεργιακός; **~brecher** *m* απεργοσπάστης; **~drohung** *f* απειλή απεργίας

streiken απεργώ

Streik|ende(r) απεργός; **~posten** *m* φρουρά απεργών; **~recht** *n* δικαίωμα *n* απεργίας

Streit ⟨*-es; -e*⟩ *m* καυγάς (-άδες), διένεξη; έριδα; **im ~** μαλλωμένος (**mit** *D*/με); **~ anfangen** καυγαδίζω, βάζω σκάνταλο; **~ suchen** γυρεύω καυγά; **in ~ geraten mit** *D* πιάνομαι με

streitbar πολεμικός; *oft iron* αρειμάνιος

streiten* *v/i* συζητώ; **miteinander ~** μετριέμαι; **sich ~** λογομαχώ (**um** *A*/για); **sich über** *A*, **um** *A* **~** τσακώνομαι για *A*; **sich über** *A*, **wegen** *G* **~** μαλλώνω για; τσακώνομαι για

Streit|ende(r) τσακωμένος; **~er** *m* πολεμιστής; **~e'rei** *f* φάγωμα *n*; **~frage** *f* διαφωνία; αμφισβητούμενο

S

streitig: *j-m etw* ~ *machen* διαφιλονικώ κάτι
Streit|igkeit *f* διένεξη, διαφορά; **~kräfte** *f/pl* ένοπλες δυνάμεις *f/pl*; **~sache** *f* διαφορά; **~sucht** ⟨*0*⟩ *f* εριστική διάθεση
streitsüchtig καυγατζίδικος, εριστικός
streng αυστηρός; *Winter*: δριμύς; *Geschmack*: στρυφνός
Strenge ⟨*0*⟩ *f* αυστηρότητα; δριμύτητα
Strepto'kokkus ⟨*-*; *-kken*⟩ *m* στρεπτόκοκκος
Stress [ε] ⟨*-es*; *0*⟩ *m* στρες ⟨*0*⟩ *n*, άγχος, ένταση
stress|en ⟨*-t*⟩ αγχώνω, στρεσάρω; **~ig** αγχωτικός
Streu *f* άχυρα *n/pl*
streuen *v/t Blumen* σκορπίζω; *Salz* ρίχνω; (***Sand***) ~ (*gegen Glätte*) ρίχνω ψηφίδα
Streu|sandwagen *m* αμμοδόχη; **~ung** *f* PHYS διασκεδασμός; (*Schießen*) απόκλιση; *Werbung*: διάδοση, κοινολόγηση
strich → ***streichen***
Strich ⟨*-ẹs*; *-e*⟩ *m* γραμμή, χαράκι, χαρακιά; (*Feder-*) πενιά; ***gegen den*** ~ ανάποδα; *Prostituierte*: ***auf den*** ~ ***gehen*** F κάνω πιάτσα
strich|förmig γραμμικός; **~weise** κατά τόπους, σποραδικά
Strick ⟨*-ẹs*; *-e*⟩ *m* σκοινί; **~arbeit** *f* πλέγμα *n*
stricken πλέκω
Strick|en *n* πλέξιμο (-ατος); **~er** *m* πλέκτης; **~e'rei** *f* πλέξη; πλεκτό; **~erin** *f* πλέκτρια; **~jacke** *f* πλεκτό; **~leiter** *f* σχοινοκλίμακα; **~nadel** *f* βελόνα πλεξίματος; **~ware** *f* πλέξιμο (-ατος), *pl auch* πλεχτά *n/pl*; **~zeug** *n* πλεκτικά *n/pl*
Striegel *m* ξυστρί
striegeln ⟨*-le*⟩ ξυστρίζω, καθαρίζω
Strieme *f*, **~n** *m* ίχνος *n*, στίγμα *n* (από ραβδισμό)
strikt αυστηρός; ακριβής
Strippe *f* σπάγγος
stritt → ***streiten***
strittig επίμαχος
Stroh ⟨*-ẹs*; *0*⟩ *n* άχυρο; ψάθα, ψαθί; ***aus*** ~ ψάθινος; **~-** αχυρένιος, ψάθινος; **~halm** *m* καλάμι; **~hut** *m* ψαθάκι; **~hütte** *f* καλύβα
strohig *Apfelsine*: ... στουπί
Stroh|kopf *m* αχύρινος νους; **~sack** *m* αχυρόστρωμα *n*; **~witwe** *f* ζωντοχήρα; **~witwer** *m* ζωντοχήρος
Strolch ⟨*-ẹs*; *-e*⟩ *m* αθεόφοβος, απάχης
Strom ⟨*-ẹs*; *¨e*⟩ *m* (μεγάλος) ποταμός (*auch fig*); ***reißende*(*r*)** ~ χείμαρρος; ELEKTR ρεύμα *n*; ***Ströme*** (*von Blut*) κρουνοί *G*; ***in Strömen*** (*regnen*) κρουνηδόν; ***gegen den*** ~ κόντρα στο ρεύμα; **~abschaltung** *f* ELEKTR διακοπή ηλεκτρικού ρεύματος
strom'abwärts με το ρεύμα
Stromanschluss *m* ηλεκτρική σύνδεση
strom'aufwärts αναπόταμα
Stromausfall *m* διακοπή ρεύματος
strömen ⟨*sn*⟩ *allg* ρέω; ~ ***in*** *A* εισρέω σε; ~ ***durch*** *A* διαρρέω *A*; *Menschen*: ~ ***auf***, ***in*** *A* χύνομαι σε
Strom|erzeugung *f* ηλεκτροπαραγωγή; **~kreis** *m* ELEKTR κύκλωμα *n*; **~lieferung** *f* παροχή ρεύματος
stromlinienförmig αεροδυναμικός
Strom|rechnung *f* λογαριασμός ρεύματος; **~schnelle** *f* μικρός καταρράχτης; **~stärke** *f* ELEKTR ένταση
Strömung *f* (*Wasser-*, *auch fig*) ρεύμα *n*, ρους *m*
Strom|verbrauch *m* κατανάλωση ηλεκτρικού ρεύματος; **~versorgung** *f* παροχή ρεύματος
Strontium [-tsĭʊm] ⟨*-s*; *0*⟩ *n* στρόντιο
Strophe *f* στροφή
strotzen ⟨*-t*⟩: ~ ***von***, ***vor*** *D* είμαι γεμάτος, βρίθω *G*; ***vor Gesundheit*** ~ είμαι όλο υγεία
Strudel *m* στρόβιλος, δίνη (*auch fig*)
Struk'tur *f allg* δομή; διάρθρωση; *der Mineralien*: ιστός
struktu'rell διαρθρωτικός
Strumpf ⟨*-ẹs*; *¨e*⟩ *m* κάλτσα; **~band** *n* καλτσοδέτα; **~hose** *f* καλτσόν
Strunk ⟨*-ẹs*; *¨e*⟩ *m* κοτσάνι
struppig ανακατεμένος, μπερδεμένος
Struwwelpeter *m* Πετράκης Σκαντζοχοιράκης
Strych'nin ⟨*-s*; *0*⟩ *n* στρυχνίνη
Stube *f* κάμαρα; *hist* ***die gute*** ~ σαλόνι; MIL θάλαμος
Stuben|älteste(r) MIL θαλαμάρχης; **~hocker** *m* σπιτόγατος; **~luft** ⟨*0*⟩ *f* κλεισούρα
Stuck ⟨*-ẹs*; *0*⟩ *m* στόκος; ανάγλυφα στολίδια *n/pl*
Stück ⟨*-ẹs*; *-e*⟩ *n z. B. Brot*: κομμάτι,

S

τεμάχιο (*auch MUS*); *THEA*, *Kino* έργο; *Kuchen*: φελί; **drei Mark das ~** τρία μάρκα το ένα; **aus e-m ~** μονοκόμματος; **in ~en** κομματιαστός; **aus freien ~en** αυτοπροαίρετα; **in ~e gehen** γίνομαι κομμάτια; **in ~e schlagen** κάνω κομμάτια, κομματιάζω; **ein starkes ~!** άλλο πάλι (και αυτό)!

Stuckateur [-'tøːʀ] ⟨*-s*; *-e*⟩ *m* γυψοπλάστης

Stückchen *n* θρύμμα *n*, τρίμμα *n*; *Brot*: άκρα

Stuckdecke *f* ταβάνι φορτωμένο γύψινα στολίδια

stückeln ⟨*-le*⟩ θρυμματίζω, κομματιάζω, τεμαχίζω

Stück|gut *n Post*: δέμα *n*; **~liste** *f HDL* μερίκευση

stückweise κομματιαστός; κατά τεμάχια

Stu'dent ⟨*-en*⟩ *m* φοιτητής, σπουδαστής

Stu'denten|- φοιτητικός; **~ausweis** *m* φοιτητική ταυτότητα; **~heim** *n* πανεπιστημιακή λέσχη; **~schaft** *f* φοιτητικός κόσμος

Stu'dentin *f* φοιτήτρια

stu'dentisch φοιτητικός

Studie [-dĭə] *f* μελέτη; (*e-s Künstlers*) σπουδή

Studien|abbrecher *m* φοιτητής που παρατάει τις σπουδές; **~abschluss** *m* αποπεράτωση σπουδών; **~aufenthalt** *m* παραμονή (σε ένα μέρος) λόγω σπουδών; **~geld** *n* δίδακτρα *n/pl*; **~jahr** *n* ακαδημαϊκό έτος; **~kamerad** *m* συμφοιτητής; **~platz** *m* F σχολική στέγη; **~rat** ⟨*-ɇs*; *¨e*⟩ *m* καθηγητής (γυμνασίου); **~rätin** *f* καθηγήτρια; **~zeit** *f* έτη *n/pl* φοίτησης

stu'dier|en μελετώ (-άς), σπουδάζω; **~en an** *D* φοιτώ σε; **etw genau ~en** ερευνώ (-άς) κτ; **j-n ~en lassen** σπουδάζω κπ; **~t** σπουδασμένος

Studio ⟨*-s*; *-s*⟩ *n* στούντιο

Studium ⟨*-s*; *-dien*⟩ *n* μελέτη, σπουδή, φοίτηση (**an** *D*/σε)

Stufe *f* σκαλοπάτι, σκαλί, βαθμίδα (*auch fig*); (*Niveau*) μοίρα; (*Stadium*) στάδιο; (*Raketen-*) όροφος; **auf gleicher ~ stehen** είμαι ισόβαθμος

stufenförmig κλιμακοειδής

Stufen|leiter *f* κλίμακα; **~schalter** *m ELEKTR* βαθμιδωτός διακόπτης

stufenweise σταδιακός (*adv* -κά)

Stuhl ⟨*-ɇs*; *¨e*⟩ *m* καρέκλα; *MED* αποχώρημα *n*; **~drang** *m* σφίξη

Stuhlgang ⟨*-ɇs*; *0*⟩ *m MED* βγάλσιμο (-ατος); **~ haben** ενεργούμαι, αφοδεύω; **~ verschaffen** ενεργώ

Stukkateur *m* → **Stuckateur**

stumm βουβός, άφωνος (**vor** *D*/από)

Stummel *m* κούτσουρο; (*Zigaretten-*) γόπα, αποτσίγαρο

Stummfilm *m* ταινία βουβή

Stümper *m* μαστροχαλαστής

stümperhaft ατζαμής (-ίδισσα, -ίδικο), ατρόχιστος

Stümperhaftigkeit ⟨*0*⟩ *f* ατζαμοσύνη

Stumpf ⟨*-ɇs*; *¨e*⟩ *m* κοντάκι, κούτσουρο; **mit ~ und Stiel** σύρριζα

stumpf αμβλύς (*auch fig*), ακόνιστος; **~ machen** αμβλύνω, στομώνω; **~ werden** στομώνω

Stumpf|heit ⟨*0*⟩ *f* αμβλύτητα (*auch fig*); **~sinn** ⟨*-ɇs*; *0*⟩ *m* αμβλύνοια

stumpfsinnig αμβλύνους; **~ machen** κουταίνω; **~ werden** κουταίνω, αποβλακώνομαι, απηλιθιούμαι

Stumpfsinnigkeit ⟨*0*⟩ *f* μώρα, δυσμάθεια

stumpfwinklig αμβλυγώνιος

Stunde *f* ώρα; (*Lektion*) μάθημα *n*; **halbe ~** ημίωρο; **zur ~** για την ώρα; **bis zur ~** μέχρι στιγμής; **von ~ zu ~** από ώρα σε ώρα; **~n geben** *oder* **nehmen** κάνω μάθημα

stunden ⟨*-e-*⟩ παρέχω αναβολή *G*

Stunden|- ωριαίος; **~kilometer** *m/pl* χιλιόμετρα *n/pl* την ώρα

stundenlang πολύωρος; *adv* (με τις) ώρες

Stunden|lohn *m* ωρομίσθιο; **~plan** *m* (*Schule*) πρόγραμμα *n* μαθημάτων, ωρολόγιο πρόγραμμα

stundenweise καθ' ώρας, με την ώρα

Stundenzeiger *m* ωροδείκτης

stündlich ωριαίος; κάθε ώρα

Stundung *f* αναβολή

Stunk ⟨*-s*; *0*⟩ *m* F καυγάς

stu'pide βραδύνους, ηλίθιος

Stupsnase *f* μικρή μύτη με κλίση προς τα πάνω

stur πεισματάρης; F **~e(r) Bock** κόκα αρβανίτικη

Sturheit ⟨*0*⟩ *f* πείσμα *n*, γινάτι

Sturm ⟨*-ɇs*; *¨e*⟩ *m* θύελλα; (*See*) τρικυμία; φουρτούνα; **~angriff** *m* έφοδος *f*, γιουρούσι

S

stürm|en *v/t* παίρνω με έφοδο; *v/i* ⟨*sn*⟩ εφορμώ (-άς) (**gegen** *A*/κατά *G*); (*rennen*) χύνομαι (**in** *A*/σε); **es ~t** φουρτουνιάζει

Stürmer *m* (*Sport*) κυνηγός, μπροσθοφύλακας

Sturmflut *f* φουσκονεριά

stürmisch θυελλώδης (*auch fig*), τρικυμιώδης; *fig* ταραχώδης, ορμητικός; *Tempo*: γοργός; *Wind*: πολύ ισχυρός; *Meer*: κυματώδης

Sturm|warnung *f* προειδοποίηση *oder* προαναγγελία θυέλλης; **~wind** *m* μπουρίνι

Sturz ⟨*-es*; *⸚e*⟩ *m* πτώση (*auch POL*), ξεπεσμός, ανατροπή (*auch Preise*); *HDL* (*der Kurse*) κατάρρευση, κατρακύλισμα *n*; (*Tür-*) ανώφλι

stürzen ⟨*-t*⟩ *v/t allg* γκρεμίζω (*auch Regierung, König*); *POL auch* ανατρέπω; ρίχνω (**j-n in** *A*/κπ σε); *v/i* ⟨*sn*⟩ μπουκάρω (**in** *A*/σε); *Regierung*: ανατρέπομαι; *Preise*: ξεπέφτω; *Auto*: καταπίπτω (**in** *A*/σε); **sich ~ auf** *A* ρίχνομαι σε, ορμώ (-άς) κατά *G*; **sich ~ in** *A* ρίχνομαι, πετιέμαι σε

Sturz|flug *m* (κατα)βύθιση; **im ~flug herabstoßen** (κατα)βυθίζω; κάνω κάθετη εφόρμηση; **~helm** *m* προστατευτικό κράνος

Stute *f* φοράδα

Stütze *f auch fig* (υπο)στήριγμα *n*, ακούμπι; στερέωμα *n*; *fig z. B. der Demokratie* στυλοβάτης; **e-e ~ finden bei** ακουμπώ σε

Stutzen[1] *m TECH* (επι)στόμιο

Stutzen[2] *n* κολόβωμα *n*, κουτσούρεμα *n*

stutzen ⟨*-t*⟩ *v/t* κολοβώνω, κουτσουρεύω, κλαδεύω, περικόβω, ακρωτηριάζω; *v/i* (*überrascht sein*) ξαφνιάζομαι

stützen ⟨*-t*⟩ *v/t* υποστηρίζω, στηρίζω (**auf** *A*/επί *G*, σε), στυλώνω; **sich ~ auf** *A* στηρίζομαι σε *oder* επάνω σε, βασίζομαι σε; *subst* στήριξη, στύλωμα *n*

Stützgewebe *n MED* ερειστικός ιστός

stutzig: **~ machen** ιδεάζω, πονηρεύω; **~ werden** ιδεάζομαι, ψυχανεμίζομαι

Stütz|pfeiler *m* ορθοστάτης, αντέρεισμα *n*; **~punkt** *m MIL* βάση; **~ung** *f* στήριξη

Sub'jekt ⟨*-ęs*; *-e*⟩ *n GR* (*auch pers*) υποκείμενο; **verkommene(s) ~** αχρείο υποκείμενο, ζαγάρι; **~s-** *GR* υποκειμενικός

subjek'tiv υποκειμενικός

Subjekti|'vismus ⟨-; *0*⟩ *m* υποκειμενισμός; **~vi'tät** ⟨*0*⟩ *f* υποκειμενικότητα

subku'tan *MED* υποδόριος

Sublima'tion *f CHEM* εξάχνωση

subli'mieren *CHEM* εξαχνίζω; (*läutern*) εξαγνίζω

subskri'bieren εγγράφομαι συνδρομητής

Sub|stantiv ⟨*-s*; *-e*⟩ *n* ουσιαστικό; **~'stanz** *f* ουσία, ύλη; **~'stanzlosigkeit** ⟨*0*⟩ *f* ανουσιότητα, αϋλότητα; **~'strat** ⟨*-ęs*; *-e*⟩ *n* υπόστρωμα *n*

sub'til λεπτός, ντελικάτος

Subtra'hend ⟨*-en*⟩ *m* αφαιρετέος

subtra'hieren αφαιρώ

Subtrak'tion *f* αφαίρεση

Subunternehmer *m* υποεπιχειρηματίας

Subven'tion *f* επιχορήγηση

subventio'nieren επιχορηγώ

Such|aktion *f* ανθρωποκυνηγητό; **~e** ⟨*0*⟩ *f* αναζήτηση; **auf der ~e nach** *D* σε αναζήτηση *G*; **auf die ~e gehen nach** *D* πηγαίνω σε αναζήτηση *G*

suchen *v/t* ζητώ, αναζητώ, γυρεύω; **~ nach** *D* ψάχνω για; **~, zu ...** ζητώ, γυρεύω να ...; **etw mit der Lupe ~** ψάχνω για κάτι με το φακό; **... haben hier nichts zu ~** (*sind überflüssig*) ... εδώ δεν έχουν δουλειά; **gesucht** επιτηδευμένος

Such|en *n* αναζήτηση; **~er** *m* (*Foto*) ερευνητής, σκόπευτρο, σκοπευτής

Sucht ⟨-; *⸚e*⟩ *f* μανία, *auch* έρωτας, έρως; *z. B.* **Ruhm-** μανία για δόξα

süchtig εξαρτημένος (από)

Süchtige(r) εξαρτημένος (από)

Suchwort *n EDV* λέξη ανεύρεσης, λέξη κλειδί

Sud ⟨*-ęs*; *-e*⟩ *m* αφέψημα *n*

Süd|- νότιος; **~a'merika** *n* Νότια Αμερική

Su'dan *m* Σουδάν *n*

Süddeutschland *n* Νότια Γερμανία

Sude'lei *f* μου(ν)τζούρωμα *n*

sudeln ⟨*-le*⟩ μου(ν)τζουρώνω

Süden ⟨*-s*; *0*⟩ *m* νότος, νοτιά

Su'detenland *n* Σουδητία

Südeu'ropa *n* Νότια Ευρώπη

südeuropäisch νοτιοευρωπαϊκός

Südfrüchte *f/pl* εσπεριδοειδή *n/pl*

S

Südländer *m* νότιος
süd|ländisch νότιος; **~lich** μεσημβρινός, νότιος; *adv* νότια; **~'östlich** νοτιοανατολικός
Süd|pol ⟨*-s*; *0*⟩ *m* νότιος πόλος; **~see** *f* Ειρηνικός Ωκεανός
süd|wärts προς νότον; **~'westlich** νοτιοδυτικός
Süd|'westwind *m* λίβας, νοτιοδυτικός άνεμος, γαρμπής; **~wind** *m* νοτιά, νοτιάς
Sues ['zu:ɛ(t)s] *n* Σουέζ *n*; **~kanal** *m* Διώρυγα του Σουέζ
Suff *m*: F ***im ~*** σε μέθη
Suf'fix ⟨*-es*; *-e*⟩ *n GR* πρόσφυμα *n*
sugge'rieren υποβάλλω (***j-m etw***/κπ σε ...)
Suggestion [-'tĭo:n] *f* υποβολή
sugges'tiv υποβλητικός
Sühne *f* εξιλασμός; τιμωρία; **~-** εξιλαστήριος; **~maßnahmen** *f/pl POL* κυρώσεις *f/pl*
sühnen αποκαθαίρω, εξαγνίζω
Suite ['svi:t(ə)] *f* (*Zimmer-*) σουίτα
Sultan ⟨*-s*; *-e*⟩ *m* σουλτάνος
Sulta'nine *f* σουλτανίνα
Sülze *f* πηχτή
Sum'mand ⟨*-en*⟩ *m MATH* προσθετέος
sum'marisch περιληπτικός; συνοπτικός
Summe *f* σύνολο; *MATH* άθροισμα *n*; ποσό
summen *Lied* σιγοτραγουδώ (-άς), σιγομουρμουρίζω; βομβώ; *bsd Insekten*: ζουζουνίζω; ***vor sich hin ~*** τερετίζω; *subst* βόμβος, ψίθυρος, βοή, βοητό
sum'mieren αθροίζω; σουμάρω; ***sich ~*** μαζεύομαι, πληθαίνω
Summton *m TEL* (συνεχής) βόμβος
Sumpf ⟨*-ẹs*; *⁼e*⟩ *m* βάλτος, έλος *n*, τέλμα *n*; *fig* βόρβορος; ***in e-n ~ verwandeln*** (απο)τελματώνω; **~fieber** *n* ελώδης πυρετός; **~gas** *n* ελώδες αέριο; **~hahnenfuß** *m BOT* βατράχι
sumpfig ελώδης, τελματώδης
Sund ⟨*-ẹs*; *-e*⟩ *m* πορθμός
Sünde *f* αμαρτία, κρίμα *n*; ***j-m s-e ~n vergeben*** συχωρώ (-άς) κπ
Sünden|bock *m* αποδιοπομπαίος τράγος; **~erlass** *m* σ(υ)χώριο, άφεση αμαρτιών
Sünder *m* αμαρτωλός, πταίστης
sünd|haft, ~ig αμαρτωλός; **~igen** αμαρταίνω, κολάζομαι; **~los** αναμάρτητος
super! F πρώτης!
Super ⟨*-s*; *0*⟩ *n* (*Benzin*) βενζίνη σούπερ
Superlativ ⟨*-s*; *-e*⟩ *m* υπερθετικός
Super|macht *f* υπερδύναμη; **~markt** *m* σουπερμάρκετ ⟨*0*⟩ *n*
supermo'dern υπερσύγχρονος
Suppe *f* σούπα
Suppen|grün *n* αρωματικά χόρτα *n/pl*; **~löffel** *m* κουτάλι σούπας; **~schüssel** *f* σουπιέρα; **~teller** *m* βαθύ πιάτο; **~würfel** *m* κύβος σούπας
Supple'ment ⟨*-ẹs*; *-e*⟩ *n* παράρτημα *n*
Supposi'torium ⟨*-s*; *-rien*⟩ *n MED* υπόθετο
Surfbrett [œ:] *n* σανίδα σερφ
surfen [œ:] κάνω σερφ; *subst* σερφ *n*
surren βουίζω
suspen'dier|en αναστέλλω; **~t** *REL* αργός
Suspen'dierung *f* αναστολή
süß [y:] ⟨*-er*; *-est-*⟩ γλυκός (-ιά), γλυκύς (*auch fig Schlaf*); *fig* ηδύς; ***~ werden*** γλυκαίνω
Süß|- *oft*: ηδυ-, γλυκο-; **~e** ⟨*0*⟩ *f* γλύκα
süßen ⟨*-t*⟩ γλυκαίνω
Süß|en *n* γλύκανση; **~holz** ⟨*-es*; *0*⟩ *n* γλυκόρριζα; **~igkeit** *f* γλύκυσμα *n*, γλυκό; ***~igkeiten*** *pl* ζαχαρωτά *n/pl*
süß|lich γλυκούτσικος; **~sauer** ξινόγλυκος
Süß|stoff *m* ζαχαρίνη; **~wasserfisch** *m* ψάρι των γλυκών νερών
Sweatshirt ['svɛtʃœ:(r)t] ⟨*-s*; *-s*⟩ *n* φούτερ ⟨*0*⟩ *n*, κολεγιακή
Swimmingpool [-pu:l] ⟨*-s*; *-s*⟩ *m* πισίνα
Sydney ['sɪdne:] *n* Σύδνεϋ *n*
Syllo'gismus ⟨*-*; *-men*⟩ *m* συλλογισμός
Symbi'ose *f* συμβίωση
Sym'bol ⟨*-s*; *-e*⟩ *n* σύμβολο
sym'bol|isch συμβολικός; **~i'sieren** συμβολίζω
Symbo'lis|mus ⟨*-*; *0*⟩ *m* συμβολισμός; **~t** ⟨*-en*⟩ *m* συμβολιστής
Symme'trie *f* συμμετρία
sym'metrisch συμμετρικός
Sympa'thie *f* συμπάθεια (***für*** *A*/προς *A*)
sym|'pathisch συμπαθητικός (*auch Nervensystem*); ***j-n ~pathisch finden*** συμπαθώ κπ; **~pathi'sieren** συμπαθώ (***mit j-m***/*A*)
Sympho'nie *f* → ***Sinfonie***
sym'phonisch συμφωνικός
Sym'posion ⟨*-s*; *-ien*⟩ *n* συμπόσιο
Sym'ptom ⟨*-s*; *-e*⟩ *n* σύμπτωμα *n*

S

symptomatisch 982

sympto'matisch συμπτωματικός
Syna'goge *f* συναγωγή
synchroni'sier|en [zynkro·-] συγχρονίζω, ντουμπλάρω; ***nicht ~t*** ασυγχρόνιστος
Synchro|ni'sierung *f* συγχρονισμός; (*Film*) μεταγλώττιση; **~'nismus** ⟨-; -*men*⟩ *m* συγχρονισμός
Syndi'kat ⟨-*ℯs*; -*e*⟩ *n* συνδικάτο
Syndikus ⟨-; -*sse oder* -*dizi*⟩ *m* σύνδικος
Syn'kope *f* GR, MUS συγκοπή
Sy'node *f* σύνοδος *f*
syno'nym συνώνυμος
Syno'nym ⟨-*s*; -*e*⟩ *n* συνώνυμο
syn'taktisch GR συντακτικός
Syntax ⟨*0*⟩ *f* σύνταξη, συντακτικό
Syn'these *f* CHEM, PHILOS σύνθεση
Synthesizer ['zʏntəsaizɐ] *m* συνθεσάιζερ ⟨*0*⟩ *n*
syn'thetisch συνθετικός; ***~e Stoffe*** *m/pl* συνθετικές ύλες *f/pl*
Syphilis ⟨*0*⟩ *f* σύφιλη
Syr|er *m* Σύρ(ι)ος; **~erin** *f* Σύρα; **~ien** [-ĭən] *n* Συρία
syrisch συριακός, σύριος
Sys'tem [-eːm] ⟨-*s*; -*e*⟩ *n* σύστημα *n*, καθεστώς (-ώτος) *n*; **~absturz** *m* EDV πέσιμο του συστήματος; **~analyse** *f* EDV ανάλυση συστήματος
Syste'matik *f* συστηματική
syste'mat|isch συστηματικός; **~i'sieren** συστηματοποιώ
Systemati'sierung *f* συστηματοποίηση
Sys'tem|datei *f* EDV αρχείο του συστήματος; **~fehler** *m* EDV λάθος *n oder* σφάλμα *n* του συστήματος; **~software** *f* EDV λογισμικό συστήματος
Sys'tole *f* MED, GR συστολή
Szene ['stseːnə] *f* σκηνή; → ***Milieu, Drogenszene***; **~'rie** *f* σκηνικά *n/pl*

T

T, t [teː] *neugr* Τ, τ [taf] *n*
Tabak ⟨-*s*; -*e*⟩ *m* καπνός; **~-** καπνικός; **~blatt** *n* καπνόφυλλο; **~bau** ⟨-*ℯs*; *0*⟩ *m* καπνοκαλλιέργεια; **~dose** *f* καπνοθήκη, ταμπακέρα; **~händler** *m* καπνέμπορος; **~industrie** *f* καπνοβιομηχανία; **~laden** *m* καπνοπωλείο
Tabaks|beutel *m* καπνοσακούλα; **~pfeife** *f* τσιμπούκι
Tabakwaren *f/pl* είδη *n/pl* καπνού
Ta'belle *f* πίνακας
tabel'larisch υπό μορφή πίνακα
Ta'blett ⟨-*s*; -*s*⟩ *n* δίσκος, χάπι
Ta'blette *f* δισκίο
ta'bu ταμπού
Ta'bu ⟨-*s*; -*s*⟩ *n* ταμπού ⟨*0*⟩ *n*
Tacho'meter *m, n* ταχύμετρο
Tadel *m* μομφή, ψόγος
tadel|los άμεμπτος, άψογος, ακατάκριτος; φίνος; *Person*: δεινός; (= „*wunderbar!*") ... θαύμα; **~n** ⟨-*le*⟩ μέμφομαι, ψέγω; **~nd** επιπληκτικός; **~ns-wert** αξιόμεμπτος
Tadler *m* επικριτής
Tafel *f* (*Tisch*) (μεγάλο) τραπέζι; (*Schalt-, Schul- usw*) πίνακας; (*Schokoladen-*) μπάρα; **~-** επιτραπέζιος
tafeln ⟨-*le*⟩ ευωχούμαι
täfeln ⟨-*le*⟩ σανιδώνω; *subst* σανίδωμα *n*
Täfelung *f* σανίδωμα *n*
Tafelwein *m* επιτραπέζιο κρασί
Taft ⟨-*ℯs*; -*e*⟩ *m* ταφτάς
Tag ⟨-*ℯs*; -*e*⟩ *m* ημέρα, μέρα; (*24 Stunden*) μερόνυχτο; ***in einem ~(e)*** σε μία μέρα; ***am ~e*** την ημέρα; ***eines ~es*** κάποια μέρα, καμμιά μέρα; ***eines schönen ~es*** ένα ωραίο πρωινό; ***dieser ~e*** αυτές τις μέρες; ***folgende(r) ~*** την επόμενη; ***am folgenden ~*** την επόμενη; ***jeden ~*** κάθε μέρα; ***den ganzen ~*** ολημέρα; ***am selben ~(e)*** την ίδια μέρα; ***am ~e (des Osterfestes)*** ανήμερα (το Πάσχα); ***in drei ~en*** αντιμεθαύριο; ***vor einigen ~en*** πριν λίγες μέρες ...; ***früh am ~e*** πρωί πρωί; ***~ für ~*** από μέρα σε μέρα; ***einen ~ um den anderen*** μέρα πάρα μέρα; ***~ und Nacht*** μέρα νύχτα, νυχθημερόν; ***guten ~!*** καλή μέρα (σας)!, καλημέρα!, χαίρετε!, γεια σας (σου); ***j-m e-n guten ~ wünschen*** καλημερίζω κπ; ***es wird ~***

T

ξημερώνει, φωτίζει; ***der ~ bricht an*** χαράζει; *v/i* ***an den ~ kommen*** βγαίνω στην επιφάνεια; *v/t* ***an den ~ legen*** επιδεικνύω

Tage|- ημερινός; **~bau** ⟨*-ęs; 0*⟩ *m TECH* υπαίθριος μεταλλευτική; **~buch** *n* καρνέ *n*, ημερολόγιο; **~gelder** *n/pl* οδοιπορικά *n/pl*

tagelang για ημέρες, μέρες μέρες

Tage|lohn *m* μεροδούλι, ημερομίσθιο; **~löhner** *m* μεροκαματιάρης

tag|en συνεδριάζω; **es ~t** (*oder* ***wird Tag***) ξημερώνει

Tages|- ημερήσιος, καθημερινός; **~anbruch** *m* ξημέρωμα *n*, χαραυγή; ***bei ~anbruch*** τα ξημερώματα; ***vor ~anbruch*** αχάραγα; **~ausflug** *m* ημερήσια εκδρομή; **~fahrt** *f* ημερήσια διαδρομή; **~gericht** *n* φαγητό ημέρας; **~karte** *f* ημερήσιο εισιτήριο; **~kurs** *m* (*e-r Aktie*) τρέχουσα αξία

Tageslicht ⟨*-ęs; 0*⟩ *n* φως *n* ημέρας (***bei ...***/σε ...); ***ans ~ kommen*** βγαίνω στην επιφάνεια

Tagesordnung *f* ημερήσια διάταξη; ***an der*** (***auf der***) ***~ sein, auf die ~ setzen, zur ~ übergehen*** είμαι ..., θέτω ..., μεταβαίνω (σε ημερήσια διάταξη)

Tages|presse ⟨*0*⟩ *f* ημερήσιος τύπος; **~ration** *f* σιτηρέσιο; **~verpflegung** *f* μεροφάι; **~zeit** *f* ώρα της ημέρας; **~zeitung** *f* καθημερινή εφημερίδα

tageweise με την ημέρα

Tagewerk *n* μεροκάματο

täglich ημερήσιος; καθημερινός; *adv* καθημέρα; ***das ~e Brot*** καθημερινό; ***unser ~es Brot ...*** (*Bibel*) τον άρτον ημών τον επιούσιον

Tagund'nachtgleiche *f* ισημερία

Tagung *f* συνεδρίαση, διάσκεψη

Tai'fun ⟨*-s; -e*⟩ *m* τυφώνας

Taille ['taljə] *f* μέση

tail'liert μεσάτος

Takelwerk ⟨*-ęs; 0*⟩ *n* ξάρτια *n/pl*, άρμενα *n/pl*

Takt ⟨*-ęs; -e*⟩ *m MUS* χρόνος, ρυθμός, μέτρο; (*Benehmen*) τακτ ⟨*0*⟩ *n*; **~gefühl** ⟨*-ęs; 0*⟩ *n* διακριτικότητα

Taktik *f* τακτική; **~er** *m* τακτικός

taktlos άτοπος; *Person*: αδιάκριτος

Taktlosigkeit *f* αδιακρισία, ατοπία

Takt|messer *m* μετρονόμος; **~stock** *m* μπαγκέτα, ρυθμική ράβδος; **~strich** *m MUS* διαστολή

taktvoll διακριτικός; με τακτ

Tal ⟨*-ęs; ⸚er*⟩ *n* κοιλάδα

Ta'lar ⟨*-s; -e*⟩ *m* ράσο

Ta'lent ⟨*-ęs; -e*⟩ *n* ταλέντο

talen'tiert ταλαντούχος

Taler *m* τάληρο

Talfahrt *f* κάθοδος *f*

Talg ⟨*-ęs; -e*⟩ *m* στέαρ (-ατος) *n*, ξύγκι, λίπος; **~-** στεατικός

talgig στεατώδης, λιπώδης

Talglicht *n* σπερματσέτο

Talisman ⟨*-s; -e*⟩ *m* φυλαχτάρι, χαϊμαλί

Talk ⟨*-ęs; 0*⟩ *m*, **~um** ⟨*-s; 0*⟩ *n* ταλκ ⟨*0*⟩ *n*

Talon [ta'lɔŋ] ⟨*-s; -s*⟩ *m* στέλεχος *n*

Talsperre *f* φράγμα *n*

talwärts κατηφορικά

Tama'rinde *f* ταμάρινδος, οξυφοίνικας

Tambour [-buːʀ] ⟨*-s; -e*⟩ *m* τυμπανιστής

Tamburin ⟨*-s; -e*⟩ *n* ντέφι

Tampon ⟨*-s; -s*⟩ *m MED* ταμπόν

Tand ⟨*-ęs; 0*⟩ *m* μπιχλιμπίδια *n/pl*

Tände'lei *f* χαριεντισμός

tändeln ⟨*-le*⟩ χαριεντίζομαι

Tang ⟨*-ęs; -e*⟩ *m* φύκια *n/pl*

Tan'gente *f MATH* εφαπτομένη

Tango ⟨*-s; -s*⟩ *m* ταγκό

Tank ⟨*-s; -s*⟩ *m* (*Behälter*) δεξαμενή; *Auto*: ρεζερβουάρ *n*, ντεπόζιτο; (*Kampfwagen*) άρμα *n* μάχης, τανκ *n*; **~anzeige** *f* ένδειξη ρεζερβουάρ

tanken παίρνω βενζίνα

Tank|er *m* πετρελαιοφόρο; **~stelle** *f* βενζινάδικο, πρατήριο βενζίνης; **~wagen** *m* βυτιοφόρο; **~wart** ⟨*-ęs; -e*⟩ *m* πρατηριούχος

Tanne *f* έλατο, ελάτη

Tannen|baum *m* πικέα, έλατο, ελάτη; **~wald** *m* ελατόδασος *n*; **~zapfen** *m* κουκουνάρα

Tante *f* θεία

Tante-Emma-Laden *m iron* μαγαζάκι της γειτονιάς, μπακάλικο

Tanti'eme *f* ποσοστό

Tanz ⟨*-es; ⸚e*⟩ *m* χορός; **~-** χορικός, χορευτικός; **~abend** *m* χοροεσπερίδα

Tanzdiele *f* ντάνσιγκ *n*, F πηδηχτάδικο

tanzen ⟨*-t*⟩ *auch fig* χορεύω; ***~ gehen*** πηγαίνω στο χορό; ***~ mit*** *D* χορεύω

Tanzen *n* χορός

Tänzer *m* χορευτής; **~in** *f* χορεύτρια

tänzerisch χορευτικός

T

Tanzgruppe 984

Tanz|gruppe *f* χορευτικό συγκρότημα *n*; **~kapelle** *f* ορχήστρα; **~lehrer** *m* χοροδιδάσκαλος; **~lokal** *n* ντάνσιγκ *n*; **~musik** *f* χορευτική μουσική; **~partner** *m* συγχορευτής; **~saal** *m* χοροστάσιο; **~schule** *f* χοροδιδασκαλείο; **~stunde** *f* μάθημα *n* χορού; **~vergnügen** *n* χορός

Ta'pete *f* τοιχόχαρτο, ταπετσαρία

tape'zieren ταπετσάρω

Tape'zier|er *m* ταπετσιέρης (-ηδες); **~ung** *f* ταπετσαρία

tapfer γενναίος, ανδρείος

Tapferkeit ⟨*0*⟩ *f* γενναιότητα, ανδρεία

tappen *v/i* ⟨*sn*⟩ πασπατεύω; *fig* ***im Dunkeln ~*** είμαι σε αβεβαιότητα

täppisch απόζερβος

Tara ⟨-; *-ren*⟩ *f* τάρα, απόβαρο

Ta'rif ⟨*-s*; *-e*⟩ *m* (*Zoll- usw*) ταρίφα, τιμολόγιο; **~autonomie** *f* συλλογική ανεξαρτησία; **~erhöhung** *f* αύξηση τιμολογίου; **~konflikt** *m* διαφωνία για συλλογικούς μισθούς

ta'riflich σύμφωνος με την ταρίφα; *Arbeitslohn usw* συλλογικός

Ta'rif|lohn *m* συλλογικός μισθός; **~partner** *m/pl* συμβαλλόμενοι συλλογικών διαπραγματεύσεων; **~verhandlung** *f* συλλογική διαπραγμάτευση; **~vertrag** *m* συλλογική σύμβαση

tarnen καμουφλάρω; *Gefühle auch* μουλώνω; ***getarnt*** καμουφλαρισμένος; ***sich ~*** καμουφλάρομαι

Tarnung *f* καμουφλάρισμα *n*

Tasche [a] *f* (*Jackett- usw*) τσέπη; (*Hand-*) τσάντα; ***aus meiner ~*** απ' το πορτοφόλι μου; ***etw in die ~ stecken*** τσεπώνω κτ; *fig* ***j-m das Geld aus der ~ ziehen*** αδειάζω τις τσέπες κπ *G*

Taschen|buch *n* βιβλίο τσέπης; **~dieb** *m* πορτοφολάς (-άδες); **~geld** *n* χαρτζιλίκι; **~kalender** *m* ατζέντα; **~lampe** *f* φακός, κλεφτοφάναρο; **~messer** *n* σουγιάς (-άδες); **~rechner** *m* υπολογιστής τσέπης, κομπιουτεράκι

Taschenspieler *m* ταχυδακτυλουργός; **~ei** [-'raɪ] *f* ταχυδακτυλουργία

Taschen|tuch *n* μαντήλι; **~uhr** *f* ρολόι *n* τσέπης; **~wörterbuch** *n* εγκόλπιο λεξικό

Tasse *f* φλιτζάνι

Tasta'tur *f* πληκτρολόγιο

tastbar χειροπιαστός, απτός

Taste *f* πλήκτρο

tasten ⟨*-e-*⟩ ψηλαφίζω; *subst* ψηλάφηση; **~d** ψηλαφητί

Tast|er *m* χειριστήριο; **~sinn** ⟨*-ℯs*; *0*⟩ *m* αφή

tat → ***tun***

Tat *f* πράξη; (*Schritt*) ενέργεια; διάβημα *n*; (*Leistung*) κατόρθωμα *n*; ***in der ~*** πράγματι; όντως; ***auf frischer ~*** επ' αυτοφώρω; ***auf frischer ~ ertappt*** αυτόφωρος; ***etw in die ~ umsetzen*** θέτω σε πράξη, προωθώ κτ στο στάδιο υλοποιήσεως; **~-** πραγματικός

Ta'tar ⟨*-en*⟩ *m* Τάταρος

Tat|bestand *m* πραγματικά περιστατικά *n/pl*; **~einheit** *f*: JUR **in ~einheit** κατά συρροή; **~en** *f/pl* έργα *n/pl*

Tatendrang *m* σφρίγος *n*

tatenlos αδρανής

Täter *m* δράστης, αυτουργός; **~schaft** ⟨*0*⟩ *f* αυτουργία

tätig ενεργός; (*durch die Tat*) *auch Reue*: έμπρακτος; ***~ sein*** ενεργώ, διενεργώ; *Institut*: λειτουργώ; *Person*: δρω (-ας); (*arbeiten*) εργάζομαι; **~en** *Zahlungen* διενεργώ

Tätigkeit *f* δράση, διενέργεια; *e-s Organs*: λειτουργία; *des Vulkans usw* ενέργεια; ***in ~*** σε ενέργεια, εν ενέργεια; *Lebenslauf*: ***bisherige ~*** προϋπηρεσία

Tätigkeits|bereich *m* σφαίρα δραστηριότητας; **~form** *f* GR ενεργητική φωνή

Tatkraft ⟨*0*⟩ *f* δραστηριότητα, ενεργητικότητα

tatkräftig ενεργητικός, δραστήριος

tätlich: ***~ werden gegen j-n*** έρχομαι στα χέρια με

Tatort ⟨*-ℯs*; *-e*⟩ *m* τόπος (εγκλήματος)

täto'wier|en διαστίζω, κάνω τατουάζ, στίζω; **~t** στικτός, διάστικτος

Täto'wierung *f* τατουάζ ⟨*0*⟩ *n*

Tatsache *f* γεγονός (-ότος) *n*, δεδομένο; ***vollendete ~*** τετελεσμένο γεγονός *n*; ***angesichts der ~, dass*** δεδομένου ότι; ***~ ist, dass ...*** το βέβαιο είναι ότι ...

tatsächlich πραγματικός, έμπρακτος; *adv auch* αλήθεια, πράγματι

tätscheln [ɛ] ⟨*-le*⟩ χαϊδεύω (***j-n***/κπ)

Tattergreis *m* γέρο κουνενές

Tatverdacht *m* υποψία (για)

Tatze *f* ZOOL μπροστινό πόδι; F *fig pers* βρομόχερο, χερούκλα

Tatzeit *f* ώρα του εγκλήματος

T

Tau[1] ⟨*-es; 0*⟩ *m* δροσιά, δρόσος *f*
Tau[2] ⟨*-es; -e*⟩ *n* παλαμάρι
Tau[3] *n griech. Buchstabe* Τ, τ
taub κουφός; *Nuss usw* κούφιος; *Glieder*: μουδιασμένος; ~ ***machen*** ξεκουφαίνω; μουδιάζω; ~ ***werden*** αποκουφαίνομαι; μουδιάζω; ***sich*** ~ ***stellen*** κωφεύω (***gegenüber*** *D*/σε)
Täubchen *n* πιτσούνι; περιστεράκι
Taube *f* περιστέρι, περιστερά
Tauben|- περιστερήσιος; **~haus** *n*, **~schlag** *m* περιστεριώνας
Taubheit ⟨*0*⟩ *f* κωφότητα, κουφαμάρα
taubstumm κωφάλαλος
tauchen *v/t* βουτώ (-άς), βυθίζω (***in*** *A*/σε); *v/i* ⟨*sn*⟩ βουτώ (-άς), καταδύομαι; *U-Boot*: βυθίζω
Tauch|en *n* κατάδυση, βύθιση, βούτηγμα *n*; **~er** *m* δύτης, βουτηχτής; **~er-anzug** *m* στολή κατάδυσης; **~flosse** *f* βατραχοπέδιλο; **~schule** *f* σχολή δυτών; **~sieder** *m* εμβαπτιστήρας
tau|en *v/i* ⟨*sn*⟩ λειώνω; ***es*** **~*t*** πέφτει δροσιά; *Schnee*: το χιόνι λειώνει
Tauf|becken *n* βαφτιστήριο, κολυμπήθρα; **~e** *f* βαφτίσια *n/pl*, βάφτισμα *n*
taufen βαφτίζω, βουτώ (-άς); ***auf e-n Namen*** ~ βγάζω κπ *A*, βαφτίζω κπ *A*, ονομάζω κπ *A*
Täuf|er *m* βαφτιστής; ***Johannes der ~er*** Ιωάννης ο Πρόδρομος (*oder* ο Βαφτιστής); **~ling** ⟨*-s; -e*⟩ *m* βαφτιστήρι (*f* -ήρα)
Tauf|kapelle *f* βαφτιστήριο; **~name** *m* βαφτιστικό όνομα *n*; **~pate** *m* νονός; **~patin** *f* νονά
tau-frisch *etwa*: φρεσκότατος; F *pers* ***nicht mehr*** ~ μισότριβος (-η)
Taufschein *m* βαφτιστικό
taugen αξίζω, *S und pers* F μολογάω; ~ ***für*** *A*, ***zu*** *D* κάνω για, χρησιμεύω για; ***gar nichts*** ~ είναι για πέταγμα
Taugenichts ⟨*-es; -e*⟩ *m* χαμένο κορμί
tauglich κατάλληλος; *MIL* ικανός (***zu*** *D*/για)
Tauglichkeit ⟨*0*⟩ *f* χρησιμότητα; *MIL* ικανότητα
Taumel ⟨*-s; 0*⟩ *m* οίστρος, (*auch Freuden-*) παραφορά
taumeln ⟨*-le; sn*⟩ παραπαίω; *auch fig* παραπέφτω (***vor*** *D*/από); (***daher***)~ περπατώ σαν καραβοτσακισμένος
Tausch ⟨*-es; -e*⟩ *m* αλλαγή; *HDL* ανταλλαγή; → ***Tauschhandel***
tauschen ανταλλάσσω, συναλλάσσω
täuschen πλανεύω, εξαπατώ, ξεγελώ; ***sich*** ~ γελιέμαι, ξεγελιέμαι; ***sich in j-m*** ~ πέφτω έξω στη γνώμη μου για κπ; **~d** *Ähnlichkeit usw* καταπληκτικός; **~*d ähnlich*** πανόμοιος, καταπληκτικά όμοιος
Tausch|geschäft *n* ανταλλακτικό εμπόριο; **~handel** *m* ανταλλακτικό εμπόριο, αντιπραγματισμός, τράμπα
Täuschung *f* (*Betrug*) εξαπάτηση; ξεγέλασμα *n*; (*Irrtum*) πλάνη; ***arglistige*** ~ δόλος
tausend χίλιοι; *beim Zählen*: χίλια; ***zwei~*** *usw* δύο χιλιάδες
Tausend ⟨*-s; -e*⟩ *n* χιλιάδα; **~*e von Menschen*** χιλιάδες άνθρωποι
tausend|er'lei χιλίων ειδών; **~fach** χιλιαπλάσιος
Tausend|füßler *m* σαρανταποδαρούσα, μυριάποδο; **~'jahrfeier** *f* χιλιετηρίδα
tausend|jährig χιλιετής, χιλιοχρονίτικος; **~mal** χιλιάκις; **~*mal so viel*** *oder* ***so groß*** χιλιαπλάσιος; **~st-** χιλιοστός
Tausendstel *n* χιλιοστημόριο; ***ein*** ~ ένα χιλιοστό
Tauwetter *n* ξεπάγωμα *n*
Tauziehen *n* διελκυστίνδα; *fig* μάχη (***wegen*** *G*/επί *G*; ***um*** *A*/*G*), διαξιφισμοί
Taverne [-'vɛʀ-] *f* ταβέρνα
Tax|a'meter *n*, *m* ταξίμετρο; **~ator** [-'ksaː-] ⟨*-s; -'toren*⟩ *m* εκτιμητής
Tax|e *f*, **~i** ⟨*-s; -s*⟩ *n* ταξί
ta'xieren εκτιμώ (-άς)
Taxi|fahrer *m* οδηγός ταξί; ταξιτζής (-ήδες); **~stand** *m* στάση ταξί
Teakholz ['tiːk-] *n* τηκ ⟨*0*⟩ *n*
Team [tiːm] ⟨*-s; -s*⟩ *n* ομάδα εργασίας; **~work** [-vœːk] ⟨*-s; 0*⟩ *n* ομαδική εργασία
Techn|ik *f* τεχνική; **~iker** *m* τεχνικός; τεχνίτης; μηχανικός
technisch τεχνικός
Techno|kra'tie ⟨*0*⟩ *f* τεχνοκρατία; **~'loge** ⟨*-n*⟩ *m* τεχνολόγος
Technolo'gie *f* τεχνολογία; **~park** *m* τεχνολογικό κέντρο; **~transfer** *m* μεταφορά τεχνολογίας
techno'logisch τεχνολογικός
Tee ⟨*-s; -s*⟩ *m* τσάι; *K* τέιον; **~beutel** *m* σακουλάκι τσαγιού; **~kanne** *f* τσαγιέρα; **~löffel** *m* κουταλάκι

T

Teer ⟨*-ɇs*; *-e*⟩ *m* κατράμι, πίσσα
teeren κατραμώνω, πισσώνω; *subst* κατράμωμα *n*
Teesieb *n* σουρωτήρι τσαγιού
Teheran *n* Τεχεράνη
Teich ⟨*-ɇs*; *-e*⟩ *m* λίμνη, λιμνούλα
Teig ⟨*-ɇs*; *-e*⟩ *m* ζυμάρι, ζύμη; **~waren** *f/pl* ζυμαρικά *n/pl*
Teil ⟨*-ɇs*; *-e*⟩ *m*, *n* μέρος *n*; (*Anteil*) μερίδιο; (*Stück*) μερτικό, τμήμα *n*; ***innere*(*r*)** ~ έσω *n/pl*; ***zu gleichen ~en*** ίσια, ισάκις; ***zum*** ~ εν μέρει; ***zum großen*** ~ κατά μεγάλο μέρος, κατά το πλείστον; ***unendlich kleine*(*r*)** ~ *MATH* απειροστημόριο
teilbar διαιρετός (***durch*** *A*/σε)
Teil|barkeit ⟨*0*⟩ *f* διαιρετότητα; **~beschäftigung** *f* μερική απασχόληση
Teilchen *n* μόριο; *PHYS* σωματίδιο
teilen μερίζω; ~ ***in*** *A* διαιρώ σε; μοιράζω σε; χωρίζω σε; (*Rechnen*) ~ ***durch*** *zehn usw* διαιρώ δια του *oder* σε; (*trennen*) διαχωρίζω; *Schmerz*, *Meinung usw* συμμερίζομαι *A*; ***sich*** ~ (*trennen*) διακλαδίζομαι; ***unter sich*** ~ μοιράζομαι; ***geteilt durch*** *zehn usw* δια *oder* προς; ***nicht geteilt*** αδιαίρετος; ***zu ~*(*d*)** διαιρετέος
Teiler *m* διαιρέτης
teilhaben* συμμετέχω (***an*** *D*/*G*)
Teilhaber *m* (συμ)μέτοχος; συνέταιρος, εταίρος; ***stille*(*r*)** ~ ετερόρρυθμος εταίρος
Teil|kaskoversicherung *f* ασφάλεια μερικής κάλυψης; **~lieferung** *f* δόση; **~nahme** ⟨*0*⟩ *f* (συμ)μετοχή; (*Mitgefühl*) συμπάθεια
teilnahmslos απράγμων (-ον); *MED* ληθαργικός
Teilnahmslosigkeit ⟨*0*⟩ *f* ληθαργία
teilnehmen*: ~ ***an*** *D* λαμβάνω μέρος σε, συμμετέχω σε *oder* *G*; ***an e-m Wettbewerb*** ~ διαγωνίζομαι; **~d** μέτοχος (***an*** *D*/*G*)
Teilnehmer *m* συμμέτοχος; (*Fernsprech-*) συνδρομητής; *an e-r Reise*: συμμετέχων (-οντος) *m* σε
teils εν μέρει; ~ ... ~ μια ... μια, το μεν ... το δε
Teilung *f* μερισμός; χωρισμός; *MATH* διαίρεση; *e-s Landes*: διχοτόμηση; (*Arbeits-*) καταμερισμός
teilweise μερικός; εν μέρει
Teil|zahlung *f* τμηματική πληρωμή; **~zeitbeschäftigung** *f* μερική απασχόληση
Teint [tɛ̃ː] ⟨*-s*; *-s*⟩ *m* χροιά
Telearbeit *f* τηλεργασία
Telefax *n* φαξ ⟨*0*⟩ *n*
Tele'fon ⟨*-s*; *-e*⟩ *n* τηλέφωνο; **~anruf** *m* χτύπημα *n* τηλεφώνου, τηλεφώνημα *n*; **~anschluss** *m* τηλεφωνική σύνδεση
Telefo'nat ⟨*-ɇs*; *-e*⟩ *n* τηλεφώνημα *n*
Tele'fon|buch *n* τηλεφωνικός κατάλογος; **~gespräch** *n* τηλεφώνημα *n*
telefo'nieren τηλεφωνώ (***mit*** *D*/*A*)
tele'fonisch τηλεφωνικός; *adv* τηλεφωνικώς, τηλεφωνικά, από το τηλέφωνο; ***~en Bescheid geben*** ειδοποιώ τηλεφωνικώς (***j-m***/κπ)
Telefo'nist ⟨*-en*⟩ *m* τηλεφωνητής; **~in** *f* τηλεφωνήτρια
Tele'fon|kabel *n* καλώδιο; **~karte** *f* τηλεκάρτα; **~marke** *f* τηλεφωνικό κέρμα; **~nummer** *f* αριθμός τηλεφώνου, F τηλέφωνο, *z.B.* ***51 18 12*** *sprich*: πέντε ένδεκα, οχτώ δώδεκα; **~überwachung** *f* παρακολούθηση τηλεφώνου; **~zelle** *f* τηλεφωνικός θάλαμος
Tele'graf ⟨*-en*⟩ *m* τηλέγραφος
Tele'grafen|amt *n* τηλεγραφείο; **~mast** *m* τηλεγραφόξυλο
Telegra'fie ⟨*0*⟩ *f* τηλεγραφία
telegra'fieren τηλεγραφώ
Tele'gramm ⟨*-s*; *-e*⟩ *n* τηλεγράφημα *n*; **~formular** *n* έντυπο τηλεγραφήματος
Tele|kommunikation *f* τηλεπικοινωνία; **~objektiv** *n* τηλεφακός; **~pa'thie** ⟨*0*⟩ *f* τηλεπάθεια
Tele'skop ⟨*-s*; *-e*⟩ *n* τηλεσκόπιο
Teller *m* πιάτο, πινάκιο; *MUS* τάσι; ***flache*(*r*)** ~ πιατέλα
Tempel *m* ναός
Tempera'ment ⟨*-ɇs*; *-e*⟩ *n* ιδιοσυγκρασία, ταμπεραμέντο
tempera'mentvoll θερμόαιμος
Tempera'tur *f* θερμοκρασία; **~schwankung** *f* θερμική διακύμανση; **~sturz** *m* μετάπτωση της θερμοκρασίας; **~wechsel** *m*: ***plötzliche*(*r*) ~wechsel** απότομη αλλαγή θερμοκρασίας
tempe'rier|en χλιαίνω; φέρνω σε σωστή θερμοκρασία; **~t** χλιαρός
Tempo ⟨*-s*; *-pi*⟩ *n* τέμπο, ρυθμός; *MUS* χρόνος; **~limit** *n* όριο ταχύτητας
tempo'ral χρονικός
Tempus ⟨*-*; *-pora*⟩ *n* *GR* χρόνος

Ten'denz *f* τάση (**zu** *D*/προς *A*)
tendenzi'ös σκόπιμος
ten'dieren τείνω (**zu** *D*/προς *A*)
Tenne *f* αλώνι
Tennis ⟨-; *0*⟩ *n* τένις ⟨*0*⟩ *n*; **~ spielen** παίζω τένις *oder* αντισφαίριση; **~ball** *m* μπαλάκι του τένις; **~platz** *m* γήπεδο τένις; **~schläger** *m* ρακέτα; **~spiel** *n* αντισφαίριση; **~spieler** *m* αντισφαιριστής, παίκτης τένις
Te'nor ⟨-*s*; *¨e*⟩ *m* τενόρος, οξύφωνος
Teppich ⟨-*s*; -*e*⟩ *m* χαλί, τάπητας; **~weber** *m* ταπητουργός
Ter'min ⟨-*s*; -*e*⟩ *m* διορία, προθεσμία; *JUR* δικάσιμος
Terminal ['tœ:(r)mınəl] ⟨-*s*; -*s*⟩ *n* *EDV* τερματικό
ter'mingerecht εμπρόθεσμος
Ter'minkalender *m* ημερολόγιο συναντήσεων
Terminolo'gie *f* ορολογία
termino'logisch ορολογικός
Terpen'tin ⟨-*s*; -*e*⟩ *n* τερεβινθίνη; **~öl** *n* νέφτι
Terrain [-'ʀɛ̃:, -'ʀɛŋ] ⟨-*s*; -*s*⟩ *n* έδαφος *n*; *fig* **das ~ sondieren** ερευνώ το έδαφος
Ter'rasse *f* ταράτσα, δώμα *n*
territori'al εδαφικός, χωρικός
Territori'algewässer *n*/*pl* χωρικά ύδατα *n*/*pl*
Terri'torium ⟨-*s*; -*rien*⟩ *n* χώρα
Terror ⟨-*s*; *0*⟩ *m* τρομοκρατία; **~-** τρομοκρατικός; **~akt** *m* τρομοκρατική πράξη
terrori'sieren τρομοκρατώ (**j-n mit** *D*/κπ με)
Terro'ris|mus ⟨-; *0*⟩ *m* τρομοκρατία; **~t** ⟨-*en*⟩ *m* τρομοκράτης
terro'ristisch τρομοκρατικός
Tertiär [-'tsĭɛ:ʀ] ⟨-*s*; *0*⟩ *n* τριτογενής αιώνας (*oder* περίδος *f*)
Terz *f* τρίτη
Ter'zett ⟨-*es*; -*e*⟩ *n* τριωδία
Test ⟨-*s*; -*s*⟩ *m* τεστ ⟨*0*⟩ *n*; **ein ~ wird gemacht** (**durchgeführt**) γίνεται τεστ
Testa'ment ⟨-*es*; -*e*⟩ *n* διαθήκη; **Altes** (**Neues**) **~** Παλαιά (Καινή) Διαθήκη; **sein ~ machen** κάνω τη διαθήκη μου
Testa'ments|eröffnung *f* άνοιγμα *n* διαθήκης; **~vollstrecker** *m* εκτελεστής διαθήκης
testen ⟨-*e*-⟩ δοκιμάζω, εξακριβώνω, κάνω τεστ ⟨*0*⟩ *n*
tes'tieren πιστοποιώ

Tetanus ['te:-] ⟨-; *0*⟩ *m* τέτανος
teuer ⟨-*rer*; -*erst*-⟩ (*auch lieb*) ακριβός; (*lieb*) αγαπητός, προσφιλής; **wie ~ ist ...?** πόσο (κάνει *oder* κοστίζει); **~st-** (*lieb*) φίλτατος; **teurer werden** ακριβαίνω
Teuerung *f* ακρίβεια
Teuerungsrate *f* δείκτης ακρίβειας
Teufel *m* διάβολος; **hol dich der ~!** να σε πάρει ο διάβολος!; **zum ~!** στο διάβολο!
teuflisch διαβολικός
Text ⟨-*es*; -*e*⟩ *m* κείμενο; **~buch** *n* λιμπρέτο; **~dichter** *m*, **~er** *m* στιχουργός
Tex'til|arbeiter *m* υφαντουργός; **~fabrik** *f* υφαντουργείο; **~ien** *pl* υφάσματα *n*/*pl*; **~industrie** *f* υφαντουργία
Textverarbeitung *f* *EDV* επεξεργασία κειμένου; **~s-system** *n* σύστημα *n* επεξεργασίας κειμένου
Thasos *n* (*Insel*) Θάσος *f*
The'ater *n* θέατρο; **~-** θεατρικός, σκηνικός; **~abonnement** *n* συνδρομή θεάτρου; **~aufführung** *f* θεατρική παράσταση; **~kasse** *f* ταμείο θεάτρου; **~kritiker** *m* θεατρικός κριτικός; **~stück** *n* θεατρικό έργο; **~unternehmer** *m* θεατρικός επιχειρηματίας
thea'tralisch θεατρικός
Theben *n* Θήβαι *f*/*pl*, Θήβα
Theke *f* μπάγκος
Thema ⟨-*s*; -*men*⟩ *n* θέμα *n* (*auch MUS*), υποκείμενο
the'matisch θεματικός
Themse *f* Τάμεσης
Theo|'loge ⟨-*n*⟩ *m* θεολόγος; **~lo'gie** *f* θεολογία
theo'logisch θεολογικός
Theo'retiker *m* θεωρητικός
theo'retisch θεωρητικός
Theo'rie *f* θεωρία
Thera *n* (*Insel*) Θήρα
Thera'peutik ⟨*0*⟩ *f* θεραπευτική
thera'peutisch θεραπευτικός
Thermo'meter *n* θερμόμετρο
Thermo'pylen *pl* (οι) Θερμοπύλες
Thermosflasche *f* θερμός
Thermo'stat ⟨-*en*⟩ *m* θερμοστάτης
These *f* θέση
The'ssalien *n* Θεσσαλία
Theta ⟨-*s*; -*s*⟩ *n* θήτα *n*, Θ, θ
Thra|ker *m* Θρακιώτης; **~kerin** *f* Θρακιώτισσα; **~zien** [-tsĭən] *n* Θράκη
thrazisch θρακικός

Thriller [θ-] *m* θρίλερ *n*
Throm'bose *f* θρόμβωση
Thron ⟨*-es*; *-e*⟩ *m* θρόνος; **~besteigung** *f* (η) άνοδος στο θρόνο
thronen είμαι καθισμένος, θρονιάζομαι
Thron|folger *m* διάδοχος; **~rede** *f* βασιλικός λόγος
Thunfisch *m* τόνος
Thüringen *n* Θουριγγία
Thymian ⟨*-s*; *-e*⟩ *m* θυμάρι
Ti'ara ⟨*-*; *-ren*⟩ *f* τιάρα
Tibet ['ti:bɛt] *n* Θιβέτ *n*
ti'betisch θιβετικός
Tick ⟨*-s*; *-s*⟩ *m* τικ ⟨*0*⟩ *n*
ticken κάνω τικ-τακ
Ticket ⟨*-s*; *-s*⟩ *n* εισιτήριο
tief *allg und fig* βαθύς; *Stimme*: βαρύς, χονδρός; *Farbe*: βαθυ-, *z.B.* **~blau** βαθυκύανος, βαθυγάλανος; *Verneigung*: εδαφιαίος; ***sehr*** **~** άπατος; ***~e Trauer*** βαρύ πένθος *n*; ***~er machen*** εκβαθύνω; ***~er werden*** βαθύνω; *Stimme*: χονδραίνω
Tief|bau ⟨*-es*; *0*⟩ *m* γεφυροδοποιία; **~bau-** υπόγειος; **~druck** *m* βαθυτυπία; *Wetter*: χαμηλή πίεση; **~druckgebiet** *n* ζώνη χαμηλών πιέσεων; **~e** *f* βάθος *n*, βαθύτητα, βυθός; **~ebene** *f* βαθύπεδο
Tiefenpsychologie *f* ψυχολογία του βάθους
Tiefgang *m*: ***~ haben*** *MAR* έχω βύθισμα, καλάρω
Tiefgarage *f* υπόγειο γκαράζ ⟨*0*⟩ *n*
tief|gekühlt υπερπαγωμένος, κατεψυγμένος; **~gründig** διανοητικός; **~kühlen** καταψύχω
Tief|kühlfach *n* θάλαμος καταψύξεως; **~kühlung** *f* κατάψυξη; **~see-** ... του βυθού; αβυσσαίος
tiefsinnig βαθύνους; μελαγχολικός
Tiefstand *m* (πιο) χαμηλό επίπεδο
Tiegel *m* χωνευτήρι
Tier ⟨*-es*; *-e*⟩ *n* ζώο, κτήνος; ***wilde(s)*** **~** θηρίο; *iron* ***hohe(s)*** **~** μεγαλόσχημος; **~arzt** *m* κτηνίατρος; **~bändiger** *m* θηριοδαμαστής; **~chen** *n* ζώδιο, ζούδι; **~fell** *n* μηλωτή; προβιά; **~freund** *m* ζωόφιλος; **~garten** *m* ζωολογικός κήπος
tierisch ζωικός, κτηνώδης; *Produkt* κτηνοτροφικός; ***~e Fette*** *n/pl* ζωικά λίπη *n/pl*
Tier|kreis *m* ζωδιακός κύκλος; **~kreiszeichen** *n* ζώδιο; **~kunde** ⟨*0*⟩ *f* ζωολογία; **~leben** *n* βίος των ζώων
tierlieb(end) φιλόζωος
Tier|quäler *m* βασανιστής ζώων; **~reich** ⟨*-es*; *0*⟩ *n* ζωικό βασίλειο; **~schutz** *m* προστασία των ζώων; **~seuche** *f* επιζωοτία; **~welt** ⟨*0*⟩ *f* ζωικός κόσμος
Tiger *m* τίγρης, *auch fig* καπλάνι; **~in** *f* τίγρη
Tigris *m* Τίγρης (-ητος)
Tilde *f spanisch*: τίλντε *f*; (*im Wörterbuch*) σημείο της επαναλήψεως
tilg|bar αποσβέσιμος; **~en** εξαφανίζω, εκπλύνω; *Schulden* αποσβήνω
Tilgung *f* απόσβεση
Tilgungs|- (*Anleihe*) χρεωλυτικός; **~quote** *f* χρεωλύσιο; **~rate** *f* τοκοχρεωλύσιο
Tink'tur *f* βάμμα *n*
Tinos *n* (*Insel*) Τήνος *f*
Tinte *f* μελάνι
Tinten|fass *n* καλαμάρι; **~fisch** *m* σουπιά, καλαμάρι; **~fleck** *m*, **~klecks** *m* μελανιά; **~stift** *m* μολύβι της κόπιας
Tipp ⟨*-s*; *-s*⟩ *m* οδηγία, συμβουλή; (*Toto*) πρόγνωση, προγνωστικά *n/pl*
tippen ψηλαφίζω (**an** *D/A*); *mit der Maschine*: δακτυλογραφώ; *im Toto*: πιάνω (*A/A*); F **~ auf** *A* (*vermuten*) υποθέτω *A* (*oder* ότι)
Tipp|en *n* δακτυλογραφία; **~fehler** *m* δακτυλογραφικό λάθος
Ti'rol *n* Τυρόλο
Tisch ⟨*-es*; *-e*⟩ *m* τραπέζι; ***runde(r)*** **~** ροτόντα; *fig POL* ***am runden*** **~** στρογγυλής τραπέζης; ***bei*** **~** στο τραπέζι; ***j-n zu ~ haben*** έχω ξένους; **~-** επιτραπέζιος; **~chen** *n* τραπεζάκι; **~decke** *f* τραπεζομάντηλο
Tischler *m* ξυλουργός, μαραγκός; **~-** ξυλουργικός; **~ei** [-'raɪ] *f* ξυλουργείο; ξυλουργική; **~handwerk** ⟨*-es*; *0*⟩ *n* ξυλουργική
Tisch|ordnung *f der Gäste*: τοποθέτηση των καλεσμένων; **~tennis** *n* πινγκ πονγκ *n*, επιτραπέζιο τένις *n*; **~tuch** *n* τραπεζομάντηλο; **~zeit** *f* ώρα του γεύματος
Ti'tan(e) ⟨*-en*⟩ *m* τιτάνας
Titel *m auch HDL*, *JUR* τίτλος; **~anwärter** *m* μνηστήρας για τον τίτλο; **~blatt** *n* προμετωπίδα; **~geschichte** *f* κύριο

T

θέμα, πρώτο θέμα; **~rolle** *f* *THEA* επώνυμος ήρωας (ηρωίδα); **~seite** *f* προμετωπίδα
Toast [to:st] ⟨*-ɇs*; *-e*⟩ *m* τοστ ⟨*0*⟩ *n*, φρυγανιά; πρόποση; ***auf j-n e-n ~ ausbringen*** πίνω στην υγεία κπ *G*; **~er** *m* φρυγανιέρα; **~schnitte** *f* φρυγανιά
toben μαίνομαι (*auch Schlacht*), φρενιάζω, λυσσάω; *subst* λύσσα, τρέλες *f*/*pl*; *des Meeres*: σάλος; **~d** λυσσαλέος
Tobe'rei *f* τρέλες *f*/*pl*
Tobsucht ⟨*0*⟩ *f* μανία, φρένιασμα *n*
tobsüchtig μανιακός
Tobsuchts-anfall *m* φρένιασμα *n*
Tochter ⟨-; ⸚⟩ *f* κόρη, θυγατέρα; ***einzige ~*** μοναχοκόρη; **~gesellschaft** *f* θυγατρική εταιρία
Tod ⟨*-ɇs*; *-e*⟩ *m* θάνατος; πεθαμός; *fig* (ο) Χάρος; ***dem ~e nahe*** ολιγοήμερος; *MED* ***zum ~e führen*** οδηγώ στο θάνατο; *~ D* (*dem Verräter*) θάνατος σε ...!
Todes|- επιθανάτιος; **~angst** *f* άγχος *n*, αγωνία; **~anzeige** *f* αγγελία θανάτου; **~fall** *m* θάνατος; **~fälle** *pl* θάνατοι *m*/*pl*; ***im ~fall*** σε περίπτωση θανάτου; **~kampf** *m* αγωνία θανάτου, ψυχομαχητό; **~kandidat** *m* μελλοθάνατος; **~stoß** *m* τελειωτικό κτύπημα *n*; ***j-m, e-r S den ~stoß versetzen*** δίνω σε κπ το τελειωτικό χτύπημα; **~strafe** *f* θανατική ποινή; **~tag** *m* ημέρα του θανάτου; **~urteil** *n* καταδίκη σε θάνατο
Todfeind *m* θανάσιμος εχθρός
tod'krank ετοιμοθάνατος
tödlich θανάσιμος; *MED* καίριος; *Unfall*: ***mit ~em Ausgang*** θανατηφόρος; *~ verletzen* θανάσιμα
tod'müde κατάκοπος
Toga ⟨-; *-gen*⟩ *f hist* τήβεννος *f*
Tohuwa'bohu ⟨*-s*; *-s*⟩ *n* χαλασμός κόσμου
toi: ***toi, toi*** (***toi***)***!*** χτύπα ξύλο!; φτου!
Toilette [to·a·'lɛtə] *f* τουαλέτα; (*WC*) τουαλέτα, καμπινές, αποχωρητήριο, μέρος *n*; τα τρια μηδενικά
Toi'letten|papier *n* χαρτί υγείας; **~seife** *f* μοσχοσάπουνο; **~tisch** *m* τουαλέτα
tole'rant *REL* ανεξίθρησκος; *allg* ανεκτικός
Tole'ranz *f REL* ανεξιθρησκεία; *allg und TECH* ανοχή, επιείκεια
toll ζουρλός, δαιμονισμένος, *z.B. Mädchen*: ... μούρλια; (*schön*) ***... ist ~*** είναι μούρλια; ***er sagte ein ~es Zeug, ~en Unsinn*** έλεγε κάτι ανοησίες
Toll|haus *n* τρελοκομείο; **~heit** *f* τρέλα; **~kirsche** *f* ευθάλεια, τρελόχορτο
tollkühn παράτολμος
Tollwut *f* λύσσα
tollwütig λυσσασμένος; ***~e(r) Hund*** λυσσασμένος σκύλος; ***~ werden*** λυσσάω
Tollwutstation *f* λυσσιατρείο
Tölpel *m* μπουνταλάς (-άδες), κωθώνι
To'mate *f* τομάτα, ντομάτα
To'maten|ketchup *m*, *n* κετσάπ ⟨*0*⟩ *n*; **~mark** *n* μπελντές; **~saft** *m* ντοματοχυμός, χυμός ντομάτας; **~salat** *m* σαλάτα τομάτες
Tombola ⟨-; *-s*⟩ *f* λαχειοφόρος αγορά
Tomo|'graph ⟨*-en*⟩ *m* τομογράφος; **~gra'phie** ⟨*0*⟩ *f* τομογραφία
Ton[1] ⟨*-ɇs*; *⸚e*⟩ *m allg* τόνος, ήχος; *MUS bsd* φωνή; ***den ~ angeben*** δεσπόζω
Ton[2] ⟨*-ɇs*; *-e*⟩ *m* (*Erde*) άργιλος *f*, πηλός
Tonabnehmer *m* πικάπ ⟨*0*⟩ *n*
tonangebend δεσπόζων (-ουσα, -ον)
Ton|art *f MUS* τονική; **~aufnahme** *f* φωνογράφηση, φωνοληψία; **~aufnahmegerät** *n* φωνογράφος
Tonband ⟨*-ɇs*; *⸚er*⟩ *n* μαγνητοταινία; **~aufnahme** *f* ηχογράφηση; **~gerät** *n* μαγνητόφωνο
Tondichter *m* συνθέτης, μουσουργός
tönen *v*/*t Haare* βάφω; *v*/*i* ηχώ; **~d** ηχηρός, κουδουνιστός
Toner *m* τόνερ ⟨*0*⟩ *n*
Tonerde *f* αργιλόχωμα *n*, πηλός
tönern πήλινος
Tonfall ⟨*-ɇs*; *0*⟩ *m* ρυθμός
Tonfilm *m* φωνοταινία
Tongefäß *n* πιθάρι
tonhaltig αργιλώδης
Tonikum ⟨*-s*; *-ka*⟩ *n* τονωτικό, δυναμωτικό
Ton|künstler *m* συνθέτης; **~leiter** *f* σκάλα, κλίμακα
tonlos άφθογγος, άτονος
Tonnage [tɔ'na:ʒə] *f* τονάζ ⟨*0*⟩ *n*, χωρητικότητα
Tonne *f* βαγένι, βαρέλι; *Maß*: τόνος; F (*Frau*) νταρτνάνα
Ton|setzer *m* μουσικοσυνθέτης; **~silbe** *f* τονισμένη συλλαβή
Ton'sur *f* κουρά
Tontopf *m* πιθάρι, κουρούπι

Tonus ⟨-; *0*⟩ *m MED* τόνος
Topf ⟨-*ẹs*; *⸗e*⟩ *m* (*Koch-*) χύτρα; (*Krug*) κουμάρι
Töpf|er *m* αγγειοπλάστης, πηλοπλάστης; **~e'rei** *f* πηλοπλαστική; αγγειοπλαστείο
topo'graphisch τοπογραφικός
Topp ⟨-*s*; -*s*⟩ *m MAR* επιστήλιο
topp! τόκα!
Tor[1] ⟨-*ẹs*; -*e*⟩ *n* πύλη; *Sport*: τέρμα *n*, γκολ ⟨*0*⟩ *n*; ***vor den ~en*** στα πρόθυρα *G*; ***ein ~ schießen*** βάζω γκολ, σουτάρω, σημειώνω τέρμα
Tor[2] ⟨-*en*⟩ *m lit* ανόητος, μωρός
Torf ⟨-*ẹs*; *0*⟩ *m* τύρφη, ποάνθρακας; **~boden** *m* τυρφώνας
Torheit *f* ζουρλαμάρα, ανοησία
Torhüter *m* → ***Torwart***
töricht *lit* μωρός, ανόητος
torkeln ⟨-*le*; *sn*⟩ τρικλίζω; **~d** τρικλός
Torlinie *f* γραμμή τέρματος
Tormann *m* → ***Torwart***
Tor'nister *m* τορβάς (-άδες); δισάκι
torpe'dieren *auch fig* τορπιλίζω
Tor'pedo ⟨-*s*; -*s*⟩ *m* τορπίλη; **~boot** *n* τορπιλικό
Torschütze *m* σκόρερ ⟨*0*⟩ *m*
Tor'sion *f PHYS* στρέψη
Torso ⟨-*s*; -*s*⟩ *m* απόσπασμα *n*
Torstand ⟨-*ẹs*; *0*⟩ *m* (*Punktzahl*) σκορ ⟨*0*⟩ *n*
Törtchen *n* ταρτελέτα
Torte *f* τούρτα, τάρτα
Torte'lett ⟨-*s*; -*s*⟩ *n* ταρτελέτα
Tor'tur *f* μαρτύριο, βάσανο
Torwart ⟨-*ẹs*; -*e*⟩ *m* τερματοφύλακας
tosen ⟨-*t*⟩ βογγώ (-άς)
Tosen *n des Meeres* βογγητό
tot *auch fig* νεκρός; *Kapital*: αδούλευτος, αχρησιμοποίητος; ***es ist ~*** (= *nichts los*) είναι νέκρα; ***~ umfallen*** μένω τέζα; ***auf der Stelle ~ sein*** μένω στον τόπο; ***~ geboren*** νεκρογενής; ***sich ~ stellen*** κάνω τον πεθαμένο
to'tal ολοκληρωτικός
To'tal|- (*-Finsternis*) ολικός; **~ausverkauf** *m* ξεπούλημα *n*
totali'tär ολοκληρωτικός
Totalita'rismus ⟨-; *0*⟩ *m* ολοκληρωτισμός
To'talschaden *m* ολοκληρωτική ζημιά
tot|arbeiten ⟨-*e*-⟩: ***sich ~arbeiten*** σπάζω στη δουλειά; **~ärgern** ⟨-*re*⟩ χολοσκάω; ***sich ~ärgern über*** *A* οργίζομαι
Tote(r) νεκρός, πεθαμένος
töten ⟨-*e*-⟩ θανατώνω, νεκρώνω, σκοτώνω; *subst* σκοτωμός
Totenbett *n* νεκροκρέβατο
toten'blass πελιδνός
Toten|gebet *n* τρισάγιο; **~gräber** *m* νεκροθάφτης; **~kopf** *m* νεκροκεφαλή; **~messe** *f* νεκρώσιμη ακολουθία; **~schein** *m* πιστοποιητικό θανάτου; **~stadt** *f* νεκρόπολη; **~stille** *f* σιγή θανάτου, νέκρα; ***es herrscht ~stille*** εδώ είναι νέκρα
Totgeburt *f* νεκροτόκιο
totlachen: *sich ~ über* *A* λύνομαι στα γέλια, καταγελώ με
Toto ⟨-*s*; -*s*⟩ *n in Griechenland*: προπό
Totschlag *m* φονικό; *JUR* αναίρεση, ανθρωποκτονία; ***e-n ~ begehen*** αναιρώ
tot|schlagen* σκοτώνω (στο ξύλο); *fig auch Zeit* σκοτώνω; **~schweigen*** παρασιωπώ (-άς)
Tötung *f* σκότωμα *n*, θανάτωμα *n*, νέκρωση
tou'pieren κάνω γκονφλάζ
Tour [uː] *f* γύρος; (*Ausflug*) εκδρομή, πεζοπορία; ***in e-r ~*** ολοένα, εξακολουθητικά
Tou'ris|mus [u·] ⟨-; *0*⟩ *m* τουρισμός; **~t** ⟨-*en*⟩ *m* τουρίστας, περιηγητής
Tou'risten|- τουριστικός; **~klasse** *f* τουριστική θέση; **~ort** *m* τουριστικό μέρος
Tou'ristik ⟨*0*⟩ *f* τουρισμός
tou'ristisch τουριστικός
Tour'nee [ʊ] *f* τουρνέ ⟨*0*⟩ *f*, περιοδεία; ***auf ~ gehen in*** *A*, ***nach*** *D* περιοδεύω σε
To'xin ⟨-*s*; -*e*⟩ *n* τοξίνη
Trab [-aː-] ⟨-*ẹs*; *0*⟩ *m* τροχασμός; ***j-n auf ~ bringen*** βάζω σε κίνηση
Tra'bant ⟨-*en*⟩ *m* δορυφόρος
traben ⟨*sn*⟩ τροχάζω
Tracht *f* στολή; (*National-*) εθνική ενδυμασία
trachten ⟨-*e*-⟩: ***~ nach*** *D* οργώ (-άς) προς *A*, πάω για (*bei pers N*); ***j-m nach dem Leben ~*** επιβουλεύομαι τη ζωή κπ *G*
Trachten|anzug *m* → ***Tracht***; **~gruppe** *f* ομάδα με τοπική ενδυμασία
trächtig έγκυος; ***~ sein*** *auch fig* εγκυμονώ
Trächtigkeit ⟨*0*⟩ *f* εγκυμοσύνη

Tradi'tion *f* παράδοση; **~a'lismus** ⟨*-; 0*⟩ *m* παραδοσιαρχία
traditio'nell παραδοσιακός
traf → ***treffen***
Tragbahre *f* φορείο
tragbar φορητός; *fig* υποφερτός
träge νωθρός, *auch PHYS* αδρανής
tragen* *v/t Last, Kleider, Namen* φέρνω; *Kleidung, Brille* φορώ; *Folgen* υφίσταμαι; (*stützen, halten*) βαστάω; ***nach oben ~*** ανεβάζω; ***zu viel ~*** παραφέρνω; *v/i Tier*: είμαι γκαστρωμένος; *Kleider*: ***sich gut ~*** βαστώ καλά; ***sich mit dem Gedanken ~*** έχω κατά διάνοια *oder* νου ...; *HDL die Kosten* ***werden von D ... getragen*** ... είναι σε βάρος *G*
Träger *m* φορέας (*auch e-r Krankheit*); (*Lasten-*) χαμάλης (-ηδες); *TECH* υποστήριγμα *n*, στυλοβάτης; **~lohn** *m* αχθοφορικά *n/pl*; **~rakete** *f* πύραυλος-φορέας
Tragetasche *f* σακούλα
tragfähig φορητός
Tragflächenboot *n* ιπτάμενο δελφίνι
Trägheit ⟨*0*⟩ *f* νωθρότητα; *auch PHYS* αδράνεια
Tragik ⟨*0*⟩ *f* τραγικότητα; **~er** *m* τραγωδός
tragi|'komisch κωμικοτραγικός; **~sch** τραγικός
Traglast *f* βάρος *n*
Tra'gödie [-diə] *f* τραγωδία
Trag|seil *n* στρόφος; **~weite** ⟨*0*⟩ *f* βεληνεκές *n*; *fig* έκταση, ολκή; ***von großer ~weite*** μεγάλης ολκής
Trainer [eː] *m* προπονητής
trai'nieren προπονώ
Training ⟨*-s; -s*⟩ *n* προπόνηση
Trainings|anzug *m* φόρμα; **~hose** *f* φόρμα (κάτω μέρος)
Trak'tat ⟨*-ęs; -e*⟩ *m, n* διατριβή
Traktor ⟨*-s; -'toren*⟩ *m* τρακτέρ ⟨*0*⟩ *n*; **~ist** [-'rɪst] ⟨*-en*⟩ *m* τρακτερίστας
trällern ⟨*-re*⟩ τερετίζω
Tram ⟨*-; -s*⟩ *f* → ***Straßenbahn***
trampeln ⟨*-le*⟩ χτυπώ (-άς); ***~ auf*** *A* τσαλαπατώ *A*; ***mit den Füßen ~*** ποδοβολώ; (*als Missbilligung*) ποδοκροτώ
trampen ['trɛm-] πηγαίνω με οτοστόπ
Trampo'lin ⟨*-s; -e*⟩ *n* βατήρας, τραμπολίνο
Tran ⟨*-ęs; -e*⟩ *m* ψαρόλαδο
tranchieren [trɑ̃ˈʃiːrən] διατέμνω
Träne *f* δάκρυ (-κρύου) *n*; ***in ~n ausbrechen*** βάζω τα κλάματα
tränen δακρύζω
Tränen|drüse *f* δακρυϊκός αδένας; **~gas** ⟨*-es; 0*⟩ *n* δακρυγόνο αέριο; **~sack** *m* δακρυϊκός ασκός
trank → ***trinken***
Trank ⟨*-ęs; ⸚e*⟩ *m* ποτό
Tränke *f* ποτίστρα
tränken ποτίζω; *subst* πότισμα *n*
Trans|- *oft*: μετα-; **~ak'tion** *f HDL* εργασία, αγοραπωλησία
trans|al'pin υπεράλπειος; **~at'lantisch** υπερατλαντικός
Trans'fer ⟨*-s; -s*⟩ *m* μεταφορά
Transfor|ma'tion *f ELEKTR* μετασχηματισμός; **~'mator** ⟨*-s; -'toren*⟩ *m ELEKTR* μετασχηματιστής; μετατροπέας
transfor'mieren *ELEKTR* μετασχηματίζω
Transfu'sion *f* (*Blut-*) μετάγγιση
Tran'sistor ⟨*-s; -'toren*⟩ *m* τρανζίστορ ⟨*0*⟩ *n*
Tran'sit ⟨*-s; -e*⟩ *m* διαμετακόμιση, τράνζιτο; ***im ~*** τράνζιτο; **~handel** *m* διαμετακομιστικό εμπόριο
transitiv *GR* μεταβατικός
Tran'sit|raum *m* χώρος τράνζιτ; **~reisende** *m/pl LUFTF* διερχόμενοι επιβάτες *m/pl*; **~visum** *n* βίζα διερχομένων
transkri'bieren μεταγράφω
Transkrip'tion *f* μεταγραφή
Trans|mi'ssion *f TECH* μετάδοση; **~pa'rent** ⟨*-ęs; -e*⟩ *n* στόρι; πανό
transpa'rent διαφανής
transpi'rieren εφιδρώνω; *subst* εφίδρωση
Transplanta'tion *f* μεταμόσχευση
transplan'tieren μεταμοσχεύω
Trans'port ⟨*-ęs; -e*⟩ *m* μεταφορά, μετακόμιση; **~-** μεταφορικός
transpor'tabel μεταφερτός
Trans'portflugzeug *n* μεταγωγικό αεροπλάνο
transpor'tier|bar μεταφερτός; **~en** μεταφέρω, μετάγω, μετακομίζω
Trans'port|kosten *pl* μεταφορικά *n/pl*; **~mittel** *n* μεταφορικό μέσο; **~unternehmen** *n* επιχείρηση μεταφορών; **~unternehmer** *m* μεταφορέας; **~wesen** ⟨*-s; 0*⟩ *n* μεταφορές *f/pl*
trans|si'birisch υπερσιβηρικός; **~zenden'tal** *PHILOS* υπερκόσμιος, υπερβατικός

T

Trapez [-ˈpeːts] ⟨*-es*; *-e*⟩ *n* τραπέζιο; **~künstler** *m* ακροβάτης
Traˈssa|nt ⟨*-en*⟩ *m* εκδότης συναλλαγματικής; **~t** ⟨*-en*⟩ *m* HDL αποδέκτης; αποδοχέας
Trasse *f* γραμμή, οδική αρτηρία
trat → ***treten***
Tratsch [aː] ⟨*-(e)s*; *0*⟩ *m* κουτσομπολιό
tratschen κουτσομπολεύω (***über*** *A*/*A*)
Tratte *f* τραβηκτική
Traube *f* βότρυς (-υος), τσαμπί; (*einzelne*) σταφύλι; ***saure*** ~ αγουρίδα
traubenförmig βοτρυοειδής
Trauben|krankheit ⟨*0*⟩ *f* ευλογιά, βλογιά; **~kur** *f* σταφυλοθεραπεία; **~zucker** *m* σταφυλοσάχαρο
trauen¹: ***j-m*** ~ πιστεύω κπ; ***j-m allzu sehr*** ~ παραπιστεύω κπ; ***j-n*** (***kirchlich***) ~ στεφανώνω; ***sich*** ~ ***lassen*** στεφανώνομαι
trauen²: ***sich*** ~ (*wagen*) τολμώ (-άς), κοτώ (-άς)
Trauer ⟨*0*⟩ *f* πένθος *n*, θλίψη; ~ ***tragen*** μαυροφορώ; **~anzeige** *f* αγγελία θανάτου; **~fall** *m* πένθος *n*; **~feier** *f* επικήδειος τελετή, επιμνημόσυνος τελετή; **~flor** *m* κρέπι; **~kleid** *n* πένθιμο φόρεμα *n*; **~kloß** *m*: ***wie ein ~kloß*** παραδαρμένος
trauern ⟨*-re*⟩ *v*/*i* πενθώ; ~ ***um*** *A* πικραίνομαι με, θρηνώ για; **~d** θλιμμένος; ***tief ~d*** βαρυπενθής
Trauer|spiel *n* τραγωδία; **~weide** *f* ιτέα η κλαίουσα
Traufe *f* υδρορροή
träufeln ⟨*-le*⟩ στάζω, ενσταλάζω (***in*** *A*/σε)
traulich *lit* οικείος, σπιτικός
Traum ⟨*-(e)s*; *⸚e*⟩ *m* όνειρο; ***im*** ~ κατ' όναρ; ***e-n*** ~ ***haben*** βλέπω όνειρο; ***nicht einmal im*** ~ ***...*** ούτε στον ύπνο μου δεν ...; **~-** ονειρώδης
Trauma ⟨*-s*; *-men*⟩ *n* ψυχικό τραύμα
trauˈmatisch τραυματικός
träum|en ονειρεύομαι (***von*** *D*/*A*); *fig* ονειροπολώ; ***mir ~t von*** *D* ονειρεύομαι *A*; ***mir ~te,*** (***dass***) είδα στον ύπνο, είδα όνειρο ότι
Träum|er *m* ονειροπόλος, φαντασιοκόπος; **~eˈrei** *f* ρεμβασμός, ονειροπόληση
träumerisch ρεμβώδης
traumhaft: ~ ***schön*** ονειρικός, ονειρώδης
traurig λυπημένος, θλιμμένος; (*betrübend*) λυπηρός, θλιβερός; ~ ***stimmen*** στενοχωρώ
Traurigkeit ⟨*0*⟩ *f* λύπη, θλίψη
Trau|ring *m* βέρα; **~schein** *m* πιστοποιητικό γάμου
Trauung *f* στεφάνωμα *n*, γάμος; ***standesamtliche*** ~ γάμος πολιτικός; ***kirchliche*** ~ γάμος θρησκευτικός
Trauzeug|e *m* κουμπάρος; **~in** *f* κουμπάρα
Treber *pl* στροφίλι, τσίπουρο
Trecker *m* τρακτέρ ⟨*0*⟩ *n*, ελκυστήρας
Treff ⟨*-s*; *-s*⟩ *n Kartenspiel*: σπαθί
treffen* *v*/*t* (*begegnen*) συναντώ (-άς); (*zufällig*) τυχαίνω; (*antreffen*) βρίσκω; *Zielscheibe* πετυχαίνω, επιτυχαίνω, ευστοχώ; *Kugel, Stein*: βρίσκω, χτυπώ (-άς), πλήττω, παίρνω (***j-n an*** *D*/κπ σε); *Tod*: πλήττω; (*kränken*) τσούζω; (*erraten*) μαντεύω; *Maßregeln* λαμβάνω; *Vorkehrungen* διατάζω; ~ ***auf*** *A* (*bei Ausgrabungen*) χτυπώ (-άς); PHYS προσπίπτω σε; ***getroffen werden am ... durch*** *A* βάλλομαι δια *G* σε; ***sich*** ~ συναντιέμαι, σμίγω; (*zufällig*) συντυχαίνω; ***es trifft sich, dass ...*** τυχαίνει να *oder* και; συμπίπτει; *subst* συνεστίαση; **~d** *Antwort*: αποστομωτικός; *Maßnahme*: ***zu ~d*** ληπτέος
Treffen *n* συνάντηση
Treffer *m* διάνα (*auch fig*); ***e-n*** ~ ***erzielen*** πετυχαίνω διάνα
trefflich *lit* έξοχος
Treffpunkt *m* εντευκτήριο, F στέκι
treffsicher ευθύβολος; ~ ***sein*** ευθυβολώ
Treffsicherheit ⟨*0*⟩ *f* ευθυβολία
Treibeis *n* πλεούμενος πάγος
treiben* *v*/*t* TECH κινώ, προωθώ; (*anspornen*) παρορμώ; *Hunger usw* ***j-n*** ~ ***zu*** *D* εξωθώ κπ σε; *Sport* κάνω; *Blüten* αναδίδω, πετώ (-άς); ***es zu weit*** ~ τα (το) παραξηλώνω, ξεκοντακιάζω; *Geschlechtsverkehr*: ***es mit*** *D* ~ το κάνω με; ***was treibst du?*** τι κάνεις; *v*/*i Schiff auf dem Meer*: επιπλέω, φέρομαι ακυβέρνητος; ***ans Ufer*** ~ ρίχνομαι στην όχθη
Treib|en *n* κίνηση; (*Benehmen*) συμπεριφορά; **~er** *m* ζευγάς; (*Jagd*) παγανιστής; **~haus** *n* σέρα, θερμοκήπιο; **~riemen** *m* ιμάντας; **~stoff** *m* καύσιμο; βενζίνη
Trema ⟨*-s*; *-s*⟩ *n* διαλυτικά *n*/*pl*

T

Trend ⟨*-s*; *-s*⟩ *m* τάση; (*Vorliebe*) προτίμηση

trenn|bar χωριστικός; **~en** (δια-) χωρίζω, αποχωρίζω, αποσπώ (-άς); *ELEKTR Gerät*: αποσυνδέω; **sich ~en** (απο)χωρίζομαι, λυτρώνομαι (**von** *D*/ από)

Trenn|linie *f* διαχωριστική γραμμή; **~punkte** *m*/*pl* διαλυτικά *n*/*pl*; **~schärfe** *f Radio*: επιλογική ικανότητα; **~ung** *f* διαχώριση, (απο)χωρισμός; διάζευξη; **~wand** *f* μεσότοιχο, διάφραγμα *n*

Treppe *f* σκάλα, κλίμακα

Treppen|absatz *m* κεφαλόσκαλο; **~geländer** *n* κάγκελο της σκάλας; **~haus** *n* κλιμακοστάσιο

Tre'sor ⟨*-s*; *-e*⟩ *m*, **~raum** *m Bank*: θησαυροφυλάκιο

Tresse *f* γαλόνι

Tretboot *n* ποδήλατο θαλάσσης

treten* *v*/*t* κλωτσώ (-άς), (ποδο)πατώ, λακτίζω (**j-n**/κπ; **auf** *A*/*A*); *fig Gesetz* **mit Füßen ~** καταπατώ; *v*/*i* ⟨*sn*⟩ *irgendwohin* πατώ; **~ in** *A* εισέρχομαι σε; **~ aus** *D*, **durch** *A* (= *quellen*) ξεμπουκάρω; **~ zwischen** *A* παρεμβαίνω σε; *fig aus dem Dienst* **~** εξέρχομαι *G*; **zu j-m ~** πλησιάζω κπ

Tret|en *n* πάτημα *n*; **~mühle** *f fig* μαγγανοπήγαδο

treu πιστός (*D*/σε), ακόλουθος (*D*/προς *A*); **~ bleiben** (παρα)μένω πιστός (*D*/ σε)

Treue ⟨*0*⟩ *f* πίστη, μπέσα; **eheliche ~** συζυγική πίστη; **auf Treu und Glauben** καλή τη πίστει

Treuhänder *m* εκδοχέας, κηδεμόνας; **~schaft** *f* κηδεμονία

treuherzig ντόμπρος, αφελής

Treuherzigkeit ⟨*0*⟩ *f* αφέλεια

treulos άπιστος

Treulosigkeit ⟨*0*⟩ *f* απιστία

Triangel *m MUS* σήμαντρο, τρίγωνο

Triathlon ⟨*-s*; *-s*⟩ *m*, *n* τρίαθλο

Tribu'nal ⟨*-s*;*-e*⟩ *n* δικαστήριο

Tri'büne *f* βήμα *n*, ικρίωμα *n*, εξέδρα

Tri'but ⟨*-ęs*; *-e*⟩ *m* φόρος, τέλη *n*/*pl*

tri'butpflichtig υποτελής

Trichter *m* χωνί, χουνί

Trick ⟨*-s*; *-s*⟩ *m* τρικ ⟨*0*⟩ *n*, μαραφέτι, κόλπο; **~track** ⟨*-s*; *-s*⟩ *n* τάβλι

trieb → ***treiben***

Trieb ⟨*-ęs*; *-e*⟩ *m des Menschen usw* ορμή, ένστικτο; *PSYCH* παρόρμηση; ροπή (**zu** *D*/προς *A*); *BOT* βλαστάρι, βλαστός, φύτρο; **~-** προωθητικός, ενστιγματικός; **~feder** *f* ελατήριο (*auch PSYCH*), κίνητρο; **~kraft** *f* κινητήρια δύναμη; **~wagen** *m* αυτοκινητάμαξα, ωτομοτρίς *n*; **~werk** *n* μηχανισμός; *LUFTF* σύστημα *n* προωθήσεως

trief|äugig τσιμπλιάρικος; **~en** κατασταλάζω; *fig* βρίθω (**von** *D*/*G*); **seine Nase ~t** είναι μυξιάρης (-α, -ικο)

Tri'est *n* Τεργέστη

Trift *f* βοσκή, βοσκοτόπι; *MAR* ρους

triftig πειστικός

Trigonome'trie ⟨*0*⟩ *f* τριγωνομετρία

trigono'metrisch τριγωνομετρικός

Triko'lore *f* τρίχρωμη σημαία

Trikot [-'ko:] ⟨*-s*; *-s*⟩ *n* πλεχτό, φανέλα

trillern ⟨*-re*⟩ τερετίζω; *subst* τερετισμός

Tri|lo'gie *f* τριλογία; **~'mester** *n* τριμηνία; **~ni'tät** ⟨*0*⟩ *f REL* τριάδα, τριάς *f*

trinkbar πόσιμος

trinken* (*auch ein Trinker sein*) πίνω; (*trunksüchtig sein*) μεθοκοπώ (-άς); **eins ~** το τραβώ; **j-m zu ~ geben** ποτίζω κπ; **auf die Gesundheit** *G* **~** προπίνω στην υγεία *G*

Trink|en *n* πιόσιμο (-ατος); **~er** *m* μπεκρής, φιλοπότης; **~e'rei** *f* πολυποσία; **~erin** *f* φιλοπότις (-ιδος) *f*; **~geld** *n* πουρμπουάρ *n*, φιλοδώρημα *n*; **~glas** *n* ποτήρι; **~halle** *f* αναψυκτήριο; **~kur** *f* ποτοθεραπεία; **~lied** *n* βακχικό άσμα *n*; **~spruch** *m* πρόποση

Trinkwasser ⟨*-s*; *0*⟩ *n* πόσιμο νερό; **~verunreinigung** *f* μόλυνση του πόσιμου νερού

Trio ⟨*-s*; *-s*⟩ *n* τριωδία, τριφωνία

trippeln ⟨*-le*; *sn*⟩ μικροβατώ

Tripper *m* βλεννόρροια

Triptik ⟨*-s*; *-s*⟩ *n* τρίπτυχο

Tritt ⟨*-ęs*; *-e*⟩ *m* βήμα *n*; πάτημα *n*; κλωτσιά; (*Spur*) ίχνος *n*; (*Leiter*) σκαλίτσα; **im ~** βάδην; *MIL* **ohne ~** οδοιπορικό βήμα *n*; **~brett** *n* βαθμίδα

Tri'umph ⟨*-ęs*; *-e*⟩ *m* θρίαμβος

trium'phal θριαμβευτικός

Trium'ph|ator ⟨*-s*; *-'toren*⟩ *m* θριαμβευτής; **~bogen** [-'υ-] *m* αψίδα του θριάμβου

trium'phieren θριαμβεύω; **~d** θριαμβευτικός, τροπαιοφόρος

Triumvi'rat ⟨*-ęs*; *-e*⟩ *n* τριανδρία

trivi'al τετριμμένος

trocken *auch fig* ξερός; στεγνός; *Brot*: σκέτος; **~ werden** ξεραίνομαι, στεγνώνω; *fig* ***auf dem Trockenen sitzen*** μένω στα κρύα του λουτρού

Trocken|- ξερός; ξηραντικός, στεγνωτικός; *BOT* ξερικός; **~apparat** *m* στεγνωτήρι; **~boden** *m für Früchte*: λιάστρα; *im Haus*: υπερώο; **~element** *n* ξηρό στοιχείο; **~haube** *f* σεσουάρ ⟨*0*⟩ *n*; **~heit** *f* ξηρασία, ανομβρία

trockenlegen αποξηραίνω

Trocken|legung *f* αποξήρανση; **~milch** *f* γάλα *n* σκόνη; **~mittel** *n* στεγνωτικό; **~rasierer** *m* ηλεκτρική μηχανή ξυρίσματος

trocknen ⟨*-e-*⟩ *v/t* (απο)ξηραίνω, στεγνώνω; *v/i* ⟨*sn*⟩ αποξηραίνομαι, στεγνώνω

Trock|nen *n* αποξήρανση; στέγνωμα *n*; λιάσιμο (-ατος); **~ner** *m* στεγνωτήρι

Trödel ⟨*-s*; *0*⟩ *m* παλιάτσες *f/pl*

Tröde'lei *f* βραδυπορία

Trödelmarkt *m* παλιατζίδικα *n/pl*

trödeln ⟨*-le*⟩ βραδυπορώ

Trödler *m* παλιατζής (-ήδες), κάπηλος

Trog ⟨*-es*; *¨e*⟩ *m* σκάφη

Troja *n* Τροία, Ίλιον; **~ner** [-'ja:-] *m* Τρώας, *pl* Τρώες

tro'janisch τρωικός; ***der Trojanische Krieg*** ο τρωικός πόλεμος; ***das Trojanische Pferd*** ο Δούρειος ίππος

Trommel *f* τύμπανο; (*kleine*) νταούλι; **~fell** *n* τυμπανικός υμένας, τύμπανο

trommeln ⟨*-le*⟩ τυμπανίζω

Tromm|eln *n* τυμπανισμός; **~ler** *m* τυμπανιστής

Trom'pete *f* σάλπιγγα, τρομπέτα

trom'peten ⟨*-e-*⟩ σαλπίζω

Trom'pete|nstoß *m* σάλπισμα *n*; **~r** *m* σαλπιστής

Tropen *pl* τροπικές χώρες *f/pl*; **~-** τροπικός

Tröpfchen *n* δάκρυ (-ύου)

tröpfeln ⟨*-le*⟩ στάζω, ενσταλάζω (***in*** *A*/σε); κατασταλάζω

tropfen [ɔ] *v/t* στάζω; *v/i* (απο)στάζω; *Hahn*: τρέχω, στάζω

Tropfen[1] *m* στάλα, σταλαγματιά, σταγόνα; *z.B. Wein*: κόμπος; *fig* ***ein ~ auf den heißen Stein*** σταγόνα στον ωκεανό

Tropfen[2] *n* στάξιμο (-ατος)

tropfen|d *Hahn*: που στάζει, τρέχει; ***nicht ~d*** *Kerze*: αμάλαγος; **~weise** στακτός, στάγδην

Tropfstein *m* σταλακτίτης; **~höhle** *f* καρστικό σπήλαιο

Tro'phäe *f* τρόπαιο

tropisch τροπικός

Tross [ɔ] ⟨*-es*; *-e*⟩ *m* *MIL* εφοδιοπομπή (τρόφιμων); *fig* ακολουθία

Trosse *f* γουμένα

Trost [o:] ⟨*-es*; *0*⟩ *m* παρηγοριά; ***nicht recht bei ~e sein*** δεν τ' άχω σωστά

trösten [ø:] ⟨*-e-*⟩ παρηγορώ; ***sich ~ mit*** *D* παρηγοριέμαι με

Tröster *m* παρηγορητής

tröstlich παρηγορητικός

trostlos *S* απελπιστικός, ζοφερός; ***es ist ~*** είναι απελπισία

Trostlosigkeit ⟨*0*⟩ *f* απελπισία, ζοφερότητα

Trostpreis *m* βραβείο παρηγοριάς

Trott ⟨*-es*; *0*⟩ *m* (*Pferd*) τροκ ⟨*0*⟩ *n*; (*Arbeit*) βιόλα; ***der gewohnte ~*** το ίδιο βιολί

Trottel *m* μπούφος, χάχας; ***alte(r) ~*** ξεμωραμένος

trottelhaft χαζός; ξεμωραμένος

trotz *präp G* παρά *A*; ***~ alledem*** παρ' όλα αυτά; ***~ allem*** μ' όλα ταύτα, μολαταύτα; ***~ des Regens*** παρά τη βροχή; ***~ der Tatsache, dass ...*** παρά το ότι ...

Trotz ⟨*-es*; *0*⟩ *m* πείσμα *n*, γινάτι; ***zum ~*** σε πείσμα

trotzdem εν τούτοις, μολαταύτα

trotz|en ⟨*-t*⟩ (*schmollen*) πεισματώνω *oder* πεισμώνω, κάνω μούτρα; *e-r Gefahr* (*D*) **~en** αντιμετωπίζω *A*; **~ig** πεισματικός; *Kind auch* σκληρός; ***~ig sein*** πεισματώνω

Trotzkopf *m* πεισματάρης

trübe θολός, θολερός, θαμπός; *Wein, Öl, Himmel auch* αλαγάριστος; ***~ werden*** *Himmel usw* θολώνω, βουρκώνω

Trubel ⟨*-s*; *0*⟩ *m* φασαρία, πανηγύρι

trüben θαμπώνω, θολώνω; ***sich ~*** θαμπώνω

Trüb|heit ⟨*0*⟩ *f* θολούρα, θολότητα; **~sal** ⟨*-*; *-e*⟩ *f* πίκρα, παράπονο; F ***~sal blasen*** πικροκαρδίζω

trübselig πικραντικός

Trübsinn ⟨*-es*; *0*⟩ *m* υποχονδρία, κατήφεια, κατσουφιά

trübsinnig κατσούφης (-α, -ικο), υποχόνδριος; ***~ werden*** κατσουφιάζω

Trübung *f* θολούρα, θαμπάδα

trudeln ⟨*-le*; *sn*⟩ περιδινούμαι; *subst* περιδίνηση
Trüffel *f* τρούφα, ύδνο
trug → ***tragen***
trüg|en* απατώ; ***der Schein ~t*** τα φαινόμενα απατούν; **~erisch** παραπλανητικός; *Hoffnung*: απατηλός; ***sich als ~erisch erweisen*** διαψεύδω *A*
Trugschluss *m* παραλογισμός, σόφισμα *n*
Truhe *f* σεντούκι, κασέλα
Trümmer *pl* ερείπια *n/pl*, χαλάσματα *n/pl*, ρεποθέμελα *n/pl*; ***in ~ gehen*** κατασυντρίβομαι; **~haufen** *m* σωρός ερειπίων
Trumpf ⟨*-ęs*; *⸚e*⟩ *m Spiel und fig* ατού ⟨*0*⟩ *n*, κόζι
trunken: *fig* ***~ sein vor*** *D* μεθάω από *A*
Trunken|bold ⟨*-ęs*; *-e*⟩ *m* κρασοκανάτας, μέθυσος, πολυπότης; **~heit** ⟨*0*⟩ *f* μέθη, οινοποσία
Trunksucht ⟨*0*⟩ *f* μεθύσι, μεθοκόπημα *n*
trunksüchtig μέθυσος; ***~ sein*** είμαι αλκοολικός
Trupp ⟨*-s*; *-s*⟩ *m* (*z.B. Aufräumungs-*) συνεργείο
Truppe *f* MIL ομάδα; **~n-gattung** *f* όπλο
Trust [a] ⟨*-ęs*; *-e oder -s*⟩ *m* τραστ ⟨*0*⟩ *n*
Trut|hahn *m* κούρκος, γάλλος; **~henne** *f* κούρκα, γαλλοπούλα
Tschech|e ⟨*-n*⟩ *m* Τσέχος; **~in** *f* Τσέχα
tschechisch τσεχικός; ***Tschechische Republik*** Τσεχία
Tschechoslowa'kei *f hist* Τσεχοσλοβακία
tschüs! για σου, για σας!
Tsetsefliege *f* τσε τσε ⟨*0*⟩ *n*
T-Shirt ['ti:ʃœ:(r)t] ⟨*-s*; *-s*⟩ *n* μακό
Tuba ⟨*-*; *-ben*⟩ *f* MUS τούμπα
Tube *f* σωληνάριο
Tu'berkel *m* φυμάτιο; **~-** φυματιώδης
tuberku'lös φυματικός
Tuberku'lose *f* φυματίωση
Tuch [u:] ⟨*-ęs*; *-e*⟩ *n* τσόχα; ⟨*pl ⸚er*⟩ (*Bett-*) οθόνη; **~-** τσόχινος
tüchtig *Person*: ικανός, δεινός; (*gewaltig*) φοβερός; *adv auch* (*ordentlich, sehr*) δυνατά, για καλά, με καλά
Tüchtigkeit ⟨*0*⟩ *f* δεινότητα, ικανότητα, αξιοσύνη
Tücke *f* υπουλότητα, πανουργία
tückisch ύπουλος, πανούργος
Tuff ⟨*-s*; *-e*⟩ *m*, **~stein** ⟨*-ęs*; *0*⟩ *m* τόφος, πουρί
tüfteln ⟨*-le*⟩ λεπτολογώ, ψιλολογώ (***an*** *D/A*)
Tugend *f* αρετή
Tüll ⟨*-s*; *-e*⟩ *m* τούλι
Tülle *f* ακροστόμιο
Tulpe *f* τουλίπα, λαλές (-έδες)
tummeln ⟨*-le*⟩: ***sich ~*** χοροπηδώ, αλωνίζω; (*sich beeilen*) σπεύδω
Tummelplatz *m* παιδότοπος; *fig* παλαίστρα
Tumor ⟨*-s*; *-e*(*n*)⟩ *m* όγκος
Tümpel *m* λιμνούλα
Tu'mult ⟨*-ęs*; *-e*⟩ *m* ανακατωσούρα, σάλος
tun* *allg*, *Pflicht* κάνω; ποιώ, πράττω; F (*stecken*) βάζω, εμβάλλω (***in*** *A*/σε); *Pflicht auch* επιτελώ; ***nichts ~*** χασομερώ (-άς); ***ich habe zu ~*** (= *arbeiten*) έχω δουλειά; ***viel zu ~ haben*** έχω πολλή δουλειά, έχω πολλές ασχολίες; ***es zu ~ haben mit ...*** έχω να κάνω με ...; ***das hat nichts zu ~ mit ...*** αυτό δεν έχει να κάνει με ...; ***sein Möglichstes ~*** βάζω τα δυνατά μου; ***so ~, als ob*** καμώνομαι πώς ..., κάνω πώς ...; ***es tut sich (et)was*** κάτι τρέχει; ***es ist mir darum zu ~, ...*** νοιάζει να ...
Tun *n* κάμωμα *n*
Tünche *f* σουβάς (-άδες), κονίαμα *n*; *fig* πασάλειμμα *n*
tünchen σο(υ)βατίζω; κονιώ (-άς), ασβεστώνω; *subst* ασβέστωμα *n*
Tundra ⟨*-*; *-dren*⟩ *f* τούνδρα
Tu'nesien [-ĭən] *n* Τυνησία
Tunika ⟨*-*; *-ken*⟩ *f* χιτώνας
Tunis *n* Τύνιδα, Τύνις (-ιδος) *f*
Tunke *f* σάλτσα
tunken *Brot* βουτώ (-άς) (***in*** *A*/σε)
Tunnel ⟨*-s*; *-*, *-s*⟩ *m* τούνελ ⟨*0*⟩ *n*
Tüpfel *m*, *n* βούλα; **~chen** *n* σημαδάκι
Tupfen *m* στίγμα *n*; *Stoff*: πουά *n*
tupfen στίζω
Tür *f* πόρτα, *K* θύρα; ***hinter verschlossenen ~en*** κεκλεισμένων των θυρών; **~angel** *f* ρεζές (-έδες), μεντεσές, στρόφιγγα
Turban ⟨*-s*; *-e*⟩ *m* σαρίκι
Tur'bine *f* τουρμπίνα, στρόβιλος
turbu'lent θυελλώδης
Tür|enschlagen *n* (*auch beim Auto*) χτύπημα *n* των θυρών; **~flügel** *m* πορτόφυλλο; **~füllung** *f* ταμπλάς
Türke ⟨*-n*⟩ *m* τούρκος

T

Türkei 996

Tür'kei *f* Τουρκία
Türkenherrschaft *f* τουρκοκρατία
Türkin *f* Τούρκισσα, Τούρκα, Τουρκάλα
Tür'kis ⟨*-es*; *-e*⟩ *m* γαλαζόπετρα
türkisch τουρκικός
Türklinke *f* πόμολο
Turk'mene ⟨*-n*⟩ *m* Τουρκμένος
Turm ⟨*-ęs*; *¨e*⟩ *m* πύργος
türmen ⟨*sn*⟩ (*weglaufen*) το σκάζω (**aus** *D*/από), κάνω μπραφ; **sich** ~ επισωρεύομαι
Turmfalke *m* πετροκιρκινέζι
turmhoch πυργωτός; *fig* **er ist ihm** ~ **überlegen** τον περνάει πόλλες σκάλες
turnen γυμνάζομαι
Turn|en *n* γυμναστική; **~er** *m* γυμναστής; **~halle** *f* γυμναστήριο
Tur'nier ⟨*-s*; *-e*⟩ *n* ιππομαχία
Turn|lehrer *m* γυμναστής; **~schuhe** *m/pl* αθλητικά παπούτσια *n/pl*; **~stunde** *f* μάθημα *n* γυμναστικής
Tür|öffnung *f* κούφωμα *n*; **~pfosten** *m* παραστάτης; **~rahmen** *m* περβάζι; **~riegel** *m* σίδερο της πόρτας; **~schloss** *n* κλειδαριά
Turteltaube *f* τρυγόνα
Tusche *f* σινική μελάνη
Tusche|'lei *f*, **~ln** *n* κρυφομίλημα *n*
tuscheln ⟨*-le*⟩ κρυφομιλώ (-άς)
Tuschkasten *m* κουτί χρωμάτων
Tüte *f* (χαρτο)σακούλα, χωνί
tuten ⟨*-e-*⟩ σφυρίζω
Typ ⟨*-s*; *-en*⟩ *m* τύπος; **~e** *f* TYP (*Schrift-*) στοιχείο, ψηφίο; (*Mensch*) τύπος
Typen|rad *n* ρόδα *oder* τροχός στοιχείων; **~reiniger** *m* καθαριστικό στοιχείων γραφομηχανής
Typhus ⟨*-*; *0*⟩ *m* τύφος; **~-** τυφικός; **~kranke(r)** τυφικός
typisch τυπικός; **~er Vertreter** αντιπροσωπευτικός τύπος
Typische(s) τυπικότητα
typo'graphisch τυπογραφικός
Ty'rann ⟨*-en*⟩ *m* τύραννος (*auch fig*); *fig* **kleine(r)** ~ τυραννίσκος; **~ei** [-'naɪ] ⟨*0*⟩ *f* τυραννία
ty'rann|isch τυραννικός; **~i'sieren** (κατα)τυραννώ

U

U, u [uː] *neugr* ου
U-Bahn *f* μετρό ⟨*0*⟩; **~hof** *m* σταθμός του μετρό; **~-Netz** *n* δίκτυο μετρό; **~-Strecke** *f* κλάδος του μετρό
übel *allg* κακός; (*unwohl*) αδιάθετος; **nicht** ~ καλούτσικος; **mir wird** ~ αναγουλιάζω, ανακατεύομαι, λιγώνω (**vor** *D*/από); **mir ist** ~ *mit aor* λίγωσα *usw*; είμαι (*oder* νοιώθω) άσχημα; ~ **dran sein** κακοπερνώ (-άς); ~ **nehmen** παρεξηγώ; **es** (**j-m**) ~ **nehmen** μου κακοφαίνεται; ~ **riechend** δύσοσμος, δυσώδης
Übel *n* κακό
Übelkeit *f* ναυτία, αναγούλα, λιγούρα
Übeltäter *m* κακοποιός
üben ασκώ (**mit j-m etw**/κπ - σε); (προ)γυμνάζω; **sich** ~ **in** *D* ασκούμαι σε; γυμνάζομαι
über *präp A* (*wohin?*) υπέρ *A*, άνω *G*, υπεράνω *G*; (ε)πάνω από; (*durch e-n Ort*) μέσω *G*; *D* (*wo?*) υπέρ *A*, υπεράνω *G*, επάνω από; *A* (*zeitlich, mehr als*) υπέρ *A*, άνω *G* (*z. B. 10 Grad*), επάνω από, (από ...) κι' επάνω, παραπάνω από; *A fig bei Verben usw* περί *G*, για; με; επί *G*; → **Verben**; από *G*; ~ (*A*) **... hin** ανά *A*; ~ (*A*) **... hinaus** πέρα *G*, πέρα από, περαιτέρω *G*; ~ **alles** υπέρ πάντων; ~ **fünfhundert** πάνω από πεντακόσιοι, άνω των πεντακοσίων; ~ **Rom** *reisen* μέσω Ρώμης; ~ **das Rundfunk- und Fernsehnetz** μέσω του δικτύου ραδιοφωνίας και τηλεοράσεως; **den Tag** ~ κατά την ημέρα
über- *Präfix* (*oft:*) υπερ-, μετα-
über'all παντού; **von ~ her** πανταχόθεν, από παντού
Überangebot *n* υπερπροσφορά
über'anstreng|en κατακουράζω (**j-n**/κπ); **sich ~en** κατακουράζομαι; **~t** κατακουρασμένος
Über'anstrengung *f* κόπωση, υπερκόπωση, υπερένταση
über'arbeiten ⟨*-e-*⟩ *v/t lit Werk usw*

U

997 **Übergabe**

ξαναδουλεύω, επεξεργάζομαι; **sich ~** καταπονιέμαι
Über'arbeitung *f* επεξεργασία; καταπόνηση
über|aus [-ˀaʊs] πάρα πολύ, άκρως; **~'backen*** ψήνω; *part* ... φούρνου
Überbau ⟨*-ẹs*; *-ten*; *PHILOS mst -e*⟩ *auch PHILOS* εποικοδόμημα *n*
über|'bauen εποικοδομώ; *subst* εποικοδόμηση; **~beanspruchen** υπερεντείνω; *Gerät* υπερφορτίζω
Überbeanspruchung *f* υπερένταση; υπερφόρτωση
Überbein *n* γάγγλιο
überbelasten ⟨*-e-*⟩ υπερφορτίζω
Überbelastung *f* υπερφόρτωση
überbelicht|en ⟨*-e-*⟩ υπερφωτίζω; **~et** υπερφωτισμένος
über'bieten* *bei Auktionen*: πλειοδοτώ, υπερθεματίζω (*auch fig an Lob usw*)
Über'biet|en *n* πλειοδοσία; **~er** *m* πλειοδότης; **~ung** *f* υπερθεμάτιση
überbleiben* υπολείπομαι
Überbleibsel *n* υπόλειμμα *n*
Überblick *m* ανασκόπηση; (*Presse-*) επισκόπηση (**über** *A*/*G*); **e-n ~ geben über** *A* ανασκοπώ *A*, επισκοπώ *A*
über|'blicken *Landschaft* αγκαλιάζω με το μάτι μου; *fig* βλέπω; **~'bringen*** *Brief* επιφέρω
Über'bringer *m HDL* επιφέρων (-οντος) *m* (*G*/*A*), εγχειριστής; **~scheck** *m* επιταγή στον κομιστή
über'brücken *auch fig z.B. e-e Kluft* γεφυρώνω
Über'brückung *f* γεφύρωση (*auch fig*); ζεύξη
über'dach|en επιστεγάζω; **~t** υπόστεγος
über|'dauern ⟨*-re*⟩ επιζώ; **~'denken*** επανεξετάζω; συλλογίζομαι
über'dies άλλωστε
Über|druck *m* υπέρταση; **~druss** ⟨*-es*; *0*⟩ *m* χορτασμός, κόρος
überdrüssig: e-r S (*G*) **~ werden** απαυδώ (-άς) από
überdurchschnittlich ανώτερος του μέσου όρου; *adv* πάνω απ' το μέσο όρο
über'eilen *v/t* παραβιάζω
überein'ander ο ένας επάνω στον άλλον; **~ schlagen** *Beine* σταυρώνω; **mit ~ geschlagenen Beinen** σταυροπόδι
über'einkommen* ⟨*sn*⟩ συμφωνώ (**mit** *D*/με)
Über'ein|kommen *n* συμφωνία; **~kunft** ⟨-; **~e**⟩ *f* σύμβαση, συμφωνία
über'einstimmen συμφωνώ (**darin, dass**/με ... ότι); **nicht ~** διαφωνώ, διίσταμαι (**mit** *D*/προς *A*); **~d** σύμφωνος
Über'einstimmung *f* συμφωνία; ταίριασμα *n*
überempfindlich υπερευαίσθητος
Überempfindlichkeit *f* υπερευαισθησία
Überernährung *f* υπερσιτισμός
über'essen*: **sich ~** τρώω τον περίδρομο
über'fahren* *Auto*: πατώ (**j-n**/κπ), καταπλακώνω; *fig* (*betrügen*) τυλίγω
Überfahrt *f* διάπλους (-ου), διαπόρθμευση
Überfall *m* αιφνιδιασμός; επιδρομή; **bewaffnete(r) ~ auf** *A* ένοπλη ληστεία σε βάρος *G*
über'fallen* *v/t* αιφνιδιάζω; *fig Furcht usw* (με) πιάνει; *passivisch*: καταλαμβάνομαι από ...
überfällig υπερήμερος, εκπρόθεσμος
über'fliegen* υπερίπταμαι (*A*/*G*), περιίπταμαι (*A*/*A*); *fig auch Buch* ξεφυλλίζω
über|fließen* ⟨*sn*⟩ ξεχειλίζω; **~'flügeln** ⟨*-le*⟩ *v/t* προσπερνώ (-άς)
Über'flügelung *f MIL* υπερφαλάγγιση
Überfluss ⟨*-es*; *0*⟩ *m* αφθονία, πληθώρα; **im ~** άφθονος; **~ haben an** *D* ευπορώ σε; **im ~ da sein** αφθονώ; **~gesellschaft** *f* κοινωνία της αφθονίας
überflüssig περιττός, παραπανήσιος; **~ sein** περισσεύω
über|'fluten ⟨*-e-*⟩ πλημμυρίζω; **~'fordern** ⟨*-re*⟩ κατακουράζω (**j-n**/κπ); **~'führen** *JUR* αποδεικνύω την ενοχή κάποιου
überführen μετάγω, διακομίζω; *Leiche* κομίζω; *subst* μεταγωγή
Über'führung *f* (*Brücke*) οδογέφυρα; διακομιδή; *e-r Leiche*: μεταγωγή; *JUR* απόδειξη της ενοχής
über'füll|en καργάρω; **~t** *Saal*: υπερπλήρης, καταγεμάτος
Über'füllung *f* απογέμιση
Überfunktion *f MED* υπερλειτουργία
Übergabe *f* παράδοση; *bsd JUR* εγχείρηση

U

Übergang *m* διάβαση; *fig* μετάβαση; **~s-periode** *f* μεταβατική περίοδος *f*
über'geben* *Haus, Geld usw* παραδίδω (*j-m*/σε κπ); *part* ~ παραδομένος; **sich** ~ (*erbrechen*) κάνω εμετό, ξερνώ (-άς)
übergehen* ⟨*sn*⟩: *fig* ~ **zu** + *inf* προχωρώ (-άς) να ...; ~ **zu** *D Handlungen* προβαίνω σε; *ins andere Lager* αποσκιρτώ (-άς) σε; *zu e-m Thema, zur Tagesordnung, auf die Erben* ~ μεταβαίνω σε; → **'überlaufen**; *Stützverb, z. B.* **in Fäulnis** ~ σήπομαι; **in Verwesung** ~ υφίσταμαι αποσύνθεση, αποσυντίθεμαι
über'gehen* *v/t etw, j-n* παραβλέπω, παραλείπω, αμελώ; αδιαφορώ για; **mit Schweigen** ~ παρέρχομαι σε σιγή
Über'gehung *f* παράλειψη; αμέλεια
Über|gepäck *n* επιπλέον αποσκευές *f/pl*; **~gewicht** ⟨*-es; 0*⟩ *n* επιπλέον βάρος; υπερίσχυση; επικράτηση
über'gießen* περιχύνω; *subst* επίχυση, περίχυμα *n*
überglücklich υπερευτυχής
übergreifen* μεταδίδομαι; εισβάλλω (**auf** *A*/σε)
Übergriff *m* υπερβασία, παραβίαση
Übergröße *f* υπερμέγεθος *n*
über'hand nehmen* παραγίνομαι
über'häuf|en παραφορτώνω; **j-n mit Bitten** *oder* **Forderungen ~en** παραφορτώνομαι σε κπ (**zu**/να); **mit Arbeit ~t sein** πνίγομαι στη δουλειά
über'haupt γενικά; καν; ~ **nicht** δεν ... καθόλου; *in der Frage*: άραγε
über'heblich υπεροπτικός, επηρμένος; ~ **sein** υπεραίρομαι
Über'heblichkeit *f* έπαρση, αλαζονεία
über|'heizen ⟨*-t*⟩ υπερθερμαίνω; *subst* υπερθέρμανση; **~'hitzen** ⟨*-t*⟩ καταφλέγω; → **überheizen**
Über'hitzung *f* κατάφλεξη
über'höht *z.B. Honorar*: υπέρογκος; **zu ~en Preisen** F με καπέλο
über'hol|en *v/t Auto*: προσπερνώ (-άς); (*übertreffen*) ξεπερνώ (-άς) (**in** *D*/σε); (*prüfen*) αναθεωρώ; (*reparieren*) επιδιορθώνω; *subst* ξεπέρασμα *n*; **~t** (*alt*) ξεπερασμένος; **es ist ~t** έχει πια ξεπεραστεί
Über'hol|spur *f* λωρίδα προσπέρασης; **~ung** *f im Verkehr*: προσπέραση; **~verbot** *n* απαγόρευση προσπέρασης
über'hören παρακούω, (τα) ακούω βερεσέ
überirdisch υπέργειος; υπερκόσμιος
über|kleben, ~'kleben κολλώ (-άς) απάνω
überkochen *Milch*: φουσκώνω
über|'kommen* *Gefühl*: πιάνω (**j-n**/κπ); **~'laden*** υπερφορτώνω, παραγεμίζω; **~'laden** *adj* παραφορτωμένος
Über|'ladung *f* υπερφόρτωση; **~landbus** *m* υπεραστικό λεωφορείο
über'lassen* αφήνω (**j-m etw**/κτ σε κπ), εγκαταλείπω; (*abtreten*) εκχωρώ
Über'lassung *f* εκχώρηση
über'last|en ⟨*-e-*⟩ *allg, auch* TECH παραφορτώνω; καταφορτώνω; *ELEKTR* (*Gerät*) υπερφορτώνω; **~et** παραφορτωμένος; **~et sein** επιβαρύνομαι (**mit** *D*/υπό *G*)
Über'lastung *f* υπερφόρτωση (**mit** *D*/με); ELEKTR, *des Telefonnetzes*: φόρτιση
überlaufen* ⟨*sn*⟩ *Wasser*: ξεχειλίζω; *zum Gegner*: αυτομολώ (**zu** *D*/σε); *subst* εκχείλιση; *MIL* αυτομόληση
über'laufen (= *sehr besucht*) πολυσύχναστος
Über|läufer *m* αυτόμολος; **~laufgerät** *n* (*Heizung*) ντεπόζιτο
über'leb|en *v/i* επιζώ, επιβιώνω; **j-n ~en** επιζώ μετά το θάνατο κάποιου; **~t** ξεπερασμένος
über'legen[1] αναλογίζομαι, σκέπτομαι; **sich** (*D*) **etw** ~ στοχάζομαι *A*; **etw vorher** ~ προμελετώ (-άς) κτ
über'legen[2] *adj* ανώτερος, ανώτατος (**an** *D*/κατά *A*); υπέρτερος (**an** *D*/σε); **j-m** ~ **sein** υπερτερώ συγκριτικά *oder* σε σχέση με κπ (*auch G*); F έχω κπ καβάλα; *S* διαφέρω (*D*/από)
Über'legenheit ⟨*0*⟩ *f* ανωτερότητα; υπεροχή; **zahlenmäßige** ~ αριθμητική υπεροχή
über'legt *z.B. handeln* μελετημένος
Über'legung *f* συλλογισμός, σκέψη, στόχαση; **reifliche** ~ σοβαρή μελέτη
über'lesen* *Fehler* παραβλέπω; *flüchtig*: επιτρέχω
über'liefer|n ⟨*-re*⟩ παραδίδω; **~t** πατρογονικός; **es ist ~t** παραδίδεται
Über'lieferung *f* παράδοση
über'listen ⟨*-e-*⟩ *v/t* πιάνω κορόιδο
Übermacht ⟨*0*⟩ *f* υπερίσχυση, υπεροχή
über|mächtig υπερέχων; **~'malen** *mit Farbe*: περνώ (-άς), επιχρωματίζω;

U

999 **überschwappen**

~'mannen *Wut*: παραπαίρνω; *Schlaf*: πιάνω, παίρνω

Übermaß ⟨*-es*; *0*⟩ *n* υπερβολικότητα

übermäßig υπερβολικός, υπέρμετρος; *bei Verben oft*: υπερ-; *Fettablagerung*: υπερτροφικός

übermenschlich υπεράνθρωπος

über'mitteln ⟨*-le*⟩ μεταδίδω (***j-m etw***/κτ σε κπ), κομίζω; *z. B. Auftrag* διαβιβάζω; *Dank* διαπέμπω (*D*/προς *A*)

Über'mittlung *f* μετάδοση; διαβίβαση

übermorg|en μεθαύριο; **~ig** μεθαυριανός

über'müdet καταπονημένος, ... πτώμα

Über|'müdung *f* καταπόνηση, υπερκόπωση; **~mut** *m* μπρίο; αποθράσυνση

übermütig δαιμονισμένος, ξέθαρρος; **~ *machen*** αποθρασύνω; **~ *werden*** αποθρασύνομαι

über'nachten ⟨*-e-*⟩ διανυκτερεύω

Über|'nachtung *f* διανυκτέρευση; **~nahme** *f* αναδοχή; *e-s Amtes*: ανάληψη

über|national υπερεθνικός; **~natürlich** υπερφυσικός

über'nehmen* *v/t Verpflichtung*, *Leitung* αναλαμβάνω; *Durchführung auch* αναδέχομαι, παίρνω απάνω μου; ***sich*** (*A*) **~ *bei*** (*D*) (*allg*, *auch finanziell*) ξανοίγομαι σε

überordnen ⟨*-e-*⟩ προτάσσω

überparteilich υπερκομματικός

Überproduktion *f* υπερπαραγωγή

über'prüfen αναθεωρώ, ξανακρίνω; αναψηλαφώ

Über'prüfung *f* αναθεώρηση; *bsd der Arbeit*: επανεξέταση

über|quellen* είμαι ξέχειλος (***vor*** *D*/από); **~'queren** περνώ (-άς); *See auch* διασχίζω

Über'querung *f* πέρασμα *n*, διάσχιση, διάβαση

über'ragen υπερβαίνω (***j-n***/κπ), υπερέχω (***j-n um*** *A*, ***an*** *D*/*G* κατά *A* σε)

über'rasch|en ξαφνιάζω, αιφνιδιάζω, εκπλήττω; πλακώνω; *z.B. j-n mit Forderungen* ξεφουρνίζω κτ σε κπ; **~end** αιφνιδιαστικός; *Idee*: απροσδόκητος; *antreffen*: αιφνιδιαστικά; **~t** *auch* έκπληκτος; **~t *werden,*** *z. B. von der Nacht*, *vom Regen* (με) παίρνει ...

Über'raschung *f* έκπληξη, αιφνιδιασμός, ξάφνισμα *n*; (*unangenehme*) ξαφνικό; **~s-** (*-Angriff*) αιφνιδιαστικός

über|'reden ⟨*-e-*⟩ τουμπάρω (***j-n***/κπ), πείθω; F ψήνω; **~regional** υπερτοπικός; **~'reichen** επιδίδω (***j-m***/σε κπ)

Über'reichung *f* παράδοση, επίδοση

überreif *BOT* παραγινομένος; **~ *werden*** παραγίνομαι

über'reizt υπερερεθισμένος

über'rennen* σαρώνω

Überrest *m* απομεινάρι; *Essen*: αποφάγια *n/pl*

über'rumpeln ⟨*-le*⟩ καταλαμβάνω εξαπίνης, αιφνιδιάζω

Über'rumpelung *f* ξαφνικό

über'runden ⟨*-e-*⟩ F (*übertreffen*) τρώω (***in*** *D*/σε)

Überschall- υπερηχητικός

über'schatten ⟨*-e-*⟩ επισκιάζω; *fig* ρίχνω σκια σε, θολώνω

über'schätzen ⟨*-t*⟩ *Kräfte* υπερτιμώ (-άς); ***sich*** **~** μεγαλοπιάνομαι

Über'schätzung *f* υπερτίμηση

über|'schauen *v/t* αγκαλιάζω με το μάτι μου; *fig* βλέπω; **~schäumen** υπερχειλίζω, κατακλύζομαι (***vor*** *D*/από)

Überschlag *m HDL* (προσωρινός) υπολογισμός

über'schlagen* υπολογίζω; *Seite* πηδώ (-άς); ***sich*** **~** γυρίζω ανάποδα; τουμπάρω; *Gerüchte*: οργιάζω

überschnappen ⟨*sn*⟩ F παλαβώνω

über'schneiden*: ***sich*** **~** διασταυρώνομαι

über'schreiben* *Vermögen* περνώ (-άς), μεταγράφω

Über'schreibung *f JUR* μεταγραφή

über'schreiten* διαβαίνω; *Grenze* διέρχομαι; *Grenze*, *Alter* υπερβαίνω; *fig* ***die Grenzen*** **~** ξεπερνώ (-άς) τα όρια; *subst* διάβαση; **~d** υπερβατικός

Über|'schreitung *f* υπερβασία; *JUR*, *fig* υπέρβαση; **~schrift** *f* επιγραφή, επικεφαλίδα; **~schuh** *m* γαλότσα; **~schuss** *m* περίσσευμα *n*, πλεόνασμα *n*; *HDL* υπόλοιπο

überschüssig υπολειπόμενος

über'schütten ⟨*-e-*⟩: ***j-n mit etw*** (*D*) **~** κατακλύζω κπ με κτ

überschwänglich διαχυτικός, διθυραμβικός

Überschwänglichkeit *f* διαχυτικότητα

überschwappen ⟨*sn*⟩ ξεχειλίζω

U

über'schwemm|en *v/t* πλημμυρίζω (*auch fig*); **~t werden von** (*D*) *auch fig* πλημμυρίζω από

Über'schwemmung *f* πλημμύρισμα *n*, πλημμύρα

Übersee- υπερωκεάνειος, υπερατλαντικός

überseeisch υπερπόντιος

über|'sehen* *Fehler* παραβλέπω; *Landschaft* αγκαλιάζω με το μάτι μου; (*erkennen*) βλέπω (*oder* αντιλαμβάνω) τον όγκο *G*; **~'senden*** αποστέλλω; διαβιβάζω (**j-m etw**/κτ σε κπ)

übersetzen ⟨*-t*⟩ περνώ (-άς) απέναντι; *subst* πέρασμα *n*

über'setzen ⟨*-t*⟩: **aus dem ... ins ... ~** μεταφράζω από τα ... στα ...

Über'setz|er *m* μεταφραστής; **~ung** *f* μετάφραση; *TECH* μετάδοση

Über'setzungs|- μεταφραστικός; **~aufgabe** *f* θέμα *n*; **~gebühren** *f/pl* μεταφραστικά *n/pl*

Übersicht *f* σύνοψη, ανακεφαλαίωση, περίληψη

übersichtlich συνοπτικός

Übersicht|lichkeit ⟨*0*⟩ *f* συνοπτικότητα; **~s-** συνοπτικός

übersiedeln ⟨*-le*; *sn*⟩ μετοικώ

Übersied(e)lung *f* μετοίκηση, αποίκηση

übersinnlich μεταφυσικός

über'spann|en παρατραβώ (-άς); παρατεντώνω (*auch fig*); **~t** *fig* εκκεντρικός

Über'spanntheit *f* εκκεντρικότητα

über|'springen* *v/t* (υπερ)πηδώ (-άς); *Wort* παρατρέχω; *subst* υπερπήδηση; **~staatlich** υπερκρατικός; **~'standen** *Krise, Gefahr*: **... ist ~** παρήλθε ...; **~'stehen*** υποφέρω, περνώ (-άς); → ***überstanden***

über'steig|en* *Betrag usw* υπερβαίνω; **... ~t meine Kräfte** ... υπερβαίνει τις δυνάμεις μου

über|'stimmen νικώ δια πλειοψηφίας (**j-n**/κπ); **~streichen*** πασαλείβω; *subst* πασάλειμμα *n*

überströmen ⟨*sn*⟩ υπερχειλίζω

Überstrumpf *m* περικνημίδα

Überstunde *f* υπερωρία; **~n** *pl* υπερωριακή εργασία; **~n-zuschlag** *m* επίδομα *n* υπερωριακής εργασίας

über'stürz|en ⟨*-t*⟩ επισπεύδω; ***sich*** **~en** έχω φούριες; *Ereignisse*: συνεχίζομαι μάνι-μάνι; **~t** μάνι-μάνι

Über'stürzung *f* επίσπευση, φούρια; ***ohne*** **~** με την ησυχία μου, χωρίς φούριες

über'tönen σκεπάζω (τον ήχο)

Übertrag ⟨*-es*; *⸚e*⟩ *m HDL* μεταφορά

über'trag|bar μεταφερτός, εμπορεύσιμος; μεταδόσιμος; *JUR* **nicht ~bar** αμεταβίβαστος; **~en*** *HDL, ELEKTR* μεταφέρω; **j-m etw ~en** εκχωρώ κτ σε κπ; *Amt* αναθέτω κτ σε κπ; *JUR Recht* μεταβιβάζω, μεταγράφω; *Bilder* διαβιβάζω; *Radio*: μεταδίδω; **~en** *adj* (*bildlich*) μεταφορικός

Über'tragung *f* (*Radio, Krankheit, des Schalls*) μετάδοση; *JUR* μεταβίβαση, εκχώρηση

über'treffen* *v/t* υπερβαίνω (**an** *D*/σε); ξερπερνώ (**j-n in, an** *D*/κπ σε); *Erwartungen* υπερβαίνω; **sich selbst ~** ξεπερνώ τον εαυτό μου

über'treiben* υπερβάλλω, μεγαλοποιώ

Über'treibung *f* υπερβολή, μεγαλοποίηση

übertreten* ⟨*sn*⟩ *Fluss*: υπερχειλίζω; *REL* αλλαξοπιστώ; **~ zu** *D* μεταπηδώ (-άς), μεθίσταμαι σε

über'treten* *Gesetz* παραβαίνω

Über'tret|er *m* παραβάτης; **~ung** *f JUR* πταίσμα *n*, παράβαση

über'trieben υπερβολικός; *adv auch* καθ' υπερβολήν

Übertritt *m* μετάσταση (**zu** *D*/σε); *REL* αλλαξοπιστία

über|'trumpfen *v/t* υπερτερώ, υποσκελίζω; **~'völkert** υπερκατοικημένος; **~voll** κατάμεστος; **~'vorteilen** καλουπώνω; πουλώ (-άς) με καπέλο; **~'wachen** *v/t* επιβλέπω (**j-n**/κπ); *TEL* παγιδεύω, παρακολουθώ

Über'wachung *f* επίβλεψη; *TEL* παρακολούθηση

über'wältig|en *v/t* κατανικώ (-άς), υπερισχύω (*A/G*); **~end** θεαματικός, καταπληκτικός; **~t:** (*Stimmung*) **~t sein von** *D* κυριεύομαι από

Über'wältigung *f* κατανίκηση

über|wechseln ⟨*-le*; *sn*⟩ μεταπηδώ (-άς), αποσκιρτώ (-άς) (**zu** *D*/σε); *subst* μεταπήδηση; **~'weisen*** *HDL* εμβάζω; *Arzt*: παραπέμπω

Über'weisung *f* έμβασμα *n*; *MED* παραπομπή; **~s-formular** *n* έντυπο εμβάσματος

über'wiegen* επικρατώ; *subst* επι-

κράτηση; **~d** επικρατέστερος; *adv* τα μέγιστα
über'wiesen *HDL* εμβασθείς (-έντος); → ***überweisen***
über'wind|bar ευκατανίκητος; **~en*** *Schwierigkeiten usw* κατανικώ (-άς); υπερβαίνω, ξεπερνώ (-άς); *Hindernis* υπερπηδώ (-άς)
Über'windung *f* ξεπέρασμα *n*, υπερνίκηση, υπερπήδηση
über'wintern ⟨*-re*⟩ ξεχειμωνιάζω
Über'winterung *f* ξεχειμώνιασμα *n*
Überzahl ⟨*0*⟩ *f* πλειονότητα; ***in der ~ sein*** πλεονάζω
über|zählig υπεράριθμος; **~'zeichnen** ⟨*-e-*⟩ *Aktie* υπερκαλύπτω
über'zeug|en (μετα)πείθω (***j-n von D***/ για; περί *G*), καταπείθω; ***sich ~en von*** *D* βεβαιώνομαι για; ***sich ~en lassen*** πείθομαι; **~end** πειστικός; **~t** πεπεισμένος
Über'zeugung *f* πεποίθηση; ***in der ~, dass ...*** πεπεισμένος ότι; **~s-kraft** ⟨*0*⟩ *f* πειθώ *f*, πειστικότητα
überziehen* *v/t* επικαλύπτω; *Schuhe usw* περνώ (-άς)
über'ziehen* *Konto*, *Kredit* υπερβαίνω; *Bett* (*neu* **~**) αλλάζω τα κλινοσκεπάσματα; *Möbel*, *Steppdecke* ντύνω, καλύπτω; (*übertreiben*) μεγαλοποιώ
Über'ziehung *f HDL* υπέρβαση; **~s-kredit** *m* δάνειο υπέρβασης
Überzug *m* (*z.B. Metall-*) επικάλυψη (με)
übler χειρότερος; → ***übel***
üblich συνηθισμένος, συνήθης, κανονικός; ***~ sein*** συνηθίζεται; ***~ werden*** καθιερώνομαι; ***bei uns ist das so ~*** εμείς εδώ έτσι το έχουμε
U-Boot *n* υποβρύχιο
übrig λοιπός, υπόλοιπος, ρέστος; ***im Übrigen*** κατά τα άλλα; ***~ sein*** υπολείπομαι; ***~ bleiben*** περισσεύω, απομένω; ***es bleibt mir nichts anderes ~ als ...*** δεν μου μένει παρά να ...; ***~ lassen*** αφήνω; **~ens** άλλωστε, εξ άλλου, κατά τα άλλα
Übung *f* άσκηση, γύμναση; (*Praxis*) πρακτική; **~en** *pl MIL* γυμνάσια *n/pl*; **~s-** *MIL* εικονικός
Ufer *n* όχθη; (*Meeres-*) γιαλός, ακτή, αιγιαλός; ***am ~ entlang*** γιαλό- γιαλό; ***über die ~ treten*** ξεχειλίζω; **~-** παραλιακός; (*Fluss*) παραποτάμιος; (*Meer*) παραθαλάσσιος
uferlos απεριόριστος
Ufer|mauer *f* κρηπίδωμα *n*; **~promenade** *f* παραλία; **~straße** *f* παραλιακός δρόμος
Uhr *f* ρολόγι, ρολόι, ωρολόγιο; (*Gas-*) γνώμονας; ***wie viel ~ ist es?*** τι ώρα είναι; ***es ist ein ~*** (*oder* ***eins***), ***zwei*** (**~**) είναι μία, δύο (η ώρα); ***es ist halb eins, halb zwei*** είναι μισή, μιάμισι; ***ein Viertel vor ein ~*** (*oder* ***eins***) μία παρά τέταρτο; ***um ein ~*** (*oder* ***eins***) στη μία; ***um zehn*** (**~**) στις δέκα
Uhren|armband *n* λουράκι ρολογιού; **~geschäft** *n* ωρολογοπωλείο
Uhr|glas *n* γυαλί του ρολογιού; **~macher** *m* ρολογάς (-άδες), ωρολογοποιός; **~werk** *n* ωρολογιακός μηχανισμός; **~zeiger** *m* ωροδείκτης; **~zeit** *f* ώρα
Uhu ['u:hu:] ⟨*-s*; *-s*⟩ *m* μπούφος
U'kraine *f* Ουκρανία; **~r** *m* Ουκρανός
Ulk ⟨*-ęs*; *-e*⟩ *m* πλάκα
ulkig κωμικός
Ulme *f* φτελιά
ultima'tiv τελεσιγραφικός
Ulti'matum ⟨*-s*; *-ten*⟩ *n* τελεσίγραφο
Ultimo ⟨*-s*; *-s*⟩ *m HDL* τέλος του μηνός
Ultra'kurzwelle *f* λίαν βραχύ (*oder* υπερβραχύ) κύμα *n*
ultra|rot υπερέρυθρος; **~violett** υπεριώδης
um[1] *präp A* (*allg*, *Zahl*) γύρω από; περί *G*; *Zeit*: **~ eins** (**ein Uhr**) στη μία; **~ zwei** (**Uhr**) στις δύο; **~** *Mitternacht*, **~** *10 m höher* κατά *A*; **~** *eine Stimme* (= *eine Stimme zu wenig*) παρά *A*; *Ort*: **~ ...** (**herum**) γύρω από, *oft*: αμφι-; γύρω σε, περί *A*, πέριξ *G*; **~ ... willen** λόγω *G*; **~ ein Haar** παρά τρίχα; *bei Verben oft*: για, με, → *Verben*
um[2] *adv*: **... ist ~** πέρασε, τελείωσε; **~ so** τόσο το ..., *z.B.* **~ so besser** τόσο το καλύτερο; **~ so mehr, als** πολύ περισσότερο που; **~ zu** *ko* για να ..., να ...
umändern ⟨*-re*⟩ μεταποιώ
Umänderung *f* μεταποίηση
umarbeiten ⟨*-e-*⟩ μετασκευάζω
Umarbeitung *f* μετασκευή
um'armen ασπάζομαι, αγκαλιάζω
Um|'armung *f* ασπασμός, αγκαλιά, αγκάλιασμα *n*; **~bau** ⟨*-ęs*; *-ten*⟩ *m* μετασκευή, μεταρρύθμιση

U

um|bauen μετασκευάζω, μεταρρυθμίζω; **~benennen*** μετονομάζω
Umbenennung *f* μετονομασία
um|biegen* ανακάμπτω; **~bilden** ⟨*-e-*⟩ μετασχηματίζω; *POL*, *Organisation* ανασχηματίζω, αναδιαρθρώνω
Umbildung *f* μετασχηματισμός; *Regierung*: ανασχηματισμός
um|binden* περιδένω; *Schlips* φορώ, δένω; **~'brechen*** *TYP* σελιδοποιώ
umbringen* *v/t* σκοτώνω, πεθαίνω; ***j-n* ~ *lassen*** βάζω να σκοτώσουν κάποιον; *auch fig* ***sich* ~** σκοτώνομαι (***vor, bei*** *D*/σε), πεθαίνω (***für*** *A*/για); τσακίζομαι (***um zu***/να)
Umbruch *m TYP* σελιδοποίηση
um|buchen *HDL* αλλάζω; **~datieren** αλλάζω ημερομηνία; **~disponieren** αλλάζω σχέδια; **~drehen** στρέφω, γυρίζω; ***sich ~drehen*** στρέφομαι (***nach*** *D*/προς *A*)
Um'drehung *f* γύρος, περιστροφή; *TECH* στροφή, βόλτα
umerziehen* μετεκπαιδεύω, αναμορφώνω
Umerziehung *f* μετεκπαίδευση, αναμόρφωση; **~s-** αναμορφωτικός
umfahren* *v/t Auto*: ανατρέπω, παρασέρνω (***j-n***/κπ)
um'fahren* *v/t* περνώ (-άς) γύρω (από); *MAR* περιπλέω
umfallen* ⟨*sn*⟩ πέφτω, καταπίπτω; ***tot* ~** πέφτω νεκρός
Umfang ⟨*-e̸s*; *¨e*⟩ *m* περιφέρεια; ευρύτητα; έκταση; μέγεθος *n*, όγκος
um'fangen* αγκαλιάζω
umfangreich ογκώδης, εκτεταμένος
um'fassen ⟨*-t*⟩ περιλαμβάνω; **~d** ευρύς, περιεκτικός
umformen μετασχηματίζω
Umform|er *m ELEKTR* μεταμορφωτής; **~ung** *f ELEKTR* μετασχηματισμός, μεταμόρφωση
Umfrage *f* (δημοσκοπική) έρευνα
umfüllen μεταγγίζω; *subst* μετάγγιση
Umgang ⟨*-e̸s*; *0*⟩ *m* (*Gesellschaft*) παρέα, συναναστροφή, επικοινωνία, επιμιξία; ***~ haben mit*** (*D*) κάνω παρέα με, συναναστρέφομαι με
umgänglich κοινωνικός, βολικός
Umgänglichkeit ⟨*0*⟩ *f* κοινωνικότητα
Umgangs|formen *f/pl* καλοί τρόποι *m/pl*; **~sprache** *f* καθομιλουμένη
umgangssprachlich καθομιλούμενος
um|'garnen *fig* πιάνω στα βρόχια, αιχμαλωτίζω; **~'geben*** περιβάλλω (*auch fig*)
Um'gebung *f* περιβάλλον (-οντος), (τα) πέριξ, (οι) γύρω περιοχές *f/pl*; ***seine* ~** (*Menschen*) οι γύρω του
umgedreht ξανάστροφος
umgehen* ⟨*sn*⟩ μεταχειρίζομαι (***mit j-m***/κπ); ***~ können mit*** *D* χειρίζομαι *A*; (*als Gespenst*) ~ στοιχειώνω
um'gehen* παρακάμπτω (*auch fig*); *Straße* κάμπτω; *Gesetz* καταστρατηγώ, καταδολιεύομαι; *Hindernis* υπερπηδώ; *MIL* υπερφαλαγγίζω
umgehend ανυπέρθετος (*adv* -θέτως)
Um'gehung *f* καταστρατήγηση; **~s-manöver** *n* κυκλωτική κίνηση
umgekehrt ανάστροφος, αντίθετος, αντίστροφος, ανάποδος; *adv* αντίστροφα
umgestalten ⟨*-e-*⟩ αναδιοργανώνω
Umgestaltung *f* αναδιοργάνωση
um|gießen* μεταχύνω, μεταγγίζω; **~graben*** ξανακυλώ (-άς), ανασκάπτω; *subst* ξανακύλημα *n*; **~gruppieren** ανακατατάσσω; *MAR* μετατάσσω
Umgruppierung *f* ανακατάταξη; μετάταξη
umhaben* φορώ (-άς), έχω επάνω μου
Umhang ⟨*-e̸s*; *¨e*⟩ *m* χλαμύδα, κάπα
umhängen* βάλλω; *Bild* κρεμώ (-άς) αλλού
um'her τριγύρω; **~fliegen*** ⟨*sn*⟩ περιίπταμαι; **~gehen*** ⟨*sn*⟩ κυκλοφορώ; **~irren** ⟨*sn*⟩ περιπλανώμαι (-άσαι); **~laufen*** ⟨*sn*⟩ κυκλοφορώ; τρέχω (***um zu***/να); **~schauen** περιβλέπω, βλέπω γύρω μου; **~schlendern** ⟨*-re*; *sn*⟩ περιδιαβάζω; **~streifen** ⟨*sn*⟩ γκεζερίζω; **~tappen** ⟨*sn*⟩ πασπατεύω; **~tragen*** περιφέρω; *subst* περιφορά; **~wandern** ⟨*-re*; *sn*⟩ περιφέρομαι; **~ziehen*** ⟨*sn*⟩ γυρίζω, περιπλανιέμαι; **~ziehend** *Händler*: πλανόδιος
um'hinkönnen: *nicht* ~, *zu* ... δεν μπορώ πάρα να ...
um'hüllen *v/t* περιβάλλω
Um'hüllung *f* περιβολή
Umkehr ⟨*0*⟩ *f* ανάκαμψη, επιστροφή; *fig* (*Reue*) μετάνοια
umkehren *v/i* ⟨*sn*⟩ επιστρέφω, ανακάμπτω; *v/t* (*wenden*) αναποδογυρίζω, αντιστρέφω

Umkehrung *f* αντιστροφή
um|kippen αναποδογυρίζω; *subst* αναστροφή; **~'klammern** ⟨*-re*⟩ εναγκαλίζομαι
Um'klammerung *f* εναγκαλισμός (***tödliche*** αποπνικτικός)
Umkleidekabine *f* TECH καμαρίνι; *Sport* αποδυτήρια *n/pl*
umkleiden ⟨*-e-*⟩: ***sich ~*** αλλάζω ρούχα
Umkleideraum *m* αποδυτήρια *n/pl*
umkommen* ⟨*sn*⟩ πεθαίνω, χάνομαι, χάνω τη ζωή μου; *fig* σκάζω (***vor*** *Hitze*/από)
Umkreis ⟨*-es; 0*⟩ *m* κύκλος περιγεγραμμένος, περίμετρος *f*; περιφέρεια
um'kreisen ⟨*-t*⟩ κυκλώνω
Um'kreisung *f* κύκλωμα *n*, κύκλωση
um|krempeln ⟨*-le*⟩ γυρίζω; **~laden*** μεταφορτώνω; **~'lagern** ⟨*-re*⟩ περιστοιχίζω
Umland ⟨*-es; 0*⟩ *n* περίχωρα *n/pl*
Umlauf *m* περιστροφή; (*Geld-*) κυκλοφορία; *der Sonne*: κύκλος; ASTR *auch* περιφορά, περίοδος *f*; ***im ~ sein, in ~ setzen*** κυκλοφορώ
Umlaufbahn *f Satellit*: τροχιά; ***in die ~ bringen*** θέτω σε τροχιά
Umlaufbewegung *f* κίνηση περιφοράς
Umlaut *m* αλλοίωση του φωνήεντος
um|legen βάζω; (*gürten*) ζώνω; *örtlich*: μετατοπίζω; ELEKTR, TEL μεταζευγνύω; **~leiten** ⟨*-e-*⟩ μεταστρέφω, παρατρέπω; *Fluss* μετοχετεύω
Umleitung *f Straße*: παρακαμπτήρια οδός *f*; **~s-schild** *n* πινακίδα παράκαμψης
um|lernen μεταμαθαίνω; **~liegend** *als adj* γύρω, περικειμένος; **~'mauern** ⟨*-re*⟩ περιτειχίζω
Um'mauerung *f* περιτείχιση
ummelden ⟨*-e-*⟩ αλλάζω τη δήλωση
um'nachtet φρενοβλαβής
Um'nachtung *f*: ***geistige ~*** φρενοβλάβεια
um|pflanzen ⟨*-t*⟩ μεταφυτεύω; *subst* μεταφύτευση; **~pflügen** οργώνω; ανασκάπτω; **~rechnen** ⟨*-e-*⟩ μετατρέπω, ανάγω
Umrechnungskurs *m* τιμή συναλλάγματος
umreißen* *Häuser* γκρεμίζω, κρημνίζω; *Baum* καταρρίπτω; *subst* γκρέμισμα *n*; κατάρριψη
um|'reißen* σκιτσάρω, σχεδιάζω; **~rennen*** ρίχνω κάτω τρέχοντας; **~'ringen** περιστοιχίζω
Umriss *m* περίγραμμα *n*; ***Umrisse*** *pl* γραμμές *f/pl*
um|rühren *Tee usw* ανακατεύω; **~satteln** ⟨*-le*⟩ *fig* αλλάζω επάγγελμα
Umsatz *m* τζίρος, κύκλος εργασιών; **~provision** *f* προμήθεια κύκλου εργασιών; **~rückgang** *m* ελάττωση κύκλου εργασιών; **~steigerung** *f* αύξηση κύκλου εργασιών; **~steuer** *f* φόρος κύκλου εργασιών
um'säumen στριφώνω; περιβάλλω
umschalten ⟨*-e-*⟩ TEL, ELEKTR μεταζευγνύω; μεταλλάσσω; *beim Fernsehen*: αλλάζω πρόγραμμα
Umschalt|er *m* μεταλλάκτης; **~ung** *f* μεταλλαγή
Umschau ⟨*0*⟩ *f* αγνάντεμα *n*
umschauen: *sich ~* βλέπω γύρω (μου) (*oder* πέριξ), αγναντεύω, κοιτάζω πίσω
umschichtig εναλλάξ
um'schiffen *Kap* περιπλέω πέριξ *G*
Um'schiffung *f* περίπλους (-ου)
Umschlag *m* MED κατάπλασμα *n*, επίθεμα *n*; (*e-s Buches*) εξώφυλλο; (*Kuvert*) φάκελος; (*des Wetters*) μεταβολή; ***in e-n ~ stecken*** φακελώνω
umschlagen* *v/t* (*wenden*) γυρίζω, στρέφω; *v/i* ⟨*sn*⟩ *Wetter*: μεταβάλλομαι; *Wind*: μεταπίπτω (***in*** *A*/σε); *subst* μεταβολή; μετάπτωση
Umschlagplatz *m* χώρος διακινήσεως
um|'schließen* περικλείω; **~'schlossen** περίκλειστος; **~schnallen** περιζώνω; **~schreiben*** μεταγράφω, ξαναγράφω; *subst* μεταγραφή
um'schreiben* περιγράφω; παραγράφω; **~d** περιφραστικός
Um'schreibung *f* GR περίφραση
Umschreibung *f* ανακαταγραφή
um'schrieben περιγεγραμμένος; GR περιφραστικός
Umschrift *f* μεταγραφή
umschulden ⟨*-e-*⟩ μετατρέπω χρέος
Umschuldung *f* μετατροπή χρέους
umschulen (*andere Ausbildung*) μετεκπαιδεύω
Umschulung *f* μετεκπαίδευση, προσαρμογή
umschütten ⟨*-e-*⟩ μεταγγίζω
Umschweife *pl*: ***ohne ~*** απεριστρόφως
umschwenken ⟨*sn*⟩ *fig* ανακρούω

U

Umschwung 1004

πρύμνα, μεταστρέφομαι; *subst* μεταστροφή
Umschwung *m Wetter*: μεταβολή; *Lage*: μετάπτωση; *POL* μεταπολίτευση
umsehen*: ***sich*** ~ κοιτάζω πίσω; ***sich*** ~ ***nach*** *D* αναζητώ *A*
umseitig στο πίσω μέρος
Umsichgreifen *n* φούντωμα *n*
Umsicht ⟨*0*⟩ *f* πρόνοια, περίσκεψη
umsichtig προσεκτικός
umsiedeln ⟨*-le; sn*⟩ μετοικίζω
Umsied(e)lung *f* μετοίκιση, μεταστέγαση
umsinken* ⟨*sn*⟩ πέφτω κάτω
um'sonst χάρισμα, δωρεάν, τσάμπα; *arbeiten*: χαράμι; (*vergeblich*) μάταια
um'sorgen *v/t* καλοκοιτάζω
umspannen *ELEKTR* μετασχηματίζω
Umspann|er *m* μετασχηματιστής; **~ung** *f* μετασχηματισμός
Umstand *m* περίσταση, περιστατικό
Umstände *pl* συνθήκες *f/pl*; ***je nach den ~n*** κατά τις περιστάσεις; ***unter ~n*** τυχόν, ενδεχομένως; ***unter allen ~n*** για καλό και για κακό, σε κάθε περίπτωση; ***unter diesen ~n*** υπό αυτές τις περιστάσεις; ***in anderen ~n*** (= *schwanger*) σε ενδιαφέρουσα κατάσταση; ***mildernde ~*** *JUR* ελαφρυντικά *n/pl*; ***~ machen*** κάνω φασαρίες; ***unter ~n*** *etw tun* ενδέχεται να ...
umständlich περίπλοκος
Umständlichkeit *f* (το) εμπεριστατωμένο, διεξοδικότητα
Umstandskrämer *m etwa* σοφολογιότατος
umstehend *adv* στην πίσω σελίδα; ***die Umstehenden*** *pl* η γαλαρία, οι παρόντες
Umsteigefahrschein *m* εισιτήριο συνεχείας
umsteigen* ⟨*sn*⟩ αλλάζω (*Bus*: λεωφορείο; *Bahn*: τρένο *usw*)
umstell|bar μεταθέσιμος, μετατοπίσιμος; **~en** μεταθέτω, μετατοπίζω, μετακινώ; *Betrieb usw* ξαναπροσαρμόζω (***auf*** *A*/προς *A*)
um'stellen *Haus*, *Feind* ζώνω, περικυκλώνω
Umstellung *f* μεταθέση, μετατόπιση, μετατροπή (***auf*** *A*/προς *A*)
um|stimmen μεταπείθω, τουμπάρω (***j-n***/κπ); ***sich ~stimmen lassen*** μεταπείθομαι; **~stoßen*** τουμπάρω; *Pläne* ανατρέπω; **~'stritten** επίμαχος; *pers* αμφιλεγόμενος; **~strukturieren** αναδομώ
Umstrukturierung *f* αναδόμηση
umstülpen αναποδογυρίζω
Umsturz *m* ανατροπή; μεταβολή, ανατάτωση
umstürzen ⟨*-t*⟩ *v/t* ανατρέπω, τουμπάρω; *v/i* ⟨*sn*⟩ ανατρέπομαι
umtaufen μεταβαφτίζω
Umtausch *m* ανταλλαγή; (*von Waren*) αλλαγή
umtausch|bar ανταλλάξιμος; **~en** ανταλλάσσω; αλλάζω
Umtauschkurs *m* τιμή συναλλάγματος
umtun* βάζω; φορώ; P ***sich ~ nach*** πηγαίνω σε αναζήτηση *G*
umverteilen ξαναμοιράζω
umwälzen ⟨*-t*⟩ αναποδογυρίζω; *Luft*, *Wasser* ανακυκλώνω; *fig* ανατρέπω; **~d** επαναστατικός
Umwälzung *f* επανάσταση, μεταβολή
umwandeln ⟨*-le*⟩ *auch MATH* τρέπω, μετατρέπω (***in*** *A*/σε)
Umwandlung *f MATH*, *HDL* τροπή, μετατροπή (***in*** *A*/σε); *Währung*: αναγωγή
umwechseln ⟨*-le*⟩ ανταλάσσω; *Geld* χαλάω (-άς)
Umwechslung *f* ανταλλαγή
Umweg *m* γύρος, κύκλος; *fig* ***auf ~en*** απ' το παράθυρο
Umwelt ⟨*0*⟩ *f* περιβάλλον; **~belastung** *f* επιβάρυνση περιβάλλοντος; **~bewusstsein** *n* συνείδηση περιβαλλοντολογικών προβλημάτων; **~einfluss** *m* επίδραση περιβάλλοντος
umwelt|feindlich βλαβερός για το περιβάλλον; **~freundlich** ευνοϊκός για το περιβάλλον
Umweltschäden *m/pl* ζημιές *f/pl* περιβάλλοντος
umweltschädlich βλαβερός για το περιβάλλον
Umwelt|schutz *m* προστασία περιβάλλοντος; **~schutzamt** *n* Υπηρεσία Προστασίας του Περιβάλλοντος; **~schützer** *m* περιβαλλοντολόγος; **~verschmutzung** *f* ρύπανση *oder* μόλυνση του περιβάλλοντος
umwenden ⟨*-e-; auch* *⟩ μετατρέπω; ***sich ~*** γυρίζω πίσω; *subst* μετατροπή
umwerfen* τουμπάρω, αναποδογυρίζω; ***~d komisch*** ανεκδιήγητος

U

1005 **unbefugt**

um'wickeln ⟨*-le*⟩ *v/t* περιελίσσω; *subst* περιέλιξη
umwühlen ανασκαλεύω
um'zäun|en περιφράττω; **~t** περιφραγμένος
Um'zäunung *f* περίφραξη
umziehen* ⟨*sn*⟩ μετακομίζω, αλλάζω σπίτι; κουβαλιέμαι, κουβαλώ (-άς); ***sich ~*** αλλάζω ρούχα
um'zingeln ⟨*-le*⟩ περικυκλώνω, (περι)ζώνω; *subst* ζώσιμο (-ατος)
Um'zingelung *f* περίζωση, κύκλωση
Umzug *m* μετακόμιση, μετοίκηση; (*Prozession*) πομπή
un- *oft*: α-, αν-, δυσ-, αντι-
unab|'änderlich αμετάτρεπτος; **~gewaschen** άπλυτος
unabhängig *allg* ανεξάρτητος; αυτόνομος; ***materiell ~*** αυτάρκης; ***~ davon, wie ... (ob)*** ανεξάρτητα από το πώς ... (αν ...)
Unabhängigkeit ⟨*0*⟩ *f* ανεξαρτησία
unab|kömmlich απαραίτητος, μη διαθέσιμος; *MIL* τύχων αναβολής; **~lässig** αδιάκοπος, συνεχής; **~sehbar** *Folgen*: μη ορατός, απρόβλεπτος; **~setzbar** μόνιμος; *Ware*: απούλητος; **~sichtlich** ακούσιος, απροαίρετος, αθέλητος
unachtsam απρόσεκτος
Unachtsamkeit *f* απροσεξία, αμέλεια
unan|fechtbar ακαταμάχητος; **~gebracht** άτοπος; **~gefochten** αδιαφιλονίκητος; **~gemessen** ανάρμοστος, απρεπής; **~genehm** δυσάρεστος; αντιπαθής; **~getastet** απαραβίαστος, ανέπαφος; **~greifbar** απρόσβλητος; **~nehmbar** απρόσδεκτος, απαράδεκτος
Unan|nehmbarkeit ⟨*0*⟩ *f* απαράδεκτο; **~nehmlichkeit** *f* αναποδιά, κακοτοπιά; *pl auch* ιστορίες *f/pl*
unan|sehnlich άχαρος, ανούσιος; **~ständig** απρεπής; *Wort*: ανάρμοστος
Unanständigkeit *f* απρέπεια
unantastbar απαραβίαστος
Unantastbarkeit ⟨*0*⟩ *f* ακεραιότητα; *POL* απαραβίαστο
unappetitlich άνοστος, αηδής
Unart *f* αταξία
un|artig άτακτος; **~ästhetisch** αντιαισθητικός
unauf|dringlich διακριτικός; **~fällig** διακριτικός, αφάνταχτος; **~findbar** άβρετος, ανεύρετος; **~gefordert** αυτοθέλητος; **~geklärt** *Verbrechen*: ανεξιχνίαστος; **~geräumt** άφτιαχτος, ασυγύριστος; **~haltsam** ασταμάτητος
Unaufhaltsamkeit ⟨*0*⟩ *f* ραγδαιότητα
unaufhörlich ακατάπαυστος
unaufmerksam απρόσεκτος
Unaufmerksamkeit ⟨*0*⟩ *f* απροσεξία
unaufrichtig ανειλικρινής
Unaufrichtigkeit *f* ανειλικρίνεια
unaufschiebbar μη αναβλήσιμος
unaus|bleiblich αναπόφευκτος; **~führbar** ακατόρθωτος; **~geglichen** *seelisch*: ανισόρροπος; *HDL* αλογάριαστος
Unausgeglichenheit ⟨*0*⟩ *f PSYCH* ανισορροπία
unaus|gegoren *Plan*: ακατάστρωτος; **~genutzt** ανεκμετάλλευτος; **~gereift** *Idee*: ανώριμος, ασχημάτιστος
Unausgewogenheit ⟨*0*⟩ *f* ανισομέρεια
unaus|löschlich ακατάσβεστος; *Eindruck*: ανεξίτηλος; **~rottbar** ανεκρίζωτος; **~sprechlich** απρόφερτος; *bsd fig* ανεκλάλητος; **~stehlich** *pers* ανοικονόμητος, αχώνευτος; **~weichlich** αναπόδραστος
un|bändig ακράτητος, εμμανής; **~barmherzig** άσπλαχνος
Unbarmherzigkeit ⟨*0*⟩ *f* ασπλα(γ)χνία
unbe|achtet απαρατήρητος; **~anstandet** αναντίρρητος; **~antwortet** αναπάντητος; **~arbeitet** ακατέργαστος; *Stein*: αλάξευτος; **~aufsichtigt** ανεπίβλεπτος; **~baut** άδειος; χέρσος; **~dacht** απερίσκεπτος, απρονόητος
Unbedachtsamkeit ⟨*0*⟩ *f* απρονοησία
unbe|deckt ασκέπαστος; **~denklich** ακίνδυνος; αναντίρρητος; άφοβος
Unbedenklichkeitsbescheinigung *f* πιστοποιητικό μη αντιρρήσεως
unbe|deutend ασήμαντος; *pers auch* αλογάριαστος; **~dingt** απόλυτος; *adv* οπωσδήποτε, χωρίς άλλο, εξάπαντος; ανυπερθέτως; **~eindruckt** μη εντυπωσιασμένος (***von*** *D*/από); **~einflusst** ανεπηρέαστος; **~fahrbar** αδιάβατος; *Fluss*: άπλευστος; **~fangen** (*neutral*) αμερόληπτος; (*naiv*) αφελής; (*furchtlos*) αδείλιαστος
Unbefangenheit ⟨*0*⟩ *f* αμεροληψία; αφέλεια
unbe|festigt ακατοχύρωτος; **~friedigend** ανεπαρκής; μη ικανοποιητικός; **~friedigt** ανικανοποίητος; **~fugt** αναρμόδιος

U

Unbefugte(r) αναρμόδιος, μη εξουσιοδοτημένος
unbefugterweise αναρμοδίως
unbegabt μη ευφυής
Unbegabtheit ⟨*0*⟩ *f* έλλειψη ευφυίας
unbe|glichen *HDL* αξεκαθάριστος; **~graben** άταφος; **~greiflich** ασύλληπτος; **~grenzt** απεριόριστος
Unbegrenztheit ⟨*0*⟩ *f* απεριόριστο
unbe|gründet αβάσιμος; **~haart** άτριχος
Unbehagen ⟨*-s*; *0*⟩ *n* δυσαρέσκεια, δυσαρέστηση
unbehaglich δυσάρεστος
unbe|hauen απελέκητος; **~helligt** ανενόχλητος; **~herrscht** ασυγκράτητος; **~holfen** αδέξιος; *Stil*: στρυφνός
Unbeholfenheit ⟨*0*⟩ *f* αδεξιότητα; στρυφνότητα
unbe|irrbar απαρέγκλιτος; **~kannt** άγνωστος
Unbekannte ⟨*-n*⟩ *f MATH* άγνωστο
unbe|kehrbar απροσηλύτιστος; **~lebt** *Straße*: ασύχναστος; **~lehrbar** αλογίκευτος; **~leuchtet** αφώτιστος; **~liebt** ασυμπάθηστος, αντιδημοτικός; ***sich ~liebt machen bei*** *D* γίνομαι αντιπαθητικός σε *A*
Unbeliebtheit ⟨*0*⟩ *f* αντιδημοτικότητα
unbe|merkt απαρατήρητος; **~nutzbar** άχρηστος
unbequem άβολος
Unbequemlichkeit *f* αβολεψιά
unbe|rechenbar *auch pers* απρόβλεπτος, ανυπολόγιστος; **~rechtigt** αδικαιολόγητος
unberücksichtigt απρόσθετος; ***~ bleiben*** δεν λαμβάνεται υπόψη
unberufen! να μη βασκαθείς!, χτύπα ξύλο!
unbe|schadet *präp G* μη αδικώντας *A*; παρά *A*; **~schädigt** αζημίωτος; **~schäftigt** εύκαιρος, αργός; **~scheiden** αδιάκριτος
unbe|schnitten αψαλίδιστος; **~scholten** ... αψόγου παρελθόντος
Unbescholtenheit ⟨*0*⟩ *f* άψογο παρελθόν
unbe|schränkt απεριόριστος; **~schreiblich** απερίγραπτος; ***... ist ~schreiblich*** δεν περιγράφεται; **~schwert** *pers* ασύγχυστος; *auch S* ξένοιαστος; **~sehen** ανεξέταστος; **~setzt** απλήρωτος; ***~setzte Stelle*** χηρεύουσα θέση; *Stelle*: ***~setzt sein*** χηρεύω; **~siegbar** ανίκητος, ακαταμάχητος; **~siegt** ανίκητος; **~sonnen** απερίσκεπτος
Unbesonnenheit ⟨*0*⟩ *f* απερισκεψία, κουτουράδα
unbesorgt ξένοιαστος; ***sei ~!*** έννοια σου!
unbespielt: ***~e Kassette*** άγραφη κασέτα
unbeständig *auch Wetter*: ασταθής
Unbeständigkeit ⟨*0*⟩ *f* αστάθεια, ρευστότητα
unbe|stätigt αβεβαίωτος; *Nachricht*: ανεπιβεβαίωτος; **~stattet** ακήδευτος; **~stechlich** αδέκαστος, αδιάφθορος, αδωροδόκητος; *Urteil*: απροσωπόληπτος
Unbestechlichkeit ⟨*0*⟩ *f* αδέκαστο
unbestimm|bar *Termin usw* απροσδιόριστος; **~t** ανεξακρίβωτος, αόριστος; ***auf ~te Zeit*** επ' αόριστον
Unbestimmtheit ⟨*0*⟩ *f* αοριστία
unbe|stochen [ɔ] *fig* αδέκαστος; **~straft** ατιμώρητος; **~streitbar** αναντίρρητος; **~stritten** αδιαφιλονίκητος; **~teiligt** αμέτοχος (***an*** *D*/σε); **~tont** άτονος; **~treten** άβατος, απάτητος
unbeugsam άκαμπτος, αλύγιστος
Unbeugsamkeit ⟨*0*⟩ *f* ακαμψία
unbe|wacht αφύλαχτος; **~waffnet** άοπλος; **~weglich** ακίνητος, ασάλευτος; **~wegt** *allg*, *auch Meer* ακίνητος, ακύμαντος; **~weisbar, ~wiesen** αναπόδεικτος; **~wohnbar** ακατοίκητος; **~wohnt** έρημος; *z. B. Gebiet*: ακατοίκητος; **~wusst** ασυνείδητος, ανεπίγνωστος
unbezahl|bar ανεκτίμητος; *fig* ***... ist ~bar*** ... δεν πληρώνεται; **~t** απλήρωτος; ανεξόφλητος
unbe|zähmbar αδάμαστος; **~zwingbar** ανεκβίαστος
Unbilden *pl* εναντιότητες *f/pl*; *des Wetters usw* δριμύτητα
unblutig αναίμακτος
unbrauchbar άχρηστος; ***~ machen*** αχρηστεύω; ***~ werden*** αχρηστεύομαι
unchristlich μη χριστιανός, μη χριστιανικός
und *ko* και; ***~ so weiter*** (***usw.***) και τα λοιπά (κτλ.); ***~ wenn schon!*** κι' ύστερα;
undankbar αχάριστος

U

Undankbarkeit ⟨*0*⟩ *f* αχαριστία, αγνωμοσύνη
un|datiert αχρονολόγητος; **~deklinierbar** άκλιτος, άπτωτος; **~demokratisch** αντιδημοκρατικός; **~'denkbar** αδιανόητος
un'denklich: ***seit ~en Zeiten*** από αμνημονεύτων χρόνων
undeutlich ασαφής; αδιάκριτος
Undeutlichkeit ⟨*0*⟩ *f* ασάφεια, αμυδρότητα
undicht διαπερατός, μη στεγανός; ***~ sein*** *Dach*: διαρρέω; *Flasche*, *Gasrohr*: ξεθυμαίνω; *Hahn*: τρέχω
un|diplomatisch μη διπλωματικός; **~diszipliniert** απειθάρχητος; *Kind*: άστρωτος
Undiszipliniertheit ⟨*0*⟩ *f* απειθαρχία
unduldsam μισαλλόδοξος
Unduldsamkeit ⟨*0*⟩ *f* μισαλλοδοξία
undurch|dacht απερίσκεπτος; **~dringlich** αδιαπέραστος
Undurchdringlichkeit ⟨*0*⟩ *f* αδιαπέραστο, αδιαχώρητο
undurch|führbar απραγματοποίητος, ατέλεστος; **~gesehen** ακοίταχτος; **~lässig** *Stoff*: μη διαπερατός, στεγανός
Undurchlässigkeit ⟨*0*⟩ *f* στεγανότητα
undurchsichtig αδιαφανής, θαμπός; *bsd* PHYS σκιερός; *Lage*: ερμαφρόδιτος
Undurchsichtigkeit ⟨*0*⟩ *f* σκιερότητα
uneben άνισος, ανώμαλος
Unebenheit *f* ανωμαλία
unecht ψεύτικος, κάλπικος, νόθος (*auch Bruch*); πλαστός; ψευδ(ο)-
Unechtheit ⟨*0*⟩ *f* πλαστότητα, εικονικότητα
unehelich *Kind*: νόθος
unehr|enhaft ατιμωτικός; **~erbietig** ασεβής; **~lich** άτιμος, ανειλικρινής
Unehrlichkeit ⟨*0*⟩ *f* ατιμία, ανειλικρίνεια
uneigennützig αφιλοκερδής
Uneigennützigkeit ⟨*0*⟩ *f* αφιλοκέρδεια
unein|gebunden άδετος; **~geladen** άκλητος; **~geschränkt** απεριόριστος; **~geweiht** αμύητος; **~heitlich** ανομοιόμορφος
Uneinheitlichkeit ⟨*0*⟩ *f* ανομοιομορφία
uneinig ασυμφώνητος (***über*** *A*/για)
Uneinigkeit ⟨*0*⟩ *f* ασυμφωνία
unein|nehmbar ακατάχτητος, απολιόρκητος; **~sichtig** ακατάπειστος
un|elastisch ανελαστικός; **~elegant** άκομψος; **~empfänglich** ανεπίδεκτος
unempfindlich αναίσθητος; ***~ sein gegenüber*** *D* είμαι αναίσθητος σε *A*
Unempfindlichkeit ⟨*0*⟩ *f* αναισθησία
un'endlich άπειρος, απέραντος
Un'endlichkeit ⟨*0*⟩ *f* άπειρο, απεραντοσύνη
unentbehrlich απαραίτητος; ***sich ~ machen*** γίνομαι απαραίτητος
unent|geltlich δωρεάν; **~schieden** *S* μετέωρος; αναποφάσιστος; αμφιρρεπής; *Kampf*: ισόπαλος; *Ergebnis*: ισοπαλία; **~schlossen** άβουλος, αναποφάσιστος
Unentschlossenheit ⟨*0*⟩ *f* αναποφασιστικότητα
unent|schuldigt αδικαιολόγητος; **~wickelt** ανεξέλικτος; **~wirrbar** αδιάλυτος
uner|'bittlich ανεξιλέωτος, μανιακός (***in*** *D*/σε); **~fahren** άπειρος (***in*** *D*/σε)
Unerfahrenheit ⟨*0*⟩ *f* απειρία
uner|forschlich ανεξερεύνητος; *Ratschluss*: ανεξιχνίαστος; **~forscht** ανεξέταστος; **~freulich** δυσάρεστος, ατερπής; **~füllbar** απραγματοποίητος; **~füllt** απλήρωτος; ανεκπλήρωτος; **~giebig** άκαρπος, άγονος; **~gründlich** *fig* ανεξιχνίαστος, απροσδιόριστος; **~heblich** ανεπαίσθητος; **~hört** πρωτάκουστος; **~kannt** μη αναγνωρισμένος; **~klärlich** ανεξήγητος; **~lässlich** απαραίτητος; **~laubt** αθέμιτος; *Waffenbesitz usw* παράνομος; **~ledigt** *Antrag*: ανενέργητος; αβόλευτος; ***~ledigt bleiben*** *Bestellung*: μένω; **~messlich** αμέτρητος; **~müdlich** ακούραστος, ακόπιαστος; **~quicklich** ατερπής; **~reichbar** ανέφικτος; **~reicht** άφταστος (***an*** *D*/σε); **~sättlich** αχόρταγος; **~schöpflich** ανεξάντλητος; **~schrocken** ατρόμητος; **~schütterlich** ακλόνητος (***in*** *D*/σε); *Wille*, *Argument*: ατράνταχτος; **~schwinglich** απρόσιτος, απροσπέλαστος; **~setzlich** αναντικατάστατος
unerträglich ανυπόφορος, αβάσταχτος; ***~ werden*** *Hitze*: σφίγγω
uner|wähnt αμνημόνευτος; **~wartet** απρόσμενος, απροσδόκητος; **~wünscht** ανεπιθύμητος
unfähig ανίκανος (***zu*** *D*/προς *A*)

Unfähigkeit *⟨0⟩ f* ανικανότητα
Unfall *m* ατύχημα *n*, δυστύχημα *n*; (*Auto*) **e-n ~ haben** χτυπάω (**mit** *D*/με); **~flucht** *f* εγκατάλειψη θύματος; **~hergang** *m* διαδικασία ατυχήματος; **~protokoll** *n* πρωτόκολλο ατυχήματος; **~station** *f* σταθμός πρώτων βοηθειών; **~verhütung** *f* πρόληψη ατυχημάτων; **~versicherung** *f* ασφάλεια κατ' ατυχημάτων
un|fassbar ακατάληπτος; **~fehlbar** αλάθητος
Unfehlbarkeit *⟨0⟩ f* αλάθητο
un|flätig ρυπαρός, βωμολοχικός; **~förmig** δύσμορφος, ασουλούπωτος
Unförmigkeit *⟨0⟩ f* δυσμορφία, αμορφία
un|frankiert μη γραμματοσεσημασμένος; **~frei** ανελεύθερος, αχειραφέτητος (*auch fig*)
Unfreiheit *⟨0⟩ f* ανελευθερία
un|freiwillig ανοικειοθελής, ακούσιος; *adv auch* άθελα; **~freundlich** αγενής
Unfreundlichkeit *⟨0⟩ f* αγένεια
unfruchtbar άγονος, στείρος; *Tier*: στέρφος; **~ machen** στειρώνω
Unfruchtbarkeit *⟨0⟩ f* αγονία, στειρότητα
Unfug *⟨-ḙs; 0⟩ m* αταξία, τρέλες *f/pl*; **~ treiben** κάνω τρέλες
Ungar ['ʊŋgaːʀ] *⟨-n⟩ m* Ούγγρος; **~in** *f* Ουγγαρέζα
ungarisch ουγγρικός
Ungarn *n* Ουγγαρία
ungastlich αφιλόξενος
Ungastlichkeit *⟨0⟩ f* αφιλοξενία
unge|achtet μ' όλο τον ..., μ' όλη τη ... *usw*, παρά *A*; **~ahnt** ανυποψίαστος; **~beten** ακάλεστος; **~bildet** αμαθής, αμόρφωτος; **~bräuchlich** ασυνήθιστος, άχρηστος; **~braucht** αμεταχείριστος; **~bührlich** απρεπής; ατάσθαλος
Ungebührlichkeit *f* απρέπεια, ατασθαλία
unge|bunden *Buch*: άδετος; *fig* αυτεξούσιος; *Rede*: πεζός; **~deckt** *auch Tisch*: άστρωτος; *Scheck*: ακάλυπτος; **~druckt** ατύπωτος
Ungeduld *⟨0⟩ f* ανυπομονησία
unge|duldig ανυπόμονος; **~eignet** ακατάλληλος (**für** *A*/για); **~fähr** περίπου, κάπου, πάνω-κάτω
ungefähr|det μη απειλούμενος, εκτός κινδύνου; **~lich** ακίνδυνος
Ungefährlichkeit *⟨0⟩ f* ακίνδυνο
ungefällig απρόθυμος
Ungefälligkeit *⟨0⟩ f* απροθυμία
unge|fälscht ανόθευτος; **~fragt** μη ερωτηθείς
ungehalten: ~ sein δυσανασχετώ (**wegen** *G*/για)
unge|härtet *Stahl*: άβαλτος; **~heizt** αθέρμαστος; **~hemmt** → **ungehindert**
Ungeheuer *n* τέρας *n*
ungeheuer *adj* τεράστιος, θεόρατος; **~lich** τεράστιος; ανομολόγητος
Ungeheuerlichkeit *f* τερατωδία, ανομολόγητο
unge|hindert ανεμπόδιστος, ακώλυτος; **~hobelt** άξεστος (*auch pers*); **~hörig** ανάρμοστος, έκτροπος
Ungehörigkeit *f* έκτροπο
ungehorsam *adj* ανυπάκουος, απειθής; **~ sein** απειθώ
Ungehorsam *⟨-s; 0⟩ m* ανυπακοή, απείθεια
unge|kämmt αχτένιστος; **~klärt** αδιευκρίνιτος; **~kocht** άβραστος; **~kühlt: ~kühlt haltbar** *Lebensmittel*: διατηρείται εκτός ψυγείου; **~kündigt** *Vertrag*: ισχύων (-ουσα, -ον); **~laden** *Gast*: απρόσκλητος; *Waffe*: αγέμιστος; **~legen** *Zeit*: παράκαιρος; **zu ~legener Zeit** παράκαιρα; **~lenk** αδέξιος; **~lernt** *Arbeiter*: ανειδίκευτος; **~lesen** αδιάβαστος; **~logen** αψευδής; **~logen!** τέλειωσαν τα ψέμματα; **~löscht** *auch Kalk*: άσβεστος; **~löst** άλυτος; **~mahlen** ανάλεστος; **~mein** *adj* σφόδρα, άκρως; *oft*: υπερ-; **~mischt** άμικτος; **~mütlich** άβολος (*auch pers*)
ungenau ανακριβής
Ungenauigkeit *f* ανακρίβεια
ungeniert [-ʒe-] αφελής
ungenießbar μη βρώσιμος; **das ist ~** αυτό δεν τρώγεται (*bzw.* πίνεται)
unge|nügend ανεπαρκής; **~nutzt** αχρησιμοποίητος; **~nutzt lassen** *Raum* αφήνω ανεκμετάλλευτο; **~ordnet** ατακτοποίητος, άφτιαχτος; **~pflegt** απεριποίητος; **~prüft** ανεξέταστος; αδοκίμαστος; **~rade** *Zahl*: περιττός; *MATH* μονός; *adv* μονά
ungerecht άδικος; **~fertigt** αδικαιολόγητος
Ungerechtigkeit *f* αδικία
unge|regelt ακανόνιστος; *Arbeit*:

1009 **uni**

άστρωτος; **~reimt** *fig* αντιφατικός, παράλογος
Ungereimtheit *f* αντίφαση, παραλογισμός
ungereinigt ακαθάριστος
ungern χωρίς όρεξη, απρόθυμα
unge|rührt *fig* ασυγκίνητος; **~sagt** αδιήγητος; **~salzen** ανάλατος; **~sättigt** *auch* CHEM ακόρεστος; **~säuert** άζυμος; **~schält** ακαθάριστος, άξυστος; **~schehen** άπρακτος
Ungeschicklichkeit *f* αδεξιότητα
unge|schickt αδέξιος, ανεπιτήδιος; **~schlagen** *Sport*: αήττητος; **~schlechtlich** *Fortpflanzung*: αγενής; **~schliffen** άξεστος (*auch fig*), *fig* ακαλλιέργητος; **~schmälert** ατόφιος; **~schminkt** αφκιασίδωτος, χωρίς μακιγιάζ; **~schoren** *Haar*: ακούρευτος; *fig* απείραχτος; (*nicht getötet*) αξεμπέρδευτος; **~schrieben** άγραφος; **~schützt** απροστάτευτος; **~sellig** ακοινώνητος
ungesetzlich άνομος, παράνομος
Ungesetzlichkeit *f* ανομία, παρανομία
unge|sichert ακατοχύρωτος; **~spritzt** αράντιστος, αψέκαστος; **~stempelt** ασφράγιστος; **~stört** ανενόχλητος; *z.B. spielen* άνετα; **~straft** ατιμώρητος; **~sund** ανθυγιεινός, *Klima auch* βαρύς; **~süßt** άγλυκος, χωρίς ζάχαρη; **~tauft** αβάφτιστος; **~teilt** αδιανέμητος; *Achtung, Interesse*: αμέριστος; *Erbschaft*: ακλήρωτος; **~tilgt** HDL αναπόσβεστος; **~tragen** αφόρετος; *Kleidung auch* άβαλτος; **~trübt** αθόλωτος; *fig* αφαρμάκευτος
Ungetüm ⟨-*e*s; -*e*⟩ *n* μεγαθήριο
unge|übt αγύμναστος, μη ασκημένος; **~waschen** άπλυτος, άνιφτος; **~wiss** αβέβαιος
Ungewissheit ⟨*0*⟩ *f* αβεβαιότητα
unge|wöhnlich ασυνήθης; *z.B. Maßnahme*: πρωτοφανής; **~wohnt** ασυνήθιστος; **~wollt** αθέλητος, απροαίρετος; **~zählt** αμέτρητος, αναρίθμητος; **~zähmt** αδάμαστος
Ungeziefer ⟨-*s*; *0*⟩ *n* ζωύφια *n/pl*
ungezogen *Kind*: άτακτος; **~ sein** ατακτώ
Ungezogenheit *f* αταξία; *Worte*: προπέτεια
unge|zuckert χωρίς ζάχαρη; *Kaffee auch* σκέτος; **~zügelt** ατιθάσευτος, αχαλίνωτος; **~zwungen** αβίαστος; αφελής
Ungezwungenheit ⟨*0*⟩ *f* αφέλεια
Unglaube ⟨-*ns*; *0*⟩ *m* απιστία
un|gläubig άπιστος; (*zweifelnd*) δύσπιστος, δυσπειθής; **~'glaublich** απίστευτος; **~glaubwürdig** αναξιόπιστος; **~gleich** άνισος, ανόμοιος
Ungleich|gewicht *n* διατάραξη; **~heit** ⟨*0*⟩ *f* ανισότητα; ανομοιότητα
ungleichmäßig ασύμμετρος, ανισόμετρος, άρρυθμος
Ungleichmäßigkeit *f* ασυμμετρία
Unglück ⟨-*e*s; -*e*⟩ *n* δυστυχία, κακοτυχιά, συμφορά; (*Unglücksfall*) ατύχημα *n*, δυστύχημα *n*; **~ haben** ατυχώ; **j-n ins ~ stürzen** φέρνω δυστυχία σε κπ; (*das*) **bedeutet ~** ... θεωρείται γρουσουζιά; **er ist an meinem ~ schuld** με πήρε στο λαιμό του
unglücklich δυστυχισμένος, δύστυχος; **~ sein** δυστυχώ; **~erweise** δυστυχώς
Unglücks- άμοιρος; (*-Tag usw*) γρουσούζικος
unglückselig δόλιος, κακότυχος
Unglücks|fall *m* ατύχημα *n*, δυστύχημα *n*; **~rabe** *m* γρουσούζης, γρουσούζα; **~tag** *m* αποφράδα (ημέρα)
Ungnade ⟨*0*⟩ *f* δυσμένεια; **in ~ fallen** πέφτω σε δυσμένεια
ungnädig δυσμενής; δύσθυμος
ungültig άκυρος, ανίσχυρος; **für ~ erklären** ακυρώνω
Ungültigkeit ⟨*0*⟩ *f* ακυρότητα
Ungültigkeitserklärung *f* ακύρωση
Ungunst ⟨*0*⟩ *f* δυσμένεια
ungünstig ενάντιος, δυσμενής
ungut: ***nichts für ~!*** και μη σας κακοφανεί!
unhaltbar *Behauptung*: ανεδαφικός, αβάσιμος
Unhaltbarkeit ⟨*0*⟩ *f* ανεδαφικότητα
un|handlich άβολος, δύσχρηστος; **~harmonisch** μη αρμονικός, άρρυθμος
Unheil ⟨-*s*; *0*⟩ *n* συμφορά, κακό
unheil|bar αγιάτρευτος, αθεράπευτος; **~voll** μοιραίος, ολέθριος
un|heimlich υπερφυσικός; απαίσιος; **~höflich** αγενής
Unhöflichkeit *f* αγένεια
un|hörbar μη ακουστός; **~hygienisch** ανθυγιεινός
uni [y'ni] *Farbe*: μονόχρωμος

U

Uniform 1010

Uniform *f* στολή, ιματισμός
Unikum ⟨*-s*; *-ka*⟩ *n* λόξα (*als Person*)
uninteressiert μη ενδιαφερόμενος, αδιάφορος
Uninteressiertheit ⟨*0*⟩ *f* αμέλεια, αδιαφορία
Uni'on *f* ένωση; **~s-** ενωσιακός, πανενωσιακός
univer'sal γενικός, καθολικός
Univer'sal|- *TECH* ... γενικής χρήσεως; **~genie** *n* πολυτεχνίτης; μεγαλοφυής; **~i'tät** ⟨*0*⟩ *f* καθολικότητα
Universi'tät *f* πανεπιστήμιο
Universi'täts|- πανεπιστημιακός; **~bibliothek** *f* βιβλιοθήκη του πανεπιστημίου; **~stadt** *f* πόλη με πανεπιστήμιο
Uni'versum ⟨*-s*; *0*⟩ *n* σύμπαν *n*
unkenntlich αγνώριστος
Unkenntnis ⟨*0*⟩ *f* άγνοια; ***in ~*** *G* εν αγνοία *G*
unklar ασαφής; ***im Unklaren sein*** διαπορώ; ***es ist ~*** διαπορείται
Unklarheit *f* ασάφεια
un|klug ασύνετος, άσοφος; **~kontrolliert** ανεξέλεγκτος; **~konzentriert** ασυγκέντρωτος; **~korrigiert** αδιόρθωτος
Unkosten *pl* έξοδα *n/pl*; τέλη *n/pl*; ***j-n in ~ stürzen*** βάζω κπ σε έξοδα; ***sich in ~ stürzen*** μπαίνω σε έξοδα
Unkraut ⟨*-ęs*; *¨er*⟩ *n* ζιζάνιο; ***~ jäten*** ξεχορταριάζω; **~vertilgungsmittel** *n* ζιζανιοκτόνο
un|kriegerisch απόλεμος; **~kritisch** άκριτος, δογματικός; **~kultiviert** απολίτιστος; **~kündbar** ισόβιος
Unkündbarkeit ⟨*0*⟩ *f e-s Beamten*: ισοβιότητα
un|kundig άπειρος (*G*/*G*); **~längst** πρόσφατα; **~lauter** άτιμος, πλάγιος; *adv* πλάγια; ***~lauterer Wettbewerb*** αθέμιτος συναγωνισμός; **~leidlich** πικραντικός, ανυπόφορος; **~leserlich** αδιάβαστος, δυσανάγνωστος; **~leugbar** αναμφισβήτητος, αναμφίβολος; **~liebsam** ανεπιθύμητος; **~liniert** αχαράκωτος; **~logisch** παράλογος, άλογος; **~lösbar** *Frage*: άλυτος; **~löslich** *CHEM* αδιάλυτος
Unlust ⟨*0*⟩ *f* δυσθυμία
un|lustig δύσθυμος; **~manierlich** απρεπής; **~männlich** άνανδρος; (*weibisch*) θηλυπρεπής; **~markiert** ασημάδευτος; **~maßgeblich** αναρμόδιος, μη αυθεντικός; **~mäßig** υπέρογκος
Unmenge *f* πλήθος; *z.B.* ***e-e ~ von Fischen*** πλήθος ψάρια
Unmensch *m* τέρας *n*, βάρβαρος
unmenschlich απάνθρωπος
Unmenschlichkeit ⟨*0*⟩ *f* απανθρωπιά
un|merklich ανεπαίσθητος; **~methodisch** αμέθοδος; **~militärisch** αντιστρατιωτικός; **~mittelbar** άμεσος, απ' ευθείας
Unmittelbarkeit ⟨*0*⟩ *f* αμεσότητα
un|möbliert ανεπίπλωτος; **~modern** *adj und adv* ντεμοντέ; **~möglich** αδύνατος
Unmöglichkeit ⟨*0*⟩ *f* αδύνατο; ***Ding der ~*** πράγμα που δεν γίνεται
un|moralisch ανήθικος; **~motiviert** αδικαιολόγητος; **~mündig** ανήλικος
Un|mündigkeit ⟨*0*⟩ *f* ανηλικιότητα; **~mut** ⟨*-ęs*; *0*⟩ *m* δυσφορία
unnach|ahmlich αμίμητος; **~giebig** ανένδοτος; **~sichtig** ανεπιεικής
Unnachsichtigkeit ⟨*0*⟩ *f* ανεπιείκεια
un|nahbar *pers* απλησίαστος; **~natürlich** αφύσικος; **~nötig** μη αναγκαίος; **~nütz** αχρείαστος, ανωφελής; **~ordentlich** ακατάστατος, άτακτος, άκοσμος
Unordnung ⟨*0*⟩ *f* ακαταστασία, αταξία; ***in ~ bringen*** ανακατώνω
unorgan|isch ανόργανος; **~isiert** ανοργάνωτος
unparteiisch αμερόληπτος; ***~ sein*** αμεροληπτώ
Unparteilichkeit ⟨*0*⟩ *f* αμεροληψία
un|passend *Wort*, *Benehmen*: ανάρμοστος; **~passierbar** αδιάβατος (***wegen*** *G*/από); απέραστος
unpässlich αδιάθετος; ***~ sein*** αδιαθετώ
Unpässlichkeit *f* αδιαθεσία
un|persönlich *auch GR* απρόσωπος; **~populär** αντιδημοτικός; **~praktisch** μη πρακτικός; ανεφάρμοστος; **~produktiv** άφορος; μη παραγωγικός
unpünktlich ανακριβής; ***~ zahlen*** καθηστερώ τις πληρωμές
Unpünktlichkeit ⟨*0*⟩ *f* ανακρίβεια
un|qualifiziert ακατάρτιστος; **~rasiert** αξύριστος
Unrat ⟨*-ęs*; *0*⟩ *m* ακαθαρσίες *f/pl*; κόπρος *f*
unrecht άδικος; ***~ tun*** αδικώ (***j-m***/κπ)
Unrecht ⟨*-ęs*; *0*⟩ *n* άδικο; αδίκημα *n*; ***~ haben*** έχω άδικο; ***~ leiden*** *oder* ***mir geschieht ~*** αδικούμαι

U

un|rechtmäßig αθέμιτος; **~redigiert** ασύντακτος; **~redlich** ανέντιμος; **~regelmäßig** ανώμαλος, ακανόνιστος; *Puls*: άτακτος; *zahlen*: δύσκολα

Unregelmäßigkeit *f* ανωμαλία, αρρυθμία

un|reif *auch fig* άγουρος, ανώριμος, αγίνωτος; **~rein** ακάθαρτος (*auch fig*); **~rentabel** απρόσοδος; **~rettbar**: ***~rettbar verloren*** χαμένος ανεπανόρθωτα; **~richtig** εσφαλμένος; λανθασμένος, ανακριβής

Un|richtigkeit *f* ανακρίβεια, σφαλερότητα; **~ruh** *f Uhr*: ρυθμιστής

Unruhe *f* ανησυχία; (*äußere*) ταραχή; ***~n*** *pl* ταραχές *f/pl*, ανακατωσούρα; ***~ stiften*** προκαλώ ταραχές; **~stifter** *m* ταραξίας, φασαρίας, θορυβοποιός (*auch* ***-in*** *f*)

unruhig ανήσυχος, ταραχώδης

uns *A*: μας, *betont*: εμάς; *K* ημάς; *D*: μας, εμάς; *K* ημίν; ***ein Freund von ~*** φίλος μας

un|'sagbar άρρητος; **~'säglich** ανέκφραστος (*adv* -α); **~sanft** ανεπιεικής (*adv* -ώς); **~sauber** ακάθαρτος, ρυπαρός

unschädlich αβλαβής; ***j-n ~ machen*** εξουδετερώνω (*auch Bombe*)

Unschädlichkeit ⟨*0*⟩ *f* αβλάβεια

un|scharf *Foto*: θαμπός; **~'schätzbar** ανεκτίμητος; *Dienst*: πολύτιμος; **~scheinbar** αφάνταχτος; **~schicklich** άκοσμος; **~'schlagbar** *im Sport*: αήττητος, ασυναγώνιστος; *im Spiel*: ακαταμάχητος; **~schlüssig** διστακτικός, ενδοιαστικός; ***~schlüssig sein*** αμφιταλαντεύομαι

Unschlüssigkeit ⟨*0*⟩ *f* διστακτικότητα, ενδοιασμός

unschön άχαρος; *auch fig* άσχημος

Unschuld ⟨*0*⟩ *f* αθωότητα; *fig* ***~ vom Lande*** αθώα χωριατοπούλα

unschuldig αθώος; αναίτιος

Unschuldslamm *n*: ***als ~ erscheinen*** βγαίνω λάδι

un|schwer *adv* άκοπα; **~selbständig** μη αυτοτελής, μη αυτόνομος

unselig ολέθριος, κακορίζικος

unser *Possessivpronomen*: ... μας, *K* ημέτερος; *betont*: ο δικός μας; *als subst* ***der Unsere*** ο δικός μας; *Personalpron G K* ημών; **~einer** *iron* κανείς μας; ο εαυτούλης μου; **~es'gleichen** άνθρωποι σαν κ' εμάς; **~etwegen, um ~etwillen** για το χατήρι μας

unsicher αβέβαιος, ανασφαλής, απαγίωτος

Unsicherheit *f* αβεβαιότητα, ανασφάλεια, ακροσφαλές *n*

unsichtbar αόρατος, αφανής; *HDL* άδηλος

Unsichtbarkeit ⟨*0*⟩ *f* αφάνεια

Unsinn ⟨*-~~e~~s; 0*⟩ *m* ανοησία, παραλογισμός; ***~ reden*** παραλογίζομαι

unsinnig ανόητος

Unsinnigkeit *f* ανοησία

Unsitte *f* κακή συνήθεια

un|sittlich ανήθικος; **~solide** ασταθής; *fig* κακόπιστος; **~sortiert** αδιάλεχτος; **~sozial** αντικοινωνικός

Unsrige|(n): ***der*** (***die, das***) ***~*** ο δικός μας, ο ημέτερος

un|statthaft ανεπίτρεπτος; **~'sterblich** αθάνατος; *Ruhm*: ανέσπερος

Un'sterblichkeit ⟨*0*⟩ *f* αθανασία

un|stet ασταθής; **~stillbar** *Blutung*: ακατάσχετος; *Liebe, Hass*: ασίγαστος

Un|stimmigkeit *f* δυσαρμονία, διάσταση; **~summe** *f* αστρονομικό ποσό

un|symmetrisch ασύμμετρος; **~sympathisch** ασυμπάθηστος, αντιπαθητικός; **~tadelig** ακατάκριτος, άψογος, λευκός

Untat *f* κακούργημα *n*

untätig αδρανής; ***~ sein*** αδρανώ

Untätigkeit ⟨*0*⟩ *f* αδράνεια, παθητικότητα, αεργία

untauglich ανίκανος (***für*** *A*/για) (*auch MIL*); απρόσφορος

Untauglichkeit ⟨*0*⟩ *f* ανικανότητα

unteilbar αμέριστος, αδιανέμητος

unten *adv* κάτω, χάμω, αποκάτω; ***ganz ~*** κάτω κάτω; ***~ in*** *D* κάτω σε; ***nach ~ gehen*** κάτω; ***weiter ~*** παρακάτω; ***von ~*** (***her***) από κάτω; ***von ~ herauf*** κάτω από; ***weiter ~ gelegen*** παρακατιανός; ***~ genannt*** κάτω αναφερόμενος

unter *präp D* (*wo?*), *A* (*wohin?*), *fig mst D*: κάτω από, υπό *A*; (*zwischen*) ανάμεσα σε; μεταξύ *G*, αναμεταξύ *G*; *Zeit*: επί *G*; (+ *Zahlen, z.B. Null*) κάτω *G*, κάτω από; *Beispiele*: ***~ dem Tisch*** κάτω από το τραπέζι; ***~ dem Befehl*** υπό τις διαταγές; ***~ null*** υπό το μηδέν, κάτω του μηδενός; (από) κάτω από το μηδέν; ***~ uns*** (***euch, ihnen***) μεταξύ μας

U

(σας, τους); ~ ***anderem*** (***u.a.***) μεταξύ άλλων (→ *auch* **ander-**); ~ ***Otto*** επί Όθωνος; ~ ***dem Hemd*** *tragen* κάτω από το πουκάμισο; ***unsere Flotte*** ~ ***dem Oberbefehl von Admiral K.*** ο στόλος μας με αρχηγό το ναύαρχο *K.*; ~ ***dem Vorwand*** υπό το πρόσχημα; ~ ***den Türken*** υπό τους Τούρκους; ~ ***solchen Verhältnissen*** κάτω από τέτοιες συνθήκες
unter- παρακατιανός; υπο-; (*Klassen, Beamte usw*) κατώτερος; *Stockwerk*: κάτω
Unter|- (*z.B. -Ägypten*) Κάτω ...; (*Kleidung*) έσω; **~abteilung** *f* υποδιαίρεση; **~arm** *m* πήχη; **~ausschuss** *m* υποεπιτροπή; **~bau** *m* υποδομή
unterbelicht|en ⟨*-e-*⟩ *Foto* υποφωτίζω; **~et** υποφωτισμένος
Unterbelichtung *f* υποφωτισμός
unterbewusst υποσυνείδητος
Unterbewusstsein *n* υποσυνείδητο
unter|'bieten* μειοδοτώ, προσφέρω κάτω; F ρίχνω (τις τιμές) κάτω από ...; **~'binden*** *fig* αναχαιτίζω, εμποδίζω; **~'bleiben*** ⟨*sn*⟩ δε γίνομαι, δε συντελούμαι; **~'brechen*** διακόπτω, αντικόπτω
Unter'brech|er *m* διακόπτης; **~ung** *f* διακοπή
unter'breiten ⟨*-e-*⟩ υποβάλλω (***j-m etw***/κτ σε κπ)
Unter'breitung *f* υποβολή
unterbringen* *S* βολεύω, τακτοποιώ, τάσσω; *pers* τοποθετώ (*auch Stellung*), στεγάζω; *Waren* πλασάρω
Unterbringung *f* τακτοποίηση; τοποθέτηση, στέγαση; πλασάρισμα *n*
unter'brochen ασυνεχής; διακεκομμένος; → ***unterbrechen***
unter'dessen εν τω μεταξύ
Unterdruck ⟨*-ęs*; *0*⟩ *m* υποπίεση
unter'drücken *Volk* καταπιέζω, καταδυναστεύω; *Aufstand, Gefühle* καταπνίγω, καταστέλλω; *Lachen* (συγ)κρατώ
Unter'drück|er *m* υποδουλωτής; **~ung** *f* καταστολή
unterein'ander μεταξύ αλλήλων; ***sie mögen es*** ~ ***ausmachen*** ας τα βολέψουν μόνοι τους
Untereinheit *f* υπομονάδα
unterentwickelt υποανάπτυκτος
unterernährt: ~ ***sein*** υποσιτίζομαι
Unterernährung ⟨*0*⟩ *f* υποσιτισμός
unterfassen ⟨*-t*⟩ πιάνω από το μπράτσο
Unter'führung *f* υπόγεια διάβαση
Untergang *m* παρακμή; *der Sonne*: δύση, βασίλεμα *n*; *e-s Schiffes*: καταβύθιση, καταποντισμός
unter|'geben υφιστάμενος, υπεξούσιος; **~gebracht** εγκατάστατος; **~gehen*** ⟨*sn*⟩ παρακμάζω; ASTR δύω, βασιλεύω; MAR καταποντίζομαι, φουντάρω
untergeordnet δευτερεύων; υφιστάμενος; **~*e*(*r*)** ***Satz*** υποτεταγμένη πρόταση; ~ ***sein*** υπάγομαι σε
Untergestell *n* υπόθεμα *n*, υπόβαθρο
untergetaucht βουτηχτός
Untergewicht ⟨*-ęs*; *0*⟩ *n* ελλείπον βάρος *n*
unter'graben* υποσκάπτω, υπονομεύω (*auch fig*); *Ehre* επιβουλεύομαι
Unter'grabung *f* υπονόμευση; επιβουλή
Untergrund *m* υπέδαφος *n*; **~bahn** *f* υπόγειος σιδηρόδρομος, μετρό ⟨*0*⟩
unterhalb *präp G* υπό *A*, κάτω από
Unterhalt ⟨*-ęs*; *0*⟩ *m* διατήρηση, συντήρηση
unter'halten* *Familie, j-n* διατρέφω, συντηρώ, ζω; *Beziehungen* διατηρώ; *j-n* (*amüsieren*) διασκεδάζω; **sich** ~ (*sich amüsieren*) διασκεδάζω; (*plaudern*) κουβεντιάζω, συνομιλώ (**mit** *D*/με, **über** *A*/για), F τα λέμε; ***staatlich*** ~ *adj* δημοσυντήρητος; **~d** → ***unterhaltsam***
unter'haltsam διασκεδαστικός, ψυχαγωγικός
Unterhaltskosten *pl* έξοδα *n/pl* διαβιώσεως *oder* διατηρήσεως
Unter'haltung *f* (*Ernährung*) διατροφή; (*Belustigung*) διασκέδαση, ψυχαγωγία; (*Gespräch*) συνδιάλεξη, συνομιλία, κουβέντα; **~s-programm** *n* ψυχαγωγικό πρόγραμμα *n*
Unter|händler *m* διαπραγματευτής; MIL κήρυκας; **~haus** ⟨*-es*; *0*⟩ *n* Κάτω Βουλή; **~hemd** *n* φανέλα
unter'höhlen *auch fig* υποσκάπτω
Unter|holz ⟨*-ęs*; *0*⟩ *n* χαμόκλαδα *n/pl*; **~hose** *f* σώβρακο, βρακί
unterirdisch υπόγειος
unter'jochen *v/t* υποτάσσω, υποδουλώνω

U

Unter'jochung *f* υποδούλωση

Unter|kiefer *m* κάτω γνάθος *f*; **~kleid** *n* μεσοφόρι

unter|kommen* ⟨*sn*⟩ βολεύομαι (**in** *D*/σε); **~kriegen** βάζω κάτω (***j-n***/κπ); ***sich nicht ~kriegen lassen*** δεν το βάζω κάτω

Unter|kunft ⟨-; ⁻*e*⟩ *f* στέγη, κατάλυμα *n*; ***~kunft finden*** κουρνιάζω; **~lage** *f* υπόβαθρο; (*Beleg*) δεδομένο; *mst pl* στοιχεία *n*/*pl*; χαρτιά *n*/*pl*

unter'lassen* παραλείπω

Unter|'lassung *f* παράλειψη; JUR αποχή; **~lauf** *m* (*e-s Flusses*) (ο) κάτω ρους

unter'laufen* *v/t* (*umgehen*) παρακάμπτω, καταστρατηγώ; *Gesetz usw* καταδολιεύομαι

unter'legen *adj* υποδεέστερος (*D*/*G*); ***j-m ~ sein*** υστερώ *G oder* από

unterlegen βάζω αποκάτω, υποβάλλω

Unterlegscheibe *f* ροδέλα

Unterleib *m* υπογάστριο; **~s-** υπογαστρικός

unter'lieg|en* ηττώμαι (-άσαι) (*auch Sport*); *fig Gesetz usw* υπόκειμαι (*D*/σε); *Preis*: ***Schwankungen ~en*** είναι ευμετάβλητος; ***es ~t keinem Zweifel*** δεν χωρεί αμφιβολία

Unterlippe *f* κάτω χείλος *n*

unter'mauern ⟨*-re*⟩ *fig* στηρίζω, δίνω υπόβαθρο *oder* έρεισμα; *Haus* υποτειχίζω

Unter'mauerung *f fig* στήριγμα *n*, υπόβαθρο

Untermiete *f* υπομίσθωση; ***in ~ nehmen*** υπομισθώνω; **~r** *m* υπομισθωτής

untermi'nieren *auch fig* υπονομεύω, μινάρω

Untermi'nierung *f* υπονόμευση

unter'nehmen* *v/t* επιχειρώ, αναλαμβάνω

Unter'nehmen *n* HDL επιχείρηση; εγχείρημα *n*; αποστολή

Unter'nehmensberat|er *m* σύμβουλος επιχειρήσεων; **~ung** *f* συμβούλευση επιχειρήσεων

Unter'nehm|er *m* επιχειρηματίας; εργολήπτης; **~er-** επιχειρηματικός; **~ung** *f* εγχείρημα *n* (*auch* MIL); αποστολή

Unter'nehmungs|geist ⟨*-es*; *0*⟩ *m* επιχειρηματικό πνεύμα *n*; **~lust** ⟨*0*⟩ *f* επιχειρηματικότητα

unter'nehmungslustig επιχειρηματικός

Unteroffizier *m* υπαξιωματικός; ***~ der Luftwaffe*** σμηνίας; ***~ der Gendarmerie*** ενωμοτάρχης

unterordnen ⟨*-e-*⟩ υπάγω (*A - D*/*A* - σε)

Unter|ordnung *f* υποταγή (**unter** *A*/σε), υπαγωγή; **~'redung** *f* συνδιάλεξη

Unterricht ⟨*-es*; *-e*⟩ *m* διδασκαλία, μάθημα *n*, εκπαίδευση; ***~ geben*** δίνω μάθημα; ***~ geben** oder **nehmen*** κάνω μάθημα

unter'richten ⟨*-e-*⟩ (*lehren*) διδάσκω; (*informieren*) ενημερώνω (***j-n über** A*, ***von** D*/κπ επί *G*, σχετικά με *A*, σε)

Unterrichts|- εκπαιδευτικός; **~geld** *n* δίδακτρα *n*/*pl*; **~ministerium** *n* υπουργείο παιδείας; **~stunde** *f* μάθημα *n*

Unterrock *m* μεσοφόρι

unter'sagen απαγορεύω (***j-m etw***/κτ σε κπ)

Untersatz *m* υπόθεμα *n*; (*für Gläser*) σουβέρ ⟨*0*⟩ *n*; F ***fahrbare(r) ~*** *etwa*: καρούλι

unter'schätzen ⟨*-t*⟩ υποτιμώ (-άς)

Unter'schätzung *f* υποτίμηση

unter'scheid|bar: ***schwer ~bar*** δυσδιάκριτος; **~en*** διακρίνω, ξεχωρίζω; ***sich ~en von** D* ξεχωρίζω από, διακρίνομαι από; ***sich von etw dadurch*** (*oder* ***darin***) ***~en, dass ...*** διακρίνομαι από κάτι, κατά το ότι ...

Unter'scheidung *f* διάκριση, διαστολή; **~s-vermögen** ⟨*-s*; *0*⟩ *n* διάκριση

Unter|schenkel *m* κνήμη; **~schicht** *f* υπόστρωμα *n*; **~schiebung** *f* JUR υποβολή; **~schied** ⟨*-es*; *-e*⟩ *m* διαφορά; ***ohne ~schied*** *G* αδιακρίτως *G*

unter|schiedlich διακριτικός; **~schiedslos** αδιάκριτος

unter'schlagen* υπεξαίρω

Unter|'schlagung *f* υπεξαίρεση; **~schlupf** ⟨*-es*; *0*⟩ *m* καταφύγιο

unter|'schreiben* *auch fig* υπογράφω; **~'schrieben** υπογεγραμμένος

Unterschrift *f* υπογραφή; ***eigenhändige ~*** αυτόγραφο

Unterseeboot *n* υποβρύχιο

Untersetzer *m für Gläser*: σουβέρ ⟨*0*⟩ *n*

unter'setzt στρουμπουλός

unter'spülen διαβρώνω

Unter'spülung *f* διάβρωση (***der Fahrbahn*** του δρόμου)

unterst|- κατώτατος; **~e** ***Grenze*** (ο) κατώτατος όρος
Unterstand *m* προκάλυμμα *n*, αμπρί
unter'stehen* *Dienststelle usw* εξαρτώμαι (*D*/από); ***sich*** ~ αποκοτώ
unter'stellen υπάγω, αναθέτω (*A – D*/το – σε); (*beschuldigen*) καταλογίζω (***j-m etw***/κτ σε κπ)
unterstellen βάζω αποκάτω
Unterstell|en *n Auto*: φύλαξη; **~platz** *m* στέγαστρο
unter|'streichen* *auch fig* υπογραμμίζω; **~'stützen** ⟨*-t*⟩ *allg* υποστηρίζω, συντρέχω (***j-n in*** *D*/κπ σε); ενισχύω (***geldlich*** χρηματικώς); *Heilung* υποβοηθώ
Unter'stützung *f* υποστήριξη; επιδότηση; (*Zuschuss*) επιχορήγηση; ***j-n um*** ~ ***anrufen*** προσφεύγω σε; **~s-gelder** *n/pl* χορήγημα *n*
unter'suchen εξετάζω; *Arzt auch* κοιτάζω; ***ein Problem*** ~ μελετώ (-άς), ερευνώ (-άς); ***sich*** ~ ***lassen*** κοιτάζομαι
Unter'suchung *f* εξέταση; (*Abhandlung*) μελέτη; έρευνα; κοίταγμα *n*; *JUR* ανάκριση
Unter'suchungs|- εξεταστικός; ανακριτικός; **~gefangene(r)** υπόδικος; **~gefängnis** *n* φυλακές *f/pl* των υποδίκων; **~haft** *f* προφυλάκιση; ***in ~haft nehmen*** προφυλακίζω; **~richter** *m* ανακριτής
Untertan ⟨*-en*⟩ *m mst hist* υπήκοος
Untertanengeist ⟨*-ẹs*; *0*⟩ *m* δουλοφροσύνη
untertänig υποχείριος
Untertasse *f* πιατάκι
untertauchen *v/i* ⟨*sn*⟩ βουτώ (-άς), βυθίζομαι; (*verschwinden*) εξαφανίζομαι; *subst* βουτιά; *e-r S* κατάδυση
Unterteil *m, n* κάτω μέρος *n*
unter'teilen υποδιαιρώ
Unter|'teilung *f* υποδιαίρεση; **~temperatur** *f* υποθερμία; **~titel** *m* υπότιτλος
untervermieten ⟨*-e-*⟩ υπενοικιάζω
Untervermiet|er *m* υπενοικιαστής; **~ung** *f* υπενοικίαση
unter'wandern ⟨*-re*⟩ διεισδύω (σε), εισχωρώ (σε)
Unterwäsche *f* εσώρουχα *n/pl*, ασπρόρουχα *n/pl*
Unter'wasser|- υποβρύχιος; **~massage** *f* υδρομασάζ ⟨*0*⟩ *n*
unter'wegs [eː] στο δρόμο, καθ' οδόν
unter'weisen* διδάσκω; καθοδηγώ
Unter'weisung *f* καθοδήγηση
Unterwelt *f* υπόκοσμος (*auch Verbrecher*); (*Mythos*) Τάρταρος, Ἅδης; *hist* ***... der*** ~ καταχθόνιος
unter'werfen* υποτάσσω; *S* υποβάλλω; ***sich*** ~ υποτάσσομαι
Unter'werfung *f* υποταγή, συμμόρφωση (***unter*** *A*/προς *A*)
unter'worfen υπόδουλος, υποκείμενος; ~ ***sein*** *D* υποκείμαι σε; ~ ***werden von*** *D* υποδουλώνομαι από *A*, σε
unterwürfig δουλικός
Unterwürfigkeit ⟨*0*⟩ *f* δουλοπρέπεια, υποταγή
unter'zeichne|n ⟨*-e-*⟩ υπογράφω; **~t** υπογεγραμμένος
Unter'zeichn|er *m* υπογράφων *m*; *e-r Liste*: εγγραφέας; **~ete(r)** υποφαινόμενος; **~ung** *f* υπογραφή
Unterzeug ⟨*-ẹs*; *0*⟩ *n* εσώρουχα *n/pl*
unter'ziehen* *j-n e-m Verhör, e-r Prüfung* υποβάλλω σε; ***sich*** (*A*) ~ (*D*) υφίσταμαι *A*
Untiefe *f* ρηχά *n/pl*
Untier *n* θεριό
untrennbar αχώριστος (*auch GR*); αναπόσπαστος
untreu άπιστος (*D*/σε); ~ ***sein*** απιστώ (*D*/σε)
Untreue *f* απιστία
un|tröstlich απαρηγόρητος; **~trüglich** αναμφισβήτητος
unüber|brückbar αγεφύρωτος (*auch fig*); **~legt** αμελέτητος, αστόχαστος; **~'setzbar, ~'setzt** αμετάφραστος; **~'steigbar** ανυπέρβατος; **~'tragbar** *Recht*: αμεταβίβαστος; **~'trefflich** αξεπέραστος; **~'troffen** υπέροχος; απέραστος (***in*** *D*/σε); **~'windlich** ανυπέρβλητος
unum|'gänglich αναγκαίος, απαραίτητος; **~'stößlich** αμετάτρεπτος; **~'wunden** απερίφραστος; *adv auch* καθαρά και ξάστερα
ununter|'brochen αδιάλειπτος, αδιάκοπος; *adv auch* ασταμάτητα; **~'scheidbar** αξεχώριστος
unver|'änderlich αμετάβλητος (*auch Mensch*); **~'ändert** αμετάβλητος; **~'antwortlich** ανεύθυνος; **~'äußerlich** *Recht*: αναφαίρετος; *allg* αναπαλλοτρίωτος; **~'besserlich** αδιόρθωτος, ανεπανόρθωτος

U

unverbindlich ... χωρίς υποχρέωση *oder* δέσμευση; ***ganz ~ für Sie!*** χωρίς καμιά δέσμευση σας!
unver|bleit αμόλυβδος; **~blümt** *sagen* νέτα-σκέτα; **~'braucht** φρέσκος; *Geld*: αχάλαστος; *pers* αγέραστος; **~'brüchlich** αδιάρρηκτος; **~bunden** ασυγκόλλητος; ασύνδετος; **~'dächtig** ανύποπτος; **~'daulich** δύσπετος, αχώνευτος; **~'daut** *auch fig* αχώνευτος
unverdienter|maßen, ~weise άδικα, χαράμι
unver|'dorben άφθορος; **~'drossen** άοκνος, αβαρυγκόμιστος; **~'einbar** ασύμφωνος, απροσάρμοστος (***mit*** *D*/σε)
Unver'einbarkeit ⟨*0*⟩ *f* ασυμβίβαστο
unver|'fälscht άδολος; **~'fänglich** ανεπιβούλευτος; **~'froren** ασύστολος
Unver'frorenheit *f* αδιαντροπιά
unver|'gänglich άφθαρτος; **~'gesslich** αξέχαστος; **~'gleichlich** ασύγκριτος, ανυπέρβλητος; **~hältnismäßig** άρρυθμος; *adv* ασύγκριτα; **~'heiratet** άγαμος, απάντρευτος; **~'hofft** απροσδόκητος; παρ' ελπίδα; **~'hohlen** ασυγκάλυπτος, εκ του εμφανούς; **~'jährbar** απαράγραπτος; **~'käuflich** απούλητος; **~'kauft** απούλητος; **~'kennbar** προφανής; **~'letzlich** *allg* απαράβατος, απλήγωτος
Unver'letzlichkeit ⟨*0*⟩ *f allg*, *JUR* απαράβατο, ασυλία
unver|letzt ατραυμάτιστος; **~'meidlich** αναπόφευκτος; **~'mietet** ανοίκιαστος; **~'mindert** αμείωτος; *Interesse*: αμετάπτωτος; **~'mischt** άμικτος , άκρατος
Unvermögen ⟨*-s*; *0*⟩ *n* αδυναμία
unver'mutet απρόβλεπτος; *adv* απρόβλεπτα, εξαπίνης
Unvernunft ⟨*0*⟩ *f* αφροσύνη; ακρισία
unver|nünftig άλογος, άκριτος, άφρων; **~öffentlicht** ανέκδοτος; **~packt** απακετάριστος
unverrichtet: *~er Sache* *oder* ***Dinge zurückkehren*** *oder* ***abziehen*** επανέρχομαι άπραχτος
unver|'rückbar ριζιμιός; *fig* αμετακίνητος; **~schämt** θρασύς, ιταμός, αναιδής
Unverschämtheit ⟨*0*⟩ *f* θρασύτητα, αναίδεια, ιταμότητα
unver|schlossen ξεκλείδωτος; *Flasche*: αβούλωτος; **~schuldet** αναίτιος; αχρέωτος; **~sehens** απρόβλεπτα, εξαπίνης; **~sehrt** αβλαβής, ακέραιος, άρτιος
Unversehrtheit ⟨*0*⟩ *f* ακεραιότητα, αρτιότητα; αλύμαντο
unver|'senkbar αβούλιαχτος; **~'setzbar** *Beamter*: αμετάθετος; **~sichert** ανασφάλιστος; **~söhnlich** άσπονδος, αδιάλλακτος; **~söhnt** αφιλίωτος; **~ständig** ασύνετος; **~ständlich** ακατανόητος
Unverständlichkeit ⟨*0*⟩ *f* ακατανοησία
unversucht: *nichts ~ lassen* εξαντλώ όλα τα μέσα
unverträglich (*streitsüchtig*) κακόβολος, αμόνοιαστος; αβάσταχτος; *MED* ***... ist ~ bei*** *D*, ***für*** *A* αντενδείκνυται σε, για
unver|wandt ατενής; *adv anblickend* κατάματα, ασκαρδαμυκτί; **~'wechselbar** ασύγχυστος; **~wirklicht** απραγματοποίητος; **~'wundbar** άτρωτος; **~wundet** ατραυμάτιστος; **~wüstlich** *Stoff usw* αθάνατος, ... αντοχής; **~zagt** αδείλιαστος; **~zeihlich** ασυγχώρητος; **~zinslich** άτοκος; **~zollt** ατελώνιστος; **~züglich** ανυπέρθετος; *adv auch* χωρίς χρονοτριβή, χωρίς καθυστέρηση
unvoll|endet ατέλειωτος, ασυντέλεστος; **~kommen** ατελής, υποτυπώδης
Unvollkommenheit *f* ατελές (-ούς) *n*, ατέλεια
unvollständig ασυμπλήρωτος
unvorbereitet απαρασκεύαστος, απροετοίμαστος (***auf*** *A*/για *A*); *Schüler*: αδιάβαστος
unvoreingenommen απροκατάληπτος
Unvoreingenommenheit ⟨*0*⟩ *f* απροκαταληψία
unvorhergesehen απρόβλεπτος; ***das Unvorhergesehene*** η απροβλεψία
unvor|sätzlich απρομελέτητος; **~schriftsmäßig** αντικανονικός; **~sichtig** απρόσεκτος, απερίσκεπτος
Unvorsichtigkeit *f* απροσεξία, απερισκεψία
unvor|'stellbar αφάνταστος; **~teilhaft** ασύμφορος, επιζήμιος
un'wägbar αστάθμητος
unwahr αναληθής
Unwahrheit *f* αναλήθεια; ***die ~ sagen*** ψευδολογώ
unwahrscheinlich απίθανος
Unwahrscheinlichkeit ⟨*0*⟩ *f* απιθανότητα

U

un|wegsam δύσβατος; **~weigerlich** αναντίρρητος; **~weit** *präp G oder* **von** *D* πλησίον *G*
Unwesen ⟨*-s; 0*⟩ *n*: ***sein ~ treiben*** ασχημονώ; κάνω άνω κάτω
unwesentlich επουσιώδης, ασήμαντος
Unwetter *n* κακοκαιρία; φουρτούνα, θύελλα
unwichtig ασήμαντος
Unwichtigkeit *f* ασήμαντο
unwider'leg|bar, ~lich μη αναιρέσιμο
unwider'ruflich αμετάκλητος; *adv auch* ξεκομμένα
Unwider'ruflichkeit ⟨*0*⟩ *f* αμετάκλητο
unwider|'sprochen αναντίρρητος; **~'stehlich** ακατανίκητος, ακαταμάχητος
unwieder|'bringlich ανεπίστρεπτος; *adv* ανεπιστρεπτί; **~'holbar** ανεπανάληπτος
Unwille ⟨*-ns; 0*⟩ *m* δυσφορία, βαρυθυμία
unwillig απρόθυμος
Unwilligkeit ⟨*0*⟩ *f* απροθυμία (***zu*** *D*/για)
unwill|kommen κακόδεχτος; **~kürlich** αβούλητος
unwirk|lich φανταστικός; **~sam** αδρανής, μη αποτελεσματικός
un|wirsch στρυφνός, τραχύς; **~wirtlich** αφιλόξενος, κακόβολος; ***~wirtliche Gegend*** κακοτοπιά; **~wirtschaftlich** αντιοικονομικός; **~wissend** ανήξερος
Unwissenheit ⟨*0*⟩ *f* άγνοια
unwissenschaftlich ανεπιστημονικός
Unwissenschaftlichkeit ⟨*0*⟩ *f* ανεπιστημοσύνη
unwissentlich εξ αγνοίας
unwohl αδιάθετος, ανήμπορος
Unwohlsein ⟨*-s; 0*⟩ *n* αδιαθεσία
unwürdig ανάξιος (*G*/*G*), περιφρονητέος
Unwürdigkeit ⟨*0*⟩ *f* αναξιότητα
Unzahl ⟨*0*⟩ *f* μυριάδα, απειρία
unzähl|bar άπειρος; **~ig** αναρίθμητος; αμέτρητος; ***~ige Male*** μυριάκις
Unze *f* ουγγία
Unzeit *f*: ***zur ~*** εξώρας, παράκαιρα
unzeitgemäß ασυγχρόνιστος, άκαιρος
unzer|'brechlich άθλαστος; **~'reißbar** άρρηχτος
unzer'stör|bar ακατάστρεπτος, άφθαρτος; **~t** αχάλαστος
unzer'trennlich αχώριστος
Unzucht ⟨*0*⟩ *f* ασέλγεια; ***~ treiben*** ασελγώ
unzüchtig ασελγής
unzufrieden δυσαρεστημένος (***mit*** *D*/με); ***~ sein*** δυσαρεστούμαι
Unzufriedenheit ⟨*0*⟩ *f* δυσαρέσκεια
unzugänglich απρόσιτος, απλησίαστος; *Berg*: απρόσβατος
Unzugänglichkeit ⟨*0*⟩ *f* απρόσιτο
unzulänglich ανεπαρκής
Unzulänglichkeit *f* ανεπάρκεια, ατέλεια
unzulässig ανεπίτρεπτος
Unzulässigkeit ⟨*0*⟩ *f* ανεπίτρεπτο
unzurechnungsfähig ακαταλόγιστος
Unzurechnungsfähigkeit ⟨*0*⟩ *f* ακαταλόγιστο
unzu|reichend ανεπαρκής; **~sammenhängend** ανακόλουθος; ασυνάρτητος; → ***zusammenhanglos***; **~ständig** αναρμόδιος; **~stellbar** *Brief*: ανεπίδοτος, αδιαβίβαστος; **~treffend** λαθεμένος, εσφαλμένος, ανακριβής
unzuverlässig αναξιόπιστος, ασυνεπής (***in*** *D*/σε); ***er ist ~*** δεν μπορείς να βασιστείς σ' αυτόν
Unzuverlässigkeit ⟨*0*⟩ *f* αναξιοπιστία
un|zweckmäßig άσκοπος; **~zweideutig** απερίφραστος; **~zweifelhaft** αναμφίβολος
üppig άφθονος
Üppigkeit ⟨*0*⟩ *f* αφθονία
Ur- *oft*: παν- (παγ-, παμ-); *Zustand*: πρωτόγονος
Urahn(e *f*) ⟨*-en*⟩ *m* προπάππος
uralt πανάρχαιος, παμπάλαιος
U'ran ⟨*-s; 0*⟩ *n* ουράνιο
Uranus ⟨*-; 0*⟩ *m* ASTR Ουρανός
Uraufführung *f* πρεμιέρα
Urba'nistik ⟨*0*⟩ *f* οικιστική
urbar: ***~ machen*** εκχερσώνω
Urbarmachung *f* εκχέρσωση
Ur|einwohner *m* ιθαγενής, αυτόχθων (-ονος); **~enkel** *m* δισέγγονος; **~enkelin** *f* δισεγγόνη; **~großmutter** *f* προμάμμη; **~großvater** *m* προπάππος
Urheber *m* δημιουργός; *von Störungen usw* πρωταίτιος; (*Verfasser*) συγγραφέας; δράστης; **~recht** *n* συγγραφικό δικαίωμα *n*; **~schaft** ⟨*0*⟩ *f e-s Werkes*: πατρότητα; αυτουργία
U'rin ⟨*-s; -e*⟩ *m* ούρα *n*/*pl*
uri'nieren (κατ)ουρώ; *subst* κατούρημα *n*, ούρηση

U'rinprobe *f* δείγμα *n* ούρων
Urkunde *f* χάρτης, έγγραφο; (*Geburts- usw*) πράξη
Urkundenfälsch|er *m* πλαστογράφος; **~ung** *f* πλαστογραφία
urkundlich αυθεντικός; δι' εγγράφου
Urlaub ⟨*-es; -e*⟩ *m* άδεια, διακοπές *f/pl*; **~ machen, in ~ gehen** πάω διακοπές; **~ haben, in ~ sein** έχω άδεια; **~ nehmen** παίρνω άδεια; **~er** *m* αδειούχος
Urlaubs|- ... αδείας; **~anschrift** *f* διεύθυνση διακοπών; **~geld** *n* επίδομα *n* αδείας; **~ort** *m* τόπος διακοπών; **~schein** *m* MIL φύλλο αδείας; **~vertretung** *f* εκπροσώπηση στις διακοπές; *pers* εκπρόσωπος στις διακοπές; **~zeit** *f* καιρός διακοπών
Urne *f* τεφροδόχη; (*Wahl-*) κάλπη; **an die ~n gehen** κατεβαίνω στις κάλπες
Uro'loge ⟨*-n*⟩ *m* ουρολόγος
Ursache *f* αιτία; **keine ~!** (*als Antwort*) τίποτε!
ursächlich αιτιατός
Ur|schrift *f* πρωτότυπο; **~sprung** ⟨*-es; ¨e*⟩ *m* προέλευση
ursprünglich πρωταρχικός; αρχικός
Urteil ⟨*-es; -e*⟩ *n* κρίση (**über** *A*/για *A*, περί *G*); JUR απόφαση; **rechtskräftige(s) ~** τελεσιδικία
urteilen (*geurteilt*) κρίνω (**nach** *D*/εκ *G*); (**richtig**) **~** συλλογίζομαι (ορθώς); **vorschnell ~** προδικάζω (**über** *A*/*A*)
Urteils|begründung *f* αιτιολογικό αποφάσεως, σκεπτικό; **~spruch** *m* ετυμηγορία; **~verkündung** *f* απαγγελία αποφάσεως; **~vermögen** ⟨*-s; 0*⟩ *n* κρίση, ικανότητα για κρίση; (*gutes*) ευθυκρισία
urtümlich αρχαϊκός
Uruguay [-gvaɪ] *n* Ουρουγουάη *f*
Urur|- τρι-; **~enkel** *m* τρισέγγονο; **~großvater** *m* τρίπαππος
Urwald *m* παρθένο δάσος
urwüchsig πρωτόγονος; *fig* απροσποίητος
Urzeit *f* αρχική εποχή
Usance [yˈzãːsə] *f* HDL συνήθεια
User [ˈjuːzɐ] *m* EDV χρήστης
Usur|pa'tion *f* σφετερισμός; **~'pator** ⟨*-s; -'toren*⟩ *m* σφετεριστής
usur'pieren σφετερίζομαι
Uten'silien [-lĭən] *pl* χρειώδη *n/pl*
Uterus ⟨*-; -ri*⟩ *m* ANAT μήτρα, υστέρα
Utilita'ris|mus ⟨*-; 0*⟩ *m* ωφελιμισμός; **~t** ⟨*-en*⟩ *m* ωφελιμιστής
Uto'pie *f* ουτοπία
u'topisch ουτοπικός
Uto'pist ⟨*-en*⟩ *m* ουτοπιστής

V

V, v [faʊ] *neugr* φ *oder* β
Vaga'bund [v-] ⟨*-en*⟩ *m* αλήτης
vage [v-] ακαθόριστος; *Versprechen*: νεφελώδης
Va'gina [v-] ⟨*-; -nen*⟩ *f* ANAT κόλπος
va'kant [v-] χηρεύων; **~e Stelle** χηρεύουσα θέση; **~ sein** χηρεύω
Va'kanz *f* χηρεία
Vakuum [ˈvaːkuʊm] ⟨*-s; -kua*⟩ *n* κενό, διάκενο
Va'lenz [v-] *f* CHEM σθένος *n*
Va'luta ⟨*-; -ten*⟩ *f* συνάλλαγμα *n*
Vam'pir [v-] ⟨*-s; -e*⟩ *m* ZOOL βάμπιρος; *fig* βρυκόλακας
Van'da|le ⟨*-n*⟩ *m* βάνδαλος (*auch fig*); **~'lismus** ⟨*-; 0*⟩ *m* βανδαλισμός
Vanille [vaˈnɪljə] ⟨*0*⟩ *f* βανίλη, βανίλια
vari'abel [v-] μεταβλητός
Vari'able ⟨*-n*⟩ *f* MATH μεταβλητή
Vari|'ante [v-] *f* παραλλαγή; **~a'tion** *f* παραλλαγή (*auch* MUS)
Varieté [-eˈteː] ⟨*-s; -s*⟩ *n* βαριετέ *n*
vari'ieren *v/i, v/t* παραλλάζω; *v/i* ποικίλλω
Va'sall [v-] ⟨*-en*⟩ *m hist* τιμαριώτης
Vase [v-] *f* βάζο, ανθογυάλι
Vase'line [v-] ⟨*0*⟩ *f* βαζελίνη
Vater [f-] ⟨*-s; ¨*⟩ *m* πατέρας, *K* πατήρ (-τρός) *m*; **~** (**unser**)**!** πάτερ (ημών)!; **~-** πατρικός; **~land** *n* πατρίδα
vaterländisch πάτριος
Vaterlands|liebe [f-] *f* φιλοπατρία; **~verräter** *m* εθνοπροδότης, δοσίλογος
väterlich [f-] πατρικός, πάτριος; **~erseits** πατρόθεν, από πατρός

V

vaterlos 1018

vaterlos [f-] ορφανός πατρός
Vater|schaft [f-] ⟨*0*⟩ *f* πατρότητα; **~stadt** *f* πάτριος πόλη; **~'unser** ⟨*-s; -*⟩ *n* Πάτερ ημών *n*
Vati'kan [v-] ⟨*-s; 0*⟩ *m* Βατικανό; **~stadt** *f* Πόλη του Βατικανού
Vege'tarier [veˑgeˑ'taːʀɪ̆ə] *m* χορτοφάγος, φυτοφάγος
vege'tarisch χορτοφάγος
Vegeta'tion [v-] *f* βλάστηση
vegeta'tiv *auch* MED φυτικός
vege'tieren φυτοζωώ; *subst* φυτοζώηση
Veilchen [f-] *n* μενεξές (-έδες), γιούλι, *K* ίον; **~-** μενεξεδένιος
Vektor [v-] ⟨*-s; -'toren*⟩ *m* MATH άνυσμα *n*
Vene [v-] *f* φλέβα
Ve'nedig [-ις] *n* Βενετία, Ενετία
Venen-entzündung *f* φλεβίτιδα
ve'nerisch [v-] αφροδίσιος
Venezi'aner [v-] *m* Βενετσιάνος
venezi'anisch βενετικός, ενετικός
Venezu'ela [v-] *n* Βενεζουέλα
Ven'til [v-] ⟨*-s; -e*⟩ *n* βαλβίδα; **~a'tion** *f* εξαερισμός; **~ator** [-'laː-] ⟨*-s; -'toren*⟩ *m* ανεμιστήρας
Venus [v-] *f* Αφροδίτη
ver- [fɛʀ-] *unbetontes Präfix, oft*: απο-, συν-; *Veränderung* μετα-
ver'abreden ⟨*-e-*⟩ *v/t* συμφωνώ, συνομολογώ; ***sich ~ mit*** *D* κλείνω ραντεβού με
Ver'abredung *f* συνάντηση; ραντεβού ⟨*0*⟩ *n*; ***ich habe e-e ~*** έχω συνάντηση
ver'abreichen χορηγώ
ver'abscheu|en αηδιάζω (*A*/με), σιχαίνομαι, οικτείρω (***wegen*** *G*/για); **~ens-wert, ~ungs-würdig** σιχαμερός, οικτρός
ver'abschieden ⟨*-e-*⟩ *v/t Gäste* προβοδίζω; (*entlassen*) απολύω; *Gesetze* ψηφίζω; ***sich von j-m ~*** αποχαιρετίζω κπ; ***sich voneinander ~*** αποχαιρετίζομαι
Ver'abschiedung *f der Gäste*: ξέβγαλμα *n*, προβόδισμα *n*; ψήφισμα *n*
ver'achten ⟨*-e-*⟩ *auch Gefahr* περιφρονώ; ***nicht zu ~d*** (*Vorschlag usw*) μη ευκαταφρόνητος
Ver'ächter *m* περιφρονητής
ver|'achtet ατίμητος; **~'ächtlich** περιφρονητικός; ***j-n ~ächtlich machen*** εξευτελίζω κπ
Ver'achtung *f* καταφρόνηση, περιφρόνηση
ver'achtungswürdig περιφρονητέος
verallge'meinern ⟨*-re*⟩ καθολικεύω, γενικεύω; **~d** γενικευτικός
Verallge'meinerung *f* καθολίκευση, γενίκευση
ver'alt|en ⟨*-e-; sn*⟩ παλιώνω, απαρχαιώνομαι, μπαγιατεύω; *subst* μπαγιάτεμα *n*; **~et** *auch Wort*: παλιωμένος, μπαγιάτικος; *Maschine*: απαρχαιωμένος
Ve'randa [v-] ⟨*-; -den*⟩ *f* βεράντα
ver'änderlich μεταβλητός; *Wetter*: ασταθής
Ver'änderlichkeit *f* μεταβλητότητα, αστάθεια
ver'ändern ⟨*-re*⟩ αλλάζω; αλλοιώνω; ***sich ~*** αλλάζω, παραλλάζω
Ver'änderung *f* αλλαγή, παραλλαγή; αλλοίωση; GR (*Laut-*) πάθος *n*
ver|'ängstigt φοβισμένος, αλαφιασμένος; **~'ankern** ⟨*-re*⟩ προσορμίζω, αράζω; *fig gesetzlich* κατοχυρώνω
Ver'ankerung *f* προσόρμιση; *fig* κατοχύρωση
ver'anlagen *Vermögen* εκτιμώ (-άς)
Ver'anlagung *f* (*Talent*; *auch zu e-r Krankheit*) προδιάθεση (**zu** *D*/προς *A*, σε); (*Steuer-*) εκτίμηση
ver'anlassen ⟨*-t*⟩ βάζω (**zu** ...**/**να ...), ενεργώ; ***das Nötige ~*** ενεργώ τα δέοντα
Ver'anlassung *f* αφορμή, αιτία; ***auf ~*** *G* (*oder* **von** *D*) κατόπιν οδηγιών *G*; ***zur weiteren ~*** προς ενέργεια, δια τα περαιτέρω
ver'anschaulichen αισθητοποιώ
Ver'anschaulichung *f* αισθητοποίηση
ver'anschlagen προϋπολογίζω, προεικάζω (**auf** *A*/σε); προβλέπω (**als**/*N*)
Ver'anschlagung *f* υπολογισμός, προεικασία (*G*/για *A*, περί *G*)
ver'anstalten ⟨*-e-*⟩ *Fest* διοργανώνω; ***etw ~*** κάνω εκδήλωση
Ver'anstalt|er *m* διοργανωτής; **~ung** *f* διοργάνωση; εκδήλωση; ***e-e ~ung organisieren*** κάνω εκδήλωση; **~ungskalender** *m* οδηγός πολιτιστικών εκδηλώσεων
ver'antwort|en ⟨*-e-*⟩ ευθύνομαι για; **~lich** υπεύθυνος, υπαίτιος (***für*** *A/G*); ***~lich sein für*** *A* ευθύνομαι για, έχω ευθύνη; ***j-n für etw*** (*A*) ***~lich machen***

V

αποδίδω την ευθύνη για κάτι σε; ***nicht ~lich für*** *A* ανεύθυνος για *A*
Ver'antwort|lichkeit ⟨*0*⟩ *f* υπαιτιότητα; **~ung** *f* ευθύνη (***für*** *A*/*G*); ***j-n zur ~ung ziehen*** ζητώ το λόγο από κπ; (*bestrafen*) πατάσσω; → ***verantwortlich machen***
ver|'äppeln ⟨*-le*⟩ F παίρνω στο μεζέ; **~'arbeiten** ⟨*-e-*⟩ επεξεργάζομαι (*auch Daten*); ***~arbeitende Industrie*** βιομηχανία μεταποιήσεως
Ver'arbeitung *f* επεξεργασία
ver|'ärgern ⟨*-re*⟩ δυσαρεστώ; **~'armen** ⟨*sn*⟩ *v/i* φτωχαίνω, πτωχαίνω
Ver'armung *f* πτώχευση
ver'ausgaben ξοδεύω, δαπανώ; ***sich ~*** καταξοδεύομαι; ***sich ~ bei*** *D* (*Geld und Kräfte*) ξανοίγομαι σε
ver'äußern ⟨*-re*⟩ διαθέτω; εκποιώ
Ver'äußerung *f* εκποίηση, αλλοτρίωση
Verb [v-] ⟨*-s; -ben*⟩ *n* ρήμα *n*
Verb-, ver'bal [v-] ρηματικός
ver'ballhornen *Wort*: παραμορφώνω
Ver'balnote [v-] *f* ρηματική διακοίνωση
Ver'band ⟨*-es; ¨e*⟩ *m MED* επίδεσμος; (*Berufs-*) σωματείο; *POL* ένωση; (*Gruppe*) σύνδεσμος, οργανισμός; (*Sport*) σύλλογος; *MIL* μονάδα; *MAR* ουλαμός; **~mull** *m* γάζα; **~s-kasten** *m* φορητό φαρμακείο; **~stoff** *m* γάζα; **~zeug** ⟨*-es; 0*⟩ *n* υλικό επιδέσεως, επίδεσμος
ver'bann|en εκτοπίζω; αποβάλλω (***aus*** *D*/από); **~t** *auch* εξόριστος
Ver'bannung *f* εκτόπιση, εξορία
ver'barg → ***verbergen***
verbarrika'dieren αποφράσσω, ταμπουρώνω; ***sich ~*** ταμπουρώνομαι, οχυρώνομαι
ver'bau|en *Geld* δαπανώ για οικοδομή; ***j-m die Aussicht auf*** *A* ***~en*** του αποκρύπτω *A*; **~t** κακοχτισμένος
verbe'amten ⟨*-e-*⟩ μονιμοποιώ
Verbe'amtung *f* μονιμοποίηση
ver'beißen* *Ärger* καταπίνω; *Schmerz* καταπνίγω; ***sich in etw*** (*A*) ~ βάζω πείσμα σε
ver'bergen* *allg* κρύβω; υποκρύπτω; αποκρύπτω (***etw vor j-m***/κτ από κπ)
ver'bessern ⟨*-re*⟩ βελτιώνω, καλυτερεύω; *Fehler* διορθώνω; ***leicht zu ~(d)*** ευδιόρθωτος
Ver'besserung *f* καλυτέρευση; διόρθωση, βελτίωση
ver'besserungs|bedürftig χρήζων βελτιώσεως; **~fähig** βελτιώσιμος, δεκτικός βελτιώσεως
ver'beugen: *sich ~ vor* *D* (*auch fig*) υποκλίνομαι προ *G*
Ver'beugung *f* υπόκλιση; ***e-e ~ machen*** προσκλίνω
ver|'biegen* στραβώνω, στρεβλώνω; *subst* στράβωμα *n*, στρέβλωση; **~'bieten*** απαγορεύω; *Zeitung* παύω; **(*es*) *ist verboten*** απαγορεύεται; **~'billigen** φτηναίνω
Ver'billigung *f* υποτίμηση
ver'binden* *allg*, *CHEM*, *TECH* ενώνω, συνδέω; *Wunde* επιδένω; *GR* συντάσσω (***mit*** *D*/με); *durch Brücke*: γεφυρώνω; ***sich ~*** συνδέομαι, σμίγω; → ***verbunden***; *subst MED* επίδεση, δέσιμο
ver'bindlich *z. B. Bedingungen*: δεσμευτικός; *pers* υποχρεωτικός; καλομίλητος; *Text*: αυθεντικός; ***~ sein*** *Gutachten*: δεσμεύω
Ver'bindlichkeit *f HDL* υποχρέωση, δέσμευση; εξυπηρέτηση; **~en** *pl auch Bilanz*: παθητικό
Ver'bindung *f allg*, *CHEM* ένωση; *BAHN*, *Flug- usw* συγκοινωνία, σύνδεση; *TEL*, *HDL*, *zwischen zwei Räumen*: επικοινωνία; (*Verein*, *TECH*, *fig*) σύνδεσμος; (*Ehe-*) σύζευξη; (*Kontakt*, ~ *zueinander*; *zwischen zwei Ideen*) συνάφεια; ***j-n mit j-m in ~ bringen*** φέρνω κπ σ' επαφή με; *fig*, *bsd S* συσχετίζω με; ***sich in ~ setzen mit*** *D* έρχομαι σ' επαφή με; ***in ~ stehen mit*** *D* επικοινωνώ με; *bsd HDL* συναλλάσσομαι με; ***in ~ treten mit*** *D* έρχομαι σ' επαφή με
Ver'bindungs|- συνθετικός; *TECH*, *CHEM* ενωτικός; **~offizier** *m* αξιωματικός-σύνδεσμος; **~stück** *n TECH* ρακόρ *n*, συνδετήρας
ver'bissen άγριος, πεισματωμένος; *adv* πεισματικά
ver'bitten*: ***sich*** (*D*) ***etw*** (*A*) ~ δεν (το) ανέχομαι, δεν (σας) επιτρέπω, δεν αφήνω (***zu ...***/να ...), σας απαγορεύω
ver'bitter|n ⟨*-re*⟩ *v/t* φαρμακώνω, πικραίνω; *v/i* ⟨*sn*⟩ πικραίνομαι; **~t** πικραμένος
Ver'bitterung *f* πίκρα, πικρία
ver|'blassen ⟨*-t; sn*⟩ *v/i* ξεθωριάζω; *Ruhm*: ωχριώ (-άς) (***neben*** *D*/προ *G*);

verbläuen 1020

~'bläuen F *j-n* μελανιάζω στο ξύλο; **~'bleiben*** ⟨*sn*⟩ μένω; υπολείπομαι, παραμένω (**bei** *D*/σε); *Brief*: **ich ~bleibe** διατελώ ...; **~'bleibend** υπολειπόμενος; **~'bleichen*** ⟨*sn*⟩ ξεβάφω; *subst* ξέβαμμα *n*; **~'bleien** μολυβώνω; *subst* μολύβδωση; **~'bleit** μολυβδούχος; **~'blenden** ⟨*-e-*⟩ *TECH* επενδύω; *fig* τυφλώνω; ***~'blendet sein*** *aor* στραβώθηκα (και ...)

Ver'blendung *f* τύφλα, τύφλωση, σταβομάρα

ver|'blöden ⟨*-e-*; *sn*⟩ *v/i* ξεκουτιαίνω, ξεμωραίνομαι; **~'blödet** ξεκουτιάρης (-α, -ικο)

ver'blüff|en *v/t* αποσβολώνω; **~end** *z. B. Ähnlichkeit*: καταπληκτικός; **~t** σύξυλος

Ver'blüffung *f* αποσβόλωμα *n*

ver|'blühen *auch fig* μαραίνομαι; ανθορροώ; *subst* μαρασμός; **~'bluten** ⟨*-e-*; *sn*⟩ *v/i* πεθαίνω από αιμορραγία; **~'bohrt** δογματικός, πεισματωμένος; **~'borgen** *adj* κρυφός, ενδόμυχος; ***ganz im Verborgenen*** στα κρυφά; F στη ζούλα; ***~borgen sein*** υπολανθάνω; → ***verbergen***; **~'borgen** *v/t* δανείζω

Ver'bot ⟨*-es*; *-e*⟩ *n* απαγόρευση

ver'boten → ***verbieten***; απαγορευμένος; *Bezirk*: άβατος; ***Eintritt ~*** απαγορεύεται η είσοδος

Ver'bots|- απαγορευτικός; **~schild** *n*, **~tafel** *f* απαγορευτικό σήμα *n*

ver'brannt καμένος; ***~e Erde*** καμένη γη

Ver'brauch ⟨*-es*; *0*⟩ *m* κατανάλωση; ξόδεμα *n*

ver'brauchen καταναλώνω, καταναλίσκω; *Kohle* (*z. B. Ofen*) τρώω; *Geld*, *Vorrat* ξοδεύω; **sich ~** καταναλίσκομαι

Ver'braucher *m* καταναλωτής; **~-** καταναλωτικός; **~gemeinschaft** *f* 'Ενωση Καταναλωτών; **~markt** *m* καταναλωτική αγορά; **~preis** *m* τιμή καταναλωτού; **~schaft** *f* καταναλωτικό κοινό; **~schutz** *m* προστασία καταναλωτή

Ver'brauchs|güter *n/pl* καταναλωτικά αγαθά *n/pl*; **~steuer** *f* φόρος κατανάλωσης

ver'braucht φθαρμένος, χρησιμοποιημένος

ver'brechen* διαπράττω (*auch iron Gedicht*)

Ver'brech|en *n* έγκλημα *n*; ***ein ~en begehen*** εγκληματώ; **~er** *m* εγκληματίας

ver'brecherisch εγκληματικός

ver'breiten ⟨*-e-*⟩ *v/t* γενικεύω, κοινολογώ, διαφημίζω, διαδίδω (*auch Gerücht*); *Duft* σκορπίζω; *Ideen usw* διασπείρω; **sich ~** εκτείνομαι (**über** *A*/σε *A*)

Ver'breiter *m* διαλαλητής

ver'breitern ⟨*-re*⟩ *z. B. Straße* διαπλατύνω, διευρύνω

Ver'breiterung *f* διαπλάτυνση; διάνοιξη, διεύρυνση

ver'breitet διαδεδομένος; *allg* γενικευτικός; ***weit ~*** *Meinung*: ευρέως διαδεδομένος

Ver'breitung *f* διάδοση, εξάπλωση; **~sgebiet** *n BIOL* βιότοπος

ver'brennen* *v/t Holz usw* καίω, κατακαίω; *Sonne*: μαυρίζω; *v/i* ⟨*sn*⟩ καίγομαι; **sich ~** καίγομαι

Ver'brennung *f* καύση (*auch PHYS*); *am Körper*: κάψιμο (-ατος), έγκαυμα *n*; **~s-motor** *m* αερομηχανή

ver'bringen* *Zeit*, *Ferien* περνώ (-άς); *sein Leben*, *seine Zeit* διαπορεύομαι; ***die Nacht ~*** *auch* ξενυχτάω (-άς); ***den Sommer ~*** παραθερίζω; ***den Winter ~*** ξεχειμωνιάζω

ver'brüdern ⟨*-re*⟩: **sich ~** αδελφώνομαι

Ver'brüderung *f* αδέλφωση

ver'brühen *die Hand usw* ζεματίζω; **sich ~** ζεματίζομαι

ver'buchen *HDL Posten* πιστοχρεώνω, καταχωρίζω

Ver'buchung *f* καταχώριση

ver'bummel|n ⟨*-le*⟩ F *v/t* (*vergessen*) αστοχώ, αμελώ; ***seine Zeit ~n mit*** *D* κατατρίβομαι σε; **~t** ρέμπελος

Ver'bund ⟨*-es*; *-e*⟩ *m* ένωση, σύνδεσμος

ver'bunden (*dankbar*) υποχρεωμένος; ***fest ~*** *fig* σφιχτοδεμένος; *TEL* ***falsch ~*** έκανα (κάνετε) λάθος στο νούμερο; ***~ sein durch*** *A* συνδέομαι με *A*, μέσω *G*; *fig* ***~ sein mit*** *D* συγκοινωνώ με; *POL* (***fest***) ***~ sein mit*** *D* (σταθερά) προσηλωμένος σε; *Interesse*: ***eng ~ sein mit*** *D* βρίσκεται σε στενή σύνδεση; *GR* ***~ werden mit*** *D* συνεκφέρεται με

ver'bünden: sich ~ συνασπίζομαι, συμμαχώ

Ver'bundenheit ⟨*0*⟩ *f* προσήλωση (***mit*** *D*/σε)

ver'bündet σύμμαχος, ομόσπονδος; ***... der Verbündeten*** συμμαχικός
ver'bürg|en: ***sich für etw ~en*** ευθύνομαι για; **~t** *Nachricht*: εξακριβωμένος
ver'büßen ⟨*-t*⟩ εκτίνω, εκτίω
Ver'büßung *f* απότιση
ver'chromen [-kʀ-] χρωμιώνω
Ver'dacht ⟨*-es; 0*⟩ *m* υποψία, υπόνοια (*oft pl* -οιες); ***über jeden ~ erhaben*** υπεράνω πάσης υποψίας; ***j-n in ~ haben*** υποψιάζομαι κπ (**dass**/πως); ***den ~ haben, dass ...*** υποπτεύομαι ότι; ***~ schöpfen*** πονηρεύομαι; ***~ erregen*** προκαλώ υποψίες, πονηρεύω (***in mir***/ με ...); ***im ~ ...*** (*G*) ***stehen*** είμαι ύποπτος *G*, είμαι βεβαρημένος δ' υπονοιών
ver'dächtig ύποπτος (*G*/*G*); ***er kam mir gleich ~ vor*** μου φάνηκε ύποπτος; **~en** υποψιάζομαι, υποπτεύομαι (***j-n*** *– G*/ κπ *– G*), ενοχοποιώ
Ver'dachtsgründe *m*/*pl* υπόνοιες *f*/*pl*
ver'dammen καταδικάζω; καταριέμαι, αναθεματίζω; **~s-wert** καταδικαστέος, κολάσιμος
ver'dammt καταραμένος, κολασμένος; *z. B. Kälte*: αναθεματισμένος; ***~ noch mal!*** να πάρει ο διάβολος!, σκασμός!
Ver'dammung *f* κολασμός, αναθεματισμός
ver'dampfen ⟨*sn*⟩ εξατμίζομαι; ***~ lassen*** εξατμίζω
Ver'dampf|er *m* εξατμιστήρας; **~ung** *f* εξάτμιση
ver'danken: ***j-m etw ~*** χρωστώ (-άς) κτ σε κπ, οφείλω
ver'darb → ***verderben***
ver'dattert: F (***ganz***) ~ κομπλεξαρισμένος; ***~ sein*** μένω σαν μπόμπα
ver'dau|en χωνεύω; **~lich** χωνευτικός; (***leicht***) **~lich** εύπεπτος, ευκολοχώνευτος; ***schwer ~lich*** δύσπεπτος, δυσκολοχώνευτος
Ver'dau|lichkeit ⟨*0*⟩ *f* ευπεψία; **~ung** ⟨*0*⟩ *f* χώνευση; πέψη
Ver'dauungs|- πεπτικός; **~apparat** *m* πεπτικό σύστημα *n*; **~störung** *f* δυσπεψία; *mst pl* πεπτικές διαταραχές *f*/*pl*
Ver'deck ⟨*-es; -e*⟩ *n* κατάστρωμα *n*; (*Auto*) σκεπή
ver'deck|en προκαλύπτω, συγκαλύπτω, πλακώνω; *subst* προκάλυψη; **~t** *Naht*: αόρατος
ver'denken*: ***j-m etw nicht ~ können*** δεν παρεξηγώ κπ

Ver'derb ⟨*-es; 0*⟩ *m* καταστροφή; φθορά, ψώρα
ver'derben* *v*/*t Appetit, Laune, sich, j-n* χαλάω; *Charakter* διαστρέφω; *sittlich*: μολύνω, φθείρω; *v*/*i* ⟨*sn*⟩ χαλάω; φθείρομαι; *Fisch usw* μπαγιατεύω
Ver'derb|en *n* όλεθρος; *auch sittlich*: σήψη; ***j-n ins ~en stürzen*** προξενώ την καταστροφή κπ *G*; ***Weg des ~ens*** δρόμος της σήψης; **~er** *m* χαλαστής
ver'derblich ολέθριος; ***leicht ~*** *Lebensmittel*: ασυντήρητος
ver'derbt χαλασμένος, διεστραμμένος, φαύλος
ver'deutlichen διασαφηνίζω
ver'dichten ⟨*-e-*⟩ συμπυκνώνω; ***sich ~*** *fig* αποκρυσταλλώνομαι
Ver'dicht|er *m* συμπυκνωτής; **~ung** *f* συμπύκνωση, συμπίεση
ver'dicken *Lösung* πυκνώνω
ver'dien|en *Geld* κερδίζω; *Anerkennung usw* αξίζω *G*; *sein Brot* βγάζω; *Geld* ωφελούμαι (**an** *D*/από); *Geschäfte usw* ***gut ~en*** εργάζομαι καλά; *Strafe* θέλω; (*wert sein*) είναι άξιος *G*; (του) αξίζει; ***wie ich es ~e*** όπως μου αξίζει; ***du ~st diese Stellung nicht*** δε σου αξίζει αυτή η θέση; **~end:** *pers* ***schlecht ~end*** χαμηλόμισθος
Ver'dienst[1] ⟨*-es; -e*⟩ *m* HDL κέρδος *n*
Ver'dienst[2] ⟨*-es; -e*⟩ *n* αξία, αξιοσύνη; υπηρεσία
ver'dien|stvoll άξιος, διακεκριμμένος; **~t** άξιος; *Strafe*: δίκαιος; ***~ter Schauspieler*** διακεκριμμένος ηθοποιός; ***sich um j-n*** *oder* ***etw ~t machen*** γίνομαι άξιος *G*
ver'donnern ⟨*-re*⟩ F: ***j-n zu etw*** (*D*) ~ ζεματίζω κπ με
ver'doppeln ⟨*-le*⟩ διπλασιάζω; ***sich ~*** διπλασιάζομαι
Ver'doppelung *f* διπλασιασμός
ver'dorben → ***verderben***; φαύλος, φθαρμένος; *Essen*: χαλασμένος
Ver'dorbenheit ⟨*0*⟩ *f* διαφθορά, εξαχρείωση
ver|'dorren ξεραίνομαι, μαραίνομαι; **~'drängen** παραγκωνίζω, παραμερίζω (***j-n***/κπ); PHYS εκτοπίζω; PSYCH μετατοπίζω
Ver'drängung *f* παραγκωνισμός; PHYS εκτόπιση; PSYCH μετατόπιση
ver'drehen παραμορφώνω, στραβώνω, στρεβλώνω; *Tatsachen* παραποιώ;

Worte, Wahrheit διαστρεβλώνω; ***alles ~*** τα κλώθω, τα στρίβω; ***das Recht ~*** στρεψοδικώ; ***j-m den Kopf ~*** ξελογιάζω κπ
Ver'dreher *m* διαστροφέας
ver'dreht *pers* ζαβός, δαιμονισμένος
Ver'dreh|theit *f* τρελαμάρα; **~ung** *f* παραμόρφωση, (δια)στρέβλωση
ver|'dreifachen τριπλασιάζω; **~'dreschen*** F τουλουμιάζω, αλωνίζω στο ξύλο; **~'drießen*** δυσαρεστώ, ενοχλώ; **~'drießlich** *pers* σκυθρωπός; *S* μπελαλίδικος; **~'drossen** αγέλαστος; τζαναμπέτης
ver'drücken: F ***sich ~*** την κάνω κοπάνα
ver'druckt κακέκτυπος
Ver'druss ⟨*-es; 0*⟩ *m* μπελάς
ver|'duften ⟨*-e-; sn*⟩ F το κόβω λάσπη; ***~'dufte!*** να χαθείς!, ξεκίνα!; **~'dummen** *j-n* ξεκουτιαίνω; *v/i* ⟨*sn*⟩ ξεκουτιαίνομαι; ***völlig ~dummen*** αποβλακώνω
Ver'dummung *f* αποβλάκωση
ver'dunkeln ⟨*-le*⟩ σκοτίζω, *auch fig* αμαυρώνω; *Fenster* συσκοτίζω
Ver'dunkelung *f* αμαύρωση; συσκότιση
ver|'dünnen αραιώνω; *mit Wasser*: νερώνω; *subst* αραίωση; **~'dunsten** ⟨*-e-; sn*⟩ εξατμίζομαι, εξαερώνω; ***zum Verdunsten bringen*** εξατμίζω
Ver'dunstung *f* εξάτμιση
ver|'dursten ⟨*-e-; sn*⟩ πεθαίνω από τη δίψα; **~'düstern** ⟨*-re*⟩ *auch fig* σκοτίζω; **~'dutzt** ξαφνιασμένος; **~'edeln** ⟨*-le*⟩ εξευγενίζω
Ver'edelung *f* εξευγενισμός
ver'ehelich|en: ***sich ~en*** συζευγνύομαι; **~t** έγγαμος
ver'ehren λατρεύω; σέβομαι; (*schenken*) δωρίζω
Ver'ehrer *m* λάτρης
ver'ehrt σεβαστός; ***sehr ~er ...!*** σεβαστέ ...!
Ver'ehrung *f* λατρεία, προσκύνημα *n*
ver'ehrungswürdig σεβαστός, αξιοσέβαστος
ver'eidig|en ορκίζω (***j-n***/κπ); **~t** ένορκος, ορκισθείς (-έντος)
Ver'eidigung *f* ορκωμοσία
Ver'ein ⟨*-ęs; -e*⟩ *m* σύλλογος, όμιλος
ver'einbaren συνομολογώ; ***sich (miteinander) ~ lassen mit*** *D* συμβιβάζομαι προς *oder* με *A*
Ver'einbarung *f* συνομολόγηση, συμφωνία; ***nach ~*** κατά συμφωνία
ver'einen ενώνω, συσσωματώνω; *Flüsse*: ***sich ~*** σμίγω
ver'einfachen απλουστεύω, απλοποιώ
Ver'einfach|er *m* απλουστευτής; **~ung** *f* απλούστευση, απλοποίηση
ver'einheitlichen ενοποιώ, τυποποιώ
Ver'einheitlichung *f* τυποποίηση
ver'einigen ενώνω, συνενώνω, ενοποιώ; ***sich ~*** ενώνομαι; *Wahlstimmen* ***auf sich ~*** συγκεντρώνω
ver'einigt ενωμένος; ***die Vereinigten Staaten*** (***von Amerika***) (***USA***) οι Ηνωμένες Πολιτείες (της Αμερικής) (Η.Π.Α.)
Ver'einigung *f* ένωση (*bsd* POL); συσσωμάτωση, συνένωση, ενοποίηση; **~s-** ενωσιακός, ενωτικός
ver'einnahmen εισπράττω
Ver'eins- ... συλλόγου; *z.B. Wettkampf*: διασυλλογικός
ver'einsamen ⟨*sn*⟩ απομονώνομαι
ver'eint ενωμένος; ***Vereinte Nationen*** *f/pl* (***UN***) Οργανισμός Ηνωμένων Εθνών (Ο.Η.Ε.)
ver'einzelt σποραδικός; *adv* σποραδικά; ***~ auftretend*** σποραδικός
ver'eisen ⟨*-t*⟩ παγώνω
Ver'eis|en *n*, **~ung** *f* (*auch von Maschinen*) πάγωμα *n*
ver'eiteln ⟨*-le*⟩ *v/t* ματαιώνω, αντιπράττω σε
Ver'eitelung *f* ματαίωση, αντίπραξη
ver'eitern ⟨*-re; sn*⟩ διαπυούμαι, μαζεύω πύον
Ver'eiterung *f* διαπύηση
ver'elenden ⟨*-e-; sn*⟩ εξαθλιώνομαι
Ver'elendung *f* εξαθλίωση
ver'end|en ⟨*-e-; sn*⟩ ψοφώ (-άς); **~et** ψόφιος
ver'engen *v/t* στενεύω; ***sich ~*** *Weg*: στενεύω
Ver'engung *f* στένωση, στένεμα *n*
ver'erb|en κληροδοτώ (***j-m etw***/κτ σε κπ); **~lich** κληρονομικός
Ver'erbung *f* κληρονομικότητα
ver'ewigen (*auch auf e-m Foto*) αποθανατίζω
Ver'ewigung *f* αποθανάτιση
ver'fahren*[1] *v/t Geld* ξοδεύω σε ναύλα; *v/i* ⟨*sn*⟩ (*behandeln*) *pers* μεταχειρίζομαι (***mit*** *D/A*); *S* χειρίζομαι (***mit*** *D/A*)
ver'fahren*[2]: ***sich ~*** χάνομαι

V

ver'fahren³ *adj* (*durcheinander*) μπερδεμένος
Ver'fahren *n* μέθοδος *f*, τρόπος; *JUR*, *TECH* διαδικασία
Ver'fall ⟨-*ẹs*; *0*⟩ *m* παρακμή, ξεπεσμός; *der Sitten*: έκπτωση (*auch JUR*) (*G*/από), εκφαυλισμός; *der Frist*: λήξη; **in ~ geraten** *Sitten*: εκφαυλίζομαι; *allg* διέρχομαι το στάδιο της παρακμής
ver'fallen*¹ ⟨*sn*⟩ παρακμάζω, ξεπέφτω, ρημάζω; *Genehmigung*, *Wechsel*: λήγω; *in e-n Fehler* υποπίπτω σε; **~ auf** (*e-n Gedanken*) (το) σκαρφίζομαι; **~ lassen** αποσαθρώνω
ver'fallen² *adj* ξεπεσμένος; *z.B. dem Wein*: ακρατής *G*; **~d** μαρασμώδης
Ver'falls|datum *n* ημερομηνία λήξης; **~erscheinung** *f* φαινόμενο παρακμής; **~tag** *m*, **~zeit** *f* λήξη
ver'fälsch|en *Butter*, *Wein usw* μπασταρδεύω, νοθεύω; *Wahrheit* παραχαράττω; *Geschichte* πλαστογραφώ; **~t** νόθος, κάλπικος
Ver'fälsch|er *m* παραχαράκτης; **~ung** *f* νόθευση; παραχάραξη
ver'fangen* *Witz usw* πιάνω; **sich ~** μπερδεύομαι
ver'fänglich *Frage*: παραπειστικός
ver'fassen ⟨-*t*⟩ *allg* συγγράφω; *Wörterbuch* συντάσσω; *Gedicht* συνθέτω
Ver'fass|en *n* συγγραφή; **~er** *m* συγγραφέας; **~ung** *f* σύνταγμα *n*; (*Staatsform*) πολίτευμα *n*; *PSYCH* διάθεση, κατάσταση; **~ungs-** συνταγματικός
ver'fassungsmäßig συνταγματικός
Ver'fassungs|mäßigkeit ⟨*0*⟩ *f* συνταγματικότητα; **~urkunde** *f* συνταγματικός χάρτης
ver'fassungswidrig αντισυνταγματικός
Ver'fassungswidrigkeit *f* αντισυνταγματικότητα
ver'faul|en ⟨*sn*⟩ σαπίζω, σήπομαι; **~t** *auch fig* σάπιος; *fig* εξαχρειωμένος
ver'fechten* υποστηρίζω, μάχομαι υπέρ *G*
Ver'fechter *m* υπέρμαχος
ver'fehl|en *v/t Ziel* αποτυχαίνω; **~t** ανεπιτυχής
Ver'fehlung *f* ολίσθημα *n*
ver'feind|en ⟨-*e*-⟩: **sich ~en mit** *D* εχθρεύομαι, είμαι μαλωμένος με; **wir sind ~et** F γίναμε από δυό χωριά
ver'feinern ⟨-*re*⟩ εξευγενίζω, εκλεπτύνω
Ver'feinerung *f* εξευγενισμός, λέπτυνση
ver'fett|en ⟨-*e*-; *sn*⟩ παχαίνω πολύ; **~et** υπέρπαχυς
ver'filmen γυρίζω φιλμ
Ver'filmung *f* κινηματογραφική μεταφορά
ver'finstern ⟨-*re*⟩ σκοτίζω, σκοτεινιάζω; **sich ~** σκοτεινιάζω
Ver'finsterung *f* σκοτείνιασμα *n*
ver'flechten* συμπλέκω; *fig* εμπλέκω (**in** *A*/σε)
Ver'flechtung *f* σύμπλεγμα *n*, πλοκή, εμπλοκή
ver|'fliegen* ⟨*sn*⟩ ξεθυμαίνω; *subst* ξεθύμασμα *n*; **~'fließen*** ⟨*sn*⟩ *Zeit*, *Jahre*: περνώ (-άς), διαρρέω; **~'flochten: ~flochten sein** εμπλέκομαι (**in** *D*/σε); **~'flossen** περασμένος, παρελθών (-ούσα, -όν)
ver'fluch|en αναθεματίζω, καταριέμαι; **~t** καταραμένος, κατάρατος; **~t seist du!** καταραμένος να είσαι!; **dreimal ~t** τρισκατάρατος
ver'flüchtigen: sich ~ εξατμίζομαι
Ver'fluchung *f* αναθεμάτισμα *n*
ver'flüssigen υγροποιώ, ρευστοποιώ
Ver'flüssigung *f* υγροποίηση, ρευστοποίηση
ver'folg|en *j-n* διώχνω, καταδιώκω (*auch gerichtlich*), κυνηγώ (-άς); *fig e-e Sache*, *Fortschritt usw* παρακολουθώ; **das Ziel ~en** επιδιώκω; **... wird strafrechtlich ~t** διώκεται
Ver'folgung *f* διώκτης, δίωξη; επιδίωξη; **~s-wahn** *m* μανία καταδιώξεως
ver'formbar εύπλαστος, ελάσιμος
Ver'formbarkeit ⟨*0*⟩ *f* πλαστικότητα
ver'formen παραμορφώνω; **~d** παραμορφωτικός
Ver'formung *f* παραμόρφωση; *TECH* έλαση
ver'frachten ⟨-*e*-⟩ *Ware* αποστέλλω; φορτώνω
Ver'fracht|er *m* αποστολέας; **~ung** *f* αποστολή; φόρτωση
ver'fressen*¹: F **alles ~** (**und vertrinken**) τα περνώ όλα από τη γούλα μου
ver|'fressen² *adj* F αδηφάγος, κοιλιόδουλος; **~'früht** πρόωρος
ver'fügbar διαθέσιμος; **nicht ~** αδιάθετος, μη διαθέσιμος
Ver'fügbarkeit ⟨*0*⟩ *f* διαθεσιμότητα

V

ver'fügen (*anordnen*) θεσπίζω; **~ über** *A* διαθέτω *A*; F *iron, z. B. Verstand* κουμαντάρω *A*
Ver'fügung *f* διάθεση; **letztwillige ~** (οι) τελευταίες θελήσεις; **j-m etw zur ~ stellen** θέτω κτ στη διάθεση κάποιου; **ich stehe zu Ihrer ~!** είμαι στη διάθεσή σας
ver'führen *j-n* (*verlocken*) δελεάζω; αποπλανώ (**zu** *D*/σε); παραπείθω; *Mädchen* παραπλανώ, διαφθείρω
Ver'führer *m* ξελογιαστής; διαφθορέας
ver'führerisch δελεαστικός; παραπειστικός, πλανερός
Ver'führung *f* παραπλάνηση, πλάνεμα *n*; διαφθορά
ver'gammel|n ⟨*-le*⟩ ξεπέφτω; **~t** *pers* ξεπεσμένος; *Konserve*: μπαγιάτικος
ver'gangen περασμένος, παρελθών (-ούσα, -όν); **das Vergangene** τα πριν
Ver'gangenheit *f* παρελθόν (-όντος); περασμένα *n/pl*; *e-r Person* ιστορικό; **~s-** *GR* παρωχημένος
ver'gänglich εφήμερος, παροδικός
Ver'gänglichkeit ⟨*0*⟩ *f* παροδικότητα
ver'gasen ⟨*-t*⟩ εξαερώνω; *Menschen* εξοντώνω δι' αερίου *oder* σε θάλαμο αερίων
Ver'gaser *m* καρμπυρατέρ ⟨*0*⟩ *n*, εξαερωτήρας
ver'gaß → **vergessen**
ver'geben*¹ *Sünden usw* συγχωρώ; (*zuteilen*) μοιράζω; (*gewähren*) παρέχω
ver'geben² *adj* (*engagiert*) αγκαζέ
ver'geben|d συγχωρητικός; **~s** *adv* μάταια
ver'geblich μάταιος; *Mühe*: άδικος
Ver'geb|lichkeit ⟨*0*⟩ *f* ματαιότητα; **~ung** *f* (*Zuteilung*) μοίρασμα *n*; συγχώρηση; *REL* άφεση
vergegen'wärtigen: sich ~ συνειδητοποιώ
ver'gehen* ⟨*sn*⟩ *Zeit*: περνώ (-άς), διαβαίνω; *Appetit*: κόβομαι (**j-m**/κπ *G*); *fig* **~ vor** *D* λειώνω από; **vor Hitze ~** καψώνω; **sich ~ gegen** *A* παραβιάζω *A*; **sich ~ an** *D allg* κακομεταχειρίζομαι; *bsd sittlich*: βιάζω *A*
Ver'gehen *n* παράπτωμα *n*, αδίκημα *n*; **strafbare(s) ~** πλημμέλημα *n*
ver'gelten* ανταμείβω; **j-m Gleiches mit Gleichem ~** ανταποδίδω κτ σε κπ; **~d** τιμωρός
Ver'geltung *f* ανταπόδοση, αντίποινα *n/pl*
Ver'geltungs|angriff *m* αντίποινα *n/pl*; **~maßnahme** *f, pl mst* αντεκδίκηση, αντίποινα *n/pl* (**gegen** *A*/κατά *G*)
ver'gessen* ξεχνώ (-άς), λησμονώ; *part* ξεχασμένος
Ver'gessenheit ⟨*0*⟩ *f* λήθη, λησμονιά; **in ~ geraten** πέφτω σε λήθη
ver'gesslich ξεχασιάρης (-α, -ικο)
Ver'gesslichkeit ⟨*0*⟩ *f* λησμοσύνη
ver'geuden ⟨*-e-*⟩ σπαταλώ (-άς), (δια-) σκορπίζω; **seine Zeit ~ mit** *D* κατατρίβομαι σε
Ver'geudung *f* σπατάλη (**von** *D/G*), διασκόρπιση
verge'waltigen *Frau* βιάζω; *auch allg* κακοποιώ
Verge'waltig|er *m* βιαστής; **~ung** *f* βιασμός
verge'wissern ⟨*-re*⟩: **sich ~** βεβαιώνομαι (**ob**/ότι)
ver|'gießen* χύνω (*auch Tränen*); *subst* χύσιμο; **~'giften** ⟨*-e-*⟩ *auch fig* δηλητηριάζω, φαρμακώνω; **sich ~giften** δηλητηριάζομαι
Ver'giftung *f* δηλητηρίαση (από), *z.B.* **Pilz-** δηλητηρίαση από μανιτάρια; **~s-** τοξικός
ver'gipsen ⟨*-t*⟩ γυψώνω
Ver'gissmeinnicht ⟨*-s; -e*⟩ *n BOT* μυοσωτίδα
ver|'gittern ⟨*-re*⟩ καγκελώνω; **~'glasen** ⟨*-t*⟩ τζαμώνω
Ver'gleich ⟨*-ęs; -e*⟩ *m* σύγκριση, παραβολή (**mit** *D*/προς *A*); *JUR* συμβιβασμός; **im ~ zu** *D* εν συγκρίσει προς *oder* με *A*, κοντά σε
ver'gleich|bar συγκρίσιμος, σύμμετρος (**mit** *D*/προς *A*); **nicht ~bar sein mit** *D* δεν παραβάλλεται *oder* συγκρίνεται με; **~en***: **~en mit** *D* συγκρίνω με *oder* προς *A*, παραβάλλω προς *A*; **miteinander ~en** συμπαραβάλλω; *JUR* **sich ~en mit** *D* συμβιβάζομαι με; **~end** συγκριτικός; παραθετικός
Ver'gleichsverfahren *n JUR* διαδικασία συμβιβασμού
ver'gleichsweise συγκριτικά
ver'glich → **vergleichen**
ver'glichen: ~ mit *D* κοντά σε, εμπρός σε; → **vergleichen**
ver|'glimmen* ⟨*sn*⟩, **~'glühen** ⟨*sn*⟩ τρεμοσβήνω

V

ver'gnügen: ***sich ~*** διασκεδάζω

Ver'gnügen *n* διασκέδαση, τέρψη, χάζι; (*Fest*) γλέντι; πάρτι ⟨*0*⟩ *n*; (*Tanz-*) εσπερίδα; ***viel ~!*** καλή διασκέδαση!; ***mit ~*** με ευχαρίστηση, μετά χαράς; ***zum ~*** για γούστο; ***~ haben an*** *D* ευχαριστιέμαι *A*; ***~ finden an*** *D* εντρυφώ σε; ***~ daran haben, zu*** ευχαριστιέμαι να; ***j-m ein ~ bereiten*** δίνω χαρά σε κπ

ver'gnüg|lich απολαυστικός; **~t** εύθυμος; ***~t werden*** καλοκαρδίζω

Ver'gnügungs|park *m* πάρκο αναψυχής; **~reise** *f* ταξίδι αναψυχής; **~stätte** *f* κέντρο διασκεδάσεως, τόπος ψυχαγωγίας; **~sucht** ⟨*0*⟩ *f* μανία για διασκεδάσεις

ver'gnügungssüchtig: ***~ sein*** έχω μανία με διασκεδάσεις

Ver'gnügungsviertel *n* γειτονιά με κέντρα διασκέδασης

ver'gold|en ⟨*-e-*⟩ επιχρυσώνω; **~et** επίχρυσος

Ver'goldung *f* επιχρύσωση

ver'gönnt: ***es war mir nicht ~*** δε μου ήταν γραφτό να ...

ver'göttern ⟨*-re*⟩ έχω λατρεία σε, εκθειάζω

Ver'götterung *f* αποθέωση; εκθειασμός

ver'graben* *v/t* χώνω, θάβω; *fig* ***sich ~ in*** *A* χώνομαι σε; *adj* χωμένος

ver'greifen*: ***sich ~ an*** *D* βάζω χέρι σε

ver'griffen *Buch*: εξαντλημένος; (*ist*) ~ εξαντλήθη

ver'größern ⟨*-re*⟩ μεγαλώνω, διογκώνω; *Foto*: μεγεθύνω

Ver'größerung *f* μεγάλωμα *n*; μεγέθυνση

Ver'größerungs|apparat *m* μεγεθυντήρας; **~glas** *n* μεγεθυντικός φακός

Ver'günstigung *f* προνόμιο

ver'güten ⟨*-e-*⟩ ανταμείβω, πληρώνω; *TECH*, *Stahl* βάφω

Ver'gütung *f* ανταμοιβή, πληρωμή

ver'haften ⟨*-e-*⟩ συλλαμβάνω

Ver'haft|ete(r) συλληφθείς (-έντος); **~ung** *f* σύλληψη

ver'halten*: ***sich ~ zu*** *D* (*proportional sein*) αναλογώ προς *A*; (*sich benehmen*) συμπεριφέρομαι; ***sich feindselig gegen*** *A* ***~*** διάκειμαι εχθρικά προς *A*; ***sich zueinander ~*** σχετίζομαι; ***die Sache verhält sich so*** το πράγμα έχει ως εξής, έτσι έχει το πράγμα

Ver'halten *n* συμπεριφορά (*auch PSYCH*); πολιτεία; (*Diät-*) αγωγή

Ver'hältnis ⟨*-ses*; *-se*⟩ *n* σχέση, αναλογία; **~se** *pl* συνθήκες *f/pl*; περιστάσεις *f/pl*; F ***ein ~ anfangen*** μπλέκω (**mit** *D*/με); ***ein ~ haben*** τα έχω (**mit** *D*/με); ***in e-m gespannten ~ zueinander stehen*** βρισκόμαστε σε αντιδικία; ***über seine ~se leben*** ξανοίγομαι (πολύ)

ver'hältnismäßig ανάλογος, σχετικός; *adv mst* συγκριτικά

Ver'hältnis|wahl *f* αναλογική ψήφος; **~wahlrecht** *n* σύστημα *n* απλής αναλογικής; **~wort** ⟨*-ęs*; *¨er*⟩ *n* πρόθεση

ver'handeln ⟨*-le*⟩ διαπραγματεύομαι (**über** *A*/*A*), συσκέπτομαι (**über** *A*/επί *G*); *JUR* συζητώ; ***die Sache*** *G* ***~*** δικάζω *A*

Ver'handlung *f* διαπραγμάτευση; *JUR* συζήτηση, εκδίκαση; **~s-tag** *m* δικάσιμος *f*

ver'hängen σκεπάζω; *JUR* ***e-e Gefängnisstrafe von ... ~*** επιβάλλω ποινή φυλακίσεως *G*

Ver'hängnis ⟨*-ses*; *-se*⟩ *n* μοίρα, πεπρωμένο

ver'hängnisvoll μοιραίος

Ver'hängung *f JUR* επιβολή

ver'härt|en ⟨*-e-*⟩ *v/t* σκληραίνω (*auch fig*); ***sich ~en*** αποσκληρύνομαι; *fig* πωρώνομαι; **~et** σκληρυμένος; *fig* πωρωμένος

Ver'härtung *f* σκλήρυνση, τύλωμα *n*; *fig* πώρωση

ver'haspeln ⟨*-le*⟩: ***sich ~*** μπερδεύομαι

ver'hasst μισητός

ver'hätschel|n ⟨*-le*⟩ κανακεύω; **~t** κανακάρης (-ισσα, -ικο)

Ver'hätschelung *f* κανάκεμα *n*

ver'hauen δέρνω; F ***sich ~*** φαλτσάρω

ver'heben*: ***sich ~*** ξεγοφιάζω

ver'heddern ⟨*-re*⟩: ***sich ~*** μπερδεύομαι

ver'heeren ερημώνω, ρημάζω; **~d** φθοροποιός, καταστρεπτικός; *Feuer*: αδηφάγος

Ver'heerung *f* ερήμωση

ver'hehlen αποκρύβω (***j-m etw***/κτ από κπ)

ver'heil|en ⟨*sn*⟩ *v/i* *Wunde*: επουλώνομαι; **~t** επουλωμένος; ***nicht ~t*** ανεπούλωτος

ver'heimlichen αποκρύβω (***j-m etw***/κτ από κπ), κουκουλώνω

V

Verheimlichung 1026

Ver'heimlichung *f* απόκρυψη
ver'heirat|en ⟨*-e-*⟩ παντρεύω; ***sich ~en mit*** *D* παντρεύομαι *A*; **~et** παντρεμένος, έγγαμος
Ver'heiratung *f* παντρειά
ver'heißen* *lit* υπόσχομαι; τάζω; *Gutes usw* προμηνύω
Ver'heißung *f* REL επαγγελία
ver'heißungsvoll ελπιδοφόρος
ver|'helfen* βοηθώ (-άς) (***j-m zu*** *D*/κπ σε); **~'herrlichen** δοξάδω, εξυμνώ
Ver'herrlichung *f* εξύμνηση
ver'hex|en ⟨*-t*⟩ μαγεύω; **~t** στοιχειωμένος; ***~t sein*** στοιχειώνω
ver'hinder|n ⟨*-re*⟩ εμποδίζω (*A*/*A*), παρακωλύω; ***~t sein*** (***zu***) κωλύομαι (να)
Ver'hinderung *f* παρεμπόδιση, παρακώλυση; ***im ~sfall*** σε περίπτωση κωλύματος
ver'höhnen χλευάζω
Ver|'höhnung *f* χλευασμός; **~'hör** ⟨*-es; -e*⟩ *n* ανάκριση, εξέταση
ver'hören *Zeugen* ανακρίνω, εξετάζω; ***sich ~*** παρακούω
ver'hüll|en συγκαλύπτω (*auch fig*); **~t** συγκεκαλυμμένος
ver|'hungern ⟨*-re; sn*⟩ *v/i* πεθαίνω από την πείνα, λιμοκτονώ; **~'hunzen** ⟨*-t*⟩ σαραβαλιάζω, παραφθείρω
ver'hüten ⟨*-e-*⟩ *Gefahr usw* προλαμβάνω, αποτρέπω; **~d** αποτρεπτικός
Ver'hütung *f* αποτροπή, πρόληψη; *auch* προστασία (*G*/κατά *G*); (*Schwangerschafts-*) αντισύλληψη; **~s-mittel** *n* προφυλακτικό, μέσο αντισύλληψης
ver'irren: *sich ~* χάνομαι, περιπλανιέμαι
Ver'irrung *f fig* αμάρτημα *n*
ver|'jagen αποδιώχνω; **~'jähren** ⟨*sn*⟩ παραγράφομαι; **~'jährt** παραγεγραμμένος
Ver'jährung *f* παραγραφή; **~s-frist** *f* προθεσμία της παραγραφής
ver|'jubeln ⟨*-le*⟩ *Geld* σπαταλάω (σε διασκεδάσεις); **~'jüngen** ανανεώνω; ***sich ~jüngen*** ξανανιώνω
Ver'jüngung *f* ξανάνιωμα *n*
ver'kabeln βάζω καλώδιο; συνδέω καλωδιακά
ver'kalkt (αρτηριο)σκληρωτικός (*auch fig*)
Ver'kalkung *f* αρτηριοσκλήρωση (*auch fig*)
ver'kappt μεταμφιεσμένος, μασκαρεμένος
Ver'kauf *m* πώληση
ver'kaufen (*auch fig*) πουλώ (-άς) (*auch* πω-); ***wieder ~*** ξαναπουλώ (-άς), μεταπουλώ (-άς)
Ver'käufer *m* πωλητής; **~in** *f* πωλήτρια
ver'käuflich: *... ist ~ ...* πουλιέται; ***schwer ~*** δυσκολοπούλητος
Ver'kaufs|abteilung *f* τμήμα *n* πωλήσεων; **~leiter** *m* προϊστάμενος πωλήσεων; **~preis** *m* τιμή πωλήσεως
Ver'kehr ⟨*-s; 0*⟩ *m* επικοινωνία (*unter Personen, Völkern*); (BAHN *usw*) συγκοινωνία; (*Auto-*) κυκλοφορία; (*Betrieb*) κίνηση; (*Umgang*) συναναστροφή; ***dem ~ übergeben*** δίνω στην κυκλοφορία; *Ware* ***aus dem ~ ziehen*** αποσύρω (απ' την κυκλοφορία)
ver'kehren *Bus usw zweimal am Tag*: περνώ (-άς); ***fahrplanmäßig ~*** δρομολογούμαι; *allg* κυκλοφορώ; *Schiff*: αρμενίζω; ***mit j-m ~*** συναναστρέφομαι με; *in e-m Lokal* συχνάζω
Ver'kehrs|ader *f* συγκοινωνιακή αρτηρία (*oder* οδός); **~ampel** *f* φανάρι, σημαδότης; **~aufkommen** *n*: ***hohes ~aufkommen*** κυκλοφοριακή συμφόρηση
ver'kehrsberuhigt ήσυχος κυκλοφοριακά
Ver'kehrs|beruhigung *f* αποσυμφόρηση των οδών; **~betriebe** *m/pl*: ***städtische ~betriebe*** οργανισμός αστικών συγκοινωνιών; **~chaos** *n* κυκλοφοριακό χάος; **~flugzeug** *n* επιβατικό αεροπλάνο; **~funk** *m* ραδιοφωνικές ειδήσεις *f/pl* για οδηγούς; **~insel** *f* νησίδα; **~knotenpunkt** *m* κόμβος συγκοινωνιών; **~meldung** *f* είδηση για κατάσταση της κυκλοφορίας; **~ministerium** *n* Υπουργείο Συγκοινωνίας; **~mittel** *n* μέσο μεταφοράς; *pl auch* συγκοινωνιακά μέσα *n/pl*; ***öffentliche ~mittel*** *n/pl* (μαζικά) μέσα συγκοινωνίας; **~polizei** *f* τροχαία; **~polizist** *m* τροχονόμος; **~problem** *n* (το) κυκλοφοριακό; **~regel** *f* κώδικας οδικής κυκλοφορίας, Κ.Ο.Κ.; **~regelung** *f* ρύθμιση κυκλοφορίας οχημάτων
ver'kehrsreich πολυσύχναστος
Ver'kehrs|schild *n* πινακίδα σημάνσεως; **~signalanlage** *f* σηματοδότης;

V

~stau *m* κυκλοφοριακή συμφόρηση, διακοπή της κυκλοφορίας; **~sünder** *m* παραβάτης; **~unfall** *m* τροχαίο ατύχημα *n*; ***bei e-m ~unfall*** F σε τροχαίο; **~verbindungen** *f/pl* συγκοινωνιακές συνδέσεις *f/pl*
ver'kehrt *adj* στραβός, ζαβός, ανάποδος; (*falsch*) λάθος ⟨*0*⟩; *adv* στραβά, ζαβά, ανάποδα; λάθος; ***~ machen*** κάνω στραβά; ***das kann nicht ~ sein*** κακό δεν κάνει
Ver'kehrtheit *f* αναποδιά
ver'keilen σφηνώνω; *Auto*: ***sich ~en in*** *A* σφηνώνομαι σε
ver'kennen* παραγνωρίζω
Ver'kennung *f* παραγνώριση
Ver'kettung *f* αλληλουχία, αλληλεξάρτηση
ver|'klagen μηνύω, ενάγω; **~'kleben** σφραγίζω κολλώντας; **~'kleiden** ⟨*-e-*⟩ TECH *zum Schutz*: προασπίζω, επενδύω; μασκαρεύω, μεταμφιέζω; ***sich ~kleiden*** μεταμφιέζομαι; **~'kleidet** μεταμφιεσμένος
Ver'kleidung *f* μεταμφίεση; TECH επένδυση
ver'kleinern ⟨*-re*⟩ μικραίνω, σμικρύνω
Ver'kleinerung *f* σμίκρυνση; **~s-** GR υποκοριστικός
ver'klingen* ⟨*sn*⟩ σβήνω, χάνομαι
ver'kneifen*: ***sich*** *etw* (*A*) **~** παραιτούμαι *G*; ***sich*** *etw* ***nicht ~ können*** δεν μπορώ να μη ...; ***sich das Lachen nicht ~ können*** δεν συγκρατώ τα γέλια; ***verkniffen*** (*Gesicht*) κατσούφης (-α, -ικο)
ver'knitter|n ⟨*-re*⟩ *v/t* ζαρώνω; *v/i* ρικνούμαι; **~t** ζαρωμένος
ver'knöcher|n ⟨*-re*⟩ αποστεούμαι; **~t** αποστεωμένος
Ver'knöcherung *f* αποστέωση
ver'knüpf|en συνδέω (***mit*** *D*/προς *A*, με); ***miteinander ~en*** συνενώνω; (***eng***) ***~t mit*** *D* (στενά) συνδεδεμένος με, αλληλένδετος με
Ver'knüpfung *f* συνένωση
ver'kohlen *v/t* TECH ανθρακώνω; *v/i* ⟨*sn*⟩ ανθρακώνομαι, απανθρακώνομαι; *subst* ανθράκωση
ver'kommen*[1] ⟨*sn*⟩ ξεπέφτω, παραστρατίζω
ver'kommen[2] *adj* διεφθαρμένος; ξεπεσμένος
Ver'kommenheit ⟨*0*⟩ *f* διαφθορά
ver'korksen ⟨*-t*⟩ τα θαλασσώνω
ver'körpern ⟨*-re*⟩ ενσαρκώνω
Ver'körperung *f* ενσάρκωση
ver'krachen: *sich ~* τα τσουγκρίζω (***mit*** *D*/με)
ver'krampf|en: *sich ~en* παθαίνω κράμπα; *z. B. Hände*: ***sich ~en in*** *A* κρατιέμαι σπασμωδικώς από; **~t** βεβιασμένος; *pers* σφιγμένος
ver'kriechen*: ***sich ~*** τρυπώνω
ver'krüppel|n ⟨*-le*⟩ *v/t* σακατεύω; *v/i* ⟨*sn*⟩ σακατεύομαι; **~t** σακατεμένος, σακατικός; *am Arm*: κουλός
ver'krusten ⟨*-e-*; *sn*⟩ *v/i* κάνω κρούστα, κοριάζω
ver'kümmer|n ⟨*-re*; *sn*⟩ *v/i* μαραίνομαι, ζουριάζω; **~t** *Organ*: υποτυπώδης
Ver'kümmerung *f* μαρασμός
ver'künd|en ⟨*-e-*⟩ διακηρύσσω, κοινολογώ; JUR απαγγέλλω; *e-e Lehre* κηρύσσω; **~igen** → ***verkünden***
Ver'künd|igung *f* κήρυξη; JUR έκδοση; (*25. März*) Ευαγγελισμός; **~ung** *f* κοινολόγηση, κήρυγμα *n*
ver|'kuppeln ⟨*-le*⟩ παντρολογώ, προξενεύω; **~'kürzen** ⟨*-t*⟩ συντέμνω, μικραίνω; *Abstand* βραχύνω; *Termin* συμπτύσσω
Ver'kürzung *f* συντόμευση; σύμπτυξη
ver'laden* φορτώνω
Ver'ladung *f* φόρτωση
Ver'lag ⟨*-ęs*; *-e*⟩ *m* εκδοτικός οίκος
ver'lagern ⟨*-re*⟩ εκτοπίζω; μεταφέρω; *Akzent* κατεβάζω (***auf*** *A*/σε)
Ver'lagerung *f* (*von Betrieben*) μεταφορά
ver'langen απαιτώ, θέλω; *j-n* ζητώ (*auch am Telefon*); ζητώ (***etw von j-m***/ κτ από κπ); **~ *nach*** *D* επιζητώ *A*; *subst* απαίτηση; επιζήτηση
ver'längern ⟨*-re*⟩ μακραίνω; προεκτείνω; *Frist* παρατείνω (***um*** *A*/για); *Vertrag* ανανεώνω
Ver'längerung *f* προέκταση; HDL παράταση; ανανέωση
Ver'längerungs|schnur *f* ELEKTR επέκταση; **~woche** *f* παράταση μιας εβδομάδας
ver'langsamen *auch Schritt*, *Gang* επιβραδύνω
Ver'langsamung *f* επιβράδυνση
Ver'lass ⟨*-es*; *0*⟩ *m*: ***auf ihn ist kein ~*** δεν μπορείς να βασιστείς σ' αυτόν
ver'lass|en*[1] *v/t j-n* αφήνω, *auch Stellung* εγκαταλείπω; *Partner* παρατώ;

verlassen 1028

Ort εξέρχομαι από, φεύγω από; ***sich ~en auf*** *A* βασίζομαι σε, επαφίεμαι σε; ***ich ~e mich auf Sie*** σας έχω εμπιστοσύνη

ver'lassen[2] *adj* (*einsam*) ερημικός; εγκαταλειμμένος, ρημαδιακός; ***von aller Welt ~*** αβοήθητος απ' όλον το κόσμο

Ver'lassen *n* έξοδος *f*; απομάκρυνση; εγκατάλειψη; **~heit** ⟨*0*⟩ *f* ερημιά

ver'lässlich έμπιστος

Ver'laub *m*: ***mit ~*** (***zu sagen***) με το συμπάθιο

Ver'lauf ⟨*-es*; *0*⟩ *m e-r Angelegenheit*: δρόμος; *Zeit*: πάροδος *f*; *e-r Krankheit*: πορεία; ***gute***(***r***) ***~*** ευόδωση; ***im ~ der Zeit*** με την πάροδο *oder* στο πέρασμα του χρόνου

ver'laufen* ⟨*sn*⟩ *Zeit*: περνώ (-άς); *Sache*: πηγαίνω; (*enden*) καταλήγω; ***gut ~*** ευοδώνομαι; ***sich ~*** χάνομαι, χάνω το δρόμο; *Menge*: διαρρέω

ver'laust ψειριάρης (-άρα, -άρικο)

ver'lautbaren ανακοινώνω

Ver'lautbarung *f* ανακοίνωση

ver'laut|en: ***wie ~et*** γίνεται γνωστό ότι; ***es ~ete, dass*** έγινε γνωστό ότι; ***~en lassen*** ξεστομίζω

ver'leben περνώ (-άς), διάγω

ver'legen[1] *z.B. Hauptstadt*, *Büro* μεταφέρω (***von D – nach*** *D*/από – σε); *Armee* διαβιβάζω; *Leitungen* παροχετεύω; ***unter Putz ~*** χωνεύω (καλώδια στον τοίχο); *Bücher* εκδίδω; ***sich auf etw*** *A* ***~*** αφιερώνομαι σε; *subst* μεταφορά; διαβίβαση

ver'legen[2] *adj* αμήχανος, στενοχωρημένος

Ver'legenheit *f* αμηχανία, στενοχώρια; ***in ~ sein*** είμαι σε αμηχανία; ***j-n in ~ bringen*** αποσβολώνω; ***in ~ geraten*** αποσβολώνομαι; ***j-m aus der ~ helfen*** βγάζω κπ από δύσκολη θέση

Ver'leger *m* εκδότης

ver'legt → ***verlegen[1]***; ***unter Putz ~*** χωνευτός

Ver'legung *f* μεταφορά; *von Leitungen*: παροχέτευση

ver'leiden ⟨*-e-*⟩: ***j-m etw*** (*A*) ***~*** κάνω κπ να βαρεθεί κτ

Ver'leih ⟨*-es*; *-e*⟩ *m* δανεισμός; *Firma*: ενοικιάσεις *f/pl*

ver'leihen* (*verborgen*) δανείζω; *Orden* απονέμω; *Glanz* προσδίδω

Ver'leihung *f* δάνεισμα *n*; απονομή

ver'leiten ⟨*-e-*⟩ παρασέρνω, παρασύρω, παραπείθω; ***sich zu D ~ lassen*** παρασύρομαι σε

ver'lernen ξεμαθαίνω

ver'lesen* διαβάζω, εκφωνώ; ***sich ~*** κάνω λάθος διαβάζοντας

Ver'lesung *f* εκφώνηση

ver'letz|bar τρωτός; *fig* ***leicht ~bar*** ευπρόσβλητος; **~en** ⟨*-t*⟩ *auch fig* πληγώνω, τραυματίζω (*auch* PSYCH); *Gesetz* παραβαίνω; **~end** *fig* προσβλητικός; **~t** πληγωμένος

Ver'letz|te(r) τραυματίας; **~ung** *f* τραύμα *n*, πληγή; τραυματισμός; JUR παράβαση; *der Sitten usw* βλάβη; ***leichte ~ung*** μικρότραυμα *n*

ver'leugn|en ⟨*-e-*⟩ *pers und Werk usw* αποκηρύττω; ***sich ~en lassen*** παραγγέλνω ότι λείπω; **~et** αποκήρυκτος

Ver'leugnung *f* αποκήρυξη

ver'leumden ⟨*-e-*⟩ (κατα)συκοφαντώ (***bei*** *D*/σε)

Ver'leumder *m* συκοφάντης, διαβολέας

ver'leumderisch συκοφαντικός

Ver'leumdung *f* συκοφαντία

ver'lieb|en: *sich ~en in* *A* ερωτεύομαι *A*; (***unsterblich***) ***~t in*** *A* (αθεράπευτα) ερωτευμένος με

Ver'liebtheit *f* ερωτοληψία

ver'lieren* χάνω, απολύω; ***Zeit ~*** χρονοτριβώ; *fig* ***den Kopf ~*** χάνω το νου μου; ***ich habe ... verloren*** έχασα

Ver'lierer *m* χαμένος, τέρτσος (F)

Ver'lies ⟨*-es*; *-e*⟩ *n* μπουντρούμι

ver'lob|en αρραβωνιάζω, μνηστεύω; ***sich ~en*** αρραβωνιάζομαι; **~t** αρραβωνιασμένος (***mit*** *D*/με)

Ver'lob|te ⟨*-n*⟩ *f* αρραβωνιαστικιά; **~te(r)** ⟨*-n*⟩ *m* αρραβωνιαστικός; **~ung** *f* αρραβώνες *m/pl*; ***die ~ung lösen*** ξαρραβωνιάζω; **~ungs-ring** *m* βέρα

ver'locken δελεάζω; **~d** δελεαστικός

Ver'lockung *f* δέλεαρ *n*, δελεασμός

ver'logen ψευδολόγος, ψευδομανής

ver'lor → ***verlieren***

ver'loren χαμένος; *Mühe usw* ***... ist ~*** πάει χαμένος; *Schaf*: απολωλώς (-υία, -ός); ***~ gehen*** χάνομαι, πηγαίνω χαμένος; *Brief*: παραπέφτω; ***es geht nichts ~*** δεν πηγαίνει χαμένο τίποτε

ver|'löschen* ⟨*sn*⟩ *langsam*: τρεμοσβήνω; **~'losen** ⟨*-t*⟩ κληρώνω; *Waren* βγάζω στο λαχνό, κληρώνω

V

1029 **Vernichtungslager**

Ver'losung *f* κλήρωση; ***es findet e-e ~ statt*** το λαχείο κληρώνει
ver'lotter|n ⟨*-re*; *sn*⟩ παραστρατίζω; **~t** ξεσχισμένος; *äußerlich*: κουρελιάρης (-α, -ικο)
Ver'lotterung *f* παραστράτημα *n*
Ver'lust ⟨*-ẹs*; *-e*⟩ *m* απώλεια, χάσιμο (-ατος); *HDL* ζημιά; *e-s Rechtes*: έκπτωση (από); (*Tod*) χαμός; ***ohne ~*** με το αζημίωτο; ***~e erleiden durch*** *A* ζημιώνομαι από
ver'machen κληροδοτώ (***j-m etw***/κτ σε κπ)
Ver'mächtnis ⟨*-ses*; *-se*⟩ *n* κληροδότημα *n*; *geistig fig* ***ein ~ hinterlassen*** *D* αφήνω κληρονομιά σε; **~nehmer** *m* κληροδόχος
ver'mählen *v/t lit* συζευγνύω
Ver'mählung *f* σύζευξη
ver'mehr|en πληθαίνω; ***sich ~en*** πληθαίνω; (*sich fortpflanzen*) αναπαράγομαι; **~t** αυξανόμενος
Ver'mehrung *f* αύξηση, πλήθεμα *n*; (*Fortpflanzung*) αναπαραγωγή
ver'meiden* αποφεύγω; ***es ~, zu ...*** υπεκφεύγω να ...
Ver'meidung *f* αποφυγή
ver'meintlich εικαζόμενος
ver'mengen ανακατεύω; συγχέω, μπερδεύω (***mit*** *D*/με *A*)
Ver'merk ⟨*-ẹs*; *-e*⟩ *m* σημείωση
ver'merken *v/t* σημειώνω
ver'messen*¹ *v/t* (κατα)μετρώ
ver'messen*²: ***sich ~*** έχω την τόλμη, έχω το θάρρος
ver'messen³ *adj* τολμηρός, απόκοτος
Ver'mess|enheit *f* θρασεία τόλμη, αποκοτιά; **~ung** *f* καταμέτρηση
ver'mieten ⟨*-e-*⟩ (ε)νοικιάζω; εκμισθώνω; ***wieder ~*** αναμισθώνω; ***Zimmer zu ~*** ενοικιάζεται δωμάτιο
Ver'miet|en *n* νοίκιασμα *n*; **~er** *m* ενοικιαστής; **~ung** *f* ενοικίαση
ver'mindern ⟨*-re*⟩ *v/t* λιγοστεύω; *Kosten* μειώνω; ***sich ~*** λιγοστεύω
Ver'minderung *f* ολιγόστευμα *n*, μείωση
ver'minen *v/t* ναρκοθετώ, μινάρω
Ver'minung *f* ναρκοθέτηση
ver'misch|en ανακατώνω, σμίγω; **~t** ανάκατος, ανάμικτος
Ver'misch|te(s) διάφορα *n/pl*, ανάμικτα *n/pl*; **~ung** *f* ανακάτωμα *n*, σύμμειξη
ver'missen ⟨*-t*⟩ *pers* πεθυμώ (-άς); *S* στερούμαι *G*
Ver'misste(r) αγνοούμενος
ver'mittel|n ⟨*-le*⟩ μεσιτεύω, μεσολαβώ; *Kauf* προξενεύω
Ver'mitt|ler *m* μεσίτης, μεσολαβητής; *bsd POL* συμβιβαστής; **~ler-** διάμεσος; **~lerin** *f* μεσίτρια, μεσολαβήτρια; **~lung** *f* μεσίτευση, μεσολάβηση; προξενιά; *TEL* μεταγωγή; ***durch ~lung*** *G* δια μέσω *G*; **~lungsgebühr** *f* μεσιτεία, μεσιτικά (δικαιώματα) *n/pl*
ver'modern ⟨*-re*; *sn*⟩ σαπίζω
ver'möge *präp G* δυνάμει *G*; **~n*** *v/t* μπορώ; δύναμαι (***zu***/να)
Ver'mögen *n* (*Kraft*) δύναμη; *Geld usw* περιουσία
ver'mögend εύπορος
Ver'mögens|beratung *f* συμβούλευση για τα περιουσιακά; **~nachweis** *m* πόθεν έσχες *n*; **~steuer** *f* φόρος περιουσίας; **~verhältnisse** *n/pl* περουσιακή κατάσταση, έχειν *n*; **~verwalter** *m* κηδεμώνας; **~werte** *m/pl* περιουσικά στοιχεία *n/pl*
ver'mut|en ⟨*-e-*⟩ υποθέτω, εικάζω; ***man ~et*** υποτίθεται (***dass***/ότι); **~lich** ευλογοφανής; εξ εικασίας
Ver'mutung *f* εικασία, υπόθεση
ver'nachlässig|en *v/t S und pers* αμελώ, παραμελώ (*auch Pflicht*); **~t** παραμελημένος; *Haus*: ασυντήρητος
Ver'nachlässigung *f* παραμέληση
ver|'nageln ⟨*-le*⟩ καρφώνω; **~'narben** ⟨*sn*⟩ επουλώνομαι; **~'narren: *sich ~narren in*** *A* ζουρλαίνομαι με; **~'narrt** ξεμυαλισμένος (***in*** *A*/με)
ver'nehm|bar αντιληπτός; **~en*** (*hören*) αντιλαμβάνομαι; (*verhören*) ανακρίνω; ***dem Vernehmen nach*** όπως γίνεται αντιληπτό; **~lich** αντιληπτός
Ver'nehmung *f JUR* ανάκριση; ακρόαση
ver'neigen: *sich ~ vor* *D* υποκλίνομαι προ *G*
Ver'neigung *f* υπόκλιση
ver'neinen *Frage* αρνιέμαι; *durch Kopfbewegung*: ανανεύω; **~d** αρνητικός
Ver'nein|er *m* αρνητής; **~ung** *f* άρνηση; **~ungs-** αποφατικός; *GR* στερητικός
ver'nichten ⟨*-e-*⟩ εξοντώνω, εξολοθρεύω; **~d** θεριστικός, καταστρεπτικός
Ver'nicht|er *m* εξολοθρευτής; **~ung** *f* εξόντωση, εξολόθρευμα *n*; **~ungs-**

V

Vernichtungswaffe 1030

lager *n* στρατόπεδο εξοντώσεως; **~ungs-waffe** *f* όπλο ολέθρου
Ver'nunft ⟨*0*⟩ *f* λόγος, λογικό, νόηση; ***wider alle ~*** παρά πάντα λόγον; ***~ annehmen*** βάζω γνώση *oder* μυαλό; ***j-n zur ~ bringen*** φέρω κπ στα λογικά του; ***zur ~ kommen*** λογικεύομαι
ver'nünftig λογικός; συνετός; ***~ werden*** φρονιμεύω
ver'öd|en ⟨*-e-; sn*⟩ *v/i* ερημώνομαι; **~et** αραχνιασμένος
Ver'ödung *f* ερήμωση; *des Hafens*: μαρασμός
ver'öffentlichen δημοσιεύω; *Werk auch* τυπώνω; κυκλοφορώ
Ver'öffentlichung *f* δημοσίευση; *Werk*: δημοσίευμα *n*
ver'ordnen ⟨*-e-*⟩ διατάσσω; *Arznei* γράφω (***j-m etw***/κτ σε κπ)
Ver'ordnung *f* διάταγμα *n*; (*Polizei-*) διάταξη, διορισμός; θέσπισμα *n*, νομοθέτημα *n*; **~s-** διατακτικός
ver'pachten ⟨*-e-*⟩ εκμισθώνω
Ver|'pächter *m* εκμισθωτής; **~'pachtung** *f* εκμίσθωση
ver'packen συσκευάζω, πακετάρω
Ver'packung *f* συσκευασία, αμπαλάζ ⟨*0*⟩ *n*; **~s-material** *n* υλικό για συσκευασία
ver|'passen ⟨*-t*⟩ χάνω; *Schlag* τραβώ (-άς) (***j-m***/του); **~'pesten** ⟨*-e-*⟩ μολύνω; **~'petzen** ⟨*-t*⟩ (*Schule*) μαρτυρώ (***j-n bei***/κπ σε); **~'pfänden** ⟨*-e-*⟩ ενεχυριάζω
Ver'pfändung *f* ενεχυρίαση
ver'pfeifen* *v/t* μαντατεύω
ver'pflanzen ⟨*-t*⟩ μεταφυτεύω (*auch fig*)
Ver'pflanzung *f* μεταφύτευση
ver'pflegen τρέφω, σιτίζω
Ver'pflegung *f* τροφή; *bsd* MIL διατροφή
ver'pflicht|en ⟨*-e-*⟩ δένω; *Gesetz*: υποχρεώνω; δεσμεύω; ***j-n zu Dank ~en durch*** *A* υποχρεώνω κπ με; **~et** υποχρεωμένος (***j-m***/σε κπ; ***zu .../***να ...); ***sich ~et fühlen*** θεωρώ τον εαυτό μου υποχρεωμένο
Ver'pflichtung *f* υποχρέωση (***gegenüber*** *D*/προς *A*, σε), δέσμευση
ver'pfusch|en λασπώνω; **~t** λάσπη, *z.B.* ***unsere Sache ist ~t*** λάσπη η δουλειά μας; ***du hast alles ~t*** τα μούσκεψες
ver'plappern ⟨*-re*⟩: ***sich ~*** μου φεύγουν λόγια
ver'plempern ⟨*-re*⟩ F *Zeit* χάνω; *Geld* χαραμίζω; ***seine Zeit ~ mit*** *D* κατατρίβομαι σε
ver'pönt *auch* ... ταμπού
ver|'prassen ⟨*-t*⟩ κατασπαταλώ (-άς), ξοδεύω στα γλέντια; **~'prügeln** ⟨*-le*⟩ ξυλοκοπώ; **~'puffen** ⟨*sn*⟩ *v/i S, Ratschlag usw* πάω περίπατο; ***... ist ~pufft*** πήγε περίπατο; **~'pulvern** ⟨*-re*⟩ *Geld* χαραμίζω; **~'puppen: *sich ~puppen*** κουκουλώνομαι, χρυσαλλιδούμαι
Ver'putz ⟨*-es; 0*⟩ *m* κονία, σοβάς
ver|'putzen ⟨*-t*⟩ στοκάρω, σοβατίζω; *subst* σοβάτισμα *n*; **~'rammeln** ⟨*-le*⟩ *Tür* αμπαρώνω, αποφράσσω; **~'ramschen** πουλώ όσα όσα, ξεκάνω
ver'rannt: ***~ sein in*** *A* ξελογιάζομαι με; → ***verrennen***
Ver'rat ⟨*-ęs; 0*⟩ *m* προδοσία, απεμπολή; λιποταξία (***an*** *D/G*)
ver'raten* προδίνω (*auch* ***j-m etw***/κτ σε κπ); (*enthüllen*) ***j-m etw ~*** *auch* φανερώνω κτ σε κπ; *Geheimnis* καταδίδω; *Gefühle* εξωτερικεύω
Ver'räter *m* προδότης; *fig* λιποτάκτης (***an*** *D/G*)
ver'räterisch προδοτικός
ver|'rauchen *v/t* ξοδεύω στο κάπνισμα; *v/i* ⟨*sn*⟩ εξατμίζομαι, ξεθυμαίνω (*auch Zorn*); **~'räuchern** ⟨*-re*⟩ καπνίζω
ver'rechnen ⟨*-e-*⟩ HDL συμψηφίζω (***auf*** *A*, ***mit*** *D*/σε); ***sich ~*** κάνω λάθος (στον λογαριασμό); *fig* πέφτω έξω (στους υπολογισμούς μου)
Ver'rechnung *f* συμψηφισμός; ανάλωση
Ver'rechnungs|scheck *m* δίγραμμος επιταγή; **~stelle** *f* γραφείο συμψηφισμού; **~verkehr** *m* HDL κλήριγκ ⟨*0*⟩ *n*
ver|'recken ⟨*sn*⟩ ψοφώ (-άς); **~'regnet** χαλασμένος με τη βροχή, πολύ βροχερός; **~'reisen** ⟨*-t; sn*⟩ πάω ταξίδι; ***~reist sein*** λείπω σε ταξίδι
ver'renken εξαρθρώνω, στραμπουλάω; ***sich den Hals ~*** ξελαιμιάζομαι
Ver'renkung *f* εξάρθρωση, στραμπούληγμα *n*
ver'rennen*: ***sich in e-e Idee ~*** μου κολλά η ιδέα
ver'richten ⟨*-e-*⟩ εκτελώ
Ver'richtung *f* εκτέλεση
ver'riegeln ⟨*-le*⟩ αμπαρώνω, (κλειδο)μανταλώνω
ver'ringern ⟨*-re*⟩ ελαττώνω, λιγο-

V

στεύω; *Kosten* μειώνω; *Last* ελαφρώνω; **sich ~** λιγοστεύω
Ver'ringerung *f* ελάττωση, λιγόστευση, μείωση
ver'rinnen* ⟨*sn*⟩ *Zeit*: περνώ (-άς); *Wasser*: χύνομαι
ver'rost|en ⟨*-e-*; *sn*⟩ *v/i* σκουριάζω; **~et** σκουριασμένος
ver'rott|en ⟨*-e-*; *sn*⟩ *v/i* σαπίζω (*auch fig*); **~et** σάπιος
Ver'rottung *f* σήψη
ver'rücken (μετα)κινώ, μετατοπίζω; *subst* μετατόπιση
ver'rückt τρελός, ζουρλός (**vor** *D*/από), παλαβός; **~ machen** *j-n* (ξε)τρελαίνω, ζουρλαίνω; **~ spielen** *fig Preise usw* αφηνιάζω; **~ werden** τρελαίνομαι, ζουρλαίνομαι (**vor** *D*/από); **~ sein auf** *A* ξετρελαίνομαι με
Ver'rücktheit *f* τρέλα, ζούρλα
Ver'rücktwerden *n* βούρλισμα *n*; **es ist zum ~** είναι να τρελαθεί κανείς
Ver'ruf ⟨*-ẹs*; *0*⟩ *m* δυσφημία; **in ~ bringen** διασύρω, δυσφημώ; **in ~ kommen** δυσφημίζομαι
ver'rufen *adj* κακόφημος, δυσώνυμος
Vers [f-] ⟨*-es*; *-e*⟩ *m* στίχος; (*Bibel-*) εδάφιο; **~e schmieden** στιχουργώ; **in ~en** στιχουργικός
ver'sagen: ***j-m etw*** **~** αρνούμαι να (τον) + *Verb*; *v/i* αποτυχαίνω (**in** *D*/σε); *im Geschäft*: πέφτω έξω; *Maschinen*: δεν λειτουργώ, σταματώ (-άς); **sich** (*D*) **etw ~** παραιτούμαι *G*
Ver'sag|en *n* αποτυχία; ακινησία, εμπλοκή; ***menschliche(s)*** **~en** ανθρώπινο λάθος; **~er** *m pers* (*im Leben*) αποτυχημένος; *Sache*: F φάβα; *Waffe*: αφλογιστία
ver'salzen ⟨*-t*⟩ *Essen* αλατίζω πολύ; *fig* χαλάω
ver'sammeln ⟨*-le*⟩ συνάζω, συγκεντρώνω; **sich ~** συγκεντρώνομαι
Ver'sammlung *f* σύναξη; συνέλευση (*bsd National- usw*), συγκέντρωση
Ver'sand ⟨*-ẹs*; *0*⟩ *m* αποστολή; **~abteilung** *f* τμήμα *n* αποστολών
ver'sanden ⟨*-e-*; *sn*⟩ *v/i Fluss*: γίνομαι ρηχός, ξερηχαίνω
ver'sandfertig ετοιμοπαράδοτος
Ver'sand|haus *n* πωλήσεις *f/pl* δι' αλληλογραφίας; **~hauskatalog** *m* κατάλογος πωλήσεων δι' αλληλογραφίας; **~spesen** *pl* έξοδα *n/pl* της αποστολής; **~stelle** *f* διεκπεραίωση
ver|'sauern ⟨*-re*; *sn*⟩ *fig* αποτελματώνομαι; **~'säumen** *Frist* αμελώ; *Gelegenheit*, *Zug* χάνω; παραλείπω (**zu** **...**/να ...)
Ver'säumnis ⟨*-ses*; *-se*⟩ *n* παράλειψη; **~urteil** *n* ερημοδικία
ver'schachern ⟨*-re*⟩ καπηλεύομαι
ver'schaffen *allg* προμηθεύω; *Mittel*, *Vergnügen* παρέχω (**j-m**/του); **sich** (*D*) **etw ~** προμηθεύομαι
ver'schalen σανιδώνω
Ver'schalung *f* περβάζι
ver'schämt [ɛ:] χαμηλομάτης (-τα), *f auch* χαμηλοβλεπούσα
ver'schandeln ⟨*-le*⟩ παραμορφώνω
ver'schanzen ⟨*-t*⟩ (περι)χαρακώνω; **sich ~** (περι)χαρακώνομαι; *fig* **sich ~ hinter** *D* κρύβομαι πίσω από
Ver'schanzung *f* οχύρωση; περιχαράκωση
ver'schärfen εκτραχύνω, παροξύνω; *bsd* POL εντείνω; **~d** παροξυντικός
Ver'schärfung *f* παρόξυνση; *der Beziehungen*: ένταση, εκτράχυνση
ver|'scharren παραχώνω; **~'scheiden*** ⟨*sn*⟩ εκλείπω; **~'schenken** μοιράζω, δωρίζω, χαρίζω (**an** *A*/σε); **~'scherzen** ⟨*-t*⟩: **sich** (*D*) **etw ~scherzen** ρισκάρω; χάνω από απερισκεψία; **~'scheuchen** ξεπετώ (-άς); χουγιάζω; **~'schicken** αποστέλλω; (*deportieren*) εκτοπίζω; **~'schieben*** *Termin* αναβάλλω; *allg S* μετάγω; EDV μεταθέτω
Ver'schiebung *f* αναβολή; μεταγωγή
ver'schieden *adj* διαφορετικός, διάφορος; αλλοιώτικος; ***auf ~e Art und Weise*** ποικιλοτρόπως; *part* → **verscheiden**; **~artig** ποικιλόμορφος, ποικίλος
Ver'schieden|artigkeit ⟨*0*⟩ *f* ποικιλία, ανομοιομορφία; **~heit** *f* απόσταση
ver'schiedentlich σε μερικές περιπτώσεις
ver'schießen* ⟨*sn*⟩ *v/i Farbe*: ξεβάφω (*subst* ξεβάμμα *n*), ξεθωριάζω; *v/t Pulver usw* εξαντλώ
ver'schiffen *v/t* μπαρκάρω
Ver'schiffung *f* μπαρκάρισμα *n*
ver'schimmeln ⟨*-le*; *sn*⟩ μουχλιάζω; *subst* μούχλιασμα *n*
ver'schlafen* *v/t*: ***die Zeit*** *oder* **sich ~** κοιμάμαι παραπολύ; *adj* μαχμουρλίδικος, υπναράς (*f* -ού)

Ver'schlag ⟨*-ęs*; *⁼e*⟩ *m* χώρισμα *n*
ver'schlagen*¹ *v/t pers* κουβαλώ (-άς); *Atem*, *Appetit* κόβω; ***das verschlägt mir die Sprache*** εδώ σταματάει ο νους μου
ver'schlagen² *adj* (*schlau*) πολύτροπος, πανούργος
ver'schlammen ⟨*sn*⟩ βουρκώνω
ver'schlechter|n ⟨*-re*⟩ *v/t allg* χειροτερεύω; ***sich ~n*** χειροτερεύω; ***der Zustand des Kranken ~t sich immer mehr*** ο άρρωστος όσο πάει και χειροτερεύει
Ver'schlechterung *f* χειροτέρευση
ver'schleier|n ⟨*-re*⟩ σκεπάζω με πέπλο; *fig* συγκαλύπτω, συσκοτίζω; **~t** πεπλοφόρος
Ver'schleierung *f* συγκάλυψη; *fig* συσκότιση
Ver'schleiß ⟨*-es*; *-e*⟩ *m* τριβή, φθορά
ver'schleißen* φθείρω, τρώγομαι
ver'schleppen *pers* εκτοπίζω; (*verzögern*) αποτελματώνω
Ver'schleppung *f* εκτόπιση; αποτελμάτωση
Ver'schleppungstaktik *f* κωλυσιεργία; **(e-e) ~ *betreiben*** κωλυσιεργώ
ver'schleudern ⟨*-re*⟩ *Geld* τρώω, καταδαπανώ; *Waren* πουλώ όσο όσο
ver'schließ|bar κλειόμενος; φρακτός; **~en*** κλειδώνω; φράζω; πωματίζω; *Loch*, *Pore* φράζω; *in e-m Umschlag*: φακελώνω; *subst* έμφραξη; φράξιμο (-ατος)
ver'schlimmern ⟨*-re*⟩ *v/t* επιδεινώνω; → ***verschlechtern***; *Umstände*: ***sich ~*** σκουραίνω
Ver'schlimmerung *f* επιδείνωση
ver'schlingen* *Essen* καταβροχθίζω, χάφτω; *Ofen*; *Benzin* τρώω (*auch fig* ***mit den Augen*** με τα μάτια μου); (***ineinander***) ~ (*verflechten*) συμπλέκω; *subst* καταβρόχθιση; συμπλοκή
ver'schlissen → ***verschleißen***; φαγωμένος, (τε)τριμμένος
ver'schlossen κλεισμένος (*auch fig*), σφραγιστός; *fig* κλεισμένος στον εαυτό μου, κρυφός; → ***verschließen***
Ver'schlossenheit ⟨*0*⟩ *f* κρυψίνοια
ver'schlucken *Kern* καταπίνω; (*verbrauchen*) τρώω
Ver'schluss ⟨*-es*; *⁼e*⟩ *m* έμφραξη, σφράγισμα *n*, επιστόμιο, πώμα *n*; (*Tuben-*) βούλωμα *n*; *Foto*: φωτοφράκτης, κλείστρο; *Waffe*: ουραίο; ***unter ~ halten*** κλειδώνω
ver'schlüssel|n ⟨*-le*⟩ κρυπτογραφώ; **~t** κρυπτογραφικός; **~te(r)** ***Text*** κρυπτογράφημα *n*
Ver'schlüsselung *f* κρυπτογραφία
ver|'schmachten ⟨*-e-*; *sn*⟩ πεθαίνω από τη δίψα; *fig* καίγομαι (***vor*** *D*/από); **~'schmähen** αποστέργω; ***es ~schmähen, zu …*** απαξιώ να …; **~'schmelzen*** συγχωνεύω (*auch* HDL)
Ver'schmelzung *f allg* συγχώνευση
ver|'schmerzen ⟨*-t*⟩ αυτοπαρηγορούμαι (*A*/για), νταγιαντίζω; **~'schmieren** πασαλείφω; *Loch* στουπώνω; **~'schmitzt** μαργιόλικος
Ver'schmitztheit ⟨*0*⟩ *f* μαργιολιά
ver'schmutz|en ⟨*-t*⟩ βρομίζω; *Luft* μολύνω; **~t** ακάθαρτος
Ver'schmutzung *f* βρόμισμα *n*; μόλυνση
ver'schnaufen: *sich ~* ξεσκάω, ξανασαίνω
ver'schneiden* *Bäume* κλαδεύω; *Wein* αναμιγνύω; (*kastrieren*) ευνουχίζω
ver'schneit χιονισμένος
Ver'schnittene(r) ευνούχος, μουνούχος
ver'schnupft συναχωμένος; *fig* αγαναχτισμένος (***über*** *A*/για), κακοκαρδισμένος
ver'schnür|en δένω; (***fest***) **~t** (σφιχτο)δεμένος
Ver'schnürung *f* δέσιμο
ver'schollen άφαντος; αγνοούμενος; ***er ist ~*** έγινε άφαντος; (***als***) ~ (***gemeldet***) σε αφάνεια
ver'schon|en: *j-n ~en* αφήνω κπ απείραχτο; ***~t bleiben von*** *D* είμαι απείραχτος, περισώζομαι από
ver'schönern ⟨*-re*⟩ εξωραΐζω, καλλωπίζω
Ver'schönerung *f* εξωραϊσμός; **~s-** κοσμητικός; εξωραϊστικός
ver'schossen → ***verschießen***; *Farbe*: ξέθωρος; (*verliebt*) ξετρελαμένος (***in*** *A*/με)
ver|'schränken *Arme* σταυρώνω; **~'schrauben** βιδώνω, κοχλιώνω; **~'schraubt** βιδωτός
ver'schreiben* MED γράφω; ***sich ~*** κάνω γραφικό λάθος; ***sich e-r S*** (*D*) ~ επιδίδομαι σε, προσηλώνομαι σε
ver'schreibungspflichtig: ~ *sein* χρειάζομαι συνταγή γιατρού

ver|'schrien κακοφημισμένος; **~'schroben** αλλόκοτος, παράξενος
ver|'schrotten ⟨*-e-*⟩ μεταβάλλω σε παλιοσίδερα; **~'schrumpeln** ⟨*-le*; *sn*⟩ *v/i* (*faltig werden*) σταφιδιάζω
ver'schüchtert εκφοβισμένος, πτοημένος
ver'schuld|en ⟨*-e-*⟩, *mst* ***~et haben*** φταίω (*A*/για), είμαι υπαίτιος *G*; *subst* υπαιτιότητα; **~et** *HDL* καταχρεωμένος
Ver'schuldung ⟨*0*⟩ *f* χρέωση
ver'schütt|en ⟨*-e-*⟩ χύνω; καταπλακώνω; (***halb***) ***~et*** αμμόχωστος; ***~et sein*** παγιδεύομαι
ver'schwäger|n ⟨*-re*⟩: ***sich ~n mit*** *D* συμπεθερεύω με; ***~t sein mit*** *D* έχω συμπεθεριά με
Ver'schwägerung *f* συμπεθεριά
ver'schwand → ***verschwinden***
ver'schweigen* *v/t* αποσιωπώ; *subst* αποσιώπηση
ver'schwenden ⟨*-e-*⟩ σπαταλώ (-άς), ασωτεύω
Ver'schwender *m* φαγάνα, σπάταλος
ver'schwenderisch σπάταλος, άσωτος; *Licht*: άπλετος
Ver'schwendung *f* σπατάλη; **~s-sucht** ⟨*0*⟩ *f* ασωτεία
ver'schwiegen σιωπηλός, εχέμυθος
Ver'schwiegenheit ⟨*0*⟩ *f* εχεμύθεια
ver'schwimmen* ⟨*sn*⟩ συγχέομαι; γίνομαι φλου
ver'schwinden* ⟨*sn*⟩ χάνομαι, εξαφανίζομαι; *Gefahr*: εκλείπω; (*weggehen*) το στρίβω, σκαπετίζω; ***verschwinde!*** άντε χάσου!; *subst* εξαφάνιση, έκλειψη; **~d:** ***~d gering, klein*** απειροελάχιστος; → ***wenig***
ver|'schwistert συγγενής; **~'schwitzen** ⟨*-t*⟩ F (*vergessen*) ξεχνώ (-άς); **~'schwommen** ασαφής, σκεπαστός; *adv auch* σκεπαστά, φλου; **~'schworen** *Gruppe*: συμπαγής
ver'schwören*: ***sich ~ gegen*** *A* συνωμοτώ κατά *G*; (***sich***) ***verschworen*** (***haben***), ***zu ...*** συνεννοημένος να ...
Ver'schwör|er *m* συνωμότης; **~ung** *f* συνωμοσία
ver'schwunden → ***verschwinden***; ***er ist ~*** έγινε άφαντος
ver'sehen*[1]: *j-n* ***~ mit*** *D* εφοδιάζω με; ***sich*** (*A*) ***~ mit*** *D* εφοδιάζομαι με
ver'sehen*[2]: ***sich ~*** κάνω λάθος, γελιέμαι; *subst* αβλεψία; ***aus Versehen*** κατά λάθος
ver'sehentlich κατά λάθος
Ver'selbständigung *f* αυτονόμηση
Versemacher [f-] *m* στιχογράφος
ver'senden* ⟨*auch -e-*⟩ αποστέλλω, πέμπω
Ver'sendung *f* αποστολή, πέμψη
ver'sengen καψαλίζω
ver'senken (κατα)βυθίζω, βουλιάζω; ***sich ~*** → ***sich vertiefen***; *subst* βούλιαγμα *n*
Ver'senkung *f* (κατα)βύθιση; *THEA* τραμπουκέτο; ***in der ~ verschwinden*** χάνομαι από το πρόσωπο της γης
ver'sessen: ***~ sein auf*** *A* είμαι ξεψυχισμένος για
ver'setz|bar μεταθετός, μετακινητός; **~en** ⟨*-t*⟩ μεταθέτω; (*verpfänden*) βάζω ... αμανάτι, ενεχυριάζω; *Schüler* προβιβάζω; *Schlag* καταφέρω, τραντάζω; *Fußtritt* τινάζω; *j-n* (*umsonst warten lassen*) στήνω; ***in Schwingung ~en*** δονώ; ***j-n in Furcht*** (***Schrecken, Erstaunen***) ***~en*** εμπνέω σε κπ φόβο (τρόμο, κατάπληξη); ***zu ~en***(***d***) μεταθετός; ***sich in j-s Stelle ~en*** μπαίνω στη θέση κάποιου; ***nicht ~t*** *Schüler*: απροβίβαστος
Ver'setz|en *n* μετακίνηση; ενεχυρίαση; **~ung** *f* μετάθεση (*auch e-s Beamten*); *MIL* μετάθεση; *Schule*: προβιβασμός; **~ungs-zeugnis** *n* ενδεικτικό
ver'seuchen *auch Luft und fig* μολύνω
Ver'seuchung *f* μόλυνση, μίανση
Versfuß *m* μετρικός πους
Ver'sicherer *m* ασφαλιστής
ver'sicher|n ⟨*-re*⟩: *j-m* ***~n, dass ...*** βεβαιώνω πως (*oder* ότι); *Eigentum* ασφαλίζω, βάζω στην ασφάλεια; **~t** ασφαλισθείς (-είσα, -έν), ασφαλισμένος (***mit*** *D*/αντί *G*)
Ver'sicher|te(r) ασφαλιζόμενος, ασφαλισμένος; **~ung** *f* ασφάλιση; (δια)βεβαίωση
Ver'sicherungs|- ασφαλιστικός; **~agent** *m* ασφαλιστικός πράκτορας; **~gesellschaft** *f* ασφαλιστική εταιρία; **~karte** *f für Griechen, etwa*: βιβλιάριο του Ι.Κ.Α.; **~nehmer** *m* ασφαλιζόμενος; **~police** *f* ασφαλιστήριο; **~prämie** *f* πριμ ⟨*0*⟩ *n*, ασφάλιστρα *n/pl*; **~summe** *f* ασφαλισθέν ποσό; **~vertrag** *m* ασφαλιστήριο (συμβόλαιο); **~vertreter** *m* → ***Versicherungsagent***

V

ver'sickern ⟨*-re*; *sn*⟩ καταχωνιάζομαι; στάζω, διαρρέω
ver'siegel|n ⟨*-le*⟩ σφραγίζω, βουλλώνω; *subst* σφράγισμα *n*, βούλλωμα *n*; **~t** σφραγισμένος
Ver'siegelung *f* σφράγισμα *n*
ver'siegen ⟨*sn*⟩ *Quelle*: στερεύω; *subst* στέρεμα *n*
ver'silbern ⟨*-re*⟩ επαργυρώνω; F *fig* μοσχοπουλώ (-άς)
Ver'silberung *f* επαργύρωση
ver'sinken* ⟨*sn*⟩ (κατα)βυθίζομαι; *fig* χώνομαι (**in** *A*/σε)
ver'sinnbildlichen συμβολίζω
Ver'sion *f* εκδοχή, παραλλαγή; ***amtliche*** ~ επίσημη εκδοχή
ver'sklaven σκλαβώνω
Ver'sklavung *f* σκλάβωμα *n*
Vers|kunst [f-] ⟨*0*⟩ *f* στιχουργία; **~lehre** *f* μετρική; **~maß** *n* μέτρο
ver'sohlen F (*verhauen*) δέρνω
ver'söhn|en *v/t* (συμ)φιλιώνω, συνδιαλλάσσω; ***sich ~en mit*** *D* συμφιλιώνομαι με, συμβιβάζομαι με; **~lich** συμβιβαστικός, συνδιαλλαχτικός
Ver'söhn|lichkeit ⟨*0*⟩ *f* συμβιβαστικότητα, διαλλακτικότητα; **~ung** *f* συμφιλίωση, φιλίωμα *n*, συνδιαλλαγή; **~ungs-** συμφιλιωτικός
ver'sonnen ρεμβώδης, ρεμβάζων
ver'sorgen: *j-n mit* (*D*) ~ εφοδιάζω κπ με; *v/t* εξυπηρετώ; ***mit Strom*** ~ ηλεκτροδοτώ, τροφοδοτώ με ρεύμα
Ver'sorg|er *m* εφοδιαστής; **~ung** *f* εφοδιασμός; εξυπηρέτηση; TECH *auch* παροχή (***mit*** *D*/*G*)
Ver'sorgungs|engpass *m* στενότητα εφοδιασμού; **~lücke** *f* κενό στον εφοδιασμό; **~schwierigkeiten** *f/pl* δυσκολίες *f/pl* εφοδιασμού
ver'spät|en ⟨*-e-*⟩: ***sich ~en*** καθυστερώ; **~et** όψιμος, καθυστερημένος, εκπρόθεσμος
Ver'spätung *f* καθυστέρηση
ver'speisen ⟨*-t*⟩ κατατρώω
ver'sperren (απο)φράσσω; *die Sicht* ~ κλείνω; ***die Aussicht auf etw*** (*A*) ~ αποκρύβω κτ; *subst* φράξιμο (-ατος)
ver'spielt *Kunst*: πολύ φιγουράτος, καταστολισμένος
ver'spotten ⟨*-e-*⟩ περιπαίζω, χλευάζω
Ver'spottung *f* χλευασμός
ver'sprach → ***versprechen***
ver'sprechen*[1] υπόσχομαι, τάζω (***j-m etw***/κτ σε κπ); *Gutes* προοιωνίζομαι; *fig* ***j-m das Blaue vom Himmel*** ~ τάζω σε κπ λαγούς με πετραχήλια; ***nichts Gutes*** ~ αυτό δεν υπόσχεται τίποτε το καλό; *subst* υπόσχεση
ver'sprechen*[2]**:** ***sich*** ~ κάνω λάθος, λέω εκ παραδρομής
Ver'sprechung *f auch* POL υπόσχεση
ver'sprochen → ***versprechen***
ver'spüren αισθάνομαι
ver'staatlichen κρατικοποιώ
Ver'staatlichung *f* κρατικοποίηση
Ver'stand ⟨*-ęs*; *0*⟩ *m* νους, νόηση, σύνεση, διάνοια; ***durchaus bei ~ sein*** τα 'χω τετρακόσια; ***nicht bei ~ sein*** δεν είμαι στα λογικά μου; ***um den ~ bringen*** αποτρελαίνω; ***den ~ verlieren*** χάνω τα μυαλά μου
ver'standesmäßig νοερός, λογικός
ver'ständig νοήμων (-ον), μυαλωμένος; **~en: *j-n ~en von*** *D* ειδοποιώ κπ για; ***sich ~en*** συνεννοούμαι
Ver'ständig|keit ⟨*0*⟩ *f* σωφροσύνη; **~ung** *f* συνεννόηση; **~ungs-mittel** *n* μέσο συνεννοήσεως
ver'ständlich καταληπτός, κατανοητός (***für*** *A*/από), ευνόητος; ***leicht*** ~ ευκατάληπτος; ***schwer*** ~ δυσνόητος, δύσληπτος; ***etw ~ machen*** διερμηνεύω; **~er'weise** *adv* ευλόγως
Ver'ständnis ⟨*-ses*; *-se*⟩ *n* κατανόηση; αντίληψη (***für*** *A*/για); ~ ***haben für*** *A* κατανοώ κτ
ver'ständnislos ασυνεννόητος; *pers* άνευ αντιλήψεως
Ver'ständnislosigkeit ⟨*0*⟩ *f* ασυνεννοησία
ver'ständnisvoll επιεικής
ver'stärken *allg* ενισχύω; *Mauer usw* δυναμώνω; *auch* MIL συντονίζω; *Ton* ανατείνω; **~d** ενισχυτικός
Ver'stärker *m Radio*: ενισχυτής
ver'stärkt MIL συντονισμένος; μείζων (-ον)
Ver'stärkung *f* ενίσχυση; ενδυνάμωση; συντονισμός; ανάταση
ver'staub|en ⟨*sn*⟩ σκονίζομαι; **~t** σκονισμένος
ver'stauch|en *v/t* στραμπουλίζω; **~t** στραμπουληγμένος
Ver'stauchung *f* στραμπούληγμα *n*, διάστρεμμα *n*
ver'stau|en στοιβάζω; *im Koffer*: πατώνω σε; **~t** στοιβαχτός

V

Ver'steck ⟨*-es; -e*⟩ *n* κρυψώνα, κρησφύγετο; **~ spielen** παίζουμε κρυφτό
ver'stecken *v/t* κρύβω, τρυπώνω; **sich ~** κρύβομαι; *subst* κρύψιμο (-ατος)
Ver'steckspiel *n* κρυφτό
ver'steckt κρυφός, κρυπτός (*auch fig*)
ver'stehen* *j-n, es* καταλαβαίνω; *es* (κατα)νοώ; **etw ~ von** *D* καταλαβαίνω, νοιώθω, ξέρω από; *Scherz, Spaß* **~** παίρνω από; **keinen Spaß ~** δε σηκώνω αστεία; **(j-m) zu ~ geben** δίνω σε κπ να καταλάβει, αφήνω να εννοηθεί; **darunter versteht man ...** μ' αυτό εννοείται ...; **sich ~ auf** *A* ξέρω από; **sich ~ als** νοούμαι σαν ...; **sich zu etw** (*D*) **~** συμφωνώ να ...; **es versteht sich** εννοείται; **verstanden werden** γίνομαι αντιληπτός; **verstanden?** κατάλαβες;
ver'steifen *TECH* στυλώνω; **sich ~** σκληραίνω; πεισματώνω; **sich ~ auf** *A* επιμένω με πείσμα σε
ver|'steigen*: **sich ~steigen zu** *D* φθάνω στο σημείο να (**zu der Behauptung, dass**/να πω ότι); **~'steigern** ⟨*-re*⟩ πλειστηριάζω
Ver'steigerung *f* πλειστηριασμός
ver'steiner|n ⟨*-re*⟩ *v/t, v/i* ⟨*sn*⟩ πετρώνω; *v/t* απολιθώνω; **wie ~t sein** απολιθώνομαι, μαρμαρώνω
Ver'steinerung *f* πέτρωμα *n*, απολίθωμα *n*
ver'stell|bar μετακινητός; ρυθμίσιμος; **~en** *v/t* μετακινώ; *Stimme* αλλάζω; *Weg* φράζω; **sich ~en** προσποιούμαι; **~t** προσποιητός
Ver'stellung *f fig* προσποίηση
ver'steuern ⟨*-re*⟩ φορολογώ; **zu ~(d)** φορολογητέος, φορολογήσιμος
ver'stiegen *fig pers* απροσγείωτος; *S* χιμαιρικός
ver'stimm|en *v/t MUS* ξεκουρδίζω; *fig* κακοκαρδίζω, χαλάω τη διάθεση *G*; **~t** ξεκούρδιστος; *Magen*: χαλασμένος; *fig* κακόκεφος, κακοκαρδισμένος
Ver'stimmung *f* ξεκούρδισμα *n*; κακοκάρδισμα *n*; (*Magen-*) διατάραξη
ver'stockt πείσμων (-ον)
Ver'stocktheit ⟨*0*⟩ *f* πεισμάτωμα *n*
ver'stohlen κλεμμένος
ver'stopf|en *Loch, Pore* φράσσω, βουλώνω; **~t** βουλωμένος; *Straßenverkehr*: συμφορημένος; **~t sein** *oder* **werden** φράζω; **... ist ~t** *auch* έφραξε; *Ausguss*: ... βούλωσε
Ver'stopfung *f* φράξιμο (-ατος); *Verkehr*: συμφόρηση; *MED* σφίξη, δυσκοιλιότητα; *TECH* **e-e ~ beheben** ξεβουλώνω
ver'storben πεθαμένος
Ver'storbene(r) ⟨*-n*⟩ *m* αποβιώσας (-αντος)
ver'stört αναστατωμένος
Ver'störtheit ⟨*0*⟩ *f* αναστάτωση
Verstoß ⟨*-es; ⸚e*⟩ *m* παράπτωμα *n*, παρατυπία
ver'stoßen* *v/t Sohn* διώχνω, διώκω; **~ gegen** *A* προσκρούω σε; *Gesetz* παραβιάζω
ver'streichen* *v/t* αλείφω; *Fugen* φράζω; *v/i* ⟨*sn*⟩ παρέρχομαι
ver'streu|en κατασκορπίζω; **~t** διεσπαρμένος
ver'stricken εμπλέκω (**j-n in** *A*/κπ σε)
Ver'strickung *f* πλοκή, μπλέξιμο (-ατος)
ver'stümmel|n ⟨*-le*⟩ *allg, fig* ακρωτηριάζω; σακατεύω; **~t** σακάτικος, κολοβός
Ver'stümmelung *f* ακρωτηριασμός
ver'stummen ⟨*sn*⟩ βουβαίνομαι, μουλώνω
Ver'such ⟨*-es; -e*⟩ *m* δοκιμή (*auch TECH*); πείραμα *n*, απόπειρα; **e-n ~ machen, zu ...** κάνω δοκιμή να ...; **~e machen mit** *D*, **an** *D* πειραματίζομαι με *oder* σε *A*
ver'suchen δοκιμάζω, επιχειρώ (**zu**/να); *Glück* δοκιμάζω; *REL* πειράζω
Ver'suchs|- δοκιμαστικός; **~kaninchen** *n fig* πειραματόζωο; **~stadium** *n* δοκιμαστικό *oder* πειραματικό στάδιο; **~tier** *n* πειραματόζωο
ver'suchsweise δοκιμαστικά
Ver'suchszweck *m*: **zu ~en** για πειραματικούς σκοπούς
Ver'suchung *f* πειρασμός; **in ~ führen** *REL* πειράζω, βάζω σε πειρασμό
ver|'sumpfen ⟨*sn*⟩ τελματώνω; *fig* πέφτω στο βούρκο; **~'sündigen: sich ~sündigen gegen** *A*, **an** *D* αμαρταίνω, προσκρούω σε; **~'süßen** ⟨*-t*⟩ *auch fig* γλυκαίνω; *fig* ξεπικρίζω; **~'tagen** αναβάλλω
Ver'tagung *f* αναβολή
ver'tauschen ανταλλάσσω
ver'teidigen *v/t MIL, JUR, fig* υπερασπίζω, αμύνομαι (υπέρ) *G*; *mit Wor-*

Verteidiger 1036

ten: απολογιέμαι; **sich ~** υπερασπίζομαι, αμύνομαι

Ver'teidiger *m* υπέρμαχος, υπερασπιστής; *JUR* συνήγορος; *Sport*: αμυντικός; (*Fußball*) (**rechter, linker** αριστερός, δεξιός) μπακ ⟨*0*⟩ *m*

Ver'teidigung *f* υπεράσπιση, άμυνα (**gegen** *A*/κατά *G*); συνηγορία; *JUR* **die ~ übernehmen** συνηγορώ

Ver'teidigungs|- αμυντικός; *JUR* απολογητικός; **~krieg** *m* αμυντικός πόλεμος; **~minister** *m* υπουργός Εθνικής Αμύνης; **~rede** *f*, **~schrift** *f* απολογητήριο

ver'teilen διαμερίζω, μοιράζω (**an** *A*/σε), διανέμω; χωρίζω (**unter** *A*/σε); *Preis* απονέμω; *Rollen* κατανέμω (σε)

Ver'teiler *m Auto*: διανομέας; *allg*, *TEL* κατανεμητής; **~kasten** *m ELEKTR* πίνακας; **~netz** *n* δίκτυο διανομής

Ver'teilung *f* διαμοιρασμός; διανομή, κατανομή

Ver'teilungs|- διανεμητικός; **~stelle** *f* διανομείο

ver'teuern ⟨*-re*⟩ ακριβαίνω

Ver'teuerung *f* υπερτίμηση; αύξηση (*G*/σε), *z. B.* **~ der Zigaretten** αύξηση στα τσιγάρα

ver'teufelt διαβολεμένος

ver'tief|en βαθαίνω; **sich ~en** βαθαίνω (*auch fig Hass usw*); *fig* εμβαθύνω (**in** *A*/σε); *subst* εκβάθυνση, βάθυνση; **~t** βαθουλός; **ganz ~t in** *A* απορροφημένος σε

Ver'tiefung *f* βαθούλωμα *n*, κοίλοτητα

verti'kal [v-] κάθετος

ver'tilgen αφανίζω, εξολοθρεύω; *fig essen*: καταβροχθίζω

Ver'tilg|er *m* αφανιστής; **~ung** *f* αφανισμός

ver'tonen τονίζω, μελοποιώ

Ver'ton|er *m* μελοποιός; **~ung** *f* τονισμός, μελοποιία

ver'trackt πολύπλοκος; μπερδεμένος

Ver'trag ⟨*-es*; *⸚e*⟩ *m* σύμφωνο; συμβόλαιο, σύμβαση; *POL* συνθήκη; **e-n ~ schließen** συμβάλλομαι; συνθηκολογώ; **e-n ~ brechen** παρασπονδώ

ver'tragen* υποφέρω, βαστώ (-άς); *Speisen* αντέχω; **ich kann das Klima nicht ~** δεν με σηκώνει το κλίμα; **sich ~ mit** *D* μονοιάζω με; **sie haben sich ~** τα φτιάξανε; **es verträgt sich mit** *D* είναι συμβατό με

ver'traglich: ~ vereinbart συμβολαιογραφικά συμφωνημένος

ver'träglich καλόβολος, συμβιβαστικός; *Essen*: εύπεπτος

Ver'träglichkeit ⟨*0*⟩ *f* συμβατότητα; ανεκτικότητα

ver'traglos ασυμφώνητος

Ver'trags|- συμβατικός; εργολαβικός; **~abschluss** *m* συνθηκολόγηση; **~bruch** *m* παρασπονδία

ver'trags|brüchig παράσπονδος; **~brüchig werden** παρασπονδώ; **~gemäß, ~mäßig** συμβατικός; κατά τη συμφωνία

Ver'trags|händler *m* συμβεβλημένος έμπορος; **~hotel** *n* ξενοδοχείο υπό σύμβαση; **~partner** *m* συναλλασόμενος; **~strafe** *f* πρόστιμο παρασπονδίας; **~urkunde** *f* συμφωνητικό; **~werkstatt** *f* συμβεβλημένο συνεργείο

ver'trauen: j-m ~ εμπιστεύομαι; **j-m allzu sehr ~** παραπιστεύω κπ; **auf j-n, etw ~** έχω εμπιστοσύνη σε

Ver'trauen ⟨*-s*; *0*⟩ *n* εμπιστοσύνη (**zu** *D*/σε); πεποίθηση; **j-m ~ schenken** εμπιστεύομαι κπ

Ver'trauens|arzt *m etwa*: ιατρός-ελεγκτής (του ταμείου υγείας); αστίατρος; **~bruch** *m* κατάχρηση εμπιστοσύνης; **~frage** *f*: **die ~frage stellen** θέτω ζήτημα εμπιστοσύνης; **~mann** *m* πρόσωπο εμπιστοσύνης; **~sache** *f* εμπιστευτική υπόθεση

ver'trauensselig ευκολόπιστος

Ver'trauensstellung *f* εμπιστευτική θέση

ver'trauensvoll πλήρης εμπιστοσύνης

Ver'trauensvotum *n* ψήφος εμπιστοσύνης

ver'trauenswürdig άξιος εμπιστοσύνης

ver'traulich εμπιστευτικός; (*streng* ~) απόρρητος; **streng ~** υπό άκρα εχεμύθεια; **zu ~ werden** παραθαρρεύω

Ver'traulichkeit *f* οικειότητα

ver'traut οικείος; **~ mit** *D* κατατοπισμένος με; **j-n ~ machen mit** *D* εξοικειώνω κπ με, κατατοπίζω κπ επί *G*; **sich ~ machen** εξοικειώνομαι προς *oder* με *A*; **~ sein mit** *D* είμαι εξοικειωμένος με; **nicht ~ mit** *D* ξένος προς *A*, ακατατόπιστος επί *G*

Ver'trautheit ⟨*0*⟩ *f* οικειότητα; εξοικείωση

V

ver'treiben* εξωθώ; *Gefühl usw* εξαφανίζω; *Feind* διώκω, διώχνω; *Bücher, Waren* διαθέτω; **sich** (*D*) **die Zeit ~** περνώ την ώρα μου
Ver'treibung *f* εξώθηση (*auch Bibel*); (εκ)δίωξη, έξωση (**aus** *D*/από)
ver'treten* αντιπροσωπεύω; (*ersetzen*) αντικαθιστώ, αναπληρώνω, υποκαθιστώ; *Ansicht* διατυπώνω, υποστηρίζω; **sich die Beine ~** ξεμουδιάζω
Ver'tret|er *m allg* αντιπρόσωπος, εκπρόσωπος; (*Stell-*) αντικαταστάτης; HDL πράκτορας; (*Reisender*) πλασιέ ⟨*0*⟩ *m*; **~ung** *f* αντιπροσωπεία, εκπροσώπηση; υποκατάσταση, αναπλήρωση; πρακτορείο
Ver'trieb ⟨*-es; -e*⟩ *m* πώληση, μάρκετιγκ ⟨*0*⟩ *n*; (*Zeitungs-*) κυκλοφορία; **~ene(r)** εκτοπισμένος, εκδιωχθείς
Ver'triebs|abteilung *f* τμήμα *n* πωλήσεων; **~leiter** *m* προϊστάμενος πωλήσεων
ver'trimmen F του τινάζω το πετσί
ver'trinken* ξοδεύω πίνοντας; → **verfressen**[1]
ver'trockn|en ⟨*-e-; sn*⟩ ξεραίνομαι, στεγνώνω; **~et** φυρόμυαλος
ver|'trödeln ⟨*-le*⟩: **die Zeit ~trödeln** χασομερώ; **~'trösten** ⟨*-e-*⟩ αναβάλλω, εμπαίζω (**j-n auf** + *Zeit*/κπ); **~'tun*** σκορπίζω; **~'tuschen** [υ] *v/t* σκεπάζω, συγκαλύπτω; *es, das* τα κάνω πλακάκια
Ver'tuschung *f* σκέπασμα *n*, συγκάλυψη
ver|'übeln ⟨*-le*⟩ παρεξηγώ (**es j-m**/κτ); **ich ~üble es Ihnen** μου κακοφαίνεται; **~'üben** *Einbruch usw* διαπράττω; **~'ulken** κάνω πλάκα, κοροϊδεύω, παίρνω στο ψιλό; **~'unglimpfen** δυσφημίζω, εξευτελίζω
Ver'unglimpfung *f* εξευτελισμός
ver'un|glücken ⟨*sn*⟩ *pers* υφίσταμαι ατύχημα; *S* αποτυχαίνω; **~reinigen** λερώνω, μαγαρίζω; *Luft* μολύνω
Ver'unreinigung *f* λέρωμα *n*; μόλυνση; *durch Kot*: μαγάρισμα *n*
ver'unstalten ⟨*-e-*⟩ παραμορφώνω
Ver'unstaltung *f* παραμόρφωση
ver'untreuen καταχρώμαι (-άσαι); υπεξαιρώ
Ver'untreu|er *m* καταχραστής; **~ung** *f* κατάχρηση
ver'ursachen προκαλώ, προξενώ; *Schäden auch* δημιουργώ
ver'urteil|en καταδικάζω (**zu** *D*/σε); (*tadeln*) κατακρίνω, καταγγέλλω; **~t werden zu** *D* (κατα)δικάζομαι σε
Ver'urteil|te(r) κατάδικος *m, f*; **~ung** *f* καταδίκη (**zu** *D*/σε); κατάκριση
ver'vielfältigen πολλαπλασιάζω; πολυγραφώ
Ver'vielfältigung *f* πολλαπλασιασμός; πολυγράφηση; **~s-** (*-Zahlen*) πολλαπλασιαστικός, αναλογικός
ver'vollkommnen ⟨*-e-*⟩ τελειοποιώ
Ver'vollkommnung *f* τελειοποίηση
ver'wachsen*[1] ⟨*sn*⟩ συμφύομαι; *Wunde*: τρέφω
ver'wachsen[2] *adj* σύμφυτος; (*bucklig*) κακοφτιαγμένος, καμπούρης (-α, -ικο)
Ver'wachsung *f* σύμφυση; MED συγκόλληση
ver'wählen: TEL **sich ~** κάνω λάθος στο νούμερο
ver'wahren *v/t* φυλάω; κλειδώνω; **sich ~ gegen** *A* κάνω παραστάσεις κατά *G*
ver'wahrlos|en ⟨*-t; sn*⟩ ξεπέφτω, εξοκέλλω; **~t** ξεπεσμένος, ασυμμάζευτος
Ver'wahrlosung *f* ξεπεσμός, παραμέληση
ver'wais|en ⟨*-t; sn*⟩ ορφανεύω (*auch fig*); **~t** ορφανός
ver'walten ⟨*-e-*⟩ διοικώ; *Geld usw* διαχειρίζομαι; **sich selbst ~** αυτοδιοικούμαι
Ver'walt|er *m* διοικητής; διαχειριστής; έφορος; **~ung** *f allg* (*auch Gebäude*) διοίκηση; διαχείριση
Ver'waltungs|- διοικητικός; διαχειριστικός; **~angestellte(r)** διοικητικός υπάλληλος; **~bezirk** *m* νομός; **~kosten** *pl* διοικητικά έξοδα *n/pl*
ver'wandeln ⟨*-le*⟩ μεταβάλλω (**j-n in** *A*/κπ σε); GR μετατρέπω; μεταμορφώνω (*bsd Zauberei*)
Ver'wandlung *f* μεταβολή; μετατροπή; μεταμόρφωση
ver'wandt συγγενής (**mit** *D*/με); συναφής; *Sprache*: συγγενικός; *Interesse*: αλληλένδετος
Ver'wandt|e(r) συγγενής; **~schaft** *f auch* CHEM συγγένεια; *fig* (*z.B. von Fächern*) παραλληλία; (**die**) **ganze ~schaft** συγγενολόι
ver'wandtschaftlich συγγενικός
ver'warnen προειδοποιώ
Ver'warnung *f* προειδοποίηση

ver|'waschen ξεπλυμένος (*auch fig*); **~'wässern** ⟨*-re*⟩ νερώνω, αραιώνω; **~'wässert** *auch fig* υδαρής; **~'wechseln** ⟨*-le*⟩ *Wort usw* μπερδεύω; συγχέω (**j-n mit** *D*/κπ με); **zum Verwechseln ähnlich** (ίδιος κι') απαράλλαχτος (**j-m**/με)
Ver'wechslung *f* μπέρδεμα *n*; παραγνώριση
ver|'wegen παράβολος; **~'wehen** διασκορπίζω; *v/i* διασκορπίζομαι; **vom Schnee ~weht** χιονοσκεπής
ver'wehr|en: j-m *etw* **~en** εμποδίζω κπ από; **es ist mir ~t zu ...** δεσμεύομαι να μη ..., μου είναι αδύνατον να ...
ver'weichlich|en *v/t* μαλθακώνω, εκθηλύνω; *v/i* ⟨*sn*⟩ γίνομαι μαλθακός; **~t** μαλθακός
Ver'weichlichung *f* μαλθακότητα, εκθήλυνση
ver'weigern ⟨*-re*⟩ αρνιέμαι
Ver'weigerung *f* άρνηση
ver'weilen διαμένω; *subst* διαμονή
ver'weint κλαμένος
Ver'weis ⟨*-es*; *-e*⟩ *m* (*Rüge*) επίπληξη; παρατήρηση; (*Hinweis*) παραπομπή (**auf** *A*/σε); **j-m e-n ~ erteilen** κάνω παρατήρηση σε κπ
ver'weisen*: **~ an** *A* (*bsd* JUR), **auf** *A* παραπέμπω σε; **j-n des Landes ~** εκτοπίζω κπ
ver'welken ⟨*sn*⟩ *auch fig* μαραίνομαι; *Haut*: ζουριάζω; *subst* μαρασμός
ver'wend|bar χρησιμοποιήσιμος; **~en*** ⟨*auch -e-*⟩ μεταχειρίζομαι, χρησιμοποιώ; *Zeit für Reisen usw* διαθέτω για ...; **sich ~en für** *A* μεσολαβώ για
Ver'wendung *f* χρησιμοποίηση; μεσολάβηση
ver'werf|en* *v/t* *Idee* αποβάλλω; POL καταψηφίζω; *v/i* *Tier*: απορρίχνω; **~lich** αξιοκατάκριτος
Ver'werfung *f* απόκρουση; POL καταψήφιση; GEOL μετάπτωση
ver'werten ⟨*-e-*⟩ αξιοποιώ; **wieder ~** ανακυκλώνω
Ver'wertung *f* αξιοποίηση
ver'wesen ⟨*-t*; *sn*⟩ *v/i* σήπομαι
Ver'wesung ⟨*0*⟩ *f* σήψη
ver'wickel|n ⟨*-le*⟩ μπερδεύω, περιπλέκω; **j-n ~n in** *A* εμπλέκω κπ σε; **sich ~n in** *A* περιπλέκομαι σε; **~t** τυλιχτός; *fig* πολύπλοκος; **~t sein in** *D* (*Verbrechen usw*) ενέχομαι σε
Ver'wicklung *f* τύλιγμα *n*; *fig* μπλέξιμο (-ατος), περιπλοκή
ver'wildern ⟨*-re*; *sn*⟩ εξαγριώνομαι, γίνομαι άγριος; *Garten*: χορταριάζω
Ver'wilderung *f* εξαγρίωση
ver'winden*: **etw nicht ~ können** δεν μπορώ να ξεπεράσω κτ
ver'wirken *Recht usw* χάνω, αποξενώνομαι *G*
ver'wirklichen πραγματοποιώ; **sich selbst ~** αξιοποιώ τις δυνατότητές μου
Ver'wirklichung *f* πραγματοποίηση
ver'wirr|en μπερδεύω, συγχέω, σαστίζω; **~t** συγκεχυμένος, μπερδεμένος; **~t werden** σαστίζω
Ver'wirrung *f* μπέρδεμα *n*, σύγχυση, σάστισμα *n*
ver'wisch|en *Spuren*, *Eindruck* εξαλείφω; *subst* σβέση; **~t** σβηστός; *Schrift*: εξίτηλος
ver'wittern ⟨*-re*; *sn*⟩ διαβρώνομαι
Ver'witterung *f* διάβρωση
ver'witwet χηρευμένος
ver'wöhn|en *Kind* χαλάω (-άς), καλομαθαίνω; **sich** (*A*) **~en** καλομαθαίνω, κακοσυνηθίζω (**durch** *A*/σε); **~t** καλομαθημένος
Ver'wöhnung ⟨*0*⟩ *f* καλομάθηση
ver'worren συγκεχυμένος
Ver'worrenheit ⟨*0*⟩ *f* σύγχυση
ver'wund|bar τρωτός; *z.B. Stadt*: ευπρόσβλητος; **~en** ⟨*-e-*⟩ τραυματίζω
ver'wunder|lich παράδοξος, παράξενος; **~n** ⟨*-re*⟩ ξενίζω, παραξενεύω; **~t** παραξενεμένος, απορημένος
Ver'wunderung ⟨*0*⟩ *f* απορία
Ver'wund|ete(r) τραυματίας; **~ung** *f* τραυματισμός
ver'wünsch|en καταριέμαι; **~t** επικατάρατος
Ver'wünschung *f* βλαστήμια, κατάρα
ver'wurzelt ριζωμένος
Ver'wurzelung *f* ρίζωμα *n*
ver'wüst|en [y:] ⟨*-e-*⟩ ερημώνω, ρημάζω; **~et** ρημαγμένος
Ver'wüstung *f* ρήμαγμα *n*, ερήμωση; **~en anrichten** κάνω θραύση
ver'zag|en ⟨*sn*⟩ αποκαρδιώνομαι; **~t** αποκαρδιωμένος; **~t sein** λιγοψυχώ
Ver'zagtheit ⟨*0*⟩ *f* αποκαρδισμός, λιγοψυχία
ver'zählen: sich ~ κάνω λάθος μετρώντας

ver'zahnen *TECH* οδοντώνω
Ver'zahnung *f* οδόντωση
ver'zankt τσακωμένος
ver'zaubern ⟨*-re*⟩ μαγεύω
Ver'zauberung *f* μαγεία
Ver'zehr ⟨*-ẹs; 0*⟩ *m* κατανάλωση
ver'zehren τρώω; καταναλώνω, καταναλίσκω (*auch Kräfte*); *iron* ξεκοκαλίζω; ***sich ~ vor*** *D* λειώνω από
ver'zeichnen ⟨*-e-*⟩ *Opfer, Unfall, Rekord* σημειώνω; *Verspätungen* αναφέρω
Ver'zeichnis ⟨*-ses; -se*⟩ *n* λίστα, κατάλογος, πίνακας; αναγραφή
ver'zeih|en* συγχωρώ; ***~en Sie!*** με συγχωρείτε!; **~end** συγχωρητικός; **~lich** συγχωρητέος; αφέσιμος
Ver'zeihung ⟨*0*⟩ *f* συγχώρηση, συγγνώμη; ***~!*** συγγνώμη!
ver'zerren παραμορφώνω, στρεβλώνω
Ver'zerrung *f* παραμόρφωση, στρέβλωση
ver'zetteln ⟨*-le*⟩ *seine Kräfte* σκορπίζω; *Daten* αποδελτιώνω; **sich ~** σκορπίζω τις δυνάμεις μου
Ver'zettelung *f* σκόρπισμα *n*; αποδελτίωση
Ver'zicht ⟨*-ẹs; -e*⟩ *m*: ***~ auf*** *A* παραίτηση από, αποχή από
ver'zichten ⟨*-e-*⟩ παραιτούμαι από; αποστέργω *A*; *auf e-e Speise* στερούμαι *A*
Ver'zichtleistung *f* αποχή, παραίτηση
ver'zieh → ***verzeihen***
ver'ziehen*[1] *v/t Kind* κακομαθαίνω; *v/i* ⟨*sn*⟩ μετοικώ; **sich ~** *Wolken*: διαλύομαι; F (*weggehen*) το στρίβω; *Tür, Holz*: σκεβρώνω, ζαβώνω; *z.B. Gardine*: ντεφορμάρω; ***den Mund*** *oder* ***das Gesicht ~*** μορφάζω
ver'ziehen[2] → ***verzeihen***
ver'zier|en διακοσμώ; πλουμίζω, ποικίλλω; **~t** *auch* πλουμιστός
Ver'zierung *f* διακόσμηση, κόσμημα *n*
ver'zins|en ⟨*-t*⟩ πληρώνω τόκους; ***... mit 10% ~t werden*** πληρώνεται τόκος 10% για ...; ***sich ~en*** αποφέρω τόκους; **~lich** έντοκος, τοκοφόρος
Ver'zinsung *f* τόκος; επιτόκιο
ver'zögern ⟨*-re*⟩ επιβραδύνω, καθυστερώ; ***sich ~*** καθυστερώ, αργοπορώ
Ver'zögerung *f* καθυστέρηση; επιβράδυνση (*auch PHYS*) (**in** *D*/σε)
ver'zollen εκτελωνίζω
Ver'zollung *f* εκτελωνισμός
ver|'zuckern ⟨*-re*⟩ ζαχαρώνω; **~'zückt** εκστατικός
Ver'zückung *f* έκσταση
Ver'zug ⟨*-ẹs; 0*⟩ *m* καθυστέρηση; υπερημερία; ***in ~ sein mit*** *D* καθυστερώ *A*; **~s-zinsen** *m/pl* τόκος υπερημερίας
ver'zweifel|n ⟨*-le; sn*⟩ απελπίζομαι (*Person*: **an** *D*; *Sache*: **über** *A*/για); ***es ist zum Verzweifeln*** είναι απελπισία; **~t** απελπισμένος, απεγνωσμένος
Ver'zweiflung *f* απελπισία, απόγνωση; ***j-n zur ~ bringen*** φέρνω κπ σε απόγνωση
ver'zweig|en: sich ~en διακλαδίζομαι; ***stark ~t*** πολυσχιδής
Ver'zweigung *f* διακλάδωση
ver'zwickt μπερδεμένος
Vesper [f-] ⟨*-; -n*⟩ *f* δειλινό
Vesta [v-] *f* (*Göttin*) Εστία
Ve'stalin [v-] *f* Εστιάς (-ιάδος) *f*
Vete'ran [v-] ⟨*-en*⟩ *m* απόμαχος, απόστρατος
Veteri'när [v-] ⟨*-s; -e*⟩ *m* κτηνίατρος; **~-** κτηνιατρικός; **~medizin** *f* κτηνιατρική
Veto [v-] ⟨*-s; -s*⟩ *n* βέτο, αρνησικυρία; ***sein ~ einlegen*** προβάλλω βέτο; **~recht** *n* (δικαίωμα *n* σε) βέτο
Vetter [f-] ⟨*-s; -n*⟩ *m* ξάδελφος; **~n-wirtschaft** ⟨*0*⟩ *f* νεποτισμός
Via'dukt [v-] ⟨*-ẹs; -e*⟩ *m* οδογέφυρα
Vibra'tion [v-] *f* δόνηση, κραδασμός, παλμός
vi'brieren [v-] πάλλω, δονούμαι; **~d** δονητικός, παλμικός
Video|clip [v-] ⟨*-s; -s*⟩ *m* βιντεοκλίπ ⟨*0*⟩ *n*; **~film** *m* φιλμ ⟨*0*⟩ *n* βίντεο; **~gerät** *n* συσκευή βίντεο; **~kamera** *f* βιντεοκάμερα; **~kassette** *f* βιντεοκασέτα; **~rekorder** *m* (συσκευή) βίντεο; **~'thek** *f* βιντεοθήκη
Vieh [fi:] ⟨*-ẹs; 0*⟩ *n* ζώο; κτήνος *n*; **~diebstahl** *m* ζωοκλοπή; **~futter** *n* φορβή, χορτονομή; **~handel** *m* ζωεμπόριο; **~händler** *m* ζωέμπορος
viehisch ζωώδης, κτηνώδης
Vieh|markt *m* αγορά ζώων; **~wagen** *m* ζωάμαξα; **~zucht** *f* κτηνοτροφία; **~züchter** *m* κτηνοτρόφος
viel [fi:l] *adj* πολύς, πολλή, πολύ; ***~e pl*** πολλοί; ***ziemlich ~*** αρκετός, κάμποσος; ***sehr ~*** πάμπολυς, πλείστος; *adv*

vieldeutig 1040

πολύ; ~ ***beschäftigt*** πολυάσχολος; ~ ***besucht*** πολυσύχναστος; ~ ***besungen*** πολυύμνητος; ~ ***diskutiert*** πολυσυζητημένος; ~ ***geliebt*** πολυαγάπητος; ~ ***genannt*** περιλάλητος; ~ ***gerühmt*** πολυθρύλητος; ~ ***sagend*** πολυσήμαντος, εκφραστικώτατος; ~ ***versprechend*** πολλά υποσχόμενος

vieldeutig πολυσήμαντος

Vieleck ⟨*-s*; *-e*⟩ *n* πολύγωνο

vielfach πολλαπλάσιος

Vielfalt ⟨*0*⟩ *f* ποικιλία

vielfältig πολλαπλός; ποικίλος

Viel|flach ⟨*-ęs*; *-e*⟩ *n* πολύεδρο; **~fraß** ⟨*-es*; *-e*⟩ *m* πολυφάγος, φαγάς (-άδες)

viel'leicht ίσως (να); μάλλον; μπας και; *in der Frage*: μήπως

vielmals παραπολύ; *Zeit*: συχνά

vielmehr μάλλον; (*im Gegenteil*) αντίθετα

viel|schichtig πολύπλευρος; **~seitig** πολύπλευρος; πολυμερής

Vielseitigkeit ⟨*0*⟩ *f* πολυμέρεια

vielstimmig πολύφωνος

Viel'völkerstaat *m* πολυεθνικό κράτος *n*

vier τέσσερα (*m*, *f* τέσσερις); ***unter ~ Augen*** στόμα με στόμα; ***auf allen ~en gehen*** μπουσουλίζω

Vier *f* τεσσάρα

vier|- *oft*: τετρα-; **~bändig** τετράτομος; **~blättrig** τετράφυλλος

Viereck ⟨*-ęs*; *-e*⟩ *n* τετράγωνο

viereckig τετραγωνικός, τετράγωνος; καρέ ⟨*0*⟩

Vierer *m* τετράδα; **~-** τετραμελής; **~reihe** *f* τετράδα

vierfach τετραπλάσιος

vierhundert τετρακόσιοι; ***etwa ~*** καμιά τετρακοσαριά; **~st-** τετρακοσιοστός

vier|jährig τετραετής; **~köpfig** τετραμελής; **~mal** τετράκις; **~motorig** τετρακινητήριος; **~rädrig** τετράτροχος; **~seitig** τετράπλευρος; **~sitzig** τετραθέσιος; **~stöckig** τετραόροφος

viertägig τετραήμερος

Viertaktmotor *m* τετράχρονος κινητήρας

viertausend τέσσερις χιλιάδες; **~st-** τετρακισχιλιοστός

vierte τέταρτος

vierteilig τετραμερής

Viertel *n* τέταρτο, τεταρτημόριο; *Schlachtvieh*: τετάρτι; (*Stadt-*) συνοικία, μαχαλάς (-άδες); **~'jahr** *n* τριμηνία

vierteljährlich τρίμηνος; ανά τρίμηνο

Viertel'stunde *f* τέταρτο (της ώρας)

viertens τέταρτο

vierwertig *CHEM* τετρασθενής

vierzehn ['fɪʀ-] δεκατέσσερις *f*/*m* (*n* -ρα); **~tägig** δεκαπενθήμερος

Vierzeiler ['fiːʀ-] *m* τετράστιχο

vierzig ['fɪʀtsɪç] σαράντα, τεσσαράκοντα; ***etwa ~*** καμιά σαρανταριά; ***~ Jahre werden*** σαραντίζω; **~jährig** σαραντάρης (-α), τεσσαρακονταετής; **~st-** τεσσαρακοστός

Vierzylinder ['fiːʀ-] *m* τετρακύλινδρος

Vig'nette *f* απόδειξη πληρωμής διοδίων

Vi'kar [v-] ⟨*-s*; *-e*⟩ *m* τοποτηρητής

Villa [v-] ⟨*-*; *-len*⟩ *f* έπαυλη, βίλα

vio'lett [v-] μενεξεδένιος, βιολετής

Vio'lin|e [v-] *f* βιολί; **~ist** [-'nɪst] ⟨*-en*⟩ *m* βιολιστής; **~schlüssel** *m* κλειδί του σολ

Violoncello [-'tʃɛlo·] ⟨*-s*; *-s*⟩ *n* βιολοντσέλο, τσέλο

Viper [v-] ⟨*-*; *-n*⟩ *f* *vipera aspis*: ασπίδα; *vipera berus*: οχιά, έχιδνα

Virensuchprogramm *n EDV* πρόγραμμα *n* ανίχνευσης ιών

virtu'ell [v-] φανταστικός, δυνητικός

Virtu'ose [v-] ⟨*-n*⟩ *m* δεξιοτέχνης

Virus [v-] ⟨*-*; *-ren*⟩ *m* ιός

Visage [vi·'zaːʒə] *f* P μούτρο, μόστρα

vis-a-vis [vi·za·'viː] *adv* καρσί, αντίκρυ

Vi'sier [v-] ⟨*-s*; *-e*⟩ *n* στόχαστρο

Vi'sion [v-] *f* οπτασία, όραμα *n*

Visita'tion [v-] *f* εξέταση

Vi'site [v-] *f MED* επίσκεψη, κούρα

Vi'sitenkarte *f* κάρτα, επισκεπτήριο

Viskosi'tät ⟨*0*⟩ *f* ιξώδες *n*

Visum [v-] ⟨*-s*; *-sa oder -sen*⟩ *n* θεώρηση, βίζα

vi'tal [v-] ζωτικός

Vitali'tät ⟨*0*⟩ *f* ζωτικότητα

Vita'min [v-] ⟨*-s*; *-e*⟩ *n* βιταμίνη; **~mangel** ⟨*-s*; *0*⟩ *m* αβιταμίνωση; **~tabletten** *f*/*pl* χάπια *n*/*pl* βιταμίνης

Vivisek'tion [vi·vi·-] *f* ζωοτομία

Vize|kanzler *m* αντικαγκελάριος; **~konsul** *m* υποπρόξενος; **~präsident** *m* αντιπρόεδρος

Vlies [f-] ⟨*-es*; *-e*⟩ *n* ποκάρι; ***das Goldene ~*** το χρυσόμαλλο δέρας

Vogel [f-] ⟨*-s*; *⸚*⟩ *m* πουλί, πτηνό; ***locke-***

V

1041 **Vollkaskoversicherung**

re(r) ~ μπόσικος; *fig* ***e-n ~ haben*** έχω δόση τρέλας; **~bauer** *n* κλουβί, καφάσι; **~beere** *f* σούρβο; **~haus** *n* πτηνοτροφείο; **~kirsche** *f* μαυροκέρασο, αγριοκέρασο; **~perspektive** *f*: ***aus der ~perspektive*** εξ απόπτου, από ψηλά; **~scheuche** *f* φόβητρο, σκίαχτρο

Vogt [f-] ⟨*-es; ⸚e*⟩ *m hist* τοποτηρητής

Vo'kabel [v-] *f* λέξη

Vokabu'lar [v-] ⟨*-s; -e*⟩ *n* λεξιλόγιο

Vo'kal [v-] ⟨*-s; -e*⟩ *m* φωνήεν (-εντος) *n*; **~-** (*-Musik*) φωνητικός; **~ausfall** *m* υφαίρεση

vo'kal|isch ... του φωνήεντος; **~reich** πλούσιος σε φωνήεντα

Vokativ [v-] ⟨*-s; -e*⟩ *m* κλητική

Volk [f-] ⟨*-es; ⸚er*⟩ *n* λαός; φυλή

Völker|bund [f-] ⟨*-es; 0*⟩ *m hist* Κοινωνία των Εθνών; **~kunde** ⟨*0*⟩ *f* εθνολογία; **~kundler** *m* εθνολόγος; **~mord** *m* γενοκτονία; **~namen** *m/pl* εθνικά *n/pl*; **~recht** ⟨*-es; 0*⟩ *n* διεθνές δίκαιο; **~verständigung** *f* συνενόηση των λαών; **~wanderung** *f* μετανάστευση των λαών

volkreich πολυάνθρωπος

Volks|- λαϊκός, δημοτικός, πάνδημος; **~abstimmung** *f* δημοψήφισμα *n*; **~bildung** ⟨*0*⟩ *f* λαϊκή εκπαίδευση; **~charakter** *m* εθνικός χαρακτήρας; **~demokratie** *f* λαϊκοδημοκρατία; **~entscheid** *m* δημοψήφισμα *n*; **~erhebung** *f* εθνεγερσία; **~fest** *n* πανηγύρι; **~front** *f* λαϊκομετωπικές οργανώσεις *f/pl*; **~herrschaft** *f* λαοκρατία; **~hochschule** *f* λαϊκό πανεπιστήμιο, λαϊκή επιμόρφωση; **~kunde** ⟨*0*⟩ *f* λαογραφία; **~lied** *n* δημοτικό τραγούδι; **~menge** *f* πλήθος *n*; ασκέρι; **~republik** *f* Λαοκρατική Δημοκρατία

Volksschul|e *f* δημοτικό σχολείο; **~lehrer** *m* δημοδιδάσκαλος

Volks|sprache *f* δημοτική; **~stamm** *m* φυλή; **~tanz** *m* λαϊκός χορός; **~tracht** *f* εθνική ενδυμασία; **~tum** ⟨*-s; 0*⟩ *n* εθνότητα

volkstümlich λαϊκός

Volks|tümlichkeit ⟨*0*⟩ *f* λαϊκότητα; **~verführer** *m* δημαγωγός; **~versammlung** *f* εθνοσυνέλευση; **~vertretung** *f* αντιπροσωπεία του λαού; **~weise** *f* (λαϊκός) χαβάς (-άδες)

Volkswirtschaft *f* πολιτική οικονομία (*auch Lehre*); **~ler** *m* οικονομολόγος

volkswirtschaftlich λαϊκοοικονομικός; οικονομολογικός

Volks|zählung *f* απογραφή του πληθυσμού; **~zugehörigkeit** *f* εθνικότητα

voll (= *vollständig*) πλήρης, γεμάτος; (= *gefüllt*) πλήρης (*G*, ***von*** *D/0 oder G*), γεμάτος (*A od 0*); ***ein ~er Erfolg*** πλήρης επιτυχία; ***ein Glas ~ Wasser*** ποτήρι γεμάτο νερό; ***~ und ganz*** εντελώς; ***gepfropft ~*** κάργα; ***mit ~en Händen*** πλουσιοπάροχα, ανοιχτοχέρικα; ***aus ~em Herzen*** μ' όλη μου την καρδιά; ***sich ~ laufen lassen*** F το τσούζω; ***j-n nicht für ~ nehmen*** αψηφώ κπ; F ***bis obenhin ~*** (= *satt*) ***sein*** *mst aor* στούμπωσα; ***~ füllen*** απογεμίζω, καταγεμίζω; ***~ machen*** καταγεμίζω; F ***sich ~ machen*** μαγαρίζομαι; ***sich ~ saugen*** ποτίζω; ***j-m die Ohren ~ schreien*** ξεκουφαίνω κπ; ***~ stopfen*** στουμπώνω, τυλώνω; ***sich ~ stopfen*** τρώω του σκασμού; ***~ tanken*** γεμίζω, φουλάρω (το ρεζερβουάρ)

voll|(er) (*D sg, G pl*) πλήρης *G*, έμπλεος *G*; γεμάτος (*A*); ***Worte ~er Aufrichtigkeit*** λόγοι πλήρεις ειλικρινείας; ***~er Freude, Begeisterung*** έμπλεος χαράς, ενθουσιασμού

Voll|bart *m* γενειάδα; **~beschäftigung** ⟨*0*⟩ *f* πλήρης απασχόληση; **~besitz:** ***im ~besitz der Kräfte*** ακμαιότατος; **~blut** ⟨*-es; 0*⟩ *n* καθαρόαιμος (ίππος)

voll'bringen* εκτελώ, διενεργώ

Volldampf: ***mit ~*** (***voraus***) ολοταχώς (***in, an*** *A*/σε)

voll'end|en ⟨*-e-*⟩ ολοκληρώνω, αποπερατώνω, συντελώ; *Arbeit* συμπληρώνω; *Lebensjahr* συμπληρώνω, κλείνω; ***er ~et das 21. Lebensjahr*** συμπληρώνει *oder* κλείνει τα 21; **~et** τέλειος; *Tatsache*: τετελεσμένος

Voll'endung *f* ολοκλήρωση, συντέλεση, συμπλήρωση

Volleyball ['vɔli·bal] ⟨*-es; 0*⟩ *m* βόλεϊ ⟨*0*⟩ *n*

völlig εντελής, ολικός, τέλειος; *adv* εντελώς, τελείως; εξ ολοκλήρου; *oft*: παν- (παγ-, παμ-)

volljährig ενήλικος; ***~ werden*** ενηλικιώνομαι

Volljährigkeit ⟨*0*⟩ *f* ενηλικιότητα

Vollkaskoversicherung *f* ασφάλεια ολικής κάλυψης

V

voll'kommen εντελής, τέλειος; *adv* τελείως
Voll'kommenheit ⟨*0*⟩ *f* τελειότητα
Vollmacht *f* πληρεξουσιότητα, εντολή; (*Urkunde*) πληρεξούσιο; **~erteilung** *f* εντολοδοσία, εξουσιοδότηση; **~geber** *m* εντολοδότης
Voll|milch *f* γάλα *n* με την κρέμα, πλήρες γάλα *n*; **~mond** *m* πανσέληνος *f*; **~pension** ⟨*0*⟩ *f* πλήρης διατροφή
vollschlank παχουλός, γεμάτος
vollständig ολόκληρος, άρτιος; *adv* εξ ολοκλήρου
Vollständigkeit ⟨*0*⟩ *f* ακεραιότητα, αρτιότητα
voll'strecken *Urteil* εκτελώ; **~d** εκτελεστικός
Voll'streck|er *m* εκτελεστής; **~ung** *f* εκτέλεση
Voll|versammlung *f* ολομέλεια; **~waise** *f* πεντάρφανος
voll|wertig ... πλήρους αξίας; **~zählig** πλήρης, ολομελής; **~'ziehen*** τελώ
Voll|'ziehung *f*, **~'zug** ⟨*-ẹs; 0*⟩ *m* εκτέλεση, τέλεση
Volon'tär [v-] ⟨*-s; -e*⟩ *m* εθελοντής
Volos *n* Βόλος
Volt [v-] ⟨*- oder -s; -*⟩ *n* βολτ ⟨*0*⟩ *n*; **~meter** *n* βολτόμετρο
Vo'lumen [v-] ⟨*-s; -*⟩ *n* όγκος
Vo'lute [v-] *f* (*Baukunst*) σπείρα
vom → ***von dem***
von *präp D* από *A*; εκ, εξ *G*; (*seitens*) εκ μέρους *G*; *beim pass* υπό *G*, από *A*; (*besorgt, verfasst von*) επιμέλεια + *N*; ***ein Freund ~ mir*** ένας φίλος μου; ***einer ~ sieben Deutschen lebt von ...*** ένας Γερμανός στους επτά ζει από ...; *im Relativsatz, z.B.* ***~ denen viele*** *in Griechenland* ***heimisch sind*** που πολλά υπάρχουν αυτοφυή ...; ***~ ... an*** με αρχή από ..., *z.B.* ***~ 1990 an*** με αρχή από το 1990; ***~ nun an*** από τώρα; ***~ hier aus*** απ' εδώ; ***~ wo*** (***aus***) απ' όπου
von'nöten: *~ sein* παρίσταται ανάγκη
von'statten: (***gut***) ***~ gehen*** προοδεύει (καλά)
vor *präp Ort*: (*wo? D; wohin? A*) μπροστά από, μπροστά σε; ενώπιον *G*; *Zeit* (*D*): πριν από, προ *G*, εδώ και ...; είναι ... που; ... πίσω; ***noch ~*** *D* επέκεινα *G*; ***nach wie ~*** όπως πάντοτε; *Grund* (*D*): *närrisch* ***~ Glück*** από ευτυχία; ***~ allem*** προ παντός, κατ' εξοχήν; ***~ Christi Geburt*** προ Χριστού; *Uhrzeit*: ***fünf Minuten ~ vier*** τέσσερις παρά πέντε; ***sich ein Taschentuch ~s Gesicht halten*** βάζω ένα μαντήλι στο πρόσωπό μου
vor- *oft*: προ-
Vor|abend *m* απόγευμα *n*; παραμονή; (*e-s Festes*) προεόρτια *n/pl*; **~ahnung** *f* διαίσθηση
vo'ran|- *oft*: προ-; **~gegangen** προγενέστερος; **~gehen*** ⟨*sn*⟩ *auch fig* προηγούμαι (*D/G*); προϋπάρχω (*D/G*); **~gehend** προηγούμενος
vo'rankommen* ⟨*sn*⟩ προχωρώ (-άς); προκόβω; *im Beruf*: ανεβαίνω; ***~ wollen*** είμαι αποφασισμένος να πετύχω; ***nicht ~*** χωλαίνω, καρκινοβατώ; *subst* προχώρημα *n*, προκοπή
Vorankündigung *f* προαναγγελία
vo'ranlaufen* ⟨*sn*⟩ προτρέχω (*D/G*)
Vor|anmeldung *f* προαναγγελία; **~anschlag** *m* προϋπολογισμός, προεκτίμηση
vo'ran|schreiten* ⟨*sn*⟩ προβαδίζω (***j-m***/*G*); **~stellen** προτάσσω; **~treiben*** προωθώ, φορτσάρω; *subst* προώθηση
Vor|anzeige *f* προαναγγελία; **~arbeit** *f* προεργασία; **~arbeiter** *m* πρωτομάστορας, αρχιεργάτης; **~arbeiterin** *f* αρχιεργάτρια
vo'raus εκ των προτέρων, από τα πριν; ***im Voraus erfolgt*** προκαταβολικός; ***im Voraus bezahlen*** προκαταβάλλω; ***im Voraus zahlbar*** προκαταβλητέος
vo'rausbezahlen προκαταβάλλω
Vo'rausbezahlung *f* προκαταβολή
vo'rausgesetzt υποθετικός; ***~ dass*** εφ' όσον, δεδομένου ότι
vo'raus|sagen προλέγω; **~schauend** προβλεπτικός (*auch fig*); **~schicken** *v/t* προπέμπω; (*sagen*) προλογίζω; **~sehen*** προβλέπω, προνοώ; **~setzen** ⟨*-t*⟩ προϋποθέτω
Vo'raus|setzung *f* προϋπόθεση; ***unter der ~setzung*** με την προϋπόθεση; **~sicht** ⟨*0*⟩ *f* πρόβλεψη
vo'raus|sichtlich ενδεχόμενος; **~zahlbar** προπληρωτέος; **~zahlen** προπληρώνω
Vo'rauszahlung *f* προπληρωμή
vorbauen *v/i fig* (*Vorsorge treffen*) τακτοποιούμαι; λαμβάνω πρόνοια; ***e-r S*** (*D*) ***~*** προλαμβάνω *A*
Vorbedacht ⟨*-ẹs; 0*⟩ *m* σκοπιμότητα;

V

mit ~ εσκεμμένα; ***ohne*** ~ απρομελέτητα
Vor|bedeutung *f* οιωνός; **~bedingung** *f* προϋπόθεση, προαπαιτούμενο; **~behalt** ⟨-*es*; -*e*⟩ *m* επιφύλαξη
vorbehalt|en*: ***sich*** (*D*) *etw* **~en** επιφυλάσσομαι; *part* επιφυλακτικός; ***Irrtum ~en*** εκτός λάθους; **~los** ανεπιφύλακτος
vor'bei: ~ ***sein*** *aor* παρήλθε, πέρασε; *auch* ... ***ist*** ~ πάει; ***es ist*** ~ ***mit ihm*** πάει χαμένος; **~fahren*** ⟨*sn*⟩ περνώ (-άς), (αντι)παρέρχομαι (***an*** *D*/*A*); MAR παραπλέω (***an*** *D*/*A*); **~gehen*** ⟨*sn*⟩ περνώ (-άς), (αντι)παρέρχομαι (***an*** *D*/*A*); *fig* παραβλέπω (***an*** *D*/*A*); **~kommen*** ⟨*sn*⟩ περνώ (-άς); *pers* ***gerade ~kommen*** είμαι περαστικός; **~lassen*** αφήνω να περάσει
Vor'beimarsch *m* παρέλαση
vor'beimarschieren ⟨*sn*⟩ παρελαύνω
Vorbemerkung *f* προεισαγωγική παρατήρηση; προοίμιο
vorbereiten ⟨-*e*-⟩ προπαρασκευάζω, ετοιμάζω; ***sich*** ~ ***auf*** *A* (προ)ετοιμάζομαι για; **~d** προκαταρκτικός
Vorbereitung *f* ετοιμασία, προετοιμασία, (προ)παρασκευή; **~en** *pl* προκαταρκτικά *n*/*pl*; ***~en treffen*** κάνω ετοιμασίες; **~s-** (προ)παρασκευαστικός, προπαιδευτικός
Vor|bescheid *m* JUR προκαταρκτική απόφαση; **~besprechung** *f* προκαταρκτική συζήτηση
vorbestellen *Karten* προπαραγγέλνω, αγκαζάρω
Vorbestellung *f* προπαραγγελία, κράτηση
vorbestraft σεσημασμένος στο ποινικό μητρώο
vorbeugen προλαμβάνω; **~d** προφυλακτικός
Vorbeugung *f* πρόληψη; **~s-** προληπτικός; **~s-mittel** *n* προφυλακτικό μέσο
Vorbild *n* πρότυπο, παράδειγμα *n*; ***sich*** (*D*) ***j-n zum*** ~ ***nehmen*** παραδειγματίζομαι από
vorbildlich παραδειγματικός
vorbringen* *Argumente* αντιπαρατάσσω; *Beispiel* επιφέρω; *Einwand, Forderung* προβάλλω; *Frage* ανακινώ; *Meinung* εκφέρω, υποβάλλω
vor|christlich ... προ Χριστού; **~datieren** (*früheres Datum*) προχρονολογώ; (*späteres Datum*) μεταχρονολογώ
vorder-, Vorder- [ɔ] μπροστινός, πρόσθιος
Vordergrund *m* (τα) έμπρος, το έμπροσθεν μέρος; ***in den*** ~ ***treten*** *fig* βγαίνω *oder* έρχομαι στο προσκήνιο
Vordermann ⟨-*es*; ¨*er*⟩ *m* προτεταγμένος; *fig* ***j-n auf*** ~ ***bringen*** βάζω κπ μπροστά
Vorder|rad *n* μπροστινή ρόδα; **~seite** *f* πρόσοψη; *e-s Hauses*: μέτωπο; **~zähne** *m*/*pl* τομείς *m*/*pl*, πρόσθια δόντια
vordrängen: ***sich*** ~ σπρώχνομαι (προς τα) εμπρός; *fig* επιζητώ τα πρωτεία
vordring|en* ⟨*sn*⟩ διεισδύω (***bis in*** *A*, ***zu*** *D*/μέχρι *G*); **~lich** βιαστικός, επείγων
Vordruck ⟨-*es*; -*e*⟩ *m* έντυπο
vor|ehelich προγαμιαίος; **~eilig** *Beschluss*: αστάθμιστος; *pers* επειγόμενος
voreingenommen προκατειλημμένος (***gegen*** *A*/εναντίον, κατά *G*); *j-n* ~ ***machen gegen*** *A* προκαταλαμβάνω εναντίον, κατά *G*; ~ ***sein*** μεροληπτώ
Voreingenommenheit *f* προκατάληψη
vorenthalten* κατακρατώ; *Wahrheit* αποκρύπτω (***j-m***/από κπ)
Vorentscheidung *f*: ***e-e*** ~ ***fällen*** προδικάζω
vorerst προς το παρόν; πρώτα
Vorfahr ⟨-*en*⟩ *m* πρόγονος
vorfahren* ⟨*sn*⟩ περνώ, εισέρχομαι με αμάξι; ***vorgefahren kommen*** έρχομαι με αμάξι; ***bei j-m vorgefahren kommen*** πηγαίνω να πάρω κπ
Vorfahrt *f Auto*: προτεραιότητα
Vorfahrts|recht *n* δικαίωμα *n* προτεραιότητας; **~schild** *n* πινακίδα προτεραιότητας; **~straße** *f* δρόμος προτεραιότητας
Vorfall *m* περιστατικό
vorfallen* ⟨*sn*⟩ συμβαίνω; μεσολαβώ; ***zwischen uns ist nichts vorgefallen*** δεν μεσολάβησε τίποτε μεταξύ μας
vorfinden* βρίσκω; ανταμώνω (***j-n***/κπ)
Vorfreude *f* πρόγευση χαράς
vorfristig ... προ της προθεσμίας; ~ ***zahlen*** προεξοφλώ
vorfühlen (*sondieren*) σφυγμομετρώ
vorführen κάνω επίδειξη *G*; *Film* προβάλλω; *Zeugen* προσάγω; JUR ***dem Richter*** ~ παραπέμπω στο δικαστήριο
Vorführung *f Film*: προβολή; *e-s Gerä-*

Vorgang 1044

tes: επίδειξη; *von Zeugen*: προσαγωγή
Vor|gang *m* διαδικασία; **~gänge** *m/pl* περιστατικά *n/pl*; **~gänger** *m* προκάτοχος, προγενέστερος; **~garten** *m* πρασιά, έρκος
vorgaukeln ⟨*-le*⟩: ***j-m ~, dass*** βαυκαλίζω κπ με την ελπίδα, ότι; ***sich*** (*D*) *etw* **~** οραματίζομαι
Vorgebirge *n* πρόποδες *m/pl*; (*Kap*) ακρωτήριο
vorgehen* ⟨*sn*⟩ προηγούμαι, προχωρώ; *Uhr*: τρέχω, πηγαίνω μπρος; (*geschehen*) συμβαίνω; (*wichtiger sein*) έρχομαι πρώτος, έχω τα πρωτεία; ***~ gegen*** *A* καταφέρομαι κατά *G*, βάλλω εναντίον *G*; ***gerichtlich ~ gegen*** *A* ενεργώ δικαστικώς εναντίον *G*; ***was geht hier vor?*** τι τρέχει;
Vorgehen *n fig* διάβημα *n*; πράξη
vorge|laden *JUR* προσκαλεσμένος; **~nommen** → ***vornehmen***; ***sich ~nommen haben, zu ...*** πρόκειται να ...; **~rückt** *Stunde*; *Alter*: προχωρημένος
Vorgeschichte *f* προϊστορία (*auch fig*); *e-s Vorfalls, e-r Tat* ιστορικό
vorgeschichtlich προϊστορικός
Vorgeschmack *m fig* πρόγευση (*G/G*); προαίσθηση; ***e-n ~ bekommen*** λαμβάνω πρόγευση *G*
vorgeschoben → ***vorschieben***; προωθημένος; *Punkt*: ευπρόσβλητος; *MIL* προχωρημένος
vorgeschrieben → ***vorschreiben***; *Abstand*: κανονικός; ***gesetzlich ~*** νενομισμένος
vorgesehen προβλεπόμενος; ***nicht ~*** ασχεδίαστος
Vorgesetzte(r) προϊστάμενος
vorgestern προχθές
vorgestrig προχθεσινός
vor|greifen* προλαμβάνω; **~haben*** έχω σκοπό, σχεδιάζω; έχω κατά νου, μέλλω (**zu**/να); ***haben Sie heute Abend etwas vor?*** έχετε να κάνετε τίποτα απόψε; ***schon etwas ~haben*** είμαι αγκαζέ, έχω κανονίσει
Vorhaben *n* σκοπός, σχέδιο; πρόθεση
Vorhalle *f* πρόθυρο; πρόναος; *Kirche*: νάρθηκας
vorhalten* κρατώ (μπροστά) σε; ***j-m*** *etw* **~** (*oder* ***j-m ~, dass ...***) κάνω παρατήρηση σε κπ για (γιατί ...); (***nicht***) ***lange ~*** (δεν) φτουρώ (-άς)
Vorhaltung *f* παρατήρηση
Vorhand ⟨*0*⟩ *f im Spiel*: πρωτιά
vor'handen υπαρκτός; ***~ sein*** υπάρχω, υφίσταμαι; ***reichlich ~ sein*** πλεονάζω
Vor'handensein *n* ύπαρξη
Vorhang ⟨*-ẹs*; *"e*⟩ *m* κουρτίνα, παραπέτασμα *n*, μπερντές (-έδες) *m*; *THEA* αυλαία, σκηνή; ***eiserner ~*** σιδηρούν παραπέτασμα *n*; ***der ~ geht auf*** αίρεται η αυλαία; ***der ~ fällt*** πέφτει η σκηνή (*oder* αυλαία)
Vorhängeschloss *n* λουκέτο
Vor|haut *f* ακροποσθία; **~hemd** *n* προστήθιο
vorher πριν, προηγουμένως, προτού; **~-** *oft*: προ-
vor'herbestimm|en προορίζω; προαποφασίζω; **~t** *auch* πεπρωμένος
Vor'herbestimmung *f* πεπρωμένο, προορισμός, (τα) γραμμένα
vor'her|gehend, ~ig προηγούμενος
Vorherrschaft *f* επικράτηση
vorherrschen επικρατώ; **~d** *auch Ansicht*: επικρατέστερος
Vor'hersage *f* πρόγνωση; προγνωστικά *n/pl*; **~-** προγνωστικός
vor'her|sagen προλέγω; **~sehen*** προβλέπω, προγινώσκω; **~sehend** προβλεπτικός
vor'hin προ ολίγου
Vor|hof *m* προαύλιο, πρόναος; *ANAT* πρόδομος; **~hut** ⟨*0*⟩ *f* πρωτοπορεία, προπορεία
vorig|- πρότερος; πριν; ***~es Jahr*** πέρ(υ)σι; ***~es Mal*** την άλλη φορά
vorjährig περσινός
Vorkämpfer *m* πρόμαχος; ***~ sein*** προμαχώ
Vor|kasse *f* προπληρωμή; **~kaufsrecht** *n* δικαίωμα *n* προτιμήσεως (στην αγορά ... *G*)
Vorkehrung *f* ετοιμασία, πρόβλεψη; ***~en treffen*** λαμβάνω μέτρα
Vorkenntnis ⟨*-*; *-se*⟩ *f* προκαταρκτική γνώση, τα στοιχεία
vorkommen* ⟨*sn*⟩ *z.B. Tier, Pflanze*: είμαι κοινός (**in** *D*/σε); ***oft ~*** παρουσιάζομαι συχνά (**in** *D*/σε); ***es kommt vor*** (*passiert*) συμβαίνει; ***es kommt mir vor, als ob*** μου φαίνεται σαν να ...
Vorkomm|en *n* (*Erz-*) κοίτασμα *n* (***von*** *D/G*); **~nis** ⟨*-ses*; *-se*⟩ *n* συμβάν *n*, φαινόμενο, γεγονός *n*
Vorkriegs|- προπολεμικός; **~zeit** *f* προ-

V

πολεμική περίοδος *f*; ***in der ~zeit*** προπολεμικά
vorladen* *JUR* προσκαλώ, κλητεύω
Vorladung *f* πρόσκληση, κλήση; (*Schriftstück*) κλητήριο
Vorlage *f* δείγμα *n*; *POL* νομοσχέδιο; (= *Vorlegen*) εμφάνιση, παρουσίαση; ***bei ~*** επί τη εμφανίσει
vorlassen* δέχομαι (***j-n***/κπ), αφήνω να παρουσιαστεί; αφήνω να περάσει
Vorläufer *m fig* πρόδρομος; *e-r Einrichtung*: προδρομική μορφή
vorläufig προσωρινός (*adv* -ά, -ώς)
vorlaut προπετής; ***~ sein*** ξεπετιέμαι
Vorleben *n JUR* ιστορικό; προηγουμένη ζωή
vorlegen καταθέτω (***j-m etw***/κτ σε κπ), παρουσιάζω; *bsd Schriftstück* εμφανίζω, υποβάλλω
vorlesen* διαβάζω (***aus*** *D*/από)
Vorles|er *m* αναγνώστης; **~ung** *f* διάλεξη; *Universität*: παράδοση
vorletzt|- προτελευταίος; ***~e Silbe*** παραλήγουσα
Vorliebe *f* προτίμηση
vor'lieb nehmen* αρκούμαι (***mit*** *D*/σε); ***mit dem Vorhandenen vorlieb nehmen*** τρώω απ' τα υπάρχοντα
vor|liegen* υπάρχω; ***es liegt der dringende Verdacht ~*** υπάρχουν σοβαρές υπόνοιες; ***mir liegt ein Schriftstück ~*** μου υποβλήθηκε ένα έγγραφο; ***gegen ihn liegt nichts ~*** δεν υπάρχει τίποτε εναντίον του; **~liegend** υπάρχων, προκείμενος; **~lügen*:** ***j-m etw ~lügen*** λέγω σε κπ ψέμματα
vormachen (*zeigen*) επιδεικνύω; ***j-m etwas ~*** (*täuschen*) πουλώ κτ σε κπ; ***ich lasse mir nichts ~*** δεν τρώω άχυρα
vormal|ig πρώην; **~s** αρχήτερα
Vormarsch *m* προχώρηση, προέλαση
vormarschieren ⟨*sn*⟩ προχωρώ, προελαύνω
vormerken σημειώνω; ***~ lassen*** *Zimmer* κλείνω
Vormerkung *f* σημείωση; κράτηση
Vormittag *m* πρωί *n*, προμεσημβρινή ώρα; ***am ~*** το πρωί, πριν το μεσημέρι; **~s-** προμεσημβρινός
vormittags προ μεσημβρίας (π.μ.), πριν το μεσημέρι
Vormund ⟨*-e̸s; -e*⟩ *m* κηδεμώνας; επίτροπος; ***~*** *e-r Person* ***sein*** κηδεμονεύω
Vormundschaft *f* κηδεμονία; αντίληψη; επιτροπεία; *für Entmündigte*: απαγόρευση; ***unter ~ stehen*** (***stellen***) είμαι υπό (θέτω σε) κηδεμονία *oder* απαγόρευση
vorn *adv* εμπρός, μπροστά; ***nach ~*** πρόσω, προς τα εμπρός; ***von ~*** *Zeit*: ξοπίσω; ***wieder von ~ anfangen*** ξαναρχίζω πάλι από το άλφα
Vor|nahme *f* (*z.B. e-r Fälschung*) διενέργεια; **~name** *m* (βαπτιστικό *oder* μικρό) όνομα *n*; ***~- und Nachname*** ονοματεπώνυμο
vornehm αρχοντικός; κομψοπρεπής
vornehmen* *Behandlung* αναλαμβάνω; ενεργώ; *Abänderungen usw* επιφέρω; ***sich*** (*D*) ***etw ~*** (*beschäftigen*) καταπιάνομαι με; προγραμματίζω; ***sich j-n ~*** ψέλνω σε κπ τον εξάψαλμο; ***sich ~ zu ...*** προτίθεμαι να ...; ***vorgenommen werden*** (*z.B. Blutprobe*) ***bei j-m*** γίνεται σε κπ
Vornehmheit ⟨*0*⟩ *f* αρχοντιά, κομψοπρέπεια
vornehmlich ιδιαιτέρως
vornherein: ***von ~*** ευθύς εξ αρχής
vorn'über μπρούμυτα
Vorort ⟨*-e̸s; -e*⟩ *m* προάστιο; **~verkehr** *m* υπεραστική συγκοινωνία; **~zug** *m* τρένο προαστίων
Vor|platz *m* προαύλιο; **~posten** *m* προφυλακή; **~prüfung** *f* προκαταρκτική εξέταση
Vorrang ⟨*-e̸s; 0*⟩ *m* προτεραιότητα, προβάδισμα *n*, πρωτεία *n/pl*; ***den ~ haben*** προέχω
vorrangig ... κατά προτεραιότητα
Vorrat ⟨*-e̸s; ¨e*⟩ *m* παρακαταθήκη (***an*** *D/G*), απόθεμα *n*, στοκ ⟨*0*⟩ *n*
vorrätig διαθέσιμος; ***~ haben*** διαθέτω
Vor|ratsraum *m* αποθήκη; **~raum** *m* χωλ ⟨*0*⟩ *n*; *Kirche*: νάρθηκας
vorrechnen ⟨*-e-*⟩ απαριθμώ, αραδιάζω
Vorrecht *n* προνόμιο
Vorred|e *f* πρόλογος; **~ner** *m* προλαλήσας (-αντος)
Vorrichtung *f TECH* μηχανισμός
vorrücken ⟨*sn*⟩ *v/i* προχωρώ; *MIL* προελαύνω; κάνω μπρος; *v/t* προωθώ
Vorruhestand *m* πρόωρη συνταξιοδότηση
vorsagen *Schule*: ψιθυρίζω (***j-m etw***/κτ σε κπ); *THEA* υποβάλλω
Vor|saison *f* προτουριστική περίοδος;

V

Vorsänger 1046

~sänger *m* πρωτοψάλτης; **~satz** *m* (*Absicht*) σκοπός, πρόθεση, προαίρεση, προμελέτη
vorsätzlich σκόπιμος; *JUR* εκ προμελέτης
Vor|sätzlichkeit ⟨*0*⟩ *f* σκοπιμότητα; **~satzlinse** *f Foto*: προαντικειμενικός φακός; **~schau** *f* σύνοψη του προγράμματος *oder* μίας ταινίας
Vorschein *m*: ***zum ~ kommen*** ξεμυτίζω, εμφανίζομαι επί σκηνής
vorschieben* ωθώ, προτάσσω, προβάλλω; *fig* → **vorschützen**; **sich ~** προεκβάλλω; *subst* ώθηση
vorschießen* προκαταβάλλω (***j-m etw***/κτ σε κπ)
Vorschlag *m* πρόταση, υπόδειξη; ***auf ~*** καθ' υπόδειξη; με πρόταση (**von**/*G*)
vorschlagen* προτείνω (***j-m etw***/κτ σε κπ; ***für*** *A*, ***als***/για); υποδεικνύω; υποβάλλω γνώμη
vorschnell άωρος, βεβιασμένος
vorschreiben* διατάσσω
Vorschrift *f* κανόνας; διάταξη; οδηγία
vorschriftsmäßig κανονικός; κατά διαταγή
Vorschub ⟨*-ęs*; *⸚e*⟩ *m* προεκβολή; *TECH* τροφοδοσία; ***j-m ~ leisten*** δίνω ώθηση σε κπ; *auch S* ωθώ, προωθώ κπ
Vorschule *f* προκαταρκτικό σχολείο
Vorschuss *m* προκαταβολή, αβάντσο; ***j-m ~ zahlen*** δίνω σε κπ αβάντσο
vor|schützen ⟨*-t*⟩ προφασίζομαι; **~schweben: *es schwebt mir ~*** φαντάζομαι; έχω κατά νου (**zu**/να)
vorsehen* *e-n Fall* προβλέπω; *Eventualität* προνοώ (*A*/για *A*); **sich ~** προφυλάσσομαι; ***sieh dich vor!*** το νου σου!
Vorsehung *f* (***göttliche*** θεία) πρόνοια
vorsetzen ⟨*-t*⟩ *Speisen* παραθέτω, προσφέρω; *allg* προτάσσω
Vorsicht ⟨*0*⟩ *f* προσοχή, περίσκεψη; **~!** προσοχή!
vorsichtig προσεκτικός, προφυλακτικός; με προσοχή; ***~ sein*** φυλάγομαι
Vorsichts|- προφυλακτικός; **~maßnahme** *f* προφυλακτικό μέτρο
Vorsilbe *f* πρόθεμα *n*
vor|singen* τραγουδώ (***j-m etw***/κτ σε κπ); **~sintflutlich** (*auch fig*) προκατακλυσμιαίος
Vorsitz ⟨*-es*; *0*⟩ *m* προεδρεία; ***den ~ führen bei*** *D* προεδρεύω σε; **~ende(r)** πρόεδρος; ***stellvertretende(r)*** **~ende(r)** αντιπρόεδρος
Vorsorge ⟨*0*⟩ *f* πρόνοια (**für** *A*/για *A*); πρόβλεψη; ***~ treffen*** (**für** *A*) προβλέπω *A*; τακτοποιούμαι
vorsorg|en προνοώ (**für** *A*/*A*); ***ich habe vorgesorgt*** *auch* τακτοποιήθηκα; **~lich** προνοητικός; *adv auch* προληπτικά
Vorspeise *f* μεζές (-έδες) *m*, ορεκτικό
Vorspeisenplatte *f* ποικιλία
vorspiegeln ⟨*-le*⟩: ***j-m etw ~*** F παραμυθιάζω κπ για κτ
Vorspiegelung *f*: ***~ falscher Tatsachen*** διαστρέβλωση των γεγονότων
Vorspiel *n MUS* προοίμιο; *THEA* πρόλογος; *fig* προϊστορία; *fig* (**böses**) **~** αψιμαχία
vor|spielen παίζω (***j-m etw***/κτ σε κπ); **~sprechen*** (*für eine Rolle*) διαβάζω *oder* απαγγέλω κείμενο για ακρόαση; ***j-m*** *etw* ***~sprechen*** μαθαίνω κπ να προφέρει; **~springen*** ⟨*sn*⟩ πηδώ μπροστά; *Mauer*: εξέχω; *Balkon*: προεκβάλλω (**über** *A*/*G*); *GEOGR Kap*: εισχωρώ
Vorsprung *m* προεξοχή, εξοχή; *Sport*: υπεροχή, αβαντάζ ⟨*0*⟩ *n*; ***vor j-m e-n ~ haben in*** *D* προηγούμαι κάποιου σε
Vor|stadt *f* προάστια *n/pl*; **~stand** *m* προεδρείο, διοικητικό συμβούλιο
Vorstands|etage *f fig* τμήμα *n* διοίκησης; **~vorsitzende(r)** *m* πρόεδρος διοικητικού συμβουλίου; **~wahl** *f* αρχαιρεσία (*mst pl* -ίες)
vorstehen* προεξέχω; ***e-r S*** (*D*) **~** προΐσταμαι *G*; **~d** προεξέχων
Vorsteher *m* προϊστάμενος
vorstellbar φανταστός
vorstellen *allg* παρουσιάζω; (*bekannt machen*) συστήνω, συνιστώ (-άς); *Uhr* βάζω μπροστά; **sich** (**selbst**) **~** συνιστώμαι (-άσαι); **sich** (*D*) *etw* **~** φαντάζομαι; ***stell dir mal vor!*** φαντάσου!
vorstellig: *bei j-m ~ werden* παρουσιάζομαι προσωπικά σε ...
Vorstellung *f* παρουσίαση; *THEA*, *PSYCH* παράσταση; **~en** *pl POL* παραστάσεις *f/pl*; (*Pläne*) σχέδια *n/pl*; ***e-e ~ geben*** παρασταίνω
Vorstellungs|gespräch *n* συζήτηση για (προσωπική) παρουσίαση; **~kraft** ⟨*0*⟩ *f*, **~vermögen** ⟨*-s*; *0*⟩ *n* φαντασία
Vorstoß *m MIL* προέλαση, κρούση; (*Versuch*) απόπειρα

V

1047 Vulkanisierung

vorstoßen* *v/i* ⟨*sn*⟩ *Heer*: προωθούμαι (**bis an** *A*, **bis zu** *D*/προς *A*); *v/t* προωθώ

Vorstrafe *f* προηγουμένη ποινή

Vorstrafenregister *n* ποινικό μητρώο

vorstrecken προτάσσω, προεκβάλλω; (*leihen*) προκαταβάλλω; *subst* προεκβολή

Vor|studium *n* προμελέτη; **~stufe** *f* πρώτο βήμα *n*

vorstürmen ⟨*sn*⟩ ορμώ (-άς) (**gegen** *A*/κατά *G*)

vor|tasten ⟨*-e-*⟩: **sich ~tasten in** *D*, **an** *D* ψηλαφίζω *A*; **~täuschen** *pers und S* επιτηδεύομαι, προσποιούμαι

Vortäuschung *f* επιτήδευση, προσποίηση

Vorteil ⟨*-ęs*; *-e*⟩ *m* πλεονέκτημα *n*; λυσιτέλεια, όφελος *n*

vorteilhaft πλεονεκτικός, λυσιτελής; **es ist ~** συμφέρει; **~er sein als** πλεονεκτώ έναντι *G*

Vortrag ⟨*-ęs*; *⁼e*⟩ *m* (*Gedicht*) απαγγελία; *allg* διάλεξη; *MUS* εκτέλεση; *HDL* μεταφορά; **e-n ~ halten** δίνω διάλεξη

vortragen* απαγγέλλω; *Lied* εκτελώ; *auf neue Rechnung* μεταφέρνω

Vortragssaal *m* αίθουσα διαλέξεων

vor'trefflich περίφημος, έξοχος

Vor'trefflichkeit ⟨*0*⟩ *f* εξοχότητα

vortreten* ⟨*sn*⟩ προχωρώ; (*hervorstehen*) εξέχω

Vortritt *m*: **den ~ haben** προβαδίζω (**vor** *D*/*G*)

Vortrupp ⟨*-s*; *-s*⟩ *m* προπομπός

vo'rüber: es ist ~ πέρασε, τελείωσε, πάει

vo'rübergehen* ⟨*sn*⟩ *v/i* περνώ (-άς) (*auch Krise*, *Mode*) (**an j-m**/μπροστά από); διαβαίνω, παρέρχομαι; *subst* διάβα *n*; **~d** περαστικός, παροδικός; *adv* προσωρινά, παροδικά; **die Vorübergehenden** οι διαβάτες *m/pl*

Vor|übung *f* προάσκηση; **~untersuchung** *f JUR* προανάκριση; **e-e ~untersuchung einleiten** προανακρίνω; **~urteil** *n* πρόληψη, προκατάληψη

vorurteilslos απροκατάληπτος

Vorverkauf *m* προπώληση; **im ~ erhältlich sein** προπωλούμαι; **~s-stelle** *f* μέρος για προπώληση

Vorvertrag *m* προσύμβαση

vorvorgestern αντιπροχθές

vorwagen: sich ~ ξεμυτίζω

Vorwahl *f TEL* → **Vorwahlnummer**; **~-** προεκλογικός; **~nummer** *f* αυτόματος; υπεραστικός αριθμός κλήσης (αυτοματοποιημένων κέντρων)

Vorwand ⟨*-ęs*; *⁼e*⟩ *m* πρόφαση, πρόσχημα *n*

vorwärts πρόσω; **~!** εμπρός!, άιντε!; **~-** *oft*: προ-; **~ bringen** προάγω; **~ kommen** σταδιοδρομώ

Vorwäsche *f* προπλύσιμο (-ατος)

vor'weg [ε] από πριν; **~nehmen*** *fig* προεξοφλώ

Vorweihnachtszeit *f* (**in der**/τις) παραμονές των Χριστουγέννων

vor|weisen* παρουσιάζω, επιδεικνύω; **~werfen*** κατηγορώ, ψεγαδιάζω (**j-m etw**/κπ για κτ); **~wiegend** εν πρώτοις, κυρίως; **~witzig** πολυπράγμων (-ον)

Vor|wort ⟨*-ęs*; *-e*⟩ *n* πρόλογος; προλεγόμενα *n/pl*; **~wurf** ⟨*-ęs*; *⁼e*⟩ *m* κατηγορία, μομφή (**gegen** *A*/κατά *G*); (*Motiv*) θέμα *n*, μοτίβο; **j-m Vorwürfe machen** κάνω παράπονα σε κπ

vorwurfsvoll παρατηρητικός, επιτιμητικός, παραπονεμένος

Vorzeichen *n* οιωνός, προμήνυμα *n*; (*z. B.* +, −) πρόσημο

Vorzeit *f* προϊστορική εποχή

vorzeitig πρόωρος; **~ gealtert** πρόωρα γερασμένος

vorziehen* προτιμώ (-άς) (*A* – *D*/κτ – από)

Vorzimmer *n* δωμάτιο αναμονής, προθάλαμος

Vorzug ⟨*-ęs*; *⁼e*⟩ *m* προτίμηση; προτέρημα *n*; πλεονέκτημα *n*; αρετή; *pl auch* χάρες *f/pl*; **etw anstelle** *G* **den ~ geben** προτιμώ κτ αντί *G*

vor'züglich άριστος

Vor'züglichkeit ⟨*0*⟩ *f* αριστεία

Vorzugsaktie *f* προνομιούχος μετοχή

vorzugsweise κατά προτίμηση

vorzuziehen(d) προτιμητέος, προτιμότερος

Votum [v-] ⟨*-s*; *-ten oder -ta*⟩ *n* ψήφος *f*

vul'gär [v-] χυδαίος

Vul'kan [v-] ⟨*-s*; *-e*⟩ *m* ηφαίστειο; Ἥφαιστος

vul'kanisch ηφαιστειογενής

vulkani'sieren θειώνω

Vulkani'sierung *f* θείωση

W

W, w [veː] *n neugr* Β, β
Waage *f* ζυγαριά, πλάστιγγα; *ASTR* ζυγός; **~balken** *m* φάλαγγα
waagerecht οριζόντιος
Waagschale *f* πλάστιγγα, τάσι
Wabe *f* κερήθρα
wach [a] ξύπνιος, άυπνος; (*auch wachsam*) άγρυπνος; **~ bleiben** αγρυπνώ; **~ sein** αγρυπνώ; **~ werden** ξυπνώ (-άς)
Wach|ablösung *f* αλλαγή της φρουράς; **~boot** *n* φυλακίδα; **~e** *f* φρουρά, σκοπιά; *pers* σκοπός; *MAR* πανημερία; *auch pers* βάρδια; **~e haben** *oder* **stehen** είμαι της φρουράς, έχω βάρδια, κάνω βάρδια
wachen αγρυπνώ; **~ über** *A* φρουρώ *A*, εποπτεύω επί *G*
Wachhund [a] *m* σκύλος φύλακας
Wa'cholder [a] *m* άρκευθος *f*
wach|rufen* ξυπνώ (-άς); *fig Gefühle* εξεγείρω; **~rütteln** ⟨*-le*⟩ *fig* αφυπνίζω (**j-n**/κπ)
Wachs [vaks] ⟨*-es; 0*⟩ *n* κερί, κηρός; **~-** κερένιος
wachsam ['vaxzaːm] προσεκτικός; άγρυπνος, ακοίμητος; *POL* **~ sein** επαγρυπνώ
Wachsamkeit ⟨*0*⟩ *f* αγρυπνία; *POL* επαγρύπνηση
wachsen*[1] [-ks-] ⟨*sn*⟩ ψηλώνω, αυξάνομαι; *Pflanzen*: βλασταίνω, γίνομαι; *Kind*: μεγαλώνω; *Bart* **~ lassen** τρέφω
wachsen[2] [-ks-] ⟨*-t*⟩ κερώνω
wächsern ['vɛksərn] κερένιος, κέρινος
Wachs|figur ['vaks-] *f* κέρινο ομοίωμα *oder* ανδρείκελο; **~kerze** *f* κερί; *REL* αγιοκέρι
Wachstube ['vaxʃt-] *f* φυλακείο
Wachstuch ['vakstuːx] *n* μουσαμάς
Wachstum ['vakstuːm] ⟨*-s; 0*⟩ *n BOT, fig* βλάστηση, μεγάλωμα *n*; αύξηση (*auch des Kindes*); **~s-** αυξητικός; **~s-rate** *f* ρυθμός αυξήσεως
Wachtel *f* ορτύκι
Wächter *m* φύλακας, φρουρός
Wacht|meister *m* ενωμοτάρχης; *Polizei*: **Herr ~meister!** κύριε αστυνόμε!; **~posten** *m* σκοπός
Wach-traum *m* ονειροπόληση
Wachtturm *m* σκοπιά, πύργος φρουράς
wackel|ig → **wacklig**; **~n** ⟨*-le*⟩ *v/i* σείομαι; *Zahn, Tisch usw* κουνιέμαι; *v/t* σείω (**an** *D/A*); **mit dem Kopf ~n** κουνώ το κεφάλι; *subst* κούνημα *n*
wacker *lit* ανδρείος; γερός
wacklig κουνιστός, κουτσός; μποσικαρισμένος; **~ sein** *auch* κουνιέμαι
Wade *f* γάμπα, κνήμη
Waden|bein *n* περόνη; **~krampf** *m* κράμπα
Wadi ⟨*-s; -s*⟩ *n* ξεροπόταμο
Waffe *f* (*auch fig*) όπλο, *pl auch* άρματα *n/pl*; **~n tragen** οπλοφορώ; **die ~n strecken** παραδίδω τα όπλα, βάζω κάτω τ' άρματα (*auch fig*)
Waffel *f* γκοφρέτα, πλακούντας φόρμας
Waffen|besitz *m* κατοχή όπλων, οπλοκατοχή; **~depot** *n* οπλοθήκη; **~fabrik** *f* οπλοποιείο; **~gattung** *f* όπλο; **~gebrauch** *m* οπλοχρησία; **~gewalt** ⟨*0*⟩ *f* ένοπλος βία; *mst* **mit ~gewalt** κάνοντας χρήση του όπλου; **~lager** *n* οπλοστάσιο; **~produktion** *f* οπλοποιία; **~schein** *m* άδεια οπλοφορίας; **~stillstand** *m* ανακωχή; **~tragen** *n* οπλοφορία; **~übung** *f* οπλασκία
Wagemut ⟨*-~~e~~s; 0*⟩ *m* τόλμη
wagemutig τολμηρός
wagen (απο)τολμώ (-άς); **es ~** κοτώ (-άς); **sich ~ in** *A* ξεθαρρεύω σε
Wagen *m* όχημα *n* (*auch Auto*), άμαξα, αμάξι; *BAHN auch* βαγόνι
wägen σταθμίζω; *subst* στάθμιση
Wagen|heber *m* κρίκος, γρύλος; **~papiere** *n/pl* χαρτιά *n/pl* αυτοκινήτου; **~park** *m* σύνολο οχημάτων, τροχαίο υλικό; **~rennen** *n* αρματοδρομία; **~schlag** *m* θύρα
Waggon [-'gɔŋ, -gɔ̃ː] ⟨*-s; -s*⟩ *m* βαγόνι, άμαξα
waghalsig ριψοκίνδυνος
Wagnis ⟨*-ses; -se*⟩ *n* τόλμημα *n*
Wahl *f* εκλογή (*auch POL*); (*Stimmabgabe*) ψηφοφορία, ψήφιση; *des Vorstandes*: αρχαιρεσία; **nach ~** κατ' εκλογήν; **die Qual der ~** δυσχέρεια εκλογής; **e-e ~ treffen** ξεχωρίζω; **die ~ fälschen** καλπονοθεύω; **aus der ~ gingen hervor als ...** *N* οι εκλογές ανέδειξαν *A*;

1049 **Wallfahrt**

(**der**) ***in die engere ~ Gezogene*** επιλεγόμενος; ***... vor der ~*** προεκλογικός
Wahl|- εκλογικός; εκλεκτικός; **~aufruf** *m* εκλογική προκήρυξη
wählbar εκλόγιμος; αιρετός
wahlberechtigt ... έχων εκλογικό δικαίωμα
Wahl|beteiligung *f* (ποσοστό) συμμετοχή(ς); **~bezirk** *m* εκλογική περιφέρεια; **~bündnis** *n POL* συνδυασμός
wählen *v/t allg* εκλέγω; *POL* εκλέγω, ψηφίζω (*auch v/i*); *TEL* επιλέγω, προβαίνω σε επιλογή; *j-n* ***~ zu*** *D* βγάζω + *A*; ***zu ... gewählt werden*** βγαίνω + *N*; *TEL* ***erneut ~*** ξαναπαίρνω το νούμερο; ***falsch ~*** κάνω λάθος στο νούμερο; ***wieder ~*** επανεκλέγω
Wähler *m* εκλογέας; ψηφοφόρος; **~-** εκλεκτικός; εκλογικός
Wahlergebnis *n* εκλογικό αποτέλεσμα *n*
wählerisch εκλεκτικός
Wählerschaft *f* εκλογείς *m/pl*
Wahl|fälschung *f* καλπονοθεία, καλπονόθευση; **~kampf** *m* εκλογικός αγώνας; **~kreis** *m* εκλογική περιφέρεια; **~lokal** *n* εκλογικό κέντρο; **~plakat** *n* προεκλογική αφίσα; **~recht** ⟨*-ẹs; 0*⟩ *n* δικαίωμα *n* ψήφου (***ausüben***/ εξασκώ); ***das aktive und passive ~recht*** το δικαίωμα του εκλέγειν και του εκλέγεσθαι
Wählscheibe *f TEL* δίσκος επιλογής
Wahl|spruch *m* έμβλημα *n*; **~system** *n* εκλογικό σύστημα *n*; **~urne** *f* κάλπη; **~zettel** *m* ψηφοδέλτιο
Wahn ⟨*-ẹs; 0*⟩ *m* μανία; **~bild** *n* φαντασιοκοπία, φάσμα *n*
wähnen *lit* φαντάζομαι
Wahnidee *f* μονομανία
Wahnsinn ⟨*-ẹs; 0*⟩ *m* παραφροσύνη, μανία, τρέλα; ***j-n zum ~ treiben*** κάνω κπ έξω φρενών
wahnsinnig παράφρων (-ον), μανιακός (***vor*** *D*/από); ***~ machen*** τρελαίνω; ***~ werden*** τρελαίνομαι, φρενιάζω, με πιάνει μανία
Wahnvorstellung *f* παράκρουση, παραίσθηση
Wahnwitz ⟨*-es; 0*⟩ *m* → ***Wahn***
wahnwitzig τρελός
wahr αληθής, αληθινός; ***nicht ~?*** νομίζω; δεν είναι έτσι?; ***es ist ~*** είναι αλήθεια; ***so ~ ich hier stehe*** σώθηκαν τα ψέματα
wahren διατηρώ; ***den Schein ~*** κρατώ (-άς) τα προσχήματα
währen *lit* διαρκώ
während *präp G* (P *auch D*) ενώ, κατά *A*, τον καιρό πού, κατά τη διάρκεια *G*, εν ώρα *G*; επάνω σε; *ko* ενώ (*auch gegensätzlich*); **~'dessen** εν τω μεταξύ
wahrhaft → ***wahr***; φιλαλήθης
Wahr'haftigkeit ⟨*0*⟩ *f* φιλαλήθεια
Wahrheit *f* αλήθεια (***bittere*** μαύρη)
wahrnehm|bar αντιληπτός, αισθητός; **~en*** συναισθάνομαι; αντιλαμβάνομαι; *Gelegenheit* αξιοποιώ *A*, επωφελούμαι *G*; *Interessen* κοιτάζω; ***wahrgenommen werden*** γίνομαι αντιληπτός
Wahrnehmung *f* αντίληψη; *PSYCH* εποπτεία
wahrsagen λέω την τύχη, μαντεύω; *subst* μαντεία
Wahrsager *m* μάντης; **~in** *f* μάντισσα
wahr'scheinlich πιθανός; *adv* πιθανόν; ***es wird für ~ gehalten*** πιθανολογείται
Wahr'scheinlichkeit *f* πιθανότητα
Wahrung ⟨*0*⟩ *f* διατήρηση
Währung *f* νόμισμα *n*
Währungs|- νομισματικός; **~fonds** *m*: ***internationale(r) ~fonds*** Διεθνές Νομισματικό Ταμείο (Δ.Ν.Τ.); **~kurs** *m* τιμή νομίσματος; **~reform** *f* νομισματική μεταρρύθμιση; **~system** *n* νομισματικό σύστημα
Wahrzeichen *n* (*e-r Stadt*) σύμβολο
Waise *f* ορφανός, ορφανή
Wal ⟨*-ẹs; -e*⟩ *m* φάλαινα, κήτος *n*
Wald ⟨*-ẹs; ¨er*⟩ *m* δάσος *n*; **~bestand** *m* δασικός πλούτος; **~brand** *m* δασοπυρκαϊά
Wäldchen *n* δασύλλιο
Wald|horn *n* βούκινο; **~hüter** *m* δασοφύλακας
wald|ig δασερός; **~reich** δασώδης
Wald|sterben *n* καταστροφή των δασών; **~ung** *f* ρουμάνι
Wales [weɪlz] *n* Ουαλία
Wal|fang *m* φαλαινοθηρία; **~fänger** *m* φαλαινοθήρας; (*Boot*) φαλαινοθηρικό; **~fisch** *m* → ***Wal***
Wall ⟨*-ẹs; ¨e*⟩ *m* ανάχωμα *n*
Wallach ⟨*-ẹs; -e*⟩ *m* εκτομίας ίππος
wallen παφλάζω, χοχλακίζω
Wall|fahrer *m* προσκυνητής, χατζής (-ήδες); **~fahrt** *f* προσκύνημα *n*;

W

χατζηλίκι; **~fahrtsort** *m* προσκυνητήριο
Wallung *f* βρασμός; παφλασμός; *fig* έξαψη; ***in ~ geraten*** ανάβω
Walnuss [a] *f* καρύδι
walten ⟨*-e-*⟩ επικρατώ; ***meines Amtes ~*** εκπληρώνω το καθήκον μου; ***schalten und ~*** δίδω και παίρνω
Walze *f* κύλινδρος
walzen ⟨*-t*⟩ κυλινδρώνω; *Eisen* ελασματοποιώ
wälzen ⟨*-t*⟩ κυλώ (-άς), κυλίω; ***sich ~*** κυλιέμαι; **~d** κυλιστός
Walzer *m* βαλς ⟨*0*⟩ *n*, στρόβιλος
Wälzer *m* F ογκώδες βιβλίο
Walzwerk *n* ελασματουργείο
Wand ⟨*-; ⸚e*⟩ *f* τοίχος; ***tragende ~*** τοίχος στηρίγματος; *fig* ***in Ihren vier Wänden*** στους τέσσερις τοίχους σας; **~behang** *m* μπάντα; **~brett** *n* ράφι, εταζέρα
Wandel ⟨*-s; 0*⟩ *m* μεταβολή, αλλαγή, μετασχηματισμός; (*Verhalten*) συμπεριφορά; **~halle** *f* στοά
wandeln ⟨*-le; sn*⟩ περπατώ; (*ändern*) μεταβάλλω, αλλάζω; ***sich ~*** μεταβάλλομαι, μεταμορφώνομαι, αναστρέφομαι, γυρίζω (***in*** *A*/σε)
Wander|- πλανόδιος; *THEA* περιοδεύων; μεταναστευτικός; **~ausstellung** *f* κινητή έκθεση; **~bühne** *f* φορητό θέατρο; **~er** *m* οδοιπόρος; **~karte** *f* οδοιπορικός χάρτης
wandern ⟨*-re; sn*⟩ οδοιπορώ; *BIOL* μεταναστεύω
Wander|schaft ⟨*0*⟩ *f* οδοιπορία; **~stab** *m* βακτηρία; **~ung** *f* οδοιπορία, πεζοπορία; *BIOL* μετανάστευση; **~weg** *m* δρόμος πεζοπορίας
Wand|kalender *m* ημερολόγιο του τοίχου; **~klappbett** *n* κρεβάτι κομμόντ, αναδιπλούμενο κρεβάτι
Wandl|er *m* *ELEKTR* μετασχηματιστής; **~ung** *f* μεταβολή, μετασχηματισμός
Wand|malerei *f* τοιχογραφία; **~schirm** *m* παραβάν ⟨*0*⟩ *n*; **~schrank** *m* ντουλάπι; **~tafel** *f* μαυροπίνακας; **~uhr** *f* κρεμαστό ρολόι
Wange *f* μάγουλο, παρειά
Wankelmut ⟨*-es; 0*⟩ *m* παλιμβουλία
wankelmütig αλλοπρόσαλλος, κυκλοθυμικός
wanken *auch fig* σαλεύω, κλονίζομαι; σείομαι; *subst* κλονισμός, σάλεμα *n*; ***ins Wanken bringen*** ανασείω; **~d** σειστός; ***j-n ~d machen*** κλονίζω κπ
wann πότε; ***bis ~*** ως πότε; ***seit ~*** από πότε; ***~ immer*** όποτε, οπόταν
Wanne *f* σκάφη, μπάνιο, μπανιέρα, λουτήρας
Wanst ⟨*-es; ⸚e*⟩ *m* προκοίλι
Want *f*: *mst pl* **~en** *MAR* ξάρτια
Wanze *f* κοριός; F (*Abhörgerät*) μικροπομπός
Wappen *n* οικόσημο, σήμα *n*
wappnen ⟨*-e-*⟩ οπλίζω; ***sich ~*** *fig* προαλείφομαι
Ware *f* εμπόρευμα *n*, πράγμα *n*; *pl oft*: είδη *n*/*pl*, *z.B.* ***die gekaufte ~*** τα αγορασθέντα είδη
Waren|bestand *m* στοκ ⟨*0*⟩ *n*; **~haus** *n* μεγάλο (*oder* εμπορικό) κατάστημα *n*; αποθήκη; **~kunde** ⟨*0*⟩ *f* εμπορευματολογία; **~marke** *f* έμβλημα *n*; **~probe** *f* δείγμα *n* εμπορεύματος; **~sendung** *f* αποστολή εμπορευμάτων; **~test** *m* εξέταση εμπορεύματος; **~zeichen** *n* σήμα *n* κατατεθέν
warf → ***werfen***
warm ζεστός, θερμός (*auch herzlich*); *Empfang*: ένθερμος; ***~ machen*** *Essen* ζεσταίνω; ***~ werden*** ζεσταίνομαι; ***mir ist ~*** ζεσταίνομαι
Wärme ⟨*0*⟩ *f* θερμότητα (*auch fig*), ζέστη
Wärme|- θερμαντικός; **~einheit** *f* μονάδα θερμότητας; **~isolierung** *f* θερμομόνωση
wärmen ζεσταίνω, θερμαίνω; πυρώνω; *subst* ζέσταμα *n*; υπόθαλψη; πύρωμα *n*; **~d** θαλπερός
Wärme|platte *f* επιτραπέζιο μάτι, ηλεκτρική επιτραπέζια πλάκα; **~pumpe** *f* αντλία θερμότητας; **~strahlung** *f* θερμική εκπομπή
Wärmflasche *f* θερμοφόρα
Warmhalteplatte *f* → ***Wärmeplatte***
Warm'wasser|heizung *f* θέρμανση δια θερμού ύδατος; **~speicher** *m* θερμοσίφωνας; **~versorgung** *f* παροχή θερμού ύδατος
Warn|blinkanlage *f* σύστημα *n* δεικτών πορείας; **~dreieck** *n* τρίγωνο κινδύνου
warnen *v/t* προειδοποιώ
Warn|schuss *m* προειδοποιητική βολή; **~streik** *m* προειδοποιητική απεργία; **~ung** *f* προειδοποίηση (***an*** *A*/προς *A*)

1051 **Wasserversorgung**

Warteliste *f* ιεράρχηση αιτήσεως
warten ⟨*-e-*⟩ περιμένω, καρτερώ (**auf j-n**/κπ); *TECH* συντηρώ, ελέγχω, παρακολουθώ; **auf sich ~ lassen** καθυστερώ (να έλθω)
Wärter *m* φύλακας
Warte|raum *m*, **~saal** *m* αίθουσα αναμονής; **~schlange** *f* ουρά αναμονής; **~zimmer** *n* δωμάτιο αναμονής
Wartung *f* συντήρηση, παρακολούθηση
warum γιατί; **~ nicht?** γιατί όχι;
Warze *f* κρεατοελιά
was *Fragepron* τι; **ach ~?** μπα; **~ für ein(e)** τι, τι είδους, τι λογής, ποίος; *Korrelativpron* (= *das, was*) ο, τι; πράγμα που; αυτό που; *verallgemeinernd*: **~ auch immer** οτιδήποτε, ότι κι αν ...; *Indefinitpron* (= *etwas*) κάτι; *~ mich usw* **betrifft** όσο για, όσον αφορά, ως προς *A*
Wasch|anlage *f* σύστημα *n* αυτόματου πλυσίματος; **~becken** *n* λεκάνη, νιπτήρας
Wäsche *f* ρούχα *n/pl*; *zum Waschen*: μπουγάδα; (*Waschen*) πλύσιμο; **schmutzige ~** (*auch fig*) άπλυτα *n/pl*
waschecht ανθεκτικός σε πλύσιμο; *fig* **ein ~er Athener** Αθηναίος γέννημα θρέμμα
Wäsche|fach *n* λινοθήκη; **~garnitur** *f* αλλαξιά; **~klammer** *f* μανταλάκι; **~leine** *f* σκοινί για τα ρούχα
waschen* πλένω; *Haar* λούζω; *fig* **j-m (gehörig) den Kopf ~** λούζω κπ για καλά; *fig* **seine Hände in Unschuld ~** νίπτω τας χείρας; **sich ~** πλένομαι; **sich** *die Hände* **~** πλένω ... μου; *subst* πλύση, πλύσιμο (-ατος), νίψιμο (-ατος), λούσιμο (-ατος)
Wäsche|'rei *f* πλυντήριο; **~rin** *f* πλύστρα; **~schrank** *m* λινοθήκη; **~trockner** *m* (*Maschine*) στεγνωτήριο ρουχών
Wasch|frau *f* πλύστρα; **~küche** *f* πλυσταριό; **~lappen** *m* μάκτρο; *fig* μαλθακός; **~maschine** *f* πλυντήριο; **~mittel** *n* απορρυπαντικό; **~raum** *m* λουτρώνας; **~salon** *m etwa*: πλυντύρια *n/pl*; **~schüssel** *f* λεκάνη; **~tisch** *m* λαβομάνο; **~trog** *m* κοπάνα; **~ung** *f* *REL* νίψιμο (-ατος)
Washington ['wɔʃɪŋtən] *n* Ουάσιγκτον *f*
Wasser ⟨*-s; - oder* ¨⟩ *n* νερό; *K* ύδωρ (ύδατος) *n*; **destillierte(s) ~** αποσταγμένο νερό; **fließende(s) ~** νερό τρεχούμενο; **~ lassen** κάνω το νερό μου; *fig* **ins ~ fallen** *Plan*: ματαιώνομαι; ***mir läuft das ~ im Munde zusammen*** τρέχουν τα σάλια μου
Wasser|- υδάτινος (*-Tropfen*); υδρόβιος (*-Tier, -Pflanze*); υδρ(ο)-; **~anschluss** *m* παροχή νερού
wasserarm άνυδρος
Wasser|bad *n Kochkunst*: μπαιν-μαρί ⟨*0*⟩ *n*; **~ball** *m Sport*: υδατοσφαίρηση; **~dampf** *m* υδρατμός
wasserdicht αδιάβροχος; *MAR* υδατοστεγής
Wasser|fahrzeug *n* πλεούμενο; **~fall** *m* καταρράχτης, υδατόπτωση; **~farbe** *f* υδρόχρωμα *n*, νερομπογιά; **~fass** *n* βυτίο; **~flasche** *f* υδροδοχείο; **~flugzeug** *n* υδροπλάνο; **~glas** *n* νεροπότηρο; **~grundstück** *n* παρόχθιο οικόπεδο; **~hahn** *m* βρύση; **~heilverfahren** *n* υδροθεραπεία
wässerig νερουλός; άνοστος
Wasser|klosett *n* (**WC**) αποχωρητήριο; **~kopf** *m* υδροκέφαλος; *fig* κεφάλα; **~kraftwerk** *n* υδροηλεκτρικός σταθμός; **~lassen** *n* ούρηση; **~leitung** *f* υδραγωγείο, υδραγωγός; **~leitungsrohr** *n* υδραγωγός; **~lilie** *f* νούφαρο; **~linie** *f* *MAR* ίσαλος *f*; νερά *n/pl*; **~mangel** ⟨*-s; 0*⟩ *m* λειψυδρία; **~mann** *m* *ASTR* υδροχόος; **~melone** *f* καρπούζι; **~mühle** *f* νερόμυλος
wassern ⟨*-re*⟩ προσθαλασσώνομαι
wässern ⟨*-re*⟩ *Heringe* ξαρμυρίζω, εξαλμυρίζω
Wasser|nymphe *f* νηρηίδα; **~pfeife** *f* ναργιλές (-έδες) *m*; **~pflanze** *f* υδρόφυτο; **~pumpe** *f* υδραντλία; **~rad** *n* υδροτροχός; **~reservoir** *n* υδρείο; **~rohr** *n* υδροσωλήνας; υδραγωγός; **~scheu** *f* υδροφοβία
wasserscheu υδρόφοβος
Wasser|schilaufen *n* θαλάσσιο σκι; **~schlange** *f* νερόφιδο; **~spiegel** *m* υδροστάθμη; **~stand** *m* υδροστάθμη; **~standsanzeiger** *m* υδροδείκτης
Wasserstoff ⟨*-es; 0*⟩ *m* υδρογόνο; **~bombe** *f* υδρογονοβόμβα; **~'peroxid** *n* οξυγονούχο ύδωρ *n*; οξυζενέ *n*
Wasser|temperatur *f* θερμοκρασία νερού; **~uhr** *f* υδρόμετρο; **~verdrängung** *f* εκτόπισμα *n*; **~versorgung** *f*

W

Wasserwaage 1052

υδροδότηση, ύδρευση; **~waage** *f* νεροζύγι; **~wagen** *m* βυτίο; **~weg** *m* υδάτινη οδός; **~werke** *n/pl* οργανισμός υδρεύσεως; **~zeichen** *n* υδάτινο σημείο, φιλιγκράν ⟨*0*⟩ *n*
wässrig → ***wässerig***
waten ⟨*-e-*; *sn*⟩ υδροβατώ; *im Schlamm*: πηλοπατώ
Watt ⟨*-s*; *-*⟩ *n* PHYS βατ ⟨*0*⟩ *n*
Watte *f* βαμβάκι, βάτα; **~stäbchen** *n/pl* βατονέτες *f/pl* για τα αυτιά
WC [ve'tse:] ⟨*-(s)*; *-(s)*⟩ *n* τουαλέτα
weben υφαίνω; *subst* ύφανση
Web|er *m* υφαντής; **~e'rei** *f* υφαντική; υφαντήριο; **~erin** *f* υφάντρια; **~erschiffchen** *n* σαγίτα, κερκίδα; **~stuhl** *m* αργαλειός, ιστός
Wechsel ['vɛksəl] *m* εναλλαγή; (*Kleider*) αλλαγή; HDL συναλλαγματική; (*z.B. Partei-*) αποσκίρτηση; ***eigene***(***r***) **~** γραμμάτιο; **~fälle** *m/pl* περιπέτειες *f/pl*; **~fieber** ⟨*-s*; *0*⟩ *n* διαλείπων πυρετός; **~geld** *n* ρέστα *n/pl*, ψιλά *n/pl*; **~getriebe** *n* κιβώτιο αλλαγής ταχυτήτων
wechselhaft ακατάστατος, άστατος
Wechsel|haftigkeit ⟨*0*⟩ *f* ακαταστασία; **~jahre** *n/pl* κλιμακτήριος *f*; **~kurs** *m* τιμή συναλλάγματος
wechseln ['vɛksəln] ⟨*-le*⟩ *Geld*, *Personal*, *Wäsche* αλλάζω; εναλλάσσω; *Geld auch* χαλάω (-άς); ***den Standort*** **~** μετασταθμεύω; **~d** ευμετάβλητος
wechselseitig αμοιβαίος; *oft*: αλληλο-
Wechsel|stelle *f* σαράφικο; **~strom** *m* εναλλασσόμενο ρεύμα *n*; **~stube** *f* σαράφικο
wechsel|voll ευμετάβλητος; **~warm** ZOOL ψύχραιμος; **~weise** εναλλάξ
Wechselwirkung *f* αμοιβαία δράση
Wechsler ['vɛkslɐ] *m* σαράφης (-ηδες)
Weck|auftrag *m* εντολή αφύπνισης; **~dienst** *m* υπηρεσία αφύπνισης
wecken *v/t* ξυπνώ (-άς), αφυπνίζω (*auch Interesse*); *fig auch* εξεγείρω; *subst* ξύπνημα *n*; MIL πρωινό σάλπισμα *n*
Wecker *m* ξυπνητήρι
Wedel *m* φτερό
wedeln ⟨*-le*⟩ ανεμίζω, ριπίζω; ***mit dem Schwanz*** **~** κουνάω την ουρά
weder: ***~ ... noch ...*** ούτε ... ούτε, μήτε ... μήτε
Weg [e:] ⟨*-ɇs*; *-e*⟩ *m* δρόμος, οδός *f* (*auch fig* ***zu*** *D*/προς *A*); ***auf diesem ~e*** κατ' αυτό τον τρόπο; ***auf dem ~ zur Arbeit*** στο δρόμο για τη δουλειά; ***auf diplomatischem ~e*** μέσω της διπλωματικής οδού; ***vom ~ abkommen*** ξεστρατίζω; *fig* ***aus dem ~e gehen*** αποφεύγω (*D*/*A*); λείπω (***e-r S*** *D*/από); ***sich auf den ~ machen*** παίρνω το δρόμο (***nach*** *D*/για); ***im ~e stehen*** στέκομαι εμπόδιο (*D*/σε); ***dem steht nichts im ~e*** το πεδίο είναι ελεύθερο
weg [vɛk] *adv* (*verschwunden*, *verloren*) πάει, χαμένος; (*abgereist*) φευγάτος; *oft verbal*: ***der Zug ist gerade ~*** μόλις έφυγε το τραίνο; ***sie sollen*** (***müssen***) ***~!*** (πρέπει) να εξαφανισθούν!; ***ich muss ~*** (= *gehen*) πρέπει να φύγω; ***~ hier!*** ξεκίνα!, δρόμο!, ίσα!, στρι!; ***~ damit*** πέταξε!
weg- *oft*: απο-
Weg|- [e:] οδικός; **~bereiter** *m* πρόδρομος, πρωτοπόρος; **~biegung** *f* στρίψιμο του δρόμου, στροφή
wegbleiben* [ε] ⟨*sn*⟩ λείπω; (*nicht wiederkommen*) θα φύγω; ***lange ~, bis ...*** κάνω πολλή ώρα να ...
wegbringen* μεταφέρω; (*beseitigen*) εξαφανίζω
wegdenken: ***es lässt sich nicht ~*** δεν μπορεί κανείς να στερηθεί αυτού
weg|drängen *v/t* αναμερίζω; **~dürfen*** επιτρέπεται να φύγω
wegen *präp G* εξαιτίας *G*, λόγω *G*; για, δια *A*; εκ, εξ *G*; JUR **~ *Diebstahls*** επί κλοπή
wegfahren* ⟨*sn*⟩ φεύγω, αναχωρώ
Wegfall ⟨*-ɇs*; *0*⟩ *m* παράλειψη
weg|fallen* ⟨*sn*⟩ παραλείπομαι; (*z.B. Buchstabe in e-m Wort*) χάνομαι; **~führen** αποκομίζω
Weggang ⟨*-ɇs*; *0*⟩ *m* αναχώρηση
weg|gehen* ⟨*sn*⟩ φεύγω; **~getreten!** MIL τους ζυγούς λύσατε!; **~gießen*** χύνω; *subst* χύσιμο; **~jagen** *v/t* διώχνω; αλωνίζω; *iron* ξαποστέλνω; **~kommen*** ⟨*sn*⟩ φεύγω; χάνομαι; ξεφεύγω; ***mir ist etw weggekommen*** μου κλέψανε κτ; **~lassen*** παραλείπω
Weglassung *f* παράλειψη
weg|laufen* ⟨*sn*⟩ το στρίβω, δραπετεύω; *subst* φευγιό; **~machen** (*beseitigen*) εξαφανίζω; **~legen** βάζω κατά μέρος; **~müssen*** πρέπει να φύγω
Wegnahme *f* πάρσιμο (-ατος), αφαίρεση

W

1053 **Weihnachtsferien**

weg|nehmen* αφαιρώ, παίρνω (**j-m etw**/του κτ), απομακρύνω; *Last usw* ελαφρώνω; **~reißen*** αρπάζω, παίρνω (**j-m etw**/κτ από κπ); **~rücken** παραμερίζω, αλαργεύω; **~schaffen** αποσύρω, μετακομίζω; απομακρύνω; *subst* απομάκρυνση; **~schaufeln** ⟨*-le*⟩ φτυαρίζω

wegscheren: F **sich ~** ξεκουμπίζομαι, γκρεμίζομαι; **scher dich weg von hier!** γκρεμίσου απ' εδώ

weg|schicken ξεποστέλνω; **~schleichen*** ⟨*sn*⟩ *und* **sich ~schleichen** ξεγλιστρώ (-άς), φεύγω κρυφά; **~schleudern** ⟨*-re*⟩ παραπετώ (-άς); **~schnappen** F (*Kunden*) τρώω (**j-m**/από κπ); **~sehen*** αποστρέφω το βλέμμα; **~setzen** ⟨*-t*⟩ βάζω κατά μέρος; **~stellen** βάζω κατά μέρος; **~tragen*** μεταφέρω; **~treten*** ⟨*sn*⟩ αποσύρομαι; → **weggetreten**; **~wehen** ⟨*sn*⟩ (το) παίρνει ο αέρας

Wegweiser [eː] *m* οδοδείκτης

wegwenden ⟨*-e-*; *auch* *⟩ αποστρέφω; **sich ~** αποστρέφομαι

wegwerfen* πετώ (-άς), απορρίχνω; **~d** περιφρονητικός

wegziehen* *v/t* αποτραβώ (-άς); *v/i* ⟨*sn*⟩ μετοικώ

weh *adj* (*schmerzend*) πονεμένος; *Interjektion*: αλίμονο (*D*/σε); **o ~!** πωπώ, φευ!; **~(e) dem, der ...** αλίμονο σε όποιον + *St II*

wehe → **weh**

wehen φυσώ (-άς), πνέω; *Fahne*: κυματίζω; *subst* φύσημα *n*; κυμάτισμα *n*

Wehen *f/pl* ωδίνες *f/pl*

wehleidig υπερευαίσθητος, κλαψιάρης

Wehmut ⟨*0*⟩ *f* μελαγχολία

wehmütig μελαγχολικός

Wehr[1] ⟨*-*; *-en*⟩ *f hist* άμυνα; **sich zur ~ setzen** αμύνομαι

Wehr[2] ⟨*-ǿs*; *-e*⟩ *n* υδροφράκτης; αμυντικό έργο

Wehrbereichskommando *n* περιφερειακό στρατηγείο

Wehrdienst *m* στρατιωτική υπηρεσία, θητεία, στρατιωτικό; **~verweigerer** *m* αντιρρησίας συνειδήσεως, ανυπότακτος; **~verweigerung** *f* ανυποταξία

wehren: sich ~ αμύνομαι; αντιτίθεμαι (**gegen** *A*/κατά *G*)

Wehrersatzamt *n* υπηρεσία στρατολογίας

wehrlos άοπλος

Wehrpflicht ⟨*0*⟩ *f* υποχρεωτική θητεία

wehrpflichtig στρατεύσιμος, υπόχρεος θητείας

wehtun*: j-m (**sehr**) **~** (*schmerzen*) (κατα)πονώ κπ; (*Kummer machen*) κακοκαρδίζω κπ; **mir tut der Kopf weh** πονάει το κεφάλι μου

Weib ⟨*-ǿs*; *-er*⟩ *n hist*, *Bibel* γυνή; *mst verächtlich*: γύναιο; *iron* θηλυκό; **~chen** *n* ZOOL θήλυ (-εος) *n*

weib|isch θηλυπρεπής, θηλυκός; **~lich** γυναικείος, θηλυκός

Weiblichkeit ⟨*0*⟩ *f* θηλυκότητα

weich μαλακός, μαλθακός, απαλός; *Landung*: ομαλός; **~ gekocht** *Ei*: μελάτος; **~ machen** μαλακώνω, μαλάζω; **~ werden** μαλακώνω; (*nachgeben*) ενδίδω

Weiche *f* (*mst pl*) ANAT λαπάρα, λαγαρά *n/pl*, λαγόνες *f/pl*; BAHN κλείδα, βελόνη

weichen* ⟨*sn*⟩ υποχωρώ; *z.B. Dunkelheit*: διαλύομαι

Weichheit *f* μαλακότητα, μαλθακότητα

weichlich μαλθακός

Weich|teile *n/pl* μαλακά *n/pl*, απαλά μόρια *n/pl*; **~tier** *n* μαλάκιο

Weide *f* (*Wiese*) βοσκή, νομή; (*Baum*) ιτέα, ιτιά

weiden ⟨*-e-*⟩ *v/t*, *v/i* βόσκω; **sich ~ an** *D* τέρπομαι με

Weide|n *n* βόσκηση; **~platz** *m* βοσκότοπος

weid|lich γερός; *adv* γερά, μπόλικα; **~männisch** κυνηγετικός

weigern ⟨*-re*⟩: **sich ~** αρνιέμαι (**zu ...**/ να ...)

Weigerung *f* άρνηση

Weihe *f* καθοσίωση; *e-s Priesters*: χειροτονία; → **Einweihung**

weihen καθιερώνω, καθαγιάζω; χειροτονώ

Weihnachten *n* (*auch pl*) *mst ohne art* Χριστούγεννα *n/pl*; **Fröhliche ~!** καλά Χριστούγεννα!

Weihnachts|- χριστουγεννιάτικος; **~abend** *m* (*Fest*) παραμονή των Χριστουγέννων; ρεβεγιόν ⟨*0*⟩; *als Zeit*: **am ~abend** το βράδυ τα Χριστούγεννα; **~baum** *m* χριστουγεννιάτικο δέντρο; **~(feier)tag** *m* ημέρα των Χριστουγέννων; **~ferien** *pl* διακοπές *f/pl*

W

Weihnachtsgeld 1054

Χριστουγέννων; **~geld** *n* δώρο Χριστουγέννων; **~geschenk** *n* δώρο για τα Χριστούγεννα; **~lied** *n allg* χριστουγεννιάτικο τραγούδι; *in Griechenland*: *pl* (τα) κάλαντα; **~mann** *m* 'Αη-Βασίλης (*der in Griechenland am Neujahrstag kommt*); **~stollen** *m* χριστόψωμο; **~zeit** *f* εποχή των Χριστουγέννων

Weihrauch *m* λιβάνι; **~fass** *n* λιβανιστήρι

Weih|ung *f* καθαγιασμός; **~wasser** ⟨*-s*; *0*⟩ *n* αγιασμός; ***mit ~wasser besprengen*** αγιάζω; **~wedel** *m* ραντιστήρι

weil *ko* γιατί, επειδή; *K* διότι

Weil|chen *n* στιγμούλα, μινούτο; **~e** ⟨*0*⟩ *f*: **e-e ~e** λίγη ώρα; ***nach e-r ~e*** μετά από λίγο

Wein ⟨*-e̸s*; *-e*⟩ *m* κρασί; *K* οίνος; *REL* νάμα *n*; (*Traube*) σταφύλι; ***wilde(r)*** ~ αγράμπελη; ***ungeharzte(r)*** ~ ρετσίνωτο; ***verdünnte(r)*** ~ νερόκρασο; **~-** οινοφόρος

Wein|bau ⟨*-e̸s*; *0*⟩ *m* αμπελουργία; **~bau-** οινοφόρος; **~bauer** *m* αμπελουργός; **~beere** *f* σταφυλόρωγα; **~berg** *m* αμπέλι, αμπελώνας; **~blatt** *n* αμπελόφυλλο, κληματόφυλλο

weinen κλαίω, δακρύζω (***über*** *A*/για; ***vor*** *D*/από); ***zu ~ anfangen*** βάζω τα κλάματα; *subst* κλάψιμο (-ατος), κλάμα *n*

weinerlich κλαψιάρικος

Wein|ernte *f* τρύγος; **~fass** *n* κρασοβάρελο; **~garten** *m* αμπελόκηπος; **~gegend** *f* αμπελουργική περιοχή; **~glas** *n* κρασοπότηρο; **~gut** *n* οινοποιείο; **~händler** *m* οινέμπορος; **~handlung** *f* οινοπωλείο; **~kanne** *f* (κρασο)κανάτα; **~karte** *f* κατάλογος των οίνων; **~keller** *m* κάβα; **~kenner** *m* οινολόγος; **~laub** *n* φύλλωμα *n* κλήματος; **~laube** *f* κληματαριά; **~lese** *f* τρυγητός; ***~lese halten*** τρυγώ (-άς); **~lokal** *n* ταβέρνα; **~presse** *f* πατητήρι; **~probe** *f* δοκιμή κρασιού; **~ranke** *f* κληματίδα; **~rebe** *f* κλήμα *n*

weinrot κρασάτος

Wein|stein ⟨*-e̸s*; *0*⟩ *m* τρυγία; **~stock** *m* κούρβουλο; **~stube** *f* οινοπωλείο; **~traube** *f* σταφύλι

Weise *f MUS* μέλος *n*, μελωδία; (*altes Lied*) μπαλάντα; (*Art*) τρόπος; ***auf diese*** ~ τοιουτοτρόπως, ούτως, κατ' αυτό τον τρόπο; ***in anderer ~ als*** με διαφορετικό τρόπο από; ***in keiner*** ~ με κανένα τρόπο; ***in mannigfacher*** ~ πολλαχώς

weise σοφός; γνωστικός; ***die drei Weisen aus dem Morgenland*** οι τρεις μάγοι

weisen* *lit* (*zeigen*) δείχνω, δεικνύω; (*verjagen*) αποβάλλω (**aus** *D*/από); *von der Schule ~ usw* εκδιώκω; *fig* ***von sich*** (*D*) ~ απωθώ

Weisheit *f* σοφία; **~s-zahn** *m* φρονιμίτης, σωφρονιστήρας

weismachen: ***j-m etw*** ~ κάνω κπ να πιστέψει κτ; ***mach das anderen weis!*** αλλού να τα πουλάς αυτά!

weiß λευκός (*auch POL*), άσπρος; (= *weiße Kleidung*) άσπρα *n*/*pl*; ~ ***werden*** *Haar*: ασπρίζω; ~ ***schimmern*** ασπρίζω

Weiß ⟨*-es*; *-*⟩ *n* ασπράδα

weissagen χρησμοδοτώ, προφητεύω

Weissag|er *m* προφήτης, χρησμοδότης; **~ung** *f* προφητεία

Weiß|blech *n* λευκοσίδηρος; **~brot** *n* άσπρο ψωμί; **~buch** *n POL* λευκή βίβλος; **~dorn** ⟨*-e̸s*; *-e*⟩ *m* λευκάκανθα; **~e** *f* λευκότητα; **~e(s)** ⟨*-n*⟩ *n* ασπρίλα, ασπράδα

weißen ⟨*-t*⟩ ασπρίζω

Weißgold *n* λευκόχρυσος, πλατίνα

weißhaarig ασπρομάλλης (-α, -ισσα)

Weißkohl ⟨*-e̸s*; *0*⟩ *m* άσπρο λάχανο

weißlich υπόλευκος

Weißwein *m* άσπρο κρασί

Weisung *f* εντολή

weit (*lang*) μακρινός (*Reise*), μακρός, μακρύς; (*im Umfang*) ευρύς (*auch Sinn*), φαρδύς, πλατύς; **zu** ~ *Kleidung*: μπόλικος; *adv* μακριά; ~ ***größer*** πολύ μεγαλύτερος; ***wie ~?*** πόσος, πόσο μακριά; ***bei ~em*** κατά πολύ; ***von ~em*** από μακριά; ~ ***entfernt von*** *e-r Lösung* ***sein*** βρίσκομαι πολύ μακριά από; ***das geht zu*** ~ πάει πολύ; ~ ***und breit*** σ' όλο τον κόσμο; *mst* ~ ***und breit kein Mensch zu sehen*** (***hören***) μήτε φωνή μήτε λαλιά; ~ ***gereist*** κοσμογυρισμένος; ~ ***reichend*** εκτενής; ~ ***verbreitet*** πολύ διαδομένος; ~ ***verzweigt*** *fig* πολυσχιδής

weitaus κατά πολύ

Weitblick ⟨*-e̸s*; *0*⟩ *m* προνοητικότητα

weitblickend προνοητικός

W

Weite *f* εύρος *n*, φάρδος *n*; *des Raums*: απλωσιά; ***lichte*** ~ διαμέτρημα *n*
weiten ⟨*-e-*⟩ *Kleid* φαρδαίνω
Weiten *f/pl poet* (τα) μάκρη
weiter *adv*, *komp* μακρύτερος, φαρδύτερος, πλατύτερος; *adv* μακρύτερα; περαιτέρω, πέρα; πιο; (*außerdem sagen*) ακόμη; (*entfernt*) πιο κάτω; ~***e*** *Nachrichten*: περισσότερος; ~ ***bestehen*** επιβιώνω; ~ ***drüben*** παραπέρα; ~ ***hinein, rein, nach innen*** παραμέσα, πιο μέσα; ~ ***hinten*** πάρα κάτω, παραπέρα, πιο πίσω (***im Munde*** στο στόμα); ~ ***unten*** κατωτέρω, παρακάτω; ~ ***vorn*** παρεμπρός; ***und was*** ~, ***erzähl*** ~! λοιπόν, λοιπόν!; ***auf*** ~***e drei Monate*** επί τρεις μήνες (ακόμη); ***bis auf*** ~***es*** μέχρι νεωτέρας ειδοποιήσεως; ~ ***machen*** *Kleid* φαρδαίνω; ~ ***werden*** πλαταίνω, φαρδαίνω
weiter|befördern ⟨*-re*⟩ ξαποστέλνω; ~**bewegen: *sich*** ~***bewegen*** προχωρώ (-άς); ~**bilden** ⟨*-e-*⟩ μετεκπαιδεύω
Weiterbildung *f* μετεκπαίδευση, επιμόρφωση
weiteres: *ohne* ~ χωρίς άλλο
Weiter|fahrt *f* συνέχιση διαδρομής; ~**flug** *m* συνέχιση πτήσης; ~**gabe** *f* πάσα
weiter|geben* μεταβιβάζω περαιτέρω; *fig Kosten* φορτώνω (***an*** *A*/σε); ~**gehen*** ⟨*sn*⟩ προχωρώ (-άς), προβαίνω; (*fortgesetzt werden*) συνεχίζομαι; ~**helfen*** διευκολύνω (***j-m***/κπ); ~**hin** *verbal*: εξακολουθεί να (είναι) ...; ~**kommen*** ⟨*sn*⟩ προοδεύω; *Angelegenheit usw* ***nicht*** ~***kommen*** σκοντάφτω; ~**leben** *auch Name*: επιζώ; *subst* επιβίωση; ~**leiten** ⟨*-e-*⟩ παραπέμπω, διαβιβάζω (***an*** *A*/σε); *von Waren an den Händler*: προωθώ σε
Weiterleitung *f* παραπομπή (***an*** *A*/σε); *HDL* προώθηση
weitermachen *v/i* (= *fortfahren*) συνεχίζω
Weitermachen *n von Kleidern*: φάδρεμα *n*
weiterreisen ⟨*-t*; *sn*⟩ συνεχίζω το ταξίδι
Weiterungen *f/pl* επιπλοκές *f/pl*
weiterverkaufen προωθώ
weit|gehend *fig* εκτεταμένος, εκτενής; *adv* εκτεταμένα, εκτενώς; ~**hin** μακρά; σε κάθε γωνιά; ~**läufig** εκτενής, μακροσκελής (*bsd fig*)
weitschweifig μακρολόγος; *Rede usw* σχοινοτενής; ~ ***sein*** μακρηγορώ
Weitschweifigkeit *f* μακρηγορία
weitsichtig πρεσβυωπικός; *fig* προνοητικός
Weitsichtig|e(r) πρεσβύωπας; ~**keit** ⟨*0*⟩ *f* πρεσβυωπία; ***für*** ~***keit*** πρεσβυωπικός
Weitsprung *m Sport*: άλμα *n* εις μήκος
Weitwinkelobjektiv *n* ευρυγώνιος φακός
Weizen *m* σιτάρι, σίτος; ~- σιταρένιος; ~**brot** *n* σιταρένιο ψωμί; ~**mehl** *n* σιτάλευρο
welch: ~ ***ein ...!*** τι ...!
welche(r) *Relativpron* που, ο οποίος; *Fragepron* ποιος, ποίος, τις; *Indefinitpron pl* μερικοί μερικοί; ~ ***auch immer*** όποιος και αν, οιοσδήποτε; οποιοσδήποτε
welk μαραμένος; ~ ***machen*** μαραίνω; ~ ***werden*** μαραίνομαι; ~**en** ⟨*sn*⟩ μαραίνομαι
Wellblech *n* αυλακωτή λαμαρίνα
Welle *f auch fig*, *PHYS* κύμα *n*; (*Achse*) άξονας; ~ ***der Gewalt*** κύμα βίας
wellen (*auch* ***sich*** ~) κατσαρώνω
Wellen|bewegung *f* κυμάτισμα *n*; ~**brecher** *m* κυματοθραύστης
wellenförmig κυματοειδής
Wellen|gang ⟨*-es*; *0*⟩ *m* θαλασσοταραχή; ~**länge** *f Radio*: μήκος *n* κύματος; ~**linie** *f* κυματοειδής γραμμή; ~**schlag** *m* θραύση κυμάτων
wellig *z.B. Boden*: πολύπτυχος
Wels ⟨*-es*; *-e*⟩ *m* σίλουρος, γουλιανός
Welt *f* κόσμος; ***zur*** ~ ***bringen*** (***kommen***) φέρνω (έρχομαι) στον κόσμο; ***aus der*** ~ ***schaffen*** βγάζω από τη μέση; ***um alles in der*** ~ για όλο τον κόσμο; ~- παγκόσμιος; διεθνής; κοσμικός
Welt|all ⟨*-s*; *0*⟩ *n* σύμπαν (-αντος) *n*; ~**anschauung** *f* κοσμοθεωρία; ~**ausstellung** *f* διεθνής έκθεση; ~**bank** *f* διεθνής τράπεζα
welt|bekannt ξακουσμένος; ~**berühmt** κοσμοξακουσμένος
Weltbevölkerung *f* πληθυσμός της γης
weltfremd άπειρος από κόσμο
Welt|frieden *m* παγκόσμια ειρήνη; ~**geschichte** ⟨*0*⟩ *f* παγκόσμια ιστορία
weltgeschichtlich κοσμοϊστορικός
Weltgesundheitsorganisation *f* Παγκόσμια Οργάνωση Υγείας

Welt|handel *m* διεθνές εμπόριο; **~herrschaft** *⟨0⟩ f* κοσμοκρατορία; **~krieg** *m* παγκόσμιος πόλεμος
weltlich κοσμικός, εγκόσμιος
Weltmacht *f* παγκόσμια δύναμη
weltmännisch κοσμικός
Weltmarkt *m* παγκόσμια αγορά
Weltmaßstab: ***im*** **~** σε διεθνή κλίμακα
Welt|meer *n* ωκεανός; **~meisterschaft** *f* παγκόσμιο πρωτάθλημα *n*; **~postverein** *m* παγκόσμια ταχυδρομική ένωση
Weltraum *⟨-ęs; 0⟩ m* διάστημα *n*; **~fahrer** *m* αστροναύτης; **~fahrt** *f* αστροναυτική; **~flug** *m* πτήση στο διάστημα; **~schiff** *n* διαστημόπλοιο
Welt|reise *f* γύρος του κόσμου; **~rekord** *m* παγκόσμιο ρεκόρ *n*; **~sprache** *f* διεθνής γλώσσα; **~stadt** *f* κοσμοπολίτικη πόλη; **~untergang** *⟨-ęs; 0⟩ m* συντέλεια του κόσμου; **~wunder** *n*: ***die sieben ~wunder*** τα εφτά θαύματα του κόσμου
wem [e:] σε ποιον, εις ποίον
wen [e:] ποιον, ποίον
Wende *f* γύρισμα *n*, τροπή; *historisch*: καμπή; **~kreis** *m* τροπικός κύκλος
Wendeltreppe *f* γυριστή σκάλα
wenden* *⟨-e-⟩* τρέπω; πισωγυρίζω; *Kleider* γυρίζω, γυρνώ (-άς); ***sich ~ an*** *A* απευθύνομαι σε, αποτείνομαι σε; (*um Hilfe*) προσφεύγω σε; ***sich ~ gegen*** *A* αντενεργώ κατά *G*; ***sich ~ nach*** *D* γυρίζω προς *A oder* σε; διευθύνομαι προς *A*; ***sich ~ zu*** *D* γυρίζω προς *A oder* σε; ***sich nach rechts*** *usw* **~** στρέφω προς τα δεξιά; *subst* περιτροπή, αντιστροφή, γύρισμα *n*
Wendepunkt *m* κρίση
wendig εύστροφος
Wend|igkeit *⟨0⟩ f* ευστροφία; **~ung** *f auch fig* τροπή, στροφή; (*Satz*) φράση
wenig λίγος, ολίγος; ***ein ~*** λίγος, λίγο; ***sehr ~, ganz ~*** λιγάκι; ***verschwindend ~e*** τρεις κι' ο κούκος; ***~er*** λιγότερος, ολιγότερος, μείων (-ον); ***~er*** (*geben*) ***als*** παρακάτω από; ***~er werden*** λιγοστεύω
wenigstens τουλάχιστον
wenn *ko Zeit*: όταν, μόλις + *St II*, σαν + *St II*; *Bedingung*: αν, εάν; *Konzession*: ***~ auch ...*** έστω και ...; αν και ...; ***selbst ~*** έστω και; *Wunsch*: ***~ nur*** φθάνει να ...; ***~ nur, ~ doch nur ...*** να, ας, μακάρι + *konj I oder impf*, είθε να ...; ***~ einmal*** μια που; ***immer ~*** οπότε; ***als ~*** σαν να *mst* + *impf*; ***~ nicht*** πλην εάν; ***~ wir nur Fische fänden!*** να βρίσκαμε ψάρια!; ***~ ich doch nur nähen könnte!*** ας ήξερα να ράβω!; ***~ mich doch ein anderer beraten hätte*** μακάρι να με συμβούλευε κάποιος άλλος; **~'gleich** αν και
wer ποιος, ποίος; *Relativpron* όποιος, όσος; ***~ auch immer*** οποιοσδήποτε, όσος ... κι' αν ...
Werbe|- διαφημιστικός, προπαγανδιστικός; **~abteilung** *f* τμήμα *n* διαφημίσεων; **~agentur** *f* διαφημιστική επιχείρηση; **~geschenk** *n* διαφημιστικό δώρο; **~mittel** *n* διαφημιστικό μέσο
werben* (*anwerben*) *allg* στρατολογώ; ***~ für*** *A* διαφημίζω *A*; ***~ um*** *A* επιδιώκω; ***~ um*** *ein Mädchen* την ζητώ σε γάμο
Werbe|plakat *n* διαφημιστικό πανό; **~r** *m* διαφημιστής, προπαγανδιστής; **~slogan** *m* διαφημιστικό σλόγκαν; **~spot** *⟨-s; -s⟩ m* διαφημιστικό μύνημα
Werbetrommel: ***die ~ rühren*** κάνω τυμπανοκρουσία
Werbung *f* διαφήμιση; (*Anwerbung*) στρατολογία; *z.B.* **Rundfunk**-διαφήμιση από το ραδιόφωνο
Werbungskosten *pl* έξοδα *n/pl* διαφήμισης
werden* *⟨sn⟩* (*entstehen*) γίνομαι; απογίνομαι; *Futur*: θα; μέλλω, πρόκειται να; *Künstler usw*, *Jahre alt* γίνομαι; *Witwe usw* μένω; *Foto*: *gut usw* **~** βγαίνω; *Ampel*: ***es wird Rot*** ανάβει το κόκκινο; ***zweiter*** *usw* **~** έρχομαι δεύτερος; ***~ zu*** *D* αποβαίνω; GR τρέπομαι; ***es wird wärmer*** γίνεται ζεστότερος ο καιρός; ***wieder ~*** ξαναγίνομαι; (***schließlich***) ***~ zu*** *D* καταντώ (πια) σε; ***j-n etw ~ lassen*** κάνω κπ *A*; ***Soldat ~*** θα πάω φαντάρος; ***was ist aus ihm geworden?*** τι απέγινε; ***was wird aus ihm ~?*** πού θα καταντήσει;
Werfall *⟨-ęs; 0⟩ m* ονομαστική
werfen* *allg* ρίχνω; πετώ (-άς); βάλλω; *Junge* γεννώ, γεννοβολώ; *Schatten* προβάλλω; ***Licht auf etw*** *A* **~** ρίχνω φως σε κτ; ***sich ~*** (*verziehen*) στραβώνω; ***von sich*** (*D*) **~** απορρίπτω; ***alles von sich*** (*D*) **~** *fig* το ρίχνω έξω; *fig* ***sich ~ auf*** *A* (*z.B. die Arbeit*) στρώνο-

μαι σε; *j-n* **zu Boden** ~ ρίχνω κάτω; *subst* ρίξιμο (-ατος), πέταγμα *n*
Werft *f* ταρσανάς (-άδες), ναυπηγείο
Werg ⟨-*ęs*; *0*⟩ *n* στουπί
Werk ⟨-*ęs*; -*e*⟩ *n* έργο; (*Fabrik*) εργοστάσιο, εγκατάσταση, τεχνουργείο; *lit* ποίημα *n*, σύγγραμμα *n*, συγγραφή; **sämtliche** ~**e** τα άπαντα; **gute**(**s**) ~ ευεργέτημα *n*
Werk|bank ⟨-; ⸚*e*⟩ *f* πάγκος; ~**meister** *m* αρχιτεχνίτης; ~**statt** *f* συνεργείο; ~**tag** *m* (η) εργάσιμη (ημέρα)
werktags τις εργάσιμες ημέρες
Werk|tätige(r) εργαζόμενος; ~**zeug** ⟨-*ęs*; -*e*⟩ *n* όργανο, εργαλείο; ~**zeugmaschine** *f* εργαλειομηχανή
Wermut ⟨-*ęs*; *0*⟩ *m* αψινθιά; βερμούτ ⟨*0*⟩ *n*
Wermutstropfen *m* φαρμάκι
Wert ⟨-*ęs*; -*e*⟩ *m allg* αξία; *bsd* PHYS τιμή; *Briefmarke*: κλάση; **... von** ~ αξίας; **im** ~**e von** αξίας *G*; **keinen** ~ **haben** δεν έχει αξία; **großen** ~ **legen auf** *A* δίνω μεγάλη σημασία σε
wert άξιος; *mit G*: **der Rede** ~ άξιος λόγου; ~ **sein** αξίζω; τιμώμαι (-άσαι)
Wert|angabe *f* δήλωση αξίας; ~**brief** *m* επιστολή με δηλωμένη αξία; ~**gegenstand** *m* πολύτιμο αντικείμενο; ~**igkeit** *f* CHEM σθένος *n*; ατομικότητα
wertlos μηδαμινός, χωρίς αξία; ~ **sein** δεν έχω αξία; **völlig** ~ *iron* χαρά στο πράμα!
Wert|losigkeit ⟨*0*⟩ *f* μηδαμινότητα; ~**paket** *n* δέμα *n* αξίας; ~**papier** *n* χρεόγραφο, αξία; ~**papierbörse** *f* χρηματιστήριο αξιών; ~**sachen** *f*/*pl* τιμαλφή *n*/*pl*, αξίες *f*/*pl*; ~**schätzung** *f* εκτίμηση; ~**skala** *f* βαθμολογία
Wertung *f* εκτίμηση
wertvoll *pers*, *S* πολύτιμος, ... αξίας
Wertzuwachs *m* άνοδος αξίας
Wesen *n* (*Geschöpf*) ον (όντος) *n*; (*Natur*) φύση, ουσία; (*das Innere*) είναι *n*; (*Art*) τρόπος; ήθος *n*
Wesenszug *m* χαρακτηριστικό (γνώρισμα *n*)
wesentlich σημαντικός, ουσιώδης; **im Wesentlichen** κατ' ουσία, κεφαλαιωδώς
Wesentliche(s) *auch* ουσία
wes'halb γιατί
Wespe [ε] *f* σφήκα
Wespennest *n* σφηκοφωλιά; *fig* **in ein** ~ **stechen** θίγω το ανατολικό ζήτημα
Wespen|stich *m* τσίμπημα *n* σφήκας; ~**taille** *f* μέση δακτυλιδένια
wessen ποιανού, ποιανής, ποιανών; τίνος, τίνων; *selten relativ*: του οποίου
West- δυτικός
Weste *f* γιλέκο; *fig* **e-e weiße** ~ **haben** έχω μέτωπο καθαρό
West|en ⟨-*s*; *0*⟩ *m* δύση; Εσπερία; **im** ~**en** δυτικά; ~**europa** *n* Δυτική Ευρώπη
westeuropäisch δυτικοευρωπαϊκός
Westmächte *f*/*pl* δυτικές δυνάμεις *f*/*pl*
westlich δυτικός (**von** *D*/από)
Westwind *m* πο(υ)νέντες *m*, δυτικός άνεμος
wes'wegen γιατί; για ποιο λόγο
Wettbewerb ⟨-*ęs*; -*e*⟩ *m* HDL συναγωνισμός; **unlautere**(**r**) ~ αθέμιτος συναγωνισμός; ~**er** *m* συναγωνιστής
wettbewerbsfähig: ~ **sein** αντέχω στο συναγωνισμό
Wettbewerbsteilnehmer *m* διαγωνιζόμενος, διαγωνιστής
Wette *f* στοίχημα *n*
Wetteifer *m* άμιλλα
wetteifern ⟨-*re*; *gewetteifert*⟩ παραβγαίνω, διαγωνίζομαι (**in** *D*/σε), ανταγωνίζομαι (**um** *A*/για *A*); (**untereinander**) συναγωνίζομαι
wetten ⟨-*e*-⟩ βάζω στοίχημα, στοιχηματίζω (**um** *A*/*A*); **s-n Kopf** ~ βάζω το κεφάλι μου
Wetter *n* καιρός; **schlechte**(**s**) ~ κακοκαιρία; **schöne**(**s**) ~ καλοκαιρία; ~- καιρικός; ~**bedingungen** *f*/*pl* καιρικές συνθήκες *f*/*pl*; ~**bericht** *m* δελτίο καιρού, δελτίο μετεωρολογικής υπηρεσίας; ~**besserung** *f* βελτίωση του καιρού; ~**dienst** *m* μετεωρολογική υπηρεσία; ~**fahne** *f* ανεμοδείκτης, *auch fig* ανεμοδούρα; ζουρλοπαντιέρα
wetter|fest ανθεκτικός στις καιρικές συνθήκες; ~**fühlig** ευαίσθητος στον καιρό
Wetter|karte *f* μετεωρολογικός χάρτης; ~**kunde** ⟨*0*⟩ *f* μετεωρολογία; ~**lage** *f* καιρική κατάσταση; ~**mantel** *m* καπότα
wettern ⟨-*re*⟩: ~ **gegen j-n** ψάλλω σε κπ τα εξ αμάξης
Wetter|umschwung *m* αλλαγή του

W

Wettervorhersage 1058

καιρού; **~vorhersage** *f* πρόγνωση του καιρού
wetterwendisch παλίμβουλος
Wett|kampf *m* αγώνας, ματς ⟨*0*⟩ *n*; **~kämpfer** *m* αγωνιστής; **~kampfveranstalter** *m* διοργανωτής (του) αγώνα; **~lauf** *m* δρόμος; **~läufer** *m* δρομέας
wettmachen συμψηφίζω, ισοφαρίζω
Wett|rennen *n* κούρσα; (*Pferde-*) ιπποδρομία; **~rüsten** *n* ανταγωνισμός εξοπλισμών; **~spiel** *n* αθλοπαιδιά; τουρνουά ⟨*0*⟩ *n*
wetzen ⟨*-t*⟩ ακονίζω
Wetzstein *m* ακόνι
wich → ***weichen***
Wichse *f* βερνίκι; F (*Schläge*) ξυλοκόπημα *n*
wichsen ⟨*-t*⟩ γυαλίζω; *vulgär*: μαλακίζομαι
Wicht ⟨*-es; -e*⟩ *m* ανθρωπάκος
wichtig σπουδαίος, σημαντικός; ***~ tun mit D*** μεγαλοπιάνομαι, ξιπάζομαι για; ***sich ~ machen*** κάνω τον καμπόσο
Wichtig|keit *f* σπουδαιότητα, σημασία; *iron* ***~keit!*** χαρά στο πράμα!; υπόθεσις!; **~tuer** *m* αλαζόνας; **~tuerei** *f* ξιπασιά
wichtigtuerisch σοβαροφανής, παινεσιάρης (-α, -ικο)
Wicke *f* BOT βίκος
Wickel *m* κομπρέσα, κατάπλασμα *n*; → ***Knäuel***; **~kind** *n* βρέφος *n*
wickeln ⟨*-le*⟩ τυλίγω, περιπλέκω, κλωθογυρίζω; *Kind* βάζω πάνα σε, φασκιώνω; ***~ um etw*** (*A*) περιελίσσω, τυλίγω γύρω από κτ *A*; *subst* τύλιγμα *n*; φάσκιωμα *n*
Wicklung *f* ELEKTR περιέλιξη
Widder *m* ZOOL, ASTR κριάρι
wider *präp A* κατά *G*, εναντίον *G*; → ***Erwarten***; ***~ Willen*** με το στανιό
wider'fahren* ⟨*sn*⟩: ***mir wider'fährt etwas*** παθαίνω, περνώ κτ
Widerhall *m* απήχηση; ***~ finden*** απηχώ, βρίσκω απήχηση
widerhallen απηχώ, αντιλαλώ (***von*** *D*/ από); **~d** ηχηρός
wider'leg|bar αναιρέσιμος; **~en** αναιρώ, ανασκευάζω; *bsd* JUR ανατρέπω
Wider'legung *f* ανασκευή, ανατροπή
wider|lich σιχαμερός; **~natürlich** αφύσικος, ... παρά φύση; **~rechtlich** παράνομος
Wider|rede *f* αντίρρηση, αντιλογία; **~ruf** *m* ακύρωση
wider|'rufen* ακυρώνω, αναιρώ; **~ruflich** ανακλητός
Wider|sacher *m* αντίπαλος; **~schein** *m* ανταύγεια
wider'setzen ⟨*-t*⟩: ***sich ~*** *D* αντιτίθεμαι σε, εναντιώνομαι σε
wider|sinnig παράλογος; **~spenstig** σκληροτράχηλος
Widerspenstigkeit *f* σκληροκεφαλιά
widerspiegeln ⟨*-le*⟩ *auch fig* αντανακλώ, καθρεφτίζω; ***sich ~*** *auch fig* καθρεφτίζομαι
Widerspiegelung *f* αντικατοπτριμός, αντανάκλαση
wider'sprechen* αντιλέγω; *S* αντιτάσσομαι (*D*/σε); ***sich ~*** αντιφάσκω; **~d** αντιρρητικός
Widerspruch *m* αντίρρηση; αντίφαση; JUR αντινομία; ***keinen ~ dulden*** δογματίζω; ***im ~ stehen zu*** *D* βρίσκομαι σε αντίθεση προς *oder* με *A*; ***sich*** (*A*) ***in Widersprüche verwickeln*** πέφτω σε αντιφάσεις
widersprüchlich αντιφατικός
Widerspruchs|- αντινομικός, αντιλογικός; **~geist** ⟨*-es; 0*⟩ *m* πνεύμα *n* αντιλογίας
widerspruchs|los αναντίρρητος; *adv* ασυζητητί; **~voll** αντιφατικός
Widerstand *m auch* ELEKTR αντίσταση (***gegen*** *A*/κατά *G*, σε); ***regelbare(r) ~*** ροοστάτης; ***~ leisten*** φέρω αντίσταση, αντιστέκομαι; ***~ leistend*** ανθιστάμενος; **~s-** εναντιωματικός
widerstandsfähig *auch* TECH ανεπηρέαστος, ανθεκτικός; ***~ machen gegen*** *A* κάνω να αντέχει σε
Widerstandsfähigkeit ⟨*0*⟩ *f* ανθεκτικότητα, αντοχή (***gegen*** *A*/σε)
wider|'stehen* αντιστέκομαι (*D*/σε); **~'streben** → ***widerstehen***; *mst* ***es ~strebt mir, zu ...*** δε μου 'ρχεται να; **~'strebend** απρόθυμος
Widerstreit *m* διαφωνία; σύγκρουση
widerwärtig απεχθής, αντιπαθητικός
Wider|wärtigkeit *f* απέχθεια, αντιπάθεια; ***~wärtigkeiten erdulden*** δεινοπαθώ; **~wille** *m* αποστροφή
widerwillig στανικός; με αποστροφή
widmen ⟨*-e-*⟩ αφιερώνω (***j-m etw***/κτ σε κπ); *Buch* κάνω αφιέρωση (***j-m***/σε); ***sich ~*** αφιερώνομαι (*D*/σε); αφοσιώνομαι (*D*/σε)

W

1059 **Wiedertäufer**

Widmung *f* αφιέρωση
widrig αντίξοος; **~enfalls** σε αντίθετη περίπτωση
Widrigkeit *f* αντιξοότητα
wie *Frageadverb*: πώς; *ko* σαν, όπως, καθώς; ~ *ein Mensch* σαν; ~ *Sie sehen* ως, καθώς, όπως; *kämpfen* ~ *ein Löwe* ως + *N*; ~ ***lange?*** (επί) πόσο καιρό; ~ ***groß?*** πόσο μεγάλος; ~ ***sehr*** πόσο; ***du kannst dir nicht vorstellen,*** ~ ***sehr ich dich liebe*** δεν φαντάζεσαι πόσο σε αγαπώ; ***er ist ganz*** (***wie***) ***sein*** (*oder* ***der***) ***Vater*** είναι ίδιος ο πατέρας του; *zur Verstärkung*: ***und*** ~***!*** ... και κακό; κάτι; (= *so* ... *wie*) όσο: ***er ist tapfer*** ~ ***kein anderer*** είναι γενναίος όσο κανείς άλλος; *Ausruf vor adj*: πόσο!, τι ... που; ~ ***klein es*** (*z. B. Griechenland*) ***ist!*** πόσο είναι μικρή!; ~ ***schön es*** (***sie***) ***ist!*** τι όμορφη που είναι!; *mit anderen ko*: ~ ***... so auch*** όπως ... έτσι και ...; ~ ***auch immer***: ~ ***wichtig*** (***er***) ***auch immer ... ist*** όσο σπουδαίος και αν είναι ...; ~ ***viel*** πόσος, οπόσος
wieder ξάνα, πάλι; πίσω; *oft*: ανα-, επαν(α)-; ~ ***einmal*** αλλή μια φορά, για μια ακόμα φορά; ~ ***und*** ~ ***Regen!*** βροχές και κακό!; ~ ***aufbauen*** ανοικοδομώ, ανιδρύω; ~ ***aufbereiten*** ανακυκλώνω; ~ ***aufblühen*** ξανανθίζω; ~ ***aufflackern*** *Unruhen*: ξαναφουντώνω; ~ ***aufleben*** επαναζώ, αναζώ; ~ ***aufnehmen*** επαναλαμβάνω, αναλαμβάνω; ~ ***aufrichten*** επανεγείρω, αναστηλώνω; ~ ***auftauchen*** αναδύομαι; *fig* ξαναφαίνομαι; ~ ***beleben*** αναζωογονώ; ~ ***einführen*** επανεισάγω; *auch fig* επαναφέρω; ~ ***einsetzen*** (*in Stellung, Rechte*) επαναφέρω; ~ ***einstellen*** επαναθέτω, ξαναβάζω; *Beamte* επαναφέρω; ~ ***erkennen*** αναγνωρίζω; ***er war nicht*** ~ ***zu erkennen*** έγινε αγνώριστος; ~ ***gutmachen*** αποζημιώνω, επανορθώνω; (*büßen*) (***es***) εξιλεώνομαι (***gegenüber*** *D*/έναντι *G*; ***es***/για); ***nicht*** ~ ***gutzumachend*** αδιόρθωτος; ~ ***sehen*** ξαναβλέπω; ~ ***tun*** ξανακάνω
Wieder|'anknüpfung *f* ανασύνδεση; **~'anpassung** *f* αναπροσαρμογή; **~'aufbau** ⟨*-es; 0*⟩ *m* ανίδρυση, ανοικοδόμηση; **~'aufbau-** ανορθωτικός
Wieder'aufbereitung *f* ανακύκλωση; **~s-anlage** *f* εγκατάσταση ανακύκλωσης
Wieder'aufführung *f* THEA επανάληψη
Wieder|'aufleben *n* αναβίωση; **~'aufnahme** *f* επανάληψη, ανάληψη; *in e-e Gruppe*: επανένταξη
wiederbekommen* παίρνω πίσω
Wiederbelebung *f* αναζωογόνηση
wiederbringen* ξαναφέρνω
Wieder'ein|führung *f e-r Strafe*: επαναφορά; **~gliederung** *f* επανένταξη; *beruflich*: αποκατάσταση
Wieder'einsetzung *f* επαναφορά
Wieder|'einstellung *f* αναδιορισμός, επαναπρόσληψη; **~eintritt** *m* επάνοδος *f* (**in** *A*/σε)
Wiedererkennung *f* αναγνώριση
wiedererlangen επανακτώ (-άς) (*auch Kräfte*)
Wiedereroberung *f* ανακατάκτηση
Wiedergabe *f e-r Rede* απόδοση; αναγραφή; *Tonband*: αναπαραγωγή
wiedergeben* αποδίδω; αναγράφω; *Text* ***frei*** ~ παραφράζω
Wiedergeburt *f* αναγέννηση
Wieder'gutmachung *f* επανόρθωση; **~s-leistungen** *f*/*pl* επανορθώσεις *f*/*pl*
wieder'herstellen *Ordnung* επαναφέρω; ανασυνιστώ
Wieder'herstellung *f* επαναφορά, ανασύσταση
wieder'hol|en επαναλαμβάνω, ξαναλέω; ***sich*** ~***en*** (*nochmals sagen*) επαναλαμβάνω τα ίδια *oder* τον εαυτό μου; ~***t*** επανειλημμένος; *adv* επανειλημμένως; κατ' επανάληψη
Wieder'hol|er *m e-s Kursus*: στάσιμος; **~ung** *f* επανάληψη; **~ungs-prüfung** *f* μετεξέταση; **~ungs-wahl** *f* επαναληπτική ψηφοφορία
Wiederhören *n*: ***auf*** ~***!*** γεια σας!
wiederkäuen *auch fig* (ανα)μηρυκάζω; *subst* (ανα)μηρυκασμός; **~d** (ανα)-μηρυκαστικός
Wiederkäuer *m* (ανα)μηρυκαστικό (ζώο)
Wiederkehr ⟨*0*⟩ *f* επάνοδος *f*
wiederkommen* ⟨*sn*⟩ ξανάρχομαι, επανέρχομαι
Wiedersehen *n* αντάμωσι, συνάντηση; ***auf*** ~***!*** χαίρετε; χαίρε; αντίο (σου, σας); ωρεβουάρ!; ***auf ein gesundes*** ~***!*** καλή αντάμωση!; ***auf*** ~ ***sagen*** αποχαιρετάω (***j-m***/κπ)
Wiedertäufer *m* αναβαφτιστής

W

wiederum (και) πάλι
Wiedervereinigung *f* (επαν)ένωση, ενοποίηση; ~ ***Deutschlands*** (επαν)-ένωση των Γερμανιών
Wiederverkäufer *m* μεταπράτης
Wieder|veröffentlichung *f* αναδημοσίευση; **~verwertung** *f* ανακύκλωση, ανάκτηση; **~vorlage** *f* επαναληπτική εμφάνιση
Wiege *f* κούνια *auch fig*, κοιτίδα *auch fig*
wiegen* ζυγίζω, σταθμίζω; ***in den Schlaf*** ~ νανουρίζω; ***sich*** ~ *beim Gehen*: κουνιέμαι
Wiegen *n* ζύγισμα *n*, στάθμιση; **~druck** *m TYP* αρχέτυπο; **~fest** *n* γεννητούρια *n/pl*; **~lied** *n* νανούρισμα *n*
wiehern ⟨*-re*⟩ χλιμιντρίζω; *subst* χλιμίντρισμα *n*
Wien *n* (η) Βιέννη; **~er** *m* Βιεννέζος; **~er-** βιεννέζικος, ... της Βιέννης; **~erin** *f* Βιεννέζα
wienerisch βιεννέζικος
Wiese *f* λιβάδι
Wiesel *n* νυφίτσα
wie'so πώς; (*warum*) γιατί; (*Erstaunen*) ~ ***denn*** από πού κι' ως πού; ~ ***nicht*** πώς όχι; γιατί όχι
wie'viel → ***wie***; **~*te***: ***den Wievielten haben wir heute?*** πόσες έχει ο μήνας σήμερα; πόσες έχουμε σήμερα
wild άγριος; *Tier*: ανήμερος, θηριώδης; (*rasend*) ξέφρενος; *oft*: αγρι(ο)-; *fig* ~ ***auf*** *A* μερακλής (-ού) σε; ~ ***machen*** εξαγριώνω, θυμώνω; *fig* ***ganz*** ~ ***sein auf*** *A* έχω μανία με; ~ ***werden*** (*auch vor Zorn*) εξαγριώνομαι
Wild ⟨*-ęs; 0*⟩ *n* κυνήγι, αγρίμι; **~bach** *m* χείμαρρος; **~bret** ⟨*-s; 0*⟩ *n* κυνήγι, αγρίμι; **~dieb** *m* λαθροθήρας; **~dieberei** *f* λαθροθηρία; **~e(r)** αγριάνθρωπος; **~ente** *f* αγριόπαπια; **~erer** *m* → ***Wilddieb***; **~fang** *m* (*Kind*) δαιμονόπαιδο
wild'fremd πεντάξενος
Wild|gans *f* αγριόχηνα; **~heit** *f* αγριότητα; **~katze** *f* αγριόγατα; **~leder** *n* καστόρι; **~nis** ⟨*-; -se*⟩ *f* αγριότοπος; **~schwein** *n* αγριόχοιρος, αγριογούρουνο; **~taube** *f* αγριοπερίστερο, φάσα; **~wechsel** *m* πέρασμα *n* αγριμιών; **~'westfilm** *m* ταινία με καουμπόιδες, καουμπόικο
Wilhelm *m* Γουλιέλμος
Wille ⟨*-ns; 0*⟩ *m* θέλημα *n*, θέληση (**zu** *D*/για); βούληση, βουλή; **letzte(r)** ~ τελευταίες βουλήσεις *oder* θελήσεις *f/pl*; ***der gute*** ~ καλή θέληση; ***wider*** **~*n*** χωρίς όρεξη; με το στανιό; ***aus freiem*** **~*n*** οικειοθελώς, αυτόθελα; → ***um'***
willenlos άβουλος
Willens|- βουλητικός; **~akt** *m PSYCH* βούλημα *n*; **~freiheit** ⟨*0*⟩ *f* ελευθερία της θέλησης *oder* βούλησης; **~kraft** ⟨*0*⟩ *f* ενεργητικότητα
willensschwach άβουλος
Willensschwäche ⟨*0*⟩ *f* αβουλία
willensstark βουλητικός
willentlich αυτόβουλος, αυτοθελής
willfährig συγκαταβατικός
Willfährigkeit *f* συγκαταβατικότητα
willig ευδιάθετος; ευπειθής
will'kommen ευπρόσδεκτος; **~*!*** καλώς ορίσατε!, καλώς ήλθατε!; ***j-n*** ~ ***heißen*** καλωσορίζω κπ
Will'kommen *n* δέξιμο
Willkür ⟨*0*⟩ *f* ετσιθελισμός, αυθαιρεσία
willkürlich αυθαίρετος
wimmeln ⟨*-le*⟩ βρίθω, είμαι γεμάτος (**von** *D/G*, από)
Wimpel *m* σήμα *n*
Wimper ⟨*-; -n*⟩ *f* ματόκλαδο, βλεφαρίδα; **~härchen** *n/pl ZOOL* βλεφαρίδες *f/pl*
wimpernlos αβλέφαρος
Wind ⟨*-ęs; -e*⟩ *m* άνεμος, αέρας; ***in Schauern auffrischender*** ~ άνεμος αποβροχάρης; ***günstigen*** ~ ***haben*** έχω ευνοϊκό αέρα; *fig* ***was weht hier für ein*** **~*?*** τι καιρός φυσάει; *fig* ***von etw*** ~ ***bekommen*** μυρίζομαι *A*, παίρνω πρέφα; ***es steht der*** ~ ***drauf*** (*auf das Fenster usw*) προσβάλλεται από ανέμους
Wind|- αερο-, ανεμο-; **~antrieb** *m*: ***mit*** **~*antrieb*** ανεμοκίνητος; **~beutel** *m* F τενεκές *m*, φελός; (*Art Kuchen*) σου ⟨*0*⟩ *n* α λα κρεμ (πάστα με σαντιγί)
Winde *f* βίντσι, βαρούλκο
Winde *m/pl von* **Wind** *MED* φύσα
Windel ⟨*-; -n*⟩ *f* φασκιά, πάνα; ***in*** **~*n*** ***wickeln*** φασκιώνω; **~höschen** *n* παναβρακάκι
winden* *v/t* τυλίγω; *Kranz* πλέκω; ***sich*** ~ τυλίγομαι; κουβαριάζομαι (*auch vor Schmerzen*); *fig vor e-r Antwort*: μασώ (-άς) τα λόγια μου
Windenergie *f* αιολική ενέργεια

1061 **wirtschaftlich**

windgeschützt υπήνεμος

Wind|hose *f* σίφουνας; **~hund** *m* λαγωνικό

windig ανεμώδης; προσήνεμος; ***schwach* ~** με ασθενείς ανέμους; ***es ist* ~** φυσάει (αέρας)

Wind|mühle *f* ανεμόμυλος; **~pocken** *pl* ανεμοβλογιά; **~rose** *f* ανεμολόγιο

Windschutz *m* παραβάν ⟨*0*⟩ *n*; **~scheibe** *f Auto*: παρμπρίζ ⟨*0*⟩ *n*

Windstärke *f* ένταση ανέμου; μποφόρ ⟨*0*⟩ *n*; *z.B.* **~ *8*** (άνεμος) εντάσεως οκτώ μποφόρ

windstill απάνεμος

Windstille *f* νηνεμία, μπουνάτσα

Windstoß *m* σπιλιάδα, ρεφούλι

Windung *f allg* ελιγμός; *e-s Weges usw auch* στροφή

Wink ⟨*-es*; *-e*⟩ *m* νεύμα *n*; νόημα *n*, νύξη; ***~ mit dem Zaunpfahl*** ευθεία νύξη; ***j-m e-n ~ geben*** υποσημαίνω κπ

Winkel *m MATH* γωνία, γωνιά; ***rechte*(*r*)**, ***spitze*(*r*)**, ***stumpfe*(*r*) ~** ορθή, οξεία, αμβλεία γωνία

Winkel|- γωνιακός; **~advokat** *m* δικολάβος; **~eisen** *n TECH* γωνία; **~halbierende** ⟨*-n*⟩ *f* διχοτόμος *f*; **~maß** *n* γνώμονας; **~messer** *m* γωνιόμετρο; **~zug** *m* ελιγμός

wink|en νεύω, γνέφω, κάνω νόημα; ***~en mit*** *D* κουνώ *A*; ***j-m ~t das Glück*** χαμογελά σε κπ η τύχη; ***mir ~t*** (*e-e Belohnung*) μου επιφυλάσσεται; **~lig** γωνιώδης, γωνιαίος

winseln ⟨*-le*⟩ σκούζω

Winter *m* χειμώνας; ***im ~*** τον χειμώνα; ***mitten im ~*** μεσοχείμωνα; ***am Ende des ~s*** αποχείμωνα; ***es wird ~*** χειμωνιάζει; **~-** χειμερινός; **~einbruch** *m* εισβολή χειμώνα; **~fahrplan** *m* χειμερινά δρομολόγια *n/pl*; **~garten** *m* χειμωνιάτικος κήπος

winterlich χειμερινός, χειμωνιάτικος

Winter|quartier *n* χειμαδιό; **~reifen** *m/pl* χειμερινά λάστιχα *n/pl*; **~schlaf** *m* χειμερία νάρκη; ***~schlaf halten*** φωλεύω; **~schlussverkauf** *m* χειμερινές εκπτώσεις *f/pl*; **~sport** *m* χειμερινό σπορ *n*

Winzer *m* τρυγητής; αμπελουργός; **~in** *f* τρυγήτρια; αμπελουργός *f*

winzig ελάχιστος, μικρούλης (-α, -ι)

Wipfel *m* κορυφή

Wippe *f* τραμπάλα

wippen τραμπαλίζομαι

wir (ε)μείς; **~ *alle*** όλοι μας

Wirbel *m* στρόβιλος; συστροφή; *MUS* (*am Instrument*) στριφτάρι; *ANAT* σπόνδυλος; (*Aufruhr*) σάλος (**um** *A*/για); **~knochen** *m* σπόνδυλος

wirbel|los ασπόνδυλος; **~n** ⟨*-le*⟩ στροβιλίζω; *Wasser*: ελίσσομαι

Wirbel|säule *f* ραχοκοκκαλιά, σπονδυλική στήλη; **~sturm** *m* κυκλώνας, δίνη; **~tier** *n* σπονδυλωτό; **~wind** *m* σίφουνας; ανεμοστρόβιλος

wirken *v/i* επενεργώ, επιδρώ (-άς) (**auf** *A*/επί *G*, *auch* πάνω σε); *Arznei*: δρω (-ας), δουλεύω; πιάνω τόπο; (*aussehen*) ***gut*** *usw* **~** φαντάζω, δείχνω; (*weben*) υφαίνω

wirklich πραγματικός; έμπρακτος; *adv auch*: πράγματι

Wirklichkeit *f* πραγματικότητα; ***in ~*** *auch*: στην ουσία

wirklichkeitsfremd φαντασιοκόπος

wirksam δραστικός, αποτελεσματικός, τελεσφόρος

Wirksamkeit ⟨*0*⟩ *f* δραστικότητα, τελεσφόρηση, αποτελεσματικότητα

Wirkung *f e-s Giftes usw* ενέργεια; επίδραση (**auf** *A*/επί *G*); *e-r Arznei*: δράση; (*Effekt*) εφφέ ⟨*0*⟩ *n*

Wirkungskreis *m* πεδίο δράσεως

wirkungslos ατελεσφόρητος

Wirkungslosigkeit ⟨*0*⟩ *f* αναποτελεσματικότητα; ατελεσφόρητο

wirkungsvoll αποτελεσματικός

wirr μπερδεμένος, συγκεχυμένος; ανακατωμένος

Wirr|en *pl* ταραχές *f/pl*; **~kopf** *m* βίδα; **~warr** ⟨*-s*; *0*⟩ *m* παραζάλη, ανοργανωσιά, σύγχυση

Wirt ⟨*-es*; *-e*⟩ *m* (*Gastwirt*) ξενοδόχος; ταβερνιάρης (-ηδες); (*Hauswirt*) νοικοκύρης, οικοδεσπότης; **~in** *f* ξενοδόχος *f*, ταβερνιάρισσα; νοικοκυρά, οικοδέσποινα

Wirtschaft *f* (*einfaches Gasthaus*) μαγειρείο, ζυθοπωλείο; (*Ökonomie*) οικονομία; (*Hauswesen*) (τα) οικιακά, νοικοκυριό; *iron* ***e-e schöne ~*** ωραία δουλειά!

wirtschaften ⟨*-e-*⟩ διαχειρίζομαι τα οικονομικά (*Haushalt*: το νοικοκυριό)

Wirtschafter *m* οικονόμος; **~in** *f* οικονόμα

wirtschaftlich οικονομικός, αδάπανος

W

Wirtschaftlichkeit ⟨*0*⟩ *f* οικονομικότητα
Wirtschafts|- οικονομικός; **~abkommen** *n* οικονομική σύμβαση; **~asylant** *m etwa*: πρόσφυγας λόγω οικονομικών παραβάσεων; **~beziehungen** *f/pl* οικονομικές σχέσεις *f/pl*; **~krise** *f* οικονομική κρίση; **~kunde** ⟨*0*⟩ *f* οικονομικά *n/pl*; **~lenkung** *f* παρεμβατισμός; **~politik** *f* οικονομική πολιτική; **~prüfer** *m* ορκωτός λογιστής; **~wachstum** *n* οικονομική ανάπτυξη; **~wissenschaft** *f* οικονομολογία; **~wissenschaftler** *m* οικονομολόγος
Wirtshaus *n* → ***Wirtschaft*** (*Gasthaus*)
Wisch ⟨*-es*; *-e*⟩ *m fig* παλιόχαρτο
wischen σφουγγαρίζω; ***Staub*** ~ ξεσκονίζω (τα έπιπλα)
Wisch|lappen *m* σφουγγαρόπανο, πατσαβούρα; **~tuch** *n* απόμακτρο
Wismut ⟨*-s*; *0*⟩ *n* βισμούθιο
wispern ⟨*-re*⟩ ψιθυρίζω
Wissbegierde ⟨*0*⟩ *f* φιλομάθεια
wissbegierig φιλομαθής
wissen* ξέρω, γνωρίζω (**dass**/πως); ***nichts ~ von*** *D* το αγνοώ; ***um etw*** (*A*) ~ έχω γνώση *G*; ***ich weiß*** (***es***) ***nicht*** δεν ξέρω; ***woher weißt du das?*** πώς το ξέρεις; ***weiß der Himmel!*** Κύριος οίδε; ***soviel ich weiß*** καθόσον *oder* απ' όσο (εγώ) ξέρω; ***ich weiß es vom Hörensagen*** το έχω ακουστά; ***j-n etw ~ lassen*** κάνω γνωστό σε κπ κτ
Wissen *n* γνώσεις *f/pl*, φώτα *n/pl*; ***meines ~s*** καθόσον εγώ ξέρω; ***ohne mein ~*** εν αγνοία μου
Wissenschaft *f* επιστήμη; **~ler** *m* επιστήμονας
wissenschaftlich επιστημονικός; ***~ ausgebildet*** (*z.B. Arzt*) επιστήμονας
Wissenschaftlichkeit ⟨*0*⟩ *f* επιστημοσύνη
Wissensdrang ⟨*-ẹs*; *0*⟩ *m* έφεση προς μάθηση
wissentlich εν γνώσει
wittern ⟨*-re*⟩ *Hund*: οσφραίνομαι; *fig* (*ahnen*) μυρίζομαι; *subst* ρινηλασία
Witterung *f* καιρική κατάσταση
Witterungs|- καιρικός; ατμοσφαιρικός; **~umschwung** *m* αλλαξοκαιριά; μεταβολή του καιρού; **~verhältnisse** *n/pl* καιρικές συνθήκες *f/pl*
Witwe *f* χήρα; ***~ sein*** χηρεύω; **~nschaft** *f* χηρεία; **~r** *m* χήρος; ***~r sein*** *oder* ***werden*** χηρεύω
Witz ⟨*-es*; *-e*⟩ *m* αστείο, χωρατό, χαριτολόγημα *n*; (*Geist*) ευφυΐα; ***guter*** (*auch* ***dummer***) ~ εξυπνάδα; ***~ haben*** έχω πλάκα; **~blatt** *n* σατυρικό φύλλο; **~bold** ⟨*-ẹs*; *-e*⟩ *m* ευφυολόγος, φαρσέρ ⟨*0*⟩ *m*; **~e'lei** *f* παραδοξολόγημα *n*; καλαμπούρι
witz|eln ⟨*-le*⟩ λέγω καλαμπούρια; **~ig** *S und pers* αστείος, ευτράπελος; **~los** F άστοχος
wo πού; *relativ*: όπου; ***von ~*** από πού; ***~ auch immer*** οπουδήποτε; ***ach ~!*** ψέματα!; **~'anders** αλλού; ***mit den Gedanken ~anders*** με το μυαλό αλλού; **~'anders'her** από αλλού; **~'anders'hin** αλλού, αλλούθε
wo'bei πού; δουλειά με τι; με, σε ποια υπόθεση; ***~ bist du gerade?*** με τι ασχολείσαι; *relativ*: (πράγμα) με το οποίο; *ko* ενώ; *oft*: -οντας, -ώντας; ***... ~ er lächelt***(**e**) ... γελώντας, ενώ γελούσε
Woche *f* εβδομάδα; ***40-Stunden-Woche*** η εβδομάδα των 40 ωρών
Wochen|- εβδομαδιαίος; **~arbeitszeit** *f* εβδομαδιαίο ωράριο; **~bett** *n* λοχεία; **~blatt** *n* εβδομαδιαίο περιοδικό; **~ende** *n* σαββατοκύριακο; **~karte** *f* εβδομαδιαίο εισιτήριο
wochenlang (για) εβδομάδες
Wochen|lohn *m* βδομαδιάτικο; **~markt** *m* λαϊκή αγορά; **~schau** *f* επίκαιρα *n/pl*; φωτοχρονικά *n/pl*; **~tag** *m* καθημερινή
wochentags κατά τις εργάσιμες ημέρες
wöchentlich εβδομαδιαίος; *adv* καθ' εβδομάδα
Wöchnerin *f* λοχούσα
Wodka ⟨*-s*; *-s*⟩ *m* βότκα
wodurch πού, από πού; με τι, δια τίνος
wo'durch *pron* με το οποίο, μέσω του οποίου; *ko instrumental*: με αποτέλεσμα να + *St II*, *z.B.* ***... ~ Schäden verursacht werden*** (***wurden***) με αποτέλεσμα να προκληθούν ζημίες
wofür για τι
wo'für *relativ*: για το οποίο; πού γι' αυτό; πράγμα, για το οποίο
wog → ***wiegen***
Woge *f* κύμα *n*
wo'gegen (= *gegen was*) κατά τινος, εναντίον τίνος; *relativ*: (πράγμα) κατά

του οποίου; *ko* ενώ, εκεί που; *mit pron mst* και: **... ~ ich ...** και γω ...
wogen κυμαίνομαι; *subst* κυμάτισμα *n*
wo'her από πού, πούθε, πόθεν; *relativ*: απ' όπου; **~ auch immer** απ' οπουδήποτε
wo'hin για πού, πού; *relativ*: όπου
wohl καλά; (*vermutlich*) άρα, αράγε, τάχα; μήπως; **~ dem, der ...** χαρά σε εκείνον, που ...; **~ oder übel** εκών άκων; **~ bekomms!** στην υγεία σας!; **ich fühle mich nicht ~** δεν είμαι καλά; **das tut mir ~** αυτό μου κάνει καλό
Wohl ⟨-*e*s; *0*⟩ *n* καλό; **leibliche(s) ~** σαρκίο; **zum ~e** *G* για το καλό *G*; **auf Ihr ~!** στην υγεία σας!
wohl|'an εμπρός!, άιντε!; **~'auf** άιντε!; **~auf sein** είμαι καλά
Wohlbefinden *n* ευεξία
wohlbehalten σώος και αβλαβής
Wohlergehen *n* ευεξία
wohlerzogen ευάγωγος
Wohlfahrt ⟨*0*⟩ *f* ευημερία; (*Fürsorge*) αντίληψη, πρόνοια
Wohlgefallen *n* ευαρέσκεια; *REL* ευδοκία; **~ finden an** *D* *REL* ευδοκώ εν *D*
Wohlgeruch *m* ευωδιά
wohl|gesinnt ευνοϊκός; **~gestaltet** καλλίγραμμος; **~habend** εύπορος, ευκατάστατος
Wohlhabenheit ⟨*0*⟩ *f* ευπορία
wohlig βολικός
Wohl|klang ⟨-*e*s; *0*⟩ *m* ευφωνία; **~leben** *n* ευπραγία, καλοζωία
wohl|meinend καλοπροαίρετος; *Urteil*: ευμενής; **~riechend** εύοσμος
Wohlsein *n* ευεξία; **zum ~!** στην υγεία σας!
Wohlstand ⟨-*e*s; *0*⟩ *m* ευημερία; **im ~ leben** ευημερώ; **~s-gesellschaft** *f* κοινωνία αφθονίας
Wohl|tat *f* ευεργεσία; **j-m e-e ~tat erweisen** ευεργετώ κπ; **~täter** *m* ευεργέτης
wohltätig ευεργετικός, αγαθοεργός
Wohltätigkeit *f* αγαθοεργία; **~s-** ευεργετικός, φιλανθρωπικός
wohl|tuend θαλπερός; **~verdient** επάξιος
Wohlverhalten *n* καλή συμπεριφορά
wohl|verstanden εννοείται; **~weislich** λελογισμένος
Wohlwollen *n* ευμένεια
wohlwollend ευμενής; **~ annehmen** καταδέχομαι
wohnen κάθομαι, κατοικώ (**in** *D*/σε), μένω (**bei j-m**/σε κπ); *subst* κατοίκηση, διαμονή
Wohngemeinschaft *f* συλλογική κατοικία, οικιακό κολεκτίβο
wohnhaft κατοικών; *z. B.* **~ in Athen** κάτοικος (*auch f*) Αθηνών
Wohn|haus *n* κατοικία, σπίτι; **~küche** *f* δωμάτιο με κουζίνα; **~mobil** ⟨-*s*; -*e*⟩ *n* τροχόσπιτο; **~ort** *m* τόπος κατοικίας, κατοικία; **~raum** *m* στέγη, στέγασμα *n*; **~raum-** στεγαστικός; **~raumknappheit** *f* έλλειψη στέγης; **~recht** ⟨-*e*s; *0*⟩ *n* το δικαίωμα στέγασης; **~sitz** *m* κατοικία; **~stube** *f* σάλα
Wohnung *f* κατοικία; (*Etagen-*) διαμέρισμα *n*; **freie ~** (*kostenlos*) στέγη δωρεάν
Wohnungs|amt *n* γραφείο στεγάσεως; **~bau** ⟨-*e*s; *0*⟩ *m* οικοδομή στεγάσεως; **Wohnung im sozialen ~bau** *etwa*: εργατική και λαϊκή κατοικία; **~(bau)darlehen** *n* δάνειο στεγαστικό; **~frage** *f* πρόβλημα *n* στεγάσεως
wohnungslos άστεγος
Wohnungs|not ⟨*0*⟩ *f* έλλειψη στέγης; **~wesen** ⟨-*s*; *0*⟩ *n* στέγαση
Wohn|wagen *m* τροχόσπιτο; **~zimmer** *n* σάλα, καθιστικό
wölben *v/t Brust* τουρλώνω; **sich ~** καμαρώνω
Wölbung *f* τούρλα; (*Bogen*) θόλος, καμάρα
Wolf ⟨-*e*s; ⸚*e*⟩ *m* λύκος; **~ im Schafspelz** σιγανοπαπαδιά
Wölfin *f* λύκαινα
Wolga *f* Βόλγας
Wolke *f* σύννεφο, *auch fig* νέφος *n*, νεφέλη
Wolkenbruch *m* νεροποντή
wolkenbruchartig καταρραχτώδης
Wolken|felder *n/pl* νεφώσεις *f/pl*; **~kratzer** *m* ουρανοξύστης
wolkenlos ασυννέφιαστος, ανέφελος (*auch fig*)
wolkig νεφελώδης
Woll|- μάλλινος; **~decke** *f* μάλλινη κουβέρτα; (*grobe*) βελέντζα; **~e** *f* μαλλί; **aus ~e** μάλλινος
wollen[1] *adj* μάλλινος
wollen[2]* *v/t* θέλω, επιθυμώ; *Hilfsverb, inf ohne zu*: θέλω να; *nahe Zukunt oft*: πρόκειται να; *beginnende Handlung*: κάνω να; (*beabsichtigen*) λέω να; *oft*

ohne Verb: **wo ~ Sie hin?** για πού είστε; F **ich will raus** (= *aussteigen usw*) (θέλω) να κατεβώ; **was wollte er von Ihnen?** τι σας ήθελε; **was willst du von mir?** τι με θέλεις; **ich wollte aufstehen, konnte es aber nicht** έκανα να σηκωθώ, και δεν μπόρεσα; **Sie mögen sagen, was Sie ~** ο, τι και αν λέτε
Wollen *n* PSYCH βούλημα *n*, βούληση
Wollhandel *m* εμπόριο μαλλιού
wollig δασύμαλλος; (*flockig*) χνουδάτος
Wollust ⟨-; ⸗*e*⟩ *f* λαγνεία, ηδυπάθεια
wollüstig λάγνος, ηδονικός
Wollwaren *f/pl* μάλλινα είδη *n/pl*
womit με τι; **wo'mit** *relativ*: (πράγμα) με το οποίο; *neugr oft Hauptsatz*, → **damit**
wo|'möglich ίσως, αν είναι δυνατό; **~nach** κατά τι; μετά τι; **~'nach** *relativ*: κατά το οποίο; μετά το οποίο
Wonne *f* ηδονή; τέρψη; **~-** ηδονικός
wonnig μαγευτικός
woran σε τι; **wo'ran** *relativ*: στο οποίο
worauf σε τι; μετά τι; **wo'rauf** *relativ*: στο οποίο; *zeitlich*: οπότε, μετά το οποίο
woraus από τι; **wo'raus** *relativ*: από το οποίο
worin σε τι; **wo'rin** *relativ*: στο οποίο
Workstation ⟨-; -*s*⟩ *f* EDV σταθμός εργασίας
Wort ⟨-*ẹs*; ⸗*er*⟩ *n* (*Einzel-*) λέξη; ⟨*pl* -*e*⟩ (*Rede*) λόγος; (*Spruch*) ρητό; **ein Mann von ~** μπεσαλής; **kein ~!** τσιμουδιά!, (ούτε) μιλιά!; **~ für ~** λέξη προς λέξη; **in ~en** ολόγραφος; **mit e-m ~** μ' ένα λόγο; **aus e-m ~ bestehend** μονολεκτικός; **mit anderen ~en** με άλλα λόγια; **in (mit) wenigen ~en** με δύο λόγια, με λίγα λόγια; **das ~ ergreifen** λαμβάνω λόγο; **j-m das ~ erteilen** δίνω το λόγο σε κπ; **j-m das ~ entziehen** αφαιρώ το λόγο από κπ; **j-m sein ~ geben** δίνω το λόγο μου σε κπ; **das letzte ~ haben** έχω το τελευταίο λόγο; **(sein) ~ halten** κρατώ (τον) λόγο (μου); **ein ~ gab das andere und ...** από λόγο σε λόγο ...
Wort|- λεκτικός; **~art** *f* GR μέρος του λόγου; **~bedeutungslehre** *f* σημασιολογία; **~bildung(slehre)** *f* παραγωγή, παραγωγικό
wortbrüchig παράσπονδος (*subst auch* παραβάτης)
Wörter|buch *n* λεξικό; **~verzeichnis** *n* λεξικολόγιο, γλωσσάριο
Wortgefecht *n* διαξιφισμός
wort|getreu κυριολεκτικός; **~karg** ολιγόλογος
Wortlaut ⟨-*ẹs*; *0*⟩ *m* κείμενο
wörtlich κυριολεκτικός; κατά λέξη
wortlos άφωνος; *adv* μη βγάζοντας λέξη
Wort|schatz *m* λεξιλόγιο; **~stellung** *f* θέση των λέξεων; **~wechsel** *m* φιλονικία
worüber, worum για τι; περί τινος; **worüber** (*sprechen*) για ποιο πράγμα; **wo'rüber, wo'rum** *relativ*: για το οποίο; περί του οποίου; πράγμα για το οποίο
worunter, wo'runter υπό τι; μεταξύ τίνων; *relativ*: μεταξύ των οποίων; πράγμα, υπό το οποίο
wovon πόθεν; από πού, από τι, για τι; **wo'von** *relativ*: απ' όπου; από (για) το οποίο
wovor ενώπιον τίνος, από τι; **wo'vor** *relativ*: ενώπιον του οποίου, από το οποίο
wozu για τι, προς τι; **wo'zu** *relativ*: για το οποίο; προς το οποίο
Wrack ⟨-*ẹs*; -*s*⟩ *n* ναυάγιο (*auch fig*); **menschliche(s) ~** ανθρώπινο ράκος;
wringen* στίβω
Wucher [uː] ⟨-*s*; *0*⟩ *m* τοκογλυφία; **~ treiben** τοκογλυφώ; **~-** τοκογλυφικός; **~er** *m* τοκογλύφος, γδάρτης
wucher|isch τοκογλυφικός; **~n** ⟨-*re*⟩ θεριεύω; BOT φουντώνω; HDL τοκογλυφώ
Wucher|preis *m* τοκογλυφική τιμή; **~zins** *m* υπερβολικός τόκος
wuchs → **wachsen**
Wuchs [uː] ⟨-*es*; *0*⟩ *m* κορμοστασιά, ανάστημα *n*; (*Wachstum*) ανάπτυξη, φύτρωμα *n*
Wucht [ʊ] ⟨*0*⟩ *f* ορμητικότητα, ορμή
wuchtig πιεστικός, ογκώδης
Wühlarbeit *f* υπονομευτική δουλειά
wühlen ξεσκαλίζω; *auch fig* υπονομεύω; *fig* βυσσοδομώ (**gegen** *A*/εναντίον *G*); (*sich wälzen*) κυλιέμαι
Wulst ⟨-*es*; ⸗*e*⟩ *m* εξόγκωμα *n*; *am Bau*: κυμάτιο
wulstig εξογκωμένος
wund πληγιασμένος; *fig* **~e(r) Punkt**

σφυγμός; **~e Stelle** σύγκαμα *n*; **~ reiben, sich ~ reiben, ~ werden** πληγιάζω, συγκαίομαι; **~ gerieben** συγκαμένος; **sich** (*D*) **die Hände ~ reiben durch** *A* πληγιάζουν τα χέρια μου από
Wund|- τραυματικός; **~behandlung** *f* ασηψία; **~brand** *m* γάγγραινα; **~e** *f* πληγή, τραύμα *n*
Wunder *n* θαύμα *n* (*fig* **an** *Geduld*/*G*); φαινόμενο *G*; **~ tun** θαυματουργώ; **~ wirken** (*wirksam sein*) κάνω θαύματα; **wie durch ein ~** ως εκ θαύματος; **es ist ein ~, wie ...** είναι θαύμα το πώς ...; **kein ~, dass ...** όπως είναι φυσικό ..., καθόλου παράξενο πως ...; **es klingt wie ein ~, dass ...** σε θαύμα αποδίδεται το γεγονός ότι ...; **~ was, wie viel** (*er getan hat usw*) *adv iron* ... ποιος ξέρει ..., ... Κύριος οίδε (τι έκανε), πόσο ...
wunderbar θαυμάσιος; (*sehr gut*) ... θαύμα; (**es ist**) **~** είναι μια χαρά
Wunder|baum *m* κίκι; **~kind** *n* παιδί-θαύμα
wunderlich ξενότροπος, παράξενος; **~ werden** παραξενιάζω
Wunderlichkeit *f* παραξενιά, ιδιοτροπία
wundern ⟨*-re*⟩ παραξενεύω; **sich ~ über** *A* παραξενεύομαι, απορώ με
wunder'schön πανέμορφος, ... τρέλα
Wunder|tat *f* θαυματούργημα *n*; **~täter** *m* θαυματουργός
wunder|tätig θαυματουργικός; **~voll** θαυμάσιος, θαυμαστός
Wunderwerk *n* θαυματούργημα *n*
Wund|fieber *n* τραυματικός πυρετός; **~salbe** *f* αλοιφή για τραύματα
Wunsch ⟨*-es*; *¨e*⟩ *m* επιθυμία; ευχή; **sehnlichste**(**r**) **~** πόθος, μεράκι; **nach ~** κατ' ευχήν; **auf ~ von** *oder G* κατ' επιθυμίαν *G*; **~bild** *n* ιδανικό; χίμαιρα
Wünschelrute *f* ράβδος *f* (ραβδοσκόπου)
wünschen επιθυμώ; **j-m etw ~** εύχομαι κτ σε κπ; **sehnlich etw ~** ποθώ κτ; **j-m e-n guten Tag ~** καλημερίζω κπ; **~s-wert** επιθυμητός
Wunschform *f GR* ευκτική
wunschgemäß κατ' ευχήν; κατά την επιθυμία
Wunschprogramm *n Radio*: (το) πρόγραμμα που διαλέξατε
Würde *f* αξιοπρέπεια; τίτλος; **unter aller ~** όλως διόλου αφιλότιμα
würdelos αναξιοπρεπής
Würdenträger *m* αξιωματούχος, τιτλοφόρος
würdevoll αξιοπρεπής
würdig αξιοσέβαστος; αντάξιος (*G*/*G*); άξιος *G*, *z.B.* **bewunderungs-** αξιοθαύμαστος; **für ~ befinden** αξιώνω; **~en** καταξιώνω; **nicht ~en** απαξιώ να
Würdigung *f* εκτίμηση
Wurf ⟨*-es*; *¨e*⟩ *m* ριξιά, βολή; (*des Würfels*) ζαριά; **~-** αφετήριος
Würfel *m* ζάρι; κύβος; **~becher** *m* κυβοδόχη
würfeln ⟨*-le*⟩ μπεγλεράω τα ζάρια; παίζω ζάρια
Würfel|spiel *n* ζάρια *n*/*pl*; **~zucker** *m* ζάχαρη *f* σε κομμάτια
Wurf|geschoss *n* βλήμα *n*; **~kreis** *m* βαλβίδα; **~netz** *n* τράτα
würgen *v*/*t* στραγγαλίζω; *v*/*i* προσπαθώ να καταπιώ
Wurm ⟨*-es*; *¨er*⟩ *m* σκουλήκι; (*Eingeweide-*) λεβίθα
wurm|en F: **es ~t mich** σαν το σαράκι με τρώει
Wurm|fortsatz *m* σκωληκοειδής απόφυση; **~mittel** *n MED* ανθελμινθικό; **~stich** *m* σκουλήκιασμα *n*, σαρακοφάγωμα *n*
wurmstichig σκωληκόβρωτος, σαρακοφαγωμένος
wurscht F: **es ist mir ~** το ίδιο μου είναι
Wurst ⟨*-*; *¨e*⟩ *f* λουκάνικο, αλλάς (-άντος); **harte ~** σαλάμι
Würstchen *n* μικρό λουκάνικο; **heiße**(**s**) **~** *auch* χοτ ντογκς *n*/*pl*; *iron* **ein armes ~** φουκαράς
Wurstwaren *f*/*pl* αλλαντικά *n*/*pl*
Würze *f auch fig* άρτυμα *n*; καρύκευμα *n*
Wurzel *f allg*, *auch fig* ρίζα; **bis zur ~, mit der ~** σύρριζα; **~ fassen** *oder* **schlagen** *auch fig* ριζώνω, ριζοβολώ; *MATH* **dritte ~ aus a** τρίτη ρίζα του α
Wurzel|- ριζικός; **~exponent** *m MATH* δείκτης; **~stock** *m* ρίζωμα *n*; **~zeichen** *n MATH* ριζικό
würz|en ⟨*-t*⟩ *auch fig* καρυκεύω, αρωματίζω; *subst* άρτυση, καρύκευση; **~ig** καρυκευτός, αρωματικός, πικάντικος
wusch [u:] → **waschen**

wusste → ***wissen***
wüst [yː] (*ungeordnet*) άφτιαχτος, ανάστατος
Wüst|e *f* έρημος; **~ling** ⟨*-s*; *-e*⟩ *m* πόρνος
Wut ⟨*0*⟩ *f* φούρκα, θυμός, οργή, μένος *n*; ***vor ~*** απ' τη φούρκα; ***j-n in ~ bringen*** φουρκίζω, οργίζω κπ; ***in ~ geraten*** φουρκίζομαι, μανιάζω; ***vor ~ platzen*** σκάω από το κακό μου; ***vor ~ schnauben*** πνέω μένεα; **~anfall** *m* μανία, έκρηξη οργής; **~ausbruch** *m* ξέσπασμα *n* οργής
wüten ⟨*-e-*⟩ μαίνομαι; *Soldaten*: κουρσεύω (***in*** *D*|*A*); *Feuer*, *Revolution*: φουντώνω; *Grippe usw* κάνω θραύση; **~d** θυμωμένος, οργισμένος; *Sturm*: άγριος; ***~d werden auf*** *A*, ***über*** *A* αγριεύω με, εξαγριώνομαι με
Wüterich ⟨*-s*; *-e*⟩ *m* αγριάνθρωπος

X

X, x [ɪks] *n neugr* Ξ, ξ; *MATH erste Unbekannte*: ***x***
x-Achse *f MATH* άξονας των ***x***
X-Beine *n*|*pl*: ***er hat ~*** είναι στραβοκάνης, στραβοπόδαρος
x-beliebig οποιοσδήποτε
Xenon *m* Ξένο
Xenophon *m* Ξενοφώντας
Xerxes *m* Ξέρξης
x-mal χ φορές
Xylo'phon ⟨*-s*; *-e*⟩ *n* ξυλόφωνο

Y

Y, y ['ʏpsiˑlɔn] *n Aussprache wie* ***ü***, *z.B.* ***Ägypten***, *auch* ***j-***; *aus griech.* Υ, υ; *MATH zweite Unbekannte* ψ
y-Achse *f MATH* άξονας των ψ
Yacht [j-] *f* γιοτ ⟨*0*⟩ *n*
Yoga [j-] ⟨*-s*; *0*⟩ *m*, *n* γιόγκα ⟨*0*⟩ *n*; **~stellung** *f* στάση του γιόγκα; **~übung** *f* αζανά ⟨*0*⟩ *n*, άσκηση γιόγκα; ***~übungen machen*** κάνω γιόγκα
Ypsilon ['ʏpsiˑlɔn] *n* Υ, υ (ύψιλον)

Z

Z, z [tsɛt] *n neugr* τσ
Zack|e *f* μύτη, αιχμή; *GEOGR*, *TECH* δόντι; **~en** *m* → **Zacke**; F (*Nase*) μυτάρα
zack|en κόβω οδοντωτά; **~ig** οδοντωτός; F *fig* αρειμάνιος, ασήκικος
zaghaft άτολμος
Zaghaftigkeit ⟨*0*⟩ *f* ατολμία
zäh *pers* (*hartnäckig*) επίμονος; (*ausdauernd*) καρτερικός; F εφτάψυχος; *Fleisch*: ***... ist ~*** δεν κόβεται
zähflüssig παχύρρευστος
Zähflüssigkeit ⟨*0*⟩ *f* παχύρρευστο, ιξώδες *n*
Zähigkeit ⟨*0*⟩ *f* επιμονή; καρτερία
Zahl *f* αριθμός; *fig* ***in die roten ~en geraten*** παρουσιάζω παθητικό
zahlbar πληρωτέος
zählbar αριθμητός, μετρητός
zahlen *v*/*t* πληρώνω; *auf e-m Wechsel*: ***~ Sie ...*** μετρήστε ...; ***ich möchte ~!*** (θέλω) να πληρώσω; (παρακαλώ,) το λογαριασμό!
zähl|en μετρώ (-άς), αριθμώ; *v*/*i* (*gehö-*

ren zu) συγκαταλέγομαι (**zu** *D*/μεταξύ *G*, σε); ***das ~t nicht*** δε μετράει; ***er kann nicht bis drei ~en*** δεν ξέρει ούτε το άλφα; *subst* μέτρημα *n*, αρίθμηση
Zahlenlotto *n* (*in Griechenland Fußballtoto*) προπό ⟨*0*⟩ *n*
zahlenmäßig αριθμητικός
Zahler *m* πληρωτής; ***säumige(r)*** **~** ελλειμματίας
Zähler *m* TECH μετρητής; δείκτης; MATH αριθμητής
Zahlkarte *f etwa*: ταχυδρομική επιταγή
zahllos άμετρος
Zahlmeister *m* λογιστής
zahlreich πολυάριθμος; *Besucher*: ***~ erschienen*** πολυπληθής
Zahl|tag *m* ημέρα πληρωμής; **~ung** *f* πληρωμή
Zählung *f* μέτρημα *n*
Zahlungs|anweisung *f* ένταλμα *n* πληρωμής; **~aufforderung** *f* → ***Zahlungsbefehl***; **~aufschub** *m* αναβολή πληρωμής; **~befehl** *m* JUR ειδοποίηση (*oder* ειδοποιητήριο) για πληρωμή; **~bevollmächtigte(r)** διατάκτης
Zahlungsbilanz *f* ισοζύγιο πληρωμών; **~defizit** *n* έλλειμα *n* ισοζυγίου πληρωμών; **~überschuss** *m* περίσσευμα *n* ισοζυγίου πληρωμών
zahlungsfähig φερέγγυος
Zahlungs|fähigkeit ⟨*0*⟩ *f* φερεγγυότητα; **~mittel** *n* μέσο πληρωμών
zahlungsunfähig αφερέγγυος
Zahlungsunfähigkeit ⟨*0*⟩ *f* αφερεγγυότητα
Zahlungsunion *f*: ***Europäische ~*** (***EZU***) Ευρωπαϊκή Ένωση Πληρωμών (Ε.Ε.Π.)
Zahl|wort ⟨*-ẹs*; *⁼er*⟩ *n* GR αριθμητικό; **~zeichen** *n* ψηφίο
zahm ήμερος; ***~ werden*** ημερεύω
zähmen ημερεύω; *Tier auch* δαμάζω; *fig* γονατίζω
Zahmheit ⟨*0*⟩ *f* ημερότητα
Zähmung *f* ημέρωμα *n*
Zahn ⟨*-ẹs*; *⁼e*⟩ *m* δόντι; **~-** οδοντικός; (*-Laut*) οδοντόφωνος; (*gezahnt*) οδοντωτός; **~arzt** *m*, **~ärztin** *f* οδοντίατρος *m*/*f*; οδοντογιατρός *m*/*f*
zahnärztlich οδοντιατρικός
Zahn|bürste *f* οδοντόβουρτσα; **~creme** *f* οδοντόκρεμα *n*
Zähne *pl von* **Zahn**; ***~ bekommen*** βγάζω δόντια; ***die ~ ausschlagen*** ξεδοντιάζω; ***die ~ verlieren*** ξεδοντιάζομαι; **~klappern** *n* βρυγμός
zahnen βγάζω δόντια, οδοντοφυώ; *subst* οδοντοφυία
Zahn|ersatz *m* μασέλα; ψεύτικα δόντια *n*/*pl*; **~fleisch** *n* ούλο; **~fleischentzündung** *f* ουλίτιδα; **~heilkunde** *f* οδοντιατρική; **~klinik** *f* οδοντιατρείο
zahnlos ξεδοντιάρης (-α)
Zahn|pasta *f* οδοντόπαστα; **~prothese** *f* προσθετική εργασία; **~pulver** *n* οδοντόκρεμα
Zahnrad *n* οδοντωτός τροχός; πινιό; **~bahn** *f* οδοντωτός σιδηρόδρομος
Zahn|schmelz *m* σμάλτο, αδαμαντίνη; **~schmerzen** *m*/*pl* πονόδοντος; **~spange** *f* ορθοδοντικό μηχάνημα *n*; **~stein** ⟨*-ẹs*; *0*⟩ *m* πέτρα, τρυγία; **~stocher** *m* οδοντογλυφίδα; **~techniker** *m* οδοντοτεχνίτης; **~zange** *f* δοντάγρα
Za'ire *n* (το) Ζαΐρ
Zakynthos *n* (*Insel*) Ζάκυνθος *f*
Zander *m* λούτσος
Zange *f* τσιμπίδα, πένσα, τανάλια
Zank ⟨*-ẹs*; *0*⟩ *m* καυγάς (-άδες), μάλωμα *n*, φιλονικία, έριδα; **~apfel** ⟨*-s*; *0*⟩ *m* (το) μήλο της Έριδος
zanken: ***sich ~ mit*** *D* τα τσουγκρίζω με; ***sich ~ über*** *A*, ***wegen*** *G* μαλώνω για
zänkisch καυγατζίδικος
zanksüchtig φιλόνικος
Zante *n* (*Insel*) Ζάκυνθος *f*
Zäpfchen *n* ANAT σταφυλή; MED *Suppositorium*: υπόθετο
Zapfen *m Fass*: κάνουλα, έμβολο; *Türangel*: στρόφιγγα; BOT κώνος; **~streich** *m* σιωπητήριο, αποχώρηση
zappel|ig σπαρταριστός; *Kind*: ζωηρός, ανήσυχος; **~n** ⟨*-le*⟩ *z.B. Fisch*: σπαρταρώ (-άς); ***j-n ~n lassen*** αφήνω κπ να ψήνεται; **~nd** σπαρταριστός
zappen *etwa*: κάνω ζάπινγκ; *subst* ζάπινγκ ⟨*0*⟩ *n*
Zar ⟨*-en*⟩ *m* τσάρος; **~in** *f* τσαρίνα
za'ristisch τσαρικός
zart [aː] τρυφερός, απαλός; **~fühlend** αβρός
Zart|gefühl ⟨*-ẹs*; *0*⟩ *n* αβρότητα; **~heit** ⟨*0*⟩ *f* τρυφερότητα
zärtlich στοργικός
Zärtlichkeit *f* στοργή, τρυφερότητα
Zäsium ⟨*-s*; *0*⟩ *n* καίσιο

Zaster 1068

Zaster ⟨*-s; 0*⟩ *m* F μπακίρια *n/pl*, μπικίνια *n/pl*
Zä'sur *f lit* τομή
Zauber *m auch fig* μαγεία; γοητεία (*auch Charme*); **faule(r)** ~ τζούρα; **~-** μαγευτικός
Zaube|'rei *f* μάγεμα *n*, γοητεία; **~rer** *m* μάγος
zauberhaft μαγευτικός
Zauber|in *f* μάγισσα, μαγεύτρα; **~kreis** *m* φαύλος κύκλος; **~künstler** *m* θαυματοποιός; **~mittel** *n* μαγικό μέσο
zaubern ⟨*-re*⟩ μαγεύω
Zauberstab *m* μαγική ράβδος
Zauderer *m* ακαταστάλαχτος
zaudern ⟨*-re*⟩ ενδοιάζω
Zaum ⟨*-ęs; ⸚e*⟩ *m* χαλινός, καπίστρι; ***im ~ halten*** συγκρατώ, συμμαζεύω
zäumen καπιστρώνω
Zaumzeug ⟨*-ęs; 0*⟩ *n* χαλινάρια *n/pl*
Zaun ⟨*-ęs; ⸚e*⟩ *m* φράχτης, περίβολος; **~könig** *m* ZOOL τρυποφράχτης, τρωγλωδύτης; **~pfahl** *m* παλούκι; → ***Wink***
zausen ⟨*-t*⟩ τραβώ; ξεμαλλιάζω
Zebra ⟨*-s; -s*⟩ *n* ζέβρα; **~streifen** *m* διάβαση πεζών
Zech|bruder [ε] *m* γλεντζές (-έδες), συμπότης; **~e** *f* έξοδα *n/pl* γλεντιού; TECH μεταλείο, ορυχείο
zechen συμποσιάζω
Zech|genosse *m* συμπότης; **~preller** *m*: ***ein ~preller sein*** παίρνω πόδι χωρίς να πληρώσω (το λογαριασμό); **~tour** *f*: ***e-e ~tour machen*** παίρνω σβάρνα τα οινοπωλεία
Zecke *f* ZOOL τσιμπούρι, διαβολόψειρα
Ze'dent ⟨*-en*⟩ *m* HDL εκχωρητής
Zeder *f* κέδρος; **~n-holz** *n* κεδρί
ze'dieren JUR εκχωρώ
Zeh ⟨*-s; -en*⟩ *m*, **~e** *f* δάχτυλο (του ποδιού); ***kleine ~e*** δαχτυλάκι
Zehen|knochen *m* φάλαγγα; **~spitzen**: ***auf ~spitzen gehen*** βαδίζω στα νύχια
zehn δέκα; ***~ Stück*** δεκάρι; ***etwa ~*** καμμιά δεκαριά
Zehn *f* δεκάδα; (*Karte*) δεκάρι; **~er** *m* δεκάδα
zehn|erlei δέκα λογιών; **~fach** δεκαπλάσιος; **~jährig** δεκαετής; **~köpfig** δεκαμελής; **~mal** δεκάκις, δέκα φορές
Zehn'pfennigstück *n etwa*: δεκάρα
zehn|stündig δεκάωρος; **~tägig** δεκαήμερος
'zehn'tausend δέκα χιλιάδες, μύριοι; **~mal** μυριάκις; **~ste(r)** δεκακισχιλιοστός, μυριοστός
Zehnte ⟨*-n*⟩ *m* δεκάτη; **~l** *n* δέκατο
zehnte|ns δέκατο; **~(r)** δέκατος
zehren τρέφομαι (**von** *D*/με); ***~ an j-m*** αδυνατίζω κπ
Zeichen *n* σημάδι, *auch* MATH σημείο, σύμβολο; σήμα *n*, σινιάλο, σύνθημα *n*; ένδειξη; μάρκα; *Büro*: μονογραφή; (*Tierkreis-*) ζώδιο; ***als ~ (des Protestes)*** σε ένδειξη (διαμαρτυρίας); ***ein ~ geben*** σημαίνω; ***die ersten ~ von*** *D* (= *Nachrichten*) τα πρώτα μηνύματα για; ***~ setzen*** GR (δια)στίζω
Zeichen|- ιχνογραφικός, ... ιχνογραφίας; **~block** ⟨*-ęs; ⸚e*⟩ *m* μπλοκ *n* ζωγραφικής; **~brett** *n* πινακίδιο; **~buch** *n* ιχνογραφία; **~heft** *n* τετράδιο ιχνογραφίας; **~kunst** *f* ιχνογραφία; **~lehrer** *m* δάσκαλος της ιχνογραφίας; **~setzung** *f* GR διάστιξη; **~sprache** *f* συνθηματική γλώσσα; **~stift** *m* μολύβι (ιχνογραφίας); **~trickfilm** *m* κινούμενα σχέδια *n/pl*
zeichnen ⟨*-e-*⟩ ιχνογραφώ, χαράσσω; (*kennzeichnen*) μαρκάρω; *Brief* υπογράφω; *Anleihe* εγγράφω; ***voll gezeichnet werden*** καλύπτεται
Zeichn|en *n* ιχνογραφία; **~er** *m* ιχνογράφος; **~erin** *f* ιχνογράφος *f*; **~ung** *f* ιχνογράφημα *n*, σχεδιογράφημα *n*; *e-r Anleihe*: έγγραφη *G*
zeichnungsberechtigt δικαιούχος υπογραφής
Zeige|- δεικτικός; **~finger** *m* δείκτης
zeigen δείχνω (***j-m etw***/κτ σε κπ); *Interesse* επιδεικνύω; (*offenbaren*) εμφανίζω; ***sich ~*** προβάλλω, αποφαίνομαι, εκδηλώνομαι
Zeige|n *n* δείξιμο (-ατος); **~r** *m Uhr*: δείκτης
Zeile *f* στίχος, αράδα; *e-s Briefes*: γραμμή, σειρά; ***neue ~!*** άλλη παράγραφος!; *fig* ***zwischen den ~n lesen*** διαβάζω μεταξύ των γραμμών
Zeit *f* καιρός; (*Stein- usw*) εποχή; ώρα; ευκαιρία; (*Muße*) άδεια; ***eine ~ lang*** για λίγο, κάμποσο καιρό; ***mit der ~*** με τον καιρό; ***in der letzten ~*** τον τελευταίο καιρό; ***seit einiger ~*** από ημερών; ***zu gegebener ~*** σε εύθετο χρόνο; ***vor geraumer ~*** προ καιρού; ***vor langer ~*** παλαιά, προ πολλού; ***zur rechten ~***

την κατάλληλη ώρα; ***einige ~ später*** μετά από καιρό; ***von ~ zu ~*** από καιρό; σε καιρό; ***im Laufe der ~*** προϊόντος του χρόνου; → ***Lauf***; ***~ haben zu*** *D* αδειάζω για; ***~ verlieren*** χάνω καιρό; ***sich ~ lassen*** δεν βιάζομαι; ***es hat ~*** δεν είναι βία; ***es ist höchste ~*** είναι πια καιρός, επείγει (να)
Zeit|- χρονικός; (*-Zünder*) εγκαιροφλεγής; **~abschnitt** *m* περίοδος *f*; *GEOL* εποχή, αιώνας; **~abstand** *m* απόσταση χρόνου; **~alter** *n* εποχή; **~angabe** *f* ακριβής ώρα; *griech. Radio*: ώρα Ελλάδος; **~arbeit** *f etwa*: ενοικίαση εκτάκτων υπαλλήλων; **~aufwand** *m* δαπάνη χρόνου; **~dauer** *f* χρονική διάρκεια; **~differenz** *f* διαφορά ώρας; **~enfolge** *f* χρήση των χρόνων (στον πλάγιο λόγο); **~form** *f* *GR* χρόνος (ρήματος); **~geist** ⟨*-ęs*; *0*⟩ *m* πνεύμα *n* της εποχής
zeitgemäß επίκαιρος, συγχρονισμένος
Zeitgenosse *m* σύγχρονος; *pl auch* τωρινοί *m/pl*
zeitgenössisch σύγχρονος
Zeit|geschehen *n* επικαιρότητα; **~gewinn** *m* κέρδος χρόνου
zeitig νωρίς; εγκαίρως
Zeit|karte *f* διαρκές εισιτήριο; **~konto** *n* λογαριασμός προθεσμίας
zeit|'lebens σε όλη τη ζωή, επί ζωής; **~lich** χρονικός; *fig* ***das Zeitliche segnen*** αποχαιρετώ τον κόσμο
Zeitlohn *m* ωρομίσθιο
zeitlos άχρονος
Zeitlupen|aufnahme *f* λήψη σε αργή κίνηση; **~tempo** *n*: ***im ~tempo*** σε αργή προβολή
Zeit|mangel ⟨*-s*; *0*⟩ *m* έλλειψη (χρόνου); **~maß** *n* μέτρο; **~messer** *m* χρονόμετρο
zeitnah επίκαιρος
Zeitplan *m* χρονοδιάγραμμα *n*
Zeitpunkt *m* χρονικό σημείο; ***zu e-m geeigneten ~*** σε εύθετο χρόνο
zeitraubend μακροσκελής, χρονοβόρος, ... που απαιτεί χρόνο
Zeit|raum *m* χρονικό διάστημα *n*; **~rechnung** *f* χρονολογία; **~schrift** *f* περιοδικό; **~spanne** *f* χρονική απόσταση; **~umstände** *m/pl* (οι) κρατούσες συνθήκες, περιστάσεις *f/pl*
Zeitung *f* εφημερίδα
Zeitungs|- *oft*: δημοσιογραφικός; ... εφημερίδας; **~anzeige** *f* αγγελία εφημερίδας; **~artikel** *m* άρθρο εφημερίδας; **~händler** *m* εφημεριδοπώλης; **~papier** *n* χαρτί εφημερίδας; **~wissenschaft** *f* εφημεριδολογία
Zeit|unterschied *m* διαφορά ώρας; **~verlust** *m* απώλεια χρόνου, χρονοτριβή; **~verschwendung** *f* σπατάλη χρόνου; **~vertreib** *m*: ***zum ~vertreib*** για να περνάει η ώρα
zeit|weilig προσωρινός; **~weise** κατά καιρούς
Zeit|zeichen *n* *RADIO* σήμα *n* της ώρας; **~zone** *f etwa*: ζώνη με την ίδια ώρα; **~zünder** *m* εγκαιροφλεγής πυροσωλήνας
Zell|- κυτταρικός; **~e** *f* κύτταρο; κελί; *POL* πυρήνας; φράξια; **~en-** *Gefängnis*: απομονωτικός; **~en-lehre** ⟨*0*⟩ *f* κυτταρολογία; **~kern** *m* πυρήνας, κυτταροβλάστη; **~stoff** *m* κυτταρίνη; **~teilung** *f* κυτταροτομία
Zellu'loid ⟨*-s*; *0*⟩ *n* κυτταροειδές *n*
Zellu'lose *f* κυτταρίνη
Zellwolle *f* έριο κυτταρίνης
Zelt ⟨*-ęs*; *-e*⟩ *n* σκηνή, τέντα
zelten ⟨*-e-*⟩ κατασκηνώνω
Zelt|en *n* κατασκήνωση; **~lager** *n* κατασκήνωση; **~platz** *m* κάμπιγκ ⟨*0*⟩ *n*
Ze'ment ⟨*-ęs*; *0*⟩ *m* τσιμέντο
zemen'tieren τσιμεντάρω
Ze'nit ⟨*-s*; *0*⟩ *m* αποκορύφωμα *n*, *auch fig* ζενίθ ⟨*0*⟩ *n*; μεσουράνημα *n*; ***mitten im ~*** μεσούρανα
Zeno *m* Ζήνωνας
zen'sieren *POL* λογοκρίνω; *Schule*: βαθμολογώ
Zen'sierung *f* βαθμολογία
Zensor ⟨*-s*; *-'soren*⟩ *m* λογοκρίτης
Zen'sur *f* λογοκρισία; βαθμολογία
Zen'taur ⟨*-en*⟩ *m* Κένταυρος
Zentimeter *m* εκατοστόμετρο, εκατοστό, πόντος; **~maß** *n* μετροταινία
Zentner *m* στατέρι
zen'tral κεντρικός, συγκεντρωτικός; ***~e Autobushaltestelle*** *z.B. Athen*: αφετερία; (*wesentlich*) κύριος; ***~ gelegen*** κεντρικός
Zen'tral|- → ***zentral***; **~bank** *f* κεντρική τράπεζα; **~e** *f Sitz*: κέντρο; αρχηγείο; **~heizung** *f* κεντρική θέρμανση
zentrali'sieren συγκεντρώνω
Zentra|li'sierung *f* συγκέντρωση; **~'lismus** ⟨*-*; *0*⟩ *m* συγκεντρωτισμός

Zentralkomitee 1070

Zen'tral|komitee *n* κεντρική επιτροπή; **~verband** *m* συνομοσπονδία
zentrifu'gal, Zentrifu'gal- (*-Kraft usw*) φυγόκεντρος *m, f*
zentripe'tal κεντρομόλος
Zentrum ⟨*-s; -tren*⟩ *n* κέντρο
Zepter *n* σκήπτρο
zer'brach [aː] → ***zerbrechen***
zer'brechen* [ε] σπάζω, θραύω, τσακίζω; *v/i* ⟨*sn*⟩ σπάζω, τσακίζομαι; ***sich*** (*D*) ***den Kopf*** ~ σπάζω το κεφάλι μου; *subst* σπάσιμο (-ατος), θραύση, τσάκισμα *n*
zer|'brechlich εύθραυστος; **~'brochen** → ***zerbrechen***; τσακιστός; **~'bröckeln** ⟨*-le*⟩ *v/t* θρυμματίζω, κάνω θρύμματα; *v/i* ⟨*sn*⟩ θρυμματίζομαι; *Brot*: τρίβομαι; **~'drücken** συνθλίβω, τσακίζω; *subst* σύνθλιψη; **~'drückt** τσακιστός
Zeremo|'nie *f* παράταξη; **~ni'ell** ⟨*-s; -e*⟩ *n* εθιμοταξία, εθιμοτυπία
zer'fahren *adj* αστόχαστος
Zer'fahrenheit ⟨*0*⟩ *f* αστοχασιά
Zer'fall ⟨*-ęs; 0*⟩ *m* διάλυση
zer|'fallen* ⟨*sn*⟩ διαλύομαι; (*unterteilt sein*) διακρίνομαι (***in*** *A*/σε); *adj* (*zerstritten*) κακιωμένος (***mit*** *D*/με); **~'fasern** ⟨*-re*⟩ ξεϋφαίνω; **~'fetzen** ⟨*-t*⟩ *auch fig* (*schmähen*) κουρελιάζω; **~'fleischen** πετσοκόβω; *z.B. Tiger*: κατασπαράζω; **~'fließen*** ⟨*sn*⟩ λειώνω (λιω-); ***in Tränen ~fließen*** αναλύομαι σε δάκρυα; **~'fressen*** καταβροχθίζω; *Motte*: τρώω; *Wurm*: σαρακώνω; *adj* φαγομένος; **~'furcht** ρυτιδώδης; **~'gehen*** ⟨*sn*⟩ λειώνω, τήκω; **~'gliedern** ⟨*-re*⟩ ανατέμνω; αναλύω
Zer'gliederung *f* ανατομή; ανάλυση
zer|'hacken λιανίζω; *subst* λιάνισμα *n*; **~'kleinern** ⟨*-re*⟩ ψιλοκόβω; χονδροκαπανίζω; *Holz* κατακόβω
Zer'kleinerungsmaschine *f* τριβέας
zer|'knautschen *Anzug* κάνω κουβάρι; **~'knirscht** (*tief* πικρά) μετανοιωμένος (***wegen*** *G*/για); συντετριμμένος
Zer'knirschung *f* συντριβή
zer|'knittern ⟨*-re*⟩ ζαρώνω, τσαλακώνω; **~'kochen** *v/i* χυλώνω; **~'kratzen** ⟨*-t*⟩ κατατσουγγρανίζω; καταξεσκίζω (***j-m das Gesicht***/το πρόσωπο κάποιου); **~'lassen*** λειώνω; **~'legen** αναλύω; *TECH* εξαρμόζω; αποσυνθέτω; λύω; κόβω; **~'legt** αποσυναρμολογημένος
Zer'legung *f* *TECH* εξάρμοση, αποσύνθεση, λύσιμο (-ατος)
zer'mürbt συντετριμμένος; ~ ***sein*** λιώνω (*mst aor*) (***von*** *D*/από)
Zer'mürbung *f* λιώσιμο (-ατος); **~skrieg** *m* πόλεμος φθοράς
zer|'nagen καταβροχθίζω; *Maus*: τρώω; **~'pflücken** καταμαδώ; *Thema* ψιλολογώ; **~'platzen** ⟨*-t; sn*⟩ σκάζω; **~'quetschen** [ε] πολτοποιώ (*auch Unfall*), συνθλίβω, λιώνω
Zer'quetschung *f* σύνθλιψη
Zerrbild *n* γελοιογραφία
zer|'reden ⟨*-e-*⟩ *Thema* χρονίζω σε, ψιλολογώ; **~'reiben*** κατατρίβω; **~'reißen*** *v/t* σχίζω, ξεσχίζω; *Tiger*: κατασπαράζω; *Brief* κάνω κομμάτια; *Faden* σπάζω; *v/i* ⟨*sn*⟩ *Schuhe, Kleider*: χαλάω (-άς), σχίζομαι; κρεπάρω; *subst* διάσχιση, ξέσκισμα *n*
zerren κουβαλάω, κωλοσέρνω
zer|'rinnen* ⟨*sn*⟩ καταρρέω; περνώ (-άς); **~'riss** → ***zerreißen***; **~'rissen** ξεσκισμένος
Zer'rissenheit ⟨*0*⟩ *f* διχόνοια; (*innere*) σάστισμα *n*, δίλημμα *n*
Zerrung *f* θλάση
zer'rütten ⟨*-e-*⟩ *Gesellschaft usw* εκφαυλίζω; *Gesundheit* φθείρω
Zer'rüttung *f* εκφαυλισμός
zer'säg|en πριονίζω; κατακόβω με το πριόνι; **~t** πριονιστός
zer'schellen ⟨*sn*⟩ *v/i* τσακίζομαι, θραύομαι
zer'schlagen* *v/t* σπάζω, (κατα)κομματιάζω; *Verschwörung* συντρίβω; *Feind* κατατροπώνω; *eine Verbrecherbande* εξαρθρώνω; ***in Stücke*** ~ κάνω σμπαράλια; *fig* ~ ***sein*** είμαι πτώμα; ***sich*** ~ ναυαγώ
Zer'schlagung *f* κατατρόπωση
zer|'schleißen* ⟨*sn*⟩ *Kleider*: λειώνω; ***~schlissen sein*** *aor*: έλειωσε; **~'schmelzen*** ⟨*sn*⟩ λιώνω; **~'schmettern** ⟨*-re*⟩ *auch fig* κατασυντρίβω; πλακώνω; σχίζω (***j-m etw***/κτ από κπ)
Zer'schmetterung *f* συντριβή, πλάκωμα *n*
zer'schneiden* σχίζω
zer'setzen ⟨*-t*⟩ *CHEM* αποσυνθέτω; εξαχρειώνω; **~d** *auch POL* διαλυτικός

Z

Zer'setzung *f* αποσύνθεση; διάλυση; **~s-** διαλυτικός
zer'splittern ⟨*-re*⟩ *v/t* κατακομματιάζω; *Kraft*, *POL Macht* κατακερματίζω; *v/i* ⟨*sn*⟩, **sich ~** (*auch fig*) κομματιάζομαι
Zer'splitterung *f* κομμάτιασμα *n*; *der Macht*: κατακερματισμός
zer|'sprengen *Gruppe* διαλύω; **~'springen*** ⟨*sn*⟩ *v/i* σκάζω; *subst* σκάσιμο; **~'stampfen** στουμπίζω, λιώνω; **~'stäuben** ψεκάζω
Zer'stäuber *m* ψεκαστήρας
zer'stechen* [ε] καλύπτω με τσιμπήματα
zer'stör|bar φθαρτός; **~en** καταστρέφω, χαλάω (-άς); *Farben* εξαλείφω; **~end** καταστρεπτικός
Zer'störer *m pers* καταστροφέας; *MIL* αντιτορπιλικό
zer'stör|erisch καταστρεπτικός; **~t** *auch* χαλασμένος
Zer'störung *f* καταστροφή, γκρέμισμα *n*; εξάλειψη; **~s-** καταστρεπτικός
zer'stoßen* *v/t* διαθρύπτω; *Pfeffer usw* κοπανίζω; *adj* κοπανιστός
zer'streu|en *Menschen* (δια)σκορπίζω; (*unterhalten*) ψυχαγωγώ, διασκεδάζω; **sich ~en** *Menge*: διασκορπίζομαι; **~t** σκόρπιος, σκορπισμένος; *fig* (*abwesend*) αφηρημένος; *leben, sein*: διεσπαρμένος
Zer'streu|theit *f* αφηρημάδα; **~ung** *f* διασκόρπιση, διασπορά; *fig* ψυχαγωγία, διασκέδαση
zer'stritten κακιωμένος (**mit** *D*/με)
zer'stückel|n ⟨*-le*⟩ διαμελίζω, τεμαχίζω; **~t** τεμαχιστός
Zer'stückelung *f* τεμαχισμός, διαμελισμός
zer'teilen κατατέμνω
Zer'teilung *f* κατάτμηση
Zertifi'kat ⟨*-ęs*; *-e*⟩ *n* πιστοποιητικό, *z.B. Gold-* πιστοποιητική χρυσού
zer'treten* τσαλαπατώ (-άς), καταθλίβω
zer'trümmer|n ⟨*-re*⟩ κομματιάζω, θρυμματίζω; *Atom* διασπώ (-άς); *Auto* διαλύω; *Scheiben* σπάζω; **~t** κομματιαστός; χαλασμένος
Zer'trümmerung *f* κομμάτιασμα *n*; (*Atom-*) διάσπαση
Zer'würfnis ⟨*-ses*; *-se*⟩ *n* διάσταση, διχόνοια
zer'zaus|en ⟨*-t*⟩ αναμαλλιάζω; **~t** αναμαλλιασμένος
Zeta *n* ζήτα *n* (Ζ, ζ)
zetern ⟨*-re*⟩ βάζω τις φωνές
Zettel *m* χαρτάκι, καρτέλα, δελτίο; **~kasten** *m* καρτελοθήκη
Zeug ⟨*-ęs*; *0*⟩ *n* (*Stoff*) τσόχα; (*Sachen*) πράγματα *n/pl*; **alte(s) ~** τσόλι, παλιάτσα; **abgetragene(s) ~** αποφόρι; **dumme(s) ~** άρες μάρες, τρίχες *f/pl*; **sich** (*A*) **ins ~ legen** βάζω τρίτη
Zeuge ⟨*-n*⟩ *m* μάρτυς, μάρτυρας; **falsche(r) ~** ψευδομάρτυρας; **als ~ auftreten vor** *D* μαρτυρώ ενώπιον *G*
zeugen[1] *v/t* γεννώ (-άς); **Kinder ~** τεκνοποιώ
zeugen[2] μαρτυρώ (**von** *D/A*); (*vor Gericht*) καταθέτω; **gegen j-n ~** καταμαρτυρώ κπ
Zeugenaussage *f* μαρτυρική κατάθεση, μαρτυρία
Zeugin *f* μάρτυς (-υρος) *f*
Zeugnis ⟨*-ses*; *-se*⟩ *n JUR* μαρτυρία; (*Zensur*, *Punkte*) βαθμολογία, βαθμός; (*Schul- usw*) ενδεικτικό; (*Bescheinigung*) πιστοποιητικό; σύσταση (**über** *A*/για)
Zeugung *f* γέννηση, τεκνοποιία; **~s-** γεννητικός; **~s-akt** *m* γενετήσια πράξη
zeugungs|fähig γόνιμος, ικανός να γεννήσει; **~unfähig** ανίκανος
Zeus *m* Ζευς (*G* Διός)
Zichorie [tsɪ'çoːrĭə] *f* κιχώρι
Zicklein *n* κατσικάκι
zickzack ζιγκ ζαγκ
Zickzack ⟨*-ęs*; *-e*⟩ *m* ζιγκ ζαγκ ⟨*0*⟩ *n*; **im ~** ζιγκ ζαγκ
Ziege *f* γίδα, κατσίκι; κατσίκα (*auch fig* **alte ~**)
Ziegel *m* πλιθάρι, πλίθος, πλίνθος *f*; (*Dach-*) κεραμίδι; **~-** πλίνθινος, πλινθόστρωτος; **~dach** *n* κεραμωτή στέγη; **~ei** [-'laɪ] *f* πλινθοποιία; κεραμείο; **~stein** *m* τούβλο (*gebrannt*), πλίνθος *f*; κέραμος
Ziegen|- τράγειος; γιδήσιος; **~bock** *m* τράγος; **~fell** *n* γιδοτόμαρο; **~hirt** *m* γιδοβοσκός; **~käse** *m* τουλουμοτύρι; **~milch** *f* γιδήσιο γάλα *n*; **~peter** *m MED* μαγουλάδες *f/pl*, παρωτίτιδα
Zieh|anlage *f TECH* ολκός; **~brunnen** *m* μαγγανοπήγαδο
ziehen* *v/t allg, auch Revolver* τραβώ

Ziehen 1072

(-άς); σέρνω, σύρω; (*schleppen*) ρυμουλκώ; *Schwert, Wagen* έλκω; *Messer, Pistole* βγάζω φόρα; *Hut* βγάζω; *Linie* διαγράφω; *Grenze* θέτω; *Mauer* υψώνω; *Zahn* βγάζω, εξαιρώ; *fig Schlüsse* πορίζομαι; *Vergleich* κάνω; *MATH Wurzel* εξάγω; **ein, das Los ~** κληρώνω; **etw durch e-e Öse ~** ξεπερνώ (-άς) κτ; *Wechsel* **auf j-n ~** τραβώ επί *G*; **straff ~** τεντώνω, διατείνω; *fig* **j-n auf seine Seite ~** παίρνω κπ με το μέρος μου; **etw auf sich** (*A*) **~** επισύρω; *Aufmerksamkeit* προσελκύω; *Interesse* τραβώ (-άς); *fig* **nach sich** (*D*) **~** συνεπάγομαι; *v/i* ⟨*sn*⟩ (*gehen, fahren*) τραβώ (-άς), πορεύομαι; *in den Krieg*: βγαίνω σε; *Vögel*: αποδημώ; **~ durch** *A* διελαύνω δια *G*; *Ofen*: τραβώ (-άς); *zeitlich*: **sich ~ durch** *A* διήκω δια *G*; *sich e-n Zahn* **~ lassen** βγάζω; **sich in die Länge ~** *fig* τραβώ σε μάκρος; *das Los* **wird gezogen** κληρώνει; **es zieht hier** φυσάει εδώ, κάνει ρεύμα εδώ

Ziehen *n* τραβηξιά, τράβηγμα *n* (*auch e-s Wechsels*), συρμός; *Zahn*: εξαγωγή, βγάλσιμο (-ατος)

Zieh|harmonika ⟨-; -*s*⟩ *f* φυσαρμόνικα; **~ung** *f e-s Loses*: κλήρωση

Ziel ⟨-*¢s*; -*e*⟩ *n allg und fig* στόχος; σημάδι; (*Absicht*) σκοπός; (*Sport, Endpunkt*) τέρμα *n*, όρος; (*Frist*) προθεσμία; **mit dem ~, zu ...** με σκοπό να ...; *etw, z.B. die Mitarbeit* **zum ~ haben** έχω σκοπό το(ν), τη ...

ziel|bewusst απερίσπαστος; **~en** σκοπεύω, σημαδεύω, ματιάζω (**auf** *A*/*A*)

Ziel|flughafen *m* αεροδρόμιο προορισμού; **~gruppe** *f* ομάδα προορισμού; **~hafen** *m* λιμάνι προορισμού

ziellos άσκοπος; κουτουρού

Zielscheibe *f auch fig* στόχος, σημάδι, νισάνι

zielstrebig ... που επιδιώκει ένα στόχο

Zielstrebigkeit ⟨*0*⟩ *f* επιδίωξη ενός στόχου; όρμημα *n*

ziem|en: es ~t sich προσήκει, είναι πρέπον

ziemlich αρκετός; *adv* αρκετά, σχεδόν; **~ viele** αρκετοί, καμπόσοι

Zier ⟨*0*⟩ *f* → **Zierde**; **~-** διακοσμητικός

Zierde *f* κόσμημα *n*; *fig* αγλάισμα *n*; **e-e ~ G sein** κοσμώ

zieren *v/t* κοσμώ, νοστιμεύω; **sich ~** κάνω νάζια

Ziere'rei *f* προσποίηση, νάζια *n/pl*

Zierleiste *f ARCH* κυμάτιο

zierlich λεπτοκαμωμένος

Zier|lichkeit ⟨*0*⟩ *f* λεπτότητα, γλαφυρότητα; **~pflanze** *f* διακοσμητικό φυτό

Ziffer *f* ψηφίο; **~blatt** *n* πλάκα του ρολογιού

Ziga'rette *f* τσιγάρο; **Päckchen ~n** κουτί τσιγάρα

Ziga'retten|automat *m* αυτόματος πωλητής τσιγάρων; **~etui** *n* τσιγαροθήκη; **~fabrik** *f* καπνοβιομηχανία; **~papier** *n* τσιγαρόχαρτο; **~spitze** *f* πίπα; **~stummel** *m* αποτσίγαρο

Ziga'rillo ⟨-*s*; -*s*⟩ *m* πουράκι

Zi'garre *f* πούρο; **~n-kiste** *f* κουτί για πούρα

Zi'geuner *m* γύφτος, τσιγγάνος, αθίγγανος; **~in** *f* γύφτισσα, τσιγγάνα

Zi'kade *f* τζίτζικας, τζιτζίκι

Zimmer *n* δωμάτιο; **~decke** *f* ταβάνι, οροφή; **~kellner** *m* καμαριέρης; **~mädchen** *n* καμαριέρα; **~mann** ⟨-*¢s*; -*leute*⟩ *m* μαραγκός, ξυλουργός

zimmern ⟨-*re*⟩ ξυλουργώ

Zimmer|nachweis *m* γραφείο ευρέσεως δωματίων; **~nummer** *f* αριθμός δωματίου; **~schlüssel** *m* κλειδί του δωματίου; **~service** *m* σέρβις ⟨*0*⟩ *n* (δωματίου); **~vermittlung** *f* → ***Zimmernachweis***

zimperlich σεμνότυφος

Zimperlichkeit *f* σεμνοτυφία

Zimt ⟨-*¢s*; *0*⟩ *m* κανέλα

Zink ⟨-*¢s*; *0*⟩ *n* τσίγκος, ψευδάργυρος

Zinn ⟨-*¢s*; *0*⟩ *n* καλάι *n*, κασσίτερος; **~-** καλάινος, κασσιτέρινος; **~e** *f* έπαλξη

Zin'nober *m* κιννάβαρι, μίνιο; *fig* F σαχλαμάρες *f/pl*

Zins ⟨-*es*; -*en*⟩ *m mst pl* τόκος; **~en bringen** τοκοφορώ; **~abzug** *m* υφαίρεση; **~eszins** *m* σύνθετος τόκος, ανατοκισμός; **~fuß** *m* επιτόκιο

zins|günstig ... με ευνοϊκό τόκο; **~los** άτοκος

Zins|satz *m* επιτόκιο; ***zu e-m ~satz von*** εντόκως προς *A*; **~schein** *m* κουπόνι, τοκομερίδιο; **~spanne** *f* εκάρ *n*

Zio'nismus ⟨-; *0*⟩ *m* σιωνισμός

Zipfel *m* άκρη, άκρο; **~mütze** *f* μυτερός σκούφος

Zirkel *m* κομπάσο, περγέλι, διαβήτης; *fig* κύκλος

Z

zirku'lieren κυκλοφορώ, ρολάρω; ~ ***lassen*** κυκλοφορώ

Zirkum'flex ⟨*-es*; *-e*⟩ *m* περισπωμένη

Zirkus ⟨*-*; *-se*⟩ *m* τσίρκο, ιπποδρόμιο

zirpen γρυλίζω, τρύζω

zischen [ɪ] σφυρίζω

Zischlaut *m* συριστικός φθόγγος

zise'lier|en σκαλίζω, γλύφω; *subst* σκάλισμα *n*, γλυφή; **~t** σκαλιστός

Zis'terne *f* δεξαμενή, χαβούζα, στέρνα

Zita'delle *f* κάστρο, ακρόπολη

Zi'tat ⟨*-ɇs*; *-e*⟩ *n* ρητό, παράθεση

zi'tieren παραθέτω; (*vorladen*) καλώ

Zi'trone *f* λεμόνι; ***süße*** ~ γλυκολέμονο

Zi'tronen|baum *m* λεμονιά; **~limonade** *f* λεμονάδα; **~saft** ⟨*-ɇs*; *0*⟩ *m* λεμονόζουμο; **~säure** ⟨*0*⟩ *f* ξινό; **~schale** *f* λεμονόφλουδα

Zitrus|- κιτρικός; **~baum** *m* κιτριά; **~frucht** *f* κίτρο; ***~früchte*** *pl* εσπεριδοειδή *n/pl*

zittern ⟨*-re*⟩ τρεμουλιάζω, τρέμω (***vor*** *D*/από; ***um*** *A*/για); ***vor Kälte*** ~ τουρτουρίζω; *subst* τρεμούλα, τρόμος; **~d** τρεμουλιαστός; *Stimme, Hand*: τρεμάμενος

zittrig τρεμουλιαστός

Zitze *f* ZOOL μαστός

zi'vil, Zi'vil- πολιτικός

Zi'vil ⟨*-s*; *0*⟩ *n* πολιτική περιβολή; ~ ***tragen*** *oder* ***in*** ~ ***gehen*** γυρίζω με πολιτικά; **~bevölkerung** *f* άμαχος πληθυσμός; **~dienst** *m* κοινωνική θητεία; **~kleidung** *f* πολιτική περιβολή

Zivilisati'on *f* πολιτισμός

zivili'sier|en εκπολιτίζω; **~t** πολιτισμένος

Zivili'sierung ⟨*0*⟩ *f* εκπολιτισμός

Zivi'list ⟨*-en*⟩ *m* πολίτης

Zi'vilrecht ⟨*-ɇs*; *0*⟩ *n* αστικό δίκαιο

zi'vilrechtlich πολιτικός

Zobel *m* σαμούρι

zog → ***ziehen***

zögern ⟨*-re*⟩ διστάζω (***zu***/να); *subst* δισταγμός; **~d** διστακτικός

Zögling ⟨*-s*; *-e*⟩ *m* οικότροφος; μαθητής

Zöli'bat ⟨*-ɇs*; *0*⟩ *n* αγαμία

Zoll ⟨*-ɇs*; *¨e*⟩ *m* τελωνείο, δασμός, τέλη *n/pl*; (*Maß*) δάκτυλος; *englisch*: ίντσα; ~ ***erheben auf*** *A* δασμολογώ *A*; **~-** τελωνειακός; δασμολογικός; **~abfertigung** *f* εκτελωνισμός; **~amt** *n* τελωνείο; **~beamte(r)** τελωνειακός υπάλληλος; **~bescheinigung** *f* απόδειξη εκτελωνισμού

zollfrei αδασμολόγητος; ***~e Waren*** *auch* αφορολόγητα είδη *n/pl*

Zoll|freiheit ⟨*0*⟩ *f* τελωνειακή ατέλεια; **~gebühren** *f/pl* τέλη *n/pl*; **~kontrolle** *f* τελωνειακός έλεγχος

Zöllner *m* *Bibel*: τελώνης

zollpflichtig φορολογήσιμος, υποκείμενος σε δασμό

Zollschranken *f/pl* τελωνειακοί φραγμοί *m/pl*

Zollstock *m* πτυσσόμενο μέτρο

Zoll|tarif *m* δασμολόγιο; **~union** *f* τελωνειακή ένωση

Zone *f* ζώνη

Zoo ⟨*-s*; *-s*⟩ *m* ζωολογικός κήπος

Zoo|'loge ⟨*-n*⟩ *m* ζωολόγος; **~lo'gie** ⟨*0*⟩ *f* ζωολογία

zoo'logisch ζωολογικός; ***~e(r) Garten*** → ***Zoo***

Zopf [ɔ] ⟨*-ɇs*; *¨e*⟩ *m* πλεξούδα, κοτσίδα; ***e-n*** ~ ***flechten*** κάνω *oder* πλέκω κοτσίδα; *fig* ***alte(r)*** ~ επιβιώσεις *f/pl* του παρελθόντος

Zorn ⟨*-ɇs*; *0*⟩ *m* οργή, θυμός; ***in*** ~ ***geraten*** οργίζομαι; **~es-ausbruch** *m* εξαγρίωση

zornig θυμωμένος

Zote *f* βρομόλογο

zottig τριχωτός

zu[1] *präp D örtlich*: προς *A*, σε *A*; *zeitlich*: κατά *A*; *oft nur A*; *Zweck*: δια *A*, για *A*; χάρη *G*; ~ ***... hin*** προς το μέρος ...; *Beispiele*: ~ ***Hause*** (στο) σπίτι; ~ ***den Festtagen*** κατά τις γιορτές; ~ ***Tausenden*** κατά χιλιάδες; ~ ***Lande und*** ~ ***Wasser*** κατά ξηρά και θάλασσα; ~ ***Pferde*** καβάλα, έφιππος; ***zum*** [ʊ] ***Scherz*** χάρη αστεϊσμού; ~ ***den Waffen*** στα όπλα; ~ ***meinem Bedauern*** μετά λύπης (μου); ~ ***mir hin*** προς το μέρος μου; *Gott*: ***zu sich nehmen, rufen*** παίρνω, καλώ κοντά μου

zu[2] *adv* πολύ, παραπολύ; ***es ist*** ~ ***kalt*** παρακάνει κρύο; ~ ***viel*** παραπολύ

zu[3] *Verbalartikel vor dem inf* να ...; *K auch* όπως

zu[4] (*geschlossen*) κλειστός

zu'aller'erst πρώτα-πρώτα

zubauen φράσσω, περιτειχίζω

Zubehör ⟨*-ɇs*; *-e*⟩ *n* εξαρτήματα *n/pl*; αξεσουάρ *n*; **~teil** *n* προσάρτημα *n*; *pl* συμπληρωματικά *n/pl*

zubekommen* κατορθώνω να κλείσω; παίρνω έξτρα
Zuber *m* μαστέλο
zubereiten ⟨*-e-*⟩ *z.B. Essen* παρασκευάζω
Zubereitung *f* παρασκευή; **~s-** παρασκευαστικός
zu|binden* δένω; **~bleiben*** ⟨*sn*⟩ μένω κλειστός; **~bringen*** *Zeit* περνώ, διάγω
Zubringerbus *m* λεωφορείο του αεροδρομίου
Zuc'chini ⟨*0*⟩ *f mst pl* κολοκυθάκι
Zucht ⟨*0*⟩ *f* (*Disziplin*) πειθαρχία; ⟨*-; -en*⟩ *von Tieren*: εκτροφή; *BOT* καλλιέργεια
züchten ⟨*-e-*⟩ *ZOOL* εκτρέφω; *BOT Bakterien* καλλιεργώ
Züchter *m ZOOL* εκτροφέας; *BOT* καλλιεργητής
Zucht|haus *n* φυλακή, ειρκτή, δεσμά *n/pl*; **~hengst** *m* επιβήτορας
züchtig σεμνός, αγνός; **~en** κολάζω
Züchtig|keit ⟨*0*⟩ *f* σεμνότητα; **~ung** *f* κολασμός; σωματική ποινή
zuchtlos απειθάρχητος
Zucht|losigkeit ⟨*0*⟩ *f* απειθαρχία; **~mittel** *n* κολαστήριο, όργανο τιμωρίας; **~tier** *n* επιβήτορας
Züchtung *f ZOOL* εκτροφή; *BOT* καλλιέργεια
Zuchtvieh *n* επιβήτορας
zucken σπαρταρώ (-άς), σπαράζω, σφαδάζω; *Blitz*: λαμποκοπώ; **mit den Achseln** (**Schultern**) ~ ανασηκώνω τους ώμους; *subst* σπαρτάρισμα *n*; σφαδασμός
zücken *Dolch* ανασπώ (-άς)
Zucker *m* ζάχαρη; **aus** ~ ζαχαρένιος; **~-** ζαχαρένιος, ζαχαρωτός; **~dose** *f* ζαχαριέρα; **~guss** *m* κρούστα
zucker|ig ζαχαρώδης; **~krank** διαβητικός
Zucker|kranke(r) διαβητικός; **~krankheit** ⟨*0*⟩ *f* διαβήτης, ζάχαρο; **~melone** *f* πεπόνι
zuckern ⟨*-re*⟩ ζαχαρώνω
Zucker|raffinerie *f* ζαχαροποιείο; **~rohr** *n* ζαχαροκάλαμο; **~rohrplantage** *f* φυτεία ζαχαροκαλάμου; **~rübe** *f* ζαχαρότευτλο
zucker'süß ζαχαρωτός; *z.B. Weintrauben*: ... μέλι
Zuckerzange *f* τσιμπίδα για τη ζάχαρη
Zuckung *f* σπαραγμός σύσπαση; (*e-s Sterbenden*) σφαδασμός
zudecken σκεπάζω; καλύπτω; **sich** ~ σκεπάζομαι; **sich gut** ~ κουκουλώνομαι; *subst* σκέπασμα *n*
zu'dem προς τούτοις
zudrehen *Hahn* κλείνω; **j-m den Rücken** ~ γυρίζω σε κπ την ράχη
zudringlich οχληρός, ενοχλητικός, επίμονος
Zudringlichkeit *f* οχληρότητα, ενοχλητικότητα
zudrücken κλείνω; *fig* **ein Auge** ~ παραβλέπω
zueilen ⟨*sn*⟩: **auf j-n** ~ προστρέχω σε
zuerkennen* κατακυρώνω
zu'erst [eː] πρώτα
zufahren* ⟨*sn*⟩: **auf j-n** ~ πλησιάζω κπ; ορμώ (-άς) επάνω σε; (*schneller fahren*) αυξάνω την ταχύτητα
Zufahrt *f* προσέγγιση (**nach** *D*/προς); προσπέλαση; **~s-straße** *f* οδός *f* προσπελάσεως
Zufall *m* σύμπτωση, τύχη; **durch** ~ τυχαία; κατά σύμπτωση
zufallen* ⟨*sn*⟩ λαχαίνω, τυχαίνω (**j-m**/ σε κπ); *Macht*: περιέρχομαι (*D*/σε); *Los*: πέφτω; **mir fallen die Augen zu** κλείνουν τα μάτια μου
zufällig τυχαίος; *adv* τυχαία, κατά τύχη, τυχόν; **~ sein** τυχαίνω, τυγχάνω; **ich war ~ abwesend** έτυχε να απουσιάσω; **~ hatte ich kein ...** έτυχε να μην έχω ...; **wenn sich ~ ... bietet** F άμα λάχει ...; **hast du nicht ~ ... gesehen?** μήπως είδες ...
zufliegen* ⟨*sn*⟩ *Vogel*: πετώ προς *A*; *Kenntnisse*: είμαι ευμαθής
Zuflucht ⟨*0*⟩ *f* προσφυγή (**zu** *D*/σε); *fig* άσυλο; *auch fig* **~ suchen bei** *D*, **seine ~ nehmen zu** καταφεύγω σε; **~nahme** ⟨*0*⟩ *f* κάθοδος *f* (**zu** *D*/σε)
Zufluchts|ort *m* καταφύγιο, άσυλο; **~stätte** *f* → **Zufluchtsort**
Zufluss *m* συρροή
zuflüstern ⟨*-re*⟩ σφυρίζω (**j-m etw**/κτ σε κπ)
zu'folge κατά *A*, συμφώνως προς *A*
zu'frieden ευχαριστημένος (**mit** *D*/με, από); **lass mich ~!** άφησέ με ήσυχο!; **sich ~ geben mit** *D* επαναπαύομαι σε *A*; **~ stellen** *j-n* ευχαριστώ, ικανοποιώ κπ
Zu'friedenheit ⟨*0*⟩ *f* ευχαρίστηση, αυτάρκεια

Zu'friedenstellung ⟨*0*⟩ *f* ικανοποίηση
zu|frieren* ⟨*sn*⟩ παγώνω; **... ist ~gefroren** πάγωσε; **~fügen** προσθέτω; *Schaden usw* προξενώ
Zufuhr *f* προσκόμιση
Zug ⟨*-es*; *⸚e*⟩ *m* BAHN τρένο, συρμός, αμαξοστοιχία; (*Triumph-*) πομπή; (*Luft-*) ρεύμα *n*; *im Ofen*: ελκυσμός; (*Zweig der Schule*) κύκλος; *beim Schach*: κίνηση; (*Tendenz*) ροπή; MIL (*Abteilung*) διμοιρία; *bsd Artillerie*: ουλαμός; (*e-r Waffe*) αυλάκι, ράβδωση; (*Schluck*) γουλιά, τζούρα; (*Charakter-*) χαρακτηριστικό; ***in e-m* ~** (*trinken*) μονορρούφι; ***in den letzten Zügen liegen*** πνέω τα λοίσθια; ***in vollen Zügen*** στα γεμάτα; ***in groben Zügen beschrieben*** αναγράφω ακροθιγώς *oder* σε γεννικές γραμμές; **~ *um* ~** χέρι με χέρι
Zu|gabe *f beim Kauf*: δώρο; επίμετρο; έξτρα ⟨*0*⟩ *n*; **~gang** *m* πρόσβαση (**zu** *D*/σε); *z.B. zum Ufer*: προσπέλαση; (*Vermehrung*) αύξηση; *Haus*: ***~gang haben von*** έχω πρόσβαση από; *fig* ... μου είναι προσιτό
zugänglich *auch fig* προσιτός; (*jovial*) προσηνής, δημοκρατικός; *Text* (*verständlich*) βατός; ***j-m* ~ *machen*** θέτω στη διάθεση *G*
Zugänglichkeit ⟨*0*⟩ *f fig* προσήνεια
Zug|anschluss *m* ανταπόκριση με τρένο; **~begleiter** *m* (*Person*) εισπράκτορας; (*Fahrplan*) οδηγός δρομολογίων
Zugbrücke *f* κινητή γέφυρα
zugeben* (*zufügen*) δίνω έξτρα, επιμετρώ; (*gestehen*) ομολογώ; *Fehler* παραδέχομαι; **zugegeben** σύμφωνα, αναντίρρητα
zu'gegen: ~ *sein* είμαι παρών, παρευρίσκομαι
zugehen* ⟨*sn*⟩ κατευθύνομαι (**auf** *A*/προς *A*); *fig* **auf** (*ein Ereignis*) ~ βαίνω προς *A*; *Zeit*: κινούμαι προς *A*; (*schließen*) κλείνω; (*geschehen*) γίνομαι; ***er geht auf die Vierzig zu*** κοντεύει τα σαράντα
Zugehfrau *f* παραδουλεύτρα
zugehör|en ανήκω (*D*/σε); **~ig** ανήκων
Zügel *m auch fig* ηνίο (*mst pl* ηνία), χαλινάρι, γκέμι; ***die* ~ *fest in der Hand halten*** κρατώ τα ηνία
zugelassen παραδεκτός, επιτρεπτός
zügellos αχαλίνωτος (*bsd fig*)
Zügellosigkeit *f* ασυδοσία
zügeln ⟨*-le*⟩ *auch fig* χαλιναγωγώ; *Kind, Zunge* μαζεύω
Zügelung *f auch fig* χαλάρωση, αποχαλίνωση
zugeordnet: *einander* ~ σύστοιχος
Zugereiste(r) *m* μέτοικος
zugesellen: *sich j-m* ~ συντροφεύω
Zugeständnis ⟨*-ses*; *-se*⟩ *n* παραχώρηση, υποχώρηση
zuge|stehen* παραχωρώ (***j-m etw***/κτ σε κπ); **~tan: *j-m* ~*tan sein*** συμπαθώ, ευνοώ κπ
Zugführer *m* BAHN αμαξοδηγός; MIL διμοιρίτης
zugig: *es ist* ~ κάνει ρεύμα
zügig *allg*, *Verkehr*: ομαλός; απρόσκοπτος; *Kontrolle*: ταχύς, γρήγορος
Zugkraft *f* ελκυστική δύναμη
zu'gleich συνάμα
Zug|luft ⟨*0*⟩ *f* ρεύμα *n* αέρα; **~personal** *n* προσωπικό αμαξοστοιχίας; **~pferd** *n* ίππος ελάσεως; **~pflaster** *n* βιζικάντι
zugreifen* αρπάζω; *bei Tisch*: παίρνω
Zugriffszeit *f* EDV χρόνος προσπέλασης
zu'grunde: ~ *gehen* ρημάζω, χαντακώνομαι; **~ *legen*** θέτω για βάση; **(*j-n*) ~ *richten*** ξεθεμελιώνω; χαντακώνω κπ; ***sich* ~ *richten*** χαντακώνομαι
Zug|schaffner *m* ελεγκτής τρένου; **~telefon** *n* τηλέφωνο τρένου
Zugtier *n* υποζύγιο
zugucken κοιτάζω, παρατηρώ
zu'gunsten σε όφελος *G*
zu'gute: *j-m etw* ~ *halten* δεν καταλογίζω κτ σε κπ; ***j-m* ~ *kommen*** μου βγαίνει σε καλό; ***j-m etw* ~ *kommen lassen*** διαθέτω κτ σε όφελος κάποιου
Zug|verbindung *f* σιδηροδρομική σύνδεση; **~verkehr** *m* σιδηροδρομική συγκοινωνία; **~vogel** *m* αποδημητικό πτηνό
zuhalten* κρατώ κλειστό
Zuhälter *m* προαγωγός, νταβατζής
zuhängen* σκεπάζω με παραπέτασμα
Zu'hause ⟨*-*; *0*⟩ *n* σπιτικό
zu|heilen ⟨*sn*⟩ επουλώνομαι (εντελώς); **~hören** αγροικώ (-άς), βάζω αυτιά
Zuhörer *m* ακροατής; **~schaft** *f* ακροατήριο
zu|jubeln ⟨*-le*⟩ ζητωκραυγάζω (***j-m***/

zukehren 1076

κπ); **~kehren** γυρίζω; **~kleben** *Briefumschlag* βουλλώνω, κολλώ (-άς); **~knöpfen** κουμπώνω; *subst* κούμπωμα *n*; *fig* **~geknöpft** *pers* κουμπωμένος
zukommen* ⟨*sn*⟩ έρχομαι (**auf j-n**/προς *A*); *Recht*, *Ehre*, *Pflicht*: ανήκει (**j-m**/σε); **es kommt j-m zu** μοιάζει σε, πρέπει σε; **j-m etw ~ lassen** παρέχω κτ σε κπ; φιλοδωρώ κπ, φιλεύω
Zukunft ⟨*0*⟩ *f* μέλλον (-οντος) (*auch* GR); **in ~** στο μέλλον
zukünftig μελλοντικός
Zukünftige(r) F μελλόγαμος *m*, *f*
Zulage *f* επίδομα *n*, ειδική παροχή
zulangen παίρνω; **langen Sie bitte zu!** πάρτε παρακαλώ μόνος σας!
zulassen* *z.B. Aufschub* επιδέχομαι; (*dulden*) ανέχομαι; αποδέχομαι; *Schule*: δέχομαι; *Schule usw* **zugelassen werden in** *D* εισάγομαι σε, γίνομαι δεκτός σε; **... sind** (*an der Börse*) **zugelassen** έχουν εισαχθεί
zulässig επιτρεπτός, δεκτός; **in ~en Grenzen** σε επιτρεπτά όρια
Zulassung *f* παραδοχή, εισδοχή; *e-s Schülers*: εισαγωγή (**zu** *D*/σε)
Zulauf ⟨*-ęs*; *0*⟩ *m* συρροή; **~ haben** έχω κόσμο, είμαι πολυσύχναστος
zulaufen* ⟨*sn*⟩: **auf j-n ~** προχωρώ προς *A*, σπεύδω σε; *Hund*: προσφεύγω (**j-m**/προς *A*); **spitz ~** καταλήγω σε μύτη
zulegen προσθέτω; **sich etw ~** προμηθεύομαι κτ
zu'leide: j-m etw ~ tun κάνω σε κπ κακό
zuleiten ⟨*-e-*⟩ TECH παροχετεύω; **j-m etw ~** απευθύνω κτ προς *A*
Zuleitung *f* ELEKTR μεταγωγός
zu'letzt στο τέλος, επί τέλους
zu'liebe: j-m ~ χάρη *G*; **dir ~** για χάρη σου, για το χατίρι σου
Zulieferindustrie *f etwa*: βιομηχανία πρώτων υλών
zum [ʊ] → **zu**; **~ Besseren** προς το καλλίτερο; **~ Schlechteren** προς το χειρότερο
zumachen *v/t* κλείνω; *Hahn* **ordentlich ~** σφίγγω
zu'mal (*da*) *ko* προκειμένου να, μια και
zumauern ⟨*-re*⟩ κλείνω με τοίχο; *Loch* χτίζω
zu'meist ως επί το πλείστον
zumessen* επιμετρώ
zu'mute: mir ist wohl ~ έχω κέφι, είμαι στα κέφια μου; **wie ist Ihnen ~?** πώς παν τα κέφια; **mir ist nicht danach ~** δεν έχω κέφι (διάθεση) για αυτό; **mir ist nicht nach Scherzen ~** δεν έχω όρεξη γι' αστεία
zumuten ⟨*-e-*⟩: **j-m etw ~** περιμένω κτ από; **j-m ~, zu ...** παραφορτώνομαι κπ να ...; **sich** (*D*) **zu viel ~** υπερτιμώ τις δυνάμεις μου
Zumutung *f* παραφόρτωμα *n*, ξεθάρρεμα *n*
zu'nächst πρώτα, στην αρχή; **~ ..., und erst dann** πρώτα ... μετά
zunageln ⟨*-le*⟩ καρφώνω
Zunahme *f* αυγάτισμα *n*, αύξηση
Zuname *m* επώνυμο
zünden ⟨*-e-*⟩ *v/t*, *v/i* ανάβω (*auch fig*); **~d** *fig* εμπρηστικός
Zunder *m* ύσκα, άπτρα
Zünder *m* αναφλεκτήρας, μπουζί ⟨*0*⟩ *n*; **~ anbringen an** *D* (το) εμπυρευματίζω
Zünd|holz *n* σπίρτο; **~hütchen** *n* καψούλι; **~kabel** *n* καλώδιο ανάφλεξης; **~kapsel** *f* εμπύριο; **~kerze** *f* μπουζί, αναφλεκτήρας; **~schloss** *n* διακόπτης ανάφλεξης; **~schlüssel** *m* κλειδί μίζας; **~schnur** *f* θρυαλλίδα, φιτίλι; **~spule** *f* καψούλι *oder* πηνίο αναφλέξεως; **~stoff** *m* εύφλεκτη ύλη; *fig* έναυσμα *n*; δυναμίτιδα; **~ung** *f Auto*: ανάφλεξη; επίκρουση; **~vorrichtung** *f* ανάφλεξη
zunehmen* *allg* αυξάνω, αυγατίζω (**um** *A*/με); (*dicker werden*) παίρνω βάρος, βαραίνω, χονδραίνω; *Mond*: γεμίζω; *subst Mond*: γέμιση; **~d** αύξων (-ουσα, -ον); *adv* (*schlechter usw*) ολοένα
zuneigen: sich (*A*) **e-r S ~** ρέπω, κλείνω, τείνω προς *A*
Zuneigung *f* κλίση, αγάπη (**zu** *D*/για)
Zunft ⟨*-*; *¨e*⟩ *f hist* συντεχνία, συνάφι
zünftig *pers* ρουτινιάρικος; *S* πρεπούμενος, προσήκων
Zunge *f* γλώσσα
züngeln ⟨*-le*⟩ *Flamme*: κυματίζω, τρέμω, γλείφω (**an** *D*/*A*); *Schlange*: σφυρίζω; **~d** *Flamme*: κυματιστός
Zungenspitze *f* άκρη της γλώσσας
Zünglein *n* (*der Waage*) γλώσσα, γλωσσίδι; *fig* **das ~ an der Waage sein** κλίνω την πλάστιγγα
zu'nichte: ~ machen εξουθενώνω; *Versuch* τσακίζω
zunicken νεύω, γνέφω (**j-m**/σε)

Z

zu'nutze: ***sich*** (*D*) ***etw*** ~ ***machen*** βρίσκω ωφέλεια από
zu'oberst απάνω απάνω
zupfen [υ] μαδώ; τραβώ (-άς) (***an*** *D*/από); *MUS* πλήττω δια των δακτύλων
zuprosten [o:] ⟨*-e-*⟩ προπίνω (***j-m***/στην υγεία του); ***sich*** ~ τοκάρω
zuraten* συμβουλεύω κπ να κάνει κτ
zurechn|en ⟨*-e-*⟩ καταλογίζω; **~ungsfähig** καταλογιστός
Zurechnungsfähigkeit ⟨*0*⟩ *f* καταλογισμός
zu'recht|finden*: ***sich*** **~*finden*** ξέρω τα κατατόπια, προσανατολίζομαι; **~gemacht** (*geschminkt*) φκιασιδωμένος; **~kommen*** ⟨*sn*⟩ *kostenmäßig*: τα βγάζω πέρα; *mit e-r S* τα οικονομώ (-άς) από, τα πάω με; **~legen** τακτοποιώ; *Antwort* διαμορφώνω; **~machen** *Zimmer* συγυρίζω; *Bett* στρώνω, φτιάχνω; ***sich*** **~*machen*** (*schminken*) φτιάχνομαι; **~stellen** συγυρίζω; **~weisen*** επιπλήττω, συγυρίζω
Zu'rechtweisung *f* επίπληξη, συνέτιση
zureden ⟨*-e-*⟩ παραινώ (***j-m***/κπ)
Zürich [y] *n* Ζυρίχη
zu|richten ⟨*-e-*⟩ ετοιμάζω, παρασκευάζω; ***j-n übel*** **~*richten*** κακομεταχειρίζομαι; **~riegeln** ⟨*-le*⟩ μανταλώνω; *subst* μαντάλωμα *n*
zürnen: ***j-n wegen e-r S*** (*G*) ~ κρατώ σε κπ κακία για
Zur'schaustellung *f* επίδειξη, επιδειξομανία
zu'rück (ο)πίσω; ***ich bin*** ~ γύρισα
zu'rück- *oft*: πάλι; άνα-, επαν(α)-; ξανα-, μετα-; *auch* αντι-, ανθ-, *z.B.* **~*schimpfen*** ανθυβρίζω
zu'rück|behalten* (κατα)κρατώ (-άς); **~bekommen*** παίρνω πίσω; **~berufen*** μετακαλώ; **~bezahlen** πληρώνω πίσω, επιστρέφω; **~bleiben*** ⟨*sn*⟩ *auch fig j-m gegenüber* απολείπομαι *G*; *z.B. im Laufen* υπολείπομαι (***um*** *A*/κατά *A*); *fig* οπισθοδρομώ; ***in e-r S*** (*D*) ~ καθυστερώ σε; (*allein bleiben*) απομένω; *beim Zug*: μένω πίσω; **~bringen*** φέρω πίσω; ***wieder*** **~*bringen*** επανάγω; **~datieren** προχρονολογώ; **~denken*** ξαναθυμάμαι, ξαναφέρω στο μυαλό μου (***an*** *A*/*A*); **~drängen** παραγκωνίζω
Zu'rückdrängung *f* παραγκωνισμός
zu'rück|erhalten* παίρνω πίσω; **~erstatten** ⟨*-e-*⟩ *Geld* επιστρέφω
Zu'rückerstattung *f* επιστροφή
zu'rück|fahren* γυρίζω, επιστρέφω; **~fallen*** ⟨*sn*⟩ πέφτω πίσω; *JUR* ***an j-n*** περιέρχομαι σε; **~finden*** ξαναβρίσκω το δρόμο; **~fordern** ⟨*-re*⟩ ζητώ πίσω
zu'rückführen: ***etw auf etw*** (*A*) ~ αποδίδω κτ σε; ανάγω κτ σε; ***das ist darauf zurückzuführen*** (***dass ...***) αυτό οφείλεται σε ... (στο ότι ...)
zu'rück|geben* δίνω πίσω, επιστρέφω, γυρίζω (πίσω); **~geblieben** (***geistig***/πνευματικά) καθυστερημένος; **~gehen*** ⟨*sn*⟩ πηγαίνω πίσω; *allg, fig* οπισθοδρομώ; **~*gehen auf*** *A* ανάγομαι σε; *Wetterbericht*: **~*gehende Temperaturen*** η θερμοκρασία θα σημειώσει πτώση
zu'rückgezogen: ~ ***leben*** ζω σε αφάνεια; → ***zurückziehen***
Zu'rückgezogenheit ⟨*0*⟩ *f* αφάνεια; ***in völliger*** ~ σε πλήρη αφάνεια
zu'rück|greifen* *fig* ανατρέχω, προσφεύγω (***auf*** *A*/σε); **~haben*** (***wollen***) θέλω πίσω; **~halten*** παρακρατώ (-άς), συγκρατώ; *Tränen usw* βαστώ (-άς); δεσμεύω; ***sich*** **~*halten*** συγκρατούμαι; *in der Diskussion*: φυλάγομαι; *subst* κράτημα *n*, παρακράτηση; **~haltend** συγκρατημένος
Zu'rückhaltung ⟨*0*⟩ *f* συγκράτηση; επιφύλαξη
zu'rück|kaufen επαναγοράζω; **~kehren** ⟨*sn*⟩ γυρίζω πίσω, επιστρέφω; **~kommen*** ⟨*sn*⟩ επανέρχομαι (*auch* ***auf*** *ein Thema*/σε; επί *G*); **~lassen*** καταλείπω, αφήνω πίσω; **~legen** *Geld* αποθέτω; *Buch* αφήνω; *Weg* διανύω; *km pro Stunde auch* κάνω; **~gelegt** *Geld*: απόθετος; *Weg*: διανυόμενος; **~lehnen** ακουμπώ (-άς) πίσω; **~nehmen*** παίρνω πίσω; αναιρώ (*z.B. Beschuldigung*); *fig* ***es*** (*Gesagtes*) **~*nehmen*** τα στρίβω; **~prallen** ⟨*sn*⟩ αναπηδώ (-άς); *fig* διστάζω (***vor*** *D*/προ *G*); **~rücken** κάνω πίσω; **~rufen*** *Abgesandten* καλώ πίσω; ανακαλώ; *TEL* ξαναπαίρνω στο τηλέφωνο; ***sich*** (*D*) ***etw ins Gedächtnis*** **~*rufen*** επαναφέρω κτ στη μνήμη μου; **~schlagen*** *Angriff* αποκρούω; *subst* απόκρουση; **~schrauben** *fig* κάνω αβαρία (*A*/σε); **~schrecken** *v/t* εκφοβίζω; *v/i* ⟨*; *sn*⟩

Z

zurücksenden 1078

προγκίζω; *fig* διστάζω (**vor** *D*/προ *G*); **vor nichts ~schrecken** δεν διστάζω μπροστά σε τίποτα

zu'rück|senden* επιστρέφω; **~zusenden(d)** επιστρεπτέος; **~setzen** ⟨*-t*⟩ βάζω πίσω; *fig* **j-n** αδικώ κπ; **~stehen***: *fig* **hinter j-m ~stehen** είμαι υποδεέστερος του; **~stellen** βάζω πίσω; (*aufschieben*) αναβάλλω; **~stoßen*** σπρώχνω; **~treten*** ⟨*sn*⟩ *von e-r Mission*: καταθέτω *A*; *von e-m Vertrag*: υπαναχωρώ, αποχωρώ από; *Regierung*: παραιτούμαι; **~versetzen** ⟨*-t*⟩ *in die Vergangenheit*: μεταφέρω σε; **~weichen*** ⟨*sn*⟩ οπισθοδρομώ, υποχωρώ; MIL συμπτύσσομαι; **~weichend** οπισθοδρομικός; **~weisen*** *Entwurf* καταψηφίζω; *Vorschlag* αποκρούω; *Forderung* απορρίπτω

Zu'rückweisung *f* καταψήφιση; απόρριψη, απόκρουση

zu'rück|werfen* ρίχνω πίσω; *Strahlen* αντανακλώ (-άς); **~wollen*** θέλω να γυρίσω

zu'rückzahlen πληρώνω πίσω; *fig* **es j-m mit gleicher Münze ~** πληρώνω κπ με το ίδιο νόμισμα

zu'rückziehen* *Antrag, Truppen* αποσύρω; **sich ~** MIL υποσύρομαι; **sich ~ von** *D*, **aus** *D* αποτραβιέμαι από

Zuruf *m* κλήση; (*Beifall*) επευφημία; **durch ~** δια βοής

zurufen* φωνάζω (**j-m etw**/κτ σε κπ)

zur'zeit προς το παρόν, αυτήν τη στιγμή

Zusage *f* αποδοχή; υπόσχεση; *schriftlich*: υποσχετικό

zusagen *z.B. zu kommen*: υπόσχομαι; *Einladung*: δέχομαι; (*gefallen*) αρέσω; **das sagt mir zu** αυτό μου κάνει

zu'sammen μαζί, ομού, συνάμα; **~ sein** συνευρίσκομαι

zu'sammen- *Präfix oft*: συν-

Zu'sammenarbeit *f* συνεργασία

zu'sammen|arbeiten ⟨*-e-*⟩ συνεργάζομαι; **~ballen** συσφαιρώνω; **sich ~ballen** συμπυκνώνομαι

Zu'sammenbau ⟨*-¢s; -e*⟩ *m* πήξη

zu'sammen|beißen*: *fig* **die Zähne ~beißen** σφίγγω τα δόντια; **~binden*** συνάπτω; **~bleiben*** ⟨*sn*⟩ μένω μαζί; **~brechen*** ⟨*sn*⟩ σωριάζομαι, καταρρέω; HDL, *Verkehr*: παραλύω; **~bringen*** φέρνω σ' επαφή; μαζεύω

Zu'sammenbruch *m* κατάρρευση; κραχ ⟨*0*⟩ *n*

zu'sammendrängen στριμώχνω

Zu'sammendrängung *f* στρίμωγμα *n*

zu'sammen|drehen συστρέφω; **~drückbar** πιεστός; **~drücken** περισφίγγω; **~fahren*** ⟨*sn*⟩ *Wagen*: συγκρούομαι; *fig vor Schreck*: ξαφνιάζομαι, ανασκιρτώ (**bei** *D*/σε); **~fallen*** ⟨*sn*⟩ γκρεμίζομαι; *körperlich*: καταβάλλομαι (**durch** *A*/από); → **zusammenstürzen**; συγχρονίζω (**mit** *D*/*A*), συμπίπτω (με *A*); **~falten** ⟨*-e-*⟩ συμπτύσσω; *subst* σύμπτυξη; **~fassen** ⟨*-t*⟩ ανακεφαλαιώνω; **~fassend** ανακεφαλαιωτικός; *adv* περιληπτικά

Zu'sammenfassung *f* ανακεφαλαίωση

zu'sammenfinden*: **sich ~** συναντώμαι; **sich in dem Bemühen ~, zu** συμμετέχω στην προσπάθεια να

zu'sammenfließen* ⟨*sn*⟩ συρρέω

Zu'sammenfluss *m* συμβολή, συρροή

zu'sammenfügen συναρμόζω

Zu'sammenfügung *f* συναρμογή

zu'sammen|führen ενώνω; **~gedrängt** στριμωχτός; **~gefallen** *körperlich*: καταβεβλημένος; **~gehen*** ⟨*sn*⟩ *auch fig* συμβαδίζω (**mit** *D*/με); **~gehören** ταιριάζω; ανήκω στην ίδια οικογένεια (ομάδα); κάνω παρέα; **~gerollt** κουλουριαστός; **~gesetzt** σύνθετος; GR *Zeiten*: περιφραστικός; **~gewachsen** σύμφυτος, συμφυής; **~gezogen** GR συνηρημένος

Zu'sammenhalt *m* συγκράτηση, συνοχή; αλληλεγγύη

zu'sammenhalten* *v/t* συγκρατώ; *fig v/i* συνασπίζομαι; **~d** συνεκτικός

Zu'sammenhang *m* συνάφεια, σχέση; (**der**) **innere ~** αλληλεξάρτηση; **in diesem ~** σχετικά; *Worte*: **keinen ~ haben** δεν έχουν καμμιά σειρά αυτά που λέει; **im ~ stehend mit** *D* συναφής με; **in ~ bringen mit** *D* συσχετίζω

zu'sammenhängen* σχετίζομαι; **~d** σχετικός, συναφής (**mit** *D*/με)

zu'sammenhanglos *Worte usw* ασυνάρτητος, ξεκάρφωτος; **~es Zeug** αλλ' αντ' άλλων *n*/*pl*

Zu'sammen|hanglosigkeit ⟨*0*⟩ *f* ασυναρτησία; **~klang** *m* συνήχηση

zu'sammenklapp|bar *z.B. Bett*: αναδιπλούμενος, πτυσσόμενος; **~en** *Schirm usw* συμπτύσσω; *fig v/i* ⟨*sn*⟩ (*schlappmachen*) σωριάζομαι

Z

zu'sammen|kommen* ⟨*sn*⟩ συνέρχομαι, σμίγω; ***wieder ~kommen*** ξανασμίγω; **~krampfen: *sich ~krampfen*** σφίγγομαι
Zu'sammenkunft ⟨-; ⸚e⟩ *f* συνάντηση
zu'sammen|laufen* ⟨*sn*⟩ συντρέχω; συναθροίζομαι; *subst* συνάθροιση; **~leben** συμβιώ; *ohne Heirat*: συνοικώ; *subst* συμβίωση; συνοίκηση; **~legen** πτύσσω; *Firmen* ενοποιώ, συγχωνεύω; *Geld* βάζω ρεφενέ, ρεφενίζω
Zu'sammenlegung *f* HDL συγχώνευση, ενοποίηση
zu'sammen|leimen συγκολλώ (-άς); *subst* συγκόλληση; **~lesen*** συμμαζεύω; **~nähen** συρράπτω
zu'sammennehmen*: ***sich ~*** (συμ)μαζεύομαι
zu'sammen|nieten ⟨*-e-*⟩ γομφώ; **~packen** μαζεύω; **~passen** ⟨*-t*⟩ *v/t* ταιριάζω; *subst* ταίριασμα *n*; **~pressen** ⟨*-t*⟩ στριμώχνω, (συμ)πιέζω; **~rechnen** ⟨*-e-*⟩ προσμετρώ (-άς) (**zu** *D*/σε)
zu'sammenreimen: *sich* (*D*) ***etw ~*** μπαίνω στο νόημα
zu'sammen|rollen κολουριάζω, συσπειρώνω; ***sich ~rollen*** κουλουριάζομαι, διπλώνομαι, ελίσσομαι; **~rotten** ⟨*-e-*⟩: ***sich ~rotten*** συναθροίζομαι; **~rücken** πυκνώνω; *auch im Bus* σφίγγομαι; **~rufen*** συγκαλώ; **~schlagen*** *v/t* συγκρούω; **~schließen***: ***sich ~schließen*** HDL συνεταιρίζομαι; *allg* οργανώνομαι (**zu** *D*/σε)
Zu'sammenschluss *m* συσπείρωση
zu'sammen|schmelzen* ⟨*sn*⟩ *v/i* λιγοστεύω; **~schrumpfen** ⟨*sn*⟩ *pers* σταφιδιάζω; *allg* λιγοστεύω; **~setzen** ⟨*-t*⟩ συνθέτω, εναρμόζω; ***sich ~setzen aus*** *D* αποτελούμαι από
Zu'sammen|setzung *f* σύσταση, *z.B. e-s Ausschusses* (*auch* GR); σύνθεση; *Struktur, des Personals*: συγκρότηση; **~spiel** ⟨*-e̸s; 0*⟩ *n* συναρμογή
zu'sammen|stehen* στέκομαι μαζί; *fig* συνασπίζομαι; **~stellen** συνθέτω; ***neu ~stellen*** ανασυντάσσω
Zu'sammen|stellung *f* σύνθεση; **~stoß** *m* σύγκρουση, τρακάρισμα *n*
zu'sammen|stoßen* ⟨*sn*⟩ συγκρούομαι, τρακάρω; **~strömen** ⟨*sn*⟩ συρρέω (*auch fig*); *subst* συρροή; **~stürzen** ⟨*-t; sn*⟩ βουλιάζω, γκρεμίζομαι; **~suchen** περισυλλέγω; **~treffen*** ⟨*sn*⟩ συνευρίσκομαι, σμίγω (***mit j-m***/με κπ); *zeitlich*: συμπίπτω; *subst* σμίξιμο (-ατος); συνάντηση, σύμπτωση (*von Umständen*); JUR συρροή; **~treten*** ⟨*sn*⟩ (*tagen*) συνεδριάζω; *Parlament*: συνέρχομαι; **~tun***: ***sich ~tun*** συντροφεύω; **~wachsen*** ⟨*sn*⟩ συμφύομαι; *subst* σύμφυση; **~wirken** συμπράττω; **~wohnen** συγκατοικώ; **~zählen** κάνω σούμα; **~ziehen*** *v/t* συστέλλω, συσπώ (-άς); *auch* GR συναιρώ; *Truppen* συνάγω, συγκεντρώνω; **~ziehend** συσταλτικός
Zu'sammenziehung *f* συστολή; GR συναίρεση; MIL συγκέντρωση
Zusatz *m* προσθήκη, συμπλήρωμα *n*; CHEM πρόσμιξη
zusätzlich επιπρόσθετος
zuschauen κοιτάζω, θεώμαι
Zuschauer *m* θεατής; **~raum** *m* αίθουσα θεάτρου
zu|schicken στέλνω; **~schieben*** κλείνω; ωθώ (***j-m***/προς *A*); *fig etw Unangenehmes* καταλογίζω κτ σε κπ; *Eid* επάγω; **~schießen*** *v/t* επιμετρώ (-άς)
Zuschlag *m* επαύξηση, πρόσθετο κόστος *n*
zu|schlagen* *Tür* κλείνω παταγωδώς; (*Auktion*) κατακυρώνω; *Schicksal*: χτυπώ (-άς); *Betrag, Jahre* προσμετρώ (-άς) (**zu** *D*/σε); **~schlagpflichtig** υποκείμενος σε πρόσθετη πληρωμή; **~schließen*** κλείνω, κλειδώνω; **~schneiden*** *Kleid* κόβω, κόπτω; *subst* κόψιμο (-ατος); **~schnüren** σφίγγω; **~schrauben** βιδώνω; **~schreiben*** αποδίδω (*A* – *D*/το σε)
Zuschrift *f* επιστολή
zu'schulden: *sich* (*D*) ***etw ~ kommen lassen*** γίνομαι ένοχος (για *oder G*)
Zuschuss *m* επιχορήγηση; επίδομα *n*; ***e-n monatlichen ~ für** A **geben*** επιχορηγώ μηνιαίως; **~betrieb** *m* προβληματική επιχείρηση
zuschütten ⟨*-e-*⟩ αναχωματίζω
Zuschüttung *f* αναχωμάτιση
zusehen* κοιτάζω, θεώμαι; βλέπω; **~ds** καταφανώς
zu|senden* αποστέλλω, στέλνω (***j-m etw***/κτ σε κπ); **~setzen** ⟨*-t*⟩ *Geld* ξαναδίνω, θυσιάζω; ***j-m ~setzen*** κόβω, (*hart*) ξεθεώνω; ***j-m*** (*mit Bitten*) ***~setzen, zu ...*** παραφορτώνομαι κπ

Z

zusichern 1080

να; **~sichern** ⟨*-re*⟩ εξασφαλίζω (**j-m etw**/κτ σε κπ)
Zusicherung *f* κατοχύρωση
Zuspiel ⟨*-ęs*; *0*⟩ *n Sport*: πάσα
zu|spielen πασάρω (**j-m etw**/κτ σε κπ); **~spitzen** ⟨*-t*⟩: ***sich ~spitzen*** *Lage*: επιδεινώνομαι, επιβαρύνομαι
Zuspitzung *f* επιβάρυνση, επιδείνωση
zusprechen*: *Betrag* ~ επιδικάζω; ***j-m Trost*** ~ παρηγορώ; ***j-m Mut*** ~ ενθαρρύνω
Zuspruch ⟨*-ęs*; *0*⟩ *m* εμψύχωση; ~ ***finden*** *Artikel*, *Buch usw* έχω πέραση (**bei**/σε); *Geschäft*: είμαι κοσμοσύχναστος
Zustand *m allg* κατάσταση; (*schlechter*) κατάντημα *n*; ***was sind das für Zustände*** τι χάλια είναι αυτά!
zu'stande: ~ ***bringen*** *A* φέρνω σε πέρας *A*; ~ ***kommen*** γίνεται, τελεσφορώ
zuständig αρμόδιος (**für** *A*/προς *A*, επί *G*)
Zuständigkeit *f* αρμοδιότητα
zu'statten: ***j-m*** ~ ***kommen*** μου καλόρχεται, θα βγει σε καλό
zu|stecken: ***j-m etw ~stecken*** περνώ (-άς) κρυφά κτ σε κπ; **~stehen*** *j-m* αρμόζει σε κπ (να); αντιστοιχεί προς *A*; **~steigen*** επιβιβάζομαι, ανεβαίνω κατά τη διαδρομή
zustell|bar: (*Post*) ***nicht ~bar*** παραλήπτης άγνωστος; **~en** επιδίδω; *JUR* κοινοποιώ
Zustellung *f JUR* κοινοποίηση; *Post*: διανομή
zu|steuern ⟨*-re*⟩ βάζω πλώρη (**auf** *A*/για); **~stimmen** επινεύω (*D*/σε), επιδοκιμάζω (**j-m**/κπ)
Zustimmung *f* επιδοκιμασία, συγκατάθεση (**zu** *D*/για)
zu|stopfen στουπώνω; **~stöpseln** ⟨*-le*⟩ ταπώνω, στουπώνω; **~stoßen*** ⟨*sn*⟩ συμβαίνω (**j-m**/σε κπ); **~stürzen** ⟨*-t*⟩: ***auf j-n ~stürzen*** ρίχνομαι πάνω σε κπ
Zutaten *f*/*pl* συστατικά *n*/*pl*; υλικά *n*/*pl*; *Kochbuch*: αναλογία
zu'teil: ***j-m*** ~ ***werden*** *Ehre usw* απονέμομαι σε
zuteilen χωρίζω (**j-m etw**/κτ από κπ), απονέμω; ***j-n*** ~ ***zu*** *D* συγκατατάσσω κπ σε, προσκολλώ (-άς) σε
Zuteil|er *m* χορηγητής; **~ung** *f* χορήγηση; απονομή; *MIL* προσκόλληση (**zu** *D*/σε)
zu'tiefst *bedauern* τα μέγιστα
zutragen* *v*/*t* φέρω; *Nachrichten* μεταδίδω (**j-m**/σε κπ); ***sich*** ~ παρεμβάλλομαι, γίνομαι
Zuträger *m* πληροφοριοδότης
zu|träglich ωφέλιμος; *Speise*: εύπεπτος; **~trauen:** ***j-m etw ~trauen*** θεωρώ κπ ικανό για; *subst* εμπιστοσύνη (**zu** *D*/σε); **~traulich** ευήθης
Zutraulichkeit *f* ευήθεια
zu|treffen* ανταποκρίνομαι (**auf** *A*/σε *A*); αληθεύω; **~treffend** σωστός; ενδεδειγμένος; **~trinken*** προπίνω
Zutritt ⟨*-ęs*; *0*⟩ *m* είσοδος *f*; ***freien*** ~ ***haben zu*** *D* έχω ελευθέρα είσοδο σε
zutun* προσθέτω; *Zucker usw* βάζω; ***kein Auge*** ~ δεν κλείνω μάτι; ***ohne mein Zutun*** χωρίς τη σύμπραξή μου
zuverlässig *Mensch*: θετικός, αξιόπιστος (*auch Quelle*); *S* αψευδής
Zuver|lässigkeit ⟨*0*⟩ *f* αξιοπιστία; εγκυρότητα; αυθεντικότητα; **~sicht** ⟨*0*⟩ *f* αισιοδοξία
zuversichtlich εύελπις (-ι), αισιόδοξος; ~ ***sein*** ευελπιστώ (***hinsichtlich*** *G*/σε)
zu'vor πριν, προηγουμένως
zu'vorkommen* ⟨*sn*⟩ προκαταλαμβάνω (**j-m**/κπ); **~d** φιλοφρονητικός; ***~d sein*** φιλοφρονώ
Zu'vorkommenheit *f* φιλοφροσύνη
Zuwachs [-ks] ⟨*-es*; *0*⟩ *m* αύξηση
zuwachsen* ⟨*sn*⟩ *Wunde*: επουλώνομαι
Zuwachsrate *f HDL* ρυθμός αυξήσεως
Zuwanderer *m* μετανάστης
zuwandern ⟨*-re*; *sn*⟩ μεταναστεύω; συρρέω
zu'wege: ~ ***bringen*** ευοδώνω
zu'weilen καμμιά φορά, ενίοτε
zu|weisen* απονέμω (**j-m etw**/κτ σε κπ); *Arbeit* δίνω, προμηθεύω; **~wenden*** ⟨*mst -e-*⟩ *Geld* χορηγώ; *Aufmerksamkeit* στρέφω (***den Rücken*** τα νώτα); ***sich ~wenden*** *D* στρέφομαι (***mir*** προς το μέρος μου); *fig* → ***widmen***; επιδίδομαι σε
Zuwendung *f* χορηγία; *JUR* ***unentgeltliche*** ~ διάταξη χαριστική αιτία
zuwerfen* ρίχνω (**j-m etw**/κτ σε κπ); *Tür* κλείνω ορμητικά
zu'wider *D* εναντίον σε, παρά *A*; ***... ist mir*** ~ (το) αποστρέφομαι; **~handeln** ⟨*-le*⟩ παραβαίνω (*D*/*A*)

Z

1081 **zweisilbig**

Zu'widerhand|elnde(r) παραβάτης; **~lung** *f* παράβαση
zu'widerlaufen* ⟨*sn*⟩ *D unpers* μου πάει κόντρα
zu|winken γνέφω (**j-m**/σε); **~zahlen** πληρώνω πρόσθετα; **~ziehen*** *Vorhang* κλείνω; *Knoten* σφίγγω; → ***hinzuziehen***; *v/i* ⟨*sn*⟩ συρρέω; ***sich*** (*D*) ***e-e Krankheit, e-n Schnupfen ~ziehen*** παθαίνω αρρώστια, συνάχι
Zuzug *m in e-e Stadt*: συρροή; εγκατάσταση
zu|züglich *G* συν, πλέον *N*; **~zwinkern** ⟨*-re*⟩ κλείνω *oder* πατώ το μάτι σε κπ
zwang → ***zwingen***
Zwang ⟨*-ɇs*; *¨e*⟩ *m* εξαναγκασμός
zwängen σφίγγω, πιέζω
zwanglos *in der Gesellschaft*: ... χωρίς διατυπώσεις
Zwangs|- εξαναγκαστικός; **~anleihe** *f* αναγκαστικό δάνειο; **~arbeit** *f* καταναγκαστική εργασία; **~ernährung** *f* αναγκαστική διατροφή; **~jacke** *f* ζουρλομανδύας; **~lage** *f* δίλημμα *n*
zwangsläufig αναγκαίος; κατ' ανάγκη
Zwangs|maßnahme *f* αναγκαστικό μέτρο; **~umtausch** *m* → ***Pflichtumtausch***; **~versteigerung** *f* αναγκαστικός πλειστηριασμός; **~verwalter** *m* μεσεγγυούχος; **~verwaltung** *f* μεσεγγύηση; **~vollstreckung** *f* αναγκαστική εκτέλεση; **~vorstellung** *f PSYCH* ιδεοληψία
zwanzig είκοσι (20; κ'); **~-** *oft*: εικοσα-; **~jährig** εικοσάχρονος, εικοσαετής; **~mal** εικοσάκις, είκοσι φορές; **~ste(r)** εικοστός; **~tausend** είκοσι χιλιάδες (20000; ,κ)
zwar: ***und ~*** και μάλιστα; ***und ~ deswegen*** και να γιατί; ***und ~ so*** και να πώς; ***und ~ auch all jene, die ...*** ακόμη και εκείνοι, που ...; ***~ ..., aber*** ... μεν ..., αλλά (*oder* όμως)
Zweck ⟨*-ɇs*; *-e*⟩ *m* σκοπός; ***zum ~ haben*** έχει ως προορισμό; ***es hat keinen ~*** δεν έχει κανένα νόημα (**zu**/να)
zweckdienlich πρακτικός, σκόπιμος
Zwecke *f* πινέζα, πρόκα
zweck|entsprechend σκόπιμος; **~los** άσκοπος; **~mäßig** σκόπιμος
Zweckmäßigkeit ⟨*0*⟩ *f* σκοπιμότητα, λειτουργικότητα
zwecks *präp G, mst* ***~ ...ung*** με σκοπό (να ...)
zwei δύο, δυο; ***zu ~en*** δύο-δύο, ζυγά-ζυγά
Zwei *f* δύο, δυάρι
zwei|aktig δίπρακτος; **~bändig** δίτομος; **~beinig** δίπους (-ουν)
Zweibett|- δίκλινος; **~kabine** *f* δίκλινη καμπίνα; **~zimmer** *n* δίκλινο δωμάτιο
zweideutig (*auch unklar*) δισήμαντος, διφορούμενος; ***~ sein*** επαμφοτερίζω
Zweideutigkeit *f* επαμφοτερισμός
zweidimensional δισδιάστατος
Zweier- (*-System*) δυαδικός
zwei|erlei δύο ειδών; **~fach** διπλός, διττός; ***~facher Art*** διφυής; **~farbig** δίχρωμος
Zweifel *m* αμφιβολία; ***im ~ sein über*** *A* αμφιβάλλω για
zweifel|haft αμφίβολος; *Gerücht*: αδέσποτος; **~los** αναμφίβολος, αναμφισβήτητος; **~n** ⟨*-le*⟩ αμφιβάλλω (**an** *D*/για); **~s'ohne** χωρίς αμφιβολία
Zweifler *m* σκεπτικιστής
Zwei'frontenkrieg *m* διμέτωπος πόλεμος; *HDL* διμέτωπος αγώνας
Zweig ⟨*-ɇs*; *-e*⟩ *m auch fig* κλάδος, κλαδί, κλαρί, *auch fig* παρακλάδι; *Schule*: κύκλος, *z.B.* ***wirtschaftliche(r) ~*** οικονομικός κύκλος
zwei|gleisig *BAHN* με δύο τροχιές; *fig* F δίμουρος; **~gliedrig** διμελής
Zweigstelle *f* υποκατάστημα *n*, παράρτημα *n*; **~n-leiter(in** *f*) *m* προϊστάμενος (-μένη *f*) υποκαταστήματος
zweihundert διακόσιοι (200; σ'); (***etwa***) ***~*** διακοσαριά; ***~mal so groß, so viel*** διακοσιαπλάσιος; **~st-** διακοσιοστός
zweijährig δίχρονος, διετής
Zwei|kampf *m* μονομαχία; **~'klassen-** διτάξιος
zwei|köpfig δικέφαλος (*Adler*); διμελής; **~mal** δις, δυο φορές
Zweimaster *m* δικάταρτο
zweimonat|ig διμηνιαίος; **~lich** διμηνιαίος
Zwei'monats- *Zeitschrift*: διμηνιαίος
zweimotorig δικινητήριος
Zweirad *n* ποδήλατο
zwei|rädrig δίτροχος; **~reihig** *Jackett*: σταυρωτός, κρουαζέ ⟨*0*⟩
zweischneidig δίκοπος; *fig* ***ein ~es Schwert*** δίκοπο μαχαίρι
zwei|seitig διμερής; **~silbig** δισύλλαβος

Z

Zweisitzer *m* διθέσιο
zwei|sitzig διθέσιος; **~sprachig** δίγλωσσος; **~stellig** *Zahl*: διψήφιος; **~stimmig** δίφωνος; **~stöckig** διώροφος, δίπατος; **~stündig** δίωρος
zweit: ***zu ~*** δύο-δύο, ανά δύο
zweitägig διήμερος
Zweitaktmotor *m* δίχρονος κινητήρας
zweitausend δύο χιλιάδες
zweiteilig διμερής
zweit|ens δεύτερο; **~e(r)** δεύτερος; ***der ~e September*** η δευτέρα Σεπτεμβρίου; *Student usw* ***im ~en Jahr*** δευτεροετής
zweitrangig δευτερεύων; ***von ~er Bedeutung*** δευτερευούσης σημασίας
zwei|türig δίπορτος; **~wöchig** δεκαπενθήμερος
Zweizeiler *m* δίστιχο
zweizeilig δίστιχος
Zwerchfell *n* διάφραγμα *n* (του θώρακα)
zwerchfellerschütternd *Lachen*: σπαρταριστός
Zwerg ⟨*-ęs*; *-e*⟩ *m* νάνος; **~eiche** *f* πουρνάρι
zwergenhaft πυγμαίος
Zwetschge *f* δαμάσκηνο
Zwickel *m* (*Hosen-*) μπάλωμα *n*, (τριγωνική) τσόντα
zwicken τσιμπώ (-άς)
Zwieback ⟨*-ęs*; *¨e*⟩ *m* παξιμάδι, διπυρίτης
Zwiebel *f* κρεμμύδι; (*Knolle*) βολβός; **~geruch** *m* κρεμμυδίλα
Zwie|gespräch *n* διάλογος; **~laut** *m* δίφθογγος *f*; **~licht** ⟨*-ęs*; *0*⟩ *n* σκιόφως (-ωτος) *n*, λυκόφως (-ωτος) *n*
zwielichtig διπλοπρόσωπος
Zwie|spalt ⟨*-ęs*; *0*⟩ *m* διαφωνία; **~tracht** ⟨*0*⟩ *f* διχόνοια, διάσταση; ***~tracht säen*** βάζω φιτιλιά
Zwilling ⟨*-s*; *-e*⟩ *m* δίδυμος; *ASTR* ***die ~e*** οι Δίδυμοι
Zwillings|bruder *m* δίδυμος αδελφός; **~schwester** *f* δίδυμη αδελφή
Zwinge *f* σφιχτήρας
zwingen* (εκ)βιάζω (να); αναγκάζω (να); ***j-n ~ zu*** *D* επιβάλλω σε κπ κάτι; *zu Ausgaben*: υποβάλλω κπ σε; **~d** δεσμευτικός; υποχρεωτικός (*adv -ά*)
zwinkern ⟨*-re*⟩ ανοιγοκλείνω τα μάτια
zwirbeln ⟨*-le*⟩ *Schnurrbart* στρίβω
Zwirn ⟨*-ęs*; *-e*⟩ *m* κλωστή, νήμα *n*
Zwirnsfaden *m* κλωστή

zwischen *präp* (*wo? D*; *wohin? A*) ανάμεσα σε, μεταξύ *G*
zwischen- (εν)διάμεσος, μεταξύ ...; προσωρινός; μετα-
Zwischen|akt *m* διάλειμμα *n*; **~aufenthalt** *m* ενδιάμεση στάση; **~bemerkung** *f* παρέμβαση; **~bescheid** *m* προσωρινή απόφαση; **~deck** *n* μεσαίο κατάστρωμα *n*
zwischen'durch *Ort*: μέσα από (αυτούς); *Zeit*: εν τω μεταξύ; (*manchmal*) κάπου κάπου; *Essen*: μεταξύ των γευμάτων; (για) το τσίμπημα
Zwischen|erzeugnis *n* ενδιάμεσο προϊόν; **~fall** *m* επεισόδιο, παρεμβολή; απευκταίο; **~frage** *f* εμβόλιμη ερώτηση; **~handel** *m* διαμετακομιστικό *oder* μεσολαβητικό εμπόριο; **~händler** *m* πράκτορας εμπορικός; **~landung** *f* ενδιάμεση προσγείωση; **~lösung** *f* προσωρινή λύση; **~mahlzeit** *f* κολατσιό
zwischenmenschlich ... μεταξύ των ανθρώπων
Zwischen|produkt *n* ημικατεργασμένο προϊόν; **~raum** *m* διάστιχο; **~ruf** *m* διακοπή, κραυγή
zwischenschalten ⟨*-e-*⟩ *ELEKTR* παρεμβάλλω
Zwischenspiel *n* διάμεσο, ιντερμέτσο; *fig* επεισόδιο
zwischenstaatlich διεθνής
Zwischen|stecker *m ELEKTR* πολύμπριζο; **~wand** *f* μεσότοιχο, διάφραγμα *n*; **~zeit** *f* (ο) μεταξύ χρόνος; ***in der ~zeit*** στο μεταξύ
Zwist ⟨*-es*; *-e*⟩ *m*, **~igkeit** *f* διαφορά
zwitschern [ɪ] ⟨*-re*⟩ τερετίζω, κελαϊδώ (-άς); *subst* τερέτισμα *n*
Zwitter *m* ερμαφρόδιτος, αρσενικοθήλυκος
zwölf δώδεκα; ***etwa ~*** καμιά δωδεκαριά; ***die Zwölf*** το δώδεκα
Zwölf'fingerdarm *m* δωδεκαδάκτυλο
zwölf|jährig δωδεκάχρονος, δωδεκαετής; **~mal** δωδεκάκις; **~stündig** δωδεκάωρος
Zwölftel *n* δωδεκατημόριο, δωδέκατο
zwölft|ens δωδέκατο; **~e(r)** δωδέκατος
Zy'an ⟨*-s*; *0*⟩ *n* κυάνιο; **~'kali** *n* κυανιούχο κάλιο
Zy'kladen *pl* Κυκλάδες *f/pl*
zyklisch κυκλικός

1083 **Zytologie**

Zy'klop ⟨*-en*⟩ *m* Κύκλωπας
zy'klopisch κυκλώπειος
Zyklus ⟨-; *-len*⟩ *m auch* TECH κύκλος
Zy'linder *m* κύλινδρος; **~-** κυλινδρικός; **~hut** *m* ημίψηλο, κλακ ⟨*0*⟩ *n*
zy'lindrisch κυλινδρικός
Zyniker *m* κυνικός
zynisch κυνικός
Zy'nismus ⟨-; *0*⟩ *m* κυνισμός
Zypern *n* Κύπρος *f*; **~frage** ⟨*0*⟩ *f* κυπριακό
Zy'presse *f* κυπαρίσσι
Zy'pressen|- κυπαρισσένιος; **~hain** *m* κυπαρισσώνας; **~holz** *n*: ***aus ~holz*** κυπαρισσένιος
zypri'otisch → ***zyprisch***
zyprisch κυπριακός, κύπριος
Zyst|e *f* MED κύστη; **~itis** [-'ti:-] ⟨*0*⟩ *f* κυστίτιδα
Zytolo'gie ⟨*0*⟩ *f* κυτταρολογία

Z

Deutsche Abkürzungen
Γερμανικές συντομογραφίες

AA Auswärtiges Amt Υπουργείο των Εξωτερικών.
Abb. Abbildung εικόνα; σχήμα (Σχ.).
Abf. Abfahrt αναχώρηση (αν.).
Abk. Abkürzung συντομογραφία.
Abs. Absatz εδάφιο; (άλλη) παράγραφος; Absender αποστολέας.
Abschn. Abschnitt απόσπασμα; κουπόνι.
Abt. Abteilung τμήμα (τ.).
a. D. außer Dienst εν αποστρατεία (ε. α.); an der Donau στο Δούναβη.
A. D. Anno Domini εν έτει Κυρίου.
ADAC [aːdeːˀaːˈtseː] Allgemeiner Deutscher Automobil-Club Γενική Γερμανική Λέσχη Αυτοκινήτου.
Adr. Adresse διεύθυνση (διεύθ.).
AG Aktiengesellschaft ανώνυμη εταιρία (Α. Ε.).
allg. allgemein γενικός.
amtl. amtlich επίσημος.
Ank. Ankunft άφιξη (αφ.).
Anm. Anmerkung σημείωση (σημ.).
AOK [ˀaːoːˈkaː] *f* Allgemeine Ortskrankenkasse Γενικό Τοπικό Ασφαλιστικό Ταμείο.
ao. Prof., a.o. Prof. außerordentlicher Professor έκτακτος καθηγητής (πανεπιστημίου).
App. Apparat μηχανή; τηλέφωνο (τηλ.).
ARD [aːˀɛʀˈdeː] Arbeitsgemeinschaft der öffentlich-rechtlichen Rundfunkanstalten der Bundesrepublik Deutschland Κοινοπραξία των Δημοσίων Ραδιοφωνικών Ιδρυμάτων της Ομοσπονδιακής Δημοκρατίας της Γερμανίας.
a. Rh. am Rhein επί του Ρήνου.
Art. Artikel άρθρο (αρθρ.); παράγραφος (παρ.).
ASTA [ˈastaˑ] Allgemeiner Studentenausschuss Γενική Επιτροπή Φοιτητών.
AvD Automobilclub von Deutschland Λέσχη Αυτοκινήτου Γερμανίας.
AZ, Az. Aktenzeichen αριθμός εγγράφου.

b. bei παρά, σε, επί.
Bd. Band τόμος (τ.).
BDI Bundesverband der Deutschen Industrie Ομοσπονδιακός Σύνδεσμος της Γερμανικής Βιομηχανίας.
bes. besonders ιδιαίτερα.
Best.-Nr. Bestellnummer αριθμός (αρ.) παραγγελίας.
Betr. Betreff, betrifft αντικείμενο; αφορά.
Bez. Bezirk διαμέρισμα.
BfA Bundesversicherungsanstalt für Angestellte Ομοσπονδιακό Ίδρυμα Κοινωνικών Ασφαλίσεων Υπαλλήλων.
Bg. Bogen κόλλα, φύλλο.
BGB Bürgerliches Gesetzbuch Αστικός Κώδικας (Α. Κ.).
BGH Bundesgerichtshof Ανώτατο Ομοσπονδιακό Δικαστήριο.
BH Büstenhalter σουτιέν.
Bhf. Bahnhof σταθμός (Σ.).
BND Bundesnachrichtendienst Ομοσπονδιακή Υπηρεσία Πληροφοριών.
BRD Bundesrepublik Deutschland Ομοσπονδιακή Δημοκρατία της Γερμανίας.
BRT Bruttoregistertonne κόρος, τόνος (τ.).
b.w. bitte wenden! γύρισε τη σελίδα.
bzw. beziehungsweise σχετικά; ή.

C Celsius Κελσίου (Κ.).
ca. circa, ungefähr, etwa περίπου (περ.).
ccm Kubikzentimeter κυβικό εκατοστό (κυβ. εκ.).
CD compact disc CD [siˑ diˑ].
CDU Christlich-Demokratische Union Χριστιανοδημοκρατική Ένωση.
cm Zentimeter εκατοστό (εκ.).
Co. [koː] Kompagnon, Kompanie συντροφία; σύντροφος.
CSU [tseːˀɛsˈˀuː] Christlich-Soziale Union Χριστιανοκοινωνική Ένωση.
c. t. cum tempore, mit akademischem Viertel ακαδημαϊκό τέταρτο.

D Deutschland Γερμανία.
d.Ä. der Ältere πατήρ.
DAAD Deutscher Akademischer Austauschdienst Γερμανική Υπηρεσία Κρατικών Υποτροφιών.
DAG Deutsche Angestellten-Gewerkschaft Γερμανικό Συνδικάτο Υπαλλήλων.
DB Deutsche Bahn Ομοσπονδιακός Σιδηρόδρομος της Γερμανίας; Deutsche Bundesbank Ομοσπονδιακή Τράπεζα της Γερμανίας.
DFB Deutscher Fußballbund Γερμανική Ομοσπονδία του Ποδοσφαίρου.
DGB Deutscher Gewerkschaftsbund Γερμανική Συνδικαλιστική Ομοσπονδία.
dgl. dergleichen ομοίως, όμοια.
d. Gr. der Große (ο) Μεγάλος ..., ... ο Μέγας.
d. h. das heißt δηλαδή (δηλ.).
DIN [di:n] Deutsches Institut für Normung Γερμανικό Ινστιτούτο Τυποποίησης; Deutsche Industrie-Norm Βιομηχανικό Γερμανικό Στάνταρτ.
Dipl. Diplom- (*diplomiert*) πτυχιούχος.
d. J. dieses Jahres ενεστώτος έτους (ε.ε.); der Jüngere ο νεότερος; υιός.
DLRG Deutsche Lebensrettungs-Gesellschaft Γερμανική Ναυαγοσωστική Εταιρία.
DLV Deutscher Leichtathletik-Verband Γερμανική Ομοσπονδία Αθλητισμού.
DM Deutsche Mark Γερμανικό Μάρκο, Μάρκο Γερμανίας.
Doz. Dozent υφηγητής.
DP Deutsche Post Γερμανικά Ταχυδρομεία.
dpa Deutsche Presse-Agentur Γερμανικό Πρακτορείο Ειδήσεων.
Dr. Doktor δόκτορας, διδάκτορας (Δρ.); Dr. jur. διδάκτορας νομικής; Dr. med. διδάκτορας ιατρικής; Dr. phil. διδάκτορας φιλολογίας.
DRK Deutsches Rotes Kreuz Γερμανικός Ερυθρός Σταυρός (Γ.Ε.Σ.).
dt., dtsch. deutsch γερμανικός.
D-Zug Durchgangs-Zug ταχεία.

E Eilzug ταχεία.
ECU [ʔeˈkyː] European Currency Unit εκιού.
Ed. Edition, Ausgabe έκδοση.
EDV elektronische Datenverarbeitung ηλεκτρονική επεξεργασία δεδομένων.
EG Europäische Gemeinschaft Ευρωπαϊκή Κοινότητα.
e. h. ehrenhalber τιμής ένεκεν.
ehem. ehemalig, ehemals πρώην.
einschl. einschließlich συμπεριλαμβανομένου (-ης, -ων).
EKD Evangelische Kirche in Deutschland Ευαγγελική Εκκλησία στη Γερμανία.
EKG [ʔeːkaːˈgeː] *n* Elektrokardiogramm ηλεκτροκαρδιογράφημα.
entspr. entsprechend ανάλογος (προς).
Erl. Erläuterung εξήγηση.
EU Europäische Union Ευρωπαϊκή Ένωση (ΕΕ).
Eura'tom Europäische Atomgemeinschaft Ευρωπαϊκή Κοινότητα Ατομικής Ενέργειας.
ev. evangelisch ευαγγελικός.
e. V. eingetragener Verein καταχωρημένος σύλλογος.
evtl. eventuell ενδεχομένως.
EWG [ʔeːveːˈgeː] Europäische Wirtschaftsgemeinschaft Ευρωπαϊκή Οικονομική Κοινότητα (Ε.Ο.Κ.).
exkl. exklusive εκτός, εξαιρουμένου ...
Expl. Exemplar αντίτυπο.

f. folgende (Seite) επόμενος.
Fa. Firma οίκος; *Brief:* προς τον οίκον *od. oft:* Κυρίους.
Fam. Familie οικογένεια.
FC Fußballclub Ποδοσφαιρικός Όμιλος.
FDP, F.D.P. Freie Demokratische Partei Ελεύθερο Δημοκρατικό Κόμμα.
FD-Zug Ferndurchgangszug εξπρές εξωτερικού.
ff. folgende (Seiten) επόμενες σελίδες.
Ffm. Frankfurt am Main Φραγκφούρτη στον ποταμό Μάιν.
FKK [ʔefkaːˈkaː] Freikörperkultur γυμνισμός.
Fl. Flasche μπουκάλι.
Forts. Fortsetzung συνέχεια.
fr. frei ελεύθερος.
Fr. Frau Κυρία (Κα).
Frl. Fräulein Δεσποινίδα (Δα).

Gbf. Güterbahnhof εμπορικός σιδηροδρομικός σταθμός.
geb. geboren γεννημένος; *Frau:* το γένος (*Müller*).

Gebr. Gebrüder αδελφοί (α/φοί).
gegr. gegründet ιδρυμένος, ιδρύθη.
GEMA ['ge:ma'] Gesellschaft für musikalische Aufführungs- u. mechanische Vervielfältigungsrechte Εταιρία Προστατεύουσα τα Δικαιώματα Εκτελέσεως και Ηχοληψίας Μουσικών Τεμαχίων.
Gen. Genossenschaft συνεταιρισμός, General στρατηγός.
Ges. Gesellschaft εταιρία (Ε.).
gesch. geschieden διαζευγμένος.
ges.-gesch. gesetzlich geschützt σήμα κατατεθέν.
gest. gestorben πεθαμένος.
gez. gezeichnet υπογεγραμμένος.
GmbH Gesellschaft mit beschränkter Haftung Εταιρία Περιορισμένης Ευθύνης (Ε.Π.Ε.).

Hbf. Hauptbahnhof κεντρικός σταθμός.
h. c. honoris causa, ehrenhalber τιμής ένεκεν.
HGB [ha:ge:'be:] *n* Handelsgesetzbuch Εμπορικός Κώδικας.
Hr., Hrn. Herr(n) κύριος (Κ.).
Hrsg. Herausgeber εκδότης.

i. im, in σε.
i. A. im Auftrag κατ' εντολήν.
IC Intercityzug υπερταχεία.
ICE Intercityexpresszug υπερταχεία αποστάσεων.
IG Industriegewerkschaft Βιομηχανικό Συνδικάτο.
IHK Industrie- und Handelskammer Εμπορικό και Βιομηχανικό Επιμελητήριο (Ε.Β.Ε.).
Ing. Ingenieur μηχανικός
Inh. Inhaber κάτοχος.
inkl. inklusive συμπεριλαμβανομένου (-ης, -ων).
IOK Internationales Olympisches Komitee Διεθνής Ολυμπιακή Επιτροπή (Δ.Ο.Ε.).
IQ Intelligenzquotient δείκτης νοημοσύνης.
i. R. im Ruhestand απόστρατος, εν αποστρατεία (ε.α.).
IRK Internationales Rotes Kreuz Διεθνής Ερυθρός Σταυρός (Δ.Ε.Σ.).
i. V. in Vertretung εις αντικατάστασιν.

Jg. Jahrgang ηλικία; *MIL* κλάση (κλ.).
Jh. Jahrhundert αιώνας (αι.).
jr., jun. junior, der Jüngere ο νεότερος; υιός.

Kap. Kapitel κεφάλαιο (κεφ.).
Kat Katalysator καταλύτης.
kath. katholisch καθολικός.
Kfm. Kaufmann έμπορος.
Kfz. Kraftfahrzeug αυτοκίνητο (αυτ/το).
kg Kilogramm χιλιόγραμμο (χλγρ.), κιλό.
KG Kommanditgesellschaft Ετερόρρυθμη Εταιρία (Ε.Ε.).
KKW Kernkraftwerk εργοστάσιο παραγωγής πυρηνικής ενέργειας.
Kl. Klasse τάξη.
km Kilometer χιλιόμετρο (χλμ., χμ.).
Kto. Konto λογαριασμός (λ/σμός).
KW Kurzwelle βραχέα κύματα.
kW Kilowatt κιλοβάτ, χιλιοβάτ (ΧΒ).
kWh Kilowattstunde κιλοβατώρα, ωριαίον χιλιοβάτ (ΩΧΒ).
KZ Konzentrationslager στρατόπεδο συγκέντρωσης (στρ/δο).

l. links αριστερά (αριστ.).
led. ledig άγαμος.
lfd. Nr. laufende Nummer αύξων αριθμός (αα).
Lkw, LKW Lastkraftwagen φορτηγό, καμιόνι, νταλίκα.
Ln. Leinen λινό, λινόδετος.
LP Langspielplatte δίσκος.
lt. laut κατά, σύμφωνα με.
Ltg. Leitung διεύθυνση (διευθ.).
luth. lutherisch λουθηρανικός.

max. maximal το πολύ, το μάξιμουμ.
MEZ mitteleuropäische Zeit Ώρα Κεντρικής Ευρώπης (Ω.Κ.Ε.).
MG [ʔɛm'ge:] Maschinengewehr πολυβόλο (πολ/λο).
Mill. Million(en) εκατομμύριο.
min., Min. Minute(n) λεπτό.
Mio. → Mill.
möbl. möbliert επιπλωμένος.
MP Militärpolizei στρατιωτική αστυνομία (ΣΑ).
m. W. meines Wissens όπως ξέρω.
MWSt. Mehrwertsteuer Φόρος Προστιθέμενης Αξίας (Φ.Π.Α.).

N Norden βορράς (Β), βόρειος (Β).
Nachf. Nachfolger διάδοχος.
nachm. nachmittags μετά μεσημβρίαν (μ.μ.).
NATO ['na:to·] *f* North Atlantic Treaty Organization Οργανισμός Βορειοατλαντικού Συμφώνου.
n. Chr. nach Christus μετά Χριστόν (μ. Χρ.).
n. J. nächsten Jahres του προσεχούς χρόνου.
N. N. Nomen nescio αγνώστου ονόματος.
NO Nordosten βορειοανατολή, βορειοανατολικός.
No., Nr. Nummer αριθμός (αρ.).
NW Nordwesten βορειοδυτικός (ΒΔ).

O Osten ανατολή (Α); Ost- ανατολικός (Α).
o. oben επάνω.
o. B. *MED* ohne Befund χωρίς συμπτώματα.
Obb. Oberbayern η Άνω Βαυαρία.
ÖBB Österreichische Bundesbahnen Ομοσπονδιακοί Σιδηρόδρομοι Αυστρίας.
od. oder ή.
OEZ Osteuropäische Zeit Ώρα Ανατολικής Ευρώπης (ΩΑΕ).
OHG Offene Handelsgesellschaft Ομόρρυθμη Εταιρία (Ο.Ε.).
o. J. ohne Jahr χωρίς ημερομηνία.
OP Operationssaal χειρουργείο.
OPEC ['o:pεk] Organisation der Erdöl exportierenden Länder Οργανισμός των πετρελαιοπαραγωγών Χωρών.
ORF Österreichischer Rundfunk Αυστριακή Ραδιοφωνία.
ÖTV [ø:te:'fau] *f* Gewerkschaft für Öffentliche Dienste, Transport, Verkehr Συνδικάτο για Δημόσιες Υπηρεσίες, Μεταφορά, Συγκοινωνία.
ÖVP Österreichische Volkspartei Αυστριακό Λαϊκό Κόμμα.

p. A., p. Adr. per Adresse τη (ευγενεί) φροντίδι.
Pf Pfennig πφένιχ ($^1/_{100}$ του μάρκου).
Pfd. Pfund ($^1/_2$ του κιλού).
PGiroA Postgiroamt Υπηρεσία Ταχυδρομικών Επιταγών.
PH [pe:'ha:] *f* Pädagogische Hochschule Παιδαγωγικό Πανεπιστήμιο.
Pkw [pe:ka:'ve:] *m* Personenkraftwagen επιβατικό αυτοκίνητο; (το) Ι.Χ. (= ιδιωτικής χρήσης επιβατικό αυτοκίνητο).
Pl. Platz πλατεία; τόπος.
p. p., ppa., p. pa. per procura δια πληρεξουσιότητος.
priv. privat ιδιωτικός.
PS [pe:'ʔεs] Pferdestärke ίππος; 10 PS ... δέκα ίππων.
PSchA Postscheckamt Υπηρεσία Ταχυδρομικών Επιταγών.
PVC [pe·fau'tse:] *n mst* πλαστικός.

qm Quadratmeter τετραγωνικό μέτρο (τ.μ.).

r. rechts δεξιά (δε.).
Reg.-Bez. Regierungsbezirk διοικητικό διαμέρισμα; *in Griechenland:* νομός (Ν.).
Rel. Religion θρησκεία.
Rep. Republik δημοκρατία.
r.-k. römisch-katholisch ρωμαιοκαθολικός.

S Süden νότος (Ν); Süd- νότιος (Ν).
s. siehe βλέπε (βλ.).
S. Seite σελίδα (σ., σελ.).
S-Bahn Schnellbahn, Stadtbahn ηλεκτρικός (σιδηρόδρομος).
SBB Schweizerische Bundesbahnen Ομοσπονδιακοί Σιδηρόδρομοι Ελβετίας.
SC Sportclub Αθλητικός Όμιλος (Α.Ο.).
sec. Sekunde δευτερόλεπτο (δ.).
sen. senior, der Ältere πατήρ.
sfr., sFr. Schweizer Franken ελβετικό φράγκο.
SO Südosten νοτιοανατολή, νοτιοανατολικός (ΝΑ).
sog. so genannt λεγόμενος.
SOS [ʔεsʔo:'ʔεs] *n* σήμα κινδύνου.
SPD [ʔεspe:'de:] *f* Sozialdemokratische Partei Deutschlands Σοσιαλδημοκρατικό Κόμμα της Γερμανίας.
SPÖ Sozialistische Partei Österreichs Σοσιαλιστικό Κόμμα Αυστρίας.
SRG Schweizerische Radio- und Fernsehgesellschaft Ελβετική Εταιρία Ραδιοφωνίας και Τηλεόρασης.
St. Stück τεμάχιο; Sankt άγιος (αγ.).
Std. Stunde ώρα (ωρ.; Ω).

stdl. stündlich ωριαίος; την ώρα.
stellv. stellvertretend αναπληρωματικός.
StGB Strafgesetzbuch Ποινικός Κώδικας (Π.Κ.).
Str. Straße οδός.
StVO Straßenverkehrsordnung Κώδικας Οδικής Κυκλοφορίας (Κ.Ο.Κ.).
s.u. siehe unten βλέπε (βλ.) παρακάτω.
SV Sportverein Αθλητικός Όμιλος.
SW Südwesten, Südwest- νοτιοδυτικός (ΝΔ).
SWF Südwestfunk Νοτιοδυτική Ραδιοφωνία.

tägl. täglich καθημερινός.
Tb(c), Tbk Tuberkulose φυματίωση.
TEE Trans-Europa-Express Διευρωπαϊκό Εξπρές.
Tel. Telefon τηλέφωνο (τηλ.).
TELEKOM Telekommunikation Τηλεπικοινωνίες.
TH Technische Hochschule Πολυτεχνείο.
Tsd. Tausend(e) χιλιάδες (χιλ.).
TU Technische Universität Τεχνικό Πανεπιστήμιο.
TÜV Technischer Überwachungsverein Κέντρο Τεχνικού Ελέγχου Οχημάτων (Κ.Τ.Ε.Ο.).

u. und και (κ.).
u.a. und andere(s) και άλλα (κ.α.); unter anderem μεταξύ άλλων.
u.Ä. und Ähnliche(s) και τα όμοια (κ.τ.ο.).
u.dgl. und dergleichen (mehr) και τα τοιαύτα (κ.τ.τ.).
ü.d.M. über dem Meeresspiegel πάνω από την επιφάνεια της θάλασσας.
UKW Ultrakurzwelle υπερβραχέα κύματα.
U/min. Umdrehung je Minute στροφές ανά λεπτό (Σ.Α.Λ.).
US(A) Vereinigte Staaten (von Amerika) Ηνωμένες Πολιτείες (της) Αμερικής (Η.Π.Α.).
usw. und so weiter και τα λοιπά (κτλ.).
u.U. unter Umständen ενδεχομένως.
u.Z. unserer Zeitrechnung της χρονολογίας μας.

v. von από; *bei Namen*: ... της αρχοντικής τάξης.
V. Vers στίχος (στ.).
v.Chr. vor Christus προ Χριστού (π.Χρ).
VDE Verband Deutscher Elektrotechniker Σύλλογος Γερμανών Ηλεκτροτεχνιτών.
Verf., Vf. Verfasser συγγραφέας.
verh. verheiratet έγγαμος.
verw. verwitwet χήρα (Witwe), χήρος (Witwer).
vgl. vergleiche παράβαλε (πρβλ.).
v.H. vom Hundert τοις εκατό.
v.J. vorigen Jahres παρελθόντος έτους.
vorm. vormittags προ μεσημβρίας (π.μ.).
Vors. Vorsitzender πρόεδρος.

W Westen, West- δύση; δυτικός (Δ).
WC Wasserklosett τουαλέτα.
WDR Westdeutscher Rundfunk Ραδιοφωνία της Δυτικής Γερμανίας.
WEZ Westeuropäische Zeit Ώρα Δυτικής Ευρώπης (Ω.Δ.Ε.).
WS Wintersemester χειμερινό εξάμηνο.

z. zu, zum σε, για.
Z. Zahl αριθμός (αρ.); Zeile στίχος (στ.).
z.B. zum Beispiel παραδείγματος χάριν (π.χ.).
ZDF Zweites Deutsches Fernsehen Δεύτερο Πρόγραμμα Γερμανικής Τηλεόρασης.
z.Hd. zu Händen προς.
zw. zwischen μεταξύ.
z.Zt. zur Zeit προς το παρόν.

Regeln für die Deklination der deutschen Substantive

Κανόνες για την κλίση γερμανικών ουσιαστικών

ΓΕΝΙΚΟΣ ΚΑΝΟΝΑΣ

1. Η δοτική του πληθυντικού έχει πάντα ένα *-n*· αν λήγει μια λέξη σε -n, τότε δεν βάζεται άλλο *-n* (λ. χ. *den Gärten*, δοτ. πλ. του *der Garten*). Ουσιαστικά που σχηματίζουν τον πληθυντικό σε *-s*, δεν παίρνουν το *-n*. Αν το ριζικό φωνήεν αλλάζει στον πληθυντικό ⟨¨⟩, το
   a γίνεται ä, το au äu, το o ö, και το u γίνεται ü.

ΘΗΛΥΚΟ

2. Τα θηλυκά μένουν στον ενικό πάντα αμετάβλητα. Δεν ξεχωρίζονται στο λεξικό αν έχουν στον πληθυντικό *-en* ή μετά το -e ένα *-n* ή *-nen* μετά την θηλυκή κατάληξη -in.

   Παραδείγματα:

die Frau	die Frau**en**	die Maschin**e**	die Maschin**en**
der ”	der ”	der ”	der ”
der ”	den ”	der ”	den ”
die ”	die ”	die ”	die ”
die Lehrerin		die Lehrerin**nen**	
der ”		der ”	
der ”		den ”	
die ”		die ”	

ΟΛΕΣ ΟΙ ΠΑΡΑΛΛΑΓΕΣ του πληθυντικού αυτού αναφέρονται στο λεξικό:
⟨*-n*⟩ **Leber** ⟨-; *-n*⟩ *f*: die Leber, (der Leber), die Lebe**rn**
⟨¨⟩ **Tochter** ⟨-; ¨⟩ *f*: die Tochter, (der Tochter), die T**ö**chter
⟨¨*e*⟩ **Hand** ⟨-; ¨*e*⟩ *f*: die Hand, (der Hand), die H**ä**nde

ΑΡΣΕΝΙΚΟ

3. Οι οδηγίες ⟨*-en*⟩ ή ⟨*-n*⟩ αναφέρονται στα αρσενικά στην επομένη κλίση:

der Student	die Studen**ten**	der Bote	die Bote**n**
des **~en**	der ”	des **~n**	der ”
dem **~en**	den ”	dem **~n**	den ”
den **~en**	die ”	den **~n**	die ”

ΑΡΣΕΝΙΚΟ ΚΑΙ ΟΥΔΕΤΕΡΟ

4. Αρσενικά και ουδέτερα που κλίνονται σύμφωνα με το επόμενο παράδειγμα δεν ξεχωρίζονται στο λεξικό:

der Lehrer	die Lehrer	das Fenster	die Fenster
des Lehrer**s**	der Lehrer	des Fenster**s**	der Fenster
dem Lehrer	den Lehrer**n**	dem Fenster	den Fenster**n**
den Lehrer	die Lehrer	das Fenster	die Fenster

5. ΟΛΕΣ ΟΙ ΠΑΡΑΛΛΑΓΕΣ απ' αυτό σημειώνονται στο λεξικό με οδηγίες σε παρένθεση μετά το λήμμα· το μπροστά από το *Semikolon* βρισκόμενο μέρος σημαίνει την γενική, το μέρος που βρίσκεται πίσω από το *Semikolon* σημαίνει τον πληθυντικό. Η κατάληξη ⟨*-ɇs*⟩ με το ξεγραμμένο *e* σημαίνει ότι η γενική μπορεί να σχηματίζεται με *-s* ή *-es*. Δηλ. έτσι:

Mann ⟨*-ɇs*; *¨er*⟩ *m* der Mann, des Mannes ή des Manns; die Männer.
Kind ⟨*-ɇs*; *-er*⟩ *n* das Kind, des Kindes ή des Kinds; die Kinder.

Συνήθως προτιμάται σήμερα η κατάληξη *-es* στα μονοσύλλαβα ουσιαστικά, προ πάντων αν λήγουν σε:

-ld, *-lg*, *-nd*.

Παραδείγματα: der Wald, des Waldes
das (der) Balg, des Balges
das Rind, des Rindes

Αν ορίζεται από ειδικές γλωσσικές συνήθειες, τότε μετά το λήμμα γίνεται χρήση των επομένων οδηγιών:

-s: **Billard** ⟨*-s*; *-s*⟩ *n*: das Billard, des Billards; die Billards
-es: **Gast** ⟨*-es*; *¨e*⟩ *m*: der Gast, des Gastes; die Gäste
-ens: **Herz** ⟨*-ens*; *-en*⟩ *n*: das Herz, des Herzens; die Herzen

6. Αρσενικά και ουδέτερα που σχηματίζουν την γενική του ενικού με *-(e)s* και τον πληθυντικό με την κατάληξη *-e*, *-er* ή *-en*, μπορούν να πάρουν στην δοτική ένα *-e*. Για την χρήση του *-e* ισχύουν σήμερα μόνο λόγοι ευφωνίας, με εξαίρεση ορισμένων εκφράσεων (λ.χ. *am Tage*), όπου το *-e* δεν λείπει ποτέ.

7. Αν το σχετικό λήμμα μένει στην γενική ή στον πληθυντικό αμετάβλητο, τότε γίνεται χρήση μιάς γραμμής (-) αντί των αναφερόμενων οδηγιών. Λ.χ.:

Kursus ⟨-; *Kurse*⟩ *m*: der Kursus, des Kursus; die Kurse.
Pro'nomen ⟨*-s*; -⟩ *n*: das Pronomen, des Pronomens; die Pronomen.

8. Αν ένα λήμμα δεν σχηματίζει πληθυντικό, τότε – ανεξαρτήτως από το γένος του – σημειώνεται στο λεξικό με ένα μηδενικό ⟨*0*⟩:

Güte ⟨*0*⟩ *f*: die Güte, der Güte; χωρίς πληθυντικό
Mut ⟨*-ɇs*; *0*⟩ *m*: der Mut, des Mutes ή Muts; χωρίς πληθυντικό

Η ΚΛΙΣΗ ΤΩΝ ΕΠΙΘΕΤΩΝ

Για την κλίση του επιθέτου μπροστά από το ουσιαστικό υπάρχουν τρεις κατηγορίες:

1. Το επίθετο με το οριστικό άρθρο ή με μια λέξη που έχει την ίδια κατάληξη όπως το άρθρο.

der	groß**e**	Mann	die	jung**e**	Frau	das	klein**e**	Kind
des	**~en**	~es	der	**~en**	~	des	**~en**	~es
dem	**~en**	~(e)	der	**~en**	~	dem	**~en**	~
den	**~en**	~	die	**~e**	~	das	**~e**	~
die	**~en**	~̈er	die	**~en**	~en	die	**~en**	~er
der	**~en**	~̈er	der	**~en**	~en	der	**~en**	~er
den	**~en**	~̈ern	den	**~en**	~en	den	**~en**	~ern
die	**~en**	~̈er	die	**~en**	~en	die	**~en**	~er

Οι ίδιες μορφές ισχύουν για τον ενικό και τον πληθυντικό πίσω από τα **dieser, jener, welcher, mancher, solcher** και στον πληθυντικό πίσω από τα **alle, keine; meine, deine, seine, ihre, unsere, euere, ihre; irgendwelche, sämtliche.**

2. Το επίθετο με το αόριστο άρθρο ή με μια λέξη των ίδιων καταλήξεων.

ein	groß**er**	Mann	eine	jung**e**	Frau
eines	**~en**	~es	einer	**~en**	~
einem	**~en**	~	einer	**~en**	~
einen	**~en**	~	eine	**~e**	~

ein	klein**es**	Kind
eines	**~en**	~es
einem	**~en**	~
ein	**~es**	~
χωρίς πληθυντικό!		

Το ίδιο πίσω από τα **kein, mein, dein, sein, ihr, unser, euer, ihr, folgend.**

3. Το επίθετο χωρίς άρθρο.

alt**er**	Wein	lang**e**	Zeit	frisch**es**	Brot
~**en**	~es	**~er**	~	~**en**	~es
~em	~	**~er**	~	**~em**	~
~en	~	**~e**	~	**~es**	~
~e	~e	bös**e**	~en	**~e**	~e
~er	~e	**~er**	~en	**~er**	~e
~en	~en	**~en**	~en	**~en**	~en
~e	~e	**~e**	~en	**~e**	~e

Το ίδιο στον ενικό και στον πληθυντικό πίσω από τα **manch, solch, welch,** που δεν κλίνονται, και στον πληθυντικό πίσω από τα **andere, einige, etliche, mehrere, verschiedene, viele, wenige, folgende.** Στην γενική πληθυντικού λέγεται καμιά φορά πίσω από τις τελευταίες λέξεις και **-en** (αντί -er) στο επίθετο.

4. Πολλά επίθετα χρησιμοποιούνται σαν ουσιαστικά. Κλίνονται σαν τα αντίστοιχα επίθετα και φανερώνονται στο λεξικό με το **-e(r)**: **Reisende(r)** *m/f* (= der, die Reisende, eine Reisende, ein Reisender)

   der Reisende, die Reisende: Καταλήξεις όπως 1.;
   ein Reisender, eine Reisende: Καταλήξεις στον ενικό όπως 2., στον πληθυντικό όπως 3.

ΣΥΓΚΡΙΤΙΚΟΣ ΚΑΙ ΥΠΕΡΘΕΤΙΚΟΣ ΒΑΘΜΟΣ ΕΠΙΘΕΤΩΝ

schnell, schneller, { **schnellst-** μόνο μπροστά από το ουσιαστικό με κατάληξη επιθέτου·
am schnellsten ως επίρρημα.

Ανώμαλοι τύποι του συγκριτικού βαθμού σημειώνονται στο λεξικό πίσω από τα αντίστοιχα επίθετα σε παρένθεση:

a) Σύγκριση με αλλοίωση του φωνήεντος:
   groß ⟨*¨er; ¨t*⟩ (= größer; größt..., am größten)
   hart ⟨*¨er; ¨est*⟩ (= härter; härtest..., am härtesten)

b) **gut** ⟨*besser; best-*⟩
   viel ⟨*mehr; meist-*⟩

Σε επίθετα που καταλήγουν σε **-el, -en** και **-er**, χάνεται συχνά το **e** της καταλήξης, αν προστίθεται μια γραμματική κατάληξη, λ. χ.
   dunkel: dunk**ler;** im dunk**len** Zimmer.

Στο λεξικό δίνονται πίσω από τα επίθετα, όπου το *-e* σχεδόν πάντα χάνεται, σχετικές οδηγίες σε παρένθεση, λ. χ.
   dunkel ⟨*-kler*⟩.

Τα επίθετα που δεν σχηματίζουν συγκριτικό και υπερθετικό βαθμό σημειώνονται με ένα μηδενικό σε παρένθεση ⟨*0*⟩, λ. χ.
   lauwarm ⟨*0*⟩.

ΑΝΤΩΝΥΜΙΕΣ
Α) ΟΙ ΠΡΟΣΩΠΙΚΕΣ ΑΝΤΩΝΥΜΙΕΣ

ΕΝΙΚΟΣ					Πρόσωπα ουδετέρου γένους	Απρόσωπο και γενικό
Ονομαστική	ich	du, Sie	er	sie	es	es
Γενική	meiner	deiner, Ihrer	seiner	ihrer	seiner	dessen
Δοτική	mir	dir, Ihnen	ihm	ihr	ihm	–
Αιτιατική	mich	dich, Sie	ihn	sie	es	es

ΠΛΗΘΥΝΤΙΚΟΣ			
Ονομαστική	wir	ihr; Sie	sie
Γενική	unser	euer; Ihrer	ihrer
Δοτική	uns	euch; Ihnen	ihnen
Αιτιατική	uns	euch; Sie	sie

Σημείωση: Στην καθομιλουμένη λέγεται για το τονισμένο *er, sie* συχνά **der, die.**

Β) ΤΟ ΟΡΙΣΤΙΚΟ ΑΡΘΡΟ ΚΑΙ ΟΙ ΔΕΙΚΤΙΚΕΣ ΑΝΤΩΝΥΜΙΕΣ

ΕΝΙΚΟΣ

αρσενικό

Ονομαστική	der	dieser	jener	solcher
Γενική	des	dieses	jenes	solches
Δοτική	dem	diesem	jenem	solchem
Αιτιατική	den	diesen	jenen	solchen

θηλυκό

Ον.	die	diese	jene	solche
Γεν.	der	dieser	jener	solcher
Δοτ.	der	dieser	jener	solcher
Αιτ.	die	diese	jene	solche

ουδέτερο

Ον.	das	dies(es)	jenes	solches
Γεν.	des	dieses	jenes	solches
Δοτ.	dem	diesem	jenem	solchem
Αιτ.	das	dies(es)	jenes	solches

ΠΛΗΘΥΝΤΙΚΟΣ

Ονομαστική	die	diese	jene	solche
Γενική	der	dieser	jener	solcher
Δοτική	den	diesen	jenen	solchen
Αιτιατική	die	diese	jene	solche

Το οριστικό άρθρο μπορεί να χρησιμοποιηθεί και ως δεικτική αντωνυμία· στην περίπτωση αυτή τονίζεται και βρίσκεται συνήθως μπροστά από μια αναφορική πρόταση.

Η γενική στον τονισμένο αυτό τύπο είναι:

αρσ.	θηλ.	ουδ.	πληθ.
dessen	derer	(dessen)	derer; deren

Η δοτική του πληθυντικού: denen
Του τύπου **deren** γίνεται χρήση, όταν αναφέρεται αυτός σε ήδη αναφερόμενα πρόσωπα ή πράγματα.

Παράδειγμα:

Ich erinnere mich **derer,** die an der Konferenz teilnahmen, noch gut; es waren **deren** sieben. Sagen Sie es allen **denen,** die nicht dabei waren.

C) ΤΟ ΑΟΡΙΣΤΟ ΑΡΘΡΟ ΚΑΙ ΟΙ ΚΤΗΤΙΚΕΣ ΑΝΤΩΝΥΜΙΕΣ

	αρσ.	θηλ.	ουδ.
Ον.	ein	eine	ein
Γεν.	eines	einer	eines
Δοτ.	einem	einer	einem
Αιτ.	einen	eine	ein

Αντίστοιχα: **mein, dein, sein, unser, euer, ihr** και η άρνηση του *ein*: **kein**.

Το -e- στα *unser* και *euer* χάνεται καμιά φορά, όταν ακολουθεί μια κατάληξη: uns(e)res, uns(e)rem κτλ.

Οι καταλήξεις του πληθυντικού για όλα τα γένη:

-e   πρβ.   (*die*)
-er   (*der*)
-en   (*den*)
-e   (*die*)

Όταν χρησιμοποιούνται σαν ουσιαστικά οι κτητικές αντωνυμίες και το αριθμητικό **der eine** με το άρθρο, τότε τις κλίνουμε όπως **der, die Reisende:**

der Deine   die Deine   die Deinen
der eine   die eine   die einen

Χωρίς άρθρο παίρνουν τις καταλήξεις του οριστικού άρθρου:

α. Ενικός Ον.   einer   meiner   deiner } κτλ.
          Αιτ. einen   meinen   deinen
   Πληθ.   —   meine   deine   κτλ.

Οι τύποι της γενικής δεν χρησιμοποιούνται.

D) Η ΑΝΑΦΟΡΙΚΗ ΑΝΤΩΝΥΜΙΑ

der Mann, der ...   die Frau, die ...   das Kind, das ...
„   „   , dessen   „   „   , deren   „   „   , dessen
„   „   , dem   „   „   , der   „   „   , dem
„   „   , den   „   „   , die   „   „   , das

```
die Männer, Frauen, Kinder, die
  „         „        „      „   , deren
  „         „        „      „   , denen
  „         „        „      „   , die
```

Για το *der* λέγεται στην ονομαστική, δοτική και αιτιατική επίσης **welcher, welche, welches.**

E) Η ΑΥΤΟΠΑΘΗΣ ΑΝΤΩΝΥΜΙΑ

Αιτιατική	Δοτική	
ich freue **mich**	ich kaufe **mir**	(etw. Αιτ.)
du freust **dich**	du kaufst **dir**	
Sie freuen **sich**	Sie kaufen **sich**	
er freut **sich**	er kauft **sich**	
sie freut **sich**	sie kauft **sich**	
es freut **sich**	es kauft **sich**	
wir freuen **uns**	wir kaufen **uns**	(etw. Αιτ.)
ihr freut **euch**	ihr kauft **euch**	
Sie freuen **sich**	Sie kaufen **sich**	
sie freuen **sich**	sie kaufen **sich**	

F) Η ΕΡΩΤΗΜΑΤΙΚΗ ΑΝΤΩΝΥΜΙΑ

Ως ουσιαστικό:

Πρόσωπα	Πράγματα
wer?	was?
wessen?	wessen?
wem?	—
wen?	was?

Ως επίθετο:

αρσ.	θηλ.	ουδ.	πληθ.
welcher?	welche?	welches?	welche?

Οι καταλήξεις αντιστοιχούν στις καταλήξεις του οριστικού άρθρου.

G) Η ΑΟΡΙΣΤΗ ΑΝΤΩΝΥΜΙΑ

jemand	**niemand**
-es	-es
-(em)	-(em)
-(en)	-(en)

etwas **nichts**

(Χωρίς κατάληξη κλίσης)

Ως επίθετο και ουσιαστικό:

jeder **jede** **jedes**

Οι καταλήξεις αντιστοιχούν στις καταλήξεις του οριστικού άρθρου. Της γενικής υπό τύπον ουσιαστικού σπάνια γίνεται χρήση· ως επίθετο η γενική συχνά είναι *jed***en.**

Regeln für die Konjugation der deutschen Verben

Κανόνες για την κλίση των γερμανικών ρημάτων

1. 'Ολα τα γερμανικά ρήματα έχουν την κατάληξη **-en** ή **-n** στο απαρέμφατο, λ. χ. sag**en,** handel**n**.
2. Ρήματα πίσω από τα οποία στο λεξικό δεν υπάρχει (*), είναι ομαλά ή, όπως λέμε στην γερμανική γραμματική, αδύνατα. Κλίνονται έτσι:

ΟΡΙΣΤΙΚΗ ΚΑΙ ΥΠΟΘΕΤΙΚΗ

	ΕΝΕΡΓΗΤΙΚΗ	ΠΑΘΗΤΙΚΗ*)	
Απαρέμφατο ενεστώτα:	loben	gelobt werden	
Ενεστώτας:	ich lob**e**	ich werde	gelobt
	du lob**st**	du wirst	
	er, sie, es lob**t**	er, sie, es wird	
	wir lob**en**	wir werden	
	ihr lob**t**	ihr werdet	
	sie, Sie lob**en**	sie, Sie werden	
Παρατατικός:	ich lob**te**	ich wurde	gelobt
	du lob**test**	du wurdest	
	er, sie, es lob**te**	er, sie, es wurde	
	wir lob**ten**	wir wurden	
	ihr lob**tet**	ihr wurdet	
	sie, Sie lob**ten**	sie, Sie wurden	

Απαρέμφατο παρακειμένου:	gelobt haben		gelobt worden sein	
Παρακείμενος:	ich habe	gelobt	ich bin	gelobt worden
	du hast		du bist	
	er, sie, es hat		er, sie, es ist	
	wir haben		wir sind	
	ihr habt		ihr seid	
	sie, Sie haben		sie, Sie sind	

---

*) Εκτός της παθητικής που σημαίνει το συμβάν (το „γίγνεσθαι"), υπάρχει στην γερμανική στον ενεστώτα και στον παρατατικό και μια παθητική κατάσταση που εκφράζει το τέλος μας πράξης (την αποπεράτωση, το „είναι").

ich bin	vergessen	ich war	vergessen
du bist		du warst	
er, sie, es ist		er, sie, es war	
wir sind		wir waren	
ihr seid		ihr wart	
sie, Sie sind		sie, Sie waren	

Πρβ.: *Die Tür wird geschlossen.* (εξακολουθητική ή μη τετελεσμένη μορφή)
Die Tür ist geschlossen. (τετελεσμένη μορφή)

Πρέπει να τονισθεί ότι στην τελευταία περίπτωση το ρήμα (*geschlossen*) δεν έχει πια ρηματικό κύρος, αλλά χαρακτήρα επιθέτου.

Υπερσυντέλικος:	ich hatte gelobt du hattest gelobt κτλ.	ich war gelobt worden du warst gelobt worden κτλ.
Μέλλοντας α':	ich werde loben du wirst loben κτλ.	ich werde gelobt werden du wirst gelobt werden κτλ.
Μέλλοντας β':	ich werde gelobt haben du wirst gelobt haben κτλ.	ich werde gelobt worden sein du wirst gelobt worden sein κτλ.
Υποθετική α':	ich würde loben κτλ.	ich würde gelobt werden κτλ.
Υποθετική β':	ich würde gelobt haben κτλ.	ich würde gelobt worden sein κτλ.
Προστακτική ενικού:	lobe! loben Sie!	sei (werde) gelobt! seien Sie gelobt!
Προστακτική πληθυντικού:	lobt! lobet! loben Sie!	seid (werdet) gelobt! seien Sie gelobt!
Μετοχή ενεστώτα:	lobend	
Μετοχή παρακειμένου:	gelobt	

3. **ΥΠΟΤΑΚΤΙΚΗ**

Η υποτακτική λήγει στο τρίτο πρόσωπο του ενικού πάντα σε **-e.** Οι καταλήξεις των άλλων προσώπων είναι οι ίδιες όπως της οριστικής.

Το δεύτερο πρόσωπο ενικού και πληθυντικού έχουν στον ενεστώτα μπροστά από την κατάληξη **-st** και **-t** στην υποτακτική ένα **-e-.** Ο παρατατικός της υποτακτικής είναι στην ενεργητική ο ίδιος όπως στην οριστική.

Την υποτακτική των βοηθητικών ρημάτων ,,haben", ,,sein", ,,werden" βλ. τον κατάλογο των ανωμάλων γερμανικών ρημάτων.

	ΕΝΕΡΓΗΤΙΚΗ	ΠΑΘΗΤΙΚΗ
Ενεστώτας ή υποτακτική α′:	ich lobe du lobest er, sie, es lobe wir loben ihr lobet sie, Sie loben	ich werde du werdest er, sie, es werde wir werden ihr werdet sie, Sie werden } gelobt
Παρατατικός ή υποτακτική β′:	βλ. οριστική	ich würde gelobt κτλ.
Παρακείμενος:	ich habe gelobt κτλ.	ich sei gelobt worden κτλ.
Υπερσυντέλικος:	ich hätte gelobt κτλ.	ich wäre gelobt worden κτλ.
Μέλλοντας α′:	ich werde loben du werdest loben κτλ.	ich werde gelobt werden du werdest gelobt werden κτλ.
Μέλλοντας β′:	ich werde gelobt haben κτλ.	ich werde gelobt worden sein κτλ.

4. Ρήματα πίσω από τα οποία βρίσκεται μια οδηγία όπως ⟨*-e-*⟩, ⟨*-t*⟩, ⟨*-le*⟩ ή ⟨*-re*⟩ διαφέρουν σε μερικούς τύπους από το παράδειγμα **„loben"**.

⟨-e-⟩

reden ⟨*-e-*⟩

Ενεστώτας	ich rede du red**e**st er, sie, es red**e**t wir reden ihr red**e**t sie, Sie reden	Παρατατικός	ich red**e**te du red**e**test er, sie, es red**e**te κτλ.
		Μετοχή	gered**e**t

⟨-t⟩

reisen ⟨*-t*⟩

Ενεστώτας	ich reise du reis**t** (reisest) er, sie, es reist wir reisen ihr reist sie, Sie reisen

⟨-le⟩

handeln ⟨*-le*⟩

Ενεστώτας	ich hand(e)**le** du handelst er, sie, es handelt wir handeln ihr handelt sie, Sie handeln	Παρατατικός	ich handelte κτλ.
		Προστακτική	hand**le**! handelt!
		Μετοχή	gehandelt

⟨-re⟩ **wandern** ⟨*-re*⟩

Ενεστώτας	ich wand(e)**re**	Παρατατικός	ich wanderte
	du wanderst		κτλ.
	er, sie, es wandert	Προστακτική	wand**re**! wandert!
	wir wandern		
	ihr wandert		
	sie, Sie wandern	Μετοχή	gewandert

5. ΑΝΩΜΑΛΑ ΡΗΜΑΤΑ

a) Τα ανώμαλα (ή δυνατά) ρήματα έχουν με εξαίρεση τριών τύπων τις ίδιες καταλήξεις προσώπων όπως τα ομαλά ρήματα· πρβ. b) και c).

b) Στο 1. και 3. πρόσωπο του ενικού παρατατικού δεν έχουν κατάληξη:

ich lobte	*αλλά*	ich gab
er, sie, es lobte		er, sie, es gab

c) Η μετοχή του παρακειμένου λήγει σε **-en**· το φωνήεν της ριζικής συλλαβής μεταβάλλεται τις περισσότερες φορές:

ich habe getrunken, απαρέμφατο: trinken.

d) Τα ανώμαλα ρήματα δεν σχηματίζουν τον παρατατικό με *-t-*, αλλά μεταβάλλουν το φωνήεν του θέματος.

e) Συχνά αλλοιώνεται και στο 2. και 3. πρόσωπο το φωνήεν του θέματος:

ich fahre	wir fahren
du fährst	ihr fahrt
er, sie, es fährt	sie, Sie fahren

f) Η υποτακτική του παρατατικού σχηματίζεται συχνά με μεταβολή του φωνήεντος του παρατατικού της οριστικής (¨).

Παρατατικός της οριστικής:	ich fuhr
Παρατατικός υποτακτικής:	ich führe

g) Μερικά ρήματα σχηματίζουν τον παρατατικό και την μετοχή με το *-t* των ομαλών ρημάτων μεταβάλλοντας το φωνήεν του θέματος. Η συζυγία αυτή λέγεται „μικτή“:

brennen – gebrannt

h) Όσον αφορά τους διαφόρους τύπους βλ. τον κατάλογο των ανωμάλων γερμανικών ρημάτων.

ΓΕΝΙΚΟ ΠΑΡΑΔΕΙΓΜΑ

fahren v/t και v/i

		ΕΝΕΡΓΗΤΙΚΗ	ΠΑΘΗΤΙΚΗ
Ενεστώτας:		ich fahre du fährst er, sie, es fährt wir fahren ihr fahrt sie, Sie fahren	ich werde gefahren du wirst gefahren κτλ.
Παρατατικός:		ich fuhr du fuhrst er, sie, es fuhr wir fuhren ihr fuhrt sie, Sie fuhren	ich wurde gefahren du wurdest gefahren κτλ.
Παρακείμενος:	v/t v/i	ich habe gefahren ich bin gefahren	ich bin gefahren worden
Υπερσυντέλικος:	v/t v/i	ich hatte gefahren ich war gefahren	ich war gefahren worden
Μέλλοντας α':		ich werde fahren	ich werde gefahren werden
Μέλλοντας β':	v/t v/i	ich werde gefahren haben ich werde gefahren sein	ich werde gefahren worden sein
Υποθετική α':		ich würde fahren	ich würde gefahren werden
Υποθετική β':	v/t v/i	ich würde gefahren haben ich würde gefahren sein	ich würde gefahren worden sein

Προστακτική:
  Ενικός
  Πληθυντικός
		fahr(e)! fahren Sie!
		fahrt! fahren Sie!	

Μετοχή ενεστώτα: Παρακειμένου:		fahrend gefahren	

Υποτακτική:
  ενεστώτα:
  (Υποτακτική α')
		ich fahre
		du fahrest κτλ.
			όπως *loben*, βλ. 3

Υποτακτική:
  παρατατικού:
  (Υποτακτική β')
		ich führe
		du führest
		er, sie, es führe
			wir führen
			ihr führet
			sie, Sie führen

Όλοι οι άλλοι τύποι (ενεργητικής και παθητικής) σχηματίζονται σύμφωνα με το παράδειγμα „loben".

6. ⟨sn⟩ Ρήματα που σχηματίζουν τον παρακείμενο και τον υπερσυντέλικο με το βοηθητικό ρήμα **„sein"** αντί με το **„haben"** χαρακτηρίζονται με ένα ⟨sn⟩, που βρίσκεται μετά το ρήμα σε παρένθεση:

gehen ⟨sn⟩ = „ich bin gegangen" (πρβ. 5, παράδειγμα „fahren").

Alphabetische Liste der unregelmäßigen deutschen Verben

Αλφαβητικός πίνακας των ανωμάλων γερμανικών ρημάτων

Ρήματα σημειωμένα με αστερίσκο (*) κλίνονται επίσης σαν τα ομαλά ρήματα.
konj = konj impf oder konj II

backen – back**te** – geb**a**cken; *präs* backe, bäckst; *konj* backte; δηλαδή: **ich** backte, ich habe gebacken; **ich** backe, **du** bäckst; (dass) ich backte.
befehlen – bef**a**hl – bef**o**hlen; *präs* befehle, befiehlst; *konj* beföhle; *imp* befiehl.
beginnen – beg**a**nn – beg**o**nnen; *konj* begönne.
beißen – b**i**ss – geb**i**ssen; *konj* bisse.
bergen – b**a**rg – geb**o**rgen; *präs* berge, birgst; *konj* bärge; *imp* birg.
bersten – b**a**rst – geb**o**rsten; *präs* berste, birst; *konj* bärste; *imp* birst.
bewegen – bew**o**g – bew**o**gen; *konj* bewöge.
biegen – b**o**g – geb**o**gen; *konj* böge.
bieten – b**o**t – geb**o**ten; *konj* böte.
binden – b**a**nd – geb**u**nden; *konj* bände.
bitten – b**a**t – geb**e**ten; *konj* bäte.
blasen – bl**ie**s – gebl**a**sen; *präs* blase, bläst; *konj* bliese.
bleiben – bl**ie**b – gebl**ie**ben; *konj* bliebe.
braten – br**ie**t – gebr**a**ten; *präs* brate, brätst; *konj* briete.
brechen – br**a**ch – gebr**o**chen; *präs* breche, brichst; *konj* bräche; *imp* brich.
brennen – br**a**nn**te** – gebr**a**nn**t**; *konj* brennte.
bringen – br**a**ch**te** – gebr**a**ch**t**; *konj* brächte.
denken – d**a**ch**te** – ged**a**ch**t**; *konj* dächte.
dingen – d**a**ng – ged**u**ngen; *konj* dänge.
dreschen – dr**o**sch – gedr**o**schen; *präs* dresche, drischst; *konj* drösche; *imp* drisch.
dringen – dr**a**ng – gedr**u**ngen; *konj* dränge.
dürfen – d**u**rf**te** – ged**u**rf**t**; *präs* darf, darfst; *konj* dürfte.
empfehlen – empf**a**hl – empf**o**hlen; *präs* empfehle, empfiehlst; *konj* empföhle; *imp* empfiehl.
erbleichen – erbl**i**ch – erbl**i**chen; *konj* erbliche.
erlöschen – erl**o**sch – erl**o**schen; *präs* erlösche, erlischst; *konj* erlösche; *imp* erlisch.
erschrecken – erschr**a**k – erschr**o**cken; *präs* erschrecke, erschrickst; *konj* erschräke; *imp* erschrick.
essen – **aß** – geg**e**ssen; *präs* esse, isst; *konj* äße; *imp* iss.
fahren – f**u**hr – gef**a**hren; *präs* fahre, fährst; *konj* führe.
fallen – f**ie**l – gef**a**llen; *präs* falle, fällst; *konj* fiele.
fangen – f**i**ng – gef**a**ngen; *präs* fange, fängst; *konj* finge.
fechten – f**o**cht – gef**o**chten; *präs* fechte, fichtst; *konj* föchte; *imp* ficht.
finden – f**a**nd – gef**u**nden; *konj* fände.
flechten – fl**o**cht – gefl**o**chten; *präs* flechte, flichtst; *konj* flöchte; *imp* flicht.
fliegen – fl**o**g – gefl**o**gen; *konj* flöge.
fliehen – fl**o**h – gefl**o**hen; *konj* flöhe.
fließen – fl**o**ss – gefl**o**ssen; *konj* flösse.
fressen – fr**a**ß – gefr**e**ssen; *präs* fresse, frisst; *konj* fräße; *imp* friss.
frieren – fr**o**r – gefr**o**ren; *konj* fröre.
gären – g**o**r – geg**o**ren; *konj* göre (gärte).
gebären – geb**a**r – geb**o**ren; *präs* gebäre, gebierst; *konj* gebäre; *imp* gebier.
geben – g**a**b – geg**e**ben; *präs* gebe, gibst; *konj* gäbe; *imp* gib.

gedeihen – gedieh – gediehen; *konj* gediehe.
gehen – ging – gegangen; *konj* ginge.
gelingen – es gelang – gelungen; *präs* es gelingt; *konj* es gelänge.
gelten – galt – gegolten; *präs* gelte, giltst; *konj* gölte; *imp* gilt.
genesen – genas – genesen; *konj* genäse.
genießen – genoss – genossen; *konj* genösse.
geschehen – es geschah – geschehen; *präs* es geschieht; *konj* es geschähe.
gewinnen – gewann – gewonnen; *konj* gewönne.
gießen – goss – gegossen; *konj* gösse.
gleichen – glich – geglichen; *konj* gliche.
gleiten – glitt – geglitten; *konj* glitte.
glimmen - glomm – geglommen; *konj* glömme.
graben – grub – gegraben; *präs* grabe, gräbst; *konj* grübe.
greifen – griff – gegriffen; *konj* griffe.
haben – hatte – gehabt; *präs* habe, hast, hat; *konj* hätte.
halten – hielt – gehalten; *präs* halte, hältst; *konj* hielte.
hängen – hing – gehangen; *konj* hinge.
hauen – hieb – gehauen; *konj* hiebe.
heben – hob – gehoben; *konj* höbe.
heißen – hieß – geheißen; *konj* hieße.
helfen – half – geholfen; *präs* helfe, hilfst; *konj* hülfe; *imp* hilf.
kennen – kannte – gekannt; *konj* kennte.
klimmen – klomm – geklommen; *konj* klömme.
klingen – klang – geklungen; *konj* klänge.
kneifen – kniff – gekniffen; *konj* kniffe.
kommen – kam – gekommen; *konj* käme.
können – konnte – gekonnt; *präs* kann, kannst, kann; *konj* könnte.
laden – lud – geladen; *präs* lade, lädst; *konj* lüde.
lassen – ließ – gelassen; *präs* lasse, lässt; *konj* ließe.
laufen – lief – gelaufen; *präs* laufe, läufst; *konj* liefe.
leiden – litt – gelitten; *konj* litte.
leihen – lieh – geliehen; *konj* liehe.
lesen – las – gelesen; *präs* lese, liest; *konj* läse; *imp* lies.

liegen – lag – gelegen; *konj* läge.
lügen – log – gelogen; *konj* löge.
meiden – mied – gemieden; *konj* miede.
melken – melkte – gemolken; *konj* melkte.
messen – maß – gemessen; *präs* messe, misst; *konj* mäße; *imp* miss.
misslingen – es misslang – misslungen; *präs* es misslingt; *konj* es misslänge.
mögen – mochte – gemocht; *präs* mag, magst, mag; *konj* möchte.
müssen – musste – gemusst; *präs* muss, musst, muss; *konj* müsste.
nehmen – nahm – genommen; *präs* nehme, nimmst; *konj* nähme; *imp* nimm.
nennen – nannte – genannt; *konj* nennte.
pfeifen – pfiff – gepfiffen; *konj* pfiffe.
preisen – pries – gepriesen; *konj* priese.
quellen – quoll – gequollen; *präs* quelle, quillst; *konj* quölle; *imp* quill.
raten – riet – geraten; *präs* rate, rätst; *konj* riete.
reiben – rieb – gerieben; *konj* riebe.
reißen – riss – gerissen; *konj* risse.
reiten – ritt – geritten; *konj* ritte.
rennen – rannte – gerannt; *konj* rennte.
riechen – roch – gerochen; *konj* röche.
ringen – rang – gerungen; *konj* ränge.
rinnen – rann – geronnen; *konj* ränne.
rufen – rief – gerufen; *konj* riefe.
saufen – soff – gesoffen; *präs* saufe, säufst; *konj* söffe.
saugen – sog – gesogen; *konj* söge.
schaffen – schuf – geschaffen; *konj* schüfe.
scheiden – schied – geschieden; *konj* schiede.
scheinen – schien – geschienen; *konj* schiene.
schelten – schalt – gescholten; *präs* schelte, schiltst; *konj* schölte; *imp* schilt.
scheren – schor – geschoren; *konj* schöre.
schieben – schob – geschoben; *konj* schöbe.
schießen – schoss – geschossen; *konj* schösse.
schinden – schund – geschunden; *konj* schünde.
schlafen – schlief – geschlafen; *präs* schlafe, schläfst; *konj* schliefe.

schlagen – schlug – geschlagen; *präs* schlage, schlägst; *konj* schlüge.
schleichen – schlich – geschlichen; *konj* schliche.
schleifen – schliff – geschliffen; *konj* schliffe.
schleißen – schliss – geschlissen; *konj* schlisse.
schließen – schloss – geschlossen; *konj* schlösse.
schlingen – schlang – geschlungen; *konj* schlänge.
schmeißen – schmiss – geschmissen; *konj* schmisse.
schmelzen – schmolz – geschmolzen; *präs* schmelze, schmilzt; *konj* schmölze; *imp* schmilz.
schneiden – schnitt – geschnitten; *konj* schnitte.
schrecken – schrak – *in Zusammensetzungen* -schrocken; *präs* schrecke, schrickst; *konj* schräke; *imp* schrick.
schreiben – schrieb – geschrieben; *konj* schriebe.
schreien – schrie – geschrie(e)n; *konj* schriee.
schreiten – schritt – geschritten; *konj* schritte.
schweigen – schwieg – geschwiegen; *konj* schwiege.
schwellen – schwoll – geschwollen; *präs* schwelle, schwillst; *konj* schwölle; *imp* schwill.
schwimmen – schwamm – geschwommen; *konj* schwömme.
schwinden – schwand – geschwunden; *konj* schwände.
schwingen – schwang – geschwungen; *konj* schwänge.
schwören – schwor – geschworen; *konj* schwöre.
sehen – sah – gesehen; *präs* sehe, siehst; *konj* sähe; *imp* sieh(e).
sein – war – gewesen; *präs* bin, bist, ist, sind, seid, sind; *konj präs* sei, sei(e)st, sei, seien, seiet, seien; *impf* war; *konj impf* wäre; *imp* sei, seid.
senden – sandte – gesandt; *konj* sendete.
singen – sang – gesungen; *konj* sänge.
sinken – sank – gesunken; *konj* sänke.
sinnen – sann – gesonnen; *konj* sänne.
sitzen – saß – gesessen; *konj* säße.
sollen – sollte – gesollt; *konj* sollte.
speien – spie – gespieen; *konj* spiee.
spinnen – spann – gesponnen; *konj* spönne.
sprechen – sprach – gesprochen; *präs* spreche, sprichst; *konj* spräche; *imp* sprich.
sprießen – spross – gesprossen; *konj* sprösse.
springen – sprang – gesprungen; *konj* spränge.
stechen – stach – gestochen; *präs* steche, stichst; *konj* stäche; *imp* stich.
stecken – stak – gesteckt; *konj* stäke.
stehen – stand – gestanden; *konj* stände (*auch* stünde).
stehlen – stahl – gestohlen; *präs* stehle, stiehlst; *konj* stähle; *imp* stiehl.
steigen – stieg – gestiegen; *konj* stiege.
sterben – starb – gestorben; *präs* sterbe, stirbst; *konj* stürbe; *imp* stirb.
stieben – stob – gestoben; *konj* stöbe.
stinken – stank – gestunken; *konj* stänke.
stoßen – stieß – gestoßen; *präs* stoße, stößt; *konj* stieße.
streichen – strich – gestrichen; *konj* striche.
streiten – stritt – gestritten; *konj* stritte.
tragen – trug – getragen; *präs* trage, trägst; *konj* trüge.
treffen – traf – getroffen; *präs* treffe, triffst; *konj* träfe; *imp* triff.
treiben – trieb – getrieben; *konj* triebe.
treten – trat – getreten; *präs* trete, trittst; *konj* träte; *imp* tritt.
trinken – trank – getrunken; *konj* tränke.
trügen – trog – getrogen; *konj* tröge.
tun – tat – getan; *präs* tue, tust, tut; *konj* täte.
verderben – verdarb – verdorben; *präs* verderbe, verdirbst; *konj* verdürbe; *imp* verdirb.
verdrießen – verdross – verdrossen; *konj* verdrösse.
vergessen – vergaß – vergessen; *präs* vergesse, vergisst; *konj* vergäße; *imp* vergiss.
verlieren – verlor – verloren; *konj* verlöre.
wachsen – wuchs – gewachsen; *präs* wachse, wächst; *konj* wüchse.
waschen – wusch – gewaschen; *präs* wasche, wäschst; *konj* wüsche.

weben – wob – gewoben; *konj* wöbe.
weichen – wich – gewichen; *konj* wiche.
weisen – wies – gewiesen; *konj* wiese.
wenden – wandte – gewandt; *konj* wendete.
werben – warb – geworben; *präs* werbe, wirbst; *konj* würbe; *imp* wirb.
werden – wurde – geworden; *präs* werde, wirst, wird; *konj* würde.
werfen – warf – geworfen; *präs* werfe, wirfst; *konj* würfe; *imp* wirf.
wiegen – wog – gewogen; *konj* wöge.
winden – wand – gewunden; *konj* wände.
wissen – wusste – gewusst; *präs* weiß, weißt, weiß; *konj* wüsste.
wollen – wollte – gewollt; *präs* will, willst, will; *konj* wollte.
wringen – wrang – gewrungen; *konj* wränge.
zeihen – zieh – geziehen; *konj* ziehe.
ziehen – zog – gezogen; *konj* zöge.
zwingen – zwang – gezwungen; *konj* zwänge.

A B C D E F G H I J K L M N O P Q R S T U V W X Y Z

Zahlwörter — Αριθμητικά

Grundzahlen — Απόλυτα αριθμητικά

0 null μηδέν

1 eins ένας *m*, μια, μία *f*, ένα *n*

2 zwei δυο, δύο

3 drei τρεις *m u. f*, τρία *n*

4 vier τέσσερις (*a.* -εις) *m u. f*, τέσσερα *n*

5 fünf πέντε

6 sechs έξι

7 sieben εφτά, επτά

8 acht οχτώ, οκτώ

9 neun εννιά, εννέα

10 zehn δέκα

11 elf ένδεκα

12 zwölf δώδεκα

13 dreizehn δεκατρείς *m u. f*, δεκατρία *n*

14 vierzehn δεκατέσσερις *m u. f*, δεκατέσσερα *n*

15 fünfzehn δεκαπέντε

16 sechzehn δεκαέξι, δεκάξι

17 siebzehn δεκαεφτά, -επτά

18 achtzehn δεκαοχτώ, -οκτώ

19 neunzehn δεκαεννιά, -εννέα

20 zwanzig είκοσι

21 einundzwanzig είκοσι ένας *m*, μια *f*, ένα *n*

22 zweiundzwanzig είκοσι δυο

30 dreißig τριάντα

40 vierzig σαράντα

50 fünfzig πενήντα

60 sechzig εξήντα

70 siebzig εβδομήντα

80 achtzig ογδόντα

90 neunzig ενενήντα

100 hundert εκατό(ν)

101 hundert(und)eins εκατόν ένας *m*, εκατό μία *f*, εκατόν ένα *n*

124 hundert(und)vierundzwanzig εκατόν είκοσι τέσσερα

200 zweihundert διακόσιοι *m*, διακόσιες *f*, διακόσια *n*

300 dreihundert τριακόσιοι

400 vierhundert τετρακόσιοι

500 fünfhundert πεντακόσιοι

600 sechshundert εξακόσιοι

700 siebenhundert εφτακόσιοι

800 achthundert οχτακόσιοι

900 neunhundert εννιακόσιοι

1000 tausend χίλιοι *m*, χίλιες *f*, χίλια *n*

1999 neunzehnhundertneunundneunzig χίλια εννιακόσια ενενήντα εννέα

2000 zweitausend δύο χιλιάδες

10 000 zehntausend δέκα χιλιάδες

100 000 hunderttausend εκατό χιλιάδες

1 000 000 eine Million ένα εκατομμύριο

1 000 000 000 eine Milliarde ένα δισεκατομμύριο